皮		541	舟		626	八画		
皿		541	艮		628	金		725
目		542	色		628	長		729
矛		—	艸	艹	628	門		729
矢		549	虍		658	阜	阝(左)	733
石		553	虫		659	隶		—
示	ネ	562	血		662	隹		739
禸		574	行		662	雨		741
禾		574	衣	衤	664	青	青	744
穴		583	襾	西	665	非		—
立		585	七画			食		752
氺		451				斉		783
罒		612	見		670	九画		
ネ		664	角		672			
六画			言		675	面		745
			谷		679	革		746
竹		588	豆		682	韋		747
米		599	豕		683	韭		747
糸		602	豸		—	音		747
缶		612	貝		683	頁		748
网	罒 罒	612	赤		686	風		750
羊		613	走		688	飛		751
羽	羽	615	足	𧾷	690	食	飠	752
老	耂	619	身		—	首		755
而		—	車		691	香		756
耒		619	辛		693	十画		
耳		619	辰		693			
聿		620	辵	辶	693	馬		757
肉	月	620	邑	阝(右)	702	骨		760
臣		—	酉		706	高		—
自		624	釆		706	髟	髟	—
至		—	里		707	鬥		—
臼	臼	624	臣		—	鬯		—
舌		625	白		624	鬲		767
舛		625	麦		780	鬼		767
						竜		784

鳥		771		
鹵		—		
鹿		778		
麥	麦	780		
麻	麻	780		
黃		781		
黒		570		
亀		—		
十二画				
黃	黄	781		
黍		—		
黑	黒	781		
黹		—		
歯		—		
十三画				
黽		—		
鼎		783		
鼓		783		
鼠		783		
十四画				
鼻		—		
齊	斉	783		
十五画				
齒	歯	—		
十六画				
龍	竜	784		
龜	亀	—		
十七画				
龠		—		

姓名よみかた辞典

姓の部

日外アソシエーツ

Guide to Reading of Each Japanese Name

Family Name

Compiled by
Nichigai Associates, Inc.

©2014 by Nichigai Associates, Inc.

Printed in Japan

本書はディジタルデータでご利用いただくことができます。詳細はお問い合わせください。

●編集担当● 児山 政彦／木村 月子
装丁：赤田 麻衣子

刊行にあたって

　人の名前を読むときに、表記に対しての読みが全く思いつかなかったり、自分が思い描いていた読みではなかったりと、戸惑ったことがある人は多いのではないだろうか。いわゆる一般的な漢字の読みにはあてはまらないものがいくつも存在し、同じ表記でも何通りもの読みがあるのは日本人名の特徴とも言えよう。

　本書は、一般に難読と思われる姓名、誤読のおそれのある姓名、幾通りもの読みのある姓名などを選び、その読み方とともに実例として人物を示したツールで、「人名よみかた辞典 姓の部」(1983.6刊)、「同 名の部」(1983.8刊)、「増補改訂 人名よみかた辞典 姓の部」(1994.10刊)、「同 名の部」(1994.12刊)、「人名よみかた辞典 姓の部 新訂第3版」「同 名の部」(2004.9刊)の継続版である。今回新版の編集にあたっては、この10年間に新たに採録収集した人名をもとに、前版未収録の姓名や人物の実例を追加した。

　「姓名よみかた辞典」は「人名のよみかた」を確定するための基本ツールとして、各種人名事典を典拠とする実在人物の人名から、実例を挙げてよみかたを示すことに重点をおいて編集している。利用上の便宜を考え、姓の部・名の部の2部構成にした。

　編集に際しては、前版刊行後に採録した人名を含め約100万人の人名を元に新たに姓・名を追加するとともに、異読みの追加、人物事例の入れ替え等を行った。

　この辞典が人名調査に、また日常業務などに出てくる人名の氏名を知る手がかりとして、さらに役立つことを期待する。

　　2014年6月

　　　　　　　　　　　　　　　　　　　　　　　　日外アソシエーツ

凡　例

1．本書の内容

　本書は、明治以降の日本人名を中心に、一般に難読と思われる姓名、誤読のおそれのある姓名、幾通りもの読みのある姓名を選び、その読み方とともに実例として実在の人物の人名を示した「よみかた辞典」である。見出し 13,656 件、人物実例 40,701 件を収録した。

2．収録範囲および基準

1) 原則として明治以降の人物を対象に、既存の典拠録や人名事典等から採録した。一部、古代・中世・近世の人物から採録したものもある。採録資料については、典拠略号一覧を参照されたい。
2) 一般に難読と思われる姓のほかに、誤読のおそれのある姓、幾通りもの読みのある姓も収録対象とした。
3) 現代仮名遣いを原則とし、ぢ→じ、づ→ずとみなした。

3．記載例

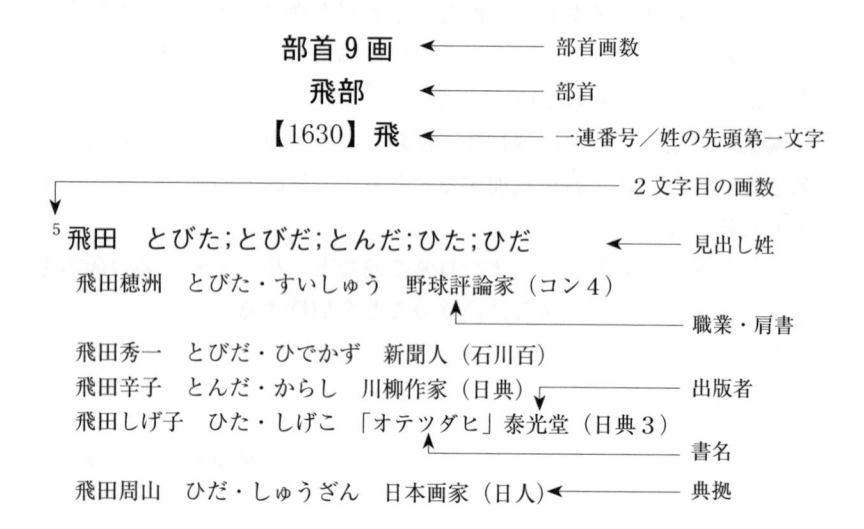

```
　　　　　　　部首 9 画　←────── 部首画数
　　　　　　　　飛部　　←────── 部首
　　　　　　【1630】飛　←────── 一連番号／姓の先頭第一文字
                                    2 文字目の画数
⁵飛田　とびた；とびだ；とんだ；ひた；ひだ　←── 見出し姓
　飛田穂洲　とびた・すいしゅう　野球評論家（コン4）
                                                    職業・肩書
　飛田秀一　とびだ・ひでかず　新聞人（石川百）
　飛田辛子　とんだ・からし　川柳作家（日典）　←── 出版者
　飛田しげ子　ひた・しげこ　「オテツダヒ」泰光堂（日典3）
                                                    書名
　飛田周山　ひだ・しゅうざん　日本画家（日人）←── 典拠
```

4．排　列
　1) 親字の排列
　　　姓の先頭第一文字目を親字とし、『康熙字典』の214部に分類して部首順に排列、同部首内では総画数順に排列して、【　】で囲んだ一連番号を付した。
　2) 姓の排列
　　　第二文字以降の総画順に排列、その第二字目の画数を見出しの前に記載した。第二字目が繰り返し記号「々」、ひらがな・カタカナの場合は「0」とみなした。同画数内では部首順に排列した。

5．音訓よみ姓のガイド
　　本文親字の主要な字音・字訓を一括して五十音順に排列、同じ読みの文字は総画数順に、同画数の場合は本文で掲載されている順に排列して、本文の一連番号を示した。

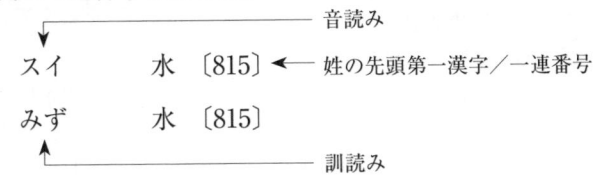

```
                        ──────── 音読み
    スイ      水 〔815〕 ←──── 姓の先頭第一漢字／一連番号

    みず      水 〔815〕
     ↑
     └─────────────────── 訓読み
```

6．部首・総画順姓のガイド
　　本文の親字を部首順に排列、同部首内では総画数順に排列して、その一連番号を示した。

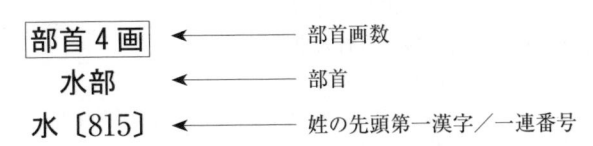

```
    部首4画   ←──────── 部首画数
    水部      ←──────── 部首
    水〔815〕 ←──────── 姓の先頭第一漢字／一連番号
```

典拠略号一覧

（人名事例末尾（　）内の略号一覧）

略　号	書　名	出版社名
会　　津	会津大事典	国書刊行会
愛　知　百	愛知百科事典	中日新聞本社
青　森　人	青森県人名事典	東奥日報社
青　森　百	青森県百科事典	東奥日報社
秋　田　百	秋田大百科事典	秋田魁新報社
朝　　日	朝日日本歴史人物事典	朝日新聞社
ア　　ナ	日本アナキズム運動人名事典	ぱる出版
石　川　百	書府太郎―石川県大百科事典　改訂版	北国新聞社
石　川　文	石川近代文学事典	和泉書院
維　　新	明治維新人名辞典	吉川弘文館
岩　手　百	岩手百科事典　新版	岩手放送
浮　　絵	浮世絵大事典	東京堂出版
海　　越	海を越えた日本人名事典	日外アソシエーツ
海　越　新	海を越えた日本人名事典　新訂増補版	日外アソシエーツ
映　　監	日本映画人名事典　監督篇	キネマ旬報社
映　　女	日本映画人名事典　女優篇	キネマ旬報社
映　　人	日本の映画人	日外アソシエーツ
江　　戸	江戸市井人物事典	新人物往来社
愛　媛　百	愛媛県百科大事典　上下	愛媛新聞社
江　　文	江戸文人辞典	東京堂出版
演　　奏	日本の演奏家　クラシック音楽の1400人	日外アソシエーツ
黄　　檗	黄檗文化人名辞典	思文閣出版
大　分　百	大分百科事典	大分放送
大　分　歴	大分県歴史人物事典	大分合同新聞社
大　阪　墓	大阪墓碑人物事典	東方出版
大　阪　人	大阪人物辞典	清文堂出版
大　阪　文	大阪近代文学事典	和泉書院
岡　山　人	岡山人名事典	日本文教出版
岡　山　百	岡山県大百科事典　上下	山陽新聞社

略号	書名	出版社名
岡 山 歴	岡山県歴史人物事典	山陽新聞社
沖 縄 百	沖縄大百科事典 上中下	沖縄タイムス社
音　　楽	新音楽辞典 人名	音楽之友社
音　　人	音楽家人名事典	日外アソシエーツ
音　人　2	音楽家人名事典 新訂	日外アソシエーツ
音　人　3	音楽家人名事典 新訂第3版	日外アソシエーツ
女　　運	日本女性運動資料集成 別巻	不二出版
科　　学	現代日本科学技術者大事典	日外アソシエーツ
香 川 人	香川県人物・人名事典	四国新聞社
香 川 百	香川県大百科事典	四国新聞社
科　　技	科学・技術人名事典	北樹出版
革　　命	現代革命運動事典	流動出版
鹿児島百	鹿児島大百科事典	南日本新聞社
歌　　人	戦後歌人名鑑	短歌新聞社
学　　校	学校創立者人名事典	日外アソシエーツ
神奈川人	神奈川県史 別編1 人物 神奈川歴史人名事典	神奈川県
神奈川百	神奈川県百科事典	大和書房
歌 舞 事	歌舞伎事典 新版	平凡社
歌 舞 新	歌舞伎人名事典 新訂増補版	日外アソシエーツ
歌 舞 大	最新歌舞伎大事典	柏書房
眼　　科	眼科医家人名辞書	思文閣出版
岩　　史	岩波日本史辞典	岩波書店
監　　督	日本映画監督全集	キネマ旬報社
紀 伊 文	紀伊半島近代文学事典 和歌山・三重	和泉書院
岐 阜 百	岐阜県百科事典 上下	岐阜日日新聞社
弓　　道	弓道人名大事典	日本図書センター
教　　育	教育人名辞典	理想社
郷　　土	郷土史家人名事典	日外アソシエーツ
郷土茨城	郷土歴史人物事典 茨城	第一法規出版
郷土愛媛	郷土歴史人物事典 愛媛	第一法規出版
郷土香川	郷土歴史人物事典 香川	第一法規出版
郷土神奈川	郷土歴史人物事典 神奈川	第一法規出版
郷土岐阜	郷土歴史人物事典 岐阜	第一法規出版
郷土群馬	郷土歴史人物事典 群馬	第一法規出版
郷土滋賀	郷土歴史人物事典 滋賀	第一法規出版

略号	書名	出版社名
京都大	京都大事典	淡交社
郷土千葉	郷土歴史人物事典 千葉	第一法規出版
郷土栃木	郷土歴史人物事典 栃木	第一法規出版
郷土長崎	郷土歴史人物事典 長崎	第一法規出版
郷土長野	郷土歴史人物事典 長野	第一法規出版
郷土奈良	郷土歴史人物事典 奈良	第一法規出版
京都府	京都大事典 府域編	淡交社
郷土福井	郷土歴史人物事典 福井	第一法規出版
京都文	京都近代文学事典	和泉書院
郷土和歌山	郷土歴史人物事典 和歌山	第一法規出版
キ リ	キリスト教人名辞典	日本基督教出版局
近 医	日本近現代医学人名事典―1868-2011	医学書院
近 現	日本近現代人名辞典	吉川弘文館
近 女	近現代日本女性人名事典	ドメス出版
近 美	近代日本美術事典	講談社
近 文	日本近代文学大事典 1～3（人名）	講談社
公 卿	公卿人名大事典	日外アソシエーツ
熊本百	熊本県大百科事典	熊本日日新聞社
群馬人	群馬県人名大事典	上毛新聞社
芸 能	日本芸能人名事典	三省堂
剣 豪	全国諸藩剣豪人名事典	新人物往来社
幻 作	日本幻想作家名鑑	幻想文学出版局
現 詩	現代詩大事典	三省堂
現執1期	現代日本執筆者大事典	日外アソシエーツ
現執2期	現代日本執筆者大事典 77/82	日外アソシエーツ
現執3期	新現代日本執筆者大事典	日外アソシエーツ
現執4期	現代日本執筆者大事典 第4期	日外アソシエーツ
現 情	現代人名情報事典	平凡社
現 人	現代人物事典	朝日新聞社
現 政	新訂 現代政治家人名事典	日外アソシエーツ
幻 想	日本幻想作家事典	国書刊行会
現 朝	現代日本朝日人物事典	朝日新聞社
現 日	現代日本人物事典	旺文社
現 俳	現代俳句大事典	三省堂
考 古	日本考古学人物事典	学生社

略号	書名	出版社名
高 知 人	高知県人名事典 新版	高知新聞社
高 知 百	高知県百科事典	高知新聞社
国 際	国際人事典 幕末・維新	毎日コミュニケーションズ
国 史	国史大辞典	吉川弘文館
国 書	国書人名辞典 1~4（本文）	岩波書店
国 書 5	国書人名辞典 5（補遺）	岩波書店
国 典	国立国会図書館著者名典拠録	紀伊國屋書店
国 宝	人間国宝事典 工芸技術編 増補最新版	芸艸堂
コ ン	コンサイス日本人名事典 第4版	三省堂
コ ン 改	コンサイス日本人名事典 改訂版	三省堂
コ ン 5	コンサイス日本人名事典 第5版	三省堂
埼 玉 人	埼玉人物事典	埼玉県
埼 玉 百	埼玉大百科事典	埼玉新聞社
佐 賀 百	佐賀県大百科事典	佐賀新聞社
先 駆	事典近代日本の先駆者	日外アソシエーツ
作 曲	日本の作曲家	日外アソシエーツ
札 幌	札幌人名事典	北海道新聞社
茶 道	茶道人物辞典	柏書房
詩 歌	和漢詩歌作家辞典	みづほ出版
史 学	歴史学事典 5 歴史家とその作品	弘文堂
視 覚	視覚障害人名事典	名古屋ライトハウス愛育報恩会
滋 賀 百	滋賀県百科事典	大和書房
滋 賀 文	滋賀近代文学事典	和泉書院
史 研	日本史研究者辞典	吉川弘文館
四 国 文	四国近代文学事典	和泉書院
詩 作	詩歌作者事典	鼎書房
児 作	現代日本児童文学作家事典	教育出版センター
史 人	日本史人物辞典	山川出版社
児 人	児童文学者人名事典 日本人編 上下巻	出版文化研究会
静 岡 百	静岡大百科事典	静岡新聞社
静 岡 歴	静岡県歴史人物事典	静岡新聞社
思 想	日本の思想家	日外アソシエーツ
実 業	日本の実業家	日外アソシエーツ
児 文	児童文学事典	東京書籍
島 根 人	島根県人名事典	伊藤菊之輔

略号	書名	出版社名
島根百	島根県大百科事典 上下	山陰中央新報社
島根歴	島根県歴史人物事典	山陰中央新報社
ジャ	新・世界ジャズ人名辞典	スイングジャーナル社
社運	日本社会運動人名辞典	青木書店
写家	日本の写真家	日外アソシエーツ
社史	近代日本社会運動史人物大事典	日外アソシエーツ
写真	日本写真家事典	淡交社
写人	現代写真人名事典	日外アソシエーツ
出版	出版人物事典	出版ニュース社
出文	出版文化人物事典	日外アソシエーツ
小説	日本現代小説大事典 増補縮刷版	明治書院
庄内	庄内人名辞典 新編	庄内人名辞典刊行会
上落	上方落語家名鑑 第2版	出版文化社
植物	植物文化人物事典	日外アソシエーツ
食文	日本食文化人物事典	筑波書房
諸系	日本史諸家系図人名辞典	講談社
女史	日本女性史大辞典	吉川弘文館
女性	日本女性人名辞典	日本図書センター
女性普	日本女性人名辞典 普及版	日本図書センター
書籍	日本書籍総目録 1982	日本書籍出版協会
女文	現代女性文学辞典	東京堂出版
女優	日本映画俳優全集 女優篇	キネマ旬報社
新芸	新撰 芸能人物事典 明治〜平成	日外アソシエーツ
神史	神道史大辞典	吉川弘文館
紳士	産経日本紳士年鑑（第16版）	産経新聞年鑑局
真宗	真宗人名事典	法藏館
人書	人物書誌索引	日外アソシエーツ
人書94	人物書誌索引 78/91	日外アソシエーツ
神人	神道人名辞典	神社新報社
新撰	「新撰組」全隊士録	講談社
新潮	新潮日本人名辞典	新潮社
新文	（増補改訂）新潮日本文学辞典	新潮社
人名	日本人名大事典	平凡社
人名1〜7	日本人名大事典〔覆刻版〕	平凡社
心理	日本心理学者事典	クレス出版

略号	書名	出版社名
数　　学	日本数学者人名事典	現代数学社
ス　　パ	スーパーレディ1009	工作舎
相　　撲	古今大相撲力士事典	国書刊行会
世　　紀	20世紀日本人名事典	日外アソシエーツ
政　　治	新訂 政治家人名事典 明治～昭和	日外アソシエーツ
姓氏愛知	角川日本姓氏歴史人物大辞典 23（愛知県）	角川書店
姓氏石川	角川日本姓氏歴史人物大辞典 17（石川県）	角川書店
姓氏岩手	角川日本姓氏歴史人物大辞典 3（岩手県）	角川書店
姓氏沖縄	角川日本姓氏歴史人物大辞典 47（沖縄県）	角川書店
姓氏鹿児島	角川日本姓氏歴史人物大辞典 46（鹿児島県）	角川書店
姓氏神奈川	角川日本姓氏歴史人物大辞典 14（神奈川県）	角川書店
姓氏京都	角川日本姓氏歴史人物大辞典 26（京都市）	角川書店
姓氏群馬	角川日本姓氏歴史人物大辞典 10（群馬県）	角川書店
姓氏静岡	角川日本姓氏歴史人物大辞典 22（静岡県）	角川書店
姓氏富山	角川日本姓氏歴史人物大辞典 16（富山県）	角川書店
姓氏長野	角川日本姓氏歴史人物大辞典 20（長野県）	角川書店
姓氏宮城	角川日本姓氏歴史人物大辞典 4（宮城県）	角川書店
姓氏山口	角川日本姓氏歴史人物大辞典 35（山口県）	角川書店
世　　人	（新版）世界人名辞典 日本編〈増補版〉	東京堂出版
世　　百	世界大百科事典	平凡社
世　百　新	世界大百科事典 改訂新版 1~30	平凡社
戦　　国	戦国人名辞典	吉川弘文館
戦　国　補	戦国人名辞典 増訂版	吉川弘文館
全　　書	日本大百科全書	小学館
戦　　西	戦国大名家臣団事典 西国編	新人物往来社
戦　　東	戦国大名家臣団事典 東国編	新人物往来社
川　　柳	川柳総合大事典 第1巻〈人物編〉	雄山閣
創　　業	日本の創業者—近現代起業家人名事典	日外アソシエーツ
相　　人	大相撲人物大事典	ベースボール・マガジン社
体　　育	体育人名辞典	逍遥書院
大　　百	大日本百科事典	小学館
多　　摩	多摩の人物史	武蔵野郷土史刊行会
短　　歌	現代短歌大事典	三省堂
短　歌　普	現代短歌大事典 普及版	三省堂
探　　偵	探偵小説辞典	講談社

略号	書名	出版社名
男　　優	日本映画俳優全集 男優篇	キネマ旬報社
千　葉　百	千葉大百科事典	千葉日報社
中　　専	中国文学専門家事典	日外アソシエーツ
哲　　学	近代日本哲学思想家辞典	東京書籍
鉄　　道	鉄道史人物事典	鉄道史学会
映　　男	日本映画人名事典 男優篇	キネマ旬報社
テ　　レ	テレビ・タレント人名事典 第6版	日外アソシエーツ
同　　異	同名異人事典	日外アソシエーツ
陶　　芸	現代陶芸作家事典 新版	光芸出版
陶　芸　最	(最新) 現代陶芸作家事典	光芸出版
陶　　工	現代陶工事典	北辰堂
東　　落	東京落語家名鑑2009	小学館
徳　島　百	徳島県百科事典	徳島新聞社
徳　島　歴	徳島県歴史人物鑑	徳島新聞社
渡　　航	幕末・明治 海外渡航者総覧	柏書房
栃　木　百	栃木県大百科事典	栃木県大百科事典刊行会
栃　木　歴	栃木県歴史人物事典	下野新聞社
鳥　取　百	鳥取県大百科事典	新日本海新聞社
土　　木	土木人物事典	アテネ書房
富　山　百	富山大百科事典	北日本新聞社
富　山　文	富山県文学事典	桂書房
長　崎　百	長崎県大百科事典	長崎新聞社
長　崎　歴	長崎事典 歴史編 1988年版	長崎文献社
長　野　百	長野県百科事典 補訂版	信濃毎日新聞社
長　野　歴	長野県歴史人物大事典	郷土出版社
奈　良　文	奈良近代文学事典	和泉書院
新　潟　百	新潟県大百科事典 上下	新潟日報事業社
新潟百別	新潟県大百科事典 別巻	新潟日報事業社
日　映　女	現代日本映画人名事典 女優篇	キネマ旬報社
日　映　男	現代日本映画人名事典 男優篇	キネマ旬報社
日　　音	日本音楽大事典	平凡社
日　　画	20世紀物故日本画家事典	美術年鑑社
日　　芸	世界に誇れる日本の芸術家555	PHP研究所
日　　児	日本児童文学大事典1・2	大日本図書
日　　女	日本女性文学大事典	日本図書センター

略号	書名	出版社名
日　人	講談社日本人名大辞典	講談社
日　史	日本史大事典	平凡社
日　典	日本著者名・人名典拠録	日外アソシエーツ
日　典　3	日本著者名・人名典拠録　第3版	日外アソシエーツ
日　本	日本人名事典	むさし書房
人　情	年刊人物情報事典81（上下）	日外アソシエーツ
能　狂　言	能・狂言事典　新版	平凡社
俳　諧	俳諧人名辞典	巌南堂
俳　文	俳文学大事典	角川学芸出版
俳　優	映画俳優事典　戦前日本篇	未来社
幕　末	幕末維新人名事典	新人物往来社
藩　主　2	三百藩藩主人名事典2	新人物往来社
藩　臣　1~7	三百藩家臣人名事典1	新人物往来社
美　家	美術家人名事典―古今・日本の物故画家3500人	日外アソシエーツ
美　建	美術家人名事典　建築・彫刻篇	日外アソシエーツ
美　工	美術家人名事典　工芸篇	日外アソシエーツ
百　科	大百科事典	平凡社
兵　庫　人	兵庫県人物事典　上中下	のじぎく文庫
兵　庫　百	兵庫県大百科事典　上下	神戸新聞出版センター
兵　庫　文	兵庫近代文学事典	和泉書院
広　島　百	広島県大百科事典　上下	中国新聞社
福　井　百	福井県大百科事典	福井新聞社
福　岡　百	福岡県百科事典　上下	西日本新聞社
福　島　百	福島大百科事典	福島民報社
仏　教	日本仏教人名辞典	法蔵館
仏　史	日本仏教史辞典	吉川弘文館
仏　人	日本仏教人名辞典	新人物往来社
文　学	日本文学小辞典	新潮社
平　和	平和人物大事典	日本図書センター
北　海　道　百	北海道大百科事典　上下	北海道新聞社
北　海　道　文	北海道文学大事典	北海道新聞社
北　海　道　歴	北海道歴史人物事典	北海道新聞社
マ　ス　2	現代マスコミ人物事典　第2版	幸洋出版
マ　ス　89	現代マスコミ人物事典　1989版	二十一世紀書院
漫　画	日本まんが賞事典	るいべ社

略号	書名	出版社名
漫　　　人	漫画家人名事典	日外アソシエーツ
三　　　重	三重先賢伝	玄玄荘
三　重　続	續三重先賢伝	別所書店
ミ　　　ス	日本ミステリー事典	新潮社
宮　城　百	宮城県百科事典	河北新報社
宮　崎　百	宮崎県大百科事典	宮崎日日新聞社
民　　　学	民間学事典 人名編	三省堂
名　　　画	日本名画家伝	青蛙房
明　治　1	図説明治人物事典―政治家・軍人・言論人	日外アソシエーツ
山　形　百	山形県大百科事典	山形放送
山形百新	山形県大百科事典 新版	山形放送
山　口　百	山口県百科事典	大和書房
山　梨　百	山梨百科事典 増補改訂版	山梨日日新聞社
洋　　　画	20世紀物故洋画家事典	美術年鑑社
洋　　　学	日本洋学人名事典	柏書房
落　　　語	古今東西落語家事典	平凡社
陸　　　海	日本陸海軍総合事典 第2版	東京大学出版会
履　　　歴	日本近現代人物履歴事典	東京大学出版会
履　歴　2	日本近現代人物履歴事典 第2版	東京大学出版会
歴　　　大	日本歴史大事典 1~3	小学館
和 歌 山 人	和歌山県史 人物	和歌山県
和　　　俳	和歌・俳諧史人名事典	日外アソシエーツ
和　　　モ	和モノ事典―Hotwax presents 1970's 人名編	ウルトラ・ヴァイヴ
Ｙ　　　Ａ	ＹＡ人名事典	出版文化研究会

音訓よみ

姓のガイド

（1）本文の親字（姓の先頭第一漢字）の主要な音訓よみを一括して五十音順に排列し、その親字の持つ本文での一連番号を示した。
（2）同じ音訓よみの漢字は総画数順に、さらに同じ総画数の文字は本文での排列の順に従って掲げた。

吉開那津子

湖のカヌー

【あ】

ア	亜 [37]		葦 [1304]	あゆ	鮎 [1661]		家 [354]
	窪 [1101]		葭 [1311]	あらい	荒 [1282]	いおり	庵 [455]
	阿 [1565]		蘆 [1346]	あらう	洗 [846]		菴 [1301]
	鴉 [1686]		足 [1439]	あらし	嵐 [403]	いが	毬 [811]
アイ	愛 [511]	あじ	味 [226]	あらた	爾 [998]	いかだ	筏 [1120]
あい	相 [1022]		鯵 [1670]	あらためる	改 [558]	いがた	范 [1277]
	藍 [1338]		鯵 [1678]	あらと	礪 [1049]	いかり	碇 [1039]
あいだ	間 [1559]	あした	旦 [585]	あらわす	表 [1375]	いき	息 [506]
あう	会 [56]	あずさ	梓 [710]	あらわれる	現 [963]	いきおい	勢 [167]
	合 [216]	あずま	東 [654]		露 [1605]	いきる	生 [978]
	逢 [1470]	あぜ	畔 [993]	あり	蟻 [1366]	イク	育 [1230]
あお	蒼 [1315]	あそぶ	遊 [1484]	ある	在 [254]		郁 [1496]
	青 [1608]	あたい	値 [91]		有 [620]	いく	幾 [445]
あおい	葵 [1303]	あたえる	与 [8]	あわ	泡 [836]		徃 [483]
あおぐ	仰 [59]	あたたかい	温 [875]		粟 [1156]		行 [1371]
あか	垢 [263]	あたま	頭 [1623]	あわい	淡 [867]	いけ	池 [822]
	朱 [633]	あたらしい	新 [578]	あわび	鮑 [1664]	いけにえ	牲 [939]
	緋 [1194]	あたり	辺 [1462]	あわれむ	憫 [1561]	いさお	功 [159]
	赤 [1433]	あたる	当 [473]	アン	安 [338]	いさましい	勇 [162]
あかい	赫 [1434]	あつい	厚 [188]		庵 [455]	いさめる	諌 [1409]
あかがね	銅 [1529]		敦 [566]		晏 [601]	いし	石 [1030]
あかざ	莱 [1300]		渥 [874]		案 [690]	いしづき	鐏 [1550]
あがた	県 [1021]		熱 [927]		菴 [1301]	いしぶみ	碑 [1041]
	縣 [1206]		篤 [1136]		鞍 [1614]	いずみ	泉 [844]
あかつき	暁 [605]	あつめる	集 [1589]	あんず	杏 [635]		涼 [887]
あかね	茜 [1278]	あてぎ	楪 [752]			いそ	磯 [1045]
あがる	上 [6]	あてる	充 [109]	## 【い】			礒 [1048]
あかるい	明 [593]		後 [485]			いた	板 [655]
あき	秋 [1075]	あと	跡 [1441]	イ	以 [49]	いただく	戴 [522]
	烋 [1076]	あな	孔 [331]		伊 [54]		頂 [1620]
	穐 [1092]		穴 [1097]		位 [66]	いたる	到 [147]
あきらか	晃 [657]	あに	兄 [107]		依 [79]	イチ	一 [1]
あきる	飽 [1635]	あね	姉 [321]		唯 [237]		壱 [296]
アク	渥 [874]	あびる	浴 [858]		囲 [247]	いち	市 [423]
あく	開 [1558]	あぶら	油 [837]		夷 [309]	イツ	逸 [1476]
あくた	芥 [1261]	あぶる	熏 [931]		姨 [326]		鎰 [1546]
	蔡 [1323]	あふれる	潘 [904]		帷 [434]	いつくしむ	慈 [512]
あくつ	圷 [256]	あま	天 [306]		怡 [499]	いつつ	五 [34]
あけぼの	曙 [612]		尼 [375]		易 [588]	いと	糸 [1163]
あげる	揚 [549]	あまい	甘 [976]		為 [916]	いとぐち	緒 [1191]
あさ	朝 [626]	あまる	余 [77]		慰 [928]	いな	鯯 [1677]
	麻 [1708]	あみ	網 [1196]		移 [1082]	いぬ	戌 [519]
あざ	字 [333]	あめ	天 [306]		葦 [1304]		犬 [940]
あさい	浅 [845]		穹 [1099]		衣 [1374]		狗 [941]
あさがら	蕀 [1291]		雨 [1596]		違 [1486]	いね	稲 [1087]
あさひ	旭 [586]		飴 [1633]		井 [33]	いのしし	猪 [947]
あざみ	薊 [1335]	あめのうお	鰻 [1675]		亥 [38]	いのる	祈 [1053]
あし	正 [1001]	あや	斐 [574]	い	藺 [1345]		禱 [1068]
	芦 [1259]		綾 [1189]	いう	言 [1393]	いばら	茨 [1279]
		あやつる	操 [556]	いえ	廈 [191]		荊 [1281]
		あやまる	謝 [1410]			いま	今 [46]

いましめ	戒〔521〕	うさぎ	兎〔112〕	うるわしい	麗〔1703〕	える	得〔487〕
いまだ	未〔631〕		菟〔1292〕	うれえる	悶〔1561〕	エン	円〔125〕
いまわしい	忌〔493〕		莵〔1306〕	ウン	運〔1478〕		園〔250〕
いも	芋〔1257〕	うし	丑〔9〕		雲〔1599〕		垣〔262〕
いもうと	妹〔323〕		牛〔935〕				塩〔284〕
いり	圦〔252〕	うじ	氏〔812〕	【え】			延〔459〕
いる	射〔367〕	うしお	潮〔902〕				淵〔869〕
	居〔378〕	うしろ	後〔485〕	エ	依〔79〕		渕〔872〕
	煎〔925〕	うす	碓〔1038〕		恵〔505〕		烟〔919〕
	要〔1385〕		臼〔1245〕		慧〔515〕		焔〔920〕
	鋳〔1533〕	うすい	薄〔1332〕		衣〔1374〕		煙〔923〕
いれる	入〔116〕	うすぎぬ	紗〔1169〕	え	柄〔679〕		燕〔930〕
いろ	色〔1256〕	うずたかい	堆〔273〕		江〔820〕		猿〔950〕
いろどる	彩〔476〕	うずまき	潘〔904〕		絵〔1182〕		縁〔1200〕
いろり	鑪〔1553〕	うずら	鶉〔1694〕		荏〔1280〕		苑〔1267〕
いわ	岩〔389〕	うた	唄〔234〕		餌〔1636〕		薗〔1329〕
	磐〔1043〕		歌〔796〕	エイ	叡〔202〕		遠〔1487〕
いわう	祝〔1055〕	うたう	欧〔795〕		影〔478〕		鉛〔1521〕
イン	印〔186〕	うち	内〔126〕		映〔594〕		鴬〔1688〕
	咽〔230〕	ウツ	蔚〔928〕		栄〔664〕	えんじゅ	槐〔761〕
	因〔245〕	うつ	打〔529〕		枻〔687〕		
	寅〔358〕	うつくしい	美〔1213〕		永〔816〕	【お】	
	引〔466〕	うつす	映〔594〕		頴〔903〕		
	蔭〔1320〕	うつる	移〔1082〕		瑛〔964〕	オ	於〔580〕
	陰〔1574〕	うてな	台〔211〕		頴〔1066〕	お	尾〔377〕
	隠〔1585〕		萼〔1312〕		穎〔1093〕		緒〔1191〕
		うね	畝〔991〕		英〔1266〕	おい	笈〔1109〕
			畦〔996〕		衛〔1373〕		老〔1223〕
			疇〔1000〕	えがく	画〔987〕	おいて	於〔580〕
【う】		うば	姥〔324〕	エキ	役〔479〕	おいる	老〔1223〕
		うま	午〔176〕		易〔588〕	オウ	央〔308〕
ウ	右〔204〕		馬〔1645〕		益〔1014〕		奥〔311〕
	宇〔339〕	うまれる	生〔978〕		駅〔1648〕		往〔480〕
	有〔620〕	うみ	海〔840〕	えぎぬ	絆〔1174〕		徃〔483〕
	栩〔707〕	うむ	産〔979〕	えさ	餌〔1636〕		応〔492〕
	烏〔918〕	うめ	梅〔705〕	えだ	枝〔652〕		押〔534〕
	禹〔1069〕		楳〔746〕	えだみち	岐〔384〕		旺〔589〕
	羽〔1217〕	うめる	埋〔267〕	エツ	咽〔230〕		桜〔700〕
	芋〔1257〕	うもれる	埋〔267〕		越〔1437〕		横〔765〕
	芋〔1286〕	うやうやしい	恭〔504〕	えのき	榎〔756〕		欧〔795〕
	雨〔1596〕	うやまう	敬〔565〕	えび	蛯〔1355〕		泓〔838〕
う	卯〔185〕	うら	浦〔850〕		蝦〔1359〕		王〔956〕
	鵜〔1692〕		裏〔1383〕		鮫〔1660〕		甕〔975〕
うえ	上〔6〕	うらなう	卜〔182〕		夷〔309〕		皇〔1009〕
	筌〔1122〕		占〔184〕	えびす	戎〔517〕		翁〔1218〕
うえる	栽〔699〕		瓜〔972〕		胡〔1234〕		鴨〔1689〕
	植〔722〕	うり	売〔297〕	えびら	箙〔1130〕		鴬〔1696〕
うお	魚〔1659〕	うる	得〔487〕	えらぶ	撰〔552〕		鷹〔1701〕
うく	浮〔856〕	うるう	閏〔1557〕		東〔684〕		黄〔1709〕
うぐいす	鶯〔1696〕	うるおす	潤〔900〕	えり	衿〔1376〕	おう	追〔1469〕
うける	受〔201〕	うるし	漆〔896〕				
	請〔1406〕						

おうぎ	扇 [526]	おっと	夫 [307]		呵 [228]		蟹 [1365]
おおい	多 [301]	おと	音 [1618]		嘉 [243]		解 [1392]
おおう	幕 [436]	おとうと	弟 [468]		夏 [299]		開 [1558]
おおかみ	狼 [946]	おとこ	男 [985]		家 [354]		階 [1579]
おおきい	大 [304]	おどる	踊 [1443]		掛 [541]		魁 [1658]
	巨 [415]		躍 [1444]		架 [665]	かい	橲 [687]
	汾 [827]	おとろえる	衰 [1323]		枷 [683]		貝 [1423]
おおざら	盤 [1017]	おなじ	絆 [1174]		樺 [767]	ガイ	亥 [38]
おおじ	遠 [1485]	おに	鬼 [1657]		歌 [796]		外 [300]
おおとり	鳳 [1683]	おの	斧 [576]		河 [828]		苅 [1262]
	鴻 [1691]		鉄 [1520]		火 [913]		街 [1372]
おおぼら	鮟 [1668]	おのおの	各 [213]		瑕 [967]	かいよね	羅 [1162]
おおみず	洪 [841]	おば	姨 [326]		瓜 [972]	かう	飼 [1634]
おおやけ	公 [118]	おび	帯 [432]		禾 [1070]	かえす	返 [1465]
おか	丘 [12]	おびる	帯 [432]		科 [1074]	かえで	楓 [747]
	岡 [386]	おぼえる	覚 [1388]		絓 [1185]	かえる	帰 [430]
	邱 [1494]	おぼろ	朧 [1242]		花 [1260]		復 [489]
	阜 [1567]	おも	主 [21]		荷 [1288]	かお	顔 [1626]
おがむ	拝 [536]	おもい	重 [1510]		華 [1289]	かおり	香 [1644]
おき	沖 [129]	おもう	思 [502]		葭 [1311]	かおる	薫 [1330]
	沖 [823]	おもて	表 [1375]		蚊 [1352]	かがみ	鏡 [1547]
おぎ	荻 [1287]		面 [1610]		蝦 [1359]	かがやく	暉 [609]
おきつに	埤 [268]	おや	親 [1389]		谺 [1417]		曄 [611]
おきな	翁 [1218]	およそ	凡 [132]		鍋 [1542]		燁 [929]
おぎなう	補 [1381]	および	及 [196]		霞 [1602]	かがり	篝 [1138]
おきる	起 [1436]		趙 [1438]	カ	蚊 [1352]	かかる	掛 [541]
オク	億 [102]	おりる	下 [4]	ガ	峨 [394]		縣 [1206]
	奥 [311]		降 [1571]		峩 [398]	かかわる	関 [1562]
	屋 [379]	おる	折 [530]		我 [520]	かき	垣 [262]
おく	奥 [311]		織 [1207]		瓦 [973]		柿 [666]
	置 [1212]	おわす	坐 [257]		画 [987]		蠣 [1367]
おけ	桶 [711]	おわる	了 [31]		臥 [1243]	かぎ	勾 [168]
おこす	起 [1436]		卒 [179]		賀 [1427]		鈎 [1519]
おごそか	厳 [192]	オン	恩 [503]		雅 [1591]		鍵 [1540]
おこなう	行 [1371]		温 [875]	カイ	介 [45]		鑑 [1546]
おこる	興 [1246]		隠 [1585]		会 [56]		鑰 [1554]
おさ	筬 [1125]		音 [1618]		堺 [278]	かぎる	限 [1569]
おさえる	制 [146]	おん	御 [488]		廻 [460]	カク	各 [213]
	押 [534]	おんな	女 [312]		恢 [500]		塙 [287]
おさない	幼 [444]				戒 [521]		廓 [458]
おさめる	修 [89]		【か】		改 [558]		涸 [873]
	治 [830]				桧 [706]		画 [987]
	納 [1171]	カ	下 [4]		槐 [761]		覚 [1388]
おしえる	教 [564]		化 [44]		檜 [783]		角 [1391]
おす	押 [534]		仮 [55]		海 [840]		赫 [1434]
	雄 [1590]		何 [67]		灰 [914]		郭 [1498]
おそい	晏 [601]		佳 [80]		界 [988]		霍 [1601]
	遅 [1480]		加 [158]		皆 [1008]		靍 [1606]
おそれる	瞿 [1026]		厦 [191]		絵 [1182]		鶴 [1695]
おちる	落 [1310]		可 [205]		絓 [1185]	かく	斯 [577]
オツ	乙 [25]				芥 [1261]		書 [615]

音訓よみ姓のガイド

読み	漢字	読み	漢字	読み	漢字	読み	漢字
ガク	岳〔387〕	かたち	形〔474〕	かよう	通〔1474〕		硼〔1047〕
	峇〔393〕	かたどる	象〔1422〕	から	唐〔235〕		管〔1126〕
	嶽〔410〕	かたな	刀〔136〕		漢〔889〕		簡〔1145〕
	楽〔739〕	かたわら	傍〔99〕	がら	柄〔679〕		肝〔1229〕
	萼〔1312〕	カツ	滑〔888〕	からい	辛〔1457〕		舘〔1248〕
	額〔1625〕		筈〔1119〕	からさお	枷〔683〕		菅〔1298〕
	鰐〔1674〕		鞨〔1216〕	からし	芥〔1261〕		観〔1390〕
かくれる	隠〔1585〕		葛〔1294〕	からす	烏〔918〕		諌〔1409〕
かげ	影〔478〕	かつ	且〔11〕		鴉〔1686〕		貫〔1426〕
	景〔606〕		勝〔625〕	からたち	枳〔685〕		間〔1559〕
	蔭〔1320〕	ガツ	月〔619〕	からむし	苧〔1272〕		閑〔1560〕
	陰〔1574〕	かつて	曽〔604〕	かり	仮〔55〕		関〔1562〕
かけい	筧〔1124〕		曾〔618〕		狩〔945〕		韓〔1616〕
かけはし	桟〔701〕	かつら	桂〔696〕		雁〔1588〕		館〔1639〕
	棧〔731〕	かど	廉〔457〕	かる	刈〔137〕		鰥〔1675〕
かける	懸〔516〕		稜〔737〕		苅〔1262〕	ガン	丸〔19〕
	掛〔541〕		角〔1391〕	かるい	軽〔1450〕		元〔106〕
	架〔665〕		門〔1556〕	かれ	彼〔482〕		岸〔388〕
	欠〔793〕	かな	哉〔231〕	かれる	枯〔668〕		岩〔389〕
かご	篭〔1137〕	かなう	叶〔206〕		涸〔873〕		巌〔411〕
	籠〔1149〕	かなえ	鼎〔1713〕	かわ	川〔412〕		翫〔1222〕
かこむ	囲〔247〕	かなめ	要〔1385〕		河〔828〕		雁〔1588〕
かさ	傘〔97〕	かに	蟹〔1365〕		皮〔1011〕		顔〔1626〕
	嵩〔406〕	かね	金〔1513〕	がわ	側〔96〕		願〔1627〕
	笠〔1111〕		鐘〔1549〕	かわうそ	獺〔952〕		鰥〔1675〕
かさなる	重〔1510〕	かねる	兼〔124〕	かわかす	乾〔29〕	かんなぎ	巫〔417〕
かざり	飾〔1640〕	かば	椛〔713〕	かわせみ	翠〔1220〕	かんばしい	芳〔1265〕
かざる	飾〔1640〕		樺〔767〕	かわら	瓦〔973〕	かんむり	冠〔127〕
かし	樫〔766〕	かばね	姓〔322〕	かわらよもぎ	薜〔1336〕		
	橿〔780〕	かぶと	兜〔115〕	かわる	代〔53〕	【き】	
かじ	柁〔672〕	かぶら	蕪〔1326〕	カン	串〔18〕		
	梶〔712〕	かぶらや	鏑〔1548〕		乾〔29〕	キ	亀〔30〕
	楫〔750〕	かべ	壁〔294〕		亙〔36〕		其〔122〕
	櫂〔787〕	かま	釜〔1514〕		冠〔127〕		喜〔238〕
かしぐ	炊〔915〕		鎌〔1543〕		函〔135〕		基〔270〕
かしこい	賢〔1431〕	がま	蒲〔1313〕		勘〔163〕		姫〔328〕
かしら	頭〔1623〕	かまえる	構〔757〕		勧〔166〕		嬉〔329〕
かしわ	柏〔677〕	かみ	上〔6〕		完〔342〕		季〔335〕
かす	粕〔1154〕		神〔1056〕		寒〔360〕		寄〔356〕
	糟〔1161〕		紙〔1168〕		巻〔420〕		岐〔384〕
かず	数〔568〕	かみなり	雷〔1600〕		干〔439〕		崎〔400〕
かすむ	霞〔1602〕	かむろ	禿〔1073〕		幹〔443〕		﨑〔404〕
かすり	綛〔1188〕	かめ	亀〔30〕		柑〔667〕		希〔426〕
かせ	枷〔683〕		瓶〔974〕		東〔684〕		帰〔430〕
	綛〔1188〕		甕〔975〕		歓〔797〕		幾〔445〕
かぜ	風〔1628〕	かも	鴨〔1689〕		漢〔889〕		忌〔493〕
かぞえる	数〔568〕	かや	栢〔691〕		潤〔899〕		旗〔583〕
かた	方〔579〕		榧〔762〕		灘〔912〕		暉〔609〕
	潟〔898〕		茅〔1268〕		甘〔976〕		期〔624〕
	片〔934〕		萱〔1305〕		甲〔981〕		枳〔685〕
かたい	堅〔277〕	かゆ	粥〔1157〕		監〔1016〕		

音訓よみ姓のガイド　　く

	槻 〔771〕		桔 〔692〕		京 〔41〕	ギン	岑 〔385〕
	機 〔774〕		橘 〔775〕		供 〔81〕		銀 〔1527〕
	櫃 〔786〕	きつね	狐 〔942〕		兄 〔107〕		
	気 〔814〕	きぬ	絹 〔1186〕		叶 〔206〕		【く】
	薫 〔931〕		衣 〔1374〕		喬 〔239〕		
	癸 〔1003〕	きぬた	砧 〔1033〕		境 〔289〕	ク	九 〔26〕
	磯 〔1045〕	きね	杵 〔650〕		姜 〔327〕		供 〔81〕
	祈 〔1053〕	きのえ	甲 〔981〕		峡 〔391〕		工 〔414〕
	稀 〔1083〕	きびしい	厳 〔192〕		強 〔471〕		栩 〔707〕
	箕 〔1128〕		棱 〔737〕		恭 〔504〕		狗 〔941〕
	紀 〔1165〕	きみ	君 〔219〕		挟 〔537〕		玖 〔958〕
	葵 〔1303〕	きも	肝 〔1229〕		教 〔564〕		瞿 〔1026〕
	規 〔1387〕	キャク	客 〔352〕		杏 〔635〕		矩 〔1029〕
	記 〔1395〕	ギャク	喀 〔393〕		橘 〔776〕		紅 〔1166〕
	貴 〔1428〕		逆 〔1468〕		樫 〔780〕		苦 〔1269〕
	起 〔1436〕	キュウ	丘 〔12〕		湟 〔885〕		駒 〔1650〕
	軌 〔1446〕		久 〔23〕		狭 〔944〕		具 〔121〕
	逵 〔1485〕		九 〔26〕		経 〔1175〕	グ	杭 〔651〕
	騎 〔1652〕		休 〔58〕		胸 〔1236〕	クイ	空 〔1098〕
	騏 〔1653〕		及 〔196〕		脇 〔1238〕	クウ	喰 〔240〕
	鬼 〔1657〕		宮 〔355〕		興 〔1246〕	グウ	宮 〔355〕
	鱚 〔1676〕		弓 〔465〕		郷 〔1499〕		隅 〔1580〕
き	木 〔627〕		救 〔563〕		鏡 〔1547〕	くき	茎 〔1270〕
	樹 〔777〕		朽 〔632〕		韮 〔1617〕	くぎ	釘 〔1516〕
	黄 〔1709〕		柾 〔680〕		響 〔1619〕	くこ	莇 〔1291〕
ギ	伎 〔57〕		毬 〔811〕		饗 〔1641〕	くさ	艸 〔1258〕
	儀 〔103〕		汲 〔819〕		香 〔1644〕		草 〔1283〕
	其 〔122〕		玖 〔958〕	ギョウ	仰 〔59〕	くさよもぎ	薦 〔1331〕
	宜 〔346〕		穹 〔1099〕		刑 〔140〕	くさる	梓 〔738〕
	礒 〔1048〕		笈 〔1109〕		堯 〔283〕	くし	串 〔18〕
	祇 〔1054〕		給 〔1183〕		形 〔474〕		櫛 〔781〕
	義 〔1214〕		臼 〔1245〕		暁 〔605〕		圀 〔1656〕
	蟻 〔1366〕		邱 〔1494〕		硤 〔1037〕	くじ	鯨 〔1671〕
キク	鞠 〔1159〕		圀 〔1656〕		行 〔1371〕	くじら	樟 〔769〕
	菊 〔1295〕		鳩 〔1681〕	キョク	局 〔376〕	くす	葛 〔1294〕
	麹 〔1707〕	ギュウ	牛 〔935〕		旭 〔586〕	くず	楠 〔745〕
きく	利 〔144〕	キョ	去 〔193〕		曲 〔614〕	くすのき	薬 〔1333〕
	聴 〔1227〕		居 〔378〕	ギョク	玉 〔957〕	くすり	管 〔1126〕
きさき	妃 〔316〕		巨 〔415〕		桐 〔693〕	くだ	下 〔4〕
きざす	萠 〔1302〕		欅 〔792〕	きり	霧 〔1604〕	くだる	嵓 〔402〕
きざはし	階 〔1579〕		莒 〔1276〕	きりかぶ	檮 〔785〕	クチ	圀 〔1656〕
きし	岸 〔388〕		虚 〔1349〕	きる	切 〔138〕	くち	口 〔203〕
きじ	翟 〔1221〕		裾 〔1382〕	キン	勤 〔165〕	くちる	朽 〔632〕
	雉 〔1592〕		許 〔1397〕		琴 〔965〕		堀 〔276〕
きず	瑕 〔967〕		鉅 〔1525〕		筐 〔1129〕		嵓 〔402〕
きずく	築 〔1135〕	ギョ	御 〔488〕		芹 〔1263〕	くつ	杏 〔829〕
きた	北 〔171〕		漁 〔895〕		衿 〔1376〕	くつわ	轡 〔1456〕
きたえる	鍛 〔1541〕		魚 〔1659〕		近 〔1463〕	くに	国 〔249〕
きたる	来 〔644〕	きよい	浄 〔843〕		金 〔1513〕		邦 〔1489〕
キチ	吉 〔214〕		清 〔866〕		錦 〔1535〕		邑 〔1490〕
キツ	吉 〔214〕	キョウ	亨 〔40〕		靳 〔1612〕	くぬぎ	栩 〔707〕

音訓よみ姓のガイド　け

読み	漢字	番号		読み	漢字	番号		読み	漢字	番号		読み	漢字	番号
	椚	〔735〕			郡	〔1497〕			﨑	〔404〕			涸	〔873〕
	椣	〔784〕							嵯	〔405〕			湖	〔876〕
	櫟	〔789〕		**【け】**					巌	〔411〕			狐	〔942〕
くび	首	〔1643〕						ケン	健	〔95〕			皷	〔1012〕
くぼ	窪	〔1101〕		ケ	化	〔44〕			兼	〔124〕			祜	〔1061〕
くぼち	湟	〔885〕			仮	〔55〕			剣	〔150〕			胡	〔1234〕
くま	熊	〔926〕			家	〔354〕			劍	〔153〕			菰	〔1296〕
	隈	〔1581〕			懸	〔516〕			劔	〔155〕			虎	〔1348〕
くみ	組	〔1180〕			芥	〔1261〕			劒	〔156〕			袴	〔1378〕
くみする	与	〔8〕			閧	〔1563〕			堅	〔277〕			跨	〔1440〕
くむ	汲	〔819〕			毛	〔810〕			建	〔461〕			鼓	〔1714〕
	組	〔1180〕			下	〔4〕			懸	〔516〕		こ	児	〔111〕
くめ	粂	〔1151〕		ケ	兄	〔107〕			東	〔684〕			子	〔330〕
くも	雲	〔1599〕		ゲ	刑	〔140〕			権	〔768〕			木	〔627〕
くら	倉	〔90〕		ケイ	圭	〔253〕			犬	〔940〕			粉	〔1153〕
	庫	〔452〕			形	〔474〕			県	〔1021〕		ゴ	五	〔34〕
	蔵	〔1325〕			恵	〔505〕			研	〔1031〕			互	〔35〕
	鞍	〔1614〕			慶	〔514〕			硼	〔1047〕			伍	〔60〕
くらい	位	〔66〕			慧	〔515〕			筧	〔1124〕			午	〔176〕
くらべる	校	〔697〕			敬	〔565〕			絹	〔1186〕			呉	〔220〕
	比	〔809〕			景	〔606〕			縣	〔1206〕			吾	〔221〕
くり	栗	〔694〕			桂	〔696〕			萱	〔1305〕			後	〔485〕
くりや	厨	〔190〕			渓	〔862〕			蜷	〔1358〕			御	〔488〕
くる	来	〔644〕			畦	〔996〕			見	〔1386〕			期	〔624〕
	繰	〔1208〕			系	〔1164〕			賢	〔1431〕			梧	〔749〕
くるしい	苦	〔1269〕			経	〔1175〕			軒	〔1448〕			萓	〔1276〕
くるま	車	〔1445〕			茎	〔1270〕			釼	〔1518〕			護	〔1413〕
くるみ	梢	〔749〕			荊	〔1281〕			鍵	〔1540〕		こい	濃	〔906〕
くるわ	廓	〔458〕			薊	〔1335〕			間	〔1559〕			鯉	〔1669〕
	郭	〔1498〕			蛍	〔1353〕		ゲン	元	〔106〕		コウ	更	〔15〕
くれ	呉	〔220〕			計	〔1394〕			原	〔189〕			亘	〔36〕
	榑	〔763〕			谿	〔1418〕			厳	〔192〕			交	〔39〕
くれない	紅	〔1166〕			軽	〔1450〕			弦	〔469〕			倖	〔88〕
くれる	暮	〔610〕			邢	〔1492〕			彦	〔475〕			光	〔108〕
くろ	玄	〔953〕			閨	〔1563〕			愿	〔513〕			公	〔118〕
	緇	〔1199〕			鶏	〔1693〕			源	〔890〕			功	〔159〕
	黒	〔1710〕		ゲイ	迎	〔1464〕			玄	〔953〕			勾	〔168〕
くろうま	驪	〔1654〕			鯨	〔1671〕			現	〔963〕			厚	〔188〕
くろがね	鉄	〔1522〕		ケツ	欠	〔793〕			言	〔1393〕			口	〔203〕
くろこま	驪	〔1654〕			穴	〔1097〕			限	〔1569〕			向	〔215〕
くろみどり	騏	〔1653〕			結	〔1184〕							垢	〔263〕
くわ	桑	〔695〕			羯	〔1216〕		**【こ】**					塙	〔287〕
	棻	〔709〕			蕨	〔1328〕							好	〔314〕
	鍬	〔1539〕			血	〔1369〕		コ	古	〔207〕			孔	〔331〕
くわえる	加	〔158〕			月	〔619〕			孤	〔336〕			孝	〔334〕
クン	君	〔219〕		ゲツ	烟	〔919〕			庫	〔452〕			宏	〔343〕
	桾	〔720〕		けむり	煙	〔923〕			戸	〔523〕			尻	〔374〕
	薫	〔1330〕		けやき	欅	〔792〕			故	〔560〕			岡	〔386〕
	訓	〔1396〕		けら	螻	〔1364〕			枯	〔668〕			工	〔414〕
グン	群	〔1215〕		けわしい	巀	〔398〕			梧	〔749〕			巷	〔421〕
	軍	〔1447〕											幸	〔442〕

音訓よみ姓のガイド　　　　　　　　　　　　　　　さ

	広〔446〕	こえる	肥〔1233〕	こん	近〔1463〕	さいわい	倖〔88〕
	康〔456〕		越〔1437〕		紺〔1176〕		幸〔442〕
	弘〔467〕		趙〔1438〕	ゴン	厳〔192〕		祜〔1061〕
	後〔485〕	こおり	氷〔818〕		権〔768〕	さお	棹〔733〕
	恒〔501〕		郡〔1497〕		言〔1393〕	さか	坂〔258〕
	杠〔646〕	こがね	釖〔1526〕				阪〔1564〕
	杭〔651〕	コク	告〔222〕	【さ】		さかい	堺〔278〕
	杲〔657〕		国〔249〕				境〔289〕
	校〔697〕		石〔1030〕	サ	佐〔68〕		界〔988〕
	構〔757〕		穀〔1088〕		呰〔229〕	さかえる	栄〔664〕
	江〔820〕		鞫〔1159〕		嵯〔405〕	さかき	榊〔740〕
	洪〔841〕		谷〔1416〕		左〔416〕	さかだる	罇〔1211〕
	浩〔851〕		黒〔1710〕		沙〔824〕	さかな	肴〔1232〕
	港〔877〕	ここのつ	九〔26〕		瑳〔969〕		魚〔1659〕
	湟〔885〕	こころ	心〔491〕		砂〔1032〕	さからう	逆〔1468〕
	溝〔891〕	こころざす	志〔494〕		簑〔1139〕	さがる	下〔4〕
	甲〔981〕	こし	腰〔1239〕		簔〔1141〕	さかん	彭〔477〕
	畊〔990〕		輿〔1453〕		紗〔1169〕		旺〔589〕
	皇〔1009〕	こす	越〔1437〕		茶〔1285〕		昌〔592〕
	皋〔1010〕	こたえる	応〔492〕		蓑〔1317〕		盛〔1015〕
	硴〔1037〕	こだま	谺〔1417〕		鮓〔1663〕	さき	先〔110〕
	篁〔1134〕	コツ	扁〔402〕		坐〔257〕		崎〔400〕
	箕〔1138〕		忽〔497〕	ザ	座〔453〕		﨑〔404〕
	糠〔1160〕	こと	琴〔965〕		切〔138〕	さぎ	鷺〔1700〕
	紅〔1166〕	ごとく	如〔315〕	サイ	哉〔231〕	さきがけ	魁〔1658〕
	綱〔1190〕	ことぶき	寿〔365〕		妻〔319〕	サク	作〔69〕
	縞〔1203〕	こな	粉〔1153〕		崔〔401〕		朔〔622〕
	耕〔1224〕		麹〔1159〕		彩〔476〕		柵〔669〕
	肱〔1231〕	この	斯〔577〕		才〔527〕		柞〔686〕
	肴〔1232〕	このむ	好〔314〕		斉〔571〕		簀〔1142〕
	興〔1246〕	こま	狛〔943〕		斎〔572〕		索〔1167〕
	荒〔1282〕		駒〔1650〕		最〔617〕	さく	咲〔232〕
	藁〔1339〕	こまかい	細〔1177〕		柴〔670〕	さくら	桜〔700〕
	虹〔1351〕	こむ	込〔1460〕		栽〔699〕	さけ	酒〔852〕
	行〔1371〕	こめ	米〔1150〕		歳〔802〕		鮭〔1666〕
	邢〔1492〕	こめあげざる	籭〔1148〕		祭〔1062〕	さげる	提〔547〕
	鈎〔1519〕	こめる	篭〔1137〕		穄〔1096〕	さこ	垳〔269〕
	降〔1571〕		込〔1460〕		簑〔1139〕	ささ	笹〔1112〕
	香〔1644〕	こも	薦〔1331〕		簔〔1141〕	ささえる	支〔557〕
	高〔1655〕	これ	斯〔577〕		紲〔1174〕	ささげる	捧〔545〕
	鮫〔1667〕			是〔596〕		細〔1177〕	さざなみ	漣〔894〕
	鴻〔1691〕			此〔799〕		蓑〔1317〕	さす	刺〔145〕
	黄〔1709〕	ころがす	転〔1449〕		蔡〔1323〕		指〔538〕
こう	縅〔1209〕	ころぶ	転〔1449〕		裁〔1380〕	さだめる	定〔350〕
ゴウ	請〔1406〕	ころも	衣〔1374〕		西〔1384〕	サツ	札〔628〕
	剛〔151〕	コン	今〔46〕		財〔1425〕		梓〔738〕
	合〔216〕		建〔461〕		采〔1507〕		蔡〔1323〕
	轟〔1455〕		昆〔590〕		齋〔1716〕		薩〔1337〕
こうじ	糀〔1158〕		根〔698〕	ザイ	在〔254〕		颯〔1629〕
	麹〔1707〕		渾〔886〕		財〔1425〕	ザツ	雑〔1593〕
こうぞ	楮〔751〕		紺〔1176〕				皋〔1010〕
						さつき	

読み	漢字		読み	漢字		読み	漢字		読み	漢字
さと	里 〔1509〕			支 〔557〕		じ	路 〔1442〕		しのぶ	忍 〔495〕
さとい	慧 〔515〕			斯 〔577〕		しあわせ	幸 〔442〕		しば	柴 〔670〕
さば	鯖 〔1665〕			施 〔581〕		しい	椎 〔727〕			芝 〔1264〕
	鯖 〔1672〕			枝 〔652〕		しお	塩 〔284〕		しぶい	渋 〔863〕
さばく	裁 〔1380〕			柿 〔666〕			汐 〔821〕		しま	島 〔395〕
さむい	寒 〔360〕			柴 〔670〕			潮 〔902〕			嶋 〔407〕
さめ	鮫 〔1667〕			枳 〔685〕		しか	鹿 〔1702〕			嶌 〔408〕
さめる	冷 〔130〕			梓 〔710〕		しがらみ	柵 〔669〕			洲 〔842〕
	覚 〔1388〕			止 〔798〕		シキ	式 〔464〕			縞 〔1203〕
さら	更 〔15〕			此 〔799〕			織 〔1207〕		しみる	染 〔671〕
	皿 〔1013〕			氏 〔812〕			色 〔1256〕		しめす	示 〔1050〕
さる	去 〔193〕			泗 〔839〕		しぎ	鴫 〔1690〕		しめる	占 〔184〕
	猿 〔950〕			漸 〔905〕		ジキ	直 〔1020〕			締 〔1201〕
	申 〔982〕			獅 〔951〕			食 〔1631〕		しも	下 〔4〕
さわ	沢 〔825〕			矢 〔1027〕		しく	敷 〔569〕			霜 〔1603〕
さわら	椹 〔752〕			砥 〔1034〕			鋪 〔1534〕		シャ	且 〔11〕
サン	三 〔5〕			示 〔1050〕		ジク	柚 〔682〕			射 〔367〕
	傘 〔97〕			祇 〔1054〕			竺 〔1108〕			捨 〔542〕
	参 〔194〕			祇 〔1060〕		しけ	絓 〔1185〕			柘 〔675〕
	山 〔382〕			私 〔1071〕		しげる	滋 〔878〕			沙 〔824〕
	杉 〔639〕			糸 〔1163〕			繁 〔1204〕			畲 〔998〕
	桟 〔701〕			紙 〔1168〕			茂 〔1275〕			砂 〔1032〕
	棧 〔731〕			紫 〔1178〕		しころ	錏 〔1537〕			社 〔1052〕
	産 〔979〕			緇 〔1199〕		しし	宍 〔344〕			紗 〔1169〕
	讃 〔1415〕			芝 〔1264〕			獅 〔951〕			舎 〔1247〕
ザン	塹 〔292〕			茨 〔1279〕		しずか	閑 〔1560〕			謝 〔1410〕
	残 〔803〕			詩 〔1399〕			静 〔1609〕			車 〔1445〕
				資 〔1429〕		しずく	滴 〔897〕			麝 〔1705〕
【し】				贄 〔1432〕			雫 〔1597〕		ジャ	邪 〔1493〕
				錫 〔1536〕		しずむ	沈 〔826〕			麝 〔1705〕
シ	仕 〔50〕			隧 〔1584〕		しずめる	鎮 〔1545〕		シャク	尺 〔373〕
	俟 〔87〕			飼 〔1634〕		した	下 〔4〕			杓 〔636〕
	刺 〔145〕		ジ	似 〔70〕		したがう	服 〔621〕			赤 〔1433〕
	司 〔208〕			児 〔111〕			随 〔1582〕			釈 〔1508〕
	史 〔209〕			地 〔255〕		したしい	親 〔1389〕			錫 〔1536〕
	只 〔212〕			墲 〔288〕		したたる	滴 〔897〕		ジャク	若 〔1271〕
	偕 〔229〕			字 〔333〕		シチ	七 〔2〕			雀 〔1587〕
	嗣 〔242〕			寺 〔364〕		シツ	執 〔271〕			鵲 〔1697〕
	四 〔244〕			慈 〔512〕			室 〔353〕		シュ	主 〔21〕
	墲 〔288〕			持 〔539〕			櫛 〔781〕			取 〔200〕
	始 〔320〕			時 〔599〕			漆 〔896〕			守 〔340〕
	姉 〔321〕			次 〔794〕			蛭 〔1354〕			手 〔528〕
	姿 〔325〕			治 〔830〕		ジツ	実 〔347〕			朱 〔633〕
	子 〔330〕			滋 〔878〕			日 〔584〕			酒 〔852〕
	巳 〔418〕			爾 〔933〕		しとみ	蔀 〔1321〕			狩 〔945〕
	市 〔423〕			壐 〔971〕		しな	品 〔233〕			珠 〔961〕
	師 〔431〕			示 〔1050〕			科 〔1074〕			種 〔1089〕
	志 〔494〕			自 〔1244〕		しなやか	靫 〔1611〕			籔 〔1148〕
	思 〔502〕			蒔 〔1314〕			篠 〔1140〕			諏 〔1405〕
	指 〔538〕			雉 〔1592〕		しのぐ	凌 〔131〕			首 〔1643〕
				餌 〔1636〕		しのだけ	篁 〔1129〕		ジュ	受 〔201〕

音訓よみ姓のガイド　　　　　　　　　　　す

	寿〔365〕	ショ	且〔11〕		相〔1022〕	しる	知〔1028〕
	樹〔777〕		初〔141〕		称〔1077〕	しるし	印〔186〕
シュウ	修〔89〕		所〔524〕		秤〔1079〕	しるす	記〔1395〕
	周〔225〕		曙〔612〕		章〔1104〕	しろ	城〔264〕
	執〔271〕		書〔615〕		笑〔1110〕		白〔1005〕
	宗〔348〕		杵〔650〕		笙〔1116〕	しろがね	銀〔1527〕
	嵩〔406〕		杼〔659〕		箱〔1132〕	しろみず	潘〔904〕
	帚〔428〕		疋〔1001〕		篠〔1140〕	シン	伸〔72〕
	揖〔548〕		緒〔1191〕		紹〔1179〕		信〔84〕
	柊〔678〕		葅〔1291〕		聖〔1226〕		岑〔385〕
	楢〔744〕		諸〔1404〕		荘〔1284〕		心〔491〕
	樹〔750〕	ジョ	助〔160〕		菖〔1297〕		振〔540〕
	洲〔842〕		女〔312〕		蛸〔1356〕		新〔578〕
	秀〔1072〕		如〔315〕		請〔1406〕		晋〔600〕
	秋〔1075〕		葅〔1291〕		象〔1422〕		森〔723〕
	烁〔1076〕		鋤〔1532〕		賞〔1430〕		榛〔758〕
	稙〔1092〕		除〔1572〕		邵〔1495〕		槇〔764〕
	習〔1219〕	ショウ	井〔33〕		鐘〔1549〕		津〔847〕
	舟〔1251〕		匠〔172〕		青〔1608〕		涔〔861〕
	萩〔1307〕		升〔177〕		鮏〔1666〕		深〔865〕
	葺〔1308〕		召〔210〕		鯖〔1672〕		申〔982〕
	衆〔1370〕		咲〔232〕		鵆〔1699〕		真〔1024〕
	袖〔1377〕		姓〔322〕	ジョウ	上〔6〕		神〔1056〕
	鍬〔1539〕		将〔368〕		乗〔24〕		秦〔1078〕
	集〔1589〕		小〔369〕		城〔264〕		親〔1389〕
	鷲〔1698〕		少〔370〕		定〔350〕		請〔1406〕
ジュウ	住〔71〕		尚〔371〕		帖〔427〕		辛〔1457〕
	充〔109〕		庄〔447〕		常〔433〕		辰〔1458〕
	十〔174〕		床〔448〕		情〔507〕		進〔1477〕
	廿〔462〕		摺〔551〕		成〔518〕		針〔1515〕
	戎〔517〕		敞〔567〕		曹〔602〕	ジン	人〔43〕
	渋〔863〕		昇〔591〕		条〔637〕		仁〔47〕
	重〔1510〕		昌〔592〕		杖〔638〕		儘〔104〕
シュク	宿〔357〕		晟〔603〕		浄〔843〕		塵〔290〕
	淑〔864〕		勝〔625〕		盛〔1015〕		壬〔295〕
	祝〔1055〕		松〔653〕		筬〔1125〕		榎〔752〕
	粛〔1228〕		枩〔658〕		縄〔1202〕		甚〔977〕
シュツ	出〔134〕		柴〔663〕		譲〔1414〕		神〔1056〕
ジュツ	戌〔519〕		栢〔688〕		邵〔1495〕		秦〔1078〕
	述〔1466〕		案〔721〕		静〔1609〕		稔〔1086〕
シュン	俊〔83〕		楠〔736〕		饒〔1642〕		荏〔1280〕
	春〔595〕		椙〔750〕	しょうぶ	菖〔1297〕		陣〔1573〕
	舛〔1249〕		楪〔754〕	ショク	埴〔272〕		靱〔1611〕
	隼〔1586〕		樟〔769〕		植〔722〕		
	駿〔1651〕		正〔800〕		殖〔804〕	【す】	
ジュン	巡〔413〕		沼〔831〕		織〔1207〕		
	楯〔741〕		焼〔921〕		色〔1256〕	ス	籔〔1148〕
	潤〔900〕		照〔924〕		食〔1631〕		素〔1170〕
	閏〔1557〕		牲〔939〕		飾〔1640〕		藪〔1341〕
	隼〔1586〕		妙〔954〕	しらべる	調〔1407〕		諏〔1405〕
	鶉〔1694〕		生〔978〕	しり	尻〔374〕		

音訓よみ姓のガイド

	須 [1621]	すすむ	晋 [600]		征 [481]	せまい	狭 [944]
す	簀 [1142]		進 [1477]		成 [518]	せまる	迫 [1467]
ズ	厨 [190]	すずめ	雀 [1587]		政 [561]	せり	芹 [1263]
	図 [248]	すすめる	勧 [166]		斉 [571]	セン	串 [18]
	杜 [642]		薦 [1331]		星 [597]		亘 [36]
	豆 [1420]	すそ	裾 [1382]		晴 [607]		仙 [51]
	逗 [1471]	すだれ	簾 [1146]		栖 [702]		先 [110]
	頭 [1623]	すてる	捨 [542]		棲 [725]		千 [175]
スイ	吹 [223]	すな	砂 [1032]		楠 [736]		占 [184]
	垂 [260]	すなわち	乃 [22]		正 [800]		塹 [292]
	崔 [401]		即 [187]		歳 [802]		川 [412]
	悴 [496]	すのこ	椣 [754]		清 [866]		扇 [526]
	忰 [508]	すばしこい	趙 [1438]		牲 [939]		揃 [546]
	椎 [727]	すばる	昴 [598]		生 [978]		撰 [552]
	梓 [738]	すべて	凡 [132]		盛 [1015]		染 [671]
	水 [815]		渾 [886]		筬 [1125]		栴 [703]
	炊 [915]		総 [1192]		聖 [1226]		栫 [708]
	燧 [932]	すべる	滑 [888]		西 [1384]		桟 [731]
	穂 [1091]	すみ	炭 [917]		請 [1406]		楠 [736]
	翠 [1220]		角 [1391]		青 [1608]		樽 [773]
ズイ	瑞 [966]		隅 [1580]		静 [1609]		泉 [844]
	随 [1582]		墨 [1711]		鮏 [1666]		浅 [845]
スウ	嵩 [406]	すみやか	速 [1473]		鯖 [1672]		洗 [846]
	数 [568]	すむ	住 [71]		齋 [1716]		湶 [887]
	雛 [1594]		栖 [702]	せい	背 [1235]		煎 [925]
すえ	季 [335]		棲 [725]	ゼイ	税 [1084]		笘 [1115]
	末 [630]		澄 [901]		説 [1402]		筌 [1122]
	陶 [1576]	すめらぎ	皇 [1009]	せがれ	悴 [496]		箭 [1131]
すがた	姿 [325]	すもも	李 [645]		忰 [508]		舛 [1249]
すき	鋤 [1532]	する	摺 [551]	セキ	皆 [229]		舩 [1253]
すぎ	杉 [639]		摩 [555]		尺 [373]		船 [1254]
	枌 [649]	すわる	坐 [257]		汐 [821]		苫 [1273]
	椙 [724]		座 [453]		潟 [898]		薦 [1331]
すくう	救 [563]	スン	寸 [363]		石 [1030]		銭 [1528]
すくない	少 [370]				碩 [1040]	ゼン	全 [61]
すぐれる	俊 [83]	【せ】			積 [1094]		前 [148]
	優 [105]				赤 [1433]		善 [241]
すけ	介 [45]	セ	世 [13]		跡 [1441]		禅 [1063]
	佐 [68]		勢 [167]		蹟 [1705]		膳 [1240]
すげ	菅 [1298]		崔 [401]	せき	関 [1562]	ぜん	膳 [1240]
すこし	少 [370]		施 [581]	セチ	薛 [1336]		
すこやか	健 [95]		瀬 [910]	セツ	切 [138]	【そ】	
すし	鮓 [1663]		畝 [991]		折 [530]		
すじ	条 [637]		背 [1235]		摂 [550]	ソ	岨 [390]
すず	鈴 [1524]	ゼ	是 [596]		椴 [687]		徂 [484]
	錫 [1536]	セイ	世 [13]		節 [1123]		曽 [604]
	鐸 [1551]		井 [33]		薛 [1336]		曾 [618]
すすき	薄 [1332]		制 [146]		設 [1398]		疋 [1001]
すずき	鱸 [1679]		勢 [167]		説 [1402]		祖 [1057]
すすぐ	雪 [1598]		姓 [322]		雪 [1598]		素 [1170]
すずしい	涼 [871]			ぜに	銭 [1528]		

音訓よみ姓のガイド　　　　　　　　　　　　　　　　た

	組 [1180]	ソク	側 [96]		詫 [1401]		櫂 [787]
	蘇 [1342]		則 [149]		陀 [1566]		沢 [825]
	鼠 [1715]		即 [187]		駄 [1649]		翟 [1221]
ソウ	倉 [90]		息 [506]	た	田 [983]		鐸 [1551]
	僧 [100]		束 [640]	ダ	打 [529]	たく	炊 [915]
	双 [197]		足 [1439]		柁 [672]	たぐい	疇 [1000]
	宋 [345]		速 [1473]		梛 [718]	たくみ	匠 [172]
	宗 [348]	ゾク	属 [381]		陀 [1566]		工 [414]
	帚 [428]		粟 [1156]		駄 [1649]	たけ	岳 [387]
	惣 [509]		続 [1187]	タイ	代 [53]		嶽 [410]
	掃 [543]	そだてる	育 [1230]		台 [211]		竹 [1107]
	操 [556]	ソツ	卒 [179]		堆 [273]	たけし	武 [801]
	早 [587]		椊 [738]		大 [304]	たけのこ	筍 [1129]
	曺 [602]		率 [955]		太 [305]	たこ	蛸 [1356]
	曽 [604]	そで	袖 [1377]		対 [366]	たす	足 [1439]
	曹 [616]	そと	外 [300]		帯 [432]	たすける	介 [45]
	曾 [618]	そなえる	供 [81]		待 [486]		佐 [68]
	桑 [695]		備 [98]		戴 [522]		助 [160]
	棗 [709]		具 [121]		泰 [853]		扶 [533]
	棘 [732]	その	其 [122]		碓 [1038]		祐 [1059]
	槍 [759]		園 [250]		袋 [1379]		禹 [1069]
	湊 [883]		苑 [1267]		釱 [1526]	ただ	只 [212]
	相 [1022]		薗 [1329]		黛 [1712]		唯 [237]
	窓 [1100]	そば	岨 [390]	ダイ	乃 [22]	ただし	但 [73]
	笙 [1116]	そま	杣 [647]		代 [53]	ただしい	正 [800]
	箱 [1132]	そむく	背 [1235]		内 [126]	ただちに	直 [1020]
	籔 [1148]	そめる	染 [671]		台 [211]	ダチ	達 [1479]
	糟 [1161]	そら	宙 [349]		大 [304]	たちばな	橘 [775]
	総 [1192]		空 [1098]		弟 [468]	たちまち	忽 [497]
	繰 [1208]		穹 [1099]		醍 [1505]	タツ	獺 [952]
	岬 [1258]	そる	反 [198]	たいら	平 [440]		達 [1479]
	草 [1283]	それ	其 [122]	たえ	妙 [317]	たつ	立 [1102]
	荘 [1284]	そろえる	揃 [546]		妙 [954]		竜 [1103]
	蒼 [1315]	ソン	孫 [337]	たお	垰 [266]		裁 [1380]
	薮 [1334]		巽 [422]	たか	鷹 [1701]		辰 [1458]
	藪 [1341]		村 [641]	たかい	喬 [239]		龍 [1717]
	藻 [1343]		栫 [708]		堯 [283]	ダツ	獺 [952]
	走 [1435]		樽 [778]		嵩 [406]	たつみ	巽 [422]
	鎗 [1544]		繕 [1210]		敵 [567]	たて	楯 [741]
	霜 [1603]		郯 [1491]		高 [1655]	たで	蓼 [1324]
	颯 [1629]		鐏 [1550]	たがい	互 [35]	たていと	経 [1175]
	鯵 [1678]			たかむら	筥 [1134]	たてる	建 [461]
そう	副 [152]	【た】		たがやす	畊 [990]	たな	店 [449]
ゾウ	増 [291]				耕 [1224]		棚 [726]
	蔵 [1325]	タ	他 [52]	たから	宝 [351]	たに	峪 [399]
	象 [1422]		佗 [78]	たき	滝 [892]		渓 [862]
	造 [1472]		侘 [82]		瀧 [911]		磎 [1047]
	雑 [1593]		多 [301]	タク	宅 [341]		谷 [1416]
そうじて	惣 [509]		太 [305]		度 [451]	たにがわ	谿 [1418]
そえる	添 [868]		柁 [672]		拓 [535]	たね	種 [1089]
そぎ	枌 [660]				椋 [733]	たのしい	楽 [739]

たのむ	頼 [1624]		知 [1028]		町 [986]	つくだ	佃 [74]
	馮 [1646]		置 [1212]		笠 [1115]	つくる	作 [69]
たのもしい	頼 [1624]		遅 [1480]		聴 [1227]		造 [1472]
たば	束 [640]		雉 [1592]		蔦 [1322]	つげ	柘 [675]
たばこ	莨 [1293]		馳 [1647]		蝶 [1360]	つげる	告 [222]
たび	度 [451]	ち	千 [175]		調 [1407]	つじ	辻 [1461]
	旅 [582]		血 [1369]		趙 [1438]	つた	蔦 [1322]
たふ	枌 [734]	ちいさい	小 [369]		重 [1510]	つたわる	伝 [63]
たぶ	枌 [734]		妙 [954]		釣 [1517]	つち	土 [251]
たべる	食 [1631]	ちかい	近 [1463]		長 [1555]		槌 [742]
たま	圭 [253]	ちがう	違 [1486]		頂 [1620]	つづく	続 [1187]
	玉 [957]	ちから	力 [157]		鳥 [1680]	つつしむ	愿 [513]
	珠 [961]	チク	竹 [1107]	ちょう	蝶 [1360]		祇 [1060]
たまう	給 [1183]		筑 [1117]	チョク	勅 [161]		粛 [1228]
たみ	民 [813]		築 [1135]		直 [1020]	つつみ	堤 [280]
ため	為 [916]	ちしゃ	萵 [1276]		筋 [1640]		隄 [1584]
ためる	溜 [893]	ちち	乳 [28]	ちり	塵 [290]	つづみ	鼓 [1012]
たもつ	保 [85]	ちなむ	因 [245]	チン	椿 [743]		鼓 [1714]
たよる	頼 [1624]	ちまた	巷 [421]		橲 [752]	つつむ	包 [170]
たる	樽 [778]	チャ	茶 [1285]		沈 [826]	つづる	綴 [1193]
	繡 [1210]	ちゃ	茶 [1285]		珍 [959]	つどう	集 [1589]
たれる	垂 [260]	チャク	箸 [1127]		砧 [1033]	つとめる	務 [164]
たわら	俵 [93]	チュウ	丑 [9]		鎮 [1545]		勤 [165]
タン	丹 [20]		中 [17]		陳 [1575]	つな	綱 [1190]
	但 [73]		仲 [62]			つね	常 [433]
	反 [198]		沖 [129]	**【つ】**			恒 [501]
	旦 [585]		厨 [190]			つの	角 [1391]
	榑 [773]		宙 [349]	ツ	都 [1500]	つばき	椿 [743]
	檀 [782]		昼 [380]	ッ	津 [847]	つばめ	燕 [930]
	段 [805]		忠 [498]	ツイ	堆 [273]	つぶ	粒 [1155]
	淡 [867]		柱 [673]		対 [366]	つぼ	坪 [261]
	湛 [879]		沖 [823]		椎 [727]	つぼね	局 [376]
	炭 [917]		疇 [1000]		槌 [742]	つま	妻 [319]
	端 [1106]		虫 [1350]		追 [1469]	つむ	積 [1094]
	譚 [1412]		鋳 [1533]	ついたち	朔 [622]	つむぐ	紡 [1172]
	鍛 [1541]	チョ	杼 [659]	ツウ	通 [1474]	つめたい	冷 [130]
ダン	団 [246]		楮 [751]	つえ	杖 [638]	つゆ	露 [1605]
	榑 [773]		樗 [770]	つか	塚 [279]	つよい	剛 [151]
	檀 [782]		猪 [947]		柄 [679]		姜 [327]
	段 [805]		箸 [1127]	つが	栂 [674]		強 [471]
	灘 [912]		緒 [1191]	つがい	番 [997]	つら	面 [1610]
	男 [985]		苧 [1272]	つかえる	仕 [50]	つらい	辛 [1457]
	譚 [1412]		苧 [1291]	つかさ	曹 [602]	つらなる	連 [1475]
		チョウ	丁 [3]	つかさどる	司 [208]	つらぬく	貫 [1426]
【ち】			塚 [279]	つき	月 [619]	つる	弦 [469]
			帖 [427]		槻 [771]		釣 [1517]
チ	値 [91]		張 [472]	つぎ	次 [794]		鴛 [1606]
	地 [255]		朝 [626]	つきる	漸 [905]		鵠 [1607]
	池 [822]		楪 [754]	つく	附 [1568]		鶴 [1695]
	治 [830]		澄 [901]	つぐ	嗣 [242]	つるぎ	剣 [150]
			潮 [902]				剱 [153]

音訓よみ姓のガイド　な

	劔 〔155〕		淀 〔870〕		湯 〔881〕	との	殿 〔806〕
	劒 〔156〕		転 〔1449〕		濤 〔907〕	どの	殿 〔806〕
	釼 〔1518〕		鎮 〔1545〕		登 〔1004〕	とのえる	調 〔1407〕
		デン	伝 〔63〕		禱 〔1068〕	とばり	帷 〔434〕
【て】			佃 〔74〕		稲 〔1087〕	とぶ	飛 〔1630〕
			殿 〔806〕		等 〔1118〕	とま	苫 〔1273〕
て	手 〔528〕		淀 〔870〕		納 〔1171〕	とまる	泊 〔834〕
テイ	丁 〔3〕		田 〔983〕		藤 〔1340〕	とむ	冨 〔128〕
	堤 〔280〕				豆 〔1420〕		富 〔361〕
	定 〔350〕	【と】			逗 〔1471〕	とめる	止 〔798〕
	庭 〔454〕				鄧 〔1503〕		留 〔994〕
	弟 〔468〕	ト	兎 〔112〕		陶 〔1576〕	とも	友 〔199〕
	提 〔547〕		吐 〔217〕		頭 〔1623〕		鞆 〔1613〕
	梯 〔714〕		図 〔248〕	とう	問 〔236〕	ともえ	巴 〔419〕
	楨 〔755〕		塗 〔285〕	ドウ	働 〔101〕	ともがら	曹 〔602〕
	汀 〔817〕		杜 〔642〕		堂 〔274〕		輩 〔1451〕
	砥 〔1034〕		渡 〔880〕		洞 〔848〕	ともなう	伴 〔76〕
	碇 〔1039〕		登 〔1004〕		童 〔1105〕	とら	寅 〔358〕
	禎 〔1064〕		莵 〔1292〕		道 〔1481〕		虎 〔1348〕
	程 〔1085〕		菟 〔1306〕		銅 〔1529〕	とり	酉 〔1504〕
	締 〔1201〕		都 〔1500〕	とうげ	峠 〔392〕		鳥 〔1680〕
	貞 〔1424〕			とうとい	貴 〔1428〕	とる	取 〔200〕
	鄭 〔1502〕	と	戸 〔523〕	とお	十 〔174〕		執 〔271〕
	釘 〔1516〕	ド	土 〔251〕	とおい	遠 〔1487〕	どろ	泥 〔832〕
	錣 〔1537〕		奴 〔313〕	とおす	通 〔1474〕	トン	敦 〔566〕
	隈 〔1584〕		度 〔451〕	とが	科 〔1074〕		通 〔1482〕
	鼎 〔1713〕	といし	砥 〔1034〕	とき	時 〔599〕		頓 〔1622〕
		トウ	党 〔114〕		炑 〔1076〕		呑 〔224〕
デイ	泥 〔832〕		兜 〔115〕		鴇 〔1685〕	ドン	
てがみ	東 〔684〕		刀 〔136〕	トク	得 〔487〕	どんぐり	杼 〔659〕
テキ	滴 〔897〕		到 〔147〕		徳 〔490〕		
	的 〔1007〕		唐 〔235〕		惪 〔510〕	【な】	
	笛 〔1113〕		塔 〔281〕		禿 〔1073〕		
	羅 〔1162〕		塘 〔286〕		篤 〔1136〕	ナ	奈 〔310〕
	翟 〔1221〕		冬 〔298〕		解 〔1392〕		梛 〔718〕
	荻 〔1287〕		島 〔395〕	とく	説 〔1402〕		那 〔1488〕
	鏑 〔1548〕		嶋 〔407〕		研 〔1031〕	な	名 〔218〕
てすり	欄 〔791〕		嶌 〔408〕	とぐ	読 〔1403〕	ナイ	乃 〔22〕
テツ	暖 〔999〕		当 〔473〕	ドク	融 〔1361〕		内 〔126〕
	綴 〔1193〕		投 〔531〕	とける	解 〔1392〕	ない	無 〔922〕
	轍 〔1454〕		東 〔654〕		床 〔448〕	なえ	苗 〔1274〕
	鉄 〔1522〕		桐 〔693〕	とこ	所 〔524〕	なお	猶 〔949〕
	鐵 〔1537〕		桃 〔704〕	ところ	年 〔441〕	なおす	直 〔1020〕
	寺 〔364〕		桶 〔711〕	とし	歳 〔802〕	なか	中 〔17〕
てら	照 〔924〕		棟 〔728〕		綴 〔1193〕		仲 〔62〕
てらす	出 〔134〕		棹 〔733〕	とじる	栃 〔648〕	ながい	永 〔816〕
でる	典 〔123〕		樋 〔760〕	とち	櫔 〔676〕		長 〔1555〕
テン	天 〔306〕		檮 〔785〕	とどまる	留 〔994〕	ながたに	籠 〔1419〕
	店 〔449〕		權 〔787〕		逗 〔1471〕	なかば	半 〔178〕
	殿 〔806〕		沓 〔829〕	とどろく	轟 〔1455〕		央 〔308〕
	添 〔868〕		涛 〔854〕	となえる	称 〔1077〕	ながれる	流 〔859〕

音訓よみ姓のガイド

なぎ	梛	〔718〕	におう	匂	〔169〕	ねこ	猫	〔948〕	【は】	
なぎさ	汀	〔817〕	にごる	渾	〔886〕	ねずみ	鼠	〔1715〕		
なく	鳴	〔1684〕	にし	西	〔1384〕	ねずみもち	槙	〔755〕	ハ	巴 〔419〕
なぐ	凪	〔133〕	にじ	虹	〔1351〕	ネツ	熱	〔927〕		播 〔553〕
なげる	投	〔531〕	にしき	錦	〔1535〕	ねや	閨	〔1563〕		波 〔833〕
なごむ	和	〔227〕	にじゅう	廿	〔462〕	ねる	練	〔1198〕		玻 〔960〕
なさけ	情	〔507〕	ニチ	日	〔584〕	ネン	年	〔441〕		破 〔1035〕
なし	梨	〔716〕	にな	蜷	〔1358〕		鯰	〔1673〕		磲 〔1046〕
なす	為	〔916〕		螺	〔1363〕				は	坪 〔265〕
なた	鉈	〔383〕	になう	荷	〔1288〕	【の】				葉 〔1309〕
なだ	洋	〔849〕	ニュウ	乳	〔28〕				バ	瑪 〔970〕
	灘	〔912〕		入	〔116〕	の	乃	〔22〕		墓 〔1362〕
なつ	夏	〔299〕		廿	〔462〕		埜	〔275〕		馬 〔1645〕
なつめ	棗	〔732〕	ニョ	如	〔315〕		野	〔1511〕	ハイ	拝 〔536〕
なでる	撫	〔554〕	ニョウ	饒	〔1642〕	ノウ	濃	〔906〕		稗 〔1090〕
など	等	〔1118〕	にら	韭	〔1617〕		納	〔1171〕		背 〔1235〕
ななつ	七	〔2〕	にる	似	〔70〕		能	〔1237〕		配 〔1319〕
なに	何	〔67〕	にれ	楡	〔753〕		農	〔1459〕		輩 〔1451〕
なべ	鍋	〔1542〕	にわ	庭	〔454〕	のがれる	遁	〔1482〕	はい	灰 〔914〕
なまぐさい	鮏	〔1666〕	にわか	霍	〔1601〕	のき	軒	〔1448〕	バイ	倍 〔92〕
なまず	鯰	〔1673〕	にわとり	鶏	〔1693〕	のぎ	禾	〔1070〕		唄 〔234〕
なまり	鉛	〔1521〕	ニン	人	〔43〕	のこる	残	〔803〕		売 〔297〕
なみ	並	〔16〕		仁	〔47〕	のす	熨	〔928〕		梅 〔705〕
	波	〔833〕		任	〔64〕	のぞく	除	〔1572〕		楳 〔746〕
	涛	〔854〕		壬	〔295〕	のぞむ	望	〔623〕		皿 〔1013〕
	浪	〔860〕		忍	〔495〕		莅	〔1290〕		貝 〔1423〕
	濤	〔907〕		稔	〔1086〕	のち	後	〔485〕	はいる	入 〔116〕
なめらか	滑	〔888〕		佺	〔1280〕	のっとる	則	〔149〕	はえる	映 〔594〕
なら	楢	〔744〕				のど	咽	〔230〕		栄 〔664〕
ならう	習	〔1219〕	【ぬ】			のばす	伸	〔72〕	はか	墳 〔293〕
ならべる	並	〔16〕					延	〔459〕	はがね	鉅 〔1525〕
なる	成	〔518〕	ヌ	奴	〔313〕	のびる	延	〔459〕	はかま	袴 〔1378〕
なわ	縄	〔1202〕	ぬう	縫	〔1205〕		禹	〔1069〕	はかり	秤 〔1079〕
なわて	畷	〔999〕	ぬか	糠	〔1160〕	のべる	述	〔1466〕	はかる	図 〔248〕
ナン	南	〔180〕	ぬく	抜	〔532〕		陳	〔1575〕		計 〔1394〕
	楠	〔745〕	ぬさ	幣	〔438〕	のぼる	上	〔6〕		量 〔1512〕
	難	〔1595〕	ぬし	主	〔21〕		昇	〔591〕	はぎ	萩 〔1307〕
なんじ	爾	〔933〕	ぬで	橷	〔779〕		昴	〔603〕		蘿 〔1347〕
なんぞ	瑕	〔967〕	ぬの	布	〔424〕		登	〔1004〕	ハク	伯 〔75〕
			ぬま	沼	〔831〕	のむ	呑	〔224〕		博 〔181〕
【に】			ぬる	塗	〔285〕	のり	典	〔123〕		柏 〔677〕
							矩	〔1029〕		栢 〔691〕
ニ	二	〔32〕	【ね】				範	〔1133〕		泊 〔834〕
	仁	〔47〕					紀	〔1165〕		狛 〔943〕
	児	〔111〕	ネ	祢	〔1058〕		範	〔1277〕		白 〔1005〕
	尼	〔375〕		禰	〔1067〕		規	〔1387〕		粕 〔1154〕
に	丹	〔20〕	ね	値	〔91〕	のる	乗	〔24〕		薄 〔1332〕
	荷	〔1288〕		根	〔698〕		騎	〔1652〕		迫 〔1467〕
にえ	贄	〔1432〕	ねがう	願	〔1627〕	のろし	燧	〔932〕		陌 〔1570〕
におい	鳰	〔1682〕	ねぐら	塒	〔288〕				はく	吐 〔217〕
										掃 〔543〕

音訓よみ姓のガイド　　　　　　　　　　　　　　ひ

バク	博 [181]	はな	花 [1260]		飯 [1632]	ひく	引 [466]
	幕 [436]		華 [1289]	バン	万 [7]		挽 [544]
	粕 [1181]	はなし	譚 [1412]		伴 [76]	ひげ	須 [1621]
	陌 [1570]	はなじる	泗 [839]		判 [142]	ひこ	彦 [475]
	麦 [1706]	はなつ	放 [559]		挽 [544]	ひさしい	久 [23]
はぐくむ	育 [1230]	はなはだしい	甚 [977]		板 [655]	ひし	棱 [737]
はげる	禿 [1073]	はなぶさ	英 [1266]		番 [997]		菱 [1299]
ばける	化 [44]	はなやか	華 [1289]		盤 [1017]	ひじ	肱 [1231]
はこ	函 [135]	はなわ	塙 [287]		磐 [1043]		臂 [1241]
	箱 [1132]	はに	埴 [272]		釆 [1506]	ひしぐ	颯 [1629]
はこぶ	運 [1478]	はね	羽 [1217]			ひしゃく	杓 [636]
はざま	垉 [269]	はねつるべ	桔 [692]	【ひ】		ひじり	聖 [1226]
	峡 [391]	はは	母 [807]			ひそかに	密 [359]
	硲 [1036]	はば	幅 [435]			ひたい	額 [1625]
はさむ	挟 [537]	ははそ	柞 [686]	ヒ	妃 [316]	ひたす	渻 [861]
はし	橋 [776]	はま	浜 [855]		妣 [318]	ひだり	左 [416]
	端 [1106]		濱 [908]		彼 [482]	ヒツ	匹 [173]
	箸 [1127]	はますげ	薜 [1336]		斐 [574]		筆 [1121]
はしご	梯 [714]	はやい	早 [587]		榧 [762]	ひつ	櫃 [786]
はしばみ	榛 [758]		速 [1473]		比 [809]	ひつじ	未 [631]
はじまる	始 [320]	はやし	林 [656]		皮 [1011]	ひと	人 [43]
はじめ	甫 [980]	はやて	颯 [1629]		碑 [1041]		仁 [47]
はじめて	初 [141]	はやぶさ	隼 [1586]		秘 [1080]	ひとしい	斉 [571]
はしら	柱 [673]	はら	原 [189]		緋 [1194]		等 [1118]
はしる	走 [1435]	はらむ	孕 [332]		肥 [1233]	ひとつ	一 [1]
はす	蓮 [1318]	はり	梁 [717]		臂 [1241]		壱 [296]
はず	筈 [1119]		針 [1515]		轡 [1456]	ひな	雛 [1594]
はぜ	栌 [661]	はる	張 [472]		飛 [1630]	ひのき	桧 [706]
	櫨 [790]		春 [595]		日 [584]		檜 [783]
はせる	馳 [1647]	はれる	晴 [607]		樋 [760]	ひのし	熨 [928]
はた	幡 [437]	ハン	伴 [76]		火 [913]	ひびく	響 [1619]
	旗 [583]		凡 [132]		陽 [1583]	ひめ	姫 [328]
	機 [774]		判 [142]	ビ	備 [98]	ひめる	秘 [1080]
	畑 [989]		半 [178]		尾 [377]	ヒャク	栢 [691]
	旛 [1147]		卞 [183]		弥 [470]		百 [1006]
はたけ	畑 [989]		反 [198]		梶 [712]	ヒョウ	俵 [93]
	畠 [992]		坂 [258]		眉 [1023]		兵 [120]
はたはた	鱩 [1677]		帆 [425]		美 [1213]		坪 [261]
はたらく	働 [101]		幡 [437]	ひいでる	秀 [1072]		標 [772]
ハチ	八 [117]		斑 [573]		英 [1266]		氷 [818]
	鉢 [1523]		板 [655]	ひいらぎ	柊 [678]		表 [1375]
はち	范 [1277]		潘 [904]	ひうち	燧 [932]		馮 [1646]
	蜂 [1357]		班 [962]	ひえる	稗 [1090]	ビョウ	猫 [948]
	鉢 [1523]		畔 [993]		冷 [130]		妙 [954]
バチ	秡 [1081]		磻 [1046]	ひがし	東 [654]		苗 [1274]
ハツ	発 [1002]		範 [1133]	ひかる	光 [108]	ひら	平 [440]
	秡 [1081]		繁 [1204]	ヒキ	匹 [173]	ひらく	拓 [535]
はつ	初 [141]		般 [1252]	ひき	匹 [173]		開 [1558]
バツ	抜 [532]		范 [1277]		疋 [1001]	ひる	昼 [380]
	筏 [1120]		釆 [1506]		甍 [1362]		蛭 [1354]
はと	鳩 [1681]		阪 [1564]	ひきいる	率 [955]	ひれ	鰭 [1676]

ひろい	博 [181]	ふえ	笛 [1113]		降 [1571]		畝 [991]	
	宏 [343]		笙 [1116]	ふるい	古 [207]		蒲 [1313]	
	広 [446]	ふえる	増 [291]	ふるさと	郷 [1499]		補 [1381]	
	弘 [467]	ふかい	泓 [838]	フン	分 [139]		鋪 [1534]	
	浩 [851]		深 [865]		墳 [293]	ほ	帆 [425]	
ひわ	鶸 [1697]	ふき	蕗 [1327]		粉 [660]		穂 [1091]	
ヒン	品 [233]	フク	伏 [65]		汾 [827]	ボ	暮 [610]	
	浜 [855]		副 [152]		粉 [1153]		母 [807]	
	濱 [908]		幅 [435]		鑰 [1538]	ホウ	包 [170]	
ビン	敏 [562]		復 [489]		鲼 [1660]		宝 [351]	
	瓶 [974]		服 [621]	ブン	分 [139]		峰 [396]	
	閔 [1561]		福 [1065]		文 [570]		峯 [397]	
			簸 [1130]		鲼 [1660]		彭 [477]	
【ふ】		ふく	吹 [223]				捧 [545]	
			葺 [1308]	**【へ】**			放 [559]	
		ふくろ	袋 [1379]				方 [579]	
フ	不 [10]	ふける	更 [15]	ヘイ	並 [16]		棚 [726]	
	冨 [128]		老 [1223]		兵 [120]		法 [835]	
	夫 [307]	ふご	畚 [995]		坪 [261]		泡 [836]	
	富 [361]	ふさ	房 [525]		塀 [282]		濱 [908]	
	巫 [417]		総 [1192]		幣 [438]		縫 [1205]	
	布 [424]		節 [1123]		平 [440]		芳 [1265]	
	府 [450]	ふし			柄 [679]		萠 [1302]	
	扶 [533]	ふじ	藤 [1340]		瓶 [974]		蓬 [1316]	
	敷 [569]	ふす	臥 [1243]		餅 [1637]		蕷 [1321]	
	斧 [576]	ふせご	篝 [1138]	へい	塀 [282]		蜂 [1357]	
	普 [608]	ふせる	伏 [65]	ベイ	米 [1150]		豊 [1421]	
	榑 [763]	ふた	双 [197]	ヘキ	壁 [294]		逢 [1470]	
	浮 [856]	ふだ	札 [628]		碧 [1042]		邦 [1489]	
	甫 [980]		楪 [754]	ベツ	別 [143]		飽 [1635]	
	符 [1114]	ふたつ	両 [14]	べに	紅 [1166]		鮑 [1664]	
	譜 [1411]		二 [32]	へや	青 [602]		鳳 [1683]	
	釜 [1514]	ふち	淵 [869]	へらす	蔡 [1323]		鴇 [1685]	
	鈇 [1520]		渕 [872]	へり	縁 [1200]		鳩 [1687]	
	阜 [1567]		縁 [1200]	へる	経 [1175]	ボウ	傍 [99]	
	附 [1568]		鰤 [1665]	ヘン	卞 [183]		卯 [185]	
	鮒 [1662]	プチ	鰤 [1665]		仏 [48]		坊 [259]	
ブ	不 [10]	フツ	仏 [48]		片 [934]		房 [525]	
	分 [139]	ブツ	物 [937]		辺 [1462]		昴 [598]	
	巫 [417]	ふで	筆 [1121]		返 [1465]		望 [623]	
	撫 [554]	ぶと	蟇 [1362]		遍 [1483]		棒 [729]	
	武 [801]	ふとい	太 [305]		釆 [1506]		牟 [936]	
	無 [922]	ふな	鮒 [1662]		卞 [183]		畝 [991]	
	舞 [1250]		舟 [1251]		弁 [463]		紡 [1172]	
	蕷 [1321]		舳 [1253]		鞭 [1615]		茅 [1268]	
	蕪 [1326]		船 [1254]	ベン			萠 [1302]	
	部 [1501]	ふみ	史 [209]				鋒 [1530]	
フウ	梵 [719]		文 [570]	**【ほ】**			鳩 [1687]	
	楓 [747]		籠 [1704]			ほうき	帚 [428]	
	風 [1628]	ふもと	麓 [1704]	ホ	保 [85]	ほお	朴 [634]	
	馮 [1646]	ふやす	殖 [804]		浦 [850]	ほか	他 [52]	
		ふゆ	冬 [298]		甫 [980]			
		ふる	振 [540]					

音訓よみ姓のガイド　　　　　　　　　　む

読み	漢字	番号		読み	漢字	番号		読み	漢字	番号		読み	漢字	番号
ほがらか	敏	〔567〕			帘	〔429〕		まゆ	眉	〔1023〕		みっつ	三	〔5〕
ホク	北	〔171〕			播	〔553〕		まゆずみ	黛	〔1712〕		みどり	碧	〔1042〕
ボク	卜	〔182〕			蒔	〔1314〕		まゆみ	檀	〔782〕			緑	〔1197〕
	木	〔627〕		まげる	曲	〔614〕		まり	毬	〔811〕			翠	〔1220〕
	朴	〔634〕		まご	孫	〔337〕		まる	丸	〔19〕		みな	皆	〔1008〕
	牧	〔938〕		まこと	真	〔1024〕		まるい	丸	〔19〕		みなしご	孤	〔336〕
	睦	〔1025〕		まこも	菰	〔1296〕			円	〔125〕		みなと	港	〔877〕
	穆	〔1095〕		まさ	柾	〔680〕			榑	〔773〕			湊	〔883〕
	墨	〔1711〕		まさに	将	〔368〕		まれ	希	〔426〕		みなみ	南	〔180〕
ほこ	鉾	〔1530〕			祇	〔1060〕			稀	〔1083〕		みなもと	源	〔890〕
ほし	星	〔597〕			鼎	〔1713〕		まわり	周	〔225〕		みね	岑	〔385〕
ほす	干	〔439〕		まさる	勝	〔625〕		まわる	廻	〔460〕			峰	〔396〕
ほぞ	梓	〔738〕		まじわる	交	〔39〕		マン	万	〔7〕			峯	〔397〕
ほそい	細	〔1177〕			崔	〔401〕			満	〔882〕			嶺	〔409〕
ほたる	蛍	〔1353〕			升	〔177〕						みの	簑	〔1139〕
ほど	程	〔1085〕		ます	増	〔291〕		【み】					蓑	〔1141〕
ほとけ	仏	〔48〕			枡	〔662〕							蓴	〔1317〕
ほどこす	施	〔581〕			桝	〔715〕						みのる	実	〔347〕
ほのお	焔	〔920〕			益	〔1014〕		ミ	味	〔226〕			稔	〔1086〕
ほまれ	誉	〔1400〕		まず	先	〔110〕			弥	〔470〕		みや	宮	〔355〕
ほめる	讃	〔1415〕		まぜる	絆	〔1174〕			未	〔631〕		みやこ	京	〔41〕
	賞	〔1430〕		また	俣	〔86〕			眉	〔1023〕			都	〔1500〕
ほら	洞	〔848〕			又	〔195〕		み	実	〔347〕		みやびやか	雅	〔1591〕
ほり	堀	〔276〕			復	〔489〕			巳	〔418〕		ミョウ	名	〔218〕
	塹	〔292〕		またぐ	跨	〔1440〕			箕	〔1128〕			妙	〔317〕
	湟	〔885〕		まだら	斑	〔573〕		みか	甕	〔975〕			明	〔593〕
ホン	本	〔629〕		まち	町	〔986〕		みがく	磨	〔1044〕			猫	〔948〕
	奔	〔995〕			街	〔1372〕			礪	〔1049〕			妙	〔954〕
	范	〔1277〕			陌	〔1570〕		みき	幹	〔443〕			苗	〔1274〕
ボン	凡	〔132〕			末	〔630〕		みぎ	右	〔204〕		みる	瞿	〔1026〕
	梵	〔719〕		マツ	俟	〔87〕		みこ	巫	〔417〕			見	〔1386〕
				まつ	待	〔486〕		みさお	操	〔556〕			観	〔1390〕
【ま】					松	〔653〕		みず	水	〔815〕		ミン	民	〔813〕
					枩	〔658〕			瑞	〔966〕			閔	〔1561〕
マ	摩	〔555〕			梥	〔663〕		みずうみ	湖	〔876〕				
	磨	〔1044〕			枌	〔688〕		みずから	自	〔1244〕		【む】		
	麻	〔1708〕			柬	〔721〕		みずのえ	壬	〔295〕				
ま	間	〔1559〕		まったく	全	〔61〕		みずのと	癸	〔1003〕		ム	務	〔164〕
マイ	埋	〔267〕		まっとうする	全	〔61〕		みせ	店	〔449〕			夢	〔303〕
	妹	〔323〕			完	〔342〕			鋪	〔1534〕			武	〔801〕
	毎	〔808〕		まつり	祭	〔1062〕		みぞ	溝	〔891〕			無	〔922〕
	米	〔1150〕		まつりごと	政	〔561〕		みぞごいさぎ	鳰	〔1687〕			牟	〔936〕
まいる	参	〔194〕		まと	的	〔1007〕		みそさざい	鷦	〔1699〕			蕪	〔1326〕
まう	舞	〔1250〕		まど	楪	〔754〕		みだれる	乱	〔27〕			鉾	〔1530〕
まえ	前	〔148〕			窓	〔1100〕			濫	〔909〕			霧	〔1604〕
まかせる	任	〔64〕		まぬかれる	免	〔113〕		みち	彭	〔477〕		むかう	向	〔215〕
まき	槇	〔764〕		まま	儘	〔104〕			路	〔1442〕		むかえる	迎	〔1464〕
	牧	〔938〕		まめ	豆	〔1420〕			道	〔1481〕		むぎ	麦	〔1706〕
マク	幕	〔436〕		まもる	守	〔340〕			陌	〔1570〕		むく	椋	〔730〕
まく	巻	〔420〕			衛	〔1373〕		みちる	満	〔882〕		むし	虫	〔1350〕
					護	〔1413〕		ミツ	密	〔359〕				

め　　　　　　　　　音訓よみ姓のガイド

むずかしい	難〔1595〕		穆〔1095〕		躍〔1444〕		有〔620〕
むすぶ	結〔1184〕	もく	杢〔643〕		鑰〔1554〕		柚〔682〕
むち	笞〔1115〕	もたらす	齎〔1716〕	やく	燒〔921〕		楢〔744〕
	鞭〔1615〕	もち	餅〔1637〕	やぐら	櫓〔788〕		涌〔857〕
むっつ	六〔119〕	モツ	物〔937〕	やさしい	優〔105〕		湧〔884〕
むつまじい	睦〔1025〕	もつ	持〔539〕		易〔588〕		熊〔926〕
むながい	靳〔1612〕	もって	以〔49〕	やしなう	養〔1638〕		猶〔949〕
むなしい	虚〔1349〕	もっとも	尤〔372〕	やしろ	社〔1052〕		由〔984〕
むね	宗〔348〕		最〔617〕	やすい	安〔338〕		祐〔1059〕
	棟〔728〕	もてあそぶ	翫〔1222〕		康〔456〕		融〔1361〕
	胸〔1236〕	もてなす	饗〔1641〕		廉〔457〕		遊〔1484〕
むら	村〔641〕	もと	元〔106〕	やすむ	休〔58〕		邑〔1490〕
	邑〔1490〕		本〔629〕	やつ	奴〔313〕		酉〔1504〕
	邨〔1491〕		素〔1170〕	やっこ	奴〔313〕		雄〔1590〕
むらさき	紫〔1178〕		資〔1429〕	やっつ	八〔117〕	ゆえ	故〔560〕
むらざと	邨〔1491〕	もとづく	基〔270〕	やつれる	悴〔508〕	ゆか	床〔448〕
むれ	群〔1215〕	もの	物〔937〕	やど	宿〔357〕	ゆき	雪〔1598〕
むろ	室〔353〕	ものいみ	斎〔572〕	やどる	舎〔1247〕	ゆく	彭〔477〕
		ものさし	尺〔373〕	やな	梁〔717〕		往〔480〕
【め】		もみ	籾〔1152〕		簗〔1143〕		征〔481〕
		もも	桃〔704〕	やなぎ	柳〔681〕		徃〔483〕
			百〔1006〕		柳〔689〕		徂〔484〕
メ	瑪〔970〕		杜〔642〕		楊〔748〕		行〔1371〕
	米〔1150〕	もり	森〔723〕	やぶ	薮〔1334〕	ゆず	柚〔682〕
め	目〔1019〕	もる	盛〔1015〕		藪〔1341〕	ゆずる	禅〔1063〕
メイ	名〔218〕	もろもろ	諸〔1404〕	やぶれる	破〔1035〕		譲〔1414〕
	明〔593〕	モン	問〔236〕	やま	山〔382〕	ゆたか	豊〔1421〕
	銘〔1531〕		文〔570〕	やまと	倭〔94〕		饒〔1642〕
	鳴〔1684〕		紋〔1173〕	やり	槍〔759〕	ゆび	指〔538〕
めぐむ	恵〔505〕		門〔1556〕		鎗〔1544〕	ゆみ	弓〔465〕
めぐる	巡〔413〕				鑓〔1552〕	ゆめ	夢〔303〕
めし	飯〔1632〕	【や】		やわらぐ	和〔227〕	ゆるす	許〔1397〕
めす	召〔210〕				龠〔998〕		
めずらしい	珍〔959〕				穆〔1095〕	【よ】	
めばえ	萠〔1302〕	ヤ	埜〔275〕				
メン	免〔113〕		夜〔302〕			ヨ	与〔8〕
	綿〔1195〕		耶〔1225〕	【ゆ】			余〔77〕
	面〔1610〕		邪〔1493〕				龠〔998〕
			野〔1511〕	ユ	埔〔268〕		誉〔1400〕
		や	哉〔231〕		楡〔753〕		興〔1453〕
【も】			家〔354〕		油〔837〕		
			屋〔379〕		瑜〔968〕	よ	世〔13〕
モ	茂〔1275〕		弥〔470〕	ゆ	湯〔881〕		代〔53〕
も	藻〔1343〕		矢〔1027〕	ユイ	唯〔237〕		夜〔302〕
モウ	望〔623〕		舘〔1248〕	ユウ	優〔105〕	よい	佳〔80〕
	毛〔810〕		館〔1639〕		勇〔162〕		吉〔214〕
	網〔1196〕		龠〔998〕		又〔195〕		善〔241〕
もうける	設〔1398〕	やかた	舘〔1248〕		友〔199〕		嘉〔243〕
もうす	申〔982〕		役〔479〕		右〔204〕		好〔314〕
もえる	萠〔1302〕	やきた	龠〔998〕		尤〔372〕		義〔1214〕
モク	木〔627〕	ヤク	櫟〔784〕		揖〔548〕		良〔1255〕
	目〔1019〕		益〔1014〕				
			薬〔1333〕				

音訓よみ姓のガイド　わ

ヨウ	埇 [268]		礼 [1051]		料 [575]		【ろ】	
	孕 [332]		疊 [1211]		梁 [717]			
	幼 [444]		菜 [1300]		椋 [730]	ロ	枦 [661]	
	揚 [549]		雷 [1600]		棱 [737]		櫓 [788]	
	曄 [611]		頼 [1624]		涼 [871]		櫨 [790]	
	曜 [613]	ラク	楽 [739]		漁 [895]		盧 [1018]	
	桶 [711]		落 [1310]		綾 [1189]		芦 [1259]	
	楊 [748]	ラン	乱 [27]		良 [1255]		蕗 [1327]	
	楪 [754]		嵐 [403]		菱 [1299]		蘆 [1346]	
	洋 [849]		欄 [791]		蓼 [1324]		路 [1442]	
	涌 [857]		濫 [909]		量 [1512]		鑪 [1553]	
	湧 [884]		藍 [1338]	リョク	力 [157]		露 [1605]	
	燁 [929]		蘭 [1344]		緑 [1197]		鱸 [1679]	
	腰 [1239]			リン	林 [656]		鷺 [1700]	
	葉 [1309]		【り】		藺 [1345]	ロウ	楞 [737]	
	要 [1385]				輪 [1452]		樏 [784]	
	踊 [1443]	リ	利 [144]		鈴 [1524]		櫟 [789]	
	陽 [1583]		李 [645]		錀 [1538]		浪 [860]	
	養 [1638]		梨 [716]				滝 [892]	
	鷹 [1701]		苙 [1290]		【る】		瀧 [911]	
ヨク	峪 [399]		裏 [1383]				狼 [946]	
	浴 [858]		里 [1509]	ル	流 [859]		篭 [1137]	
よくする	能 [1237]		鯉 [1669]		留 [994]		籠 [1149]	
よこ	横 [765]	リキ	力 [157]		籠 [1419]		老 [1223]	
よこしま	邪 [1493]	リク	六 [119]				朧 [1242]	
よし	由 [984]		蓼 [1324]		【れ】		眞 [1293]	
よっつ	四 [244]		陸 [1577]				螻 [1364]	
よどむ	淀 [870]	リツ	栗 [694]	レイ	冷 [130]		蠟 [1368]	
よね	米 [1150]		率 [955]		嶺 [409]		籠 [1419]	
よみがえる	蘇 [1342]		立 [1102]		礪 [1049]	ロク	六 [119]	
よむ	読 [1403]	リュウ	劉 [154]		礼 [1051]		篭 [1144]	
よもぎ	蓬 [1316]		柳 [681]		苙 [1290]		緑 [1197]	
よる	依 [79]		柳 [689]		蠣 [1367]		鹿 [1702]	
	因 [245]		流 [859]		鈴 [1524]		麓 [1704]	
	夜 [302]		溜 [893]		驪 [1654]	ロン	論 [1408]	
	寄 [356]		留 [994]		麗 [1703]			
	憑 [1646]		立 [1102]	レキ	樏 [784]		【わ】	
よろい	甲 [981]		竜 [1103]		櫟 [789]			
よろこぶ	喜 [238]		笠 [1111]	レン	帘 [429]	ワ	倭 [94]	
	怡 [499]		粒 [1155]		廉 [457]		和 [227]	
	慶 [514]		隆 [1578]		連 [894]		窪 [1101]	
	歓 [797]		龍 [1717]		簾 [1146]	わ	輪 [1452]	
よろしい	宜 [346]		旅 [582]		練 [1198]	ワイ	隈 [1581]	
よろず	万 [7]		盧 [1018]		蓮 [1318]	わかい	若 [1271]	
		リョ			連 [1475]	わかれる	別 [143]	
	【ら】	リョウ	両 [14]		鎌 [1543]	わき	脇 [1238]	
			了 [31]			わきまえる	弁 [463]	
ラ	螺 [1363]		亮 [42]			わく	涌 [857]	
ライ	来 [644]		凌 [131]				湧 [884]	
	瀬 [910]		寮 [362]			わける	分 [139]	
			嶺 [409]					

わし	鷲〔1698〕
わた	綿〔1195〕
わたくし	私〔1071〕
わだち	軌〔1446〕
	轍〔1454〕
わたる	渡〔880〕
わに	鰐〔1674〕
わびしい	侘〔82〕
わびる	詫〔1401〕
わら	藁〔1339〕
わらう	笑〔1110〕
わらび	蕨〔1328〕
わらべ	童〔1105〕
わりふ	符〔1114〕
われ	吾〔221〕
	我〔520〕

部首・総画順

姓のガイド

（1）本文の親字（姓の先頭第一漢字）を部首順に排列して、その親字の本文での一連番号を〔　〕に囲んで示した。
（2）同じ部首内の漢字は総画数順に排列した。

詩集・由紀

薔薇の下で

部首・総画順姓のガイド

部首1画

一部
- 一 [1]
- 七 [2]
- 丁 [3]
- 下 [4]
- 三 [5]
- 上 [6]
- 万 [7]
- 与 [8]
- 丑 [9]
- 不 [10]
- 且 [11]
- 丘 [12]
- 世 [13]
- 両 [14]
- 更 [15]
- 並 [16]

｜部
- 中 [17]
- 串 [18]

丶部
- 丸 [19]
- 丹 [20]
- 主 [21]

ノ部
- 乃 [22]
- 久 [23]
- 乗 [24]

乙部
- 乙 [25]
- 九 [26]
- 乱 [27]
- 乳 [28]
- 乾 [29]
- 亀 [30]

亅部
- 了 [31]

部首2画

二部
- 二 [32]
- 井 [33]
- 五 [34]
- 互 [35]
- 亘 [36]
- 亜 [37]

亠部
- 亥 [38]
- 交 [39]
- 亨 [40]
- 京 [41]
- 亮 [42]

人部
- 人 [43]
- 化 [44]
- 今 [45]
- 仁 [46]
- 仏 [47]
- 以 [48]
- 仕 [49]
- 仙 [50]
- 他 [51]
- 代 [52]
- 伊 [53]
- 仮 [54]
- 会 [55]
- 伎 [56]
- 仰 [57]
- 伍 [58]
- 全 [59]
- 仲 [60]
- 伝 [61]
- 任 [62]
- 伏 [63]
- 位 [64]
- 何 [65]
- 佐 [66]
- 作 [67]
- 似 [68]
- 住 [69]
- 伸 [70]
- 但 [71]
- 佃 [72]
- 伯 [73]
- 伴 [74]
- 佘 [75]
- 佗 [76]
- 依 [77]
- 佳 [78]
- 供 [79]
- 侘 [80]
- 俊 [81]
- 信 [82]
- 保 [83]
- 俣 [84]
- 侯 [85]
- 倖 [86]
- 修 [87]
- 倉 [88]
- 値 [89]
- 倍 [90]
- 俵 [91]
- 倭 [92]
- 健 [93]
- 側 [94]
- 傘 [95]
- 備 [96]
- 傍 [97]
- 僧 [98]
- 働 [99]
- 億 [100]
- 儀 [101]
- 儘 [102]
- 優 [103]

儿部
- 元 [104]
- 兄 [105]
- 光 [106]
- 充 [107]
- 先 [108]
- 児 [109]
- 兎 [110]
- 免 [111]
- 党 [112]
- 兜 [113]

入部
- 入 [114]

八部
- 八 [115]
- 公 [116]
- 六 [117]
- 兵 [118]
- 具 [119]
- 其 [120]
- 典 [121]
- 兼 [122]

冂部
- 円 [123]
- 内 [124]

冖部
- 冠 [125]
- 冨 [126]

冫部
- 冲 [127]
- 冷 [128]
- 凌 [129]

几部
- 凡 [130]
- 凪 [131]

凵部
- 出 [132]
- 函 [133]

刀部
- 刀 [134]
- 刈 [135]
- 切 [136]
- 分 [137]
- 刑 [138]
- 初 [139]
- 判 [140]
- 別 [141]
- 利 [142]
- 刺 [143]
- 制 [144]
- 到 [145]
- 前 [146]
- 則 [147]
- 剣 [148]
- 剛 [149]
- 副 [150]
- 剱 [151]
- 劉 [152]
- 劒 [153]
- 劍 [154]
- 劔 [155]

力部
- 力 [156]
- 加 [157]
- 功 [158]
- 助 [159]
- 勅 [160]
- 勇 [161]
- 勘 [162]
- 務 [163]
- 勤 [164]
- 勧 [165]
- 勢 [166]

勹部
- 勾 [167]
- 匂 [168]
- 包 [169]

匕部
- 北 [170]

匚部
- 匠 [171]

匸部
- 匹 [172]

十部
- 十 [173]
- 千 [174]
- 午 [175]
- 升 [176]
- 半 [177]
- 卒 [178]
- 南 [179]
- 博 [180]

卜部
- 卜 [181]
- 卞 [182]
- 占 [183]

卩部
- 卯 [184]
- 印 [185]
- 即 [186]

厂部
- 厚 [187]
- 原 [188]
- 厨 [189]
- 厦 [190]
- 厳 [191]

ム部
- 去 [192]
- 参 [193]

又部
- 又 [194]
- 及 [195]
- 双 [196]
- 反 [197]
- 友 [198]
- 取 [199]
- 受 [200]
- 叡 [201]

部首3画

口部
- 口 [202]
- 右 [203]
- 可 [204]
- 叶 [205]
- 古 [206]
- 司 [207]
- 史 [208]
- 召 [209]
- 台 [210]
- 只 [211]
- 各 [212]
- 吉 [213]
- 向 [214]
- 合 [215]
- 吐 [216]
- 名 [217]
- 君 [218]
- 呉 [219]
- 吾 [220]
- 告 [221]
- 吹 [222]
- 呑 [223]
- 周 [224]
- 味 [225]
- 和 [226]
- 呵 [227]
- 咎 [228]
- 咽 [229]
- 哉 [230]
- 咲 [231]
- 品 [232]
- 唄 [233]
- 唐 [234]
- 問 [235]
- 唯 [236]
- 喜 [237]
- 喬 [238]
- 喰 [239]
- 善 [240]
- 嗣 [241]
- 嘉 [242]

囗部
- 四 [243]
- 因 [244]
- 団 [245]
- 囲 [246]
- 図 [247]
- 国 [248]
- 園 [249]

土部
- 土 [250]
- 圦 [251]
- 圭 [252]
- 在 [253]
- 地 [254]

部首・総画順姓のガイド

圷 [256]	夜 [302]	宗 [348]	峇 [393]	干部		彳部	
坐 [257]	夢 [303]	宙 [349]	峨 [394]	干 [439]		役 [479]	
坂 [258]	大部	定 [350]	島 [395]	平 [440]		往 [480]	
坊 [259]	大 [304]	宝 [351]	峰 [396]	年 [441]		征 [481]	
垂 [260]	太 [305]	客 [352]	峯 [397]	幸 [442]		彼 [482]	
坪 [261]	天 [306]	室 [353]	峩 [398]	幹 [443]		徃 [483]	
垣 [262]	夫 [307]	家 [354]	峪 [399]	幺部		徂 [484]	
垢 [263]	央 [308]	寄 [355]	崎 [400]	幼 [444]		後 [485]	
城 [264]	夷 [309]	宿 [356]	崔 [401]	幾 [445]		待 [486]	
垪 [265]	奈 [310]	宿 [357]	崖 [402]	广部		得 [487]	
垰 [266]	奥 [311]	寅 [358]	嵐 [403]	広 [446]		御 [488]	
埋 [267]	女部	密 [359]	﨑 [404]	庄 [447]		復 [489]	
埔 [268]	女 [312]	寒 [360]	嵯 [405]	床 [448]		徳 [490]	
垳 [269]	奴 [313]	富 [361]	嵩 [406]	店 [449]			
基 [270]	好 [314]	寮 [362]	嶋 [407]	府 [450]		**部首4画**	
執 [271]	如 [315]	寸部	嶌 [408]	度 [451]			
埴 [272]	妃 [316]	寸 [363]	嶺 [409]	庫 [452]		心部	
堆 [273]	妙 [317]	寺 [364]	嶽 [410]	座 [453]		心 [491]	
堂 [274]	妣 [318]	寿 [365]	巌 [411]	庭 [454]		応 [492]	
埜 [275]	妻 [319]	対 [366]	巛部	庵 [455]		忌 [493]	
堀 [276]	始 [320]	射 [367]	川 [412]	康 [456]		志 [494]	
堅 [277]	姉 [321]	将 [368]	巡 [413]	廉 [457]		忍 [495]	
堺 [278]	姓 [322]	小部	工部	廓 [458]		忰 [496]	
塚 [279]	妹 [323]	小 [369]	工 [414]			忽 [497]	
堤 [280]	姥 [324]	少 [370]	巨 [415]	廴部		忠 [498]	
塔 [281]	姿 [325]	尚 [371]	左 [416]	延 [459]		怡 [499]	
塀 [282]	姨 [326]	尢部	巫 [417]	廻 [460]		恢 [500]	
堯 [283]	姜 [327]	尤 [372]	己部	建 [461]		恒 [501]	
塩 [284]	姫 [328]	尸部	巴 [418]	廾部		思 [502]	
塗 [285]	嬉 [329]	尺 [373]	巳 [419]	廿 [462]		恩 [503]	
塘 [286]	子部	尻 [374]	巻 [420]	弁 [463]		恭 [504]	
塙 [287]	子 [330]	尼 [375]	巷 [421]	弋部		恵 [505]	
塒 [288]	孔 [331]	局 [376]	巽 [422]	式 [464]		息 [506]	
境 [289]	孕 [332]	尾 [377]	巾部	弓部		情 [507]	
塵 [290]	字 [333]	居 [378]	市 [423]	弓 [465]		悴 [508]	
増 [291]	孝 [334]	屋 [379]	布 [424]	引 [466]		惣 [509]	
墅 [292]	季 [335]	昼 [380]	帆 [425]	弘 [467]		悳 [510]	
墳 [293]	孤 [336]	属 [381]	希 [426]	弟 [468]		愛 [511]	
壁 [294]	孫 [337]	山部	帖 [427]	弦 [469]		慈 [512]	
士部	宀部	山 [382]	帯 [428]	弥 [470]		愿 [513]	
壬 [295]	安 [338]	屶 [383]	帘 [429]	強 [471]		慶 [514]	
壱 [296]	宇 [339]	岐 [384]	帰 [430]	張 [472]		慧 [515]	
売 [297]	守 [340]	岑 [385]	師 [431]	彐部		懸 [516]	
夊部	宅 [341]	岡 [386]	帯 [432]	当 [473]		戈部	
冬 [298]	完 [342]	岳 [387]	常 [433]	彡部		戎 [517]	
夂部	宏 [343]	岸 [388]	帷 [434]	形 [474]		成 [518]	
夏 [299]	宋 [344]	岩 [389]	幅 [435]	彦 [475]		戌 [519]	
夕部	宜 [345]	岨 [390]	幕 [436]	彩 [476]		我 [520]	
外 [300]	実 [346]	峡 [391]	幡 [437]	彭 [477]		戒 [521]	
多 [301]	宗 [347]	峠 [392]	幣 [438]	影 [478]		戴 [522]	

部首・総画順姓のガイド

戸部
- 戸 [523]
- 所 [524]
- 房 [525]
- 扇 [526]

手部
- 才 [527]
- 手 [528]
- 打 [529]
- 折 [530]
- 投 [531]
- 抜 [532]
- 扶 [533]
- 押 [534]
- 拓 [535]
- 拝 [536]
- 挟 [537]
- 指 [538]
- 持 [539]
- 振 [540]
- 掛 [541]
- 捨 [542]
- 掃 [543]
- 挽 [544]
- 捧 [545]
- 揃 [546]
- 提 [547]
- 揖 [548]
- 揚 [549]
- 摂 [550]
- 摺 [551]
- 撰 [552]
- 播 [553]
- 撫 [554]
- 摩 [555]
- 操 [556]

支部
- 支 [557]

支部
- 改 [558]
- 放 [559]
- 故 [560]
- 政 [561]
- 敏 [562]
- 救 [563]
- 教 [564]
- 敬 [565]
- 敦 [566]
- 敵 [567]
- 数 [568]
- 敷 [569]

文部
- 文 [570]
- 斉 [571]
- 斎 [572]
- 斑 [573]
- 斐 [574]

斗部
- 料 [575]

斤部
- 斧 [576]
- 斯 [577]
- 新 [578]

方部
- 方 [579]
- 於 [580]
- 施 [581]
- 旅 [582]
- 旗 [583]

日部
- 日 [584]
- 旦 [585]
- 旭 [586]
- 早 [587]
- 易 [588]
- 旺 [589]
- 昆 [590]
- 昇 [591]
- 昌 [592]
- 明 [593]
- 映 [594]
- 春 [595]
- 是 [596]
- 星 [597]
- 昂 [598]
- 時 [599]
- 晋 [600]
- 晏 [601]
- 曹 [602]
- 昴 [603]
- 暁 [604]
- 景 [605]
- 晴 [606]
- 普 [607]
- 暉 [608]
- 暮 [609]
- 曄 [610]
- 曙 [611]
- 曜 [612]
- 曜 [613]

日部
- 曲 [614]
- 書 [615]
- 曹 [616]
- 最 [617]
- 曾 [618]

月部
- 月 [619]
- 有 [620]
- 服 [621]
- 朔 [622]
- 望 [623]
- 期 [624]
- 勝 [625]
- 朝 [626]

木部
- 木 [627]
- 札 [628]
- 本 [629]
- 末 [630]
- 未 [631]
- 朽 [632]
- 朱 [633]
- 朴 [634]
- 杏 [635]
- 杓 [636]
- 条 [637]
- 杖 [638]
- 杉 [639]
- 束 [640]
- 村 [641]
- 杜 [642]
- 杢 [643]
- 来 [644]
- 李 [645]
- 杠 [646]
- 杣 [647]
- 杤 [648]
- 枚 [649]
- 杵 [650]
- 杭 [651]
- 枝 [652]
- 松 [653]
- 東 [654]
- 板 [655]
- 林 [656]
- 杲 [657]
- 杰 [658]
- 枌 [659]
- 枌 [660]
- 枦 [661]
- 枡 [662]
- 枩 [663]
- 栄 [664]
- 架 [665]
- 柿 [666]
- 柑 [667]
- 枯 [668]
- 柵 [669]
- 柴 [670]
- 染 [671]
- 柁 [672]
- 柱 [673]
- 栂 [674]
- 柏 [675]
- 栃 [676]
- 柏 [677]
- 柊 [678]
- 柄 [679]
- 柾 [680]
- 柳 [681]
- 柚 [682]
- 枷 [683]
- 柬 [684]
- 枳 [685]
- 柞 [686]
- 枻 [687]
- 栓 [688]
- 柳 [689]
- 案 [690]
- 栢 [691]
- 桔 [692]
- 桐 [693]
- 栗 [694]
- 桑 [695]
- 桂 [696]
- 校 [697]
- 根 [698]
- 栽 [699]
- 桜 [700]
- 桟 [701]
- 栖 [702]
- 栩 [703]
- 桃 [704]
- 梅 [705]
- 桧 [706]
- 栩 [707]
- 栫 [708]
- 栞 [709]
- 梓 [710]
- 桶 [711]
- 梶 [712]
- 椛 [713]
- 梯 [714]
- 桝 [715]
- 梨 [716]
- 梁 [717]
- 梛 [718]
- 梵 [719]
- 梠 [720]
- 椧 [721]
- 植 [722]
- 森 [723]
- 椙 [724]
- 楼 [725]
- 棚 [726]
- 椎 [727]
- 棟 [728]
- 棒 [729]
- 椋 [730]
- 棧 [731]
- 棗 [732]
- 棹 [733]
- 椕 [734]
- 椚 [735]
- 椙 [736]
- 棱 [737]
- 椊 [738]
- 楽 [739]
- 榊 [740]
- 楯 [741]
- 槌 [742]
- 椿 [743]
- 栖 [744]
- 楠 [745]
- 楳 [746]
- 楓 [747]
- 楊 [748]
- 楜 [749]
- 楫 [750]
- 楮 [751]
- 椹 [752]
- 楡 [753]
- 楪 [754]
- 楨 [755]
- 榎 [756]
- 構 [757]
- 榛 [758]
- 槍 [759]
- 樋 [760]
- 槐 [761]
- 榧 [762]
- 樽 [763]
- 樻 [764]
- 横 [765]
- 樫 [766]
- 権 [767]
- 権 [768]
- 樟 [769]
- 樗 [770]
- 槻 [771]
- 標 [772]
- 樽 [773]
- 機 [774]
- 橘 [775]
- 橋 [776]
- 樹 [777]
- 樽 [778]
- 橺 [779]
- 樌 [780]
- 櫛 [781]
- 檀 [782]
- 檜 [783]
- 檪 [784]
- 檮 [785]
- 櫃 [786]
- 櫂 [787]
- 檐 [788]
- 檪 [789]
- 櫨 [790]
- 欄 [791]
- 欅 [792]

欠部
- 欠 [793]
- 次 [794]
- 欧 [795]
- 歌 [796]
- 歓 [797]

止部
- 止 [798]
- 此 [799]
- 正 [800]
- 武 [801]
- 歳 [802]

歹部
- 残 [803]
- 殖 [804]

殳部
- 段 [805]
- 殿 [806]

母部
- 母 [807]

部首・総画順姓のガイド

毎 [808]	泰 [853]	潘 [904]	猶 [949]	画 [987]	矩 [1029]	
比部	涛 [854]	漸 [905]	猿 [950]	界 [988]	**石部**	
比 [809]	浜 [855]	濃 [906]	獅 [951]	畑 [989]	石 [1030]	
毛部	浮 [856]	濤 [907]	獺 [952]	畊 [990]	研 [1031]	
毛 [810]	涌 [857]	濱 [908]	**部首5画**	畝 [991]	砂 [1032]	
毬 [811]	浴 [858]	濫 [909]	**玄部**	畠 [992]	砧 [1033]	
氏部	流 [859]	瀬 [910]	玄 [953]	畔 [993]	砥 [1034]	
氏 [812]	浪 [860]	瀧 [911]	妙 [954]	留 [994]	破 [1035]	
民 [813]	涔 [861]	灘 [912]	率 [955]	畚 [995]	砕 [1036]	
気部	渓 [862]	**火部**	**玉部**	畦 [996]	硤 [1037]	
気 [814]	渋 [863]	火 [913]	王 [956]	番 [997]	碓 [1038]	
水部	淑 [864]	灰 [914]	玉 [957]	畲 [998]	碇 [1039]	
水 [815]	深 [865]	炊 [915]	玖 [958]	畷 [999]	碩 [1040]	
永 [816]	清 [866]	為 [916]	珍 [959]	疇 [1000]	碑 [1041]	
汀 [817]	淡 [867]	炭 [917]	玻 [960]	**疋部**	碧 [1042]	
氷 [818]	添 [868]	烏 [918]	珠 [961]	疋 [1001]	磐 [1043]	
汲 [819]	淵 [869]	烟 [919]	班 [962]	**癶部**	磨 [1044]	
江 [820]	淀 [870]	焔 [920]	現 [963]	発 [1002]	磯 [1045]	
汐 [821]	涼 [871]	焼 [921]	瑛 [964]	癸 [1003]	礒 [1046]	
池 [822]	渕 [872]	無 [922]	琴 [965]	登 [1004]	礪 [1047]	
沖 [823]	涸 [873]	煙 [923]	瑞 [966]	**白部**	礒 [1048]	
沙 [824]	渥 [874]	照 [924]	瑕 [967]	白 [1005]	礦 [1049]	
沢 [825]	温 [875]	煎 [925]	瑜 [968]	百 [1006]	**示部**	
沈 [826]	湖 [876]	熊 [926]	瑳 [969]	的 [1007]	示 [1050]	
汾 [827]	港 [877]	熱 [927]	瑪 [970]	皆 [1008]	礼 [1051]	
河 [828]	滋 [878]	熨 [928]	璽 [971]	皇 [1009]	社 [1052]	
沓 [829]	湛 [879]	燁 [929]	**瓜部**	皐 [1010]	祈 [1053]	
治 [830]	渡 [880]	燕 [930]	瓜 [972]	**皮部**	祇 [1054]	
沼 [831]	湯 [881]	熹 [931]	**瓦部**	皮 [1011]	祝 [1055]	
泥 [832]	満 [882]	燧 [932]	瓦 [973]	皺 [1012]	神 [1056]	
波 [833]	湊 [883]	**爻部**	瓶 [974]	**皿部**	祖 [1057]	
泊 [834]	湧 [884]	爾 [933]	甕 [975]	皿 [1013]	祢 [1058]	
法 [835]	湟 [885]	**片部**	**甘部**	益 [1014]	祐 [1059]	
泡 [836]	渾 [886]	片 [934]	甘 [976]	盛 [1015]	祇 [1060]	
油 [837]	渫 [887]	**牛部**	甚 [977]	監 [1016]	祜 [1061]	
泓 [838]	滑 [888]	牛 [935]	**生部**	盤 [1017]	祭 [1062]	
泗 [839]	漢 [889]	牟 [936]	生 [978]	盧 [1018]	禅 [1063]	
海 [840]	源 [890]	物 [937]	産 [979]	**目部**	禎 [1064]	
洪 [841]	溝 [891]	牧 [938]	**用部**	目 [1019]	福 [1065]	
洲 [842]	滝 [892]	牲 [939]	甫 [980]	直 [1020]	頴 [1066]	
浄 [843]	溜 [893]	**犬部**	**田部**	県 [1021]	襠 [1067]	
泉 [844]	漣 [894]	犬 [940]	甲 [981]	相 [1022]	禱 [1068]	
浅 [845]	漁 [895]	狗 [941]	申 [982]	眉 [1023]	**内部**	
洗 [846]	漆 [896]	狐 [942]	田 [983]	真 [1024]	禹 [1069]	
津 [847]	滴 [897]	狛 [943]	由 [984]	睦 [1025]	**禾部**	
洞 [848]	潟 [898]	狭 [944]	男 [985]	瞿 [1026]	禾 [1070]	
洋 [849]	潤 [899]	狩 [945]	町 [986]	**矢部**	私 [1071]	
浦 [850]	澗 [900]	狼 [946]		矢 [1027]	秀 [1072]	
浩 [851]	澄 [901]	猪 [947]		知 [1028]	禿 [1073]	
酒 [852]	潮 [902]	猫 [948]			科 [1074]	
	穎 [903]					

部首・総画順姓のガイド

秋〔1075〕	筥〔1119〕	索〔1167〕	義〔1214〕	舟部	菖〔1297〕	
烋〔1076〕	筏〔1120〕	紙〔1168〕	群〔1215〕	舟〔1251〕	菅〔1298〕	
称〔1077〕	筆〔1121〕	紗〔1169〕	羯〔1216〕	般〔1252〕	菱〔1299〕	
秦〔1078〕	筌〔1122〕	素〔1170〕	羽部	舩〔1253〕	莱〔1300〕	
秤〔1079〕	節〔1123〕	納〔1171〕	羽〔1217〕	船〔1254〕	菴〔1301〕	
秘〔1080〕	筧〔1124〕	紡〔1172〕	翁〔1218〕	艮部	萠〔1302〕	
秡〔1081〕	歲〔1125〕	紋〔1173〕	習〔1219〕	良〔1255〕	葵〔1303〕	
移〔1082〕	管〔1126〕	紑〔1174〕	翠〔1220〕	色部	葦〔1304〕	
稀〔1083〕	箸〔1127〕	経〔1175〕	翟〔1221〕	色〔1256〕	萱〔1305〕	
税〔1084〕	箕〔1128〕	紺〔1176〕	翫〔1222〕	艸部	菟〔1306〕	
程〔1085〕	筧〔1129〕	細〔1177〕	老部	芋〔1257〕	萩〔1307〕	
稔〔1086〕	籠〔1130〕	紫〔1178〕	老〔1223〕	艸〔1258〕	茸〔1308〕	
稲〔1087〕	箭〔1131〕	紹〔1179〕	耒部	芦〔1259〕	葉〔1309〕	
穀〔1088〕	箱〔1132〕	組〔1180〕	耕〔1224〕	花〔1260〕	落〔1310〕	
種〔1089〕	範〔1133〕	絈〔1181〕	耳部	芥〔1261〕	葭〔1311〕	
稗〔1090〕	篁〔1134〕	絵〔1182〕	耶〔1225〕	苅〔1262〕	萼〔1312〕	
穂〔1091〕	築〔1135〕	給〔1183〕	聖〔1226〕	芹〔1263〕	蒲〔1313〕	
穐〔1092〕	篤〔1136〕	結〔1184〕	聽〔1227〕	芝〔1264〕	蒔〔1314〕	
穎〔1093〕	篭〔1137〕	絓〔1185〕	聿部	芳〔1265〕	蒼〔1315〕	
積〔1094〕	篝〔1138〕	絹〔1186〕	肅〔1228〕	英〔1266〕	蓬〔1316〕	
穆〔1095〕	簔〔1139〕	続〔1187〕	肉部	苑〔1267〕	蓑〔1317〕	
穐〔1096〕	篠〔1140〕	綛〔1188〕	肝〔1229〕	茅〔1268〕	蓮〔1318〕	
穴部	簔〔1141〕	綾〔1189〕	育〔1230〕	苦〔1269〕	薀〔1319〕	
穴〔1097〕	簀〔1142〕	綱〔1190〕	肱〔1231〕	茎〔1270〕	蔭〔1320〕	
空〔1098〕	簗〔1143〕	緒〔1191〕	肴〔1232〕	若〔1271〕	蔀〔1321〕	
穽〔1099〕	籠〔1144〕	総〔1192〕	肥〔1233〕	茅〔1272〕	蔦〔1322〕	
窓〔1100〕	簡〔1145〕	綴〔1193〕	胡〔1234〕	苫〔1273〕	蔡〔1323〕	
窪〔1101〕	簾〔1146〕	緋〔1194〕	背〔1235〕	苗〔1274〕	蓼〔1324〕	
立部	旗〔1147〕	綿〔1195〕	胸〔1236〕	茂〔1275〕	蔵〔1325〕	
立〔1102〕	籔〔1148〕	網〔1196〕	能〔1237〕	萓〔1276〕	蕉〔1326〕	
竜〔1103〕	籠〔1149〕	緑〔1197〕	脇〔1238〕	范〔1277〕	蕗〔1327〕	
章〔1104〕	米部	練〔1198〕	腰〔1239〕	茜〔1278〕	蕨〔1328〕	
童〔1105〕	米〔1150〕	緇〔1199〕	膳〔1240〕	茨〔1279〕	蘭〔1329〕	
端〔1106〕	籾〔1151〕	縁〔1200〕	臂〔1241〕	荏〔1280〕	薫〔1330〕	
	籾〔1152〕	締〔1201〕	朧〔1242〕	荊〔1281〕	薦〔1331〕	
部首6画	粉〔1153〕	縄〔1202〕	臣部	荒〔1282〕	薄〔1332〕	
	粕〔1154〕	縞〔1203〕	臥〔1243〕	草〔1283〕	薬〔1333〕	
竹部	粒〔1155〕	繁〔1204〕	自部	荘〔1284〕	薮〔1334〕	
竹〔1107〕	粟〔1156〕	縫〔1205〕	自〔1244〕	茶〔1285〕	薊〔1335〕	
竺〔1108〕	粥〔1157〕	縣〔1206〕	臼部	荸〔1286〕	薛〔1336〕	
笈〔1109〕	糀〔1158〕	織〔1207〕	臼〔1245〕	荻〔1287〕	薩〔1337〕	
笑〔1110〕	糊〔1159〕	繰〔1208〕	興〔1246〕	荷〔1288〕	藍〔1338〕	
笠〔1111〕	糠〔1160〕	纈〔1209〕	舌部	華〔1289〕	藁〔1339〕	
笹〔1112〕	糟〔1161〕	缶部	舎〔1247〕	莅〔1290〕	藤〔1340〕	
笛〔1113〕	羅〔1162〕	罇〔1210〕	舘〔1248〕	莇〔1291〕	藪〔1341〕	
符〔1114〕	糸部	罍〔1211〕	舛部	菟〔1292〕	蘇〔1342〕	
笘〔1115〕	糸〔1163〕	网部	舛〔1249〕	莨〔1293〕	藻〔1343〕	
笙〔1116〕	系〔1164〕	置〔1212〕	舞〔1250〕	葛〔1294〕	蘭〔1344〕	
筑〔1117〕	紀〔1165〕	羊部		菊〔1295〕	蘭〔1345〕	
等〔1118〕	紅〔1166〕	美〔1213〕		菰〔1296〕	蘆〔1346〕	
					蘿〔1347〕	

部首・総画順姓のガイド

虍部
- 虎 [1348]
- 虚 [1349]

虫部
- 虫 [1350]
- 虹 [1351]
- 蚊 [1352]
- 蛍 [1353]
- 蛭 [1354]
- 蛯 [1355]
- 蛸 [1356]
- 蜂 [1357]
- 蜷 [1358]
- 蝦 [1359]
- 蝶 [1360]
- 融 [1361]
- 螢 [1362]
- 螺 [1363]
- 蟇 [1364]
- 蟹 [1365]
- 蟻 [1366]
- 蠣 [1367]
- 蠟 [1368]

血部
- 血 [1369]
- 衆 [1370]

行部
- 行 [1371]
- 街 [1372]
- 衛 [1373]

衣部
- 衣 [1374]
- 表 [1375]
- 衿 [1376]
- 袖 [1377]
- 袴 [1378]
- 袋 [1379]
- 裁 [1380]
- 補 [1381]
- 裾 [1382]
- 裏 [1383]

襾部
- 西 [1384]
- 要 [1385]

部首7画

見部
- 見 [1386]
- 規 [1387]
- 覚 [1388]
- 親 [1389]
- 観 [1390]

角部
- 角 [1391]
- 解 [1392]

言部
- 言 [1393]
- 計 [1394]
- 記 [1395]
- 訓 [1396]
- 許 [1397]
- 設 [1398]
- 詩 [1399]
- 誉 [1400]
- 託 [1401]
- 説 [1402]
- 読 [1403]
- 諸 [1404]
- 諏 [1405]
- 請 [1406]
- 調 [1407]
- 論 [1408]
- 諌 [1409]
- 謝 [1410]
- 譜 [1411]
- 譚 [1412]
- 護 [1413]
- 讓 [1414]
- 讃 [1415]

谷部
- 谷 [1416]
- 谺 [1417]
- 谿 [1418]
- 籠 [1419]

豆部
- 豆 [1420]
- 豊 [1421]

豕部
- 象 [1422]

貝部
- 貝 [1423]
- 貞 [1424]
- 財 [1425]
- 貫 [1426]
- 賀 [1427]
- 貴 [1428]
- 資 [1429]
- 賞 [1430]
- 賢 [1431]
- 贅 [1432]

赤部
- 赤 [1433]
- 赫 [1434]

走部
- 走 [1435]
- 起 [1436]
- 越 [1437]
- 趙 [1438]

足部
- 足 [1439]
- 跨 [1440]
- 跡 [1441]
- 路 [1442]
- 踊 [1443]
- 躍 [1444]

車部
- 車 [1445]
- 軌 [1446]
- 軍 [1447]
- 軒 [1448]
- 転 [1449]
- 軽 [1450]
- 輩 [1451]
- 輪 [1452]
- 輿 [1453]
- 轍 [1454]
- 轟 [1455]
- 轡 [1456]

辛部
- 辛 [1457]

辰部
- 辰 [1458]
- 農 [1459]

辵部
- 込 [1460]
- 辻 [1461]
- 辺 [1462]
- 近 [1463]
- 迎 [1464]
- 返 [1465]
- 述 [1466]
- 迫 [1467]
- 逆 [1468]
- 追 [1469]
- 逢 [1470]
- 逗 [1471]
- 造 [1472]
- 速 [1473]
- 通 [1474]
- 連 [1475]
- 逸 [1476]
- 進 [1477]
- 運 [1478]
- 達 [1479]
- 遅 [1480]
- 道 [1481]
- 遖 [1482]
- 遍 [1483]
- 遊 [1484]
- 遠 [1485]
- 違 [1486]
- 遠 [1487]

邑部
- 那 [1488]
- 邦 [1489]
- 邑 [1490]
- 郁 [1491]
- 邢 [1492]
- 邪 [1493]
- 邱 [1494]
- 邵 [1495]
- 郁 [1496]
- 郡 [1497]
- 郭 [1498]
- 郷 [1499]
- 都 [1500]
- 部 [1501]
- 鄭 [1502]
- 鄧 [1503]

酉部
- 酉 [1504]
- 醍 [1505]

釆部
- 采 [1506]
- 釆 [1507]
- 釈 [1508]

里部
- 里 [1509]
- 重 [1510]
- 野 [1511]
- 量 [1512]

部首8画

金部
- 金 [1513]
- 釜 [1514]
- 針 [1515]
- 釘 [1516]
- 釣 [1517]
- 釼 [1518]
- 鈎 [1519]
- 鉄 [1520]
- 鉛 [1521]
- 鐵 [1522]
- 鉢 [1523]
- 鈴 [1524]
- 鉅 [1525]
- 鈩 [1526]
- 銀 [1527]
- 銭 [1528]
- 銅 [1529]
- 鉾 [1530]
- 銘 [1531]
- 鋤 [1532]
- 鋳 [1533]
- 鋪 [1534]
- 錦 [1535]
- 錫 [1536]
- 鐵 [1537]
- 錀 [1538]
- 鍬 [1539]
- 鍵 [1540]
- 鍛 [1541]
- 鍋 [1542]
- 鎌 [1543]
- 鎗 [1544]
- 鎮 [1545]
- 鎰 [1546]
- 鏡 [1547]
- 鏑 [1548]
- 鐘 [1549]
- 鐸 [1550]
- 鐸 [1551]
- 鑪 [1552]
- 鑢 [1553]
- 鑰 [1554]

長部
- 長 [1555]

門部
- 門 [1556]
- 閂 [1557]
- 開 [1558]
- 間 [1559]
- 閑 [1560]
- 閔 [1561]
- 関 [1562]
- 閩 [1563]

阜部
- 阪 [1564]
- 阿 [1565]
- 陀 [1566]
- 阜 [1567]
- 附 [1568]
- 限 [1569]
- 陌 [1570]
- 降 [1571]
- 除 [1572]
- 陣 [1573]
- 陰 [1574]
- 陳 [1575]
- 陶 [1576]
- 陸 [1577]
- 隆 [1578]
- 階 [1579]
- 隅 [1580]
- 隈 [1581]
- 随 [1582]
- 陽 [1583]
- 隠 [1584]
- 隱 [1585]

隹部
- 隼 [1586]
- 雀 [1587]
- 雁 [1588]
- 集 [1589]
- 雄 [1590]
- 雅 [1591]
- 雉 [1592]
- 雑 [1593]
- 雛 [1594]
- 難 [1595]

雨部
- 雨 [1596]
- 雫 [1597]
- 雪 [1598]
- 雲 [1599]
- 雷 [1600]
- 霍 [1601]
- 霞 [1602]
- 霜 [1603]
- 霧 [1604]

部首・総画順姓のガイド

霰 〔1605〕	䬻 〔1640〕	鱚 〔1676〕	**部首13画**	
靄 〔1606〕	饗 〔1641〕	鱸 〔1677〕		
靉 〔1607〕	饒 〔1642〕	鱶 〔1678〕	鼎部	
青部	首部	鱸 〔1679〕	鼎 〔1713〕	
青 〔1608〕	首 〔1643〕	鳥部	鼓部	
静 〔1609〕	香部	鳥 〔1680〕	鼓 〔1714〕	
	香 〔1644〕	鳩 〔1681〕	鼠部	
部首9画		鳰 〔1682〕	鼠 〔1715〕	
	部首10画	鳳 〔1683〕		
面部		鳴 〔1684〕	**部首14画**	
面 〔1610〕	馬部	鴇 〔1685〕		
革部	馬 〔1645〕	鴉 〔1686〕	齊部	
靱 〔1611〕	馮 〔1646〕	鳩 〔1687〕	齋 〔1716〕	
靳 〔1612〕	馳 〔1647〕	鴛 〔1688〕		
鞆 〔1613〕	駅 〔1648〕	鴨 〔1689〕	**部首16画**	
鞍 〔1614〕	駄 〔1649〕	鴫 〔1690〕		
鞭 〔1615〕	駒 〔1650〕	鴻 〔1691〕	龍部	
韋部	駿 〔1651〕	鵜 〔1692〕	龍 〔1717〕	
韓 〔1616〕	騎 〔1652〕	鶏 〔1693〕		
韭部	騏 〔1653〕	鵠 〔1694〕		
韮 〔1617〕	驪 〔1654〕	鶴 〔1695〕		
音部	高部	鴬 〔1696〕		
音 〔1618〕	高 〔1655〕	鶚 〔1697〕		
響 〔1619〕	鬥部	鷲 〔1698〕		
頁部	鬮 〔1656〕	鶺 〔1699〕		
頂 〔1620〕	鬼部	鷺 〔1700〕		
須 〔1621〕	鬼 〔1657〕	鷹 〔1701〕		
頓 〔1622〕	魁 〔1658〕	鹿部		
頭 〔1623〕		鹿 〔1702〕		
頼 〔1624〕	**部首11画**	麗 〔1703〕		
額 〔1625〕		麓 〔1704〕		
顔 〔1626〕	魚部	麝 〔1705〕		
願 〔1627〕	魚 〔1659〕	麥部		
風部	魵 〔1660〕	麦 〔1706〕		
風 〔1628〕	鮎 〔1661〕	麹 〔1707〕		
颯 〔1629〕	鮒 〔1662〕	麻部		
飛部	鮓 〔1663〕	麻 〔1708〕		
飛 〔1630〕	鮑 〔1664〕			
食部	鯏 〔1665〕	**部首12画**		
食 〔1631〕	鮭 〔1666〕			
飯 〔1632〕	鮫 〔1667〕	黃部		
飴 〔1633〕	鮱 〔1668〕	黃 〔1709〕		
飼 〔1634〕	鯉 〔1669〕	黒部		
飽 〔1635〕	鯵 〔1670〕	黒 〔1710〕		
餌 〔1636〕	鯨 〔1671〕	墨 〔1711〕		
餅 〔1637〕	鯖 〔1672〕	黛 〔1712〕		
養 〔1638〕	鯰 〔1673〕			
館 〔1639〕	鰐 〔1674〕			
	鰻 〔1675〕			

姓名よみかた辞典

姓の部

姓名をめぐる辞典

竹の部

部首1画

一部

【1】 一

一　いち；かず；かずと；にのまえ；はじめ
- 一民江　いち・たみえ　「たびごころ」角川書店（日典3）
- 一一　かず・はじめ　落語家（日典）
- 一零　かずと・れい　「QuarkXPressでプロフェッショナルDTP」オーム社（日典3）
- 一肇　にのまえ・はじめ　「くくるくる」小学館（日典3）
- 一宗雄　はじめ・むねお　「宇土城主小西行長公」宇土市教育委員会（日典3）

一ノ渡　いちのわたり
- 一ノ渡勝彦　いちのわたり・かつひこ　「アメリカのインテリア・デザイン」プロセスアーキテクチュア（書籍）
- 一渡雪花　いちのわたり・せっか　「花すがた」青嶺俳句会（日典3）
- 一渡忠之　いちのわたり・ただゆき　「市場経済移行諸国の企業経営」昭和堂（日典3）
- 一渡朋典　いちのわたり・とものり　テレビディレクター（日典3）
- 一ノ渡義巳　いちのわたり・よしみ　「健康百話」川嶋印刷（印刷）（日典3）

一ノ瀬　いちのせ
- 一ノ瀬篤　いちのせ・あつし　経済学者（現執3期）
- 一ノ瀬綾　いちのせ・あや　小説家（日人）
- 一ノ瀬和夫　いちのせ・かずお　アメリカ演劇研究者（現執4期）
- 一ノ瀬泰造　いちのせ・たいぞう　写真家（写人）
- 一ノ瀬康夫　いちのせ・やすお　バイオリニスト（音人3）

²一乃勢　いちのせ
- 一乃勢まや　いちのせ・まや　小説家（幻想）

一力　いちりき
- 一力くまじ　いちりき・くまじ　仙台美人の番付表の一人に選ばれた女性（女性普）
- 一力健治郎　いちりき・けんじろう　実業家，新聞経営者（コン5）
- 一力重明　いちりき・しげあき　アナキスト（アナ）
- 一力次郎　いちりき・じろう　新聞経営者（日人）
- 一力大五郎　いちりき・だいごろう　力士（相人）

³一万田　いちまだ；いちまんだ
- 一万田如水　いちまだ・じょすい　医者・漢学者（国書）
- 一万田尚登　いちまだ・ひさと　銀行家，政治家（コン4）
- 一万田尚登　いちまんだ・ひさと　銀行家，政治家（大分歴）
- 一万田義興　いちまんだ・よしおき　諏訪村収入役（大分歴）

一丸　いちまる
- 一丸章　いちまる・あきら　詩人（現詩）
- 一丸栄三　いちまる・えいぞう　トモエ開発社長（日典3）
- 一丸健蔵　いちまる・けんぞう　弓道家，弓道錬士（弓道）
- 一丸伍兵衛　いちまる・ごひょうえ　実業家（日人）
- 一丸徳二郎　いちまる・とくじろう　大分全国農民組合全会派再建グループメンバー（社史）

一口　いっこう；かずぐち
- 一口甲子　いっこう・きねこ　技研工業取締役（日典）
- 一口孝久　いっこう・たかひさ　技研工業会長（日典3）
- 一口捷二　かずぐち・しょうじ　近畿大学教養部助教授（日典）

一寸　ちょっと
- 一寸露休　ちょっと・ろきゅう　落語家（現情）

一寸木　ちょっき
- 一寸木宗一　ちょっき・そういち　「食品学各論」八千代出版（日典3）
- 一寸木俊昭　ちょっき・としあき　経営学者（現執2期）
- 一寸木肇　ちょっき・はじめ　「自然の観察」農山漁村文化協会（日典3）
- 一寸木正夫　ちょっき・まさお　ホワイトシティ代表取締役（日典3）

⁴一井　いちい；いちのい；かずい；ひとつい
- 一井保造　いちい・やすぞう　実業家（日人）
- 一井貞政　いちのい・さだまさ　武人=中世（人名1）
- 一井かずみ　かずい・かずみ　「さあ秘密をはじめよう」小学館（日典3）
- 一井鳳梧　ひとつい・ほうご　儒者=近世（人名5）

一円　いちえん；いちまる
- 一円一億　いちえん・かずお　憲法学者（世紀）
- 一円光弥　いちえん・みつや　経済学者（現執4期）
- 一円黒石　いちまる・こくせき　俳人（滋賀文）

一戸　いちのえ；いちのへ
- 一戸秀樹　いちのえ・ひでき　コンピュータ・プランナー（現執3期）
- 一戸兵衛　いちのえ・ひょうえ　陸軍軍人（陸海）
- 一戸直蔵　いちのへ・なおぞう　天文学者，科学啓蒙家（コン5）
- 一戸兵衛　いちのへ・ひょうえ　陸軍軍人（コン5）

一方井　いちかたい；いっかたい
- 一方井孝親　いちかたい・たかちか　北海道新聞編集局調査研究室専門委員（日典）
- 一方井快孝　いっかたい・かいこう　僧（幕末）

一部（一）

- **一木　いちき；いちぎ；いちのき；いっき；いつき；ひとき；ひとつぎ**
  - 一木喜徳郎　いちき・きとくろう　法学者, 政治家（コン5）
  - 一木昭男　いちぎ・あきお　都留文科大学文学部教授（日典）
  - 一木栄吉　いちのき・えいきち　ケイ・エム・ピー社長（日典）
  - 一木喜徳郎　いっき・きとくろう　法学者, 政治家（岩史）
  - 一木清直　いつき・きよなお　軍人（陸海）
  - 一木淑子　ひとき・よしこ　絵本作家（日典）
  - 一木吉利　ひとつぎ・よしとし　弓道家, 弓道教士（弓国）
- **一氏　いちうじ**
  - 一氏昭吉　いちうじ・あきよし「私の街の子ども生きいき」ひとなる書房（日典3）
  - 一氏義良　いちうじ・よしなが　美術評論家（世紀）
- ⁵**一本松　いっぽんまつ**
  - 一本松須摩子　いっぽんまつ・すまこ　銀行員（社史）
  - 一本松珠璣　いっぽんまつ・たまき　実業家（現情）
  - 一本松俊雄　いっぽんまつ・としお　神戸市電従業員（社史）
  - 一本松正機　いっぽんまつ・まさき　日本共産党党員（社史）
  - 一本松幹雄　いっぽんまつ・みきお　著述家, 評論家（現執3期）
- **一甲　いっこう**
  - 一甲絹子　いっこう・きぬこ　愛恵学園ナースリースクール主任（国典）
- **一田　いちた；いちだ**
  - 一田善寿　いちた・ぜんじゅ　僧侶（日典）
  - 一田和樹　いちだ・かずき　小説家, 経営コンサルタント（日典3）
  - 一田初美　いちだ・はつみ　小豆島漁協婦人部リーダー（人情）
- **一目　いちもく**
  - 一目山人　いちもく・さんじん「わが最上の型譜」経済変動研究所（日典3）
- ⁶**一守　いちもり**
  - 一守俊寛　いちもり・としひろ　東京工業大学原子炉工学研究所助教授（科学）
- **一羽　いちは；いちわ**
  - 一羽昌子　いちは・まさこ「泥の砦」（国典）
  - 一羽昌子　いちわ・まさこ　翻訳家（児人）
- **一色　いしき；いっしき**
  - 一色周知　いしき・しゅうち　昆虫学者（北海道歴）
  - 一色次郎　いっしき・じろう　小説家（日人）
  - 一色嗣武　いっしき・つぎたけ　生命保険医学者（日人）
- ⁷**一志　いちし；いっし**
  - 一志晶綱　いちし・あきつな「異聞本能寺」金子晶子（日典3）
  - 一志達也　いちし・たつや　サンブリッジテクノロジーズ（日典3）
  - 一志茂樹　いっし・しげき　郷土史家, 教育者（日人）
  - 一志治夫　いっし・はるお　フリーライター（現執4期）
- **一杉　いちすぎ；ひとすぎ**
  - 一杉哲也　いちすぎ・てつや　関東学園大学経済学部教授（日典）
  - 一杉裕志　いちすぎ・ゆうじ「大脳皮質のアルゴリズム」産業技術総合研究所（日典3）
  - 一杉彰　ひとすぎ・あきら　明通取締役（日典3）
  - 一杉喜与男　ひとすぎ・きよお　会社員（日典3）
- **一村　いちむら**
  - 一村五男　いちむら・いつお　トラベルライター（日典）
  - 一村一博　いちむら・かずひろ「霊台橋」熊日情報文化センター（発売）（日典3）
  - 一村公典　いちむら・きみのり「生駒家騒動」上坂氏顕彰会（日典3）
  - 一村哲也　いちむら・てつや　写真家（写真）
  - 一村稔　いちむら・みのる　岡山理大講師（国典）
- **一見　いちみ；かずみ；ひとみ**
  - 一見敏男　いちみ・としお「色彩教室」（国典）
  - 一見理沙　かずみ・りさ　柔道選手（日典）
  - 一見直樹　ひとみ・なおき　俳優（日典3）
- **一言　ひとこと**
  - 一言善三郎　ひとこと・ぜんざぶろう　アサヒビールパックス社長（日典）
  - 一言善二郎　ひとこと・ぜんじろう　丸藤一言商店社長, 藤枝商工会議所会頭（日典）
  - 一言多十　ひとこと・たじゅう　プロ野球選手（日典）
  - 一言憲之　ひとこと・のりゆき　東京情報大学総合情報学部情報ビジネス学科教授（日典3）
  - 一言広　ひとこと・ひろし　東京都立衛生研究所（国典）
- **一谷　いちたに**
  - 一谷映理子　いちたに・えりこ「隷従への道」東京創元社（日典3）
  - 一谷勝之　いちたに・かつゆき　鹿児島大学農学部准教授（日典3）
  - 一谷吉郎　いちたに・きちろう「基礎機械材料」産業図書（日典3）
  - 一谷孝　いちたに・たかし　教師（視覚）
  - 一谷彊　いちたに・つよし　心理学者（心理）
- ⁸**一坪　ひとつぼ**
  - 一坪野与　ひとつぼ・のよ　良妻賢母として県から表彰された女性（女性普）
- **一定　いちじょう**
  - 一定文八　いちじょう・ぶんぱち　志士（日人）
- **一居　いっきょ**
  - 一居文一　いっきょ・ぶんいち　映画館主（人情）
- **一松　ひとつまつ；ひとまつ**
  - 一松定吉　ひとつまつ・さだよし　政治家, 弁護士（コン4）
  - 一松信　ひとつまつ・しん　数学者（日人）

一部(一)

- 一松寿　ひとまつ・ひさし　東京油脂工業社長（日典）
- **一法師　いっぽうし；いっぽうじ**
  - 一法師信武　いっぽうし・のぶたけ「連結会計」同文舘出版（日典）
  - 一法師章蔵　いっぽうじ・しょうぞう　元農林統計協会常務理事（日典）
- **一門　いちかど**
  - 一門恵子　いちかど・けいこ　障害児教育専門家（現執2期）
  - 一門勉　いちかど・つとむ　熊本県議（人情）
- **一青　ひとと**
  - 一青妙　ひとと・たえ　女優,歯科医（日典3）
  - 一青窈　ひとと・よう　歌手（テレ）
- [9] **一乗　いちじょう**
  - 一乗アキ　いちじょう・あき　元・バスケットボール選手（日典3）
  - 一乗秀峰　いちじょう・しゅうほう　俳人（北海道文）
  - 一乗道明　いちじょう・みちあき　実業家（徳島歴）
- **一城　いちじょう**
  - 一城竹子　いちじょう・たけこ　女優（女優）
  - 一城楓汰　いちじょう・ふうた「東京鉄道風景」彩風社（日典3）
  - 一城みゆ希　いちじょう・みゆき　声優（テレ）
  - 一城れもん　いちじょう・れもん「ずっと愛して」角川書店,角川グループパブリッシング（発売）（日典3）
- **一星　いちほし**
  - 一星ケミ　いちほし・けみ　女優（映女）
- **一柳　いちやぎ；いちやなぎ；いちりゅう；ひとつやなぎ**
  - 一柳茂　いちやぎ・しげる　地方自治功労者（姓氏長野）
  - 一柳慧　いちやなぎ・とし　作曲家,ピアニスト（日人）
  - 一柳安次郎　いちりゅう・やすじろう　教員（大阪人）
  - 一柳米来留　ひとつやなぎ・めれる　キリスト教伝道者,社会事業家（日人）
- **一海　いっかい**
  - 一海知義　いっかい・ともよし　中国文学者（日人）
  - 一海美根　いっかい・みね「飢餓体験」花神社（日典）
- **一泉　いちいずみ**
  - 一泉知永　いちいずみ・ちえい　明治大学名誉教授（日典3）
  - 一泉知永　いちいずみ・ともなが　金融学者（現執2期）
- [10] **一倉　いちくら**
  - 一倉悦子　いちくら・えつこ「味の素」世界文化社（日典3）
  - 一倉定　いちくら・さだむ　経営コンサルタント（現執2期）
- 一倉重美津　いちくら・しげみつ　国士舘大学政治経済学部政治学科教授（日典3）
- 一倉治雄　いちくら・はるお　映画監督（映監）
- 一倉秀男　いちくら・ひでお　経営者（映人）
- **一原　いちはら**
  - 一原有徳　いちはら・ありのり　版画家（人情）
  - 一原和弘　いちはら・かずひろ「ウェイクボードをマスターする本」枻出版社（日典3）
  - 一原九糸　いちはら・きゅうし　俳人（北海道文）
  - 一原五常　いちはら・ごじょう　画家（徳島歴）
  - 一原浩　いちはら・ひろし「老人心理学」建帛社（日典3）
- **一宮　いちのみや；いちみや**
  - 一宮虎雄　いちのみや・とらお　応用物理学者（日人）
  - 一宮松次　いちのみや・まつつぐ　郷土史家（日人）
  - 一宮育太郎　いちみや・いくたろう　民権運動家（徳島歴）
  - 一宮俊一　いちみや・しゅんいち　教育学者（現執3期）
- **一峰　かずみね**
  - 一峰大二　かずみね・だいじ　漫画家（幻想）
  - 一峰千夏　かずみね・ちなつ「俺の股間もレッサーパンダ」モエールパブリッシング（発売）（日典3）
- **一華　いっけ；ひとはな**
  - 一華寛光　いっけ・かんこう「なぜか遠く」檸檬社（日典3）
  - 一華もる　ひとはな・もる「バニーboy」ウェッジホールディングス,文苑堂（発売）（日典3）
- [11] **一野坪　いちのつぼ**
  - 一野坪勉　いちのつぼ・つとむ　北海道議（日典）
- [12] **一番ケ瀬　いちばがせ；いちばんがせ**
  - 一番ケ瀬尚　いちばがせ・ひさし　熊本大学名誉教授（日典）
  - 一番ケ瀬昇　いちばんがせ・のぼる　三晃金属工業常務（日典3）
  - 一番ケ瀬康子　いちばんがせ・やすこ　社会福祉学者（世紀）
- [13] **一楽　いちらく**
  - 一楽勝久　いちらく・かつひさ　（株）オージービー代表取締役,成人病予防研究会理事長（日典3）
  - 一楽祥子　いちらく・さちこ　高校非常勤教師（日典3）
  - 一楽重雄　いちらく・しげお　津田塾大講師（国典）
  - 一楽照雄　いちらく・てるお　有機農業研究家（日人）
  - 一楽信雄　いちらく・のぶお　武蔵大助教授（国典）
- **一節　ひとふし**
  - 一節太郎　ひとふし・たろう　歌手（世紀）
- **一路　いちろ**
  - 一路晃司　いちろ・こうじ「お初の繭」角川書店,角川グループパブリッシング（発売）（日典3）

一路翔　いちろ・しょう　スポーツジャーナリスト（日典3）
一路真輝　いちろ・まき　女優,歌手（テレ）

¹⁴噌　いっそ；いっそう
一噌静子　いっそ・しずこ「童舟」蒼穹社（日典3）
一噌正之助　いっそ・しょうのすけ　能楽囃子方（現情）
一噌幸弘　いっそう・ゆきひろ　能楽師（能狂言）
一噌幸政　いっそう・ゆきまさ　能楽師（能狂言）

一関　いちのせき
一関開治　いちのせき・かいじ　北竜町（北海道）町長
一関章太　いちのせき・しょうた　プロ野球選手（日典3）
一関春枝　いちのせき・はるえ「南の虹」講談社（日典3）
一関吉美　いちのせき・よしみ「落ち穂拾い」寒流社（日典3）

¹⁵幡　いちはた；いちまん
一幡叔伸　いちはた・としのぶ　ニラックス社長（日典）
一幡真一　いちまん・しんいち　グンゼ常務取締役（日典）
一幡良利　いちまん・よしとし　研究者,医学博士（視覚）

¹⁶橋　いちはし；ひとつばし
一橋文哉　いちはし・ふみや　ノンフィクション作家（兵庫文）
一橋律子　いちはし・りつこ　声楽家（音人3）
一橋鵄　ひとつばし・つぐみ「魔術師たちの夢遊戯（ロゴスゲーム）」エンターブレイン,角川グループパブリッシング（発売）（日典3）
一橋直子　ひとつばし・つねこ　歌人（国書）

¹⁸藤木　いっとうぎ
一藤木貴大　いっとうぎ・たかひろ　テニス選手（日典3）
一藤木益男　いっとうぎ・ますお　富士急百貨店社長（日典3）
一藤木杏子　いっとうぎ・ようこ　児童文学作家（児人）
一藤木杏子　いっとうぎ・ようこ　児童文学作家（幻想）

¹⁹瀬　いちせ；いちのせ；いっせ
一瀬隆重　いちせ・たかしげ　映画監督（映人）
一瀬益吉　いちのせ・ますきち　養蚕家（日人）
一瀬邦弘　いっせ・くにひろ「電気けいれん療法」へるす出版（日典3）

【2】七

七ツ矢　ななつや
七ツ矢和典　ななつや・かずのり　経営コンサルタント（日典3）
七ツ矢博資　ななつや・ひろし　作曲家（作曲）

³川　しちかわ；ななかわ
七川歓次　しちかわ・かんじ　行岡病院名誉院長（日典3）
七川清　ななかわ・きよし　医師（日典3）

⁴井　なない
七井浅次郎　なない・あさじろう　政治家（栃木歴）
七井永寿　なない・えいじゅ　日産化学工業取締役（日典3）
七井和夫　なない・かずお　日産化学工業常務（日典3）
七井翔子　なない・しょうこ「私を見て、ぎゅっと愛して」アスコム（日典3）
七井永寿　なない・ながとし　弓道家,弓道錬士（弓道）

七五三　しめ
七五三月璋　しめ・げっしょう　池坊・東京支部中央橘会分社長（日典3）
七五三月窓　しめ・げっそう「池坊四季の小品花」主婦の友社（日典3）
七五三長斎　しめ・ちょうさい　俳人＝近世（人名）
七五三満　しめ・みちる　歌人・教師（愛媛百）

七五三木　しめぎ
七五三木淑子　しめぎ・しゅくこ　（株）水神SOS文化・情報センター本部長（日典）
七五三木政勝　しめぎ・まさかつ　各種団体役員（群馬人）

七戸　しちのへ
七戸長生　しちのへ・ちょうせい　農業学者（現執4期）
介錯（七戸輝正）　しちのへ・てるまさ　漫画家（幻想）
七戸不二郎　しちのへ・ふじろう　志士（人名）
七戸黙徒　しちのへ・もくと　俳人（北海道文）
七戸稜七郎　しちのへ・りょうしちろう　政治家（青森人）

⁵田　しちた；しちだ
七田次光　しちた・つぎみつ「ドラマのある3年の学級経営」明治図書出版（日典3）
七田今朝一　しちだ・けさいち　海軍軍人（陸海）
七田忠志　しちだ・ただし　日本史学者（郷土）

⁶会　しちかい；ななえ
七会真実　しちかい・まこと「ランニング・ファンタジー！」岡田竜馬（日典3）
七会静　ななえ・しずか　マルチメディアプロデューサー,作家（日典3）

七地　ななち
七地寧　ななち・ねい　小説家（幻想）

⁷条　しちじょう；ななじょう
七条小次郎　しちじょう・こじろう　医師（近医）
七条七之助　しちじょう・しちのすけ　実業家（日人）
七条沙耶　ななじょう・さや　小説家（幻想）

七沢　しちさわ；しちざわ；ななさわ；ななざわ
七沢象声　しちさわ・しょうせい　書家（日典3）
七沢八郎　しちざわ・はちろう「バイオリニストのための ビブラート奏法」（国典）
七沢清貴　ななさわ・きよたか　ヴァイオリニスト（演奏）

七沢利明　ななざわ・としあき「ドイツ・エルベ川における橋の建設と世界遺産タイトルの抹消についての調査」国土交通省国土交通政策研究所（日典3）

七里　しちり
　七里円長　しちり・えんちょう　僧侶（真宗）
　七里恒順　しちり・ごうじゅん　浄土真宗本願寺派の僧（コン4）
　七里順之　しちり・じゅんし　僧侶（真宗）
　七里義雄　しちり・よしお　電気工学者（日人）
　七里和乗　しちり・わじょう　社会学者（現執2期）

⁹七星　ななせ；ななほし
　七星亙　ななせ・わたる「ブリーダーズ・ワース」アスペクト（日典3）
　七星秋生　ななほし・あきみ「狼の飼い方教えます」ソニー・マガジンズ（日典3）
　七星けいな　ななほし・けいな「許してあげない」フランス書院（日典3）

七海　ななうみ；ななみ
　七海花音　ななうみ・かのん　小説家（YA）
　七海又三郎　ななうみ・またさぶろう　新聞経営者（日人）
　七海彩夏　ななみ・あやか　女優（日典3）
　七海樹里　ななみ・きり「Idol」集英社

¹⁰七宮　しちのみや；しちみや；ななみや
　七宮学盛　しちのみや・さねもり　陸奥一関藩士（姓氏岩手）
　七宮漼三　しちみや・けいぞう　評論家（日典）
　七宮大　ななみや・ひろし「道路設計における透視図法」（国典）

七島　しちしま；ななじま
　七島幸子　しちしま・ゆきこ　（株）オリーブ主宰（日典3）
　七島佳那　ななじま・かな「ナツメキッ!!」小学館（日典3）

七浦　ななうら
　七浦幸七　ななうら・こうしち「口腔外科学」（国典）
　七浦貞子　ななうら・さだこ　陶芸家（日典3）
　七浦弘子　ななうら・ひろこ　女優（映女）

¹¹七崎　ななさき；ななざき
　七崎修　ななさき・おさむ「法師岡遺跡・西張（3）遺跡」福地村教育委員会（日典3）
　七崎ゆき　ななさき・ゆき　画家（日典3）
　七崎福太郎　ななざき・ふくたろう「福さん一代記」自分史センター（製作）（日典3）

¹²七飯　ななえ
　七飯宏隆　ななえ・ひろたか　小説家（幻想）

¹⁴七種　さいくさ；ななくさ
　七種諭　さいくさ・さとし　写真家（日典3）
　七種泰史　さいくさ・やすし「書体を読む。」ソシム（日典3）
　七種明雄　ななくさ・あきお「HTTRの2次加圧水冷却器の伝熱性能に関する評価」日本原子力研究開発機構（日典3）

¹⁷七篠　しちじょう；ななしの
　七篠愷　しちじょう・やすし　出版人（出版）
　七篠真名　ななしの・まな　小説家（日典）

¹⁹七瀬　ななせ
　七瀬カイ　ななせ・かい　漫画家（漫人）
　七瀬砂環　ななせ・さわ　小説家（幻想）
　七瀬なつみ　ななせ・なつみ　女優（テレ）
　七瀬晶　ななせ・ひかる　小説家（幻想）
　七瀬みつこ　ななせ・みつこ　漫画家（漫人）

【3】丁

丁　ちょう；てい
　丁主一　ちょう・しゅいち　農業技術研究者（宮崎百）
　丁宗鐵　てい・むねてつ　医師（現執4期）

³丁山　ちょうざん
　丁山俊彦　ちょうざん・としひこ　エッセイスト（四国文）

¹¹丁野　ちょうの；ようの；よおの
　丁野丹山　ちょうの・たんざん　漢詩人（日人）
　丁野恵鏡　ようの・えきょう　僧侶（日典）
　丁野恵鏡　よおの・えきょう「雨あがりのベンチ」本願寺出版社（日典3）

【4】下

下　しも
　下啓助　しも・けいすけ　官吏（日人）
　下健一　しも・けんいち　スポーツ功労者（佐賀百）
　下幸子　しも・さちこ　反核・被爆者救援運動家（平和）
　下徳太郎　しも・とくたろう　周防岩国藩士（幕末）
　下政恒　しも・まさつね　政治家（庄内）

²下八川　しもやかわ；しもやがわ
　下八川共祐　しもやかわ・きょうすけ　音楽教育者（音人3）
　下八川圭祐　しもやかわ・けいすけ　声楽家（日人）
　下八川圭祐　しもやがわ・けいすけ　バス歌手（埼玉人）

³下土井　しもどい
　下土井澄雄　しもどい・すみお　不動産開発会社「三陽」社長（人情）

下川　しもかわ；しもがわ
　下川儀太郎　しもかわ・ぎたろう　詩人,政治家（現詩）
　下川凹天　しもかわ・へこてん　漫画家（日人）
　下川忠範　しもがわ・ただのり　福岡県議（共産党）（日典3）
　下川治恭　しもがわ・はるみつ「遠回りして帰ろう」郁朋社（日典3）

⁴下中　したなか；しもなか

- 下中正照　したなか・まさてる　下中工作所会長（日典）
- 下中邦彦　しもなか・くにひこ　出版経営者（日人）
- 下中弥三郎　しもなか・やさぶろう　出版人，教育運動家（コン4）

下井　しもい

- 下井伊那雄　しもい・いなお「ベスト・トレーニング」女性モード社（日典3）
- 下井小太郎　しもい・こたろう　大洲地方養蚕業の功労者（愛媛百）
- 下井定子　しもい・さだこ「風そよぐ」友月書房（日典）
- 下井清太郎　しもい・せいたろう　長瀬産業専務（日典）
- 下井隆史　しもい・たかし　労働法学者（現執4）

下元　したもと；しももと

- 下元信行　したもと・のぶゆき　フリーライター（日典）
- 下元健吉　しももと・けんきち　協同組合運動家（日人）
- 下元勉　しももと・つとむ　俳優（新芸）

下引地　しもひきじ

- 下引地一二　しもひきじ・いちじ「古事記の真意」（国典）

下戸　おりと

- 下戸朝一　おりと・あさかず　元・日本甜菜製糖専務（日典）
- 下戸薫　おりと・かおる　連合滋賀会長（日典3）

下斗米　しもとまい；しもどまい

- 下斗米直昌　しもとまい・なおまさ　細胞遺伝学者（植物）
- 下斗米伸夫　しもとまい・のぶお　現代ロシア政治学者（現執4期）
- 下斗米秀之進　しもどまい・ひでのしん　檜山騒動の主謀者＝近世（コン）

⁵下代　げしろ

- 下代修　げしろ・おさむ　泉州銀行常務（日典3）
- 下代正治　げしろ・まさはる「紀州の山―登山とハイキングコース徹底案内」岳洋社（JM）
- 下代雅啓　げしろ・まさひろ　大阪府立大学工学部電気情報システム工学科助教授（日典3）

下出　しもいで；しもで

- 下出源七　しもいで・げんしち　出版人（出文）
- 下出民義　しもいで・たみよし　学校創立者（学校）
- 下出幸作　しもで・こうさく「さらば，木偶の詩」若草書房（日典3）
- 下出積与　しもで・せきよ　日本史学者（郷土）

下司　げし；げじ；しもつかさ

- 下司凍司　げし・とうげつ　日本画家（美家）
- 下司盛吾　げじ・せいご「註解登記法法規全書」忠愛社（日典3）
- 下司芝亭　しもつかさ・してい　篆刻家＝近世（人名3）

下平　しもたい；しもたいら；しもだいら；しもひら

- 下平真弓　しもたい・まゆみ「ブータン」レーヴック，星雲社（発売）（日典3）
- 下平隆宏　しもたいら・たかひろ　サッカー選手（日人）
- 下平正一　しもだいら・しょういち　政治家（日人）
- 下平作江　しもひら・さくえ　反核運動家（平和）

下平尾　しもひらお

- 下平尾勲　しもひらお・いさお　金融論学者（現執4期）

下永　しもなが

- 下永恵美　しもなが・えみ「やきがしやSUSUCREのクッキー」河出書房新社（日典3）
- 下永憲次　しもなが・けんじ　軍人（日人）
- 下永浩史　しもなが・こうじ　住友信託銀行常任監査役（日典3）
- 下永順一郎　しもなが・じゅんいちろう　詩人（児人）
- 下永尚　しもなが・ひさし　映画録音技師（映人）

下生　しものう；しものふ

- 下生正男　しものう・まさお　小金井高校教諭（国典）
- 下生成信　しものふ・しげのぶ　神官（日人）

下田　しもた；しもだ

- 下田仲助　しもた・ちゅうすけ　出水郡高尾野郷大久保村の名主（姓氏鹿児島）
- 下田平六左衛門　しもた・びらろくざえもん　政治家（姓氏鹿児島）
- 下田歌子　しもだ・うたこ　女子教育家（コン5）
- 下田武三　しもだ・たけぞう　外交官（コン4）

下田平　しもだいら；しもたひら

- 下田平裕身　しもだいら・ひろみ　社会政策学者（現執3期）
- 下田平義光　しもたひら・よしみつ　関西労働組合総連盟財務部長（社史）

下矢　しもや

- 下矢鉄男　しもや・てつお　雪印乳業総務部長（人情）
- 下矢吉孝　しもや・よしたか　（株）日立製作所小田原工場入出力機設計部長（日典3）

⁶下光　しもみつ

- 下光軍二　しもみつ・ぐんじ　弁護士（日典3）
- 下光輝一　しもみつ・てるいち　東京医科大学医学部医学科教授（日典3）

下地　しもじ；しもち

- 下地啓二　しもじ・けいじ　サクソフォン奏者（演奏）
- 下地正宏　しもじ・まさひろ　陶芸家（陶工）
- 下地和彦　しもち・かずひこ「NScripterではじめるノベルゲーム制作」新紀元社（日典3）
- 下地賢芳　しもち・ただよし　北海道開発コンサルタント（株）技術開発部主任技師（日典）

下羽　したば；しもは；しもば

- 下羽友衛　したば・ともえ　東京国際大学国際関係学部教授（日典）

一部(下)

下羽福治　しもは・ふくじ　下羽技術士事務所所長(日典)
下羽南　しもば・みなみ　（株）アーキテックス代表(日典)

7 下位　しもい
下位英一　しもい・えいいち　「孤児スカムポロ」本の友社(日典3)
下位真一郎　しもい・しんいちろう　奈良テレビ放送社長(日典3)
下位春吉　しもい・はるきち　口演童話家,研究者(日児)
下位文子　しもい・ふみこ　「正直な心」ゆまに書房(日典3)
下位由利子　しもい・ゆりこ　下位由利子バレエ研究所主宰(日典3)

下佐　しもさ
下佐喬　しもさ・たかし　住友海上火災保険常務(人情)

下尾　しもお
下尾善太　しもお・ぜんた　「芸備史」歴史図書社(日典)
下尾晃正　しもお・てるまさ　衆議院常任委員会専門員(日典)
下尾富士雄　しもお・ふじお　滋賀サンケイ広告社代表取締役(日典3)

下志万　しもしま
下志万千鶴子　しもしま・ちずこ　武庫川女子大学家政学部助教授(日典3)

下条　げじょう；しもじょう
下条桂谷　げじょう・けいこく　日本画家(日人)
下条正雄　げじょう・まさお　海軍軍人(人名)
下条通春　しもじょう・みちはる　医師(コン4)
下条康麿　しもじょう・やすまろ　内務官僚,政治家(コン4)

下沢　しもさわ；しもざわ
下沢木鉢郎　しもさわ・きはちろう　版画家(日人)
下沢多聞　しもさわ・たもん　職工(社史)
下沢木鉢郎　しもざわ・きはちろう　洋画家(美家)
下沢保躬　しもざわ・やすみ　国学者(日人)

下町　したまち；しもまち
下町遊歩　したまち・ゆうほ　「東京炎上」西東京新報社(日典)
下町七之蔵　しもまち・しちのぞう　教育者・俳人(姓氏岩手)
下町真喜子　しもまち・まきこ　「文字絵」青森県八戸市立大館中学校美術科(日典3)

下見　したみ；しもみ
下見吉十郎　したみ・きちじゅうろう　篤農家＝近世(人名3)
下見隆雄　しもみ・たかお　中国哲学者(現執4期)

下谷　したや；しもたに；しもや
下谷竹三　したや・たけぞう　「百万本のクロッカス」日本図書刊行会(日典3)

[4]

下谷政弘　しもたに・まさひろ　京都大学大学院経済学研究科現代経済学専攻教授・研究科長(現執4期)
下谷東雲　しもや・とううん　書家(群馬人)

下邑　しもむら
下邑孝作　しもむら・こうさく　弓道家,弓道錬士(弓道)
下邑政弥　しもむら・まさや　「日本印紙類図鑑」フクオ(日典)

下邨　しもむら
下邨昭三　しもむら・しょうぞう　日本科学技術情報センター理事長(日典)

下酉　しもとり
下酉正博　しもとり・まさひろ　「発明工夫の教室」(国典)

下里　しもさと；しもざと
下里梅子　しもさと・うめこ　「白牡丹」布施光章(日典3)
下里光正　しもさと・みつまさ　陶芸家(陶工)
下里恵良　しもざと・けいりょう　弁護士(日人)
下里正樹　しもさと・まさき　将棋観戦記者(現執3期)

8 下妻　しもずま；しもつま
下妻晃二郎　しもずま・こうじろう　川崎医科大学講師(日典3)
下妻嘉衛　しもずま・よしえ　日本国有鉄道構造物設計事務所(国典)
下妻みどり　しもつま・みどり　「長崎迷宮旅暦」書肆侃侃房(日典3)

下定　しもさだ
下定弘　しもさだ・ひろし　郵便碁の名人(人情)
下定雅弘　しもさだ・まさひろ　岡山大学文学部教授(日典3)

下岡　しもおか
下岡太郎次郎　しもおか・たろうじろう　写真師(写家)
下岡忠治　しもおか・ちゅうじ　官僚,政治家(日人)
下岡伝作　しもおか・でんさく　南海部郡の養蚕普及者(大分歴)
下岡蓮杖　しもおか・れんじょう　日本における写真の開祖の一人(コン4)
下岡連杖　しもおか・れんじょう　写真家(洋画)

下店　しもみせ
下店静市　しもみせ・しずいち　美術史学者(日人)
下店荘八　しもみせ・そうはち　「さまざまなる日本の工芸 "花もよう"創造と造形」京都書院(日典3)

下松　したまつ；しもまつ
下松孝史　したまつ・たかし　元・大学野球選手(日典)
下松桂馬　しもまつ・けいま　全国社会福祉協議会顧問(日典3)
下松千旁　しもまつ・ちはる　「桃夢」芦笛社(日典3)

下河内　しもかわち；しもこうち；しもごうち
- 下河内稔　しもかわち・みのる　応用地質(株)技師長(日典3)
- 下河内稔　しもこうち・みのる　甲子園短期大学教授(日典)
- 下河内一成　しもごうち・かずなり　シージーケー社長(日典)

下河辺　しもかわべ；しもこうべ
- 下河辺淳　しもかわべ・あつし　エコノミスト、開発プランナー(現執1期)
- 下河辺史子　しもかわべ・ふみこ　日本画家(児人)
- 下河辺淳　しもこうべ・あつし　エコノミスト、開発プランナー(日人)
- 下河辺光行　しもこうべ・みつゆき　教育者(学校)

下河原　しもかわら；しもがわら
- 下河原忠夫　しもかわら・ただお　「知る権利とプライヴァシー」地方自治研究所(日典3)
- 下河原寿男　しもかわら・としお　下河原地質開発コンサルタント社長(日典)
- 下河原忠夫　しもがわら・ただお　地方自治研究所代表(日典)
- 下河原友雄　しもがわら・ともお　映画美術監督(映人)

下河部　しもかわべ；しもこうべ
- 下河部良佐　しもかわべ・りょうさ　協調会労働学院講師(社史)
- 下河部行輝　しもこうべ・ゆきてる　「三島由紀夫の語彙研究序説」岡山大学文学部(日典3)

下茂　しも
- 下茂一泉　しも・いっせん　「奴草」下茂策馬(日典)
- 下茂秀夫　しも・ひでお　関東証券社長(紳士)
- 下茂喜子　しも・よしこ　「ピカピカ泥だんごの作りかた」宝島社(日典3)

下迫　しもさこ
- 下迫綾美　しもさこ・あやみ　「毎日を楽しむビタントニオ」日東書院本社(日典3)
- 下迫鈴枝　しもさこ・すずえ　ママさんバレー選手(人情)
- 下迫秀樹　しもさこ・ひでき　ファッションデザイナー(日典3)
- 下迫真理　しもさこ・まり　「音楽のことば」哲学書房(日典3)
- 下迫靖文　しもさこ・やすふみ　バーテンダー(日典3)

下門　しもかど；しもじょう
- 下門英二　しもかど・えいじ　元理髪業(日典)
- 下門祥人　しもかど・よしひと　麻布公証役場公証人(日典)
- 下門龍仁　しもじょう・たつひと　舟大工(日典3)
- 下門律善　しもじょう・のりよし　政治家(現政)

⁹下保　かほ
- 下保昭　かほ・あきら　日本画家(日人)
- 下保茂　かほ・しげる　「天文用語事典」誠文堂新光社(日典)

下保真吾　かほ・しんご　「郷土の人々」神島ふれあいセンター(日典3)
- 下保進　かほ・すすむ　(株)ライフデザイン研究所副社長(日典3)
- 下保敏男　かほ・としお　アーサー取締役(日典3)

下垣　したがき；しもがき
- 下垣茂生　したがき・しげお　東京自働機械製作所社長(日典)
- 下垣彰　しもがき・あきら　経営コンサルタント(日典3)
- 下垣真希　しもがき・まき　ソプラノ歌手(演奏)

下垣内　しもがいち；しもがいと；しもごうち
- 下垣内洋一　しもがいち・よういち　日本鋼管社長(日典)
- 下垣内博　しもがいと・ひろし　関西大学講師(日典)
- 下垣内和人　しもごうち・かずと　中学校教諭(国典)

下城　しもじょう
- 下城義三郎　しもじょう・ぎさぶろう　政治家(姓氏群馬)
- 下城実紀雄　しもじょう・みきお　「Windowsシェアウェアライブラリ特選」ビレッジセンター出版局(日典3)
- 下城弥一郎　しもじょう・やいちろう　実業家(コン)
- 下城雄索　しもじょう・ゆうさく　政治家(現政)

下屋　したや；しもや
- 下屋亨　したや・とおる　宮城県共済農協連合会参事(日典)
- 下屋則子　したや・のりこ　声優(日典3)
- 下屋鋭一　しもや・えいいち　五平もちの「たか山」店主(人情)

下泉　しもいずみ
- 下泉恵尚　しもいずみ・けいしょう　「古寺巡礼京都」淡交社(日典3)
- 下泉重吉　しもいずみ・じゅうきち　動物学者(日人)
- 下泉全暁　しもいずみ・ぜんぎょう　「真言宗晋山式次第」青山社(日典3)
- 下泉秀夫　しもいずみ・ひでお　「発達障害のある子の理解と支援」母子保健事業団(日典3)
- 下泉正敏　しもいずみ・まさとし　徳島大学名誉教授(日典3)

下津　しもず；しもつ
- 下津賢三　しもず・けんぞう　「ニューズ展望」編集兼発行人(日典)
- 下津清太郎　しもず・せいたろう　「世界帝王系図集」東京堂出版(日典3)
- 下津揆一　しもつ・きいち　実業家(香川人)
- 下津休也　しもつ・きゅうや　肥後熊本藩士(日人)

下畑　しもはた
- 下畑五夫　しもはた・いつお　飛騨地学研究所会長(日典3)
- 下畑浩二　しもはた・こうじ　「経営学部生のための情報リテラシー入門」三恵社(日典3)

一部（下）　　　　　　　　　　　　　　　　　　　　　　　　　　　　　　　　　〔4〕

下畑卓　しもはた・たく　児童文学者,童話作家（世紀）
下畑豊文　しもはた・とよふみ　大阪酸素工業社長（日典）
下畑法近　しもはた・のりちか　日本電子専門学校情報処理科専任講師（日典3）

下重　しもしげ；しもじゅう
下重直樹　しもしげ・なおき　日本学術振興会特別研究員（日典3）
下重泰江　しもしげ・やすえ　染織家（日典）
下重暁子　しもじゅう・あきこ　随筆家,評論家（日人）
下重勝雄　しもじゅう・かつお　医師（日典3）

10下倉　しもくら
下倉祇世子　しもくら・きよこ　日本画家（美家）
下倉義一郎　しもくら・ぎいちろう　元ダイニック常務（人情）
下倉国吉　しもくら・くによし　城西消費購買組合組合員（社史）
下倉孝子　しもくら・こうこ　（株）下倉楽器代表取締役（日典3）
下倉淳介　しもくら・じゅんすけ　「読む救急箱」MCプレス（日典3）

下郡　しもごおり
下郡逸男　しもごおり・いつお　昭和アルミニウム常務（日典3）
下郡剛　しもごおり・たけし　東京大学史料編さん所研究員（日典3）
下郡平治　しもごおり・へいじ　政治家（大分歴）
下郡峯生　しもごおり・みねお　歌帖社主宰（国典）

下郡山　しもこおりやま
下郡山清　しもこおりやま・きよし　「暗雲越えて」総北海（日典3）
下郡山信夫　しもこおりやま・のぶお　広島高裁部総括判事（日典3）
下郡山正己　しもこおりやま・まさみ　東京大学教授（国典）
下郡山正巳　しもこおりやま・まさみ　植物生理学者,東京大学名誉教授（植物）

下馬　しもうま
下馬二五七　しもうま・にごしち　俳優（新芸）

下高原　しもたかはら
下高原昭広　しもたかはら・あきひろ　「小児外科看護の知識と実際」メディカ出版（日典3）
下高原健治　しもたかはら・けんじ　「挿絵で読む「坂の上の雲」をゆく」産経新聞ニュースサービス（日典3）
下高原健二　しもたかはら・けんじ　洋画家（美家）
下高原龍己　しもたかはら・たつみ　洋画家（洋画）

11下笠　しもかさ；しもがさ
下笠強志　しもかさ・つよし　南日本新聞川内支社長（日典3）
下笠徳次　しもがさ・とくじ　「イタリアのおもかげ」岩波書店（日典3）

下許　しももと
下許武兵衛　しももと・ぶへえ　漢学者（維新）

下郷　しもごう；しもさと；しもざと；しものごう
下郷伝平〔2代〕　しもごう・でんべい　実業家（日人）
下郷久喜　しもさと・ひさき　セコム常務（日典3）
下郷羊雄　しもざと・よしお　洋画家（美家）
下郷伝平　しものごう・でんべえ　実業家（郷土滋賀）

下野　かばた；したの；しもつけ；しもの；しもや
下野康史　かばた・やすし　モータージャーナリスト（現執4期）
下野清　したの・きよし　「慶良間の海に」及川真治（日典3）
下野住人　しもつけ・すみと　「教師のためのロゴ教育入門」下野住人（JM）
下野信之　しもの・のぶゆき　気象学者（コン）
下野隆祥　しもや・たかあき　ソムリエ（日典）

12下曾根　しもそね
下曾根信敦　しもそね・のぶあつ　幕臣,砲術家（洋学）
下曾根信之　しもそね・のぶゆき　幕臣,砲術家（幕末）

下森　したもり；しももり
下森定　したもり・さだむ　法学者（現執4期）
下森知　したもり・さとる　日原共存病院初代組合長（島根歴）
下森宏昭　しももり・ひろあき　広島県議（自民党,三次市）（日典3）

下程　したほど
下程息　したほど・いぶき　関西学院大学文学部ドイツ文学科教授（日典3）
下程勇吉　したほど・ゆうきち　教育学者（コン4）

下道　したみち；しもつみちの；しもみち
下道長次　したみち・ちょうじ　「老の一徹」（国典）
下道門継　しもつみちの・かどつぐ　医家=古代（人名3）
下道倉之助　しもみち・くらのすけ　染色家（日典）

下間　しもずま；しもつま；しもま
下間庄兵衛　しもずま・しょうべえ　釜師=近世（茶道）
下間頼和　しもつま・よりちか　西本願寺の坊官（日人）
下間忠夫　しもま・ただお　地理学者（島根歴）

下飯坂　しもいいざか
下飯坂菊馬　しもいいざか・きくま　脚本家（映人）
下飯坂権三郎　しもいいざか・ごんざぶろう　自由民権運動家（姓氏岩手）
下飯坂潤三　しもいいざか・じゅんぞう　鉱物処理工学者（現情）
下飯坂潤夫　しもいいざか・ますお　裁判官（コン4）

姓名よみかた辞典　姓の部　11

[5]　　　　　　　　　　　　　　　　　　　　　　　　　　　　一部（三）

[13]下福　しもふく
　下福力　しもふく・ちから　ピアニスト（演奏）
下農　しもの；しものう
　下農綾子　しもの・あやこ「困難ケースを解決！施設ケアプラン修正実例集」日総研出版（日典）
　下農繁雄　しものう・しげお　公認会計士（日典）
　下農美代子　しものう・みよこ「からだのツボと人生のつぼ」関西書院（日典）
下鉢　しもばち
　下鉢清子　しもばち・きよこ　俳人（日典）
[14]下徳　しもとく
　下徳直助　しもとく・なおすけ　弓道家,弓道教士（弓道）
下稲葉　しもいなば
　下稲葉かおり　しもいなば・かおり「私たちの先生は子どもたち！」青海社（日典）
　下稲葉耕吉　しもいなば・こうきち　官僚,政治家（日人）
　下稲葉康之　しもいなば・やすゆき「いのちの質を求めて」いのちのことば社（日典）
下総　しもうさ；しもおさ；しもふさ
　下総皖一　しもうさ・かんいち　作曲家,音楽教育家（埼玉人）
　下総高次　しもおさ・たかじ　大阪大学名誉教授（日典）
　下総皖一　しもふさ・かんいち　作曲家,音楽教育家（コン4）
下関　しもせき；しもぜき；しものせき
　下関崇子　しもせき・たかこ　フリーライター,ムエタイエアロビクス・インストラクター（日典3）
　下関忠一　しもぜき・ちゅういち　大商証券社長（日典3）
　下関マグロ　しものせき・まぐろ　ライター（現執4期）
[16]下橋　しもはし
　下橋邦彦　しもはし・くにひこ　国語教育研究家（YA）
　下橋敬長　しもはし・ゆきおさ　学者（日人）
[17]下謝名　しもじゃな
　下謝名松栄　しもじゃな・まつえい「島の自然と鍾乳洞」新星図書（書籍）
[21]下鶴　しもずる
　下鶴隆央　しもずる・たかお　鹿児島県議（無所属,鹿児島市・鹿児島郡）（日典3）
　下鶴大輔　しもずる・だいすけ　火山学者（日人）

【5】　三

三ケ月　みかずき
　三ケ月章　みかずき・あきら　法学者（日人）
三ツ木　みつき；みつぎ
　三ツ木清　みつき・きよし　柴田書店書籍部（日典3）
　三ツ木照夫　みつき・てるお「晩年の志賀直哉」新生社（日典3）
　三ツ木清隆　みつぎ・きよたか　俳優（テレ）

　三ツ木金蔵　みつぎ・きんぞう　東峰書房経営者（社史）
三ツ谷　みつたに；みつや
　三ツ谷松子　みつたに・まつこ　俳人（日典3）
　三ツ谷光勇　みつたに・みつお　公明党政策審議会副会長（日典）
　三ツ谷平治　みつや・へいじ　歌人（青森人）
　三ツ谷謡村　みつや・ようそん　俳人（北海道歴）
三ケ島　みかしま；みじかま；みがしま
　三ケ島葭子　みかしま・よしこ　歌人（日人）
　三ケ島糸　みかじま・いと「奇人でけっこう　夫左ト全」（国典）
　三ケ島又右衛門　みがしま・またうえもん　龍造寺氏家臣＝中世（戦西）
[2]三丁目　さんちょうめ
　三丁目俊三　さんちょうめ・しゅんぞう　シコー・エージェンシー社長（人情）
三刀　みと；みとう
　三刀寛一郎　みと・かんいちろう　医師（洋学）
　三刀基郷　みとう・もとのり「被着材からみた接着技術」日刊工業新聞社（日典）
三刀屋　さんとうや；みとや
　三刀屋嵩　さんとうや・たかし「あやかし学園」徳間書店（日典3）
　三刀屋七郎次　みとや・しちろうじ　留学生（海越新）
三十七年　みなとし
　三十七年竜吉　みなとし・りゅうきち　詩人（日典）
三十利　みどり
　三十利雅　みどり・まさ　舞台女優（日典）
三又　みまた
　三又忠久　みまた・ただひさ　漫才師（テレ）
　三又正三　みまた・まさみ　大分銀行常務（日典3）
　三又又三　みまた・またぞう　コメディアン（日典）
　三又美奈子　みまた・みなこ「風連」ながらみ書房（日典3）
[3]三三　さんざ
　三三三郎　さんざ・さんざぶろう「春秋こぼれ夜話」（国典）
三上　みかみ；みがみ；みなかみ
　三上参次　みかみ・さんじ　歴史学者（コン5）
　三上忠貞　みがみ・ちゅうてい　民権運動家,教育者（長野歴）
　三上泰生　みなかみ・たいせい　日本画家（現ண）
三土　みつち
　三土興三　みつち・こうぞう　哲学者（哲学）
　三土修平　みつち・しゅうへい　理論経済学者,僧侶（現執4期）
　三土忠良　みつち・ただよし　児童文学者（児人）
　三土忠造　みつち・ちゅうぞう　政治家（コン4）
　三土梅堂　みつち・ばいどう　教育者（香川人）

一部（三）

三小田　さんこだ；みこだ
- 三小田美稲子　さんこだ・みねこ「保育者養成校における保育研究発表会を通して養う保育者の資質についての一考察」日本音楽学校（日典3）
- 三小田勝見　みこだ・かつみ　書道家（日典3）
- 三小田敏雄　みこだ・としお「古代キリスト教思想」新教出版社（日典3）

三山　さんやま；みつやま；みやま
- 三山五郎兵衛　さんやま・ごろうびょうえ　後北条氏家臣＝中世（戦東）
- 三山英二　みつやま・えいじ　医師（日典3）
- 三山喜三郎　みやま・きさぶろう　化学者（日人）

三川　さんかわ；さんがわ；みかわ
- 三川勝重　さんかわ・かつしげ　実業家（姓氏富山）
- 三川寿水　さんがわ・じゅすい　能楽師（庄内）
- 三川淳雄　みかわ・あつお　能楽師（能狂言）

[4]三井　みい；みつい
- 三井竹窓　みい・ちくそう　医家（日人）
- 三井道郎　みい・みちろう　日本ハリストス正教会長司祭（日人）
- 三井甲之　みつい・こうし　歌人、国家主義者（日人）
- 三井高福　みつい・たかよし　豪商、三井惣領家の8代（コン4）

三井田　みいだ；みついだ
- 三井田一男　みいだ・かずお「日本の都市政策」合同出版（日典3）
- 三井田忠　みいだ・ただし　考古学者（新潟百別）
- 三井田浩　みついだ・ひろし「失業・手続き・裏ワザまるごとノウハウ」日本法令（日典3）

三五　さんご；さんごの
- 三五十五　さんご・じゅうご　芸人（テレ）
- 三五英夫　さんご・ひでお　イラストレーター（日典）
- 三五丸　さんごの・つきまる「人体道中膝栗毛」高木磐太郎（日典3）

三元　さんげん；みつもと
- 三元一世　さんげん・いっせい「道脈の研究」PTN研究所（日典3）
- 三元恒　みつもと・ひさし　読売新聞広告局参与

三内　さんない
- 三内多喜治　さんない・たきじ　口腔外科学者（日人）

三分一　さぶいち；さんぶいち
- 三分一俤夫　さぶいち・やすお　元・日本金網（現・日本フイルコン）専務（日典）
- 三分一清吉　さんぶいち・せいきち　向上会会計（社史）
- 三分一敬　さんぶいち・たかし　北海道立中央農業試験場長（日典3）

三分一所　さんぶいっしょ
- 三分一所美津子　さんぶいっしょ・みつこ「短期間の指導計画とその展開3・2歳児」ひかりのくに（書籍）

三升　みます
- 三升延　みます・のぶ　小唄三升派家元（芸能）
- 三升正直　みます・まさなお　政治家（現政）
- 三升紋弥［2代］　みます・もんや　落語家、曲芸師（芸能）

三友　みつとも；みとも
- 三友次郎　みつとも・じろう　全国農民組合埼県連会議派メンバー（社史）
- 三友国五郎　みとも・くにごろう　地方史研究家（考古）
- 三友善夫　みとも・よしお　医師（近医）

三戸　さんこ；さんと；さんど；さんのへ；みと
- 三戸謙三　さんこ・けんぞう「子どもってすごい」あずみの書房（日典3）
- 三戸信和　さんと・のぶかず　愛知労済常務理事（日典3）
- 三戸信人　さんど・のぶんど　山口大学名誉教授（日典）
- 三戸式部　さんのへ・しきぶ　陸奥盛岡藩家老（幕末）
- 三戸信人　みと・のぶと　労働運動家（日人）

三戸岡　みとおか
- 三戸岡耕二　みとおか・こうじ　弁護士（日典3）
- 三戸岡英樹　みとおか・ひでき　医師（日典3）
- 三戸岡道夫　みとおか・みちお　作家、実業家（幻想）

三戸部　みとべ
- 三戸部加奈子　みとべ・かなこ　モデル（日典3）
- 三戸部祥子　みとべ・しょうこ「ひろくんの地図帳」北海道根室支庁地域政策部北方領土対策室（日典3）
- 三戸部スエ　みとべ・すえ　女優（日人）
- 三戸部清一　みとべ・せいいち　農業（日典3）

三戸森　みともり
- 三戸森確郎　みともり・かくろう　東農工大名誉教授
- 三戸森毅　みともり・つよし「切られた首」早川書房（日典3）
- 三戸森照雄　みともり・てるお　全日本無産青年同盟兵庫県支部メンバー（社史）
- 三戸森弘康　みともり・ひろやす「フラワーレッスン」家の光協会（日典3）

三文字　さんもんじ
- 三文字正次　さんもんじ・しょうじ　宮城県角田市長（人情）
- 三文字正平　さんもんじ・しょうへい　弁護士（日典3）
- 三文字昌久　さんもんじ・まさひさ　東海カーボン社長（日典3）
- 三文字むめ　さんもんじ・むめ「松風」短歌新聞社（日典3）

三方　みかた；みつかた
- 三方淳男　みかた・あつお「新・悪性リンパ腫アトラス」文光堂（日典3）
- 三方一沢　みかた・いったく　医師（近医）
- 三方克　みつかた・かつ「変身によるコンポジション」燦乎堂（日典3）

三日月　みかげ；みかずき
- 三日月直之　みかげ・なおゆき「窓の山稜」葦書房（日典3）
- 三日月沙羅　みかずき・さら「SAIドロー＆ペイントマジカルテクニック」秀和システム（日典3）
- 三日月大造　みかずき・たいぞう　政治家（現政）

三木　そうぎ；みき；みつき；みつぎ
- 三木善則　そうぎ・よしのり　神官（日典）
- 三木露風　みき・ろふう　詩人（コン4）
- 三木九良左エ門　みつき・くろうざえもん「宮村の文化財」宮村教育委員会（日典3）
- 三木ゆか　みつぎ・ゆか　カラーコーディネーター（日典3）

三木谷　みきたに
- 三木谷浩史　みきたに・ひろし　実業家（現執4期）
- 三木谷良一　みきたに・りょういち　経済学者（現執4期）

三比　さんぴ
- 三比和美　さんぴ・かずみ　医師（科学）

三毛　みけ
- 三毛一夫　みけ・かずお　軍人（陸海）
- 三毛一到　みけ・かずゆき　第一中央汽船取締役、扶桑船舶副社長（日典3）
- 三毛菊次郎　みけ・きくじろう　日本鉱業社長（日典3）
- 三毛敏夫　みけ・としお「マダガスカル共和国家畜衛生状況調査報告書」海外技術協力事業団（日典3）
- 三毛俊子　みけ・としこ「高島功画集」田中律子（日典3）

三水　さみず；みみず
- 三水篁　さみず・たかむら　ソディック専務（日典）
- 三水弘　みみず・ひろし　彫刻家（日典）

三王　さんのう
- 三王清　さんのう・きよし　能楽師（能狂言）
- 三王裕孝　さんのう・ひろたか「囲碁段級模擬テスト四・五級問題集」（国典）
- 三王礼夫　さんのう・ふみお　能楽師（能狂言）

[5]世　みせ；みつよ
- 三世重次　みせ・しげつぐ　大阪黒色一般労組メンバー（社史）
- 三世善徳　みつよ・よしのり「東海道二川宿」あるむ（日典3）

三代　みしろ；みよ
- 三代亀太郎　みしろ・かめたろう　美保関郵便局長、旭自動車商会社長（島根歴）
- 三代吉信　みしろ・よしのぶ　茶三代一代表取締役、出雲卸商連盟理事長（島根歴）
- 三代辰吉　みよ・たつきち　軍人（陸海）
- 三代芳松　みよ・よしまつ　漁業家（日人）

三代川　みよかわ
- 三代川一夫　みよかわ・かずお　印刷工（アナ）
- 三代川省吾　みよかわ・しょうご「実践テクニカルイラストレーション」日刊工業新聞社（日典3）
- 三代川純子　みよかわ・じゅんこ「パリ・ロンドン一週間花と雑貨とおいしいものを探す旅」六耀社（日典3）
- 三代川正一　みよかわ・まさかず　会計学者（現執1期）
- 三代川正次　みよかわ・まさつぐ　経営管理学者（現執1期）

三代沢　みよさわ
- 三代沢史子　みよさわ・ちかこ　ピアノ教師、画家（音人3）
- 三代沢経人　みよさわ・つねと「工業簿記の基礎」同文舘出版（日典3）
- 三代沢弘　みよさわ・ひろし「青春・恋愛」鈴木道夫（日典3）
- 三代沢康司　みよさわ・やすし　アナウンサー、落語家（テレ）
- 三代沢良明　みよさわ・よしあき「水性コーティング材料の設計と応用」シーエムシー出版（日典3）

三古谷　みこや
- 三古谷栄　みこや・さかえ「二十四歳の日記」（国典）

三平　さんぺい；みつひら；みひら
- 三平えり子　さんぺい・えりこ「はじめからわかる倫理」学習研究社（日典3）
- 三平勇　みつひら・いさむ　極東ボクシングジム会長（日典3）
- 三平文　みひら・ふみし「繊維改質法」（国典）

三本　みつもと；みもと
- 三本和彦　みつもと・かずひこ　写真家、自動車評論家（世紀）
- 三本雅俊　みつもと・まさとし　チェロ奏者、指揮者（音人3）
- 三本桂子　みもと・けいこ　画家（児人）
- 三本武重　みもと・たけしげ　鉄道官僚（高知人）

三本木　さんぼんぎ
- 三本木健治　さんぼんぎ・けんじ　研究者（現執4期）
- 三本木貢治　さんぼんぎ・こうじ　金属工学者（現情）
- 三本木孝　さんぼんぎ・たかし　北海道情報大学情報メディア学部教授、北海道大学名誉教授（日典3）
- 三本木昇　さんぼんぎ・のぼる「むらさき橋」書肆青樹社（日典3）
- 三本木亮　さんぼんぎ・りょう　経営コンサルタント（日典3）

三本松　さんぼんまつ
- 三本松幸紀　さんぼんまつ・こうき「冬の山鳴り」石川書房（日典3）
- 三本松進　さんぼんまつ・すすむ　経済産業研究所上席研究員（日典3）
- 三本松正敏　さんぼんまつ・まさとし　福岡教育大学教育学部教授（日典3）
- 三本松政之　さんぼんまつ・まさゆき　立教大学コミュニティ福祉学部教授（日典3）
- 三本松義光　さんぼんまつ・よしみつ　要視察人（アナ）

三甲野　みかの
　三甲野一魂　みかの・いっこん　俳人(日典)
　三甲野隆優　みかの・たかまさ　ヴィア・ホールディングス副会長(日典3)
三田　さんた；さんだ；みた；みだ；みった；みつた
　三田康　さんた・やすし　洋画家(日人)
　三田花朝尼　さんだ・かちょうに　歌人(和俳)
　三田定則　みた・さだのり　法医学者(コン4)
　三田刑部　みだ・ぎょうぶ　葛西氏家臣=中世(戦東)
　三田明弘　みった・あきひろ　日本女子大学人間社会学部助教授(日典3)
　三田華子　みつた・はなこ　小説家(女性)
三田谷　さんだや
　三田谷啓　さんだや・ひらく　教育者(日人)
三由　みよし
　三由孝太郎　みよし・こうたろう　俳人(四国文)
　三由茂人　みよし・しげと　日本精工取締役(日典)
　三由信二　みよし・しんじ　金沢大学名誉教授(日典3)
　三由淡紅　みよし・たんこう　俳人(愛媛百)
　三由政一　みよし・まさいち　政治家(和歌山人)
三矢　みつや；みや
　三矢重松　みつや・しげまつ　国文学者(日人)
　三矢宮松　みつや・みやまつ　内務官僚(履歴2)
　三矢裕　みや・ひろし　神戸大学大学院経営学研究科准教授(日典3)
三石　みついし
　三石巌　みついし・いわお　児童文学者(幻想)
　三石勝五郎　みついし・かつごろう　詩人(世紀)
　三石紅樹　みついし・こうじゅ　日本画家(美家)
　三石精一　みついし・せいいち　指揮者(音人3)
　三石直起子　みついし・ゆきこ　小説家,翻訳家(世紀)
三辺　さんべ；みなべ；みべ
　三辺金蔵　さんべ・きんぞう　経済学者(日人)
　三辺長治　みなべ・ちょうじ　内務官僚(履歴2)
　三辺長治　みべ・ながはる　政治家(山梨百)
[6]三仲　みつなか；みなか
　三仲忠三　みつなか・ただみつ「憲法前文の意味の書」山端基平(日典3)
　三仲啓　みなか・あきら　鹿児島大学教育学部助教授(日典)
三光　さんこう
　三光長治　さんこう・ながはる　ドイツ文学者(現執4期)
三吉　みよし
　三吉希　みよし・しずか　日本史研究者(史研)
　三吉正一　みよし・しょういち　発明家,実業家(日人)
　三吉慎蔵　みよし・しんぞう　長門長府藩士(幕末)
　三吉米熊　みよし・よねくま　教育者,養蚕学者(日人)

三吉良太郎　みよし・りょうたろう　詩人(北海道歴)
三多　さんた；みた
　三多道長　さんた・どうちょう「日本人が知らない本当の道教」講談社インターナショナル(日典3)
　三多英明　みた・ひであき　ノンフィクション作家(日典3)
三守　みもり
　三守益　みもり・ます　教育者(学校)
　三守守　みもり・まもる　数学者,教育者(日人)
三宅川　みやがわ；みやけがわ
　三宅川和子　みやがわ・かずこ　女優(映女)
　三宅川正　みやがわ・ただす　関西大学名誉教授(日典3)
　三宅川正　みやけがわ・ただす「英文学におけるユーモアと諷刺の伝統」関西大学出版部(日典3)
　三宅川百太郎　みやけがわ・ももたろう　三菱商事長(日典3)
三寺　みつでら
　三寺光雄　みつでら・みつお　気象研究所応用気象研究部主任研究官(国典)
三成　みつなり；みなり
　三成賢次　みつなり・けんじ　大阪大学大学院法学研究科教授(日典3)
　三成順子　みつなり・よりこ　環境保護運動家(日人)
　三成脩　みなり・おさむ　札幌医科大学名誉教授(日典3)
　三成重敬　みなり・しげゆき　歴史家(日人)
三次　みつぎ；みよし
　三次健吉　みつぎ・けんきち　文房具屋(多摩)
　三次真一郎　みつぎ・しんいちろう　常陸大宮市長(日典3)
　三次をさむ　みよし・おさむ　歌人(日典)
　三次直哉　みよし・なおや「租税徴収関係判例要旨集」大蔵財務協会(日典3)
三池　みいけ
　三池貞一郎　みいけ・さだいちろう　技師(土木)
　三池三郎　みいけ・さぶろう　声楽家(音人3)
　三池崇史　みいけ・たかし　映画監督(映人)
　三池信　みいけ・まこと　政治家(現political)
　三池ろむこ　みいけ・ろむこ　漫画家(漫人)
三羽　さんば；みつば；みつわ；みわ
　三羽光彦　さんば・みつひこ　岐阜経済大学経済学部教授(日典)
　三羽広　みつば・ただひろ　日大工学部工業化学科(国典)
　三羽一郎　みつわ・いちろう　岐阜大学名誉教授(日典)
　三羽兼義　みわ・かねよし「古武教授在職二十五年記念論文目録集」古武教授在職二十五年祝賀会本部(日典3)
[7]三位　みい
　三位敏子　みい・としこ「がんに負けない養生レシピ」世界文化社(日典3)
　三位信夫　みい・のぶお　千葉大学工学部画像工学科教授(日典)

一部(三)

三位正洋 みい・まさひろ 「ファレノプシス」誠文堂新光社(日典3)

三住 みすみ；みつずみ
三住忍 みすみ・しのぶ 弁護士(日典3)
三住友郎 みつずみ・ともろう 「コワ～い土地の話」宝島社(日典3)

三坂 みさか
三坂彰彦 みさか・あきひこ 弁護士(日典3)
三坂和英 みさか・かずふさ 東京教育大教授(国書)
三坂圭治 みさか・けいじ 教育家,地方史研究家(郷土)
三坂耿一郎 みさか・こういちろう 彫刻家(日人)
三坂知絵子 みさか・ちえこ 女優(テレ)

三尾 みお；みつお
三尾公三 みお・こうぞう 洋画家(日人)
三尾呉石 みお・ごせき 日本画家(美家)
三尾淳 みつお・あつし 東京都立産業技術研究所表面技術グループ主任研究員(日典3)
三尾邦三 みお・くにぞう 古美術商(茶道)

三条西 さんじゅにし；さんじょうにし
三条西季知 さんじゅにし・すえとも 公家(国書)
三条西公正 さんじょうにし・きんおさ 香道家,国文学者(日人)
三条西季知 さんじょうにし・すえとも 公家(コン4)

三杉 みすぎ
三杉和章 みすぎ・かずあき 「ハマの医学校物語」横浜総合医学振興財団(日典3)
三杉和美 みすぎ・かずみ 「心の道標(みち)」流星舎(日典3)
三杉孝一郎 みすぎ・こういちろう 「勉強のやり方」ごま書房(日典3)
三杉隆輝 みすぎ・たかてる 長瀬産業常務(日典3)
三杉隆敏 みすぎ・たかとし 美術評論家(現執3期)

三村 みつむら；みむら
三村あつ子 みつむら・あつこ 「かわいいおりがみ」大泉書店(日典3)
三村起一 みむら・きいち 実業家(日人)
三村伸太郎 みむら・しんたろう 脚本家(日人)

三沢 さんさわ；みさわ；みざわ；みつさわ
三沢千春 さんさわ・ちはる 婦人活動家(長女歴)
三沢勝衛 みさわ・かつえ 教育者,地理学者(日人)
三沢震道 みざわ・しんどう 僧(島根歴)
三沢喜一 みつさわ・きいち 弓道家,弓道錬士(弓道)

三町 みまち
三町勝久 みまち・かつひさ 東京工業大学大学院理工学研究科教授(日典3)
三町正治 みまち・しょうじ 日本テニス協会理事(日典)
三町弘 みまち・ひろし 渡航者(渡航)

三芳 みよし
三芳功 みよし・いさお シュロフ代表(日典3)
三芳加也 みよし・かや 放送作家(日典3)
三芳伸吾 みよし・しんご ピエ社長(日典3)
三芳純 みよし・じゅん 豊平製鋼相談役(日典3)
三芳悌吉 みよし・ていきち 画家(美家)

三角 みかど；みすみ
三角雅子 みかど・まさこ 「梅暦」東京文芸館(日典3)
三角峰雄 みかど・みねお 読売新聞出版局参与(日典)
三角寛 みすみ・かん 小説家(コン4)
三角錫子 みすみ・すずこ 女子教育家(コン)

三谷 みたに；みつたに；みつや
三谷隆正 みたに・たかまさ キリスト教育者,法哲学者(コン5)
三谷拓也 みつたに・たくや 「反東京最後の砦、関西の逆襲」大陸書房(日典3)
三谷一也 みつや・かずや アウトドア・ライター(日典3)

[8]**三並 みなみ**
三並惇子 みなみ・あつこ エリザベト音楽大学教授(日典3)
三並慶佐 みなみ・けいすけ Webプロデューサー(日典3)
三並良 みなみ・はじめ キリスト教思想家(日人)
三並義忠 みなみ・よしただ 技術者(世紀)

三命 さんめい
三命方象 さんめい・ほうしょう 「生まれ日占星術」洛陽書房(日典3)

三和 みわ
三和愛子 みわ・あいこ 歌人(滋賀文)
三和治 みわ・おさむ 社会福祉学者(現執2期)
三和一博 みわ・かずひろ 法学者(現執3期)
三和精一 みわ・せいいち 政治家(青森人)
三和義勇 みわ・よしたけ 軍人(陸海)

三宗 さんそう；みつむね；みむね
三宗仙人 さんそう・せんにん 「季間草」昭森社(日典)
三宗司郎 みつむね・しろう 建築家(日典)
三宗直紹 みむね・なおあき 「現代フランス料理の精粋」同朋舎出版(日典3)

三宝 さんぽう；さんぽう
三宝政美 さんぽう・まさみ 中国近・現代文学者(現執3期)
三宝義照 さんぽう・よしてる 電源開発調査室(国典)
三宝政美 さんぽう・まさみ 中国近・現代文学者(富山文)

三岡 みつおか
三岡明 みつおか・あきら 日本画家(美家)
三岡和仁 みつおか・かずひと 「あなたは調べられている！」こう書房(日典3)
三岡健次郎 みつおか・けんじろう 軍人(陸海)

一部(三)

三岡左次馬　みつおか・さじま　谷田部藩士(幕末)
三岡八郎　みつおか・はちろう　会計取締役(大阪人)

三岳　みたけ；みつたけ
三岳公子　みたけ・きみこ「みたけきみこと読むかごしまの文学」K&Yカンパニー(日典3)
三岳貴彦　みたけ・たかひこ　ライター(日典)
三岳博輔　みつたけ・ひろすけ　日本エイ・ティ・アンド・ティ情報システム専務(日典3)
三岳寛之　みつたけ・ひろゆき　ネットワーク長崎事務局長(日典)

三岸　みぎし；みつぎし
三岸好太郎　みぎし・こうたろう　洋画家(コン5)
三岸節子　みぎし・せつこ　洋画家(日人)
三岸せいこ　みつぎし・せいこ　漫画家(幻想)

三明　みあけ；みはる
三明太蔵　みあけ・たぞう　教育者(鳥取百)
三明磊堂　みあけ・らいどう　僧,漢詩人(島根歴)
三明智彰　みはる・としあき「歎異抄講義」法蔵館(日典3)

三枝　さいくさ；さいぐさ；さえぐさ；みえだ；みつえだ
三枝亨　さいくさ・とおる　元・クウェート三井物産社長(日典)
三枝博音　さいぐさ・ひろと　哲学者,日本科学史家(コン4)
三枝和子　さえぐさ・かずこ　小説家(日人)
三枝ますみ　みえだ・ますみ　童謡詩人,書家(日児)
三枝安男　みつえだ・やすお(日典)

三枝樹　みえき
三枝樹正道　みえき・しょうどう　浄土宗僧侶,教育家(仏人)
三枝樹隆善　みえき・りゅうぜん「善導浄土教の研究」東方出版(日典3)

三松　さんまつ；みつまつ；みまつ
三松智美　さんまつ・ともみ「ちょろ松半生記」知書之屋本舗(日典3)
三松永成　みつまつ・えいじょう　僧侶(真宗)
三松正夫　みまつ・まさお　火山研究家(コン4)

三東　さんとう
三東純子　さんとう・すみこ「消費者生活論」垣内出版(日典3)
三東崇秀　さんとう・たかひで　栗田工業会長(日典3)
三東哲夫　さんとう・てつお　親和女子大学学長,神戸大学教授(日典3)
三東洋　さんとう・ひろし　元・プロ野球選手(日典3)
三東ルシア　さんとう・るしあ　女優(映女)

三杯　さんばい；さんぱい
三杯隆一　さんぱい・りゅういち「エリザベス朝悲劇の創造」而立書房(日典3)
三杯恒夫　さんぱい・つねお　西部石油会長(日典)

三林　さんばやし；みつばやし；みばやし
三林輝夫　さんばやし・てるお　テノール歌手(音人3)
三林亮太郎　みつばやし・りょうたろう　舞台美術家(日人)
三林隆吉　みばやし・りゅうきち　産婦人科学者(日人)

三治　さんじ
三治重信　さんじ・しげのぶ　政治家(現政)

三波　さんなみ；みなみ
三波篤郎　さんなみ・あつろう「力学系入門」共立出版(日典3)
三波千穂美　さんなみ・ちほみ「行動への挑戦」日本医学図書館協会(日典3)
三波伸介　みなみ・しんすけ　コメディアン(日人)
三波春夫　みなみ・はるお　歌手(コン4)

三股　みつまた；みまた
三股彦　みつまた・よしひこ　下駄職人(社史)
三股繁　みまた・しげる　武蔵野銀行専務(日典3)
三股浩光　みまた・ひろみつ　大分大学医学部教授(日典3)

三苫　みとま
三苫京子　みとま・きょうこ　歌人(福岡百)
三苫茂　みとま・しげる　五番舘中興の祖(札幌)
三苫夏雄　みとま・なつお　商学者(現情)
三苫正雄　みとま・まさお　美術教育者,鋳金家(現情)
三苫利三郎　みとま・りさぶろう　写真師(写家)

三迫　さんのはざま；みさこ
三迫初男　さんのはざま・はつお　広島大学名誉教授(日典)
三迫仁志　みさこ・ひとし　プロボクサー(世紀)
三迫正広　みさこ・まさひろ　元・プロボクサー(日典3)

[9]三信　さんのぶ
三信巌　さんのぶ・いわお　広島鉄道学園開発科講師(日典)

三保　みほ；みやす
三保敬太郎　みほ・けいたろう　ジャズピアニスト,作曲家,編曲家(新芸)
三保忠夫　みほ・ただお　日本語学者(現執4期)
三保航太　みやす・こうた「僕とひとつとの調子っぱずれな二年間」メディア総合研究所(日典3)

三保木　みほき；みほぎ
三保木農年　みほき・あきとし　(株)エムアールシー社長(日典3)
三保木峰子　みほぎ・みねこ　女優(芸能)

三品　みしな
三品彰英　みしな・あきひで　古代史学者(日人)
三品彰英　みしな・しょうえい　神話学者,古代史家(国む)
三品千鶴　みしな・ちづ　歌人(京都文)
三品正保　みしな・まさやす　地唄箏曲平曲演奏者(新芸)

三品蘭渓　みしな・りんけい　戯作者,新聞記者（日人）

三垣　みつがき
　三垣時夫　みつがき・ときお　弓道家,弓道教士（弓道）

三城　さんじょう；みしろ；みつしろ
　三城輝子　さんじょう・てるこ　女優（映女）
　三城晃子　みしろ・あきこ　タレント（テレ）
　三城誠之　みつしろ・せいこ　「倉敷物語」日本地域社会研究所（日典3）

三室　みむろ
　三室勇　みむろ・いさむ　「よみがえれ！清流球磨川」緑風出版（日典2）
　三室岩吉　みむろ・いわきち　「教頭の実務」学事出版（日典3）
　三室克哉　みむろ・かつや　「顧客の声マネジメント」オーム社（日典3）
　三室清子　みむろ・きよこ　民族舞踊研究家（現執2期）
　三室堯　みむろ・たかし　声楽家（バリトン）（新芸）

三室戸　みむろと；みむろど
　三室戸東光　みむろと・はるみつ　東邦音楽大学学長（日典）
　三室戸陳光　みむろど・かたみつ　公家（公卿）
　三室戸敬光　みむろど・ゆきみつ　華族（コン4）

三屋　みつや
　三屋和子　みつや・かずこ　「CorelDRAW 8J活用テクニック」ディー・アート（日典3）
　三屋紅太　みつや・こうた　フリーライター（日典3）
　三屋真一　みつや・しんいち　「不思議な力」東京図書出版会,リフレ出版（発売）（日典3）
　三屋智子　みつや・ともこ　「wee a wu」山と渓谷社（日典3）
　三屋裕子　みつや・ゆうこ　バレーボール選手・指導者（郷土福井）

三巻　みつまき；みまき
　三巻秋子　みつまき・あきこ　消費者運動家（世紀）
　三巻一郎　みつまき・いちろう　日本光学工業常務取締役（日典3）
　三巻達夫　みまき・たつお　（株）日立製作所システム開発研究所主管研究長（日典）
　三巻俊夫　みまき・としお　「赤道を横切る」台湾新聞社（日典3）

三廻部　みくるべ
　三廻部審　みくるべ・しげる　アイム・コミュニケーションズ社長（日典3）
　三廻部真己　みくるべ・まさみ　「農作業事故の防ぎ方と労災補償」家の光協会（日典3）

三廼　みつや
　三廼俊一　みつや・としいち　「古志」三廼信一（日典3）

三星　みつほし；みつぼし；みほし
　三星茂信　みつほし・しげのぶ　医師,神職（神人）
　三星敏雄　みつほし・としお　映画監督（監督）

三星昭宏　みほし・あきひろ　近畿大学理工学部土木工学科教授（日典）

三津　みつ；みと
　三津麻子　みつ・あさこ　「どえらいでぇ！ミヤちゃん」福音館書店（日典3）
　三津理山　みつ・りざん　僧（日人）
　三津義兼　みと・よしかね　丸紅飯田産業機械部長（国典）

三津木　みつき；みつぎ
　三津木国輝　みつき・くにてる　「大久保忠世・忠隣」名著出版（書籍）
　三津木貞子　みつき・ていこ　小説家（栃木歴）
　三津木春影　みつき・しゅんえい　小説家（幻想）
　三津木貞子　みつき・ていこ　小説家（世紀）

三津田　みつた；みつだ
　三津田恵子　みつた・けいこ　安田信託銀行年金運用部ファンドマネージャー（日典）
　三津田健　みつだ・けん　俳優（日人）
　三津田信三　みつだ・しんぞう　小説家（幻想）

三界　みかい
　三界稔　みかい・みのる　作曲家（日人）

三盃　さんぱい；さんばい
　三盃幸一　さんぱい・こういち　杜氏（日典3）
　三盃一太郎　さんぱい・いちたろう　飯野不動産相談役（日典3）

三砂　みさご
　三砂喜登志　みさご・きとし　中日新聞（東京）広告局スポーツ部長（日典）
　三砂ちづる　みさご・ちづる　「疫学への招待」医学書院（日典3）
　三砂博　みさご・ひろし　「40代なんて怖くない！」晶文社（日典3）

三神　みかみ
　三神とめ　みかみ・とめ　藩内の子女に機織上下の織り方を教育した人（姓氏岩手）
　三神八四郎　みかみ・はちしろう　庭球選手（山梨民）
　三神真彦　みかみ・まさひこ　映像作家,小説家（日人）
　三神美和　みかみ・みわ　医師（近医）
　三神良三　みかみ・りょうぞう　経済評論家（世紀）

三重　みえ；みしげ
　三重明子　みえ・あきこ　女優（映女）
　三重貢　みえ・みつぎ　政治家（青森人）
　三重武美　みしげ・たけみ　「アナザー・サイド・オブパーフェクトブルー」ぶんか社（日典3）
　三重宗久　みしげ・むねひさ　編集者（日典）

三重野　みえの
　三重野栄子　みえの・しげこ　政治家（現政）
　三重野友美　みえの・ともみ　教育者（大分歴）
　三重野瞳　みえの・ひとみ　タレント（テレ）
　三重野博司　みえの・ひろし　制御工学専門家（現執3期）
　三重野康　みえの・やすし　銀行家（日人）

一部(三)

三音家　みつねや
- 三音家浅丸　みつねや・あさまる　民謡河内音頭歌手(人情)
- 三音家浅丸〔2代〕　みつねや・あさまる　民謡河内音頭歌手(新芸)

10三倉　みくら；みつくら
- 三倉仲四郎　みくら・なかしろう　新田開発事業の功労者(姓氏静岡)
- 三倉麻実　みくら・まみ　クラリネット奏者(音人)
- 三倉佳境　みつくら・かきょう　劇画家(漫人)
- 三倉ちかげ　みつくら・ちかげ「オトコのコはメイド服がお好き!?」角川書店,角川グループパブリッシング(発売)(日典3)

三家　みつや；みや
- 三家滝津　みつや・たきつ　霊能者(日典3)
- 三家祥禎　みつや・よしさだ　春日神社神職(国典)
- 三家英治　みや・えいじ　経営学者(現執3期)

三宮　さんぐう；さんのみや；さんみや
- 三宮誠一　さんぐう・せいいち　北海道テレメッセージ社長(日典3)
- 三宮義胤　さんのみや・よしたね　外務省,宮内省官吏(日人)
- 三宮恵利子　さんみや・えりこ　スピードスケート選手(日典)

三峰　みつみね；みぶ
- 三峰有生　みつみね・うるふ「14歳のカミングアウト」ポプラ社(日典3)
- 三峰永雅　みつみね・えいが「通り雨」文芸社(JM)
- 三峰五郎　みぶ・ごろう「二十歳の日記」大和書房(日典3)

三時　さんじ；さんとき
- 三時麻厘子　さんじ・まりこ「さかなのおいしいレストラン」ポプラ社(日典3)
- 三時真貴子　さんとき・まきこ「長い18世紀のイギリス都市」法政大学出版局(日典3)

三桐　みつぎり
- 三桐慈海　みつぎり・じかい　仏教学者(現執2期)

三栗　みくり；みつくり
- 三栗健　みくり・けん「牧羊神の吹きたる石鹸玉」南方社(日典3)
- 三栗沙緒子　みつくり・さおこ　画家(日典3)
- 三栗参平　みつくり・さんぺい「熊野誌」淡交新社(日典3)

三栗谷　みくりや
- 三栗谷信雄　みくりや・のぶお　名古屋工業大学名誉教授(日人)

三根　みつね；みね
- 三根孝子　みつね・たかこ　洋画家(洋画)
- 三根円次郎　みね・えんじろう　教育者(高知人)
- 三根暁　みね・さとし　金工家(美工)

三根生　みねお；みねおい
- 三根生久大　みねお・きゅうだい　軍事評論家(現執3期)
- 三根生幸也　みねおい・ゆきや　新聞記者(国典)
- 三根生りつ子　みねおい・りつこ「四季彩々」角川書店(日典3)

三根谷　みねや
- 三根谷実蔵　みねや・じつぞう　弁護士(日典3)
- 三根谷徹　みねや・とおる　言語学者(日人)

三栖　みす
- 三栖郁子　みす・いくこ「転換期の地方都市と福祉コミュニティの可能性」梓出版社(日典3)
- 三栖邦博　みす・くにひろ　建築家(日典3)
- 三栖達夫　みす・たつお『『釧路国標茶監獄署全景』写真とその状況を考える』釧路刑務所(印刷)(日典3)
- 三栖菜穂子　みす・なほこ　俳人(北海道文)
- 三栖右嗣　みす・ゆうじ　洋画家(日人)

三留　みとめ
- 三留昭男　みとめ・あきお「啄木の父と母」緑の笛豆本の会(日典3)
- 三留栄三　みとめ・えいぞう　医師(先駆)
- 三留修平　みとめ・しゅうへい　(株)イードシニアディレクター(日典3)
- 三留理男　みとめ・ただお　報道写真家(日人)
- 三留まゆみ　みとめ・まゆみ　漫画家,ライター(漫人)

三益　さんえき；みます
- 三益永因　さんえき・えいいん　僧=中世(人名3)
- 三益愛子　みます・あいこ　女優(日人)

三舩　みふね
- 三舩龍生　みふね・たつお　イケダパン社長(日典3)
- 三舩煕子　みふね・ひろこ「通週駅」ジャプラン(日典3)
- 三舩優子　みふね・ゆうこ　ピアニスト(演奏)

三馬　さんま；みんま
- 三馬正敏　さんま・まさとし　カヌー選手(日典3)
- 三馬昭一　みんま・しょういち　歌人,中学校教師(日典3)

三高　さんたか；みたか
- 三高章　さんたか・あきら(日典)
- 三高千恵子　さんたか・ちえこ　医師(日典3)
- 三高俊広　みたか・としひろ　札幌医科大学医学部附属癌研究所助教授(日典)

三鬼　みき
- 三鬼彰　みき・あきら　新日本製鉄社長,日経連副会長(日典3)
- 三鬼鑑太郎　みき・かんたろう　実業家,政治家(日人)
- 三鬼隆　みき・たかし　経営者(コン4)
- 三鬼日出雄　みき・にちお　チェロ奏者(新芸)
- 三鬼陽之助　みき・ようのすけ　経営評論家(日人)

11三堀　みつほり；みつぼり；みほり
- 三堀重光　みつほり・しげみつ「試薬注解」(国典)
- 三堀悦郎　みつほり・えつろう　日商岩井(株)南米北部地区支配人(日典)

[5]　　　　　　　　　　　　　　　　　　　　　　　　　　　　　　　　　　　一部（三）

三堀将　みほり・しょう　囲碁評論家（日人）
三淵　みつぶち；みぶち
　三淵啓自　みつぶち・けいじ「セカンドライフビジネス成功の法則」DHC（日典）
　三淵晴員　みつぶち・はるかず　和泉松崎城主＝中世（戦国）
　三淵忠彦　みぶち・ただひこ　裁判官（コン4）
　三淵嘉子　みぶち・よしこ　弁護士，裁判官（日人）
三渕　みふち；みぶち
　三渕一二　みふち・いちじ　福山大学薬学部教授，静岡薬科大学名誉教授（日典3）
　三渕忠彦　みぶち・ただひこ　裁判官（履歴）
三瓶　さんべ；さんべい；さんぺい；みかめ
　三瓶宏志　さんべ・こうし　アナウンサー（テレ）
　三瓶東子　さんべい・こうこ　日本産業経済史研究家（民学）
　三瓶孝子　さんべい・こうこ　経済史学者（日人）
　三瓶十郎　みかめ・じゅうろう　指揮者（新芸）
三部　さんべ；みつべ；みべ
　三部豊　さんべ・ゆたか　神道布教師（アナ）
　三部東二郎　さんべ・とうじろう「邦文速記法講座」三部速記事務所（日典3）
　三部安紀子　みべ・あきこ　音楽教育者（音人3）
三野　さんの；みつの；みぬの；みの
　三野亮　さんの・りょう「社会調査入門」（国典）
　三野実　みつの・みのる　弓道家，弓道教士（弓道）
　三野石守　みぬの・いわもり　歌人＝古代（人名6）
　三野混沌　みの・こんとん　詩人（日人）
[12]三厨　みくりや
　三厨正　みくりや・ただし　中外海事新報社会長（人情）
　三厨万妃江　みくりや・まきえ「ホスピタリティの心で変わる大人のマナー」あさ出版（日典3）
三喜　みき
　三喜徹雄　みき・てつお「笛の本」東考社（日典3）
　三喜英行　みき・ひでゆき「Webサーバによる3層クライアント/サーバ・システム開発技法」ソフト・リサーチ・センター（日典3）
　三喜八千代　みき・やちよ　日本舞踊家（新芸）
三塚　みずか；みつか；みつずか；みつつか
　三塚清三　みずか・せいぞう　豪商（大分歴）
　三塚武男　みつか・たけお　労働・福祉問題専門家（現執1期）
　三塚博　みつずか・ひろし　政治家（日人）
　三塚正志　みつつか・まさし「高齢者向け大分県の低い山々」大分合同新聞社（日典3）
三森　さんもり；みつもり；みもり
　三森裕　さんもり・ゆたか　プルデンシャル生命保険副会長（日典3）
　三森定男　みつもり・さだお　歴史学者（考古）
　三森幹雄　みもり・みきお　俳人（日人）
三渡　みわたり
　三渡俊一郎　みわたり・しゅんいちろう「熱田区の歴史」愛知県郷土資料刊行会（日典3）

三渡力　みわたり・つとむ　伊勢市収入役（日典3）
三渡幸雄　みわたり・ゆきお　ドイツ哲学者（現執1期）
三満　みつま
　三満照敏　みつま・てるとし　国立国会図書館調査員（現執3期）
　三満美穂　みつま・みほ　アナウンサー（日典3）
三登　みと
　三登直　みと・ただし　洋画家（洋画）
　三登義雄　みと・よしお　広島大学名誉教授（日典3）
三觜　みつはし
　三觜清次　みつはし・きよつぐ「耕余の地羽鳥に生きる」三觜建設（日典3）
　三觜巧　みつはし・たくみ　大阪電気通信大学工学部教授（日典3）
　三觜武　みつはし・たけし　（財）交通統計研究所調査研究部（日典3）
　三觜融　みつはし・とおる　PL学園理事（日典3）
　三觜要介　みつはし・ようすけ　タレント（テレ）
三貴　みき
　三貴雅智　みき・まさとも　フリーライター，編集者，翻訳家（日典3）
　三貴将史　みき・まさふみ　俳優（テレ）
三越　みこし；みつこし
　三越安男　みこし・やすお　大同工業常務（日典）
　三越左千夫　みつこし・さちお　詩人，児童文学者（日人）
　三越得右衛門　みつこし・とくうえもん　実業家（姓氏群馬）
三間　ざんま；みつま；みま
　三間まさゑ　ざんま・まさえ「晩学」飛鳥書林（日典3）
　三間市之進　みつま・いちのしん　越後長岡藩士（幕末）
　三間半二　みま・はんじ　播磨姫路藩士（日人）
三階　さんがい
　三階徹　さんがい・とおる『「経済学批判要綱」における個人と共同体』合同出版（日典3）
三隅　みすみ
　三隅一成　みすみ・いっせい　心理学者（心理）
　三隅研次　みすみ・けんじ　映画監督（日人）
　三隅二不二　みすみ・じふじ　社会心理学者（世紀）
　三隅正　みすみ・ただし　政治家（日人）
　三隅治雄　みすみ・はるお　民俗芸能研究家（世紀）
三隈　みくま
　三隈一成　みくま・かずなり　教員，心理学者，著述家（社史）
三雲　みくも；みぐも
　三雲英之助　みくも・えいのすけ　鉱山学者（日人）
　三雲祥之助　みくも・しょうのすけ　洋画家（日人）

一部（三）

三雲四月若麿　みぐも・うずきわかまろ　神職（神人）
三雲わたる　みぐも・わたる「雲の美術館」水星舎（日典3）

13 **三夢　みむ**
三夢徹哉　みむ・てつや「女の恋心」（国典）

三溝　さみぞ；みみぞ
三溝和男　さみぞ・かずお「図解入門よくわかるOTC薬の服薬指導」秀和システム（日典3）
三溝沙美　さみぞ・さみ　俳人（俳文）
三溝信雄　みみぞ・のぶお「私たちの郷土」実業教科書（日典3）

三義　みよし
三義智章　みよし・としゆき　金融経営評論家（現執3期）

三鼓　みつずみ
三鼓秋子　みつずみ・あきこ　翻訳家（日典3）
三鼓慶蔵　みつずみ・けいぞう　高校教諭（国典）
三鼓翠渓　みつずみ・すいけい　歌人（岡山人）
三鼓奈津子　みつずみ・なつこ「通りすぎるもの」砂子屋書房（日典3）

14 **三増　みまし；みます**
三増修　みまし・おさむ　元・全国自動車交通労働組合連合会委員長（日典）
三増紋之助　みます・もんのすけ　曲独楽師（テレ）
三増紋也　みます・もんや　寄席色物芸人（芸能）

三徳　さんとく；みとく
三徳信彦　さんとく・のぶひこ　漫画家（漫人）
三徳雅敏　さんとく・まさとし　写真家（日典3）
三徳和子　みとく・かずこ「在宅看護学」クオリティケア（日典3）

三熊　みくま；みぐま
三熊文雄　みくま・ふみお「スーパーヘテロダイン受信機 原理・設計・製作・調整」（国典）
三熊祥文　みくま・よしふみ「英語スピーキング学習論」レタープレス（日典3）
三熊花顚　みぐま・かてん「桜花藪」フジアート出版（JM）
三熊露香　みぐま・ろこう「桜花藪」フジアート出版（日典3）

三箇　さんか；さんが
三箇功　さんか・いさお「満洲の農畜産業の現勢」満洲文化協会（日典3）
三箇和彦　さんか・かずひこ　I&S/BBDO社長（日典）
三箇功悦　さんが・こうえつ　公認会計士（日典3）
三箇充三　さんが・じゅうぞう　氷見市監査委員（日典）

15 **三幣　さんぺい；みぬさ；みゆき**
三幣貞子　さんぺい・さだこ　教育者（学校）
三幣利克　みぬさ・としかつ　歯科医（日典3）
三幣松園　みゆき・しょうえん「書道研究要覧」古今書院（日典3）

三潴　みずま；みつま
三潴謙三　みずま・けんぞう　医師（日人）
三潴信三　みずま・しんぞう　法学者（日人）
三潴信吾　みつま・しんご　憲法学者,法哲学者（現情）
三潴信三　みつま・しんぞう　法学者（渡航）

三縄　みつなわ；みなわ
三縄秀松　みつなわ・ひでまつ「熱経済管理計器」海文堂（日典3）
三縄一郎　みなわ・いちろう　映画録音技師（映人）
三縄みどり　みなわ・みどり　ソプラノ歌手（音人3）

三輪　みつわ；みのわ；みわ
三輪豊照　みつわ・とよてる　真珠養殖業者（大分歴）
三輪要　みのわ・かなめ「全国各駅停車の旅」金園社（日典3）
三輪寿壮　みわ・じゅそう　政治家,弁護士（コン4）

三輪田　みわた；みわだ
三輪田真佐子　みわた・まさこ　女子教育者（コン改）
三輪田元綱　みわた・もとつな　尊攘派志士（国史）
三輪田真佐子　みわだ・まさこ　女子教育者（コン5）
三輪田元綱　みわだ・もとつな　尊攘派志士（コン4）

三輪谷　みわたに
三輪谷俊夫　みわたに・としお　医師（近医）

16 **三橋　みつはし；みはし**
三橋鷹女　みつはし・たかじょ　俳人（日人）
三橋敏雄　みつはし・としお　俳人（日人）
三橋達也　みはし・たつや　俳優（新芸）
三橋美智也　みはし・みちや　歌手（日人）

三樹　みき；みつぎ
三樹彰　みき・あきら　出版人（出文）
三樹一平　みき・いっぺい　出版人（出版）
三樹世津子　みつぎ・せつこ「一年ののち」創風社出版（日典3）
三樹博　みつぎ・ひろし　政治家（現政）

三膳　さんぜん；みよし
三膳時子　さんぜん・ときこ　霧多布湿原トラスト理事長（日典）
三膳三作　みよし・さんさく「絵筆と山旅—山の風景 三膳三作水彩画集」（JM）

三鴨　さんかも；みかも
三鴨白鈴　さんかも・はくれい「良夜」けやき出版（日典3）
三鴨朝恵　みかも・あさえ（日典）
三鴨広繁　みかも・ひろしげ「ナースのための抗菌薬つぎの一歩」南山堂（日典3）

17 **三鍋　みなべ**
三鍋伊佐雄　みなべ・いさお　大東建託社長（日典3）
三鍋謙作　みなべ・けんさく「独立・起業ハンドブック」テイ・アイ・エス（日典3）

三鍋聡司　みなべ・さとし「開ミラー対称性における最近の進展」Department of Mathematics,Hokkaido University（日典3）
三鍋昭吉　みなべ・しょうきち「越中の金・銀貨」桂書房（日典3）
三鍋義三　みなべ・よしぞう　政治家（政治）

[18] 三溢　みずま
三溢謙三　みずま・けんぞう　医師（国史）

三藤　さとう；みつふじ；みとう；みふじ
三藤夏子　さとう・なつこ「愛するには危険」ハーレクイン（日典3）
三藤正　みつふじ・ただし　労働法学者（現情）
三藤和之　みとう・かずゆき　中国新聞社福山支社（日典3）
三藤あさみ　みふじ・あさみ「パフォーマンス評価にどう取り組むか」日本標準（日典3）

[19] 三瀬　みせ；みつせ
三瀬幸三郎　みせ・こうざぶろう　土木工学者（日人）
三瀬周三　みせ・しゅうぞう　蘭方医（日人）
三瀬勝司　みつせ・かつし　労働問題研究家（現執2期）

【6】　上

上　うえ；かみ；じょう
上真行　うえ・さねみち　雅楽家,作曲家（日人）
上笙一郎　かみ・しょういちろう　児童文化評論家（日人）
上達也　じょう・たつや「ギターコード入門ゼミ―はじめの一歩」自由現代社（JM）

上ノ山　うえのやま；かみのやま
上ノ山碩山　うえのやま・せきざん「オリオンの三ツ星」JDC出版（日典3）
上ノ山春枝　うえのやま・はるえ「つばさ」清水工房（印刷）（日典3）
上ノ山俊秀　かみのやま・としひで「Lotus Domino Designer 8.5開発者ガイド」秀和システム（日典3）
上ノ山周　かみのやま・めぐる　横浜国立大学工学部物質工学科教授（日典3）

[3] 上与那原　うえよなばる
上与那原朝常　うえよなばる・ちょうじょう　医師（日典3）
上与那原朝珍　うえよなばる・ちょうちん　医学者（沖縄百）
上与那原朝敏　うえよなばる・ちょうびん　庶民会メンバー（アナ）

上丸　かみまる；じょうまる
上丸和己　かみまる・かずみ　日本コムシス常勤監査役（日典）
上丸洋一　じょうまる・よういち　朝日新聞東京本社学芸部（日典）

上久保　うわくぼ；かみくぼ
上久保文貴　うわくぼ・ふみよし「大阪湾波打ち際の草花」きしわだ自然資料館（日典3）
上久保慧奈美　かみくぼ・えなみ　アイファッションコーディネーター（日典3）
上久保良文　かみくぼ・よしふみ　イラストレーター（児人）

上口　うえぐち；かみくち；かみぐち
上口孝文　うえぐち・たかふみ「道術一如・柔道の基本」蒼洋社（日典3）
上口等　かみくち・ひとし　大名時計博物館館主（人情）
上口愚朗　かみぐち・ぐろう　陶芸家（陶工）

上土井　かみどい；じょうどい
上土井勝利　かみどい・かつとし　元・プロ野球選手（日典3）
上土井貴子　じょうどい・たかこ「不登校外来」診断と治療社（日典3）

上子　かみこ
上子秋生　かみこ・あきお　自治大学校教務部長・教授（日典3）
上子秋伸　かみこ・あきのぶ「これからの病・医院経営」国際商業出版（日典3）
上子すて　かみこ・すて　俳人（日典3）
上子武次　かみこ・たけじ　家族社会学・老人問題研究者（現執2期）
上子俊秋　かみこ・としあき　日本テレビ専務（日典）

上山　うえやま；かみやま
上山英一郎　うえやま・えいいちろう　実業家（日人）
上山春平　うえやま・しゅんぺい　哲学者（日人）
上山草人　かみやま・そうじん　俳優（コン4）
上山満之進　かみやま・みつのしん　内務官僚（コン）

上山崎　かみやまざき
上山崎初美　かみやまざき・はつみ　ベース奏者（ジヤ）

上川　うえかわ；かみかわ
上川恵美子　うえかわ・えみこ　アクセサリーデザイナー（日典3）
上川勝　うえかわ・まさる　写真家（写人）
上川幸作　かみかわ・こうさく　歌人（石川文）
上川隆也　かみかわ・たかや　俳優（日映男）

上川井　かみかわい
上川井良太郎　かみかわい・りょうたろう「教養のコンピュータサイエンス情報科学入門」丸善（日典）
上川井梨菜　かみかわい・りよ　俳人（俳文）

上川名　かみかわな
上川名昭　かみかわな・あきら　考古学者（考古）
上川名清次郎　かみかわな・せいじろう　東京信用金庫会長（日典3）

[4] 上不　じょうふ
上不三雄　じょうふ・みつお　マシュマロ・レコード主宰（日典）

上中　うえなか；かみなか
上中稲右衛門　うえなか・いなうえもん　陶芸家（陶工）
上中啓三　うえなか・けいぞう　化学者（日人）
上中いつ子　かみなか・いつこ「だいばだった」東方出版（日典3）

一部(上)

上中森平　かみなか・もりへい　大田の篤農家(畜産)(島根歴)

上之　うえの
上之二郎　うえの・じろう　ノンフィクション作家(現執4期)

上之門　かみのかど
上之門典郎　かみのかど・のりろう　高岳製作所社長(人情)

上之郷　かみのごう
上之郷利昭　かみのごう・としあき　ノンフィクション作家,評論家,ジャーナリスト(世紀)
上之郷道世　かみのごう・みちよ　編集者(日典3)

上之園　あげのその；うえのその
上之園佳子　あげのその・よしこ「介護福祉総論」第一法規(日典3)
上之園親佐　うえのその・ちかさ　電気工学者(現情)

上之薗　うえのその；かみのその
上之薗茂　うえのその・しげる「天体シャリエと超宇宙」上之薗茂(JM)
上之薗博　かみのその・ひろし　電力中央研究所特別顧問(日典)

上井　あげい；うえい；うわい；かみい；じょうい
上井弥市　あげい・やいち　全日本鉄道従業員組合大阪合同支部長(社史)
上井彩知代　うえい・さちよ　ソプラノ歌手(音人3)
上井直作　うわい・なおさく　社会運動家(アナ)
上井源次　かみい・げんじ　弁護士(社史)
上井榊　じょうい・さかき「大阪に光を掲げた人々」(国典)

上井草　かみいぐさ
上井草こうじ　かみいぐさ・こうじ「流氷の花」(JM)

上元　かみもと
上元敏弘　かみもと・としひろ　作曲家(音人)
上元芳男　かみもと・よしお　作曲家,指揮者(作曲)

上内　うえうち；かみうち；かみない
上内光吉　うえうち・みつよし「妖異風俗」朱鳥社(日典3)
上内恒三郎　かみうち・つねさぶろう　台湾の台北高等法院次席検察官(大分歴)
上内哲男　かみない・てつお「転倒・骨折を防ぐ簡単！運動レシピ」主婦の友社(日典3)

上戸　うえと；かみと；じょうご
上戸彩　うえと・あや　女優,歌手(日映女)
上戸敦　かみと・あつし　一高たかはし社長(日典3)
上戸春光　じょうご・はるみつ「富士を仰慕れた男」坂野徳治(日典)

上方　かみかた；かみがた
上方滋道　かみかた・じどう　神道八光法輪教道本部大司教(日典)
上方柳次　かみがた・りゅうじ　漫才師(新芸)

上方柳太　かみがた・りゅうた　漫才師(新芸)

上月　うえつき；かみつき；こうづき；こうつき；じょうげつ
上月駿哉　うえつき・しゅんや「同性愛」(国典)
上月啓太　かみつき・けいた「OS 10カスタマイズガイド」ビー・エヌ・エヌ新社(日典3)
上月晃　こうづき・のぼる　舞台女優(日人)
上月良夫　こうつき・よしお　陸軍軍人(世紀)
上月昭吾　じょうげつ・しょうご　三重交通常勤監査役(日典)

上木　うえき；かみき；じょうき
上木喜造　うえき・きぞう　向上会メンバー(社史)
上木敏郎　かみき・としろう　歴史学者(民学)
上木稔夫　じょうき・としお　三井銀行外国業務部長(国典)

上木戸　あげきど
上木戸富士男　あげきど・ふじお「田原藤太」競友教育出版(日典3)

上水　あげみず；かみみず
上水明一　あげみず・めいいち「汽笛」上水市恵(日典)
上水漸　かみみず・すすむ「「バイオ茶」はこうして生まれた」新評論(日典3)

上水流　かみずる
上水流久彦　かみずる・ひさひこ「交渉する東アジア」風響社(日典3)
上水流洋　かみずる・ひろし　プロ野球コーチ(日典)
上水流由香　かみずる・ゆか「DNS and BIND」アスキー(日典3)

[5]上代　かじろ；かみしろ；じょうだい
上代淑　かじろ・よし　教育者(学校)
上代悠司　かみしろ・ゆうじ　俳優(映男)
上代タノ　じょうだい・たの　平和運動家(日人)

上出　うえで；かみいで；かみで
上出仙四郎　うえで・せんしろう　中村友禅工場職工(社史)
上出栄　かみいで・さかえ「競馬は儲けてナンボや！」ロングセラーズ(日典3)
上出喜山〔3代〕　かみで・きざん　陶芸家(美工)

上北　うえきた；かみきた
上北幸隆　うえきた・こうたか　政治家(和歌山人)
上北武男　うえきた・たけお　同志社大学大学院司法研究科教授(日典3)
上北きさ　かみきた・きさ「あかいくつ」学習研究社(日典3)
上北双子　かみきた・ふたご　漫画家(漫人)

上古　じょうこ
上古融　じょうこ・とおる　税理士,経営士(日典3)

上司　かみずかさ；かみつかさ
上司淵蔵　かみずかさ・えんぞう　教育者(姓氏山口)
上司小剣　かみずかさ・しょうけん　小説家(国史)

上司海雲　かみつかさ・かいうん　僧侶,随筆家（日人）
上司小剣　かみつかさ・しょうけん　小説家（コン5）

上平　うえだいら；うえひら；かみひら
上平茂　うえだいら・しげる　十和田市の官吏（青森人）
上平主税　うえひら・ちから　十津川郷士（日人）
上平主税　かみひら・ちから　志士＝近世（人名2）

上広　うえひろ
上広栄治　うえひろ・えいじ「すばらしい家族」実践倫理宏正会（日典3）
上広哲彦　うえひろ・てつひこ　修養運動家（民学）

上本　うえもと；かみもと
上本将　うえもと・すすむ　出版人（出文）
上本洋　うえもと・ひろし　ハーモニカ奏者（新芸）
上本好男　かみもと・よしお「手本のない国づくりー憲法とインフレ・賃金論」学芸書林（JM）

上玉利　かみたまり
上玉利徳敏　かみたまり・のりとし　陶芸家（陶芸最）

上甲　じょうこう
上甲晃　じょうこう・あきら　人材育成研究者（現執4期）
上甲振洋　じょうこう・しんよう　伊予宇和島藩士（日人）
上甲宣之　じょうこう・のぶゆき　小説家（幻想）
上甲平谷　じょうこう・へいこく　俳人（俳文）
上甲米太郎　じょうこう・よねたろう　教育実践家,社会運動家（コン4）

上田　あげた；うえた；うえだ；かみた；かみだ；かんだ；こうだ
上田虎介　あげた・とらすけ　建築技術者（美建）
上田穣　うえだ・じょう　天文学者（日人）
上田万年　うえだ・かずとし　言語学者（コン5）
上田常一　かみた・つねいち　生物学者（島根歴）
上田礼明　かみだ・のりあき　八木短資監査役（日典）
上田政吉　かんだ・まさきち　政治家（姓氏鹿児島）
上田和男　こうだ・かずお「おもしろ雑学録」バンクーバー新報（日典3）

上矢　うわや；かみや
上矢健次　うわや・けんじ「二人句集」上矢健次（JM）
上矢津　かみや・しん　版画家（児人）

上石　あげいし；かみいし
上石圭一　あげいし・けいいち「法システム入門」信山社出版（日典3）
上石しょう子　あげいし・しょうこ　養護教諭（日典3）
上石一男　かみいし・かずお　医師（国典）
上石りえ子　かみいし・りえこ　ジャズヴォーカリスト（ジヤ）

上辻　うえつじ；かみつじ
上辻静子　うえつじ・しずこ　声楽家（日典）
上辻靖智　うえつじ・やすとも「マイクロメカニカルシミュレーション」コロナ社（日典3）
上辻旦泰　かみつじ・あきやす「エレクトロニクス製作アイデア集」CQ出版（日典3）
上辻木海　かみつじ・ぼっかい　医師（幕末）

⁶上仲　うえなか；かみなか
上仲孝明　うえなか・たかあき　神戸電気鉄道専務（日典）
上仲絹子　かみなか・きぬこ「児童文学入門」杉山書店（日典3）

上吉原　かみよしはら
上吉原一天　かみよしはら・いってん　政治家（現政）
上吉原勉　かみよしはら・つとむ「光・風・音」美研インターナショナル（日典3）
上吉原利平　かみよしはら・りへい　静岡大名誉教授（日典3）

上地　うえじ；うえち；かみじ；かみち；じょうち
上地利一　うえじ・しんいち「マスコミに見る化学」広川書店（日典3）
上地完文　うえち・かんぶん　武道家（日人）
上地雄輔　かみじ・ゆうすけ　俳優（日映男）
上地ちづ子　かみち・ちづこ　紙芝居作家,児童文化研究者（世紀）
上地雄大　じょうち・ゆうだい　歌手（日典）

上坏　かみあくつ
上坏茂徳　かみあくつ・しげのり「ウグイスの飼い方鳴かせ方」（国典）

上多　うえだ
上多津太郎　うえだ・つたろう「喜多家文書目録」（国典）

上安　うえやす；かみやす
上安久子　うえやす・ひさこ　水球選手（日典）
上安欽一　かみやす・きんいち　貿易商社経営（日典）
上安広治　かみやす・こうじ「老病死に関する万葉歌文集成」笠間書院（日典3）

上寺　うえてら；うえでら；かみでら
上寺祐之　うえてら・ゆうし「医療機器の滅菌及び滅菌保証」日本規格協会（日典3）
上寺勝　うえでら・まさる「公害―社会の矛盾と環境問題 道しるべ」2（JM）
上寺久雄　かみでら・ひさお　教育学者（現執4期）

上江田　うえた；うえだ
上江田清実　うえた・きよみ「おきなわバンジャーイ！」沖縄図書センター（日典3）
上江田政幸　うえだ・まさゆき　メイクリーン社長（日典3）

上江州　うえす；うえず
上江州幾子　うえす・いくこ　東京学芸大教授（日典）
上江州由恭　うえず・ゆうきょう　教育者（社史）

一部(上)

上江洲　うえす;うえず;かみえす
　上江洲伶以子　うえす・れいこ　ピアニスト(新芸)
　上江洲由恭　うえず・ゆうきょう　教育者,政治家(姓氏沖縄)
　上江洲智克　かみえす・ともかつ　沖縄県人会兵庫県本部名誉会長,兵庫県議(社会党)(日典3)

上池　うえいけ;かみいけ
　上池巖　うえいけ・いわお「X・star」彩文館出版(日典3)
　上池伸徳　かみいけ・のぶのり　新技術事業団宝谷超分子柔構造プロジェクト研究員(日典3)

上竹　うえたけ
　上竹庄兵衛　うえたけ・しょうべえ　漁師(姓氏鹿児島)
　上竹正躬　うえたけ・まさみ　医師(日典3)
　上竹瑞夫　うえたけ・みずお　著述家(現執3期)

上米良　かみめら;かんめら
　上米良一也　かみめら・かずや「〈図解〉簡単にわかる相続税・贈与税」日本実業出版社(日典3)
　上米良純臣　かみめら・じゅんしん「江戸時代に於ける肥後国神社大観」(国典)
　上米良和利　かんめら・かずとし　鍛冶職人(日典3)

上羽　あげは;うえ;うえば;うわは
　上羽宏　あげは・ひろし「Q&A「資金繰り」早わかり事典」セルバ出版,創英社(発売)(日典3)
　上羽貞幸　うえは・さだゆき　考古学者(考古)
　上羽秀　うえば・ひで　実業家(世紀)
　上羽牧夫　うわは・まきお　名古屋大学大学院理学研究科教授(日典3)

上西　うえにし;かみにし;じょうにし
　上西重行　うえにし・しげゆき　写真家(写人)
　上西甚蔵　かみにし・じんぞう　仁侠家,陸奥仙台藩士(日人)
　上西恵　じょうにし・けい　タレント(日典3)

上西川原　かみにしかわら
　上西川原章　かみにしかわら・あきら　熊本大教養部(国典)

7 上住　うえすみ;うえずみ;うわずみ
　上住一　うえすみ・はじめ　元・阪神電気鉄道取締役(日典3)
　上住粂雄　うえずみ・くめお　三菱製鋼顧問(日典)
　上住啓子　うわずみ・けいこ「せせらぎ 詩集」(国典)

上別府　うえんびゅう;かみべっぷ
　上別府宣治　うえんびゅう・のぶはる「南国雑話」高城書房出版(日典3)
　上別府勲　かみべっぷ・いさお　政治家(姓氏鹿児島)
　上別府実　かみべっぷ・みのる　政治家(姓氏鹿児島)

上坂　うえさか;かみさか;こうさか
　上坂高生　うえさか・たかお　小説家,児童文学作家(世紀)
　上坂冬子　うえさか・ふゆこ　ノンフィクション作家,社会評論家(日人)

上坂熊勝　こうさか・くまかつ　解剖学者(日人)

上尾　あがりお;うえお;かみお
　上尾信也　あがりお・しんや　音楽教育者,音楽学者(音楽社会史)(音人3)
　上尾庄次郎　うえお・しょうじろう　薬学者(日人)
　上尾素人　かみお・もとひと「地獄の人面判断」永岡書店(日典3)

上床　うえとこ;うわとこ
　上床訓弘　うえとこ・くにひろ　TMDグループ代表(日典)
　上床珍彦　うわとこ・うずひこ　東洋エンジニアリング相談役(日典3)
　上床国夫　うわとこ・くにお　採油工学者(現情)

上条　かじじょう;かみじょう;じょうじょう
　上条芋々　かじじょう・ちょちょ　俳人(姓氏長野)
　上条愛一　かみじょう・あいいち　労働運動家(コン4)
　上条政繁　じょうじょう・まさしげ　上杉氏家臣＝中世(戦東)

上村　うえむら;かみむら;かんむら
　上村松園　うえむら・しょうえん　日本画家(コン4)
　上村進　かみむら・すすむ　弁護士,政治家(コン4)
　上村勇之助　かんむら・ゆうのすけ　農会長(姓氏鹿児島)

上沢　うえさわ;うわさわ;かみさわ;かみざわ
　上沢謙二　うえさわ・けんじ　児童文学者(コン4)
　上沢正志　うわさわ・まさし「環境保全型農業事典」丸善(日典3)
　上沢樹実人　かみさわ・きみと「上沢樹実人句集」角川書店(日典3)
　上沢準一　かみざわ・じゅんいち　上沢経営研究所代表(日典3)

上町　かみまち;かんまち
　上町史織　かみまち・しおり　ハンドボール選手(日典3)
　上町亜希子　かんまち・あきこ「本当に患者の利益になるPOSと薬歴の活用」薬事日報社(日典3)

上芝　うえしば
　上芝健児　うえしば・けんじ　東和メックス社長(日典3)
　上芝功博　うえしば・よしひろ　京都少年鑑別所長(日典3)

上見　あげみ;かみ;じょうけん
　上見練太郎　あげみ・れんたろう　北海道大学大学院理学研究科教授(日典)
　上見幸司　かみ・こうじ　常磐大学人間科学部教授(日典)
　上見弘太　じょうけん・こうた「東北アジア経済協力体制の創設と三ヵ国農業への波及効果」ビスタピー・エス(日典3)

上谷　うえたに;かみたに;かみや
　上谷直子　うえたに・なおこ　ギタリスト(演奏)

上谷明人　かみたに・あきと　「ISO14001システム構築・認証ガイド」日経BP社(日典3)
上谷章夫　かみや・あきお　ショーボンド建設社長(日典3)

上里　あがり；うえさと；うえさと；こうさと；こうざと
　上里剛士　あがり・つよし　社会文化評論家(現執4期)
　上里春生　うえさと・はるお　詩人,社会運動家(世紀)
　上里春生　うえさと・はるお　詩人,社会運動家(日人)
　上里照邦　こうさと・てるくに　「ポイントと解法地理B問題」池田書店(書籍)
　上里済　こうざと・わたる　神職(神人)

上阪　うえさか；かみさか；こうさか
　上阪香苗　うえさか・かなえ　軍人(陸海)
　上阪多賀之介　かみさか・たがのすけ　留学生(渡航)
　上阪雅人　こうさか・がじん　版画家(日人)

[8]上参郷　かみさんごう
　上参郷祐康　かみさんごう・ゆうこう　音楽学者(日本音楽学)(音人3)

上和田　うえわだ；かみわだ
　上和田裕子　うえわだ・ゆうこ　「まちかど寄席ファイル」ザ・プレス大阪
　上和田茂　かみわだ・しげる　「居住体験者の相互評価からみた親子二世帯同居と隣居の比較に関する研究」第一住宅建設協会(日典3)
　上和田義彦　かみわだ・よしひこ　中曽根康弘衆院議員秘書(日典3)

上坪　かみつぼ
　上坪英治　かみつぼ・えいじ　一橋大学名誉教授(日典3)
　上坪隆　かみつぼ・たかし　テレビプロデューサー(日人)
　上坪鉄一　かみつぼ・てついち　中国帰還者連絡会会員(日典3)
　上坪陽　かみつぼ・ひかり　詩人,作曲家(世紀)
　上坪宏道　かみつぼ・ひろみち　理化学研究所中央研究所加速器研究施設統括調整役(日典3)

上妻　あがつま；かみずま；かみつま；こうずま；こうつま
　上妻宏光　あがつま・ひろみつ　津軽三味線奏者(日典)
　上妻一郎　かみずま・いちろう　全国ゲートボール協会連合会会長(日典)
　上妻秀朗　かみつま・ひであき　NTTインターナショナル社長(日典)
　上妻博之　こうずま・ひろゆき　地方史研究家(郷土)
　上妻博之　こうつま・まさゆき　地方史研究家(史町)

上岡　うえおか；かみおか
　上岡一世　うえおか・かずとし　養護学校教諭(現執4期)
　上岡利夫　うえおか・としお　社会運動家(社史)
　上岡一嘉　うえおか・かずよし　教育者(日人)

上岡洋一　かみおか・よういち　作曲家(作曲)

上枝　うええだ；うえだ
　上枝誠一　うええだ・しげかず　第一製薬常務(日典3)
　上枝敏秀　うええだ・としひで　工芸家(日典3)
　上枝一雄　うえだ・かずお　実業家(郷土香川)
　上枝敏秀　うえだ・としひで　「上枝敏秀の世界＆スーパーテクニック」亥辰舎,メディアパル(発売)(日典3)

上松　あげまつ；うえまつ
　上松一美　あげまつ・かずみ　日本語教師(日典3)
　上松佑二　あげまつ・ゆうじ　建築家(現執2期)
　上松蓊　うえまつ・しげる　粘菌学者(植物)
　上松陽助　うえまつ・ようすけ　政治家(郷土岐阜)

上松瀬　かみまつせ；かんまつせ
　上松瀬栄二　かみまつせ・えいじ　茶業振興・育成の功労者(姓氏鹿児島)
　上松瀬勝男　かんまつせ・かつお　日本大学医学部附属駿河台病院講師(科学)

上東　うえひがし；かみひがし
　上東信義　うえひがし・のぶよし　上東建設社長(日典3)
　上東義勇　うえひがし・よしたけ　ピアニスト(音人)
　上東宏一郎　かみひがし・こういちろう　日本金銭機械会長(日典3)
　上東朗　かみひがし・ろう　"青い風"の子供たち(国典)

上東野　かとうの
　上東野正三　かとうの・しょうじ　元・公害防止事業団理事(日典)
　上東野誉司美　かとうの・よしみ　「問題形式による尿沈渣の鑑別」医歯薬出版(日典3)

上林　うえばやし；かみばやし；かんばやし
　上林白草居　うえばやし・はくそうきょ　俳人(俳文)
　上林栄樹　かみばやし・えいき　映画監督(映監)
　上林暁　かんばやし・あかつき　小説家(コン4)

上林山　かみばやしやま；かんばやしやま
　上林山瓊子　かみばやしやま・けいこ　ライター(現執4期)
　上林山栄吉　かんばやしやま・えいきち　政治家(日人)

上武　うえたけ；かみたけ
　上武和彦　うえたけ・かずひこ　「鎌倉」偕成社(日典3)
　上武洋次郎　うえたけ・ようじろう　レスリング選手・指導者(日典)
　上武正二　かみたけ・まさじ　心理学者(心理)

上河　うえかわ；かみかわ
　上河泰男　うえかわ・やすお　神戸商科大学名誉教授(日典)
　上河一之　かみかわ・かずゆき　熊本県立大学生活科学部教授(日典)
　上河扶紀枝　かみかわ・ふきえ　臨床心理士(日典3)

一部(上)

上治　うえじ；うえはる；かみじ
　上治寅次郎　うえじ・とらじろう　地質学者(兵庫百)
　上治寅次郎　うえはる・とらじろう　「石炭地質学」北隆館
　上治堂司　かみじ・たかし　「ゆずと森を届ける村　馬路村」自治体研究社(日典3)

上沼　うえぬま；うわぬま；かみぬま
　上沼健吉　うえぬま・けんきち　大阪観光協会常任理事
　上沼備中　うわぬま・びっちゅう　葛西氏家臣＝中世(戦東)
　上沼恵美子　かみぬま・えみこ　漫才師、タレント(世紀)

上法　じょうほう；じょうぼう
　上法奏　じょうほう・かなで　ピアニスト(演奏)
　上法快男　じょうほう・よしお　出版人(出文)
　上法香苗　じょうぼう・かなえ　「み山路の歌」(国典)
　上法敏子　じょうぼう・としこ　「〔ハマ〕塊」秋田文化出版(日典3)

上迫　うえさこ；かみさこ
　上迫和海　うえさこ・かずみ　俳人、日本語教師(日典)
　上迫忠夫　うえさこ・ただお　体操選手、指導者(島根歴)
　上迫明　かみさこ・あきら　「契約書の書き方」西日本法規出版(日典3)

9 上保　うわほ；かみほ
　上保国良　うわほ・くによし　日本大学文理学部史学科教授(日典3)
　上保慶三郎　うわほ・けいざぶろう　実業家、政治家(神奈川人)
　上保福神　かみほ・ふくじん　川田工業東京本社常務(日典3)
　上保満　かみほ・みつる　歌人(歌人)

上前　うえまえ
　上前淳一郎　うえまえ・じゅんいちろう　ノンフィクション作家(日人)
　上前智祐　うえまえ・ちゆう　洋画家(日典3)
　上前行孝　うえまえ・ゆきたか　首都高速道路公団(国典)

上南　かみなみ；かみみなみ；じょうなん
　上南孝　かみなみ・たかし　三洋証券専務(日典3)
　上南鉄舟　かみみなみ・てつしゅう　俳人(奈良文)
　上南昭子　じょうなん・あきこ　「20分でできるスローな食卓」生活情報センター(日典3)

上垣　うえがき；かみかぎ；かみがき
　上垣保朗　うえがき・やすろう　映画監督(映監)
　上垣守国　かみかぎ・もりくに　養蚕家＝近世(人名2)
　上垣健二郎　うえがき・けんじろう(日典)

上垣内　かみがいち；かみこうち
　上垣内孝彦　かみがいち・たかひこ　広島大学名誉教授(日典)
　上垣内伸子　かみがいち・のぶこ　「保育原理」建帛社(日典3)
　上垣内克一　かみこうち・かついち　空手教師(日典3)
　上垣内茂　かみこうち・しげる　三菱銀行取締役、大日本塗料専務(日典3)

上垣外　かみがいと
　上垣外憲一　かみがいと・けんいち　歴史学者(現執4期)
　上垣外正己　かみがいと・まさみ　「高分子の合成」講談社(日典3)

上城　かみじょう；かみしろ
　上城倉太郎　かみじょう・くらたろう　「神々の器」朱鳥社、星雲社(発売)(日典3)
　上城恒夫　かみじょう・つねお　文筆家(日典3)
　上城多須子　かみしろ・たずこ　「果種園」ARTBOXインターナショナル(日典3)

上廻　かみさこ
　上廻昭　かみさこ・あきら　成城学園初等学校教諭(日典)
　上廻村七　かみさこ・むらしち　木匠(島根人)

上柿　うえかき；うえがき；かみがき
　上柿竹蔵　うえかき・たけぞう　木製バット職人(日典)
　上柿和生　うえがき・かずお　スポーツデザイン研究所代表(日典3)
　上柿源内　かみがき・げんない　「息吹く端山」(JM)

上柿元　かみかきもと
　上柿元勝　かみかきもと・まさる　料理人(日典)

上柳　うえやなぎ；うわやなぎ；かみやなぎ
　上柳克郎　うえやなぎ・かつろう　商法学者(日人)
　上柳牧斎　うわやなぎ・ぼくさい　漢学者＝近世(人名1)
　上柳甫斎　かみやなぎ・ほさい　呉服商＝近世(茶道)

上栁　うえやなぎ
　上栁敏郎　うえやなぎ・としろう　弁護士(日典)

上泉　うわいずみ；かみいずみ；こういずみ
　上泉雄一　うわいずみ・ゆういち　アナウンサー(テレ)
　上泉徳弥　かみいずみ・とくや　海軍軍人、社会教育家(日典3)
　上泉伊勢守　こういずみ・いせのかみ　剣客＝中世(コン)

上津原　うえつはら
　上津原孝一　うえつはら・こういち　「予防医学への足がかり」東京眼光学研究所　瀬高町(福岡県)象牙堂(日典3)
　上津原太希子　うえつはら・たけし　俳人、印章彫刻業(日典3)
　上津原時雄　うえつはら・ときお　「ジーン・サラゼン回想録」趣味と生活(制作)(日典3)

上畑　うえはた；かみばたけ
　上畑邦明　うえはた・くにとも　「これからの調理師」第一出版(日典3)

上畑鉄之丞　うえはた・てつのじょう　医師(現執4期)

上畑俊治　かみばたけ・としはる「現役の知能派探偵(カミバタケトシハル)が語る愚か者達による保険金不正請求の実例！」水山産業出版部(日典3)

上砂　かみさご
上砂勝七　かみさご・しょういち「憲兵三十一年」東京ライフ社(日典3)
上砂憲藏　かみさご・たいぞう　映画監督(監督)
上砂公昭　かみさご・ひろあき　インダストリアルデザイナー(日典)

上神　うえかみ；うえがみ；にわ
上神貴佳　うえかみ・たかよし「民主党の組織と政策」東洋経済新報社(日典3)
上神謙次郎　うえがみ・けんじろう　大阪市立大学大学院教授(日典)
上神近江　にわ・おうみ　俳人(大阪文)

上草　うえくさ；うえぐさ；かみくさ
上草義輝　うえくさ・よしてる　政治家(現政)
上草貞雄　うえぐさ・さだお「科学と環境」日新出版(日典3)
上草鋼一　かみくさ・こういち　建築家(日典)

上郎　こうろう
上郎清助　こうろう・せいすけ　政治家(神奈川人)
上郎ヤス　こうろう・やす　社会福祉事業家(神奈川人)

上重　うえしげ；かみしげ；じょうじゅう
上重憲二　うえしげ・けんじ　全日空機長・訓練機教官(日典)
上重聡　かみしげ・さとし　アナウンサー(テレ)
上重さゆり　じょうじゅう・さゆり「とんとん・わんこバッグ」小学館(日典3)

10 上倉　かみくら
上倉庸敬　かみくら・つねゆき　大阪大学大学院文学研究科教授(日典3)
上倉哲郎　かみくら・てつろう　京都市議(民社党)(日典)
上倉祐二　かみくら・ゆうじ「山形県教育史」(国典)

上原　うえはら；かみのはら；かみはら
上原勇作　うえはら・ゆうさく　陸軍軍人(コン5)
上原随翁軒　かみのはら・ずいおうけん　武田氏家臣＝中世(戦東)
上原欣堂　かみはら・きんどう　書家・書道教育家(富山百)

上家　かみや；じょうけ；じょうや
上家和子　かみや・かずこ「青春ものがたり」実教出版(日典3)
上家哲　じょうけ・てつ　農林水産省畜産試験部長(日典)
上家幸子　じょうや・ゆきこ　指圧師(日典)

上宮　うえのみや；うえみや；かみみや
上宮真人　うえのみや・まひと　推理作家(日典)
上宮克己　うえみや・かつみ「「バランス・スコアカード」の創り方」同友館(日典3)

上宮厚慧　かみみや・こうえい　日本高等学校野球連盟副会長(日典3)

上島　うえしま；うえじま；うわじま；かみしま；かみじま；じょうしま
上島長久　うえしま・ながひさ　新聞記者，政治家(日典)
上島享　うえじま・すすむ　京都府立大学文学部史学科助教授(現執4期)
上島長久　うわじま・ながひさ　新聞記者(人名)
上島一司　かみしま・いっし　洋画家(美家)
上島武　かみじま・たけし　社会主義経済論研究者(現執2期)
上島久正　じょうしま・ひさまさ「エックス線作業主任者試験徹底研究」オーム社(日典3)

上根　うわね；かみね
上根秀介　うわね・ひですけ「逆瀬川から」グレイゼ(日典3)
上根政幸　かみね・まさゆき　政治家(鳥取百)

上浦　かみうら
上浦善助　かみうら・ぜんすけ「蒼林」(JM)
上浦種彦　かみうら・たねひこ　昭栄社長(日典3)
上浦英俊　かみうら・ひでとし　編集者(日典3)
上浦正樹　かみうら・まさき　北海学園大学工学部土木工学科教授(日典3)
上浦倫人　かみうら・りんと　翻訳家，テクニカルライター(日典3)

上浜　うえはま；かみはま
上浜正　うえはま・あきら「月刊上浜正」デンタルダイヤモンド社(日典3)
上浜隆一　うえはま・たかいち　大蔵省関税中央分析所長(日典3)
上浜七郎　かみはま・しちろう　日興証券常任監査役(日典3)
上浜竜雄　かみはま・たつお「いちご」フレーベル館(日典3)

上浪　うえなみ
上浪明子　うえなみ・あきこ　声楽家(ソプラノ)(新芸)
上浪春海　うえなみ・はるみ「なぜ？どうして？宇宙のお話」学研教育出版，学研マーケティング(発売)(日典3)
上浪渡　うえなみ・わたる　音楽評論家(音人3)

上畠　うえはた
上畠貞子　うえはた・さだこ　メゾソプラノ歌手(音人3)
上畠力　うえはた・つとむ　テノール歌手，合唱指揮者(音人3)
上畠益三郎　うえはた・ますさぶろう　政治家(日人)

上能　じょうの；じょうのう
上能伊公雄　じょうの・いくお「薬剤師・医師が行う処方からみた服薬指導の実際」じほう(日典3)
上能喜久治　じょうの・きくはる「上喜元」鹿砦社(日典3)
上能伊公雄　じょうのう・いくお　薬剤師(日典3)

一部（上）

上脇　うえわき；かみわき
　上脇進　うえわき・すすむ　露文学者（世紀）
　上脇武雄　かみわき・たけお　教育者（姓氏鹿児島）
　上脇結友　かみわき・ゆう　タレント（テレ）
上釜　うえかま；うえがま；かみがま
　上釜明久　うえかま・あきひさ　鹿児島県議（自民党）（日典3）
　上釜甚之助　うえがま・じんのすけ　沖縄県水産功労者（姓氏沖縄）
　上釜守善　かみがま・もりよし　歌人（歌人）
上馬場　うえばば
　上馬場和夫　うえばば・かずお　医師（現執4期）
11 上埜　うえの
　上埜喜八　うえの・きはち　佐賀大学農学部准教授（日典3）
　上埜紗知子　うえの・さちこ　小説家（日典3）
　上埜十右衛門　うえの・じゅうえもん　実業家（姓氏富山）
　上埜孝　うえの・たかし　打楽器奏者，作曲家，吹奏楽指揮者（音人3）
　上埜安太郎　うえの・やすたろう　地主（社史）
上崎　うえさき；うえざき；かみさき；こうざき
　上崎暮潮　うえさき・ぼちょう　俳人（四国文）
　上崎勝彦　かみさき・かつひこ　ファッションデザイナー（日典）
　上崎美恵子　こうざき・みえこ　児童文学作家（日人）
上符　うわぶ
　上符秀翠　うわぶ・しゅうすい　「句遍路」上符浜子（JM）
　上符正志　うわぶ・まさし　「NY式デトックス生活」WAVE出版（日典3）
上葛　うえくず
　上葛明広　うえくず・あきひろ　「油絵の描き方」主婦と生活社（日典3）
上部　うえべ；うわべ
　上部光子　うえべ・みつこ　大妻女子大学講師（日典）
　上部一馬　うわべ・かずま　「太長寿で奇跡を起こせ!!」ゴマブックス（日典3）
　上部和馬　うわべ・かずま　「太長寿で奇跡を起こせ!!」ゴマブックス（日典3）
上野　あがの；うえの；うわの
　上野才助　あがの・さいすけ　陶芸家（陶工）
　上野彦馬　うえの・ひこま　日本写真術開祖の一人，俊之丞の次男（コン4）
　上野翁桃　うえの・おうとう　民謡歌手（青森人）
12 上善　じょうぜん
　上善峰男　じょうぜん・みねお　朝日新聞大阪本社（国典）
上場　うえば；かみじょう；かんば
　上場正俊　うえば・まさとし　ドラマー（ジヤ）
　上場大　かみじょう・ひろし　「中国市場に踏みとどまる！」草思社（日典3）

上場輝康　かんば・てるやす　大阪工業大学工学部教授（日典3）
上塚　うえずか；うえつか
　上塚昭　うえずか・あきら　医師（日典）
　上塚周平　うえずか・しゅうへい　ブラジル移民の指導者（世紀）
　上塚周平　うえつか・しゅうへい　海外移住者（日人）
　上塚司　うえつか・つかさ　政治家（政治）
上森　あげもり；うえもり；うわもり；かみもり
　上森素哲　あげもり・そてつ　日本画家（高知人）
　上森四郎　うえもり・しろう　職工（社史）
　上森操　うわもり・みさお　教育者（近女）
　上森子鉄　かみもり・してつ　編集者,実業家（出文）
上温湯　かみおんゆ
　上温湯隆　かみおんゆ・たかし　「サハラに死す」（国典）
上萩原　うえはぎわら
　上萩原景雄　うえはぎわら・よしお　日本共産党技術部長（社史）
上運天　かみうんてん
　上運天研成　かみうんてん・けんせい　「魚が鳥を食った話」那覇出版社（日典3）
　上運天先文　かみうんてん・せんぶん　日本灯台社関係者（社史）
　上運天ふみ　かみうんてん・ふみ　日本灯台社関係者（社史）
上道　うえみち
　上道直夫　うえみち・ただお　ドイツ文学者（日人）
上間　うえま；じょうかん；じょうま
　上間郁子　うえま・いくこ　琉球舞踊家，演出家（日人）
　上間京子　じょうかん・きょうこ　「上間京子のSRPそのまんま図鑑」デンタルダイヤモンド社（日典3）
　上間あきひこ　じょうま・あきひこ　「デジタルビデオ・メイキング」アスペクト（日典3）
上飯坂　かみいいさか；かみいいざか；かみいさか
　上飯坂勘　かみいいさか・しょう　コニカ常務（日典3）
　上飯坂好美　かみいいざか・よしみ「国語教師論」明治図書出版（日典3）
　上飯坂清子　かみいさか・きよこ　現代舞踊（日典3）
13 上勢頭　うえせど
　上勢頭亨　うえせど・とおる　浄土真宗僧侶（社史）
上園　うえその；うえぞの；かみぞの
　上園政雄　うえその・まさお「日本人物在世年表」吉川弘文館（日典3）
　上園辰巳　うえぞの・たつみ　放送事業家（現情）
　上園和明　かみぞの・かずあき　サッカー選手（日典3）

姓名よみかた辞典 姓の部　29

上塘　かみとも
　上塘和男　かみとも・かずお　日邦汽船の船長（人情）

上新　うえしん
　上新進　うえしん・すすむ　日新総合建材社長（日典3）
　上新知恵子　うえしん・ちえこ　木版画家（児人）

上滝　うえたき；うわたき；かみたき；かみだき；こうたき；じょうたき
　上滝勝治　うえたき・かつじ　陶芸家（陶工）
　上滝勝治　うわたき・かつじ　陶芸家（陶芸最）
　上滝七五郎　かみたき・しちごろう　政治家、実業家（神奈川人）
　上滝タミ　かみだき・たみ　教育者（富山百）
　上滝繁　こうたき・しげる　農民（社史）
　上滝具貞　じょうたき・ともさだ　九州工業大教授（国典）

上路　うえじ；かみじ
　上路利雄　うえじ・としお　日本大学生物資源科学部教授（日典3）
　上路雅子　うえじ・まさこ　農業環境技術研究所有機化学物質研究所グループ長（日典3）
　上路一郎　かみじ・いちろう　「（まんが）麻雀ゼミナール 初級編」自由現代社（JM）

上農　うえのう；かみの；かみのう；じょうのう
　上農正剛　うえのう・せいごう　「たったひとりのクレオール」ポット出版（日典3）
　上農真理　かみの・まり　空手選手（日典）
　上農哲朗　かみのう・てつろう　おおむち診療所代表, 川西高齢者と歩む会代表理事（日典3）
　上農ヒロ昭　じょうのう・ひろあき　「駅弁大集合」実業之日本社（日典3）

上遠　かみとう；かみとお
　上遠恵子　かみとう・けいこ　科学ジャーナリスト（日典）
　上遠章一　かみとう・しょういち　「労働法と農協の人事労務管理」全国協同出版（日典）
　上遠章　かみとお・あきら　応用昆虫学者（現情）
　上遠恵子　かみとお・けいこ　フリーライター, 視力障害者教育者（現執4期）

上遠野　かとうの；かどうの；かとおの；かどおの；かとの；かどの
　上遠野藍　かとうの・あい　「万華鏡」東京四季出版（日典3）
　上遠野ゆきお　かどうの・ゆきお　「竜が棲む里」日本図書刊行会（日典3）
　上遠野武司　かとおの・たけし　大東文化大学経済学部講師（日典）
　上遠野秀宗　かどおの・ひでむね　佐竹氏家臣＝中世（戦東）
　上遠野徹　かとの・てつ　建築家（美建）
　上遠野富之助　かどの・とみのすけ　実業家（日人）

[14] 上嶋　うえしま；うえじま；うわじま；かみしま；かみじま；じょうじま
　上嶋鳳지　うえしま・ほうざん　画家（大阪人）

上嶋長蔵　うえじま・ちょうぞう　キンメダイ漁業の創始者（静岡歴）
上嶋稲子　うわじま・いねこ　「片肺」文学の森（日典3）
上嶋洋　かみしま・ひろし　工業技術院四国工業技術試験所生物機能研究室長（日典）
上嶋権兵衛　かみじま・ごんべい　東邦大学医学部教授・附属大森病院救命救急センター部長（日典）
上嶋清一　じょうじま・せいいち　実業家（日人）

上種　かみたね
　上種ミスズ　かみたね・みすず　児童文学作家（幻想）

上窪　うえくぼ；うわくぼ；かみくぼ
　上窪恵原　うえくぼ・けいせん　書家（日典）
　上窪清　うわくぼ・きよし　俳人, 医師（日典3）
　上窪青樹　かみくぼ・せいじゅ　「月光仮面」文学の森（日典3）

上端　うえはし；かみはし
　上端剛毅　うえはし・ごうき　三建アクセス社長（日典3）
　上端たに　かみはし・たに　「快感・ナース」実業之日本社（日典3）

上総　かずさ
　上総潮　かずさ・うしお　挿絵画家（児人）
　上総志摩　かずさ・しま　漫画家（漫人）
　上総一　かずさ・はじめ　新聞記者（日人）
　上総英郎　かずさ・ひでお　文芸評論家（日人）
　上総康行　かずさ・やすゆき　経営学者（現執3期）

上総屋　かずさや
　上総屋留三郎　かずさや・とめさぶろう　ガラス職人（日人）

上関　かみせき；かみぜき；かみのせき
　上関久美子　かみせき・くみこ　「軟水のお風呂で赤ちゃんの肌に」径書房（日典3）
　上関月の穂　かみぜき・つきのほ　「礎」河発行所（日典3）
　上関晃生　かみのせき・あきお　「『ロードス島戦記』の秘密」データハウス（日典3）

上領　かみりょう
　上領彩　かみりょう・あや　小説家（幻想）
　上領九郎兵衛　かみりょう・くろべえ　長州（萩）藩士（幕末）
　上領英之　かみりょう・ひでゆき　経済学者（現執4期）
　上領雅　かみりょう・まさり　軍人・実業家（香川人）
　上領頼軌　かみりょう・よりのり　長州（萩）藩士

[15] 上横手　うわよこて
　上横手健義　うわよこて・たけよし　「岩湧山・紀泉高原」岳洋社（日典3）
　上横手雅敬　うわよこて・まさたか　日本史学者（日典）

[16] 上橋　うえはし；かみはし
　上橋菜穂子　うえはし・なほこ　児童文学作家, 文化人類学者（小説）

一部(万)

上橋偉津巳　かみはし・いずみ「ソ連核戦争戦略」山手書房(日典3)
上橋泉　かみはし・いずみ　柏市議(自由党)(日典3)

上薗　うえぞの；かみぞの
　上薗明　うえぞの・あきら「自然の観察」大日本図書(日典3)
　上薗圭子　うえぞの・けいこ「Yokohamaアフタヌーン」遊人工房(日典3)
　上薗恒太郎　かみぞの・こうたろう　長崎大学教育学部教授(日典)
　上薗登志子　かみぞの・としこ「ガハハおばさんの直感随想録」爆業出版(日典3)

[18] 上潟口　かみがたくち
　上潟口武　かみがたくち・たけし「元岡にて一学生航空の追想 1941〜1945」上潟口武(JM)

上藤　うえふじ；うわふじ；かみとう
　上藤和之　うえふじ・かずゆき「革命の大河」聖教新聞社(日典3)
　上藤一郎　うわふじ・いちろう「調査と分析のための統計」丸善(日典3)
　上藤政樹　かみとう・まさき「快尻!?ゼンラナイト」虹の旅出版(日典3)

[19] 上瀬　かみせ；じょうせ
　上瀬吉郎　かみせ・きちろう「山西戦記」上瀬千春(日典3)
　上瀬千春　かみせ・ちはる　フジテレビジョン技術局専任局長(日典3)
　上瀬豊　じょうせ・ゆたか「おっさん留学生世界に飛び出す」ほおずき書籍(日典3)

[21] 上鶴　かみずる；かみつる
　上鶴篤史　かみずる・あつし　登山ガイド(日典3)
　上鶴養正　かみずる・やすまさ　小学校教師(日典3)
　上鶴重美　かみつる・しげみ　日本看護協会政策企画室(日典3)

【7】　万

万　ばん；まん；まんの；よろず
　万強麟　ばん・きょうりん「中国のむかし話」偕成社(JM)
　万英子　まん・えいこ　ピアニスト、音楽教育者(音人3)
　万利休　まんの・りきゅう「美少女専属奴隷」ミリオン出版(日典3)
　万鉄五郎　よろず・てつごろう　洋画家(コン5)

[3] 万上　ばんじょう
　万上義次　ばんじょう・よしつぐ　歌人(北海道文)
　万上義守　ばんじょう・よしもり　弓道家、弓道教士(弓道)

[4] 万井　まんい；よろい
　万井正章　まんい・まさあき「非物性医療」みずほ出版新社、日興企画(発売)(日典3)
　万井正人　まんい・まさんど　京都大学名誉教授(日典)

　万井憲三　よろい・けんぞう　三井石油化学監査役(日典3)
　万井隆令　よろい・たかよし　研究者(現執4期)

万木　ゆるぎ；よろき
　万木庄次郎　ゆるぎ・しょうじろう「ビタミン」共立出版(日典3)
　万木すや子　ゆるぎ・すやこ「石蕗の花」鴻の鳥俳句(日典3)
　万木龍一　よろき・りゅういち　漫画家(日典)

[5] 万代　ばんだい；まんだい；もず；よろずよ
　万代鹿三　ばんだい・しかぞう　体育指導者(神奈川人)
　万代順四郎　まんだい・じゅんしろう　銀行家(コン4)
　万代三倭　もず・みわ「ズバリ的中！ 北斗占命術入門」日本文芸社(日典3)
　万代峰子　よろずよ・みねこ　女優(世紀)

万本　まんもと
　万本光恵　まんもと・みつえ　小学校教師、童画家(児人)

万正　ばんしょう
　万正彦次　ばんしょう・ひこじ　丸万蒲鉾製造(国典)

万玉　まんぎょく
　万玉邦夫　まんぎょく・くにお　編集者、装幀家(出文)

万田　まんた；まんだ
　万田勇助　まんた・ゆうすけ　元・東京都議(日典)
　万田邦敏　まんだ・くにとし　映画監督(映人)
　万田久子　まんだ・ひさこ　女優(日映女)

[6] 万仲　まんちゅう
　万仲脩一　まんちゅう・しゅういち「企業倫理学」西日本法規出版(日典3)
　万仲余所治　まんちゅう・よそじ　元雇用促進事業団理事長(日典)

万成　まんなり
　万成勲　まんなり・いさお　岡山大学名誉教授(日典3)
　万成滋　まんなり・しげる　翻訳家(国典)
　万成博　まんなり・ひろし　産業社会学者(現執2期)

[7] 万沢　まんざわ
　万沢哲雄　まんざわ・てつお「新しい掘削工法」理工図書(日典3)
　万沢遼　まんざわ・とおし　獨協大学名誉教授・元副学長(日典3)
　万沢まき　まんざわ・まき　翻訳家(児人)
　万沢安央　まんざわ・やすお　ライダー、二輪ジャーナリスト、ライダー、二輪ジャーナリスト(世紀)
　万沢康夫　まんざわ・やすお　ライダー、二輪ジャーナリスト(YA)

万谷　ばんや；まんたに；よろずや
　万谷志郎　ばんや・しろう　秋田工業高等専門学校校長(日典)
　万谷勝治　まんたに・まさはる　ラグビー選手(現情)

[8]

万谷磯子　よろずや・いそこ　旧ソ連で粛清された日本人(社史)

万里　ばんり；まり
　万里集九　ばんり・しゅうく　禅僧＝中世(コン)
　万里昌代　ばんり・まさよ　女優(映女)
　万里アンナ　まり・あんな「たまごっち！」角川書店，角川グループパブリッシング(発売)(日典3)
　万里洋子　まり・ようこ　女優(映女)

万里小路　までのこうじ；まりこうじ
　万里小路博房　までのこうじ・ひろふさ　公家(日人)
　万里小路通房　までのこうじ・みちふさ　公家，官吏(日人)
　万里小路譲　まりこうじ・じょう「交響譜—四行詩集」文芸社(JM)

万里村　まりむら
　万里村奈加　まりむら・なか　漫画家(漫人)
　万里村ゆき子　まりむら・ゆきこ「おしゃれな関係」(国典)

[8]万波　まなみ；まんなみ
　万波歌保　まなみ・かほ　フリーライター(日典)
　万波槐里　まんなみ・かいり　教育家(日人)
　万波芳二郎　まんなみ・よしじろう　勧農家(日人)

[9]万城目　まきめ；まんじょうめ
　万城目目学　まきめ・まなぶ　小説家(京都文)
　万城目正　まんじょうめ・ただし　作曲家(日人)
　万城目充　まんじょうめ・みつる「ズブの素人でも月20万を稼げる手軽本的中術」東邦出版(日3)

万屋　よろずや
　万屋吉之亮　よろずや・きちのすけ　俳優(新芸)
　万屋錦之介　よろずや・きんのすけ　俳優(日人)
　万屋甚兵衛　よろずや・じんべえ　京都の両替商(姓氏京都)
　万屋秀雄　よろずや・ひでお　現代児童文学者，文学教育研究者(世紀)
　万屋兵四郎　よろずや・へいしろう　書肆(コン5)

[10]万宮　まみや
　万宮健策　まみや・けんさく「文法」東京外国語大学アジア・アフリカ言語文化研究所(日典3)
　万宮征華　まみや・せいか　旭川市・六合中教諭(人情)

万造寺　まんぞうじ
　万造寺斉　まんぞうじ・ひとし　歌人，英文学者(日人)
　万造寺ようこ　まんぞうじ・ようこ「そよぐ雀榕」青磁社(日3)
　万造寺竜　まんぞうじ・りゅう「河童昇天」後楽書房(日典3)

[11]万野　まの
　万野保　まの・たもつ「送電線建設保守ハンドブック」(国典)
　万野ハツ　まの・はつ　小松島商工会議所会頭(日典3)

　万野裕昭　まんの・やすあき　万野美術館館長，万野汽船会長(日典3)

[12]万喜　まき
　万喜清三郎　まき・せいざぶろう　バンポー工業会長(日典)

[13]万歳　ばんざい；まんざい
　万歳啓三郎　ばんざい・けいざぶろう　新潟県経済農協連会長(日典)
　万歳憲重　ばんざい・のりしげ「剣道」一橋出版(日典3)
　万歳規矩楼　まんざい・きくろう　弁護士(日典3)
　万歳典子　まんざい・のりこ　ピアニスト(演奏)

万福　まんぷく
　万福経則　まんぷく・つねのり　船員，火夫長(社史)

[18]万藤　まんどう
　万藤和男　まんどう・かずお「国際流通と貿易実践」(国典)

【8】　与

与　あたえ
　与倉利　あたえ・くらとし　メイホーコーポレーション会長(日典3)
　与真司郎　あたえ・しんじろう　歌手，ダンサー，俳優(日典3)
　与勇輝　あたえ・ゆうき　人形作家(日人)
　与力雄　あたえ・りきお　鹿児島県議(自民党，奄美市)(日典3)

[3]与口　よぐち
　与口和子　よぐち・かずこ「財形個人年金の知識」草文社(日典3)
　与口重治　よぐち・じゅうじ　地域の農業振興に尽くす(新潟百)
　与口隆夫　よぐち・たかお　グラフィックデザイナー，イラストレーター(日典3)
　与口虎三郎　よぐち・とらさぶろう　篤農家(植物)
　与口奈津江　よぐち・なつえ「フレッシュプリキュア！」講談社(日典3)

[4]与五沢　よごさわ
　与五沢利夫　よごさわ・としお「麻酔の偶発症と合併症」金原出版(日典3)
　与五沢文夫　よごさわ・ふみお「矯正臨床の基礎」クインテッセンス出版(日典3)
　与五沢真知子　よごさわ・まちこ「フリオ・イグレシアス」CBS・ソニー出版(日典3)
　与五沢有紀　よごさわ・ゆき「アメリカン・ハイスクールでの日々」一橋出版(日典3)

[5]与世山　よせやま
　与世山澄子　よせやま・すみこ　ジャズヴォーカリスト，実業家(ジヤ)
　与世山彦士　よせやま・ひこし「便之山の狐石」与世山彦士バレエ研究所(日典3)

与世里　よせざと；よせり
　与世里盛春　よせざと・せいしゅん　教育者，植物研究家(沖縄百)

一部（丑，不）　　　　　　　　　　　　　　　　　　　　〔10〕

与世里盛春　よせざと・もりはる　教育者, 植物研究家（日人）
与世里盛宏　よせり・もりひろ　電気試験所機器部プラズマ研（国典）
与田　よた；よだ
　与田左門　よた・さもん　郷土史家, 教育者（紀伊文）
　与田準一　よだ・じゅんいち　児童文学者（コン4）
　与田準一　よだ・じゅんいち　児童文学者（日人）
[7]与志　よし
　与志美登野　よし・みとの　洋画家（洋画）
与良　よら
　与良ヱ　よら・あいち　新聞経営者（日人）
　与良清　よら・きよし　植物病理学者（日人）
　与良熊太郎　よら・くまたろう　教授法研究者（姓氏長野）
　与良松三郎　よら・まつさぶろう　ジャーナリスト（日人）
　与良松三郎　よら・まつさぶろう　新聞人（愛知百）
与那城　よなぐすく；よなしろ
　与那城朝紀　よなぐすく・ちょうき　総理官＝近世（維新）
　与那城敬　よなしろ・けい　声楽家（バリトン）（演奏）
　与那城義春　よなしろ・よしはる　日本野鳥の会会員（国典）
与那原　よなはら；よなばる
　与那原恵　よなはら・けい　フリーライター（現執4期）
　与那原恵愷　よなはら・けいがい　宮古蔵元役人（社史）
　与那原良傑　よなばる・りょうけつ　陳情特使（社史）
[10]与倉　よくら
　与倉喜平　よくら・きへい　軍人（日人）
　与倉潔美　よくら・きよみ　中国電気工事専務（日典）
　与倉鶴子　よくら・つるこ　軍人与倉知実の妻（女性誌）
　与倉東隆　よくら・とうりょう　渡航者（渡航）
　与倉知実　よくら・ともざね　鹿児島県士族（陸海）
与座　よざ
　与座弘晴　よざ・こうせい　出版事業家（姓氏沖縄）
　与座聰　よざ・さとし　医師（日典3）
　与座朝惟　よざ・ちょうい　沖縄芝居役者（芸能）
　与座範政　よざ・のりまさ　「図説フローインジェクション分析法」広川書店（日典3）
　与座嘉秋　よざ・よしあき　コメディアン（テレ）
[12]与賀田　よがた
　与賀田辰雄　よがた・たつお　出版人（出文）
　与賀田正俊　よがた・まさとし　丸紅常務（日典3）
[15]与儀　よぎ
　与儀綾子　よぎ・あやこ　バレエ教師（日典3）

与儀勝美　よぎ・かつみ　「かわいい略画カット集」成美堂出版（日典3）
与儀圭祐　よぎ・けいすけ　「この本があなたの人生を変える!!」東京図書出版会, リフレ出版（発売）（日典3）
与儀憲徳　よぎ・けんとく　琉球大学名誉教授（日典3）
与儀達敏　よぎ・たつびん　政治家（姓氏沖縄）
[17]与謝野　よさの
　与謝野晶子　よさの・あきこ　歌人, 詩人, 評論家（コン5）
　与謝野秀　よさの・しげる　外交官（コン4）
　与謝野鉄幹　よさの・てっかん　歌人（コン改）
　与謝野寛　よさの・ひろし　歌人（コン5）
　与謝野礼厳　よさの・れいごん　僧, 歌人（日人）

【9】　丑

[3]丑久保　うしくぼ
　丑久保健一　うしくぼ・けんいち　彫刻家（美建）
丑山　うしやま
　丑山圭三　うしやま・けいぞう　日本ケミファ社長（人情）
　丑山賢二　うしやま・けんじ　松本深志高校教諭（日典）
　丑山優　うしやま・まさる　「金融ヘゲモニーとコーポレート・ガバナンス」税務経理協会（日典3）
[4]丑木　うしき
　丑木幸男　うしき・ゆきお　群馬県教育委員会事務局県史編さん室主幹・専門員（日典）

【10】　不

[2]不二門　ふじかど；ふじもん
　不二門尚　ふじかど・たかし　「角膜トポグラファーと波面センサー」メジカルビュー社（日典3）
　不二門智光　ふじもん・ちこう　僧侶（日人）
不二葦　ふじい
　不二葦淳孝　ふじい・じゅんこう　「企業と環境」ダイヤモンド社（日典3）
　不二葦淳考　ふじい・じゅんこう　近畿大講師（国典）
不二稿　ふじわら
　不二稿京　ふじわら・けい　映画監督（映監）
[7]不忍　しのばず
　不忍鏡子　しのばず・きょうこ　女優（映女）
　不忍一　しのばず・はじめ　「僕の名前はジャックで〜す」大塚泰子（日典3）
[8]不知火　しらぬい；しらぬひ
　不知火光右衛門　しらぬい・みつえもん　力士（コン5）
　不知火光右衛門〔代数なし〕　しらぬい・みつえもん　力士（日人）
　不知火光右衛門　しらぬい・みつえもん　力士（熊本百）
[9]不室　ふむろ
　不室直治　ふむろ・なおじ　千疋屋（国典）

一部(且,丘,世,両,更)

不室嘉和　ふむろ・よしかず　京都市収入役(日典3)

不染　ふせん
　不染鉄　ふせん・てつ　日本画家(日人)

不退　ふたい
　不退栄一　ふたい・えいいち　出版人(出文)

[10]不破藤　ふえとう
　不破藤敏夫　ふえとう・としお　山口大助教授(国典)

[12]不軽　ふぎょう
　不軽青蛙　ふぎょう・せいあ「満蒙落日」里文出版(日典3)

[18]不藤　ふどう
　不藤源吉　ふどう・げんきち　北海道留寿都郵便局郵便集配受託者(人情)

【11】且

[4]且元　かつもと
　且元滋紀　かつもと・しげき　オートレーサー(人情)

[10]且原　かつはら
　且原純夫　かつはら・すみお「戦いの日々」(国典)
　且原美紀　かつはら・みき「クリストファーの冒険」いのちのことば社フォレストブックス(日典3)

【12】丘

丘　おか；きゅう
　丘浅次郎　おか・あさじろう　動物学者,進化論啓蒙家(コン5)
　丘修三　おか・しゅうぞう　児童文学作家(日人)
　丘永漢　きゅう・えいかん　作家(日典)
　丘念台　きゅう・ねんだい　社会運動家,政治家,地質学者(社史)

【13】世

世　せい
　世れんか　せい・れんか　舞踊家(新芸)

[3]世川　せがわ；よかわ
　世川勇　せがわ・いさむ　日体大教授(日典)
　世川岬子　せがわ・みさき　ピアニスト(音人3)
　世川心子　よかわ・しんこ　詩人(日典)

[4]世木　せき；せぎ
　世木秀明　せき・ひであき　千葉工業大学情報科学部情報工学科助教授(日典)
　世木みやび　せき・みやび　エッセイスト,コスメ評論家,タレント(日典)
　世木寿熊　せぎ・ひさくま　政治家(姓氏山口)

世木田　せきだ
　世木田江山　せきだ・こうざん「世木田江山心経の世界」太陽社(日典3)
　世木田照比古　せきだ・てるひこ「風紋」短歌新聞社(日典3)
　世木田照彦　せきだ・てるひこ「世木田照彦作品集」太陽社(日典3)

[5]世礼　せれい
　世礼国男　せれい・くにお　教育家,沖縄研究家(コン4)

[7]世利　せり
　世利修美　せり・おさみ「金属材料の腐食と防食の基礎」成山堂書店(日典)
　世利健助　せり・けんすけ　粕屋郡志免町長(日典3)
　世利隆之　せり・たかゆき「印刷文字の生成技術」女子美術大学,日本エディタースクール出版部(発売)(日典3)
　世利幹雄　せり・みきお　統計学者(現執1期)
　世利洋介　せり・ようすけ　久留米大学経済学部教授(日典3)

[8]世和　せいわ
　世和玄次　せいわ・げんじ　日本催眠研究会催眠センター所長(国典)

[10]世家真　せやま
　世家真かね　せやま・かね　日本舞踊家(女性普)

世耕　せこう
　世耕弘一　せこう・こういち　政治家,学校経営者(コン4)
　世耕弘昭　せこう・ひろあき　近畿大学理事長(日典3)
　世耕弘成　せこう・ひろしげ　政治家(現政)
　世耕政隆　せこう・まさたか　政治家(郷土和歌山)

[16]世樹　よぎ
　世樹まゆ子　よぎ・まゆこ　イラストレーター(児人)

【14】両

[7]両角　もろすみ；もろずみ
　両角栄　もろすみ・さかえ　小学校教員(社史)
　両角守一　もろずみ・しゅいち　考古学者(郷土)
　両角良彦　もろずみ・よしひこ　官僚(日人)

[16]両頭　りょうとう
　両頭正明　りょうとう・まさあき　会計学者(現執1期)

【15】更

[4]更井　さらい
　更井啓介　さらい・けいすけ　医師(近医)
　更井真理　さらい・まり「NAKED」青幻舎(日典3)
　更井良夫　さらい・よしお「石井十次と岡山孤児院」石井十次先生銅像再建委員会(日典3)

[5]更田　ふけた；ふけだ
　更田時蔵　ふけた・ときぞう　建築家(美建)
　更田義彦　ふけた・よしひこ　弁護士(現執2期)

一部(並) I部(中)

更田邦彦　ふけだ・くにひこ　「家と土地をうけつぐ」インデックス・コミュニケーションズ(日典3)

[9] 更科　さらしな

更科あかね　さらしな・あかね　画家(日典3)
更科功　さらしな・いさお　「進化の運命」講談社(日典3)
更科莞爾　さらしな・かんじ　日本DSPグループ社長(日典3)
更科源蔵　さらしな・げんぞう　アイヌ文化研究家,詩人(コン4)
更科駒緒　さらしな・こまお　家庭裁判所調停委員(女性普)

[10] 更家　さらいえ；さらや

更家慎三　さらいえ・しんぞう　射撃選手(日典)
更家章太　さらや・しょうた　サラヤ社長(日典3)
更家市朗　さらや・しろう　サラヤ社長(日典)

【16】 並

[5] 並田　なみた；なみだ

並田正一　なみた・まさかず　経営問題専門家(現執2期)
並田勇　なみだ・いさむ　西研工業取締役会長(日典)

[8] 並河　なびか；なびかわ；なみかわ

並河理二郎　なびか・りじろう　実業家,政治家(日人)
並河文子　なびかわ・ふみこ　「並河文子詩集」芸風書院(日典3)
並河靖之　なみかわ・やすゆき　七宝製造家(コン5)

[16] 並樹　なみき

並樹史朗　なみき・しろう　俳優(日映男)

I部

【17】 中

中　あたり；ちゅう；なか；なかば

中忠六　あたり・ただろく　紬織工(社史)
中石庭　ちゅう・せきてい　「日本の現代と将来を考える」新人物往来社出版事業部(JM)
中勘助　なか・かんすけ　小説家,詩人(コン4)
中性慶　なかば・しょうけい　英文学者(富山文)

中ノ子　なかのこ

中ノ子勝美　なかのこ・かつみ　博多人形師(美工)
中ノ子タミ　なかのこ・たみ　人形師(日人)
中ノ子徳太郎　なかのこ・とくたろう　政治家(佐賀ս)
中ノ子美香　なかのこ・みか　「廃人玉砕」青林堂(日典3)

[2] 中力　ちゅうりき；なかりき

中力昭　ちゅうりき・あきら　岡山県教育庁(国典)
中力功　ちゅうりき・いさお　川崎重工顧問(日典3)
中力真一　なかりき・しんいち　「シミュレーションで学ぶ電磁気学」工学社(日典3)

[3] 中上　なかうえ；なかがみ

中上緑　なかうえ・みどり　「ポコ・ア・ポコ12か月」婦人生活社(日典3)
中上与志夫　なかうえ・よしお　「戦場を駆けるSLミカロ/パシコ」新風書房(日典3)
中上健次　なかがみ・けんじ　小説家(日人)
中上哲夫　なかがみ・てつお　詩人(現詩)

中上川　なかみがわ

中上川あき子　なかみがわ・あきこ　タレント,政治家(履歴2)
中上川三郎治　なかみがわ・さぶろうじ　鐘紡監査役(日典3)
中上川次郎吉　なかみがわ・じろきち　渡航者(渡航)
中上川鉄四郎　なかみがわ・てつしろう　渡航者(渡航)
中上川彦次郎　なかみがわ・ひこじろう　実業家(コン5)

中久　なかく

中久良　なかく・りょう　全国農民組合総本部茨城県連メンバー(社史)

中土　なかつち

中土金十郎　なかつち・きんじゅうろう　政治家(姓氏富山)
中土修吾　なかつち・しゅうご　大阪教育大学名誉教授(日典3)
中土大至良　なかつち・だいしろう　日本画家(美家)
中土仲太郎　なかつち・なかたろう　政治家(姓氏富山)
中土義敬　なかつち・よしたか　出版人(出版)

中大　なかだい；なかひろ

中大健　なかだい・けん　俳優(日典)
中大貴美子　なかひろ・きみこ　「黒の祝祭―詩集」(JM)

中小路　なかこうじ；なかしょうじ；なかのこうじ

中小路清雄　なかこうじ・きよお　労働運動家(現情)
中小路廉　なかしょうじ・れん　司法官吏,政治家(朝日)
中小路佳代子　なかのこうじ・かよこ　「ワーキング・ウーマンのための超整理法」角川書店(日典3)

[4] 中井　あんかい；なかい

中井太一郎　あんかい・たいちろう　農事改良家(鳥取史)
中井英夫　なかい・ひでお　小説家,詩人(日人)
中井正一　なかい・まさかず　美学者,文化運動家(コン4)

中元寺　ちゅうがんじ；ちゅうげんじ
中元寺智信　ちゅうがんじ・とものぶ　「会津藩什の掟」東邦出版（日典3）
中元寺一郎　ちゅうげんじ・いちろう　ハマ冷機工業代表取締役（日典3）

中内　なかうち；なかのうち
中内蝶二　なかうち・ちょうじ　小説家, 劇評家, 劇作家（コン5）
中内敏夫　なかうち・としお　教育学者（日人）
中内源兵衛　なかのうち・げんべえ　長宗我部氏家臣＝中世（戦西）

中分　なかわけ
中分毅　なかわけ・つよし　「米国の環境アセスメント実例」武蔵野書房（日典3）

[5]中世古　なかせこ；なかぜこ
中世古菊恵　なかせこ・きくえ　「銀時計」藤川幸子（日典3）
中世古公男　なかせこ・きみお　北海道大学名誉教授（日典3）
中世古甚四郎　なかぜこ・じんしろう　郡代（庄内）

中代　なかしろ；なかだい
中代貞夫　なかしろ・さだお　調布リトルリーグ監督（日典）
中代重幸　なかだい・しげゆき　「クルマとヒコーキで学ぶ制御工学の基礎」コロナ社（日典3）
中代昌男　なかだい・まさお　「21世紀の販売技法」ビジネス・オーム（日典3）

中出　なかいで；なかで
中出栄三　なかいで・えいぞう　「私の労働運動史」（国典）
中出政司　なかいで・まさし　日本冷蔵（国典）
中出貴彦　なかで・たかひこ　写真家（写人）
中出良一　なかで・りょういち　作曲家（石川百）

中右　なかう
中右瑛　なかう・えい　洋画家, 浮世絵収集家（現執4期）
中右太襧宏　なかう・たねひろ　大阪府立大学名誉教授（日典3）
中右史子　なかう・のりこ　「夏の庭」えこし会企画編集室（日典3）
中右実　なかう・みのる　筑波大学名誉教授（日典3）
中右茂三郎　なかう・もさぶろう　パリ商会社長（国典）

中司　なかずか；なかつか；なかつかさ
中司祉岐　なかずか・よしき　「A4 1枚で「いま、やるべきこと」に気づくなかづか日報」経済界（日典3）
中司宏　なかつか・ひろし　政治家（現政）
中司清　なかつかさ・きよし　実業家（コン4）

中市　なかいち
中市謙三　なかいち・けんぞう　郷土史家（日人）
中市彩也　なかいち・さいや　郵政省簡易保険局長（日典）
中市石山　なかいち・せきざん　「水石」「坐」水石清遊会（日典3）

中市稲太郎　なかいち・とうたろう　自由民権運動家（青森人）
中市弘　なかいち・ひろし　「山望」甲鳥書林（日典3）

中平　なかたい；なかたいら；なかだいら；なかはら；なかひら
中平彦作　なかたい・ひこさく　「土の焔」田子短歌会（日典3）
中平作太郎　なかたいら・さくたろう　「秋津島」晴文社（日典3）
中平馬之丞　なかだいら・うまのじょう　日本甜菜製糖取締役（日典3）
中平芳枝　なかはら・よしえ　「母の手を引いて」美研インターナショナル（日典3）
中平康　なかひら・こう　映画監督（日人）

中永　なかえ；なかなが
中永征太郎　なかえ・せいたろう　栄養学者（現執2期）
中永公子　なかなが・きみこ　俳人（大阪文）

中生　なかお
中生勝美　なかお・かつみ　研究者（現執4期）

中田　なかた；なかだ
中田ダイマル　なかた・だいまる　漫才師（日人）
中田瑞穂　なかた・みずほ　外科医学者, 俳人（日人）
中田薫　なかだ・かおる　法制史学者（日人）
中田喜直　なかだ・よしなお　作曲家（コン4）

中目　なかのめ；なかめ
中目覚　なかのめ・あきら　「日本の地理学文献選集」クレス出版（日典3）
中目斉　なかのめ・ひとし　医師（宮城百）
中目雲洞　なかめ・うんどう　眼科医（眼科）
中目道珣　なかめ・どうじゅん　眼科医（眼科）

中込　なかこみ；なかごみ；なかごめ
中込雄治　なかこみ・ゆうじ　「新教科書を補う算数科発展学習教科書」明治図書出版（日典3）
中込晃　なかごみ・あきら　杉並区立高南中学校教諭（日典3）
中込道夫　なかごめ・みちお　政治学者（世紀）

[6]中光　なかみつ
中光友彦　なかみつ・ともひこ　住銀アメックス・サービス社長（日典3）
中光ひとみ　なかみつ・ひとみ　第11回九州グラフィックデザイン展芸術大賞受賞（人情）

中吉　なかぎり；なかよし
中吉与兵衛　なかぎり・よへえ　宇喜多氏家臣＝中世（戦西）
中吉久美　なかよし・くみ　「リズム」近代文芸社（JM）

中名主　なかみょうす
中名主満　なかみょうす・みつる　鹿児島新報報道部長（日典）

中名生　なかのみよ；なかのみょう
中名生正己　なかのみよ・まさみ　防衛庁技術研究本部副本部長（日典3）
中名生いね　なかのみょう・いね　赤瀾会メンバー（アナ）

I部（中）

中名生幸力　なかのみょう・こうりき　民人同盟会メンバー（アナ）

中地　なかじ；なかち
中地熊造　なかじ・くまぞう　労働運動家（島根歴）
中地義和　なかじ・よしかず　東京大学大学院人文社会系研究科教授（現執4期）
中地熊造　なかち・くまぞう　労働運動家（コン4）
中地宏　なかち・ひろし　公認会計士（現執4期）

中多　なかた
中多巽　なかた・たつみ「武石村の江戸・明治・大正・昭和の病歴と今後の健康の在り方について」（JM）
中多泰子　なかた・やすこ　図書館人（日児）

中庄谷　なかしょうや
中庄谷直　なかしょうや・ただし　登山家（現執4期）

中牟田　なかむた；なかむだ
中牟田喜兵衛〔2代〕　なかむた・きへえ　実業家（創業）
中牟田倉之助　なかむた・くらのすけ　肥前佐賀藩士、海軍軍人（コン4）
中牟田淅江　なかむだ・せきこう　書家＝近世（人名4）

中牟礼　なかむれ
中牟礼貞則　なかむれ・さだのり　ジャズギタリスト（ジャ）
中牟礼由紀子　なかむれ・ゆきこ「バースデー・スウィート」ジー・シー・プレス（日典3）

7中住　なかずみ
中住道雲　なかずみ・どううん　日本画家（美家）
中住礼子　なかずみ・れいこ「図解・脳神経疾患の基礎と臨床」メヂカルフレンド社（日典3）

中坊　なかぼう
中坊君子　なかぼう・きみこ　高野紙製作者（和歌山人）
中坊公平　なかぼう・こうへい　弁護士（日人）
中坊忠治　なかぼう・ただはる　弁護士（日典3）
中坊徹次　なかぼう・てつじ「魚の科学事典」朝倉書店
中坊幸弘　なかぼう・ゆきひろ「公衆衛生学」講談社（日典3）

中条　ちゅうじょ；ちゅうじょう；なかじょう
中条金之助　ちゅうじょ・うきんのすけ　幕臣（剣豪）
中条精一郎　ちゅうじょう・せいいちろう　建築家（コン）
中条資俊　なかじょう・すけとし　内科医（日人）

中束　なかつか；なかまる
中束徹夫　なかつか・てつお「トラック島第四海軍病院―日赤従軍看護婦の手記」（JM）
中束美明　なかまる・よしあき　元・東北大学大学院理学研究科教授（日典）

中村　たかむら；なかむら
中村太兵衛　たかむら・たへえ　政治家（姓氏京都）
中村草田男　なかむら・くさたお　俳人（コン4）

中村汀女　なかむら・ていじょ　俳人（コン4）

中沢　なかさわ；なかざわ
中沢啓治　なかさわ・けいじ　漫画家（現情）
中沢豊三郎　なかさわ・とよさぶろう　歌人（姓氏群馬）
中沢弘光　なかざわ・ひろみつ　洋画家（コン4）
中沢臨川　なかざわ・りんせん　文芸評論家（コン5）

中臣　なかおみ；なかとみ；なかとみの
中臣次郎　なかおみ・じろう　夏ミカンの最初の導入者（愛媛百）
中臣俊嶺　なかとみ・しゅんれい　浄土真宗の僧（日人）
中臣鎌足　なかとみの・かまたり　孝徳～天智朝の功臣＝古代（コン）

中谷　なかたに；なかや
中谷孝雄　なかたに・たかお　小説家（日人）
中谷千代子　なかたに・ちよこ　童画家（日人）
中谷宇吉郎　なかや・うきちろう　物理学者, 随筆家（コン4）
中谷治宇二郎　なかや・じうじろう　考古学者（日人）

中谷内　なかやち
中谷内映　なかやち・あき　歌手（日典3）
中谷内一也　なかやち・かずや「リスクのモノサシ」日本放送出版協会（日典3）
中谷内賢三　なかやち・けんぞう　元・能登島町（石川県）町議（日典3）
中谷内政之　なかやち・まさゆき「再生可能エネルギーの大研究」PHP研究所（日典3）

中谷治　なかやじ
中谷治宇二郎　なかやじ・うじろう　考古学者（大百）

中迎　なかむかい；なかむかえ
中迎隆敏　なかむかい・たかとし　ライター, 写真家（日典3）
中迎聡子　なかむかえ・さとこ「介護戦隊いろ葉レンジャー参上」雲母書房（日典3）

中邑　なかむら
中邑幾太　なかむら・いくた　心理学者（心理）
中邑恵美子　なかむら・えみこ「トルコを見て生きろ」アレフ（日典3）
中邑浄人　なかむら・きよと「歌集夏雲」（国典）
中邑庄五郎　なかむら・しょうごろう　弓道家, 弓道精錬證（弓道）
中邑みつのり　なかむら・みつのり　漫画家（漫人）

中邨　なかむら
中邨秋香　なかむら・あきか　国文学者, 歌人（日児）
中邨きよ　なかむら・きよ　地方政治家（姓氏富山）
中邨末吉　なかむら・すえきち　中国工業技術協会常務理事（人情）
中邨雄二　なかむら・ゆうじ　アナウンサー（テレ）
中邨林造　なかむら・りんぞう　実業家（姓氏富山）

中里　なかさと；なかざと
中里忠香　なかさと・ただか　郷土史家（郷土）
中里信男　なかさと・のぶお　政治家（現政）
中里介山　なかざと・かいざん　小説家（コン改）
中里恒子　なかざと・つねこ　小説家（コン4）

中里見　なかさとみ；なかざとみ
中里見博　なかさとみ・ひろし「憲法24条＋9条」かもがわ出版（日典3）
中里見敬　なかざとみ・さとし「中国の戯劇・京劇選」花書院（日典3）

⁸中洌　なかす
中洌正堯　なかす・まさたか「国語科表現指導の研究」渓水社（JM）

中和　なかなぎ；なかわ
中和一由　なかなぎ・ひより「中和一由遺稿集」（国典）
中和彩子　なかわ・あやこ「フォーチュン氏の楽園」新人物往来社（日典3）
中和正彦　なかわ・まさひこ　ジャーナリスト（日典）

中岳　なかだけ
中岳治麿　なかだけ・おさまろ　教育工学者（現執2期）

中岫　なかぐき
中岫武男　なかぐき・たけお　中岫土地改良区理事長（青森人）
中岫正雄　なかぐき・まさお「満洲開拓移民二世は死なず—元千振農業学校生徒死闘体験手記」千振農業学校同窓会（JM）
中岫豊　なかぐき・ゆたか　三本木農業高等学校ラグビー部監督（日典）

中所　ちゅうしょ；なかしょ；なかじょ
中所武司　ちゅうしょ・たけし　明治大学理工学部情報科学科教授（日典）
中所かほる　なかしょ・かおる「冬の虹—詩集」（JM）
中所克博　なかじょ・かつひろ　弁護士（日典）

中明　なかあき
中明賢二　なかあき・けんじ　衛生学者（現執3期）
中明宗平　なかあき・そうへい「鷹栖村史」鷹栖自治振興会（日典3）

中東　ちゅうとう；なかとう；なかひがし
中東好太　ちゅうとう・こうた　テクニカル・アドバイザー（日典）
中東靖恵　なかとう・やすえ「岡大生の言語生活」岡山大学文学部中東研究室（日典3）
中東正之　なかひがし・まさゆき　写真家（写人）

中武　なかたけ；なかだけ；なかぶ
中武和豊　なかたけ・かずとよ　タレント（新芸）
中武茂八郎　なかだけ・もはちろう　アララギ派歌人（宮崎百）
中武靖夫　なかぶ・やすお　弁護士（日典）

中河原　なかがわら
中河原啓　なかがわら・けい「一瞬で幸せを呼ぶ不思議な絵本」三笠書房（日典3）
中河原俊治　なかがわら・しゅんじ　北大ヒグマ研究グループ代表、北大低温科学研究所修士課程2年（日典3）
中河原喬　なかがわら・たかし　東京地方裁判所鑑定委員、八王子調停協会顧問（日典3）
中河原章雄　なかがわら・ふみお　福岡中央銀行専務（日典3）
中河原正通　なかがわら・まさみち　神崎製紙（現・王子製紙）常務（日典3）

中舎　なかや
中舎高郎　なかや・たかお「飛騨の文学碑遍歴」教育出版文化協会（日典3）
中舎寛樹　なかや・ひろき「解説類推適用からみる民法」日本評論社（日典3）

中迫　なかさこ；なかせこ
中迫剛　なかさこ・つよし　格闘家（日典3）
中迫俊明　なかさこ・としあき　高校野球監督（日典）
中迫勝　なかせこ・まさる　関西医科大学助教授（日典）

中金　なかかね；なかがね
中金忠衡　なかかね・まさひら「近代日本養生論・衛生論集成」大空社（日典3）
中金聡　なかがね・さとし「西洋政治理論史」新評論（日典3）
中金正衡　なかがね・まさひら「明律約解」上田勘兵衛（日典3）

中長　なかちょう；なかなが
中長昌一　なかちょう・しょういち　警察庁東北管区警察局長（日典3）
中長偉文　なかなが・たけふみ　大塚化学徳島研究所主任研究員・課長補佐（日典3）

中門　ちゅうもん；なかかど
中門弘　ちゅうもん・ひろし　警察庁捜査第二課（国典）
中門勲　なかかど・いさお「わが労働運動の白書」葦書房（日典3）

⁹中保　なかほ；なかやす
中保淑子　なかほ・としこ「色彩と意匠」（国典）
中保与作　なかほ・よさく　評論家（富山百）
中保恭一　なかやす・きょういち　旭川商工会議所会頭（北海道歴）
中保愃嗣　なかやす・けんじ　読売新聞役員室業務担当付（日典）

中前　なかまえ
中前栄八郎　なかまえ・えいはちろう　広島大学工学部教授（日典）
中前勝彦　なかまえ・かつひこ　神戸大学名誉教授（日典）
中前忠　なかまえ・ただし　経済評論家（現執4期）
中前半次郎　なかまえ・はんじろう「財務諸表提要」（国典）
中前勝　なかまえ・まさる　政治家（和歌山人）

中垣内　なかかいち；なかがいち；なかがいと
中垣内恵一　なかかいち・けいいち　小学校教諭（人情）
中垣内真樹　なかがいち・まさき「長崎さかだんウォークのすすめ」長崎文献社（日典3）

| 部(中)

中垣内勝久　なかがいと・かつひさ　日本サッカー協会評議員(日典)
中城　なかじょう；なかしろ
　中城直正　なかじょう・なおまさ　郷土史家(郷土)
　中城ふみ子　なかじょう・ふみこ　歌人(日人)
　中城裕美　なかしろ・ひろみ　料理研究家(現執3期)
中峠　なかたお
　中峠定　なかたお・さだむ　元東洋工業取締(紳士)
　中峠哲朗　なかたお・てつろう　福井大学名誉教授(日典3)
中後　ちゅうご；なかご
　中後淳　ちゅうご・あつし　衆院議員(民主党、比例・南関東)(日典3)
　中後雅喜　ちゅうご・まさき　サッカー選手(日典3)
　中後俊二　なかご・しゅんじ　「宇宙の統一観」(国典)
　中後忠男　なかご・ただお　岡山大学歯学部教授(日典3)
中挟　なかさ；なかばさみ
　中挟弘夫　なかさ・ひろお　「日本古代の哲学」三光社(日典3)
　中挟知延子　なかばさみ・ちえこ　「パソコン情報学入門」工学図書(日典3)
中海　なかうみ；なかみ
　中海洋和　なかうみ・ようと　「嵐の中、天使の反乱」リーフ出版(日典3)
　中海美影　なかみ・よしかげ　「淫乳学園」久保書店(日典3)
中津海　なかつみ
　中津海茂　なかつみ・しげる　「兵隊以後」民族短歌社(日典3)
　中津海省一　なかつみ・しょういち　汽車製造株式会社相談役(日典3)
中砂　なかさご
　中砂夏男　なかさご・なつお　「煉獄の犬」リトル・モア(日典3)
　中砂明徳　なかすな・あきのり　「江南」講談社(日典3)
中神　なかかみ；なかがみ
　中神洋子　なかがみ・ようこ　ユニセフニューヨーク本部開発渉外監察官(日典)
　中神天弓　なかがみ・てんきゅう　郷土史家(滋賀文)
　中神良太　なかがみ・りょうた　医師、郷土史家(滋賀文)
10中兼　なかがね
　中兼和津次　なかがね・かつじ　中国経済学者(現執4期)
　中兼謙吉　なかがね・けんきち　弁護士(日典3)
中原　なかはら；なかばら；なかはらの
　中原中也　なかはら・ちゅうや　詩人(コン5)
　中原芳烟　なかはら・ほうえん　日本画家(島根人)

中原有言　なかはらの・ありとき　医家＝古代(人名4)
中家　なかいえ；なかや
　中家金一　なかいえ・きんいち　社会運動家(アナ)
　中家金太郎　なかいえ・きんたろう　詩人(北海道歴)
　中家左三　なかや・さぞう　元・コニカ常務(日典)
　中家ひとみ　なかや・ひとみ　「銭」国詩評林社(日典3)
中宮　なかのみや；なかみや
　中宮安夫　なかのみや・やすお　「津田学説の崩壊」北畠学問所(日典3)
　中宮紀伊子　なかみや・きいこ　森八女将、森八取締役(日典3)
　中宮勇一　なかみや・ゆういち　労働官僚(現執3期)
中島　なかしま；なかじま
　中島雅楽之都　なかしま・うたしと　地唄箏曲家(生田流)(日人)
　中島守利　なかしま・もりとし　政治家(コン4)
　中島敦　なかじま・あつし　小説家(コン5)
　中島信行　なかじま・のぶゆき　政治家(コン5)
中座　ちゅうざ；なかざ
　中座真　ちゅうざ・まこと　「横歩取り後手8五飛戦法」日本将棋連盟(日典3)
　中座伶　なかざ・さとし　詩人(北海道文)
中烏　なかがらす
　中烏健二　なかがらす・けんじ　俳人(人情)
中畠　なかはた；なかばたけ
　中畠美奈子　なかはた・みなこ　山岳救助隊員(日典3)
　中畠一宇　なかばたけ・いちう　「中畠一宇画集」三彩社(日典3)
　中畠三雄　なかばたけ・みつお　能登演劇堂館長(日典3)
中畔　なかあぜ；なかぐろ
　中畔都舎子　なかあぜ・つやこ　京都府連合婦人会会長(日典3)
　中畔章夫　なかぐろ・あきお　神鋼電機常務(日典3)
　中畔達夫　なかぐろ・たつお　JA和歌山中央会会長、JA和歌山連合会会長、日本農業新聞副会長(日典3)
中納　なかの
　中納俊夫　なかの・としお　テノール歌手(音人3)
　中納良恵　なかの・よしえ　歌手(テレ)
中能島　なかのしま
　中能島欣一　なかのしま・きんいち　箏曲家(コン4)
　中能島慶子　なかのしま・けいこ　箏曲家(日人)
　中能島松声　なかのしま・しょうせい　山田流箏曲(コン4)
　中能島松仙　なかのしま・しょうせん　山田流箏曲演奏者(新芸)

中能島弘子　なかのしま・ひろこ　山田流箏曲演奏者（芸能）

中郡　ちゅうぐん；なかごおり
中郡英男　ちゅうぐん・ひでお　中日新聞東京本社代表付
中郡英夫　ちゅうぐん・ひでお「盆栽のつくり方」（国典）
中郡聡夫　なかごおり・としお「消化器外科の基本手術手技」中外医学社（日典3）

中釜　なかがま
中釜浩一郎　なかがま・こういちろう　理容師、挿絵画家（児人）
中釜作治　なかがま・さくじ　日本電設工業常務（日典3）
中釜茂樹　なかがま・しげき「悪かった」牧歌舎、星雲社（発売）（日典3）
中釜斉　なかがま・ひとし　国立がんセンター研究所副所長（日典3）
中釜洋子　なかがま・ひろこ　研究者（現執4期）

中馬　ちゅうま；ちゅうまん
中馬馨　ちゅうま・かおる　政治家（日人）
中馬庚　ちゅうま・かのえ　教育者（コン5）
中馬庚　ちゅうまん・かなえ　野球選手、教育者（日人）
中馬辰猪　ちゅうまん・たつい　政治家（政治）

[11]**中務　なかがみ；なかつか；なかつかさ；なかむ**
中務嗣治郎　なかがみ・つぐじろう「回収」金融財政事情研究会，きんざい（発売）（日典3）
中務茂兵衛　なかつか・もへえ　篤信の四国遍礼者（愛媛百）
中務平吉　なかつかさ・へいきち　弁護士（岡山歴）
中務倭文子　なかむ・しずこ　千采（ちぐさ・食堂）店主（日典）

中堂　ちゅうどう；なかどう
中堂憲一　ちゅうどう・けんいち　染色家（美工）
中堂幸政　ちゅうどう・ゆきまさ　政治学者（現執3期）
中堂利夫　なかどう・としお　推理小説家（幻想）
中堂幸政　なかどう・ゆきまさ　政治学者（現執2期）

中埜　なかの
中埜栄三　なかの・えいぞう　名古屋大学名誉教授（日典3）
中埜肇　なかの・はじむ　哲学者（現執3期）
中埜又左エ門〔7代〕　なかの・またざえもん　実業家（食文）
中埜又左衛門〔4代〕　なかの・またざえもん　製酢業者（食文）
中埜喜雄　なかの・よしお　日本近世近代現代法制史研究者（現執2期）

中堀　なかほり；なかぼり
中堀浩和　なかほり・ひろかず　竜谷大助教授（国典）
中堀豊　なかほり・ゆたか　医師（近医）
中堀和英　なかほり・かずひで　建設コンサルタント（日典）

中堀正夫　なかぼり・まさお　映画キャメラマン（映人）

中崎　なかさき；なかざき；ながさき
中崎規矩雄　なかさき・きくお　実業家（姓氏富山）
中崎敏　なかざき・とし　実業家、政治家（日人）
中崎一夫　ながさき・かずお「詩集」思潮社（日典3）

中康　なかやす
中康弘通　なかやす・ひろみち　歴史家（現執2期）

中郷　なかごう
中郷慶　なかごう・けい「読める英文法・聞ける英音法」英宝社（日典3）
中郷大樹　なかごう・たいき　プロ野球選手（日典3）
中郷三己枝　なかごう・みきえ「曠野の女将軍」（国典）
中郷安浩　なかごう・やすひろ「こうすれば英語が聞ける」英宝社（日典3）

中部　なかべ
中部幾次郎　なかべ・いくじろう　実業家（コン4）
中部悦良　なかべ・えつろう　実業家（日人）
中部銀次郎　なかべ・ぎんじろう　アマチュアゴルファー、会社員（日人）
中部謙吉　なかべ・けんきち　実業家（コン4）
中部長次郎　なかべ・ちょうじろう　実業家（郷土長崎）

中野里　なかのり
中野里皓史　なかのり・こうし　東大助教授（国典）
中野里孝正　なかのり・たかまさ　築地玉寿司社長（日典3）

中野渡　なかのわたり
中野渡淳一　なかのわたり・じゅんいち　ライター（日典3）
中野渡進　なかのわたり・すすむ　元・プロ野球選手（日典3）
中野渡清一　なかのわたり・せいいち　騎手（現情）
中野渡信行　なかのわたり・のぶゆき　心理学者（心理）
中野渡春雄　なかのわたり・はるお　政治家（現政）

中陳　なかぜ
中陳栄太郎　なかぜ・えいたろう　宇奈月町（富山県）町議（日典）
中陳猛　なかぜ・たけし　北陸銀行専務、堤商事社長（日典3）

[12]**中場　なかば**
中場嘉久二　なかば・かくじ「英米法における少額裁判制度」司法研修所（日典3）
中場一典　なかば・かずのり「ストレンジ・ワールド」曙出版（日典3）
中場十三郎　なかば・じゅうざぶろう　工学院大学専門学校専任講師（日典3）
中場敏博　なかば・としひろ「Anri」講談社（日典3）

I部(中) 〔17〕

中場利二　なかば・りいち　小説家(大阪文)

中塚　なかずか；なかつか
　中塚一碧楼　なかずか・いっぺきろう　俳人(詩歌)
　中塚一碧楼　なかつか・いっぺきろう　俳人(コン4)
　中塚響也　なかつか・きょうや　俳人(俳文)

中御門　なかみかど
　中御門宜子　なかみかど・たかこ「ごきげんよう」講談社出版サービスセンター(製作)(日典3)
　中御門経隆　なかみかど・つねたか　海軍兵学寮教員(日人)
　中御門経民　なかみかど・つねたみ　人事院人事官,貴族院議員(日典3)
　中御門経之　なかみかど・つねゆき　公家(コン4)
　中御門寛麿　なかみかど・ひろまろ　海軍兵学寮教員(渡航)

中満　なかみつ
　中満泉　なかみつ・いずみ　国連本部PKO局政策・評価・訓練部長(日典3)
　中満杉蔵　なかみつ・すぎぞう　小学校教師(社史)
　中満英生　なかみつ・ひでお「システム管理者のためのLDAP(えるだっぷ)徹底理解」ソフトバンククリエイティブ(日典3)

中越　なかごえ；なかこし；なかごし
　中越好夫　なかごえ・よしお　日本エヌ・シー・アール(株)大磯開発製造部品質管理部長(日典3)
　中越矩方　なかこし・のりかた　数学者(数学)
　中越典子　なかごし・のりこ　女優(日映女)

中道　ちゅうどう；なかみち
　中道守　ちゅうどう・まもる　高校教師(日典3)
　中道朔爾　なかみち・さくじ　郷土史家(郷土)
　中道等　なかみち・ひとし　郷土史家(日人)

中間　なかま
　中間健吉　なかま・けんきち　農民(社史)
　中間冊夫　なかま・さつお　洋画家(日人)
　中間島太郎　なかま・しまたろう　反戦的発言による検挙者(社史)
　中間徹志　なかま・てつし　弓道家,弓道錬士(弓道)
　中間実　なかま・みのる　テノール歌手(音人3)

中須賀　なかすか；なかすが
　中須賀朗　なかすか・あきら「トイレットペーパー」ひさかたチャイルド(日典3)
　中須賀源作　なかすか・げんさく　代書業(高知人)
　中須賀常雄　なかすが・つねお　琉球大学農学部生産環境学科教授(日典3)
　中須賀哲朗　なかすが・てつろう「維新の港の英人たち」中央公論社(日典3)

中飯　なかい
　中飯静雄　なかい・しずお　ナカイ(日曜大工用品販売)社長(日典)
　中飯純子　なかい・じゅんこ　ナカイ社長(日典3)

13中園　なかその；なかぞの
　中園篤典　なかその・あつのり「発話行為的引用論の試み」ひつじ書房(日典3)
　中園一郎　なかその・いちろう「DNA多型」東洋出版(日典3)
　中園久太郎　なかぞの・きゅうたろう　実業家(日人)
　中園末雄　なかぞの・すえお　西部鉱山労組役員(社史)

中塩　なかしお；なかじお
　中塩清臣　なかしお・きよおみ　芸能構造史研究者,民俗学者(富山百)
　中塩幸祐　なかしお・こうすう　地唄箏曲演奏者(新芸)
　中塩清之助　なかじお・せいのすけ「福井県郷土誌—人物篇・民間伝承篇」歴史図書社(JM)
　中塩達也　なかじお・たつや「行政の近代的管理」官庁通信社(日典)

中新　なかしん；なかにい
　中新鉄男　なかしん・てつお　元・青森県議(日典)
　中新敬　なかにい・たかし「徒然草の成立に関する研究」(国典)
　中新美保子　なかにい・みほこ「出生前告知を受けた口唇裂・口蓋裂児の母親に対する支援モデルの提案と実施・評価」ふくろう出版(日典3)

中新井　なかあらい；なかにい
　中新井邦夫　なかあらい・くにお　医師(日典3)
　中新井純子　なかあらい・じゅんこ　絵本作家(日典3)
　中新井礼　なかにい・ただす　播磨姫路藩士(藩臣5)

中新田　なかしんでん
　中新田秀行　なかしんでん・ひでゆき　赤平市立百戸小校長(人情)

中楯　なかたて；なかだて
　中楯興　なかたて・こう　水産業・離島問題専門家(現執1期)
　中楯市郎　なかだて・いちろう　セザール常務(日典3)
　中楯弥　なかだて・わたる　社会福祉事業家(山梨自)

中楚　なかそ；なかの
　中楚笑子　なかそ・えみこ「花茗荷」鳳書房(日典3)
　中楚克紀　なかの・かつのり　福武書店高校通信教育部勤務(日典)

中路　なかじ；なかみち
　中路延年　なかじ・のぶとし　志士(コン5)
　中路融人　なかじ・ゆうじん　日本画家(日人)
　中路武雄　なかみち・たけお　元・日本電工常務(日典)

中農　なかの
　中農栄　なかの・さかえ　北国新聞編集局編集委員(日典3)
　中農晶三　なかの・しょうぞう　関西大学名誉教授(日典3)

中鉢　ちゅうばち；なかはち；なかばち
　中鉢正美　ちゅうばち・まさよし　社会保障・生活構造論研究者(現執1期)
　中鉢直綱　なかはち・なおつな　渡航者(渡航)
　中鉢恵一　なかばち・けいいち「リーディング・ファシリテーター」三修社(日典3)

¹⁴中嶋　なかしま；なかじま
　中嶋弘　なかしま・ひろむ　地方政治家(岡山歴)
　中嶋洋一　なかしま・よういち　(現執4期)
　中嶋正昭　なかじま・まさあき　牧師(日典3)
　中嶋嶺雄　なかじま・みねお　国際政治学者,評論家(日人)

中嶌　なかしま；なかじま
　中嶌正英　なかしま・まさひで　小説家(日典)
　中嶌ジュテーム　なかじま・じゅてーむ　ダンサー(テレ)
　中嶌太一　なかじま・たいち　国際経済学者(現執1期)

中熊　なかくま；なかぐま
　中熊孝義　なかくま・たかよし「モンゴル十六年の空白」交友プランニングセンター(製作)(日典3)
　中熊靖　なかぐま・おさむ　みらいの福祉研究所社長(日典3)
　中熊祐輔　なかぐま・ゆうすけ　中小企業経営研究者(現執3期)

中蔦　なかつかさ；なかつた
　中蔦増二　なかつかさ・ますじ　神戸合同労働組合メンバー(社史)
　中蔦増二　なかつた・ますじ　神戸合同労働組合メンバー(日典3)

中静　なかしず；なかしずか
　中静敬一郎　なかしず・けいいちろう　新聞記者(現執4期)
　中静昭平　なかしず・しょうへい　陶芸家(陶工)
　中静昭平　なかしずか・しょうへい　陶芸家(陶芸最)
　中静正　なかしずか・ただし　愛知学院大学名誉教授(日典3)

¹⁵中敷　なかじき
　中敷六雄　なかじき・むつお「詩集遠い山」中央公論事業出版(製作)(JM)

中澄　なかずみ
　中澄一之　なかずみ・かずゆき　写真家(写人)
　中澄博行　なかずみ・ひろゆき「機能性色素のはなし」裳華房(日典3)

¹⁶中濃　なかの；なかのう
　中濃教篤　なかの・きょうとく　日蓮宗僧侶,思想史学者(平和)
　中濃哲夫　なかの・てつお「IBMPCのためのBASICトレーニングブック」啓学出版(日典3)
　中濃教篤　なかのう・きょうとく　日蓮宗僧侶,思想史学者(世紀)

中薗　なかぞの；なかぞの
　中薗盛孝　なかぞの・もりたか　軍人(陸海)
　中薗英助　なかぞの・えいすけ　小説家(日人)
　中薗健蔵　なかぞの・けんぞう「計測・制御」市ケ谷出版社 実教出版(発売)(日典3)

中館　なかだて
　中館衛門　なかだて・えもん　家士・教師(姓氏岩手)
　中館久平　なかだて・きゅうへい　法医学者(日人)
　中館晃一　なかだて・こういち　画家(姓氏岩手)
　中館耕蔵　なかだて・こうぞう　帝国音楽協会代表(姓氏岩手)
　中館輝厚　なかだて・てるあつ　指揮者,合唱指導者(音人3)

¹⁸中潟　なかがた
　中潟崇雄　なかがた・たかお　福島県教育庁県北教育事務所指導主事(日典)

中藤　なかとう；なかふじ
　中藤久子　なかとう・ひさこ　歌人(石川文)
　中藤康俊　なかとう・やすとし　経済地理学者(現執3期)
　中藤敦　なかふじ・あつし「北陸の旅」社会思想社(日典3)
　中藤正三　なかふじ・しょうぞう　出版人(出文)

¹⁹中瀬古　なかせこ
　中瀬古功　なかせこ・いさお　明電工相談役(日典3)
　中瀬古和　なかせこ・かず　作曲家,オルガン奏者(作曲)
　中瀬古哲　なかせこ・てつ「キャリア教育推進のための研修マネジメント」渓水社(日典3)
　中瀬古芳江　なかせこ・よしえ　明電工副社長(日典3)
　中瀬古六郎　なかせこ・ろくろう　京都帝国大学講師(社史)

中鏡　ちゅうきょう
　中鏡肇　ちゅうきょう・はじめ「金型の製図」(国典)

【18】　串

³串上　くしがみ
　串上青蓑　くしがみ・あおみの　俳人(紀伊文)

⁵串田　くした；くしだ
　串田務　くした・つとむ「虹は消えても一懐かしの永安橋」串田務(JM)
　串田孫一　くしだ・まごいち　随筆家,詩人,哲学者(コン3)
　串田万蔵　くしだ・まんぞう　銀行家(コン3)

¹⁰串馬　くしま
　串馬幸治　くしま・こうじ　ジャズマン(ジヤ)

¹²串間　くしま
　串間栄子　くしま・えいこ　獣医(日典3)
　串間幸治　くしま・こうじ　ドラマー(ジヤ)
　串間務　くしま・つとむ　学童文化研究家(現執4期)
　串間俊文　くしま・としふみ「鹿児島の園芸植物」春苑堂出版(日典3)
　串間政次　くしま・まさつぐ「クシマ'ズファイト」体育とスポーツ出版社(日典3)

ヽ部

【19】 丸

[1]丸一　まるいち
　丸一仙翁　まるいち・せんおう　江戸太神楽13代家元（日典3）
　丸一仙太郎　まるいち・せんたろう　寄席太神楽師（芸能）
　丸一俊雄　まるいち・としお　日本化成専務（日典3）
　丸一正子　まるいち・まさこ　建築家（日典3）

[3]丸上　まるがみ
　丸上博　まるがみ・ひろし　兵庫県議（自民党）（日典3）
　丸上老人　まるがみ・ろうじん　畸人（日人）

丸子　まりこ；まるこ
　丸子安孝　まりこ・やすたか　和算家（数学）
　丸子斎　まるこ・ひとし　クレードル興農創始者（北海道歴）
　丸子寛子　まるこ・ひろこ　ピアニスト（音人）

丸小　まるこ
　丸小哲雄　まるこ・てつお　「T.S.エリオットの詩学」英宝社（日典3）

[4]丸毛　まるげ；まるも
　丸毛直利　まるげ・なおとし　「王権論」忠愛社（日典3）
　丸毛一彰　まるも・かずあき　科学技術政策研究家（現執3期）
　丸毛忍　まるも・しのぶ　社会主義農業経済学者（現執1期）

[6]丸地　まるち
　丸地三郎　まるち・さぶろう　「マシンビジョン入門」日本工業出版（日典3）
　丸地孝男　まるち・たかお　御幸毛織専務（日典3）
　丸地信弘　まるち・のぶひろ　「21世紀の地域医療」信濃毎日新聞社（日典3）
　丸地宏始　まるち・ひろし　「丸地のマルチ式古文」情況出版（日典3）
　丸地守　まるち・まもる　詩人（日典3）

[7]丸投　まるなげ
　丸投三代吉　まるなげ・みよきち　日本画家（美家）

丸芳　まるは
　丸芳葆　まるは・しげる　「独領南洋」南洋興業（日典3）
　丸芳多恵子　まるは・たえこ　金沢女子短大助教授（日典3）

丸谷　まるたに；まるや
　丸谷明夫　まるたに・あきお　音楽教育者（音人3）
　丸谷金保　まるたに・かねやす　政治家（日人）
　丸谷喜市　まるや・きいち　経済学者（日人）
　丸谷才一　まるや・さいいち　英文学者, 小説家（日人）

[8]丸茂　まるしげ；まるも
　丸茂トミ　まるしげ・とみ　「茜雲」丸茂トミ（JM）
　丸茂米重　まるしげ・よねしげ　実業家・政治家（姓氏群馬）
　丸茂重貞　まるも・しげさだ　医師, 政治家（近医）
　丸茂ジュン　まるも・じゅん　小説家（世紀）

[16]丸橋　まるはし；まるばし
　丸橋静子　まるはし・しずこ　俳人（日人）
　丸橋東倭　まるはし・とうわ　和算家（数学）
　丸橋仁　まるばし・じん　野球選手（群馬人）
　丸橋彦志　まるばし・ひこじ　中外新報記者（社史）

[18]丸藤　がんどう；まるふじ
　丸藤哲　がんどう・さとし　医師（日典3）
　丸藤宇三郎　まるふじ・うさぶろう　「小樽市街之図」丸藤測量事務所（日典3）
　丸藤正道　まるふじ・まさみち　「心打」ネコ・パブリッシング（日典3）

【20】 丹

[4]丹井　たんい
　丹井宏　たんい・ひろし　「二人格子」銀河書房（日典3）

丹内　たんない
　丹内明良　たんない・あきよし　「教育経営発想の原理原則」学校経理研究会（日典3）
　丹内正一　たんない・しょういち　青森県立体育館長（日典3）
　丹内晋三　たんない・しんぞう　「新しい式辞挨拶」国典（国典）
　丹内正利　たんない・まさとし　西松建設土木設計部長（日典3）
　丹内真弓　たんない・まゆみ　「片手で奏でる！誰でも弾ける！ジャズ風ピアノ曲集」リットーミュージック（日典3）

丹比　たじ
　丹比邦保　たじ・くにやす　愛媛大学農学部教授（科学）

[5]丹司　たんじ
　丹司克　たんじ・かつし　アサヒ衛陶会長（日典3）
　丹司善男　たんじ・よしお　アサヒ衛陶社長（人情）

丹生　たんしょう；たんじょう；たんせい；にう；にぶ；にゅう
　丹生末雄　たんしょう・すえお　街の小さな小さな文学館館長（日典3）
　丹生祐篤　たんじょう・ゆうとく　僧（岡山歴）
　丹生清輝　たんせい・きよてる　「国内航空の運賃に関する分析」国土技術政策総合研究所（日典3）
　丹生潔　にう・きよし　物理学者（日人）
　丹生誠忠　にぶ・まさただ　軍人（日人）

丹生さつき　にゅう・さつき　「もがりぶえ」神田工（日典3）

丹生山　にうやま
丹生山正富　にうやま・まさとみ　信越放送テレビ送出部副部長（日典）

丹生石　たんしょうせき；におい し
丹生石隆司　たんしょうせき・たかし　俳人（奈良文）
丹生石隆司　におい し・りゅうじ　俳人（日典）

丹生谷　にうのや；にふのや；にぶや；にゅうのや
丹生谷繁　にうのや・しげる　公認会計士, 税理士, 経営コンサルタント（日典）
丹生谷章　にふのや・あきら　「中部地方の民家」明玄書房（日典3）
丹生谷貴志　にぶや・たかし　美術評論家（現執4期）
丹生谷真美　にゅうのや・まみ　ジョン・ロバート・パワーズ・スクール青山校校長（日典）

丹田　たんだ；たんでん
丹田いづみ　たんだ・いづみ　料理教室講師（日典3）
丹田和幸　たんだ・かずゆき　北海道立新得高等学校長（日典）
丹田雅二　たんでん・まさじ　日本労働組合全国協議会メンバー（社史）

[6]**丹地　たんじ；たんち**
丹地敏明　たんじ・としあき　写真家（写人）
丹地保堯　たんじ・やすたか　写真家（写人）
丹地甫　たんち・はじめ　小説家（日典）

丹羽　たんば；にわ
丹羽雅子　たんば・まさこ　「牛の軒」本阿弥書店（日典3）
丹羽良悦　たんば・りょうえつ　「小魚の叫び」（JM）
丹羽文雄　にわ・ふみお　小説家（コン4）
丹羽保次郎　にわ・やすじろう　電気工学者（コン4）

[7]**丹尾　たんお；にお**
丹尾多喜子　たんお・たきこ　「歪んだ倚子」短歌研究社（日典3）
丹尾安典　たんお・やすのり　早稲田大学文学部教授（日典）
丹尾磯之助　にお・いそのすけ　「巨人の面影」（国典）
丹尾頼馬　にお・たのま　政治家（福井百）

[8]**丹宗　たんそう**
丹宗昭信　たんそう・あきのぶ　弁護士（現執2期）
丹宗庄右衛門　たんそう・しょううえもん　出水郡阿久根の商人（姓氏鹿児島）
丹宗朝人　たんそう・ともこ　弁護士（日典3）
丹宗洋一　たんそう・よういち　日産火災海上保険常務（日典）
丹宗律光　たんそう・りつこう　新植物図鑑の執筆者（姓氏鹿児島）

丹治　たじひ；たんじ
丹治重治　たじひ・しげはる　和算家（数学）

丹治愛　たんじ・あい　研究者（現執4期）
丹治大吾　たんじ・だいご　俳優（テレ）

丹波　たにわの；たんば；たんばの；にわ
丹波道主命　たにわの・みちぬしのみこと　武将＝古代（人名4）
丹波哲郎　たんば・てつろう　俳優（日人）
丹波重雅　たんばの・しげまさ　医家＝古代（人名4）
丹波修治　にわ・しゅうじ　本草学者（洋学）

丹阿弥　たんあみ
丹阿弥岩吉　たんあみ・いわきち　日本画家（日人）
丹阿弥丹波子　たんあみ・にわこ　版画家（日典3）
丹阿弥谷津子　たんあみ・やつこ　女優（日人）

[9]**丹保　たんぽ；たんぼ**
丹保司平　たんぼ・しへい　医師（日典3）
丹保憲仁　たんぼ・のりひと　放送大学長（現執4期）
丹保剛　たんぽ・つよし　作曲家（日典）
丹保美紀　たんぽ・みき　「マラッカペナン世界遺産の街を歩く」ダイヤモンド・ビッグ社, ダイヤモンド社（発売）（日典3）

[11]**丹黒　たんぐろ；たんごく**
丹黒章　たんぐろ・あきら　「乳がんインフォームドコンセントガイド」日本医事新報社（日典3）
丹黒章　たんごく・あきら　徳島大学医学部教授（日典3）

[12]**丹葉　たんば**
丹葉暁弥　たんば・あきや　写真家（写人）
丹葉節郎　たんば・せつろう　釧路ユネスコ協会会長（日典3）

[15]**丹慶　たんけい**
丹慶英五郎　たんけい・えいごろう　「宮沢賢治」日本図書センター（日典3）
丹慶勝市　たんけい・かついち　「図解雑学多変量解析」ナツメ社（日典3）
丹慶三揚　たんけい・さんよう　「山陰の憂鬱」銀泥社（日典3）
丹慶三揚　たんけい・ひろし　「偉大なるパンは死んだ」関西書院（日典3）
丹慶与四造　たんけい・よしぞう　日本共産党関係者（社史）

[18]**丹藤　たんとう；たんどう**
丹藤悦子　たんとう・えつこ　「天使の降りた夏」県内出版（日典3）
丹藤浩二　たんとう・こうじ　「権力の本質」（国典）
丹藤克也　たんどう・かつや　「子どもの頃の思い出は本物か」化学同人（日典3）
丹藤弘　たんけい・ひろし　弘前出身の助産婦（青森人）

[19]**丹蘭　にらん**
丹蘭次郎　にらん・じろう　「アルタイ族」みまいり社（日典3）

ゝ部(主)　ノ部(乃, 久)

【21】主

[9]**主計　かずえ**
　主計貞二　かずえ・さだじ　福岡県八女郡広川町長(人情)

[10]**主原　しゅはら；すはら**
　主原正夫　しゅはら・まさお　教育工学者(現執1期)
　主原憲司　すはら・けんじ　昆虫研究家(日典)

主浜　しゅはま
　主浜はるみ　しゅはま・はるみ　女優(日典3)
　主浜了　しゅはま・りょう　政治家(現政)

[18]**主藤　しゅとう；すとう；すどう**
　主藤秀雄　しゅとう・ひでお　釣り師(日典3)
　主藤高陳　すとう・たかつら　教育者(姓氏宮城)
　主藤孝司　すどう・こうじ　パスメディア会長・CEO,起業家大学エグゼクティブプロデューサー(日典3)

ノ部

【22】乃

[3]**乃万　のま**
　乃万浩二　のま・こうじ　松山市立津田中学校教諭(国典)
　乃万俊文　のま・としふみ　水産庁水産工学研究所漁場水理研究室長(日典3)
　乃万暢敏　のま・のぶとし　教育総合研究所ベル代表取締役(日典3)

乃川　おいかわ；のがわ
　乃川茂　おいかわ・しげる　日教組中央執行委員(日典)
　乃川りべっと　のがわ・りべっと　「Schwarz-Weiss」文芸社(JM)

[5]**乃生　のお**
　乃生哲巳　のお・てつみ　「毛沢東の国に生きて」(国典)

[7]**乃村　のむら**
　乃村英一　のむら・えいいち　POP広告協会理事長,乃村工芸社会長(日典3)
　乃村泰資　のむら・たいすけ　乃村工芸社創業者(日典3)
　乃村豊和　のむら・とよかず「絵が上手くなる基本 デッサン力がつく」一枚の絵(日典3)
　乃村龍澄　のむら・りゅうちょう　宗教家(郷土香川)

[9]**乃南　のなみ**
　乃南アサ　のなみ・あさ　推理小説家(日人)

乃美　のうみ；のみ
　乃美昭介　のうみ・しょうすけ　山口市大殿小学校教頭
　乃美隆子　のうみ・たかこ　「鶴飛来」文学の森(日典3)

　乃美織江　のみ・おりえ　長州(萩)藩士(日人)
　乃美国介　のみ・くにすけ　「久富百年史」の著者(姓氏山口)

【23】久

久　ひさ；ひさし
　久修　ひさ・おさむ　三菱電機労組委員長(日典)
　久昭三　ひさ・しょうぞう　和歌山県社会教育委員連絡協議会会長(日典3)
　久秋晴　ひさし・あきはる　農民(社史)
　久左和静　ひさし・さわしず　農民(社史)

久々山　くぐやま
　久々山義人　くぐやま・よしと　政治家(現政)

久々津　くくつ
　久々津寿造　くくつ・じゅぞう　元・北海道新聞事業部長(日典)

久々宮　くぐみや
　久々宮英一　くぐみや・えいいち　大分合同新聞報道部長(日典)
　久々宮久　くぐみや・ひさし　東京商船大学名誉教授(日典3)

久々湊　くくみなと；くぐみなと
　久々湊盈子　くくみなと・えいこ　歌人(短歌)
　久々湊伸一　くくみなと・しんいち「アクセス知的財産法」嵯峨野書院(日典3)
　久々湊晴夫　くぐみなと・はるお　北海道医療大学歯学部総合薬学科教授(日典)

[2]**久力　くりき**
　久力スイ　くりき・すい　全国老人クラブ連合会副会長・女性委員会委員長(日典3)
　久力秀夫　くりき・ひでお「廃墟は語る」大陸書房(日典3)
　久力文夫　くりき・ふみお「来栖むらの近代化と代償」ミネルヴァ書房(日典3)

[3]**久下　くげ**
　久下格　くげ・いたる「謡子追想」教育史料出版会(日典3)
　久下栄志郎　くげ・えいしろう「現代教育行政学」第一法規出版(日典3)
　久下説文楼　くげ・せつぶんろう　俳人(大阪文)
　久下豊忠　くげ・とよただ　新聞経営者,政治家(日人)
　久下裕利　くげ・ひろとし　研究者(現執4期)

久下本　くげもと
　久下本有　くげもと・たもつ　社会運動家(社史)

久万　くま
　久万嘉寿恵　くま・かずえ「オリエント急行殺人事件」(国典)
　久万俊二郎　くま・しゅんじろう　実業家(日人)
　久万真路　くま・しんじ　映画監督(映監)
　久万俊泰　くま・としやす　渡航者(渡航)
　久万楽也　くま・らくや「薬」(国典)

久万里　くまり
　久万里由香　くまり・ゆか　女優(映女)

久山　くやま；ひさやま
　久山知之　くやま・ともゆき　政治家（政治）
　久山康　くやま・やすし　哲学者（世紀）
　久山秀雄　ひさやま・ひでお　警察官僚（履歴2）
　久山秀子　ひさやま・ひでこ　小説家（ミス）

久川　ひさかわ
　久川あつ子　ひさかわ・あつこ　レビュー・プロデューサー（日典3）
　久川綾　ひさかわ・あや　声優（テレ）
　久川淳弘　ひさかわ・じゅんこう　写真家,クリエイティブディレクター（写人）
　久川太三　ひさかわ・たいぞう　日本画家（美家）
　久川武三　ひさかわ・たけぞう　広島商科大学教授（国典）

⁴久井　くい；ひさい
　久井ひろこ　くい・ひろこ「ポケットのさかな」チャイルド本社（日典3）
　久井敬史　ひさい・けいし　棋士（日典3）
　久井啓二郎　ひさい・けいじろう「馬場菊太郎画集」馬場菊子園（日典3）

久仁崎　くにさき；くにざき
　久仁崎正　くにさき・ただし　俳人（奈良文）
　久仁崎正　くにざき・ただし「黄枝在天」セイエイ印刷（印刷）（日典3）

久内　ひさうち
　久内清孝　ひさうち・きよたか　植物学者（植物）
　久内武　ひさうち・たけし　順天堂大学名誉教授（日典3）
　久内懋　ひさうち・つとむ　日本化成社長,三菱化成工業副社長（日典3）
　久内道子　ひさうち・みちこ　イラストレーター（日典3）

久戸瀬　くとせ；くどせ
　久戸瀬春洋　くとせ・しゅんよう　書家（岡山百）
　久戸瀬木平　くとせ・もくへい「木平句集」久戸瀬善平（日典）
　久戸瀬春陽　くどせ・しゅんよう　書家（岡山歴）

久手堅　くでけん
　久手堅憲一　くでけん・けんいち　沖縄大学人文学部助教授（日典3）
　久手堅憲俊　くでけん・けんしゅん　市役所職員（児人）
　久手堅憲次　くでけん・けんじ　沖縄銀行相談役（日典3）
　久手堅憲夫　くでけん・のりお「首里の地名」第一書房（日典3）
　久手堅憲之　くでけん・のりゆき「日本のソフトウェア産業がいつまでもダメな理由」技術評論社（日典3）

久文　きゅうぶん；ひさふみ
　久文明子　きゅうぶん・あきこ「ココロと体に効くやさしいヨガはじめの一歩」近代映画社（日典3）
　久文麻未　ひさふみ・まみ「リネンとコットンの小物」主婦の友社（日典3）

久方　ひさかた
　久方寿満子　ひさかた・すまこ　歌人（世紀）

久木　きゅうき；くき；くぎ；ひさき；ひさぎ
　久木治郎　きゅうき・じろう　綾部市議会議長（日典）
　久木哲　くき・さとる　社会運動家（アナ）
　久木義一　くぎ・ぎいち　獣医（日典）
　久木独石馬　ひさき・どくせきば　評論家（日人）
　久木久治　ひさぎ・きゅうじ　全国農民組合メンバー（社史）

久木田　くきた；くきだ
　久木田義春　くきた・よしはる　弓道家,弓道教士（弓道）
　久木田律子　くきた・りつこ　漫画家（漫人）
　久木田重和　くきだ・しげかず「簿記学習」中央経済社（書籍）

久木沢　くぎさわ
　久木沢玲奈　くぎさわ・れな「お馬」水星社（JM）

⁵久世　くせ；くぜ
　久世丑次郎　くせ・うしじろう　地域功労者（姓氏岩手）
　久世宗一　くせ・そういち　教育者（青森人）
　久世治作　くぜ・じさく　化学者,官吏（日人）
　久世光彦　くぜ・てるひこ　作家,テレビプロデューサー,作詞家（日人）

久代　くしろ
　久代信次　くしろ・しんじ　東京ドーム社長（日典3）
　久代登喜男　くしろ・ときお　内科学者（日人）
　久代季子　くしろ・ときこ「獣医臨床麻酔オペレーション・ハンドブック」インターズー（日典3）
　久代登志男　くしろ・としお「高血圧」テクノミック（制作・発売）（日典3）
　久代敏男　くしろ・としお　マルハニチロホールディングス社長（日典3）

久古　きゅうこ；くご
　久古健太郎　きゅうこ・けんたろう　プロ野球選手（日典3）
　久古敏章　くご・としあき　レスリング選手（日典3）

久司　くし；くじ
　久司アヴェリン・偕代　くし・あべりんともよ　イースト・ウエスト・ファウンデーション,久司ファウンデーション,久司インスティテュート（日典3）
　久司偕子　くし・ともこ　健康食研究家（日典3）
　久司十三　くし・じゅうぞう「大陰謀振袖火事」講談社（日典3）

久布白　くぶしろ
　久布白オチミ　くぶしろ・おちみ　キリスト教婦人運動家,牧師（日典3）
　久布白落実　くぶしろ・おちみ　キリスト教婦人運動家,牧師（コン4）
　久布白兼三　くぶしろ・かねみつ「発泡ポリスチレンのすべて」マーテック（日典3）
　久布白兼致　くぶしろ・かねよし　日本原子力研究所理事,東京電力取締役（日典3）
　久布白直勝　くぶしろ・なおかつ　牧師（キリ）

久末　ひさすえ；ひさまつ
- 久末永雷　ひさすえ・えいりゅう　俳人(北海道文)
- 久末鉄男　ひさすえ・てつお　実業家(札幌)
- 久末啓一郎　ひさまつ・けいいちろう　「一般の力学」裳華房(日典3)
- 久末冨美雄　ひさすえ・とみお　城西消費購買組合組合員(社史)

久生　ひさお
- 久生十蘭　ひさお・じゅうらん　小説家,劇作家(コン4)
- 久生ふみ　ひさお・ふみ　エッセイスト,編集者(日典3)
- 久生礼文　ひさお・れぶん　「姉と弟・禁断レイプ」フランス書院(日典3)

久田　くだ；ひさた；ひさだ
- 久田友栄　くだ・ゆうえい　琉球音楽家(新芸)
- 久田済時　ひさた・なりとき　加賀藩士(姓氏石川)
- 久田太郎　ひさだ・たろう　機械工学者,官僚(日人)

久石　くいし；ひさいし
- 久石ケイ　くいし・けい　「親友の条件」アルファポリス,星雲社(発売)(日典3)
- 久石譲　くいし・じょう　音楽家(作曲)

久礼田　くれた；くれだ
- 久礼田益喜　くれた・ますき　「刑法総論」中央大学出版部(書籍)
- 久礼田房子　くれだ・ふさこ　歌人(日典)
- 久礼田益喜　くれだ・ますき　刑法学者(高知百)

⁶久光　ひさみつ
- 久光伊津子　ひさみつ・いつこ　「金婚」美作出版社(日典3)
- 久光逸楼　ひさみつ・いつろう　ジャーナリスト(日典)
- 久光景　ひさみつ・けい　「ももとせ花火」学研パブリッシング,学研マーケティング(発売)(日典3)
- 久光忍太郎　ひさみつ・じんたろう　士族(日人)
- 久光与市　ひさみつ・よいち　薬屋(佐賀百)

久合田　くごた
- 久合田勉　くごた・つとむ　香川大教授(国典)
- 久合田弘　くごた・ひろむ　大阪教育大学名誉教授(日典)
- 久合田緑　くごた・みどり　ヴァイオリニスト(演奏)

久地岡　くちおか
- 久地岡榛雄　くちおか・はるお　日本経済新聞社写真部次長(国典)

久多羅木　くたらき；くたらぎ
- 久多羅木儀一郎　くたらき・ぎいちろう　「脇蘭室全集」脇蘭室全集刊行会(JM)
- 久多羅木儀一郎　くたらぎ・ぎいちろう　地方史研究家(郷土)

久守　くもり；ひさもり
- 久守藤男　くもり・ふじお　愛媛大学名誉教授(日典)
- 久守和子　ひさもり・かずこ　フェリス女学院大学文学部英文学科教授(日典)
- 久守一敏　ひさもり・かずとし　京都府議(共産党)(日典3)

久次　くじ；くつぎ；ひさつぐ
- 久次政雄　くじ・まさお　「土地調査の歴史」広島農林統計協会(日典3)
- 久次万吉　くつぎ・まんきち　陸軍航空兵大尉(日典)
- 久次武晴　ひさつぐ・たけはる　佐賀医科大学医学部医学科教授(日典)

久次米　くじめ
- 久次米健太郎　くじめ・けんたろう　政治家(政治)
- 久次米庄三郎　くじめ・しょうざぶろう　実業家(徳島歴)
- 久次米兵次郎　くじめ・ひょうじろう　藍商,銀行家(日人)
- 久次米兵次郎義簡　くじめ・ひょうじろうよしひろ　関東売藍商,材木商,酒造業(徳島歴)

久米　くめ；くめの
- 久米邦武　くめ・くにたけ　歴史学者(コン5)
- 久米正雄　くめ・まさお　劇作家,俳人(コン4)
- 久米広縄　くめの・ひろなわ　歌人=古代(人名2)
- 久米平内　くめの・へいない　武芸者=近世(人名)

久米川　くめかわ；くめがわ
- 久米川正和　くめかわ・まさかず　裁判官(岡山人)
- 久米川好春　くめかわ・よしはる　軍人(陸海)
- 久米川孝子　くめがわ・こうこ　「シャガールの馬」角川書店(日典3)
- 久米川鼓文　くめがわ・こふみ　陶芸家(陶工)

久米井　くめい
- 久米井敦子　くめい・あつこ　「ションヤンの酒家」小学館(日典3)
- 久米井克郎　くめい・かつろう　開業医(庄内)
- 久米井束　くめい・つがね　文学教育家,児童詩研究教育者,小学校校長(世紀)
- 久米井義任　くめい・よしとう　弓道家,弓道錬士(弓道)

久米田　くめた；くめだ
- 久米田康治　くめた・こうじ　漫画家(漫人)
- 久米田正之助　くめた・しょうのすけ　羽後銀行の創立者(秋田百)
- 久米田育郎　くめだ・いくろう　国際投資顧問常務(日典3)
- 久米田新太郎　くめだ・しんたろう　実業家(日人)

久羽　くば；くわ
- 久羽文男　くば・ふみお　「夏の夕立」せいうん(日典3)
- 久羽康　くば・やすし　「解決指向フォーカシング療法」金剛出版(日典3)
- 久羽博　くわ・ひろし　福岡工大ラグビー部監督,九州ラグビー協会理事長(日典3)

久行　ひさゆき；ひさゆく
　久行敏夫　ひさゆき・としお　弁護士（日典）
　久行宏和　ひさゆき・ひろかず「クイーンズブレイド流浪の戦士レイナ」ホビージャパン（日典3）
　久行三郎　ひさゆく・さぶろう「鶴」内外情報社出版部（日典3）
　久行保徳　ひさゆく・やすのり「椅子」東京四季出版（日典3）

7久佐　くさ
　久佐太郎　くさ・たろう　冠句作家（日典3）
　久佐守　くさ・まもる　発生生物学者（現情）

久住　くじゅう；くすみ；くずみ；ひさずみ
　久住直　くじゅう・なお「午後の入江」リーブル出版（日典3）
　久住忠男　くすみ・ただお　軍事評論家（日人）
　久住四季　くずみ・しき　小説家（幻想）
　久住憲嗣　ひさずみ・けんじ「組込みシステム設計の基礎」日経BP社, 日経BP出版センター（発売）（日典3）

久利　くり
　久利英二　くり・えいじ「聖書パノラマ」いのちのことば社（日典3）
　久利馨　くり・かおる　弁護士（日典3）
　久利清　くり・きよし　帝人常務（日典3）
　久利孝一　くり・こういち　東芝技術企画部技術生産性担当部長（日典3）
　久利隆幢　くり・りゅうどう　高野山真言宗金剛三昧院住職（人情）

久呂田　くろた；くろだ
　久呂田明功　くろた・あきよし　染め師（美工）
　久呂田正三　くろだ・まさかず「影」小学館クリエイティブ, 小学館（発売）（日典3）
　久呂田正美　くろだ・まさみ　出版人,絵物語作家（幻想）

久坂　くさか
　久坂圭　くさか・けい　エッセイスト（日典3）
　久坂誠治　くさか・せいじ　神奈川県議（みんなの党, 横浜市戸塚区）（日典3）
　久坂総三　くさか・そうぞう「勝小吉おもいで噺」鳥影社（日典3）
　久坂文夫　くさか・ふみお「現代コミュニズム史」三一書房（日典3）
　久坂葉子　くさか・ようこ　小説家, シナリオライター（日典）

久寿米木　くすめぎ
　久寿米木朝雄　くすめぎ・あさお　高エネルギー加速器研究機構名誉教授（日典3）
　久寿米木吉平　くすめぎ・きちへい　日産ディーゼル工業常務（日典3）

久志　くし；ひさし
　久志芙沙子　くし・ふさこ　小学校教員（社史）
　久志麻里奈　くし・まりな　タレント（テレ）
　久志博信　ひさし・ひろのぶ　園芸家（日典3）
　久志冨士男　ひさし・ふじお　作家（日典3）

久志本　くしもと
　久志本一郎　くしもと・いちろう　（株）日本長期信用銀行池袋支店長（日典3）
　久志本常庸　くしもと・じょうよう　神職（和歌山人）
　久志本常貫　くしもと・つねつら　神職・国学者（国書）
　久志本常庸　くしもと・つねのぶ　神職（国書5）
　久志本梅荘　くしもと・ばいそう　書家（日人）

久我　くが；こが
　久我篤立　くが・とくりゅう　曹洞宗僧侶, 社会教育家（日人）
　久我美子　くが・よしこ　女優（日人）
　久我建通　こが・たけみち　公家（日人）
　久我通久　こが・みちつね　公家（コン4）

久我山　くがやま
　久我山明　くがやま・あきら　作曲家（芸能）
　久我山本舗　くがやま・ほんぽう「ガールドールトーイ2公式ビジュアルブック」ベストセラーズ（日典3）
　久我山リカコ　くがやま・りかこ「14さいオートマティック」オークラ出版（日典3）

久村　くむら；ひさむら
　久村清二　くむら・せいさい　表具師（庄内）
　久村清太　くむら・せいた　化学者, 実業家（コン4）
　久村静弥　ひさむら・せいや　教育者（日人）
　久村種樹　ひさむら・たねき　軍人（陸海）

久沢　くざわ；ひさざわ
　久沢泰穏　くざわ・やすはる　静岡大学名誉教授（日典）
　久沢克己　ひさざわ・かつき　中小企業事業団国際交流センター調査国際部常設中小企業海外投資アドバイザー（日典）

久良　きゅうら；くら
　久良修郭　きゅうら・のぶひろ　近畿大学大学院教授（日典）
　久良修二　くら・しゅうじ「金沢, 仙台, 神戸そして大分」佐伯印刷（日典3）

久良岐　くらき
　久良岐基一　くらき・もといち「カリブの監視」早川書房（日典3）

久良知　くらち
　久良知丑二郎　くらち・うしじろう「新制建築施工」オーム社（日典3）
　久良知章悟　くらち・しょうご　海洋科学技術センター理事長（人情）
　久良知真子　くらち・まきこ　（有）アイエヌエイ（日典3）
　久良知和歌子　くらち・わかこ「わたしの風景」短歌新聞社（日典3）

久芳　くば
　久芳昭紘　くば・あきひろ　国立長崎療養所（国典）
　久芳勝也　くば・かつや　イラストレーター（日典3）
　久芳清彦　くば・きよひこ「科学は歴史をどう変えてきたか」東京書籍（日典3）
　久芳庄二郎　くば・しょうじろう　政治家（姓氏山口）

ノ部（久）　　　　　　　　　　　　　　　　　　　　　　　　　　　　　　　　　　　　　　　〔23〕

久芳二郎　くば・じろう　「代理店マネジメントマニアル」新技術開発センター（日典3）

久見田　くみた
久見田喬二　くみた・きょうじ　映画監督（監督）

久谷　くたに；くや；ひさたに；ひさや
久谷蔦枝　くたに・つたえ　陶芸家（陶工）
久谷真敬　くや・まさのり　大阪府議（大阪維新の会,大阪市北区）（日典3）
久谷かづこ　ひさたに・かずこ　「イタリアンブルー」京都修学社（日典3）
久谷卓昭　ひさや・たかあき　元・レオン自動機常務（日典）

久貝　くがい；ひさがい
久貝一男　くがい・かずお　「沖縄菊の作り方」新星図書出版（日典3）
久貝克博　くがい・かつひろ　「公務員ウージ」ヤシの実ブックス（日典3）
久貝節子　ひさがい・せつこ　中年ギャルの米国留学：主婦（人情）

久里　くのり；くり
久里順子　くのり・じゅんこ　「明治詩史論」和泉書院（日典3）
久里千春　くり・ちはる　女優（テレ）
久里洋二　くり・ようじ　洋画家,漫画家,アニメーション作家（人図）

[8]**久和　きゅうわ；くわ**
久和進　きゅうわ・すすむ　北陸電力社長（日典3）
久和ひとみ　くわ・ひとみ　ニュースキャスター（世紀）
久和まり　くわ・まり　小説家（幻想）

久和崎　くわさき
久和崎康　くわさき・こう　児童指導員（神奈川県の施設）（人情）

久宝　くぼう
久宝保　くぼう・たもつ　日本大学名誉教授（日典）
久宝雅史　くぼう・まさふみ　日大教授（国典）
久宝留理子　くぼう・るりこ　ロック歌手（テレ）

久枝　ひさえだ；ひさがえ
久枝捷史　ひさえだ・かつし　和泉電気相談役（日典3）
久枝浩平　ひさえだ・こうへい　「東瀛の黄金律」蒼洋社（日典3）
久枝円　ひさがえ・まどか　フェンシング選手（日典3）

久武　ひさたけ
久武綾子　ひさたけ・あやこ　家政学・法社会学者（現執1期）
久武馬之助　ひさたけ・うまのすけ　へちま倶楽部メンバー（社史）
久武和夫　ひさたけ・かずお　東京工業大学名誉教授（日典3）
久武啓祐　ひさたけ・けいすけ　水資源開発公団常務参与,建設大学校教務部長（日典3）
久武雅夫　ひさたけ・まさお　経済学者（現執1期）

久金　ひさがね
久金彰　ひさがね・あきら　「垣間見た中国医療」久金彰（JM）

久門　きゅうもん；くもん；ひさかど
久門太郎兵衛　きゅうもん・たろうべい　農業（日典）
久門有文　くもん・ありぶみ　軍人（陸海）
久門輝正　ひさかど・てるまさ　群馬大学工学部機械システム工学科教授（日典）

[9]**久保　くぼ；くぼう**
久保栄　くぼ・さかえ　劇作家,演出家（コン4）
久保天随　くぼ・てんずい　漢文学者（コン5）
久保日参　くぼう・にちしん　「元祖蓮公薩〔タ〕略伝に就いて」正的山図書館（日典3）

久保田　くぼた；くぼだ
久保田万太郎　くぼた・まんたろう　小説家,劇作家,演出家,俳人（コン4）
久保田豊　くぼた・ゆたか　農民運動家,政治家（コン4）
久保田育平　くぼだ・いくへい　政治家（和歌山人）
久保田貫一郎　くぼだ・かんいちろう　外交官（和歌山人）

久保寺　くぼてら；くぼでら
久保寺章　くぼてら・あきら　京都大学名誉教授（日典）
久保寺治朗　くぼてら・はるお　日本鋼管ライトスチール社長（日典3）
久保寺逸彦　くぼでら・いつひこ　民族学者,アイヌ文学者（コン4）
久保寺和人　くぼでら・かずひと　映画監督（映監）

久保利　くぼり
久保利俊明　くぼり・としあき　「空港施設がわかる本」山海堂（日典3）
久保利英明　くぼり・ひであき　弁護士（現執4期）

久保谷　くぼたに；くぼや
久保谷洋　くぼたに・ひろし　「ペンおじさんのふしぎなシャツ」朝日学生新聞社（日典3）
久保谷健一　くぼや・けんいち　プロゴルファー（日典3）
久保谷高志　くぼや・たかし　岩通エンジニアリング社長（日典3）

久保島　くぼしま；くぼじま
久保島英二　くぼしま・えいじ　リサーチ・アンド・ディベロプメント副社長,アール・アンド・ディー・ジェイ・ディー・パワー社長（日典3）
久保島香雅　くぼしま・こうが　香道家（日典3）
久保島繁夫　くぼじま・しげお　「斑鹿」創芸社（日典3）
久保島信保　くぼじま・のぶやす　教師（現執1期）

久保嶋　くぼしま；くぼじま
久保嶋江実　くぼしま・えみ　「コウノトリ、再び」エクスナレッジ（日典3）
久保嶋直樹　くぼじま・なおき　ジャズピアニスト（ジヤ）

久城　くじょう；くしろ
　久城彬　くじょう・あきら　宝塚歌劇団団員（日典3）
　久城春台　くじょう・しゅんだい　医家＝近世（人名2）
　久城育夫　くしろ・いくお　地質学者（日人）
　久城茂太郎　くしろ・もたろう　商人（岡山歴）

久津　くず；ひさつ
　久津晃　くず・あきら「宇宙銀鼠」角川書店，角川グループパブリッシング（発売）（日典3）
　久津多恵子　くず・たえこ「いのち守る日日」（国典）
　久津知子　ひさつ・ともこ　棋士（日典3）
　久津久子　ひさつ・ひさこ　アマ棋士（日典3）

久津見　くつみ
　久津見蕨村　くつみ・けっそん　ジャーナリスト（コン5）
　久津見晴嵐　くつみ・せいらん　華道家，茶道家（日人）
　久津見息忠　くつみ・そくちゅう　ジャーナリスト（新文）
　久津見美智子　くつみ・みちこ　歌人（和俳）
　久津見息忠　くつみ・やすただ　ジャーナリスト（心理）

久津間　くずま；くつま
　久津間保治　くずま・やすじ　京都新聞編集委員・論説委員（日典）
　久津間康志　くつま・やすし（日典）

久津輪　くつわ
　久津輪勝男　くつわ・かつお　インテリアデザイナー（日典）
　久津輪敏郎　くつわ・としろう　大阪工業大学工学部電子工学科教授（日典3）

久美　くみ；ひさみ
　久美かおり　くみ・かおり　女優（映女）
　久美沙織　くみ・さおり　少女小説家（小説）
　久美里美　ひさみ・さとみ「不思議の国のアリス」国書刊行会（日典3）

久重　ひさえ；ひさしげ
　久重一郎　ひさえ・いちろう　軍人（岡山歴）
　久重福三郎　ひさえ・ふくさぶろう　元神戸外大教授（日人）
　久重サヨ子　ひさしげ・さよこ「マロニエの花」文学の森（日典3）
　久重忠夫　ひさしげ・ただお　倫理学者（現執1期）

久香　くが
　久香二葉　くが・ふたは　詩人（日典3）

10久原　きゅうはら；くはら；くばら；くばる；ひさはら
　久原秀士　きゅうはら・ひでお　元・日本基礎技術会長（日典）
　久原房之助　くはら・ふさのすけ　実業家，政治家（コン4）
　久原房之助　くばら・ふさのすけ　実業家，政治家（姓氏山口）
　久原和弘　くばる・かずひろ　大分県議（日典）

久原利之　ひさはら・としゆき「自然の貌」守谷商会（日典3）

久家　くが；くげ；くや
　久家博　くが・ひろし　元・植田精鋼社長（日典）
　久家基美　くげ・きみ　歌人（短歌）
　久家登志子　くや・としこ　芦屋市民センター教育事業係主事（日典）

久島　きゅうしま；くしま；ひさしま；ひさじま
　久島伸昭　きゅうしま・のぶあき「「万博」発明発見50の物語」講談社（日典3）
　久島優子　くしま・ゆうこ　モデル（テレ）
　久島晃　ひさしま・あきら「陸軍海上挺進第25戦隊のあゆみ」久島晃（JM）
　久島正　ひさじま・ただし　政治家（現政）

久座　きゅうざ；くざ
　久座梅屋　きゅうざ・ばいおく　日本画家（島根歴）
　久座梅屋　くざ・ばいおく　日本画家（島根人）

久恵多　くえた
　久恵多勝利　くえた・かつとし　実業家（現執3期）

久根　くね；ひさね
　久根くね太　くね・くねた「インターネットフォン活用ガイド」インターナショナル・トムソン・パブリッシング・ジャパン（日典3）
　久根美和子　くね・みわこ「穂屋祭」本阿弥書店（日典3）
　久根淑江　ひさね・としえ　小説家（日典3）

久留　くどめ；くる；ひさとめ；ひさどめ
　久留一郎　くどめ・いちろう　オーディーエス常務（日典3）
　久留勝　くる・まさる　外科医学者（日人）
　久留智之　ひさとめ・ともゆき　作曲家（作曲）
　久留義蔵　ひさどめ・よしぞう　在満日本人共産主義グループメンバー（社史）

久留生　くりゅう
　久留生強　くりゅう・つよし「美幸は星になった」集英社（日典3）

久留見　くるみ
　久留見幸守　くるみ・ゆきもり　漫画家（漫人）

久留島　くるしま
　久留島武彦　くるしま・たけひこ　児童文学者（コン4）
　久留島秀三郎　くるしま・ひでさぶろう　実業家（コン4）
　久留島通簡　くるしま・みちひろ　武士（日人）
　久留島通靖　くるしま・みちやす　大名（日人）
　久留島義忠　くるしま・よしただ　社会運動家，政治家（社史）

久留間　くるま
　久留間寛吉　くるま・かんきち「島田紳助流"お金の法則"」あっぷる出版社（日典3）
　久留間鮫造　くるま・さめぞう　経済学者（コン4）
　久留間健　くるま・たけし「資本主義は存続できるか」大月書店（日典3）

ノ部(久)

久納　くのう；ひさのう
　久納慶一　くのう・けいいち　音楽評論家(音人3)
　久納誠一　くのう・せいいち　軍人(陸海)
　久納不二子　ひさのう・ふじこ「なびけよ河」書肆とい(日典3)

久能　くの；くのう
　久能不二夫　くの・ふじお「月夜の宝石」森脇文庫(日典3)
　久能千明　くのう・ちあき　小説家(幻想)
　久能靖　くのう・やすし　ニュースキャスター(テレ)

久能木　くのき；くのぎ
　久能木利武　くのき・としたけ「京」アートアンドブレーン(日典3)
　久能木紀子　くのき・のりこ「ご近所の神様」毎日コミュニケーションズ(日典3)
　久能木慶治　くのぎ・よしはる　経済産業省中部経済産業局総務企画部長(日典)

久馬　きゅうま
　久馬栄道　きゅうま・えいどう「けさと坐禅」法蔵館(日典3)
　久馬慧忠　きゅうま・えちゅう「袈裟の研究」(国典)
　久馬一剛　きゅうま・かずたけ「土とは何だろうか？」京都大学学術出版会(日典3)
　久馬萌　きゅうま・もえ　陸上選手(日典3)

久高　くだか；ひさたか
　久高将旺　くだか・しょうおう　歯科医師(社史)
　久高将憲　くだか・しょうけん　小学校教員(社史)
　久高明子　ひさたか・あきこ　童話作家(日典3)
　久高正之　ひさたか・まさゆき　空手道家(日典3)

[11]久冨　くとみ；くどみ；ひさとみ
　久冨善之　くとみ・よしゆき　教育社会学者(現執3期)
　久冨善之　くどみ・よしゆき　一橋大学大学院社会学研究科教授(現執4期)
　久冨靖二　くとみ・せいじ　西広取締役経営企画室長(日典)

久埜　くの
　久埜昇　くの・のぼる　元三菱製鋼社長(人情)
　久埜真由美　くの・まゆみ　お茶の水女子大学大学院人間文化創成科学研究科准教授(日典3)
　久埜百合　くの・ゆり　文化女子大学講師(日典3)

久崎　きゅうざき；ひさざき
　久崎幸江　きゅうざき・ゆきえ　ピアノ(日典)
　久崎高寛　きゅうざき・たかひろ「カトレヤの品種と系統」国際園芸(日典3)
　久崎真行　ひさざき・まゆひ「パシュトのくに―写真集」久崎真行(JM)

久曽神　きゅうそじん
　久曽神煌　きゅうそじん・あきら「機械系のための力学」朝倉書店(日典3)
　久曽神昇　きゅうそじん・ひたく　日本文学者(世紀)

久郷　くごう；ひささと
　久郷梅松　くごう・うめまつ　林業振興の功労者(岡山百)
　久郷晴彦　くごう・はるひこ　ヘルスコンサルタント(現執3期)
　久郷恭慶　ひささと・たかよし　歌人(日人)

久野　きゅうの；くの；くのう；ひさの
　久野栄進　きゅうの・えいしん　北陸大学学長(日典3)
　久野収　くの・おさむ　評論家,哲学者(コン4)
　久野豊彦　くのう・とよひこ　小説家(愛知百)
　久野浩平　ひさの・こうへい　テレビディレクター(日人)

久野木　くのき；くのぎ
　久野木和宏　くのき・かずひろ　ニッコウトラベル社長(日典)
　久野木順一　くのぎ・じゅんいち　医師(日典3)
　久野木行美　くのぎ・ゆきよし　労働問題専門家(現執1期)

[12]久喜　きゅうき；くき
　久喜勲　きゅうき・いさお　元・プロ野球選手(日典)
　久喜甚吉　くき・じんきち　漁船漁業近代化推進の先駆者的功労者(姓氏岩手)
　久喜文重郎　くき・ぶんじゅうろう　織物業経営者,政治家(埼玉人)

久場　くば
　久場政盛　くば・せいせい　官吏,社会事業家(日人)
　久場政用　くば・せいよう　教育者,拓本研究家(姓氏沖縄)
　久場長文　くば・ちょうぶん　植物研究者,実業家(姓氏沖縄)
　久場ツル　くば・つる　教育者(日人)
　久場嬉子　くば・よしこ　研究者(現執4期)

久塚　ひさずか；ひさつか
　久塚謙一　ひさずか・けんいち　出光興産研究開発部主任研究員(日典)
　久塚清晴　ひさつか・きよはる　藤倉電線常務(日典)
　久塚純一　ひさつか・じゅんいち　社会法学者(現執4期)

久富　くどみ；ひさとみ；ひさどみ
　久富正美　くどみ・まさみ　画家(児人)
　久富達夫　ひさとみ・たつお　新聞人,スポーツ功労者(コン4)
　久富与次衛昌保　ひさどみ・よじべえまさやす　有田の陶磁商(佐賀百)

久富木原　くふきはら；くぶきはら
　久富木原睦美　くふきはら・むつみ「イスラームの女たち」BOC出版部
　久富木原玲　くぶきはら・れい　共立女子短期大学教授(現執4期)

久替　ひさがえ
　久替成治　ひさがえ・せいじ　郷土史家(郷土)

久葉　くば；ひさば
　久葉恭作　くば・きょうさく「機関科執務一般」海文堂出版(日典3)

久葉玄之　くば・げんし「光をもとめて」久葉毅（日典3）
久葉強　ひさば・つよし「小児マヒは治せる」東京信友社（日典3）

久賀　くが；ひさか；ひさが
久賀政雄　くが・まさお　民間社会事業家（佐賀百）
久賀弘子　ひさか・ひろこ　歌人（歌人）
久賀芳子　ひさが・よしこ「独楽の哲学」久賀芳子追悼集「独楽の哲学」を刊行する会（日典3）

久貴　くき
久貴忠彦　くき・ただひこ　民法学者（現執4期）
久貴千彩子　くき・ちさこ　シナリオライター（日典3）

久間　きゅうま；くま；ひさま
久間章生　きゅうま・ふみお　政治家（現政）
久間清俊　くま・きよとし「社会経済思想の進化とコミュニティ」ミネルヴァ書房（日典3）
久間十義　ひさま・じゅうぎ　小説家（日人）

久須　くす
久須耕造　くす・こうぞう　詩人（紀伊文）

13久楽　くたら；くだら
久楽利郎　くたら・としろう　新南陽市長（日典3）
久楽洋子　くたら・ようこ　小唄名取（日典）
久楽勝行　くだら・かつゆき　建設省土木研究所機械施行部長（日典）

久継　ひさつぐ
久継明美星　ひさつぐ・めいびせい「峨嵋の岬」（JM）

久遠　くおん；くどう；くどお
久遠さやか　くおん・さやか　女優（テレ）
久遠利三　くどう・としぞう　俳優（映男）
久遠利三　くどお・としぞう　俳優（男優）

14久嶋　きゅうしま；くしま
久嶋信子　きゅうしま・のぶこ「筵」銀河書房（日典3）
久嶋あやこ　くしま・あやこ「ちゃんこで生活習慣病に勝つ！」ベストセラーズ（日典3）
久嶋薫　くしま・かおる　小説家（日典3）

久徳　きゅうとく；ひさとく
久徳重盛　きゅうとく・しげもり　医師（小児科），医事評論家（近医）
久徳伝兵衛　きゅうとく・でんべえ　加賀藩士（日人）
久徳敏治　ひさとく・としはる　竹中工務店常務（日典）

久綱　くつな
久綱さざれ　くつな・さざれ　小説家（幻想）
久綱正和　くつな・まさかず「線形代数入門」学術図書出版社（日典3）

16久繁　ひさしげ
久繁哲徳　ひさしげ・あきのり　臨床疫学者（現執3期）
久繁貴恵子　ひさしげ・きえこ「保存食のはなし」さ・え・ら書房（日典3）
久繁哲之介　ひさしげ・てつのすけ「地域再生の罠」筑摩書房（日典3）

18久藤　くとう；くどう
久藤冬貴　くとう・ふゆたか　小説家（幻想）
久藤清一　くどう・きよかず　サッカー選手（日典3）
久藤達郎　くどう・たつろう　人間味と詩情あふれる劇作の達人（青森人）

久邇　くに
久邇朝融　くに・あさあきら　皇族，海軍軍人（日人）
久邇邦久　くに・くにひさ　久邇宮邦彦王の第2王子（日人）
久邇静子　くに・しずこ　久邇宮朝彦親王の5男久邇多嘉の妻（女性普）
久邇俔子　くに・ちかこ　皇族（日人）
久邇之宣　くに・ゆきのぶ　ピアニスト（音人3）

【24】　乗

乗　よつのや
乗智全　よつのや・ちぜん　東京都高野連会長（日典3）
乗浩子　よつのや・ひろこ「犠牲のピラミッド」（国典）

4乗木　のりき
乗木新一郎　のりき・しんいちろう　北海道大学大学院地球環境科学研究院教授（日典3）
乗木秀夫　のりき・ひでお　医師（近医）
乗木養一　のりき・よういち「たのしく学ぼう漢字」ルック（日典3）

6乗竹　のりたけ
乗竹孝太郎　のりたけ・こうたろう　経済学者（コン5）

8乗附　のつけ；のりつけ
乗附久　のつけ・ひさし「西郷隆盛」郁朋社（日典3）
乗附英明　のりつけ・ひであき「つきぢ田村流魚の捌き方・盛り方DVD道場」宝島社（日典3）

12乗富　のりとみ；のりどみ
乗富一雄　のりとみ・かずお　秋田大学名誉教授（日典3）
乗富政子　のりとみ・まさこ　女子柔道家（体育）
乗富光義　のりどみ・みつよし　政治家（現政）

乗越　のりごえ；のりこし
乗越厚生　のりごえ・あつお　星光PMC社長（日典3）
乗越勇美　のりごえ・いさみ　アール・エム研究所常務理事（日典3）
乗越皓司　のりこし・こうし　上智大学理工学部生命科学研究所教授（日典3）
乗越たかお　のりこし・たかお　ライター，ダンス評論家（日典3）

乙部

【25】 乙

³乙川　おとかわ；おとがわ
乙川利夫　おとかわ・としお　「あはき国家試験必勝解剖学徹底ガイド」桜雲会（日典3）
乙川優三郎　おとかわ・ゆうざぶろう　小説家（小説）
乙川霞月　おとがわ・かずき　「悪戯っ子悪い娘」久保書店（日典3）
乙川利夫　おとがわ・としお　理学療法士（視覚）

⁴乙木　おとぎ
乙木茂　おとぎ・しげる　日本共産党関係者（社史）

⁶乙守　おともり
乙守信吾　おともり・しんご　社会主義シンパ（社史）
乙守順市　おともり・じゅんいち　「新保険法でこう変わる！告知義務から説明責任へ」第一法規（日典3）
乙守玉緒　おともり・たまお　「玉藻集」起源社（日典）

乙羽　おとわ
乙羽信子　おとわ・のぶこ　女優（日人）
乙羽林之助　おとわ・りんのすけ　「黄金の国黄金の憲法」現代書林（日典3）

⁹乙咩　おとめ
乙咩雅一　おとめ・まさかず　写真家（日典3）
乙咩よう子　おとめ・ようこ　「草の径」本多企画（日典3）
乙咩好信　おとめ・よしのぶ　ユタカデザインセンター専務、九州ハンググライディング連盟理事長（日典3）

乙津　おず；おとず
乙津はじめ　おず・はじめ　「ごはんの友」駸々堂出版（日典3）
乙津敬子　おとず・けいこ　剣道選手（日典3）
乙津宜男　おとず・のりお　紀伊国屋書店専務（日典）

¹⁰乙益　おとます
乙益重隆　おとます・しげたか　考古学者（考古）
乙益寛隆　おとます・ひろたか　「有機化学概説」学文社（日典3）
乙益正隆　おとます・まさたか　熊本県絶滅希少植物調査員（日典3）
乙益由美子　おとます・ゆみこ　「ぐろきしにあ」書肆山田（日典3）

乙馬　おつうま；おとうま
乙馬信春　おつうま・のぶはる　桶職人（日典）
乙馬竹雄　おとうま・たけお　日本共産青年同盟メンバー（社史）

乙骨　おっこつ；おつこつ
乙骨淑子　おっこつ・よしこ　児童文学作家（小説）
乙骨亘　おっこつ・わたる　理髪師（海越新）
乙骨三郎　おつこつ・さぶろう　音楽学者（日人）
乙骨淑子　おつこつ・よしこ　児童文学作家（日人）

¹¹乙部　おつべ；おとべ
乙部千魚　おつべ・せんぎょ　「やまべ・はや釣り」東京書店（書籍）
乙部聖子　おとべ・せいこ　映画監督（映監）
乙部泉三郎　おとべ・せんざぶろう　官吏（日人）

乙黒　おつぐろ；おとぐろ
乙黒喜代重　おつぐろ・きよしげ　弓道家、弓道錬士（弓道）
乙黒直方　おとぐろ・なおかた　ジャーナリスト（山梨百）
乙黒史誠　おとぐろ・ふみたか　俳優（テレ）

¹²乙葉　おとは；おとば；おとわ
乙葉啓一　おとは・けいいち　東京電力取締役（日典）
乙葉俊次郎　おとば・しゅんじろう　「法華諸国霊場記図絵并定宿附全」備後文化研究会（日典3）
乙葉純一郎　おとわ・じゅんいちろう　民謡歌手（日典）

¹⁵乙幡　おつはた；おつばた；おつぱた；おとはた
乙幡啓子　おつはた・けいこ　「妄想工作」広済堂あかつき（日典3）
乙幡シゲ　おつばた・しげ　「清流」講談社出版サービスセンター（製作）（日典3）
乙幡和雄　おつぱた・かずお　牧師（日典）
乙幡範　おとはた・さとし　テクノアソシエ社長（日典3）

¹⁸乙藤　おとふじ
乙藤市蔵　おとふじ・いちぞう　杖道指導（人情）
乙藤正　おとふじ・ただし　スポーツジャーナリスト（現執2期）
乙藤昌弘　おとふじ・まさひろ　ヒロカネ社長（日典3）
乙藤稔　おとふじ・みのる　ヒロカネ会長（日典3）
乙藤洋一郎　おとふじ・よういちろう　神戸大学理学部地球惑星科学科教授（日典3）

【26】 九

²九十九　つくも
九十九アンディ　つくも・あんでぃ　「地球の味わい」出版研（日典3）
九十九黄人　つくも・おうじん　東洋民俗博物館主宰（国典）
九十九耕一　つくも・こういち　フリーライター（日典3）
九十九豊勝　つくも・とよかつ　民俗学者（郷土奈良）
九十九一　つくも・はじめ　俳優（テレ）

³九万田　くまだ
九万田えりか　くまだ・えりか　ビオラ奏者（音人2）

[4]九内 くない
- 九内淳堯 くない・あつたか 広島大学工学部教授（日典3）
- 九内俊彦 くない・としひこ フリーライター（日典3）

九月 くがつ；くずき；くつき
- 九月乃梨子 くがつ・のりこ 漫画家（漫人）
- 九月順 くずき・じゅん「ガラスの愛 恋の国道二号線」オリエントレコード（日典3）
- 九月文 くつき・あや「銀の竜騎士団」角川書店、角川グループパブリッシング（発売）（日典3）

[5]九生 くしょう
- 九生えん くしょう・えん「醜悪なる変身」印美書房（日典3）

[7]九条 きゅうじょう；くじょう
- 九条キヨ きゅうじょう・きよ「Zone-00」角川書店、角川グループパブリッシング（発売）（日典3）
- 九条武子 くじょう・たけこ 歌人（コン5）
- 九条尚忠 くじょう・ひさただ 公家（コン4）

九谷 くたに
- 九谷弘一 くたに・こういち 熊本県議（自民党）（日典3）
- 九谷興子 くたに・こうし 陶芸作家（日典3）
- 九谷庄三 くたに・しょうざ 陶工（日人）
- 九谷高弘 くたに・たかひろ 熊本県議（自民党、宇土市）（日典3）
- 九谷元子 くたに・もとこ「詩集三人集」詩学社（日典3）

九里 くのり；くり
- 九里総一郎 くのり・そういちろう 教育者（学校）
- 九里とみ くのり・とみ 教育家（学校）
- 九里一平 くり・いっぺい 映画監督（幻想）
- 九里四郎 くり・しろう 洋画家（美家）

[9]九津見 くずみ；くつみ
- 九津見房子 くずみ・ふさこ 労働運動家（近女）
- 九津見明 くつみ・あきら「時事英語学研究と英語教育」共同文化社（日典3）
- 九津見房子 くつみ・ふさこ 社会運動家（日人）

九重 くえ；くのう；ここのえ
- 九重克男 くえ・かつお 兵庫教育大学教授（日典）
- 九重卓 くのう・かたし「基礎基本をおさえた発達障害児の運動指導」明治図書出版（日典3）
- 九重佑三子 ここのえ・ゆみこ 女優、歌手（世紀）

[10]九島 くしま
- 九島伊太郎 くしま・いたろう 興行者（札幌）
- 九島勝太郎 くしま・かつたろう 文化運動家（北海文）
- 九島作一 くしま・さくいち 社会運動家（アナ）
- 九島璋二 くしま・しょうじ 医師（日典3）

九鬼 くき
- 九鬼周造 くき・しゅうぞう 哲学者（コン5）
- 九鬼隆備 くき・たかとも 大名（日人）
- 九鬼隆都 くき・たかひろ 大名（日人）
- 九鬼隆義 くき・たかよし 三田藩主、三田藩知事、子爵（コン5）
- 九鬼隆一 くき・りゅういち 美術行政家（コン5）

[11]九冨 くとみ
- 九冨修 くとみ・おさむ 神戸製鉄所第1工作係長（人情）
- 九冨真理子 くとみ・まりこ「小学生の環境見学シリーズ」ポプラ社（日典3）

九野 くの
- 九野啓祐 くの・けいすけ 東芝機械顧問（日典3）
- 九野沙呼 くの・すなこ「ガブリエル」日本図書刊行会（日典3）
- 九野聖佳 くの・せいか「生きること愛すること 普通の主婦が社長になった」エンタイトル出版、星雲社（発売）（日典3）
- 九野民也 くの・たみや「文学入門」創元社（JM）

[12]九葉 くば；くよう
- 九葉真 くば・まこと「アルセインの魔宮」ナツメ社（日典3）
- 九葉暦 くよう・こよみ「バランスデュー」大洋図書（日典3）

[16]九頭龍 くずりゅう
- 九頭龍清之助 くずりゅう・せいのすけ ライオン油脂（株）資材部長（日典）

【27】 乱

乱 みだれ；らん
- 乱淫一 みだれ・いんいち「試験に出る官能小説集中講座」サンマーク出版（日典3）
- 乱一世 らん・いっせい タレント（テレ）
- 乱孝寿 らん・こうじゅ 女優（映女）

【28】 乳

[4]乳井 ちちい；にゅうい
- 乳井克憲 ちちい・かつのり 静修短期大学秘書学科助教授（日典）
- 乳井忠晴 ちちい・ただはる 駐マダガスカル大使、駐モーリシャス大使、駐コモロ大使（日典3）
- 乳井月影 にゅうい・げつえい 根笹派錦風流尺八の演奏者（日人）
- 乳井英夫 にゅうい・ひでお 政治家（青森人）

【29】 乾

乾 いぬい；かわき
- 乾信一郎 いぬい・しんいちろう 小説家、翻訳家（日人）
- 乾孝 いぬい・たかし 心理学者（日人）
- 乾あきら かわき・あきら「反逆」新興出版社（日典3）

[7]乾谷 いぬいや
- 乾谷敦子 いぬいや・あつこ 児童文学作家（京都文）

乙部（亀）　　　〔30〕

[10]乾原　いぬいはら
　　乾原正　いぬいはら・ただし　関西福祉科学大学教授（日典3）

【30】　亀

亀　かめ
　　亀恭子　かめ・きょうこ　スタイリスト（日典3）
　　亀節子　かめ・せつこ　「意識の闇、無意識の光」創元社（日典3）
　　亀忠男　かめ・ただお　営業写真家（写人）
　　亀太郎　かめ・たろう　発明家（日典3）
　　亀伸樹　かめ・のぶき　「地震学」古今書院（日典3）

亀ケ谷　かめがたに；かめがや
　　亀ケ谷環　かめがたに・たまき　亀ケ谷環モダンダンス・スクール（日典）
　　亀ケ谷三郎　かめがや・さぶろう　「幼稚園教育における教育課程の構造化」酒井書店
　　亀ケ谷忠宏　かめがや・ただひろ　宮前幼稚園長（日典3）

[3]亀川　かめかわ；かめがわ
　　亀川千代　かめかわ・ちよ　ロックベース奏者（テレ）
　　亀川哲也　かめかわ・てつや　右翼運動家（コン）
　　亀川盛棟　かめがわ・せいとう　琉球救国運動参加者（日人）

[4]亀之園　かめのその
　　亀之園重行　かめのその・しげゆき　「熱力学の基礎と演習」成山堂書店（日典3）
　　亀之園智子　かめのその・ともこ　児童文学作家（児人）

[5]亀甲　かめこう；きこう；きっこう
　　亀甲康吉　かめこう・こうきち　労働運動家（世紀）
　　亀甲邦敏　きこう・くにとし　船舶整備公団理事（日典3）
　　亀甲不染　きっこう・ふせん　華道家（熊本百）

亀田　かめた；かめだ
　　亀田勘司　かめた・かんじ　魚市場書記（社史）
　　亀田佐市　かめた・さいち　城西消費購買組合組合員（社史）
　　亀田東伍　かめだ・とうご　労働運動家（日人）
　　亀田得治　かめだ・とくじ　弁護士、社会運動家（コン）

[6]亀地　かめち
　　亀地宏　かめち・ひろし　ジャーナリスト（現執4期）

[7]亀沢　かめさわ；かめざわ
　　亀沢貞雄　かめさわ・さだお　尾張精機常務（日典）
　　亀沢幸介　かめざわ・こうすけ　日向都城藩士（姓氏鹿児島）
　　亀沢道喜　かめざわ・みちよし　政治家（姓氏鹿児島）

亀谷　かめがい；かめがや；かめたに；かめだに；かめや
　　亀谷凌雲　かめがい・りょううん　牧師（日人）

　　亀谷麒与隆　かめがや・きよたか　慶応大助手（国典）
　　亀谷省軒　かめたに・せいけん　津馬藩士（日人）
　　亀谷純三　かめだに・じゅんぞう　「医者の書く聖書註解」アドベンチスト出版（日典3）
　　亀谷聖馨　かめや・せいけい　仏教研究家,教育家（日人）

亀貝　かめがい
　　亀貝保　かめがい・たもつ　彫刻家（美建）

[8]亀卦川　きけかわ；きけがわ
　　亀卦川敬之　きけかわ・けいし　「「大原水かけ祭り」変遷の記録」大東大原水掛け祭り保存会（日典3）
　　亀卦川英吾　きけがわ・えいご　医学者（岩手百）
　　亀卦川浩　きけがわ・ひろし　法学者（史研）

亀和田　かめわだ
　　亀和田かおり　かめわだ・かおり　「自分探しのアメリカ留学」随想舎（日典3）
　　亀和田俊一　かめわだ・しゅんいち　「ブドウ畑から始まる職人ワイン造り」アールアイシー出版（日典3）
　　亀和田武　かめわだ・たけし　作家,キャスター（幻኱）
　　亀和田秀雄　かめわだ・ひでお　「家族経営の法人化を考える」日本経済評論社（日典3）
　　亀和田光男　かめわだ・みつお　技術者（日典3）

亀宝　かめたから；きほう
　　亀宝千水　かめたから・せんすい　「六白金星」成美堂出版（日典3）
　　亀宝三芳　きほう・みつよし　ニチバン専務（日典）

亀長　かめなが
　　亀長友義　かめなが・ともよし　政治家（現政）
　　亀長洋子　かめなが・ようこ　「ルネサンス」岩波書店（日典3）

[9]亀屋原　かめやばら
　　亀屋原徳　かめやばら・とく　劇作家（世紀）

亀畑　かめはた
　　亀畑清隆　かめはた・きよたか　「旭山動物園のつくり方」柏艪舎（日典3）
　　亀畑義彦　かめはた・よしひこ　作家（現執3期）

[10]亀島　かめしま；かめじま
　　亀島貞夫　かめしま・さだお　小説家、編集者（大阪文）
　　亀島汝翼　かめしま・じょよく　堆錦師（沖縄百）
　　亀島泰治　かめじま・たいじ　電気通信大学名誉教授（日典3）
　　亀島司　かめじま・つかさ　「さわらび」亀島貞子（日典3）

亀高　かめたか
　　亀高京子　かめたか・きょうこ　「若手研究者が読む『家政学原論』」家政教育社（日典3）
　　亀高素吉　かめたか・そきち　神戸製鋼所社長（日典3）
　　亀高徳平　かめたか・とくへい　化学者（日人）
　　亀高文子　かめたか・ふみこ　洋画家（日人）

姓名よみかた辞典　姓の部　55

亀崎　かめさき；かめざき [11]

亀崎佐織　かめさき・さおり「小児アレルギー診療ブラッシュアップ」診断と治療社(日典3)
亀崎瑞経　かめさき・ずいきょう「易学点描」建設綜合資料社(日典)
亀崎英潤　かめざき・えいじゅん　僧侶(日典)
亀崎恒　かめざき・こう　編集者(日典3)

亀掛川　かめかけがわ；きけがわ

亀掛川浩　かめかけがわ・ひろし　城西消費購買組合組合員(社史)
亀掛川孝司　きけがわ・こうじ「核医学・治療の基礎」メジカルビュー社(日典3)
亀掛川博正　きけがわ・ひろまさ　近代日本政治史研究者(現執2期)

亀淵　かめふち；かめぶち

亀淵請　かめふち・すすむ「物理法則対話」岩波書店(日典3)
亀淵伝蔵　かめふち・でんぞう　和算家(数学)
亀淵伝蔵　かめぶち・でんぞう　算数家(日人)
亀淵友香　かめぶち・ゆか　歌手(テレ)

亀割　かめわり [12]

亀割隆　かめわり・たかし　日本画家(美家)

亀嶋　かめしま；かめじま [14]

亀嶋敬二　かめしま・ひろじ　元・日本伸銅専務(日典)
亀嶋庸一　かめじま・よういち　成蹊大学法学部政治学科教授(日典)

亀徳　きとく

亀徳一男　きとく・かずお　キリスト教教育者(兵庫百)
亀徳しづ　きとく・しず　助産婦(日人)
亀徳正之　きとく・まさゆき　協栄生命社長(人情)

亀潤　かめたに [15]

亀潤節夫　かめたに・せつお　大阪府立農業高教諭(国典)

亅部

【31】 亅

了戒　りょうかい [7]

了戒かずこ　りょうかい・かずこ　アパレルデザイナー(日典3)
了戒加寿子　りょうかい・かずこ「おしゃれキッズのニット小物」主婦の友社(日典3)
了戒卓　りょうかい・たかし　ミロク情報サービス執行役員内部監査室長(日典3)

部首2画

二部

【32】 二

二ツ柳　ふたつやなぎ

二ツ柳理越　ふたつやなぎ・りえつ　華道家,茶道家(女性普)

二ツ森　ふたつもり

二ツ森修　ふたつもり・おさむ「ラグビーの指導」道和書院(日典3)
二ツ森重志　ふたつもり・しげし　青森県教育長,八戸短期大学名誉教授(日典3)
二ツ森十郎　ふたつもり・じゅうろう　剣道七段教士の教育者(青森人)
二ツ森司　ふたつもり・つかさ「社交ダンス・メソッド」新星出版社(日典3)
二ツ森比呂志　ふたつもり・ひろし　ピアニスト,音楽教育者(演奏)

二十二　にそじ [2]

二十二鉄玄　にそじ・てつげん　元相愛学園教授(国典)

二上　にかみ；ふたかみ；ふたがみ [3]

二上季代司　にかみ・きよし　証券市場研究者(現執4期)
二上達也　ふたかみ・たつや　将棋棋士(日人)
二上兵治　ふたがみ・ひょうじ　官僚政治家(コン)

二千風　にせんぷう

二千風円喜　にせんぷう・えんき「内侍所」広陽本社(日典3)

二口　ふたくち；ふたぐち

二口一雄　ふたくち・かずお　イズミシッピング(株)常務取締役・顧問(日典3)
二口善雄　ふたくち・よしお　画家(植物)
二口栄蔵　ふたぐち・えいぞう　北海道観光連盟専務理事,北海道人事委員会事務局長(日典3)
二口外義　ふたぐち・そとよし　アマ棋士(日典)

二子石　ふたごいし

二子石官太郎　ふたごいし・かんたろう　軍人(陸海)
二子石謙輔　ふたごいし・けんすけ　セブン銀行社長(日典3)

二川　にかわ；ふたかわ；ふたがわ

二川清　にかわ・きよし「LSI故障解析技術」日科技連出版社(日典3)
二川政行　ふたかわ・まさゆき　純向上会メンバー(社史)
二川幸夫　ふたがわ・ゆきお　建築写真家(日人)

二之湯　にのゆ [4]

二之湯智　にのゆ・さとし　政治家(現政)

二部(二)

二之湯真士　にのゆ・しんじ　京都府議(自民党、京都市右京区)(日典3)

二井　にい；ふたい；ふたつい
二井関成　にい・せきなり　政治家(現政)
二井栄逸　ふたい・えいいつ　能楽師(喜多流)、能画家、いけ花作家(新芸)
二井靖之　ふたつい・やすゆき　料理人(日典3)

二井内　にいうち
二井内清之　にいうち・きよし　「原色日本野菜図鑑」(国典)

二反田　にたんだ
二反田岳水　にたんだ・がくすい　薩摩琵琶奏者(日典3)
二反田鶴松　にたんだ・つるまつ　「技術英語入門」日刊工業新聞社(日典3)
二反田富江　にたんだ・とみえ　「一年生のたくみな指導」ぎょうせい(日典3)
二反田雅澄　にたんだ・まさずみ　俳優(テレ)

二反長　にたんおさ；にたんちょう
二反長音蔵　にたんおさ・おとぞう　篤農家(世紀)
二反長半　にたんおさ・なかば　児童文学者、児童文学作家(日人)
二反長音蔵　にたんちょう・おとぞう　殖産家(日人)

二戸　にと
二戸喜一郎　にと・きいちろう　「雪原晴朗」二戸秀郎(日典3)
二戸章三　にと・しょうぞう　弓道家、市収入役、弓道錬士(弓道)
二戸儚秋　にと・むしゅう　「日本酒物語」(国典)

二文字　にもんじ
二文字克彦　にもんじ・かつひこ　写真家(写人)
二文字理明　にもんじ・まさあき　研究者(現執4期)

二木　にき；ふたき；ふたぎ；ふたつき；ふたつぎ
二木立　にき・りゅう　リハビリテーション学者、医療経済学者(日人)
二木謙三　ふたき・けんぞう　細菌学者、伝染病学者(コン4)
二木成抱　ふたぎ・せいほう　漆芸家(美工)
二木啓孝　ふたつき・ひろたか　(テレ)
二木雄策　ふたつぎ・ゆうさく　経済学者(現執4期)

[5]二出川　にでがわ
二出川延明　にでがわ・のぶあき　プロ野球審判員(日人)

二司　にし
二司百合子　にし・ゆりこ　「山久世小史—岡山県真庭郡勝山町」二司百合子(JM)

二本柳　にほんやなぎ
二本柳寛　にほんやなぎ・かん　映画俳優(札幌)
二本柳正一　にほんやなぎ・しょういち　考古学者(郷土)
二本柳常五郎　にほんやなぎ・つねごろう　田名部商人(青森人)

二本柳俊衣　にほんやなぎ・としえ　女優(映女)
二本柳寛　にほんやなぎ・ひろし　映画俳優(日人)

二田　にた；にった；ふたた；ふただ
二田敏子　にた・としこ　弓道家、弓道教士(弓道)
二田是儀　にった・これのり　開拓者(コン)
二田伸一郎　ふたた・しんいちろう　裁判所書記官研修所教官(日典3)
二田是儀　ふただ・これのり　開拓者(日人)

二礼　にれ
二礼景範　にれ・かげのり　海軍軍人(渡航)
二礼景一　にれ・けいいち　渡航者(渡航)
二礼敬之　にれ・けいし　渡航者(渡航)

[6]二名　にいな；ふたな
二名敦子　にいな・あつこ　歌手(日典)
二名ノリコ　ふたな・のりこ　画家(国典)

二牟礼　にむれ；ふたむれ
二牟礼勉　にむれ・つとむ　聖霊女子短期大学英語科教授(日典)
二牟礼正博　ふたむれ・まさひろ　元・鹿児島県議(日典)

二羽　にわ；ふたば
二羽智子　にわ・ともこ　俳人(石川文)
二羽弥　にわ・わたる　郷土史家、歌人(石川文)
二羽光技　ふたば・みつえ　「青柚」卯辰山文庫(日典3)

[7]二杉　にすぎ；ふたすぎ
二杉茂　にすぎ・しげる　「賢者は強者に優る」晃洋書房(日典3)
二杉和男　ふたすぎ・かずお　「函南讃歌」(JM)
二杉孝司　ふたすぎ・たかし　「授業分析の基礎技術」学事出版(日典3)

二村　にむら；ふたむら
二村住蔵　にむら・すみぞう　自治功労者(姓氏長野)
二村英之　にむら・ひでゆき　バイオリニスト(音人3)
二村定一　ふたむら・ていいち　ジャズ歌手、俳優(日人)
二村敏子　ふたむら・としこ　経済学者(世紀)

二沢　にさわ；ふたさわ；ふたざわ
二沢永信　にさわ・ながのぶ　政治家(和歌山人)
二沢久昭　ふたさわ・ひさあき　「一茶発句総索引」信濃毎日新聞社(日典3)
二沢雅喜　ふたざわ・まさき　執筆業(日典)

二見　ふたみ
二見貴知雄　ふたみ・きちお　銀行家(日人)
二見鏡三郎　ふたみ・きょうざぶろう　土木技師(日人)
二見庄兵衛　ふたみ・しょうべえ　落花生栽培(日人)
二見甚郷　ふたみ・じんごう　政治家(日人)
二見道夫　ふたみ・みちお　経営コンサルタント、実業家(現執4期)

二谷　にたに；ふたつや
二谷一太郎　にたに・いちたろう　アイヌ文化伝承者(日人)
二谷英明　にたに・ひであき　俳優(日人)
二谷広二　ふたつや・こうじ　兵庫教育大学学校教育学部附属実技教育研究指導センター教授(日典)

8 二取　にとり
二取由子　にとり・ゆうこ　小説家(北海道文)

二味　ふたみ
二味厳　ふたみ・いわお　東京証券代行(株)代表取締役社長(日典)

二国　にくに
二国二郎　にくに・じろう　栄養学者(近医)
二国則昭　にくに・のりあき　弁護士(日典3)

二宗　ふたむね
二宗孫太郎　ふたむね・まごたろう　弓道家,弓道錬士(弓道)

二岡　におか
二岡祥子　におか・しょうこ「ナースのための麻酔」金芳堂(日典3)
二岡智宏　におか・ともひろ　プロ野球選手(日典3)

二若　にわか
二若弘　にわか・ひろし　岡山県八束村長(国典)

9 二俣　ふたまた
二俣泉　ふたまた・いずみ「音楽療法士のためのABA入門」春秋社(日典)
二俣英五郎　ふたまた・えいごろう　画家(児人)
二俣桂介　ふたまた・けいすけ「メーカー営業戦略革新ノート」東洋経済新報社(日典3)
二俣政雄　ふたまた・まさお　日本共産党党員(社史)
二俣松太郎　ふたまた・まつたろう　社会革命党本部委員(在米)(アナ)

二城　にじょう
二城しづ子　にじょう・しずこ　歌人(奈良文)

二神　にかみ；ふたかみ；ふたがみ
二神将　にかみ・すすむ　作家(日典3)
二神和吉　ふたかみ・わきち　大成道路専務(日典)
二神恭一　ふたがみ・きょういち　商学者(現執4期)

二科　にしな
二科恵子　にしな・けいこ　歌手(日典3)
二科五郎　にしな・ごろう　日本交通公社常任理事・米沢観光協会会長(山形百新)
二科十朗　にしな・じゅうろう　染色家(美工)

二荒　ふたら
二荒芳忠　ふたら・よしただ　東芝イーエムアイ音楽出版社長(日典3)
二荒芳徳　ふたら・よしのり　内務官僚,社会教育者(コン4)
二荒芳之　ふたら・よしゆき　北白川宮能久親王の第5王子(日典)

二重作　ふたえさく
二重作曄　ふたえさく・あきら　写真家(日典3)
二重作竜夫　ふたえさく・たつお　洋画家(日人)
二重作龍夫　ふたえさく・たつお　洋画家(美家)

10 二唐　にから；にがら
二唐空々　にから・くうくう　ホトトギス系の俳人(青森人)
二唐東朔　にから・とうさく「基礎人体機能学」広川書店(日典3)
二唐国俊　にがら・くにとし　弘前市の刀匠(青森人)
二唐広　にがら・ひろし　刀匠(美工)

二宮　にのみや；ふたみや
二宮忠八　にのみや・ちゅうはち　発明家(コン5)
二宮善基　にのみや・よしもと　実業家(コン4)
二宮喜三　ふたみや・きぞう　政治家(姓氏石川)

二島　にしま；ふたしま；ふたじま
二島豊太　にしま・とよた「すぐに使える！事例でわかる裁判員裁判Q&A」三修社(日典3)
二島清蔵　ふたしま・せいぞう　読売九州理工専門学校教授(日典)
二島国雄　ふたじま・くにお「21世紀におよぶ120年間の預言」(JM)

二挺木　にちょうぎ
二挺木秀雄　にちょうぎ・ひでお　経営コンサルタント(現執3期)

11 二瓶　にへい
二瓶綾子　にへい・あやこ　プロゴルファー(日人)
二瓶清　にへい・きよし　考古学者(考古)
二瓶鮫一　にへい・こういち　俳優(テレ)
二瓶大三　にへい・だいぞう　洋画家(美家)
二瓶正也　にへい・まさや　俳優(映男)

二野瓶　にのへい
二野瓶徳夫　にのへい・とくお　国立国会図書館(国ामu)

12 二場　ふたば
二場邦彦　ふたば・くにひこ　中小企業問題研究者(現執2期)

二塚　にずか；ふたつか
二塚利明　にずか・としあき　日本共産党徳山地区委員会鉄板工細胞員(社史)
二塚正也　にずか・まさや　経済情報学者(現執3期)
二塚長生　ふたつか・おさお　染織家(国宝)
二塚信　ふたつか・まこと　熊本大学医学部教授(日典)

二葉　ふたば
二葉あき子　ふたば・あきこ　歌手(日人)
二葉かほる　ふたば・かおる　女優(日人)
二葉喜太郎　ふたば・きたろう　実業家(日人)
二葉憲香　ふたば・けんこう　日本史学者(世紀)
二葉百合子　ふたば・ゆりこ　浪曲師,歌手(日人)

二間瀬　ふたませ
　二間瀬敏史　ふたませ・としふみ　弘前大学理学部物理学科助教授（日典）
二階　にかい；にしな
　二階重楼　にかい・じゅうろう　植物学者（日人）
　二階俊博　にかい・としひろ　政治家（現政）
　二階俊太郎　にしな・しゅんたろう　「ジャングル生活12年」弘文社（日典3）
¹⁴二関　にのせき
　二関亜由美　にのせき・あゆみ　新体操選手（日典3）
　二関恵美　にのせき・えみ　版画家（日典3）
　二関天　にのせき・たかし　潮流詩派の会（国典）
　二関隆美　にのせき・たかみ　「教育総説」（国典）
　二関辰郎　にのせき・たつお　「ライブ・エンタテインメントの著作権」著作権情報センター（日典）
¹⁶二橋　にはし；ふたつばし；ふたはし
　二橋志乃　にはし・しの　浜松張子の製作者（姓氏静岡）
　二橋謙　ふたつばし・けん　外交官（海越新）
　二橋謙　ふたはし・けん　外交官（日人）
¹⁸二藤　にとう；にふじ
　二藤薫　にとう・かおる　「カリスマ外語大生が教えるやばい！地学1」ゴマブックス（日典3）
　二藤忠　にとう・ただし　「一海軍特務士官の証言」現代史出版会（書籍）
　二藤彰　にふじ・あきら　「解る！歯科薬理学」学建書院（日典3）
¹⁹二瀬　ふたせ
　二瀬西恵　ふたせ・さいけい　書家（現執3期）

【33】　井

井　い；いい；いのもと
　井いつよ　い・いつよ　「ゆるやかな階」新星書房（日典3）
　井薫　いい・かおる　日本ハンドボール協会常務理事（日典）
　井研治　いのもと・けんじ　「音響学ABC」技報堂出版（日典3）
井ノ口　いのくち；いのぐち
　井ノ口馨　いのくち・かおる　富山大学大学院医学薬学研究部・医学部生化学講座教授（日典3）
　井ノ口牛歩　いのくち・ぎゅうほ　「涙壺」東葛川柳会（日典3）
　井ノ口順一　いのぐち・じゅんいち　「リッカチのひ・み・つ」日本評論社（日典3）
　井ノ口忠　いのぐち・ただし　四国コカ・コーラボトリング顧問（日典）
井ヶ田　いけだ；いげた
　井ヶ田弘美　いけだ・ひろみ　「風の沐浴」角川書店（日典3）
　井ヶ田嗣夫　いげた・つぐお　「エクセルボックスカルバートの設計例」インデックス出版（日典3）
　井ヶ田良治　いげた・りょうじ　法学者（現執2期）

³井下　いした；いのした
　井下蛙友治　いした・あゆひ　弓道家, 弓道錬士（弓道）
　井下辰雄　いした・たつお　実業家（群馬人）
　井下清　いのした・きよし　造園学者（日典）
　井下猴々　いのした・こうじょう　俳人（四国文）
井下田　いげた
　井下田憲　いげた・けん　日本社会党本部総務局付（日典3）
　井下田四郎　いげた・しろう　「引又河岸の三百年」井下田慶一郎（日典3）
　井下田成司　いげた・せいじ　ファッションデザイナー（日典3）
　井下田猛　いげた・たける　政治学者（現執4期）
　井下田広明　いげた・ひろあき　海上保安庁第一管区海上保安本部長（日典3）
井上　いのうえ；いのえ
　井上円了　いのうえ・えんりょう　仏教哲学者（コン5）
　井上靖　いのうえ・やすし　小説家（コン4）
　井上延陵　いのえ・えんりょう　実業家（静岡百）
井口　いぐち；いのくち；いのぐち
　井口基成　いぐち・もとなり　ピアニスト, 教育家（コン4）
　井口在屋　いのくち・ありや　機械工学者（コン5）
　井口糺　いのぐち・ただす　出羽秋田藩士（幕末）
井土　いずち；いど；いのど
　井土良二　いずち・りょうじ　桐丘短期大学長（群馬人）
　井土貴司　いど・たかし　食品・農業評論家（現執3期）
　井土霊山　いのど・れいざん　漢詩人（世紀）
井川　いかわ；いがわ
　井川一久　いかわ・かずひさ　新聞記者（世紀）
　井川洋二　いかわ・ようじ　病理学者（日人）
　井川洗厓　いがわ・せんがい　日本画家（日人）
　井川比佐志　いがわ・ひさし　俳優（日人）
⁴井之上　いのうえ；いののうえ
　井之上隆志　いのうえ・たかし　俳優（テレ）
　井之上チャル　いのうえ・ちゃる　俳優（テレ）
　井之上宜信　いのうえ・よしのぶ　「国際私法学への道程」日本加除出版（印刷）
井之口　いのくち；いのぐち
　井之口章次　いのくち・しょうじ　民俗学者（現執2期）
　井之口政雄　いのくち・まさお　政治家, 社会運動家（コン4）
　井之口政雄　いのぐち・まさお　社会運動家, 政治家（平和）
井之川　いのかわ；いのがわ
　井之川巨　いのかわ・きょ　詩人（平和）
　井之川孝ார　いのかわ・たかか　「気象と死亡」金文堂書店（日典3）
　井之川知白　いのがわ・ちはく　日本画家（日画）

井元　いのもと；いもと
　井元英志　いのもと・えいじ　コメディアン（日典3）
　井元正流　いのもと・まさる　医師，政治家（現政）
　井元為三郎　いもと・ためさぶろう　実業家（日人）
　井元麟之　いもと・りんし　水平運動家（コン4）

井内　うち；いない；いのうち
　井内恭太郎　いうち・きょうたろう　官吏（日人）
　井内紀代　いない・きよ　「心と暮らしの「老いじたく」いきいきハンドブック」秀和システム（日典3）
　井内澄子　いのうち・すみこ　ピアニスト（演奏）

井戸川　いとがわ；いどがわ
　井戸川辰三　いとがわ・たつぞう　陸軍軍人（陸海）
　井戸川功雄　いどがわ・いさお　東京都立科学技術大学名誉教授（日典3）
　井戸川美和子　いどがわ・みわこ　歌人（日人）

井戸田　いとだ；いだた
　井戸田勲　いとだ・いさお　サイバープロ社長，日本技術者連盟専務理事（日典3）
　井戸田勇　いとだ・いさむ　軍人（陸海）
　井戸田侃　いどた・あきら　刑法学者，弁護士（世紀）
　井戸田博史　いどた・ひろふみ　法学者（現執4期）

井戸崎　いとざき；いどさき
　井戸崎晟　いとざき・あきら　泉屋社長（日典）
　井戸崎貞美　いどさき・さだみ　「山水一川柳」（JM）

井手　いて；いで
　井手今滋　いて・いましげ　「新修橘曙覧全集」桜楓社（JM）
　井手宣通　いで・のぶみち　洋画家（日人）
　井手文子　いで・ふみこ　婦人史研究者（日人）

井手口　いてぐち；いでぐち
　井手口林　いてぐち・はやし　弓道家，弓道教士（弓道）
　井手口彰典　いでぐち・あきのり　「ネットワーク・ミュージッキング」勁草書房（日典3）
　井手口三代市　いでぐち・みよいち　カトリック司祭（神奈川人）

井爪　いずめ；いのつめ
　井爪孝一　いずめ・こういち　政治家（和歌山人）
　井爪丹岳　いずめ・たんがく　画家（美家）
　井爪伊造　いのつめ・いぞう　書道検定3級合格最高齢者（人情）

[5]井尻　いじり；いのしり
　井尻正二　いじり・しょうじ　古生物学者，科学作家（日人）
　井尻艶太　いじり・つやた　教育者（日人）
　井尻林叔　いのしり・りんしゅく　画家＝近世（人名1）

井本　いのもと；いもと
　井本貴史　いのもと・たかふみ　コメディアン（テレ）
　井本岳秋　いのもと・たけあき　熊本体力研究所主任（日人）
　井本台吉　いもと・だいきち　弁護士，検察官（日人）
　井本農一　いもと・のういち　日本文学者，俳人（日人）

井生　いおう
　井生定巳　いおう・さだみ　会社役員（日典）
　井生崇光　いおう・たかみつ　プロ野球選手（日典3）

井田　いた；いだ
　井田亀成　いた・かめなり　俳人（岡山人）
　井田磐楠　いだ・いわくす　陸軍軍人，政治家（コン5）
　井田譲　いだ・ゆずる　美濃大垣藩士，軍人（日人）

井石　いいし；いせき
　井石セイ　いいし・せい　大阪府衛星都市消費者団体連絡協議会会長（日典）
　井石礼司　いいし・れいじ　元・プロ野球選手（日典3）
　井石光治　いせき・こうじ　「教師・学校長の姿」牧歌舎（製作）（日典3）
　井石邦献　いせき・ほうけん　三重県の女子教育提唱者（三重続）

井立　いだち；いだて
　井立勝己　いだち・かつみ　埼玉県出納長（日典3）
　井立縫次　いだち・ぬいじ　毛織業（姓氏愛知）
　井立輝子　いだて・てるこ　「めぐるもの」詩学社（日典3）

井辺　いべ；いんべ
　井辺清　いべ・きよし　「熱い胸さわぎ」ワニブックス（日典3）
　井辺俊蔵　いべ・しゅんぞう　弓道家（弓道）
　井辺敏昭　いんべ・としあき　「田中米雄遺稿集」中井書店（日典3）
　井辺利夫　いんべ・としお　元・日本加工製紙取締役（日典）

[6]井伊谷　いいのや
　井伊谷鋼一　いいのや・こういち　京都大学名誉教授（日典）

井汲　いくみ
　井汲越治　いくみ・えつじ　労農同盟全国委員会メンバー（社史）
　井汲清治　いくみ・きよはる　文芸評論家，編集者（現情）
　井汲清治　いくみ・せいじ　評論家，フランス文学者（世紀）
　井汲卓一　いくみ・たくいち　経済学者（日人）
　井汲花子　いくみ・はなこ　落合消費組合組合員（女運）

井江　いえ
　井江栄　いえ・さかえ　挿絵画家（児人）

井江辰夫　いえ・たつお　奄美新興同志会関係者（社史）
井江春代　いえ・はるよ　童画家（児人）
井江ミサ子　いえ・みさこ　「合格できる1級日本語能力試験」アルク（日典）

[7]井利　いり
井利腆　いり・あつし　耳鼻科医（渡航）
井利儀一　いり・ぎいち　「甘樫丘に立つ」牧歌舎，星雲社（発売）（日典）
井利はじめ　いり・はじめ　「土壌細部調査のすすめ」家の光協会（日典）

井坂　いさか；いざか
井坂孝　いさか・たかし　実業家（日人）
井坂洋子　いさか・ようこ　詩人（日人）
井坂宇吉　いざか・うきち　本草学者（植物）
井坂徳辰　いざか・のりとき　国学者（日人）

井形　いかた；いがた
井形厚臣　いかた・あつおみ　工学者（理学博士）（徳島歴）
井形圭介　いかた・けいすけ　「Androidタブレットアプリ開発ガイド」翔泳社（日典）
井形昭弘　いがた・あきひろ　内科学者，神経病学者（日人）
井形景紀　いがた・けいき　声楽家（バリトン，バス），合唱指揮者（新芸）

井沢　いさわ；いざわ
井沢かずみ　いさわ・かずみ　詩人（日典3）
井沢義雄　いさわ・よしお　フランス文学者，評論家（兵庫文）
井沢淳　いざわ・じゅん　映画評論家（日人）
井沢元彦　いざわ・もとひこ　小説家（日人）

井芹　いせり
井芹宇一郎　いせり・ういちろう　熊本県議会議員（社史）
井芹貞夫　いせり・さだお　「模範中国語会話」木耳社（日典3）
井芹経平　いせり・つねひら　教育者（日人）
井芹浩文　いせり・ひろふみ　ジャーナリスト（現執3期）
井芹沭苹　いせり・もくべい　陶芸家（陶工）

井谷　いたに
井谷正二　いたに・しょうじ　印刷工（社史）
井谷徹　いたに・とおる　衛生学者（現執3期）
井谷昌喜　いたに・まさき　小説家（ミス）
井谷まさみち　いたに・まさみち　歌人（紀伊文）
井谷正吉　いたに・まさよし　農民運動家（日人）

[8]井岡　いおか；いのおか
井岡大造　いおか・たいぞう　機業教育家（群馬人）
井岡大治　いおか・だいじ　労働運動家，政治家（現政）
井岡唄芳　いのおか・そばう　「満支習俗考」大空社（日典3）
井岡大造　いのおか・たいぞう　機業教育家（姓氏群馬）

井門　いかど；いど；いもん
井門富二夫　いかど・ふじお　宗教学者（世紀）

井門俊治　いど・しゅんじ　電気工学者（現執3期）
井門寛　いもん・ひろし　経営問題専門家（現執2期）

[9]井城　いき
井城将一郎　いき・しょういちろう　「自動車給油便覧」（国典）
井城義正　いき・よしまさ　新々薬品（株）監査役（日典）
井城与八郎　いき・よはちろう　政治家（姓氏富山）

井後　いご；いじり
井後哲五郎　いご・てつごろう　剣術家（剣豪）
井後楳雪　いご・ばいせつ　日本画家（日画）
井後政晏　いじり・まさやす　「古代の神宮式年遷宮」皇学館大学出版部（日典3）

井染　いそめ；いぞめ
井染寿夫　いそめ・かずお　日本輸出雑貨センター専務理事（日典）
井染禄朗　いそめ・ろくろう　陸軍中将（日典3）
井染四郎　いぞめ・しろう　俳優（新芸）
井染禄郎　いぞめ・ろくろう　軍人（日人）

井柳　いやなぎ
井柳健吉　いやなぎ・けんきち　弓道家，弓道教士（弓道）
井柳美紀　いやなぎ・みき　「ディドロ多様性の政治学」創文社（日典3）
井柳基名　いやなぎ・もとな　「保育方法・形態論」樹村房（日典）

井海　いかい
井海江利子　いかい・えりこ　「コミュニティー・ヘルス」金沢医科大学出版局（日典3）
井海健吾　いかい・けんご　「空気マイクロメータ」（国典）

井津　いず
井津建郎　いず・けんろう　写真家（写人）
井津哲彦　いず・てつひこ　政治家（現政）

井畑　いはた；いばた
井畑敏　いはた・さとし　ファイナンシャル・プランナー（現執3期）
井畑田一　いはた・でんいち　東京ダイハツ社長（日典）
井畑明男　いばた・あきお　青森銀行会長（日典3）
井畑政子　いばた・せいこ　歌人（紀伊文）

井神　いかみ；いがみ；いのかみ
井神米治　いかみ・よねじ　洋服職工（社史）
井神国彦　いがみ・くにひこ　元・高校野球選手（日典）
井神隆行　いのかみ・たかゆき　ブレイン社長（日典）

井美　いみ
井美昭一郎　いみ・しょういちろう　相模女子大学名誉教授（日典3）
井美健夫　いみ・たけお　「漢字なんでも大研究」ポプラ社（日典3）
井美博行　いみ・ひろし　葛飾区立南綾瀬小学校長（日典3）

井美みさを　いみ・みさお　「従姉妹」北羊館（日典3）

井面　いのも；いもお
井面信行　いのも・のぶゆき　「芸術学の基礎概念」中央公論美術出版（日典3）
井面守重　いのも・もりしげ　神職（国書）
井面芳子　いもお・よしこ　小学校衛生婦（社史）

[10] 井倉　いくら；いぐら
井倉和雄　いくら・かずお　銀行家（姓氏愛知）
井倉和也　いくら・かずや　滋賀銀行頭取（日典3）
井倉光一　いぐら・こういち　歌手（日典）

井原　いはら；いばら
井原高忠　いはら・たかただ　テレビプロデューサー，演出家（日人）
井原哲夫　いはら・てつお　経済学者,SF作家（現執4期）
井原雲涯　いばら・うんがい　書家，教育者（島根歴）
井原協一　いばら・きょういち　歯科医（島根歴）

井家上　いけがみ
井家上専　いけがみ・あつむ　政治家，労働運動家（姓氏京都）
井家上専　いけがみ・せん　紡績工（社史）
井家上隆幸　いけがみ・たかゆき　評論家，コラムニスト（現執4期）

井料　いりょう
井料和彦　いりょう・かずひこ　ファゴット奏者（音人3）
井料政吉　いりょう・まさきち　アジア技術コンサルタント取締役社長（日典3）
井料勇吉　いりょう・ゆうきち　満鉄混保検査所長，満鉄窯業専務（日典3）
井料瑠美　いりょう・るみ　女優（日典3）

井桁　いげた
井桁糺治　いげた・きゅうじ　刀剣鑑定家（埼玉人）
井桁敬治　いげた・けいじ　軍人（陸海）
井桁貞敏　いげた・さだとし　ロシア語学者（現情）
井桁貞義　いげた・さだよし　ロシア文学者（現執4期）
井桁克　いげた・まさる　政治家（現政）

井桜　いざくら
井桜直美　いざくら・なおみ　古写真研究者（写人）
井桜久次　いざくら・ひさじ　（財）日本レクリエーション協会上級指導者,和歌山県レクリエーション協会理事（日典3）

井浦　いうら；いのうら
井浦深泉　いうら・しんせん　染絵師（美工）
井浦徹人　いうら・てつじん　俳人（北海道堰）
井浦順爾　いのうら・じゅんじ　筑紫女学園理事長（日典3）
井浦芳信　いのうら・よしのぶ　日本近世文学・演劇史研究者（現執1期）

井畔　いぐろ
井畔紘一　いぐろ・こういち　宇宙通信（三菱グループ）営業第一部次長（日典3）
井畔武明　いぐろ・たけあき　能楽（人書）

井隼　いはや
井隼けい　いはや・けい　小学校教員,託児所保母（社史）
井隼慶人　いはや・けいじん　染色家（日典3）

井馬　いま
井馬栄　いま・さかえ　海上保安庁第九管区海上保安本部長（日典3）

[11] 井亀　いかめ；いがめ
井亀あおい　いかめ・あおい　自殺した文学少女（女性普）
井亀潔　いかめ・きよし　「花を追ひつつ」短歌研究社（日典3）
井亀あおい　いがめ・あおい　「アルゴノオト」葦書房（日典3）
井亀明彦　いがめ・あきひこ　ミュージシャン（日典）

井堀　いほり；いぼり
井堀繁雄　いほり・しげお　労働運動家,政治家（コン4）
井堀利宏　いほり・としひろ　経済学者（現執4期）
井堀寿　いほり・ひさし　保護司（岡山人）
井堀由み　いほり・ゆみ　長野市三輪地区交通安全母の会会長（日典）

井崎　いさき；いざき
井崎邦為　いさき・くにため　山一証券経済研究所取締役（日典3）
井崎脩五郎　いさき・しゅうごろう　競馬評論家（テレ）
井崎一夫　いざき・かずお　漫画家（漫人）
井崎洋子　いざき・ひろこ　ソプラノ歌手（音人3）

井深　いふか；いぶか
井深彦三郎　いふか・ひこさぶろう　通訳（人名）
井深梶之助　いふか・かじのすけ　プロテスタント教育家（コン5）
井深大　いぶか・まさる　実業家,電子工学者（コン4）

井清　いせい
井清武弘　いせい・たけひろ　工業技術院資源環境技術総合研究所安全工学部長（日典3）
井清哲夫　いせい・てつお　元中国電力副社長（人情）

井貫　いぬき
井貫軍二　いぬき・ぐんじ　中国文学研究者（中専）
井貫武亮　いぬき・たけすけ　弁護士（日典3）

井野口　いのくち；いのぐち
井野口慧子　いのくち・けいこ　詩人（日典）
井野口孝　いのぐち・たかし　京都府立大学文学部教授（日典）
井野口博之　いのぐち・ひろゆき　伊勢化学工業社長（日典3）

二部（井）　　〔33〕

井野川　いのかわ；いのがわ
　井野川潔　いのかわ・きよし　評論家（コン4）
　井野川利春　いのかわ・としはる　プロ野球監督（日人）
　井野川幸次　いのがわ・こうじ　平曲・地唄箏曲演奏者（姓氏愛知）
井黒　いくろ；いぐろ
　井黒正明　いくろ・まさあき　元・富山相互銀行（現・富山第一銀行）副社長（日典）
　井黒忍　いぐろ・しのぶ　「17世紀以前の日本・中国・朝鮮関係絵図地図目録」京都大学大学院文学研究科（日典3）
　井黒弥太郎　いぐろ・やたろう　歴史研究者（北海道文）
[12]井植　いうえ
　井植薫　いうえ・かおる　三洋電機社長（実業）
　井植貞雄　いうえ・さだお　淡路フェリーボート社長（日典3）
　井植敏　いうえ・さとし　実業家（日人）
　井植敏彰　いうえ・としあき　三洋ハイアール社長（日典3）
　井植歳男　いうえ・としお　三洋電機創設者（コン4）
井葉野　いばの
　井葉野昭美　いばの・あけみ　「小動物のエマージェンシーとクリチカルケア」New LLL出版（日典3）
　井葉野篤三　いばの・とくぞう　小説家（大阪文）
　井葉野義弘　いばの・よしひろ　「小動物の胃腸病ハンドブック」LLLセミナー（日典3）
井街　いがい；いまち
　井街謙　いがい・けん　京都大学教授（日典）
　井街宏　いまち・こう　東京大学医学部附属医用電子研究施設教授・先端科学技術研究センター教授（日典3）
　井街譲　いまち・じょう　医師（近医）
井越　いこし；いごし
　井越和子　いこし・かずこ　「花屋さんの花図鑑」主婦の友社（日典3）
　井越申　いこし・しん　農民（社史）
　井越敬司　いごし・けいじ　「現代チーズ学」食品資材研究会（日典3）
　井越正人　いごし・まさと　秋田地検検事正（日典3）
井道　いどう
　井道玉温　いどう・ぎょくおん　「地理の要点と解き方」（国典）
　井道千尋　いどう・ちひろ　棋士（日典3）
[13]井槌　いづち
　井槌邦雄　いづち・くにお　福岡大学講師（日典3）
　井槌進　いづち・すすむ　井槌産婦人科病院長（日典）
　井槌六郎　いづち・ろくろう　医師（日典3）
井福　いふく
　井福播磨　いふく・はりま　相良氏家臣＝中世（戦西）

井福羽留子　いふく・はるこ　女性ゴルファー（体育）
井置　いおき
　井置栄一　いおき・えいいち　軍人（陸海）
　井置一史　いおき・かずふみ　水資源機構理事（日典）
　井置尚三　いおき・しょうぞう　レンゴー（株）営業本部調査部長（日典3）
　井置正道　いおき・まさみち　「ある軍人の生涯」井置栄一の追悼録を出版する会（日人）
　井置光男　いおき・みつお　企業家（群馬人）
[14]井嶋　いしま；いじま
　井嶋郁恵　いしま・いくえ　「あー」佐賀市立図書館（日典3）
　井嶋磐根　いじま・いわね　弁護士（日典3）
　井嶋一友　いじま・かずとも　最高裁判事（日典3）
井樋　いとい；いび
　井樋栄二　いとい・えいじ　「肩関節のMRI」メジカルビュー社（日典3）
　井樋慶一　いとい・けいいち　「ストレスの科学」万有生命科学振興国際交流財団（日典3）
　井樋克之　いび・かつゆき　司法書士（日典3）
　井樋博　いび・ひろし　陶芸家（陶芸最）
井熊　いくま；いぐま
　井熊均　いくま・ひとし　日本総合研究所創発戦略センター所長（現執4期）
　井熊光義　いくま・みつよし　「日産式「改善」という戦略」講談社（日典3）
　井熊正幸　いぐま・まさゆき　カミオートモーティブ社長（日典）
井端　いはた；いばた
　井端珠里　いはた・じゅり　女優（テレ）
　井端和男　いばた・かずお　公認会計士（日典3）
　井端弘和　いばた・ひろかず　プロ野球選手（日典3）
井関　いせき；いぜき
　井関邦三郎　いせき・くにさぶろう　実業家（日人）
　井関尚栄　いせき・しょうえい　血清学者,法医学者（日人）
　井関十二郎　いぜき・じゅうじろう　経営学者（コン）
　井関盛艮　いぜき・もりとめ　官僚,政治家（島根歴）
[15]井幡　いはた；いばた
　井幡松亭　いはた・しょうてい　書家（日典3）
　井幡博康　いばた・ひろやす　元・サッカー選手（日典）
　井幡弥生　いばた・やよい　歌人（富山文）
井蕗　いぶき
　井蕗愛　いぶき・あい　画家（人情）
[16]井橋　いはし
　井橋孝夫　いはし・たかお　スタート・ラボ社長（日典3）
　井橋光三　いはし・みつぞう　「税務調査とその受け方」（国典）

井筐　いの
　井筐節三　いの・せつぞう　文筆家,ユートピア ン(社史)

井頭　いがしら；いとう
　井頭均　いがしら・ひとし　聖和大学教育学部助教授(日典)
　井頭康男　いがしら・やすお　実業家,政治家(岡山歴)
　井頭弘美　いとう・ひろみ　洋画家(日典)

[18]井藤　いとう；いふじ
　井藤半弥　いとう・はんや　経済学者(日人)
　井藤与志雄　いとう・よしお　弁護士,社会運動家(世紀)
　井藤淳　いふじ・じゅん「スワッピング」壱番館書房(日典)
　井藤麗山　いふじ・れいざん　尺八奏者(音人3)

【34】五

[2]五十子　いかご；いそこ；いそご；いらこ；いらご
　五十子宇平　いかご・うへい(日典)
　五十子敬斎　いそこ・けいさい　町政寄与者(多摩)
　五十子嘉平　いそご・よしへい　無産青年社本社員(社史)
　五十子敬斎　いらこ・けいさい　農民(日人)
　五十子元　いらご・はじめ「口腔インプラント・リファレンス・マニュアル」ゼニス出版(日典3)

五十川　いかがわ；いそかわ；いそがわ
　五十川基　いかがわ・もとい　備後福山藩士(日人)
　五十川團一　いそかわ・だんいち　政治家(姓氏京都)
　五十川訒堂　いそがわ・じんどう　教諭(日人)

五十井　いかい
　五十井修　いかい・おさむ　(財)日本水泳連盟事務局長(日典)
　五十井まさ枝　いかい・まさえ「渋谷道玄坂」洪水企画,草場書房(発売)(日典3)
　五十井美知子　いかい・みちこ「子どもと創る国語科基礎・基本の授業」国土社(日典)
　五十井芳郎　いかい・よしろう　報知新聞大阪本社販売局長代行,販売局次長兼販売部長(日典)

五十公野　いじみの；いずみの
　五十公野右衛門　いじみの・うえもん　上杉氏家臣=中世(戦東)
　五十公野清一　いずみの・せいいち　小説家(世紀)

五十田　いかだ；いそだ
　五十田至道　いかだ・しどう　僧侶(日典3)
　五十田安希　いそだ・あき　女優(人情)
　五十田三洞　いそだ・さんどう　ファイナンシャルプランナー,マーケティングプランナー(日典3)

五十君　いぎみ；いげみ；いそきみ；いそぎみ
　五十君弘太郎　いぎみ・こうたろう　元・陸上自衛隊第十三師団長(日典)
　五十君守康　いげみ・もりやす　バイオリニスト(音人)
　五十君貢　いそきみ・みつぐ　従者(海越新)
　五十君凌一　いそぎみ・りょういち　城西消費購買組合組合員(社史)

五十貝　いそがい
　五十貝博之　いそがい・ひろゆき「学校管理職選考直前合格力診断テスト」教育開発研究所(日典3)
　五十貝勝　いそがい・まさる　ボードビリアン

五十里　いかり；いそり
　五十里秋三　いかり・しゅうそう　教育者(埼玉人)
　五十里武　いかり・たけし　政治家(現政)
　五十里幸太郎　いそり・こうたろう　小説家,評論家(世紀)

五十畑　いかはた；いそはた
　五十畑明　いかはた・あきら　国際研修協力機構専務理事(日典3)
　五十畑隆　いかはた・たかし　新聞記者(現執4期)
　五十畑迅人　いそはた・はやと　俳優(テレ)
　五十畑幸勇　いそはた・ゆきお　映画撮影監督(映人)

五十島　いがしま；いそじま
　五十島璃英子　いがしま・りえこ「ばんちゃの昔話」歴史春秋出版(日典3)
　五十島長太郎　いそじま・ちょうたろう　聖マリアンナ医科大学教授(日典3)
　五十島帆　いそじま・はん「保科正之伝」歴史春秋出版(日典3)

五十崎　いかざき；いそざき
　五十崎古郷　いかざき・こきょう　俳人(日人)
　五十崎由記　いかざき・ゆき「らしく。」アルファポリス,星雲社(発売)(日典3)
　五十崎恒　いそざき・ひさし　名城大学都市情報学部教授(日典)

五十部　いそべ
　五十部希江　いそべ・きえ　高校教師,小説家(日典)
　五十部賢次郎　いそべ・けんじろう「計測管理入門」日刊工業新聞社(日典3)
　五十部誠一郎　いそべ・せいいちろう　農林水産省農業工学研究所主任研究官(日典)
　五十部豊久　いそべ・とよひさ　民事法学者(現執1期)
　五十部令脩　いそべ・りょうしゅう　僧侶(日典)

五十野　いその
　五十野昭夫　いその・あきお　川崎市立橘高等学校(定時制)英語科教諭(日典)
　五十野惇　いその・あつし　聖徳大学短期大学部初等教育学科助教授(日典)
　五十野時子　いその・ときこ「さくら先生の言葉のバイエル教室60」明治図書出版(日典3)

二部(五)

五十野譲　いその・ゆずる　衆院議員(政友会)(日典3)
五十野善信　いその・よしのぶ　長岡技術科学大学工学部化学系教授(日典3)

五十嵐　いからし；いがらし；いそあらし

五十嵐熊平　いからし・くまへい　出羽松山藩右筆、歌人(藩臣1)
五十嵐力　いがらし・ちから　国文学者(コン5)
五十嵐敬之助　いそあらし・けいのすけ　力士(相人)

五十棲　いおずみ；いそずみ

五十棲健　いおずみ・けん　医師(日典3)
五十棲一男　いそずみ・かずお「神経内科のスピード学習と専門医学習」医薬出版(日典3)
五十棲辰男　いそずみ・たつお　政治家(現政)

五十殿　おむか

五十殿利治　おむか・としはる　近代美術史研究者(現執4期)
五十殿ひろ美　おむか・ひろみ「ニューヨーク近代美術館1980年以降の現代アート250作品ガイド」ミュージアム図書(日典3)

五十鈴　いすず

五十鈴あやか　いすず・あやか「鋼鉄三国志」コナミデジタルエンタテインメント(日典3)
五十鈴桂子　いすず・けいこ　女優(映女)
五十鈴澄子　いすず・すみこ「雲形の規矩」短歌新聞社(日典3)
五十鈴隆弘　いすず・たかひろ「明治・大正・昭和三代間の解決」啓明塾(日典3)

五十嶋　いそしま；いそじま

五十嶋文一　いそしま・ぶんいち　薬師岳太郎平小屋主(日典3)
五十嶋一晃　いそじま・いちこう「山案内人宇治長次郎」桂書房(日典3)
五十嶋博文　いそじま・ひろぶみ　太郎平小屋(薬師岳)経営者、五十嶋商事社長(日典3)

五十幡　いそはた

五十幡健　いそはた・けん「若妻」フランス書院(日典3)
五十幡喜彦　いそはた・よしひこ「今日からデキる営業マン！」印刷出版研究所(日典3)
五十幡佳美　いそはた・よしみ　チアリーダー(日典3)

³五三　いつみ

五三健　いつみ・たけし「バスケットボール」成美堂出版(書籍)

五大　ごだい

五大功　ごだい・こう　著述家(日典3)
五大路子　ごだい・みちこ　女優(テレ)

五弓　ごきゅう

五弓勇雄　ごきゅう・いさお　金属工学者(現情)
五弓雪窓　ごきゅう・せっそう　史学者(幕末)
五弓久文　ごきゅう・ひさふみ　儒者(コン5)

⁴五井　ごい

五井一雄　ごい・かずお　社会主義経済体制研究者(現執2期)

五井和夫　ごい・かずお　オーバル代表取締役(日典3)
五井孝夫　ごい・たかお　建築家(美建)
五井輝夫　ごい・てるお　生活思想社メンバー(社史)
五井昌久　ごい・まさひさ　宗教家(現執2期)

五井野　ごいの

五井野貞雄　ごいの・さだお　貴金属業(現執2期)
五井野正　ごいの・ただし「科学から芸術へ」創栄出版(日典3)

五戸　ごと；ごのへ

五戸唯　ごと・ゆい「苦しみにも痛みにも希望にも似て」カラーズ(日典3)
五戸伝三郎　ごのへ・でんざぶろう「中国民話」阿波美穂子(日典3)
五戸博　ごのへ・ひろし　元・プロボクサー(日典3)

五斗　ごとう

五斗一郎　ごとう・いちろう　九州大学名誉教授(日典3)
五斗美代子　ごとう・みよこ　福岡市青少年保護センター所長(人情)

五日市　いつかいち

五日市王　いつかいち・おう　岩手県議(民主党、二戸市)(日典3)
五日市剛　いつかいち・つよし「ツキを呼ぶ「魔法の言葉」ゴールドラッシュ！」リプート(日典3)
五日市智滋　いつかいち・のりしげ　理療科教員(視覚)
五日市恭子　いつかいち・やすこ「ウォーキング」未来文化社(日典3)

五月　さつき

五月一朗　さつき・いちろう　浪曲師(日人)
五月信子　さつき・のぶこ　女優(日人)
五月藤江　さつき・ふじえ　女優(新芸)
五月操　さつき・みさお　俳優(新芸)
五月みどり　さつき・みどり　女優、歌手(日人)

五月女　さおとめ；さつきめ；そうとめ；そおとめ

五月女道子　さおとめ・みちこ　ソビエト文学翻訳家(埼人)
五月女庄太郎　さつきめ・しょうたろう　埼玉県埼葛教育事務所指導主事(日典3)
五月女偉男　そうとめ・あきお　政治家(栃人歴)
五月女ケイ子　そおとめ・けいこ　イラストレーター(日典3)

五月日　ごがつび

五月日陽一　ごがつび・よういち　元陸軍兵長(人情)

五木田　ごきた

五木田彪　ごきた・あきら「MSXビジネスBASIC入門」新紀元社(日典3)
五木田和彦　ごきた・かずひこ　写真家(写人)
五木田三郎　ごきた・さぶろう　能楽師(能狂言)
五木田武計　ごきた・たけかず　能楽師(能狂言)

五木田亮一　ごきた・りょういち　映画監督（映鑑）

⁵五代儀　いよぎ；ごだいぎ
五代儀幹雄　いよぎ・みきお　「雪・挽歌」文学の森（日典）
五代儀豊苑　ごだいぎ・ほうえん　水墨画家（日典）

五本松　ごほんまつ
五本松昌平　ごほんまつ・あきひら　小説家（石川文）

五由出　ごゆで
五由出家義　ごゆで・いえよし　「原点の大陸」五由出後援会（日典）

五辻　いつつじ；いつつつじ；ごつじ
五辻安仲　いつつじ・やすなか　公家，宮内省官吏（海越新）
五辻高仲　いつつつじ・たかなか　公家（公卿）
五辻盈　ごつじ・みつる　イラストレーター（日典）

⁶五光　ごこう
五光照雄　ごこう・てるお　「ことば面白ゼミナール」自由現代社（日典3）

五次　ごじ
五次勝　ごじ・まさる　彫刻家（日典3）
五次義次　ごじ・よしつぐ　高知新聞編集局整理部第2部長（日典）

五百川　いおかわ；いおがわ；いよかわ
五百川清　いおかわ・きよし　「治水運動家・技術者群像」北陸建設弘済会（日典）
五百川純寿　いおがわ・すみひさ　島根県議（日典）
五百川清　いよかわ・きよし　「越佐歴史散歩」野島出版（JM）

五百井　いおい；いおろい
五百井清　いおい・きよし　近畿大学工学部システムデザイン工学科教授（日典）
五百井清右衛門　いおい・せいえもん　早稲田大学アジア太平洋研究センター教授（日典）
五百井清右衛門　いおろい・せいえもん　数学者（数学）

五百木　いおき；いおぎ
五百木飄亭　いおき・ひょうてい　ジャーナリスト，俳人（四国文）
五百木良三　いおき・りょうぞう　ジャーナリスト，俳人（日人）
五百木飄亭　いおぎ・ひょうてい　ジャーナリスト，俳人（新文）
五百木良三　いおぎ・りょうぞう　ジャーナリスト（コン）

五百田　いおた；いほた
五百田達成　いおた・たつなり　「一瞬で幸せ本能がめざめる心のゆるめかた」中経出版（日典3）
五百田俊治　いほた・としはる　弁護士（日典3）

五百住　いおずみ；いほずみ
五百住乙　いおずみ・おつ　挿絵画家（日児）
五百住乙人　いおずみ・きのと　洋画家（日典）

五百住巨川　いほずみ・きょせん　漢学者（山梨百）

五百沢　いおざわ
五百沢智也　いおざわ・ともや　氷河研究家，地図学・地理学研究家（世紀）
五百沢日丸　いおざわ・ひまる　写真家（日典3）
五百沢雅子　いおざわ・まさこ　バーテンダー（日典3）

五百城　いおき；いおしろ
五百城文哉　いおき・ぶんさい　洋画家，高山植物の研究家（日人）
五百城文哉　いおしろ・ぶんや　洋画家，高山植物の研究家（名画）

五百崎　いよざき
五百崎三郎　いよざき・さぶろう　「そして，猛虎が甦った」東都書房（日典3）

五百部　いべ；いほべ
五百部敦志　いべ・あつし　「Squeakプログラミング」東京電機大学出版局（日典3）
五百部清　いほべ・きよし　中日新聞東京本社編集局資料部長（日典）
五百部裕　いほべ・ひろし　椙山女学園大学人間関係学部教授（日典3）

五百旗頭　いおきべ
五百旗頭明子　いおきべ・あきこ　翻訳家，通訳（日典）
五百旗頭薫　いおきべ・かおる　「大隈重信と政党政治」東京大学出版会（日典3）
五百旗頭欣一　いおきべ・きんいち　詩人（日典3）
五百旗頭正　いおきべ・ただし　「カオス応用システム」朝倉書店（日典3）
五百旗頭真　いおきべ・まこと　政治法学者（履歴2）

五百蔵　いおろい；いよろい
五百蔵重典　いおろい・しげのり　「グループウェア」森北出版（日典3）
五百蔵正寛　いおろい・まさひろ　弓道家，弓道錬士（弓道）
五百蔵一夫　いよろい・かずお　「自然の風とこころ」睦美マイクロ（日典3）
五百蔵粂　いよろい・くめ　「応用測量」実教出版（日典3）

五百簱頭　いおきべ
五百簱頭真治郎　いおきべ・しんじろう　経済思想史家（哲学）

五老　ごろう
五老信吉　ごろう・しんきち　森永製菓企画調査課長（国典）

⁷五来　ごらい
五来逸雄　ごらい・いつお　横浜市立大学医学部講師（日典3）
五来要人　ごらい・かなめ　「教育とコンミュニティ」リスナー社（日典）
五来欣造　ごらい・きんぞう　政治学者（コン5）
五来重　ごらい・しげる　宗教民俗学者（日人）
五来素川　ごらい・そせん　政治学者（日児）

五社　ごしゃ
　五社巴　ごしゃ・ともえ　フリーライター（日典3）
　五社英雄　ごしゃ・ひでお　フジTVプロデューサー、映画監督（日典）

[8]五味　こみ；ごみ
　五味美一　こみ・よしかず　数学者（数学）
　五味康祐　ごみ・やすすけ　小説家（日人）
　五味保義　ごみ・やすよし　歌人（日人）

五味甲　ごみかぶと
　五味甲保吉　ごみかぶと・やすきち　力士（人名）

五姓田　ごせいだ；ごせだ
　五姓田芳柳　ごせいだ・ほうりゅう　洋画家（名画）
　五姓田芳柳〔代数なし〕　ごせいだ・ほうりゅう　洋画家（日児）
　五姓田芳柳　ごせだ・ほうりゅう　洋画家（コン5）
　五姓田義松　ごせだ・よしまつ　洋画家（コン5）

五所　ごしょ
　五所平之助　ごしょ・へいのすけ　映画監督、俳人（コン4）
　五所美子　ごしょ・よしこ　歌人（日典3）

五所野尾　ごしょのお
　五所野尾恭一　ごしょのお・きょういち　香川県議（自民党, 仲多度郡第1）（日典3）
　五所野尾基彦　ごしょのお・もとひこ　香川県議（自民党）

五明　ごみょう；ごめい
　五明公男　ごみょう・きみお　元・大学野球選手（日典3）
　五明金弥　ごみょう・きんや　下蒲刈町（広島県）町長（日典3）
　五明得一郎　ごめい・とくいちろう　元・愛知機械工業社長（日典）
　五明俊夫　ごめい・としお　愛知機械工業常務（日典3）

五林平　ごりんたい
　五林平武雄　ごりんたい・たけお「草紅葉一歌集」津軽書房（JM）

五歩一　ごぶいち
　五歩一勇　ごぶいち・いさむ　テレビディレクター、テレビプロデューサー（日典3）
　五歩一敬治　ごぶいち・けいじ「鋳物師史稿」（国典）

[9]五神　ごのかみ
　五神辰雄　ごのかみ・たつお　元神奈川県副知事（人情）
　五神真　ごのかみ・まこと　東京大学大学院工学系研究科教授（日典3）

五郎谷　ごろうたに；ごろうや
　五郎谷洋子　ごろうたに・ようこ「イラストレーションの教科書」玄光社（JM）
　五郎谷克二　ごろうや・かつじ「新潟県畜産史年表」新潟県畜産振興協議会（日典3）

五郎部　ごろうべ
　五郎部俊朗　ごろうべ・としろう　テノール歌手（音人3）

[10]五唐　ごとう
　五唐勝　ごとう・まさる　東京都立大学名誉教授、カリタス女子短期大学名誉教授（日典3）

五島　いつしま；ごしま；ごじま；ごとう
　五島康雄　いつしま・やすお　伊藤忠倉庫社長（日典）
　五島克巳　ごしま・かつみ　日本労働総同盟大阪印刷出版労組主事（社史）
　五島功　ごじま・いさお　TOKAI常務（日典）
　五島慶太　ごとう・けいた　実業家（コン4）

五鬼上　ごきじょう
　五鬼上堅磐　ごきじょう・かきわ　弁護士（人情）

[11]五野上　ごのうえ
　五野上力　ごのうえ・りき　俳優（映男）

五野井　ごのい
　五野井郁夫　ごのい・いくお「国際政治哲学」ナカニシヤ出版（日典3）
　五野井隆史　ごのい・たかし　研究者（現執4期）
　五野井博明　ごのい・ひろあき　ルポライター、ノンフィクションライター（現執3期）

[12]五喜田　ごきた
　五喜田正巳　ごきた・まさみ　歌人, 詩人（日典3）

五森　いつもり；ごもり
　五森大輔　いつもり・だいすけ　俳優（日典3）
　五森架里　ごもり・かり「Fluteman～フルートマン」エニックス（日典3）

[14]五嶋　ごしま；ごとう
　五嶋耕太郎　ごしま・こうたろう　政治家（現政）
　五嶋孝仁　ごしま・たかひと　富山大学工学部教授（日典3）
　五嶋みどり　ごとう・みどり　バイオリニスト（日人）
　五嶋竜　ごとう・りゅう　ヴァイオリニスト（テレ）

[15]五輪　いつわ；ごわ
　五輪真弓　いつわ・まゆみ　シンガー・ソングライター（日人）
　五輪教一　ごわ・きょういち「ケプラーの八角星」講談社（日典3）

[16]五頭　ごとう
　五頭和子　ごとう・かずこ　翻訳家（児人）
　五頭辰紀　ごとう・たつひろ「既存不適格建築物の防火性能診断法に関する調査」国土技術政策総合研究所（日典3）
　五頭美知　ごとう・みち「見てわかる地球の危機」日経ナショナルジオグラフィック社, 日経BP出版センター（発売）（日典3）

[18]五藤　ごとう
　五藤存知　ごとう・ありとも　軍人（陸海）
　五藤一成　ごとう・いっせい　政治家（現政）
　五藤斉三　ごとう・せいぞう　実業家（高知人）
　五藤正形　ごとう・まさなり　郷土文化功労者, パトロン（高知人）
　五藤康之　ごとう・やすゆき　政治家（現政）

【35】 互

[4]互井　たがい
互井英静　たがい・えいじょう　「大乗山経王寺」大乗山経王寺（日典3）
互井開一　たがい・かいいち　洋画家（日人）
互井観章　たがい・かんしょう　「色香」パレード，星雲社（発売）（日典3）
互井俊之　たがい・としゆき　「南十字星の砂時計」創友社（日典3）

[11]互野　ごの；たがいの
互野恭治　ごの・きょうじ　岩手県立総合教育センター教育工学室研修主事（日典3）
互野恭治　たがいの・きょうじ　「Visual Basicでエンジョイプログラミング」CQ出版（日典3）

【36】 亘

亘　わたり；わたる
亘明志　わたり・あけし　「記号論と社会学」ハーベスト社（日典3）
亘四郎　わたり・しろう　政治家（政治）
亘正幸　わたる・まさゆき　工芸家（日典）

[11]亘理　わたり
亘理寒太　わたり・かんた　俳人（姓氏山口）
亘理俊次　わたり・しゅんじ　植物学者，写真家（植物）
亘理晋　わたり・すすむ　医師（学校）
亘理隆胤　わたり・たかたね　政治家，銀行家（姓氏宮城）
亘理胤正　わたり・たねまさ　実業家，政治家（日人）

【37】 亜

[4]亜木　あき；あぎ
亜木馨　あき・かおる　「おんなの絵日記」潮出版社（書籍）
亜木祭　あき・まつり　「冬のデカルチャー」亜木・祭（日典3）
亜木冬彦　あぎ・ふゆひこ　小説家（幻想）

[5]亜田　あた；あだ
亜田史　あた・ふみ　翻訳家（児人）
亜田史　あだ・ひとし　「ギブ・ミー・シェルター！―もしも"その翌日"にも生き残りたいのなら」松文館（JM）

[7]亜沙木　あさき；あさぎ
亜沙木るか　あさき・るか　小説家（YA）
亜沙木大介　あさぎ・だいすけ　「熟女高校教師」フランス書院（日典3）
亜沙木るか　あさぎ・るか　小説家（幻想）

[8]亜味　あみ
亜味りてい　あみ・りてい　「幸福憲章」新世紀書房（日典3）

亜武巣　あむす
亜武巣マーガレット　あむす・まーがれっと　宣教師（女性普）

[12]亜琴　あこと
亜琴大　あこと・だい　「私の夢占い」新星出版社（日典3）

[16]亜樹　あき；あぎ
亜樹新　あき・あらた　「宝皇学園misora組」マッグガーデン（日典3）
亜樹智耶　あき・ともや　「GP-IBソフトウェア・ライブラリ」スペック（日典3）
亜樹直　あぎ・ただし　漫画原作者（漫人）

亜樹山　あきやま
亜樹山ロミ　あきやま・ろみ　ジャズボーカリスト（ジヤ）

一部

【38】 亥

[7]亥角　いすみ
亥角善夫　いすみ・よしお　税理士（日典）

【39】 交

[5]交田　こうだ；まじた
交田五男　こうだ・いつお　全国借家人組合中央執行委員（社史）
交田文雄　まじた・ふみお　「長良消防のあゆみ」長良消防蛇の目組保存会準備委員会（JM）

[11]交野　かたの
交野君子　かたの・きみこ　聖心会修道女（日典3）
交野繁野　かたの・しげの　「関西ドライブうまい店めぐり」柴田書店（日典3）
交野武一　かたの・たけいち　登山家（日典3）
交野時万　かたの・ときつむ　公家（日人）
交野政明　かたの・まさあき　日本フクラ社長（日典3）

【40】 亨

亨　とおる
亨公一　とおる・こういち　「JISに基づく電気製図の見方・書き方」オーム社（日典3）
亨仁　とおる・ひとし　「固定資産税の評価」時事通信社（日典3）

【41】 京

京　きょう；きょうの；みやこ
京マチ子　きょう・まちこ　女優（日人）
京藁兵衛　きょうの・わらべえ　戯作者（児文）
京希伊子　みやこ・けいこ　「マクドナルド7つの成功原則」出版文化社（日典3）

一部（亮）　人部（人，化，介，今）

³京口　きょうぐち
　　京口和雄　きょうぐち・としお　中学校教官（国典）
　　京口元吉　きょうぐち・もときち　日本史学者（日人）
⁵京田　きょうた；きょうだ；きょうでん
　　京田信太良　きょうた・しんたろう　商業デザイナー, デザイン事務所経営者（児人）
　　京田利之助　きょうだ・りのすけ　日本労働組合総連合西宮一般労組主事（社史）
　　京田洋　きょうでん・ひろし　品川白煉瓦技術研究所所長（日典）
⁷京谷　きょうたに；きょうや
　　京谷竹蔵　きょうたに・たけぞう　政治家（姓氏富山）
　　京谷好泰　きょうたに・よしひろ　実業家（現執3期）
　　京谷昭夫　きょうや・あきお　官僚（日人）
　　京谷周一　きょうや・しゅういち　社会運動家（社史）
⁸京免　きょうめん
　　京免増哉　きょうめん・ますや　画家（人情）
¹¹京都　きょうと；みやこ
　　京都伸夫　きょうと・のぶお　小説家, 脚本家（日人）
　　京都純典　みやこ・すみのり「プロ野球本当の実力がわかる本」日刊スポーツ出版社（日典3）
¹⁴京増　きょうそう；きょうます
　　京増正儀　きょうそう・まさよし　酒々井町（千葉県）町長（日典）
　　京増濤子　きょうます・なみこ　歌人（和俳）
　京嶋　きょうじま
　　京嶋信　きょうじま・まこと　作曲家（音人2）
¹⁸京藤　きょうとう
　　京藤哲久　きょうとう・のりひさ　研究者（現執4期）
　　京藤松子　きょうとう・まつこ「ブッシュとソフトパワー」自由国民社（日典3）
　　京藤睦重　きょうとう・むつしげ　電気工学者（現情）
　　京藤好男　きょうとう・よしお　翻訳家（日典3）

【42】　亮

⁴亮木　りょうき；りょうぼく
　　亮木徳太郎　りょうき・とくたろう　元日綿実業取締役（人情）
　　亮木滄浪　りょうぼく・そうろう　俳人（大阪文）

人部

【43】　人

⁵人生　じんせい；ひとなま
　　人生幸朗　じんせい・こうろう　漫才師（新芸）

　　人生美行　ひとなま・みゆき「好奇心いっぱい」久保書店（日典3）
⁷人位　ひとい
　　人位昇　ひとい・のぼる「日本の科学技術 第1巻」（国典）
　人見　ひとみ
　　人見一太郎　ひとみ・いちたろう　評論家, 実業家（日人）
　　人見絹枝　ひとみ・きぬえ　陸上競技選手（コン5）
　　人見少拳　ひとみ・しょうか　日本画家（日人）
　　人見城民　ひとみ・じょうみん　漆芸家（日人）
　　人見東明　ひとみ・とうめい　詩人（コン4）
　人里　ひとり
　　人里弘　ひとり・ひろし「秋の棺」（国典）
¹¹人魚　ひとうお；ひとお
　　人魚蛟司　ひとうお・こうじ「バナナワニプリンセス」ビクターエンタテインメント（日典3）
　　人魚蛟司　ひとお・こうじ　小説家（幻想）

【44】　化

　化野　あだしの
　　化野燐　あだしの・りん　作家（幻想）

【45】　介

³介川　すけがわ
　　介川通長　すけがわ・みちなが　佐竹氏家臣＝中世（戦東）
　　介川裕子　すけがわ・ゆうこ　NHK「ニュースワイド」のキャスター（日典3）

【46】　今

²今　いな；いま；こん
　　今一心　いな・いっしん「プロ・ゴルフの内幕」ダイヤモンド社（日典3）
　　今いくよ　いま・いくよ　漫才師（日人）
　　今東光　こん・とうこう　小説家, 僧侶（コン4）
²今入　いまいり
　　今入亜希子　いまいり・あきこ　留学生アドバイザー, 元・アナウンサー（日典3）
　　今入惇　いまいり・じゅん「鴉射亭随筆」今野印刷（日典3）
³今上　いまがみ；いまじょう
　　今上一成　いまがみ・かずなり　（財）機械電子検査検定協会技術顧問（日典3）
　　今上益雄　いまがみ・ますお　刑法学者（現執3期）
　　今上武蘭人　いまじょう・ぶらんど「ニューライフヴァイブレーション」（国典）
　今久留主　いまくるす
　　今久留主功　いまくるす・いさお　プロ野球選手（日典3）

今久留主淳　いまくるす・すなお　元・プロ野球選手(日典)

今大路　いまおうじ;いまおおじ
　今大路親俊　いまおうじ・ちかとし「臨床漢方処方解説」オリエント出版社(日典3)
　今大路仟　いまおおじ・しげる　宇多野小学校教頭,京都サッカー協会理事(日典3)
　今大路智観　いまおおじ・ちかん　僧(青森人)

今川　いまかわ;いまがわ
　今川和彦　いまかわ・かずひこ　東京大学大学院農学生命科学研究科助教授(日典)
　今川瑛一　いまがわ・えいいち　国際経済学者(世紀)
　今川節　いまがわ・せつ　作曲家(日人)

[4]今丑　いまうし
　今丑成恭　いまうし・しげやす　弓道家,弓道教士(弓道)

今戸　いまと;いまど
　今戸悠　いまと・ゆう「アダルトグッズ大特集」河出書房新社(日典3)
　今戸蝸牛　いまど・かぎゅう　彫刻家(大阪文)
　今戸精司　いまど・せいじ　彫刻家(大阪人)

今日泊　きょうどまり
　今日泊亜蘭　きょうどまり・あらん　翻訳家,SF作家(幻想)

[5]今出　いまいで;いまで
　今出重夫　いまいで・しげし「安全・防災システムと計画」東京電機大学出版局(日典3)
　今出龍夫　いまいで・たつお　殖産住宅相互専務(日典)
　今出鉄夫　いまで・てつお「微分積分学要論」学術図書出版社(日典3)
　今出寿子　いまで・ひさこ　歌人(日典)

今市　いまいち
　今市梅次郎　いまいち・うめじろう　事業家(姓氏鹿児島)
　今市佳代子　いまいち・かよこ「マエストロたちの永遠のすみか」全国優良石材店の会(日典3)
　今市憲作　いまいち・けんさく　大阪補機製作所社長,大阪大学名誉教授(日典3)
　今市城虎　いまいち・じょうこ　箏曲・三味線の師匠(徳島歴)
　今市文明　いまいち・ふみあき　マーケティング専門家(現執3期)

今平　いまひら;こんぺい
　今平和雄　いまひら・かずお「イスラム銀行とイスラム金融」PHP研究所(日典3)
　今平茂　いまひら・しげる　料理人(日典3)
　今平利幸　こんぺい・としゆき「飛田城跡」同成社(日典3)

今田　いまた;いまだ;こんた;こんだ
　今田恵　いまた・めぐみ　心理学者(人名7)
　今田恵　いまだ・めぐみ　心理学者(日人)
　今田信一　こんた・しんいち　郷土史家(郷土)
　今田敬一　こんだ・けいいち　洋画家(美家)

今立　いまだち;いまだて
　今立進　いまだち・すすむ　漫才師(テレ)

今立浩　いまだち・ひろし「秋桜―歌集」(JM)
今立五郎太夫　いまだて・ごろうだゆう　越前福井藩士(維新)
今立吐酔　いまだて・とすい　理化学教育(海越新)

[6]今吉　いまよし
　今吉格　いまよし・いたる　京都大学ウイルス研究所研究員(日典)
　今吉一雄　いまよし・かずお　労働運動家(社史)
　今吉研一　いまよし・けんいち　三和総合研究所調査部研究員(日典3)
　今吉賢一郎　いまよし・けんいちろう　新聞記者(現執3期)
　今吉清一　いまよし・せいいち　大成建設常務(日典)

今成　いまなり
　今成拓三　いまなり・たくぞう　実業家,政治家(世紀)
　今成知美　いまなり・ともみ　フリーライター,雑誌編集者(YA)
　今成無事庵　いまなり・ぶじあん　俳人(俳文)
　今成平九郎　いまなり・へいくろう　俳優(群馬人)
　今成守雄　いまなり・もりお　政治家(現政)

[7]今来　いまき
　今来新之丞　いまき・しんのじょう「銀行員の知恵」産業経済社(日典3)
　今来陸郎　いまき・りくろう　西洋中世史学者(現情)

今谷　いまたに;いまや
　今谷明　いまたに・あきら　日本中世史学者(世紀)
　今谷和徳　いまたに・かずのり　西洋音楽史学者(現執4期)
　今谷弘　いまや・ひろし「小田切秀雄・書簡と追想」水星舎(日典3)

今邑　いまむら
　今邑彩　いまむら・あや　小説家(小説)
　今邑長造　いまむら・ちょうぞう　政治家(姓氏京都)

今里　いまさと;いまざと
　今里栄太郎　いまさと・えいたろう　弓道家,弓道教士(弓道)
　今里滋　いまさと・しげる　特定非営利活動法人筥崎まちづくり放談会理事長(現執4期)
　今里哲　いまざと・てつ　シャンソン歌手(テレ)
　今里広記　いまざと・ひろき　実業家(コン4)

[8]今枝　いまえ;いまえだ
　今枝立青　いまえ・りゅうせい　俳人(四国文)
　今枝愛真　いまえだ・あいしん　日本中世史学者(世紀)
　今枝蝶人　いまえだ・ちょうじん　俳人(俳文)

今東　いまひがし;こんどう
　今東成人　いまひがし・せいじん　東方出版社長(日典)
　今東博文　いまひがし・ひろふみ　東洋大学経済学部経済学科教授(日典3)

人部(今)

今東寿雄　こんどう・としお　元・三菱石油常務(日典)

今林　いまはやし；いまばやし
　今林修　いまはやし・おさむ「Charles Dickens and literary dialect」Keisuisha(日典)
　今林久　いまはやし・きゅう　福岡県議(日典)
　今林新助　いまばやし・しんすけ　青年団の指導者,煙草耕作組合長(姓氏鹿児島)
　今林彦太郎　いまばやし・ひこたろう　建築家(美建)

今河　いまかわ；いまがわ
　今河英男　いまかわ・ひでお　元・弘前大学農学部教授(日典)
　今河君江　いまがわ・きみえ「青い財布」本阿弥書店(日典3)

今長　いまちょう；いまなが
　今長法行　いまちょう・のりゆき　元・東京コスモス電機会長(日典)
　今長敏　いまなが・さとし「マイクラスメイト」久保書店(日典3)

今長谷　いまはせ
　今長谷巌　いまはせ・いわお　洋画家(美家)
　今長谷照子　いまはせ・てるこ「友情」篠栗町(日典3)
　今長谷はるみ　いまはせ・はるみ　漫画家(漫人)
　今長谷見沙　いまはせ・みさ「花辛夷」シロヤマ企画(日典3)
　今長谷蘭山　いまはせ・らんざん「蘭山句集」雲母社(日典3)

9今咲屋　いまさきや；いまざきや
　今咲屋咲江　いまさきや・さきえ　踊り・箏師匠(庄内)
　今咲屋咲江　いまざきや・さきえ　踊り・箏師匠(山形百)

今城　いまき；いまじょう；いましろ
　今城重子　いまき・しげこ　女官(日人)
　今城弘　いまじょう・ひろし　写真家(写家)
　今城国忠　いましろ・くにただ　彫刻家(美建)

今後　いまご
　今後修　いまご・おさむ「単車事故の過失相殺」交通春秋社(日典3)
　今後正義　いまご・まさよし「国語の向上」(国典)
　今後佳子　いまご・よしこ「私のインド紀行」鳥影社(日典3)

今泉　いまいずみ；こいずみ
　今泉嘉一郎　いまいずみ・かいちろう　鉄鋼技術者,実業家(コン5)
　今泉雄作　いまいずみ・ゆうさく　美術行政家,美術教育家(コン5)
　今泉潤　こいずみ・じゅん　小説家(日典3)

今津　いまず；いまつ
　今津菊松　いまず・きくまつ　労働運動家,政治家(日人)
　今津次朗　いまず・じろう　広告販促コンサルタント(現執3期)
　今津健治　いまつ・けんじ　大阪学院大学国際学部国際学科教授(日典)

10今宮　いまみや
　今宮エビス　いまみや・えびす　漫才師(新芸)
　今宮謙二　いまみや・けんじ　金融学者(現執1期)
　今宮小平　いまみや・こへい　社会文化評論家,編集者(現情)
　今宮新　いまみや・しん　日本史学者(世紀)
　今宮純　いまみや・じゅん　モータースポーツジャーナリスト(現執4期)

今島　いましま；いまじま
　今島寿夫　いましま・としお　元・福井県議(日典)
　今島実　いまじま・みのる　元・国立科学博物館動物研究部長(日典)

今帰仁　なきじん
　今帰仁朝祥　なきじん・ちょうしょう　染物職工(社史)
　今帰仁朝敷　なきじん・ちょうふ　琉球王族(姓氏沖縄)

11今堀　いまほり；いまぼり
　今堀和友　いまほり・かずとも　生化学者,実業家(日人)
　今堀誠二　いまほり・せいじ　東洋史学者,平和運動家(日人)
　今堀宏三　いまほり・こうぞう　生物学者(現執2期)
　今堀登也太郎　いまほり・とよたろう　幕臣(幕末)

今宿　いましゅく；いまじゅく；いまやど
　今宿晋作　いましゅく・しんさく　京都府立医科大学医学部助教授(日典)
　今宿次雄　いまじゅく・つぐお　政治家(埼玉人)
　今宿次雄　いまやど・つぎお　元佐賀県知事(日典)

今崎　いまさき；いまざき
　今崎暁巳　いまさき・あけみ　ノンフィクション作家(世紀)
　今崎半太郎　いまさき・はんたろう　政治家(島根歴)
　今崎一明　いまざき・かずあき　元国鉄京都駅長(日典)

今淵　いまぶち
　今淵恵子　いまぶち・けいこ「女性がわからなくなったオジサマたちへ」電通(日典3)
　今淵妙子　いまぶち・たえこ「瑠璃色の空」ながらみ書房(日典3)
　今淵恒寿　いまぶち・つねひさ　医学者(渡執)

今野　いまの；こんの
　今野賢三　いまの・けんぞう　小説家(コン5)
　今野浩一郎　いまの・こういちろう　労働問題専門家(現執4期)
　今野武雄　こんの・たけお　数学者,政治家(日人)
　今野大力　こんの・だいりき　詩人(コン)

12今朝丸　けさまる
　今朝丸薫　けさまる・かおる「The text ofキャンパスセックス」大都社(日典3)

今朝丸翠　けさまる・みどり　「カバンの階段」翔の会(日典3)
今給黎　いまきいれ；いまきゅうれい；いまぎれ
　今給黎久　いまきいれ・ひさし　新聞記者, 政治家(現政)
　今給黎靖子　いまきゅうれい・のぶこ　小学校教師(日典3)
　今給黎隆　いまぎれ・たかし　ゲームプログラマー(日典3)
今道　いまみち
　今道英治　いまみち・えいじ　漫画家(漫人)
　今道周一　いまみち・しゅういち　地球物理学者(科技)
　今道潤三　いまみち・じゅんぞう　放送人, 実業家(日人)
　今道仙次　いまみち・せんじ　政治家(現政)
　今道友信　いまみち・とものぶ　哲学者(日人)
[13]今福　いまふく
　今福克　いまふく・かつ　現代美術撮影家(写人)
　今福忍　いまふく・しのぶ　論理学者(姓氏神奈川)
　今福将雄　いまふく・まさお　俳優(世紀)
　今福元顕　いまふく・もとひで　自由民権運動家(日人)
　今福竜太　いまふく・りゅうた　人類学者(現執4期)
[14]今関　いませき；いまぜき
　今関英雅　いませき・ひでまさ　日本たばこ産業遺伝育種研究所顧問(日典)
　今関等　いませき・ひとし　「ハムのための特選オンラインソフトウェア」CQ出版(日典3)
　今関一馬　いまぜき・かずま　洋画家(日人)
　今関天彭　いまぜき・てんぽう　詩人, 中国学術文芸研究家(コン4)
[15]今澄　いまずみ
　今澄勇　いまずみ・いさむ　政治評論家, 政治家(政治)
今駒　いまこま；こんま
　今駒泰成　いまこま・やすしげ　牧師(視覚)
　今駒清則　こんま・きよのり　写真家(写人)
　今駒保　こんま・たもつ　弓道家, 弓道教士(弓道)
[16]今橋　いまはし；いまばし
　今橋映子　いまはし・えいこ　比較文化学者(写人)
　今橋盛勝　いまはし・もりかつ　教育・行政法学者(現執4期)
　今橋脩　いまばし・おさむ　「非常勤職員の取扱」学陽書房(日典3)
　今橋さとし　いまばし・さとし　漫画家(世紀)
[18]今藤　いまふじ；こんどう
　今藤綾子　いまふじ・あやこ　長唄三味線方(日人)
　今藤長十郎[2代]　いまふじ・ちょうじゅうろう　長唄三味線方(日人)
　今藤可也　こんどう・かなり　弓道家, 弓道教士(弓道)

今藤清六　こんどう・せいろく　石工(姓氏岩手)

【47】 仁

[3]仁上　にうえ；にかみ
　仁上妃芽　にうえ・ひめ　ジャーナリスト(日典3)
　仁上喜久夫　にかみ・きくお　日吉電装社長(日典3)
仁子　にこ；にご
　仁子史彦　にこ・ふみひこ　ギター奏者(日典)
　仁子真裕美　にこ・まゆみ　「あのころの日本と中国」日本僑報社(日典3)
　仁子寿晴　にご・としはる　「イスラームにおける知の構造と変容」共同利用・共同拠点イスラーム地域研究拠点早稲田大学イスラーム地域研究機構(日典3)
[4]仁井　にい
　仁井甫　にい・はじめ　「無用の用」視点社(日典3)
　仁井雄治　にい・ゆうじ　(株)地球環境計画代表(日典)
　仁井楽圃　にい・らくほ　商人・書家(姓氏群馬)
仁井田　にいた；にいだ
　仁井田一郎　にいた・いちろう　日光苺開発者, 農芸家(郷土栃木)
　仁井田重雄　にいた・しげお　ギャラリーSEDONA店主(日典3)
　仁井田陞　にいだ・のぼる　東洋史学者(コン4)
　仁井田益太郎　にいだ・ますたろう　法学者(日人)
仁井谷　にいたに
　仁井谷俊也　にいたに・としや　作詞家(日典3)
　仁井谷久暢　にいたに・ひさのぶ　医師(近医)
　仁井谷正充　にいたに・まさみつ　コンパイル社長(日典3)
　仁井谷三徳　にいたに・みつのり　洋画家(洋画)
仁分　にぶん
　仁分百合人　にぶん・ゆりと　弁護士(日典)
仁戸　にと
　仁戸丹　にと・きよし　「勇往邁進」(国典)
仁戸田　にえだ；にへだ
　仁戸田秀吉　にえだ・しゅうきち　洋画家(美家)
　仁戸田六三郎　にえだ・ろくさぶろう　哲学者(世紀)
　仁戸田左近大輔　にへだ・さこんのたゆう　龍造寺氏家臣＝中世(戦西)
　仁戸田豊次郎　にへだ・とよじろう　日本共産青年同盟メンバー(社史)
仁木　にき；にっき
　仁木イワノ　にき・いわの　看護婦(日人)
　仁木悦子　にき・えつこ　推理作家(日人)
　仁木宜春　にっき・ぎしゅん　「方丈記宜春抄」簗瀬一雄(日典3)
　仁木正夫　にっき・まさお　「ポリエステル樹脂」(国典)
仁比　にひ
　仁比聡平　にひ・そうへい　政治家(現政)

人部（仁） 〔47〕

⁵仁平　にだいら；にひら；にへい
　仁平有美　にだいら・ありよし　洋画家（美家）
　仁平勝　にひら・まさる　俳人,評論家（現俳）
　仁平静教　にへい・きよのり　和算家（数学）

仁田　にた；にった；につた
　仁田昭子　にた・あきこ「冬の詩」溪水社（日典3）
　仁田勇　にった・いさむ　化学者（コン4）
　仁田勇　につた・いさむ　化学者（現朝）

仁田原　にたはら；にだわら
　仁田原重行　にたはら・しげゆき　陸軍軍人（日人）
　仁田原秀明　にたはら・ひであき　福岡女子短期大学教授（日典3）
　仁田原重行　にだわら・しげゆき　陸軍大将（人名5）

仁礼　じんれい；にれ；にれい
　仁礼博　じんれい・ひろし　写真家（日典3）
　仁礼景範　にれ・かげのり　薩摩藩士、海軍軍人（コン4）
　仁礼景範　にれい・かげのり　薩摩藩士、海軍軍人（人名）

⁶仁羽　じんば
　仁羽秋雄　じんば・あきお「女子手紙とはがき文」金園社（書籍）

⁷仁位　にい
　仁位顕　にい・あきら「珊瑚礁を朱にそめて」太宰府天満宮崇敬会（日典3）
　仁位澄代　にい・すみよ「薬剤師が知っておきたい臨床知識」薬業時報社（日典3）
　仁位泰樹　にい・やすき　医師（日典3）

仁尾　にお
　仁尾一三　にお・いちぞう　著述業（日典3）
　仁尾一郎　にお・いちろう「アジア的貧困の経済構造について」朝日新聞調査研究室（日典3）
　仁尾勝男　にお・かつお　陸奥新報社長（日典3）
　仁尾敬二　にお・けいじ　ファイバーアーティスト（日典3）
　仁尾惟茂　にお・これしげ　官僚,政治家（日人）

仁志　にし
　仁志睦　にし・あつし「ネットショップを成功させるドロップシッピングとはなにか？」ローカス（日典3）
　仁志聡　にし・さとし「PC-9821（キュウハチニイチ）プレイブック」インプレス（日典3）
　仁志敏久　にし・としひさ　元・プロ野球選手（日典3）
　仁志陽介　にし・ようすけ　歌手（新芸）

⁸仁和寺　にわじ
　仁和寺徹　にわじ・てつ「俺は上等兵」国典（国典）

仁昌寺　にしょうじ
　仁昌寺正一　にしょうじ・しょういち　東北学院大学経済学部経済学科教授（日典3）
　仁昌寺よしこ　にしょうじ・よしこ「自仁小蛇の葛藤」（JM）

仁林　にばやし
　仁林蕚仙　にばやし・ろうせん　日本画家（美家）

仁歩　にんぶ
　仁歩朝三　にんぶ・ちょうぞう　エーコー電子代表（紳士）

⁹仁保　にお；にっぽ；にほ
　仁保亀松　にお・かめまつ「日本立法資料全集」信山社出版（日典3）
　仁保武人　にっぽ・たけと　東亜建設顧問（紳士）
　仁保清作　にほ・せいさく　養蚕家（日人）

仁科　にしな
　仁科明子　にしな・あきこ　女優（世紀）
　仁科鳩美　にしな・はとみ　女優（新芸）
　仁科政毅　にしな・まさみ　郷土史家（郷土）
　仁科雄一　にしな・ゆういち　農民運動家（日人）
　仁科芳雄　にしな・よしお　原子物理学者（コン4）

¹⁰仁宮　にのみや；にみや
　仁宮武夫　にのみや・たけお　外交官（履歴2）
　仁宮真紀　にのみや・まき「花風」吉備人出版（日典3）
　仁宮保　にみや・たもつ　山陰中央新報広告局第2営業部長（日典3）

仁連　にれん
　仁連孝昭　にれん・たかあき　滋賀県立大学環境科学部環境計画学科教授（日典3）

¹¹仁淀　によど
　仁淀純子　によど・じゅんこ　小説家（四国文）

仁瓶　にべ；にへい
　仁瓶賢三　にべ・けんぞう「オンリーワンの時代」チャネラー（日典3）
　仁瓶久男　にべ・ひさお　清水建設元常務（日典）
　仁瓶和美　にへい・かずみ「Painless Japaneseどうしのれんしゅう」ケーエフプロジェクト（発売）
　仁瓶まゆみ　にへい・まゆみ　スペシャルメイクアップアーティスト,ビジュアルアーティスト,ビジュアル・サウンドアーティストのマネージメント（映人）

仁部　にべ；にんべ
　仁部英二　にべ・えいじ「今,シグマンの時代」いれぷん出版（日典3）
　仁部富之助　にべ・とみのすけ　育種技術者,鳥類研究家（日人）
　仁部江月　にんべ・こうげつ　書家（日典）

¹²仁智　にち
　仁智栄坊　にち・えいぼう　俳人（俳文）
　仁智栄坊　にち・えぼう　俳人（四国文）

仁賀　じんか；にが
　仁賀克雄　じんか・かつお　小説家,翻訳家（幻想）
　仁賀利一　にが・りいち　元・帝人製機常務（日典）

仁賀保　にかほ；にかぼ；にがほ
　仁賀保誠成　にかほ・しげなり　幕府旗本（日人）
　仁賀保挙誠　にかぼ・たかのぶ　由利十二党の筆頭＝中世（戦国）
　仁賀保孫九郎　にがほ・まごくろう　旗本（維新）

姓名よみかた辞典 姓の部　73

¹⁴仁熊　にくま；にぐま
　仁熊八郎　にくま・はちろう「賀陽町の地名と歴史」(JM)
　仁熊裕子　にくま・ゆうこ　翻訳家(日典3)
　仁熊英資　にぐま・えいすけ　トーヨーエイテック社長(日典)
　仁熊文子　にぐま・ふみこ「シロが紡いだ十五年」毎日新聞名古屋開発(日典3)

¹⁸仁藤　にとう；にふじ
　仁藤春吉　にとう・はるきち　道しるべ百数十基を建立した人物(姓氏静岡)
　仁藤優子　にとう・ゆうこ　女優(テレ)
　仁藤潔　にふじ・きよし「日本資本主義発達史」三笠書房(日典3)
　仁藤安次郎　にふじ・やすじろう「自転車の話」仁藤商店(日典3)

【48】 仏

仏　ほとけ
　仏頼光　ほとけ・らいこう「長良川」滝川憲三(日典3)

³仏子　ぶっし
　仏子泰夫　ぶっし・やすお　彫刻家(美建)

⁵仏生寺　ぶっしょうじ
　仏生寺弥作　ぶっしょうじ・やさく　映画監督(監督)

仏田　ぶった；ぶつだ
　仏田耕治　ぶった・こうじ　農業(日典)
　仏田利弘　ぶった・としひろ　ぶった農産社長(日典3)
　仏田奬一　ぶつだ・しょういち「久住の山」小野高速印刷(日典3)

⁷仏坂　ほとけざか
　仏坂勝男　ほとけざか・かつお「祭礼行事」桜楓社(日典3)

【49】 以

⁶以西　いにし
　以西久代　いにし・ひさよ「春の鈴音」短歌新聞社(日典3)

¹⁰以倉　いくら
　以倉新　いくら・あらた「中山巍と1920年代のパリ」共同巡回展実行委員会(日典3)
　以倉紘平　いくら・こうへい　詩人(兵庫文)
　以倉孝憲　いくら・たかのり「「教育改革」はなぜ失敗するのか」PHP研究所(日典3)
　以倉友治　いくら・ゆうじ　伊藤忠商事審議役(日典3)

¹¹以理　いり
　以理弘仁　いり・こうにん「哲学を愛する人びとへ」(国典)

【50】 仕

⁸仕明　しあき
　仕明皓生　しあき・てるお　バイオリニスト(音人3)

【51】 仙

⁴仙元　せんげん
　仙元誠三　せんげん・せいぞう　映画キャメラマン(映人)
　仙元隆一郎　せんげん・りゅういちろう「特許法講義」悠々社(日典3)

⁵仙北谷　せんぼくや
　仙北谷明夫　せんぼくや・あきお　日立粉末冶金相談役(日典)
　仙北谷英次　せんぼくや・えいじ「ワイヤカット放電加工技術」日刊工業新聞社(日典3)
　仙北谷茅戸　せんぼくや・かやと　ベネチア大学講師(日典3)
　仙北谷晃一　せんぼくや・こういち　比較文学者、比較文化研究者(現執4期)
　仙北谷光霊　せんぼくや・こうれい「宇宙と健康」菫の会横浜オペレーションセンター(日典3)

仙田山　せんだやま
　仙田山広　せんだやま・ひろし　弓道家,弓道教士(弓道)

⁶仙名　せんな
　仙名彩世　せんな・あやせ　宝塚歌劇団員(花組)(日典3)
　仙名紀　せんな・おさむ　翻訳家(現執4期)
　仙名保　せんな・まもる　慶応義塾大学理工学部応用化学科教授(日典3)
　仙名怜子　せんな・れいこ「アップル・ブック」朝日新聞社(日典3)

⁸仙波　せんなみ；せんば
　仙波克久　せんなみ・かつひさ「いますぐトランペット」全音楽譜出版社(日典3)
　仙波均平　せんなみ・きんぺい　洋画家(美家)
　仙波太郎　せんば・たろう　陸軍軍人,政治家(日人)

¹²仙葉　せんば
　仙葉敦史　せんば・あつし「猫の目でみたイギリス・ガイド」パルコ出版局(日典3)
　仙葉元太郎　せんば・げんたろう　弓道家,弓道錬士(弓道)
　仙葉隆　せんば・たかし「Mathematical analysis on the self-organization and self-similarity」Research Institute for Mathematical Sciences,Kyoto University(日典3)
　仙葉礼章　せんば・のりあき　大日本印刷専務(日典3)
　仙葉由季　せんば・ゆき　女優(日典3)

仙道　せんどう
　仙道弘生　せんどう・こうせい　文化民俗研究家(日典3)

人部（他,代,伊）　　　　　　　　　　　　　　　　　　〔54〕

仙道作三　せんどう・さくぞう　作曲家,演出家,エッセイスト（作曲）
仙道敦子　せんどう・のぶこ　女優（テレ）
仙道はるか　せんどう・はるか　小説家（日典3）
仙道房志　せんどう・ふさし「雪女」仙道紀久子（日典）

¹⁶仙頭　せんとう；せんどう
仙頭武央　せんとう・たけなか　海軍軍人（日人）
仙頭武則　せんとう・たけのり　映画プロデューサー（映人）
仙頭武央　せんどう・たけなか　海軍軍人（人名）
仙頭佳樹　せんどう・よしき「国際貿易関係論講義」弦書房（日典3）

【52】　他

⁷他谷　たや
他谷岩佐　たや・いわすけ「頑固でごめんやっしゃ」機関紙共同出版（日典3）
他谷康　たや・やすし　海洋科学技術センター研究員（日典）

【53】　代

代　だい
代喜一　だい・きいち「コンジョイント分析」データ分析研究所
代五渡　だい・ごと　幡羅郡妻沼町の薬種商大和屋の主人（埼玉人）
代五米　だい・ごめい「枯紫蘇」代初江（日典3）
代篁　だい・たかむら　政治家（埼玉人）
代久二　だい・ひさじ「銃なき革命チリの道」風媒社（日典3）

⁵代司山　よしやま
代司山和佳　よしやま・わか「咲く華」（国典）

代田　しろた；だいた；だいだ
代田昇　しろた・のぼる　読書運動家,児童文学研究家（世紀）
代田亜香子　だいた・あかこ　翻訳家（日典）
代田浩之　だいだ・ひろゆき　順天堂大学医学部教授（日典3）

⁷代谷　しろや
代谷二郎　しろや・じろう　石原産業取締役（日典）
代谷誠治　しろや・せいじ　京都大学原子炉実験所教授・所長（日典3）
代谷次夫　しろや・つぎお　東京大学医学部教授（日典）
代谷正一　しろや・まさいち　太陽工藤工事社長（人情）

¹⁰代島　しろしま；だいしま；だいじま
代島倫蔵　だいしま・りんぞう　留学生（渡航）
代島治彦　だいしま・はるひこ　映像プロデューサー（映人）
代島剛平　だいじま・ごうへい　蝦夷松前藩士（国書）

¹¹代情　よせ
代情通蔵　よせ・みちぞう　郷土史家,民俗研究家,教育家（郷土）
代情山彦　よせ・やまびこ「代情山彦著作集」代情山彦著作集刊行会（書籍）

【54】　伊

伊　い
伊玄三　い・げんぞう　農民（社史）
伊実高　い・さねたか　農民（社史）
伊繁才　い・しげさい　農民（社史）
伊直季　い・なおとし　農民（社史）

伊ケ崎　いかざき；いがさき；いけざき
伊ケ崎大理　いかざき・だいすけ　熊本学園大学経済学部講師（日典3）
伊ケ崎暁生　いがさき・あきお　教育学者（平和）
伊ケ崎博　いけざき・ひろし　アマ棋士（日典）

³伊上　いがみ
伊上冽　いがみ・きよし「あなたの愛ってどれですか？」近代映画社（日典3）
伊上凡骨　いがみ・ぼんこつ　版画家（コン）
伊上勝　いがみ・まさる　シナリオライター（日典）
伊上円　いがみ・まどか「ドラゴンブラッド」メディアファクトリー（日典3）

伊万里　いまり
伊万里桂　いまり・けい「6カ月の朝礼実践で体得する「ヤル気集団」づくり」保険毎日新聞社（日典3）
伊万里すみ子　いまり・すみこ　漫画家（漫人）

伊与久　いよく
伊与久達夫　いよく・たつお「高温工学試験研究炉の第2次燃料製造データベース」日本原子力研究開発機構（日典3）
伊与久直人　いよく・なおと　俳優（テレ）
伊与久哲　いよく・ゆたか「時の娘」根岸一博（日典3）

伊与田　いよた；いよだ
伊与田覚　いよた・さとる「中庸に学ぶ」致知出版社（日典3）
伊与田正二　いよた・せいじ　サウンドイン大衆堂社長（日典）
伊与田円止　いよだ・えんし「近代篤農伝」（国典）
伊与田光男　いよだ・みつお　実業家（大分歴）

伊久　いく
伊久静枝　いく・しずえ　日本共産青年同盟メンバー（社史）

伊大知　いおち
伊大知昭嗣　いおち・しょうじ「報道論入門」教育史料出版会（日典3）
伊大知良太郎　いおち・りょうたろう　経済統計学者（現執1期）

伊川　いかわ；いがわ
伊川明　いかわ・あきら　広島県国鉄大畠駅荷物係（社史）

伊川義安　いかわ・よしやす　教育カウンセラー（現執4期）
伊川喜久子　いがわ・きくこ　陶芸家（陶芸最）
伊川鷹治　いがわ・たかじ　洋画家（美家）

⁴伊予田　いよた；いよだ
伊予田一雄　いよた・かずお　映画監督（映監）
伊予田由美子　いよた・ゆみこ「彩雲」文学の森（日典3）
伊予田静弘　いよだ・せいこう　映画監督（映監）
伊予田与八郎　いよだ・よはちろう　庄屋,治水家（日人）

伊予谷　いよたに
伊予谷登士翁　いよたに・としお　グローバリゼーション研究者（現執4期）

伊夫伎　いぶき
伊夫伎英一　いぶき・えいいち　京都薬科大名誉教授（日典3）
伊夫伎一雄　いぶき・かずお　実業家（日人）
伊夫伎資弼　いぶき・としすけ　衆院議員（憲政本党）（日典3）
伊夫伎孫治郎　いぶき・まごじろう「支那長江貿易評覧」（国典）
伊夫伎資弼　いぶき・もとすけ　政治家（滋賀百）

伊夫貴　いぶき
伊夫貴直彰　いぶき・なおあき　滋賀県議（自民党）（日典）

伊手　いて；いで
伊手健一　いて・けんいち　国学院大学法学部教授（現執2期）
伊手健一　いで・けんいち　政治学者（現執1期）

伊日　いっひ
伊日敏　いっひ・びん「人生は短く長い」市原書肆（日典3）

伊月　いずき；いつき
伊月一郎　いずき・いちろう　海軍軍人（日人）
伊月元一郎　いずき・げんいちろう　数学者（数学）
伊月一郎　いつき・いちろう　海軍軍人（徳島歴）

伊木　いき；いぎ
伊木三猿斎　いき・さんえんさい　武士（歴大）
伊木正二　いき・しょうじ　鉱山学者（世紀）
伊木忠澄　いぎ・ただずみ　武士（コン4）
伊木寿一　いぎ・ひさいち　歴史家（日人）

伊比　いひ；いび
伊比則彦　いひ・のりひこ　千代田工科芸術専門学校電子通信科（日典）
伊比恵子　いび・けいこ　映画監督（日人）
伊比源一郎　いび・げんいちろう　新日本空調東北支店長（日典3）

伊比井　いびい
伊比井真義　いびい・まさよし　弓道家,弓道錬士（弓道）

伊王野　いおうの；いおの
伊王野坦　いおうの・ひろし　因幡鳥取藩士,蘭学者（コン4）
伊野坦　いおの・たいら　因幡鳥取藩士,蘭学者（藩臣5）

⁵伊世　いせ
伊世義雄　いせ・よしお　大阪市電交通労働組合書記長（社史）

伊代　いしろ
伊代茂　いしろ・しげる　元・陸上自衛隊武器補給処長（日典）

伊古田　いこた；いこだ
伊古田純道　いこた・じゅんどう　医師（コン4）
伊古田豊三郎　いこた・とよさぶろう　政治家（埼玉百）
伊古田純道　いこだ・じゅんどう　医師（埼玉県）
伊古田楢陵　いこだ・ゆうりょう　医師（国書）

伊左治　いさじ
伊左治和弘　いさじ・かずひろ「新約聖書」白泉社（日典3）
伊左治直　いさじ・すなお　作曲家（作曲）

伊平　いひら
伊平和子　いひら・かずこ「ヨーロッパの旅」美研インターナショナル,星雲込（発売）（日典3）
伊平タケ　いひら・たけ　瞽女唄伝承者（日人）
伊平保夫　いひら・やすお　大妻女子大学教授（日典3）
伊平幸夫　いひら・ゆきお　群馬県教育委員会事務局中部教育事務所指導主事（日典3）

伊礼　いれ；いれい
伊礼肇　いれ・はじめ　弁護士,政治家（政治）
伊礼金助　いれい・きんすけ　北谷間切の地主,篤農家（姓氏沖縄）
伊礼肇　いれい・はじめ　弁護士,政治家（姓氏沖縄）

⁶伊伏　いぶし；いぶせ
伊伏彰　いぶし・あきら「原価計算テキスト」創成社（日典3）
伊伏弥太郎　いぶし・やたろう　ポリドール（株）コンパクト・ディスク部部長（日典3）
伊伏大　いぶせ・だい「きくねさんの良いお友達,弓子夫人」hope文芸舎（日典3）

伊地知　いじち；いぢち
伊地知貞亘　いじち・さだか　志士（コン4）
伊地知正治　いじち・まさはる　志士（コン4）
伊地知裕　いちじ・ゆたか「健康保険組合の議員選出の実際と解釈」社会保険法規研究会（日典3）

伊地智　いぢち
伊地智昭亘　いぢち・あきのぶ「35mmカメラの取り扱い方」日本映画テレビ技術協会（日典3）
伊地智啓　いぢち・けい　映画プロデューサー（映人）
伊地智均　いぢち・ひとし　東北大学文学部助教授（日典3）
伊地智善継　いぢち・よしつぐ　大阪外国語大学名誉教授,流通科学大学名誉教授（日典3）

伊多波　いたば
伊多波重義　いたば・しげよし「大学」三一書房（日典3）
伊多波英夫　いたば・ひでお「安成貞雄を祖先とす」無明舎出版（日典3）

人部（伊）　　　〔54〕

伊多波美智夫　いたば・みちお　国鉄運転局保安課主幹（日典3）
伊多波碧　いたば・みどり　小説家（日典3）
伊多波良雄　いたば・よしお「エーベル／バーナンキマクロ経済学」シーエービー出版（日典3）
伊早坂　いそさか；いはやざか
　伊早坂一　いそさか・ひとつ「蟬鳴記」高光社（日典3）
　伊早坂昭夫　いはやざか・あきお　中小企業診断士（日典）
伊江　いえ
　伊江朝重　いえ・ちょうじゅう　首里士族（姓氏沖縄）
　伊江朝助　いえ・ちょうじょ　実業家, 政治家（日人）
　伊江朝直　いえ・ちょうちょく　摂政（日人）
　伊江朝貞　いえ・ちょうてい　医師, 牧師（沖縄百）
　伊江朝雄　いえ・ともお　政治家（現政）
伊牟田　いむた
　伊牟田郁世　いむた・いくよ　ヘルシー館経営（日典3）
　伊牟田泉　いむた・いずみ　神職（神人）
　伊牟田亀寿　いむた・かめじゅ　政治家（姓氏鹿児島）
　伊牟田敏充　いむた・よしみつ　経済学者（現情）
⁷伊佐地　いさじ
　伊佐地金嗣　いさじ・かねつぐ　神官（日典3）
　伊佐地隆　いさじ・たかし「地域リハビリテーション最前線」医歯薬出版（日典3）
　伊佐地立典　いさじ・たつのり「金融機関の内部監査」中央経済社（日典3）
　伊佐地勉可　いさじ・つとむ　刀剣研師（美工）
伊佐早　いさはや
　伊佐早謙　いさはや・けん　日本史研究家（郷土）
　伊佐早二郎　いさはや・じろう　綜合管財会長（日典3）
伊佐見　いさみ
　伊佐見育代　いさみ・いくよ　絵本作家（児人）
伊利　いり
　伊利仁　いり・ひとし　政治家（現政）
伊志良　いしら
　伊志良光　いしら・あきら　陶芸家（陶工）
　伊志良エミコ　いしら・えみこ　陶芸家（陶芸最）
　伊志良不説　いしら・ふせつ　工芸家（美工）
伊志嶺　いしみね
　伊志嶺亮　いしみね・あきら　医師, 政治家（現政）
　伊志嶺タケ　いしみね・たけ　伊志嶺朝茂の妻（社史）
　伊志嶺朝次　いしみね・ちょうじ　音楽教育者（音人）
　伊志嶺朝茂　いしみね・ちょうも　日本労働組合全国協議会大阪金属労働組合メンバー, 沖縄社会大衆党党員（社史）
　伊志嶺稔　いしみね・みのる　政治家（姓氏沖縄）

伊臣　いとみ
　伊臣第一郎　いとみ・だいいちろう　雪印乳業副社長（国典）
伊良子　いらこ
　伊良子山寿　いらこ・さんじゅ　眼科医（眼科）
　伊良子清白　いらこ・せいはく　詩人, 医師（コン5）
　伊良子正　いらこ・ただし　詩人（京都文）
　伊良子序　いらこ・はじめ　作家, 映画評論家（兵庫文）
伊良波　いらは
　伊良波晃　いらは・あきら　沖縄芝居役者（芸能）
　伊良波尹吉　いらは・いんきち　沖縄演劇俳優, 沖縄歌劇作家（コン4）
　伊良波冴子　いらは・さえこ　沖縄芝居役者（芸能）
　伊良波さゆき　いらは・さゆき　女優（日典3）
　伊良波盛男　いらは・もりお　詩人（現詩）
伊芸　いげい
　伊芸冠端　いげい・かんずい　沖縄の新聞記者（社史）
　伊芸銀勇　いげい・ぎんゆう　ペルー沖縄県人会会長（日典3）
　伊芸三郎　いげい・さぶろう　小学校訓導（姓氏沖縄）
　伊芸滋　いげい・しげる「石川正通追想集」石川澄子（日典3）
　伊芸秀信　いげい・ひでのぶ「沖縄発, 山野草のおいしい話」ふきのとう書房（日典3）
伊谷　いたに；いだに；いのや
　伊谷純一郎　いたに・じゅんいちろう　霊長類・人類学者（日人）
　伊谷賢蔵　いだに・けんぞう　洋画家（姓氏京都）
　伊谷修　いのや・おさむ　初代上伊那部長（長野歴）
伊豆　いず；いずの
　伊豆利彦　いず・としひこ　国文学者（日人）
　伊豆富人　いず・とみと　政治家, 実業家（日人）
　伊豆長八　いずの・ちょうはち　左官（コン4）
　伊豆平成　いずの・ひらなり　小説家（日典3）
伊豆見　いずみ
　伊豆見英輔　いずみ・えいすけ　俳優（映男）
　伊豆見元一　いずみ・げんいち　新聞人（現情）
　伊豆見元　いずみ・はじめ　国際関係評論家（テレ）
伊豆蔵　いずくら
　伊豆蔵明彦　いずくら・あきひこ　染織家（日典3）
　伊豆蔵健之　いずくら・けんじ　イズミヤ取締役物流統括部長（日典3）
　伊豆蔵寿郎　いずくら・じゅろう　陶芸家（陶芸最）
　伊豆蔵節子　いずくら・せつこ　歌人（石川文）
　伊豆蔵正博　いずくら・まさひろ　陶芸家（陶工）
⁸伊和家　いわや
　伊和家小米〔2代〕　いわや・こよね　伊和家流家元, 日中女性友好協会代表（日典3）

姓名よみかた辞典 姓の部　77

伊奈 いな
伊奈和子 いな・かずこ ピアニスト(音人3)
伊奈精一 いな・せいいち 映画監督(映人)
伊奈信男 いな・のぶお 写真評論家(日人)
伊奈初之丞 いな・はつのじょう 実業家(日人)
伊奈森太郎 いな・もりたろう 教育者(日人)

伊延 いのべ
伊延敏行 いのべ・としゆき 植物学者(植物)

伊武 いぶ
伊武トーマ いぶ・とーま「a=a」思潮社(日典3)
伊武雅刀 いぶ・まさとう 俳優(日映男)
伊武桃内 いぶ・ももない「ラブジェネレーション」扶桑社(日典3)

伊波 いなみ；いは；いば
伊波睦 いなみ・むつみ トロンボーン奏者(演奏)
伊波普猷 いは・ふゆう 民俗学者,言語学者(コン4)
伊波南哲 いば・なんてつ 詩人,小説家(日人)

伊知地 いじち；いちじ
伊知地義一 いじち・ぎいち 全関東借家人組合書記長(社史)
伊知地寧次郎 いじち・やすじろう 東亜合成化学工業社長,日本ソーダ工業会会長(日本)
伊知地秋 いちじ・あき「巨象の如く」工房わんおくろっく(日典3)
伊知地淳 いちじ・じゅん 弓道家,弓道錬士(弓道)

伊舎良 いしゃら
伊舎良平吉 いしゃら・へいきち 沖縄の民権運動家,新聞記者(社史)

⁹伊保内 いぼない
伊保内賢 いぼない・まさる「プラスチック活用ノート」工業調査会(日典3)

伊咲 いさき；いざき
伊咲ウタ いさき・うた「サヤビト」講談社(日典3)
伊咲一郎 いざき・いちろう「超高速・財務分析法」PHP研究所(日典3)

伊政 いせい
伊政博中 いせい・はくちゅう「宇宙生命と仏教」(国典)

伊是名 いぜな
伊是名晃 いぜな・あきら 沖縄タイムス社通信部長(日典3)
伊是名カエ いぜな・かえ「伊是名カエのおきなわベジライフ」編集工房東洋企画(日典3)
伊是名牛助 いぜな・ぎゅうすけ 郷土史家(姓氏沖縄)
伊是名朝義 いぜな・ちょうぎ 沖縄のアナキスト(アナ)
伊是名朝睦 いぜな・ちょうぼく 尚家家扶(姓氏沖縄)

伊津野 いずの；いつの
伊津野満仁太 いずの・まにた 新聞記者(日人)
伊津野亮 いずの・りょう タレント,ディスクジョッキー(テレ)

伊津野重満 いつの・しげみつ 国際法学者(現執2期)
伊津野朋弘 いつの・ともひろ 教育学者(現執1期)

伊砂 いさ
伊砂久二雄 いさ・くにお 染色家(日典3)
伊砂利彦 いさ・としひこ 染色家(美工)
伊砂正幸 いさ・まさゆき 日本画家(日典3)
伊砂新雄 いさ・よしお「花筐」京都書院(日典3)

伊神 いかみ；いがみ
伊神一市 いかみ・かずいち 陶画工(社史)
伊神照男 いかみ・てるお 城西消費購買組合組合員(社史)
伊神光治 いがみ・こうじ 愛知県議(民社党)(日典3)
伊神ごん いがみ・ごん 中日新聞文化芸能局部長(日典3)

伊美 いみ
伊美克己 いみ・かつみ 関西汽船常任顧問(日典3)
伊美要 いみ・かなめ「尼崎から欧米鉄鋼を巡歴して」尼崎製鋼所(日典3)
伊美哲夫 いみ・てつお 教員(社史)

伊計 いけい
伊計安寿花 いけい・あすか 歌手(テレ)
伊計季代花 いけい・きよか 歌手(テレ)
伊計翼 いけい・たすく「怪談社」竹書房(日典3)
伊計大鼎 いけい・だいてい 政治家,琉球救国運動参加者(社史)
伊計光義 いけい・みつよし 沖縄教育版画の会会長,沖縄市立山内中学校教頭(日典3)

伊香 いか；いこう
伊香左和子 いか・さわこ エトヴェシ・ローランド大学研究員(日典)
伊香祝子 いか・しゅくこ「まんが反資本主義入門」明石書店(日典3)
伊香善吉 いこう・ぜんきち 実業家(青森人)
伊香蒼水 いこう・そうすい 俳人(滋賀文)

伊香輪 いかわ
伊香輪恒男 いかわ・つねお「熱力学」(国典)

¹⁰伊倉 いくら；いぐら
伊倉逸夫 いくら・いつお (株)ハマ・ソフトウェア社長,湘南電子(株)社長(日典3)
伊倉一恵 いくら・かずえ 声優(テレ)
伊倉退蔵 いぐら・たいぞう 横浜国立大学名誉教授(日典3)

伊原 いはら；いばら
伊原宇三郎 いはら・うさぶろう 洋画家(日人)
伊原青々園 いはら・せいせいえん 演劇評論家,劇作家(コン5)
伊原光一 いばら・こういち 実業家(島根歴)
伊原青々園 いばら・せいせいえん 演劇評論家,劇作家(島根百)

伊原木 いばらぎ
伊原木卯兵衛 いばらぎ・うへえ 百貨店経営者(岡山人)

人部(伊)

伊原木一衛　いばらぎ・かずえ　天満屋社長(日典3)
伊原木伍朗　いばらぎ・ごろう　実業家(日人)
伊原木藻平　いばらぎ・もへい　実業家(日人)
伊原木藻平〔3代〕　いばらぎ・もへい　実業家(世紀)

伊宮　このみや
伊宮伶　このみや・れい　著述家,実業家(現執4期)

伊庭　いにわ；いのば；いば
伊庭末雄　いにわ・すえお　歌手(日典)
伊庭稜太郎　いのば・りょうたろう　「飛竜天ニ在リ」青娥書房(日典3)
伊庭孝　いば・たかし　演出家,劇作家(コン5)

伊従　いより
伊従茂　いより・しげる　「腎臓病の基礎知識」メディカルリサーチセンター(日典3)
伊従勉　いより・つとむ　「琉球祭祀空間の研究」中央公論美術出版(日典3)
伊従直子　いより・なおこ　修道女(現執3期)
伊従信子　いより・のぶこ　「いのちの道」サンパウロ(日典3)
伊従寛　いより・ひろし　経済問題専門家(現執4期)

伊桜　いざくら
伊桜淑親　いざくら・としちか　経営コンサルタント(現執3期)

伊秩　いじち
伊秩弘将　いじち・ひろまさ　音楽プロデューサー,ミュージシャン(テレ)

伊能　いのう；いよく
伊能嘉矩　いのう・かのり　歴史学者(コン)
伊能穎則　いのう・ひでのり　神官,国学者,歌人(コン4)
伊能八平　いよく・はちへい　政治家(群馬人)
伊能芳雄　いよく・よしお　政治家(郷土群馬)

伊馬　いま
伊馬春部　いま・はるべ　劇作家,放送作家(コン5)

[11]伊崎　いさき；いざき
伊崎正勝　いさき・まさかつ　医師(近医)
伊崎充則　いさき・みつのり　俳優(テレ)
伊崎央登　いざき・ひさと　歌手(テレ)
伊崎義憲　いざき・よしのり　会計学者(現執2期)

伊理　いり
伊理正夫　いり・まさお　数理工学者(群馬人)

伊都　いず；いと
伊都博　いず・ひろし　日本共産党資金局京都市委員会京大六高班メンバー(社史)
伊都工平　いと・こうへい　小説家(幻想)

伊野上　いのうえ
伊野上裕伸　いのうえ・ひろのぶ　小説家(大阪文)

[12]伊喜見　いかみ；いきみ
伊喜見禎吉　いかみ・ていきち　経済論壇社長(日典3)
伊喜見文吾　いきみ・ぶんご　化学研究者(幕末)

伊場野　いばの
伊場野昭八　いばの・あきこ　翻訳家(児人)

伊落　いおち
伊落崧　いおち・たかし　高校教諭(国典)

伊賀道　いがみち
伊賀道清一郎　いがみち・せいちろう　積取人夫(アナ)

伊達　だて
伊達秋雄　だて・あきお　裁判官,法学者(コン4)
伊達邦成　だて・くにしげ　武士(コン5)
伊達邦直　だて・くになお　仙台藩主(コン5)
伊達千広　だて・ちひろ　紀伊和歌山藩士,国学者(コン4)
伊達宗城　だて・むねなり　大名(コン4)

伊達木　だてぎ
伊達木稔　だてぎ・みのる　数学者(数学)

伊集　いじゅ；いしゅう；いじゅう
伊集紀美子　いじゅ・きみこ　俳人(日典3)
伊集加代子　いしゅう・かよこ　ジャズマン(ジャ)
伊集盛彦　いじゅう・もりひこ　伊集スタジオ(国典)

伊集田　いじゅうだ
伊集田実　いじゅうだ・みのる　「伊集田実劇作集」道之島通信社(日典3)

伊集院　いしゅういん；いじゅういん
伊集院栄雄　いしゅういん・しげお　古物商(社史)
伊集院斉　いしゅういん・ひとし　美学者,小説家,評論家(世紀)
伊集院五郎　いじゅういん・ごろう　海軍軍人(コン)
伊集院彦吉　いじゅういん・ひこきち　外交官(コン)

[13]伊勢川　いせかわ；いせがわ
伊勢川直行　いせかわ・なおゆき　「相続税法演習」税務経理協会(日典3)
伊勢川桂右　いせがわ・けいすけ　工業デザイナー(日典)

伊勢田　いせた；いせだ
伊勢田喜蔵　いせた・よしぞう　合唱指導(日典)
伊勢田史郎　いせだ・しろう　詩人,文筆家(兵庫文)
伊勢田亮　いせだ・りょう　教師(現執3期)

伊勢村　いせむら
伊勢村定雄　いせむら・さだお　「アメリカン・ライフを英語で」北星堂書店(日典3)
伊勢村寿三　いせむら・としぞう　化学者(現情)
伊勢村護　いせむら・まもる　「茶の効能と応用開発」シーエムシー出版(日典3)
伊勢村美治　いせむら・よしはる　東レ・ダウコーニング社長(日典3)

伊勢谷　いせたに；いせや
　伊勢谷かよ子　いせたに・かよこ　システム・エンジニア（日典3）
　伊勢谷浩　いせたに・ひろし　大蔵省国際金融局（国典）
　伊勢谷和美　いせや・かずみ「赤いカンナの花のように」リヨン社（日典3）
　伊勢谷友介　いせや・ゆうすけ　俳優（日映男）

伊勢亀　いせき
　伊勢亀富士朗　いせき・ふじお「変形性膝関節症」金原出版（JM）

伊福部　いふくべ
　伊福部昭　いふくべ・あきら　作曲家（コン4）
　伊福部隆輝　いふくべ・たかてる　文芸評論家，詩人（日人）
　伊福部隆彦　いふくべ・たかひこ　宗教的アナキスト（アナ）
　伊福部敬子　いふくべ・としこ　評論家（日人）
　伊福部宗夫　いふくべ・むねお　土木学者（札幌）

伊飼　いかい
　伊飼美津枝　いかい・みつえ　児童文学作家（児作）

[14]伊熊　いくま；いぐま
　伊熊昭等　いくま・あきら「PMPパーフェクトマスター」評言社（日典3）
　伊熊啓輔　いくま・けいすけ　オーボエ・イングリッシュホルン奏者（演芸）
　伊熊博一　いぐま・ひろかず　プロ野球選手（日典3）
　伊熊穂積　いぐま・ほずみ　（株）音楽之友社総務局総務部庶務課長（日典3）

伊関　いせき；いぜき
　伊関淳　いせき・あつし「サラリーマン3.0」中経出版（日典3）
　伊関兼四郎　いせき・かねしろう　お茶の水女子大学名誉教授（日典3）
　伊関孝　いぜき・たかし　大蔵省函館税関長（日典3）
　伊関佑二郎　いぜき・ゆうじろう　外交官（コン4）

伊静　いしずか
　伊静亜伊　いしずか・あい　映画監督（監督）

[15]伊敷　いしき
　伊敷善蔵　いしき・きぞう「島尻博物館あんない」南部振興会（日典3）
　伊敷美和　いしき・みわ　陸上選手（日典3）
　伊敷優香　いしき・ゆうか　歌手（日典3）
　伊敷豊　いしき・ゆたか「沖縄に学ぶ成功の法則」沖縄スタイル，榧出版社（発売）（日典3）

[16]伊豫田　いよだ
　伊豫田静弘　いよだ・しずひろ　NHK名古屋のチーフディレクター（人情）

[19]伊瀬知　いせじ；いせち
　伊瀬知定介　いせじ・さだすけ「街角に咲いた夫婦花」（JM）
　伊瀬知明美　いせち・あけみ　東京・本郷順天堂大付属病院看護婦（日典3）

　伊瀬知好成　いせち・よしなり　留守近衛団長，貴族院議員，男爵（姓氏鹿児島）

[55]　仮

[4]仮戸　かりど
　仮戸茂　かりど・しげる　実業家（創業）

[7]仮谷　かりや
　仮谷志良　かりや・しろう　政治家（郷土和歌山）
　仮谷太一　かりや・たいち　川崎医科大学名誉教授（日典3）
　仮谷卓　かりや・たかし　マハリシヴェーダ大学ディレクター，(株)マティ代表取締役（日典3）
　仮谷忠男　かりや・ただお　政治家（日人）
　仮谷仁　かりや・ひとし「美と芸術短評集」飛鳥，飛鳥出版室（製作）（日典3）

[9]仮屋　かりや
　仮屋昭典　かりや・あきのり「情景・丘に吹く風」光村印刷（日典3）
　仮屋安吉　かりや・あんきつ　歌人（紀伊文）
　仮屋太郎　かりや・たろう「血圧に異常のある患者の理解と看護」中山書店（日典3）
　仮屋哲彦　かりや・てつひこ「うつ病とその治療」金原出版（日典3）
　仮屋ルリ子　かりや・るりこ　女優（テレ）

仮屋崎　かりやざき
　仮屋崎国隆　かりやざき・くにたか　バイエル薬品（株）人材開発・総務マネジャー（日典3）
　仮屋崎省吾　かりやざき・しょうご　華道家（テレ）

[11]仮野　かの
　仮野隆司　かの・たかし「不妊症・不育症・更年期障害の漢方」医歯薬出版（日典3）
　仮野忠男　かの・ただお　新聞記者（現執2期）

[56]　会

会　あい；かい
　会泰通　あい・やすみち　落語家（日典）
　会正之　かい・まさゆき　アロカ社長（日典）
　会有利　かい・ゆり　テレビプロデューサー（日典3）

[5]会田　あいた；あいだ；えだ；かいだ
　会田素山　あいた・そざん　俳人（日人）
　会田雄次　あいだ・ゆうじ　歴史学者，評論家（日人）
　会田一応　えだ・いちおう　江戸の名主＝近世（茶道）
　会田貴代　かいだ・たかよ「あやと青い目の人形」クリエイティブ21（日典3）

[9]会津　あいず
　会津泉　あいず・いずみ　ネットワーク研究者（現執4期）
　会津八一　あいず・やいち　歌人，美術史家，書家（コン4）

会美　おおみ
　会美翠苑　おおみ・すいえん　俳句（日典）

人部(伎,休,仰,伍,全,仲)

¹²会場　あいば
　会場清敏　あいば・きよとし　山一ワールドツーリスト社長(日典3)
　会場清悦　あいば・きよのぶ　第一生命大井蒼梧診療所内科医長(人情)
　会場保　あいば・たもつ　学自館18主宰(日典3)

【57】伎

²伎人　くれど
　伎人戒心　くれど・かいしん　高野山真言宗学僧(仏教)

【58】休

¹²休場　やすんば
　休場千尋　やすんば・ちひろ　毎日新聞大阪本社新館建設委員会事務局委員(日典)

【59】仰

⁴仰木　おうぎ；おおき；おおぎ
　仰木魯堂　おうぎ・ろどう　茶人,数寄屋建築家(日典)
　仰木実　おおき・みのる　歌人(福岡百)
　仰木魯堂　おおぎ・ろどう　茶人,数寄屋建築家(現朝)

【60】伍

　伍井　いつい；ごい
　伍井一夫　いつい・かずお　高校教師(日典3)
　伍井さよ　いつい・さよ　「紅野」桃林書房(書籍)
　伍井邦夫　ごい・くにお　連合栃木会長(日典3)
¹¹伍堂　ごとう；ごどう
　伍堂卓雄　ごとう・たくお　政治家,実業家(陸海)
　伍堂卓爾　ごとう・たくじ　陸軍軍医(洋学)
　伍堂卓雄　ごどう・たくお　政治家,海軍軍人(コン4)
　伍堂卓爾　ごどう・たくじ　陸軍軍医(海越新)
¹²伍賀　ごか；ごが
　伍賀一道　ごか・かずみち　社会学者(現執3期)
　伍賀満　ごか・みつる　海軍軍人(人名)
　伍賀啓次郎　ごが・けいじろう　軍人(岡山歴)
　伍賀満　ごが・みつる　軍人(日人)

【61】全

　全　ぜん
　全秀樹　ぜん・ひでき　ジャーナリスト(日典3)
　全和風　ぜん・わこう　洋画家(美家)
⁶全先　まっさき；まつさき
　全先正二　まっさき・しょうじ　元・三井造船専務(日典)

全先喬　まつさき・たかし　「中国国民党六十年史略」武蔵書房(日典3)
全先実　まつさき・みのる　「VM」共立出版(日典3)

【62】仲

³仲子　なかこ
　仲子隆　なかこ・たかし　政治家(政治)
　仲小路　なかこうじ；なかしょうじ
　仲小路彰　なかこうじ・あきら　哲学者(哲学)
　仲小路廉　なかこうじ・ただし　検事出身の政治家(大阪人)
　仲小路彰　なかしょうじ・あきら　哲学者(履歴2)
　仲小路廉　なかしょうじ・れん　司法官吏,政治家(日人)
⁴仲井真　なかいま
　仲井真元楷　なかいま・げんかい　沖縄芸能連盟会長(日典3)
　仲井真盛良　なかいま・せいりょう　俳優(新芸)
　仲井真弘多　なかいま・ひろかず　沖縄県知事(日典3)
　仲井真嘉子　なかいま・よしこ　女優(新芸)
　仲木　なかき；なかぎ
　仲木繁夫　なかき・しげお　映画監督(映監)
　仲木貞一　なかぎ・ていいち　劇作家(日人)
　仲木直太郎　なかぎ・なおたろう　萩藩無給通士=近世(維新)
⁵仲代　なかだい
　仲代圭吾　なかだい・けいご　シャンソン歌手(テレ)
　仲代達矢　なかだい・たつや　俳優,演出家(日人)
　仲代奈緒　なかだい・なお　女優,歌手(テレ)
　仲正　なかまさ
　仲正昌樹　なかまさ・まさき　研究者(現執4期)
　仲田　なかた；なかだ
　仲田又次郎　なかた・またじろう　政治家(日人)
　仲田良子　なかた・りょうこ　陶芸家(陶工)
　仲田定之助　なかだ・さだのすけ　美術評論家,実業家(日人)
　仲田好江　なかだ・よしえ　洋画家(日人)
⁶仲吉　なかよし
　仲吉昭治　なかよし・しょうじ　「目指せ!!中高年起業家」ジー・エフ(日典3)
　仲吉朝助　なかよし・ちょうじょ　官吏(コン)
　仲吉朝常　なかよし・ちょうじょう　琉球新報の記者,貿易商社丸一商店福州支店の支店長(姓氏沖縄)
　仲吉良光　なかよし・りょうこう　ジャーナリスト,地方自治体首長(日人)
　仲吉良新　なかよし・りょうしん　労働運動家(日人)
　仲地　なかち
　仲地唯渉　なかち・いしょう　石川島播磨重工業プラント事業部貯蔵タンク設計部部長(日典3)

人部(仲)

仲地カマド　なかち・かまど　沖縄の呪術・宗教的職能者(社史)

仲地喜曽　なかち・きそう　建築士(沖縄百)

仲地博幸　なかち・ひろゆき　クラリネット奏者(演奏)

仲地吉雄　なかち・よしお「アメリカ小児科学の展望」(国典)

[7]仲尾次　なかおし；なかおじ

仲尾次嗣善　なかおし・しぜん　沖縄県視学(姓氏沖縄)

仲尾次政隆　なかおし・せいりゅう　宗教家(コン4)

仲尾次邦夫　なかおじ・くにお　日本ユピカ相談役(日典3)

仲尾次政剛　なかおじ・せいこう「医療被曝と放射線防護」結核予防会(日典3)

仲村渠　なかんだかり

仲村渠致信　なかんだかり・えいしん　名護按司側使(姓氏沖縄)

仲村渠作郎　なかんだかり・さくろう　砂糖製造指導巡回員(姓氏沖縄)

仲村渠盛慶　なかんだかり・せいけい　実業家,沖縄糖業互助会常務理事(社史)

仲村渠世昌　なかんだかり・せしょう　那覇大工組合メンバー(社史)

仲村渠筑親雲上　なかんだかり・ちくぺーちん　村役人(姓氏沖縄)

仲沢　なかさわ；なかざわ

仲沢真　なかさわ・まこと　筑波大学講師(日典)

仲沢清太郎　なかざわ・せいたろう　劇作家,俳優(世紀)

仲沢半次郎　なかざわ・はんじろう　映画撮影監督(映人)

仲谷　なかたに；なかや

仲谷和也　なかたに・かずや　小説家(大阪文)

仲谷謙二　なかたに・けんじ　東京印刷工組合メンバー(アナ)

仲谷昇　なかや・のぼる　俳優(日人)

仲谷義明　なかや・よしあき　政治家(政治)

仲里　なかさと；なかざと

仲里ハル　なかさと・はる「オキナワを歩く―学生は何を見何を感じたか沖縄戦跡巡礼の3日間 4 元積徳学徒隊員沖縄戦を語る」ノンブル社(日典3)

仲里朝貞　なかざと・ちょうてい　医師(社史)

仲里陽史子　なかざと・よしこ　箏曲家(日人)

[8]仲宗根　なかずに；なかそね；なかぞね

仲宗根喜元　なかずに・きげん　名工=近世(人名4)

仲宗根源和　なかそね・げんわ　社会運動家(日人)

仲宗根善守　なかぞね・よしもり　植物研究家(植物)

[10]仲原　なかはら

仲原明彦　なかはら・あきひこ　脚本家,演出家,俳優(新芸)

仲原善一　なかはら・ぜんいち　政治家(政治)

仲原善賢　なかはら・ぜんけん　社会運動家(ア

仲原善忠　なかはら・ぜんちゅう　歴史・地理学者,沖縄研究家(コン4)

仲原泰博　なかはら・やすひろ　医師(近医)

仲家　なかや

仲家太郎吉　なかや・たろうきち　漁業改良家(大分歴)

仲家暢彦　なかや・のぶひこ　福岡地裁所長(日典3)

仲家美博　なかや・よしひろ　日本鉱業佐賀関製錬所技術部(人情)

仲島　なかしま；なかじま

仲島昭広　なかしま・あきひろ　日本画家(日典3)

仲島聖曜　なかしま・せいよう　超能力研究家(現執3期)

仲島淇三　なかじま・きぞう　劇作家,俳優(社史)

仲島隆夫　なかじま・たかお　中部学院大学人間福祉学部教授(日典)

仲座　なかざ

仲座栄三　なかざ・えいぞう「物質の変形と運動の理論」ボーダーインク(日典3)

仲座久雄　なかざ・ひさお　建築家,建築技師(美建)

仲座恵美　なかざ・めぐみ「MT4新しいWebサイトの黄金則」ソフトバンククリエイティブ(日典3)

仲財　なかざい

仲財けんじ　なかざい・けんじ　小説家(北海道文)

仲財修司　なかざい・しゅうじ「炎の海」近代文芸社(JM)

[11]仲埜　なかの

仲埜ひろ　なかの・ひろ　児童文学作家(兵庫文)

仲埜裕貴　なかの・ゆき　元・タレント(日典3)

仲曽根　なかそね

仲曽根サダヨ　なかそね・さだよ　小学校教員(社史)

仲郷　なかさと；なかざと

仲郷三郎　なかさと・さぶろう「味そぞろある記」(国典)

仲郷三郎　なかざと・さぶろう　歌人,作家(兵庫人)

[12]仲程　なかほど

仲程悦子　なかほど・えつこ　プランツアート作家,詩人(日典3)

仲程喜美枝　なかほど・きみえ「ニライの詩」短歌研究社(日典3)

仲程正吉　なかほど・せいきち「門中元祖便覧」月刊沖縄社(日典3)

仲程長治　なかほど・ちょうじ「琉球パトローネ」編集工房東洋企画(日典3)

仲程昌徳　なかほど・まさのり　近代日本文学者(現執3期)

仲道　なかみち

仲道郁代　なかみち・いくよ　ピアニスト(演奏)

仲道義作　なかみち・ぎさく「三畧解義」中国研究所(日典3)

人部（伝，任，伏）

仲道孝次　なかみち・こうじ「ひとりで学ぶ大腸内視鏡挿入法」羊土社（日典3）
仲道俊哉　なかみち・としや　政治家（現政）
仲道祐子　なかみち・ゆうこ　ピアニスト（音人3）

¹³**仲嵩　なかたけ**
仲嵩嘉尚　なかたけ・かしょう　政治家，医師（社史）

仲路　なかじ；なかみち
仲路さとる　なかじ・さとる　小説家（日典）
仲路中道　なかみち・ちゅうどう「さらば日顕，さらば大石寺」オフィス・タクマ（日典3）
仲路敏夫　なかみち・よしお「コンピュータサイエンスアプリケーション入門」啓学出版（日典3）

【63】伝

伝　つたえ；つとう；でん
伝川次郎　つたえ・かわじろう　農民（社史）
伝裕雄　つとう・やすお　学習研究社専務（日典）
伝清　でん・きよし　プロ文連作同神戸支部書記長（社史）

³**伝川　つたかわ；つたがわ**
伝川幹　つたかわ・かん　読売新聞編集委員（日典）
伝川幹　つたがわ・かん　読売新聞東京本社経済部長（日典3）
伝川博　つたがわ・ひろし　落語家（落語）

⁴**伝井　つたい**
伝井かほる　つたい・かおる　編集者（日典）

⁵**伝田　つぎた；でんた；でんだ**
伝田雅子　つぎた・まさこ「足音」足音会（日典3）
伝田久仁子　でんた・くにこ「コミュニケーションのためのマニュエルフランス文法」第三書房（日典3）
伝田功　でんだ・いさお　経済史学者（郷土滋賀）

⁷**伝谷　でんたに**
伝谷恵重　でんたに・やすしげ　大和運輸取締（紳士）

⁸**伝法　でんぼう；でんぽう**
伝法貫一　でんぼう・かんいち「北海道犬読本」（国典）
伝法笑子　でんぼう・えみこ　ソ連残留日本人（人情）

【64】任

任　じん；にん
任空人　じん・くうじん　詩（日典）
任彰　にん・あきら「簿記概論」税務経理協会（日典3）
任和子　にん・かずこ「看護過程展開ガイド」照林社（日典3）

⁴**任天　にんてん**
任天居士　にんてん・こじ　戯文家，狂詩家（人名）

⁵**任田　とうだ**
任田幾英　とうだ・いくえ　宝塚歌劇団衣装デザイナー（日典3）
任田賢久　とうだ・かつひさ　小松精練社長（日典3）
任田新治　とうだ・しんじ　政治家（石川百）
任田順好　とうだ・じゅんこう　女優（映女）
任田孫作　とうだ・まごさく　酪農導入に尽力（姓氏石川）

¹¹**任都栗　にとぐり**
任都栗新　にとぐり・しん「デジタル教材の使い方・活かし方」PHP研究所（日典3）
任都栗司　にとぐり・つかさ　元・広島市議会議長（日典）

【65】伏

³**伏下　ふしした；ふした；ふせした**
伏下哲夫　ふしした・てつお　八幡大学教授（日典3）
伏下哲夫　ふした・てつお　大分県地労委会長（大分歴）
伏下六郎　ふせした・ろくろう　正進会メンバー（アナ）

伏久田　ふくだ
伏久田喬行　ふくだ・たかゆき　詩人（現執1期）

⁴**伏木　ふしき；ふせぎ**
伏木和雄　ふしき・かずお　政治家（現政）
伏木卓也　ふしき・たくや　医師（近医）
伏木ケイ　ふせぎ・けい「葛月夜」石田書房（日典3）

伏木田　ふしきだ
伏木田勝信　ふしきだ・かつのぶ「最新情報・通信のしくみ」技術評論社（日典3）
伏木田孟　ふしきだ・たけし「沢田重隆作品集」沢田啓（日典3）
伏木田照澄　ふしきだ・てるずみ　北海タイムス専務（日典3）
伏木田土美　ふしきだ・とみ　詩人（北海道文）
伏木田隆作　ふしきだ・りゅうさく　教育家（学校）

伏水　ふしみ；ふしみず；ふせみず
伏水力松　ふしみ・りきまつ「恨みのバシー海峡―戦争体験記」（JM）
伏水修　ふしみず・しゅう　映画監督（映人）
伏水修　ふせみず・おさむ　映画監督（大阪人）

⁵**伏田　ふしだ；ふせだ**
伏田昌義　ふしだ・まさよし　国際親善交流センター事務局長（日典3）
伏田良　ふしだ・りょう「富良野笑市民ライフ」フォレスト出版（日典3）
伏田清三郎　ふせだ・せいざぶろう　渡航者（渡航）

⁷**伏谷　ふしたに；ふしや；ふせたに；ふせや**
伏谷伊一　ふしたに・いいち　東京農工大学名誉教授（日典3）
伏谷宏二　ふしや・こうじ　映像プロデューサー（日典3）

伏谷伸宏　ふせたに・のぶひろ　東京大学大学院農学生命科学研究科教授(日典)
伏谷如水　ふせや・じょすい　上総鶴舞藩士(藩臣3)

⁹伏屋　ふしや；ふせや
伏屋和彦　ふしや・かずひこ　国税庁長官,会計検査院長(日典3)
伏屋房男　ふしや・ふさお　(株)マキタ専務(日典3)
伏屋修治　ふせや・しゅうじ　政治家(郷土岐阜)
伏屋美濃　ふせや・みの　明治天皇の乳人(日人)

¹⁰伏原　ふしはら；ふせはら
伏原納知子　ふしはら・のじこ　絵本画家(児人)
伏原宣足　ふしはら・のぶたる　華族,神職(日人)
伏原宣諭　ふせはら・のぶさと　公家(公卿)
伏原宣足　ふせはら・のぶたり　子爵(日典)

伏島　ふしじま；ふせじま
伏島近蔵　ふじしま・ちかぞう　実業家(国際)
伏島近蔵　ふせじま・きんぞう　実業家(日人)
伏島たき　ふせじま・たき　歌人(郷土群馬)

伏根　ふしね
伏根弘三　ふしね・こうぞう　農民,牧畜業者,アイヌ民族指導者(社史)

¹¹伏野　ふしの；ふせの
伏野久美子　ふしの・くみこ 「先生のためのアイディアブック」日本協同教育学会(日典3)
伏野宗孝　ふせの・むねたか 「公民館45年のあゆみ」三重町中央公民館(日典3)
伏野義雄　ふせの・よしお　四重電信の発明者(大分歴)

【66】位

⁵位田　いだ；いんでん
位田尚隆　いだ・なおたか　リクルート取締役相談役(日典3)
位田正邦　いだ・まさくに　神戸大学名誉教授(日典3)
位田輝文　いんでん・てるふみ 「伊勢長島一向一揆を見た」一粒書房(日典3)
位田伝治　いんでん・でんじ　三菱石油常務(日典3)

¹⁰位高　いたか
位高光司　いたか・こうし　日新電機会長,京都経営者協会会長(日典3)
位高八穂　いたか・やほ 「ベスト・ワン事典」社会思想社(日典3)

¹¹位野木　いのき
位野木寿一　いのき・かずいち　大阪教育大学名誉教授(日典3)
位野木益雄　いのき・ますお　弁護士(日典3)
位野木峯夫　いのき・みねお　実業家(日人)

¹⁶位頭　いとう
位頭義仁　いとう・よしひと　障害児教育学研究者(現執2期)

¹⁸位藤　いとう
位藤紀美子　いとう・きみこ　京都教育大学学長(日典3)
位藤邦生　いとう・くにお　広島大文学部助教授(人情)
位藤俊一　いとう・しゅんいち 「乳房超音波検査レポート実例集」南江堂(日典3)

【67】何

何が
何礼之　が・のりゆき　官吏,洋学者(日人)
何初彦　が・はつひこ　新聞学者(現情)

³何川　なにかわ
何川一幸　なにかわ・かずゆき　政治家(現政)
何川凉　なにかわ・すずし　医師(近医)

¹²何森　いずもり
何森和代　いずもり・かずよ 「こまったときの算数の教え方」大月書店(日典3)
何森健　いずもり・けん　香川大学農学部教授(日典3)
何森仁　いずもり・ひとし　高校教師(現執3期)
何森真人　いずもり・まさと 「ワッとわく授業の上ネタすぐに使える算数おもしろ教具」フォーラム・A(日典3)

【68】佐

佐　たすけ
佐社文　たすけ・そうぶん　農民(社史)

佐々　さあさ；ささ；さざ；さっさ
佐々詩生　さあさ・うたおう 「東京の花売娘」ヒカリ音楽出版社(日典3)
佐々元十　ささ・げんじゅう　映画運動家,編集者(日人)
佐々藤雄　さざ・ふじお　実業家(郷土長崎)
佐々友房　さっさ・ともふさ　政治家(コン5)

佐々布　ささふ；ささぶ；さそう
佐々布直武　ささふ・なおたけ　下総知県事(千葉百)
佐々布貞之亟　ささぶ・ていのじょう　下総知県事(埼玉百)
佐々布篁石　さそう・こうせき　南画家(熊本民)

佐々田　ささた；ささだ
佐々田雅子　ささた・まさこ　翻訳家(日典)
佐々田蛇衣　ささだ・じゃい　石見の俳人(島根歴)
佐々田懋　ささだ・すすむ　政治家(島根歴)

佐々波　さざなみ
佐々波清夫　さざなみ・きよお　測量専門教育センター参与(日典3)
佐々波秀彦　さざなみ・ひでひこ　都市開発研究者(現執2期)
佐々波楊子　さざなみ・ようこ　国際政治学者(世紀)
佐々波与佐次郎　さざなみ・よさじろう　日本刑事法制史研究者(現執1期)

人部（佐）

佐々城　ささき
　佐々城佑　　ささき・たすく　中学校教員（アナ）
　佐々城豊寿　ささき・とよじゅ　婦人運動家（コン）
　佐々城信子　ささき・のぶこ　有島武郎「或る女」のモデル（海越新）
　佐々城松栄　ささき・まつえ　エスペランティスト（アナ）

³佐上　さかみ；さがみ
　佐上信一　さかみ・しんいち　行政官,政治家（札幌）
　佐上信一　さがみ・しんいち　内務官僚（土木）
　佐上武弘　さがみ・たけひろ　大蔵官僚（現執2期）

佐久　さきゅう；さく
　佐久秀幸　さきゅう・ひでゆき　長野日報社長（日典3）
　佐久高士　さく・たかし　地方史研究家（郷土）
　佐久節　さく・みさお　中国文学者（日人）

佐久川　さくかわ；さくがわ
　佐久川勲　さくかわ・いさお　八重山地区社教主事等協会副会長（日典）
　佐久川剛　さくかわ・つよし　「俺流プロトコル実装入門」毎日コミュニケーションズ（日典3）
　佐久川恵一　さくがわ・けいいち　「幾山河」裸足社（日典3）
　佐久川清助　さくがわ・せいすけ　沖縄農業の貢献者（姓氏沖縄）

佐久田　さくた；さくだ
　佐久田昌教　さくた・しょうきょう　沖縄県視学官,教育者（姓氏沖縄）
　佐久田博司　さくた・ひろし　青山学院大学理工学部教授（日典3）
　佐久田繁　さくだ・しげる　出版人（出文）
　佐久田昌章　さくだ・しょうしょう　政治家（姓氏沖縄）

佐久知　さくち
　佐久知炎仙　さくち・えんせん　陶芸家（陶芸最）

佐土　さど
　佐土一正　さど・かずまさ　元・アナウンサー（日典3）
　佐土侠夫　さど・ちかお　建設省官房審議官,住宅金融公庫理事（日典3）
　佐土哲也　さど・てつや　「深海魚」グラフィック社（日典3）

佐土原　さどはら
　佐土原勲　さどはら・いさお　鉄道技師（土木）
　佐土原聡　さどはら・さとる　「図解！ArcGIS」古今書院（日典3）
　佐土原台介　さどはら・だいすけ　詩人（北海道文）
　佐土原知子　さどはら・ともこ　ピアノ教師（日典）
　佐土原八郎太　さどはら・はちろうた　政治家（姓氏鹿児島）

佐土根　さとね；さどね
　佐土根晴　さとね・あきら　「認知症の正しい理解と包括的医療・ケアのポイント」協同医書出版社（日典3）
　佐土根脩　さどね・おさむ　北海道開拓記念館・開拓の村友の会専務理事（日典3）

⁴佐中　さなか
　佐中明雄　さなか・あきお　タイ事情専門家（現執1期）
　佐中郁代　さなか・いくよ　「「地方の時代」と広島」文化評論出版（日典3）
　佐中仁　さなか・じん　大谷女子大学文学部英文学科教授（日典3）
　佐中壮　さなか・そう　東洋史・中国古代思想史研究者（現執1期）
　佐中廉　さなか・れん　教育者（鳥取百）

佐井東　さいとう
　佐井東隆　さいとう・たかし　児童文学作家（近文2）

佐分　さぶ；さぶり
　佐分武　さぶ・たけし　劇作家（近文1）
　佐分千恵　さぶり・ちえ　アナウンサー（テレ）
　佐分真　さぶり・まこと　洋画家（日典）

佐分利　さぶり
　佐分利一嗣　さぶり・かずつぐ　工学者（日人）
　佐分利勘四郎　さぶり・かんしろう　官吏（岡山歴）
　佐分利貞男　さぶり・さだお　外交官（コン5）
　佐分利貞夫　さぶり・さだお　外交官（日史）
　佐分利信　さぶり・しん　映画俳優,映画監督（日人）

佐双　さそう
　佐双左中　さそう・さちゅう　造船総監（人名3）
　佐双左仲　さそう・さちゅう　造船技師（日人）

佐戸川　さとかわ；さとがわ
　佐戸川弘之　さとかわ・ひろゆき　「静脈エコー動画プラス」中山書店（日典3）
　佐戸川清　さとがわ・きよし　インテリアデザイナー（日典3）

佐戸井　さとい
　佐戸井けん太　さとい・けんた　俳優（日映男）

佐文字　さもんじ
　佐文字雄策　さもんじ・ゆうさく　小説家（世紀）

佐方　さかた；さがた
　佐方繁木　さかた・しげき　軍人（陸海）
　佐方鎮子　さかた・しずこ　教育者（日人）
　佐方功幸　さがた・のりゆき　九州大学大学院理学研究院教授（日典3）

⁵佐古田　さこた；さこだ
　佐古田修司　さこた・しゅうじ　「反埴谷雄高論—思想的背理の構造」深夜叢書社（JM）
　佐古田政太郎　さこた・せいたろう　コープケミカル創業者（日典3）
　佐古田三郎　さこだ・さぶろう　「神経内科の最新医療」寺田国際事務所/先端医療技術研究所（日典3）

佐古田好一　さこだ・よしかず　同和教育研究家（現執3期）

佐生　さいき；さしょう；させ；さふ
佐生武彦　さいき・たけひこ　「日本のむかし話・オリジナル英語シナリオ集」ふくろう出版（日3）
佐生正三郎　さしょう・しょうざぶろう　実業家（映人）
佐生恭一　させ・きょういち　「ピンクビデオの妖精たち」壱番館書房（日3）
佐生英吉　さふ・えいきち　弁護士（日典）

佐田　さた；さだ
佐田一郎　さた・いちろう　政治家（政治）
佐田勝　さた・かつ　洋画家（日人）
佐田介石　さだ・かいせき　僧, 国粋主義者（コン4）
佐田啓二　さだ・けいじ　俳優（日人）

佐立　さたち；さだち；さたて
佐立忠雄　さたち・ただお　建築家（美建）
佐立正義　さだち・まさよし　「海人老書」佐立正人（日典3）
佐立七次郎　さたて・しちじろう　建築家（日人）

[6]佐光　さこう
佐光亜紀子　さこう・あきこ　洋画家（日典3）
佐光朗　さこう・あきら　映画撮影監督（映人）
佐光希未子　さこう・きみこ　「セピア色から始まって」竹林館（日典3）
佐光久美子　さこう・くみこ　「鯨尺」道俳句会（日典3）
佐光千尋　さこう・ちひろ　映画監督（映監）

佐向　さこう；ささき
佐向克己　さこう・かつみ　在米邦人アナキストグループメンバー（アナ）
佐向真歩　ささき・まほ　小説家（日典3）

佐合　さあい；さごう
佐合真弌　さあい・しんいつ　カペナウム病院（日典）
佐合紘一　さごう・ひろかず　経済財務論研究者（現執3期）
佐合政昭　さごう・まさあき　陶芸家（陶芸集）

佐名木　さなき；さなぎ
佐名木智貴　さなき・ともき　「セキュアWebプログラミングtips集」ソフト・リサーチ・センター（日典3）
佐名木熙　さなき・ひろし　「白川郷三つの旅」白川郷合掌文化研究室（日典3）
佐名木修　さなぎ・おさむ　「風のように」少林寺高津道院・東京奥沢道院（日典3）
佐名木真司　さなぎ・しんじ　日の出証券相談役（日典）

佐成　さなり
佐成謙太郎　さなり・けんたろう　国文学者, 能楽研究家（日人）
佐成俊清　さなり・としきよ　日本セラテック社長（日典3）
佐成豊彦　さなり・とよひこ　公認会計士（日典3）

佐次　さじ
佐次たかし　さじ・たかし　漫画家（漫人）
佐次洋一　さじ・よういち　旭有機材工業社長（日典3）

佐江　さえ；さこう
佐江衆一　さえ・しゅういち　小説家（日人）
佐江明　さこう・あきら　「封印都市」秋田書店（日典3）

佐羽　さば；さわ
佐羽喜六　さば・きろく　実業家（日人）
佐羽城治　さば・じょうじ　日本尊厳死協会常任理事（日典3）
佐羽喜六　さわ・きろく　実業家（人名）
佐羽淡斎　さわ・たんさい　「通俗古今奇観」岩波書店（日典3）

佐羽尾　さばお
佐羽尾剛　さばお・つよし　トヨタ車体社長（日典）

[7]佐佐　さっさ
佐佐鶴城　さっさ・かくじょう　国学者（島根人）
佐佐弘雄　さっさ・ひろお　政治学者, 政治家（現日）
佐佐将行　さっさ・まさゆき　メガビジョン社長（日典3）

佐伯　さいき；さえき；さえぎ；さはく；さへき
佐伯矩　さいき・ただす　栄養学者（郷土愛媛）
佐伯祐三　さえき・ゆうぞう　洋画家（コン改）
佐伯卯四郎　さえぎ・うしろう　実業家（愛知百）
佐伯由香里　さはく・ゆかり　陸上選手（日典3）
佐伯忠義　さへき・ただよし　政治家（鳥取百）

佐岐　さき
佐岐えりぬ　さき・えりぬ　詩人（京都文）

佐沢　ささわ；さざわ
佐沢太郎　ささわ・たろう　蘭学者（日人）
佐沢利乾　ささわ・としひろ　宮崎県議（日典）
佐沢太郎　さざわ・たろう　蘭学者（江文）
佐沢波弦　さざわ・はげん　歌人（四国文）

佐良　さがら
佐良直美　さがら・なおみ　歌手（世紀）

佐谷　さたに；さや；すけたに
佐谷有吉　さたに・ゆうきち　泌尿器科学者（日人）
佐谷圭一　さや・けいいち　薬剤師（日典）
佐谷隆斎　すけたに・りゅうさい　儒者＝近世（人名3）

[8]佐宗　さそう
佐宗亜衣子　さそう・あいこ　「東京大学総合研究博物館人類先史部門所蔵大森貝塚出土標本」東京大学総合研究博物館（日典3）
佐宗章弘　さそう・あきひろ　名古屋大学大学院工学研究科教授（日典3）
佐宗九一　さそう・くいち　政治家（姓氏愛知）
佐宗慶吾　さそう・けいご　シューズデザイナー（世紀）
佐宗美邦　さそう・よしくに　漫画家（漫人）

人部(佐)

佐枝　さえ；さえだ
　佐枝義重　さえ・よししげ　軍人(姓氏愛知)
　佐枝元雄　さえだ・げんゆう　曹洞宗僧侶(埼玉人)
　佐枝常一　さえだ・つねかず　満州国高官,鹿児島県教育委員(姓氏鹿児島)

佐波　さなみ；さば；さわ
　佐波博　さなみ・ひろし　ジャズマン(ジヤ)
　佐波亘　さば・わたる　牧師(日人)
　佐波甫　さわ・はじめ　美術評論家,美術史家(日人)

佐波古　さはこ
　佐波古直胤　さはこ・なおたね「佐波古の氏姓考」(国典)

佐知　さち
　佐知景則　さち・かげのり　武人=中世(人名3)
　佐知末吉　さち・すえきち　愛知県議(自民党)(日典3)

佐茂　さも
　佐茂菊蔵　さも・きくぞう　実業家(社史)

佐長　さいき；さなが
　佐長功　さいき・いさお「実務企業統治・コンプライアンス講義」民事法研究部(日典3)
　佐長彰一　さいき・しょういち　弁護士(日典5)
　佐長健司　さなが・たけし　佐賀大学文化教育学部助教授(日典)

9佐保山　さおやま；さほやま
　佐保山晋圓　さおやま・しんえん　僧(人名)
　佐保山堯海　さほやま・ぎょうかい　僧侶,写真家(写家)
　佐保山晋円　さほやま・しんえん　僧(日人)

佐保田　さほた；さほだ
　佐保田鶴治　さほた・つるじ　インド哲学者(世紀)
　佐保田鶴治　さほだ・つるじ　インド哲学者(仏教)
　佐保田芳則　さほだ・よしのり　歌人(大阪文)

佐怒賀　さぬか；さぬが
　佐怒賀正美　さぬか・まさみ　俳人(現俳)
　佐怒賀三夫　さぬが・みつお　放送評論家(日人)
　佐怒賀次男　さぬが・つぎお　ペンキ絵師(日典3)
　佐怒賀康夫　さぬが・やすお「佐怒賀康夫集」佐怒賀正男(日典)

佐柄木　さえき
　佐柄木俊郎　さえき・としろう　ジャーナリスト(現執4期)

佐柳　さなぎ；さやなぎ
　佐柳高治　さなぎ・たかじ　船乗り(幕末)
　佐柳孝雄　さやなぎ・たかお　毎日新聞大阪本社電算制作本部長(日典3)
　佐柳藤太　さやなぎ・とうた　官僚(日人)

佐香　さが；さこう
　佐香ハル　さが・はる　教育者(女性普)
　佐香厚子　さこう・あつこ　漫画家(漫人)
　佐香ハル　さこう・はる　教育者(日人)

10佐倉　さくら；さそう
　佐倉朱里　さくら・あかり　小説家(日典3)
　佐倉常七　さくら・つねしち　西陣織職人(コン)
　佐倉有紀　さそう・ゆき「秘密がいっぱい♡好きがいっぱい」ポプラ社(日典3)

佐原　さはら；さばら
　佐原真　さはら・まこと　考古学者(日人)
　佐原みどり　さばら・みどり　文筆家(日典)
　佐原藻樣　さわら・そばい　日新館教授(日人)

佐島　さしま；さじま；さとう
　佐島楓　さしま・かえで「ガラスの教室」出版芸術社(日典3)
　佐島群巳　さじま・ともみ　社会教育学者(現執3期)
　佐島勤　さとう・つとむ「魔法科高校の劣等生」アスキー・メディアワークス,角川グループパブリッシング(発売)

佐納　さの；さのう
　佐納孝子　さの・たかこ　工芸コーディネーター(人情)
　佐納孝子　さのう・たかこ　スタジオ・グラス収集家,工芸コーディネーター(日典3)
　佐納徹　さのう・とおる　写真家(日典3)

佐能　さの；さのう
　佐能源治　さの・げんじ「郷土の果樹園芸史」佐能義明(日典)
　佐能邦和　さのう・くにかず「新天然華汁さやか」講談社(日典3)
　佐能正　さのう・ただし「孤高に生きる」(JM)

11佐崎　ささき；さざき
　佐崎健夫　ささき・たけお　童話作家(幻想)
　佐崎了重　ささき・りょうじゅう　竜厳寺住職(国書)
　佐崎昭二　さざき・しょうじ　会社管理職(現執2期)
　佐崎了重　さざき・りょうじゅう　竜厳寺住職(日人)

佐貫　さぬき
　佐貫利雄　さぬき・としお　都市工学者,経済学者(現執4期)
　佐貫亦男　さぬき・またお　航空宇宙評論家,航空工学者(日人)

佐郷　さきょう；さごう
　佐郷ひろみ　さきょう・ひろみ「ITERトカマク本体の組立方法と組立手順の検討」日本原子力研究開発機構(日典3)
　佐郷えみ　さごう・えみ「風に飛ばされた12のホットケーキ」たま出版(日典3)
　佐郷義喜　さごう・よしき　日本電通建設常務(日典)

佐郷屋　さごうや
　佐郷屋留雄　さごうや・とめお　国家主義者(コン4)
　佐郷屋嘉昭　さごうや・よしあき　国家主義者(現情)

佐野川　さのかわ；さのがわ
　佐野川好母　さのかわ・このも　日本原子力研究所理事(日典3)

人部（作）

佐野川泰彦　さのかわ・やすひこ　教育家（人名）
佐野川嘉悦良　さのがわ・かずお　「網走脱獄」徳間書店（日典3）

佐鳥　さとり
佐鳥江平　さとり・こうへい　実業家（姓氏群馬）
佐鳥俊一　さとり・しゅんいち　実業家,新聞人（郷土群馬）
佐鳥新　さとり・しん　北海道工業大学准教授（日典3）
佐鳥タカ　さとり・たか　経営者（群馬人）
佐鳥衛　さとり・まもる　弓道家,弓道教士（弓道）

[12]佐喜真　さきま
佐喜真彰　さきま・あきら　米国下院議員（ハワイ州）,ハワイ沖縄連合会会長（日典3）
佐喜真淳　さきま・あつし　沖縄県議（自民党,宜野湾市）（日典3）
佐喜真興英　さきま・こうえい　民俗学者（コン）
佐喜真望　さきま・のぞみ　琉球大学法文学部国際言語文化学科教授（日典3）
佐喜真道夫　さきま・みちお　佐喜真美術館館長（日典3）

佐善　さぜん
佐善明　さぜん・あきら　洋画家（洋画）
佐善修蔵　さぜん・しゅうぞう　儒者（維新）
佐善元立　さぜん・もとたつ　儒者（日人）

佐塚　さずか；さつか
佐塚彰夫　さずか・あきお　システムアナリスト（日典3）
佐塚潔　さずか・きよし　社会主義シンパ（社史）
佐塚裕美　さつか・ひろみ　小学校教諭（児人）
佐塚政太郎　さつか・まさたろう　デンカ生研社長（日典3）

佐復　さまた
佐復秀樹　さまた・ひでき　翻訳家（日典3）

佐渡　さど；さわたり
佐渡卓　さど・たかし　実業家（島根歴）
佐渡裕　さど・ゆたか　指揮者（演奏）
佐渡正ъ　さわたり・まさき　俳優（テレ）
佐渡稔　さわたり・みのる　俳優（テレ）

佐渡谷　さどや
佐渡谷栄悦　さどや・えいえつ　ホテル大和社長（日典3）
佐渡谷紀代子　さどや・きよこ　多摩美術大学造形表現学部教授（日典3）
佐渡谷重信　さどや・しげのぶ　アメリカ文学者（現執3期）
佐渡谷豊　さどや・ゆたか　「バイエルといっしょ！」ドレミ楽譜出版社（日典3）

佐道　さどう
佐道明広　さどう・あきひろ　「戦後政治と自衛隊」吉川弘文館（日典3）
佐道数太　さどう・かずた　貿易商店員（社史）
佐道泰造　さどう・たいぞう　九州大学大学院システム情報科学研究院准教授（日典3）
佐道健　さどう・たけし　京都大学農学部林産工学科教授（科学）

佐道直身　さどう・なおみ　早稲田大学非常勤講師（日典3）

佐間田　さまた；さまだ
佐間田睦雄　さまた・ちかお　「初任給と昇給制度」（国典）
佐間田源右衛門　さまだ・げんうえもん　芳賀郡上延生村の私塾経営者（栃木歴）
佐間田敏夫　さまだ・としお　「美は自然にあり」一枚の絵（日典3）

[14]佐熊　さくま
佐熊勇三　さくま・いさみ　（株）経営情報科学研究所会長,佐熊栄商事（株）代表,地域開発研究所評議員（日典3）
佐熊位　さくま・ただし　「いのち輝く」共和印刷企画センター（日典3）
佐熊登喜　さくま・とき　手芸家（日典3）
佐熊裕和　さくま・ひろかず　サッカー監督（日典3）
佐熊博　さくま・ひろし　政治家（現政）

[16]佐橘　さきつ
佐橘晴男　さきつ・はるお　NHK報道局取材センター・ディレクター（日典）

佐橋　さはし；さばし；さばせ
佐橋滋　さはし・しげる　官僚（コン4）
佐橋富三郎　さばし・とみさぶろう　劇作家（日典）
佐橋義仁　さばせ・よしひと　（株）建設技術研究所技術第3部研究員（日典）

佐薙　さなぎ
佐薙岡豊〔1代〕　さなぎ・おかとよ　箏曲演奏者（新芸）
佐薙毅　さなぎ・さだむ　海軍軍人,自衛官（日人）
佐薙戸汐　さなぎ・としお　俳人（四国人）
佐薙のり子　さなぎ・のりこ　箏曲家（音人3）

[19]佐瀬　させ；さぜ
佐瀬昌盛　させ・まさもり　国際政治学者（日人）
佐瀬稔　させ・みのる　評論家,ノンフィクション作家（日人）
佐瀬剛　さぜ・つよし　政治家（会津）
佐瀬得所　さぜ・とくしょ　書家（幕末）

[20]佐護　さご
佐護彰　さご・あきら　政治家（現政）
佐護恭一　さご・きょういち　「アメリカの教科書英語」開隆堂出版（日典3）
佐護誉　さご・たかし　経営学者（現執3期）

【69】　作

作　さく
作道　さく・みち　城西消費購買組合組合員（社史）

[3]作久間　さくま
作久間法師　さくま・ほうし　俳人,写生文家（世紀）

[5]作古　さくこ；さっこ
作古久仁世　さくこ・くによ　ソプラノ（日典）

作古貞義　さくこ・さだよし　流通科学大学サービス産業学部教授(日典3)
作古貞義　さっこ・さだよし　「ホテル事業論」柴田書店(日典3)

作永　さくなが
作永貴志　さくなが・たかし　「失われた世界へ」金沢文庫(日典3)
作永正人　さくなが・まさと　全国農民組合福佐連合会本部常任書記(社史)

作田　さくた；さくだ
作田明　さくた・あきら　精神科医(現執4期)
作田啓一　さくた・けいいち　社会学者(日人)
作田荘一　さくだ・しょういち　経済学者(日人)
作田彦　さくだ・ひこ　教育者(日人)

[7]作佐部　さくさべ
作佐部紀子　さくさべ・のりこ　「かわいい猫の飼い方・しつけ方」ナツメ社(日典3)
作佐部久　さくさべ・ひさし　弓道家,弓道教士(弓道)

作花　さくはな；さっか
作花良七　さくはな・りょうしち　実業家(日人)
作花一志　さっか・かずゆき　「Excelで学ぶ基礎数学」共立出版(日典3)
作花済夫　さっか・すみお　「ゾルーゲル法のナノテクノロジーへの応用」シーエムシー出版(日典3)

[12]作場　さくば
作場知生　さくば・ともみ　さし絵画家(児人)

作道　さくどう；さくみち；つくりみち
作道洋太郎　さくどう・ようたろう　日本経済史学者(郷土)
作道信介　さくみち・しんすけ　弘前大学人文学部教授(日典3)
作道栄一　つくりみち・えいいち　富山大学工学部教授(日典)

【70】似

[4]似内　にたない
似内昭夫　にたない・あきお　「図解はじめての機械の潤滑」科学図書出版(日典3)
似内恵子　にたない・けいこ　「こんな動物のお医者さんにかかりたい！」かんき出版(日典3)
似内秀次郎　にたない・ひでじろう　開業医(国典)
似内芳重　にたない・よしえ　「中華料理独習書」(国典)

[5]似田貝　にたがい
似田貝育巳　にたがい・いくみ　「幼児・児童の運動教育」不昧堂出版(日典3)
似田貝香門　にたがい・かもん　社会学者(現執1期)

[8]似実軒　にじっけん
似実軒酔茶　にじっけん・よいちゃ　「定本誹風末摘花」太平書屋(JM)

[11]似鳥　にたとり；にたどり；にとり
似鳥俊明　にたとり・としあき　「心臓のMRIとCT」南江堂(日典3)
似鳥祐子　にたどり・ゆうこ　キャスター(テレ)
似鳥健彦　にとり・たけひこ　オーボエ奏者(音人3)

【71】住

住　すまい；すみ
住仙太郎　すまい・せんたろう　「銀行「連鎖倒産」」オーエス出版(日典3)
住栄作　すみ・えいさく　政治家(現政)
住民平　すみ・みんぺい　公共事業家(日人)

[5]住田　すみた；すみだ
住田正一　すみた・しょういち　歴史学者,実業家(履歴2)
住田正二　すみた・しょうじ　官僚,経営者(日人)
住田又兵衛〔3代〕　すみだ・またべえ　長唄囃子笛方(コン)
住田良三　すみだ・りょうぞう　俳優,洋画家(日人)

[6]住吉　すみよし
住吉恵美子　すみよし・えみこ　女優(映女)
住吉正　すみよし・ただし　軍人(陸海)
住吉貞之進　すみよし・ていのしん　教育者(北海道歴)
住吉広賢　すみよし・ひろかた　日本画家(日人)
住吉博　すみよし・ひろし　法学者(現執4期)

住宅　すみたく
住宅顕信　すみたく・けんしん　僧侶(詩作)

住江　すみえ；すみのえ
住江正三　すみえ・まさみつ　長崎県議(日典)
住江敬籙　すみえ・よしはた　刑務協会理事(日典3)
住江金之　すみのえ・きんし　醸造学者(日人)
住江甚兵衛　すみのえ・じんべえ　肥後熊本藩士(日人)

[7]住谷　すみたに；すみや
住谷こう　すみたに・こう　城西消費購買組合員(社史)
住谷智　すみたに・さとし　作曲家(作曲)
住谷悦治　すみや・えつじ　経済学者(日人)
住谷天来　すみや・てんらい　新聞人,牧師(日人)

[8]住居　すみい
住居尚子　すみい・ひさこ　「思い出の小説」大学教育出版(日典3)
住居広士　すみい・ひろし　医師,社会福祉士,介護保健(現執4期)

[15]住駒　すみこま
住駒昭弘　すみこま・あきひろ　能楽師(能狂言)
住駒匡彦　すみこま・まさひこ　能楽師(能狂言)
住駒幸英　すみこま・ゆきひで　能楽師(能狂言)
住駒陽介　すみこま・ようすけ　能楽師(能狂言)

人部(伸,但,佃,伯,伴,余)

【72】 伸

伸 しん
　伸たまき　しん・たまき　漫画家(漫人)

【73】 但

[4]但木　たたき；ただき
　但木昂郎　たたき・こうろう　東北学院大学名誉教授(日典)
　但木土佐　ただき・とさ　陸奥仙台藩士,家老(コン4)
　但木良次　ただき・りょうじ　新聞人(姓氏宮城)
[10]但馬　たじま；だしま
　但馬惟孝　たじま・これたか　軍人(日人)
　但馬美作　たじま・みまさか　俳人(俳文)
　但馬五郎　だしま・ごろう　日本地名学研究所長(日典)

【74】 佃

佃 つくだ
　佃一誠　つくだ・かずしげ　官僚(日人)
　佃一予　つくだ・かずまさ　官吏,銀行家(日人)
　佃公彦　つくだ・きみひこ　漫画家(世紀)
　佃血秋　つくだ・けっしゅう　映画監督(富山百)
　佃実夫　つくだ・じつお　小説家(日人)
[5]佃田　つくだ
　佃田郁　つくだ・あつし　日本画家(日画)

【75】 伯

[4]伯井　はくい
　伯井アリナ　はくい・ありな　「魂のチャート」ナチュラルスピリット・パブリッシング80(日典3)
　伯井寛　はくい・かん　フリーライター(日典3)
　伯井紫郎　はくい・しろう　日本プロレタリア劇場同盟メンバー(社史)
　伯井俊明　はくい・としあき　医師(日典3)
　伯井麻央　はくい・まおう　ヨット選手(日典3)
[10]伯耆田　ほうきだ
　伯耆田Hiromi　ほうきだ・ひろみ　「きょうから弾ける！ピアノレッスン」主婦の友社(日典3)
　伯耆田幸男　ほうきだ・ゆきお　陶芸家(陶芸最)
[11]伯野　たかの；はくの
　伯野平蔵　たかの・へいぞう　弓道家,弓道錬士(弓道)
　伯野卓彦　はくの・たかひこ　テレビディレクター(日典3)
　伯野元彦　はくの・もとひこ　地震工学者(現情)

【76】 伴

伴 とも；ばん
　伴章子　とも・あきこ　「ぼくもわたしも元気なハーブ園」星の環会(日典3)
　伴淳三郎　ばん・じゅんざぶろう　喜劇俳優(コン4)
[4]伴内　ばんない
　伴内金市　ばんない・きんいち　政治家(姓氏群馬)
　伴内浩太　ばんない・こうた　「SDガンダム英雄伝」講談社(日典3)
　伴内徳司　ばんない・とくじ　実業家(創業)
[5]伴田　ともだ；はんだ
　伴田秋子　ともだ・あきこ　女優(コン)
　伴田良輔　はんだ・りょうすけ　コラムニスト,版画家,画家(現執4期)
[7]伴谷　ともたに
　伴谷晃二　ともたに・こうじ　作曲家(作曲)
[11]伴野　ともの；はんの；ばんの
　伴野朗　ともの・ろう　小説家(日人)
　伴野泰弘　はんの・やすひろ　名古屋文理大学助教授(日典)
　伴野佐吉　ばんの・さきち　御殿場口富士山登山道開削者(姓氏静岡)

【77】 余

余 よ
　余貴美子　よ・きみこ　女優(日映女)
　余芳美　よ・よしみ　バレエ教師(日典3)
[3]余川　よかわ
　余川浩太郎　よかわ・こうたろう　水産庁遠洋水産研究所外洋資源部遠洋底魚研究室員(日典3)
　余川伝吉　よかわ・でんきち　余川工業会長(日典3)
　余川文彦　よかわ・ふみひこ　広島大学名誉教授(日典3)
[5]余田　よだ；よでん
　余田恵三　よだ・えぞう　早良郡内野村村長(日典)
　余田順一郎　よだ・じゅんいちろう　野崎産業常務(日典)
　余田篤　よでん・あつし　「小児消化管超音波診断アトラス」診断と治療社(日典3)
　余田功　よでん・いさお　住宅・都市整備公団東京支社建築第一課長(日典3)
[7]余吾　よご
　余吾一角　よご・いっかく　植物研究家(植物)
　余吾鉦治　よご・まさはる　「余吾栢泉遺作集」余吾佳栄,丸善出版サービスセンター(製作)(日典3)
　余吾元博　よご・もとひろ　「逆上がり達成への道」不昧堂出版(日典3)

人部（佗,依,佳,供,佗,俊,信）

余吾豊　よご・ゆたか「クマノミガイドブック」ティビーエス・ブリタニカ（日典3）
[10]余島　よじま
　余島嘉一　よじま・かいち　社会運動家（アナ）
[14]余語　よご
　余語栄三　よご・えいぞう　医師（日典3）
　余語邦彦　よご・くにひこ　経営コンサルタント（日典）
　余語翠巌　よご・すいがん　僧侶（日典3）
　余語泰三　よご・たいぞう　小西六写真工業常務（日典）
　余語琢磨　よご・たくま「間主観性の人間科学」言叢社（日典3）

【78】佗

[9]佗美　たくみ
　佗美浩　たくみ・ひろし　軍人（陸海）

【79】依

[4]依井　よりい
　依井貴裕　よりい・たかひろ　小説家（小説）
[5]依田　いだ；よた；よだ；よりた
　依田高典　いだ・たかのり「次世代インターネットの経済学」岩波書店（日典3）
　依田政彦　よた・まさひこ　元・プロ野球選手（日典）
　依田学海　よだ・がっかい　漢学・文学者（日人）
　依田忠一　よりた・ちゅういち　銀行家（郷土奈良）
[6]依光　よりみつ
　依光晃宏　よりみつ・あきひろ「日本酒がうまい大人の居酒屋」戎光祥出版（日典3）
　依光隆　よりみつ・たかし　出版美術家（児人）
　依光赤義　よりみつ・またよし　歌人（四国文）
　依光好秋　よりみつ・よしあき　政治家（高知人）
　依光良馨　よりみつ・よしか　日本共産青年同盟東京市学生対策部第1地区学校事務キャップ（社史）
[10]依馬　いば；えま
　依馬宏明　いば・ひろあき　銀河高原ビール神奈川販売社長（日典3）
　依馬秀夫　いま・ひでお「人がつなげる科学の歴史」文渓堂（日典3）
　依馬安邦　えま・やすくに「企業をみる眼」（国典）

【80】佳

[3]佳山　かやま
　佳山明生　かやま・あきお　歌手（テレ）
　佳山マヤ　かやま・まや「インドレッスン」Ganesha材料＆環境Links LLP,海鳥社（発売）（日典3）
　佳山三花　かやま・みか　タレント（日典3）
　佳山容子　かやま・ようこ　コミュニケーション・クリエイター（日典3）
　佳山良正　かやま・りょうせい　草地学者（現執3期）
　佳川　かがわ；よしかわ
　佳川紘子　かがわ・こうこ　声優（日典）
　佳川文乃緒　かがわ・ふみのお　作家（日典3）
　佳川奈未　よしかわ・なみ「Dream power」ゴマブックス（日典3）
[4]佳元　かもと；よしもと
　佳元拓実　かもと・たくみ　ライター（日典3）
　佳元一洋　よしもと・かずひろ　通訳，翻訳家（日典3）
[5]佳田　かだ；よしだ
　佳田朋弥　かだ・ともみ　漫画家（漫人）
　佳田玲奈　よしだ・れいな　タレント（テレ）
[7]佳那　かな
　佳那晃子　かな・あきこ　女優（世紀）
[8]佳知　かち
　佳知晃子　かち・てるこ　津田塾大教授（国典）
[18]佳藤木　かとうぎ
　佳藤木一整　かとうぎ・かずなり「すし技術教科書　江戸前ずし編」旭屋出版（書籍）
　佳藤木と志　かとうぎ・とし「吾亦考」生涯学習研究社（日典3）

【81】供

[5]供田　ともだ
　供田武嘉津　ともだ・たけかつ　音楽教育者（音人3）

【82】佗

[9]佗美　たくみ
　佗美秀俊　たくみ・ひでとし「DTMによるオーケストレーション実践講座」音楽之友社（日典3）
　佗美光彦　たくみ・みつひこ　経済学者（日人）
　佗美好昭　たくみ・よしあき「換気モードとグラフィックモニタの見方・読み方トレーニング」メディカ出版（日典3）

【83】俊

[18]俊藤　しゅんどう
　俊藤浩滋　しゅんどう・こうじ　映画プロデューサー（日人）

【84】信

　信　しん；のぶ
　信欣三　しん・きんぞう　俳優（新芸）
　信千秋　しん・せんしゅう「子どものやる気は肌で育つ」総合法令出版（日典3）
　信達郎　のぶ・たつお　商業英語学者（現執4期）
　信ケ原　しがはら
　信ケ原綾　しがはら・あや「浮雲」青磁社（日典3）

[85] 人部（保）

信ケ原千恵子　しがはら・ちえこ　だん王保育園長（日典3）
信ケ原良文　しがはら・りょうぶん　僧侶（日人）

²信乃　しなの；しの
　信乃流々砂　しなの・るるさ「Scapegoat」日本出版社（日典3）
　信乃大二郎　しの・だいじろう　社会運動家（アナ）

³信川　のぶかわ
　信川高寛　のぶかわ・たかひろ「発酵食品はすごい！」現代書林（日典3）
　信川忠道　のぶかわ・ただみち　丸紅飯田技術企画室（国典）
　信川益明　のぶかわ・ますあき「新よくわかるサプリメント」三宝社（日典3）
　信川実　のぶかわ・みのる　賀茂川中学校長（国典）

⁴信太　しだ；しのだ；しんた；のぶた
　信太正三　しだ・しょうぞう　哲学者（日人）
　信太意舒　しのだ・もとかず　志士（コン4）
　信太忠二　しんた・ちゅうじ「基地闘争史」（国典）
　信太まち　のぶた・まち　日本共産党関係者（社史）

信夫　しのぶ
　信夫韓一郎　しのぶ・かんいちろう　新聞人（日人）
　信夫淳平　しのぶ・じゅんぺい　国際法学者（コン4）
　信夫恕軒　しのぶ・じょけん　漢学者（コン4）
　信夫澄子　しのぶ・すみこ　歌人（短歌）
　信夫清三郎　しのぶ・せいざぶろう　日本史学者（日人）

⁵信田　しだ；しのだ；のぶた
　信田秀一　しだ・ひでかず　児童文学作家（出文）
　信田美帆　しのだ・みほ　歌手,体操選手（テレ）
　信田洋　のぶた・よう　彫金家（日人）

⁶信伊奈　しいな
　信伊奈亮正　しいな・すけまさ　写真家（写家）

信多　しのだ
　信多純一　しのだ・じゅんいち　国文学者（日人）
　信多まち　しのだ・まち「素手の女」治安維持法犠牲者国家賠償要求同盟埼玉県本部（日典3）

⁷信谷　しんたに
　信谷定爾　しんたに・ていじ　学校創立者（学校）
　信谷冬木　しんたに・ふゆき　俳人（日典3）
　信谷友三　しんたに・ゆうぞう　彫刻家（日典3）

信近　のぶちか
　信近春城　のぶちか・しゅんじょう　日本画家（日人）

⁸信国　のぶくに
　信国淳　のぶくに・あつし　僧侶（真宗）
　信国恵子　のぶくに・けいこ「BPD」金子書房（日典3）
　信国謙司　のぶくに・けんじ「Asterisk」オライリー・ジャパン、オーム社（発売）（日典3）
　信国大典　のぶくに・だいすけ　東京帝国大学セツルメント読書会メンバー（社史）

信国虎雄　のぶくに・とらお　職工（社史）

信実　のぶざね
　信実一徳　のぶざね・かずのり　俳優（映男）

信治　しんじ
　信治順四郎　しんじ・じゅんしろう　特殊電気機械製作信質産業社長（国典）

¹⁰信原　しのはら；のぶはら
　信原健介　しのはら・けんすけ「あなたの歯」臨牀歯科社（日典3）
　信原力　しのはら・つとむ「二匹目のマウス」信原力（JM）
　信原潤一郎　のぶはら・じゅんいちろう　小説家（兵庫文）
　信原藤蔭　のぶはら・とういん　漢学者（岡山歴）

¹¹信清　しんせい；のぶきよ
　信清秀晴　しんせい・ひではる　信清ギター教室主宰（日典）
　信清権馬　のぶきよ・ごんま　教育家,政治家（学校）
　信清悠久　のぶきよ・ゆうきゅう　日本共産青年同盟メンバー（四国文）

信野　しなの；しんの
　信野友春　しなの・ともはる「備中松山城及其城下」高梁市郷土資料刊行会（日典3）
　信野将人　しんの・まさと　ラグビー選手（日典）

¹²信貴　しぎ
　信貴鴻一　しぎ・こういち　信貴造船所社長（日典3）
　信貴重一　しぎ・しげかず　信喜造船所専務（日典3）
　信貴奨　しぎ・すすむ　グラフィックデザイナー（日典3）
　信貴辰喜　しぎ・たつき　東大助教授（国典）
　信貴豊一郎　しぎ・とよいちろう　岡山理科大学理学部応用物理学科教授,大阪市立大学名誉教授（日典3）

¹³信楽　しがら；しがらき
　信楽真純　しがら・きしんじゅん　宗教家,歌人（奈良文）
　信楽香雲　しがらき・こううん　鞍馬弘教管長（国典）
　信楽峻麿　しがらき・たかまろ　浄土教思想史研究者,僧侶（現執4期）

¹⁸信藤　しんとう；しんどう；のぶとう
　信藤泉　しんとう・いずみ「こだわりの殺風景」プラス出版（日典3）
　信藤藤松　しんどう・とうまつ　鋳物工（社史）
　信藤謙蔵　のぶとう・けんぞう「最近におけるトキソプラズマ症」（国典）

【85】　保

保　たもつ；ほ
　保勇　たもつ・いさむ　空手家（日人）
　保忠蔵　たもつ・ちゅうぞう　洋画家（美家）
　保聖愛　ほ・せいあい「聖人類救済の大道が開かれる」文芸社（JM）

人部（保）　　　〔85〕

保々　ほほ
保々五郎　ほほ・ごろう　写真家（写家）
保々隆矣　ほほ・たかし　「正しい民主主義」日本弘報社
保々房　ほほ・ふさ　「夏の旅図絵」樋口美智恵（日典）
保々雅世　ほほ・まさよ　日本オラクル常務執行役員（日典）
保々弥一郎　ほほ・やいちろう　剣術家（剣豪）

³保山　ほうざん；やすやま
保山常吉　ほうざん・つねきち　新東洋社長（日典）
保山祐紀　ほうざん・ゆき　河庄双園社長（日典3）
保山宗明王　やすやま・むねあきおう　アーティスト（日典3）

⁴保月　ほづき；ほつき
保月義雄　ほづき・よしお　「私の境涯―保月義雄自叙伝」保月義雄（JM）
保月さがみ　ほつき・さがみ　「つくだ」講談社出版サービスセンター（製作）（日典3）
保月英機　ほつき・ひでき　TDK記録メディア事業本部開発技術部長（日典3）

保木　ほうき；ほき；ほぎ；やすき
保木春翠　ほうき・しゅんすい　俳人（滋賀文）
保木邦仁　ほき・くにひと　理論物理化学研究者（日典）
保木龍一　ほぎ・りゅういち　ライター（日典）
保木正和　やすき・まさかず　「矯正教育の展開」未知谷（日典3）

保木本　ほきもと
保木本一郎　ほきもと・いちろう　法学者（現執2期）
保木本利行　ほきもと・としゆき　「遺伝子組み換え作物と環境への危機」合同出版（日典3）

⁵保正　ほうしょう；ほしょう
保正信行　ほうしょう・のぶゆき　保全会計事務所所長（日典3）
保正友子　ほしょう・ともこ　埼玉大学教育学部人間発達科学課程福祉カウンセリングコース助教授（日典3）

保母　ほぼ
保母欽一郎　ほぼ・きんいちろう　栃木県議（民主党,栃木市・岩舟町）（日典3）
保母重徳　ほぼ・しげのり　陶芸家（陶芸誰）
保母須弥也　ほぼ・すみや　東北歯科大学歯学部教授（科学）
保母武彦　ほぼ・たけひこ　財政学者（現執4期）
保母敏行　ほぼ・としゆき　「理工系機器分析の基礎」朝倉書店（日典3）

保永　ほなが；やすなが
保永昇男　ほなが・のりお　元・プロレスラー（日典）
保永昌宏　ほなが・まさひろ　日本大学大学院グローバル・ビジネス研究科教授（日典3）
保永貞夫　やすなが・さだお　児童文学作家（児人）

保田　ほうだ；ほた；ほだ；やすた；やすだ
保田隆明　ほうだ・たかあき　エコノミスト（日典3）
保田修　ほた・おさむ　「ぼくも、みんなといっしょに。」学術図書出版社（日典3）
保田一章　ほだ・いっしょう　「ラブホテル学入門」晩声社（日典3）
保田勝通　やすた・かつみち　（株）日立製作所情報システム工場検査部副部長（日典）
保田与重郎　やすだ・よじゅうろう　文芸評論家（コン4）

保田井　ほたい
保田井進　ほたい・すすむ　「私たちの信仰」（国典）
保田井進　ほたい・すすむ　福岡県立大学学長（日典）
保田井智之　ほたい・ともゆき　彫刻家（日典3）

保立　ほたて
保立旻　ほたて・あきら　政治家（現政）
保立一男　ほたて・かずお　神栖市長（日典3）
保立和夫　ほたて・かずお　「光ファイバの基礎」（国典）
保立浩司　ほたて・こうじ　児童出版美術家（児人）
保立道久　ほたて・みちひさ　日本中世史研究者（現執4期）

⁷保住　ほすみ；ほづみ
保住直孝　ほすみ・なおたか　プロボクサー（日典）
保住敬子　ほづみ・けいこ　俳人（日典3）
保住敏彦　ほづみ・としひこ　大阪商大講師（国典）

保利　ほり
保利耕輔　ほり・こうすけ　政治家（現政）
保利茂　ほり・しげる　政治家（コン4）
保利信明　ほり・のぶあき　海軍軍医,医師（日人）
保利文溟　ほり・ぶんめい　肥前唐津藩医（藩臣7）
保利真直　ほり・まさなお　渡航者（渡）

保志　ほし
保志総一朗　ほし・そういちろう　声優（テレ）
保志宗幸　ほし・そうすけ　日本労働組合全国評議会メンバー（社史）
保志忠彦　ほし・ただひこ　経営者（日人）
保志寛　ほし・ひろし　著述家（社史）
保志恂　ほし・まこと　農業経済学者（現執3期）

保沢　ほざわ；やすざわ
保沢総一郎　ほざわ・そういちろう　「私がぜんそく専門医になった理由」悠飛社（日典3）
保沢環　ほざわ・たまき　漫画家（日典3）
保沢末良　やすざわ・すえよし　弁護士（日典）

保良　ほら；やすら
保良せき　ほら・せき　看護婦（日人）
保良徹　ほら・とおる　ビュッフェ・クランボン（株）（日典3）
保良光彦　やすら・みつひこ　警察官（現執2期）

人部（保）

保芦　ほあし
　保芦邦人　ほあし・くにひと　実業家（創業）
　保芦将人　ほあし・まさひと　紀文社長（人情）

保苅　ほかり；ほがり
　保苅紫朗　ほかり・しろう　九大名誉教授（日典3）
　保苅隆　ほかり・たかし　建築家（日典3）
　保苅瑞穂　ほがり・みずほ「プルースト・印象と隠喩」筑摩書房（JM）

保角　ほずみ
　保角里志　ほずみ・さとし「南出羽の城」高志書院（日典3）

保谷　ほうや；ほたに；ほや
　保谷高範　ほうや・こうはん　政治家（現政）
　保谷千代松　ほたに・ちよまつ　日本ハムソーセージ工協組理事長（日典3）
　保谷小竹　ほや・こたけ「林の径」竹頭社（日典3）

[8]保国　やすくに
　保国隆　やすくに・たかし　ゴルフクラブ製作者，ゴルフ評論家（日典3）
　保国誠　やすくに・まこと　社会運動家（アナ）

保昌　ほしょう
　保昌正夫　ほしょう・まさお　文芸評論家（日人）

保知　ほち
　保知芳文　ほち・よしふみ　平民同志会メンバー（社史）

[9]保屋野　ほやの
　保屋野参　ほやの・さん　写真家（写人）
　保屋野重一　ほやの・しげかず　長野県信用組合会長（日典3）
　保屋野初子　ほやの・はつこ　ジャーナリスト（現執3期）
　保屋野美智子　ほやの・みちこ「栄養士・管理栄養士になるための完全ガイド」主婦の友社（日典3）

保持　やすもち
　保持研子　やすもち・よしこ「青鞜」発起人のひとりとして俳句，短歌を発表（日人）

保栄茂　びん
　保栄茂朝意　びん・ちょうい　沖縄・波上宮宮司（神人）

保柳　ほうやなぎ；ほやなぎ
　保柳主計　ほうやなぎ・かずえ　大崎氏家臣＝中世（戦東）
　保柳健　ほやなぎ・けん　音楽評論家（音人2）
　保柳睦美　ほやなぎ・むつみ　地理学者（現情）

保泉　ほいずみ；ほずみ
　保泉孟史　ほいずみ・たけし「男女混合名簿が教育荒廃の元凶」郁朋社（日典3）
　保泉寿昌　ほいずみ・としまさ　アーレスティ常務（日典3）
　保泉保夫　ほずみ・ほふう「埼玉の男」埼玉趣味生活研究会出版部（日典3）
　保泉良輔　ほずみ・りょうすけ　民権運動家（埼玉人）

保科　ほしな
　保科孝一　ほしな・こういち　国語学者（コン4）
　保科俊太郎　ほしな・しゅんたろう　幕臣，陸軍軍人（コン5）
　保科善四郎　ほしな・ぜんしろう　政治家，海軍中将（コン4）
　保科武子　ほしな・たけこ　女官（日人）
　保科百助　ほしな・ひゃくすけ　教育者（日人）

[10]保倉　ほくら；やすくら
　保倉和彦　ほくら・かずひこ　関東学院大学法学部教授（日典3）
　保倉熊三郎　ほくら・くまさぶろう　日鉄常務（日典3）
　保倉進　やすくら・すすむ　ドッドウェル＆Co.（英国系貿易商社）人事部トレーニング・オフィサー（日典）
　保倉知典　やすくら・とものり「開運法」創業出版（日典3）

保原　ほはら；ほばら；やすはら
　保原元二　ほはら・もとじ　技師（土木）
　保原喜志夫　ほばら・きしお　労働法学者（現執4期）
　保原治　やすはら・おさむ「共産党を直視する」鷹書房（日典3）

保家　ほけ
　保家茂彰　ほけ・しげあき　参議院大蔵委員会専門員（日典3）

保庭　ほにわ
　保庭楽入　ほにわ・らくにゅう　陶芸家（陶芸最）

保高　ほだか；やすたか；やすだか
　保高紀子　ほだか・のりこ　朗読研究家（日典3）
　保高徳蔵　やすたか・とくぞう　小説家（コン4）
　保高徳蔵　やすだか・とくぞう　小説家（大阪人）

[11]保崎　ほさき
　保崎熊蔵　ほさき・くまぞう　教育者（長野歴）
　保崎純郎　ほさき・じゅんろう　東京医科歯科大学医学部教授（日典）
　保崎清人　ほさき・せいじん「臨床医学概論」ヘルス・システム研究所（日典3）
　保崎秀夫　ほさき・ひでお　精神科医，慶応義塾大学病院院長（現執4期）

保野　ほの；やすの
　保野孝弘　ほの・たかひろ　川崎医療福祉大学医療福祉学部臨床心理学科教授（日典3）
　保野力雄　ほの・りきお　利尻町（北海道）町長（日典）
　保野健治郎　やすの・けんじろう　近畿大学工学部建築学科教授（日典）
　保野基　やすの・はじめ　鴻池組常務（日典3）

[12]保富　ほとみ
　保富康午　ほとみ・こうご「眠れ幼き魂」東京音楽社（書籍）
　保富宗城　ほとみ・むねき「小児中耳炎のマネジメント」医薬ジャーナル社（日典3）
　保富麗雄　ほとみ・よしお　日本ペイント（株）理事NB事業部副事業部長（日典3）

人部(俣,俟,倖,修,倉)

保尊　ほそん；ほたか
　保尊隆享　ほそん・たかゆき　大阪市立大学理学部生物学科助手(日典)
　保尊良朔　ほそん・りょうさく　日本画家(美家)
　保尊良朔　ほたか・りょうさく　日本画家(日典)
保間　やすま
　保間素堂　やすま・そどう　日本画家(美家)
[14]保滌　ほてき
　保滌祐尚　ほてき・ゆうしょう　真宗聖典編纂委員会事務室部長(日典)
[17]保篠　ほしの
　保篠龍緒　ほしの・たつお　翻訳家,小説家(写家)
[19]保瀬　ほせ
　保瀬英二郎　ほせ・えいじろう　俳優(男優)
　保瀬薫　ほせ・かおる　俳優(男優)

【86】俣

[11]俣野　またの
　俣野温子　またの・あつこ　絵本作家(児人)
　俣野健輔　またの・けんすけ　実業家(日人)
　俣野真竜[2代]　またの・しんりゅう　尺八・邦楽器製作者(日人)
　俣野第四郎　またの・だいしろう　洋画家(美家)
[12]俣賀　またが
　俣賀襄二　またが・じょうじ　経営学者(現執1期)
　俣賀致正　またが・ちせい　留学生(渡航)
　俣賀致正　またが・よしまさ　留学生(海越新)

【87】俟

[11]俟野　またの
　俟野第四郎　またの・だいしろう　洋画家(日典)

【88】倖

[5]倖田　こうだ
　倖田来未　こうだ・くみ　歌手(テレ)

【89】修

[3]修山　ながやま
　修山修一　ながやま・しゅういち　僧侶(真宗)
　修山脩一　ながやま・しゅういち　「解深密経講讃」(国典)
[6]修多羅　しゅたら
　修多羅亮延　しゅたら・りょうえん　僧侶(日人)

【90】倉

[2]倉八　くらはち
　倉八順子　くらはち・じゅんこ　明治大学農学部助教授(日典3)
　倉八正　くらはち・ただし　石油開発公団総裁(日典3)
　倉八隣　くらはち・となり　神職(神人)
　倉八泰子　くらはち・やすこ　「英国式テーブル・マナー&英会話」ジャパン・ミックス(日典3)
[3]倉上　くらうえ；くらかみ；くらがみ
　倉上豊　くらうえ・ゆたか　「語るぬり絵事典」関西看護出版(日典3)
　倉上昇　くらかみ・のぼる　経営コンサルタント(日典)
　倉上淳士　くらがみ・あつし　漫画家(漫人)
[5]倉世　くらせ
　倉世春　くらせ・はる　小説家(幻想)
[6]倉地　くらち
　倉地啓司　くらち・けいじ　アナキスト,労働運動家(日人)
　倉地しん　くらち・しん　一絃琴奏者(女性普)
　倉地友次郎　くらち・ともじろう　実業家(食文)
　倉地友一　くらち・ゆういち　弓道家,弓道錬士(弓道)
　倉地与年子　くらち・よねこ　歌人,エッセイスト(日人)
倉次　くらつぎ；くらなみ
　倉次亨　くらつぎ・とおる　佐倉藩年寄(人名)
　倉次亨　くらなみ・とおる　佐倉藩年寄(人名)
[7]倉谷　くらたに；くらや
　倉谷渓司　くらたに・けいじ　陶工(人名)
　倉谷哲僧　くらたに・てっそう　僧侶(真宗)
　倉谷庄太郎　くらや・しょうたろう　教育者(姓氏富山)
[8]倉林　くらばやし；くらばやし
　倉林茂　くらばやし・しげる　サッカー指導者(埼玉人)
　倉林正次　くらばやし・しょうじ　「儀礼文化学の提唱」おうふう(日典3)
　倉林寿美　くらばやし・すみ　書店経営者(女性普)
　倉林誠一郎　くらばやし・せいいちろう　演劇プロデューサー(日人)
倉知　くらち
　倉知漁村　くらち・ぎょそん　俳人(石川百)
　倉知しん　くらち・しん　一弦琴奏者(日人)
　倉知淳　くらち・じゅん　小説家(小説)
　倉知鉄吉　くらち・てつきち　外交官(日人)
　倉知誠夫　くらち・まさお　実業家(日人)
倉若　くらわか
　倉若欣司　くらわか・きんじ　千葉大学教養部非常勤講師(日典3)
　倉若昭一　くらわか・しょういち　「北村喜代松」ふるさと草子刊行会(日典3)

倉若晴生　くらわか・はるお　作曲家(作曲)
倉迫　くらさこ
倉迫一朝　くらさこ・かずとも　元・テレビディレクター(日典3)
倉迫順子　くらさこ・じゅんこ「絆の里」東京四季出版
倉金　くらかね；くらがね
倉金丘一　くらかね・きゅういち　金沢大がん研究所教授・同研究所付属病院長(日典3)
倉金章介　くらかね・しょうすけ　漫画家(日人)
倉金章介　くらかね・しょうすけ　漫画家(YA)
[9]倉俣　くらまた
倉俣史朗　くらまた・いちろう　インテリアデザイナー(日典3)
倉俣史朗　くらまた・しろう　インテリアデザイナー(日人)
倉俣トーマス・旭　くらまた・とーますあきら　医師(日典3)
倉俣徹　くらまた・とおる　元・プロ野球選手(日典3)
[10]倉員　くらかず
倉員栄穂　くらかず・しげる　三菱電機エンジニアリング常務(日典3)
倉員昌一郎　くらかず・しょういちろう　明電エンジニアリング会長(日典3)
倉員孝典　くらかず・たかのり　三造ビジネスコンサルタント社長(日典3)
倉員辰雄　くらかず・たつお　洋画家(日人)
倉員直枝　くらかず・なおえ「香椎」伊麻書房
[11]倉貫　くらぬき
倉貫一毅　くらぬき・かずき　サッカー選手(日典3)
倉貫富貴子　くらぬき・ふきこ「草花の育て方」河出書房新社
倉貫真佐夫　くらぬき・まさお「新妻調教桃尻なぶり」蒼竜社
倉貫匡弘　くらぬき・まさひろ　俳優(テレ)
倉貫まりこ　くらぬき・まりこ　タレント(テレ)
倉都　くらつ
倉都福之助　くらつ・ふくのすけ　元帥酒造社長(日典3)
倉都康行　くらつ・やすゆき　研究者(現執4期)
倉部　くらべ
倉部きよたか　くらべ・きよたか　作家(日典3)
倉部玄山　くらべ・げんざん　清水寺(福岡県浮羽郡)住職(日典3)
倉部史記　くらべ・しき「文学部がなくなる日」主婦の友社(日典3)
倉部東雲　くらべ・とううん　川柳作家(石川文)
倉部行雄　くらべ・ゆきお　官僚,評論家(現執3期)
[12]倉智　くらち
倉智敬一　くらち・けいいち　医師(近医)
倉智敬一郎　くらち・けいいちろう　日本電気化学工業所社長,箕面自由学園理事長(日典3)
倉智佐一　くらち・さいち　心理学者(心理)

倉智成典　くらち・しげのり「Ritsukong」求竜堂(日典3)
倉智恒夫　くらち・つねお「ムーレ神父のあやまち」藤原書店(日典3)
[18]倉藤　くらとう；くらふじ
倉藤尚雄　くらとう・ひさお　東大教授(日典3)
倉藤倖　くらふじ・さち「桜花絢爛生徒会」メディアファクトリー(日典3)
倉藤尚雄　くらふじ・ひさお「放電加工」コロナ社(日典3)

【91】 値
[12]値賀　ちが
値賀箏童　ちが・じゅんどう　尺八奏者(琴古流),医師(日典3)
値賀忠治　ちが・ちゅうじ　陸軍中将(日典3)
値賀盛純　ちが・もりずみ　教育家,地方政客(日人)

【92】 倍
[15]倍賞　ばいしょう
倍賞和子　ばいしょう・かずこ　東横学園女子短期大学教授(日典3)
倍賞千恵子　ばいしょう・ちえこ　映画女優,歌手(日典3)
倍賞美津子　ばいしょう・みつこ　映画女優(日人)
倍賞義雄　ばいしょう・よしお「最近論理学」太陽堂
倍賞美光　ばいしょう・よしみつ「写真がよくなるフォトショッププロの裏ワザ100」エムディエヌコーポレーション(日典3)

【93】 俵
[3]俵口　ひょうぐち
俵口和敏　ひょうぐち・かずとし　農業(日典)
俵口光香　ひょうぐち・みか　ジョン・ロバート・パワーズ福岡校校長(日典3)
俵口未加　ひょうぐち・みか「女性が輝く理由」白揚社(日典3)
[4]俵木　たわらぎ；ひょうき
俵木浩太郎　たわらぎ・こうたろう　玉川大学通信教育部教授(現執4期)
俵木滋　たわらぎ・しげる　大日本インキ化学工業常務(日典3)
俵木悟　ひょうき・さとる「神事と芸能」吉川弘文館(日典3)
俵木康好　ひょうき・やすよし　日刊工業新聞産業研究所副所長(日典)
[7]俵谷　たわらや；ひょうたに
俵谷高七　たわらや・たかしち　男性(先駆)
俵谷久義　たわらや・ひさよし　登山家(青森人)
俵谷和子　ひょうたに・かずこ「高野山信仰と権門貴紳」岩田書院(日典3)
俵谷利幸　ひょうたに・としゆき　弁護士(日典)

人部（倭,健,側,傘,備,傍,僧,働,億,儀）

[18]俵藤　ひょうどう
　俵藤丈夫　ひょうどう・たけお　実業家（日人）
　俵藤照　ひょうどう・てる　佐賀錦織錦藤会会長,産経学園講師（日典3）
　俵藤正克　ひょうどう・まさかつ「綾の鼓」ふらんす堂（日典3）

【94】倭

倭　やまと
　倭周蔵　やまと・しゅうぞう　橄欖グループメンバー（社史）
　倭俊二　やまと・しゅんじ「間違いだらけの中高年対策」ビジネス社（日典3）
　倭猛　やまと・たけし　四日市市役所福祉課・老人福祉係（日典3）
　倭日向　やまと・ひな「人工憑霊蠱猫」角川書店,角川グループパブリッシング（発売）（日典3）
　倭文彦　やまと・ふみひこ「幽冥ものがたり」現代古神道研究会（日典3）
[5]倭司丸　わしまる
　倭司丸一平　わしまる・いっぺい「逆賊将門」（国典）
[10]倭島　わじま
　倭島英二　わじま・えいじ　元外交官（人情）

【95】健

[9]健持　けんもち
　健持貞一　けんもち・さだかず　アメリカ共産党党員（社史）
[11]健部　たけるべ
　健部伸明　たけるべ・のぶあき　小説家（幻想）

【96】側

側　がわ
　側誼頼　がわ・のぶより　北海道新聞制作局付（日典）
[7]側見　そばみ
　側見春夫　そばみ・はるお　札幌芸術の森常務理事（日典）
　側見文夫　そばみ・ふみお　伊藤組土建専務営業本部長（日典）

【97】傘

[4]傘木　かさぎ
　傘木和俊　かさぎ・かずとし　通商産業省製品評価技術センター課長補佐（日典3）
　傘木次郎　かさぎ・じろう　歌人（長野歴）
　傘木徳十　かさぎ・とくじゅう「山歩き五十年」東京新聞出版局（製作）（日典3）
　傘木宏夫　かさぎ・ひろお　地域づくり工房代理事（日典3）

【98】備

備中　びっちゅう；びんなか
　備中省七　びっちゅう・せいしち「サファイア婚」石川書房（日典3）
　備中臣道　びんなか・しげみち「新山梨」編集発行人（日典）

【99】傍

[3]傍士　ほうじ
　傍士薫　ほうじ・かおる　最高裁大法廷首席書記官（日典）
　傍士和彦　ほうじ・かずひこ　第一製薬特薬開発部課長（国典）
　傍士定治　ほうじ・さだはる　政治家（高知人）
　傍士正景　ほうじ・まさかげ　測量技術家（高知人）
　傍士次　ほうじ・やどつ　民権運動家,政治家（高知人）
[10]傍島　そばしま；そばじま
　傍島重憲　そばしま・しげのり　ダイシン社長（日典）
　傍島まね　そばじま・まね　音楽教育者（女性普）
　傍島万年　そばじま・まね　青森県の音楽教育の始祖（青森人）

【100】僧

[16]僧頭　そうず
　僧頭久恵　そうず・ひさえ「僧頭久恵スピードアップコレクション」女性モード社（日典3）

【101】働

働　はたらき
　働淳　はたらき・じゅん「流星雨につつまれて」石風社（日典3）
　働正　はたらき・ただし　画家（児人）

【102】億

[3]億川　おくかわ；おくがわ
　億川一郎　おくかわ・いちろう　幕府留学生,官吏（海越新）
　億川兆山　おくがわ・ちょうざん　写真家（写家）

【103】儀

儀山　ぎさん；ぎざん
　儀山善来　ぎさん・ぜんらい　臨済宗の僧（日人）
　儀山善来　ぎざん・ぜんらい　僧（福井百）
[6]儀同　ぎどう
　儀同保　ぎどう・たもつ　弁護士（現執2期）

人部（儘,優）

⁷儀我　ぎが
儀我誠也　ぎが・せいや　軍人（陸海）
儀我壮一郎　ぎが・そういちろう　経営経済学者（世紀）
儀我美一　ぎが・よしかず「数学は役に立っているか？」シュプリンガー・ジャパン（日典3）

⁸儀府　ぎふ
儀府成一　ぎふ・せいいち　小説家,評論家（世紀）

⁹儀保　ぎぼ
儀保蒲太　ぎぼ・かまた　海外移住者（日人）
儀保倉平　ぎぼ・そうへい　政治家（姓氏沖縄）
儀保松男　ぎぼ・まつお　沖縄芝居役者（芸能）

¹⁰儀峨　ぎが
儀峨徹二　ぎが・てつじ　軍人（陸海）

¹¹儀部　ぎぶ；ぎべ
儀部直樹　ぎぶ・なおき「暗い情念、それでも人は寄り添う」DTP出版（日典3）
儀部景俊　ぎべ・けいしゅん　国際大講師（国典）
儀部寛　ぎべ・ひろし　指揮者（新芸）

【104】儘

⁵儘田　ままだ
儘田佳代子　ままだ・かよこ「租税条約適用届出書の書き方パーフェクトガイド」税務研究会出版局（日典3）
儘田公明　ままだ・きみあき　ニック産業社長（日典3）
儘田次雄　ままだ・つぎお　音楽プロデューサー（日典3）
儘田勉　ままだ・つとむ　連合群馬会長（日典3）
儘田敏雄　ままだ・としお　映画美術監督（日典3）

【105】優

優　すぐる；ゆう
優慧太　すぐる・けいた　モノポリー研究家（日典）
優ひかり　ゆう・ひかり　女優（日典）

儿部

【106】元

元　げん；はじめ；もと
元秀一　げん・しゅういち　小説家（大阪文）
元ちとせ　はじめ・ちとせ　歌手（テレ）
元ハルコ　もと・はるこ「下がってお待ち下さい」コアマガジン（日典3）

⁴元木　もとき；もとぎ
元木省吾　もとき・しょうご　郷土史研究家,市立函館図書館長（北海道歴）
元木伸　もとき・しん　判事,弁護士（現執4期）

元木淳子　もとぎ・じゅんこ　大谷大学講師（日典3）
元木建　もとぎ・たけし「N88BASICユーザーのためのQuick BASIC移行プログラミング」山海堂（日典3）

⁵元田　げんだ；もとだ
元田隆晴　げんだ・りゅうせい　医師（日典）
元田永孚　もとだ・ながざね　儒学者,明治天皇の側近（コン4）
元田肇　もとだ・はじめ　政治家（コン5）

⁶元吉　もとよし
元吉功　もとよし・いさお　明治学院大学教授（日典3）
元吉和夫　もとよし・かずお「分子標的治療薬」メディカルレビュー社（日典3）
元吉恵子　もとよし・けいこ　ソプラノ歌手（音人3）
元吉秀三郎　もとよし・ひでさぶろう　新聞人（鹿児島百）
元吉秀太郎　もとよし・ひでたろう　銀行家（高知人）

⁷元良　もとら
元良勇　もとら・いさむ　東京放送常務（日典3）
元良信太郎　もとら・しんたろう　造船工学者,経営者（日人）
元良誠三　もとら・せいぞう　船舶工学者（現情）
元良勇次郎　もとら・ゆうじろう　心理学者（コン5）

元谷　もとたに；もとだに；もとや
元谷祐司　もとたに・ゆうじ　松下電池工業アルカリマンガン研究グループ主席技師（日典）
元谷督太郎　もとだに・とくたろう　写真家（日典）
元谷直　もとや・すなお　品川白煉瓦常務（日典3）

⁸元宗　もとむね
元宗進　もとむね・すすむ　添田駅駅長（人情）

元治　げんじ；げんち
元治勝　げんじ・まさる　タキロン常務（日典3）
元治恵子　げんち・けいこ「アンケート調査とデータ解析の仕組みがよ〜くわかる本」秀和システム（日典3）

⁹元信　げんしん；もとのぶ
元信光人　げんしん・こうじん「CFDサヤ取り入門」パンローリング（日典3）
元信克則　もとのぶ・かつのり　映画・テレビプロデューサー（日典3）
元信堯　もとのぶ・たかし　政治家（現政）

元城　もとき
元城佐太郎　もとき・さたろう　牧師（社史）

元持　もともち
元持栄美　もともち・えいび　放送作家,脚本家（滋賀文）
元持儀左衛門　もともち・ぎざえもん　実業家（姓氏岩手）

元泉　もといずみ
元泉馨　もといずみ・かおる　軍人（陸海）

10 元島　もとしま；もとじま
元島石盛　もとしま・せきもり　「大空の人柱」元就出版社（日典3）
元島博信　もとしま・ひろのぶ　歯科医（日典）
元島英三　もとじま・えいぞう　児童文学作家（日児）
元島邦夫　もとじま・くにお　埼玉大学名誉教授（日典3）

【107】　兄

11 兄部　こうべ
兄部勇次　こうべ・ゆうじ　元・海軍少将（日典）

【108】　光

光　こう；ひかり；ひかる
光太佃　こう・ひろなお　絵本作家（日典）
光映子　ひかり・えいこ　女優（テレ）
光敬道　ひかる・けいどう　「逍遥」円通寺（日典3）

2 光又　みつまた
光又伯顕　みつまた・たかあき　数学者（数学）

3 光山　こうやま；みつやま
光山善二郎　こうやま・ぜんじろう　「光山善二郎の残したしごと」大野可南子（日典3）
光山伝松　こうやま・でんまつ　日雇労働者（社史）
光山明美　みつやま・あけみ　フリーライター（日典3）
光山華洙　みつやま・かしゅ　「エプソンPC‐286・BOOK基本活用術」日刊工業新聞社（日典3）

4 光内　みつうち
光内孝　みつうち・たかし　弓道家,弓道錬士（弓道）

光木　みつき；みつぎ
光木孝　みつき・たかし　日本共産青年同盟中央細胞キャップ（社史）
光木美子　みつき・よしこ　「幼稚園における子どもと保育者のイメージ」光生館（日典3）
光木徹　みつぎ・とおる　静岡新聞出版局長兼出版営業部長（日典）
光木正之　みつぎ・まさゆき　「山川草木」そうぶん社出版（日典）

5 光本　こうもと；みつもと
光本英代　こうもと・はなよ　「あなたの家族が「うつ」になったら」草思社（日典3）
光本吉伯　こうもと・よしのり　「ふるさとの伝統産業10」太平出版社（JM）
光本幸子　みつもと・さちこ　女優（世紀）
光本三千万　みつもと・みちま　書家（高知人）

光永　こうなが；みつなが
光永鉄夫　こうなが・てつお　小説家（世紀）
光永星郎　みつなが・ほしお　実業家（世紀）
光永星郎　みつなが・ほしろう　実業家（コン5）

光用　みつもち
光用穆　みつもち・きよし　小説家（世紀）
光用行江　みつもち・ゆきえ　「ダンテ」教文館（日典）

光田　こうだ；みつた；みつだ
光田一徳　こうだ・かずのり　「世界通販」日経BP企画,日経BP出版センター（発売）（日典3）
光田寧　みつた・やすし　気象学者（現孰3期）
光田健輔　みつだ・けんすけ　医学者（コン4）

6 光地　こうち
光地英学　こうち・えいがく　僧侶（現孰2期）
光地重克　こうち・しげかつ　富山県立雄峰高校講師（日典3）

光安　みつやす
光安万夫　みつやす・かずお　「骨移植」日本医書出版（日典3）
光安勝美　みつやす・かつみ　読売新聞社工務局参与・社友（日典3）
光安弘　みつやす・ひろし　数学者（数学）
光安浩行　みつやす・ひろゆき　洋画家（美家）
光安雄雄　みつやす・よしお　農民（社史）

光行　みつゆき
光行紘二　みつゆき・こうじ　学陽書房社長（日典3）
光行次郎　みつゆき・じろう　検察官（コン）
光行寿　みつゆき・ひさし　出版人（出文）
光行康郎　みつゆき・やすお　船橋そごう副社長（日典3）
光行洋子　みつゆき・ようこ　洋画家（日典3）

7 光妙寺　こうみょうじ
光妙寺以然　こうみょうじ・いぜん　僧侶（海越新）
光妙寺三郎　こうみょうじ・さぶろう　官僚,政治家（日人）
光妙寺半雲　こうみょうじ・はんうん　「周陽三家句集」防府市立防府図書館（日典3）

光沢　こうざわ；みつざわ
光沢金一郎　こうざわ・きんいちろう　農業技術指導者（長野歴）
光沢章　みつざわ・あきら　富士通常務（日典3）
光沢滋朗　みつざわ・しげお　経営学者（現孰3期）

光谷　みつたに；みつや
光谷公男　みつたに・きみお　「つくってみよう紙とんぼ飛ばしてみよう紙とんぼ」杉並けやき出版,星雲社（発売）（日典3）
光谷拓実　みつたに・たくみ　考古学者（日人）
光谷堯　みつや・たかし　元小野田セメント専務（日典）
光谷俊幸　みつや・としゆき　「リンパ節細胞診」医歯薬出版（日典3）

8 光岡　みつおか
光岡愛子　みつおか・あいこ　ピアニスト（音人3）
光岡明　みつおか・あきら　小説家（日人）
光岡金雄　みつおか・かねお　教育者（岡山歴）
光岡知足　みつおか・ともたり　微生物学者（日人）
光岡龍三郎　みつおか・りゅうざぶろう　俳優（世紀）

〔109〕 儿部(充,先)

光延　みつのぶ
光延一郎　みつのぶ・いちろう　「神学的人間論入門」教友社（日典3）
光延旺洋　みつのぶ・おうよう　青山学院大学理工学部化学科教授（日典3）
光延京子　みつのぶ・きょうこ　「私の恋愛力をあげる31のルール」ダイヤモンド社（日典3）
光延東洋　みつのぶ・とうよう　軍人（陸海）
光延博愛　みつのぶ・ひろよし　映画監督（映監）

光明　こうみょう；みつあき
光明誠一　こうみょう・せいいち　「テクニカルライター英和辞典」三省堂（日典3）
光明透　こうみょう・とおる　植木枝盛書生（高知人）
光明静夫　みつあき・しずお　「挨拶・式辞・祝辞・司会」梧桐書院（日典3）
光明正信　みつあき・まさのぶ　文筆家（日典）

光枝　みつえだ
光枝あい子　みつえだ・あいこ　「苫かげ」苫かげ短歌会（日典3）
光枝和夫　みつえだ・かずお　新聞記者（社史）
光枝素雅子　みつえだ・すがこ　「ミッテンヴァルトの弦」不識書院（日典3）

光法　こうぼう；みつのり
光法賢一　こうぼう・けんいち　力士（日典3）
光法堯義　みつのり・たかよし　帝国ピストンリング専務（日典3）

⁹光城　みつぎ；みつしろ
光城健悦　みつぎ・けんえつ　詩人（北海道文）
光城国喜　みつしろ・くにき　弓道家、弓道範士（弓道）

光栄　みつはな
光栄堯夫　みつはな・たかお　栃木県立小山高教諭（国典）

光海　こうかい；みつみ
光海大智　こうかい・だいち　「空界解明記」現代書林（日典3）
光海あきほ　みつみ・あきほ　女優（日典3）

光畑　こうはた；みつはた
光畑浩治　こうはた・こうじ　「ふるさと私記」海鳥社（日典3）
光畑保　みつはた・たもつ　山陽新聞総務局次長（日典3）
光畑照久　みつはた・てるひさ　「技術知識の減衰モデルと減衰特性分析」科学技術庁科学技術政策研究所（日典3）

¹⁰光島　こうじま；みつしま
光島美輝　こうじま・よしてる　旭化成工業大阪本社常務（日典3）
光島貴之　みつしま・たかゆき　鍼灸師、造形家（視覚）
光島美年男　みつしま・みさお　実業家（創業）

光益　みつます
光益昭郎　みつます・あきお　香港日本人倶楽部副理事長、香港福岡県人会顧問（日典3）
光益公映　みつます・きみあき　脚本家、作家（幻想）

光益徹也　みつます・てつや　新潟産業大学名誉教授（日典3）

¹¹光崎　こうさき；こうざき；みつざき
光崎圭　こうさき・けい　漫画家（漫人）
光崎修　こうざき・おさむ　元・空将（日典）
光崎親一　みつざき・しんいち　日本ビクター常務（日典3）

光部　こうべ；みつべ
光部美千代　こうべ・みちよ　俳人（日典3）
光部敬　みつべ・たかし　東愛知新聞取締役社長室長（日典3）

光野　こうの；ひかりの；みつの
光野公司郎　こうの・こうしろう　「国際化・情報化社会に対応する国語科教育」渓水社（日典3）
光野大地　ひかりの・だいち　「飛んではズンでボヨヨヨ〜ン！」司書房（日典3）
光野多恵子　みつの・たえこ　翻訳家（児人）

¹³光楽　こうらく；みつら
光楽昭雄　こうらく・あきお　国立医薬品食品衛生研究所食品部主任研究官（日典3）
光楽昭雄　みつら・あきお　「食品製造・流通における異物混入防止対策」中央法規出版（日典3）

¹⁸光藤　みつどう；みつふじ
光藤景咬　みつどう・かげあき　刑事法学者（現執4期）
光藤亀吉　みつどう・かめきち　実業家（岡山歴）
光藤有典　みつふじ・ありすけ　トーメン専務（日典3）
光藤俊夫　みつふじ・としお　建築家（現執3期）

¹⁹光瀬　みつせ
光瀬俊明　みつせ・としあき　小説家、宗教家（世日典3）
光瀬龍　みつせ・りゅう　SF作家（児人）
光瀬龍造　みつせ・りゅうぞう　弓道家、弓道教士（弓道）

【109】　充

⁶充后　じゅうご
充后小満地　じゅうご・こまじ　「20世紀の雨の舗道に濡れて」（国典）

【110】　先

⁵先生　せんじょう
先生喜三久　せんじょう・きさく　先生製作所長（人情）

先田　さきた；さきだ
先田賢紀智　さきた・けんきち　「アメリカはアジアに介入するな！」美容書房出版（日典3）
先田哲夫　さきた・てつお　段谷産業取締役（日典3）
先田通夫　さきだ・みちお　愛媛県議（日典）

¹¹先崎　せんざき；まっさき
先崎彰容　せんざき・あきなか　「高山樗牛」論創社（日典3）
先崎栄伸　せんざき・えいしん　彫刻家（美建）

儿部（児,兎,免,党,兜）　入部（入）

先崎千尋　まっさき・ちひろ　「農協に明日はあるか」日本経済評論社（日典3）
先崎一　まっさき・はじめ　自衛官（履歴2）

【111】　児

[4]児井　こい
　児井英生　こい・えいせい　映画プロデューサー（映人）
　児井慶子　こい・けいこ　「萩は萌え立つ」七月堂（日典3）
　児井英男　こい・ひでお　実業家（監督）
　児井英義　こい・ひでよし　「調和の原理」佼成出版社（日典3）

[8]児波　こなみ
　児波いさき　こなみ・いさき　小説家（幻想）

[11]児堀　こぼり
　児堀四郎　こぼり・しろう　「地震予知に関する新理論」児堀四郎（JM）

児野　ちごの
　児野道子　ちごの・みちこ　津田塾大学講師（日典）

[13]児新　こにい
　児新久雄　こにい・ひさお　光亜証券会長（日典）

【112】　兎

[5]兎本　うもと
　兎本和久　うもと・かずひさ　京都府議（自民党、木津川市・相楽郡）（日典3）
　兎本幸子　うもと・さちこ　「イラストの学校」ビー・エヌ・エヌ新社（日典3）
　兎本七之助　うもと・しちのすけ　大阪刷子工組合メンバー（社史）

[7]兎束　うづか
　兎束沙枝　うづか・さえ　メゾソプラノ歌手（音人3）
　兎束武雄　うづか・たけお　上田地方の音楽活動家（長野歴）
　兎束龍夫　うづか・たつお　ヴァイオリニスト（世紀）
　兎束俊之　うづか・としゆき　ビオラ奏者（音人3）

[9]兎茶　うさ
　兎茶ましろ　うさ・ましろ　「魔法の森で何を見た？」SG企画（日典3）

【113】　免

[5]免出　めんで
　免出都司夫　めんで・としお　千葉興業銀行会長（日典3）
　免出陳　めんで・のぶる　住友重機械工業顧問（人情）
　免出至範　めんで・よしのり　宇宙エネルギー研究家（日典3）

免出嘉秀　めんで・よしひで　国税庁徴収部長（日典3）

免田　めんた；めんだ
　免田賢　めんた・まさる　「新行動療法入門」ナカニシヤ出版（日典3）
　免田栄　めんだ・さかえ　元死刑囚（日人）

【114】　党

党　とう
　党旭泉　とう・ぎょくせん　陶芸家（陶芸最）
　党武彦　とう・たけひこ　ドラム奏者,空手選手（日典3）

[8]党免　とうめん
　党免嘉雄　とうめん・よしお　日本共産青年同盟東京市委員（社史）

【115】　兜

[4]兜木　かぶとぎ
　兜木昭男　かぶとぎ・あきお　横河ヒューレット・パッカード・カストマサポート部門（日典3）
　兜木敬子　かぶとぎ・けいこ　「兜木正亨法華文化研究著作目録」妙永山本納寺（日典3）
　兜木総一　かぶとぎ・そういち　「草木讃」日本伝統俳句協会（日典3）
　兜木励悟　かぶとぎ・れいご　文筆業（日典3）

入部

【116】　入

入内島　いりうちじま
　入内島明美　いりうちじま・あけみ　東京都教職員互助会三楽病院附属助産婦学院教務主任（日典3）
　入内島一崇　いりうちじま・かずたか　「俠客紋次郎聞書」群馬歴史散歩の会（日典3）
　入内島金一　いりうちじま・きんいち　（医）高徳会理事長（日典3）
　入内島十郎　いりうちじま・じゅうろう　「臨床医のための循環生理」真興交易・医書出版部（日典3）

入戸野　にっとの
　入戸野修　にっとの・おさむ　東京工業大学工学部金属工学科教授（科学）
　入戸野健　にっとの・けん　「実習Word」サイエンス社（日典3）
　入戸野健一　にっとの・けんいち　「自動車整備の基礎」東京電機大学出版局（日典3）
　入戸野昭造　にっとの・しょうぞう　ミサワリゾート常務,ミサワホーム取締役（日典3）
　入戸野虎吉　にっとの・とらきち　医師（島根歴）

入月　いりずき
　入月幸枝　いりずき・ゆきえ　ピアニスト（音人）

⁵入田　いりた；にゅうた；にゅうだ
入田整三　いりた・せいぞう　日本史研究家（考古）
入田一慧　にゅうた・かずえ　「生命播種」土曜美術社出版販売（日典3）
入田央　にゅうだ・ひさし　新潟地方気象台予報課長（日典）

⁶入交　いりまじり；にゅうこう
入交太蔵　いりまじり・たぞう　実業家（コン4）
入交好保　いりまじり・よしやす　地方史研究者（郷土）
入交泰助　にゅうこう・たいすけ　「二年二組のにくまれっ子」教育出版センター（日典3）

⁷入佐　いりさ
入佐明美　いりさ・あけみ　ケースワーカー（日典3）
入佐孝三　いりさ・こうぞう　医師（日典3）
入佐俊家　いりさ・としいえ　軍人（陸軍）
入佐信宏　いりさ・のぶひろ　志学館大学専任講師（日典3）
入佐嘉久　いりさ・よしひさ　高校教師（日典3）

入村　いりむら；にゅうむら
入村健二郎　いりむら・けんじろう　せいび広報社社長（日典3）
入村貞夫　いりむら・さだお　新潟県新津高校教諭（日典3）
入村明　にゅうむら・あきら　政治家（現政）
入村四郎作　にゅうむら・しろうさく　地方政治家, 実業家（新潟百別）

入来院　いりきいん
入来院公寛　いりきいん・きみひろ　薩摩郡入来郷領主（姓氏鹿児島）
入来院重宏　いりきいん・しげひろ　「農業の従業員採用・育成マニュアル」全国農業会議所（日典3）
入来院重麿　いりきいん・しげまろ　弓道家, 弓道錬士（弓道）
入来院直十郎　いりきいん・なおじゅうろう　入来院氏庶流筆頭家の当主（姓氏鹿児島）

入沢　いりさわ；いりざわ
入沢達吉　いりさわ・たつきち　医学者（コン5）
入沢康夫　いりさわ・やすお　詩人, フランス文学者（日人）
入沢恭平　いりざわ・きょうへい　在野の洋方医教育者（国史）
入沢康夫　いりざわ・やすお　詩人, フランス文学者（幻想）

入谷　いりたに；いりや；にゅうや
入谷敏男　いりたに・としお　社会心理学者（現執4期）
入谷澄士　いりや・すみお　文学者（日人）
入谷秀一　にゅうや・しゅういち　「ハイデガー」大阪大学出版会（日典3）

¹¹入部　いりべ；いるべ；にゅうぶ
入部明子　いりべ・あきこ　「これで書ける論理的ビジネス文書作成術」アスクデジタルソフト一事業部（日典3）
入部兼治　いるべ・かねはる　鹿児島純心女子大学国際人間学部教授（日典3）

入部正純　にゅうぶ・まさすみ　大谷大助教授（日典）

入野田　いりのだ
入野田克俊　いりのだ・かつとし　「正解の選び方がわかる新TOEICテスト文法・語彙問題ルール14」旺文社（日典3）
入野田公穂　いりのだ・きみほ　医師（近医）
入野田千寿子　いりのだ・ちずこ　「柿すだれ」ふらんす堂（日典3）
入野田真右　いりのだ・まさあき　中央大学法学部教授（日典3）
入野田義人　いりのだ・よしんど　慶応義塾大学商学部助教授（日典3）

入鹿　いるか
入鹿裕子　いるか・ゆうこ　女優（映女）

入鹿山　いるかやま
入鹿山旦朗　いるかやま・かつろう　衛生学者（日人）
入鹿山勝郎　いるかやま・かつろう　「気候衛生学」南江堂（日典3）
入鹿山剛堂　いるかやま・ごうどう　NTTドコモMMターミナル開発部課長（日典3）
入鹿山嵩　いるかやま・たかし　政治家（姓氏鹿児島）

¹²入間川　いりまがわ；いるまがわ
入間川せいこ　いりまがわ・せいこ　北里大学看護学部看護学科助教授（日典）
入間川南渓　いるまがわ・なんけい　一関藩士・画家（姓氏岩手）

入間田　いりまだ；いるまだ
入間田隆五郎　いりまだ・りゅうごろう　柴田刈田郡役所の書記（姓氏宮城）
入間田悌信　いるまだ・ていきち　医師, 無教会信徒（キリ）
入間田宣夫　いるまだ・のぶお　研究者（現執4期）

入間野　いるまの
入間野武雄　いるまの・たけお　官僚, 銀行家（日人）

八部

【117】 八

八ツ塚　やつづか
八ツ塚実　やつづか・みのる　教育研究家（現執3期）

八ツ橋　やつはし
八ツ橋治郎　やつはし・じろう　愛媛大学助教授（日典3）
八ツ橋清一　やつはし・せいいち　社会運動家（アナ）
八ツ橋武明　やつはし・たけあき　（財）未来工学研究所第3研究部主任研究員（日典3）
八ツ橋弘美　やつはし・ひろみ　オーラ療法師（日典3）
八ツ橋洋一　やつはし・よういち　小学校教師（日典3）

²八丁　はっちょう

八丁和生　はっちょう・かずお　政治学者(現執2期)
八丁鐵三　はっちょう・てつぞう　中津の荒瀬井出の初代管理者(大分歴)
八丁直行　はっちょう・なおゆき「Webラーニング構築法」三恵社(日典3)
八丁雄子　はっちょう・ゆうこ「New栄養教育・指導実習」医歯薬出版(日典3)

八十　やそ

八十勉　やそ・つとむ　高校教師(日典3)
八十亭二郎　やそ・ていじろう　会社員(先駆)
八十祐治　やそ・ゆうじ　元・サッカー選手(日典)

八十川　やそかわ；やそがわ

八十川俊明　やそかわ・としあき「痛恨インパール作戦」叢文社(日典3)
八十川睦夫　やそかわ・のぶお「消費者行動」新評論(日典3)
八十川胖　やそがわ・ゆたか　元・野球評論家(日典)

八十田　やそだ

八十田歳雄　やそだ・としお　石川県器楽教育連盟名誉会長(日典3)

八十島　やそしま；やそじま

八十島信之助　やそしま・しんのすけ　法医学者(日人)
八十島義之助　やそしま・よしのすけ　鉄道工学者(日人)
八十島中　やそじま・あたる　伊予宇和島藩士(幕末)
八十島親徳　やそじま・ちかのり　実業家(日人)

八十野　やその

八十野辰美　やその・たつみ　舞踊家(新芸)

八十嶋　やそしま；やそじま

八十嶋洋子　やそしま・ようこ　ピアニスト(演奏)
八十嶋竜三　やそしま・りゅうぞう　チェロ奏者(演奏)
八十嶋祥子　やそじま・さちこ　俳人(日典3)
八十嶋淳子　やそじま・じゅんこ　武蔵大人文学部学生(日典3)

³八下田　やげた

八下田一雄　やげた・かずお　バイオリニスト(音人)
八下田美智子　やげた・みちこ　バイオリニスト(音人)

八上　やかみ；やがみ

八上芳枝　やかみ・よしえ「笹の葉」石川書房(日典3)
八上幸一　やがみ・こういち　表具師(日典3)
八上鉄三　やがみ・てつぞう「竹藪一父子「歌写集」写真集「季節のかたすみで2」(JM)

八万木　やまき

八万木恵子　やまき・けいこ「ながらのひとばしら」摂津の民話絵本刊行委員会(日典3)

八千草　やちぐさ

八千草薫　やちぐさ・かおる　女優(日人)
八千草麟太郎　やちぐさ・りんたろう　歌人(日典3)

八子　やこ；やご

八子勉　やこ・つとむ　医師(群馬人)
八子政信　やこ・まさのぶ　評論家(北海道文)
八子恵子　やご・けいこ「心因性視覚障害」中山書店(日典3)
八子信妙　やご・しんみょう「かげろうのように金剛石のごとく」八子信昭(日典3)

八川　はちかわ；やがわ

八川信也　はちかわ・しんや　編集者(日典)
八川シズエ　やがわ・しずえ　八川シズエ鉱物コレクション代表(日典3)

⁴八切　やぎり

八切止夫　やぎり・とめお　小説家(日人)

八反　はったん

八反安未果　はったん・あみか　歌手(テレ)
八反ふじを　はったん・ふじお　作詞家(日典3)

八反田　はちたんだ；はったんだ

八反田源治　はちたんだ・げんじ「テトラレンマ脱唯物史観空の偏界」八源商事(日典3)
八反田角一郎　はったんだ・かくいちろう　新聞人(現情)
八反田かすみ　はったんだ・かすみ「毬藻」本阿弥書店(日典3)

八太　はった

八太昭道　はった・あきみち「ごみから地球を考える」岩波書店(日典3)
八太舟三　はった・しゅうぞう　牧師、社会運動家(コン5)
八太利勝　はった・としかつ　在バルセロナ総領事(日典3)

八戸　はちのへ；やえ；やと；やへ

八戸鈇三郎　はちのへ・きんざぶろう　伊万里県留学生(海越新)
八戸和男　やえ・かずお　声楽家(日典3)
八戸喜三郎　やと・きさぶろう　画家(国際)

八木　はちき；やぎ；やつき

八木政男　はちき・まさお　沖縄芝居役者(芸能)
八木秀次　やぎ・ひでつぐ　電気通信工学者、政治家(コン4)
八木公生　やつき・こうせい　静岡県立大学国際関係学部国際言語文化学科講師(日典)

八木田　やきた；やぎた

八木田節子　やきた・せつこ　川柳作家(石川文)
八木田九一郎　やぎた・くいちろう　医学者(岡山歴)
八木田宜子　やぎた・よしこ　児童文学作家、翻訳家(世紀)

八木庄　やぎしょう

八木庄平治　やぎしょう・へいじ　社会運動家(アナ)

八木沢　やぎさわ；やぎざわ

八木沢高原　やぎさわ・こうげん　俳人(俳文)
八木沢三夫　やぎざわ・みつお　記者(現執2期)

八木沢克昌　やぎざわ・かつまさ　曹洞宗国際ボランティア会(SVA)バンコク・アジア地域事務所所長(日典3)
八木沢武孝　やぎざわ・ぶこう　映画監督(映人)

八木原　やぎはら；やきわら
八木原繁祉　やぎはら・しげと　自由民権運動家(新潟百列)
八木原祐計　やぎはら・ゆうけい　俳人(俳文)
八木原祐計　やきわら・ゆうけい　俳人(日典)

八木橋　やぎはし；やぎばし
八木橋きい　やぎはし・きい　婦選運動家(近女)
八木橋雄次郎　やぎはし・ゆうじろう　詩人,小学校教員(日児)
八木橋利昭　やぎばし・としあき　(株)連企画研究事務所代表取締役(日典3)

[5]八代　やしろ；やつしろ
八代国治　やしろ・くにじ　歴史学者(コン5)
八代六郎　やしろ・ろくろう　海軍軍人(日人)
八代駒雄　やつしろ・こまお　国学者(日人)
八代則彦　やつしろ・のりひこ　銀行家(コン4)

八代田　やしろだ；やよた
八代田貫一郎　やしろだ・かんいちろう　植物学者(日人)
八代田真人　やよた・まさと「レポートの書き方からプレゼンテーションまで」三恵社(日典3)

八本木　はちほんぎ；はっぽんぎ；やもとぎ
八本木浄　はちほんぎ・きよし　京都工芸繊維大学繊維学部教授(日典)
八本木次郎　はっぽんぎ・じろう　編集者(日典)
八本木薫　やもとぎ・かおる「動詞」大学書林(日典3)

八田　はた；はちだ；はった；はつた；やた；やだ；やつだ
八田洋　はた・ひろし「葬儀と法要あいさつ・手紙事典」日本文芸社(日典3)
八田耕治　はちだ・こうじ　打楽器奏者(演奏)
八田知紀　はった・とものり　歌人(コン4)
八田善之進　はつた・ぜんのしん　内科医学者(郷土福井)
八田四子男　やた・よしお「大日本新地図」須磨勘兵衛(日典3)
八田利也　やだ・としや「現代建築愚作論」彰国社(日典3)
八田正光　やつだ・まさみつ　西南学院大助教授(国典)

八目　やつめ
八目女十　やつめ・にょじゅう「筆影」松井秀枝(JM)

[6]八匠　はっしょう
八匠衆一　はっしょう・しゅういち　小説家(小説)

八名　やな
八名信夫　やな・のぶお　俳優(日映男)
八名見江子　やな・みえこ「ママは子育て一年生」本の泉社(日典3)

八州　やしま
八州正　やしま・ただし「二度と太らない本」かんき出版(日典3)

八百板　やおいた
八百板茂　やおいた・しげる「柿本人麻呂—その死」言叢社(日典3)
八百板正　やおいた・ただし　農民運動家,政治家(コン4)
八百板洋子　やおいた・ようこ　児童文学作家,翻訳家(児人)

八竹　やちく
八竹昭夫　やちく・あきお　獣医師(日人)
八竹直　やちく・すなお　旭川医科大学学長(日典3)

八羽　はちう；はちは
八羽光謙　はちう・こうけん　文人(三重続)
八羽光穂　はちう・こうすい　国学者・神職(三重続)
八羽光穂　はちは・みつほ　国学者・神職(国書)

八耳　やつみみ
八耳哲雄　やつみみ・てつゆう　僧侶(日典)
八耳俊文　やつみみ・としふみ　青山学院女子短期大学教授(日典)
八耳文之　やつみみ・ふみゆき「黒羽清隆歴史教育論集」竹林館(日典3)

[7]八住　やすみ
八住かむろ　やすみ・かむろ　占い師(日典3)
八住利雄　やすみ・としお　脚本家(日人)

八児　やちご
八児勝　やちご・まさる　陶芸家(陶芸)

八尾　はお；やお；やおの；やつお
八尾昭　はお・あきら「日本化石集55」築地書館(書籍)
八尾敬次郎　やお・けいじろう　実業家(日人)
八尾朝吉　やおの・あさきち　侠客(日典)
八尾とおる　やつお・とおる　俳人(富山文)

八尾坂　やおさか
八尾坂修　やおさか・おさむ　研究者(現執4期)
八尾坂弘喜　やおさか・ひろき「藤沢周平心の風景」新潮社(日典3)

八杉　やすぎ
八杉貞利　やすぎ・さだとし　ロシア語学者(コン4)
八杉忠男　やすぎ・ただお　医師(近医)
八杉忠利　やすぎ・ただとし　作曲家(作曲)
八杉龍一　やすぎ・りゅういち　生物学史家,生物学啓蒙家(コン4)

八束　やつか；やつづか
八束澄子　やつか・すみこ　児童文学作家(世紀)
八束はじめ　やつか・はじめ　建築家,建築評論家(現執4期)
八束公子　やつづか・きみこ　バレエ指導者(新芸)
八束嘉光　やつづか・よしみつ　中国新聞製作局印刷部長(日典3)

八村　はちむら
　八村晶子　はちむら・あきこ　カウンセラー（YA）
　八村広三郎　はちむら・こうざぶろう　立命館大学情報理工学部教授（日典）
　八村敏志　はちむら・さとし「腸管細胞機能実験法」学会出版センター（日典）
　八村伸一　はちむら・しんいち　神戸女子大学文学部教授（日典）
　八村義夫　はちむら・よしお　作曲家（日人）

八町　はっちょう；やまち
　八町敏男　はっちょう・としお「還ってくる羽音」詩人会議出版（日典）
　八町憲一　やまち・けんいち　北海道教育大学名誉教授（日典）

八角　ほすみ；やすみ
　八角真　ほすみ・まこと　明治大助教授（国典）
　八角三郎　やすみ・さぶろう　軍人,政治家（コン4）

八谷　はちたに；はちや；やたが；やたがい；やたに；やつだに；やつや
　八谷諭　はちたに・さとし「八谷論思索集」（JM）
　八谷幸太郎　はちや・こうたろう　社会運動家（社史）
　八谷泰造　やたが・たいぞう　化学技術者,経営者（科技）
　八谷泰造　やたがい・たいぞう　化学技術者,経営者（日人）
　八谷トシエ　やたに・としえ「出会い」日本図書刊行会（日典）
　八谷梅顚　やつだに・ばいてん　漢詩人＝近世（人名2）
　八谷寛　やつや・ひろし「肥満の疫学」名古屋大学出版会（日典）

⁸八並　やつなみ；やなみ
　八並康一　やつなみ・こういち　政治家（現政）
　八並武治　やつなみ・たけじ　弁護士,政治家（コン5）
　八並映子　やなみ・えいこ　女優（和モ）
　八並美代子　やなみ・みよこ　城西消費購買組合組合員（社史）

八房　やつふさ；やぶさ
　八房竜之助　やつふさ・たつのすけ　漫画家（幻想）
　八房梅香　やぶさ・ばいこう　大道芸人（日典）

八波　はっぱ；やつなみ
　八波一起　はっぱ・いっき　俳優,司会者,キャスター（テレ）
　八波むと志　はっぱ・むとし　俳優,コメディアン（人）
　八波直則　やつなみ・なおのり　英米文学者（四国人）
　八波則吉　やつなみ・のりきち　日本文学者,教科書編集者（石川文）

八牧　やまき
　八牧浩行　やまき・ひろゆき　記者（現執2期）
　八牧宏美　やまき・ひろみ「群論」吉岡書店　東京　丸善（発売）（日典）
　八牧美喜子　やまき・みきこ　俳人（日典3）
　八牧力雄　やまき・りきお　山口大学名誉教授（日典）

⁹八城　やぎ；やしろ；やつしろ
　八城水明　やぎ・すいめい「流木篇」短歌研究社（日典）
　八城一夫　やしろ・かずお　ピアニスト（新芸）
　八城東郷　やつしろ・とうごう「悠久」横浜歴史研究会（日典）

八巻　やまき
　八巻和彦　やまき・かずひこ　哲学者（現執4期）
　八巻九万　やまき・くまん　政治家（日人）
　八巻俊雄　やまき・としお　広告研究家,広告評論家（現執4期）
　八巻敏雄　やまき・としお　植物学者（植物）
　八巻直躬　やまき・なおみ　経営管理学研究家（現執3期）

八度　やつど
　八度雄一郎　やつど・ゆういちろう「人類の食糧・農業システム」農林統計協会（日典）

八星　はちぼし；やつぼし
　八星明　はちぼし・あきら　いすゞ販売金融相談役（日典）
　八星泰　はちぼし・ひろし　呉羽化学工業取締役,呉羽プラスチックス社長（日典）
　八星篤美　やつぼし・あつひで　堺商工会議所顧問（日典3）
　八星礼剛　やつぼし・れいごう　（株）富士通研究所総合通信網研究部長（日典）

八染　やそめ
　八染藍子　やそめ・あいこ　俳人（現俳）

八柳　はちやなぎ；やつやなぎ
　八柳京蔵　はちやなぎ・きょうぞう　農民（社史）
　八柳鉄郎　はちやなぎ・てつろう　エッセイスト（日典）
　八柳サエ　やつやなぎ・さえ　横浜美術館学芸員（日典）
　八柳三郎　やつやなぎ・さぶろう　農林省東北農業試験場（国典）

八洲　やしま
　八洲安吾　やしま・あんご　放送作家（日典3）
　八洲次良　やしま・じろう「オヤカタはデメリットだけであったのか」東京図書出版会（日典3）
　八洲東天　やしま・とうてん　浪曲師（芸能）
　八洲秀章　やしま・ひであき　作曲家（作曲）

八神　やがみ
　八神和枝　やがみ・かずえ　ピアニスト（音人3）
　八神健　やがみ・けん　漫画家（幻想）
　八神純子　やがみ・じゅんこ　歌手（テレ）
　八神利夫　やがみ・としお　テノール歌手（音人3）
　八神喜昭　やがみ・よしあき　医師（近医）

八重　やえ；やじゅう
　八重九郎　やえ・くろう　アイヌの猟師（社史）
　八重勉　やえ・つとむ「中高年のための日本の三千メートル峰」ペガサス（日典3）

八重ゆかり　やじゅう・ゆかり　「EBNユーザーズ・ガイド」中山書店（日典3）

八重田　やえた；やえだ
八重田なぐも　やえた・なぐも　「妹ちゃんだらけ」キルタイムコミュニケーション（日典3）
八重田喜美子　やえた・きみこ　舞台衣装家（日典3）
八重田淳　やえだ・じゅん　「リハビリテーションの哲学」法律文化社（日典3）

八重島　やえしま；やえじま
八重島建二　やえしま・けんじ　「現代心理学」培風館（日典3）
八重島勲　やえじま・いさお　「青響—八重嶋勲歌集」短歌新聞社（JM）

八重樫　やえがし
八重樫艦太郎　やえがし・かんたろう　銅山坑夫（アナ）
八重樫協二　やえがし・きょうじ　政治家（現政）
八重樫純樹　やえがし・じゅんき　研究者（現執4期）
八重樫知司　やえがし・ともじ　写真家（写人）
八重樫昊　やえがし・ひろし　出版人（出文）

[10]**八倉巻　やくらまき；やぐらまき**
八倉巻与治　やくらまき・よじ　八倉巻建設代表（日典）
八倉巻和子　やぐらまき・かずこ　大妻女子大学家政学部食物学科教授（日典3）
八倉巻忠夫　やぐらまき・ただお　元・富山県議

八剣　やつるぎ
八剣昭雄　やつるぎ・あきお　「木更津のまち」アクロス（日典3）
八剣浩太郎　やつるぎ・こうたろう　小説家（北海道文）
八剣ヒロキ　やつるぎ・ひろき　漫画家（漫人）

八原　やはら
八原忠彦　やはら・ただひこ　産能大学経営コンサルティングセンター（日典3）
八原博通　やはら・ひろみつ　軍人（日人）
八原博道　やはら・ひろみち　陸軍軍人（鳥取百）
八原昌元　やはら・まさもと　経営者（日人）
八原ゆうき　やはら・ゆうき　「聖工の末裔」ホビージャパン（日典3）

八島　やしま；やじま；やつしま
八島太郎　やしま・たろう　絵本作家（日人）
八島京一　やじま・きょういち　共働社メンバー（社史）
八島りつ　やつしま・りつ　「伝統のクンストレースと新しいパイナップルレース」主婦と生活社（JM）

八桁　やげた
八桁竹三郎　やげた・たけさぶろう　「コーヒーメニュウ」津軽書房（日典3）

八浜　はちはま；やつはま
八浜徳三郎　はちはま・とくさぶろう　社会事業家（日人）
八浜義和　はちはま・よしかず　応用化学者（現情）

八浜義和　やつはま・よしかず　阪大名誉教授（日典）

八馬　はちうま；やば
八馬兼翁　はちうま・かねおう　海運功労者（兵庫人）
八馬兼介　はちうま・かねすけ　海運功労者（兵庫百）
八馬芳郎　やば・よしろう　元・東急建設副社長

[11]**八野　はちの；やの**
八野忠次郎　はちの・ちゅうじろう　宮大工（日人）
八野正男　はちの・まさお　心理学者（心理）
八野正直　やの・まさなお　「雪中曼陀羅」鶯研究所（日典）
八野真弓　やの・まゆみ　拓殖大学講師（日典3）

八野田　はちのた；はちのだ
八野田博　はちのた・ひろし　洋画家（日典）
八野田喜則　はちのだ・よしのり　「白き雲」（JM）

八鳥　はっとり
八鳥和久　はっとり・かずひさ　近商ストア相談役（日典）
八鳥治久　はっとり・はるひさ　アートディレクター, 会社役員（現執3期）

[12]**八塚　やつか；やつづか**
八塚茂治　やつか・しげはる　三菱電気副社長, 三菱銀行常務（日典）
八塚照美　やつか・てるみ　中国新聞製作局管理部長（日典）
八塚春児　やつづか・しゅんじ　「十字軍という聖戦」日本放送出版協会（日典3）
八塚正三　やつづか・しょうぞう　八塚商店福田合金代表（日典）

八尋　やひろ
八尋和美　やひろ・かずみ　指揮者（音人3）
八尋樹蒼　やひろ・きそう　教育者（視覚）
八尋舜右　やひろ・しゅんすけ　詩人, 歴史作家（現執4期）
八尋俊邦　やひろ・としくに　経営者（日人）
八尋不二　やひろ・ふじ　脚本家（日人）

八森　はちもり；やつもり
八森重芳　はちもり・しげよし　映画監督（監督）
八森稔　はちもり・みのる　映画評論家（現執4期）
八森虎太郎　やつもり・とらたろう　詩人（世紀）

八賀　はちが
八賀晧太郎　はちが・こうたろう　「私の主張二十年史」（国典）
八賀晋　はちが・すすむ　「伊勢・伊賀の古墳と古代社会」同成社（日典3）
八賀正司　はちが・ただし　高山短期大学自動車工業学科教授（日典3）

八雲　やくも；やぐも
八雲数枝　やくも・かずえ　社会事業家（日人）
八雲ふみね　やくも・ふみね　シネマアナリスト（テレ）
八雲恵美子　やぐも・えみこ　女優, 実業家（日人）

八部（公）

　八雲理恵子　やぐも・りえこ　女優（芸能）
¹³八塩　やしお
　八塩明紀子　やしお・あきこ　プロゴルファー（日典3）
　八塩圭子　やしお・けいこ　アナウンサー（テレ）
　八塩健三　やしお・けんぞう　北越製紙副社長（日典）
　八塩弘二　やしお・こうじ　「緘黙の少女」雅粒社（日典）
　八塩三郎　やしお・さぶろう　東洋電機製造副社長（日典3）
¹⁴八嶋　やしま；やじま
　八嶋九皐　やしま・きゅうこう　医師（姓氏宮城）
　八嶋智人　やしま・のりと　俳優（日映男）
　八嶋栄二　やじま・えいじ　実業家（現情）
　八嶋渓風　やじま・けいふう　「詩吟表現の技術」オリジン出版センター（日典3）
　八嶌　やしま
　八嶌正治　やしま・まさはる　能楽評論家, 文学研究家（現執4期）
　八窪　はちくぼ；やくぼ
　八窪清　はちくぼ・きよし　「障がい児教育と家庭教育」ふくろう出版（日典3）
　八窪頼明　やくぼ・よりあき　「マンガ編集者が語るおもしろさの創り方」同友館（日典3）
　八筒　はっか；やこ
　八筒源次　はっか・げんじ　（社）東京都葛飾区高齢者事業団理事（日典）
　八筒源蔵　やこ・げんぞう　漆塗工（日典）
¹⁵八幡　はちまん；はば；やはた；やわた
　八幡太郎　はちまん・たろう　漫画家（漫人）
　八幡綾子　はば・あやこ　日本表装趣味の会主幹（国典）
　八幡一郎　やはた・いちろう　考古学者（郷土）
　八幡一郎　やわた・いちろう　考古学者（日人）
¹⁶八橋　やつはし；やはし；やばせ
　八橋卓　やつはし・たかし　テレビディレクター, 演出家（日人）
　八橋一郎　やはし・いちろう　「評伝筒井康隆」新潮社（日典3）
　八橋喜代松　やばせ・きよまつ　兵庫貨幣会長（国典）
¹⁷八篠　やしの
　八篠れい子　やしの・れいこ　「蛍の駅」編集工房ノア（日典3）
　八鍬　やくわ；やくわぎ
　八鍬幸信　やくわ・ゆきのぶ　研究者（現執4期）
　八鍬利助　やくわ・りすけ　農業物理学者, 理学博士（山形百新）
　八鍬儀七郎　やくわぎ・しちろう　渡航者（渡航）
¹⁸八藤　はちふじ；はっとう；やつふじ
　八藤東禧　はちふじ・とうき　国際衛星通信協会会長（日典）
　八藤真　はっとう・まこと　栄養商品学の講師及び研究開発（現執4期）
　八藤南洋　やつふじ・みなひろ　三国コカ・コーラボトリング社長（日典3）

¹⁹八瀬　はせ；やせ
　八瀬知生　はせ・ともお　「ペギの箱舟」太陽書房（日典）
　八瀬清　やせ・きよし　（株）アトラス計算センター社長, （株）八瀬鉄工所専務, 桧山崎（株）社長（日典）
　八瀬清志　やせ・きよし　「技術と自然の未来を探る」新日本出版社（日典3）

【118】　公

⁴公手　きみて；くで
　公手代史　きみて・きよし　「家庭教育文献叢書」クレス出版（日典3）
　公手成幸　くで・しげゆき　翻訳家（日典）
　公文　くもん
　公文貞行　くもん・さだゆき　弁護士（高知人）
　公文俊平　くもん・しゅんぺい　経済学者（世紀）
　公文昭夫　くもん・てるお　労働運動家（現執4期）
　公文公　くもん・とおる　教育者, 塾経営社（日人）
　公文蘆淵　くもん・ろえん　日本画家（高知人）
　公方　くぼう
　公方俊良　くぼう・しゅんりょう　僧侶（現執3期）
　公木　くき；こうき
　公木五郎　くき・ごろう　著述家（日典）
　公木之雄　こうき・これお　映画監督（監督）
⁵公平　きみひら；こうだいら；こうへい
　公平匡武　きみひら・まさたけ　軍人（陸海）
　公平昭男　こうだいら・てるお　「公平姓に関する研究」現在過去未来研究所（日典）
　公平慎策　こうへい・しんさく　政治心理学者（現執3期）
　公田　きみた；こうた；こうだ
　公田連太郎　きみた・れんたろう　中国文学者（島根人）
　公田連太郎　こうた・れんたろう　中国文学者（島根歴）
　公田豊次郎　こうだ・とよじろう　プロレタリア詩人（島根歴）
⁶公壮　くそう
　公壮聡　くそう・さとし　東京帝国大学セツルメント参加者（社史）
　公庄　くじょう；ぐじょう；こうしょう
　公庄庸三　くじょう・つねぞう　高校教師（日典）
　公庄さつき　ぐじょう・さつき　翻訳家（日典）
　公庄博　こうしょう・ひろし　「論語に游ぶ」日本歯科新聞社（日典3）
　公江　こうえ
　公江喜市郎　こうえ・きいちろう　教育者（日人）
　公江哲二　こうえ・てつじ　「公江哲二先生遺稿集」（国典）
　公江百翁　こうえ・ひゃくおう　長寿の篤農家（兵庫人）

公門　きみかど；こうもん[8]

公門金保　きみかど・かねやす　兵庫県議（日典3）

公門和也　こうもん・かずや「Adobe Flex 3 & AIRではじめるアプリケーション開発」インプレスジャパン，インプレスコミュニケーションズ（発売）（日典3）

公門俊之　こうもん・としゆき　バイオリニスト（音人）

公家　くげ；こうけ[10]

公家幸洋　くげ・こうよう　ポイントファイブコミュニケーションズ取締役（日典3）

公家武　くげ・たけし「カナダからの手紙」ゆまにて出版（日典3）

公家義徳　こうけ・よしのり　俳優（日典3）

公野　きみの；くの[11]

公野桜子　きみの・さくらこ　小説家（日典3）

公野勉　くの・つとむ「映画はこうしてつくられる」風塵社（日典3）

公楽　こうらく[13]

公楽源一郎　こうらく・げんいちろう「三年の図画・工作指導」明治図書出版（日典3）

公楽工暉　こうらく・こうき「日曜大工68選」（国典）

【119】　六

六山　ろくやま[3]

六山正孝　ろくやま・まさたか「水生昆虫」（国典）

六川　むかわ；むつかわ；ろくかわ；ろくがわ

六川二郎　むかわ・じろう「てんかんの薬物療法」（国典）

六川雅彦　むつかわ・まさひこ「Japanese loanword phonology」Hituzi Syobo（日典3）

六川則夫　ろくかわ・のりお　映画監督（監督）

六川源五右衛門　ろくがわ・げんごうえもん　公益事業家（長野歴）

六反田　ろくたんだ[4]

六反田明子　ろくたんだ・あきこ　洋書輸入代行業（日典3）

六反田篤　ろくたんだ・あつし「解剖」医歯薬出版（日典3）

六反田収　ろくたんだ・おさむ　摂南大学国際言語文化学部教授，京都大学名誉教授（日典3）

六反田喬　ろくたんだ・たかし　東芝情報システム社長（日典3）

六反田藤吉　ろくたんだ・とうきち　医師（近医）

六戸　ろくのへ

六戸満　ろくのへ・みつる　元・三菱電線工業専務（日典3）

六戸部　むとべ

六戸部信淳　むとべ・しんじゅん「集中越前万歳」（国典）

六木　むつき；むつぎ

六木純　むつき・じゅん「風にそよぐ中国知識人」文芸春秋（日典3）

六木凛人　むつぎ・りんど　競馬研究家（日典3）

六平　むさか[5]

六平巧宣　むさか・こうせん　著述家（日典3）

六平十司　むさか・じゅうし「図説悪人辞典」幻冬舎コミックス，幻冬舎（発売）（日典3）

六平直政　むさか・なおまさ　俳優（日映男）

六平光成　むさか・みつなり　サッカー選手（日典3）

六本　ろくもと

六本和子　ろくもと・かずこ　俳人（現俳）

六本佳平　ろくもと・かへい　法社会学者（現執4期）

六本正男　ろくもと・まさお　川崎汽船取締役（日典3）

六本木　ろっぽんぎ

六本木綾　ろっぽんぎ・あや　漫画家（漫人）

六本木和夫　ろっぽんぎ・かずお「リアルタイム診断と施肥管理」農山漁村文化協会（日典3）

六本木一彦　ろっぽんぎ・かずひこ「穴馬はなぜ何度も穴をあけるのか？」白夜書房（日典3）

六本木敏　ろっぽんぎ・さとし　労働運動家（日人）

六本木樹里　ろっぽんぎ・じゅり　ストリッパー（日典3）

六田　むだ；むつだ；ろくた；ろくだ

六田知弘　むだ・ともひろ　写真家（日典）

六田靖子　むつだ・きよこ「風のままに」万象短歌会（日典3）

六田あき子　ろくた・あきこ「紙風船」朝日新聞社（日典3）

六田登　ろくだ・のぼる　漫画家（漫人）

六百田　ろっぴゃくだ[6]

六百田一美　ろっぴゃくだ・かずみ　マツダ専務（日典3）

六百田幸夫　ろっぴゃくだ・ゆきお　日本交通公社（人情）

六条　りくじょう；ろくじょう[7]

六条蔵人　りくじょう・くろうど「人妻セレブ」マドンナ社（日典3）

六条有容　ろくじょう・ありおさ　公家（諸系）

六条奈美子　ろくじょう・なみこ　女優（日人）

六花　むつはな；ろくはな

六花謙哉　むつはな・けんや「唐代経済史」（国典）

六花チヨ　ろくはな・ちよ「レッドポイント」講談社（日典3）

六角　むすみ；ろっかく

六角恵亮　むすみ・けいすけ　ケンウッド専務（日典3）

六角上　むすみ・じょう　作曲家，編曲家（日典3）

六角紫水　ろっかく・しすい　漆芸家（コン4）

六角博通　ろっかく・ひろみち　有職家，本草学者（日典3）

六谷　ろくたに

六谷紀久男　ろくたに・きくお　伊勢型紙錐彫師（現情）

六谷梅軒　ろくたに・ばいけん　型紙彫刻師（日人）

八部(兵)

六車　むぐるま；ろくしゃ
　六車井耳　むぐるま・せいじ　俳人(大阪文)
　六車房吉　むぐるま・ふさきち　大阪市電交通労働組合政治部長(社史)
　六車脩　ろくしゃ・おさむ　大映野球KK社長(日典)
　六車進　ろくしゃ・すすむ　プロデューサー(映人)

[8]六岡　むつおか
　六岡周三　むつおか・しゅうぞう　石川島播磨重工業会長(日典3)
　六岡康光　むつおか・のぶあき　「大宮政郎人動説アートの世界」岩手町立石神の丘美術館(日典3)
　六岡芳雄　むつおか・よしお　兵庫県議(自民党)(日典3)

六所　むしょ
　六所たかし　むしょ・たかし　「四季のいけ花」(国典)

六波羅　ろくはら
　六波羅昭　ろくはら・あきら　勤労者退職金共済機構副理事長(日典3)
　六波羅悟　ろくはら・さとし　「写真と日記で綴る小塩完次・とよ子の禁酒運動世界連邦運動の歩み」日本禁酒同盟資料館(日典3)
　六波羅修行　ろくはら・しゅぎょう　「神漏と神呂美」鷹書房(日典3)
　六波羅詩朗　ろくはら・しろう　「ケアマネ業務のための生活保護Q&A」中央法規出版(日典3)
　六波羅嵩　ろくはら・たかし　教員(社史)

[9]六信　むつのぶ
　六信哲二郎　むつのぶ・てつじろう　「渉外戸籍先例精義」(国典)

六郎万　ろくろうまん
　六郎万政吉　ろくろうまん・まさきち　友愛会木津川支部メンバー(社史)

[10]六島　ろくしま
　六島誠之助　ろくしま・せいのすけ　医師,政治家(現政)
　六島礼子　ろくしま・れいこ　「どれみのゆびトレ」ショパン(日典3)

六浦　むつうら
　六浦晃　むつうら・あきら　「原色日本蛾類幼虫図鑑」保育社(日典3)
　六浦修　むつうら・おさむ　「女子高等学校における生物研究」京都精華学園(日典3)
　六浦一浩　むつうら・かずひろ　牧場経営,写真家(日典3)
　六浦惠村　むつうら・けいそん　評論家(富山文)
　六浦光雄　むつうら・みつお　漫画家(日人)

[11]六堂　りくどう；ろくどう
　六堂真稀　りくどう・まき　「Happy milk」コアマガジン(日典3)
　六堂葉月　ろくどう・はづき　小説家(日典3)

六郷　ろくごう
　六郷新三郎〔5代〕　ろくごう・しんざぶろう　長唄囃子方(日人)
　六郷新三郎〔6代〕　ろくごう・しんざぶろう　長唄囃子方(国史)

[120]

　六郷政鑑　ろくごう・まさあきら　大名(日人)
　六郷政賢　ろくごう・まさかた　華族(日人)
　六郷政鑑　ろくごう・まさかね　大名(幕末)

六鹿　むしか；むつが；むつしか；ろくしか
　六鹿賢吉　むしか・けんきち　「正法眼蔵逐語解」中日出版社(日典3)
　六鹿貞一　むつが・ていいち　弁護士(日典)
　六鹿茂夫　むつしか・しげお　国際関係学者(現執3期)
　六鹿鶴雄　ろくしか・つるお　医師(近医)

[12]六渡　ろくど
　六渡心六　ろくど・しんろく　陶芸家(陶工)
　六渡達郎　ろくど・たつお　「小笠原ターザン」竹内書店新社(日典3)

六道　りくどう
　六道慧　りくどう・けい　SF・伝奇作家(幻想)
　六道神士　りくどう・こうし　漫画家(漫人)
　六道竜也　りくどう・たつや　ライター(日典3)

【120】　兵

[5]兵本　ひょうもと
　兵本達吉　ひょうもと・たつきち　共産主義研究家(日典3)
　兵本善矩　ひょうもと・よしのり　小説家(世紀)

兵田　ひょうだ；へいだ
　兵田純子　ひょうだ・じゅんこ　河北総合病院企画開発サービス部(日典3)
　兵田正　へいだ・ただし　水産関係者(岡山人)

[13]兵働　ひょうどう
　兵働昭弘　ひょうどう・あきひろ　サッカー選手(日典3)
　兵働務　ひょうどう・つとむ　大阪市立大学教授(日典3)

[16]兵頭　ひょうどう
　兵頭賢一　ひょうどう・けんいち　教育者・地方史研究家(愛媛百)
　兵頭周吉　ひょうどう・しゅうきち　陸軍軍医(外科)(近医)
　兵頭精　ひょうどう・ただし　飛行家(日人)
　兵頭雅誉　ひょうどう・まさよ　陸軍軍人(日人)
　兵頭正義　ひょうどう・まさよし　医師(近医)

[18]兵藤　ひょうどう
　兵藤静枝　ひょうどう・しずえ　映画女優(日人)
　兵藤釗　ひょうどう・つとむ　研究者(現執4期)
　兵藤秀子　ひょうどう・ひでこ　元・水泳選手(コン)
　兵藤裕己　ひょうどう・ひろみ　中古文学者(現執4期)
　兵藤正之助　ひょうどう・まさのすけ　評論家(世紀)

【121】 具

[7]具志　ぐし
　具志皓　ぐし・あきら　「男の・子育ては楽しい」乃木坂出版（日典3）
　具志孝助　ぐし・こうすけ　沖縄県議（自民党、那覇市）（日典3）
　具志保門　ぐし・ほもん　民権運動家、実業家（社史）
　具志八重　ぐし・やえ　元・看護婦（日典3）
　具志幸昌　ぐし・ゆきまさ　沖縄職業能力開発短期大学校校長、琉球大学名誉教授（日典3）

具志堅　ぐしけん
　具志堅幸司　ぐしけん・こうじ　体操選手（日人）
　具志堅青鳥　ぐしけん・せいちょう　児童文学作家（児人）
　具志堅宗精　ぐしけん・そうせい　実業家（日人）
　具志堅剛　ぐしけん・つよし　映画監督（映監）
　具志堅用高　ぐしけん・ようこう　プロボクシング解説者, プロボクサー（日人）

[8]具阿弥　ぐあみ
　具阿弥忠夫　ぐあみ・ただお　大阪鉄工組合熱血団メンバー（社史）

[10]具島　ぐしま；ぐじま
　具島兼三郎　ぐしま・かねさぶろう　国際政治学者（日人）
　具島勘三郎　ぐしま・かんざぶろう　新聞経営者（日人）
　具島靖　ぐじま・やすし　「エーコの読みと深読み」岩波書店（日典3）

【122】 其

[5]其田　そのた；そのだ
　其田嘉一郎　そのた・かいちろう　上磯の文化振興に寄与（青森人）
　其田英一　そのだ・えいいち　「なの花」市井社（日典3）
　其田則男　そのだ・のりお　映画プロデューサー（日人）

【123】 典

[12]典厩　てんきゅう
　典厩五郎　てんきゅう・ごろう　小説家（京都文）

【124】 兼

[3]兼丸　かなまる；かねまる
　兼丸敵　かなまる・たかし　野村興産社長（日典）
　兼丸悟　かねまる・さとる　栗林商船常務（日典）

[5]兼古　かねこ
　兼古和昌　かねこ・かずあき　「アルファベット略語便利辞典」小学館（日典3）

　兼古耕一　かねこ・こういち　兼古製作所社長（日典3）
　兼古隆雄　かねこ・たかお　ギタリスト（演奏）
　兼古隆行　かねこ・たかゆき　東陽理化学研究所社長（日典3）
　兼古哲郎　かねこ・てつろう　北海道労働金庫理事長（日典3）

兼田　かねた；かねだ；かんだ
　兼田三左衛門〔7代〕　かねた・さんざえもん　陶芸家（美工）
　兼田敏　かねだ・びん　作曲家（作曲）
　兼田克幸　かんだ・かつゆき　「連結財務諸表制度詳解」中央経済社（日典3）

[6]兼次　かねし；かねつぐ
　兼次佐一　かねし・さいち　元・那覇市長（日典）
　兼次邦男　かねつぐ・くにお　「ベッドサイドの小児科診断マニュアル」広川書店（日典3）
　兼次吉雄　かねつぐ・よしお　元・川崎市議（日典）

[7]兼作　かねつくり
　兼作明吉　かねつくり・あきよし　住友電気工業電力工事事業部（人情）

兼谷　かなや；かねや
　兼谷昌次　かなや・しょうじ　（限）かなや紙器製作所（日典）
　兼谷昌次　かなや・しょうじ　「雀のお散歩」歌謡詩人社（日典3）
　兼谷英夫　かねや・ひでお　駒沢大学文学部外国語教授（日典）

[8]兼宗　かねむね；けんそう
　兼宗進　かねむね・すすむ　「ドリトルで学ぶプログラミング」イーテキスト研究所（日典3）
　兼宗美幸　けんそう・みゆき　埼玉県立大学短期大学部講師（日典3）

兼房　かねふさ；けんぼう
　兼房慎二　かねふさ・しんじ　日本大学生産工学部助教授（日典）
　兼房幽石　かねふさ・ゆうせき　「生と愛のメッセージ」日貿出版社（日典3）
　兼房次男　けんぼう・つぎお　評論家（日典）

[9]兼城　かねしろ
　兼城賢松　かねしろ・けんしょう　教育者（日人）
　兼城賢章　かねしろ・けんしょう　洋画家（洋画）
　兼城賢次　かねしろ・けんじ　沖縄県議（護憲ネットワーク、うるま市）（日典3）
　兼城三郎　かねしろ・さぶろう　小学校教員（社史）
　兼城道子　かねしろ・みちこ　沖縄芝居役者（芸）

[11]兼崎　かねさき；かねざき
　兼崎地橙孫　かねさき・ちとうそん　俳人、弁護士（現情）
　兼崎地橙孫　かねざき・じとうそん　俳人、弁護士（山口百）
　兼崎地橙孫　かねざき・ちとうそん　俳人、弁護士（俳文）

兼常　かねつね
　兼常清佐　かねつね・きよすけ　音楽学者,音楽評論家(コン4)

¹³兼蔵　かねとし
　兼蔵昌直　かねとし・まさなお　「建築施工テキスト」井上書院(日典3)
　兼蔵正英　かねとし・まさひで　映画監督(映監)

¹⁶兼頭　かねとう
　兼頭吉市　かねとう・よしいち　社会病理学者(現鈞2期)
　兼頭義憲　かねとう・よしのり　日本労働組合全国協議会出版労組メンバー(社史)

冂部

【125】円

円　えん；つぶら；まどか
　円友二志　えん・ともにし　農民(社史)
　円正光　つぶら・のりみつ　メキシコ国立ポリテクニコ工科大学教授(日典3)
　円より子　まどか・よりこ　作家,評論家,政治家(現政)

³円子　まるこ
　円子伊三郎　まるこ・いさぶろう　地域功労者(姓氏岩手)
　円子和夫　まるこ・かずお　第一ブロイラー社長(日典3)
　円子修平　まるこ・しゅうへい　ドイツ文学者(現情)
　円子千代　まるこ・ちよ　共立女子大学教授(日典3)
　円子経雄　まるこ・つねお　柔道家・体育教師(埼玉人)

円山　えんやま；まるやま
　円山義一　えんやま・ぎいち　「今昔能登の路」生生会(日典3)
　円山定盛　えんやま・さだもり　社会運動家(社史)
　円山雅也　まるやま・まさや　弁護士(世紀)
　円山溟北　まるやま・めいほく　漢学者(日人)

⁴円中　まるなか
　円中文助　まるなか・ふみすけ　生糸検査技師(渡航)
　円中文助　まるなか・ぶんすけ　生糸検査技師(日人)
　円中孫平　まるなか・まごへい　貿易商(日人)

円井　つぶらい；まるい
　円井忠基　つぶらい・ただお　コスモジャパン社長(日典3)
　円井一夫　まるい・かずお　テレビプロデューサー(日典3)
　円井潔　まるい・きよし　山陰合同銀行専務(日典3)

円日　まどか
　円日成道　まどか・じょうどう　「願力の所成」「群萌学舎」出版事務局(日典3)

⁵円生寺　えんじょうじ
　円生寺勝也　えんじょうじ・かつや　「海鳴り」労働旬報社(日典3)

円田　えんだ；まるた
　円田誠一　えんだ・せいいち　長崎マツダ会長(日典)
　円田直人　えんだ・なおと　住友ベークライト会長(日典3)
　円田浩二　まるた・こうじ　「援交少女とロリコン男」洋泉社(日典3)
　円田禎一　まるた・ていいち　元・長崎県議(日典)

⁶円光寺　えんこうじ
　円光寺雅彦　えんこうじ・まさひこ　指揮者(音人3)
　円光寺芳光　えんこうじ・よしみつ　広島商業高等学校野球部監督(日典3)

円地　えんち
　円地信二　えんち・しんじ　洋画家(日典3)
　円地文子　えんち・ふみこ　小説家(コン4)
　円地与四松　えんち・よしまつ　新聞記者,評論家(石川文)

⁷円谷　えんたに；えんや；つぶらや；つむらや
　円谷友英　えんたに・ともえ　「区間分析による評価と決定」海文堂出版(日典3)
　円谷忠　えんや・ただし　日本製箔常勤監査役(日典)
　円谷英二　つぶらや・えいじ　特撮監督,映画監督(コン4)
　円谷光衛　つむらや・みつえ　政治家(政治)

⁸円居　えんきょ；まどい
　円居愛一郎　えんきょ・あいいちろう　弁護士(日典3)
　円居総一　えんきょ・そういち　研究者(現鈞4期)
　円居挽　まどい・ばん　「烏丸ルヴォワール」講談社(日典3)

¹¹円野　えんの；つぶらの
　円野蔚　えんの・しげる　海軍少佐(日典3)
　円野仁美　つぶらの・ひとみ　女優(日典3)

¹²円道　えんどう
　円道彰　えんどう・あきら　シーアイ化成常務(日典3)
　円道一成　えんどう・いっせい　歌手(日典3)
　円道徳子　えんどう・のりこ　保健婦(日典3)
　円道紘夫　えんどう・ひろお　富士コンピュータ(株)代表取締役(日典3)
　円道まさみ　えんどう・まさみ　フリーライター(日典3)

¹⁴円増　えんぞう
　円増治之　えんぞう・はるゆき　「良寛」考古堂書店(日典3)

¹⁷円鍔　えんつば
　円鍔勝三　えんつば・かつぞう　彫刻家(日人)

¹⁸円藤　えんどう
　円藤作蔵　えんどう・さくぞう　軍人・陸軍中将(徳島歴)

円藤寿穂　えんどう・としお　政治家（現政）
円藤直美　えんどう・なおみ　小説家（四国文）
円藤信代　えんどう・のぶよ　詩人（四国文）
円藤彦三郎　えんどう・ひこさぶろう　政治家（徳島歴）

【126】内

内　うち
内きくえ　うち・きくえ　「ちぎれ雲ねぢれ雲」ジャプラン（日典）
内聖美　うち・きよみ　アーサーアンダーセン・シニアマネジャー（日典3）
内順一　うち・じゅんいち　「Love diving」学習研究社（日典3）
内誠一郎　うち・せいいちろう　「株価指数の徹底活用術」東洋経済新報社（日典3）
内博貴　うち・ひろき　タレント（テレ）

内ケ崎　うちがさき
内ケ崎饗五郎　うちがさき・うんごろう　経営者（日人）
内ケ崎饗吾郎　うちがさき・うんごろう　実業家（姓氏宮城）
内ケ崎作三郎　うちがさき・さくさぶろう　教育者,政治家（日人）
内ケ崎作太郎　うちがさき・さくたろう　資産家（宮城百）
内ケ崎文之助　うちがさき・ぶんのすけ　政治家,実業家（姓氏宮城）

[4]内木　うちき；うちぎ；ないき
内木孝一　うちき・こういち　「内木孝一の一生使える器選び」講談社（日典3）
内木福之助　うちぎ・ふくのすけ　銀行家,政治家（埼玉人）
内木玉枝　ないき・たまえ　教育者（日人）

内木場　うちきば；うちこば
内木場努　うちきば・つとむ　立命館大学産業社会学部教授（日典）
内木場博美　うちきば・ひろみ　「ラ・モト」編集長（日典3）
内木場久幸　うちこば・ひさゆき　太平洋セメント常務執行役員（日典3）
内木場三善　うちこば・みよし　北海道コカ・コーラボトリング専務（日典3）

[5]内出　うちで
内出倭子　うちで・かずこ　「妻遊記」櫂書房（日典3）
内出好吉　うちで・こうきち　映画監督（映監）
内出茂　うちで・しげる　「図解とフローチャートによる定性分析」技報堂出版（日典3）
内出ときを　うちで・ときお　「稲の花」東京四季出版（日典3）
内出遼子　うちで・りょうこ　放送作家,女優（大阪文）

内古閑　うちこが
内古閑篤　うちこが・あつし　昭和電線電纜常務（紳士）
内古閑俊二　うちこが・しゅんじ　東京ベイヒルトン社長（日典3）

内古閑寅太郎　うちこが・とらたろう　日本原子力船開発事業団専務理事（日典3）
内古閑宏　うちこが・ひろし　Knowledge Inc.社長,ヴィジョネア社長（日典3）

[6]内匠　たくみ
内匠逸　たくみ・いち　「情報理論」オーム社（日典3）
内匠和彦　たくみ・かずひこ　大阪高裁部総括判事（日典3）
内匠慶子　たくみ・けいこ　神戸市立楠幼稚園園長（国典）
内匠淳　たくみ・じゅん　「内匠淳のメイクが圧倒的に支持される理由（わけ）」講談社（日典3）
内匠ちゑ　たくみ・ちえ　教育者（兵庫百）

内匠屋　たくみや
内匠屋理　たくみや・おさむ　クラヤ薬品副社長（日典3）
内匠屋潔　たくみや・きよし　「実践に生かすスポーツ教養」東京電機大学出版局（日典3）
内匠屋栄　たくみや・さかえ　クラヤ薬品会長（日典）
内匠屋八郎　たくみや・はちろう　兵庫県議（公明党）（日典3）

内多　うちだ
内多晃　うちだ・あきら　三友食品副社長（日典3）
内多勝康　うちだ・かつやす　「言葉はライブだ！」岩崎書店（日典3）
内多蔵人　うちだ・くらんど　サッポロビール社長（日典3）
内多毅　うちだ・たけし　英文学者（現執1期）
内多嘉昌　うちだ・よしとも　医師（日典3）

[7]内呂　うちろ
内呂民世　うちろ・たみよ　経済誌記者（現執2期）

内坂　うちさか；うちざか
内坂晃　うちさか・あきら　牧師（日典）
内坂素夫　うちさか・もとお　電気工学者（渡航）
内坂恒彦　うちざか・つねひこ　「プレス機械の精度と設計」小峰工業出版（日典3）

内沢　うちさわ；うちざわ
内沢昭治　うちさわ・しょうじ　東北名鉄運輸会長（日典）
内沢旬子　うちざわ・じゅんこ　切り絵作家（児人）
内沢達　うちざわ・たつし　鹿児島大学教養部教授（日典3）

内芝　うちしば；うちば
内芝房之助　うちしば・ふさのすけ　人力車夫（社史）
内芝良輔　うちしば・りょうすけ　「事業承継の基礎知識とトラブル対処法」清文社（日典3）
内芝伸一　うちば・しんいち　「過ぎ去りしものたち」光村印刷（日典3）

内谷　うちたに；うちや
内谷二朗　うちたに・じろう　豊中コミュニティーケーブルテレビ社長（日典3）
内谷重治　うちや・しげはる　長井市長（日典3）

冂部(内)

内谷正文　うちや・まさぶみ　俳優(日典3)

⁸内林　うちばやし；なかばやし

内林喜三郎　うちばやし・きさぶろう　部落解放運動家(姓氏群馬)

内林達一　うちばやし・たついち　技師(土木)

内林歳治　なかばやし・さいじ　広野自動車教習所長(紳士)

⁹内城　うちじょう；うちしろ；ないじょう

内城弘隆　うちじょう・ひろたか「異聖歌の詩と生涯」どっこ舎, ツーワンライフ(印刷)(日典3)

内城本美　うちしろ・もとみ　土壌菌農法研究者(長野歴)

内城綾子　ないじょう・あやこ「すっごいキラキラ！プロが教えるsuper deco tech！」主婦の友社(日典3)

内海　うちうみ；うちのうみ；うちのみ；うちみ；うつみ

内海光司　うちうみ・こうじ　俳優(テレ)

内海静造　うちのうみ・せいぞう　神職(神人)

内海富士夫　うちのみ・ふじお　生物学者(日人)

内海俊行　うちみ・としゆき　小学校教師(現執4期)

内海忠勝　うつみ・ただかつ　政治家, 長州藩士(コン2)

¹⁰内島　うちじま

内島貞雄　うちじま・さだお「学校改造論争の深層」藤原書店(日典3)

内島修蔵　うちじま・しゅうぞう　漆芸家(日典3)

内島隅一　うちじま・すみかず「内島隅一全歌集」石川書房(日典3)

内島達爾　うちじま・たつじ「セールスマンABC」野田経済社(日典3)

内島北朗　うちじま・ほくろう　俳人, 陶芸家(美工)

内畠　うちはた

内畠暁園　うちはた・ぎょうえん　日本画家(美家)

内記　ないき

内記章　ないき・あきら　音楽ジャーナリスト(日典3)

内記彬　ないき・あきら　技術士(日典3)

内記隆　ないき・たかし　岐阜大学農学部助教授(科学)

内記稔夫　ないき・としお　出版人(出文)

内記龍舟　ないき・りゅうせん　僧侶(真宗)

¹¹内埜　うちの

内埜則之　うちの・のりゆき　俳優(新芸)

内堀　うちほり；うちぼり

内堀吉兆　うちほり・きっちょう　日本画家(美家)

内堀功　うちほり・いさお　彫刻家(美建)

内堀維文　うちほり・これぶみ　教育者(日人)

内笹井　うちささい

内笹井富次　うちささい・とみじ　全国農民組合県連西部地区責任者(社史)

¹²内賀島　うちかじま

内賀島辰彦　うちかじま・たつひこ　弓道家, 弓道精錬證(弓道)

内貴　ないき

内貴滋　ないき・しげる　自治官僚(現執3期)

内貴甚三郎　ないき・じんざぶろう　政治家, 実業家(日人)

内貴清兵衛　ないき・せいべえ　実業家(日人)

内貴桐花　ないき・とうか　俳人(滋賀文)

内貴正治　ないき・まさはる　北海道大学獣医学部獣医学科助教授(科学)

内間　うちま

内間安理　うちま・あんせい　版画家, 洋画家(美家)

内間修　うちま・おさむ　ジャズマン(ジヤ)

内間祇明　うちま・きめい　警察署長(姓氏沖縄)

内間新吉　うちま・しんきち　船頭(姓氏沖縄)

内間仁屋　うちま・にやー　王府飛船の漕手(姓氏沖縄)

内須川　うちすがわ

内須川洸　うちすがわ・ひろし　言語障害研究者, 臨床心理学者(心理)

¹⁴内嶋　うちじま

内嶋善之助　うちじま・ぜんのすけ　劇作家, 舞台演出家(日典3)

内嶋善兵衛　うちじま・ぜんべい　農業気象学者(YA)

¹⁵内潟　うちがた

内潟一郎　うちがた・いちろう　医師(日典3)

内潟慶三　うちがた・けいぞう　能楽師(能狂言)

内潟安子　うちがた・やすこ「小児・ヤング糖尿病」シービーアール(日典3)

¹⁶内舘　うちたて；うちだて

内舘晟　うちたて・あきら　日本生活協同組合連合会専務理事(日典)

内舘暁青　うちだて・ぎょうせい　俳人(日典)

内舘邦昭　うちだて・くにあき　(株)内舘計算センター代表取締役社長(日典3)

内薗　うちぞの

内薗耕二　うちぞの・こうじ　神経生理学者(日人)

内薗直樹　うちぞの・なおき　プロ野球選手(日典3)

内薗日出杜　うちぞの・ひでと「銀の鈴」京都童心の会(日典3)

内薗嘉男　うちぞの・よしお　茨城大学名誉教授(日典3)

内館　うちだて

内館聡　うちだて・さとし　埼玉グリーンプラ研究会会長(日典3)

内館忠蔵　うちだて・ちゅうぞう「プラトンとプラトン哲学」理想社(日典3)

内館牧子　うちだて・まきこ　脚本家(日人)

内館祐二　うちだて・ゆうじ　札幌市立二条小学校長(人情)

冖部

【127】 冠

冠郁夫　かんむり・いくお　共同通信社経済通信局長（日典3）
冠賢一　かんむり・けんいち　日蓮宗学者（現執1期）
冠二郎　かんむり・じろう　歌手（テレ）
冠松次郎　かんむり・まつじろう　登山家，随筆家（コン4）
冠弥右衛門　かんむり・やえもん　真土事件の指導者（コン5）

[4]冠木　かぶき

冠木公明　かぶき・きみあき　リム・トレンド・インターナショナルCEO（日典3）
冠木新市　かぶき・しんいち　シナリオライター（日典3）
冠木順一　かぶき・じゅんいち　竹田総合病院長（日典3）
冠木精喜　かぶき・せいき　明大教授（日典3）
冠木善彦　かぶき・ぜんひこ　コマツ取締役，小松リフト常務（日典3）

[6]冠地　かんち

冠地俊生　かんち・としお「説得の仕方―あなたの発言は注目される」（国典）

【128】 冨

[3]冨上　とかみ；とがみ

冨上芳彦　とかみ・よしひで　詩人（日典）
冨上則彦　とがみ・のりひこ　（株）日本商工経済研究所客員研究員（日典）

冨士　ふじ

冨士昭雄　ふじ・あきお　日本文学者（現執2期）
冨士茂子　ふじ・しげこ　徳島ラジオ商事件の冤罪被害者（日人）
冨士月子　ふじ・つきこ　浪曲師（日人）
冨士宏　ふじ・ひろし　漫画家，イラストレーター（漫人）
冨士真奈美　ふじ・まなみ　女優（世紀）

冨士ヶ根　ふじがね

冨士ヶ根靖雄　ふじがね・やすお　経済ジャーナリスト（現執3期）

冨士川　ふじかわ；ふじがわ

冨士川和男　ふじかわ・かずお　岡山大学名誉教授，独協大学名誉教授（日典3）
冨士川澪　ふじかわ・きよし　水産学者（日人）
冨士川昌孝　ふじかわ・まさたか　しんきん信託銀行社長（日典）

冨士谷　ふじたに

冨士谷あつ子　ふじたに・あつこ　評論家（日人）
冨士谷英正　ふじたに・えいしょう　僧侶（日典3）
冨士谷盛興　ふじたに・もりおき「象牙質知覚過敏症」医歯薬出版（日典3）

冨士原　ふじはら；ふじわら

冨士原志奈　ふじはら・しな「実務のための軽犯罪法解説」日世社（日典3）
冨士原清一　ふじはら・せいいち　詩人（大阪文）
冨士原清一　ふじわら・せいいち　詩人（現詩）
冨士原恒宣　ふじわら・つねのぶ　陶芸家（陶芸最）

冨士埜　ふじの

冨士埜勇　ふじの・いさむ　中学校教師（山口県豊浦町立豊浦中学校）（日典）

冨子　とみこ

冨子勝久　とみこ・かつひさ　利殖評論家（現執2期）

冨山　とみやま；とやま

冨山省三　とみやま・しょうぞう　政治家（現政）
冨山泰　とみやま・やすし　国際ジャーナリスト（現執4期）
冨山和彦　とやま・かずひこ　経営コンサルタント（日典3）
冨山一美　とやま・かずみ　小学校教師（日典）

冨川　とみかわ；ふかわ

冨川一夫　とみかわ・かずお　住友生命取締役財務部長（人情）
冨川元文　とみかわ・もとふみ　シナリオライター（映人）
冨川典子　ふかわ・のりこ　undo3代表（日典3）

[4]冨手　とみて

冨手邦士　とみて・くにお　石打プロスキー学校コーチ（国典）
冨手忠幸　とみて・ただゆき　登山家（日典3）

[5]冨田　とみた；とみだ；とんだ

冨田勲　とみた・いさお　作曲家，編曲家（日人）
冨田恭彦　とみだ・やすひこ　京都大学大学院人間・環境学研究科教授（現執4期）
冨田実　とんだ・みのる　広観光社社長（日典）

[6]冨成　とみなり

冨成章彦　とみなり・あきひこ　プログラマー（日典3）
冨成一也　とみなり・かずや「名古屋オートバイ王国」郷土出版社（日典3）
冨成忠夫　とみなり・ただお　写真家，洋画家（日人）
冨成太郎　とみなり・たろう　ダイナベクター代表（日典3）
冨成裕一　とみなり・ゆういち　ホルン奏者（音人）

[7]冨沢　とみさわ；とみざわ

冨沢繁信　とみさわ・しげのぶ　新しい歴史教科書を作る会組織委員長（日典3）
冨沢安五郎　とみさわ・やすごろう　葉煙草輸出業，経木商（姓氏岩手）
冨沢篤紘　とみざわ・あつひろ　政治家（現政）
冨沢小左衛門　とみざわ・こざえもん　天理教白子分教会初代会長（埼玉人）

冨谷　とみたに；とみや
　冨谷良子　とみたに・よしこ　ソプラノ歌手（音人3）
　冨谷至　とみや・いたる　「中国の歴史」昭和堂（日典3）
　冨谷栄三郎　とみや・えいざぶろう　書家（現執3期）

冨里　ふさと
　冨里誠輝　ふさと・せいき　「赤い蘇鉄と死と壕と」（国典）
　冨里康子　ふさと・やすこ　与那国民俗芸能伝承保存会副会長（日典3）

[10]冨原　とみはら；ふはら
　冨原亮　とみはら・あきら　北海道議（自民党、渡島総合振興局）（日典3）
　冨原真弓　とみはら・まゆみ　研究者、翻訳家（現執4期）
　冨原薫　ふはら・かおる　童謡作家、小学校教員（児）
　冨原芳彰　ふはら・よしあき　英文学者（現情）

冨家　とみいえ；ふけ
　冨家友道　とみいえ・ともみち　ベリングポイント・マネジングディレクター（日典3）
　冨家和雄　ふけ・かずお　高エネルギー物理学研究所名誉教授（日典3）
　冨家規政　ふけ・のりまさ　俳優（テレ）

冨島　とじま；とみしま
　冨島弘次　とじま・ひろつぐ　津山証券専務（日典）
　冨島一晃　とみしま・いっこう　本願寺布教使（日典）
　冨島邦雄　とみしま・くにお　「食の安全を究める食品衛生7S」日科技連出版社（日典3）

[12]冨塚　とみずか；とみつか
　冨塚圭介　とみずか・けいすけ　山形地裁部総括判事（日典3）
　冨塚建吉　とみずか・けんきち　進和ビジネス社長（日典3）
　冨塚啓信　とみつか・けいしん　千葉日報取締役広告局長（日典）
　冨塚宥瞭　とみつか・ゆうけい　田村市長（日典3）

冨森　とみのもり
　冨森慶児　とみのもり・けんじ　経済学（現執1期）

冨賀見　ふかみ
　冨賀見栄一　ふかみ・えいいち　海上保安庁警備救難監（日典3）
　冨賀見博　ふかみ・ひろし　「企業成長の哲学」ダイヤモンド社（書籍）
　冨賀見真典　ふかみ・まさのり　柔道家（日典3）

ン部

【129】沖

[4]沖中　おきなか
　沖中一郎　おきなか・いちろう　日本システムディベロップメント会長（日典3）
　沖中健　おきなか・けん　「住宅団地の造園施設」建築技術（日典3）
　沖中重雄　おきなか・しげお　医師（コン4）
　沖中秀夫　おきなか・ひでお　「NGN教科書」インプレスR&D、インプレスコミュニケーションズ（発売）（日典3）

[5]沖永　おきなが
　沖永キン　おきなが・きん　沖永学園理事長、帝京短期大学学長、帝京女子短期大学学長（日典3）
　沖永功太　おきなが・こうた　帝京大学医学部教授（日典3）
　沖永修二　おきなが・しゅうじ　医師（日典3）
　沖永荘一　おきなが・しょういち　帝京大学理事長（人情）
　沖永荘兵衛　おきなが・しょうべえ　学校創立者（学校）

【130】冷

[4]冷水　しみず；ひやみず
　冷水悦子　しみず・えつこ　「ピーピをさがして」平凡社（日典3）
　冷水豊　しみず・ゆたか　「「地域生活の質」に基づく高齢者ケアの推進」有斐閣（日典3）
　冷水希三子　ひやみず・きみこ　「おいしい七変化小麦粉」京阪神エルマガジン社（日典3）
　冷水茂太　ひやみず・しげた　歌人（世紀）

[6]冷牟田　ひやむた
　冷牟田幸子　ひやむた・さちこ　「ドストエフスキーの「大審問官」」ヨルダン社（JM）
　冷牟田修二　ひやむた・しゅうじ　「東方正教会」白水社（日典3）
　冷牟田純二　ひやむた・じゅんじ　「建築計画のORとドクメンテーション」鹿島研究所出版会（日典3）
　冷牟田竜之　ひやむた・たつゆき　アルトサックス奏者、音楽プロデューサー（テレ）

[9]冷泉　れいぜい；れいぜん
　冷泉為理　れいぜい・ためただ　歌人・公家（日人）
　冷泉為紀　れいぜい・ためもと　歌人（日人）
　冷泉勝英　れいぜん・しょうえい　「第十七願と十八願のお話」（国典）
　冷泉増太郎　れいぜん・ますたろう　長州（萩）藩士（幕末）

【131】凌

凌 しのぎ
凌俊朗 しのぎ・としろう 医師（日典）

几部

【132】凡

[4]凡天 ぼんてん
凡天太郎 ぼんてん・たろう 漫画家（漫人）

[8]凡河内 ぼんこうち
凡河内暖 ぼんこうち・しゅん「紅羊肉」葦書房（日典3）

【133】凪

凪 なぎ
凪妖女 なぎ・あやめ「つばき」実業之日本社（日典3）
凪小石 なぎ・こいし「真・恋姫・無双～萌将伝～短編集」ハーヴェスト出版，星雲社（発売）（日典3）
凪三平 なぎ・さんぺい「海のメルヘン」ぎょうせい（日典3）
凪美枝 なぎ・みえ 体操選手（日典3）

凵部

【134】出

出 いで；で
出隆 いで・たかし 哲学者（コン4）
出事 いで・つかう 日田郡5代目郡長（大分歴）
出満 で・まん「昏迷の淵から・十年の記録」もぐら書房（JM）

[3]出丸 いでまる
出丸恒雄 いでまる・つねお「本居壱岐女の歌」光書房（JM）
出丸久之 いでまる・ひさゆき「伊勢の浜荻」南窓社（日典3）

出久根 でくね
出久根育 でくね・いく 版画家，絵本作家（児人）
出久根達郎 でくね・たつろう 小説家（日人）

出口 いでぐち；でくち；でぐち
出口彰浩 いでぐち・あきひろ「ビジネスロードテスト」英治出版（日典3）
出口勝 でくち・かつ 写真家（日典3）
出口王仁三郎 でぐち・おにさぶろう 宗教家（コン4）

出山 いでやま；でやま
出山政雄 いでやま・まさお 服飾評論家（日典）
出山健示 でやま・けんじ「自然職のススメ」二玄社（日典3）
出山昭二 でやま・しょうじ 内灘町（石川県）町長（日典3）

出川 いでかわ；でがわ
出川直樹 いでかわ・なおき 古陶磁研究家（現執3期）
出川礼一 いでかわ・れいいち 鷹巣町（秋田県）町長（日典3）
出川長芳 でがわ・たけよし 政治家（現政）
出川哲朗 でがわ・てつろう タレント（テレ）

[4]出井 いずい；いでい；でい
出井知恵子 いずい・ちえこ 俳人（日人）
出井兵吉 いでい・ひょうきち 政治家（日人）
出井清琴 でい・せいきん 箏曲家（女性普）

出元 いずもと；でもと
出元利男 いずもと・としお「春光に芽吹け志起子たち」（JM）
出元明美 でもと・あけみ 陣痛促進剤による被害を考える会代表（日典）

出内 いでうち
出内智子 いでうち・ともこ「きたえる」学苑社（日典3）

出戸 いでと；でと
出戸寛明 いでと・ひろあき 競歩選手（人情）
出戸一成 でと・かずしげ マックスバリュ北海道会長（日典）
出戸一幸 でと・かずゆき 日本大学芸術学部演劇学科教授（日典3）

出月 いずき；いでずき；いでつき
出月こーじ いずき・こーじ「ロックマン8」ウェッジホールディングス，文苑堂（発売）（日典3）
出月三郎 いでずき・さぶろう「門出」（国典）
出月清人 いでつき・きよひと 元・盟和産業専務（日典）

出木浦 できうら
出木浦孝 できうら・たかし ピアニスト（音人3）

出水 いずみ；いでみ；でみず
出水康生 いずみ・やすお 小説家，エッセイスト（四国文）
出水勝利 いでみ・かつとし 宮崎大学名誉教授（日典）
出水宏一 でみず・ひろいち ヨーロッパ経済研究者（現執3期）

出牛 でうし
出牛青朗 でうし・せいろう 俳人（日典3）
出牛恒 でうし・つね 教育者・女性運動家（埼玉人）
出牛正芳 でうし・まさよし 経営学者（世紀）
出牛実 でうし・みのる 版画家（日典3）

[5]出本 いずもと；でもと
出本珠美 いずもと・たまみ ゴルフ選手（日典3）

口部（出）　〔134〕

出本正子　いずもと・まさこ　「鳥韻」邑書林（日典3）
出本充代　でもと・みつよ　「中部経典」春秋社（日典3）

出田　いずた；いでた；でた
出田真一郎　いずた・しんいちろう　「麻酔科エラーブック」メディカル・サイエンス・インターナショナル（日典3）
出田敬三　いでた・けいぞう　作曲家,指揮者（演奏）
出田孝行　でた・たかゆき　実業家（神奈川人）

出目　でめ
出目弘　でめ・ひろむ　「あかねさす…」サンライズ印刷出版部（日典3）
出目昌伸　でめ・まさのぶ　映画監督（滋賀文）
出目素久　でめ・もとひさ　能面師（国書）

出石　いずいし；いずし；いでいし
出石尚三　いずいし・しょうぞう　服飾評論家,随筆家（現執4期）
出石誠彦　いずし・よしひこ　東洋史学者（日人）
出石直子　いでいし・なおこ　「バードタウン」ジー・シー（日典3）

[6]出光　いでみつ；でみつ
出光佐三　いでみつ・さぞう　実業家（コン4）
出光真子　いでみつ・まこ　映画監督（映人）
出光俊郎　でみつ・としろう　「日常診療に役立つ全身疾患関連の口腔粘膜病変アトラス」医療文化社（日典3）

出江　いずえ；いずみ
出江秋利　いずえ・あきとし　社会学者（現執1期）
出江寛　いずえ・かん　建築家（日典3）
出江紳一　いずみ・しんいち　「事例でわかる摂食・嚥下（えんげ）リハビリテーション」中央法規出版（日典3）

出羽　いずは；でわ
出羽真理　いずは・まり　ピアニスト（音人）
出羽重遠　でわ・しげとお　海軍軍人（日人）

[7]出佐　いずさ
出佐大雨　いずさ・たいう　「潮の花」（国典）
出佐正孝　いずさ・まさたか　セントラル警備保障社長（日典3）

出利葉　いでりは；いでりば；でりは
出利葉史郎　いでりは・しろう　福岡県議（農政連,うきは市）（日典3）
出利葉伊佐夫　いでりば・いさお　鹿児島新報整理部長待遇（日典）
出利葉浩司　でりは・こうじ　北海道開拓記念館学芸員（日典）

出村　いでむら；でむら
出村剛　いでむら・たけし　東北学院大学学長（日典）
出村剛　いでむら・つよし　イデヤ社長（日典3）
出村慎一　でむら・しんいち　体育・スポーツ科学（現執4期）
出村孝雄　でむら・たかお　口演童話家（児人）

出来　でき
出来佐知子　でき・さちこ　フリーライター（日典3）
出来成訓　でき・しげくに　神奈川大学外国語学部教授（日典3）
出来成元　でき・しげちか　大阪府議（自民党,枚方市）（日典3）
出来助三郎　でき・すけさぶろう　政治家（和歌山人）
出来治幸　でき・はるゆき　「実用の書翰文」（国典）

出沢　いでさわ；いでざわ；でざわ
出沢清明　いでさわ・きよあき　編集者（日典3）
出沢敏男　いでざわ・としお　「つれづれ歳時記」蔦友印刷（印刷）（日典3）
出沢明　でざわ・あきら　「ナースの整形外科学」中外医学社（日典3）

出町　いずりまち；いでまち；でまち
出町信義　いずりまち・のぶよし　編集者（日典）
出町豊　いでまち・ゆたか　日栄運輸倉庫取締役（日典）
出町源蔵　でまち・げんぞう　政治家（青森人）

出谷　でたに
出谷英一　でたに・えいいち　政治家（和歌山人）
出谷啓　でたに・けい　音楽評論家（テレ）

[8]出居　いでい
出居茂　いでい・しげる　早大システム科学研究所特別研究員（国典）
出居清太郎　いでい・せいたろう　修養団捧誠会総裁（日典3）

出岡　いずおか；でおか
出岡直也　いずおか・なおや　慶応義塾大学法学部准教授（日典3）
出岡伸和　いずおか・のぶかず　「Q&A不動産税務ハンドブック」中央経済社（日典3）
出岡謙太郎　でおか・けんたろう　「NRC飼養標準・めん羊」日本緬羊研究会（日典3）

出門　でもん
出門英　でもん・ひで　俳優（新芸）

[9]出垣　でがき
出垣冴子　でがき・さえこ　国立京都病院看護婦長（国典）

出海　いずみ；でうみ
出海悦子　でうみ・えつこ　シナリオ作家（日典）
出海まこと　いずみ・まこと　小説家（幻想）
出海栄三　でうみ・えいぞう　フリーライター（日典）
出海勝富　でうみ・まさとみ　マイクロ・オーグ代表取締役（日典3）

出津　しっく
出津岩夫　しっく・いわお　「聖なる労働者」（国典）

[10]出倉　でくら
出倉恵美子　でくら・えみこ　毛皮協会広報マネージャー（日典3）
出倉純　でくら・じゅん　径書房代表取締役（日典3）
出倉千恵　でくら・ちえ　「無」日本中央文学会（日典3）

出倉彪一　でくら・ひょういち　「笹切り葉らん切り教本」柴田書店（日典3）
出倉宏　でくら・ひろし　放送作家（日典3）

出原　いずはら；いではら；ではら
　出原泰明　いずはら・よしあき　体育学者（現執3期）
　出原和枝　いではら・かずえ　「もっと楽しいデザート」大創産業（日典3）
　出原三郎　ではら・さぶろう　政治家（姓氏愛知）

出射　いでい
　出射一郎　いでい・いちろう　陸軍軍医鑑（岡山歴）
　出射勝巳　いでい・かつみ　岡山県公営企業管理者（日典3）
　出射忠明　いでい・ただあき　編集者（現執3期）
　出射兵次郎　いでい・へいじろう　軍人（岡山歴）
　出射義夫　いでい・よしお　検察官（現執1期）

出島　でしま；でじま
　出島艶子　でしま・つやこ　被爆後遺症を怖れる主婦（人情）
　出島権二　でじま・ごんじ　地方政治家（平和）
　出島竹斎　でじま・ちくさい　志士,神職（日人）

出浦　いでうら；でうら
　出浦力雄　いでうら・りきお　英語教育者（渡航）
　出浦滋之　でうら・しげゆき　岐阜大学名誉教授（日典）
　出浦澄江　でうら・すみえ　「ひだまり」生涯学習研究社（日典3）

出納　すいとう；すいどう；でのう
　出納陽一　すいとう・よういち　「グルントウィ伝」（国典）
　出納貞治　すいどう・さだじ　ブリ養殖の先駆者（大分歴）
　出納正彬　でのう・まさあき　住友重機械エンバイロテック技術本部第二技術部副部長（日典）

出馬　いずま；でうま
　出馬晋策　いずま・しんさく　医師（日典3）
　出馬康成　いずま・やすなり　映画監督（映監）
　出馬康成　でうま・やすなり　映画監督（映監3）

出鬼　でおに
　出鬼卒　でおに・そす　「沈む夕陽は何故美しくあらねばならぬのか」（国典）

[11]出崎　できき；でざき
　出崎克　できき・かつ　「これで解ったPLの基礎知識と実務」カナリア書房（日典3）
　出崎準一　できき・じゅんいち　つる家会長（日典）
　出崎統　でざき・おさむ　映画監督（映人）
　出崎たよ　でざき・たよ　民謡歌手（青森人）

出淵　いずぶち；でぶち
　出淵博　いずぶち・ひろし　英米文学者（現執3期）
　出淵誠　いずぶち・まこと　コメディアン（テレ）
　出淵勝次　でぶち・かつじ　外交官（コン4）
　出淵精一　でぶち・せいいち　「現代っ子の心理」北書房（日典3）

出渕　いずぶち；でぶち
　出渕裕　いずぶち・ゆたか　メカデザイナー,イラストレーター,アニメーション監督（日典3）
　出渕勝次　でぶち・かつじ　外交官（平和）
　出渕亮一朗　でぶち・りょういちろう　現代美術作家（日典3）

出野　いずの；いでの；での
　出野和広　いずの・かずひろ　ヒロウン社長（日典3）
　出野義雄　いでの・よしお　農民（社史）
　出野博　での・ひろし　日本ウエートリフティング協会副会長（群馬人）

[12]出塚　でずか
　出塚清治　でずか・せいじ　「公益法人の会計と税務」中央経済社（日典3）
　出塚祐助　でずか・ゆうすけ　仙台通信局長（日典）

出開　ではり
　出開美千子　ではり・みちこ　画家,挿絵画家（日児）

出雲　いずも；いずもの
　出雲愛之助〔2代〕　いずも・あいのすけ　民謡歌手（日人）
　出雲八重子　いずも・やえこ　女優（映女）
　出雲阿国　いずもの・おくに　タレント（日典3）

出雲井　いずもい
　出雲井晶　いずもい・あき　小説家,歌人,日本画家（世紀）
　出雲井亨　いずもい・とおる　「こだわる大人のiPod」日経BP社,日経BP出版センター（発売）（日典3）
　出雲井正雄　いずもい・まさお　千代田化工建設専務（日典）

出雲路　いずもじ
　出雲路英淳　いずもじ・えいじゅん　指揮者,僧侶（音人2）
　出雲路修　いずもじ・おさむ　僧侶（日典3）
　出雲路定信　いずもじ・さだのぶ　国学者（日人）
　出雲路善尊　いずもじ・ぜんそん　僧侶（真宗）
　出雲路通次郎　いずもじ・みちじろう　有職家,神職（日人）

[13]出路　でじ；でみち
　出路とし子　でじ・としこ　生田流箏曲（日典）
　出路貴章　でみち・たかふみ　アイスホッケー選手（日典）
　出路雅明　でみち・まさあき　「よ〜し！やる三」現代書林（日典3）

[15]出縄　いでなわ；でなわ
　出縄茂　いでなわ・しげる　浜銀ファイナンス社長（日典）
　出縄雪雄　でなわ・ゆきお　淘綾郡国府新宿六所宮神主（神奈川人）
　出縄良人　でなわ・よしと　経営コンサルタント（現執4期）

口部(函) 刀部(刀,刈,切,分)　　　　　　　　　　　　　　　　　　　　　　　〔139〕

【135】 函

[8]函青　かんせい
　函青くに子　かんせい・くにこ　民謡歌手(日人)
　函青国子　かんせい・くにこ　民謡歌手(芸能)

刀部

【136】 刀

[5]刀田　とうだ；とだ
　刀田和夫　とうだ・かずお　九州大学教養学部経済学科教授(日典)
　刀田八九郎　とだ・はちくろう　詩人(日典)
[9]刀祢館　とねだち
　刀祢館正雄　とねだち・まさお　新聞経営者(日典3)
　刀祢館正久　とねだち・まさひさ　ジャーナリスト(現執3期)
　刀祢館正也　とねだち・まさや　衆院議員(新自由クラブ)(日典3)
[10]刀根　とね
　刀根薫　とね・かおる「確率モデルハンドブック」朝倉書店(日典3)
　刀根勝彦　とね・かつひこ「自動車材料」明現社(日典3)
　刀根万里子　とね・まりこ　ナレーター,歌手(児人)
　刀根康尚　とね・やすなお　サウンドアーティスト或は作曲家,評論家(作曲)
　刀根夕子　とね・ゆうこ　漫画家(漫人)
[18]刀禰　とね
　刀禰勝之　とね・かつゆき　愛知県議(民主党)(日典3)
　刀禰喜美子　とね・きみこ「暗葉樹」沖積舎(日典3)
　刀禰健二　とね・けんじ「歴史をつくった女性たち」教育出版センター(日典3)
　刀禰新三郎　とね・しんざぶろう　開墾事務所支配人,要視察人(社史)
　刀禰無句　とね・むく　俳人(北海道文)
　刀禰館尚子　とねだち・なおこ「家庭科の評価」家政教育社(日典3)
　刀禰館正雄　とねだち・まさお　新聞経営者(日人)

【137】 刈

[5]刈込　かりこみ；かりごめ
　刈込貞衛　かりこみ・さだえ　常磐興産取締役(日典3)
　刈込碩哉　かりこみ・せきや「海には海の楽しみが」嵩書房(日典3)
　刈込恵里　かりごめ・えり「気まぐれゲーム」ハーレクイン(日典3)
[6]刈米　かりまい；かりよね
　刈米義雄　かりまい・よしお　華道家(日典)
　刈米和夫　かりよね・かずお　俳人(日典3)
　刈米達夫　かりよね・たつお　生薬学者(日人)
[7]刈谷　かりたに；かりや
　刈谷幸子　かりたに・さちこ「歳月」繁栄舎印刷(日典3)
　刈谷三郎　かりたに・さぶろう　志士(コン4)
　刈谷繁馬　かりや・しげま　手漉和紙製造業(高知人)
　刈谷瑛男　かりや・ひでお　政治家(現政)
[11]刈部　かりべ；かるべ
　刈部謙一　かりべ・けんいち「盧廷潤「裏切り者と呼ばれて」」河出書房新社(日典3)
　刈部藤平　かりべ・とうへい　伸銅工組合調査部長(社史)
　刈部勤　かるべ・つとむ「米ソ海上戦略と日本の海上防衛」教育社(JM)
[12]刈間　かりま；かるま
　刈間文俊　かりま・ふみとし　中国現代文学者,中国映画史研究者(現執4期)
　刈間石雄　かるま・いしお　弓道家,弓道教士(弓道)

【138】 切

[10]切通　きりどうし；きりとおし；きりどおし；きりみち
　切通唐代彦　きりどうし・とよひこ　教育者(社史)
　切通堅太郎　きりとおし・けんたろう「航空グローバル化と空港ビジネス」同文舘出版(日典3)
　切通理作　きりどおし・りさく　文筆家(現執4期)
　切通三郎　きりみち・さぶろう　エディトリアルディレクター(日典)
[12]切替　きりかえ
　切替一郎　きりかえ・いちろう　医師(近医)
　切替次郎　きりかえ・じろう　三菱商事常務,ダイヤモンドシティ会長,ダイヤモンドファミリー会長(日典3)
　切替辰哉　きりかえ・たつや　医師(近医)
　切替照雄　きりかえ・てるお　国立国際医療センター研究所感染熱帯病研究部長(日典3)
　切替徹　きりかえ・とおる　レーシング・サービス・ディノ社長,フェラーリクラブジャパン会長(日典3)

【139】 分

[5]分田　ぶんでん；わけた
　分田シゲ　ぶんでん・しげ　看護事業家(富山百)
　分田真　ぶんでん・まこと　陶芸家(陶工)
　分田シゲ　わけた・しげ　看護事業家(女性普)

⁸分林　わけばやし

分林弘一　わけばやし・こういち　能楽師（能狂言）
分林保三　わけばやし・やすぞう　能楽師（能狂言）
分林保弘　わけばやし・やすひろ　日本M&Aセンター会長（日典3）

¹⁰分家　ぶんけ

分家義八郎　ぶんけ・ぎはちろう　富山県議（自民党）（日典3）
分家静男　ぶんけ・しずお　政治家（現政）

分島　わけしま；わけじま

分島花音　わけしま・かのん　ミュージシャン、チェロ奏者（日典3）
分島貞治　わけしま・ていじ　社会運動家（アナ）
分島徹　わけじま・とおる　「専門医のための精神科臨床リュミエール」中山書店（日典3）

¹¹分部　わけべ

分部順治　わけべ・じゅんじ　彫刻家（日人）
分部鞆雄　わけべ・ともお　「自問自答」ぬはり短歌会（日典3）
分部彦五郎　わけべ・ひこごろう　新徴組士（庄内）
分部光貞　わけべ・みつさだ　大名（日人）
分部光謙　わけべ・みつのり　大溝藩主、大溝藩知事、子爵（日人）

¹⁴分銅　ふんどう；ぶんどう

分銅志静　ふんどう・しせい　「四十年史」秋田中央交通（日典3）
分銅惇作　ふんどう・じゅんさく　近代日本文学者（世紀）
分銅惇作　ふんどう・じゅんさく　近代日本文学者（現情）

【140】刑

¹¹刑部　おさかべ；ぎょうぶ；けいべ

刑部人　おさかべ・じん　洋画家（日人）
刑部荘　ぎょうぶ・とおる　「野村教授還暦祝賀公法政治論集」（国典）
刑部浩史　けいべ・ひろし　「赤い国の女」ジャパンポスト出版部（日典3）

【141】初

初　はじめ；はつ

初宜志方　はじめ・ぎしかた　農民（社史）
初宜志次　はじめ・ぎしつぐ　農民（社史）
初りり子　はつ・りりこ（日典）

⁵初田　ういだ；はった；はつた；はつだ

初田しうこ　ういだ・しうこ　漫画家（漫人）
初田勲　はった・いさお　鳥取県議（日典）
初田啓介　はつた・けいすけ　アナウンサー（テレ）
初田亨　はつだ・とおる　工学院大学工学部建築学科教授（現執4期）

⁷初沢　はつさわ；はつざわ

初沢清豪　はつさわ・せいごう　常陸屋本舗社長、麩一社長（日典3）
初沢克利　はつざわ・かつとし　写真家（写人）
初沢喜久夫　はつざわ・きくお　東京都養育院長

初谷　はつがい；はつたに

初谷長太郎　はつがい・ちょうたろう　織物器械の発明家（栃木歴）
初谷英之輔　はつがい・ひでのすけ　政治家（栃木歴）
初谷勇　はつたに・いさむ　大阪府企業局宅地室参事（日典）
初谷譲次　はつたに・じょうじ　「アメリカス世界を生きるマヤ人」天理大学出版部、むさし書房（発売）（日典3）

⁹初音　はつね

初音玲　はつね・あきら　システムエンジニア（日典3）
初音映莉子　はつね・えりこ　タレント（日典3）
初音奏　はつね・そう　「遠い風の記憶」東洋出版（日典3）
初音ひかり　はつね・ひかり　女優（テレ）
初音礼子　はつね・れいこ　女優（日人）

初風　はつかぜ

初風諄　はつかぜ・じゅん　女優（日典3）
初風緑　はつかぜ・みどり　女優（テレ）

¹¹初宿　しやけ

初宿成彦　しやけ・しげひこ　「都会にすむセミたち」海游舎（日典3）
初宿正典　しやけ・まさのり　法学者（現執4期）

初野　はつの；はつや

初野晴　はつの・せい　小説家（小説）
初野満　はつの・みつる　教育者（埼玉人）
初野文章　はつや・ふみあき　「アニメーションマスターver.7入門」工学社（日典3）

初鹿野　はじかの；はじがの；はつかの

初鹿野恵蘭　はじかの・けいらん　「中国雲南省最奥の秘境独竜江で学校を待つ子供たち」技術評論社（発売）（日典3）
初鹿野敬介　はじがの・けいすけ　大学野球選手（日典3）
初鹿野直美　はつかの・なおみ　「開発援助がつくる社会生活」大学教育出版（日典3）

¹⁹初瀬川　はつせがわ

初瀬川雅楽　はつせがわ・うた　高座郡打戻村神明大明神神主（神奈川人）
初瀬川ウメ　はつせがわ・うめ　漆苗づくり（日典）
初瀬川健増　はつせがわ・けんぞう　殖産家（日人）
初瀬川茂　はつせがわ・しげる　（株）東芝総合情報システム部（日典3）

初瀬部　はせべ

初瀬部候正　はせべ・こうしょう　僧侶、郷土史家（郷土）
初瀬部真一　はせべ・しんいち　美術批評家、僧侶（日典3）

刀部（判, 別, 利）

初瀬部乗侯　はせべ・じょうこう「メディアが伝える城下物語」浄土真宗本願寺派谷山宝性寺（日典）
初瀬部千代　はせべ・ちよ「乳腺外科ナーシングプラクティス」文光堂（日典3）

【142】判

[7]判沢　はんざわ
　判沢純太　はんざわ・じゅんた「法幣をめぐる日満中関係」信山社（日典3）
　判沢弘　はんざわ・ひろし　思想史研究家（平和）

【143】別

[4]別天　べってん；べつてん
　別天荒人　べってん・こうと「怪盗ロワイヤル」集英社（日典3）
　別天幸兵衛　べってん・こうべえ　細菌学（日典）
　別天荒人　べってん・こうと「Prince standard」ワニブックス（JM）

[6]別当　べっとう
　別当薫　べっとう・かおる　プロ野球選手, 監督（日人）
　別当久子　べっとう・ひさこ「螺鈿の道」長崎文献社（日典）
　別当律子　べっとう・りつこ　フリーライター（日典）

[7]別役　べつえき；べっちゃく；べっちやく；べつやく
　別役成義　べつえき・なりよし「今村・別役刀剣講話」博友社（日典3）
　別役成義　べっちゃく・なりよし　軍人（日人）
　別役実　べつやく・みのる　劇作家, 童話作家（日人）

別技　べっき；べつき
　別技篤彦　べっき・あつひこ　人文地理学者（現情）
　別技篤彦　べっき・あつひこ　人文地理学者（世紀）
　別技ゆき　べつき・ゆき「体系簿記精説」創成社（書籍）

別車　べっしゃ；べつしゃ
　別車茅夜女　べっしゃ・ちやじょ　俳人（日典3）
　別車博資　べっしゃ・ひろすけ　洋画家（美家）
　別車茅夜女　べっしゃ・ちやじょ　俳人（紀伊足）

[8]別府　べっぷ；べふ
　別府貫一郎　べっぷ・かんいちろう　洋画家（日人）
　別府晋介　べっぷ・しんすけ　西南戦争時の西郷軍先鋒隊長（コン2）
　別府丑太郎　べふ・うしたろう　官僚（日人）
　別府千代吉　べふ・ちよきち　社会労働運動家（高知人）

別所　べっしょ
　別所梅之助　べっしょ・うめのすけ　牧師（日人）
　別所信一　べっしょ・しんいち　出版人（出文）

別所毅彦　べっしょ・たけひこ　野球評論家, 元・プロ野球選手（日人）
別所哲也　べっしょ・てつや　俳優（日映男）
別所直樹　べっしょ・なおき　詩人（現詩）

別枝　べっし
　別枝達夫　べっし・たつお　西洋史学者（日人）
　別枝行夫　べっし・ゆきお「北東アジアにおける国際経済関係の深化と日中外交関係」島根県立大学（日典3）

[10]別宮　べっく；べつみや
　別宮貞雄　べっく・さだお　作曲家（日人）
　別宮貞徳　べっく・さだのり　翻訳家（日人）
　別宮暖朗　べつみや・だんろう　近現代歴史家（日典）
　別宮英夫　べつみや・ひでお　速記者（日典）

[11]別部　べっぷ；わけべ
　別部金三郎　べっぷ・きんざぶろう　祭文師（日典3）
　別部智司　べっぷ・さとし「臨床家のための舌診のすべて」医歯薬出版（日典3）
　別部ノブエ　わけべ・のぶえ「草餅」松苗社（日典3）

【144】利

利　かが；り
　利栄子　かが・えいこ「山びこ」短歌研究社（日典3）
　利みずき　かが・みずき　歌手（日典3）
　利清二郎　り・せいじろう　（株）日本企画センター社長（日典）

[4]利井　かがい
　利井興弘　かがい・こうぐ　僧侶（真宗）
　利井興隆　かがい・こうりゅう　僧侶（真宗）
　利井鮮妙　かがい・せんみょう　浄土真宗本願寺派学僧（日人）
　利井鮮明　かがい・せんみょう　学僧（人名2）
　利井明朗　かがい・みょうろう　浄土真宗本願寺派学僧（日人）

[5]利田　かがた；としだ；りた
　利田正男　かがた・まさお「歌集与志」（国典）
　利田正男　としだ・まさお　弁護士事務員（アナ）
　利田忠信　りた・ただのぶ　利田忠信設計室代表（日典）

[6]利光　としみつ；りこう
　利光鶴松　としみつ・つるまつ　実業家（コン5）
　利光哲夫　としみつ・てつお　演劇評論家（現執3期）
　利光三津夫　りこう・みつお　基礎法学者（現執3期）
　利光平夫　りこう・やすお　渡航者（渡航）

[7]利沢　りざわ
　利沢行夫　りざわ・ゆきお　文芸評論家（日人）

利谷　としたに；としや；りたに
　利谷信義　としたに・のぶよし　法学者（世紀）
　利谷求　としや・もとむ　富士重工業専務（日典）

利谷圭介　りたに・けいすけ「ディジタル・システムの故障診断」(国典)

[8]利岡　としおか
　利岡喜久太郎　としおか・きくたろう　実業家(高知人)
　利岡楠吉　としおか・くすきち　実業家(高知人)
　利岡光仙　としおか・こうせん　陶芸家(石川百)
　利岡中和　としおか・ちゅうわ　キリスト教伝道者(日人)
　利岡裕子　としおか・ゆうこ　フリーライター(石川文)

[9]利重　としιしげ；りじゅう
　利重忠　としιしげ・ただし　郷土史家(日典3)
　利重吉徳　としιしげ・よしのり　リライアンス社長(日典)
　利重剛　りじゅう・ごう　映画監督(映人)

[10]利倉　とくら；としくら
　利倉晃一　とくら・こういち「一隅の経営」ダイヤモンド社(日典3)
　利倉晄一　とくら・こういち「一隅の経営」利昌工業(日典3)
　利倉群青　としくら・ぐんじょう　日本画家(日典3)
　利倉幸一　としくら・こういち　演劇評論家(日人)

利島　としま
　利島康司　としま・こうじ　安川電機会長(日典3)
　利島保　としま・たもつ　心理学者(現執3期)

利根　としね；とね
　利根逸男　としね・はやお　歌人,詩人(北海道文)
　利根博己　としね・ひろみ「母の随想」ロッキとしね(日典3)
　利根一郎　とね・いちろう　作曲家(作曲)
　利根はる恵　とね・はるえ　女優(新芸)

[11]利渉　りしょう
　利渉重雄　りしょう・しげお　グラフィックデザイナー(兒人)
　利渉弘章　りしょう・ひろあき　航空自衛隊幹部学校校長(日典3)

利部　かがぶ；かがべ
　利部修　かがぶ・おさむ「出羽の古代土器」同成社(日典3)
　利部伸三　かがぶ・しんぞう　岐阜大学教育学部教授(日典3)
　利部脩二　かがべ・しゅうじ「医薬品流通と公正取引法」薬業時報社(日典3)

【145】 刺

[12]刺賀　さすが；しが
　刺賀信雄　さすが・のぶお　日本板硝子相談役(日典)
　刺賀信量　しが・しんりょう　工部省留学生(渡航)
　刺賀信量　しが・のぶかず　工部省留学生(海越新)

【146】 制

[11]制野　せいの
　制野秀一　せいの・しゅういち　漫画家(漫人)
　制野周也　せいの・しゅうや　川口鉄材会長(日典3)
　制野峻右　せいの・しゅんすけ　俳優(日典3)
　制野真理　せいの・まり　重量挙げ選手(日典3)
　制野愛　せいの・めぐみ　モデル(日典3)

【147】 到

[9]到津　いとうず；いとず
　到津公斉　いとうず・きみなり　神官(現情)
　到津公熙　いとうず・きみひろ　神職(世紀)
　到津伸子　いとず・のぶこ「不眠の都市」講談社(日典3)

【148】 前

前　さき；すすめ；まえ
　前什人　さき・とおり「水の月」新風舎(JM)
　前ゆうき　すすめ・ゆうき　バトントワリング選手(日典3)
　前登志夫　まえ・としお　歌人,詩人(日人)

[3]前土居　まえどい
　前土居一泰　まえどい・かずやす「峰の薬師」(JM)

前川　まえかわ；まえがわ
　前川国男　まえかわ・くにお　建築家(コン4)
　前川佐美雄　まえかわ・さみお　歌人(コン4)
　前川澹斎　まえがわ・たんさい　漢学者(徳島歴)
　前川文太郎　まえがわ・ぶんたろう　鳴門和布の改良家(日人)

[4]前之園　まえのえん；まえのその
　前之園紀男　まえのえん・のりお　北方領土七ヵ村再建委員会事務局長(人情)
　前之園幸一郎　まえのその・こういちろう　明星大助教授(国典)
　前之園亮一　まえのその・りょういち　歴史学者(現執3期)

前仏　ぜんぶつ
　前仏勇　ぜんぶつ・いさむ　写真家(写人)

前水上　まえみなかみ
　前水上達朗　まえみなかみ・たつろう　評論家(現執3期)

[5]前本　さきもと；まえもと
　前本勝佑　さきもと・かつすけ　元・日本工業新聞取締役(日典)
　前本和男　まえもと・かずお　宮崎県議(自民党)(日典3)
　前本彰子　まえもと・しょうこ　美術家(日典)

前田　まえた；まえだ
　前田慧雲　まえた・えうん　仏教学者(コン5)

前田寛治　まえた・かんじ　洋画家（コン5）
前田正名　まえだ・まさな　官吏,農政家（コン5）
前田夕暮　まえだ・ゆうぐれ　歌人（コン4）

前田河　まいだこ；まいだこう；まえだがわ；まえだこう

前田河広一郎　まいだこ・ひろいちろう　小説家（現情）
前田河広一郎　まいだこう・ひろいちろう　小説家,評論家（新文）
前田河咲子　まえだがわ・さきこ　作家前田河広一郎の妻（社史）
前田河広一郎　まえだこう・ひろいちろう　小説家（コン4）

6 前多　まえた；まえだ

前多豊吉　まえた・とよきち　医師（日典）
前多一雄　まえだ・かずお　日本歯科大学新潟歯学部教授（日典）
前多豊吉　まえだ・とよきち　医師（近医）

7 前沢　まえさわ；まえざわ

前沢絢子　まえさわ・あやこ　翻訳家,教育者（視覚）
前沢万重　まえさわ・よろずえ　豪農（維新）
前沢悦子　まえざわ・えつこ　声楽家（ソプラノ）（演奏）
前沢均　まえざわ・ひとし　ヴァイオリニスト,指揮者（演奏）

前里　まえさと；まえざと

前里元義　まえさと・もとよし　放送作家（日典）
前里亀森　まえさと・かめもり　大宜味村政革新同盟メンバー（社史）
前里秀栄　まえさと・しゅうえい　政治家（社史）

8 前昌　まえまさ

前昌徳三郎　まえまさ・とくさぶろう　ブリキ職人（社史）

前波　まえなみ；まえば

前波進　まえなみ・すすむ　東日本銀行常務（日典3）
前波善学　まえなみ・ぜんがく「与板史こぼれ話」（国典）
前波勇　まえば・いさむ　名城大学薬学部教授（日典）
前波清一　まえば・せいいち　アイルランド文学者（現執2期）

前迫　まえさこ；まえざこ

前迫猪平　まえさこ・いへい　民社党京都府連顧問,京都市議（日典3）
前迫孝憲　まえさこ・たかのり　大阪大学人間科学部人間科学科助教授（日典）
前迫初実　まえさこ・はつみ「石の影」前迫石材（日典3）

10 前原　まえはら；まえばら

前原昭二　まえはら・しょうじ　数学者（日人）
前原悠一郎　まえはら・ゆういちろう　実業家（日人）
前原一誠　まえばら・いっせい　志士,政治家（コン4）
前原巧山　まえばら・こうざん　伊予宇和島藩士（日人）

前島　まえしま；まえじま

前島巌　まえしま・いわお　社会学者（現執2期）
前島とも　まえしま・とも　童画家（世紀）
前島とも　まえじま・とも　童画家（日人）
前島密　まえじま・ひそか　官吏,実業家（コン5）

前座　まえざ

前座良明　まえざ・よしあき　反核・平和運動家（平和）

前納　まえの；まえのう

前納善四郎　まえの・ぜんしろう　労働運動家（日人）
前納宏章　まえの・ひろあき「医者も変わる患者も変わる・患者学」現代書林（日典3）
前納法恵　まえのう・のりえ「神仏に護られて」近代文芸社（JM）

11 前崎　まえさき；まえざき

前崎繁文　まえさき・しげふみ「臨床感染症ブックレット」文光堂（日典3）
前崎正吉　まえさき・しょうきち　昭和印刷取締役相談役（日典）
前崎彬　まえざき・あきら「娘々花激団」角川書店（日典3）
前崎鋲一　まえざき・えいいち「機械工業ハンド・ブック」知進社（日典3）

12 前場　ぜんば；まえば

前場和吉　ぜんば・かずよし　さがみ野中央病院リハビリテーション室長（日典3）
前場幸治　ぜんば・ゆきじ　前場工務店会長（現執4期）
前場喜司馬　まえば・きじま　新撰組隊士（新撰）
前場小五郎　まえば・こごろう　新撰組隊士（新撰）

前間　まえま

前間恭作　まえま・きょうさく「訓読吏文」国書刊行会（日典3）
前間重幸　まえま・しげゆき　長崎県議（自民党）（日典3）
前間卓　まえま・たかし　元・プロ野球選手（日典3）
前間孝則　まえま・たかのり　作家（現執4期）
前間千秋　まえま・ちあき「低コスト畜舎建設の要点」中央畜産会（日典3）

13 前園　まえその；まえぞの

前園明一　まえその・あきかず　科学技術振興財団研究活用プラザ東海技術評価委員（日典3）
前園主計　まえその・しゅけい　図書館情報学者（現執4期）
前園勝次　まえぞの・かつじ「なぜ、ここに人が集まるのか」スパイク（日典3）
前園樹里　まえぞの・じゅり　タレント（日典3）

14 前嶋　まえしま；まえじま

前嶋和浩　まえしま・かずひろ　ワシントンコア上級研究員・チーフエディター（日典3）
前嶋重機　まえしま・しげき「Lequios」スクウェア・エニックス（日典3）
前嶋五一郎　まえじま・ごいちろう　陶芸家（陶芸最）
前嶋信次　まえじま・しんじ　東洋史学者（日人）

[149]　　　　　　　　　　　　　　　　　　　　　　　　　刀部（則,剣,剛,副）

[16]**前橋**　まえはし；まえばし
　前橋汀子　まえはし・ていこ　バイオリニスト（日人）
　前橋由子　まえはし・ゆうこ　ピアニスト（新芸）
　前橋至　まえはし・いたる「科学研究費補助金採択研究課題数による大学の研究活性度の調査研究」National Institute of Informatics（日典3）
　前橋真八郎　まえはし・しんぱちろう　政治家,農業技術者（栃木歴）

【149】 則

則　のり
　則弘祐　のり・ひろすけ「ブラックバス釣りの楽しみ方」産報出版（日典3）
　則弘祐　のり・ひろのり「ブラックバス釣りの楽しみ方」産報出版（書籍）

[4]**則元**　のりもと
　則元卯太郎　のりもと・うたろう　衆院議員（翼賛政治会）
　則元醇　のりもと・じゅん「人体定規で描ける服飾デザイン画の描き方」永末書店（日典3）
　則元由庸　のりもと・なおつね　弁護士（日人）
　則元京　のりもと・ひとし　俳人（日典3）
　則元由庸　のりもと・よしつね　弁護士（人名）

則内　すのうち
　則内ウラ　すのうち・うら　NHK経営委員（日典3）
　則内勝子　すのうち・かつこ　俳人（国典）
　則内瑞朗　すのうち・みずお「わかり易い健康保険厚生年金保険早わかり」日本法令（日典3）

[5]**則包**　のりかね
　則包和枝　のりかね・かずえ　横須賀点訳奉仕会員（人情）
　則包和美　のりかね・かずみ　NHK情報ネットワークマルチメディア担当部長（日典3）
　則包直樹　のりかね・なおき「BPM-ビジネスプロセス・マネジメント」センゲージラーニング,ピー・エヌ・エヌ新社（発売）（日典3）
　則包文枝　のりかね・ふみえ「熱田本懐紙和歌集と研究」未刊国文資料刊行会（日典3）

[6]**則竹**　のりたけ
　則竹勅仁　のりたけ・くにひと　名古屋市議（民主党,中区）（日典3）
　則竹秀南　のりたけ・しゅうなん「無相大師の禅・十牛図」春秋社（日典3）
　則竹徳江　のりたけ・とくえ　プロゴルファー（日典3）
　則竹裕之　のりたけ・ひろゆき　ドラム奏者（日典3）
　則竹正人　のりたけ・まさと　バリトン歌手（音人3）

[8]**則定**　のりさだ
　則定隆男　のりさだ・たかお「国際ビジネスコミュニケーション」丸善（日典3）
　則定衛　のりさだ・まもる　弁護士（日典3）

則松　のりまつ
　則松金蔵　のりまつ・きんぞう　陶芸家（陶芸最）

　則松弘明　のりまつ・ひろあき　郷土史家（日典3）
　則松真由美　のりまつ・まゆみ　香蘭女子短期大学秘書科講師（日典3）

則武　のりたけ
　則武鶴亭　のりたけ・かくてい　書家（岡山歴）
　則武静造　のりたけ・せいぞう　弓道家,矢師（弓道）
　則武薫三郎　のりたけ・とうざぶろう　実業家（岡山歴）
　則武三雄　のりたけ・みつお　詩人（郷土福井）
　則武保夫　のりたけ・やすお　経済学者（現情）

【150】 剣

剣　けん；つるぎ
　剣斌偉　けん・ぶそん　心理作家（日典）
　剣解　つるぎ・かい「Mr.シークレットフロア」リブレ出版（日典3）
　剣幸　つるぎ・みゆき　女優,宝塚スター（テレ）

[4]**剣木**　けんのき
　剣木亨弘　けんのき・としひろ　官僚,政治家（コン4）
　剣木文隆　けんのき・ふみたか　医師（日典3）

[9]**剣持**　けんもち；けんもつ
　剣持勇　けんもち・いさむ　インテリア・デザイナー（コン4）
　剣持章行　けんもち・しょうこう　和算家（コン4）
　剣持計夫　けんもつ・かずお「新潟県畜産史年表」新潟県畜産振興協議会（日典3）
　剣持亘　けんもつ・わたる　脚本家（映人）

【151】 剛

剛　ごう
　剛しいら　ごう・しいら　小説家（幻想）
　剛たつひと　ごう・たつひと　俳優（テレ）
　剛竜馬　ごう・りゅうま　プロレスラー（日典3）

【152】 副

[5]**副田**　そえだ；ふくだ
　副田義也　そえだ・よしや　社会学者,漫画評論家（世紀）
　副田螺山　そえだ・らざん　陶芸家（陶工）
　副田護　ふくだ・まもる「図解戦艦大和のすべて」講談社（書籍）

[7]**副見**　そえみ；ふくみ
　副見喬雄　そえみ・たかお「帝都に於ける売淫の研究」本の友社（JM）
　副見喬雄　ふくみ・たかお　政治家（鳥取百）
　副見恭子　ふくみ・やすこ　マサチューセッツ州立大学図書館司書（日典）

刀部（劔,劉,劔,剱）　力部（力,加）

[10]副島　そえじま
　副島義一　そえじま・ぎいち　法学者,政治家（日人）
　副島千八　そえじま・せんぱち　農林官僚（履歴2）
　副島種臣　そえじま・たねおみ　肥前佐賀藩士,政治家（コン4）
　副島種典　そえじま・たねのり　経済学者（世紀）
　副島道正　そえじま・みちまさ　実業家,政治家（日人）

【153】 劔

[9]劔持　けんもち；けんもつ
　劔持一郎　けんもち・いちろう　名古屋市美術館館長（日典）
　劔持小枝　けんもち・さえ　人形工芸家（日典3）
　劔持恒男　けんもち・つねお　料理人（日典）

【154】 劉

劉　つずき；みずき；りゅう
　劉多鶴子　つずき・たずこ「中国中国中国」形象出版（日典3）
　劉一　みずき・はじめ　匹自動車創立（島根歴）
　劉石秋　りゅう・せきしゅう　儒学者（コン4）

【155】 劔

[4]劔木　けんのき
　劔木亨弘　けんのき・としひろ　官僚,政治家（世紀）

[9]劔持　けんもち
　劔持昭司　けんもち・しょうじ　国税庁熊本国税局長（日典）
　劔持松二　けんもち・しょうじ　棋士（日典3）

【156】 剱

剱持　けんもち；けんもつ
　剱持一良　けんもち・いちりょう　郷土芸能保持者（庄内）
　剱持嘉右衛門　けんもち・かえもん　大工棟梁（庄内）
　剱持勝衛　けんもち・かつえい　東北大学教養部助教授（日典）

力部

【157】 力

力　ちから；りき
　力隆志　ちから・たかし　チカラ製作所社長（日典）

　力正俊　ちから・まさとし「ARISを活用したシステム構築」シュプリンガー・フェアラーク東京（日典3）
　力抜山　りき・ばつさん（日典）

[3]力丸　りきまる
　力丸晃　りきまる・あきら　梅光女学院大学短期大学部講師,しおんの父母の会代表（日典3）
　力丸金吉　りきまる・かねよし　弓道家,弓道精錬家（弓道）
　力丸俊一　りきまる・しゅんいち「翔んでいるカナリヤ」葦書房（日典3）
　力丸慈円　りきまる・じえん　心理学者（心理）
　力丸庸雄　りきまる・つねお　日本共産党党員（社史）

力久　りきひさ
　力久忠昭　りきひさ・ただあき　明治薬科大学教授（日典）
　力久辰斎　りきひさ・たっさい　宗教家（現朝）
　力久辰斎　りきひさ・たっせい　宗教家（現情）
　力久辰斎　りきひさ・たつさい　宗教家（コン4）
　力久正憲　りきひさ・まさのり「高校数学教程」聖文社（日典3）

[5]力石　ちからいし；りきいし
　力石定一　ちからいし・さだかず　経済学者（日人）
　力石雄一郎　ちからいし・ゆういちろう　官僚（日人）
　力石治　りきいし・おさむ「ガッツポーズだぜ!!!!」冒険社（日典3）
　力石国男　りきいし・くにお　弘前大学大学院理工学研究科教授（日典3）

[8]力武　りきたけ
　力武杏奈　りきたけ・あんな　歌手（日典3）
　力武京子　りきたけ・きょうこ「外国語教育の新しい局面」大阪大学大学院言語文化研究科（日典3）
　力武常次　りきたけ・つねじ　地球物理学者（日人）
　力武伝三郎　りきたけ・でんさぶろう　弓道家,大日本武徳会弓術精錬證（弓道）
　力武与作　りきたけ・よさく　産業功労者（佐賀百）

[12]力富　りきとみ
　力富敬子　りきとみ・けいこ「性格にはこんなタイプがある」力富書房（日典3）
　力富阡蔵　りきとみ・せんぞう　出版人（出文）

【158】 加

加々谷　かがや
　加々谷喜美子　かがや・きみこ「雪の信号」野火の会（日典3）

[3]加久間　かくま
　加久間岩夫　かくま・いわお　経営学者（現執1期）
　加久間勝　かくま・まさる　金沢学院大学経営情報学部経営情報学科教授（日典3）

加川　かかわ；かがわ
　加川秀昭　かかわ・ひであき　「パソコンCAD製図のすすめ」オーム社（JM）
　加川満喜　かがわ・みつき　弓道家,弓道教士（弓道）
　加川良　かがわ・りょう　シンガー・ソングライター（和モ）

[4]加太　かた；かぶと
　加太邦憲　かた・くにのり　裁判官,政治家（人名）
　加太こうじ　かた・こうじ　評論家（日人）
　加太喜美子　かぶと・きみこ　喜美乃家（日典3）
　加太邦憲　かぶと・くにのり　裁判官,政治家（日人）

加戸　かと；かど
　加戸敏　かと・びん　映画監督（映人）
　加戸守行　かと・もりゆき　文部官僚,教育行政専門家（現政）
　加戸宏平　かど・こうへい　地方人事調査会社長（日典3）
　加戸利一　かど・としかず　「The塗装」リペアテック（日典3）

加戸野　かどの
　加戸野五郎　かどの・ごろう　映画監督（監督）

加月　かずき；かつき
　加月るか　かずき・るか　漫画家（漫人）
　加月秋芳　かつき・あきよし　ラグビー選手（体育）

[5]加古　かこ
　加古里子　かこ・さとし　児童文化研究家,絵本作家（日人）
　加古隆　かこ・たかし　音楽家,作曲家,ピアニスト（日人）
　加古千賀　かこ・ちが　浄瑠璃節作家（日人）
　加古祐二郎　かこ・ゆうじろう　法哲学者（コン5）
　加古宜士　かこ・よしひと　会計学者（現執4期）

加用　かよう
　加用俊栄　かよう・とししげ　国税庁大阪国税局課税第二部法人税課長（日典3）
　加用信憲　かよう・のぶのり　医師（近医）
　加用信文　かよう・のぶふみ　農業経済学者（現執1期）
　加用文男　かよう・ふみお　児童心理学者（現執4期）
　加用章勝　かよう・ふみよし　「トンネル」驢馬出版（日典3）

加田　かた；かだ；くわた
　加田田鶴子　かた・たつるこ　歌人（紀伊文）
　加田哲二　かだ・てつじ　社会学者,経済学者（日人）
　加田真也　くわた・まさなり　「士魂商才」オー・エス・ユー（日典3）

加辺　かなべ；かべ
　加辺純雄　かなべ・すみお　防衛医科大学第一外科講師（日典）
　加辺喜与作　かべ・きよさく　元・ヤマト運輸監査役（日典）

加辺正明　かべ・まさあき　「松喰虫の生態と防除」前橋営林局（日典3）

[6]加名生　かのう
　加名生良信　かのう・よしのぶ　大和紡績副社長（日典）

加地　かじ；かち
　加地為也　かじ・ためや　洋画家（日人）
　加地哲定　かじ・てつじょう　僧侶（日人）
　加地巌　かち・いわお　帝国インキ相談役,産経新聞社専務（日典3）
　加地信　かち・しん　千葉県衛生研究所々長（国典）

加守田　かもた；かもだ
　加守田章二　かもた・しょうじ　陶芸家（世紀）
　加守田章二　かもだ・しょうじ　陶芸家（日人）

加百　かど
　加百治作　かど・じさく　大阪市電従業員組合資格審査委員長（社史）
　加百正志　かど・まさし　和歌山放送取締役制作副本部長（日典）

[7]加来　かく
　加来素六　かく・そろく　歯科医学者（日人）
　加来琢磨　かく・たくま　児童舞踊家,童謡詩人（新芸）
　加来止男　かく・とめお　軍人（陸海）
　加来宣幸　かく・のぶゆき　児童文学者,小学校・中学校教師,劇作家,教育者（世紀）
　加来飛霞　かく・ひか　本草学者,医師（コン4）

[8]加味根　かみね
　加味根史朗　かみね・しろう　京都府議（日典）

加治工　かじく
　加治工真市　かじく・しんいち　「宮良当社全集」第一書房（日典3）

加治佐　かじさ
　加治佐おいどん　かじさ・おいどん　漫画家（漫人）
　加治佐修　かじさ・おさむ　「Tattoo hearts」集英社（日典3）
　加治佐平　かじさ・たいら　大学野球選手（日典3）
　加治佐哲也　かじさ・てつや　「アメリカの学校指導者養成プログラム」多賀出版（日典3）
　加治佐敏憲　かじさ・としのり　弓道家,弓道教士（弓道）

加知　かち
　加知貞一　かち・ていいち　実業家（日人）
　加知ひろ子　かち・ひろこ　第一福祉大学助教授（日典）

加舎　かや
　加舎章　かや・あきら　大蔵省国際金融局（国典）
　加舎逸子　かや・いつこ　「金の接吻」角川書店（日典3）
　加舎亨　かや・とおる　心理学者（心理）
　加舎宏之　かや・ひろゆき　ムーンバット専務（日典）

加門　かもん
　加門桂太郎　かもん・けいたろう　医家（日人）

力部（加）　　　　　　　　　　　　　　　　　　　　　〔158〕

加門正一　かもん・しょういち　超常ウォッチャーズ(JAPAN)科学技術最高顧問（日典3）
加門隆　かもん・たかし　京都市工業試験場指導部長（日典3）
加門七海　かもん・ななみ　小説家（幻想）
加門亮　かもん・りょう　歌手（テレ）

9加持　かじ；かもち
　加持清一　かじ・せいいち　フリージャーナリスト（日典）
　加持政雄　かもち・まさお　元・新日本証券取締役（日典）

加畑　かはた；かばた
　加畑作治郎　かはた・さくじろう　小説家（北海道文）
　加畑長之助　かはた・ちょうのすけ　弓道家（神奈川人）
　加畑長之助　かばた・ちょうのすけ　弓道家，弓道範士（弓道）
　加畑吉男　かばた・よしお　俳人（俳文）

加美　かみ
　加美越生　かみ・えつお「高校生讃歌」高校生文化研究会（日典3）
　加美和照　かみ・かずてる　法学者（現執3期）
　加美早苗　かみ・さなえ　舞踊家（新芸）
　加美宏　かみ・ひろし　軍記物語研究者（現執2期）
　加美好男　かみ・よしお「最近人造絹糸工業概説」明文堂

加計　かけ；かけい
　加計修　かけ・おさむ　報知新聞東京本社工程センター準備室長（日次長待遇）（日典3）
　加計晃太郎　かけ・こうたろう　加計学園理事長（日典3）
　加計美也子　かけい・みやこ「藤原雄の美味求心」テレビせとうち（日典3）

10加倉田　かくらた；かくらだ
　加倉田純　かくらた・じゅん　ライター（日典）
　加倉田吉太郎　かくらだ・きちたろう「加倉田吉太郎遺歌集」藤浪短歌会（日典3）
　加倉田荊士　かくらだ・けいし「加倉田吉太郎遺歌集」藤浪短歌会（日典3）

加唐　かから
　加唐勝三　かから・かつぞう　農林省企画官（国典）

加島　かしま；かじま
　加島宏　かしま・ひろし　弁護士（平和）
　加島正人　かしま・まさと　実業家（食文）
　加島祥造　かじま・しょうぞう　アメリカ文学者（日人）
　加島潤　かじま・じゅん　俳優（映男）

加悦　かえつ；かや
　加悦信一　かえつ・しんいち「世界通信地理」長崎書店（日典3）
　加悦正昭　かえつ・まさあき「感動の好局百選」上毛新聞社出版局（製作・発売）（日典3）
　加悦恒　かや・ひさし「良平」東京図書出版会（日典）

加留　かる
　加留博　かる・ひろし「地球と人間」（国典）

加留部　かるべ
　加留部清　かるべ・きよし　輿論科学協会理事長（日典3）
　加留部謹一　かるべ・きんいち「中学校国語科教育の実践像」渓水社（日典3）
　加留部善次　かるべ・ぜんじ「なら材の在り方」日本林業技術協会（日典3）
　加留部貴行　かるべ・たかゆき「教育研修ファシリテーター」日本経済新聞出版社（日典3）
　加留部善晴　かるべ・よしはる　福岡大学薬学部薬学科助教授（日典3）

加納　かのう
　加納一朗　かのう・いちろう　小説家（小説）
　加納夏雄　かのう・なつお　彫金家（コン4）
　加納久朗　かのう・ひさあきら　銀行家，財界人（日人）
　加納久宜　かのう・ひさよし　大名，殖産事業家（日人）
　加納光於　かのう・みつお　洋画家，版画家（日人）

加能　かのう
　加能越郎　かのう・えつろう　翻訳家（日典3）
　加能作次郎　かのう・さくじろう　小説家（コン5）

11加曽利　かそり
　加曽利智子　かそり・ともこ　フリーライター（日典3）
　加曽利光男　かそり・みつお「美しい花と実の塗り絵」広済堂出版（日典3）
　加曽利康之　かそり・やすゆき「加曽利康之」ヤマハミュージックメディア（日典3）
　加曽利要介　かそり・ようすけ　医師（日典3）
　加曽利良子　かそり・よしこ「写真でわかる透析看護」インターメディカ（日典3）

加清　かせい
　加清純子　かせい・じゅんこ　画家（日典3）
　加清蘭　かせい・らん「北風の街」（国典）

加野　かの
　加野亜紀子　かの・あきこ「よくわかる医用画像工学」オーム社（日典3）
　加野厚志　かの・あつし　小説家（幻想）
　加野熊次郎　かの・くまじろう　筑前琵琶普及の功労者（福岡百）
　加野宗三郎　かの・そうぶろう　文人（福岡百）
　加野太郎　かの・たろう　医師（近医）

12加場　かば
　加場長太郎　かば・ちょうたろう　関西合同労組メンバー（社史）

加登　かと；かとう
　加登八郎　かと・はちろう　教育者（姓氏富山）
　加登豊　かと・ゆたか　経済学者（現執3期）
　加登周一　かとう・しゅういち　小松美術作家協会長（日典）

加登川　かとがわ
　加登川幸太郎　かとがわ・こうたろう　軍人(陸海)
加登屋　かとや；かどや
　加登屋陽一　かとや・よういち　「清流」編集・発行人, 清流出版(株)代表取締役(日典3)
　加登屋みつる　かどや・みつる　「ガンダム短編集」講談社(日典)
加賀谷　かがたに；かがや
　加賀谷忠夫　かがたに・ただお　大阪府議(公明党), 加賀谷鉄工所代表取締役(日典3)
　加賀谷林之助　かがたに・りんのすけ　東京研数学館と駿河台予備校の主任教授(山梨日)
　加賀谷寛　かがや・ひろし　歴史学者(世紀)
　加賀谷勇之助　かがや・ゆうのすけ　医師(近医)
加賀林　かがばやし；かがりん
　加賀林芳造　かがばやし・よしぞう　日本製粉常務(日典3)
　加賀林雄二　かがりん・ゆうじ　翻訳家(日典3)
加賀城　かがじょう
　加賀城章　かがじょう・あきら　料理人, 氷彫刻家(美建)
　加賀城卓　かがじょう・たかし　高知新聞企業常任相談役(日典3)
　加賀城冨一　かがじょう・とみいち　愛媛県真珠養殖漁協組合長(日典3)
　加賀城浩光　かがじょう・ひろみつ　「マンドリン・オーケストラのためのプロムナード1」現代ギター社(日典3)
　加賀城みゆき　かがじょう・みゆき　歌手(新芸)
加賀野井　かがのい
　加賀野井清志　かがのい・きよし　「内燃力発電所建設の実際」オーム社(日典3)
　加賀野井久寿彦　かがのい・くすひこ　教育者, 洋画家(高知人)
　加賀野井秀一　かがのい・しゅういち　フランス文学者(現執4期)
　加賀野井卓　かがのい・たかし　剣道範士(高知人)
加集　かしお；かしゅう
　加集珉平　かしお・みんぺい　陶工(人名)
　加集慎二　かしゅう・しんじ　神戸製鋼所機械事業部汎用機械本部ロボット部長(日典3)
　加集松子　かしゅう・まつこ　「いのちの河」徳島歌人新社(日典3)
加須屋　かすや
　加須屋彰　かすや・あきら　「海外留学あなた出番です」三修社(日典3)
　加須屋武義　かすや・たけよし　鳥取の歌人(人名)
　加須屋弘司　かすや・ひろし　「英文用例事典<語彙>」日本図書ライブ(日典3)
　加須屋誠　かすや・まこと　「仏教説話画の構造と機能」中央公論美術出版(日典3)

[13]加福　かふく
　加福喜久雄　かふく・きくお　東芝精機社長(日典3)

　加福均三　かふく・きんぞう　台北帝大教授(日典3)
　加福光一　かふく・こういち　ケンウッド取締役(日典3)
　加福無人　かふく・むじん　俳人(四国文)
　加福力太郎　かふく・りきたろう　実業家(大阪人)
[17]加覧　からん；がらん
　加覧俊吉　からん・しゅんきち　毎日新聞編集委員, 東京ヘレン・ケラー協会常務理事(日典3)
　加覧成夫　からん・なりお　ヤマե久野専務(日典)
　加覧郁男　がらん・いくお　元・京王プラザホテル社長(日典)
　加覧隆司　がらん・たかし　ノンフィクションライター(日典)
[18]加藤木　かとうぎ；かとぎ
　加藤木重教　かとうぎ・しげのり　電気技術者(コン5)
　加藤木瞹叟　かとうぎ・しゅんそう　神官(日人)
　加藤木瞹叟　かとぎ・しゅんそう　神官(人名)
[19]加瀬谷　かせがい；かせや
　加瀬谷澄　かせがい・きよし　東北学院大学教授(日典)
　加瀬谷みゆき　かせがい・みゆき　教育者(日人)
　加瀬谷直　かせや・なおし　「土方歳三の最期」丸ノ内出版(発売)(日典3)
　加瀬谷みゆき　かせや・みゆき　教育者(女性普)
加羅　から
　加羅巌　から・いわお　「資金繰りに強くなる本」日本実業出版社(日典3)
[20]加護野　かごの
　加護野忠男　かごの・ただお　経営学者(現執4期)

【159】　功

[2]功刀　くぬぎ
　功刀彰　くぬぎ・あきら　「食品衛生学」愛智出版(日典3)
　功刀一弥　くぬぎ・かずや　旭電化工業副社長(日典3)
　功刀亀内　くぬぎ・きない　郷土史家(日人)
　功刀金二郎　くぬぎ・きんじろう　数学者(数学)
　功刀達朗　くぬぎ・たつろう　研究者(現執4期)
功力　くぬぎ
　功力晃　くぬぎ・あきら　経済調査会新潟支部長(日典3)
　功力金二郎　くぬぎ・きんじろう　数学者(数学)
　功力欣三　くぬぎ・きんぞう　「動物切手図鑑」ニュー・サイエンス社(日典3)

【160】　助

[3]助川　すけかわ；すけがわ
　助川啓四郎　すけかわ・けいしろう　政治家(日人)

力部（勅、勇、勘、務、勤、勧、勢）

助川良平　すけかわ・りょうへい　政治家（政治）
助川貞利　すけがわ・さだとし　札幌市電のササラ除雪機発明者,社会事業家（札幌）
助川敏弥　すけがわ・としや　作曲家,音楽評論家（作曲）

[5]助田　すけた；すけだ
助田茂蔵　すけた・しげぞう「命あふれて」美研インターナショナル,星雲社（発売）（日典3）
助田雅紀　すけた・まさき　システムプラザ（日典）
助田和江　すけだ・かずえ「まんさくの花」助田武也（日典3）
助田鉄夫　すけだ・てつお「海の音」藍俳句会（日典3）

[6]助安　すけやす
助安哲弥　すけやす・てつや「すべての武器を楽器に。」エイト社（日典3）
助安博之　すけやす・ひろゆき「キリバスという国」エイト社（日典3）
助安由吉　すけやす・よしきち　著述家（現執4期）

[9]助信　すけのぶ
助信保　すけのぶ・たもつ　詩人（日典3）
助信幸雄　すけのぶ・ゆきお　福岡県議（社民党）（日典3）
助信良平　すけのぶ・りょうへい　福岡県議（民主党,遠賀郡）（日典3）

[11]助野　すけの
助野章子　すけの・あきこ「七輛電車」角川書店（日典3）
助野健太郎　すけの・けんたろう　日本史研究者（史研）
助野真造　すけの・しんぞう　助野靴下社長（日典3）
助野寛　すけの・ひろし「ギフト―プリズム―オーバー・ザ・レインボー」角川書店（日典3）
助野嘉昭　すけの・よしあき　漫画家（日典3）

【161】　勅

[8]勅使　てし
勅使逸雄　てし・いつお「現代っ子とお話」竹中書店出版部（日典3）
勅使千鶴　てし・ちづ「韓国の保育・幼児教育と子育て支援の動向と課題」新読書社（日典3）

勅使川原　てしがはら；てしがわら
勅使川原和彦　てしがはら・かずひこ「プリメール民事訴訟法」法律文化社（日典3）
勅使川原明　てしがはら・あきら「図解スイス銀行」日刊工業新聞社（紳友）
勅使川原三郎　てしがわら・さぶろう　舞踏家,振付師（日人）

勅使河原　てしがはら；てしがわら
勅使河原蒼風　てしがはら・そうふう　華道家（コン4）
勅使河原宏　てしがはら・ひろし　映画監督,華道家（日人）

勅使河原蒼風　てしがわら・そうふう　華道家（民学）
勅使河原宏　てしがわら・ひろし　映画監督,華道家（日芸）

【162】　勇

勇　いさみ；いさむ
勇為嘉　いさみ・ためよし　農民（社史）
勇直哉　いさみ・なおさい　紬織工（社史）
勇直子　いさむ・なおこ　歌手（テレ）

【163】　勘

[6]勘米良　かんめら
勘米良亀齢　かんめら・かめとし「日本の地質」岩波書店（日典3）

[7]勘角　かんかく
勘角嘉代　かんかく・かよ「一自閉症児の成長記録」国典）

【164】　務

[4]務中　むなか
務中昌己　むなか・まさき「食品の栄養と衛生」（国典）

[5]務台　むたい；むだい
務台光雄　むたい・みつお　新聞経営者（日人）
務台理作　むたい・りさく　哲学者（コン4）
務台理作　むだい・りさく　哲学者（長野百）

【165】　勤

[10]勤息　ごんそく
勤息義城　ごんそく・ぎじょう　浄土宗僧侶,学僧（仏人）

【166】　勧

[3]勧山　すすやま
勧山弘　すすやま・ひろむ　僧侶（現執3期）

【167】　勢

勢〆　せしめ
勢〆信義　せしめ・のぶよし「勢〆信義童謡集」紳友書房（日典3）

[4]勢戸　せと
勢戸利春　せと・としはる　政治家（現政）

[5]勢古　せこ
勢古浩爾　せこ・こうじ　著述家（現執4期）

[7]勢志　せいし；せし
勢志元　せいし・はじめ　公認会計士（日典）

勢志洋子　せし・ようこ　「たねどんどん」ひかりのくに(印刷)(日典3)
[10]勢家　せいけ
　勢家肇　せいけ・はじめ　郷土史家, 久留島武彦研究家(郷土)
[11]勢野　せの
　勢野常次　せの・つねじ　ゴム職工(社史)
　勢野義明　せの・よしあき　ウェザーテック社長(日典3)
[18]勢藤　せとう
　勢藤源一郎　せとう・げんいちろう　福光信用金庫理事長(日典3)
　勢藤修三　せとう・しゅうぞう　新聞記者(現執2期)

勹部

【168】 勾

[7]勾坂　さぎさか
　勾坂馨　さぎさか・かおる　東北大学医学部医科教授(科学)

【169】 匂

匂坂　こうさか；さきさか；さぎさか
　匂坂吉延　こうさか・よしのぶ　レーシングドライバー(日典3)
　匂坂春平　さきさか・しゅんぺい　軍人(陸海)
　匂坂恭子　さぎさか・きょうこ　「チェコスロバキアの教育制度」大洋産業海外業務部(日典3)

【170】 包

[6]包行　かねゆき
　包行均　かねゆき・ひとし　筑水キャニコム社長(日典3)
　包行良人　かねゆき・よしと　筑水農機社長(人情)

ヒ部

【171】 北

北　きた；ほく
　北一輝　きた・いっき　社会活動家, 著述家(コン5)
　北杜夫　きた・もりお　小説家, 医師(コン4)
　北天人　ほく・てんじん　「小さな娘たちへの手紙―エッセー集」(JM)
[3]北上　きたかみ；きたがみ
　北上次郎　きたかみ・じろう　文芸評論家(マス89)
　北上聖牛　きたかみ・せいぎゅう　日本画家(北海道歴)

　北上聖牛　きたがみ・せいぎゅう　日本画家(美家)
　北上弥太朗　きたがみ・やたろう　俳優, 小唄家元(新芸)
北大路　きたおうじ；きたおおじ
　北大路魯山人　きたおうじ・ろさんじん　陶芸家, 料理研究家(食文)
　北大路欣也　きたおおじ・きんや　俳優(日人)
　北大路魯山人　きたおおじ・ろさんじん　陶芸家, 料理研究家(コン4)
北小路　きたこうじ；きたのこうじ
　北小路敏　きたこうじ・さとし　社会運動家(日人)
　北小路昂　きたこうじ・たかし　教育者, 政治家(コン4)
　北小路俊昌　きたのこうじ・としまさ　地下(国書)
北川　きたかわ；きたがわ
　北川聖良　きたかわ・せいら　女優(日典3)
　北川直利　きたかわ・なおとし　「ミッション・スクールとは何か」岩田書院(日典3)
　北川民次　きたがわ・たみじ　洋画家, 児童画教育者(コン4)
　北川冬彦　きたがわ・ふゆひこ　詩人, 映画評論家(コン4)
北川原　きたがわら
　北川原温　きたがわら・あつし　建築家(世紀)
　北川原俊一郎　きたがわら・しゅんいちろう　「シルクロード紀行」花曜社(日典3)
　北川原健　きたがわら・たけし　歯科医(日典3)
　北川原徹　きたがわら・とおる　建設省建設経済局建設機械課長(日典3)
[4]北方　きたかた；きたがた
　北方謙三　きたかた・けんぞう　小説家(日人)
　北方心泉　きたかた・しんせん　僧侶(コン)
　北方心泉　きたがた・しんせん　僧, 学者(石川百)
北爪　きたづめ；きたつめ
　北爪道夫　きたづめ・みちお　作曲家(作曲)
　北爪利世　きたづめ・りせい　クラリネット奏者(演奏)
　北爪益夫　きたつめ・ますお　洋画家(洋画)
北王　きたおう
　北王英一　きたおう・えいいち　名古屋市立東山動物園園長(日人)
[5]北代　きたしろ；きただい
　北代聡　きたしろ・さとし　「らんほう」集英社(日典3)
　北代省三　きただい・しょうぞう　写真家(美建)
　北代誠弥　きただい・せいや　実業家(コン4)
北出　きたいで；きたで
　北出大太　きたいで・だいた　元・海軍少尉(日典3)
　北出塔次郎　きたで・とうじろう　陶芸家(日人)
北古賀　きたこが
　北古賀勝幸　きたこが・かつゆき　熊本商科大学学長(日典3)

ヒ部(北)

北古賀竹一郎　きたこが・たけいちろう　海軍軍人(日人)

北市　きたいち
北市秋帆　きたいち・あきほ　「星月夜」早春社(日典3)
北市勝年　きたいち・かつとし　チェロ奏者(音人3)
北市敬介　きたいち・けいすけ　日本漆器協同組合連合会理事長,山中漆器連合組合理事長,北市漆器店代表取締役(日典3)
北市哲男　きたいち・てつお　「ポロシルンカムイになった少年」白老民族文化伝承保存財団・アイヌ民族博物館(日典3)
北市都黄男　きたいち・ときお　詩人,俳人(石川文)

北市屋　きたいちや
北市屋平吉　きたいちや・へいきち　加賀九谷焼の陶工(日人)
北市屋与八郎　きたいちや・よはちろう　元・美川町(石川県)町長(日典)

6北向　きたむかい
北向道明　きたむかい・どうみょう　「もう一つの夢のための一瞬の窓」矢立出版(日典3)

北地　きたじ；きたち
北地節夫　きたじ・せつお　「地理セミナー 地理B」山川出版社(書籍)
北地達明　きたじ・たつあき　「M&A入門」日本経済新聞社(日典3)
北地達明　きたち・たつあき　「M&A入門」日本経済新聞社(日典3)

北多浦　きたうら
北多浦敏　きたうら・びん　「涙の切れた港から舟を出す」芸風書院(日典3)

7北住　きたずみ
北住映二　きたずみ・えいじ　「子どもの摂食・嚥下障害」永井書店(日典3)
北住炯一　きたずみ・けいいち　名古屋大学大学院法学研究科教授(日典3)
北住敏夫　きたずみ・としお　国文学者(日人)
北住ユキ　きたずみ・ゆき　「すすめ！　おはなみごう」学習研究社(日典3)

北別府　きたべっぷ
北別府ニカ　きたべっぷ・にか　「きみのはじめて」角川書店,角川グループパブリッシング(発売)(日典3)
北別府学　きたべっぷ・まなぶ　プロ野球投手,プロ野球コーチ(日人)

北条　きたじょう；ほうじょう；ほんじょう
北条富司　きたじょう・とみじ　教育者(群馬人)
北条秀司　ほうじょう・ひでじ　劇作家,演出家(コン2)
北条路山　ほんじょう・ろざん　「聖徳太子の運命学」渓水社・汎書部(日典3)

北沢　きたさわ；きたざわ
北沢佐雄　きたさわ・すけお　「英和用語集」(国典)
北沢武重　きたさわ・たけしげ　城西消費購買組合組合員(社史)
北沢新次郎　きたざわ・しんじろう　経済学者(コン2)

北沢楽天　きたざわ・らくてん　漫画家(コン4)

北角　きたかど；きたずみ
北角富士雄　きたかど・ふじお　プロ野球選手(日典3)
北角真人　きたかど・まひと　コピーライター(日典)
北角円澄　きたずみ・えんちょう　僧侶(日典)
北角玄三　きたずみ・げんぞう　写真家(写家)

北谷　きたたに；きただに；きたや
北谷一人　きたたに・かずと　「マッキントッシュの勘どころ」ソフトバンク出版事業部(日典3)
北谷正男　きただに・まさお　北日本新聞金沢支社長兼広告部長(日典)
北谷輝星　きたや・きせい　「宙吊りの魂」糸杉書房(日典3)

北里　きたさと；きたざと
北里裟裂男　きたさと・さかお　実業家(世紀)
北里柴三郎　きたさと・しばさぶろう　細菌学者(コン5)
北里柴三郎　きたざと・しばさぶろう　細菌学者(コン改)
北里善次郎　きたざと・ぜんじろう　化学者(日人)

8北国　きたくに；きたぐに；ほっこく
北国浩二　きたくに・こうじ　小説家(幻想)
北国翔子　きたぐに・しょうこ　「ギッタンバッコ」青森県児童文学研究会(日典3)
北国諒星　ほっこく・りょうせい　「さらば‥えぞ地」北海道出版企画センター(日典3)

北所　きたじょ；きたどころ
北所啓次郎　きたじょ・けいじろう　南海電気鉄道副社長(日典)
北所久仁朗　きたどころ・くにお　「コトバは運命の振り付け師」日本図書刊行会(日典3)

北河内　きたこうち
北河内妙子　きたこうち・たえこ　女優(女優)

北河原　きたかわはら；きたかわら；きたがわら
北河原貴美子　きたかわはら・きみこ　東大寺塔頭中性院住職北河原公典の妻(女性普)
北河原公憲　きたかわら・きみのり　男爵,神職(神人)
北河原公典　きたがわら・こうてん　華厳宗僧侶(現情)

北波　きたなみ；きたば
北波長三郎　きたなみ・ちょうざぶろう　政治家(姓氏京都)
北波道子　きたば・みちこ　「後発工業国の経済発展と電力事業」晃洋書房(日典3)

北門　きたかど
北門新作　きたかど・しんさく　名城大学理工学部教授,名古屋大学名誉教授(日典3)
北門達男　きたかど・たつお　近畿大学経営学部教授(日典3)
北門利英　きたかど・としひで　「農学・水産学系学生のための数理科学入門」恒星社厚生閣(日典3)

北門政士　きたかど・まさし　政治評論家(日典3)

[9]北城　きたしろ；ほうじょう
北城恪太郎　きたしろ・かくたろう　実業家(日人)
北城真記子　きたしろ・まきこ　女優(新芸)
北城一輝　ほうじょう・いっき「超弩級航空豪華客戦艦大和」イカロス出版(日典3)
北城寿太郎　ほうじょう・じゅたろう　俳優(映男)

北後　ほうご；ほくご
北後寿　ほうご・ひさし　(株)構造計画研究所常務取締役(日典)
北後寿　ほくご・ひさし　日本工業大学建築学科教授(日典)

北星　きたぼし
北星晃平　きたぼし・こうへい　漫画家(漫画)

北栄　きたえ；きたえい
北栄弥三松　きたえ・やさまつ　松尾橋梁社長(日典3)
北栄慶　きたえい・けい　教育者(姓氏神奈川)

北海　きたみ；ほっかい
北海沙諏華　きたみ・さすけ「白い恋人」牧歌舎(日典3)
北海青　きたみ・せい「ツァオ・カァー走狗」青谷舎(日典3)
北海散士　ほっかい・さんし　小説家(幻作)
北海大太郎　ほっかい・だいたろう　力士(相人)

北泉　きたいずみ
北泉成　きたいずみ・しげる　映画撮影監督(日典3)
北泉太郎　きたいずみ・たろう「江戸女の色もよう」清風書房(日典3)
北泉優子　きたいずみ・ゆうこ　小説家(紀伊又)

北洞　きたほら；きたぼら
北洞重信　きたほら・しげのぶ　鶴崎共同動力社長、昭和電工前取締役(日典)
北洞孝雄　きたほら・たかお　北海道新聞常務(日典)
北洞南一　きたぼら・なんいち「長良川・鵜飼のすべて」郷土出版社(日典3)
北洞真人　きたぼら・まさと「長良川・鵜飼のすべて」郷土出版社(日典3)

北畑　きたはた；きたばた；きたばたけ
北畑静子　きたはた・しずこ　翻訳家(世紀)
北畑隆生　きたばた・たかお　経済産業省総括審議官(日典)
北畑耕一　きたばたけ・こういち　C&Wジャパン社長(日典3)

北神　きたかみ；きたがみ
北神諒　きたかみ・りょう「弾道ミサイルから日本を守る！」防衛省(日典3)
北神圭朗　きたがみ・けいろう　衆院議員(民主党,京都4区)(日典3)
北神智　きたがみ・さとる　人事院公平審査局長(日典)

[10]北島　きたしま；きたじま
北島暗男　きたしま・あきお　沢内村(岩手県)村議長(日典3)
北島謙次郎　きたしま・けんじろう　官僚(履歴2)
北島織衛　きたじま・おりえ　実業家(コン4)
北島秀朝　きたじま・ひでとも　志士(日人)

北根　きたね
北根貞雄　きたね・さだお　中央信託銀行社長(日典3)
北根豊　きたね・ゆたか　日本史研究者(史研)

北畠　きたはた；きたばた；きたばたけ
北畠栄太郎　きたはた・えいたろう　中国東北部で活躍した医師(青森人)
北畠道竜　きたばた・どうりゅう　浄土真宗の僧(仏人)
北畠八穂　きたばたけ・やほ　詩人,児童文学作家(日人)

北能　きたの
北能喜市郎　きたの・きいちろう　政治家(日人)
北能正蔵　きたの・しょうぞう「将に跳躍せむとする北千嶋の全貌」北千島漁業(日典3)

[11]北堀　きたほり；きたぼり
北堀一雄　きたほり・かずお「般若波羅蜜多心経幽賛」中山書房仏書林(日典3)
北堀篤　きたほり・あつし　埼玉県議(自民党,北1区)(日典3)

北崎　きたさき；きたざき
北崎幸之助　きたさき・こうのすけ「戦後開拓地と加藤完治」農林統計出版(日典3)
北崎繁雄　きたさき・しげお　共栄タンカー常務(日典3)
北崎拓　きたざき・たく　漫画家(兵庫文)
北崎稔　きたざき・みのる　労働運動家(日人)

北添　きたぞえ
北添忠雄　きたぞえ・ただお　自由労働者・反戦運動家(平和)
北添伸夫　きたぞえ・のぶお　写真家(写人)
北添裕己　きたぞえ・ゆうき「SEからコンサルタントになる方法」日本実業出版社(日典3)

北郷　きたごう；きたさと；きたざと；ほくごう；ほんごう
北郷隆五　きたごう・たかかず「ローザルクセンブルクの手紙」(国典)
北郷勇一　きたさと・ゆういち　ミュージシャン(日典3)
北郷千春　きたざと・ちはる　城西消費購買組合組合員(社史)
北郷勲夫　ほくごう・いさお　国民健康保険中央会理事長(日典)

[12]北塔　きたずか
北塔光昇　きたずか・みつのり「天台菩薩戒義疏講読」永田文昌堂(日典3)

北御門　きたみか；きたみかど
北御門文雄　きたみか・ふみお　リコーダー奏者(音人)
北御門杏子　きたみかど・きょうこ　女優(女優)

匚部（匠） 匚部（匹） 十部（十）　　　　　　　　　〔174〕

北御門二郎　きたみかど・じろう　トルストイ研究者（平和）

北落　きたおち；ほくらく
　北落孝三　きたおち・こうぞう　元江商取締役（日典）
　北落師簡　ほくらく・しもん　「「魂」を「物語る」者たち」創栄出版（日典3）

13北園　きたその；きたぞの
　北園克衛　きたその・かつえ　詩人，評論家（日人）
　北園克衛　きたぞの・かつえ　詩人，評論家（コン4）
　北園孝吉　きたぞの・こうきち　小説家（世紀）

北裏　きたうら
　北裏喜一郎　きたうら・きいちろう　実業家（日人）

北詰　きたずめ
　北詰秋乃　きたずめ・あきの　日本国際ボランティアセンター（JVC）ラオス事業担当（日典3）
　北詰卯杖　きたずめ・うじょう　「藤華集」みどり会（日典3）
　北詰雁人　きたずめ・かりと　「摩耶」卯辰山文庫（日典3）
　北詰友樹　きたずめ・ゆうき　俳優（映男）
　北詰洋一　きたずめ・よういち　国際問題評論家，英米近現史研究者（現執2期）

14北嶋　きたしま；きたじま
　北嶋一郎　きたしま・いちろう　伊丹産業社長（日典）
　北嶋一夫　きたしま・かずお　「生涯の歌」風の木社，北方新社（発売）（日典3）
　北嶋武彦　きたじま・たけひこ　図書館学（現執3期）
　北嶋広敏　きたじま・ひろとし　文芸評論家，美術評論家（現執4期）

北構　きたかまえ；きたがまえ
　北構保男　きたかまえ・やすお　郷土史家，実業家（現執3期）
　北構保男　きたがまえ・やすお　郷土史家（現執2期）

16北濃　きたの
　北濃秋子　きたの・あきこ　翻訳家（日典3）

北龍　きたきみ
　北龍賢　きたきみ・まさゆき　（株）社員教育センター代表取締役（日典）

17北嶺　ほくれい
　北嶺澄仁　ほくれい・ちょうにん　「平泉」川嶋印刷（日典3）

匚部

【172】 匠

匠　たくみ
　匠英一　たくみ・えいいち　コンサルタント（日典3）
　匠秀夫　たくみ・ひでお　美術評論家（日人）
　匠ひびき　たくみ・ひびき　女優（テレ）
　匠雅音　たくみ・まさね　匠建設計事務所主宰（日典）
　匠ゆうじ　たくみ・ゆうじ　「香港・マカオ美食案内」主婦と生活社（日典3）

匚部

【173】 匹

5匹田　ひきた；ひきだ
　匹田鋭吉　ひきた・えいきち　ジャーナリスト・政治家（富山百）
　匹田秀雄　ひきた・ひでお　弁護士，社会運動家（社史）
　匹田一臣　ひきだ・かずおみ　陶芸家（陶芸最）
　匹田進　ひきだ・すすむ　レック常務（日典）

十部

【174】 十

十　つじ
　十一三　つじ・かずみ　「話の票本―弁士・講師へのパスポート」近代文芸社（JM）

十々樹　ととき；とどき
　十々樹りえ　ととき・りえ　小説家（幻想）
　十々樹りえ　とどき・りえ　小説家（大阪文）

1十一　といち；とかず
　十一王洋　といち・おうよう　南画家（大分歴）
　十一元三　といち・もとみ　「発達障害との出会い」創元社（日典3）
　十一美博　とかず・よしひろ　京都新聞常務（日典）

十一谷　じゅういちや
　十一谷義三郎　じゅういちや・ぎさぶろう　小説家（コン5）

2十七　とな
　十七巳之助　とな・みのすけ　市民運動家（日人）

十九　つず
　十九貞衛　つず・さだえ　肥前大村藩士（日人）

十二村　とにむら
　十二村春一　とにむら・しゅんいち　「ふたたび君らに語りかけ」視点社（日典3）

3十久尾　じゅくび
　十久尾零児　じゅくび・れいじ　童話研究家（国典）

十寸見　ますみ
　十寸見可慶　ますみ・かけい　河東節太夫（日人）
　十寸見河東〔10代〕　ますみ・かとう　河東節太夫（日人）
　十寸見河東〔11代〕　ますみ・かとう　浄瑠璃河東節三味線方（日人）

十部(十)

十寸見河東〔9代〕　ますみ・かとう　河東節太夫(日音)
十寸見蘭洲〔6代〕　ますみ・らんしゅう　河東節の名家(日人)

十川　そがわ；そご；そごう；とがわ
十川真弓　そがわ・まゆみ　ヴァイオリニスト,指揮者(演奏)
十川誠志　そご・まさし　脚本家,漫画原作者(幻想)
十川たかし　そごう・たかし　「平生」ふらんす堂(日典3)
十川信介　とがわ・しんすけ　日本文学者(世紀)

[4]十文字　じゅうもんじ
十文字こと　じゅうもんじ・こと　女子教育家(日人)
十文字信介　じゅうもんじ・しんすけ　政治家,実業家(日人)
十文字大元　じゅうもんじ・だいげん　実業家(日人)
十文字美信　じゅうもんじ・びしん　写真家(日人)
十文字良子　じゅうもんじ・よしこ　教育者(日人)

十日市　とうかいち；とおかいち
十日市秀悦　とうかいち・しゅうえつ　ナレーター(テレ)
十日市啓志　とうかいち・ひろし　朝日放送テレビ本部報道局第一報道部専任部長(日典)
十日市晃子　とおかいち・あきこ　「わたしの名字はどこからきたの？」アリス館(日典3)

十月　とづき；とつき
十月ユウ　とづき・ゆう　小説家(幻想)
十月士也　とつき・しや　「椎名くんの鳥獣(とりけも)百科」マッグガーデン(日典3)

[5]十代田　そしろだ
十代田朗　そしろだ・あきら　「観光の新しい潮流と地域」放送大学教育振興会(日典3)
十代田三郎　そしろだ・さぶろう　建築学者(現情)
十代田昭二　そしろだ・しょうじ　「建築保有耐力計算法」オーム社(日典3)
十代田知三　そしろだ・ともぞう　「木造建築工法の仕組み」木造建築文化総合センター(日典3)
十代田三知男　そしろだ・みちお　早大助教授(国典)

十市　といち；とおち
十市王洋　といち・おうよう　画家(名画)
十市勉　といち・つとむ　エネルギー問題研究者(現執4期)
十市王洋　とおち・おうよう　日本画家(日人)
十市安居　とおち・やすおき　南画家(人名)

[6]十合　そごう；とうごう；とおごう
十合暁　そごう・あきら　城西国際大学経営情報学部客員教授(日典3)
十合晋一　とうごう・しんいち　東北学院大学環境防災工学研究所教授(日典)
十合晋一　とおごう・しんいち　「気体軸受―設計から製作まで」共立出版(JM)

十朱　とあけ
十朱かおり　とあけ・かおり　歌手(日典3)
十朱賀正　とあけ・しせい　「トラベルジャンキーアフガニスタン」三一書房(日典3)
十朱久雄　とあけ・ひさお　俳優(新芸)
十朱幸代　とあけ・ゆきよ　女優(日人)

[7]十束　とつか
十束支朗　とつか・しろう　「あたらしい加齢医学」医学出版社(日典3)
十束知佐　とつか・ちさ　翻訳家(日典3)
十束尚宏　とつか・なおひろ　指揮者(演奏)
十束文男　とつか・ふみお　中学校長(現執3期)
十束道郎　とつか・みちろう　国鉄東京給電管理局長(日典)

十見　じゅうみ
十見俊作　じゅうみ・しゅんさく　北越メタル常務(日典3)
十見達也　じゅうみ・たつや　「雪意」文学の森(日典3)

十返　とがえり
十返千鶴子　とがえり・ちずこ　随筆家,評論家(日人)
十返肇　とがえり・はじめ　評論家,小説家(日人)

[8]十和田　とわだ
十和田真　とわだ・まこと　「ラブ・コミ！」アルファポリス,星雲社(発売)(日典3)
十和田操　とわだ・みさお　小説家(日人)
十和田メイ子　とわだ・めいこ　イーサンポ社長(日典3)
十和田竜　とわだ・りゅう　小説家(現執3期)
十和田諒三　とわだ・りょうぞう　僧侶(姓氏岩手)

十国　じっこく
十国修　じっこく・おさむ　詩人(日典3)

十枝　とえだ
十枝修　とえだ・おさむ　徳島大学名誉教授(日典3)
十枝紀巳代　とえだ・きみよ　徳島健生病院研修医(日典3)
十枝澄子　とえだ・すみこ　「落ち葉の小途」オクノプリント社(日典3)
十枝壮伍　とえだ・そうご　中小企業事業団理事(日典)
十枝正子　とえだ・まさこ　「グレゴリオ聖歌選集」サンパウロ(日典3)

十河　じゅうかわ；そがわ；そごう；とうごう；とおごう；とがわ
十河英美　じゅうかわ・ひでみ　「いいねばあちゃん」佐賀市立図書館(日典3)
十河功二　そがわ・こうじ　医療機器専門家(日典)
十河信二　そごう・しんじ　官僚(コン4)
十河章浩　とうごう・あきひろ　社会人野球コーチ(日典)
十河清　とおごう・きよし　高知県副知事(日典3)

十河和康　とがわ・かずやす　「馬 その生涯」(国典)

9 十津川　とつかわ
十津川加佐　とつかわ・くわし　「世界に羽翔け ちょんかけ」澪標 (日典3)
十津川光子　とつかわ・みつこ　慶大医学部 (国典)

十重田　とえだ
十重田裕一　とえだ・ひろかず　研究者 (現執4

10 十倉　とくら
十倉功雄　とくら・いさお　「税務相談365日」納税協会連合会 (日典3)
十倉一雄　とくら・かずお　「節から芽を出す」養徳社 (書籍)
十倉和美　とくら・かずみ　「犬とあなたの物語」集英社 (日典3)
十倉コスエ　とくら・こすえ　割烹店主 (姓氏長野)
十倉綱紀　とくら・つなのり　陸奥会津藩主 (幕末)

十島　としま
十島英明　としま・えいめい　「鑑真和上故国の土を踏む」草の根出版会 (日典3)
十島三郎　としま・さぶろう　「白帛紗」(JM)
十島真理　としま・まり　「発達障害の心理臨床」ナカニシヤ出版 (日典3)
十島雍蔵　としま・やすぞう　「生き方の美学」ナカニシヤ出版 (日典3)

十時　ととき；とどき
十時一夫　ととき・かずお　作曲家, 指揮者 (作曲)
十時弥　ととき・わたる　教育者 (日人)
十時じゅん　とどき・じゅん　女優 (映女)

11 十亀　じゅうがめ；そがめ；とがめ
十亀雅仁　じゅうがめ・まさひと　「あした晴れかな？」PHPエディターズ・グループ (日典3)
十亀史郎　そがめ・しろう　医師 (近医)
十亀正司　とがめ・まさし　クラリネット奏者 (音人3)

十菱　じゅうびし
十菱駿武　じゅうびし・しゅんぶ　考古学者 (平和)
十菱玉樹　じゅうびし・たまき　「ベレット博士の眼がグングンよくなる本」ダイナミックセラーズ (日典3)
十菱愛彦　じゅうびし・よしひこ　劇作家, 小説家 (兵庫文)
十菱龍　じゅうびし・りゅう　厚生労働省東北厚生局長 (日典3)
十菱麟　じゅうびし・りん　「超能力の秘密」たま出版 (日典3)

十貫寺　じゅっかんじ
十貫寺梅軒　じゅっかんじ・ばいけん　俳優 (映男)

十鳥　じゅうとり；ととり
十鳥敏夫　じゅうとり・としお　歌人 (四国文)
十鳥霊石　ととり・れいせき　書家 (日典)

15 十蔵寺　じゅうぞうじ
十蔵寺新　じゅうぞうじ・しん　医師 (日典3)
十蔵寺宗雄　じゅうぞうじ・むねお　武蔵野音楽学園理事 (人情)

【175】 千

千　せん；せんの
千宗室　せん・そうしつ　茶道家 (履歴2)
千昌夫　せん・まさお　歌手 (日人)
千宗室〔11代〕　せんの・そうしつ　茶道家 (コン5)

千々布　ちちぶ
千々布敏弥　ちちぶ・としや　「日本の教師再生戦略」教育出版 (日典3)
千々布義朗　ちちぶ・よしろう　長崎県職員 (人情)

千々和　ちじわ
千々和到　ちじわ・いたる　「寿福寺の大般若経」東国文化研究会 (日典3)
千々和恵美子　ちじわ・えみこ　俳人 (日典3)
千々和聡子　ちじわ・さとこ　フォトジャーナリスト (日典3)
千々和純一　ちじわ・じゅんいち　亜細亜大学学生部長 (日典3)
千々和実　ちじわ・みのる　日本史学者 (郷土)

千々岩　ちじいわ；ちじわ
千々岩健児　ちじいわ・けんじ　機械工学者 (現情)
千々岩英彰　ちじいわ・ひであき　色彩アドバイザー (現執4期)
千々岩和美　ちじわ・かずみ　読売新聞大阪本社科学部長 (日典)

千々波　ちじわ
千々波敬右衛門　ちじわ・けいえもん　治水家 (日人)

千ケ崎　ちがさき
千ケ崎嘉助　ちがさき・かすけ　足立区教委長 (日典)
千ケ崎惣右衛門　ちがさき・そうえもん　茨城県会議長 (日典3)
千ケ崎裕夫　ちがさき・ひろお　防衛医科大学校名誉教授 (日典3)

2 千乃　ちの
千乃裕子　ちの・ゆうこ　宗教家 (現執2期)

3 千万　ちま
千万卓丈　ちま・たくじょう　「紀のくに文化考」和歌山サンケイ新聞社 (日典3)

千川　せんかわ；ちかわ
千川亜紀　せんかわ・あき　「あじさい」短歌新聞社 (日典3)
千川安松　せんかわ・やすまつ　政治家 (和歌山人)
千川純一　ちかわ・じゅんいち　物理学者 (日人)
千川哲生　ちかわ・てつお　「論争家コルネイユ」早稲田大学出版部 (日典3)

⁴千之　せんの；ちの
千之ナイフ　せんの・ないふ　漫画家(幻想)
千之赫子　ちの・かくこ　女優(日人)

千手　せんじゅ；せんず
千手広喜　せんじゅ・こうさい　儒者＝近世(人名3)
千手諒一　せんじゅ・りょういち　九大教授(国典)
千手正美　せんず・まさよし　地理学者(佐賀百)

千木田　ちぎた
千木田克夫　ちぎた・かつお　中里八幡宮々司(国典)

千木良　ちきら；ちぎら
千木良和男　ちきら・かずお「学級を生かす社会科の授業」教育出版(日典3)
千木良かおり　ちぎら・かおり　女優(日典3)
千木良悠子　ちぎら・ゆうこ　小説家、女優(幻想)

⁵千世　ちせ
千世まゆ子　ちせ・まゆこ　民話研究家(幻想)

千代　せんだい；ちしろ；ちよ；ちよの
千代明　せんだい・あきら　画家(日典)
千代侑子　ちしろ・ゆうこ　女優(映女)
千代国一　ちよ・くにいち　歌人(日人)
千代春道　ちよの・はるみち　戯作者＝近世(人名4)

千代丸　ちよまる
千代丸健二　ちよまる・けんじ　フリージャーナリスト(世紀)

千代谷　ちよたに；ちよや
千代谷慶三　ちよたに・けいぞう　医師(近医)
千代谷慶　ちよや・けい「マイクロコンピュータ制御プログラミング入門」コロナ社(日典3)
千代谷定五郎　ちよや・さだごろう　剣道場「西武館」創設者(青森人)

千代延　ちよのぶ；ちよのべ
千代延啓次郎　ちよのぶ・けいじろう　浜田商工会議所第3代会頭(島根歴)
千代延尚寿　ちよのぶ・たかひさ　民俗学者(郷土)
千代延紫　ちよのべ・むらさき　小説家(日典)

千代倉　ちよくら
千代倉桜舟　ちよくら・おうしゅう　書家(郷土千葉)
千代倉弘明　ちよくら・ひろあき　慶応義塾大学環境情報学部教授(日典3)

千代崎　ちよざき
千代崎一夫　ちよざき・かずお「マンション管理士が教えるだまされない鉄則100」講談社(日典3)
千代崎備道　ちよざき・ともみち「ホセア書」いのちのことば社(日典3)
千代崎秀雄　ちよざき・ひでお　牧師(現執3期)
千代崎未央　ちよざき・みお「『女性をつくりかえる』という思想」明石書店(日典3)

千北　ちきた；ちぎた
千北隆山　ちきた・りゅうざん「二十一世紀の仏教」大聖寺(日典3)
千北和宏　ちぎた・かずひろ「CD-R活用ガイド」ソフトバンク出版事業部(日典3)
千北光徳　ちぎた・みつのり　カメラマン(写人)

千布　ちふ
千布利雄　ちふ・としお　郵便局職員(アナ)
千布亮輔　ちふ・りょうすけ　ラグビー選手(日典3)

千本　せんぼん；せんもと；ちもと
千本福隆　せんぼん・よしたか　物理学者、数学者(数学)
千本福隆　せんもと・よしたか　物理学者、数学者(日人)
千本博愛　ちもと・ひろちか　チェロ奏者(音人3)

千本木　せんぼんぎ
千本木岳　せんぼんぎ・がく　ライター(日典3)
千本木きみ　せんぼんぎ・きみ「よそとせ」歌樹社(日典3)
千本木繁人　せんぼんぎ・しげと「ユーカリ樹に関する資料」Fazenda Monte d'Este Campinas(日典3)
千本木一　せんぼんぎ・はじめ　漫画家(YA)
千本木道子　せんぼんぎ・みちこ　女性運動家(近女)

千田　せんた；せんだ；ちだ
千田哲資　せんた・てつし「稚魚の自然史」北海道大学図書刊行会
千田是也　せんだ・これや　俳優、演出家(コン4)
千田謙蔵　ちだ・けんぞう　政治家(日人)

⁶千吉良　ちぎら
千吉良英毅　ちぎら・えいき　日立製作所情報システム事業部(日典3)
千吉良恵子　ちぎら・けいこ「美人力を引き出す千吉良恵子の効くメイク」アスコム(日典3)
千吉良覚　ちぎら・さとる　群馬県教育長(日典)
千吉良直紀　ちぎら・なおき「線形代数」学術図書出版社(日典3)

千名　せんな
千名貴志　せんな・たかし　話し方教育センター代表取締役、ゼファーシステム代表取締役(日典3)
千名裕　せんな・ゆたか　話し方教育専門家(現執3期)

千成　せんなり；ちなり
千成俊夫　せんなり・としお　音楽教育者(音人3)
千成真奈美　ちなり・まなみ　園芸家(日典3)

千早　ちはや
千早晶子　ちはや・あきこ　女優(映女)
千早耿一郎　ちはや・こういちろう　銀行家、著述家(滋賀文)
千早泰膳　ちはや・たいぜん　幕儒(姓氏岩手)
千早猛彦　ちはや・たけひこ　軍人(陸海)
千早正隆　ちはや・まさたか　軍人(陸海)

十部(千)

千江　ちえ
　千江豊夫　ちえ・とよお「ほおずきまつり」アリス館(書籍)

千羽　せんば；ちば
　千羽カモメ　せんば・かもめ「正捕手の篠原さん」メディアファクトリー(日典3)
　千羽理芳　せんば・りほう　華道家(日人)
　千羽喜代子　ちば・きよこ　大妻女子大学家政学部児童学科教授(日典)
　千羽晋示　ちば・しんじ「出水のツル」春苑堂出版(日典3)

7千住　せんじゅ；せんじゅう
　千住武次郎　せんじゅ・たけじろう　教育者(日人)
　千住真理子　せんじゅ・まりこ　バイオリニスト(日人)
　千住章　せんじゅう・あきら　佐賀県労連議長(日典3)
　千住西亭　せんじゅう・せいてい　肥前佐賀藩士(幕末)

千坂　ちさか；ちざか
　千坂高雅　ちさか・たかまさ　官僚, 政治家(コン5)
　千坂正郎　ちさか・まさお　登山家(世紀)
　千坂高雅　ちざか・たかまさ　官僚, 政治家(海越新)
　千坂智次郎　ちざか・ともじろう　海軍軍人(人名)

千尾　ちお
　千尾将　ちお・まさる　経営評論家(現執3期)

千条　ちじょう
　千条武　ちじょう・たけし「仮出獄の取消しに関する実証的研究」法務総合研究所(日典3)
　千条真知子　ちじょう・まちこ「ピエール・リヴィエール」河出書房新社(日典3)
　千条真理子　ちじょう・まりこ「トルコ新聞記事翻訳ハンドブック」東京外国語大学中東イスラーム教育研究プロジェクト(日典3)

千村　ちむら
　千村明　ちむら・あきら　エネルギー問題研究者(現執3期)
　千村五郎　ちむら・ごろう　牧師(海越新)
　千村作五郎　ちむら・さくごろう　実業家(岡山歴)
　千村峒陽　ちむら・とうよう　尾張藩士, 儒学者(日人)
　千村雅信　ちむら・まさのぶ　ファゴット(バスーン)奏者(音人3)

千沢　ちざわ
　千沢楨治　ちざわ・ていじ　美術史家(日人)
　千沢のり子　ちざわ・のりこ「ルームシェア」講談社(日典3)
　千沢仁　ちざわ・まさし　歌人(日典3)

千谷　ちたに；ちだに；ちや
　千谷利三　ちたに・としぞう　化学者(日人)
　千谷七郎　ちだに・しちろう　医師(近医)
　千谷道雄　ちや・みちお　演劇評論家(世紀)

千貝　ちがい
　千貝純弘　ちがい・すみひろ　詩人(国典)

千足　せんぞく；ちあし；ちたり
　千足伸行　せんぞく・のぶゆき　美術評論家(現執4期)
　千足一弘　ちあし・かずひろ「鎮魂華」Joint・people(日典3)
　千足高保　ちたり・たかやす「白隠と禅画」日独協会(日典3)

千里　せんり；ちさと
　千里唱子　せんり・しょうこ「暇さえあれば旅行したい！」集英社(日典3)
　千里みき　せんり・みき　漫才師(日典)
　千里縁　ちさと・ゆかり「「おばん」はセクハラ」郁朋社(日典3)

千阪　せんざか；ちさか；ちざか
　千阪茂　せんざか・しげる「ちょっと愉快な千阪先生奮戦記」近代文芸社(JM)
　千阪高雅　ちさか・たかまさ　官僚, 政治家(コン改)
　千阪高雅　ちざか・たかまさ　官僚(人名4)

8千国　ちくに
　千国史郎　ちくに・しろう「太平洋岸オヒョウ漁業の規制」大日本水産会北洋資源研究協議会(日典)
　千国宏文　ちくに・ひろふみ「やっぱり胎児は天才だ」祥伝社(日典3)
　千国安之輔　ちくに・やすのすけ　研究者(児人)

千房　ちふさ
　千房輝　ちふさ・こう　造形家, 写真家(写人)
　千房雅美　ちふさ・まさみ　写真家(日典3)

千明　ちあき；ちぎら
　千明太郎　ちあき・たろう「キミイロフォーカス」秋田書店(日典3)
　千明初美　ちぎら・はつみ　漫画家(漫人)
　千明みゆき　ちぎら・みゆき　女優(映女)

千林　せんりん；ちばやし
　千林尼　せんりん・に　尼僧(日人)
　千林紀子　ちばやし・のりこ　アサヒビール・マーケティング部商品開発課(日典3)

千波　せんば；ちなみ；ちば
　千波丈太郎　せんば・じょうたろう　俳優(映男)
　千波俊彦　ちなみ・としひこ　写真家(日典)
　千波主税　ちば・ちから「今日から始める市町村財政分析」自治体研究社(日典3)

千金　ちがね
　千金貫事　ちがね・かんじ　全国農民組合県連メンバー(島根歴)
　千金美穂　ちがね・みほ　イラストレーター, ペーパークラフト作家(日典3)

千金良　ちぎら
　千金良宗三郎　ちぎら・そうさぶろう　銀行家(コン5)
　千金良宗三郎　ちぎら・そうざぶろう　銀行家(コン4)

十部（千）

[9]千保　せんぼ
- 千保霞舟　せんぽ・かしゅう　「立山の雪」そうぶん社出版（日典3）
- 千保一夫　せんぽ・かずお　政治家（現政）
- 千保喜久夫　せんぽ・きくお　シニアプラン開発機構主席研究員（日典3）

千城　ちぎ；ちしろ
- 千城央　ちぎ・ひさし　「ゆりかごのヤマト王朝」本の森（日典3）
- 千城健　ちしろ・けん　経営コンサルタント（現執3期）

千畑　ちばた
- 千畑一郎　ちばた・いちろう　「味とにおいの化学」学会出版センター（書籍）

千秋　せんしゅう；ちあき
- 千秋次郎　せんしゅう・じろう　作曲家（作曲）
- 千秋実　ちあき・みのる　俳優（日人）

千草　ちくさ；ちぐさ
- 千草恒男　ちくさ・つねお　市民運動家（日人）
- 千草香子　ちぐさ・きょうこ　女優（新芸）
- 千草忠夫　ちぐさ・ただお　小説家（幻想）

[10]千倉　ちくら
- 千倉宗岳　ちくら・そうがく　経営コンサルタント（日典3）
- 千倉孝　ちくら・たかし　出版人（出文）
- 千倉武夫　ちくら・たけお　「金元清三朝統治史攷」（日典3）
- 千倉真理　ちくら・まり　ディスクジョッキー（日典3）
- 千倉豊　ちくら・ゆたか　出版人（出文）

千原　ちはら
- 千原叡子　ちはら・えいこ　俳人（兵庫文）
- 千原繁子　ちはら・しげこ　医師（日人）
- 千原しのぶ　ちはら・しのぶ　女優（新芸）
- 千原草之　ちはら・そうし　俳人（俳之）
- 千原豊太　ちはら・とよた　郷土史家,神官（郷土）

千家　せんけ；せんげ
- 千家尊福　せんけ・たかとみ　神道家,政治家（世人）
- 千家元麿　せんけ・もとまろ　詩人（コン4）
- 千家尊福　せんげ・たかとみ　神道家,政治家（コン5）
- 千家元麿　せんげ・もとまろ　詩人（日人）

千島　ちしま
- 千島勲　ちしま・いさお　弁護士（日典3）
- 千島英一　ちしま・えいいち　中国語学者（現執3期）
- 千島喜久男　ちしま・きくお　岐阜大教授（国典）
- 千島熊蔵　ちしま・くまぞう　埼玉県秩父第一中校長（国典）
- 千島基嗣　ちしま・もとつぐ　弓道家,弓道教士（弓道）

[11]千崎　せんざき
- 千崎繁　せんざき・しげる　タテホ化学工業社長（日典3）

千崎達也　せんざき・たつや　映像ディレクター（日典3）
- 千崎千恵夫　せんざき・ちえお　現代美術家（日典3）
- 千崎登季生　せんざき・ときお　「草紅葉」至芸出版社（日典3）
- 千崎如幻　せんざき・にょげん　僧侶（日人）

千斛　せんごく
- 千斛匡輔　せんごく・きょうすけ　証券ビジネス学院院長（日典）

千野　せんの；ちの
- 千野金太丸　せんの・きんたまる　書肆,狂歌師（日人）
- 千野弘美　せんの・ひろみ　女優（テレ）
- 千野栄一　ちの・えいいち　言語学者（日人）
- 千野境子　ちの・けいこ　ジャーナリスト（世紀）

千野田　ちのだ
- 千野田仁己　ちのだ・ひとみ　陶芸家（陶工）

千野原　せんのはら
- 千野原靖方　せんのはら・やすかた　歴史研究家（日典3）

[12]千廐　せんまや
- 千廐ともゑ　せんまや・ともえ　編集者,海外取材記者（YA）

千喜良　ちきら；ちぎら
- 千喜良英之助　ちきら・えいのすけ　教育者（岩手百）
- 千喜良英二　ちぎら・えいじ　和算家（数学）
- 千喜良英之助　ちぎら・えいのすけ　教育者（姓氏岩手）

千場　せんば；ちば
- 千場茂勝　せんば・しげかつ　弁護士（日典3）
- 千場よし子　せんば・よしこ　浪曲師（テレ）
- 千場清　ちば・きよし　「風の萩」千場清（JM）

千塚　ちづか
- 千塚剣一郎　ちづか・けんいちろう　上野館林藩士,撃剣家（剣豪）
- 千塚滋夫　ちづか・しげお　東京造形大講師（国典）
- 千塚鉄也　ちづか・てつや　「カブト・クワガタこんちゅうめいろ」講談社（日典3）

千尋　ちひろ
- 千尋悠子　ちひろ・ゆうこ　陶芸家（陶工）
- 千尋洋子　ちひろ・ようこ　舞踊家（日典3）

千勝　ちかつ
- 千勝重次　ちかつ・しげつぐ　国文学者（短歌）
- 千勝三喜男　ちかつ・みきお　国学院大学久我山中学・高等学校副校長（日典3）
- 千勝朗　ちかつ・よしあき　「千勝神社秘伝のよい家相・悪い家相」主婦と生活社（日典3）
- 千勝義重　ちかつ・よししげ　「八王子織物史」新泉社（日典3）

千賀　せんか；せんが；ちか；ちが
- 千賀恒一　せんか・つねいち　兵機海運代表取締役社長（日典）
- 千賀鶴太郎　せんが・つるたろう　法律学者（日人）

十部（午,升）

千賀鶴太郎　ちか・つるたろう　法律学者（岡山人）
千賀信立　ちが・のぶたつ　尾張藩家老（幕末）

千賀崎　ちがさき
千賀崎義香　ちがさき・よしか　蚕糸学者（日人）

千間　せんま
千間武二　せんま・たけじ　興能信用金庫理事長（人情）
千間基秋　せんま・もとあき「義母の吐息」コアマガジン（日典3）

千須和　ちすわ；ちづわ
千須和富士夫　ちすわ・ふじお「現代内航船主経営史の研究」多賀出版（日典3）
千須和正之　ちずわ・まさゆき　ペーパーイラストレーター（日典3）

[13]**千歳　せんざい；ちとせ**
千歳一兵衛　せんざい・いちべえ　政治家（姓氏京都）
千歳竹三　せんざい・たけぞう　千歳興産社長（日典）
千歳俊田　ちとせ・しゅんでん　僧（山形百）
千歳米坡　ちとせ・べいは　芸者（近女）

千載　ちとせ
千載万香美　ちとせ・まかみ　宗教家（女性普）

[14]**千徳　せんとく**
千徳英一　せんとく・えいいち「アイデア・ドローイング」共立出版（日典3）
千徳太郎治　せんとく・たろうじ　樺太アイヌ民族指導者,教育所教員（社史）
千徳広史　せんとく・ひろし　淑徳大学総合福祉学部教授（日典3）
千徳光彦　せんとく・みつひこ　第一製薬常務

千種　ちくさ；ちぐさ
千種有文　ちくさ・ありふみ　公家（国書）
千種清美　ちくさ・きよみ「伊勢神宮」ウェッジ（日典3）
千種有文　ちぐさ・ありふみ　公卿（コン5）
千種堅　ちぐさ・けん　翻訳家（日人）

[15]**千蔵　ちくら**
千蔵八郎　ちくら・はちろう　音楽評論家（音人3）
千蔵まき　ちくら・まき「アォゥル・アルカディア」ミリオン出版（日典3）

千輝　ちぎら
千輝玉斎　ちぎら・ぎょくさい　画家（郷土群馬）
千輝順子　ちぎら・じゅんこ　翻訳家（日典3）
千輝淳二　ちぎら・じゅんじ　関東精機（株）大友工場顧問（日典3）
千輝仙蔵　ちぎら・せんぞう　実業家,政治家（群馬人）

千輪　ちわ
千輪慧　ちわ・さとし　僧侶（真宗）
千輪性海　ちわ・しょうかい　僧,社会事業家（人）
千輪性海　ちわ・じょうかい　僧（岡山歴）
千輪清海　ちわ・せいかい　僧・教育者（岡山歴）

千輪浩　ちわ・ひろし　心理学者（世紀）

[16]**千頭　せんとう；ちかみ；ちがみ**
千頭和夫　せんとう・かずお　洋画家（洋画）
千頭清臣　ちかみ・きよおみ　官僚（コン）
千頭衛　ちがみ・まもる　八千代田産業専務（日典3）

千頭和　ちずわ
千頭和錬太郎　ちずわ・れんたろう　静岡県議（日典）

[18]**千藤　せんとう；せんどう；ちふじ**
千藤三千造　せんとう・みちぞう　工業火薬協会会長（日典3）
千藤幸蔵　せんどう・こうぞう　三味線奏者（芸能）
千藤幸蔵　ちふじ・こうぞう　三味線奏者（芸能）

[20]**千巌　ちぐさ；ちわや**
千巌明光　ちぐさ・あけみつ　交通評論家（日典）
千巌克郎　ちわや・かつお　経営者（紳士）

【176】午

[7]**午来　ごらい**
午来昌　ごらい・さかえ　政治家（現政）
午来ヨリ子　ごらい・よりこ「肝臓病の看護」医学出版社（日典3）

【177】升

升　ます
升作平　ます・さくへい　政治家（姓氏宮城）
升宗次郎　ます・そうじろう　弓道家,弓道教士（弓道）
升たか　ます・たか　画家,イラストレーター（日典3）
升毅　ます・たけし　俳優（日映男）
升秀夫　ます・ひでお　ミュージシャン（テレ）

[4]**升巴　ますとも**
升巴龍隆　ますとも・りくりゅう　僧侶（大分歴）
升巴陸竜　ますとも・りくりょう　宗教家,実業家（日人）
升巴陸龍　ますとも・りくりょう　浄土真宗西本願寺の布教師（世紀）

[5]**升田　ますた；ますだ**
升田世喜男　ますた・せきお　青森県議（日典）
升田幸三　ますだ・こうぞう　棋士（コン4）
升田俊樹　ますだ・としき　チェロ奏者（演奏）

[7]**升谷　ますたに；ますや**
升谷一灯　ますたに・いっとう「白雲」升谷かの子（日典3）
升谷孝也　ますたに・たかや　日本大学名誉教授（日典）
升谷五郎　ますや・ごろう「スクラムジェット燃焼器におけるストラット効果」宇宙航空研究開発機構（日典3）
升谷正勝　ますや・まさかつ　岩手朝日テレビ業務局局長（日典）

[8]升味 ますみ
  升味佐江子　ますみ・さえこ　弁護士（日典3）
  升味準之輔　ますみ・じゅんのすけ　政治学者（日人）
  升味蓼子　ますみ・りょうこ「枕ことば接語例解」万葉書房（日典3）

[11]升崎 ますざき
  升崎外彦　ますざき・そとひこ　牧師,農村漁村伝道者（郷土和歌山）
  升崎登美子　ますざき・とみこ「初めてでも楽しく編めるニットの小物」SSコミュニケーションズ（日典3）

【178】半

[4]半井 なかばい；なからい；はんい
  半井茉莉子　なかばい・まりこ「どっと霧」ふらんす堂（日典3）
  半井桃水　なからい・とうすい　小説家,作詞家（コン5）
  半井甘平　はんい・かんぺい「半井甘平句集」詩歌文学刊行会（日典3）

[5]半本 はんもと
  半本ひろみ　はんもと・ひろみ　トランポリン選手（日典3）
  半本操子　はんもと・みさこ　元東京都立ろう学校教師（人情）

半田 なかた；はんた；はんだ
  半田俠一　なかた・けんいち「合成怪物」岩崎書店（書籍）
  半田正興　はんた・まさおき「「はがき」は人生を変える」PHP研究所（日典3）
  半田良平　はんだ・りょうへい　歌人（コン5）

[7]半坂 はんさか；はんざか
  半坂忍　はんさか・しのぶ　「月刊社会党」編集長（日典3）
  半坂剛　はんざか・つよし　テクニカルライター（日典3）

半谷 なからや；はんがい；はんがや；はんや
  半谷悌三郎　なからや・ていざぶろう　教員（社史）
  半谷清寿　はんがい・せいじゅ　代議士,農政家（福島百）
  半谷三郎　はんがや・さぶろう　詩人（現詩）
  半谷高久　はんや・たかひさ　地球化学者（日人）

[8]半明 はんみょう
  半明照三　はんみょう・てるみ　（株）構造計画研究所研究開発部長代理（日典3）
  半明英夫　はんみょう・ひでお　政治家（現政）
  半明正之　はんみょう・まさゆき　JFEスチール会長（日典3）

[12]半間 はんま
  半間巌一　はんま・がんいち　ジャズマン（ジヤ）
  半間清栄　はんま・せいえい　総合研究開発機構研究企画部研究員（日典3）

[17]半嶺 はんみね
  半嶺当áy súc　はんみね・とうたい　政治家（現政）

[18]半藤 はんどう
  半藤一利　はんどう・かずとし　ジャーナリスト,エッセイスト（日人）
  半藤和巳　はんどう・かずみ「東京付近夜行日帰りの山旅」国典（国典）
  半藤弦　はんどう・げん　俳人（日典3）
  半藤保　はんどう・たもつ　新潟青陵大学看護福祉心理学部看護学科教授（日典3）
  半藤英明　はんどう・ひであき「日本語助詞の文法」新典社（日典3）

【179】卒

[5]卒田 そった
  卒田正直　そった・まさなお　（株）北摂地建社長（日典）

【180】南

南 なむ；なん；みなみ
  南一路　なむ・いっろ「白いちぎれ雲」海風社（JM）
  南勝　なん・かつ　俳優（日典3）
  南次郎　みなみ・じろう　陸軍軍（コン5）

[3]南上 なんじょう
  南上敦子　なんじょう・あつこ　俳人（奈良文）
  南上加代子　なんじょう・かよこ「南上加代子句集」芸風書院（日典3）
  南上北人　なんじょう・ほくじん　俳人（大阪文）

南口 なんこ；なんこう；みなぐち；みなみぐち
  南口正成　なんこ・まさなり　ナンコ商会社長（紳士）
  南口晋介　なんこう・しんすけ　京都ダイカスト工業非常勤取締役（日典3）
  南口重治　みなぐち・しげはる　テイチク社長（人情）
  南口健一　みなみぐち・けんいち　南口精工社長（日典3）

南大路 なんだいじ；みなみおうじ；みなみおおじ
  南大路豊　なんだいじ・ゆたか　旅行作家（日典）
  南大路一　みなみおうじ・はじめ　洋画家（洋画）
  南大路くに　みなみおおじ・くに　聖ドミニコ女子修道会会員（日典3）

南山 なんざん；みなみやま
  南山潤司　なんざん・じゅんじ「学級経営力・高学年学級担任の責任」明治図書出版（日典3）
  南山誠林　なんざん・せいりん　占い師（日典3）
  南山淳　みなみやま・あつし「国際安全保障の系譜学」国際書院（日典3）
  南山宏　みなみやま・ひろし　SF作家,翻訳家（幻想）

南川 ながわ；みなかわ；みながわ；みなみかわ；みなみがわ
  南川貞治　ながわ・ていじ「ミュージカル」（国典）

十部（南）　　　　　　　　　　　　　　　　　　　　　　　　　　　　　　　　　　　　　　　〔180〕

南川和茂　みなかわ・かずしげ　弁護士（日典）
南川郁治　みながわ・いくはる　元・共栄火災海上保険専務（日典）
南川潤　みなみかわ・じゅん　小説家（日人）
南川諦弘　みなみがわ・あきひろ　弁護士（日典3）

[4]南井　みない
南井克巳　みない・かつみ　騎手（現情）
南井慶二　みない・けいじ　翻訳家（日典3）
南井健治　みない・けんじ　インダストリアルデザイナー（日典3）
南井大介　みない・だいすけ　「楠木統十郎の災難な日々」アスキー・メディアワークス，角川グループパブリッシング（発売）（日典3）
南井ひろ　みない・ひろ　タレント（日典3）

南戸　なんと；なんど
南戸秀仁　なんと・ひでひと　金沢工業大学工学部教授（日典）
南戸義博　なんど・よしひろ　運輸省交通安全公害研究所長（日典）

南方　なんぽう；みなかた；みなみかた；みなみがた
南方隆正　なんぽう・りゅうせい　「創価学会教学の本質」閣文社（日典3）
南方熊楠　みなかた・くまぐす　生物学者，人類学者，民俗学者（日人）
南方暁　みなみかた・さとし　「留学生と新潟の国際化」新潟日報事業社（日典3）
南方一枝　みなみがた・いっし　周防岩国藩士（幕末）

南日　なんにち
南日喜代　なんにち・きよ　富山県連合婦人会長（姓氏富山）
南日恒太郎　なんにち・つねたろう　英語学者（コン）
南日俊夫　なんにち・としお　海洋学者，気象学者（現情）
南日実　なんにち・みのる　教育者（姓氏富山）
南日芦洲　なんにち・ろしゅう　俳人（富山文）

南木　なぎ；なみき；なんき；なんもく；みなき；みなぎ
南木佳士　なぎ・けいし　小説家（日人）
南木裕　なみき・ひろし　「インスタントCORBA」シイエム・シイ出版部，シーブック24ドットコム（発売）（日典3）
南木芳太郎　なんき・よしたろう　郷土史家（日人）
南木清美　なんもく・きよみ　イラストレーター（日典）
南木睦彦　みなき・むつひこ　流通科学大学情報学部助教授（日典）
南木仁　みなぎ・ひとし　僧侶（日典）

[5]南平　なんぺい
南平妙子　なんぺい・たえこ　「黒の迷宮から」アキライケダギャラリー（日典3）
南平正弘　なんぺい・まさひろ　オーツタイヤ社長（人情）

南本　みなみもと；みなもと
南本樹　みなみもと・しげる　児童（児人）
南本史　みなみもと・ちか　翻訳家（世紀）
南本義一　みなもと・よしかず　岡山大学教育学部教授（日典）

南田　なんだ；みなみだ
南田幹多　なんだ・かんた　「存論」小松印刷製本（日典3）
南田忠人　なんだ・ただと　地方政治家（岡山歴）
南田操　みなみだ・そう　作家，アニメ評論家（幻想）
南田洋子　みなみだ・ようこ　女優（新芸）

[6]南江　なんえ；なんこう
南江治郎　なんえ・じろう　詩人（日人）
南江二郎　なんえ・じろう　人形劇研究家，詩人（京都文）
南江宗侃　なんこう・しゅうがく　禅僧＝中世（人名4）

[7]南坊　なんぼう
南坊進策　なんぼう・しんさく　「中南米紀行」中外書房（日典3）
南坊平造　なんぼう・へいぞう　日本化薬取締役・共和レザー常務（日典3）
南坊義道　なんぼう・よしみち　小説家（現情）

南条　なじょう；なんじょう；みなみ
南条文雄　なじょう・ぶんゆう　梵語学者，僧侶（歴大）
南条文雄　なんじょう・ぶんゆう　梵語学者，僧侶（コン5）
南条太郎　みなみ・じょうたろう　「雲雀」南条太郎（JM）

南村　なむら；みなみむら
南村清二　なむら・せいじ　城西消費購買組合組合員（社史）
南村隆夫　なむら・たかお　外交官（現執3期）
南村長治　みなみむら・ちょうじ　詩人（紀伊文）
南村康弘　みなみむら・やすひろ　写真家（写人）

南沢　なんざわ；みなみさわ；みなみざわ
南沢洋二　なんざわ・ようじ　「北の大地の五目ばなし」鳥影社（日典3）
南沢裟裟松　みなみさわ・けさまつ　社会運動家（アナ）
南沢十七　みなみざわ・じゅうしち　小説家，新聞記者（幻想）

南谷　なや；なんや；みなたに；みなだに；みなみたに；みなみだに；みなみや
南谷正直　なや・まさなお　日中平和友好会副会長（日典）
南谷博一　なんや・ひろかず　マンドリン奏者（演奏）
南谷文一　みなたに・ぶんいち　「民法」国元書房（日典）
南谷猛　みなだに・たけし　「バングラデシュ経済がわかる本」徳間書店（日典3）
南谷郁子　みなみたに・いくこ　「中国音楽史」シンフォニア（日典3）
南谷和吉　みなみだに・わきち　歌人（四国文）

南谷佳世　みなみや・かよ「絵本の作家たち」平凡社（日典3）
南里　なんり
　南里征典　なんり・せいてん　新聞記者,小説家（小説）
　南里たい子　なんり・たいこ　童話作家（児人）
　南里文雄　なんり・ふみお　ジャズトランペット奏者（コン4）
　南里雄一郎　なんり・ゆういちろう　ジャズ・トランペット奏者（新芸）
　南里侑香　なんり・ゆうか　声優（テレ）
[8]南房　なんぼう
　南房秀久　なんぼう・ひでひさ　小説家（幻想）
南斉　なんさい；なんざい
　南斉清巳　なんさい・きよみ「It is IT」思門出版会（日典3）
　南斉孝吉　なんざい・こうきち　技師（土木）
南林　なんばやし；みなみばやし
　南林さえ子　なんばやし・さえこ「社会科学系のコンピュータリテラシー」学術図書出版社（日典）
　南林謙吉　みなみばやし・けんきち　富山相互銀行常務（日典）
　南林仁十郎　みなみばやし・じんじゅうろう　大地主（姓氏富山）
南波　なんば；みなみ
　南波健二　なんば・けんじ　漫画家,劇画家（YA）
　南波松太郎　なんば・まつたろう　歴史学者（世紀）
　南波ルツ　みなみ・るつ「君を傷つけた理由・もう一度、愛」ハーレクイン（日典）
南迫　みなみさこ；みなみせこ
　南迫亭秋　みなみさこ・ていしゅう　俳人（紀伊文）
　南迫哲也　みなみせこ・てつや　工学院大学工学部建築学科教授（日典）
[9]南保　なんぼ；なんぽ；みなみまた
　南保一豊　なんぼ・かずとよ　加賀藩士（幕末）
　南保虎之助　なんぽ・とらのすけ　加賀藩士（剣豪）
　南保徳双　みなみまた・とくなみ　柔道選手（日典3）
南城　なんじょう；みなしろ
　南城一夫　なんじょう・かずお　洋画家（洋画）
　南城慶子　なんじょう・けいこ「性活の知恵」こう書房（日典）
　南城ひかり　みなしろ・ひかり　宝塚歌劇団員（日典）
南洞　なんとう；なんどう
　南洞頼顕　なんとう・らいけん　政治家（姓氏岩手）
　南洞頼中　なんとう・らいちゅう　僧（姓氏岩手）
　南洞邦夫　なんどう・くにお　元・スピードスケート選手（日典）
南美川　なみかわ
　南美川洋子　なみかわ・ようこ　女優（和モ）

南風　なんぷう；はえ；みなかぜ；みなみかぜ
　南風カオル　なんぷう・かおる　俳優（新芸）
　南風エミ　はえ・えみ「ヨレのニャンタマ通信」エンターブレイン（日典3）
　南風洋子　みなかぜ・ようこ　女優（新芸）
　南風夕子　みなかぜ・ゆうこ　女優（映女）
南風原　はいばら；はえはら；はえばら；はえばる
　南風原英之　はいばら・ひでゆき「病理組織標本のアーティファクト」医歯薬出版（日典3）
　南風原英意　はえはら・えいい　教育者（姓氏沖縄）
　南風原朝保　はえはら・ちょうほ　医学者（姓氏沖縄）
　南風原朝光　はえばる・ちょうこう　洋画家（日人）
[10]南原　なんばら；みなみはら
　南原繁　なんばら・しげる　政治学者,評論家（コン4）
　南原幹雄　なんばら・みきお　小説家（日人）
　南原魚人　みなみはら・ぎょじん「微炭酸フライデー」草原詩社, 星雲社（発売）
　南原啓子　みなみはら・けいこ「南原啓子句集」大和書房（日典）
南家　なんけ；なんげ
　南家こうじ　なんけ・こうじ　アニメーター（児人）
　南家礼子　なんけ・れいこ　小説家（幻想）
　南家明　なんげ・あきら「三瓶植物誌」栃の葉書房（日典3）
南宮　なんきゅう；なんぐう
　南宮寛　なんきゅう・しょく「入門反応工学」工学図書（日典3）
　南宮一郎　なんぐう・いちろう　読売新聞事業本部参与兼庶務課長（日典3）
　南宮浩基　なんぐう・こうき「グローバル・ブレインにリンクする日」インターナショナル・トムソン・パブリッシング・ジャパン（日典3）
南浮　なんぶ
　南浮二雄　なんぶ・つぐお　元・江商（現・兼松江商）常務（日典）
[11]南堀　みなみほり；みなみぼり
　南堀英二　みなみほり・えいじ「奇跡の医師」光人社（日典3）
　南堀健司　みなみぼり・けんじ　奈良県農業試験場園芸課技師（国典）
南崎　なんざき；みなみさき；みなみざき
　南崎いく　なんざき・いく「クイーンズブレイド」角川書店, 角川グループパブリッシング（発売）
　南崎晋　みなみさき・しん「自主学習わかる文語口語文法」中央図書（日典3）
　南崎常右衛門　みなみざき・つねえもん　茶業家（日人）
南斎　なんさい；なんざい
　南斎規介　なんさい・けいすけ「産業連関表による環境負荷原単位データブック（3EID）」国立環境研究所地球環境研究センター（日典3）

十部(博)

南斎征夫　なんざい・ゆくお　大阪市立大学名誉教授(日典3)

南淵　なぶち；みなぶち；みなみぶち
　南淵明宏　なぶち・あきひろ　医師(日典)
　南淵一輝　みなぶち・かずい　俳優(映男)
　南淵信　みなぶち・しん　詩人(大阪文)

南郷　なんごう
　南郷京之助　なんごう・きょうのすけ　俳優(映男)
　南郷茂男　なんごう・しげお　軍人(陸海)
　南郷茂光　なんごう・しげみつ　加賀藩留学生、軍人(日人)
　南郷次郎　なんごう・じろう　柔道家、海軍軍人(日人)
　南郷武夫　なんごう・たけお　政治家(姓氏鹿児島)

南都　なんと
　南都伸介　なんと・しんすけ　医師(日典3)
　南都雄二　なんと・ゆうじ　漫才師(日人)

南部　なんぶ；みなべ
　南部忠平　なんぶ・ちゅうへい　陸上競技選手、教育者(コン4)
　南部陽一郎　なんぶ・よういちろう　理論物理学者(コン4)
　南部憲一郎　みなべ・けんいちろう　「ゆくみち」「南の風社」(日典)
　南部めい子　みなべ・めいこ　漫画家(YA)

南野　なんの；のうの；のおの；みなみの
　南野武衛　なんの・たけえ　郷土史家(郷土)
　南野敦子　のうの・あつこ　「すずしろ」川柳展望社(現執2期)
　南野知恵子　のおの・ちえこ　政治家(現政)
　南野陽子　みなみの・ようこ　女優(日映女)

12 **南塚　みなみずか；みなみつか**
　南塚信吾　みなみずか・しんご　ハンガリー史学者(現執4期)
　南塚直子　みなみつか・なおこ　童画家(児人)

南葉　なんば
　南葉宗利　なんば・むねとし　熊大講師(国典)

南蛮寺　なんばんじ
　南蛮寺万造　なんばんじ・まんぞう　随筆家、俳人(近文)

南隅　なんぐう
　南隅昇　なんぐう・のぼる　「株主の議決権行使」白桃書房(日典3)

南陽　なんよう
　南陽禹範　なんよう・うはん　南陽鋳造社長、南陽鉄工社長(日典3)
　南陽外史　なんよう・がいし　翻案小説家、新聞記者(兵庫文)

南雲　なぐも；なんくも
　南雲仁一　なぐも・じんいち　生体工学者(日人)
　南雲忠一　なぐも・ちゅういち　軍人(日人)
　南雲進　なんくも・すすむ　小学校教師(日典3)

南須原　なすはら
　南須原浩一　なすはら・こういち　医師(日典3)

　南須原静也　なすはら・しずや　三井倉庫社長(人情)
　南須原彦一　なすはら・ひこいち　歌人(北海道文)
　南須原宏城　なすはら・ひろき　「「秩父の医療」と私」悠飛社(日典3)
　南須原政雄　なすはら・まさお　歌人(北海道文)

13 **南園　みなぞの；みなみその；みなみぞの**
　南園律　みなぞの・りつ　「最上階ペンタグラム」東京創元社(日典)
　南園忠則　みなみその・ただのり　福井工業大学原子力技術応用工学科教授、大阪大学名誉教授(日典)
　南園克己　みなみぞの・かつみ　日東紡社長(日典3)

14 **南種　なぐさ**
　南種康博　なぐさ・やすひろ　「日本工業史」(国典)

16 **南橋　なんきょう；みなみはし**
　南橋散吏　なんきょう・さんし　狂詩家(人名4)
　南橋直哉　みなみはし・なおや　ラグビー選手

南舘　みなみたて；みなみだて
　南舘忠智　みなみたて・ただのり　教育心理学者(現執1期)
　南舘英孝　みなみたて・ひでたか　上智大学外国語学部フランス語学科教授(日典3)
　南舘千晶　みなみだて・ちあき　「漫画版世界の歴史」集英社(日典3)
　南舘昌信　みなみだて・まさのぶ　大垣化成工業相談役(日典)

南館　なんかん；みなみたて
　南館陸奥夫　なんかん・むつお　元神戸地検公判部長(日典)
　南館英孝　みなみたて・ひでたか　「ポール・ロワイヤル文法」(国典)

【181】 博

5 **博田　はかた**
　博田巌　はかた・いわお　ラリードライバー(日典3)
　博田五六　はかた・ごろく　「第1級無線技術士用電気磁気測定」(国典)
　博田節夫　はかた・せつお　星ケ丘厚生年金病院リハビリテーション部長(国典)
　博田草樹　はかた・そうじゅ　歌人(北海道文)
　博田東平　はかた・とうへい　弁護士、政治家(現政)

6 **博多　はかた**
　博多久吉　はかた・きゅうきち　出版人(大阪文)
　博多玄海　はかた・げんかい　博多にわか師(新芸)
　博多淡海〔1代〕　はかた・たんかい　芸能家(日人)
　博多淡海〔2代〕　はかた・たんかい　喜劇役者(新芸)

卜部

【182】 卜

[5]卜田 しめだ
　卜田隆嗣　しめだ・たかし　音楽学者(民族音楽学,音楽教育人類学)(音人3)

[11]卜部 うらべ
　卜部文子　うらべ・あやこ　ピアニスト(音人3)
　卜部喜太郎　うらべ・きたろう　弁護士,政治家(埼玉人)
　卜部晴美　うらべ・はるみ　川柳作家(兵庫文)
　卜部美代志　うらべ・みよし　外科学者(近医)
　卜部亮吾　うらべ・りょうご　宮内庁侍従(履歴2)

[15]卜蔵 ぼくら
　卜蔵梅之丞　ぼくら・うめのじょう　植物病理学者(島根歴)
　卜蔵草耳　ぼくら・そうじ　俳人,意東郵便局長(島根歴)
　卜蔵建治　ぼくら・たけはる「冷害はなぜ繰り返し起きるのか?」農山漁村文化協会(日典3)
　卜蔵ひとみ　ぼくら・ひとみ「ぬかみそ」(国典)
　卜蔵正和　ぼくら・まさかず　建築家(日典3)

【183】 卞

卞 べん
　卞惟行　べん・いこう「中国語第一歩」晃洋書房(JM)

【184】 占

[11]占部 うらべ
　占部薫　うらべ・かおる　医師(近医)
　占部観順　うらべ・かんじゅん　真宗興正派学僧(真宗)
　占部都美　うらべ・くによし　経営学者(日人)
　占部光政　うらべ・みつまさ　実業家(創業)
　占部要次　うらべ・ようじ　社会運動家(社史)

占野 しめの
　占野秀男　しめの・ひでお　佐賀県議(無所属)(日典3)
　占野靖年　しめの・やすとし「家畜の飼育と経営」(国典)
　占野鱗也　しめの・りんや「3万円で7年間天下を取る」経営情報出版社(日典3)

卩部

【185】 卯

[4]卯月 うずき
　卯月あみ　うずき・あみ「女教師」ハーヴェスト出版(日典3)
　卯月文　うずき・あや　フリーライター(日典3)
　卯月鮎　うずき・あゆ　ゲーム評論家,書評家(日典3)
　卯月妙子　うずき・たえこ　企画モデル,漫画家(漫人)
　卯月勇太　うずき・ゆうた　小説家(幻想)

卯木 うき;うぎ;うつぎ;うのき
　卯木照邦　うき・てるくに　(社)日本犬保存会事務局長(日典)
　卯木達朗　うぎ・たつお「群馬の野鳥」(国典)
　卯木孝一郎　うつぎ・こういちろう　(株)ドキュメントシステム代表(日典)
　卯木堯子　うのき・たかこ「ロザリヨの刻」美研インターナショナル,星雲社(発売)(日典3)

[7]卯尾田 うおだ
　卯尾田毅太郎　うおだ・きたろう　政治家(富山百)
　卯尾田省三　うおだ・しょうぞう　大陸貿易の初代出張所長(姓氏富山)
　卯尾田正雄　うおだ・まさお　ボーイスカウト日本連盟副リーダー(日典3)

[9]卯城 うじょう;うしろ
　卯城薫　うじょう・かおる　元・宝塚歌劇団団員(日典)
　卯城恵美子　うしろ・えみこ「窯変」本阿弥書店(日典3)
　卯城祐司　うしろ・ゆうじ「英語で英語を読む授業」研究社(日典3)

卯津羅 うずら
　卯津羅明子　うずら・あきこ　運送業(人情)
　卯津羅賢三　うずら・けんぞう　関西棒鋼社長(日典3)

[13]卯滝 うたき;うだき
　卯滝紀英　うたき・もとふさ　元・高崎製紙副社長(日典)
　卯滝逸夫　うだき・いつお　高校野球監督(日典)

【186】 印

[8]印具 いんぐ
　印具徹　いんぐ・とおる　中世思想家,牧師(世紀)
　印具馬作　いんぐ・まさく　新撰組隊士(新撰)

印東 いんとう;いんどう
　印東弘玄　いんとう・ひろはる　隠花植物学者(植物)
　印東道子　いんとう・みちこ　国立民族学博物館教授(現執4期)

卩部（即）　厂部（厚, 原）

印東玄得　いんどう・げんとく　医師（日人）
印東太郎　いんどう・たろう　心理学者（日人）

印牧　かねまき
　印牧和生　かねまき・かずお　指揮者（音人3）
　印牧邦一　かねまき・くにいち「印牧邦一展」福野文化創造センター（日典3）
　印牧邦雄　かねまき・くにお「三国近代文学館」（国典）
　印牧季雄　かねまき・すえお　舞踊家（児文）
　印牧由規子　かねまき・ゆきこ　明治大・東京電機大講師（国典）

[9]印南　いんなみ；いんなん；いんみな
　印南丈作　いんなみ・じょうさく　開拓功労者（コン5）
　印南丈作　いんなん・じょうさく　治水開墾（人名1）
　印南渓峻　いんみな・けいしゅん「王鐸書法による集字唐詩選」汲古書院（日典3）

[11]印堂　いんどう
　印堂哲郎　いんどう・てつろう　詩人（日典3）

[18]印藤　いんとう；いんどう
　印藤聡　いんとう・さとし　元・共同石油取締役（日典）
　印藤真楯　いんどう・またて　洋画家（日人）
　印藤元一　いんどう・もといち「香料の実際知識」（国典）

【187】　即

[10]即真　そくしん；つくま
　即真周湛　そくしん・しゅうたん　天台座主, 大僧正（日典3）
　即真尊龗　つくま・そんのう　僧侶（日典3）

厂部

【188】　厚

[4]厚木　あつき；あつぎ
　厚木勝基　あつき・かつもと　応用化学者（現情）
　厚木淳　あつき・じゅん　翻訳家（出文）
　厚木たか　あつぎ・たか　シナリオライター（日人）
　厚木凡人　あつき・ぼんじん　舞踊家（日人）

[6]厚地　あつじ；あつち
　厚地淳　あつじ・あつし「フーリエ解析大全」朝倉書店（日典3）
　厚地武　あつじ・たけし　元・新潟県副知事（日典）
　厚地塈　あつち・おさむ　鹿児島県議（公明党）（日典3）
　厚地政幸　あつち・まさゆき　虎の門病院（国典）

厚朴　ほのき
　厚朴興二　ほのき・こうじ　日本経済新聞取締役東京販売局長（日典）

[7]厚谷　あつや
　厚谷郁夫　あつや・いくお　（財）オホーツク地域振興機構理事長, 北見工業大学名誉教授（日典3）
　厚谷和雄　あつや・かずお「史料纂集」続群書類従完成会（日典3）
　厚谷襄児　あつや・じょうじ　官僚, 法学者（現執4期）

[8]厚東　こうとう；ことう
　厚東篤生　こうとう・あつお「脳梗塞これで安心」小学館（日典3）
　厚東篤太郎　こうとう・とくたろう　軍人（陸海）
　厚東建信　ことう・けんしん　陶芸家（陶工）
　厚東孝治　ことう・こうじ　陶芸家（陶工）

【189】　原

原　げん；はら
　原明忠　げん・めいちゅう「狭心症・心筋梗塞の中医学的治療—原明忠老師の秘伝」大野東洋医学研究所（JM）
　原敬　はら・たかし　政治家（コン5）
　原民喜　はら・たみき　小説家, 詩人（コン4）

[3]原子　げんし；はらこ
　原子光生　げんし・こうせい　陶芸家（美工）
　原子公平　はらこ・こうへい　俳人（日人）
　原子林二郎　はらこ・りんじろう　国際問題評論家（世紀）

[5]原尻　はらじり
　原尻賢成　はらじり・けんせい　弓道家, 弓道教士（弓道）
　原尻淳一　はらじり・じゅんいち「アイデアを形にして伝える技術」講談社（日典3）
　原尻束　はらじり・つかね　政治家（大分歴）
　原尻英樹　はらじり・ひでき「フィールドワーク教育入門」玉川大学出版部（日典3）

原田　はらた；はらだ
　原田文也　はらた・ぶんや　政治家（現政）
　原田和　はらた・やわり　郷土史家（郷土）
　原田直次郎　はらだ・なおじろう　洋画家（コン5）
　原田康子　はらだ・やすこ　小説家（日人）

[7]原谷　はらたに；はらや
　原谷達夫　はらたに・たつお　心理学者（心理）
　原谷治美　はらたに・はるみ　伽倻琴（カヤグム）奏者（音人3）
　原谷宏　はらや・ひろし　作曲家（作曲）

[8]原国　はらくに；はらぐに
　原国郁子　はらくに・いくこ「浦和春秋」「橘」俳句会浦和支部（日典3）
　原国政哲　はらくに・まさのり「色彩の使い方」理工学社（日典3）
　原国政良　はらぐに・まさよし　琉球銀行副頭取（日典3）

原茂　はらも
　原茂太一　はらも・たいち　東京商船大学専任講師（国典）

厂部（厨，厦，厳）　ム部（去，参）

原茂鵬松　はらも・ほうしょう　江戸独楽職人（日典）

[9] 原城　はらき
原城かつ子　はらき・かつこ　医師（近女）

[10] 原島　はらしま；はらじま
原島宏治　はらしま・こうじ　宗教家，政治家（日人）
原島礼二　はらしま・れいじ　日本古代史学者（世紀）
原島栄次　はらしま・えいじ　弓道家，弓道教士（弓道）
原島進　はらしま・すすむ　衛生学者（日人）

原留　はらどめ
原留美吉　はらどめ・みよし　日大助教授（国典）
原留祥浩　はらどめ・よしひろ「社会学ノート」三州談義社（日典）

[11] 原崎　はらさき；はらざき
原崎郁平　はらさき・いくへい「現場で役立つQC工程表と作業標準書」日刊工業新聞社（日典）
原崎岩雄　はらさき・いわお「島から」南方新社（日典）
原崎源作　はらざき・げんさく　再製機械による輸出茶の先駆者（姓氏静岡）
原崎孝　はらざき・たかし　評論家，高校教師（現詩）

原理　げんり
原理充雄　げんり・みちお　社会運動家（現詩）
原理充雄　げんり・みつお　社会運動家（アナ）

[13] 原園　はらその；はらぞの
原園光徳　はらその・みつのり　ノンフィクション作家（日典）
原園文也　はらぞの・ふみや「イングヴェイ・マルムスティーン／アンソロジー1994-1999」渡辺音楽出版（日典）
原園正教　はらぞの・まさのり　三原市議（日典）

[14] 原嶋　はらしま；はらじま
原嶋直太郎　はらしま・なおたろう　石工で篤農家（大分歴）
原嶋宏昌　はらしま・ひろまさ　八王子市立天気相談所長（人情）
原嶋亮二　はらじま・りょうじ　（社）環境アセスメントセンター専務理事（日典）

【190】　厨

厨　くりや
厨四郎　くりや・しろう　日本車輌製造専務，日車開発社長（日典）
厨信一郎　くりや・しんいちろう　岩手医科大学医学部医学科教授（日典）
厨義弘　くりや・よしひろ「生涯スポーツの社会学」学術図書出版社（日典）

[3] 厨子　ずし
厨子秋男　ずし・あきお　ジャズマン（ジヤ）
厨子浩一　ずし・こうじ「わかりやすい後悔しない家づくり」エル書房，星雲社（発売）
厨子定義　ずし・さだよし　東洋シヤッター副社長（日典）

厨子直之　ずし・なおゆき「経験から学ぶ人的資源管理」有斐閣（日典）

厨川　くりやがわ
厨川圭子　くりやがわ・けいこ　翻訳家（児人）
厨川千江　くりやがわ・せんこう　図書館人，俳人（島根歴）
厨川登久子　くりやがわ・とくこ　女流歌人（島根歴）
厨川白村　くりやがわ・はくそん　英文学者，評論家（コン5）
厨川文夫　くりやがわ・ふみお　英文学者（日人）

[9] 厨屋　くりや
厨屋雅友　くりや・まさとも　写真家（日典）

【191】　厦

[8] 厦門　あもい
厦門潤　あもい・じゅん　漫画家（漫）

【192】　厳

厳　いわい；げん
厳時憲　いわい・ときのり　農民（社史）
厳時円　いわい・ときまる　農民（社史）
厳一覚　げん・いっかく「妙法蓮華経を数学で数理証明した教義」総和社（日典）
厳圭清　げん・けいせい　陶芸家（日典3）

[3] 厳川　いつくしがわ
厳川格　いつくしがわ・ただし　自動車評論家（現執2期）

ム部

【193】　去

去川　さるかわ
去川俊二　さるかわ・しゅんじ「インストラクション・マイクロサージャリー」克誠堂出版（日典）
去川初男　さるかわ・はつお　宮崎県共済農協連会長（日典）

[7] 去来川　いさがわ
去来川巨城　いさがわ・きょじょう　新川柳作者（兵庫文）
去来川正明　いさがわ・まさあき「ヨーロッパ・バスの旅」彩図社（日典3）
去来川幸夫　いさがわ・ゆきお「誰にもよくわかるラジオ受信機の故障と修理」（国典）

【194】　参

[4] 参木　みつき；みつぎ
参木錦司　みつき・きんし「内科ポリクリのために」永井書店（日典3）
参木録郎　みつき・ろくろう　経営者（日人）

又部（又, 及, 双）

参木彦次　みつぎ・ひこじ　銀行家（栃木歴）
参木録郎　みつぎ・ろくろう　実業家（世紀）

7参沢　みさわ
参沢よし子　みさわ・よしこ「陽を汲みて」文化出版（日典3）

8参河　みかわ
参河紀久子　みかわ・きくこ　バスケットボール指導者（日典3）
参河安治郎　みかわ・やすじろう「宮川村誌」小谷清章（日典3）

又部

【195】 又

3又川　またかわ；またがわ
又川ふさ子　またかわ・ふさこ　理容師（日典）
又川美智恵　またかわ・みちえ「セヴンス・アベニュー」高知新聞企業（日典3）
又川留義　またがわ・とめよし「みそ汁の詩」いい話の新聞社（日典3）

4又木　またき；またぎ
又木京子　またき・きょうこ　神奈川県議（神奈川ネット）、神奈川ネットワーク運動代表（日典3）
又木啓子　またき・けいこ　洋画家（日典3）
又木恵　またぎ・けい「風俗嬢より愛をこめて！」ベストブック（日典3）

5又平　またひら；またべい
又平庄太郎　またひら・しょうたろう　地域開発の功労者（姓氏静岡）
又平伝一　またひら・でんいち　政治家（姓氏静岡）
又平久吉　またべい・ひさきち　町絵師＝近世（人名3）

6又吉　またよし
又吉栄喜　またよし・えいき　小説家（日人）
又吉康和　またよし・こうわ　ジャーナリスト（日人）
又吉昌法　またよし・しょうほう　沖縄県初の営業写真師（姓氏沖縄）
又吉淳　またよし・じゅん　農民, アメリカ移民（社史）
又吉盛清　またよし・せいきよ　歴史家（平和）

又多　またた；または
又多寿一　またた・じゅいち　川柳作家（石川文）
又多良一　または・りょういち　農業（日典3）

7又来　またらい
又来英　またらい・えい　高校教諭（国典）

9又城　またしろ
又城一郎　またしろ・いちろう　計量経営学者（現執1期）

12又賀　またか；またが
又賀義郎　またか・よしお「EMEハンドブック」CQ出版（日典3）
又賀喜義　またが・きよし　実業家（島根歴）
又賀昇　またが・のぼる　化学者（日人）

【196】 及

3及川　おいかわ；およかわ
及川古志郎　おいかわ・こしろう　海軍軍人（コン5）
及川平治　おいかわ・へいじ　教育者（コン5）
及川七生　およかわ・なお「月夜烏草紙」白泉社（日典3）

7及位　のぞき
及位覚　のぞき・さとる「及位覚遺稿詩集」矢立出版（日典3）
及位ヤエ　のぞき・やえ　飛行家（日人）
及位野衣　のぞき・やえ　飛行家（世紀）

10及能　きゅうの；きゅうのう
及能謙一　きゅうの・けんいち　医師（近医）
及能正男　きゅうの・まさお　経済学者（現執4期）
及能謙一　きゅうのう・けんいち　医師（神奈川人）

11及部　およべ
及部克人　およべ・かつひと「権の画家・柳瀬正夢展」武蔵野美術大学美術資料図書館（日典3）
及部惣二　およべ・そうじ　城西消費購買組合組合員（社史）
及部敬　およべ・たかし　サンビシ社長（人情）
及部久嗣　およべ・ひさし　サンビシ社長（日典3）

【197】 双

3双川　ふたがわ
双川喜一　ふたがわ・きいち「日本選挙制度の提唱」明治大学出版部（日典3）
双川十一郎　ふたがわ・じゅういちろう「木の話」百華苑（日典3）
双川文吾　ふたがわ・ぶんご　ジャパン・ビジネス・プロモーションズ・PTYリミテッド社長（日典3）
双川喜文　ふたがわ・よしふみ　弁護士（現執1期）

4双木　なみき；ふたき
双木新平　なみき・しんぺい　陶工（埼玉人）
双木八郎　なみき・はちろう　地方自治功労者（埼玉百）
双木秀　ふたき・しゅう　歌人（日典）

9双津　そうつ
双津幸男　そうつ・ゆきお　双立病院長（国典）

12双葉　ふたば
双葉かほる　ふたば・かおる「土鈴の歌」短歌新聞社（日典3）
双葉勝太郎　ふたば・かつたろう　俳優（俳優）
双葉くみ子　ふたば・くみこ　女優（映女）
双葉孝一　ふたば・こういち「祝い目出度 あがらしゃれ」オリエントレコード（日典3）

双葉十三郎　ふたば・じゅうざぶろう　映画評論家(日人)

【198】 反

[5]反田　そった；そりた；そりだ；たんだ
反田英樹　そった・ひでき　トオカツフーズ社長(日典3)
反田良雄　そりた・よしお　実業者(現執3期)
反田とし子　そりだ・としこ「峡の四季―歌集」(JM)
反田邦治　たんだ・くにはる　実業家(郷土長崎)

[7]反町　そりまち
反町昭子　そりまち・あきこ　児童文学作家(児人)
反町覚哉　そりまち・かくや　実業家,政治家(姓氏群馬)
反町久弥　そりまち・きゅうや　政治家(群馬人)
反町茂雄　そりまち・しげお　書誌学者,古書籍商(日人)
反町隆史　そりまち・たかし　俳優(日映男)

[8]反迫　たんさこ
反迫春爾　たんさこ・はるじ　(株)河合楽器製作所取締役推進事業営業本部長(日典)

[16]反橋　そりはし
反橋茂久　そりはし・しげひさ　北海道新聞制作局制作委員(日典3)
反橋美保子　そりはし・みほこ「看護婦のための臨床検査メモ」近代出版(日典3)

【199】 友

[5]友末　ともすえ；ともずえ
友末洋治　ともすえ・ようじ　官僚(日人)
友末亮三　ともすえ・りょうそう　テニス選手(現執3期)
友末明洋　ともずえ・あきなだ　淡路観光開発常務(日典)

友田　ともた；ともだ
友田音一　ともた・おといち　友田総業社長(日典3)
友田善二郎　ともた・ぜんじろう　弓道家,弓道錬士(弓道)
友田恭助　ともだ・きょうすけ　新劇俳優(コン5)
友田安清　ともだ・やすきよ　陶業家(日人)

[6]友成　ともなり
友成純一　ともなり・じゅんいち　小説家,映画評論家(幻想)
友成遜　ともなり・そん　豊後杵築藩士(大分歴)
友成達雄　ともなり・たつお　映画撮影監督(映人)
友成九十九　ともなり・つくも　応用化学者(日人)
友成安良　ともなり・やすよし　幕府造兵家(コン4)

[7]友利　ともとし；ともり
友利春久　ともとし・はるひさ　東京都議(日典)
友利宇景　ともり・うけい　イラストレーター(日芸)
友利隆彪　ともり・たかとら　政治家(社史)

友希　ゆうき
友希せつこ　ゆうき・せつこ「いいそびれた言葉たち」フジ出版社My詩集出版部(日典3)

友沢　ともさわ；ともざわ
友沢琇爾　ともさわ・しゅうじ　中部日本放送副社長(日典3)
友沢武昭　ともさわ・たけあき　長大社長(日典)
友沢博　ともざわ・ひろし　小郡駅弁会社経営者(姓氏山口)
友沢ミミヨ　ともざわ・みみよ　漫画家(漫人)

友谷　ともたに；ともや；ゆうや
友谷佐伎子　ともたに・さきこ「影絵」本阿弥書店(日典3)
友谷静栄　ともや・しずえ　社会運動家(アナ)
友谷蒼　ゆうや・あおい　小説家,漫画原作者(幻想)

友里　ゆり
友里千賀子　ゆり・ちかこ　女優(世紀)
友里のえる　ゆり・のえる「青い羊の夢」青磁ビブロス(日典3)
友里裕介　ゆり・ゆうすけ　作詞家(日典3)

[8]友季　ゆうき
友季マリオ　ゆうき・まりお「ドリームカクテルで乾杯」神戸新聞出版センター(日典3)

友延　とものぶ
友延かほり　とものぶ・かおり「カリヨンの塔」短歌新聞社(日典3)
友延昭一　とものぶ・しょういち　警視庁警視官(日典3)
友延弘輝　とものぶ・ひろてる　ユニオン化成社長(日典3)

友金　ともかね；ともがね
友金藤吉　ともかね・とうきち　教育者(日人)
友金信雄　ともがね・のぶお　政治家(現政)
友金弘　ともがね・ひろし　日本獣医生命科学大学応用生命科学部教授(日典3)

[10]友恵　ともえ
友恵三津子　ともえ・みつこ「甲南五人歌集」コスモス甲南(日典3)

友納　とものう
友納昭智　とものう・あきとも　政治家(現政)
友納健　とものう・たけし　福岡県議,福岡県糸島郡農協組合長(日典3)
友納武人　とものう・たけと　政治家(郷土千葉)
友納友次郎　とものう・ともじろう　教育者(日児)
友納春樹　とものう・はるき　サイバネット工業社長(人情)

[11]友寄　ともよせ；ともより
友寄英一郎　ともよせ・えいいちろう　琉球大学教授,哲学博士(姓氏沖縄)

又部(取,受,叡) 口部(口,右)

友寄景亨　ともよせ・けいりょう　沖縄青年同盟メンバー(社史)
友寄英一郎　ともより・えいいちろう　考古学者(考古)
友寄信助　ともより・しんすけ　沖縄県議(社民党)(日典3)

友常　ともつね
友常愛慕　ともつね・あいぼ　「石を切る」平活版所(日典3)
友常幸一　ともつね・こういち　「雲去来」友常一雄(日典3)
友常太響　ともつね・たいきょう　「我が回想の掘込源太」随想舎(日典3)
友常貴仁　ともつね・たかひと　大和古流当主(21代目)(日典3)
友常武雄　ともつね・たけお　日本共産青年同盟メンバー(社史)

友清　ともきよ
友清和親　ともきよ・かずちか　友清音楽学院院長(日典3)
友清清　ともきよ・きよし　京都市立芸術大学名誉教授(日典3)
友清祐太夫　ともきよ・すけだゆう　筑後柳河藩士(藩臣7)
友清歓真　ともきよ・よしさね　宗教家(神史)
友清歓真　ともきよ・よしざね　宗教家(神人)

友淵　ともぶち
友淵裟姿雄　ともぶち・けさお　「麻理ちゃんと私」あざみ書房(日典3)
友淵のりえ　ともぶち・のりえ　箏曲家(音人3)
友淵佑　ともぶち・ゆう　「靖国・天皇問題と市民主権」清風堂書店出版部(日典3)

【200】取

[12]取越　とりこし
取越哲夫　とりこし・てつお　音楽教育者(音人3)

[13]取違　とりい；とりちがい
取違孝昭　とりい・たかあき　東日印刷社長(日典3)
取違克子　とりちがい・かつこ　「ゆかりのいろの」六花書林,開発社(発売)(日典3)

【201】受

[5]受田　うけだ
受田新吉　うけだ・しんきち　政治家(政治)
受田宏之　うけだ・ひろゆき　「開発援助がつくる社会生活」大学教育出版(日典3)

【202】叡

[9]叡南　えいなん；えなみ
叡南覚誠　えいなん・かくせい　比叡山恵光院住職(日典)
叡南祖賢　えいなん・そけん　天台宗総本山比叡山延暦寺執行,大僧正(日典3)

叡南覚範　えなみ・かくはん　僧侶(日典)
叡南俊照　えなみ・しゅんしょう　僧侶(日典3)

部首3画

口部

【203】口

[4]口分田　くもだ；くもで
口分田宝生　くもだ・たかお　コレクト会長(紳士)
口分田剛　くもで・かたし　東京農大名誉教授(日典)
口分田政博　くもで・まさひろ　鴨と蛍の里づくりグループ代表,滋賀県野鳥の会名誉会長(日典3)

[5]口田　くちた；くちだ
口田康信　くちた・やすのぶ　国家主義者(日人)
口田圭吾　くちだ・けいご　帯広畜産大学大学院畜産学研究科教授(日典3)
口田万佐伎　くちだ・まさき　「全国高校視聴覚ライブラリー30年の足跡」(JM)

[6]口羽　くちは；くちば
口羽通博　くちは・みちひろ　長州(萩)藩士(日人)
口羽憲三　くちば・けんぞう　「口羽通良公伝」雄山文庫(日典)
口羽益生　くちば・ますお　文化人類学者(現執2期)

【204】右

[4]右手　うて
右手和子　うて・かずこ　紙芝居実演家,児童書作家(児人)
右手崇視　うて・たかみ　戸塚税務署副署長(日典)
右手愛美　うて・まなみ　タレント(日典3)
右手康登　うて・やすと　「右手康登がコーチするあなたも今日から大家さん」ノラ・コミュニケーションズ(日典3)

[5]右田　うだ；みぎた
右田紀久恵　うだ・きくえ　社会福祉学者(現執4期)
右田君子　うだ・きみこ　「松の雫」白玉書房(日典)
右田年英　みぎた・としひで　浮世絵師(日人)
右田寅彦　みぎた・のぶひこ　戯作者,歌舞伎狂言作者(日人)

[7]右近　うこん
右近権左衛門　うこん・ごんざえもん　北前船主9代(コン4)
右近たい子　うこん・たいこ　ピアニスト(音人3)

口部(可)

右近健男　うこん・たけお　法学者(現執4期)
右近雅夫　うこん・まさお　ジャズマン(テレ)
右近義徳　うこん・よしのり　バリトン歌手(音人)

[8]右京　うきょう；ゆうきょう
右京あやね　うきょう・あやね　「「肉食女子」のススメ」集英社(日典3)
右京源皇　うきょう・げんこう　「ワールドカップ」心交社(日典3)
右京零　ゆうきょう・れい　「爆笑トリビア解体聖書」セントラルSOG(日典3)

右味　うみ
右味悦三郎　うみ・えつさぶろう　職工(社史)

[9]右城　うしろ
右城猛　うしろ・たけし　「擁壁設計Q&A」理工図書(日典3)
右城暮石　うしろ・ぼせき　俳人(俳文)

[10]右原　うはら
右原彪　うはら・ほう　詩人(現詩)
右原尨　うはら・ほう　「砦」(国典)

右島　みぎしま
右島一朗　みぎしま・いちろう　「右島一朗著作集」柏植書房新社(日典3)
右島和夫　みぎしま・かずお　「古墳構築の復元的研究」雄山閣(日典3)
右島洋介　みぎしま・ようすけ　「道徳教育の研究」晃洋書籍(書籍)

右高　みぎたか
右高富子　みぎたか・とみこ　「渓流」山光書房(日典3)
右高英臣　みぎたか・ひでおみ　写真家(写人)
右高正俊　みぎたか・まさとし　豊田工業大学工学部教授(日典3)

[11]右崎　うさき；うざき
右崎正博　うさき・まさひろ　「個人情報保護六法」新日本法規出版(日典3)
右崎大輔　うざき・だいすけ　「貸金3法法令集」中央経済社(日典3)
右崎正博　うざき・まさひろ　憲法学者(現執4期)

[13]右遠　うどう；うとお；うどお
右遠俊郎　うどう・としお　小説家(小説)
右遠浩一　うとお・こういち　「時の流れに」みぎわ書房(日典3)
右遠俊郎　うどお・としお　小説家(世紀)

[16]右衛門佐　よもさ
右衛門佐重雄　よもさ・しげお　「図解基礎物理学」(国典)

【205】可

可　かなり
可徳良　かなり・とくよし　農民(社史)

[5]可世木　かせき
可世木恭子　かせき・きょうこ　プログラマー(日典3)

可世木蔵人　かせき・くらんど　千葉県農業共済連・南部統合家畜診療所長(国典)
可世木辰夫　かせき・たつお　医師(日典3)
可世木久幸　かせき・ひさゆき　日本医科大学武蔵小杉病院教授(日典3)
可世木唯以　かせき・ゆうい　「ジャズギターアドリブ・シンプルマスター」中央アート出版社(日典3)

[6]可西　かさい
可西綾乃　かさい・あやの　舞踊家(日人)
可西希代子　かさい・きよこ　現代舞踊家(新芸)
可西大秀　かさい・たいしゅう　真宗史研究者(富山百)
可西泰三　かさい・たいぞう　金工家(美工)
可西大秀　かさい・だいしゅう　僧侶(真宗)

[7]可児　かじ；かに
可児不二男　かじ・ふじお　「不確かな移ろい」白馬書房(日典3)
可児義雄　かじ・よしお　社会運動化(コン)
可児孝次郎　かに・こうじろう　実業家(日人)
可児義雄　かに・よしお　労働運動家(日人)

可児島　かにしま
可児島俊雄　かにしま・としお　経済学者(現執4期)

[8]可知　かち
可知あきを　かち・あきお　「正座」東京四季出版(日典3)
可知貫一　かち・かんいち　農業土木技師(土木)
可知春於　かち・はるお　小説家(北海道文)
可知靖之　かち・やすゆき　俳優(テレ)
可知義明　かち・よしあき　政治家(現政)

[10]可能　かのう
可能かづ子　かのう・かずこ　女優(映女)
可能涼介　かのう・りょうすけ　劇詩人,作家,批評家(日典3)

[11]可部　かべ
可部赤迩　かべ・あかに　石見津和野藩士,儒学者(藩臣5)
可部赤邇　かべ・あかに　石見津和野藩士,儒学者(日人)
可部安都志　かべ・あつし　津和野藩士,医師(日人)
可部厳夫　かべ・いずお　石見津和野藩士(藩臣5)
可部美智子　かべ・みちこ　陶芸家(陶工)

[12]可陽　かよう
可陽知子　かよう・ともこ　さし絵画家(児人)

[13]可愛　かわい
可愛かずみ　かわい・かずみ　女優(新芸)
可愛ゆう　かわい・ゆう　女優(日典3)

可楽　からく
可楽三造　からく・さんぞう　陶工(日人)

【206】 叶

叶　かない；かなえ；かの；かのう
　叶儀志武　かない・ぎしたけ　社会運動家（アナ）
　叶享治　かなえ・きょうじ　看護士（日典）
　叶凸　かの・たかし　元・衆院議員（日典）
　叶敏　かのう・さとし　陶芸家，クラフト運動家（日人）

⁴叶井　かない
　叶井俊太郎　かない・しゅんたろう　「映画突破伝」洋泉社（日典3）
　叶井専　かない・せん　中日新聞社（国典）

叶内　かなうち；かのうち
　叶内立郎　かなうち・たつお　ハイメカ工機社長（日典）
　叶内路子　かなうち・みちこ　NPO法人コミュニケーション・スクエア21代表（日典3）
　叶内拓哉　かのうち・たくや　写真家（現執3期）
　叶内長兵衛　かなうち・ちょうべえ　政治家，実業家（山形百）

⁷叶沢　かのうさわ；かのうざわ
　叶沢清介　かのうさわ・せいすけ　図書館人（日児）
　叶沢進　かのうざわ・すすむ　写真家（児人）
　叶沢清介　かのうざわ・せいすけ　日本図書館協会事務局長（国典）

叶谷　かなや；かのや
　叶谷渥子　かなや・あつこ　翻訳家（日典3）
　叶谷文秀　かなや・ふみひで　ピアニスト（日典3）
　叶谷由佳　かのや・ゆか　「看護のしくみ」日本実業出版社（日典3）

⁹叶屋　かなや；かのや
　叶屋宏一　かなや・こういち　クリムゾンフットボールクラブ社長（日典3）
　叶屋新一　かのや・しんいち　「プラスチック金型」（国典）

¹¹叶野　かの；かのう
　叶野七郎　かの・しちろう　地方公務員災害補償基金監事（日典）
　叶野清　かのう・きよし　社会保険労務士，行政書士（日典3）
　叶野正　かのう・ただし　道警本部捜査四課長（日典）

【207】 古

古　ふる
　古章子　ふる・あきこ　トランポリン選手（日典3）
　古清光　ふる・せいこう　奄美古仁屋社会主義グループ関係者（社行）

³古丸　こまる
　古丸明　こまる・あきら　三重大学生物資源学部生物圏生命科学科助教授（日典3）
　古丸辰治　こまる・たつお　元日本光学常務取締役（人情）

古久保　こくぼ；ふるくぼ
　古久保瑛一　こくぼ・えいいち　キリンビール仙台工場長（日典）
　古久保俊夫　こくぼ・としお　「マルクシズムの常識」興論通信社（日典3）
　古久保宇吉　ふるくぼ・うきち　自然農業家（日典）
　古久保実行　ふるくぼ・さねゆき　歌人（和歌山人）

古久根　こくね
　古久根幸作　こくね・こうさく　古久根建設社長（日典）
　古久根秀嶺　こくね・しゅうれい　書家（日典3）
　古久根武司　こくね・たけし　古久根建設常務（日典）
　古久根弘　こくね・ひろし　古久根建設社長（人情）

古口　こぐち；ふるぐち
　古口章　こぐち・あきら　「総合法律支援法/法曹養成関連法」商事法務（日典3）
　古口和夫　こぐち・かずお　「箱根の民話と伝説」夢工房（日典3）
　古口聡　ふるぐち・さとし　岩崎社長（日典3）

古小高　こおたか；こおだか
　古小高三夫　こおたか・みつお　原町精器（株）社長（日典）
　古小高弘則　こおだか・ひろのり　千葉県議（日典）

古小路　ふるこうじ
　古小路四朗　ふるこうじ・しろう　経営コンサルタント（現執3期）

古山　こやま；ふるやま
　古山昭　こやま・あきら　東亜石油常務（日典3）
　古山信義　こやま・のぶよし　社会運動家（アナ）
　古山石之助　ふるやま・いしのすけ　機械技術者（日人）
　古山高麗雄　ふるやま・こまお　小説家（日人）

古川　こかわ；こがわ；ふるかわ
　古川市次郎　こかわ・いちじろう　医師（徳島歴）
　古川武治　こがわ・たけじ　彫刻家（美België）
　古川緑波　ふるかわ・ろっぱ　喜劇俳優（コン4）

⁴古丸　こいまる
　古丸昭二　こいまる・しょうじ　経営システム研究所所長（国典）

古今　こきん；ここん
　古今宇平次　こきん・うへいじ　芝居囃子の小唄の謡ひ手＝近世（人名2）
　古今伸一郎　こきん・しんいちろう　「輪島漆器」北国出版社（日典3）
　古今青峰　ここん・せいほう　漆芸家（日典）

古今堂　こきんどう；ここんどう
　古今堂雪雄　こきんどう・ゆきお　日本ボーイスカウト大阪連盟役員（国典）
　古今堂縁蔭　ここんどう・りょくいん　極東連盟協会長（日典）

古元　こもと；ふるもと
　古元順子　こもと・じゅんこ　岡山大学教育学部教授（日典3）
　古元嘉昭　こもと・よしあき　岡山大学医学部附属環境病態研究施設助教授（日典）
　古元喜美子　ふるもと・きみこ「花嫁の花飾り」六耀社（日典3）
　古元万夕美　ふるもと・まゆみ　声楽家（ソプラノ）（音人）

古内　こうち；ふるうち
　古内一成　こうち・かずなり　シナリオライター（日典）
　古内一郎　ふるうち・いちろう　医師（近医）
　古内広雄　ふるうち・ひろお　政治家（政治）

古戸　こと；ふると
　古戸マチコ　こと・まちこ「はなうた」一迅社（日典3）
　古戸一郎　ふると・いちろう　読売新聞顧問（日典）
　古戸郷子　ふると・きょうこ　「主婦の友」編集長（日典3）

古手川　こてがわ
　古手川己達　こてがわ・こうたつ「続・大検毒本」JIGEN（日典3）
　古手川茂樹　こてがわ・しげき　大分県議（自民党）（日典3）
　古手川忠助　こてがわ・ちゅうすけ「部落問題文芸・作品選集」世界文庫（日典3）
　古手川伸子　こてがわ・のぶこ　女優（映女）
　古手川祐子　こてがわ・ゆうこ　女優（日映女）

古月　こげつ；ふるずき；ふるつき
　古月基彦　こげつ・もとひこ　宇徳運輸会長（日典）
　古月和　ふるずき・かず　中国放送アナウンサー（日典）
　古月澄子　ふるつき・すみこ　広島市バレエ協会相談役（日典）

古木　こき；こぎ；ふるき
　古木鉄太郎　こき・てつたろう　小説家（日人）
　古木俊雄　こぎ・としお　社会教育評論家（現執2期）
　古木弘造　ふるき・こうぞう　教育学者（日人）

⁵古世古　こせこ
　古世古和子　こせこ・かずこ　児童文学作家（日人）

古代　こしろ；こだい；ふるしろ
　古代祐三　こしろ・ゆうぞう　作曲家、ゲームサウンド・クリエーター（作曲）
　古代真琴　こだい・まこと　シンガーソングライター（日典）
　古代紫　ふるしろ・むらさき　小説家（幻想）

古処　こどころ
　古処誠二　こどころ・せいじ　小説家（小説）

古出　こいで
　古出尺堂　こいで・しゃくどう　教育家・郷土史家（徳島歴）
　古出哲彦　こいで・てつひこ　大光銀行頭取（日典3）

古出俊子　こいで・としこ　生物学研究家（児人）
古出良子　こいで・よしこ「地底の貝」短歌研究社（日典3）

古市　こいち；ふるいち
　古市一雄　こいち・かずお「南房総からの日本再考」まどか出版（日典3）
　古市真也　こいち・しんや　元・東映太秦映画村資料館員（日典）
　古市公威　ふるいち・きみたけ　土木工学者（世紀）
　古市公威　ふるいち・こうい　土木工学者（コン5）

古平　こだいら；ふるひら
　古平明　こだいら・あきら「アフィリエイトで月収100万円も夢ぢゃない。」ビジネス社（日典3）
　古平金次郎　こだいら・きんじろう　医師（日典3）
　古平晃洋　ふるひら・あきひろ「はじめてのPSoCマイコン」CQ出版（日典3）

古本　こもと；ふるもと
　古本克磨　こもと・かつま　福岡歯科大学名誉教授（日典3）
　古本昭三　こもと・しょうぞう　外交評論家（日典）
　古本伸一郎　ふるもと・しんいちろう　政治家（現政）
　古本哲夫　ふるもと・てつお　社会運動家（アナ）

古末　ふるすえ
　古末憲一　ふるすえ・けんいち　日本労働組合全国協議会広島支部書記局長、日本共産党広島オルグ（社史）

古玉　こだま；ふるたま
　古玉荊山　こだま・けいざん　教育啓蒙家（姓氏岩手）
　古玉従子　こだま・よりこ「時の断片」日本歌人クラブ（日典3）
　古玉太郎　ふるたま・たろう　京都第2赤十字病院名誉院長（日典）
　古玉平治　ふるたま・へいじ「海上の八ヶ年」佐渡産青連（日典3）

古田土　こたと；こだと
　古田土明歌　こたと・はるか　フルート奏者，声楽家（演奏）
　古田土三郎　こだと・さぶろう「棟梁・技の世界」斎藤工務店（日典3）
　古田土真一　こだと・しんいち「治験薬GMPハンドブック」じほう（日典3）

古田中　こたなか
　古田中正次　こたなか・しょうじ「嵐の十年」（国典）

古田島　こたじま；こだじま
　古田島綾子　こたじま・あやこ「ハリー・ポッター物語への旅」竹書房（日典3）
　古田島秀輔　こたじま・ひですけ　関東学院大学講師（日典3）
　古田島薫平　こだじま・くんぺい　元・江別市長（日典）
　古田島忠作　こだじま・ちゅうさく　全国マラソン連盟顧問（日典3）

口部（古）　　　　　　　　　　　　　　　　　　　　　　〔207〕

古矢　ふるや
　古矢一穂　ふるや・かずほ　「しょくぶつ」福音館書店（書籍）
　古矢健二　ふるや・けんじ　金ペン堂万年筆店主（日典）
　古矢松三　ふるや・しょうぞう　小野田エー・エル・シー社長（日典3）
　古矢旬　ふるや・じゅん　政治学者（現執4期）
　古矢弘政　ふるや・ひろまさ　陸軍軍人（日人）
古石　こいし；こせき
　古石篤子　こいし・あつこ　慶応義塾大学総合政策学部教授（日典3）
　古石長三郎　こいし・ちょうざぶろう　大阪府議（日典3）
　古石哲雄　こせき・てつお　日本電通建設（現・日本電通）常務（日典3）
古立　ふるたち；ふるたて
　古立広　ふるたち・ひろし　兼松江商専務（日典3）
　古立道子　ふるたち・みちこ　「寂光」短歌新聞社（日典）
　古立てい　ふるたて・てい　柳光亭（東京柳橋）女将（日典）
6古仲　こなか；ふるなか
　古仲鳳洲　こなか・ほうじゅう　僧（秋田百）
　古仲裕二　ふるなか・ゆうじ　茜経営コンサルタント会社、東京中小企業家同友会副代表理事（日典）
古在　こざい
　古在紫琴　こざい・しきん　小説家（現朝）
　古在由重　こざい・よししげ　哲学者，社会運動家（コン4）
　古在吉直　こざい・よしなお　農芸化学者（世人）
　古在由直　こざい・よしなお　農芸化学者（コン5）
　古在由秀　こざい・よしひで　天文学者（コン4）
古地　こち；ふるち
　古地敏彦　こち・としひこ　金属工芸デザイナー（日典3）
　古地美佳　ふるち・みか　「クラウンブリッジ実習マニュアル」日本大学歯学部歯学補綴学教室3講座、三恵社（発売）（日典3）
古壮　ふるしょう
　古壮肇成　ふるしょう・ちょうせい　日本画家（美ους）
古宇　こう；ふるう
　古宇伸太郎　こう・しんたろう　小説家（北海道文）
　古宇伸太郎　ふるう・しんたろう　小説家（北海道歴）
古宇田　こうた；こうだ
　古宇田正雄　こうた・まさお　陶芸家（陶工）
　古宇田義規　こうた・よしのり　「投資信託の基本としくみ」NTT出版（日典3）
　古宇田晶　こうだ・あきら　官僚（日人）
　古宇田実　こうだ・みのる　建築家（日人）

古守　こもり
　古守正平　こもり・しょうへい　古守電化工業会長（日典3）
　古守豊甫　こもり・とよすけ　医師（近医）
古寺　こでら；ふるてら
　古寺一華　こでら・いっか　「すぐに役立つ毛筆手紙の書き方」精文館書店（日典3）
　古寺宏　こでら・ひろし　医師，政治家（政治）
　古寺雅弘　ふるてら・まさひろ　システムエンジニア（日典3）
古庄　こしょう；ふるしょう
　古庄虎二　こしょう・とらじ　庄屋（大分歴）
　古庄ゆき子　こしょう・ゆきこ　女性史研究家（日人）
　古庄敬一郎　ふるしょう・けいいちろう　村長（日典3）
　古庄重敏　ふるしょう・しげとし　公徳家（日人）
古曳　こひき；こびき
　古曳重美　こひき・しげみ　九州工業大学工学部物質工学科教授（日典）
　古曳盤谷　こひき・ばんこく　医師，書家，画家（長野百）
　古曳盤谷　こびき・ばんこく　医師，書家，画家（日人）
　古曳正夫　こびき・まさお　元・弁護士（日典3）
古江　ふるえ
　古江綾子　ふるえ・あやこ　教育者（日人）
　古江一次　ふるえ・かずつぐ　要視察人（社史）
　古江宣教　ふるえ・せんきょう　僧侶（真宗）
　古江正俊　ふるえ・まさとし　黒色青年連盟メンバー（社史）
　古江正敏　ふるえ・まさとし　社会運動家（アナ）
古池　こいけ；ふるいけ；ふるち
　古池信三　こいけ・しんぞう　官僚，政治家（コン4）
　古池信雄　ふるいけ・のぶお　「自然を見つめて」小池猛（日典3）
　古池朝子　ふるち・あさこ　翻訳業（日典）
古米　ふるまい
　古米貴一郎　ふるまい・きいちろう　東京スポーツ新聞東京本社編集局第1特集部長（日典3）
　古米保　ふるまい・たもつ　富山県立大学地域連携センターアドバイザー（日典3）
　古米久修　ふるまい・ひさお　栃木新聞編集局長，「かながわ風土記」（月刊誌）編集長（日典3）
　古米弘明　ふるまい・ひろあき　東京大学大学院工学系研究科教授（日典3）
　古米淑郎　ふるまい・よしろう　アメリカ経済学者（現執1期）
古西　こさい；こにし；ふるにし
　古西義麿　こさい・よしまろ　大阪市立旭図書館館長（日典3）
　古西勇　こにし・いさむ　中国銀行専務（日典3）
　古西信夫　ふるにし・のぶお　民法学者（現執2期）
7古住　こすみ；ふるずみ
　古住公義　こすみ・ひさよし　近畿放送労働組合書記長（日典）

姓名よみかた辞典 姓の部　153

口部（古）

古住ラマース直子　こすみ・らまーすなおこ　コンサルタント(日典3)
古住蛇骨　ふるずみ・じゃこつ　俳人(日典)

古坂　こさか；ふるさか
古坂嵓城　こさか・がんじょう　教育家(日人)
古坂つぎ　こさか・つぎ　教育者(女性普)
古坂紘一　ふるさか・こういち　大阪教育大学教育学部第一部教養学科教授(日典3)
古坂澄石　ふるさか・ちょうせき　作物環境学者(現情)

古寿木　こすぎ
古寿木淳夫　こすぎ・あつお「ビジネスマン夜の戦略」(国典)

古尾谷　ふるおや
古尾谷公子　ふるおや・きみこ「基礎電気回路例題演習」(国典)
古尾谷健　ふるおや・けん　オーハシテクニカ取締役相談役(日典3)
古尾谷登志江　ふるおや・としえ「最期のキス」講談社(日典3)
古尾谷知浩　ふるおや・ともひろ　名古屋大学大学院文学研究科准教授(日典3)
古尾谷雅人　ふるおや・まさと　俳優(新芸)

古志　こし
古志秋彦　こし・あきひこ「リーマン予想」砿灯社(日典3)
古志彰啓　こし・しょうけい「サルヂエ」永善(日典)
古志達也　こし・たつや「知的財産管理技能検定3級の携模擬試験」東洋法規出版(日典3)
古志太郎　こし・たろう　小説家(世紀)

古志谷　こしたに
古志谷均一　こしたに・きんいち　写真家(写家)

古我　こが
古我菊治　こが・きくじ　随筆家(滋貫文)
古我きぬ　こが・きぬ「神との休日」エンデルレ書店(日典3)
古我源吉　こが・げんきち「船は生きている」法政大学出版局(日典3)
古我知史　こが・さとし　経営戦略コンサルタント(日典3)
古我周一　こが・しゅうじ　日本ゼオン株式会社相談役、横浜ゴム専務(日典3)

古村　こむら；ふるむら
古村徹三　こむら・てつぞう　日本画家、児童文学者(日人)
古村敏章　こむら・としあき　実業家(日人)
古村清太郎　ふるむら・せいたろう　政治家(佐賀只)
古村哲夫　ふるむら・てつお　農民(社史)

古沢　こさわ；こざわ；ふるさわ；ふるざわ
古沢頼雄　こさわ・よりお　発達心理学者(現執4期)
古沢平作　こざわ・へいさく　精神分析学者(コン4)
古沢滋　ふるさわ・しげる　政治家,民権論者(日人)

古沢光一　ふるざわ・こういち　元・名古屋市教育長(日典)

古見　こみ；ふるみ
古見石戸　こみ・いしと　政治家(社史)
古見日吉　ふるみ・ひよし　都立大人文学部助教授(国典)
古見嘉一　ふるみ・よしかず　医師(近医)

古角　こかど；こすみ；ふるかど
古角明子　こかど・あきこ「バラと小犬」砂子屋書房(日典)
古角俊郎　こすみ・としろう　元・高校野球監督(日典)
古角万次郎　ふるかど・まんじろう　アイメック社長(日典)

古谷　こたに；こや；ふるたに；ふるや
古谷誠一　こたに・せいいち「三つの祈り」マザーアース(日典3)
古谷弘　こや・ひろし(同異)
古谷蒼韻　ふるたに・そういん　書家(日人)
古谷綱武　ふるや・つなたけ　文芸評論家(日人)

古谷田　こやた；こやだ
古谷田明良　こやた・あきら　茨城県教育研修センター指導主事(日典3)
古谷田卓　こやた・たかし「上草柳棒屋百年」センチュリー(日典3)
古谷田富喜　こやだ・とみき「最強の馬券戦略PZの法則」日本出版社(日典3)

古谷津　こやつ
古谷津順郎　こやつ・じゅんろう「つく舞考」岩田書院(日典3)

古谷野　こやの
古谷野英一　こやの・えいいち「事務管理について　国会業務のあれこれ」全国都道府県議会議長会事務局(日典3)
古谷野潔　こやの・きよし　九州大学大学院歯学研究院教授(日典3)
古谷野賢一　こやの・けんいち「Q&A借地借家の法律と実務」日本加除出版(日典3)
古谷野孝雄　こやの・たかお「Angel voice」秋田書店(日典3)
古谷野亘　こやの・わたる　研究者(現執4期)

古里　ふるさと
古里明瑠　ふるさと・あかる　西原環境衛生研究所第三事業部長(日典3)
古里オサム　ふるさと・おさむ「伝」Of.(日典3)
古里和夫　ふるさと・かずお　浜松市フラワーパーク公社公園長(日典3)
古里孝吉　ふるさと・こうきち　奈良女子大教授(国典)
古里祐義　ふるさと・すけよし　政治家(姓氏鹿児島)

古阪　ふるさか
古阪秀三　ふるさか・しゅうぞう「建築生産」理工図書(日典3)
古阪荘一郎　ふるさか・そういちろう　日本大学助教授(国典)

[8]**古味　こみ；ふるみ**
古味正康　こみ・まさやす　絵本作家(児人)

口部(古)　　　　　　　　　　　　　　　　　　〔207〕

古味峯次郎　こみ・みねじろう　農民(社史)
古味重雄　ふるみ・しげお　三香園商店グループ(茶のり卸業)社長(日典)
古味信夫　ふるみ・のぶお「流れてやまず」ホクレア草房(日典3)

古和　こわ
　古和久幸　こわ・ひさゆき　東邦大講師(国典)
　古和流水　こわ・りゅうすい　医師,漢学者(島根歴)

古居　ふるい
　古居英太郎　ふるい・えいたろう　朝日新聞名古屋本社整理部長・社友(日典)
　古居匠子　ふるい・しょうこ　名古屋市計画局(日典)
　古居智子　ふるい・ともこ　フリーライター(日典3)
　古居儔治　ふるい・ともはる　石川県企画開発部次長(国典)
　古居久男　ふるい・ひさお　丸紅エレクトロニクスアドバンス・システム部AIビジネス・プロジェクト担当課長(日典3)

古岡　ふるおか
　古岡修一　ふるおか・しゅういち「ランチア」山海堂(日典3)
　古岡孝信　ふるおか・たかのぶ　小説家(日典3)
　古岡秀人　ふるおか・ひでと　出版経営者(日人)
　古岡舷　ふるおか・ひろし　出版人(現情)
　古岡勝　ふるおか・まさる　出版人(出文)

古性　ふるしょう
　古性孝庸　ふるしょう・たかのり「80386ハンドブック」丸善(日典3)
　古性直　ふるしょう・ただし　政治家(現政)

古明地　こめいじ；こめいち；こめじ
　古明地忠治　こめいじ・ただはる　出版人(出文)
　古明地正俊　こめいち・まさとし「国際競争力を創るグリーンIT」東洋経済新報社(日典3)
　古明地利雄　こめじ・としお　テイ・エステック社長(日典3)

古松　こまつ；ふるまつ
　古松彰　こまつ・あきら「日本史問題精選」池田書店(書籍)
　古松彰　ふるまつ・あきら「日本」池田書店(日典3)
　古松簡二　ふるまつ・かんじ　筑後久留米藩郷士(日人)

古東　ことう
　古東章　ことう・あきら「贈正五位古東領左衛門略伝」淡路会(日典3)
　古東馨　ことう・かおる　東京電機大学理工学部数理学科教授(日典3)
　古東啓吾　ことう・けいご「電子技術者のための信頼性工学入門」(国典)
　古東草園　ことう・そうえん「切絵の世界」カルチェラタン(日典3)
　古東哲明　ことう・てつあき「他界からのまなざし」講談社(日典3)

古林　こばやし；ふるばやし
　古林新治　こばやし・しんじ　政治家(姓氏山口)

古林喜楽　こばやし・よしまろ　経営学者(日人)
古林尚　ふるばやし・たかし　文芸評論家(日人)
古林祐二　ふるばやし・ゆうじ　西洋法制史学者(現執2期)

古武　こたけ
　古武恵市　こたけ・けいいち「労働関係調整法解説」時事通信社(日典3)
　古武滋野　こたけ・しげの　バイオリニスト(日典3)
　古武弥正　こたけ・やしょう　心理学者(日人)
　古武弥四郎　こたけ・やしろう　生化学者(日人)
　古武弥人　こたけ・やひと　医師(近医)

古河　こが；ふるかわ
　古河廉　こが・れん　東京女子大学教授(日典3)
　古河市兵衛　ふるかわ・いちべえ　実業家(コン5)
　古河虎之助　ふるかわ・とらのすけ　実業家(コン5)

古沼　こぬま；ふるぬま
　古沼貞雄　こぬま・さだお　元・サッカー監督(日典3)
　古沼斐佐雄　こぬま・ひさお　コヌマ・バレエ・アート代表(日典3)
　古沼徹　ふるぬま・とおる「日の光」ふらんす堂(日典3)
　古沼政則　ふるぬま・まさのり　ジェー・アイ・イー・シー社長(日典3)

古波津　こはつ；こばつ
　古波津英興　こはつ・えいこう　日本労働組合全国協議会日金大阪支部港南地区責任者(社史)
　古波津里光　こはつ・りこう　教育者(姓氏沖縄)
　古波津清昇　こばつ・せいしょう　拓南製鉄社長(日典)

古波倉　こはくら；こはぐら
　古波倉正栄　こはくら・まさえ　医師(近医)
　古波倉正栄　こはぐら・せいえい　医師,沖縄県医師会長(姓氏沖縄)

古波蔵　こはくら；こはぐら；こばくら
　古波蔵良州　こはくら・りょうしゅう　漆工家=近世
　古波蔵堯栄　こはぐら・ぎょうえい　日本共産主義者団援助者(社史)
　古波蔵保好　こばくら・やすよし　新聞記者,評論家(日人)

古波鮫　こはざめ；こばざめ
　古波鮫漂雁　こはざめ・ひょうがん　ジャーナリスト,劇作家(沖縄百)
　古波鮫理子　こばざめ・みちこ　ピアニスト(日典3)

古牧　こまき；ふるまき
　古牧晃　こまき・あきら　中日アドレップ(日典3)
　古牧遥　こまき・すすむ「生きている教室」(国典)
　古牧絵理子　ふるまき・えりこ　女優(日典3)
　古牧節子　ふるまき・せつこ「知覚」福村出版(日典3)

古知　こち
　古知新　こち・あらた　世界保健機関結核プログラム部長（日典3）
　古知正子　こち・まさこ　女性史研究家（人情）
古茂田　こもた；こもだ
　古茂田君子　こもた・きみこ　「聖光」新星書房（日典3）
　古茂田信男　こもた・のぶお　社会運動家（アナ）
　古茂田公雄　こもだ・きみお　洋画家（美家）
　古茂田守介　こもだ・もりすけ　洋画家,挿絵画家（日人）
古迫　ふるさこ
　古迫恭孝　ふるさこ・やすたか　「雑草句集」雑草句会（日典3）
古金　こがね；ふるかね
　古金ふみ子　こがね・ふみこ（日典）
　古金知寿子　こがね・ちずこ　「十七歳―真夜中のひとりごと」新風舎（JM）
古長　こちょう；ふるなが
　古長敏明　こちょう・びんめい　地方史研究者（郷土）
　古長六郎　こちょう・ろくろう　弁護士（国典）
　古長武一郎　ふるなが・たけいちろう　城西消費購買組合組合員（社史）
古門　こもん；ふるかど
　古門恒雄　こもん・つねお　（株）ブライダルプロデュース取締役（日典）
　古門慶造　ふるかど・けいぞう　モトヤ社長（日典3）
　古門富美　ふるかど・ふみ　神戸新聞調査部（国典）
9古保木　こぼおき；こぼき
　古保木正長　こぼおき・まさなが　津和野藩金工（島根人）
　古保木正長　こぼき・まさなが　津和野藩金工（島根百）
古垣　ふるかき；ふるがき
　古垣光一　ふるかき・こういち　「生徒指導論」くらすなや書房（日典3）
　古垣鉄郎　ふるかき・てつろう　ジャーナリスト,外交官（コン4）
　古垣正助　ふるかき・しょうすけ　紙漉業者（姓氏鹿児島）
　古垣鉄郎　ふるがき・てつろう　ジャーナリスト,外交官（履歴2）
古垣内　ふるがいち
　古垣内瀬弌　ふるがいち・せいいち　大洋飼料社長（紳士）
　古垣内瀬一　ふるがいち・せいち　大洋漁業（現・マルハ）専務（日典3）
古城　こぎ；こじょう；こしろ；ふるき；ふるじょう；ふるしろ
　古城憲雄　こぎ・のりお　青年教育・農林学研究者（山形百）
　古城管堂　こじょう・かんどう　医師（コン）
　古城武司　こしろ・たけし　漫画家（世紀）

古城利明　ふるき・としあき　政治社会学者（現執3期）
古城胤秀　ふるじょう・たねひで　軍人（姓氏鹿児島）
古城武士　ふるしろ・たけし　経営コンサルタント（日典）
古屋　こや；ふるや
　古屋栄吉　こや・えいきち　政治家（群馬人）
　古屋芳雄　こや・よしお　小説家,公衆衛生学者（日人）
　古屋貞雄　ふるや・さだお　社会運動家（日人）
　古屋能子　ふるや・よしこ　反戦・市民運動家（日人）
古屋野　こやの
　古屋野橘衛　こやの・きつえ　地方政治家（岡山歴）
　古屋野宏平　こやの・こうへい　医師（近医）
　古屋野正伍　こやの・しょうご　社会学者（現執2期）
　古屋野素材　こやの・そざい　明治大学情報コミュニケーション学部教授（日典3）
　古屋野寛　こやの・ゆたか　「岡山の樹木」日本文教出版（日典3）
古屋敷　こやしき；ふるやしき
　古屋敷香蓴　こやしき・こうせん　「傘寿」東京美術（日典3）
　古屋敷英一　ふるやしき・えいいち　漫画家（漫人）
　古屋敷和也　ふるやしき・かずや　「菜の花」真樹社（日典3）
古後　こご
　古後昭彦　こご・あきひこ　東京エレクトロン代表取締役専務（日典3）
　古後菊徳　こご・きくのり　「野火」新星書房（日典3）
　古後匡子　こご・きょうこ　アロマテラピスト（日典3）
　古後楠徳　こご・くすのり　「ノンパラメトリック統計学」日科技連出版社（日典3）
　古後精策　こご・せいさく　豪商（大分歴）
古海　ふるみ
　古海厳潮　ふるみ・いずしお　陸軍軍人（日人）
　古海厳　ふるみ・いわお　焼津市立焼津東小教諭（日典3）
　古海厳潮　ふるみ・げんちょう　陸軍軍人（人名）
　古海卓二　ふるみ・たくじ　映画監督（映人）
　古海忠之　ふるみ・ただゆき　満州国官僚（履歴2）
古泉　こいずみ；こせん；ふるいずみ；ふるずみ
　古泉千樫　こいずみ・ちかし　歌人（コン5）
　古泉性信　こせん・しょうしん　僧（日人）
　古泉真紹　ふるいずみ・しんしょう　僧侶（日典3）
　古泉真紹　ふるずみ・しんしょう　僧侶（三重続）
古津　こず；こつ；ふるつ
　古津靖久　こず・やすひさ　「コントロールバルブ」（国典）

口部(古)　　　　　　　　　　　　　　　　　　〔207〕

古津ミネ子　こつ・みねこ　「渡良瀬」ふらんす堂（日典3）
古津宏一　ふるつ・こういち　「ランダム媒質内の波動伝搬」岩波書店（日典3）

古畑　こうばた；こばた；ふるはた
古畑丁津緒　こうばた・てつお　俳人（石川文）
古畑邦彦　こばた・くにひこ　水球選手（日典3）
古畑種基　ふるはた・たねもと　法医学者,血清学者（コン4）

古胡　ふるえびす
古胡功　ふるえびす・いさお　「簡易歯科用語集―日中英独羅」（JM）

古荘　ふるしょう；ふるそう
古荘嘉門　ふるしょう・かもん　政治家（コン5）
古荘幹郎　ふるしょう・もとお　陸軍軍人（コン5）
古荘毅　ふるそう・たけし　城西消費購買組合組合員（社史）

古茶　こちゃ；ふるちゃ
古茶一之　こちゃ・かずゆき　日本コークス販売社長（人情）
古茶喜久寿　こちゃ・きくじゅ　アドバンテスト常務（日典3）
古茶実　ふるちゃ・みのる　日本コークス販売社長（日典3）

¹⁰古原　こはら；こばら；ふるはら
古原宏伸　こはら・ひろのぶ　美術史研究者（現執1期）
古原和邦　こばら・かずくに　「ユビキタス時代の著作権管理技術」東京電機大学出版局（日典3）
古原忠　ふるはら・ただし　「金属材料の加工と組織」共立出版（日典3）

古家　こうけ；こが；こけ；こや；ふるいえ；ふるや
古家秀俊　こうけ・ひでとし　写真撮影業者（写人）
古家博二　こが・ひろじ　「新幹線車掌」あいうえお館（日典3）
古家梅山　こけ・ばいざん　町人＝近世（茶道）
古家儀八郎　こや・ぎはちろう　植物研究家（植物）
古家鴻二　ふるいえ・こうぞう　英語研究社社員（社史）
古家新　ふるや・あらた　洋画家（日人）

古宮　こみや；ふるみや
古宮敬一　こみや・けいいち　東芝副社長（日典3）
古宮基成　こみや・もとなり　俳優（テレ）
古宮一石　ふるみや・いっせき　弁理士（日典3）
古宮社司男　ふるみや・としお　日本老後保障獲得行動連盟（もうガマンならん隊）代表（日典3）

古島　こじま；ふるしま
古島一雄　こじま・かずお　政治家（コン4）
古島町子　こじま・まちこ　実業家（現執2期）
古島敏雄　ふるしま・としお　農業経済史学者（コン4）
古島義英　ふるしま・よしひで　政治家（政治）

古庭　こば
古庭栄司　こば・えいじ　「神の鎖」（国典）
古庭柊一　こば・しゅういち　「最新ラジオテレビ真空管規格ABC」（国典）

古浦　こうら
古浦一郎　こうら・いちろう　心理学者（心理）
古浦円流　こうら・えんりゅう　花道家,小原流（島根人）
古浦誠一　こうら・せいいち　北九州丸食社長（日典3）
古浦孝彦　こうら・たかひこ　中国新聞社友（日典3）
古浦千穂子　こうら・ちほこ　小説家（平和）

古浜　ふるはま
古浜悦子　ふるはま・えつこ　「風の旋律」彩図社（日典3）
古浜庄一　ふるはま・しょういち　機械工学者（現執1期）
古浜洋治　ふるはま・ようじ　「人工衛星によるマイクロ波リモートセンシング」電子通信学会（日典3）

古財　こざい
古財千利　こざい・せんり　弓道家,弓道教士（弓道）
古財秀昭　こざい・ひであき　写真家（日典3）

古郡　ふるこおり；ふるごおり
古郡悦子　ふるこおり・えつこ　編集者（日典）
古郡孝之　ふるこおり・たかゆき　「利根滔滔」埼玉新聞社（日典3）
古郡浩　ふるごおり・こう　東京農工大農学部教授（日典3）
古郡延治　ふるごおり・ていじ　情報学者（現執4期）

¹¹古崎　こさき；こざき；ふるさき
古崎慶長　こさき・よしなが　判事,裁判官（現執2期）
古崎慶長　こざき・よしなが　判事（現執1期）
古崎宏子　ふるさき・ひろこ　ピアニスト（演奏）

古郷　こきょう；こごう；ふるごう
古郷花代　こきょう・はなよ　「みち潮―歌集」（JM）
古郷幹彦　こごう・みきひこ　「のどちんこの話」医歯薬出版（日典3）
古郷秀一　ふるごう・しゅういち　彫刻家（日典3）

古都　こと；ふるみや
古都清乃　こと・きよの　歌手（群馬人）
古都のりこ　こと・のりこ　「グアム島の伝説」日本コム（印刷）（日典3）
古都和子　ふるみや・かずこ　「会長さんちの子ねこ」白泉社（日典3）

古部　ふるべ
古部賢一　ふるべ・けんいち　オーボエ奏者（音人3）
古部浩　ふるべ・ひろし　技術士（応用理学部門）（日典3）
古部雄二　ふるべ・ゆうじ　ダイハツディーゼル常務（日典3）

古野　この；ふるの
　古野純典　この・すみのり　九州大学大学院医学研究院教授（日典）
　古野博明　この・ひろあき　北海道教育大学教育学部旭川校教授（日典）
　古野伊之助　ふるの・いのすけ　経営者（コン4）
　古野清人　ふるの・きよと　宗教社会学者（日人）

[12]古厩　ふるまや
　古厩勝彦　ふるまや・かつひこ「学校教育の心理」福村出版（書籍）
　古厩忠夫　ふるまや・ただお　新潟大学人文学部教授（日典3）
　古厩智之　ふるまや・ともゆき　映画監督（映人）

古堅　ふるかた；ふるげん
　古堅弘毅　ふるかた・ひろき　社会運動家（アナ）
　古堅幸雄　ふるかた・ゆきお　陶芸家（陶工）
　古堅盛保　ふるげん・せいほ　歌三線演奏者（新芸）
　古堅宗憲　ふるげん・そうけん　沖縄復帰運動家（平和）

古塚　こづか；ふるづか；ふるつか
　古塚浩平　こづか・こうへい　元・有楽土地専務（日典）
　古塚隆朗　ふるづか・たかあき　立命館講師（国典）
　古塚孝　ふるつか・たかし　藤女子大学教授（日典3）

古嵜　こさき；こざき
　古嵜慶長　こさき・よしなが　弁護士（日典）
　古嵜靖子　こざき・やすこ　声楽家（日典）

古勝　こがち；ふるかつ
　古勝隆一　こがち・りゅういち「古書通例」平凡社（日典3）
　古勝紀誠　ふるかつ・ただのぶ　NECロジスティクス社長（日典3）

古森　こもり
　古森明朗　こもり・あきら　愛知県岡崎高等技術専門校校長（日典3）
　古森厚茂　こもり・あつしげ　歌人（日人）
　古森茂　こもり・しげる　農民（社史）
　古森善五郎　こもり・ぜんごろう　医師（近医）
　古森義久　こもり・よしひさ　ジャーナリスト、評論家（日人）

古渡　こわたり；ふるわた
　古渡意彦　こわたり・むねひこ「放射線標準施設棟加速器マニュアル」日本原子力研究開発機構（日典3）
　古渡弥惣治　こわたり・やそうじ　新徴組隊士（幕末）
　古渡晋也　ふるわた・しんや「ライトウェイト・プログラマのためのiPhoneアプリ開発ガイド」翔泳社（日典3）

古登　こと
　古登正子　こと・しょうこ　旅情報誌編集者（YA）

古葉　こば
　古葉秀　こば・しゅう「Wartime Japan」五月書房（日典3）

古葉竹識　こば・たけし　プロ野球選手, 監督（日人）
古葉美一　こば・びいち「豪血寺一族2」新声社（日典3）

古賀　こが
　古賀逸策　こが・いっさく　電気通信工学者（日人）
　古賀謹一郎　こが・きんいちろう　幕臣（コン4）
　古賀春江　こが・はるえ　洋画家（コン5）
　古賀政男　こが・まさお　作曲家（コン4）
　古賀峯一　こが・みねいち　海軍軍人（コン5）

古賀林　こがばやし
　古賀林幸　こがばやし・さち　翻訳家（現執4期）

古賀城　こがじょう
　古賀城武　こがじょう・たけ　地唄箏曲演奏者（人名7）

古達　こだつ；ふるたつ
　古達正弘　こだつ・まさひろ　武庫川女子大学名誉教授（日典）
　古達幹夫　ふるたつ・みきお　静岡スバル自動車社長（日典）

古道　こどう；ふるみち
　古道徹　こどう・とおる「タイ国・電子産業の実態と将来展望」日本エコノミックセンター（日典3）
　古道うめ　ふるみち・うめ「梅が香」古道到（日典3）

古閑　こが；こかん
　古閑健　こが・たけし　軍人（陸海）
　古閑義之　こが・よしゆき　医師（近医）
　古閑敬治　こかん・けいじ　明治生命保険常務（日典3）
　古閑正元　こかん・まさもと　労務管理研究者（現執2期）

[13]古園　ふるその；ふるぞの
　古園強　ふるその・つよし　共立住販社長（日典3）
　古園剛士　ふるぞの・たかし　神鋼造機取締役顧問（日典3）
　古園保　ふるぞの・たもつ　宮崎県議（日典3）

古園井　こぞのい
　古園井昌喜　こぞのい・まさき　保健体育学者（現執2期）

古新居　こにい
　古新居恵里　こにい・えり「シゲティのヴァイオリン演技法」シンフォニア（日典3）
　古新居康　こにい・やすし　ジュロン・シップヤード（造船所）社長（人情）
　古新居百合子　こにい・ゆりこ「中国音楽史」シンフォニア（日典3）

古農　このう
　古農文雄　このう・ふみお　経営管理センター取締役（国典）

[14]古嶋　こじま；ふるしま
　古嶋春子　こじま・はるこ　ピアニスト（日典）
　古嶋和　ふるしま・かず　小説家, ヨーガ指導員（日典3）

口部（司）

古嶋美加　ふるしま・みか　「ひよこの脳みそ」朱鳥社（日典3）

古旗　こばた；ふるはた
　古旗賢二　こばた・けんじ　静岡県立大学食品栄養科学部助手（日典3）
　古旗貞治　ふるはた・さだはる　城西消費購買組合組合員（社史）
　古旗安好　ふるはた・やすよし　教育社会心理学者（現執1期）

古銭　こせん
　古銭正彦　こせん・まさひこ　「あきらめないで！必ず直せる愛犬のトラブル」新星出版社（日典3）
　古銭良一郎　こせん・りょういちろう　社会科教育研究者（現執1期）

古関　こせき
　古関金二　こせき・きんこ　「極光」（国典）
　古関健一　こせき・けんいち　数学者（数学）
　古関幸平　こせき・こうへい　剣道範士（群馬人）
　古関彰一　こせき・しょういち　憲法学者（平和）
　古関裕而　こせき・ゆうじ　作曲家（コン4）

[15]古幡　ふるはた
　古幡康二　ふるはた・こうじ　「ビーフ産業の研究」フェアリンク（日典3）
　古幡公靖　ふるはた・こうせい　「ケネディ語録」しなの出版（日典3）
　古幡情司　ふるはた・じょうじ　「電気・電子材料」明現社（日典3）
　古幡博　ふるはた・ひろし　「頸動脈エコー」ベクトル・コア（日典3）
　古幡靖　ふるはた・やすし　「アート・記憶・場所」杜陵高速印刷（日典3）

古蔵　こくら；ふるくら
　古蔵涼子　こくら・りょうこ　「海の底からぼくは生まれた」日本図書刊行会（日典3）
　古蔵涼子　ふるくら・りょうこ　児童文学作家，中学校教師（日典3）

[16]古橋　こはし；こばし；ふるはし
　古橋まなゆき　こはし・まなゆき　システムエンジニア（日典3）
　古橋矢須秀　こばし・やすひで　視覚芸術家（日典）
　古橋広之進　ふるはし・ひろのしん　水泳選手（コン2）

古積　こずみ；こせき
　古積健三郎　こずみ・けんざぶろう　「民法」有斐閣（日典3）
　古積博　こせき・ひろし　「再生資源燃料等の危険性評価に関する研究報告書」消防庁消防大学校消防研究センター（日典3）

古舘　ふるたち；ふるだち；ふるたて；ふるだて
　古舘曹人　ふるたち・そうじん　俳人（俳文）
　古舘伊知郎　ふるだち・いちろう　司会者（現日）
　古舘一善　ふるたて・かずよし　九州電機製造顧問・元社長（人社）
　古舘明宏　ふるだて・あきひろ　「海の自然と漁業」岩崎書店（日典3）

古館　こたち；ふるたち；ふるだち；ふるたて；ふるだて
　古館忠兵衛　こたち・ちゅうべえ　陸中の陶工（日人）
　古館晋　ふるたち・すすむ　生活文化の研究者（現執4期）
　古館清太郎　ふるだち・せいたろう　翻訳家，小説家（世紀）
　古館良子　ふるたて・りょうこ　「図解数字が上がるコールセンターのつくり方」日本実業出版社（日典）
　古館武兵衛　ふるだて・ぶへえ　漁業改良家（姓氏岩手）

[17]古謝　こしゃ；こじゃ
　古謝将二郎　こしゃ・しょうじろう　さつま屋社長（日典）
　古謝将嘉　こしゃ・まさよし　あけぼの出版代表取締役（日典）
　古謝将栄　こじゃ・しょうえい　関西沖縄県人会鮨江支部幹部（社史）
　古謝美佐子　こじゃ・みさこ　歌手（テレ）

[18]古藤　ことう；こどう；こふじ
　古藤正雄　ことう・まさお　彫刻家（日人）
　古藤実冨　こどう・さねふ　小学校教員（社史）
　古藤養山　こふじ・ようえん　絵師＝近世（名画）

古藤田　ことうだ
　古藤田喜久雄　ことうだ・きくお　早稲田大学理工学研究所教授，土質工学会会長（日典3）
　古藤田京子　ことうだ・きょうこ　NHKアナウンサー（日典3）
　古藤田邦彰　ことうだ・くにあき　マーケティング・ジャパン社長（日典3）
　古藤田純一　ことうだ・じゅんいち　「『三河物語』語彙索引」立正大学十六世紀史研究会（日典3）
　古藤田博克　ことうだ・ひろよし　獣医師（現執3期）

[19]古瀬　こせ；ふるせ
　古瀬敏　こせ・さとし　静岡文化芸術大学教授（現執4期）
　古瀬兵次　こせ・へいじ　青森県議会議長として活躍（青森人）
　古瀬キヨ　ふるせ・きよ　洋画家（美家）
　古瀬伝蔵　ふるせ・でんぞう　農民組合の設立者（姓氏長野）

[20]古籏　ふるはた
　古籏一浩　ふるはた・かずひろ　テクニカルライター（日典3）
　古籏稔久　ふるはた・としひさ　日本ディジタルイクィップメント情報サービス統合システム部（日典3）
　古籏安好　ふるはた・やすよし　心理学者（心理）

【208】司

司　つかさ
　司修　つかさ・おさむ　洋画家，ブックデザイナー（日人）
　司敬　つかさ・けい　漫画家（漫人）

口部（史,召,台,只,各,吉）

司忠　つかさ・ただし　実業家（コン4）
司裕介　つかさ・ゆうすけ　俳優（和モ）
司葉子　つかさ・ようこ　女優（日人）

[5]**司代　しだい**
司代隆三　しだい・りゅうぞう　歌人,小説家（世紀）

[8]**司東　しとう**
司東真海　しとう・しんかい　僧侶・郷土史家（姓氏岩手）
司東真雄　しとう・しんゆう　僧侶（郷土）
司東利恵　しとう・りえ　水泳選手（日典3）

[9]**司城　しじょう；つかさき**
司城元義　しじょう・もとよし　元日銀理事（日典）
司城志朗　つかさき・しろう　ミステリー作家,冒険小説家（小説）
司城武洋　つかさき・たけひろ　協和化工社長（日典3）

[10]**司馬　しば**
司馬栄　しば・えい　日本共産党党員（女運）
司馬力弥　しば・りきや　漁師,アイヌ民族指導者（社会）
司馬凌海　しば・りょうかい　洋方医（コン4）
司馬遼太郎　しば・りょうたろう　小説家（コン4）
司馬老泉　しば・ろうせん　画工,俳人（姓氏静岡）

司馬田　しばた
司馬田一雄　しばた・かずお　愛媛大学法文学部法律科教授（日典）

[11]**司野　しの**
司野道輔　しの・みちすけ　小説家（北海道文）

【209】**史**

[7]**史村　ふみむら**
史村翔　ふみむら・しょう　漫画家（漫人）

[10]**史家　ふみや**
史家弘英　ふみや・ひろえ　小説家（幻想）

【210】**召**

[5]**召田　めしだ；めすだ**
召田成美　めしだ・しげみ　気象庁宮古島地方気象台長（日典）
召田大定　めしだ・だいじょう　「絵馬巡礼と俗信の研究」慶文堂書店（日典3）
召田照明　めすだ・てるあき　文筆業（日典3）
召田富子　めすだ・とみこ　「青木村の郷土食」オフィスエム（日典3）

【211】**台**

台　うてな；だい
台利夫　うてな・としお　臨床心理学者（現執3期）

台弘　うてな・ひろし　医師（日人）
台健　だい・けん　日本不動産研究所会長（日典3）
台宏士　だい・ひろし　新聞記者（現執4期）

[9]**台信　だいのぶ**
台信達二　だいのぶ・たつじ　西南学院大教授（日典）
台信祐爾　だいのぶ・ゆうじ　「聖地チベット」大広（日典3）

【212】**只**

[8]**只松　ただまつ**
只松千恵子　ただまつ・ちえこ「只松千恵子詩集」土曜美術社出版販売（日典3）
只松祐治　ただまつ・ゆうじ　政治家（政）

【213】**各**

[7]**各見　かがみ；かくみ**
各見政峯　かがみ・せいほう「縄文備前―第二歌集」（JM）
各見政峯　かくみ・せいほう　陶芸家（陶工）
各見飛出司　かくみ・ひでき　陶芸家（陶芸）

[11]**各務　かかみ；かがみ；かかむ；かくむ**
各務義章　かかみ・よしあき　郷土史家（郷土）
各務鎌吉　かがみ・けんきち　実業家,財界人（コン5）
各務美香　かかむ・みか「子どもたちのためのハーブブック」バベルプレス（日典3）
各務喜造　かくむ・きぞう　元・各務商店代表者（日典）

【214】**吉**

吉　きつ；よし
吉艶秀　きつ・えんしゅう「漢詩常識」日中友好漢詩協会（JM）
吉幾三　よし・いくぞう　シンガー・ソングライター,作詞家（世紀）
吉三友　よし・さんゆう　洋方医・協和医学会主宰（新潟百）

[3]**吉上　きちじょう；よしがみ**
吉上耕平　きちじょう・こうへい　ラグビー選手（日典）
吉上恭太　よしがみ・きょうた　翻訳家（児人）
吉上昭三　よしがみ・しょうぞう　ポーランド文学者（現情）

吉川　きちかわ；きっかわ；きつかわ；よしかわ
吉川豊治郎　きちかわ・とよじろう　陶芸家（陶芸最）
吉川霊華　きっかわ・れいか　日本画家（コン5）
吉川保正　きつかわ・やすまさ　彫刻家（美建）
吉川英治　よしかわ・えいじ　小説家（コン4）

口部(吉)

⁵吉加江　よしかえ
吉加江政弘　よしかえ・まさひろ　弓道家(弓道)

吉氷　よしひ
吉氷清　よしひ・きよし「氷島の漁夫」(国典)

吉用　よしもち
吉用スヱ　よしもち・すゑ　教育者(大分歴)
吉用寿栄　よしもち・すゑ　教育者(日人)

吉田矢　よしだや
吉田矢健治　よしだや・けんじ　作曲家(日人)

吉目木　よしめき
吉目木晴彦　よしめき・はるひこ　小説家(日人)

⁶吉光寺　きっこうじ
吉光寺梶郎　きっこうじ・かじろう　政治家(栃木歴)
吉光寺錫　きっこうじ・しゃく　医師(渡航)

吉向　きっこう；よしむき
吉向松月　きっこう・しょうげつ　陶芸家(陶芸最)
吉向審斎　きっこう・はんさい　陶芸家(陶工)
吉向キヱ　よしむき・きえ　翻訳家(日典)

吉名　よしな
吉名重美　よしな・しげみ　ピアニスト(音人3)
吉名崇朗　よしな・たかお　コメディアン(日典3)

吉年　よしとし；よどし
吉年滝徳　よしとし・たきのり　元・プロ野球選手(日典)
吉年虹二　よどし・こうじ　俳人(日典3)
吉年五亭　よどし・ごてい「遅桜」天満書房(日典3)

吉牟田　よしむた
吉牟田勲　よしむた・いさお　税法学者(現執4期)
吉牟田京師　よしむた・けいし　俳人,高校教師(日典3)
吉牟田啓多　よしむた・けいた　渋沢倉庫副社長(日典3)
吉牟田直　よしむた・すなお　医師(日典3)
吉牟田直孝　よしむた・なおたか　医師(日典3)

吉羽　よしは；よしば
吉羽辰夫　よしは・たつお　弓道家,弓道教士(弓道)
吉羽一高　よしば・いっこう「Web・マーケティング担当者のためのMobile SEM handbook」日本実業出版社(日典3)
吉羽和夫　よしば・かずお　科学評論家(現執3期)

⁷吉利　よしとし
吉利巌　よしとし・いわお　神戸高等商船学校長(日典3)
吉利壮之助　よしとし・そうのすけ　鹿児島県士族(幕末)
吉利博良　よしとし・ひろゆき　陶芸家(陶工)
吉利平次郎　よしとし・へいじろう　教諭(姓氏鹿児島)
吉利和　よしとし・やわら　内科学者(日人)

吉坂　よしさか；よしざか
吉坂克彦　よしさか・かつひこ　ハイテクジャパン社長(日典)
吉坂保紀　よしさか・やすのり　徳島県議(民主党)(日典3)
吉坂忍　よしざか・しのぶ「建設的に生きる」創元社(日典3)
吉坂隆正　よしざか・たかまさ　建築家(全書)

吉戒　よしかい
吉戒修一　よしかい・しゅういち　裁判官(現執4期)

吉沢　よしさわ；よしざわ；よじざわ
吉沢潤一　よしさわ・じゅんいち「足利アナーキー」秋田書店(日典3)
吉沢義則　よしざわ・よしのり　国語学者,歌人(日人)
吉沢幸子　よじざわ・さちこ「みんなでたなばた」童心社(日典3)

吉良　きら
吉良州司　きら・しゅうじ　政治家(現政)
吉良俊一　きら・しゅんいち　軍人(陸海)
吉良龍夫　きら・たつお　植物生態学者(世紀)
吉良実　きら・みのる　税法学者(現執3期)

吉見　きちみ；よしみ
吉見庄助　きちみ・しょうすけ「樹氷」三島学園女子大学生活美術学科(日典3)
吉見正美　きちみ・まさみ　整体師(日典3)
吉見静江　よしみ・しずえ　社会事業家(日人)
吉見嘉樹　よしみ・よしき　能楽師大鼓方(日人)

吉角　よしかど
吉角荘介　よしかど・そうすけ　映画照明技師(映人)

吉谷　よしがい；よしたに；よしや
吉谷正人　よしがい・まさと　読売新聞西部本社常務(日典3)
吉谷覚寿　よしたに・かくじゅ　真宗学者(日人)
吉谷龍一　よしや・りゅういち　システム工学者(現執1期)

吉邨　よしむら
吉邨二郎　よしむら・じろう　画家,挿絵画家(日児)

吉里　よしさと；よしざと
吉里トキ　よしさと・とき「ふるさと」ふらんす堂(日典3)
吉里勝利　よしさと・かつとし　発生生理学博士大学教授(YA)
吉里邦夫　よしざと・くにお　文部省社会教育局長(日典)

吉阪　きちさか；きっさか；よしざか
吉阪修一　きちさか・しゅういち　能楽囃子方(日典)
吉阪修一　きっさか・しゅういち　能楽師(能狂言)
吉阪隆正　よしざか・たかまさ　建築家(コン4)

⁸吉幸　よしこう
吉幸かおる　よしこう・かおる「歌はこうして生まれた」工房にんげん(日典3)

吉幸ゆたか　よしこう・ゆたか「歌はこうして生まれた」工房にんげん(日典3)

吉延　よしのぶ
吉延英秀　よしのぶ・えいしゅう　陶芸家(陶芸最)
吉延四郎　よしのぶ・しろう　吉延石油店社長,備前商工会議所会頭(日典3)
吉延美山　よしのぶ・びざん　陶芸家(陶芸最)
吉延美知利　よしのぶ・みちとし　陶芸家(陶工)
吉延八十吉　よしのぶ・やそきち　農民運動家(社史)

吉枝　よしえ；よしえだ
吉枝聡子　よしえ・さとこ「ペルシア語文法ハンドブック」白水社(日典3)
吉枝信平　よしえだ・しんぺい　村役場書記(社史)
吉枝千佳子　よしえだ・ちかこ　童話作家(幻想)

吉河　きっかわ；よしかわ
吉河寛海　きっかわ・ひろみ　落語家(日典)
吉河為久蔵　よしかわ・いくぞう　軍人,医師(日人)
吉河光貞　よしかわ・みつさだ　司法官(日人)

吉波　よしなみ；よしば
吉波愷堂　よしなみ・がいどう　漢学者,漢詩人(富山典)
吉波彦作　よしなみ・ひこさく　漢学者,漢詩人(富山百)
吉波弘　よしば・ひろし「英語研究の次世代に向けて」ひつじ書房(日典3)

吉迫　よしさこ；よしざこ
吉迫由香　よしさこ・ゆか　ヨット選手(日典3)
吉迫利英　よしざこ・としひで　農林中金総合研究所基礎研究部長(日典3)
吉迫治明　よしざこ・はるよし　竹原市議・市議会副議長(日典3)

[9]**吉城　よしき**
吉城愈子　よしき・いよこ「歌集雫」(国典)
吉城肇蔚　よしき・ちょうい「機械加工性」常磐書房(日典)
吉城肇　よしき・はじめ　茨城大学工学部教授(日典)
吉城文雄　よしき・ふみお「近代技術導入と鉱山業の近代化」国際連合大学(日典3)

吉屋　きるおく；ゆしや；よしや
吉屋潤　きるおく・ゆん　作曲家(日典)
吉屋松がに　ゆしや・まちがに「遙かなるパイパティローマ」南謡出版(日典3)
吉屋信子　よしや・のぶこ　小説家(コン4)

吉柳　きりゅう
吉柳克彦　きりゅう・かつひこ　北海道新聞本社整理部勤務(日典3)
吉柳清美　きりゅう・きよみ　パブ日立工業社長(日典3)
吉柳さおり　きりゅう・さおり「めざせ！美人おばさん」オンブック(日典3)
吉柳順一　きりゅう・じゅんいち　福岡県議(無所属)(日典3)

吉柳節夫　きりゅう・せつお「薬学物理化学」広川書店(日典3)

吉海　よしうみ；よしかい
吉海俊彦　よしうみ・としひこ　元・東京理科大学理工学部教授(日典)
吉海良作　よしうみ・りょうさく　敬神党の士(日人)
吉海純玄　よしかい・すみはる　弓道家,熊本藩士,弓術教士(弓道)
吉海直人　よしかい・なおと　同志社女子大学学芸学部日本語日本文学科教授(現執4期)

吉泉　よしいずみ；よしずみ
吉泉禅教　よしいずみ・ぜんきょう　僧侶(庄内)
吉泉豊晴　よしいずみ・とよはる　障害者福祉研究者,障害者用ソフトウェア開発者(視覚)
吉泉幸枝　よしずみ・ゆきえ　東小学校(上尾市)校長(日典3)

吉津　きず；きつ；よしず；よしつ
吉津実　きず・みのる　小説家(幻想)
吉津耕一　きつ・こういち　実業家,都市・農村問題研究家(現執4期)
吉津宜英　よしず・よしひで　仏教学者(日人)
吉津正夫　よしつ・まさお「移民物語」古川書房(日典3)

吉香　きっこう
吉香象陶　きっこう・しょうとう　陶芸家(陶芸最)

[10]**吉原　よしはら；よしわら**
吉原幸子　よしはら・さちこ　詩人(日人)
吉原治良　よしはら・じろう　洋画家(日人)
吉原雅風　よしわら・がふう　日本画家(日人)
吉原三郎　よしわら・さぶろう　官吏,実業家(日人)

吉家　きっか；よしいえ；よしや
吉家清次　きっか・せいじ　経済理論学者(現執2期)
吉家光夫　よしいえ・みつお　建築技師(美建)
吉家世洋　よしや・くにひろ　科学ジャーナリスト,アウトドアスポーツライター(児人)

吉島　きちじま；よしじま
吉島重治　きちじま・しげじ　元・日成ビルド工業専務(日典)
吉島恒三　よしじま・こうぞう　自由民権演説会弁士(姓氏岩手)
吉島速夫　よしじま・はやお　歌人,画家(石川文)

吉栖　よしす；よしずみ
吉栖肇　よしす・はじめ　サントリー研究センター応用微生物研究所長(日典)
吉栖弘　よしずみ・ひろし　(株)吉弘商会会長(日典)
吉栖正之　よしずみ・まさゆき　医師(日典3)

吉留　よしとめ；よしどめ
吉留一夫　よしとめ・かずお　写真家(日典)
吉留路樹　よしとめ・ろじゅ　小説家(現執2期)
吉留昭弘　よしどめ・あきひろ「ソ連崩壊とマルクス主義」図書出版(日典3)

口部(吉)　　　　　　　　　　　　　　　　　　　　　　　　　　〔214〕

吉留厚宏　よしどめ・あつひろ　鹿児島県議(自民党,いちき串木野市)(日典3)

吉祥　きちじょう；きっしょう；よしざき
　吉祥寺笑　きちじょう・てらえ「イナズマイレブンspecial」小学館(日典3)
　吉祥真雄　きっしょう・しんゆう「続ことわざ研究資料集成」大空社(日典3)
　吉祥真佐緒　よしざき・まさお　エープラス代表(日典3)

11吉堂　きちどう
　吉堂真澄　きちどう・まずみ「念力と奇跡」(国典)

吉堀　よしほり；よしぼり
　吉堀慶一郎　よしほり・けいいちろう　政治家(現政)
　吉堀慈恭　よしぼり・じきょう　真言宗の僧(仏人)

吉崎　よしさき；よしざき
　吉崎英治　よしさき・えいじ　陶芸家(陶芸楽)
　吉崎四郎　よしさき・しろう　評論家(富山文)
　吉崎清富　よしざき・きよとみ　作曲家(作曲)
　吉崎誓信　よしざき・せいしん　歯科医学者(日人)

吉清　きっせい；よしきよ
　吉清恭一　きっせい・きょういち　日本セミコンダクター第二工場建設班企画調整グループ長(日典)
　吉清一江　よしきよ・かずえ　社会福祉活動家(日典)
　吉清秋月　よしきよ・しゅうげつ「人間の悩みと宗教」永田文昌堂(日典3)

吉添　よしぞえ
　吉添利雄　よしぞえ・としお　船員(社史)

吉頂寺　きっちょうじ
　吉頂寺光　きっちょうじ・ひかる　俳優(俳優)
　吉頂寺晃　きっちょうじ・ひかる　俳優(映男)

12吉備　きび
　吉備慶三郎　きび・けいざぶろう「和歌山の歴史と伝承」吉備慶三郎翁を偲ぶ会(日典3)
　吉備猿彦　きび・さるひこ　俳人,会社員(日典3)
　吉備団太　きび・だんた　画家(日典3)
　吉備登　きび・のぼる「危険経穴の断面解剖アトラス」医歯薬出版(日典3)
　吉備寛　きび・ひろし「和歌山の歴史と伝承」吉備慶三郎翁を偲ぶ会(日典3)

吉富　よしとみ；よしどみ
　吉富朝次郎　よしとみ・あさじろう　画家(岡山歴)
　吉富簡一　よしとみ・かんいち　豪農,地方政治家(コン4)
　吉富簡一　よしどみ・かんいち　豪農,地方政治家(史人)

吉筋　よしすじ
　吉筋恵治　よしすじ・けいじ　陶芸家(陶工)
　吉筋知之　よしすじ・ともゆき「プロビジネスマンのためのマネジメント」三和書房(日典3)

吉賀　よしか；よしが
　吉賀大眉　よしか・たいび　陶芸家(日人)

吉賀将夫　よしか・はたお　陶芸家(日人)
吉賀大眉　よしが・たいび　陶芸家(陶工)
吉賀将夫　よしが・はたお　陶芸家(陶工)

吉越　よしごえ；よしこし
　吉越弘泰　よしごえ・ひろやす「威風と頽唐」太田出版(日典3)
　吉越昭久　よしこし・あきひさ「歴史時代の環境復原に関する古水文学的研究」立命館大学文学部地理学教室(日典3)
　吉越研　よしこし・けん　写真家(写人)

吉開　よしかい；よしがい
　吉開寛二　よしかい・かんじ　漫画家(漫人)
　吉開那津子　よしかい・なつこ　小説家(世紀)
　吉開賢淳　よしがい・けんじゅん「仏に出会う」吉開賢淳(JM)

13吉嗣　よしつぐ
　吉嗣国男　よしつぐ・くにお　福岡歯科大学教授(日典3)
　吉嗣茂雄　よしつぐ・しげお　石穴稲荷神社宮司(日典3)
　吉嗣拝山　よしつぐ・はいざん　画家(日人)
　吉嗣文成　よしつぐ・ふみしげ　ニュー・フェローズ主宰(日典3)
　吉嗣康雄　よしつぐ・やすお　太宰府天満宮参事,地禄神社(大野城市)宮司(日典3)

吉新　よしあら
　吉新苔山　よしあら・たいざん「手づくり釣り具」つり人社(日典3)
　吉新拓世　よしあら・たくよ「やったらどうなる？」インプレス(日典3)
　吉新道夫　よしあら・みちお「機械保全の徹底攻略3級機械系学科・実技」JIPMソリューション(日典3)
　吉新通康　よしあら・みちやす　医師(日典3)

吉福　よしふく
　吉福晃遠　よしふく・あきとう「激流に生きる」天理教道友社(日典3)
　吉福逸郎　よしふく・いつろう「ジェームズ・ディーン青春に死す」ソニー・マガジンズ(日典3)
　吉福清和　よしふく・きよかず「目で見る平戸・松浦・北松の100年」郷土出版社(日典3)
　吉福伸逸　よしふく・しんいち　翻訳家,セラピスト(現執3期)
　吉福康郎　よしふく・やすお「「なぜだろう？」がとまらない」中部大学(日典3)

吉路　よしみち
　吉路栄　よしみち・さかえ　沖人夫(社史)
　吉路徳雄　よしみち・とくお　人夫(社史)

吉馴　よしなれ
　吉馴明子　よしなれ・あきこ「海老名弾正の政治思想」東京大学出版会(日典3)

16吉積　よしずみ
　吉積清　よしずみ・きよし「中国共産党の細胞活動」社会書房(日典3)
　吉積健二　よしずみ・けんじ　持田製薬常務(日典3)

姓名よみかた辞典 姓の部　　163

口部(向)

吉積光二　よしずみ・こうじ　ホルン奏者(音3)
吉積文平　よしずみ・ぶんぺい　米穀商,政治家(徳島歴)
吉積正雄　よしずみ・まさお　軍人(陸海)
[18]吉藤　よしふじ
　吉藤幸朔　よしふじ・こうさく　特許コンサルタント,弁理士(日典3)
　吉藤茂行　よしふじ・しげゆき　「薬品製造学」南江堂(日典3)
　吉藤茂　よしふじ・しげる　東京三菱銀行資金証券部次長(日典3)
　吉藤智水　よしふじ・ちすい　仏教救世軍メンバー(社史)
　吉藤春美　よしふじ・はるみ　俳人(石川文)
[19]吉瀬　きせ；きちせ；よしせ
　吉瀬源兵衛　きせ・げんべえ　和算家(姓氏長野)
　吉瀬美智子　きちせ・みちこ　モデル,タレント(日映女)
　吉瀬維哉　よしせ・しげや　トラスト60会長(日典)
吉識　よしき
　吉識知明　よしき・ともあき　「ディジタル通信」ピアソン・エデュケーション(日典3)
　吉識晴夫　よしき・はるお　東京大学生産技術研究所教授(日典3)
　吉識雅夫　よしき・まさお　船舶工学者(コン4)
[21]吉灘　よしなだ
　吉灘裕　よしなだ・ひろし　小松製作所技術研究所機構・制御研究室員(日典3)
　吉灘好栄　よしなだ・よしえ　教育者(鳥取百)
　吉灘好信　よしなだ・よしえい　教育者(日人)
[24]吉鷹　よしたか
　吉鷹常男　よしたか・つねお　日本トランスシティ常務,四日市海運社長(日典3)
　吉鷹弘　よしたか・ひろむ　シュートボクサー(日典3)
　吉鷹正信　よしたか・まさのぶ　祠官,教育者(日人)
　吉鷹幸春　よしたか・ゆきはる　柔道選手(日典3)

【215】　向

向　むかい；むこう
　向秀男　むかい・ひでお　アートディレクター(日人)
　向軍治　むこう・ぐんじ　ドイツ語学者,反戦主義者(日人)
[3]向上　こうじょう
　向上繁　こうじょう・しげる　「ことわざ研究資料集成」大空社(日典3)
　向上正信　こうじょう・まさのぶ　長門製作所会長(人情)
向山　さきやま；むかいやま；むこうやま；むこやま
　向山恭一　さきやま・きょういち　新潟大学教育学部助教授(日典)

向山雅重　むかいやま・まさしげ　郷土史家(日人)
向山黄村　むこうやま・こうそん　幕臣,漢詩人(コン5)
向山明子　むこやま・あきこ　「帰りくる音」角川書店(日典3)
向川　むかいがわ；むこうがわ
　向川武夫　むかいがわ・たけお　札幌市議(日典3)
　向川浩治　むかいがわ・ひろじ　友愛会西支部メンバー(社史)
　向川均　むこうがわ・ひとし　京都大学防災研究所准教授(日典3)
　向川幹雄　むこうがわ・みきお　児童文学者(世紀)
[4]向井　こうい；むかい
　向井余史子　こうい・よしこ　「おきらくヘルシーごはん」二見書房(日典3)
　向井潤吉　むかい・じゅんきち　洋画家(日人)
　向井忠晴　むかい・ただはる　実業家(コン4)
向日　むかひ
　向日かおり　むかひ・かおり　「永遠の手」いのちのことば社(日典3)
　向日玉一　むかひ・たまいち　龍神村(和歌山県)村長(日典3)
　向日恒喜　むかひ・つねき　「人間と情報システム」税務経理協会(日典3)
　向日葵　むかひ・まもる　「我路恋情」(JM)
　向日善信　むかひ・よしのぶ　「チャンスに挑む」青巧社(日典3)
[5]向出　むかいで
　向出悦子　むかいで・えつこ　保母(日典3)
　向出聡　むかいで・さとし　ジャズマン(ジヤ)
　向出修一　むかいで・しゅういち　STVラジオ社長(日典3)
　向出勉　むかいで・つとむ　石川県議(自民党,加賀市)(日典3)
　向出春雄　むかいで・はるお　大阪市電車掌補(社史)
向平　むかいひら；むかひら
　向平権六　むかいひら・ごんろく　「能登の薬草―五九〇種」(JM)
　向平沖　むかひら・ひろし　台東区立忍岡中学校校長(日典3)
向田　こうた；こうだ；むかいだ；むこうだ
　向田正次　こうた・しょうじ　若葉商会会長(日典)
　向田梯介　こうだ・ていすけ　「フロオベールはこう考える」平原社(日典3)
　向田佳元　むかいだ・よしもと　野球選手(群馬人)
　向田邦子　むこうだ・くにこ　小説家(日人)
[6]向仲　むかいなか；むこうなか
　向仲顕　むかいなか・こう　江戸川大学社会学部環境情報学科教授(日典)
　向仲寅之助　むかいなか・とらのすけ　社会主義者(日人)
　向仲小雪　むこうなか・こゆき　日本労働組合全国協議会メンバー(社史)

口部(合)

向仲寅之助　むこうなか・とらのすけ　印刷工（社史）

向吉　むこよし
　向吉サヲ　むこよし・さお「昭和維新断行」(国典)
　向吉悠睦　むこよし・ゆうぼく「現代の仏像」光村推古書院(日典3)

向江　むかえ
　向江強　むかえ・つよし　大阪民衆史研究会代表委員(日典3)
　向江璋悦　むかえ・てるよし　弁護士(人情)
　向江昇　むかえ・のぼる　政治家(現政)
　向江久夫　むかえ・ひさお　足利銀行頭取(日典3)
　向江八重子　むかえ・やえこ「蒼天裸木」紅書房(日典3)

[7]**向坂　こうさか；さきさか；さきざか；むこうさか；むこうざか**
　向坂真理　こうさか・まり　漫画家,イラストレーター(漫人)
　向坂逸郎　さきさか・いつろう　経済学者(コン4)
　向坂幸子　さきざか・さちこ　舞踊家(女性普)
　向坂弥平治　むこうさか・やへいじ　大井川橋完成者(幕末)
　向坂弥平治　むこうざか・やへいじ　篤志家,旧家の八代目(姓氏静岡)

向坊　むかいぼう
　向坊隆　むかいぼう・たかし　応用化学者(日人)
　向坊長英　むかいぼう・ながひで　青山学院大学名誉教授,元青山学院女子短期大学学長(日典3)
　向坊寿　むかいぼう・ひさし　出版人(出文)
　向坊弘道　むかいぼう・ひろみち　グリーン・ライフ研究所代表(日典3)
　向坊正徳　むかいぼう・まさのり　飯塚井筒屋社長,井筒屋専務(日典3)

向来　こうらい
　向来道男　こうらい・みちお「理性と革命」(国典)

向谷　むかいたに；むかいだに；むかいや；こうたに
　向谷匡史　むかいたに・ただし　劇画原作者,小説家(漫人)
　向谷進　むかいだに・すすむ　ルポライター(現執3期)
　向谷実　むかいや・みのる　キーボード奏者(テレ)
　向谷美咲　むこうたに・みさき　ボウリング選手(日典3)

向里　むこうざと
　向里直樹　むこうざと・なおき　ジャズマン(ジヤ)

向阪　こうさか；さきさか
　向阪保雄　こうさか・やすお　大阪府立大学工学部化学工学科教授(日典3)
　向阪宗一　さきさか・そういち　住商紙パルプ相談役(日典3)
　向阪浩　さきさか・ひろし　特許庁総務部長(日典3)

[9]**向後　こうご**
　向後勇　こうご・いさむ「調理師入門」理想出版社(日典3)
　向後三四郎　こうご・さんしろう　兵士(人名)
　向後千春　こうご・ちはる　研究者(現執4期)
　向後つぐお　こうご・つぐお　漫画家(漫人)
　向後元彦　こうご・もとひこ　探検家(現執3期)

向畑　むこうはた；むこうばた；むこはた
　向畑十四郎　むこうはた・じゅうしろう　医師(島根歴)
　向畑達也　むこうばた・たつや　ヒラキ社長(日典3)
　向畑恭男　むこはた・やすお　阪大助教授(国典)

[10]**向原　むかいはら；むこうはら；むこはら**
　向原寛　むかいはら・ひろし　テノール歌手,合唱指揮者(音人3)
　向原圭　むこうはら・けい「医療面接」文光堂(日典3)
　向原祥隆　むこはら・よしたか　南方新社代表(日典3)

向島　まじま；むこうじま
　向島領一　まじま・りょういち　造型作家(日典)
　向島豊之助　むこうじま・とよのすけ　車夫信用組合メンバー(社史)
　向島安市　むこうじま・やすいち　教育学者(徳島歴)

[11]**向笠　むかさ**
　向笠和子　むかさ・かずこ　俳人(現俳)
　向笠千恵子　むかさ・ちえこ　フードジャーナリスト,エッセイスト,作家(現執4期)
　向笠彦右衛門　むかさ・ひこえもん　政治家(姓氏神奈川)
　向笠広次　むかさ・ひろじ　医師(近医)
　向笠良一　むかさ・りょういち　商学・経営学者(現執4期)

向野　こうの；むかいの；むかの；むくの
　向野堅一　こうの・けんいち　実業家(コン)
　向野栄　むかいの・さかえ　元・福井赤十字病院院長(日典)
　向野宣之　むかの・のりゆき　高校教師(日典)
　向野暢彦　むくの・のぶひこ　旭化成建材会長(日典)

[19]**向瀬　むこうせ；むこせ**
　向瀬貫三郎　むこうせ・かんざぶろう　元・礼文町(北海道)町長(日典)
　向瀬内匠　むこせ・たくみ　元・神戸製鋼所専務(日典)

[216] 合

[3]**合山　ごうやま**
　合山究　ごうやま・きわむ「明清時代の女性と文学」汲古書院(日典3)
　合山勉　ごうやま・つとむ「天魔のたわむれ」牧神社(日典3)

口部（吐, 名）

⁴合月　あいずき；あいつき
- 合月元栄　あいずき・もとえ　大同ほくさん常務（日典）
- 合月勇　あいつき・いさむ　映画監督（映監）

⁵合田　あいだ；ごうた；ごうだ
- 合田周平　あいだ・しゅうへい　システム工学者（世紀）
- 合田成男　ごうた・なりお　舞踊評論（日典）
- 合田清　ごうだ・きよし　版画家（コン5）

⁷合志　こうし；ごうし
- 合志栄一　こうし・えいいち　政治家（現政）
- 合志喜生　こうし・よしお　熊本地検検事正（日典3）
- 合志達也　ごうし・たつや「お宝インターネット tips & tools」秀和システム（日典3）
- 合志正臣　ごうし・まさおみ　競輪選手（日典）

合谷　ごうたに；ごうや
- 合谷三郎　ごうたに・さぶろう　政治家（大分歴）
- 合谷純夫　ごうたに・すみお「ほねつぎ奮闘記」MBC21（日典3）
- 合谷欣一　ごうや・きんいち　旭ダイヤモンド工業専務（日典）
- 合谷信行　ごうや・のぶゆき「排尿ケアの技とコツ」メヂカルフレンド社（日典3）

⁸合宝　がっぽう
- 合宝郁太郎　がっぽう・いくたろう　住友海上投資顧問（株）取締役，日本テクニカル・アナリスト協会会長（日典3）

⁹合屋　ごうや
- 合屋梢　ごうや・こずえ　女性運動家（女運）
- 合屋さゆり　ごうや・さゆり「ソーシャルワーカーのためのチームアプローチ論」ふくろう出版（日典3）
- 合屋重義　ごうや・しげよし　福岡県議（日典3）
- 合屋武城　ごうや・たけしろ　植物研究家（植物）
- 合屋長英　ごうや・ながひで　医師（近医）

合津　ごうず；ごうつ
- 合津直枝　ごうず・なおえ　テレビ・映画・舞台プロデューサー，映画監督（日典3）
- 合津文雄　ごうず・ふみお　長野大学社会福祉学部社会福祉学科助教授（日典3）
- 合津玲子　ごうつ・れいこ「イヌの大常識」ポプラ社（日典3）

¹⁰合原　あいはら；ごうはら；ごうばる
- 合原琴　あいはら・きん　教育者（学校）
- 合原猪三郎　ごうはら・いさぶろう　幕臣（コン5）
- 合原昌一　ごうばる・しょういち　元日本青年会議所常任理事（日典）

合庭　あいば
- 合庭惇　あいば・あつし　研究者（現執4期）

合馬　おうま
- 合馬敬　おうま・けい　政治家（現政）
- 合馬毅　おうま・つよし　東芝バルティーニ取締役（日典3）

¹¹合崎　あいざき
- 合崎堅二　あいざき・けんじ　会計学者（現執1期）
- 合崎功　あいざき・こう　海上保安庁第一管区海上保安本部長（日典3）
- 合崎英男　あいざき・ひでお「農業・農村の計画評価」農林統計協会（日典3）

¹²合掌　がっしょう
- 合掌一朗　がっしょう・いちろう　シャンソン歌手（日典）
- 合掌義二　がっしょう・よしじ　釧路日赤病院長（人情）

¹⁹合瀬　おうせ
- 合瀬健正　おうせ・たけまさ　佐賀県議（自民党）（日典）

【217】　吐

³吐山　はやま
- 吐山継彦　はやま・つぐひこ「市民ライター入門講座」総合電子リサーチ，総合電子出版社（発売）（日典3）
- 吐山豊秋　はやま・とよあき　東京農工大学名誉教授（日典3）
- 吐山ムツコ　はやま・むつこ　吉備国際大学保健科学部教授（日典3）

⁵吐田　はきた；はんだ
- 吐田一生　はきた・かずお　朝日新聞西部本社福岡工場長（日典3）
- 吐田文夫　はんだ・ふみお「花筵」学習研究社（日典3）

【218】　名

³名久井　なくい
- 名久井貞美　なくい・さだみ「南部史・津軽史にひそむ謎の群像」伊吉書院（日典3）
- 名久井忠　なくい・ただし「サイロサイレージ物語」酪農学園大学エクステンションセンター（日典3）
- 名久井十九三　なくい・とくぞう　彫刻家（美建）
- 名久井由蔵　なくい・よしぞう　洋画家（青森人）
- 名久井良作　なくい・りょうさく　岩手大学教育学部教授（青森人）

名女川　なめかわ
- 名女川勝彦　なめかわ・かつひこ　「週刊文春」編集部勤務（日典）
- 名女川庄三郎　なめかわ・しょうさぶろう　能楽狂言方（鷺流）（日典3）
- 名女川庄三郎　なめかわ・しょうざぶろう　能楽狂言方（芸能）

名子　なこ；なご
- 名子千寿　なこ・ちず　料理研究家（日典3）
- 名子知子　なご・ともこ「アジア出身者が成功するための外資系企業就職・昇進ストラテジー」アルク（日典3）

名川　ながわ
　名川侃市　ながわ・かんいち　衆院議員（同交会）（日典3）
　名川五郎　ながわ・ごろう　職工（社史）
　名川弘一　ながわ・ひろかず「外科診療シークレット」メディカル・サイエンス・インターナショナル（日典3）
　名川勝　ながわ・まさる　筑波大学心身障害学系講師（日典3）
　名川渉　ながわ・わたる　職工（社史）

[4]名井　ない；みょうい
　名井博明　ない・ひろあき　ウイルコ社長,連合社会政策局長（日典3）
　名井万亀　ない・まき　洋画家（美家）
　名井九介　みょうい・きゅうすけ　技師（土木）
　名井守介　みょうい・もりすけ　教育家（山口百）

名手　なて；なで
　名手孝之　なて・たかゆき　東燃石油化学（国典）
　名手敏一　なて・としかず「熱き男たちの闘い」交通毎日新聞社（日典）
　名手慶一　なで・けいいち「幕末日本経済に潜む自由とその展開」名手慶一（JM）

名木　なぎ；めいき
　名木昭　なぎ・あきら　名木製帽店代表,福島県商店街振興組合連合会会長（日典）
　名木広行　なぎ・ひろゆき　蒔絵師（美工）
　名木純子　めいき・じゅんこ　エスク代表（日典）

名木田　なぎた
　名木田恵理子　なぎた・えりこ「看護英語読解15のポイント」メヂカルビュー社（日典3）
　名木田薫　なぎた・かおる　倉敷芸術科学大学国際教養学部教授（日典3）
　名木田恵子　なぎた・けいこ　児童文学作家（小説）
　名木田兵二　なぎた・ひょうじ　富士通エフ・ア　イ・ピー顧問（日典3）

[5]名出　ないで
　名出保太郎　ないで・やすたろう　日本聖公会主教（キリ）
　名出頼男　ないで・よりお「尿路感染症」近代出版（日典3）
　名出良作　ないで・りょうさく　阪和興業副会長（日典3）

名古　なこ；なご
　名古きよえ　なこ・きよえ　詩人,画家（京都文）
　名古忠行　なこ・ただゆき「ウェッブ夫妻の生涯と思想」法律文化社（日典3）
　名古岳彦　なご・たけひこ　高校教師（日典3）
　名古則子　なご・ただし　俳人（日典3）

名生　なおい；みょう；みょうじょう
　名生顕洋　なおい・あきひろ「先例にみる両院の議会運営」東京図書出版会,リフレ出版（発売）（日典3）
　名生忠久　みょう・ただひさ「名生家三代,米作りの技と心」草思社（日典3）
　名生昭雄　みょうじょう・てるお　日本芸能史研究者（現執1期）

名田　なだ；みょうでん
　名田堅太郎　なだ・けんたろう　江本工業社長（日典）
　名田茂　みょうでん・もゆる　調和研究所所長

[7]名児耶　なごや
　名児耶明　なごや・あきら　学芸員（現執4期）
　名児耶梅三郎　なごや・うめさぶろう　大審院判事（日典3）
　名児耶馨　なごや・かおる　神戸製鋼所取締役（日典3）
　名児耶秀美　なごや・ひでよし「Hello！ design」ラトルズ（日典3）

名見崎　なみさき；なみざき
　名見崎徳治〔7代〕　なみさき・とくじ　豊本節の三味線方（朝日）
　名見崎徳治〔6代〕　なみざき・とくじ　富本節の三味線方（日人）
　名見崎徳治〔7代〕　なみざき・とくじ　豊本節の三味線方（日人）

名谷　なたに
　名谷一郎　なたに・いちろう　翻訳家（日典3）

[8]名和　なわ
　名和太郎　なわ・たろう　腹話術師,司会者（新芸）
　名和統一　なわ・とういち　経済学者（コン4）
　名和道一　なわ・どういち　長州（萩）藩老臣毛利出雲の家士,官吏（日人）
　名和又八郎　なわ・またはちろう　海軍軍人（日人）
　名和靖　なわ・やすし　昆虫学者（コン5）

名和田　なわた；なわだ
　名和田暁　なわた・あき「愛犬物語」パレードp.press出版部（日典3）
　名和田清子　なわた・きよこ「「子育て支援」の新たな職能を学ぶ」ミネルヴァ書房（日典3）
　名和田泉　なわだ・いずみ　雑誌記者（現執2期）

名定　なさだ
　名定一呂　なさだ・いちろう　革細工職人（美工）

名幸　なこう
　名幸貞子　なこう・ていこ　茶道家（日典3）
　名幸芳章　なこう・ほうしょう「沖縄の風習と迷信」護国寺（日典3）

名所　めいしょ
　名所君子　めいしょ・きみこ　ソプラノ歌手（音人3）

名東　なとう
　名東孝二　なとう・たかつぐ　経済学者（日人）

[9]名城　なしろ
　名城邦夫　なしろ・くにお「中世ドイツ・バムベルク司教領の研究」ミネルヴァ書房（日典3）
　名城健二　なしろ・けんじ「精神科ソーシャルワーカーの実践とかかわり」中央法規出版（日典3）
　名城嗣明　なしろ・しめい　琉球大学名誉教授（日典）
　名城春央　なしろ・しゅんえい　赤琉会メンバー（社史）

名城鉄夫　なしろ・てつお　経営学者（現執3期）

名香　なか
名香智子　なか・ともこ　漫画家（幻想）

[10]名倉　なくら；なぐら
名倉納　なくら・おさむ　陸軍軍医（海越新）
名倉淑子　なくら・よしこ　ヴァイオリニスト（演奏）
名倉間一郎　なぐら・ぎんいちろう　植物学者（日人）
名倉重雄　なぐら・しげお　医師（日人）

名原　なはら；なばら
名原剛　なはら・つよし　日本生命保険専務（日典）
名原寿子　なはら・ひさこ　厚生省看護研修研究センター主任教官（日典）
名原重則　なばら・しげのり　山陰中央新報資料室長（日典3）
名原広三郎　なばら・ひろさぶろう「アメリカ発展史」（国典）

[11]名執　なとり
名執潔　なとり・きよし「大ロンドン庁の新設」岐阜県産業経済研究センター（日典）
名執剛輔　なとり・ごうすけ「瀬戸内の旅情」大和書房（日典3）
名執斉一　なとり・せいいち　白根町（山梨県）町長，自民党山梨県連会長代行（日典3）
名執雅子　なとり・まさこ「よみがえれ少年院の少女たち」かもがわ出版（日典3）
名執芳博　なとり・よしひろ　環境省野生生物課（日典3）

[12]名塚　なずか；なつか
名塚佳織　なずか・かおり　声優（テレ）
名塚周　なずか・ちか　写真家（日典3）
名塚善寛　なつか・よしひろ　元・サッカー選手

名渡山　なとやま；などやま
名渡山愛文　なとやま・よしふみ　沖縄県立首里高校教諭（日典）
名渡山愛拡　などやま・あいこう　洋画家（日典）
名渡山愛順　などやま・あいじゅん　洋画家（美家）

名越　なごえ；なこし；なごし；なごや
名越左源太　なごえ・さげんた　薩摩藩士（姓氏鹿児島）
名越卓也　なこし・たくや　編集者，執筆家（日典3）
名越国三郎　なごし・くにさぶろう　画家，挿絵画家（日典）
名越操　なごや・みさお　原爆被爆者（日典）

[14]名嘉　なか；なが
名嘉俊　なか・しゅん　ミュージシャン（テレ）
名嘉正八郎　なか・しょうはちろう　郷土史家（郷土）
名嘉健勝　なが・たけかつ　三味線演奏者（人情）
名嘉良雄　なが・よしお　畜産業，農業（日典3）

名嘉真　なかま
名嘉真恵美子　なかま・えみこ「海の天蛇」短歌研究社（日典3）

名嘉真宜勝　なかま・ぎしょう「沖縄の人生儀礼と墓」沖縄文化社（日典3）
名嘉真賢勇　なかま・けんゆう　小学校教員（社史）
名嘉真幸枝　なかま・さちえ「新・おきなわ昔ばなし」沖縄出版（日典3）
名嘉真茂　なかま・しげる　沖縄県農業試験場園芸支場花キ研究室長（日典3）

[19]名鏡　めいきょう
名鏡勝朗　めいきょう・かつお「夢窓国師禅と庭園」講談社（日典3）

[219] 君

君　きみ
君勇夫　きみ・いさお　名古屋タイムズ理事（日典3）
君健男　きみ・たけお　内科医，政治家（近医）
君利美　きみ・としみ　宮大工（日典3）
君尹彦　きみ・のぶひこ「目で見る札幌の100年」郷土出版社（日典3）
君夕子　きみ・ゆうこ　歌手（日典3）

君ケ袋　きみがふくろ
君ケ袋真一　きみがふくろ・しんいち　大宮ステーションビル社長（日典）
君ケ袋政子　きみがふくろ・まさこ　料理研究家（日典）
君ケ袋真胤　きみがふくろ・またね　東京地裁判事（日典3）

[8]君和田　きみわた；きみわだ
君和田きよ　きみわた・きよ　城西消費購買組合組合員（社史）
君和田和一　きみわだ・かずいち　中学校教師（世紀）
君和田伸仁　きみわだ・のぶひと「労働審判制度その仕組みと活用の実際」日本法令（日典3）

[10]君島　きみしま；きみじま
君島八郎　きみしま・はちろう　土木工学者（日人）
君島夜詩　きみしま・よし　歌人（日人）
君島一郎　きみじま・いちろう　ファッションデザイナー（世紀）
君島久子　きみじま・ひさこ　中国民話翻訳家，中国民俗学者（世紀）

[12]君塚　きみずか；きみつか
君塚童陵　きみずか・こうりょう　琵琶奏者（日人）
君塚樹石　きみずか・じゅせき　活字彫刻師（日人）
君塚信和　きみつか・のぶかず　日本電子専門学校講師（日典3）
君塚英男　きみつか・ひでお　トーヨーサッシ専務（日典3）

[14]君嶋　きみしま；きみじま
君嶋英彦　きみしま・ひでひこ　川崎製鉄(株)常務・千葉製鉄所長（日典3）
君嶋ゆかり　きみしま・ゆかり　タレント（テレ）

君嶋信　きみじま・あきら　陸上自衛隊東北方面総監（日典3）
君嶋愛梨沙　きみじま・ありさ　陸上選手（日典3）

【220】呉

呉　くれ；ごう
　呉秀三　くれ・しゅうぞう　精神病医師，医史学者（コン5）
　呉泰次郎　ごう・たいじろう　作曲家（現情）

[4]呉比　ごひ
　呉比長七　ごひ・ちょうしち　弓道家，弓道教士（弓道）
　呉比長司　ごひ・ちょうじ　三井鉱山取締役（日典3）

[6]呉竹　くれたけ
　呉竹英一　くれたけ・えいいち　音楽教育者（音楽療法）（音人3）
　呉竹仁史　くれたけ・ひとし　「音楽療法Q&A」ドレミ楽譜出版社（日典3）
　呉竹弘子　くれたけ・ひろこ　「音楽療法Q&A」ドレミ楽譜出版社（日典3）
　呉竹弥太郎　くれたけ・やたろう　政治家（姓氏京都）

[7]呉我　こが；ごが
　呉我春信　こが・はるのぶ　沖縄青年同盟メンバー（社史）
　呉我春男　ごが・はるお　歌人（姓氏沖縄）

[8]呉服　くれは；ごふく
　呉服孝彦　くれは・たかひこ　日本労働組合全国協議会交通運輸労組再建委員（高知人）
　呉服孝彦　ごふく・たかひこ　日本労働組合全国協議会交通運輸労組再建委員（社史）
　呉服元子　ごふく・もとこ　俳人（石川文）

呉東　ごとう
　呉東霊環　ごとう・れいかん　「姓名衝突」立風書房（日典3）

[9]呉屋　くれや；ごや
　呉屋充庸　くれや・みつよし　群馬工業高等専門学校教授（日典）
　呉屋朗　ごや・あきら　「オアシス」東京三世社（日典3）
　呉屋秀信　ごや・ひでのぶ　実業家（日典）

【221】吾

[8]吾妻　あがつま；あずま
　吾妻勝剛　あがつま・かつたけ　医師（渡航）
　吾妻謙　あがつま・けん　北海道拓殖功労者（朝日）
　吾妻徳穂　あずま・とくほ　日本舞踊家（コン4）
　吾妻ひな子　あずま・ひなこ　漫才師，漫談家（日人）

[10]吾孫　あびこ
　吾孫薫　あびこ・ただし　日本釣同好会会員（国典）

吾孫子　あびこ
　吾孫子松鳳　あびこ・しょうほう　箏曲家（山田流）（日典3）
　吾孫子勝　あびこ・まさる　法学者（渡航）
　吾孫子豊　あびこ・ゆたか　運輸官僚（日人）

[11]吾郷　あごう；ごこう
　吾郷健二　あごう・けんじ　経済学者（現執2期）
　吾郷真一　あごう・しんいち　九州大学大学院法学研究院教授（現執4期）
　吾郷たける　ごこう・たける　小説家（日典）

【222】告

[12]告森　こつもり；つげもり
　告森桑圃　こつもり・そうほ　伊予宇和島藩士（幕末）
　告森良　こつもり・りょう　行政官（愛媛百）
　告森良　つげもり・りょう　行政官（鳥取百）

【223】吹

[3]吹上　ふきあげ
　吹上憲二　ふきあげ・けんじ　「すぐに役立つ活きている一言一句」棋苑図書（日典3）
　吹上佐太郎　ふきあげ・さたろう　「姿婆」百貨商会出版部（日典3）
　吹上善蔵　ふきあげ・ぜんぞう　小学校教師（日典3）
　吹上ナオ子　ふきあげ・なおこ　京都学園大学非常勤講師（日典3）
　吹上流一郎　ふきあげ・りゅういちろう　株式評論家，フリーライター（YA）

[5]吹田　すいた；すいだ；すきた；ふきた；ふきだ
　吹田順助　すいた・じゅんすけ　ドイツ文学者，随筆家（日人）
　吹田順助　すいだ・じゅんすけ　ドイツ文学者（哲学）
　吹田朝児　すきた・ちょうじ　「吹田朝児句集」詩歌文学刊行会（日典3）
　吹田文明　ふきた・ふみあき　版画家（日人）
　吹田愰　ふきだ・あきら　政治家（現政）

[7]吹抜　ふきぬき；ふきぬけ
　吹抜敬彦　ふきぬき・たかひこ　東京工科大学工学部情報通信工学科教授（日典）
　吹抜秀雄　ふきぬき・ひでお　愛知学芸大学（現・愛知教育大学）教授（日典3）
　吹抜綾子　ふきぬけ・あやこ　「行きゆきて」そうぶん社出版（日典3）

[9]吹春　ふきはる
　吹春寛一　ふきはる・かんいち　佐賀大教授（人情）
　吹春信一　ふきはる・しんいち　奈良地検検事正（日典3）
　吹春俊隆　ふきはる・としたか　「コア・テキスト経済学入門」新世社（日典3）

口部（吹, 呑, 周, 味）

吹春俊光　ふきはる・としみつ　「見つけて楽しむきのこワンダーランド」山と渓谷社（日典3）
吹春公子　ふきはる・ひろこ　「おいしいきのこ毒きのこ」主婦の友社（日典3）
[10]吹浦　ふきうら
　吹浦忠正　ふきうら・たださだ　団体職員（現執4期）
[11]吹訳　ふきわけ
　吹訳正憲　ふきわけ・まさのり　工業技術院（国典）
吹野　ふきの
　吹野一郎　ふきの・いちろう　李白酒造社長（島根歴）
　吹野岡　ふきの・けい　教育者（姓氏神奈川）
　吹野幸子　ふきの・さちこ　「パラレル」書肆青樹社（日典3）
　吹野滋芳　ふきの・しげよし　住商情報システム常務（日典3）
　吹野安　ふきの・やすし　中国古代文学者（現執1期）
[12]吹越　ふきこし；ふっこし
　吹越満　ふきこし・みつる　俳優（日映男）
　吹越精　ふっこし・ただし　教育者（青森人）

【224】　呑

[3]呑山　のみやま
　呑山委佐子　のみやま・いさこ　「快適服の時代」おうふう（日典3）
　呑山はしゑ　のみやま・はしゑ　「経壇山」柏葉書院（日典3）

【225】　周

[4]周戸　しゅうど
　周戸くにを　しゅうど・くにお　「八人の貌」（国典）
[5]周布　すふ；すぶ
　周布兼道　すふ・かねみち　貴院議員（男爵）（日典3）
　周布公平　すふ・こうへい　長州（萩）藩士, 官吏（日人）
　周布金槌　すぶ・かなづち　留学生（海越新）
　周布公平　すふ・こうへい　長州（萩）藩士, 官吏（海越新）
周田　しゅうた；すだ
　周田正昭　しゅうた・まさあき　グンゼ産業専務（日典3）
　周田松枝　すだ・まつえ　新聞記者（女性）
[7]周防　すお；すおう；すほう
　周防正行　すおう・まさゆき　映画監督（日人）
　周防瑞孝　すほう・みずたか　「Samurai 7」講談社（日典3）
[8]周参見　すさみ
　周参見賢四郎　すさみ・けんしろう　「茶道具」（国典）

周東　しゅうとう；すとう；すどう
　周東一也　しゅうとう・かずや　「岩代国宮崎遺跡」（国典）
　周東英雄　すとう・ひでお　官僚, 政治家（コン4）
　周東英雄　すどう・ひでお　政治家（コン改）
[11]周郷　すごう
　周郷顕夫　すごう・あきお　「そして妻は「ハッピーっ」と言い遺して逝った」主婦の友社（日典3）
　周郷博　すごう・ひろし　教育学者（日人）
[18]周藤　しゅうどう；しゅとう；すとう；すどう
　周藤苔仙　しゅうどう・たいせん　僧侶, 書家（日典3）
　周藤賢治　しゅとう・けんじ　新潟大学理学部地質鉱物学科教授（日典）
　周藤吉之　すとう・よしゆき　東洋史学者（コン改）
　周藤吉之　すどう・よしゆき　東洋史学者（コン4）

【226】　味

[2]味八木　みやき；みやぎ
　味八木徹　みやき・とおる　高校教師（日典）
　味八木士郎　みやぎ・しろう　関東自動車工業常務（日典）
[4]味戸　あじと
　味戸慶一　あじと・けいいち　「日本発ブロックバスターを目指して」シーエムシー出版（日典3）
　味戸ケイコ　あじと・けいこ　画家, 絵本作家（世紀）
　味戸無歩　あじと・むほ　俳人（福島百）
味方　あじかた；みかた
　味方尚作　あじかた・しょうさく　商人（幕末）
　味方純平　あじかた・じゅんぺい　漫画家（漫人）
　味方健　みかた・けん　能楽師（能狂言）
　味方玄　みかた・しずか　能楽師（能狂言）
味木　あじき；あまき
　味木立軒　あじき・りっけん　儒者＝近世（人名1）
　味木和喜子　あじき・わきこ　「がん登録とがん検診」地域がん登録全国協議会（日典3）
　味木幸　あまき・さち　医師（日典3）
　味木博　あまき・ひろし　信州大助教授（国典）
[5]味田　あじた；みた
　味田孫兵衛　あじた・まごべえ　化学研究家（写家）
　味田市郎　みた・いちろう　山形県商工会連合会会長（日典3）
　味田順三郎　みた・じゅんざぶろう　銀行頭取（徳島歴）
[7]味村　あじむら；みむら
　味村敏　あじむら・びん　「日本茅屋風土記」味村敏写真事務所（日典3）
　味村治　みむら・おさむ　検察官（現執1期）
　味村重臣　みむら・しげおみ　情報処理技術者（現執3期）

口部（和）　　　〔227〕

[8]味岡　あじおか
　味岡宇吉　あじおか・うきち　「暗黒の女神」興文社（日典3）
　味岡修　あじおか・おさむ　新左翼活動家（革命）
　味岡京子　あじおか・きょうこ　「絵筆の姉妹たち」ブリュッケ,星雲社（発売）（日典3）
　味岡義一　あじおか・ぎいち　陸将（日典3）
　味岡健二　あじおか・けんじ　東京消防庁消防総監（日典3）
[11]味埜俊　みの
　味埜俊　みの・たかし　東京大学工学部都市工学科講師（日典）

【227】　和

和　かず；かのう；にぎ；やまと；やわら；わ
　和布子　かず・ゆうこ　女優（映女）
　和忠利　かのう・ただとし　元・文部省体育局審議官（日典）
　和真一郎　にぎ・しんいちろう　「奄美ほこらしゃ」南方新社（日典3）
　和真道　やまと・しんどう　僧侶（姓氏山口）
　和弦　やわら・げん　「君のサポーター2のN乗」レーヴック,星雲社（発売）（日典3）
　和伊豆　わ・いず　「航跡はつづく」M&M出版（日典3）
[3]和久　かずひさ；わく
　和久昭一　かずひさ・しょういち　「ドクター・ベンソンのセックス心理学講座」大陸書房（JM）
　和久峻三　わく・しゅんぞう　推理作家（日人）
　和久広文　わく・ひろふみ　心理療法家（現執4期）
和久田　わくた；わくだ
　和久田嘉祢子　わくた・かねこ　元・スチュワーデス（日典3）
　和久田幸助　わくた・こうすけ　著述家（日典3）
　和久田哲司　わくだ・てつじ　鍼灸学研究者（視覚）
　和久田康雄　わくだ・やすお　鉄道史研究者,団体役員（現執4期）
和久利　わくり
　和久利幾之助　わくり・いくのすけ　電気器具店主,社会運動家（社史）
　和久利栄一　わくり・えいいち　編集者,ソビエト文学者（日児）
　和久利康一　わくり・こういち　産業保健研究財団顧問（日典3）
　和久利誓一　わくり・せいいち　ロシア語学者（現執）
　和久利昌男　わくり・まさお　「事故補償の諸問題と北欧諸国の交通事故補償制度」損害保険企画（日典3）
和山　かずやま；わやま
　和山明弘　かずやま・あきひろ　和弘食品社長（日典3）
　和山幸二郎　かずやま・こうじろう　和弘食品会長,和山商店社長（日典3）

　和山栄八　わやま・えいはち　地域功労者（姓氏岩手）
[4]和中　わなか
　和中英二　わなか・えいじ　長谷工コーポレーション長谷工インテリア技術専門校部長（日典3）
　和中清　わなか・きよし　経営コンサルタント（日典3）
　和中金助　わなか・きんすけ　茶道家（日人）
　和中敏郎　わなか・としろう　恋愛心理研究所長（日典3）
　和中信男　わなか・のぶお　「誰でもできる楽しいなわとび」大修館書店（日典3）
和井内　わいない
　和井内和夫　わいない・かずお　「盛岡藩の戊辰戦争」盛岡タイムス社（日典3）
　和井内恭子　わいない・きょうこ　舞踊家（日典3）
　和井内清　わいない・きよし　公認会計士（現執4期）
　和井内貞行　わいない・さだゆき　養魚事業家（コン5）
　和井内良樹　わいない・よしき　「道徳授業で育てる確かに「学ぶ力」」明治図書出版（日典3）
和仁　わに
　和仁秋男　わに・あきお　木工芸家（日典3）
　和仁亮裕　わに・あきひろ　「Q&Aインサイダー取引」日本経済新聞出版社（日典3）
　和仁貞吉　わに・ていきち　司法官僚（コン）
　和仁正興　わに・まさおき　陶芸家（陶工）
　和仁義信　わに・よしのぶ　写真家,不動産賃貸業（写人）
和太　わだ
　和太守卑良　わだ・もりひろ　陶芸家（美工）
和月　わずき；わつき
　和月さおり　わずき・さおり　「和月さおりの世界スパ紀行」現代書林（日典3）
　和月伸宏　わつき・のぶひろ　漫画家（幻想）
和木　わき；わぎ
　和木清三郎　わき・せいざぶろう　編集者（日人）
　和木通　わき・とおる　写真家（写人）
　和木浩子　わぎ・ひろこ　児童文学作家（日典）
　和木亮子　わぎ・りょうこ　「みんなおやすみ…」金の星社（日典3）
[5]和出　わいで；わで
　和出憲一郎　わいで・けんいちろう　「投資家の理解と共感を獲得するIR（インベスター・リレーションズ）」産業編集センター（日典3）
　和出徳一　わで・とくいち　愛知県議（共産党）（日典3）
　和出信行　わで・のぶゆき　フリーライター（日典）
和田木　わだき
　和田木哲哉　わだき・てつや　「爆発する太陽電池産業」東洋経済新報社（日典3）
　和田木松太郎　わだき・まつたろう　松阪大政経学部教授,元慶応大商学部長（日典3）

⁶和合　わごう
和合卯太郎　わごう・うたろう　医師（近医）
和合英太郎　わごう・えいたろう　実業家（日人）
和合正治　わごう・しょうじ　政治家（現政）
和合恒男　わごう・つねお　思想家（日人）
和合亮一　わごう・りょういち　詩人（現詩）

和地　わじ；わち
和地清　わじ・きよし　俳人（日典3）
和地清　わち・きよし　俳人（長野歴）
和地拓　わち・たく「君たちは無力ではない」（国典）

和多　わだ
和多秀乗　わだ・しゅうじょう　高野山大学学長（日典）
和多史雄　わだ・ふみお「条件作文と客観評価」謙光社（日典3）

和多田　わただ
和多田悦子　わただ・えつこ「フラとハワイ」源流社（日典）
和多田かずみ　わただ・かずみ　イラストレーター（日典）
和多田作一郎　わただ・さくいちろう　実業家, 情報システムコンサルタント（現執3期）
和多田進　わただ・すすむ　ジャーナリスト（現執3期）
和多田勝　わただ・まさる　イラストレーター, エッセイスト（日人）

和宇慶　わうけ
和宇慶雲彩　わうけ・うんさい　関西沖縄県人会本部幹事員（社史）
和宇慶朝香　わうけ・ちょうこう　役人（姓氏沖縄）
和宇慶文夫　わうけ・ふみお「沖縄芸能列伝」丹躑躅山房（日典）
和宇慶勇二　わうけ・ゆうじ　プロボクサー（日人）

和気　わき；わけ
和気貴志　わき・たかし　落語家（落語）
和気朗　わけ・あきら　細菌学者（日人）

⁷和住　かずみ；わずみ
和住夏央　かずみ・なつお　小説家（幻想）
和住香織　かおり「大阪天満宮夏大祭天神祭と秋大祭流鏑馬式史料」関西大学なにわ・大阪文化遺産学研究センター（日典3）
和住誠一　わずみ・せいいち　元・ミノルタカメラ専務（日典）

和宋　わそう
和宋穎篤　わそう・ひであつ　陶芸家（陶芸最）

和沢　わさわ；わざわ
和沢兵衛　わさわ・ひょうえ　出版人（石川文）
和沢含山　わざわ・がんざん　陶工（日人）
和沢昌治　わざわ・しょうじ　俳優（新芸）

和角　わずみ
和角輝美子　わずみ・きみこ「日本ライトハウス中途視覚障害者用コミュニケーション訓練（点字指導）テキスト」日本ライトハウス視覚障害リハビリテーションセンター（日典3）

和角仁　わずみ・ひとし　演劇評論家（日典3）

和谷　わたに；わや
和谷泰扶　わたに・やすお　ハーモニカ奏者（音人3）
和谷多加史　わや・たかし　ワヤセールス事務所所長（日典）

和貝　わがい
和貝享介　わがい・きょうすけ「「電子帳簿保存法」と情報システムの運営実務」日本法令（日典3）
和貝彦太郎　わがい・ひこたろう　歌人（社史）
和貝夕潮　わがい・ゆうしお　歌人（紀伊文）

⁸和波　わなみ
和波一夫　わなみ・かずお　東京都環境科学研究所研究員（日典3）
和波茂弘　わなみ・しげひろ　静和産業代表清算人・元社長（日典3）
和波その子　わなみ・そのこ　歩行介助ボランティア（視覚）
和波孝禧　わなみ・たかよし　ヴァイオリニスト（視覚）
和波孝禧　わなみ・たかよし　バイオリニスト（日人）

和知　わち
和知鋭二郎　わち・えいじろう「仕事がデキると言われている人が必ずおさえている交渉・商談の鉄則」クロスメディア・パブリッシング, インプレスコミュニケーションズ（発売）（日典3）
和知喜八　わち・きはち　俳人（俳文）
和知仙太　わち・せんた　下駄表付職人（社史）
和知鷹二　わち・たかじ　陸軍軍人（コン）
和知好美　わち・よしみ　政治家, 栃木県議会議長（栃木歴）

⁹和保　わほ；わぼう
和保孝夫　わほ・たかお　上智大学理工学部教授（日典3）
和保貞郎　わぼう・さだお　名古屋女子大教授（国典）

和城　わじょう
和城弘志　わじょう・ひろし　小説家（日典3）

和泉　いずみ；わいずみ
和泉宗章　いずみ・そうしょう　占い師（日人）
和泉雅子　いずみ・まさこ　女優, 極地冒険家（日人）
和泉統子　わいずみ・のりこ「姫君返上！」新書館（日典3）

和食　わじき
和食富雄　わじき・とみお　政治家（現政）
和食延雄　わじき・のぶお　高知県副知事（日典3）

¹⁰和倉　わくら
和倉一郎　わくら・いちろう　社会運動家（アナ）
和倉覚順　わくら・かくじゅん　僧侶（真宗）

和栗　わくり；わぐり
和栗明　わくり・あきら　機械工学者（日人）
和栗俊介　わくり・しゅんすけ　ケンウッド副社長, 協和埼玉銀行副頭取, 日本銀行幹事（日典3）

口部(呵,呰,咽,哉,咲,品)

和栗章　わぐり・あきら「ストレスをパワーに変える!」ダイヤモンド社(日典)
和栗雄次郎　わぐり・ゆうじろう　質屋(社史)

和記　わき
　和記博　わき・ひろし「万城目氏(伊達藩士)の系譜とその動向について」(JM)

[11]和崎　かずざき;わさき;わざき
　和崎信哉　かずざき・しんや「阿闍梨誕生」講談社(書籍)
　和崎晶　わさき・あきら「洋館」山と渓谷社(日典3)
　和崎ハル　わさき・はる　婦人運動家(日人)

[12]和智　わち
　和智源十郎　わち・げんじゅうろう　津久井上郷の名主総代(姓氏神奈川)
　和智重勝　わち・しげかつ　弓道家,弓道教士(弓道)
　和智恒蔵　わち・つねぞう　軍人,僧(日人)
　和智敏之助　わち・としのすけ　弓道家,弓道範士(弓道)
　和智正喜　わち・まさき　小説家(幻想)

和達　わだ;わだち
　和達孚嘉　わだ・ちたかよし　政治家(姓氏宮城)
　和達清夫　わだち・きよお　気象学者(コン4)
　和達三樹　わだち・みき　物理学者(日典3)

[14]和歌森　わかもり
　和歌森玉枝　わかもり・たまえ　消費者運動家,歌人(日典)
　和歌森民男　わかもり・たみお　桐朋学園大学短期大学部学長(日典3)
　和歌森太郎　わかもり・たろう　日本史学者,民俗学者(日人)

和爾　わに
　和爾貴美子　わに・きみこ「学級を変えた奇形ガエル」国土社(日典3)
　和爾俊二郎　わに・しゅんじろう　政治家(愛媛百)
　和爾忠胤　わに・ちゅういん「臨床漢方処方解説」オリエント出版社(日典3)
　和爾桃子　わに・ももこ　翻訳家(日典3)
　和爾祥隆　わに・よしたか「レイアウトハンドブック」視覚デザイン研究所(日典3)

【228】呵

[7]呵里　あり
　呵里清　あり・きよし「レディーのノート」(国典)

【229】呰

[3]呰上　あざかみ
　呰上勝哉　あざかみ・かつや「英国産業革命史重要文献所在目録」(国典)
　呰上大吾　あざかみ・だいご「犬と猫の臨床血液学」メディカルサイエンス社(日典3)

【230】咽

[10]咽原　のどはら
　咽原省三　のどはら・しょうぞう「年賀状スタイル500選」梧桐書院(日典)

【231】哉

[7]哉尾　かなお
　哉尾弘一　かなお・ひろかず「鼓腹撃壌の時を求めて」海鳥社(日典3)

【232】咲

[3]咲山　さきやま;さくやま
　咲山三英　さきやま・さんえい　明治大学助教授(国典)
　咲山正起　さきやま・せいき「これで英語の発音は理解科目となる」東京図書出版会,リフレ出版(発売)(日典3)
　咲山恭三　さくやま・きょうぞう「博多中洲ものがたり」文献出版(JM)

[4]咲月　さきずき;さつき
　咲月詩音　さきずき・しおん「旦那様は社長」スターツ出版(日典3)
　咲月遙　さつき・はるか「少しの元気と勇気をあなたに」南日本新聞開発センター(日典3)

[5]咲田　さいた;さきた
　咲田ことぶき　さいた・ことぶき「恋愛の条件」ヒカリコーポレーション(日典3)
　咲田哲宏　さきた・てつひろ　小説家(幻想)
　咲田めぐみ　さきた・めぐみ　女優(映女)

[5]咲村　さきむら
　咲村観　さきむら・かん　小説家(日人)
　咲村昇　さきむら・のぼる「オレが外資系を辞めた理由」あっぷる出版社(日典3)

【233】品

[5]品田　しなた;しなだ
　品田稔　しなた・みのる　秋田県出納長(日典3)
　品田豊　しなた・ゆたか　秋田大学教授(日典)
　品田俊平　しなだ・しゅんぺい　宗教家(日人)
　品田雄吉　しなだ・ゆうきち　映画評論家(映人)

[8]品治　しなじ;ほんじ
　品治隆　しなじ・たかし　政治家(香川人)
　品治通雄　ほんじ・みちお　森下仁丹専務,仁丹食品社長(日典3)

[11]品部　しなべ
　品部和宏　しなべ・かずひろ　久保田鉄工(株)下水技術部(日典)
　品部久志　しなべ・ひさし　大阪経済大学経済学部専任講師(日典3)

品部義博　しなべ・よしひろ　農業経済学者（現執2期）

【234】　唄

唄　ばい

唄孝一　ばい・こういち　法社会学者（日人）
唄安夫　ばい・やすお　医師（日典3）

[11]唄野　うたの；ばいの

唄野優子　うたの・ゆうこ　「確かな土台」シートゥーシーメディア（日典）
唄野絢子　ばいの・あやこ　「デイリー・クリスチャン・ライフ」いのちのことば社（日典3）
唄野隆　ばいの・たかし　「互いに語り、ともに主に向かう」いのちのことば社（日典3）

【235】　唐

唐　から；とう

唐十郎　から・じゅうろう　劇作家,演出家,俳優（日人）
唐武　から・たけし　写真家（写家）
唐くに子　とう・くにこ　俳人（石川文）

[3]唐川　からかわ

唐川卓郎　からかわ・たくろう　（株）成城グリーンプラザ（SGP）社長（日典3）
唐川千秋　からかわ・ちあき　「心理学ナヴィゲータ」北大路書房（日典3）
唐川次夫　からかわ・つぎお　「青き鴬」短歌新聞社（日典3）
唐川富夫　からかわ・とみお　詩人（現詩）
唐川安夫　からかわ・やすお　軍人（陸海）

[4]唐仁原　とうじんばら

唐仁原儀兵衛　とうじんばら・ぎへえ　一向宗徒（姓氏鹿児島）
唐仁原哲　とうじんばら・さとし　元・東京ガス常任監査役（日典）
唐仁原信一郎　とうじんばら・しんいちろう　「アスファルト」アスファルト出版（日典3）
唐仁原全　とうじんばら・たもつ　東京女子医科大学腎臓病総合医療センター助手（日典3）
唐仁原教久　とうじんばら・のりひさ　イラストレーター（日典3）

唐木　からき；とうのき；とおのき

唐木順三　からき・じゅんぞう　評論家,中世文学者（コン4）
唐木洋介　とうのき・ようすけ　ジャズマン（ジヤ）
唐木宏　とおのき・ひろし　「魅力溢れる物理教育を」講談社出版サービスセンター（製作）（日典3）

唐牛　からうし；かろうじ

唐牛勉　からうし・つとむ　日本アイスホッケー連盟広報副委員長（日典3）
唐牛東洲　からうし・とうしゅう　儒者＝近世（人名2）
唐牛健太郎　かろうじ・けんたろう　学生運動家（日人）

唐牛敏世　かろうじ・びんせい　銀行家（日人）

[7]唐沢　からさわ；からざわ

唐沢俊樹　からさわ・としき　政治家,内務官僚（コン4）
唐沢富太郎　からさわ・とみたろう　教育学者（日人）
唐沢芳治　からさわ・よしじ　「庄屋の雨乞い」唐沢定夫（日典3）
唐沢喜文　からさわ・よしぶみ　陽成社代表（日典）

唐見　からみ；とうみ

唐見実世子　からみ・みよこ　自転車選手（日典3）
唐見博　とうみ・ひろし　アートスフィア支配人（日典）

[11]唐望　とうぼう

唐望一美添美　とうぼう・かずみそえみ　「火葬場の歌」（国典）

唐笠　とうがさ

唐笠何蝶　とうがさ・かちょう　俳人（俳文）
唐笠文男　とうがさ・ふみお　「（資料）朝鮮民主主義人民共和国」『資料・朝鮮民主主義人民共和国』刊行会（日典3）

[12]唐渡　からと；からわたり；とわたり

唐渡亮　からと・りょう　俳優（テレ）
唐渡房次郎　からわたり・ふさじろう　司法官（日人）
唐渡雅行　とわたり・まさゆき　医師（日典3）

唐須　とうす

唐須教光　とうす・のりみつ　「なぜ子どもに英語なのか」日本放送出版協会（日典3）

【236】　問

[5]問田　といだ

問田直幹　といだ・なおき　医師（近医）
問田のぶ　といだ・のぶ　「ねずみのおつかい」ローマ字教育会（日典3）

[7]問谷　とうや；とんたに

問谷力　とうや・ちから　数学者（数学）
問谷力　とうや・つとむ　「高等数学提要」養賢堂（JM）
問谷荒祐　とんたに・あらすけ　元・ゼンセン同盟副会長（日典）

【237】　唯

唯　ただ；ゆい

唯武連　ただ・たけつら　実業家（鳥取百）
唯美津木　ただ・みずき　化学者（日典3）
唯謹吾　ゆい・きんご　平民社シンパ（社史）
唯登詩樹　ゆい・としき　漫画家（漫人）

[3]唯万　ゆい

唯万喜蔵　ゆい・まきぞう　弓道家,弓術精錬證（弓道）

[7]唯我　ゆいが
　唯我韶舜　ゆいが・しょうしゅん　天台僧,浅草寺第18世(島根歴)
　唯我敏明　ゆいが・としあき　「UNIXハンドブック」工学社(日典3)
　唯我則子　ゆいが・のりこ　「UNIXハンドブック」工学社(日典3)

[9]唯是　ゆいぜ
　唯是震一　ゆいぜ・しんいち　邦楽作曲家,生田流箏曲家(作曲)
　唯是康彦　ゆいぜ・やすひこ　経済学者(日人)

[11]唯野　ただの;ゆいの
　唯野真琴　ただの・まこと　教育者(神奈川人)
　唯野未歩子　ただの・みあこ　女優,映画監督,小説家(映人)
　唯野奈津実　ゆいの・なつみ　「カラオケ上達100の裏ワザ」リットーミュージック(日典3)

【238】喜

喜　きの;よし
　喜春子　きの・はるこ　「レモン色の光」鉱灯社(日典3)
　喜情常　よし・さねつね　農民(社史)

喜々津　ききず;ききつ
　喜々津健寿　ききず・けんじゅ　「川棚歴史散歩」芸文堂(JM)
　喜々津仁密　ききつ・ひとみつ　「建築防災」共立出版(日典3)
　喜々津博樹　ききつ・ひろき　「アメリカ大陸自転車ひとり旅」萌文社(日典3)

[2]喜入　きいれ
　喜入巌　きいれ・いわお　画家(社史)
　喜入休　きいれ・きゅう　実業家,政治家(姓氏沖縄)
　喜入摂津　きいれ・せっつ　薩摩藩家老(幕末)
　喜入虎太郎　きいれ・とらたろう　社会運動家(社史)
　喜入久高　きいれ・ひさたか　薩摩藩家老(日人)

[4]喜井　きい;よしい
　喜井ともえ　きい・ともえ　「紅顔」文学の森(日典3)
　喜井晴夫　よしい・はるお　医師(日典3)

喜内　きうち;きない
　喜内厚　きうち・あつし　「iモード・ホームページをつくろう!」エクシードプレス(日典3)
　喜内章　きない・あきら　「コラージュ石川」北陸電力(日典3)
　喜内敏　きない・びん　金沢大学名誉教授・元工学部長

喜友名　きゅうな;きゆな
　喜友名静子　きゅうな・しずこ　沖縄キリスト教短期大学保育科助教授(日典3)
　喜友名朝忠　きゅうな・ちょうちゅう　農民(社史)
　喜友名安信　きゆな・あんしん　蔵元絵師(姓氏沖縄)
　喜友名英文　きゆな・えいぶん　教師(姓氏沖縄)

喜文字　きもんじ
　喜文字徳太郎　きもんじ・とくたろう　大阪煉瓦積立業組合長(社史)

[5]喜代吉　きよし;きよよし
　喜代吉章　きよし・あきら　元・極東開発工業副社長(日典)
　喜代吉壮太　きよし・そうた　アメリカンフットボール選手(日典3)
　喜代吉栄徳　きよよし・えいとく　僧侶,遍路研究家(郷土)
　喜代吉郊人　きよよし・こうじん　書家(日典3)

喜代門　きよと
　喜代門徹昭　きよと・てっしょう　「桃源境柿迫・五家荘の伝説と旅行見聞記」(国典)
　喜代門竜之介　きよと・りゅうのすけ　「Music & design」ビー・エヌ・エヌ新社(日典3)

喜代美　きよみ
　喜代美一郎　きよみ・いちろう　放送事業家(現情)

喜田　きた;きだ;よしだ
　喜田貞吉　きた・さだきち　歴史学者(コン改)
　喜田華堂　きだ・かどう　画家(日人)
　喜田宮市　よしだ・みやいち　農民(社史)

[6]喜多　きた;きだ
　喜多実　きた・みのる　能楽師シテ方(コン4)
　喜多六平太　きた・ろっぺいた　能楽師(コン4)
　喜多稔　きだ・みのる　薬剤師(日典)

喜多条　きたじょう
　喜多条忠　きたじょう・まこと　作詞家(現情)

喜多幡　きたはば
　喜多幡毅　きたはば・たけし　編集者(社史)
　喜多幡寿郎　きたはば・ひさお　俳人(日典3)

喜多幡　きたはた
　喜多幡龍次郎　きたはた・りゅうじろう　日本共産党大阪市北地区委員会文書配宣係(社史)

喜安　きやす
　喜安朗　きやす・あきら　西洋史学者(日人)
　喜安健次郎　きやす・けんじろう　鉄道官僚(履歴)
　喜安浩平　きやす・こうへい　声優(テレ)
　喜安璡太郎　きやす・しんたろう　英語学者(愛媛百)
　喜安幸夫　きやす・ゆきお　小説家,歴史家(幻想)

喜成　きなり
　喜成清重　きなり・きよしげ　青年司法書士会全国連合相談役・元会長(日典)
　喜成年泰　きなり・としやす　金沢大学工学部機能機械工学科教授(日典3)

喜早　きそ;きそう
　喜早伊右衛門　きそ・いえもん　水利功労者(人名)
　喜早清在　きそ・きよあり　国学者=近世(人名2)
　喜早伊右衛門　きそう・いえもん　東沢溜池建築者(日人)

喜早哲　きそう・てつ　歌手（世紀）

⁷喜志　きし
喜志邦三　きし・くにぞう　詩人（日人）
喜志哲雄　きし・てつお　演劇評論家,英文学者（現執4期）
喜志房雄　きし・ふさお　日本ビクター取締役（日典3）

喜村　きむら
喜村久美子　きむら・くみこ「診断・研究のための病理技術詳解」藤田企画出版（日典3）
喜村晧司　きむら・こうじ　陶芸家（陶工）
喜村皓司　きむら・こうじ　陶芸家（日典3）
喜村盛介　きむら・せいすけ　農民（社史）

喜谷　きたに；きだに
喜谷市郎右衛門　きたに・いちろうえもん　実業家,政治家（日人）
喜谷六花　きたに・りっか　俳人,僧侶（日人）
喜谷慶一　きだに・けいいち　三井不動産顧問,三井不動産建設社長（日典3）
喜谷昌代　きだに・まさよ　MOMIJI代表（日典3）

⁸喜尚　きしょう
喜尚晃子　きしょう・あきこ「まぼろしの喫茶店」夏の書房（JM）

喜岡　きおか；よしおか
喜岡圭子　きおか・けいこ「雲とわたしと」本阿弥書店（日典3）
喜岡淳　きおか・じゅん　政治家（現政）
喜岡成幸　よしおか・しげゆき　ジューロパック社ジャカルタ営業所長（日典）

喜波　きわ
喜波貞子　きわ・ていこ　ソプラノ歌手（日人）

喜舎場　きしゃば
喜舎場愛月　きしゃば・あいげつ「虹色の橋」ルック（日典3）
喜舎場永珣　きしゃば・えいじゅん　郷土史家,民俗学者（コン4）
喜舎場一隆　きしゃば・かずたか　海事史研究家（現執1期）
喜舎場朝賢　きしゃば・ちょうけん　琉球の士族（コン4）
喜舎場用英　きしゃば・ようえい　八重山桃林寺権現堂修復時の普請筆者の一人（姓沖縄）

⁹喜屋武　きやたけ；きやむ；きゃん；きやん
喜屋武貞男　きやたけ・さだお「沖縄・雲に魅せられて」パピルスあい（日典3）
喜屋武一男　きやむ・かずお「洪水伝説—疾駆する沖縄のルサンチマン」新風舎（JM）
喜屋武真栄　きゃん・しんえい　政治家（日人）
喜屋武真栄　きやん・しんえい　政治家（平和）

喜美候部　きみこうべ
喜美候部圭吾　きみこうべ・けいご　僧侶（群馬人）
喜美候部千鶴子　きみこうべ・ちづこ　音楽教育（日典）

¹⁰喜納　きな；きのう
喜納昌永　きな・しょうえい　民謡歌手（新芸）

喜納昌吉　きな・しょうきち　音楽家（日人）
喜納勇　きのう・いさむ　医師（近医）
喜納政一郎　きのう・せいいちろう「落葉のように」マザーアース（日典3）

喜連川　きずれがわ；きつれがわ；きれかわ
喜連川隆　きずれがわ・たかし　元・三菱電機（株）常務、開発本部長（日典）
喜連川縄氏　きつれがわ・つなうじ　大名（日人）
喜連川純　きれかわ・じゅん「おもしろ宝飾いろはかるた」時宝光学新聞社（日典3）

¹³喜勢　きせ
喜勢成弥　きせ・なりや「仏教革新論」（国典）

¹⁵喜熨斗　きのし
喜熨斗勝史　きのし・かつひと　サッカーコーチ（日典3）
喜熨斗古登子　きのし・ことこ「吉原夜話」青蛙房（日典3）
喜熨斗光則　きのし・みつのり　歌舞伎俳優（人名7）

¹⁶喜頭　きとう
喜頭時彦　きとう・ときひこ　伊藤忠商事会長（日典3）
喜頭兵一　きとう・へいいち「李朝の財産相続法」（国典）

¹⁸喜藤　きとう
喜藤修治　きとう・しゅうじ「命の叫び」日本医療企画（日典3）
喜藤新授　きとう・しんじゅ　弓道家,弓道範士（弓道）

【239】 喬

⁴喬木　たかぎ
喬木省三　たかぎ・しょうぞう　蓮玉庵当主（日典3）
喬木麻耀　たかぎ・まよう「あすなろ太平記」（JM）

⁸喬林　たかばやし
喬林親　たかばやし・ちか「ほっとけないよ！」コスミックインターナショナル（日典3）
喬林知　たかばやし・とも　小説家（幻想）

【240】 喰

⁵喰代　ほうじろ；ほおじろ；ほじろ
喰代慎斎　ほうじろ・しんさい「唐宋八大家文講義」興文社（日典3）
喰代豹蔵　ほおじろ・ひょうぞう　教育者（群馬人）
喰代豹蔵　ほじろ・ひょうぞう「老子荘子講義」興文社（日典3）

喰田　しょくた
喰田孝一　しょくた・こういち　東筑高校野球部監督（日典）

【241】善

善　ぜん
　善一章　ぜん・かずあき　「海中構造物腐食の実態と対策」鹿島研究所出版会（日典3）
　善功企　ぜん・こうき　九州大学大学院工学研究院教授（日典3）
　善丈二　ぜん・じょうじ　「鳶の舞う空の下で」青木みち（日典3）
　善高明　ぜん・たかあき　福岡県建設業協会副会長、善工務店社長（日典3）

[3]善川　ぜんかわ；よしかわ
　善川茂男　ぜんかわ・しげお　「追い風」北国出版社（日典3）
　善川三朗　よしかわ・さぶろう　著述業（現執3期）

[4]善方　ぜんぽう；よしかた
　善方正己　ぜんぽう・まさみ　弁護士（日典3）
　善方みつる　ぜんぽう・みつる　「句集秋燕」（国典）
　善方裕美　よしかた・ひろみ　「マタニティ&ベビーピラティス」小学館（日典3）

[5]善平　よしひら
　善平朝計　よしひら・とものり　法務事務官（国典）

善本　ぜんもと；よしもと
　善本秀作　ぜんもと・しゅうさく　彫刻家（日典）
　善本喜一郎　よしもと・きいちろう　写真家（写人）
　善本嗣郎　よしもと・しろう　日清食品監査役（日典）

善生　ぜんしょう
　善生永助　ぜんしょう・えいすけ　「戦後の支那」（国典）
　善生昌弘　ぜんしょう・まさひろ　香川県教職員連盟委員長（日典3）
　善生茉由佳　ぜんしょう・まゆか　「ラブリー★マニア」集英社（日典3）

善田　ぜんた；ぜんだ
　善田一雄　ぜんた・かずお　京都美術倶楽部社長（日典）
　善田喜一郎　ぜんだ・きいちろう　前京都美術倶楽部社長（日典）
　善田紫紺　ぜんだ・しこん　ライター、風のいろ研究家（日典3）

[7]善利　せり；ぜんり
　善利諦潤　せり・たいじゅん　浄土真宗本願寺派宗会議員（日典3）
　善利博臣　ぜんり・ひろおみ　「溶接構造の疲れ」（国典）

[8]善波　ぜんば；よしなみ
　善波功　ぜんば・こう　教育者（高知人）
　善波周　ぜんば・まこと　印度哲学者（高知人）
　善波達也　よしなみ・たつや　大学野球監督（日典3）

[10]善家　ぜんけ；ぜんげ
　善家尚史　ぜんけ・なおふみ　俳優（テレ）
　善家幸敏　ぜんけ・ゆきとし　法哲学者（現執1期）
　善家直己　ぜんげ・なおみ　「DB2プログラミング」ソフトバンクパブリッシング（日典3）

[15]善養寺　ぜんようじ
　善養寺圭子　ぜんようじ・けいこ　「日本人の介護・看取りホスピスの心」生命科学振興会北海道支部（日典3）
　善養寺恵介　ぜんようじ・けいすけ　尺八奏者（日典3）
　善養寺幸子　ぜんようじ・さちこ　建築家（日典3）
　善養寺浩　ぜんようじ・ひろし　医師（近医）
　善養寺康之　ぜんようじ・やすゆき　写真家（日典3）

【242】嗣

[5]嗣永　つぐなが
　嗣永桃子　つぐなが・ももこ　歌手（日典3）
　嗣永芳照　つぐなが・よしてる　僧侶（日典3）

【243】嘉

嘉ノ海　かのうみ；かのみ
　嘉ノ海新二　かのうみ・しんじ　「池坊生花の学び方」日本華道社（日典3）
　嘉ノ海暁子　かのみ・さとこ　「拓く」ドメス出版（日典3）
　嘉ノ海武夫　かのみ・たけお　医師（日典3）

[2]嘉乃海　かのみ
　嘉乃海隆子　かのみ・たかこ　エレクトーン演奏者（国典）

[4]嘉戸　かど
　嘉戸明　かど・あきら　歌人（日典3）
　嘉戸えい子　かど・えいこ　「くにとき山」伊麻書房（日典3）
　嘉戸脩　かど・おさむ　東京学芸大学教育学部健康スポーツ科学学科教授（日典3）
　嘉戸一将　かど・かずまさ　「ドグマ人類学総説」平凡社（日典3）
　嘉戸秀樹　かど・ひでき　陶芸家（陶工）

嘉手川　かでかわ
　嘉手川勇　かでかわ・いさむ　沖縄振興開発金融公庫理事（日典3）
　嘉手川重夫　かでかわ・しげお　舞踊家（新芸）
　嘉手川重利　かでかわ・じゅうり　新聞記者（社史）
　嘉手川隻眼　かでかわ・せきがん　プロレタリア文学同人誌発行人（社史）
　嘉手川学　かでかわ・まなぶ　フリーライター（日典3）

嘉手苅　かでかる
　嘉手苅善英　かでかる・ぜんえい　ハワイ移民、野菜卸売業者（姓氏沖縄）

嘉手苅勝　かでかる・まさる　ギタリスト(テレ)
嘉手苅林昌　かでかる・りんしょう　民謡歌手(日人)
嘉手苅林次　かでかる・りんじ　歌手(テレ)
嘉手苅冷影　かでかる・れいえい　教育者,小学校教員(社史)

嘉手納　かてな；かでな
嘉手納清美　かてな・きよみ　女優(映女)
嘉手納成達　かでな・せいたつ　沖縄海邦銀行頭取(日3)
嘉手納宗徳　かでな・そうとく　日本史学者(郷土)

嘉月　かずき；よしずき
嘉月恒有　かずき・こうう　僧侶(日典)
嘉月絵理　よしずき・えり　宝塚歌劇団員(日典)

[5]嘉平　かびら
嘉平善幸　かびら・ぜんこう　教育者,政治家(社史)

嘉田　かだ
嘉田隆美　かだ・たかみ　泉陽信用金庫理事長,貝塚商工会議所会頭(日典)
嘉田勝　かだ・まさる「論理と集合から始める数学の基礎」日本評論社(日典3)
嘉田由紀子　かだ・ゆきこ　研究者(現執4期)
嘉田良平　かだ・りょうへい　経済学者(現執4期)

嘉目　よしめ
嘉目克彦　よしめ・かつひこ「マックス・ヴェーバー」(国典)

[7]嘉村　かむら；よしむら
嘉村磯多　かむら・いそた　小説家(コン5)
嘉村礒多　かむら・いそた　小説家(コン改)
嘉村康邦　よしむら・やすくに「インテグラル理論から考える女性の骨盤底疾患」シュプリンガー・ジャパン(日典3)

[8]嘉味田　かみた；かみだ
嘉味田朝功　かみた・ちょうこう　中部大学経営情報学部経営情報学科教授(日典)
嘉味田宗治　かみた・むねはる　気象庁気象大学校校長(日典3)
嘉味田宗栄　かみた・そうえい「琉球文学小見」沖縄時事出版(日典3)
嘉味田朝武　かみだ・ともたけ「沖縄カラーの万葉歌」琉球新報社(日典3)

嘉門　かもん
嘉門達夫　かもん・たつお　歌手(テレ)
嘉門長蔵　かもん・ちょうぞう　済生会病院を改築した人(大阪人)
嘉門明子　かもん・はるこ「朝比奈文雄遺作展」朝比奈文雄遺作展実行委員会(日典3)
嘉門安雄　かもん・やすお　美術評論家(日人)
嘉門洋子　かもん・ようこ　タレント(テレ)

[9]嘉指　かざし
嘉指伸一　かざし・しんいち「「不良改善」はこうやれ!」JIPMソリューション(日典3)
嘉指信雄　かざし・のぶお　哲学者(平和)

[10]嘉宮　かみや
嘉宮サワ　かみや・さわ「坂道」ハハキギの会(日典3)

嘉悦　かえつ
嘉悦氏房　かえつ・うじふさ　政治家(コン5)
嘉悦敏　かえつ・さとし　軍人(陸海)
嘉悦孝　かえつ・たか　教育家(コン5)
嘉悦孝子　かえつ・たかこ　教育家(日人)
嘉悦正孝　かえつ・まさたか　職工(社史)

嘉納　かのう
嘉納治五郎　かのう・じごろう　教育家(コン5)
嘉納治兵衛　かのう・じへえ　実業家,工芸品収集家(世紀)
嘉納治郎右衛門　かのう・じろうえもん　実業家,醸造家(コン改)
嘉納治郎作　かのう・じろさく　廻船業者(国史)
嘉納履正　かのう・りせい　柔道家(日人)

[11]嘉野　かの；よしの
嘉野幸太郎　かの・こうたろう　弁護士(日典3)
嘉野幸　かの・さち「ゆらゆら」西村育三(日典3)
嘉野稔　よしの・みのる　彫刻家(日典3)

[12]嘉陽　かや；かよう
嘉陽美沙子　かや・みさこ　新体操コーチ(日典)
嘉陽愛子　かよう・あいこ　タレント(テレ)
嘉陽安男　かよう・やすお　小説家(児人)

[13]嘉数　かかず；かすう
嘉数能愛　かかず・のうあい　画家(姓氏沖縄)
嘉数昇　かかず・のぼる　実業家(日人)
嘉数彰彦　かすう・あきひこ「Energy」山陽新聞社(日典3)
嘉数郁衛　かすう・いくえ「邑久」短歌研究社(日典3)

[18]嘉藤　かとう
嘉藤栄吉　かとう・えいきち　高校野球選手(日典)
嘉藤笑子　かとう・えみこ「テレンス・コンランの休日スタイル」エクスナレッジ(日典3)
嘉藤亀鶴　かとう・きかく　弁護士(日典3)
嘉藤吉郎　かとう・きちろう「平和をもとめて」光文堂書店(日典3)
嘉藤久美子　かとう・くみこ「源氏物語注釈」風間書房(日典3)

口部

【244】　四

四ツ谷　よつたに；よつや
四ツ谷晶二　よつたに・しょうじ「微分積分+微分方程式」裳華房(日典3)
四ツ谷晋作　よつたに・しんさく　臼杵簡易裁判所判事(日典3)
四ツ谷光子　よつや・みつこ　政治家(現政)
四ツ谷竜　よつや・りゅう　俳人(現俳)

四ケ所　しかしょ

四ケ所麻美　しかしょ・あさみ　プロボクサー（日典3）

四ケ所四男美　しかしょ・しおみ　九州大学農学部農業工学科助教授（日典）

四ケ所順子　しかしょ・のぶこ　民謡歌手（日典3）

四ケ所ふじ美　しかしょ・ふじみ　「すこしだけ微笑んで」海鳥社（日典3）

四ケ所ヨシ　しかしょ・よし　看護師（従軍看護婦）,事業家（介護）（近医）

四ツ門　よつかど；よつもん

四ツ門きん　よつかど・きん　社会事業家（日人）

四ツ門きん　よつもん・きん　社会事業家（女性普）

四ノ宮　しのみや

四ノ宮慶　しのみや・けい「美しい世界」アスキー・メディアワークス,角川グループパブリッシング（発売）（日典3）

四ノ宮幸子　しのみや・さちこ　漫画家（漫人）

四ノ宮啓　しのみや・さとる　弁護士（日典3）

四ノ宮正一　しのみや・しょういち　宮城県議（自民党）（日典3）

四ノ宮浩　しのみや・ひろし　映画監督（映人）

四ノ宮　しがみや

四ノ宮種美　しがみや・たねよし　赤色救援会福岡地方キャップ（社史）

²四十九院　つるしいん

四十九院科峰　つるしいん・かほう「青玉婚」ぬかご社（日典3）

四十九院成子　つるしいん・しげこ　東京家政学院短期大学教授（日典3）

四十万　しじま

四十万稔　しじま・みのる「シーケンス制御システム」（国典）

四十万靖　しじま・やすし　住宅コンサルタント（日典3）

四十物　あいもの

四十物昭三　あいもの・しょうぞう　北海タイムス論説室長（日典3）

四十物文夫　あいもの・ふみお　海外新聞普及最高顧問（日典3）

四十物光男　あいもの・みつお　放送作家（日典）

四十物米次郎　あいもの・よねじろう　漁家（姓氏富山）

四十栄　よとえ

四十栄幾治　よとえ・いくじ「卓球の習い方」（国典）

四十宮　よそみや

四十宮音一　よそみや・おといち　実業家（徳島歴）

四十宮浩二　よそみや・こうじ　住友信託銀行勤務（日典）

四十宮真次　よそみや・しんじ「工業用ヒートポンプ」省エネルギーセンター（日典3）

四十宮石田　よそみや・せきでん　儒官（徳島歴）

四十宮北邨　よそみや・ほくそん　儒学者・教育者（徳島歴）

⁴四元　しもと；よつもと

四元巌　しもと・いわお「山鹿素行全集」帝国報徳会出版局（日典3）

四元学堂　しもと・がくどう「中朝事実」帝国報徳会出版局（日典3）

四元義隆　よつもと・よしたか　国家主義者（日人）

四元義豊　よつもと・よしとよ　軍人（芸能）

四分一　しぶいち

四分一節子　しぶいち・せつこ「ハードル」金の星社（日典3）

四分一直　しぶいち・ただし　東京銀行（国典）

四分一勝　しぶいち・まさる　中学校教師（日典3）

四分一稔　しぶいち・みのる　犬訓練士（日典3）

四分一量平　しぶいち・りょうへい　東京放送監査役（日典3）

四反田　したんだ

四反田五郎　したんだ・ごろう　作家（日典3）

四反田想　したんだ・そう　広島大学大学院文学研究科助教授（日典3）

四反田正司　したんだ・まさし　川上貿易会長（日典3）

四反田みつ　したんだ・みつ　随筆家（日典3）

四反田素幸　したんだ・もとゆき　作曲家（作曲）

四戸　しのえ；しのへ

四戸松三郎　しのえ・まつさぶろう「漢字引植物名典」（JM）

四戸潤弥　しのへ・じゅんや　イスラム法学者（現執4期）

四戸世紀　しのへ・せいき　クラリネット奏者（音人3）

四手井　しでい

四手井綱彦　しでい・つなひこ　物理学者,登山家（日典3）

四手井綱英　しでい・つなひで　林学者（日人）

四手井綱正　しでい・つなまさ　軍人（日人）

四手井淑子　しでい・よしこ　きのこ研究家（日典3）

四方　しかた；しほう；よかた；よも；よもの

四方恭子　しかた・きょうこ　ヴァイオリニスト（演奏）

四方進　しほう・すすむ　測量士（書籍）

四方正治　よかた・まさはる　富山県議（自民党,射水市）（日典3）

四方卯三郎　よも・うさぶろう　実業家（姓氏京都）

四方梅彦　よもの・うめひこ　歌舞伎作者（日典3）

四方田　よもた；よもだ

四方田犬彦　よもた・いぬひこ　比較文化学者,映像評論家（日人）

四方田公子　よもた・きんこ　メーキャップアーティスト（日典3）

四方田正作　よもだ・しょうさく　教育者（埼玉人）

四方田草炎　よもだ・そうえん　日本画家（美家）

四方堂　しほうどう
四方堂久登　しほうどう・ひさと　加賀電子専務（日典3）
四方堂亘　しほうどう・わたる　俳優（テレ）

四日市　よっかいち；よつかいち
四日市章　よっかいち・あきら「理解と支援の障害児教育」コレール社（日典3）
四日市励　よっかいち・つとむ　国鉄職員（日典3）
四日市久子　よつかいち・ひさこ　料理人（日典3）

四日谷　しかや
四日谷敬子　しかや・たかこ　哲学者（現執4期）

四月朔日　わたぬき
四月朔日丈次　わたぬき・じょうじ　宇奈月運取締役相談役（日典）
四月朔日義昭　わたぬき・よしあき　ギタリスト（日典3）
四月朔日義雄　わたぬき・よしお　田辺工業社長（日典3）

四王天　しおうてん；しおうでん；しのうてん
四王天延孝　しおうてん・のぶたか　軍人（日人）
四王天延孝　しおうでん・のぶたか「シオン長老の議定書」成甲書房（日典3）
四王天延孝　しのうてん・のぶたか　陸軍軍人、政治家（政治）

[5]四本　よつもと
四本喜左衛門　よつもと・きざえもん　政治家（姓氏鹿児島）
四本潔　よつもと・きよし　川崎重工業社長・会長（実業）
四本貴資　よつもと・たかし　染色家（美工）
四本哲男　よつもと・てつお　陶芸家（陶工）
四本杢之助　よつもと・むくのすけ　銀行家（姓氏鹿児島）

四田　しだ；よつだ
四田観水　しだ・かんすい　日本画家（愛媛百）
四田観水　よつだ・かんすい　日本画家（美家）
四田昌二　よつだ・しょうじ　彫刻家（美建）

四辻　よつじ；よつつじ
四辻一朗　よつじ・いちろう　アイヌ民族画画家（児人）
四辻利弘　よつじ・としひろ　歌人（富山文）
四辻清子　よつつじ・きよこ　明治天皇の女官（日人）
四辻公賀　よつつじ・きんよし　公家（諸家）

[6]四光　しこう
四光マリ子　しこう・まりこ　女優（女優）

四夷　しい
四夷星乃　しい・ほしの　日本画家（美家）

四宅　したく
四宅智子　したく・ともこ「カラスとカケスの物語」アイヌ文化振興・研究推進機構（日典3）
四宅ヤエ　したく・やえ　アイヌユーカラ伝承者（女性普）
四宅ヤエ　したく・やえ　アイヌ文化伝承者（日人）

四至本　ししもと
四至本広之烝　ししもと・ひろのじょう「隼南溟の果てに」戦誌刊行会（日典3）

[7]四位　しい
四位晴果　しい・はるか「よしとおさま！」小学館（日典3）
四位広猫　しい・ひろね　漫画家（YA）
四位洋文　しい・ひろふみ　騎手（日典3）
四位実　しい・みのる　写真家（日典3）

四位例　しいれ
四位例章　しいれ・あきら　病院院長（国典）

四条　しじょう；よじょう
四条隆謌　しじょう・たかうた　公家, 七卿落ちの一人, 陸軍軍人（コン4）
四条隆英　しじょう・たかふさ　官僚, 実業家（日人）
四条稔　よじょう・みのる　元・プロ野球選手（日典）

四杉　よすぎ
四杉繁夫　よすぎ・しげお　マーケティング・コンサルタント（国典）

四角　しかく；よすみ
四角誠一　しかく・せいいち　大阪瓦斯副社長（日典）
四角佳子　よすみ・けいこ　歌手（テレ）
四角大輔　よすみ・だいすけ「やらなくてもいい、できなくてもいい。」サンマーク出版（日典3）

[8]四夜原　しやはら
四夜原茂　しやはら・しげる　第二劇場座長（日典）

四茂野　よもの
四茂野修　よもの・おさむ「権力を取らずに世界を変える」同時代社（日典3）
四茂野鎌太郎　よもの・かまたろう　平民社シンパ（社史）

[9]四柳　よつやなぎ
四柳英子　よつやなぎ・えいこ「椿と日本人」能登印刷出版社（日典3）
四柳修　よつやなぎ・おさむ　埼玉県財政課長（国典）
四柳嘉章　よつやなぎ・かしょう　神官（日典3）
四柳慎　よつやなぎ・しん　千葉銀行取締役（日典3）
四柳慎一　よつやなぎ・しんいち「なるほどザ金利」経済法令研究会（日典3）

四海　さらがい；しかい
四海達哉　さらがい・たつや「さなえちゃんの金魚すくい」国土社（JM）
四海民蔵　しかい・たみぞう　歌人, 出版者（出文）
四海浪人　しかい・なみんど　狂歌師（日人）

四津　よず；よつ
四津良平　よず・りょうへい　慶応義塾大学医学部教授（日典3）
四津隆一　よつ・りゅういち　人文地理学者（現執2期）

口部(因,団)

10四倉　よつくら
四倉勝治　よつくら・かつじ　発明家(日典3)
四倉喜美子　よつくら・きみこ　「波の乖離」東京四季出版(日典3)
四倉信弘　よつくら・のぶひろ　「四倉信弘博士論文選集」四倉信弘先生退官記念会実行委員会(日典3)
四倉ミツエ　よつくら・みつえ　女子教育家(学校)
四倉亮三郎　よつくら・りょうさぶろう　一関藩金穀元締役(幕末)

四家　しけ；よつや
四家栄安　しけ・えいやす　夕見会長、いわき信用組合理事長(日典3)
四家啓助　しけ・けいすけ　政治家(現政)
四家秀治　よつや・ひではる　アナウンサー(テレ)
四家文子　よつや・ふみこ　アルト歌手(コン4)

四宮　しのみや；しみや
四宮鉄男　しのみや・てつお　映画監督(日人)
四宮正貴　しのみや・まさき　著述家、政治運動家(世紀)
四宮陽子　しみや・ようこ　「クッキングエクスペリメント」学建書院(日典3)

四島　ししま
四島司　ししま・つかさ　福岡相互銀行頭取(人情)
四島一二三　ししま・ひふみ　銀行家(福岡百)

四時堂　しじどう
四時堂其諺　しじどう・きげん　「滑稽雑談」ゆまに書房(JM)

11四野見　しのみ
四野見松治郎　しのみ・しょうじろう　正一漁業会長, 大協造船鉄工会長(日典3)
四野見松治郎　しのみ・まつじろう　石巻商工会議所会頭(人情)

四野宮　しのみや
四野宮和之　しのみや・かずゆき　「座標軸」柊書房(日典3)
四野宮三郎　しのみや・さぶろう　経済学者(現執2期)
四野宮静雄　しのみや・しずお　中小企業組合士(日典3)
四野宮哲郎　しのみや・てつろう　岐阜大学名誉教授, 中部工業大学工学部教授(日典3)

12四童子　しどうじ
四童子勝　しどうじ・まさる　「企業ひとり物語」ちはら書房(日典3)
四童子好広　しどうじ・よしひろ　「ゲノムビタミン学」建帛社(日典3)

四賀　しが
四賀光子　しが・みつこ　歌人(日人)

14四熊　しくま；しぐま
四熊宗庵　しくま・そうあん　徳山藩医(姓氏山口)
四熊宗庵　しぐま・そうあん　医師(幕末)

17四竃　しかま
四竃一郎　しかま・いちろう　「恵みと真実」新教出版社(日典3)
四竃更　しかま・こう　「死に至るまで忠実なれ」教文館(日典3)
四竃仁邇　しかま・じんじ　教育家(姓氏宮城)
四竃訥治　しかま・とつじ　音楽教育者(民学)
四竃衛　しかま・まもる　新聞記者(日典3)

21四竃　しかま
四竃公子　しかま・きみこ　洋画家(日典3)
四竃恭子　しかま・きょうこ　翻訳家(日典3)
四竃孝輔　しかま・こうすけ　軍人(コン5)
四竃真永　しかま・しんえい　聖和学園高校長、光円寺(天台宗)住職、宮城県私立中高連校長部会長(日典3)
四竃安正　しかま・やすまさ　水産学者(日人)

【245】　因

因　いん；ちなみ
因えり子　いん・えりこ　トレーナー(日典)
因信吾　いん・しんご　西部ガス副社長(日典3)
因京子　ちなみ・きょうこ　九州大学留学生センター准教授(日典3)
因徳和　ちなみ・のりかず　北一電気社長(日典)

15因幡　いなば
因幡晃　いなば・あきら　シンガー・ソングライター(作曲)
因幡英二　いなば・えいじ　北九州地評議長、全電通北福岡支部委員長(日典3)
因幡勝雄　いなば・かつお　「アイヌ伝承ばなし集成」北海道出版企画センター(製作)(日典3)
因幡圭司　いなば・けいじ　「それでもMac大好き！」トッパン(日典3)
因幡弥太郎　いなば・やたろう　実業家(創業)

18因藤　いんどう
因藤泉石　いんどう・せんせき　拓芸家、元・新聞記者(日典3)
因藤荘助　いんどう・そうすけ　詩人、評論家(北海道文)
因藤寿　いんどう・ひさし　画家(日典3)

【246】　団

団藤　だんどう
団藤重光　だんどう・しげみつ　法学者、裁判官(日人)
団藤善平　だんどう・ぜんぺい　備中松山藩士(剣豪)
団藤みよ子　だんどう・みよこ　「玄花」花神社(日典3)
団藤磊三　だんどう・らいぞう　富士汽船常務(日典3)
団藤六郎　だんどう・ろくろう　東レ常務(日典3)

【247】囲

囲 かこい
囲清　かこい・きよし　歌人, 俳人（富山文）
囲久江　かこい・ひさえ　名城大学薬学部助手（科学）

【248】図

[3]図子　ずし
図子勝比古　ずし・かつひこ　香川県立丸亀高校教諭（日典3）
図子慧　ずし・けい　少女小説家（小説）
図子浩二　ずし・こうじ「筋力トレーニングの理論と実践」大修館書店（日典3）
図子貴士　ずし・たかし「人はなぜマンガ喫茶に集まるのか？」しののめ出版, 星雲社（発売）（日典3）
図子英雄　ずし・ひでお　詩人, 小説家, ジャーナリスト（四国文）

[5]図司　ずし
図司早江子　ずし・さえこ　シンクロナイズドスイミング指導者（日典3）
図司安正　ずし・やすまさ　政治家（政治）
図司有美　ずし・ゆみ「図説ことばの世界」青山社（日典3）

[10]図師　ずし
図師昭夫　ずし・あきお「公共図書館の新聞整理と切抜の実際」日本図書館協会（日典3）
図師三郎　ずし・さぶろう　新聞記者（現執2期）
図師真良　ずし・しんりょう　奄美新興同志会リーダー（社史）
図師民嘉　ずし・たみよし　官吏（渡航）
図師嘉彦　ずし・よしひこ　建築家（美建）

【249】国

[3]国土　くにたち；くにと；こくど
国土敏明　くにたち・としあき　（株）ケイ・ワン・プロジェクト代表取締役（日典3）
国土修　くにと・おさむ「紙・パルプ世界展望」（国典）
国土潤一　こくど・じゅんいち　声楽家（現執4期）

[4]国分　くにぶ；こくぶ；こくぶん；こっくぶ
国分チエミ　くにぶ・ちえみ「Happy Wedding 結婚おめでとう。」ぶんか社（日典3）
国分青厓　こくぶ・せいがい　漢詩人（コン5）
国分一太郎　こくぶん・いちたろう　教育評論家, 児童文学者（コン4）
国分東野　こっくぶ・とうや　農兵隊を組織訓練した人（国書）

国分寺　こくぶじ；こくぶんじ
国分寺太郎　こくぶじ・たろう「日本は生き残れるか」洛陽書房（日典3）

国分寺公彦　こくぶんじ・きみひこ　小説家（幻想）

国方　くにかた
国方栄二　くにかた・えいじ「プラトン哲学入門」京都大学学術出版会（日典3）
国方伝　くにかた・つたえ　俳優（男優）
国方豊民　くにかた・とよたみ　国学者（徳島百）
国方日渉園　くにかた・にっしょうえん　国学者（徳島歴）
国方林三　くにかた・りんぞう　彫塑家（美建）

[5]国司　くにし；こくし
国司健之助　くにし・けんのすけ　志士（海越新）
国司浩助　くにし・こうすけ　水産技術者（日人）
国司忠宏　こくし・ただひろ　リコー常務（日典）
国司遠江　こくし・とうとうみ　鎌倉鶴岡八幡宮神主（神奈川人）

国正　くにしょう；くにまさ
国正利明　くにしょう・としあき「文書目録—旧赤屋村庄屋伝来資料 世羅郡甲山町赤屋区蔵」甲山町教育委員会（JM）
国正さとし　くにまさ・さとし「UMLシステム開発の鍵」ソフト・リサーチ・センター（日典3）
国正武重　くにまさ・たけしげ　ジャーナリスト（現執4期）

国生　こくしょう
国生岩右衛門　こくしょう・いわうえもん　小学校長（姓氏鹿児島）
国生岩右衛門　こくしょう・いわえもん　教育者, 殖産家（日人）
国生勝海　こくしょう・かつみ　政治家（姓氏鹿児島）
国生さゆり　こくしょう・さゆり　女優（テレ）
国生義夫　こくしょう・よしお　明治乳業社長, 会長（姓氏鹿児島）

国田　くにた；くにだ
国田栄弥　くにた・ひでや　俳優（新芸）
国田百合子　くにた・ゆりこ　国語学者（大阪人）
国田太郎　くにだ・たろう　石川県立図書館長（日典）
国田聡　くにだ・ゆたか（日典）

国立　くにたち；こくりゅう
国立金助　くにたち・きんすけ　（社）日本青年会議所事務理事（日典）
国立淳子　こくりゅう・あつこ「高齢者のお引っ越しガイド」クリエイツかもがわ（日典3）
国立英夫　こくりゅう・ひでお　稲沢市立稲沢東小学校校長（日典）

[6]国米　くまい；こくまい
国米藤吉　くまい・とうきち「心機百話選」（国典）
国米寿美馨　こくまい・すみか　華道家（日典3）
国米欣明　こくまい・よしあき「移植免疫学」（国典）

[7]国沢　くにさわ；くにざわ
国沢新九郎　くにさわ・しんくろう　洋画家（コン5）
国沢新兵衛　くにさわ・しんべえ　実業家, 政治家（コン5）

口部(国)

国沢新九郎　くにざわ・しんくろう　洋画家(コン改)
国沢新兵衛　くにざわ・しんべえ　実業家(コン4)

国谷　くにたに；くにや
　国谷享　くにたに・とおる　政治家(鳥取百)
　国谷要蔵　くにたに・ようぞう　日本共産党党員(社史)
　国谷誠朗　くにや・のぶあき　臨床心理学者(現執3期)
　国谷裕子　くにや・ひろこ　ニュースキャスター(テレ)

[8]国京　くにきょう
　国京克己　くにきょう・かつみ「福井県指定有形文化財剣神社本殿・同摂社織田神社本殿修理工事報告書」剣神社(日典3)
　国京茂助　くにきょう・もすけ「大味氷川神社誌」(JM)

国宗　くにむね
　国宗浩三　くにむね・こうぞう　アジア経済研究所海外調査員(日典3)
　国宗進　くにむね・すすむ「略案で創る中学校新数学科の授業」明治図書出版(日典3)
　国宗真　くにむね・まこと「物理と化学のための数学」共立出版(日典3)
　国宗正義　くにむね・まさよし　官僚(現執2期)

国府　こう；こくふ；こくぶ
　国府彰哉　こう・しょうさい　医師(岡山歴)
　国府映　こくふ・あきら　写真家(写人)
　国府犀東　こくぶ・さいとう　詩人(日人)

国府田　こうだ；こくふだ
　国府田敬三郎　こうだ・けいざぶろう　移民農業指導者(日人)
　国府田恒夫　こうだ・つねお　数学者(数学)
　国府田亜希子　こくふだ・あきこ「PAN de SWEETS」イー.エム.アイ., サンクチュアリ出版(発売)(日典3)
　国府田賢治　こくふだ・けんじ　関東出版産業労組メンバー(社史)

国府寺　こうでら
　国府寺新作　こうでら・しんさく　心理学者(心理)

国松　くにまつ；こくまつ
　国松孝二　くにまつ・こうじ　ドイツ文学者(日人)
　国松俊英　くにまつ・としひで　児童文学作家, 野鳥観察家(幻想)
　国松孝次　くにまつ・たかじ「犯罪被害者対策の現状」東京法令出版(日典3)

国東　くにあずま；くにさき；くにとう
　国東文麿　くにさき・ふみまろ「今昔物語集成立考」(国報)
　国東照太　くにとう・てるた　政治家(日人)

国武　くにたけ
　国武鮟鱇　くにたけ・あんこう「青い燦き」大友産業(日典3)
　国武十六夜　くにたけ・いざよい　俳人(日典3)
　国武格　くにたけ・いたる　弁護士(日典3)

国武栄三郎　くにたけ・えいざぶろう　筑波大学医療技術短期大学部教授(日典3)
国武豊喜　くにたけ・とよき　化学者(日人)

[9]国乗　くにじょう；くにのり
　国乗滝五郎　くにじょう・たきごろう「製紙改良実験全書」紙の博物館(日典3)
　国乗滝吾　くにのり・たきご　烏山和紙の指導者(栃木歴)

国保　くにやす；こくぼ
　国保徳丸　くにやす・とくまる　テレビ愛知会長(日典)
　国保八江　くにやす・やえ「遍路」ウエップ(日典3)
　国保和子　こくぼ・かずこ「大人のためのブラ塾」小学館(日典3)
　国保繼男　こくぼ・つぐお「木椅子」至芸出版社(日典3)

国則　くにのり
　国則一夫　くにのり・かずお　井上工業副社長(日典3)
　国則登代　くにのり・とよ「SH基の定量法」学会出版センター(日典3)
　国則三雄志　くにのり・みおし　出版人(四国文)
　国則守生　くにのり・もりお　法政大学人間環境学部教授(日典3)

国津　くにつ
　国津進　くにつ・すすむ「飛び込みセールス101の法則」日本実業出版社(日典3)
　国津武士　くにつ・たけし「神ぶろ。」メディアファクトリー(日典3)
　国津信博　くにつ・のぶひろ「企業血液型診断法」中央経済社(日典3)

国香　くにか
　国香七郎　くにか・しちろう　医師(渡航)
　国香正定　くにか・しょうじょう　(株)NHKエンタープライズ総務部シニア・マネジャー(日典3)
　国香正道　くにか・しょうどう　僧侶(日典3)
　国香彦介　くにか・ひこすけ　医師・考古学者(姓氏岩手)
　国香正雄　くにか・まさお　歌人(富山文)

[10]国兼　くにかね
　国兼雅翠　くにかね・がすい「白楊樹」白楊樹俳句会(日典3)
　国兼幸治　くにかね・こうじ　政治家(現政)
　国兼真　くにかね・まこと　(株)リコーソフト事業部開発室室長(日典3)
　国兼勇三　くにかね・ゆうぞう「BASICによる図形処理テキスト」バン・リサーチ(日典3)
　国兼由美子　くにかね・ゆみこ「恍惚の風景」芸風書院(日典3)

国島　くにしま；くにじま
　国島勢以　くにしま・せい　歌人, 教育者(女性普)
　国島泰次郎　くにしま・たいじろう　社会運動家(社史)
　国島荘一　くにじま・そういち　俳優(映男)
　国島半研　くにじま・はんけん　津山松平藩士, 医師, 画人(岡山歴)

国栖　くず；くにす
　国栖治雄　くず・はるお　ライター（日典）
　国栖晶子　くにす・あきこ　イラストレーター（日典）

[11]国崎　くにさき；くにざき
　国崎定洞　くにさき・ていどう　社会医学者,社会運動家（コン5）
　国崎望久太郎　くにさき・もくたろう　国文学者（京都人）
　国崎定洞　くにざき・ていどう　社会医学者,社会運動家（歴大）
　国崎望久太郎　くにざき・もくたろう　歌人,日本文学者（現執1期）

国盛　くにもり
　国盛義篤　くにもり・よしあつ　洋画家（美家）

国眼　こくがん
　国眼厚志　こくがん・あつし「文系教師のための理科授業note」明治図書出版（日典3）
　国眼孝雄　こくがん・たかお　東京農工大学工学部化学システム工学科教授（日典3）
　国眼真理子　こくがん・まりこ　東北公益文科大学教授（日典3）
　国眼隆一　こくがん・りゅういち「摂津ふらり旅」自然総研,神戸新聞総合出版センター（発売）（日典3）

国部　くにべ；こくぶ
　国部茂　くにべ・しげる「新しい時代の人材開発論」京都総合研究所（日典3）
　国部ヤスエ　くにべ・やすえ　看護師（近医）
　国部克彦　こくぶ・かつひこ　研究者（現執4期）

[12]国場　くにば；こくば
　国場亜紀　くにば・あき　タレント（テレ）
　国場敦夫　くにば・あつお　東京大学大学院総合文化研究科准教授（日典3）
　国場幸昌　くにば・こうしょう　政治家（現政）
　国場幸太郎　こくば・こうたろう　実業家（日人）

国富　くにとみ；こくふ
　国富信一　くにとみ・しんいち　気象学者（日人）
　国富友次郎　くにとみ・ともじろう　教育者（日人）
　国富千春　こくふ・せんしゅん「暁鐘」文芸社（JM）

国越　くにごえ；くにこし；くにごし
　国越藤市　くにごえ・とういち　元室町海運社長（日典）
　国越純子　くにこし・じゅんこ　ピアニスト（音人3）
　国越健司　くにごし・けんじ　音楽学者（音楽理論）（音人3）

[13]国頒　くにわけ
　国頒朝子　くにわけ・あさこ　徳島バレエ研究所主宰（日典）

[14]国領　こくりょう
　国領嘉一　こくりょう・かいち　実業家（郷土滋賀）
　国領五一郎　こくりょう・ごいちろう　労働運動家（コン5）
　国領茂蔵　こくりょう・しげぞう　出版人（日人）
　国領経郎　こくりょう・つねろう　洋画家（日人）
　国領巳三郎　こくりょう・みさぶろう　社会運動家（姓氏京都）

[16]国頭　くにがみ；くにとう
　国頭正秀　くにがみ・せいしゅう　琉球按司,総理官（日人）
　国頭正秀　くにがみ・まさひで　琉球按司,総理官（コン4）
　国頭繁次郎　くにとう・しげじろう　洋画家（洋画）
　国頭義正　くにとう・よしまさ　ジャーナリスト,実業家（出文）

[18]国藤　くにとう；くにふじ
　国藤士郎　くにとう・しろう　岡山県出納長（日典）
　国藤武　くにとう・たけし「残り火」高千穂書房（日典3）
　国藤和枝　くにふじ・かずえ　ギタリスト（音人3）
　国藤進　くにふじ・すすむ　北陸先端科学技術大学院大学情報科学研究科情報処理学専攻教授（日典）

【250】園

園　その
　園佳也子　その・かやこ　女優（新芸）
　園正造　その・まさぞう　数学者（日人）
　園まり　その・まり　歌手（世紀）
　園基祥　その・もとさち　公家（日人）
　園頼三　その・らいぞう　美学者（日人）

[4]園木　そのき；そのぎ
　園木芳　そのき・かおり「杜と桜並木の蔭で」笠間書院（日典3）
　園木和彦　そのき・かずひこ「ヴィジオネーレ」マガジンハウス（日典3）
　園木久治　そのぎ・ひさじ　元・全電通委員長（日典）

[5]園生　そのう；そのお
　園生経紀　そのう・つねのり　元・新日軽取締役（日典）
　園生たから　そのお・たから「Baby,love chase」集英社（日典3）
　園生雅弘　そのお・まさひろ「神経筋電気診断の実際」星和書店（日典3）

[7]園谷　そのたに
　園谷勇　そのたに・いさむ　富士教育研修所取締役兼所長（国典）

[9]園城　おんじょう；そのき
　園城謙道　おんじょう・けんどう　近江彦根藩足軽,僧（幕末）
　園城雅之　おんじょう・まさゆき「実践Common Lisp」オーム社（日典3）
　園城博康　そのき・ひろやす　エフエム東京マルチメディア事業局技術部長（日典3）

園城寺　おんじょうじ
　園城寺健　おんじょうじ・けん　中国問題研究（国典）

土部（土）

園城寺建治　おんじょうじ・けんじ　版画家（日典3）
園城寺康子　おんじょうじ・やすこ「看護英語読解15のポイント」メジカルビュー社（日典3）

[10]園家　そのけ
園家栄照　そのけ・えいしょう「中国古典小説選」汲古書院（日典3）
園家文苑　そのけ・ぶんけん　書家（日典3）

[11]園崎　そのざき
園崎善一　そのざき・ぜんいち「石川県警察史下」（国典）
園崎昌勝　そのざき・まさかつ　映画評論家（日典3）

[16]園頭　そのがしら
園頭広周　そのがしら・ひろちか　宗教家（現執3期）

土部

【251】　土

[3]土上　つちがみ；どのうえ
土上智子　つちがみ・のりこ「「習熟度別・少人数授業」導入と運営の秘訣」学事出版（日典3）
土上よし江　つちがみ・よしえ「看護診断に基づく標準看護計画」メヂカルフレンド社（日典3）
土上三之丞　どのうえ・さんのじょう　間組（ハザマ）専務（日典3）

土子　つちこ
土子金四郎　つちこ・きんしろう　経済学者,実業家（コン5）
土子猛　つちこ・たけし　時事通信社取締役出版局長（日典3）
土子民夫　つちこ・たみお　刀剣ジャーナリスト（日典3）
土子弘子　つちこ・ひろこ「みんなの詩集ともだち」法務省保護局調査連絡課（日典3）
土子雅明　つちこ・まさあき「リンゴと壷」筑波書林（日典3）

土山　つちやま；とやま；どやま
土山紫牛　つちやま・しぎゅう　俳人（俳文）
土山盛有　とやま・もりあり　渡航者（渡航）
土山武夫　どやま・たけお　歌人（紀伊文）

[4]土井　つちい；とい；どい
土井晩翠　つちい・ばんすい　詩人,英文学者（日本）
土井実　とい・みのる　金石文研究家（郷土奈良）
土井晩翠　どい・ばんすい　詩人,英文学者（コン4）

土井田　どいた；どいだ
土井田泰　どいた・やすし　デルタ・ライフ・アカデミー校長（日典）
土井田幸郎　どいだ・ゆきお　滋賀医科大学医学部教授（日典）

土戸　つちど
土戸清　つちど・きよし　牧師（日典3）

土戸哲明　つちど・てつあき「微生物胞子」サイエンスフォーラム（日典3）
土戸敏彦　つちど・としひこ「〈道徳〉は教えられるのか？」教育開発研究所（日典3）

土方　どかた；ひじかた
土方賀陽　どかた・かよう「竹取翁の歌を推理する」ブックコム（日典3）
土方歳三　ひじかた・としぞう　新撰組副長,箱館五稜郭政権の陸軍奉行並（コン4）
土方与志　ひじかた・よし　演出家,俳優（コン4）

[5]土出　つちで
土出昌一　つちで・しょういち　海上保安庁水路部（日典3）
土出忠治　つちで・ちゅうじ「生き抜いた雑貨貿易五十年」（国典）

土生　はぶ
土生彰　はぶ・あきら　新聞記者,政治家（日人）
土生一信　はぶ・かずのぶ　日本画家（美家）
土生玄碩　はぶ・げんほう　眼科医（眼科）
土生重次　はぶ・じゅうじ　俳人（現俳）
土生長穂　はぶ・ながほ　国際政治学者（現執3期）

土田　つちた；つちだ；とだ
土田康男　つちた・やすお　日本食堂仙台営業所長（日典3）
土田杏村　つちだ・きょうそん　思想家（コン5）
土田耕司　とだ・こうじ「医療福祉学の道標」金芳堂（日典3）

[6]土光　どこう
土光篤洋　どこう・あつひろ　証券投資家（日典3）
土光午次郎　どこう・うまじろう　社会事業家（岡山歴）
土光寿美子　どこう・すみこ　社会福祉事業家（岡山歴）
土光敏夫　どこう・としお　実業家（コン4）
土光登美　どこう・とみ　教育者（日人）

土合　つちあい；どあい
土合竜子　つちあい・たつし「きつつき」土合寛城戸（日典3）
土合弘光　つちあい・ひろみつ「心には北方の憂愁（トスカ）」町田市民文学館ことばらんど（日典3）
土合勝彦　どあい・かつひこ　高校教師（日典）
土合朋宏　どあい・ともひろ　日本コカ・コーラマーケティング本部炭酸担当シニアマネジャー（日典3）

土地　とち；どち
土地次郎　とち・じろう　イトマンエージェンシー相談役,伊藤万取締役（日典3）
土地邦彦　どち・くにひこ「ゆっくりねろし」フリーダム,かもがわ出版（発売）（日典3）

土江　つちえ；どえ
土江香子　つちえ・きょうこ　俳人（日典3）
土江重雄　つちえ・しげお「親鸞聖人之浄土真宗心得」日本図書刊行会（日典3）
土江隆夫　どえ・たかお　元・松下産業機器社長（日典）

土江伸誉　どえ・のぶたか「心理科学の最前線」関西学院大学出版会（日典）

土池　つちいけ；どいけ
土池政司　つちいけ・せいじ　通信総合研究所特別研究員（日典）
土池弥次郎　どいけ・やじろう　呉羽なしの創始者（富山百）

[7]土佐林　とさばやし
土佐林豊夫　とさばやし・とよお　洋画家（美家）
土佐林一　とさばやし・はじめ　白梅学園短期大学非常勤講師、聖徳学園大学短期大学部非常勤講師（日典）
土佐林宏　とさばやし・ひろし　北海道開発庁事務次官（日典）

土作　つちさく
土作彰　つちさく・あきら　小学校教師（現執4期）

土呂　とろ
土呂基　とろ・もとい　社会運動家（アナ）

土岐　とき；どき
土岐善麿　とき・ぜんまろ　歌人、国文学者（コン4）
土岐雄三　とき・ゆうぞう　小説家、実業家（日人）
土岐三雄　どき・みつお　写真家（写人）
土岐錬太郎　どき・れんたろう　俳人（俳文）

土志田　としだ；どしだ
土志田征一　としだ・せいいち　官僚、著述家（現執4期）
土志田利雄　としだ・としお「経営リスクマネジメントモデル規定事例集」アーバンプロデュース（日典）
土志田勇　どしだ・いさむ「米軍ジェット機事故で失った娘と弟よ」七つ森書館（日典）

土谷　つちたに；つちや；どや
土谷武　つちたに・たけし　彫刻家（日人）
土谷フデ　つちや・ふで　教育者（日人）
土谷秀雄　どや・ひでお　日本拳法全国連盟理事（日典）

[8]土取　つちとり
土取利行　つちとり・としゆき　音楽家、パーカッショニスト（作曲）

土味川　とみかわ
土味川独甫　とみかわ・どっぽ　洋画家（美家）
土味川楡奈　とみかわ・にれな「はるかなるヴェニス」東京美術研究所（日典）

土宜　とぎ
土宜法龍　とぎ・ほうりゅう　僧侶（渡航）

土居　つちい；どい
土居龍二　つちい・りゅうじ　文筆家（日典）
土居光知　どい・こうち　英文学者、古典学者（コン4）
土居通夫　どい・みちお　伊予宇和島藩士、実業家（コン4）

土居崎　どいさき；どいざき
土居崎慈昭　どいさき・じじょう「宗内通俗問答大意」大日蓮出版（日典）

土居崎正富　どいざき・まさとみ　地唄箏曲家（日人）

土性　どしょう
土性清方　どしょう・きよかた「土地家屋調査士のための数学・作図」山海堂（日典）
土性宏　どしょう・ひろし　クロノスアソシエイツ代表（日典）
土性至凡　どしょう・ゆきちか「おんなときもの」繊研新聞社（日典3）

土沼　どぬま
土沼雅子　どぬま・まさこ「臨床心理学入門事典」至文堂（日典）

土肥　とい；どい；とひ；どひ
土肥又一　とい・またいち　渡航者（渡航）
土肥春曙　どい・しゅんしょ　俳優（コン5）
土肥典膳　とひ・てんぜん　勤王家、備前岡山藩士（岡山歴）
土肥慶蔵　どひ・けいぞう　医学者（コン5）

土肥元　どひもと
土肥元紀文　どひもと・きふみ　紡績女工（社史）

土肥原　どいはら；どひはら
土肥原賢二　どいはら・けんじ　陸軍軍人（コン5）
土肥原鑑　どいはら・てらす　軍人（岡山歴）
土肥原賢二　どひはら・けんじ　陸軍軍人（国史）
土肥原良永　どひはら・りょうえい　剣客・陸軍軍人（岡山人）

土金　つちかね；つちがね
土金賢三　つちかね・けんぞう　警察庁刑事局長、競馬保安協会理事長（日典）
土金孝太郎　つちかね・こうたろう　実業家（創業）
土金達男　つちがね・たつお「シミュレーションによるシステムダイナミックス入門」東京電機大学出版局（日典）
土金徳太郎　つちがね・とくたろう「アメリカ合衆国における地域開発システムの研究」地域振興整備公団長岡都市開発事務所（日典）

土門　どもん；ひじかど
土門拳　どもん・けん　写真家（コン4）
土門周平　どもん・しゅうへい　軍事史作家、自衛隊教官（現執4期）
土門左文　ひじかど・さもん　奈良の松屋源三郎家第7世=近世（茶道）

[9]土信田　としだ
土信田富久　としだ・ふきゅう　陶芸家（陶芸最）

土屋　つちや；ひじや
土屋喬雄　つちや・たかお　経済学者（コン4）
土屋文明　つちや・ぶんめい　歌人、国文学者（コン4）
土屋一江　ひじや・かずえ「在宅ケア」学習研究社（日典3）

土持　つちもち
土持三助　つちもち・さんすけ　柳田国男が大隅郡佐多郷石尻で宿泊した家人（姓氏鹿児島）
土城夫　つちもち・しろお　作曲家、編曲家（作曲）

土部(圠,圭,在)

土持甚左衛門　つちもち・じんざえもん　政治家（姓氏鹿児島）
土持高　つちもち・たかし　警視庁警部,政治家（姓氏鹿児島）
土持政照　つちもち・まさてる　薩摩藩士(日人)

土海　どかい
　土海義正　どかい・よしまさ「郷土海」新星書房（日典3）

土紀　どき
　土紀就一　どき・しゅういち　俳優(男優)

[10]土倉　つちくら；とくら；どくら；どぐら；はくら
　土倉宗明　つちくら・そうめい　政治家(日人)
　土倉正彦　とくら・まさひこ　武士(日人)
　土倉庄三郎　どくら・しょうざぶろう　山林大地主（コン5）
　土倉庄三郎　どぐら・しょうざぶろう　山林大地主（郷土奈良）
　土倉弘　はくら・ひろし　ヤナセ監査役・元専務（日典）

土家　つちや
　土家歩　つちや・あゆみ　俳優(新芸)
　土家里織　つちや・さおり　女優(映女)
　土家典生　つちや・のりお　上智大学文学部英文学科教授(日典3)
　土家裕樹　つちや・ひろき「英語の意味と形式」英宝社(日典3)
　土家由岐雄　つちや・ゆきお　児童文学作家（日人）

土師　はじ；はぜ
　土師清二　はじ・せいじ　小説家,俳人（コン4）
　土師一夫　はぜ・かずお　医師(日典)

土師原　はしはら
　土師原穆秀　はしはら・ぼくしゅう　僧(日人)

土師部　はしべ
　土師部駿　はしべ・しゅん　陶芸家(陶芸最)

[11]土崎　つちさき；つちざき；とざき
　土崎敏夫　つちさき・としお　大阪市助役,ユー・エス・ジェイ取締役(日典3)
　土崎常男　つちざき・つねお　農民教育協会鯉淵学園教授(日典3)
　土崎哲男　とざき・てつお「環境を守る森と水と土」文化出版(日典3)

土部　はにべ
　土部宏　はにべ・ひろし「表現学大系」教育出版センター(日典3)
　土部弘　はにべ・ひろし　大阪教育大学名誉教授(日典3)

土野　つちの；ひじの
　土野研治　つちの・けんじ　音楽療法士(音人3)
　土野守　つちの・まもる　政治家(現政)
　土野繁樹　ひじの・しげき　TBSブリタニカ出版担当取締役(日典3)

[15]土器　どき
　土器一三　どき・かずみ　西日本新聞開発局長（日典3）

土器俊一　どき・しゅんいち　陶芸家(日典3)
土器手司　どき・てつかさ　アニメーター(児人)
土器文春　どき・ぶんしゅん「瀬戸の淡雪」アダチ書房(日典3)
土器典美　どき・よしみ　エッセイスト,写真家(日典3)

土蔵　とくら
　土蔵栄松　とくら・えいしょう　絵所絵師＝中世（名画）
　土蔵清太郎　とくら・せいたろう　北海道入植者(日典3)
　土蔵武雄　とくら・たけお　農業技術指導者（福井百）
　土蔵培人　とくら・ばいじん　歌人(歌人)
　土蔵祐輔　とくら・ゆうすけ「わが蒼穹」平原書房(日典3)

[16]土橋　つちはし；つちばし；とばし；どはし；どばし
　土橋八千太　つちはし・やちた　天文学者,カトリック司祭(日典)
　土橋光広　つちばし・みつひろ　セイコーエプソン専務(日典)
　土橋明次　とばし・あけじ　小学校教員(社史)
　土橋治重　どはし・はるしげ　詩人(近文)
　土橋治重　どばし・じじゅう　詩人,小説家(日人)

土濃塚　とのずか
　土濃塚イマ　とのずか・いま　秋田県地域婦人団体連絡協議会長(日典)
　土濃塚古銭　とのずか・こせん「生国」北溟社(日典3)
　土濃塚隆一郎　とのずか・りゅういちろう　フリューゲルホーン奏者(日典3)

土館　たちだて；つちだて
　土館イサ　たちだて・いさ「楓の花―句文集」（JM）
　土館長言　つちだて・ちょうごん「明治学制沿革史」臨川書店(日典3)

【252】　圠

[3]圠山　いりやま
　圠山成月　いりやま・せいげつ　陶芸家(陶芸最)

【253】　圭

[9]圭室　たまむろ
　圭室諦成　たまむろ・たいじょう　日本史学者(日人)
　圭室文雄　たまむろ・ふみお　宗教史学者(世紀)

【254】　在

[5]在田　ありた；さいた
　在田一則　ありた・かずのり　北海道大学大学院理学研究科教授(日典3)
　在田如山　ありた・にょさん　僧(富山百)

在田早秀　さいた・そうしゅう「今を生きて」近代文芸社（JM）

⁷在沢　ありさわ
在沢伸　ありさわ・しん　小説家（幻想）

在里　ありさと
在里寛司　ありさと・かんじ「イル・ソドマ」鹿島出版会（製作）（JM）
在里俊一　ありさと・しゅんいち　兵庫県議（民社党）（日典3）
在里寛司　ありさと・ひろし　大阪音楽大学教授（日典3）

⁹在津　ざいつ
在津忠勝　ざいつ・ただかつ「葉菜類の作り方」（国典）
在津秀紀　ざいつ・ひでき「高校生・アメリカ留学つっぱり日記」泰流社（日典3）
在津紀元　ざいつ・まさもと　パーソナリティ（日典3）

¹⁰在原　ありはら；ありわら
在原古玩　ありはら・こがん　画家（日人）
在原竹広　ありはら・たけひろ　小説家（幻想）
在原古玩　ありわら・こがん　画家（人名）
在原零　ありわら・れい「金融危機勃発」第二海援隊（日典3）

¹²在塚　ありずか；ありつか
在塚忠一　ありずか・ただかず　芝浦製作所監査役（日典3）
在塚礼子　ありずか・れいこ「建築計画」市ヶ谷出版社（日典3）
在塚宏　ありつか・ひろし　大豊建設専務（日典3）

在間　ありま；ざいま
在間ジロ　ありま・じろ「ザ・シェルター 悪魔のいるクリスマス」白水社（日典3）
在間功典　ざいま・かつのり　愛媛県議（無所属）（日典3）
在間敬子　ざいま・けいこ「環境コミュニケーションのダイナミズム」白桃書房（日典3）

【255】　地

³地下　じげ
地下朱美　じげ・あけみ　太鼓奏者（音人3）

地上　じがみ；ちがみ
地上亮　じがみ・あきら「日本水滸伝」講談社出版サービスセンター（日典3）
地上喜美子　ちがみ・きみこ「お好み焼き革命」浪速社（日典3）

地丸　じまる
地丸和臣　じまる・かずおみ「ビデオ遊びのテクニック」大陸書房（日典3）

地土井　じどい
地土井宏二　じどい・こうじ　山種証券広島支店長（日典3）
地土井襄璽　じどい・じょうじ　広島大助教授（国典）

地子給　ちしきゅう
地子給秀雄　ちしきゅう・ひでお　富士市立吉原商業高校教諭（日典）

地山　じやま；ちやま
地山光枝　じやま・みつえ　随筆家（日典3）
地山真生　ちやま・まい　育児研究家（日典3）

⁴地井　ちい
地井昭夫　ちい・あきお　広島国際大学社会環境科学部教授（日典3）
地井武男　ちい・たけお　俳優（日映男）

⁵地主　じぬし
地主菊治　じぬし・きくじ　平民社シンパ（社史）
地主重美　じぬし・しげよし　財政学者（世紀）
地主悌助　じぬし・ていすけ　洋画家（日人）
地主範士　じぬし・はんじ　郷土史家（郷土）
地主文蔵　じぬし・ぶんぞう　本屋（庄内）

地代所　しだいしょ；じだいしょ
地代所亨　しだいしょ・とおる　青森大学教授・同野球部監督（青森人）
地代所明美　じだいしょ・あけみ「赤ちゃんの心とからだを育む0歳からのハッピー・タッチング」実業之日本社（日典3）

地田　ちだ
地田徹朗　ちだ・てつろう「アファーマティヴ・アクションの帝国」明石書店（日典3）
地田知平　ちだ・ともへい　一橋大教授（国典）

⁷地村　じむら；ちむら
地村彰之　じむら・あきゆき　広島大学大学院文学研究科助教授（日典3）
地村忠志　ちむら・ただし　飯野町（宮崎県）商工観光課長，宮崎県観光協会専務理事（日典3）
地村俊政　ちむら・としまさ　声楽家（テノール）（音人）

地良田　じらた
地良田稠　じらた・しげし「流離」六甲短歌会（日典3）

¹¹地崎　じさき；ちさき；ちざき
地崎宇三郎〔代数なし〕　じさき・うさぶろう　地崎工業創始者（姓氏富山）
地崎実　ちさき・みのる　写真家（写家）
地崎宇三郎〔2代〕　ちざき・うさぶろう　実業家, 政治家（日人）

地野　ちの
地野文一郎　ちの・ぶんいちろう「夜の歌」（国典）

¹³地福　じふく
地福進一　じふく・しんいち「海を越えた産業革命の父」鈴木藤三郎氏顕彰会（日典3）
地福光子　じふく・みつこ「データバンク入門」（国典）
地福順人　じふく・よりと　崇城大学工学部教授（日典3）

¹⁵地蔵　じぞう；ちくら；ちぞう
地蔵慶護　じぞう・けいご　郷土史家（日典）
地蔵真作　ちくら・しんさく「高等教育授業シラバスのwebからの自動抽出」メディア教育開発センター（日典3）
地蔵愛子　ちぞう・あいこ　看護婦（日典）

土部（圷，坐，坂）

[16]地頭方　じとうほう
　地頭方匡　じとうほう・たくみ　鹿児島新報地方部長（日典）
地頭薗　じとうその；じとうぞの
　地頭薗博　じとうその・ひろし　ダイヤリフォーム（株）取締役営業第二部長（日典3）
　地頭薗哲郎　じとうぞの・てつろう　長崎セインツ代表（日典3）

【256】圷

圷　あくつ；あぐつ
　圷香織　あくつ・かおり「天球儀（セレスチアル・グローブ）とイングランドの魔法使い」東京創元社（日典3）
　圷一長　あくつ・かずなが　水泳選手（日典3）
　圷正夫　あぐつ・まさお　落語家（落語）

【257】坐

[5]坐古　ざこ
　坐古悠輔　ざこ・ゆうすけ　NHK営業本部副本部長（日典3）
　坐古義之　ざこ・よしゆき　クレディ・リヨネ銀行東京駐在員事務所副代表（日典）
[6]坐光寺　ざこうじ
　坐光寺貞良　ざこうじ・さだよし　弓道家，弓道範士（弓道）

【258】坂

坂　さか；ばん
　坂三郎　さか・さぶろう　政治家，茶商（日人）
　坂信弥　さか・のぶよし　官僚，実業家（日人）
　坂静雄　ばん・しずお　建築工学者（日人）
　坂真次郎　ばん・しんじろう　能楽師（能狂言）
[3]坂上　さかうえ；さかがみ；さかじょう；さかのうえ
　坂上康俊　さかうえ・やすとし　九州大学大学院人文科学研究院教授（現執4期）
　坂上弘　さかがみ・ひろし　小説家（日人）
　坂上肇　さかじょう・はじめ　経営コンサルタント，文筆家（現執4期）
　坂上忠介　さかのうえ・ちゅうすけ　長州（萩）藩寄組（日人）
[4]坂内　さかうち；ばんだい；ばんない
　坂内冬蔵　さかうち・ふゆぞう　技術者（海越新）
　坂内仁　ばんだい・じん「経済学入門」（日典）
　坂内義雄　ばんない・よしお　実業家（コン4）
坂戸　さかと；さかど
　坂戸淳夫　さかと・あつお　俳人（俳文）
　坂戸元一　さかと・げんいち　政治家（姓氏長野）
　坂戸公隆　さかど・こうりゅう　僧侶（日典）
坂爪　さかずめ；さかつめ
　坂爪勝幸　さかずめ・かつゆき　陶芸家（陶工）

　坂爪セキ　さかずめ・せき　障害者問題研究会員（国典）
　坂爪克則　さかつめ・かつのり「NUCEF分析業務報告書」日本原子力研究開発機構（日典3）
　坂爪啓子　さかつめ・けいこ「桃花鳥」新星書房
坂牛　さかうし
　坂牛祐直　さかうし・すけなお　自由民権活動家（姓氏岩手）
　坂牛すま子　さかうし・すまこ　ジャーナリスト（女性普）
　坂牛卓　さかうし・たく「人間主義の建築」鹿島出版会（日典3）
　坂牛直太郎　さかうし・なおたろう　弁護士（日典）
　坂牛光子　さかうし・みつこ「句に生きて」講談社出版サービスセンター（日典3）
[5]坂出　さかいで；さかで
　坂出千恵子　さかいで・ちえこ　日本共産党党員（社史）
　坂出鳴海　さかいで・なるみ　官僚，土木技術者（日人）
　坂出裕子　さかで・ひろこ　歌人（紀伊文）
　坂出祥伸　さかで・よしのぶ　関西大学文学部教授（現執4期）
坂田　さかた；さかだ
　坂田三吉　さかた・さんきち　棋士（コン4）
　坂田昌一　さかた・しょういち　物理学者（コン4）
　坂田三弥　さかだ・さんや　東京歯科大学名誉教授（日典）
　坂田武雄　さかだ・たけお「税不安のないガラス張経営の実際」商工振興（日典3）
[6]坂西　さかにし；ばんさい；ばんざい
　坂西志保　さかにし・しほ　評論家（日人）
　坂西利八郎　ばんさい・りはちろう　陸軍軍人（人名7）
　坂西利八郎　ばんざい・りはちろう　陸軍軍人（コン5）
[7]坂谷　さかたに；さかや
　坂谷寛一　さかたに・かんいち　アナキスト（アナ）
　坂谷真史　さかたに・しんじ　競艇選手（日典3）
　坂谷賢一　さかや・けんいち　旭ホームズ社長（日典3）
[8]坂和　さかわ
　坂和敏　さかわ・はやし　コミュニケーション・ストラテジスト（日典3）
　坂和正敏　さかわ・まさとし「わかりやすい数理計画法」森北出版（日典3）
　坂和愛幸　さかわ・よしゆき　近畿大学生物理工学部教授，大阪大学名誉教授（日典3）
坂斉　さかさい；さかざい
　坂斉あさ子　さかさい・あさこ「ポイントがわかる結納・結婚」西東社（日典3）
　坂斉小一郎　さかさい・こいちろう　日本労働組合全国協議会メンバー（社史）
　坂斉新治　さかざい・しんじ　翻訳家（国典）

坂東　ばんとう：ばんどう
　坂東篤之輔　ばんとう・とくのすけ　篠山藩士（兵庫人）
　坂東みの介　ばんとう・みのすけ　歌舞伎俳優（日典）
　坂東三津五郎〔7代〕　ばんどう・みつごろう　歌舞伎役者（コン4）
　坂東三津五郎〔8代〕　ばんどう・みつごろう　歌舞伎役者（コン4）
10坂島　さかしま；さかじま
　坂島久美　さかしま・くみ「春夏秋冬」坂島芳夫（日典）
　坂島真琴　さかしま・まこと　作家（日典）
　坂島芳夫　さかじま・よしお　日本海汽船常務（日典）
11坂寄　さかより
　坂寄繁　さかより・しげる「必ずもうかる小さい会社のつくり方」日東書院（日典3）
　坂寄嗣俊　さかより・つぐとし　マニュジスティックス・ジャパン社長（日典3）
　坂寄俊雄　さかより・としお　経営学者,経済学者（世紀）
坂斎　さかさい；さかざい
　坂斎梅三郎　さかさい・うめさぶろう　小湊鉄道会長・相談役（日典3）
　坂斎小一郎　さかさい・こいちろう　日本労働組合全国協議会メンバー（映人）
　坂斎小一郎　さかざい・こいちろう　映画製作者（埼玉人）
坂部　さかべ
　坂部清義　さかべ・きよよし　数学者（数学）
　坂部孝　さかべ・たかし　医師（近医）
　坂部弘之　さかべ・ひろゆき　医師（近医）
　坂部十寸穂　さかべ・ますお　軍人（日人）
　坂部恵　さかべ・めぐみ　哲学者（日人）
坂野　さかの；ばんの
　坂野鉄次郎　さかの・てつじろう　官僚,実業家（日人）
　坂野比呂志　さかの・ひろし　漫談家（日人）
　坂野潤治　ばんの・じゅんじ　日本史学者（日人）
　坂野正高　ばんの・まさたか　政治学者（日人）
13坂詰　さかづめ
　坂詰克彦　さかづめ・かつひこ　ミュージシャン（日典3）
　坂詰幸次郎　さかづめ・こうじろう　神戸地家裁姫路支部長（日典3）
　坂詰貴之　さかづめ・たかゆき　俳優（テレ）
　坂詰秀一　さかづめ・ひでいち　仏教考古学者（世紀）
　坂詰力治　さかづめ・りきじ　日本語学者（現執1期）
14坂端　さかばた
　坂端藤一　さかばた・とういち　岡山電話局資材課長（国典）

【259】　坊
坊　ぼう
　坊奈緒子　ぼう・なおこ　童画家（児人）
　坊秀男　ぼう・ひでお　政治家（郷土和歌山）
　坊博　ぼう・ひろし　神戸大学名誉教授（日典3）
5坊田　ぼうた；ぼうだ
　坊田春夫　ぼうた・はるお　元・小学校校長（日典）
　坊田寿真　ぼうだ・かずま　童謡作曲家,音楽研究家（作曲）
7坊坂　ぼうさか
　坊坂倭文明　ぼうさか・しずあき　日本画家（美家）
9坊城　ぼうじょう
　坊城としあつ　ぼうじょう・としあつ　俳人（現俳）
　坊城俊章　ぼうじょう・としあや　公家,陸軍軍人（日人）
　坊城俊樹　ぼうじょう・としき　俳人（現俳）
　坊城俊政　ぼうじょう・としただ　公家（諸系）
　坊城中子　ぼうじょう・なかこ　俳人（現俳）

【260】　垂
4垂井　たるい
　垂井一郎　たるい・いちろう　セコム社長（日典3）
　垂井清右衛門　たるい・せいえもん　実業家（和歌山人）
　垂井清之助　たるい・せいのすけ　政治家（和歌山人）
　垂井俊憲　たるい・としのり　写真家（写人）
　垂井康夫　たるい・やすお　工学者（現執2期）
垂木　たるき；たれき
　垂木祐三　たるき・ゆうぞう「指導要録の解説」ぎょうせい（日典3）
　垂木勉　たれき・つとむ　ナレーター（テレ）
垂水　たるみ；たるみず
　垂水克己　たるみ・かつみ　裁判官（日人）
　垂水悟郎　たるみ・ごろう　俳優（新芸）
　垂水公正　たるみず・きみまさ　アジア開発銀行総裁,大蔵省関税局長（日典3）
　垂水栄　たるみず・さかえ「巡査」（国典）
5垂永　たるなが
　垂永英彦　たるなが・ひでひこ　中国文学研究者（中専）
　垂石　たるいし；てるいし
　垂石真子　たるいし・まこ　イラストレーター,絵本作家（児人）
　垂石義太郎　たるいし・よしたろう　政治家（山形百新）
　垂石雅俊　てるいし・まさとし「弾きたい曲からはじめる！私のクラシック・ギター」リットーミュージック（日典3）

土部(坪,垣,垢,城)

⁷垂見　たるみ
　垂見健吾　たるみ・けんご　写真家(児人)
　垂見裕子　たるみ・ゆうこ　「隠された危機」国際協力機構(日典3)

【261】　坪

³坪上　つぼがみ
　坪上貞二　つぼがみ・ていじ　外交官(コン)
　坪上宏　つぼがみ・ひろし　国立精神衛生研究所(国典)

⁴坪井　しぼい；つぼい
　坪井草塀　しぼい・そうへい　「時雨虹」坪井とよ子(日典3)
　坪井九馬三　つぼい・くめぞう　歴史学者(コン5)
　坪井正五郎　つぼい・しょうごろう　人類学者(コン5)

⁶坪光　つぼこ；つぼこう；つぼみつ
　坪光松二　つぼこ・まつじ　大阪大学名誉教授(日典)
　坪光松二　つぼこう・まつじ　数学者(数学)
　坪光松二　つぼみつ・しょうじ　「基礎課程 数学要論」廣川書店(書籍)

⁷坪谷　つぼたに；つぼや
　坪谷英五郎　つぼたに・えいごろう　城西消費購買組合組合員(社史)
　坪谷幸六　つぼや・こうろく　地質学者(日人)
　坪谷善四郎　つぼや・ぜんしろう　歴史研究家(日人)

¹⁰坪能　つぼのう
　坪能克裕　つぼのう・かつひろ　作曲家、編曲家、指揮者、音楽プロデューサー(作曲)
　坪能由紀子　つぼのう・ゆきこ　音楽教育者(音人)

¹¹坪郷　つぼごう
　坪郷佳英子　つぼごう・かえこ　アナウンサー(日典3)
　坪郷進次　つぼごう・しんじ　福姫相互銀行常務(日典3)
　坪郷勉　つぼごう・つとむ　山口大教授(国典)
　坪郷英彦　つぼごう・ひでひこ　山口大学人文学部教授(日典3)
　坪郷実　つぼごう・みのる　「近代化理論と歴史学」(国典)

【262】　垣

⁴垣内　かいと；かいとう；かきうち；かきのうち
　垣内松三　かいと・まつぞう　国語教育学者、国文学者(コン4)
　垣内松三　かいとう・まつぞう　国語学者、国語教育学者(史人)
　垣内史朗　かきうち・しろう　生化学者(日人)
　垣内徳太郎　かきのうち・とくたろう　土佐藩士(幕末)

垣水　かきみず
　垣水孝一　かきみず・こういち　大蔵官僚(現執2期)
　垣水寿太郎　かきみず・じゅたろう　郷土史家(郷土)
　垣水由美子　かきみず・ゆみこ　「ロロちゃんごめんなさい」印刷朝陽会(印刷)(日典3)

⁵垣生　はぶ
　垣生真一　はぶ・しんいち　「印刷用語の基礎知識200」印刷学会出版部(日典3)
　垣生園子　はぶ・そのこ　東海大学医学部助教授(人情)
　垣生俊夫　はぶ・としお　愛媛大学農学部助教授(日典3)

垣田　かきた；かきだ
　垣田金作　かきた・きんさく　社会運動家(アナ)
　垣田達哉　かきた・たつや　食品表示アドバイザー、流通コンサルタント、食プランナー(現執4期)
　垣田幾馬　かきだ・いくま　水路開設者(大分歴)

⁷垣花　かきのはな；かきはな
　垣花善　かきのはな・ぜん　漁夫、沖縄県宮古島久松部落(コン5)
　垣花広幸　かきのはな・ひろゆき　病虫研究者(YA)
　垣花浩濤　かきはな・こうとう　小説家(世紀)
　垣花秀武　かきはな・ひでたけ　核化学者(日人)

垣谷　かきたに；かきや
　垣谷公徳　かきたに・きみのり　「物理学最前線」共立出版(日典3)
　垣谷宏子　かきたに・ひろこ　「エンザイム」(国典)
　垣谷美雨　かきや・みう　「夫の彼女」双葉社(日典3)

¹¹垣添　かきぞえ
　垣添尚平　かきぞえ・しょうへい　日野自動車工業専務(日典3)
　垣添忠生　かきぞえ・ただお　医師(日典3)
　垣添直也　かきぞえ・なおや　日本水産社長、日本冷凍食品協会会長(日典3)
　垣添文亭　かきぞえ・ぶんてい　日本画家(日画)

【263】　垢

⁴垢木　あかぎ
　垢木茂一　あかぎ・しげかず　社会運動家(アナ)

【264】　城

城　きずき；じょう；しろ；たち
　城南海　きずき・みなみ　歌手(日典3)
　城夏子　じょう・なつこ　小説家(日人)
　城増次郎　しろ・ますじろう　社会運動家(アナ)
　城忠彦　たち・ただひこ　湯浅商事常務(日典)

³城下　じょうした；しろした
　城下勝義　じょうした・かつよし　デーリー東北新聞経理局長(日典)
　城下知夫　じょうした・ともお　医師(日典3)

城下尊之　しろした・たかゆき　芸能リポーター（テレ）
城下裕二　しろした・ゆうじ　明治学院大学法学部教授（現執4期）

城上　しろがみ
　城上木ノ芽　しろがみ・このめ　「花馬酔木」踏青会（日典）
　城上保　しろがみ・たもつ　鈴鹿工業高等専門学校材料工学科教授（日典）

城口　じょうぐち；しろぐち
　城口順二　しろぐち・じゅんじ　弁護士（日典）
　城口順二　しろぐち・じゅんじ　弁護士（日典3）
　城口光也　しろぐち・みつや　三菱プレシジョン・シミュレータシステム部プロジェクトマネージャー（日典）

城子　しろこ
　城子孝五郎　しろこ・こうごろう　日本郵船氷川丸船長（日典3）
　城子昭二郎　しろこ・しょうじろう　昭和海運取締役（日典）
　城子甚三　しろこ・じんぞう　筑摩県第141区の戸長（姓氏長野）
　城子大次郎　しろこ・だいじろう　弓道家（弓道）

城山　きやま；じょうやま；しろやま
　城山邦紀　きやま・くにき　読売新聞社社会部次長・労働班長（日典）
　城山巌　じょうやま・いわお　元・加賀田組専務（日典）
　城山三郎　しろやま・さぶろう　小説家（日人）

城川　きかわ；きがわ；しろかわ
　城川範行　きかわ・のりゆき　登山家（姓氏富山）
　城川範之　きがわ・のりゆき　登山家（富山百）
　城川朝　しろかわ・あさ　料理研究家（日典3）

城川原　しろがはら
　城川原隆一　しろがはら・りゅういち　元・照国海運専務（日典）

⁴城之内　じょうのうち
　城之内邦雄　じょうのうち・くにお　元・プロ野球選手（日典）
　城之内早苗　じょうのうち・さなえ　歌手（テレ）
　城之内信吾　じょうのうち・しんご　「七つの奇跡」ゆいぼねっと，KTC中央出版（発売）（日典3）
　城之内ミサ　じょうのうち・みさ　音楽家（作曲）
　城之内元晴　じょうのうち・もとはる　映画監督（監督）

城井　きい；しろい
　城井崇　きい・たかし　政治家（現政）
　城井久長　きい・ひさなが　大分合同新聞整理部長（日典3）
　城井清澄　しろい・きよすみ　ローラン・プロモーションシステム取締役社長（日典）
　城井健介　しろい・けんすけ　「水辺と丘のある町へ」青柳事務所「あむかす」（日典3）

城内　きうち；じょうない；しろうち
　城内実　きうち・みのる　政治家（現政）
　城内忠一郎　じょうない・ちゅういちろう　「津島年譜」（国典）

城内康伸　しろうち・やすのぶ　「シルミド」宝島社（日典3）

城戸　きど；じょうど
　城戸四郎　きど・しろう　映画プロデューサー，実業家（コン4）
　城戸幡太郎　きど・まんたろう　心理学者，教育者（コン4）
　城戸杉生　じょうど・すぎお　俳人（日典）

城戸崎　きとざき；きどさき；きどざき
　城戸崎彰　きとざき・あきら　北海道開拓記念館館長（日典）
　城戸崎愛　きどさき・あい　料理研究家（現執3期）
　城戸崎泰助　きどざき・たいすけ　北広島熱供給会社社長（日典）

⁵城台　じょうだい
　城台巌　じょうだい・いわお　写真家（日典3）
　城台仙市　じょうだい・せんいち　神奈川県議（日典3）
　城台美弥子　じょうだい・みやこ　語り部（日典3）

城市　じょういち
　城市一二　じょういち・いつじ　「生きて往く道」ぎじろくセンターブックプロデュース（日典3）
　城市邦夫　じょういち・くにお　「CARトップ」編集長，交通タイムス社出版局長（日典3）
　城市多五郎　じょういち・たごろう　篤志家（島根人）
　城市富夫　じょういち・とみお　経営コンサルタント，実業家（現執3期）
　城市優　じょういち・まさる　「ビジネスオブジェクト」トッパン（日典3）

城平　きひら；しろだいら
　城平海　きひら・かい　「ハテルマ・ジャーニー」古川書房（日典3）
　城平京　しろだいら・きょう　推理作家（日典3）

城本　じょうもと；しろもと
　城本蕉月　じょうもと・しょうげつ　華道家（和歌山人）
　城本登木夫　じょうもと・ときお　開発電子技術相談役・元社長（日典3）
　城本越雄　しろもと・えつお　「パパの人気おつまみ」永岡書店（日典3）
　城本修　しろもと・おさむ　県立広島大学保健福祉学部教授（日典3）

城生　じょう；じょうお；じょうの；じょうのう
　城生安治　じょう・やすじ　キリスト教の牧師（福島百）
　城生佰太郎　じょうお・はくたろう　言語学者（現執4期）
　城生美枝子　じょうの・みえこ　「ぶどう」ぶどうの会（日典3）
　城生弘美　じょうのう・ひろみ　東京都立保健科学大学保健科学部看護学科講師（日典3）

城田　ぐすくだ；しろた；しろだ
　城田徳明　ぐすくだ・とくめい　小学校教員（アナ）

土部（城）　　〔264〕

城田俊　しろた・しゅん　言語学者（現執4期）
城田正平　しろだ・しょうへい　政治家（群馬人）

⁶城地　じょうち；しろち
　城地しげ子　じょうち・しげこ　染織家（日典3）
　城地茂　じょうち・しげる　「日本数理文化交流史」致良出版社（日典3）
　城地明　しろた・あきら　帯広市助役（日典3）
　城地豊司　しろた・とよじ　政治家（現政）

城多　きた；しろた
　城多董　きた・ただす　勤王志士（コン4）
　城多虎雄　きた・とらお　官吏（コン）
　城多二郎　しろた・じろう　俳優（映人）

城守　きもり；しろもり
　城守昌二　きもり・まさじ　元・京都市助役（人情）
　城守勇道　しろもり・ゆうどう　僧（姓氏宮城）

城米　じょうまい
　城米彦造　じょうまい・ひこぞう　詩人（現詩）

⁷城村　きむら；じょうむら
　城村孝一郎　きむら・こういちろう　文興政経研究会主宰（日典）
　城村貞子　きむら・ていこ　俳人（石川文）
　城村五百樹　じょうむら・いおき　国学者, 厳島神社の神職（日人）
　城村克身　じょうむら・かつみ　プロゴルファー（日典）

城谷　じょうや；しろたに；しろや
　城谷久美子　じょうや・くみこ　陶芸家（陶工）
　城谷小夜子　しろたに・さよこ　女優（テレ）
　城谷豊　しろや・ゆたか　住宅問題・建築経済研究者（現執1期）

城阪　きさか
　城阪俊吉　きさか・しゅんきち　実業家（現執3期）

⁸城宝　じょうほう
　城宝栄作　じょうほう・えいさく　児童文学者（人情）
　城宝栄　じょうほう・さかえ　小説家（日児）
　城宝匡史　じょうほう・まさし　バスケットボール選手（日典3）
　城宝豊　じょうほう・ゆたか　NFKホールディングス社長（日典3）

城所　きしょ；きどころ；ぎどころ
　城所恵子　きしょ・けいこ　フェリス女学院短大講師（日典）
　城所英夫　きどころ・ひでお　俳優（新芸）
　城所源助　ぎどころ・げんすけ　政治家（神奈川人）

城東　じょうとう
　城東つきよ　じょうとう・つきよ　「遠野火」林霞舟（日典3）

⁹城後　じょうご
　城後昭彦　じょうご・あきひこ　医師（日典3）
　城後紗織　じょうご・さおり　「時短beautyメイク」ベストセラーズ（日典3）
　城後定雄　じょうご・さだお　「例題解説鉄筋コンクリート問題集」（国典）
　城後尚年　じょうご・なおとし　福岡県立山門高校教諭（国典）
　城後光義　じょうご・みつよし　漫才師（テレ）

¹⁰城倉　じょうくら；しろくら
　城倉浩司　じょうくら・こうじ　漫画家（漫人）
　城倉正祥　じょうくら・まさよし　「埴輪生産と地域社会」学生社（日典3）
　城倉可成　しろくら・かなり　漆工芸家（美工）
　城倉芳平　しろくら・よしへい　豆腐製造業者（社史）

城島　きじま；じょうしま；じょうじま；しろじま
　城島清　きじま・きよし　「欝」講談社出版サービスセンター（日典3）
　城島茂　じょうしま・しげる　俳優（テレ）
　城島明彦　じょうじま・あきひこ　小説家（幻想）
　城島覚　しろじま・さとる　金属工（社史）

城座　じょうざ；しろざ
　城座和夫　じょうざ・かずお　経済学者（現執1期）
　城座良之　じょうざ・よしゆき　「グローバル・マーケティング」税務経理協会（日典3）
　城座映明　しろざ・てるあき　「生命科学の基礎」学建書院（日典3）

¹¹城崎　きざき；きのさき；じょうさき；じょうざき；しろさき；しろざき
　城崎火也　きざき・かや　小説家（幻想）
　城崎玲　きのさき・れい　「美樹へ」文芸社（JM）
　城崎哲　じょうさき・てつ　競馬予想（日典）
　城崎進　じょうざき・すすむ　神学者（現情）
　城崎淳　しろさき・じゅん　「京都一周気球の旅」桐原書店（日典3）
　城崎勉　しろざき・つとむ　日本赤軍メンバー（日典）

城野　きの；じょうの；しろの
　城野静軒　きの・せいけん　書家（熊本百）
　城野宏　じょうの・ひろし　経済評論家（履歴2）
　城野誠治　しろの・せいじ　写真家（写人）

¹²城塚　じょうつか；しろずか；しろつか
　城塚健之　じょうつか・けんし　「図解新公益法人の設立・運営・移行のしかた」日本実業出版社（日典3）
　城塚朋和　しろずか・ともかず　「奥多摩の吉川英治」未来工房（JM）
　城塚登　しろつか・のぼる　哲学者（日人）

城森　じょうもり
　城森静子　じょうもり・しずこ　「エミリ 台風娘がやってきた」（国典）
　城森倫雄　じょうもり・みちお　伊勢丹相談役（日典3）

城間　ぐしくま；ぐすくま；じょうま；しろま
　城間正安　ぐしくま・せいあん　農民運動指導者（コン5）
　城間正安　ぐすくま・せいあん　農民運動指導者（日人）

姓名よみかた辞典 姓の部　193

城間絵梨　じょうま・えり　ゴルフ選手(日典3)
城間栄喜　しろま・えいき　染色家(日人)

¹³城殿　きどの
　城殿鎮治　きどの・しんじ　キリンビール副社長(日典)
　城殿輝雄　きどの・てるお「永井玄蕃」(JM)
　城殿としお　きどの・としお「落葉集」城殿輝雄(日典)
　城殿智行　きどの・ともゆき　文芸評論家(日典3)

城福　じょうふく；じょうぶく
　城福勇　じょうふく・いさむ　日本史学者(史研)
　城福和代　じょうふく・かずよ「子供服からはじまる豊かな社会」チャネラー(日典3)
　城福勇　じょうふく・いさむ　日本史学者(徳島歴)

【265】埒

⁸埒和　はが
　埒久仁子　はが・くにこ「游鮎」花神社(日典3)
　埒和為昌　はが・ためまさ　化学者(日人)
　埒和輝英　はが・てるひで　コニカ専務(日典)

【266】垰

垰　たお；とうげ
　垰克己　たお・かつみ「弾性力学入門」森北出版(日典)
　垰美智子　とうげ・みちこ　美智社長(日典3)

⁵垰田　たおだ
　垰田和史　たおだ・かずし「建設労働者の職業病」文理閣(日典)
　垰田とみこ　たおだ・とみこ「深呼吸して見あげた青い空」文理閣(日典3)
　垰田英伸　たおだ・ひでのぶ「デイサービスの実務稼働率アップ実現CD-ROMブック」日総研出版(日典)
　垰田宏　たおだ・ひろし「環境汚染と指標植物」共立出版(書籍)
　垰田博史　たおだ・ひろし「光触媒応用製品の最新技術と市場」シーエムシー出版(日典)

【267】埋

埋田　うずた；うめた；うめだ
　埋田昇二　うずた・しょうじ　高校教師(静岡県立浜名高校)(日典)
　埋田昇二　うめた・しょうじ　詩人(日典)
　埋田重夫　うめだ・しげお　静岡大学教養部助教授(日典)

⁸埋忠　うめただ
　埋忠洋一　うめただ・よういち　医師(現執3期)

¹⁶埋橋　うずはし
　埋橋一枝　うずはし・かずえ　俳人(日典3)
　埋橋孝文　うずはし・たかふみ「比較のなかの福祉国家」ミネルヴァ書房(日典3)
　埋橋千春　うずはし・ちはる　城西消費購買組合店舗主任(社史)
　埋橋真　うずはし・まこと　城西消費購買組合組合員(社史)
　埋橋勇三　うずはし・ゆうぞう　東洋大学文学部英米文学科教授(日典3)

【268】埇

⁵埇田　そねだ
　埇田太郎　そねだ・たろう　教育者(高知人)

【269】埆

埆　えき；さこ
　埆真美　えき・まさみ　読売新聞大阪本社写真部長(日典)
　埆健吉　さこ・けんきち　元・日本カーバイド工業社長(日典)
　埆大介　さこ・だいすけ　ミュージシャン(日典3)

³埆川　さこがわ
　埆川利内　さこがわ・りだい　東邦生命保険社長(日典3)

【270】基

基　もとい
　基俊太郎　もとい・しゅんたろう　彫刻家(美建)
　基俊七　もとい・せいしち　労働運動家(コン4)
　基玉安　もとい・たまやす　農民(社史)
　基政七　もとい・まさしち　労働運動家(世紀)
　基俊良　もとい・ゆんりょう　政治家(姓氏鹿児島)

【271】執

⁶執印　しゅういん
　執印テル　しゅういん・てる　鹿児島市議(自民党),千草会理事長(日典3)
　執印智司　しゅういん・としもり　ヤマハ発動機顧問,三信工業取締役(日典3)
　執印真智子　しゅういん・まちこ　東京都議(生活者ネットワーク)(日典3)
　執印隆一　しゅういん・りゅういち　新聞記者(日典)

執行　しぎょう；しゅぎょう
　執行正夫　しぎょう・まさお　洋画家(美家)
　執行正俊　しぎょう・まさとし　舞踏家(新芸)
　執行軌正　しゅぎょう・のりまさ　司法官(日人)

【272】埴

埴　はに
　埴亀齢　はに・きれい　医師(長野歴)
　埴沙萌　はに・しゃぼう　写真家(児人)

土部(埴,堂)　　　　　　　　　　　　　　　　　　　〔274〕

[5]埴生　はにゅう
　埴生雅章　はにゅう・まさあき　富山県庁(国典)
　埴生正見　はにゅう・まさみ　元・小学校校長(日典3)
　埴田　はにた；はにだ；はねた
　埴田良象　はにた・りょうぞう　政治家(姓氏群馬)
　埴田孝行　はにだ・たかゆき　川柳作家(石川文)
　埴田真紀　はねた・まき　サッカー選手(日典)
[7]埴谷　はにや
　埴谷安弘　はにや・やすひろ　地方公務員,反戦活動家(世紀)
　埴谷雄高　はにや・ゆたか　小説家,評論家(コン4)
[10]埴原　はいばら；はにはら；はにわら
　埴原一也　はいばら・かずや　弁護士(日典3)
　埴原和郎　はにはら・かずろう　人類学者(日人)
　埴原正直　はにわら・まさなお　外交官(山梨百)
[11]埴野　はにの；はの
　埴野吉郎　はにの・きちろう　詩人(姓氏富山)
　埴野一郎　はの・いちろう　早稲田大学名誉教授(日典3)
　埴野吉郎　はの・よしろう　詩人(富山文)

【273】堆

[6]堆朱　ついしゅ
　堆朱伝次郎　ついしゅ・でんじろう　塗師(日人)
　堆朱楊成　ついしゅ・ようぜい　彫漆作家(人名7)
　堆朱楊成〔18代〕　ついしゅ・ようぜい　彫漆工(日人)
　堆朱楊成〔19代〕　ついしゅ・ようぜい　堆朱彫師(日人)
　堆朱楊成〔20代〕　ついしゅ・ようぜい　漆芸作家(日人)

【274】堂

堂　たかどの；どう
　堂徹正　たかどの・てつしょう「還らぬ戦友―栗栖の山、川よ、家、人よ」堂徹正(JM)
　堂源一　どう・げんいち　元・勝村建設常務(日典3)
　堂真理子　どう・まりこ　アナウンサー(テレ)
[3]堂下　どうした；どうもと
　堂下一雄　どうした・かずお「宇宙と生命の起源」幻想社(日典3)
　堂下佐知子　どうした・さちこ「図解寝たきり予防のかんたんトレーニング」大月書店(日典3)
　堂下浩　どうもと・ひろし　東京情報大学助教授(日典3)
堂上　どううえ；どうじょう；どのうえ
　堂上隼人　どううえ・はやと　プロ野球選手(日典3)
　堂上克道　どうじょう・かつみ「アントニオ猪木の元気の出る発言録」アートブック本の森(日典3)
　堂上まさ志　どのうえ・まさし　漫画家(漫)
[7]堂尾　どうお；どうび
　堂尾みね子　どうお・みねこ「生かされて、生きて」長崎平和推進協会継承部会(日典3)
　堂尾弘子　どうび・ひろこ　ニッポン放送のアナウンサー(人情)
堂谷　どうたに；どうや
　堂谷憲勇　どうたに・けんゆう「支那美術史論」桑名文星堂(日典3)
　堂谷郁造　どうや・いくぞう　大東京火災海上保険広報担当部長(日典)
[9]堂前　どうまえ
　堂前章　どうまえ・あきら　順天堂大学助教授(国典)
　堂前嘉代子　どうまえ・かよこ　武庫川女子大学生活環境学部教授(日典3)
　堂前茂　どうまえ・しげる　鍼灸マッサージ師(日典3)
　堂前忠正　どうまえ・ただまさ　陶芸家(陶芸最)
　堂前孫三郎　どうまえ・まごさぶろう　労働運動家(日人)
堂垣内　どうがいち；どうがきない
　堂垣内崇雅　どうがいち・たかまさ「長江憂情」あったか編集工房(日典3)
　堂垣内尚弘　どうがきない・なおひろ　官僚,政治家(日人)
　堂垣内光弘　どうがきない・みつひろ　橋梁技術者(日典3)
堂城　どうじょう
　堂城剛　どうじょう・たけし「ドキュメント・暴走族」神戸新聞出版センター(日典3)
堂故　どうこ
　堂故茂　どうこ・しげる　政治家(現政)
　堂故敏雄　どうこ・としお　政治家(姓氏富山)
堂珍　どうちん
　堂珍敦子　どうちん・あつこ　モデル(日典3)
　堂珍嘉邦　どうちん・よしくに　歌手(テレ)
堂面　どうめん
　堂面秋芳　どうめん・あきよし　兵庫県労働研究所(国典)
　堂面春雄　どうめん・はるお　山口大学名誉教授(日典3)
[10]堂宮　たみや
　堂宮賢瑞　たみや・けんずい「長誓寺史」長誓寺(日典3)
[11]堂野前　どうのまえ
　堂野前維摩郷　どうのまえ・いまさと　内科学者(日人)
　堂野前種松　どうのまえ・たねまつ　政治家(和歌山人)
[12]堂場　どうば
　堂場瞬一　どうば・しゅんいち　小説家(小説)
　堂場肇　どうば・はじめ　ジャーナリスト,防衛問題研究家(現執2期)

土部(埜, 堀)

¹⁴堂領　どうりょう
堂領愛二　どうりょう・あいじ　旭有機材工業専務(日典3)
堂領栄蔵　どうりょう・えいぞう　日本労働組合評議会鯰江支部常任(社史)
堂領肇　どうりょう・はじめ　俳優(テレ)
堂領英雄　どうりょう・ひでお　ダンロップトレッドサービス社長(日典3)

【275】埜

³埜上　のがみ
埜上定　のがみ・さだむ　バリトン歌手, 音楽教育者(音人3)
埜上衛　のがみ・まもる　近畿大学短期大学部教授(日典3)

⁷埜邑　のむら
埜邑直次　のむら・なおじ　漁業家(北海道歴)
埜邑義道　のむら・よしみち　翻訳家(日典)

【276】堀

³堀上　ほりかみ；ほりがみ
堀上英紀　ほりかみ・ひでき「グラフィックライフサイエンス」相川書房(日典3)
堀上香　ほりがみ・かおり「ゴースト・ファイル」ハローケイエンターテインメント
堀上謙　ほりがみ・けん　能楽評論家(音人2)

堀口　ほっく；ほりぐち
堀口利男　ほっく・としお　日本スピンドル製造常務(日典)
堀口捨己　ほりぐち・すてみ　建築家, 建築史家(日人)
堀口大学　ほりぐち・だいがく　詩人, 翻訳家(コン4)

⁴堀内　ほりうち；ほりのうち
堀内敬三　ほりうち・けいぞう　音楽評論家(コン4)
堀内干城　ほりうち・たてき　外交官(コン4)
堀内謙介　ほりのうち・けんすけ　外交官(履歴2)
堀内宗完　ほりのうち・そうかん　茶匠(日人)

堀毛　ほりけ
堀毛一麿　ほりけ・かずまろ　軍人(陸海)
堀毛一也　ほりけ・かずや「社会化の心理学/ハンドブック」川島書店(日典3)
堀毛裕子　ほりけ・ひろこ　東北学院大学教養部教授(日典3)

堀水　ほりみず
堀水旭　ほりみず・あきら　旭川実業高等学校校長, 北海道立正学園理事長(日典3)
堀水孝教　ほりみず・こうきょう　学校創立者(学校)

⁵堀出　ほりで
堀出一郎　ほりで・いちろう「競争経済下のマーケティング」丸善(書籍)

堀田　ほった；ほりた
堀田正養　ほった・まさやす　大名, 政治家(コン4)
堀田善衛　ほった・よしえ　作家, 文芸評論家(コン4)
堀田虎二　ほりた・とらじ　詩人(富山文)
堀田直樹　ほりた・なおき　医師(近医)

堀込　ほりこみ；ほりこめ；ほりごめ
堀込聡夫　ほりこみ・としお　不二サッシ取締役相談役(日典)
堀込幸坊　ほりこめ・こうぼう「幸坊の自然食のすすめ」堀込幸坊(JM)
堀込源太　ほりごめ・げんた　民謡家(日人)

⁶堀向　ほりこう；ほりむき
堀向勇希　ほりこう・ゆうき「「ツイてる人」になる魔法の言葉」リヨン社, 二見書房(発売)(日典3)
堀向仁　ほりむき・ひとし　日立米沢電子社長(日典3)

堀合　ほりあい
堀合吉郎　ほりあい・きちろう　岩手県副知事(日典3)
堀合啓一　ほりあい・けいいち「事例でわかるパソコンデータ分析入門」技術評論社(日典3)
堀合卓爾　ほりあい・たくじ　陶業家(日人)
堀合辰夫　ほりあい・たつお　弁護士(日典3)
堀合由巳　ほりあい・よしみ　政治家(姓氏岩手)

堀池　ほりいけ；ほりけ
堀池春峰　ほりいけ・しゅんぽう　考古学者(考古)
堀池久道　ほりいけ・ひさみち　和算家(数学)
堀池延叟　ほりけ・えんそう　能楽師(芸能)

堀米　ほりごめ；ほりまい
堀米ゆず子　ほりごめ・ゆずこ　バイオリニスト(日人)
堀米庸三　ほりごめ・ようぞう　西洋史学者(日人)
堀米秋良　ほりまい・あきら　俳人(日典)
堀米明　ほりまい・あきら　ITコンサルタント(日典3)

⁷堀沢　ほりさわ；ほりざわ
堀沢好一　ほりさわ・こういち　洋画家(美家)
堀沢周安　ほりさわ・ちかやす　教育者(香川人)
堀沢周安　ほりざわ・しゅうあん　教育者(姓氏愛知)
堀沢増雅　ほりざわ・ますまさ「久保定治医長定年退官記念研究業績集」一の丸出版(日典3)

堀谷　ほりたに；ほりや
堀谷義明　ほりたに・よしあき　全国労働保険事務組合連合会会長
堀谷常吉　ほりや・つねきち　政治家(青森人)
堀谷紋助　ほりや・もんすけ　公共事業家(日人)

⁸堀金　ほりかね；ほりがね
堀金雅男　ほりかね・まさお　山形県警本部長(日典3)
堀金由美　ほりかね・ゆみ「経済発展の政治経済学」日本評論社(日典3)

土部(堅,堺,塚,堤)

堀金マサ子　ほりがね・まさこ　「窓から見える雲」東銀座出版社(日典)
堀金靖　ほりがね・やすし　「窪田遺跡発掘予備調査報告書」只見町教育委員会(日典)
[10]堀家　ほりいえ；ほりけ
　堀家純一　ほりいえ・じゅんいち　航空写真家(日典3)
　堀家尚文　ほりいえ・たかふみ　「くっつける」三洋化成工業(日典)
　堀家重俊　ほりけ・しげとし　政治家(現政)
　堀家文吉郎　ほりけ・ぶんきちろう　貨幣学者(現執2期)
[12]堀場　ほりば
　堀場一雄　ほりば・かずお　軍人(日人)
　堀場清子　ほりば・きよこ　詩人,女性史研究家(日人)
　堀場信吉　ほりば・しんきち　物理化学者(日人)
　堀場雅夫　ほりば・まさお　実業家(日人)
　堀場正雄　ほりば・まさお　詩人,評論家(世紀)
堀越　ほりごえ；ほりこし；ほりごし
　堀越雅晴　ほりごえ・まさはる　講談社学芸図書第1出版部勤務(日典)
　堀越二郎　ほりこし・じろう　航空機設計者,航空評論家(コン4)
　堀越精峯　ほりごし・せいほう　指物師(島根百)
[14]堀端　ほりはた；ほりばた
　堀端茂樹　ほりはた・しげき　コンピュータ・ジョイ社長(日典)
　堀端宏　ほりばた・たかし　政治家(現政)
　堀端孝治　ほりばた・たかはる　心理学者(心理)
[22]堀籠　ほりごめ
　堀籠明　ほりごめ・あきら　三陸鉄道社長(日典3)
　堀籠一矢　ほりごめ・かずや　憲政記念会館長(日典)
　堀籠紀一　ほりごめ・きいち　石巻市町内会連合会長(日典3)
　堀籠敬蔵　ほりごめ・けいぞう　「剣道の法則」体育とスポーツ出版社(日典3)
　堀籠信吉　ほりごめ・しんきち　(株)日立製作所中央研究所(日典3)

【277】　堅

[3]堅山　かたやま；たてやま
　堅山忠男　かたやま・ただお　文筆業(日典3)
　堅山南風　かたやま・なんぷう　日本画家(コン4)
　堅山利文　たてやま・としぶみ　労働運動家(新潮)
[5]堅田　かたた；かただ
　堅田一郎　かたた・いちろう　製材業界功労者(高知人)
　堅田守正　かたた・もりまさ　ジャーナリスト,高知新聞社社長,高知放送社長(高知人)
　堅田喜三久〔3代〕　かただ・きさく　長唄囃子方(日人)

堅田少輔　かただ・しょうすけ　長州(萩)藩家老,工部大学校教員(海越新)

【278】　堺

[7]堺谷　さかいたに；さかいや
　堺谷和将　さかいたに・かずまさ　プロゴルファー(日典)
　堺谷みゆき　さかいたに・みゆき　「言いだせなくて」ハーレクイン(日典3)
　堺谷越夫　さかいや・えつお　伊良湖ガーデンホテル社長(日典3)
　堺谷哲郎　さかいや・てつろう　実業家(美工)

【279】　塚

[5]塚平　つかだいら；つかひら
　塚平恒雄　つかだいら・つねお　高校・中学校教師(日典3)
　塚平広志　つかだいら・ひろし　「遺伝子組み換え作物に未来はあるか」本の泉社(日典3)
　塚平利夫　つかひら・としお　「日共十年の歩み」(国典)
[7]塚谷　つかたに；つかや
　塚谷晃弘　つかたに・あきひろ　作曲家(作曲)
　塚谷竹軒　つかたに・ちっけん　陶工,陶磁商(石川百)
　塚谷圭介　つかや・けいすけ　「ゆう子の鈴」萩原恵子(日典3)
　塚谷裕一　つかや・ひろかず　植物学者(現執4期)
[11]塚崎　つかさき；つかざき
　塚崎直義　つかさき・なおよし　弁護士,裁判官(日人)
　塚崎幹夫　つかさき・みきお　フランス文学者(世紀)
　塚崎直義　つかざき・なおよし　弁護士,裁判官(コン4)
　塚崎幹夫　つかざき・みきお　フランス文学者(富山文)
[12]塚越　つかごえ；つかこし；つかごし
　塚越博史　つかごえ・ひろし　北海道医療大学歯学部歯学科助教授(日典3)
　塚越和夫　つかこし・かずお　日本文学者(現執4期)
　塚越停春　つかごし・ていしゅん　評論家(日典)

【280】　堤

堤　つづみ；つつみ
　堤真佐子　つづみ・まさこ　女優(俳優)
　堤磯右衛門　つつみ・いそえもん　実業家(コン5)
　堤康次郎　つつみ・やすじろう　実業家,政治家(コン4)
[8]堤林　つつみばやし
　堤林数衛　つつみばやし・かずえ　実業家(キリ)

堤林剣　つつみばやし・けん　「コンスタンの思想世界」創文社（日典3）

【281】塔

塔　とう

塔晶夫　とう・あきお　小説家,詩人,編集者（日典3）
塔和子　とう・かずこ　詩人（現詩）

³塔下　とうげ；とうした

塔下智士　とうげ・さとし　「乙女の純情」晋遊舎（日典3）
塔下真次　とうした・しんじ　政治家（現政）

⁵塔本　とうもと

塔本伊久　とうもと・いく　陶芸家（陶工）
塔本一馬　とうもと・かずま　プラティア・エンタテインメント社長（日典3）

【282】塀

⁸塀和　はが

塀和為昌　はが・ためまさ　化学者（海越新）

【283】堯

堯　たかし

堯律子　たかし・りつこ　どんぐりコール（児童ミュージカル劇団）プロデューサー（日典）

⁴堯天　ぎょうてん

堯天義久　ぎょうてん・よしひさ　建築学者（現情）

【284】塩

²塩入　しおいり；しおり

塩入松三郎　しおいり・まつさぶろう　農学者（日人）
塩入亮忠　しおいり・りょうちゅう　僧侶（天台宗）,仏教学者（日人）
塩入亮忠　しおり・りょうちゅう　天台宗僧侶,仏教学者（長野歴）

⁴塩月　しおずき；しおつき

塩月賢太郎　しおずき・けんたろう　神学者,キリスト教徒（平和）
塩月修一　しおずき・しゅういち　経営評論家（現執3期）
塩月桃甫　しおつき・とうほ　画家（日人）
塩月弥栄子　しおつき・やえこ　茶道家（日人）

塩水流　しおずる

塩水流功　しおずる・いさお　洋画家（美家）

⁵塩尻　しおじり

塩尻和子　しおじり・かずこ　宗教学者（現執4期）
塩尻公明　しおじり・こうめい　評論家,哲学者（日人）
塩尻青筰　しおじり・せいか　俳人（俳文）

塩尻精八　しおじり・せいはち　作曲家（作曲）
塩尻梅宇　しおじり・ばいう　備中岡田藩士（日人）

塩田　しおた；しおだ

塩田広重　しおた・ひろしげ　医師,外科学者（コン4）
塩田良平　しおだ・りょうへい　国文学者,随筆家（日人）

塩穴　しおな

塩穴みち子　しおな・みちこ　塩穴みち子舞踊研究所主宰（日典）

⁶塩地　しおじ；しおち

塩地茂生　しおじ・しげお　尾久自動車社長（日典）
塩地洋　しおじ・ひろみ　「国際再編と新たな始動」日刊自動車新聞社（日典3）
塩地和男　しおち・かずお　釣り師（日典）

塩次　しおつぐ

塩次喜代明　しおつぐ・きよあき　「経営管理」有斐閣（日典3）
塩次伸二　しおつぐ・しんじ　ギタリスト（新芸）

⁷塩住　しおずみ

塩住真太郎　しおずみ・しんたろう　日本無産党関係者（社史）
塩住秀夫　しおずみ・ひでお　「運をつかむ日本株投資力」東洋経済新報社（日典3）

塩治　えんな；えんや

塩治源太郎　えんな・げんたろう　エンナヤ人形店の元祖（島根歴）
塩治繁二　えんや・しげじ　三井物産取締役（日典）
塩治震太郎　えんや・しんたろう　「エネルギー工学のための伝熱工学の基礎」オーム社（日典3）

塩沢　しおさわ；しおざわ

塩沢逸策　しおさわ・いっさく　農民（社史）
塩沢美代子　しおさわ・みよこ　労働問題評論家（近女）
塩沢昌貞　しおざわ・まささだ　経済学者（日人）
塩沢美代子　しおざわ・みよこ　労働問題評論家（日人）

塩見　しおみ

塩見孝也　しおみ・たかや　新左翼活動家（日人）
塩見昇　しおみ・のぼる　図書館学者（世紀）

塩谷　えんや；しおがい；しおたに；しおのや；しおや

塩谷鵜平　えんや・うへい　俳人（日人）
塩谷清兵衛　しおがい・せいべえ　寄留商人（沖縄百）
塩谷賛　しおたに・さん　作家,文芸研究家（日人）
塩谷温　しおのや・おん　中国文学者（コン4）
塩谷アイ　しおや・あい　保育運動家（コン4）

⁸塩味　しおみ

塩味達次郎　しおみ・たつじろう　弁護士,政治家（現政）

土部(塗,塘)

塩長　しおちょう
　塩長五郎　しおちょう・ごろう　社会運動家(社運)

[9]塩屋　えんや；しおや
　塩屋宋六　えんや・そうろく　「石水館」かなえ書房(日典3)
　塩屋義之　えんや・よしゆき　西部瓦斯会長(日典3)
　塩屋艶二　しおや・えんじ　江戸の作家(日人)
　塩屋賢一　しおや・けんいち　福祉活動家(日人)

塩津　しおず；しおつ
　塩津一栄　しおず・いちえい　「蠣流」本阿弥書店(日典3)
　塩津清人　しおず・きよと　能楽師(熊本百)
　塩津誠一　しおつ・せいいち　洋画家(美家)
　塩津誠作　しおつ・せいさく　新聞記者(日人)

[10]塩原　しおはら；しおばら
　塩原光旦　しおはら・こうたん　日本画家(美家)
　塩原恒文　しおはら・つねふみ　都市問題研究者(現執2期)
　塩原勉　しおばら・つとむ　社会学者(世紀)
　塩原又策　しおばら・またさく　実業家(コン4)

塩島　しおしま；しおじま
　塩島仁吉　しおしま・じんきち　「鼎軒田口先生伝」大空社(日典3)
　塩島貞夫　しおじま・さだお　ピアニスト(音人3)
　塩島大　しおじま・だい　政治家(現政)

塩釜　しおがま
　塩釜正吉　しおがま・しょうきち　ドイツ文学者(日人)
　塩釜孝　しおがま・たかし　馬具製造業(日典3)
　塩釜正雄　しおがま・まさお　馬具製造業(日典3)

[11]塩崎　しおさき；しおざき
　塩崎観三　しおさき・かんぞう　元サンフランシスコ総領事(日典)
　塩崎興吉　しおさき・こうきち　三洋電気監査役(日典3)
　塩崎潤　しおざき・じゅん　政治家,翻訳家(郷土愛媛)
　塩崎勤　しおざき・つとむ　裁判所調査官(現執4期)

塩野谷　しおのや
　塩野谷辰造　しおのや・たつぞう　開拓功労者・酒造家(埼玉人)
　塩野谷九十九　しおのや・つくも　経済学者(日人)
　塩野谷平蔵　しおのや・へいぞう　酪農家(埼玉人)
　塩野谷正幸　しおのや・まさゆき　俳優(テレ)
　塩野谷祐一　しおのや・ゆういち　経済学者(日人)

塩野崎　しおのさき；しおのざき
　塩野崎佳子　しおのさき・よしこ　「聖書を読む」聖母の騎士社(日典3)
　塩野崎宏　しおのざき・ひろし　歌人(短歌)

　塩野崎悦朗　しおのざき・よしろう　活性石研究家(日典3)

[12]塩塚　しおずか；しおつか
　塩塚岩生　しおずか・いわお　中山競馬場調査役(日典)
　塩塚輝男　しおずか・てるお　執筆家,実業家(現執3期)
　塩塚公一　しおつか・こういち　政治家(現政)
　塩塚豊枝　しおつか・とよえ　工芸家(美工)

[13]塩路　しおじ
　塩路一郎　しおじ・いちろう　労働運動家(日人)
　塩路英吉　しおじ・えいきち　産婦人科医(渡航)
　塩路俊夫　しおじ・としお　「電波伝搬と空中線」(国典)
　塩路彦右衛門　しおじ・ひこえもん　政治家(和歌山人)
　塩路博己　しおじ・ひろみ　研究者(現執3期)

塩飽　しあき；しあく；しおあき；しわく
　塩飽得郎　しあき・とくお　元・警察庁関東管区警察局長(日典)
　塩飽茂　しあく・しげる　実業家(郷土長崎)
　塩飽万寿男　しおあき・ますお　「抵抗熔接」熔接ニュース出版局(日典3)
　塩飽幸三　しわく・こうぞう　愛知工業大教授(国典)

【285】　塗

塗　ぬり
　塗明憲　ぬり・あきのり　保険学者(現執2期)

[5]塗矢　ぬりや
　塗矢邦夫　ぬりや・くにお　中学・高校教師(日典3)
　塗矢真弥　ぬりや・まや　ヴァイオリニスト(演奏)

[10]塗師　ぬし；ぬりし
　塗師祥一郎　ぬし・しょういちろう　洋画家,日本芸術院会員(石川百)
　塗師康広　ぬし・やすひろ　俳人(石川文)
　塗師巌　ぬりし・いわお　ビジネス評論家(現執3期)
　塗師幸夫　ぬりし・ゆきお　岐阜大学工学部応用化学科教授(日典3)

塗師岡　ぬしおか
　塗師岡喜八郎　ぬしおか・きはちろう　童話作家,保護司(日典3)
　塗師岡弘次　ぬしおか・ひろつぐ　写真家(写人)

【286】　塘

塘　つつみ；とう；とも
　塘柊風　つつみ・しゅうふう　俳人,画家(奈良文)
　塘雲田　とう・うんでん　日本画家(岡山人)
　塘恒夫　とも・つねお　三井不動産建設相談役(日典)

土部(塘,塀,境,塵,増)

[8]塘林 とうりん；ともばやし
塘林虎五郎 とうりん・とらごろう 社会事業家(人名)
塘林虎五郎 ともばやし・とらごろう 社会事業家(日人)

【287】塙

塙 はなわ；ばん
塙賢三 はなわ・けんぞう 洋画家(日人)
塙作楽 はなわ・さくら 日本史学者(出文)
塙晋 ばん・すすむ 大分県議(社民党)(日典3)
塙六郎 ばん・ろくろう 作曲家(芸能)

[7]塙坂 はねさか
塙坂治郎五郎 はねさか・じろごろう 政治家(現政)

【288】塒

塒 ねぐら
塒佑志郎 ねぐら・ゆうしろう「緑陰樹一歌集」塒佑志郎(JM)

【289】境

[4]境木 さかいぎ
境木康雄 さかいぎ・やすお イラストレーター(日典3)

[5]境田 さかいた；さかいだ；さかえだ
境田昭造 さかいた・しょうぞう 漫画家(現情)
境田昭造 さかいだ・しょうぞう 漫画家(世紀)
境田之助 さかえだ・とらのすけ 地方自治功労者(姓氏岩手)

[11]境野 きょうの；さかいの
境野哲秀 きょうの・てつしゅう「これからの日蓮宗しきたり全書」四季社(日典3)
境野清雄 さかいの・きよお 政治家・実業家(姓氏群馬)
境野黄洋 さかいの・こうよう 仏教学者(日人)

【290】塵

[10]塵悟楼 じんごろう
塵悟楼左刀 じんごろう・さとう 彫刻師,狂歌師(日典)

【291】増

[3]増子 ましこ；ますこ
増子金八 ましこ・きんぱち 水戸藩浪人(日人)
増子忠道 ましこ・ただみち 医師(日人)
増子喜一郎 ますこ・きいちろう 教育家(日人)
増子義久 ますこ・よしひさ 新聞記者(現執4期)

増山 ましやま；ますやま
増山均 ましやま・ひとし 児童福祉学者(現執4期)
増山正修 ましやま・まさなお 大名(日人)
増山顕珠 ますやま・けんじゅ 僧侶(日人)
増山元三郎 ますやま・もとさぶろう 統計学者(コン4)

[4]増戸 ますと；ますど
増戸興助 ますと・こうすけ「彗星特攻隊」光人社(日典3)
増戸てつ子 ますと・てつこ 教育者(山形百)
増戸憲雄 ますど・のりお「新建築材料」有明書房(日典3)

[5]増本 ましもと；ますもと
増本忠一 ましもと・ちゅういち「光井・紺屋浴風土記」光地方史研究会(日典3)
増本健 ますもと・つよし 金属工学者(日人)
増本量 ますもと・はかる 金属物理学者(コン4)

増生 ますお
増生幻樹 ますお・げんじ 俳人(人情)

増田 ました；ましだ；ますた；ますだ；ますだ
増田真紀子 ました・まきこ「外国人部下と仕事をするためのビジネス英語」語研(日典3)
増田鏘太郎 ましだ・しょうたろう 壬生藩士,壬生藩の尊皇攘夷派(栃木歴)
増田達男 ますた・たつお 金沢工業大学工学部建築学科助教授(日典)
増田四郎 ますだ・しろう 歴史学者(日人)
増田水窓 ますだ・すいそう 歌人(大阪文)

[6]増地 ますじ；ますち
増地昭男 ますじ・あきお「経営方針」(国典)
増地徳則 ますじ・とくのり (株)システマーズ代表取締役社長(日典3)
増地昭男 ますち・あきお 中京大学経営学部経営学科教授(日典3)
増地庸治郎 ますち・ようじろう 経営学者(日人)

増成 ますなり
増成一志 ますなり・かずし バレーボール選手・監督(日典3)
増成栗人 ますなり・くりと 俳人(日典)
増成隆士 ますなり・たかし 筑波大学大学院人文社会科学研究科教授(日典3)
増成淡紅子 ますなり・ときこ「花霖」牧羊社(日典3)
増成正哉 ますなり・まさや 医師(群馬人)

[7]増尾 ましお；ますお
増尾富士雄 ましお・ふじお 有機工業化学者(現情)
増尾博 ますお・ひろし ジャズピアニスト(新芸)
増尾房次郎 ますお・ふさじろう 政治家(日人)

増谷 ますたに；ますや
増谷くら ますたに・くら 教育者(日人)
増谷文雄 ますたに・ふみお 宗教学者(日人)

土部（塹,墳,壁） 士部（壬,壱,売） 夂部（冬）

増谷修　ますや・おさむ　今仙電機製作所社長（日典3）
増谷キートン　ますや・きーとん　タレント（日典3）

⁸増茂　ましも；ますも
増茂周蔵　ましも・しゅうぞう　民権運動家,政治家（栃木歴）
増茂和男　ますも・かずお「赤ちゃんは知っている」藤原書店
増茂丁林　ますも・ていりん　教育者（姓氏群馬）

増門　ますかど
増門祥二　ますかど・しょうじ　バイオリニスト（音人3）

⁹増栄　ますえ
増栄一雄　ますえ・かずお　吉本興業監査役（日典3）
増栄諭　ますえ・さとし　人間総合科学大学事務局長,早稲田医療学園理事（日典3）
増栄末松　ますえ・すえまつ　泉州合同労組幹部（社史）
増栄尚志　ますえ・たかし　安治川鉄工常務,川崎重工野球部監督（日典3）

¹¹増淵　ますぶち；まずぶち
増淵健　ますぶち・けん　映画評論家（現執3期）
増淵穣　ますぶち・みのる　教育運動家（コン4）
増淵千保美　まずぶち・ちほみ「児童養護問題の構造とその対策体系」仏教大学,高菅出版（製作発売）（日典3）

増野　ましの；ますの
増野三良　ましの・さぶろう　詩人,翻訳家（現詩）
増野徳民　ましの・とくみん　志士（日人）
増野英作　ますの・えいさく　政治家（現政）
増野助三　ますの・すけぞう　陸軍軍人（海越新）

【292】塹

⁶塹江　ほりえ
塹江清志　ほりえ・きよし　仁愛大学人間学部教授（日典3）
塹江隆　ほりえ・たかし「観光と観光産業の現状」文化書房博文社（日典3）
塹江誠夫　ほりえ・のぶお　数学者（数学）

【293】墳

¹¹墳崎　つかさき；つかざき
墳崎敏之　つかさき・としゆき　産業基盤整備基金専務理事（日典3）
墳崎行雄　つかざき・ゆきお「砂時計」角川書店（日典3）

【294】壁

⁷壁谷　かべたに；かべや
壁谷可六　かべたに・かろく「議院法義解」（JM）

壁谷孝晴　かべたに・たかはる　工業デザイナー（日典3）
壁谷彰慶　かべや・あきよし「君はいま夢を見ていないとどうして言えるのか」春秋社（日典3）
壁谷和彦　かべや・かずひこ「親愛なる君へ」日本図書刊行会（日典3）

壁谷沢　かべやさわ；かべやざわ
壁谷沢寿海　かべやさわ・としみ　東京大学地震研究所教授（日典3）
壁谷沢万里子　かべやさわ・まりこ　元・福島大学教育学部教授（日典）
壁谷沢敦子　かべやざわ・あつこ「間と世界劇場」春秋社（JM）

士部

【295】壬

⁵壬生　みき；みぶ；みぶの
壬生宗次郎　みき・そうじろう「懐古館」日本図書刊行会（日典3）
壬生基修　みぶ・もとなが　尊攘派公家（コン4）
壬生昌延　みぶの・まさのぶ　神職（姓氏神奈川）

【296】壱

⁷壱岐　いき；いちき
壱岐晃才　いき・あきとし　経営学者（世紀）
壱岐晃才　いちき・あきとし　経営学者（マス89）

【297】売

¹²売間　うるま
売間九兵衛　うるま・くへえ　公共事業家（日人）
売間信男　うるま・のぶお　実業家（日人）

夂部

【298】冬

冬　とう；ふゆ
冬流香　とう・りゅうか「慰め」新風舎（JM）
冬敏之　ふゆ・としゆき　小説家（日典）

⁵冬目　とうめ；ふゆめ
冬目景　とうめ・けい　漫画家（漫人）
冬目隆石　ふゆめ・りゅうせき「吾輩は亀である」双葉社（日典3）

⁷冬杜　ふゆもり
冬杜絵巳子　ふゆもり・えみこ　小説家（幻想）

⁸冬門　とうもん
冬門稔弐　とうもん・じんに　映画ライター（幻想）

[11]冬野　とうの；ふゆの
　　冬野さほ　とうの・さほ　「まよなか」ブルース・インターアクションズ（日典3）
　　冬野ひつじ　とうの・ひつじ　「女捜査官催眠調教」キルタイムコミュニケーション（日典3）
　　冬野虹　ふゆの・にじ　俳人,歌人,画家（大阪文）
　　冬野美雪　ふゆの・みゆき　漫画家（漫人）

夂部

【299】夏

夏　なつ
　　夏桂子　なつ・けいこ　女優（映女）
　　夏純子　なつ・じゅんこ　女優（和モ）
　　夏緑　なつ・みどり　小説家,漫画原作者（幻想）
　　夏夕介　なつ・ゆうすけ　俳優（新芸）
　　夏よしみ　なつ・よしみ　漫画家（漫人）

[2]夏乃　かの；なつの
　　夏乃あゆみ　かの・あゆみ　「暁（アカトキ）の闇」マッグガーデン（日典3）
　　夏乃穂足　かつの・ほたる　「終わることのない悲しみを」心交社（日典3）

夏八木　なつやぎ
　　夏八木勲　なつやぎ・いさお　俳優（日映男）

[5]夏生　なつお；なつき
　　夏生灼　なつお・あきら　「マンガ終身旅行者」パンローリング（日典3）
　　夏生ゆうな　なつお・ゆうな　女優（テレ）
　　夏生かれん　なつき・かれん　「恋するポラロイド」雷鳥社（日典3）
　　夏生悠　なつき・ゆう　「何がまちがっていたの」ヘルスワーク協会（日典3）

夏田　なつた；なつだ
　　夏田由美　なつた・ゆみ　バレーボール選手（日典）
　　夏田鐘甲　なつだ・しょうこう　作曲家（作曲）
　　夏田昌和　なつだ・まさかず　作曲家,指揮者（作曲）

[7]夏苅　なつかり；なつがり
　　夏苅一裕　なつかり・かずひろ　「イスタンブールの東では」文芸社（JM）
　　夏苅英昭　なつがり・ひであき　「トップ・ドラグ」化学同人（日典3）
　　夏苅光代　なつがり・みつよ　「無病長寿養生手引草」豊田久美子（日典3）

[8]夏炉庵　かろあん
　　夏炉庵来首　かろあん・らいしゅ　「蛍の飛加理」多太神社実盛之兜保存会（日典3）

[9]夏秋　なかば；なつあき
　　夏秋亀一　なかば・かめいち　「共産主義社会論の解剖」文明協会（日典3）
　　夏秋栄次　なつあき・えいじ　柔道家（佐賀民）
　　夏秋又之助　なつあき・またのすけ　肥前佐賀藩士（幕末）

[10]夏梅　なつうめ
　　夏梅慶三　なつうめ・けいぞう　陶芸家（陶芸最）
　　夏梅誠　なつうめ・まこと　高エネルギー加速器研究機構助手（日典3）
　　夏梅美智子　なつうめ・みちこ　料理研究家（日典）
　　夏梅流石　なつうめ・りゅうせき　「雲の上はいつも青空！」叢文社（日典3）

[11]夏堀　なつほり；なつぼり
　　夏堀悌次郎　なつほり・ていじろう　政治家（青森人）
　　夏堀正元　なつほり・まさもと　小説家（青森人）
　　夏堀源三郎　なつほり・げんざぶろう　政治家（政）
　　夏堀正元　なつほり・まさもと　小説家（日人）

夕部

【300】外

外　そで；そと；ほか
　　外益三　そで・えきぞう　評論家（現執3期）
　　外参星　そと・さんせい　俳人（石川文）
　　外弘志　ほか・ひろし　軍人（姓氏鹿児島）

[3]外丸　とまる
　　外丸市三郎　とまる・いちさぶろう　農業団体役員（群馬人）
　　外丸勝平　とまる・しょうへい　地方自治功労者（群馬人）
　　外丸隆三　とまる・りゅうぞう　実業家（写家）

外口　とぐち
　　外口静葉　とぐち・せいよう　「手紙用語習字帖」春潮社（日典3）
　　外口崇　とぐち・たかし　厚生労働省保険局長（日典3）
　　外口玉子　とぐち・たまこ　政治家（現政）

外山　そでやま；そとやま；とやま
　　外山一也　そでやま・かずや　「愛大日本史」進学研究社（書籍）
　　外山凡平　そとやま・ぼんぺい　映画監督（映人）
　　外山正一　とやま・まさかず　教育者,詩人（コン5）

外川　そとかわ；とかわ；とがわ；とのかわ
　　外川鶴松　そとかわ・つるまつ　政治家（青森人）
　　外川典子　とかわ・のりこ　小学校教師（日典3）
　　外川理一　とがわ・りいち　郷土史研究家（郷土）
　　外川智子　とのかわ・ともこ　（有）オフィスTヒーリングセンター主宰（日典3）

[4]外井　とい
　　外井哲志　とい・さとし　九州大学大学院工学研究院准教授（日典3）
　　外井浩志　とい・ひろし　弁護士（現執4期）

外木　とのき；とのぎ
　　外木典夫　とのき・のりお　早稲田大学教授（日典）

夕部(外)

外木正合　とのき・まさお　カメラマン，陶芸家（日典3）
外木有光　とのぎ・ありみつ　日本大学名誉教授（日典）
外木守雄　とのぎ・もりお「抜歯がうまくなる臨床のポイントQ&A」医歯薬出版（日典3）

外木場　そとこば
外木場義郎　そとこば・よしろう　プロ野球選手（世紀）

[5]外立　はしだて
外立憲治　はしだて・けんじ「完全和訳米国司法試験問題集」第一法規（日典3）
外立とし江　はしだて・としえ「喜納昌吉流れるままに」エイト社（日典3）
外立八重子　はしだて・やえこ「花のいのちは短くて」外立亮一（日典3）

[6]外池　そといけ；といけ；とのいけ
外池茂雄　そといけ・しげお　栃木県青年経営者団体協議会会長（人情）
外池鑑　といけ・かんこ　俳人，医師（大阪文）
外池美都子　とのいけ・みつこ「宿墨」（国典）

外西　ほかにし
外西俊一郎　ほかにし・しゅんいちろう　高校教師（日典3）
外西寿鶴子　ほかにし・すずこ「New基礎調理学」医歯薬出版（日典3）
外西寿彦　ほかにし・ひさひこ　医師（近医）

[7]外尾　そとお；ほかお
外尾悦郎　そとお・えつろう「ガウディの伝言」光文社（日典3）
外尾春雄　そとお・はるお　高山市役所職員（国典）
外尾健一　ほかお・けんいち　労働法学者（世紀）
外尾善次郎　ほかお・ぜんじろう　東京大学工学部資源開発工学科教授（日典3）

外村　そとむら；とのむら；とむら；ほかむら
外村史郎　そとむら・しろう　ロシア文学者（日人）
外村繁　とのむら・しげる　小説家（コン4）
外村光陽　とむら・こうよう「正史 仲哀天皇」（国典）
外村亀吉　ほかむら・かめきち　泉熱園芸発展の功労者（姓氏鹿児島）

外町　そとまち
外町絓　そとまち・しけ「愛犬チューリップと共に」（国典）

外苅　とがり
外苅晴彦　とがり・はるひこ　東大教授（国典）

[8]外岡　そとおか；とのおか
外岡和雄　そとおか・かずお「最新パンの作り方」食と生活社（日典3）
外岡秀俊　そとおか・ひでとし　朝日新聞ヨーロッパ総局長（現執4期）
外岡慶之助　とのおか・けいのすけ　数学者（数学）
外岡茂十郎　とのおか・もじゅうろう　法学者，野球指導者（日人）

外松　そとまつ；とまつ
外松茂太郎　そとまつ・しげたろう　京都府医大教授（国典）
外松太恵子　そとまつ・たえこ　カウンセラー（日典3）
外松信彦　とまつ・のぶひこ　陶芸家（陶芸最）
外松孫太郎　とまつ・まごたろう　陸軍軍人（日人）

外林　そとばやし
外林武　そとばやし・たけし　新潟大学名誉教授（日典3）
外林大作　そとばやし・だいさく　心理学者（心理）
外林秀人　そとばやし・ひでと　ベルリン工科大学非常勤教授（日典3）
外林秀紀　そとばやし・ひでのり「歯科学生のための内科学」南江堂（日典3）

外波　となみ；とば
外波内蔵吉　となみ・くらきち　軍人（陸海）
外波志満　となみ・しま　器楽合奏指導者（群馬人）
外波内蔵吉　とば・くらきち　軍人（渡航）

外波山　とばやま
外波山文明　とばやま・ぶんめい　俳優（和モ）

[9]外垣　そとがき
外垣幹二　そとがき・かんじ「楽典」（国典）
外垣豊重　そとがき・とよしげ　国立国会図書館司書監（日典3）

外海　そとみ；とのがい
外海忠吉　そとみ・ちゅうきち　ニット工業組合理事長（日典3）
外海鋲次郎　そとみ・てつじろう　実業家（日人）
外海良基　とのがい・よしき「Judge」スクウェア・エニックス（日典3）

外狩　とがり
外狩章夫　とがり・あきお「図説『ジョウゼフ・コンラッド』」ミュージアム図書（発売）（日典3）
外狩素心庵　とがり・そしんあん　美術評論家（日人）
外狩伸一　とがり・なかいち　ピアニスト（新芸）

[10]外島　そとじま；としま；とじま
外島英二　そとじま・えいじ　高松高裁長官（日典）
外島健吉　としま・けんきち　神戸製鋼所相談役・元社長・元会長（日典3）
外島瀏　とじま・ふかし　神職（神人）

[11]外崎　そとざき；とざき；とのさき；とざき
外崎光広　そとざき・みつひろ　自由民権運動研究家（現執3期）
外崎恵美子　とざき・えみこ　女優（芸能）
外崎嘉七　とのさき・かしち　果樹栽培家（日人）
外崎長三郎　とざき・ちょうさぶろう　組藤坂漁業組合組合長（青森人）

外野村　とのむら
外野村晋　とのむら・しん　俳優（新芸）

[12]外塚　とずか；とつか；とのずか；とのつか
　外塚寅蔵　とずか・とらぞう「山河―短歌・俳句集」(JM)
　外塚功　とつか・いさお　弁護士(日典3)
　外塚杜詩浦　とのずか・としお　歌人(日典3)
　外塚喬　とのつか・たかし　歌人(現執4期)

外間　そとま；ほかま
　外間隆史　そとま・たかふみ　編曲家, 音楽プロデューサー(日典3)
　外間雅広　そとま・まさひろ　長崎県議(自民党, 佐世保市・北松浦郡)
　外間守善　ほかま・しゅぜん　国語学者(日人)
　外間政彰　ほかま・せいしょう　沖縄県職員・沖縄戦記録フィルム1フィート運動初代事務局長(平和)

[13]外園　そとぞの；ほかぞの
　外園千恵　そとぞの・ちえ「角膜疾患外来でこう診てこう治せ」メジカルビュー社(日典3)
　外園一人　ほかぞの・かずと「新・現代養生訓」晃洋書房(日典3)
　外園昌也　ほかぞの・まさや　漫画家(漫人)

[16]外薗　ほかぞの
　外薗勝蔵　ほかぞの・かつぞう　鹿児島県議(自民党, 薩摩川内市)(日典3)
　外薗健一朗　ほかぞの・けんいちろう　空将(日典3)
　外薗幸一　ほかぞの・こういち　倫理学者(現執2期)
　外薗夏盛　ほかぞの・なつもり「歩」ジャブラン(日典3)
　外薗昌也　ほかぞの・まさや　漫画家(幻想)

外館　そとだて；とだて
　外館愛山　そとだて・あいざん　政治家(姓氏岩手)
　外館和子　とだて・かずこ「バーナード・リーチ再考」思文閣出版(日典3)

【301】 多

多　おおの；た
　多忠朝　おおの・ただとも　雅楽師, 作曲家(日人)
　多忠麿　おおの・ただまろ　雅楽師(日人)
　多五獄苦　た・ごさく「なんもねぇなんもなか―津軽博多方言 詩・川柳集」花書院(JM)

多々　ただ
　多々静夫　ただ・しずお　富山大学名誉教授(日典3)
　多々静昌　ただ・せいじ「物理教材とその指導 第1」(国educ)

多々良　たたら；ただら
　多々良孝平　たたら・こうへい　船宿主(コン4)
　多々良純　たたら・じゅん　俳優(新芸)
　多々良孝平　ただら・こうへい　船宿主(全書)
　多々良陽一　ただら・よういち「機構学」共立出版(JM)

多ケ谷　たがや
　多ケ谷勇　たがや・いさむ　医師(近医)
　多ケ谷有子　たがや・ゆうこ「オスカル・ロメロ」聖公会出版(日典3)

多々納　たたの；ただの
　多々納クニノ　たたの・くにの　政治家(島根歴)
　多々納忠一　たたの・ちゅういち　政治家(島根歴)
　多々納みわ子　ただの・みわこ　バレリーナ(日人)

多々羅　たたら
　多々羅杏隠　たたら・きょういん　種痘医(愛媛百)
　多々羅四郎　たたら・しろう　小説家(ミス)
　多々羅文雅　たたら・ぶんが　僧(日人)
　多々羅義雄　たたら・よしお　洋画家(日典3)

[3]多久和　たくわ
　多久和朱実　たくわ・あけみ「信徒伝道者ハウゲの生涯」いのちのことば社(日典3)
　多久和儀之助　たくわ・ぎのすけ　佐賀県商工会連合会副会長, 佐賀県商工政治連盟会長, 多久市商工会会長(日典3)
　多久和三郎　たくわ・さぶろう「虚竜時代」蜘蛛出版社(日典3)
　多久和新爾　たくわ・しんじ　英米文学者(現執2期)
　多久和長次郎　たくわ・ちょうじろう　剣道教士(島根人)

多久島　たくしま
　多久島耕治　たくしま・こうじ　弁護士(日典3)
　多久島達基　たくしま・たつもと　プラス仙台支店長(日典3)
　多久島利之　たくしま・としゆき　能楽師(能狂言)
　多久島美佐子　たくしま・みさこ　手話指導員(日典3)
　多久島利吉　たくしま・りきち　能楽師シテ方(日人)

多川　たかわ；たがわ
　多川仲之丞　たかわ・なかのじょう「蝦夷地エトロフより風土見聞之巻」ファン手帳社(日典3)
　多川潔　たがわ・きよし「北千島の海に生きる人々」美成社(日典3)
　多川茂雄　たがわ・しげお「多川家十三代」北国新聞社(日典3)

[4]多井　おおい；たい
　多井隆晴　おおい・たかはる「最速最強麻雀多井隆晴の最新麻雀戦術」毎日コミュニケーションズ(日典3)
　多井一雄　たい・かずお　武蔵工業大学工学部教育研究センター教授(日典3)
　多井清人　たい・きよひと　社会人野球選手(日典3)

多戸　たこ；たど
　多戸雅之　たこ・まさゆき　小説家(YA)
　多戸幾久三　たど・いくみつ　テューバ奏者, 指揮者(演奏)

多木　おおき；たき
- 多木たま子　おおき・たまこ　出版人（女性普）
- 多木久米次郎　たき・くめじろう　実業家, 政治家（日人）
- 多木浩二　たき・こうじ　評論家（世紀）

多比良　たいら；たひら
- 多比良勇　たいら・いさむ　元・京王帝都電鉄副社長（日典）
- 多比良和誠　たいら・かずなり　東京大学大学院工学系研究科教授（日典）
- 多比良桂子　たひら・けいこ　「押花アート」ケイ・フラワーデザインサークル（日典）
- 多比良敏雄　たひら・としお　建築家（日典）

多比羅　たひら
- 多比羅悟　たひら・さとる　インターネット・コンサルタント（日典）
- 多比羅孝　たひら・たかし　コピーライター（日典）
- 多比羅誠　たひら・まこと　弁護士（現執3期）
- 多比羅真理子　たひら・まりこ　「エリザベス・ギャスケル」開文社出版（日典）

多毛津　たもつ
- 多毛津忠蔵　たもつ・ちゅうぞう　洋画家（洋画）

⁵多田　おおた；ただ；ただの
- 多田愛佳　おおた・あいか　タレント, 歌手（日典3）
- 多田智満子　ただ・ちまこ　詩人, エッセイスト（日人）
- 多田阿呆　ただの・あほう　「いろは悪態辞典」文芸社（JM）

多田井　たたい
- 多田井貞子　たたい・さだこ　小学校教員（社史）
- 多田井幸視　たたい・ゆきみ　「住まいと民俗」岩田書院（日典3）
- 多田井吉生　たたい・よしお　日本総合研究所参与（日典3）

多田羅　たたら
- 多田羅昌　たたら・あきら　獣医（日典3）
- 多田羅勝義　たたら・かつのり　「EndNote Plus 活用マニュアル」ビー・エヌ・エヌ（日典3）
- 多田羅浩三　たたら・こうぞう　「健康科学」放送大学教育振興会（日典3）
- 多田羅隆文　たたら・たかふみ　京都ハンナリーズ球団社長（日典3）
- 多田羅迪夫　たたら・みちお　バス歌手, バリトン歌手（音人）

多辺　たべ
- 多辺由佳　たべ・ゆか　工業技術院電子技術総合研究所（日典3）
- 多辺夕起子　たべ・ゆきこ　「保育所健康管理」川島書店（日典3）

多辺田　たべた
- 多辺田政弘　たべた・まさひろ　経済学者（現執3期）

⁷多芸　たげ；たげい
- 多芸誠輔　たげ・まさすけ　勧農寮工職方（海越新）
- 多芸正之　たげい・まさゆき　牧師（日典）

多谷　たたに；たや
- 多谷郁恵　たたに・いくえ　バドミントン選手（日典3）
- 多谷真童　たたに・しんどう　「和洋お菓子の作り方」国և（国典）
- 多谷千香子　たや・ちかこ　法政大学法学部国際政治学科教授（日典3）
- 多谷虎男　たや・とらお　東北大学名誉教授（日典3）

⁸多並　たなみ
- 多並鹿造　たなみ・しかぞう　社会運動家（アナ）

多和田　たわた；たわだ
- 多和田えみ　たわた・えみ　歌手（日典3）
- 多和田すみ　たわた・すみ　琉球筝曲演奏者（芸能）
- 多和田真淳　たわだ・しんじゅん　教育者（日人）
- 多和田葉子　たわだ・ようこ　小説家（日人）

多奈木　たなぎ
- 多奈木照雄　たなぎ・てるお　無産人社メンバー（社史）

多治川　たじかわ；たちかわ
- 多治川二郎　たじかわ・じろう　「ダンテの椅子」澪標（日典）
- 多治川卓朗　たちかわ・たくろう　「ドイツ社会法の構造と展開」日本評論社（日典3）

⁹多祢　たね
- 多祢雅夫　たね・まさお　詩人, 産婦人科医（兵庫）

多紀　たき
- 多紀元琰　たき・げんえん　幕臣・医者（国書）
- 多紀仁之助　たき・じんのすけ　漢学者（和歌山人）
- 多紀道忍　たき・どうにん　僧侶（天台宗）, 仏教音楽研究家（日人）
- 多紀治子　たき・はるこ　歌人（紀伊文）
- 多紀はると　たき・はると　童話作家, シナリオライター（児人）

多胡　たこ；たご
- 多胡羊歯　たこ・ようし　童謡詩人, 校長（日児）
- 多胡実敏　たご・みつとし　渡航者（渡航）
- 多胡羊歯　たご・ようし　童謡詩人（現詩）

¹⁰多納　たのう
- 多納栄一郎　たのう・えいいちろう　渡航者（渡航）
- 多納莦雨　たのう・こうう　島根県川柳協会常任理事（島根歴）
- 多納光儀　たのう・みつよし　眼科医（眼科）

¹²多喜　たき
- 多喜恒斎　たき・こうさい　伊勢津藩士, 教育者（三重）
- 多喜寛　たき・ひろし　国際私法学者（現執2期）
- 多喜弘次　たき・ひろつぐ　関西大学社会学部教授（日典3）
- 多喜ひろみ　たき・ひろみ　「ハッピーアイランドの本」ボーダーインク（日典3）
- 多喜百合子　たき・ゆりこ　詩人（平和）

多湖　たこ；たご
　多湖実輝　たこ・さねてる　植物学者(植物)
　多湖隆司　たこ・たかし　カネボウ合繊会長(日典3)
　多湖輝　たご・あきら　心理学者(日人)
　多湖実夫　たこ・じつお　政治家(山梨百)
多賀谷　たがや
　多賀谷家知　たがや・いえさと　出羽秋田藩桧山城代(幕末)
　多賀谷伊徳　たがや・いとく　洋画家,版画家(日人)
　多賀谷一照　たがや・かずてる　公法学者(現執4期)
　多賀谷真稔　たがや・しんねん　政治家(日人)
　多賀谷充　たがや・みつる　官僚(現執4期)
多賀須　たかす
　多賀須勝丸　たかす・かつまる　医師(姓氏静岡)
　多賀須幸男　たかす・さちお　関東逓信病院消化器内科部長(国典)
　多賀須節子　たかす・せつこ　藤枝南女子高校校長・同附属幼稚園園長(日典3)
[13]多勢　たせ
　多勢亀五郎　たせ・かめごろう　政治家(山形百)
　多勢尚一郎　たせ・しょういちろう　「愛のトロフィー」日本テレビ放送網(日典3)
　多勢真理　たせ・まり　翻訳家(児人)
　多勢三枝子　たせ・みえこ　ユネスコ・アジア文化センター図書開発部係長(日典3)
　多勢康夫　たせ・やすお　読売新聞社社友(日典3)
[14]多嘉良　たから
　多嘉良嘉善　たから・かぜん　赤琉会メンバー(社史)
　多嘉良カナ　たから・かな　民謡歌手,女優(新芸)
　多嘉良朝成　たから・ちょうせい　俳優,音楽家(声楽)(新芸)
[15]多蔵　おおくら
　多蔵堪　おおくら・かん　県立長野盲学校(国典)
[19]多羅尾　たらお
　多羅尾和郎　たらお・かずお　「C型慢性肝疾患への"オーダーメイド"抗炎症療法のすすめ」メディカルレビュー社(日典3)
　多羅尾健一　たらお・けんいち　相互印刷会長(日典3)
　多羅尾純門　たらお・ひろかど　国学者(三重)
　多羅尾雅治　たらお・まさはる　製剤業者(社史)
　多羅尾わさ子　たらお・わさこ　広島藩士多羅尾進の妻(女性普)

【302】夜

[3]夜久　やく
　夜久健一　やく・けんいち　「適応的QoS制御のための主観動画品質評価実験」エイ・ティ・アール環境適応通信研究所(日典3)
　夜久勉　やく・つとむ　出版人(出文)
　夜久仁　やく・ひとし　官僚(現執3期)

夕部(夜,夢)　大部(大)

　夜久弘　やく・ひろし　スポーツライター,漫画編集者(現執3期)
　夜久正雄　やく・まさお　日本文学者(現執2期)

【303】夢

夢　む；ゆめ
　夢迷人　む・めいじん　「夢迷人のいまどき川柳毒本—川柳・駄洒落・標語」1 枻出版社(JM)
　夢一ペン冬　ゆめ・いっぺんとう　「美！アンビシャス」明想舎,個人書店銀座店(製作)(日典3)
　夢虹二　ゆめ・こうじ　作詞家(児人)
[4]夢月　むずき；ゆめつき
　夢月カンナ　むずき・かんな　「ちょっと大きなひとりごと」新風舎(JM)
　夢月みどり　ゆめつき・みどり　写真家(日典)
[11]夢野　むの；ゆめの
　夢野遙　むの・はるか　小説家(日典3)
　夢野久作　ゆめの・きゅうさく　小説家(コン5)
　夢野れい　ゆめの・れい　漫画家,イラストレーター(兵庫文)
[18]夢藤　むとう
　夢藤哲彦　むとう・てつひこ　ピアニスト(音人3)

大部

【304】大

大　だい
　大和代　だい・かずよ　「ボディシェイプ・バレエ」日東書院(日典3)
　大京子　だい・きょうこ　白百合女子大学学長(日典3)
大ケ瀬　おおがせ
　大ケ瀬邦生　おおがせ・くにお　作曲家(作曲)
[2]大刀　だいとう
　大刀豊　だいとう・ゆたか　札幌副都心開発会社副社長(人情)
大刀川　たちかわ
　大刀川幸夫　たちかわ・ゆきお　森尾電機社長(人情)
大力　だいりき
　大力隆司　だいりき・たかし　公庫役員(現執2期)
[3]大下　おおした；おおしも
　大下宇陀児　おおした・うだる　小説家(コン4)
　大下藤次郎　おおした・とうじろう　洋画家(コン5)
　大下角一　おおしも・かくいち　牧師,新学者(日人)
　大下尚一　おおしも・しょういち　アメリカ史学者(現執3期)

大下倉　たかくら
　大下倉志信　たかくら・しのぶ　タカラブネ取締役（紳士）

大三島　おおみしま；おみしま
　大三島義孝　おおみしま・よしたか「橘中の楽しみ」キリスト新聞社（日典3）
　大三島正和　おおみしま・まさかず「誰も書かなかった武州」日本図書刊行会（日典3）

大上　おおうえ；おおかみ；おおがみ
　大上千代　おおうえ・ちよ　婦人運動家（女性普）
　大上司　おおかみ・つかさ　政治家（政治）
　大上末広　おおがみ・すえひろ　経済学者（コン）

大丸　おおまる；だいまる
　大丸智夫　おおまる・ともお　コニシ社長（日典3）
　大丸幸　おおまる・みゆき　北九州市保健福祉局生涯福祉センター所長（日典3）
　大丸民之助　だいまる・たみのすけ　寄席太神楽師（芸能）
　大丸弘　だいまる・ひろし　民族学者（現執3期）

大久間　おおくま
　大久間喜一郎　おおくま・きいちろう　日本上代文学・近世歌謡研究者（現執4期）

大口　おおくち；おおぐち
　大口昭英　おおくち・あきひで「臨床研究と論文作成のコツ」東京医学社（日典3）
　大口兼悟　おおくち・けんご　俳優（日典3）
　大口喜六　おおぐち・きろく　政治家, 経営者（日人）
　大口鯛二　おおぐち・たいじ　歌人（日人）

大土　おおつち；おおど
　大土一郎　おおつち・いちろう　元三井造船取締役（日典）
　大土外男　おおつち・そとお　テレビ金沢常務（日典）
　大土かず子　おおど・かずこ「「伝え合う力」を育てる指導細案」明治図書出版（日典3）

大土井　おおどい
　大土井貞夫　おおどい・さだお　大阪メディアポート社長, アステル関西取締役（日典3）
　大土井瑞江　おおどい・みずえ　川柳作家（石川文）
　大土井裕二　おおどい・ゆうじ　俳優、ミュージシャン（テレ）

大川内　おおかわうち；おおかわち；おおこうち
　大川内隆朗　おおかわうち・たかあき「かんたんC言語」技術評論社（日典3）
　大川内洋主　おおかわち・ひろし「実説・遠山の金さん一名町奉行遠山左衛門尉景元の生涯」近代文芸社（JM）
　大川内弘　おおこうち・ひろし　バイオリニスト（音人3）

大川原　おおかわはら；おおかわら；おおがわら
　大川原孝男　おおかわはら・ゆきお　元・大学野球監督（日典）

大川原篤史　おおかわら・あつし　コメディアン（テレ）
大川原正幸　おおがわら・まさゆき　（株）インテルノスジャパン社長（日典）

大工　おおぐ；だいく
　大工昭三郎　おおぐ・しょうざぶろう「資産税の取扱いと申告の手引」納税協会連合会（JM）
　大工哲弘　だいく・てつひろ　八重山民謡三線演奏者（芸能）
　大工美与　だいく・みよ「春の夜」詩遊社（日典3）

大工原　だいくはら；だいくばら
　大工原章　だいくはら・あきら　アニメーション作家, イラストレーター（映人）
　大工原銀太郎　だいくはら・ぎんたろう　農学者（コン）
　大工原亮　だいくばら・あきら　グンゼ産業社長（日典3）
　大工原銀太郎　だいくばら・ぎんたろう　農芸化学者（日人）

⁴大中　おおなか
　大中祥生　おおなか・しょうせい　俳人（俳文）
　大中寅二　おおなか・とらじ　作曲家（コン4）
　大中肇　おおなか・はじめ　建築家（姓氏愛知）
　大中正元　おおなか・まさもと　実業家（青森人）
　大中恩　おおなか・めぐみ　作曲家（コン4）

大之木　おおのき；おおのぎ
　大之木一雄　おおのき・かずお　大之木建設会長（日典3）
　大之木精二　おおのき・せいじ　大之木ダイモ副社長, 広島県教育委員（日典3）
　大之木幸雄　おおのぎ・ゆきお　大之木ダイモ取締役相談役（日典）

大井上　おおいのうえ
　大井上前雄　おおいのうえ・ちかお　工学者（渡航）
　大井上輝前　おおいのうえ・てるさき　官吏（北海道歴）
　大井上輝前　おおいのうえ・てるちか　官吏（日人）
　大井上博　おおいのうえ・ひろし　機械工学者（現情）
　大井上康　おおいのうえ・やすし　園芸家（日人）

大仏　おおさらぎ；おさらぎ
　大仏無角　おおさらぎ・むかく　替人（人名）
　大仏次郎　おさらぎ・じろう　小説家（コン4）
　大仏俊泰　おさらぎ・としひろ「建築計画学入門」数理工学社, サイエンス社（発売）（日典3）

大元　おおもと；たいげん
　大元輝一　おおもと・きいち　社会運動家（アナ）
　大元清二郎　おおもと・せいじろう　日本プロレタリア作家同盟大阪支部メンバー（現詩）
　大元よしき　たいげん・よしき「命のバトン」ウェッジ（日典3）

大戸　おおえ；おおと；おおど；ねぎ
　大戸道雄　おおえ・みちひこ「共通一次突破問題集 世界史」清水書院（書籍）
　大戸復三郎　おおと・ふくさぶろう　法律家・政治家（岡山歴）

大戸
大戸甚太郎　おおど・じんたろう　社会事業家（姓氏群馬）
大戸隆信　ねぎ・たかのぶ　総務省統計センター所長（日典）

大方　おおかた；おおがた
大方勝男　おおかた・かつお　広島大学大学院理学研究科教授（日典3）
大方斐紗子　おおかた・ひさこ　女優（テレ）
大方保　おおかた・たもつ　ジャパンタイムズ取締役編集局長（日典3）
大方春一　おおがた・はるいち　政治家（現政）

大日　おおくさ；おおぐさ；おおひ
大日康史　おおくさ・やすし　大阪市立大学経済学部経済学科助教授（日典）
大日嘉三　おおぐさ・よしぞう　「銀行の経営計画」（国典）
大日招平　おおひ・しょうへい　「田舎暮らしをさっさとやろう＋α」自由国民社（日典3）

大日方　おおひがた；おおひなた；おびがた；おびかた；おひなた；おびなた
大日方晴子　おおひがた・はるこ　「地理が好きになる新しい世界の学習3」帝国書院（JM）
大日方盛平　おおひなた・もりへい　印刷工，労働運動家（アナ）
大日方伝　おおひなた・でん　映画俳優（俳優）
大日方金太郎　おびかた・きんたろう　元日本甜菜製糖専務（日典）
大日方盛平　おひなた・もりへい　印刷工，労働運動家（社史）
大日方伝　おびなた・でん　俳優（日人）

大日向　おおひなた；おびなた
大日向葵　おおひなた・あおい　小説家（京都文）
大日向作太郎　おおひなた・さくたろう　政治家（日人）
大日向一繁　おびなた・かずしげ　八坂村（長野県）村長（日典3）

大木　おおき；おおぎ
大木喬任　おおき・たかとう　肥前佐賀藩士，政治家（コン4）
大木実　おおき・みのる　詩人（コン4）
大木俊明　おおぎ・としあき　ガーデンデザイナー（日典3）
大木春雄　おおぎ・はるお　「里山に育む」日本経済評論社（日典3）

大氏　おうじ；おおうじ
大氏正嗣　おうじ・まさし　建築家（日典3）
大氏正己　おおうじ・まさみ　生物学者（島根歴）

⁵大代　おおしろ
大代あき　おおしろ・あき　熊本県鹿本郡植木町立田底中学校教諭（日典3）
大代啓二　おおしろ・けいじ　フルート奏者（音人3）
大代タカラ　おおしろ・たから　「鋼鉄三国志」コナミデジタルエンタテインメント（日典3）
大代寅次郎　おおしろ・とらじろう　「水絵にのこす山鹿」熊本日日新聞社（日典3）

大出　おおいで；おおで
大出俊　おおいで・しゅん　政治家（日人）
大出東皐　おおいで・とうこう　日本画家（日人）
大出直三郎　おおで・なおさぶろう　民謡歌手（新芸）
大出弥右衛門　おおで・やえもん　政治家（和歌山人）

大北　おおきた；おおぎた
大北作次郎　おおきた・さくじろう　政治家（日人）
大北威　おおきた・たけし　医師，社会運動家（近医）
大北秀雄　おおぎた・ひでお　「ケアプラン読本」人間社（日典3）

大古　おおこ；おおふる；たいこ
大古誠司　おおこ・せいじ　バレーボール選手，指導者（日人）
大古尅己　おおふる・かつみ　挿絵画家（児人）
大古幸子　たいこ・さちこ　「雪の色が白いのは」三修社（日典3）

大古田　おおこだ；おこだ
大古田こう　おおこだ・こう　「さるおとし」石川書房（日典3）
大古田艶子　おおこだ・つやこ　洋画家（洋画）
大古田久太郎　おこだ・きゅうたろう　陶芸家（陶芸最）

大平　おおだいら；おおひら；たいへい
大平小洲　おおだいら・しょうしゅう　日本画家（日画）
大平正芳　おおひら・まさよし　政治家（コン4）
大平サブロー　たいへい・さぶろー　タレント（日典3）

大本　おおもと
大本圭野　おおもと・けいの　社会保障研究者（現執4期）
大本百松　おおもと・ひゃくまつ　実業家（日人）

大玉　おおたま；おおだま
大玉一実　おおたま・かずみ　「集団学習による授業の充実」黎明書房（日典3）
大玉文子　おおだま・ふみこ　「風花」本阿弥書店（日典3）
大玉正光　おおだま・まさみつ　下川町（北海道）開発振興室室長（日典）

大生　おおぶ
大生定　おおぶ・さだむ　札幌鉄道病院長（人情）
大生定義　おおぶ・さだよし　立教大学社会学部教授（日典3）
大生二郎　おおぶ・じろう　「How to Learn and How to Live」松柏社（日典3）
大生壇城　おおぶ・だんじょう　陸軍少将（日典）

大田　おおた；だいた；だいだ
大田洋子　おおた・ようこ　小説家（コン4）
大田信一　だいた・しんいち　政治家（和歌山人）
大田緑　だいだ・みどり　「XPエクストリーム・プログラミングウェブ開発編」ピアソン・エデュケーション（日典3）

大田原　おおたはら；おおたわら
大田原一祥　おおたはら・かずよし　医師（近医）

大部(大)

大田原豊一　おおたはら・とよいち　衛生学者・医学博士（岡山歴）
大田原一清　おおたわら・かずきよ　大名，華族（日人）

大田黒　おおたぐろ
大田黒猪一郎　おおたぐろ・いいちろう　ミドリ十字常務（日典3）
大田黒惟信　おおたぐろ・これのぶ　肥後熊本藩士（幕末）
大田黒重五郎　おおたぐろ・じゅうごろう　実業家（日人）
大田黒伴雄　おおたぐろ・ともお　志士，神官（コン4）
大田黒元雄　おおたぐろ・もとお　音楽評論家（コン4）

大由　だいよし
大由彰　だいよし・あきら　ジャズマン（ジヤ）
大由鬼山　だいよし・きざん　尺八奏者（日典3）

大矢知　おおやち
大矢知栄蔵　おおやち・えいぞう　大阪変圧器常務，九州変圧器社長（日典3）
大矢知四郎　おおやち・しろう　中日電光ニュース社取締役（日典3）
大矢知順子　おおやち・じゅんこ　「揚ひばり」角川書店（日典3）
大矢知昇　おおやち・のぼる　実業家（現情）
大矢知浩司　おおやち・ひろし　監査研究者，コンピュータ・システム研究者（現執3期）

大石凝　おおいしごり
大石凝真素美　おおいしごり・ますみ　皇国学者（神史）

大石礙　おおいしごり
大石礙真素美　おおいしごり・ますみ　皇国学者

大礼　おうれい；おおれい；たいれい
大礼重信　おうれい・しげのぶ　「私のたからもの」友月書房（日典3）
大礼剛　おおれい・たけし　ミズノ商品開発部（日典）
大礼阿以子　たいれい・あいこ　「野の虹―句集」（JM）

大立目　おおだちめ；おおたつめ；おおだつめ
大立目重虎　おおだちめ・しげとら　通訳官（渡航）
大立目謙一郎　おおたつめ・けんいちろう　地質学者（日人）
大立目謙吾　おおだつめ・けんご　仙台藩士（姓氏宮城）

6大亦　おおまた
大亦観風　おおまた・かんぷう　日本画家（和歌山人）
大亦九一郎　おおまた・くいちろう　政治家（和歌山人）
大亦楠太郎　おおまた・くすたろう　新聞記者（社史）
大亦正次郎　おおまた・しょうじろう　大阪府立大学名誉教授（日典3）
大亦墨亭　おおまた・ぼくてい　日本画家（美家）

大向　おおむかい
大向一輝　おおむかい・いっき　「セマンティックWebプログラミング」オライリー・ジャパン，オーム社（発売）（日典3）
大向信平　おおむかい・しんぺい　「農業にとって土とは何か」（国典）
大向紀男　おおむかい・としお　日本レース副社長（日典3）
大向美咲　おおむかい・みさき　海女（日典3）
大向貢　おおむかい・みつぐ　政治家（現政）

大同　だいどう
大同啓五　だいどう・けいご「子どもの自立と同和教育」部落問題研究所（日典3）
大同耕太郎　だいどう・こうたろう　小説家（日典3）
大同務　だいどう・つとむ　（株）大同社長（日典3）
大同博　だいどう・ひろし「生涯教育への歩み」文理（日典3）
大同淳之　だいどう・よしゆき　大阪府立商専教授（国典）

大地　おおち；だいち
大地泰仁　おおち・やすひと　俳優（テレ）
大地真央　だいち・まお　女優（日人）

大地原　おおじはら
大地原誠玄　おおじはら・じょうげん「スシュルタ本集」（国典）
大地原豊　おおじはら・ゆたか　京都大学名誉教授（日典3）

大地堂　だいちどう
大地堂良助　だいちどう・りょうすけ「変貌で知るピカソ」（国典）

大多和　おおたわ
大多和明彦　おおたわ・あきひこ「日本文化の基調」文化書房博文社（日典3）
大多和音吉　おおたわ・おときち　教育家（学校）
大多和新輔　おおたわ・しんすけ　軍人（日人）
大多和タカ　おおたわ・たか　教育家（学校）
大多和平一　おおたわ・へいいち　弓道家，弓道錬士（弓道）

大安　たいあん；だいやす
大安ケイコ　たいあん・けいこ「あなたも彼も幸せになれるhappy婚メソッド」あさ出版（日典3）
大安隆　だいやす・たかし「芭蕉大和路」和泉書院（日典3）
大安裕美　だいやす・ひろみ「分子系統学への統計的アプローチ」共立出版（日典3）

大守　おおもり
大守峨山　おおもり・がざん　画家（岡山歴）
大守潤二　おおもり・じゅんじ　鉄道省雇（社史）
大守崇男　おおもり・たかお　指揮者（音人3）
大守隆　おおもり・たかし　官僚，日本経済学者（現執4期）
大守麟児　おおもり・りんじ　弓道家，弓道教士（弓道）

大宅　おおや；おおやけ
大宅壮一　おおや・そういち　評論家（コン4）

大宅伊典　おおやけ・これのり　山根短資顧問・元専務（日典）

大寺　おおてら；おおでら
大寺喜久子　おおてら・きくこ　俳人（石川文）
大寺安純　おおてら・やすずみ　陸軍軍人，第一師団参謀長（コン5）
大寺明　おおでら・あきら　「生涯現役で働ける仕事が見つかる本」洋泉社（日典3）
大寺安純　おおでら・やすずみ　陸軍軍人，第一師団参謀長（日人）

大成　おおなり；おおなる；たいじょう
大成正雄　おおなり・まさお　政治家（埼玉人）
大成経凡　おおなる・つねひろ　郷土史家（日典）
大成寿也　たいじょう・ひさや　「ネクストステージ」Tao-Japan Publications（日典3）

大気　おおき
大気弘久　おおき・ひろひさ　政治家（現政）

大江田　おおえだ
大江田清志　おおえだ・きよし　経営コンサルタント（日典3）
大江田博導　おおえだ・はくどう　僧侶（日典3）
大江田博璘　おおえだ・はくりん　僧（姓氏宮城）
大江田信　おおえだ・まこと　ハイファイ・レコード・ストア店長（日典3）
大江田貢　おおえだ・みつぐ　児童詩研究者（児）

大牟田　おおむた；おおむだ
大牟田章　おおむた・あきら　金沢大学文学部助教授（日典3）
大牟田稔　おおむた・みのる　ジャーナリスト（平和）
大牟田雄三　おおむだ・ゆうぞう　「ウソツキクラブ短信」講談社（日典3）

大牟羅　おおむら
大牟羅良　おおむら・りょう　作家，農村問題研究家（日人）

大羽　おおば
大羽彩加　おおば・あやか　「じんけん」愛知人権ファンクション委員会（日典3）
大羽綾子　おおば・あやこ　婦人労働研究者（現執3期）
大羽至　おおば・いたる　東海漬物製造社長，全日本漬物協同組合連合会長（日典3）
大羽蓁　おおば・しげる　心理学者（現執1期）
大羽洋子　おおば・ようこ　ピアニスト（演奏）

大舛　おおます
大舛敏彦　おおます・としひこ　沖縄県教育庁中頭教育事務所指導主事（日典3）
大舛松市　おおます・まついち　軍人（日人）

大行　おおなめ
大行慶雄　おおなめ・よしお　専修大学教授（日典）

大西　おおにぎし；おおにし；だいさい
大西威尊　おおにぎし・あらばや　「叡智の煌照―人類の滅亡を救う哲学ノストラダムスの予言に応えて」中央通信社（JM）
大西祝　おおにし・はじめ　哲学者，教員（コン5）

大西又裕　だいさい・またひろ　国税庁広島国税局長（日典）

7大串　おおくし；おおぐし
大串亜由美　おおくし・あゆみ　「"いい人"すぎて損をしてしまう人の怒る技術」大和出版（日典3）
大串一稔　おおくし・かずとし　「六経弁証提要」たにぐち書店（日典3）
大串章　おおぐし・あきら　俳人（現俳）
大串隆吉　おおぐし・りゅうきち　社会教育専門家（現執4期）

大佐　おおさ；たいさ
大佐肇　おおさ・はじめ　「Q&Aくらしの税金知識」新日本法規出版（日典3）
大佐正之　おおさ・まさゆき　金融政策専門家（現執2期）
大佐貴美彦　たいさ・きみひこ　「第2次大戦イギリス機甲部隊」ガリレオ出版（日典3）

大佐古　おおさこ
大佐古一郎　おおさこ・いちろう　ノンフィクション作家（現情）
大佐古孝　おおさこ・たかし　洞窟探検家（日典3）

大作　おおさく；だいさく
大作久司　おおさく・きゅうじ　造園家（日典3）
大作理三郎　おおさく・りさぶろう　中国革命運動の協力者（日人）
大作栄一郎　だいさく・えいいちろう　「東京の野鳥」東京新聞出版局（日典3）
大作理三郎　だいさく・りさぶろう　志士（人名）

大住　おおすみ；おおずみ
大住舜　おおすみ・しゅん　思想家（日人）
大住嘯風　おおすみ・しょうふう　思想家（世紀）
大住泰史　おおずみ・やすし　（有）データサービス代表取締役社長（日典）

大伴　おおとも；おおとのも
大伴茂　おおとも・しげる　教育心理学者（心理）
大伴昌司　おおとも・しょうじ　映画評論家，作家（出文）
大伴茫人　おおとものも・ぼうじん　予備校講師，参考書執筆者（YA）

大利　おおざと；おおとし；おおり
大利鼎吉　おおざと・ていきち　志士＝近世（コン）
大利かおり　おおとし・かおり　司書（日典3）
大利貴彦　おおり・たかよし　プロミス社長（日典3）

大即　おおつき
大即信明　おおつき・のぶあき　「コンクリート主任技士試験問題と解説」技報堂出版（日典3）
大即英夫　おおつき・ひでお　「会計理論と原価理論」千倉書房（書籍）
大即洋子　おおつき・ようこ　「大学生の情報基礎」日経BP社，日経BPマーケティング（発売）（日典3）

大坂谷　おおさかや
大坂谷吉行　おおさかや・よしゆき　官僚，都市計画専門家（現執2期）

大部(大) 〔304〕

大坊　だいぼう
　大坊郁夫　だいぼう・いくお　心理学者(現執4期)
　大坊謹道　だいぼう・きんどう　高岡市西広谷生まれの教育者(姓氏富山)
大岐　おおき
　大岐祐秋　おおき・すけあき　「歩運こびの音」井上主計(日典3)
大形　おおかた；おおがた
　大形孝平　おおかた・こうへい　「現代のインド」(国典)
　大形進　おおかた・すすむ　大日本印刷(株)包装事業部付主任技術員(日典3)
　大形郁夫　おおがた・いくお　全日本電位医療具学会主宰,蘇生館医療具Ge研究所所長,タイヨウ(株)社長(日典3)
　大形太郎　おおがた・たろう　社会運動家(社史)
大志万　おおしま；おおしまん
　大志万和也　おおしま・かずや　阪神高速道路公団神戸建設部工事第一課長(日典)
　大志万準治　おおしまん・じゅんじ　「集会と会議の開き方・進め方」(国典)
　大志万直人　おおしまん・なお　京都大学防災研究所教授(日典)
大条　おおえた；おおえだ；たいじょう；だいじょう
　大条虎介　おおえた・こすけ　医師(社史)
　大条虎介　おおえだ・こすけ　医師(アナ)
　大条監物　たいじょう・けんもつ　陸奥仙台藩士(人名)
　大条和雄　だいじょう・かずお　作家(日典)
大束　おおつか
　大束元　おおつか・げん　写真家(写家)
　大束重善　おおつか・しげよし　教育者(郷土群馬)
　大束省三　おおつか・しょうぞう　指揮者(音人3)
　大束昌可　おおつか・まさよし　洋画家(美家)
　大束百合子　おおつか・ゆりこ　言語学者,英語学者(日人)
大来　おおきた
　大来佐武郎　おおきた・さぶろう　エコノミスト,官僚(コン4)
　大来修治　おおきた・しゅうじ　「記念誌」遼東新報社(コン3)
　大来志郎　おおきた・しろう　「新しい公認会計士・監査法人監査制度」第一法規(日典3)
　大来俊子　おおきた・としこ　「アジアNIEsの経済活動の国際化と法整備」アジア経済研究所(日典3)
　大来洋一　おおきた・よういち　官僚(現執4期)
大沢　おおさわ；おおざわ；おざわ
　大沢善助　おおさわ・ぜんすけ　実業家(コン)
　大沢愛太郎　おおざわ・あいたろう　郷土史家(郷土)
　大沢咲　おざわ・さき　教育者(女性)
大社　おおこそ
　大社貞子　おおこそ・さだこ　翻訳家(日典3)

　大社淑子　おおこそ・よしこ　英米文学・比較文学者(現執4期)
　大社義規　おおこそ・よしのり　実業家(日人)
　大社義則　おおこそ・よしのり　実業家(新潮)
　大社玲子　おおこそ・れいこ　挿絵画家(児人)
大見謝　おおみしゃ；おおみじゃ
　大見謝恒雄　おおみしゃ・つねお　「輪島漆器文様集」京都書院(日典3)
　大見謝恒光　おおみじゃ・こうこう　赤琉会メンバー(社史)
　大見謝恒正　おおみじゃ・こうせい　漆器上塗工(日典3)
大角　おおがく；おおかど；おおすみ；だいかく
　大角秀尚　おおがく・ひでなお　富山県経済農協連会長,入善町農協(富山県)組合長(日典3)
　大角勲　おおかど・いさお　金属造形家(美工)
　大角岑生　おおすみ・みねお　海軍軍人(コン5)
　大角英男　だいかく・ひでお　元・朝日生命保険常務(日典)
大谷　おおがい；おおたに；おおや
　大谷忠久　おおがい・ただひさ　東邦大学医学部附属大森病院講師(日典)
　大谷竹次郎　おおたに・たけじろう　実業家,演劇興行主(コン5)
　大谷実　おおや・みのる　弁護士,法学者(日人)
大谷内　おおやうち；おおやち
　大谷内一夫　おおやうち・かずお　航空ジャーナリスト(YA)
　大谷内竜五郎　おおやうち・りゅうごろう　幕臣,剣術家(姓氏静岡)
　大谷内輝夫　おおやち・てるお　「股関節痛を自分で治す本」マキノ出版(日典3)
大谷津　おおやつ
　大谷津貴一　おおやつ・きいち　鹿児島大学法文学部法学科講師(日典)
　大谷津寿雄　おおやつ・ひさお　山尾石岩顧問(国典)
大豆生田　おおまみうだ；おおまみゅうだ；おおまめうだ
　大豆生田実　おおまみうだ・みのる　足利市長(日典3)
　大豆生田耕一　おおまみゅうだ・こういち　俳人(日典)
　大豆生田啓友　おおまめうだ・ひろとも　「つたえる&つたわる園だより・クラスだより」赤ちゃんとママ社(日典3)
大貝　おおかい；おおがい
　大貝道子　おおかい・みちこ　テンポラリーアートナウ社長(日典)
　大貝武布　おおがい・たけのぶ　丹波綾部藩士(藩臣5)
　大貝武布　おおがい・たけふ　地方政治家(姓氏京都)
大里　おおさと；おおざと
　大里俊吾　おおさと・しゅんご　内科医学者(日人)

大里忠一郎　おおさと・ただいちろう　実業家（コン）
大里康永　おおざと・こうえい　社会運動家（社史）
大里忠一郎　おおざと・ちゅういちろう　実業家（幕末）

大阪谷　おおさかだに
大阪谷公雄　おおさかだに・きみお　民事法学者（現執1期）

[8]大参　おおみ
大参朝野　おおみ・あさの　「毎日の短歌」文芸出版社（書籍）
大参義一　おおみ・ぎいち　愛知学院大学文学部教授（日典3）

大和　おおわ；おわ；やまと
大和岩雄　おおわ・いわお　実業家, 日本古代史研究家（世紀）
大和作内　おわ・さくない　彫刻家（美建）
大和和紀　やまと・わき　漫画家（日人）

大和久　おおわく
大和久勲　おおわく・いさお　誠栄漢方研究会会長（日典3）
大和久伊平　おおわく・いへい　要視察人（アナ）
大和久貞雄　おおわく・さだお　山崎製パン取締役（日人）
大和久諭　おおわく・さとし　「大和久という苗字を尋ねて」自費出版図書館編集室（制作）（日典3）
大和久重雄　おおわく・しげお　テクニカルコンサルタント・アドバイザー（日典3）

大和谷　やまとだに；やまとや
大和谷厚　やまとだに・あつし　「〇×問題でマスター薬理学」医歯薬出版（日典3）
大和谷慶一　やまとや・けいいち　歌人（北海道文）
大和谷豪　やまとや・ごう　元・ラグビー選手（日典3）

大和海　やまつみ
大和海弘　やまつみ・ひろし　「完全なる愛情」（国典）

大和瀬　おおわせ
大和瀬達二　おおわせ・たつじ　理論経済学者（現執2期）

大国　おおくに；おおぐに；だいこく
大国隆正　おおくに・たかまさ　石見津和野藩士, 備後福山藩士, 国学者（コン4）
大国柏斎　おおぐに・はくさい　釜師（幕末）
大国上天星　だいこく・じょうてんせい　神霊師（日典）

大国谷　おおくにや
大国谷吉嗣　おおくにや・よしつぐ　「阿騎野路」山の辺短歌会（日典3）

大妻　おおずま；おおつま
大妻コタカ　おおずま・こたか　学校経営者（高知人）
大妻虎吉　おおずま・とらきち　地方自治功労者（高知人）
大妻コタカ　おおつま・こたか　家事評論家（コン4）

大妻裕一　おおつま・ゆういち　「刑事コロンボ〈硝子の塔〉」二見書房（日典3）

大宜見　おおぎみ
大宜見小太郎　おおぎみ・こたろう　琉球芸能役者, 琉球舞踊家（日人）
大宜見朝計　おおぎみ・ちょうけい　医師（近医）
大宜見朝徳　おおぎみ・ちょうとく　沖縄興信所所長, 琉球国民党総裁（姓氏沖縄）
大宜見義夫　おおぎみ・よしお　美幌町立国保病院小児科医長（国典）
大宜見良子　おおぎみ・よしこ　ピアニスト（音人3）

大宜味　おおぎみ
大宜味朝徳　おおぎみ・ちょうとく　実業家（社史）
大宜味朝徳　おおぎみ・とものり　「南洋群島案内」大空社（日典3）

大居　おおい
大居堅一　おおい・けんいち　ジャルダン社長（日典3）
大居平一郎　おおい・へいいちろう　心理学者（心理）
大居雅治　おおい・まさはる　「キリスト教資料集」聖公会出版（日典3）

大岳　おおたけ；おおだけ
大岳秀夫　おおたけ・ひでお　政治学者（日人）
大岳幸彦　おおだけ・ゆきひこ　研究者（現執3期）

大岩　おいわ；おおいわ
大岩由美子　おいわ・ゆみこ　童話作家（日典）
大岩金右衛門　おおいわ・きんうえもん　園芸家（日人）
大岩弘平　おおいわ・こうへい　技師, 実業家（日人）

大幸　おおさか；おおさき；おおさち；だいこう
大幸勇吉　おおさか・ゆうきち　化学者（コン4）
大幸頓慧　おおさき・とんえ　僧侶（真宗）
大幸年喜　おおさち・としき　住友生命保険取締役（日典3）
大幸一郎　だいこう・いちろう　日本磁化工業社長（日人）

大明　おおあき；だいみょう
大明準治　おおあき・じゅんじ　「わかりやすいロボットシステム入門」オーム社（日典3）
大明達司　おおあき・たつじ　三越取締役（日典3）
大明敦　だいみょう・あつし　「心友宮沢賢治と保阪嘉内」山梨ふるさと文庫（日典3）

大松　おおまつ；だいまつ
大松多三郎　おおまつ・たさぶろう　奴隷解放社メンバー（アナ）
大松虎義　おおまつ・とらよし　弓道家, 弓道錬士（弓道）
大松博文　だいまつ・ひろふみ　バレーボール監督（コン4）

大部(大)

大松沢　おおまつざわ
　大松沢寿　おおまつざわ・ひさし　教育家(姓氏宮城)
　大松沢文平　おおまつざわ・ぶんぺい　主計中将(姓氏岩手)

大東　おおひがし；おひがし；だいとう
　大東義徹　おおひがし・ぎてつ　近江彦根藩士,政治家(コン4)
　大東義徹　おひがし・よしあきら　政治家,彦根藩士(滋賀百)
　大東行人　だいとう・みちと　経営コンサルタント(現執3期)

大東和　おおとうわ
　大東和怡斎　おおとうわ・いさい　漢詩作家(詩歌)
　大東和武司　おおとうわ・たけし「サービス産業の国際展開」中央経済社(日典3)

大武　おおたけ；おおぶ
　大武幸夫　おおたけ・ゆきお　医師,政治家(郷土福井)
　大武和三郎　おおたけ・わさぶろう　外交官(日人)
　大武峻　おおぶ・しゅん　サッカー選手(日典3)

大河　おおが；おおかわ；たいが
　大河寛十郎　おおが・かんじゅうろう　日本舞踊家(大河流)(日典3)
　大河千弘　おおかわ・ちひろ　物理学者(日人)
　大河萌　たいが・もえ　テクニカルライター(日典)

大河内　おおかわち；おおこうち；おおごうち；おおこち
　大河内泰弘　おおかわち・やすひろ　陶芸家(陶工)
　大河内正敏　おおこうち・まさとし　応用化学者,実業家(コン4)
　大河内常太郎　おおこうち・つねたろう　元・香川県教職員組合委員長(日典)
　大河内存真　おおこち・ぞんしん　漢方医,本草学者(愛知百)

大河戸　おおかわと；おおこうど
　大河戸宗治　おおかわと・むねはる　鉄道技師(渡航)
　大河戸挺秀　おおこうど・ていしゅう　僧侶(真宗)
　大河戸宗治　おおこうど・むねはる　鉄道技師(鉄道)

大河平　おおこひら；おこひら；おこびら
　大河平隆光　おおこひら・たかみつ「明治後期産業発達史資料」竜渓書舎(日典3)
　大河平才蔵　おこひら・さいぞう　海軍軍人(海越新)
　大河平武輔　おこびら・たけすけ　鹿児島県士族(幕末)

大河原　おおかわら；おおがわら
　大河原太一郎　おおかわら・たいちろう　政治家(履歴2)
　大河原良雄　おおかわら・よしお　外交官(日人)
　大河原毎太郎　おおがわら・まいたろう　石見立憲自由党幹事(島根歴)
　大河原竜二　おおがわら・りゅうじ　小説家(幻想)

大治　おおじ
　大治健二　おおじ・けんじ　モスフードサービス常務取締役事業開発室長(日典3)
　大治こゆき　おおじ・こゆき　女性写真師(人情)
　大治朋子　おおじ・ともこ　新聞記者(日典3)
　大治将典　おおじ・まさのり「99人のデザイナーとつくる未来の本」ラトルズ(日典3)
　大治柳哉　おおじ・りゅうや　歌人(北海道文)

大泊　おおどまり
　大泊巌　おおどまり・いわお　早稲田大学理工学術院教授(日典3)
　大泊宇一郎　おおどまり・ういちろう「すぎノめ」みぎわ書房(日典3)
　大泊勝　おおどまり・まさる　朝日新聞技術補佐役(日典3)

大炊　おおい；おおたき
　大炊良晴　おおい・よしはる　ピー・シー・エー社長(日典3)
　大炊晋也　おおたき・しんや「ファム・ファタール」角川書店(日典3)

大画　たいが
　大画としゆき　たいが・としゆき　漫画家(漫人)

大知　おおとも；だいち
　大知勇治　おおとも・ゆうじ「氏族伝道の心理学」光言社(日典3)
　大知文秀　だいち・ぶんしゅう　僧(朝日)

大空　おおそら；おおぞら
　大空夢湧子　おおそら・ゆうこ　通訳,翻訳家(日典3)
　大空ヒット　おおぞら・ひっと　漫才師(新芸)
　大空真弓　おおぞら・まゆみ　女優(日人)

大茂矢　おおもや
　大茂矢武夫　おおもや・たけお　北海道岩見沢地方史研究会代表(国典)

大表　おおおもて
　大表歩　おおおもて・あゆみ「看護記録・クリニカルパスQ&A」照林社(日典3)
　大表良一　おおおもて・りょういち　フクダ電子(株)生産本部研究室部長(科学)

大迫　おおさこ；おおせこ
　大迫貞清　おおさこ・さだきよ　薩摩藩士,官僚(コン4)
　大迫尚道　おおさこ・なおみち　陸軍軍人(コン)
　大迫徳行　おおせこ・のりゆき「図説相馬・双葉の歴史」郷土出版社(日典3)
　大迫倫子　おおせこ・りんこ　小説家(日女)

大金　おおかね；おおがね
　大金玄気　おおかね・げんき　ミュージシャン(日典3)
　大金宣亮　おおかね・のぶすけ　考古学者(考古)
　大金新一　おおがね・しんいち　茨城県教育長(郷土茨城)
　大金益次郎　おおがね・ますじろう　官僚(日人)

大長　おおなが；だいちょう
　大長元二　おおなが・もとじ　「風雪の道」(JM)
　大長昭雄　だいちょう・あきお　関西電力建設部副調査役(日典3)
　大長芳雄　だいちょう・よしお　政治家(現政)
大門　おおかど；おおもん；だいもん
　大門正克　おおかど・まさかつ　経済学者,日本近現代史学者(現執4期)
　大門英太郎　おおもん・えいたろう　作業服メーカー(社史)
　大門一樹　だいもん・いちじゅ　経済評論家(世紀)
大附　おおつき
　大附辰夫　おおつき・たつお　「電気回路論」電気学会(日典3)
　大附敏子　おおつき・としこ　「感電予防の実際」(国典)
　大附瑞枝　おおつき・みずえ　翻訳家,ストーリーテラー(児人)
⁹大乗　おおのり
　大乗和子　おおのり・かずこ　「ノストラダムス大予言原典」たま出版(日典3)
　大乗弘熙　おおのり・ひろき　「コヒマ戦記」光書房(日典3)
大乗寺　だいじょうじ
　大乗寺八郎　だいじょうじ・はちろう　俳優(新芸)
　大乗寺良一　だいじょうじ・りょういち　上杉神社宮司(山形百)
大信田　おおしだ
　大信田茂　おおしだ・しげる　小杉産業常務(日典3)
　大信田尚一郎　おおしだ・しょういちろう　「『彗星』と1945年夏」いわて教育文化研究所(日典3)
　大信田哲夫　おおしだ・てつお　無産大衆党中央執行委員(社史)
　大信田落花　おおしだ・らっか　小説家・書誌研究家(姓氏岩手)
　大信田礼子　おおしだ・れいこ　女優(和モ)
大保　おおぼ；おおやす；だいほ
　大保兼重　おおぼ・かねしげ　政治家(姓氏鹿児島)
　大保亮一　おおやす・りょういち　「泌尿器科臨床病理学」インターメディカ(日典3)
　大保基晴　だいほ・もとはる　大分機械工業取締役相談役(日典3)
大前　おおさき；おおまえ
　大前猛　おおさき・たけし　コンピューターサービス常務(日典)
　大前研一　おおまえ・けんいち　経営コンサルタント,経済評論家(日人)
　大前正臣　おおまえ・まさおみ　評論家,ジャーナリスト(世紀)
大南　おおなみ；おおみなみ
　大南智史　おおなみ・さとし　詩人(四国文)
　大南正瑛　おおなみ・まさてる　京都橘女子大学学長(日典)

大南勝彦　おおみなみ・かつひこ　記録作家(日典3)
　大南兼一　おおみなみ・けんいち　ウエスタン村村長(日典3)
大囿　おおぞの
　大囿純也　おおぞの・じゅんや　「波涛を越えて」山手書房(日典3)
　大囿純也　おおぞの・すみや　南日本新聞編集局整理部長兼論説委員(日典)
大城　おおき；おおぎ；おおしろ
　大城義雄　おおき・よしお　映画監督(監督)
　大城裕二　おおぎ・ゆうじ　保険研究者(現執3期)
　大城立裕　おおしろ・たつひろ　小説家,戯曲家(日人)
大城谷　おおぎだに
　大城谷幸郎　おおぎだに・さちお　フクニチ新聞編集局写真部長(日典)
大城屋　おおしろや
　大城屋良助　おおしろや・りょうすけ　「五海道中細見記」文化歴史資料館風土誌料研究所(日典3)
大峡　おおば；おおはさま；おおはざま
　大峡荒治　おおば・あらじ　医師,須坂病院の創立者(姓氏長野)
　大峡広雄　おおはさま・ひろお　「アメリカの苦悩と底力」中央大学出版部(日典3)
　大峡せつ　おおはざま・せつ　「思い出」(国典)
大後　おおご；だいご
　大後寿々花　おおご・すずか　女優(日映女)
　大後忠志　おおご・ただし　福岡教育大学学長(日典)
　大後友市　だいご・ゆういち　彫刻家(美建)
　大後美保　だいご・よしやす　産業科学評論家(日人)
大星　おおほし；おおぼし
　大星明　おおほし・あきら　「倒産したらこうなった」イースト・プレス(日典3)
　大星光史　おおほし・みつふみ　日本文学者(現執3期)
　大星雅光　おおぼし・がこう　日本音声学会名誉会長(日典3)
　大星章一　おおぼし・しょういち　医師(近医)
大槻　おおつき
　大槻人一　おおつき・じんいち　読売新聞調査研究本部主任研究員(日典3)
　大槻直人　おおつき・なおと　オンキョー名誉会長(日典3)
　大槻博義　おおつき・ひろよし　「科学おもしろ講座」ミデアム出版社(日典3)
　大槻博義　おおつき・ひろよし　科学ジャーナリスト,テレビプロデューサー(現執4期)
　大槻宗徳　おおつき・むねのり　オンキョー社長(日典3)
大栄　おおえ
　大栄幸一　おおえ・こういち　フルート奏者(新芸)
　大栄浩　おおえ・ひろし　園芸家(日典3)

大柿　おおかき；おおがき
　大柿哲郎　おおかき・てつろう「高齢者の機能アップ運動マニュアル」ナップ（日典3）
　大柿春野　おおかき・はるの　俳人（日典3）
　大柿辰太郎　おおかき・しんたろう「大柿辰太郎の軌跡」新人文学会（日典3）
　大柿忠幸　おおがき・ただゆき　園芸家（日典3）

大柏　おおがし
　大柏英雄　おおがし・ひでお　住友軽金属工業社長（人情）

大柳　おおやぎ；おおやなぎ
　大柳周三　おおやぎ・しゅうぞう　静岡新聞取締役（日典3）
　大柳昌一　おおやぎ・しょういち　昭和電工常勤監査役（日典3）
　大柳明夫　おおやなぎ・あきお　日本製鋼所室蘭製作所鍛練課課長補佐（日典3）
　大柳和彦　おおやなぎ・かずひこ　札幌医科大学医学部医学科（小児科）助教授（日典3）

大段　おおだん
　大段員美　おおだん・かずみ「創造性と体育の授業改造」明治図書出版（日典3）
　大段成男　おおだん・しげお　滝本会長（日典3）
　大段シズ子　おおだん・しずこ「ねこいたち」友月書房（日典3）
　大段武子　おおだん・たけこ「福祉、ここに生きる」萌文社（日典3）
　大段智亮　おおだん・ともあき　心理学者（心理）

大海　おおうみ；おおうみの；おおがい；おおみ；たいかい；だいかい
　大海赫　おおうみ・あかし　画家、童話作家（幻想）
　大海比鳥男　おおうみの・ひとお「二十三歳の作品集」（国典）
　大海宏　おおがい・ひろし　外国為替論研究者、国際金融研究者（現執4期）
　大海エリカ　おおみ・えりか　タレント（日典3）
　大海好日　たいかい・こうじつ　歌人（日典）
　大海勝子　だいかい・かつこ　ハーブ料理研究家（日典3）

大海原　おおうなばら；おおみはら；おおみばら
　大海原重義　おおうなばら・しげよし　京都府知事（日典3）
　大海原重義　おおみはら・しげよし　政治家（姓氏家）
　大海原尚義　おおみはら・ひさよし　官吏、実業家（日人）

大洲　おおす；おおず
　大洲秋登　おおす・あきと　児童文学作家（児人）
　大洲斉　おおす・ひとし　映画監督（監督）
　大洲鉄然　おおず・てつねん　浄土真宗の僧（コン4）
　大洲斉　おおず・ひとし　映画監督（世紀）

大津　おおつ；おおつる
　大津淳一郎　おおつ・じゅんいちろう　政治家（コン）
　大津留敬　おおつる・けい「胃腸病の家庭療法」大泉書店（日典3）

大津賀　おおつか
　大津賀望　おおつか・のぞむ　東京工業大学部無機材料工学科教授（日典3）
　大津賀久吉　おおつか・ひさよし　富山県自治連合会会長（日典3）
　大津賀信　おおつか・まこと　数学者（数学）

大洞　おおほら；おおぼら；だいどう
　大洞正典　おおほら・まさのり（出文）
　大洞元吾　おおぼら・げんご　映画監督（映人）
　大洞有司　だいどう・ゆうじ　東邦化学工業専務（日典3）

大畑　おおはた；おばた
　大畑末吉　おおはた・すえきち　ドイツ文学者、翻訳家（日人）
　大畑佳司　おおはた・よしじ　教育者（現執3期）
　大畑青笛子　おばた・せいてきし　俳人（奈良文）

大眉　おおまゆ
　大眉和士　おおまゆ・かずお　丸山製作所専務（日典）

大神　おおが；おおかみ；おおがみ
　大神訓章　おおが・くにあき　山形大学地域教育文化学部教授（日典3）
　大神一　おおかみ・はじめ　実業家（日人）
　大神いずみ　おおがみ・いずみ　タレント（テレ）

大胡　おおこ；おおご；だいご
　大胡しづ子　おおこ・しずこ　松山樹子バレエ団
　大胡鉄一　おおご・きんいち　民族学・社会人類学者（現執1期）
　大胡朝利　だいご・あさとし　野崎産業航空機部長（日典3）

大胡田　おおこだ；おおごだ
　大胡田一知　おおこだ・いっち　華道家（日典）
　大胡田誠　おおごだ・まこと　弁護士（視覚）
　大胡田裕　おおごだ・ゆたか　教師（視覚）

大草　おおくさ；おおぐさ
　大草水雲　おおくさ・すいうん　僧侶（美家）
　大草高重　おおくさ・たかしげ　開拓者（日人）
　大草清舟　おおぐさ・せいしゅう　歌人（北海道文）
　大草実　おおぐさ・みのる　詩人（出文）

大重　おおしげ；おおちょう
　大重潤一郎　おおしげ・じゅんいちろう　映画監督（監督）
　大重美幸　おおしげ・よしゆき　テクニカルライター（現執3期）
　大重宗比古　おおちょう・むねひこ「大重弥吉遺稿集」大重千寿子（日典3）
　大重弥吉　おおちょう・やきち「大重弥吉遺稿集」大重千寿子（日典3）

大音　おおおと；おおと；おおね
　大音青山　おおおと・せいざん　筑前福岡藩士（コン4）
　大音龍太郎　おおと・りゅうたろう　郷士、官吏（郷土群馬）

大音清香　おおね・きよか　日本眼科看護研究会理事長,昭和大学病院看護部(日典3)

10 大倉　おおくら；おぐら
大倉喜八郎　おおくら・きはちろう　実業家(コン5)
大倉桃郎　おおくら・とうろう　小説家(コン5)
大倉文子　おぐら・ふみこ　女官(女性)

大兼久　おおがねく
大兼久徳次郎　おおがねく・とくじろう　在米沖縄青年会調査部長(社史)

大家　おおいえ；おおか；おおや；たいけ；だいけ
大家百次郎　おおいえ・ひゃくじろう　園芸家(植物)
大家啓一　おおか・けいいち　医師,政治家(現政)
大家裕　おおや・ひろし　寄生虫学者(日人)
大家浩資　たいけ・ひろし　大家建材代表(紳士)
大家正志　だいけ・まさし　詩人(四国文)

大宮司　だいぐうじ
大宮司慎一　だいぐうじ・しんいち「黒川郡隠れキリシタン信仰」臨済宗妙心寺派当来山竜華院(日典3)
大宮司進　だいぐうじ・すすむ　格闘家(日典3)
大宮司崇人　だいぐうじ・たかひと　陶芸家(陶芸最)
大宮司雅之助　だいぐうじ・まさのすけ　旅館業,地方政治家(姓氏宮城)
大宮司道子　だいぐうじ・みちこ　陶芸家(陶芸最)

大庫　おおくら；おおご
大庫うるみ　おおくら・うるみ　イラストレーター(日典3)
大庫典雄　おおくら・のりお　オークラ輸送機会長(日典3)
大庫直樹　おおご・なおき　経営コンサルタント(日典3)

大庭　おおにわ；おおば
大庭勝実　おおにわ・かつみ「制御工学」東京電機大学出版局(日典3)
大庭荘三郎　おおにわ・そうざぶろう　城西消費購買組合組合員(社史)
大庭柯公　おおば・かこう　新聞記者,社会評論家(コン5)
大庭みな子　おおば・みなこ　小説家(日人)

大悟法　だいごぼう
大悟法弘一　だいごぼう・こういち「テレビお笑いタレント史」ソフトバンククリエイティブ(日典3)
大悟法滋　だいごぼう・しげる「シダ・コケ類の生態と観察」築地書館(日典3)
大悟法進　だいごぼう・すすむ　歌人(世紀)
大悟法利雄　だいごぼう・としお　歌人(日人)
大悟法久志　だいごぼう・ひさし　高校野球監督(日典3)

大栗　おおくり；おおぐり
大栗清実　おおくり・きよみ　医師,社会運動家(現朝)
大栗忠男　おおくり・ただお　北海道新聞道新会連合会顧問(日典)
大栗清実　おおぐり・きよみ　社会運動家,医師(日人)
大栗旌畉　おおぐり・せいきん　日本画家(美家)

大桃　おおもも
大桃貴美子　おおもも・きみこ「堅香子」新潟日報事業社(製作)(日典3)
大桃定洋　おおもも・さだひろ「世界のタマムシ大図鑑」むし社(日典3)
大桃伸一　おおもも・しんいち「保育の理論と実践」学術図書出版社(日典3)
大桃寛　おおもも・ひろし　洋画家(洋画)
大桃美代子　おおもも・みよこ　タレント,キャスター(テレ)

大畠　おおはた；おおばたけ
大畠喜三治　おおはた・きさんじ　蚕糸改良家(埼玉人)
大畠新草　おおはた・しんそう　俳人(四国文)
大畠孝昭　おおばたけ・たかあき　日本タイムシェア(株)専務取締役,エヌ・ティ・エス・コンピュータセンター(株)専務取締役(日典3)

大窄　おおさこ
大窄佐太郎　おおさこ・さたろう　哲学者(現執2期)

大能　おおの
大能正紀　おおの・まさのり　テノール歌手(音人3)

大軒　おおのき
大軒順三　おおのき・じゅんぞう　新聞人(現情)
大軒敬子　おおのき・たかこ「建設業者のための独占禁止法入門」清文社(日典3)
大軒史子　おおのき・ふみこ「源氏物語の鑑賞と基礎知識」至文堂(日典3)
大軒由敬　おおのき・よしたか　朝日新聞東京本社電子電波メディア局データベースセクションマネジャー(日典3)

大造　おおつくり
大造芳人　おおつくり・よしと　東洋工業素材部第1鋳造部(人情)

大針　おおはり；おおばり
大針房之助　おおはり・ふさのすけ　禁裏医師(幕末)
大針徳兵衛　おおばり・とくべえ　政治家(福井百)

大高　おおたか；おおだか
大高庄右衛門　おおたか・しょうえもん　建築技師(日人)
大高正人　おおたか・まさと　建築家(美建)
大高亀太郎　おおだか・かめたろう　友愛会九条支部代議員(社史)
大高右衛門　おおだか・しょうえもん　建築技師(埼玉人)

11 大亀　おおかめ；おおがめ
大亀岩男　おおかめ・いわお「大亀商店百年と私」大亀商店(日典3)
大亀浩介　おおかめ・こうすけ「中国ネットビジネス成功へのポイント」日本経済新聞出版社(日典3)

大部(大)

大亀

大亀孝裕　おおがめ・たかひろ　ダイキ会長(日典)
大亀文夫　おおがめ・ふみお　ダイキ社長(日典3)

大堂　おおどう；だいどう

大堂庄三　おおどう・しょうぞう　九州保健福祉大学保健科学部教授(日典)
大堂他人　だいどう・たひと　教育者(視覚)

大堀　おおほり；おおぼり

大堀敦子　おおほり・あつこ　ピアニスト(音人3)
大堀弘　おおほり・ひろむ　官僚,実業家(日人)
大堀鶴侶　おおほり・かくりょ　俳人(滋賀文)
大堀早苗　おおほり・さなえ　女優(女優)

大掛　おおかけ；おおがけ

大掛勝之　おおかけ・かつゆき　公認会計士(日典)
大掛猪津夫　おおがけ・いつお　東京マイコープ監事(日典3)
大掛史子　おおがけ・ふみこ「花菖蒲」本多企画

大梁　おおはし

大梁篤二　おおはし・とくじ　新日本製鉄常務(日典)

大渓　おおたに

大渓洗耳　おおたに・せんじ　書家(日典3)
大渓弘文　おおたに・ひろふみ　大学野球監督(日典3)
大渓元千代　おおたに・もとちよ　民俗学者,歌人(滋賀文)
大渓幸男　おおたに・ゆきお　ジャルウェイズ社長(日典3)
大渓芳彦　おおたに・よしひこ「もっとも実務的な耐用年数表の使い方」税務研究会出版局(日典3)

大淵　おおふち；おおぶち

大淵武夫　おおふち・たけお　洋画家(美家)
大淵棟庵　おおふち・とうあん　医師(日人)
大淵寛　おおぶち・ひろし　経済人口学研究者(現執4期)
大淵渉　おおぶち・わたる　出版人(大阪文)

大渕　おおふち；おおぶち

大渕絹子　おおふち・きぬこ　参議院議員(無所属)(日典)
大渕虎蔵　おおふち・とらぞう　弓道家,弓道教士(弓道)
大渕源一郎　おおぶち・げんいちろう　政治家(栃木歴)
大渕碧晴　おおぶち・へいきせい　書家(鳥取百)

大笹　おおささ；おおざさ

大笹悦子　おおささ・えつこ「おばあちゃんの昔語り」夢工房(日典3)
大笹茂　おおささ・しげる「集魚灯一歌集」釧路歌人会(JM)
大笹茂　おおささ・しげる　歌人(北海道文)
大笹吉雄　おおざさ・よしお　演劇評論家(日人)

大菅　おおすが

大菅新　おおすが・あらた「ピーヤ鎮魂の墓標」東洋出版(日典3)
大菅小百合　おおすが・さゆり　スピードスケート選手,自転車選手(日典3)
大菅隆直　おおすが・たかなお　弓道家,弓道錬士(弓道)
大菅千鶴　おおすが・ちずる　詩人(富山文)
大菅俊明　おおすが・としあき　医師(近医)

大郷　おおごう；おおさと；だいごう

大郷学橋　おおごう・がっきょう　儒学者(日人)
大郷正夫　おおさと・まさお　国際法学者(現執1期)
大郷耕花　だいごう・こうか「春潮」葦牙俳句会(日典3)

大都　おおつ；おおと；おおみや

大都京子　おおつ・きょうこ「めまい・平衡障害・ENG検査図譜」デジタルプレス(日典3)
大都篤　おおと・あつし　プロ野球審判員(日典3)
大都庸介　おおみや・ようすけ「大学入試微分・積分—中堅校対策」桐原書店(JM)

大部　おおぶ；おおべ；だいぶ

大部一成　おおぶ・かずなり「今から始める摂食・嚥下リハビリテーションと口腔ケア」花書院(日典3)
大部友之　おおべ・ともゆき　建築家(美建)
大部孫大夫　だいぶ・まごだゆう　太陽生命保険社長(日典3)

大野木　おおのき；おおのぎ

大野木秀　おおのき・しゅう　浜松装器工業社長(日典)
大野木南瓜　おおのき・なんか　伊勢津藩士(三重)
大野木源蔵　おおのぎ・げんぞう　加賀藩士(日人)
大野木秀次郎　おおのぎ・ひでじろう　政治家(コン4)

大野田　おおのた；おおのだ

大野田徹郎　おおのた・てつろう　著述家,編集者(日典3)
大野田剛　おおのだ・ごう　クロサキ専務(日典3)

大鹿　おおが；おおしか

大鹿修男　おおが・のぶお　ポッカコーポレーション関東支社東京支店東京東営業所長(日典)
大鹿卓　おおしか・たく　詩人,小説家(コン4)
大鹿愍成　おおしか・みんじょう　仏教学者(日人)

大黒　おおくろ；おおぐろ；だいこく

大黒勇　おおくろ・いさむ　河野臨床医学研究所顧問(日典)
大黒東洋士　おおぐろ・とよし　映画評論家(四国文)
大黒一豊　だいこく・かずとよ　川重冷熱工業社長(日典3)

大黒屋　おおぐろや；だいこくや
　大黒屋宏芳　おおぐろや・ひろよし　（株）ダイトーヘルス代表取締役（日典3）
　大黒屋丑松　だいこくや・うしまつ　商人（日人）

[12]大喜　おおき；おおよし；だいき
　大喜正勝　おおき・まさかつ「肥前長崎の刀剣」銀扇社（日典3）
　大喜三吉　おおよし・さんきち　奄美新興同志会メンバー（アナ）
　大喜章徳　だいき・あきのり　オーエー・システム・プラザ副社長（日典3）

大喜多　おおきた
　大喜多礼香　おおきた・あやこ「やすらぎの家づくりのお話」ハローアクセス（日典3）
　大喜多治　おおきた・おさむ　香川県議（けんみんネット）（日典3）
　大喜多郷慶　おおきた・きょうけい「日本農書全集」農山漁村文化協会（日典3）
　大喜多寅之助　おおきた・とらのすけ　弁護士，政治家（姓氏愛知）
　大喜多信明　おおきた・のぶあき　能楽師（能狂言）

大善　たいぜん；だいぜん
　大善勉強　たいぜん・べんきょう　僧侶（庄内）
　大善愛雅　だいぜん・あいが「心の遍路」牧歌舎，星雲社（発売）（日典3）

大堺　おおさかい
　大堺利実　おおさかい・としみ　会計学研究者（現執3期）
　大堺利行　おおさかい・としゆき「ベーシック電気化学」化学同人（日典3）

大智　おおち
　大智勝観　おおち・しょうかん　日本画家（日人）
　大智浩　おおち・ひろし　グラフィックデザイナー（日人）

大勝　おおかつ
　大勝恵一郎　おおかつ・けいいちろう　常葉学園短期大学保育科教授（日典3）
　大勝秀也　おおかつ・しゅうや　指揮者（音人3）
　大勝孝司　おおかつ・たかし　東京大学大学院総合文化研究科助教授（日典3）
　大勝秀也　おおかつ・ひでや　指揮者（音人2）
　大勝文仁　おおかつ・ふみひと「ここで差がつくメモ術・手帳術」こう書房（日典3）

大朝　おおあさ
　大朝暁子　おおあさ・あきこ「木根跡」ながらみ書房（日典3）
　大朝雄二　おおあさ・ゆうじ　日本中古文学者（現執2期）

大植　おおうえ
　大植英次　おおうえ・えいじ　指揮者（音人3）
　大植金平　おおうえ・きんぺい　大阪府都市開発社長，大阪府副知事（日典3）
　大植啓治　おおうえ・けいじ　公共事業家（日人）
　大植四郎　おおうえ・しろう　物故者研究家（日典3）
　大植武士　おおうえ・たけし　リコー会長（日典3）

大渡　おおわたし；おおわたり
　大渡昭彦　おおわたし・あきひこ「リハビリテーションと理学療法」インターズー（日典3）
　大渡順二　おおわたり・じゅんじ　医事評論家（日人）
　大渡亮　おおわたり・りょう　ギタリスト（テレ）

大湯　おおゆ
　大湯邦代　おおゆ・くによ「すみれ食む」ながみ書房（日典3）
　大湯敬雄　おおゆ・たかお　郵政省北海道郵政局長（日典3）
　大湯正雄　おおゆ・まさお　地質学者（日人）
　大湯康子　おおゆ・やすこ　ダイビングインストラクター（日典3）

大湊　おおみなと
　大湊清　おおみなと・きよし　キングジム専務（日典3）
　大湊正一　おおみなと・しょういち　明峰教育研究所（日典3）
　大湊文夫　おおみなと・ふみお「快慶」郁朋社（日典3）
　大湊幸秀　おおみなと・ゆきひで「高齢者の生活史事典」日総研出版（日典3）

大湾　おおわん
　大湾喜精　おおわん・きせい　赤琉会メンバー（社史）
　大湾政和　おおわん・せいわ　方言学者，教育者（姓氏沖縄）
　大湾忠之進　おおわん・ちゅうのしん　政治家（姓氏沖縄）
　大湾朝功　おおわん・ちょうこう　琉球の士族（日人）
　大湾ユキ　おおわん・ゆき　箏曲家（日人）

大筆　おおふで
　大筆栄夫　おおふで・はやお「ある農民運動者の生と死」（JM）

大給　おぎゅう
　大給近清　おぎゅう・きんせい　洋画家（洋画）
　大給桜子　おぎゅう・さくらこ　ジャズピアニスト（ジヤ）
　大給正夫　おぎゅう・まさお　音楽学者（音人3）
　大給恒　おぎゅう・ゆずる　大名（コン4）
　大給恒　おぎゅう・わたる　大名（維新）

大萱　おおがや
　大萱昭芳　おおがや・あきよし「スチール階段」集文社（日典3）
　大萱千代子　おおがや・ちよこ「働くおじさんお医者さん」日本図書刊行会（日典3）

大萩　おおはぎ
　大萩力　おおはぎ・つとむ　関西電力（株）総合技術研究所（日典3）
　大萩登　おおはぎ・のぼる　古書人（出文）
　大萩康司　おおはぎ・やすじ　ギター奏者（日典3）

大賀　おおが；たいが
　大賀一郎　おおが・いちろう　植物学者，ハス研究者（コン4）

大部(大)

大賀典雄　おおが・のりお　声楽家,実業家(日人)
大賀保　たいが・たもつ　著述家(日典)
大賀徳道　たいが・のりみち「N-NBI用イオン源加速部における絶縁耐力と内部放出ガス特性」日本原子力研究開発機構

大越　おおこえ；おおごえ；おおこし；おおごし
大越甚六　おおこえ・じんろく　名主(幕末)
大越徳市　おおごえ・とくいち　市電車掌(社史)
大越諄　おおこし・まこと　機械工学者(日人)
大越新　おおごし・あらた　実業家(コン4)

大達　おおだち；おおだて
大達和彦　おおだち・かずひこ「これは使える！社会科おもしろカルタ＆クイズカード」小学館(日典3)
大達茂雄　おおだち・しげお　政治家(コン4)

大道　おおみち；たいどう；だいどう
大道憲二　おおみち・けんじ　労働運動家(コン5)
大道久之　たいどう・ひさゆき　神職(日人)
大道長安　だいどう・ちょうあん　仏教運動家(コン5)

大間知　おおまち
大間知啓輔　おおまち・けいすけ　財政学者(現執2期)
大間知山子　おおまち・さんし　俳人(富山文)
大間知千津恵　おおまち・ちづえ　音楽教育者(富山百)
大間知篤三　おおまち・とくぞう　民俗学者(日人)
大間知芳之助　おおまち・よしのすけ　実業家(日人)

大隈　おおくま；おおすみ
大隈栄二　おおくま・えいいち　実業家(日人)
大隈重信　おおくま・しげのぶ　肥前佐賀藩士,政治家(コン4)
大隈一政　おおすみ・かずまさ「放射光マイクロビームと利用研究の展開」High Energy Accelerator Research Organization(日典3)

大雄　おおたか
大雄智　おおたか・さとる「事業再編会計」国元書房(日典3)
大雄令純　おおたか・よしずみ　会計学研究者(現執3期)

大須賀　おおすか；おおすが
大須賀恵理　おおすか・えり　アンサンブルピアニスト(演奏)
大須賀力　おおすか・つとむ　彫刻家(美建)
大須賀筠軒　おおすが・いんけん　地方史研究家(コン5)
大須賀乙字　おおすが・おつじ　俳人(コン5)

13大園　おおその；おおぞの
大園栄三郎　おおその・えいさぶろう　衆院議員(日典)
大園和也　おおその・かずや「馬券はなぜエージェント(勝ち馬配帥)を知るだけで当たるのか」東邦出版(日典3)

大園郁夫　おおぞの・いくお　写真家(写人)
大園市蔵　おおぞの・いちぞう「台湾人物誌」谷沢書店(日典3)

大嵩　おおたけ
大嵩文雄　おおたけ・ふみお「デザインさんぽ」南日本新聞開発センター(日典3)
大嵩ミツ　おおたけ・みつ　染織技術者(日人)
大嵩礼造　おおたけ・れいぞう　画家(日典3)

大慈弥　おおじみ
大慈弥功　おおじみ・いさお　ニューヨーク・メッツ環太平洋担当スカウト部長(日典3)
大慈弥恵麻　おおじみ・えま　作曲家(作曲)
大慈弥俊二　おおじみ・しゅんじ「日本白書総覧」丸善プラネット(日典3)
大慈弥省三　おおじみ・しょうぞう「航空エンジンと共に五十年」ニュースダイジェスト社(日典3)
大慈弥嘉久　おおじみ・よしひさ　通産官僚,実業家(世紀)

大楽　たいらく；だいらく
大楽武男　たいらく・たけお「学校新聞編集百科」現代ジャーナリズム出版会(日典3)
大楽勝美　だいらく・かつみ　ピアニスト(音人3)

大歳　おおとし
大歳修　おおとし・おさむ"化粧品"犯罪」三一書房(日典3)
大歳克衛　おおとし・かつえ　洋画家(日人)
大歳成行　おおとし・しげゆき　ジャーナリスト(現執2期)
大歳辰夫　おおとし・たつお　職工,劇場事務員(アナ)
大歳良充　おおとし・よしみつ　実業家,経営評論家(世紀)

大聖　おおさと；だいしょう
大聖観誓　おおさと・かんせい　四柱推命研究家(日典)
大聖泰弘　だいしょう・やすひろ「燃料電池自動車のすべて」山海堂(日典3)

大豊　おおとよ；たいほう
大豊世紀　おおとよ・せいき　日本画家(日典)
大豊泰昭　たいほう・やすあき　プロ野球選手(日典)

大路　おおじ；おおみち
大路三千緒　おおじ・みちお　女優(テレ)
大路恵美　おおじ・めぐみ　女優(テレ)
大路唯彦　おおみち・ただひこ　僧侶(日典3)
大路典子　おおみち・のりこ「戸棚のなか」現代俳句協会(日典3)

14大徳　だいとく
大徳亜矢子　だいとく・あやこ「風のカーテン」ラ・テール出版局(日典3)
大徳絵里　だいとく・えり　アナウンサー(日典3)
大徳周乗　だいとく・しゅうじょう　教育者,私塾師匠,修験大徳院主(埼玉人)
大徳俊幸　だいとく・としゆき　ジャズピアニスト,キーボード奏者(ジヤ)

大徳直美　だいとく・なおみ　「妊娠中夫の浮気防止バイブル」ジュリアン（日典）

大旗　おおはた；だいき
大旗淳　おおはた・きよし　九州大学名誉教授（日典3）
大旗霞江　おおはた・よしえ　「ほととぎすのこえをきくとき」ザ・ミズ（日典3）
大旗一生　だいき・いっせい　タレント（日典3）

大榎　おおえのき
大榎克己　おおえのき・かつみ　サッカー監督（日典）
大榎茂行　おおえのき・しげゆき　英文学者（現執1期）
大榎淳　おおえのき・じゅん　「入門講座デジタルネットワーク社会」平凡社（日典3）

大樋　おおひ
大樋長左衛門　おおひ・ちょうざえもん　陶芸家（陶工）
大樋長左衛門〔9代〕　おおひ・ちょうざえもん　陶芸家（美工）
大樋長楽　おおひ・ちょうらく　陶芸家（陶工）
大樋年雄　おおひ・としお　陶芸家（陶工）
大樋年朗　おおひ・としろう　陶芸家（日人）

大熊　おおくま；おおぐま；おぐま
大熊信行　おおくま・のぶゆき　経済学者，歌人（コン4）
大熊政彦　おおぐま・まさひこ　小学校教師（日典）
大熊正二　おぐま・しょうじ　プロボクサー（日人）

大関　おおせき；おおぜき
大関将一　おおせき・まさかず　哲学者，論理学者（現情）
大関和　おおぜき・ちか　看護教育者（コン5）

15 大儀見　おおぎみ
大儀見薫　おおぎみ・かおる　実業家，海洋レジャー専門家（現執3期）
大儀見元　おおぎみ・げん　パーカッション奏者（日典3）
大儀見浩介　おおぎみ・こうすけ　「「心理戦術」が日本サッカーを進化させる」白夜書房（日典3）
大儀見元一郎　おおぎみ・もといちろう　旧日本基督教会牧師，教育者（日人）

大権　だいごん
大権一男　だいごん・かずお　福井県出納長（日典）

大澄　おおすみ
大澄賢也　おおすみ・けんや　タレント，ダンサー（テレ）
大澄剛　おおすみ・つよし　「少年少女ランドマーク」小学館（日典3）
大澄裕巳　おおすみ・ひろみ　（株）ミヤノ取締役相談役（日典3）
大澄文次郎　おおすみ・ぶんじろう　丸運社長（日典）
大澄雅人　おおすみ・まさと　レコードディレクター（日典3）

大穂　おおほ
大穂圭一　おおほ・けいいち　朝日新聞（東京）文書部長（日典3）
大穂耕一郎　おおほ・こういちろう　文筆家（日典）
大穂能一　おおほ・のういち　算術家（コン4）
大穂信夫　おおほ・のぶお　書家（日典3）
大穂能一　おおほ・よしかず　算学家，小学校教員（数学）

大輝　おおてる；だいき
大輝精一　おおてる・せいいち　日本経済新聞常務・大阪本社代表（日典）
大輝ゆう　だいき・ゆう　女優（テレ）

大輪　おおわ
大輪秋彦　おおわ・あきひこ　日本アイ・ビー・エム（株）（日典3）
大輪茂男　おおわ・しげお　音楽プロデューサー，小説家（幻想）
大輪貴史　おおわ・たかふみ　タレント（テレ）
大輪盛登　おおわ・もりと　評論家，新聞記者（出文）
大輪美則　おおわ・よしのり　パン製造販売業（山梨百）

16 大樹　おおき；だいじゅ
大樹孝啓　おおき・こうけい　僧侶（日典）
大樹承算　おおき・じょうざん　天台宗書写山円教寺住職，大僧正（日典3）
大樹ゆたか　だいじゅ・ゆたか　歌手（日典）

大築　おおつき
大築邦雄　おおつき・くにお　作曲家（作曲）
大築尚志　おおつき・たかゆき　幕臣，軍人（陸海）
大築千里　おおつき・ちり　応用化学者（日人）
大築尚志　おおつき・なおし　幕臣，軍人（日人）
大築彦五郎　おおつき・ひこごろう　留学生（日人）

大舘　おおだち；おおだて
大舘右喜　おおだち・うき　帝京大学教授（日典3）
大舘健三　おおだち・けんぞう　洋画家（美家）
大舘亜津子　おおだて・あつこ　「「南京大虐殺」の真実」ワック（日典3）
大舘勇吉　おおだて・ゆうきち　郷土史家（多摩）

大薗　おおその；おおぞの
大薗卓　おおその・たかし　細菌学者（近医）
大薗友和　おおその・ともかず　ジャーナリスト（現執3期）
大薗香代子　おおぞの・かよこ　「パッチワークの縫いぐるみ教室」パッチワーク通信社（日典3）
大薗卓　おおぞの・たかし　細菌学者（日人）

大衡　おおひら
大衡栄　おおひら・さかえ　「お魚のはなし」胆江日日新聞社（日典3）
大衡壮　おおひら・さかり　東北電力技術開発本部応用技術研究所情報通信研究室主任研究員（日典3）
大衡照夫　おおひら・てるお　政治家（現政）

大部(太)

大衡紀夫　おおひら・のりお　仙台市交通局自動車部輸送課長(日典3)

大鋸　おおが
大鋸一正　おおが・かずまさ　小説家(日典3)
大鋸郷音　おおが・こうおん「スノーボードマスターbook」ノースランド出版(日典)
大鋸順　おおが・じゅん　電気通信大学電気通信学部人間コミュニケーション学科教授(日典3)
大鋸時生　おおが・ときお「文楽」(国典)

大録　おおろく
大録義行　おおろく・よしゆき「水戸朋党の争い」筑波書林(日典3)

大頭　おおず；だいがしら；だいとう
大頭仁　おおず・ひとし　早稲田大学理工学部応用物理学科教授(日典)
大頭左兵衛　だいがしら・さひょうえ「舞の本 大頭本 3」天理大学出版部(JM)
大頭信義　だいとう・のぶよし　医師(日典)

大館　おおたち；おおだち；おおだて
大館謙三郎　おおたち・けんざぶろう　詩家, 志士(姓氏群馬)
大館謙三郎　おおだち・けんざぶろう　志士(日人)
大館四郎　おおだて・しろう　家士(日人)

[17]**大嶺　おおみね**
大嶺経達　おおみね・けいたつ　赤琉会メンバー(社史)
大嶺政寛　おおみね・せいかん　洋画家(日人)
大嶺政敏　おおみね・せいびん　洋画家(洋画)
大嶺俊順　おおみね・としのぶ　映画監督(映監)
大嶺美香　おおみね・みか　女優(映女)

大嶽　おおたけ
大嶽秀夫　おおたけ・ひでお　京都大学大学院法学研究科教授(現執4期)

大櫛　おおくし；おおぐし
大櫛江里加　おおくし・えりか　歌手(テレ)
大櫛静波　おおくし・せいは　俳人(四国文)
大櫛千里　おおぐし・ちさと「力いっぱい生きたい」清風堂書店出版部(日典3)
大櫛平三郎　おおぐし・へいざぶろう　蚕糸の研究, 指導者(熊本百)

[18]**大礒　おおいそ**
大礒武雄　おおいそ・たけお「はじめての妊娠はじめてのお産」大泉書店(日典3)
大礒哲雄　おおいそ・てつお　医師(日典3)
大礒敏雄　おおいそ・としお　栄養学者, 公衆衛生学者(近医)
大礒正美　おおいそ・まさよし　国際問題研究者(現執3期)
大礒義雄　おおいそ・よしお　俳諧史研究者(現執1期)

大藤　おおとう；おおふじ；だいとう
大藤時彦　おおとう・ときひこ　民俗学者(世紀)
大藤信郎　おおふじ・のぶろう　アニメーション作家(日人)
大藤治郎　だいとう・じろう　詩人, 新聞記者(現詩)

〔305〕

大鎌　おおかま；おおがま
大鎌淳正　おおかま・あつまさ　日本古札協会理事長(日典3)
大鎌邦雄　おおかま・くにお「日本とアジアの農業集落」清文堂出版(日典3)
大鎌淳正　おおがま・あつまさ「古銭語事典」日本貨幣商協同組合(JM)

大類　おおるい
大類賢一　おおるい・けんいち「LANtasticで始める超簡単パソコンLAN」サイビズ(日典3)
大類純　おおるい・じゅん　東洋哲学者(現執1期)
大類朋美　おおるい・ともみ　ピアニスト(演奏)
大類伸　おおるい・のぶる　歴史学者(コン4)
大類雅敏　おおるい・まさとし　教育アドバイザー(現執3期)

[20]**大巌　おおたけ；おおはざま**
大巌誠一　おおたけ・せいいち　大巌商店会長(日典)
大巌秀栄　おおはざま・しゅうえい　成蹊高校(現・成蹊大学)教授(日典)

大護　だいご
大護俊英　だいご・しゅんえい　政治家(現政)
大護八郎　だいご・はちろう　考古学・民俗学者(現執1期)

大鐘　おおかね；おおがね
大鐘一男　おおかね・かずま　三井生命保険専務(日典)
大鐘源太郎　おおかね・げんたろう　写真師(写家)
大鐘雅勝　おおがね・まさかつ　中学校教師(現執4期)
大鐘参夫　おおがね・みつお　香具師(アナ)

大饗　おおあえ
大饗仁堂〔1代〕　おおあえ・じんどう　陶芸家(美工)
大饗仁堂〔2代〕　おおあえ・じんどう　陶芸家(美工)

[21]**大鶴　おおずる；おおつる**
大鶴九州男　おおずる・くすお　元・筑後市議会議長(日典)
大鶴典生　おおずる・のりお「綜説サンマの研究」水産庁調査研究部(日典3)
大鶴義丹　おおつる・ぎたん　俳優(小説)
大鶴文雄　おおつる・ふみお　政治家(現政)

[22]**大籠　おおこもり；おおごもり**
大籠康敬　おおこもり・やすたか「川の畔で」大籠照子(日典3)
大籠蘆雪　おおごもり・ろせつ　俳人(北海道文)

【305】 **太**

太　たい；ふとり
太倫基　たい・りんき「権力と裁判―韓国現代史への証言」本郷出版社(JM)
太憲一郎　ふとり・けんいちろう「意欲啓発で経営の明日を拓け」日本能率協会(日典3)

太庸吉　ふとり・ようきち「英文精読へのアプローチ」研究社（日典）

²太刀川　たちかわ
太刀川恭治　たちかわ・きょうじ　金属工学者（日人）
太刀川寛　たちかわ・ひろし　俳優（映男）
太刀川平治　たちかわ・へいじ　渡航者（渡航）
太刀川正樹　たちかわ・まさき　ルポライター（現執4期）
太刀川瑠璃子　たちかわ・るりこ　舞踊家（新芸）

太刀掛　たちかけ
太刀掛章夫　たちかけ・あやお「呂山詩鈔」呂山詩書刊行会（日典）
太刀掛重男　たちかけ・しげお「怡斎華甲賀詩集」大東和徳雄（日典）
太刀掛俊之　たちかけ・としゆき「大学人のための安全衛生管理ガイド」東京化学同人（日典）
太刀掛秀子　たちかけ・ひでこ　漫画家（世紀）
太刀掛呂山　たちかけ・ろざん　漢詩作家（詩歌）

³太川　たがわ
太川陽介　たがわ・ようすけ　俳優（テレ）

⁴太中　たなか；ふとなか
太中トシヤ　たなか・としや「きみにもできるよ！ お片づけのコツ」汐文社（日典）
太中弘　ふとなか・ひろし　日赤中央病院外科部長（国典）

太木　おおき；たき
太木裕子　おおき・ひろこ「ゼロからわかるHTML&CSS超入門」技術評論社（日典3）
太木光一　たき・こういち　食品産業評論家（現執2期）

⁵太古　たいこ；たこ
太古科子　たいこ・しなこ「人生の行き先を知らなければ行くべきところには行けない」新田茂樹（日典3）
太古隆治　たいこ・りゅうじ　和歌山工業高等専門学校助教授（日典3）
太古八郎　たこ・はちろう　タレント、プロボクサー（和モ）

太平　おおひら；たいへい；たいら
太平伊織　おおひら・いおり　亀田藩家老（秋田百）
太平サブロー　たいへい・さぶろー　漫才師、タレント（テレ）
太平栄子　たいら・えいこ　俳人（石川文）

太田尾　おおたお
太田尾勝治　おおたお・かつじ　昭和リース社長、協和銀行取締役（日典3）
太田尾純吉　おおたお・じゅんきち　宇宙開発事業団宇宙ステーショングループ次長・主任開発部員（日典3）
太田尾広治　おおたお・ひろじ　技師（土木）

太田良　おおたら
太田良元治　おおたら・もとじ　農民運動家（社史）

太田原　おおたはら；おおたわら
太田原珍朴　おおたはら・ちんぼく　不白流の茶人（姓氏岩手）

太田原豊一　おおたはら・とよいち　医学者、衛生学者（現情）
太田原明　おおたわら・あきら「天体観測ハンドブック」誠文堂新光社（日典3）
太田原豊一　おおたわら・とよいち　医学者、衛生学者（日人）

⁶太地　たいじ；たいち
太地亮　たいじ・あきら「海の彼方」山崎守雄（日典）
太地喜和子　たいち・きわこ　女優（日人）
太地次郎平　たいち・じろへい　植林家（姓氏愛知）

⁷太佐　たさ
太佐順　たさ・じゅん　作家（現執3期）
太佐豊春　たさ・とよはる　洋画家（日典）

太寿堂　たいじゅどう
太寿堂鼎　たいじゅどう・かなえ　国際公法学者（現執2期）
太寿堂真　たいじゅどう・まこと「非体制順応的知識人」御茶の水書房（日典）

⁹太垣　たがき
太垣和一郎　たがき・わいちろう　群馬大教授（国典）

太城　たしろ
太城桂子　たしろ・けいこ「語彙・造語」大学書林（日典）
太城敬良　たしろ・たから「右脳力がグングンupするマジカル・アイmini」宝島社（日典3）
太城力良　たしろ・ちから「麻酔看護の基本Q&A50」メディカ出版（日典3）
太城藤吉　たしろ・とうきち　心理学者（心理）

太神　おおが
太神和好　おおが・かずよし　教育者（大分歴）
太神秀一朗　おおが・しゅういちろう「川村矯一郎」梓書院（日典3）

¹⁰太原　おおはら；たはら
太原三四二　おおはら・みよじ　下谷病院副院長（国典）
太原育夫　たはら・いくお　東京理科大理工学部教授（日典3）
太原順三　たはら・じゅんぞう　群馬県出納長（群馬人）

太根　たね
太根啓山　たね・けいざん　書家（日典3）
太根節直　たね・さだなお「眼科の超音波診断と治療」金原出版（日典3）

太秦　うずまさ
太秦清　うずまさ・きよし「知の構造汚染」藤原書店（日典3）
太秦供康　うずまさ・ともやす　華族（日人）
太秦女良夫　うずまさ・めらお「石取」卯辰山文庫（日典）
太秦康光　うずまさ・やすみつ　温泉研究の権威（札幌）
太秦由美子　うずまさ・ゆみこ　歌人（日典3）

¹¹太細　ださい
太細孝　ださい・たかし「Prolog入門」啓学出版（日典）

大部（天）

太野　おおの；たの
　太野よし子　おおの・よしこ　編集者（日典）
　太野祺郎　たの・よしろう（日典）

¹²太期　たいご；だいご
　太期啓太郎　たいご・けいたろう　国際商大教授（国典）
　太期俊三　たいご・としぞう　明治製菓売店社長（日典）
　太期健三郎　だいご・けんざぶろう「仕事が10倍速くなるビジネス思考が身につく本」明日香出版社（日典3）
　太期喬也　だいご・たかや　将棋観戦記者（日典）

太賀　たいが；たが
　太賀麻сао　たいが・あさお「5000人抱いた男の無重力セックス」イースト・プレス（日典3）
　太賀正　たいが・ただし　洋画家（洋画）
　太賀正　たが・しょう　挿絵画家,装丁家（日児）

¹⁴太皷地　たひち
　太皷地隆峰　たひち・りゅうほう　水墨画家（日典）

¹⁵太幡　たばた
　太幡利一　たばた・としかず　昭和薬科大学薬学部薬学科教授（日典3）

¹⁸太藤　おおふじ；たいとう
　太藤重夫　おおふじ・しげお　医師（日典）
　太藤順海　たいとう・じゅんかい　僧侶（真宗）
　太藤順誼　たいとう・よしむ　僧侶（日典）

【306】天

天　あま；てん
　天ふみ　あま・ふみ「遙かなる空―歌集」天ふみ（JM）
　天翔馬　てん・しょうま「北の馬券師―札幌競馬場で1億円稼いだ男の凄いテクニック」ベストセラーズ（JM）

³天上　あまかみ；てんじょう
　天上十印　あまかみ・じゅういん「神炎暗黒神剣伝」明窓出版（日典3）
　天上勝恵　てんじょう・かつえ　歌手（日典3）
　天上昇　てんじょう・のぼる　音楽家（日典3）

天久　あまく；あまひさ；あめく
　天久佐信　あまく・さしん「み手に伴われ」聖フランシスコ・ザベリオ教会（日典3）
　天久聖一　あまひさ・まさかず　漫画家,イラストレーター（漫人）
　天久朝正　あめく・ちょうせい　政治家（姓氏沖縄）

天土　あまと
　天土松太郎　あまと・まつたろう　社会運動家（アナ）

天川　あまかわ；あまがわ；てかわ；てんかわ
　天川恵三郎　あまかわ・けいざぶろう　社会運動家（日典）
　天川悦子　あまがわ・えつこ　アーバンビジネススクール院長（日典）
　天川貴　てかわ・たかし　天川組専務（日典）

天川彩　てんかわ・あや「タイヨウのうた」SDP,ソニー・マガジンズ（発売）（日典3）

⁴天井　あまい；てんじょう
　天井三郎　あまい・さぶろう「原子核理論」（国典）
　天井天外　あまい・てんがい　新聞記者（社史）
　天井勝海　てんじょう・かつみ　東京都立桐ケ丘高等学校校長（日典3）
　天井陸三　てんじょう・りくぞう「美術を学ぶ」（国典）

天内　あまうち；あまない
　天内広　あまうち・ひろし「診療放射線業務の医療安全テキスト」文光堂（日典3）
　天内建夫　あまない・たてお　八戸クラブ（バスケットボールチーム）監督（日典3）
　天内浪史　あまない・ろうし　歌人（青森人）

天方　あまかた；あまがた
　天方幸子　あまかた・さちこ「おしゃれなマンション暮らし術」PHP研究所（日典3）
　天方義邦　あまかた・よしくに　滋賀医科大学医学部教授（日典）
　天方直実　あまがた・なおみ　歌手（テレ）
　天方晴子　あまがた・はるこ「「ほどよい不便」がいちばん幸せ」小学館（日典3）

天日　てんにち
　天日謙作　てんにち・けんさく　バスケットボールヘッドコーチ（大阪エヴェッサ）（日典3）
　天日光一　てんにち・こういち　通産官僚（世紀）
　天日仁太郎　てんにち・にたろう　宮大工（美建）
　天日三知夫　てんにち・みちお　金沢工業高等専門学校助教授（日典3）

天木　あまき；あまぎ；あみき
　天木一太　あまき・いちた　医師（近医）
　天木義抽　あまぎ・よしひで　農民（幕末）
　天木信志　あみき・しんじ「だれにだってできないことはある。だから、ぼくは絶対にネヴァー・ダウン！」あい出版（日典3）

天毛　てんもう
　天毛政吉　てんもう・まさきち　水夫（洋学）

天牛　てんぎゅう
　天牛勇　てんぎゅう・いさむ　天牛本店社長（日典3）
　天牛新一郎　てんぎゅう・しんいちろう　古書店主（日人）
　天牛将富　てんぎゅう・まさとみ「衛生兵物語」関西図書出版（日典3）

⁵天外　てんがい；てんげ
　天外孤独　てんがい・こどく「私に何か言わせてもらえたら」新風舎（JM）
　天外伺朗　てんげ・しろう　科学技術評論家（現執3期）

天平　あまひら；てんびょう
　天平元一　あまひら・もとかず「釜ケ崎変遷史」夏の書房（日典3）
　天平大雅　てんびょう・たいが「三国志！」マリア書房（日典3）

天田　あまた；あまだ；てんだ
　天田愚庵　あまた・ぐあん　歌人,漢詩人,僧（滋賀文）

天田愚庵　あまだ・ぐあん　歌人, 漢詩人, 僧(コン5)
天田繋　てんだ・つなぐ　作曲家, 指揮者, 音楽学(教会音楽史)(音人3)

天白　てんぱく
天白義曄　てんぱく・ぎよう　浄妙寺(真宗大谷派)住職(日典3)
天白成一　てんぱく・せいいち　アルカディア社長(日典3)
天白文智　てんぱく・ぶんち　僧侶(真宗)

⁶天地　あまち
天地海山　あまち・かいざん「子孫に贈る子守唄」ダブルネット(日典3)
天地仁　あまち・じん「推理捕物クイズ110番」梧桐書院
天地瑞泉　あまち・ずいせん　神霊術者(日典3)
天地総子　あまち・ふさこ　女優(テレ)
天地真理　あまち・まり　女優(和モ)

天江　あまえ
天江勘兵衛　あまえ・かんべえ　酒造業(姓氏宮城)
天江喜七郎　あまえ・きしちろう　国立京都国際会館館長(日典3)
天江恵子　あまえ・けいこ　ハープ奏者(日典3)
天江冨弥　あまえ・とみや　児童文化研究家(日人)

天池　あまいけ；あまち
天池健治　あまいけ・けんじ「図解・表解確定申告書の記載チェックポイント」中央経済社(日典3)
天池清水　あまいけ・せいじ　労働運動家(コン5)
天池真佐雄　あまち・まさお　ピアニスト(新芸)

天羽　あまう；あまは；あもう
天羽民雄　あまう・たみお　外交官(現執3期)
天羽四郎　あまは・しろう　映画撮影監督(映人)
天羽英二　あもう・えいじ　外交官(コン4)

天羽生　あもう
天羽生香　あもう・かおる　岡山大学医学部教授(科学)
天羽生岐城　あもう・きじょう　儒者(徳島歴)

⁷天児　あまがつ；あまこ；あまご
天児牛大　あまがつ・うしお　舞踏家(日人)
天児慧　あまこ・さとし　政治学者(現執4期)
天児民恵　あまご・たみえ　医師(渡航)

天利　あまり
天利俊一　あまり・しゅんいち　数理工学者(現朝)
天利信司　あまり・しんじ「神のすばらしい創造」ブックコム(日典3)
天利長三　あまり・ちょうぞう　経済学者(現執2期)
天利秀雄　あまり・ひでお　僧, 教育者, 桐生文化史談会長(群馬人)
天利宏　あまり・ひろし　海外実業家(神奈川人)

天坂　あまさか；てんさか
天坂格郎　あまさか・かくろう　青山学院大学理工学部経営システム工学科教授(日典3)
天坂信治　あまさか・のぶはる「おうちでコーヒー焙煎」旭屋出版(日典3)
天坂辰雄　てんさか・たつお「知って得をする婦人の法律常識」立花書房(日典3)

天坊　てんぼう
天坊昭彦　てんぼう・あきひこ　出光興産会長, 石油連盟会長(日典3)
天坊裕彦　てんぼう・ひろひこ　政治家(政治)
天坊昌彦　てんぼう・まさひこ　陶芸家(陶工)
天坊幸彦　てんぼう・ゆきひこ「高槻通史」高槻市(日典3)
天坊吉彦　てんぼう・よしひこ「図解ABC/ABM」東洋経済新報社(日典3)

天尾　あまお
天尾完次　あまお・かんじ　映画プロデューサー(映人)
天尾弘実　あまお・ひろみ「眼科学」メディカルサイエンス社(日典3)
天尾豊　あまお・ゆたか「基礎からわかる生物化学」森北出版(日典3)

天沢　あまさわ；あまざわ
天沢彰　あまさわ・あきら　漫画原作者(幻想)
天沢退二郎　あまさわ・たいじろう　詩人, 評論家(児作)
天沢啓子　あまざわ・けいこ「ヒマラヤの詩」花神社(日典3)
天沢退二郎　あまざわ・たいじろう　詩人, 評論家(日人)

天谷　あまがい；あまがや；あまたに；あまや
天谷章吾　あまがい・しょうご　日本経済史専門家(現執2期)
天谷信介　あまがや・しんすけ「成功する発明虎の巻」日本地域社会研究所(日典3)
天谷千松　あまたに・せんしょう　医学者(姓氏京都)
天谷直弘　あまや・なおひろ　経済評論家(日人)

天貝　あまかい；あまがい
天貝正幸　あまかい・まさゆき「船内給食の実務」海文堂出版(日典3)
天貝由美子　あまがい・ゆみこ　臨床心理士(日典3)
天貝義教　あまがい・よしのり　秋田公立美術工芸短期大学産業デザイン学科助教授(日典3)

天辰　あまたつ；あまだつ；てんしん
天辰克己　あまたつ・かつみ「北陸の稲作」富民協会出版部(日典3)
天辰正守　あまだつ・まさもり　裁判官, 弁護士, 政治家(姓氏鹿児島)
天辰むつ季　てんしん・むつき「懐ゲーキャラ名鑑」キルタイムコミュニケーション(日典3)

天里　あまさと；あまざと；あまり
天里勝成　あまさと・かつなり　天勝会長, 室蘭商工会議所会頭(日典3)
天里文次　あまざと・ぶんじ「生命の灯火」彩雲出版, 星雲社(発売)(日典3)

大部(天)　　　　　　　　　　　　　　　　　　　　　〔306〕

天里亮　あまり・りょう「企業Webサイトのお作法」九天社(日典3)

8天岡　あまおか
天岡宇津彦　あまおか・うつひこ　俳人(日典3)
天岡均一　あまおか・きんいち　彫刻家(日人)
天岡直嘉　あまおか・なおよし　官僚(日人)
天岡秀雄　あまおか・ひでお　経営コンサルタント(日典3)

天岸　あまぎし
天岸季寧　あまぎし・きねい　松山藩医(愛媛百)
天岸浄円　あまぎし・じょうえん「如来のはたらきと報恩のこころ」自照社出版(日典3)
天岸太郎　あまぎし・たろう　医師(日典3)
天岸敏介　あまぎし・としすけ　医師(近医)
天岸正男　あまぎし・まさお　泉佐野市役所(日典3)

天岬　あまくき
天岬接三　あまくき・せっさん「白隠禅師坐禅和讃」(国典)
天岬接三　あまくき・せっさん　僧(姓氏愛知)

天明　てんみょう；てんめい
天明晃太郎　てんみょう・こうたろう「甘食心中」光栄(日典3)
天明佳臣　てんみょう・よしおみ　医師(日人)
天明愛吉　てんめい・あいきち　俳優(日典3)

天林　てんばやし
天林常雄　てんばやし・つねお　医療法人日心会「一心病院」副院長(人情)

天知　あまち
天知茂　あまち・しげる　俳優(日人)
天知俊一　あまち・しゅんいち　プロ野球監督(日人)
天知壮三　あまち・そうぞう「映画と歩けばサッポロは」みやま書房(日典3)
天知童夢　あまち・どーむ「幻の少女」レゼトワール出版(日典3)
天知光高　あまち・みつたか「思い込み」浪速社(日典3)

9天保　あまやす；てんぽ；てんぼう
天保英明　あまやす・ひであき「現代社会のうつ病」至文堂(日典3)
天保正一　あまぽ・しょういち　杜氏(日典3)
天保銭人　てんぼう・せんにん　狂詩家(日典3)

天城　あまき；あまぎ；しど
天城映　あまき・えい　占術研究家(日典)
天城勲　あまぎ・いさお　官僚(日人)
天城千愁　しど・せんしゅう(日典)

天彦　あまひこ
天彦五男　あまひこ・いつお　詩人(日典)

天春　あまかす；あまがす
天春文衛　あまかす・ふみえ　政治家(世紀)
天春厚三　あまがす・こうぞう　住友特殊金属専務(日典3)
天春文衛　あまがす・ぶんえい　政治家(日人)

天海　あまかい；あまがい；あまみ；てんかい
天海謙三郎　あまかい・けんざぶろう「中国土地文書の研究」勁草書房(書籍)
天海浜吉　あまがい・はまきち　政治家(栃木歴)
天海祐希　あまみ・ゆうき　女優(日映女)
天海源一郎　てんかい・げんいちろう「株！プチリッチ生活！」明日香出版社(日典3)

天草　あまくさ；てんそう
天草四郎　あまくさ・しろう　俳優(新芸)
天草神来　あまくさ・しんらい　日本画家(美家)
天草美花　てんそう・みはな「頬美の世界(天)―マリーナーサー(犬)との出会い」近代文芸社(JM)

10天原　あまがはら；あまはら
天原一精　あまがはら・いっせい「ハヤト」明窓出版(日典3)
天原聖海　あまはら・きよみ「ジャッジメント/Q」講談社(日典3)
天原ふおん　あまはら・ふおん　漫画家(漫人)

天宮　あまみや；あめみや；てんぐう
天宮良　あまみや・りょう　俳優(テレ)
天宮美智子　あめみや・みちこ「戦士の腕の中で」ハーレクイン(日典3)
天宮レナ　てんぐう・れな　漫画家(漫人)

天流　あまる；てんりゅう
天流桂子　あまる・かつらこ「白銀の剣姫」エンタープレイン(日典3)
天流仁志　てんりゅう・ひとし「東大基礎力養成中学生のための勉強法」ディスカヴァー・トゥエンティワン(日典3)

天畠　あまはた；てんばた
天畠一郎　あまはた・いちろう「1930年代・回帰か終焉か」社会評論社(日典3)
天畠徹也　てんばた・てつや「真の教育が日本を救う」MBC21(日典3)

天馬館　てんまだて
天馬館ルミ子　てんまだて・るみこ　歌手(日典)

11天埜　あまの
天埜裕文　あまの・ひろふみ　小説家(日典3)
天埜良吉　あまの・りょうきち　政治家(日人)

天崎　あまさき；あまざき
天崎瑛二　あまさき・えいじ「Word 2002パーフェクトマスター」秀和システム(日典3)
天崎カケル　あまさき・かける「痴漢サークル」パラダイム(日典3)
天崎啓一　あまざき・けいいち「上司にさすが！と言わせる部下の仕事術」遊タイム出版(日典3)
天崎弘　あまざき・ひろし　空知農民連合(北海道)書記長(日典)

天笠　あまがさ
天笠義一　あまがさ・ぎいち　洋画家,挿絵画家(児人)
天笠啓祐　あまがさ・けいすけ　ジャーナリスト,科学技術評論家(世紀)
天笠才寿　あまがさ・さいじゅ　地歌・箏曲家(日人)
天笠昇平　あまがさ・しょうへい　政治家(群馬人)

天笠忠寿　あまがさ・ただひさ　日本共産党東京市委員会メンバー（社史）

天野　あまの；てんの
天野為之　あまの・ためゆき　経済学者,政治家（コン5）
天野貞祐　あまの・ていゆう　哲学者,教育家（コン4）
天野文堂　てんの・ぶんどう　漆芸家（石川百）
天野わかの　てんの・わかの　漆芸家（日人）

12天堤　あまずつみ
天堤一郎　あまずつみ・いちろう　「蝦蟇の記」天堤秀郎（日典3）

天晶　あまあき；てんしょう
天晶武雄　あまあき・たけお　医師（日典3）
天晶寿　あまあき・ひさし　「標準洋書目録法」（国典）
天晶礼乃　てんしょう・あやの　「幸せになる！パワーストーンハンドブック」池田書店（日典3）

天満　てんま
天満敦子　てんま・あつこ　ヴァイオリニスト（演奏）
天満修　てんま・おさむ　「経験的共育論」創栄出版（日典3）
天満和人　てんま・かずと　「神経筋疾患の検査と評価」医歯薬出版（日典3）
天満美智子　てんま・みちこ　英語学者（YA）
天満芳太郎　てんま・よしたろう　社会運動家（社史）

天達　あまたつ；あまだつ
天達武史　あまたつ・たけし　気象予報士（日典3）
天達忠雄　あまたつ・ただお　明治学院大教授（人情）
天達美代子　あまだつ・みよこ　歌手（日典3）

天道　あまじ；てんどう
天道グミ　あまじ・ぐみ　「ヘルズキッチン」講談社（日典3）
天道佐津子　てんどう・さつこ　全国学校図書館協議会理事（社史）
天道正人　てんどう・まさと　三菱造船所本工場工具（社史）

天間　てんま
天間成一　てんま・せいいち　上久保小学校（三沢市）校長（日典3）
天間征　てんま・ただし　農業経営学者（現執3期）
天間敏広　てんま・としひろ　映画監督（映）

13天照　あまてる；てんしょう
天照国彦　あまてる・くにひこ　「地上天国の建設」（国典）
天照八紘　てんしょう・やこう　観音健康回復道場天照堂主幹（日典）

天路　あまじ
天路圭子　あまじ・けいこ　女優（映女）
天路悠一郎　あまじ・ゆういちろう　「あとの祭り」思潮社（日典3）

18天藤　あまふじ；てんどう
天藤勝　あまふじ・まさる　久留米工業高等専門学校教授（日典）
天藤明　てんどう・あきら　朝日新聞記者（日典3）
天藤真　てんどう・しん　推理作家（日人）

19天願　てんがん
天願健雄　てんがん・けんゆう　政治家（姓氏沖縄）
天願泰次郎　てんがん・たいじろう　政治家（姓氏沖縄）
天願大介　てんがん・だいすけ　映画監督（映人）
天願朝行　てんがん・ちょうこう　政治家（姓氏沖縄）
天願貞順　てんがん・ていじゅん　喜舎場・具志川両小学校長,奏任官（姓氏沖縄）

【307】　夫

夫　ふ
夫太男　ふ・なりお　ブリッジコーポレーション代表取締役（日典）

10夫馬　ふま
夫馬勲　ふま・いさお　写真家（写人）
夫馬一成　ふま・かずなり　イビデン常務（日典3）
夫馬佳代子　ふま・かよこ　「衣服改良運動と服装改善運動」家政教育社（日典3）
夫馬加代子　ふま・かよこ　岐阜大学教育学部助教授（日典3）
夫馬進　ふま・すすむ　東洋史学者（日人）

【308】　央

央　なか；なかば
央彦市　なか・ひこいち　農民（社史）
央忠邦　なかば・ただくに　朝日新聞記者（国典）

【309】　夷

4夷井　えびすい
夷井富得　えびすい・とみえ　社会労働運動家（高知人）
夷井富得　えびすい・ふとく　雑貨商（社史）

5夷石　いせき；いぜき
夷石多賀子　いせき・たかこ　「悪質商法vs消費者力を見る目に確かさを」成文堂（日典3）
夷石隆寿　いぜき・たかとし　「若葉会と私」満鉄若葉会（日典3）

7夷谷　いたに
夷谷広政　いたに・ひろまさ　会計学者（現執2期）

18夷藤　いとう；えとう
夷藤勇人　いとう・はやと　「Eclipseパーフェクトマニュアルベストセレクション」技術評論社（日典3）

大部（奈，奥）

夷藤民子　えとう・たみこ　劇団「たんぽぽ」団長，札幌市白石区婦人交通指導員（日典3）

【310】 奈

³奈三　なみ
奈三恭子　なみ・きょうこ　女優（人情）

⁴奈切　なきり
奈切哲夫　なきり・てつお　詩人（現詩）
奈切敏郎　なきり・としお　チェロ奏者，指揮者（音人）

奈月　なずき；なつき
奈月ひかる　なずき・ひかる　「あおもり力士よもやま話」北の街社（日典3）
奈月ひろ子　なずき・ひろこ　女優（映女）
奈月ひろ子　なつき・ひろこ　女優（日典3）
奈月ゆう　なつき・ゆう　看護士（YA）

⁵奈加　なか
奈加敬三　なか・けいぞう　詩人（現詩）
奈加摩耶子　なか・まやこ　「潮流」文学の森（日典3）

⁷奈佐　なさ
奈佐健臣　なさ・けんじ　俳優（日典3）
奈佐誠司　なさ・せいじ　車椅子ダンサー（日典3）
奈佐忠行　なさ・ただゆき　地質学者（日人）
奈佐吉久　なさ・よしひさ　「機能形態学演習」京都広川書店

奈良坂　ならさか；ならざか
奈良坂源一郎　ならさか・げんいちろう　解剖学者（姓氏宮城）
奈良坂智子　ならさか・ともこ　グラフィックデザイナー，挿絵画家（児人）
奈良坂篤　ならざか・あつし　俳優（映男）

奈良部　ならぶ；ならべ
奈良部照子　ならぶ・てるこ　茨城県立下館第二高校教諭（日典）
奈良部理　ならべ・おさむ　北海道教育大学名誉教授（日典）
奈良部定治郎　ならべ・ていじろう　弓道家，弓道錬士（弓道）

奈良場　ならば
奈良場恒美　ならば・つねみ　ピアニスト（音人3）
奈良場勝　ならば・まさる　「近世易学研究」おうふう（日典3）

⁸奈河　なか；なかわ；ながわ
奈河至　なか・いたる　「地表の喜劇」（国典）
奈河彰輔　なかわ・しょうすけ　歌舞伎役者，演出家（日人）
奈河三津助　ながわ・みつすけ　歌舞伎作者（歌舞伎）

奈波　ななみ；なわ
奈波はるか　ななみ・はるか　小説家（日典3）
奈波美文　なわ・よしふみ　近畿日本鉄道専務（日典）

¹⁰奈倉　なくら；なぐら
奈倉梧月　なくら・ごげつ　俳人（俳文）
奈倉哲三　なくら・てつぞう　「絵解き幕末諷刺画と天皇」柏書房（日典3）
奈倉梧月　なぐら・ごげつ　俳人（島根歴）
奈倉道隆　なぐら・みちたか　医師，僧侶（現執4期）

奈浦　なうら
奈浦なほ　なうら・なほ　劇作家，エッセイスト（現執3期）

¹²奈街　なまち
奈街三郎　なまち・さぶろう　児童文学作家（日人）

奈賀　なか；なが
奈賀博史　なか・ひろふみ　「盲たるもの」檸檬社（日典3）
奈賀正明　なか・まさあき　大阪大学名誉教授（日典3）
奈賀悟　なが・さとる　新聞記者（日典）

奈須川　なすかわ；なすがわ
奈須川光宝　なすかわ・みつとみ　自由民権の運動家（青森人）
奈須川光宝　なすがわ・みつとみ　政治家（日典3）

奈須田　なすた；なすだ
奈須田鎮雄　なすた・しずお　「循環器疾患の理学療法」医歯薬出版（日典3）
奈須田和彦　なすだ・かずひこ　福井県立短期大学教授，芦原町（福井県）町長（日典3）
奈須田敬　なすだ・けい　出版人（出文）

【311】 奥

奥　おく；おくの
奥むめお　おく・むめお　女性運動家（コン4）
奥保鞏　おく・やすかた　陸軍軍人（コン5）
奥貴雄　おくの・たかお　法学者（現執1期）

³奥土居　おくどい
奥土居帥心　おくどい・すいしん　「世直し処方せん」鳥影社（日典3）
奥土居美可　おくどい・みか　歌手（テレ）

奥山　おくのやま；おくやま
奥山伸　おくのやま・しん　社会運動家（アナ）
奥山儀八郎　おくやま・ぎはちろう　版画家（日人5）
奥山朝恭　おくやま・ともやす　作曲家（日人）

奥川　おくかわ；おくがわ
奥川忠右衛門〔1代〕　おくかわ・ちゅうえもん　陶芸家（美工）
奥川平一　おくかわ・へいいち　教育家（姓氏京都）
奥川清　おくがわ・きよし　能舞研究の先駆者（青森人）
奥川忠右衛門　おくがわ・ちゅうえもん　陶芸家（陶工）

⁴奥戸　おくと；おくど
奥戸新三　おくと・しんぞう　弁護士（日典3）

奥戸善之助　おくと・ぜんのすけ　弁護士(日人)
奥戸武　おくど・たけし　元東京銀行監査役(日典)
奥戸雄二　おくど・ゆうじ　名古屋市立大学大学院システム自然科学研究科教授(日典3)

奥手　おくで
奥手三郎　おくで・さぶろう　古書店経営者,政治問題研究会札幌支部メンバー(社史)

[5]奥出　おくで
奥出阜義　おくで・あつよし「ハンニバルに学ぶ戦略思考」ダイヤモンド社(日典3)
奥出健　おくで・けん「保田与重郎書誌」笠間書院(書籍)
奥出寿泉　おくで・じゅせん　漆芸家(石川百)
奥出善一　おくで・ぜんいち　大阪市電自助会メンバー(社史)
奥出直人　おくで・なおひと　文化人類学者(現執4期)

奥平　おくだいら；おくひら
奥平昌邁　おくだいら・まさゆき　政治家(日人)
奥平康弘　おくだいら・やすひろ　憲法学者(日人)
奥平厚洋　おくひら・あつひろ　小学校教師(日典3)
奥平春自　おくひら・しゅんじ　平良町労働組合責任者(社史)

奥田　おくた；おくだ
奥田きわ　おくた・きわ「吾亦紅」りんどう発行所(日典3)
奥田順蔵　おくた・じゅんぞう　政治家(青森人)
奥田継夫　おくだ・つぐお　児童文学作家,翻訳家(日人)
奥田良三　おくだ・りょうぞう　政治家(日人)

[6]奥地　おくち
奥地圭子　おくち・けいこ　小学校教師(現執4期)
奥地重雄　おくち・しげお　矢切塾長(日典3)
奥地正　おくち・しょう　経済学者(現執1期)
奥地博之進　おくち・ひろのしん「セッティング・ブロー」女性モード社(日典3)
奥地幹雄　おくち・みきお「財団法人同盟育成会七十年史」同盟育成会(日典3)

[7]奥住　おくすみ；おくずみ
奥住元一　おくすみ・もといち「問題詳解線形代数」内田老鶴圃新社(JM)
奥住金兵衛　おくずみ・きんべえ　伸銅業経営者(埼玉人)
奥住正道　おくずみ・まさみち　経営コンサルタント(現執4期)

奥坂　おくさか；おくざか
奥坂一夫　おくさか・かずお　元・石原産業取締役(日人)
奥坂まや　おくさか・まや　俳人(現俳)
奥坂まや　おくざか・まや「列柱」花神社(JM)

奥沢　おくさわ；おくざわ
奥沢敦司　おくさわ・あつし　ジャーナリスト(日典3)
奥沢良雄　おくさわ・よしお　非行・青年・児童心理学者(現執2期)
奥沢市蔵　おくさわ・いちぞう　神道無念流剣術家(埼玉人)
奥沢庄平　おくさわ・しょうへい　実業家(日人)

奥谷　おくたに；おくや
奥谷松治　おくたに・まつじ　消費組合運動家(日人)
奥谷礼子　おくたに・れいこ　実業家(日人)
奥谷かひろ　おくや・かひろ　漫画家(YA)
奥谷佳子　おくや・けいこ　絵本作家(児人)

奥里　おくさと；おくざと
奥里将俊　おくさと・まさとし　沖縄県商工連合会副会長(日典)
奥里将建　おくざと・しょうけん　国語学者(日人)
奥里須枝子　おくざと・すえこ　歌人(日典3)

[8]奥所　おくしょ；おくじょ
奥所一男　おくしょ・かずお「救世主の出現と地上天国」(国典)
奥所台厳　おくしょ・たいごん　著述家(日典3)
奥所侯治　おくじょ・きみはる「地上天国の建設に向かって」新生出版(日典3)

[9]奥城　おくじょう；おくしろ
奥城昭一郎　おくじょう・しょういちろう　コンサルティングオフィスおくじょう代表(日典3)
奥城良治　おくしろ・よしはる　日本セールス研修センター社長(日典)

奥泉　おくいずみ
奥泉栄三郎　おくいずみ・えいざぶろう　図書館学者(現執2期)
奥泉和久　おくいずみ・かずひさ「近代日本公共図書館年表」日本図書館協会(日典3)
奥泉清　おくいずみ・きよし「90年代の世界経済」創風社(日典3)
奥泉光　おくいずみ・ひかる　小説家(日人)
奥泉元晟　おくいずみ・もとあき　グラフィックデザイナー(児人)

奥津　おくず；おくつ
奥津千代　おくず・ちよ　歌人(国典)
奥津ゆかり　おくず・ゆかり「玻璃蝶」白地社(日典3)
奥津彦重　おくつ・ひこしげ　ドイツ文学者(滋賀文)
奥津文夫　おくつ・ふみお　英語学者(現執3期)

奥洞　おくどう；おくぼら
奥洞弘重　おくどう・ひろしげ　平民社関係者(社史)
奥洞実　おくぼら・みのる　大阪簡裁判事(日典3)
奥洞元治　おくぼら・もとはる　元・北野建設専務(日典)

奥秋　おくあき
奥秋晟　おくあき・あきら「なるほど統計学とおどろきExcel統計処理」医学図書出版(日典3)
奥秋恵次　おくあき・けいじ　山梨県議(自民党)(日典3)

女部（女,奴,好）

奥秋貴子　おくあき・たかこ　「サンマルテンジクフィットピーツ」ラトルズ（日典3）
奥秋為公　おくあき・ためきみ　警察庁東北管区警察局長（日典3）
奥秋義信　おくあき・よしのぶ　評論家（現執4期）

[10]奥宮　おくのみや；おくみや
奥宮健之　おくのみや・けんし　社会運動家（コン5）
奥宮慥斎　おくのみや・ぞうさい　致道館教授（コン4）
奥宮健之　おくみや・けんし　社会運動家（履歴）
奥宮正武　おくみや・まさたけ　軍人（陸海）

奥島　おくしま；おくじま
奥島欣人　おくしま・きんじん　歌人（愛知百）
奥島孝康　おくしま・たかやす　法学者（現執4期）
奥島貫一郎　おくじま・かんいちろう　医学者（岡山歴）
奥島欣人　おくじま・きんじん　歌人（姓氏愛知）

[11]奥菜　おきな
奥菜秀次　おきな・ひでじ　フリーライター（日典3）
奥菜恵　おきな・めぐみ　女優（テレ）

奥野　おうの；おくの
奥野十香　おうの・とおか　「雨格子の館」マッグガーデン（日典3）
奥野健男　おくの・たけお　文芸評論家（日人）
奥野昌綱　おくの・まさつな　幕臣,牧師（コン4）

[12]奥隅　おくずみ
奥隅栄喜　おくずみ・えいき　経営学者（現執1期）

[13]奥園　おくその；おくぞの
奥園佐吉　おくその・さきち　「牛歩千里」OX会連合会（日典3）
奥園誠之　おくぞの・せいし　九州産業大学工学部教授（日典3）
奥園寿子　おくぞの・としこ　「ふだん着の虫草あそび」農山漁村文化協会（日典3）

[16]奥薗　おくその；おくぞの
奥薗清　おくその・きよし　奥村組常務（日典）
奥薗隆司　おくぞの・たかし　「OpenCL入門」秀和システム（日典3）
奥薗寿子　おくぞの・としこ　料理研究家,フリーライター（日典3）

[17]奥磯　おくいそ
奥磯栄麓　おくいそ・えいろく　陶芸家（美工）
奥磯太覚　おくいそ・たいかく　陶芸家（陶工）
奥磯照子　おくいそ・てるこ　陶芸家（陶工）

[18]奥藤　おくとう；おくどう
奥藤小僑恵　おくとう・こずえ　「雪に翔つ」柊書房（日典）
奥藤早苗　おくどう・さなえ　武蔵野音大講師（日典）

[19]奥瀬　おくせ；おくのせ
奥瀬英三　おくせ・えいぞう　洋画家（日人）
奥瀬サキ　おくせ・さき　漫画家（幻想）

奥瀬一学　おくのせ・いちがく　弘前藩士=近世（人名1）

女部

【312】 女

[3]女子分　じょしぶん
女子分花子　じょしぶん・はなこ　宮崎県佐土原町立広瀬小学校教諭（日典）

[9]女屋　おなや
女屋織登　おなや・おりと　政治家（群馬人）
女屋覚元　おなや・かくもと　群馬県副知事（日典）
女屋かづ子　おなや・かずこ　「言問ひ」短歌新聞社（日典3）
女屋勘左衛門　おなや・かんざえもん　版画家,大学講師（世紀）
女屋実和子　おなや・みわこ　女優（和モ）

女美川　めみがわ
女美川信　めみがわ・しん　「オトコの笑談」（国典）

[11]女鹿　めが
女鹿勇　めが・いさむ　故実家・藩士（国書）
女鹿佐織　めが・さおり　教育者（青森人）
女鹿淳　めが・じゅん　小学校教諭（国典）

【313】 奴

[5]奴田原　ぬたはら
奴田原惇郎　ぬたはら・あつお　経営コンサルタント（日典3）
奴田原紀久雄　ぬたはら・きくお　「よくわかる腎・泌尿器超音波アトラス」井上書林（日典3）
奴田原紅雨　ぬたはら・こうう　新川柳作家（四国文）
奴田原輝子　ぬたはら・てるこ　元・小学校教師（日典3）
奴田原睦明　ぬたはら・のぶあき　アラビア語学者（現執3期）

[12]奴賀　ぬか
奴賀直　ぬか・ただし　香川県出納長（日典）

【314】 好

[4]好井　よしい
好井一美　よしい・かずみ　日本農民組合香川県連書記,日本農民組合青年部常任委員（社史）
好井潤一　よしい・じゅんいち　ヨシイバレエ芸術学園園長（日典3）
好井信子　よしい・のぶこ　「風の吹くまま」澪標（日典3）
好井久雄　よしい・ひさお　「食品微生物学ハンドブック」技報堂出版（日典3）
好井ひとみ　よしい・ひとみ　女優（日典3）

女部(如,妃,妙,妣,妻)

⁵好田　こうだ；よしだ
　好田観太郎　こうだ・かんたろう　日本生命保険取締役(日典3)
　好田順治　こうだ・じゅんじ　元・宝塚造形芸術大学教授(日典)
　好田光伊　よしだ・こうい　城西消費購買組合組合員(社史)

⁶好地　こうち
　好地伸　こうち・のぼる　宮内庁修補師長補(日典3)
　好地由太郎　こうち・よしたろう　キリスト者(キリ)

⁷好村　こうむら；よしむら
　好村滋洋　こうむら・しげひろ　「量子力学」筑摩書房(日典)
　好村冨士彦　こうむら・ふじひこ　ドイツ文学者(平和)
　好村勇　よしむら・いさむ　「たたなづく山青く」岩国商業高等学校同窓会(日典3)
　好村兼一　よしむら・けんいち　剣道指導者,小説家(日典3)

⁸好並　よしなみ
　好並英司　よしなみ・えいじ　哲学者(現執2期)
　好並隆司　よしなみ・たかし　中国古代史学者(現執2期)

⁹好美　よしみ
　好美清光　よしみ・せいこう　民法学者(現執2期)
　好美のぼる　よしみ・のぼる　漫画家,紙細工研究家(幻想)

【315】　如

⁴如月　きさらぎ
　如月天音　きさらぎ・あまね　小説家(幻想)
　如月いく　きさらぎ・いく　漫画家(漫人)
　如月寛多　きさらぎ・かんた　喜劇俳優(新芸)
　如月小春　きさらぎ・こはる　劇作家,演出家(日人)
　如月敏　きさらぎ・びん　脚本家(日人)

【316】　妃

³妃川　ひかわ；ひめかわ
　妃川美波　ひかわ・みなみ　「恋愛」大洋図書(日典3)
　妃川蛍　ひめかわ・ほたる　小説家(日典)

【317】　妙

⁴妙木　たえき；みょうき
　妙木清　たえき・きよし　「俳句と文章」文芸同好会(日典3)
　妙木忍　みょうき・しのぶ　「女性同士の争いはなぜ起こるのか」青土社(日典3)
　妙木浩之　みょうき・ひろゆき　久留米大学文学部人間科学科助教授(現執4期)

⁷妙見　みょうけん
　妙見幸子　みょうけん・さちこ　「雪の花びら」大学教育出版(日典3)
　妙見篤一　みょうけん・とくいち　オードマン教育システム研究室技術顧問(日典3)
　妙見孟　みょうけん・はじめ　経済学者(現執2期)
　妙見政和　みょうけん・まさかず　ミヨケン会長(日典3)

⁸妙林　みょうばやし；みょうりん
　妙林勇　みょうばやし・いさむ　「人間性を失っていく資本主義社会の次代像とは」妙林勇(JM)
　妙林一郎　みょうりん・いちろう　中小企業診断士(日典3)

⁹妙泉　よしずみ
　妙泉宣正　よしずみ・のぶまさ　元・日清紡常務(日典)

【318】　妣

⁵妣田　ひだ
　妣田圭子　ひだ・けいこ　「草絵宗教画によるいのち生きるわたしたち」山雅房(JM)

【319】　妻

⁴妻夫木　つまぶき
　妻夫木聡　つまぶき・さとし　俳優(日映男)
　妻夫木輝雄　つまぶき・てるお　川澄化学工業常務(日典3)

　妻木　さいき；つまき；つまぎ
　妻木頼矩　さいき・よりのり　編集者(静岡歴)
　妻木頼黄　つまき・よりなか　建築家(コン5)
　妻木直良　つまぎ・じきりょう　僧侶(真宗)

⁹妻屋　つまや
　妻屋秀和　つまや・ひでかず　バス歌手(音人3)
　妻屋弘　つまや・ひろし　膠研究者(日典3)

¹¹妻鳥　つまとり；つまどり；めとり；めんどり
　妻鳥純江　つまとり・すみえ　翻訳家,繁殖家(日典3)
　妻鳥通教　つまどり・みちのり　「素描」みぎわ書房(日典3)
　妻鳥循雄　めとり・のぶお　パラマウント映画副社長(日典3)
　妻鳥純子　めんどり・すみこ　声楽家(音人)

　妻鹿　めが
　妻鹿淳子　めが・あつこ　高校・中学校教師(日典3)
　妻鹿加年雄　めが・かねお　園芸家(現執3期)
　妻鹿嘉兵　めが・かへい　白鳥石油備蓄社長(日典3)
　妻鹿カヨ　めが・かよ　海文堂エンタープライズ社長(日典3)
　妻鹿友樵　めが・ゆうしょう　医師(日人)

²²妻籠　つまご；つまごみ
　妻籠正道　つまご・まさみち　アルム(日典3)

女部(始,姉,姓,妹,姥,姿,姨,姜)

妻籠いずむ　つまごみ・いずむ「姉弟(キョウダイ)肉便姫」久保書店〔日典3〕

【320】始

[14]始関　しせき；しぜき
　始関伊平　しせき・いへい　弁護士,政治家(日人)
　始関正光　しせき・まさみつ　法務省民事局民事法制管理官(現孰4期)
　始関伊平　しぜき・いへい　弁護士,政治家(コン4)
　始関正光　しぜき・まさみつ　法務省民事局参事官(日典)

【321】姉

[3]姉小路　あねがこうじ；あねこうじ；あねのこうじ
　姉小路公義　あねがこうじ・きんとも　外交官(諸系)
　姉小路祐　あねこうじ・ゆう　推理小説家(京都文)
　姉小路頼言　あねのこうじ・よりこと　留学生(海越新)
姉川　あねかわ；あねがわ
　姉川栄蔵　あねかわ・えいぞう　筑後久留米藩士(日人)
　姉川行道　あねかわ・ゆきみち　志士,筑後久留米藩士(神人)
　姉川新之輔　あねがわ・しんのすけ　歌舞伎役者(歌舞新)
　姉川行道　あねがわ・ゆきみち　志士,筑後久留米藩士(コン4)
[11]姉崎　あねさき；あねざき
　姉崎岩蔵　あねさき・いわぞう　地方史研究者(郷土)
　姉崎正治　あねさき・まさはる　宗教学者,評論家(歴ス)
　姉崎嘲風　あねざき・ちょうふう　宗教学者,評論家(渡航)
　姉崎正治　あねざき・まさはる　宗教学者,文明評論家(コン4)
[12]姉歯　あねは；あねや
　姉歯暁　あねは・あき「グローバリゼーションとはなにか」こぶし書房〔日典3〕
　姉歯けい子　あねは・けいこ　ソプラノ歌手(音人3)
　姉歯三郎　あねや・さぶろう　労働運動史家(社史)

【322】姓

[3]姓丸　せいまる
　姓丸浩　せいまる・ひろし　映画監督(監督)

【323】妹

妹川　いもかわ；いもがわ
　妹川征男　いもかわ・いくお　高校教師〔日典3〕
　妹川喜一　いもかわ・きいち「技術英作文」東京電機大学出版部〔日典3〕
　妹川徳太郎　いもがわ・とくたろう　経済記者(現孰3期)
[7]妹尾　せお；せのお
　妹尾竹次郎　せお・たけじろう　弓道家,弓道錬士(弓道)
　妹尾義郎　せのお・ぎろう　仏教家,社会運動家(コン4)
妹沢　せざわ
　妹沢克惟　せざわ・かつただ　地球物理学者,地震学者(日人)
[10]妹島　せじま
　妹島五彦　せじま・いつひこ　溶接学会理事(国典)
　妹島和世　せじま・かずよ「妹島和世＋西沢立衛読本—2005」エーディーエー・エディタ・トーキョー〔日典3〕
　妹島長子　せじま・ながこ「おとなが学ぶときに」全日本社会教育連合会〔日典3〕

【324】姥

[3]姥山　うばやま
　姥山勇　うばやま・いさみ「現場に役立つLPガス設備士の工事実務」産報出版〔日典3〕
　姥山三良子　うばやま・さんりょうし「従心」増淵三良〔日典3〕
　姥山寛代　うばやま・ひろよ　コアラヘルシー代表,地域福祉研究会ゆきわりそう代表〔日典3〕

【325】姿

[7]姿見　すがたみ
　姿見弥吉　すがたみ・やきち　弓道家,大日本弓道会射士(弓道)

【326】姨

[10]姨島　おばしま
　姨島とし子　おばしま・としこ「数字あそび—姨嶋とし子詩集」編集工房ノア(JM)

【327】姜

姜　きょう
　姜健栄　きょう・けんえい　医師〔日典3〕
　姜暢雄　きょう・のぶお　俳優(日映男)

【328】 姫

⁵姫田　ひめた；ひめだ
姫田瑛三　ひめた・えいぞう　医者（国書）
姫田光義　ひめた・みつよし　中国史学者（現執4期）
姫田真左久　ひめだ・しんさく　映画撮影監督（日人）
姫田忠義　ひめだ・ただよし　記録映画作家（映人）

¹¹姫崎　ひめさき；ひめざき
姫崎由美　ひめさき・ゆみ　「gifted」冬青社（日典3）
姫崎善正　ひめさき・よしまさ　中央コンサルティングヒューマン・リソース・ソリューションチーム統括・人事制度担当マネジャー（日典3）
姫崎真羽　ひめざき・まは　「妹の蜜味」マドンナ社（日典3）

【329】 嬉

嬉　うれし
嬉一夫　うれし・かずお　中国新聞山口支社編集委員（部長）徳山支局長（日典）

¹¹嬉野　うれしの
嬉野秋彦　うれしの・あきひこ　小説家（幻想）
嬉野泉　うれしの・いずみ　「エフ・エス」メディアワークス（日典3）
嬉野勝美　うれしの・かつみ　ゴマブックス社長（日典3）
嬉野君　うれしの・きみ　「金星特急」新書館（日典3）
嬉野満洲雄　うれしの・ますお　新聞記者, 評論家（平和）

子部

【330】 子

⁵子母沢　しもざわ
子母沢寛　しもざわ・かん　小説家（コン4）
子母沢類　しもざわ・るい　小説家（京都文）

子田　こた；こだ
子田晃一　こた・こういち　「抗菌剤による新しい歯髄保存法」日本歯科評論社（日典3）
子田耕司　こだ・こうじ　古代史研究家（国典）
子田重次　こだ・しげじ　「りょうかんさま」考古堂書店（日典3）

⁶子安　こやす
子安峻　こやす・たかし　実業家（コン）
子安照隆　こやす・てるたか　和算家（数学）
子安宣邦　こやす・のぶくに　日本思想史学者（平和）
子安増生　こやす・ますお　教育心理学者, 発達心理学者（現執4期）

子安美知子　こやす・みちこ　ドイツ文学者（日人）

⁸子門　しもん
子門真人　しもん・まさと　歌手（世紀）

¹¹子野日　ねのひ
子野日誠　ねのひ・まこと　広島ホームテレビ監査役（日典3）
子野日衛　ねのひ・まもる　日魯漁業代表取締役専務（日典）

¹⁵子幡　こばた
子幡弘之　こばた・ひろゆき　熊本営林局（国典）

【331】 孔

孔　こう；むなし
孔泰寛　こう・やすひろ　歯科医（日典3）
孔令文　こう・れいぶん　棋士（日典3）
孔珠渓　むなし・しゅけい　漢学者（大分歴）

【332】 孕

⁵孕石　はらみいし
孕石元照　はらみいし・もとてる　造船技術者（日人）
孕石善朗　はらみいし・よしあき　ミセキ会長（日典3）

【333】 字

³字山　あざやま
字山敬　あざやま・けい　「車のメカと取扱い」東京書店（日典3）

【334】 孝

⁷孝寿　こうじゅ
孝寿芳春　こうじゅ・よしはる　出版人（出文）

⁸孝忠　こうちゅう
孝忠延夫　こうちゅう・のぶお　研究者（現執4期）
孝忠寮洋　こうちゅう・りょうよう　書家, 教育者（島根百）

¹⁶孝橋　こうはし
孝橋謙二　こうはし・けんじ　俳人（俳文）
孝橋静子　こうはし・しずこ　華頂短期大学社会福祉学科教授（日典3）
孝橋正一　こうはし・しょういち　社会福祉学者（日人）
孝橋昌秀　こうはし・まさひで　日本電気硝子専務（日典3）

¹⁸孝藤　たかとう
孝藤貴　たかとう・たかし　「シャリー・ポンポン」小峰書店（日典3）

子部(季,孤,孫) 宀部(安)　　　　　　　　　　　　　　　　　　　　〔338〕

【335】季

[6]季羽　きば
　季羽倭文子　きば・しずこ　看護士（現執4期）
　季羽哲二　きば・てつじ　医師（日典3）

[7]季村　きむら
　季村敏夫　きむら・としお　詩人（兵庫文）
　季村理平治　きむら・りへいじ　代々指物師（姓氏岩手）

【336】孤

[10]孤島　こじま
　孤島和世　こじま・かずよ　声楽家（音人）

【337】孫

孫　そん
　孫明日香　そん・あすか　リポーター（日典3）
　孫泰蔵　そん・たいぞう　ガンホー・オンライン・エンターテインメント会長（日典3）
　孫忠利　そん・ただとし　スニーズコーポレーション東京リミテッド社長（日典3）
　孫正義　そん・まさよし　経営者（日人）

[3]孫工　そんく；まごく
　孫工昇嗣　そんく・しょうじ 「物流セキュリティ時代」成山堂書店（日典3）
　孫工芳太郎　まごく・よしたろう　東レ副社長（日典3）

[5]孫田　そんた；そんだ；まごた
　孫田忠誠　そんた・ちゅうせい　三和エレック社長（日典3）
　孫田秀春　そんだ・ひではる　労働法学者,弁護士（日人）
　孫田良平　まごた・りょうへい　労働評論家（現執3期）

[11]孫野　まごの
　孫野長治　まごの・ちょうじ　気象学者（現情）
　孫野義夫　まごの・よしお　新潟大助教授（国典）

[13]孫福　まごふく
　孫福剛久　まごふく・たけひさ　舞台美術家（日人）
　孫福正　まごふく・ただし　教育者,植物研究家（植物）
　孫福延代　まごふく・のぶよ 「夏の星」孫福弘（日典3）
　孫福梅知　まごふく・ばいち　伊勢山田の文人（三重続）
　孫福弘孚　まごふく・ひろざね　神職（国書）

宀部

【338】安

安　あん；やす
　安克昌　あん・かつまさ　医師（近医）
　安穂野香　あん・ほのか　ストリート・パフォーマー（テレ）
　安泰　やす・たい　画家（美家）
　安美賀　やす・みよし　教育者,建築家（日人）

[3]安久　あぐ；やすひさ
　安久正紘　あぐ・まさひろ　茨城大学名誉教授（日典3）
　安久一成　やすひさ・かずなり　登山家,山岳写真家（写人）

安久井　あくい
　安久井竹次郎　あくい・たけじろう 「剣士・江連力一郎伝」創思社出版（日典3）

安久津　あくつ
　安久津和巳　あくつ・かずみ　イラストレーター（日典3）
　安久津昭二　あくつ・しょうじ　東京キャレーヂ社長（日典3）
　安久津英男　あくつ・ひでお　原子力技術社長,元動力炉・核燃料開発事業団東海事業所再処理工場長（日典3）
　安久津政人　あくつ・まさと　十字式健康普及会宗癒師代表,北京中医学院名誉教授（日典3）
　安久津泰久　あくつ・やすひさ　ベース奏者（ジャ）

安土　あずち；あんずち；あんど
　安土萌　あずち・もえ　小説家（幻想）
　安土真弓　あんずち・まゆみ　ホルン奏者（演奏）
　安土三郎　あんど・さぶろう　蚕種製造家（群馬人）

安士　やし；やすし
　安士正男　やし・まさお　元・日本化学工業常務（日典）
　安士昌一郎　やすし・しょういちろう 「日本国内医薬品産業社史に関する一考察」法政大学イノベーション・マネジメント研究センター（日典3）
　安士正夫　やすし・まさお　フランス文学者（日人）

[4]安中　あんなか；やすなか
　安中忠雄　あんなか・ただお　官僚（日人）
　安中正哉　やすなか・まさや　医師（近医）

安仁屋　あにや
　安仁屋賢托　あにや・けんたく　政治家（姓氏沖縄）
　安仁屋政伊　あにや・せいい　絵師（沖縄百）
　安仁屋政栄　あにや・せいえい　小学校教員（社史）
　安仁屋政修　あにや・せいしゅう　要視察人,「大逆事件」関係者（アナ）

安仁屋政昭　あにや・まさあき　日本近代史,沖縄文化論研究者(平和)

安引　あびき
　安引宏　あびき・ひろし　小説家(日典)
　安引まゆみ　あびき・まゆみ　「恋のクルーズ」ハーレクイン(日典3)

安方　やすかた
　安方哲英　やすかた・てつえい　「仏教の原理と真宗の特異性」百華苑(日典3)

安日　やすひ
　安日泰子　やすひ・やすこ　医師(YA)

安木　やすき;やすぎ
　安木完　やすき・かん　「万物は波動によって存在する」日本図書刊行会(日典3)
　安木茂　やすき・しげる　「用字便覧」小桜書房(日典)
　安木和男　やすぎ・かずお　広島県議(公明党,呉市)(日典3)
　安木三郎　やすぎ・さぶろう　「藤原秀郷将軍」牧歌舎(日典3)

[5]安平　やすひら
　安平公夫　やすひら・きみお　「炎症学叢書」医学書院(日典3)
　安平鹿一　やすひら・しかいち　政治家(日人)
　安平昭二　やすひら・しょうじ　会計学者(世紀)
　安平哲二　やすひら・てつじ　経済学者(現執2期)
　安平政吉　やすひら・まさきち　刑法学者,弁護士(現情)

安生　あんしょう;あんじょう;あんせい;やすお
　安生慶　あんしょう・けい　桐朋学園大講師(日典)
　安生順四郎　あんじょう・じゅんしろう　公共事業家(日人)
　安生和之　あんせい・かずゆき　コラムニスト(日典)
　安生健　やすお・けん　「恐竜の探検館」世界文化社(日典3)

安田　あんだ;やすた;やすだ
　安田博康　あんだ・ひろやす　「伝染る騎手」東邦出版(日典3)
　安田隆明　やすた・たかあき　政治家(現政)
　安田靫彦　やすだ・ゆきひこ　日本画家(コン4)

安立　あだち;あんりゅう
　安立清史　あだち・きよし　九州大学大学院人間環境学研究院助教授(現執4期)
　安立スハル　あんりゅう・すはる　歌人(京都文)
　安立又三郎　あんりゅう・またさぶろう　酒造家(福井百)

安辺　あべ;あんべ;やすべ
　安辺功　あべ・いさお　「民芸回向」富山民芸協会(日典)
　安辺浩　あんべ・ひろし　陸軍航空学校教官(大分歴)
　安辺海渕　やすべ・かいえん　豊城機械製作所社長(日典)

[6]安仲　あんなか;やすなか
　安仲五郎次　あんなか・ごろうじ　篤行家(群馬人)
　安仲豊伸　あんなか・とよのぶ　染色家(日典)
　安仲文子　やすなか・ふみこ　「杜の灯」短歌新聞社(日典3)
　安仲光男　やすなか・みつお　歌人(歌人)

安在　あんざい
　安在久太郎　あんざい・きゅうたろう　歌人(北海道文)
　安在邦夫　あんざい・くにお　日本近代史学者(現執2期)
　安在孝夫　あんざい・たかお　詩人(大阪文)
　安在武八郎　あんざい・たけはちろう　体育学者(山形百新)
　安在弘幸　あんざい・ひろゆき　九州大講師(国典)

安宅　あたか;あだか;あたぎ;あたく;あんたく;やすみ
　安宅弥吉　あたか・やきち　実業家(コン5)
　安宅正市　あだか・しょういち　城西消費購買組合組合員(社史)
　安宅一晃　あたぎ・かずあき　「FCCSプロバイダーマニュアル」メディカル・サイエンス・インターナショナル(日典3)
　安宅一夫　あたく・かずお　元・酪農学園大学学長(日典)
　安宅常彦　あんたく・つねひこ　政治家(政治)
　安宅薫　やすみ・かおる　ピアニスト(音人3)

安成　やすなり
　安成貞雄　やすなり・さだお　評論家,新聞記者(コン5)
　安成三郎　やすなり・さぶろう　編集者,民俗学者(出文)
　安成四郎　やすなり・しろう　社会運動家(アナ)
　安成二郎　やすなり・じろう　歌人,ジャーナリスト(日人)
　安成モト　やすなり・もと　城西消費購買組合組合員(社史)

安次富　あしとみ;あじふ
　安次富幸子　あしとみ・さちこ　関西沖縄県人会本部幹事員(社史)
　安次富盛信　あしとみ・せいしん　政治家(現政)
　安次富松蔵　あじふ・まつぞう　教育者,農政研究者(姓氏沖縄)

安次嶺　あしみね;あじみね
　安次嶺勲　あしみね・いさお　「ユタとスピリチュアルケア」ボーダーインク(日典3)
　安次嶺馨　あしみね・かおる　医師(日典)
　安次嶺佳子　あじみね・けいこ　翻訳家(日典)
　安次嶺隆幸　あじみね・たかゆき　「低学年指導の極意！一瞬で授業に引き込むプロの技」学陽書房(日典3)

安西　あんざい;やすにし
　安西冬衛　あんざい・ふゆえ　詩人(コン4)
　安西正夫　あんざい・まさお　実業家(コン4)
　安西文雄　やすにし・ふみお　「憲法学の現代的論点」有斐閣(日典3)

宀部（安）

安西万亀男　やすにし・まきお　佐賀県経済連会長（日典）

7**安住**　あずみ；あんじゅう；やすずみ；やすみ
安住敦　あずみ・あつし　俳人（日人）
安住時太郎　あんじゅう・ときたろう　判事、検事（佐賀百）
安住清　やすずみ・きよし　東急車輌製造副会長（日典）
安住健治郎　やすみ・けんじろう　城西消費購買組合組合員（社史）

安形　あがた；あんがた
安形惣司　あがた・そうじ　元・東京都議（日典）
安形輝　あがた・てる「情報検索演習」日本図書館協会（日典3）
安形幸子　あんがた・さちこ「さっちゃんのケアプランエッセンス」日総研出版（日典3）
安形嘉真　あんがた・ひろまさ　写真家（写人）

安沢　あんざわ；やすざわ
安沢順一郎　あんざわ・じゅんいちろう　教育学者（現執3期）
安沢平次郎　あんざわ・へいじろう　弓道家、弓道範士（弓道）
安沢喜一郎　やすざわ・きいちろう　公法学者（現執1期）
安沢秀一　やすざわ・しゅういち　文書館学研究者（現執2期）

安良岡　あらおか；やすらおか
安良岡好一　あらおか・こういち　元・大阪証券信用社長（日典）
安良岡章夫　やすらおか・あきお　作曲家（作曲）
安良岡康作　やすらおか・こうさく　日本中世文学・国語教育研究者（現執1期）

安良城　あらき；あらぐすく；あらしろ
安良城盛昭　あらき・もりあき　日本経済史学者（日人）
安良城恵状　あらぐすく・けいじょう　伊良部の与人（姓氏沖縄）
安良城考　あらしろ・たかし「エア・ポケット」小学館（日典3）

安見　あみ；やすみ
安見隆雄　あみ・たかお「水戸斉昭の『偕楽園記』碑文」水戸史学会、錦正社（発売）（日典3）
安見和子　あみ・かずこ「釜ケ崎母ちゃん泣き笑い人生」新聞印刷自費出版センター（日典3）
安見泰子　やすみ・やすこ　ピアニスト（音人3）

安谷屋　あたにや；あだにや；やすたにや
安谷屋正富　あたにや・まさとみ　沖縄県立豊見城南高校教諭（日典）
安谷屋正義　あだにや・まさよし　洋画家（美家）
安谷屋武人　やすたにや・たけひと「イギリス民謡」ベキシス（日典3）

安里　あさと；あざと
安里清信　あさと・せいしん　社会運動家（日人）
安里積千代　あさと・つみちよ　政治家、弁護士（日人）
安里章人　あざと・あきひと「米国薬物規制戦略」麻薬・覚せい剤乱用防止センター（日典3）

8**安並**　やすなみ；やなすみ
安並おせい　やすなみ・おせい　僧侶と情事があると噂され、幡多地方の俗謡になる（女性普）
安並梅所　やすなみ・ばいしょ　漢詩人、教育者（高知人）
安並正道　やなすみ・まさみち　元・神鋼商事社長（日典）

安和　あわ
安和守礼　あわ・しゅれい「沖縄口の根を探る」那覇出版社（製作）（日典3）
安和朝和　あわ・ともかず　沖縄青年同盟メンバー（社史）
安和守茂　あわ・もりしげ「沖縄の家・門中・村落」第一書房（日典3）

安奈　あんな
安奈泉　あんな・いずみ　コンサルタント（日典3）
安奈淳　あんな・じゅん　女優（世紀）

安居　やすい
安居喜造　やすい・きぞう　経営者（日人）
安居香山　やすい・こうざん　大正大助教授（国典）
安居次夫　やすい・つぐお　教育者（群馬人）
安居儔子　やすい・ともこ「流亡の記」（国典）
安居史恵子　やすい・ふみえこ　アルト歌手（音人）

安居院　あぐい
安居院晶子　あぐい・あきこ「/1」レーヴック，星雲社（発売）（日典3）
安居院猛　あぐい・たけし　東工大助手（国典）

安延　やすのぶ；やすのべ
安延久美　やすのぶ・くみ　国際農林水産業研究センター企画調整部主任研究官（日典3）
安延多計夫　やすのぶ・たけお　軍人（陸海）
安延申　やすのべ・しん　ITコンサルタント（日典3）
安延久夫　やすのべ・ひさお　吉備国際大学社会部教授（日典）

安念　あんねん
安念次左衛門　あんねん・じざえもん　政治家（富山百）
安念精一　あんねん・せいいち　銀行家（日人）
安念千重子　あんねん・ちえこ　メゾソプラノ歌手（音人）
安念鉄夫　あんねん・てつお　政治家（現政）
安念龍子　あんねん・りゅうし　俳人（富山文）

安房　あわ
安房明　あわ・あきら「生物1B」清水書院（日典3）
安房啓子　あわ・けいこ「坂の街は夕茜」柏艪舎（日典3）
安房幸男　あわ・さちお　陶芸家（陶工）
安房毅　あわ・つよし　タカハタ電子社長（日典3）
安房直子　あわ・なおこ　児童文学作家（日人）

安枝　やすえだ
安枝和子　やすえだ・かずこ　ホッケー審判（日典3）

安枝新悟　やすえだ・しんご　「野球魂」西日本新聞社（日典3）
安枝達雄　やすえだ・たつお　洋画家（日典3）
安枝千鶴子　やすえだ・ちづこ　「杏葉」短歌新聞社（日典3）
安枝英紳　やすえだ・ひでのぶ　労働法学者，社会保障法学者（現執3期）

安河内　やすこうち；やすごうち
安河内麻吉　やすこうち・あさきち　官僚（日人）
安河内治一郎　やすこうち・じいちろう　写真家（写家）
安河内博　やすごうち・ひろし　地方史研究家（郷土）

安治　あじ；あんじ
安治博道　あじ・ひろみち　「新唯物論ヒロミチーズム」の唱導者（社史）
安治道夫　あんじ・みちお　音楽教育（日典）

⁹安信　やすのぶ
安信啓　やすのぶ・けい　工学院大学教授（日典3）
安信誠二　やすのぶ・せいじ　筑波大学大学院システム情報工学研究科教授（日典3）
安信千津子　やすのぶ・ちづこ　日立総合計画研究所システム開発研究所主任研究員（日典3）
安信次夫　やすのぶ・つぐお　日本労働組合全国協議会日本通労教育部長（社史）

安保　あぼ；あぼう；あんぼ；あんぽ；あんぽう；やすお；やすほ
安保清種　あぼ・きよかず　海軍軍人（コン5）
安保昭夫　あぼう・あきお　多治見市立小泉中学校教頭（日典3）
安保健二　あんぽ・けんじ　洋画家（美家）
安保こづゑ　あんぽ・こづえ　ピアニスト（音人3）
安保三郎　あんぽう・さぶろう　ニッカウヰスキー常務（日典）
安保長春　やすほ・ながはる　「アメリカの政治組織」（国典）
安保和幸　やすほ・かずゆき　「どう対処する！校長・教頭のための個人情報保護対策」教育開発研究所（日典3）

安則　やすのり
安則和子　やすのり・かずこ　声楽家（日典3）
安則まみ　やすのり・まみ　「レモンの勇気」大和書房（日典3）
安則雄馬　やすのり・ゆうま　声楽家（音人3）

安南　あなん；あんな
安南哲朗　あなん・てつろう　「よるの動物園」あらき書店（JM）
安南潤　あんな・じゅん　女優（芸能）

安室　あずち；あむろ；やすむろ
安室可奈子　あずち・かなこ　「イタリア・ルネサンス絵画」白水社（日典3）
安室奈美恵　あむろ・なみえ　歌手（日人）
安室憲一　やすむろ・けんいち　国際経営学者（現執4期）

安屋　あむろ；やすや
安屋朝持　あむろ・ちょうじ　安富祖流歌三線演奏者（芸能）
安屋和人　やすや・かずひと　関西学院大学名誉教授（日典3）

安彦　あびこ；やすひこ
安彦忠彦　あびこ・ただひこ　教育学者（現執4期）
安彦善博　あびこ・よしひろ　作曲家（作曲）
安彦良和　やすひこ・よしかず　漫画家，アニメーション作家（幻想）

安恒　やすつね
安恒理　やすつね・おさむ　フリーライター（日典3）
安恒嘉三郎　やすつね・かさぶろう　弓道家，弓道教士（弓道）
安恒良一　やすつね・りょういち　政治家，労働運動家（平和）

安栄　あんえい
安栄鉄男　あんえい・てつお　札幌商科大助教授（国典）

安海　あずみ；あつみ
安海忠雄　あずみ・ただお　河北新報社社友（日典）
安海将広　あずみ・まさひろ　「アヅミ式朝礼ハンドブック」ビズナレッジ（日典3）
安海勲　あつみ・いさお　東芝EMI音楽出版社長（日典）
安海靖郎　あつみ・やすお　「こころの扉がひらくとき」いのちのことば社（日典3）

安津　あんず
安津素彦　あんず・もとひこ　日本史学者（世紀）

安紀　あき
安紀宏紀　あき・ひろのり　「まっぴら半次郎」秋田書店（JM）

安重　あんじゅう
安重寛次郎　あんじゅう・かんじろう　弓道家，弓道教士（弓道）
安重千代子　あんじゅう・ちよこ　能力開発コンサルタント（日典3）

安食　あじき；あんじき
安食助宣　あじき・すけのぶ　神職（神人）
安食正夫　あじき・まさお　医療社会学者（現執1期）
安食精一　あんじき・せいいち　「帰国の日まで」群馬県同胞援護会（日典3）
安食弘幸　あんじき・ひろゆき　「新たな可能性を掘り起こせ」イーグレープ（日典3）

安香　あこう；やすか
安香宏　あこう・ひろし　心理学者（心理）
安香烈　あこう・れつ　教育者（学校）
安香堯行　やすか・たかゆき　薬学者（日人）

¹⁰安倉　あくら；あぐら
安倉清博　あくら・きよひろ　「よみがえれ！スタインベルク・ピアノ」吉備人出版（発売）（日典3）
安倉利行　あぐら・としゆき　「モンゴルの風」弘風社（日典3）

安倍　あべ；あんばい；あんべ
　安倍能成　あべ・よししげ　教育者,哲学者（コン4）
　安倍甲　あんばい・こう　編集者（現執4期）
　安倍和則　あんべ・かずのり　長野県短期大学生活科学科教授（日典3）

安孫子　あびこ
　安孫子和子　あびこ・かずこ　ピアニスト（演奏）
　安孫子つねじ　あびこ・つねじ　漫画家（漫人）
　安孫子荻声　あびこ・てきせい　日本画家（美家）
　安孫子藤吉　あびこ・とうきち　官僚,政治家（日人）
　安孫子真人　あびこ・まひと　洋画家（美家）

安家　あけ；あんけ；やすいえ
　安家周一　あけ・しゅういち　あけぼの学園理事長（日典）
　安家達也　あんけ・たつや　「ツール伝説の峠」未知谷（日典3）
　安家正明　やすいえ・まさあき　「文明批評」発行人（社史）

安島　あしま；あじま；やすしま；やすじま
　安島三男　あしま・みつお　元・茨城県理事（日典）
　安島友義　あじま・ともよし　政治家（郷大茨城）
　安島雨畠　やすしま・うしょう　日本画家（美家）
　安島太佳由　やすしま・たかよし　写真家（写人）

安座上　あざかみ
　安座上敦　あざかみ・あつし　「福岡県川柳史」福岡県川柳協会（日典3）
　安座上真紀子　あざかみ・まきこ「Girl meets Boy」tocowaka, 小学館スクウェア（発売）（日典3）
　安座上真　あざかみ・まこと　実業家（コン4）

安座間　あざま
　安座間喜徳　あざま・きとく　沖縄県警本部長（日典）
　安座間澄子　あざま・すみこ　琉球舞踊家（新芸）
　安座間美優　あざま・みゅう　モデル、女優（日典3）
　安座間安史　あざま・やすふみ　「沖縄の自然歳時記」沖縄文化社（日典3）
　安座間裕　あざま・ゆう「ぐしかわ今昔物語」セントラル印刷（印刷）（日典3）

安恵　やすえ
　安恵重遠　やすえ・しげはる　映画録音技師（映人）
　安恵照剛　やすえ・てるひさ　元・棋士（日典3）

安浪　やすなみ
　安浪栄基　やすなみ・えいき　放送事業家（現情）
　安浪京子　やすなみ・きょうこ　キャスター（日典3）
　安浪重樹　やすなみ・しげき　公認会計士（日典3）
　安浪誠祐　やすなみ・せいすけ「VOAで知る健康と環境」松柏社（日典3）
　安浪雄嗣　やすなみ・ゆうじ「星のオルゴオル」サンリオ（日典3）

安高　あたか；やすたか
　安高志穂　あたか・しほ「インターネットを利用した科学技術に関する意識調査の試み」文部科学省科学技術政策研究所第2調査研究グループ（日典3）
　安高喜久馬　やすたか・きくま　東京新聞（中日新聞東京本社）元編集局次長（日典）

[11]安堂　あんどう
　安堂久美子　あんどう・くみこ「アサシン蘭」小学館（日典3）
　安堂重人　あんどう・しげと　翻訳家、ライター（日典3）
　安堂信也　あんどう・しんや　演劇研究家,翻訳者（世紀）
　安堂達也　あんどう・たつや「保育者のための早わかり連絡帳の書き方ハンドブック」民衆社（日典3）
　安堂夏代　あんどう・なつよ　ライター（日典3）

安崎　あんざき；やすざき
　安崎浩一　あんざき・こういち　奇術研究家（日典3）
　安崎暁　あんざき・さとる　コマツ会長（日典3）
　安崎恒男　やすざき・つねお　元・京三電線社長（日典）
　安崎直幹　やすざき・なおもと　スキー選手（日典3）

安掛　あがけ
　安掛正仁　あがけ・まさひと「アスファルト」アスファルト出版（日典3）
　安掛ゆき雄　あがけ・ゆきお　俳人（日典）

安斎　あんさい；あんざい
　安斎真一　あんさい・しんいち「皮膚軟部腫瘍アトラス」秀潤社（日典3）
　安斎育郎　あんざい・いくろう　原子力工学者（日人）
　安斎桜磈子　あんざい・おうかいし　俳人（コン4）

安曽田　あそだ
　安曽田啓子　あそだ・けいこ　（株）プランニング卑弥呼社長（日典3）
　安曽田豊　あそだ・ゆたか　政治家（現政）

安渓　あんけい
　安渓真一　あんけい・しんいち　医師（日典3）
　安渓貴子　あんけい・たかこ「うたいつぐ記憶」ボーダーインク（日典3）
　安渓遊地　あんけい・ゆうじ「やまぐちは日本一」弦書房（日典3）

安盛　やすもり
　安盛敦雄　やすもり・あつお　東京理科大学大学院基礎工学研究科教授（日典3）
　安盛岩雄　やすもり・いわお　東京工業大学名誉教授（日典3）
　安盛寿一　やすもり・としかず　大林組常務（日典3）
　安盛博　やすもり・ひろし　植物病理学者（群馬人）
　安盛松之助　やすもり・まつのすけ「満洲幣制の現在及将来」満洲文化協会（日典3）

安細　あんさい；あんざい
安細敏弘　あんさい・としひろ　九州歯科大学准教授(日典3)
安細恭弘　あんさい・やすひろ　松下電器産業テレビ本部ハイビジョン事業推進部部長(日典)
安細和彦　あんざい・かずひこ　「バルとサーシャと妻とぼく」リーダーズノート(日典3)
安細錬太郎　あんざい・れんたろう　フリーライター(現執3期)

安部　あべ；あんべ
安部磯雄　あべ・いそお　社会運動家(コン4)
安部公房　あべ・こうぼう　小説家, 劇作家(コン4)
安部信発　あんべ・のぶおき　大名(幕末)
安部和助　あんべ・わすけ　実業家(日人)

安部井　あべい；あんべい
安部井磐根　あべい・いわね　陸奥二本松藩士, 政治家(コン4)
安部井政治　あべい・せいじ　陸奥会津藩士(幕末)
安部井磐根　あんべい・いわね　陸奥二本松藩士, 政治家(藩臣5)

安野　あんの；やすの
安野光雅　あんの・みつまさ　洋画家, 絵本作家(日人)
安野モヨコ　あんの・もよこ　漫画家(幻想)
安野籐次郎　やすの・とうじろう　豊後岡藩士(日人)
安野奈美　やすの・なみ　タレント(テレ)

安陪　あべ
安陪青人　あべ・せいじん　俳人(日典3)
安陪隆明　あべ・たかあき　医師(日典3)
安陪常正　あべ・つねまさ　国際禅協会日本本部主幹(日典3)
安陪均　あべ・ひとし　陶芸家(陶工)
安陪光正　あべ・みつまさ　精神科医師(現執2期)

安黒　あぐろ
安黒一枝　あぐろ・かずえ　実業家(岡山歴)
安黒才一郎　あぐろ・さいいちろう　「原色押花絵」(国典)
安黒務　あぐろ・つとむ　牧師(日典3)
安黒基　あぐろ・もとい　地方政治家・民権運動家(岡山歴)
安黒盛人　あぐろ・もりと　自由民権運動家(岡山歴)

[12]安喰　あじき；あんじき
安喰功　あじき・いさお　「消費科学からみた被服材料学」三共出版(日典3)
安喰重雄　あじき・しげお　獣医(青森人)
安喰虎雄　あんじき・とらお　洋画家(日典3)
安喰諒　あんじき・りょう　金融業(日典)

安場　やすば
安場幸子　やすば・さちこ　「経済発展論」東洋経済新報社(日典3)
安場淳　やすば・じゅん　「異文化適応教育と日本語教育」凡人社(日典3)
安場忠雄　やすば・ただお　東洋ゴム工業常務(日典3)
安場保和　やすば・やすかず　官僚, 政治家(コン5)
安場保吉　やすば・やすきち　経済学者(世紀)

安富　あどみ；やすとみ；やすどみ
安富隆義　あどみ・たかよし　「1176時間の記録」全電通近畿地方本部(日典3)
安富才介　やすとみ・さいすけ　新撰組隊士(新撰)
安富隆吉　やすどみ・たかよし　元・山口県議(日典)

安満　あま；やすみつ
安満法顕　あま・ほっけん　僧(姓氏鹿児島)
安満欽一　やすみつ・きんいち　軍人(陸海)

安賀　やすが
安賀君子　やすが・きみこ　社会運動家(近女)
安賀秀三　やすが・ひでぞう　鉄工, 高校教師(社史)

安達　あだち；あんだち
安達謙蔵　あだち・けんぞう　政治家(コン4)
安達清風　あだち・せいふう　因幡鳥取藩士(コン4)
安達五男　あんだち・いつお　武庫川女子大学文学部教育学科教授(日典)

安達原　あだちはら；あだちばら
安達原暉子　あだちはら・あきこ　暉小児科内科医師(日典)
安達原玄　あだちはら・げん　画家(日典3)
安達原玄　あだちばら・げん　画家(日典)

安間　あま；あんま；やすま
安間慈　あま・めぐみ　「A Piece of Cake」篠崎書林(書籍)
安間好易　あんま・よしやす　数学者(日人)
安間繁樹　やすま・しげき　哺乳類生態学者(世紀)

[13]安楽　あんらく
安楽兼道　あんらく・かねみち　薩摩藩士(日人)
安楽茂己　あんらく・しげみ　医師(近医)
安楽真理子　あんらく・まりこ　ハープ奏者, ピアニスト(音人3)
安楽勇十郎　あんらく・ゆうじゅうろう　実業家(日人)
安楽吉雄　あんらく・よしお　社会運動家(アナ)

安楽岡　やすらおか
安楽岡一雄　やすらおか・かずお　館林市長(日典3)
安楽岡清造　やすらおか・せいぞう　サッポロビール取締役(日典3)
安楽岡善平　やすらおか・ぜんぺい　政治家(群馬人)
安楽岡萍川　やすらおか・ひょうせん　俳人(日典3)
安楽岡寛　やすらおか・ひろし　俳人(日典)

安楽城　あらき
安楽城格　あらき・いたる　NHK考査室経営主幹(日典)

宀部(宇)

安楽城智子　あらき・ともこ「漂ひにつつ」短歌新聞社(日典3)

安福　あぶく；あんぷく；やすふく
　安福精一　あぶく・せいいち　岡山大学教養部教授(日典)
　安福良直　あんぷく・よしなお　編集者(日典3)
　安福春雄　やすふく・はるお　能楽師大鼓方(日人)

安蒜　あんびる；やすひる
　安蒜俊比古　あんびる・としひこ　元・千葉大学教授(日典)
　安蒜泰樹　あんびる・ひろき　SuiteZero Ltd.代表取締役(日典3)
　安蒜忠夫　やすひる・ただお「基礎工事」鹿島出版会(書籍)

14安嶋　あじま；やすしま；やすじま
　安嶋都峯　あじま・つね「鵜の岬」本阿弥書店(日典3)
　安嶋英子　やすしま・えいこ　ベース奏者(日典)
　安嶋高行　やすじま・たかゆき　労働運動家(日人)

安徳　あんとく
　安徳瑛　あんとく・あきら　挿絵画家(児人)
　安徳瑛　あんとく・えい　挿絵画家(日美家)
　安徳作太郎　あんとく・さくたろう　ジャーナリスト(香川人)
　安徳重義　あんとく・しげよし　政治家(香川人)
　安徳美和子　あんとく・みわこ　挿絵画家(児人)

15安澄　あずみ；やすずみ
　安澄加奈　あずみ・かな「いまはむかし」ポプラ社(日典3)
　安澄権八郎　やすずみ・ごんぱちろう　医師(近医)
　安澄文興　やすずみ・ふみおき「ホルモンのハーモニー」文光堂(日典3)

安蔵　あんぞう；やすくら
　安蔵伸治　あんぞう・しんじ　明治大学政治経済学部教授(日典3)
　安蔵草行　あんぞう・そうこう　俳人(日典)
　安蔵弥輔　やすくら・やすけ　元東電会長(日典)

安養寺　あんようじ
　安養寺重夫　あんようじ・しげお　公立学校共済組合理事長(日典3)
　安養寺俊親　あんようじ・としちか　労働運動家(世紀)
　安養寺敏郎　あんようじ・としろう　日本経済新聞取締役(日典3)
　安養寺久男　あんようじ・ひさお　農林水産省北海道農業試験場企画科長(日典3)
　安養寺美人　あんようじ・びじん　俳人(日典3)

16安橋　あんばし
　安橋隆雄　あんばし・たかお「農業委員会法の解説」(国典)

安濃　あのう；あんのう
　安濃恒生　あのう・つねお　薬種商(幕末)
　安濃一樹　あんのう・かずき「同志諸君！」こぶし書房(日典3)
　安濃高志　あんのう・たかし　映画監督(映監)

安積　あさか；あずみ；あつみ
　安積遊歩　あさか・ゆうほ　ピア・カウンセラー(現執4期)
　安積尚子　あずみ・ひさこ　メゾソプラノ歌手(音人3)
　安積得也　あつみ・とくや　詩人・評論家(多摩)

18安雙　あそう
　安雙久夫　あそう・ひさお「京からかみ」(国典)

安騎　あき
　安騎東野　あき・とうや「医学への道」学生社(JM)

19安瀬　あんぜ
　安瀬敬蔵　あんぜ・けいぞう　自由民権運動家(幕末)
　安瀬正紀　あんぜ・まさき「外傷形成外科」克誠堂出版(日典3)
　安瀬全孝　あんぜ・まさたか　福島県議(民主党)(日典3)
　安瀬利八郎　あんぜ・りはちろう　小説家(社史)

安蘇　あそ
　安蘇源蔵　あそ・げんぞう　日本共産党党員(社史)
　安蘇照敏　あそ・しょうびん　成田山天祐寺(留萌市)住職(人情)

安蘇谷　あそや
　安蘇谷正彦　あそや・まさひこ　神道学者(現執4期)

【339】　宇

宇　いえ
　宇彦　いえ・ひこ「商品取引宝典」宇彦(JM)

3宇土　うと；うど
　宇土虎雄　うと・とらお　柔道家(日人)
　宇土信之　うと・のぶゆき　熊本地方社会運動指導者(社運)
　宇土照蔵　うど・てるぞう　大陸浪人(日人)
　宇土正彦　うど・まさひこ　体育学者(世紀)

宇大　うひろ
　宇大賢石　うひろ・ただあつ「創作第一番」(国典)

宇川　うかわ；うがわ
　宇川久信　うかわ・ひさのぶ　薩摩琵琶演奏家(日音)
　宇川真美　うかわ・まみ　ピアニスト(音人3)
　宇川紫鳥　うがわ・しちょう「つばくろ」玉藻社(日典3)
　宇川義一　うがわ・よしかず　東京大学脳研究施設神経内科助手(日典3)

4宇内　うだい；うない
　宇内鉄朗　うだい・てつろう「夢現」オークス(発売)(日典3)
　宇内康郎　うない・やすお　医師(日典3)
　宇内泰　うない・やすし　足利工業大学工学部教授(日典3)

宇夫方　うぶかた
　宇夫方広明　うぶかた・ひろあき　神職(国書)

宇夫方文吾　うぶかた・ぶんご　国学者(姓氏岩手)

⁵宇田川　うたがわ；うだがわ
宇田川杏奴　うたがわ・あんぬ　フルート奏者(音人3)
宇田川文海　うだかわ・ぶんかい　小説家,新聞記者(先駆)
宇田川文海　うだがわ・ぶんかい　小説家,新聞記者(コン5)

⁶宇地　うち
宇地周　うち・しゅう「プペラのテレポート」集英社(日典3)

宇多　うた；うだ
宇多繁野　うた・しげの　教育者(食文)
宇多治見　うた・はるみ　小説家(北海道文)
宇多喜代子　うだ・きよこ　俳人,歯科アシスタント(俳文)
宇多潤造　うだ・じゅんぞう　東京帝国大学セツルメント参加者(社史)

宇多川　うたかわ；うたがわ；うだがわ
宇多川都　うたかわ・みやこ　歌手(テレ)
宇多川きよ美　うたがわ・きよみ　保育士(日典3)

宇多田　うただ
宇多田薫　うただ・かおる「赤ちゃんと愛を育む365日」アズ・コミュニケーションズ(日典3)
宇多田二夫　うただ・つぎお「国際麻薬捜査官」早川書房(日典3)
宇多田照実　うただ・てるざね　音楽プロデューサー,ミュージシャン(テレ)
宇多田ヒカル　うただ・ひかる　シンガーソングライター(日人)
宇多田侑子　うただ・ゆうこ「赤ちゃんと愛を育む365日」アズ・コミュニケーションズ(日典3)

宇江佐　うえざ
宇江佐真理　うえざ・まり　小説家(小説)
宇江佐りえ　うえざ・りえ　リポーター(日典3)

⁷宇佐　うさ
宇佐侯哉　うさ・きみや「鉄筋施工の初歩から」理工図書(日典3)
宇佐公康　うさ・きみやす　古代史家(日典3)
宇佐玄雄　うさ・げんゆう　医師,僧(近医)
宇佐宏二郎　うさ・こうじろう　経営コンサルタント(日典3)
宇佐益人　うさ・ますんど　筑後三池藩神主(藩臣7)

宇吹　うぶき
宇吹暁　うぶき・さとる　研究者(郷土)
宇吹栄人　うぶき・ひでと「ふるさと焼山」焼山郷土史研究会(日典3)

宇寿山　うすやま
宇寿山武夫　うすやま・たけお　商店経営専門家(現孰2期)

宇良　うら
宇良宗健　うら・そうけん　園芸家(日典3)
宇良千秋　うら・ちあき「地域型認知症予防プログラム」実践ガイド」中央法規出版(日典3)
宇良宗樽　うら・むねたる　旅館経営者,新垣平尾バス専務,那覇市議会議員(姓氏沖縄)
宇良宗真　うら・むねまさ　大同火災海上保険社長(日典3)
宇良唯盛　うら・ゆうせい　沖縄青年同盟メンバー(社史)

宇角　うかく
宇角英樹　うかく・ひでき　中小企業診断士,実業家(現孰4期)

⁸宇和川　うわがわ
宇和川喬子　うわがわ・きょうこ　俳人(四国文)
宇和川小百合　うわがわ・さゆり「栄養教育・指導演習」建帛社(日典3)
宇和川匠助　うわがわ・しょうすけ　国文学者(高知人)
宇和川浜蔵　うわがわ・はまぞう　政治家(愛媛百)
宇和川通喩　うわがわ・みちとも　洋画家(洋画)

宇治土公　うじとこ；うじどこ；うちとこう
宇治土公貞明　うじとこ・さだあき　神官(日典3)
宇治土公貞幹　うじどこ・さだもと　神職,弓道家(日典3)
宇治土公貞幹　うちとこう・さだもと　神職,弓道家(弓道)

宇治川　うじかわ；うじがわ
宇治川安蔵　うじかわ・やすぞう　弓道家,弓道教士(弓道)
宇治川朝政　うじがわ・ともかず　リコーダー奏者(演奏)
宇治川安蔵　うじがわ・やすぞう　弓道家,弓道教士(弓道)

宇治谷　うじたに
宇治谷順　うじたに・じゅん　漫画原作者(日典3)
宇治谷孟　うじたに・つとむ　滋賀文教短期大学教授,みどり保育園園長(日典3)
宇治谷祐顕　うじたに・ゆうけん　僧侶(世紀)
宇治谷義雄　うじたに・よしお　愛知学泉大学家政学部政学科教授,信楽寺(真宗大谷派)兼務住職(日典3)

宇治橋　うじはし；うじばし
宇治橋善勝　うじはし・よしかつ「超音波検査報告書の書き方」ベクトル・コア(日典3)
宇治橋勇　うじばし・いさむ　山陽新聞広告局次長(日典3)

宇波　うなみ
宇波彰　うなみ・あきら　フランス現代思想学者(世紀)
宇波拓　うなみ・たく　ミュージシャン(日典3)

⁹宇南山　うなやま
宇南山敏　うなやま・さとし　日林労委員長(日典3)
宇南山照信　うなやま・しょうしん「荘厳寺の世界」天台宗大御堂山荘厳寺(日典3)
宇南山英夫　うなやま・ひでお　会計学者(現孰2期)
宇南山宏　うなやま・ひろし　俳優(映男)

宇南山広　うなやま・ひろし　俳優（新芸）

宇咲　うさき；うざき
宇咲冬男　うさき・ふゆお　俳人（俳文）
宇咲冬男　うざき・ふゆお　俳人（現俳）

宇城　うしろ
宇城カ子　うしろ・かね　学校創立者（学校）
宇城邦英　うしろ・くにふさ　KTC社長（日典3）
宇城憲治　うしろ・けんじ「武道の心で日常を生きる」サンマーク出版（日典3）
宇城信五郎　うしろ・しんごろう　学校創立者（学校）
宇城卓秀　うしろ・たくしゅう「左脳力をどんどん高めるマジカル・アイ」宝島社（日典3）

宇柳　うりゅう
宇柳伸一　うりゅう・しんいち　社会運動家（アナ）

宇津　うず；うつ
宇津重賢　うず・しげかつ　三桜酒造会長,浜田商工会議所初代会頭（島根歴）
宇津徹男　うず・てつお　政治家（現政）
宇津徳治　うつ・とくじ　地球物理学者（現情）
宇津晴吉　うつ・はるきち　大阪鉄工組合第5区（十三）支部長（社史）

宇津木　うずき；うつき；うつぎ
宇津木政雄　うずき・まさお「天気予報の手引」気象協会（日典3）
宇津木輝生　うつき・てるお　漫画家（漫人）
宇津木保　うつぎ・たもつ　心理学者（心理）

宇津田　うずた；うつた
宇津田含　うずた・ふくむ「はちみつで元気を手に入れる」世界文化社（日典3）
宇津田晴　うつた・せい「ご主人様はご機嫌ななめ」小学館（日典3）

宇津呂　うつろ
宇津呂武仁　うつろ・たけひと「自然言語処理」オーム社（日典3）
宇津呂英雄　うつろ・ひでお　刑法・刑事訴訟法専門家（現執2期）
宇津呂雄彦　うつろ・まさひこ　京都大学名誉教授（日典3）

宇津宮　うつのみや；うつみや
宇津宮雅代　うつのみや・まさよ　女優（世紀）
宇津宮竜山　うつのみや・りゅうざん　漢学者（新潮）
宇津宮功　うつみや・いさお「パリの絵描きの夢舞台」未知谷（日典3）
宇津宮孝一　うつみや・こういち　大分大学工学部知能情報システム工学科教授（日典）

宇神　うがみ
宇神幸太郎　うがみ・せいたろう　小説家（幻想）
宇神幸男　うがみ・ゆきお　小説家（幻想）

[10]**宇原　うはら；うばら**
宇原郁世　うはら・いくよ　図書館員（YA）
宇原義豊　うはら・よしとよ「江南紀行」山水社（日典3）
宇原新次　うばら・しんじ　社会運動家（岡山歴）

宇座　うざ
宇座信春　うざ・のぶはる　沖縄青年同盟メンバー（社史）

宇恵　うえ；うけい
宇恵一郎　うえ・いちろう　ジャーナリスト（現執4期）
宇恵さやか　うえ・さやか　タレント（テレ）
宇恵和昭　うけい・かずあき　CMディレクター（日典3）

宇根元　うねもと
宇根元警　うねもと・けい　洋画家（美家）
宇根元由紀　うねもと・ゆき　舞踊家,元・道化師（日典3）
宇根元了　うねもと・りょう「フランスの肖像展」日本アドヴァイザー（日典3）

宇留間　うるま
宇留間和基　うるま・かずもと　新聞記者（現執3期）
宇留間昴　うるま・たかし　北海道教育大学冬季スポーツ教育研究センター教授（日典3）
宇留間鳴竿　うるま・めいかん「新技法によるタナゴ釣り」西東社（日典3）

宇能　うの；うのう
宇能鴻一郎　うの・こういちろう　小説家（日人）
宇能大雅　うのう・たいが「フィリップ王子とシンデレラ」日本図書刊行会（日典3）

宇高　うたか；うだか
宇高義一　うたか・ぎいち　四国コカ・コーラボトリング会長（日典3）
宇高らく　うたか・らく　教育者（日人）
宇高久敬　うだか・きゅうけい　写真家（写家）
宇高伸一　うだか・しんいち　小説家（世紀）

[11]**宇埜　うの**
宇埜昭　うの・あきら「婦人科手術カラーアトラス 第4巻」南江堂（JM）
宇埜都もこ　うの・ともこ「プチ魔女サラダのまほうレストラン」講談社（日典3）
宇埜喜雄　うの・よしお「物理問題精義」健文社（日典3）

宇宿　うしゅく；うじゅく；うすき；うすく
宇宿行輔　うしゅく・こうすけ　在郷陸軍中将（日典）
宇宿彦右衛門　うじゅく・ひこえもん　汽船製造家＝近世（人名）
宇宿允人　うすき・まさと　指揮者,トロンボーン奏者（演奏）
宇宿捷　うすく・しょう「師弟愛で護った古代文化」（国典）

宇郷　うごう
宇郷正貴　うごう・まさき「宇宙と人生の詩集」うごうまさき（日典3）

宇都　うつ；うと
宇都健　うつ・けん　日出藩士（幕末）
宇都野水　うつ・のみず　社会主義者（社史）
宇都為栄　うと・ためたか　政治家（姓氏鹿児島）
宇都良之助　うと・りょうのすけ　伊作郷横目（姓氏鹿児島）

宇都木　うつき；うつぎ
- 宇都木慎一　うつき・しんいち　「探検と冒険」(JM)
- 宇都木旭　うつぎ・あきら　「手形・小切手の実務」全国協同出版(日典3)
- 宇都木伸　うつぎ・しん　医事法・社会保障法学者(現執4期)

宇都宮　うつのみや
- 宇都宮三郎　うつのみや・さぶろう　蘭学者,化学技術者(コン4)
- 宇都宮仙太郎　うつのみや・せんたろう　酪農家(日人)
- 宇都宮太郎　うつのみや・たろう　陸軍軍人(コン)
- 宇都宮徳馬　うつのみや・とくま　政治家(コン4)
- 宇都宮黙霖　うつのみや・もくりん　勤王僧(コン4)

宇都野　うつの
- 宇都野郁弥　うつの・いくや　CMカメラマン(日典3)
- 宇都野恵一　うつの・けいいち　「やさしい作業改善」学芸書房(日典3)
- 宇都野研　うつの・けん　歌人(日人)
- 宇都野竜山　うつの・りゅうざん　医師(洋学)
- 宇都野竜碩　うつの・りゅうせき　医師(洋学)

宇野沢　うのさわ；うのざわ
- 宇野沢順平　うのさわ・じゅんぺい　宇野沢組鉄工所専務(日典3)
- 宇野沢辰雄　うのさわ・たつお　ガラス工芸家(日典3)
- 宇野沢辰雄　うのざわ・たつお　実業家(海越新)
- 宇野沢庸弘　うのざわ・つねひろ　サヴィオン・ジャパン社長(日典3)

[12]宇喜多　うきた
- 宇喜多邦嘉　うきた・くによし　「くものうえのしょくたく」至光社(日典3)
- 宇喜多小十郎　うきた・こじゅうろう　「文明早字引」遠藤甲左衛門等(日典3)
- 宇喜多松庵　うきた・しょうあん　画家(美家)
- 宇喜多砂夫　うきた・すなお　ルポライター(日典3)
- 宇喜多秀穂　うきた・ひでほ　教育者・農政家(香川人)

宇賀　うか；うが
- 宇賀武　うか・たけし　軍人(高知人)
- 宇賀克也　うが・かつや　研究者(現執4期)
- 宇賀博　うが・ひろし　社会学者(現執1期)

宇賀田　うがた
- 宇賀田克子　うがた・かつこ　福岡女子短期大学音楽科講師(日典3)
- 宇賀田健　うがた・たけし　「地震リスクマネジメント」技報堂出版(日典3)
- 宇賀田達雄　うがた・たつお　板方板画館理事(日典3)
- 宇賀田為吉　うがた・ためきち　「煙草文献総覧」たばこ総合研究センター(日典3)
- 宇賀田順三　うがた・まさぞう　憲法学者,行政法学者(現情)

宇賀治　うかじ
- 宇賀治正朋　うかじ・まさとも　東北大助教授(国典)

宇賀神　うかがみ；うがじん
- 宇賀神博　うかがみ・ひろし　元・奈良県議(日典3)
- 宇賀神富作　うがじん・とみさく　サツキ園芸家(郷土栃木)
- 宇賀神味津男　うがじん・みつお　作曲家,指揮者(新芸)

[14]宇麼谷　うまや
- 宇麼谷教明　うまや・のりあき　神戸大講師(国典)

[15]宇敷　うしき
- 宇敷慶吉　うしき・けいきち　実業家(群馬人)
- 宇敷重広　うしき・しげひろ　京都大学大学院人間環境学研究科教授(日典3)
- 宇敷信吾　うしき・しんご　丸紅取締役(日典3)
- 宇敷珠美　うしき・たまみ　「億万長者富の法則」中経出版(日典3)
- 宇敷道子　うしき・みちこ　ファッションデザイナー(日典3)

[18]宇藤　うとう；うどう
- 宇藤健司　うとう・けんじ　医師(日典3)
- 宇藤昌吉　うとう・しょうきち　日本大学松戸歯学部歯学科進学課程教授(日典3)
- 宇藤宏　うどう・ひろし　システムオートメーション(株)代表取締役社長(日典3)
- 宇藤真由美　うどう・まゆみ　「フォーカスチャーティング記載実例集」日総研出版(日典3)

[340]　守

守　まもり；もり
- 守喜玖隆　まもり・きくたか　政治家(姓氏鹿児島)
- 守洞春　もり・どうしゅん　版画家(日人)
- 守誠　もり・まこと　評論家,ドキュメンタリー作家(現執4期)

守ケ洞　もりがほら
- 守ケ洞守造　もりがほら・もりぞう　版画家(日典)

[4]守分　もりわけ
- 守分敦郎　もりわけ・あつろう　「鉄筋コンクリート桟橋上部工の塩害に対する耐久性評価と維持管理に関する研究」東亜建設工業(日典3)
- 守分巌　もりわけ・いわお　実業家(岡山歴)
- 守分勉　もりわけ・つとむ　中国銀行頭取,岡山経済研究所名誉理事長,吉備路文学館理事長(日典3)
- 守分寿男　もりわけ・としお　テレビプロデューサー(日人)
- 守分十　もりわけ・ひさし　銀行家(日人)

[7]守谷　もりたに；もりや
- 守谷一郎　もりたに・いちろう　阪大名誉教授(国典)
- 守谷正平　もりたに・しょうへい　守谷商会社長(日典3)

守谷吾平　もりや・ごへい　実業家(日人)
守谷雄司　もりや・ゆうじ　経営コンサルタント(現執4期)

¹⁰守時　もりとき

守時喜三郎　もりとき・きさぶろう「朝海」守時綾子(日典3)
守時大融　もりとき・たいゆう　陶芸家(陶工)
守時英喜　もりとき・ひでき　徳島大学薬学部教授(日典3)

¹¹守部　もりべ

守部昭夫　もりべ・あきお「人間を変える」日本実業出版社(日典3)
守部信之　もりべ・のぶゆき　翻訳家(日典3)
守部浩　もりべ・ひろし「次のリレー走者へ」守部裕子(日典3)
守部政喜　もりべ・まさき　名古屋テレビ社長(日典)
守部保明　もりべ・やすあき　上新電機専務(日典)

¹²守随　しゅずい；じゅずい

守随昭子　しゅずい・あきこ「昭子」松居吉哉(日典3)
守随憲治　しゅずい・けんじ　日本文学者(日人)
守随一　じゅずい・はじめ　矢内原研究所助手(社史)

¹³守殿　かみとの；かみどの

守殿貞夫　かみとの・さだお　神戸大学医学部教授(科学)
守殿貞夫　かみとの・さだお　神戸大学医学部医学科教授(日典)

¹⁶守繁　もりしげ

守繁栄徹　もりしげ・えいてつ　陶芸家(陶工)
守繁徹　もりしげ・とおる　陶芸家(陶工)

【341】　宅

宅　たく

宅香菜子　たく・かなこ「外傷後成長に関する研究」風間書房(日典3)
宅孝二　たく・こうじ　ピアニスト,作曲家(新芸)
宅昌一　たく・しょういち　演劇制作者,演出家(世紀)
宅徳平　たく・とくへい　実業家(日人)
宅徳兵衛　たく・とくべえ　酒造業者(幕末)

⁸宅和　たくわ

宅和純　たくわ・あつし　教師(平和)
宅和義雲　たくわ・ぎうん　画家(島根人)
宅和公志　たくわ・こうし「ケインズ一般理論・論考」日本評論社(日典3)
宅和本司　たくわ・もとじ　元・プロ野球選手(日典3)
宅和義光　たくわ・よしみつ「むちゃくちゃ人生」久保書店(日典3)

¹¹宅麻　たくま

宅麻伸　たくま・しん　俳優(テレ)

【342】　完

⁴完戸　ししど

完戸一郎　ししど・いちろう　教育家,政治家,文化体育功労者(山形百)
完戸俊助　ししど・しゅんすけ　新潟大名誉教授(日典)

¹⁰完倉　かんくら；ししくら

完倉泰一　かんくら・たいいち　映画撮影監督(映人)
完倉孝子　かんくら・たかこ「生活環境におけるラドン濃度とそのリスク」放射線医学総合研究所(日典3)
完倉寿郎　ししくら・じゅろう　軍人(陸海)

【343】　宏

¹⁶宏橋　ひろはし

宏橋照子　ひろはし・てるこ　女優(映女)
宏橋昌水　ひろはし・まさみ「月とたからもの」徳間書店(日典3)

【344】　宍

⁴宍戸　ししと；ししど

宍戸仙太郎　ししと・せんたろう　東北大名誉教授(日典)
宍戸璣　ししど・たまき　政治家(コン4)

¹¹宍野　ししの

宍野宏治　ししの・こうじ「寒昴」欅俳句会(日典3)
宍野半　ししの・なかば　神道家(コン4)

¹²宍道　ししじ；しんじ；しんどう

宍道達　ししじ・すすむ「北村透谷」(国典)
宍道政一郎　しんじ・まさいちろう　実業家(日人)
宍道風　しんどう・ぷう「幸色の砂」新風舎(JM)

【345】　宋

宋　そう

宋貴美子　そう・きみこ「国際結婚ガイドブック」明石書店(日典3)
宋景子　そう・けいこ　放送作家(日典3)
宋元里　そう・げんり　陶芸家,木版画家(日典3)
宋茂　そう・しげる　マラソン監督,マラソン選手(現日)

【346】　宜

⁹宜保　ぎぼ

宜保愛子　ぎぼ・あいこ　霊能者(現執3期)
宜保喜仁　ぎぼ・きじん　小学校教員(社史)
宜保成幸　ぎぼ・せいこう　政治家(現政)

宜保成晴　ぎぼ・せいせい　代議士、医師(姓氏沖縄)
宜保為貞　ぎぼ・ためさだ　印刷工(社史)

11宜野座　ぎのざ

宜野座嗣剛　ぎのざ・しごう　沖縄時事出版社長、沖縄教育文化研究所所長(日典3)
宜野座朝憲　ぎのざ・ちょうけん　ニッサルコ沖縄販売社長、沖縄テニアン会会長、南洋群島帰還者会会長(日典3)
宜野座毅　ぎのざ・つよし　弁護士(日典)
宜野座半吉　ぎのざ・はんきち　政治家(姓氏沖縄)
宜野座光昭　ぎのざ・みつあき　琉球大学理学部教授(日典3)

【347】実

実　さね；じつ

実直迪　さね・なおみち　農民(社史)
実清隆　じつ・きよたか　「大学テキスト人文地理学」古今書院(日典3)
実哲也　じつ・てつや　新聞記者(現執4期)

3実川　さねかわ；じっかわ；じつかわ

実川定賢　さねかわ・ていけん　算家≒近世(人名)
実川正若　じっかわ・しょうじゃく　歌舞伎役者(姓氏京都)
実川延若〔2代〕　じつかわ・えんじゃく　歌舞伎役者(コン5)

4実井　じつい

実井来三郎　じつい・きさぶろう　国際制御社長(人情)
実井謙二郎　じつい・けんじろう　マラソン選手(日典3)

実方　さねかた；じつかた

実方清　さねかた・きよし　国文学者(日典4)
実方謙二　さねかた・けんじ　独占禁止法研究者(現執4期)
実方亀寿　じつかた・かめじゅ　元・トキワ松学園理事長(日典)
実方昇腸　じつかた・しょうよう　「むらさき38」神奈川県立横浜第一中学校第38回クラス会(日典3)

5実本　じつもと

実本博次　じつもと・ひろつぐ　官僚(視覚)

実生　みばい

実生すぎ　みばい・すぎ　教育者(日人)

実田　さなだ；じった；みた

実田ナオ　さなだ・なお　「こんなところでゴーインに」近代映画社(日典3)
実田安男　じった・やすお　(株)サノヤス・ヒシノ明昌専務(日典)
実田江梨花　みた・えりか　女優(日典)

6吉　さねよし

実吉純一　さねよし・じゅんいち　医師(近医)
実吉達郎　さねよし・たつお　動物作家(世紀)

実吉捷郎　さねよし・はやお　ドイツ文学者、翻訳家(日人)
実吉雅郎　さねよし・まさお　実業家(創業)
実吉安純　さねよし・やすずみ　海軍軍医、政治家(日人)

実好　さねよし；みのよし

実好礼忠　さねよし・のりただ　サッカー選手(日典)
実好三和　みのよし・みわ　「歴程」恵風短歌会(日典3)

実守　じつもり

実守重夫　じつもり・しげお　「カミナリのくれた怪力」豊住書店(日典3)

実成　じつなり；みなり

実成文彦　じつなり・ふみひこ　「市町村健康づくり活動従事者のための健康づくり活動実践研修テキスト」「市町村健康づくりスタッフの資質向上と市町村健康政策の科学性・計画性の確保に関する実践的研究」研究班(日典3)
実成勉　みなり・つとむ　音楽教育(日典)

8実松　さねまつ；じつまつ

実松一成　さねまつ・かずなり　プロ野球選手(日典)
実松譲　さねまつ・ゆずる　軍人(陸海)
実松新　じつまつ・あらた　経営診断士(日典)

9実相寺　じっしょうじ；じっそうじ

実相寺礼　じっしょうじ・れい　「ぐーんとスマートな結婚式司会の演出法」有紀書房(日典3)
実相寺昭雄　じっそうじ・あきお　映画監督、演出家(日人)
実相寺吾子　じっそうじ・あこ　女優(映女)

11実野　じつの

実野勝久　じつの・かつひさ　「上手に使おう介護保険」むさし書房(日典3)
実野恒久　じつの・つねひさ　神戸女子大学名誉教授(日典3)
実野利久　じつの・としひさ　愛知新城大谷短期大学教授・副学長(日典3)

18実藤　さねとう；さねふじ；じっとう

実藤恵秀　さねとう・けいしゅう　中国研究者(コン4)
実藤恒子　さねふじ・つねこ　「オーロラは呼ぶ」短歌新聞社(日典3)
実藤裕史　じっとう・ひろふみ　「もしも落ちこぼれが社長になったら…」ダイヤモンド社(日典3)

【348】宗

宗　そう；むね

宗左近　そう・さこん　詩人、フランス文学者(日人)
宗重正　そう・しげまさ　大名(コン4)
宗純　むね・すみ　「茶の湯考」名古屋流行発信(日典3)
宗春太郎　むね・はるたろう　俳優(新芸)

3宗久　むねひさ

宗久恭子　むねひさ・きょうこ　洋画家(洋画)

宀部(宗)

宗久月丈　むねひさ・げつじょう　医師・俳人（姓氏神奈川）

宗川　そうかわ；むねかわ
宗川惇子　そうかわ・じゅんこ「ホートン生化学」東京化学同人（日典3）
宗川吉汪　そうかわ・よしひろ　京都工芸繊維大学繊維学部教授（日典）
宗川円学　むねかわ・えんがく「妙法五字秘伝抄」新門出版社（日典3）
宗川茂弘　むねかわ・しげひろ　儒学者（幕末）

[4]宗内　そううち；むねうち
宗内昭春　そううち・しょうしゅん「数学」大学書林（日典3）
宗内敦　むねうち・あつし「演歌つれづれ」武蔵野書房（日典3）
宗内数雄　むねうち・かずお　俳人（大阪文）

宗方　むなかた；むねかた
宗方勝巳　むなかた・かつみ　俳優（世紀）
宗方小太郎　むなかた・こたろう　大陸浪人（日人）
宗方薫　むなかた・かおる「はがきの書き方と文例集」東京書店（日典3）
宗方小太郎　むなかた・こたろう　志士（人名6）

[5]宗本　むねもと
宗本明英　むねもと・あきひで「自由への階段」朝日書房（日典3）
宗本順三　むねもと・じゅんぞう　建築家（日典3）
宗本英男　むねもと・ひでお　映画監督（監督）

宗正　むねまさ
宗正芳明　むねまさ・よしあき　陶芸家（陶工）
宗正佳啓　むねまさ・よしひろ「役に立つ英語口語表現」九州大学出版会（日典3）

宗田　そうた；そうだ；むねた；むねだ
宗田運平　そうた・うんぺい　和算家（幕末）
宗田理　そうだ・おさむ　小説家（小説）
宗田好史　むねた・よしふみ　京都府立大学人間環境学部環境デザイン学科助教授（現執4期）
宗田千灯　むねだ・せんとう　俳人（大阪文）

宗矢　そうや
宗矢樹頼　そうや・しげのり　声優（テレ）

[7]宗形　むなかた；むねかた
宗形明子　むなかた・あきこ「中医食療方」東洋学術出版社（日典3）
宗形善蔵　むなかた・ぜんぞう　商人（幕末）
宗形年闌　むなかた・としひろ　ムネカタ社主（日典3）
宗形直治　むなかた・なおはる　ムネカタ社長（日典3）

宗我　そうが
宗我しげ　そうが・しげ「歳月」平原社（日典3）

宗村　そうむら；むねむら
宗村丑生　そうむら・うしお　ハノイ総領事（日典3）
宗村純夫　そうむら・すみお　日本ハム副社長（日典3）
宗村佐信　むねむら・すけのぶ　学校創立者（学校）
宗村秀子　むねむら・ひでこ　実業家（日人）

宗沢　むねさわ；むねざわ
宗沢忠雄　むねさわ・ただお「現代の地域福祉と障害者の発達保障」文理閣（日典3）
宗沢良臣　むねさわ・よしおみ「画像認識システム学」共立出版（日典3）
宗沢修郎　むねざわ・しゅうろう　西松建設副社長（日典3）
宗沢文山　むねざわ・ぶんざん　僧（姓氏神奈川）

宗谷　そうや
宗谷真爾　そうや・しんじ　小説家, 医師（日人）

[8]宗京　むねきょう
宗京奨三　むねきょう・しょうぞう「小川家文書目録」（国典）

宗武　そうぶ；むねたけ
宗武五郎　そうぶ・ごろう　海員（社史）
宗武朝子　むねたけ・あさこ　評論家（出文）

[9]宗前　そうぜん；そうまえ
宗前鉄男　そうぜん・てつお「北斗の下で」東京図書出版会, リフレ出版（発売）（日典3）
宗前清　そうまえ・きよし　弁護士（姓氏鹿児島）

[10]宗宮　そうみや；むねみや
宗宮重行　そうみや・しげゆき　無機材料化学者（日人）
宗宮尚行　そうみや・たかゆき　分析化学者（日人）
宗宮直　むねみや・ただし「絶対平和への道」生物農業研究所出版部（日典3）

[11]宗野　そうの；むねの
宗野重徳　そうの・しげよし　元・兵庫県出納長（日典）
宗野信彦　そうの・のぶひこ　出版人（出文）
宗野博美　むねの・ひろみ　料理研究家（日典3）
宗野真幌　むねの・まほろ「ビジュマジョル秘帖」鳥影社（日典3）

[14]宗像　むなかた；むねかた
宗像誠也　むなかた・せいや　教育学者（コン4）
宗像政　むなかた・ただす　熊本藩士, 官吏（日人）
宗像英二　むなかた・えいじ　化学技術者（日人）
宗像敬　むなかた・けい　作曲家（作曲）

[18]宗藤　むねとう
宗藤悦子　むねとう・えつこ「ヤセる骨盤エクササイズ・2週間プログラム」マックス（日典3）
宗藤圭三　むねとう・けいぞう　経済（人書）
宗藤尚三　むねとう・しょうぞう「心の内なる核兵器に抗して」キリスト新聞社出版事業課（日典3）
宗藤譲治　むねとう・じょうじ「海外商社便覧」ラヂオプレス社（日典3）
宗藤大陸　むねとう・だいろく　政治家（岡山人）

【349】 宙

[11]宙野　おきの
　　宙野素子　おきの・もとこ　翻訳家，児童文学作家(児人)

【350】 定

定　さだ；さだめ；じょう
　　定和美　さだ・かずみ　エアーセル専務(人情)
　　定道明　さだめ・みちあき　詩人(日典)
　　定晃　じょう・あきら　プロレスラー(日典3)
[3]定久　さだひさ
　　定久栖虚　さだひさ・せいこ「藪騒」(国典)
　　定久冲天　さだひさ・ちゅうてん　歌人・剣道範士(岡山歴)
[4]定井　さだい
　　定井喜明　さだい・よしあき　交通計画研究者(現執2期)
定方　さだかた
　　定方昭夫　さだかた・あきお「湯浅泰雄全集」ビイング・ネット・プレス(日典3)
　　定方晟　さだかた・あきら　印度哲学者(現執4期)
　　定方金蔵　さだかた・きんぞう「電気鍍金」産業図書(日典3)
　　定方啓　さだかた・けい「建築の力学」理工図書(日典3)
　　定方正一　さだかた・しょういち　医師(日典3)
[5]定司　じょうずか
　　定司哲夫　じょうずか・てつお　栄養士(国典)
定平　さだひら
　　定平吾一　さだひら・ごいち　軍人(日人)
　　定平誠　さだひら・まこと「親子で楽しむ9歳からのインターネット」技術評論社(日典3)
　　定平元四良　さだひら・もとしろう　関西学院大学名誉教授(日典3)
　　定平吉郎　さだひら・よしと「わかりやすい骨髄病理診断学」西村書店(日典3)
[7]定形　さだかた
　　定形和衛　さだかた・かずえ「在郷」のら社(日典)
　　定形善次郎　さだかた・ぜんじろう　教育者(群馬人)
　　定形衛　さだかた・まもる　名古屋大学法学部法律政治学科教授(日典3)
定村　さだむら；じょうむら
　　定村忠士　さだむら・ただし　劇作家，編集者(出人)
　　定村比呂志　さだむら・ひろし　詩人，農民(アナ)
　　定村栄吉　じょうむら・えいきち　元・福光町(富山県)町長(日典)

[8]定金　さだかね；さだがね
　　定金右源二　さだかね・うげんじ　歴史学者(日人)
　　定金伸治　さだかね・しんじ　小説家(幻想)
　　定金冬二　さだがね・ふゆじ　川柳作家(俳文)
[10]定家　さだいえ
　　定家修身　さだいえ・おさみ　牧師(日典3)
　　定家都志男　さだいえ・としお　牧師(国典)
　　定家陽子　さだいえ・ようこ　教師(視覚)
　　定家義人　さだいえ・よしと　埼玉大学理学部分子生物学科教授(日典3)
[11]定盛　さだもり
　　定盛健太郎　さだもり・けんたろう　弓道家，弓道錬士(弓道)
　　定盛順一　さだもり・じゅんいち　公認会計士(日典3)
[12]定塚　さだずか；さだつか；じょうずか
　　定塚甚八　さだずか・じんぱち　漂流者(国際)
　　定塚門次郎　さだつか・もんじろう　前代議士(日典)
　　定塚門次郎　じょうずか・もんじろう　政治家(埼玉人)
定道　さだみち
　　定道成美　さだみち・しげみ　建設省近畿地方建設局長，日本下水道事業団理事長(日典3)
　　定道宏　さだみち・ひろし　計量経済学者(現執3期)
[18]定藤　さだとう
　　定藤邦子　さだとう・くにこ「関西障害者運動の現代史」生活書院(日典3)
　　定藤繁樹　さだとう・しげき　関西学院大学大学院経営戦略研究教授，ニューブレクス取締役(日典3)
　　定藤丈弘　さだとう・たけひろ　大阪府立社会事業短大助教授(人情)

【351】 宝

[4]宝月　ほうげつ
　　宝月章彦　ほうげつ・あきひこ「水素」日刊工業新聞社(日典3)
　　宝月欣二　ほうげつ・きんじ　植物生態学者(日人)
　　宝月圭吾　ほうげつ・けいご　日本史学者(日人)
　　宝月岱造　ほうげつ・たいぞう　東京大学大学院農学生命科学研究科教授(日典3)
　　宝月誠　ほうげつ・まこと　社会学者(現執3期)
宝木　たからぎ
　　宝木和夫　たからぎ・かずお「ファイアウォール」昭晃堂(日典3)
　　宝木多加志　たからぎ・たかし　梅光女学院大学教授(日典3)
　　宝木武則　たからぎ・たけのり　プロレタリア・エスペラント運動家(社史)
　　宝木範義　たからぎ・のりよし　美術評論家(現執4期)
　　宝木寛　たからぎ・ゆたか　プロレタリア・エスペラント運動家(社史)

一部（客，室）

⁵宝生　ほうしょう；ほうじょう
宝生九郎　ほうしょう・くろう　能楽師（コン5）
宝生新　ほうしょう・しん　能楽師（コン5）
宝生房子　ほうじょう・ふさこ「光の中へ消えた大おばあちゃん」やまなし文学賞実行委員会（日典3）

宝田　たからだ；ほうだ
宝田明　たからだ・あきら　俳優（日人）
宝田通文　たからだ・みちぶみ　国学者（日人）
宝田砂川　ほうだ・すなかわ「草もみぢ」宝田与一（日典3）
宝田仁和行　ほうだ・にわゆき　農民（社史）

⁷宝利　ほうり
宝利尚一　ほうり・しょういち　読売新聞社論説委員（日典3）
宝利貢　ほうり・みつぐ　二光通販社長（人情）
宝利桃子　ほうり・ももこ「最新フランス・ハンドブック」原書房（日典3）

宝村　たからむら；ほうそん
宝村信二　たからむら・しんじ「オーロラの魔獣」武田ランダムハウスジャパン（日典3）
宝村信雄　たからむら・のぶお　琉球開発金融公社総裁，世界銀行開発局長（沖縄百）
宝村信雄　ほうそん・のぶお　世界銀行開発局部長（日典3）

宝来　たからい；ほうらい
宝来千穂　たからい・ちほ「セルフダイブ」本の森（日典3）
宝来市松　ほうらい・いちまつ　銀行家（日人）
宝来善次　ほうらい・ぜんじ　医師（近医）

宝谷　たからや；ほうたに；ほうや
宝谷幸稔　たからや・こうねん　イラストレーター（日典3）
宝谷叡　ほうたに・えい　著述家（兵庫文）
宝谷光教　ほうや・みつのり「自費率を高めるカウンセリングシステム」クインテッセンス出版（日典3）

⁸宝居　たからい
宝居繁美　たからい・しげみ　日新電気プラント本部次長（国典）

¹⁰宝家　たからや
宝家利二郎　たからや・としじろう　曲芸師（テレ）
宝家楽翁　たからや・らくおう　太神楽曲芸協会最高顧問（人情）

宝珠山　ほうしやま；ほうしゅやま
宝珠山幸сhiko　ほうしやま・さちお　牧師（日典）
宝珠山重次　ほうしやま・じゅうじ　政治家（大分歴）
宝珠山恭子　ほうしゅやま・きょうこ　尾瀬・山の鼻ビジターセンター自然解説専門員（日典3）
宝珠山昇　ほうしゅやま・のぼる（財）平和・安全保障研究所理事（現執4期）

¹¹宝崎　ほうさき；ほうざき
宝崎達也　ほうさき・たつや「プラスチック分析入門」丸善出版（日典3）
宝崎隆祐　ほうざき・りゅうすけ「捜索理論」三恵社（日典3）

宝野　たからの；ほうの
宝野アリカ　たからの・ありか　歌手（日典3）
宝野和博　ほうの・かずひろ「金属ナノ組織解析法」アグネ技術センター（日典3）

¹²宝喜　ほうき
宝喜力　ほうき・つとむ「英米の名詩」泰文堂（日典3）

宝達　ほうたつ；ほうだつ
宝達峰雄　ほうたつ・みねお「新しい減価償却制度と耐用年数の適用ポイントQ&A」税務研究会出版局（日典3）
宝達達二　ほうたつ・たつじ　氷見伏木信用金庫専務理事（日典3）
宝達勉　ほうだつ・つとむ「動物の感染症」近代出版（日典3）

¹³宝楽　ほうらく
宝楽慎三　ほうらく・しんぞう　大阪鉄工組合代議員（社史）

¹⁶宝樹　たからぎ
宝樹文彦　たからぎ・ふみひこ　労働運動家（コン2）
宝樹芽里　たからぎ・めり　宝塚歌劇団団員（日典3）

宝積　ほうしゃく；ほうずみ
宝積一　ほうしゃく・はじめ　日本労農党機関紙部員・社会事業部員（社史）
宝積有香　ほうしゃく・ゆか　タレント（テレ）
宝積玄承　ほうずみ・げんしょう　僧侶（現執4期）

【352】客

⁴客井　もろい
客井宣之　もろい・よしゆき　愛染橋病院薬局長（国典）

¹¹客野　きゃくの
客野好一　きゃくの・こういち　関西出版労組書記長（社史）
客野澄博　きゃくの・すみひろ　新聞記者（国典）

【353】室

室　むろ
室桜関　むろ・おうかん　儒学者（日人）
室馨造　むろ・けいぞう　医用工学技術者（日人）
室謙二　むろ・けんじ　評論家，ジャーナリスト（平和）
室孝次郎　むろ・こうじろう　商人（日人）
室淳介　むろ・じゅんすけ　仏文学者（兵庫文）

⁵室生　むろう；むろお
室生朝子　むろう・あさこ　随筆家（日人）
室生犀星　むろう・さいせい　詩人，小説家（コン4）
室生幸太郎　むろお・こうたろう「夕景」富士見書房（日典3）
室生砺川　むろお・れいせん　俳人（富山百）

室田　むろた；むろだ
　室田武　むろた・たけし　経済学者(日人)
　室田老樹斎　むろだ・ろうじゅさい　植物研究者(植物)
[6]室伏　むろふし；むろぶし；むろぶせ
　室伏重信　むろふし・しげのぶ　ハンマー投げ選手(日人)
　室伏哲郎　むろぶし・てつろう　評論家(世紀)
　室伏高信　むろぶせ・こうしん　評論家(日人)
[7]室住　むろずみ
　室住一妙　むろずみ・いちみょう　「日蓮大聖人と倶に」教育新潮社(日典3)
　室住熊三　むろずみ・くまぞう　「電気物理」近代科学社(日典3)
　室住信子　むろずみ・のぶこ　「モーツァルト」BL出版(日典3)
　室住春男　むろずみ・はるお　殖産住宅相互社長(日典3)
　室住真麻子　むろずみ・まさこ　「日本の貧困」法律文化社(日典3)
室谷　むろたに；むろや
　室谷藤七　むろたに・とうしち　弓道家、弓道錬士(弓道)
　室谷賀親　むろたに・よしちか　歌人(日人)
　室谷邦夷　むろや・くにい　放送経営者(日人)
　室谷高広　むろや・たかひろ　バイオリニスト(音人3)
[9]室城　むろき
　室城庸之　むろき・つねゆき　久保田鉄工常務、警察大学校校長(日典3)
　室城信之　むろき・のぶゆき　麻生太郎首相秘書官(日典3)
　室城庸之　むろき・のぶゆき　元警察大学校長(人情)
　室城秀之　むろき・ひでゆき　研究者(現執4期)
[11]室崎　むろさき；むろざき
　室崎琴月　むろさき・きんげつ　作曲家、教育家(日人)
　室崎益輝　むろさき・よしてる　都市計画学者(現執4期)
　室崎琴月　むろざき・きんげつ　歌曲作曲家、音楽教育家(作曲)
　室崎間平　むろざき・まへい　実業家(姓氏富山)
[12]室賀　むろが
　室賀昭三　むろが・あきぞう　医師(日典3)
　室賀厚　むろが・あつし　映画監督(映監)
　室賀国威　むろが・くにたけ　実業家(コン5)
　室賀信夫　むろが・のぶお　人文地理学者(現情)
　室賀録郎　むろが・ろくろう　医師(姓氏静岡)
[16]室積　むろずみ
　室積純夫　むろずみ・すみお　歌人(日典3)
　室積徂春　むろずみ・そじゅん　俳人(日典)
　室積波那女　むろずみ・はなじょ　俳人(日人)
　室積光　むろずみ・ひかる　「ハダシのカッちゃん」小学館(日典3)

室田　むろた
　室田武　むろた・たけし　経済学者(日人)

室館　むろだて
　室館喜一　むろだて・きよいち　「図解ビル設備シーケンス制御の実際」オーム社(日典3)

[354]　家

[3]家弓　かゆみ
　家弓家正　かゆみ・いえまさ　声優(テレ)
　家弓鉄矢　かゆみ・てつや　日比谷高校長、全国高等学校体育連盟会長(日典3)
　家弓智子　かゆみ・ともこ　「ヨークシャー・テリアはじめての飼い方・しつけ方」日本文芸社(日典3)
　家弓正紀　かゆみ・まさのり　大東京火災海上保険副社長(日典3)
　家弓正彦　かゆみ・まさひこ　「できる・使える事業計画書の書き方」日本能率協会マネジメントセンター(日典3)
[4]家中　いえなか；やなか
　家中あい　いえなか・あい　料理研究家(日典3)
　家中淑夫　いえなか・よしお　住銀レックス社長(日典)
　家中茂　やなか・しげる　「地域の自立シマの力」コモンズ(日典3)
家井　いのい
　家井真　いのい・まこと　中国文学研究者(中専)
[5]家代岡　かよおか
　家代岡巳義　かよおか・みよし　六甲タイムス社長(日典)
家令　かれい
　家令和昭　かれい・かずあき　毎日新聞(西部)福岡総局長(日典3)
　家令俊雄　かれい・としお　日本史学者(郷土)
家本　いえもと；やもと
　家本為一　いえもと・ためいち　弁護士、社会運動家(社史)
　家本芳郎　いえもと・よしろう　教育評論家、教師(世紀)
　家本潔　やもと・きよし　日野自動車工業(現・日野自動車)副社長(日典3)
　家本清美　やもと・きよみ　翻訳家(日典)
家永　いえなが
　家永駿三郎　いえなが・きさぶろう　洋画家(美家)
　家永三郎　いえなが・さぶろう　歴史学者(コン4)
　家永千絵　いえなが・ちえ　日本画家(美家)
　家永豊吉　いえなが・とよきち　法学者(日人)
　家永芳彦　いえなが・よしひこ　政治家(日人)
家田　いえた；いえだ
　家田聡　いえた・さとし　(株)中野工務店専務(日典)
　家田嗣郎　いえた・しろう　元・南海サウスタワーホテル社長(日典)
　家田荘子　いえだ・しょうこ　ノンフィクション作家(日人)
　家田芳喜　いえだ・よしき　政治家(現政)

ハ部(宮)

⁶家名田　やなだ
　家名田克男　やなだ・かつお　「世界史事典」(国典)
　家名田弘　やなだ・ひろし　「伝道・福音派・福音主義」すぐ書房(日典3)

家守　かもり；けもり；やもり
　家守昭光　かもり・あきみつ　弁護士(日典3)
　家守伸正　けもり・のぶまさ　住友金属鉱山社長(日典3)
　家守善平　やもり・ぜんべい　実業家(日人)

⁷家住　いえすみ；いえずみ
　家住利男　いえすみ・としお　ガラス工芸家(日典3)
　家住裕子　いえずみ・ひろこ　「世界ガラス美術全集」求竜堂(日典3)

家里　いえさと；いえざと
　家里和夫　いえさと・かずお　音楽評論家(音人3)
　家里二郎　いえさと・じろう　部落改善運動家・融和教育家(埼玉人)
　家里春治　いえさと・はるじ　「労働運動と構造改革」合同出版社(日典3)

⁹家垣　いえがき；やがき
　家垣達成　いえがき・たつなり　「アラジン2エボリューション+押忍！番長+北斗の拳+吉宗ビタミン愛」(日典3)
　家垣康伸　いえがき・やすのぶ　ギタリスト(日典3)
　家垣武助　やがき・ぶすけ　政治家(姓氏京都)

家城　いえき；やしろ
　家城郁　いえき・くに　「去りし日」光書房(日典3)
　家城巳代治　いえき・みよじ　映画監督(日人)
　家城啓一郎　やしろ・けいいちろう　NHK特別報道班(国典)
　家城宏一　やしろ・こういち　日本カーリット常務(日典3)

¹⁰家島　いえしま；いえじま；かしま；やじま
　家島郁子　いえしま・いくこ　京都府更生保護婦人連盟会長(日典)
　家島巳之助　いえじま・みのすけ　日本労働組合連合平野連合会鏡加工組合長(社史)
　家島晶子　かしま・あきこ　「花馬酔木」くれなゐ社(日典3)
　家島彦一　やじま・ひこいち　早稲田大学特任教授(現執4期)

家高　いえたか；やたか；やだか
　家高洋　いえたか・ひろし　「フロイト全集」岩波書店(日典3)
　家高勝　やたか・まさる　演出家(日典3)
　家高卓郎　やだか・たくろう　王滝村(長野県)村長(日典3)

¹¹家崎　いえさき；いえざき
　家崎智　いえさき・さとる　医師(群馬人)
　家崎晴夫　いえさき・はるお　「下田歌子」岐阜県(日典3)
　家崎宏　いえざき・ひろし　弁護士(日典)

¹²家喜　いえよし
　家喜つねみ　いえよし・つねみ　ミス青梅(人情)

家塚　いえずか；いえつか
　家塚勝雄　いえずか・かつお　写真家(写人)
　家塚高志　いえつか・たかし　「高専生のための倫理社会・哲学」学術図書出版社(日典3)

家森　いえもり；やもり
　家森幸子　いえもり・さちこ　アナウンサー(テレ)
　家森長治郎　いえもり・ちょうじろう　奈良教育大学教授,武庫川女子大学教授(日典3)
　家森武夫　やもり・たけお　医師(近医)
　家森信善　やもり・のぶよし　名古屋大学大学院経済学研究科(現執4期)

¹⁴家嶋　やしま
　家嶋芙美子　やしま・ふみこ　「銀座のエロス」(国典)

¹⁸家藤　いえふじ
　家藤覚　いえふじ・さとし　人間開発センター所長(人情)

【355】　宮

宮ケ谷　みやがや
　宮ケ谷徳三　みやがや・とくぞう　神戸大学名誉教授(日典3)

²宮乃崎　みやのさき
　宮乃崎桜子　みやのさき・さくらこ　小説家(幻想)

³宮上　みやうえ；みやかみ；みやがみ
　宮上繁馬　みやうえ・しげま　社会活動家(高知人)
　宮上茂隆　みやかみ・しげたか　建築家、著述家(美建)
　宮上一男　みやがみ・かずお　会計学者(世紀)

宮久保　きゅうくぼ；みやくぼ
　宮久保美恵子　きゅうくぼ・みえこ　「須臾を曳く」本阿弥書店(日典3)
　宮久保忠男　みやくぼ・ただお　いなげや常務(日典)

宮子　みやこ；みやし
　宮子あずさ　みやこ・あずさ　看護婦,エッセイスト(現執4期)
　宮子昌代　みやこ・まさよ　女優(映女)
　宮子実　みやし・みのる　軍人(陸海)

宮山　みやま；みややま
　宮山竜人　みやま・たつと　「暗闇を越えて」新風舎(JM)
　宮山栄之助　みややま・えいのすけ　社会運動家(アナ)
　宮山房子　みややま・ふさこ　無産婦人芸術連盟メンバー、吹上町議会議員(アナ)

宮川　みやかわ；みやがわ
　宮川淳　みやかわ・あつし　美術評論家(日人)
　宮川ひろ　みやかわ・ひろ　児童文学作家(日人)
　宮川経輝　みやがわ・つねてる　牧師(コン5)
　宮川泰　みやがわ・ひろし　作曲家(日人)

⁴宮戸　みやと；みやど
宮戸君代　みやと・きみよ　「随心」美研インターナショナル,星雲社(発売)(日典3)
宮戸直輝　みやと・なおてる　T&Dホールディングス社長(日典3)
宮戸健二　みやど・けんじ　「顕微鏡活用なるほどQ&A」羊土社(日典3)

宮木　みやき；みやぎ
宮木高明　みやき・こうめい　薬学者(世紀)
宮木百合子　みやき・ゆりこ　バレリーナ(世紀)
宮木あや子　みやき・あやこ　小説家(日典4)
宮木喜久雄　みやぎ・きくお　詩人(日人)

⁵宮代　みやしろ；みやだい
宮代甚七　みやしろ・じんしち　砂利採取業者(姓氏神奈川)
宮代忠童　みやしろ・ちゅうどう　漫画家(漫人)
宮代謙吉　みやだい・けんきち　商人(日人)
宮代七之助　みやだい・しちのすけ　政治家(姓氏神奈川)

宮出　みやで
宮出岩夫　みやで・いわお　園田学園女子短期大学教授,兵庫県立西宮高等学校校長(日典3)
宮出秀雄　みやで・ひでお　農学者(現執2期)
宮出隆自　みやで・りゅうじ　プロ野球選手(日典3)

宮古　みやこ
宮古啓三郎　みやこ・けいざぶろう　政治家(日人)
宮古環　みやこ・たまき　「あなたはまだそんな「仕様書」を書いているんですか?」秀和システム(日典3)
宮古とく子　みやこ・とくこ　映画プロデューサー(映人)
宮古はるか　みやこ・はるか　「しあわせの案内人」児童文学研究会(日典3)
宮古博義　みやこ・ひろよし　北海道新聞情報研究所専門委員(日典3)

宮司　みやじ
宮司彰　みやじ・あきら　関彰商事石油部給油所課課長(人情)
宮司信吾　みやじ・しんご　写真家(日典3)
宮司正明　みやじ・せいめい　国士舘大学教授(日典3)
宮司宏之　みやじ・ひろし　奈良新聞取締役出版センター所長(日典3)
宮司正明　みやじ・まさあき　「経済法の基礎理論」鳳舎(日典3)

宮台　みやだい
宮台昇一　みやだい・しょういち　「林間」白玉書房(日典3)
宮台真司　みやだい・しんじ　社会学者(世紀)
宮台朝直　みやだい・ともなお　北海道大学名誉教授(日典3)

宮平　みやひら
宮平ウタ　みやひら・うた　沖縄の祝女(社史)
宮平光清　みやひら・こうせい　政治家(姓氏沖縄)
宮平清一　みやひら・せいいち　画家(沖縄百)

宮平知盛　みやひら・とももり　家庭裁判所主任調査官(国典)
宮平初子　みやひら・はつこ　染織家(日人)

宮生　みやお
宮生北辰　みやお・ほくしん　「故郷・他郷─句集」(JM)

宮田　みやした；みやた；みやだ
宮田重固　みやした・しげもと　群馬県官,新聞社長(群馬人)
宮田東峰　みやた・とうほう　ハーモニカ奏者(コン4)
宮田富弘　みやだ・とみひろ　「レクチャー栄養学総論」建帛社(日典3)

⁶宮吉　みやよし
宮吉華房　みやよし・かほう　「琥珀」壱岐坂書房(日典3)
宮吉拓実　みやよし・たくみ　サッカー選手(日典3)
宮吉寛　みやよし・ひろし　指揮者(音人3)

宮向　みやむき
宮向国平　みやむき・くにへい　農民運動家(社史)

宮地　みやじ；みやち
宮地直一　みやじ・なおいち　神道学者(コン4)
宮地直一　みやじ・なおかず　神道学者(日人)
宮地嘉六　みやち・かろく　小説家(日人)
宮地正人　みやち・まさと　日本史学者(日人)

宮宇地　みやうじ；みやうち
宮宇地一彦　みやうじ・かずひこ　「プロセスで学ぶ独立住居と集合住居の設計」彰国社(日典3)
宮宇地覚　みやうじ・さとる　「次世代の代理店経営モデル」新日本保険新聞社(日典3)
宮宇地邦夫　みやうち・くにお　積水化成品工業常務(日典)

宮宅　みやけ
宮宅潔　みやけ・きよし　「中国古代刑制史の研究」京都大学学術出版会(日典3)
宮宅淪迸　みやけ・りんべい　陶芸家(陶工)

⁷宮壱　みやいち
宮壱忠夫　みやいち・ただお　「歌屑二百首」現代書房新社(日典3)

宮沢　みやさわ；みやざわ
宮沢和男　みやさわ・かずお　愛鳩の友社社長(日典3)
宮沢光一　みやさわ・こういち　東京大学名誉教授(日典)
宮沢賢治　みやざわ・けんじ　詩人,童話作家(コン5)
宮沢俊義　みやざわ・としよし　憲法学者(コン4)

宮良　みやなが；みやよし；みやら
宮良当社　みやなが・まさもり　国語学者(日人)
宮良笑　みやよし・えみ　「笑の泣き笑い物語」蓬葉社(日典3)
宮良長包　みやら・ちょうほう　作曲家(日人)

宮谷　みやたに；みやや
宮谷三連　みやたに・みつら　国学者(日人)

宮谷理香　みやたに・りか　ピアニスト(演奏)
宮谷一彦　みやや・かずひこ　漫画家(幻想)

宮谷内　みやうち
宮谷内留雄　みやうち・とめお　蘭越町(北海道)町長(日典)

宮里　みやさと；みやざと
宮里考助　みやさと・こうすけ　小学校教員(社史)
宮里武夫　みやさと・たけお　政治家(姓氏鹿児島)
宮里悦　みやさと・えつ　女性運動家(日人)
宮里政玄　みやざと・せいげん　国際政治学者(日人)

⁸宮国　みやくに；みやぐに
宮国泰誠　みやくに・たいせい　医師,歌人(日典3)
宮国匡　みやくに・ただし　農業(日典3)
宮国俊盛　みやぐに・しゅんせい　農業技手,政治家(姓氏沖縄)
宮国泰良　みやぐに・たいりょう　初代宮古教職員会専任事務局長(姓氏沖縄)

宮宗　みやそう；みやむね
宮宗靖　みやそう・やすし　中国ジェイアールバス社長(日典3)
宮宗勝之　みやむね・かつゆき　ユニオン商事(株)代表取締役社長(日典3)
宮宗直矢　みやむね・なおや　弓道家,医師,弓道錬士(弓道)

宮東　くとう；くどう；みやとう
宮東寿夫　くとう・ひさお　デザイナー(日典)
宮東悠　くどう・ひさし　パティシエ(日典3)
宮東志津枝　みやとう・しずえ　「ある位置」掌詩社(日典3)

宮治　みやじ
宮治昭　みやじ・あきら　インド・中央アジア美術史学者(現執4期)
宮治一雄　みやじ・かずお　アフリカ・中東現代史専門家(現執3期)
宮治周平　みやじ・しゅうへい　私塾経営者(姓氏愛知)
宮治清一　みやじ・せいいち　「癌患者の扱い方」金原出版(日典3)
宮治年春　みやじ・としはる　三楽オーシャン元副社長(日典3)

宮迫　みやさこ
宮迫功　みやさこ・こうじ　「Acrobat 7+PDFスパテク315」翔泳社(日典3)
宮迫千鶴　みやさこ・ちづる　洋画家,エッセイスト(日人)
宮迫英嗣　みやさこ・ひでつぐ　「Calligraphie Kunpei Kawachi avec ses eleves」白帝社(日典3)
宮迫博之　みやさこ・ひろゆき　漫才師(日映男)

⁹宮保　みやほ；みやぼ
宮保憲治　みやほ・のりはる　「情報通信概論」オーム社(日典3)
宮保順志郎　みやほ・じゅんしろう　人工壁企画製作者,ロッククライマー(日典3)

宮保進　みやほ・すすむ　舞鶴共済病院院長,福井医科大学副学長(日典3)

宮前　みやさき；みやまえ
宮前貢　みやさき・みつぐ　「学びつづけて」ぎょうせい(日典3)
宮前進　みやまえ・すすむ　政治家(埼玉人)
宮前治子　みやまえ・はるこ　ソプラノ歌手(音人3)

宮南　みやなみ
宮南啓　みやなみ・けい　大阪府立大学工学部化学工学科助教授(科学)
宮南裕　みやなみ・ゆたか　「漫話樹草譜」宮南果(日典3)

宮城　みやき；みやぎ；みやしろ；みやんじょう
宮城道子　みやき・みちこ　十文字学園女子短期大学家政学科助教授(日典)
宮城道雄　みやぎ・みちお　箏曲家(コン4)
宮城覚　みやしろ・かく　徳島県議(自民党)(日典3)
宮城雄二　みやんじょう・ゆうじ　ミヤンジョー・インターナショナル代表(日典3)

宮城谷　みやぎたに
宮城谷昌光　みやぎたに・まさみつ　小説家(日人)

宮廻　みやさこ
宮廻正明　みやさこ・まさあき　日本画家(日典)
宮廻美朋　みやさこ・よしあき　東京大学名誉教授(日典3)

宮後　みやご
宮後さと子　みやご・さとこ　声楽家(ソプラノ)(音人)
宮後年男　みやご・としお　「ベル・エポックの百貨店カタログ」アートダイジェスト(日典3)
宮後浩　みやご・ひろし　「西国巡礼スケッチのコツ」学芸出版社(日典3)

宮津　みやず；みやつ
宮津純一　みやず・あつし　機械工学者(現情)
宮津邦彦　みやず・くにひこ　ピアニスト(演奏)
宮津昭彦　みやつ・あきひこ　俳人(現俳)
宮津博　みやつ・ひろし　劇作家,演出家(日人)

¹⁰宮原　みやはら；みやばら
宮原二郎　みやはら・じろう　海軍軍人,軍事技術者(コン5)
宮原誠一　みやはら・せいいち　教育学者(コン4)
宮原節庵　みやばら・せつあん　漢詩人(姓氏京都)
宮原安春　みやばら・やすはる　ノンフィクション作家,音楽評論家(現執4期)

宮家　みやけ
宮家昭　みやけ・あきら　トリマー(日典3)
宮家あゆみ　みやけ・あゆみ　「ブックストア」晶文社(日典3)
宮家教誉　みやけ・きょうよ　僧侶(日典3)
宮家邦彦　みやけ・くにひこ　内閣官房首相公邸連絡調整官,AOI外交政策研究所代表(日典3)

宮家準　みやけ・ひとし　宗教学者(現執4期)

宮島　みやしま；みやじま
宮島晋　みやしま・しん　医師・社会実業家(岡山歴)
宮島義雄　みやしま・よしお　洋菜栽培の先駆者(長野百)
宮島清次郎　みやじま・せいじろう　実業家(日人)
宮島義勇　みやじま・よしお　映画撮影監督(日人)

[11]**宮崎　みやさき；みやざき**
宮崎晃　みやさき・あきら　社会運動家(日人)
宮崎十三八　みやさき・とみはち　郷土史家(郷土)
宮崎湖処子　みやざき・こしょし　詩人,小説家(コン5)
宮崎滔天　みやざき・とうてん　革命家(コン5)

[12]**宮塚　みやずか；みやつか**
宮塚晃世　みやずか・てるよ　声楽(日典)
宮塚寿美子　みやつか・すみこ「北朝鮮・驚愕の教科書」文芸春秋(日典)
宮塚利雄　みやつか・としお　朝鮮近代経済史学者(現執4期)

宮嵜　みやさき；みやざき
宮嵜泰樹　みやさき・やすき　在中国大使館防衛駐在官(日典)
宮嵜麻子　みやざき・あさこ「ローマ帝国の食糧供給と政治」九州大学出版会(日典)
宮嵜克裕　みやざき・かつひろ「マラルメ伝」筑摩書房(日典)

宮智　みやち
宮智宗七　みやち・そうしち　経済学者(現執4期)

宮越　みやこし；みやごし
宮越信一郎　みやこし・しんいちろう　黒労社メンバー(アナ)
宮越助夫　みやこし・すけお　弓道家,弓道教士(弓道)
宮越栄蔵　みやごし・えいぞう　教育者(福井百)
宮越健太郎　みやこし・けんたろう「中国語教科書」第三書房(日典)

宮道　みやじ；みやどう；みやみち
宮道和夫　みやじ・かずお　国際ビジネスコンサルタント(日典)
宮道慎二　みやどう・しんじ　製品評価技術基盤機構(日典)
宮道東夫　みやみち・あずまお「玄学のガイドライン」玉廼舎塾(日典)

[13]**宮腰　みやこし；みやごし**
宮腰賢　みやこし・まさる　国語学者(現執4期)
宮腰義勝　みやこし・よしかつ　漫画家(漫人)
宮腰他一雄　みやごし・たいちお　教育者(姓氏富山)
宮腰貴久　みやごし・たかひさ「教師主導型の授業からの転換と展開」福井大学大学院教育学研究科教職開発専攻(日典)

宮路　みやじ
宮路オサム　みやじ・おさむ　歌手(テレ)

宮路和明　みやじ・かずあき　政治家(現政)
宮路憲二　みやじ・けんじ　農芸化学者(現情)
宮路重嗣　みやじ・しげつぐ　渡航者(近医)
宮路宗海　みやじ・そうかい　僧侶(神奈川人)

宮飼　みやか
宮飼栄蔵　みやか・えいぞう　歌人(大阪文)

[18]**宮藤　くどう；みやふじ**
宮藤官九郎　くどう・かんくろう　脚本家,構成作家,俳優,コメディアン(日映男)
宮藤華　くどう・はる「おやゆび姫」集英社(日典3)
宮藤元久　みやふじ・もとひさ　元・神戸製鋼所アルミ・銅カンパニー研究主席(日典)
宮藤泰広　みやふじ・やすひろ　八重洲商工相談役・元社長,商工組合中央金庫理事(日典)

【356】寄

[3]**寄山　きやま**
寄山弘　きやま・ひろし　俳優(新芸)

[5]**寄本　よりもと**
寄本明　よりもと・あきら「高温環境とスポーツ・運動」篠原出版新社(日典3)
寄本勝美　よりもと・かつみ　行政学者(現執4期)
寄本司麟　よりもと・しりん　画家(社史)
寄本好則　よりもと・よしのり「旬紀行」ディノス,扶桑社(発売)(日典3)

寄田　よりた
寄田勝也　よりた・かつや　映画監督(映監)
寄田幸司　よりた・こうじ「行列のできる歯科医院」デンタルダイヤモンド社(日典)
寄田猛　よりた・たけし　ジャーナリスト(日典)
寄田則隆　よりた・のりたか「西郷南洲論」西郷南洲論刊行会(日典3)
寄田春夫　よりた・はるお　労働運動家(日人)

[14]**寄増　よります**
寄増賢壱　よります・けんいち「幻の古代金属」たま出版(日典3)

[18]**寄藤　よりふじ**
寄藤昂　よりふじ・たかし「地理学演習帳」古今書院(日典3)
寄藤文平　よりふじ・ぶんぺい　アートディレクター,イラストレーター(日典3)
寄藤好実　よりふじ・よしざね　教育家(日人)

【357】宿

[3]**宿久　しゅくく；やどひさ**
宿久泰孝　しゅくく・やすたか　福岡市アマチュアボクシング連盟理事長(人情)
宿久洋　やどひさ・ひろし　鹿児島大学理学部助手(日典)

[4]**宿戸　しゅくのえ**
宿戸晋　しゅくのえ・しん「日本の商舗」商店建築社(日典3)

宀部(寅,密,寒,富)

[7]宿沢　しゅくざわ
　宿沢修　しゅくざわ・おさむ「基礎線形代数セミナー」現代数学社(日典3)
　宿沢広朗　しゅくざわ・ひろあき　ラグビー監督(日人)
　宿沢雅広　しゅくざわ・まさひろ　赤兵衛店主(日典3)
　宿沢ます江　しゅくざわ・ますえ「御役知上塩後村の歴史」宿沢節夫(日典3)

宿谷　しゅくたに；しゅくや
　宿谷栄一　しゅくたに・えいいち　元・参院議員(日典)
　宿谷高彦　しゅくたに・たかひこ　テレビユー福島副社長(日典3)
　宿谷晃弘　しゅくや・あきひろ「人権序論」成文堂(日典3)
　宿谷和子　しゅくや・かずこ「いっぽにほんごさんぽ暮らしのにほんご教室」スリーエーネットワーク(日典3)

[9]宿前　やどまえ
　宿前貴子　やどまえ・たかこ「ドラッグインフォメーション入門」薬業時報社(日典3)
　宿前利郎　やどまえ・としろう「免疫学概説」広済堂書店(日典3)

宿南　しゅくなみ
　宿南達志郎　しゅくなみ・たつしろう　立命館大学映像学部教授(日典3)
　宿南保　しゅくなみ・たもつ　郷土史家(日典3)

[15]宿輪　しくわ；しゅくわ
　宿輪吉之典　しくわ・きちのすけ「トーネット曲木家具」鹿島出版会(日典3)
　宿輪純一　しくわ・じゅんいち「証券決済システムのすべて」東洋経済新報社(日典3)
　宿輪純一　しくわ・じゅんいち　エコノミスト(現執4期)
　宿輪卓爾　しくわ・たくじ　水産家(日人)

【358】　寅

[8]寅若　とらわか
　寅若繁　とらわか・しげる　洋画家(美家)
　寅若泰　とらわか・やすし「うたおうパネルシアター」東洋文化出版(日典3)

【359】　密

[5]密田　みつた；みつだ
　密田靖夫　みつた・やすお　俳人(石川文)
　密田博孝　みつだ・ひろたか　経営者(日人)
　密田良二　みつだ・りょうじ　歌人(石川文)

【360】　寒

[3]寒川　かんかわ；かんがわ；さがわ；さむかわ；さんかわ；さんがわ；そうかわ；そうがわ
　寒川喜一　かんかわ・きいち　政治家(政治)
　寒川孝久　かんがわ・たかひさ　点字図形作成器考案者(視覚)
　寒川道夫　さがわ・みちお　教育者(コン4)
　寒川鼠骨　さむかわ・そこつ　俳人,写生文作家(コン4)
　寒川靖子　さんかわ・やすこ「美しきものへの挽歌」芸風書院(JM)
　寒川恒貞　さんがわ・つねさだ　技術者,実業家(日人)
　寒川史郎　そうかわ・ふみお　アポロメック社長(日典)
　寒川大海　そうがわ・たいかい　神官(幕末)

[4]寒水　かんすい；そうず
　寒水多久茂　かんすい・たくを　舞踏家(佐賀百)
　寒水孝司　そうず・たかし「医学・薬学・健康の統計学」サイエンティスト社(日典3)

[6]寒竹　かんたけ；かんちく
　寒竹郁夫　かんたけ・いくお　歯科医(日典3)
　寒竹剛　かんたけ・つよし　那覇家裁長(日典3)
　寒竹泉美　かんちく・いずみ「月野さんのギター」講談社(日典3)
　寒竹孝子　かんちく・たかこ「ほんとのおおきさ恐竜博」学研教育出版,学研マーケティング(発売)(日典3)

[8]寒河江　さかえ；さがえ
　寒河江正　さかえ・ただし「あの時、ぼくらは13歳だった」東京書籍(日典3)
　寒河江徹　さかえ・とおる　姿勢保健均整師(日典)
　寒河江一郎　さがえ・いちろう　医師(日典3)
　寒河江善秋　さがえ・よしあき　青年運動の指導者(山形百)

【361】　富

富　とみ
　富常益　とみ・つねます　農民(社史)
　富村雄　とみ・むらお　志士(日人)

富ノ沢　とみのさわ
　富ノ沢麟太郎　とみのさわ・りんたろう　小説家(日人)

[3]富上　とかみ
　富上芳秀　とかみ・よしひで「大和川幻想―富上芳秀詩集」七月堂(JM)

富久　とみひさ
　富久国夫　とみひさ・くにお「教師の力量形成を支援する校長の指導助言機能の研究」風間書房(日典3)

富久公 とみひさ・こう
富久公　とみひさ・こう　「吹田・枚方事件について」法務研修所(日典3)
富久宏太郎　とみひさ・こうたろう　東洋ゴム工業取締役(日典3)
富久春和　とみひさ・はるな　地唄箏曲演奏者(新芸)
富久力松　とみひさ・りきまつ　東洋ゴム工業社長,東洋紡取締役(創業)

富士原　ふじはら;ふじわら
富士原治子　ふじはら・はるこ　「シマリスポンちゃんのお・は・な・し」MBC21京都支局・すばる出版(日典3)
富士原和宏　ふじわら・かずひろ　「最新施設園芸学」朝倉書店(日典3)
富士原智　ふじわら・さとる　「電気施設管理・法規」電気書院(日典3)

富士宮　ふじのみや
富士宮瓊光　ふじのみや・たまみつ　ひのもと開祖者(人情)

富子　とみこ
富子勝久　とみこ・かつひさ　「成功する『人づきあい』の研究」広済堂出版(JM)

富山　とみやま;とやま
富山和子　とみやま・かずこ　評論家(世紀)
富山妙子　とみやま・たえこ　洋画家,映像作家(日人)
富山憲一　とやま・けんいち　札幌通運社長(日典3)
富山奏　とやま・すすむ　近世俳諧文学者(現執2期)

富川　とみかわ;とみがわ;ふかわ
富川保太郎　とみかわ・やすたろう　政治家(富山百)
富川盛奎　とみがわ・せいけい　琉球の政治家(日人)
富川秀四郎　ふかわ・ひでしろう　日本建鉄総務部次長(国典)

[4]富木　とぎ;とみき
富木伊助　とぎ・いすけ　鍛工(人名)
富木友治　とみき・ともじ　民俗研究家(日人)
富木隆蔵　とみき・りゅうぞう　地方史研究者(郷土)

[5]富司　ふじ
富司純子　ふじ・すみこ　女優(日人)

富田　とだ;とみた;とみだ;とんだ
富田砕花　とみた・さいか　歌人,詩人(コン4)
富田かね　とみだ・かね　教育者(日人)
富田幸　とんだ・みゆき　「ボルジア家」ゆまに書房(日典3)

[6]富名腰　となごし;ふなこし
富名腰義幸　となごし・よしゆき　名護市立東江小学校校長(日典3)
富名腰義珍　ふなこし・ぎちん　空手家(朝日)

富安　とみやす
富安謙治　とみやす・けんじ　俳人(姓氏愛知)
富安秀雄　とみやす・ひでお　都市計画コンサルタント,実業家(現執3期)
富安風生　とみやす・ふうせい　俳人(コン4)
富安保太郎　とみやす・やすたろう　実業家(日人)
富安陽子　とみやす・ようこ　児童文学作家(小説)

富成　とみなり
富成梓子　とみなり・あずさこ　実業歌富成富吉の妻(女性普)
富成えつ子　とみなり・えつこ　「吉田・晋作・東行庵」東行庵(日典3)
富成喜馬平　とみなり・きまへい　「現代日本科学史」三笠書房(日典3)
富成忠夫　とみなり・ただお　洋画家,写真家(洋画)
富成宮吉　とみなり・みやきち　実業家(現情)

[7]富来　とみき;とみく
富来哲彦　とみき・てつひこ　琉球大学理学部物理学科教授・学部長(日典)
富来昌彦　とみき・まさひこ　石川島建機社長(日典3)
富来隆　とみく・たかし　大分大学名誉教授(日典)

富沢　とみさわ;とみざわ
富沢一誠　とみさわ・いっせい　音楽評論家,実業家(世紀)
富沢有為男　とみさわ・ういお　画家,小説家(日人)
富沢有為男　とみざわ・ういお　画家,小説家(日児)
富沢赤黄男　とみざわ・かきお　俳人(コン4)

富谷　とみたに;とみや;ふかや
富谷鉎太郎　とみたに・せいたろう　裁判官(世紀)
富谷鉎太郎　とみや・しょうたろう　裁判官(コン)
富谷茂吉　ふかや・もきち　「富谷茂吉日記」富谷家(JM)

[8]富取　とみとり
富取一明　とみとり・かずあき　写真家(写人)
富取治郎　とみとり・じろう　「トータル(T)ISOマネジメントシステム」新技術開発センター(日典3)
富取風堂　とみとり・ふうどう　日本画家(日人)
富取芳斎　とみとり・ほうさい　画家(新潟百)
富取正明　とみとり・まさあき　「90式戦車」アップフロントブックス,ワニブックス(発売)(日典3)

富居　とみい;ふごう
富居順子　とみい・じゅんこ　「越後心象」考古堂書店(日典3)
富居多次郎　ふごう・たじろう　加積りんごの創始者(姓氏富山)

富所　とみどころ
富所和子　とみどころ・かずこ　漫画家(漫人)
富所義懿　とみどころ・ぎとく　「犬の葬と供養」国書刊行会(日典3)
富所青潮　とみどころ・せいちょう　「遠照」青虹社(日典3)

六部（寮）　寸部（寸，寺）

富所利夫　とみどころ・としお　富士銀行常任監査役（日典3）
富所富男　とみどころ・とみお　東京多摩リサイクル市民連邦監事（日典3）

富松　とまつ；とみまつ
　富松太基　とまつ・たいき　「やさしい火災安全計画」学芸出版社（日典3）
　富松正安　とまつ・まさやす　自由民権家（コン）
　富松和子　とみまつ・かずこ　「山のみち」青虹社（日典3）
　富松武助　とみまつ・ぶすけ　製薬家（徳島歴）

10富原　とみはら；ふはら
　富原検校　とみはら・けんぎょう　地唄箏曲演奏者（芸能）
　富原守哉　とみはら・もりや　音楽教育者（音人3）
　富原薫　ふはら・かおる　童謡詩人，小学校教員（姓氏静岡）
　富原義徳　ふはら・よしのり　小学校教員，童謡詩人（姓氏静岡）

富家　とみいえ；とみや；ふけ
　富家宏泰　とみいえ・ひろやす　建築家（美建）
　富家栄　とみや・さかえ　日本労働組合総連合神戸地方連合会メンバー（社史）
　富家孝　ふけ・たかし　医師，医事評論家（現執4期）

富島　としま；とみしま
　富島英二　としま・えいじ　「横浜事件」関係者（社史）
　富島健夫　とみしま・たけお　小説家（日人）
　富島通信　とみしま・みちのぶ　弓道家，精錬證（弓道）

富留宮　ふるみや
　富留宮照男　ふるみや・てるお　「実践良い写真をつくる」研光新社（日典3）

11富崎　とみさき；とみざき
　富崎一巳　とみさき・かずみ　佐賀県議（自民党）（日典3）
　富崎興一　とみさき・こういち　船員（社史）
　富崎春昇　とみざき・しゅんしょう　地歌・箏曲家（コン4）
　富崎宗順　とみざき・そうじゅん　地唄箏曲演奏者（日人）

富康　とみやす
　富康熊吉　とみやす・くまきち　職工（社史）

富張　とみはり
　富張佳子　とみはり・けいこ　写真家（日典3）
　富張ケンジ　とみはり・けんじ　「ジグザグ英雄伝」集英社（日典3）
　富張広司　とみはり・ひろし　版画家（日典3）

12富塚　とみずか；とみつか
　富塚清　とみずか・きよし　機械工学者（日人）
　富塚三夫　とみつか・みつお　労働運動家，政治家（日人）
　富塚章　とみつか・あきら　「はじめてのジャズ・ヴォーカル」リットーミュージック（日典3）
　富塚清　とみつか・きよし　機械工学者（世紀）

富森　とみのもり；とみもり；とんもり
　富森叡児　とみのもり・えいじ　政治評論家（現執4期）
　富森虚山　とみもり・きょざん　明暗尺八家（新芸）
　富森盛一　とんもり・せいいち　「柏原昔話」富森一弥（日典3）

富賀　とみか；とみが
　富賀源之助　とみか・げんのすけ　刀剣研師（高知人）
　富賀勉　とみか・つとむ　「危機における日米同盟関係の管理」東亜印刷工芸社（印刷）（日典3）
　富賀源之助　とみが・げんのすけ　刀剣研師（高知百）
　富賀正俊　とみが・まさとし　「海にしずんだしま」女子パウロ会（日典3）

富貴　ふうき；ふき
　富貴春夫　ふうき・はるお　「女教師悶絶教室」マドンナ社，二見書房（発売）（日典3）
　富貴あまね　ふき・あまね　漫画家（YA）

富貴原　ふきはら
　富貴原章信　ふきはら・しょうしん　僧侶（真宗）

14富増　とます；とみます
　富増章成　とます・あきなり　予備校教師（日典）
　富増明稔　とみます・あけとし　漫画家（日典3）
　富増万左男　とみます・まさお　漫画家（漫画）

15富樫　とがし
　富樫凱一　とがし・がいいち　土木技師，官僚（日人）
　富樫雅彦　とがし・まさひこ　ジャズドラム奏者，パーカッション奏者（日人）

16富舘　とみたて
　富舘孝夫　とみたて・たかお　財団役員（現執3期）

【362】寮

寮　りょう
　寮美千子　りょう・みちこ　SF・ファンタジー作家（幻想）

寸部

【363】寸

3寸土　すど；すんど
　寸土暁正　すど・ぎょうせい　「段ボールの包装」一隅社（日典3）
　寸土俊代　すんど・としよ　俳人（日典）

【364】寺

寺ノ門　てらのもん
　寺ノ門栄　てらのもん・さかえ　日本放送作家協会員（国典）

³寺上 てらかみ；てらがみ
寺上正人　てらかみ・まさと　庄原市長（日典）
寺上正人　てらがみ・まさと　政治家（現政）

⁴寺分 じぶん；てらぶん
寺分和行　じぶん・かずゆき　ジャズ・ギタリスト（日典）
寺分元一　てらぶん・もといち　神戸大学名誉教授（日典）

⁵寺主 てらじ
寺主一成　てらじ・かずしげ　京都工芸繊維大学工芸学部教授（科学）
寺主成尚　てらじ・しげひさ　住友建設副社長（日典3）

寺出 てらいで；てらで
寺出訓三　てらいで・くにぞう　「天山路」角川書店（日典）
寺出浩司　てらいで・こうじ　実践女子短期大学講師（日典）
寺出浩司　てらで・こうじ　「介護・社会福祉用語辞典」新星出版社（日典3）
寺出寿美子　てらで・すみこ　日本子どもソーシャルワーク協会理事長（日典）

寺司 てらし
寺司勝次郎　てらし・かつじろう　版画家（日典3）

寺平 てらだいら；てらひら
寺平誠介　てらだいら・せいすけ　日本画家（日典3）
寺平忠輔　てらだいら・ただすけ　軍人（陸海）
寺平笙　てらひら・しょう　「バラの館」ハーレクイン（日典3）

寺広 てらひろ
寺広映雄　てらひろ・てるお　大阪教育大学名誉教授（日典3）

寺田 てらた；てらだ
寺田典城　てらた・すけしろ　政治家（現政）
寺田学　てらた・まなぶ　政治家（現政）
寺田透　てらだ・とおる　文芸評論家, フランス文学者（コン4）
寺田寅彦　てらだ・とらひこ　物理学者, 随筆家（コン5）

⁶寺地 てらじ；てらち
寺地強平　てらじ・きょうへい　蘭方医（洋学）
寺地遵　てらじ・じゅん　中国史研究者（現執1期）
寺地強平　てらち・きょうへい　蘭方医（朝日）
寺地舟里　てらち・しゅうり　蘭方医（日人）

⁷寺杣 てらそま
寺杣友秀　てらそま・ともひで　東京大学大学院数理科学研究科教授（日典3）
寺杣昌紀　てらそま・まさき　俳優（テレ）
寺杣雅人　てらそま・まさと　「五音と七音のリズム」南窓社（日典3）

寺沢 てらさわ；てらざわ
寺沢一　てらさわ・はじめ　国際法学者, 外交評論家（平和）
寺沢晴男　てらさわ・はるお　政治家（日典）

寺沢寛一　てらざわ・かんいち　物理学者（日人）
寺沢道栄　てらざわ・どうえい　医家（徳島歴）

寺谷 てらたに；てらだに；てらや
寺谷弘壬　てらたに・ひろみ　社会学者, 評論家（世紀）
寺谷雄一　てらだに・ゆういち　歯科医（日典）
寺谷賢一　てらや・けんいち　フリーライター（日典）

⁸寺東 てらとう
寺東寛治　てらとう・かんじ　経営学者（現執3期）

寺迫 てらさこ
寺迫友里　てらさこ・ゆり　タレント（テレ）

寺門 てらかど
寺門昱　てらかど・あきら　茨城県購買販売利用組合上水戸出張所書記（アナ）
寺門ジモン　てらかど・じもん　コメディアン（テレ）
寺門仁　てらかど・じん　詩人（日人）
寺門先行　てらかど・せんこう　儒者（日人）
寺門克　てらかど・まさる　経営評論家, ジャーナリスト（現執4期）

⁹寺前 てらまえ
寺前巌　てらまえ・いわお　政治家（現政）
寺前三郎　てらまえ・さぶろう　正城金属工業所会長（日典3）
寺前治一　てらまえ・じいち　（株）近畿資料計算社長（日典3）
寺前武雄　てらまえ・たけお　政治家（現政）

寺泉 てらいずみ
寺泉憲　てらいずみ・けん　俳優（テレ）

寺神戸 てらかど；てらかんべ；てらこうべ
寺神戸亮　てらかど・りょう　ヴァイオリニスト, 指揮者（演奏）
寺神戸誠一　てらかんべ・せいいち　文筆家（社史）
寺神戸茂　てらこうべ・しげる　全国農民組合県連書記長（社史）

¹⁰寺島 てらしま；てらじま
寺島健　てらしま・けん　海軍軍人, 政治家（コン5）
寺島宗則　てらしま・むねのり　薩摩藩士, 外交官（コン4）
寺島一夫　てらじま・かずお　社会運動家（日人）
寺島宗則　てらじま・むねのり　薩摩藩士, 外交官（コン4）

寺師 てらし
寺師克己　てらし・かつみ　弓道家, 弓道教士（弓道）
寺師忠夫　てらし・ただお　教育者, 方言学者（姓氏鹿児島）
寺師見国　てらし・みくに　考古学研究家, 医師（日人）
寺師義信　てらし・よしのぶ　陸軍軍人, 医師（日人）
寺師若法師　てらし・わかぼうし　薩摩狂句界の大御所（姓氏鹿児島）

寸部(寿) 〔365〕

[11]寺崎　てらさき；てらざき
　寺崎広業　てらさき・こうぎょう　日本画家(コン5)
　寺崎昌男　てらさき・まさお　教育学者(日人)
　寺崎広業　てらざき・こうぎょう　日本画家(国史)
　寺崎浩　てらざき・ひろし　小説家,詩人(日人)

寺部　てらべ
　寺部暁　てらべ・あきら　安城学園学園長・理事長(日典3)
　寺部茂　てらべ・しげる「先端の分析法」エヌ・ティー・エス(日典3)
　寺部清毅　てらべ・せいき　愛知学泉大学学長,安城学園理事長
　寺部屯麿　てらべ・たむろまろ　書家(日人)
　寺部だい　てらべ・だい　教育者(日人)

[13]寺園　てらその；てらぞの
　寺園成章　てらその・なりあき　中央労働災害防止協会理事長
　寺園勝志　てらぞの・かつし　政治家(政治)
　寺園徳一郎　てらぞの・とくいちろう　経済学者(現執2期)

[14]寺嶋　てらしま；てらじま
　寺嶋宗一郎　てらしま・そういちろう　農民運動家(日人)
　寺嶋陸也　てらしま・りくや　作曲家,ピアニスト(演奏)
　寺嶋周三　てらじま・しゅうぞう　寺嶋地所代表(日典3)
　寺嶋広文　てらじま・ひろぶみ　弓道家,外交官,弁護士(弓道)

寺嶌　てらしま
　寺嶌しのぶ　てらしま・しのぶ　タレント(人情)
　寺嶌条次　てらしま・じょうじ　若築建設専務(日典3)

[16]寺薗　てらぞの
　寺薗淳也　てらぞの・じゅんや「はやぶさ君の冒険日誌」毎日新聞社(日典3)
　寺薗玲子　てらぞの・れいこ　ピアニスト(音人3)

【365】　寿

寿々木　すずき
　寿々木米若　すずき・よねわか　浪曲師,俳人(コン4)

寿々喜多　すすきた
　寿々喜多呂九平　すすきた・ろくへい　映画監督(映人)

[3]寿山　じゅさん；じゅやま；すやま
　寿山光音　じゅさん・こうおん　僧侶(日典)
　寿山勉　じゅやま・つとむ　元・島根県議(日典)
　寿山俊英　すやま・しゅんえい「永平寺」曹洞宗宗務庁(日典3)

[4]寿円　じゅえん
　寿円晋吾　じゅえん・しんご　防衛大講師兼専修大講師(国典)

　寿円秀夫　じゅえん・ひでお「新基本金融法務講座」金融財政事情研究会　キンザイ(発売)(日典3)
　寿円正巳　じゅえん・まさみ　空将(日典3)

寿木　すぎ
　寿木義穂　すぎ・よしほ　放送作家(日典)

[5]寿田　すだ
　寿田直一郎　すだ・なおいちろう　土田堰の監守(会津)
　寿田鳳輔　すだ・ほうすけ「社会システム論提要」刀水書房(JM)
　寿田竜輔　すだ・りゅうすけ「判例演習憲法」立花書房(日典3)

[7]寿里　すさと
　寿里茂　すさと・しげる　社会学者(世紀)
　寿里順平　すさと・じゅんぺい　ラテンアメリカ社会史研究家(現執4期)
　寿里珠子　すさと・たまこ　為替ディーラー(日典)
　寿里竜　すさと・りゅう「ロベルト・ジョビーのカード・カレッジ」東京堂出版(日典3)

[8]寿岳　じゅがく
　寿岳章子　じゅがく・あきこ　国語学者,エッセイスト(日人)
　寿岳しづ　じゅがく・しず　翻訳家,随筆家(日人)
　寿岳静子　じゅがく・しずこ「紙漉村旅日記」明治書房(日典3)
　寿岳潤　じゅがく・じゅん　東京大学東京天文台教授(日典3)
　寿岳文章　じゅがく・ぶんしょう　英文学者,和紙研究家(コン4)

寿明　じゅめい
　寿明義和　じゅめい・よしかず　ピアニスト(演奏)

[10]寿原　すはら
　寿原英太郎　すはら・えいたろう　政治家(北海道歴)
　寿原九郎　すはら・くろう　銀行家(札幌)
　寿原健吉　すはら・けんきち　医師(近医)
　寿原正一　すはら・しょういち　政治家(札幌)
　寿原外吉　すはら・そときち　小樽商工会議所会頭(北海道歴)

[11]寿崎　すさき；すざき
　寿崎雅夫　すさき・まさお　専修大学商学部教授(日典)
　寿崎肇　すざき・しげる　ことぶきベーカリー社長(日典)
　寿崎スエ子　すざき・すえこ　寿屋創業者(日典3)

[12]寿賀　すが
　寿賀義治　すが・よしはる　大和製衡(国典)

[13]寿楽　じゅらく
　寿楽光雄　じゅらく・みつお　寿楽光雄ギター音楽研究所主宰(日典)

寿福　じゅふく
　寿福滋　じゅふく・しげる　写真家(日典3)

寿福隆志　じゅふく・たかし　イラストレーター（日典）
寿福隆人　じゅふく・たかと　「歴史教育の課題と教育の方法・技術」DTP出版（日典3）
寿福二美子　じゅふく・ふみこ　「生きたい」寿福真美（日典3）
寿福政喜　じゅふく・まさき　熊本県議，人吉市議（日典3）

【366】対

[3]対川　つがわ
　対川裕子　つがわ・ゆうこ　「初恋は特別」ハーレクイン・エンタープライズ日本支社（JM）

[4]対中　たいなか
　対中いずみ　たいなか・いずみ　俳人（日典3）
　対中如雲〔3代〕　たいなか・じょうん　伊豆高原美術館館長，西洋アンティーク美術館館長，武蔵野シルクロード美術館館長（日典3）
　対中義二　たいなか・よしじ　小学校教諭（国典）

対木　ついき
　対木克郎　ついき・かつろう　日本産業訓練協会中部支部（日典3）
　対木末男　ついき・すえお　神奈川県教育庁管理部教職員課主幹（日典3）
　対木精二　ついき・せいじ　三井埠頭常務（日典3）
　対木隆英　ついき・たかひで　経済学者（現執2期）
　対木正文　ついき・まさゆき　語学教室IAY事務局長（日典3）

対比地　ついひじ
　対比地源朔　ついひじ・げんさく　尾島中学校教諭（国典）
　対比地優子　ついひじ・ゆうこ　「山百合のように」対比地重雄（日典3）

[7]対村　つしむら；つじむら
　対村恵祐　つしむら・けいすけ　東北大学名誉教授（日典）
　対村恵祐　つじむら・けいすけ　「テレビ学習効果の研究」（国典）

[10]対島　つしま
　対島一信　つしま・かずのぶ　板前（日典3）
　対島質郎　つしま・しつろう　自由民権運動家（姓氏岩手）
　対島節子　つしま・せつこ　ソーシャルワーカー（日典3）
　対島忠　つしま・ただし　「現代教育心理学」ナカニシヤ出版（JM）
　対島久子　つしま・ひさこ　日本共産党党員（社史）

対馬　つしま
　対馬兼三郎　つしま・かさぶろう　北海道開発者（日人）
　対馬勝雄　つしま・かつお　軍人（日人）
　対馬完治　つしま・かんじ　歌人（近医）
　対馬竹五郎　つしま・たけごろう　園芸家（日人）

対馬忠行　つしま・ただゆき　トロツキスト（日人）

【367】射

[12]射場　いば
　射場和行　いば・かずゆき　「上海今昔物語」Go-Go Planning（日典3）
　射場今日子　いば・きょうこ　「アレルギー・ソリューション」バベル・プレス（日典3）
　射場啓介　いば・けいすけ　福岡県警小倉北署刑事（人情）
　射場厚　いば・こう　九州大学大学院理学研究院教授（日典3）
　射場浩介　いば・こうすけ　「DVDで動きがわかるモーション解剖アトラス」メジカルビュー社（日典3）

射場本　いばもと
　射場本勘市郎　いばもと・かんいちろう　北大名誉教授（日典3）
　射場本忠彦　いばもと・ただひこ　東京電機大学工学部教授（日典3）

【368】将

[16]将積　しょうじゃく；まさずみ
　将積茂　しょうじゃく・しげる　愛知教育大助教授（日典）
　将積良子　まさずみ・りょうこ　神戸家裁所長（日典3）

小部

【369】小

[2]小八重　こばえ；こやえ
　小八重祥一郎　こばえ・しょういちろう　宮崎大学農学部農林生産学科教授（日典3）
　小八重順一郎　こばえ・じゅんいちろう　NHK考査室主幹（日典）
　小八重順一郎　こやえ・じゅんいちろう　「いとしのレオ」ハーレクイン（日典）
　小八重正　こやえ・ただし　大興実業会社相談役（日典）

小又　こまた
　小又覚三郎　こまた・かくさぶろう　富士精機会長（日典）
　小又幸井　こまた・こうい　歌人（富山百）
　小又幸次　こまた・こうじ　歌人（富山文）
　小又綱　こまた・つな　「足利尊氏」光琳社出版（日典）
　小又操　こまた・みさお　デーリー東北新聞編集局次長兼編集本部長兼機報部長（日典3）

[3]小丸　こまる
　小丸栄子　こまる・えいこ　漫画家（漫人）
　小丸熊造　こまる・くまぞう　陶工（日人）

小部（小）

小丸成洋　こまる・しげひろ　福山通運社長（日典3）
小丸寿賀　こまる・すが　教育者（青森人）
小丸長文　こまる・ちょうぶん　「一目でわかるリーチ麻雀の手ほどき」協文社（日典3）

小久江　こくえ；こぐえ
小久江栄一　こくえ・えいいち　東京農工大学農学部獣医学科教授（日典）
小久江晴子　こくえ・はるこ　「湖水を渡って」思潮社（日典3）
小久江正　こぐえ・ただし　元・カヤバ工業専務（日典）

小久見　おぐみ
小久見善八　おぐみ・ぜんぱち　「リチウム二次電池」オーム社（日典3）
小久見豊子　おぐみ・とよこ　フルート奏者（音人3）

小久貫　おくぬき
小久貫君代　おくぬき・きみよ　「（イラスト百科）サイエンス・ワールド5」リブリオ出版（JM）

小口　おくち；おぐち；こぐち
小口登良　おくち・のりよし　専修大学商学部教授（日典）
小口忠太　おぐち・ちゅうた　眼科学者（日人）
小口一郎　こぐち・いちろう　洋画家（洋画）

小大塚　こおおつか；こおつか
小大塚平男　こおおつか・ひらお　郷土史家（姓氏鹿児島）
小大塚平男　こおつか・ひらお　「内之浦町史」内之浦町教育委員会（日典3）

小山　おぬま；おやま；こやま
小山淳　おぬま・あつし　「会津藩の崩壊」日本図書刊行会（日典3）
小山久二郎　おやま・ひさじろう　実業家（日人）
小山正太郎　こやま・しょうたろう　洋画家（コン5）

小山内　おさない；こやまうち
小山内薫　おさない・かおる　演出、小説家（コン5）
小山内美江子　おさない・みえこ　シナリオライター（日人）
小山内元洋　こやまうち・げんよう　眼科医（眼科）

小山田　おやまた；おやまだ；こやまだ
小山田佐七郎　おやまた・さしちろう　漢学者・士族（姓氏岩手）
小山田二郎　おやまだ・じろう　洋画家（日人）
小山田繁蔵　こやまだ・しげぞう　軍人（日人）

小山松　おやまつ
小山松勝一郎　おやまつ・かついちろう　高校教論（国典）
小山松隆　おやまつ・たかし　「趣味の版画」ナツメ社（日典3）

小川　おがわ；こかわ
小川芋銭　おがわ・うせん　画家（コン5）
小川未明　おがわ・みめい　小説家、児童文学者（コン4）

小川貴宏　こかわ・たかひろ　防衛大学校助教授（日典）

小川田　おがわだ
小川田貞志　おがわだ・さだし　写真家（写人）

小川地　おがわじ
小川地喜弘　おがわじ・よしひろ　神職（国書）

小川原　おがわはら；おがわら
小川原嘘帥　おがわはら・きょすい　俳人（日典）
小川原祥匡　おがわはら・よしまさ　杜氏（日典3）
小川原脩　おがわら・しゅう　洋画家（美家）
小川原政信　おがわら・まさのぶ　政治家（北海道歴）

[4]小中　こなか
小中喜一　こなか・きいち　卓球選手（青森人）
小中源一　こなか・げんいち　弓道家、弓道精錬證、大日本射覚院教授（弓道）
小中千昭　こなか・ちあき　ディレクター、脚本家、小説家（幻想）
小中英之　こなか・ひでゆき　歌人（京都文）
小中陽太郎　こなか・ようたろう　作家、評論家（日人）

小中村　こなかむら
小中村清矩　こなかむら・きよのり　国学者（コン4）
小中村政広　こなかむら・まさひろ　タケツー社長（日典3）
小中村義象　こなかむら・よしかた　「明治後期産業発達史資料」竜渓書舎（日典3）

小中沢　こなかざわ
小中沢小夜子　こなかざわ・さよこ　洋裁店経営（人情）

小井　いさらい；こい
小井香奈子　いさらい・かなこ　女優（日典）
小井香欧里　こい・かおり　虐待当事者の会（PDPA）代表（日典3）
小井政都志　こい・まさとし　ベース奏者（ジヤ）

小井土　こいど
小井土彰宏　こいど・あきひろ　「移民政策の国際比較」明石書店（日典3）
小井土公梨　こいど・くり　俳人（日典3）
小井土繁　こいど・しげる　漫画家（漫人）
小井土昭二　こいど・しょうじ　写真家、医師（日典3）
小井土有治　こいど・ゆうじ　ジャーナリスト（現執4期）

小井川　おいかわ；こいかわ
小井川悦子　おいかわ・えつこ　「看護管理に活かすグループ・コミュニケーションの考え方」日本看護協会出版会（日典3）
小井川潤次郎　こいかわ・じゅんじろう　民俗学者（日人）
小井川ツヤ子　こいかわ・つやこ　「きさらぎの空」短歌新聞社（日典3）

小井田　こいだ
小井田武　こいだ・たけし　「北海道駒ケ岳噴火史」森町（日典3）

小部(小)

小井田雅夫 こいだ・まさお 「エッセンシャル毒性学」医歯薬出版(日典)
小井田幸哉 こいだ・ゆきや 郷土史家(郷土)
小井田六助 こいだ・ろくすけ 「平民新聞」読者(社史)

小六 ころく

小六うらら ころく・うらら 帽子デザイナー(日典)
小六英介 ころく・えいすけ 「スタッフの品格が高まる心にひびく話しことば」ヒョーロン・パブリッシャーズ(日典)
小六満佐 ころく・まさ 小唄名取(新芸)
小六礼次郎 ころく・れいじろう 作曲家、編曲家(作曲)

小内 おない；こうち；こない

小内悦太郎 おない・えつたろう 教育者(群馬人)
小内一明 こうち・かずあき 「方丈記」新典社(日典)
小内春邑子 こない・しゅんゆうし 「明王—小内春邑子句集」卯辰山文庫(JM)

小内原 こうちはら

小内原文雄 こうちはら・ふみお 「フランス解放詩集」(国典)

小切間 こぎりま

小切間権右衛門 こぎりま・ごんえもん 実業家、政治家(社史)
小切間美保 こぎりま・みほ 「給食経営管理論」化学同人(日典3)

小友 おとも

小友聡 おとも・さとし 「コヘレトの言葉」日本キリスト教団出版局(日典)
小友坊 おとも・つつみ 元・アイスホッケー選手(日典)
小友叔雄 おとも・としお 郷土史家(郷土)
小友允 おとも・まこと 名古屋工業大学名誉教授(日典)
小友叔雄 おとも・よしお 郷土史研究家(青森人)

小太刀 こたち；こだち

小太刀秀雄 こたち・ひでお 「損益調整便覧」税務経理協会(日典)
小太刀右京 こだち・うきょう 「マクロス・ザ・ライド」アスキー・メディアワークス、角川グループパブリッシング(発売)(日典)
小太刀克夫 こだち・かつお さし絵画家(児人)

小手川 こてがわ

小手川晶子 こてがわ・あきこ 声楽家(ソプラノ)(新芸)
小手川金次郎 こてがわ・きんじろう 実業家(大分歴)
小手川惣太郎 こてがわ・そうたろう 政治家(大分歴)
小手川道郎 こてがわ・みちろう 醸造会社経営者、反公害運動家(世紀)
小手川ゆあ こてがわ・ゆあ 漫画家(漫人)

小方 おかた；おがた；おぼかた

小方厚彦 おかた・あつひこ 関西大学文学部教授(日典)
小方謙九郎 おがた・けんくろう 第2奇兵隊を編成した人(幕末)
小方道憲 おぼかた・みちのり 「日本仏教の人間尊重論」燦乎堂(日典)

小日山 こひやま；こびやま

小日山直登 こひやま・なおと 実業家、政治家(コン4)
小日山直登 こびやま・なおと 実業家、政治家(コン改)
小日山秀晴 こびやま・ひではる 行政書士(日典)

小日向 おびなた；こひなた；こびなた

小日向謙一 おびなた・けんいち ボート選手(日典)
小日向白朗 こひなた・はくろう 作家(日人)
小日向定次郎 こびなた・さだじろう 英文学者(日人)

小木 おぎ；こぎ

小木茂光 おぎ・しげみつ 俳優(日映男)
小木美代子 おぎ・みよこ 教育学者(現執4期)
小木逸平 こぎ・いっぺい アナウンサー(テレ)
小木和孝 こぎ・かずたか 労働衛生学者(日人)

小木曽 おぎそ；こぎそ

小木曽定彰 おぎそ・さだあき 建築家(日人)
小木曽秋子 こぎそ・あきこ 「絹の羽織」小木曽一(日典)
小木曽助次郎 こぎそ・すけじろう 平民社社会主義者(社史)

小木曾 おぎそ；こぎそ

小木曾旭晃 おぎそ・きょっこう 新聞・雑誌記者(日人)
小木曾薫 こぎそ・かおる 「ピアノのための機能的な音楽」(国典)
小木曾助次郎 こぎそ・すけじろう 平民社社会主義者(社史)

小比賀 おいか；おびか；おびが

小比賀秀士 おいか・ひでし 「やすらぎの家づくりのお話」ハローアクセス(日典)
小比賀香苗 おびか・かなえ 高知大学教育学部教授(現執4期)
小比賀信近 おびが・のぶちか 神職(日人)

小比類巻 こひるいまき

小比類巻かほる こひるいまき・かおる ロック歌手(テレ)
小比類巻要人 こひるいまき・かなめ 世界初の太平洋無着陸横断飛行の功労者(青森人)
小比類巻太信 こひるいまき・たいしん 格闘家(日典3)
小比類巻チヨ こひるいまき・ちよ 教員、浜三沢郵便局長女性第1号(青森人)
小比類巻富雄 こひるいまき・とみお 政治家(青森人)

小水 こみず

小水一男 こみず・かずお 映画監督(映監)
小水とうた こみず・とうた 料理人(日典3)
小水満 こみず・みつる 「放射線画像技術学」医歯薬出版(日典3)

小部（小）

小水内　こみずうち；こみずない
- 小水内長太郎　こみずうち・ちょうたろう　植物研究家,教育者（植物）
- 小水内長太郎　こみずない・ちょうたろう　早池峰高山植物研究の第一人者（姓氏岩手）

小片　おがた
- 小片修　おがた・おさむ　大阪芸大講師（日典3）
- 小片勝敏　おがた・かつとし「草花遊び」保育社（書籍）
- 小片啓輔　おがた・けいすけ「広告マーケティング21の原則」翔泳社（日典3）
- 小片重男　おがた・しげお　医師（近医）
- 小片保　おがた・たもつ　考古学者（近医）

5 小代　おしろ；おじろ；おだい；こしろ；しょうだい
- 小代下総守　おしろ・しもおさのかみ　肥後の地侍＝中世（戦国）
- 小代一　おじろ・はじめ　政治家（大分歴）
- 小代伝三郎　おだい・でんざぶろう　教育者（群馬人）
- 小代一夫　こしろ・かずお　歌手（日典）
- 小代為重　しょうだい・ためしげ　洋画家（日人）

小代崎　こよさき
- 小代崎伝兵衛　こよさき・でんべえ　弓道家,弓道錬士（弓道）

小出　こいで
- 小出正吾　こいで・しょうご　児童文学作家（日人）
- 小出粲　こいで・つばら　歌人（日人）
- 小出楢重　こいで・ならしげ　洋画家（コン5）
- 小出光教　こいで・みつのり　算学者,暦学者（日人）
- 小出有三　こいで・ゆうぞう　教育家,僧侶（日人）

小出石　おでいし
- 小出石史郎　おでいし・しろう「神戸外国人居留地」神戸新聞総合出版センター（日典3）

小出来　こでき
- 小出来一博　こでき・かずひろ　順天大教授（国典）

小北　こきた；こぎた
- 小北寅之助　こきた・とらのすけ　牧師（日人）
- 小北英子　こきた・ひでこ「いのちの風」つむぎ出版（日典3）
- 小北陽三　こぎた・ようぞう　元・京都地裁部総括判事（日典）

小台　おだい；しょうだい
- 小台三四郎　おだい・さんしろう　劇作家（福岡百）
- 小台三四郎　しょうだい・さんしろう　劇団青踏座主宰（日典3）

小市　こいち
- 小市和雄　こいち・かずお「神奈川県の不思議事典」新人物往来社（日典3）
- 小市草子　こいち・かやこ「かぐのひとつみ」一莖書房（日典3）
- 小市公三　こいち・きみぞう　漁業（日典3）
- 小市慢太郎　こいち・まんたろう　俳優（日映男）
- 小市巳世司　こいち・みよし　歌人（短歌）

小布施　おぶせ；こぶせ
- 小布施新三郎　おぶせ・しんざぶろう　実業家（コン）
- 小布施良吉　おぶせ・りょうきち　慶応義塾大学内非合法グループ関係者（社史）
- 小布施江緋子　こぶせ・えひこ　俳人（日典）
- 小布施呉爾子　こぶせ・くにこ「あくあ」ふらん堂（日典3）

小平　おだいら；こだいら；こひら；こびら
- 小平浪平　おだいら・なみへい　実業家（コン4）
- 小平邦彦　こだいら・くにひこ　数学者（コン4）
- 小平裕　こひら・ゆたか　映画監督（監督）
- 小平茂　こびら・しげる「濡れ落ち葉のひとり言」(JM)

小本　おもと；こもと
- 小本村司　おもと・むらじ　狂歌師（幕末）
- 小本章　こもと・あきら　写真家,版画家（世紀）
- 小本栄一　こもと・えいいち　川鉄商事副社長（日典3）

小此木　おこのき；おこのぎ
- 小此木間雅　おこのき・かんが　医師（維新）
- 小此木淑子　おこのき・よしこ　声楽家（日典）
- 小此木啓吾　おこのぎ・けいご　精神科医（日人）
- 小此木彦三郎　おこのぎ・ひこさぶろう　政治家（日典）

小正　こまさ
- 小正幸造　こまさ・こうぞう「広告のバックボーン」（国典）
- 小正裕佳子　こまさ・ゆかこ　アナウンサー（日典3）
- 小正裕　こまさ・ゆたか「無歯顎補綴治療の基本」口腔保健協会（日典3）

小永井　こながい
- 小永井小舟　こながい・しょうしゅう　佐倉藩老職平野重美の末子（日人）
- 小永井淳　こながい・じゅん「小永井淳・自選詩集」リーブ企画（日典3）
- 小永井道子　こながい・みちこ　箸の研究（日典3）

小汀　おばま
- 小汀利得　おばま・としえ　経済評論家,ジャーナリスト（コン4）
- 小汀松之進　おばま・まつのしん「出雲の民話」未来社（日典3）
- 小汀良久　おばま・よしひさ　実業家（日人）

小玉　おだま；こだま
- 小玉喜平　おだま・きへい　政治家（栃木歴）
- 小玉邦雄　こだま・くにお　出版人（出文）
- 小玉美意子　こだま・みいこ　コミュニケーション研究家,テレビキャスター（日人）

小生　こいけ
- 小生第四郎　こいけ・だいしろう「小生夢坊随筆集」八光流全国師範会（日典3）
- 小生夢坊　こいけ・むぼう　漫画家,随筆家,社会評論家（石川文）

小生夢坊　こいけ・ゆめぼう　漫画家,随筆家,社会評論家(社史)

小田　おだ；こだ
小田岳夫　おだ・たけお　外交官,小説家(日人)
小田実　おだ・まこと　小説家,評論家(日人)
小田清　こだ・きよし　「北海道開発を考える」建設政策研究所北海道センター(日典3)
小田弘　こだ・ひろむ　「2成分情報源モデルに基づく画像信号のディジタル処理に関する研究―神戸大学博士論文」(JM)

小田内　おだうち
小田内隆　おだうち・たかし　「異端者たちの中世ヨーロッパ」日本放送出版協会(日典3)
小田内通敏　おだうち・みちとし　地理学者(コン4)

小田切　おたぎり；おだぎり；こたぎり
小田切辰之助　おたぎり・たつのすけ　須坂製糸業の発展に尽くした事業家(姓氏長野)
小田切秀雄　おだぎり・ひでお　文芸評論家(コン4)
小田切行雄　こたぎり・ゆきお　長野県議(日典)

小田柿　おだがき
小田柿浩三　おだがき・こうぞう　「自動車の設計」山海堂(日典3)
小田柿進二　おだがき・しんじ　元・高校教師(日典3)
小田柿捨次郎　おだがき・すてじろう　実業家(日人)
小田柿誠二　おだがき・せいじ　「医療・福祉現場のための目標設定型上下肢・言語グループ課題集」医学書院(日典3)
小田柿寿郎　おだがき・としろう　「城下町彦根を描く」サンライズ出版(日典3)

小田原　おだはら；おだわら
小田原愛　おだはら・あい　「戦国・カンパニィ」アルファポリス,星雲社(発売)(日典3)
小田原貴樹　おだはら・たかき　「トンデモWeb業界」ソフトバンククリエイティブ(日典3)
小田原大造　おだはら・たいぞう　実業家(コン4)
小田原大造　おだわら・だいぞう　実業家(日人)

小田島　おだしま；おだじま；こだしま
小田島雄志　おだしま・ゆうし　英文学者,演劇評論家(日人)
小田島弘　おだじま・ひろし　研究員(現執3期)
小田島重次郎　こだしま・じゅうじろう　「竹割りの歌」小田島貞子(日典3)

小田根　おだね
小田根五郎　おだね・ごろう　「金沢百景」能登印刷出版部(日典)
小田根優　おだね・まさる　経営労務コンサルタント(日典3)

小田部　おたべ；こたべ
小田部胤久　おたべ・たねひさ　東京大学大学院人文社会系研究科助教授(現執4期)
小田部通麿　おたべ・みちまろ　俳優(新芸)
小田部博美　こたべ・ひろみ　地方史研究者(郷土)

小田部泰久　こたべ・やすひさ　彫刻家(美建)

小田嶋　おたじま；おだしま；おだじま
小田嶋鎮四郎　おたじま・りょうしろう　農民(社史)
小田嶋成和　おだしま・しげよし　医師(近医)
小田嶋定吉　おだじま・さだきち　新聞・放送経営者(日人)

小白井　こしらい；こじろい
小白井誠一　こしらい・せいいち　霊能者(日典3)
小白井亮一　こじろい・りょういち　「わかりやすいGPS測量」オーム社(日典3)

小石原　こいしはら；こいしばら
小石原昭　こいしはら・あきら　編集者(世紀)
小石原勇　こいしはら・いさむ　「三十七年間の友情」明眸社(日典3)
小石原昭　こいしばら・あきら　編集者(日人)

小穴　おあな；こあな
小穴喜一　おあな・きいち　考古学者(考古)
小穴隆一　おあな・りゅういち　洋画家(日人)
小穴純　こあな・じゅん　物理学者(写家)
小穴隆一　こあな・りゅういち　洋画家(現情)

小立　おだち；こだち
小立嘉子　おだち・よしこ　東京リトルメイト(株)社長(日典)
小立淳　こだち・あつし　出版人(出文)
小立武彦　こだち・たけひこ　出版人(出文)

小辻　こつじ
小辻梅子　こつじ・うめこ　熊本県立大学教授(日典)
小辻一巳　こつじ・かずみ　運動指導士,トレーナー(日典3)
小辻奎也　こつじ・けいや　福井医科大学名誉教授(日典3)
小辻幸雄　こつじ・さちお　「ある戦後史」ゆきのした文化協会(日典3)
小辻誠祐　こつじ・せいゆう　「ユダヤ民族」誠信書房(日典3)

[6]小仮　おかり
小仮重夫　おかり・しげお　通信事務員(社史)

小仲　おなか；こなか
小仲水太郎　おなか・すいたろう　「誰でも描ける立体図入門」実業之日本社(日典3)
小仲恵子　こなか・けいこ　聖路加看護大学講師(国典)
小仲孝義　こなか・たかよし　「歴史散歩と逸話」水山産業出版部(日典3)

小向　こむかい；こむがい
小向八郎　こむかい・はちろう　陸上競技選手(姓氏岩手)
小向美奈子　こむかい・みなこ　タレント(テレ)
小向晨一　こむがい・しんいち　フリーライター(日典)

小合　おごう；こあい
小合友之助　おごう・とものすけ　染織家(日人)
小合康長　おごう・やすなが　実業家(岡山歴)

小部(小)

小合
小合一太郎　こあい・いちたろう　日立製作所コンピュータ事業部パッケージビジネス推進部長(日典)

小名　おな；こな
小名公男　おな・きみお　「イギリスの語りと視点の小説」東海大学出版会(日典3)
小名硯郎　おな・しろう　北海道教育大学名誉教授(日典3)
小名孝雄　こな・たかお　実業家(世紀)

小名川　こながわ
小名川真治郎　こながわ・しんじろう　日本能率協会コンサルティング事業本部長・シニアコンサルタント(日典3)
小名川高弘　こながわ・たかひろ　ロック・ギタリスト(テレ)

小名木　おなき；おなぎ
小名木栄三郎　おなき・えいざぶろう　「19世紀ドイツ文学の展望」郁文堂(書籍)
小名木綱夫　おなぎ・つなお　歌人(日人)
小名木陽一　おなぎ・よういち　ファイバーアーティスト, 染織家(日人)

小圷　こあくつ
小圷一久　こあくつ・かずひさ　「CDM reform」Institute for Global Environmental Strategies(日典3)
小圷健水　こあくつ・けんすい　「滝野川」本阿弥書店(日典)
小圷覚　こあくつ・さとる　公務員(YA)
小圷正　こあくつ・ただし　日本精工技術部長(国典)
小圷弘　こあくつ・ひろし　インテリジェンス・カウンセル代表(日典3)

小安　こやす
小安重夫　こやす・しげお　「免疫学集中マスター」羊土社(日典3)
小安修造　こやす・しゅうぞう　朝日新聞新宿専売所(人情)
小安四郎　こやす・しろう　筏師(日典3)
小安崇　こやす・たかし　「さるすべりの花」けやき出版(日典3)
小安稔一　こやす・としかず　編集者(現執3期)

小守　こもり
小守昭　こもり・あきら　徳島大学歯学部教授(日典3)
小守郁子　こもり・いくこ　中国文学研究者(中専)
小守有里　こもり・ゆり　歌人(日典3)
小守良勝　こもり・よしかつ　「マッサージ効果」徳島出版(日典3)
小守良貞　こもり・よしさだ　プロ野球トレーナー(日典3)

小宅　おたく；おやけ；こやけ
小宅三二　おたく・さんじ　坑夫(社史)
小宅圭介　おやけ・けいすけ　歌人(世紀)
小宅珠実　こやけ・たまみ　フルート奏者(ジヤ)

小寺　おでら；こてら；こでら
小寺和平　おでら・わへい　小説家(紀伊文)
小寺金七　こてら・きんしち　能楽師(能狂言)

小寺菊子　こでら・きくこ　小説家(コン4)

小寺山　こてらやま
小寺山康雄　こてらやま・やすお　日本マルクス主義運動専門家(現執1期)
小寺山亘　こてらやま・わたる　九州大学応用力学研究所教授(日典3)

小成　こなり
小成伊寿美　こなり・いすみ　マリン代表取締役(日典3)
小成たか紀　こなり・たかき　漫画家(漫人)
小成隆俊　こなり・たかとし　「日本欧米比較情報文化年表」雄山閣出版(日典3)
小成丈夫　こなり・たけお　著述家(日典3)
小成文三　こなり・ぶんぞう　城西消費購買組合組合員(社史)

小成田　おなりだ；こなりた
小成田恒郎　おなりだ・つねろう　社会革命党(在米)本部委員, 要視察人(アナ)
小成田文郎　こなりた・ふみお　「オゾンの匂い」あさを社(製作)(日典3)

小戌　おぐら
小戌陽介　おぐら・ようすけ　「図説 活性型ビタミンD」新宿書房(書籍)

小早川　こはやかわ；こはやがわ；こばやかわ；こばやがわ；ごばやかわ
小早川欣吾　こはやかわ・きんご　法学者(史学)
小早川洋一　こはやかわ・よういち　中部大学経営情報学部教授(日典)
小早川清　こばやかわ・きよし　画家(日人)
小早川秋声　こばやがわ・しゅうせい　日本画家(現執)
小早川茂登子　ごばやかわ・もとこ　デザイナー(日典)

小机　こずくえ
小机順次郎　こずくえ・じゅんじろう　三洋電機専務, 協和銀行(現・協和埼玉銀行)常務(日典3)
小机種彦　こずくえ・たねひこ　「二人の天魔王」講談社(日典3)
小机信行　こずくえ・のぶゆき　「分かりやすい食生活論」裳華房(日典3)
小机弘之　こずくえ・ひろゆき　医師(近医)

小江　おえ；おごう
小江紘司　おえ・こうじ　DIC会長(日典3)
小江慶雄　おえ・よしお　考古学者(滋賀文)
小江誠司　おごう・せいじ　九州大学未来化学創造センター教授(日典3)
小江満　おごう・みつる　「スケッチ帳」岡タイプ印刷(日典3)

小竹　おたけ；おだけ；こたけ；さたけ；しの
小竹文夫　おたけ・ふみお　東洋史学者(現朝)
小竹文夫　おだけ・ふみお　東洋史学者(日人)
小竹二雄　こたけ・むにお　化学者(日人)
小竹安勘　さたけ・あんかん　「大物」文芸社(JM)
小竹岩楠　しの・いわぐす　実業家(日人)

[7]小串　おぐし；こぐし
小串清一　おぐし・せいいち　政治家(政治)

小串為八郎　おぐし・ためはちろう　勤皇の志士（大分歴）
小串孝治　こぐし・こうじ「電気工学円線図」修教社（日典3）

小佐　こさ
小佐厚之　こさ・あつし「三つの国」（国典）
小佐嘉博　こさ・よしひろ　日本専売公社総務理事（日典3）

小佐々　こささ；こさざ；こざさ
小佐々祐利　こささ・すけとし　肥前大村藩士（日人）
小佐々進介　こさざ・しんすけ「虹と旋律」海島社（日典3）
小佐祖伝尼　こざさ・そでんに　臨済宗光桂寺住職で養護老人ホーム・養護施設済昭園の創設者（佐賀百）

小佐井　こさい
小佐井明代　こさい・あきよ　東京医療秘書福祉専門学校教務主任（日典3）
小佐井簡　こさい・かん「熊本焼場方角図」中村善之（日典3）
小佐井伸二　こさい・しんじ　フランス文学者，作家（日典）
小佐井純正　こさい・すみまさ　ディーシーカード取締役（日典3）
小佐井光　こさい・ひかる「鎖国の民」鷹書房

小佐田　おさだ；こさだ
小佐田定雄　おさだ・さだお　落語作家（大阪文）
小佐田潔　こさだ・きよし「民事実務研究」判例タイムズ社（日典3）
小佐田哲男　こさだ・てつお　東京大学助教授（日典）

小佐松　こさまつ
小佐松安　こさまつ・やすし「打ちこめ！青春」（国典）

小佐治　こさじ
小佐治朝生　こさじ・ともお「管理者のための経営心理学」ダイヤモンド社（日典3）
小佐治安　こさじ・やすし　歌人（日典3）

小佐野　おさの；こさの
小佐野賢治　おさの・けんじ　実業家（コン4）
小佐野常夫　おさの・つねお　政治家（現政）
小佐野博史　こさの・ひろし「わかりやすい薬学生のための病態生理と薬物治療」ティ・エム・エス（日典3）
小佐野正樹　こさの・まさき　小学校教師（日典3）

小作　おざく
小作エルシー　おざく・えるしー　シンガポール観光局日本支局長（日典3）
小作久美子　おざく・くみこ「みんなでうたおう」偕成社（日典3）
小作順一　おざく・じゅんいち　川崎市教育委員会教職員部主幹（日典3）
小作青史　おざく・せいし　版画家（日典3）

小別当　こべっとう
小別当小三郎　こべっとう・こさぶろう　社会主義者（社史）
小別当惣三　こべっとう・そうぞう　軍人（陸海）
小別当昌己　こべっとう・まさみ　日立建機専務（日典3）

小助川　こすけがわ
小助川元太　こすけがわ・がんた「行誉編『[アイ]嚢鈔』の研究」三弥井書店（日典3）
小助川次雄　こすけがわ・つぎお「ひたすら人間らしさを求めて」いのちのことば社（日典3）
小助川冬枯　こすけがわ・とうこ　俳人（日典3）
小助川浜雄　こすけがわ・はまお　歌人，郷土史家（郷土）
小助川充生　こすけがわ・みつお　日本電気計器検定所標準研究部研究課係長（日典3）

小吹　おぶき；こぶき
小吹正司　おぶき・しょうじ　テレビディレクター（日典3）
小吹静男　こぶき・しずお　元・西部電機工業（現・西部電機）専務（日典）

小坂　おさか；おざか；こさか；こざか
小坂狷二　おさか・けんじ　エスペラント学者，工学者（日人）
小坂我童　おざか・がどう　小説家（日典）
小坂順造　こさか・じゅんぞう　実業家，政治家（コン4）
小坂且子　こざか・のりこ　アマチュアゴルファー（体育）

小坂井　こさかい；こざかい
小坂井ひでお　こさかい・ひでお　漫画家（漫人）
小坂井雅敏　こさかい・まさとし　ハーモニカ奏者（新芸）
小坂井桂次郎　こざかい・けいじろう　教育者（日人）
小坂井孝生　こざかい・たかお　名古屋工業大学大学院工学研究科准教授（日典3）

小坂田　おさかだ；こさかだ
小坂田篤　おさかだ・あつし　アイ・シー・エス社長（国典）
小坂田元太　おさかだ・げんた「各科のための超音波検査」金原出版（日典3）
小坂田雲美　こさかだ・くもみ　農民自治会会員（アナ）
小坂田幸次　こさかだ・こうじ　棋士（日典3）

小坂谷　こさかたに；こざかや
小坂谷福治　こさかたに・ふくじ「ななつぶとん」小坂谷福治（JM）
小坂谷福治　こざかや・ふくじ「五箇山の昔ばなし」五箇山観光協会（日典3）

小坂部　おさかべ；こさかべ
小坂部勇　おさかべ・いさむ　東京水産大学名誉教授（日典3）
小坂部和也　おさかべ・かずや「原子炉配管溶接部に対する確率論的破壊力学解析コードPASCAL-SPの使用手引き」日本原子力研究開発機構（日典3）
小坂部佳代　こさかべ・かよ「彫工野本民之助義明」小坂部富義（日典3）

小部（小）

小尾　おび；こお；こび
　小尾信弥　おび・しんや　天文学者（日人）
　小尾太志　こお・ふとし　公認会計士（日典3）
　小尾二郎　こび・じろう　「夜間中学の理論と実践」明石書店（日典3）

小形　おがた；こがた
　小形啓子　おがた・けいこ　漫画家（漫画）
　小形真子　おがた・しんこ　ピアニスト、チェンバロ奏者（音人3）
　小形喜代太　こがた・きよた　アマチュア写真家（日典3）

小材　おざい；こざい
　小材雄英　おざい・かつひで　マンションリフォーム推進協議会事務局長（日典3）
　小材守志　おざい・もりゆき　栃木県子ども総合科学館副館長（日典）
　小材学　こざい・まなぶ　熊本県議（日典）

小村　おむら；こむら；こもれ
　小村大雲　おむら・たいうん　日本画家（日画）
　小村寿太郎　こむら・じゅたろう　外交官（コン5）
　小村田之助　こもれ・たのすけ　義民＝近世（コン）

小沢　おざわ；こざわ
　小沢昭一　おざわ・しょういち　俳優，演出家（日人）
　小沢征爾　おざわ・せいじ　指揮者（コン4）
　小沢咲　こざわ・さき　教育者，書家（日人）
　小沢武　こざわ・たけし　剣道家（郷土茨城）

小町谷　こまちや
　小町谷朝生　こまちや・あさお　色彩学者（現執3期）
　小町谷かえ子　こまちや・かえこ　歌人（和俳）
　小町谷操三　こまちや・そうぞう　法学者（日人）
　小町谷照彦　こまちや・てるひこ　中古文学者，和歌文学者（現執4期）
　小町谷吉孝　こまちや・よしたか　歌人（国書）

小芦　おあし；こあし
　小芦厚生　おあし・あつお　金山証券社長（日典）
　小芦雅斗　こあし・まさと　総合研究大学院大学助教授（日典）

小花　おばな；こはな；こばな
　小花冬吉　おばな・ふゆきち　製鉄技師，鉱業教育家（日人）
　小花恒雄　こはな・つねお　帝国繊維会長（日典）
　小花和一楽　こばな・わいちらく　陶画工（日人）

小花和　おばなわ
　小花和昭介　おばなわ・しょうすけ　「子どもは育つ？それとも育てる？」安田生命社会事業団（日典3）
　小花和度正　おばなわ・のりまさ　幕臣（幕末）

小花波　こばなわ
　小花波平六　こばなわ・へいろく　「練馬の庚申待」（国書）

小苅米　こかりまい；こがりまい；こがるまい
　小苅米清弘　こかりまい・きよひろ　「消費者主権の産業政策」中央経済社（日典3）

小苅米晛　こがりまい・けん　演劇評論家（現執2期）
小苅米謙太郎　こがるまい・けんたろう　実業家（姓氏岩手）

小見　おみ；こみ
　小見佳子　おみ・けいこ　メゾソプラノ歌手（音人3）
　小見辰男　おみ・たつお　洋画家（洋画）
　小見喜代治　こみ・きよじ　埼玉県議（公明党）
　小見茂一郎　こみ・もいちろう　城西消費購買組合組合員（社史）

小見山　こみやま
　小見山栄一　こみやま・えいいち　教育学者（日人）
　小見山三学　こみやま・さんがく　御流儀分派独立僧（岡山百）
　小見山玉樹　こみやま・たまき　俳優（映男）
　小見山輝　こみやま・てる　歌人（短歌）
　小見山富恵　こみやま・とみえ　社会運動家，労働運動家（日人）

小谷　おたに；おだに；こたに；こだに；こや
　小谷古藤　おたに・ふるかげ　国学者，神職（日人）
　小谷源之助　おだに・げんのすけ　漁業開拓者（日人）
　小谷喜美　こたに・きみ　宗教家（コン4）
　小谷恵造　こだに・よしぞう　近世儒学者（現執3期）
　小谷春夫　こや・はるお　牧師（日典）

小谷内　こやうち
　小谷内栄二　こやうち・えいじ　富士山観測（人情）

小谷田　こやた；こやだ
　小谷田仁　こやた・ひとし　歯科医（日典）
　小谷田雅世　こやだ・まさよ　「やさしい折り紙遊び」童心社（日典3）

小谷松　おやまつ
　小谷松寿蔵　おやまつ・じゅうぞう　読売新聞社社友（日典）
　小谷松敏文　おやまつ・としふみ　デザイナー（日典3）

小谷津　おやず；こやず；こやつ
　小谷津任牛　おやず・にんぎゅう　画家（名画）
　小谷津孝明　こやず・たかあき　日本橋学館大学学長（日典）
　小谷津任牛　こやつ・にんぎゅう　日本画家（日人）

小谷部　おやべ；こやべ
　小谷部全一郎　おやべ・ぜんいちろう　キリスト教事業家，歴史家（海越新）
　小谷部東吾　おやべ・とうご　「安達太良」浜発行所（日典3）
　小谷部育子　こやべ・いくこ　建築家（日典）

小谷野　こやの
　小谷野敦　こやの・あつし　比較文学，比較文化研究者（現執4期）

小部(小)

小谷野敬三　こやの・けいぞう　本郷教会会員（埼玉人）
小谷野千代子　こやの・ちよこ　教育者（埼玉人）
小谷野常作　こやの・つねさく　政治家（埼玉人）
小谷野伝蔵　こやの・でんぞう　実業家,政治家（埼玉人）

小豆　あずき；こまめ
小豆佳代　あずき・かよ　「農活」本の泉社（日典3）
小豆むつ子　あずき・むつこ　「大人のための「塗り絵」ブック」宝島社（日典3）
小豆だるま　こまめ・だるま　「クラスでバカウケ！モノマネのコツ30」汐文社（日典3）

小豆沢　あずきさわ；あずきざわ
小豆沢喜代一　あずきさわ・きよいち　太陽の里（授産施設）施設長（日典）
小豆沢碧湖　あずきさわ・へきこ　画家（島根百）
小豆沢錦潮　あずきざわ・きんちょう　歌人,僧職（島根歴）
小豆沢亮一　あずきざわ・りょういち　写真家（写家）

小豆島　あずしま；しょうどしま
小豆島明　あずしま・あきら　横浜国立大学工学部教授（日典）
小豆島栄作　しょうどしま・えいさく　漁業家（姓氏岩手）
小豆島一男　しょうどしま・かずお　「建築パースカラートレーニング」理工図書（日典3）

小貝　おがい；こがい
小貝勝俊　おがい・かつとし　「上智大の英語」教学社（日典3）
小貝哲夫　こがい・てつお　「米陸軍軍装入門」イカロス出版（日典）
小貝恭生　こがい・やすお　ジェイテック社長（日典）

小那覇　おなは
小那覇安英　おなは・あんえい　関西沖縄県人会鯰江支部幹部（社史）
小那覇三郎　おなは・さぶろう　ジャーナリスト（社史）
小那覇全孝　おなは・ぜんこう　芸能家,歯科医（日人）
小那覇舞天　おなは・ぶーてん　芸能家,歯科医（新芸）
小那覇安人　おなは・やすひと　「琉球郵便葉書型録」（国典）

小邦　おぐに
小邦宏治　おぐに・こうじ　新聞記者（現執2期）

小里　おさと；おざと；おり；こさと；こざと
小里満春　おさと・みつはる　「イヌは友だち」集英社（書籍）
小里貞利　おざと・さだとし　政治家（現政）
小里頼永　おり・よりなが　政治家（日人）
小里仁　こさと・じん　政治家,新聞人（栃木歴）
小里憲史郎　こざと・けんしろう　「金融資産蓄積と経済発展」国際協力推進協会（日典3）

小阪　おさか；こさか；こざか
小阪文産子　おさか・ふさこ　ピアニスト（日典）
小阪修平　こさか・しゅうへい　評論家（現執4期）
小阪栄進　こざか・えいしん　「62歳からの挑戦」北国新聞社（日典）

小阪田　おさかだ；こさかだ
小阪田嘉昭　おさかだ・よしあき　「ワイン醸造士のパリ駐在記」出窓社（日典）
小阪田興一　こさかだ・こういち　「和魂リーダーシップ」ダイヤモンド社（日典）

[8]小具　おぐ
小具鋭二　おぐ・えいじ　（株）日立製作所コンピュータ事業部デバイス開発センター長（日典）
小具貞子　おぐ・さだこ　教育者（女性）

小味淵　こみぶち
小味淵以櫥女　こみぶち・いねじょ　「稲穂」新樹社（日典）

小和田　おわだ；こわた；こわだ
小和田恒　おわだ・ひさし　外交官（日人）
小和田武紀　こわた・たけき　八戸工業大学初代学長（青森人）
小和田次郎　こわだ・じろう　ジャーナリスト,実業家（現執1期）

小和瀬　おわせ；こわせ
小和瀬宣子　おわせ・のぶこ　「春の鞦韆」砂子屋書房（日典）
小和瀬玉三　こわせ・たまみ　詩人,絵本作家（児人）

小国　おくに；おぐに；こくに；こぐに
小国重友　おくに・しげとも　小国神社の社家（静岡歴）
小国英雄　おぐに・ひでお　脚本家（日人）
小国愛子　こくに・あいこ　フリーライター（日典）
小国磐　こぐに・いわお　陸軍軍人（海越新）

小垂　こたる；こたれ
小垂真　こたる・まこと　「ニューライフ食品学」建帛社（日典）
小垂藤次郎　こたれ・とうじろう　社会運動家（アナ）

小奈　おな
小奈弘　おな・ひろし　東京工業大学精密工学研究所助手（科学）

小妻　おずま；こずま；こつま
小妻要　おずま・かなめ　日本画家（日典）
小妻啓真　こずま・けいしん　常念寺の住職（茶道）
小妻明々史　こつま・めいめいし　俳人（日典）

小岸　おぎし；こぎし
小岸勲　おぎし・いさお　日本システムディベロップメント社長（日典3）
小岸壮二　こぎし・そうじ　囲碁棋士（日人）
小岸昭　こぎし・あきら　京都大学総合人間学部国際文化学科教授（日典）
小岸照彦　こぎし・てるひこ　北海道教職員組合委員長（日典3）

小延　このぶ
　小延鑑一　このぶ・かんいち　「臨床化学入門」(国典)
小斉平　こせひら
　小斉平敏文　こせひら・としふみ　政治家(現政)
小枝　こえだ
　小枝至　こえだ・いたる　日産車体会長(日典3)
　小枝恵美子　こえだ・えみこ　「ベイサイド」ふらんす堂(日典3)
　小枝一夫　こえだ・かずお　「生命を探検する」講談社(日典3)
　小枝一雄　こえだ・かずお　政治家(政治)
　小枝幾久雄　こえだ・きくお　「一般基礎化学」河出書房(日典3)
小松代　こまつしろ
　小松代融一　こまつしろ・ゆういち　言語学者(現執1期)
小板橋　こいたばし
　小板橋勝雄　こいたばし・かつお　弓道家,弓道錬士(弓道)
　小板橋正治郎　こいたばし・しょうじろう　経営者(群馬2)
　小板橋二郎　こいたばし・じろう　ジャーナリスト(現執4期)
　小板橋藤作　こいたばし・とうさく　教育者(群馬2)
　小板橋又治　こいたばし・またじ　政治家(姓氏群馬)
小林　こばやし；しょうりん
　小林一三　こばやし・いちぞう　実業家,政治家(コン4)
　小林踏雲　しょうりん・とううん　僧(高知百)
小武　おだけ；こたけ
　小武正教　おだけ・しょうきょう　「親鸞と差別問題」法蔵館(日典3)
　小武尚之　こたけ・なおゆき　日東工器社長(日典)
小武海　こむかい
　小武海順治　こむかい・じゅんじ　労働運動家,農民運動家(社史)
小河　おがわ；おご；おごう；こかわ；こがわ
　小河滋次郎　おがわ・しげじろう　監獄学者,社会事業家(コン5)
　小河秋好　おご・あきよし　「フロリダ・ベリー紀行」三晃書房
　小河一敏　おご・かずとし　尊攘派志士(日人)
　小河隆宣　こかわ・りゅうせん　「お守り般若心経」東方出版
　小河松吉　こがわ・まつきち　石見交通創設者(島根歴)
小河内　おがわうち；おがわち；おごうち；こごうち
　小河内為信　おがわうち・ためのぶ　「小河内氏家歴録—家名統称お問屋」(JM)
　小河内敏朗　おがわち・としろう　駐リビア大使(日典)
　小河内泰二　おごうち・やすじ　俳人(日典3)
　小河内芳子　こごうち・よしこ　児童図書評論家(世紀)
小河原　おおかわら；おおがわら；おがはら；おがわら；こがわら
　小河原秀雄　おおかわら・ひでお　日本共産党中央地方委員会委員長(社史)
　小河原力　おおがわら・つとむ　日本労働組合全国協議会出版メンバー(社史)
　小河原一博　おがはら・かずひろ　漫画家,編集者(日典3)
　小河原虎吉　おがわら・とらきち　陶工(岡山歴)
　小河原郁則　こがわら・いくのり　三井精機工業社長(日典)
小沼　おぬま；こぬま
　小沼正　おぬま・しょう　右翼活動家(コン4)
　小沼丹　おぬま・たん　小説家(日人)
　小沼文彦　こぬま・ふみひこ　ロシア文学者(日人)
　小沼勝　こぬま・まさる　映画監督(日典)
小波　こなみ；さざなみ
　小波あやの　こなみ・あやの　「30日で恋も仕事もお金も手に入れる!」グラフ社(日典3)
　小波倭文朗　こなみ・しずろう　防衛大学校航空宇宙工学教室教授(日典3)
　小波哉穂　さざなみ・かなほ　「たかむら山物語」(JM)
小波津　こはつ
　小波津絵美　こはつ・えみ　「天使の羽見つけたよ」小波津智恵美,球陽出版(制作)(日典3)
　小波津幸秀　こはつ・こうしゅう　耳鼻咽喉科医師(社史)
　小波津貞子　こはつ・さだこ　「人間大好き! ふるさとりと暦」那覇出版社(日典3)
　小波津浩利　こはつ・ひろとし　沖縄県議(無所属)(日典3)
　小波津保光　こはつ・ほこう　政治家(姓氏沖縄)
小泊　ことまり；こどまり
　小泊烈　ことまり・れつ　日本労働組合全国協議会交通大阪支部乗合自動車メンバー(社史)
　小泊重史　こどまり・しげし　三井金属鉱業名誉顧問(日典3)
　小泊烈　こどまり・れつ　日本労働組合全国協議会交通大阪支部乗合自動車メンバー(近女)
小知和　こちわ
　小知和道　こちわ・ただし　ニッセン社長(日典3)
　小知和仲造　こちわ・なかぞう　昭和冷蔵社長,小知和冷凍建設社長(日典3)
　小知和道氏　こちわ・みちうじ　ニッセン社長(日典)
小股　おまた；こまた
　小股憲明　おまた・のりあき　「近代日本の国民像と天皇像」大阪公立大学共同出版(日典3)
　小股久　おまた・ひさし　作曲家(日児)
　小股藤軒　こまた・とうけん　「現行規則参照説明貸借攬要」梅原出張店(日典3)
　小股信夫　こまた・のぶお　「パソコン通信ガイド」マグロウヒルブック(日典3)

小若　こわか
　小若順一　こわか・じゅんいち　食品評論家（現執4期）
　小若正倫　こわか・まさみち　天津大学客員教授（日典3）
小苫　おとま
　小苫寛　おとま・ひろし　「携帯ラジオの作り方」（国典）
小茂田　おもだ；こもだ
　小茂田青樹　おもだ・せいじゅ　日本画家（コン5）
　小茂田治　こもだ・おさむ　熊本電波工業高等専門学校情報通信工学科講師（日典3）
　小茂田昌代　こもだ・まさよ　「新人薬剤師・薬学生のための医療安全学入門」薬ゼミ情報教育センター（日典3）
小茂鳥　こもとり
　小茂鳥和生　こもとり・かずなり　慶応大理工学部教授（人情）
小迫　こさこ；こざこ
　小迫秀夫　こさこ・ひでお　大阪府立大学名誉教授（日典3）
　小迫冨美恵　こさこ・ふみえ　「がん患者の看取りのケア」日本看護協会出版会（日典3）
　小迫直子　こざこ・なおこ　民族音楽（日典）
　小迫裕之　こざこ・ひろゆき　テレビカメラマン（日典3）
小金　こがね
　小金明雄　こがね・あきお　ファンメール・ジャパン社長（日典3）
　小金潔　こがね・きよし　愛知県教育長（日典3）
　小金まさ魚　こがね・まさお　俳人（俳文）
　小金義照　こがね・よしてる　官僚、政治家（コン4）
　小金芳弘　こがね・よしひろ　社会経済学者（現執3期）
小金沢　こがねさわ；こがねざわ
　小金沢昇司　こがねさわ・しょうじ　歌手（日典）
　小金沢照夫　こがねさわ・てるお　神奈川県警察学校副校長、警視（日典3）
　小金沢喜与治　こがねざわ・きよじ　政治家（姓氏群馬）
　小金沢昇司　こがねざわ・しょうじ　歌手（テレ）
小長　こちょう；こなが
　小長久子　こちょう・ひさこ　合唱指導者（音人3）
　小長啓一　こなが・けいいち　官僚、実業家（日人）
　小長俊二　こなが・しゅんじ　気象庁気象研究所長（日典3）
小長井　こながい
　小長井栄一　こながい・えいいち　スター精密常務（日典3）
　小長井一男　こながい・かずお　「地盤と構造物の地震工学」東京大学出版会（日典3）
　小長井和子　こながい・かずこ　俳人（俳文3）
　小長井鑑重　こながい・かんじゅう　陸軍少佐（日典3）

小長井健　こながい・けん　（有）エヌアンドエスコンサルティングチーフコンサルタント（日典3）
小長谷　おながや；こながや；こはせ；こばせ
　小長谷恵吉　おながや・けいきち　「日本国見在書目録解説稿」（国典）
　小長谷清実　こながや・きよみ　詩人（日人）
　小長谷昂平　こはせ・こうへい　「むすこよ」いのちのことば社（日典3）
　小長谷敦子　こばせ・あつこ　公認会計士（日典）
小門　おかど；こかど
　小門勝二　おかど・かつじ　近代文学研究家, 随筆家（日人）
　小門和之助　こかど・かずのすけ　「船員問題の国際的展望」日本海事振興会（日典3）
　小門専治　こかど・せんじ　機械工学者（日人）
⁹小保内　おぼない；こほない
　小保内定身　おぼない・さだみ　志士, 教育者（姓氏岩手）
　小保内虎夫　おぼない・とらお　知覚心理学, 実験心理学（日人）
　小保内定身　こほない・ていしん　志士, 教育者（日人）
小保方　おほかた；おぼかた
　小保方靖男　おぼかた・やすお　ジャズ（日典）
　小保方宇三郎　おぼかた・うさぶろう　出版人（出文）
　小保方鷲五郎　おぼかた・わしごろう　教育者（姓氏群馬）
小俣　おまた；こまた
　小俣勇吉　おまた・ゆうきち　和算家（数学）
　小俣勇造　おまた・ゆうぞう　和算家（日人）
　小俣幸嗣　こまた・こうじ　「強くなる柔道入門」成美堂出版（日典3）
　小俣綱造　こまた・つなぞう　算家（人名）
小南　こなみ；こみなみ
　小南波人　こなみ・なみひと　「アリ」パロル舎（日典3）
　小南五郎右衛門　こみなみ・ごろうえもん　江ノ口村藩士（コン4）
　小南又一郎　こみなみ・またいちろう　法医学者（日人）
小城　おぎ；おじろ；こじょう；こしろ
　小城得達　おぎ・ありたつ　元・サッカー選手（日典）
　小城浩之　おじろ・ひろゆき　工業デザイナー（日典）
　小城宗一郎　こじょう・そういちろう　鹿児島県士族（幕末）
　小城善太郎　こしろ・ぜんたろう　社会運動家（アナ）
小城戸　こきど
　小城戸慶一　こきど・けいいち　「終戦雑記」（JM）
小室　おむろ；こむろ
　小室定彦　おむろ・さだひこ　島根県教育委員, 県立図書館長（島根歴）
　小室祥悦　おむろ・しょうえつ　海将（日典3）
　小室信夫　こむろ・しのぶ　志士, 実業家（コン4）

小部（小）

小室翠雲　こむろ・すいうん　日本画家（コン5）

小指　こざす
　小指敦子　こざす・あつこ　ジャーナリスト（日典3）
　小指軍夫　こざす・いさお　日本鋼管（NKK）特別主席（日典3）
　小指徹　こざす・とおる　マラソン選手（日典）

小柏　おがしわ；こかしわ；こがしわ
　小柏常次郎　おがしわ・つねじろう　農民（姓氏群馬）
　小柏雅司　こかしわ・まさし　高崎製紙社長（日典）
　小柏朝光　こがしわ・ともみつ　実業家（群馬人）

小柄　こづか
　小柄皎　こづか・こう　社会運動家（アナ）
　小柄義信　こづか・よしのぶ　政治家（現政）

小柳　おやなぎ；こやなぎ
　小柳勝二郎　おやなぎ・かつじろう　著述家（現執4期）
　小柳作市　おやなぎ・さくいち　農民運動家（社史）
　小柳司気太　こやなぎ・しきた　中国哲学者（コン5）
　小柳ルミ子　こやなぎ・るみこ　歌手, 女優（日人）

小柳津　おやいず
　小柳津勝五郎　おやいず・かつごろう　農事研究者（日人）
　小柳津要人　おやいず・かなめ　出版人（日人）

小段　こだん
　小段文一　こだん・ぶんいち　国際経済学者（現執1期）

小海　こうみ；こかい
　小海晋策　こうみ・しんさく　日本労働組合全国協議会メンバー（社史）
　小海隆三郎　こうみ・りゅうざぶろう　新潟一般労組メンバー（アナ）
　小海永二　こかい・えいじ　詩人, フランス文学者（日人）
　小海智子　こかい・ともこ　シャンソン歌手（新芸）

小海途　こがいと
　小海途銀次郎　こがいと・ぎんじろう　「実物日本鳥の巣図鑑」大阪市立自然史博物館（日典3）
　小海途左　こがいと・ひょうが　「不食供養考」（JM）

小津　おず
　小津茂郎　おず・しげお　法曹人, 馬事研究家（日児）
　小津次郎　おず・じろう　英文学者（日人）
　小津恒子　おず・つねこ　ピアノ教育者（女性譜）
　小津昌彦　おず・まさひこ　ドラマー（新芸）
　小津安二郎　おず・やすじろう　映画監督（コン4）

小畑　おばた；こはた；こばた；こばたけ
　小畑忠良　おばた・ただよし　平和運動家, 実業家, 官僚（コン4）
　小畑正貴　こはた・まさき　岡山理科大学工学部情報工学科助教授（日典）
　小畑虎之助　こばた・とらのすけ　政治家（政治）
　小畑秀文　こばたけ・ひでふみ　東京農工大学大学院生物システム応用科学研究科教授・副学長（日典）

小県　おがた
　小県修平　おがた・しゅうへい　「オーラルヒストリー」法政大学イノベーション・マネジメント研究センター（日典3）
　小県新　おがた・しん　プロボクサー（日典3）
　小県英明　おがた・ひであき　野田スクリーン社長（日典）
　小県文子　おがた・ふみこ　消費者生活を考える会事務局長（人情）
　小県裕介　おがた・ゆうすけ　アナウンサー（テレ）

小砂　こすな；こずな
　小砂麻美　こすな・あさみ　「洋服感覚で楽しむコットン, リネン, ウールの着物」河出書房新社（日典3）
　小砂恵　こすな・けい　「愛という名の遺産」ハーレクイン（日典3）
　小砂白汀　こずな・はくちょう　「鮎」わかあゆ川柳会（日典3）

小砂丘　ささおか
　小砂丘忠義　ささおか・ただよし　民間教育運動家（コン5）
　小砂丘友歩　ささおか・ともほ　「残された雪」日本図書刊行会（日典3）

小神　おがみ；こがみ
　小神公一　おがみ・こういち　医師（日典3）
　小神須美子　こがみ・すみこ　「終りなき生命を」大和出版（書籍）
　小神正志　こがみ・ただし　住宅金融支援機構理事（日典3）

小神野　おかの；おがの；おがみの
　小神野芳太郎　おかの・よしたろう　「泥波荷香」（国典）
　小神野金衛　おがの・かねえ　札幌信金常務理事（紳士）
　小神野司　おがみの・つかさ　「チェーンストア危機突破戦略」ビジネス社（日典3）

小秋元　こあきもと
　小秋元隆輝　こあきもと・たかてる　日本光学工業社長（人情）
　小秋元段　こあきもと・だん　「太平記・梅松論の研究」汲古書院（日典3）
　小秋元竜　こあきもと・りゅう　「黄色い雨」原書房（日典3）

小美川　おみがわ
　小美川真止　おみがわ・しんじ　「直流電気読本」（国典）

小美田　おみだ
　小美田隆美　おみだ・たかよし　国士（日人）

小胎　おたい
　小胎剛　おたい・つよし　ギタリスト, 作曲家, 編曲家（音人3）

小荒井　こあらい
- 小荒井小四郎　こあらい・こしろう　太物・絹・茶・味噌商（幕末）
- 小荒井四雲　こあらい・しうん　肝煎役（幕末）
- 小荒井俊夫　こあらい・としお　（株）日本データープロセス代表取締役社長（日典3）
- 小荒井実　こあらい・みのる　福島県環境アドバイザー（日典3）
- 小荒井輪鼎　こあらい・りんてい　商人（美家）

小風　こかぜ
- 小風暁　こかぜ・あかつき「Current topics of infectious diseases in Japan and Asia」Springer（日典3）
- 小風さち　こかぜ・さち　翻訳家,児童文学作家（幻想）
- 小風秀雅　こかぜ・ひでまさ「「東アジア」の時代」渓水社（日典3）
- 小風涼子　こかぜ・りょうこ「秘書の初恋」ハーレクイン（日典3）

¹⁰小倉　おぐら；こくら；こぐら
- 小倉金之助　おぐら・きんのすけ　数学者,随筆家（コン4）
- 小倉円平　こくら・えんぺい　陶芸家（陶芸）
- 小倉太郎　こぐら・たろう「『現代国語』の演習」中央図書出版社（日典3）

小原　おはら；おばら；おわら；こはら；こばら
- 小原鉄心　おはら・てっしん　美濃大垣藩士（コン4）
- 小原国芳　おばら・くによし　教育家（コン4）
- 小原万竜　おわら・まんりゅう　舞踊家（女性ययっ）
- 小原二郎　こはら・じろう　人間工学者,木材工学者（世紀）
- 小原安右衛門　こばら・やすえもん　漁業者（島根歴）

小唄　こうた
- 小唄勝太郎　こうた・かつたろう　歌手（新芸）
- 小唄幸子　こうた・こうこ　小唄派家元（芸能）
- 小唄幸兵衛　こうた・こうべえ　小唄派家元（新芸）
- 小唄志津子　こうた・しずこ　漫才師（日典3）

小圃　おばた
- 小圃千浦　おばた・ちうら　日本画家（日人）
- 小圃六一　おばた・ろくいち　美術教育者,画家（姓氏岩手）

小宮　おのみや；こみや
- 小宮希真　おのみや・きしん　著述家（日典）
- 小宮豊隆　こみや・とよたか　ドイツ文学者,文芸評論家（コン4）
- 小宮隆太郎　こみや・りゅうたろう　経済学者（日人）

小宮山　こみやま
- 小宮山明敏　こみやま・あきとし　文芸評論家,翻訳家（コン5）
- 小宮山英蔵　こみやま・えいぞう　実業家（日人）
- 小宮山天香　こみやま・てんこう　新聞記者,翻訳家,小説家（コン5）
- 小宮山綏介　こみやま・やすすけ　漢学者（コン5）
- 小宮山量平　こみやま・りょうへい　出版人,児童文学作家（日典）

小宮路　こみやじ
- 小宮路敏　こみやじ・びん　小学校教師（日典3）
- 小宮路雅博　こみやじ・まさひろ　研究者（現執4期）

小島　おじま；こじま
- 小島新一　おじま・あらかず　官僚,実業家（コン4）
- 小島祐馬　おじま・すけま　中国哲学者（コン5）
- 小島烏水　こじま・うすい　登山家,銀行家（コン5）
- 小島信夫　こじま・のぶお　小説家（コン4）

小峰　おみね；こみね
- 小峰敏子　おみね・としこ　籐工芸職人（日典3）
- 小峰光博　おみね・みつひろ　群馬大学医学部附属病院講師（日典）
- 小峰元　こみね・はじめ　推理小説家（日人）
- 小峰広恵　こみね・ひろえ　実業家（出文）

小座間　おざま
- 小座間泰蔵　おざま・たいぞう　政治家（現政）

小栗山　おぐりやま；こぐりやま
- 小栗山智　おぐりやま・とも「アウトサイダー」竹書房（日典3）
- 小栗山作太郎　こぐりやま・さくたろう　政治家（青森人）

小栗栖　おぐりす；おぐるす
- 小栗栖健治　おぐりす・けんじ　兵庫県立歴史博物館館長補佐（日典3）
- 小栗栖香頂　おぐりす・こうちょう　僧侶（人名）
- 小栗栖香頂　おぐるす・こうちょう　僧侶（コン5）

小桧山　こひやま；こびやま
- 小桧山愛子　こひやま・あいこ「アダム・スミスの生涯」勁草書房（日典3）
- 小桧山哲夫　こひやま・てつお　三沢市長（日典3）
- 小桧山悟　こびやま・さとる　調教師（日典3）
- 小桧山農夫雄　こびやま・のぶお　博物学者（福島百）

小浦　おうら；こうら
- 小浦務　おうら・つとむ　小浦石油会長,全国石油商業組合連合会副会長（日典3）
- 小浦孝三　こうら・こうぞう　品質管理研究者（現執2期）
- 小浦芳雄　こうら・よしお　宗教家（平和）

小酒　こざか；こさけ
- 小酒礼　こざか・ひろし　元・大津地家裁所長（日典）
- 小酒句未果　こさけ・くみか「ソウル」JTBパブリッシング（日典3）
- 小酒正昭　こさけ・まさあき　デイリースポーツ（大阪）編集局レース部長（日典）

小部(小)　　　　　　　　　　　　　　　　　　　　　　　　　　　　　〔369〕

小酒井　こさかい；こざかい
　小酒井五一郎　こさかい・ごいちろう　出版人（日人）
　小酒井不木　こさかい・ふぼく　探偵小説家、医師（コン5）
　小酒井不木　こさかい・ふぼく　医学者、小説家（日人）
　小酒井義男　こざかい・よしお　政治家（政治）

小浜　おはま；おばま；こはま；こばま
　小浜一芳　おはま・かずよし　「見ちゃい書ちゃい」小浜愛子（日典3）
　小浜八弥　おばま・はちや　農林官僚（履歴2）
　小浜妙美　こはま・たえみ　声楽家（ソプラノ）（演奏）
　小浜久八　こばま・きゅうはち　住宅生産振興財団常務理事（日典）

小浪　こなみ
　小浪幸子　こなみ・さちこ　（株）コナミ社長（日典3）
　小浪充　こなみ・たかし　東京外国語大学名誉教授（日典3）
　小浪博　こなみ・ひろし　工学院大学専門学校名誉校長、全国専修学校各種学校総連合会副会長（日典3）
　小浪博英　こなみ・ひろひで　「まちづくり政策実現ガイド」ぎょうせい（日典3）
　小浪義明　こなみ・よしあき　経営者（日人）

小畠　おばた；おばたけ；こばた；こばたけ
　小畠郁生　おばた・いくお　地質学者（世紀）
　小畠洸　おばたけ・たけし　佐田建設副社長（日典3）
　小畠貞一　こばた・ていいち　詩人（姓氏石川）
　小畠鼎子　こばたけ・ていこ　日本画家（日人）

小畔　こあぜ
　小畔四郎　こあぜ・しろう　実業家、変形菌研究家（植物）

小納　おのう；こな
　小納弘　おのう・ひろし　児童文学作家（世紀）
　小納宗吉〔1代〕　こな・そうきち　網元（日典）
　小納迷人　こな・めいじん　俳人（北海道文）

小納谷　こなや
　小納谷幸一郎　こなや・こういちろう　全道労協議長（人情）

小能林　おのばやし
　小能林宏城　おのばやし・ひろき　建築評論家（現執1期）

小荷田　こにた
　小荷田有子　こにた・ゆうこ　ピアニスト（音人3）

小華和　こはなわ；こばなわ
　小華和ためお　こはなわ・ためお　映画監督（映監）
　小華和忠士　こはなわ・ちゅうじ　獣医学者（日人）
　小華和業修　こばなわ・ぎょうしゅう　旧藩士（庄内）
　小華和忠夫　こばなわ・ただお　陶芸家（陶芸最）

小針　おばり；こはり；こばり
　小針藤男　おばり・ふじお　「大学体育概論」福村出版（書籍）
　小針晛宏　こはり・あきひろ　数学者（世紀）
　小針喜三郎　こばり・きさぶろう　蚕糸学者（日人）

小馬　こうま；こんま
　小馬勝美　こうま・かつみ　美山町（京都府）助役（日典3）
　小馬徹　こんま・とおる　研究者（現執4期）

小高　おたか；おだか；こたか；こだか
　小高進　おたか・すすむ　「最新図解キノコ6種の作り方」博友社（書籍）
　小高恵美　おだか・めぐみ　女優（テレ）
　小高剛　こたか・つよし　行政法学者（現執3期）
　小高吉三郎　こだか・きちさぶろう　スポーツ評論家、新聞人（日人）

小高根　おだかね；こだかね
　小高根二郎　おだかね・じろう　詩人、伝記作家（日人）
　小高根太郎　おだかね・たろう　美術史学者（史研）
　小高根二郎　こだかね・じろう　詩人、評伝作家（富山文）

[11]小副川　おそえかわ；おそえがわ；おぞえがわ；こそえがわ；こぞえがわ
　小副川健　おそえかわ・たけし　「とっておきの数学パズル」日本評論社（日典3）
　小副川十郎　おそえがわ・じゅうろう　日本水産社長（日典3）
　小副川明　おぞえがわ・あきら　明治大学政経学部教授（日典）
　小副川美津　こそえがわ・みつ　「うすむらさきの花の下は？」大日本図書（日典3）
　小副川孝　こぞえがわ・ゆきたか　九州女学院短期大学教授（日典）

小堆　こあくつ
　小堆光喜　こあくつ・こうき　神奈川情報文化専門学校講師（日典）

小堀　こほり；こぼり
　小堀俊一　こほり・しゅんいち　切手収集家（日典3）
　小堀隆司　こほり・たかし　「生きがい。」山と渓谷社（日典3）
　小堀杏奴　こほり・あんぬ　随筆家、小説家（日人）
　小堀鞆音　こぼり・ともと　日本画家（コン5）

小崎　おざき；こさき；こざき
　小崎政房　おざき・まさふさ　劇作家、演出家（日人）
　小崎正潔　こさき・まさきよ　社会運動家（社史）
　小崎弘道　こざき・ひろみち　キリスト教伝道者、牧師（コン7）

小張　おばり；こばり
　小張隆男　おばり・たかお　彫刻家（日典3）
　小張敬之　こばり・ひろゆき　青山学院大学経済学部助教授（日典）
　小張アキコ　こばり・あきこ　映画評論家（日典）

小張一峰　こばり・いっぽう　「急性感染症の臨床」医学書院（日典3）

小掛　こがけ
小掛照二　こがけ・てるじ　三段跳び選手（日人）
小掛義之　こがけ・よしゆき　テレビディレクター（日典3）

小斎　こさい；こざい
小斎武志　こさい・たけし　柔道選手（日典3）
小斎伝蔵　こさい・でんぞう　鰡網発明者（姓氏宮城）
小斎武志　こざい・たけし　柔道選手（日典）

小曽戸　おそど；こそど
小曽戸明子　おそど・あきこ　医師（日典3）
小曽戸允蔵　おそど・のぶや　フットサル選手（日典3）
小曽戸丈夫　こそど・たけお　熊本大学薬学部非常勤講師（日典）
小曽戸洋　こそど・ひろし　北里研究所附属東洋医学総合研究所医史学研究部長、北里研究所長（日典3）

小曽根　おぞね；こそね；こぞね
小曽根喜一郎　おぞね・きいちろう　実業家、社会事業家（世紀）
小曽根勢四郎　こそね・せいしろう　職工（社史）
小曽根乾堂　こぞね・けんどう　篆刻家（日典）

小梨　こなし
小梨錦水　こなし・きんすい　尺八奏者（日人）
小梨コマ　こなし・こま　教育者（学校）
小梨直　こなし・なお　翻訳家（現執4期）
小梨良　こなし・りょう　修紅学院短期大学長（日典3）

小梛　おなぎ；こなぎ
小梛精以知　おなぎ・せいいち　俳人（日典3）
小梛鳩子　おなぎ・はとこ　「春聯」鳰書房（日典3）
小梛和美　こなぎ・かずみ　前橋地裁高崎支部長（日典3）

小深田　こふかだ；こぶかた
小深田貞雄　こふかだ・さだお　太平洋諸島地域研究所理事長（日典3）
小深田幸代　こふかだ・さちよ　「吉四六さん笑話」朱鳥社、星雲社（発売）（日典3）
小深田隆子　こふかだ・たかこ　「恵みの流れの中で」イーグレープ、いのちのことば社（発売）（日典3）
小深田剛　こぶかた・つよし　「Shapes of dreams」ワニブックス（日典3）

小淵　おぶち；こぶち
小淵恵三　おぶち・けいぞう　政治家（履歴2）
小淵志ち　おぶち・しち　製糸事業家（世紀）
小淵健太郎　こぶち・けんたろう　歌手（テレ）
小淵正義　こぶち・まさよし　政治家（現政）

小渕　おぶち；こぶち
小渕恵三　おぶち・けいぞう　政治家（日人）
小渕光平　おぶち・みつへい　実業家, 政治家（日人）
小渕健太郎　こぶち・けんたろう　ミュージシャン（日典3）

小渕正義　こぶち・まさよし　元・衆院議員（日典3）

小笠　おがさ；おがさわら
小笠公韶　おがさ・こうしょう　政治家（政治）
小笠毅　おがさ・たけし　教育者（世紀）
小笠原優　おがさわら・まさる　「時の流れと永遠―時間の秘義についての神学的省察」南窓社（JM）

小笠原　おがさはら；おがさわら
小笠原英法　おがさはら・えいほう　僧侶（郷土滋賀）
小笠原幸次郎　おがさはら・こうじろう　日本共産党東京市委員会アジプロ部員・西南地区オルグ（社史）
小笠原三九郎　おがさわら・さんくろう　政治家（コン4）
小笠原長行　おがさわら・ながみち　幕府老中（コン4）

小笹　おざさ；こささ；こざさ
小笹徳蔵　おざさ・とくぞう　建築家（美建）
小笹正夫　こささ・まさお　元・静岡県議（日典）
小笹アサ　こざさ・あさ　城西消費購買組合組合員（社史）

小船　こふね；こぶね
小船清　こふね・きよし　政治家（群馬人）
小船幸次郎　こふね・こうじろう　指揮者, 作曲家（日人）
小船伊助　こぶね・いすけ　ラグビー選手（日典3）
小船幸次郎　こぶね・こうじろう　指揮者, 作曲家（演奏）

小船井　おぶない；こふない；こぶない
小船井良夫　おぶない・よしお　心臓外科学者（現執）
小船井敬吉　こふない・たかよし　東海大学長・理事（日典）
小船井修一　こぶない・しゅういち　釧路日産自動車社長、緑ケ丘学園理事長（日典3）

小菊　こぎく
小菊喜一郎　こぎく・きいちろう　経済政策論学者（現執2期）
小菊豊久　こぎく・とよひさ　住宅ジャーナリスト（現執4期）
小菊猛省　こぎく・もうせい　「家郷」日本図書刊行会（日典3）

小菅　こすが；こすげ
小菅一郎　こすが・いちろう　実業家（現執2期）
小菅孝蔵　こすが・こうぞう　医師（日典3）
小菅桂子　こすげ・けいこ　食文化研究家（日人）
小菅丹治　こすげ・たんじ　実業家（コン4）

小貫　おぬき；こぬき
小貫英　おぬき・ひで　出版人（出文）
小貫政之助　おぬき・まさのすけ　洋画家（美家）
小貫悟　こぬき・さとる　東京YMCA LD支援クラス主任講師（日典）
小貫修一郎　こぬき・しゅういちろう　「新日本建設大観」日本夕刊新聞社（日典3）

小部（小）　　　　　　　　　　　　　　　　　　　　　　　　〔369〕

小貫山　おぬきやま
　小貫山信夫　おぬきやま・のぶお　翻訳家（日典3）

小郷　おごう；こごう
　小郷恵四郎　おごう・えしろう　実業家（岡山歴）
　小郷穆子　おごう・しずこ　小説家（京都文）
　小郷一三　こごう・いちぞう「Crinoids from Japan and its adjacent waters」Osaka Museum of Natural History（日典3）
　小郷寛　こごう・ひろし　千葉大学名誉教授（日典）

小都　おず
　小都元　おず・はじめ　ITコンサルタント，軍事問題アナリスト（現執4期）
　小都勇二　おず・ゆうじ　郷土史家（郷土）

小部　おべ；こべ
　小部修　おべ・おさむ「これで安心思春期の子育て」清風堂書店出版部（日典3）
　小部俊裕　こべ・としひろ　写真家（日典）
　小部春美　こべ・はるみ　国税庁東京国税局課税第一部長（日典3）

小野木　おのき；おのぎ
　小野木学　おのき・がく　洋画家，版画家（児人）
　小野木源次郎　おのき・げんじろう　政治家（会津）
　小野木朝子　おのぎ・あさこ　小説家（日人）
　小野木学　おのぎ・がく　洋画家，版画家（日人）

小野打　おのうち；おのだ
　小野打寛　おのうち・ひろし　軍人（陸海）
　小野打真　おのうち・まこと「全国懐かしの路面電車」新人物往来社（日典3）
　小野打数重　おのだ・かずしげ「私の半生史」生涯学習研究社（日典3）

小野地　おのち
　小野地成次　おのち・せいじ「ベトナム語辞典」風間書房（日典3）

小野寺　おのてら；おのでら
　小野寺みゆき　おのてら・みゆき「都忘れ」印象短歌会（日典3）
　小野寺丹元　おのでら・たんげん　蘭方医，陸奥仙台藩医（日人）
　小野寺直助　おのでら・なおすけ　内科医学者（日人）

小野坂　おのさか；おのざか
　小野坂東　おのさか・あずま　マジシャン・コーディネーター（日典3）
　小野坂昌也　おのさか・まさや　声優（テレ）
　小野坂弘　おのざか・ひろし　刑事法学者（現執1期）
　小野坂睦　おのざか・むつみ　陶芸家（陶工）

小野沢　おのさわ；おのざわ
　小野沢章光　おのさわ・あきみつ　豊昭学園理事長（日典3）
　小野沢純　おのざわ・じゅん　アジア経済問題研究者（現執3期）
　小野沢亘　おのざわ・わたる　画家，漫画家（平和）

小野里　おのさと；おのざと
　小野里隆夫　おのさと・たかお　写真家（日典3）
　小野里利信　おのさと・としのぶ　洋画家（姓氏長野）
　小野里仙平　おのざと・せんぺい　政治家（群馬人）
　小野里光明　おのざと・みつあき　実業家（群馬人）

小野原　おがさわら；おのはら；おのばら
　小野原信吾　おがさわら・しんご「内科総合診療ハンドブック」メディカル・サイエンス・インターナショナル（日典3）
　小野原善言　おのはら・ぜんげん　千束藩士，儒学者（幕末）
　小野原琴水　おのばら・きんすい　千束藩士，儒学者（日人）

小野高　おのだか
　小野高久良　おのだか・ひさよし　出版事業家（出文）

小野庵　おのいおり
　小野庵保蔵　おのいおり・やすぞう　社会運動家（アナ）

小野満　おのみつ
　小野満恭子　おのみつ・きょうこ　陶芸家（陶工）
　小野満禎子　おのみつ・さだこ「中学校・高等学校ボランティア活動実践事例集」学事出版（日典3）
　小野満俊彦　おのみつ・としひこ　陶芸家（陶芸最）

小野路　おのじ；このみち
　小野路功　おのじ・いさお　専修大学文学部教授（日典）
　小野路透　このみち・とおる「非常識愛情宣言」エム・ビー・シー21（日典3）

小鳥　おどり；ことり
　小鳥幸男　おどり・ゆきお「天骨」高山市民時報社（日典3）
　小鳥良人　おどり・りょうりょう「素顔（句集）」（国典）
　小鳥サワ　ことり・さわ　アイヌ文化伝承者（日典3）
　小鳥隆枝　ことり・たかえ「想集」短歌新聞社（日典3）

小鹿　おが；おしか；おじか；こしか；こじか
　小鹿青雲　おが・せいうん「支那絵画史」玄華社（日典3）
　小鹿総一　おしか・そういち　写真家（写人）
　小鹿義晃　おじか・ぎこう「諸本対校教行信証」同朋大学仏教学研究室（日典3）
　小鹿真理　こしか・しんり「栄養テキスト」学建書院（日典3）
　小鹿番　こじか・ばん　俳優（新芸）

小鹿島　おがしま
　小鹿島右衛門　おがしま・うえもん　肥前大村藩家老（日人）
　小鹿島果　おがしま・はたす　官吏（渡航）
　小鹿島果　おがしま・みのる「日本災異志」五月書房（JM）

小鹿野　おがの；おしかの
小鹿野茂次　おがの・しげじ「夫木和歌抄」風間書房（日典3）
小鹿野友平　おがの・ともへい　日本女子体育大学教授（日典3）
小鹿野健　おしかの・たけし「竜神伝説」近代文芸社（JM）

小黒　おぐろ；こぐろ
小黒国司　おぐろ・くにじ　ジャーナリスト（現執3期）
小黒恵子　おぐろ・けいこ　詩人（世紀）
小黒直樹　こぐろ・なおき「データベース・リファクタリング」ピアソン・エデュケーション（日典3）

[12]小割　こわり
小割健一　こわり・けんいち「MATLAB数式処理による数学基礎」朝倉書店（日典3）
小割美恵子　こわり・みえこ　陶芸家（陶工）
小割よしつぐ　こわり・よしつぐ　陶芸家（陶工）

小堺　こさかい；こざかい
小堺一機　こさかい・かずき　タレント（世紀）
小堺昭三　こさかい・しょうぞう　小説家（日人）
小堺明　こざかい・あきら「フルーツとの出合い」三洋出版貿易（日典3）
小堺克巳　こざかい・かつみ　千葉東税務署副署長（日典3）

小場　おば；こば
小場恒吉　おば・こうきち　美術史家（日人）
小場貴之　こば・たかゆき　公認会計士、税理士（日典3）
小場晴夫　こば・はるお　建築家（美建）

小場瀬　おばせ
小場瀬純子　おばせ・じゅんこ　NHKエンタープライズ21（日典3）
小場瀬卓三　おばせ・たくぞう　フランス文学者（日人）
小場瀬令二　おばせ・れいじ　建築・都市計画研究者（現執2期）

小塚　こずか；こつか
小塚空谷　こずか・くうこく　社会主義詩人（コン5）
小塚直持　こずか・なおもち　国学者、歌人（幕末）
小塚朝生　こつか・あさお「こころ通わせて」イーグレープ（日典3）
小塚逸夫　こつか・いつお　実業家（日典3）

小堤　おずつみ；こずつみ
小堤達雄　おずつみ・たつお　毎日新聞東京本社販売局次長兼販売第2部長（日典3）
小堤正大　おずつみ・まさひろ「日本パソコン旅日記」徳間書店（日典3）
小堤一明　こずつみ・かずあき　アニメーター、童画家（児人）
小堤盾　こずつみ・じゅん「歴史と戦略の本質」原書房（日典3）

小嵐　こあらし
小嵐九八郎　こあらし・くはちろう　小説家、歌人（現執4期）

小嵐正治　こあらし・まさはる「まんがでわかるランニング障害解決事典」ランナーズ（日典3）

小崎　おざき；こさき；こざき
小崎善通　おざき・よしゆき　成安造形大学助教授（日典3）
小崎貴弘　こさき・たかひろ「教養としての情報処理」大学教育出版（日典3）
小崎とも子　こざき・ともこ「Emperor Meiji and empress Shoken」明治神宮（日典3）

小斯波　こしば
小斯波泰　こしば・ゆたか「写真の夜明け」朝日ソノラマ（日典3）

小曾戸　おそど；こそと
小曾戸摂津　おそど・せっつ　後北条氏家臣＝中世（戦東）
小曾戸丈夫　こそと・たけお「意釈傷寒論類編」築地書館（JM）

小曾根　おぞね；こそね；こぞね
小曾根喜一郎　おぞね・きいちろう　実業家、社会事業家（日人）
小曾根乾堂　こそね・けんどう　篆刻家（朝日）
小曾根乾堂　こぞね・けんどう　篆刻家（郷土長崎）

小勝　おかつ；おがつ；こかつ
小勝俊吉　おかつ・しゅんきち　自由民権運動家（群馬人）
小勝明　おがつ・あきら「寒茜」新星書房（日典3）
小勝康弘　こかつ・やすひろ　アイネス常務（日典）

小森田　こもりた；こもりだ
小森田民次郎　こもりた・たみじろう　鉱夫（姓氏岩手）
小森田三人　こもりた・みつひと　洋画家（洋画）
小森田秋夫　こもりだ・あきお　ロシア法学者（現執4期）
小森田一記　こもりだ・かずき　出版人（出文）

小森谷　こもりや
小森谷泉　こもりや・いずみ　ピアニスト（演奏）
小森谷巧　こもりや・たくみ　ヴァイオリニスト、指揮者（演奏）
小森谷徹　こもりや・とおる　タレント（テレ）
小森谷裕子　こもりや・ひろこ　ピアニスト（演奏）
小森谷裕子　こもりや・ゆうこ　ピアニスト（音人3）

小森宮　こもりみや
小森宮章正　こもりみや・あきまさ　登山家（日人）
小森宮正悳　こもりみや・まさのり「恋金術」小森宮金銀工業株式会社資料室（日典3）

小椋　おぐら；こぐら；こむく
小椋佳　おぐら・けい　シンガーソングライター（日人）
小椋真空　こぐら・まそら　漫画家（漫人）
小椋量友紀　こむく・かずゆき　イーディーコントライブ社長（日典3）

小部（小） 〔369〕

小港　こみなと
　小港正雄　こみなと・まさお　日本共産党資金局メンバー（社史）
小渡　おど；こわたり
　小渡清孝　おど・きよたか　郷土史家（郷土）
　小渡三郎　おど・さぶろう　政治家（現政）
　小渡恵利子　こわたり・えりこ　声楽家（テレ）
　小渡佳代子　こわたり・かよこ　インテリアプランナー（日典）
小番　こつがい
　小番貞憲　こつがい・さだのり「ホップ・ステップ・エンド・ジャンプ」新人物往来社（日典3）
　小番績　こつがい・せき「木の芽おこしの雨の中で」秋田文化出版（日典3）
　小番達　こつがい・とおる「完訳太平記」勉誠出版（日典3）
　小番宜一　こつがい・よしかず　政治家（現政）
小禄　おろく
　小禄邦男　おろく・くにお　琉球放送会長（日典3）
　小禄玄明　おろく・げんめい　沖縄の教育者（社史）
　小禄直幸　おろく・ただゆき　林野庁中部森林管理局長（日典3）
　小禄朝宏　おろく・ちょうこう　沖縄最初の本建築の芝居小屋「仲毛芝居」の創設者（姓氏沖縄）
　小禄朝亮　おろく・ちょうりょう　織物工（芸能）
小童谷　ひじや
　小童谷五郎　ひじや・ごろう「利根川の石仏」崙書房（日典3）
小粥　おかい；おがい；こがゆ
　小粥義朗　おかい・よしろう　全日本柔道連盟監事（日典）
　小粥祐子　おがい・まさこ「よみがえる江戸城」学習研究社（日典）
　小粥泉慧　こがゆ・せんえい　天宗会主宰（日典3）
小葉田　おばた；こばた
　小葉田淳　おばた・あつし　日本経済史学者（考古）
　小葉田淳　こばた・あつし　日本史学者（日人）
　小葉田かな女　こばた・かなめ「北斗」思文閣出版（製作）（日典3）
小賀　おが；こが
　小賀明子　おが・あきこ「METRO2033」小学館（日典）
　小賀安諦雄　こが・あでお　千田村農民（和歌山人）
　小賀徹　こが・とおる　京都大学医学研究科講師（日典）
小賀坂　おがさか；こがさか
　小賀坂広治　おがさか・ひろじ　小賀坂スキー製作所社長（日典）
　小賀坂敦　こがさか・あつし　公認会計士（日典）
小賀野　おがの
　小賀野久美　おがの・くみ　ピアニスト（音人3）
　小賀野晶一　おがの・しょういち「現代民法講義」成文堂（日典3）
　小賀野昌子　おがの・まさこ「五絶」（国典）
　小賀野実　おがの・みのる　写真家（日типる3）
小越　おごえ；おこし；おごし；こごえ；こごし
　小越弌子　おごえ・かずこ　小学校教師（日典）
　小越建典　おこし・たけのり「LinkedIn人脈活用術」東洋経済新報社（日典）
　小越平陸　おごし・へいりく　中国探検家（日人）
　小越千代子　こごえ・ちよこ　作業療法士（日典3）
　小越清治　こごし・きよじ　税理士（日典）
小隅　こすみ；こずみ
　小隅黎　こすみ・れい「プロテウス・オペレーション」早川書房（日典3）
　小隅黎　こずみ・れい　翻訳家,SF研究家（石川文）
小須川　おすかわ
　小須川射人　おすかわ・いると　作家（幻想）
小須田　こすだ
　小須田昭夫　こすだ・あきお　昭和産業専務（日典3）
　小須田薫　こすだ・かおる　雑貨商（アナ）
　小須田勝造　こすだ・かつぞう　軍人（陸海）
　小須田健次郎　こすだ・けんじろう　教育者（群馬人）
　小須田紀元　こすだ・のりもと　日本国有鉄道構造物設計事務所（国典）
小須賀　こすが
　小須賀正義　こすが・まさよし　弓道家,弓道錬士（弓道）
小飯田　こいだ
　小飯田弓峰　こいだ・きゅうほう　俳人（日典）
小飯塚　こいいずか；こいずか
　小飯塚謙一　こいいずか・けんいち「建築工費の手帖」井上書院（書籍）
　小飯塚謙一　こいずか・けんいち「合本現代建築材料集成」井上書院（日典3）
[13]小園　おぞの；こその；こぞの
　小園安名　おぞの・やすな　海軍軍人,大佐（現日）
　小園登至子　こその・としこ　ピアニスト,音楽教育家（新芸）
　小園安名　こぞの・やすな　海軍軍人（日人）
小園井　おそのい；こそのい
　小園井伊都子　おそのい・いとこ　赤坂いわさき女将（日典）
　小園井梅之助　こそのい・うめのすけ　日本労働組合全国協議会日本金属労働組合日立支部準備委員会委員（社史）
小園江　おそのえ；おぞのえ；こぞのえ
　小園江みどり　おそのえ・みどり「ジュニア愛の星占い」学習研究社（書籍）
　小園江丹宮　おぞのえ・たみや　上野高崎藩士,国学者（藩臣2）
　小園江慶二　こぞのえ・けいじ　元・卓球選手（日典）

姓名よみかた辞典 姓の部　275

小塩　おしお；おじお；こしお；こじお
小塩力　おしお・つとむ　牧師,聖書学者(日人)
小塩邦世　おじお・くにょ　「診察室」みぎわ書房(日典)
小塩孫八　こしお・まごはち　事業家,社会福祉貢献者(姓氏静岡)
小塩正勝　こじお・まさかつ　吟士(日典)

小塙　こばな；こはなわ；こばなわ
小塙学　こばな・まなぶ　「慶応義塾体育会ホッケー部創立七十五周年記念誌」慶応義塾体育会ホッケー部(日典3)
小塙学　こはなわ・まなぶ　元・共同通信社編集委員室長(日典)
小塙清　こばなわ・きよし　医師(日典3)

小槌　こずち
小槌智久三　こずち・ちくぞう　歌人(北海道文)
小槌芳　こずち・よし　実業家(人名)
小槌義雄　こずち・よしお　「チューインガムのつつみ」ピエ・ブックス(日典3)

小楠　おぐす；こぐす
小楠昭彦　おぐす・あきひこ　雑貨屋ブルドッグ社長(日典3)
小楠和男　おぐす・かずお　静岡県議(自民党,浜松市南区)(日典3)
小楠修　こぐす・おさむ　長崎県立大村工高助手(日典)

小溝　こみぞ
小溝理　こみぞ・おさむ　川崎汽船常務(日典3)
小溝和紀　こみぞ・かずのり　「おもちゃ作り入門」学習研究社(日典3)
小溝勝信　こみぞ・かつのぶ　ヘッズジャパン・マネジングディレクター(日典3)
小溝武志　こみぞ・たけし　弓道家,弓道範士(弓道)
小溝茂橘　こみぞ・もきつ　教育者(徳島歴)

小滝　おたき；おだき；こたき；こだき；しょうたき
小滝敏之　おたき・としゆき　兵庫県総務部地方課長(国典)
小滝一夫　おだき・かずお　「マングローブの生態」信山社出版(日典3)
小滝光郎　こたき・みつろう　シナリオライター,ルポライター(現執4期)
小滝彬　こだき・あきら　官僚,政治家(コン4)
小滝詠一　しょうたき・えいいち　コメディアン(日典)

小福田　こふくだ
小福田晧文　こふくだ・てるふみ　航空自衛隊中部航空方面隊司令官(日典3)
小福田史男　こふくだ・ふみお　「ものづくりとヒロシマの授業」太郎次郎社(日典3)

小蒲　おがま
小蒲秋定　おがま・あきさだ　松下通信工業社長(人情)

小路　おろ；こうじ；こみち；しょうじ
小路剛志　おろ・たけし　「水理・水文・水質シミュレーションモデル・ソフトウェアの開発戦略に関する調査報告書」国土技術政策総合研究所(日典3)
小路豊太郎　こうじ・とよたろう　尺八奏者(新芸)
小路浩之　こみち・ひろゆき　アメリカンフットボール選手(日典3)
小路紫峡　しょうじ・しきょう　俳人(兵庫文)

小飼　こがい
小飼栄一　こがい・えいいち　日本バドミントン協会副理事長(人情)
小飼一至　こがい・かずよし　ソムリエ(日典3)
小飼清右衛門　こがい・せいうえもん　厚別地区水田耕作の功労者(札幌)
小飼弾　こがい・だん　投資家,プログラマー,ブロガー,書評家(日典3)
小飼三雄　こがい・みつお　ソムリエ(日典3)

[14]小境　こさかい；こざかい
小境敏勝　こさかい・としかつ　弓道家,弓道錬士(弓道)
小境八重子　こざかい・やえこ　歌人(富山文)
小境よしはる　こざかい・よしはる　川柳作家(富山文)

小嶋　おじま；こじま
小嶋潤　おじま・じゅん　キリスト教哲学者(現執1期)
小嶋稔　おじま・みのる　地球物理学者(日人)
小嶋健二　こじま・けんじ　声楽家(バリトン)(新芸)
小嶋政一郎　こじま・まさいちろう　教育者,郷土史家(日人)

小嶌　こじま
小嶌信勝　こじま・のぶかつ　弁護士(日典3)
小嶌典明　こじま・のりあき　研究者(現執4期)
小嶌正稔　こじま・まさとし　「石油流通システム」文真堂(日典3)

小樋　ことい；こび
小樋しま　ことい・しま　城西消費購買組合組合員(社史)
小樋藤子　こび・ふじこ　「がんばれ15の春―中学三年生をもつ親と教師のために」文理閣(JM)

小樋井　こひい
小樋井和子　こひい・かずこ　福岡少年院篤志面接員(日典3)
小樋井滋　こひい・しげる　西南学院大学教授(日典)

小樽　こぐれ
小樽久衛　こぐれ・きゅうえ　地域改良家(日人)
小樽敏夫　こぐれ・としお　川鉄鉱業社長(日典3)
小樽雅章　こぐれ・まさあき　消費経済研究所会長(日典3)

小熊　おくま；おぐま；こくま；こぐま
小熊勇次　おくま・ゆうじ　みすず書房社長(日典3)
小熊秀雄　おぐま・ひでお　詩人(コン5)

小部(小)

小熊猛　こくま・たけし　「我が軍歴回想」玉精出版(日典)
小熊昭広　こぐま・あきひろ　「亀之助さん」快晴出版(日典)

小熊坂　こぐまさか；こぐまざか
小熊坂満邦　こぐまさか・みつくに　フジ製糖相談役(日典)
小熊坂諭　こぐまざか・さとし　プロボクサー(日典)
小熊坂公千　こぐまざか・まさゆき　朝日新聞(西部)印刷庶務部長(日典)

小稲　こいね
小稲義男　こいね・よしお　上智大学名誉教授(日典)

小窪　こくぼ
小窪和博　こくぼ・かずひろ　「海獣葡萄鏡」刀剣春秋新聞社(日典3)
小窪敬一　こくぼ・けいいち　NTT東北野球部監督(日典)
小窪健一　こくぼ・けんいち　「刀装のすべて」光芸出版(日典3)
小窪潤蔵　こくぼ・じゅんぞう　鍼灸師(日典3)
小窪哲也　こくぼ・てつや　プロ野球選手(日典3)

小端　こばた
小端香芳　こばた・こうほう　「現代念仏者の信仰告白」教育新潮社(日典3)
小端静順　こばた・しずじゅん　「正像末和讃に聞く」教育新潮社(日典3)
小端武治　こばた・たけじ　北海道リハビリーモデル事業開発室長(日典3)
小端恵美　こばた・めぐみ　「Windows NTによる情報リテラシー」学術図書出版社(日典3)
小端康弘　こばた・やすひろ　「Windows NTによる情報リテラシー」学術図書出版社(日典3)

小管　こすげ
小管知渕　こすげ・ともひろ　軍人(人名2)
小管充　こすげ・みつる　栃木県副知事(日典3)

小箕　おみ
小箕俊介　おみ・しゅんすけ　出版人(出文)

小網　こあみ
小網恵子　こあみ・けいこ　「浅い緑、深い緑」水仁舎(日典3)
小網善吉　こあみ・ぜんきち　高層住宅管理業協会副理事長、栄ँ建物管理代表取締役(日典3)
小網輝夫　こあみ・てるお　「難聴児・生徒理解ハンドブック」学苑社(日典3)
小網照男　こあみ・てるお　ワールド・ワン・カレー店長(日典3)
小網与八郎　こあみ・よはちろう　実業家(茶道)

小関　おせき；おぜき；こせき；こぜき
小関彰博　おせき・あきひろ　「目で見る平戸・松浦・北松の100年」郷土出版社(日典3)
小関哲哉　おぜき・てつや　国際問題評論家(現執4期)
小関智弘　こせき・ともひろ　小説家(日人)
小関観三　こぜき・かんぞう　軍人(日人)

15小幡　おばた；こはた；こばた；こわた
小幡篤次郎　おばた・とくじろう　教育者(コン5)
小幡弥太郎　こはた・やたろう　食品香味の権威(札幌)
小幡儼太郎　こばた・げんたろう　政治家(郷土和歌山)
小幡吹月　こわた・すいげつ　「鬼の念仏」山陰中央新報社(書籍)

小幡谷　おばたや
小幡谷政吉　おばたや・まさきち　「小幡谷政吉画文集」秋田文化出版社(日典3)
小幡谷友二　おばたや・ゆうじ　トゥールーズ・ル・ミラーユ大学応用言語学部日本語学科非常勤講師(日典3)

小槻　おずき；おつき；こずき；こつき
小槻輔世　おずき・すけよ　公家(国書)
小槻長興　おつき・ながおき　「史料纂集」続群書類従完成会(日典3)
小槻さとし　こずき・さとし　「小槻さとし選集—スクランブルすきゃんだる」大都社(JM)
小槻さとし　こつき・さとし　漫画家(漫人)

小駒　おごま；ここま；こごま
小駒哲司　おごま・てつし　数学者(数学)
小駒公子　ここま・きみこ　「編集者の休日」胡蝶の会(日典3)
小駒益弘　こごま・ますひろ　「大気圧プラズマの生成制御と応用技術」サイエンス＆テクノロジー(日典3)

16小橋　おばし；こはし；こばし；しょうはし
小橋カツエ　おばし・かつえ　社会福祉事業家(大阪人)
小橋安蔵　こはし・やすぞう　志士(幕末)
小橋一太　こばし・いちた　官僚,政治家(コン5)
小橋啓生　しょうはし・けいせい　高校教師(日典)

小橋川　こはしかわ；こばしかわ；こばしがわ
小橋川明徳　こはしかわ・めいとく　印刷労働者(社史)
小橋川仁王　こばしかわ・におう　陶芸家(陶工)
小橋川仁王　こばしがわ・におう　陶芸家(日人)

小舘　こたて；こだて
小舘光正　こたて・みつまさ　翻訳家(日典3)
小舘由典　こたて・よしのり　イワイシステム開発部(日典)
小舘きわ　こだて・きわ　学校法人小舘学園創立者(青森人)
小舘衷三　こだて・ちゅうぞう　教育家,地方史研究家(郷土)

小薗　おその；おぞの；こぞの
小薗康範　おその・やすのり　「エッセンシャル健康医学」DTP出版(日典3)
小薗ミサオ　おぞの・みさお　「内田百閒文学賞受賞作品集」作品社(日典3)
小薗とも子　こぞの・ともこ　「秋のソナタ」図書出版美学館(日典3)

小薗井　おそのい；おぞのい；こそのい
　小薗井薫　おそのい・かおる　「ナノテクノロジーの基礎科学」エヌ・ティー・エス（日典3）
　小薗井弘子　おぞのい・ひろこ　山形大講師（日典）
　小薗井開治　こそのい・かいじ　元・インラインホッケー選手（日典）

小薗江　おそのえ
　小薗江圭子　おそのえ・けいこ　手芸家（幻想）

小薬　こぐすり
　小薬かつゑ　こぐすり・かつえ　「初蝶」国文社（日典3）
　小薬元　こぐすり・げん　「どうして君とサヨナラしたんだろ」ピエ・ブックス（日典3）
　小薬聡　こぐすり・さとる　日本工学院八王子専門学校建築設計科（日典3）
　小薬平次郎　こぐすり・へいじろう　磐城平藩士（幕末）
　小薬祐子　こぐすり・ゆうこ　日本医科大学千葉看護専門学校教務主任（日典3）

小館　こたて；こだて
　小館光正　こたて・みつまさ　「DNS & BIND—Help for system administrators」オライリー・ジャパン（JM）
　小館善四郎　こだて・ぜんしろう　洋画家（日人）
　小館貞一　こだて・ていいち　経済界の重鎮（青森人）

小鮒　こふな；こぶな
　小鮒信次　こふな・しんじ　日本紙パルプ商事副社長（日典3）
　小鮒寛　こぶな・ひろし　小学校教員（社史）
　小鮒絢子　こぶな・あやこ　「すだま」新星書房（日典）
　小鮒通成　こぶな・みちなり　「PowerShellによるWindowsサーバ管理術」ソフトバンククリエイティブ（日典3）

小鴨　おがも；こがも
　小鴨成夫　おがも・しげお　小学校教師（日典3）
　小鴨光男　おがも・てるお　労働福祉事業団理事（日典3）
　小鴨覚禅　こがも・かくぜん　僧侶（日典3）
　小鴨鳴秋　こがも・めいしゅう　詩人（姓氏岩手）

17小檜山　こひやま；こびやま
　小檜山奮男　こひやま・たつお　児童文学研究者（児人）
　小檜山博　こひやま・はく　小説家（日人）
　小檜山弘司　こびやま・こうじ　東京新聞編集局次長（日典3）
　小檜山淳一　こびやま・じゅんいち　デルコンピュータリレーションシップセグメントマーケティングエンタープライズビジネス開発マネージャ（日典3）

小篠　おざさ；こしの；ささ
　小篠秀一　おざさ・ひでかず　ラパッチ・指揮者（芸能）
　小篠秀一　こしの・しゅういち　ラッパ手（先駆）
　小篠敏　ささ・みぬ　国学者＝近世（人名3）

小鍛冶　こかじ
　小鍛冶邦隆　こかじ・くにたか　作曲家,指揮者（演奏）
　小鍛冶邦宏　こかじ・くにひろ　埼玉県立越谷南高校教諭（日典3）
　小鍛冶光　こかじ・ひかり　進和不動産社長（日典3）

小鎚　こづち
　小鎚千代　こづち・ちよ　「カール・バルト一日一章」日本キリスト教団出版局（日典3）

18小櫃　おびつ；こびつ
　小櫃智子　おびつ・ともこ　「環境」一芸社（日典3）
　小櫃亘弘　おびつ・のぶひろ　「祭りの顔」プリコ個人書店事業部（日典3）
　小櫃万津男　こびつ・まつお　熊本県立大学文学部教授（日典）

小織　さおり
　小織桂一郎　さおり・けいいちろう　舞台俳優（日人）

小藤　ことう；こふじ
　小藤文次郎　ことう・ぶんじろう　地質学者（日人）
　小藤恵　こふじ・さとし　軍人（陸海）
　小藤康夫　こふじ・やすお　財政学者,保険学者（現執4期）

小藤田　ことうだ；こふじた
　小藤田千栄子　ことうだ・ちえこ　映画評論家（映人）
　小藤田豊章　ことうだ・とよあき　ニフコ常務,I・T・W・ニフコ社長（日典3）
　小藤田正一　こふじた・しょういち　俳優（映男）
　小藤田紘　こふじた・ひろし　「平成元年」平原書房（日典3）

19小瀬　おせ；おぜ；こせ
　小瀬朗　おせ・ろう　俳優（映男）
　小瀬昉　おぜ・あきら　ハウス食品会長（日典3）
　小瀬清志　こせ・せいし　陶工（日人）

小瀬水　こせみず
　小瀬水信乃夫　こせみず・しのぶ　弓道家,弓道錬士（弓道）

小瀬垣　こせがき
　小瀬垣梅治　こせがき・うめはる　稲武古典万歳同好会の太夫（人情）

小疇　こあぜ；こちゅう
　小疇尚　こあぜ・たかし　地理学者（現執3期）
　小疇伝　こあぜ・つたう　法学者（コン）
　小疇三郎　こちゅう・さぶろう　新聞記者（社史）

小鯛　こたい；こだい
　小鯛博　こたい・ひろし　「色相明暗彩度」短歌新聞社（日典3）
　小鯛叡一郎　こだい・えいいちろう　（日典）
　小鯛竜也　こだい・たつや　ゴルフ選手（日典3）

21小鶴　こづる；こつる
　小鶴幸一　こづる・こういち　画家（日典）
　小鶴誠　こづる・まこと　プロ野球選手（日人）
　小鶴利秋　こつる・としあき　炭坑夫（社史）

小部（少,尚） 尢部（尤） 尸部（尺,尻,尼,局,尾）

²³小鷲　おわし；こわし
　小鷲直治　おわし・なおじ「ウィリアム・ブレイクとキリスト教」サンパウロ（発売）（日典3）
　小鷲英一　こわし・えいいち「MMXテクノロジ最適化テクノスキー」アスキー（日典3）
　小鷲茂　こわし・しげる　首都高速道路公団副理事長（日典3）
²⁴小鷹　おだか；こたか；こだか
　小鷹ふさ　おだか・ふさ　作家,俳人（日人）
　小鷹和美　こだか・かずよし「プラモデルの楽しみ方」集英社（日典3）
　小鷹信光　こだか・のぶみつ　翻訳家,ミステリー評論家（世紀）
小鷹狩　こたかり
　小鷹狩繁子　こたかり・しげこ　歌手（現日）
　小鷹狩正作　こたかり・しょうさく　安芸広島藩士（幕末）
　小鷹狩政円　こたかり・せいえん「里程詳記秋田県全図」曙堂書店
　小鷹狩元凱　こたかり・もとよし「坤山公八十八年事蹟」林保登

【370】少

⁸少林　しょうりん；わかばやし
　少林踏雲　しょうりん・とううん　僧（日人）
　少林梅嶺　わかばやし・ばいれい　臨済禅僧,南禅寺派初代管長（島根歴）

【371】尚

尚　しょう；なお
　尚順　しょう・じゅん　政治家（コン）
　尚泰　しょう・たい　琉球王国の王（コン4）
　尚月地　なお・つきじ「艶漢」新書館（日典3）
¹⁶尚樹　しょうじゅ
　尚樹啓太郎　しょうじゅ・けいたろう　ビザンツ史学者（現執3期）

尢部

【372】尤

尤　ゆう
　尤昭福　ゆう・しょうふく　元・神戸青年会議所理事長（日典）

尸部

【373】尺

尺　せき
　尺振八　せき・しんぱち　英学者（コン4）
　尺秀三郎　せき・ひでさぶろう　教育学者（コン）

¹尺一　さかくに
　尺一顕正　さかくに・けんしょう　浄土真宗僧侶（平和）
⁵尺田　しゃくだ；せきた
　尺田知路　しゃくだ・ともじ　バレエ（日典）
　尺田一麿　せきた・かずま　日本タワーミル社長（日典）

【374】尻

¹²尻無浜　しなしはま；しりなしはま
　尻無浜啓造　しなしはま・けいぞう　元・プロ野球選手（日典3）
　尻無浜博幸　しりなしはま・ひろゆき「アクセシブル・ツーリズムガイドブックin台北」松本大学出版会（日典3）

【375】尼

⁶尼寺　あまでら；にいじ；にじ
　尼寺久雄　あまでら・ひさお　江崎グリコ副社長（日典）
　尼寺雅之　にいじ・まさゆき「上手な印刷セールス」日本印刷新聞社（書籍）
　尼寺義弘　にじ・よしひろ　阪南大学経済学部教授（日典）
⁷尼見　あまみ
　尼見清市　あまみ・せいいち「むかしの堺」はとぶえ会（日典3）
¹¹尼崎　あまがさき；あまさき；あまざき
　尼崎伊三郎　あまがさき・いさぶろう　実業家,海運業者（大阪人）
　尼崎安四　あまさき・やすし　詩人（兵庫文）
　尼崎勝士　あまざき・かつじ　ジャズ・ギタリスト（日典3）

【376】局

局　つぼね
　局哲平　つぼね・てっぺい　井筒屋社長（人情）
　局博一　つぼね・ひろかず　東京大学大学院農学生命科学研究科教授（日典3）

【377】尾

³尾下　おした
　尾下脩　おした・おさむ　宮田工業会長（日典3）
　尾下成敏　おした・しげとし「17世紀以前の日本・中国・朝鮮関係絵図地図目録」京都大学大学院文学研究科（日典3）
　尾下千秋　おした・ちあき　図書館流通センター常務（日典3）
　尾下英雄　おした・ひでお「クレムリンの超常戦略」ユニバース出版社（日典3）
　尾下昌士　おした・まさひと　陶芸家（陶工）

尾上　おうえ；おかみ；おがみ；おのうえ；おのえ；びじょう
　尾上勇　おうえ・いさむ　タイコ職人(日典3)
　尾上寛仲　おかみ・かんちゅう　僧侶(現執1期)
　尾上俊郎　おがみ・としろう　日本共産党京都市委員会京大姫高班メンバー(社史)
　尾上茂樹　おのうえ・しげき　発明家(日人)
　尾上柴舟　おのえ・さいしゅう　歌人,国文学者(コン4)
　尾上森思　びじょう・しんし 「わが国家観」日本図書刊行会(日典3)

尾子　おおじ；おこ；おご
　尾子啓三　おおじ・けいぞう　四日市市役所総務課文書係(日典)
　尾子弘尚　おこ・こうしょう　(株)エヌ・シー・エスアドバイジング副社長(日典)
　尾子隼人　おご・はやと 「人体彫刻の基礎」グラフィック社(日典3)

尾川　おかわ；おがわ
　尾川多計　おかわ・たけい　美術評論家(日典3)
　尾川林蔵　おかわ・りんぞう　撞球業者(社史)
　尾川正二　おがわ・まさつぐ　作家,文学者(兵庫文)
　尾川裕子　おがわ・ゆうこ　小説家(大阪文)

尾川原　おがわはら
　尾川原明英　おがわはら・あきひで 「しゃくそん」東方出版(日典3)

[4]尾内　おうち；おない；おのうち
　尾内七郎　おうち・ひちろう　写真家(写家)
　尾内美弥次　おない・みやじ　かぼちゃの品種改良者(姓氏群馬)
　尾内善四郎　おのうち・ぜんしろう　元・京都府立医科大学医学部教授(日典)

[5]尾玉　おたま；おだま
　尾玉なみえ　おたま・なみえ　漫画家(日典3)
　尾玉なみえ　おだま・なみえ　漫画家(漫人)

尾白　おじろ
　尾白明夫　おじろ・あきお　写真家(日典3)
　尾白未果　おじろ・みか 「雷獅子の守り」中央公論新社(日典3)

尾立　おだち；おだて；おりゅう
　尾立源幸　おだち・もとゆき　政治家(現政)
　尾立惟孝　おだて・これたか　台湾検察官長(大分歴)
　尾立晋祥　おりゅう・しんしょう 「終状態における相互作用」(国典)

[6]尾寺　おてら；おでら；おのでら
　尾寺信　おてら・まこと　長州(萩)藩士(神人)
　尾寺新之丞　おでら・しんのじょう　長州(萩)藩士(幕末)
　尾寺功至　おのでら・こうじ 「夢があるから生きられる」新風書房(製作)(日典3)

尾江　おえ；おのえ
　尾江邦重　おえ・くにしげ　京都工芸繊維大学工芸学部電子情報工学科教授(日典)
　尾江悦三　おのえ・えつぞう 「経済計画論」世界書院(JM)

尾池　おいけ
　尾池和夫　おいけ・かずお　研究者(現執4期)
　尾池一清　おいけ・かずきよ　昆虫学者(高知人)
　尾池善衛門　おいけ・ぜんえもん　政治家(群馬人)
　尾池真弓　おいけ・まゆみ　社会主義運動家,農民(社史)
　尾池義雄　おいけ・よしお　新聞記者,著述家(社史)

尾竹　おたけ；おだけ
　尾竹越堂　おたけ・えつどう　日本画家(大阪人)
　尾竹紅吉　おたけ・こうきち　画家,詩人,随筆家(日女)
　尾竹越堂　おだけ・えつどう　日本画家(日人)
　尾竹竹坡　おだけ・ちくは　日本画家(日人)

[7]尾佐竹　おさたけ；おさだけ
　尾佐竹猛　おさたけ・たけき　司法官僚,日本史学者(コン5)
　尾佐竹洵　おさたけ・となう　電気工学者(現情)
　尾佐竹猛　おさだけ・たけき　司法官僚,日本史学者(履歴)

尾作　おさく；おざく
　尾作昭義　おさく・あきよし　北海道・小平町長(日典)
　尾作兼蔵　おさく・けんぞう　政友会院外団理事(日典)
　尾作登一　おざく・とういち　元・小西六写真工業常務(日典)

尾児　おじ
　尾児良雄　おじ・よしお　日本共産青年同盟京都市委員会メンバー(社史)

尾吹　おぶき
　尾吹善人　おぶき・よしと　法学者(現執3期)

尾坂　おさか；おざか
　尾坂薫　おさか・かおる　メゾソプラノ歌手(音人2)
　尾坂鶴夫　おさか・かくお　教育者(岡山歴)
　尾坂徳司　おざか・とくじ　法政大学名誉教授(日典)
　尾坂光義　おざか・みつよし 「小さな唇」さーくる(日典3)

尾花　おばな
　尾花勇　おばな・いさみ　音楽教育者(埼玉人)
　尾花喜作　おばな・きさく　精農家,和紙製造者(栃木歴)
　尾花輝代允　おばな・きよみつ　バイオリニスト(音人2)
　尾花仲次　おばな・ちゅうじ　寄留商人(沖縄百)
　尾花政太郎　おばな・まさたろう　民権運動家(徳島歴)

尾見　おみ
　尾見敦子　おみ・あつこ　川村学園女子大学教育学部幼児教育学科助教授(日典3)
　尾見薫　おみ・かおる　外科学者(日人)
　尾見京子　おみ・きょうこ　ハンググライダー選手(日典3)
　尾見浜五郎　おみ・はまごろう　政治家(日人)
　尾見雄三　おみ・ゆうぞう　蝦夷松前藩士(幕末)

尾角　おかく；おかど
　尾角松一　おかく・まついち「足音は続く」(国典)
　尾角正人　おかど・まさと「Infinite analysis 2010 developments in quantum integrable systems」Research Institute for Mathematical Sciences,Kyoto University(日典3)
尾谷　おたに；おだに
　尾谷あい子　おたに・あいこ「癌と闘う」高陽書院(日典3)
　尾谷恭二　おたに・きょうじ　弁理士(岡山人)
　尾谷徳丸　おだに・とくまる「園芸歳時記」鳥取県果実農業協同組合連合会(日典3)
　尾谷昌則　おだに・まさのり「講座認知言語学のフロンティア」研究社(日典3)
8尾和　おわ
　尾和儀三郎　おわ・ぎさぶろう「ブラジル・ペルーの旅」ワールドフォトプレス(日典3)
　尾和郡司　おわ・ぐんじ　税理士(日典3)
　尾和剛一　おわ・こういち「「工作機械メーカ」の技術開発実態調査」パテントテック社(日典3)
　尾和重義　おわ・しげよし　近畿大学理工学部助教授(日典)
　尾和尚人　おわ・なおと「肥料の事典」朝倉書店(日典3)
尾迫　おさこ；おざこ；おせこ
　尾迫千恵子　おさこ・ちえこ　水泳インストラクター(日典)
　尾迫盈弘　おざこ・みつひろ　南日本新聞販売局発送部長(日典)
　尾迫利治　おせこ・としはる「芭蕉の俳句」丸善(日典3)
9尾前　おざき；おのまえ；おまえ
　尾前露耕　おざき・ろこう「飛鳥」安楽城出版(日典3)
　尾前喜八郎　おのまえ・きはちろう　陶芸家(陶芸最)
　尾前正行　おまえ・まさゆき　雑誌記者,農民(アナ)
尾城　おしろ；おじろ
　尾城孝子　おしろ・たかこ「現代詩歌精選琥珀色」美研インターナショナル,星雲社(発売)(日典3)
　尾城太郎丸　おじろ・たろうまる　慶応義塾大学名誉教授(日典3)
　尾城敏雄　おじろ・としお「鴬草」創栄出版(日典3)
尾後貫　おごぬき
　尾後貫荘太郎　おごぬき・しょうたろう　裁判官,弁護士(現情)
尾持　おもち
　尾持昌次　おもち・しょうじ　医師(近医)
尾栄　おうえ；おおえ
　尾栄大寛　おうえ・たいかん「易占宝典―五十年実占集」尾栄大寛(JM)
　尾栄大寛　おおえ・たいかん「実占秘伝大完」(JM)

尾津　おず
　尾津晃代　おず・あきよ　作家(日典3)
　尾津喜之助　おず・きのすけ　露天商(日人)
　尾津豊子　おず・とよこ「光は新宿より」K&Kプレス(日典3)
尾美　おみ
　尾美としのり　おみ・としのり　俳優(日映男)
10尾原　おはら；おばら
　尾原英吉　おはら・えいきち　伝道者(日人)
　尾原与吉　おはら・よきち　社会運動家(社史)
　尾原昭夫　おばら・あきお　音楽教育者(音人3)
　尾原惣八　おばら・そうはち　数学者(日人)
尾垳　おたに
　尾垳博之　おたに・ひろゆき　(株)日立製作所旭工場副技師長(日典)
尾家　おいえ；おおや；おけ
　尾家義人　おいえ・よしと　実業家(大分歴)
　尾家順子　おおや・じゅんこ　司書(日典)
　尾家慶寿　おけ・よしひこ　東北大学大学院工学研究科助手(日典)
尾留川　びるかわ；びるがわ
　尾留川正平　びるかわ・しょうへい　農業地理学者(現情)
　尾留川ひで女　びるかわ・ひでじょ　俳人(和俳)
　尾留川房子　びるがわ・ふさこ「無象の塔」甲鳥書林(日典3)
尾高　おたか；おだか；すえたか
　尾高尚忠　おたか・ひさただ　指揮者,作曲家(演奏)
　尾高朝雄　おだか・ともお　法哲学者,社会思想家(コン4)
　尾高亀蔵　すえたか・かめぞう　軍人(日人)
11尾埜　おの
　尾埜善司　おの・ぜんじ　弁護士(日典)
尾崎　おさき；おざき
　尾崎信太郎　おさき・のぶたろう　社会事業家(日人)
　尾崎文五郎　おさき・ぶんごろう　大庄屋(日人)
　尾崎士郎　おざき・しろう　小説家(コン4)
　尾崎行雄　おざき・ゆきお　政治家(コン4)
尾曽越　おそごえ
　尾曽越文亮　おそごえ・ぶんすけ　医師(近医)
12尾渡　おわたり
　尾渡達雄　おわたり・たつお　大分大教授(国典)
尾登　おと；おのぼり
　尾登辰雄　おと・たつお　フジ新聞(東京)事業担当兼編集局運動部長(日典)
　尾登誠一　おのぼり・せいいち　工業デザイナー(日典)
尾越　おこし；おごし
　尾越蕃輔　おこし・ばんすけ　京都市官吏(姓氏京都)
　尾越一郎　おごし・いちろう　棋士(日典3)
　尾越三郎　おごし・さぶろう　関東特殊製鋼専務(日典3)

14尾嶋　おしま；おじま

尾嶋正治　おしま・まさはる　東京大学大学院工学系研究科教授(日典)
尾嶋彰　おじま・あきら　建築家(美建)
尾嶋繁　おじま・しげる　産能大学経営開発研究本部(日典3)

尾関　おせき；おぜき

尾関将玄　おせき・しょうげん「戦時経済と海運国策」日本図書センター(日典3)
尾関岩二　おぜき・いわじ　児童文学者、評論家(日人)
尾関広　おぜき・ひろし　登山家(日人)

18尾藤　おとう；おふじ；びとう

尾藤孝一　おとう・こういち「現代政治経済学」お茶の水書房(日典3)
尾藤五郎　おふじ・ごろう「フィルタイプダムの施工法」鹿島建設技術研究部出版部(日典3)
尾藤正英　びとう・まさひで　日本史学者(日人)

19尾瀬　おせ；おぜ

尾瀬敬止　おせ・けいし　ソビエト文化研究家、ロシア文学者(コン5)
尾瀬あきら　おぜ・あきら　漫画家(漫人)
尾瀬敬止　おぜ・けいし　ソビエト文化研究家、ロシア文学者(文学)

22尾籠　おこもり；おごもり

尾籠晴夫　おこもり・はるお　声楽家(日典)
尾籠賢治　おごもり・けんじ　文筆家(日典3)
尾籠飄　おごもり・ひょう　バリトン歌手(音人)

23尾鷲　おわし；おわせ

尾鷲謙　おわし・ゆずる　三島北高校教諭(日典)
尾鷲卓彦　おわせ・たくひこ「三国志誕生」影書房(日典3)
尾鷲登志美　おわせ・としみ「精神科薬物相互作用ハンドブック」医学書院(日典3)

【378】　居

3居川　いかわ；いがわ

居川喜太郎　いかわ・きたろう　大阪府議会議員(社史)
居川正弘　いかわ・まさひろ　生産管理専門家(現執2期)
居川正弘　いがわ・まさひろ　松山大学経営学部教授(日典)
居川靖彦　いがわ・やすひこ　映画監督(日典3)

4居升　います

居升白炎　います・はくえん　俳人(日典3)

5居田　いだ；こた

居田祐充子　いだ・ゆみこ「豊かさを呼びこむCDブック」総合法令出版(日典3)
居田伊佐雄　こた・いさお　映画監督(映監)

居石　おりいし；すえいし

居石常蔵　おりいし・つねぞう「東京市神田区実業家便覧地図」博秀館(日典3)
居石正文　おりいし・まさふみ　図書館人(日児)
居石克夫　すえいし・かつお　九州大学大学院医学研究院教授(日典)
居石直徳　すえいし・なおのり「王妃アン・ブリンの秘密の日記」バベル・プレス(日典3)

6居安　いやす

居安薫　いやす・かおる　高校教師(日典3)
居安正　いやす・ただし　社会学者(現執4期)

7居作　いずくり

居作昌果　いずくり・よしみ　TBSプロデューサー(人情)

居初　いそめ

居初庫太　いそめ・くらた「花の歳時記」(国典)

居村　いむら

居村栄　いむら・さかえ　社会教育・教育社会学者(現執2期)
居村三次　いむら・さんじ　富山宣工社代表取締役(日典3)
居村茂明　いむら・しげあき　医師(日典3)
居村真二　いむら・しんじ　漫画家(漫人)
居村世紀男　いむら・せきお　映画監督(監督)

8居林　いばやし

居林次雄　いばやし・つぎお　経済学者(現執4期)
居林与三郎　いばやし・よそじ　弁護士(日典3)

居長　いちょう；いなが

居長龍太郎　いちょう・りゅうたろう　元・神戸製鋼所常務(日典)
居長英三郎　いなが・えいざぶろう　日本政治経済研究所研究員(社史)

9居城　いしろ；いじろ

居城克治　いしろ・かつじ　経済問題専門家(現執3期)
居城舜子　いしろ・しゅんこ　常葉学園大学教育学部教授(日典)
居城邦治　いじろ・くにはる「自己組織化ナノマテリアル」フロンティア出版(日典3)

11居宿　いすき

居宿昌義　いすき・まさよし　文化女子大助教授(国典)

16居樹　すえき

居樹伸雄　すえき・のぶお　労務管理学者(現執4期)
居樹治美　すえき・はるみ　天満屋ストア監査役(日典3)
居樹慶吾　すえき・みちひろ　岡山県議(自民党)

居積　すえずみ

居積望　すえずみ・のぞみ　西都市立妻南小学校教諭(日典)

18居藤　いとう

居藤高季　いとう・たかすえ　全日本柔道高段者会理事長(人情)

【379】屋

屋　おく
- 屋実元　おく・さねもと　農民（社史）
- 屋繁男　おく・しげお　国際経済経営研究所監事（日典3）
- 屋宏典　おく・ひろすけ　琉球大学農学部生物資源学科助教授（日典3）

[3]屋久　やく；やひさ
- 屋久正人　やく・まさと　「簿記論」白桃書房（日典3）
- 屋久孝夫　やひさ・たかお　東京家裁首席調査官（日典）
- 屋久哲夫　やひさ・てつお　警察庁交通局交通企画課長補佐（日典3）

屋山　ややま
- 屋山外記　ややま・げき　陸奥下手渡藩家老（藩臣2）
- 屋山太郎　ややま・たろう　政治評論家（日人）
- 屋山継篤　ややま・つぐあつ　陸奥下手渡藩家老（藩臣7）

[4]屋井　やい
- 屋井先蔵　やい・せんぞう　実業家（日人）
- 屋井鉄雄　やい・てつお　「関東交通プラン2015」運輸振興協会広報事業部（日典3）

屋内　やうち；やない
- 屋内修一　やうち・しゅういち　大和銀行国際業務部長（日典）
- 屋内恭輔　やない・きょうすけ　システムエンジニア（日典）

屋比久　やひく；やびく
- 屋比久勲　やひく・いさお　那覇市立小禄中学校教諭（日典）
- 屋比久輝　やびく・てる　赤琉会メンバー（社史）
- 屋比久孟昌　やびく・もうしょう　同志倶楽部メンバー（社史）

[5]屋代　やしろ
- 屋代吉右衛門　やしろ・きちえもん　柴海苔製造指導者（姓氏岩手）
- 屋代周二　やしろ・しゅうじ　医師（近医）
- 屋代伝　やしろ・つたえ　技師（土木）
- 屋代弘孝　やしろ・ひろたか　昆虫研究家（兵庫）

[6]屋名池　やないけ
- 屋名池誠　やないけ・まこと　研究者（現執4期）

[7]屋形　やかた；やがた
- 屋形宗慶　やかた・そうけい　小説家（幻想）
- 屋形禎亮　やかた・ていすけ　西洋史研究者（現執1期）
- 屋形貞亮　やがた・ていすけ　「エジプトの秘宝」講談社（JM）

屋良　やら
- 屋良朝男　やら・あさお　琉球新報取締役印刷局長（日典3）
- 屋良猛　やら・たけし　庶民会メンバー（アナ）
- 屋良朝陳　やら・ちょうちん　社会活動家（社史）
- 屋良朝苗　やら・ちょうびょう　教育者，政治家（コン4）
- 屋良文雄　やら・ふみお　ジャズ・ピアニスト（新芸）

[8]屋宜　やぎ
- 屋宜一志　やぎ・かずし　カヌー・カヤックシングル選手（日典3）
- 屋宜聡　やぎ・さとし　沖縄タイムス社政経部（日典3）
- 屋宜盛則　やぎ・せいそく　社会運動家（アナ）
- 屋宜譜美子　やぎ・ふみこ　川崎市立看護短期大学教授（日典3）
- 屋宜由佳　やぎ・ゆか　歌手，タレント（テレ）

[10]屋宮　おくみや
- 屋宮正三　おくみや・せいぞう　藤沢市御所見小学校教頭（国教）
- 屋宮正己　おくみや・まさみ　奄美守備隊名柄地区国民防衛隊長（社史）

[11]屋部　やぶ；やべ
- 屋部憲通　やぶ・けんつう　陸軍軍人（日人）
- 屋部憲伝　やぶ・けんでん　黎明会メンバー，アメリカ共産党党員（平和）
- 屋部憲重　やべ・のりしげ　「あらくさ一歌集」屋部憲重（JM）

[12]屋富祖　やふそ；やふそう
- 屋富祖徳次郎　やふそ・とくじろう　医師（社史）
- 屋富祖仲啓　やふそ・なかひろ　沖縄タイムス常務（日典3）
- 屋富祖昌子　やふそう・まさこ　「琉球列島産昆虫目録」沖縄生物学会（日典3）

屋須　やす
- 屋須弘平　やす・こうへい　海外渡航者（写家）

[14]屋嘉　やか
- 屋嘉和子　やか・かずこ　「屋嘉宗業三絃を響かせ」大山了己，沖縄タイムス社出版部（発売）（日典3）
- 屋嘉宗恭　やか・そうきょう　新聞記者（社史）
- 屋嘉宗勝　やか・そうしょう　琉球音楽家（新芸）
- 屋嘉宗徳　やか・そうとく　野村流古典音楽を指導・伝授した人（姓氏沖縄）
- 屋嘉宗彦　やか・むねひこ　経済学者（現執3期）

屋嘉比　やかび；やがひ
- 屋嘉比収　やかび・おさむ　沖縄国際大学、琉球大学非常勤講師（現執4期）
- 屋嘉比ふみ子　やかび・ふみこ　働く女性の人権センターいこ☆る運営委員（日典3）
- 屋嘉比柴盛　やがひ・しせい　国鉄職員（人情）

[15]屋鋪　やしき
- 屋鋪要　やしき・かなめ　元・プロ野球選手（日典3）
- 屋鋪恭一　やしき・きょういち　社会運動家（YA）

尸部（昼, 属） 山部（山）

【380】 昼

[10]昼馬　ひるま
　昼馬和代　ひるま・かずよ　陶芸家（陶芸最）
　昼馬輝夫　ひるま・てるお　浜松テレビ社長（人情）
　昼馬日出男　ひるま・ひでお　浜松ホトニクス常務（日典3）
　昼馬義宏　ひるま・よしひろ　「中国の会計制度と会計実務」税務経理協会（日典3）

[12]昼間　ひるま
　昼間章　ひるま・あきら　「死と生きがい」中央法規出版（日典3）
　昼間槐秋　ひるま・かいしゅう　「夢殿」（国典）
　昼間仲右衛門　ひるま・なかうえもん　政治家（現政）
　昼間弘　ひるま・ひろし　彫刻家（日人）
　昼間行雄　ひるま・ゆきお　映画監督（映監）

【381】 属

属　さかん；さっか
　属甚五右衛門　さかん・じんごえもん　志士＝近世（人名3）
　属啓成　さっか・けいせい　音楽評論家（日人）
　属澄江　さっか・すみえ　ピアニスト（音人2）

山部

【382】 山

山　さん；やま
　山延年　さん・えんねん　「脉法手引草」日本障害者リハビリテーション協会（日典3）
　山たけし　やま・たけし　俳人（石川文）
　山六郎　やま・ろくろう　商業デザイン, 洋画家（高知人）

[1]山一　やまいち
　山一由喜夫　やまいち・ゆきお　東京一般労組メンバー（アナ）
　山一由紀夫　やまいち・ゆきお　東京一般労組メンバー（社史）

[2]山入端　やまのは
　山入端清次　やまのは・せいじ　アド・スタッフ社長（日典3）
　山入端つる　やまのは・つる　三味線奏者（新芸）
　山入端万栄　やまのは・まんえい　海外移住者（日人）
　山入端立文　やまのは・りゅうぶん　小学校教員（社史）
　山入端隣次郎　やまのは・りんじろう　実業家, 政治家（姓氏沖縄）

[3]山上　さんじょう；やまうえ；やまかみ；やまがみ；やまじょう；やまのうえ
　山上為男　さんじょう・ためお　社会運動家（社史）
　山上月山　やまうえ・げつざん　普化尺八奏者（音人）
　山上貞一　やまかみ・ていいち　演劇評論家, 小説家（大阪文）
　山上たつひこ　やまがみ・たつひこ　漫画家（日人）
　山上徹　やまじょう・とおる　交通・観光産業研究者（現獣4期）
　山上岩二　やまのうえ・いわじ　実業家（岡山歴）

山口　やまくち；やまぐち
　山口誠太郎　やまくち・せいたろう　「実験有機化学」南江堂（日典3）
　山口英夫　やまくち・ひでお　織物デザイナー（日典3）
　山口薫　やまぐち・かおる　洋画家（コン4）
　山口誓子　やまぐち・せいし　俳人（コン4）

山川　さんがわ；やまかわ；やまがわ
　山川智子　さんがわ・ともこ　「ニットの基本」繊研新聞社（日典3）
　山川菊栄　やまかわ・きくえ　女性運動家, 評論家（コン4）
　山川宗道　やまがわ・そうどう　政治家（姓氏沖縄）

[4]山之口　やまのくち；やまのぐち
　山之口明子　やまのくち・あきこ　NHK番組制作局芸能番部（日典3）
　山之口貘　やまのくち・ばく　詩人（コン4）
　山之口貘　やまのぐち・ばく　詩人（世百新）
　山之口洋　やまのぐち・よう　小説家（幻media）

山井　やまい；やまのい
　山井一夫　やまい・かずお　菓子商人（社史）
　山井今朝雄　やまい・けさお　「甲斐路ウォーキング」山梨日日新聞社（日典3）
　山井清渓　やまのい・せいけい　儒学者（日人）
　山井基清　やまのい・もときよ　雅楽家（日人）

山内　さんない；やまうち；やまのうち
　山内一浩　さんない・かずひろ　弁護士（日典3）
　山内豊信　やまうち・とよしげ　大名（日人）
　山内清男　やまのうち・すがお　考古学者（コン4）

山方　やまかた；やまがた
　山方旭嶺　やまかた・きょくれい　郷土史家, 漢詩家（郷土）
　山方石之助　やまがた・いしのすけ　「小笠原島志」東陽堂支店（日典3）
　山方岩熊　やまがた・いわくま　「電気安全灯の理論と実際」電気安全灯研究会（日典3）

山木　やまき；やまぎ
　山木検校　やまき・けんぎょう　盲人音楽家（コン4）
　山木幸三郎　やまき・こうざぶろう　ジャズギタリスト, 作曲家, 編曲家（作曲）
　山木南海男　やまぎ・なみお　雪印乳業・受精卵移植研究所長（日典）

山部(山)

山止　やまどめ
　山止たつひこ　やまどめ・たつひこ　漫画家(漫人)

山火　やまび
　山火正則　やまび・まさのり　刑法学者(現執4期)

山片　やまかた；やまがた
　山片平右衛門　やまかた・へいうえもん　元白鶴酒造常務(日典)
　山片ユカ　やまかた・ゆか　テレビプロデューサー(日典3)
　山片三郎　やまがた・さぶろう　「建築徒然草」学芸出版社(日典3)
　山片重房　やまがた・しげふさ　大阪市立大学医学部講師(日典3)

山王丸　さんのうまる
　山王丸和恵　さんのうまる・かずえ　アナウンサー(テレ)
　山王丸幸一　さんのうまる・こういち　宇徳運輸副社長(日典3)
　山王丸榊　さんのうまる・さかき　「書体の研究for digital creators」晋遊舎(日典3)

山王堂　さんおうどう；さんのうどう
　山王堂正峰　さんおうどう・せいほう　「鎌倉―合同句集」3集　山王堂正峰(JM)
　山王堂恵偉子　さんのうどう・けいこ　「演習乳児保育の基本」萌文書林(日典3)
　山王堂求　さんのうどう・もとむ　元・甘木簡裁判事(日典)

5山主　やまぬし
　山主俊夫　やまぬし・としお　「機関紙編集読本」浅間書房(日典3)
　山主敏子　やまぬし・としこ　児童文学者,翻訳家(日女)
　山主富士彦　やまぬし・ふじひこ　「検定外・学力をつける算数教科書」明治図書出版(日典3)
　山主政幸　やまぬし・まさゆき　「民法の論点」法学書院(日典3)

山出　やまいで；やまで
　山出淳也　やまいで・じゅんや　「私だけのmuseum」福岡市美術館(日典3)
　山出敬二　やまで・けいじ　アーキヤマデ会長(日典)
　山出保　やまで・たもつ　政治家(現政)

山平　やまだいら；やまひら
　山平耕一　やまだいら・こういち　教育者(姓氏岩手)
　山平重樹　やまだいら・しげき　ノンフィクション作家(現執4期)
　山平和彦　やまひら・かずひこ　フォーク歌手(新芸)
　山平耕作　やまひら・こうさく　(株)日立製作所ソフトウェア事業部DB設計部主任技師(日典3)

山末　やますえ
　山末一夫　やますえ・かずお　大阪外国語大学教授(日典3)
　山末やすし　やますえ・やすし　児童文学作家(幻想)

山末祐二　やますえ・ゆうじ　京都大学大学院農学研究科教授(日典3)

山辺　やまのべ；やまべ
　山辺丈夫　やまのべ・たけお　実業家(日人)
　山辺知行　やまのべ・ともゆき　染織研究家(日人)
　山辺健太郎　やまべ・けんたろう　労働運動家(日人)
　山辺丈夫　やまべ・たけお　実業家(コン4)

6山同　さんどう
　山同敦子　さんどう・あつこ　ジャーナリスト(日典3)
　山同雀水　さんどう・じゃくすい　「歩調」(国典)
　山同正　さんどう・ただし　JNNワシントン支局長,東京放送政経部長,ティ・ビー・エス・ワールドニュース社長(日典3)
　山同藤十郎　さんどう・とうじゅうろう　政治家(姓氏群馬)
　山同陽一　さんどう・よういち　旭リサーチセンター専務(日典3)

山名　やまな
　山名文夫　やまな・あやお　グラフィックデザイナー(日人)
　山名次郎　やまな・じろう　教育家,実業家(日人)
　山名貫義　やまな・つらよし　日本画家(日人)
　山名正夫　やまな・まさお　航空工学者(日人)
　山名義鶴　やまな・よしつる　社会運動家(コン4)

山地　やまじ；やまち
　山地土佐太郎　やまじ・とさたろう　実業家(日人)
　山地元治　やまじ・もとはる　武士,軍人(日人)
　山地東山　やまち・とんざん　儒学者(幕末)
　山地元治　やまち・もとはる　陸軍軍人(国史)

山寺　やまてら；やまでら
　山寺秀雄　やまてら・ひでお　化学者(日人)
　山寺常山　やまでら・じょうざん　松代藩士(日典)
　山寺梅龕　やまでら・ばいがん　俳人(俳文)

山羽　やまは；やまば；やまばね
　山羽儀兵　やまは・ぎへい　植物学者(日人)
　山羽虎夫　やまば・とらお　電気技術者(岡山歴)
　山羽庚昭　やまばね・みちあき　山羽医院長(紳士)

7山住　やまずみ
　山住昭文　やまずみ・あきぶみ　教師,著述家(世紀)
　山住有巧　やまずみ・ありよし　応用地質常務(日典3)
　山住克己　やまずみ・かつみ　大蔵官僚(履歴2)
　山住正己　やまずみ・まさみ　教育学者(日人)
　山住有峰　やまずみ・ゆうほう　紀伊和歌山藩士(藩臣5)

山我　やまが
　山我哲雄　やまが・てつお　研究者(現執4期)
　山我徳一　やまが・とくいち　東京市吏員,労働運動家(社史)

山我仁助　やまが・にすけ　旋盤工(社史)
山我陽子　やまが・ようこ　児童文学研究家(日典3)

山折　やまおり
　山折哲雄　やまおり・てつお　宗教史学者(日人)

山条　さんじょう；やまじょう
　山条徳三郎　さんじょう・とくさぶろう「拓魂―茨島山開拓地苦難の想い出記」(JM)
　山条完　やまじょう・かん「ざんげ坂―Vintage love」文芸社(JM)
　山条隆史　やまじょう・たかし「トコトンわかる個人事業の始め方」新星出版社(日典3)

山沢　やまさわ；やまざわ
　山沢静吾　やまさわ・せいご　陸軍軍人(海越新)
　山沢由江　やまさわ・よしえ　寄席三味線奏者(新芸)
　山沢逸平　やまざわ・いっぺい　国際経済学者(現執4期)
　山沢栄子　やまざわ・えいこ　写真家(写家)

山見　やまみ
　山見郁雄　やまみ・いくお　ジャーナリスト(現執3期)
　山見勝彦　やまみ・かつひこ　パソコン・ライター(日典3)
　山見俊明　やまみ・としあき　岡山大歯学部助教授(日典)
　山見英雄　やまみ・ひでお「スタティック・ミキシング・ハンドブック」綜合化学研究所 丸善(発売)(日典3)
　山見博康　やまみ・ひろやす「広報の達人になる法」ダイヤモンド社(日典3)

山谷　やまたに；やまや
　山谷えり子　やまたに・えりこ　エッセイスト,ジャーナリスト(現政)
　山谷哲夫　やまたに・てつお　映画監督(世紀)
　山谷省吾　やまや・せいご　聖書学者(日人)
　山谷初男　やまや・はつお　俳優(和モ)

山貝　やまがい
　山貝如松　やまがい・じょしょう「小泉一掬抄」村上郷土史研究出版(日典3)

山邑　やまむら
　山邑昭夫　やまむら・あきお　シルキー副社長(日典3)
　山邑喜久造　やまむら・きくぞう　シルキー社長(日典3)
　山邑太三郎　やまむら・たさぶろう　実業家,政治家(日人)
　山邑太左衛門　やまむら・たざえもん　摂津莵原郡魚崎村の酒造家(兵庫3)

山邨　やまむら
　山邨伸貴　やまむら・のぶき　映画監督(映監)

山里　やまさと；やまざと
　山里一英　やまさと・かずひで　東京大学微生物微細藻類総合センター教授(日典3)
　山里寿男　やまさと・ひさお　洋画家(日人)
　山里永吉　やまさと・えいきち　画家,作家(日典3)
　山里るり　やまざと・るり　児童文学者,詩人(世紀)

山麦　やまむぎ
　山麦淳　やまむぎ・じゅん　全国農民組合全会メンバー(社史)

[8]山取　やまとり；やまどり
　山取滝三　やまとり・たきぞう「理想的な健康体位の尺度」山取洋彦(日典3)
　山取要　やまどり・かなめ　医師(日典3)

山奈　やまな
　山奈あつ美　やまな・あつみ　タレント(テレ)
　山奈カコ　やまな・かこ「てんてこマンション」メディアファクトリー(日典3)
　山奈宗真　やまな・そうしん　殖産家(日人)

山岬　やまさき；やまざき
　山岬裕之　やまさき・ひろゆき　東京工業大学原子炉工学研究所教授(日典)
　山岬正紀　やまざき・まさのり　東京大学大学院理学系研究科地球惑星学専攻教授(日典)

山肩　やまがた
　山肩邦男　やまがた・くにお　関西大学名誉教授(日典3)

山東　さとう；さんとう；さんどう
　山東只央　さとう・ただお「麻姑の娘」博栄出版(日典3)
　山東昭子　さんとう・あきこ　政治家,タレント(現政)
　山東良文　さんどう・よしふみ　官僚(現執2期)

山林　やまばやし；やまりん
　山林高明　やまばやし・たかあき　積和不動産社長(日典3)
　山林良夫　やまばやし・よしお　経営コンサルタント,税理士(現執3期)
　山林芳則　やまりん・よしのり　野球選手(日典3)

山枡　やまます
　山枡友蔵　やまます・ともぞう　政治家(鳥取百)
　山枡直好　やまます・なおよし　植物教諭(日人)
　山枡信明　やまます・のぶあき　声楽家,コンサート歌手(テノール)(演奏)
　山枡儀重　やまます・のりしげ　政治家(日人)
　山枡晴次郎　やまます・はるじろう　倉吉市下田中の郷土史家(鳥取百)

山河　さんが；やまかわ；やまこう
　山河宗太　さんが・そうた「現場監督が暴く！欠陥マンションの簡単な見抜き方」ブックマン社(日典3)
　山河勇　やまかわ・いさむ　小説家(幻想)
　山河真由美　やまこう・まゆみ　音楽療法士(音人3)

山門　やまかど；やまと
　山門明雄　やまかど・あきお　法政大学名誉教授(日典3)
　山門和明　やまかど・かずあき「医療秘書」メディカルエデュケーション(日典3)
　山門敬弘　やまと・たかひろ　小説家(幻想)
　山門宣敏　やまと・のぶとし　政治家(姓氏鹿児島)

山部(山)

⁹山保　さんぽ；やまほ
　山保吉太　さんぽ・きちた　俳人(日典3)
　山保太郎　やまほ・たろう　三井鉱山社長(日典3)

山前　やまさき；やまざき；やままえ
　山前実治　やまさき・さねはる　詩人(国典)
　山前実治　やまざき・さねはる　詩人(京都文)
　山前譲　やままえ・ゆずる　推理小説研究家(ミス)

山南　やまなみ；やまなん
　山南元　やまなみ・はじめ「外面」新風書房(製作)(日典3)
　山南律子　やまなみ・りつこ　詩人(兵庫文)
　山南秀男　やまなん・ひでお　富士ゼロックス総合教育研究所経営企画部長代理(日典)

山咲　やまさき；やまざき
　山咲梅代　やまさき・うめよ　ナチュラルセラピスト(日典3)
　山咲トオル　やまさき・とおる　漫画家,タレント(漫人)
　山咲千里　やまざき・せんり　女優(テレ)
　山咲トオル　やまざき・とおる　漫画家,タレント(幻想)

山品　やましな
　山品捨録　やましな・すてろく　政治家(日人)
　山品元　やましな・はじめ　京都大学大学院工学研究科教授(日典)
　山品正勝　やましな・まさかず　NECエレクトロニクスシニア事業戦略プロフェッショナル(日典3)

山城　やまき；やまぐすく；やまじょう；やましろ
　山城晴夫　やまき・はるお「教会」日本アッセンブリー教団出版(書籍)
　山城高興　やまぐすく・こうこう　沖縄の資産家(沖縄百)
　山城志寿枝　やまじょう・しずえ　日本語教師(日典)
　山城新伍　やましろ・しんご　俳優,タレント(日人)

山室　やまむら；やまむろ
　山室武甫　やまむら・ぶほう「アルコール中毒新要綱」日本酒害防止協会　暁印書館(製作)(日典3)
　山室軍平　やまむら・ぐんぺい　キリスト教伝道者(コン5)
　山室静　やまむろ・しずか　文芸評論家(日典)

山屋　やまや
　山屋清　やまや・きよし　サックス奏者,作曲家,編曲家(作曲)
　山屋三郎　やまや・さぶろう　米文学者(世紀)
　山屋他人　やまや・たにん　海軍軍人(コン4)
　山屋正浩　やまや・まさひろ　作曲家(音人3)
　山屋八万雄　やまや・やまお　実業家,政治家(群馬人)

山後　さんご；やまご
　山後正孝　さんご・まさたか　システムエンジニア(日典3)

　山後浅美　やまご・あさみ　城西消費購買組合組合員(社史)

山段　さんだん
　山段忠　さんだん・ただし「自然科学史概論」啓文社(日典)
　山段芳春　さんだん・よしはる　京都自治経済協議会理事長(人情)

山畑　やまはた；やまばた
　山畑馨　やまはた・かおる　ファゴット(バスーン)奏者(音人3)
　山畑るに絵　やまはた・るにえ　ハープ奏者(音人3)
　山畑哲世　やまばた・てつよ　フジ住宅(日典)

山県　やまがた
　山県有朋　やまがた・ありとも　軍人,政治家,もと長州(萩)藩士(コン4)
　山県伊三郎　やまがた・いさぶろう　政治家(日人)
　山県五十雄　やまがた・いそお　ジャーナリスト(日人)
　山県勝見　やまがた・かつみ　実業家,政治家(コン4)
　山県昌夫　やまがた・まさお　造船工学者(日人)

山神　やまがみ
　山神輝　やまがみ・あきら　政治家(現政)
　山神一子　やまがみ・いちこ「尼の散歩道」「尼の散歩道」を広める会(日典3)
　山神清和　やまがみ・きよかず「ITビジネス法入門」TAC出版事業部(日典3)
　山神次郎　やまがみ・じろう「おもいの？かるいの？」数研出版(日典3)
　山神種一　やまがみ・たねいち　農民運動家(日人)

山科　やましな
　山科三郎　やましな・さぶろう　教育評論家(世紀)
　山科言縄　やましな・ときなお　公家(日人)
　山科直治　やましな・なおはる　経営者(日人)
　山科ゆり　やましな・ゆり　女優(和モ)
　山科礼蔵　やましな・れいぞう　実業家,政治家(日人)

山背　やましろ；やませ
　山背台山　やましろ・たいざん　西尾市の真宗大谷派善福寺住職で,画僧(姓氏愛知)
　山背房雄　やましろ・ふさお「戦艦」小学館(日典3)
　山背竜二　やませ・りゅうじ　経済ジャーナリスト(日典)

山茶花　さざんか
　山茶花究　さざんか・きゅう　俳優,ボードヴィリアン(日人)
　山茶花九　さざんか・きゅう　小説家(日典3)

山香　やまか；やまが
　山香英三　やまか・えいぞう　筑波技術短期大学教授(日典)
　山香和信　やまが・かずのぶ「(図解)セックス・セラピー・マニュアル」星和書店(日典3)

[10]山家　やまいえ；やまか；やまが；やまげ；やまべ；やまや；やんべ
　山家義明　やまいえ・よしあき　第一勧業銀行資本市場本部資金為替部調査役(日典)
　山家歩　やまか・あゆむ「フーコーを使う」論創社(日典3)
　山家亨　やまが・とおる　軍人(陸海)
　山家光治　やまげ・みつじ　三重大学名誉教授(日典)
　山家頼道　やまべ・よりみち　陸奥仙台藩士(人名)
　山家五郎　やまや・ごろう　教育者(姓氏宮城)
　山家和子　やんべ・かずこ　社会運動家(日典)

山宮　さんぐう；やまみや
　山宮威一　さんぐう・かんいち　地方政治家(庄内)
　山宮允　さんぐう・まこと　詩人,英文学者(日人)
　山宮熊次郎　やまみや・くまじろう　弓道家(弓道)
　山宮藤吉　やまみや・とうきち　政治家(日人)

山座　やまざ
　山座円次郎　やまざ・えんじろう　外交官(コン5)
　山座建太郎　やまざ・けんたろう「ISO9000に基づくソフトウェアの品質システム」日本規格協会(日典)

山根木　やまねき；やまねぎ
　山根木加名子　やまねき・かなこ　活水女子大学文学部英文学科助教授(日典)
　山根木宏　やまねぎ・こう　伊藤万取締役(日典)
　山根木忠勝　やまねぎ・ただかつ　武庫川女子大学短期大学部国文学科教授(日典3)

山畠　やまはた
　山畠正男　やまはた・まさお　民法学者(現情)

山納　さんのう；やまのう
　山納茂治　さんのう・しげはる　巴コーポレーション社長(日典3)
　山納洋　やまのう・ひろし「コモンカフェ」西日本出版社(日典3)

[11]山埜　やまの
　山埜草平　やまの・そうへい　新聞記者,歌人(社史)
　山埜幸夫　やまの・ゆきお　園芸家(日典4)

山崖　やまぎし
　山崖俊子　やまぎし・としこ　臨床心理学(現執4期)

山崎　やまさき；やまざき；やまざぎ
　山崎豊子　やまさき・とよこ　小説家(京都文)
　山崎今朝弥　やまざき・けさや　弁護士(コン4)
　山崎芳次　やまざぎ・よしじ　日本電通社長(日典)

山﨑　やまざき
　山﨑鉄夫　やまざき・てつお　工業技術院電子技術総合研究所量子放射部長,京都大学原子エネルギー研究所客員教授(日典)

　山﨑幸恵　やまざき・ゆきえ　リポーター(日典3)
　山﨑義三郎　やまざき・よしさぶろう「社会保障制度」(国典)

山桝　やまます
　山桝忠恕　やまます・ただひろ　会計学者(現執1期)
　山桝直好　やまます・なおよし　植物教諭(幕末)
　山桝行雄　やまます・ゆきお「山枡行雄画集」山枡行雄(日典3)
　山桝義寛　やまます・よしひろ　蚕糸学者(日人)

山菅　やますが；やますげ
　山菅友希子　やますが・ゆきこ「永遠のコウジ」明窓出版(日典3)
　山菅良子　やますげ・りょうこ　浜新女将(日典3)

山野田　やまのた；やまのだ
　山野田一輔　やまのた・いっぽ　鹿児島県士族(姓氏鹿児島)
　山野田一輔　やまのだ・いっぽ　鹿児島県士族(幕末)
　山野田重治　やまのだ・しげじ　大正生命保険社長(日典3)

山野目　やまのめ
　山野目章夫　やまのめ・あきお　研究者(現執4期)
　山野目辰之助　やまのめ・たつのすけ　漁業家(姓氏岩手)

山野辺　やまのべ；やまのべの
　山野辺五十鈴　やまのべ・いすず　翻訳家(世紀)
　山野辺進　やまのべ・すすむ　洋画家,挿画家(世紀)
　山野辺行人　やまのべの・いくと(日典)

山鹿　やまか；やまが；やましか
　山鹿知樹　やまか・ともき「バルク系貨物を対象とした背後流動・輸送機関分担の分析と利用港湾/輸送機関選択モデルの構築」国土技術政策総合研究所(日典)
　山鹿泰治　やまが・たいじ　アナキスト,エスペランティスト(日人)
　山鹿良之　やましか・よしゆき　琵琶演奏家(新芸)

[12]山喜多　やまきた
　山喜多佐知子　やまきた・さちこ「ドッグ・テイルズ」ミロプレス(日典3)
　山喜多四郎寿　やまきた・しろうじゅ　直方ロータリークラブ会長(日典3)
　山喜多二郎太　やまきた・じろうた　画家(日人)
　山喜多二郎太　やまきた・にろうた　洋画家,日本画家(福岡百)

山﨑　やまさき；やまざき
　山﨑清張　やまさき・きよはり「浜から伝える魚調理事典」旭屋出版(日典3)
　山﨑長一　やまさき・ちょういち　ゴルフパートナー社長(日典3)
　山﨑喜市　やまざき・きいち「散る桜残る桜も散る桜」山﨑泰正(日典3)
　山﨑誠峯　やまざき・せいほう「九紫火星」成美堂出版(日典3)

山部(山)

山﨑　やまさき；やまざき
　山﨑重暉　やまさき・しげあき　軍人(高知人)
　山﨑慎六郎　やまさき・しんろくろう　郷士(高知人)
　山﨑照天　やまざき・しょうてん　開教使(鹿児島百)
　山﨑清一　やまざき・せいいち　医師(姓氏長野)

山景　やまかげ
　山景寅司　やまかげ・とらじ　日本民謡協会松本支部長(人情)

山登　やまと
　山登検校〔2代〕　やまと・けんぎょう　山田流箏曲演奏者・作曲者(日音)
　山登検校〔3代〕　やまと・けんぎょう　箏曲演奏者(日音)
　山登松齢　やまと・しょうれい　山田流箏曲演奏者・作曲者(日人)
　山登松和　やまと・しょうわ　箏曲家(日人)
　山登万和　やまと・まんわ　箏曲演奏者(日人)

山葉　やまは；やまば
　山葉寅楠　やまは・とらくす　実業家(コン5)
　山葉直吉　やまは・なおきち　国産ピアノ開発の大御所(姓氏静岡)
　山葉寅楠　やまは・とらくす　実業家(史人)

山越　やまごえ；やまこし；やまごし
　山越麻生　やまごえ・あさみ　「ゴロゴロ」医学評論社(日典3)
　山越徳玄　やまこし・とくげん　料理人(世紀)
　山越永太郎　やまごし・えいたろう　官選戸長(日人)

山道　さんどう；やまじ；やまみち
　山道信毅　さんどう・のぶき　東京大学医学部(日典3)
　山道襄一　やまじ・じょういち　政治家(コン)
　山道繁　やまみち・しげる　紙工場職工(社史)

山階　やました；やましな
　山階芳麿　やました・よしまろ　鳥類学者(日本)
　山階信弘　やましな・のぶひろ　能楽師(能狂言)
　山階芳麿　やましな・よしまろ　鳥類学者(コン4)

山隈　やまくま；やまぐま
　山隈康　やまくま・やすし　熊本市長,貴院議員(多額納税)(日典3)
　山隈康　やまぐま・やすし　弁護士,政治家(熊本百)

[13]山勢　やませ
　山勢司都子　やませ・しずこ　箏曲家(山田流)(音人2)
　山勢松韻　やませ・しょういん　山田流箏曲家(先駆)
　山勢松韻〔1代〕　やませ・しょういん　山田流箏曲家(日人)
　山勢松韻〔2代〕　やませ・しょういん　箏曲家(日人)
　山勢ふく　やませ・ふく　箏曲家(日人)

山極　やまきわ；やまぎわ；やまざき
　山極勝三郎　やまきわ・かつさぶろう　病理学者(履歴)
　山極勝三郎　やまぎわ・かつさぶろう　病理学者(コン5)
　山極圭司　やまざき・けいじ　白百合女子大学非常勤講師(日典)

山碕　やまさき；やまざき
　山碕雄一　やまさき・ゆういち　「相対の文学」(国典)
　山碕良明　やまさき・よしあき　日本濾過装置社長(日典3)
　山碕順　やまざき・じゅん　皮膚科学者(群馬人)
　山碕多比良　やまざき・たひら　歌人(歌人)

山腰　やまこし；やまごし
　山腰和子　やまこし・かずこ　岩波書店編集部第2部勤務(日典3)
　山腰直弘　やまこし・なおひろ　フルート奏者(音人)
　山腰茂昭　やまごし・しげあき　国立療養所東徳島病院院長(日典3)
　山腰天鏡　やまごし・てんきょう　僧(日人)

[14]山像　やまがた
　山像かおり　やまがた・かおり　女優(テレ)
　山像信夫　やまがた・のぶお　映画監督(映監)

山端　やまはし；やまはた；やまばた；やまはな
　山端英雄　やまはし・ひでお　竹中工務店常務(日典)
　山端庸介　やまはた・ようすけ　写真家(日人)
　山端和仁　やまばた・かずひと　大道芸人(日典3)
　山端勝二　やまはな・かつじ　「災害復旧実務用語の手引」大成出版社(日典3)

山蔭　やまかげ
　山蔭昭子　やまかげ・あきこ　「ガルシーア=マルケス全短篇集」創土社(日典3)
　山蔭光福　やまかげ・こうふく　「硫黄島最後の二人」読売新聞社(日典3)
　山蔭宏子　やまかげ・ひろこ　大谷女子短期大学名誉教授(日典3)
　山蔭勝実　やまかげ・まさみ　人事院管理局審議官(日典3)
　山蔭基央　やまかげ・もとひさ　古神道家(現執4期)

山蔦　やまつた
　山蔦一海　やまつた・かずみ　植物学者(植物)
　山蔦京子　やまつた・きょうこ　「虹色の街」東京四季出版(日典3)
　山蔦圭輔　やまつた・けいすけ　「心理学・臨床心理学概論」北樹出版(日典3)
　山蔦恒　やまつた・こう　近代文学者,児童文学者(現執3期)
　山蔦正明　やまつた・まさみ　歯科医・コント作家(山形百新)

山際　やまきわ；やまぎわ
　山際七司　やまきわ・しちし　自由民権家(人名)
　山際七司　やまぎわ・しちし　民権論者(コン)

山際正道　やまぎわ・まさみち　官僚,銀行家（コン4）

山領　やまりょう
山領健二　やまりょう・けんじ　思想史学者（現執4期）
山領茂　やまりょう・しげる「はじめての管楽器メンテナンスブック」ヤマハミュージックメディア（日典3）
山領まり　やまりょう・まり　絵画修復家（日典3）
山領道信　やまりょう・みちのぶ　陶芸家（陶工）
山領豊　やまりょう・ゆたか「花草紙」短歌研究社（日典3）

[15]山敷　やましき
山敷英以子　やましき・えいこ「檜扇」東京四季出版（日典3）
山敷和男　やましき・かずお　日本近代文学者（現執1期）
山敷工女　やましき・こうじょ「文学に見る異文化コミュニケーション」リーベル出版（日典3）
山敷捨多郎　やましき・すてたろう　加美乃素本舗社長・相談役（日典3）
山敷宗一　やましき・そういち　平民社系社会主義者（社史）

[18]山藤　さんとう；さんどう；やまふじ
山藤捷七　さんとう・しょういち　実業家（埼玉人）
山藤三之助　さんどう・さんのすけ　足利藩誠心隊員,俳句の宗匠,機屋（栃木歴）
山藤章二　やまふじ・しょうじ　イラストレーター,漫画家（日人）

【383】岁

[14]岁網　なたあみ
岁網敏雄　なたあみ・としお　二宮産業社長（日典3）
岁網宏　なたあみ・ひろし　二宮産業副会長（日典3）
岁網由雄　なたあみ・よしお　実業家（郷土千葉）

【384】岐

[9]岐美　みちよし
岐美格　みちよし・いたる　京大教授（国典）

[11]岐部　きべ
岐部明広　きべ・あきひろ「川辺川ダムあなたは欲しいですか」海鳥社（日典3）
岐部一郎　きべ・いちろう「保証証券（surety bond）の手引き」損害保険企画（日典3）
岐部日吉　きべ・ひよし　篤志家（大分歴）
岐部光久　きべ・みつひさ　政治家,地方功労者（大分歴）
岐部与平　きべ・よへい　政治家（大分歴）

【385】岑

岑　しん；みね
岑学呂　しん・がくりょ「虚雲和尚伝─近代中国禅仏教の最高峰　百二十歳の生涯」葦書房（JM）
岑亜紀良　みね・あきら「岡野光喜の国際ビジネスマン訪問」ケイザイ春秋社（日典3）
岑伸六　みね・しんろく　俳人（俳文）

【386】岡

[3]岡上　おかうえ；おかがみ；おかのうえ；おかのえ；おかのぼり
岡上友太郎　おかうえ・ともたろう　編集者（現執3期）
岡上和雄　おかがみ・かずお　医師（現執1期）
岡上菊栄　おかのうえ・きくえ　社会事業家（世紀）
岡上守道　おかのえ・もりみち　社会運動家,評論家（世紀）
岡上景能　おかのぼり・かげよし　民政家＝近世（世人）

[4]岡井　おかい
岡井晃　おかい・あきら　オルガン奏者（音人3）
岡井省二　おかい・しょうじ　俳人,医師（詩作）
岡井慎吾　おかい・しんご　教育者・漢文学者（郷土福井）
岡井隆　おかい・たかし　歌人,医師（日人）
岡井藤志郎　おかい・とうしろう　弁護士（日人）

岡内　おかうち；おかのうち
岡内重俊　おかうち・しげとし　官僚（コン）
岡内清太　おかうち・せいた　教育者（日人）
岡内俊太郎　おかのうち・しゅんたろう　政治家（維新）

岡太　おかた；おかだ
岡太昭　おかた・あきら　元・工業技術院繊維高分子材料研究所所長（日典）
岡太彬訓　おかだ・あきのり　多変量解析研究者（現執3期）
岡太直　おかだ・ただし「科学で解くバガヴァッド・ギーター」たま出版（日典3）

岡戸　おかと；おかど
岡戸武平　おかと・ぶへい　小説家,編集者,新聞記者（幻作）
岡戸武平　おかど・ぶへい　小説家,編集者,新聞記者（幻想）
岡戸文右衛門　おかど・ぶんえもん　教育家（学校）

[5]岡出　おかいで；おかで
岡出幸生　おかいで・ゆきお　農学者（日人）
岡出元博　おかで・もとひろ　富士コンサル社長（日典）
岡出美則　おかで・よしのり「教養としての体育原理」大修館書店（日典3）

岡田　おかた；おかだ；おかだや
　岡田里　おかた・さとの「ハーブの絵本」農山漁村文化協会(日典3)
　岡田啓介　おかだ・けいすけ　軍人, 政治家(コン4)
　岡田屋嘉七　おかだや・かしち「諸国道中袖鏡の東海道」赤羽根秀一 (JM)
6岡地　おかじ；おかち
　岡地明　おかじ・あきら　ドラム奏者(日典3)
　岡地蝶児　おかじ・ちょうじ「梅月夜」本阿弥書店(日典3)
　岡地勝二　おかち・かつじ　貿易論学者(現執4期)
　岡地嶺　おかち・みね　英文学者(現執4期)
7岡沢　おかさわ；おかざわ
　岡沢精　おかさわ・くわし　陸軍軍人(陸海)
　岡沢精　おかざわ・くわし　陸軍軍人(コン5)
　岡沢秀虎　おかざわ・ひでとら　ロシア文学者, 評論家(日人)
岡谷　おかたに；おかのや；おかや；おかやそ
　岡多三郎　おかたに・たさぶろう　理髪業者(社史)
　岡谷繁実　おかのや・しげざね　志士(日人)
　岡谷惣助　おかや・そうすけ　実業家(コン5)
　岡谷惣助真愛　おかやそ・うすけしんあい　実業家(愛知百)
8岡居　おかい
　岡居芳太郎　おかい・よしたろう　弓道家, 弓道錬士(弓道)
岡迫　おかさこ
　岡迫明良　おかさこ・あきら　陶芸家(日典3)
　岡迫孝雄　おかさこ・たかお「教育を殺すな」藤美術印刷(日典3)
　岡迫義孝　おかさこ・よしたか　宮崎県総合農業試験場(国典)
9岡音　おかおと
　岡音清次郎　おかおと・せいじろう　カミカワグループ総括本部会長(北海道歴)
10岡留　おかどめ
　岡留健一郎　おかどめ・けんいちろう　医師(日典3)
　岡留恒健　おかどめ・こうけん　元・パイロット, 元・テニス選手(日典3)
　岡留誠蔵　おかどめ・せいぞう　志士(姓氏鹿児島)
　岡留恒丸　おかどめ・つねまる「屋久島の昆虫相」屋久町教育委員会(日典3)
　岡留安則　おかどめ・やすのり　編集者, 実業家(世人)
11岡堂　おかどう
　岡堂哲雄　おかどう・てつお　家族心理学者, 健康心理学者(現執4期)
岡部　おかべ；おかべの
　岡部伊都子　おかべ・いつこ　随筆家(日人)
　岡部金治郎　おかべ・きんじろう　電子工学者(コン4)
　岡部信彦　おかべの・のぶひこ　国立感染症研究所感染症情報センター長(日典)

12岡﨑　おかさき；おかざき
　岡﨑直喜　おかさき・なおき　化学者(高知人)
　岡﨑瑞雲　おかざき・ずいうん　書家(高知人)
　岡﨑文吉　おかざき・ぶんきち　土木, 治水技師, 工学博士(岡山歴)
岡登　おかのぼり
　岡登邦美　おかのぼり・くによし　玉川大学教授(日典3)
　岡登けい　おかのぼり・けい「手芸実習講座」岩崎書店(日典3)
　岡登貞治　おかのぼり・ていじ　美術教育家, 手工芸家(長野歴)
　岡登益蔵　おかのぼり・ますぞう　教育者(埼玉人)
13岡路　おかじ
　岡路市郎　おかじ・いちろう　心理学者(心理)
　岡路潤一　おかじ・じゅんいち　びわこ銀行専務(日典3)
16岡橋　おかはし；おかばし
　岡橋林　おかはし・しげる　実業家(コン4)
　岡橋治助　おかはし・じすけ　実業家(コン5)
　岡橋治助　おかばし・じすけ　実業家(国史)
18岡藤　おかふじ
　岡藤丑彦　おかふじ・うしひこ「回想」三一書店(日典3)
　岡藤五郎　おかふじ・ごろう　動物学者(日人)
　岡藤政人　おかふじ・まさと「山口県内の郵便局の変遷」高岸年夫(日典3)
　岡藤正広　おかふじ・まさひろ　伊藤忠商事社長(日典3)
　岡藤良敬　おかふじ・よしたか　日本古代文化史研究者(現執2期)

【387】　岳

岳　がく；たけ；だけ
　岳真也　がく・しんや　作家, 翻訳家(幻想)
　岳宏一郎　たけ・こういちろう　シナリオライター, 小説家(日典3)
　岳一灯　だけ・いっとう　俳人(青森人)
3岳山　たけやま；だけやま；みたけ
　岳山幸一　たけやま・こういち　太平洋興発監査役(日典)
　岳山貞治郎　だけやま・ていじろう　元・滋賀銀行頭取(日典)
　岳山将監　みたけ・しょうげん　神職(神奈川人)
4岳中　たけなか
　岳中安里　たけなか・あんり「未来の国の3つの貨幣」MEL企画(日典3)
　岳中典男　たけなか・ふみお　医師(近医)
5岳本　たけもと；だけもと
　岳本海承　たけもと・かいしょう「御伝馬役御免ならびに代助郷」熊谷古文書研究会(日典3)
　岳本野ばら　たけもと・のばら　小説家, エッセイスト(京都文)
　岳本芳太郎　だけもと・よしたろう　飴細工(日典)

岳田　おかだ；たけだ
　岳田政雄　おかだ・まさお　剣道家（日典）
　岳田陽介　たけだ・ようすけ　「Visual入門」工学図書（日典3）

[10]岳原　だけはら
　岳原遊　だけはら・ゆう　劇団「幻実劇場」主宰（人情）

[11]岳野　たけの
　岳野公人　たけの・きみひと　「ものづくり学習の構想設計における生徒の思考過程」風間書房（日典）
　岳野慶作　たけの・けいさく　哲学者（現執2期）
　岳野竜也　たけの・たつや　プロ野球選手（日典3）
　岳野博昭　たけの・ひろあき　木芸家（日典3）
　岳野万里夫　たけの・まりお　金融庁証券取引等監視委員会事務局長（日典3）

[12]岳道　たけみち
　岳道優子　たけみち・ゆうこ　ソプラノ歌手（音人3）

【388】 岸

[2]岸人　きしんど
　岸人宏亘　きしんど・ひろのぶ　「利益改善のためのグラフの活用」（国典）
　岸人正人　きしんど・まさと　俳人（日典3）

[3]岸下　きしげ；きしした
　岸下利一　きしげ・としかず　元・明日香村（奈良県）村長（日典）
　岸下育三　きしした・いくぞう　「仙流」美巧社（日典3）
　岸下武雄　きしした・たけお　コナカ社長（日典3）

岸上　きしうえ；きしかみ；きしがみ；きしのうえ
　岸上修　きしうえ・おさむ　香川県議（日典）
　岸上老山　きしかみ・ろうざん　美濃今尾藩士,儒学者（藩臣3）
　岸上大作　きしがみ・だいさく　歌人,学生運動家（日人）
　岸上鎌吉　きしのうえ・かまきち　動物学者（コン5）

岸川　きしかわ；きしがわ
　岸川悦子　きしかわ・えつこ　児童文学作家（児人）
　岸川基明　きしかわ・もとあき　医師（近医）
　岸川良七　きしがわ・りょうしち　日本無機薬品協会専務理事（日典）

[5]岸田　きした；きしだ
　岸田潮二　きした・ちょうじ　俳人（日典）
　岸田吟香　きしだ・ぎんこう　実業家,文化人（コン4）
　岸田国士　きしだ・くにお　小説家,演出家（コン4）

[7]岸良　きしら
　岸良兼養　きしら・かねやす　薩摩藩士,司法官（日人）
　岸良兼養　きしら・かねよし　薩摩藩士,司法官（朝日）
　岸良兼養　きしら・けんよう　薩摩藩士,司法官（国史）
　岸良七之丞　きしら・しちのじょう　司法官（海越）
　岸良俊介　きしら・しゅんすけ　福岡県令（日典3）

岸谷　きしたに；きしや
　岸谷五朗　きしたに・ごろう　俳優（日映男）
　岸谷貞治郎　きしたに・ていじろう　教育者（日人）
　岸谷俊雄　きしや・としお　社会運動家（社史）
　岸谷隆一郎　きしや・りゅういちろう　満州国（中国東北部）官吏,通化省警務庁長（青森人）

[8]岸波　きしなみ
　岸波栄　きしなみ・さかえ　無産人社関係者（社史）
　岸波宗洋　きしなみ・むねひろ　「『くちコミニスト』を活用せよ！」日本電気協会新聞部（日典3）

[9]岸保　がんぼ
　岸保勘三郎　がんぼ・かんざぶろう　気象学者（現情）
　岸保左京　がんぼ・さきょう　「プラズマ入門」（国典）
　岸保秀樹　がんぼ・ひでき　ソフトウェア開発者（日典3）

【389】 岩

[3]岩上　いわかみ；いわがみ
　岩上順一　いわかみ・じゅんいち　評論家（社史）
　岩上二郎　いわかみ・にろう　政治家（日人）
　岩上順一　いわがみ・じゅんいち　文芸評論家,翻訳家（コン4）
　岩上智恵子　いわがみ・ちえこ　洋画家（美家）

岩久　いわく；いわひさ
　岩久茂　いわく・しげる　歌手（日典3）
　岩久正明　いわく・まさあき　新潟大学歯学部教授（日典）
　岩久勝昭　いわひさ・かつあき　「うれしの荘片恋ものがたり」富士見書房（日典3）
　岩久ツナ　いわひさ・つな　教育者（日人）

岩子　いわこ；いわし
　岩子素也　いわこ・もとなり　（株）粉研社長（日典3）
　岩子良一　いわこ・りょういち　大阪府立大学名誉教授（日典）
　岩子天下　いわし・てんか　「逆転の人づかい」清文社（日典3）

岩川　いわかわ；いわがわ
　岩川隆　いわかわ・たかし　ノンフィクション作家,競馬評論家（日人）
　岩川友太郎　いわかわ・ともたろう　動物学者（日人）

岩川寿美　いわがわ・すみ　歌人(女性普)
岩川真澄　いわがわ・ますみ　政治家(高知人)

4岩内　いわうち；いわない
岩内善作　いわうち・ぜんさく　社会運動家,政治家(日人)
岩内とみゑ　いわうち・とみえ　社会運動家(日人)
岩内亮一　いわない・りょういち　社会学者(現情)

岩切　いわきり；いわぎり
岩切章太郎　いわきり・しょうたろう　実業家(コン4)
岩切門二　いわきり・もんじ　政治家(日人)
岩切英三　いわぎり・えいぞう　全日本体操聯盟常務理事(日典)

岩手　いわて；いわで
岩手孝史　いわて・たかし　イワテロックハンド社長(日典)
岩手康子　いわて・やすこ「冬陽を溜めて」本阿弥書店(日典3)
岩手昌利　いわで・まさとし　(財)工業所有権協力センター専務理事(日典)

岩水　いわみず
岩水豊　いわみず・ゆたか　林業経営研究者(現執3期)
岩水嘉孝　いわみず・よしたか　陸上選手(日典3)
岩水竜峰　いわみず・りゅうほう　日本ヒマラヤ協会理事,岐阜女子大学教務課職員(日典3)

岩片　いわかた
岩片磯雄　いわかた・いそお　九州大学名誉教授(日典3)
岩片仁次　いわかた・じんじ　俳人(現執2期)
岩片忠行　いわかた・ただゆき　大倉電気常務(日典)
岩片秀雄　いわかた・ひでお　電気工学者(日人)
岩片わか　いわかた・わか　歌人(歌人)

5岩付　いわつき
岩付寅之助　いわつき・とらのすけ　数学者(数学)

岩出　いわいで；いわで
岩出功　いわいで・いさお　前川製作所社長(日典3)
岩出俊男　いわいで・としお　元・陸上自衛隊第二師団長(日典)
岩出金次郎　いわで・きんじろう　時計商(アナ)
岩出貞夫　いわで・さだお　出版事業家(出文)

岩生　いわお
岩生周一　いわお・しゅういち　東大教授(国典)
岩生成一　いわお・せいいち　日本史学者(コン4)
岩生陽一　いわお・よういち「大学入試短期集中ゼミ漢字書き取り」実教出版(日典3)

岩立　いわたち；いわたつ；いわたて；いわだて
岩立良作　いわたち・りょうさく　放送作家(日典)

岩立民生　いわたつ・みんせい「知られざる自然治癒力の驚異」三想出版(日典3)
岩立エミー　いわたて・えみー「英和料理用語小辞典」トレヴィル(日典3)
岩立一郎　いわだて・いちろう　ジャーナリスト(日人)

岩辺　いわなべ；いわべ
岩辺京子　いわなべ・きょうこ　養護教師(日典3)
岩辺泰吏　いわなべ・たいじ　小学校教諭,児童文学作家(現執4期)
岩辺誠延　いわべ・まさのぶ　元・伊豆箱根鉄道常務(日典)

6岩合　いわごう
岩合一男　いわごう・かずお「算数・数学教育学」福村出版(日典3)
岩合可也　いわごう・かや「霜かづき」岩谷可也(日典3)
岩合茂　いわごう・しげる　教育者(高知人)
岩合徳光　いわごう・とくみつ　写真家(日人)
岩合光昭　いわごう・みつあき　写真家(日人)

岩成　いわなり
岩成松魚　いわなり・しょうぎょ「虎落笛」岩成一雄(日人)
岩成達也　いわなり・たつや　詩人,銀行家(日人)
岩成博夫　いわなり・ひろお「課徴金減免制度等の解説」公正取引協会(日典3)
岩成博　いわなり・ひろし　地方史研究者(郷土)
岩成政和　いわなり・まさかず「通勤電車もの知り大百科」イカロス出版(日典3)

岩気　いわき
岩気守夫　いわき・もりお　労働運動家(日人)
岩気裕司　いわき・ゆうじ「カスタムロボットパーフェクトブック」毎日コミュニケーションズ(日典3)

7岩村　いわむら
岩村忍　いわむら・しのぶ　東洋史学者(コン4)
岩村高俊　いわむら・たかとし　土佐藩士,政治家(コン4)
岩村透　いわむら・とおる　美術評論家(コン5)
岩村通俊　いわむら・みちとし　土佐藩士,官僚(コン4)
岩村通世　いわむら・みちよ　司法官,政治家(コン4)

岩沢　いわさわ；いわざわ
岩沢健吉　いわさわ・けんきち　数学者(日人)
岩沢正作　いわさわ・しょうさく　考古学者(日人)
岩沢太治兵衛　いわざわ・たじへえ　農家(日人)
岩沢丙吉　いわざわ・へいきち　神学者(海越新)

岩男　いわお
岩男浩然　いわお・こうぜん　医師(大分歴)
岩男三郎　いわお・さぶろう　官吏(日人)
岩男潤子　いわお・じゅんこ　歌手,声優(テレ)
岩男寿美子　いわお・すみこ　心理学者(日人)
岩男仁蔵　いわお・にぞう　政治家(政治)

岩谷　いわたに；いわや
　岩谷時子　いわたに・ときこ　作詞家,翻訳家(日人)
　岩谷直治　いわたに・なおじ　実業家(日人)
　岩谷莫哀　いわや・ばくあい　歌人(日人)
　岩谷松平　いわや・まつへい　実業家(コン)

8岩垂　いわたれ；いわだれ
　岩垂邦彦　いわたれ・くにひこ　技師(渡航)
　岩垂寿喜男　いわたれ・すきお　政治家(日人)
　岩垂今朝吉　いわだれ・けさきち　教育者(姓氏長野)
　岩垂弘　いわだれ・ひろし　ジャーナリスト(平和)

岩明　いわあき
　岩明均　いわあき・ひとし　漫画家(幻想)

岩河内　いわこうち
　岩河内正幸　いわこうち・まさゆき　作曲家(作曲)

岩長　いわおさ
　岩長文子　いわおさ・ふみこ　酪農家(人情)

岩附　いわつき
　岩附明美　いわつき・あけみ　東京都議(諸派)(日典3)
　岩附一雄　いわつき・かずお　「新刑事訴訟法問答集」警察新報社(日典3)
　岩附啓子　いわつき・けいこ　元・保育士(日典3)
　岩附修一郎　いわつき・しゅういちろう　医師,政治家(姓氏長野)
　岩附由之助　いわつき・よしのすけ　大阪硝子工組合主事(社史)

9岩城　いわぎ；いわしろ
　岩城宏之　いわぎ・ひろゆき　指揮者(コン4)
　岩城賢太郎　いわぎ・けんたろう　「中世文学十五講」翰林書房(日典3)
　岩城英二　いわしろ・えいじ　映画監督(監督)

岩室　いわむろ
　岩室紳也　いわむろ・しんや　医師(現執4期)
　岩室敏和　いわむろ・としかず　政治家(現政)
　岩室宏　いわむろ・ひろし　アステックコンサルティング社長(日典3)
　岩室史英　いわむろ・ふみひで　「宇宙の観測」日本評論社(日典3)
　岩室凡骨　いわむろ・ぼんこつ　俳人(日典3)

岩政　いわまさ
　岩政伸治　いわまさ・しんじ　「学際的視点からの異文化理解の諸相」金星堂(日典3)
　岩政大樹　いわまさ・だいき　サッカー選手(日典3)
　岩政輝男　いわまさ・てるお　琉球大学学長(日典3)
　岩政正男　いわまさ・まさお　果樹園芸学者(植物)
　岩政三枝　いわまさ・みつえ　牧師(日典3)

岩浅　いわあさ；いわさ
　岩浅潔　いわあさ・きよし　福寿園CHA研究センター所長(日典3)

岩浅時三　いわあさ・ときぞう　出版人(出文)
岩浅農也　いわさ・あつや　社会科教育研究者(現執2期)
岩浅貞雄　いわさ・さだお　写真家(写家)

岩神　いわかみ；いわがみ
　岩神愛　いわかみ・あい　「青おにとふしぎな赤い糸」PHP研究所(日典3)
　岩神昴　いわかみ・のぼる　県知事(人名)
　岩神光一　いわがみ・こういち　「競馬 最強の法則」編集長(日典3)
　岩神正矣　いわがみ・まさい　自由民権運動家(高知人)

10岩畔　いわくろ；いわぐろ
　岩畔豪雄　いわくろ・ひでお　陸軍軍人,評論家(コン4)
　岩畔豪雄　いわぐろ・ひでお　陸軍軍人(コン改)
　岩畔道徳　いわぐろ・みちのり　ボート選手(日典)

岩破　いわさく
　岩破朋子　いわさく・ともこ　「ヨーロッパ修学旅行」(国典)
　岩破康博　いわさく・やすひろ　「頚肩腕障害の診断と治療」金原出版(日典3)

岩脇　いおぎ；いわわき
　岩脇定秀　いおぎ・さだまさ　浅井氏家臣=中世(戦西)
　岩脇三良　いわわき・さぶろう　心理学者(心理)
　岩脇孫八　いわわき・まごはち　政治家,実業家(姓氏富山)

11岩動　いするぎ
　岩動炎天　いするぎ・えんてん　俳人,医師(日典)
　岩動邦雄　いするぎ・くにお　ジャパン・エバ取締役(日典3)
　岩動康治　いするぎ・こうじ　俳人,医師(近医)
　岩動道行　いするぎ・みちゆき　政治家(現政)
　岩動露子　いするぎ・ろし　俳人(姓氏岩手)

岩堂　いわどう
　岩堂憲人　いわどう・けんじん　東京都ライフル射撃協会副会長(日典3)
　岩堂保　いわどう・たもつ　「初期在北米日本人の記録」文生書院(日典3)
　岩堂美智子　いわどう・みちこ　児童心理学者(現執3期)
　岩堂保平　いわどう・やすへい　実業家(岡山歴)

岩堀　いわほり；いわぼり
　岩堀喜之助　いわほり・きのすけ　出版人,実業家(日人)
　岩堀安三　いわほり・やすぞう　実業家(現執3期)
　岩堀喜之助　いわぼり・きのすけ　実業家,雑誌編集者(出版)
　岩堀智道　いわほり・ちどう　僧(姓氏長野)

岩崎　いわさき；いわざき
　岩崎弥太郎　いわさき・やたろう　土佐藩出身の実業家(コン4)
　岩崎弥之助　いわさき・やのすけ　実業家(コン5)

山部（岨，峡）

岩崎佐十郎　いわざき・さじゅうろう　政治家，漢学者（静岡歴）
岩崎重太郎　いわざき・じゅうたろう　教育者（鳥取百）
岩溪　いわたに
　岩溪裳川　いわたに・しょうせん　漢詩人（世紀）
岩淵　いわふち；いわぶち
　岩淵公一　いわふち・こういち　「雪割草」新潟日報事業社（日典3）
　岩淵芳雄　いわふち・ほうか　日本画家（新潟百）
　岩淵辰雄　いわふち・たつお　新聞記者，政治評論家（日人）
　岩淵竜太郎　いわぶち・りゅうたろう　バイオリニスト（コン4）
岩渕　いわふち；いわぶち
　岩渕喜久男　いわふち・きくお　中小企業診断士，産業カウンセラー（日典3）
　岩渕三次　いわふち・さんじ　軍人（陸海）
　岩渕精次郎　いわぶち・せいじろう　耶馬渓風物館の創設者（大分歴）
　岩渕セツ　いわぶち・せつ　婦人労農運動の先駆者（青森人）
岩部　いわぶ；いわべ
　岩部成良　いわぶ・しげよし　「石油業界」教育者（日典3）
　岩部成仁　いわぶ・なるひと　「スキー・ハイ・テクニック」（国典）
　岩部石男　いわべ・いしお　社会運動家（社史）
　岩部伝次郎　いわべ・でんじろう　五戸の果樹栽培指導者（青森人）
[12]岩朝　いわさ
　岩朝かつら　いわさ・かつら「伏流水」雁書館（日典3）
　岩朝哲男　いわさ・てつお　岩朝写真館主（国典）
岩越　いわごえ；いわこし
　岩越重雄　いわごえ・しげお　弁護士（日典）
　岩越昌三　いわこし・しょうぞう　小説家（世紀）
　岩越紳六　いわこし・しんろく　軍人（陸海）
岩階　いわはし
　岩階公　いわはし・ひろむ　関西漕艇連盟副理事長（人情）
[13]岩楯　いわたて；いわだて
　岩楯重治　いわたて・しげはる　「地域社会と共に歩んだ30年」南王運送（日典3）
　岩楯幸雄　いわたて・ゆきお　「物理学から見る」吉井書店（日典3）
　岩楯恵美子　いわだて・えみこ　「私も学校へ行きたい」柘植書房（日典3）
　岩楯佐吉　いわだて・さきち　黒色青年連盟メンバー（アナ）
岩猿　いわさる
　岩猿敏生　いわさる・としお　図書館学者（現執3期）
[14]岩鼻　いわはな
　岩鼻十三女　いわはな・とみじょ　俳人（日典）
　岩鼻通顕　いわはな・みちあき　「出羽三山信仰の圏構造」岩田書院（日典3）

岩鼻笠亥　いわはな・りゅうがい　俳人（大阪文）
[16]岩橋　いわはし；いわばし
　岩橋邦枝　いわはし・くにえ　小説家（日人）
　岩橋武夫　いわはし・たけお　盲人福祉事業家（コン4）
　岩橋遵成　いわばし・じゅんせい　日本儒学史研究家（哲学）
岩舘　いわたて；いわだて
　岩舘正二　いわたて・しょうじ　漆掻き職人（日典）
　岩舘葉子　いわたて・ようこ　翻訳家（日典3）
　岩舘岳　いわだて・たかし　「宮城の餅食文化」東北歴史博物館（日典3）
　岩舘憲幸　いわだて・のりゆき　「家族心象スケッチ」オフィスK（日典3）
岩館　いわだて
　岩館迂太郎　いわだて・うたろう　旧福岡通御給人（姓氏岩手）
　岩館儀左衛門　いわだて・ぎざえもん　政治家（姓氏岩手）
　岩館武敏　いわだて・たけとし　自由民権運動家，政治家（姓氏岩手）
　岩館為三　いわだて・ためぞう　三陸汽船釜石営業所長（姓氏岩手）
　岩館真理子　いわだて・まりこ　漫画家（日芸）
[18]岩藤　いわとう；いわどう；いわふじ
　岩藤雪夫　いわとう・ゆきお　小説家（コン4）
　岩藤保平　いわどう・やすへい　実業家（岡山人）
　岩藤雪夫　いわふじ・ゆきお　小説家（幻想）
[19]岩瀬　いわせ
　岩瀬英一郎　いわせ・えいいちろう　実業家（コン4）
　岩瀬順三　いわせ・じゅんぞう　出版人（日人）
　岩瀬成子　いわせ・じょうこ　児童文学作家（日人）
　岩瀬徳三郎　いわせ・とくさぶろう　実業家（日人）
　岩瀬正雄　いわせ・まさお　詩人（現ત）
岩瀬谷　いわせや
　岩瀬谷亀三郎　いわせや・かめさぶろう　官費留学生（渡航）
　岩瀬谷亀次郎　いわせや・かめじろう　官費留学生（海越新）

【390】 岨

岨　そわ
　岨常次郎　そわ・つねじろう　社会運動家（社史）
　岨博司　そわ・ひろし　「西本願寺本三十六人家集」笠間書院（日典3）
[4]岨中　そわなか
　岨中達　そわなか・とおる　「治療心理学」（国典）

【391】 峡

[12]峡塚　きょうずか
　峡塚のん　きょうずか・のん　漫画家（漫画）

【392】 峠

峠　とうげ
　峠一夫　とうげ・かずお　日本共産党党員(社史)
　峠三吉　とうげ・さんきち　詩人(コン4)
　峠尚武　とうげ・なおたけ　哲学者(現執3期)
　峠兵太　とうげ・へいた　絵本作家,詩人(児人)
　峠正弥　とうげ・まさや　弓道家,弓道教士(弓道)

[10]峠原　たおはら；とうげはら
　峠原直実　たおはら・なおみ　ファッション・ディレクター(日典3)
　峠原軍之助　とうげはら・ぐんのすけ　政治家(和歌山人)
　峠原敏夫　とうげはら・としお　和歌山大学名誉教授(日典3)

【393】 峇

[6]峇地　かくち
　峇地寅　かくち・つとむ　九州松下電器常務取締役(日典)

【394】 峨

[9]峨眉丸　がびまる
　峨眉丸稜　がびまる・りょう「アフリカ黄金作戦」日本文華社(日典3)

【395】 島

[3]島上　しまかみ；しまがみ
　島上勝次郎　しまかみ・かつじろう　労働運動家(人名3)
　島上肱舟　しまかみ・こうしゅう　俳人(四国文)
　島上勝次郎　しまがみ・かつじろう　労働運動家(コン)
　島上善五郎　しまがみ・ぜんごろう　労働運動家,政治家(日人)

[4]島内　しまうち；しまのうち
　島内剛一　しまうち・たかかず　数学者(日人)
　島内八郎　しまうち・はちろう　歌人(日人)
　島内松南　しまのうち・しょうなん　日本画家(美家)
　島内武彦　しまのうち・たけひこ　物理化学者(日人)

島戸　しまと；しまど
　島戸繁　しまと・しげる　洋画家(美家)
　島戸徳雄　しまと・とくお「錨」青木郁男(日典3)
　島戸一臣　しまど・かずおみ　朝日ネット会長(日典)

[5]島田　しまた；しまだ
　島田明　しまた・あきら　山口県議(自民党)

島田教明　しまた・のりあき　山口県議(自民党,防府市)(日典)
　島田一男　しまだ・かずお　推理作家(日人)
　島田三郎　しまだ・さぶろう　ジャーナリスト,政治家(コン5)

[6]島地　しまじ；しまち
　島地大等　しまじ・だいとう　学僧(コン5)
　島地黙雷　しまじ・もくらい　僧侶(コン5)
　島地大等　しまち・だいとう　学僧(新潟百)
　島地黙雷　しまち・もくらい　僧侶(履歴)

島多　しまだ
　島多惣作　しまだ・そうさく「映画日本国憲法読本」フォイル(日典3)
　島多訥郎　しまだ・とつろう　日本画家(日人)

島成　しまなり
　島成園女　しまなり・そのじょ　日本画家(女性普)

[7]島谷　しまたに；しまや
　島谷征良　しまたに・せいろう　俳人,高等学校教諭(現俳)
　島谷八十八　しまたに・やそはち　警察官・武道家(郷土奈良)
　島谷伝　しまや・つとう　印刷工(社史)
　島谷良吉　しまや・りょうきち　日本史学者(史研)

[8]島居　しまい；しますえ
　島居庄蔵　しまい・しょうぞう　日本銀行理事(日典3)
　島居祐示　しまい・ゆうじ　詩人,画家(日典3)
　島居一康　しますえ・かずやす　大阪府立大学総合教育研究機構教授(日典3)
　島居清　しますえ・きよし　日本文学者(現執2期)

[9]島津　しまず；しまつ
　島津久光　しまず・ひさみつ　薩摩藩指導者(コン4)
　島津エミ　しまつ・えみ「五頭の銀嶺」短歌新聞社(日典3)

[10]島原　しまはら；しまばら
　島原落穂　しまはら・おちほ　翻訳家(世紀)
　島原義三郎　しまはら・ぎさぶろう　歌人(富山文)
　島原寛山　しまばら・かんざん　尺八演奏家(新芸)
　島原帆山　しまばら・はんざん　尺八奏者(都山人)

[11]島崎　しまさき；しまざき
　島崎曙海　しまさき・あけみ　詩人(現詩)
　島崎孝彦　しまさき・たかひこ　技師(土木)
　島崎藤村　しまざき・とうそん　詩人,小説家(コン5)
　島崎正樹　しまざき・まさき　中山道馬篭宿本陣(コン5)

島添　しまぞえ
　島添亮子　しまぞえ・あきこ　バレリーナ(日典3)
　島添昭義　しまぞえ・あきよし　造形作家,クラフトデザイナー(日典3)

山部(峰, 峯)

島添敏　しまぞえ・さとし　「かえるくんむねをはる」文研出版（日典3）
島添重雄　しまぞえ・しげお　弓道家, 弓道範士（弓道）
島添洲朗　しまぞえ・しゅうろう　「島添洲朗遺稿集」島添洲朗遺稿集刊行会（日典3）

島袋　しまぶく；しまぶくろ
島袋敬一　しまぶく・けいいち　琉球大学名誉教授（日典）
島袋善祐　しまぶく・ぜんゆう　バラ園経営（日典）
島袋源一郎　しまぶくろ・げんいちろう　教育者（コン）
島袋光裕　しまぶくろ・こうゆう　琉球舞踊家, 琉球芸能家（日典）

島貫　しまぬき
島貫明　しまぬき・あきら　「私の丁稚どん」笹原印刷（日典3）
島貫重節　しまぬき・しげよし　軍人（陸海）
島貫武治　しまぬき・たけはる　軍人（陸海）
島貫忠正　しまぬき・ただまさ　軍人（陸海）
島貫兵太夫　しまぬき・ひょうだゆう　牧師（日人）

[12]島筒　しまずつ
島筒ひでお　しまずつ・ひでお　「あるいてあるいて」アリス館（日典3）
島筒英夫　しまずつ・ひでお　ピアニスト（演奏）
島筒睦子　しまずつ・むつこ　「母と教師の往復ノート」日本点字図書館（日典3）

島雄　しまお
島雄周平　しまお・しゅうへい　鳥取大学名誉教授（日典3）
島雄益造　しまお・ますぞう　教育者（鳥取百）
島雄満子　しまお・みつこ　「血液病・代謝異常」第一出版（日典3）
島雄元　しまお・もと　「発生的認識論序説」三省堂（日典3）

[16]島橋　しまはし；しまばし
島橋五三大　しまはし・いさお　浅香工業相談役（日典）
島橋五三大　しまばし・いさお　浅香工業社長（日典）

島薗　しまぞの
島薗佐紀　しまぞの・さき　「実務解説特定商取引法」商事法務（日典3）
島薗順次郎　しまぞの・じゅんじろう　内科医師（コン5）
島薗進　しまぞの・すすむ　宗教思想史学者, 宗教社会学者（現執4期）
島薗順雄　しまぞの・のりお　生化学者（日人）
島薗安雄　しまぞの・やすお　精神医学者（日人）

【396】　峰

[3]峰久　みねひさ
峰久一市　みねひさ・かずいち　大林組常務（日典）

峰久和哲　みねひさ・かずのり　新聞記者（現執3期）
峰久節治　みねひさ・せつじ　日立造船（株）技術開発本部技術研究所生産技術研究主管（日典3）
峰久幸義　みねひさ・ゆきよし　住宅金融支援機構副理事長（日典3）

[5]峰田　みねた；みねだ
峰田十光　みねた・じっこう　「柿の種一総集編」（JM）
峰田武　みねた・たけし　三島信用金庫理事長, 三島商工会議所会頭（日典3）
峰田太右衛門　みねだ・たえもん　「朱火山」みどり新書の会（JM）

[6]峰地　みねじ
峰地光重　みねじ・みつしげ　教育者（コン4）
峰地利平　みねじ・りへい　「綴方作文の先覚峰地光重」あゆみ出版（日典3）

[7]峰沢　みねさわ；みねざわ
峰沢峯三　みねさわ・ほうぞう　バイオリン製作者（日典）
峰沢節子　みねざわ・せつこ　峰沢鋼機社長（日典）
峰沢忠雄　みねざわ・ただお　峰沢鋼機社長（日典3）

[10]峰島　みねしま；みねじま
峰島喜代　みねしま・きよ　女流実業家（日人）
峰島旭雄　みねしま・ひでお　哲学者（現執4期）
峰島梅兄　みねしま・ばいけい　俳人（日人）
峰島正行　みねじま・まさゆき　「ナンセンスに賭ける」青蛙房（日典3）

[11]峰崎　みねさき；みねざき
峰崎高次　みねさき・たかじ　元・衆議院事務局議事部長（日典）
峰崎晃　みねさき・あきら　「現代宝石事情」同成社（日典3）
峰崎直樹　みねざき・なおき　政治家（現政）

【397】　峯

[5]峯田　みねた；みねだ
峯田和伸　みねた・かずのぶ　ミュージシャン（テレ）
峯田吉郎　みねた・きちろう　元・山形県議（日典）
峯田重憲　みねだ・しげのり　日置流弓術の達人（姓氏愛知）
峯田通俊　みねだ・みちとし　『つくで百話』3冊を編集（姓氏愛知）

[10]峯島　みねしま；みねじま
峯島喜代　みねしま・きよ　女流実業家（人名6）
峯島茂兵衛　みねしま・もへえ　実業家（創業）
峯島正行　みねじま・まさゆき　編集者（現情）
峯島茂兵衛　みねじま・もへえ　魚師の子（幕末）

[11]峯崎　みねさき；みねざき
峯崎淳　みねさき・じゅん　「「動く大地」の鉄道トンネル」交通新聞社（日典3）
峯崎二郎　みねさき・じろう　東京三菱銀行法務部部長（日典3）

峯崎一彦　みねざき・かずひこ「八月嘆」短歌新聞社（日典3）
峯崎俊哉　みねざき・としや　東海大学理学部基礎教育研究室講師（日典）

【398】 觖

⁹觖洋　がよう
觖洋欣也　がよう・きんや　商業デザイナー（人情）

【399】 峪

峪　さこ
峪卓蔵　さこ・たくぞう　日本経済新聞車両部長（日典）
峪道代　さこ・みちよ「母子関係とことば」学苑社（日典3）

【400】 崎

⁵崎出　さきで
崎出伍一　さきで・ごいち　作曲家（作曲）
⁷崎谷　さきたに；さきや
崎谷桂子　さきたに・けいこ「赤い手袋」明石市芸術文化センター（日典3）
崎谷真也　さきたに・しんや　兵庫教育大学学校教育学部教授（日典3）
崎谷健次郎　さきや・けんじろう　シンガー・ソングライター,作曲家,編曲家（作曲）
崎谷哲夫　さきや・てつお　社会学者（現執2期）
¹⁰崎原　さきはら；さきわら
崎原永広　さきはら・えいこう　さき商会社長,沖縄県貿易協会専務理事（日典3）
崎原好仁　さきはら・こうじん　関西沖縄県人会本部会計（社史）
崎原恒新　さきわら・こうしん「琉球の死後の世界」むぎ社（日典3）
崎島　さきしま；さきじま
崎島安希　さきしま・あき「金の卵が燻し銀に変わろうとするとき」文芸社（JM）
崎島オッコ　さきしま・おっこ「ほのぼのオッコちゃん」まめピヨ出版（日典3）
崎島海山　さきじま・かいざん「めぐり逢いの道」創栄出版（JM）

【401】 崔

崔　さい
崔健三　さい・けんぞう　写真家（日典3）
崔晋也　さい・しんや　建築家（日典3）
崔哲浩　さい・てつひろ　俳優（日典3）
崔英靖　さい・ひでのぶ　愛媛大学法文学部准教授（日典3）
崔洋一　さい・よういち　映画監督（日人）

【402】 崑

崑　いわや
崑秀樹　いわや・ひでき　名古屋スクールオブビジネス校長,名古屋専門学校長,石川テレビ放送専務（日典3）

【403】 嵐

嵐　あらし；らん
嵐寛寿郎　あらし・かんじゅうろう　俳優（コン4）
嵐芳三郎〔5代〕　あらし・よしさぶろう　歌舞伎役者（日典3）
嵐ヨシユキ　らん・よしゆき　音楽プロデューサー（日典）

【404】 﨑

⁷﨑村　さきむら
﨑村義郎　さきむら・ぎろう　地方自治功労者（高知人）

【405】 嵯

¹⁰嵯峨　さが
嵯峨実愛　さが・さねなる　公家（幕末）
嵯峨正作　さが・しょうさく　著作家（日人）
嵯峨寿安　さが・じゅあん　ロシア語学者（コン5）
嵯峨善兵　さが・ぜんべい　俳優（新芸）
嵯峨信之　さが・のぶゆき　詩人（日人）
嵯峨根　さがね
嵯峨根邦雄　さがね・くにお「嵯峨根邦雄作品集」けやき出版（日典3）
嵯峨根鈴子　さがね・すずこ「ファウルボール」らんの会（日典3）
嵯峨根正勝　さがね・まさかつ　経営コンサルタント（日典3）
嵯峨根正裕　さがね・まさひろ　漫才師（テレ）
嵯峨根遼吉　さがね・りょうきち　物理学者（日人）
嵯峨崎　さがさき；さがざき
嵯峨崎公吉　さがさき・こうきち　新東工業専務（日典3）
嵯峨崎司朗　さがさき・しろう「大和・奈良かくれ古寺巡礼」実業之日本社（日典3）
嵯峨崎常策　さがざき・つねかず　元・東京トヨペット専務（日典）

【406】 嵩

嵩　かさみ；すう；だけ
嵩俊海　かさみ・しゅんかい　僧,漢詩人（日人）

山部(嶋, 嶌, 嶺, 嶽) 〔410〕

嵩終三　すう・しゅうぞう　岐阜大学名誉教授（日典）
嵩文彦　だけ・ふみひこ　詩人（北海道文）

⁴嵩元　かさもと；たけもと
　嵩元友子　かさもと・ともこ　「銀座並木座」鳥影社（日典3）
　嵩元政秀　たけもと・まさひで　沖縄考古学会会長（日典3）

¹⁰嵩原　たかはら；たけはら
　嵩原安綿　たかはら・あんめん　「国体の成就を前提とする大調和の世界―権中講義」嵩原安綿（JM）
　嵩原安佐　たかはら・あんさ　政治家（姓氏沖縄）
　嵩原久二　たかはら・きゅうじ　教育者, 政治家（姓氏沖縄）

【407】　嶋

⁵嶋田　しまた；しまだ
　嶋田崇人　しまた・たかと　西宇部小学校（宇部市）教頭（日典）
　嶋田繁太郎　しまだ・しげたろう　海軍軍人（コン4）
　嶋田青峰　しまだ・せいほう　俳人（日人）
　ゆでたまご（嶋田隆司）　ゆでたまご（しまだ・たかし）　漫画家（幻想）

⁷嶋沢　しまさわ；しまざわ
　嶋沢仍　しまさわ・すぐる　「経理・財務教科書」一橋出版（日典3）
　嶋沢啓次　しまざわ・けいじ　能楽師（能狂言）
　嶋沢美治　しまざわ・よしはる　日本電信電話（株）INSモデルシステム推進本部副本部長（日典3）

嶋谷　しまがい；しまたに；しまや
　嶋谷成章　しまがい・しげあき　テレビ東京企画推進室長（日典）
　嶋谷達　しまたに・たつ　社会福祉事業家（姓氏山口）
　嶋谷自然　しまや・しぜん　日本画家（日人）

⁹嶋津　しまず；しまつ
　嶋津武仁　しまず・たけひと　作曲家（作曲）
　嶋津千世　しまず・ちとせ　社会学者（日人）
　嶋津紀夫　しまつ・のりお　島津商事代表取締役（日典）

¹¹嶋崎　しまさき；しまざき
　嶋崎均　しまさき・ひとし　政治家（現政）
　嶋崎譲　しまさき・ゆずる　政治家（日人）
　嶋崎重和　しまざき・しげかず　軍人（陸海）
　嶋崎稔　しまざき・みのる　高校教諭（YA）

¹³嶋路　しまじ
　嶋路和夫　しまじ・かずお　校長, 読書教育家（世紀）
　嶋路源蔵　しまじ・げんぞう　井筒薬品社長, 京都薬品卸商組合理事長（日典3）
　嶋路博昭　しまじ・ひろあき　井筒薬品社長（日典3）

【408】　嶌

嶌　しま
　嶌啓　しま・あきら　熊本商科大学商学部教授（日典3）
　嶌静子　しま・しずこ　「寒夜」筑摩書房（日典3）
　嶌信彦　しま・のぶひこ　ジャーナリスト, 評論家（テレ）
　嶌信正　しま・のぶまさ　東京モノレール取締役, 国民政治協会常任監査役（日典3）
　嶌洪　しま・ひろし　「ハエ学」東海大学出版会（日典3）

⁷嶌村　しまむら
　嶌村彰禧　しまむら・あきよし　北海道ワイン社長（日典3）
　嶌村剛雄　しまむら・つよお　会計学者（現執3期）

¹⁰嶌峰　しまみね
　嶌峰麻利子　しまみね・まりこ　漫画家（漫画）

【409】　嶺

嶺　たお；みね
　嶺裕司　たお・ゆうじ　「第三の砦」近代文芸社（JM）
　嶺旭蝶　みね・きょくちょう　筑前琵琶奏者（嶺派）（新芸）
　嶺貞子　みね・さだこ　ソプラノ歌手（世紀）

⁵嶺田　みねた；みねだ
　嶺田丘造　みねた・きゅうぞう　大蔵官僚（履歴2）
　嶺田楓江　みねた・ふうこう　紀伊田辺藩士, 民間教育家（日人）
　嶺田弘　みねだ・ひろし　挿絵画家（日人）
　嶺田楓江　みねた・ふうこう　紀伊田辺藩士, 民間教育家（京都府）

¹¹嶺崎　みねさき；みねざき
　嶺崎フヨ　みねさき・ふよ　「道歌集」嶺崎巌（日典）
　嶺崎憲房　みねざき・のりふさ　「伊達藩家臣の四百年（嶺崎家）」嶺崎憲房（JM）
　嶺崎半左衛門　みねざき・はんざえもん　鹿児島県士族（幕末）

¹⁸嶺藤　みねふじ
　嶺藤亮　みねふじ・りょう　僧侶（真宗）

【410】　嶽

⁵嶽本　だけもと
　嶽本芳太郎　だけもと・よしたろう　飴細工（人情）

【411】 巌

巌　いわお
巌和峯　いわお・かずみね　滋賀大学教育学部教授(日典3)
巌金四郎　いわお・きんしろう　声優(新芸)
巌義円　いわお・ぎえん　政治家(大分歴)
巌俊一　いわお・しゅんいち　昆虫生態学者(世紀)
巌宏士　いわお・ひろし　小説家(幻想)

[7]**巌佐　いわさ**
巌佐耕三　いわさ・こうぞう　「生物生存の原理を探る」培風館(日典3)
巌佐正三　いわさ・しょうぞう　三重大学名誉教授(日典3)
巌佐純子　いわさ・じゅんこ　「イサカの四季」鳥影社(日典3)
巌佐鈴奈　いわさ・すずな　「異界の風景」芸大美術館ミュージアムショップ(日典3)
巌佐由子　いわさ・よしこ　歌人(和俳)

巌谷　いわたに；いわや
巌谷小波　いわたに・さざなみ　小説家,児童文学作家(現日)
巌谷勝雄　いわたに・しょうゆう　僧侶(仏人)
巌谷一六　いわや・いちろく　書家(コン5)
巌谷小波　いわや・さざなみ　小説家,児童文学作家(コン5)

[9]**巌城　いわおき；いわき**
巌城要　いわおき・よう　「ブッダ」出版文化社(日典3)
巌城博　いわき・ひろし　函館大谷女子短期大学学長(日典3)

巌津　いわつ
巌津政右衛門　いわつ・まさえもん　新聞人(日人)

[11]**巌崎　いわさき**
巌崎健造　いわさき・けんぞう　棋客(世紀)
巌崎三右衛門　いわさき・さんえもん　寺子屋師匠(姓氏岩手)

巛部

【412】 川

[2]**川人　かわと；かわひと；かわんど**
川人貞史　かわと・さだふみ　東北大学大学院法学研究科教授(現執4期)
川人潔太郎　かわひと・きよたろう　陸軍軍人(日人)
川人隆清　かわんど・たかきよ　元・アイシン精機副社長(日典)

[3]**川下　かわした；かわしも**
川下郁生　かわした・いくお　「医用画像処理入門」オーム社(日典3)
川下由太郎　かわした・よしたろう　在野のアンモナイト研究家(青森人)
川下登　かわしも・のぼる　バリトン歌手(音人3)
川下由理　かわしも・ゆり　ソプラノ歌手(音人3)

川上　かわうえ；かわかみ
川上恭司　かわうえ・やすし　医師(日典)
川上音二郎　かわかみ・おとじろう　俳優,興行師(コン5)
川上冬崖　かわかみ・とうがい　洋画家(コン4)

[4]**川中子　かわなご**
川中子昌一　かわなご・しょういち　石岡精工監査役(日典)
川中子敬至　かわなご・たかし　「オペレーションズ・リサーチ読本」青山社(日典3)
川中子紀子　かわなご・のりこ　ビオラ奏者(音人)
川中子弘　かわなご・ひろし　「プルースト的エクリチュール」早稲田大学出版部(日典3)
川中子義勝　かわなご・よしかつ　ドイツ文学者,キリスト教研究者(現執4期)

川仁　かわに；かわひと
川仁純子　かわに・あつこ　歌人(北海道文)
川仁宏　かわに・ひろし　美術評論家(出文)
川仁宏　かわひと・ひろし　美術評論家(日典)

川内　かわうち；かわち
川内康範　かわうち・こうはん　小説家,作詞家,評論家(日人)
川内唯彦　かわうち・ただひこ　社会運動家(日人)
川内朋子　かわち・ともこ　芸能リポーター(テレ)
川内昇　かわち・のぼる　政治家(現政)

川分　かわけ；かわわけ
川分くり　かわけ・くり　読書グループ芙蓉会会長(人情)
川分陽二　かわけ・ようじ　フューチャーベンチャーキャピタル社長(日典)
川分圭子　かわわけ・けいこ　「イギリスにおける商事法の発展」弘文堂(日典3)

川戸　かわと；かわど
川戸飛佐治　かわと・ひさじ　医学者(三重続)
川戸正治郎　かわと・まさじろう　軍人(陸海)
川戸金兵衛　かわど・きんべえ　教育者(神奈川人)
川戸飛鴻　かわど・ひこう　俳人(現俳)

川手　かわて；かわで
川手敏雄　かわて・としお　陶芸家(陶工)
川手文治郎　かわて・ぶんじろう　宗教家(コン4)
川手与一　かわで・よいち　弓道家,弓道教士(弓道)
川手よし子　かわで・よしこ　弓道家,弓道錬士(弓道)

[5]**川出　かわいで；かわで**
川出宇人　かわいで・うじん　歌人(日人)

巛部(川)

川出雄二郎　かわいで・ゆうじろう　社会運動家(社運)
川出嘉市　かわで・かいち　弓道家,菅沼定長の臣(弓道)
川出保蔵　かわで・やすぞう　雑貨商(社史)

川北　かわきた;かわぎた
川北禎一　かわきた・ていいち　銀行家(コン4)
川北稔　かわきた・みのる　西洋史学者(日人)
川北泰助　かわきた・たいすけ　「おごちのてんち」(JM)
川北良造　かわきた・りょうぞう　木工芸家(日人)

川尻　かわしり;かわじり
川尻秀防　かわしり・しゅうほう　真宗大谷派の僧(姓氏石川)
川尻慶夫　かわしり・よしお　公認会計士(日典)
川尻清潭　かわじり・せいたん　演劇評論家(日人)
川尻泰司　かわじり・たいじ　人形劇演出家・脚本家(日人)

川平　かびら;かわひら
川平永介　かびら・えいすけ　郷土史家(郷土)
川平朝令　かびら・ちょうれい　沖縄県女子師範学校長,沖縄県立第一高等女学校長(姓氏沖縄)
川平景久　かわひら・かげひさ　九州変圧器社長(日典3)
川平和美　かわひら・かずみ　「片麻痺回復のための運動療法」医学書院(日典3)

川生　かわお;かわおい
川生枝実　かわお・えみ　「エドワード・エリスの日記」講談社(日典3)
川生明　かわおい・あきら　山梨医科大学医学部教授(日典3)
川生実　かわおい・みのる　医師(群馬人)

川田　かわた;かわだ
川田順　かわた・じゅん　歌人,実業家(京都文)
川田侃　かわた・ただし　評論家(日人)
川田甕江　かわだ・おうこう　儒学者,備中松山藩士(コン4)
川田順　かわだ・じゅん　歌人,実業家(コン4)

川目　かわめ
川目亨一　かわめ・こういち　司法官(日人)
川目隆男　かわめ・たかお　「本当に良い家。」ぜんにち出版(日典3)
川目竜央　かわめ・たつお　旅行作家,写真家(日典3)
川目太郎　かわめ・たろう　陸軍軍人(埼玉人)
川目正良　かわめ・まさよし　日本中央地所社長(日典3)

川辺　かわなべ;かわのべ;かわべ
川辺鴬子　かわなべ・おうし　「ローム層」生涯学習研究社(日典3)
川辺御楯　かわべ・みたて　画家(日画)
川辺御楯　かわべ・みたて　画家,筑後柳川藩士(日人)

⁶川向　かわむかい
川向妙子　かわむかい・たえこ　「図解・ゲームの指導事典」不昧堂出版(日典3)
川向秀武　かわむかい・ひでたけ　教育学者(現執9期)
川向誠　かわむかい・まこと　「ポイントがわかる分子生物学」丸善(日典3)
川向正人　かわむかい・まさと　建築学者(現執3期)
川向又蔵　かわむかい・またぞう　「高校は義務教育にあらず」北国新聞社(日典3)

川合　かわあい;かわい
川合昌幸　かわあい・まさゆき　神戸地裁所長(日典3)
川合玉堂　かわい・ぎょくどう　日本画家(コン4)
川合義虎　かわい・よしとら　労働運動家(コン5)

川地　かわじ;かわち
川地喜三郎　かわじ・きさぶろう　官吏(渡航)
川地民夫　かわじ・たみお　俳優(和モ)
川地柯亭　かわち・かてい　越前福井藩の画家(日人)
川地民夫　かわち・たみお　俳優(世紀)

⁷川住　かわすみ;かわずみ
川住行教　かわすみ・ゆきたか　三河西尾藩家老(日典)
川住隆一　かわすみ・りゅういち　国立特殊教育総合研究所重複障害教育研究部重複障害教育第3研究室室長(日典3)
川住行教　かわずみ・ゆきのり　三河西尾藩家老(幕末)

川初　かわはつ
川初清典　かわはつ・きよのり　「介護予防運動器の機能向上実践テキスト」中央法規出版(日典3)
川初正人　かわはつ・まさと　「ゴールデンライト(金光)を全世界に」牟田満正(日典3)

川床　かわとこ;かわどこ
川床邦夫　かわとこ・くにお　「世界たばこ紀行」山愛書院,星雲社(発売)(日典3)
川床睦夫　かわとこ・むつお　イスラーム考古学者(現執2期)
川床剛士　かわどこ・たけし　知覧特攻平和会館職員(日典3)

川廷　かわてい
川廷栄一　かわてい・えいいち　「テニス界のプレー」(国典)
川廷謹造　かわてい・きんぞう　東大助教授(国典)
川廷尚弘　かわてい・なおひろ　国際テニス連盟トーナメントエグゼクティブ(日典3)
川廷宗之　かわてい・もとゆき　大妻女子大学人間関係学部教授(日典3)

川良　かわら
川良公明　かわら・きみあき　東京大学大学院理学系研究科附属天文学教育研究センター准教授(日典3)
川良ハツミ　かわら・はつみ　「曙」鉱脈社(日典3)

川良浩和　かわら・ひろかず「我々はどこへ行くのか」径書房(日典3)
川良真理　かわら・まり　「ザ・ナガサキ」編集長(日典3)

川角　かわすみ；かわずみ
川角絢子　かわすみ・あやこ「ローズウォールのゲーム」講談社(日典3)
川角豊太郎　かわすみ・とよたろう　実業家・茨城県文化団体連合会長(郷土茨城)
川角五郎　かわずみ・ごろう　東洋繊維社長(日典3)

川谷　かわたに；かわや
川谷尚亭　かわたに・しょうてい　書家(日人)
川谷拓三　かわたに・たくぞう　俳優(日人)
川谷正鑑　かわや・せいかん　弁護士(社界)

川那辺　かわなべ
川那辺きみゑ　かわなべ・きみえ「美しき結婚」丁未書房(日典3)
川那辺三郎　かわなべ・さぶろう　京都大学名誉教授(日典3)
川那辺貞太郎　かわなべ・ていたろう　新聞記者(コン3)
川那辺雅弘　かわなべ・まさひろ「亡念のザムド」角川書店,角川グループパブリッシング(発売)(日典3)
川那辺行繁　かわなべ・ゆきしげ「土鍋で炊くごちそうご飯」文化出版局(日典3)

川那部　かわなべ
川那部澄　かわなべ・きよし　工芸家(日典3)
川那部治良　かわなべ・じろう　神戸大学教授,湊川女子短期大学教授(日典3)
川那部浩哉　かわなべ・ひろや　生態学者(日人)
川那部真　かわなべ・まこと　(株)人と自然の環境研究所代表取締役(日典3)
川那部又四郎　かわなべ・またしろう　金物収集家(日典3)

川里　かわさと；かわざと
川里美緒子　かわさと・みおこ　ヤマハ音楽教室指導者(人情)
川里哲也　かわさと・てつや「つきとたいよう」コーキ出版(日典3)
川里俊久　かわざと・としひさ　元・大倉商事副社長(日典)

8川和　かわわ
川和孝　かわわ・たかし「はじめての朗読レッスン」新水社(日典3)
川和高斌　かわわ・たかたけ「英鳥詩選」泰文堂(日典3)
川和忠治　かわわ・ただはる　昭和大学歯学部教授(日典3)
川和徳一　かわわ・とくいち　加地和組社長(日典3)
川和功子　かわわ・のりこ「Civil liability for defects in information in electronic form」Shinzansha International(日典3)

川奈　かわな
川奈梶馬　かわな・かじま「少女マンガから学ぶ恋愛学」シンコーミュージック・エンタテイメント(日典3)

川奈一美　かわな・かずみ「呪われた恋占い」ポプラ社(日典3)
川奈寛　かわな・かん　映画字幕翻訳家,推理作家(ミス)
川奈栞　かわな・しおり　タレント(日典3)
川奈忍　かわな・しのぶ　女優(映女)

川岸　かわきし；かわぎし
川岸舜朗　かわきし・しゅんろう　椙山女学園大学生活科学部食品栄養学科教授(日典)
川岸文三郎　かわぎし・ぶんざぶろう　軍人(陸海)
川岸要吉　かわぎし・ようきち　彫刻家(美建)

川延　かわてい；かわのべ
川延昌弘　かわてい・まさひろ「白杭の季節」Ricochet(日典3)
川延富郎　かわのべ・とみお　日本珠算連盟副会長・富山支部長(日典3)
川延松太郎　かわのべ・まつたろう　社会運動家(アナ)

川東　かわとう；かわひがし
川東友義　かわとう・ともよし　日本セメント副社長(日典3)
川東松男　かわとう・まつお「英語教育の新技術」開隆堂出版(日典3)
川東和夫　かわひがし・かずお「空海に遇う旅奥の院道指南」川東和夫(発売)(日典3)
川東憲治　かわひがし・けんじ「ファンドと金融商品取引法」商事法務(日典3)

9川南　かわなみ；かわみなみ
川南重祐　かわなみ・しげすけ「実測小樽明細図」白鳥敬作(日典3)
川南豊作　かわなみ・とよさく　国家主義者(日人)
川南豊作　かわみなみ・とよさく　実業家(長崎百)

川染　かわそめ；かわぞめ
川染節江　かわそめ・せつえ「調理とサイエンス」学文社(日典3)
川染雅嗣　かわそめ・まさし　ピアニスト(演奏)
川染砂丘　かわぞめ・さきゅう「鹿笛吟社六十年の歩み」鹿笛吟社(日典3)

川津　かわず；かわつ
川津毎鎮　かわず・つねしず　志士,祠官(日人)
川津祐介　かわず・ゆうすけ　俳優(テレ)
川津健二朗　かわつ・けんじろう　漫画家(漫人)
川津孝四　かわつ・たかし「ガリヴァー旅行記」(国典)

川畑　かわはた；かわばた
川畑愛義　かわはた・あいよし　公衆衛生専門家(現執2期)
川畑正大　かわはた・まさひろ　システム工学研究者(現執3期)
川畑火川　かわばた・かせん　俳人(俳文)
川畑京子　かわばた・きょうこ　俳人(女性普)

川相　かわい
川相貞之　かわい・さだゆき「内部品質監査実務マニアル」新技術開発センター(日典3)

〈〈〈部（川）

川相昌一　かわい・しょういち　「硫黄島戦記」光人社（日典3）
川夙子　かわい・としこ　「夜の旅」ろごすの会（書籍）
川相国弘　かわい・まさひろ　プロ野球監督（日典3）

川面　かわずら；かわつら；かわも
川面凡児　かわずら・ぼんじ　神道家（コン5）
川面凡児　かわつら・ぼんじ　神道家（日人）
川面稜一　かわも・りょういち　壁画修復家、日本画家（美家）

[10]川原　かわはら；かわら
川原一之　かわはら・かずゆき　ドキュメンタリー作家（世紀）
川原茂輔　かわはら・もすけ　政治家（コン）
川原源助　かわら・げんすけ　大隅龍門司焼の陶工（人名）
川原繁　かわら・しげる　医師（日典3）

川原井　かわらい
川原井常雄　かわらい・つねお　弁護士（日典3）
川原井康江　かわらい・やすえ　「守り子と女たちのこもりうた」ショパン（日典3）
川原井泰江　かわらい・やすえ　声楽家（ソプラノ）、子守唄わらべ唄研究家（演奏）

川原田　かわはらだ；かわらた；かわらだ
川原田徹　かわはらだ・とおる　画家（児人）
川原田愛五郎　かわらた・あいごろう　農業指導者（姓氏岩手）
川原田政太郎　かわらだ・まさたろう　電気工学（日人）

川原崎　かわはらざき；かわらさき；かわらざき
川原崎茂　かわはらざき・しげる　「匠の技とこころ」葦書房（日典3）
川原崎剛雄　かわらさき・たけお　著述家（日典3）
川原崎幸之介　かわらざき・こうのすけ　塚本商事副社長（日典3）

川真田　かわまた
川真田市太郎　かわまた・いちたろう　実業家、藍商、政治家（徳島歴）
川真田市兵衛　かわまた・いちべえ　実業家（幕末）
川真田純子　かわまた・じゅんこ　アラビア文化研究家（児人）
川真田徳三郎　かわまた・とくさぶろう　政治家、実業家（日人）
川真田光夫　かわまた・みつお　写真家（写人）

川連　かわずれ；かわつれ
川連一豊　かわずれ・かずとよ　「ネットショップで年商1億の究極のおもてなし法」幻冬舎メディアコンサルティング、幻冬舎（発売）（日典3）
川連豊三　かわつれ・とよぞう　東海パルプ常務（日典3）
川連嘉雄　かわつれ・よしお　元・大成建設副社長（日典）

[11]川副　かわそえ；かわぞえ
川副武胤　かわそえ・たけたね　日本古代史学者（世紀）
川副博　かわそえ・ひろし　地方史研究家（郷土）
川副国基　かわぞえ・くにもと　近代文学研究者（世紀）
川副千尋　かわそえ・ちひろ　ソプラノ歌手（音人3）

川添　かわそえ；かわぞえ
川添泰信　かわそえ・たいしん　「聞思のこころ」自照社出版（日典3）
川添ゆき子　かわそえ・ゆきこ　歌人、教育者（女性）
川添昭二　かわそえ・しょうじ　日本中世史学者、九州中世史学者（世紀）
川添登　かわぞえ・のぼる　建築評論家（日人）

川淵　かわふち；かわぶち
川淵明美　かわふち・あけみ　「無償の知識供与」メディア教育開発センター（日典3）
川淵純一　かわふち・じゅんいち　脳神経外科学者（群馬人）
川淵三郎　かわふち・さぶろう　サッカー監督（日人）
川淵直樹　かわふち・なおき　陶芸家（陶工）

川渕　かわふち；かわぶち
川渕圭一　かわふち・けいいち　作家、内科医（日典3）
川渕純一　かわふち・じゅんいち　群馬大学医学部教授（日典3）
川渕勝弘　かわぶち・かつひろ　東北セミコンダクタ社長（日典3）
川渕酉一郎　かわぶち・とりいちろう　電工（社史）

川野辺　かわのべ
川野辺修　かわのべ・おさむ　「もっと熱く！テリー・ファンク」東京スポーツ新聞社（日典3）
川野辺精　かわのべ・くわし　詩人（郷土茨城）
川野辺敏　かわのべ・さとし　比較教育学者（現執3期）
川野辺裕幸　かわのべ・ひろゆき　経済政策研究者（現執4期）
川野辺文雄　かわのべ・ふみお　編集者（世紀）

[12]川喜多　かわきた
川喜多かしこ　かわきた・かしこ　映画文化活動家（コン4）
川喜多和子　かわきた・かずこ　映画配給会社経営、映画文化人（映人）
川喜多喬　かわきた・たかし　人的資源管理研究者（現執4期）
川喜多長政　かわきた・ながまさ　映画事業家（日人）
川喜多雄二　かわきた・ゆうじ　俳優、医師（世紀）

川渡　かわと；かわわたり
川渡甚太夫　かわと・じんだい　「川渡甚太夫一代記─北前船頭の幕末自叙伝」平凡社（JM）
川渡哲子　かわと・てつこ　離乳相談員（日典3）
川渡哲子　かわわたり・てつこ　「ステキなお母さん」メディサイエンス社（日典3）

川満　かわみつ
　川満亀吉　かわみつ・かめきち　嘉手苅村総代，下地村議会議員(姓氏沖縄)
　川満聡　かわみつ・さとし　タレント，リポーター(テレ)
　川満敏　かわみつ・さとし　弁護士(日典3)
　川満信一　かわみつ・しんいち　ジャーナリスト(日典3)
　川満泰奉　かわみつ・たいほう　沖縄の人頭税廃止運動家(社史)

川越　かわごえ；かわこし；かわごし
　川越茂　かわごえ・しげる　外交官(日人)
　川越次郎　かわこし・じろう　「G.H.ミードの動的社会理論」新泉社(日典3)
　川越義一　かわごし・ぎいち　ヨシダ印刷会長(日典3)

[13]**川腰　かわこし；かわごし**
　川腰洋子　かわこし・ようこ　主婦(日典3)
　川腰和徳　かわごし・かずのり　アートディレクター(日典3)
　川腰巍　かわごし・たかし　「学級づくりと学級会活動」明治図書出版(日典3)

[14]**川端　かわはた；かわばた**
　川端房子　かわはた・ふさこ　「二上山の獅子舞文化」二上山総合調査研究会
　川端文夫　かわはた・ふみお　政治家(政治)
　川端玉章　かわばた・ぎょくしょう　画家(コン5)
　川端康成　かわばた・やすなり　小説家(コン4)

川端下　かわはぎ；かわはけ
　川端下一二三　かわはぎ・ひふみ　全国農民組合神奈川県連書記(社史)
　川端下一二三　かわはけ・ひふみ　元社会党都議(人情)

川関　かわせき；かわぜき
　川関和俊　かわせき・かずとし　「精神障害リハビリテーション」医学書院(日典3)
　川関良雄　かわぜき・よしお　無産者新聞専門支局主任(社史)

[15]**川幡　かわはた；かわばた**
　川幡清貞　かわはた・きよさだ　薩摩藩士(幕末)
　川幡由佳　かわはた・ゆうか　タレント(テレ)
　川幡霍次郎　かわばた・かくじろう　大阪電気従組メンバー(社史)
　川幡夏子　かわばた・なつこ　日本共産党中央委員会煽動宣伝部メンバー(社史)

川澄　かわすみ；かわずみ
　川澄綾子　かわすみ・あやこ　声優(テレ)
　川澄健一　かわすみ・けんいち　作曲家，音楽教育者(音人3)
　川澄喜太郎　かわずみ・きたろう　陶芸家(日人)
　川澄農治　かわずみ・のうじ　高田市長(日典3)

[16]**川濃　かわの**
　川濃信太郎　かわの・しんたろう　「虚空」(国典)

川頭　かわず
　川頭九郎次　かわず・くろうじ　出版人(出文)

　川頭秀人　かわず・ひでと　元・プロ野球選手(日典3)
　川頭義之　かわず・よしゆき　「イタリアワイン最強ガイド」文芸春秋(日典3)
　川頭義郎　かわず・よしろう　映画監督(映人)
　川頭吉郎　かわず・よしろう　映画監督(監督)

[18]**川藤　かわとう；かわふじ**
　川藤幸三　かわとう・こうぞう　プロ野球選手(郷土福井)
　川藤龍之輔　かわとう・りゅうのすけ　元・プロ野球選手(日典3)
　川藤勲　かわふじ・いさお　東京電気技術高等専修学校講師(日典3)

[21]**川鰭　かわばた**
　川鰭実希子　かわばた・みきこ　小樽市役所勤務(人情)

【413】巡

巡　めぐり
　巡静一　めぐり・せいいち　児童文化研究家(現執3期)
　巡政民　めぐり・まさたみ　教育学・社会学者(現執1期)

工部

【414】工

工　たくみ
　工亜紀　たくみ・あき　獣医(日典3)
　工清定　たくみ・きよさだ　「加賀の千代」(国典)
　工豊子　たくみ・とよこ　「未来のえくぼ」Castweb(日典3)
　工正信　たくみ・まさのぶ　競輪選手(日典3)

[1]**エー　くいち**
　エー菊松　くいち・きくまつ　能楽師(観世流シテ方)(能狂言)

[7]**工村　くむら**
　工村由美　くむら・ゆみ　珠算大会優勝者(人情)

[11]**工野　くの**
　工野儀兵衛　くの・ぎへえ　カナダ移民(日人)
　工野智広　くの・ともひろ　財界往来社勤務(日典3)

[13]**工楽　くらく**
　工楽英司　くらく・ひでし　東海大教授(国典)
　工楽善通　くらく・よしゆき　考古学研究者(現執3期)

【415】巨

[12]**巨智部　こちべ**
　巨智部忠承　こちべ・ただつね　地質学者(日人)
　巨智部忠承　こちべ・ちゅうしょう　地質学者(人名)

工部（左，巫）

巨智部直久　こちべ・なおひさ　群馬大学教育学部教授（日典3）
[13]巨勢　こせ；こせの
　巨勢逆　こせ・さかし　「ハラキリと男根開示」彩流社（日典3）
　巨勢小石　こせ・しょうせき　日本画家（日人）
　巨勢金岡　こせの・かなおか　絵師＝古代（人名2）
　巨勢小石　こせの・しょうせき　日本画家（日画）
[16]巨橋　こばし
　巨橋頼三　こばし・らいぞう　「物語岬子目録」角川書店（書籍）

【416】左

左　さ；さの；ひだり
　左久梓　さ・きゅうし　「西洋の支配とアジア―1498-1945」藤原書店（JM）
　左行秀　さの・ゆきひで　刀工、土佐藩士（日人）
　左幸子　ひだり・さちこ　女優（日人）
[3]左口　さぐち
　左口泉　さぐち・いずみ　天龍木材清水支店常務（日典3）
　左口絹英　さぐち・きぬえ　「「自分」をうまく伝えられない人が読むクスリ」こう書房（日典3）
　左口鉄蔵　さぐち・てつぞう　男性（先駆）
左子　さこ
　左子慎治郎　さこ・しんじろう　「私はこうして神経痛・関節リウマチを治した」左子医院（日典3）
　左子清道　さこ・せいどう　「帝国農業史要」帝国農会（日典3）
　左子真由美　さこ・まゆみ　詩人（日典）
　左子芳彦　さこ・よしひこ　京都大学大学院農学研究科教授（日典3）
[4]左巴　さわ
　左巴長久　さわ・ながひさ　京都機械工具常務（日典）
左方　さかた
　左方郁子　さかた・ふみこ　著述家（現執4期）
[5]左右木　さうき；そうき；そうぎ
　左右木韋城　さうき・いじょう　「大塩湖」東京美術（日典3）
　左右木愛弼　そうき・あいひつ　洋画家（美家）
　左右木愛弼　そうぎ・あいひつ　洋画家（洋画）
左右田　そうだ
　左右田一平　そうだ・いっぺい　俳優（テレ）
　左右田喜一郎　そうだ・きいちろう　哲学者、経済学者（コン5）
　左右田金作　そうだ・きんさく　実業家（日典）
　左右田謙　そうだ・けん　小説家（幻想）
　左右田徳郎　そうだ・とくろう　生化学者（日人）
[7]左近士　さこんし；さこんじ
　左近士信正　さこんし・のぶまさ　会計検査院官房審議官（日典）
　左近士諒　さこんじ・りょう　漫画家（漫人）

左近允　さこんじゅ；さこんじゅう；さこんじょう；さこんのじょう
　左近允厳　さこんじゅ・いわお　「犬と猫の整形外科学」インターズー（日典3）
　左近允群子　さこんじゅう・むれこ　「陽はまた昇る」創栄出版（日典3）
　左近允尚敏　さこんじょう・なおとし　軍人（陸海）
　左近允孝之進　さこんのじょう・こうのしん　教育者（日人）
左近司　さこんじ
　左近司彰男　さこんじ・あきお　日本水産専務，報国水産（現・ホウスイ）社長（日典3）
　左近司彩子　さこんじ・あやこ　翻訳家, タレント（日典3）
　左近司祥子　さこんじ・さちこ　「哲人アリストテレスの殺人推理」講談社（日典3）
　左近司政三　さこんじ・せいぞう　海軍軍人, 政治家（コン5）
　左近司忠政　さこんじ・ただまさ　日本鋼管（株）鉄鋼企画管理部次長（日典3）
[8]左奈田　さなだ
　左奈田恒夫　さなだ・つねお　演技指導専門家（日典3）
　左奈田幸夫　さなだ・ゆきお　医師（近医）
左治木　さじき
　左治木吾郎　さじき・ごろう　「移行と開発の経済学」文真堂（日典3）
[9]左巻　さまき
　左巻恵美子　さまき・えみこ　高校教諭（YA）
　左巻健男　さまき・たけお　中学校教師（世紀）
[10]左能　さの
　左能典代　さの・ふみよ　作家（日典3）
[11]左部　さとり
　左部人日居　さとり・じんじつきょ　「竹夫人」告天子社（日典3）
　左部赤城学　さとり・せきじょうし　俳人（福岡百）
　左部千馬　さとり・せんば　作家（国典）
　左部岳美　さとり・たけみ　東京都災害対策部防災計画課計画担当係長（日典3）
　左部彦次郎　さとり・ひこじろう　足尾鉱毒反対運動リーダー（郷土群馬）
[16]左館　さかん；さだて
　左館秀之　さかん・ひでゆき　「国語科授業の新展開 19」明治図書出版（JM）
　左館之助　さだて・ひでのすけ　「雪解」あかしや短歌会（日典3）

【417】巫

[11]巫部　かんなぎべ
　巫部健彦　かんなぎべ・たけひこ　神理教管長（日典）

己部

【418】 巳

[6]巳亦 みまた
　巳亦進治　みまた・しんじ　ガラス工芸家(人情)

[11]巳野 みの
　巳野欣一　みの・きんいち　「国語力を高める視写・聴写・暗写の指導」明治図書出版(日典3)
　巳野善一　みの・ぜんいち　社会運動家(アナ)
　巳野保嘉治　みの・ほかじ　サンケイ新聞・日本工業新聞出版局編集長(日典3)

【419】 巴

巴陵　ともおか；はりょう
　巴陵宣祐　ともおか・のぶすけ　「古代医術と分娩考」エンタプライズ(JM)
　巴陵宣祐　はりょう・せんゆう　産婦人科医師、医史学者(近医)
　巴陵宣正　はりょう・のぶまさ　僧侶(社史)

【420】 巻

[7]巻来 まき
　巻来功士　まき・こうじ　漫画家(漫人)

[10]巻島 まきしま；まきじま
　巻島勇　まきしま・いさみ　新さくら丸船長(日典3)
　巻島智香　まきしま・ちか　「マンガ民法」高橋書店(日典3)
　巻島きくえ　まきじま・きくえ　「すぐ役立つ帯結びと着付」演劇出版社出版事業部(日典3)
　巻島昌子　まきじま・まさこ　管理栄養士(現執3期)

【421】 巷

[11]巷庵 こうあん
　巷庵茂蔵　こうあん・しげぞう　「プレハブ地下室の時代」ホームセラ研究所(日典3)

巷野 こうの
　巷野悟郎　こうの・ごろう　医師(現執4期)

【422】 巽

巽 たつみ
　巽和夫　たつみ・かずお　建築学者(現執4期)
　巽孝之丞　たつみ・こうのじょう　銀行家(日人)
　巽三郎　たつみ・さぶろう　医師,考古学研究家(郷土和歌山)
　巽聖歌　たつみ・せいか　童謡詩人,歌人(コン4)
　巽外夫　たつみ・そとお　実業家(日人)

巾部

【423】 市

市 いち
　市健治　いち・けんじ　「マルガリータ」三栄書房(日典3)
　市大樹　いち・ひろき　「すべての道は平城京(みやこ)へ」吉川弘文館(日典3)
　市雄貴　いち・ゆうき　ジャーナリスト,翻訳家(現執3期)

市ケ谷　いちがたに；いちがだに；いちがや
　市ケ谷広輝　いちがたに・ひろき　フェンシング選手(日典3)
　市ケ谷広輝　いちがだに・ひろき　フェンシング選手(日典)
　市ケ谷隆信　いちがや・たかのぶ　佐田建設取締役(日典3)

[3]市山 いちやま；しやま
　市山七十郎〔5代〕　いちやま・なそうろう　日本舞踊家(日人)
　市山七十郎〔6代〕　いちやま・なそうろう　日本舞踊家(新芸)
　市山久造　しやま・きゅうぞう　政治家(姓氏富山)

[4]市井 いちい；しせい
　市井三郎　いちい・さぶろう　哲学者(日人)
　市井善之助　いちい・ぜんのすけ　農事改良家(日人)
　市井閑人　しせい・かんじん　「前略！懐かし時代様」ジエ・エー・エフ出版社(日典3)

[5]市古 いちこ；いちご
　市古宙三　いちこ・ちゅうぞう　東洋史学者(日人)
　市古貞次　いちこ・ていじ　日本文学者(日人)
　市古宜雄　いちご・のりお　興和常務(日典)

市田 いちた；いちだ
　市田兵七　いちた・ひょうしち　政治家(青森人)
　市田理平　いちた・りへい　木造町の人(青森人)
　市田則孝　いちだ・のりたか　自然保護運動家(日人)
　市田ひろみ　いちだ・ひろみ　女優(世紀)

[7]市来 いしき；いちき
　市来四郎　いしき・しろう　鹿児島藩士(写真)
　市来乙彦　いちき・おとひこ　大蔵官僚,政治家(日人)
　市来四郎　いちき・しろう　砲術家(コン4)

市来崎　いちきさき；いちきざき
　市来崎武一　いちきさき・たけじ　写真家(写家)
　市来崎巌　いちきざき・いわお　青山学院大学名誉教授(日典3)
　市来崎のり子　いちきざき・のりこ　メゾ・ソプラノ歌手(新芸)

市邨 いちむら
　市邨芳樹　いちむら・よしき　教育者(日人)

巾部（布）　　　　　　　　　　　　　　　　　　　　　　　　　　　　　　　　〔424〕

[8] 市東　しとう
- 市東和夫　しとう・かずお　「基礎微分積分」産業図書（日典3）
- 市東剛　しとう・たけし　ログビルダー（日典3）
- 市東известно　しとう・とういち　農業（日典3）
- 市東富夫　しとう・とみお　住友商事東京本社代表取締役常務（日典3）
- 市東亮子　しとう・りょうこ　漫画家（漫人）

[9] 市南　いちみなみ
- 市南文一　いちみなみ・ふみかず　地理学者（現執2期）

[10] 市島　いちしま；いちじま
- 市島謙吉　いちしま・けんきち　政治家, 随筆家（日人）
- 市島東里　いちしま・とうり　北蒲原郡水原町の富豪（新潟百）
- 市島謙吉　いちじま・けんきち　政治家（コン）
- 市島春城　いちじま・しゅんじょう　随筆家（全書）

市浦　いちうら
- 市浦健　いちうら・けん　建築家（日人）
- 市浦繁　いちうら・しげる　(社)日本大ダム会議専務理事, 通産省官房審議官（日典3）
- 市浦潤　いちうら・じゅん　「文房具」新潮社（日典3）

[11] 市堀　いちほり；いちぼり
- 市堀艶子　いちほり・つやこ　市堀話し方心理センター所長（日典）
- 市堀玉宗　いちぼり・ぎょくしゅう　俳人（日典3）

市野沢　いちのさわ；いちのざわ
- 市野沢角次　いちのさわ・かくじ　「土地・家屋の法律知識」育英堂（日典3）
- 市野沢潤平　いちのさわ・じゅんぺい　「ゴーゴーバーの経営人類学」めこん（日典3）
- 市野沢寅雄　いちのざわ・とらお　哲学・漢学者（郷土茨城）

[12] 市場　いちば
- 市場幸介　いちば・こうすけ　作曲家（作曲）
- 市場豊久　いちば・とよひさ　能楽師（能狂言）
- 市場美代子　いちば・みよこ　フルート奏者（音人）
- 市場基巳　いちば・もとみ　俳人（四国会）
- 市場泰男　いちば・やすお　小説家, 翻訳家（児人）

市道　いちみち
- 市道信義　いちみち・のぶよし　ロック歌手（日典3）
- 市道与吉　いちみち・よきち　大阪市従業員組合主事（社史）

[14] 市嶋　いちしま；いちじま
- 市嶋聖子　いちしま・きよこ　ピアニスト（音人3）
- 市嶋千枝子　いちしま・ちえこ　「綴織」源流社（日典）
- 市嶋文裕　いちじま・ふみひろ　出版プロデューサー（日典）

[16] 市橋　いちはし；いちばし；しちはし
- 市橋長義　いちはし・ながよし　大名（コン4）
- 市橋長政　いちはし・ながまさ　近江西大路藩主=近世（人名1）
- 市橋恭二　しちはし・きょうじ　「猫のつぶやき」太陽書房（日典3）

[19] 市瀬　いちせ；いちのせ
- 市瀬次郎　いちせ・じろう　日本共産党長野下伊那地域党員（社史）
- 市瀬朝一　いちせ・ともいち　市民運動家（現情）
- 市瀬恭次郎　いちのせ・きょうじろう　工学者（日人）
- 市瀬禎太郎　いちのせ・ていたろう　教育家（日人）

【424】布

[3] 布上　ぬのかみ；ぬのがみ
- 布上俊雄　ぬのかみ・としお　日之出文具代表（日典）
- 布上康夫　ぬのかみ・やすお　甲南大学経営学部経営学科教授（日典）
- 布上恭子　ぬのがみ・きょうこ　札幌市立高等専門学校インダストリアル・デザイン学科教授（日典）
- 布上博　ぬのがみ・ひろし　詩人（富山文）

布山　ぬのやま；ふやま
- 布山さと美　ぬのやま・さとみ　現代舞踊家（日典）
- 布山清吉　ぬのやま・せいきち　「侍り」の国語学的研究」桜楓社（日典3）
- 布山五雄　ふやま・いつお　「尿素樹脂工業・メラミン樹脂工業」誠文堂新光社（日典3）
- 布山瑞枝　ふやま・みずえ　地域功労者（姓氏長野）

布川　ぬのかわ；ふかわ
- 布川角左衛門　ぬのかわ・かくざえもん　編集者, 出版研究者（コン4）
- 布川徹郎　ぬのかわ・てつろう　映画監督（映監）
- 布川市兵衛　ふかわ・いちべえ　農業・煙草小売業（姓氏神奈川）
- 布川敏和　ふかわ・としかず　俳優（テレ）

[4] 布井　ぬのい
- 布井育夫　ぬのい・いくお　フリー・マーケティング・プランナー（日典3）
- 布井敬次郎　ぬのい・けいじろう　トラベル・コンサルタント（国典）
- 布井孝良　ぬのい・たかよし　「一日で解る工業簿記」（国典）
- 布井達雄　ぬのい・たつお　出版人（出文）
- 布井要太郎　ぬのい・ようたろう　東京高裁判事（国典）

布引　ぬのびき
- 布引藤助　ぬのびき・とうすけ　漁業家（島根歴）
- 布引敏雄　ぬのびき・としお　「槙村正直」文理閣（日典3）

[425] 巾部(帆)

⁵布田 ぬのた；ぬのだ；ふた；ふだ
- 布田惟暉 ぬのた・これてる 肥後熊本藩の水利功労者(コン4)
- 布田惟暉 ぬのだ・これてる 肥後熊本藩の水利功労者(新潮)
- 布田保之助 ふた・やすのすけ 治水家(コン5)
- 布田保之助 ふだ・やすのすけ 肥後熊本藩の水利功労者(維新)

布目 ぬのめ
- 布目英一 ぬのめ・えいいち 「月刊浪曲」編集長(日典3)
- 布目鐘之 ぬのめ・かねゆき「紅の血は燃ゆる」峰文社(印刷)
- 布目幹次 ぬのめ・かんじ 日本陶磁器輸出組合理事,名古屋貿易商会会長(日典3)
- 布目潮渢 ぬのめ・ちょうふう 東洋史学者(世紀)
- 布目芳一 ぬのめ・よしかず 社会運動家(社運)

⁷布村 ぬのむら；ほむら
- 布村一夫 ぬのむら・かずお 家族史研究家(世紀)
- 布村勇二 ぬのむら・ゆうじ 経済法学者(現執2期)
- 布村与一 ほむら・よいち 漁業家(姓氏山口)

布沢 ぬのさわ；ふざわ
- 布沢達也 ぬのさわ・たつや 「Santa book—hi-sense mail order catalog早いほど、クリスマスは楽しめる」ハイセンス出版(JM)
- 布沢勝郎 ふざわ・かつろう チェロ奏者(音人)
- 布沢忠夫 ふざわ・ただお「横田三友俊益の年譜」新人物往来社(製作)(日典3)

布谷 ぬのたに；ぬのや
- 布谷憲治 ぬのたに・けんじ 弁護士(日典)
- 布谷武治 ぬのたに・たけはる 関西アメリカンフットボール協会顧問(日典3)
- 布谷文夫 ぬのや・ふみお 歌手(和モ)
- 布谷光俊 ぬのや・みつとし 信州大学教育学部助教授(日典)

⁹布施 ふせ
- 布施明 ふせ・あきら 歌手(日人)
- 布施勝治 ふせ・かつじ 新聞人(日人)
- 布施現之助 ふせ・げんのすけ 解剖学者(日人)
- 布施健 ふせ・たけし 検察官(コン4)
- 布施辰治 ふせ・たつじ 弁護士,社会運動家(コン4)

¹⁰布浦 ぬのうら；ふうら
- 布浦伊三郎 ぬのうら・いさぶろう 教育者,政治家(姓氏京都)
- 布浦翼 ぬのうら・つばさ 漫画家(漫人)
- 布浦賢作 ふうら・けんさく やまぎんディーシー社長(日典)
- 布浦真作 ふうら・しんさく 九州・山口経済連合会副会長,山口銀行取締役相談役(日典3)

布留 ふる
- 布留武郎 ふる・たけお 視聴覚教育者(心理)

布留川 ふるかわ；ふるがわ
- 布留川桂 ふるかわ・けい 印刷工,労働運動家(アナ)
- 布留川信 ふるかわ・しん 印刷工,労働運動家(世紀)
- 布留川正博 ふるがわ・まさひろ 同志社大学経済学部経済学科教授(日典3)

布能 ふのう
- 布能民雄 ふのう・たみお トーヨーカネツ相談役(日典3)
- 布能寿英 ふのう・としひで くろがねや会長,(財)布能育英会理事長(日典3)
- 布能由雄 ふのう・よしお 実業家(創業)

¹¹布埜 ふの
- 布埜秀昉 ふの・しゅうほう テノール歌手(音人)

布袋 ほてい
- 布袋厚 ほてい・あつし「長崎石物語」長崎文献社(日典3)
- 布袋善吉 ほてい・ぜんきち 俳人(姓氏富山)
- 布袋敏博 ほてい・としひろ「無情」平凡社(日典3)
- 布袋寅泰 ほてい・ともやす ギタリスト,ミュージシャン,音楽プロデューサー(テレ)

布野 ふの
- 布野昭拓 ふの・あきひろ 毎日新聞大阪本社広告連絡本部長(日典3)
- 布野栄一 ふの・えいいち 日本近代文学者(北海道文)
- 布野謙爾 ふの・けんじ 詩人(島根歴)
- 布野修司 ふの・しゅうじ 建築学者(現執4期)
- 布野忠雄 ふの・ただお 福島県観光連盟東京観光案内所所長代理(日典3)

¹³布勢 ふせ
- 布勢健士 ふせ・たけし 九州電力常務(日典3)
- 布勢博一 ふせ・ひろいち 脚本家(児人)

¹⁸布藤 ふとう
- 布藤豊路 ふとう・とよじ 東京商船大教授(国典)
- 布藤昌一 ふとう・まさかず 植物学者(植物)

【425】 帆

⁴帆刈 ほかり
- 帆刈喜久男 ほかり・きくお「近世越後の学芸研究」高志書院(日典3)
- 帆刈芳之助 ほかり・よしのすけ 出版人(出文)

⁵帆玉 ほたま
- 帆玉一夫 ほたま・かずお 弓道家,弓道教士(弓道)

帆田 ほだ
- 帆田春樹 ほだ・はるき 小説家,詩人(世紀)

⁷帆苅 ほかり；ほがり
- 帆苅謙治 ほかり・けんじ 新潟県議(自民党,阿賀野市)(日典3)
- 帆苅幸雄 ほかり・ゆきお 映画音響監督(映人)
- 帆苅猛 ほがり・たけし「人間と倫理」関東学院大学出版会(日典3)

巾部（希，帖，帚，帘，帰，師，帯）　　　　　　　　　　　　　　〔432〕

帆足　ほあし；ほたり
　帆足杏雨　ほあし・きょうう　南画家（コン4）
　帆足計　ほあし・けい　政治家（コン4）
　帆足杏雨　ほたり・きょうう　南画家（名画）

【426】希

[5]希代　きたい；きだい
　希代宏　きたい・ひろし　釣り評論家（日典）
　希代浩正　きだい・ひろまさ「一般社団・財団法人の登記実務」公益法人協会（日典3）
　希代文宏　きだい・ふみひろ「最新科学技術情報辞典」鷹書房（発売）（日典3）

【427】帖

[6]帖地　ちょうじ；ちょうち
　帖地信行　ちょうじ・のぶゆき「機械」コロナ社（日典）
　帖地益雄　ちょうち・ますお　プロ野球公式記録員（日典）

[7]帖佐　ちょうさ
　帖佐正二　ちょうさ・しょうじ「残月」ジャプラン
　帖佐隆　ちょうさ・たかし　弁護士（日典3）
　帖佐傑　ちょうさ・たけし　坑夫，自由労働者（社史）
　帖佐寛章　ちょうさ・ひろあき　陸上選手（日人）
　帖佐美行　ちょうさ・よしゆき　彫金家（日人）

【428】帚

[4]帚木　ははきぎ
　帚木蓬生　ははきぎ・ほうせい　小説家，医師（日人）

【429】帘

　帘　さかばやし
　帘功　さかばやし・いさお　英知大学文学部神学科助教授（日典）

【430】帰

[3]帰山　かえりやま；きやま
　帰山旴蒼　かえりやま・せんそう　日本画家（美家）
　帰山教正　かえりやま・のりまさ　映画監督，映画技術研究者（コン5）
　帰山亮　きやま・あきら「高圧物理化学」至文堂（日典3）
　帰山いづみ　きやま・いずみ「好きな曲を弾くためのピアノ・レッスン50」自由現代社（発売）（日典3）

[7]帰来　きらい
　帰来広三　きらい・こうぞう　小説家，俳人（日典3）
　帰来伝次郎　きらい・でんじろう　電線工組合会計（社史）
　帰来冨士子　きらい・ふじこ　作家（日典3）
　帰来雅基　きらい・まさき「高松純情シネマ」プラザ（日典3）

[10]帰家　かんや
　帰家妙子　かんや・たえこ「樹の花」木兎出版（日典3）

【431】師

　師　もろ
　師勝夫　もろ・かつお　労働問題コンサルタント（現執1期）
　師勝吉　もろ・かつきち　味噌醬油醸造と養蚕業（姓氏宮城）
　師義二　もろ・ぎぞう　政治家（姓氏宮城）
　師啓二　もろ・けいじ「情報科学の基礎と活用」同友館（日典3）
　師俊紀　もろ・としき　経済学者（現執2期）

[7]師尾　もろお
　師尾晶子　もろお・あきこ「古代地中海世界のダイナミズム」山川出版社（日典3）
　師尾喜代子　もろお・きよこ　小学校教師（日典3）
　師尾純一　もろお・じゅんいち　（株）モロオ会長（日典3）
　師尾武　もろお・たけし「蝶の言い分・毛虫の言い分」築地書館（日典3）
　師尾直邦　もろお・なおくに　（株）モロオ社長（日典3）

【432】帯

[2]帯刀　おびなた；たいと；たてわき
　帯刀周一　おびなた・しゅういち　弓道家，弓道教士（弓道）
　帯刀芳正　たいと・よしまさ　（社）富山県貸金業協会名誉会長（日典）
　帯刀貞代　たてわき・さだよ　婦人運動家，女性史研究家（コン4）

[7]帯谷　おびたに；おびや
　帯谷幸助　おびたに・こうすけ　実業家（世紀）
　帯谷有理　おびたに・ゆうり　映画監督（映監）
　帯谷玄明　おびや・げんみょう　僧侶（庄内）
　帯谷宗英　おびや・そうえい　陶芸家（陶芸最）

[8]帯金　おびがね
　帯金直枝　おびがね・なおえ　政治家（姓氏静岡）
　帯金充利　おびがね・みつとし　高校教師（日典3）
　帯金豊　おびがね・ゆたか「ロシア大十月革命史」恒文社（日典3）
　帯金柳吉　おびがね・りゅうきち　弓道家（弓道）

[9]帯津　おびつ
　帯津良一　おびつ・りょういち　医師（現執4期）
[11]帯盛　おびもり
　帯盛廸彦　おびもり・みちひこ　映画監督（和モ）
　帯盛迪彦　おびもり・みちひこ　映画監督（映監）

【433】　常

[4]常井　つねい；とこい
　常井邦衛　つねい・くにえ　肥前大村藩士（日人）
　常井貞利　とこい・さだとし　友部町長，茨城県商工会連合会会長（日典3）
　常井善　とこい・ぜん　弁護士（日典）

常木　つねき；つねぎ
　常木淳　つねき・あつし　大阪大学社会経済研究所教授（現執4期）
　常木実　つねき・みのる　ドイツ語学・文学者（現執1期）
　常木愁村　つねぎ・しゅうそん　「石畠」大嶋功八（日典3）

[5]常世田　つねよだ；とこよだ；としよだ
　常世田智之　つねよだ・ともゆき　講談社事典局勤務（日典3）
　常世田良　とこよだ・りょう　学芸員（現執3期）
　常世田孫左衛門　としよだ・まござえもん　政治家（千葉百）

常田　つねた；つねだ；ときた；ときだ
　常田英男　つねた・ひでお　小説家（北海道文）
　常田健　つねだ・けん　洋画家（日人）
　常田富士男　ときた・ふじお　俳優（世紀）
　常田壬太郎　ときだ・じんたろう　海軍造船技師（姓氏長野）

[6]常光　じょうこう；つねみつ
　常光浩然　じょうこう・こうねん　仏教ジャーナリスト（仏人）
　常光浩然　つねみつ・こうねん　仏教家，ジャーナリスト（日人）
　常光誠治　つねみつ・よしはる　オーボエ奏者，イングリッシュホルン奏者（音人3）

常名　じょうな
　常名鉾二郎　じょうな・ほこじろう　国際商科大講師（日典3）

常安　つねやす
　常安暢　つねやす・いたる　福岡大学工学部教授（日典3）
　常安田鶴子　つねやす・たずこ　医師（女性普）
　常安弘通　つねやす・ひろみち　「今や昔」常安義子（日典3）
　常安政夫　つねやす・まさお　「憶昔」生涯学習研究社（日典3）

[7]常住　つねずみ
　常住郷太郎　つねずみ・ごうたろう　文芸評論家（日典3）
　常住治秀　つねずみ・はるひで　スポーツアナリスト（日典3）

常見　つねみ
　常見育男　つねみ・いくお　日本教育史学者（現執2期）
　常見喜久子　つねみ・きくこ　芝浦ネオン会社事務員（社史）
　常見千香夫　つねみ・ちかお　歌人（世紀）
　常見昇　つねみ・のぼる　野球選手（群馬人）
　常見ろく　つねみ・ろく　教育者（日人）

常谷　じょうたに
　常谷幸雄　じょうたに・ゆきお　植物学者（植物）

[8]常直　つねなお
　常直俊　つねなお・たかし　裁判所雇（社史）

[9]常泉　つねいずみ
　常泉清子　つねいずみ・きよこ　ソプラノ歌手（音人3）
　常泉左代子　つねいずみ・さよこ　「染心」杉並けやき出版（日典3）
　常泉彦三郎　つねいずみ・ひこさぶろう　泉自動車社長（日典3）
　常泉浩　つねいずみ・ひろし　「染心」杉並けやき出版（日典3）
　常泉陽子　つねいずみ・ようこ　「青春紀行」短歌新聞社（日典3）

[10]常峰　つねみね
　常峰俊一　つねみね・しゅんいち　川崎造船所兵庫分工場機械工（社史）
　常峰仁　つねみね・ひとし　アプラス社長（日典3）

常脇　つねわき
　常脇恒一郎　つねわき・こういちろう　遺伝学者（国典）

[11]常深　つねふか；つねみ
　常深信彦　つねふか・のぶひこ　日立製作所日立技術研修所技術主幹（日典3）
　常深瑞仙　つねみ・ずいしょう　「漂泊歴」ふらんす堂（日典3）
　常深花枝　つねみ・はなえ　「早春のとまどい」（国典）

[12]常喜　じょうき；つねき
　常喜豊　じょうき・ゆたか　「日本動物大百科」平凡社（日典3）
　常喜浩幸　つねき・ひろゆき　ホッケーコーチ，元・ホッケー選手（日典3）

常葉　つねば；ときわ
　常葉金太郎　つねば・きんたろう　「新庄藩戊辰戦史」（国典）
　常葉一郎　ときわ・いちろう　地方政治家（姓氏静岡）
　常葉恵子　ときわ・けいこ　看護師（近医）

[15]常澄　つねずみ
　常澄涸水　つねずみ・こすい　「女将の悲願と踊子」雪谷出版社（日典3）

常盤　ときわ
　常盤新平　ときわ・しんぺい　翻訳家，小説家（日人）
　常盤大空　ときわ・たいくう　日本画家（日人）
　常盤貴子　ときわ・たかこ　女優（日映女）

巾部(帷,幅,幕,幡,幣)　干部(干)

常盤大定　ときわ・だいじょう　仏教学者,真宗大谷派の僧(コン5)
常盤操子　ときわ・みさこ　女優(日人)

常盤木　ときわぎ
　常盤木隆正　ときわぎ・たかまさ　工芸家(美工)

【434】帷

³帷子　かたびら
　帷子功　かたびら・いさお「新潟県畜産史年表」新潟県畜産振興協議会(日典3)
　帷子康三　かたびら・こうぞう　テレビ岩手社長(日典3)
　帷子二郎　かたびら・じろう　地理学者(日人)
　帷子進　かたびら・すすむ　漫画家(日児)
　帷子康雄　かたびら・やすお「皮膚科学・看護法,泌尿器科学・看護法」医学書院(日典3)

【435】幅

¹¹幅崎　はばさき；はばざき
　幅崎秀雄　はばさき・ひでお　農業(日典3)
　幅崎麻紀子　はばさき・まきこ「女性に対する暴力の現状と課題」国際協力機構国際協力総合研修所調査研究グループ(日典3)

【436】幕

⁴幕内　まくうち
　幕内彰　まくうち・あきら「介護報酬請求事務」建帛社(日典3)
　幕内恵三　まくうち・けいぞう　(株)イービーシステム社長(日典3)
　幕内千恵　まくうち・ちえ　俳人(日典3)
　幕内春臣　まくうち・はるおみ　神戸製鋼所職工(社史)
　幕内秀夫　まくうち・ひでお　栄養学研究者(現執4期)

【437】幡

幡　はた；ばん
　幡香津美　はた・かつみ「恋すればミステリー」ハーレクイン(日典3)
　幡克美　はた・かつみ　林産化学者(現情)
　幡大介　ばん・だいすけ「兄ィは与力」二見書房(日典3)

⁶幡地　はたじ
　幡地英明　はたじ・ひであき　漫画家(兵庫文)

⁷幡谷　はたや
　幡谷仙三郎　はたや・せんさぶろう　実業家(郷土茨城)
　幡谷東吾　はたや・とうご　俳人(俳文)
　幡谷紀夫　はたや・としお　写真家(写人)
　幡谷豪男　はたや・ひでお　政治家(現政)
　幡谷正雄　はたや・まさお　英文学者(世紀)

¹¹幡掛　はたかけ
　幡掛正浩　はたかけ・せいこう　神官(日典3)
　幡掛大輔　はたかけ・だいすけ　クボタ社長,日本鋳造工学会会長(日典3)
　幡掛正浩　はたかけ・まさひろ「食国天下のまつりこと」同朋舎(JM)

幡部　はたべ
　幡部久江　はたべ・ひさえ　山口県立厚狭高校教諭(日典3)
　幡部文江　はたべ・ふみえ　ソプラノ歌手(音人3)

¹⁸幡鎌　はたかま
　幡鎌一弘　はたかま・かずひろ「奈良県の歴史」山川出版社(日典3)
　幡鎌幸雄　はたかま・さちお　志士,静岡県山梨村山名神社神官(姓氏静岡)
　幡鎌隆俊　はたかま・たかとし　国学者(日人)
　幡鎌武夫　はたかま・たけお　ゴールドパック社長(日典3)
　幡鎌幸雄　はたかま・ゆきお　志士,静岡県山梨村山名神社神官(日人)

【438】幣

幣　しで；へい
　幣憲一郎　しで・けんいちろう「ケーススタディで学ぶ臨床栄養学実習」化学同人(日典3)
　幣達夫　へい・たつお　中国新聞CTS実施本部事務局(部長)(日典3)
　幣洋典　へい・ひろあき　気象研究家(日典3)

⁶幣守　ぬきもり
　幣守達　ぬきもり・とおる　大同生命保険部長(紳士)

¹⁰幣原　しではら
　幣原阿樹夫　しではら・あきお「幣原阿樹夫初期作品集」草文芸日比野書院(日典3)
　幣原映智　しではら・えいち　音楽学者(音楽美学)(音人3)
　幣原喜重郎　しではら・きじゅうろう　政治家,外交官(コン4)
　幣原坦　しではら・たいら　教育者,官僚(日人)
　幣原坦　しではら・ひろし　教育者,官僚(コン4)

干部

【439】干

⁴干刈　ひかり
　干刈あがた　ひかり・あがた　小説家(日人)

⁵干田　ほしだ
　干田英晶　ほしだ・ひであき　東京国際大学商学部講師(日典3)
　干田弘義　ほしだ・ひろよし　スエヒロレストランシステム社長(人情)
　干田芳像　ほしだ・よしぞう　スエヒロレストランシステム会長,スエヒロ芳隆社長(日典3)

⁸干河岸　ひがし
干河岸桜所　ひがし・おうしょ　僧侶(日児)
干河岸貫一　ひがし・かんいち　僧侶(真宗)
干河岸貫衛　ひがし・かんえい　教育者(神奈川人)

¹⁵干潟　ひかた
干潟龍祥　ひかた・りゅうしょう　インド哲学者(世紀)

¹⁹干鯛　ひだい
干鯛真信　ひだい・まさのぶ　東京理科大学基礎工学部教授,東京大学名誉教授(日典3)

【440】　平

平　たいら；たいらの；ひら；へい；へら
平貞蔵　たいら・ていぞう　経済評論家,労働運動家(日人)
平清盛　たいらの・きよもり　武将(世百)
平幹二朗　ひら・みきじろう　俳優(日人)
平嘉門　へい・かもん　挿絵画家(日典)
平数尾　へら・かずお　釣りライター(日典)

³平上　ひらかみ；ひらがみ
平上香緒里　ひらかみ・かおり　「ドラゴンの笛」岡通子(日典3)
平上信行　ひらかみ・のぶゆき　日本武術研究家(日典3)
平上マキ　ひらがみ・まき　「お母さんごめんなさい―母と娘の記録」新風舎(JM)

平子　たいらこ；ひらこ；ひらご
平子友長　たいらこ・ともなが　一橋大学大学院社会学研究科教授(日典)
平子鐸嶺　ひらこ・たくれい　美術史家(コン)
平子義雄　ひらご・よしお　「リルケ変容の詩人」クヴェレ会(JM)

平山　ひやらま；ひらさわ；ひらやま
平山勝明　ひやらま・かつあき　「慰めに満ちたる神」常陸太田キリストの教会(日典3)
平山弘太郎　ひらさわ・こうたろう　「鉄道車両用軸受の変遷」レールアンドテック出版(日典3)
平山省斎　ひらやま・せいさい　幕臣,外国奉行(コン4)

平工　ひらく
平工昭夫　ひらく・あきお　エーザイ相談役(日典3)
平工喜一　ひらく・きいち　農民運動家(日人)
平工剛郎　ひらく・たけろう　「戦後の北海道開発」北海道出版企画センター(日典3)
平工奉文　ひらく・ともふみ　経済産業省製造産業局長(日典3)
平工直樹　ひらく・なおき　特種製紙取締役相談役(日典3)

⁴平元　ひらもと；へいげん
平元謹斎　ひらもと・きんさい　出羽秋田藩士(日人)
平元憲昌　ひらもと・のりまさ　俳人・教育者(姓氏神奈川)
平元未里子　へいげん・みりこ　「「水」とこうご鳥」XPチームワークじつわ出版部(日典3)

平今　ひらな
平今元章　ひらな・もとのり　福岡大学人文学部助教授(日典)

平戸　ひらと；ひらど
平戸真　ひらと・しん　彫刻家(美建)
平戸廉吉　ひらと・れんきち　詩人,美術評論家(コン5)
平戸廉吉　ひらど・れんきち　詩人,美術評論家(文学)

平手　ひらて；ひらで
平手勘次郎　ひらて・かんじろう　軍人(陸海)
平手釼一　ひらて・けんいち　住友生命社会福祉事業団顧問(日典)
平手シツ　ひらで・しず　星美学園理事長(紳士)

平木　ひらき；ひらぎ
平木信二　ひらき・しんじ　実業家(日人)
平木二六　ひらき・にろく　詩人(コン4)
平木次郎　ひらぎ・じろう　アララギ会会員(国典)
平木政次　ひらぎ・まさじ　洋画家(岡山百)

平木場　ひらこば
平木場浩二　ひらこば・こうじ　「現代人のからだと心の健康」杏林書院(日典3)
平木場泰義　ひらこば・たいぎ　占い師(現執3期)

⁵平出　ひらいで；ひらで
平出修　ひらいで・しゅう　歌人,小説家,弁護士(コン5)
平出隆　ひらいで・たかし　詩人(日人)
平出鏗二郎　ひらで・こうじろう　国史・国文学者(コン)
平出久雄　ひらで・ひさお　音楽研究家(日人)

平古場　ひらこば
平古場昭二　ひらこば・しょうじ　元高校野球選手(人情)
平古場正晴　ひらこば・まさはる　高校野球選手(日典3)

平生　ひらお
平生三郎　ひらお・さぶろう　東洋紡副社長(日典3)
平生舜一　ひらお・しゅんいち　竹中工務店副社長(日典3)
平生忠辰　ひらお・ただたつ　和泉岸和田藩士(藩臣5)
平生釟三郎　ひらお・はちさぶろう　実業家,政治家(コン4)

⁶平光　ひらこう；ひらみつ
平光吾一　ひらこう・ごいち　医師(近医)
平光厲司　ひらこう・れいじ　医師(近医)
平光保　ひらみつ・たもつ　指揮者,作曲家,ピアニスト(演奏)
平光善久　ひらみつ・よしひさ　詩人(郷土岐阜)

平地　ひらち
平地勲　ひらち・いさお　写真家(日典3)
平地一郎　ひらち・いちろう　「これから10年の賃金闘争」労働大学出版センター(日典3)

平地健吾　ひらち・けんご　東京大学大学院数理科学研究科准教授(日典3)
平地秀哉　ひらち・しゅうや　「アメリカ憲法への招待」三省堂(日典3)
平地平一　ひらち・へいいち　「商学概論」税務経理協会(書籍)

平多　ひらた
平多量子　ひらた・かずこ　舞踊家(日典3)
平多公了　ひらた・きみのり　「平多公了のdance deチャチャチャ」小学館(日典3)
平多隆茂　ひらた・たかしげ　ミノルタカメラ販売仙台営業部長(日典3)
平多宏之　ひらた・ひろゆき　現代舞踊家(芸能)
平多正於　ひらた・まさお　現代舞踊家(新芸)

平安　ひらやす；へあん；へいあん
平安常次　ひらやす・つねじ　反戦地主(平和)
平安克己　へあん・かつみ　沖縄ケンオン代表(日典)
平安等　へいあん・ひとし　「悪の回廊」三笠書房(日典3)

平安山　へいあんざん；へんざん
平安山長義　へいあんざん・ながよし　鹿児島県医師会長(国典)
平安山良也　へいあんざん・よしや　カヌー選手(日典3)
平安山英達　へんざん・えいたつ　「救急室で役立つ臨床検査の実際」医学書院(日典3)
平安山英太郎　へんざん・えいたろう　沖縄芝居役者(新芸)

平安名　へいあんな；へんな
平安名恵　へいあんな・めぐみ(日典)
平安名常孝　へんな・つねたか　人夫(社史)
平安名盛益　へんな・もります　日本共産党党員(社史)

平州　ひらしま
平州伸一　ひらしま・しんいち　「新宿」創和出版部(日典3)

平早　ひらはや
平早勉　ひらはや・つとむ　写真家(マス89)
平早マキ子　ひらはや・まきこ　「私たちの提言」昧爽社(日典3)

⁷平佐　ひらさ
平佐修　ひらさ・おさむ　「失われた恋」現代ギター社(日典3)
平佐勝義　ひらさ・かつよし　古河電気工業常務(日典3)
平佐春弼　ひらさ・けんすけ　陸軍大佐、男爵(日典3)
平佐是純　ひらさ・これずみ　渡航者(渡航)
平佐良蔵　ひらさ・りょうぞう　周防岩国藩士(幕末)

平吹　ひらふき；ひらぶき
平吹岳導　ひらふき・がくどう　「吟詠教本」南信州新聞社出版局(日典3)
平吹慎吉　ひらぶき・しんきち　「線形代数」サイエンス社(日典3)
平吹秀子　ひらぶき・ひでこ　山形県更生保護婦人会活動の草分けの一人(山形百新)

平沢　ひらさわ；ひらざわ
平沢計七　ひらさわ・けいしち　労働運動家, 劇作家, 小説家(コン5)
平沢勇実　ひらざわ・いさみ　兵庫県議(自民党)(日典3)

平社　ひらこそ
平社敬之助　ひらこそ・けいのすけ　冶金工学者(現情)
平社博之　ひらこそ・ひろゆき　日本文理大学工学部教授(日典3)

平良　たいら；ひらら
平良幸市　たいら・こういち　政治家(日人)
平良辰雄　たいら・たつお　政治家(日人)
平良真牛　ひらら・まうし　沖縄の人頭税廃止運動指導者(社史)

平谷　ひらたに；ひらや
平谷昭　ひらたに・あきら　島根県議(無所属, 益田市)(日典3)
平谷華潮　ひらたに・かちょう　俳人(紀伊文)
平谷けいこ　ひらや・けいこ　「摘み菜がごちそう」山と渓谷社(日典3)
平谷美樹　ひらや・よしき　小説家(幻想)

⁸平和　ひらわ；へいわ
平和修　ひらわ・おさむ　オークラ経営経理学院簿記科専任講師(日典3)
平和孝嗣　ひらわ・たかつぐ　声楽家(バリトン)(演奏)
平和日佐丸〔3代〕　へいわ・ひさまる　漫才師(新芸)
平和ラッパ〔2代〕　へいわ・らっぱ　漫才師(新芸)

平岡　ひらおか；ひろおか
平岡浩太郎　ひらおか・こうたろう　実業家, 政治家(コン5)
平岡養一　ひらおか・よういち　木琴奏者(コン4)
平岡道生　ひろおか・みちお　数学者(数学)

平林　ひらはやし；ひらばやし
平林泉　ひらはやし・いずみ　(財)国際超電導産業技術研究センター超電導工学研究所名古屋研究所研究室長(日典3)
平林たい子　ひらばやし・たいこ　小説家(コン4)
平林初之輔　ひらばやし・はつのすけ　文芸評論家, 社会評論家, 翻訳家(コン5)

平河内　ひらこうじ；ひらこうち
平河内健治　ひらこうじ・けんじ　東北学院大学文学部英文学科教授(日典3)
平河内公平　ひらこうち・こうへい　編集者(出文)

平迫　ひらさこ
平迫省吾　ひらさこ・しょうご　「戦争が終わったとき」光和堂(日典3)

⁹平城　ひらき；ひらぎ；ひらじょう
平城好明　ひらき・よしあき　園芸家(現執3期)
平城弘一　ひらぎ・ひろかず　「例題で学ぶ橋梁工学」共立出版(日典3)

平城圭司　ひらじょう・けいし　「買ってもらえる広告・販促物のつくり方」日本経済新聞出版社（日典）

10平原　ひらはら；ひらばら；ひらばる

平原寿恵子　ひらはら・すえこ　ソプラノ歌手（新芸）

平原重利　ひらばら・しげとし　「心こそ大切なれ」鉱脈社（日典）

平原四郎　ひらばる・しろう　政治家（現政）

平宮　なりみや；ひらみや

平宮博重　なりみや・ひろしげ　俳優（日典）

平宮康広　ひらみや・やすひろ　専門学校講師（日典）

平宮夢一朗　ひらみや・ゆめいちろう　「時の流沙」桂書房（日典）

平島　ひらしま；ひらじま；へいじま

平島正郎　ひらしま・まさお　音楽学者，音楽評論家（世紀）

平島松尾　ひらじま・まつお　民権運動家（藩臣5）

平島スミ　へいじま・すみ　第一新潟青果専務（紳士）

平栗　ひらぐり

平栗あい子　ひらぐり・あいこ　「あい子のあしあと」南信州新聞社出版局（日典3）

平栗あつみ　ひらぐり・あつみ　女優（テレ）

平栗収　ひらぐり・おさむ　「シュールレアリスムの中で」美研インターナショナル（日典3）

平栗猪山　ひらぐり・ちょざん　俳人（長野歴）

平栗政吉　ひらぐり・まさきち　会計学者（現執2期）

平畠　ひらはた；ひらばたけ

平畠啓史　ひらはた・けいじ　漫才師（テレ）

平畠豊一　ひらはた・とよかず　政治家（姓氏石川）

平畠秀典　ひらばたけ・ひでのり　ドイチェ信託銀行機関投資家営業部長（日典3）

平通　ひらどおり

平通武男　ひらどおり・たけお　洋画家（美家）

平郡　へぐり

平郡修　へぐり・おさむ　「実践トレーニング 世界史」中央図書（書籍）

平郡達哉　へぐり・たつや　「楽しい博物館見学」通川文化社（日典3）

平馬　ひらま；へいま

平馬直樹　ひらま・なおき　医師（日典）

平馬淳　へいま・じゅん　社会人野球選手（日典3）

平馬啓誉　へいま・よしたか　農民（社史）

平高　ひらたか

平高主計　ひらたか・かずえ　映画美術監督（映人）

平高寅太郎　ひらたか・とらたろう　実業家（高知人）

平高典子　ひらたか・のりこ　玉川大学文学部講師（日典3）

平高史也　ひらたか・ふみや　「「ヒューマンセキュリティの基盤」としての言語政策」慶応義塾大学大学院政策・メディア研究科（日典3）

11平埜　ひらの

平埜哲雄　ひらの・てつお　児童出版美術家（児人）

平埜雅久　ひらの・まさひさ　「英語オーラル・コミュニケーション講座」アルク（日典3）

12平渡　ひらわたし；ひらわたり

平渡信　ひらわたし・まこと　弁護士（履歴2）

平渡緒川　ひらわたり・しょせん　「書画鑑定法」書画研究会（日典3）

平湯　ひらゆ

平湯晃　ひらゆ・あきら　文筆家（日典3）

平湯一仁　ひらゆ・かずひと　教育評論家（日典3）

平湯文夫　ひらゆ・ふみお　研究者，読書運動家（日児）

平湯真人　ひらゆ・まさと　弁護士（現執4期）

平等　たいら；びょうどう

平等一誠　たいら・かずしげ　フジクラ副社長

平等文成　びょうどう・ぶんじょう　政治家（長野歴）

平等文成　びょうどう・ぶんせい　衆議院議員，政治家（政治）

平葦　ひらあし；ひらよし

平葦信行　ひらあし・のぶゆき　日本プロレタリア映画同盟兵庫地方支部委員長（社史）

平葦信行　ひらよし・のぶゆき　日本共産党中央委員会顧問（人情）

平賀　ひらか；ひらが

平賀ゆかり　ひらか・ゆかり　「学校関係者のための糖尿病児童生徒支援マニュアル」青山社（日典3）

平賀与助　ひらか・よすけ　俳人（姓氏岩手）

平賀文男　ひらが・ふみお　登山家（コン4）

平賀譲　ひらが・ゆずる　船舶工学者，海軍軍人（コン5）

平間　ひらま；へいま

平間誠記　ひらま・せいき　競輪選手（世紀）

平間文寿　ひらま・ふみひさ　声楽家（テノール）（新芸）

平間和夫　へいま・かずお　「旧東海道を歩く」アーバンプロ出版センター（日典3）

平間益美　へいま・ますみ　鈴木書店社長（日典）

13平福　ひらふく

平福一郎　ひらふく・いちろう　医師（近医）

平福穂庵　ひらふく・すいあん　日本画家（コン5）

平福百穂　ひらふく・ひゃくすい　日本画家，歌人（コン5）

15平幡　ひらはた

平幡照保　ひらはた・てるやす　「アメリカにおける地方公営住宅と都市改造事業の概要」東京都住宅局総務部企画室（日典3）

平幡良雄　ひらはた・りょうゆう　僧侶（現執2期）

平敷　ひらしき；へしき
　平敷勝美　ひらしき・かつみ　船長（YA）
　平敷喬　ひらしき・たかし　著述業（現執3期）
　平敷令治　へしき・よしはる　郷土史家（郷土）
　平敷りつ子　へしき・りつこ　教師（平和）

[16]平舘　たいらだて；ひらたて；ひらだて
　平舘英子　たいらだて・えいこ　東京成徳短期大学教授（日典）
　平舘英明　ひらたて・ひであき「死活ライン」金曜日（日典3）
　平舘匡夫　ひらたて・まさお　陶芸家（陶芸最）

平館　たいらだて；ひらだて
　平館勝幸　たいらだて・かつゆき「スペインの死を見たと言え」れんが書房新社（日典3）
　平館清七　たいらだて・せいしち「平館清七回想の画帖」「回想の画帖」刊行委員会（日典3）
　平館幹象　ひらだて・かんしょう「直感観相術」かんき出版（日典3）
　平館利雄　ひらだて・としお　経済学者（平和）

[17]平櫛　ひらくし；ひらぐし
　平櫛孝　ひらくし・たかし　軍人（陸海）
　平櫛田中　ひらくし・でんちゅう　彫刻家（日人）
　平櫛杏奴　ひらぐし・あんぬ　舞踊家（日典3）
　平櫛田中　ひらぐし・でんちゅう　彫刻家（コン4）

[18]平藤　ひらふじ；へいとう
　平藤喜久子　ひらふじ・きくこ「神話学名著選集」ゆまに書房（日典3）
　平藤清刀　ひらふじ・きよと「「予備自衛官」になる本」かんき出版（日典3）
　平藤教子　へいとう・きょうこ　ルアナハワイアンキルトスタジオ主宰（日典）

【441】　年

[7]年見　としみ
　年見悟　としみ・さとる　小説家（幻想）

[12]年森　としもり
　年森敦子　としもり・あつこ「3DCGをはじめようPOV-Ray入門」オーム社（日典3）
　年森清隆　としもり・きよたか「断層解剖カラーアトラス」南江堂（日典3）
　年森寛　としもり・ひろし「センター試験への道世界史B」山川出版社（日典3）
　年森靖　としもり・やすし　リケン社長（日典3）
　年森豊　としもり・ゆたか　弓道家，弓道教士（弓道）

【442】　幸

幸　こう；さち；しあわせ；みゆき；ゆき
　幸祥光　こう・よしみつ　能楽囃子方（幸流小鼓方）（コン4）
　幸耕平　さち・こうへい　作曲家（日典）
　幸点灯虫　しあわせ・てんとうむし「6つ目こぞう」日本図書刊行会（日典3）
　幸兼悦　みゆき・かねえつ　農民（社史）
　幸フク　ゆき・ふく　社会事業家（学校）

[3]幸口　こうぐち
　幸口はつき　こうぐち・はつき「歳月」歌と評論社（日典3）

幸山　こうやま
　幸山憲治　こうやま・けんじ　金沢女子大学情報研究所教授（日典）
　幸山繁信　こうやま・しげのぶ　熊本県議（自民党）（日典3）
　幸山彰一　こうやま・しょういち「新しい校内スポーツ」大修館書店（日典3）
　幸山政史　こうやま・せいし　政治家（現政）
　幸山正人　こうやま・まさと「歴史旅悠々」サンライズ出版（印刷）（日典3）

幸川　こうかわ；ゆきかわ
　幸川賢悟　こうかわ・けんご　スンガリー（ロシア料理店）経営（日典3）
　幸川玲巳　ゆきかわ・れいみ「1日5分のお姫様ごっこ」サンマーク出版（日典3）

[4]幸内　こううち；こうない
　幸内純一　こううち・すみかず　アニメーション作家（映人）
　幸内久太郎　こううち・ひさたろう　鋳職人（アナ）
　幸内未帆　こうない・みほ　ダンサー（日典3）

[5]幸田　こうた；こうだ；ゆきた
　幸田侑三　こうた・ゆうぞう「幸田侑三油彩画集」幸田美枝子（日典3）
　幸田露伴　こうだ・ろはん　小説家（コン4）
　幸田節男　ゆきた・せつお　泉会主宰（日典3）

[6]幸地　こうち；ゆきち
　幸地亀千代　こうち・かめちよ　歌三線演奏者（新芸）
　幸地新政　こうち・しんせい　被圧迫民族解放運動家（社史）
　幸地司行　ゆきち・もりゆき　沖縄県商工労働部観光文化局観光開発課長（日典）

幸西　こうにし
　幸西浪江　こうにし・なみえ「自画像」武都紀歌会（日典3）

[7]幸村　こうむら；ゆきむら
　幸村隆夫　こうむら・たかお　共同機械製作社長（日典3）
　幸村千佳良　こうむら・ちから「マクロ経済理論入門」多賀出版（日典3）
　幸村法輪　ゆきむら・ほうりん　僧侶（真宗）
　幸村誠　ゆきむら・まこと　漫画家（漫人）

幸谷　こうや；ゆきたに
　幸谷智　こうや・さとし「ワイヤレス通信工学」丸善（日典3）
　幸谷智紀　こうや・とものり「情報数学の基礎」森北出版（日典3）
　幸谷保　ゆきたに・たもつ　作家（幻想）

[8]幸松　こうまつ；ゆきまつ
　幸松栄一　こうまつ・えいいち　詩人（日典3）
　幸松雄三郎　こうまつ・ゆうざぶろう　銀行家（大分歴）

幸松春浦　ゆきまつ・しゅんほ　日本画家(美家)
幸松春浦　ゆきまつ・しゅんぽ　日本画家(日画)

幸林　こうばやし；こうりん
幸林清栄　こうばやし・きよえい　「トルストイ」泰斗舎(日典3)
幸林良作　こうばやし・りょうさく　「機械技術者のための工業化学」日刊工業新聞社(日典3)
幸林友男　こうりん・ともお　金蘭短期大学生活科学科教授(日典)

[9]幸保　こうほ
幸保文治　こうほ・ぶんじ　日本大学医学部教授(日典3)

幸前　こうぜん
幸前権次郎　こうぜん・ごんじろう　政治家(和歌山人)
幸前成隆　こうぜん・しげたか　建設大学校長(日典3)
幸前治一　こうぜん・じいち　近畿通信建設相談役(人情)
幸前伸　こうぜん・のぶる　「開拓の神々」北海道神宮社務所(日典3)

幸泉　こいずみ
幸泉哲紀　こいずみ・てつのり　オハイオ州立大学経済学部教授(日典)

[10]幸島　こうしま；こうじま；さしま；ゆきしま
幸島桂花　こうしま・けいか　俳諧師(人名)
幸島祥夫　こうじま・さちお　実業家(現執2期)
幸島桂花　さしま・けいか　俳諧師(日人)
幸島桂花　ゆきしま・けいか　俳諧師(維新)

幸脇　こうわき；さいのわき
幸脇朝江　こうわき・あさえ　岐阜県警委嘱少年補導員(日典3)
幸脇一英　さいのわき・かずひで　講談社取締役(日典3)

[11]幸崎　こうさき；こうざき
幸崎恒健　こうさき・つねたけ　平民社シンパ(社史)
幸崎英男　こうざき・ひでお　帝塚山学院大学文学部教授(日典3)
幸崎達彦　こうざき・たつひこ　陶芸家(陶工)

幸野　こうの
幸野義　こうの・ぎ　洋画家(日典3)
幸野憲二　こうの・けんじ　長野県農村工業研究所研究部長(日典3)
幸野周司　こうの・しゅうじ　ニッポン放送プロジェクト顧問・元取締役管理部長(日典3)
幸野西湖　こうの・せいこ　日本画家(日画)
幸野楳嶺　こうの・ばいれい　日本画家(コン5)

幸野谷　こうのや
幸野谷直衛　こうのや・なおえ　「電験三種合格教本」弘文社(日典3)
幸野谷昌人　こうのや・まさひと　「エクスタシーへの旅」佐川出版(日典3)
幸野谷隆一　こうのや・りゅういち　画家，電気器具商(社史)

[12]幸喜　こうき
幸喜勇　こうき・いさむ　沖縄石油ガス(株)社長，浦添地所(株)社長(日典3)
幸喜孤洋　こうき・こよう　「幸喜孤洋詩集」脈発行所(日典3)
幸喜時昌　こうき・じしょう　豪農(姓氏沖縄)
幸喜達道　こうき・たつみち　印刷工(社史)
幸喜良秀　こうき・りょうしゅう　演出家(日人)

[13]幸節　こうせつ
幸節静彦　こうせつ・しずひこ　「検察証拠論」協和図書出版(日典3)
幸節みゆき　こうせつ・みゆき　大阪学院大学国際学部教授(日典3)
幸節雄二　こうせつ・ゆうじ　九州大学大学院工学研究院教授(日典3)

[14]幸徳　こうとく
幸徳駒太郎　こうとく・こまたろう　薬種商(アナ)
幸徳秋水　こうとく・しゅうすい　社会主義者(コン5)
幸徳多治　こうとく・たじ　幸徳秋水の母(アナ)
幸徳千代子　こうとく・ちよこ　幸徳秋水の妻(女史)
幸徳幸衛　こうとく・ゆきえ　画家(美家)

【443】幹

幹　みき
幹佳奈子　みき・かなこ　レスリング選手(日典3)
幹掌　みき・しょう　CGデザイナー(日典3)
幹社二　みき・そうじ　「切手ひみつ事典」学習研究社(日典3)
幹てつや　みき・てつや　タレント(テレ)
幹英生　みき・ひでお　画家(日典3)

[3]幹山　かんざん；みきやま
幹山伝七　かんざん・でんしち　陶工(コン4)
幹山伝七　みきやま・でんしち　陶芸家(先駆)

幺部

【444】幼

[4]幼方　うぶかた
幼方喜代子　うぶかた・きよこ　ハウスキーパー(社史)
幼方直吉　うぶかた・なおきち　中国・アジア問題研究家(平和)

【445】幾

[2]幾乃　いくの
幾乃伸　いくの・しん　政治家，実業家(社史)

[4]幾井　いくい
幾井真水　いくい・しんすい　高知県議会議員(社史)

广部（広）

⁵幾世橋　きよはし
　幾世橋衣　きよはし・きぬ　海軍軍令部筆生（社史）

幾代　いくよ
　幾代通　いくよ・とおる　法学者（日人）
　幾代雄四郎　いくよ・ゆうしろう　スミス・バーニー証券東京支店調査部ファーストバイスプレジデント（日典3）

幾左田　きさだ
　幾左田昌宏　きさだ・まさひろ　陶芸家（陶工）
　幾左田隆二　きさだ・りゅうじ　住金物産特別顧問（日典3）

幾石　きせき
　幾石致夫　きせき・むねお　マーケティング研究者（現執2期）

⁷幾志　きし
　幾志新吉　きし・しんきち　国立防災科学技術センター（国典）

⁹幾度　いくたび；きど
　幾度永　いくたび・えい　三越常務（日典3）
　幾度矩方　いくたび・のりまさ　協和醱酵常務（日典3）
　幾度啓　きど・あきら「繁盛旅館の謎」三五館

¹⁰幾島　いくしま；いくじま
　幾島賢治　いくしま・けんじ「燃料電池の話」化学工業日報社（日典3）
　幾島信子　いくしま・のぶこ　歌人（奈良文）
　幾島伊作　いくじま・いさく「数学入門」フタバ書房（日典3）

广部

【446】　広

広　こう；ひろ；ひろし
　広咢甫　こう・がくほ　押花作家（日典）
　広慶太郎　ひろ・けいたろう　実業家（日人）
　広弘江　ひろし・ひろえ「ぼくは一平」葦書房（日典3）

³広上　ひろかみ
　広上淳一　ひろかみ・じゅんいち　指揮者（音人3）
　広上精一　ひろかみ・せいいち「管理職トラブル対策の実務と法」民事法研究会（日典3）
　広上塔貫　ひろかみ・とうかん　僧侶（日典3）

⁴広内　ひろうち；ひろない
　広内捷彦　ひろうち・かつひこ　映画撮影監督
　広内士郎　ひろうち・しろう　不二製油取締役相談役（日典3）
　広内哲夫　ひろない・てつお　経営情報システム専門家（現執2期）

⁵広本　こうもと；ひろもと
　広本肇　こうもと・はじめ　桐友学園園長（国典）
　広本進　ひろもと・すすむ　日本画家（日人）

広本フサ　ひろもと・ふさ　平和運動家（日人）

⁶広羽　ひろは；ひろば
　広羽孝清　ひろは・たかきよ「経済学はじめの一歩」三恵社（日典3）
　広羽春夫　ひろば・はるお　（株）コマツ・キャリヤ・クリエイト業務部長（日典3）

⁷広住　ひろすみ；ひろずみ
　広住康子　ひろすみ・やすこ　岩谷産業生活本部（日典）
　広住久道　ひろずみ・きゅうどう　民権運動家（姓氏静岡）

広沢　ひろさわ；ひろざわ
　広沢真臣　ひろさわ・さねおみ　志士、政治家（コン4）
　広沢安任　ひろさわ・やすとう　陸奥会津藩士（日人）
　広沢恒文　ひろざわ・つねふみ　くみひも職人（日典）
　広沢虎造〔2代〕　ひろざわ・とらぞう　浪曲師（史人）

広谷　ひろたに；ひろや
　広谷和夫　ひろたに・かずお　能楽師（能狂言）
　広谷マサ　ひろたに・まさ　詩人（北海道文）
　広谷源治　ひろや・げんじ　漁業家（青森人）
　広谷俊二　ひろや・しゅんじ　社会運動家（世紀）

⁹広海　ひろうみ；ひろみ
　広海二三郎　ひろうみ・にさぶろう　事業家（コン5）
　広海二三郎〔5代〕　ひろうみ・にさぶろう　北前船主（石川百）
　広海貫一　ひろみ・かんいち　熱帯魚商（アナ）

広津　ひろず；ひろつ
　広津倫子　ひろず・ともこ　翻訳家（日典）
　広津和郎　ひろつ・かずお　小説家、評論家（コン4）
　広津柳浪　ひろつ・りゅうろう　小説家（コン5）

広狩　ひろかり
　広狩亮　ひろかり・あきら　ヴィオラ奏者（演奏）
　広狩章栄　ひろかり・りえ　チェロ奏者（演奏）

広神　ひろかみ；ひろがみ
　広神三木雄　ひろかみ・みきお　沖電気工業（株）情報処理事業部数値制御営業部長（日典3）
　広神定五郎　ひろがみ・さだごろう　政治家（群馬人）

¹⁰広恵　ひろえ
　広恵章利　ひろえ・あきとし　技術コンサルタント（日典3）
　広恵吉久雄　ひろえ・きくお「古今作家人名辞典」葛城書店（日典3）

広畠　ひろはた；ひろばた
　広畠幾太郎　ひろはた・いくたろう　華道家（郷土和歌山）
　広畠鋤則　ひろはた・じょわ　華道家（日典）
　広畠康裕　ひろばた・やすひろ　豊橋技術科学大学工学部助教授（日典）

[447] 広渡 ひろわたり

- 広渡孝一郎　ひろわたり・こういちろう　建築家（日典3）
- 広渡こみち　ひろわたり・こみち「偲ぶ」そうぶん社出版（日典3）
- 広渡清吾　ひろわたり・せいご　ドイツ法学者，民法学者（現執4期）
- 広渡孝　ひろわたり・たかし　写真家（写人）
- 広渡常敏　ひろわたり・つねとし　演出家，劇作家（現情）

【447】庄

庄中 しょうなか
- 庄中健吉　しょうなか・けんきち　俳人（現俳）

庄司見 しょうじけん
- 庄司見友治　しょうじけん・ともじ　日刊スポーツ新聞新社屋建設事務局長（日典）

庄次 しょうじ
- 庄次教敬　しょうじ・のりたか　水車発電装置の考案者（人情）

庄谷 しょうや
- 庄谷邦幸　しょうや・くにゆき　日本経済論学者（現執3期）
- 庄谷征美　しょうや・まさみ　八戸工業大学学長
- 庄谷怜子　しょうや・れいこ　仏教大学大学院社会福祉学研究科教授，大阪府立大学名誉教授（日典3）

庄垣内 しょうがいと；しょうごうち
- 庄垣内正弘　しょうがいと・まさひろ「ロシア所蔵ウイグル語文献の研究」京都大学大学院文学研究科（日典3）
- 庄垣内譲　しょうごうち・ゆずる　JR西日本企画推進部営業開発室長（日典）

庄島 しょうしま；しょうじま
- 庄島与志秀　しょうしま・よしひで「かとうれいこ写真集—この愛のすべて」ワニブックス（JM）
- 庄島修　しょうじま・おさむ「相続税法基本通達・財産評価基本通達逐条解説」大蔵財務協会（日典）
- 庄島道子　しょうじま・みちこ　ソプラノ歌手（音人3）

【448】床

床井 とこい
- 床井啓太郎　とこい・けいたろう「西洋古典資料の組織的保存のために」一橋大学社会科学古典資料センター（日典3）
- 床井浩平　とこい・こうへい「GLUTによるOpenGL入門」工学社（日典3）
- 床井定司　とこい・さだじ　陶芸家（陶芸最）
- 床井重男　とこい・しげお　大阪大学事務局長（日典3）
- 床井雅美　とこい・まさみ　ジャーナリスト（現執3期）

床田 とこた；とこだ
- 床田亮一　とこた・りょういち　翻訳家（日典）
- 床田和隆　とこだ・かずたか　フォトジャーナリスト（日典3）
- 床田健三　とこだ・けんぞう　大阪市議（日典）

床次 とこなみ
- 床次正精　とこなみ・せいせい　洋画家（朝日）
- 床次隆志　とこなみ・たかし　高校野球監督（日典3）
- 床次竹二郎　とこなみ・たけじろう　政治家（コン5）
- 床次徳二　とこなみ・とくじ　政治家（政治）
- 床次正精　とこなみ・まさよし　洋画家（日人）

床島 しょうじま；とこしま
- 床島美香　しょうじま・みか　福岡県青年海外協力協会副会長（日典3）
- 床島正志　とこしま・まさし「ケアのこころと倫理」梓書院（日典3）

床鍋 とこなべ
- 床鍋繁則　とこなべ・しげのり　オホーツク網走農協名誉組合員（日典3）
- 床鍋剛彦　とこなべ・たけひこ　調布学園女子短期大学講師（日典3）
- 床鍋博人　とこなべ・ひろと　医師（日典3）

【449】店

店村 たなむら
- 店村新次　たなむら・しんじ　フランス文学者（現執1期）
- 店村真積　たなむら・まずみ　ヴィオラ奏者（演奏）

店橋 たなはし
- 店橋秀夫　たなはし・ひでお　法務省矯正局法務事務官（国典）

【450】府

府馬 ふま
- 府馬清　ふま・きよし　小説家（郷土千葉）
- 府馬茂男　ふま・しげお　エステー化学常務（日典3）

【451】度

度 わたり
- 度睦子　わたり・むつこ「まなこ」（国典）

度会 わたらい
- 度会雪山　わたらい・せつざん　大和芝村藩中老（藩臣4）
- 度会宣孝　わたらい・のぶお「吾妻鏡の中の加藤景廉・遠山景朝父子」岩波出版サービスセンター（製作）（日典3）
- 度会博文　わたらい・ひろぶみ　プロ野球コーチ（日典3）
- 度会弘康　わたらい・ひろやす「白馬山麓撮り歩記」日本写真企画（日典3）

广部(庫,座,庭,庵)

度会好一　わたらい・よしいち「明治の精神異説」岩波書店(日典3)

【452】 庫

⁵庫本　くらもと

庫本恵範　くらもと・けいはん　僧(日人)
庫本茂二郎　くらもと・しげじちろう　光洋精工常務(日典3)
庫本高志　くらもと・たかし「マウス・ラット実験ノート」羊土社(日典3)
庫本正　くらもと・ただし　博物館学芸員(児人)
庫本康　くらもと・やすし「やさしい国税徴収法」大蔵財務協会(日典3)

【453】 座

³座小田　ざこた

座小田豊　ざこた・ゆたか「ヘーゲル」講談社(日典3)

⁵座主　ざす

座主成一　ざす・せいいち　石川県教育センター研修指導主事(日典)

座古　ざこ

座古愛子　ざこ・あいこ　長加部寅吉の恋人(社史)
座古勝　ざこ・まさる　大阪大学名誉教授(日典3)

座田　さいだ

座田太氏　さいだ・ひろうじ　京都上賀茂社の祠官(日人)
座田司氏　さいだ・もりうじ　神職、歴史研究家(神У)

⁶座光寺　ざこうじ

座光寺昭典　ざこうじ・あきのり　北海道新聞編集局写真部長(日典3)
座光寺厚　ざこうじ・あつし「喬木村伊久間諏訪社史」南信州新聞社出版局(日典3)
座光寺亭人　ざこうじ・ていじん　俳人(俳文)
座光寺久男　ざこうじ・ひさお　政治家(姓氏長野)
座光寺公明　ざこうじ・ひろあき　作曲家、ピアニスト(作曲)

座安　ざやす

座安盛徳　ざやす・せいとく　沖縄のジャーナリスト(アナ)
座安政侑　ざやす・まさゆき「都道府県別日本の地理データマップ」小峰書店(日典3)
座安盛徳　ざやす・もりのり　琉球放送会長、沖縄タイムス相談役(日典3)
座安盛弘　ざやす・もりひろ　(株)日本アドバンストシステム常務取締役(日典3)

⁸座波　ざは

座波貞子　ざは・さだこ「クッキングノート」クッキングノート出版事務局(日典3)
座波圭美　ざは・たまみ「教育のトレンド」明石書店(日典3)

座波嘉彬　ざは・よしあき　関西沖縄県人会鯰江支部副部長(社史)

¹⁰座馬　ざんま

座馬耕一郎　ざんま・こういちろう　日本モンキーセンターリサーチフェロー(日典3)
座馬忠衛　ざんま・ちゅうえ　伊藤万常務(日典3)
座馬純己　ざんま・よしみ　川崎重工業理事(紳士)

¹²座間味　ざまみ

座間味栄議　ざまみ・えいぎ「オバアが拝む火の神と屋敷の御願」むぎ社(日典3)
座間味香深　ざまみ・かふか「察度王ものがたり」むぎ社(日典3)
座間味盛保　ざまみ・せいほ　小学校教員(社史)
座間味宗徳　ざまみ・そうとく「泡盛収集40余年「異風・奇才・天才」」沖縄県泡盛オークション公社(日典3)
座間味宗和　ざまみ・むねかず　日立梅ケ丘病院精神科児童部長、茨城キリスト教大学文学部教員(日典3)

【454】 庭

¹¹庭崎　にわさき；にわざき

庭崎信　にわさき・のぶ「逆流する黄河」講談社(日典3)
庭崎辰雄　にわざき・たつお「事例で分かる任意団体を認可団体にするときの設立・運営マニュアル」日本法令(日典3)

【455】 庵

⁷庵沢　いおりざわ

庵沢義夫　いおりざわ・よしお　セルロイドプレス工(社史)

庵谷　いおりたに；いおりや；おおたに

庵谷賢一　いおりたに・けんいち「超快速勉強法」すばる舎リンケージ(すばる舎(発売)(日典3)
庵谷磐　いおりや・いわお　中国帰国者問題同友会代表幹事(日典)
庵谷行亨　おおたに・ぎょうこう　立正大学仏教学部宗学科教授(日典)

⁹庵前　あんのまえ；あんまえ

庵前拓也　あんのまえ・たくや　湯浅商事専務(日典3)
庵前重和　あんのまえ・しげかず　松山家裁所長

¹⁰庵原　あんばら；いおはら；いおばら；いはら

庵原高子　あんばら・たかこ　小説家(日典)
庵原朝儀　いおはら・ともよし　近江彦根藩家老(日人)
庵原助右衛門　いおばら・すけえもん　近江彦根藩家老(人名)
庵原順一　いはら・じゅんいち　水産学者(日人)

¹¹庵逧　あんざこ

庵逧巖　あんざこ・いわお　国語教育研究者(現執1期)

庵逧由香　あんざこ・ゆか　「朝鮮民族解放運動の歴史」法政大学出版局（日典3）

【456】康

康　こう
　康奉雄　こう・たてお　ノンフィクション作家（日典3）
　康智三　こう・ともぞう　「定量分析化学」培風館（日典3）
　康浩郎　こう・ひろお　映画監督（映監）
　康光岐　こう・みつき　「今、伝えたいことば残したいことば」風媒社（日典3）
　康ヨシノリ　こう・よしのり　俳優（テレ）

[5]康本　やすもと
　康本雅子　やすもと・まさこ　ダンサー（テレ）
　康本征史　やすもと・まさふみ　「未来型歯科医院をつくろう」医学情報社（日典3）

【457】廉

廉　かど；れん
　廉了　かど・さとる　三和総合研究所研究員（日典）
　廉升烈　れん・しょうれつ　ヤマトシステム（株）開発システム統括部・システム開発部プロジェクトテクニカルアーキテクチャー（日典3）

[5]廉田　かだ
　廉田俊二　かどた・しゅんじ　メインストリーム協会代表（日典3）
　廉田裕一　かどた・ひろかず　映画監督（映監）
　廉田浩　かどた・ひろし　九州大学大学院芸術工学研究院教授（日典3）

[7]廉沢　かどさわ
　廉沢和美　かどさわ・かずみ　「小動物画像診断マニュアル」学窓社（日典3）
　廉沢剛　かどさわ・つよし　「小動物画像診断マニュアル」学窓社（日典3）
　廉沢誠　かどさわ・まこと　社会運動家（社史）

[11]廉野　かどの
　廉野潔　かどの・きよし　「和西農業技術用語集」国際協力事業団（日典3）

【458】廓

廓　かまえ
　廓正子　かまえ・まさこ　産経新聞編集委員（日典3）

廴部

【459】延

延　えん；のび；のぶ；のべ
　延禎　えん・てい　「知られざる日本占領—ウィロビー回顧録」番町書房（JM）

　延池元　のび・いけもと　農民（社史）
　延美緒　のぶ・みお　「冬薔薇」延美緒（JM）
　延一平　のべ・いっぺい　「初歩の麻雀」土屋書店（日典3）

[5]延広　のぶひろ
　延広真治　のぶひろ・しんじ　近世文学者（現執4期）
　延広知児　のぶひろ・ともじ　「日本における古代・中世「東欧」史関係研究文献目録」立正大学西洋史研究会（日典3）

延永　のぶなが
　延永計介　のぶなが・けいすけ　三洋化成工業常務（日典）
　延永忠次　のぶなが・ただみ　「曼荼羅」葉文館出版（日典）
　延永正　のぶなが・まさし　九州大助教授（国典）

[6]延吉　のぶよし
　延吉仁太郎　のぶよし・にたろう　別府駅長（大分歴）
　延吉正清　のぶよし・まさきよ　医師（日典3）
　延吉実　のぶよし・みのる　作家（日典3）

延安　のぶやす
　延安昭一　のぶやす・しょういち　テノール歌手,音楽マネージャー（音人3）
　延安敬子　のぶやす・たかこ　パッケージデザイナー（日典3）

[7]延谷　のぶたに；のべたに
　延谷文子　のぶたに・ふみこ　「青い花」書肆亥工房（日典3）
　延谷俊雄　のべたに・としお　富山化学工業常務（日典3）

[8]延命　えんめい
　延命隆　えんめい・たかし　山一証券副会長（日典）
　延命直松　えんめい・なおまつ　朝日麦酒社長（人情）

延岡　のぶおか；のべおか
　延岡繁　のぶおか・しげる　「スウェーデン人の観た日本」中部大学,風媒社（発売）（日典3）
　延岡健太郎　のべおか・けんたろう　「MOT「技術経営」入門」日本経済新聞社（日典3）
　延岡静雄　のべおか・しずお　音楽教室主宰（日典3）

[10]延兼　のぶかね
　延兼数之助　のぶかね・かずのすけ　財政学者（現執1期）

延原　のぶはら；のべはら
　延原謙　のぶはら・けん　英米文学翻訳家,小説家（日人）
　延原大川　のぶはら・だいせん　農民騒擾事件責任者（世紀）
　延原敬　のべはら・たかし　日本総合研究所アジア研究センター所長（日典）

延島　のぶしま；のべしま；のべじま
　延島英一　のぶしま・えいいち　印刷工,社会運動家（アナ）
　延島英一　のべしま・えいいち　「農業の起源」拓南社（JM）

延島留吉　のべじま・とめきち　平民社シンパ（社史）

延時　のぶとき；のべとき
延時安庸　のぶとき・やすのり　NDB会長（日典3）
延時秀一　のべとき・しゅういち　グラフィックデザイナー（日典3）

[18]延藤　えんどう；のぶとう
延藤安以子　えんどう・あいこ「私の花ものがたり」風媒社
延藤安弘　えんどう・やすひろ　都市住宅計画研究者,生活空間計画研究者（現執4期）
延藤艮亮　のぶとう・ごんすけ　リョービ監査役（日典）
延藤遵　のぶとう・じゅん「瑞浪超深地層研究所における工学技術に関する検討」日本原子力研究開発機構（日典3）

【460】廴

廴　めぐり
廴由美子　めぐり・ゆみこ　ピアニスト（演奏）
廴洋子　めぐり・ようこ　淑徳大学国際コミュニケーション学部講師（日典3）

[7]廴谷　めぐりや
廴谷正英　めぐりや・まさひで「蒸気機関車日本編」小学館（書籍）
廴谷義治　めぐりや・よしはる「農家と市民でつくる新しい市民農園」農山漁村文化協会（日典3）

【461】建

建　たて
建孝三　たて・こうぞう　ギタリスト（音人）
建豊男　たて・とよお　著述家（日典3）
建みさと　たて・みさと　タレント（テレ）

[2]建入　たちいり；たていり
建入則久　たちいり・のりひさ　弁護士（日典3）
建入ひとみ　たちいり・ひとみ　ジャーナリスト（日典）
建入登美　たていり・とみ「季（とき）の調べに」花神社（日典3）

[4]建元　たてもと
建元正弘　たてもと・まさひろ　経済学者（世紀）
建元緑　たてもと・みどり　ぎゃるりー・ポアール経営（日典3）

[5]建田　たけだ；たてだ
建田恭一　たけだ・きょういち　元・京都女子大学教授（日典）
建田人成　たてだ・ひとなり　東京音大講師・企画室長（日典）

建石　たていし
建石一郎　たていし・いちろう　ノンフィクション・ライター,自治体職員（日典3）
建石繁明　たていし・しげあき　松本大学教授（日典）
建石修志　たていし・しゅうじ　イラストレーター（児人）
建石辰治　たていし・たつじ　大阪府議,大阪府森林組合連合会長（日典3）
建石竜平　たていし・りゅうへい　大阪府立成人病センター副医長（国典）

[8]建林　たてばやし
建林邦信　たてばやし・くにとし　建林松鶴堂社長（日典）
建林賢司　たてばやし・けんじ　著述業（日典3）
建林静枝　たてばやし・しずえ　建林松鶴堂社長,日本漢方生薬製剤協会副会長（日典3）
建林頌雅　たてばやし・しょうが　薬剤師,漢方研究家（日典）
建林正喜　たてばやし・まさき　経済学者（現執1期）

[10]建宮　たけのみや；たてみや
建宮敬仁　たけのみや・ゆきひと　明治天皇第二皇子（日典3）
建宮努　たてみや・つとむ「監査・証明業務」中央経済社（日典3）
建宮幸　たてみや・みゆき　アロマセラピーインストラクター（日典3）

建畠　たてはた
建畠晢　たてはた・あきら　詩人,美術評論家（現詩）
建畠覚造　たてはた・かくぞう　彫刻家（日人）
建畠大夢　たてはた・たいむ　彫刻家（コン5）
建畠嘉門　たてはた・よしかど　建築家（美建）

[11]建部　たけべ；たてべ
建部到　たけべ・いたる　植物ウイルス学者（日人）
建部遜吾　たけべ・とんご　社会学者（コン5）
建部恵潤　たてべ・えじゅん　植物研究家（植物）
建部有典　たてべ・ゆうてん　音楽教育者,全日本合唱連盟理事（山形百新）

建野　たての
建野郷三　たての・きょうぞう　官僚,実業家（藩臣7）
建野堅誠　たての・けんせい　長崎県立大学経済学部流通学科教授（日典3）
建野郷三　たての・ごうぞう　官僚,実業家（コン5）
建野友保　たての・ともやす　フリーライター（日典3）

廿部

【462】廿

[3]廿千　はたち
廿千松二　はたち・まつじ　大阪相互銀行社長（紳士）

[4]廿日出　はつかで
廿日出逸暁　はつかで・いつあき　国立国会図書館館長（日典3）
廿日出彪　はつかで・ひろし　学校創立者（学校）

廿日出富貴子　はつかで・ふきこ「セレナーデ」美研インターナショナル(日典3)
廿日出要之進　はつかで・ようのしん　実業家(創業)
廿日出芳郎　はつかで・よしろう　会計学・経営学者(現執1期)

[13] 廿楽　つづら

廿楽軍次　つづら・ぐんじ「凍土とまみれて」(JM)
廿楽幸次　つづら・こうじ　住金和歌山鉱化相談役・元社長(日典3)
廿楽順治　つづら・じゅんじ「化車」思潮社(日典3)
廿楽正治　つづら・まさはる「もう書いてもいいですね。」有朋書院(日典3)
廿楽美登利　つづら・みどり　写真家(写人)

【463】弁

[4] 弁天丸　べんてんまる

弁天丸孝　べんてんまる・たかし「石の巻弁」恵比須晋八(日典3)

[12] 弁開　べんかい

弁開凧次郎　べんかい・たこじろう　牛馬商、獣医師(日人)

弌部

【464】式

式　しき

式恵美子　しき・えみこ「退院支援から在宅ケアへ」筒井書房(日典3)
式正次　しき・せいじ　新聞経営者(日人)
式貴士　しき・たかし　小説家(小説)
式輝子　しき・てるこ　赤ひげ塾講師会会長(日典3)
式正英　しき・まさひで　地誌学者,地形学者(現執2期)

[6] 式地　しきじ；しきち

式地晧　しきじ・あきら　京都タワー取締役相談役(日典3)
式地亀七　しきじ・かめしち　篤農家(日人)
式地俊穂　しきじ・としほ「蘭花は散れり一ある日系軍官の記録」式地俊穂(JM)

[9] 式城　しきじょう

式城京太郎　しきじょう・きょうたろう「2B弾・銀玉戦争の日々」新評社(日典3)

[12] 式場　しきば；ぶじょう

式場壮吉　しきば・そうきち　レーシングドライバー(世紀)
式場隆三郎　しきば・りゅうざぶろう　精神医学者,美術評論家(日人)
式場翼男　ぶじょう・よくだん「中学入試まんが攻略bon！つるかめ算」学習研究社(日典3)

弓部

【465】弓

[8] 弓波　ゆば；ゆみなみ

弓波瑞明　ゆば・ずいみょう　浄土真宗本願寺派僧侶(日人)
弓波瑞明　ゆみなみ・ずいみょう　浄土真宗本願寺派僧侶(真宗)

[9] 弓削　ゆげ

弓削経一　ゆげ・つねかず　医師(近医)
弓削達　ゆげ・とおる　西洋史学者(日人)
弓削智久　ゆげ・ともひさ　俳優(テレ)
弓削春穂　ゆげ・はるお　郷土史家(郷土)
弓削正継　ゆげ・まさつぐ　地下(日人)

弓削田　ゆげた

弓削田英一　ゆげた・えいいち　石炭鉱害事業団理事長,資源エネルギー庁石炭部長(日典3)
弓削田秋江　ゆげた・しゅうこう　新聞人(世紀)
弓削田ソラ　ゆげた・そら「「神ながらの道」探訪記」寺内印刷製本(日典3)
弓削田緋紗子　ゆげた・ひさこ「森の鱗粉」紅天社(日典3)
弓削田靖彦　ゆげた・やすひこ　ニチイ常務,国土庁官房審議官(日典3)

[10] 弓倉　ゆくら；ゆみくら

弓倉恒男　ゆくら・つねお　神戸海洋博物館館長代理(日典3)
弓倉繁家　ゆみくら・しげいえ　歯科医学者(日人)
弓倉礼一　ゆみくら・れいいち　経営者(日人)

弓家　ゆげ

弓家七郎　ゆげ・しちろう　明大名誉教授(人情)

弓桁　ゆみけた；ゆみげた

弓桁あや　ゆみけた・あや「映画俳優池部良」ワイズ出版(日典3)
弓桁久光　ゆみけた・ひさみつ　山脇学園短期大学英文科非常勤講師(日典3)
弓桁義雄　ゆみげた・よしお「野球選手のメンタルトレーニング」ベースボール・マガジン社(日典3)

弓納　ゆなみ

弓納持茂　ゆなみ・もちしげ　社会運動家(アナ)

弓納持　ゆみなもち

弓納持太無　ゆみなもち・たいむ「書写書道入門」桐蔭教育研究所(日典3)
弓納持福夫　ゆみなもち・ふくお　写真家(日典3)
弓納持充代　ゆみなもち・みつのり　東京エレクトロニクスシステムズ設計二部機械設計担当(日典3)

[11] 弓崎　ゆみさき；ゆみざき

弓崎寛二郎　ゆみさき・かんじろう　日本共産青年同盟五校班責任者(社史)
弓崎達記　ゆみざき・たつき　医師(大分歴)

弓崎恭俊　ゆみざき・やすとし「いっきにWord 97 for Windows」宝島社（日典3）
弓張　ゆみはり
　弓張美希　ゆみはり・みき　ピアニスト（演奏）
[12]弓場　ゆうば；ゆば；ゆみば
　弓場徹　ゆうば・とおる　声楽家（テノール）（演奏）
　弓場勇　ゆば・いさむ　海外農業指導者（日人）
　弓場史郎　ゆみば・しろう「越智野」やどりぎ短歌会（日典3）
[16]弓館　ゆだて
　弓館小鰐　ゆだて・しょうがく　新聞記者, スポーツ評論家（日人）

【466】引

[3]引土　ひきつち
　引土花女　ひきつち・はなじょ「花辛夷」（国典）
　引土道雄　ひきつち・みちお　合気道家（日典3）
[4]引木　ひきぎ
　引木孝夫　ひきぎ・たかお　アイスホッケー選手兼監督（人情）
　引木浩　ひきぎ・ひろし　アイスホッケー選手（日典3）
[5]引田　ひきた；ひきだ
　引田天功〔2代〕　ひきた・てんこう　奇術師（世紀）
　引田早香　ひきだ・さやか「しっかりもうけるFX（外国為替証拠金取引）」毎日コミュニケーションズ（日典3）
　引田稔　ひきだ・みのる　活水女子大教授（日典）
[6]引地　ひきじ；ひきち
　引地秀司　ひきじ・しゅうじ「多良岳の休日」長崎新聞社（日典3）
　引地忠　ひきじ・ただし　栃木県議（無所属）（日典）
　引地幸右衛門　ひきち・こううえもん　政治家（姓氏家系）
　引地洋輔　ひきち・ようすけ　歌手（テレ）
[9]引重　ひろしげ
　引重雄三　ひろしげ・ゆうぞう「Final ver.4.0 ブック―完全活用テクニック」日本ソフトバンク出版事業部（JM）
[10]引馬　ひきま；ひくま
　引馬基彦　ひきま・もとひこ「分析情報の自動処理」日刊工業新聞社（日典3）
　引馬滋　ひくま・しげる　日本銀行理事（日典3）
　引馬基彦　ひくま・もとひこ　味の素中央研究所（国典）
[12]引場　ひきば
　引場進　ひきば・すすむ　全国鉄美術連盟会員（国典）
　引間　ひきま；ひくま
　引間潔　ひきま・きよし　弓道家, 弓道範士, 歯科医（弓道）
　引間博愛　ひきま・ひろよし　労働運動家（世紀）
　引間博愛　ひくま・ひろよし　労働運動家（日人）

[19]引瀬　ひきせ
　引瀬達　ひきせ・たつ　大阪電気労働組合執行委員（社史）

【467】弘

弘　こう；ひろ
　弘好文　こう・よしふみ　北大教授（日典）
　弘英正　ひろ・ひでまさ　出版事業家（視覚）
　弘鴻　ひろ・ひろし　明倫館助教（日人）
[5]弘世　ひろせ
　弘世現　ひろせ・げん　実業家（コン4）
　弘世助市　ひろせ・すけいち　近江商人（日人）
　弘世助三郎　ひろせ・すけさぶろう　実業家（コン）
　弘世助太郎　ひろせ・すけたろう　実業家（日人）
　弘世保三郎　ひろせ・やすさぶろう　薬学者（渡航）
[8]弘法　こうぼう
　弘法健三　こうぼう・けんぞう「水の科学・土の科学」共立出版（日典3）
　弘法春見　こうぼう・はるみ　小説家（世紀）
[9]弘重　ひろしげ
　弘重一明　ひろしげ・かずあき　大阪地裁総括判事（日典3）
　弘重寿輔　ひろしげ・じゅすけ　医師（学校）
　弘重モミ　ひろしげ・もみ　和光学園元理事長（人情）
　弘重雄三　ひろしげ・ゆうぞう「最新パソコン通信入門」ソフトバンク出版事業部（日典3）
[10]弘兼　ひろかね；ひろがね
　弘兼憲史　ひろかね・けんし　漫画家（日人）
　弘兼憲史　ひろがね・けんし　漫画家（漫画）
　弘原海　わだずみ；わだつみ
　弘原海剛　わだずみ・つよし「まずはこれだけ！ストレッチ」遊タイム出版（日典3）
　弘原海清　わだつみ・きよし　大阪市立大学名誉教授（日典）
[13]弘勢　こうせい
　弘勢憲二　こうせい・けんじ　ジャズピアニスト（ジャ）

【468】弟

[3]弟子　てし；でし
　弟子豊治　てし・とよじ　屈斜路コタンアイヌ民俗資料館館長（人情）
　弟子吉治郎　でし・きちじろう　メディア・コーディネーター（日典3）
　弟子丸　てしまる；でしまる
　弟子丸千代　てしまる・ちよ　オートレーサー（日典）
　弟子丸悟　でしまる・さとる　元湧代表取締役（日典3）
　弟子丸泰仙　でしまる・たいせん　僧侶（日人）

【469】 弦

[8]**弦念　つるねん**
　弦念丸呈　つるねん・まるてい　政治家（現政）

[9]**弦巻　つるまき**
　弦巻克二　つるまき・かつじ　奈良女子大学文学部教授（日典3）
　弦巻七十郎　つるまき・しちじゅうろう　「大日本国地図」弦巻直吉（日典）
　弦巻松蔭　つるまき・しょういん　書家（日典）
　弦巻隆義　つるまき・たかよし　「世界一周サイクリングの旅」芸文堂（日典3）
　弦巻裕　つるまき・ゆたか　映画録音技師（映人）

[12]**弦間　げんま**
　弦間昭彦　げんま・あきひこ　「肺癌診療Q&A」中外医学社（日典3）
　弦間明　げんま・あきら　資生堂相談役、山梨県人会連合会長（日典3）
　弦間耕一　げんま・こういち　「和算家物語」叢文社（日典3）
　弦間冬樹　げんま・ふゆき　郷土史家（神奈川人）
　弦間渉　げんま・わたる　大成ポリマー社長（人情）

【470】 弥

[5]**弥永　いやなが；やなが**
　弥永昌吉　いやなが・しょうきち　数学者（日人）
　弥永貞三　いやなが・ていぞう　日本史学者（日人）
　弥永和子　やなが・かずこ　声優（テレ）
　弥永真生　やなが・まさお　筑波大学社会科学系教授（現執4期）

弥田　いよだ；やた；やだ
　弥田智一　いよだ・ともかず　「ボール物理化学」化学同人（日典3）
　弥田けい　やた・けい　「紅牡丹」東京四季出版（日典）
　弥田清　やだ・きよし　空将（日典3）

[6]**弥吉　やよし**
　弥吉菅一　やよし・かんいち　近世文学研究家、国語教育・児童文学研究家（世紀）
　弥吉健生　やよし・けんせい　俳優（テレ）
　弥吉作次郎　やよし・さくじろう　弓道家、弓道精錬證（弓道）
　弥吉禎次　やよし・ていじ　弓道家,弓道錬士（弓道）
　弥吉光長　やよし・みつなが　出版人（出文）

[7]**弥谷　みたに；やたに**
　弥谷まゆ美　みたに・まゆみ　作家（日典）
　弥谷醇平　やたに・じゅんぺい　ニッカウ井スキー社長（日典）

[9]**弥政　いよまさ**
　弥政きょう介　いよまさ・きょうすけ　「中学校音楽科」明治図書出版（日典3）
　弥政洋太郎　いよまさ・ようたろう　医師（近医）

弥津　ねず
　弥津昌司　ねず・まさし　茨城リコー社長（人情）

[10]**弥酒　やさか**
　弥酒太郎　やさか・たろう　京都帝国大学共産主義グループ関係者（社史）

弥益　やます
　弥益厚　やます・あつし　日本共産党党員（社史）
　弥益五郎　やます・ごろう　「ソ連政治犯収容所の大暴動」(国典)
　弥益祥純　やます・よしずみ　山口大学名誉教授（日典3）

[11]**弥冨　いやどみ；やとみ**
　弥冨とき子　いやどみ・ときこ　「鏡山」文学の森（日典3）
　弥冨尚志　いやどみ・なおし　「問題解決に役立つ品質管理」誠文堂新光社（日典3）
　弥冨栄恒　やとみ・えいかん　詩人（日典3）
　弥冨忠夫　やとみ・ただお　大分短期大学学長（日典）

弥勒　みろく
　弥勒祐徳　みろく・すけのり　画家（日典3）
　弥勒猛　みろく・たけし　テレビディレクター（日典3）
　弥勒忠史　みろく・ただし　声楽家、オペラ演出家（日典3）
　弥勒武吉　みろく・ぶきち　実業家（日人）
　弥勒美彦　みろく・よしひこ　ミロク社長（日典3）

[12]**弥富　いやとみ；いやどみ；やとみ；やどみ**
　弥富喜三　いやとみ・きさぶ　名古屋大名誉教授（日典）
　弥富春吉　いやどみ・はるきち　「ひとり旅―弥冨春吉集」近代文芸社（JM）
　弥富啓之助　いやどみ・けいのすけ　衆議院事務総長,人事院総裁（青森人）
　弥富節子　やどみ・せつこ　洋画家（日典）

【471】 強

[5]**強矢　きょうや；すねや**
　強矢邦生　きょうや・ほうせい　「FM音源サウンドコレクション」小学館（日典3）
　強矢良輔　すねや・りょうすけ　剣術家（埼玉人）
　強矢良輔源武行　すねや・りょうすけみなもとのたけゆき　剣術家（埼玉百）

[19]**強瀬　こわせ**
　強瀬幸蔵　こわせ・こうぞう　弓道家,弓道錬士（弓道）
　強瀬浄真　こわせ・じょうしん　「The seven secrets of John」ロータス・ステュディオ（日典）
　強瀬タツ　こわせ・たつ　教育者（埼玉人）
　強瀬洋一　こわせ・よういち　熊谷市立玉井小学校教諭（日典3）
　強瀬亮子　こわせ・りょうこ　「蜷川幸雄と「さいたまゴールド・シアター」の500日」平凡社（日典3）

弓部(張)　彑部(当)　彡部(形)

【472】張

張　ちょう；はり
　張慶二郎　ちょう・けいじろう　漫画家（漫人）
　張月戴　ちょう・げったい　画家（幕末）
　張景春　はり・かげはる　農民（社史）
　張景春　はり・けいはる　農民（姓氏鹿児島）
[12]張替　はりがい；はりかえ；はりがえ
　張替いづみ　はりがい・いずみ　考古学（日典）
　張替恵子　はりかえ・けいこ　研究者（児人）
　張替智広　はりがえ・ともひろ　ドラム奏者（テレ）
張間　はりま
　張間石蔵　はりま・いしぞう　旧ソ連で粛清された可能性のある日本人（社史）
　張間喜一　はりま・きいち　漆芸家（美工）
　張間麻佐緒　はりま・まさお　漆芸家（日人）
　張間ミカ　はりま・みか　小説家（日典3）

彑部
【473】当

当　あたり
　当卓也　あたり・たくや「ゆっくり急げ二級販売士完璧合格」エムエス経営研究所（日典3）
　当藤禎　あたり・ふじてい　農民（社史）
　当義弘　あたり・よしひろ「玉手箱をあなたにも」角川学芸出版，角川グループパブリッシング（発売）
[3]当山　あたりやま；とうやま
　当山清　あたりやま・きよし　実業家（社史）
　当山久三　とうやま・きゅうぞう　民権運動家（コン5）
　当山哲夫　とうやま・てつお　ジャーナリスト（日人）
[7]当別当　とうべっとう
　当別当季正　とうべっとう・すえまさ　検事（現執3期）
当利　あたり
　当利和成　あたり・かずなり「視聴覚芸術方法試論」（国典）
当谷　とうたに
　当谷雅子　とうたに・もとこ「夏休み」（国典）
[8]当舎　とうしゃ
　当舎勝次　とうしゃ・かつじ「The 10th International Conference on Shot Peening」ショットピーニング技術協会（日典3）
　当舎万寿夫　とうしゃ・ますお　気象庁（国典）
[9]当津　とうず；とうつ
　当津武彦　とうず・たけひこ　大阪大学名誉教授（日典）
　当津隆　とうつ・たかし　元・姫路学院女子短期大学児童教育科教授（日典）

　当津武彦　とうつ・たけひこ「アリストテレス『詩学』の研究」大阪大学出版会（日典3）
[10]当真　とうま
　当真江理子　とうま・えりこ　歌手（日典3）
　当真嗣一　とうま・しいち　沖縄県立博物館学芸課長（日典）
　当真嗣光　とうま・しこう　東京沖縄県人会理事（日典）
　当真嗣合　とうま・しごう　新聞記者（コン）
　当真荘平　とうま・そうへい「生と死の谷間」出版・大永（日典3）
[11]当麻　たいま；とうま
　当麻喜一郎　たいま・きいちろう　全日本煙草労働組合宣伝部長（社史）
　当麻武男　たいま・たけお　土地家屋調査士（青森人）
　当麻辰次郎　とうま・たつじろう　園芸家（日人）
　当麻嘉英　とうま・よしひで　陶芸家（陶工）
[12]当間　とうま
　当間修一　とうま・しゅういち　指揮者（音人3）
　当間重剛　とうま・じゅうごう　政治家（日人）
　当間重慎　とうま・じゅうしん　新聞記者，政治家（社史）
　当間重民　とうま・じゅうみん　政治家（姓氏沖縄）
　当間美恵蔵　とうま・みえぞう　俳優（女形）（新芸）
[14]当銘　とうめ；とうめい；とめい
　当銘由金　とうめ・ゆうきん　教育家（出文）
　当銘ジョセフ　とうめい・じょせふ「Walk in Minamata, learn from Minamata」Kumamoto Nichinichi Shimbun（日典3）
　当銘芳郎　とめい・よしろう　俳人（日典）
[15]当摩　たえま；とうま
　当摩祐子　たえま・ゆうこ「個人情報保護の実務と漏洩防止策のすべて」日本実業出版社（日典3）
　当摩建　とうま・けん　三菱アルミニウム（株）技術研究所主任研究員（日典3）
　当摩寿史　とうま・ひさし　映画監督（映監）

彡部
【474】形

[4]形井　かたい
　形井秀一　かたい・しゅういち　筑波大学理療科教員養成施設（日典）
[5]形田　かただ
　形田粂次　かただ・くめじ　住倉工業常務（日典3）
　形田藤太　かただ・とうた　国文学者（世紀）
[10]形浦　かたうら
　形浦昭克　かたうら・あきかつ「2つの顔を持つ臓器扁桃とその病気」南山堂（日典3）
　形浦安治　かたうら・やすじ「カルシウム鋼」丸善（日典3）

[11]形部　ぎょうぶ
　形部脩　ぎょうぶ・おさむ　福井新聞敦賀支社長（日典）

【475】彦

彦　げん
　彦一彦　げん・かずひこ　洋画家,版画家（日典3）
[5]彦田　ひこた；ひこだ
　彦田敬次郎　ひこた・けいじろう　江戸川区（東京都）区会議長（日典3）
　彦田毅　ひこた・たけし　高校教師（日典）
　彦田勇次　ひこだ・ゆうじ「タレット旋盤」共立出版（日典3）
彦由　ひこよし
　彦由一太　ひこよし・かずた　日本史研究者（史研）
　彦由亀一　ひこよし・かめいち　横浜市教育長（日典3）
　彦由常宏　ひこよし・つねひろ　テレビプロデューサー（日典3）
　彦由三枝子　ひこよし・みえこ「今昔物語集人名人物総索引」政治経済史学会（日典3）

【476】彩

彩　あや；さい
　彩町子　あや・まちこ「桜舞う」海鳥社（日典3）
　彩愛玲　さい・あいりん　ハープ奏者（日典3）
　彩明日迦　さい・あすか　ライター（日典3）
[5]彩田　あやた；さいだ
　彩田万由　あやた・まゆ「銀座ホステス囲われ日記」ベストセラーズ（日典3）
　彩田義夫　さいだ・よしお「青春模様」彩光社
[7]彩里　あやさと；さいり
　彩里美月　あやさと・みつき「ラズベリーキスで目覚めて」集英社（日典3）
　彩里れい　さいり・れい「アルファ脳波応答せよ！」経営文化総合機構（日典3）

【477】彭

[9]彭城　さかき
　彭城嘉津馬　さかき・かつま　実業家（土木）
　彭城中平　さかき・ちゅうへい　満洲探検家（日人）
　彭城貞徳　さかき・ていとく　洋画家（日人）
　彭城秀子　さかき・ひでこ　舞踊家（日人）
　彭城昌仁　さかき・まさひと　造船工学者（人名）

【478】影

[4]影木　えいき；かげき
　影木栄貴　えいき・えいき　漫画家（漫人）

　影木荘一郎　かげき・そういちろう　三信建材社社長（日典3）
　影木准子　かげき・のりこ　科学ジャーナリスト（日典）
[6]影向　ようこう
　影向範昭　ようこう・のりあき「歯科医のためのパーソナルドラッグ」デンタルダイヤモンド社（日典3）
[7]影佐　かげさ
　影佐禎昭　かげさ・さだあき　陸軍軍人（コン5）
　影佐拙郎　かげさ・せつろう　国策パルプ工業常務取締役旭川工場長（日典3）
[11]影崎　かげさき；かげざき
　影崎夕那　かげさき・ゆうな「ヴィシャス」コアマガジン（JM）
　影崎由那　かげさき・ゆな「おにいちゃん・コントロール」双葉社（日典3）

イ部

【479】役

[3]役山　やくやま
　役山礼子　やくやま・れいこ　社会事業家（日人）
[9]役重　やくしげ
　役重隆子　やくしげ・たかこ「蠍の羽根」柊書房
　役重真喜子　やくしげ・まきこ　地方公務員,作家（現執4期）
　役重道明　やくしげ・みちあき　日立ライフ顧問（日典）
　役重佳広　やくしげ・よしひろ「開閛」遊美工房（日典3）

【480】往

[5]往田　おおた；ゆくた
　往田久美雄　おおた・くみお「虹渡る」にれ発行所（日典）
　往田俊雄　ゆくた・としお　グレースジャパン（株）アミコン事業部（日典）
[15]往蔵　おうくら
　往蔵稲史仁　おうくら・としひと　インテリアデザイナー（日典3）
　往蔵久雄　おうくら・ひさお「うずら山遺跡緊急発掘調査概要」福光町教育委員会（日典3）
　往蔵保雄　おうくら・やすお　欄間彫り（人情）

【481】征

[5]征矢　そや
　征矢かおる　そや・かおる　女優,童話作家（テレ）
　征矢克己　そや・かつみ　弓道家,弸師（弓道）
　征矢清　そや・きよし　編集者,童話作家（幻想）
　征矢剛　そや・たけし　童画家（児人）

征矢泰子　そや・やすこ　詩人,児童文学作家,小説家(京都文)
征矢野　せやの；そやの
　征矢野晃雄　せやの・あきお　哲学者(哲学)
　征矢野晃雄　そやの・てるお　哲学者(世紀)
　征矢野半弥　そやの・はんや　代議士(日人)

【482】　彼

彼末　かのすえ；かれすえ
　彼末一之　かのすえ・かずゆき　「やさしい生理学」南江堂(日典3)
　彼末宏　かのすえ・ひろし　洋画家(日人)
　彼末徳雄　かれすえ・とくお　「満洲林業外史―山樵夜話　満洲木材水送論」大空社(日典3)
　彼末れい子　かれすえ・れいこ　「ほほえみの人」風来舎(日典3)
[7]彼谷　かや
　彼谷邦光　かや・くにみつ　「環境ホルモンとダイオキシン」裳華房(日典3)
　彼谷浩一郎　かや・こういちろう　日本総合研究所人事部調査役(日典3)
　彼谷俊夫　かや・としお　千葉大学教養部教授(人情)
　彼谷芳水　かや・ほうすい　漆芸家(日典3)

【483】　住

住住　とこすみ
　住住彰文　とこすみ・あきふみ　「心の計算理論」東京大学出版会(日典3)
　住住雅司　とこすみ・まさつか　和歌山大教授(日典)

【484】　徂

[11]徂徠　そらい
　徂徠俊彦　そらい・としひこ　僧侶(日典3)
　徂徠三十六　そらい・みそろく　日本文理大学工学部経営工学科助教授(日典3)
　徂徠道夫　そらい・みちお　「磁気化学」みすず書房(JM)

【485】　後

後　うしろ
　後栄治　うしろ・えいじ　高校野球監督(日典3)
　後英太郎　うしろ・えいたろう　「新しいセメントとセメント技術」誠文堂新光社(日典3)
　後勝彦　うしろ・かつひこ　写真家(日典3)
　後恵子　うしろ・けいこ　「レクイエム」鉱灯社(日典3)
　後房雄　うしろ・ふさお　政治学者,行政学者(現執4期)
[3]後上　あとがみ；ごかみ；ごがみ
　後上昌弘　あとがみ・まさひろ　藤倉化成常務(日典3)
　後上鉄夫　ごかみ・てつお　国立特殊教育総合研究所重複障害教育研究部長(日典)
　後上辰雄　ごがみ・たつお　「幸手町誌」国書刊行会(日典3)
後小路　うしろしょうじ
　後小路薫　うしろしょうじ・かおる　「勧化本の研究」和泉書院(日典3)
　後小路雅弘　うしろしょうじ・まさひろ　研究者(現執4期)
後山　あとやま；うしろやま
　後山繁仁　あとやま・しげひと　日本食品社長(日典)
　後山繁之　あとやま・しげゆき　日本食品社長(日典)
　後山一朗　うしろやま・いちろう　写真家(日典)
　後山尚久　うしろやま・たかひさ　「女性と男性の更年期Q&A」ミネルヴァ書房(日典3)
後川　あとかわ；うしろかわ；うしろがわ；しっかわ
　後川聡之　あとかわ・としゆき　空手選手(日典)
　後川昭雄　うしろかわ・あきお　東京大宇宙航空研助教授(国典)
　後川佳織　うしろがわ・かおり　タレント(テレ)
　後川文蔵　しっかわ・ぶんぞう　実業家(日人)
[4]後内　うしろうち
　後内道子　うしろうち・みちこ　「心臓病の理解のために」創元社(日典3)
[5]後出　あとで；のちいで；のちで
　後出逸平　あとで・いっぺい　「木瓜の花びら」(JM)
　後出豊　のちいで・ゆたか　元・日本鉄道建設公団理事(日典)
　後出進一郎　のちで・しんいちろう　全国金属副委員長(日典)
後田　うしろだ；ごだ
　後田逸馬　うしろだ・いつま　「シニア王国・鹿児島」春苑堂出版(日典3)
　後田茂　うしろだ・しげる　教育学者(現執1期)
　後田敏　ごだ・さとし　「はじめてのPICアセンブラ入門」CQ出版(日典3)
　後田四郎　ごだ・しろう　大日本塗料常務(日典3)
[6]後池田　ごいけだ
　後池田真也　ごいけだ・しんや　小説家(幻想)
[7]後呂　うしろ
　後呂忠一　うしろ・ただかず　「専門教養(社会)」弘文社(書籍)
　後呂光義　うしろ・みつよし　インテック・ウェブ・アンド・ゲノム・インフォマティクス会長(日典3)
　後呂康人　うしろ・やすひと　「足技最強レッスン」白夜書房(日典3)
後尾　ごのお
　後尾哲也　ごのお・てつや　統計学者(現執1期)
後沢　あとざわ；うしろざわ；ごさわ；ござわ
　後沢恒子　あとざわ・つねこ「交配」新星書房(日典3)

イ部（待, 得, 御）

後沢憲志　うしろざわ・けんじ　リンゴ栽培研究者（植物）
後沢重雄　ごさわ・しげお　「いのちの呼応」思潮社（日典3）
後沢剣　ござわ・けん　「さよなら、おっとせい」近代文芸社（JM）

後谷　うしろたに；ごたに
　後谷清美　うしろたに・きよみ　女優（日典）
　後谷良夫　ごたに・よしお　一吉証券相談役（日典）

⁸後岡　のちおか
　後岡満寿次郎　のちおか・ますじろう　印刷工（社史）

後迫　うしろさこ；うしろざこ
　後迫奉文　うしろさこ・もとひろ　陶芸家（陶工）
　後迫潤　うしろざこ・じゅん　「SI Object Browserではじめる DBシステム構築入門」翔泳社（日典3）

⁹後神　ごかん；ごこう
　後神俊文　ごかん・としふみ　玉野高等学校校長（日典3）
　後神秀運　ごこう・ひでかず　神職（神人）

¹⁰後原　せどはら
　後原富　せどはら・ひさし　高校教師（広島・瀬戸内高）（日典）

後宮　うしろく
　後宮淳　うしろく・じゅん　陸軍軍人（コン4）
　後宮俊夫　うしろく・としお　牧師（現情）
　後宮虎郎　うしろく・とらお　外交官（日人）
　後宮ひろみ　うしろく・ひろみ　イラストレーター（日典3）
　後宮敬爾　うしろく・よしや　「キリストにある生」日本キリスト教団出版局（日典3）

¹²後閑　こが；ごかん
　後閑菊野　こが・きくの　教育家（人名2）
　後閑菊野　ごかん・きくの　教育者（日人）
　後閑林平　ごかん・りんぺい　研究者（世紀）

¹³後路　うしろ
　後路好章　うしろ・よしあき　編集者（日児）

¹⁸後藤　ごとう
　後藤象二郎　ごとう・しょうじろう　土佐藩士, 政治家（コン4）
　後藤新平　ごとう・しんぺい　政治家（コン5）
　後藤宙外　ごとう・ちゅうがい　小説家, 編集者, 評論家（コン5）
　後藤文夫　ごとう・ふみお　政治家（コン4）
　後藤隆之助　ごとう・りゅうのすけ　政治家（コン4）

後藤田　ごとうだ
　後藤田純生　ごとうだ・すみお　音楽教育者（音人3）
　後藤田正純　ごとうだ・まさずみ　政治家（現政）
　後藤田正晴　ごとうだ・まさはる　官僚, 政治家（コン4）
　後藤田三朗　ごとうだ・みつお　写真家（写人）
　後藤田みどり　ごとうだ・みどり　日本舞踊師範, エッセイスト, 小説家（四国文）

【486】　待

¹⁰待島　まちじま；まつしま
　待島克史　まちじま・かつし　システム監査技術者（日典3）
　待島亮　まちじま・りょう　「小笠原戦跡一覧」創英社（日典3）
　待島佐和子　まつしま・さわこ　タレント（日典）

¹¹待鳥　まちとり；まちどり
　待鳥初民　まちとり・はつたみ　トーホー代表取締役社長（日典）
　待鳥喜久大　まちどり・きくお　協和ビル社長, 大濠花壇会長, 福岡文化連盟理事（日典3）
　待鳥初民　まちどり・はつたみ　実業家（創業）

【487】　得

³得丸　えまる；とくまる
　得丸大輔　えまる・だいすけ　ジャパンデベロプメント社取締役（日典）
　得丸あした　とくまる・あした　「子どもたちが教えてくれた。幸福の法則11」メディアファクトリー（日典）
　得丸久文　とくまる・くもん　日商岩井エアロスペース・ヨーロッパ事務所副所長（日典3）

¹⁰得能　とくの；とくのう
　得能愛子　とくの・あいこ　「まみちゃんのすてきないちにち」共同文化社（日典3）
　得能通弘　とくの・みちひろ　「みんなおなじでもみんなちがう」福音館書店（日典3）
　得能亜斯登　とくのう・あすと　伊予宇和島藩士（日人）
　得能良介　とくのう・りょうすけ　薩摩藩士, 官僚（コン4）

【488】　御

³御子柴　みこしば
　御子柴朔朗　みこしば・さくろう　教育者（長野歴）
　御子柴昭治　みこしば・しょうじ　教育相談員（YA）
　御子柴鉄史　みこしば・てつし　小学校教員（社史）
　御子柴初子　みこしば・はつこ　女優（映女）
　御子柴杜雄　みこしば・もりお　俳優（男優）

⁴御手洗　みたらい；みたらし；みてあらい
　御手洗毅　みたらい・たけし　実業家（日人）
　御手洗清　みたらし・きよし　「遠州偉人伝」（国典）
　御手洗満　みてあらい・みつる　総合催眠研究所所長（国典）

御木　みき
　御木白日　みき・しらひ　詩人（大阪文）
　御木徳近　みき・とくちか　宗教家（コン4）
　御木徳一　みき・とくはる　宗教家（日人）

イ部(御)

御木宏美　みき・ひろみ　小説家(幻想)

5御代　みよ
御代英資　みよ・えいすけ「沖縄エイサー誕生ばなし」東洋出版(日典3)
御代弦　みよ・げん　弓道家,弓道範士(弓道)

御代田　みよた；みよだ
御代田育雄　みよた・いくお　沖電気工業(株)情報処理事業部総合技術部技師長(日典3)
御代田敬一　みよた・けいいち　(財)国際臨海開発研究センター第1調査研究部部長(日典)
御代田雅敬　みよだ・まさのり　日本興業銀行国際金融調査部調査役(日典)
御代田豊　みよだ・ゆたか　教育者(福島百)

御代梅　みようめ
御代梅この　みようめ・この　殺人事件被害者(女性普)

御本　みもと
御本小一郎　みもと・こいちろう　教育者(視覚)

御正　みしょう
御正伸　みしょう・しん　洋画家,挿絵画家(美家)
御正安雄　みしょう・やすお「取引契約の法律と実務手続き」日本実業出版社(日典3)

御田　おだ；おんだ；みた
御田定蔵　おだ・さだぞう　友愛会関係者(社史)
御田重宝　おんだ・しげたか　作家(現執4期)
御田昭雄　みた・あきお　工業技術院主席研究官(日典3)

6御庄　みしょう
御庄博実　みしょう・ひろみ　詩人・医師(現詩)

御江　みご
御江久夫　みご・ひさお　植物研究家(植物)

御池　おいけ；おんち；みいけ
御池恵津　おいけ・えつ　歌人(日典)
御池英雄　おんち・ひでお「子育ての知恵」(JM)
御池鮎樹　みいけ・あゆき　フリーライター(日典)

7御坂　みさか
御坂慶一郎　みさか・けいいちろう「トロンボーン入門」ドレミ楽譜出版社(日典3)
御坂真之　みさか・まさゆき　小説家(ミス)

御巫　みかなぎ；みかんなぎ
御巫清直　みかなぎ・きよなお　神官,国学者(日人)
御巫清允　みかなぎ・きよのぶ　医師(現執2期)
御巫清直　みかんなぎ・きよなお　神官,国学者(国史)
御巫清生　みかんなぎ・きよなり　神職(国書)

御村　みむら
御村良隆　みむら・よしたか「ならないタイコ」文化書房博文社(日典3)

御沢　みさわ
御沢金弥　みさわ・きんや　公法(人書)
御沢昌弘　みさわ・まさひろ　詩人(日典3)

[488]

8御供　みとも
御供盛　みとも・さかり「水明」新星書房(日典3)
御供文範　みとも・ふみのり「海辺の点景」常陽新聞社(日典3)
御供平佶　みとも・へいきち　歌人(日人)
御供政紀　みとも・まさのり「頭部CT徹底診断」医学書院(日典3)
御供泰治　みとも・やすはる「生体防御機能障害」メディカ出版(日典3)

御供田　ごくでん
御供田あい子　ごくでん・あいこ　川柳作家(石川文)
御供田幸子　ごくでん・さちこ　女優(日典3)
御供田瑞男　ごくでん・みずお　アマ棋士(人情)

御沓　おくつ；みくつ
御沓知克　おくつ・ともかつ「山靴の足あと」GCNS,出版共同販売(発売)(日典3)
御沓蔵人　みくつ・くらと　長湯温泉協会長(大分歴)
御沓重徳　みくつ・しげのり　長湯温泉協会理事長(大分歴)

御法川　みのりかわ
御法川富夫　みのりかわ・とみお　漫画家(漫人)
御法川直三郎　みのりかわ・なおさぶろう　発明家(日典)
御法川信英　みのりかわ・のぶひで　政治家(現政)
御法川英文　みのりかわ・ひでふみ　政治家(現政)
御法川博　みのりかわ・ひろし「会計に於ける真実の報告について」(国典)

御牧　みまき
御牧克己　みまき・かつみ「梶山雄一著作集」春秋社(日典3)
御牧守一　みまき・しゅいち「ヨナ書壹解」バックストン記念霊交会(日典3)
御牧碩太郎　みまき・せきたろう　牧師(キリ)
御牧拓郎　みまき・たくろう「初心者のための機械製図」森北出版(日典3)
御牧義太郎　みまき・よしたろう　医師,社会事業家(岡山歴)

9御前　ごぜん；みさき
御前零士　ごぜん・れいじ　小説家(幻想)
御前七郎右衛門　みさき・しちろうえもん　政治家(和歌山人)
御前昌一　みさき・しょういち　和歌山県民謡連合会理事長(日典3)

御室　みむろ
御室健一郎　みむろ・けんいちろう　浜松信用金庫理事長,浜松商工会議所会頭(日典3)
御室龍　みむろ・たつ　札幌学院大学大学院法学研究科講師(日典3)
御室竜　みむろ・りゅう「銀行取引の実際と基礎」銀行研修社(JM)

御津　みと
御津磯夫　みと・いそお　歌人(日典3)
御津磯雄　みと・いそお　医師,歌人(近医)

イ部（御）

御荘　みしょう
　御荘金吾　みしょう・きんご　放送作家（四国文）
¹⁰御宮知　おんぐうち
　御宮知樹　おんぐうち・たてき　三和銀行ニューメディア室次長（人情）
御射山　みさやま
　御射山宇彦　みさやま・うひこ　占い師（日出3）
　御射山令元　みさやま・れいげん　「恋も仕事もひとめでわかる！ 0学相性ヘキサゴン」主婦と生活社（日出3）
御旅屋　おたや；みたびや
　御旅屋太作　おたや・たさく　植物研究家（植物）
　御旅屋勘尚文　おたや・なおふみ　公認会計士,税理士（日出3）
　御旅屋長一　みたびや・ちょういち　「雪の音」（国典）
御舩　みふね
　御舩テル子　みふね・てるこ　児童文学作家（児作）
　御舩政明　みふね・まさあき　岡山大学助教授（日出3）
　御舩佳子　みふね・よしこ　「父マルコーニ」東京電機大学出版局（日出3）
¹¹御宿　おんじゅく；みしく；みしゅく；みやど
　御宿勘兵衛　おんじゅく・かんべえ　武将＝中世（人名1）
　御宿義　みしく・ただし　弁護士（現孰2期）
　御宿正倫　みしゅく・まさとも　今川氏家臣＝中世（戦東）
　御宿文　みやど・ふみ　「菊魂一歌集」（JM）
御笹　みささ
　御笹更男　みささ・こうき　中学教師,洋画家（日典3）
　御笹万隆　みささ・ばんりゅう　日本労働組合全国協議会メンバー（社史）
御船　みふね
　御船昭　みふね・あきら　「発明と特許戦略」東京化学同人（日出3）
　御船麻砥　みふね・あさと　「幽形聖境クークラ」講談社（日出3）
　御船淳　みふね・あつし　（株）ダイナワード取締役（日出3）
　御船千鶴子　みふね・ちずこ　透視能力者（コン5）
　御船綱手　みふね・つなて　日本画家（岡山歴）
¹²御厨　みくり；みくりや
　御厨恵子　みくり・けいこ　詩人（国典）
　御厨純一　みくりや・じゅんいち　洋画家（日人）
　御厨良一　みくりや・りょういち　教育者（世紀）
御喜　みき
　御喜正　みき・ただし　神田女学院役員（国典）
　御喜美江　みき・みえ　アコーディオン奏者（音人3）
御童　みどう
　御童魁　みどう・かい　小説家（幻想）
　御童カズヒコ　みどう・かずひこ　「元祖温泉ガッパドンバ」ブッキング（日出3）

¹³御勢　ごせ
　御勢久右衛門　ごせ・きゅうえもん　奈良県立五条高校教諭（国典）
御園　みその
　御園和夫　みその・かずお　英語学者（現孰3期）
　御園潔　みその・きよし　無線技士（社史）
　御園晴峰　みその・せいほう　俳優（新芸）
　御園直太郎　みその・なおたろう　写真家（写人）
　御園喜博　みその・よしひろ　農業経済学者（現孰2期）
御園生　みそのう；みそのお
　御園生卯七　みそのう・うしち　教育者（日人）
　御園生等　みそのう・ひとし　経済学者（世紀）
　御園生圭輔　みそのお・けいすけ　放射線医学者（世紀）
¹⁴御領　ごりょう
　御領謙　ごりょう・けん　千葉大学文学部教授（日典）
　御領鋼　ごりょう・ごう　「御領鋼句集」邑書林（日出3）
¹⁵御幡　おばた；みはた
　御幡雅文　おばた・まさふみ　中国語教師（渡航）
　御幡リツ　みはた・りつ　春日市教育委員（日典）
御影　みかげ
　御影一郎　みかげ・いちろう　「熱中」吉田純子（日出3）
　御影瑛路　みかげ・えいじ　小説家（幻想）
　御影公子　みかげ・きみこ　女優（映女）
　御影京子　みかげ・きょうこ　女優（映女）
　御影四郎　みかげ・しろう　「ホラーミステリー百ものがたり」秋元書房（日出3）
¹⁶御橋　みはし
　御橋公　みはし・こう　俳優（新芸）
　御橋広真　みはし・こうしん　「蛍光分光とイメージングの手法」学会出版センター（日出3）
　御橋惠言　みはし・とくげん　「平家物語略解」芸林舎（日出3）
御舘　おたち；みたち
　御舘久里恵　おたち・くりえ　「にほんごボランティア手帖」凡人社（日出3）
　御舘透　みたち・とおる　武道家（日出3）
御薗生　みそのう
　御薗生翁甫　みそのう・おうすけ　地方史研究家（史研）
御薬袋　みない
　御薬袋宣子　みない・のぶこ　ピアニスト（音人3）
¹⁷御輿　おごし
　御輿員三　おごし・かずぞう　英語・英文学者（現孰1期）
　御輿久美子　おごし・くみこ　「人クローン技術は許されるか」緑風出版（日出3）
　御輿哲也　おごし・てつや　「〈移動〉の風景」世界思想社（日出3）

イ部(復,徳)

【489】 復

⁵復本 ふくもと
復本一郎　ふくもと・いちろう　近世文学者,近現代俳句学者(現俳)

【490】 徳

²徳力 とくりき
徳力真太郎　とくりき・しんたろう　元海上保安庁職員(国典)
徳力富吉郎　とくりき・とみきちろう　版画家(日人)
徳力彦之助　とくりき・ひこのすけ　京都大学工学部(国典)
徳力牧之助　とくりき・まきのすけ　陶芸家(美工)
徳力孫三郎　とくりき・まごさぶろう　陶芸家(美工)

³徳久 とくひさ
徳久勲　とくひさ・いさお　ジャーナリスト(現執4期)
徳久捨馬　とくひさ・すてま　軍人(高知人)
徳久恒敏　とくひさ・つねとし　志士(日人)
徳久恒範　とくひさ・つねのり　肥前佐賀藩士(日人)
徳久芳郎　とくひさ・よしお　産業評論家,会社役員(現執4期)

徳大地 とくだいち
徳大地昭年　とくだいち・あきとし　「嘗てのロゴスと其億兆」(国典)

徳大寺 とくだいじ
徳大寺有恒　とくだいじ・ありつね　自動車評論家(世紀)
徳大寺公純　とくだいじ・きんいと　公家(コン4)
徳大寺実則　とくだいじ・さねつね　公家(コン4)
徳大寺実則　とくだいじ・さねのり　公家(コン改)
徳大寺伸　とくだいじ・しん　俳優(新芸)

徳山 とくざん;とくやま
徳山暉純　とくざん・きじゅん　「ボロン」木耳社(JM)
徳山勝弥太　とくやま・かつやた　弓道家,弓道範士(弓道)
徳山璉　とくやま・たまき　歌手(日人)

徳川 しくがわ;とくがわ
徳川英子　しくがわ・ひでこ　徳川慶喜の11女(女性)
徳川夢声　とくがわ・むせい　放送芸能家,随筆家(コン4)
徳川慶喜　とくがわ・よしのぶ　江戸幕府第15代将軍(コン4)

⁵徳弘 とくひろ
徳弘太鞣　とくひろ・たいむ　一絃琴奏者(新芸)

徳弘隆　とくひろ・たかし　篤農家,地方自治功労者(高知人)
徳弘董斎　とくひろ・とうさい　砲術家,南画家(日人)
徳弘正也　とくひろ・まさや　漫画家(漫人)
徳弘勝　とくひろ・まさる　郷土史家(郷土)

徳末 とくすえ;とくまつ
徳末悦子　とくすえ・えつこ　ピアニスト(音人3)
徳末知夫　とくすえ・ともお　実業家(日人)
徳末義子　とくまつ・のりこ　声楽家(音楽)

徳生 とくしょう;とくせい
徳生光央　とくしょう・みつなか　「かんたん！知って得する保証人の法律知識」青山ライフ出版(日典3)
徳生忠常　とくせい・ただつね　丸興(現・ダイエーオーエムシー)専務(日典3)
徳生勇二　とくせい・ゆうじ　国際インベストメントファイナンス社長(日典3)

徳田 とくた;とくだ
徳田浩淳　とくた・こうじゅん　郷土史家(郷土)
徳田進　とくた・すすむ　日本文学者(現執2期)
徳田球一　とくだ・きゅういち　政治家(コン4)
徳田秋声　とくだ・しゅうせい　小説家(コン5)

⁶徳地 とくち
徳地市次　とくち・いちじ　宮崎県議(社会党)(日典3)
徳地昭治　とくち・しょうじ　「京の織物語佐波理」京都書院(日典3)
徳地清六　とくち・せいろく　「ツベルクリン反応・BCG接種」結核予防会(日典3)
徳地立人　とくち・たつひと　中信証券董事総経理(日典3)
徳地典孝　とくち・のりたか　東洋経済新報社出版局次長(日典3)

⁷徳沢 とくさわ;とくざわ
徳沢不洞庵　とくさわ・ふどうあん　茶道家(茶道)
徳沢隆枝　とくざわ・たかえ　洋画家(女性普)
徳沢守俊　とくざわ・もりとし　陶芸家(陶工)

徳谷 とくたに;とくや
徳谷健　とくたに・けん　「池田町民話集」池田町(日典3)
徳谷昌勇　とくたに・まさお　経済学者(現執3期)
徳谷徳之助　とくや・とくのすけ　社会学者(心理)

⁹徳南 とくなみ;とくなん
徳南晴一郎　とくなみ・せいいちろう　漫画家(日児)
徳南晴一郎　とくなん・せいいちろう　漫画家(幻想)

¹⁰徳倉 とくくら;とくら
徳倉青湖　とくくら・せいこ　「一握の鈴蘭」えぞう社(日典3)
徳倉修三　とくら・しゅうぞう　大成化工社長,徳倉建設監査役(日典3)

徳倉六兵衛　とくら・ろくべえ　政治家(姓氏愛知)

徳差　とくさし
徳差健三郎　とくさし・けんざぶろう　青森市長島小学校(国典)
徳差藤兵衛〔4代〕　とくさし・とうべえ　東津軽郡筒井村の庄屋(青森人)
徳差藤兵衛〔6代〕　とくさし・とうべえ　政治家(青森人)
徳差敏行　とくさし・としゆき　青森県ボート協会会長(青森人)
徳差豊治　とくさし・とよじ　徳差式水車の発明者(青森人)

徳留　とくとめ；とくどめ
徳留斌　とくとめ・さかん　教育者,政治家(姓氏鹿児島)
徳留新一郎　とくとめ・しんいちろう　文筆家(日典)
徳留一博　とくとめ・かずひろ　医師(日典3)
徳留仙太郎　とくとめ・せんたろう　畜産農家(姓氏鹿児島)

[12]徳善　とくぜん；とくよし
徳善義和　とくぜん・よしかず　牧師,キリスト教神学者(現執4期)
徳善義光　とくぜん・よしみつ　技師(土木)
徳善義光　とくよし・よしみつ　「橋梁工学」産業図書(日典3)

徳賀　とくが
徳賀和男　とくが・かずお　「気象いろはかるた」日本図書刊行会(日典3)
徳賀芳弘　とくが・よしひろ　研究者(現執4期)

[13]徳照　とくてる
徳照貞郎　とくてる・さだお　セールスマネジャー(現執4期)

[14]徳増　とくます
徳増栄太郎　とくます・えいたろう　「産業革命」東洋経済新報社(日典3)
徳増源太郎　とくます・げんたろう　政治家(神奈川人)
徳増須磨夫　とくます・すまお　実業家(世紀)
徳増倶洪　とくます・ふみひろ　証券アナリスト：会社役員(現執3期)
徳増益江　とくます・ますひろ　歌手(新芸)

部首4画

心部

【491】　心

心　こころ；しん
心あゆみ　こころ・あゆみ　「アリス微熱38℃」小学館(日典3)
心公也　しん・こうや　「人間倦怠」講談社出版サービスセンター(日典3)

【492】　応

[6]応地　おうじ；おうち
応地利明　おうじ・としあき　人文地理学者(現執2期)
応地恭子　おうち・きょうこ　東海大学講師(日典)

[8]応和　おうわ
応和邦昭　おうわ・くにあき　「食と環境」東京農業大学出版会(日典3)
応和俊雄　おうわ・としお　「溶接」朝倉書店(日典3)
応和靖浩　おうわ・やすひろ　近畿大学工学部機械工学科助教授(日典3)

応武　おうたけ；おおたけ
応武篤良　おうたけ・あつよし　大学野球監督(日典3)
応武善登　おおたけ・よしと　カノークス特別顧問(日典3)

【493】　忌

[11]忌野　いまわの
忌野清志郎　いまわの・きよしろう　ロック歌手(日人)

【494】　志

志々目　ししめ；しじめ
志々目昭郎　ししめ・あきお　中小企業金融公庫理事(日典)
志々目昌史　ししめ・まさし　「建設業JVの実務」清文社(日典3)
志々目篤子　しじめ・あつこ　「硫黄島上空に散る若桜」(JM)

[3]志子田　しこだ
志子田宣生　しこだ・のぶお　児童劇作家(児作)
志子田富寿子　しこだ・ふじこ　英文学者(児人)
志子田光雄　しこだ・みつお　英文学者(児人)

[4]志太　しだ
志太勤一　しだ・きんいち　シダックス社長(日典5)
志太勤　しだ・つとむ　実業家(現執4期)

志戸本　しともと；しどもと
志戸本慶七郎　しともと・けいしちろう　政治家(現政)
志戸本慶次郎　しともと・けいじろう　小林市長(日典)
志戸本耕道　しどもと・こうどう　「写真集明治大正昭和小林」国書刊行会(日典3)
志戸本佳孝　しどもと・よしたか　八千代エンジニアリング専務(日典3)

志手　して；しで
志手官兵衛　して・かんべえ　内川野村の自治功労者(大分歴)

心部（志）　　　　　　　　　　　　　　　　　　　　　　　　　　　　　　　　〔494〕

志手環　して・たまき　郷土史家（郷土）
志手環　しで・たまき　「山香郷土史」（国典）
志手理祐　しで・まさひろ　「立命館の英語」テイエス企画（日典3）

志水　しみず
志水晴児　しみず・せいじ　彫刻家（日人）
志水速雄　しみず・はやお　政治学者（世紀）

5志生野　しおの
志生野温夫　しおの・はるお　アナウンサー（テレ）

志立　したち；しだち；しだて
志立範蔵　したち・はんぞう　松江藩士（島根歴）
志立鉄次郎　しだち・てつじろう　銀行家（日人）
志立鉄次郎　しだて・てつじろう　銀行家（履歴）

6志多伯　したはく
志多伯永好　したはく・えいこう　沖縄タイムス運動部長兼論説委員（局次長待遇）（日典3）
志多伯永保　したはく・えいほ　赤琉会メンバー（社史）
志多伯克進　したはく・こくしん　沖縄教育労働者組合幹部（社史）
志多伯静子　したはく・しずこ　小学校教員（女運）

7志図川　しずかわ
志図川倫　しずかわ・りん　小説家（北海道文）

志岐　しき；しぎ
志岐守行　しき・もりゆき　鹿児島県士族（幕末）
志岐義晴　しき・よしはる　メッキ工（アナ）
志岐守治　しぎ・もりはる　陸軍軍人（陸海）

志甫　しほ
志甫雅楽三　しほ・うたえ　「箏曲入門練習曲集」邦楽社大阪支店（日典3）
志甫健吉　しほ・けんきち　日特金属工業顧問（日典3）
志甫昌治　しほ・しょうじ　童謡詩人（富山文）
志甫常次郎　しほ・つねじろう　弓道家、弓道範士（弓道）
志甫哲夫　しほ・てつお　協栄生命保険財務部長（人情）

8志波　しなみ；しば；しわ
志波和子　しなみ・かずこ　富山大学教育学部教授（日典）
志波三九郎　しば・さんくろう　政治家（日人）
志波六郎助　しわ・ろくろうすけ　社会教育家（波六）

志知　しち
志知朝江　しち・あさえ　ミシガン州立オークランド大学現代語学科日本語講師（日典3）
志知賢二　しち・けんじ　愛知時計電機会長（日典3）
志知賢三　しち・けんぞう　志知会長（日典3）
志知大策　しち・だいさく　（財）原子力弘済会（茨城県那珂郡東海村）（日典3）
志知亮　しち・りょう　飛行士（人名）

志苫　しとま
志苫裕　しとま・ゆたか　政治家（現政）

志茂　しも
志茂太郎　しも・たろう　書票家（出文）
志茂猶太郎　しも・なおたろう　地方政治家（岡山歴）
志茂碩敏　しも・ひろとし　イラン中世史学者（現執2期）
志茂美都世　しも・みつよ　バイオリニスト（音人2）
志茂慶明　しも・よしあき　実業家（札幌）

志茂田　しもだ
志茂田景樹　しもだ・かげき　小説家（日人）
志茂田誠諦　しもだ・じょうたい　「名城巡礼探訪・桜の城」ぶんか社（日典3）

9志保井　しぼい
志保井利夫　しぼい・としお　「エラスマス・H・M・ガワーとその係累」志保井和夫（日典3）

志保田　しおだ；しほた
志保田実　しおだ・みのる　「英国の未決勾留制度の研究」法務府法制意見第四局資料課（日典3）
志保田務　しほた・つとむ　図書館情報学者（現執4期）
志保田実　しほた・みのる　弁護士（日典3）

志保見　しほみ
志保見道雲　しほみ・どううん　曹洞宗大本山・永平寺顧問（日典3）

志度　しど
志度友視　しど・ともみ　「かさがみ」鳥影社（日典3）
志度藤雄　しど・ふじお　「クレール・ド・赤坂」料理顧問（人情）

志津田　しずた
志津田氏治　しずた・うじはる　海事法（現執1期）
志津田一彦　しずた・かずひこ　富山大学経済学部教授（日典3）
志津田兼三　しずた・けんぞう　高校教師（日典3）
志津田藤四郎　しずた・とうしろう　九州龍谷短期大学名誉教授（日典3）

志津野　しずの；しつの
志津野拙三　しずの・せつぞう　豊前小倉藩士（日人）
志津野知文　しずの・ともふみ　心理学者（現執3期）
志津野又郎　しつの・またろう　文筆家（社史）

10志連　しれん
志連政三　しれん・まさぞう　歌人（滋賀文）

志馬　しば；しめ
志馬琢哉　しば・たくや　俳優（男優）
志馬寛　しば・ひろし　「谷川岳」弘明堂書店（日典3）
志馬千佳　しめ・ちか　「妊娠力をつける漢方レッスン」主婦の友社（日典3）
志馬伸朗　しめ・のぶあき　「人工呼吸器関連肺炎のすべて」南江堂（日典3）

[495] 心部(忍)

[11]志都　しず
　志都一人　しず・かずと　「父と子の出発」青娥書房(日典)
志鳥　しどり
　志鳥栄八郎　しどり・えいはちろう　音楽評論家(世紀)
　志鳥学修　しどり・がくしゅう　社会学者(現執2期)
[12]志喜屋　しきや
　志喜屋文　しきや・あや　女優(日典3)
　志喜屋孝信　しきや・こうしん　教育者(日人)
志智　しち
　志智双六　しち・そうろく　劇作家(世紀)
志賀山　しがやま
　志賀山せい[13代]　しがやま・せい　舞踊家(女性普)
志達　したち
　志達定太郎　したち・じょうたろう　「会社所得税及営業収益税」(国典)
志道　しじ；しどう
　志道貫一　しじ・かんいち　海軍軍人(海越新)
　志道新之允　しじ・しんのじょう　留学生(海越新)
　志道不二子　しどう・ふじこ　「子育ていきいきアドバイスブック」海竜社(日典3)
　志道満夫　しどう・みつお　日本炭鉱労働組合委員長(日典)
[14]志熊　しくま；しぐま
　志熊起世女　しくま・きよじょ　俳人(女性普)
　志熊俊一　しくま・しゅんいち　柔道家(姓氏山口)
　志熊清記　しぐま・せいき　医師(幕末)
　志熊平治郎　しぐま・へいじろう　日発グループ中央研究所会長(日典)
[15]志潟　しがた
　志潟吉兵衛　しがた・きちべえ　農民(日人)
[16]志磨村　しまむら
　志磨村友太郎　しまむら・ともたろう　西部交通南海阪堺線支部メンバー(社史)
志築　しずき；しつき
　志築太郎　しずき・たろう　「珍紛漢」JDC(日典3)
　志築徹朗　しずき・てつろう　経済学者(現執1期)
　志築照和　しつき・てるかず　歯科医(日典)
[17]志謙　しかた
　志謙安重　しかた・やすしげ　和算家(数学)
[18]志藤　しとう；しどう
　志藤絢　しとう・あや　「Sky」スクウェア・エニックス(日典3)
　志藤春柳　しとう・しゅんりゅう　「晩学の旅」詩歌文学刊行会(日典3)
　志藤昭彦　しどう・あきひこ　ヨロズ会長(日典3)
　志藤義孝　しどう・よしたか　体育科教育学者(埼玉人)

[24]志鷹　したか
　志鷹健次郎　したか・けんじろう　「医療・薬価をめぐる諸問題」薬業時報社(日典3)
　志鷹定一　したか・さだかず　雷鳥荘創業者(日典)
　志鷹慎悟　したか・しんご　「楽しみながらスキーがうまくなる方法」ノースランド出版(日典3)
　志鷹伝平　したか・でんべい　北陸電気工事専務(日典3)
　志鷹光次郎　したか・みつじろう　登山ガイド(日人)

【495】　忍

忍　おし；しのび；しのぶ
　忍博次　おし・ひろつぐ　社会福祉学者(現執4期)
　忍条志郎　しのび・じょうしろう　「ひとり、ふたり、それ以上」新風舎(JM)
　忍節子　しのぶ・せつこ　女優(映女)
[5]忍田　おしだ；しのだ
　忍田光　おしだ・あきら　気功療術師(日典3)
　忍田和良　おしだ・かずよし　朝日大学大学院経営学研究科教授(日典)
　忍田和彦　のだ・かずひこ　「わが栄光の青春」第三文明社(日典3)
[6]忍成　おしなり
　忍成修吾　おしなり・しゅうご　俳優(日映男)
[7]忍足　おしあし；おしたり；おしだり
　忍足舜吾　おしあし・しゅんご　群馬大学工業短期大学部名誉教授(日典)
　忍足信太郎　おしたり・しんたろう　団扇職人(先駆)
　忍足亜希子　おしだり・あきこ　女優(テレ)
[8]忍垂　おしだれ
　忍垂常治郎　おしだれ・つねじろう　「阿呆曼陀羅」忍垂常治郎(JM)
[11]忍野　おしの；しのぶの
　忍野慶珠　おしの・けいしゅ　「アスラふたたび」角川書店(日典3)
　忍野しのぶ　おしの・しのぶ　「Single・mistress」青磁ビブロス(日典3)
　忍野タケル　しのぶの・たける　俳優(日典)
忍頂寺　にんじょうじ；にんちょうじ
　忍頂寺静村　にんじょうじ・せいそん　画家(兵庫人)
　忍頂寺務　にんじょうじ・つとむ　邦楽研究家(歌舞大)
　忍頂寺務　にんちょうじ・つとむ　邦楽研究家(音人)
　忍頂寺梅谷　にんちょうじ・ばいこく　画家(日人)

心部 (忰, 忽, 忠, 怡, 恢, 恒)

【496】 忰

³忰山　かせやま
　忰山紀一　かせやま・きいち「西鶴の妻」近代文芸社 (JM)

⁵忰田　かせだ
　忰田進一　かせだ・しんいち　企画工学研究所 (日典3)
　忰田好充　かせだ・よしみつ　田尻機械工業常務 (日典)

【497】 忽

⁷忽那　くつな
　忽那錦吾　くつな・きんご　著述家,画商 (日典3)
　忽那敬三　くつな・けいぞう「カラー図解哲学事典」共立出版 (日典3)
　忽那栄　くつな・さかえ　藤和不動産社長 (人情)
　忽那汐里　くつな・しおり　女優 (日映女)
　忽那将愛　くつな・まさちか　医師 (近医)

¹³忽滑谷　ぬかりや
　忽滑谷あき　ぬかりや・あき「茜雲」川島書店 (日典3)
　忽滑谷快二　ぬかりや・かいてん　仏教学者 (コン)
　忽滑谷岳峰　ぬかりや・がくほう「寄せなべ人生」大道印刷 (日典3)
　忽滑谷清　ぬかりや・きよし　東和メックス取締役相談役 (日典3)
　忽滑谷周司　ぬかりや・しゅうじ「折り紙の歩く恐竜, 走る恐竜」開成出版 (日典3)

【498】 忠

⁵忠平　ただひら
　忠平美幸　ただひら・みゆき　翻訳家 (日典3)
　忠平利太郎　ただひら・りたろう「ああ！シベリヤ捕虜収容所」(国典)

忠田　ただた；ちゅうだ
　忠田兵造　ただた・へいぞう　元朝日新聞監査役 (日典)
　忠田敏男　ちゅうだ・としお　郷土史家 (日典3)
　忠田富太郎　ちゅうだ・とみたろう　兵庫県無産大衆党幹部 (社史)

⁹忠海　ただうみ；ちゅうかい
　忠海弘一　ただうみ・こういち　弁護士 (日典3)
　忠海均　ただうみ・ひとし　日本電信電話ソフトウェア研究所主任研究員 (日典)
　忠海光朗　ちゅうかい・こうさく　詩人 (日典3)

忠津　ただつ
　忠津武志　ただつ・たけし　オブジェ作家 (日典3)
　忠津陽子　ただつ・ようこ　漫画家 (漫人)

¹³忠鉢　ただばち；ちゅうばち
　忠鉢幸夫　ただばち・ゆきお　山形県農場主任 (国典)
　忠鉢繁　ちゅうばち・しげる　気象学者 (日人)
　忠鉢信一　ちゅうばち・しんいち「進化する日本サッカー」集英社 (日典3)

【499】 怡

³怡土　いと；いど
　怡土貴之　いと・たかゆき　テレビ西日本報道部 (日典3)
　怡土昌彦　いと・まさひこ「ACCESS first book」ソフトバンク出版事業部 (日典3)
　怡土信吉　いど・しんきち　新聞編集者 (宮城百)
　怡土康男　いど・やすお　うきは市長 (日典3)

【500】 恢

恢　ひろし
　恢余子　ひろし・よし「ハロンの瞳」中央公論社 (日典3)

【501】 恒

⁵恒田　つねた；つねだ
　恒田嘉文　つねた・よしぶみ「農業土木計画提要」好文堂書院 (日典3)
　恒田信郎　つねだ・のぶろう　はごろもフーズ専務 (日典3)
　恒田文次　つねだ・ぶんじ　青山学院大教授 (日典)

恒石　かきいし；つねいし
　恒石聖二　かきいし・せいじ　住友海上火災保険 (日典3)
　恒石敬麿　つねいし・けいま　洋画家, 教育者 (高知人)
　恒石草人　つねいし・そうじん　歌人 (四国文)

⁶恒成　こうせい；つねなり
　恒成美代子　こうせい・みよこ　歌人 (日典3)
　恒成一訓　つねなり・かずのり　都市景観評論家, 写真家 (写家)
　恒成重康　つねなり・しげやす　写真家 (写家)

恒次　つねつぐ
　恒次丈介　つねつぐ・じょうすけ　埼玉大理工助教授 (国典)
　恒次秀起　つねつぐ・ひでき　松江工業高等専門学校電気工学科教授 (日典3)

⁸恒枝　つねえだ；つねき
　恒枝信三　つねえだ・しんぞう　ギター奏者 (日典3)
　恒枝陶玉　つねき・とうぎょく　陶芸家 (陶工)

⁹恒屋　つねや
　恒屋匡介　つねや・きょうすけ　夕刊フクニチ新聞社常務 (日典3)
　恒屋清蔵　つねや・せいぞう「偉大な人間の歩み」泰光堂 (日典3)

恒屋盛服　つねや・せいふく　志士（日人）
恒屋棟介　つねや・むねすけ　「理農技術」編集・主宰（日典2）

[13]恒遠　つねとう；つねお
恒遠顕　つねとう・あきら　パイロット社長（日典）
恒遠博子　つねとう・ひろこ　「二十二冊のパスポート」かまくら春秋社（制作）（日典3）
恒遠俊輔　つねとお・しゅんすけ　「天狗たちの森」葦書房（日典3）
恒遠精斎　つねとお・せいさい　漢学者（日人）

[18]恒藤　つねとう；つねふじ
恒藤恭　つねとう・きょう　法哲学者（コン4）
恒藤滋生　つねふじ・しげお　「外套」東京四季出版（日典3）

【502】思

[6]思多　した
思多恵子　した・けいこ　「桃源郷」光書房（日典3）

[8]思金　おもいかね；おもひかね
思金鴻秀　おもいかね・こうしゅう　（財）日本国土開発研究所（日典）
思金鴻秀　おもひかね・こうしゅう　「カミとはなにか」平安清明教（書籍）

【503】恩

[5]恩田　おんた；おんだ
恩田喜右衛門　おんた・きえもん　富商（庄内）
恩田佐吉　おんだ・さきち　勤倹家（庄内）
恩田和子　おんだ・かずこ　新聞記者、婦人運動家（日人）
恩田鉄弥　おんだ・てつや　農学者（日人）

[6]恩地　おんじ；おんち
恩地惇　おんじ・あつし　環境デザイナー（日典3）
恩地裕　おんじ・ゆたか　麻酔学者（近医）
恩地孝四郎　おんち・こうしろう　版画家、装幀家（コン4）
恩地日出夫　おんち・ひでお　映画監督（映人）

[12]恩賀　おんが
恩賀一男　おんが・かずお　「ペスタロッチの宗教と教育」黎明書房（日典3）
恩賀とみ子　おんが・とみこ　俳人（日典3）

【504】恭

恭　やす
恭禎儀　やす・ていぎ　農民（社史）

【505】恵

恵　けい；めぐみ
恵絵夢　けい・えむ　「夢の名残り」東京図書出版会（日典3）

恵千比絽　けい・ちひろ　女優（映女）
恵栄喜福　めぐみ・えきふく　農民（社史）
恵俊彰　めぐみ・としあき　コメディアン（テレ）

[3]恵下　えげ；えした
恵下湧　えげ・いずみ　「おとこは神さまの国」毎日新聞社（日典3）
恵下良作　えした・りょうさく　「恵下地名考」一粒社出版部（日典3）

恵下田　えげた
恵下田因碩　えげた・いんせき　囲碁棋士（日人）

[4]恵木　えき；えぎ
恵木程三　えき・ていぞう　「追想集」新星書房（日典3）
恵木尚　えぎ・たかし　弁護士（日典3）
恵木永　えぎ・ひさし　医師（日典）

[7]恵利　えり
恵利畩吉　えり・ちゅうきち　社会主義シンパ（社史）

恵良　えら；けいら
恵良宇一郎　えら・ういちろう　中津で白酒づくりの元祖（大分歴）
恵良和代　えら・かずよ　「ビギナーズ情報リテラシ」昭晃堂（日典3）
恵良二郎　けいら・じろう　「外国為替と国際金融論」成山堂書店（制作）（日典3）

恵谷　えたに；えや
恵谷真紀子　えたに・まきこ　「シュルツェのいたずらオペラガイド」音楽之友社（日典3）
恵谷隆戒　えたに・りゅうかい　浄土宗僧侶（仏人）
恵谷治　えや・おさむ　ジャーナリスト（現執4期）
恵谷真生　えや・まお　「狂言絵本」白竜社（日典3）

[9]恵美　えみ
恵美和昭　えみ・かずあき　東洋紡ファッションプラニングインターナショナル社長, ファッション産業人材育成機構専務理事（日典3）
恵美孝三　えみ・こうぞう　ジャーナリスト（姓氏京都）
恵美龍夫　えみ・たつお　名古屋市議、白川殿社長（日典3）
恵美初彦　えみ・はつひこ　宇宙エネルギー研究家, マーケティングコンサルタント（日典3）
恵美三紀子　えみ・みきこ　放送経営者、音訳指導員（視覚）

[10]恵原　えはら；えばら
恵原義盛　えはら・よしもり　「沖縄・奄美の葬送・墓制」明玄書房（JM）
恵原佑光　えばら・ゆうこう　クラフトデザイナー（日典3）
恵原義盛　えばら・よしもり　官僚（日人）

[19]恵羅　えら
恵羅修吉　えら・しゅうきち　「エッセンシャル特別支援教育コーディネーター」大学教育出版（日典3）
恵羅博　えら・ひろし　「グラフ理論」産業図書（日典3）
恵羅嘉男　えら・よしお　「PPBSの話」（国典）

心部(息,情,悴,惣,惠,愛,慈,愿)

【506】 息

息 いき
息邦夫　いき・くにお　映画監督(映監)

【507】 情

情 せい
情武砂　せい・たけすな　農民(社史)

[11]情野　じょうの；せいの
情野義秀　じょうの・よしひで　全国農民組合県連メンバー(社史)
情野小鈴　せいの・こすず　俳人(北海道文)
情野千里　せいの・ちさと「百大夫」砂子屋書房(日典3)

【508】 悴

[3]悴山　かせやま
悴山紀一　かせやま・きいち「暁闇・石鎚山の少女」千島学説研究会文章塾(日典3)

[5]悴田　かせだ
悴田みよ子　かせだ・みよこ「こころの湖」短歌研究社(日典3)
悴田幸也　かせだ・ゆきなり　プロ野球選手(日典)
悴田芳俊　かせだ・よしとし「つわぶきの花」悴田美智子(日典3)

【509】 惣

惣田　そうた；そうだ
惣田昱夫　そうた・いくお「物質と生命科学」現代図書,星雲社(発売)(日典3)
惣田くみ子　そうだ・くみこ「シャガール天使とぼくのあしあと」西村書店(日典3)
惣田千代子　そうだ・ちよこ「雪割草」惣田祐吉(日典3)

[9]惣津　そうず
惣津律士　そうず・りっし　酪農学者(岡山人)

[11]惣郷　そうごう
惣郷正明　そうごう・まさあき　評論家(現執3期)

[14]惣領　そうりょう
惣領隆　そうりょう・たかし　小説家(日典3)
惣領智子　そうりょう・ともこ　歌手(日典3)
惣領冬実　そうりょう・ふゆみ　漫画家(漫人)
惣領泰則　そうりょう・やすのり　作曲家,編曲家(和モ)

【510】 惠

惠 いさお
惠俊輔　いさお・としひこ　洋画家(日典)
惠智彦　いさお・ともひこ　医師(日典3)
惠秀彦　いさお・ひでひこ「登山者のためのファーストエイド・ブック」東京新聞出版部(日典3)

【511】 愛

愛 あい；あき
愛恭輔　あい・きょうすけ　神奈川県工業試験所機械金属部金属試験科長(日典)
愛三夜　あい・さんや　小説家(日典3)
愛佳央理　あき・かおり　占い師(日典)

[3]愛久沢　あくざわ
愛久沢伸　あくざわ・しん　奈良新聞業務局広告部長兼広告事業課長(日典)

[4]愛水　えみ
愛水典慶　えみ・のりよし　政治家(郷土奈良)

[5]愛甲　あいかな；あいこう
愛甲兼達　あいかな・けんたつ　実業家(姓氏鹿児島)
愛甲勝矢　あいこう・かつや　社会運動家(社史)
愛甲兼達　あいこう・かねさと　実業家(日人)

[8]愛宕　あたご；おたぎ
愛宕邦康　あたご・くにやす『『遊心安楽道』と日本仏教』法藏館(日典3)
愛宕直三郎　あたご・なおさぶろう　政治家(和歌山人)
愛宕松男　おたぎ・まつお　東洋史学者(日人)
愛宕通旭　おたぎ・みちてる　公家(コン5)

[10]愛宕　えのみや
愛宕真備　えのみや・まきび　神父(日人)

[12]愛敬　あいきょう；あいけい
愛敬正元　あいきょう・まさもと　志士(日人)
愛敬元吉　あいきょう・もとよし　志士(日人)
愛敬正元　あいけい・まさもと　志士(人名)
愛敬元吉　あいけい・もとよし　志士(人名)

【512】 慈

慈 うつみ
慈達雄　うつみ・たつお「昭和のあけぼの」評論社(JM)
慈道　うつみ・みち　城西消費購買組合組合員(社史)
慈泰雄　うつみ・やすお　僧侶(日典3)

【513】 愿

[3]愿山　よしやま
愿山紫乃　よしやま・しの　俳句(日典)

心部(慶,慧,懸) 戈部(戎)

【514】 慶

慶 いわい；けい
　慶祐逸　いわい・ゆういち　農民(社史)
　慶紀逸　けい・きいつ　「誹諧武玉川」岩波書店(JM)
³慶山　けいやま；よしやま
　慶山勝生　けいやま・かつお(日典)
　慶山充夫　よしやま・みつお　神戸新聞社社会部(日典)
⁴慶毛　かげ
　慶毛健三　かげ・けんぞう　日本エステル社長(日典)
⁵慶世村　きよむら
　慶世村恒仁　きよむら・こうにん　教育者(コン)
　慶世村恒任　きよむら・こうにん　郷土史家(日人)
慶田　いわいだ；けいた；けいだ；けだ
　慶田雅洋　いわいだ・まさひろ　ネッスル(日典)
　慶田弥市　けいた・やいち　新和海運代表取締役専務(日典)
　慶田政太郎　けいだ・まさたろう　窯主(日人)
　慶田喜一　けだ・きいち　「沖縄県史物語」月刊沖縄社(書籍)
⁶慶伊　けいい
　慶伊富長　けいい・とみなが　東京工業大学名誉教授,北陸先端科学技術大学院大学学長(日典3)
　慶伊安次郎　けいい・やすじろう　洋画家(洋画)
⁷慶谷　けいや
　慶谷隆夫　けいや・たかお　伊勢市長(日典3)
　慶谷典之　けいや・のりゆき　社会保険労務士(日典)
　慶谷淑夫　けいや・よしお　労働法学者(現執3期)
⁸慶松　けいまつ
　慶松あや　けいまつ・あや　タレント(テレ)
　慶松勝左衛門　けいまつ・しょうざえもん　薬学者(日人)
　慶松光雄　けいまつ・みつお　理学者(姓氏石川)
¹⁰慶留間　けるま
　慶留間知徳　けるま・ちとく　「琉球祖先宝鑑」(国典)
¹¹慶野　けいの
　慶野和則　けいの・かずのり　「手術看護器械出しのワザとワケ」メディカ出版(日典3)
　慶野ことり　けいの・ことり　陶芸家(日典)
　慶野晋一　けいの・しんいち　サイトサポート・インスティテュート社長(日典)
　慶野正次　けいの・まさじ　「徒然草の語釈と文法」(国典)
　慶野由利子　けいの・ゆりこ　作曲家,音楽プロデューサー(作曲)
¹⁴慶徳　けいとく
　慶徳勝正　けいとく・かつまさ　サンヨー食品常務(日典)

　慶徳健吾　けいとく・けんご　「遠賀川」文学の森(日典)
　慶徳庄意　けいとく・しょうい　「政府識員の新給与法遂条解説」(国典)
　慶徳進　けいとく・すすむ　広島女子大学生活科学部教授(日典3)

【515】 慧

慧 けい；さとい
　慧修蘭　けい・しゅうらん　「九星開運暦—毎日の運勢」平成11年度版2 成美堂出版(JM)
　慧天　さとい・てんし　「彩蓮華」新風舎(JM)

【516】 懸

懸 かけ
　懸忍　かけ・しのぶ　元名古屋市長(人情)
⁵懸田　かけた；かけだ
　懸田克躬　かけた・かつみ　精神医学者(日人)
　懸田利孝　かけた・としたか　仙台歯科衛生士学院理事長,懸田積仁会歯科理事長(日典3)
　懸田幸吉　かけだ・こうきち　政治家(姓氏岩手)
　懸田豊　かけだ・ゆたか　経済学者(現執3期)

戈部

【517】 戎

戎 えびす
　戎一郎　えびす・いちろう　児童劇作家(児作)
　戎喜久恵　えびす・きくえ　「演習保育講座」光生館(日典3)
　戎晃司　えびす・こうじ　イービーエス産興社長(日典)
　戎祥司　えびす・しょうじ　ダイバー(日典)
　戎利光　えびす・としみつ　健康科学研究者,学校保健学研究者(現執3期)
⁷戎谷　えびすたに；えびすだに；えびすや
　戎谷春松　えびすたに・はるまつ　労働運動家(平和)
　戎谷久　えびすや・ひさし　「算数教育のための教具の作り方と指導法」(国典)
⁸戎居　えびすい
　戎居研造　えびすい・けんぞう　建築家(美建)
　戎居仁平治　えびすい・にへいじ　「回想の壷井栄」壷井繁治 青磁社(製作)(日典)
　戎居皆和　えびすい・みなわ　「世界の労働市場改革・OECD新雇用戦略」明石書店(日典3)
¹¹戎野　えびすの
　戎野喜太郎　えびすの・きたろう　やまと工業社長(日典)
　戎野淑子　えびすの・すみこ　「労使関係の変容と人材育成」慶応義塾大学出版会(日典3)
　戎野真夫　えびすの・まなお　「たばこ専売事業の展開構造」明文書房(日典3)

戉部(成)

戎野棟一　えびすの・むねいち　東邦大学理学部講師(日典3)

【518】 成

成　せい；なり

成和子　せい・かずこ　明治学院大学非常勤講師,小田原女子短期大学非常勤講師(日典3)
成崇　せい・たかし　「SS概論」ハーベスト出版(日典3)
成泰三　なり・たいぞう　歌手(日典3)

成ケ沢　なりがさわ；なるがさわ

成ケ沢宏之進　なりがさわ・こうのしん　「一粒の麦地に落ちて死なず」総合調査研究所(日典3)
成ケ沢宏之進　なるがさわ・ひろのしん　「近代兵法百科」叢文社(JM)

[3]成子　なるこ

成子佐一郎　なるこ・さいちろう　滋賀県無形文化財保存会長(日典3)
成子芳昭　なるこ・よしあき　政治家(現政)
成子良子　なるこ・りょうこ　養護教師(日典3)

成山　なりやま；なるやま

成山治彦　なりやま・はるひこ　"生徒の自己開示"で始まる高校の学校開き」明治図書出版(日典3)
成山文夫　なりやま・ふみお　「家族・育み・ケアリング」北樹出版(日典3)
成山明　なるやま・あきら　力士(相人)
成山元一　なるやま・もといち　武蔵工業大学土木工学科講師(国典)

成川　なりかわ；なるかわ

成川豊彦　なりかわ・とよひこ　実業家(現執4期)
成川平五郎　なりかわ・へいごろう　横浜商人(姓氏神奈川)
成川撰　なるかわ・はかる　海軍軍人(日人)
成川尚義　なるかわ・ひさよし　官吏(幕末)

[4]成木　なりき；なるき

成木かう　なりき・こう　「ミヨソチス」(国典)
成木勇夫　なるき・いさお　「数」シュプリンガー・フェアラーク東京(日典)
成木一彦　なるき・かずひこ　彫金家(日典)

成毛　なりけ；なるけ；なるげ；なるも

成毛正賢　なりけ・せいけん　和算家(日人)
成毛韶夫　なるけ・つぐお　医師(近医)
成毛基雄　なるげ・もとお　内務官僚(埼玉人)
成毛厚子　なるも・あつこ　漫画家(幻想)

[5]成本　なりもと；なるもと

成本年秀　なりもと・としひで　プロ野球選手(日典)
成本和子　なるもと・かずこ　童話作家(児人)
成本迅　なるもと・じん　「介護施設の精神科ハンドブック」新興医学出版社(日典)

成末　なるすえ

成末雅恵　なるすえ・まさえ　鳥の研究者(人情)

成田　なりた；なるた

成田忠彦　なりた・ただひこ　弓道家,弓道錬士(弓道)
成田知巳　なりた・ともみ　政治家(コン4)
成田吉徳　なるた・よしのり　九州大学先導物質化学研究所主幹教授(日典3)

成石　なるいし

成石修　なるいし・おさむ　関宿藩士(千葉百)
成石勘三郎　なるいし・かんざぶろう　社会運動家,社会主義者,売薬業(コン5)
成石修　なるいし・しゅう　「東徹私筆」政界往来社(日典3)
成石平四郎　なるいし・へいしろう　社会運動家,社会主義者(コン5)
成石茉莉　なるいし・まり　陶芸家(日典3)

[6]成合　なりあい；なるあい

成合清　なりあい・きよし　新撰組隊士(新撰)
成合雄彦　なりあい・たけひこ　漫画家(漫人)
成合緋砂　なるあい・ひさ　「かしこい風俗嬢マニュアル」データハウス(日典3)

[7]成伯　なりき

成伯作成　なりき・なりさく　成伯鑿泉工業(株)代表取締役社長(日典)
成伯政次郎　なりき・まさじろう　立山代行運転監査役(日典3)

成沢　なりさわ；なるさわ

成沢和己　なりさわ・かずみ　公認会計士(現執4期)
成沢米三　なりさわ・よねぞう　教育者(庄内)
成沢玲子　なるさわ・れいこ　音楽評論家(音人3)
成沢玲川　なるさわ・れいせん　編集者(出文)

成良　なりよし；なるよし

成良仁　なりよし・ひとし　陶芸家(陶工)
成良仁　なるよし・じん　陶芸家(陶芸)

成谷　なりや；なるたに

成谷雅雄　なりや・まさお　「風致菊盆栽」(国典)
成谷茂　なるたに・しげる　応用技術研究所(日典)

[8]成実　なるみ

成実主計　なるみ・かずし　日仙電線商事社長(日典3)
成実清隆　なるみ・きよたか　日本特殊陶業専務(日典3)
成実清松　なるみ・きよまつ　数学者(数学)
成実随翁　なるみ・ずいおう　僧侶・社会事業家(神奈川人)
成実清松　なるみ・せいまつ　数学者(日人)

成定　なりさだ

成定薫　なりさだ・かおる　「アインシュタインと科学革命」(国典)
成定正　なりさだ・ただし　「非鉄スクラップ読本」産業新聞社(日典3)
成定春彦　なりさだ・はるひこ　小説家(幻想)

成岡　なるおか

成岡翔　なるおか・しょう　サッカー選手(日典3)

戈部(戌, 我)

成岡秀夫　なるおか・ひでお「デキル社長のスピード仕事術」同友館(日典3)
成岡浩一　なるおか・ひろかず　金沢学院大学経営情報学部講師(日典3)
成岡昌夫　なるおか・まさお　名古屋大学名誉教授(日典3)
成岡正久　なるおか・まさひさ「豹と兵隊」芙蓉書房(日典3)

成迫　なりさこ；なるさこ；なるせこ
成迫健児　なりさこ・けんじ　陸上選手(日典3)
成迫升敏　なるさこ・ますとし「専門家に相談する前に読む本」日本法令(日典3)
成迫政則　なるせこ・まさのり　元・中学校校長(日典)

⁹成海　なるみ
成海正平　なるみ・しょうへい「サラリーマンの税金をタダにする技術」ぱる出版(日典3)
成海舞　なるみ・まい　タレント(日典3)
成海柚希　なるみ・ゆき「スローセックス」講談社(日典3)
成海璃子　なるみ・りこ　女優(日映女)

成相　なりあい
成相明人　なりあい・あきと　カトリック神父(日典)
成相久一　なりあい・きゅういち　島根県卓球協会理事長(島根歴)
成相善十　なりあい・ぜんじゅう　政治家(現政)
成相苔石　なりあい・たいせき　日本画家, 挿絵画家(島根歴)
成相立敬　なりあい・りっけい　医師, 政治家(島根歴)

成重　なりしげ；なるしげ
成重誠　なりしげ・まこと　八幡失業者同盟メンバー(社史)
成重光真　なりしげ・みつま　政治家(政治)
成重恵子　なるしげ・けいこ「風にゆれて」鉱脈社(日典)
成重幸紀　なるしげ・ゆきのり　ベース奏者(ジヤ)

¹⁰成家　なりけ；なりや；なるけ
成家徹郎　なりけ・てつろう　古文字(日典)
成家篤史　なりや・あつし「動きの『感じ』と『気づき』を大切にした体つくり運動の授業づくり」教育出版(日典3)
成家儀一　なるけ・ぎいち　ラジコン飛行機選手(日典)

成宮　なりみや；なるみや
成宮寛貴　なりみや・ひろき　俳優(日映男)
成宮芳三郎　なりみや・よしさぶろう　医師(国典)
成宮紫水　なるみや・しすい　俳人(滋賀文)
成宮真純　なるみや・ますみ　童話作家(児人)

成島　なりしま；なるしま
成島忠三郎　なりしま・ちゅうさぶろう　事業家(姓氏岩手)
成島英雄　なりしま・ひでお　日本ビルエンヂニア協会理事長(国典)
成島東一郎　なるしま・とういちろう　映画監督, 映画カメラマン(映人)

成島柳北　なるしま・りゅうほく　漢詩人, 随筆家, 新聞記者(コン5)

成馬　なせば；なりま
成馬なる　なせば・なる「成馬なる」ピクト・プレス(日典3)
成馬零一　なりま・れいいち「ジャニドラの嵐」宝島社(日典3)

¹¹成冨　なりとみ；なるとみ
成冨明比古　なりとみ・あきひこ　写真家(日典3)
成冨博章　なりとみ・ひろあき「脳梗塞超急性期」医歯薬出版(日典3)
成冨安信　なるとみ・やすのぶ　弁護士(日典)

成清　なりきよ；なるきよ；なるせ
成清博愛　なりきよ・ひろえ　実業家(日人)
成清英臣　なるきよ・ひでおみ「楽しくおぼえるギッちゃんタッちゃんのまんがギターセミナー」中央アート出版(日典3)
成清卓二　なるせ・たくじ　医師(日典)

¹²成塚　なりずか；なりつか
成塚常吉　なりずか・つねきち　埼玉県議(日典)
成塚政之助　なりずか・まさのすけ　部落解放・農民運動家(埼玉人)
成塚満　なりつか・みつる　リビング住販代表取締役会長(日典)

成富　なりとみ；なりどみ；なるとみ
成富安志　なりとみ・やすし　弓道家, 弓道錬士(弓道)
成富椿屋　なりどみ・ちんおく　肥前蓮池藩士(幕末)
成富多津夫　なるとみ・たつお　東京帝国大学セツルメント参加者(社史)

¹⁴成嶋　なりしま；なるしま
成嶋肇　なりしま・はじめ　元・日本遺族会理事(日典)
成嶋弘毅　なるしま・こうき　空手家(日典3)
成嶋澄子　なるしま・すみこ「子どもの看護こんなときどうするの」医学書院(日典3)

成徳　せいとく
成徳正　せいとく・ただし「落人のむら」北国出版社(日典3)

¹⁶成橋　なるはし
成橋均　なるはし・ひとし「太平洋戦争名画集」(国典)

【519】戌

⁴戌井　いぬい
戌井昭人　いぬい・あきと　作家(日典3)
戌井市郎　いぬい・いちろう　演出家(日人)

【520】我

⁵我母　がぼ
我母かほる　がぼ・かおる　女優(人情)

⁶我如古 がねこ

- 我如古盛治　がねこ・せいじ　小学校教師（日典3）
- 我如古長友　がねこ・ちょうゆう　具志川尋常小学校訓導,平安座小学校長（姓氏沖縄）
- 我如古弥栄　がねこ・やえい　舞台俳優,歌劇作者（日人）
- 我如古より子　がねこ・よりこ　民謡歌手（テレ）
- 我如古楽一郎　がねこ・らくいちろう　医師（社史）

⁷我那覇 がなは

- 我那覇和樹　がなは・かずき　サッカー選手（日典3）
- 我那覇祥義　がなは・しょうぎ　沖縄県議（自民党）（日典3）
- 我那覇生吉　がなは・せいきち　沖縄県角力協会初代会長（沖縄百）
- 我那覇生敏　がなは・せいびん　底もの一本釣りならびにマグロ延縄漁業の開拓者,水産功労者（沖縄百）
- 我那覇美奈　がなは・みな　歌手（テレ）

⁸我妻 あがつま；あずま；わがつま

- 我妻沙織　あがつま・さおり　タレント（テレ）
- 我妻碧宇　あずま・へきう　日本画家（日人）
- 我妻栄　わがつま・さかえ　民法学者（コン4）

¹⁰我孫子 あびこ

- 我孫子和夫　あびこ・かずお　「ブレーキングニュース」新聞通信調査会（日典3）
- 我孫子和雄　あびこ・かずお　「野菜病害の見分け方」全国農村教育協会（日典3）
- 我孫子武丸　あびこ・たけまる　推理小説家（京都文）
- 我孫子元治　あびこ・もとはる　詩人（滋賀文）
- 我孫子里香　あびこ・りか　女優（映女）

¹¹我部 がぶ；がべ

- 我部政達　がぶ・せいたつ　画家（沖縄百）
- 我部政美　がぶ・まさみ　「ニライカナイから届いた言葉」講談社（日典3）
- 我部政明　がべ・まさあき　政治学者（平和）
- 我部政男　がべ・まさお　日本近代史・沖縄史研究者（現執2期）

¹²我喜屋 がきや

- 我喜屋優　がきや・まさる　高校野球監督（日典3）
- 我喜屋宗重　がきや・むねしげ　我喜屋商事社長（日典）
- 我喜屋良一　がきや・りょういち　琉球大学名誉教授（日典3）

¹⁷我謝 がしゃ；がじゃ

- 我謝京子　がしゃ・きょうこ　映画監督（日典3）
- 我謝俊明　がしゃ・としあき　テレビプロデューサー（日典）
- 我謝栄彦　がじゃ・えいげん　農業技術者,農業教育者（コン4）
- 我謝光子　がじゃ・みつこ　「オギャーの声に励まされて」ぱる出版（日典3）

【521】 戒

⁴戒井 かいい

- 戒井仁平治　かいい・にへじ　城西消費購買組合組合員（社史）

¹⁰戒能 かいのう

- 戒能潤之介　かいのう・じゅんのすけ　愛媛県議（自民党,松山市・上浮穴郡）（日典3）
- 戒能民江　かいのう・たみえ　研究者（現執4期）
- 戒能俊邦　かいのう・としくに　「材料科学」東京化学同人（日典3）
- 戒能通厚　かいのう・みちあつ　法学者（現執4期）
- 戒能通孝　かいのう・みちたか　法学者,弁護士（コン4）

【522】 戴

戴 たい

- 戴国輝　たい・こくき　立教大学文学部史学科教授・学科長（現執1期）

戸部

【523】 戸

³戸上 とうえ；とがみ

- 戸上幸信　とうえ・ゆきのぶ　弓道家,弓道錬士（弓道）
- 戸上城太郎　とがみ・じょうたろう　俳優（新芸）
- 戸上信文　とがみ・のぶふみ　経営者（日人）

戸川 とがわ

- 戸川貞雄　とがわ・さだお　小説家（日人）
- 戸川残花　とがわ・ざんか　詩人,評論家（コン5）
- 戸川秋骨　とがわ・しゅうこつ　英文学者,随筆家,評論家（コン5）
- 戸川昌子　とがわ・まさこ　推理作家,シャンソン歌手（日人）
- 戸川幸夫　とがわ・ゆきお　小説家（日人）

⁴戸井田 といた；といだ

- 戸井田和之　といた・かずゆき　茨城県議（無所属,石岡市）（日典3）
- 戸井田昌教　といた・まさのり　レスリング選手（日典3）
- 戸井田研斎　といだ・けんさい　上野前橋藩士（埼玉人）
- 戸井田道三　といだ・みちぞう　能楽・狂言評論家（日人）

戸引 とびき

- 戸引和夫　とびき・かずお　「名古屋鉄道」朝日ソノラマ（日典3）
- 戸引小夜子　とびき・さよこ　ピアニスト（日典）
- 戸引達　とびき・とおる　国立国会図書館専門調査員（日典3）

戸水 とみず

戸水幸一 とみず・こういち 日本労働組合全国協議会大阪地方協議会大阪金属労組北支部常任委員(社史)

戸水寛人 とみず・ひろんど 法学者,政治家(コン5)

戸水緑壺史 とみず・ろっこし「戸水緑壺史俳句集」北国出版社(日典3)

⁵戸出 といで;とで

戸出武 といで・たけし 経営コンサルタント,十二支研究家(日典3)

戸出政志 といで・まさし 陶芸家(美工)

戸出宇三郎 とで・うさぶろう 医師(岡山歴)

戸出軍兵 とで・ぐんぺい 医師(岡山歴)

戸北 ときた

戸北宗寛 ときた・むねひろ 声優(テレ)

戸北凱惟 ときた・よしのぶ 上越教育大学教授(日典3)

戸叶 とかの;とがの;とかのう;とがのう

戸叶里子 とかの・さとこ 政治家(日人)

戸叶一正 とがの・かずまさ 文部科学省金属材料技術研究所第1研究グループ総合研究官(日典)

戸叶薫雄 とかのう・しげお「朝鮮最近史」竜渓書舎(日典3)

戸叶里子 とがのう・さとこ 政治家(長野歴)

⁶戸伏 とぶし

戸伏太兵 とぶし・たへい 時代考証・武道史研究家(近文)

戸伏太平 とぶし・たへい 武道史研究家,小説家(奈良文)

戸伏列 とぶし・つらね 教育者(大分歴)

戸伏寿昭 とぶし・ひさあき「形状記憶材料とその応用」コロナ社(日典3)

戸次 とつぎ;とつぐ;へつぎ;べっき;べつぎ;べつぎ

戸次敬一 とつぎ・けいいち「家庭雑誌」読者(社史)

戸次正三郎 とつぐ・しょうざぶろう 兵学寮留学生(海軍新)

戸次吏鷹 へつぎ・りょう「からだ大冒険」クリエイツかもがわ(日典3)

戸次久 べっき・ひさ 教育者(近女)

戸次庄左衛門 べつぎ・しょうざえもん 軍学者=近世(人名5)

戸次美恵子 べつぎ・みえこ「山の辺の道」ながらみ書房(日典3)

⁷戸来 とき;へらい

戸来優次 とき・ゆうじ 著述家(日典3)

戸来官左衛門 へらい・かんざえもん 馬術・剣術師範(幕末)

戸来憲治 へらい・けんじ 東北交通管制サービス社長(日典3)

戸苅 とがり

戸苅清 とがり・きよし 日本丸記念財団指導部長・同船長(日典3)

戸苅近太郎 とがり・ちかたろう 解剖学者(近医)

戸苅創 とがり・はじめ 医師,小児科学者(現執3期)

戸苅恭紀 とがり・やすのり 研究者,評論家(児人)

戸苅義次 とがり・よしじ 作物学者(日人)

戸谷 とたに;とだに;とや

戸谷公次 とたに・こうじ 声優(新芸)

戸谷亨一郎 とだに・きょういちろう「ユーラシア大陸自転車横断記」鳥影社(日典3)

戸谷敏之 とや・としゆき 歴史学者(日人)

⁸戸所 とどころ

戸所岩雄 とどころ・いわお 建築家(日典3)

戸所一雄 とどころ・かずお 分子生物学者(日典3)

戸所隆 とどころ・たかし 地理学者(現執2期)

戸所宏之 とどころ・ひろゆき「はじめてのシェイクスピア」PHPエディターズ・グループ(日典3)

戸所文太郎 とどころ・ぶんたろう 社会教育者(群馬人)

戸河里 とがり

戸河里長康 とがり・ながやす 物理化学(人書)

⁹戸城 とじょう;としろ

戸城信二 とじょう・しんじ 元・公共証券専務(日典)

戸城武一 としろ・たけかず 実業家(香川人)

戸城憲夫 としろ・のりお ミュージシャン(日典3)

戸巻 とまき

戸巻庄二郎 とまき・しょうじろう 弓道家,弓道錬士(弓道)

戸恒 とつね

戸恒喜代美 とつね・きよみ 日本画家(日典3)

戸恒恒男 とつね・つねお 歌人(日典3)

戸恒徹司 とつね・てつじ メイプル・フーズ社長(日典3)

戸恒東人 とつね・はるひと「戸恒東人句集」ふらんす堂(日典3)

戸恒保三 とつね・やすぞう 社会運動家(アナ)

戸津 とず;とつ

戸津高知 とず・たかとも 教育家,政治家(学校)

戸津侃 とず・ただし 彫刻家(日人)

戸津勝行 とつ・かつゆき 発明家(日典3)

戸津高知 とつ・たかとも 教育家,北海中学第2代校長,札幌商業学校の創設者(北海道歴)

戸津川 とつかわ;とつがわ

戸津川善吉 とつかわ・ぜんきち 政治家(島根歴)

戸津川美江 とつかわ・よしえ「ことりがね」戸津川美江(JM)

戸津川繁蔵 とつがわ・しげぞう「満州広陵開拓団幻滅記」戸津川竜三(日典3)

戸狩 とがり

戸狩権之助 とがり・ごんのすけ 政治家(日人)

戸狩聡希 とがり・としき 高校野球選手(日典3)

戸部（戸）

戸美　とみ
戸美あき　とみ・あき　「葦の間」紅炉の会　東京栄光出版社（発売）（日典3）

[10]戸倉　とくら；とぐら
戸倉竹圃　とくら・ちくほ　漢詩人（日人）
戸倉ハル　とくら・はる　女子体育指導者（日人）
戸倉薦　とぐら・すすむ　「戸倉薦集—穀雨」近代文芸社（JM）

戸原　とはら；とばら
戸原一男　とはら・かずお　「パソコンで絵を保存しよう」日本エディタースクール出版部（日典3）
戸原つね子　とはら・つねこ　農林金融問題専門家（現執1期）
戸原勉　とばら・つとむ　明立精機会長（日典）

戸島　としま；とじま
戸島利夫　としま・としお　官僚（現執4期）
戸島靖　としま・やすし　写真家、会社経営者（写人）
戸島一彦　とじま・かずひこ　陶芸家（美工）
戸島美喜夫　とじま・みきお　作曲家（作曲）

戸栗　とぐり
戸栗郁子　とぐり・いくこ　アナウンサー（日人）
戸栗栄次　とぐり・えいじ　「よくわかる介護保険制度イラストレイテッド」医歯薬出版（日典3）
戸栗栄三　とぐり・えいぞう　内科学者（近医）
戸栗末広　とぐり・すえひろ　「こほろぎ」文学の森（日典3）
戸栗ちかし　とぐり・ちかし　「親馬の瞳の愛」文学の森（日典3）

戸根木　とねき；とねぎ
戸根木光治　とねき・みつじ　「畜産革命」日貿出版社（日典3）
戸根木光次　とねぎ・こうじ　戸根木技術士事務所所長（日典）
戸根木長之助　とねぎ・ちょうのすけ　外務省アジア局参事官（日典3）

戸高　とたか；とだか
戸高素　とたか・すなお　「チクマ故事ことわざ辞典」千曲秀版社（日典3）
戸高公徳　とだか・きみのり　警察官（日人）
戸高正啓　とだか・まさひろ　映画監督（映監）

[11]戸崎　とさき；とざき
戸崎久右衛門　とさき・きゅうえもん　豪農、大庄屋（幕末）
戸崎貴広　とさき・たかひろ　アナウンサー（テレ）
戸崎誠喜　とざき・せいき　実業家（日人）
戸崎肇　とざき・はじめ　明治大学教授（現執4期）

戸張　とばり
戸張孤雁　とばり・こがん　彫刻家、版画家、挿絵画家（コン5）
戸張滝三郎　とばり・たきさぶろう　柔道家（埼玉人）
戸張胤茂　とばり・たねしげ　政治家（現政）
戸張智雄　とばり・ともお　フランス文学者（日人）

戸張東夫　とばり・はるお　ジャーナリスト（現執4期）

戸祭　とまつり
戸祭邦之　とまつり・くにゆき　工業所有権協力センター主席部員（日典3）
戸祭圭太郎　とまつり・けいたろう　「プレスハンドブック」オーム社（日典3）
戸祭武　とまつり・たけし　「教師」出版センターまひつる（日典3）
戸祭文造　とまつり・ぶんぞう　海軍軍医（日人）
戸祭北窓　とまつり・ほくそう　「アテ人の呟き」マツモト（日典3）

戸部　こべ；とべ
戸部正清　こべ・まさきよ　笛の師範＝古代（人名2）
戸部銀作　とべ・ぎんさく　演劇評論家、歌舞伎演出家（日人）
戸部新十郎　とべ・しんじゅうろう　小説家（日人）

戸頃　ところ
戸頃重基　ところ・しげもと　日本思想史家、倫理学者（世紀）
戸頃恵　ところ・てるえ　日本貿易振興会シンガポールセンター駐在員（日典3）

[12]戸塚　とずか；とつか
戸塚静海　とずか・せいかい　蘭方医、幕府奥医師（姓氏静岡）
戸塚豊蔵　とずか・とよぞう　製茶技術者（日人）
戸塚文子　とつか・あやこ　旅行評論家、随筆家（コン4）
戸塚九一郎　とつか・くいちろう　官僚、政治家（コン4）

戸渡　とと；とわたり
戸渡阿見　とと・あみ　経営コンサルタント、芸術家、宗教家（日典3）
戸渡まり　とわたり・まり　漫画家（漫人）
戸渡由美　とわたり・ゆみ　漫画家（日典3）

戸賀崎　とがさき
戸賀崎熊太郎〔4代〕　とがさき・くまたろう　剣術家（日人）
戸賀崎恵太郎　とがさき・けいたろう　「足るを知る」戸賀崎恵太郎先生叙勲記念誌編集委員会（日典3）
戸賀崎繁男　とがさき・しげお　東京ブラウス社主（日典3）

[14]戸嶋　としま；とじま
戸嶋英二　としま・えいじ　政治家（現政）
戸嶋正夫　としま・まさお　ラグビー選手（姓氏岩手）
戸嶋由美　とじま・ゆみ　アルト歌手（音人3）

戸際　とぎわ
戸際文造　とぎわ・ぶんぞう　海軍軍医（海越新）

[15]戸敷　とじき
戸敷繁樹　とじき・しげき　政治家（現政）
戸敷正　とじき・ただし　宮崎市長（日典3）

戸澗　とま
戸澗幹夫　とま・みきお　木簡発掘者：石川県埋蔵文化財センター相談普及係（人情）

[16]戸館　とだて
　戸館宰　とだて・つかさ　豆腐製造業(国典)

【524】所

[3]所川　しょかわ；ところかわ
　所川照江　しょかわ・てるえ　脚本家(日典)
　所川伝三郎　ところかわ・でんざぶろう　大阪木材労組メンバー(社史)

[5]所司　しょうじ；しょし；しょじ
　所司保吉　しょうじ・やすきち　公認会計士(国典)
　所司和晴　しょし・かずはる　棋士(日典)
　所司栄四郎　しょじ・えいしろう　元・北海道水産会会長(日典)

[7]所沢　しょざわ；ところざわ
　所沢潤　しょざわ・じゅん「台湾の社会的リーダー階層と日本統治」交流協会(日典)
　所沢久雄　しょざわ・ひさお　独協大学教授・教養部長(日典)
　所沢保孝　ところざわ・やすたか「科学の方法と論理」昭和堂(日典3)
　所沢わるつ　ところざわ・わるつ「わるつたいむplus」久保書店(日典)

[7]所谷　ところたに；ところだに
　所谷敏雄　ところたに・としお　元・沖縄県立沖縄盲学校校長(日典)
　所谷孝夫　ところだに・たかお　高知県農協中央会長(日典)

【525】房

[3]房　ふさ；ぼう
　房宏治　ふさ・こうじ　UBS信託銀行社長(日典3)
　房秀雄　ふさ・ひでお　紬織工(社史)
　房巌　ぼう・いわお「ふるさと千早」房巌(JM)

[9]房前　ふささき；ふさまえ
　房前勲　ふささき・いさお　呉服業(日典)
　房前督明　ふさまえ・とくあき「「二種」証券外務員資格試験問題集」経済法令研究会(日典3)
　房前智光　ふさまえ・ともみつ　浪曲作家(芸能)

【526】扇

扇　おうぎ；おおぎ
　扇千景　おうぎ・ちかげ　女優,政治家(日人)
　扇ひろ子　おうぎ・ひろこ　女優(和モ)
　扇千景　おおぎ・ちかげ　女優,政治家(履歴2)
　扇広　おおぎ・ひろし　軍人(陸海)

[1]扇一　おうぎいち
　扇一美奈子　おうぎいち・みなこ　バレリーナ(人情)

[3]扇子　おうぎ；せんす
　扇子道融　おうぎ・どうゆう　僧,教育者(姓氏宮城)

　扇子幸一　せんす・こういち　北海道教育大学札幌校助教授,西の里の環境を守る会代表,北海道ゴミ問題ネットワーク代表(日典3)

[5]扇本　おうぎもと
　扇本真吉　おうぎもと・しんきち　教育家(学校)

扇田　おうぎた；おうぎだ；おおぎた；おおぎだ；せんだ
　扇田諦　おうぎた・あきら　労働安全コンサルタント(日典3)
　扇田博元　おうぎだ・ひろもと　創造教育学者(現執3期)
　扇田久子　おおぎだ・ひさこ「朝桜」「幻」俳句会(日典3)
　扇田賢　おおぎだ・さとし　俳優(テレ)
　扇田昭彦　せんだ・あきひこ　演劇評論家,記者(現執4期)

[7]扇谷　おうぎたに；おうぎや；おおぎや；おぎや；せんごく
　扇谷茂樹　おうぎたに・しげき　薬剤師,臨床検査技師(日典)
　扇谷正造　おうぎや・しょうぞう　評論家,ジャーナリスト(日人)
　扇谷英一　おおぎや・えいいち　治安維持法違反検挙者(社史)
　扇谷久信　おぎや・ひさのぶ　氷見市議・市会議長(日典)
　扇谷明　せんごく・あきら　医師(近医)

[9]扇畑　おうぎはた；おうぎばた
　扇畑忠雄　おうぎはた・ただお　歌人,日本文学者(日人)
　扇畑利枝　おうぎはた・としえ　歌人(短歌)
　扇畑忠雄　おうぎばた・ただお　歌人,国文学者(北海道文)

[10]扇浦　おうぎうら；おおぎうら；おぎうら
　扇浦正男　おうぎうら・まさお「来光」扇浦一男(日典3)
　扇浦正義　おおぎうら・まさよし　郷土史家(日典3)
　扇浦祐蔵　おぎうら・ゆうぞう　南米移住者(富山百)

[11]扇崎　せんざき
　扇崎京園　せんざき・きょうえん　日本舞踊家(扇崎流)(日典3)
　扇崎秀蘭　せんざき・しゅうえん　舞踊家(人情)
　扇崎秀蘭〔1代〕　せんざき・しゅうえん　日本舞踊家(日典3)
　扇崎秀蘭〔2代〕　せんざき・しゅうえん　日本舞踊家(日典3)
　扇崎秀蘭〔1代〕　せんざき・しゅうえん　日本舞踊家(新芸)

手部

【527】 才

⁵才田　さいた；さいだ
　才田善彦　さいた・よしひこ　サイタホールディングス会長（日典3）
　才田善之　さいた・よしゆき　サイタホールディングス社長（日典3）
　才田春光　さいだ・しゅんこう「排経美人のすすめ」シルクふぁみりぃ（日典3）
　才田光則　さいだ・みつのり　楽器製造者（先駆）
⁷才谷　さいたに；さいや
　才谷ウメタロウ　さいたに・うめたろう「スパイラル・オーヴァ」コアマガジン（日典3）
　才谷次呂　さいたに・じろ「島童子」現代文芸社（日典3）
　才谷一郎　さいや・いちろう「21世紀の競馬法―勝利への方程式教えます」文芸社（JM）

【528】 手

⁵手代木　てしろき；てしろぎ
　手代木勝任　てしろき・かつとう　陸奥会津藩士（維新）
　手代木勝任　てしろぎ・かつとう　陸奥会津藩士（日人）
　手代木隆吉　てしろぎ・りゅうきち　弁護士、政治家（日人）
　手皮　てび
　手皮小四郎　てび・こしろう「あいかけの村」詩誌「菱」の会（日典3）
⁷手束　てずか；てつか
　手束愛次郎　てずか・あいじろう　郷土史家（徳島歴）
　手束勝彦　てずか・かつひこ　バイオリニスト、ビオラ奏者（音人3）
　手束英雄　てつか・ひでお　栃木新聞社長（日典）
¹⁰手島　てしま；てじま
　手島栄　てしま・さかえ　官僚、政治家（コン4）
　手島右卿　てしま・ゆうけい　書家（日人）
　手島勝朗　てしま・かつろう　算数・数学教育学者, 小学校教師（現執4期）
　手島精一　てじま・せいいち　教育家（コン5）
¹²手塚　てずか；てつか
　手塚治虫　てずか・おさむ　漫画家（コン4）
　手塚玄　てつか・げん　弓道家、弓道教士（弓道）
　手登根　てどこん
　手登根順一　てどこん・じゅんいち　沖縄タイムス常勤監査役（日典）
　手登根順寛　てどこん・じゅんかん　箏曲師匠（沖縄百）
¹⁴手嶋　てしま；てじま
　手嶋正毅　てしま・まさき　経済学者（社史）

手嶋竜一　てしま・りゅういち　外交ジャーナリスト・小説家（小説）
手嶋章　てじま・あきら　出版輸送会社社長、元全日本トラック協会副会長、元千代田区（東京都）区議・区会議長（日典3）
手嶋恒二郎　てじま・つねじろう　実業家（日人）
手嶋　てしま；てじま
手嶋葵　てしま・あおい　歌手（日典3）
手嶋智　てじま・さとし　元・プロ野球選手（日典3）
手銭　てぜに；てぜん；でぜん
手銭弘喜　てぜに・ひろよし　映画監督（映監）
手銭弘喜　てぜん・ひろよし　映画監督（島根歴）
手銭長光　でぜん・おさみつ　島根県議（自民党）（日典）

【529】 打

⁴打木　うちき；うつぎ
　打木彦太郎　うちき・ひこたろう　パン製造業者（食文）
　打木村治　うちき・むらじ　小説家，児童文学作家（日人）
　打木城太郎　うつぎ・じょうたろう「とかくこの世は血液型」鷹書房（日典3）
⁵打出　うちいで；うちで
　打出角康　うちいで・かくやす　メークアップアーティスト（日典）
　打出綾子　うちで・あやこ　俳句（日典）
　打出喜義　うちで・きよし　金沢大学医学部専任講師（日典3）
　打矢　うちや；うつや
　打矢瀅二　うちや・えいじ　大成設備（日典3）
　打矢栄二　うちや・えいじ　アーク社長（日典3）
　打矢信之助　うつや・しんのすけ　城西消費購買組合組合員（社史）
⁹打垣内　うちかいと；うちがいと
　打垣内正　うちかいと・しょう　奈良文化女子短大教授（人情）
　打垣内正　うちがいと・しょう　音楽教育者, 作曲家（音人2）
　打垣内尚雄　うちがいと・ひさお　東洋シヤッター専務（日典）
　打海　うちうみ；うつみ
　打海文三　うちうみ・ぶんぞう　小説家（小説）
　打海壤治　うつみ・じょうじ　ウツミ屋証券社長（日典）
¹²打越　うちこし；うてつ
　打越さく　うちこし・さく　料亭経営者（群馬人）
　打越庄太郎　うちこし・しょうたろう　写真家（写家）
　打越三佐雄　うてつ・みさお　青森県陸協会長，日本陸上競技連盟参与, 青森県陸上競技会顧問（青森人）
¹⁴打樋　うちひ；うてび
　打樋繁男　うちひ・しげお　中部日本放送調査役・元ニューメディア推進局長（日典3）

打樋啓史　うてび・けいじ　「世界の礼拝」日本キリスト教団出版局（日典3）

【530】折

[3]折下　おりした；おりしも
　折下勝造　おりした・かつぞう　陸軍軍人（人名）
　折下功　おりしも・いさお　地域経済学者（現執1期）
　折下吉延　おりしも・よしのぶ　緑地行政家,造園家（植物）

折小野　おりおの；おりこの
　折小野良一　おりおの・りょういち　政治家（政治）
　折小野団右衛門　おりこの・だんえもん　柑橘園経営者（姓氏鹿児島）

[4]折戸　おりと；おりど
　折戸俊雄　おりと・としお　出版人（出文）
　折戸彫夫　おりと・ほりお　詩人（現詩）
　折戸耐次　おりど・たいじ　郷土史研究家（姓氏愛知）
　折戸伸弘　おりど・のぶひろ　「杜子春」水星社（JM）

[5]折出　おりで
　折出恭子　おりで・きょうこ　「手作りの化粧水と美肌パック」成美堂出版（日典3）
　折出健二　おりで・けんじ　研究者（現執4期）

折田　おりた；おりだ
　折田彦市　おりた・ひこいち　教育者（日人）
　折田平内　おりた・へいない　鹿児島県士族（人）
　折田学　おりだ・まなぶ　城西消費購買組合組合員（社史）

折目　おりめ
　折目和子　おりめ・かずこ　「高校教師は発言する」明治図書出版（日典3）
　折目耕一　おりめ・こういち　運輸省九州海運局船員部海技試験官（日典3）
　折目茂　おりめ・しげる　日本労働組合全国協議会土建中央常任委員（社史）
　折目博子　おりめ・ひろこ　小説家（日人）
　折目徳巳　おりめ・よしみ　徳島藩士（徳島歴）

[6]折江　おりえ
　折江忠道　おりえ・ただみち　バリトン歌手（音人）

[7]折谷　おりたに
　折谷悦生　おりたに・えつお　インテック専務（日典3）
　折谷隆志　おりたに・たかし　富山県立大学短期大学部教授（日典3）
　折谷隆之　おりたに・たかゆき　東北大学名誉教授（日典3）

[8]折茂　おりも
　折茂賢一郎　おりも・けんいちろう　「地域における高齢者の暮らしと姿勢の研究」姿勢研究所（日典3）
　折茂健吾　おりも・けんご　行政家（姓氏群馬）

折茂なみ　おりも・なみ　宗教家（女性普）
折茂肇　おりも・はじめ　医学者（現執4期）
折茂豊　おりも・ゆたか　法学者（日人）

[10]折原　おりはら
　折原啓子　おりはら・けいこ　映画女優（日人）
　折原脩三　おりはら・しゅうぞう　評論家（日人）
　折原浩　おりはら・ひろし　社会学者（日人）
　折原巳一郎　おりはら・みいちろう　官僚,政治家（日人）
　折原みと　おりはら・みと　漫画家,少女小説家（小説）

[11]折笠　おりかさ；おりがさ
　折笠愛　おりかさ・あい　声優（テレ）
　折笠美秋　おりかさ・びしゅう　俳人（幻想）
　折笠明慶　おりがさ・あきよし　「ヤフー・ファイナンス公式ガイド」ソフトバンクパブリッシング（日典3）
　折笠美秋　おりがさ・びしゅう　俳人（日人）

[12]折登　おりと
　折登岩次郎　おりと・いわじろう　郷土史家（郷土）
　折登如月　おりと・にょげつ　尺八奏者（日人）
　折登洋　おりと・ひろし　「英語と日本人」英友社（日典3）
　折登美紀　おりと・みき　「ドイツ環境政策の一側面」広島女学院大学総合研究所（日典3）
　折登岑夫　おりと・みねお　医師（日典3）

【531】投

[11]投埜　なげの
　投埜博樹　なげの・ひろき　東京都東久留米市社会教育課勤務（人情）

【532】抜

[3]抜山　ぬきやま
　抜山勇　ぬきやま・いさむ　弁護士（日典3）
　抜山映子　ぬきやま・えいこ　弁護士,政治家（現政）
　抜山四郎　ぬきやま・しろう　機械工学者（日人）
　抜山大三　ぬきやま・だいぞう　「電子管回路」岩波書店（日典3）
　抜山平一　ぬきやま・へいいち　電気工学者（日人）

[4]抜水　ぬきみず；ぬくみず
　抜水勝彦　ぬきみず・かつひこ　（株）ユニバーサルコムピュータシステム代表取締役社長（日典3）
　抜水修平　ぬきみず・しゅうへい　「さよなら大隅線」南九州新聞社（日典3）
　抜水ふく代　ぬくみず・ふくよ　「土に生きる」鉱脈社（日典3）

手部(扶,押,拓,拝,挟)

【533】 扶

[3]扶川 ふかわ
　扶川敦　ふかわ・あつし　徳島県議(共産党,板野郡)(日典3)
　扶川鈊一　ふかわ・きんいち　日本精線常務(日典3)
　扶川茂　ふかわ・しげる　詩人(四国文)
　扶川迷羊　ふかわ・めいよう　歌人(四国文)

【534】 押

押上　おうかみ;おしあげ;おしがみ
　押上美猫　おうかみ・みねこ　漫画家(幻想)
　押上美香　おしあげ・よしか　地役人(幕末)
　押上松蔵　おしがみ・まつぞう　海部郡三岐田村の人(徳島歴)

押小路　おしこうじ
　押小路三丸　おしこうじ・かずまる　華族(海越新)
　押小路実潔　おしこうじ・さねきよ　公家(国系)
　押小路実英　おしこうじ・さねひで　陸軍中佐,子爵(国典3)
　押小路甫子　おしこうじ・なみこ　孝明天皇の大乳人(人)
　押小路師親　おしこうじ・もろちか　公家(諸系)

[4]押井　おおい;おしい
　押井彬　おおい・あきら「加計呂麻島」伊麻書房(日典)
　押井健一　おしい・けんいち　三井松島産業副社長(日典)
　押井守　おしい・まもる　映画監督(小説)

押切　おしきり;おしぎり
　押切順三　おしきり・じゅんぞう　詩人(現詩)
　押切蓮介　おしきり・れんすけ　漫画家(幻想)
　押切元子　おしぎり・もとこ　ファッションデザイナー(日典3)
　押切由夫　おしぎり・よしお　東京学芸大教授(日典)

[7]押尾　おしお;おすお
　押尾コータロー　おしお・こーたろー　ミュージシャン(テレ)
　押尾学　おしお・まなぶ　俳優,歌手(テレ)
　押尾一彦　おすお・かずひこ　航空史研究家(日典)

押谷　おしたに
　押谷理　おしたに・おさむ　ジンハウス代表取締役(日典3)
　押谷善一郎　おしたに・ぜんいちろう　アメリカ文学者(現執1期)
　押谷富三　おしたに・とみぞう　弁護士,政治家(政治)
　押谷平七　おしたに・へいしち　社会運動家(社史)
　押谷由夫　おしたに・よしお　教育学者(現執4期)

[8]押味　おしみ
　押味修　おしみ・おさむ　陶芸家(陶工)
　押味和夫　おしみ・かずお「やさしい血液疾患」日本医事新報社(日典3)
　押味貴之　おしみ・たかゆき　医師,医療通訳者,医療通訳トレーナー(日典3)
　押味忠雄　おしみ・ただお　小学校教師(日典3)

押金　おしかね;おしがね
　押金美和　おしかね・みわ「至福の旅セラピー」ソフトバンククリエイティブ(日典3)
　押金丈雄　おしかね・たけお　長野経済短期大学教授(日典3)

[12]押渡部　おしとべ
　押渡部武久　おしとべ・たけひさ　セントルビジネス社代表取締役(国典)

[20]押鐘　おしかね
　押鐘篤　おしかね・あつし　医師(近医)
　押鐘富士雄　おしかね・ふじお　三笠書房社長(日典3)

【535】 拓

拓　たく
　拓新太郎　たく・しんたろう　グラフィックデザイナー(児人)
　拓唯　たく・ただし「パレオロガス漂流」ホビージャパン(日典3)

[12]拓植　つげ
　拓植欧外　つげ・おうがい　弁護士(日典)
　拓植由理子　つげ・ゆりこ「けんばんでソルフェージュ」ヤマハミュージックメディア(日典3)

【536】 拝

[5]拝田　はいだ
　拝田勝之　はいだ・かつゆき「一本遅い電車」環の会(日典3)
　拝田清　はいだ・きよし「英語構文サクサク攻略本」朝日出版社(日典3)
　拝田真紹　はいだ・しんしょう　松原市民松原図書館館長(日典3)
　拝田正積　はいだ・せいき　ピアニスト(音人3)

[7]拝志　はいし
　拝志よしね　はいし・よしね　看護婦(日人)

【537】 挟

[12]挟間　はさま;はざま
　挟間直己　はさま・なおみ「つらい不眠症が,朝までグッスリ!」トランス出版(日典3)
　挟間茂　はざま・しげる　官僚(日人)
　挟間与吉　はざま・よきち　向上会メンバー(社史)

【538】 指

⁴指方 さしかた
- 指方一郎 さしかた・いちろう 「図解よくわかるこれからの市場調査」同文舘出版（日典3）
- 指方恭一郎 さしかた・きょういちろう 「出島買います」文芸春秋（日典3）
- 指方正広 さしかた・まさひろ 「土地家屋調査士測量実務」東京法経学院出版部（日典3）

指月 しげつ；しずき
- 指月紀美子 しげつ・きみこ 「星の旅人」日本図書刊行会（日典3）
- 指月通標 しげつ・つうひょう 黄檗宗の僧（黄檗）
- 指月としのり しずき・としのり プログラマー，ライター（日典3）
- 指月雅史 しずき・まさふみ 「あかつきの闇」Ara jin project（日典3）

⁵指田 さしだ；さすだ
- 指田作太郎 さしだ・さくたろう 実業家（日人）
- 指田茂十郎 さしだ・もじゅうろう 実業家（日人）
- 指田義雄 さすだ・よしお 実業家（コン）

⁶指吸 ゆびすい
- 指吸千之助 ゆびすい・せんのすけ （株）堺計算センター社長（日典）
- 指吸俊次 ゆびすい・としつぐ 「シトクロムb5」アイビーシー（日典3）
- 指吸雅之助 ゆびすい・まさのすけ 能楽師（能狂言）
- 指吸保子 ゆびすい・やすこ 「ローリー・アンダーソン時間の記録」NTT出版（日典3）

¹⁰指原 さしはら；さすはら
- 指原カネ さしはら・かね 米騒動の状況を日記に残した臼杵指原商店の妻（大分歴）
- 指原安三 さしはら・やすぞう 新聞記者，評論家（コン5）
- 指原安三 さすはら・やすぞう 新聞記者，評論家（近文）

¹¹指宿 いぶすき
- 指宿暁美 いぶすき・あけみ 重量挙げ審判員（日典3）
- 指宿綾子 いぶすき・あやこ 「とんぼ」和光学園（日典3）
- 指宿英造 いぶすき・えいぞう 「柔道一代徳三宝」南方新社（日典3）
- 指宿清秀 いぶすき・きよひで 参院事務総長（人情）
- 指宿堯嗣 いぶすき・たかし 大気化学者（現執3期）

【539】 持

⁵持田 もちた；もちだ；もった
- 持田若佐 もちた・わかさ 政治家，都賀郡高椅の神官（栃木歴）
- 持田栄一 もちだ・えいいち 教育学者（日人）
- 持田若狭守 もった・わかさのかみ 結城氏家臣＝中世（戦東）

【540】 振

⁶振吉 ふりよし
- 振吉圭子 ふりよし・けいこ バイオリニスト（音人）

⁹振津 ふりつ
- 振津郁江 ふりつ・いくえ 「ショスタコーヴィチ」音楽之友社（日典3）
- 振津かつみ ふりつ・かつみ 「戦争はいかに地球を破壊するか」緑風出版（日典3）
- 振津純雄 ふりつ・すみお 大阪経済法科大学経済学部経済学科教授（日典3）
- 振津隆行 ふりつ・たかゆき 「刑事不法論の展開」成文堂（日典3）
- 振津嵐峡 ふりつ・らんきょう 実業家（監督）

【541】 掛

⁵掛布 かけの；かけふ
- 掛布知伸 かけの・とものぶ 「掛布知伸詩集」芸風書院（日典3）
- 掛布雅之 かけふ・まさゆき 野球解説者，プロ野球選手（日人）
- 掛布雅弥 かけふ・もとみ ギタリスト（音人）

掛札 かけふだ
- 掛札勲 かけふだ・いさお 新日本石油精製社長（日典3）
- 掛札功 かけふだ・いさお 写真家（写家）
- 掛札修 かけふだ・おさむ 「炎帝」雪嶺発行所（日典3）
- 掛札堅 かけふだ・つよし 分子生物学者（日典3）
- 掛札昌裕 かけふだ・まさひろ シナリオライター（映人）

⁶掛合 かけや
- 掛合宗一 かけや・そういち 数学者（数学）

⁷掛見 かけみ
- 掛見喜一郎 かけみ・きいちろう 医師（近医）
- 掛見正郎 かけみ・まさお 「広義薬物動態学」京都広川書店（日典3）

掛谷 かけたに；かけや
- 掛谷和俊 かけたに・かずとし 医師（日典3）
- 掛谷芳雄 かけたに・よしお デイリースポーツ（東京）総務部長（日典）
- 掛谷宗一 かけや・そういち 数学者（日人）
- 掛谷令三 かけや・れいぞう 医師（近医）

⁹掛飛 かけひ
- 掛飛亥一 かけひ・いいち 「能率をあげる電話・電報の使い方」（国典）
- 掛飛吉泰 かけひ・よしやす 日本野球関東連盟理事（日典3）

手部（捨,掃,挽,捧,揃,提,揖,揚）

[14]掛樋　かけひ
　掛樋一晃　かけひ・かずあき「医歯薬系学生のためのillustrated基礎化学」京都広川書店（日典3）
　掛樋進　かけひ・すすむ「考える子・描く子」美術出版社（日典3）
　掛樋松治郎　かけひ・まつじろう　家庭裁判所調停委員（国典）

【542】捨

[5]捨田利　しゃたり
　捨田利貢　しゃたり・みつぐ「生産財マーケティング入門」（国典）
　捨田利裕　しゃたり・ゆたか　ヒューマンゼミナール代表取締役（日典3）

【543】掃

[11]掃部　かにもりの；かもん
　掃部小麻呂　かにもりの・おまろ　遣唐副使＝古代（人名2）
　掃部彰子　かもん・あきこ　ヴァイオリニスト（演奏）
　掃部実　かもん・みのる　大蔵省主税局（国典）
　掃部関　かもんぜき
　掃部関澄子　かもんぜき・すみこ　武蔵野栄養専門学校校長（日典3）

【544】挽

[6]挽地　ひきち
　挽地喬子　ひきち・きょうこ　札幌市立平岸小学校教諭（人情）
　挽地茂男　ひきち・しげお「図解雑学キリスト教」ナツメ社（日典3）
　挽地康彦　ひきち・やすひこ　日本学術振興会特別研究員（日典3）

【545】捧

　捧　ささげ
　捧和子　ささげ・かずこ「銀の歳月」柊書房（日典3）
　捧吉右衛門　ささげ・きちうえもん　実業家（食文）
　捧吉右衛門　ささげ・きちえもん　実業家（日人）
　捧匡子　ささげ・きょうこ　バドミントン選手（日典3）
　捧精作　ささげ・せいさく「牛のあゆみ」（国典）

【546】揃

　揃　そろい
　揃健一　そろい・けんいち　鹿児島短大助教授（日典）

【547】提

　提　つつみ；てい
　提浩一郎　つつみ・こういちろう　弁護士（日典）
　提兆旭　てい・ちょうきょく「提兆旭の24時間使える中国語―1日24時間分の面白ストーリーで中国語をモノにしよう！」自由現代社（JM）
[3]提山　さげやま
　提山暢堂　さげやま・ちょうどう　僧侶（真宗）
　提山淑郎　さげやま・ひでお　ドイツ文学者（富山文）
[4]提中　だいなか
　提中富和　だいなか・とみかず「自治体法務の最前線」イマジン出版（日典3）
　提中明一　だいなか・めいいち　ダイナカロープ代表（紳士）
[5]提坂　さげさか
　提坂秀樹　さげさか・ひでき　東京工学院専門学校講師,電子システム（株）代表取締役（日典3）
[14]提箸　さげはし
　提箸喜雄　さげはし・のぶお　サンケイ新聞データシステム常務マーケティング事業本部長（日典）
[16]提橋　さげはし
　提橋昇　さげはし・のぼる「図説那須野の地下水探査記録」（国典）

【548】揖

[12]揖斐　いび
　揖斐章　いび・あきら　静岡藩士族（幕末）
　揖斐仙次郎　いび・せんじろう　農民（社史）
　揖斐高　いび・たかし　研究者（現執4期）
　揖斐敏夫　いび・としお　経済産業省技術総括審議官（日典3）
　揖斐祐治　いび・ゆうじ　陸上選手（日典3）

【549】揚

　揚　あげ；よう
　揚三容　あげ・みよ　養護学校教師（日典）
　揚成貴　よう・せいき「中国服の作り方全書」文化出版局（JM）
[5]揚田　あがりた；あげた
　揚田あき　あがりた・あき　タレント（テレ）
　揚田多聞　あがりた・たもん　写真家（写人）
　揚田蒼生　あげた・そうせい「揚田蒼生全句集」（日典3）
　揚田富子　あげた・とみこ「化学基礎食品学実験」三共出版（日典3）
[6]揚羽家　あげはや
　揚羽家十世子　あげはや・とよこ　女幇間（人情）

手部（摂，摺，撰，播，撫）

[9]揚洲　ようしゅう
　揚洲周延　ようしゅう・ちかのぶ　浮世絵師，日本画家（近美）

[10]揚原　あげはら
　揚原祥子　あげはら・さちこ　ピアニスト（音人3）
　揚原新十郎　あげはら・しんじゅうろう　揚原織物工業会長，福井県議・元県会議長（日典3）
　揚原安麿　あげはら・やすまろ　日本青年会議所会頭，江守商事取締役（日典3）

[11]揚野　あげの
　揚野浩　あげの・ひろし「プロレタリア情話」（国典）

【550】摂

[9]摂待　せったい
　摂待キク　せったい・きく　「現代詩研究所」会員（国典）
　摂待孝蔵　せったい・こうぞう「帰雁」梅里書房（日典3）
　摂待忠兵衛　せったい・ちゅうべえ「八戸廻御代官御用留」種市町教育委員会（日典3）
　摂待初郎　せったい・はつろう「満洲ノ麻」南満洲鉄道地方部地方課（日典3）

摂津　せっつ
　摂津一観　せっつ・いっかん　能面師（日典3）
　摂津正　せっつ・ただし　プロ野球選手（日典3）
　摂津茂和　せっつ・もわ　小説家，ゴルフ評論家（日人）
　摂津幸彦　せっつ・ゆきひこ　俳人（兵庫文）
　摂津よしこ　せっつ・よしこ　俳人（京都文）

【551】摺

[5]摺本　すりもと
　摺本好作　すりもと・こうさく　模型・玩具プランナー（現執2期）

摺石　しりいし
　摺石宥然　しりいし・ゆうねん　福泉寺住職（国典）

[8]摺河　するが
　摺河ウメ　するが・うめ　教育者（日人）
　摺河祐彦　するが・まさひこ　兵庫県播磨高校校長（日典3）

【552】撰

撰　えなみ；えらび；せん
　撰伸治　えなみ・しんじ　高校野球選手（日典）
　撰達夫　えらび・たつお　鳥取大学工学部助教授（日典）
　撰隆治　せん・りゅうじ　弓道家，弓道錬士（弓道）

[10]撰梅　よりうめ
　撰梅正人　よりうめ・まさと　高等学校教師（現執2期）

【553】播

播　はり；ばん
　播真之助　はり・しんのすけ　興行主（大阪人）
　播博　はり・ひろし　フルート奏者（音人3）
　播里枝　ばん・さとえ「国際関係論講義」青林書院新社（日典3）
　播繁　ばん・しげる「構造デザインとは何か」鹿島出版会（日典3）

[3]播上　はたがみ
　播上英次郎　はたがみ・えいじろう　放送事業家，新聞人（現情）

[5]播本　はりもと
　播本明彦　はりもと・あきひこ「クロスカントリー・ガイドブック」ランナーズ（日典3）
　播本枝未子　はりもと・えみこ　ピアニスト（演奏）
　播本格一　はりもと・かくいち　弁護士（日典3）
　播本正常　はりもと・まさつね「日野の自然を守る会」理事（国典）
　播本三恵子　はりもと・みえこ　ピアニスト（音人）

[16]播磨　はりま
　播磨俊子　はりま・としこ　研究者，評論家（児人）
　播磨信義　はりま・のぶよし　法学者（現執3期）
　播磨康則　はりま・やすのり　日本労働総同盟大阪機械労働組合メンバー（社史）
　播磨楢吉　はりま・ゆうきち　翻訳家（世紀）
　播磨良承　はりま・よしつぐ　産業法学者（現執2期）

播磨谷　はりまや
　播磨谷浩三　はりまや・こうぞう「基本経済学」八千代出版（日典3）
　播磨谷信一　はりまや・しんいち「宝石の魅力とビジネス」東洋経済新報社（日典3）

【554】撫

[3]撫川　なつかわ
　撫川新　なつかわ・しん「備前藤原啓」毎日シリーズ出版編集（JM）

[7]撫尾　うつお
　撫尾清明　うつお・きよあき　九州龍谷短期大学講師（日典）
　撫尾正信　うつお・まさのぶ　僧侶（日典3）
　撫尾巨津子　うつお・みつこ「お寺は何のためにあるのですか？」法蔵館（日典3）

[15]撫養　むや
　撫養チカ　むや・ちか「小春日」熊野出版（日典3）
　撫養光男　むや・みつお　徳島市立消防隊指導長（日典）

手部(摩,操) 支部(支) 支部(改,放,故,政)

【555】 摩

[4]摩文仁 まぶに
　摩文仁賢栄　まぶに・けんえい　空手家(日典3)
　摩文仁賢和　まぶに・けんわ　空手家(日典3)
[7]摩寿意 ますい
　摩寿意善郎　ますい・よしろう　美術史家,小説家(日人)
[10]摩宮 まのみや
　摩宮圭輔　まのみや・けいすけ 「北斗七星占星術」大泉書店(日典3)

【556】 操

操 みさお
　操坦勁　みさお・たんけい　政治家(姓氏鹿児島)
　操坦道　みさお・たんどう　医師(近医)
　操華子　みさお・はなこ 「コンパクトフィジカルアセスメント」エルゼビア・ジャパン(日典3)
[3]操上 くりかみ；くりがみ
　操上秀峰　くりかみ・しゅうほう 「戦友」竹林会(日典3)
　操上秀雄　くりかみ・ひでお　菓子店経営(日典3)
　操上和美　くりがみ・かずみ　写真家,映像クリエーター(日人)
[5]操本 くりもと
　操本利保　くりもと・としやす　元三重県上野市立図書館長(人情)
[11]操野 くりの
　操野好道　くりの・よしみち 「わすれられた教育」北村書店(日典3)

支部

【557】 支

[10]支倉 はせくら；はぜくら
　支倉隆子　はせくら・たかこ　詩人(幻想)
　支倉正夫　はせくら・まさお　東京帝国大学セツルメント参加者(社史)
　支倉さつき　はぜくら・さつき　福岡県立女子大学教授(国典)
[11]支部 はせべ
　支部沈黙　はせべ・ちんもく　詩人,童謡詩人(北海道歴)
[13]支路遺 しろい
　支路遺耕治　しろい・こうじ　詩人(現詩)

【558】 改

[4]改井 かい
　改井秀雄　かい・ひでお　政治家(富山百)
[5]改田 かいだ
　改田武馬　かいだ・たけま　実業家(高知人)
　改田博三　かいだ・ひろぞう 「神戸と映画・芸能」豆本"灯"の会(日典3)
　改田房枝　かいだ・ふさえ 「糸ぐるま」好日社(日典3)
　改田昌直　かいだ・まさなお　漫画家(四国文)
　改田護　かいだ・まもる　大阪トヨペット会長(日典3)
[9]改発 かいはつ
　改発正　かいはつ・ただし　呉工業高専教授(国典)
　改発博明　かいはつ・ひろあき 「岡田の決断」神戸新聞総合出版センター(日典3)
　改発康秀　かいはつ・やすひで　大阪市議(自民党)(日典3)
[11]改野 かいの
　改野耕三　かいの・こうぞう　政治家(日人)

【559】 放

[5]放生 ほうしょう；ほうじょう
　放生明広　ほうしょう・あきひろ　金沢大学工学部機能機械工学科教授(日典3)
　放生勲　ほうじょう・いさお　医師(日典3)
　放生充　ほうじょう・みつる 「40才からの就職活動、現在24敗中…」太陽(日典3)

【560】 故

[7]故里 ふるさと
　故里やよい　ふるさと・やよい　女優(映女)
[8]故林 こばやし
　故林広志　こばやし・ひろし　台本作家,演出家(テレ)

【561】 政

政 つかさ；まさ
　政養哉　つかさ・きよさい　農民(社史)
　政常政　つかさ・つねまさ　農民(社史)
　政一九　まさ・いっく 「サクラ大戦」講談社(日典3)
[6]政次 まさつぐ
　政次満幸　まさつぐ・みつゆき　経営コンサルタント(現執3期)

支部（敏，救，教，敬，敦，敵，数）

[8]政所　まんどころ
　政所賢二　まんどころ・けんじ　高校教師（日典3）
　政所小枝　まんどころ・さえ　「いろは」本阿弥書店（日典3）
　政所利子　まんどころ・としこ　環境計画プロデューサー（日典3）
　政所利忠　まんどころ・としただ　鹿児島工専助教授（国典）

[10]政時　まさとき
　政時義明　まさとき・よしあき　「年長者ボランティア銀行」発足者（人情）

【562】敏

[14]敏蔭　としかげ
　敏蔭英三　としかげ・えいぞう　「埼玉の寺」埼玉新聞社（日典3）
　敏蔭敬三　としかげ・けいぞう　「メジナ」西東社（日典3）
　敏蔭正一　としかげ・まさかず　駐イエメン大使（日典3）

【563】救

[4]救仁郷　くにごう
　救仁郷建　くにごう・けん　出版事業家（世紀）
　救仁郷繁　くにごう・しげる　農業学校教員（社史）
　救仁郷茂　くにごう・しげる　「評伝千葉七郎」網走学園網走高等学校（日典3）
　救仁郷断二　くにごう・だんじ　町史編集者，3代大崎町長（姓氏鹿児島）
　救仁郷秀明　くにごう・ひであき　「故宮博物院」日本放送出版協会（日典3）

【564】教

教月　のりずき
　教月天善　のりずき・てんぜん　「哲学人時代」八勝堂（日典3）

【565】敬

敬天　けいてん
　敬天牧童　けいてん・ぼくどう　詩人，俳人（京都文）

【566】敦

[5]敦本　あつもと
　敦本五郎　あつもと・ごろう　神戸市立中央市民病院（国典）

[7]敦沢　あつざわ；つるざわ
　敦沢紀恵子　あつざわ・きえこ　書票作家（日典3）
　敦沢紀恵子　つるざわ・きえこ　「獅子頭書票集」白沢道夫（日典3）
　敦沢豊　つるざわ・ゆたか　北海道弟子屈町の小学校教員（人情）

[12]敦賀谷　つるがや
　敦賀谷勝治　つるがや・かつじ　日本石油秋田精油所職工（社史）
　敦賀谷夢楽　つるがや・むらく　川柳作家（北海道歴）

【567】敵

[5]敵田　しょうだ；ときた
　敵田文子　しょうだ・あやこ　歌人（日典3）
　敵田金次郎　しょうだ・きんじろう　「私の人生」北国出版社（日典3）
　敵田譲　ときた・ゆずる　イソライト工業代表取締役常務（日典）

【568】数

[3]数土　すど；すどう
　数土直方　すど・なおかた　エスエス製薬名誉会長（日典3）
　数土直紀　すど・なおき　学習院大学法学部助教授（日典）
　数土寅雄　すどう・とらお　元・新湊高校長（日典）

[5]数田　かずた
　数田孝一　かずた・こういち　広島県商工会連合会長（日典3）
　数田猛雄　かずた・たけお　「広島県中等教育百年の回顧」（国典）
　数田ひな　かずた・ひな　「桃の里」雪華社（日典3）
　数田政治　かずた・まさじ　「助広大鑑」光村推古書院
　数田美正　かずた・よしまさ　アタカ工業会長，日産建設副社長，日立造船取締役（日典3）

[6]数江　かずえ
　数江教一　かずえ・きょういち　中央大教授（人情）
　数江譲治　かずえ・じょうじ　早稲田大学法学部教授（日典3）

[7]数住　すずみ
　数住岸子　すずみ・きしこ　バイオリニスト（日人）

数阪　かずさか
　数阪孝志　かずさか・たかし　経済学者（現執3期）

[10]数原　かずはら；すうはら；すはら
　数原晋　かずはら・しん　ジャズトランペッター（ジャ）
　数原貢　すうはら・みつぐ　静岡第一テレビ監査（紳士）
　数原尚樹　すはら・なおき　歌人（日人）

数家　かずや
　数家鉄治　かずや・てつじ　経営学者（現執2期）

支部（敷）　文部（文）　　　　　　　　　　　　　　　　　　　　　　〔570〕

数納　かずのう；すのう
　数納清　かずのう・きよし　世界ユネスコ協会連盟初代会長（札幌）
　数納朗　すのう・あきら「絹織物産地の存立と展望」農林統計出版（日典3）
　数納幸子　すのう・さちこ　医学生物学研究所会長（日典3）

数馬　かずま
　数馬浅治　かずま・あさじ「佐渡吟行案内」佐渡吟行案内刊行会
　数馬嘉平　かずま・かへい　数馬酒造社長, 能都町（石川県）町長（日典3）
　数馬公　かずま・ただし「能州能登町物語」北国新聞社出版局（制作発売）（日典）
　数馬俊晴　かずま・としはる　公務員（人情）

[18]数藤　すうとう；すどう
　数藤浩　すうとう・ひろし「すれちがい」新風舎（JM）
　数藤五城　すどう・ごじょう　俳人, 歌人（日人）

【569】敷

[5]敷田　しきだ
　敷田彦三郎　しきた・ひこさぶろう　弁護士（大分歴）
　敷田年治　しきだ・としはる　国学者（コン4）
　敷田牧子　しきだ・まきこ　インタビューライター（YA）

[7]敷村　しきむら
　敷村寛治　しきむら・かんじ　作家（日典3）
　敷村鉄雄　しきむら・てつお　能楽師（能狂言）
　敷村良子　しきむら・よしこ　文筆業（日典3）

[8]敷波　しきなみ
　敷波重治郎　しきなみ・じゅうじろう　解剖学者（日人）

文部

【570】文

文　あやの；かざり；ふみ；ふみの；ぶん；もん
　文馬養　あやの・うまかい　聖武朝の人＝古代（人名1）
　文英吉　かざり・えいきち　郷土史家（日人）
　文熊悦　ふみ・くまえつ　農民（社史）
　文根麻呂　ふみの・ねまろ　武将＝古代（世人）
　文一雄　ぶん・かずお「あなたのお金を10倍にする外貨投資術」フォレスト出版（日典3）
　文仁岳　もん・じんがく「ためいき・つぶやき・ささやき」近代文芸社（JM）

[2]文入　ふみいり
　文入努　ふみいり・つとむ「日米同盟はリアリズムか」本の風景社（日典3）
　文入宗義　ふみいり・むねよし　出版人（出文）

[4]文月　ふずき；ふみずき；ふみつき
　文月あつよ　ふずき・あつよ「GUSH maniaEX」海王社（日典3）
　文月今日子　ふみずき・きょうこ　漫画家（漫人）
　文月剣太郎　ふみつき・けんたろう　漫画原作者（漫人）

[7]文沢　ふみさわ；ふみざわ
　文沢義永　ふみさわ・よしなが　心理学者（心理）
　文沢隆一　ふみさわ・りゅういち　評論家（日典3）
　文沢義永　ふみさわ・よしなが　琉球大学助教授（国典）

文谷　ふみや
　文谷千代子　ふみや・ちよこ　女優（映女）

[9]文室　ふむろ；ふんやの
　文室定次郎　ふむろ・さだじろう　元・丸蚕商事社長（日典）
　文室政彦　ふむろ・まさひこ「カキ（Diospyros kaki L.f.）の低樹高栽培に関する研究」滋賀県農業試験場（日典3）
　文室浄三　ふんやの・きよみ　廷臣（人名5）

文屋　ふみや；ぶんや
　文屋一彦　ふみや・かずひこ「極道戦艦ベニバナ」徳間書店（日典3）
　文屋順　ふみや・じゅん「片辺り一詩集」文芸東北新社（JM）
　文屋成夫　ぶんや・しげお　東京農工大馬術部コーチ（国典）
　文屋充徳　ぶんや・みちのり　コントラバス奏者（音人3）

文廼屋　ふみのや
　文廼屋秀茂　ふみのや・ひでしげ　狂歌師（日人）

文挟　ふばさみ
　文挟克明　ふばさみ・かつあき　洋画家（美家）
　文挟夫佐恵　ふばさみ・ふさえ　俳人（日人）

[10]文倉　あやくら；ふみくら
　文倉十　あやくら・じゅう「狼と香辛料」アスキー・メディアワークス, 角川グループパブリッシング（発売）（日典3）
　文倉咲　ふみくら・さき「ブルームーンlovers」小学館（日典3）
　文倉平次郎　ふみくら・へいじろう　歴史家（日人）

文挟　ふばさみ
　文挟夫佐恵　ふばさみ・ふさえ「句集黄瀬」（国典）

[11]文野　ふみの；ぶんの
　文野加代　ふみの・かよ「精神保健入門」八千代出版（日典3）
　文野朋子　ふみの・ともこ　女優（日人）
　文野昇二　ぶんの・しょうじ　政治家（愛媛百）

[13]文違　ひじかい
　文違菊代　ひじかい・きくよ　元・軟式テニス選手（人情）

[15]文箭　ぶんや
　文箭哲士　ぶんや・てつし「学習と行事のための幼児・低学年の共同製作」岩崎書店（日典3）

文部(斉,斎,斑,斐)

文箭安雄　ぶんや・やすお　コスモ証券社長(日典)
[16]文館　ふみだて
　文館輝子　ふみだて・てるこ　小説家(大阪文)

【571】 斉

斉　さい；せい
　斉丘童　さい・きゅうきん　「彫書―創作書を彫る」日貿出版社(JM)
　斉兼督　せい・けんとく　農民(社史)
　斉夢章　せい・むしょう　画家(日典3)
[4]斉木　さいき；さいぎ
　斉木しげる　さいき・しげる　俳優(テレ)
　斉木晴子　さいき・はるこ　小説家(幻想)
　斉木舜　さいぎ・しゅん　「神女―幻想小説集」文芸社(JM)
[5]斉田　さいた；さいだ
　斉田昭彦　さいた・あきひこ　日本電産コパル取締役相談役(日典3)
　斉田栄三郎　さいた・えいざぶろう　元・東京都議(日典)
　斉田正子　さいだ・まさこ　声楽家(ソプラノ)(演奏)
　斉田好男　さいだ・よしお　指揮者(音人3)
[7]斉尾　さいお
　斉尾武郎　さいお・たけお　フジ虎ノ門健康増進センター長(日典3)
　斉尾知一　さいお・ともかず　ジャズマン(ジャ)
　斉尾英行　さいお・ひでゆき　東北大学理学部宇宙地球物理学科助教授(日典3)
　斉尾征直　さいお・まさなお　「"わからん"が"わかる"へ病理解剖」金芳堂(JM)
[8]斉所　さいしょ
　斉所市郎　さいしょ・いちろう　熊本県議(人情)
　斉所奈巳　さいしょ・なみ　調教師(日典3)
[9]斉城　さいき；さいじょう
　斉城昌美　さいき・まさみ　実業家,ファンタジー作家(幻想)
　斉城巧　さいじょう・たくみ　「カラーガイド福岡県の樹木」葦書房(日典3)

【572】 斎

斎　いつき；さい；とき
　斎求　いつき・もとむ　バス歌手(演奏)
　斎正子　さい・まさこ　教育者(日人)
　斎辰雄　とき・たつお　運動選手(徳島歴)
[3]斎子　さいし；さいす
　斎子堅一郎　さいし・けんいちろう　俳人(日人)
　斎子典夫　さいす・のりお　JRC(株)社長(日典)
[4]斎木　いつき；さいき；さえき
　斎木文礼　いつき・ぶんれい　医師(洋学)
　斎木一馬　さいき・かずま　日本史学者(世紀)
　斎木俊秀　さえき・としひで　陶芸家(陶工)

[5]斎田　さいた；さいだ
　斎田佐枝子　さいた・さえこ　歌人(日人)
　斎田梅亭　さいた・ばいてい　截金家(日人)
　斎田愛子　さいだ・あいこ　声楽家(日人)
　斎田喬　さいだ・たかし　児童劇作家,画家(日典)
[7]斎伯　さいき
　斎伯哲　さいき・さとし　大明電話工業社長(日典)
　斎伯守　さいき・まもる　「長江の自然と文化」講談社(日典3)
[10]斎宮　いつき；さいぐう
　斎宮静斎　いつき・せいさい　「傷寒金匱研究叢書」オリエント出版社(日典3)
　斎宮鈑太郎　さいぐう・しんたろう　「山形県管内地図」杉本七百丸(日典3)
[11]斎野　さいの
　斎野国和　さいの・くにかず　ミサワホーム福島社長(日典3)
　斎野五兵衛　さいの・ごへえ　材木業(山形百新)
　斎野茂雄　さいの・しげお　「シベリア抑留記」創栄出版(日典3)
　斎野次郎　さいの・じろう　政治家(多摩)
　斎野岳廊　さいの・たけろう　「大都市の人口高齢化」大明堂(日典3)
　斎鹿　さいか；さいが
　斎鹿逸郎　さいか・いつろう　画家(日典)
　斎鹿潤子　さいが・じゅんこ　大阪府自然環境保全指導員(日典)
[12]斎場　さいば
　斎場ひさとし　さいば・ひさとし　写真家(写人)

【573】 斑

[5]斑田　はんだ
　斑田撃　はんだ・げき　「排卵状太陽の皮下脂肪」(国典)
　斑目　まだらめ
　斑目三郎　まだらめ・さぶろう　古河鉱業取締役,早川運輸会長(日典3)
　斑目俊一郎　まだらめ・しゅんいちろう　フリーライター(YA)
　斑目直方　まだらめ・なおかた　NHK送出技術局長(日典3)
　斑目日仏　まだらめ・にちふつ　僧侶(日典3)
　斑目秀雄　まだらめ・ひでお　洋画家(美家)

【574】 斐

[4]斐太　ひだ
　斐太猪之介　ひだ・いのすけ　新聞記者,小説家(郷土岐阜)

斗部

【575】 料

⁸料治　りょうじ
　料治熊太　りょうじ・くまた　古美術研究家（日人）
　料治直矢　りょうじ・なおや　TBSジャーナリスト（YA）
　料治宏尚　りょうじ・ひろなお　「これからの商業集積」HH出版販売能率増進本部（日典3）

斤部

【576】 斧

斧　おの
　斧賢一郎　おの・けんいちろう　テレビプロデューサー（日典3）
　斧高一　おの・こういち　京都大学大学院工学研究科教授
　斧誠之助　おの・せいのすけ　人事院事務総長（日典3）
　斧貞治　おの・ていじ　土木請負業（日典3）
　斧泰彦　おの・やすひこ　記者（現執3期）

【577】 斯

⁸斯波　しば
　斯波孝四郎　しば・こうしろう　経営者（日人）
　斯波四郎　しば・しろう　小説家（日人）
　斯波忠夫　しば・ただお　化学者（日人）
　斯波忠三郎　しば・ちゅうざぶろう　機械工学者（コン5）
　斯波貞吉　しば・ていきち　ジャーナリスト，政治家（コン5）

【578】 新

新　あたらし；あら；あらし；あらた；しん；にい
　新規矩男　あたらし・きくお　西洋美術史家（日人）
　新芯太　あら・しんた　「人妻」オリオン社出版部（日典3）
　新一世　あらし・かずよ　「エルムの雪殺人事件」響文社（日典3）
　新久美　あらた・くみ　ソプラノ歌手（音人3）
　新弘謙　しん・こうけん　法楽寺中興の高僧（兵庫人）
　新誠　にい・まこと　小説家（日典）
³新下　しんした
　新下茂　しんした・しげる　銀行家（国典）

新上　しんかみ；しんがみ；しんじょう
　新上真由　しんかみ・まゆ　ブライダルプロデューサー（日典3）
　新上あらた　しんがみ・あらた　水泳選手（日典3）
　新上和正　しんじょう・かずまさ　「動的過程のQoS分析」エイ・ティ・アール環境適応通信研究所（日典3）

新子　あたらし；しんこ
　新子薫　あたらし・かおる　木地師（日典）
　新子末一　あたらし・すえかず　竹中工務店常務（日典）
　新子友子　しんこ・ともこ　「ロンリーウルフ」角川書店（日典3）

新山　あらやま；しんやま；にいやま
　新山こと　あらやま・こと　元・魚石店主（日典）
　新山昌孝　しんやま・まさたか　政治家（現政）
　新山荘輔　にいやま・しょうすけ　獣医学者（日人）

新川　あらかわ；しんかわ；にいかわ
　新川明　あらかわ・あきら　新聞記者（平和）
　新川和江　しんかわ・かずえ　詩人，児童文学作家（日人）
　新川達郎　にいかわ・たつろう　行政学者（現執4期）

⁴新井　あらい；にい
　新井紀一　あらい・きいち　小説家（コン4）
　新井章吾　あらい・しょうご　政治家（コン）
　新井智恵　にい・ちえ　漫画家（書籍）

新井山　にいやま
　新井山嘉祐　にいやま・かすけ　「青春の甍」（JM）
　新井山勝弘　にいやま・かつひろ　東京交通短期大学講師，住設情報分析研究会主査（日典3）

新井田　あらいだ；にいだ
　新井田照子　あらいだ・てるこ　「万葉紀行」短歌新聞社（日典3）
　新井田仲四郎　にいだ・なかしろう　傘職人（社史）
　新井田秀子　にいだ・ひでこ　教育者（青森人）

新元　にいもと
　新元朗彦　にいもと・あきひこ　「子どものためにできる111のこと」東洋出版（日典3）
　新元貞子　にいもと・さだこ　沖縄パイロットクラブ会長（日典3）
　新元鹿之助　にいもと・しかのすけ　技師（土木）
　新元久　にいもと・ひさし　エルムフーズ取締役（日典3）
　新元博文　にいもと・ひろぶみ　「アマシンダ」海風社（日典3）

新内　しんうち；しんたに；しんない；にいうち
　新内康子　しんうち・こうこ　志学館大学人間関係学部助教授（日典3）
　新内俊次　しんたに・としじ　「緑のロマン」富士精工（日典3）
　新内志賀大掾　しんない・しがのだいじょう　新内節太夫（日人）

新内善久　にいうち・よしひさ　労働・賃金問題専門家(現執1期)

新戸　しんど
新戸建男　しんど・たてお　「兵庫県南部地震と火災保険訴訟」エピック(日典3)
新戸雅章　しんど・まさあき　実業家,小説家(幻想)

新月　しんげつ；にいつき
新月紫紺大　しんげつ・しかんだい　画家,音楽プロデューサー,演出家,庭園デザイナー(日典3)
新月通正　しんげつ・みちまさ　新聞記者(現執2期)
新月あかり　にいつき・あかり　「なんてミステリアス!」ハーレクイン(日典3)

新木　あらき；しんき；しんぎ；しんぼく
新木栄吉　あらき・えいきち　銀行家(コン4)
新木寿蔵　しんき・としぞう　写真技師(写家)
新木一成　しんぎ・いっせい　陶芸家(陶工)
新木新作　しんぼく・しんさく　織物業者(埼玉人)

[5]新出　あらで；しんで；にいで
新出朝子　あらで・あさこ　俳人(北海道文)
新出昭男　しんで・あきお　「月刊カラオケ大賞」編集主幹,TBSラジオ制作部長(日典3)
新出九一郎　にいで・くいちろう　来待石加工の技術指導者(島根歴)

新本　あらもと；しんもと；にいもと
新本千鶴　あらもと・ちず　「珊瑚の花」黄金花表現の会(日典3)
新本亜也　しんもと・あや　ボクシング選手(日典3)
新本豊三　にいもと・とよぞう　「道元禅の研究」山喜房仏書林(日典3)

新正　あらまさ；しんじょう
新正卓　あらまさ・たく　写真家(日人)
新正由紀子　しんじょう・ゆきこ　「小児の中等度難聴ハンドブック」金原出版(日典3)

新生　あらお；にいぶ
新生瑪人　あらお・りひと　「からだであそぼうかた」ポプラ社(日典3)
新生宏美　にいぶ・ひろみ　「火の国をんな軒」トライ(日典3)

新田　あらた；しんた；しんだ；にった
新田豊志　あらた・たかし　光村印刷常務(日典3)
新田均　しんた・ひとし　高校野球監督(日典3)
新田真子　しんだ・まね　「Rake」久保書店(日典3)
新田次郎　にった・じろう　小説家(コン4)

新田目　あらため；にっため
新田目倖造　あらため・こうぞう　「やさしい経済社会のしくみ」講談社出版サービスセンター(日典3)
新田目直寿　あらため・なおとし　軍人(陸海)
新田目俊子　にっため・としこ　無産青年社本社会計係(社史)

新田見　にたみ；にったみ
新田見賢五　にたみ・けんご　新潟製氷冷凍社長(日典3)
新田見賢五　にったみ・けんご　新潟製氷冷凍代表取締役社長(日典3)

新目　あらため；あらめ；にいめ
新目視悦　あらため・しえつ　山形県議(自民党)(日典)
新目真紀　あらめ・まき　「ブレンディッドラーニングの戦略」東京電機大学出版局(日典3)
新目邦房　にいめ・くにふさ　日本防災代表取締役(国典)

[6]新名　しんな；しんみょう；しんめい；にいな
新名政則　しんな・まさのり　帯広市生活環境部清掃事業課職場委員会議長(日典)
新名丈夫　しんみょう・たけお　評論家,ジャーナリスト(日人)
新名正由　しんめい・まさゆき　医師(近医)
新名百刀　にいな・もと　教育者(学校)

新名主　しんみょうず
新名主宏一　しんみょうず・こういち　鹿児島大学医学部第三内科助手(科学)
新名主聡　しんみょうず・さとし　テレビディレクター(日典3)

新宅　しんたく
新宅愛子　しんたく・あいこ　「山脈越えて」みぎわ書房(日典3)
新宅彰　しんたく・あきら　阪南大学教授,日本銀行検査局長(日典3)
新宅勇　しんたく・いさむ　「古里の生活誌」四季出版(日典3)
新宅孝　しんたく・たかし　関西交響楽団オーボエ奏者(島根歴)
新宅竹一　しんたく・たけいち　ハワイのプランテーション労働者(社史)

新江　あらえ；しんえ
新江進　あらえ・すすむ　弁護士(日典3)
新江寅　あらえ・とら　弁護士,栃木県師範学校同窓会長,宇都宮大学教育学部同窓会長(栃木歴)
新江憲一　しんえ・けんいち　「ゆふいんの畑から」双林社出版部(日典3)
新江利彦　しんえ・としひこ　「トゥアティエン・フエ省における伝統文化の変容」東洋大学アジア文化研究所・アジア地域研究センター(日典3)

新羽　にわ
新羽精之　にわ・せいし　シナリオライター,小説家(幻想)

新行　しんぎょう
新行和子　しんぎょう・かずこ　「菅江真澄と近世岡崎の文化」桃山書房(日典3)
新行紀一　しんぎょう・のりかず　日本中世社会経済史学者(現執3期)

[7]新呑　にのみ
新呑傾月　にのみ・けいげつ　「利休古流」主婦の友社(日典3)

新坂　しんさか；にいさか；にいざか
新坂一雄　しんさか・かずお　政治家(現政)
新坂和男　にいさか・かずお　絵本画家(世紀)

新坂和男　にいざか・かずお　絵本画家（児人）

新村　しむら；しんむら；にいむら；にむら
新村捷介　しむら・しょうすけ　「近畿のトンボ図鑑」ミナミヤンマ・クラブ、いかだ社（発売）（日典3）
新村出　しんむら・いずる　言語学者,国語学者（コン4）
新村忠雄　にいむら・ただお　社会運動家（コン5）
新村英一　にむら・えいいち　舞踏家（芸能）

新沢　あらさわ；しんざわ；にいさわ；にいざわ
新沢克海　あらさわ・かつみ　「フェイブルの海」講談社（日典3）
新沢基栄　しんざわ・もとえい　漫画家（漫人）
新沢順吉　にいさわ・じゅんきち　酒造家（姓氏宮城）
新沢としひこ　にいざわ・としひこ　作詞家（児人）

新甫　しんぽ；しんぽ
新甫芳江　しんぽ・よしえ　俳人（日典3）
新甫八朗　しんぽ・はちろう　新甫総合技術研究所会長（日典3）

新良　あら；しんら；にいら
新良幸人　あら・ゆきと　歌手（テレ）
新良宏一郎　しんら・こういちろう　「要説化学通論」（国典）
新良篤　にいら・あつし　元・住友信託銀行社長（日典）

新良貴　しらき
新良貴健三　しらき・けんぞう　「新良貴健三画集」新良貴厚子（日典3）
新良貴美人　しらき・よしと　三井信託財務有限公司（香港）社長（人情）

新見　しんみ；にいみ
新見吉治　しんみ・きちじ　日本史学者（日人）
新見正興　しんみ・まさおき　幕臣（コン4）
新見嘉兵衛　にいみ・かへえ　神経解剖学者（日人）
新見貫次　にいみ・かんじ　地方史研究家（郷上）

新谷　あたらしや；あらたに；あらや；しんがい；しんたに；しんや；にいたに；にいや；にたに
新谷光二　あたらしや・こうじ　北星学園女子短期大学学長（日典3）
新谷宏隆　あらたに・こうりゅう　川崎炉材（株）技術研究所次長（日典）
新谷敬三郎　あらや・けいざぶろう　ロシア文学者（世紀）
新谷喜代造　しんがい・きよぞう　関西ペイント常務（日典3）
新谷寅三郎　しんたに・とらさぶろう　官僚,政治家（日人）
新谷保志　しんや・やすし　アナウンサー（テレ）
新谷洋二　にいたに・ようじ　都市工学者（現執3期）
新谷道太郎　にいや・みちたろう　剣道指南（幕末）

新谷泰鵬　にたに・たいほう　書家（日典3）

新貝　しんかい；しんがい
新貝直藤　しんかい・なおかげ　歌人（日人）
新貝正勝　しんかい・まさかつ　政治家（現政）
新貝リいさお　豊前市合河火葬場建設反対同盟委員長（日典3）
新貝肇　しんがい・はじめ　官吏（大分歴）

新里　あらざと；しんさと；しんざと；にいさと；にいざと；にっさと
新里金福　あらざと・きんぷく　沖縄問題著述家（現執1期）
新里敦子　しんさと・あつこ　漫画家（漫人）
新里堅進　しんざと・けんしん　漫画家（漫人）
新里貫一　にいさと・かんいち　食料品店経営者,キリスト教徒（視覚）
新里光代　にいざと・てるよ　北海道教育大学名誉教授（日典3）
新里嘉助　にっさと・かすけ　消防人（姓氏岩手）

[8]新免　しんめん
新免一五坊　しんめん・いちごぼう　俳人・歌人・教育者（俳文）
新免国夫　しんめん・くにお　岡山県企画振興部次長（日典3）
新免行太郎　しんめん・こうたろう　軍人（岡山歴）
新免純武　しんめん・すみたけ　中国地区柔道連盟会長,全日本柔道連盟理事（島根歴）
新免忠　しんめん・ただし　歌人（歌人）

新国　にいくに；にっくに
新国重人　にいくに・しげと　東京都教育庁（国典）
新国俊彦　にいくに・としひこ　口腔外科学者（現情）
新国佐幸　にっくに・さゆき　農林水産省食品総合研究所応用微生物部糸状菌研究室長（日典）

新妻　にいずま；にいつま
新妻イト　にいずま・いと　社会運動家（日人）
新妻恂滋　にいつま・じゅんじ　医師（姓氏宮城）

新実　にいのみ；にいみ
新実和也　にいのみ・かずや　日本たばこ産業常務（日典3）
新実慎八　にいのみ・しんぱち　毎日新聞経済部副部長（国典）
新実徳英　にいみ・とくひで　作曲家（作曲）
新実八郎兵衛　にいみ・はちろべえ　実業家（姓氏宮城）

新居　あらい；しんきょ；にい；にいい；にいおり；におり
新居日薩　あらい・にっさつ　日蓮宗僧侶（コン5）
新居健　しんきょ・たけし　核燃料サイクル開発機構監事（日典）
新居格　にい・いたる　評論家,社会運動家（コン4）
新居格　にいい・いたる　評論家,社会運動家,新聞記者（社史）
新居正七　におり・まさしち　讃岐における活版印刷業の第一号（香川人）

新居昭児　におり・しょうじ　元・富士通ビジネスシステム常務（日典）

新居田　にいだ
新居田夫佐武　にいだ・おさむ「榛の花」秀圭社（制作）（日典3）
新居田和人　にいだ・かずし　漆芸家（日典3）
新居田純野　にいだ・すみの「日本語形態の諸問題」ひつじ書房（日典3）
新居田仲太郎　にいだ・なかたろう　傘張り職人（社史）
新居田弘文　にいだ・ひろふみ　岩手県議（民主党, 奥州市）（日典3）

新岡　にいおか；におか
新岡勲　にいおか・いさお　漫画家（漫人）
新岡旭宇　にいおか・きょくう　書家（日人）
新岡回天子　におか・かいてんし「回天子川柳句帳」虹川柳倶楽部（日典3）
新岡正治　におか・まさはる「雑藻集—随想」第2集 新岡正治（JM）

新延　にいのべ
新延明　にいのべ・あき「消えた潜水艦イ52」日本放送出版協会（日典3）
新延拳　にいのべ・けん　詩人（日典3）
新延修三　にいのべ・しゅうぞう　朝日新聞社アサヒグラフ編集長（日典3）
新延信吉　にいのべ・しんきち　城西大学名誉教授, 東京薬科大学教授（日典3）
新延輝雄　にいのべ・てるお　洋画家（日典3）

新明　しんみょう；しんめい
新明一郎　しんみょう・いちろう「手形・小切手の法律知識」新星出版社（日典3）
新明紫明　しんみょう・しめい　俳人（北海道文）
新明兼太郎　しんめい・けんたろう　鍛治屋（日典3）
新明正道　しんめい・まさみち　社会学者（コン4）

新林　しんばやし
新林佐助　しんばやし・さすけ「熊と雪崩」無明舎出版（日典3）

新枦　しんはし
新枦勝記　しんはし・かつき　政治家（現政）

新治　しんじ；にいはり；にいばり；にいはる
新治栄一郎　しんじ・えいいちろう「老楽の記」あまのはしだて出版（日典3）
新治伸治　にいはり・しんじ　元・プロ野球選手（日典）
新治弟三　にいばり・ていぞう「ナイチンゲールの生涯」メヂカルフレンド社（日典3）
新治吉太郎　にいはる・きちたろう「通俗家庭教育論 通俗家庭教育」クレス出版（日典3）

新沼　にいぬま
新沼栄蔵　にいぬま・えいぞう　木material商, 社会主義者（アナ）
新沼杏一　にいぬま・きょういち　洋画家（美家）
新沼謙治　にいぬま・けんじ　歌手（世紀）
新沼秀雄　にいぬま・ひでお　弓道家, 弓道錬士（弓道）

新沼康博　にいぬま・やすひろ　チェンバロ奏者, ピアニスト（音人3）

新長　しんちょう
新長章典　しんちょう・あきのり「一太郎&花子の世界」EI企画（日典3）
新長明美　しんちょう・あけみ　フリーライター（日典3）
新長馨　しんちょう・かおる　宮城学院女子大学教授, 宮城教育大学名誉教授（日典3）
新長基三　しんちょう・もとぞう　社会運動家（アナ）

新阜　におか
新阜義弘　におか・よしひろ　盲老人ホーム職員（視覚）

[9]新保　しんぼ；しんぽ；じんぼ；しんぼう；にいほ；にいぼ
新保千代子　しんぼ・ちよこ　随筆家（石川文）
新保兵次郎　しんぼ・ひょうじろう　洋画家（日人）
新保利幸　じんぼ・としゆき「英語教育における異文化理解へのアプローチ」川崎教育文化研究所（日典3）
新保磐次　しんぼう・いわじ「中学国文史」金港堂書籍（日典3）
新保達朗　にいほ・たつろう　福岡県立宇美商業高校教諭（日典3）
新保利和　にいぼ・としかず　鹿児島工業高等専門学校電気工学科教授（日典）

新垣　あらかき；あらがき；しんがき；にいがき
新垣弓太郎　あらかき・ゆみたろう　自由民権運動家（コン4）
新垣結衣　あらがき・ゆい　タレント（日映女）
新垣諭　しんがき・さとし　プロボクサー（日典）
新垣里沙　にいがき・りさ　歌手（テレ）

新城　あらき；あらぐしく；あらぐすく；あらしろ；しんじょう
新城明　あらき・あきら「本能寺の恋」アニメメンツ（日典3）
新城盛助　あらぐしく・もりすけ　政治家（姓氏沖縄）
新城金太郎　あらぐすく・きんたろう　政治家（姓氏沖縄）
新城善助　あらしろ・ぜんすけ　政治家（姓氏沖縄）
新城新蔵　しんじょう・しんぞう　天文学者（コン5）

新屋　あらや；しんや；にいや
新屋エミ子　あらや・えみこ　目黒手づくり絵本の会代表（日典3）
新屋兼次郎　しんや・けんじろう　地震研究家（郷土和歌山）
新屋惣右衛門　にいや・そうえもん　漁業者（島根歴）

新屋敷　しんやしき
新屋敷幸繁　しんやしき・こうはん　国文学者（社史）

新屋敷二幸　しんやしき・にこう　ニュースキャスター（日典3）
新屋敷文太郎　しんやしき・ぶんたろう　沖縄教育労働者組合メンバー（社史）
新屋敷幸江　しんやしき・みえ「新屋敷幸繁全詩集」新屋敷二幸（日典3）
新屋敷幸男　しんやしき・ゆきお「昭和の漢（おとこ）」文芸春秋企画出版部,文芸春秋（発売）（日典3）

新海　しんかい；にいのみ；にいみ
新海竹太郎　しんかい・たけたろう　彫刻家（コン5）
新海非風　にいのみ・ひふう　俳人（日人）
新海道春　にいみ・どうしゅん　小説家（日典）

新津　あらつ；にいず；にいつ
新津左兵　あらつ・さへい　映画監督（映監）
新津兼義　にいず・かねよし「熱核戦争の脅威」たま出版（日典3）
新津きよみ　にいつ・きよみ　ミステリー作家（小説）
新津保修　しんつぼ・おさむ「酒の肴500種」（国典）
新津保建秀　しんつぼ・けんしゅう　写真家（日典）

新畑　しんばた；にいはた
新畑ひろし　しんばた・ひろし　川柳作家（富山文）
新畑泰秀　しんばた・やすひで　横浜美術館美術情報センター学芸員（日典）
新畑茂充　にいはた・しげみつ　広島大学総合科学部教授（日典）

新美　しんみ；にいみ
新美孝　しんみ・たかし　弓道家,弓道教士（弓道）
新美卯一郎　にいみ・ういちろう　新聞記者,編集者（コン5）
新美南吉　にいみ・なんきち　児童文学者,詩人（コン5）

新荘　しんじょう
新荘吉生　しんじょう・きちお　技師（渡航）
新荘謹一　しんじょう・きんいち「傘歯車歯切盤」小峰工業出版（日典3）
新荘剛三　しんじょう・ごうぞう　鹿島建設副社長（日典）
新荘直潔　しんじょう・なおきよ「双硯堂詩集」横須賀司久（日典）
新荘泰子　しんじょう・やすこ　工業デザイナー（日典）

[10]新倉　しんくら；にいくら
新倉まりこ　しんくら・まりこ　ダンサー,振付家（新芸）
新倉美子　しんくら・よしこ　ジャズ歌手（日典3）
新倉健　にいくら・けん　作曲家（作曲）
新倉俊一　にいくら・としかず　英文学者（現詩）

新原　しんはら；しんばら；にいはら；にいばら
新原芳明　しんはら・よしあけ　総務省官房審議官（日典）
新原勇　しんばら・いさむ　柔道家（日典）
新原昭治　にいはら・しょうじ　ジャーナリスト（現執3期）
新原俊秀　にいばら・としひで　教員（社史）

新家　あらいえ；あらや；しんか；しんけ；しんや；にいなみ；にいのみ；にいや
新家理与門　あらいえ・りよもん　義民（日人）
新家熊吉　あらや・くまきち　実業家（石川百）
新家荘平　しんか・そうへい　元・兵庫医科大学学長（日典）
新家照夫　しんけ・てるお　大阪学院大教授（国典）
新家昇　しんや・のぼる　北海道医療大学名誉教授（日典3）
新家春三　にいなみ・はるみつ　淘宮家（日人）
新家孝正　にいのみ・たかまさ　建築家（日人）
新家猛　にいや・たけし　弁護士（日典）

新宮　あらみや；しんぐう；にいみや
新宮学　あらみや・まなぶ「北京遷都の研究」汲古書院（日典3）
新宮晋　しんぐう・すすむ　造形作家,絵本作家（日人）
新宮弘子　にいみや・ひろこ「細胞の形とうごき」サイエンス社（日典3）

新島　にいしま；にいじま
新島襄　にいしま・じょう　キリスト教主義教育者,もと上野安中藩士（岩史）
新島中和気　にいしま・なかわき　農民（姓氏鹿児島）
新島繁　にいじま・しげる　文化・教育運動家,文芸評論家（コン4）
新島襄　にいじま・じょう　キリスト教主義教育者,もと上野安中藩士（コン4）

新浦　にうら
新浦寿夫　にうら・ひさお　プロ野球選手（世紀）

新浜　しんはま；にいはま
新浜継夫　しんはま・つぐお　（株）スカイウェア代表（日典）
新浜邦夫　にいはま・くにお　心理学者（心理）

新珠　あらたま
新珠三千代　あらたま・みちよ　女優（日人）

新納　しんのう；にいの；にいのう；にいろ；にひろ
新納みつる　しんのう・みつる　フランス文学者（現執1期）
新納実彦　にいの・さねひこ　紬織工（社史）
新納益夫　にいのう・ますお　コントラバス奏者（音人3）
新納忠之介　にいろ・ちゅうのすけ　彫刻家（コン4）
新納美庫　にひろ・みくら　神職（神人）

[11]新堂　しんどう

新堂栄吉　しんどう・えいきち　政治家(姓氏鹿児島)
新堂幸司　しんどう・こうじ　弁護士,法学者(日人)
新堂信六　しんどう・しんろく　政治家(姓氏富山)
新堂奈槻　しんどう・なつき　漫画家(幻想)
新堂冬樹　しんどう・ふゆき　小説家(小説)

新堀　しんほり；しんぼり；にいほり；にいぼり

新堀ミヨ子　しんほり・みよこ　医師(姓氏富山)
新堀通也　しんほり・みちや　教育社会学者(現執4期)
新堀克美　にいほり・かつみ　「図解でよくわかる生産管理のしごと」日本能率協会マネジメントセンター(日典3)
新堀寛己　にいほり・ひろき　指揮者,ギタリスト(演奏)

新崎　あらさき；しんざき；にいざき

新崎盛暉　あらさき・もりてる　社会学者,住民運動家(日人)
新崎恭一　しんざき・きょういち　奈良文化女子短期大学教授(日典3)
新崎武彦　にいざき・たけひこ　「ぼくら国民学校一年生」ケイ・アイ・メディア(日典3)

新盛　しんもり

新盛辰雄　しんもり・たつお　政治家(現政)

新章　しんしょう

新章文子　しんしょう・ふみこ　小説家(日人)

新郷　しんごう

新郷雨影　しんごう・うえい　生花池坊準華老(日典)
新郷啓子　しんごう・けいこ　翻訳家,サハラウィ支援活動家(日典3)
新郷重夫　しんごう・しげお　生産管理研究者(現執2期)
新郷登志子　しんごう・としこ　「搗栗」牧羊社(日典)
新郷久　しんごう・ひさし　詩人(日典3)

新部　しんべ；にいべ

新部烈人　しんべ・れつじん　「音響構成詩『奥の細道』を探る」菅野順吉(日典3)
新部一太郎　にいべ・いちたろう　「大根島のおいたちと洞窟生物」松江市教育委員会(日典3)
新部興治　にいべ・こうじ　「ステンレス鋼入門」特殊鋼倶楽部(日典3)

新野　あらの；しんの；にいの

新野修　あらの・おさむ　航空自衛隊航空教育集団司令官(日典3)
新野新　しんの・しん　放送作家,実業家(大阪文)
新野幸次郎　にいの・こうじろう　経済学者(日人)

[12]新場　しんば

新場小安〔2代〕　しんば・こやす　俠客(人名)

新富　しんとみ；にいとみ

新富英雄　しんとみ・ひでお　「逆引英語名詞複合語辞典」北星堂書店(日典3)
新富康央　しんとみ・やすひさ　「学力が伸びる評価がわかる授業が変わる」ぎょうせい(日典3)
新富国雄　にいとみ・くにお　日雇労働者(社民)

新渡　あらと；にいど

新渡英夫　あらと・ひでお　日本カイロプラクティックドクター専門学院理事長(日典3)
新渡春　にいど・しゅん　「物語(ストーリー)で読むフラメンコ入門」ショパン(日典3)

新渡戸　にとべ

新渡戸稲造　にとべ・いなぞう　農学者,教育者(コン5)
新渡戸仙岳　にとべ・せんがく　地方史研究家,教育家(日人)
新渡戸伝　にとべ・つたう　陸奥七戸藩士,陸奥南部藩士(コン4)
新渡戸常訓　にとべ・つとう　陸奥七戸藩士,陸奥南部藩士(日人)
新渡戸まり子　にとべ・まりこ　新渡戸稲造の妻(日人)

新葉　しんば

新葉雅一　しんば・まさかず　教諭(人情)

新道　しんどう；しんみち

新道喜久治　しんどう・きくじ　大丸物産社長(日典3)
新道繁　しんどう・しげる　洋画家(日人)
新道満人　しんみち・みつと　「風雪の海」トライ(日典3)

新開　しんかい；しんがい

新開ゆり子　しんかい・ゆりこ　児童文学作家(世紀)
新開陽一　しんかい・よういち　理論経済学者(世紀)
新開貢　しんがい・みつぐ　政治家(徳島歴)
新開義喜　しんがい・よしき　政治家(現政)

新間　しんま

新間絢子　しんま・あやこ　「金黒羽白」卯辰山文庫(日典3)
新間雲屏　しんま・うんぺい　日本画家(日人)
新間正次　しんま・しょうじ　タレント(テレ)
新間進一　しんま・しんいち　国文学者(世紀)

新飯田　にいだ

新飯田宏　にいだ・ひろし　経済学者(現執4期)
新飯田正志　にいだ・まさし　「食の器の事典」柴田書店(日典3)

[13]新楽　にいら

新楽和夫　にいら・かずお　東工大教授(国典)
新楽茂樹　にいら・しげき　丸全昭和運輸常務(日典3)
新楽大輔　にいら・たいすけ　「電気技術英語」(国典)

新福　しんふく；しんぷく

新福尚隆　しんふく・なおたか　「世界の精神保健医療」へるす出版(日典3)

方部(方, 於, 施) 〔581〕

新福尚武　しんふく・なおたけ　精神医学者(日人)
新福知子　しんぷく・ともこ　CPI危機予防研究所ワールドグループジャパン代表(現執4期)
新福祐子　しんぷく・ゆうこ　家政学・家庭科教育研究者(現執1期)

[14]新関　しんせき；しんぜき；にいぜき
　新関輝夫　しんせき・てるお　民法学者(現執1期)
　新関勝芳　しんぜき・かつよし　弁護士(日典3)
　新関良三　にいぜき・りょうぞう　ドイツ文学者, 演劇研究家(コン4)

[15]新敷　あたらし
　新敷孝弘　あたらし・たかひろ　漆工芸家(美)

新穂　あらほ；しんぼ；しんぼう；にいほ；にいぼ
　新穂茂樹　あらほ・しげき　写真家(日典)
　新穂真蔵　しんぼ・しんぞう　実業家(庄内)
　新穂栄蔵　しんぼう・えいぞう　元・北海学園大学工学部教授(日典)
　新穂登免　にいほ・とめ　教育者(日人)
　新穂えりか　にいぼ・えりか　女優(テレ)

新蔵　しんくら；しんぞう
　新蔵正　しんくら・ただし　「四季の兼六園」青柳書房(日典3)
　新蔵利男　しんくら・としお　歌人(北海道文)
　新蔵登喜男　しんぞう・ときお　「よくわかる食品表示の基礎用語」幸書房(日典3)

[16]新橋　しんばし；にっぱし
　新橋喜代三　しんばし・きよぞう　小唄歌手(女性普)
　新橋遊吉　しんばし・ゆうきち　小説家(日人)
　新橋稔　にっぱし・みのる　「郷愁―新橋稔集」近代文芸社(JM)

新樹　しんじゅ
　新樹瞳志　しんじゅ・ひとし　「先生は一年生」日本テレビ放送網(日典3)

新濃　にいの
　新濃清志　にいの・きよし　数学者(数学)

新館　にいだて
　新館正国　にいだて・まさくに　慶大教授(日典3)
　新館邦範　にいだて・やすのり　「投げづり入門」高橋書店(日典3)
　新館吉郎　にいだて・よしろう　ヤツメウナギの筌漁師(人情)

[18]新藤　しんとう；しんどう；しんふじ
　新藤常右衛門　しんとう・つねえもん　軍人(陸海)
　新藤兼人　しんどう・かねと　映画監督, 脚本家(日人)
　新藤久人　しんふじ・ひさと　地方史研究者(郷土)

[19]新羅　しんら
　新羅愛子　しんら・あいこ　「千葉県女性人名辞典」青史社(日典3)
　新羅一郎　しんら・いちろう　航空力学者(現情)
　新羅興正　しんら・こうしょう　僧侶(日典3)
　新羅実禅　しんら・じつぜん　禅僧(高知人)

方部

【579】方

方　かた；ほう
　方正太郎　かた・しょうたろう　実業家(和歌山人)
　方勝　かた・まさる　「たのしい劇あそび!」日本児童福祉協会(日典3)
　方英林　ほう・えいりん　「真伝中国武術―その術理と理法を説く」創栄出版(JM)
　方洋子　ほう・ようこ　翻訳家(日典3)

[8]方波見　かたなみ；かたばみ
　方波見雅夫　かたなみ・まさお　労務研究(現執1期)
　方波見重兵衛　かたばみ・じゅうべえ　埼玉県立衛生短期大学学長(日典3)
　方波見雅夫　かたばみ・まさお　健康科学・老人福祉学者(現執2期)

[12]方喰　かたばみ
　方喰あい子　かたばみ・あいこ　「砂浜の象」横浜詩人会(日典3)

方等　ほうとう
　方等みゆき　ほうとう・みゆき　詩人(日人)

[18]方藤　ほうとう
　方藤朋子　ほうとう・ともこ　「カレーやしきのまりこさん」石風社(日典3)

【580】於

[3]於川　おかわ
　於川龍人　おかわ・りゅうじん　日本画家(美家)

[9]於保　おほ；おぼ
　於保佐代子　おほ・さよこ　タレント(テレ)
　於保不二雄　おほ・ふじお　法学者, 弁護士(日人)
　於保史絵　おぼ・しえ　「サンキューパワー」バベル・プレス(日典3)
　於保哲外　おぼ・てつがい　医師(日典)

【581】施

施　し；せ
　施一昕　し・いっきん　「おぼえておきたい中国語歇後語300」光生館(JM)
　施勝彦　し・かつひこ　「親と子のキャンプガイド」学習研究社(日典3)
　施昭雄　せ・あきお　「台湾経済論―経済発展と構造転換」勁草書房(JM)
　施光恒　せ・てるひさ　「「アジア的価値」とリベラル・デモクラシー」風行社(日典3)

姓名よみかた辞典 姓の部　361

方部（旅, 旗）　日部（日）

【582】 旅

旅　たび；たや
　旅輝人　たび・てると　健康評論家（日典）
　旅三雄　たや・みつお　牛勝畜産興業取締役副社長（日典）

⁵旅田　たびた
　旅田卓宗　たびた・たくそう　政治家（現政）

【583】 旗

⁴旗手　はたて；はたで
　旗手勲　はたて・いさお　経済学者（現執2期）
　旗手浩二　はたて・こうじ　社会人野球監督（日典3）
　旗手力　はたで・つとむ　伊予鋳物職工（社史）

日部

【584】 日

³日下　くさか；ひのした
　日下武史　くさか・たけし　俳優（日人）
　日下義雄　くさか・よしお　官僚（コン）
　日下鎌三郎　ひのした・かまさぶろう　政治家（姓氏愛知）
　日下藤吾　ひのした・とうご　経済学者（群馬人）

日下田　くさかだ；くさだ；ひげた
　日下田足穂　くさかだ・たるほ　歌人, 国学者（国書5）
　日下田足穂　くさだ・たりほ　歌人, 国学者（人名）
　日下田博　ひげた・ひろし　染織家（美工）

日下部　くさかべ
　日下部三之介　くさかべ・さんのすけ　教育評論家（日人）
　日下部四郎太　くさかべ・しろうた　物理学者（コン5）
　日下部太郎　くさかべ・たろう　越前福井藩留学生（日人）
　日下部弁二郎　くさかべ・べんじろう　土木技師, 実業家（コン5）
　日下部鳴鶴　くさかべ・めいかく　書家（コン5）

日下野　くさかの；ひがの
　日下野忠次郎　くさかの・ちゅうじろう　社会運動家（アナ）
　日下野良武　くさかの・よしたけ　文筆業（日典3）
　日下野仁美　ひがの・ひろみ　「花暦」文学の森（日典3）
　日下野由季　ひがの・ゆき　「祈りの天」ふらんす堂（日典3）

日上　ひがみ
　日上昇一　ひがみ・しょういち　社会保険労務士（日典3）
　日上泰輔　ひがみ・たいすけ　東京家庭裁判所（国典）
　日上有乃　ひがみ・ゆうの　「チャリ犬ラッキー」誠文堂新光社（日典3）

日丸　ひまる
　日丸哲也　ひまる・てつや　体育学者（現執2期）

日小田　ひおだ；ひのおだ
　日小田玄正　ひおだ・げんしょう　「仏壇仏具店の経営実務完全マニュアル」鎌倉新書（日典3）
　日小田正和　ひのおだ・まさかず　銀行家（大分歴）

⁴日匹　ひびき
　日匹一良　ひびき・いちろう　「蒙古狩猟行」（国典）

日友　ひとも
　日友靖子　ひとも・やすこ　児童文学作家（児人）

日戸　にっと；ひのと
　日戸宗太郎　にっと・そうたろう　「数学の基礎の研究」（国典）
　日戸力　にっと・つとむ　大阪倉庫社長（日典3）
　日戸一郎　ひのと・いちろう　農業家（姓氏岩手）
　日戸英雄　ひのと・ひでお　地域功労者（姓氏岩手）

日月　かずき；たちもり；ひずき；ひつき
　日月愛　かずき・あい　「みのり」竹内郷子（日典3）
　日月紋次　たちもり・もんじ　「電気絶縁ワニス及コムパウンド」（国典）
　日月あみ　ひずき・あみ　「ラブレター」文芸社（JM）
　日月太一　ひつき・たいち　「銀河の神」日本図書刊行会（日典3）

日比野　ひびの；ひびや
　日比野五鳳　ひびの・ごほう　書家（日人）
　日比野士朗　ひびの・しろう　小説家（コン5）
　日比野勘一　ひびや・かんいち　（日典）

⁵日出　ひので
　日出英輔　ひので・えいすけ　政治家（現政）
　日出菊朗　ひので・きくろ　警察庁首席監察官, 高知県警本部長, 岐阜県警本部長（日典3）

日台　ひだい
　日台愛子　ひだい・あいこ　児童文学作家（世紀）
　日台滋之　ひだい・しげゆき　中学校教師（日典3）
　日台利夫　ひだい・としお　社会科教育学者（現執3期）
　日台英雄　ひだい・ひでお　医師（日典3）
　日台松子　ひだい・まつこ　「安心・安全のマイホーム選び」リバティ書房（日典3）

日外　あぐい
　日外喜八郎　あぐい・きはちろう　「基本マスター労働法」法学書院（書籍）
　日外政男　あぐい・まさお　堀川高常勤講師（日典3）

日部（日）

日本　にっぽん；にほん；ひのもと
　日本太郎　にっぽん・たろう　寄席色物芸人（芸能）
　日本四郎　にほん・しろう　「日本生命の危機」とりい書房（日典3）
　日本かぐら　ひのもと・かぐら　「リアルロデ」角川書店，角川グループパブリッシング（発売）（日典3）

日永田　ひえいだ；ひえだ；ひながた
　日永田よし江　ひえいだ・よしえ　「ひまわり」日永田升男（日典3）
　日永田忠信　ひえだ・ただのぶ　「輝けるとき」光村印刷（日典3）
　日永田仁　ひながた・ひとし　「Macのお医者さん」ナツメ社（日典3）

日田　ひた；ひだ
　日田権一　ひた・ごんいち　教育者（山口百）
　日田大三　ひた・だいぞう　出光興産常務（日典3）
　日田権一　ひだ・けんいち　教育家（心理）
　日田重太郎　ひだ・じゅうたろう　石油産業の恩人（兵庫人）

日疋　ひびき
　日疋信亮　ひびき・のぶすけ　日本基督教会信徒，軍人（和歌山人）
　日疋龍太郎　ひびき・りゅうたろう　俳優（男優）

日辻　ひつじ
　日辻彩　ひつじ・あや　「突撃！自衛官妻」ぶんか社（日典3）
　日辻祥子　ひつじ・しょうこ　全国家庭婦人バレーボール大会副委員長，東京都家庭婦人バレーボール連盟副幹事長（日典3）
　日辻常雄　ひつじ・つねお　海将補（日典3）
　日辻保五郎　ひつじ・やすごろう　平民社系社会主義者（社史）

[6]日吉　ひえい；ひよし
　日吉大夫　ひえい・だいぶ　日吉座猿楽芸能人＝中世（戦国補）
　日吉小三八　ひよし・こさはち　長唄方（日人）
　日吉小次郎　ひよし・こじろう　農事改良家（日人）

日向　ひな；ひなた；ひむか；ひむかい；ひゅうが；ひるが
　日向勤　ひな・つとむ　「スサノオ・大国主の日国」梓書院（日典3）
　日向輝武　ひなた・てるたけ　実業家，政治家（日人）
　日向法竜　ひむか・のりたつ　仙道修者（国典）
　日向やよい　ひむかい・やよい　翻訳家（日典）
　日向方斉　ひゅうが・ほうさい　実業家（日人）
　日向真幸来　ひるが・まさき　小説家（幻想）

日向山　ひなたやま
　日向山寿一郎　ひなたやま・じゅいちろう　イラストレーター（児人）

日向寺　ひゅうがじ
　日向寺純雄　ひゅうがじ・すみお　財政学者（現執3期）

　日向寺太郎　ひゅうがじ・たろう　映画監督（日典3）
　日向寺洋子　ひゅうがじ・ようこ　粘土人形作家（日典3）

日向野　ひがの
　日向野一郎　ひがの・いちろう　政治家（現政）
　日向野春総　ひがの・はるふさ　医師（現執4期）
　日向野浩代　ひがの・ひろよ　漫画家（漫人）
　日向野幹也　ひがの・みきなり　金融学者（現執4期）
　日向野義幸　ひがの・よしゆき　政治家（現政）

日合　ひあい
　日合才次郎　ひあい・さいじろう　深曳漁業生産組合長，岩瀬漁業協同組合副組合長（日典3）
　日合奨　ひあい・すすむ　「現代生物学入門」（国典）
　日合弘　ひあい・ひろし　京都大学名誉教授（日典）
　日合文雄　ひあい・ふみお　「作用素代数入門」共立出版（日典3）

日名　ひな
　日名弘見　ひな・ひろみ　ファゴット奏者（演奏）
　日名雅美　ひな・まさみ　「金光町の民話」金光町町政施行80周年記念事業実行委員会（日典3）

日名子　ひなこ
　日名子実三　ひなこ・じつぞう　彫刻家（日人）
　日名子太郎　ひなご・たろう　保育学者，発達心理学者（世紀）

日守　にっか；ひもり
　日守研　にっか・けん　経済ジャーナリスト（日典）
　日守むめ　にっか・むめ　「大磯」角川書店（日典3）
　日守新一　ひもり・しんいち　俳優（新芸）
　日守雅彦　ひもり・まさひこ　フリーライター（現執3期）

[7]日坂　にっさか；ひさか
　日坂三郎　にっさか・さぶろう　中央大学漕艇部監督（日典3）
　日坂亜紀　ひさか・あき　小説家（日典3）
　日坂一輝　ひさか・いっき　「サンタモニカのビール注ぎ」北宋社（日典3）

日沖　ひおき
　日沖章雄　ひおき・あきお　東武百貨店取締役総務部長（日典3）
　日沖昭　ひおき・あきら　KDDI取締役相談役（日典3）
　日沖敦子　ひおき・あつこ　「毛髪で縫った曼荼羅」新典社（日典3）
　日沖桜皮　ひおき・かにわ　京都大学学術出版会（日典3）
　日沖靖　ひおき・やすし　政治家（現政）

日谷　くさや；ひたに；ひだに
　日谷英　くさや・ひで　「えじきの唄」（国典）
　日谷周暎　ひたに・しゅうえい　僧侶（日典）
　日谷隆宏　ひだに・たかひろ　バレーボール選手（日典）

⁸日和　にわ；ひより；ひわ

日和祐樹　にわ・ゆうじゅ　「神饌」法政大学出版局(日典3)

日和和夫　ひより・かずお　日本共産青年同盟メンバー(社史)

日和聡子　ひわ・さとこ　詩人,小説家(幻想)

日和佐　ひわさ

日和佐省二　ひわさ・しょうじ　伝魚坊経営(日典3)

日和佐庄馬　ひわさ・しょうま　旅館経営者(高知人)

日和佐信子　ひわさ・のぶこ　「企業が再び信頼を取り戻すために」経済広報センター(日典3)

日和佐初太郎　ひわさ・はつたろう　写真家(写人)

日和崎　ひわさき；ひわざき

日和崎二郎　ひわさき・じろう　日和崎石油社長(日典)

日和崎尊夫　ひわさき・たかお　版画家,木口木版画家(日人)

日和崎尊夫　ひわさき・たかお　版画家,木口木版画家(美家)

日枝　ひえだ

日枝久　ひえだ・ひさし　実業家(日人)

⁹日南　ひな；ひなみ

日南香　ひな・かおる　元・岡山県議(日典)

日南響子　ひなみ・きょおこ　モデル(日典3)

日南孝志　ひなみ・たかし　「宝石と狂女」本多企画(日典3)

日南田　ひなた；ひなだ

日南田一郎　ひなた・いちろう　平民社シンパ(社史)

日南田村人　ひなた・そんじん　詩人,歌人(富山文)

日南田静真　ひなだ・しずま　茨城大農学部助手(国典)

日南田成志　ひなだ・せいじ　「知恵の庭」耕文社(日典3)

日柳　くさなぎ；ひやなぎ

日柳佐貴子　くさなぎ・さきこ　ジュエリーデザイナー(日典3)

日柳三舟　くさなぎ・さんしゅう　教育家(日人)

日柳三舟　ひやなぎ・さんしゅう　教育家(人名)

日柳正巳　ひやなぎ・まさみ　小野田セメント名古屋支店長(日典)

日砂　ひさ

日砂順二　ひさ・じゅんじ　「事象もしくは透影」昭森社(日典3)

日秋　ひあき

日秋喬一　ひあき・たかいち　クリーニング業者(社史)

日秋俊彦　ひあき・としひこ　「新しい物理化学」化学同人(日典3)

日美　ひみ

日美清史　ひみ・せいし　俳人(大阪文)

日美井雪　ひみ・せいせつ　俳人(紀伊文)

日限　ひぎり

日限泉　ひぎり・いずみ　童画家(児人)

日限万里子　ひぎり・まりこ　空間プロデューサー(日典3)

日限満彦　ひぎり・みつひこ　「アメリカ村のママ日限万里子」小学館(日典3)

¹⁰日原　ひのはら；ひはら；ひばら

日原無限　ひのはら・むげん　歌人(世紀)

日原無限　ひはら・むげん　歌人(日人)

日原草雲　ひばら・そううん　「ひやり！ハッ!?と運転100」子研出版(日典3)

日夏　ひなつ

日夏英太郎　ひなつ・えいたろう　映画監督(映人)

日夏耿之介　ひなつ・こうのすけ　詩人,英文学者(コン4)

日夏たより　ひなつ・たより　女優(映女)

日夏百合絵　ひなつ・ゆりえ　女優(映女)

日夏緑影　ひなつ・りょくえい　俳人(滋賀文)

日根野　ひねの

日根野作三　ひねの・さくぞう　陶芸家(美工)

日根野対山　ひねの・たいざん　南画家(姓氏京都)

日根野鉄雄　ひねの・てつお　三菱重工業常務(日典3)

日根野真弓　ひねの・まゆみ　電通総研チーフプロデューサー(日典3)

日根野要吉郎　ひねの・ようきちろう　官吏(日人)

日高　ひたか；ひだか

日高謹爾　ひたか・きんじ　軍人(日人)

日高堯子　ひたか・たかこ　歌人(現執4期)

日高信六郎　ひだか・しんろくろう　外交官,登山家(コン4)

日高六郎　ひだか・ろくろう　社会評論家,平和運動家(日人)

¹¹日笠　ひかさ；ひがさ

日笠伊用　ひかさ・いよ　実業家(岡山歴)

日笠勝之　ひかさ・かつゆき　政治家(現政)

日笠端　ひがさ・ただし　都市工学者(世紀)

日笠時雄　ひがさ・ときお　警察官(兵庫人)

日笠山　ひがさやま

日笠山直定　ひがさやま・なおさだ　弓道家,弓道錬士(弓道)

日笠山正治　ひがさやま・まさはる　「歴史探訪に便利な日本史小典」日正社(日典3)

日笠山玲子　ひがさやま・れいこ　ラグラヒル社長(日典3)

日紫喜　ひしき

日紫喜恵美　ひしき・えみ　ソプラノ歌手(音人3)

日紫喜一史　ひしき・かずふみ　コンサルタント(日典3)

日紫喜誠　ひしき・まこと　「日本古代印文字典」アートダイジェスト(日典3)

日紫喜基久　ひしき・もとひさ　天辻鋼球製作所専務(日典3)

日野西　ひのにし
　日野西恵美子　ひのにし・えみこ「生きて愛して」日本教文社（日典3）
　日野西光尊　ひのにし・こうそん　尼僧（日典3）
　日野西真定　ひのにし・しんじょう　僧侶、日本庶民信仰史研究者（現執4期）
　日野西資孝　ひのにし・すけのり　有職故実研究家（日典3）
　日野西資博　ひのにし・すけひろ「明治天皇の御日常」新学社教友館（日典3）

[12]日塔　にっとう
　日塔和彦　にっとう・かずひこ　文化財建造物保存技術協会大宮事務所長（日典3）
　日塔喜一　にっとう・きいち「機会均等へ向けて」開成出版（日典3）
　日塔貞子　にっとう・さだこ　詩人（山形百）
　日塔聰　にっとう・さとし　詩人、郷土史家（現詩）
　日塔淳子　にっとう・じゅんこ　劇作家（日典3）

日景　ひかげ
　日景一郎　ひかげ・いちろう　高砂熱学工業社長（人情）
　日景忠男　ひかげ・ただお　美少年評論家（日典3）
　日景敏夫　ひかげ・としお「ことばの意味構造」現代図書、星雲社（発売）（日典3）
　日景弁吉　ひかげ・べんきち　殖産家（日人）
　日景理一　ひかげ・りいち　平民社シンパ（社史）

日森　にちもり；ひもり
　日森亨　にちもり・あきら　東和サン機電常務（日典）
　日森虎雄　ひもり・とらお　新聞記者（コン）
　日森文尋　ひもり・ふみひろ　政治家（現政）

日渡　ひわたし；ひわたり
　日渡惺朋　ひわたし・せいろう　山陽特殊製鋼会長（日典）
　日渡紀夫　ひわたし・のりお「民事訴訟法」法学書院（日典3）
　日渡早紀　ひわたり・さき　漫画家（幻想）
　日渡奈那　ひわたり・なな　ギタリスト（日典3）

日登　にっと
　日登弘　にっと・ひろし　小樽水族館魚類飼育係長（人情）

日隈　ひくま；ひぐま；ひのくま
　日隈由安　ひくま・よしやす　グリーンキーパー（日典）
　日隈精一　ひぐま・せいいち　農林業指導者（大分歴）
　日隈栄子　ひのくま・えいこ「ママ、あたしが万引いたのよ」青也書店（日典3）

[13]日置　ひおき；ひき；へき
　日置黙仙　ひおき・もくせん　曹洞宗の僧（日人）
　日置健太郎　ひき・けんたろう　官吏（岡山歴）
　日置謙　へき・けん　郷土史家（日人）

日詰　ひづめ
　日詰忍　ひづめ・しのぶ　反核運動家（平和）
　日詰慎一郎　ひづめ・しんいちろう「社バイブル」草思社（日典3）
　日詰敏一　ひづめ・としかず　エヌエス動産社長（日典）
　日詰裕雄　ひづめ・ひろお「社会への扉を拓く」美巧社（日典3）
　日詰豊作　ひづめ・ほうさく　自民党札幌連合会支部選対委員長、元札幌市議、日詰工業会長（日典3）

[14]日嘉　ひが
　日嘉まり子　ひが・まりこ　オカリナ奏者、ひとり語り（音人3）

日暮　にちぼ；ひぐらし；ひぐれ
　日暮道遠　にちぼ・どうえん「魏志倭人伝・稲荷山鉄剣銘・江田船山大刀銘・万葉集・古事記・日本書紀は斯く解釈する」日暮道遠（印刷）（日典3）
　日暮高則　ひぐらし・たかのり　ジャーナリスト（現執4期）
　日暮里子　ひぐれ・さとこ　女優（映女）

日種　にっしゅ；ひしゅ
　日種日誠　にっしゅ・にちじょう　僧侶（日典3）
　日種崇人　ひしゅ・すうじん「本門八品幷要品」法華宗宗務院（日典3）

日端　ひばた
　日端康雄　ひばた・やすお　都市計画学者（現執4期）
　日端よしえ　ひばた・よしえ「能舞台」文学の森（日典3）

[15]日幡　ひはた；ひばた
　日幡一任　ひばた・かずとう　実業家（岡山歴）
　日幡光顕　ひばた・こうけん　陶芸家（陶工）
　日幡寿　ひばた・ひさし　陶芸家（陶工）

日影　ひかげ
　日影栄吉　ひかげ・えいきち　地域功労者（姓氏岩手）
　日影喜代子　ひかげ・きよこ　洋画家（洋画）
　日影丈吉　ひかげ・じょうきち　推理作家、フランス料理研究家（日人）
　日影董　ひかげ・ただす　医師（近医）
　日影康子　ひかげ・やすこ　歌人（富山文）

日輪　にちりん；にわ；ひのわ；ひまわり
　日輪哲也　にちりん・てつや　ゲーム原作者（日典3）
　日輪法煦　にわ・ほうがん　僧侶（真宗）
　日輪環世　ひのわ・たまよ「眼差しの罠」日本図書刊行会（日典3）
　日輪早夜　ひまわり・そうや「ミューズに祝福されし者」日本文芸社（日典3）

【585】　旦

旦　たん；だん
　旦範夫　たん・のりお　グレーター・ヒューストン・パートナーシップ経済開発局マーケティング・エグゼクティブ（日典3）
　旦匡子　だん・きょうこ　フリーライター（日典）
　旦敬介　だん・けいすけ　翻訳家、作家（日典3）

⁵旦丘　あさおか
旦丘耿一　あさおか・こういち　旅の手帖編集長（人情）

旦代　たんだい
旦代晃一　たんだい・こういち　京都大学教養部教授（日典）

⁷旦尾　あけお；あさお
旦尾広　あけお・ひろし「盲人珠算検定試験十年史」珠算プリント教材社（日典3）
旦尾雅子　あさお・まさこ「風の街」草茎社（日典3）

【586】　旭

旭　あさひ；きょく
旭玉山　あさひ・ぎょくざん　彫刻家（コン改）
旭正秀　あさひ・まさひで　版画家（日人）
旭宇　きょく・う「長恨歌絵巻―楊貴妃伝　書画集」誠文堂新光社（JM）

⁵旭丘　あさおか
旭丘光志　あさおか・こうじ　作家,ノンフィクション作家（世紀）

⁸旭岡　あさおか；あさひおか
旭岡元吉　あさおか・げんきち　明治製糖取締役（日典）
旭岡勝義　あさひおか・かつよし　東芝コンセプトエンジニアリング開発部企画担当課長（日典）
旭岡中順　あさひおか・ちゅうじゅん　僧（栃木歴）

【587】　早

¹早乙女　さおとめ；そうとめ
早乙女勝元　さおとめ・かつもと　小説家（日人）
早乙女貢　さおとめ・みつぐ　小説家（日人）
早乙女清房　そうとめ・きよふさ　天文学者（日人）
早乙女孝子　そうとめ・たかこ「冷え知らずのしょうがレシピ」PHP研究所（日典3）

³早山　そうやま；はやま；はややま
早山清太郎　そうやま・せいたろう　開拓先駆者（札幌）
早山与三郎　はやま・よさぶろう　実業家（日人）
早山与三郎　はややま・よさぶろう　実業家（大阪人）

早弓　はやみ；はやゆみ
早弓惇　はやみ・あつし　日本女子体育大学助教授（日典）
早弓弘行　はやみ・ひろゆき「妻と私のヨーロッパ」北海道教育社（日典3）
早弓房松　はやゆみ・ふさまつ「生きる」（JM）

⁴早水　はやみ；はやみず
早水清　はやみ・きよし　歌人（姓氏群馬）
早水草之助　はやみ・そうのすけ　歌人（群馬人）
早水紀久子　はやみず・きくこ　工業技術院東京工業試験所所員（国典）

早水宗雄　はやみず・むねお　弓道家,弓道錬士（弓道）

⁵早出　そうで
早出明弘　そうで・あきひろ　コメディアン（日典3）
早出広司　そうで・こうじ　東京農工大学工学部教授（日典3）
早出正　そうで・ただし「起業inチャイナ」田畑書店（日典3）
早出守雄　そうで・もりお　洋画家（美家）
早出やす子　そうで・やすこ「起業inチャイナ」田畑書店（日典3）

早生　はやなり
早生隆彦　はやなり・たかひこ　政治家（現政）

早田　そうた；そうだ；はいだ；はやた；はやだ
早田隆三　そうた・りゅうぞう　元・国鉄大阪鉄道管理局長（日典）
早田運平　そうだ・うんぺい　砲術家（日人）
早田知元　はいだ・ちげん　儒学者（庄内）
早田文蔵　はやた・ぶんぞう　植物学者（日人）
早田英房　はやだ・ひでふさ　金工家＝近世（人名5）

早矢仕　はやし
早矢仕有的　はやし・ありまと　実業家（郷土岐阜）
早矢仕有的　はやし・うてき　実業家（幕末）
早矢仕清貴　はやし・きよたか　造形作家（日典3）
早矢仕健司　はやし・けんじ　龍谷大学経営学部教授（日典）
早矢仕有的　はやし・ゆうてき　実業家（コン5）

⁷早岐　はやき
早岐五郎　はやき・ごろう「ファザーファッカー」扶桑社（日典3）
早岐やす子　はやき・やすこ　連合赤軍活動家（女性普）

早良　さがら；さわら
早良哲夫　さがら・てつお「華僑・見えざる中国」（国典）
早良俊夫　さがら・としお　建築家（美建）
早良めぐみ　さわら・めぐみ　女優（日典3）
早良葉　さわら・よう「早良葉川柳集」川柳展望新社（日典3）

¹⁰早原　はやはら；はやばら
早原悦朗　はやはら・えつろう　名古屋工業大学工学部電気情報工学科教授（日典）
早原四朗　はやばら・しろう　元・神戸大学教授（日典）
早原敏之　はやばら・としゆき　医師（日典3）

早速　はやみ
早速整爾　はやみ・せいじ　政治家（コン）
早速益夫　はやみ・ますお　野球審判員（日典3）
早速祐一　はやみ・ゆういち　毎日新聞九州センター取締役相談役（日典3）

日部（早,旺,昆,昇,昌）

早馬　そうま；はやうま；はやま
　早馬政光　そうま・まさみつ　元日清製粉監査役（日典）
　早馬正人　はやうま・まさと　獣医（日典3）
　早馬修　はやま・おさむ　野村総合研究所常務（日典3）
11早崎　はやさき；はやざき
　早崎治　はやさき・おさむ　写真家（日人）
　早崎巌川　はやさき・がんせん　儒者（日人）
　早崎益　はやざき・すすむ　藩士・歌人（高知人）
　早崎勤　はやざき・つとむ　教育者（高知人）
早渕　はやふち；はやぶち
　早渕英子　はやふち・えいこ　写真家（日典）
　早渕大輔　はやふち・だいすけ　ニッポン放送編集局制作部（日典3）
　早渕仁美　はやぶち・ひとみ　福岡女子大学人間環境学部栄養健康科学科教授（日典3）
　早渕正憲　はやぶち・まさのり　弁護士（日典）
早船　はやふね
　早船京子　はやふね・きょうこ「SunOS入門」ソフトバンク（日典3）
　早船茉葉生　はやふね・ぐみお　編集者（日児）
　早船恵吉　はやふね・けいきち　早船事件の犯人（現日）
　早船聡　はやふね・さとし　劇作家、演出家、俳優（日典3）
　早船ちよ　はやふね・ちよ　小説家,児童文学作家（コン4）
13早勢　はやせ
　早勢弘一　はやせ・こういち　経営コンサルタント（日典3）
　早勢直　はやせ・ただし　著述家（日典3）
　早勢伸正　はやせ・のぶまさ「症例まるごと基礎から解析」京都広川書店（日典3）
　早勢裕明　はやせ・ひろあき「算数科「問題解決の授業」に生きる「問題」集」明治図書出版（日典3）
　早勢美里　はやせ・みさと　女優（テレ）
14早稲田　わせだ
　早稲田聡　わせだ・さとし「徹底比較！「新エネルギー」がよくわかる本」PHP研究所（日典3）
　早稲田順作　わせだ・じゅんさく「略図の客貨車空気ブレーキ」交友社（日典3）
　早稲田卓爾　わせだ・たくじ　東京大学大学院新領域創成科学研究科准教授（日典3）
　早稲田嘉夫　わせだ・よしお　東北大学選鉱製錬研究所教授（科学）
　早稲田柳右衛門　わせだ・りゅうえもん　政治家（政治）
18早藤　はやとう；はやふじ
　早藤巌　はやとう・いわお　農業（日典）
　早藤喜代蔵　はやふじ・きよぞう　教育者（日人）
　早藤茂人　はやふじ・しげと　ロンフォード社長（日典3）

【588】易

易　い；えき
　易八大　い・はちだい　占い師（日典）
　易顕石　えき・けんせき「日本の大陸政策と中国東北」六興出版（JM）

【589】旺

旺　おう
　旺なつき　おう・なつき　女優（テレ）

【590】昆

昆　こん
　昆章次郎　こん・しょうじろう　政治家（姓氏岩手）
　昆淳一郎　こん・じゅんいちろう　代言人（姓氏岩手）
　昆徳治　こん・とくじ　野球選手・指導者（姓氏岩手）
　昆飛雄　こん・とびお　小説家（幻想）
　昆半兵衛　こん・はんべえ　大庄屋（姓氏岩手）
5昆田　こんだ
　昆田亨　こんだ・とおる　（社）日本オートキャンプ協会専門委員,湘南キャンピングクラブ代表
　昆田文治郎　こんだ・ぶんじろう　実業家（日人）

【591】昇

昇　のぼり；のぼる
　昇外義　のぼり・がいぎ　日本画家（美家）
　昇曙夢　のぼり・しょむ　ロシア文学者（日人）
　昇曙夢　のぼる・しょむ　ロシア文学者（コン4）
　昇秀樹　のぼる・ひでき　地方自治研究者（現執4期）
12昇塚　しょうずか
　昇塚伸右　しょうずか・しんすけ「知的タフネスの時代」CBS・ソニー出版（日典3）
　昇塚清研　しょうずか・せいけん　修史家（史研）

【592】昌

3昌子　しょうじ
　昌子久仁子　しょうじ・くにこ　テルモ上席執行役員（日典3）
　昌子住江　しょうじ・すみえ　関東学院大学工学部教授（日典3）
　昌子武司　しょうじ・たけし　臨床心理学者（現執3期）
　昌子亮一　しょうじ・りょういち　産業組合中央会島根支会初代民選会長（島根歴）

[593]　　　　　　　　　　　　　　　　　　　　　　　日部(明)

⁷昌谷　さかや
　昌谷彰　さかや・あきら　官僚(埼玉人)
　昌谷千里　さかや・せんり　美作津山藩士,司法官(国典)
　昌谷忠唯　さかや・ただみ　市民運動家(平和)
　昌谷端一郎　さかや・たんいちろう　津山藩士,明治司法官(岡山歴)
　昌谷千里　さかや・ちさと　美作津山藩士,司法官(幕末)

【593】　明

明　あかり；あきら；あけ；みょう；めい
　明るみ子　あかり・るみこ　歌手(日典)
　明欣治　あきら・きんじ　エッセイスト(日典)
　明文一　あけ・ぶんいち　水泳選手(姓氏石川)
　明英一　みょう・えいいち「自閉性障害児教育序説」明英一(JM)
　明拙峨　めい・せつごう　薩摩藩士(姓氏山口)
³明山　あきやま；あけやま；めいざん
　明山浩　あきやま・ひろし「工学系の線形代数学」学術図書出版社(日典)
　明山正次　あけやま・しょうじ　洋画家(洋画)
　明山初太郎　めいざん・はつたろう　陶工(湖東焼)(人名1)
⁴明戸　あけと；あけど
　明戸裕章　あけと・ひろあき　社会人野球選手(日典3)
　明戸真弓美　あけど・まゆみ「海洋観光立国のすすめ」七つ森書館(日典3)
明日　あけび；あした；あすか
　明日徹　あけび・とおる「運動療法学テキスト」南江堂(日典3)
　明日待子　あした・まつこ　女優(映女)
　明日満也　あすか・みつや「テレザ」東洋出版(日典3)
明日山　あすやま
　明日山俊秀　あすやま・としひで　公認会計士(現執3期)
　明日山秀文　あすやま・ひでふみ　植物病理学者(日人)
　明日山陽子　あすやま・ようこ「Comparing development trajectories of the Chinese and Indian textile industry」Institute of Developing Economies(日典3)
明日香　あすか
　明日香和泉　あすか・いずみ　女優(女優)
　明日香一矢　あすか・かずや「地方のひとりごと」考古堂書店(日典3)
　明日香寿一　あすか・こういち　小説家(幻想)
　明日香寿川　あすか・じゅせん　研究者(現執4期)
　明日香尚　あすか・なお　女優(映女)
明比　あけひ；あけび
　明比昭治　あけひ・しょうじ　愛媛県議(自民党,西条市)(日典3)
　明比正行　あけひ・まさゆき　映画監督(映監)

明比忠之　あけひ・ただゆき　城西消費購買組合組合員(社史)
明比達朗　あけび・たつろう「古代フランス土地制度論」(国典)
⁵明平　あきひら
　明平信一　あきひら・しんいち　弓道家,弓道教士(弓道)
　明平規男　あきひら・のりお　童話作家(日典3)
明本　あきもと；あけもと
　明本慎也　あきもと・しんや　俳優(日典3)
　明本京静　あけもと・きょうせい　作曲家(日人)
明田　あけだ
　明田信三　あけた・しんぞう　メリヤス工(社史)
　明田鉄男　あけた・てつお　著述家(京都文)
　明田市之助　あけだ・いちのすけ　社会運動家(アナ)
　明田弘司　あけだ・こうし「百二十八枚の広島」南々社(日典3)
明田川　あけたかわ；あけたがわ
　明田川孝　あけたかわ・たかし　彫刻家(日典)
　明田川荘之　あけたがわ・しょうじ　ジャズピアニスト(ジヤ)
　明田川孝　あけたがわ・たかし　彫刻家,オカリナ制作者(美建)
明石　あかいし；あかし
　明石昭三　あかいし・しょうぞう「あきたけん」岩崎書店(書籍)
　明石知幸　あかいし・ともゆき　映画監督(映監)
　明石順三　あかし・じゅんぞう　宗教家(コン4)
　明石元二郎　あかし・もとじろう　陸軍軍人(コン5)
⁶明地　あけち
　明地柑尚　あけち・かんしょう　熊本県田浦農協技術顧問(国典)
　明地力　あけち・つとむ「世界兵器発達史」(国典)
　明地信之　あけち・のぶゆき　彫刻家(日典3)
　明地文男　あけち・ふみお　3点チャージ投資研究会主宰(日典3)
⁷明坂　あきさか；あけさか
　明坂年隆　あきさか・としたか　朝日大学歯学部歯学科教授(日典)
　明坂英二　あけさか・えいじ　エッセイスト(日典)
　明坂聡美　あけさか・さとみ　タレント(テレ)
明良　あけら
　明良英子　あけら・ひでこ「家庭料理ハンドブック」(日典3)
明里　あかり
　明里千章　あかり・ちあき「小出楢重と谷崎潤一郎」春風社(日典3)
　明里長太郎　あかり・ちょうたろう「例題税務会計精義」(国典)
　明里康弘　あかり・やすひろ「教師間のチームワークを高める40のコツ」教育開発研究所(日典3)
⁸明和　みょうわ；めいわ
　明和政子　みょうわ・まさこ「心が芽ばえるとき」NTT出版(日典3)

明和幸一　めいわ・こういち　農民,左官業者(社史)

明官　みょうかん
明官俊次　みょうかん・としひこ　藤友鉄工専務取締役(国典)

明定　あけさだ;みょうじょう
明定若菜　あけさだ・わかな　「死の棘―詩集」新風舎(JM)
明定義人　みょうじょう・よしと　図書館司書(現執4期)

明松　かがり
明松松太郎　かがり・まつたろう　公認会計士(紳士)
明松亮一　かがり・りょういち　神戸電鉄会長(日典3)

明武谷　みょうぶだに
明武谷清　みょうぶだに・きよし　力士(世紀)

⁹明保能　あけぼの
明保能弘章　あけぼの・ひろあき　京都新聞文化センター次長兼地域調査部長(日典)

明城　あかぎ;めいじょう
明城光三　あかぎ・こうぞう　医師(日典3)
明城弥三吉　あかぎ・やそきち　医学者,医学博士(宮城百)
明城弥三吉　めいじょう・やさきち　医師(近医)

明星　あかり;あけぼし;みょうじょう;みょうせい
明星幹大　あかり・いだい　元・多数国間投資保証機関長官(日典)
明星いっぺい　あけぼし・いっぺい　人形作家(日典3)
明星延徳　みょうじょう・えんとく　医師(愛媛百)
明星真由美　みょうせい・まゆみ　女優(日典)

明海　あけみ
明海進　あけみ・すすむ　明海製造技術研究所長(日典3)

明珍　みょうちん
明珍昭次　みょうちん・しょうじ　「生と死の人間学」歴史春秋出版(日典3)
明珍恒男　みょうちん・つねお　彫刻家(コン5)
明珍昇　みょうちん・のぼる　詩人,文芸評論家(現詩)
明珍秀子　みょうちん・ひでこ　「花と気候」ポプラ社(日典3)
明珍博子　みょうちん・ひろこ　「白山平泉寺物語」平泉寺町まちづくり推進協議会(日典3)

明神　みょうじん
明神勲　みょうじん・いさお　教育学者(現執2期)
明神健太郎　みょうじん・けんたろう　郷土史家,歌人(郷土)
明神健夫　みょうじん・たけお　政治家(現政)
明神政義　みょうじん・まさよし　社寺建築技術者(美建)
明神万吉　みょうじん・まんきち　実業家(高知人)

¹⁰明峰　あきみね;あけみね;めいほう
明峰美恵　あきみね・みえ　内閣情報局の英文タイピスト(社史)
明峰正夫　あけみね・まさお　育種学者(日人)
明峰素哲　めいほう・そてつ　禅僧=中世(コン)

明畠　あけはた
明畠高司　あけはた・たかし　東工大(国典)

¹¹明野　あきの;あけの
明野みる　あきの・みる　「めしませ・かれんちゃん」小学館(日典3)
明野栄章　あけの・えいしょう　和算家(数学)
明野義夫　あけの・よしお　中国経済専門家(現執2期)

¹²明賀　みょうが
明賀則和　みょうが・のりかず　俳優(日典3)
明賀誠　みょうが・まこと　「あきあずき」ゴマブックス(日典3)
明賀義輝　みょうが・よしてる　経営研究家(現執3期)

明道　あけもと;みょうどう;めいどう
明道素慈　あけもと・もとじ　「或る日」北書房(日典3)
明道博　みょうどう・ひろし　造園学者(植物)
明道境禅　めいどう・きょうぜん　「進行性骨化性線維異形成症(FOP)」ゆめゆめ工房(日典3)

明間　あけま;あすま
明間輝行　あけま・てるゆき　東北電力相談役(日典3)
明間正　あすま・ただし　「牛堀町の昔ばなし」筑波書林(日典3)

¹³明楽　あきら;あけら;みょうらく
明楽光三郎　あきら・みつさぶろう　政治家(郷土和歌山)
明楽桂一郎　あけら・けいいちろう　「蒼天の鷲」草莖社(日典3)
明楽誠　みょうらく・まこと　「異教国の新島襄」大学教育出版(日典3)

¹⁴明関　みょうぜき
明関チヨエ　みょうぜき・ちよえ　実業家(女性普)

¹⁵明䚮　みょうがん
明䚮外治　みょうがん・そとじ　真相の街社社主,日本新創造社長(日典3)
明䚮外次郎　みょうがん・そとじろう　「祖国日本よこれでいいのか」新創造社(日典3)
明䚮泰平　みょうがん・たいへい　「やさしい電子オモチャの作り方」新星出版社(書籍)

¹⁶明壁　あすかべ
明壁敦子　あすかべ・あつこ　「徹底攻略Javaアソシエイツ問題集」インプレス(日典3)
明壁金次　あすかべ・きんじ　美容学校長(人情)
明壁末吉　あすかべ・すえきち　大正海上火災保険常務(日典3)

¹⁹明瀬　あかせ;みょうせ;みよせ
明瀬一裕　あかせ・かずひろ　「プレアデス/プレヤール人とのコンタクト記録」水瓶座時代出版(日典3)

明瀬裕　みょうせ・ひろし　元・共同通信社札幌支社長(日典)
明瀬和弘　みよせ・かずひろ　翻訳家(日典)

【594】 映

⁹映美　えみ
　映美くらら　えみ・くらら　女優(テレ)
¹⁰映島　えいしま
　映島巡　えいしま・じゅん　小説家(幻想)

【595】 春

春　あずま;はる
　春ナオミ　あずま・なおみ「春ナオミ」メディアックス(日典3)
　春けい子　はる・けいこ　タレント(テレ)
　春彦一　はる・ひこいち　地方官僚(履歴2)
⁴春日　かすが;しゅんにち
　春日潜庵　かすが・せんあん　儒者,尊攘派志士(コン4)
　春日とよ　かすが・とよ　小唄演奏家(コン4)
　春日市右衛門　しゅんにち・いちえもん　能楽囃子方(芸能)
　春日銑五郎　しゅんにち・せんごろう　能楽囃子方(新芸)
春日井　かすがい
　春日井建　かすがい・けん　歌人(日人)
　春日井瀇　かすがい・こう　歌人(世紀)
　春日井新一郎　かすがい・しんいちろう　土壌肥料学者(日人)
　春日井梅鶯〔1代〕　かすがい・ばいおう　浪曲師(日人)
春日屋　かすがや
　春日屋伸昌　かすがや・のぶまさ　数学者(数学)
春日原　かすがはら;かすがわら
　春日原秀隆　かすがはら・ひでたか　労災ケアセンター理事長(日典3)
　春日原浩　かすがはら・ひろし　ライター(日典)
　春日原森　かすがわら・しん　日本ポルチモアテクノロジーズ社長(日典)
春水　はるみず
　春水麗子　はるみず・れいこ　女優(映女)
⁵春平　はるひら
　春平紀美　はるひら・きみ　メゾソプラノ歌手(音人2)
春生　はるお
　春生文　はるお・あや　ゲームライター,小説家(幻想)
春田　はるた;はるだ
　春田正治　はるた・まさはる　教育学者(世紀)
　春田美樹　はるた・みき　洋画家(美家)
　春田実行　はるだ・さねゆき「古里よ,さらば九男坊の戦場」三笠出版社(日典3)

⁶春成　はるなり
　春成秀爾　はるなり・ひでじ　考古学者(世紀)
　春成誠　はるなり・まこと　国土交通省海事局長(日典3)
　春成芳郎　はるなり・よしろう　鹿児島市教育委員会社会教育課社会教育指導員(日典)
⁷春見　かすみ;はるみ
　春見隆文　かすみ・たかふみ　食料総合研究所理事長(日典3)
　春見文勝　かすみ・ぶんしょう　西宮海清寺僧堂師家(国典)
　春見建一　はるみ・けんいち　医師(近医)
　春見静子　はるみ・しずこ「スイスの社会保障制度」(国典)
⁹春海　はるみ
　春海浩平　はるみ・こうへい　トルストイ研究会メンバー(アナ)
　春海幸子　はるみ・さちこ　漫画家(漫人)
　春海四方　はるみ・しほう　俳優(テレ)
　春海痴漸　はるみ・ちぜん　道具商(大阪人)
　春海敏　はるみ・とし　茶人(茶道)
春畑　はるはた
　春畑茜　はるはた・あかね「きつね日和」風媒社(日典3)
　春畑セロリ　はるはた・せろり　作曲家,編曲家(日典3)
　春畑道哉　はるはた・みちや　ロックギタリスト,キーボード奏者(テレ)
¹⁰春原　すのはら;はるはら
　春原平八郎　すのはら・へいはちろう　弓道家,弓道範士(弓道)
　春原政久　すのはら・まさひさ　映画監督(映人)
　春原昭彦　はるはら・あきひこ　ジャーナリスト,ジャーナリズム史研究家(現執4期)
　春原源太郎　はるはら・げんたろう　弁護士(史研)
¹²春遍　はるぺん
　春遍雀來　はるぺん・じゃっく　漢字研究家,翻訳家(現執4期)
¹³春路　はるじ
　春路謙作　はるじ・けんさく　俳優(新芸)
¹⁴春摘　はるつみ
　春摘智　はるつみ・さとし「福祉社会の課題と展開」創造社(日典3)
¹⁸春藤　しゅんとう;しゅんどう;はるふじ
　春藤真三　しゅんとう・しんぞう　技師(土木)
　春藤武平　しゅんどう・ぶへい　製塩技術者(日人)
　春藤与市郎　はるふじ・よいちろう　ユートピア社会主義者(社史)
¹⁹春瀬　はるせ
　春瀬勝己　はるせ・かつみ　弓道家,弓道教士(弓道)
　春瀬サク　はるせ・さく「パパとあたしのヴァーサスな日常」講談社(日典3)

【596】 是

⁴是毛　ここも
是毛英二　ここも・えいじ　料理評論家（日典）

⁵是永　これなが
是永英治　これなが・えいじ　コンフィデンス社長（日典3）
是永銀治　これなが・ぎんじ　実業家（大分歴）
是永駿　これなが・しゅん　中国現代文学研究者（現執4期）
是永純弘　これなが・すみひろ　経済学者（現情）
是永歳太郎　これなが・としたろう　政治家（大分歴）

⁶是安　これやす
是安末四郎　これやす・すえしろう　医師（札幌）
是安亨　これやす・とおる　ピアニスト（音人3）
是安則克　これやす・のりかつ　ベース奏者（ジヤ）

是成　これなり
是成信一　これなり・しんいち「健康保健実務提要」（国典）

⁷是佐　これさ
是佐忠男　これさ・ただお　東海大学政治経済学部教授,労働省賃金部業務課長（日典3）

是村　これむら
是村恵三　これむら・けいぞう　盛岡大学理事長（日典3）
是村重之助　これむら・しげのすけ　工業品メーカー（国典）

⁸是枝　これえだ
是枝恭二　これえだ・きょうじ　社会運動家（コン5）
是枝孝太郎　これえだ・こうたろう　医師（姓氏鹿児島）
是枝誠介　これえだ・せいすけ　医師（姓氏鹿児島）
是枝裕和　これえだ・ひろかず　映画監督（幻想）
是枝実　これえだ・みのる　技師（土木）

⁹是則　これのり
是則高任　これのり・こうにん　学生自由擁護同盟メンバー（社史）
是則直道　これのり・なおみち　関西汽船相談役（日典3）

是恒　これつね
是恒正達　これつね・しょうたつ　医師（日典3）
是恒正　これつね・ただし「ポール・ハリス」ポール・ハリス伝記邦訳刊行委員会（日典3）
是恒真楫　これつね・まかじ　政治家（大分歴）
是恒之宏　これつね・ゆきひろ　国立病院機構大阪医療センター臨床研究部長,大阪大学臨床教授（日典3）
是恒竜児　これつね・りゅうじ　日本技術開発研究所取締役社長（国典）

¹¹是常　これつね
是常哲生　これつね・てつお　小学校教師（日典3）
是常正美　これつね・まさみ　広島大助教授（国典）
是常実　これつね・みのる　三冷名誉会長,日本冷凍空調設備工業連合会顧問（日典3）

【597】 星

³星子　ほしこ
星子英　ほしこ・えい「笙の笛」砂子屋書房（日典3）
星子邦子　ほしこ・くにこ　消費生活コンサルタント（日典3）
星子敏雄　ほしこ・としお　政治家（現政）
星子直行　ほしこ・なおゆき　医師（近医）
星子政人　ほしこ・まさと　無産青年同盟メンバー（社史）

⁵星出　ほしで
星出清兵衛　ほしで・せいべえ　農業家（姓氏山口）
星出武平　ほしで・たけひら　大島ミカン栽培家,黄金鯉の改良家（山口百）
星出敏一　ほしで・としいち「児童音楽劇」（国典）
星出寿雄　ほしで・ひさお　官僚（姓氏山口）
星出豊　ほしで・ゆたか　指揮者（演奏）

星加　ほしか
星加要　ほしか・かなめ　労働運動家（日人）
星加宗一　ほしか・そういち　教育者,国文学者（日人）
星加恒夫　ほしか・つねお　実業家,視覚障害・点訳者向けソフトウェア開発事業者（視覚）
星加宗一　ほしか・むねいち　教育者,国文学者（世紀）
星加勇蔵　ほしか・ゆうぞう　西条の銘菓「ゆべし」創始者（愛媛百）

星田　せいだ；ほしだ
星田恵　せいだ・けい「障害児と言われる教師」健友館（日典3）
星田一山〔2代〕　ほしだ・いちざん　都山流尺八奏者（新芸）

⁶星合　ほしあい
星合広城　ほしあい・こうじょう　僧侶（真宗）
星合重男　ほしあい・しげお　企業博物館研究者（写人）
星合常恕　ほしあい・つねのり　地方官吏（徳島歴）
星合正治　ほしあい・まさはる　電気工学者（現情）
星合操　ほしあい・みさお　漫画家（漫人）

⁷星谷　ほしたに；ほしや
星谷慶縁　ほしたに・けいえん　僧侶（真宗）
星谷仁　ほしたに・ひとし　児童文学作家（幻想）
星谷亜紀　ほしや・あき「花の向かふに」角川書店（日典3）
星谷安久利　ほしや・あぐり　東京建設関係団体連合会長,日本鳶工業連合会長（日典3）

星里　ほしさと；ほしざと
　星里もちる　ほしさと・もちる　漫画家（漫人）
　星里勇晴　ほしさと・ゆうせい　「ギャンブルを捨てれば神の世界が見えてくる」日本図書刊行会（日典）

[9]星海　ほしうみ；ほしみ
　星海雨秋　ほしうみ・うしゅう　「君の居ない週末」日本図書刊行会（日典3）
　星海ケン　ほしみ・けん　「人は死んだらどこに行くのか」ハート出版（日典3）

[10]星島　ほししま；ほしじま
　星島啓一郎　ほししま・けいいちろう　「ドクター・フライデー」星島啓一郎教授退任記念事業実行委員会（日典3）
　星島二郎　ほししま・にろう　弁護士,政治家（全書）
　星島義兵衛　ほしじま・ぎへえ　実業家（日人）
　星島二郎　ほしじま・にろう　政治家（コン4）

[11]星埜　ほしの
　星埜惇　ほしの・あつし　経済学者（現執1期）
　星埜延太郎　ほしの・えんたろう　「日本地誌略巻之三附図」高橋不二雄（日典3）
　星埜和　ほしの・かのう　土木工学者（現情）
　星埜守一　ほしの・しゅいち　軍人（陸海）
　星埜守之　ほしの・もりゆき　フランス文学者（現執4期）

【598】昴

昴　こう；すばる
　昴すまる　こう・すまる　「料理人（つくりにん）」中央公論社（JM）
　昴光司　すばる・こうじ　力士（日典）
　昴光太郎　すばる・こうたろう　「創業三昧」ダイヤモンド社（日典3）

【599】時

時　とき
　時恭子　とき・きょうこ　「天女のはごろも」くもん出版（日典3）
　時光華　とき・こうか　書家（日典3）
　時実仲　とき・さねなか　農民（社史）
　時詩津男　とき・しずお　「ノスタルジックな未来」海鳥社（日典3）
　時澄武　とき・すみたけ　農民（社史）

[3]時子山　とこやま
　時子山和彦　とこやま・かずひこ　一橋大経済学部教授（日典3）
　時子山常三郎　とこやま・つねさぶろう　財政（人書）
　時子山ひろみ　とこやま・ひろみ　「フードシステムの経済学」医歯薬出版（日典3）

[5]時田　ときた；ときだ
　時田則雄　ときた・のりお　歌人（日人）
　時田光介　ときた・みつすけ　長門長府藩士（日人）

　時田民治　ときだ・たみじ　「北海道開拓地農業提要」日本開拓新聞社（日典3）
　時田保夫　ときだ・やすお　城西消費購買組合組合員（社史）

[6]時任　ときと；ときとう
　時任昌男　ときと・よしお　宮崎県農協中央会会長（日典）
　時任一彦　ときとう・かずひこ　農業物理学者（日典）
　時任為基　ときとう・ためもと　官吏（日人）

[7]時谷　ときや
　時谷丈夫　ときや・たけお　「社会科地理模型の作り方」（国典）

[8]時国　ときくに
　時国修　ときくに・おさむ　専門学校教員（日典3）
　時国滋夫　ときくに・しげお　「科学技術系の現場で役立つ英文の書き方」講談社（日典3）
　時国鶴枝　ときくに・つるえ　俳人（日典3）
　時国治夫　ときくに・はるお　東海パルプ常務（日典）
　時国益夫　ときくに・ますお　麒麟麦酒社長・会長（実業）

時実　ときざね
　時実秋穂　ときざね・あきほ　官吏（岡山歴）
　時実新子　ときざね・しんこ　川柳作家,小説家（日人）
　時実象一　ときざね・そういち　図書館情報学研究者（現執4期）
　時実利彦　ときざね・としひこ　大脳生理学者（コン4）
　時実雅信　ときざね・まさのぶ　歴史書籍編集者（YA）

時雨　しぐれ
　時雨音羽　しぐれ・おとは　作詞家,詩人（日人）
　時雨音羽　しぐれ・おとわ　作詞家（芸能）
　時雨美千留　しぐれ・みちる　「移し絵」詩学社（日典3）

時雨沢　しぐさわ
　時雨沢恵一　しぐさわ・けいいち　小説家（幻想）

[9]時重　ときしげ
　時重初熊　ときしげ・はつくま　獣医家（日人）

[11]時崎　ときさき；ときざき
　時崎悠　ときさき・ゆう　サッカー選手・監督（日典3）
　時崎厚　ときざき・あつし　「写真でわかる盆栽づくり」西東社（日典3）
　時崎雄司　ときざき・ゆうじ　政治家（現政）

時野谷　ときのや
　時野谷敦　ときのや・あつし　駐タイ大使（日典3）
　時野谷滋　ときのや・しげる　関東短期大学名誉学長（日典3）
　時野谷茂　ときのや・しげる　「会津の建物ガイド」あいづふるさと市町村圏協議会（日典3）
　時野谷常三郎　ときのや・つねさぶろう　歴史学者（日人）
　時野谷勝　ときのや・まさる　日本史学者（史研）

日部（晋，晏，曺，舛，曽，暁）

[12]時勝矢　じしょうや
　時勝矢一路　じしょうや・いちろ　和太鼓奏者（音人3）

【600】晋

晋勝　しんじょう
　晋勝健　しんじょう・けん　「神秘の色占術」集英社（日典3）

[16]晋樹　しんじゅ
　晋樹隆彦　しんじゅ・たかひこ　歌人（世紀）

【601】晏

[11]晏梛　はるな
　晏梛みや子　はるな・みやこ　俳人（日典）

【602】曺

曺　そう；ちょう
　曺薰鉉　そう・くんげん　「曺薰鉉囲碁名局集」三一書房（JM）
　曺桂植　ちょう・けいしょく　「急性膵炎の画像診断―重症度判定と治療方針」永井書店（JM）

【603】舛

[6]舛地　しょうち
　舛地勝人　しょうち・かつと　「養護原理」ナカニシヤ出版（日典3）
　舛地邦子　しょうち・くにこ　言語治療士（日典3）
　舛地三郎　しょうち・さぶろう　教育者（日人）
　舛地露子　しょうち・つゆこ　しいのみ学園初代園長（日典3）

【604】曽

[4]曽木　そき；そぎ
　曽木克彦　そき・かつひこ　日本共産党東京地方委員会技術部長（社史）
　曽木円治　そぎ・えんじ　政治家（大分歴）
　曽木嘉五郎　そぎ・かごろう　材木商・弓道師範（徳島歴）

[5]曽布川　そふかわ；そぶかわ
　曽布川知子　そふかわ・ともこ　「宗于集」静岡大学教養部国文学研究室（日典3）
　曽布川和則　そぶかわ・かずのり　薬剤師（日典3）
　曽布川寛　そぶかわ・ひろし　中国美術史学者（現執2期）

曽田　あいだ；そた；そだ
　曽田重道　あいだ・しげみち　「大磯の蝶」星槎大学出版部（日典3）
　曽田達円　そた・たつえん　大念寺住職，布教師（島根歴）

曽田長宗　そだ・たけむね　公衆衛生学者（近医）

[7]曽我廼家　そがのや
　曽我廼家五九郎　そがのや・ごくろう　喜劇俳優（世紀）
　曽我廼家五郎　そがのや・ごろう　喜劇俳優，劇作家（世紀）
　曽我廼家五郎八　そがのや・ごろはち　俳優（新芸）
　曽我廼家十郎　そがのや・じゅうろう　喜劇俳優（世紀）
　曽我廼家明蝶　そがのや・めいちょう　俳優（新芸）

曽我部　そかべ；そがべ
　曽我部一郎　そかべ・いちろう　酒造業・郷土史家（愛媛百）
　曽我部恵一　そかべ・けいいち　ミュージシャン（テレ）
　曽我部静雄　そがべ・しずお　東洋史学者（世紀）
　曽我部道夫　そがべ・みちお　愛媛県吏員（徳島歴）

曽束　そうそく；そつか
　曽束政昭　そうそく・まさあき　「1泊5食」京阪神エルマガジン社（日典3）
　曽束章　そつか・あきら　全国伸銅品問屋組合連合会会長，東京都馬術連盟副会長（日典3）

曽良　かつら
　曽良忠雄　かつら・ただお　「実験免疫化学」（国典）

曽良中　そらなか
　曽良中清司　そらなか・せいじ　社会学者（現執1期）

曽谷　そうや；そたに；そや
　曽谷正俊　そうや・まさとし　「石川県の山」山と渓谷社（日典3）
　曽谷素也　そたに・そや　俳人（大阪文）
　曽谷言成　そや・ことしげ　留学生（海越新）

[8]曽和　そわ
　曽和貞雄　そわ・さだお　実業家（高知人）
　曽和信一　そわ・しんいち　社会福祉学者（現執4期）
　曽和伝左衛門　そわ・でんざえもん　土佐勤王党員（高知人）
　曽和博朗　そわ・ひろし　能楽師（能狂言）
　曽和正博　そわ・まさひろ　能楽師（能狂言）

【605】暁

暁　あかつき；ぎょう
　暁伸　あかつき・しん　漫才師（芸能）
　暁テル子　あかつき・てるこ　女優，歌手（日人）
　暁清文　ぎょう・きよふみ　「症例から見る難治性疾患の診断と治療」国際医学出版（日典3）

[10]暁烏　あけがらす
　暁烏依然　あけがらす・いねん　真宗大谷派の僧（姓氏石川）
　暁烏照夫　あけがらす・てるお　「像法」書肆山田（日典3）

暁烏敏　あけがらす・はや　僧侶,仏教学者(コン4)

【606】景

景浦　かげうら
　景浦勉　かげうら・つとむ　郷土史家(郷土)
　景浦直孝　かげうら・なおたか　郷土史家(日人)
　景浦甫　かげうら・はじめ　井関農機常務(日典3)
　景浦将　かげうら・まさし　プロ野球選手(人名7)
　景浦将　かげうら・まさる　プロ野球選手(日人)

【607】晴

晴　はる；はれ
　晴静　はる・しずか「とてもとても」竹林館(日典3)
　晴雅彦　はれ・まさひこ　声楽家(バリトン)(演奏)
[3]晴山　はるやま；はれやま
　晴山英多　はるやま・えいた「魔法少年」興亜書房(日典)
　晴山喜七郎　はるやま・きしちろう　自動車整備工(日典)
　晴山省吾　はれやま・せいご　動物学者(広島百)
　晴山英夫　はれやま・ひでお　経営史学者(現執2期)
[6]晴気　はるけ
　晴気誠　はるけ・まこと　軍人(陸海)
　晴気慶胤　はるけ・よしたね　軍人(陸海)
[9]晴海　はるみ
　晴海耕平　はるみ・こうへい　翻訳家(児人)
　晴海ひかり　はるみ・ひかり「李陵と劉英」(JM)

【608】普

[3]普久原　ふくはら
　普久原憲次　ふくはら・けんじ　サンケイ新聞(東京)編集センター部長(日典3)
　普久原恒勇　ふくはら・こうゆう　作曲家(芸能)
　普久原淳一　ふくはら・じゅんいち　元・プロ野球選手(日典3)
　普久原朝喜　ふくはら・ちょうき　民謡歌手(日人)
　普久原恒勇　ふくはら・つねお　作曲家(作曲)
普川　ふかわ
　普川茂保　ふかわ・しげやす　日本信託銀行社長,三菱銀行常務(日典3)
　普川素índices　ふかわ・そしょう「川柳グリーンエコー」新葉館出版(日典3)
　普川光男　ふかわ・みつお　日清製油社長(人情)
[4]普天間　ふてんま
　普天間かおり　ふてんま・かおり　シンガー・ソングライター(テレ)
　普天間敏　ふてんま・びん　画家(日典)
　普天間稔　ふてんま・みのる　医師(日典3)
[6]普光江　ふこうえ
　普光江玉恵　ふこうえ・たまえ　歌人(日典3)
　普光江洋　ふこうえ・ひろし「補綴に強くなる本」クインテッセンス出版(日典3)
　普光江文江　ふこうえ・ぶんこう「青い星の住人」鋭文社(日典3)
　普光江泰興　ふこうえ・やすおき「光の帝国小説集」(国telp)
[9]普後　ふご；ふごう
　普後均　ふご・ひとし　写真家(写真)
　普後一　ふごう・はじめ　東京農工大学大学院共生科学技術研究院教授(日典3)
[12]普勝　ふかつ；ふしょう
　普勝清治　ふかつ・せいじ　全日本空輸顧問(日典)
　普勝伊十郎　ふしょう・いじゅうろう　志士(人名)
[16]普賢　ふげん
　普賢晃寿　ふげん・こうじゅ　真宗学者(現執1期)
　普賢大円　ふげん・だいえん　僧侶(真宗)
　普賢保之　ふげん・やすゆき「尊号真像銘文講読」永田文昌堂(日典3)
普賢寺　ふげんじ
　普賢寺俊男　ふげんじ・としお「楽しいアマチュア無線」土屋書店(日典3)
　普賢寺武平　ふげんじ・ぶへい　上野館林藩士(維新)

【609】暉

[10]暉峻　てるおか
　暉峻淑子　てるおか・いつこ　経済学者(日人)
　暉峻義等　てるおか・ぎとう　医学者(コン4)
　暉峻衆三　てるおか・しゅうぞう　農業経済学者(現執3期)
　暉峻普瑞　てるおか・ふずい　僧(姓氏鹿児島)
　暉峻康隆　てるおか・やすたか　国文学者,随筆家(日人)

【610】暮

[5]暮田　くれた
　暮田愛　くれた・あい　翻訳家(日典3)
　暮田延美　くれた・のぶよし　染色家(美工)
[7]暮尾　くれお
　暮尾淳　くれお・じゅん　詩人(日典3)
[8]暮沼　くれぬま
　暮沼乙次郎　くれぬま・おつじろう　弓道家,弓道教士(弓道)
　暮沼俊一　くれぬま・しゅんいち　弓道家,弓道錬士(弓道)

日部(曄,曙,曜)　日部(曲,書,曹,最)　　　　　　　　　　　　　　　〔617〕

【611】曄

[12]曄道　てるみち
　曄道文芸　てるみち・ぶんげい　民法学者,実業家(姓氏石川)
　曄道恭　てるみち・やすし　京都大学理学部物理学科教授(日典3)

【612】曙

曙　あけぼの
　曙健太郎　あけぼの・けんたろう「大東医学技術専門学校柔整科科歌 夜風と月」オリエントレコード(日典3)
　曙太郎　あけぼの・たろう　大相撲年寄(日人)
　曙美帆　あけぼの・みほ　タンゴ歌手(日典3)

【613】曜

[4]曜日　かがひ
　曜日蒼龍　かがひ・そうりゅう　僧侶(コン)

日部

【614】曲

曲　きょく；まがり
　曲魁遒　きょく・かいじゅん「肌荒れの原因は皮フダニだった！—中国・皮フ科学の権威者がついに突き止めた第三の美肌法 97.68％の脅威」ベストセラーズ(JM)
　曲カヨコ　まがり・かよこ　アロマセラピスト(日典3)
　曲寿郎　まがり・としろう　軍人(陸海)
[3]曲子　まげし
　曲子明良　まげし・あきら　日本画家(日典3)
　曲子光男　まげし・みつお　日本画家(日人)
曲山　きょくやま；まがりやま
　曲山えり　きょくやま・えり　タレント(テレ)
　曲山勇　まがりやま・いさむ「藤原貴族と清和流源氏一族—初代石川有光公と二十四代昭光公」(JM)
[4]曲木　まがき
　曲木磯六　まがき・いそろく「銭屋五兵衛」(国典)
　曲木高配　まがき・たかのり「日本立法資料全集」信山社出版
　曲木如長　まがき・ゆうなが　官吏(国際)
　曲木如長　まがき・ゆきなが　官吏(渡航)
[5]曲田　まがた；まがりだ
　曲田慶吉　まがた・けいきち　郷土史家(郷土)
　曲田成　まがた・せい　実業家(人名)
　曲田桃治　まがりだ・とうじ　日本画家(姓氏長野)

[7]曲沢　まがりさわ
　曲沢真淵　まがりさわ・まぶち「電動機の選び方・使い方」オーム社(日典3)
曲谷　まがたに
　曲谷一成　まがたに・かずしげ「制御工学の基礎」昭晃堂(日典3)
　曲谷久雄　まがたに・ひさお　順天堂大学医学部眼科講師(非常勤)(日典3)
　曲谷守平　まがたに・もりへい　映画監督(映監)
[8]曲直部　まなべ
　曲直部寿夫　まなべ・ひさお　心臓外科学者(日人)
曲直瀬　まなせ
　曲直瀬愛　まなせ・あい「和訳英字彙」ゆまに書房(日典3)
　曲直瀬正慶　まなせ・しょうけい「曲直瀬道三全集」オリエント出版社(日典3)
　曲直瀬花子　まなせ・はなこ　オリエンタル芸能社主宰(日典3)
　曲直瀬正雄　まなせ・まさお　マナセプロダクション会長,マナセ音楽出版代表(日典3)
　曲直瀬緑　まなせ・みどり　朝廷医曲直瀬正元の娘(女性普)

【615】書

[3]書上　かきあげ
　書上順四郎　かきあげ・じゅんしろう　実業家(コン)
　書上誠之助　かきあげ・せいのすけ　繊維工学者(群馬人)
　書上奈朋子　かきあげ・なほこ　作編曲家,エンジニア,ボーカリスト(作曲)
　書上文左衛門　かきあげ・ぶんざえもん　織物買継商(郷土群馬)
　書上守雄　かきあげ・もりお　歌人(群馬人)

【616】曹

曹　そう
　曹亜門　そう・あもん　小説家(幻想)
　曹よしひろ　そう・よしひろ「Qtで簡単GUIプログラミング」カットシステム(日典3)

【617】最

[3]最上　さいじょう；もがみ
　最上輝忠　さいじょう・てるただ　弓道家,弓道精錬證(弓道)
　最上英子　もがみ・ひでこ　政治家(日人)
　最上政三　もがみ・まさぞう　政治家(日人)
[6]最光　さいみつ
　最光蝕　さいみつ・しょく「枯草を病む少年」(国典)
[8]最所　さいしょ
　最所篤子　さいしょ・あつこ「クレアモントホテル」集英社(日典3)

最所久美子　さいしょ・くみこ　「住民力で地域医療」ミネルヴァ書房（日典3）
最所淳二　さいしょ・じゅんじ　三菱銀行専務,ダイヤモンドリース会長（日典3）
最所フミ　さいしょ・ふみ　フリーライター（現情）

[9]最相　さいしょう
最相力　さいしょう・つよし　スペースコンサルティング顧問（日典3）
最相葉月　さいしょう・はずき　ノンフィクションライター（兵庫文）

最首　さいしゅ
最首英裕　さいしゅ・えいひろ　イーシー・ワン社長（日典3）
最首公司　さいしゅ・こうじ　アラブ関係コンサルタント, ジャーナリスト（現執4期）
最首悟　さいしゅ・さとる　環境哲学者（世紀）
最首輝夫　さいしゅ・てるお　「子どもと歩く市川市の教育改革」ぎょうせい（日典3）
最首有紀子　さいしゅ・ゆきこ　PPS通信社勤務（日典3）

[12]最勝寺　さいしょうじ
最勝寺公俊　さいしょうじ・きみとし　ドッドウェルエンドコムパニーリミテッド日本支社常務理事（日典3）
最勝寺俊武　さいしょうじ・としたけ　弓道家, 弓道教士（弓道）
最勝寺俊昌　さいしょうじ・としまさ　神戸製鋼所副社長（日典3）

【618】曾

曾朋卿　そう・ほうけい　「中国諸民族服飾図鑑」柏書房（JM）

[5]曾田　そだ
曾田嘉伊智　そだ・かいち　福祉活動家（日人）
曾田共助　そだ・きょうすけ　医師・郷土史研究家（福岡百）
曾田長宗　そだ・たけむね　公衆衛生行政官（日人）
曾田範宗　そだ・のりむね　機械工学者（日人）
曾田文子　そだ・ふみこ　小説家（女性）

[7]曾我廼家　そがのや
曾我廼家五九郎　そがのや・ごくろう　俳優（日人）
曾我廼家五郎　そがのや・ごろう　喜劇俳優（コン4）
曾我廼家十郎　そがのや・じゅうろう　喜劇俳優（コン5）
曾我廼家蝶六　そがのや・ちょうろく　喜劇俳優（日人）
曾我廼家十吾　そがのや・とおご　喜劇俳優, 脚本家（コン4）

曾我部　そがべ
曾我部静雄　そがべ・しずお　東洋史学者（日人）
曾我部俊雄　そがべ・しゅんのう　僧侶（和歌山人）
曾我部忠四郎　そがべ・ただしろう　数学者（徳島歴）
曾我部ヒサ子　そがべ・ひさこ　「曾我部ヒサ子歌集」至芸出版社（日典3）
曾我部房吉　そがべ・ふさきち　物理学者（徳島歴）

曾良中　そらなか
曾良中清司　そらなか・せいじ　社会学（現執1期）

曾谷　そたに；そだに
曾谷正　そたに・ただし　丸正産業社長（人情）
曾谷学川　そだに・がくせん　篆刻家＝近世（人名3）

[10]曾宮　そみや
曾宮一念　そみや・いちねん　画家, 随筆家（コン4）

[18]曾禰　そね
曾禰荒助　そね・あらすけ　政治家, 官僚（コン5）
曾禰益　そね・えき　政治家（コン4）
曾禰荒助　そね・こうすけ　政治家, 官僚（明治1）
曾禰武　そね・たけ　物理学者（日人）
曾禰達蔵　そね・たつぞう　建築家（コン5）

月部

【619】月

[3]月下　げっか；つきした
月下冴喜　げっか・さえき　「愛玩娘」日本出版社（日典3）
月下和恵　つきした・かずえ　パネルシアター制作者, 絵本作家（日典3）
月下清　つきした・きよし　画家（日典3）

月山　がっさん；つきやま
月山貞一〔2代〕　がっさん・さだいち　刀匠（日人）
月山貞一　がっさん・さだかず　刀工, 帝室技芸員（大阪人）
月山左一郎　つきやま・さいちろう　教育者・自治功労者（姓氏愛知）
月山博　つきやま・ひろし　陶芸家（陶工）

月川　つきかわ；つきがわ
月川和雄　つきかわ・かずお　青山学院大学非常勤講師（日典）
月川倉夫　つきかわ・くらお　「講義国際法入門」嵯峨野書院（日典3）
月川武男　つきがわ・たけお　「公譜別録」五島史跡保全会（日典3）
月川雅夫　つきがわ・まさお　農業（日典）

[5]月田　つきた；つきだ
月田一郎　つきた・いちろう　俳優（世紀）
月田承一郎　つきた・しょういちろう　医師（近医）
月田藤三郎　つきだ・とうざぶろう　官僚（日人）
月田秀子　つきだ・ひでこ　歌手（テレ）

月部（有）

⁶月光 がっこう；つきみつ
月光善弘　がっこう・よしひろ　山形女子短期大学名誉教授（日典）
月光恵亮　つきみつ・けいすけ　音楽プロデューサー（日典）

月地 つきじ
月地重誓　つきじ・じゅうせい　浄土真宗僧（宮城百）
月地弘志　つきじ・ひろし　金城学院大学助教授（国典）

月成 つきなり
月成勲　つきなり・いさお　社会運動家（日人）

⁷月見里 つきみさと；つきみざと；やまなし
月見里茂　つきみさと・しげる　洋画家（日典3）
月見里一　つきみざと・はじめ「ぱんつぁのーと」集英社（日典3）
月見里中　やまなし・かなめ「おとめ上位主義!!」茜社（日典3）

月足 つきあし；つきたり
月足俊一　つきあし・しゅんいち　弓道家, 弓道錬士（弓道）
月足一清　つきたり・かずきよ　朝日生命保険（相）常勤監査役（日典）
月足脩二　つきたり・しゅうじ　読響（日典3）

⁸月居 つきい；つきおり
月居忠熈　つきい・ただひろ「秋田藩林制记誌」月居忠熈（JM）
月居偉光　つきおり・いこう　日本画家（美家）
月居典夫　つきおり・のりお　医師（近医）

⁹月星 つきほし；つきぼし
月星愛子　つきほし・あいこ「満月に照らされて」文芸社（JM）
月星キレイ　つきほし・きれい「ハッピースイーツ占い」アメーバブックス新社, 幻冬舎（発売）（日典3）
月星ぐりむ　つきほし・ぐりむ「ト・love・ル・ファミリー」ビデオ出版（日典3）
月星千恵　つきほし・ちえ　歯科医（日典3）

月泉 つきいずみ
月泉博　つきいずみ・ひろし　商業開発ディレクター（現執4期）

月洞 つきほら
月洞譲　つきほら・ゆずる　文教大学教授（日典3）

¹⁰月宮 つきみや；つくみや
月宮乙実　つきみや・おとめ　女優（映女）
月宮美兎　つきみや・よしと　漫画家（幻想）
月宮零時　つくみや・れいじ「眼鏡屋と探偵」海王社（日典3）

¹⁵月輪 つきのわ
月輪賢降　つきのわ・けんこう　密教（人書）
月輪賢隆　つきのわ・けんりゅう　僧侶, 仏教学者（日人）
月輪真成　つきのわ・しんせい　僧侶（真宗）
月輪房子　つきのわ・ふさこ「今日は今日」日本図書刊行会（日典3）

月輪まり子　つきのわ・まりこ　アイリッシュハープ奏者（日典3）

【620】 有

³有土 うど
有土健介　うど・けんすけ　詩人, 評論家（北海道文）

有川 ありかわ；ゆかわ
有川博　ありかわ・ひろし　俳優（テレ）
有川正治　ありかわ・まさはる　俳優（和モ）
有川祐　ゆかわ・たすく　漫画家（漫人）

⁴有木 ありき；ゆうき
有木山太　ありき・さんた　俳優, コメディアン（映男）
有木宗一郎　ありき・そういちろう　経済学者（現執2期）
有木涼　ゆうき・りょう「死神ラヴァーズ」集英社（日典3）

⁵有末 ありすえ
有末省三　ありすえ・しょうぞう　児童文学作家（児人）
有末四郎　ありすえ・しろう　医師（近医）
有末精三　ありすえ・せいぞう　軍人（コン4）
有末武夫　ありすえ・たけお　地理学者（現情）
有末次　ありすえ・やどる　軍人（陸海）

⁶有地 ありじ；ありち
有地品之允　ありじ・しなのじょう　海軍軍人（山口百）
有地品之丞　ありじ・しなのじょう　海軍軍人（幕末）
有地品之允　ありち・しなのじょう　海軍軍人（コン5）
有地亨　ありち・とおる　法学者, 弁護士（現執4期）

有安 ありやす
有安健二　ありやす・けんじ　日本アイ・ビー・エム（株）eビジネス・オンデマンド事業ソリューション推進部長（日典3）
有安宗治　ありやす・そうじ　経済学者, 社会学者（現執2期）
有安隆　ありやす・たかし　洋画家（高知人）
有安秀之進　ありやす・ひでのしん　初代日本人カトリック司祭（史人）
有安浩雄　ありやす・ひろお　工具（アナ）

有江 ありえ
有江敦子　ありえ・あつこ「白き残照」北海プリント社（日典3）
有江活子　ありえ・かつこ　ニュースキャスター（日典3）
有江喜重郎　ありえ・きじゅうろう「冬の潮」初音書房（日典3）
有江金太郎　ありえ・きんたろう　鋳造家（日人）
有江幹男　ありえ・みきお　流体工学者（現情）

⁷有佐 ありさ
有佐一郎　ありさ・いちろう「ベニスの商人」日本書房（日典3）

有我　ありが；あるが；うが
　有我欣司　ありが・きんじ「けい素樹脂」日刊工業新聞社（日典3）
　有我成城　あるが・なるき「A trip down the graphics pipeline」オーム社（日典3）
　有我重代　うが・しげよ「秋扇」北溟社（日典3）

有近　ありちか
　有近朱実　ありちか・あけみ「妻から母へ」広済堂出版（日典3）
　有近信彦　ありちか・のぶひこ　パイプ奏者, 編曲家（新芸）
　有近真澄　ありちか・ますみ　作曲家, 作詞家, 俳優（日典3）
　有近六次　ありちか・むつじ「撤退」光人社（日典3）

有里　あさと；ありさと；ゆうり
　有里恵　あさと・けい「ORACLE MASTER Bronze DBA11g 問題集」アスキー・メディアワークス, 角川グループパブリッシング（発売）（日典3）
　有里紅良　ありさと・あから　漫画原作者, 小説家（幻想）
　有里知花　ゆうり・ちか　歌手（テレ）

[8]有宗　ありむね
　有宗昌子　ありむね・まさこ「ロシア祈りの大地」大阪大学出版会（日典3）
　有宗義輝　ありむね・よしてる　理療科教員（視覚）

有門　ありかど；あるもん
　有門巧　ありかど・たくみ「将軍の事は、静にして幽なり」ダイヤモンド・セールス編集企画（日典3）
　有門経敏　ありかど・つねとし「集積回路工学概論」大阪大学出版会（日典3）
　有門大衛　あるもん・だびと「この、人間の日の—ある遍歴—イスラエルから日本へ」近代文芸社（JM）

[9]有城　ありき；うじょう；ゆうき
　有城乃三朗　ありき・だいざぶろう　評論家, 劇作家（世紀）
　有城杜史　うじょう・とし　俳人（日典）
　有城佳音　ゆうき・かのん　小説家（日典）

有海　ありうみ
　有海庄右衛門　ありうみ・しょうえもん「美術・技術家庭デザイン指導資料集」晩教育図書（日典3）
　有海千尋　ありうみ・ちひろ「電報文のアイデア1100例」有紀書房（日典3）
　有海俊秋　ありうみ・としあき　中日新聞社中日スポーツ総局長, 東海パック専務取締役（日典3）
　有海秀夫　ありうみ・ひでお　医師（日典3）

有泉　ありいずみ
　有泉栄一　ありいずみ・えいいち　土木技術者（日人）
　有泉貞夫　ありいずみ・さだお　日本近代史研究者（現執1期）
　有泉龍之助　ありいずみ・たつのすけ　軍人（陸）
　有泉亭　ありいずみ・とおる　弁護士（日人）

有泉直松　ありいずみ・なおまつ　政治家（山梨百）

有紀　ゆうき
　有紀恵美　ゆうき・えみ　児童文学作家（日典3）
　有紀新　ゆうき・しん　青山学院大法学部教授（人情）

[10]有倉　ありくら；ゆうくら
　有倉隆　ありくら・たかし「あなたという素晴らしい存在」たま出版（日典3）
　有倉遼吉　ありくら・りょうきち　憲法・行政法学者（現執1期）
　有倉久雄　ゆうくら・ひさお　東海大学助教授（日典3）
　有倉巳幸　ゆうくら・みゆき「ひとに〈取り入る〉心理学」講談社（日典3）

有原　ありはら；ありわら
　有原圭三　ありはら・けいぞう「機能性ペプチドの最新応用技術」シーエムシー出版（日典3）
　有原誠治　ありはら・せいじ　映画監督（映監）
　有原章　ありわら・あきら「Psychomemory material structure」東京図書出版会（日典3）
　有原由良　ありわら・ゆら「巌窟王」講談社（日典3）

有家　ありいえ
　有家真理　ありいえ・まさと「名門女子大生・完全凌辱計画」フランス書院（日典3）
　有家睦子　ありいえ・むつこ「最高塔の歌」北国出版社（日典3）

有栖　ありす
　有栖脱兎　ありす・だっと「図解合法ドラッグ体験マニュアル」同文書院（日典3）
　有栖月明里　ありす・つきあかり「姉・オレ・妹」コアマガジン（日典3）
　有栖ましろ　ありす・ましろ「十字架」伊吉書院（日典3）

有栖川　ありすがわ
　有栖川有栖　ありすがわ・ありす　推理作家（京都文）
　有栖川ケイ　ありすがわ・けい　ゲームプロデューサー, ライター（日典3）
　有栖川三十郎　ありすがわ・さんじゅうろう「越後の鬼小島弥太郎」角川学芸出版角川出版企画センター, 角川グループパブリッシング（発売）（日典3）
　有栖川啓仁　ありすがわ・ひろひと「日本の神が世界指令となる」WNCEI北九州本部出版局（日典3）
　有栖川るい　ありすがわ・るい　漫画家（漫人）

有留　ありとめ；ありどめ；ある
　有留杏一　ありとめ・きょういち「ピアノドクター」小学館（日典3）
　有留重利　ありどめ・しげとし　政治家（姓氏鹿児島）
　有留夢似　ある・ゆめに「光る出口」近代文芸社（JM）

有馬　ありま
　有馬朗人　ありま・あきと　物理学者, 俳人（日人）

月部（服, 朔, 望）

有馬大五郎　ありま・だいごろう　音楽教育家, 作曲家（コン4）
有馬頼義　ありま・よりちか　小説家（コン4）
有馬頼寧　ありま・よりやす　政治家, 伯爵（コン4）
有馬良橘　ありま・りょうきつ　海軍軍人（コン5）

¹²有塚　ありずか；ありつか
　有塚勉　ありずか・つとむ　日本甜菜製糖総合研究所第4課主任研究員（日典）
　有塚勝造　ありつか・かつぞう　東洋製作所会長（日典）
　有塚利宣　ありつか・としのぶ　JAネットワーク十勝本部長, 十勝農業協同組合長会会長, 農協サイロ社長（日典）

有賀　ありが；あるか；あるが
　有賀長雄　ありが・ながお　国際法学者, 社会学者（コン5）
　有賀美和子　あるか・みわこ　東京女子大学女性学研究所助手（日典）
　有賀喜左衛門　あるが・きざえもん　社会学者, 民俗学者（コン4）

有道　ありみち；あるどう
　有道佐一　ありみち・さいち　洋画家（日典）
　有道惇　ありみち・まこと　オーボエ奏者（音人）
　有道出人　あるどう・でびと　「ジャパニーズ・オンリー」明石書店（日典）

¹³有働　うどう；ゆうどう
　有働亨　うどう・とおる　俳人（俳文）
　有働良夫　うどう・よしお　農業指導者（日人）
　有働陽一　ゆうどう・よういち　テレビドキュメンタリー制作（日典）

有福　ありふく
　有福一文　ありふく・かずふみ　山口県議（自民党）（日典）
　有福孝岳　ありふく・こうがく　哲学者（現執3期）
　有福恂允　ありふく・じゅんいん　周防岩国藩士（人名）
　有福恂允　ありふく・じゅんすけ　周防岩国藩士（日人）
　有福精一郎　ありふく・せいいちろう　山口県議（自民党, 下関市）（日典）

有路　ありじ；あるじ
　有路広志　ありじ・ひろし　「ふる里もっといい話し」黙出版（日典）
　有路昌彦　ありじ・まさひこ　「水産経済の定量分析」成山堂書店（日典）
　有路不二男　あるじ・ふじお　元・仙台家裁所長（日典）
　有路雍子　あるじ・ようこ　「宮廷祝宴局」松柏社（日典）

¹⁴有銘　ありめ
　有銘兼久　ありめ・かねひさ　プロ野球選手（日典3）
　有銘兼一　ありめ・けんいち　沖縄県ヨット総監督（日典）
　有銘シズ　ありめ・しず　教育者（女性普）
　有銘祐一　ありめ・ゆういち　小学校教師（日典3）

¹⁶有薗　ありぞの
　有薗格　ありぞの・いたる　教育評論家, 教育ジャーナリスト（現執4期）
　有薗正一郎　ありぞの・しょういちろう　人文地理学者（現執4期）
　有薗初夫　ありぞの・はつお　医師（近医）
　有薗秀夫　ありぞの・ひでお　医師（近医）
　有薗芳記　ありぞの・よしき　俳優（テレ）

¹⁸有藤　ありとう
　有藤文香　ありとう・あやか　「はじめての中医アロマセラピー」池田書店（日典）
　有藤和雄　ありとう・かずお　大阪府立貝塚高等学校校長（日典）
　有藤金太郎　ありとう・きんたろう　写真技師（渡航）
　有藤道世　ありとう・みちよ　プロ野球選手, 監督（日人）

¹⁹有瀬　ありせ；あるせ
　有瀬南　ありせ・みなみ　女優（日典）
　有瀬夜須子　あるせ・やすこ　「郁子の花」句集「郁子の花」を発行する会（日典）

【621】服

⁵服田　はった；ふくだ
　服田すゑ　はった・すえ　「ちからしば」須坂新聞社（編集印刷）（日典3）
　服田大蔵　ふくだ・だいぞう　城西消費購買組合組合員（社史）

⁹服巻　はらまき；ふくまき
　服巻繁　はらまき・しげる　西南女学院大学保健福祉学部福祉学科講師（日典）
　服巻稔幸　はらまき・としゆき　佐賀県議（自民党, 三養基郡）（日典）
　服巻保幸　ふくまき・やすゆき　「遺伝子を理解する」三輪書店（日典）

¹⁸服藤　はらふじ；ふくとう
　服藤収　はらふじ・おさむ　総務庁人事局次長（日典）
　服藤弘司　はらふじ・ひろし　東北大教授（国典）
　服藤早苗　ふくとう・さなえ　平安時代史学者, 家族史研究者（現執4期）

【622】朔

⁶朔多　さくた
　朔多恭　さくた・きょう　俳人（俳文）

【623】望

⁴望戸　もうこ
　望戸隆志　もうこ・たかし　元大竹市議（日典）

望月　もちづき；もとづき
　望月信亨　もちづき・しんこう　仏教学者（コン4）
　望月真琴　もとづき・まこと　「実践Web Standards design」技術評論社（日典3）

[10]望苙　もうり
　　望苙潤　もうり・じゅん　写真家(写人)

【624】期

[8]期波　しば
　　期波淳六郎　しば・じゅんろくろう　公法学者(渡航)

【625】勝

勝　かつ；すぐれ
　　勝海舟　かつ・かいしゅう　幕臣，政治家(コン4)
　　勝新太郎　かつ・しんたろう　俳優
　　勝武　すぐれ・たける　元・高校教師(日典3)

[2]勝二　しょうじ；しょうに
　　勝二博亮　しょうじ・ひろあき　「「子どものことがよくわからない」と悩む先生へのアドバイス」明治図書出版(日典3)
　　勝二幸作　しょうに・こうさく　押水町(石川県)町長(日典3)
　　勝二理正　しょうに・りせい　政治家(姓氏石川)

[3]勝川　かちかわ；かつかわ
　　勝川俊三　かちかわ・しゅんぞう　自動車総連副会長
　　勝川克志　かつかわ・かつし　漫画家，挿絵画家(漫人)
　　勝川正一　かつかわ・しょういち　陶画工(社史)

[4]勝月　かつき
　　勝月枕山　かつき・ちんざん　教育家＝近世(人名2)
　　勝月恒喜　かつき・つねき　中国革命援助者(人名)

勝水　かつみず
　　勝水喜一　かつみず・きいち　家具職人(日典3)
　　勝水淳行　かつみず・じゅんこう　教誨師(心理)

[5]勝占　かつら
　　勝占正輝　かつら・まさてる　徳島酒造社長(日典)

勝平　かつひら
　　勝平新一　かつひら・しんいち　「勝平得之「版画50選」」叢園社(日典3)
　　勝平純司　かつひら・じゅんじ　「介助にいかすバイオメカニクス」医学書院(日典3)
　　勝平宗徹　かつひら・そうてつ　臨済禅僧，南禅寺派管長(島根歴)
　　勝平大喜　かつひら・たいき　僧(日人)
　　勝平得之　かつひら・とくし　版画家(日人)

勝永　かつなが
　　勝永モモ絵　かつなが・ももえ　陶芸家(陶芸最)

勝生　かつき
　　勝生真沙子　かつき・まさこ　声優(テレ)

勝田　かつた；かつだ；しょうだ
　　勝田勝年　かつた・かつとし　修史家(島根歴)
　　勝田守一　かつた・しゅいち　教育学者，哲学者(コン4)

　　勝田哲　かつだ・てつ　日本画家(日人)
　　勝田主計　しょうだ・かずえ　官僚，政治家(コン5)

勝目　かちめ；かつめ
　　勝目有　かちめ・あり　作曲家(日典3)
　　勝目梓　かつめ・あずさ　小説家(日典3)
　　勝目テル　かつめ・てる　婦人運動家，消費組合運動家(日人)

[6]勝亦　かつまた
　　勝亦章善　かつまた・あきよし　富士通ソフトウェア事業本部開発企画統括部計画部(日典3)
　　勝亦清美　かつまた・きよみ　元国労幹部(人情)
　　勝亦国臣　かつまた・くにおみ　政治家，御殿場乾繭取引市場創設者(姓氏静岡)
　　勝亦研二　かつまた・けんじ　勝亦電機製作所代表取締役社長(日典3)
　　勝亦紘一　かつまた・こういち　「中長距離・障害」ベースボール・マガジン社(日典3)

[7]勝呂　かつろ；すぐろ
　　勝呂平右衛門　かつろ・へいえもん　実業家，勝呂組の創始者(姓氏静岡)
　　勝呂忠　すぐろ・ただし　洋画家(日人)
　　勝呂誉　すぐろ・ほまれ　俳優(映男)

勝沢　かつさわ；かつざわ
　　勝沢圭　かつさわ・けい　「臨床実践傷寒金匱稀書集成」オリエント出版社(日典3)
　　勝沢愿　かつさわ・げん　「傷寒金匱研究叢書」オリエント出版社(日典3)
　　勝沢要　かつざわ・かなめ　サッカー監督(日典3)
　　勝沢芳雄　かつざわ・よしお　政治家(政治)

勝谷　かつたに；かつや；しょうや
　　勝谷山川児　かつたに・さんせんじ　川柳人，松江市企業局長(島根歴)
　　勝谷誠彦　かつや・まさひこ　作家，写真家(写人)
　　勝谷保　しょうや・たもつ　官僚(現執2期)

[9]勝城　かつしろ
　　勝城蒼鳳　かつしろ・そうほう　竹工芸家(国宝)

勝屋　かつや；しょうや
　　勝屋錦村　かつや・きんそん　翻訳家(社史)
　　勝屋四郎　かつや・しろう　礼法家(日典3)
　　勝屋英造　しょうや・えいぞう　「近代用語の辞典集成」大空社(日典3)
　　勝屋彊　しょうや・つとむ　太平工業副社長(日典3)

勝海　かつうみ；かつみ
　　勝海一郎　かつうみ・いちろう　「エンドドンティクス」永末書店(日典3)
　　勝海修　かつみ・おさむ　東京女子医科大学眼科助教授(日典3)
　　勝海登　かつみ・のぼる　能楽師(能狂言)

勝美　かつみ
　　勝美勝　かつみ・まさる　デザイン評論家(現日)
　　勝美芳雄　かつみ・よしお　「子供と算数」皇學館大学出版部(日典3)

10 勝連　かつれん

勝連紘一郎　かつれん・こういちろう　科学捜査研究所法医二科主任研究員(日典3)
勝連繁雄　かつれん・しげお　作家(日典3)
勝連盛重　かつれん・せいじゅう　音楽家,沖縄県技手(沖縄百)
勝連盛豊　かつれん・せいほう　「季節の草花あそび」沖縄出版(日典3)
勝連敏男　かつれん・としお　「島の棘はやわらかく」(国典)

11 勝部　かつべ

勝部修　かつべ・おさむ　新聞経営者(日人)
勝部其楽　かつべ・きらく　英語教育者(日人)
勝部謙造　かつべ・けんぞう　哲学者(日人)
勝部元　かつべ・はじめ　政治学者(平和)
勝部真長　かつべ・みたけ　倫理学者(日人)

12 勝賀瀬　しょうがせ

勝賀瀬功　しょうがせ・いさお　東芝精機社長(日典3)
勝賀瀬恵子　しょうがせ・けいこ　「ハンナ・アーレント」作品社(日典3)
勝賀瀬季彦　しょうがせ・すえひこ　小説家(日典3)
勝賀瀬質　しょうがせ・ただし　「青果物流通の実態」(国典)
勝賀瀬雄次　しょうがせ・ゆうじ　宇宙経済社長(日典3)

勝間　かつま

勝間昭城　かつま・あきしろ　小学校教諭(日典3)
勝間淳視　かつま・あつし　「ハイネとその文学」同学社(日典3)
勝間貞次　かつま・ていじ　実業家(写家)
勝間としを　かつま・としお　漫画家,イラストレーター(児人)
勝間靖　かつま・やすし　国連児童基金(ユニセフ)職員(平和)

勝間田　かつまた；かつまだ

勝間田清一　かつまた・せいいち　官僚,政治家(コン4)
勝間田稔　かつまた・みのる　長州(萩)藩士(日人)
勝間田撫松　かつまだ・ぶしょう　「振幅」立春短歌会(日典3)
勝間田稔　かつまだ・みのる　萩藩士(姓氏山口)

13 勝瑞　しょうずい

勝瑞夫己子　しょうずい・ふきこ　「青の季節を」書肆亥工房(日典3)
勝瑞昌明　しょうずい・まさあき　「日本料理庖丁人心得」大和書房(日典3)
勝瑞豊　しょうずい・ゆたか　司法書士(日典3)

18 勝藤　かつふじ

勝藤彰夫　かつふじ・あきお　「できる人のモデル思考力」技術評論社(日典3)
勝藤和之　かつふじ・かずこ　穴吹電子ビジネス専門学校講師(日典3)
勝藤猛　かつふじ・たけし　歴史学者(現執2期)

【626】朝

朝　あさ；あした；ちょう

朝太郎　あさ・たろう　新川柳作者(川柳)
朝史門　あした・ふみかど　「山の風景」蘭書房(日典3)
朝順則　ちょう・じゅんそく　教育者(姓氏富山)

3 朝下　あさか

朝下忠　あさか・ただし　宮城学院女子大教授(日典)

4 朝戸　あさと；あさど

朝戸順　あさと・じゅん　双和金属社長(日典3)
朝戸裕貴　あさと・ひろたか　「小耳症・外耳道閉鎖症に対する機能と形態の再建」金原出版(日典3)
朝戸麻央　あさど・まお　「つぼみの魔女・アナベル」角川書店,角川グループパブリッシング(発売)

朝日奈　あさひな

朝日奈海　あさひな・かい　「禁断家族」フランス書院(日典3)
朝日奈五郎　あさひな・ごろう　ジャズマン(日典3)
朝日奈武夫　あさひな・たけお　「平民新聞」読者(社史)
朝日奈知泉　あさひな・ちせん　新聞記者(世人)
朝日奈一　あさひな・はじめ　従者(渡航)

朝日軒　あさひけん

朝日軒棚吉　あさひけん・たなきち　陶工(日人)

朝月　あさずき；あさつき

朝月真次郎　あさずき・しんじろう　ファッションデザイナー(日典)
朝月広臣　あさずき・ひろおみ　作曲家,歌手(新芸)
朝月美姫　あさつき・みき　小説家(日典3)
朝月南　あさつき・みなみ　「牝犬狩り」オークラ出版(日典3)

朝比奈　あさいな；あさひな

朝比奈泰吉　あさいな・やすよし　歌人(国書)
朝比奈隆　あさひな・たかし　指揮者(コン4)
朝比奈泰彦　あさひな・やすひこ　天然物有機化学者(コン4)

5 朝永　あさなが；ともなが

朝永郁夫　あさなが・いくお　「随筆農村史」(国典)
朝永三十郎　ともなが・さんじゅうろう　哲学者(コン4)
朝永振一郎　ともなが・しんいちろう　物理学者(コン4)

朝生　あしょう；あそ；あそう

朝生照正　あしょう・ともまさ　高校教師(日典)
朝生霜　あそ・うしも　歌人(富山文)
朝生京介　あそう・きょうすけ　「僕の牝秘書は同級生」イーグルパブリシング(日典3)

⁶朝光　あさひかり；あさみつ
朝光亀太郎　あさひかり・かめたろう　力士（相人）
朝光拓也　あさみつ・たくや「土・建築・環境」西村書店東京出版編集部（日典3）

朝夷　あさいな；あさひな
朝夷平右衛門　あさいな・へいうえもん　里見氏家臣=中世（戦東）
朝夷一郎　あさひな・いちろう「目で見る峡南の100年」郷土出版社（日典3）
朝夷六郎　あさひな・ろくろう　教育者（鳥取百）

⁷朝吹　あさぶき
朝吹英一　あさぶき・えいいち　マリンバ・ヒブラフォン演奏者（演奏）
朝吹英二　あさぶき・えいじ　実業家（コン5）
朝吹常吉　あさぶき・つねきち　実業家（日人）
朝吹登水子　あさぶき・とみこ　翻訳家, 作家, フランス文学者（日人）
朝吹亮二　あさぶき・りょうじ　詩人（日人）

朝坂　あさか
朝坂光央　あさか・みつお　二玄社社長（日典）

朝来野　あさきの；あさくの
朝来野宏安　あさきの・やすひろ　石川島播磨重工業取締役（日典）
朝来野晃茂　あさくの・てるしげ「事業戦略のレシピ」日本能率協会マネジメントセンター（日典3）
朝来野元生　あさくの・もとお　大分合同新聞取締役論説主幹（日典）

⁸朝妻　あさずま；あさつま
朝妻恵理子　あさずま・えりこ「衣裳のフォークロア」せりか書房（日典3）
朝妻治郎　あさずま・じろう　洋画家（日人）
朝妻一郎　あさつま・いちろう　音楽評論家（日人）

朝枝　あさえだ
朝枝繁春　あさえだ・しげはる　軍人（陸海）
朝枝思善　あさえだ・しぜん「私の報恩講」本願寺出版社（日典3）
朝枝俊輔　あさえだ・しゅんすけ　岩国市長（日典3）
朝枝実彬　あさえだ・じつひん　浄土真宗本願寺派の宗政家（真宗）
朝枝善照　あさえだ・ぜんしょう　仏教学者, 浄土真宗僧侶（現執4期）

朝河　あさか；あさかわ
朝河伸英　あさか・のぶひで「蜃気楼を見たスパイ」文芸春秋（日典3）
朝河貫一　あさかわ・かんいち　歴史学者（コン4）
朝河春雄　あさかわ・はるお　愛知県信用農業協同組合連合会長（日典3）

朝長　あさなが；ともなが
朝長熊平　あさなが・くまへい　肥前大村藩士（日人）
朝長厳　ともなが・つよし　実業家（長崎百）
朝長正徳　ともなが・まさのり　医師（近医）

⁹朝海　あさかい；あさみ
朝海浩一郎　あさかい・こういちろう　外交官（コン4）
朝海さちこ　あさかい・さちこ　脚本家（児人）
朝海さち子　あさみ・さちこ　小説家（北海道文）
朝海ひかる　あさみ・ひかる　女優（テレ）

朝香　あさか
朝香綾子　あさか・あやこ　箏曲家（新芸）
朝香祥　あさか・しょう　小説家（幻想）
朝香千賀子　あさか・ちかこ　皇族朝香孚彦の妻（女性普）
朝香鉄一　あさか・てついち　管理工学者（現執2期）
朝香鳩彦　あさか・やすひこ　皇族, 陸軍人（日人）

¹⁰朝家　あさいえ
朝家万太郎　あさいえ・まんたろう　実業家（日人）

¹¹朝野　あさの；ともの
朝野泰彦　あさの・やすひこ　神職（国書）
朝野温知　あさの・よしとも　社会運動家（アナ）
朝野和典　ともの・かずのり「抗菌薬ポケットガイド」南江堂（日典3）

¹²朝隈　あさくま；あさぐま
朝隈修　あさくま・しゅう　元・防衛施設庁技術審議官（日典）
朝隈善郎　あさくま・よしろう　走り高跳び選手（日典）
朝隈敏子　あさぐま・としこ　弓道家（日典）

¹⁴朝稲　あさいな；あさいね
朝稲努　あさいな・つとむ「データマイニング手法」海文堂出版（日典3）
朝稲又六　あさいな・またじ　元・宮崎県議（日典）
朝稲日出男　あさいね・ひでお　小説家（日人）

¹⁵朝輝　あさひ
朝輝石苔子　あさひ・せきたいし　俳句（日典）

木部

【627】　木

木々　きぎ
木々高太郎　きぎ・たかたろう　探偵小説家, 生理学者（コン4）
木々康子　きぎ・やすこ　小説家（紀伊文）

²木乃美　このみ
木乃美光　このみ・ひかる　漫画家（児人）

³木下　きした；きのした
木下勝世　きした・かつよ「園長かいじゅうからの子育てメッセージ」キリスト新聞社（日典3）
木下敬二　きした・けいじ　千葉県議（自民党, 南房総市・安房郡）（日典3）
木下尚江　きのした・なおえ　ジャーナリスト, 小説家（コン5）

木部（木）　　　　　　　　　　　　　　　　　　　　　　　　　　　　〔627〕

木下杢太郎　きのした・もくたろう　詩人,劇作家,医学者(コン4)

木上　きかみ；きがみ；きのうえ；きのえ
　木上兵衛　きかみ・ひょうえ　野村総合研究所社長(人情)
　木上兵衛　きがみ・ひょうえ　経済分析専門家(現執2期)
　木上宗兵衛　きのうえ・そうべえ　伊佐郡大村郷下手村の郷士(姓氏鹿児島)
　木上長秀　きのえ・ながひで　大友氏家臣＝中世(戦西)

木久　きく
　木久かおり　きく・かおり　木久かおりきものマナー学院長(国典)

木口　きくち；きぐち
　木口得三　きくち・とくぞう　「老ing-G-67」有美(日典3)
　木口まり子　きくち・まりこ　日本レストラン経営(日典)
　木口九峰　きぐち・きゅうほう　彫刻家(日人)
　木口小平　きぐち・こへい　軍人(コン)

木土　きど
　木土洋一　きど・よういち　「夕陽のある風景」(国典)

木子　きこ；きご；きし；きのこ
　木子清敬　きこ・きよよし　建築家(日人)
　木子七郎　きご・しちろう　建築家(美建)
　木子吉永　きし・よしなが　東亜食品工業社長(日典)
　木子棟斎　きのこ・とうさい　工匠(国書)

木川　きかわ；きがわ
　木川明彦　きかわ・あきひこ　編集者,小説家(幻想)
　木川統一郎　きかわ・とういちろう　弁護士,法学者(現執4期)
　木川かえる　きがわ・かえる　漫画家(テレ)
　木川達爾　きがわ・たつじ　教育者(現執3期)

木川田　きかわた；きかわだ
　木川田栄　きかわた・さかえ　ジャーナリスト(国典)
　木川田一隆　きかわだ・かずたか　実業家(コン4)
　木川田誠　きかわだ・まこと　声楽家(バス・バリトン)(演奏)

⁴**木内**　きうち；きない；きのうち
　木内信胤　きうち・のぶたね　経済評論家,政治評論家(コン4)
　木内徳子　きない・のりこ　声楽家(アルト)(演奏)
　木内克　きのうち・よし　彫刻家(日人)

木戸出　きどで
　木戸出正継　きどで・まさつぐ　情報処理研究者(現執3期)

木戸浦　きどうら
　木戸浦衣江　きどうら・きぬえ　俳人(石川文)
　木戸浦隆一　きどうら・りゅういち　政治家(現政)

木方　きかた；きほう
　木方朝子　きかた・あさこ　「游」無の会(日典3)
　木方定夫　きかた・さだお　ビジネスインフォメーション社長(日典)
　木方昭一　きほう・しょういち　日刊工業新聞情報統轄本部国際事業統轄主査(日典)
　木方庸助　きほう・ようすけ　英文学者(日人)

⁵**木代**　きしろ
　木代一男　きしろ・かずお　「逐条解説 国民健康保健法」(国典)
　木代修一　きしろ・しゅういち　日本史学者(考古)
　木代純逸　きしろ・じゅんいち　高エネルギー加速器研究機構教授(日典)
　木代泰之　きしろ・やすゆき　「自民党税制調査会」東洋経済新報社(日典3)
　木代喜司　きしろ・よしじ　彫刻家(日典3)

木本　きもと
　木本至　きもと・いたる　評論家(世紀)
　木本正次　きもと・しょうじ　新聞記者,小説家(日人)
　木本誠二　きもと・せいじ　外科学者(日人)
　木本平八郎　きもと・へいはちろう　小説家,政治家(現政)
　木本凡人　きもと・ぼんじん　社会運動家(コン5)

木田　きた；きだ
　木田修一　きた・しゅういち　「スリランカ行ったりきたりふたり旅」一二三書房(日典3)
　木田林松栄　きた・りんしょうえい　津軽三味線奏者(現情)
　木田金次郎　きだ・きんじろう　洋画家(日人)
　木田宏　きだ・ひろし　文部官僚(日人)

木田橋　きだはし；きだばし
　木田橋美和子　きだはし・みわこ　ASIマーケットリサーチ(日典)
　木田橋石人　きだばし・せきじん　俳人(日典)

木皿　きさら；きざら
　木皿憲佐　きさら・けんすけ　「問題を中心とした薬理学」広川書店(日典3)
　木皿泉　きざら・いずみ　「Q10(キュート)シナリオBOOK」双葉社(日典3)
　木皿昌夫　きざら・まさお　「ウォール街・1990」近代セールス社(日典3)

木立　きだち；きりゅう；こだち
　木立芳照　きだち・よしてる　青森県労議長,青森市助役(青森人)
　木立喜三郎　きりゅう・きさぶろう　大同青果常任相談役(日典)
　木立随学　こだち・ずいがく　「日持上人開教の事跡」山喜房仏書林(日典3)

木辺　きべ
　木辺賢慈　きべ・けんじ　僧侶(真宗)
　木辺孝慈　きべ・こうじ　僧侶(日典)
　木辺弘児　きべ・こうじ　小説家(兵庫文)
　木辺淳慈　きべ・じゅんじ　僧侶(真宗)
　木辺宣慈　きべ・せんじ　僧侶(日人)

⁶木全　きまた；こまた
木全多見　きまた・たみ　陸軍軍人(日人)
木全ミツ　きまた・みつ　官僚(世紀)
木全又左衛門　こまた・またざえもん　秀吉馬廻＝中世(戦国)

木匠　もくしょう
木匠マユリ　もくしょう・まゆり　女優(映女)

木名瀬　きなせ
木名瀬亮　きなせ・あきら　神奈川工科大学情報工学科教授(日典3)
木名瀬智　きなせ・さとし　外交官,軍縮問題研究者(現執2期)
木名瀬捷司　きなせ・しょうじ　千葉県議(自民党,野田市)(日典3)
木名瀬武　きなせ・たけし　アメリカン・エキスプレス・インターナショナル人事部バイス・プレジデント(日典3)
木名瀬紀子　きなせ・のりこ　「絵画の発見」学習研究社(日典3)

木地　きじ
木地明子　きじ・あきこ　「臨床調理」医歯薬出版(日典3)
木地一郎　きじ・いちろう　七尾商工会議所会頭(日典3)
木地雅映子　きじ・かえこ　小説家(日典3)
木地節郎　きじ・せつろう　商学者(現執3期)
木地辰次郎　きじ・たつじろう　伸銅工組合新進会役員(社史)

木多　きた；きだ
木多勘一郎　きた・かんいちろう　逓信技師(人名)
木多康昭　きた・やすあき　漫画家(漫人)
木多晶子　きだ・あきこ　「稲川怪談」角川書店(日典3)
木多俊宗　きだ・としむね　「最新カラー・テレビ技術」技術出版社(日典3)

木寺　きてら；きでら
木寺清一　きてら・せいいち　図書館学者(現執1期)
木寺久雄　きてら・ひさお　レナウン専務(日典3)
木寺則好　きでら・のりよし　技師(土木)
木寺昌記　きでら・まさき　横笛奏者(音人3)

木次　きつぎ；こつぎ
木次周蔵　きつぎ・しゅうぞう　佐久郡北相木村宮の平の名主(姓氏長野)
木次文夫　きつぎ・ふみお　プロ野球選手(日典3)
木次真紀　こつぎ・まき　アナウンサー(日典3)

木次谷　きじや
木次谷紀子　きじや・のりこ　マリンバ奏者(演奏)

木羽　きば
木羽敏泰　きば・としやす　分析化学者(科技)
木羽信敏　きば・のぶとし　山梨大学工学部教授(日典3)

⁷木佐木　きさき
木佐木健之助　きさき・けんのすけ　海上保安大学校教授(日典3)
木佐木幸輔　きさき・こうすけ　海軍中将(日典3)
木佐木淳二　きさき・じゅんじ　三菱重工業名古屋誘導推進システム製作所プロジェクト主管(日典3)
木佐木大助　きさき・だいすけ　山口県議(共産党,下関市)(日典3)
木佐木勝　きさき・まさる　編集者(日人)

木佐貫　きさぬき
木佐貫亜城　きさぬき・あき　「実録シャブ屋」びいぶる社(日典3)
木佐貫あつひさ　きさぬき・あつひさ　和太鼓奏者(日典3)
木佐貫邦子　きさぬき・くにこ　舞踊家(日人)
木佐貫さくら　きさぬき・さくら　「恩師に捧ぐ」生涯学習研究社(日典3)
木佐貫静枝　きさぬき・しずえ　「山河遙々」和泉書院(日典3)

木住野　きしの
木住野哲男　きしの・てつお　木住野商事社長,東京都防衛協会副会長(日典3)
木住野利明　きしの・としあき　絵本作家(児人)
木住野祐一　きしの・ゆういち　「ホームページの学校」中央経済社(日典3)
木住野佳子　きしの・よしこ　ジャズピアニスト(日典3)

木呂子　きろこ
木呂子退蔵　きろこ・たいぞう　上野館林藩士(日人)
木呂子斗鬼次　きろこ・ときつぐ　出版業者(出文)
木呂子敏彦　きろこ・としひこ　「鳥の眼・みみずの目」木呂子敏彦著作集刊行会(日典3)
木呂子元孝　きろこ・もとたか　上野館林藩士(人名)

木坂　きさか；きざか
木坂俊平　きさか・しゅんぺい　社会運動家(アナ)
木坂涼　きさか・りょう　詩人,翻訳家(現詩)
木坂啓子　きざか・けいこ　「川波」伊麻書房(日典3)

木尾　きお；このお
木尾悦子　きお・えつこ　歌人(紀伊文)
木尾士目　きお・しもく　漫画家(日典3)
木尾善十郎　このお・ぜんじゅうろう　政治家(姓氏鹿児島)
木尾信子　このお・のぶこ　声楽家(日典)

木沢　きさわ；きざわ；もくざわ
木沢豊　きさわ・ゆたか　「幻歌」草原詩社,星雲社(発売)
木沢敏　きざわ・びん　医師(日人)
木沢成人　もくざわ・まさと　滋賀県議(無所属,東近江市)(日典3)

木花　きはな；このはな
木花アツコ　きはな・あつこ　「スモーキーはチーズがお好き」三心堂出版社(日典3)

木部(木)

木
　木花さくや　このはな・さくや　「天空戦士星のメイリン」秋田書店(JM)

木見　きみ
　木見金治郎　きみ・きんじろう　棋士(日人)

木谷　きたに；きだに；きや；こたに
　木谷実　きたに・みのる　棋士(コン4)
　木谷吉次郎　きだに・きちじろう　実業家(石川百)
　木谷伝次郎　きや・でんじろう　実業家(姓氏富山)
　木谷恭介　こたに・きょうすけ　小説家、旅行評論家(兵庫文)

[8]木和村　きわむら
　木和村創爾郎　きわむら・そうじろう　洋画家(美家)

木枝　きえだ
　木枝燦　きえだ・あきら　航空工学者(現情)
　木枝増一　きえだ・ますいち　国文学者(世紀)

木舎　きや
　木舎幾三郎　きや・いくさぶろう　政治評論家(出文)

木茂　きしげ
　木茂隆雄　きしげ・たかお　司法書士(国典)
　木茂鉄　きしげ・てつ　「不動産登記の原理」法律文化社(日典3)
　木茂充弘　きしげ・みつひろ　公認会計士、税理士(日典3)

木附　きずき；きつき
　木附千晶　きずき・ちあき　「教育を子どもたちのために」岩波書店(日典3)
　木附隆三　きつき・りゅうぞう　「子どもの意欲を育てるワークショップ型授業50プラス小ネタ26」教育同人社(日典3)

木附沢　きつけざわ
　木附沢麦青　きつけざわ・ばくせい　俳人(現俳)

[9]木前　きまえ
　木前利秋　きまえ・としあき　経済学者、社会思想史学者(現執4期)

木南　きなみ；きなん；きみなみ；こみなみ
　木南晴夏　きなみ・はるか　タレント(日映女)
　木南正宣　きなん・まさのぶ　地方行政官(日人)
　木南正宣　きみなみ・まさのぶ　大阪市助役(大人)
　木南英紀　こみなみ・えいき　「演習で学ぶ生化学」三共出版(日典3)

木咲　きさき；きざき；きのさき
　木咲弘　きさき・ひろむ　同志社女子大学名誉教授(日典3)
　木咲風子　きざき・ふうこ　翻訳家(日典3)
　木咲直人　きのさき・なおと　俳優(日典3)

木城　きしろ
　木城きよたか　きしろ・きよたか　写真家(日典3)
　木城花野　きしろ・はなの　歌人、教育者(日人)
　木城光枝　きしろ・みつえ　「坂」短歌研究社(日典3)
　木城ゆきと　きしろ・ゆきと　漫画家(幻想)

木屋　きや；こや
　木屋進　きや・すすむ　小説家(現執2期)
　木屋隆安　きや・たかやす　ジャーナリスト(現執2期)
　木屋得令　こや・とくりょう　僧侶(真宗)

木津　きず；きつ
　木津幸吉　きず・こうきち　写真館経営者(日人)
　木津無庵　きず・むあん　仏教家(コン5)
　木津茂理　きつ・しげり　民謡歌手、太鼓奏者(日典3)
　木津チヨ　きつ・ちよ　東北町婦人連絡協議会長(青森人)

木津川　きずがわ；きつかわ
　木津川計　きずがわ・けい　芸能評論家(日人)
　木津川文男　きずがわ・ふみお　船井総合研究所常務(日典3)
　木津川昭夫　きつかわ・あきお　詩人(北海道文)
　木津川園子　きつかわ・そのこ　イラストレーター(日典3)

木畑　きはた；きばた；こばた
　木畑公一　きはた・こういち　労働評論家(現執3期)
　木畑坦斎　きばた・たんさい　儒者(日人)
　木畑定直　こばた・さだなお　俳人＝近世(人名2)

[10]木倉　きくら
　木倉豊信　きくら・とよのぶ　郷土史家(日人)
　木倉フミエ　きくら・ふみえ　「鴬の贅」花神社(日典3)

木原　きはら；このはら
　木原孝一　きはら・こういち　詩人(日人)
　木原均　きはら・ひとし　遺伝学者(コン4)
　木原音瀬　このはら・なりせ　小説家(幻想)

木宮　きのみや；きみや；もくみや
　木宮雅徳　きのみや・まさのり　(株)ブレーンバスターズ代表(日典)
　木宮泰彦　きみや・やすひこ　歴史学者、教育家(日人)
　木宮条太郎　もくみや・じょうたろう　「アクアリウムにようこそ」実業之日本社(日典3)

木島　きしま；きじま；このしま
　木島よし　きしま・よし　旅館木島屋の女将(鳥取百)
　木島始　きじま・はじめ　詩人、英文学者(日人)
　木島桜谷　このしま・おうこく　日本画家(日人)

木庭　きにわ；きば；こば
　木庭清作　きにわ・せいさく　警察官吏・地方政治家(岡山歴)
　木庭宏　きば・ひろし　ドイツ文学者(現執4期)
　木庭二郎　こば・じろう　物理学者(日人)

木桧　こぐれ
　木桧恕一　こぐれ・じょいち　家具・インテリアデザイナー(現朝)
　木桧禎夫　こぐれ・ただお　「プレヒト」(国典)

木浦　きうら；このうら
　木浦豊太郎　きうら・とよたろう　美容教育者(姓氏京都)

木浦佑三　きうら・ゆうぞう　俳優(映男)
木浦正幸　このうら・まさゆき　政治家(現政)

木畠　きばた；きばたけ
木畠博　きばた・ひろし　(株)日本統計センター社長(日典)
木畠通代　きばたけ・みちよ　「メークアップの基本と実際」広放図書(日典3)

木脇　きのわき；きわき
木脇祐智　きのわき・すけとも　産科医,政治家(姓氏鹿児島)
木脇良　きわき・りょう　医師(宮崎百)
木脇良太郎　きわき・りょうたろう　東校留学生(海越新)

木舩　きふね；きぶね
木舩憲幸　きふね・のりゆき　「脳性まひ児の発達支援」北大路書房(日典3)
木舩史舟　きぶね・ししゅう　「茄子籠」文学の森(日典)

木通　きどおし；きどおり
木通隆行　きどおし・たかゆき　音相システム研究所代表(日典)
木通隆行　きどおり・たかゆき　信越電気通信局秘書課長(国典)

[11]木崎　きさき；きざき；きのさき
木崎喜代治　きさき・きよじ　フランス社会思想史学者(現執3期)
木崎さと子　きざき・さとこ　小説家(日人)
木崎千左衛門　きのさき・せんざえもん　陶工=近世(人名2)

木船　きふね；きぶね
木船紘爾　きふね・こうじ　化学者(児人)
木船重昭　きふね・しげあき　中古文学者(現執2期)
木船久雄　きぶね・ひさお　「低炭素社会のビジョンと課題」晃洋書房(日典)
木船遊　きぶね・ゆう　「恋は暖淡人肌緑茶」東銀座出版社(日典)

木部　きべ
木部達二　きべ・たつじ　労働者教育者,地方文化運動リーダー(日人)
木部信彦　きべ・のぶひこ　タレント(テレ)
木部正雄　きべ・まさお　政治家(現政)
木部佳昭　きべ・よしあき　政治家(現政)
木部米吉　きべ・よねきち　盆栽名人(植物)

木部崎　きべざき
木部崎修　きべざき・おさむ　「海からの幸」PHP研究所(日典)

木野戸　きのと
木野戸勝隆　きのと・かつたか　国学者,神官(日人)

木野田　きのた；きのだ
木野田君公　きのた・きみひろ　「札幌の昆虫」北海道大学出版会(日典3)
木野田喜右衛門　きのだ・きうえもん　園芸作物農家(姓氏鹿児島)

木野崎　きのさき
木野崎吉郎　きのさき・よしお　元広島大理学部教授(人情)

[12]木場　きば；こば
木場康治　きば・こうじ　ジャーナリスト,現代中国研究者(現執4期)
木場貞吉　きば・さだきち　文部省官吏(海越新)
木場貞長　こば・さだたけ　文部官僚,教育行政家(コン5)
木場伝内　こば・でんない　薩摩藩士(姓氏鹿児島)

木塚　きずか
木塚誠一　きずか・せいいち　映画カメラマン(映人)
木塚忠助　きずか・ただすけ　プロ野球選手(日人)
木塚忠助　きずか・ちゅうすけ　プロ野球選手(世紀)
木塚彦八　きずか・ひこはち　政治家(栃木歴)
木塚光雄　きずか・みつお　音楽教育者,作曲家(音人3)

木奥　きおく
木奥恵三　きおく・けいぞう　写真家(写人)

木葉　きば；このは；こば
木葉功一　きば・こういち　漫画家(漫人)
木葉周子　このは・ちかこ　「学校給食の指導と運営管理」エムティ出版(日典3)
木葉蓮子　こば・れんこ　「絞首台からの報告」(国典)

木葉井　きばい
木葉井悦子　きばい・えつこ　画家(児人)

木越　きごえ；きごし
木越晃　きごえ・あきら　岩波書店嘱託(日典)
木越邦彦　きごし・くにひこ　化学者(日人)
木越安綱　きごし・やすつな　陸軍軍人(コン)

木間　きま；このま
木間明子　きま・あきこ　朝日生命保険ユネスコクラブ常務理事(日典)
木間章　きま・あきら　政治家(現政)
木間正道　このま・まさみち　明治大学法学部教授(日典)

木間瀬　きませ
木間瀬策三　きませ・さくぞう　政治家(富山百)
木間瀬精三　きませ・せいぞう　西洋史学者(現情)

[13]木滑　きなめ；きなめり；こなめ
木滑勇　きなめ・いさむ　元・日本農薬常務(日典)
木滑良久　きなめり・よしひさ　出版経営者(日人)
木滑貫人　こなめ・つらと　留学生(海越新)

木継　きつぎ
木継鳥夫　きつぎ・とりお　「全国民謡の旅」金園社(日典3)

[14]木嶋　きしま；きじま
木嶋昭　きしま・あきら　京都大学名誉教授(日典)

木部（札，本）

木嶋真優　きしま・まゆ　ヴァイオリニスト（演奏）
木嶋光仁　きじま・みつじ　医師（近医）
木嶋与志　きじま・よし　実業家（女性普）

木暮　きぐれ；こぐれ
木暮桂子　きぐれ・けいこ　「感性がビジネスを支配する」ファーストプレス（日典3）
木暮健一　きぐれ・けんいち　「陽へかざす掌」北見川柳社（日典3）
木暮実千代　こぐれ・みちよ　女優（日人）
木暮理太郎　こぐれ・りたろう　登山家（コン5）

木綿　きわた；もめん
木綿良行　きわた・よしゆき　「日本的流通の再生」中央経済社（日典3）
木綿とうふ　もめん・とうふ　「万引き、ダメ。絶対!!」パラダイム（日典3）

木練　きねり
木練清蔵　きねり・せいぞう　巴川製紙所顧問（国典）

[15]**木幡　きはた；きばた；こはた；こばた；こわた**
木幡いす　きはた・いす　助産婦（青森人）
木幡康　きばた・やすし　「30〜50万円で出来る小住宅」田中書店（日典3）
木幡弘道　こはた・こうどう　政治家（現政）
木幡和枝　こばた・かずえ　アート・プロデューサー，翻訳家（世紀）
木幡久右衛門〔13代〕　こわた・きゅうえもん　社会事業家（日人）

木槿　むくげ
木槿三郎　むくげ・さぶろう　「わが父チャップリン」（国典）

[16]**木積　こずみ**
木積一仁　こずみ・かずひと　神道石切教管長，石切劔箭神社総宮司（日典3）
木積一馬　こずみ・かずま　神官（日典3）

[17]**木檜　こぐれ**
木檜喜代子　こぐれ・きよこ　「葉桜」青磁社（日典）
木檜三四郎　こぐれ・さんしろう　政治家（郷土群馬）
木檜恕一　こぐれ・じょいち　工芸デザイナー（日人）
木檜仙太郎　こぐれ・せんたろう　政治家（姓氏群馬）

[18]**木藤　きとう；きどう；きふじ；もくどう**
木藤直之　きとう・なおゆき　漫才師（テレ）
木藤才蔵　きどう・さいぞう　日本文学者（日人）
木藤八三郎　きふじ・はちさぶろう　水利功労者（日人）
木藤茂　もくどう・しげる　俳優，映画監督（世紀）

[19]**木蘇　きそ**
木蘇岐山　きそ・きざん　漢詩人（世紀）
木蘇岐山　きそ・ぎざん　漢詩人（郷土岐阜）
木蘇穀　きそ・こく　評論家，翻訳家（世紀）

【628】　札

[4]**札木　さつき**
札木照一朗　さつき・しょういちろう　産婦人科医（人情）
札木稔　さつき・みのる　くしろバス（株）社長（日典3）

【629】　本

本　ほん；ぼん；もと
本茂樹　ほん・しげき　「Catch me」A・D書籍貿易（日典3）
本十三　ぼん・じゅうぞう　「板取むかし話」板取村教育委員会（日典3）
本秀康　もと・ひでやす　イラストレーター，漫画家（漫人）

[3]**本上　ほんじょう**
本上孝夫　ほんじょう・たかお　茨城大助教授（国典）
本上まなみ　ほんじょう・まなみ　女優（日映女）
本上まもる　ほんじょう・まもる　「〈ポストモダン〉とは何だったのか」PHP研究所（日典3）
本上亮典　ほんじょう・りょうすけ　「天元算数術鈎股玄記」近畿和算ゼミナール（日典3）

本川　ほんかわ；ほんがわ；もとかわ
本川一美　ほんかわ・かずみ　陸上選手（日典）
本川藤三郎　ほんがわ・とうざぶろう　実業家（姓氏富山）
本川弘一　もとかわ・こういち　生理学者（日人）

[4]**本丹　ほんたん**
本丹金市　ほんたん・きんいち　「鉄道貨物運送ガイドブック」（国典）

本戸　ほんと；ほんど；ほんどう
本戸淳子　ほんと・じゅんこ　翻訳家（日典）
本戸朋子　ほんど・ともこ　「こころを強くする小さな勇気の見つけかた」大和書房（日典3）
本戸武三郎　ほんどう・たけさぶろう　「横手町附近の自然地理」横手町（日典3）

本方　もとかた
本方秀麟　もとかた・しゅうりん　日本画家（日人）

本木　もとき；もとぎ
本木昌造　もとき・しょうぞう　活版印刷の先駆者（コン4）
本木寿以　もとき・すい　歌沢・小唄演奏者（新芸）
本木梅太郎　もとき・うめたろう　教育家（多摩）
本木荘二郎　もとぎ・そうじろう　映画プロデューサー（現情）

[5]**本出　ほんで**
本出壮太郎　ほんで・そうたろう　フジコピアン常務（日典3）
本出保太郎　ほんで・やすたろう　実業家，政治家（日人）

本出祐之　ほんで・ゆうし　関西学院大学社会学部教授(日典3)
本出良一　ほんで・りょういち　奈良新聞取締役業務局長(日典3)

本司　ほんじ；もとじ
本司貞介　ほんじ・ていすけ　「実用建築施工法」彰国社(日典3)
本司ゑみ子　もとじ・えみこ　「四葩」文学の森(日典3)

本平　ほんたいら；もとひら
本平次男　ほんたいら・つぎお　「五味清吉の生涯」胆南新報社(日典3)
本平孝志　もとひら・たかし　「歯科の歴史への招待」クインテッセンス出版(日典3)

本目　ほんめ
本目精吾　ほんめ・せいご　エリオニクス社長(日典3)
本目哲郎　ほんめ・てつろう　「信濃路」(国典)
本目勇市　ほんめ・ゆういち　洋画家(洋画)

[6]本吉　もとよし
本吉欠伸　もとよし・けっしん　小説家(大阪文)
本吉敏男　もとよし・としお　出版事業家(出文)
本吉信雄　もとよし・のぶお　出版人(出文)
本吉庸浩　もとよし・のぶひろ　都市問題評論家(現執3期)
本吉晴夫　もとよし・はるお　小説家(四国文)

本名　ほんな；ほんめい；もとな
本名武　ほんな・たけし　政治家(政治)
本名裕子　ほんめい・ゆうこ　英語教師(日典)
本名弘永　もとな・ひろなが　里見氏家臣＝中世(戦東)

本地　ほんじ；ほんち
本地忍　ほんじ・しのぶ　「古代エジプト」金の星社(日典3)
本地盈輝　ほんち・えいき　多摩芸術学園演劇科講師(国典)
本地正輝　ほんち・まさてる　全俸給生活者組合メンバー(社史)

本庄谷　ほんじょうや
本庄谷重雄　ほんじょうや・しげお　バイオリスト(音人3)
本庄谷礼介　ほんじょうや・れいすけ　CRC総合研究所会長(日典)

本江　ほんえ；ほんご；ほんごう；もとえ
本江純子　ほんえ・じゅんこ　「IVUSマニュアル」中山書店(日典3)
本江元吉　ほんご・もとよし　九州大学名誉教授(日典)
本江理作　ほんごう・りさく　醸造業者(姓氏富山)
本江邦夫　もとえ・くにお　近代美術史研究家(現執4期)

本池　もといけ
本池悟　もといけ・さとる　「詳説丸一型日付印」いずみ切手研究会(日典3)
本池滋生　もといけ・しげお　「新中国を知る本」新人物往来社(日典3)

本池巧　もといけ・たくみ　「カオスとトポロジー」培風館(日典3)
本池千美子　もといけ・ちみこ　「愛しさのあなた」風雲舎(日典3)
本池立　もといけ・りつ　フランス近代史研究者(現執2期)

本行　ほんぎょう
本行節夫　ほんぎょう・せつお　政治家(現政)
本行基資　ほんぎょう・もとし　岡田商事会長

[7]本位田　ほんいでん
本位田菊士　ほんいでん・きくし　「伊勢神宮と古代日本」同成社(日典3)
本位田重美　ほんいでん・しげよし　日本語学者(現執1期)
本位田準一　ほんいでん・じゅんいち　編集者(出文)
本位田昇　ほんいでん・のぼる　裁判官(岡山人)
本位田祥男　ほんいでん・よしお　経済学者(履歴2)

本告　もとい；もとおり
本告辰二　もとい・たつじ　大陸浪人(日人)
本告静江　もとおり・しずえ　「しのび草」短歌研究社(日典3)

本図　ほんず；もとず
本図愛実　ほんず・まなみ　「教育基本法から見る日本の教育と制度」協同出版(日典3)
本図晴之助　もとず・せいのすけ　「日本体育基本文献集」日本図書センター(日典3)

本坊　ほんぼう
本坊浅吉　ほんぼう・あさきち　実業家(日人)
本坊元児　ほんぼう・がんじ　コメディアン(日典3)
本坊喜一郎　ほんぼう・きいちろう　薩摩酒造社長,本坊酒造社長(日典3)
本坊吉朗　ほんぼう・きちろう　アイテップ(株)常務取締役(日典3)
本坊豊吉　ほんぼう・とよきち　実業家(日人)

本尾　もとお
本尾敬三郎　もとお・けいざぶろう　留学生(海越新)
本尾哲　もとお・さとし　山梨大学名誉教授(日典3)
本尾久子　もとお・ひさこ　パルコ・プロモーション局美術企画部(日典3)
本尾洋　もとお・ひろし　「ガラパゴスに魅せられて」能登印刷(日典3)
本尾良　もとお・りょう　市民運動家(日人)

本条　ほんじょう
本条喜久男　ほんじょう・きくお　日本共産党シンパ(社史)
本条里美　ほんじょう・さとみ　「ウワサの学校なぞなぞ」金の星社(日典3)
本条晴一郎　ほんじょう・せいいちろう　「ハラスメントは連鎖する」光文社(日典3)
本条強　ほんじょう・つよし　スポーツライター(現執3期)
本条秀太郎　ほんじょう・ひでたろう　三味線奏者(作曲)

木部(本) 〔629〕

本村 ほんむら；もとむら
本村九兵衛 ほんむら・きゅうべえ 地主(先駆)
本村幸子 ほんむら・さちこ 筑波大学名誉教授(日典3)
本村汎 もとむら・ひろし 社会学者(現執2期)
本村三四子 もとむら・みよこ 漫画家(世紀)

本沢 ほんざわ；もとざわ
本沢尚道 ほんざわ・なおみち バリトン歌手(音人3)
本沢竹雲 もとざわ・ちくうん 学者(日人)

本谷 ほんたに；ほんや；もとたに；もとや
本谷哲一 ほんたに・てついち 島津製作所常務(日典)
本谷裕二 ほんや・ゆうじ 作家(現執4期)
本谷久邇彦 ほんたに・くにひこ 俳人(石川文)
本谷康人 もとや・やすひと 弁護士(現執3期)

[8]本並 ほんなみ；もとなみ
本並健治 ほんなみ・けんじ サッカー選手(日典)
本並正直 もとなみ・まさなお アラコ社長(日典)

本居 もとい；もとおり
本居信 もとい・まこと 北海道警捜査3課補佐(日典)
本居義勝 もとい・よしかつ 弓道家、弓道錬士(弓道)
本居豊穎 もとおり・とよかい 国学者(日人)
本居長世 もとおり・ながよ 作曲家(コン5)

本所 ほんしょ；ほんじょ
本所次郎 ほんしょ・じろう 経済作家(現執4期)
本所次郎 ほんじょ・じろう 「麒麟おおとりと遊ぶ」徳間書店(日典3)
本所太郎 ほんじょ・たろう 「あの頃スケッチ抄」鳥影社(日典3)

本明 ほんみょう；もとあき
本明紅 ほんみょう・こう 「青い服を着た魚」新風舎(JM)
本明利樹 ほんみょう・としき サッカー選手(日典3)
本明寛 もとあき・ひろし 心理学者(日人)

本河 ほんかわ；もとかわ
本河孝義 ほんかわ・たかよし 日田市立静修小学校校長(日典)
本河裕 ほんかわ・ゆう フランス文学研究家(日典)
本河光博 もとかわ・みつひろ 東北大学金属材料研究所教授(日典)
本河裕子 もとかわ・ゆうこ 大阪電気通信大学非常勤講師(日典)

本迫 ほんさこ；ほんざこ
本迫年浩 ほんさこ・としひろ 近畿日本鉄道常務、都ホテル東京社長(日典3)
本迫蓬堂 ほんざこ・ほうどう 俳人(北海道文)

本阿弥 ほんあみ
本阿弥光仙 ほんあみ・こうせん 陶芸家(陶工)
本阿弥光遜 ほんあみ・こうそん 刀剣研磨師,刀剣鑑定家(美工)
本阿弥周子 ほんあみ・ちかこ 女優(テレ)
本阿弥日洲 ほんあみ・にっしゅう 刀剣研磨師(日人)
本阿弥光隆 ほんあみ・みつたか 陶芸家(陶芸最)

[9]本信 もとのぶ
本信公久 もとのぶ・きみひさ デザイナー、絵本画家(児人)

本保 ほんぼ；ほんぽ；もとやす
本保伊作 ほんぼ・いさく 仏師(美建)
本保義太郎 ほんぽ・ぎたろう 彫刻家(姓氏富山)
本保竣 もとやす・しゅん 「三浦半島と南房総」(国典)

本垾 ほんたお
本垾和昭 ほんたお・かずあき ベララベラ島の日本兵捜索政府調査団長(人情)

本美 ほんみ；もとみ
本美志津子 ほんみ・しずこ 料理研究家(日典3)
本美春湖 ほんみ・しゅんこ 歌人(姓氏愛知)
本美鉄三 もとみ・てつぞう 「明治大正歌書解題」東出版(日典)

本荘 ほんしょう；ほんじょう
本荘幽蘭 ほんしょう・ゆうらん 新聞記者(近女)
本荘玲子 ほんしょう・れいこ ピアニスト(演奏)
本荘可宗 ほんじょう・かそう 評論家(世紀)
本荘宗秀 ほんじょう・むねひで 大名(国史)

[10]本家 ほんけ
本家勇 ほんけ・いさむ 「単純な生涯」詩画工房(日典3)
本家孝一 ほんけ・こういち 「集中講義生化学」メジカルビュー社(日典3)
本家三郎 ほんけ・さぶろう 音更町(北海道)町長(日典3)
本家重忠 ほんけ・しげただ 弁護士(日典3)
本家好文 ほんけ・よしふみ 医師(科学)

本宮 ほんぐう；もとみや
本宮達也 ほんぐう・たつや 繊維専門家(現執3期)
本宮土志子 ほんぐう・としこ 陶芸家(陶芸最)
本宮寛子 もとみや・ひろこ 声楽家(ソプラノ)(演奏)
本宮ひろ志 もとみや・ひろし 漫画家(日芸)

本島 もとじま
本島等 もとしま・ひとし 政治家(日人)
本島一郎 もとじま・いちろう 整形外科学者(日人)
本島百合子 もとじま・ゆりこ 政治家(日人)

本根 もとね
本根誠 もとね・まこと 音楽プロデューサー(日典3)

本浪　ほんなみ
　本浪章市　ほんなみ・しょういち　国際私法学者（現執2期）

本陣　ほんじん
　本陣三郎　ほんじん・さぶろう　北国銀行副頭取（日典）
　本陣甚一　ほんじん・じんいち　北国銀行頭取（日典3）
　本陣靖司　ほんじん・やすもり　北国銀行頭取（日典3）
　本陣良平　ほんじん・りょうへい　解剖学者（石川百）

[11]本宿　ほんじゅく；もとしゅく
　本宿宅命　ほんじゅく・いえのり　官吏（人名）
　本宿宅命　もとしゅく・たくめい　官吏（日人）
　本宿緯保　もとしゅく・のぶやす　「風はささやき雲は眠る一放送台本集」神戸映像企画（JM）

本庶　ほんじょ
　本庶正一　ほんじょ・しょういち　医師（日典3）
　本庶佑　ほんじょ・たすく　分子生物学者（日人）

本郷　くに；ほんご；ほんごう
　本郷博英　くに・ひろふさ　詩誌「JUPITER」主宰（国典）
　本郷行雄　ほんごう・ゆきお　新湊市議・市議会議長（日典）
　本郷新　ほんごう・しん　彫刻家（コン4）

本部　ほんぶ；ほんべ；もとぶ；もとべ
　本部均　ほんぶ・ひとし　数学者（数学）
　本部千賀　ほんべ・ちか　箏曲家（生田流）（音人3）
　本部朝基　もとぶ・ちょうき　武人（沖縄百）
　本部泰　もとべ・ゆたか　因幡鳥取藩士（藩臣5）

本野　ほんの；もとの
　本野石平　ほんの・いしへい　風俗ライター（日典3）
　本野小平　ほんの・こへい　実業家（宮城百）
　本野一郎　もとの・いちろう　外交官（コン）
　本野盛亨　もとの・もりみち　肥前佐賀藩士、外交官、新聞人（日人）

[12]本富　ほんとみ；ほんぷ
　本富安四郎　ほんとみ・やすしろう　郷土史家（姓氏鹿児島）
　本富安四郎　ほんぷ・やすしろう　郷土史家（鹿児島百）

本禄　もとろく
　本禄哲英　もとろく・てつえい　政治家（現政）

[14]本領　ほんりょう
　本領信治郎　ほんりょう・しんじろう　政治家（日人）

[15]本蔵　ほんくら
　本蔵義守　ほんくら・よしもり　八ヶ岳地磁気観測所（国典）

本霊　ほんれい
　本霊禅山　ほんれい・ぜんざん　融通念仏宗総本山大念仏寺第61世管長（日典3）
　本霊元朝　ほんれい・もとのり　奈良テレビ放送（株）相談役（日典）

[16]本館　ほんだて；もとだて
　本館弘　ほんだて・ひろし　男性。やぐら荘事件被害者（現人）
　本館功　もとだて・いさお　「マンガでわかる「お見合い・婚約・結婚」」主婦の友社（日典3）
　本館輝夫　もとだて・てるお　新光商事常務（日典）

[18]本藤　ほんどう；もとふじ
　本藤恒松　ほんどう・つねまつ　政治家,実業家（政治）
　本藤虎之助　ほんどう・とらのすけ　全国納豆組合連合会副会長（日典3）
　本藤昇　もとふじ・のぼる　公務員（児人）
　本藤昌雄　もとふじ・まさお　アキタ開発研究所副所長（日典3）

【630】末

末　すえ
　末和海　すえ・かずみ　神奈川樹脂社長（日典3）
　末勝海　すえ・かつみ　九州大学名誉教授（日典3）
　末啓一郎　すえ・けいいちろう　弁護士（日典3）
　末宗広　すえ・そうこう　茶道史研究家,教員（茶道）
　末芳枝　すえ・よしえ　メゾソプラノ歌手（音人3）

[5]末包　すえかね；すえがね
　末包厚喜　すえかね・あつよし　「老舗学の教科書」同友館（日典3）
　末包慶太　すえかね・けいた　近畿大学医学部教授（日典3）
　末包良太　すえがね・りょうた　工学者（山梨百）

末永　すえなが；まつえ
　末永純一郎　すえなが・じゅんいちろう　ジャーナリスト（コン）
　末永雅雄　すえなが・まさお　考古学者（コン4）
　末永俊治　まつえ・としはる　昭和海運相談役・元社長（日典）
　末永智一　まつえ・ともかず　東北大学大学院工学研究科教授（日典3）

末田　すえた；すえだ
　末田正　すえた・ただし　摂南大学工学部教授（日典）
　末田智樹　すえた・ともき　「藩際捕鯨業の展開」御茶の水書房（日典3）
　末田重邨　すえだ・じゅうそん　儒学者（幕末）
　末田信夫　すえだ・のぶお　芸術映画社企画部長（社史）

[6]末次　すえつぎ；すえつぐ
　末次忠司　すえつぎ・ただし　山梨大学大学院医学工学総合研究部社会システム工学系教授（日典3）
　末次逸馬　すえつぐ・いつま　放射線医学者（日人）
　末次信正　すえつぐ・のぶまさ　海軍軍人（コン5）

[8]末国 すえくに

末国進 すえくに・すすむ 小野田セメント常務,帝国ヒューム管取締役(日典3)
末国陽夫 すえくに・たかお 弁護士(日典3)
末国正雄 すえくに・まさお 軍人(陸)
末国恵 すえくに・めぐみ「目でみるMMT頭部・頸部・体幹・上肢」医歯薬出版(日典3)
末国善己 すえくに・よしみ「国枝史郎探偵小説全集」作品社(日典3)

末延 すえのぶ

末延渥史 すえのぶ・あつし「地図のない東京名所案内」ウイング出版部(日典3)
末延三次 すえのぶ・さんじ 法学者(日人)
末延豊子 すえのぶ・とよこ ケアデザインステーション代表取締役(日典3)
末延秀勝 すえのぶ・ひでかつ 北九州市高須公民館長(日典3)
末延道成 すえのぶ・みちなり 実業家(コン5)

[11]末冨 すえとみ;すえどみ

末冨芳 すえとみ・かおり「教育費の政治経済学」勁草書房(日典3)
末冨鞘音 すえとみ・ともね スポーツライター(現執3期)
末冨綾子 すえどみ・あやこ 画家(日典3)

末崎 すえざき

末崎勇夫 すえざき・いさお 鉄道員(社史)
末崎栄司 すえざき・えいじ「社会福祉の本質への接近」文理閣(日典3)
末崎茂樹 すえざき・しげき 絵本作家(児人)
末崎精二 すえざき・せいじ 映画監督,脚本家,演出家(映鑑)
末崎輝雄 すえざき・てるお「回路網解析序説」コロナ社(日典3)

末盛 すえもり

末盛千枝子 すえもり・ちえこ 絵本作家,翻訳家(児人)
末盛憲彦 すえもり・のりひこ NHK演芸部チーフディレクター(日典3)
末盛博文 すえもり・ひろふみ 京都大学再生医科学研究所附属幹細胞医学研究センター准教授(日典3)

[12]末富 すえとみ;すえどみ

末富克夫 すえとみ・かつお「正しい応急手当」日東書院(日典3)
末富九州男 すえとみ・くすお「莒の木」石川書房(日典3)
末富啓道 すえどみ・ひろみち「いなか町での子育り日記 小学校1、2年生編」末富義明(JM)

末満 すえみつ

末満宗治 すえみつ・むねはる「立木評価の実務と事例」森林保険研究会(日典3)

[13]末続 すえつぐ

末続吉間 すえつぐ・きちま 三和工業代表常務取締役(国典)
末続桂吾 すえつぐ・けいご (株)ホーメル代表取締役社長(日典3)
末続慎吾 すえつぐ・しんご 陸上選手(日典3)

末続堯 すえつぐ・たかし エッセイスト,古美術評論家(現執4期)

[18]末藤 すえとう;すえふじ

末藤守 すえとう・まもる 岡山県議(日典)
末藤浩一郎 すえふじ・こういちろう フリーライター(日典)
末藤方啓 すえふじ・まさひろ「日本の政治」(国典)

【631】 未

[7]未来 みき;みく;みらい

未来貴子 みき・たかこ 女優(テレ)
未来未来 みく・みらい タレント(日典)
未来優希 みらい・ゆうき 女優(テレ)

未沢 みさわ

未沢俊夫 みさわ・としお 香川共産主義グループメンバー(社史)

【632】 朽

[4]朽木 くちき;くつき

朽木綱鑑 くちき・つなかね 福知山藩士(海越新)
朽木綱貞 くちき・つなさだ 陸軍軍人(世紀)
朽木綱鑑 くつき・つなかね 福知山藩士(渡航)
朽木為綱 くつき・もりつな 大名(日人)

[9]朽津 くちつ

朽津耕三 くちつ・こうぞう 東大教授(国典)
朽津信明 くちつ・のぶあき「Restoration and conservation of immovable heritage damaged by natural disasters」Japan Center for International Cooperation in Conservation, National Research Institute for Cultural Properties,Tokyo(日典3)

【633】 朱

朱 しゅ

朱建栄 しゅ・けんえい 東洋学園大学人文学部教授(現執4期)
朱捷 しゅ・しょう 同志社女子大学現代社会学部教授(現執4期)
朱武英 しゅ・たけひで LEC専任講師(日典3)
朱陽子 しゅ・ようこ フリーアナウンサー(日典3)
朱麗華 しゅ・れいか「五黄土星」成美堂出版(日典3)

[3]朱川 しゅかわ

朱川湊人 しゅかわ・みなと 小説家(小説)

[6]朱牟田 しゅむた

朱牟田恒雄 しゅむた・つねお 毎日新聞東京本社取締役,スポーツニッポン新聞東京本社取締役(日典3)
朱牟田照子 しゅむた・てるこ 日本労働組合全国協議会日本交通運輸支部メンバー(社史)
朱牟田夏雄 しゅむた・なつお 英文学者(日人)

[7]朱良　しゅら
　朱良甲一　しゅら・こういち「活路」叢文社（日典3）

朱里　しゅり
　朱里エイコ　しゅり・えいこ　歌手（新芸）
　朱里みさを　しゅり・みさを　振付師,舞踊家（新芸）

[10]朱宮　しゅのみや；しゅみや
　朱宮健治　しゅのみや・けんじ　弓道家,弓道教士（弓道）
　朱宮正剛　しゅみや・せいごう「実験動物の環境と管理」アドスリー,丸善出版事業部（発売）（日典3）

[11]朱絃舎　しゅげんしゃ
　朱絃舎浜子　しゅげんしゃ・はまこ　箏曲家（日人）

朱雀　すざく；すじゃく
　朱雀神　すざく・じん「それゆけチェリーboy！」フランス書院（日典3）
　朱雀八郎　すざく・はちろう「剣魔主膳」川津書店（日典3）
　朱雀陽　すじゃく・きよし　日刊工業新聞人事労務部長（日典3）
　朱雀さぎり　すじゃく・さぎり　ダンサー（新芸）

[16]朱膳寺　しゅぜんじ
　朱膳寺忠男　しゅぜんじ・ただお　山梨県経済農業協連会長,山梨県果実連会長（日典3）
　朱膳寺春三　しゅぜんじ・はるぞう　社会教育専門家（現執1期）

朱館　あけかた
　朱館暮美　あけかた・くれみ「縁切りのうた」朱館暮美（JM）

【634】 朴

朴　すなお；ぼく
　朴性辰　すなお・せいしん　中央復建コンサルタンツ（株）アドバイザリープランナー（日典）
　朴正官　ぼく・せいかん　薩摩の陶画工（日人）

[4]朴木　ほうのき；ほおのき
　朴木佳緒留　ほうのき・かおる　神戸大学発達科学部教授（現執4期）
　朴木義雄　ほうのき・よしお　高松コンストラクショングループ社長（日典3）
　朴木佳緒留　ほおのき・かおる「働くってたのしい」大月書店（日典3）
　朴木一史　ほおのき・かずし「絵図で読み解き,思考力・表現力をつける国語科授業」東洋館出版社（日典3）

[7]朴沢　はくざわ；ほおざわ；ぼくさわ
　朴沢綾子　はくざわ・あやこ　教育者（女性普）
　朴沢三代治　ほおざわ・みよじ　教育者（日人）
　朴沢ひろ　ぼくさわ・ひろ　女子教育者（近女）

【635】 杏

杏　あん；あんず；きょう
　杏奈月　あん・なつき「同人誌CGテクニック向上計画」新紀元社（日典3）
　杏さゆり　あんず・さゆり　タレント（日典3）
　杏凡山　きょう・はんざん　儒学者（日人）

[11]杏野　あんの；きょうの
　杏野丈　あんの・じょう　医師（日典3）
　杏野はるな　あんの・はるな　タレント（日典3）
　杏野朝水　きょうの・あさみ　小説家（日典3）

【636】 杓

[3]杓子　しゃくし
　杓子甚助　しゃくし・じんすけ　大工,平民社系社会主義者（社史）

【637】 条

条　こえだ；じょう
　条周存　こえだ・しゅうぞん　僧侶（兵庫百）
　条克己　じょう・かつみ　編集者,園芸家（日典3）
　条周存　じょう・しゅうぞん　僧侶（真宗）

[7]条谷　じょうたに；じょうや
　条谷昌子　じょうたに・まさこ「柞もみぢ」河発行所（日典3）
　条谷秀夫　じょうや・ひでお　富山県立中部・北部高校各非常勤講師（日典）

【638】 杖

[3]杖下　つえした
　杖下隆英　つえした・りゅうえい　哲学・論理学者（現執1期）

【639】 杉

杉上　すぎうえ；すぎかみ
　杉上孝二　すぎうえ・こうじ「半導体」通商産業調査会（日典3）
　杉上佐智枝　すぎうえ・さちえ　アナウンサー（テレ）
　杉上圭三　すぎかみ・けいぞう「有床義歯技工学」医歯薬出版（日典3）
　杉上直之　すぎかみ・なおゆき　キックボクサー（日典3）

[5]杉立　すぎたち；すぎたつ
　杉立彰夫　すぎたち・あきお　医師（日典3）
　杉立英二　すぎたち・えいじ　（株）音楽之友社総務局商品管理部課長（日典）
　杉立広子　すぎたつ・ひろこ「1/fの心のときめき」日本図書刊行会（日典3）
　杉立義一　すぎたつ・よしかず　医師（近医）

杉辺　すぎのべ；すぎべ
　杉辺利英　すぎのべ・としひで　翻訳家（現執1期）
　杉辺英象　すぎべ・えいしょう　「上野国全図」高橋常蔵（日典3）
[6]杉全　すぎまた
　杉全直　すぎまた・ただし　洋画家（日人）
　杉全美帆子　すぎまた・みほこ　「イラストで読むルネサンスの巨匠たち」河出書房新社（日典3）
　杉全泰　すぎまた・やすし　写真家（日典3）
[7]杉沢　すぎさわ；すぎざわ
　杉沢新一　すぎさわ・しんいち　会計学者（現執3期）
　杉沢文月　すぎさわ・ぶんげつ　詩人（北海道文）
　杉沢博吉　すぎさわ・ひろよし　社会運動家（社史）
杉谷　すぎたに；すぎや
　杉谷雪樵　すぎたに・せっしょう　画家,肥後熊本藩士（日人）
　杉谷代水　すぎたに・だいすい　詩人,劇作家（日人）
　杉谷拳士　すぎや・けんし　プロ野球選手（日典3）
　杉谷つも　すぎや・つも　農民運動家（近女）
[10]杉恵　すぎえ
　杉恵惇宏　すぎえ・あつひろ　明治大学商学部教授（日典3）
　杉恵頼寧　すぎえ・よりやす　地域環境工学者（現執2期）
[11]杉崎　すぎさき；すぎざき
　杉崎帰四之助　すぎさき・きしのすけ　木版彫刻師（浮絵）
　杉崎郡作　すぎさき・ぐんさく　実業家（札幌）
　杉崎一雄　すぎざき・かずお　国語学者（日人）
　杉崎瑢　すぎさき・よう　教育者（日人）
杉渓　すぎたに
　杉渓一言　すぎたに・きよとき　心理学者（心理）
　杉渓由言　すぎたに・よしとき　男爵（日典3）
杉野目　すぎのめ
　杉野目章　すぎのめ・あきら　室蘭工業大学工学部建設システム工学科教授（日典3）
　杉野目晴貞　すぎのめ・はるさだ　化学者（日人）
　杉野目浩　すぎのめ・ひろし　北海道大学名誉教授（日典3）
　杉野目康子　すぎのめ・やすこ　（財）北海道開拓の村理事（日典3）
[18]杉藤　すぎとう
　杉藤一郎　すぎとう・いちろう　三井信託銀行常務（日典3）
　杉藤清行　すぎとう・きよゆき　明倫ゼミナール理事長,名古屋市教育委員（日典3）
　杉藤二郎　すぎとう・じろう　新聞記者,炭砿勤務者（アナ）
　杉藤美代子　すぎとう・みよこ　言語学者（現執1期）
　杉藤芳雄　すぎとう・よしお　電子技術総合研究所（国典）

【640】 束

[5]束田　そくだ；つかだ
　束田美智子　そくだ・みちこ　「やまかひ―歌集」（JM）
　束田和弘　つかだ・かずひろ　名古屋大学博物館助手（日典3）
　束田きよし　つかだ・きよし　「そそられ妻」久保書店（日典3）
[8]束松　つかねまつ；つかまつ
　束松露香　つかねまつ・ろこう　俳人（世紀）
　束松八洲雄　つかまつ・やすお　「車はまわってゆく」層雲社（日典3）
　束松露香　つかまつ・ろこう　俳人（日人）
[10]束原　つかはら
　束原麻夫　つかはら・あさお　駐ジンバブエ大使（日典3）
　束原巌　つかはら・いわお　「吸光光度法」共立出版（日典3）
　束原正光　つかはら・まさみつ　「夢の肖像」（国典）
　束原龍渓　つかはら・りゅうけい　書家（幕末）

【641】 村

[3]村土　むらつち
　村土治　むらつち・おさむ　剣道愛好者（人情）
　村土玲子　むらつち・れいこ　経営コンサルタント
[5]村主　すぐり；むらぬし
　村主昭也　すぐり・あきや　三重県内水面水産試験場場長（日典3）
　村主恒雄　すぐり・つねお　数学者（数学）
　村主巌　むらぬし・いわお　「メモランダム」日曜随筆社（日典3）
　村主州弘　むらぬし・くにひろ　大和生命保険常務（日典3）
村生　むらお
　村生ミオ　むらお・みお　漫画家（漫人）
[6]村地　むらじ；むらち
　村地孝一　むらじ・こういち　「新しい生物の知識」（国典）
　村地才一郎　むらち・さいいちろう　留学生（海越新）
　村地弘美　むらち・ひろみ　女優（映女）
[7]村沢　むらさわ；むらざわ
　村沢夏風　むらさわ・かふう　俳人（日人）
　村沢由利子　むらさわ・ゆりこ　ピアニスト（音人3）
　村沢玄外　むらざわ・げんがい　俳人（姓氏山口）
　村沢忠司　むらざわ・ただし　「工科のための偏微分方程式入門」東京図書（日典3）
村社　むらこそ
　村社講平　むらこそ・こうへい　陸上競技選手,指導者（コン7）
　村社伸　むらこそ・しん　翻訳家（日典3）

村社淳　むらこそ・じゅん　テレビプロデューサー（日典）
村社卓　むらこそ・たかし「ソーシャルワーク実践の相互変容関係過程の研究」川島書店（日典3）
村社宏　むらこそ・ひろし　社会運動家（島根歴）

村角　むらずみ
村角和子　むらずみ・かずこ　舞台衣装家, 料理家（日典3）
村角創一　むらずみ・そういち「アメリカの名作住宅に暮らす」建築資料研究社（日典3）
村角美絵　むらずみ・みえ　外務省儀典室官室首席事務官
村角泰　むらずみ・やすし　外務省儀典長（日典）

村谷　むらたに；むらや
村谷達也　むらたに・たつや　指揮者, 作曲家（音人3）
村谷昌弘　むらたに・まさひろ　社会運動家（視覚）
村谷圭一　むらや・けいいち「3週間でマスターWebデザインの教室」ソシム（日典3）
村谷俊治　むらや・としはる　北海タイムス取締役営業開発本部長（日典3）

[8]村治　むらじ
村治佳織　むらじ・かおり　ギタリスト（演奏）
村治重厚　むらじ・じゅうこう　医者（洋学）
村治奏一　むらじ・そういち　ギタリスト（テレ）
村治昇　むらじ・のぼる　ギタリスト（音人3）
村治能就　むらじ・よしなり　哲学者（哲学）

村長　むらおさ；むらなが
村長潔　むらおさ・きよし　姫路工大教授（国典）
村長昭義　むらなが・あきよし「野に咲く湖国の花」サンライズ印刷出版部（日典）

村雨　むらさめ
村雨案山子　むらさめ・あんざんし　吉田藩士（姓氏愛知）
村雨貞郎　むらさめ・さだお　小説家（四国文）
村雨政陽　むらさめ・せいよう　直心影流剣術家, 旧武蔵岩槻藩士（埼玉人）
村雨退二郎　むらさめ・たいじろう　小説家（日人）
村雨のぶ　むらさめ・のぶ　社会運動家（近女）

[9]村祖　むらそ
村祖俊一　むらそ・しゅんいち「娼婦マリー」マガジン・ファイブ（日典3）

[12]村越　むらえつ；むらこし
村越寧根　むらえつ・ねね「痛みは取れる！」現代書林（日典3）
村越石　むらこし・かせき　俳人（日人）
村越末男　むらこし・すえお　社会学者（日人）

村雲　むらくも
村雲あや子　むらくも・あやこ　作曲家（作曲）
村雲清春　むらくも・きよはる　北国新聞富山社事業部長（日典3）
村雲大樸子　むらくも・たいぼくし　日本画家（日人）
村雲日栄　むらくも・にちえい　尼僧（日人）

[13]村勢　むらせ
村勢一郎　むらせ・いちろう　数学者（数学）
村勢楠太郎　むらせ・くすたろう　第一生命保険専務（日典3）
村勢登子江　むらせ・としえ「歳月透く」短歌新聞社（日典3）
村勢敏郎　むらせ・としお　医師（日典3）
村勢登美子　むらせ・とみこ「一筋に生く」石川書房（日典3）

[15]村樫　むらかし；むらがし
村樫源太郎　むらかし・げんたろう　鉄建建設執行役員（日典3）
村樫東一　むらかし・とういち　政治家（栃木歴）
村樫四郎　むらがし・しろう「華麗なるパシフィックC51・54・55」誠文堂新光社（日典3）

村穂　むらお；むらほ
村穂珍馬　むらお・ちんま　川柳作家（島根歴）
村穂久美雄　むらほ・くみお　絵絣収集家（日典3）

【642】 杜

杜　と；もり
杜国輝　と・こっき　横浜中華学院校長（日典）
杜けあき　もり・けあき　女優（テレ）
杜こなて　もり・こなて　作曲家（作曲）

[3]杜山　とやま；もりやま
杜山まこ　とやま・まこ「甘いぬくもり」ビブロス（日典3）
杜山澄夫　もりやま・すみお「ツンドラの欲情」あまとりあ社（日典3）
杜山悠　もりやま・ゆう　小説家（兵庫文）

杜川　とがわ；もりかわ
杜川てん　とがわ・てん「てんblog days」GMO総合研究所（日典3）
杜川卓　もりかわ・たかし「ある放浪詩人の覚え書」松柏社（日典3）

[7]杜沢　とざわ
杜沢光一郎　とざわ・こういちろう　歌人（世紀）
杜沢たいぶん　とざわ・たいぶん　俳優（日典3）
杜沢達美　とざわ・たつみ　宇都宮大学工学部機械システム工学科教授（日典3）

[11]杜野　もりの
杜野亜希　もりの・あき　漫画家（漫人）

【643】 杢

杢　もく
杢早苗　もく・さなえ「私には蒼い海がある」双葉社（日典3）
杢真蔵　もく・しんぞう　宮大工（美建）
杢正夫　もく・まさお「長生殿造営事業録」大本本部（日典3）

[3]杢子　もくし；もくじ
杢子達雄　もくし・たつお　ヂーゼル機器専務（日典）

杢子朱明　もくじ・しゅめい　「みと」水戸ぷろむなあど社（日典3）

5杢代　もくたい；もくだい
杢代多摩治　もくたい・たまじ　フランスベッド常務（日典）
杢代哲雄　もくだい・てつお　「ハンガリーへの招待」（国典）
杢代竜喜　もくだい・りゅうき　政治家（多摩）

杢田　もくた
杢田瑛二　もくた・えいじ　「親密な相手」本多企画（日典）
杢田たけを　もくた・たけお　洋画家（日人）

10杢原　もくはら
杢原利一　もくはら・りいち　政治家（姓氏愛知）

11杢野　もくの
杢野順子　もくの・じゅんこ　CADインストラクター（日典3）
杢野甚七　もくの・じんしち　愛知海苔元祖（食文）
杢野暉尚　もくの・てるひさ　「コープ住宅のすすめ」毎日新聞社（日典3）
杢野保太郎　もくの・やすたろう　ピアニスト（音人3）

【644】来

来ノ宮　きのみや
来ノ宮令子　きのみや・れいこ　経営コンサルタント,占術家（現執3期）

3来子　くるす
来子耿太　くるす・こうた　「俳画入門」梧桐書院（書籍）

来山　きたやま；きやま
来山和昭　きたやま・かずあき　光陽産業社長（日典3）
来山昤俊　きたやま・れいしゅん　福山通運取締役相談役（日典）
来山幸春　きやま・ゆきか　「誰も本当のところを語ってくれない──母親の中学受験体験記」神無書房（JM）

4来水　くるみ
来水明子　くるみ・あきこ　小説家,速記記者（世紀）

5来代　きたしろ；きただい
来代勝彦　きたしろ・かつひこ　東京都議（自民党,港区）（日典3）
来代順福　きただい・かずよし　徳島新聞総務局計算部長（日典）
来代相愛　きただい・そうあい　政治家（徳島歴）

来生　きおい；きすぎ
来生哲　きおい・さとる　「いびき睡眠時無呼吸症を治す」旬報社（日典3）
来生新　きすぎ・しん　経済法学者（現執4期）
来生たかお　きすぎ・たかお　シンガー・ソングライター（作曲）

来田　きた；きだ；きただ；ころだ；らいた
来田茂　きた・しげる　「農業機械化技術革新の軌跡」全国農業改良普及協会（日典3）
来田多賀一　きだ・たがかず　電工（社史）
来田寅男　きだ・とらお　「機械技能士必携」産業図書（日典3）
来田康男　ころだ・やすお　「どこか不条理」ながらみ書房（日典）
来田享子　らいた・きょうこ　「目でみる女性スポーツ白書」大修館書店（日典3）

6来米　くるめ
来米速水　くるめ・はやみ　日大助教授（国典）

7来住　きし；きしゅ；きすぎ
来住正三　きし・しょうぞう　英文学者（現執1期）
来住伸俊　きしゅ・のぶとし　東陶機器常務（日典）
来住茂樹　きすぎ・しげき　画家（日典）

来村　きたむら；きむら
来村俊　きたむら・すぐる　西菱電機取締役（日典）
来村多加史　きたむら・たかし　関西大学文学部非常勤講師（日典）
来村正志　きむら・まさし　秋吉台国際芸術村村長（日典）

来見　きたみ；きみ；くるみ
来見甲蔵　きたみ・こうぞう　外交官（海越新）
来見甲蔵　きみ・こうぞう　外交官（海越）
来見良誠　くるみ・よしまさ　「Q&A腹腔鏡下胆嚢摘出術こんな時どうする？」医学書院（日典3）

9来海　きまち；くるみ
来海久一　きまち・きゅういち　写真家（島根歴）
来海豊　きまち・ゆたか　明星大学工学部教授（日典3）
来海清　くるみ・きよし　日本電々公社経営調査室調査役（国典）

来祖　くるそ
来祖かほり　くるそ・かおり　「自動車メーカーが賭けるとき」にっかん書房（日典3）

10来原　くりはら；くるはら
来原彦七郎　くりはら・ひこしちろう　宮中顧問官（渡航）
来原慶助　くるはら・けいすけ　教育者（日人）
来原彦太郎　くるはら・ひこたろう　宮中顧問官（海越新）

来宮　きのみや；くるみや
来宮良子　きのみや・りょうこ　声優（世紀）
来宮法山　くるみや・ほうさん　宗教団体役員（現執3期）

来島　きじま；くるしま
来島武　きじま・たけし　「世界の橋」（国典）
来島浩　きじま・ひろし　社会政策学者（現執2期）
来島恒喜　くるしま・つねき　国粋主義者（コン）
来島良亮　くるしま・りょうすけ　土木技術者（日人）

来栖　くるす

来栖あつこ　くるす・あつこ　タレント（テレ）
来栖三郎　くるす・さぶろう　外交官（コン5）
来栖七郎　くるす・しちろう　新聞記者, 政治家（日人）
来栖壮兵衛　くるす・そうべえ　実業家, 政治家（コン5）
来栖良夫　くるす・よしお　児童文学作家（コン4）

来馬　くるば；くるま

来馬克美　くるば・かつみ　「君は原子力を考えたことがあるか」ナショナルピーアール（日典3）
来馬輝順　くるば・てるのぶ　建築家（日典）
来馬恭輔　くるま・きょうすけ　「曹洞宗戒名熟語法話ヒント事典」四季社（日典3）
来馬琢道　くるま・たくどう　僧侶（コン4）

[11]来野　きたの

来野あぢさ　きたの・あじさ　日本画家（日典3）
来野月乙　きたの・つきお　染色工芸家（美工）

[12]来間　くりま；くるま

来間泰邑　くりま・たいゆう　政治家（姓氏沖縄）
来間泰男　くりま・やすお　沖縄経済論学者（現執2期）
来間恭　くるま・きょう　社会運動家（アナ）
来間謙二　くるま・けんじ　西武文理大学サービス経営学部特命教授, ホスピタルクレンリネス研究所所長（日典3）

来須　くるす；らいす

来須修二　くるす・しゅうじ　俳優（日典3）
来須正男　くるす・まさお　京都府立医大名誉教授（日典）
来須富子　らいす・とみこ　「生かされたいのち燃やして」新風書房（日典3）

[14]来嶋　きじま

来嶋邦雄　きじま・くにお　山口県立西市高校教諭（日典3）
来嶋又兵衛　きじま・またべえ　「来嶋又兵衛文書」西円寺（日典3）
来嶋靖生　きじま・やすお　歌人（日人）

【645】　李

[10]李家　りか；りのいえ

李家騰　りか・とう　「台湾の危機と転機」社会評論社（日典3）
李家隆介　りのいえ・たかすけ　官吏, 錦鶏間祇候（日人）
李家正文　りのいえ・まさふみ　ジャーナリスト, 国文学者（世紀）

【646】　杠

杠　ゆずりは

杠アキノ　ゆずりは・あきの　神崎郡農協三瀬支所（佐賀県）婦人部長, 佐賀県三瀬村地場産業振興グループ代表（日典3）
杠勝海　ゆずりは・かつみ　「せふり」（国典）
杠聡　ゆずりは・さとし　イラストレーター（日典3）
杠繁　ゆずりは・しげる　元司法書士（日典3）
杠文吉　ゆずりは・ぶんきち　「統計用語辞典」（国典）

[12]杠葉　ゆずりは

杠葉啓　ゆずりは・けい　推理作家（日典3）

【647】　杣

杣　そま

杣勇　そま・いさむ　昭和電業社相談役・元社長（日典3）
杣英二郎　そま・えいじろう　俳優（新芸）
杣源一郎　そま・げんいちろう　徳島文理大学大学院人間生活学研究科教授（日典3）
杣浩二　そま・こうじ　「日本文化もとをたどれば聖書から」神戸平和研究所, 恒星出版（発売）（日典3）
杣正夫　そま・まさお　政治学者（世紀）

[3]杣山　そまやま

杣山英嶷　そまやま・えいぎょく　俳優（人情）
杣山真淳　そまやま・しんじゅん　「真宗入門読本」百華苑（日典3）

[6]杣庄　そまのしょう

杣庄章夫　そまのしょう・あきお　「滋賀の薬業史」（国典）

【648】　枥

[7]枥尾　とちお

枥尾勲　とちお・いさお　目白大学人間社会学部教授（日典3）
枥尾武　とちお・たけし　漢文学者（現執2期）
枥尾安伸　とちお・やすのぶ　「地域ブランドと広告」嵯峨野書院（日典3）

【649】　枚

[3]枚山　すぎやま

枚山直樹　すぎやま・なおき　指揮者（日典3）

[5]枚本　すぎもと

枚本育生　すぎもと・いくお　「グリーンコンシューマー」昭和堂（日典3）

[7]枚村　すぎむら

枚村一郎　すぎむら・いちろう　元・テイカ製薬代表取締役（日典）
枚村喜則　すぎむら・よしのり　「巨樹・名木巡り」牧野出版（日典3）

[10]枚浦　すぎうら

枚浦勝　すぎうら・まさる　摂南大学国際言語文化学部教授（日典3）

木部（杵，杭，枝，松）

【650】 杵

[7]杵谷　きたに
　杵谷精一　きたに・せいいち　彫刻家（美建）

[10]杵家　きねいえ
　杵家弥七〔6代〕　きねいえ・やしち　長唄三味線方（世紀）

杵島　きしま；きじま
　杵島えい子　きしま・えいこ「老人よ、ある日ポックリ死のう」健友館
　杵島正洋　きしま・まさひろ「名探偵ものしりクイズ」講談社（日典3）
　杵島隆　きじま・たかし　写真家（日人）
　杵島直美　きじま・なおみ　料理研究家（日典3）

[11]杵淵　きぬぶち；きねふち；きねぶち
　杵淵敬二　きぬぶち・けいじ「コイルのだいぼうけん」小学館（日典3）
　杵淵衛　きねふち・まもる　政治家（現政）
　杵淵政光　きねぶち・まさみつ　武道研究家（体育）

杵渕　きねふち；きねぶち
　杵渕衛　きねふち・まもる　栃尾市長（日典）
　杵渕彰　きねふち・あきら　医師（日典3）
　杵渕やすお　きねぶち・やすお　漫画家,童画家（児人）

【651】 杭

[8]杭迫　くいさこ；くいせこ
　杭迫軍二　くいさこ・ぐんじ　警察官僚（弓道）
　杭迫軍二　くいせこ・ぐんじ　警察官僚（履歴2）
　杭迫柏樹　くいせこ・はくじゅ　書家（日典3）

【652】 枝

枝　えだ
　枝権兵衛　えだ・ごんべえ　商人地主（日人）
　枝重夫　えだ・しげお　トンボ研究家,歯科医（児人）
　枝法　えだ・はかる　ドイツ文学者（栃木歴）
　枝広　えだ・ひろし　校医37年,学校保健に尽力した医師（栃木歴）
　枝益六　えだ・ますろく　教育者（岡山歴）

[3]枝久保　えだくぼ
　枝久保喜八郎　えだくぼ・きはちろう　埼玉県議（自民党,東13区）（日典3）
　枝久保辰生　えだくぼ・たつお「紙碑」東京四季出版（日典3）
　枝久保松三　えだくぼ・まつぞう　弓道家,弓道錬士（弓道）

枝口　えぐち；えだぐち
　枝口芳子　えぐち・よしこ「ラフラ,24歳の遺言」ポプラ社（日典3）
　枝口玲己　えぐち・れいこ「女は見た目！」PHP研究所（日典3）
　枝口芳子　えだぐち・よしこ　音楽プロデューサー（日典3）

枝川　えがわ；えだかわ；えだがわ
　枝川明敬　えがわ・あきとし「地域経済社会の活性化に及ぼす文化活動の効果とその方策に関する研究」全国勤労者福祉・共済振興協会（日典3）
　枝川了円　えだかわ・りょうえん　元九州工大・元秋田大教授（日典）
　枝川公一　えだがわ・こういち　ノンフィクション作家（現執4期）

[5]枝正　えだまさ
　枝正義郎　えだまさ・よしろう　映画監督（映人）

[7]枝沢　えださわ；えだざわ
　枝沢康代　えださわ・やすよ「ある宣教師っ子の思い出」同志社同窓会（日典3）
　枝沢あゆみ　えだざわ・あゆみ「大学准教授真島弘之」ふくろう出版（日典3）

[8]枝並　えだなみ；えなみ
　枝並金蔵　えだなみ・きんぞう「模槍雑纂」愚拙舎（日典3）
　枝並一衛　えなみ・かずえ　農民（社史）
　枝並広孝　えなみ・ひろたか　城西消費購買組合組合員（社史）

【653】 松

松　まつ
　松あきら　まつ・あきら　女優（現政）
　松麻実　まつ・あさみ　エッセイスト（日典3）
　松喜美夫　まつ・きみお　ハンドボール監督（日典3）
　松たか子　まつ・たかこ　女優,歌手（日映女）
　松美佐雄　まつ・みさお　口演童話家,編集者（郷土群馬）

[3]松上　まつうえ；まつかみ；まつがみ
　松上かんな　まつうえ・かんな　漫画家（漫人）
　松上はる菜　まつかみ・はるな「トキメキ・星うらない」ポプラ社（日典3）
　松上茂　まつがみ・しげる　工芸家（日典3）

松土　まつど
　松土正一　まつど・まさかず「トランペット名旋律集」ドレミ楽譜出版社（日典3）
　松土陽太郎　まつど・ようたろう　会計学研究者（現執2期）
　松土隆二　まつど・りゅうじ　テレビプロデューサー（日典3）

松山　しょうやま；まつやま
　松山シュウ　しょうやま・しゅう「マギ・ストラット・エンゲージ」アスキー・メディアワークス,角川グループパブリッシング（発売）（日典3）
　松山善三　まつやま・ぜんぞう　映画監督,脚本家（日人）
　松山樹仁　まつやま・みきこ　舞踊家（日人）

[4]松友　まつとも
　松友健　まつとも・けん「夢幻の双刃」創土社（日典3）

松友武昭　まつとも・たけあき　「伊予弁ぞな」愛媛新聞メディアセンター(日典3)
松友孟　まつとも・つとむ　愛媛県副知事(日典3)
松友正隆　まつとも・まさたか　「「松山城」は残った」愛媛ジャーナル(日典3)
松友了　まつとも・りょう　社会福祉家(現執4期)

松戸　まつと；まつど
松戸隆之　まつと・たかゆき　「情報科学」医歯薬出版(日典3)
松戸覚之助　まつど・かくのすけ　農業技術者(コン5)
松戸節三　まつど・せつぞう　教育者(日人)

松月　まつずき
松月清郎　まつずき・きよお　「真珠の博物誌」研成社(日典3)
松月滉　まつずき・こう　「王子と魔女と姫君と」白泉社(日典3)
松月仁志夫　まつずき・にしお　経営者(群馬人)
松月秀雄　まつずき・ひでお　教育学者(現情)
松月弘恵　まつずき・ひろえ　東京家政学院大学家政学部家政学科講師(日典3)

松木　まつき；まつぎ；まつのき
松木直亮　まつき・なおすけ　陸軍軍人(コン5)
松木一夫　まつき・かずお　「高知のアユ釣り」高知新聞社(日典3)
松木正介　まつのき・しょうすけ　文人(庄内)

[5]松代　まつしろ；まつよ
松代晃明　まつしろ・てるあき　クラリネット奏者(音人3)
松代信子　まつしろ・のぶこ　ピアニスト，音楽教育者(ソルフェージュ)(音人3)
松代直樹　まつよ・なおき　元・サッカー選手(日典3)

松平　まつだいら；まつひら
松平容保　まつだいら・かたもり　大名(コン4)
松平慶永　まつだいら・よしなが　大名(コン4)
松平志げ　まつひら・しげ　「花菖蒲」北国新聞社出版局(日典3)
松平直樹　まつひら・なおき　「IPv6ネットワーク実践構築技法」オーム社(日典3)

松生　まついけ；まつお；まつおい
松生義勝　まついけ・よしかつ　水産学者(日人)
松生陽子　まつお・ようこ　バイオリニスト(音人)
松生秀二　まつおい・ひでじ　映画監督(映ռ)

松田　まった；まつた；まつだ
松田泰典　まった・やすのり　福井県議(自民党，福井市)(日典3)
松田甚次郎　まつた・じんじろう　農民，農村改革運動者(社史)
松田道之　まつだ・みちゆき　因幡鳥取藩士，官僚(コン4)

[6]松任谷　まつとうや
松任谷愛介　まつとうや・あいすけ　音楽プロデューサー(日典3)
松任谷国子　まつとうや・くにこ　画家，タレント(幻想)
松任谷正隆　まつとうや・まさたか　音楽プロデューサー，作曲家，編曲家(和モ)
松任谷由実　まつとうや・ゆみ　シンガーソングライター(日人)

松多　まつた；まつだ
松多邦雄　まつた・くにお　医師(日典3)
松多秀一　まつた・しゅういち　OECD日本政府代表部1等書記官(日典3)
松多秀　まつだ・しゅう　日本史研究家(日典)

松好　まつよし
松好貞夫　まつよし・さだお　歴史学者(郷土滋賀)

松旭斎　しょうきょくさい
松旭斎天一　しょうきょくさい・てんいち　奇術師(コン5)
松旭斎天勝　しょうきょくさい・てんかつ　女流奇術師(コン5)

松行　まつゆき
松行彬子　まつゆき・あきこ　嘉悦大学経営経済学部教授(日典3)
松行清子　まつゆき・きよこ　吟士(日典3)
松行輝昌　まつゆき・てるまさ　「ソーシャルイノベーション」丸善出版(日典3)
松行利忠　まつゆき・としただ　防衛大学校名誉教授(日典3)
松行康夫　まつゆき・やすお　経営学者(現執4期)

[7]松坂　まつさか；まつざか
松坂佐一　まつさか・さいち　弁護士，法学者(日人)
松坂忠則　まつさか・ただのり　国語学者，児童文学者(日典3)
松坂慶子　まつざか・けいこ　女優(日人)
松坂万右衛門　まつさか・まんえもん　公共事業家(日人)

松沢　まつさわ；まつざわ
松沢元貞　まつさわ・げんてい　医師(青森人)
松沢睦実　まつさわ・むつみ　童話作家(世紀)
松沢一鶴　まつざわ・いっかく　水泳選手，水泳指導者(日人)
松沢求策　まつざわ・きゅうさく　自由民権家(コン)

松良　まつら
松良宜三　まつら・ぎぞう　常盤木学園高校理事長(日典3)
松良俊明　まつら・としあき　京都教育大学教育学部教授(日典3)
松良盤植　まつら・ばんしょく　銀行家(宮城百)
松良みつ　まつら・みつ　教育者(日人)
松良善煕　まつら・よしひろ　実業家(高知人)

松見弥　まつみや
松見弥翠穂　まつみや・すいほ　日本舞踊家(現情)

松角　まつかど；まつずみ
松角康彦　まつかど・やすひこ　脳神経外科学者(近医)

松谷 まつたに；まつや

松谷みよ子　まつたに・みよこ　児童文学作家（日人）

松谷与二郎　まつたに・よじろう　社会運動家，政治家，弁護士（コン5）

松谷さやか　まつや・さやか　翻訳家（世紀）

松谷翠　まつや・みどり　ピアニスト（新芸）

松邑 まつむら

松邑恵美子　まつむら・えみこ「師長・主任の看護目標面接」日総研出版（日典3）

松邑孫吉〔2代〕　まつむら・まごきち　出版人（出văn）

松邑隆一郎　まつむら・りゅういちろう「目標1000万円」（国典）

松里 まつさと；まつざと

松里みゆき　まつさと・みゆき「華麗なるヨーロピアンリゾートホテル」旺文社（日典3）

松里雪子　まつさと・ゆきこ　盛岡大学短期大学部幼児教育科教授（日典3）

松里公孝　まつざと・きみたか　北海道大学スラブ研究センター助教授（日典）

松里保広　まつざと・やすひろ　鹿児島県議（自民党，西之表市・熊毛郡）（日典3）

松阪 まつさか；まつざか

松阪春久　まつさか・はるひさ　日本画家（美家）

松阪広政　まつさか・ひろまさ　官僚（履歴2）

松阪春栄　まつざか・はるえ　地唄箏曲演奏者（日人）

松阪広政　まつざか・ひろまさ　司法官僚，弁護士（コン4）

[8]松実 まつざね；まつみ

松実曉　まつざね・りょう　すぎな会（精神薄弱者更生施設）生活指導部長（人情）

松実喜代太　まつみ・きよた　政治家（政治）

松実輝彦　まつみ・てるひこ「現代アートをあそぶ」かもがわ出版（日典3）

松延 まつのぶ；まつのべ

松延七郎　まつのぶ・しちろう　社会運動家（平和）

松延博　まつのぶ・ひろし　体操競技選手，体操学者（世紀）

松延岐　まつのべ・ふなど　全国理髪従業員組合委員長（社史）

松延幸雄　まつのべ・ゆきお　弓道家，弓具商，弓道教士（弓道）

松枝 まつえ；まつえだ；まつがい；まつがえ

松枝郁子　まつえ・いくこ　帝国女子医学専門学校読書会メンバー（社史）

松枝茂夫　まつえだ・しげお　中国文学者（日人）

松枝知直　まつがい・ともなお「インターネットサーバ構築術」工学社（日典3）

松枝蔵人　まつがえ・くろうど　小説家（幻想）

松林 しょうりん；まつはやし；まつばやし

松林伯円〔2代〕　しょうりん・はくえん　講釈師（コン4）

松林徹　まつはやし・とおる　元・東海銀行営業推進部調査役（日典）

松林桂月　まつばやし・けいげつ　日本画家（コン4）

松武 まつたけ

松武秀樹　まつたけ・ひでき　作曲家，編曲家，シンセサイザー・プログラマー（作曲）

松茂 まつしげ；まつも

松茂幹　まつしげ・みき　デジタル・プレゼンテーションインストラクター（日典3）

松茂信吾　まつも・しんご　グラフィック・デザイナー（日典3）

松茂良 まつもら

松茂良興辰　まつもら・おきたつ　沖縄県議（日典）

松茂良興作　まつもら・こうさく　武人（沖縄百）

松金 まつかね；まつがね

松金公正　まつかね・きみまさ「認識台湾」交流協会（日典3）

松金よね子　まつかね・よねこ　女優（世紀）

松金憲雄　まつがね・けんお　歌人（富山文）

松金常作　まつがね・つねさく　弓道家，弓道教士（弓道）

[9]松信 まつのぶ

松信定雄　まつのぶ・じょうゆう　浄土真宗僧侶，教育（日典）

松信清五郎　まつのぶ・せいごろう　農業倉庫事務員（社史）

松信泰輔　まつのぶ・たいすけ　実業家（日人）

松信隆也　まつのぶ・たかや　出版人（出文）

松信大助　まつのぶ・だいすけ　出版人（出文）

松南 まつなみ

松南徹翁　まつなみ・てつおう　大庄屋（藩臣5）

松南宏雅　まつなみ・ひろまさ　政治家（鳥取百）

松南六郎兵衛　まつなみ・ろくろべえ　大庄屋（日人）

松栄 しょうえい；まつえ

松栄薫　しょうえい・かおる　元・川鉄商事常務（日典）

松栄市太郎　まつえ・いちたろう　立憲労働党造船労働組合メンバー（社史）

松栄清彦　まつえ・きよひこ　彫刻家，俳人（石川文）

松為 まつい

松為周従　まつい・かねより　金沢女子短大教授（人情）

松為啓進　まつい・けいしん　東京計器（現・トキメック）専務（日典3）

松為信雄　まつい・のぶお　障害者職業総合センター（日典3）

松為宏幸　まつい・ひろゆき　豊橋技術科学大学副学長（日典3）

松美 まつみ

松美佐雄　まつみ・すけお　口演童話家，編集者（姓氏群馬）

松美成幸　まつみ・なりゆき　角川書店辞書教科書編集部勤務（日典3）

松美里瑛子　まつみ・りえこ　「無料空間」モデラート(日典3)

松美里枝子　まつみ・りえこ　「みんなでのぼろう日本一高いところ」学習研究社(日典3)

松風　しょうふう；まつかぜ

　松風栄一　しょうふう・えいいち　陶芸家(美工)

　松風嘉定　しょうふう・かじょう　実業家(日人)

　松風千枝子　まつかぜ・ちえこ　女優(新芸)

　松風利栄子　まつかぜ・りえこ　女優(映女)

松香　まつか

　松香宏隆　まつか・ひろたか　写真家(日典3)

　松香宏道　まつか・ひろみち　いすゞ自動車取締役(日典3)

　松香光夫　まつか・みつお　玉川大学農学部生物環境システム学科教授(日典3)

　松香洋子　まつか・ようこ　英語教育者(現執4期)

¹⁰松兼　まつかね

　松兼功　まつかね・いさお　フリーライター(世紀)

松原　まつはら；まつばら

　松原喜八郎　まつはら・きはちろう　実業家(郷土奈良)

　松原真理子　まつはら・まりこ　小説家(大阪文)

　松原新之助　まつばら・しんのすけ　水産学者(日人)

　松原与三松　まつばら・よそまつ　経営者(コン4)

松家　まついえ；まつか；まつや

　松家芳範　まついえ・よしのり　「農産加工製造全書」(国典)

　松家豊　まつか・ゆたか　医師(近医)

　松家茂樹　まつや・しげき　「模型材料の科学」医歯薬出版(日典3)

松浦　まつうら；まつら

　松浦武四郎　まつうら・たけしろう　蝦夷地探検家(コン4)

　松浦豊明　まつうら・とよあき　ピアニスト(日人)

　松浦詮　まつら・あきら　大名(日人)

　松浦厚　まつら・あつし　伯爵、貴族院議員(日人)

松涛　まつなみ

　松涛泰巌　まつなみ・たいがん　教育学者(哲学)

松浪　まつなみ

　松浪健四郎　まつなみ・けんしろう　プロレス評論家、体育学者(現政)

　松浪健太　まつなみ・けんた　政治家(現政)

　松浪信三郎　まつなみ・しんざぶろう　哲学者(日人)

　松浪詮宗　まつなみ・のりむね　弓道家、矢師、弓道教士(弓道)

　松浪米蔵　まつなみ・よねぞう　大工(日人)

¹¹松堂　しょうどう；まつどう

　松堂玖邇　しょうどう・くに　シャーマン(日典3)

　松堂今日太　まつどう・きょうた　「あっ！」講談社(日典3)

松堂恵賢　まつどう・けいけん　関西沖縄県人会メンバー(社史)

松崎　まつがさき；まつさき；まつざき

　松崎万長　まつがさき・つむなが　建築技師(日人)

　松崎吉蔵　まつさき・きちぞう　政治家(姓氏鹿児島)

　松崎天民　まつざき・てんみん　新聞記者、文筆家(コン5)

松梨　まつなし

　松梨茂樹　まつなし・しげき　第一工業製薬取締役(日典3)

　松梨順三郎　まつなし・じゅんざぶろう　「水理学研究における私の遍歴」新風書房(日典3)

　松梨智子　まつなし・ともこ　映画監督、女優(テレ)

松添　まつぞえ

　松添紫峰　まつぞえ・しほう　「I like you」カゼット出版、星雲社(発売)(日典3)

　松添得美　まつぞえ・とくみ　弓道家、弓道教士(弓道)

　松添信宏　まつぞえ・のぶひろ　「はじめてのPSoCマイコン」CQ出版(日典3)

　松添博　まつぞえ・ひろし　日本画家(日典3)

松野尾　まつのお

　松野尾章行　まつのお・あきら　郷土史家(郷土)

　松野尾章　まつのお・あきら　毎日新聞出版局出版写真部長(日典3)

　松野尾儀行　まつのお・ぎこう　「土佐国全図」沢本駒吉(日典3)

　松野尾繁雄　まつのお・しげお　弁護士(社史)

　松野尾章行　まつのお・しょうこう　郷土史家(日人)

¹²松塚　まつずか；まつつか

　松塚勇　まつずか・いさむ　日本大学工学部電気工学科教授(日典3)

　松塚健二　まつずか・けんじ　新日鉄八幡製鉄所副所長(日典3)

　松塚貴英　まつつか・たかひで　コンピューター技術者(日典3)

松扉　しょうひ

　松扉堯　しょうひ・たかし　「愚者の大道」東本願寺(日典3)

　松扉哲雄　しょうひ・てつお　僧侶(日典3)

松棠　しょうどう

　松棠らら　しょうどう・らら　「遠まわりの地図」グラハムコテッジ(日典3)

松葉谷　まつばや

　松葉谷治　まつばや・おさむ　秋田大学名誉教授(日典3)

　松葉谷誠一　まつばや・せいいち　三井東圧化学相談役・元社長(日典3)

　松葉谷勉　まつばや・つとむ　「スポーツ写真入門」(国典)

松隈　まつくま；まつぐま

　松隈健彦　まつくま・たけひこ　天文学者(日人)

木部（東）

松隈秀雄　まつくま・ひでお　大蔵官僚,実業家（コン4）
松隈和富　まつぐま・かずとみ　九州陶磁文化館長（日典）
松隈元南　まつぐま・げんなん　医師（佐賀百）

13松裏　まつうら
松裏善亮　まつうら・ぜんりょう「生きがいの創造」日常出版（日典3）

14松窪　まつくぼ
松窪耕平　まつくぼ・こうへい　医師（日典3）
松窪寅市　まつくぼ・とらいち　泉州労働組合会計（社史）

16松薗　まつぞの
松薗斉　まつぞの・ひとし「王朝日記論」法政大学出版局（日典3）
松薗まゆみ　まつぞの・まゆみ　ソプラノ歌手（音人）

17松濤　まつなみ
松濤明　まつなみ・あきら　登山家（コン4）
松濤喜八郎　まつなみ・きはちろう　歌舞伎役者（歌舞）
松濤弘道　まつなみ・こうどう　僧侶（現執4期）
松濤誠廉　まつなみ・せいれん　浄土宗僧侶（仏人）
松濤泰巌　まつなみ・たいがん　教育学（日典）

【654】東

東　あずま；とう；ひがし
東敦子　あずま・あつこ　声楽家（日人）
東胤正　とう・たねまさ　西南役西郷党の士（日人）
東くめ　ひがし・くめ　教育家,作詞家（日人）

3東上　とうじょう
東上高志　とうじょう・たかし　部落問題研究者（現執4期）

東丸　とまる；ひがしまる
東丸貴信　とまる・たかのぶ「お酒、飲んでもいいですか？」バイエル薬品（日典3）
東丸恭子　とまる・やすこ　翻訳家（日典3）
東丸美代子　ひがしまる・みよこ「あをき地球へ」ジャプラン（日典3）

東久世　ひがしくぜ
東久世通暉　ひがしくぜ・みちてる　男性（海越新）
東久世通禧　ひがしくぜ・みちとみ　公家（コン4）

東久保　とうくぼ；ひがしくぼ
東久保勝彦　とうくぼ・かつひこ　京都大学名誉教授（日典）
東久保隆　とうくぼ・たかし「知っておきたいくすりのQ&A」新日本出版社（日典3）
東久保勇　ひがしくぼ・いさむ「高校生の問題と生活指導」光陽出版社（日典3）
東久保初子　ひがしくぼ・はつこ「カリラヤの碑」房短歌会（日典3）

東久部良　ありくぶら
東久部良信政　ありくぶら・のぶまさ「頭足類の人間学」葦書房（日典3）

東大寺　とうだいじ；ひがしおおじ
東大寺乱　とうだいじ・らん　詩人（日典）
東大寺南大門　ひがしおおじ・なんだいもん　画家（日典）

東大路　とうだいじ；ひがしおおじ
東大路公仲　とうだいじ・きみなか　漫画家（国典）
東大路義明　とうだいじ・よしあき「五宮運命学」アイペック（日典3）
東大路鐸　ひがしおおじ・たく　浮世絵研究者（現執1期）

東小川　ひがしおがわ
東小川徳三郎　ひがしおがわ・とくさぶろう「追憶の大陸戦場」暁印書館（日典3）

東山　とうざん；とうやま；ひがしやま
東山湛照　とうざん・たんしょう　東福寺第2代＝中世（人名4）
東山半之助　とうやま・はんのすけ　ジャーナリスト・宗教家（香川人）
東山千栄子　ひがしやま・ちえこ　女優（コン4）

東川　とうかわ；とがわ；ひがしかわ；ひがしがわ
東川清一　とうかわ・せいいち　音楽学者（世紀）
東川志郎　とがわ・しろう　珠算教育家（郷土奈良）
東川孝　ひがしかわ・たかし　政治家（現政）
東川紀志男　ひがしがわ・きしお　俳人,詩人（大阪文）

東川内　ひがしかわうち
東川内重雄　ひがしかわうち・しげお　大阪市電交通労働組合教育出版部長（社史）

4東中野　ひがしなかの
東中野修　ひがしなかの・おさむ　社会思想学者（現執2期）
東中野修道　ひがしなかの・しゅうどう「南京事件」草思社（日典3）

東井　あずまい；とうい
東井ナジェージダ　あずまい・なじぇーじだ（日典）
東井怜　あずまい・れい　福島原発市民事故調査委員会委員（日典3）
東井富子　とうい・とみこ　歌人（紀伊文）
東井義雄　とうい・よしお　教育者,僧侶（コン4）

東元　ひがしもと
東元慶喜　ひがしもと・けいき「古代インド民話集」国書刊行会（日典3）
東元多三郎　ひがしもと・たさぶろう　商人（高知人）
東元俊也　ひがしもと・としや「破道の門」講談社（日典3）
東元安　ひがしもと・やす　幼稚園経営者（高知人）

東内　とうない；ひがしうち
　東内京一　とうない・きょういち「こうすればできる！これからの介護予防・地域ケア」サンライフ企画（日典3）
　東内公一　とうない・こういち「入れ歯とのつきあい方」わかば出版，シエン社（発売）（日典3）
　東内一明　ひがしうち・かずあき「介護労働者の労働時間管理」介護労働安定センター（日典3）
　東内良雄　ひがしうち・よしお　ジャパンタイムズ顧問（日典）

東方　あがた；とうほう；とうぼう；ひがしかた
　東方博　あがた・ひろし「火トカゲのしっぽ」幻冬舎コミックス，幻冬舎（発売）（日典3）
　東方信吉　とうほう・しんきち「祈り」ルーテル文書協会（日典3）
　東方利重　とうぼう・とししげ　中日ドラゴンズ球団代表，セ・リーグ顧問（日典3）
　東方芝山　ひがしかた・しざん　加賀大聖寺藩士（日人）

東方田　とうぼうた
　東方田金男　とうぼうた・かねお　大阪製鋼取締役（日典）

東木　あずまぎ；あつまき；ひがしき；ひがしぎ
　東木くりお　あずまぎ・くりお「父の恋人」東京三世社（日典3）
　東木武市　あつまき・たけいち「島の巌窟王=西郷隆盛伝」下（JM）
　東木作次　ひがしき・さくじ　元・石川県議（日典）
　東木栗人　ひがしぎ・くりと「シャ乱Qの演歌の花道」フジテレビ出版（日典3）

[5]東出　ひがしいで；ひがしで
　東出国幸　ひがしいで・くにゆき「ヤマト英語」杉並けやき出版，星雲社（発売）（日典3）
　東出乙吉　ひがしで・おときち　化学者（先駆）
　東出清彦　ひがしで・きよひこ　写真家（写人）

東四柳　ひがしよつやなぎ
　東四柳祥子　ひがしよつやなぎ・しょうこ「日本の食文化史年表」吉川弘文館（日典3）
　東四柳史明　ひがしよつやなぎ・ふみあき　石川県立図書館加能史料編さん室主任（日典）

東平　とうへい；ひがしら
　東平恵司　とうへい・けいじ　国士舘大学法学部教授（日典）
　東平好史　ひがしひら・こうし　神戸大助教授（国典）

東本　とうもと；はるもと；ひがしもと
　東本つね　とうもと・つね　童画家（児人）
　東本昌平　はるもと・しょうへい　漫画家（漫人）
　東本貞治　ひがしもと・ていじ　洋画家（洋画）

東田　あずまだ；とうだ；とうでん；ひがしだ
　東田健一　あずまだ・けんじ　漫画家（漫人）
　東田久太郎　とうだ・きゅうたろう　政治家（姓氏石川）

東田政治　とうでん・まさはる　日産化学工業副社長（日典）
　東田耕一　ひがしだ・こういち　政治家（現政）

東矢　とうや；ひがしや
　東矢昭彦　とうや・あきひこ「山月葵未集」時空社（日典3）
　東矢謙一　とうや・けんいち　経営コンサルタント（日典3）
　東矢憲二　ひがしや・けんじ「気づきの智慧」アトラス出版（日典3）

東辻　とうつじ；ひがしつじ
　東辻きよ　とうつじ・きよ「高千穂」ふらんす堂（日典3）
　東辻千枝子　とうつじ・ちえこ　岡山大学工学部助教（日典3）
　東辻清光　ひがしつじ・きよみつ　政治家（姓氏京都）
　東辻淳次　ひがしつじ・じゅんじ「寄附金の税務」大蔵財務協会（日典3）

[6]東光　とうこう
　東光寛英　とうこう・かんえい　西洋中世哲学・論理学者（現執1期）
　東光孝子　とうこう・たかこ　阿波丸会世話人（日典）
　東光武三　とうこう・たけぞう　外交官（履歴）
　東光照夫　とうこう・てるお「漂白の理論と臨床テクニック」クインテッセンス出版（日典3）
　東光英昭　とうこう・ひであき　東北リゾートシステム社長（日典3）

東光寺　とうこうじ
　東光寺啓　とうこうじ・けい　画家，挿絵画家（児人）

東江　あがりえ；とうえ；ひがしえ
　東江清助　あがりえ・せいすけ　イネの品種改良家（姓氏沖縄）
　東江昭夫　とうえ・あきお「遺伝学事典」朝倉書店（日典3）
　東江厚司　ひがしえ・あつし　社会人野球選手（日典）

[7]東坂　とうさか；とうざか；ひがしさか
　東坂和弘　とうさか・かずひろ　文化財保存建築技師（日典）
　東坂正義　とうざか・まさよし　明治乳業東北支店長（日典）
　東坂康司　ひがしさか・こうじ「ベンチプレス基礎から実践」体育とスポーツ出版社（日典3）

東坊城　ひがしぼうじょう
　東坊城任長　ひがしぼうじょう・ただなが　公家（国書）
　東坊城徳長　ひがしぼうじょう・とくなが　歌人（人名）
　東坊城恭長　ひがしぼうじょう・やすなが　俳優，映画監督，画家（世紀）
　東坊城徳長　ひがしぼうじょう・よしなが　華族（日人）

東村　とうむら；ひがしむら
　東村金之助　とうむら・きんのすけ　元・労働省労働基準局長（日典）
　東村節子　とうむら・せつこ　小説家（日典3）

東村アキコ　ひがしむら・あきこ　漫画家(日典3)
東村晃幸　ひがしむら・あきゆき　俳優(日典3)

東沢　とうざわ；ひがしざわ
東沢文二　とうざわ・ぶんじ　経営コンサルタント(現執4期)
東沢幸次　とうざわ・ゆきつぐ　小学校教諭(国典)
東沢愚公　ひがしざわ・ぐこう「孤独地獄脱出！」社会批評社(日典3)
東沢芳枝　ひがしざわ・よしえ　大丸デパート店員(社史)

東良　とら；ひがしら
東良美季　とら・みき　著述家(日典)
東良弘一　ひがしら・ひろかず　馬術選手(日典)

東角井　ひがしつのい
東角井楯臣　ひがしつのい・たておみ　神官(埼玉人)
東角井福臣　ひがしつのい・ふくおみ　神官(埼玉人)
東角井光臣　ひがしつのい・みつおみ　神官(日典3)
東角井福臣　ひがしつのい・よしとみ　神職(神人)

東谷　あずまや；とうこく；とうたに；とうや；ひがしたに；ひがしだに
東谷征男　あずまや・いくお　陸奥新報総務局次長兼総務部長(日典)
東谷篤　とうこく・あつし「伊藤信吉論」沖積舎(日典3)
東谷伝次郎　とうたに・でんじろう　会計検査官(履歴2)
東谷正人　とうや・まさと「過去からのプレゼント」日本図書刊行会(日典3)
東谷暎子　ひがしたに・えいこ　女優(映女)
東谷拓　ひがしだに・たく　千葉工業大学教授(日典3)

東里　あいざと；ひがしざと
東里梨生　あいざと・りお　歌手(日典3)
東里桐子　ひがしざと・きりこ　漫画家(漫人)

⁸東岸　ひがし
東岸克好　ひがし・かつよし　桐蔭学園横浜大学教授(日典3)

東明　しのあき；とうめい
東明佐久良　しのあき・さくら　大妻女子大学社会情報学部教授(日典3)
東明柳舟〔2代〕　とうめい・りゅうしゅう　邦楽東明流分家家元(新芸)

東枝　とうえ
東枝吉兵衛　とうえ・きちべえ　出版人(姓氏京都)

東門　とうもん
東門育実　とうもん・いくみ「偏差値23からの中学受験合格記」ガイア出版(日典3)
東門容　とうもん・ひろし「ムルデカ」(国典)
東門美津子　とうもん・みつこ　政治家(現政)
東門陽二郎　とうもん・ようじろう「回勧」エクレジアム・スアム」」(国典)

⁹東保　とうほ；とうぼ；とぼ
東保まや　とうほ・まや「無限を求めて」現代数学社(日典3)
東保和雄　とうほ・かずお　富山県議(日典)
東保みづ枝　とば・みずえ　大分医科大学医学部附属病院講師(日典)

東城　とうじょう
東城修　とうじょう・おさむ　医師(日人)
東城けん　とうじょう・けん　漫才師(テレ)
東城鉦太郎　とうじょう・しょうたろう　洋画家(日人)
東城しん　とうじょう・しん　漫才師(テレ)
東城百合子　とうじょう・ゆりこ　栄養士(現執4期)

東屋　あずまや；ひがしや
東屋恵昭　あずまや・えしょう　岐阜県立図書館長(日典3)
東屋三郎　あずまや・さぶろう　舞台俳優(日典)
東屋邦輔　ひがしや・くにすけ　福井県農産園芸課課長補佐(日典)

東後　とうご
東後勝明　とうご・かつあき　英語教育学者(現執4期)
東後安邦　とうご・やすくに「京のかをり」東方出版(日典3)
東後幸生　とうご・ゆきお「イチからはじめる英作文」ベレ出版(日典3)

東海　あずまうみ；とうかい
東海稔　あずまうみ・みのる　力士(相人)
東海散士　とうかい・さんし　政治家,小説家(コン5)
東海亭　とうかい・たかし　実業家(創業)

東海林　しょうじ；とうかいりん
東海林さだお　しょうじ・さだお　漫画家,エッセイスト(日人)
東海林太郎　しょうじ・たろう　歌手(コン4)
東海林明雄　とうかいりん・あきお「氷の世界」あかね書房(日典3)
東海林庄六　とうかいりん・しょうろく「日本民謡研究あづま会」初代会長(山形百新)

東畑　とうはた；とばた
東畑四郎　とうはた・しろう　官僚(コン4)
東畑精一　とうはた・せいいち　経済学者,農政家(コン改)
東畑四郎　とうばた・しろう　官僚,農政理論家(日史)
東畑精一　とうばた・せいいち　農業経済学者,農政家(コン4)

東風　こち；ひがしかぜ
東風孝広　こち・たかひろ　漫画家(漫人)
東風万智子　こち・まちこ　女優(日典3)
東風琴子　ひがしかぜ・ことこ「イチョウの木とのはら」ストーク,星雲社(発売)(日典3)

東風谷　こちたに；こちや
東風谷智子　こちたに・ともこ　マリンバ奏者(日典)
東風谷宗之助　こちや・そうのすけ　(株)印刷紙業社長(日典)

東風谷幸広　こちや・ゆきひろ「算数科の評価と支援」教育出版(日典3)

¹⁰東原　とうはら；ひがしはら；ひがしばら；ひがしばる
東原和成　とうはら・かずしげ　東京大学大学院新領域創成科学研究科准教授(日典3)
東原方僊　ひがしはら・ほうせん　日本画家(美家)
東原やすし　ひがしばら・やすし　プログラマー(日典3)
東原一靖　ひがしばる・いっせい　営業コンサルタント(日典)

東家　あずまや；とうや
東家楽燕　あずまや・らくえん　浪曲師(日典)
東家楽遊〔2代〕　あずまや・らくゆう　浪曲師(日人)
東家一雄　とうや・かずお「スンクスの生物学」学会出版センター(日典3)
東家嘉幸　とうや・よしゆき　政治家(現政)

東宮　とうぐう；とうみや；ひがしみや
東宮豊守　とうぐう・とよもり　工場労働者(社史)
東宮鉄男　とうみや・かねお　陸軍軍人(コン)
東宮照男　ひがしみや・てるお　(株)シー・ビー・アイ代表取締役(日典)

東島　とうしま；とうじま；ひがしじま
東島登　とうしま・のぼる　元大尉(人情)
東島和子　とうじま・わこ　新聞記者,挿絵画家(児人)
東島好蔵　ひがしじま・よしぞう　実業家(創業)

東恩納　ひがおんな；ひがしおんな
東恩納寛惇　ひがおんな・かんじゅん　歴史学者(姓氏沖縄)
東恩納盛男　ひがおんな・もりお「剛柔流空手道史」チャンプ(日典3)
東恩納寛惇　ひがしおんな・かんじゅん　歴史家(コン3)
東恩納寛量　ひがしおんな・かんりょう　空手家

東根作　とねさく
東根作寿英　とねさく・としひで　俳優(日映男)

東梅　とうばい；ひがしうめ
東梅貞義　とうばい・さだよし「吐噶喇列島」世界自然保護基金日本委員会(日典3)
東梅良太郎　ひがしうめ・りょうたろう　官吏(島根歴)

東浦　とううら；とうら；ひがしうら
東浦利夫　とううら・としお　蝶理副社長(日典)
東浦義彦　とうら・よしひこ　中央発条副社長(日典)
東浦庄治　ひがしうら・しょうじ　農政学者,政治家(日人)

東浜　ありはま；ひがしはま
東浜永松　ありはま・えいしょう　世界ウチナーンチュ・ビジネス・アソシエーション中国支部会長(日典)
東浜巨　ひがしはま・なお　高校野球選手(日典3)

東軒　とうけん
東軒生露　とうけん・せいろ「鰤の海」辛夷社(日典)

東馬　とうま
東馬三郎　とうま・さぶろう　渡航者(渡航)
東馬述夫　とうま・のぶお　日野自動車工業取締役羽村工場長代理・小型車車体部長・小型生産調査室長(日典3)
東馬安太　とうま・やすた　槍術家(岡山歴)

¹¹東堀　とうぼり
東堀一陽　とうぼり・いちよう「実用書翰辞典」(国典)
東堀一郎　とうぼり・いちろう「働く女性の教養」日本女子教育会(日典3)

東淵　とうぶち；ひがしぶち
東淵則之　とうぶち・のりゆき「建設会社でも二ケタ成長はできる！」東洋経済新報社(日典3)
東淵修　ひがしぶち・おさむ　詩人(出文)
東淵香代子　ひがしぶち・かよこ「死者通信」銀河書房(日典3)

東野　あずまの；とうの；とうや；ひがしの
東野純直　あずまの・すみただ　歌手(テレ)
東野英治郎　とうの・えいじろう　俳優,随筆家(コン4)
東野醒子　とうや・さめこ　女優(日典)
東野圭吾　ひがしの・けいご　推理作家(日人)

東野辺　とうのべ
東野辺薫　とうのべ・かおる　小説家(日人)

¹²東森　とうもり；ひがしもり
東森栗人　とうもり・くりと「俺たちがつむじ風だった夜明け」そうぶん社出版(日典3)
東森日出夫　とうもり・ひでお　元・伊藤忠燃料専務(日典)
東森昭　ひがしもり・あきら「大きな学級」土佐出版社(日典3)
東森勲　ひがしもり・いさお「関連性理論の新展開」研究社(日典3)

東間　とうま；ひがしま
東間金四郎　とうま・きんしろう　実業家,政治家(群馬人)
東間貞作　とうま・ていい　城西消費購買組合組合員(社史)
東間正人　ひがしま・まさと「脳波所見をどう読むか」新興医学出版社(日典3)

東陽　とうよう
東陽円月　とうよう・えんげつ　浄土真宗の僧(日人)
東陽円成　とうよう・えんじょう　浄土真宗本願寺派学僧(仏教)
東陽片岡　とうよう・かたおか　漫画家(漫人)
東陽原泰　とうよう・げんたい　禅僧(姓氏神奈川)

東雲　しののめ
東雲衛蔵　しののめ・かんぞう　力士(徳島百)
東雲堅吉　しののめ・けんきち　政治家(姓氏鹿児島)
東雲マリ　しののめ・まり　ジャズヴォーカリスト(ジヤ)

木部（板）　　　　　　　　　　　　　　　　　　　　　　　　〔655〕

東雲光範　しののめ・みつのり　「対訳・法令Index」(国典)
東雲衛蔵　しののめ・れいぞう　力士(相人)
¹³東園　ひがしその；ひがしぞの
　東園基宏　ひがしその・もとひろ　全日空運輸札幌支店長(日典)
　東園基愛　ひがしぞの・もとなる　公卿(日人)
　東園基敬　ひがしぞの・もとゆき　公家(コン5)
東稔　とね
　東稔節治　とね・せつじ　大阪大基礎工học助教授(国典)
　東稔達三　とね・たつぞう　日本原子力研究所那珂研究所軽水路技術開発計画特別チームリーダー(日典3)
¹⁴東嶋　とうじま；ひがしじま
　東嶋和子　とうじま・わこ　ジャーナリスト(日典3)
　東嶋美佐子　ひがしじま・みさこ　「摂食・嚥下障害への作業療法アプローチ」医歯薬出版(日典3)
東窪　ひがしくぼ
　東窪梅夫　ひがしくぼ・うめお　雑貨商(社史)
　東窪栄造　ひがしくぼ・えいぞう　日立マクセル取締役(日典3)
東端　ひがしばた
　東端晃　ひがしばた・あきら　「回収衛星利用日中科学協力プロジェクト報告」宇宙航空研究開発機構(日典3)
　東端真筰　ひがしばた・しんさく　漆芸家(美工)
¹⁵東儀　とうぎ
　東儀信太郎　とうぎ・しんたろう　雅楽演奏者(新芸)
　東儀季芳　とうぎ・すえよし　雅楽家，作曲家(日人)
　東儀鉄笛　とうぎ・てってき　俳優，音楽家(コン5)
　東儀哲三郎　とうぎ・てつさぶろう　雅楽師，指揮者(コン4)
　東儀和太郎　とうぎ・まさたろう　宮内庁式部職楽部楽長(新芸)
¹⁶東築　とうちく
　東築史樹　とうちく・しき　「ドブルジェニー今日は」檸檬社(JM)
¹⁹東瀬　あぜせ；とうせ
　東瀬耕太郎　あぜせ・こうたろう　元・プロ野球選手(日典)
　東瀬武　とうせ・たけし　元・センコー常務(日典)

【655】　板

³板川　いたかわ；いたがわ
　板川正三　いたかわ・しょうぞう　宇治簡裁判事(日典3)
　板川八重子　いたかわ・やえこ　「河童」けやき書房(日典3)
　板川正吾　いたがわ・しょうご　政治家(政治)
　板川文夫　いたがわ・ふみお　政治家(現政)

⁴板木　いたき；いたぎ
　板木郁郎　いたき・いくろう　立命館大学教授(国典)
　板木孝悦　いたき・たかよし　小学校教師(日典3)
　板木利隆　いたぎ・としたか　板木技術士事務所所長(日典)
⁵板寺　いたてら；いたでら
　板寺規四　いたてら・きし　「珈琲全書」茶と珈琲社(日典)
　板寺一太郎　いたでら・いちたろう　元・東京大学法学部助教授(日典)
板羽　いたは；いたば
　板羽淳　いたは・すなお　「古典文法読本」北溟社(日典)
　板羽忠徳　いたば・ただのり　理容師(日典3)
　板羽千瑞子　いたば・ちずこ　「力石を詠む」岩田書院(日典)
⁷板坂　いたさか；いたざか
　板坂元　いたさか・げん　評論家，日本文学者(世紀)
　板坂辰治　いたさか・たつじ　金工家(石川百)
　板坂卜斎　いたざか・ぼくさい　医家＝中世(人名1)
板沢　いたさわ；いたざわ
　板沢幸雄　いたさわ・さちお　弁護士(日典)
　板沢純男　いたざわ・すみお　「表説高校日本史」フェニックス書院，育英堂(発売)(日典3)
　板沢武雄　いたざわ・たけお　歴史学者(日人)
板見谷　いたみたに
　板見谷直治　いたみたに・なおじ　社会運動家(アナ)
板谷　いたたに；いただに；いたや
　板谷芳浄　いたたに・ほうじょう　俳人，書家(大阪文)
　板谷章文　いただに・あきふみ　「痴呆「生活」介護マニュアル」日総研出版(日典3)
　板谷波山　いたや・はざん　陶芸家(コン4)
⁸板東　ばんどう
　板東英二　ばんどう・えいじ　タレント，プロ野球選手(日人)
　板東勘五郎　ばんどう・かんごろう　政治家(日人)
　板東慧　ばんどう・さとし　国際関係研究者(現執4期)
　板東陶光　ばんどう・とうこう　陶芸家(美工)
　板東三百　ばんどう・みつお　小説家(世紀)
⁹板津　いたず；いたつ
　板津邦夫　いたず・くにお　彫刻家(日典3)
　板津謙六　いたず・けんろく　「七曲神社と金川」七曲神社(日典)
　板津三良　いたつ・みよし　済生会中央病院放射線科部長(国典)
　板津吉蔵　いたつ・よしかげ　岡山藩家老日置家の家臣(岡山歴)
¹⁴板緑　いたろく
　板緑良男　いたろく・よしお　「第四作業隊」(JM)

木部(林,杲,杰,杇,枌,枦)

15 板敷　いたしき；いたじき
　板敷浩市　いたしき・こういち　「黍の穂」東京四季出版(日典3)
　板敷円性　いたじき・えんしょう　「板敷山大覚寺略縁起」板敷倫雄(日典3)

16 板橋　いたはし；いたばし
　板橋しゅうほう　いたはし・しゅうほう　漫画家(幻想)
　板橋健　いたはし・たけし　テノール歌手,合唱指揮者(音人3)
　板橋源　いたばし・げん　日本史学者,教育家(郷土)
　板橋明治　いたばし・めいじ　農民運動家(世紀)

【656】　林

林　はやし；りん
　林房雄　はやし・ふさお　小説家,評論家(コン4)
　林芙美子　はやし・ふみこ　小説家(コン4)
　林世功　りん・せいこう　琉球の政治家(日人)
　林明輝　りん・めいき　写真家(写人)

3 林山　はやしやま；りんざん
　林山玄猷　はやしやま・げんゆう　真宗大谷派の僧(姓氏石川)
　林山徳一　はやしやま・とくいち　京都電子計算常務(日典3)
　林山キネマ　りんざん・きねま　「ミュージカルステーション」ステージ・コレクター(日典3)

5 林出　はやしで
　林出賢次郎　はやしで・けんじろう　外交官(履歴2)

林田　はやしだ；はやた
　林田亀太郎　はやしだ・かめたろう　政治家(コン)
　林田スエ子　はやしだ・すえこ　社会運動家(日人)
　林田満寿男　はやた・ますお　通訳者(日典)

10 林原　はやしはら；はやしばら；りんばら
　林原像二　はやしはら・しょうじ　東芝ケミカル専務(日典3)
　林原一郎　はやしばら・いちろう　実業家(日人)
　林原純生　りんばら・すみお　「政治小説集」岩波書店(日典3)

11 林部　はやしべ
　林部一二　はやしべ・いちじ　社会教育専門家(現執1期)
　林部圭一　はやしべ・けいいち　「フランツ・カフカ」みすず書房(日典3)
　林部俊治　はやしべ・としはる　城西消費購買組合組合員(社史)
　林部実　はやしべ・みのる　経営法学者(現執3期)
　林部義明　はやしべ・よしあき　弓道家,弓道教士(弓道)

林野　はやしの；りんの
　林野滋樹　はやしの・しげき　英語教育学者,言語学者(YA)
　林野千代美　はやしの・ちよみ　「つらつら椿」柊書房(日典3)
　林野宏　りんの・ひろし　クレディセゾン社長(日典)

12 林葉　はやしば
　林葉喜志雄　はやしば・きしお　「神智学入門」アルテ,星雲社(発売)(日典3)
　林葉直子　はやしば・なおこ　タレント,棋士(日人)
　林葉康彦　はやしば・やすひこ　福岡県警科学捜査研究所専門研究員(日典3)
　林葉恵男　はやしば・よしお　「娘の怒鳴り方」ザ・マサダ(日典3)

林道　りんどう
　林道松治郎　りんどう・まつじろう　林道経営研究所所長(国典)

【657】　杲

杲　ひので
　杲栄順　ひので・えいじゅん　「高野聖」ホーム社,集英社(発売)(日典3)
　杲馨英　ひので・きょうえい　僧侶(真宗)
　杲知玄　ひので・ちげん　僧侶(真宗)

【658】　杰

7 杰沢　まつざわ
　杰沢秀幸　まつざわ・ひでゆき　日野市民会館館長(日典)

【659】　杇

杇村　とちむら
　杇村一郎　とちむら・いちろう　元・トーメン専務(日典)
　杇村正雄　とちむら・まさお　中学教師(日典3)

【660】　枌

枌谷　そぎたに
　枌谷和雄　そぎたに・かずお　「魚らん坂」犀書房(日典)
　枌谷和治　そぎたに・かずじ　「日本郵便切手文献綜合目録」(国典)

【661】　枦

枦　はし
　枦勝重　はし・かつしげ　ベスト電器常務(日典3)
　枦庄吉　はし・しょうきち　鹿児島県議(自民党)(日典)

3 枦山　はじやま；はぜやま
　枦山文次　はじやま・ぶんじ　郷土史家(姓氏鹿児島)

木部(枡,粂,栄,架,柿)

枦山賛一　はじやま・よしかず　政治家(姓氏鹿児島)
枦山智　はぜやま・さと　東芝エアコン営業部商品企画担当(日典3)
枦山徹夫　はぜやま・てつお　陸将(日典3)

【662】枡

[5]枡矢　ますや
　枡矢和子　ますや・かずこ　「一次愛と精神分析技法」みすず書房(日典3)
　枡矢好弘　ますや・よしひろ　英語音声学者(現執2期)

[11]枡野　ますの
　枡野邦夫　ますの・くにお　タツタ電線常務(日典3)
　枡野浩一　ますの・こういち　歌人,フリーライター(現執4期)
　枡野俊明　ますの・しゅんみょう　僧侶,庭園デザイナー(日典3)
　枡野芳彦　ますの・よしひこ　バナーズ社長(日典3)

【663】粂

粂の木　まつのき
　粂の木タクヤ　まつのき・たくや　アーティスト,マルチクリエーター(日典3)

【664】栄

栄　えい;さかい;さかえ
　栄芝　えい・しば　小唄・端唄演奏者(芸能)
　栄善平　さかい・ぜんぺい　「「おはつ徳兵衛在古曽根崎村噂」読書資料」八尾郷土文化研究会(日典3)
　栄陽子　さかえ・ようこ　留学カウンセラー,国際教育評論家(現執4期)

[3]栄久庵　えくあん
　栄久庵憲司　えくあん・けんじ　インダストリアリデザイナー(日人)
　栄久庵祥二　えくあん・しょうじ　インダストリアルデザイン学者,会社役員(現執3期)

[4]栄木　えいき;さかえぎ;さかえぎ;さかき
　栄木和吉　えいき・わきち　新潟大名誉教授(日典)
　栄木三浦　さかえき・みほ　社会事業家教育者(女性普)
　栄木正明　さかえぎ・まさとし　陶芸家(陶芸最)
　栄木忠常　さかき・ただつね　弁護士(日典)

[5]栄田　えいた;えいだ;さかいだ;さかえだ
　栄田嘉一　えいた・よしかず　福井県立武生高校教諭(日典)
　栄田清一郎　えいだ・せいいちろう　映画プロデューサー(映人)
　栄田千春　さかいだ・ちはる　「大切な人を亡くした子どもたちを支える35の方法」梨の木舎(日典3)

栄田猛猪　さかえだ・たけい　国語学者(日人)

[6]栄羽　えいは;さこう
　栄羽挺三　えいは・ていぞう　兵庫県議(日典3)
　栄羽弥　さこう・わたり　「ラブオール!」講談社(日典3)

[7]栄谷　さかえだに;さかえや
　栄谷藤十郎　さかえだに・とうじゅうろう　実業家(岡山歴)
　栄谷温子　さかえだに・はるこ　東海大学文学部非常勤講師(日典3)
　栄谷平八郎　さかえや・へいはちろう　「ラジオ発達史」通信教育振興会(日典3)

[10]栄原　さかえはら
　栄原永遠男　さかえはら・とわお　日本古代史研究者(現執4期)

栄島　えいしま;えいじま
　栄島孝　えいしま・みつぐ　福大大濠高校名誉校長(日典)
　栄島和子　えいじま・かずこ　「新生児の神経発達—Prechtlの検査法」日本小児医事出版社(JM)

栄留　えいどめ
　栄留里美　えいどめ・さとみ　「イギリスの子どもアドボカシー」明石書店(日典3)
　栄留信起　えいどめ・のぶおき　「金属加工」(国典)

[12]栄森　えいもり
　栄森康治郎　えいもり・こうじろう　水道史研究者(現執3期)
　栄森伝治　えいもり・でんじ　「日本の戦車」(国典)

【665】架

[6]架光　かけみつ
　架光時紀　かけみつ・ときのり　「ポルタ・マリーナ」新宿書房(日典3)

[7]架谷　はさたに
　架谷憲治　はさたに・けんじ　石川トヨタ自動車社長(日典3)
　架谷昌信　はさたに・まさのぶ　「通論化学工業」(日典)
　架谷真知子　はさたに・まちこ　南山大学外国人留学生別科嘱託専任講師(日典3)
　架谷洋司　はさたに・ようじ　石川トヨタ自動車社長(日典3)

【666】柿

柿　かき;こけら
　柿徳市　かき・とくいち　技師(土木)
　柿盛智　かき・もりとも　科同東京支部内党フラクションキャップ(社史)
　柿おとし　こけら・おとし　フリーライター(日典3)

[3]柿下　かきした
　柿下正雄　かきした・まさお　「新X線解剖学」金原出版(日典3)
　柿下正道　かきした・まさみち　医師(近医)

柿川　かきかわ；かきがわ
　柿川鮎子　かきかわ・あゆこ　ジャーナリスト（日典）
　柿川房子　かきがわ・ふさこ　佐賀医科大学医学部看護学科教授（日典）
[4]柿木　かきき；かきぎ；かきのき
　柿木和雄　かきき・かずお　岩手大学農学部応用生物学科助教授（日典）
　柿木昇治　かきぎ・しょうじ　生理心理学者（現執2期）
　柿木吾郎　かきのき・ごろう　音楽評論家（音人）
[5]柿本　かきのもとの；かきもと
　柿本人麿　かきのもとの・ひとまろ　万葉歌人＝古代（大百）
　柿本多映　かきもと・たえ　俳人（滋賀文）
　柿本豊次　かきもと・とよじ　能楽囃子方（金春流太鼓方）（日人）
[7]柿沢　かきさわ；かきざわ
　柿沢アサ　かきざわ・あさ「あじさいの小径—四十年の歩み」（JM）
　柿沢安耶　かきざわ・あや　パティシエ（日典3）
　柿沢弘治　かきざわ・こうじ　政治家（日人）
　柿沢靖斎　かきざわ・せいさい　教育者（埼玉人）
柿花　かきはな；かきばな
　柿花啓正　かきはな・けいせい　神武会泉州地区メンバー（社史）
　柿花仄　かきはな・ほのか　執筆業（日典3）
　柿花勲　かきばな・いさお「東南アジア経済開発の基本問題」（国典）
柿谷　かきたに；かきだに；かきや
　柿谷誠　かきたに・まこと　家具職人（美工）
　柿谷均　かきだに・ひとし「翻訳・バイオエレクトロニクス」エヌ・ティー・エス（日典3）
　柿谷織絵　かきや・おりえ　デザイナー（児人）
[8]柿迫　かきざこ
　柿迫秀　かきざこ・あきら　声楽家（テノール）（演奏）
[10]柿原　かきはら；かきばら
　柿原繁蔵　かきはら・しげぞう　能楽師（能狂言）
　柿原万蔵　かきはら・まんぞう　実業家（日人）
　柿原輝行　かきばら・てるゆき「ゆかいなタルタラン」日本書房（JM）
柿島　かきしま；かきじま
　柿島一三　かきしま・かずみ　税理士（現執3期）
　柿島貫之　かきしま・つらゆき　俳人（石川文）
　柿島敦　かきじま・あつし　クラリネット（日典）
　柿島伸次　かきじま・しんじ　歌手（テレ）
[11]柿崎　かきさき；かきざき
　柿崎亮　かきさき・りょう「デ・ラ・メア幻想短篇集」国書刊行会（日典3）
　柿崎欽吾　かきざき・きんご　弁護士（日人）
　柿崎普美　かきざき・ふみ　漫画家（幻想）

【667】　柑

[5]柑本　こうじもと；こじもと
　柑本誠造　こうじもと・せいぞう　南海辰村建設専務（日典3）
　柑本英雄　こうじもと・ひでお「津軽から発信！国際協力キャリアを生きるJICA編」弘前大学出版会（日典3）
　柑本益男　こじもと・ますお「曇のち晴」創栄出版（日典3）

【668】　枯

[4]枯木　かれき；こぎ
　枯木熊人　かれき・くまと　きのこ研究家（日典）
　枯木虎夫　かれき・とらお　詩人（札幌）
　枯木陶　こぎ・とう「科学・技術と日本人」講談社（日典3）
[10]枯骨　ここつ
　枯骨閑人　ここつ・かんじん　東京外国語大学教授（日典）

【669】　柵

[4]柵木　ませき；ませぎ
　柵木鴻堂　ませき・こうどう　書道家（姓氏群馬）
　柵木崇男　ませき・たかお　高校教師（日典3）
　柵木功夫　ませぎ・いさお　日本高次元研究会名古屋支部長（日典）
　柵木信吾　ませぎ・しんご　横浜市立大学文理学部教授（日典）
[19]柵瀬　さくせ；さくらい
　柵瀬軍之佐　さくせ・ぐんのすけ「朝鮮時事一見聞随記　朝鮮博覧要一私家版」竜渓書舎（日典3）
　柵瀬軍之佐　さくらい・ぐんのすけ　実業家,政治家（日人）
　柵瀬宏平　さくらい・こうへい「ピエール・リヴィエール」河出書房新社（日典3）

【670】　柴

柴　さい；しば
　柴剣宇　さい・けんう　日本気功協会主任指導員（日典）
　柴五郎　しば・ごろう　陸軍軍人（コン5）
　柴四朗　しば・しろう　政治家,小説家（日人）
[4]柴内　しばうち；しばない
　柴内弘　しばうち・ひろし　宝酒造仙台支店長（日典）
　柴内魁三　しばない・かいぞう　盲啞教育者（日人）
　柴内啓子　しばない・けいこ　現代舞踊家（芸能）
[5]柴生　しのう；しばお
　柴生宏　しのう・ひろし　名取市教育委員会学務課長（日典）

木部(染,柁,柱,栂)

柴生進　しばお・すすむ　政治家(現政)

柴生田　しばうた;しぼうた;しぼうだ;しぼおた;しぼた

柴生田稔　しばうた・みのる　歌人,国文学者(短歌)

柴生田稔　しぼうた・みのる　歌人,国文学者(日人)

柴生田稔　しぼうだ・みのる　歌人,国文学者(文学)

柴生田敦夫　しぼおた・あつお　財務省関税局長(日典3)

柴生田豊　しぼた・ゆたか「旗福哲彦追悼集」柴生田豊(JM)

柴立　しばたて;しばだて;しばたての

柴立鉄彦　しばたて・てつひこ　鹿児島県議(日典)

柴立鉄蔵　しばだて・てつぞう　医師,田代村議会議員,田代産業組合長(姓氏鹿児島)

柴立芳文　しばたての・よしふみ　政治家(政治)

[7]柴谷　しばたに;しばや

柴谷篤弘　しばたに・あつひろ　生物学者(日人)

柴谷武之祐　しばたに・たけのすけ　歌人(兵庫文)

柴谷要　しばや・かなめ　政治家,労働運動家(政治)

柴谷邦　しばや・くに　家政学者(青森人)

[8]柴門　さいもん

柴門ふみ　さいもん・ふみ　漫画家(日人)

[9]柴廼戸　しばのと

柴廼戸下蔭　しばのと・したかげ　書家,狂歌師(日人)

[11]柴崎　しばさき;しばざき

柴崎勝男　しばさき・かつお　実業家(日人)

柴崎嘉之　しばさき・よしゆき　農林水産省官僚(現執3期)

柴崎久五郎　しばざき・きゅうごろう　実業家(日人)

柴崎正行　しばざき・まさゆき　幼児教育学者,保育学者(現執4期)

[18]柴藤　しとう;しばとう;しばふじ

柴藤宣安　しとう・のりやす　神職(神人)

柴藤愛子　しばとう・あいこ「白ぎつねの湯」エイ・アイ企画(日典3)

柴藤増次　しばふじ・ますじ　博多商人(日典3)

【671】　染

[5]染田屋　そめたや

染田屋謙相　そめたや・けんすけ　板橋区教育長(日典3)

染田屋茂　そめたや・しげる　翻訳者(日典3)

[7]染谷　そめたに;そめや

染谷愛子　そめたに・あいこ　東京都立駒込病院栄養科長,東京母性衛生学会幹事(日典3)

染谷将太　そめたに・しょうた　俳優(日映男)

染谷悦子　そめや・えつこ　社会運動家(近女)

染谷恭次郎　そめや・きょうじろう　会計学者(日人)

[11]染郷　そめごう

染郷正孝　そめごう・まさたか　農林省林業試験場(国典)

[12]染葉　そめは;そめば

染葉洋子　そめは・ようこ「ウィンキー物語」さあら出版(日典3)

染葉秋宏　そめば・あきひろ「男子服裁縫」文化服装学院出版局(日典3)

【672】　柁

[10]柁原　かじはら;かじわら

柁原宏　かじはら・ひろし「種を記載する」新井書院(日典3)

柁原潔　かじわら・きよし「おふくろ」甲陽書房(日典3)

柁原宏久　かじわら・ひろひさ「胆のうの病気」講談社(日典3)

【673】　柱

[5]柱本　はしらもと

柱本俊二　はしらもと・しゅんじ　医師(日典3)

柱本めぐみ　はしらもと・めぐみ　声楽家(ソプラノ),僧侶(浄土真宗本願寺派)(演奏)

柱本元彦　はしらもと・もとひこ　ナポリ東洋大学講師(日典3)

【674】　栂

栂　つか;つが;とが

栂苓子　つか・れいこ「シューパロ川のほとり」日本図書刊行会(日典3)

栂須美子　つが・すみこ　小説家(日典3)

栂明宏　とが・あきひろ「教科書よりわかる政治・経済」旺文社(日典3)

[4]栂井　とがい;とがのい

栂井丈治　とがい・じょうじ　テレビプロデューサー(日典3)

栂井義雄　とがい・よしお　経営史研究者(現執2期)

栂井道敏　とがのい・みちとし　歌人≒近世(人名4)

[7]栂尾　とがのお

栂尾祥雲　とがのお・しょううん　僧侶(真言宗),仏教学者(日人)

栂尾祥瑞　とがのお・しょうずい　高野山大学教授(日典3)

栂尾密道　とがのお・みつどう　宗教家(香川人)

[11]栂野　とがの

栂野秀一　とがの・しゅういち　(株)計画環境建築　都市計画部主任(日典3)

栂野泰二　とがの・たいじ　弁護士,政治家(政治)

栂野豊明　とがの・とよあき　東京農業大(国典)

栂野蕗　とがの・ふき「ひだの四季」亀山歌子（日典3）
栂野明二郎　とがの・めいじろう　醸造技術者（食文）

【675】　栂

栂　つげ
栂恭三郎　つげ・きょうざぶろう「ホームズとパイプ」ミスト・パブリッシング（日典3）
栂哲郎　つげ・てつろう「私の憲法ノート」中日新聞社（日典3）
栂万利子　つげ・まりこ　弁護士（日典3）
[12]栂植　たくうえ；つげ
栂植ミシ　たくうえ・みし　製糸技術者（大分歴）
栂植善吾　つげ・ぜんご　筑後久留米藩士（日人）
栂植秀臣　つげ・ひでおみ　大脳生理学者（日人）

【676】　栃

[4]栃内　とちない
栃内曾次郎　とちない・そうじろう　海軍軍人（日人）
栃内元吉　とちない・もとよし　屯田兵村功労者（姓氏岩手）
栃内吉忠　とちない・よしただ　八戸藩儒, 勤王家（青森人）
栃内吉彦　とちない・よしひこ　植物病理学者（日人）
栃木　とちき；とちぎ
栃木省二　とちき・せいじ　広島大学名誉教授
栃木孝夫　とちぎ・たかお　ロックドラマー（テレ）
栃木典子　とちぎ・のりこ　ピアニスト（音人3）
[7]栃折　とちおり
栃折久美子　とちおり・くみこ　製本工芸家, ブックデザイナー（日人）
栃折好一　とちおり・こういち「思い出を綴る」栃折好一多の光出版サービス（制作）（日典3）
栃折善七　とちおり・ぜんしち　染色家（日典3）
栃折多鶴子　とちおり・たづこ　詩人（石川文）
栃折ちえこ　とちおり・ちえこ「あやちゃんのおきゃくさま」女子パウロ会（日典3）
栃谷　とちたに；とちや
栃谷一成　とちたに・いっせい　雪印乳業常務取締役（日典）
栃谷義雄　とちたに・よしお　ヤングドライ会長（日典3）
栃谷賢一　とちや・けんいち　デザイナー（日典）
[11]栃堀　とちぼり
栃堀申二　とちぼり・しんじ　筑波大助教授（国典）
栃堀まどか　とちぼり・まどか「パパはどこかな？」大日本絵画（日典3）
[18]栃藤　とちふじ
栃藤浩文　とちふじ・こうぶん「濃飛史譚」（国典）

【677】　柏

柏　かしわ；かしわぎ
柏伊三郎〔2代〕　かしわ・いさぶろう　長唄三味線方（日人）
柏経学　かしわぎ・けいがく「近代政治思想の諸相」御茶の水書房（日典3）
[3]柏子見　かしみ
柏子見昌男　かしみ・まさお　エフ社長（人情）
[4]柏井　かしい；かしわい
柏井昭良　かしい・あきよし　自治医科大学看護短期大学学長（日典）
柏井聡　かしい・さとし「最新の神経眼科」金原出版（日典3）
柏井園　かしわい・えん　牧師, 神学者（コン5）
柏井光蔵　かしわい・こうぞう　牧師, 伝道者（高知人）
[5]柏本　かしもと；かしわもと
柏本和江　かしもと・かずえ「パートの賃確（賃金の確保）」社労think（日典3）
柏本恵庸　かしもと・しげのぶ　元大阪南署巡査長（日典3）
柏本史和　かしわもと・ふみかず「和歌山県の俳句俳諧史」青空俳句会出版部（日典3）
[7]柏尾　かしお
柏尾磯吉　かしお・いそきち　民権運動家（徳島歴）
柏尾喜八郎　かしお・きはちろう　日本プロレタリア美術家同盟メンバー（社史）
柏尾清平　かしお・きよへい　民権運動家（徳島歴）
柏尾多平　かしお・たへい　民権運動家（徳島歴）
柏尾豊蔵　かしお・とよぞう　民権運動家（徳島歴）
柏村　かしむら；かしわむら
柏村武昭　かしむら・たけあき　タレント, 政治家（現政）
柏村貞一　かしむら・ていいち　解剖学者（日人）
柏村信雄　かしわむら・のぶお　官僚（日人）
柏村信　かしわむら・まこと　実業家（先駆）
柏谷　かしたに；かしわだに；かしわや
柏谷哲郎　かしたに・てつろう　江差保健所長（日典）
柏谷嘉弘　かしわだに・よしひろ　日本語学者（現執1期）
柏谷秀一　かしわや・ひでいち　政治家（青森人）
[8]柏岡　かしおか
柏岡浅治　かしおか・あさじ　詩人（大阪文）
柏岡恵子　かしおか・けいこ「ユーカリの木の下で」東京四季出版（日典3）
柏岡啓二　かしおか・けいじ　関西テック社長（日典3）
柏岡珠子　かしおか・たまこ「すぐに役立つはじめてのフランス語」日本放送出版協会（日典3）
柏岡富英　かしおか・とみひで　研究者（現執4期）

柏枝　かしわえ
　柏枝真郷　かしわえ・まさと　小説家(YA)
[10]柏倉　かしくら；かしわくら；かしわぐら
　柏倉敏之　かしくら・としゆき　「りすのバナー」朝日ソノラマ(日典3)
　柏倉とく　かしわくら・とく　社会事業家(日人)
　柏倉亮吉　かしわぐら・りょうきち　考古学者(郷土)
柏原　かいばら；かしはら；かしわはら；かしわばら；かしわばる；かしわら
　柏原達治　かいばら・たつじ　「大家さ～ん」パレード、星雲社(発売)(日典3)
　柏原義則　かしはら・よしのり　政治家、宗教家(徳島歴)
　柏原祐義　かしはら・ゆうぎ　僧侶(真宗)
　柏原兵三　かしわばら・ひょうぞう　小説家、ドイツ文学者(日人)
　柏原八郎　かしわばる・はちろう　伊佐郡黒郷戸長(姓氏鹿児島)
　柏原正樹　かしわら・まさき　数学者(日人)
柏浦　かしうら
　柏浦森查　かしうら・もりぞう　陶芸家(陶芸最)
[11]柏崎　かしわざき
　柏崎育造　かしわざき・いくぞう　写真家(写人)
　柏崎栄　かしわざき・さかえ　小学校教員(姓氏岩手)
　柏崎禎夫　かしわざき・さだお　医師(近医)
　柏崎秀実　かしわざき・ひでみ　写真家(写人)
　柏崎夢香　かしわざき・むこう　俳人(俳文)
柏野　かしの；かしわの
　柏野卯八郎　かしの・うはちろう　輸出織物の先覚者(岡山歴)
　柏野晋吾　かしの・しんご　クラリネット奏者(音人3)
　柏野栄一　かしわの・えいいち　「最新実用航海術」海文堂(日典3)
　柏野奎吾　かしわの・けいご　歌人(富山文)
[12]柏葉　かしば；かしわば
　柏葉繁樹　かしば・しげき　元・和歌山県立博物館長(日典)
　柏葉幸子　かしわば・さちこ　児童文学作家(小説)
　柏葉ミツ　かしわば・みつ　政治家原敬の先妻(女性)
[14]柏熊　かしくま；かしわくま；かしわぐま
　柏熊岬二　かしくま・こうじ　犯罪社会学者(現執1期)
　柏熊達生　かしわくま・たつお　イタリア文学者(人名7)
　柏熊達生　かしわぐま・たつお　イタリア文学者、翻訳家(日人)
[16]柏樹　かしわぎ；はくじゅ
　柏樹弘二　かしわぎ・こうじ　著述家(日典3)
　柏樹尚　かしわぎ・たかし　京都新聞編集局紙面審査委員長兼編集委員(日典3)
　柏樹曄森　はくじゅ・ようしん　黄檗宗の僧(黄檗)

[19]柏瀬　かしわせ
　柏瀬愛子　かしわせ・あいこ　名古屋女子大学家政学部教授(日典3)
　柏瀬茂　かしわせ・しげる　「わが柏瀬家」柏瀬宗弘(日典3)
　柏瀬仙太郎　かしわせ・せんたろう　小作人、社会運動家、織物業(社史)
　柏瀬宏隆　かしわせ・ひろたか　医師(現執4期)
　柏瀬祐之　かしわせ・ゆうじ　登山家(現執3期)

【678】　柊

柊　ひいらぎ；ひらぎ
　柊あおい　ひいらぎ・あおい　漫画家(漫人)
　柊瑠美　ひいらぎ・るみ　女優(テレ)
　柊源一　ひらぎ・げんいち　元・上智大学教授(日典)
[11]柊野　くぐの；ひいらぎの
　柊野篤司　くぐの・あつし　「風水師ウメヤマの成功・金運・幸福事件簿」メタモル出版(日典3)
　柊野二郎　ひいらぎの・じろう　「マルサが斬る消費税」京都国家公務員労働組合共闘会議(日典3)

【679】　柄

[3]柄川　えがわ
　柄川順　えがわ・じゅん　国立がんセンター病院放射線治療部長(日典3)
　柄川順　えがわ・すなお　国立がんセンター病院放射線治療部長(日典3)
[4]柄木田　からきた；からきだ
　柄木田四郎　からきた・しろう　「泥まみれの青春」丸善仙台出版サービスセンター(製作)(日典3)
　柄木田康之　からきた・やすゆき　宇都宮大学国際学部教授(日典3)
　柄木田信明　からきだ・のぶあき　「流れゆく小唄」そぶん社出版(日典)
[5]柄本　えのもと；えもと；つかもと
　柄本三代子　えのもと・みよこ　東京国際大学人間社会学部専任講師(日典3)
　柄本明　えもと・あきら　俳優(日人)
　柄本奈美　つかもと・なみ　バレリーナ、女優(日典)
[7]柄沢　からさわ
　柄沢昭秀　からさわ・あきひで　医師(現執4期)
　柄沢晃弘　からさわ・あきひろ　アナウンサー(テレ)
　柄沢次郎　からさわ・じろう　俳優(テレ)
　柄沢とし子　からさわ・としこ　社会運動家、政治家(日人)
　柄沢理一　からさわ・りいち　農村問題研究会メンバー(アナ)
柄谷　からたに
　柄谷清志　からたに・きよし　東洋建設専務大阪本店長(日典3)
　柄谷行人　からたに・こうじん　文芸評論家(日人)

柄谷真佐子　からたに・まさこ「現代という時代の気質」晶文社（日典3）
柄谷正子　からたに・まさこ　大阪信用金庫理事・人事部長（日典3）
柄谷道一　からたに・みちかず　労働運動家,政治家（現政）

[8]柄松　からまつ
柄松香　からまつ・かおる「奥の細道の完成」（国典）

[10]柄脇　つかわき
柄脇雅之　つかわき・まさゆき　東京都立化学工高教諭（国典）

【680】 柾

柾　まさき
柾悟郎　まさき・ごろう　SF作家,社会学者（日人）
柾尚郎　まさき・ひさお「これが一般消費税だ」日本繊維新聞社（日典3）
柾不二夫　まさき・ふじお　評論家（社史）
柾幸雄　まさき・ゆきお　目白大学人文学部地域文化学科教授（日典3）

[4]柾木　まさき
柾木一策　まさき・いっさく　茅ケ崎市長（日典3）
柾木英二　まさき・えいじ　美学社代表,教学社代表（日典3）
柾木恵美子　まさき・えみこ　児童文学作家,小学校教師（日典3）
柾木恭介　まさき・きょうすけ　文芸評論家（現情）
柾木卓　まさき・たく　俳優（新芸）

[7]柾谷　まさや
柾谷明　まさや・あきら「全国昔話資料集成」岩崎美術社（日典3）
柾谷伸夫　まさや・のぶお「海村」門土社総合出版（日典3）
柾谷洋平　まさや・ようへい「北海道化石としての時刻表」亜璃西社（日典3）

【681】 柳

[3]柳下　やぎした；やなぎした；やなした
柳下とみ　やぎした・とみ　教育者（日人）
柳下和夫　やなぎした・かずお　研究開発管理専門家（現執3期）
柳下毅一郎　やなした・きいちろう　翻訳家（現執4期）

柳山　やなぎやま；やなやま
柳山稔　やなぎやま・みのる　コーヨー社長（日典3）
柳山隆友　やなやま・たかとも「組葬」ぶんか社（日典3）

柳川　やなかわ；やながわ
柳川勝二　やなかわ・かつじ　元大審院部長（日典）

柳川保和　やなかわ・やすかず　インド独立運動の貢献者（青森人）
柳川一蝶斎〔3代〕　やながわ・いっちょうさい　手品師（コン4）
柳川春葉　やながわ・しゅんよう　小説家（コン5）

[4]柳井　やない；やなぎい
柳井俊二　やない・しゅんじ　研究者（履歴2）
柳井隆雄　やない・たかお　脚本家（日人）
柳井喜一郎　やなぎい・きいちろう「風の里」角川書店（日典3）

柳元　やなもと
柳元静馬　やなもと・せいま「来月之相場虎の巻」東京毎夕新聞社（日典3）
柳元萩野　やなもと・はぎの「お母ちゃんいい人なのに」（国典）

柳内　やない；やなうち；やなぎうち
柳内敏信　やない・としのぶ　弓道家,弓道教士（弓道）
柳内達雄　やなうち・たつお　児童文化評論家（日人）
柳内義之進　やなぎうち・よしのしん　ジャーナリスト（社史）

柳木　やなぎ
柳木昭信　やなぎ・あきのぶ　写真家（写人）

柳父　やぎゅう；やなぶ
柳父圀近　やぎゅう・くにちか「社会史入門」（国典）
柳父徳太郎　やぎゅう・とくたろう「国際関係と経済倫理」東洋経済新報社（日典3）
柳父章　やなぶ・あきら　評論家（世紀）
柳父行二　やなぶ・こうじ　大阪ガス技術部FMプロジェクトチーム副課長（日典3）

[5]柳平　やなぎだいら
柳平彬　やなぎだいら・さかん　教育コンサルタント（現執4期）
柳平準一　やなぎだいら・じゅんいち「敗戦後6年間の生活」信毎書籍出版センター（日典3）
柳平素雪　やなぎだいら・そせつ　日本画家（日典3）
柳平正　やなぎだいら・ただし　タカラ工業会長,狭山ゴルフクラブ元理事長（日典3）
柳平千彦　やなぎだいら・ちひこ「図説・諏訪の歴史」郷土出版社（日典3）

柳本　やぎもと；やなぎもと；やなもと
柳本直茂　やぎもと・なおしげ「とりとりっぷ」とりとりっぷ編集委員会（日典3）
柳本美雄　やなぎもと・よしお　労働運動家（日人）
柳本素石　やなもと・そせき　画家（人名）

柳生　やぎう；やぎゅう；やぎゆう
柳生孝昭　やぎう・たかあき　日本ユニシス常務（日典3）
柳生博　やぎゅう・ひろし　俳優（世紀）
柳生茂行　やぎゅう・しげゆき　四国化成工業常務（日典3）

柳田　やなぎた；やなぎだ
柳田国男　やなぎた・くにお　民俗学者（コン4）

木部(柚)

柳田邦男　やなぎた・くにお　ノンフィクション作家(日人)
柳田泉　やなぎだ・いずみ　英文学者,日本文学者,翻訳家(コン4)

⁷柳沢　やなぎさわ；やなぎざわ；やなさわ；やなざわ；ゆなぎさわ
　柳沢健　やなぎさわ・けん　外交官,詩人(日人)
　柳沢蔵之助　やなぎざわ・くらのすけ　軍人(陸海)
　柳沢大輔　やなさわ・だいすけ 「空飛ぶ思考法」サンマーク出版
　柳沢忠昭　やなさわ・ただあき　元・川崎製鉄副社長(日典)
　柳沢盛平　ゆなぎさわ・もりへい　出版人(出版)

柳谷　やぎした；やなぎたに；やなぎだに；やなぎや
　柳谷真志　やぎした・まさし 「Movable Typeによる実用サイト構築術」技術評論社(日典3)
　柳谷郁子　やなぎたに・いくこ　小説家(兵庫文)
　柳谷千代子　やなぎだに・ちよこ　万歳生保柳谷謙太郎の妻(女性普)
　柳谷健介　やなぎや・けんすけ　外交官(履歴2)

⁸柳坪　やながつぼ；やなぎつぼ
　柳坪進　やながつぼ・すすむ　広島市議(日典)
　柳坪博之　やなぎつぼ・ひろゆき　国際協力推進協会専務(日典)
　柳坪葉子　やなぎつぼ・ようこ 「仕事という芸術」アグネ承風社(日典3)

柳妻　やなずま
　柳妻麗三郎　やなずま・れいざぶろう　俳優(男優)

柳河　やながわ
　柳河春三　やながわ・しゅんさん　洋学者(コン4)
　柳河勇馬　やながわ・ゆうま　ノンフィクション作家,元・タンカー船長(日典3)

柳沼　やぎぬま；やなぎぬま
　柳沼沢介　やぎぬま・さわすけ　出版事業家(出文)
　柳沼武彦　やぎぬま・たけひこ　元・北海道指導漁業協同組合連合会参事(現執4期)
　柳沼沢介　やぎぬま・さわすけ 「刑罰変態性欲図譜」皓星社(日典3)
　柳沼正治　やぎぬま・まさはる 「日本共産党運動史」啓文閣(日典3)

⁹柳津　やないづ；やなず
　柳津参河守　やないづ・みかわのかみ　葛西氏家臣＝中世(戦東)
　柳津弘　やなず・ひろし 「現代日本のナショナリズム」こぶし書房(日典3)

¹⁰柳原　やぎはら；やないはら；やなぎはら；やなぎわら；やなはら
　柳原宗次郎　やぎはら・そうじろう 「滅私奉公―天下に仕えた男の生涯」新風舎(JM)
　柳原浩三郎　やないはら・こうざぶろう　労働経済調査研究所主任研究員(日典)

柳原白蓮　やなぎはら・びゃくれん　歌人(コン4)
柳原前光　やなぎわら・さきみつ　公卿,外交官(日人)
柳原望　やなはら・のぞみ　漫画家(漫人)

柳浦　やぎうら；やなうら
　柳浦精一　やぎうら・せいいち　僧侶(日典3)
　柳浦文夫　やぎうら・ふみお 「山陰文化シリーズ」今井書店(日典3)
　柳浦恭　やなうら・きょう　千葉経済大学短期大学部ビジネスライフ学科助教授(日典3)
　柳浦才三　やなうら・さいぞう　医師(近医)

¹¹柳崎　やなざき
　柳崎達一　やなざき・たついち　日本福祉教育専門学校非常勤講師(日典3)

¹²柳葉　やなぎは；やなぎば
　柳葉あきら　やなぎば・あきら 「骨董屋とうへんボク」集出版社(日典3)
　柳葉キヨ　やなぎば・きよ　手芸家(日典3)
　柳葉敏郎　やなぎば・としろう　俳優(日映男)

¹³柳園　やなぎぞの；りゅうえん
　柳園満糸　やなぎぞの・みついと　武士,狂歌師(日人)
　柳園種春　りゅうえん・たねはる　歌人(日人)

柳楽　なぎら；やぎら
　柳楽達見　なぎら・たつみ　歯科医学者(日人)
　柳楽泰久　やぎら・やすひさ　陶芸家(美工)
　柳楽優弥　やぎら・ゆうや　俳優(日映男)

¹⁶柳橋　やぎはし；やなぎはし；やなぎばし
　柳橋真　やぎはし・しん　日本工芸史研究者(現執2期)
　柳橋朝じ　やなぎはし・あさじ　芸妓(世紀)
　柳橋半之助　やなぎばし・はんのすけ　弓道家(弓道)

¹⁹柳瀬　やながせ；やなせ；やなのせ
　柳瀬六次　やながせ・ろくじ　陶業家(人名)
　柳瀬正夢　やなせ・まさむ　洋画家(コン5)
　柳瀬康　やなのせ・やすし 「ある道程」土佐倶楽部社(日典3)

【682】柚

柚　ゆう；ゆず
　柚登美枝　ゆう・とみえ　出版経営者(日人)
　柚かおり　ゆず・かおり 「モーターバイクは疾走する」のべる出版企画,コスモヒルズ(発売)(日典3)

³柚口　ゆぐち；ゆずぐち
　柚口豈夫　まさか 「ムナーとマダン」日本ネパール協会
　柚口満　ゆぐち・まん 「淡海」角川マガジンズ(日典3)
　柚口篤　ゆずぐち・あつし　編集者,料理カメラマン(出文)
　柚口三奈子　ゆずぐち・みなこ　CBSソニーレコードプロモーター(日典3)

木部(柚,柬,枳,柞,柑,柗,柳,案,栢)

柚山　ゆずやま；ゆやま
　柚山光等　ゆずやま・こうとう「国分寺古文書」国分寺(日典3)
　柚山繁博　ゆずやま・しげひろ「算数と授業力」三晃書房(日典3)
　柚山紀美子　ゆやま・きみこ「残月」櫟俳句会(日典3)
　柚山宗寛　ゆやま・そうかん　仏師(日典)
[4]柚月　ゆずき
　柚月芳　ゆずき・かんばし　彫刻家(美建)
　柚月ことり　ゆずき・ことり「神獣の都」学研パブリッシング,学研マーケティング(発売)(日典3)
　柚月純　ゆずき・じゅん「学園王子」講談社(日典3)
　柚月裕子　ゆずき・ゆうこ　小説家(日典3)
　柚月芳　ゆずき・よし　朝日町生まれの彫刻家(姓氏富山)
柚木　ゆうき；ゆき；ゆぎ；ゆずき；ゆずのき；ゆのき
　柚木俊太郎　ゆうき・しゅんたろう　ライター,編集者(日典3)
　柚木裕司　ゆき・ゆうじ　写真家(写人)
　柚木計久　ゆぎ・かずひさ　作詞・作曲家(日典)
　柚木象吉　ゆずき・しょうきち　児童文学作家(世紀)
　柚木タロウ　ゆずのき・たろう「アンバッサン」スクウェア・エニックス(日典3)
　柚木玉邨　ゆのき・ぎょくそん　日本画家(日人)
[10]柚原　ゆずはら；ゆのはら；ゆはら
　柚原いつく　ゆずはら・いつく　漫画家(漫人)
　柚原完蔵　ゆのはら・かんぞう　陸軍中将(日典)
　柚原恒蔵　ゆはら・つねぞう　染色工(美工)

【683】柶

[12]柶場　かさば；はさば
　柶場重男　かさば・しげお　工学者(姓氏石川)
　柶場重男　はさば・しげお　工学者(姓氏富山)
　柶場重正　はさば・しげまさ　金沢大工学部教授(国典)

【684】柬

[11]柬理　かんり
　柬理次良　かんり・つぐなが　洋画家(洋画)
　柬理十三雄　かんり・とみお　日本歯科大学新潟歯学部教授(科学)

【685】枳

枳　からたち
　枳悟朗　からたち・ごろう　詩人(日典)

【686】柞

[3]柞山　ほうさやま
　柞山茂明　ほうさやま・しげあき　東北開発会社岩手セメント工場長(日典)
[4]柞木田　たらきだ
　柞木田龍善　たらきだ・りゅうぜん　作家(日典3)

【687】梶

[3]梶川　かじかわ
　梶川恵一　かじかわ・けいいち　サンマーク出版社長(日典3)
　梶川甚蔵　かじかわ・じんぞう　出版人(出文)
　梶川弥兵衛　かじかわ・やへえ　出版人(出文)

【688】柗

[5]柗本　まつもと
　柗本俊洋　まつもと・としひろ　JESCO社長(日典3)
[10]柗原　まつばら
　柗原喜久子　まつばら・きくこ　児童文学作家(日典3)

【689】柳

柳　やなぎ
　柳寛　やなぎ・ひろし　作曲家(作曲)
　柳美どり　やなぎ・みどり　西洋占星学研究家(日典3)
[5]柳田　やなぎだ
　柳田敏雄　やなぎだ・としお　生物物理学者(日人)
[7]柳沢　やなぎさわ
　柳沢美晴　やなぎさわ・みはる　歌人(日典3)

【690】案

[10]案納　あんのう
　案納昭則　あんのう・あきのり「Whales」青菁社(日典3)
　案納正美　あんのう・まさみ　映画監督(映監)
　案納勝　あんのう・まさる　参院議員(社会党)(日典3)

【691】栢

栢　かや
　栢俊彦　かや・としひこ「株式会社ロシア」日本経済新聞出版社(日典3)

木部(桔, 桐, 栗)

栢豪洋　かや・ひでひろ　福岡歯科大学教授(日典)

[4]栢木　かやき；かやのき；かやのぎ
　栢木寛照　かやき・かんしょう　僧侶(日典)
　栢木喜一　かやのき・きいち　歌人(奈良文)
　栢木喜一　かやのぎ・きいち　近畿溜空会会長(日典)

[10]栢原　かしはら；かやはら
　栢原伸也　かしはら・のぶや　「脱・社内奴隷」ユナイテッド・ブックス、阪急コミュニケーションズ(発売)(日典3)
　栢原三郎　かやはら・さぶろう　帝人製機常務(日典)
　栢原昌三　かやはら・まさぞう　日本史学者(史研)

[12]栢森　かやもり
　栢森貞助　かやもり・さだすけ　実業家(静岡županie)
　栢森新吾　かやもり・しんご　全国精麦工業協同組合連合会会長, 全国穀類飼料工業協同組合理事長(日典)
　栢森新治　かやもり・しんじ　ダイコク電機相談役(日典)
　栢森貞助　かやもり・ていすけ　実業家(姓氏静岡)
　栢森義　かやもり・よし　洋画家(美家)

【692】桔

[11]桔梗　ききょう
　桔梗篤　ききょう・あつし　ジャグラー(日典3)
　桔梗泉　ききょう・いずみ　『式辞・挨拶スピーチ自由自在』主婦と生活社(日典3)
　桔梗清　ききょう・きよし　ライター, 編集者(日典3)
　桔梗崇　ききょう・たかし　ジャグラー(日典3)
　桔梗長兵衛　ききょう・ちょうべい　栽培家(姓氏宮城)

【693】桐

桐ケ谷　きりがや
　桐ケ谷章　きりがや・あきら　弁護士(現執4期)
　桐ケ谷かね　きりがや・かね　前進座創立者の一人(日典3)
　桐ケ谷仁　きりがや・じん　シンガーソングライター(日典3)
　桐ケ谷紀昌　きりがや・のりまさ　『現代病気解説事典』冬至書房(日典3)
　桐ケ谷ボビー　きりがや・ぼびー　『幸運を呼ぶ魔法の声を手に入れる方法』角川書店, 角川グループパブリッシング(発売)(日典3)

[4]桐木　きりき；きりのき
　桐木憲一　きりき・けんいち　漫画家(漫人)
　桐木逸朗　きりのき・いつろう　福利厚生コンサルタント, 企業福祉研究者(現執4期)

[5]桐生　きりう；きりゅう
　桐生敦代　きりう・あつよ　「統合失調症の治療の仕組みを国で根本的に見直してください」東宣出版(日典3)
　桐生悠々　きりう・ゆうゆう　ジャーナリスト(新文)
　桐生郁子　きりゅう・いくこ　声楽家(メゾソプラノ)(演奏)
　桐生悠々　きりう・ゆうゆう　ジャーナリスト(コン5)

[7]桐谷　きりがや；きりたに；きりだに；きりや
　桐谷洗鱗　きりがや・せんりん　日本画家(名画)
　桐谷純子　きりたに・じゅんこ　陶芸家(陶工)
　桐谷印順　きりだに・いんじゅん　僧(姓氏富山)
　桐谷洗鱗　きりや・せんりん　日本画家(日人)

[8]桐明　きりあき；きりあけ
　桐明桂一部　きりあき・けいちろう　鹿児島放送社長(日典3)
　桐明和久　きりあけ・かずひさ　福岡県議(自民党, 八女市)(日典3)

[9]桐栄　とうえい
　桐栄恭二　とうえい・きょうじ　岡山大学名誉教授(日典3)
　桐栄良一　とうえい・りょうぞう　化学工学者(現情)

[11]桐渓　きりたに
　桐渓印順　きりたに・いんじゅん　浄土宗本願寺派僧侶(真宗)
　桐渓順忍　きりたに・じゅんにん　僧侶(真宗)

[15]桐敷　きりしき
　桐敷真次郎　きりしき・しんじろう　『建築史』市ヶ谷出版社(日典3)
　桐敷長三郎　きりしき・ちょうさぶろう　弓道家, 弓道教士(弓道)

[18]桐藤　きりとう；きりふじ
　桐藤ゆき子　きりとう・ゆきこ　翻訳家(日典3)
　桐藤ちか子　きりふじ・ちかこ　「穂高の空に」清風堂書店(日典3)
　桐藤直人　きりふじ・なおと　「穂高の空に」清風堂書店(日典3)

【694】栗

[5]栗生　くりう；くりお；くりゅう
　栗生純夫　くりう・すみお　俳人(日人)
　栗生つぶら　くりお・つぶら　漫画家(漫人)
　栗生武右衛門　くりゅう・ぶえもん　実業家(日人)

栗生沢　くりうざわ；くりゅうざわ
　栗生沢猛生　くりうざわ・たけお　北海道大学文学部教授(日典3)
　栗生沢節　くりうざわ・ただし　秋田県木材産業協同組合連合会理事長(日典3)
　栗生沢淳一　くりゅうざわ・じゅんいち　元・バレーボール選手(日典)
　栗生沢猛夫　くりゅうざわ・たけお　『図説ロシアの歴史』河出書房新社(日典3)

木部（桑）

7 栗花落　つゆ；つゆり
栗花落和彦　つゆ・かずひこ　「ゲーテとプラトン」文栄堂書店（日典3）
栗花落栄　つゆり・さかえ　「情報処理教育の方法」（国典）
栗花落光　つゆり・ひかる　ラジオプロデューサー（日典3）

栗谷　くりたに；くりや
栗谷修輔　くりたに・しゅうすけ　「「全体最適」の銀行ALM」金融財政事情研究会, きんざい（発売）（日典3）
栗谷玲子　くりたに・れいこ　「小学校授業づくりアイデア全書」ぎょうせい（日典3）
栗谷啓三　くりや・けいぞう　帝京大学法学部教授（日典）
栗谷康平　くりや・こうへい　王子製紙スケート部監督（日典）

栗谷川　くりやがわ
栗谷川健一　くりやがわ・けんいち　グラフィックデザイナー（日人）
栗谷川虹　くりやがわ・こう　文筆家（日典3）
栗谷川福子　くりやがわ・ふくこ　東京大学ヘブライ語学講師（日典3）
栗谷川平五郎　くりやがわ・へいごろう　スキー選手（北海道歴）
栗谷川悠　くりやがわ・ゆう　アートディレクター（日典3）

8 栗府　くりふ
栗府二郎　くりふ・じろう　小説家（幻想）

栗若　くりわか
栗若幸男　くりわか・ゆきお　職工（社史）
栗若良臣　くりわか・よしおみ　整形外科医（日典3）

9 栗城　くりき
栗城悦子　くりき・えつこ　「力をひきだす算数の授業5年」国土社（日典3）
栗城喜代蔵　くりき・きよぞう　「会津三十三観音記」学習社（日典3）
栗城圭子　くりき・けいこ　「かながわ景観散歩」美研インターナショナル, 星雲社（発売）（日典3）
栗城祥子　くりき・しょうこ　漫画家（漫人）
栗城寿夫　くりき・ひさお　日本国法学者（現執4期）

10 栗原　くりはら；くりばら
栗原信太　くりはら・のぶみつ　故実家（コン4）
栗原亮一　くりはら・りょういち　政治家（コン）
栗原古城　くりはら・こじょう　評論家, 翻訳家, 英文学者（世紀）
栗原新三郎　くりはら・しんざぶろう　剣術家, 新徴組隊士（栃木歴）

栗栖　くりす；くるす
栗栖継　くりす・けい　チェコ文学者, 翻訳家（日人）
栗栖弘臣　くりす・ひろおみ　軍事研究家・評論家（日人）
栗栖越夫　くるす・たけお　銀行家, 政治家（コン4）
栗栖安一　くるす・やすいち　郷土史家, 歌人（郷土和歌山）

11 栗崎　くりさき
栗崎賢一　くりさき・けんいち　太安堂本店店主, 横須賀腕時計博物館長（日典3）
栗崎小太郎　くりさき・こたろう　アロマセラピスト（日典3）
栗崎佳　くりさき・このむ　出光興産（株）研究開発部特許課情報解析担当（日典3）
栗崎英男　くりさき・ひでお　さし絵画家（児人）
栗崎碧　くりさき・みどり　映画監督（世紀）

12 栗塚　くりずか；くりつか
栗塚省吾　くりずか・しょうご　裁判官, 政治家（世紀）
栗塚省吾　くりずか・せいご　裁判官, 政治家（日典）
栗塚美樹夫　くりつか・みきお　栗塚運輸倉庫社長（日典）

18 栗藤　くりふじ；りっとう
栗藤和治　くりふじ・かずはる　「熊野灘の生きもの」三重県立熊野古道センター（日典3）
栗藤豊之　りっとう・とよゆき　フリーライター（日典）

【695】　桑

桑　くわ；そう
桑克彦　くわ・かつひこ　「吸光光度法」共立出版（日典）
桑のりこ　くわ・のりこ　エッセイスト（日典）
桑孝寛　そう・こうかん　「板橋雑記―唐土名妓伝」太平書屋（JM）

4 桑水流　くわずる
桑水流京子　くわずる・きょうこ　ピアニスト（音人）
桑水流裕策　くわずる・ゆうさく　ラグビー選手（日典）

5 桑田　くわた；くわだ
桑田熊蔵　くわた・くまぞう　社会政策学者（コン5）
桑田忠親　くわた・ただちか　日本史学者（日人）
桑田智　くわだ・さとる　薬学者（日人）
桑田義備　くわだ・よしなり　植物学者（日人）

7 桑折　こうり；こおり
桑折光代　こうり・みつよ　青雲舎主宰（日典3）
桑折健寿　こおり・けんじ　リコーソフトウェア事業部（日典）
桑折謙三　こおり・けんぞう　三菱電機顧問（紳士）

桑沢　くわさわ；くわざわ；くわばら
桑沢洋子　くわさわ・ようこ　ファッション・デザイナー（日人）
桑沢洋子　くわざわ・ようこ　服飾デザイナー, 洋裁教育者（女性週）
桑沢清志　くわばら・きよし　「PostScriptリファレンスマニュアル」アスキー（日典）

桑谷　くわたに
桑谷観行　くわたに・かんう　僧侶（真宗）
桑谷克堂　くわたに・こくどう　「成功秘訣富豪の面影」実業之日本社（日典3）

木部(桂,校,根)

桑谷夏子　くわたに・なつこ　声優(テレ)
桑谷昌子　くわたに・まさこ「母乳育児と新手技」江名子助産院(日典)
桑谷正道　くわたに・まさみち　飛騨郷土学会主宰(国典)

8 桑波田　くわはた；くわばた

桑波田嘉吉　くわはた・かきち　医師(姓氏鹿児島)
桑波田景明　くわはた・かげあき　新聞記者(社史)
桑波田興　くわばた・こう　鹿児島大学名誉教授(日典)
桑波田敏光　くわばた・としみつ　持松小学校(鹿児島県)校長(日典3)

桑迫　くわさこ；くわざこ

桑迫森二　くわさこ・もりじ　畜産農家(姓氏鹿児島)
桑迫賢太郎　くわざこ・けんたろう「絵本日本国憲法前文」中央アート出版社(日典3)

桑門　くわかど

桑門主一　くわかど・しゅいち「自動車」朝倉書店(日典3)
桑門秀我　くわかど・しゅうが　浄土宗僧侶(島根歴)
桑門豪　くわかど・たけし　九州大谷短期大学学長(日典3)
桑門つた子　くわかど・つたこ　画家,詩人(日典3)
桑門津祢子　くわかど・つねこ　詩人(北海道文)

9 桑畑　くわはた；くわばた

桑畑晃　くわはた・あきら　カバンデザイナー(日典3)
桑畑美沙子　くわはた・みさこ　家政学者(現執3期)
桑畑周右　くわばた・しゅうすけ　ダイハツ工業デザイン室主査(日典3)
桑畑進　くわばた・すすむ「ベーシック電気化学」化学同人(日典3)

10 桑原　くわはら；くわばら

桑原幹根　くわはら・みきね　政治家(日人)
桑原弥寿雄　くわはら・やすお　土木技術者(日人)
桑原隲蔵　くわばら・じつぞう　東洋史学者(コン5)
桑原武夫　くわばら・たけお　フランス文学者,文芸評論家(コン4)

桑島　くわしま；くわじま

桑島玄二　くわしま・げんじ　児童文学作家(兵庫文)
桑島省三　くわしま・しょうぞう　軍人(日人)
桑島主計　くわじま・かずえ　外交官(履歴2)
桑島すみれ　くわじま・すみれ　ハープ奏者(新芸)

11 桑崎　くわさき；くわざき

桑崎彰嗣　くわさき・あきつぐ　医師(日典)
桑崎与　くわさき・あたえ　日本楽器製造(株)嘱託(日典)
桑崎茂　くわさき・しげる　亜土電子工業取締役(日典3)

14 桑嶋　くわしま；くわじま

桑嶋健一　くわしま・けんいち　東京大学大学院経済学研究科助手(日典)
桑嶋維　くわしま・つなき「朱殷」求竜堂(日典3)
桑嶋功　くわじま・いさお　東京工業大学名誉教授(日典3)
桑嶋正一郎　くわじま・しょういちろう　三沢漁港築造最大の功労者(青森人)

15 桑幡　くわはた

桑幡公幸　くわはた・きみゆき　神職,書家(日人)
桑幡宏子　くわはた・ひろこ　東京学園調理師学校講師(国典)
桑幡正清　くわはた・まさきよ　弓道家,弓師(弓道)
桑幡道信　くわはた・みちのぶ　弓道家,弓師(弓道)

21 桑鶴　くわずる；くわつる

桑鶴翔作　くわずる・しょうさく「思想の水辺」ジャプラン(日典3)
桑鶴勉　くわずる・つとむ　鹿児島県議(自民党,鹿児島市・鹿児島郡)(日典3)
桑鶴実　くわずる・みのる　谷山市長(日典3)
桑鶴良平　くわつる・りょうへい「腹部・骨盤部画像診断のここが鑑別ポイント」羊土社(日典3)

【696】 桂

桂　かつら；けい

桂太郎　かつら・たろう　政治家(コン5)
桂信子　かつら・のぶこ　俳人(日人)
桂竜也　けい・たつや　アナウンサー(日典)
桂愛景　けい・よしかげ　メタサイエンティスト(日典3)

16 桂樹　かつらぎ

桂樹佑　かつらぎ・ゆう　古代史研究家(日典3)
桂樹亮仙　かつらぎ・りょうせん「真実の仏教」(国典)

【697】 校

7 校条　めんじょう

校条諭　めんじょう・さとし　(株)元気学校代表取締役(日典3)
校条隆　めんじょう・たかし　首都圏業務用食品卸協同組合相談役(社史)
校条武雄　めんじょう・たけお　音楽教育者,器楽教育者,ピアニスト(音人3)
校条剛　めんじょう・つよし　編集者,著述業(日典)
校条浩　めんじょう・ひろし　経営コンサルタント(日典3)

【698】 根

3 根上　ねあがり；ねがみ

根上富治　ねあがり・とみじ　日本画家(日人)

[699]　　　　　　　　　　　　　　　　　　　　　　　　　　木部(栽, 桜)

根上淳　ねがみ・じゅん　俳優(新芸)
根上博　ねがみ・ひろし　第11回ベルリン・オリンピック大会水泳代表(北海歴)

⁴根井　ねい；ねのい
　根井外喜男　ねい・ときお　医師(近医)
　根井雅弘　ねい・まさひろ　経済学者(現執4期)
　根井充　ねのい・みつる　「生き物はどのようにして放射線に立ち向かうのか」放射線医学総合研究所(日典3)
　根井行雄　ねのい・ゆきお　剣術家・地方指導者(姓氏群馬)

根木　ねき；ねぎ；もとき
　根木鹿松　ねき・しかまつ　数学者・教育者(岡山歴)
　根木昭　ねぎ・あきら　「黄斑疾患の病態理解と治療」文光堂(日典3)
　根木純一　もとき・じゅんいち　軍人(陸海)

⁵根市　ねいち
　根市一志　ねいち・かずし　東北学院大学経済学部助教授(日典3)
　根市兼次郎　ねいち・かねじろう　実業家(青森人)
　根市タカオ　ねいち・たかお　ベース奏者(ジャ)
　根市高志　ねいち・たかし　札幌学院大学教授(日典3)
　根市良三　ねいち・りょうぞう　洋画家(青森人)

根田　こんだ；ねだ
　根田淳弘　こんだ・あつひろ　俳優(テレ)
　根田和彦　こんだ・かずひこ　ジェイコム社長(日典3)
　根田克彦　ねだ・かつひこ　「商業地理学入門」東洋書林(日典3)
　根田光悦　ねだ・こうえつ　「新米校長失敗物語」一茎書房(日典3)

根矢　ねや
　根矢熊吉　ねや・くまきち　弓道家, 弓道精錬證(弓道)

⁷根住　ねすみ
　根住竜孫　ねすみ・りゅうそん　「秋航」布井書房(日典3)

根来　ねごろ
　根来治　ねごろ・おさむ　郷土史家(日人)
　根来簡二　ねごろ・かんじ　土木工学者(日人)
　根来実三　ねごろ・じつぞう　釜師, 鋳金家(日人)
　根来司　ねごろ・つかさ　日本文学者(現執3期)
　根来源之　ねごろ・もとゆき　社会運動家(日人)

根角　ねかど；ねすみ
　根角仲光　ねかど・なかみつ　「昭和十年海軍兵思い出の記」一〇六会刊行会(日典3)
　根角博久　ねすみ・ひろひさ　「柑橘類」日本放送出版協会(日典3)

⁹根保　こんぼ；ねほ
　根保宣行　こんぼ・のぶゆき　「日本国憲法概説」東京法令出版(日典3)
　根保孝栄　ねほ・こうえい　詩人(北海道文)
　根保幸栄　ねほ・こうえい　共産党沖縄県委員長(日典)

根城　ねじょう；ねしろ
　根城正一郎　ねじょう・しょういちろう　「みち無限」八戸工業大学第二高等学校教育後援会(日典3)
　根城泰　ねじょう・たい　経済ジャーナリスト(日典3)
　根城昼夜　ねしろ・ちゅうや　元・久留米大学理事長(日典3)

根建　ねだち；ねだて
　根建心具　ねだち・むねとも　鹿児島大学理学部教授(日典3)
　根建洋子　ねだち・ようこ　鹿児島純心女子大学教授(日典3)
　根建金男　ねだて・かねお　「認知行動療法と構成主義心理療法」金剛出版(日典3)

根津　ねず；ねつ
　根津嘉一郎　ねず・かいちろう　実業家, 政治家(コン5)
　根津一　ねず・はじめ　陸軍軍人(コン5)
　根津八紘　ねつ・やひろ　医師(現執4期)
　根津蘆丈　ねつ・ろじょう　俳人, 連句作者(長野歴)

¹¹根崎　ねさき；ねざき
　根崎光男　ねさき・みつお　法政大学人間環境学部助教授(日典)
　根崎治三郎　ねざき・じさぶろう　日本労働組合全国協議会メンバー(社史)
　根崎隆博　ねざき・たかひろ　陶芸家(陶工)

根深　ねぶか
　根深誠　ねぶか・まこと　登山家, フリーライター(現執4期)

¹²根間　ねま
　根間弘海　ねま・ひろみ　英語学者(現執3期)

¹⁵根箭　ねや
　根箭重男　ねや・しげお　「会計理論の展開」(国典)
　根箭春子　ねや・はるこ　「凍華」(国典)

¹⁶根橋　ねはし；ねばし
　根橋章　ねはし・あきら　「しょわっこ」知書之屋本舗(日典3)
　根橋禎二　ねはし・ていじ　渡航者(渡航)
　根橋宏次　ねばし・こうじ　「見沼抄」ウエップ(日典3)
　根橋正一　ねばし・しょういち　「漂泊と自立」流通経済大学出版会(日典3)

【699】　栽

栽　さい
　栽弘義　さい・ひろよし　高校野球監督(日人)

【700】　桜

³桜川　さくらかわ；さくらがわ
　桜川シン　さくらかわ・しん　伝道者(女性普)
　桜川寿　さくらかわ・ひさし　「ツイン・ハウンド」竹書房(日典3)

桜川善平〔3代〕　さくらがわ・ぜんぺい　幇間（日人）
桜川忠七　さくらがわ・ちゅうしち　俳優（新芸）

⁴桜木谷　さきや；さくらぎだに
桜木谷慈薫　さきや・じくん　天台宗の僧（日人）
桜木谷慈薫　さくらぎだに・じくん　天台宗の僧（仏人）

⁵桜田　おうた；さくらだ
桜田吾作　おうた・ごさく「やさしいルアーづくり―全国こども電話相談室」小学館（JM）
桜田一郎　さくらだ・いちろう　高分子化学者（コン4）
桜田武　さくらだ・たけし　実業家, 財界人（コン4）

⁶桜多　おうた
桜多吾作　おうた・ごさく　漫画家（漫人）

⁷桜沢　おうさわ；おおさわ；さくらさわ；さくらざわ
桜沢薫　おうさわ・かおる「桜闇絵の宴」小学館（日典3）
桜沢薫　おおさわ・かおる　小説家（YA）
桜沢如一　さくらさわ・よしかず　食養法研究家（民学）
桜沢エリカ　さくらざわ・えりか　漫画家（漫人）

桜花　おうか；さくらばな
桜花蓑人　おうか・さじん「色情相法極秘伝」太平書屋（日典3）
桜花昇　おうか・のぼる　女優（日典3）
桜花梅丸　さくらばな・うめまる「目からウロコの〈教師力〉」子どもの未来社（日典3）
桜花円　さくらばな・まどか　元・兵庫県議（日人）

桜谷　さくらたに；さくらだに；さくらや
桜谷由貴花　さくらたに・ゆきか　女優（テレ）
桜谷和平　さくらだに・かずへい　平和堂常務（日典3）
桜谷泰之　さくらや・やすゆき「考えて描く機械設計製図」現代工学社（日典3）

⁸桜岡　さくらおか；さくらがおか
桜岡孝治　さくらおか・こうじ「テラ・インコグニタ」光風社書店（日典3）
桜岡三四郎　さくらおか・さんしろう　鋳金家（日人）
桜岡真方　さくらがおか・まさかた　水戸藩郷士＝近世（維新）

⁹桜栄　さくらえ
桜栄寿三　さくらえ・としぞう「蝸牛の鳴く山」藤森書店（日典3）

桜美　おうみ；さくらみ
桜美ありさ　おうみ・ありさ「役立たずの神様」白泉社（日典3）
桜美武彦　さくらみ・たけひこ　内科学（日典）

¹⁰桜庭　さくらば
桜庭一樹　さくらば・かずき　小説家（小説）
桜庭茂樹　さくらば・しげき　チェロ奏者（音人3）

桜庭藤二郎　さくらば・とうじろう　日本画家（美家）
桜庭ななみ　さくらば・ななみ　女優（日映女）
桜庭統　さくらば・もとい　作曲家, キーボード奏者（作曲）

桜桃　おと
桜桃四郎　おと・しろう　俳人（近文2）

【701】　桟

桟　かけはし
桟熊獅　かけはし・くまし　政治家（現政）
桟比呂子　かけはし・ひろこ「求菩提山私の修験ロード」海鳥社（日典3）
桟優　かけはし・まさる　釧路公立大学経済学部経済学科教授（日典3）
桟淑行　かけはし・よしゆき「クラウンブリッジ実習マニュアル」日本大学歯学部歯学補綴学教室3講座, 三恵社（発売）（日典3）

¹⁵桟敷　さじき；さんじき
桟敷朝子　さじき・あさこ　西宮市社会福祉協議会理事長（日典3）
桟敷近信　さじき・ちかのぶ　農民運動家（社史）
桟敷よし子　さんじき・よしこ　保健婦（女史）
桟敷芳子　さんじき・よしこ　看護婦, 労働運動家（日人）

【702】　栖

¹⁰栖原　すはら
栖原角兵衛〔10代〕　すはら・かくべえ　豪商（日人）
栖原寿郎　すはら・としろう　造船工学者（現情）
栖原豊太郎　すはら・とよたろう　機械工学者（日人）
栖原寧幹　すはら・やすもと　豪商（幕末）
栖原六郎　すはら・ろくろう　口腔生理学者（日人）

【703】　栴

¹¹栴崖　せんがい
栴崖奕堂　せんがい・えきどう　曹洞宗僧侶（仏史）

【704】　桃

桃　もも
桃一色　もも・いっしょく「ナンノ、やっちゃい隊」東京三世社（日典3）
桃節山　もも・せつさん　教育者（島根人）
桃節山　もも・せつさん　儒学者（コン4）
桃裕行　もも・ひろゆき　日本史学者（日人）
桃好裕　もも・よしひろ　儒学者（維新）

³桃川　ももかわ；もゝがわ
桃川如燕〔1代〕　ももかわ・じょえん　講談師（コン4）

桃川如燕　ももがわ・じょえん　講談師(江戸)

⁴桃井　もものい；もものい
桃井かおり　ももい・かおり　女優(日人)
桃井真　ももい・まこと　軍事評論家(日人)
桃井春蔵　もものい・しゅんぞう　剣道家(日人)
桃井直幹　もものい・なおみき　軍人(日人)

桃木　ももき；もものき
桃木暁子　ももき・あきこ　翻訳家(日典3)
桃木美　ももき・よし　麗風会初代会長(埼玉人)
桃木徳博　もものき・とくひろ　「地域適応型作物の導入と方法」三共出版(日典3)
桃木芳枝　ももき・よしえ　東京農業大学生物産業学部教授(日典3)

⁵桃生　ものう；ももお
桃生亜希子　ものう・あきこ　タレント(日典)
桃生小富士　ものう・こふじ　「桃生小富士展」日本科学技術振興財団(日典3)
桃生翠　ももお・すい　「花の寺」伊藤書店(日典3)

桃田　ももた；ももだ
桃田一郎　ももた・いちろう　NOK常務(日典3)
桃田数重　ももた・かずしげ　「風の記録」青風舎(日典)
桃田有造　ももだ・ゆうぞう　プレステージ社長(日典)

⁷桃沢　ももさわ；ももざわ
桃沢如水　ももさわ・にょすい　日本画家(美家)
桃沢匡勝　ももさわ・まさかつ　梨栽培家(郷土長野)
桃沢白吉　ももざわ・しろきち　ベニヤ社長(日典3)
桃沢匡勝　ももざわ・まさかつ　果樹栽培家(植物)

桃谷　ももたに；ももや
桃谷順一　ももたに・じゅんいち　経営者(日人)
桃谷政次郎　ももたに・まさじろう　実業家(日人)
桃谷薫　ももや・かおり　「これは真実か!?日本史の謎100物語」岩崎書店(日典3)
桃谷政光　ももや・まさみつ　昭和情報機器(株)代表取締役社長(日典)

桃里　ももさと；ももり
桃里留加　ももさと・るか　「脅された花嫁」ハーレクイン(日典3)
桃里パル　ももり・ぱる　「終わりのない100年のために」講談社(日典3)

¹⁰桃原　とうばる；ももはら
桃原茂太　とうばる・しげた　弁護士, 実業家(日人)
桃原用行　とうばる・ようこう　労働運動家(平和)
桃原弘　ももはら・ひろし　放送作家(日典)
桃原茂吉　ももはら・もきち　大和建設専務(日典3)

【705】 梅

梅　うめ；ばい
梅錦之丞　うめ・きんのじょう　医師(日人)
梅謙次郎　うめ・けんじろう　法学者(コン5)
梅舒適　ばい・じょてき　篆刻家(現情)

³梅上　うめがみ
梅上尊融　うめがみ・そんゆう　茶人(真宗)
梅上沢融　うめがみ・たくゆう　僧侶(日人)

梅川　うめかわ；うめがわ
梅川三省　うめかわ・さんせい　日本画家(美家)
梅川文男　うめかわ・ふみお　農民・労働運動家, 政治家(コン4)
梅川喜久雄　うめがわ・きくお　大阪府議(日典)
梅川貢一郎　うめがわ・こういちろう　「これだけは知っておきたい会社の数字」日本能率協会マネジメントセンター(日典3)

梅干野　ほやの
梅干野晃　ほやの・あきら　東京工業大学大学院総合理工学研究科環境物理工学専攻教授(日典)

⁴梅内　うめうち；うめない
梅内栄子　うめうち・えいこ　調教師(日典3)
梅内慶蔵　うめうち・けいぞう　日本中央競馬会調教師(日典)
梅内恒夫　うめない・つねお　赤軍派活動家(世紀)
梅内美華子　うめない・みかこ　歌人(短歌)

梅月　うめずき
梅月高市　うめずき・たかいち　ジャーナリスト(社史)

⁵梅田　うめた；うめだ
梅田喜一　うめた・きいち　消防人(姓氏岩手)
梅田二郎　うめた・じろう　和光経済研究所産業調査部課長(日典)
梅田寛　うめだ・かん　露文学者(兵庫文)
梅田晴夫　うめだ・はるお　劇作家, 風俗研究家(日典3)

⁶梅地　うめじ；うめち
梅地和子　うめじ・かずこ　「佐多稲子小論」ながらみ書房(日典3)
梅地周平　うめち・しゅうへい　「炎日」教育春秋社(日典3)
梅地正之　うめち・まさゆき　日本フエルト常務取締役(日典3)

⁷梅尾　うめお
梅尾朱美　うめお・あけみ　社会運動家(視覚)
梅尾禅牛　うめお・ぜんぎゅう　僧(姓氏岩手)
梅尾博司　うめお・ひろし　「Natural Computing」Springer(日典3)
梅尾要一　うめお・よういち　北海道議(自民党, 千歳市)(日典3)
梅尾良之　うめお・よしゆき　松下テクノリサーチ調査部調査役, 三重大学地域共同研究センター客員教授(日典3)

梅沢　うめさわ；うめざわ
　梅沢章男　うめさわ・あきお　福井大学教育学部教授（日典3）
　梅沢絵代子　うめさわ・かよこ　「なかよしむら」新世研（日典3）
　梅沢浜夫　うめさわ・はまお　細菌学者、生化学者（コン4）
　梅沢彦太郎　うめざわ・ひこたろう　出版人、古陶器蒐集家（日人）

梅谷　うめたに；うめだに；うめや
　梅谷光貞　うめたに・みつさだ　政治家（姓氏長野）
　梅谷雪堂　うめだに・せつどう　僧（姓氏富山）
　梅谷与七郎　うめや・よしちろう　蚕糸学者、蚕体生理学者（日人）

梅里　うめさと；うめざと
　梅里慶子　うめさと・けいこ　経営コンサルタント（日典3）
　梅里全子　うめさと・まさこ　「祝矢」浜発行所（日典3）
　梅里継時　うめさと・けいじ　医師（日典）

梅阪　うめさか
　梅阪鴬里　うめさか・おうり　写真家（日人）

9梅津　うめず；うめつ
　梅津はぎ子　うめず・はぎこ　社会運動家（日人）
　梅津美治郎　うめず・よしじろう　陸軍軍人（コン5）
　梅津明治郎　うめつ・めいじろう　映画監督（映監）
　梅津裕一　うめつ・ゆういち　小説家（幻想）

10梅原　うめはら；うめばら
　梅原末治　うめはら・すえじ　考古学者（コン4）
　梅原猛　うめはら・たけし　哲学者、評論家（日人）
　梅原寛重　うめばら・かんじゅう　農業研究家（植物）
　梅原賢二　うめばら・けんじ　児童文学作家（幻想）

梅宮　うめのみや；うめみや
　梅宮薫子　うめのみや・しげこ　明治天皇第二皇女（人名3）
　梅宮茂　うめみや・しげる　地方史研究者（郷土）
　梅宮辰夫　うめみや・たつお　俳優（日映男）

梅島　うめしま；うめじま
　梅島昇　うめしま・のぼる　俳優（芸能）
　梅島みよ　うめしま・みよ　実業家、経営コンサルタント（現執4期）
　梅島英一　うめじま・えいいち　「オシロスコープの回路技術」ラジオ技術出版（日典3）
　梅島昇　うめじま・のぼる　俳優（コン5）

梅根　うめね
　梅根あぐる　うめね・あぐる　「まんがで読み解く循環器症例100」メディカルレビュー社（日典3）
　梅根栄一　うめね・えいいち　「国家権力と教育」明治図書出版（日典3）
　梅根悟　うめね・さとる　教育学者（コン4）
　梅根常三郎　うめね・つねさぶろう　金属工学者（日人）

　梅根恵　うめね・めぐみ　ピアニスト（音人3）

梅浦　うめうら
　梅浦篤弥　うめうら・あつや　志士（人名）
　梅浦健吉　うめうら・けんきち　東洋モスリン専務（日典3）
　梅浦精一　うめうら・せいいち　実業家（コン5）

梅洒本　うめのもと
　梅洒本耆山　うめのもと・きざん　俳人（日人）

11梅崎　うめさき；うめざき
　梅崎潤　うめさき・じゅん　三光合成会長（日典3）
　梅崎良　うめさき・りょう　写真家（写人）
　梅崎春生　うめざき・はるお　小説家（コン4）
　梅崎光生　うめざき・みつお　小説家（世紀）

梅渓　うめたに
　梅渓胤子　うめたに・たねこ　肥前佐賀藩主鍋島直大の妻（女性）
　梅渓昇　うめたに・のぼる　日本近代史学者（現情）
　梅渓通善　うめたに・みちたる　公家（公卿）
　梅渓通治　うめたに・みちとう　公家（神人）
　梅渓通治　うめたに・みちとお　公家（幕末）

12梅森　うめのもり；うめもり
　梅森元弘　うめのもり・もとひろ　英文学（日典）
　梅森かうい　うめもり・こうい　歌舞伎役者（歌舞新）
　梅森三郎　うめもり・さぶろう　政治家（姓氏宮城）

梅棹　うめさお
　梅棹エリオ　うめさお・えりお　「熱気球イカロス5号」中央公論新社（日典3）
　梅棹忠夫　うめさお・ただお　人類学者、比較文明学者（日人）

13梅園　うめその；うめぞの
　梅園和彦　うめその・かずひこ　京都大学大学院生命科学研究科教授（日典）
　梅園介庵　うめその・かいあん　安芸広島藩校教官（幕末）
　梅園龍子　うめその・りゅうこ　女優（映女）

18梅藤　ばいとう；ばいどう
　梅藤哲朗　ばいとう・てつろう　陶芸家（陶工）
　梅藤哲朗　ばいどう・てつろう　陶芸家（陶芸）

【706】　桧

桧　ひのき
　桧せいら　ひのき・せいら　歌手（日典3）
　桧太郎　ひのき・たろう　「桧ものがたり」幅強司（日典3）
　桧常太郎　ひのき・つねたろう　桧書店会長（日典3）
　桧常之助　ひのき・つねのすけ　謡本出版者（出版）
　桧博明　ひのき・ひろあき　「一発ギャグの必殺ワザ」ポプラ社（日典3）

[707]　木部（桧,栩,栫,桒,梓,桶,梶）

³桧山　ひのきやま；ひやま
　桧山和成　ひのきやま・かずしげ「実例にみる脱臭技術―環境時代の装置設計」工業調査会(JM)
　桧山うさぎ　ひやま・うさぎ　川柳家，雅楽多吟社創設，うさぎや菓子舗店主（栃木歴）
　桧山広　ひやま・ひろ　実業家（世紀）

⁵桧田　ひだ；ひのきだ
　桧田信男　ひだ・のぶお「監査小辞典」中央経済社(JM)
　桧田仁　ひのきだ・じん　医師（日典3）

³桧皮　ひかわ；ひわだ
　桧皮賢治　ひかわ・けんじ　北海道新聞制作局制作委員（日典）
　桧皮孝夫　ひわだ・たかお「起業家への足がかり」意気投合事業団（日典3）

⁷桧谷　ひのたに
　桧谷昭彦　ひのたに・てるひこ「ことわざの世界」日本書籍(JM)

¹⁰桧原　ひはら；ひばら；ひわら
　桧原美恵　ひはら・みえ「ヒサエ・ヤマモト作品集」南雲堂フェニックス（日典3）
　桧原工　ひばら・たくみ　セシール副社長（日典3）
　桧原敏郎　ひわら・としろう　近鉄百貨店相談役・元社長（日典）

【707】栩

⁴栩木　とちぎ
　栩木功　とちぎ・いさお　学芸大教授（国典）
　栩木浩司　とちぎ・こうじ　NTT東北ネットワーク支社長（日典3）
　栩木伸明　とちぎ・のぶあき　研究者（現執4期）
　栩木誠　とちぎ・まこと　新聞記者（現執4期）
　栩木保匡　とちぎ・やすまさ　建築家（日典3）

¹⁰栩原　とちはら
　栩原豊一　とちはら・とよいち　南海同志会会長（社史）

【708】栫

栫　かこい
　栫辰男　かこい・たつお　花一（カーネーション栽培協同）社長（日典）
　栫路人　かこい・ろじん　川柳作家（日典3）

【709】桒

¹⁰桒原　くわはら
　桒原章吾　くわはら・しょうご　医師（近医）

【710】梓

⁷梓沢　あずさざわ；あずさわ
　梓沢設夫　あずさわ・せつお　編集者（日典3）
　梓沢和幸　あずさわ・かずゆき　弁護士（現執4期）
　梓沢要　あずさわ・かなめ　小説家（幻想）

【711】桶

³桶川　おけがわ；ひかわ
　桶川彰三　おけがわ・しょうぞう「法滅尽品―文明人に対する怨念の憑依」新風舎(JM)
　桶川久美子　ひかわ・くみこ　税理士（日典）

⁵桶田　おけた；おけだ
　桶田篤　おけた・あつし　早稲田大学商学部教授（日典）
　桶田憲一　おけた・けんいち　技術士（日典3）
　桶田敬太郎　おけだ・けいたろう　コメディアン（日典）
　桶田俊光　おけだ・としみつ　新小倉病院院長（日典）

⁷桶谷　おけたに；おけや
　桶谷繁雄　おけたに・しげお　評論家，金属工学者（日典）
　桶谷秀昭　おけたに・ひであき　文芸評論家（日人）
　桶谷顕　おけや・あきら　脚本家（幻想）

¹¹桶掛　ひかけ
　桶掛忠彦　ひかけ・ただひこ　医師（日典）

¹⁴桶樋　おけどい
　桶樋省三　おけどい・しょうぞう　日本農民組合香川県連書記（社史）

【712】梶

³梶上　かじかみ
　梶上英郎　かじかみ・ひでお「ビルマ曼陀羅」梶上敏子（日典3）

⁷梶芳　かじよし
　梶芳光運　かじよし・こううん　真言宗智山派僧侶（仏人）

梶谷　かじがい；かじたに；かじや
　梶谷和子　かじがい・かずこ「青丹の瓦」木兎出版（日典3）
　梶谷善久　かじたに・よしひさ　国際問題評論家（日人）
　梶谷鉱之助　かじや・こうのすけ　外科医（愛媛百）

¹⁰梶原　かじはら；かじわら
　梶原完　かじはら・ひろし　ピアニスト（演奏）
　梶原正昭　かじはら・まさあき　国文学者（日人）
　梶原一騎　かじわら・いっき　劇画作家（日人）
　梶原緋佐子　かじわら・ひさこ　日本画家（日人）

梶栗　かじぐり
　梶栗清　かじぐり・きよし　福岡走ろう会会長（人情）
　梶栗浩　かじぐり・ひろし「飛行機と合成樹脂」桜華社（日典3）

木部(椛,梯,桝,梨,梁)　　　　　　　　　　　　　　　　　　　　　　　　　　　　　　〔717〕

[18]梶藤　かじとう
　　梶藤義男　かじとう・よしお　「仏教美術の旅と小論」愛知県郷土資料刊行会(日典3)

【713】　椛

[5]椛田　かばた
　　椛田后一　かばた・きみかず　「Oracle 8i WebDB入門」アスキー(日典3)
　　椛田聖孝　かばた・きよたか　九州東海大学農学部応用動物科学科教授(日典3)
　　椛田早紀　かばた・さき　歌手(テレ)
　　椛田千里　かばた・ちさと　歌手(テレ)
　　椛田博隆　かばた・ひろたか　大分県議(無所属)(日典3)

[10]椛島　かばしま
　　椛島香代　かばしま・かよ　「幼稚園幼児指導要録の書き方」チャイルド本社(日典3)
　　椛島恭子　かばしま・きょうこ　「明日咲く花」竹林館
　　椛島清之　かばしま・きよゆき　電通大阪支社マーケティング局長(日典3)
　　椛島健一　かばしま・けんいち　大東紡織専務(日典3)
　　椛島親幸　かばしま・ちかゆき　自然科学写真家(児人)

[14]椛嶋　かばしま
　　椛嶋清司郎　かばしま・きよしろう　トリオ技術部長(人情)

【714】　梯

梯　かけはし
　　梯明秀　かけはし・あきひで　哲学者(コン4)
　　梯明秀　かけはし・あけひで　経済哲学者(社史)
　　梯実円　かけはし・じつえん　僧侶(現執4期)
　　梯剛之　かけはし・たけし　ピアニスト(演奏)
　　梯鉄次郎　かけはし・てつじろう　数学者(数学)

【715】　桝

[7]桝谷　ますたに;ますや
　　桝谷寅吉　ますたに・とらきち　政治家(政治)
　　桝谷英哉　ますたに・ひでや　ハイテク商品評論家(現執3期)
　　桝谷克悦　ますや・かつえつ　公認会計士(日典)
　　桝谷よし子　ますや・よしこ　弓道家,弓道教士(弓道)

[8]桝居　ますい
　　桝居嘉代太郎　ますい・かよたろう　平民社シンパ(社史)
　　桝居祐三　ますい・ゆうぞう　高谷保育園理事長(日典3)

[9]桝屋　ますや
　　桝屋治　ますや・おさむ　「屋台」編集発行人(日典3)
　　桝屋敬悟　ますや・けいご　政治家(現政)
　　桝屋冨一　ますや・とみいち　医師(近医)
　　桝屋友子　ますや・ともこ　「記録と表象」東京大学出版会(日典3)
　　桝屋友三　ますや・ゆうぞう　「今川焼雑考」いなほ書房(日典3)

[11]桝添　ますぞえ
　　桝添勇　ますぞえ・いさむ　日本共産党再建活動関係者(社史)

[15]桝潟　ますがた
　　桝潟俊子　ますがた・としこ　生活問題専門家(現執3期)
　　桝潟良子　ますがた・りょうこ　「キャディーさんのナイショ話」北海道新聞社(日典3)

【716】　梨

[3]梨子田　なしだ
　　梨子田真　なしだ・まこと　フリーカメラマン(国典)

[4]梨木　なしき;なしのき
　　梨木香歩　なしき・かほ　児童文学作家(京都文)
　　梨木作次郎　なしき・さくじろう　弁護士,社会運動家(日人)
　　梨木祐為　なしのき・すけため　歌人=近世(人名)
　　梨木祐大　なしのき・すけひろ　「適者生存の経営戦略」日本法令様式販売所(日典3)

[6]梨羽　なしは;なしば
　　梨羽時起　なしは・ときおき　海軍軍人(陸海)
　　梨羽時起　なしば・ときおき　海軍軍人(日人)
　　梨羽直衛　なしば・なおえ　萩藩八組士=近世(維新)

【717】　梁

梁　やな;りょう
　　梁公男　やな・きみお　陶芸家(陶芸最)
　　梁雅子　やな・まさこ　小説家,随筆家(日人)
　　梁邦彦　りょう・くにひこ　作曲家,音楽プロデューサー,キーボード奏者(日典3)
　　梁容子　りょう・ようこ　内装屋(表具師)(日典3)

[3]梁川　やながわ
　　梁川景婉　やながわ・けいえん　梁川星巌の夫人(人名)
　　梁川紅蘭　やながわ・こうらん　詩人,画家(コン4)
　　梁川剛一　やながわ・ごういち　彫刻家,挿絵画家(日人)
　　梁川大吉　やながわ・だいきち　宮古洋服組合長(姓氏岩手)
　　梁川良　やながわ・りょう　獣医微生物学者(現情)

[4]梁井　やない
　　梁井皎　やない・あきら　「実践医療リスクマネジメント」じほう(日典3)
　　梁井馨　やない・かおる　詩人(日典3)

梁井新一　やない・しんいち　駐韓大使(日典3)
梁井淳二　やない・じゅんじ　政治家(政治)
梁井貴史　やない・たかし「生命科学入門」泉文堂(日典3)

梁木　はりき；やなき
梁木市郎　はりき・いちろう　栃木県借地借家人組合責任者(社史)
梁木誠　はりき・まこと　宇都宮市教育委員会(日典3)
梁木真三郎　やなき・しんざぶろう　政治家(栃木歴)

[5]**梁田　やなた；やなだ；りょうだ**
梁田英麿　やなた・ひでまろ「アゲインスト・ポストモダニズム」こぶし書房(日典3)
梁田貞　やなだ・ただし　作曲家、音楽教育家(日人)
梁田蛻巌　りょうだ・ぜいがん　「近世儒家文集集成 第5巻」ぺりかん社(JM)

[7]**梁村　やなむら**
梁村奇智城　やなむら・きちじょう「国民精神総動員運動と心田開発」朝鮮研究社(日典3)

[8]**梁取　やなとり；やなどり**
梁取三義　やなとり・みつよし　社会運動家(幻想)
梁取清助　やなどり・せいすけ　新潟放送相談役(日典)
梁取隆　やなどり・たかし　新潟県議(自民党)

[10]**梁島　やなしま**
梁島幸子　やなしま・さちこ　元・競艇選手(日典3)
梁島章子　やなしま・たかこ　音楽教育者(音人3)

[19]**梁瀬　やなせ**
梁瀬我聞　やなせ・がもん　僧(日人)
梁瀬義一　やなせ・ぎいち　弓道家,市会議員,弓道教士(弓道)
梁瀬義亮　やなせ・ぎりょう　医師(日人)
梁瀬次郎　やなせ・じろう　ヤナセ社長・会長、日本ゼネラルモータース名誉会長、米国国際自動車ディーラー協会(AIADA)名誉会長(実業)
梁瀬長太郎　やなせ・ちょうたろう　実業家(日人)

【718】 梛

[11]**梛野　なぎの**
梛野厳　なぎの・いつき　元陸軍軍医中将(日典)
梛野栄一　なぎの・えいいち　仏像彫刻師(日典3)
梛野順三　なぎの・じゅんぞう　ジャーナリスト(日典)
梛野直　なぎの・ただし　医師(新潟百)

【719】 梵

梵　そよぎ；ぼん
梵英心　そよぎ・えいしん　プロ野球選手(日典3)
梵寿綱　ぼん・じゅこう　建築家(日人)

【720】 椚

[7]**椚沢　ぐみさわ；ぐみざわ**
椚沢英雄　ぐみさわ・ひでお「インドネシアの歴史」明石書店(日典3)
椚沢政司　ぐみさわ・まさじ「信用保証読本」金融財政事情研究会(日典3)

【721】 椛

[5]**椛本　まつもと**
椛本一洋　まつもと・いちよう　日本画家(日人)
椛本武雄　まつもと・たけお　日本画家(美家)

【722】 植

[4]**植月　うえつき**
植月かや　うえつき・かや　漫画家,イラストレーター(漫人)
植月恵一郎　うえつき・けいいちろう　日本大学教授(日典3)
植月甲一郎　うえつき・こういちろう　ジャーナリスト(先駆)
植月貢　うえつき・すすむ　山根短資常務(日典3)
植月秀子　うえつき・ひでこ　心理・福祉関係ジャーナリスト(現執2期)

[5]**植生　うえぶ**
植生るみ子　うえぶ・るみこ　女優(人情)

植田　うえた；うえだ
植田和弘　うえた・かずひろ　経済学者(現執4期)
植田平太郎　うえた・へいたろう　剣道家(日人)
植田謙吉　うえだ・けんきち　陸軍軍人(コン4)
植田寿蔵　うえだ・じゅぞう　美術評論家(コン4)

[6]**植地　うえじ；うえち**
植地史明　うえじ・しめい　小説家(日典)
植地修也　うえじ・しゅうや　電気技師(日典3)
植地武夫　うえち・たけお　テレビプロデューサー(日典)
植地毅　うえち・たけし　ライター,デザイナー(日典3)

[7]**植条　うえじょう**
植条則夫　うえじょう・のりお　映像研究者,著述家(大阪文)

植良 うえら
- 植良祐政 うえら・すけまさ 飛島建設会長（人情）
- 植良総一郎 うえら・そういちろう 飛島建設副社長（日典）
- 植良雄三 うえら・ゆうぞう 国土総合建設社長（日典3）

【723】 森

森 しん；もり
- 森気楼 しん・きろう 「SNK characters all about illustrations」プラネット出版（日典3）
- 森有礼 もり・ありのり 薩摩藩士、教育者、啓蒙思想家（コン4）
- 森鷗外 もり・おうがい 陸軍軍医、小説家、評論家（コン5）

³森上 もりうえ；もりかみ；もりがみ
- 森上史朗 もりうえ・しろう 幼児教育研究家（現執4期）
- 森上研二 もりかみ・けんじ シヤチハタ工業常務（日典）
- 森上展安 もりがみ・のぶやす 情報サービスコンサルティング（現執4期）

⁴森井 もり；もりい
- 森井実昌喜 もり・さねしょき 農民（社史）
- 森井実養喜 もり・さねよき 農民（社史）
- 森井健介 もりい・けんすけ 建築学者（日人）
- 森井英雄 もりい・ひでお 会社役員（現執4期）

森分 もりわき；もりわけ
- 森分忠孝 もりわき・ただたか 社会運動家（ア人）
- 森分和三 もりわけ・かずみ 滝沢鉄工所常務（日典）
- 森分大輔 もりわけ・だいすけ 「ハンナ・アレント研究」風行社（日典3）

⁵森平 もりだいら；もりひら
- 森平喜十郎 もりだいら・きじゅうろう 農業団体役員（姓氏群馬）
- 森平爽一郎 もりだいら・そういちろう 慶応義塾大学総合政策学部教授（現執4期）
- 森平梅幸 もりひら・うめゆき サンシャインシティ社長、全日本空輸常務（日典3）
- 森平鋭 もりひら・えい 木材工（社史）

森生 もりお
- 森生明 もりお・あきら 「会社の値段」筑摩書房（日典3）
- 森生文乃 もりお・あやの 漫画家（漫人）
- 森生まさみ もりお・まさみ 漫画家（漫人）

⁶森次 もりつぐ
- 森次勲 もりつぐ・いさお 著述家（日典3）
- 森次晃嗣 もりつぐ・こうじ 俳優（映男）
- 森次正甫 もりつぐ・まさもと 大分市教育委員会社会教育社教主事（日典3）
- 森次真理 もりつぐ・まり 「おねぼうこうてい」新世研（日典3）
- 森次矢尋 もりつぐ・やひろ 漫画家（漫人）

⁷森住 もりすみ；もりずみ
- 森住昌弘 もりすみ・まさひろ 「団塊と団塊ジュニアの家族学」電通（日典3）
- 森住明弘 もりずみ・あきひろ リサイクル工学者（現執4期）
- 森住卓 もりずみ・たかし フォトジャーナリスト（平和）

森谷 もりたに；もりや
- 森谷司郎 もりたに・しろう 映画監督（日人）
- 森谷正規 もりたに・まさのり 技術評論家（日人）
- 森谷延雄 もりや・のぶお 家具デザイナー（日人）
- 森谷均 もりや・ひとし 出版人（日人）

森貝 もりかい
- 森貝栄一 もりかい・えいいち 弓道家、弓道教士（弓道）

森里 もりさと；もりざと；もりのさと
- 森里悠 もりさと・ゆう テクニカルライター（日典）
- 森里香山 もりざと・こうざん 陶芸家（陶芸最）
- 森里陽一 もりのさと・よういち 「リッチ・デヴォス」東洋経済新報社（日典3）

⁸森国 もりくに
- 森国一郎 もりくに・いちろう 西ベルリン自由大学政治学科研究員（日典3）
- 森国貞彦 もりくに・さだひこ 中国新聞編集局編集委員（部長）鳥取支局長（日典3）
- 森国とき彦 もりくに・ときひこ 童画家（児人）
- 森国稔 もりくに・みのる 相馬共同火力発電社長（日典3）

森実 もりざね；もりみ
- 森実善四郎 もりざね・ぜんしろう 郷土史家（郷土）
- 森実孝郎 もりざね・たかお 水産庁漁政部長（国典）
- 森実敏夫 もりみ・としお 「肝障害と免疫療法」日本医学館（JM）

森宗 もりそう；もりむね
- 森宗寛司 もりそう・かんじ 陸上選手（日典）
- 森宗崇 もりむね・たかし 「ボードレール・ゴーティエに関する文学論集」クォリティ出版（日典3）
- 森宗まさ子 もりむね・まさこ 世界連邦京都婦人の会理事、桃花苑（特別養護老人ホーム）監事（日典3）

森枝 もりえ；もりえだ
- 森枝麻知 もりえ・まち 漫画家（漫人）
- 森枝卓士 もりえだ・たかし フォトジャーナリスト、ルポライター（写人）
- 森枝雄司 もりえだ・ゆうじ エディトリアルデザイナー（現執3期）

森波 もりなみ
- 森波繁 もりなみ・しげる 渡航者（渡航）

森茂 もりしげ；もりも
- 森茂りん もりしげ・りん フリーライター（日典3）

森茂岳雄　もりも・たけお「知っとくナットク社会科クイズ101」日本標準(日典3)

[9]森信　もりのぶ
森信茂樹　もりのぶ・しげき　官僚(現執4期)
森信静治　もりのぶ・せいじ　弁護士(日典3)
森信隆夫　もりのぶ・たかお　写真家(写)
森信秀樹　もりのぶ・ひでき　森信建設社長,広島経済同友会常任幹事(日典3)

森屋　もりや
森屋啓　もりや・あきら「地域力だ！ボーイスカウト」日貿出版社(日典3)
森屋正助　もりや・しょうすけ　農事功労者(庄内)
森屋藤十郎　もりや・とうじゅうろう　農事功労者(庄内)
森屋初　もりや・はつ　"娘茶豆"という枝豆の変種を育成(植物)
森屋鷲男　もりや・わしお　体育学者(体育)

森荏　もりえ
森荏ヤスミン　もりえ・やすみん「ミスティック・ブルー」東京書籍(日典3)

[10]森家　もりや
森家武男　もりや・たけお　福井新聞広告局付部長(日典3)
森家章雄　もりや・ふみお「環境問題の根本認識について」神戸商科大学経済研究所(日典3)
森家巻子　もりや・まきこ　日本舞踊家(新芸)

森宮　もりのみや；もりみや
森宮庸介　もりのみや・ようすけ「だれにでもわかる情報社会―工業社会崩壊へカウントダウン」近代文芸社(JM)
森宮勝子　もりみや・かつこ「高齢社会の介護ビジネス」千倉書房(日典3)
森宮隆　もりみや・りゅう　俳優(テレ)

森島　もりしま；もりじま
森島庫太　もりしま・くらた　薬学者(日人)
森島守人　もりしま・もりと　外交官,政治家(コン4)
森島はるか　もりじま・はるか　プロジェクトA(株)インターネット事業部(日典)

森畠　もりはた；もりばたけ
森畠伸年　もりはた・しんねん　ファッションデザイナー(日典3)
森畠秀実　もりばたけ・ひでみ「インターネット等のネットワークを使った個人間の電子マネー送金方法について」日本銀行金融研究所(日典3)

森馬　もりうま；もりま
森馬啓文　もりうま・ひろふみ　住友電設常務(日典3)
森馬康子　もりま・やすこ「近代建築プロデュース」銀声舎出版社(日典3)

[11]森崎　もりさき；もりざき
森崎東　もりさき・あずま　映画監督(日人)
森崎和江　もりさき・かずえ　詩人,評論家(日人)
森崎徳則　もりさき・とくのり　富士写真光機社長(日典)

[12]森塚　もりずか；もりつか
森塚文雄　もりずか・ふみお　元・大阪外国語大学教授(日典)
森塚敏　もりつか・とし　俳優(日人)
森塚敏　もりつか・びん　俳優(世紀)

森開　もりかい
森開直次　もりかい・ていじ　テレビディレクター(人情)

[13]森園　もりその；もりぞの
森園良己　もりその・よしみ　東京三菱ふそう自動車販売取締役相談役(日典)
森園忠　もりぞの・ちゅう　映画監督(映人)
森園天涙　もりぞの・てんるい　歌人(世紀)

森廉　もりかど
森廉猿男　もりかど・さるお　俳人(俳諧)

森新　もりた
森新虎夫　もりた・とらお　税理士(日典)

森福　もりふく
森福省一　もりふく・しょういち「病院の就業規則」福祉新聞社(日典3)
森福允彦　もりふく・まさひこ　プロ野球選手(日典3)
森福都　もりふく・みやこ　小説家(幻想)

[14]森嶌　もりしま
森嶌昭夫　もりしま・あきお　研究者(現執4期)
森嶌治人　もりしま・はるひと　オリンパスメディカルシステムズ社長(日典3)

森熊　もりくま
森熊猛　もりくま・たけし　漫画家(漫人)
森熊ふじ子　もりくま・ふじこ　プロレタリア演劇女優(アナ)

森鼻　もりはな
森鼻宗次　もりはな・そうじ　医師(眼科)
森鼻武芳　もりはな・たけよし　北海道銀行頭取(日典3)
森鼻とみゑ　もりはな・とみえ「うたかた」友月書房(日典3)
森鼻英征　もりはな・ひでゆき　東海大学海洋学部マリンデザイン工学科教授(日典3)

[18]森藤　もりとう；もりふじ
森藤有倫　もりとう・ありとも　公認会計士,税理士,宅地建物取引主任者(日典3)
森藤一男　もりとう・かずお　財政会計学者(現執3期)
森藤源一郎　もりふじ・げんいちろう　弓道家,弓道教士(弓道)
森藤三郎　もりふじ・さぶろう　平民社系社会主義者(社史)

【724】椙

[4]椙元　すぎもと
椙元紋太　すぎもと・もんた　川柳作家(日人)

[7]椙村　すぎむら
椙村彩　すぎむら・あや「日韓交流のさきがけ―浅川巧」揺籃社(日典3)

木部(椙,棚,椎)

椙村大彬　すぎむら・おおあき　地理研究者(日典3)
椙村辰之助　すぎむら・たつのすけ　教育者(日人)
椙村保寿　すぎむら・やすかず　検校(幕末)
椙村保寿　すぎむら・やすひさ　検校(維新)

椙杜　すぎのもり；すぎもり
椙杜久子　すぎのもり・ひさこ　檜書店社長(日人)
椙杜吉次　すぎもり・よしじ　「大日本神名辞書」堀店(日典3)

¹⁰**椙原　すぎのはら；すぎはら**
椙原治人　すぎのはら・おさめ　長州(萩)藩士(幕末)
椙原透　すぎはら・とおる　留学生(海越新)
椙原治人　すぎはら・はるんど　長州(萩)藩士(日人)

【725】 棲

¹¹**棲梧　せいご**
棲梧宝岳　せいご・ほうがく　僧侶(神奈川人)

【726】 棚

³**棚下　たなか；たなした**
棚下照生　たなか・てるお　漫画家(世紀)
棚下八十人　たなした・やそと　「絵露巣」田中均(日典3)

棚川　たなかわ；たながわ
棚川音一　たなかわ・おといち　歌人(北海道文)
棚川喜八　たなかわ・きはち　北海道地方同盟友愛センター会長(日典)
棚川音一　たながわ・おといち　「北の街―梁瀬はる子遺歌集」梁瀬篤(JM)

⁶**棚次　たなつぐ**
棚次隆　たなつぐ・たかし　テレビプロデューサー(日典3)
棚次辰吉　たなつぐ・たつきち　実業家(日人)
棚次富王　たなつぐ・とみお　東芝副社長(日典3)
棚次亘弘　たなつぐ・のぶひろ　室蘭工業大学教授,宇宙航空研究開発機構参事(日典3)
棚次正和　たなつぐ・まさかず　「宗教学入門」ミネルヴァ書房(日典3)

⁷**棚沢　たなさわ；たなざわ**
棚沢一郎　たなさわ・いちろう　「機械力学入門」日新出版(日典3)
棚沢泰　たなさわ・やすし　熱工学者(現情)
棚沢青路　たなざわ・あおじ　エレガンス社長(日典3)
棚沢照吉　たなざわ・てるきち　部落解放運動・農民運動家・埼玉人

棚谷　たなたに；たなや
棚谷勲　たなたに・いさお　洋画家(日典3)
棚谷喬　たなたに・たかし　「フューチャー・ケープ」日本図書刊行会(日典3)

棚谷桂陰　たなや・けいいん　笠間藩の儒医(日人)
棚谷しげ子　たなや・しげこ　「棚谷しげ子詩集」棚谷しげ子詩集刊行会(日典3)

¹⁰**棚夏　たなか**
棚夏針手　たなか・はりて　詩人(日人)

¹¹**棚部　たなべ**
棚部一成　たなべ・かずしげ　「古生物の形態と解析」朝倉書店(日典3)
棚部得博　たなべ・とくひろ　マーケティング専門家(現執3期)

¹⁶**棚橋　たなはし；たなばし**
棚橋小虎　たなはし・ことら　社会運動家,政治家(コン4)
棚橋寅五郎　たなはし・とらごろう　工業化学者,実業家(コン4)
棚橋絢子　たなばし・あやこ　教育者(郷土岐阜)
棚橋衡平　たなばし・こうへい　勤王の志士,揖斐岡田家に仕える(郷土岐阜)

¹⁹**棚瀬　たなせ**
棚瀬明彦　たなせ・あきひこ　「Konkordanz zu Friedrich Hölderlins Übersetzungen Substantive」九州大学大学院言語文化研究院(日典)
棚瀬充史　たなせ・あつし　「濃飛流紋岩」地学団体研究会(日典3)
棚瀬孝雄　たなせ・たかお　法学者(現執4期)
棚瀬虎之丞　たなせ・とらのじょう　下野吹上藩士(藩臣5)
棚瀬正民　たなせ・まさたみ　作曲家(作曲)

【727】 椎

³**椎久　しいく**
椎久年蔵　しいく・としぞう　猟師,漁師(社史)

⁴**椎井　しい；しいい**
椎井靖雄　しい・やすお　政治家(政治)
椎井一意　しいい・かずい　東北エネルギーサービス社長(日典)

椎木　しいき；しいぎ；しいのき
椎木昭生　しいき・あきお　三洋信販社長(日典3)
椎木庫之助　しいぎ・くらのすけ　政治家(姓氏山口)
椎木緑司　しいのき・ろくじ　弁護士(現執2期)

⁷**椎尾　しいお**
椎尾一郎　しいお・いちろう　玉川大学工学部電子工学科助教授(日典3)
椎尾定吉　しいお・さだきち　「万呪秘法」さわね出版(日典3)
椎尾一　しいお・はじめ　リンナイ技術顧問,名古屋市工業研究所長(日典3)
椎尾弁匡　しいお・べんきょう　宗教家,仏教学者(コン4)
椎尾匡文　しいお・まさふみ　「旧約聖書の世界への旅」サンパウロ(日典3)

椎谷　しいたに；しいや
　椎谷和子　しいたに・かずこ　市島酒造勤務（日典3）
　椎谷哲夫　しいたに・てつお　東京新聞社会部次長（日典3）
　椎谷欣二　しいや・きんじ　「アララギ」同人（国典）
　椎谷建治　しいや・けんじ　俳優（新芸）

椎貝　しいがい
　椎貝達夫　しいがい・たつお　医師（日典3）
　椎貝博美　しいがい・ひろよし　土木工学者（現執2期）

⁹椎津　しいず；しいつ
　椎津虚彦　しいず・きよひこ　「道玄坂」本阿弥書店（日典3）
　椎津清彦　しいず・きよひこ　医師（日典3）
　椎津栄三郎　しいつ・えいざぶろう　日本室内設備工業社長（日典）

¹²椎葉　しいば
　椎葉あおい　しいば・あおい　「やっと見つけた！本当にやりたいこと」三笠書房（日典3）
　椎葉周　しいば・しゅう　小説家（幻想）
　椎葉糾義　しいば・ただよし　東亜先覚志士（人名）
　椎葉正幸　しいば・まさゆき　陶芸家（陶工）
　椎葉徹子　しいば・もとこ　図書館学者（現執3期）

¹⁶椎橋　しいはし；しいばし
　椎橋藍子　しいはし・あいこ　歌人（女性普）
　椎橋博　しいはし・ひろし　出版人（出文）
　椎橋邦雄　しいはし・くにお　「各国仲裁の法とプラクティス」中央大学出版部（日典3）
　椎橋隆　しいばし・たかし　建築家（日典3）

【728】棟

棟　とう；むね
　棟幸子　とう・さちこ　「もし雪が青く降るなら」短歌新聞社（日典3）
　棟武郎　とう・たけお　「発明のアイデア売ります」実業之日本社（日典3）
　棟武郎　むね・たけお　テレビ東京プロデューサー（人情）

³棟上　とうじょう；むながみ；むねがみ
　棟上昭男　とうじょう・あきお　東京工科大学メディア学部教授（日典3）
　棟上碧想子　むながみ・へきそうし　俳人（俳文）
　棟上碧想子　むねがみ・へきそうし　俳人（奈良文）

棟久　むねひさ
　棟久一夫　むねひさ・かずお　前山口県立中央病院長（人情）

⁴棟元　むなもと
　棟元督行　むなもと・とくよ　社会運動家（女性普）

棟方　むなかた；むねかた
　棟方志功　むなかた・しこう　版画家（コン4）
　棟方末華　むなかた・まっか　版画家（美家）
　棟方玄栄　むねかた・げんえい　医家＝近世（人名6）
　棟方正信　むねかた・まさのぶ　北海道大学大学院工学研究科教授（日典3）

⁵棟田　むねた；むねだ
　棟田博　むねた・ひろし　小説家（日人）
　棟田裕幸　むねた・ひろゆき　「組織再編の手法と会計・税務Q&A」中央経済社（日典3）
　棟田彰城　むねだ・あきしろ　「新修まじない秘法大全集」修学社（日典3）

⁸棟居　むねすえ
　棟居勇　むねすえ・いさむ　「ただ一つの慰め」キリスト新聞社出版事業部（日典3）
　棟居仁　むねすえ・じん　フリーライター（日典3）
　棟居千鶴子　むねすえ・ちづこ　「ガラス館」短歌新聞社（日典3）
　棟居徳子　むねすえ・とくこ　「健康権の再検討」立命館大学グローバルCOEプログラム「生存学」創成拠点（日典3）
　棟居快行　むねすえ・としゆき　研究者（平和）

¹²棟朝　むねとも
　棟朝雅晴　むねとも・まさはる　「遺伝的アルゴリズム」森北出版（日典3）
　棟朝幸夫　むねとも・ゆきお　「宝石商泣かせの宝石の上手な買い方」池田書店（日典3）

【729】棒

⁴棒方　ぼうかた
　棒方金蔵　ぼうかた・きんぞう　大阪電気労働組合執行委員（社史）

【730】椋

椋　むく；むくのき
　椋鳩十　むく・はとじゅう　児童文学作家（コン4）
　椋陽児　むく・ようじ　編集者,漫画家（幻想）
　椋周二　むくのき・しゅうじ　「誕生樹」八坂書房（日典3）
　椋誠一朗　むくのき・せいいちろう　「野分会」野分会（日典3）

⁴椋木　むくぎ；むくのき
　椋木豊文　むくぎ・とよふみ　歌人（国典）
　椋木英三　むくのき・えいぞう　陶芸家（陶工）
　椋木潜　むくのき・ひそむ　志士（コン4）

⁵椋代　むくだい
　椋代純輔　むくだい・じゅんすけ　京都府立大学農学部教授（日典3）
　椋代讓示　むくだい・じょうじ　自然科学研究所社長（日典3）
　椋代仁朗　むくだい・よしろう　広島大教授（国典）

木部(椋,棗,棹,橳,椚,椛,棱,梓)

椋平　むくひら
　椋平淳　むくひら・あつし「サイエンス・スペクトラム」金星堂(日典)
　椋平広吉　むくひら・ひろきち　地震研究家(日人)

椋本　くらもと；むくもと
　椋本夏夜　くらもと・かや「銃姫」講談社(日典3)
　椋本運雄　むくもと・うんゆう　黒化社メンバー(アナ)
　椋本竜海　むくもと・りょうかい　僧(日人)

椋田　むくた；むくだ
　椋田宏昭　むくた・ひろあき　造形教育(日典)
　椋田メイ　むくた・めい「ストックオプション導入・成功の実際」日本実業出版社(日典3)
　椋田知能　むくだ・ともお　僧侶(日典3)
　椋田直子　むくだ・なおこ　翻訳家(日典3)

[11]椋梨　くらなし；むくなし
　椋梨一雪　くらなし・いっせつ「俳諧洗濯物」古典文庫(日典3)
　椋梨浩之　むくなし・ひろゆき　クリーチャー作家(日典)
　椋梨実　むくなし・みのる　宇部興産専務(日典3)

椋野　むくの
　椋野要　むくの・かなめ　岡山大学名誉教授(日典3)
　椋野顕成　むくの・けんせい「魂、燃やして」出島文庫(日典3)
　椋野美智子　むくの・みちこ　官僚(現執4期)

【731】　桟

桟　かけはし
　桟熊獅　かけはし・くまし　佐世保市長(紳士)
[15]桟敷　さんじき
　桟敷芳子　さんじき・よしこ　看護婦(社運)

【732】　棗

棗　なつめ
　棗一郎　なつめ・いちろう「労働審判制度その仕組みと活用の実際」日本法令(日典3)
　棗キカ　なつめ・きか「集密書庫の情事。」雄飛(日典3)
　棗慶三　なつめ・けいぞう　陸上自衛隊第302保安中隊長(日典)
　棗美紗子　なつめ・みさこ「露けき灯」東京四季出版(日典3)

[5]棗田　なつめだ
　棗田金治　なつめだ・きんじ　亜紀書房社長(日典)
　棗田真一　なつめだ・しんいち「横関係の教育学」大阪府立高石高等学校図書館(日典3)
　棗田常義　なつめだ・つねよし　日本経済新聞副社長(日典3)
　棗田光行　なつめだ・みつゆき「ドイツ・文学の描くその紋様」棗田光行先生退職記念論集編集委員会(日典3)
　棗田泰之　なつめだ・やすゆき　ミュージシャン(テレ)

【733】　棹

[7]棹見　さおみ
　棹見拓史　さおみ・たくし「かげろうの森で」創風社出版(日典3)

【734】　橳

橳　たぶ
　橳瑞希子　たぶ・みきこ　聖徳大学短期大学部教授(日典3)
　橳泰幸　たぶ・やすゆき　日本経済新聞大阪広告局開発課編集委員(日典)

【735】　椚

椚　くぬぎ
　椚国男　くぬぎ・くにお　元・高校教師(日典3)
　椚純一　くぬぎ・じゅんいち　日刊工業新聞北関東支社次長兼総務部長(日典3)
　椚総　くぬぎ・たかし　しんえい社社長(日典3)
　椚隆　くぬぎ・たかし「建設技術の歩み」オーム社(日典3)
　椚千恵子　くぬぎ・ちえこ「過ぎ往く日々と八重子さん」柏艪舎, 星雲社(発売)(日典3)

【736】　椛

[4]椛木　あべき
　椛木紀男　あべき・のりお「建築の耐震設計」関東学院大学出版会, 丸善出版(発売)(日典3)
[8]椛松　あべまつ
　椛松源一　あべまつ・げんいち　大阪外国語大学名誉教授(日典3)
　椛松紀雄　あべまつ・のりお　医師(近医)

【737】　棱

[4]棱井　かどい
　棱井陽平　かどい・ようへい「ウィザードリィの秘密」データハウス(日典3)

【738】　梓

[5]梓田　そねた
　梓田俊邦　そねた・としくに「〈事例集〉高齢者のケア」中央法規出版(日典3)

【739】楽

楽　がく；ぎょう；ささ；らく
　楽恕人　がく・じょじん「唐代の女流詩人」毎日新聞社（JM）
　楽雅門　ぎょう・がもん「信達の御仏—みちのくふくしま 楽雅門写真集」信楽社（JM）
　楽真琴　ささ・まこと　映画監督（日典3）
　楽慶入　らく・けいにゅう　京都の楽焼の陶工（日人）
[11]楽得　らくえ
　楽得永男　らくえ・ながお　医師, 写真家（写人）

【740】榊

[10]榊原　さかきはら；さかきばら
　榊原平次郎　さかきはら・へいじろう　津山松平藩越州流軍学師役（岡山歴）
　榊原洋一　さかきはら・よういち　東京大学医学部講師（現執4期）
　榊原仟　さかきばら・しげる　医師（コン4）
　榊原紫峰　さかきばら・しほう　日本画家（コン4）

【741】楯

楯　たて
　楯朝二郎　たて・あさじろう「EECの挑戦」東洋経済新報社（日典3）
　楯雨塘　たて・うとう　俳人, 石見野吟社を主宰（島根歴）
　楯兼次郎　たて・かねじろう　労働組合指導者・政治家（郷土岐阜）
　楯真由子　たて・まゆこ　女優（テレ）
　楯了三　たて・りょうぞう　バリトン歌手（音人3）
[16]楯繁　たてしげ
　楯繁一栄　たてしげ・いちえい　地歌箏曲家（新芸）

【742】槌

[7]槌谷　つちや
　槌谷昭　つちや・あきら「週刊宝石」取材記者（日典3）
　槌谷定子　つちや・さだこ　名古屋アメリカンセンター企画顧問（日典3）
　槌谷淳子　つちや・じゅんこ「ホワイトライズ」SS-project,Bookpark（発売）（日典3）
　槌谷浩子　つちや・ひろこ「你好！中国」ヒューマン刊行会（日典3）
　槌谷亭介　つちや・りょうすけ　北海道水産物荷主協会理事（人情）
[12]槌賀　つちが
　槌賀安平　つちが・やすへい　生物学者（植物）

　槌賀良太郎　つちが・りょうたろう「没法子」共同ブレーンセンター（日典3）

【743】椿

[5]椿本　つばきもと；つばもと
　椿本義一　つばきもと・ぎいち「支那経済事情」山中東（日典3）
　椿本説三　つばきもと・せつぞう　実業家（日人）
　椿本説三　つばもと・せつぞう　実業家（大阪人）
[8]椿東　しゅんとう
　椿東杉江　しゅんとう・すぎえ　女優（人名7）
[10]椿原　つばきはら；つばはら
　椿原幸平　つばきはら・こうへい　弓道家, 弓道教士（弓道）
　椿原了義　つばきはら・りょうぎ　僧侶（真宗）
　椿原彰夫　つばはら・あきお「リハビリナース, PT、OT、STのための患者さんの行動から理解する高次脳機能障害」メディカ出版（日典3）
　椿原健督　つばはら・けんすけ　元・北海道ガス社長（日典3）
[11]椿堂　ちんどう
　椿堂芳三　ちんどう・よしぞう　洋画家（洋画）
[16]椿樹洞　ちんじゅとう
　椿樹洞青朋　ちんじゅとう・せいほう　高松町（石川県）町長（日典）

【744】楢

楢　なら
　楢喜八　なら・きはち　挿絵画家, 童画家（児人）
　楢俊介　なら・しゅんすけ「秘められた女」大和出版（日典3）
　楢信子　なら・のぶこ　小説家, 評論家（世紀）
[7]楢谷　ならたに
　楢谷佳江　ならたに・よしえ「インカ文明」佑学社（日典3）
[8]楢林　ならばやし
　楢林勇　ならばやし・いさむ「泌尿器・生殖器・後腹膜・副腎」金芳堂（日典3）
　楢林栄建　ならばやし・えいけん　蘭方医（日人）
　楢林和之　ならばやし・かずゆき　医師（近医）
　楢林佳津美　ならばやし・かつみ　アロマセラピスト, 鍼灸マッサージ師（日典3）
　楢林博太郎　ならばやし・ひろたろう　神経学者
[11]楢崎　ならさき；ならざき
　楢崎彰一　ならさき・しょういち　考古学者（日人）
　楢崎勤　ならさき・つとむ　小説家, 編集者（日人）
　楢崎猪太郎　ならざき・いたろう　労働運動家, 船員（日人）
　楢崎頼三　ならざき・らいぞう　長州（萩）藩士（コン4）

【745】 楠

楠　くす；くすき；くすのき
　楠淳生　くす・あつお　アナウンサー（テレ）
　楠力　くすき・ちから　柔道範士（姓氏鹿児島）
　楠トシエ　くすのき・としえ　女優（日人）
³楠三　くすみ
　楠三正人　くすみ・まさと「アルペン歌集」（国典）
楠川　くすかわ；くすがわ
　楠川正範　くすかわ・まさのり　能楽師（新芸）
　楠川良水　くすかわ・よしみ　弓道家,弓道錬士（弓道）
　楠川礼造　くすがわ・れいぞう　医師（日典）
⁴楠内　くすうち
　楠内友次郎　くすうち・ともじろう　東亜先覚志士（日人）
楠戸　くすど
　楠戸一彦　くすど・かずひこ「ドイツ中世後期のスポーツ」不昧堂出版（日典3）
　楠戸謙二　くすど・けんじ　MUNI主宰（日典3）
　楠戸まさる　くすど・まさる「飛火野」本阿弥書店（日典3）
　楠戸義昭　くすど・よしあき　歴史作家,ジャーナリスト（現執3期）
楠木　くすき；くすのき
　楠木潤　くすき・じゅん「カラダが覚える恋もある」リブレ出版（日典3）
　楠木美樹　くすき・はるき　書家（日典）
　楠木繁夫　くすのき・しげお　歌手（日人）
　楠木徳男　くすのき・とくお　映画監督（映人）
⁵楠田　くすた；くすだ
　楠田英世　くすた・えいせい　佐賀藩士（新潟百）
　楠田枝里子　くすた・えりこ　司会者,エッセイスト（世紀）
　楠田匡介　くすだ・きょうすけ　小説家（日人）
　楠田敏郎　くすだ・としろう　歌人（日人）
楠目　くすめ；くずめ
　楠目克美　くすめ・かつみ　ディスプレイデザイナー（日典）
　楠目橙黄子　くすめ・とうこうし　俳人（俳文）
　楠目玄　くずめ・げん　民権運動家,政治家（高知人）
　楠目橙黄子　くずめ・とうこうし　俳人（四国文）
⁷楠見　くすのみ；くすみ
　楠見かずお　くすのみ・かずお「学園天国」フランス書院（日典3）
　楠見朋彦　くすみ・ともひこ　小説家（兵庫文）
　楠見義男　くすみ・よしお　農林官僚（履歴2）
⁹楠城　くすき；なんじょう
　楠城徹　くすき・とおる　元・プロ野球選手（日典3）
　楠城祐介　くすき・ゆうすけ　プロ野球選手（日典3）
　楠城嘉一　なんじょう・かいち　政治家（鳥取百）
　楠城華子　なんじょう・はなこ　タレント（日典3）
楠美　くすみ
　楠美恩三郎　くすみ・おんざぶろう　教育者,作曲家（日人）
　楠美省吾　くすみ・せいご　政治家（政治）
　楠美太素　くすみ・たいそ　津軽弘前藩士（青森人）
　楠美冬次郎　くすみ・とうじろう　りんご栽培家（日人）
　楠美隆之進　くすみ・りゅうのしん　新聞人（青森人）
¹⁰楠原　くすのはら；くすはら
　楠原彰　くすのはら・あきら「神田さんと上野さん」オークラ出版（日典3）
　楠原彰　くすはら・あきら　教育学者（現執4期）
　楠原志朗　くすはら・しろう　歌人（岡山歴）
楠家　くすや
　楠家重敏　くすや・しげとし　研究者（現執4期）
¹¹楠部　くすべ
　楠部文　くすべ・あや「キッズシェフのためのわくわくクッキング」ポプラ社（日典3）
　楠部九二緒　くすべ・くにお　俳人（和歌山人）
　楠部真三　くすべ・しんぞう　栗田工業常務（日典3）
　楠部南崖　くすべ・なんがい　俳人（俳文）
　楠部弥弌　くすべ・やいち　陶芸家（コン4）
¹⁹楠瀬　くすせ；くすのせ
　楠瀬正興　くすせ・まさおき　著述業（国典）
　楠瀬洋吉　くすせ・ようきち「庭」高知県庭園文化の会（日典3）
　楠瀬喜多　くすのせ・きた　女性民権家（コン）
　楠瀬幸彦　くすのせ・さちひこ　陸軍軍人（日人）

【746】 楳

⁴楳木　うめき
　楳木栄一　うめき・えいいち　岡山大学教養部教授（日典）
⁵楳本　うめもと
　楳本貢三　うめもと・こうぞう「スタンダード歯科理工学」学建書院（日典3）
　楳本捨三　うめもと・すてぞう　小説家（小説）
⁷楳図　うめず
　楳図かずお　うめず・かずお　漫画家（日人）
⁸楳茂都　うめもと
　楳茂都梅衣　うめもと・うめぎぬ　日本舞踊家（日典3）
　楳茂都梅治　うめもと・うめじ　日本舞踊家（日人）
　楳茂都扇性〔1代〕　うめもと・せんしょう　舞踊楳茂都流家元（日人）
　楳茂都陸平　うめもと・りくへい　日本舞踊家（日人）
⁹楳垣　うめがき
　楳垣実　うめがき・みのる　言語学者（兵庫百）

楳泉　うめずみ
　楳泉正道　うめずみ・まさみち　住商電子システム社長(日典)
[10]楳原　うめはら
　楳原孝一　うめはら・こういち「防長路のみ寺巡拝記」(国典)
[11]楳崎　うめざき
　楳崎静香　うめざき・しずか　女優(日典3)
　楳崎洙雀　うめざき・しゅじゃく　日本画家(美家)

【747】楓

楓　かえで
　楓燿　かえで・あきら　写真家(写人)
　楓勲　かえで・いさお「インフルエンザの完全なる回避」JDC出版(国典)
　楓玄哲　かえで・げんてつ　僧侶(真宗)
　楓セビル　かえで・せびる　広告ジャーナリスト(現孰3期)
　楓元夫　かえで・もとお　評論家(現孰3期)

[3]楓川　かえでがわ；もみじがわ
　楓川雄三　かえでがわ・ゆうぞう「風と緑と英知の中に」かまくら春秋社出版事業部(日典)
　楓川あけみ　もみじがわ・あけみ「鳥に会う道」西さがみ文芸愛好会(日典3)

【748】楊

楊　やん；よう
　楊興新　やん・しんしん　胡弓奏者(日典)
　楊枝郎　よう・しろう　作曲家(音人3)
　楊麗貞　よう・れいてい　ピアニスト(音人3)

[4]楊井　やぎい；やない
　楊井佳代子　やぎい・かよこ「風のタクト」角川書店(日典3)
　楊井立夫　やぎい・たつお　岩谷産業取締役相談役(日典)
　楊井翁輔　やない・おうすけ　東洋通信機取締役(日典3)
　楊井謙蔵　やない・けんぞう　山口県留学生(海越新)

[8]楊枝　ようじ
　楊枝嗣朗　ようじ・しろう　経済学者(現孰2期)

【749】栩

[7]栩沢　くるみさわ；くるみざわ
　栩沢厚生　くるみさわ・あつお「ハート・クレイン詩集」(国典)
　栩沢克己　くるみざわ・かつみ　富士観光開発社長(日典)
　栩沢龍吉　くるみざわ・りゅうきち　作家,地方史家(長野歴)

【750】楫

[6]楫西　かじにし
　楫西省吾　かじにし・しょうご　オリックス生命保険会長,オリックス相談役・特別顧問(日典3)
　楫西誠治　かじにし・せいじ　日新火災海上保険会長(日典3)
　楫西光速　かじにし・みつはや　日本経済史家(日人)
　楫西雄介　かじにし・ゆうすけ　カワテツ・トラベル・サービス代表取締役(日典3)

[8]楫取　かとり
　楫取魚彦　かとり・なひこ　歌人=近世(人名2)
　楫取正彦　かとり・まさひこ　医師(日典3)
　楫取松若　かとり・まつわか　工業技術院名古屋工業技術試験所所長(日典)
　楫取美和　かとり・みわ　吉田松陰の末妹(幕末)
　楫取素彦　かとり・もとひこ　志士(コン4)

[12]楫間　かじま
　楫間弁　かじま・さとす「小さな航跡」(JM)

【751】楮

[7]楮谷　こうぞたに
　楮谷岩雄　こうぞたに・いわお　カネイワ鶏卵販売社長(日典)

【752】椹

[4]椹木　さわらぎ
　椹木勇　さわらぎ・いさむ　関西医科大学医学部教授(日典3)
　椹木脩　さわらぎ・おさむ　ナショナル・スチール取締役(日典3)
　椹木野衣　さわらぎ・のい　美術評論家(平和)
　椹木丸太夫　さわらぎ・まるたゆう　政治家(姓氏京都)
　椹木義一　さわらぎ・よしかず　制御工学者(現情)

【753】楡

楡　にれ
　楡一郎　にれ・いちろう「にぎやかなトラブルの雨音」医学通信社(日典3)
　楡猪之五郎　にれ・いのごろう　弓道家,弓道錬士(弓道)
　楡和子　にれ・かずこ　作家(日典3)
　楡今日子　にれ・きょうこ「諸葛孔明」総合法令出版(日典3)
　楡周平　にれ・しゅうへい　小説家(小説)

[4]楡木　にれき；にれぎ；ゆき
　楡木鉄蔵　にれき・てつぞう「電波航法の基礎」成山堂書店(日典3)

木部（楪,槙,榎）

楡木満生　にれぎ・みつき　臨床心理学者（日典3）
楡木啓子　ゆぎ・けいこ　「星になった鮭」響文社（日典3）

[10] 楡原　にれはら
楡原花　にれはら・はな　マリンバ奏者（演芸）

【754】 楪

楪　ゆずりは
楪清　ゆずりは・きよし　嘉穂町まちづくり委員会（福岡県）会長（日典3）
楪大仙　ゆずりは・たいせん　曹洞禅僧, 洞光寺35世（島根歴）
楪範之　ゆずりは・のりゆき　「出雲国山城屋横山家とその縁家」立花書院
楪整人　ゆずりは・よしと　デイリースポーツ（大阪）総務部長（日典）

【755】 槙

[6] 槙西　かさい
槙西仲惇　かさい・ちゅうじゅん　蘭方医, 緒方洪庵の門人（新潟百別）

【756】 榎

榎　えのき
榎市次郎　えのき・いちじろう　村長（日人）
榎一雄　えのき・かずお　東洋史学者（日人）
榎昌　えのき・しょう　実業家（日人）
榎その　えのき・その　漫画家（漫人）
榎美沙子　えのき・みさこ　女性解放運動家（日人）

[4] 榎戸　えのきど；えのと
榎戸賢二　えのきど・けんじ　歌舞伎作者（歌舞新）
榎戸庄衛　えのきど・しょうえ　洋画家（美家）
榎戸功男　えのと・いさお　仙台放送専務（日典3）
榎戸悦　えのと・えつ　ステンドグラス作家, ガラスプロデューサー（日典3）

榎木　えのき
榎木孝明　えのき・たかあき　俳優（日映男）
榎木兵衛　えのき・ひょうえ　俳優（和モ）
榎木盛　えのき・もり　漆芸家（石川百）
榎木洋子　えのき・ようこ　小説家（幻想）
榎木らん　えのき・らん　タレント（テレ）

[5] 榎本　えのもと；えもと
榎本健一　えのもと・けんいち　喜劇俳優（コン4）
榎本武揚　えのもと・たけあき　幕臣, 政治家（コン4）
榎本一男　えもと・かずお　カフェックス（日典3）
榎本和生　えもと・かずお　国立遺伝学研究所神経形態研究室准教授（日典3）

榎田　えだ；えのきた；えのきだ；えのだ
榎田尤利　えだ・ゆうり　小説家（幻想）
榎田二三子　えのきた・ふみこ　「保育原理」建帛社（日典3）
榎田柳葉女　えのきだ・りゅうようじょ　川柳作家（世紀）
榎田林次郎　えのだ・りんじろう　弓道家, 弓道錬士（弓道）

[7] 榎坂　えさか
榎坂武雄　えさか・たけお　松下電器産業専務（日典3）
榎坂浩尚　えさか・ひろなお　関西医科大学名誉教授, 神戸女子大学名誉教授（日典3）

榎村　えのむら；えむら
榎村朗　えのむら・あきら　日本工営副社長（日典3）
榎村義　えのむら・ただし　銀行員（国典）
榎村寛之　えむら・ひろゆき　斎宮歴史博物館主査兼学芸員（現執4期）

榎谷　えたに；えのきや
榎谷盈　えたに・みつる　そごうホップ取締役店長（日典）
榎谷繁夫　えのきや・しげお　元鈴木自動車工業取締役（日典）

榎阪　えさか
榎阪宗雄　えさか・むねお　「小学生の動物の図書館」（国典）

[8] 榎並　えなみ
榎並悦子　えなみ・えつこ　写真家（写人）
榎並邦夫　えなみ・くにお　政治家（現政）
榎並越夫　えなみ・たけお　実業家（創業）
榎並健　えなみ・たけし　友愛会大阪西支部幹事（社史）
榎並充造　えなみ・みつぞう　実業家（日人）

榎林　えのきばやし
榎林かおり　えのきばやし・かおり　駅伝選手（日典3）
榎林哲　えのきばやし・さとる　翻訳家（日児）

[9] 榎南　かなん
榎南謙一　かなん・けんいち　農民運動家, プロレタリア詩人, 部落解放運動家（社史）
榎南足也　かなん・たるや　羽黒神社神職・漢詩人（岡山歴）

[10] 榎原　えのきはら；えのきばら；えのはら；えはら；えばら
榎原和子　えのきはら・かずこ　「ゆるるひなげし」不識書院（日典3）
榎原圭佑　えのきばら・けいすけ　「マイコンおもしろゲーム」日本文芸社（日典3）
榎原弘二郎　えのはら・こうじろう　「人間性を培う教育」日本文化科学社（日典3）
榎原猛　えはら・たける　憲法学者（現執4期）
榎原一夫　えばら・かずお　政治家（現政）

榎島　えじま；えのきじま
榎島沙丘　えじま・さきゅう　俳人（兵庫文）
榎島靖起　えじま・やすき　ジャズ・ドラマー（日典3）

榎島景子　えのきじま・けいこ　(有)イン・クローバー代表(日典3)

[11]榎野　えの
　榎野俊春　えの・としはる　農林省農地局管理課(国典)
　榎野譲　えの・ゆずる　詩人, 教諭(児人)

[13]榎園　えのきぞの
　榎園喜徳　えのきぞの・きとく　労働法(人書)
　榎園茂　えのきぞの・しげる「数値計算法入門」森北出版(日典3)
　榎園久　えのきぞの・ひさし「源氏物語因果応報説批判」風詠社, 星雲社(発売)(日典3)
　榎園正人　えのきぞの・まさと　大分大学工学部教授(日典3)
　榎園実穂　えのきぞの・みほ　タレント(テレ)

【757】構

構　かまえ
　構恒一　かまえ・つねいち　放送作家(現日)
　構哲宏　かまえ・てつひろ　積水ハウス木造専務(日典)
　構実千代　かまえ・みちよ「わくわく野菜料理」農山漁村文化協会(日典3)

【758】榛

[6]榛名　はるな
　榛名亮　はるな・あきら　文筆家(日典3)
　榛名しおり　はるな・しおり　小説家(YA)
　榛名高雄　はるな・たかお　小説家(幻想)
　榛名由梨　はるな・ゆり　女優(テレ)
　榛名善樹　はるな・よしき　国際問題ジャーナリスト(国典)

[7]榛村　しんむら；はるむら
　榛村純一　しんむら・じゅんいち　実業家(現政)
　榛村専一　しんむら・せんいち「新聞法制論」(国典)
　榛村貞雄　はるむら・さだお「ホシガラスの歌」単独舎(日典3)

榛沢　はるざわ；はるざわ；はんざわ
　榛沢明浩　はるざわ・あきひろ　デトロイトトーマツコンサルティング戦略事業部シニアマネージャー(日典3)
　榛沢芳雄　はるざわ・よしお「国土計画概論」技報堂出版(JM)
　榛沢菱花　はんざわ・りょうか　日本画家(日画)

榛谷　はんがい
　榛谷白城　はんがい・はくじょう「椰子の月」榛谷美枝子(日典3)
　榛谷美枝子　はんがい・みえこ　俳人(北海道文)
　榛谷泰明　はんがい・やすあき　放送作家(人情)

[10]榛原　しんばら；はいばら；はりはら
　榛原茂樹　しんばら・しげき「満洲事変外交史」金港堂書籍(日典3)
　榛原駿吉　はいばら・しゅんきち　歌人(日典)
　榛原充　はりはら・みつる　ライター(日典)

[12]榛葉　しいば；しんは；しんば；はしば
　榛葉英治　しいば・えいじ　小説家(児人)
　榛葉太生　しんは・ふとお　安曇節の創作者, 初代家元(姓氏長野)
　榛葉英治　しんば・えいじ　小説家(日人)
　榛葉昭市　はしば・しょういち　園芸家(日典)

【759】槍

[5]槍田　うつぎた；うつだ；やりた
　槍田良枝　うつぎた・よしえ　俳人(現執4期)
　槍田孝一郎　うつだ・こういちろう　元・三井生命保険専務(日典)
　槍田作蔵　やりた・さくぞう　渡航者(渡航)

【760】樋

樋ケ　ひのけ
　樋ケ英人　ひのけ・ひでと　島根県町村議会議長会会長(日典)

[3]樋下　といした；ひのした
　樋下正信　といした・まさのぶ　岩手県議(自民党, 盛岡市)(日典3)
　樋下正光　といした・まさみつ　元・岩手県議(日典)
　樋下一郎　ひのした・いちろう　活年研究所理事長(日典)

樋上　ひかみ；ひがみ；ひのうえ
　樋上勲　ひかみ・いさお「英語の構造と意味」大阪教育図書(日典3)
　樋上新一　ひがみ・しんいち　政治家(政治)
　樋上由紀　ひのうえ・ゆき　ピアニスト(音人3)

[5]樋田　といだ；ひだ
　樋田五百枝　といだ・いおえ「小出の丘に」樋田豊宏(日典3)
　樋田道賢　といだ・みちかた　古本屋手伝い(アナ)
　樋田哲夫　ひだ・てつお　医師(近医)
　樋田魯一　ひだ・ろいち　農政指導者(大分歴)

[9]樋泉　といずみ；ひいずみ
　樋泉竹雄　といずみ・たけお　古河鉱業(現・古河機械金属)取締役(日典3)
　樋泉雪子　といずみ・ゆきこ　絵本画家(児人)
　樋泉克夫　といずみ・かつお　愛知県立大学外国語学部中国学科教授(現執4期)
　樋泉昌之　ひいずみ・まさゆき　飛島建設副社長(日典3)

[11]樋笠　ひかさ；ひがさ
　樋笠数慶　ひかさ・すうけい　日本画家(日人)
　樋笠文　ひかさ・ふみ　俳人(四国文)
　樋笠一夫　ひがさ・かずお　プロ野球選手(世紀)
　樋笠数慶　ひがさ・すうけい　日本画家(日典)

[12]樋渡　ひのわたり；ひわた；ひわたし；ひわたり
　樋渡ヨシ　ひのわたり・よし　中山人形創始者(女性普)

木部（槐,榧,榑,槙,横）

樋渡典膳　ひわた・てんぜん　葛西氏家臣＝中世（戦東）
樋渡清廉　ひわたし・きよかど　教育者,書家（日人）
樋渡ヨシ　ひわたり・よし　中山人形創始者（日人）

[13] 樋詰　ひづめ
樋詰喜久子　ひづめ・きくこ「傷のない悲しみは」サンリオ（日典3）
樋詰誠明　ひづめ・のぶあき　中小企業庁長官,関西経済同友会代表幹事,大丸副社長（日典3）

[14] 樋端　といばな
樋端一雄　といばな・かずお　京都新聞社長室付（日典）
樋端久利雄　といばな・くりお　軍人（陸海）
樋端保夫　といばな・やすお　工業技術院中国工業技術試験所生産技術部長（日典3）

【761】 槐

槐　えんじゅ；かい
槐一男　えんじゅ・かずお　歴史教育学者（YA）
槐布由子　えんじゅ・ふゆこ「ラ・セーヌの尾」角川書店（日典3）
槐和男　かい・かずお　陶芸家（陶工）
槐惟成　かい・これなり　在ブリスベーン総領事（日典）

[10] 槐原　かいはら
槐原忠志　かいはら・ただみつ　小学校教員（社史）

【762】 榧

[4] 榧木　かやき；かやのき
榧木一矢　かやき・かずや「量的社会調査実習報告書」成城大学文芸学部社会調査士資格課程運営委員会（日典3）
榧木寛則　かやのき・ひろのり　教育者・弁護士（埼玉人）
榧木寛之　かやのき・ひろゆき　技師（土木）

[5] 榧本　かやもと
榧本亀治郎　かやもと・かめじろう　考古学者（考古）
榧本杜人　かやもと・もりひと　考古学者（現情）

[10] 榧根　かやね
榧根勇　かやね・いさむ　水文学者（現執4期）

[12] 榧場　かやば
榧場逸önü　かやば・いつし　東大生産技術研究所研究員（国典）

【763】 榑

[7] 榑谷　くれたに
榑谷和男　くれたに・かずお　大阪府立大学農学部獣医学科教授（日典3）
榑谷章二　くれたに・しょうじ「野花を活かす」東京新聞出版局（日典3）

榑谷良範　くれたに・よしのり　香川県香南町教育委員長（日典3）

[8] 榑松　くれまつ
榑松あきら　くれまつ・あきら　電気通信大学大学院電気通信学研究科教授（日典3）
榑松一甫　くれまつ・いっぽ「破魔矢」草笛社（日典3）
榑松かほる　くれまつ・かおる　桜美林大学資格・教職教育センター教授（日典3）
榑松一彦　くれまつ・かずひこ「ナノテクノロジー時代の含浸技術の基礎と応用」テクノシステム（日典3）
榑松武男　くれまつ・たけお　実業家（視覚）

榑林　くればやし
榑林皓堂　くればやし・こうどう　宗学者,曹洞宗僧侶（姓氏静岡）
榑林定治　くればやし・さだはる「山羊と戦争」青風舎（日典3）
榑林守　くればやし・まもる　小説家（日典3）
榑林米子　くればやし・よねこ「単線区」本阿弥書店（日典3）

榑沼　くれぬま
榑沼けい一　くれぬま・けいいち　俳人（俳文）
榑沼範久　くれぬま・のりひさ「運動＋（反）成長」慶応義塾大学出版会（日典3）
榑沼光長　くれぬま・みつなが　写真家（日典3）
榑沼安寿彦　くれぬま・やすひこ　日本農林社（日典3）

【764】 槙

[7] 槙谷　まきたに
槙谷栄次　まきたに・えいじ「よくわかるコンクリートの劣化と補修」森北出版（日典3）
槙谷博光　まきたに・ひろみつ　東京大学工学部土木工学科助教授（日典3）

[8] 槙枝　まきえだ
槙枝元文　まきえだ・もとふみ　労働運動家（日人）

[10] 槙栖　まきす
槙栖稔　まきす・みのる「地域住民のための建設公害反対の手引」現代創造社（日典3）

【765】 横

[3] 横上　よこうえ；よこがみ
横上惣太郎　よこうえ・わかたろう「吟詠漢詩選」国典）
横上双風　よこがみ・そうふう　俳句（日典）

横川　よかわ；よこかわ；よこがわ
横川峰月　よかわ・ほうげつ　浄土真宗の僧（仏教）
横川省三　よかわ・しょうぞう　志士（日人）
横川省三　よこがわ・しょうぞう　志士（コン5）

⁴横木　よこき；よこぎ

横木一夫　よこき・かずお　NECソリューションズフロントオフィスシステム事業部マーケティングマネージャー・パッケージソリューション推進本部マネージャー（日典）

横木国臣　よこぎ・くにおみ　植物病理学者（島根歴）

横木清太郎　よこぎ・せいたろう　園芸学者（植物）

⁵横田地　よこたじ；よこたち

横田地巴　よこたじ・ともえ　日地出版相談役（日典）

横田地巴　よこたち・ともえ　出版人（出文）

横田地弘　よこたち・ひろし　学習院大学名誉教授（日典）

⁶横地　よこじ；よこち

横地官三郎　よこじ・かんざぶろう　隠岐騒動指導者（島根百）

横地満治　よこじ・まんじ　郷土史家（島根百）

横地伊三郎　よこち・いさぶろう　電気工学者（日人）

横地康国　よこち・やすくに　洋画家（日人）

⁷横沢　よこさわ；よこざわ

横沢彰　よこさわ・あきら　児童文学作家（児人）

横沢芳一　よこさわ・よしいち　歌手,ギタリスト（テレ）

横沢三郎　よこざわ・さぶろう　野球選手（日人）

横沢彪　よこざわ・たけし　テレビプロデューサー（日人）

横谷　よこたに；よこや

横谷玉壺　よこたに・ぎょくこ　日本画家（島根歴）

横谷輝　よこたに・てる　児童文学評論家（日人）

横谷瑛司　よこや・えいじ　ピアニスト,音楽教育者（音人3）

横谷三男　よこや・みつお　弓道家,神職,弓道教士（弓道）

⁸横佩　よこはぎ

横佩道彦　よこはぎ・みちひこ　日本語教師（日典3）

横林　よこはやし；よこばやし

横林史郎　よこはやし・しろう「源泉所得税の実務」納税協会連合会（日典3）

横林宙世　よこばやし・ひさよ　西南女学院大学人文学部教授（日典3）

横林紘美　よこばやし・ひろみ　翻訳家（児人）

横河　よこかわ；よこがわ

横河下枝　よこかわ・しずえ　陶磁器収集家（女性普）

横河秋濤　よこかわ・しゅうとう　医家（兵庫百）

横河民輔　よこがわ・たみすけ　建築家,実業家（コン5）

横河時介　よこがわ・ときすけ　経営者（日人）

⁹横飛　よことび

横飛信昭　よことび・のぶあき「社会心理学」理想社（日典3）

¹⁰横家　よこいえ；よこや

横家利子　よこいえ・としこ　川柳作家（兵庫文）

横家恭介　よこや・きょうすけ「金属物性論」内田老鶴圃（日典3）

横家純一　よこや・すみかず「ショータイム」あるむ（日典3）

横島　よこしま；よこじま

横島浩　よこしま・ひろし　作曲家,養護教師（作曲）

横島良市　よこしま・りょういち　政治家（現政）

横島勇　よこじま・いさむ　社会保険大学校副校長（日典3）

横島武郎　よこじま・たけろう「考える子どもたち」（国典）

横畠　よこはた；よこばたけ

横畠徳行　よこはた・とくゆき　帝京大学医学部講師（日典）

横畠怜子　よこはた・りょうこ「女三代俳句物語」東京四季出版（日典3）

横畠裕介　よこばたけ・ゆうすけ　検事（現執3期）

¹¹横堀　よこほり；よこぼり

横堀庄八　よこほり・しょうはち　政治家（姓氏富山）

横堀真太郎　よこほり・しんたろう　童謡作家（日典）

横堀角次郎　よこぼり・かくじろう　洋画家（日人）

横堀武夫　よこぼり・たけお　機械工学者（日人）

横張　よこはり；よこばり

横張和子　よこはり・かずこ　古代オリエント博物館研究員（日典3）

横張清威　よこはり・きよたけ「会社が得する人事書式&労働契約書」WAVE出版（日典3）

横張誠　よこばり・まこと　一橋大学大学院経済学研究科教授（日典）

¹²横塚　よこづか；よこつか

横塚晃一　よこづか・こういち「母よ！ 殺すな」（国典）

横塚鴻一　よこづか・こういち　フィッシング・フォト・ライター（日典3）

横塚真己人　よこつか・まこと　カメラマン（YA）

横塚祥隆　よこつか・よしたか　成城大学助教授（国典）

横湯　よこゆ

横湯久美　よこゆ・くみ「ナルシスの視点」photographers' gallery（日典3）

横湯園子　よこゆ・そのこ　教育学者,児童青年精神医学者（現執4期）

横越　よこごし

横越英一　よこごし・えいいち　政治学者（姓氏愛知）

横越直光　よこごし・なおみつ「富操のたたかい」光陽出版社（日典3）

横越英彦　よこごし・ひでひこ「代謝栄養学」同文書院（日典3）

横越光広　よこごし・みつひろ「モーターレヴュー」編集長（日典3）

横越友一郎　よこごし・ゆういちろう　西武百貨店池袋店コミュニティ・カレッジ館長（日典3）

木部(樫,樺,権)

横超　おうちょう
　横超慧日　おうちょう・えにち　中国仏教思想学者(現執1期)

横須賀　よこすか；よこすが
　横須賀薫　よこすか・かおる　研究者,評論家(現執4期)
　横須賀功光　よこすか・のりあき　写真家(日人)
　横須賀功光　よこすが・のりあき　写真家(現情)

[13]横幕　よこまく
　横幕胤行　よこまく・たねゆき　弁護士(日典3)
　横幕統平　よこまく・とうへい「竹むしろ」短歌雑誌社(日典)
　横幕智裕　よこまく・ともひろ「ルポ生活再建」東洋経済新報社(日典3)
　横幕直輝　よこまく・なおてる　東南アジア石油開発社長(日典3)
　横幕武良子　よこまく・むらこ　篤志家(日人)

横路　よこじ；よこみち；よころ
　横路啓子　よこじ・けいこ「エーゲ海の恋」近代映画社(日典3)
　横路孝弘　よこみち・たかひろ　政治家(日人)
　横路謙次郎　よころ・けんじろう　広島大学名誉教授(日典3)

[14]横嶋　よこしま；よこじま
　横嶋由一　よこしま・よしかず　プロゴルファー(日典)
　横嶋則之　よこじま・のりゆき　ルシアン常務(日典)

横関　よこせき；よこぜき
　横関愛造　よこせき・あいぞう　編集者(出文)
　横関謙治　よこせき・けんじ　セガ・トイズ取締役(日典3)
　横関愛造　よこぜき・あいぞう　編集者(出版)
　横関政一　よこぜき・まさいち　政治家(現政)

【766】樫

樫　かし；かたぎ
　樫昭二　かし・しょうじ　香川県議(共産党、高松市)(日典3)
　樫みちよ　かし・みちよ　漫画家(漫人)
　樫則章　かたぎ・のりあき　大阪歯科大学歯学部歯学科助教授(日典)

[4]樫木　かしき；かしぎ
　樫木常男　かしき・つねお　尼崎信用金庫専務理事(日典)
　樫木実　かしき・みのる　政治家(現政)
　樫木椋　かしぎ・りょう　徳島大学総合科学部教授(日典)

[5]樫出　かしいで；かしで
　樫出勇　かしいで・いさむ　軍人(陸海)
　樫出泰一郎　かしいで・たいいちろう「留六『とめろくこと泰一郎』回顧録」北越出版(制作)(日典)
　樫出三郎　かしで・さぶろう　元・プロ野球選手(日典)

　樫出恒代　かしで・ひさよ「美肌・漢方塾」小学館(日典3)

[10]樫原　かしはら；かしわら；かたぎはら
　樫原一郎　かしはら・いちろう　小説家(小説)
　樫原敬三　かしわら・けいぞう「経済学概要」関書院(日典)
　樫原雅春　かたぎはら・まさはる　出版人(出文)

[12]樫葉　かしば
　樫葉勇　かしば・いさむ　口演童話家,幼児教育家(世紀)
　樫葉歳三　かしば・としぞう「夢キャラ・パ～ティ」オークラ出版(日典3)
　樫葉史美子　かしば・ふみこ「十字架のメドを通って」聖灯社(日典3)
　樫葉みつ子　かしば・みつこ「英語で伝え合う力を鍛える！1分間チャット＆スピーチ・ミニディベート28」明治図書出版(日典3)

【767】樺

樺　かば；かんば
　樺正董　かば・まさしげ　数学者(数学)
　樺俊雄　かんば・としお　社会学者(世紀)
　樺美智子　かんば・みちこ　学生運動家(コン4)

[3]樺山　かばやま
　樺山愛輔　かばやま・あいすけ　実業家,政治家(日人)
　樺山紘一　かばやま・こういち　歴史学者,評論家(日人)
　樺山資雄　かばやま・すけお　国学者,薩摩藩士(コン4)
　樺山資紀　かばやま・すけのり　薩摩藩士,海軍軍人(コン4)
　樺山資英　かばやま・すけひで　政治家(日人)

[10]樺島　かしま；かばしま
　樺島直人　かしま・なおと　俳優(日典3)
　樺島勝一　かばしま・かついち　挿絵画家(コン4)
　樺島礼吉　かばしま・れいきち　実業家(コン)

【768】権

権　ごん
　権五宅　ごん・ごたく「火の鳥」紀尾井書房(日典3)
　権五徹　ごん・ごてつ「新組織学」日本医事新報社(日典3)
　権二郎　ごん・じろう　写真家(写人)
　権泰吉　ごん・たいきち　経営管理学者(現執1期)
　権寧　ごん・ねい　フランス文学者(現執2期)

[3]権上　ごんじょう
　権上康男　ごんじょう・やすお　フランス経済史研究者(現執2期)

[4]権太　ごんだ
　権太政　ごんだ・ただし　教育者(日人)

権太恒正　ごんだ・つねまさ　九州東海大学工学部教授(日典3)

5権代　ごんだい
権代敦彦　ごんだい・あつひこ　作曲家,オルガニスト(演奏)
権代祥一　ごんだい・しょういち「フィリピンの紫のため息」東洋出版(日典3)

権平　ごんだいら
権平敬　ごんだいら・けい　白鴎大学教授,富士電機常務
権平桂子　ごんだいら・けいこ　ドイツ語教師(日典3)
権平健一郎　ごんだいら・けんいちろう　電気通信大学名誉教授(日典3)
権平孝二　ごんだいら・こうじ「VZ Editorハンドブック」ソフトバンク出版事業部(日典3)
権平俊子　ごんだいら・としこ　児童心理専門家(現執1期)

6権守　ごんのかみ；ごんもり
権守桂城　ごんのかみ・けいじょう　俳人(日典)
権守吉定　ごんのかみ・よしさだ「事業管理概論」通信教育振興会(日典3)
権守操一　ごんもり・そういち　フランス文学者(世紀)
権守博　ごんもり・ひろし　日立工機相談役(日典3)

8権東　ごんどう
権東明　ごんどう・あきら　医師(現執3期)

11権瓶　ごんべい；ごんぺい
権瓶泰昭　ごんべい・やすあき　元・北海道新聞常勤監査役(日典)
権瓶泰昭　ごんぺい・やすあき　元・北海道新聞常勤監査役(日典)

【769】 樟

5樟本　くすもと
樟本勝代　くすもと・かつよ　能楽師(新芸)
樟本成美　くすもと・しげよし　北海道大学教授(日典3)
樟本浄恵　くすもと・じょうけい　東洋工業常務

【770】 樗

4樗木　おうてき；おおてき；ちしゃき；とちぎ
樗木佳奈　おうてき・かな「田川の白馬　フフー・ナムジル—馬頭琴というがっきのお話」岩佐佳子(日典3)
樗木忠夫　おおてき・ただお「シクラメンと鉢物園芸」誠文堂新光社(日典3)
樗木武　ちしゃき・たけし　九州大助教授(国典)
樗木航五郎　とちぎ・こうごろう　大株常理事

7樗沢　ぶなざわ；ぶなさわ
樗沢憲行　ぶなさわ・のりゆき　テノックス社長(日典)

樗沢憲昭　ぶなざわ・のりあき「JUDO JOURNAL」発行人(日典3)
樗沢仁　ぶなざわ・ひとし　獣医(日典)

【771】 槻

4槻木　つきき；つきのき
槻木開次　つきき・かいじ「減価償却実務問答集」納税協会連合会(日典3)
槻木栄一　つきのき・えいいち　ボート選手(日典)
槻木恵一　つきのき・けいいち「わかる病理組織像」学建書院(日典3)

槻木沢　つきのきさわ
槻木沢洋子　つきのきさわ・ようこ「おはなし詩集」夏井フミ(日典3)

7槻尾　つきお
槻尾宗一　つきお・そういち　金工家(美工)

【772】 標

標　しめぎ；しめじ；ひょう
標政英　しめぎ・まさひで　農民(社史)
標冴子　しめじ・さえこ　作家(日典3)
標哲郎　ひょう・てつろう「歩いてきた道・歩く道」星和書店(日典3)

12標葉　しねは；しめは
標葉隆三郎　しねは・りゅうざぶろう「実践静脈栄養と経腸栄養」エルゼビア・ジャパン(日典3)
標葉二郎　しめは・じろう　田中千代学園短大教授(人情)

【773】 樟

8樟沼　くれぬま；ふぬま
樟沼光長　くれぬま・みつなが「道祖神」鹿島出版会(JM)
樟沼金作　ふぬま・きんさく　美容教師(社史)

【774】 機

11機動　きどう
機動嘉晃　きどう・よしてる　アーマドゥ・ベロ大学客員研究員(人情)

【775】 橘

3橘川　きっかわ；きつかわ
橘川次郎　きっかわ・じろう　動物生態学者(日人)
橘川司亮　きっかわ・もりあき　官吏(日人)
橘川俊忠　きつかわ・としただ　日本政治思想史研究者(現執4期)
橘川幸夫　きつかわ・ゆきお　会社役員,メディアプロデューサー(現執4期)

木部（橘,樹）

⁴橘井　きつい
　橘井淳　きつい・じゅん　元・北見市議（日典）
　橘井純子　きつい・じゅんこ　「道東で育つ花薄荷のハーブたち」いしずえ（日典3）

橘内　きつない
　橘内明裕　きつない・あきひろ　「イザヤ書」いのちのことば社（日典3）
　橘内朝次郎　きつない・あさじろう　「芸術としての文学教育」明治図書出版（日典3）
　橘内茂夫　きつない・しげお　元・競輪選手（日典3）
　橘内末吉　きつない・すえきち　夕張市長（日典3）
　橘内徳自　きつない・とくじ　技師（土木）

橘木　たちばなき
　橘木俊詔　たちばなき・としあき　経済学者（現執4期）
　橘木芳徳　たちばなき・よしのり　高校教師（日典3）

⁵橘田　きちだ；きった；きっだ；きつた；きつだ
　橘田春湖　きちだ・しゅんこ　俳人（近文）
　橘田春湖　きった・しゅんこ　俳人（日人）
　橘田永芳　きつだ・えいほう　日本画家（美家）
　橘田恵美子　きつた・えみこ　ソプラノ歌手（音人）
　橘田孝三　きつだ・こうぞう　日本プロレタリア作家同盟メンバー（社史）

¹⁰橘高　きったか；きつたか；きつだか
　橘高薫風　きったか・くんぷう　新川柳作者（兵庫文）
　橘高定　きつたか・さだむ　前宝洋海運産業社長（日典）
　橘高永子　きつだか・のりこ　「恋人たちのインスタント写真術」浜書房（日典3）

¹¹橘野　きつの
　橘野恵委子　きつの・えいこ　洋画家（日典3）
　橘野栄二　きつの・えいじ　写真家（写人）
　橘野富彦　きつの・とみひこ　洋画家（美家）

¹⁶橘樹　たちばな
　橘樹まゆみ　たちばな・まゆみ　「日本の女 戦前編」原生林（書籍）

【776】　橋

³橋下　はしした；はしもと
　橋下京子　はしした・きょうこ　高校教師（日典3）
　橋下京子　はしもと・きょうこ　高等学校教諭（YA）
　橋下徹　はしもと・とおる　政治家,弁護士（履歴2）

⁴橋爪　はしづめ；はしつめ
　橋爪健　はしづめ・けん　詩人,評論家（日人）
　橋爪貫一　はしつめ・かんいち　実業家（数学）

⁷橋谷　はしたに；はしや
　橋谷能理子　はしたに・のりこ　アナウンサー（テレ）
　橋谷義孝　はしたに・よしたか　微生物学者（日人）
　橋谷晃　はしや・あきら　「ネイチャースキーに行こう」スキージャーナル社（日典3）
　橋谷亮助　はしや・りょうすけ　実業家（創業）

橋谷田　はしやだ
　橘谷田惇　はしやだ・あつし　東京都教委社会教育主事（国典）
　橋谷田千代美　はしやだ・ちよみ　「練月山愛染院誌」愛染院（日典3）

⁸橋迫　はしさこ
　橋迫和幸　はしさこ・かずゆき　国立教育研究所（国典）

¹⁰橋留　はしとめ；はしどめ
　橋留隆志　はしとめ・たかし　監査法人太田昭和センチュリー代表社員（日典3）
　橋留光雄　はしどめ・みつお　小説家（大阪文）

¹¹橋都　はしづめ
　橋都浩平　はしづめ・こうへい　東京大学大学院医学系研究科教授（日典3）
　橋都正　はしづめ・ただし　銀行員（国典）

¹³橋詰　はしづめ
　橋詰延寿　はしづめ・えんじゅ　郷土史家（郷土）
　橋詰洋三　はしづめ・ようぞう　弁護士,労働法学者（現執4期）

【777】　樹

樹　いつき；たつき；みき
　樹なつみ　いつき・なつみ　漫画家（兵庫文）
　樹るう　たつき・るう　「わたしのお嬢様」辰巳出版（日典3）
　樹まり子　みき・まりこ　女優（日典）

³樹下　きのした；じゅか；じゅげ
　樹下太郎　きのした・たろう　小説家（小説）
　樹下石上　じゅか・せきじょう　戯作者=近世（人名3）
　樹下節　じゅげ・たかし　翻訳家（世紀）

⁴樹月　いつき；きずき
　樹月弐夜　いつき・にや　「バロックライン」光文社（日典3）
　樹月峻　きずき・しゅん　「凌辱ホテル」フランス書院（日典3）
　樹月千春　きずき・ちはる　「天の祈りと大地の願い」アルファポリス,星雲社（発売）（日典3）

樹木　きき
　樹木希林　きき・きりん　女優（日人）

⁵樹生　きお；きおい；きふ；きふう
　樹生ナト　きお・なと　「とでんか」角川書店,角川グループパブリッシング（発売）（日典3）
　樹生まさゆき　きおい・まさゆき　「野菊一句集」（JM）
　樹生かなめ　きふ・かなめ　小説家（日典）

樹生かなめ　きふう・かなめ　「Dr.の傲慢、可哀相な俺」講談社(日典3)

⁷樹村　きむら
樹村円治　きむら・えんじ　土木請負業(大分歴)
樹村みのり　きむら・みのり　漫画家(日人)

樹谷　きたに
樹谷淳宣　きたに・じゅんせん　バンド演奏者(人情)

樹里　じゅり
樹里からん　じゅり・からん　歌手(日典3)
樹里咲穂　じゅり・さきほ　女優(テレ)

⁹樹神　こたま；こだま
樹神アヤ子　こたま・あやこ　「やさしくなあれ！」「つよくなあれ！」「元気になあれ！」東山書房(日典3)
樹神義和　こたま・よしかず　愛知県議(民主党、豊田市)(日典3)
樹神克明　こだま・かつあき　「Proceedings of the International Workshop on Structural Analyses Bridging over between Amorphous and Crystalline Materials (SABAC 2008)」Japan Atomic Energy Agency(日典3)
樹神成　こだま・しげる　三重大学人文学部教授(他)

¹¹樹崎　きさき；きざき
樹崎聖　きさき・たかし　漫画家(兵庫文)
樹崎真美　きざき・まみ　「チェリーブロッサム物語」青心社(日典3)

【778】　樽

⁷樽床　たるとこ
樽床伸二　たるとこ・しんじ　政治家(現政)

樽見　たるみ
樽見厚子　たるみ・あつこ　小学校教諭、評論家(児人)
樽見和明　たるみ・かずあき　メルク液晶事業部研究開発部長(日典3)
樽見耕作　たるみ・こうさく　タチエス社長(日典3)
樽見五郎　たるみ・ごろう　社会運動家(アナ)
樽見清松　たるみ・せいまつ　「冬の海」新歌人社(日典3)

樽谷　たるたに；たるや
樽谷修　たるたに・おさむ　「検証「環境ホルモン」」青木書店(日典3)
樽谷隆之　たるたに・たかゆき　教育者(香川人)
樽谷小市　たるや・こいち　大洋信用金庫理事長(日典3)
樽谷哲也　たるや・てつや　ジャーナリスト(日人)

⁹樽美　たるみ
樽美幸雄　たるみ・ゆきお　神戸商船大学助教授(国典)

【779】　橵

¹⁰橵島　なでしま；ぬでしま；ぬでじま
橵島勝一　なでしま・かついち　鉄道省雇(社史)
橵島次郎　ぬでしま・じろう　社会学、政策科学、医療技術政策論研究者(現執4期)
橵島高茂　ぬでじま・たかしげ　吉井藩の郷代官(姓氏群馬)

【780】　橿

⁷橿尾　かしお
橿尾正次　かしお・まさじ　立体造形作家(福井百)
橿尾道子　かしお・みちこ　「道子追想」版・椰(日典3)

【781】　櫛

⁴櫛引　くしひき；くしびき
櫛引大吉　くしひき・だいきち　アグロ・カネショウ社長(日典)
櫛引武四郎　くしびき・たけしろう　中国革命運動の協力者(日人)
櫛引弓人　くしびき・ゆみんど　興行師(日人)

櫛木野　くしきの
櫛木野三郎　くしきの・さぶろう　「ハシカの季節」謙光社(日典3)

⁵櫛田　くした；くしだ
櫛田浩平　くした・こうへい　日本原子力研究所研究員(日典3)
櫛田民蔵　くしだ・たみぞう　経済学者(コン5)
櫛田フキ　くしだ・ふき　女性運動家(コン4)

⁷櫛谷　くしたに；くしや
櫛谷久　くしたに・ひさし　(株)クシタニ社長(日典)
櫛谷征昭　くしたに・まさあき　東芝メディカル技術本部(日典3)
櫛谷国松　くしや・くにまつ　「新潟市実測図」上野又吉(日典3)
櫛谷圭司　くしや・けいじ　新潟大学工学部建設学科助教授(日典)

¹¹櫛笥　くしげ
櫛笥節男　くしげ・せつお　「宮内庁書陵部書庫渉猟」おうふう(日典3)
櫛笥隆留　くしげ・たかつぐ　公家(諸系)
櫛笥隆弘　くしげ・たかひろ　「栄養指導論・給食管理実習」化学同人(日典3)
櫛笥隆恭　くしげ・たかやす　「ビジネスマンのためのグラフの作り方・活かし方」経林書房(日典3)

櫛部　くしべ
櫛部荒熊　くしべ・あらくま　弁護士,政治家(姓氏静岡)
櫛部国三郎　くしべ・くにさぶろう　農事改良家(植物)

木部(檀,檜,樸,檮,櫃)

櫛部静二　くしべ・せいじ　陸上選手(日典3)
櫛部ふじ　くしべ・ふじ　「タイガー」講談社(日典3)
櫛部政久　くしべ・まさひさ　奈良教育大学名誉教授(日典3)

【782】　檀

³檀上　だんじょう

檀上彰宏　だんじょう・あきひろ　模型飛行機選手(日典3)
檀上新　だんじょう・あらた　「世界で一番やさしい建築設備」エクスナレッジ(日典3)
檀上稲穂　だんじょう・いなほ　「よくわかる分子生物学・細胞生物学実験」講談社(日典3)
檀上栄之助　だんじょう・えいのすけ　世界貿易センタービルディング専務(日典3)
檀上春清　だんじょう・はるきよ　童謡詩人(児文)

¹⁰檀原　だんばら

檀原篤子　だんばら・あつこ　「うぬぼれぎつねのしっぱい」新世研(日典3)
檀原高　だんばら・たかし　「医学英語論文の読み方」朝倉書店(日典3)
檀原毅　だんばら・たけし　「応用測量」日本測量協会(日典3)
檀原照和　だんばら・てるかず　「消えた横浜娼婦たち」データハウス(日典3)
檀原長則　だんばら・ながのり　「考古学からみた高社山周辺の歴史」しなのき書房(日典3)

【783】　檜

檜　ひのき

檜瑛司　ひのき・えいじ　創作舞踊家,民謡・民話収集家(新芸)
檜きみこ　ひのき・きみこ　児童文学作家(四国文)
檜紀代　ひのき・きよ　俳人(現俳)
檜健次　ひのき・けんじ　舞踏家(新芸)
檜常之助　ひのき・つねのすけ　版元(日人)

³檜山　ひのきやま;ひのやま;ひやま

檜山和成　ひのきやま・かずしげ　神鋼パンテツク(株)気熱装置事業部参事(日典3)
檜山うめ吉　ひのやま・うめきち　俗曲師(テレ)
檜山良昭　ひやま・よしあき　推理作家(日典3)

⁵檜田　ひだ;ひのきだ

檜田信男　ひだ・のぶお　会計学者(現執4期)
檜田仁　ひのきだ・じん　医師,政治家(現政)
檜田仁　ひのきだ・ひとし　医師(日典)

⁷檜谷　ひのきだに;ひのたに

檜谷美恵子　ひのきだに・みえこ　「フランスにおける荒廃区分所有建物の処分に関する法制度とその運用の研究」第一住宅建設協会(日典3)
檜谷清　ひのたに・きよし　岩登りの名人(人情)
檜谷昭彦　ひのたに・てるひこ　日本文学者(現執3期)

⁸檜枝　ひえだ;ひのえ

檜枝光太郎　ひえだ・こうたろう　立教大学理学部生命理学科教授(日典3)
檜枝陽一郎　ひえだ・よういちろう　立命館大学文学部教授(日典3)
檜枝健雄　ひのえ・けんゆう　「結婚したい男結婚したくない男」三笠書房(日典3)

¹⁰檜原　ひはら;ひばら;ひわら

檜原忠幹　ひはら・ただみき　福山大学人間文化学部環境情報学科教授,広島大学名誉教授(日典3)
檜原勇多賀　ひばら・ゆたか　長菱設計社長(日典3)
檜原敏郎　ひわら・としろう　近鉄百貨店相談役(人情)

¹²檜森　ひのもり;ひもり

檜森雅美　ひのもり・まさみ　アーク・コミュニケーションズ社長(日典3)
檜森進　ひもり・すすむ　(株)エスコリース社長(日典3)
檜森毅治　ひもり・たけじ　日本無機常務結城工場長(日典3)

【784】　樸

⁴樸木　いちき

樸木茂男　いちき・しげお　バンドー化学社長(人情)

¹⁰樸原　いちはら

樸原啓市　いちはら・けいいち　東レ(株)大阪事務所プラスチック事業部主管(日典)
樸原五朗　いちはら・ごろう　日本経済新聞社友(日典3)
樸原正滋　いちはら・まさしげ　装飾デザイナー(日典)

【785】　檮

⁴檮木　うつぎ;ゆすき

檮木吾郎　うつぎ・ごろう　新潟日報販売局次長兼発送部長(日典)
檮木純二　ゆすき・じゅんじ　「新・学習憲法」晃洋書房(日典3)

¹⁰檮原　ゆずはら

檮原秀見　ゆずはら・ひでみ　軍人(陸海)

【786】　櫃

⁵櫃田　ひつだ

櫃田静子　ひつだ・しずこ　人形作家(日典3)
櫃田祐也　ひつだ・すけなり　全国ろう学校PTA連合会事務局長(日典3)
櫃田珠実　ひつだ・たまみ　画家,写真作家(日典3)
櫃田伸也　ひつだ・のぶや　洋画家(日典3)
櫃田喜重　ひつだ・よししげ　大阪合同労組岸和田支部長(社史)

【787】櫂

櫂　かい
櫂京平　かい・きょうへい　「裏授業」フランス書院（日典3）
櫂さはる　かい・さはる　ジャズダンサー（日典3）
櫂未知子　かい・みちこ　俳人（現俳）

【788】櫓

櫓　やぐら
櫓良春　やぐら・よしはる　「かぜねこ」ひさかたチャイルド（日典3）

【789】檪

檪　あららぎ；いちい；いちのき
檪文峰　あららぎ・ぶんぽう　日本画家（美家）
檪恭子　いちい・きょうこ　「愉しかったハリーとの日々」創栄出版（日典3）
檪恵子　いちのき・けいこ　「図解よくわかる要求エンジニアリング」日刊工業新聞社（日典3）

[4]**檪木　いちき；いちのき**
檪木幹三　いちき・かんぞう　東京中小企業投資育成社長（日典）
檪木茂男　いちき・しげお　バンドー化学社長、トリオ副社長（日典3）
檪木久助　いちのき・きゅうすけ　歌手（日典）

[5]**檪本　いちもと；いちもとぎ；とちもと**
檪本憲昌　いちもと・のりまさ　神職（神人）
檪本崇恵　いちもと・たかえ　「Recrafting 'self/s'」ふくろう出版（日典3）
檪本功　とちもと・いさお　広大助教授（国典）

[10]**檪原　いちはら**
檪原聡　いちはら・さとし　歌人（短歌）
檪原四郎　いちはら・しろう　三菱モンサント化成取締役相談役（日典）

【790】櫨

[3]**櫨山　はぜやま**
櫨山健介　はぜやま・けんすけ　「中国・広東省の自動車産業」早稲田大学産業経営研究所（日典3）
櫨山茂　はぜやま・しげる　「私有貨車」（国典）
櫨山亮則　はぜやま・すけのり　弓道家,弓道精錬證（弓道）
櫨山虎市　はぜやま・とらいち　実業家（島根歴）
櫨山裕子　はぜやま・ひろこ　テレビプロデューサー（日典3）

[4]**櫨木　はぜき**
櫨木優子　はぜき・ゆうこ　俳人（日典）

[5]**櫨本　はじもと；はぜもと**
櫨本芳興　はじもと・よしおき　コンサルタント（日典）
櫨本紀夫　はぜもと・のりお　「Fast track物理系薬剤学」共立出版（日典）
櫨本葉子　はぜもと・ようこ　ソーシャルワーカー（日典）

【791】欄

欄　ませき
欄篤　ませき・あつし　「わかりやすい配筋技術」大成出版社（書籍）
欄敏朗　ませき・としろう　中日新聞東京本社総務局施設環境部長（日典3）

【792】欅

[5]**欅田　くにきた；くにきだ；くにぎた；くぬぎた；くぬぎだ；けやきだ**
欅田善九郎　くにきた・ぜんくろう　淡路焼窯元経営者（兵庫）
欅田幸吉　くにきだ・こうきち　淡路焼の助力者（日人）
欅田善輔　くにぎた・ぜんすけ　元・ダントー常務（日典）
欅田栄一　くぬぎた・えいいち　大阪大学名誉教授（日典）
欅田栄一　くぬぎだ・えいいち　神戸大教授（国典）
欅田幸吉　けやきだ・こうきち　淡路焼の助力者（人名）

欠部

【793】欠

欠田　かけた；かけだ；かんだ
欠田芳憲　かけた・よしのり　ミュージシャン（日典）
欠田富太郎　かけだ・とみたろう　元・旭海運社長（日典）
欠田早苗　かんだ・さなえ　阪大助教授（国典）

【794】次

[3]**次山　つぎやま**
次山信男　つぎやま・のぶお　教育学者（現執4期）

[4]**次井　つぎい；つぐい**
次井義泰　つぎい・よしやす　「プラトンの国」朝日新聞社（日典3）
次井晨　つぐい・しん　スキー選手（日典3）

[7]**次良丸　じろうまる；じろまる**
次良丸睦子　じろうまる・むつこ　聖徳大学人文学部教授（日典）

欠部（欧, 歌, 歓）　止部（止, 此, 正）　　　　　　　　　　　　　　　　　　　　　　　　　　　　　　　　〔800〕

次良丸忍　じろまる・しのぶ　児童文学作家（日典）

【795】欧

[12]欧陽　おうやん；おうよう
　欧陽菲菲　おうやん・ふぃふぃ　歌手（日典）
　欧陽可亮　おうよう・かりょう　「集契集」日華商事（JM）

【796】歌

[3]歌川　うたかわ；うたがわ
　歌川学　うたかわ・まなぶ　日本史研究者（郷土）
　歌川広重〔3代〕　うたがわ・ひろしげ　浮世絵師（日人）
　歌川芳盛　うたがわ・よしもり　浮世絵師（コン4）

[11]歌崎　うたさき；うたざき
　歌崎和彦　うたさき・たかひこ　音楽評論家（現執4期）
　歌崎秀史　うたさき・ひでふみ　「道具と機械の本」岩波書店（日典）
　歌崎勉　うたざき・つとむ　静岡県議（自民党）（日典3）
　歌崎藤作　うたざき・とうさく　社会党新宿区議団幹事長（日典）

【797】歓

[12]歓喜　かんぎ
　歓喜隆司　かんぎ・たかし　教育学者（現執3期）

止部

【798】止

[10]止原　とめはら
　止原伸郎　とめはら・しんろう　陶芸家（日典3）
　止原伸郎　とめはら・のぶお　陶芸家（陶工）

【799】此

[4]此木　このき
　此木恵三　このき・けいぞう　「プロセス設計プログラミング入門」（国典）
　此木三九男　このき・みくお　洋画家, 版画家（日典3）

[7]此村　このむら
　此村庄助〔2代〕　このむら・しょうすけ　出版人（出文）
　此村実　このむら・みのる　「仕上技術と作業」（国典）
　此村友一　このむら・ゆういち　社会保険庁医療保険部長（日典3）

　此村善人　このむら・よしと　神奈川県議（公明党）（日典3）

[10]此島　このしま
　此島愛子　このしま・あいこ　女優（テレ）
　此島喜三郎　このしま・きさぶろう　「ハドソン」柏葉書院（日典3）
　此島正年　このしま・まさとし　日本語学者（現執1期）

[11]此経　これつね
　此経啓助　これつね・けいすけ　「仏教力テスト」日本放送出版協会（日典3）
　此経春也　これつね・はるや　「朝鮮偉勲録 朝鮮芸文志」竜渓書舎（日典3）

【800】正

正　しょう；ただし；まさ
　正眸子　しょう・ひとみ　「花まんだら」奈良新聞社（日典3）
　正嘉昭　ただし・よしあき　「ドラマケーション」東放学園, 晩成書房（発売）（日典3）
　正隈信　まさ・くまのぶ　農民（社史）

[2]正力　しょうりき
　正力愛子　しょうりき・あいこ　女優（映女）
　正力喜之助　しょうりき・きのすけ　弁護士（富山百）
　正力喬　しょうりき・たかし　読売新聞北陸支社長（日典3）
　正力亨　しょうりき・とおる　実業家（現情）
　正力松太郎　しょうりき・まつたろう　実業家, 政治家（コン4）

[3]正子　まさこ；まさご
　正子重三　まさこ・じゅうぞう　技師（土木）
　正子公也　まさご・きみや　画家, 絵巻作家（日典3）
　正子重三　まさご・じゅうぞう　土木技師（岡山歴）

正山　しょうやま；まさやま
　正山三郎　しょうやま・さぶろう　城西消費購買組合組合員（社史）
　正山征洋　しょうやま・ゆきひろ　「薬草の散歩道」九州大学出版会（日典3）
　正山四郎　まさやま・しろう　東京国際貿易社長（日典）

[4]正井　まさい
　正井観順　まさい・かんじゅん　僧侶（日人）
　正井顕太郎　まさい・けんたろう　単一乾電池の名づけ親（青森人）
　正井章筰　まさい・しょうさく　研究者（現執4期）
　正井秀夫　まさい・ひでお　医師（近医）
　正井泰夫　まさい・やすお　地理学者（現執4期）

正戸　まさと；まさど
　正戸茂　まさと・しげる　広島工業大学名誉教授（現執1期）
　正戸里佳　まさと・りか　バイオリニスト（日典3）
　正戸茂　まさど・しげる　心理学者（心理）

姓名よみかた辞典 姓の部　443

正月　まさつき
　正月定夫　まさつき・さだお　安田女子大助教授（国典）

[5]正古　しょうぶる
　正古良夫　しょうぶる・よしお　日大助教授（国典）

正生　ますお
　正生千代治　ますお・ちよじ　弓道家,弓道教士（弓道）

正田　しょうだ；まさだ
　正田建次郎　しょうだ・けんじろう　数学者（コン4）
　正田貞一郎　しょうだ・ていいちろう　実業家（コン4）
　正田隆　まさだ・たかし　教育者（岡山歴）
　正田亘　まさだ・わたる　心理学者（現執4期）

正示　しょうじ
　正示啓次郎　しょうじ・けいじろう　政治家（郷土和歌山）

[6]正気　せいき
　正気久会　せいき・ひさえ　古代文字研究家（現執3期）
　正気久嗣　せいき・ひさつぐ「正しい霊とよこしまな霊」徳間書店（日典3）

[7]正村　しょうむら；まさむら
　正村竹亭　しょうむら・ちくてい　日本画家（美家）
　正村富男　しょうむら・とみお　キリスト教徒（平和）
　正村公宏　まさむら・きみひろ　経済学者（日人）
　正村竹一　まさむら・たけいち　実業家（日人）

正見　しょうけん；まさみ
　正見彰　しょうけん・あきら　泉証券専務（日典3）
　正見二郎　しょうけん・じろう　北陸信用金庫理事長（人情）
　正見真隆　まさみ・しんりゅう　僧侶（日典3）

[8]正延　まさのぶ
　正延哲士　まさのぶ・てつし　小説家（四国文）

正林　しょうばやし；まさばやし
　正林恵理子　しょうばやし・えりこ「パリで学んだ収納術」大和書房（日典3）
　正林菊子　しょうばやし・きくこ「私の報恩講」本願寺出版社（日典3）
　正林和英　まさばやし・かずひで「野菜栽培の問題点」博友社（日典3）

正門　まさかど
　正門栄一　まさかど・えいいち　全日本吹奏楽連盟理事,兵庫県吹奏楽連盟会長（日典3）
　正門憲也　まさかど・けんや　作曲家（作曲）
　正門由久　まさかど・よしひさ「リハビリテーション評価ポケットマニュアル」医歯薬出版（日典3）
　正門律子　まさかど・りつこ「誰にでも選ばれる人の「マナー」マネジメント」マガジンハウス（日典3）

[9]正保　しょうほ；しょうぼ；しょうほう
　正保ひろみ　しょうほ・ひろみ「男の知らない女のセックス」河出書房新社（日典3）
　正保紫雲　しょうぼ・しうん「四季の俳画はがき絵」文理閣（日典3）
　正保君恵　しょうほう・きみえ「春辺の里」潮汐社（日典3）

正垣　しょうがき；まさがき
　正垣九十郎　しょうがき・くじゅうろう　弓道家,熊本藩士（弓道）
　正垣泰彦　しょうがき・やすひこ　サイゼリヤ代表取締役会長（創業）
　正垣修　まさがき・おさむ「阪急電車僕らの青春」神戸新聞総合出版センター（日典3）
　正垣親一　まさがき・しんいち　ロシア現代史研究家（現執3期）

正津　しょうず；しょうつ
　正津勉　しょうず・べん　詩人（日人）
　正津晃　しょうつ・あきら　医師（近医）
　正津英志　しょうつ・えいじ　元・プロ野球選手（日典3）

[10]正根寺　しょうこんじ
　正根寺宏　しょうこんじ・ひろし　経営コンサルタント（日典3）

[11]正清　まさきよ
　正清華峰　まさきよ・かほう　鋳金家（美建）

正部家　しょうぶけ
　正部家一夫　しょうぶけ・いっぷ　俳人（北海道文）
　正部家奨　しょうぶけ・すすむ「階上町史」津軽書房（日典3）
　正部家種康　しょうぶけ・たねやす「南部昔語」伊吉書院（日典3）
　正部家将晃　しょうぶけ・まさあき　京王百樹園支配人（人情）
　正部家光彦　しょうぶけ・みつひこ「正ちゃんのワンつか英会話」伊吉書院（日典3）

正野　しょうの；まさの
　正野重方　しょうの・しげかた　気象学者（日人）
　正野友三郎　しょうの・ともさぶろう　和算家（埼玉人）
　正野房代　まさの・ふさよ「雪国」河発行所（日典3）
　正野幸延　まさの・ゆきのぶ　リケンテクノス社長（日典）

[12]正善　しょうぜん
　正善達三　しょうぜん・たつぞう　児童劇作家（児作）

正富　まさとみ
　正富笑入　まさとみ・えみいる　英文毎日主筆（日典3）
　正富汪洋　まさとみ・おうよう　詩人,歌人（コン4）
　正富寿　まさとみ・ひさし　東京ヘレン・ケラー協会点字図書館（日典3）
　正富宏之　まさとみ・ひろゆき「タンチョウ」北海道新聞社（日典3）

正富博行　まさとみ・ひろゆき　民俗研究家（日典3）

正嵜　しょうざき
正嵜清野　しょうざき・きよの　シャンソン歌手（日典）

正満　しょうまん；まさみつ
正満敏雄　しょうまん・としお　徳島大学名誉教授（日典）
正満又七　しょうまん・またしち　社会党員（姓氏富山）
正満又七　まさみつ・またしち　売薬行商（社史）

正躰　しょうたい
正躰朝香　しょうたい・あさか　京都産業大学外国語学部講師（日典3）
正躰軍平　しょうたい・ぐんぺい　証券新報社社長（人情）

[13]**正置　まさき**
正置悟　まさき・さとる　コクヨ取締役（日典3）
正置富太郎　まさき・とみたろう　北海道大学名誉教授（日典3）
正置友子　まさき・ともこ　評論家（児人）

正路　しょうじ；しょうろ
正路喜代美　しょうじ・きよみ「吾亦紅」あふち社（日典3）
正路倫之助　しょうじ・りんのすけ　生理学者（日人）
正路新宅　しょうろ・しんたく「日本農書全集」農山漁村文化協会（JM）

[15]**正慶　しょうけい**
正慶岩雄　しょうけい・いわお　英語教育学者（現執3期）
正慶孝　しょうけい・たかし　社会評論家（現執4期）
正慶光子　しょうけい・みつこ　元・小学校教師（日典3）

[16]**正橋　まさはし**
正橋剛二　まさはし・こうじ「［テイ］園小石先生叢話」思文閣出版（日典3）
正橋正一　まさはし・しょういち　政治家（現政）
正橋良之　まさはし・よしゆき　三協アルミニウム工業副社長（日典3）

正親　おうぎ；おおぎ
正親含英　おうぎ・がんえい　真宗大谷派（日典）
正親含英　おおぎ・がんえい　僧侶（真宗）
正親大宣　おおぎ・だいせん　僧（三重）

正親町　おおぎまち
正親町公和　おおぎまち・きんかず　小説家（日人）
正親町公董　おおぎまち・きんただ　尊攘派公家（コン2）
正親町実徳　おおぎまち・さねあつ　公家（公卿）
正親町実正　おおぎまち・さねまさ　官僚（コン）
正親町季董　おおぎまち・すえただ「天忠組中山忠光」明治維新発祥地記念碑建設会（日典3）

[19]**正願地　しょうがんじ**
正願地辰午　しょうがんじ・しんご　高校教諭（国典）

【801】　武

武　しき；たけ；ぶ
武貴士　しき・たかし「なんでもあり」CBS・ソニー出版（JM）
武豊　たけ・ゆたか　騎手（日人）
武安隆　ぶ・あんりゅう「中国人の日本研究史」六興出版（JM）

[3]**武士　たけし；ぶし**
武士二郎　たけし・じろう　大新東副社長（日典3）
武士桑風　たけし・そうふう　書家（群馬人）
武士一刀　ぶし・いっとう　漫画家（漫画）

武士田　ぶした；ぶしだ
武士田月遊　ぶした・げつゆう　成田山玉藻会幹事（国典）
武士田勝司　ぶしだ・かつじ　元・大京専務（日典）
武士田忠　ぶしだ・ただし「ねずみきょう」世界文化社（日典3）

武子　たけし
武子和幸　たけし・かずゆき　高校教員（国典）
武子寿郎　たけし・としろう　俳人（日典3）

武川　たけかわ；たけがわ；むかわ
武川みづみ　たけかわ・みずみ　児童文学作家（幻想）
武川正吾　たけがわ・しょうご　東京大学大学院人文社会系研究科助教授（現執4期）
武川忠一　むかわ・ちゅういち　歌人（日人）

[4]**武井　たけい；むい**
武井武雄　たけい・たけお　童画家,版画家（コン4）
武井守正　たけい・もりまさ　官僚,実業家（コン5）
武井泰道　むい・たいどう　日本画家（日典3）
武井洋右　むい・ようすけ「誰でも描ける墨彩画（初級編）と画集」灯影舎（日典3）

武内　たけうち；たけのうち；ぶない
武内義雄　たけうち・よしお　中国哲学者（コン4）
武内作平　たけのうち・さくへい　政治家（コン）
武内せき　ぶない・せき　三河織物の元祖（姓氏愛知）

[5]**武市　たけいち；たけち**
武市英雄　たけいち・ひでお　新聞学者（現執4期）
武市八十雄　たけいち・やそお　出版人,編集者（世紀）
武市熊吉　たけち・くまきち　志士,官吏（コン5）
武市健人　たけち・たてひと　哲学者（コン4）

武末　たけすえ；たけまつ
武末純一　たけすえ・じゅんいち　福岡大学人文学部教授（現執4期）
武末高裕　たけすえ・たかひろ　ジャーナリスト（現執3期）

武末淑子　たけまつ・としこ　ミュージシャン（日典）
武末正史　たけまつ・まさひと　福岡市立七隈小学校教諭（日典）

武正　たけまさ
武正建一　たけまさ・けんいち「精神科診断のすすめ方」医学書院（日典）
武正公一　たけまさ・こういち　政治家（現政）
武正忠明　たけまさ・ただあき　俳優（テレ）
武正千代治　たけまさ・ちよじ　弓道家,弓道精錬證（弓道）
武正一　たけまさ・はじめ　医師（近医）

武用　ぶよう
武用君彦　ぶよう・きみひこ　陶芸家（陶工）
武用謙一　ぶよう・けんいち　実業家（岡山歴）
武用五郎辺衛〔2代〕　ぶよう・ごろべえ　実業家,社会事業家,政治家（岡山歴）
武用真　ぶよう・しん　陶芸家（陶芸最）

武田　たけた；たけだ
武田宗伝　たけた・そうでん　僧侶（大分歴）
武田由平　たけた・よしへい　洋画家（大分歴）
武田泰淳　たけだ・たいじゅん　小説家,中国文学研究家（コン4）
武田麟太郎　たけだ・りんたろう　小説家（コン4）

[6]武光　たけみつ
武光正一　たけみつ・しょういち　日本製鋼所専務（日典3）
武光威夫　たけみつ・たけお　公認会計士,税理士（現執2期）
武光多四郎　たけみつ・たしろう「学校における結核の管理」東山書房（日典3）
武光一　たけみつ・はじめ　防府市長（日典3）
武光誠　たけみつ・まこと　歴史学者（現執4期）

[7]武沢　たけさわ；たけざわ
武沢義高　たけさわ・よしたか　昭和シェル石油（株）開発部バイオチーム（日典）
武沢信一　たけざわ・しんいち　労働問題学者（現執2期）
武沢洋　たけざわ・ひろし　ピアニスト（音人3）

武良　むら
武良山生　むら・さんせい　俳人（日典3）
武良茂　むら・しげる　漫画家（コン）
武良竜彦　むら・たつひこ　ルポライター,小説家（幻想）
武良誠　むら・まこと　ボート選手（日典3）

武谷　たけたに；たけや；ぶや
武谷三男　たけたに・みつお　物理学者,科学評論家（コン4）
武谷祐之　たけや・ゆうし　医師,筑前福岡藩士（日人）
武谷博　ぶや・ひろし　政治家（姓氏石川）

武邑　たけむら
武邑尚邦　たけむら・しょうほう　宗教家,仏教学者（滋賀歴）
武邑尚彦　たけむら・たかひこ　滋賀県立大学人間文化学部教授（日典3）
武邑光裕　たけむら・みつひろ　メディア美学者（現執4期）

[8]武居　たけい；たけすえ
武居三吉　たけい・さんきち　農芸化学者（日人）
武居高四郎　たけい・たかしろう　土木工学者（日人）
武居魁助　たけすえ・かいすけ　教育者（岡山歴）
武居高四郎　たけすえ・たかしろう　土木工学者（岡山歴）

武東　むとう
武東晴一　むとう・せいいち　警察官（日人）

武知　たけち
武知愛山　たけち・あいざん　伊予松山藩儒（日人）
武知京三　たけち・きょうぞう　経済学者（現執4期）
武知杜代子　たけち・とよこ　女優（日人）
武知道翁　たけち・どうおう　徳島藩儒者（徳島歴）
武知勇記　たけち・ゆうき　政治家（コン4）

武者　むしゃ
武者一雄　むしゃ・かずお　児童文学作家（児人）
武者金吉　むしゃ・きんきち　地震学者（日人）
武者伝二郎　むしゃ・でんじろう　政治家（姓氏宮城）
武者利光　むしゃ・としみつ　電気工学者（世紀）
武者陵司　むしゃ・りょうじ　エコノミスト（テレ）

武者小路　むしゃこうじ；むしゃのこうじ
武者小路公共　むしゃこうじ・きんとも　外交官（履歴2）
武者小路公秀　むしゃこうじ・きんひで　国際政治学者（日人）
武者小路公共　むしゃのこうじ・きんとも　外交官（コン4）
武者小路実篤　むしゃのこうじ・さねあつ　小説家（コン4）

武舎　むしゃ
武舎秀雄　むしゃ・ひでお「雷電の里（東部町）その文化財」海野歴史研究会（日典3）
武舎広幸　むしゃ・ひろゆき　マーリンアームズ代表取締役（日典3）
武舎るみ　むしゃ・るみ　翻訳家（日典3）

[9]武信　たけのぶ
武信彰　たけのぶ・あきら　独協大学外国語学部教授（日典3）
武信音市　たけのぶ・おといち　教育者（鳥取百）
武信潤太郎　たけのぶ・じゅんたろう　砲術家（日人）
武信弘隆　たけのぶ・ひろたか　政治家（現政）
武信由太郎　たけのぶ・よしたろう　英語学者（コン5）

武政　たけまさ
武政英策　たけまさ・えいさく　作曲家（日人）
武政守山　たけまさ・しゅざん　漢学者（日人）
武政太郎　たけまさ・たろう　教育心理学者（日人）

武政三男　たけまさ・みつお　料理研究者(現執3期)
武政義夫　たけまさ・よしお　写真家(写人)

武津　たけつ；ふかつ
武津和徳　たけつ・かずのり　高木証券専務(日典3)
武津八千穂　たけつ・やちほ　大阪府社難波神社々司(日典3)
武津周政　ふかつ・かねまさ　歌人(和歌山人)
武津八千穂　ふかつ・やちほ　神主、歌人(大阪人)

武貞　たけさだ
武貞岩夫　たけさだ・いわお　国際金融論学者(現執2期)
武貞一彦　たけさだ・かずひこ　鴻池組常務(日典3)
武貞健治　たけさだ・けんじ　神戸市議(民主党)(日典3)
武貞建男　たけさだ・たつお　武貞コンサルタント事務所代表(日典3)
武貞秀士　たけさだ・ひでし　防衛問題研究者(現執4期)

10武島　たけしま；たけじま；むとう
武島羽衣　たけしま・はごろも　詩人、国文学者(コン2)
武島守男　たけじま・もりお　教育者(姓氏沖縄)
武島雅臣　むとう・まさおみ　「司法試験ホームラン答案の書き方」自由国民社(日典3)

武庫　むこ
武庫守男　むこ・もりお　「日本まんが賞事典」るいべ社(書籍)

11武曽　むそう
武曽豊治　むそう・とよじ　吹奏楽指揮者、合唱指揮者(音人3)

武笠　たけがさ；ぶかさ；むかさ
武笠耕三　たけがさ・こうぞう　「北方関係文献目録」東海大学附属図書館札幌分館(日典3)
武笠昇　ぶかさ・のぼる　イラストレーター(日典3)
武笠清太郎　むかさ・せいたろう　技師(土木)

武部　たけべ
武部欽一　たけべ・きんいち　官僚、教育者(日人)
武部小四郎　たけべ・こしろう　士族(コン5)
武部敏行　たけべ・としゆき　加賀藩士(日人)
武部本一郎　たけべ・もといちろう　挿絵画家(美家)
武部六蔵　たけべ・ろくぞう　官僚(コン4)

武野　たけの；むの
武野功雄　たけの・いさお　俳優(テレ)
武野藤介　たけの・とうすけ　小説家、評論家(日人)
武野武治　むの・たけじ　「たいまつ十六年」(国典)

武鹿　ぶしか
武鹿悦子　ぶしか・えつこ　児童文学者、童謡詩人(幻想)
武鹿照孝　ぶしか・しょうこう　「倶会一処」ジャプラン(日典3)

12武富　たけとみ；たけどみ
武富瓦全　たけとみ・がぜん　俳人(日人)
武富時敏　たけとみ・ときとし　政治家(コン5)
武富圯南　たけどみ・いなん　藩校弘道館教授(幕末)
武富時敏　たけどみ・ときとし　政治家(佐賀百)

武智　たけち
武智光春　たけち・こうしゅん　表具師(美工)
武智鉄二　たけち・てつじ　演出家、映画監督(コン4)
武智秀之　たけち・ひでゆき　研究者(現執4期)
武智由香　たけち・ゆか　作曲家(作曲)
武智幸徳　たけち・ゆきのり　新聞記者(現執4期)

武満　たけみつ
武満徹　たけみつ・とおる　作曲家、評論家(コン4)
武満真樹　たけみつ・まき　翻訳家(日典3)
武満義雄　たけみつ・よしお　政治家(姓氏鹿児島)

武間　たけま；ぶま
武間富貴子　たけま・ふきこ　「クロスター日記」同志社(日典3)
武間光生　たけま・みつお　日本アイ・ビー・エムIBMグローバルサービス第二首都圏ISMサービス(日典3)
武間主一　ぶま・しゅいち　木材工芸研究所(国典)
武間柏山　ぶま・はくざん　播磨山崎藩士(藩臣5)

13武塙　たけはな
武塙修　たけはな・おさむ　(株)ニッテン会長(日典3)
武塙祐吉　たけはな・ゆうきち　新聞人、政治家(秋田百)
武塙林太郎　たけはな・りんたろう　「図録秋田蘭画」三一書房(日典3)

武腰　たけこし；たけごし
武腰泰山　たけこし・たいざん　陶芸家(陶芸)
武腰善平　たけごし・ぜんぺい　陶工(日人)
武腰敏昭　たけごし・としあき　陶芸家(陶工)

15武儀山　むぎやま
武儀山邦雄　むぎやま・くにお　武儀チェーン社長(日典3)
武儀山昌昇　むぎやま・しょうしょう　秋田屋酒店会長(日典)

武蔵原　むさしばら
武蔵原鐘二　むさしばら・しょうじ　洋画家(美家)

16武衛　たけえ；ぶえい
武衛孝雄　たけえ・たかお　「要説教育心理学」学術図書出版社(日典3)
武衛和雄　ぶえい・かずお　大阪製薬バイオサイエンス研究所長(日典)

18武甕　たけみか
武甕虎男　たけみか・とらお　三興線材工業社長(人情)

止部（歳）　歹部（残，殖）　殳部（段，殿）　母部（母）

武藤　たけとう；たけふじ；ぶとう；むとう
　武藤誠　たけとう・まこと　京都大学大学院医学研究科教授（日典3）
　武藤佳恭　たけふじ・よしやす　慶応義塾大学環境情報学部教授（日典）
　武藤達三　ぶとう・たつぞう　狂言師（大蔵流）（能狂言）
　武藤山治　むとう・さんじ　実業家，政治家（コン5）

【802】 歳

[3]歳川　としかわ
　歳川隆雄　としかわ・たかお　ジャーナリスト，朝鮮問題評論家（現執4期）

歹部

【803】 残

[12]残間　ざんま
　残間洋志　ざんま・ひろし　俳優（日典3）
　残間正之　ざんま・まさゆき　フォト・ジャーナリスト（日典3）
　残間里江子　ざんま・りえこ　メディアプロデューサー，エッセイスト（世紀）

【804】 殖

殖　しげる
　殖慶仁　しげる・みちひと　農民（社史）

[5]殖田　うえだ
　殖田三郎　うえだ・さぶろう　ノリ養殖研究家（大分歴）
　殖田俊吉　うえだ・しゅんきち　政治家，官僚（コン4）
　殖田春荘　うえだ・しゅんそう　北越製紙副社長（日典3）
　殖田俊蔵　うえだ・しゅんぞう　庄屋（大分百）
　殖田友子　うえだ・ともこ　スポーツ栄養アドバイザー（日典3）

[10]殖栗　うえくり
　殖栗昭子　うえくり・あきこ　東武百貨店取締役本店次長（日典3）
　殖栗文夫　うえくり・ふみお　出版人（出文）

殳部

【805】 段

段　たん；だん
　段熙麟　たん・ひりん　「渡来人の遺跡を歩く」六興出版（JM）
　段勲　だん・いさお　ジャーナリスト（現執4期）

　段家誠　だん・かせい　「世界銀行とNGOs」築地書館（日典3）

[3]段上　だんがみ；だんじょう
　段上守　だんがみ・まもる　九州電力玄海原子力発電所運営本部長（日典3）
　段上達雄　だんじょう・たつお　大分県立宇佐風土記の丘歴史民俗資料館研究員（日典3）

[4]段木　だんぎ；だんぼく
　段木一行　だんぎ・かずゆき　東京都教育庁（国典）
　段木ちひろ　だんぼく・ちひろ　「透明人間」ポプラ社（日典3）

[5]段田　だんた；だんだ
　段田安則　だんた・やすのり　俳優（日映男）
　段田男　だんだ・だん　元・歌手（日典）

[7]段谷　だんたに
　段谷秋洋　だんたに・あきひろ　歌人（大阪文）
　段谷直樹　だんたに・なおき　段谷産業副社長（日典3）
　段谷弘忠　だんたに・ひろただ　段谷社長（国典）
　段谷福十　だんたに・ふくじゅう　段谷産業創業者,小倉商工会議所会頭（日典3）
　段谷幹雄　だんたに・みきお　段谷産業専務（日典3）

【806】 殿

[4]殿水　とのみず
　殿水藤之助　とのみず・ふじのすけ　アナルキスト青年連盟メンバー（アナ）

[5]殿生　とのお
　殿生文男　とのお・ふみお　「支那農村経済と産業資本」（国典）

[7]殿谷　とのがい
　殿谷みな子　とのがい・みなこ　小説家（幻想）

[9]殿垣内　とのがいち；とのがいど
　殿垣内恭平　とのがいち・きょうへい　殿垣内建築設備事務所代表（日典）
　殿垣内知子　とのがいち・ともこ　上野学園短大講師（日典）
　殿垣内翠光　とのがいど・すいこう　「武者窓」早春金沢支社（日典3）

[12]殿塚　とのずか；とのつか
　殿塚勲　とのずか・いさお　広島工業大学工学部電気工学科教授（日典3）
　殿塚治　とのずか・おさむ　栃木蔵街暖簾会役員，栃木フィルハーモニー交響楽団副団長（日典3）
　殿塚婦美子　とのつか・ふみこ　女子栄養大学短期大学部教授（日典3）

母部

【807】 母

[5]母田　もだ
　母田裕高　もだ・ゆたか　作家（人情）

母部（毎） 比部（比） 毛部（毛）

7母利 もり
母利司朗　もり・しろう　「俳諧史の曙」清文堂出版（日典3）
母利美和　もり・よしかず　彦根城博物館学芸員（日典）

母良田 ほらた；ほろた
母良田恵子　ほらた・けいこ　フリーダム社長（日典3）
母良田富蔵　ほろた・とみぞう　「感じる漢字」中日出版社（日典）

母里 ぼり；もり
母里聖徳　ぼり・きよのり　彫刻家（日典）
母里昭一　もり・あきかず　日本非晶金属社長（日典）
母里啓子　もり・けいこ　「知りたい食中毒と伝染病」ジャパンマシニスト社（日典3）

11母袋 もたい
母袋創一　もたい・そういち　政治家（現政）
母袋忠右衛門　もたい・ちゅううえもん　蚕種業者（長野歴）
母袋夏生　もたい・なつう　翻訳家（児人）
母袋未知庵　もたい・みちあん　古川柳研究家（長野百）
母袋幸子　もたい・ゆきこ　陶芸家（陶芸最）

【808】 毎

5毎田 まいた；まいだ
毎田周一　まいた・しゅういち　仏教思想家（姓氏石川）
毎田徹夫　まいた・てつお　「管理栄養士を目指す学生のための生化学テキスト」文光堂（日典3）
毎田周一　まいだ・しゅういち　仏教思想家（日人）
毎田仁郎　まいだ・じんろう　染織家（美工）

比部

【809】 比

比田井 ひだい
比田井和子　ひだい・かずこ　「宝探しから持続可能な地域づくりへ」学芸出版社（日典3）
比田井弾右衛門　ひだい・だんえもん　地方自治功労者（姓氏長野）
比田井天来　ひだい・てんらい　書家（コン5）
比田井南谷　ひだい・なんこく　書家（日人）
比田井洵　ひだい・まこと　フルート奏者（新芸）

比石 ひせき
比石佐子　ひせき・ひさこ　ピアニスト（演奏）

6比企 ひき
比企敦子　ひき・あつこ　「詩編とともに祈る365日」日本キリスト教団出版局（日典3）
比企喜代助　ひき・きよすけ　医師, 政治家（姓氏神奈川）
比企能達　ひき・よしたつ　内科医学者（日人）

比企能達　ひき・よしたつ　内科医学者（姓氏神奈川）
比企理恵　ひき・りえ　女優（テレ）

比江島 ひえじま
比江島重孝　ひえじま・しげたか　民話研究家, 校長（世紀）

7比売宮 ひめみや
比売宮了秀　ひめみや・りょうしゅう　滋賀大教育学部教授（日典）

比良 ひら
比良信治　ひら・しんじ　児童文学作家（北海道文）
比良次郎　ひら・じろう　「税務署をマルサせよ」GU企画出版部（日典3）
比良多恵子　ひら・たえこ　女優（映女）
比良輝夫　ひら・てるお　北海道教育大学教授（日典）
比良暮雪　ひら・ほせつ　俳人（俳文）

9比屋根 ひやごん；ひやね
比屋根肇　ひやごん・はじめ　東京大学大学院理学系研究科助教授（日典）
比屋根安定　ひやね・あんてい　宗教史学者, 牧師（日人）
比屋根照夫　ひやね・てるお　政治学者（現執2期）

10比留間 ひるま；びるま
比留間賢八　ひるま・けんぱち　チェロ奏者（新芸）
比留間妻吉　ひるま・つまきち　機織業者（日人）
比留間一　びるま・はじめ　「土のこゑ」南海歌人の会（日典3）

比連崎 ひれんざき
比連崎志げ　ひれんざき・しげ　看護婦（国典）

14比嘉 ひか；ひが
比嘉和子　ひか・かずこ　"アナタハンの女王"として有名（日人）
比嘉春潮　ひが・しゅんちょう　郷土史家（コン4）

毛部

【810】 毛

3毛山 けやま
毛山森太郎　けやま・もりたろう　政治家（政治）

4毛内 もうない；もない
毛内豊吉　もうない・とよきち　政治家（青森人）
毛内靖胤　もうない・やすたね　陸軍中将（世紀）
毛内靖胤　もない・のぶたね　陸軍中将（人名）

毛戸 けど；もと
毛戸磨元　けど・かつもと　法学者（渡航）
毛戸健二　けど・けんじ　「こうしよう！家族伝道」いのちのことば社（日典3）
毛戸勝治　もと・かつじ　東洋ゴム取締役（日典）

[811]　　　　　　　　　　　　　　　　　　　　　　　　毛部（毬）氏部（氏，民）

⁶毛江田　もえだ
毛江田久雄　もえだ・ひさお　「ゲートボールの本」秋田文化出版社（日典3）

毛羽毛　けうけ
毛羽毛現　けうけ・げん　「百物語 BY・Y・O・K・O」大正屋出版（JM）

⁷毛呂　もろ
毛呂清氏　もろ・きようじ　歌人（日人）
毛呂清春　もろ・きよはる　歌人（日人）
毛呂百人　もろ・ずんど　教育者（庄内）
毛呂桑陰　もろ・そういん　教育者（姓氏群馬）
毛呂博明　もろ・ひろあき　「文明批評」発行人（社史）

毛束　けずか；けつか
毛束真知子　けずか・まちこ　言語聴覚士（日典3）
毛束純子　けつか・すみこ　「子牛の太郎」短歌新聞社（日典3）
毛束昇　けつか・のぼる　「後南朝編年史」秀明舎（日典3）

毛見　けみ
毛見虎雄　けみ・とらお　戸田建設技術開発センター次長（国典）
毛見信秀　けみ・のぶひで　「肉で食育する本」商業界（日典3）

毛里　もうり；もり
毛里和子　もうり・かずこ　中国現代史学者（現執4期）
毛里英於菟　もうり・ひでおと　官吏（履歴）
⁸毛里英於兎　もり・ひでおと　官吏（社史）

⁸毛受　めんじゅ；めんじょ；めんじょう
毛受洪　めんじゅ・ひろし　越前福井藩士（日人）
毛受久　めんじょ・ひさし　弁護士（日典）
毛受信雄　めんじょう・のぶお　弁護士（日典）

¹⁰毛馬内　けばない；けまない
毛馬内官次　けばない・かんじ　小学校長（社史）
毛馬内教夫　けまない・のりお　「ふたつのかばん」札幌大蔵学園（日典3）
毛馬内勇士　けまない・ゆうじ　経済学者（現執1期）

¹²毛塚　けずか
毛塚栄五郎　けずか・えいごろう　中国文学研究者（日典3）
毛塚恵美子　けずか・えみこ　群馬県立女子大学文学部教授（日典3）
毛塚勝利　けずか・かつとし　「新現代労働法入門」法律文化社（日典3）
毛塚吉太郎　けずか・きちたろう　政治家（現政）
毛塚善六　けずか・ぜんろく　政治家（群馬人）

¹⁴毛綱　もずな
毛綱毅曠　もずな・きこう　建築家（日人）
毛綱毅眈　もずな・きこう　「ガイア・インターネット」時事通信社（日典3）
毛綱モン太　もずな・もんた　建築家（現日）

¹⁸毛藤　もうとう；もとう
毛藤勤治　もうとう・きんじ　岩手緑化研究会長，盛岡市指定保存樹木保護委員（植物）

毛藤図彦　もうとう・くにひこ　ナチュラリスト（日典3）
毛藤文男　もとう・ふみお　元・北国新聞監査役（日典）

【811】　毬

⁷毬谷　まりや
毬谷友子　まりや・ともこ　女優（テレ）
毬谷まり　まりや・まり　「春夢楼に咲く華は」二見書房（日典3）

¹⁹毬藻　まりも
毬藻えり　まりも・えり　宝塚歌劇団員（日典）
毬藻充　まりも・みつる　「暴力の考古学」現代企画室（日典3）

氏部

【812】　氏

¹⁰氏家　うじいえ；うじえ；うじけ
氏家寿子　うじいえ・ひさこ　家政学者（日人）
氏家直綱　うじえ・なおつな　郡長（庄内）
氏家康二　うじけ・こうじ　実業家，能力開発研究家（現執4期）

【813】　民

⁴民井　たみい
民井とほる　たみい・とほる　俳人（大阪文）
民井雅弘　たみい・まさひろ　編集者，ライター（日典3）

⁷民谷　たみたに；たみや
民谷克己　たみたに・かつみ　「秘伝の書」サンパウロ（発売）（日典3）
民谷正太郎　たみや・しょうたろう　大阪鉄工組合メンバー（社史）
民谷武三郎　たみや・たけさぶろう　日本パルプ製材職工（社史）

⁹民秋　たみあき
民秋言　たみあき・げん　「障害児保育」北大路書房（日典3）
民秋重太郎　たみあき・じゅうたろう　梅花学園長，梅花女子大学学長（日典3）
民秋徳夫　たみあき・のりお　政治家（現政）
民秋均　たみあき・ひとし　「クロロフィル」裳華房（日典3）
民秋史也　たみあき・ふみや　モルテン社長（日典3）

气部

【814】 気

[4]気比野　きびの
　気比野靖　きびの・やすし　軍事評論家(平和)

[5]気仙　きせん；けせん
　気仙えりか　きせん・えりか「気仙えりかのフェイクスイーツテクニック＆アイデアBook」河出書房新社(日典3)
　気仙三一　けせん・さんいち　フェリス女学院大学名誉教授(日典3)

気田　きだ；けた
　気田厚志　きだ・あつし(日典)
　気田義也　きだ・よしなり　スキー選手(日典3)
　気田彦一　けた・ひこいち　獣医(日典)

[6]気多　きた；けた
　気多岬介　きた・そうすけ「二一世紀への提言—ハードとソフト」近代文芸社(JM)
　気多俊雄　けた・としお　日本貿易振興会対日輸出促進アドバイザー(日典3)
　気多雅子　けた・まさこ　京都大学大学院文学研究科教授(日典)

[7]気谷　きたに；きや
　気谷誠　きたに・まこと　三重大学附属図書館情報管理課長(現執4期)
　気谷陽子　きたに・ようこ「情報メディアの活用」放送大学教育振興会，[日本放送出版協会](発売)(日典3)
　気谷時男　きや・ときお　日栄証券相談役(日典)

[12]気賀　きが；けが
　気賀健三　きが・けんぞう　経済学者(世紀)
　気賀林　きが・りん　豪商(日人)
　気賀重躬　けが・しげみ　牧師，教会史家(日人)
　気賀史朗　けが・しろう　ミキモト取締役新規事業部長(日典3)

気賀沢　きがさわ；けがさわ
　気賀沢栄枝　きがさわ・さかえ「高尾を裏山と思いつつ」ぶんしん出版(日典3)
　気賀沢忠夫　きがさわ・ただお　国際経済学者(現執2期)
　気賀沢和男　けがさわ・かずお「土壌害虫」全国農村教育協会(日典3)
　気賀沢保規　けがさわ・やすのり　歴史研究者(中国史)(現執4期)

[14]気境　きざかい
　気境公男　きざかい・きみお「役人の目」北海タイムス社(書籍)

水部

【815】 水

水　すい；みず
　水世嫦　すい・せいじょう「友情与橋梁—テーブルスピーチから伝言メモまでの中国語学習書」中国生活文化研究会　開拓社(発売) (JM)
　水あさと　みず・あさと「めいなのフクロウ」新潮社(日典3)
　水清十朗　みず・せいじゅうろう「大魔神カノン」角川書店，角川グループパブリッシング(発売)(日典3)

水ヶ江　みずがえ
　水ヶ江竜一　みずがえ・りゅういち　映画監督(監督)

[3]水下　みずした；みずしも
　水下きよし　みずした・きよし　俳優(テレ)
　水下寿代　みずした・ひさよ「保母のうた」東京四季出版(日典3)
　水下たまお　みずしも・たまお「恋」新風舎(JM)

水上　みかみ；みずかみ；みずがみ；みなかみ
　水上剣星　みかみ・けんせい　俳優(日典3)
　水上勉　みずかみ・つとむ　小説家(コン4)
　水上勉　みずがみ・つとむ　小説家(大阪文)
　水上滝太郎　みなかみ・たきたろう　小説家，評論家，劇作家(コン5)

水口　みすぐち；みずくち；みずぐち；みなくち；みなぐち
　水口隆三　みすぐち・りゅうぞう　日本ペイント技術センター第一研究グループ部長(日典3)
　水口徳義　みずくち・とくよし　城西消費購買組合組合員(社史)
　水口健次　みずぐち・けんじ　経営研究家(現執4期)
　水口宏三　みなくち・こうぞう　社会運動家(日人)
　水口宝一　みなぐち・ほういち　経営者(日人)

水小田　みずこだ
　水小田絹代　みずこだ・きぬよ「白の暴風」新泉社(日典3)

水川　みずかわ
　水川あさみ　みずかわ・あさみ　女優(日映女)
　水川喜山　みずかわ・きざん　陶芸家(陶工)
　水川護山　みずかわ・ござん　陶芸家(陶工)
　水川陶影　みずかわ・とうえい　陶芸家(美工)
　水川八重子　みずかわ・やえこ　女優(日人)

[4]水之江　みずのえ
　水之江公英　みずのえ・きみふさ　細菌学者(近医)
　水之江忠臣　みずのえ・ただおみ　家具デザイナー(日人)
　水之江文二郎　みずのえ・ぶんじろう　政治家(日人)

水部（水）

水之江
水之江有一　みずのえ・ゆういち　英文学者（現執3期）
水之江霊成　みずのえ・れいじょう　社会主義シンパ（社史）

水井　みずい；みつい；みない
水井文吉　みずい・ぶんきち　教育者（姓氏山口）
水井久美　みつい・ひさみ　ディスクジョッキー（日典）
水井健二　みない・けんじ　（株）コーディックス代表取締役社長（日典）

水内　みずうち；みのうち
水内喜久雄　みずうち・きくお　小学校教諭, 児童文学作家（現執4期）
水内鬼灯　みずうち・きちょう　俳人（俳文）
水内慶太　みのうち・けいた　「月の匣」角川書店（日典3）

水戸部　みとべ
水戸部克己　みとべ・かつみ　バリトン歌手, 合唱指揮者（音人2）
水戸部勝美　みとべ・かつみ　北海道青少年福祉協会事務局長, 元札幌中央道税事務所長（日典3）
水戸部孝助　みとべ・こうすけ　歌人（北海道文）
水戸部富次　みとべ・とみつぐ　工場事務員（社史）
水戸部正男　みとべ・まさお　日本史学者（史研）

水文字　みずもじ
水文字器水　みずもじ・きすい　「いじわる辞典」宝文堂（日典3）

水月　みずき；みなずき；みなつき
水月まりん　みずき・まりん　翻訳家（幻想）
水月稜花　みなずき・りょうか　「Dearest mail」コスミック出版（日典3）
水月遥　みなつき・はるか　「危険なパラダイス」ハーレクイン（日典3）

水木　みずき；みなき
水木しげる　みずき・しげる　漫画家（コン4）
水木洋子　みずき・ようこ　脚本家（コン4）
水木翔子　みなき・しょうこ　作詞家（日典）

水毛生　みもう
水毛生伊余門　みもう・いよもん　農事指導者（日人）

⁵水主川　かこがわ
水主川久男　かこがわ・ひさお　「唐の都」西日本文化出版（日典3）

水出　みずいで
水出伊一　みずいで・いいち　農業団体役員（群馬人）
水出熊雄　みずいで・くまお　農村, 青年教育に貢献した教育者（長野歴）
水出弘一　みずいで・こういち　シナリオライター（現執4期）
水出久雄　みずいで・ひさお　北海道相互銀行会長（日典3）
水出鳴芭子　みずいで・めいぱをし　俳人（群馬人）

水四　みずし
水四澄子　みずし・すみこ　絵本画家（児人）

水本　みずもと；みなもと；みもと
水本ふさ　みずもと・ふさ　教育者（郷土福井）
水本みち　みなもと・みち　漫画家（漫人）
水本生　みもと・すすむ　「燃える特攻基地セブを死守せよ」光人社（日典3）

水永　みずなが
水永毅六　みずなが・きろく　千葉製粉社長（日典3）
水永幸二　みずなが・こうじ　「海外工事に関する基礎知識 海外建設プロジェクトの入札手続き」土木学会（日典3）
水永武光　みずなが・たけみつ　恵泉女学園園芸短期大学学長（日典3）
水永毅　みずなが・つよし　日本フェルト専務（日典）
水永牧子　みずなが・まきこ　チェンバロ奏者（演奏）

水生　みずき；みずのお
水生大海　みずき・ひろみ　「少女たちの羅針盤」原書房（日典3）
水生宥啓　みずのお・ゆうけい　僧侶（日典3）

水田　すいた；みずた
水田祥代　すいた・さちよ　九州大学医学部教授
水田洋　みずた・ひろし　社会思想史家（日人）
水田三喜男　みずた・みきお　政治家（コン4）

⁶水地　みずち
水地満穂　みずち・みつお　窯業協会理事（国典）
水地宗明　みずち・むねあき　「ピタゴラス的生き方」京都大学学術出版会（日典3）

水江　みずえ；みずのえ
水江太一　みずえ・たいち　大分県卸売酒販売組合の理事長（大分歴）
水江連子　みずえ・れんこ　日本史研究者（史研）
水江正吾　みずのえ・しょうご　ジャーナリスト（日典）

⁷水尾　みずお；みずのお；みのお
水尾比呂志　みずお・ひろし　美術史家, 詩人（日人）
水尾龍洲　みずのお・りゅうしゅう　画家＝近世（人名6）
水尾ろむ　みのお・ろむ　「True mind」コアマガジン（日典3）

水杜　みずもり
水杜明珠　みずもり・あけみ　小説家（幻想）
水杜サトル　みずもり・さとる　「抱きたい熱」心交社（日典3）

水沢　みさわ；みずさわ；みなざわ
水沢心吾　みさわ・しんご　俳優（日典3）
水沢謙三　みずさわ・けんぞう　経営者（日人）
水沢蝶児　みなざわ・ちょうじ　SF・伝奇作家（幻想）

水町　みずまち
水町勝城　みずまち・かつき　軍人（陸海）
水町京子　みずまち・きょうこ　歌人（日人）
水町袈裟六　みずまち・けさろく　官僚（コン5）

水部(水)

水町四郎　みずまち・しろう　整形外科学者(日人)
水町庸子　みずまち・ようこ　女優(日人)

水見　みずみ
　水見寿男　みずみ・ひさお　「九線譜」文学の森(日典3)
　水見悠々子　みずみ・ゆうゆうし　俳人(北海道文)
　水見稜　みずみ・りょう　小説家(幻想)

水谷　みずがや；みずたに；みずだに；みずのや；みずや
　水谷恒夫　みずがや・つねお　東北計器工業社長、東北電力常任監査役(日典3)
　水谷長三郎　みずたに・ちょうざぶろう　政治家(コン4)
　水谷久　みずだに・ひさし　「障がい者ケアプラン記載事例集」日総研出版(日典3)
　水谷正　みずのや・ただし　幼稚園園長(日典3)
　水谷浩二　みずや・こうじ　日本アイ・ビー・エム(株)常務執行役員(日典3)

水谷川　みずたにがわ；みやかわ；みやがわ
　水谷川忠磨　みずたにがわ・ちゅうま　春日大社宮司(日典)
　水谷川忠麿　みやかわ・ただまろ　「予楽院公茶杓箪笥—陽明文庫蔵」淡交社(JM)
　水谷川忠俊　みやがわ・ただとし　作曲家,華道家(音人3)

[8]水波　みずなみ；みずば；みなみ
　水波朗　みずなみ・あきら　法学者(世紀)
　水波一郎　みずば・いちろう　霊魂学研究家(日典)
　水波風南　みなみ・かなん　「今日、恋をはじめます」小学館(日典3)

水茎　みずくき；みずぐき
　水茎玉菜　みずくき・たまな　八剣宮神主田島家20代神守方吉の三男(姓氏愛知)
　水茎磐樟　みずぐき・ばんしょう　故実家(日人)

水迫　みずさこ
　水迫尚子　みずさこ・しょうこ　「考えよう！地球環境身近なことからエコ活動」金の星社(日典3)
　水迫順一　みずさこ・じゅんいち　政治家(現政)
　水迫末広　みずさこ・すえひろ　「紙面に意地を載せて」西海出版(日典3)

水門　みと；みなと
　水門譲治　みと・じょうじ　「紅薔薇白薔薇」大日本雄弁会講談社(日人)
　水門遼子　みなと・りょうこ　「ノーマンズ・ヘヴン」パラダイム(日典3)

[9]水品　みずしな
　水品一郎　みずしな・いちろう　出版研究家(日人)
　水品興雄　みずしな・おきお　時事通信連絡局技術部長(日典3)
　水品和昭　みずしな・かずあき　新潟日報監査役(日典3)
　水品春樹　みずしな・はるき　舞台監督(日人)
　水品平右衛門　みずしな・へいうえもん　政治家(姓氏長野)

水城　みずき；みずしろ
　水城蘭子　みずき・らんこ　女優(新芸)
　水城嶺子　みずき・れいこ　小説家(幻想)
　水城圭次　みずしろ・けいじ　軍人(陸海)
　水城リカ　みずしろ・りか　女優(映女)

水星　みずぼし；みなほし
　水星茗　みずぼし・めい　漫画家(漫人)
　水星さつき　みなほし・さつき　小説家(YA)

水津　すいず；すいつ；みずつ
　水津一朗　すいず・いちろう　人文地理学者(日人)
　水津正夫　すいつ・まさお　映画監督(映人)
　水津英男　みずつ・ひでお　弓道家,弓道錬士(弓道)

水神　みずかみ；みなかみ
　水神光信　みずかみ・みつのぶ　ジャーナリスト(日典)
　水神祥　みなかみ・あきら　「水神伝説」泰流社(日典3)
　水神静　みなかみ・しずか　「星の光」出帆新社

水科　みずしな
　水科五郎　みずしな・ごろう　伝道者(キリ)
　水科宗一郎　みずしな・そういちろう　川崎市議(公明党)(日典3)
　水科篤郎　みずしな・とくろう　化学工学者(現情)

[10]水原　すいばら；みずはら；みずもと；みつはら；みはら
　水原寅蔵　すいばら・とらぞう　果樹栽培家(食文)
　水原秋桜子　みずはら・しゅうおうし　俳人(コン4)
　水原宏遠　みずもと・こうおん　浄土真宗本願寺派学僧(真宗)
　水原憲至　みつはら・よしのり　日電東芝情報システム顧問・元常務(日典)
　水原徳言　みはら・とくげん　建築家(美建)

水庭　みずにわ
　水庭重之助　みずにわ・じゅうのすけ　洋画家(美家)
　水庭進　みずにわ・すすむ　俳人(現執4期)
　水庭久尚　みずにわ・ひさなお　「みやたの歴史散歩」宮田学区市民運動をすすめる会(日典3)

水時　みずとき
　水時功二　みずとき・こうじ　「司法書士最短合格の時間術・勉強術」インデックス・コミュニケーションズ(日典3)
　水時富士夫　みずとき・ふじお　作曲家(作曲)

水株　みずかぶ
　水株善松　みずかぶ・よしまつ　反軍の通信送信者(社史)

水流　つる
　水流聡子　つる・さとこ　「医療の質安全保証を実現する患者状態適応型パス」日本規格協会(日典3)

水部（水）

水流潤太郎 つる・じゅんたろう「木造住宅の再評価、工務店の再評価への提言」全国建設労働組合総連合(日典3)
水流忠彦 つる・ただひこ「角膜ジストロフィ・角膜変性」金原出版(日典3)
水流丁之介 つる・ていのすけ「一筆書きの世界地図」新世紀書房(日典3)
水流正彦 つる・まさひこ「条解風俗営業等取締法」立花書房(書籍)

水留 みずとめ
水留浩一 みずとめ・こういち ローランド・ベルガー・アンド・パートナー・ジャパンアソシエイト・パートナー(日典3)
水留雄彦 みずとめ・よしひこ 陶芸家(陶工)

水納 みずな
水納あきら みずな・あきら 詩人(日典)

水郡 にごおり；にごり
水郡善之祐 にごおり・ぜんのすけ 志士＝近世(人名5)
水郡長義 にごおり・ながよし 志士(人名)
水郡庸晧 にごり・つねあき「天誅組河内勢の研究」(国ценной)
水郡長義 にごおり・ながよし 志士, 司法官(日人)

水馬 すいま；みずま
水馬雲谷 すいま・うんこく 書道家(日典)
水馬克夫 みずま・かつお 日産建設常務(日典3)
水馬克久 みずま・かつひさ 高周波熱錬社長(日典3)

[11]**水崎 みさき；みずさき；みずざき**
水崎綾女 みさき・あやめ タレント(日典3)
水崎基一 みさき・きいち 渡航者(渡航)
水崎済 みずざき・わたる「生かされて」遊帆堂(日典3)

水捫 もんどり
水捫文一 もんどり・ぶんいち 大阪印刷労働組合メンバー(社史)

水清 みずきよ；みずせ；みずせい
水清久美 みずきよ・くみ 歌人(滋賀文)
水清公子 みずせ・きみこ 洋画家(近美)
水清公子 みずせい・きみこ 洋画家(日人)

水船 みずふね
水船教義 みずふね・のりよし「大英図書館所蔵梵文法華経写本(Or.2204)」創価学会(日典3)
水船成之 みずふね・まさゆき 日本国土開発専務(日典3)
水船六洲 みずふね・ろくしゅう 彫刻家(日人)

水野 みすの；みずの
水野輝枝 みずの・てるえ 俳人(大阪文)
水野成夫 みずの・しげお 経営者(コン4)
水野広徳 みずの・ひろのり 軍人, 軍事評論家(コン4)

水野上 みずのうえ；みずのえ
水野上晃章 みずのうえ・てるあき 日本貿易振興会副理事長(日典3)

水野上与志子 みずのうえ・よしこ「衣服衛生実験書」光生館(日典3)
水野上命子 みずのうえ・めいこ「スカイダイビング」大宮詩人叢書刊行会(日典3)

水野谷 みずのや
水野谷悦子 みずのや・えつこ トレーニングコンサルタント(日典3)
水野谷繁 みずのや・しげる「安全・安心のケアとは」ぎょうせい(日典3)
水野谷世界 みずのや・せかい「草の中の星」木犀書房(日典3)
水野谷武志 みずのや・たけし「生活時間と生活福祉」光生館(日典3)
水野谷忠一 みずのや・ちゅういち 中島村(福島県)村長(日典3)

水鳥川 みどりかわ
水鳥川彩 みどりかわ・あや 女優(映女)
水鳥川和夫 みどりかわ・かずお「コンテンツ・ビジネスが地域を変える」NTT出版(日典3)
水鳥川弘宇 みどりかわ・こうう 俳人, 公務員(日典)
水鳥川弘之 みどりかわ・ひろゆき 現代経営研究センター代表取締役所長(国典)

[12]**水喜 みずき**
水喜習平 みずき・しゅうへい フリーライター(現執3期)

水渡 すいと
水渡英二 すいと・えいじ 粉体化学者(現情)
水渡英昭 すいと・ひであき「冶金物理化学演習」(国典)
水渡嘉昭 すいと・よしあき 写真家(日典3)

水無月 みなずき；みなつき
水無月さらら みなずき・さらら 小説家(幻想)
水無月ばけら みなずき・ばけら 小説家(幻想)
水無月実 みなつき・みのり「はじめて学ぶ印刷技術」日本印刷技術協会(日典3)

水無瀬 みなせ
水無瀬さんご みなせ・さんご「お兄ちゃんと兄様, 好き好き大好き好き好き」フランス書院(日典3)
水無瀬純 みなせ・じゅん「カリブ・愛のシンフォニー」実業之日本社(日典3)
水無瀬経家 みなせ・つねいえ 公家(国書)
水無瀬豊経 みなせ・とよつね 神官, 歌人(長野歴)
水無瀬白風 みなせ・はくふう 俳人(北海道文)

水登 みずと
水登勇太郎 みずと・ゆうたろう 農事改良家(日人)

水落 みずおち
水落潔 みずおち・きよし 演劇評論家(大阪文)
水落敏栄 みずおち・としえい 政治家(現政)
水落晴美 みずおち・はるみ 小説家(幻想)
水落博 みずおち・ひろし 歌人(四国文)
水落露石 みずおち・ろせき 俳人(日人)

水越 みずこし；みつこし
水越松南 みずこし・しょうなん 日本画家(日人)

水部(永)

水越武　みずこし・たけし　写真家(日人)
水越秀宏　みつこし・ひでひろ「爬虫類・両生類200種図鑑」ピーシーズ(日典3)

水間　みずま；みま

水間鉄翁　みずま・てつおう　教育者(日人)
水間摩遊美　みずま・まゆみ　エッセイスト(現執4期)
水間渓　みま・きよし　高知県大正町長(紳士)

13水溜　みずたまり；みずため

水溜栄一　みずたまり・えいいち　南日本新聞社長(日典3)
水溜米生　みずたまり・べいしつ　俳人(三重続)
水溜猛　みずため・たけし　元・大和証券常務(日典)

水飼　みずかい

水飼瑛　みずかい・あきら「橋」LD書房(日典3)
水飼啓子　みずかい・けいこ「エチュード」桜桃書房(日典3)
水飼幸之助　みずかい・こうのすけ　政治(人書)
水飼茂　みずかい・しげる　ジャスミック社長(日典3)
水飼有三　みずかい・ゆうぞう　編集者(日典3)

15水穂　みずほ

水穂薫　みずほ・かおる　久保田鉄工取締役(日典3)
水穂しゅうし　みずほ・しゅうし　漫画家(漫)
水穂泥子　みずほ・でいし「翁舟」銀河書房(日典3)
水穂葉子　みずほ・ようこ「あべこべの宝塚ガイド」(国典)

16水橋　みずはし

水橋和夫　みずはし・かずお　俳優(テレ)
水橋研二　みずはし・けんじ　俳優(日映男)
水橋晋　みずはし・すすむ　編集者(日児)
水橋藤作　みずはし・とうさく　労働運動家(富山百)
水橋文美江　みずはし・ふみえ　シナリオライター(石川文)

水樹　みずき

水樹あおい　みずき・あおい「黄昏の境界」ワニマガジン社(日典3)
水樹あきら　みずき・あきら　小説家(幻想)
水樹奈々　みずき・なな　声優(テレ)
水樹和佳　みずき・わか　漫画家(漫)
水樹和佳子　みずき・わかこ　漫画家(幻想)

18水藤　すいとう；みずとう；みずふじ

水藤錦穣　すいとう・きんじょう　琵琶楽(錦琵琶)演奏家(日人)
水藤春夫　みずとう・はるお　児童文学者,児童文学研究家(世紀)
水藤千代造　みずふじ・ちよぞう「高島村史」吉備高島聖蹟顕彰会(日典3)

19水瀬　みずせ；みなせ

水瀬冨雄　みずせ・とみお　水瀬製革所社長(日典)
水瀬藍　みなせ・あい「なみだうさぎ」小学館(日典3)
水瀬葉月　みなせ・はずき　小説家(幻想)

【816】　永

永　えい；なが；ながい

永六輔　えい・ろくすけ　放送作家,作詞家(日人)
永佐栄政　なが・さえまさ　農民(社史)
永省円　ながい・しょうえん　農民(社史)

3永久　ながひさ

永久晶浩　ながひさ・あきひろ「「No」と言えば人生は開ける！」現代書林(日典3)
永久岳水　ながひさ・がくすい　仏教学者(現執1期)
永久欣也　ながひさ・きんや「「内なる国際化」の現実的課題」窓映社(日典3)
永久俊雄　ながひさ・しゅんゆう　仏教学者,文学博士(山口百)
永久寿夫　ながひさ・としお　政治学研究者(現執4期)

永川　えいかわ；えがわ；ながかわ

永川幸樹　えいかわ・こうき　経済ジャーナリスト,ノンフィクション作家(現執4期)
永川克彦　えがわ・かつひこ　日本能率協会コンサルティングチーフコンサルタント(日典3)
永川秀男　ながかわ・ひでお　著述家(現執3期)

4永戸　えいと；ながと

永戸多喜雄　えいと・たきお　慶応義塾大学名誉教授(日典3)
永戸俊雄　えいと・としお　映画評論家,翻訳家(日人)
永戸一朗　ながと・いちろう　銀泉副社長,住友銀行取締役(日典3)
永戸政治　ながと・まさじ　新聞人(日人)

永方　ながえ

永方裕子　ながえ・ひろこ　俳人(兵庫文)

永木　えいき；ながき

永木千代治　えいき・ちよじ「新潟県政党史」新潟県政党史刊行会(日典3)
永木暁三郎　ながき・あけさぶろう「酒精酢と醋酸酢」明文堂(日典3)
永木耕介　ながき・こうすけ「嘉納柔道思想の継承と変容」風間書房(日典3)

5永代　ながしろ；ながよ

永代静雄　ながしろ・しずお　ジャーナリスト(兵庫文)
永代静雄　ながよ・しずお　ジャーナリスト(世紀)
永代美知代　ながよ・みちよ「奴隷トム」誠文堂

永平　ながひら

永平和雄　ながひら・かずお　日本近代戯曲史・演劇史研究者(現執1期)
永平利夫　ながひら・としお　歌人(北海道文)
永平緑　ながひら・みどり「バスケット野郎」(国典)
永平幸雄　ながひら・ゆきお「大学生の学習技法」大阪経済法科大学出版部(日典3)

水部(永)

永平緑苑　ながひら・りょくえん　歌人(北海道文)

永広　えひろ；ながひろ

永広顕　えひろ・あきら「GHQ日本占領史」日本図書センター(日典3)

永広榮雪　えひろ・さいせつ　新聞記者(和歌山人)

永広和夫　ながひろ・かずお　大阪製鉄社長(日典3)

永広榮雪　ながひろ・しせつ「新宮あれこれ」国書刊行会(日典3)

永田　えいた；えいだ；なかた；ながた

永田一視　えいた・かずみ「ソビエトの障害児教育見たまま聞いたまま」ひまわり出版(日典3)

永田藤兵衛　えいだ・とうべえ　実業家，政治家(日人)

永田鉄山　なかた・てつざん　陸軍軍人(歴大)

永田広志　ながた・ひろし　哲学者，唯物論者(コン4)

永礼　ながれ

永礼孝二　ながれ・こうじ　版画家(岡山歴)

永礼賢　ながれ・さとし「Mind encode」羽鳥書店(日典3)

永礼善太郎　ながれ・ぜんたろう　愛宕製鋼取締役(国典)

永礼達造　ながれ・たつぞう　政治家(現政)

永礼能乎　ながれ・のうふ「悪童ら」槐書房(日典3)

[6] **永光　ながみつ**

永光基乃　ながみつ・きの　女優，バレリーナ(テレ)

永光尚　ながみつ・たかし「亀岡・南丹・京丹波の今昔」郷土出版社(日典3)

永光はる　ながみつ・はる「群青」東京竹頭社(日典3)

永光洋一　ながみつ・よういち　運輸事務次官

永合　ながあい；なごう

永合正和　ながあい・まさかず「図解正しい避妊法」田中書店(日典3)

永合賢二　なごう・けんじ　四電工常務(日典3)

永合位行　なごう・たかゆき　姫路独協大学経済情報学部助教授(日典)

永地　ながち；ながとち

永地恒一　ながち・こういち「WBS/EVMによるITプロジェクトマネジメント」ソフト・リサーチ・センター(日典3)

永地秀太　ながち・ひでた　洋画家(日人)

永地秀太　ながとち・ひでた　洋画家(洋画)

永地正直　ながとち・まさなお　西日本新聞論説委員(日典)

[7] **永住　ながすみ；ながずみ**

永住道雄　ながすみ・みちお　社会主義経済研究家(社史)

永住千夏　ながずみ・ちなつ　女優(テレ)

永冶　ながや

永冶智恵子　ながや・ちえこ「日だまりに添う」ながらみ書房(日典3)

永冶千冬　ながや・ちふゆ「心づくりの旅」モラロジー研究所，広池学園事業部(発売)(日典3)

永冶輝美　ながや・てるみ「毛呂窪の地名」(JM)

永冶日出雄　ながや・ひでお　名古屋文理大学情報文化学部教授，愛知教育大学名誉教授(日典3)

永岑　ながみね

永岑三千輝　ながみね・みちてる　研究者(現執4期)

永村　えいむら；ながむら

永村弘志　えいむら・ひろし　元・新潟中央銀行頭取(日典)

永村翠邨　ながむら・すいそん　書家(北海道歴)

永村真　ながむら・まこと　郷土史家(郷土)

永来　えいらい

永来重明　えいらい・じゅうめい　放送作家(世紀)

永見　ながみ

永見七郎　ながみ・しちろう　詩人(大阪文)

永見伝三郎　ながみ・でんざぶろう　長崎の豪商，銀行家(日人)

永見徳太郎　ながみ・とくたろう　劇作家，美術研究家(日人)

永見俊徳　ながみ・としのり　軍人(日人)

永見信久　ながみ・のぶひさ　バイオリニスト(音人3)

永谷　えいたに；ながたに；ながや

永谷吉郎　えいたに・よしお　青函連絡船フェスティバル実行委員長(人情)

永谷晴子　ながたに・はるこ　生活協同組合活動家，生活研究家(日人)

永谷亜矢子　ながたに・あやこ　F1メディア社長，東京ガールズコレクション実行委員会チーフプロデューサー(日典3)

[8] **永易　ながやす**

永易量行　ながやす・かずゆき「山岳装備大全」山と渓谷社(日典3)

永易克典　ながやす・かつのり　三菱UFJフィナンシャル・グループ社長，三菱東京UFJ銀行頭取，全国銀行協会会長(日典3)

永易清　ながやす・きよし　弓道家，弓道教士(弓道)

永易浩一　ながやす・こういち「歌を通して学ぶ英語」小平錦城高等学校(日典3)

永易実　ながやす・みのる　小学校教師(現執1期)

永長　えいなが；ながおさ

永長久彦　えいなが・ひさひこ　元・名古屋工業大学教授(日典)

永長次郎　ながおさ・じろう　フルート奏者，吹奏楽指導(音人3)

永長信一　ながおさ・のぶかず　音楽教育者(音人3)

[9] **永保　ながほ；ながやす**

永保澄雄　ながほ・すみお　龍谷大学経済学部教授(日典)

永保秋光　ながやす・あきみつ「道徳授業の改善」新光閣書店(日典3)

水部（永）

永廻　ながさこ
　永廻登　ながさこ・のぼる　東工大教授（国典）
永栄　ながえ
　永栄啓利　ながえ・ひろとし「責善教育の根をなすもの」北大路書房（日典3）
　永栄啓伸　ながえ・ひろのぶ　近代文学研究家，小説家（紀伊文）
　永栄宏安　ながえ・ひろやす「お気楽Q&A Perl & CGI」IDGジャパン（日典3）
　永栄穣　ながえ・みのる　北銀ビジネス・サービス（株）総務部長（日典3）
永海　ながうみ；ながみ
　永海兼人　ながうみ・かねと　俳人（日典）
　永海一正　ながみ・かずまさ　郷土史家（郷土）
　永海佐一郎　ながみ・さいちろう　化学者（日人）
永津　ながつ
　永津明人　ながつ・あきと「わかる×わかった！生命化学」オーム社（日典3）
　永津郁子　ながつ・いくこ「パーキンソン病」共立出版（日典3）
　永津勝蔵　ながつ・かつぞう「行政訴訟概説」石崎書店（日典3）
　永津佐比重　ながつ・さひしげ　軍人（陸海）
　永津俊治　ながつ・としはる　生化学者（日人）
永洞　ながほら
　永洞清吉　ながほら・せいきち　教育者（日人）
10永倉　えいくら；ながくら
　永倉栄次郎　えいくら・えいじろう　戦後青森紙芝居組合を創設した1人（青森人）
　永倉信一　えいくら・しんいち　東奥日報販売局販売管理部長（日典3）
　永倉三郎　ながくら・さぶろう　実業家（日人）
　永倉新八　ながくら・しんぱち　剣豪,新選組隊士（日人）
永島　えいしま；ながしま
　永島洋子　えいしま・ようこ　翻訳家（日典）
　永島慎二　ながしま・しんじ　漫画家（日人）
　永島敏行　ながしま・としゆき　俳優（日典）
永留　ながとめ；ながどめ
　永留かおる　ながとめ・かおる　サッカー選手（日典3）
　永留小太郎　ながとめ・しょうたろう　川崎造船所専務（日典3）
　永留邦次　ながどめ・くにつぐ　長崎県議（民主党）（日典3）
11永曽　えいそ
　永曽重光　えいそ・しげみつ　ティンパニ奏者（音人）
　永曽信夫　えいそ・のぶお　演出家（日典3）
永淵　ながふち；ながぶち
　永淵一郎　ながふち・いちろう　作家（日典3）
　永淵道彦　ながふち・みちひこ　児童文学作家（児作）
　永淵聖　ながぶち・きよし　陶芸家（陶工）
　永淵要一郎　ながぶち・よういちろう　新聞鉄所労務係（社史）

永渕　ながふち；ながぶち
　永渕アサ子　ながふち・あさこ　教育者（日人）
　永渕聖　ながふち・きよし　陶芸家（陶芸最）
　永渕智　ながふち・さとし　そうご電器常務（日典3）
　永渕敏明　ながぶち・としあき　嵯峨美術短期大学教授（日典3）
12永塚　えいずか；えいつか；ながつか
　永塚襄　えいずか・のぼる「現場で役立つ消防設備実務マニュアル」オーム社（日典3）
　永塚チキエ　えいつか・ちきえ「古川市周辺の方言と古語―子や孫のために遺して置きたい」（JM）
　永塚一栄　ながつか・かずえ　映画撮影監督（映人）
永登　ながと
　永登元次郎　ながと・がんじろう　シャンソン歌手（新芸）
永雄　ながお
　永雄五十太　ながお・いそた　著述家（現執3期）
　永雄策郎　ながお・さくろう「独逸国民に告ぐ」講談社（日典3）
　永雄もりえ　ながお・もりえ「海外ところどころ」永雄瑞子,朝日新聞社書籍編集部（製作）
13永楽　えいらく
　永楽紘一　えいらく・こういち　陶芸家（陶工）
　永楽正全〔15代〕　えいらく・しょうぜん　陶芸家（陶工）
　永楽善五郎　えいらく・ぜんごろう　陶芸家（陶工）
　永楽即全　えいらく・そくぜん　土風炉師,焼物師（美工）
　永楽和全　えいらく・わぜん　京焼の陶工2代西村善五郎（コン4）
永遠　えとお；とわ
　永遠幸　えとお・みゆき「地獄少女閻魔あいセレクション激こわストーリー」講談社（日典3）
　永遠聖　とわ・たかし「愛と平和」ラブソフト
14永嶋　えいじま；ながしま
　永嶋巌　えいじま・たかし　元・神戸市議（日典）
　永嶋勝美　ながしま・かつみ　写真家（写人）
　永嶋暢子　ながしま・ようこ　社会運動家（日人）
永徳　えいとく
　永徳紀男　えいとく・のりお　第一工業大学工学部電子工学科助教授（科学）
　永徳由紀子　えいとく・ゆきこ「理科室が僕の遊び場だった」鹿児島サイエンス工房,南日本新聞開発センター（制作・発応）（日典3）
　永徳緑峯　えいとく・りょくほう「薩摩医学史」新時代社（日典3）
16永樹　ながき
　永樹広次　ながき・ひろじ　社団法人日本燐寸工業会元理事長（人physics）
永積　ながずみ；ながつみ
　永積安明　ながずみ・やすあき　日本文学者（日人）
　永積寅彦　ながつみ・とらひこ　宮内官（履歴2）

水部(汀, 氷, 汲, 江)

[17]永嶺　ながみね
　永嶺栄子　ながみね・えいこ　「風光る」六花書林，開発社(発売)(日典3)
　永嶺謙忠　ながみね・かねただ　中間子科学者，原子核物理学者(現執3期)
　永嶺謙光　ながみね・かねみつ　官吏(渡航)
　永嶺源吾　ながみね・げんご　東芝機械社長(日典)
　永嶺重敏　ながみね・しげとし　「怪盗ジゴマと活動写真の時代」新潮社(日典3)

[20]永露　えいろ；ながつゆ
　永露恵子　えいろ・けいこ　編集者(日典)
　永露文市　ながつゆ・ふみいち　日本労働組合全国協議会鉱山労働メンバー(社史)
　永露政夫　ながつゆ・まさお　福岡県議(日典3)

【817】汀

汀　なぎさ；みぎわ
　汀成衛　なぎさ・せいえい　「放浪記」(国典)
　汀万里　なぎさ・ばんり　「汀万里」東京漫画社(日典)
　汀邦彦　みぎわ・くにひこ　評論家(現執2期)
　汀夏子　みぎわ・なつこ　女優(日人)

【818】氷

[3]氷上　ひかみ；ひがみ；ひょうじょう
　氷上英広　ひかみ・ひでひろ　ドイツ文学者(日人)
　氷上英広　ひかみ・ひでひろ　ドイツ文学者(現情)
　氷上豊　ひょうじょう・ゆたか　評論家(日典)

[7]氷見　ひみ；ひょうみ
　氷見敦子　ひみ・あつこ　詩人(現詩)
　氷見晃堂　ひみ・こうどう　木工芸家(日人)
　氷見直子　ひょうみ・なおこ　「書いて考えるジェンダー・スタディーズ」新水社(日典3)

[9]氷室　ひむろ
　氷室京介　ひむろ・きょうすけ　ミュージシャン(テレ)
　氷室幸吉　ひむろ・こうきち　洋画家(洋画)
　氷室冴子　ひむろ・さえこ　小説家(日人)
　氷室三吉　ひむろ・さんきち　農民(社史)
　氷室奈美　ひむろ・なみ　漫画家(漫人)

【819】汲

[5]汲田　くみた
　汲田栄功　くみた・えいこう　写真家(日典3)
　汲田薫　くみた・かおる　女優(日典3)
　汲田克夫　くみた・かつお　教育史学者(現執2期)
　汲田仁一　くみた・じんいち　三井海上火災保険リスクマネジメント部主任(日典3)
　汲田松之助　くみた・まつのすけ　国民健康保険普及功労者(高知人)

【820】江

江　こう；ごう
　江宗勲　こう・そうくん　格闘家(日典3)
　江文也　こう・ぶんや　作曲家(作曲)
　江真奈美　ごう・まなみ　「「勇歩」と私とラジオな人々」長崎新聞社(日典3)
　江実　ごう・みのる　言語学者(日人)

[3]江川　えかわ；えがわ
　江川章代　えかわ・あきよ　「二つ生命あったらいいのになぁ」見聞社(日典3)
　江川瑞峰　えかわ・ずいほう　「二つ生命あったらいいのになぁ」見聞社(日典3)
　江川宇礼雄　えがわ・うれお　俳優(日人)
　江川卓　えがわ・たく　ロシア文学者(日人)

[5]江代　えしろ
　江代修　えしろ・しゅう　岡山大学文学部教授(日典3)
　江代充　えしろ・みつる　詩人(現詩)

江平　えひら；えびら
　江平幸子　えひら・さちこ　「朝の校舎」短歌新聞社(日典3)
　江平重久　えひら・しげひさ　目標達成協力社社長(日典3)
　江平洋巳　えびら・ひろみ　漫画家(漫人)

江田　えた；えだ；こうだ；ごうだ
　江田鎌治郎　えた・かまじろう　「醸界の展望」(国典)
　江田三郎　えだ・さぶろう　政治家(コン4)
　江田昭英　こうだ・あきひで　医師(近医)
　江田憲彰　ごうだ・のりあき　広島大学工学部助教授(日典)

江目　ごうのめ
　江目達雄　ごうのめ・たつお　「浄土のおつとめ」(国典)

江辺　えなべ；えべ
　江辺聡　えなべ・さとし　「池袋15'(じゅうごふん)」発行人(日典3)
　江辺香織　えべ・かおり　ビリヤード選手(日典3)
　江辺清夫　えべ・きよお　政治家(神奈川人)

[6]江先　えさき；えざき
　江先光　えさき・ひかる　文筆家(日典)
　江先光　えざき・ひかる　「戦鬼」叢文社(JM)

江成　えなり
　江成久兵衛　えなり・きゅうべえ　水車業(姓氏神奈川)
　江成敬次郎　えなり・けいじろう　東北工業大学工学部教授(日典3)
　江成常夫　えなり・つねお　写真家(日人)
　江成大輝　えなり・ひろき　俳優(テレ)
　江成正元　えなり・まさもと　俳優(テレ)

江西　えにし；こうせい
　江西一三　えにし・いちぞう　労働運動家(日典人)

水部(江)

江西一三　えにし・かずみ　工員,労働組合活動家(平和)
江西逸志子　こうせい・いっしし「小田原北条記」ニュートンプレス(日典3)

7 江利　えり
江利じゅん　えり・じゅん　歌手(日典3)
江利チエミ　えり・ちえみ　歌手,女優(コン4)
江利安武　えり・やすたけ「おんな探偵クリット」勁文社(日典3)

江坂　えさか；えざか
江坂彰　えさか・あきら　経営評論家,会社役員(京都文)
江坂輝弥　えさか・てるや　考古学者(日人)
江坂冴水　えざか・さすい「結びのみちしるべ」花の店はるっぺ(日典3)
江坂正明　えざか・まさあき　初代岩船郡長(新潟百)

江良　えら
江良和祐　えら・かずすけ　長門長府藩士(幕末)
江良正三　えら・しょうぞう「あしたは雪か」(国典)
江良潤　えら・じゅん　俳優(テレ)
江良千代　えら・ちよ　箏曲家(新芸)
江良碧松　えら・へきしょう　俳人(姓氏山口)

江角　えすみ；えずみ
江角マキコ　えすみ・まきこ　女優(日映女)
江角ヤス　えすみ・やす　修道女,教育家(日人)
江角英明　えずみ・ひであき　俳優(男優)
江角ヤス　えずみ・やす　社会事業家,教育家(郷土長崎)

江里　えさと；えざと；えり
江里健輔　えさと・けんすけ　山口大学医学部教授(日典)
江里昭彦　えざと・あきひこ　俳人(日典)
江里佐代子　えり・さよこ　截金家(国宝)

江里口　えりくち；えりぐち
江里口清雄　えりくち・きよお　裁判官(現情)
江里口巌　えりぐち・いわお　小城源治ボタル保存会長,小城町(佐賀県)町議(日典3)
江里口清雄　えりぐち・きよお　裁判官(日人)

8 江刺　えさし
江刺昭子　えさし・あきこ　女性史研究家,ノンフィクション作家(郷土)
江刺五郎　えさし・ごろう　古河特殊金属工業社長(日典3)
江刺正吾　えさし・しょうご　奈良女子大学大学院人間文化研究科教授(日典3)
江刺恒久　えさし・つねひさ　国学者(幕末)
江刺洋司　えさし・ようじ　研究者(現執4期)

江国　えくに；こうこく
江国香織　えくに・かおり　児童文学作家,小説家(小説)
江国滋　えくに・しげる　随筆家,俳人(日典)
江国弘春　こうこく・こうしゅん　黄檗宗の僧(黄檗)

江波　えなみ
江波和子　えなみ・かずこ　女優(世紀)
江波杏子　えなみ・きょうこ　女優(日映女)
江波譲二　えなみ・じょうじ　漫画家(漫人)
江波照　えなみ・ひろし「新撰古語辞典」(国típico)

江波戸　えばと
江波戸昭　えばと・あきら　経済地理学者,民族音楽学研究者(郷土)
江波戸威津雄　えばと・いつお「おもいで草」紫雲会横浜病院(日典3)
江波戸辰夫　えばと・たつお　政治家(現政)
江波戸哲夫　えばと・てつお　小説家,ノンフィクション作家(現執4期)
江波戸輝次　えばと・てるじ　弓道家,弓道錬士(弓道)

9 江南　えなみ；こうなん
江南亜美子　えなみ・あみこ　ライター,書評家(日典)
江南文三　えなみ・ぶんぞう　詩人,歌人(日人)
江南乙鳥　こうなん・おつちょう「日本上陸」朝日出版社(日典3)
江南文三　こうなん・ふみぞう　城西消費購買組合組合員(社史)

江後　えご
江後岳翠　えご・がくすい　映画監督(監督)
江後賢一　えご・けんいち　サッカー選手(日典3)
江後俊哉　えご・としや「江後俊哉作品集」アートコミュニケーション(日典3)
江後寛士　えご・ひろし「ふるさと文学館」ぎょうせい(日典3)
江後迪子　えご・みちこ　別府大学短期大学部生活科教授(日典3)

江津　えず
江津萩枝　えず・はぎえ　プロレタリア劇団女優(女運)

江畑　えはた；えばた
江畑耕作　えはた・こうさく　医師(短歌)
江畑堯馬　えはた・たかま「ロレンス小説集」大空社(日典3)
江畑謙介　えばた・けんすけ　軍事評論家(日人)
江畑実　えばた・みのる　歌人(大阪文)

江面　えずら
江面晃　えずら・あきら　日本歯科大学新潟歯学部教授(日典3)
江面敦　えずら・あつし「sendmail」テクノプレス(日典3)
江面弘也　えずら・こうや　フリーライター(日典3)
江面古潭　えずら・こたん　語学研究所主宰(国典)
江面俊夫　えずら・としお　広告写真家(写人)

10 江原　えはら；えばら
江原昭善　えはら・あきよし　霊長類形態学研究者,自然人類学者(世紀)
江原万里　えはら・ばんり　キリスト教無教会伝道者,経済学者(世紀)
江原順　えばら・じゅん　美術評論家(世紀)
江原素六　えばら・そろく　政治家,教育家(コン5)

江夏　えなつ；こうか
　江夏美好　えなつ・みよし　小説家(日人)
　江夏豊　えなつ・ゆたか　野球評論家，プロ野球選手(日人)
　江夏仲左衛門　こうか・ちゅうざえもん　薩摩藩留学生(海越新)
　江夏光春　こうか・みつはる　綜合警備保障常務(日典3)

江家　こうけ
　江家義男　こうけ・よしお　法学者(現情)

江島　えしま；えじま
　江島界雄　えしま・かいゆう　日本棋院地方棋士6段(日典)
　江島宏隆　えしま・ひろたか　「仏検準1級直前チェック」エディション・フランセーズ，駿河台出版社(発売)(日典3)
　江島伊兵衛　えじま・いへえ　出版人，能楽研究家(日人)
　江島寛　えじま・ひろし　労働者運動活動家，詩人(平和)

江朔　えさく
　江朔衞　えさく・しょう　城西消費購買組合組合員(社史)

江流馬　えるま
　江流馬三郎　えるま・さぶろう　「歌集 縦走砂丘」青森県文芸協会出版部(書籍)

江竜　えりゅう
　江竜朝生　えりゅう・ともお　「FreeHand 8Jスタート」アスペクト(日典3)
　江竜喜之　えりゅう・のぶゆき　郷土史家(日典3)
　江竜喜信　えりゅう・よしのぶ　「婆ちゃんの小面」編集工房旅と湯と風(日典3)
　江竜喜之　えりゅう・よしゆき　「近江路を歩いた人々」サンライズ出版(日典3)
　江竜竜太郎　えりゅう・りゅうたろう　滋賀大講師(国典)

江連　えずれ
　江連隆　えずれ・たかし　文章表現研究者，国語漢文教育学者(現執4期)
　江連力一郎　えずれ・りきいちろう　大陸浪人(履歴2)

江馬　えま
　江馬聖欽　えま・せいきん　儒学者(和俳)
　江馬務　えま・つとむ　風俗史家(コン4)
　江馬天江　えま・てんこう　儒学者(日人)
　江馬修　えま・なかし　小説家(日人)
　江馬三枝子　えま・みえこ　民俗学研究者(日人)

[11]**江副　えぞえ**
　江副勉　えぞえ・つとむ　精神神経科学者(日人)
　江副浜二　えぞえ・はまじ　軍人(日人)
　江副浩正　えぞえ・ひろまさ　実業家(日人)
　江副孫右衛門　えぞえ・まごえもん　実業家(日人)
　江副靖臣　えぞえ・やすおみ　新聞人，政治家(日人)

江崎　えさき；えざき
　江崎真澄　えさき・ますみ　政治家(コン4)
　江崎玲於奈　えさき・れおな　物理学者(コン4)
　江崎孝坪　えざき・こうへい　日本画家(日人)
　江崎利一　えざき・りいち　実業家(コン4)

江袋　えぶくろ
　江袋文男　えぶくろ・ふみお　社会教育者(埼玉人)
　江袋林蔵　えぶくろ・りんぞう　足利工業大学工学部経営情報工学科教授(日典3)

江部　えべ
　江部淳夫　えべ・あつお　教育者(高知人)
　江部鴨村　えべ・おうそん　仏教学者，評論家(日人)
　江部賢一　えべ・けんいち　社会運動家(埼玉人)
　江部康二　えべ・こうじ　医師(現執4期)
　江部俊夫　えべ・としお　詩人(四国文)

江野　えの
　江野和代　えの・かずよ　「蜃気楼」小学館(日典3)
　江野系子　えの・けいこ　カネボウの在日英化粧品販売マネージャー(日典3)
　江野幸一　えの・こういち　埼玉県議(無所属，西14区)(日典3)
　江野専次郎　えの・せんじろう　「文明について」新潮社(日典3)
　江野楳雪　えの・ばいせつ　郷土画家(埼玉人)

江野沢　えのさわ；えのざわ
　江野沢和夫　えのさわ・かずお　松下電送常務(日典3)
　江野沢正暢　えのさわ・まさのぶ　事業家(群馬人)
　江野沢一嘉　えのざわ・かずよし　「会話で覚える感情表現〈和-英〉辞典」ナツメ社(日典3)

[12]**江幡　えばし；えばた**
　江幡為吉　えばし・ためきち　開拓者(人名)
　江幡五郎　えばた・ごろう　陸奥南部藩士，陸奥盛岡藩校の教授(朝日)
　江幡晩香　えばた・ばんこう　儒者(日人)

江渡　えと；えど
　江渡聡徳　えと・あきのり　政治家(現政)
　江渡狄嶺　えと・てきれい　農民，評論家(コン改)
　江渡寛治　えど・かんじ　藤坂村に伝統芸能「鶏舞」を普及(青森人)
　江渡狄嶺　えど・てきれい　農民，評論家(コン5)

江隈　えくま；えぐま
　江隈順子　えくま・じゅんこ　「天動説」東京四季出版(日典3)
　江隈昭人　えぐま・あきと　フリーライター(日典)
　江隈麗志　えぐま・れいし　「Zone final in日本武道館」メディアファクトリー(日典3)

[13]**江碕　えさき；えざき**
　江碕公朗　えさき・こうろう　文化史家(日典3)
　江碕太郎　えさき・たろう　元東京高裁部総括判事(日典)
　江碕公朗　えざき・こうろう　「片葉の芦」(人情)

水部(汐, 池)

江碕順子　えざき・まさこ　日本アイ・ビー・エム営業推進企画・ワークステーション技術推進担当(日典3)

[14]江熊　えくま;えぐま
江熊哲翁　えくま・てつお　参院議員(日典)
江熊聡子　えぐま・さとこ「TOEICテストリスニングナビゲーター」成美堂(日典3)
江熊要一　えぐま・よういち　精神神経科学者(日人)

江種　えぐさ
江種辰明　えぐさ・たつあき　柔道選手(日典3)
江種伸之　えぐさ・のぶゆき　和歌山大学システム工学部環境システム学科助教授(日典3)
江種満子　えぐさ・みつこ　日本近代文学者(現執4期)
江種祐司　えぐさ・ゆうじ　広島市立翠町中学校教諭(日典3)

[15]江幡　えはた;えばた
江幡清　えはた・きよし　評論家(現執1期)
江幡清　えばた・きよし　労働問題評論家(日人)
江幡修三　えばた・しゅうぞう　弁護士(日人)

[16]江橋　えはし;えばし
江橋英次郎　えはし・えいじろう　軍人(陸海)
江橋慎四郎　えはし・しんしろう　体育学者(現執1期)
江橋慎四郎　えばし・しんしろう　体育学者(日人)
江橋節郎　えばし・せつろう　生理学者(コン5)

江頭　えがしら;えとう
江頭安太郎　えがしら・やすたろう　海軍軍人(コン5)
江頭豊　えがしら・ゆたか　実業家(日人)
江頭貞元　えとう・さだもと　政治家(現政)
江頭正五郎　えとう・しょうごろう　教育者(姓氏神奈川)

【821】汐

[4]汐月　しおつき
汐月末男　しおつき・すえお　弓道家,弓道教士(弓道)
汐月喬　しおつき・たかし「蜜の匂い」笠倉出版社(日典3)
汐月哲夫　しおつき・てつお「線形システム解析」コロナ社(日典3)
汐月遙　しおつき・はるか「灰かぶり猫と半月の騎士」集英社(日典3)

[7]汐沢　しおざわ
汐沢安彦　しおざわ・やすひこ　指揮者(演奏)

【822】池

池　いけ;いけの;ち
池皐雨郎　いけ・こうろう　詩人(四国文)
池大雅　いけの・たいが　画家=近世(世百)
池貴巳子　ち・きみこ　イラストレーター(日典3)

池ノ谷　いけのたに;いけのや
池ノ谷友一　いけのたに・ゆういち　大成プレハブ顧問(日典)
池ノ谷喜作　いけのや・きさく　弓道家,弓道範士(弓道)
池ノ谷吉晴　いけのや・よしはる　労働運動家(世紀)

池ヶ谷　いけがや
池ヶ谷勝夫　いけがや・かつお　日本共産青年同盟メンバー(社史)
池ヶ谷周治　いけがや・しゅうじ「財務報告に係る内部統制整備・評価の研究」名古屋学院大学大学院経済経営研究科経営政策専攻(日典3)
池ヶ谷直美　いけがや・なおみ　学習塾講師(YA)

[3]池上　いけうえ;いけがみ;いけのうえ
池上誠一　いけうえ・こういち　元・プロ野球選手(日典)
池上秀畝　いけがみ・しゅうほ　日本画家(日人)
池上四郎　いけのうえ・しろう　薩摩藩士(日人)

池川　いけかわ;いけがわ
池川三郎　いけかわ・さぶろう　仏教大学社会学部教授(日典3)
池川伸治　いけかわ・しんじ　漫画家(幻想)
池川力太郎　いけがわ・りきたろう　実業家,廻漕業(高知人)
池川玲子　いけがわ・れいこ　漫画家,イラストレーター(漫人)

[4]池内　いけうち;いけのうち
池内紀　いけうち・おさむ　文芸評論家(日人)
池内宏　いけうち・ひろし　東洋史学者(コン4)
池内たけし　いけのうち・たけし　俳人(日人)
池内友次郎　いけのうち・ともじろう　作曲家,俳人(コン4)

池木　いけぎ
池木清　いけぎ・きよし　文部官僚(現執4期)

池水　いけみず
池水香苗　いけみず・かなえ「かまわぬだよりの十二ヵ月」ピエ・ブックス(日典3)
池水慶一　いけみず・けいいち　造形作家,美術家(日典3)
池水浩三郎　いけみず・こうさぶろう「いのちの響き合い」高城書房(日典3)
池水湖海　いけみず・こかい「夏」汐文社(日典3)
池水通洋　いけみず・みちひろ　声優(テレ)

[5]池主　ちぬし
池主憲　ちぬし・あきら　歯科医(日典)
池主憲夫　ちぬし・のりお「口腔保健推進ハンドブック」医歯薬出版(日典3)

池尻　いけがみ;いけじり
池尻胤房　いけがみ・たねふさ　公家(日人)
池尻始　いけじり・はじめ　筑後久留米藩士(コン4)
池尻茂左衛門　いけじり・もざえもん　筑後久留米藩士(日人)

池末　いけすえ；いけずえ；いけまつ
　池末明生　いけすえ・あきお　ファインセラミックスセンター主任研究員(日典3)
　池末美穂子　いけずえ・みほこ「『精神障害』のベクトル」ミネルヴァ書房(日典3)
　池末成明　いけまつ・なりあき　虎ノ門アカウンティングスクールグアム大学単位取得講師(日典)

池辺　いけのべ；いけべ
　池辺勝幸　いけのべ・かつゆき　政治家(現政)
　池辺三山　いけべ・さんざん　新聞人(コン5)
　池辺義象　いけべ・よしかた　国文学者, 歌人(コン5)

⁷池呂　いけろ
　池呂正雄　いけろ・まさお　大阪金属労組組合員(社史)

池坊　いけのぼう
　池坊専永　いけのぼう・せんえい　華道家, 僧侶(日人)
　池坊専啓　いけのぼう・せんけい　華道家(日典3)
　池坊専正　いけのぼう・せんしょう　華道家(日人)
　池坊保子　いけのぼう・やすこ　著述家(現政)
　池坊由紀　いけのぼう・ゆき　華道家(現執4期)

池沢　いけさわ；いけざわ
　池沢青峰　いけさわ・せいほう　日本画家(日画)
　池沢さとし　いけざわ・さとし　漫画家(世紀)
　池沢夏樹　いけざわ・なつき　小説家, 詩人(日人)

池谷　いけがや；いけたに；いけのや；いけや
　池谷政一郎　いけがや・まさいちろう　農民(姓氏静岡)
　池谷信三郎　いけたに・しんざぶろう　小説家, 劇作家(コン5)
　池谷信三郎　いけのや・しんざぶろう　小説家, 劇作家(コン改)
　池谷薫　いけや・かおる　アマチュア天文家(日人)

池貝　いけがい
　池貝喜四郎　いけがい・きしろう　技術者(日人)
　池貝庄太郎　いけがい・しょうたろう　実業家(コン5)
　池貝庄太郎〔1代〕　いけがい・しょうたろう　実業家(世紀)
　池貝秀雄　いけがい・ひでお　実業家(創業)
　池貝秀良　いけがい・ひでよし　和算家, 都賀郡下生井村役人(栃木歴)

⁸池知　いけじ；いけち；いけとも
　池知退蔵　いけじ・たいぞう　志士(日人)
　池知退蔵　いけち・たいぞう　志士(幕末)
　池知重利　いけとも・しげとし　志士(コン4)

⁹池城　いけぐすく；いけしろ
　池城安規　いけぐすく・あんき　三司官(コン4)
　池城康朗　いけしろ・やすひろ　北海道新聞取締役事業局長(日典)

¹⁰池宮城　いけみやぎ；いけみやぐしく；いけみやぐすく
　池宮城秀意　いけみやぎ・しゅうい　新聞記者(平和)
　池宮城秀意　いけみやぐしく・しゅうい　ジャーナリスト(現執1期)
　池宮城秀意　いけみやぐすく・しゅうい　ジャーナリスト(日人)

池島　いけしま；いけじま
　池島宏幸　いけしま・ひろゆき　商法・経済法学者(現執2期)
　池島ルリ子　いけしま・るりこ　女優(和モ)
　池島重信　いけじま・しげのぶ　哲学者(世紀)
　池島信平　いけじま・しんぺい　雑誌編集者, ジャーナリスト(コン4)

¹⁴池嶋　いけしま；いけじま
　池嶋貫二　いけしま・かんじ「発達障害の人のビジネススキル講座」弘文堂(日典3)
　池嶋庸元　いけしま・ようげん　コピーライター(日典)
　池嶋和雄　いけじま・かずお　栃木県立博物館館長(日典)
　池嶋俊　いけじま・しゅん「入門Skypeの仕組み」リブート(日典)

池端　いけはた；いけばた
　池端勘七　いけはた・かんしち　農民運動家(コン4)
　池端俊策　いけはた・しゅんさく　脚本家(日人)
　池端昭夫　いけばた・あきお　福井県農協五連会長, 池端病院院長(日典)
　池端勘七　いけばた・かんしち　農民運動家(コン改)

【823】　沖

³沖口　おきくち；おきぐち
　沖口遼々子　おきくち・りょうりょうし　俳人(四国文)
　沖口誠　おきぐち・まこと　体操選手(日典3)
　沖口遼々子　おきぐち・りょうりょうし　俳人(北海道文)

⁹沖信　おきのぶ
　沖信春男　おきのぶ・はるお　経営者(現執2期)
　沖信雅彦　おきのぶ・まさひこ　医師(日典3)

¹⁰沖島　おきしま；おきじま；おきのしま
　沖島勲　おきしま・いさお　映画監督(映監)
　沖島鎌三　おきじま・けんぞう　政治家(島根歴)
　沖島時子　おきのしま・ときこ　助産婦(日典)

¹³沖塩　おきしお
　沖塩穆　おきしお・あつし「辞世残照」岩波ブックサービスセンター(製作)(日典3)
　沖塩荘一郎　おきしお・そういちろう　建築家(現執3期)
　沖塩徹也　おきしお・てつや　小説家(日典3)
　沖塩有希子　おきしお・ゆきこ「商品化された教育」青土社(日典3)

水部(沙,沢)

[18]沖藤　おきふじ
　　沖藤恵美　おきふじ・えみ　タレント(日典3)
　　沖藤典子　おきふじ・のりこ　ノンフィクション作家,評論家(世紀)

【824】沙

沙　さ;すな
　　沙銀華　さ・ぎんか　ニッセイ基礎研究所研究員(日典)
　　沙政木　すな・まさき　「政木歌詠集」芸風書院(書籍)

[5]沙田　すなた;すなだ
　　沙田紘己　すなた・こうき　「沙田本古事記」武田書店(日典3)
　　沙田真管　すなた・ますげ　教育者(姓氏岩手)
　　沙田純夜　すなだ・じゅんや　小説家(日典3)

[7]沙廷　さにわ
　　沙廷健三　さにわ・けんぞう　「沙廷健三詩集」韻律社(日典3)

沙里　さり;しゃり
　　沙里蒔恋　さり・まくれん　「アンダーネオンロンリネス」新風舎(JM)
　　沙里杏　しゃり・あん　「六月の恋」新風舎(JM)

[8]沙和　さわ
　　沙和宋一　さわ・そういち　児童文学者,小説家(世紀)

沙門　しゃもん
　　沙門俊道　しゃもん・しゅんどう　僧侶(現執3期)
　　沙門広　しゃもん・ひろし　「21世紀を生きる合理的科学的・人間的宗教の探求」日本図書刊行会(日典)

【825】沢

[5]沢田　さわた;さわだ
　　沢田順介　さわた・じゅんすけ　実業家(監督)
　　沢田宗光　さわた・むねみつ　全国農民組合鹿渡支部長(社史)
　　沢田正二郎　さわだ・しょうじろう　俳優(コン5)
　　沢田美喜　さわだ・みき　社会事業家(コン4)

沢辺　さわのべ;さわべ
　　沢辺琢磨　さわのべ・たくま　日本正教会司祭(福島百)
　　沢辺正修　さわべ・せいしゅう　自由民権家(コン5)
　　沢辺琢磨　さわべ・たくま　日本ハリスト正教会最初の日本人司祭(人名)

[6]沢地　さわじ;さわち
　　沢地英　さわじ・ひで「頼朝が思い込み過ぎた梶原景時」そうぶん社出版(日典3)
　　沢地弘　さわじ・ひろし「四季Hakone」夢工房(日典)
　　沢地正　さわち・ただし　洋画家(洋画)

沢地久枝　さわち・ひさえ　ノンフィクション作家,評論家(日人)

[7]沢来　さわらい
　　沢来太郎　さわらい・たろう　衆議院議員(人名3)

沢良木　さわらぎ
　　沢良木和生　さわらぎ・かずお　小説家(日典3)
　　沢良木庄一　さわらぎ・しょういち　黒潮福祉専門学校長,高知県自然観察指導員連絡会会長(日典3)

沢谷　さわたに;さわや
　　沢谷鉱　さわたに・こう「いのちの絆の物語」南方新社(日典3)
　　沢谷知吉　さわたに・ともきち　全国農民組合メンバー(社史)
　　沢谷光一　さわや・こういち　実業家(青森人)
　　沢谷次男　さわや・つぐお「東北地方主要河川の水質調査」(国典)

[8]沢岻　たくし
　　沢岻安喜　たくし・あんき「木の実・木のたね」新星図書出版(日典3)
　　沢岻安本　たくし・あんぽん　脱清人(姓氏沖縄)
　　沢岻悦子　たくし・えつこ　b‐e主宰(日典3)

[9]沢城　さわき;さわじょう;さわしろ
　　沢城利穂　さわき・りほ　小説家(日典)
　　沢城美夕紀　さわじょう・みゆき「鍵を開けないで」新風舎(JM)
　　沢城みゆき　さわしろ・みゆき　声優(テレ)

沢柳　さわやなぎ
　　沢柳清　さわやなぎ・きよし「工作あそび」鈴木出版(日典3)
　　沢柳政太郎　さわやなぎ・せいたろう　教育家(体育)
　　沢柳大五郎　さわやなぎ・だいごろう　美術史家(日人)
　　沢柳春彦　さわやなぎ・はるひこ　義太夫節三味線方(文楽)(音人3)
　　沢柳政太郎　さわやなぎ・まさたろう　教育家(コン5)

沢海　さわうみ;そうみ
　　沢海雅子　さわうみ・まさこ　四つ子出産の母(人情)
　　沢海陽子　そうみ・ようこ　声優(テレ)

沢畑　さわはた;さわばたけ
　　沢畑恵美　さわはた・えみ　ソプラノ歌手(音人3)
　　沢畑頼母　さわはた・たのも　出羽秋田藩士(洋学)
　　沢畑洋明　さわばたけ・ひろあき「HTTR後備停止系不具合の調査報告書」日本原子力研究開発機構(日典3)

[10]沢島　さわしま;さわじま
　　沢島正継　さわしま・ただし　映画監督,演出家(日人)
　　沢島正治　さわじま・しょうじ「日本哲学」見神会(日典3)

沢栗　さわくり；さわぐり
　沢栗利男　さわくり・としお　「電子計算機入門としての論理代数と論理回路演習」共立出版（日典3）
　沢栗裕二　さわぐり・ゆうじ　「パソコン活用入門」大河出版（日典3）
　沢栗亮一　さわぐり・りょういち　住友金属鉱山常務・別子事業部長（日典3）
沢畠　さわはた；さわばたけ
　沢畠州　さわはた・くに　陶芸家（陶工）
　沢畠恭　さわはた・やすし　「粉体の科学」（国典）
　沢畠邦則　さわばたけ・くにのり　陶芸家（陶芸最）
[11]沢崎　さわさき；さわざき
　沢崎梅子　さわさき・うめこ　料理研究家（日人）
　沢崎順之助　さわさき・じゅんのすけ　アメリカ文学者（日人）
　沢崎堅造　さわさき・けんぞう　経済学者,キリスト教伝道者（日人）
　沢崎定之　さわさき・さだゆき　テノール歌手（日人）
[12]沢渡　さわたり；さわと；さわど；さわんど
　沢渡朔　さわたり・はじめ　写真家（日芸）
　沢渡延好　さわと・のぶよし　「繊維試験機器要覧」繊維技術研究社（書籍）
　沢渡要　さわど・かなめ　「鮎毛バリ釣り大全」マグナ,河出書房新社（発売）（日典3）
　沢渡九八郎盛忠　さわんど・くはちろうもりただ　小笠原氏家臣＝中世（戦東）
沢登　さわと；さわのぼり；さわのぼる
　沢登翠　さわと・みどり　活動写真弁士（映人）
　沢登俊雄　さわのぼり・としお　法学者（現執4期）
　沢登太平　さわのぼる・たへい　帝国インキ製造社長（日典）
[16]沢頭　さわがしら
　沢頭修自　さわがしら・しゅうじ　「わがふるさと木曽路の四季」（国典）
　沢頭芳一　さわがしら・よしかず　国鉄職員（日典3）
[18]沢瀉　おもだか
　沢瀉邦安　おもだか・くにやす　「沢瀉」邑書林（日典3）
　沢瀉こ寿　おもだか・こひさ　小唄唄方（音人3）
　沢瀉久孝　おもだか・ひさたか　国文学者（コン4）
　沢瀉久敬　おもだか・ひさゆき　哲学者,医学哲学者（日人）
　沢瀉寿与志　おもだか・ひさよし　小唄唄方（音人3）
沢藤　さわふじ
　沢藤倉治　さわふじ・くらじ　木炭商（姓氏岩手）
　沢藤幸治　さわふじ・こうじ　政治家・言論人（姓氏岩手）
　沢藤紫星　さわふじ・しせい　俳人（姓氏岩手）
　沢藤忠蔵　さわふじ・ちゅうぞう　実業家（創業）
　沢藤礼次郎　さわふじ・れいじろう　政治家（現政）

【826】　沈

沈　しん；ちん
　沈国威　しん・こくい　関西大学外国語教育研究機構教授（現執4期）
　沈寿官　ちん・じゅかん　陶芸家（陶工）
　沈寿官〔代数なし〕　ちん・じゅかん　大名（史人）

【827】　汾

汾　かわ
　汾浩介　かわ・こうすけ　福岡県大牟田市役所（国典）
[12]汾陽　かわみなみ
　汾陽昌三　かわみなみ・まさみ　茶道家（現情）
　汾陽光武　かわみなみ・みつたけ　日本馬術連盟監事,名古屋市体育協会顧問（日典3）
　汾陽光文　かわみなみ・みつふみ　統幕事務局長（日典3）
　汾陽泰子　かわみなみ・やすこ　スピードスケート選手（日典3）

【828】　河

河　かわ
　河あきら　かわ・あきら　漫画家（世紀）
　河精太　かわ・せいた　小説家（北海道文）
　河草之介　かわ・そうのすけ　俳人（北海道文）
　河幹夫　かわ・みきお　官僚（現執3期）
　河美智子　かわ・みちこ　女優（女優）
河々谷　かがや
　河々谷誠一　かがや・せいいち　会社員（人情）
[2]河二　かわじ
　河二和利　かわじ・かずとし　農業（日典）
[3]河口　かわぐち；こうぐち
　河口愛子　かわぐち・あいこ　教育者（日人）
　河口慧海　かわぐち・えかい　仏教学者,探検家（コン5）
　河口勝憲　こうぐち・かつのり　「エビデンスに基づく検査診断実践マニュアル！」日本教育研究センター（日典3）
[4]河之口　ごのくち
　河之口礼治　ごのくち・れいじ　朝熊郵便局長（人情）
河内　かうち；かわうち；かわち；こうち；こおち
　河内輝明　かうち・てるあき　尾瀬の自然を守る会指導部長（日典3）
　河内荻子　かわうち・おぎこ　歌人（日人）
　河内仙介　かわち・せんすけ　小説家（日人）
　河内桃子　こうち・ももこ　女優（日人）
　河内敬次郎　こおち・けいじろう　日東物産社長,山梨県公安委員長,山梨政経懇話会会長（日典3）

水部（河）

河内山　かわちやま；こうちやま
　河内山悟　かわちやま・さとる　弓道家,弓道錬士（弓道）
　河内山寅　かわちやま・とら　女子教育家,上田女子小学校訓導（長野歴）
　河内山賢祐　こうちやま・けんすけ　彫刻家（美建）
　河内山寅　こうちやま・とら　教育者（日人）

河戸　かわと；かわど
　河戸光彦　かわと・てるひこ　会計検査院事務総局次長（日典3）
　河戸一雄　かわど・かずお「自分で登記をする会」登記研究会（日典3）
　河戸弥一　かわど・やいち「ラバウル日記」洛西書院（日典3）

河手　かわて；かわで
　河手竜海　かわて・たつかい　郷土史家（郷土）
　河手主水　かわて・もんど　近江彦根藩家老（日人）
　河手博　かわで・ひろし　国税局職員（現執3期）

河方　かわかた
　河方かおる　かわかた・かおる　漫画家（漫人）
　河方まさみ　かわかた・まさみ　作詞家（日典3）

⁵河出　かわで
　河出英治　かわで・えいじ　内閣府事務次官（日典3）
　河出静　かわで・しず　出版人（出文）
　河出静一郎　かわで・せいいちろう　出版人（出版）
　河出孝雄　かわで・たかお　出版人（日人）
　河出智希　かわで・ともき　作曲家（作曲）

河本　かわもと；こうもと
　河本一郎　かわもと・いちろう　弁護士（日人）
　河本五郎　かわもと・ごろう　陶芸家（日人）
　河本大作　こうもと・だいさく　陸軍軍人（コン5）
　河本敏夫　こうもと・としお　実業家,政治家（コン4）

河田　かわた；かわだ
　河田賢治　かわた・けんじ　政治家（コン4）
　河田嗣郎　かわた・しろう　経済学者（コン4）
　河田烈　かわた・いさお　大蔵官僚（日人）
　河田景与　かわた・かげとも　功臣（コン4）

河目　かわめ
　河目悌二　かわめ・ていじ　挿絵画家（日人）

河辺　かべ；かわなべ；かわべ；こうべ
　河辺ひろし　かべ・ひろし「競馬に勝つために、これだけは知っておきたい65のセオリー」総和社（日典3）
　河辺浩司　かわなべ・こういち　トロンボーン奏者（音人3）
　河辺貞吉　かわべ・ていきち　牧師（日人）
　河辺精一　こうべ・せいいち「デザイナーのためのphotoshop」アスキー（日典3）

⁶河合　かあい；かわあい；かわい
　河合操　かあい・みさお　陸軍軍人（陸海）

河合佐地子　かわあい・さちこ「飛瀑」伊麻書房（日典3）
河合栄治郎　かわい・えいじろう　社会思想家,経済学者（コン5）

河名　かわな；こうな
　河名進　かわな・すすむ　専門学校講師（日典3）
　河名友次郎　かわな・ともじろう　槍術家（日人）
　河名尚子　こうな・なおこ「Let'sぐるめ」秋田書店（日典3）

河地　かわじ；かわち
　河地修　かわじ・おさむ「源氏物語の鑑賞と基礎知識」至文堂（日典3）
　河地一寿　かわじ・かずひさ　セッツ専務（日典）
　河地重蔵　かわち・じゅうぞう　中国経済学者（現執2期）
　河地良智　かわち・よしのり　指揮者（音人3）

河江　かわえ
　河江伊久　かわえ・いく「黄昏に、6Hの鉛筆で。」天使舎（日典3）
　河江一仁　かわえ・かずひと　作曲家（音人3）
　河江浩司　かわえ・こうじ　ブレーンドットコム常務（日典3）
　河江利幸　かわえ・としゆき　写真家（写人）

河西　かさい；かわにし
　河西健次　かさい・けんじ　医師（日人）
　河西昌枝　かさい・まさえ　バレーボール選手（コン4）
　河西新太郎　かわにし・しんたろう　詩人（郷土香川）
　河西宏祐　かわにし・ひろすけ　社会学者（現執4期）

⁷河村　かわむら；こうむら
　河村蜻山　かわむら・せいざん　陶芸家（日人）
　河村又介　かわむら・またすけ　法学者,裁判官（コン4）
　河村三郎　こうむら・さぶろう　岐阜大学名誉教授,国土交通省水辺共生体験館名誉館長（日典3）
　河村まさお　こうむら・まさお　俳人（日典）

河角　かわかど；かわすみ
　河角広司　かわかど・こうじ　城西消費購買組合組合員（社史）
　河角過客　かわすみ・かきゃく「足袋沿革史」足袋沿革史刊行会（日典3）
　河角広　かわすみ・ひろし　地震学者（コン4）

河谷　かわたに；こうたに
　河谷日出男　かわたに・ひでお　ジャーナリスト（国典）
　河谷史夫　かわたに・ふみお　新聞記者（現執4期）
　河谷清乃　こうたに・きよふみ「ケースブック独占禁止法」弘文堂（日典3）

河邑　かわむら
　河邑厚男　かわむら・あつお　荏原製作所常務,荏原工機社長（日典3）
　河邑厚徳　かわむら・あつのり　映像クリエイター（テレビプロデューサー）（現執4期）
　河邑重光　かわむら・しげみつ　政治評論家（現執2期）

河邑環　かわむら・たまき　不動産鑑定士（日典3）

河邨　かわむら
　河邨吉三　かわむら・きちぞう　民権家（滋賀百）
　河邨文一郎　かわむら・ぶんいちろう　詩人,医師（日人）

[8]河和　かわわ；こうわ
　河和金作　かわわ・きんさく　弁護士（栃木歴）
　河和哲雄　かわわ・てつお　弁護士（現執3期）
　河和のり子　こうわ・のりこ　写真家（日典）

河岸　かし；かわぎし
　河岸キョウタロウ　かし・きょうたろう　「実録女政治家の野望」宙出版（日典3）
　河岸渉　かし・わたる　菊池恵楓園患者自治会長（日典）
　河岸健吉　かわぎし・けんきち　経営コンサルタント（日典）
　河岸理　かわぎし・ただし　「油圧駆動入門」コロナ社（日典3）

河府　こうふ
　河府和義　こうふ・かずよし　「目的別で選べるPCR実験プロトコール」羊土社（日典3）
　河府雪於　こうふ・ゆきお　俳人（俳文）

河東　かとう；かわとう；かわひがし
　河東けい　かとう・けい　女優（テレ）
　河東駿　かわとう・しゅん　俳人（大阪文）
　河東碧梧桐　かわひがし・へきごとう　俳人（コン5）

河東田　かとうだ
　河東田静雄　かとうだ・しずお　「漁師」大同生命国際文化基金（日典）
　河東田誠子　かとうだ・せいこ　「性について話しましょう」大揚社（日典3）
　河東田隆　かとうだ・たかし　高知工科大学工学部教授（日典）
　河東田博　かとうだ・ひろし　社会福祉学者（現執4期）
　河東田ヨシ　かとうだ・よし　社会事業家・教育者（埼玉人）

河波　かわなみ
　河波昌　かわなみ・あきら　哲学・浄土教学者（現執1期）
　河波荒次郎　かわなみ・あらじろう　衆院議員（立憲民政党）
　河波有道　かわなみ・ありみち　加賀藩士（姓氏石川）
　河波青丘　かわなみ・せいきゅう　「花篝」文学の森
　河波勝　かわなみ・まさる　俳優（新芸）

河采　かわかつ
　河采秀岳　かわかつ・しゅうがく　「攀縁」河采秀岳遺稿集刊行会（日典3）

[9]河俣　かわばた；かわまた
　河俣規世佳　かわばた・きよか　児童文学作家（日典3）
　河俣政幹　かわまた・まさみね　高山町産業組合初代組合長（姓氏鹿児島）

河南　かなん；かわなみ；かわみなみ；かんなん
　河南寿麿　かなん・ひさまろ　「凍える夜空に」パレード（日典3）
　河南智雄　かわなみ・としお　作曲家（作曲）
　河南根心　かわみなみ・もとなか　出水郡阿久根の豪商（姓氏鹿児島）
　河南彰　かんなん・あきら　積水化成品工業取締役相談役（日典3）

河津　かわず；かわつ；こうづ
　河津祐之　かわず・すけゆき　官吏（日人）
　河津清三郎　かわつ・せいざぶろう　俳優（和モ）
　河津匂子　こうづ・かおるこ　和紙人形作家（島根歴）

河畑　かわはた；かわばた
　河畑達雄　かわはた・たつお　「野菜の時代」桂書房（日典3）
　河畑房次　かわはた・ふさじ　元・静岡県議（日典）
　河畑孝夫　かわばた・たかお　映画助監督（日典）
　河畑了　かわばた・りょう　「天伯」ながらみ書房（日典3）

河相　かあい；かわあい；かわい
　河相我聞　かあい・がもん　俳優（日映男）
　河相善雄　かわあい・よしお　「養護学校における危機管理マニュアル」明治図書出版（日典3）
　河相達夫　かわい・たつお　外交官（日人）

河面　かわも；こうも
　河面慶四郎　かわも・けいしろう　元・通商産業省東北通商産業局長（日典）
　河面冬山　こうも・とうざん　漆工家（日人）
　河面道三郎　こうも・みちさぶろう　漁業家（広島百）

河音　かわね
　河音琢郎　かわね・たくろう　「アメリカの財政再建と予算過程」日本経済評論社（日典3）
　河音能平　かわね・よしやす　日本中世史研究者（現執1期）

[10]河原　かわはら；かわら；こうばら
　河原春作　かわはら・しゅんさく　文部官僚（コン4）
　河原温　かわら・おん　美術作家（日人）
　河原哲郎　こうばら・てつろう　郷土史家（日典）

河原井　かわらい
　河原井源次　かわらい・げんじ　河原井ホンダ社長,河原井商会社長（日典3）
　河原井七之助　かわらい・しちのすけ　「茨城県町村沿革誌」千秋社（日典3）
　河原井純子　かわらい・じゅんこ　「学校は雑木林」白沢,現代書館（発売）（日典3）
　河原井初絵　かわらい・はつえ　「卵うつろい」炎帝発行所（日典3）
　河原井正雄　かわらい・まさお　大学野球監督（日典3）

河原田　かわはらだ；かわらだ
　河原田包斎　かわはらだ・かねひこ　戊辰戦争で活躍した人物（幕末）

河原田盛美　かわはらだ・もりはる　農商務省技手（島根歴）
河原田稔吉　かわらだ・かきち　政治家（コン4）
河原田盛美　かわらだ・もりはる　農商務省技手（コン5）

河原畑　かわらばた
河原畑繁久　かわらばた・しげひさ　山本化成常務（日典3）
河原畑勇　かわらばた・たけし　九州大学名誉教授（日典3）
河原畑剛　かわらばた・つよし　ベネッセグループ福利厚生団体職員（日典3）
河原畑敏幸　かわらばた・としゆき　日本航空資金部業務資金調達グループ事務主任・主事補（日典3）
河原畑寧　かわらばた・やすし　映画評論家, 翻訳家（映人）

河原崎　かわらさき；かわらざき
河原崎国太郎〔5代〕　かわらさき・くにたろう　歌舞伎役者（日人）
河原崎権十郎〔2代〕　かわらさき・ごんじゅうろう　歌舞伎役者（日人）
河原崎長一郎　かわらざき・ちょういちろう　俳優（新芸）
河原崎長十郎　かわらざき・ちょうじゅうろう　歌舞伎役者（コン4）

河原塚　かわはらづか；かわらづか
河原塚勝良　かわはらづか・かつよし　日本カーバイド工業社長（日典3）
河原塚毅　かわはらづか・たけし　ビーチサッカー選手（日典3）
河原塚啓二　かわらづか・けいじ　元・大和証券取締役（日典）
河原塚章司　かわらづか・しょうじ　東芝機械副社長（日典3）

11河埜　かわの；こうの
河埜春江　かわの・はるえ「蛸壺の薔薇」柊書房（日典3）
河埜和正　こうの・かずまさ　元・プロ野球選手（日典3）
河埜敬幸　こうの・たかゆき　プロ野球コーチ（日典3）

河添　かわそい；かわそえ；かわぞえ；こうぞえ
河添達也　かわそい・たつや　作曲家（作曲）
河添恵子　かわそえ・けいこ　ノンフィクション作家（現執4期）
河添清子　かわぞえ・きよこ　陶芸家（陶工）
河添元次　こうぞえ・もとじ　出版人（出文）

河淵　かわぶち；こうぶち
河淵健蔵　かわぶち・けんぞう「稲麦に起こりやすい故障と対策」富民社（日典3）
河淵秀夫　かわぶち・ひでお　全国農民組合会議派県総書記（社説）
河淵日出子　こうぶち・ひでこ「おばあちゃんは女子大生」飛鳥出版室（製作）（日典3）

河野　かわの；こうの；こおの
河野裕子　かわの・ゆうこ　歌人（日人）
河野一郎　こうの・いちろう　政治家（コン4）

河野範男　こおの・のりお「マンガ乳がん」エクスナレッジ（日典3）

12河喜多　かわきた
河喜多維保　かわきた・ただやす　（株）熊本計算センター社長（日典3）
河喜多竜祥　かわきた・たつよし「薬剤感受性検査」近代出版（日典3）
河喜多能一　かわきた・のういち「概説電気工学」理工図書（日典）
河喜多能達　かわきた・みちただ　応用化学者（日人）
河喜多義男　かわきた・よしお　農事功労者・緑化実践家（熊本百）

河越　かわごえ
河越重任　かわごえ・しげとう　労働法学者（現執2期）
河越重紀　かわごえ・しげのり　植物研究家（植物）
河越種弘　かわごえ・たねひろ　地下（維新）
河越逸行　かわごえ・としゆき　東京慈恵医大講師（国典）
河越虎之進　かわごえ・とらのしん　洋画家（洋画）

14河端　かわばた；こうはた；こうばた
河端貞次　かわばた・ていじ　医師（日人）
河端淑子　こうはた・よしこ　元・ユニシス役員秘書（日典3）
河端淑子　こうばた・よしこ「赤坂物語」都市出版（日典3）

15河澄　かすみ；かわすみ
河澄翔　かすみ・しょう「チャンス」角川書店（日典3）
河澄力　かわすみ・ちから　山梨県出納長（日典3）

18河藤　かとう；かわとう；かわふじ
河藤武　かとう・たけし　俳優（YA）
河藤佳彦　かわとう・よしひこ　高崎経済大学地域政策学部准教授（日典3）
河藤たつろ　かわふじ・たつろ　日本舞踊家（河藤流）（新芸）

21河鰭　かわばた
河鰭実英　かわばた・さねひで　日本史学者（史研）
河鰭実文　かわばた・さねふみ　公家, 内務省官吏（日人）
河鰭省斎　かわばた・しょうさい　儒学者（コン4）
河鰭斉　かわばた・ひとし　浜田藩士（岡山歴）

【829】沓

4沓水　くつみ；くつみず
沓水勇　くつみ・いさむ　法政大経営学部教授（日典3）
沓水祥一　くつみず・しょういち「化学熱力学」朝倉書店（日典3）

水部(治, 沼)

[6] 沓名　くつな
- 沓名秋次　くつな・あきじ　中日新聞社相談役（日典3）
- 沓名景義　くつな・かげよし　（財）日本水路協会技術顧問（日典3）
- 沓名和子　くつな・かずこ「もうひとつの家族ドアのない部屋から」本の泉社（日典3）
- 沓名華智　くつな・はなち　画家（日典3）
- 沓名宗春　くつな・むねはる　名古屋大学大学院工学研究科教授（日典3）

[7] 沓抜　くつぬぎ
- 沓抜覚　くつぬぎ・さとる「現代地方自治全集」ぎょうせい（日典3）
- 沓抜猛　くつぬぎ・たけし　大阪府議（自民党）（日典3）

沓沢　くつざわ
- 沓沢朝治　くつざわ・あさじ　鷹匠（日人）
- 沓沢江美　くつざわ・えみ「女性コンサルタントが教える新サラリーマン処世術」半蔵門出版（日典3）
- 沓沢久里　くつざわ・くり　小説家（北海道文）
- 沓沢慶太郎　くつざわ・けんたろう　アルパイン相談役（日典3）
- 沓沢幸右衛門　くつざわ・こうえもん　農業に従事する傍ら, 消防団活動（山形百新）

[11] 沓掛　くつかけ
- 沓掛伊左吉　くつかけ・いさきち　図書館専門家（現執1期）
- 沓掛斧次郎　くつかけ・おのじろう　東京府立第一中学校の名物教師（姓氏長野）
- 沓掛正一　くつかけ・しょういち　酒造家（長野歴）
- 沓掛哲男　くつかけ・てつお　政治家（現政）
- 沓掛諒　くつかけ・りょう　海軍軍医（病理学）（近医）

沓脱　くつぬぎ
- 沓脱タケ子　くつぬぎ・たけこ　政治家（現政）
- 沓脱正計　くつぬぎ・まさかず「痛みの臨床に役立つ手技療法ASTR」医道の日本社（日典3）

【830】 治

[5] 治田　じた；はるた
- 治田恭男　じた・やすお「巨人番記者三代」日刊スポーツ出版社（書籍）
- 治田明彦　はるた・あきひこ「月刊すばる」編集長（日典3）
- 治田治　はるた・おさむ　教育事業社代表（日典3）

[9] 治郎丸　じろうまる；じろまる
- 治郎丸明穂　じろうまる・あきお　オフィス・ミツルギ代表（日典3）
- 治郎丸銀一　じろうまる・ぎんいち（日典）
- 治郎丸守正　じろうまる・もりまさ「吾が青春の航跡」治郎丸礼子（日典3）

治面地　じめんじ
- 治面地修　じめんじ・おさむ　チモトコーヒー代表取締役（人情）
- 治面地順子　じめんじ・じゅんこ　アルファビクス代表（日典3）

[11] 治部　じぶ；はるべ
- 治部栄次郎　じぶ・えいじろう　実業家・地主（岡山歴）
- 治部哲也　じぶ・てつや「Office2010コンピュータの基礎」ムイスリ出版（日典3）
- 治部信　はるべ・しん　協同ゴルフ社長（日典）

治部田　じぶた
- 治部田幸範　じぶた・ゆきのり　新潟大助教授（国典）

【831】 沼

[3] 沼上　ぬまかみ；ぬまがみ
- 沼上勲　ぬまかみ・いさお　神奈川大学名誉教授（日典）
- 沼上清彦　ぬまかみ・きよひこ「救急救命士の生化学」荘道社（日典3）
- 沼上励　ぬまがみ・つとむ　ベース奏者（ジヤ）
- 沼上幹　ぬまがみ・つよし　一橋大学大学院商学研究科教授（現執4期）

沼川　ぬまかわ；ぬまがわ
- 沼川三郎　ぬまかわ・さぶろう　海軍軍人（渡航）
- 沼川洋一　ぬまかわ・よういち　政治家（現政）
- 沼川良太郎　ぬまがわ・りょうたろう　歌人（日典）

[5] 沼本　ぬまもと；ぬもと
- 沼本喜久雄　ぬまもと・きくお　元阪神タイガース独身寮「虎風荘」寮長（日典）
- 沼本津根　ぬまもと・つね　看護師（近医）
- 沼本克明　ぬまもと・かつあき　広島大学教育学部教授（日典）
- 沼本教子　ぬまもと・きょうこ「老人看護学」建帛社（日典3）

沼田　ぬまた；ぬまだ
- 沼田真　ぬまた・まこと　生物学者（日人）
- 沼田頼輔　ぬまた・らいすけ　歴史地理・紋章学者（郷土神奈川）
- 沼田多稼蔵　ぬまだ・たかぞう　陸軍軍人（陸海）
- 沼田恒夫　ぬまだ・つねお　政治家（愛媛百）

[7] 沼沢　ぬまさわ；ぬまざわ
- 沼沢洽治　ぬまさわ・こうじ　東京工大助教授（国典）
- 沼沢均　ぬまさわ・ひとし　共同通信社ナイロビ支局長（青森人）
- 沼沢重次郎　ぬまざわ・しげじろう　予備歩兵1等兵（社史）
- 沼沢茂美　ぬまざわ・しげみ　写真家, イラストレーター（写人）

沼里　ぬまさと；ぬまざと；ぬまり
- 沼里末吉　ぬまさと・すえきち　教育者（姓氏岩手）
- 沼里和幸　ぬまざと・かずゆき　高校教師（日典）
- 沼里運吉　ぬまり・うんきち　元・東京地検刑事部長（日典）

水部（泥，波）

[8]沼波　ぬなみ；ぬまなみ
　沼波功雄　ぬなみ・いさお　映画監督（監督）
　沼波瓊音　ぬなみ・けいおん　国文学者,俳人（コン5）
　沼波正太郎　ぬまなみ・しょうたろう「誰も教えてくれない「宗教法人・教団」の作り方」ばる出版（日典3）

沼知　ぬまち
　沼知健一　ぬまち・けんいち　東京大学海洋研究所教授（日典3）
　沼知福三郎　ぬまち・ふくさぶろう　機械工学者（日人）
　沼知陽太郎　ぬまち・ようたろう　米国薬物乱用研究所依存研究センター訪問研究員（日典3）

[10]沼宮内　ぬまくない
　沼宮内いと　ぬまくない・いと　野辺地町婦人会会長（青森人）
　沼宮内五郎　ぬまくない・ごろう　労働運動の指導者（姓氏岩手）
　沼宮内隆晴　ぬまくない・たかはる　東北大学大学院理学研究科附属臨海実験所助教授（日典3）
　沼宮内秀夫　ぬまくない・ひでお「北辺校長の記」北上書房（日典3）
　沼宮内林八　ぬまくない・りんぱち　政治家（青森人）

[11]沼崎　ぬまさき；ぬまざき
　沼崎悦子　ぬまさき・えつこ「まどろみに咲く花」ながらみ書房（日典3）
　沼崎勲　ぬまざき・いさお　俳優（新芸）
　沼崎梅子　ぬまざき・うめこ　映画編集者（映人）

沼野井　ぬまのい
　沼野井春雄　ぬまのい・はるお　生物学者（現情）

[12]沼賀　ぬまが
　沼賀健次　ぬまが・けんじ　政治家（現政）
　沼賀マサ子　ぬまが・まさこ「落ちこぼれた少年たち」インタナル出版部（日典3）
　沼賀茂一郎　ぬまが・もいちろう　実業家,政治家（郷土群馬）

沼越　ぬまこし
　沼越正己　ぬまこし・まさき「退職積立金及退職手当法釈義」（国典）
　沼越康則　ぬまこし・やすのり「見る英会話留学」アスキー・メディアワークス,角川グループパブリッシング（発売）（日典3）

沼間　ぬま
　沼間興国　ぬま・おきくに　大内氏家臣＝中世（戦西）
　沼間守一　ぬま・もりかず　ジャーナリスト,政治家（コン5）

【832】　泥

泥　でい；どろ
　泥士朗　でい・しろう　ゲームデザイナー（幻想）
　泥達郎　どろ・たつろう　ミノルタ専務（日典）

[7]泥谷　ひじや
　泥谷玄生　ひじや・しずお「笑いを届けにどこでも」家の光協会（日典3）

　泥谷竹舟　ひじや・ちくしゅう　俳人（四国文）
　泥谷強史　ひじや・つよし　愛媛県立松山北高校教諭（日典）
　泥谷文景　ひじや・ぶんけい　日本画家（日人）

[11]泥堂　でいどう
　泥堂多積　でいどう・たずみ　東京理科大学理工学部電気工学科教授（科学）

【833】　波

波々伯部　ほうかべ；ほほかべ
　波々伯部出義　ほうかべ・ひでよし「勤務の支柱」（国典）
　波々伯部美砂　ほほかべ・みさ「冬青」初音書房（日典3）

[3]波山　なみやま；はやま
　波山尚　なみやま・たかし「人を動かす話し方」泰光堂（日典3）
　波山不規夫　なみやま・ふきお　小説家（世紀）
　波山正　はやま・まさし　公証人（日典）

[4]波戸　なみと；はと
　波戸芳仁　なみと・よしひと「Proceedings of the Seventeenth EGS Users' Meeting in Japan」High Energy Accelerator Research Organization（日典3）
　波戸真治　はと・しんじ「内部被ばく線量係数計算システムDSYS-GUIのユーザーズマニュアル」日本原子力研究開発機構（日典3）
　波戸康広　はと・やすひろ　サッカー選手（日典3）

波戸岡　はとおか
　波戸岡旭　はとおか・あきら「宮廷詩人菅原道真」笠間書院（日典3）
　波戸岡清峰　はとおか・きよたか「兵庫県産魚類標本目録」大阪市立自然史博物館（日典3）
　波戸岡景太　はとおか・けいた「ピンチョンの動物園」水声社（日典3）

波木井　はきい；はぎい；はくい
　波木井賢　はきい・けん　ヴィオラ奏者（演奏）
　波木井皓三　はぎい・こうぞう「新派の芸」東京書籍（JM）
　波木井九十郎　はくい・くじゅうろう　数学者（数学）

波木里　はぎり
　波木里正吉　はぎり・しょうきち　小説家（日典3）
　波木里正吉　はぎり・まさよし「オロッコ物語」近代文芸社（JM）

波木居　はきい；はぎい
　波木居斉二　はきい・せいじ　伝道者（キリ）
　波木居斉二　はぎい・せいじ　キリスト教伝道者（キリ）
　波木居慈子　はぎい・よしこ　翻訳家（児人）

波止　なみとめ；はし
　波止薫　なみとめ・かおる「ガス・炭じん爆発」鉱業労働災害防止協会（日典3）
　波止影夫　はし・かげお　俳人（俳文）

波毛　はけ
　波毛康宏　はけ・やすひろ　兵庫県立洲本高校教諭（国典）

5波平　なみのひら；なみひら
　波平由紀靖　なみのひら・ゆきやす　文筆家（日典）
　波平暁男　なみひら・あきお　歌手（社史）
　波平恵美子　なみひら・えみこ　文化人類学者（世紀）

波田　なみた；なみだ；はた；はだ
　波田愛子　なみた・あいこ　歌人（女性普）
　波田愛子　なみだ・あいこ　歌人（熊本百）
　波田三水　はた・さんすい　俳人（滋賀文）
　波田重一　はだ・じゅういち　俳人（陸海）

波立　はりゅう
　波立一　はりゅう・はじめ　詩人（社history）

6波光　はこう
　波光巌　はこう・いわお　官僚,経済法学者（現執4期）
　波光史成　はこう・ふみなり「図解会計のしくみ」東洋経済新報社（日典3）

波多江　はたえ
　波多江彰　はたえ・あきら　帝国通信工業常務執行役員（日典）
　波多江明　はたえ・あきら「新しい安全指導」第一法規出版（日典3）
　波多江伊之吉　はたえ・いのきち　農民（社史）
　波多江久吉　はたえ・きゅうきち　青森県りんご協会参事（青森人）
　波多江健郎　はたえ・たけお　建築家（現執2期）

波多野　はたの；はだの
　波多野完治　はたの・かんじ　児童心理学者,教育心理学者（コン4）
　波多野精一　はたの・せいいち　宗教哲学者（コン4）
　波多野繁斎　はだの・ばんさい　庄屋（姓氏山口）
　波多野元正　はだの・もとまさ　政治家（神奈川人）

波多腰　はたこし；はたごし
　波多腰ヤス　はたこし・やす　食品化学者（近女）
　波多腰六左　はたこし・ろくざ　波多堰開削者（姓氏長野）
　波多腰ヤス　はたごし・やす　食品化学者（日人）
　波多腰六左　はたごし・ろくざ　波多堰開削者（長野歴）

波江野　はえの
　波江野雨石　はえの・うせき　鹿児島市吏員,俳人（姓氏鹿児島）
　波江野繁　はえの・しげし　日亜鋼業会長（日典3）
　波江野惣兵衛　はえの・そうべえ　一向宗の信者（鹿児島百）
　波江野光敏　はえの・みつとし　弓道家,弓道教士（弓道）
　波江野霧石　はえの・むせき「活火山」菜殻社（日典）

波汐　なみしお
　波汐朝子　なみしお・あさこ「花渦」雁書館（日典3）
　波汐国芳　なみしお・くによし　歌人（短歌）

7波佐谷　はさたに
　波佐谷法船　はさたに・ほうせん　僧侶（真宗）

波佐間　はさま；はざま
　波佐間明美　はさま・あけみ「親子でたのしむおしゃれな帽子づくり」パッチワーク通信社（日典3）
　波佐間清　はざま・きよし「算数教室づくりのアイデア」明治図書出版（日典3）
　波佐間義之　はざま・よしゆき　新日本文学会会員（国典）

波利井　はりい
　波利井清紀　はりい・きよのり　東京警察病院形成外科（国典）

波呂　はろ
　波呂伊助　はろ・いすけ　弓道家,弓道範士（弓道）

波形　なみかた；なみがた
　波形克則　なみかた・かつのり　（株）アートツアー社長（日典3）
　波形克彦　なみかた・かつひこ　経営コンサルタント,実業家（現執4期）
　波形邦夫　なみがた・くにお　三菱石油開発社長（日典3）
　波形昌洋　なみがた・まさひろ　愛知県議（日典）

波村　なみむら；はむら
　波村仁太郎　なみむら・にたろう　漁師（姓氏鹿児島）
　波村雪穂　はむら・ゆきほ　ライター,映画監督（日典3）

波良　なみよし；はら
　波良まさし　なみよし・まさし「愛の刺草」近代文芸社（JM）
　波良健　はら・たけし　ドイツ文学者（近文3）

波里　はり
　波里光徳　はり・こうとく「気学問答集」東洋書院（日典3）
　波里光彦　はり・みつひこ　育英国際センター所長（日典3）

8波奈　はな
　波奈久　はな・ひさし　シップ・ドクター開業（国典）
　波奈海月　はな・みずき「純情スイーツ妄想レシピ」白泉社（日典3）

波奈土　はなど
　波奈土昇　はなど・のぼる「みんなの医療法入門」（国典）

9波津　はず；はつ
　波津尚子　はず・なおこ「その夢のつづき」文芸春秋企画出版部,文芸春秋（発売）（日典3）
　波津博明　はず・ひろあき「廃墟は語る」（国典）
　波津彬子　はつ・あきこ　漫画家（幻想）

10波島　なみしま；なみじま
　波島進　なみしま・すすむ　俳優（映男）

水部（泊,法）

波島秀行　なみしま・ひでゆき　「武道を志す人のために」スポーツライフ社（日典3）
波島真明　なみじま・まさあき　「ニューヨークの女たち」ピーアイビー出版（日典3）

[11]波紫　はし
波紫衛　はし・まもる　演出助手（日典）

波部　はべ
波部忠重　はべ・ただしげ　動物学者（日人）
波部本次郎　はべ・もとじろう　丹波篠山藩御用達（日人）
波部玲子　はべ・れいこ　都市計画開発コンサルタント（日典3）

[12]波場　はば
波場武嗣　はば・たけつぐ　意識教育研究所主宰、「心の学校」（雑誌）主幹（日典3）

波越　なお；なみこし；なみごし
波越四郎　なお・しろう　民権運動家、ジャーナリスト（高知系）
波越洋行　なみこし・ようこう　「セクシーインターネット」J・I・プレス（日典3）
波越四郎　なみごし・しろう　民権運動家、ジャーナリスト（徳島歴）

波間　なみま；はま
波間知良子　なみま・ちよこ　コピーライター（日典）
波間俊一　はま・しゅんいち　「アスベストは怖くない」アース工房（日典3）
波間信子　はま・のぶこ　漫画家（漫人）

[13]波照間　はてるま
波照間永吉　はてるま・えいきち　「定本おもろさうし」角川書店（日典3）
波照間生　はてるま・せい　「ラスト・リベリョン」国文社（日典3）
波照間洋　はてるま・ひろし　新聞記者（国典）

[15]波潟　なみかた；なみがた；はがた
波潟和男　なみかた・かずお　競輪選手（日典）
波潟和男　なみがた・かずお　元・競輪選手（日典3）
波潟秀彦　はがた・ひでひこ　「中年暴走族気分」近代文芸社（JM）

[16]波頭　はとう
波頭夕子　はとう・たね　教育者（日人）
波頭亮　はとう・りょう　経済評論家（テレ）
波頭夕子　はとう・たね　教育者（郷土愛媛）

[19]波瀬　なみせ；はせ
波瀬蘭　なみせ・らん　「村上春樹超短篇小説案内」学研パブリッシング、学研マーケティング（発売）（日典3）
波瀬正吉　はせ・しょうきち　杜氏（日典3）
波瀬義雄　はせ・よしお　霊波之光教会教祖（日典3）

波羅　はら
波羅昭子　はら・あきこ　フリーの翻訳家（国典）
波羅綾子　はら・あやこ　俳人、国家公務員（日典3）
波羅密寿　はら・みっさ　「とげぬき地蔵さま」出版館ブッククラブ（日典3）

波羅密　はらみつ
波羅密薩婆訶　はらみつ・そわか　「霊媒」池田書店（JM）

【834】泊

泊　とまり
泊懋　とまり・つとむ　プロデューサー、経営者（映人）
泊宝徳　とまり・ほうとく　政治家（現政）
泊前政　とまり・まえまさ　農民（社史）
泊真美子　とまり・まみこ　ピアニスト（演奏）
泊康夫　とまり・やすお　俳人（石川文）

[3]泊川　とまりかわ
泊川一之　とまりかわ・かずゆき　横河電気製作所（国典）
泊川勇次郎　とまりかわ・ゆうじろう　「最近実測函館精図」小島大盛堂（日典3）

[19]泊瀬川　はせがわ
泊瀬川郁　はせがわ・いく　「建築法規事典」オーム社（書籍）

【835】法

法　のり
法貴文　のり・たかふみ　「定本父子星」（国典）

[4]法元　ほうが；ほうげん
法元康州　ほうが・こうしゅう　書家（日典3）
法元盛久　ほうが・もりひさ　「フォトマスク」東京電機大学出版局（日典3）
法元辰二　ほうげん・たつじ　「国体明徴論」「天津みことの道」本部（日典3）

法月　のりずき；のりつき
法月惣次郎　のりずき・そうじろう　技術者（日人）
法月綸太郎　のりずき・りんたろう　小説家、評論家（京都文）
法月永一　のりつき・えいいち　「給付補塡備金の研究」産業経済社（日典3）
法月康江　のりつき・やすえ　ピアニスト（音人3）

法木　のりき；ほうき
法木秀雄　のりき・ひでお　クライスラー・ジャパン・セールス社長（日典3）
法木義亭　のりき・よしゆき　（株）ぎょうせい取締役（日典）
法木綾子　ほうき・あやこ　翻訳家（日典3）
法木徳兵衛　ほうき・とくべえ　出版人（出版）

法水　のりみず；ほうすい
法水昭雄　のりみず・あきお　「吉崎詣で今昔」汐越吟社（日典3）
法水斯道　のりみず・しどう　「日本を考えなおす備忘録」（日典3）
法水越仙　ほうすい・えっせん　書家（日典3）
法水金太郎　ほうすい・きんたろう　「残虐行為展覧会」工作舎（日典3）

[5]法本 のりもと
法本義弘 のりもと・よしひろ 「靖献遺言精義」(国典)

[7]法村 のりむら；ほうむら
法村博人 のりむら・ひろと 「大地のアルバム」社会思想社(日典3)
法村里絵 のりむら・りえ 翻訳家(日典3)
法村康之 ほうむら・こうじ 舞踊家(日人)
法村牧緒 ほうむら・まきお バレエダンサー, 振付師(日人)

法邑 ほうむら
法邑才一郎 ほうむら・さいいちろう 「聖句集」聖句研究会(日典3)
法邑清蔵 ほうむら・せいぞう 「日々の平安永生の糧句集」(国典)
法邑三男 ほうむら・みつお 毎日新聞東京本社学生新聞本部(部長待遇)(日典3)

[8]法岡 のりおか
法岡敬雄 のりおか・けいゆう 「浄土がひらく」法蔵館(日典3)
法岡さち子 のりおか・さちこ パソコンインストラクター(日典3)

法性 ほっしょう
法性弘 ほっしょう・ひろし 航空自衛隊航空総隊司令官(日典3)
法性宥鑁 ほっしょう・ゆうばん 僧(日人)

[9]法泉 のりずみ；ほうせん
法泉了昭 のりずみ・りょうしょう 「極楽浄土」(JM)
法泉寿賀子 ほうせん・すがこ 「天上遙かなところより」近代文芸社(JM)

[10]法倉 のりくら
法倉雅紀 のりくら・まさき 作曲家(作曲)

法島 のりしま；ほうじま
法島隆志 のりしま・たかし 「リコーダーの指導と楽しい活用法」学事出版(日典3)
法島由昭 ほうじま・よしあき 「駆け引きを有利に進めるビジネス英語」三修社(日典3)

法師浜 ほうしはま；ほしはま
法師浜桜白 ほうしはま・おうはく 「唄に夜明けたかもめの港」デーリー東北新聞社(日典3)
法師浜桜白 ほしはま・おうはく 文化活動に尽力した俳人(青森人)

法華 ほっか；ほっけ
法華滋子 ほっか・しげこ エスペランチスト(女運)
法華暉良 ほっか・てるよし エスペランティスト(社史)
法華しげ子 ほっけ・しげこ エスペランチスト(女性運)

法華津 ほけつ
法華津孝太 ほけつ・こうた 外交官, 経営者(日人)
法華津寛 ほけつ・ひろし 馬術選手(日典3)

[11]法眼 ほうがん；ほうげん
法眼晋作 ほうがん・しんさく 外交官(履歴2)
法眼吾学 ほうげん・ごがく 画家(栃木歴)

法眼晋作 ほうげん・しんさく 外交官, 弁護士(日人)

[12]法喜 ほうき
法喜晶子 ほうき・あきこ 法喜晶子舞踊研究所主宰(日typ3)
法喜聖二 ほうき・せいじ 舞踊家(新芸)

法貴 ほうき
法貴三郎 ほうき・さぶろう 参議院事務局職員(社史)
法貴四郎 ほうき・しろう 電気工学者(現情)
法貴次郎 ほうき・じろう 「著作権法改正の根本問題」東海大学出版会(日典3)
法貴末子 ほうき・すえこ 「文献選集近代日本の礼儀作法」日本図書センター(日典3)
法貴発 ほうき・はつ 丹波篠山藩士(日人)

[15]法輪 のりわ；ほうりん
法輪智恵 のりわ・ちえ 「踊る大捜査線研究ファイル」扶桑社(日典3)
法輪耕 ほうりん・こう(日典)

[16]法橋 ほうきょう；ほうはし；ほっきょう
法橋信彦 ほうきょう・のぶひこ 「Proceedings of the International Workshop on Pest Management Strategies in Asian Monsoon Agroecosystems :」 Kyushu National Agricultural Experiment Station, Ministry of Agriculture, Forestry and Fisheries, Japan, (日典3)
法橋尚宏 ほうはし・なおひろ 東京大学医学部(日典)
法橋善作 ほっきょう・ぜんさく 政治家, 実業家(鳥取百)

【836】 泡

[7]泡坂 あわさか
泡坂妻夫 あわさか・つまお 推理小説家, 紋章上絵師(日人)

【837】 油

[3]油川 あぶらかわ；あぶらがわ；ゆかわ；ゆがわ
油川貞策 あぶらかわ・ていさく スキーヤー(日人)
油川信近 あぶらがわ・のぶちか 司法官(人名1)
油川信近 ゆかわ・のぶちか 水口藩士(日人)
油川太嘉子 ゆがわ・たかこ 看護婦(女性普)

[4]油井 あぶらい；ゆい
油井隆 あぶらい・たかし 電通セールスプロモーション局環境設計部参事(日典3)
油井多丸 あぶらい・たまる 「放射線工学入門」工学図書(日典3)
油井正一 ゆい・しょういち 音楽評論家(日人)
油井夫山 ゆい・ふざん 洋画家, 美術史家(日人)

水部(泓, 泗, 海)

油木　あぶらき；ゆき
　油木清明　あぶらき・きよあき「技術立国再び」NTT出版 (日典3)
　油木兵衛　あぶらき・ひょうえ　政治思想史・刑法学者 (現執2期)
　油木宏実　ゆき・ひろみ　テイカ常務 (日典)

⁵油布　ゆふ
　油布勝秀　ゆふ・かつひで　大分県議(自民党、大分市) (日典)
　油布五線　ゆふ・ごせん　俳人(俳才)
　油布佐和子　ゆふ・さわこ「リーディングス日本の教育と社会」日本図書センター (日典3)
　油布登　ゆふ・のぼる　大分地方同盟会長 (日典3)
　油布満　ゆふ・みつる　元北海道庁警察部刑事課鑑識主任 (日典3)

油本　あぶらもと；ゆもと
　油本達夫　あぶらもと・たつお　詩人(富山文)
　油本豊吉　ゆもと・とよきち「貿易政策大系」(国典)
　油本暢勇　ゆもと・のぶお　住友電気工業(国典)

油田　あぶらた；あぶらだ；ゆた；ゆだ
　油田治雄　あぶらた・はるお　木工芸家 (日人)
　油田淑子　あぶらだ・としこ　消費生活相談員 (日典)
　油田和次　ゆた・かずつぐ　神奈川電気常務 (日典3)
　油田加寿子　ゆだ・かずこ　日本ドゥ・イット・ユアセルフ協会会参与・名誉アドバイザー (日典)

⁷油谷　あぶらたに；あぶらだに；あぶらや；ゆたに；ゆや
　油谷遵　あぶらたに・じゅん　マーケティングコンサルタント (現執4期)
　油谷治郎七　あぶらだに・じろしち　牧師、社会運動家 (渡航)
　油谷達　あぶらや・たつ　洋画家 (日人)
　油谷虎松　ゆたに・とらまつ　堺市議会議員 (社史)
　油谷堅蔵　ゆや・けんぞう　渡航者 (渡航)

⁹油屋　あぶらや
　油屋熊八　あぶらや・くまはち　実業家 (日人)
　油屋久子　あぶらや・ひさこ　和会(なごみかい・話し方研究会)代表 (日典3)
　油屋亮太郎　あぶらや・りょうたろう　政治家(現政)

¹¹油野　あぶらの；ゆの
　油野民雄　あぶらの・たみお　旭川医科大学医学部医学科教授 (日典)
　油野和一郎　あぶらの・わいちろう　政治家(現政)
　油野誠一　ゆの・せいいち　画家 (児人)
　油野勤　ゆの・つとむ「煩悩」そうぶん社出版 (日典3)

【838】　泓

泓　ふけ
　泓恒　ふけ・ひさし　徳島新聞販売局発送部長 (日典)

【839】　泗

⁴泗水　しすい
　泗水康一　しすい・こういち　朝日新聞西部本社編集委員 (日典)
　泗水康哉氏　しすい・やすし　僧侶 (日典3)

【840】　海

海　うみ；かい
　海遊作　うみ・ゆうさく「オヤジ東大生」彩図社 (日典3)
　海卓子　かい・たかこ　教育者 (社史)
　海福悠　かい・ふくゆう　窯業家

³海上　うなかみ；うながみ；かいじょう
　海上胤平　うなかみ・たねひら　歌人(郷土千葉)
　海上胤平　うながみ・たねひら　歌人 (日人)
　海上道雄　かいじょう・みちお　東京教育大講師 (国典)

海山　うみやま；かいざん
　海山かのん　うみやま・かのん「お産を楽しもう」双葉社 (日典3)
　海山徳治郎　うみやま・とくじろう　秋田市追分ナシの栽培者 (秋田百)
　海山太郎　かいざん・たろう　力士(相人)
　海山太郎〔1代〕　かいざん・たろう　力士 (日典3)

海川　うみかわ；かいかわ；かいがわ
　海川清　うみかわ・きよし「精選安曇節集」松川村教育委員会 (日典3)
　海川ひとみ　かいかわ・ひとみ　タレント (日典3)
　海川雅富　かいがわ・まさとみ　クラリネット奏者 (音人3)

⁴海内　うみうち；かいだい
　海内果　うみうち・はたす　自由民権家 (日人)
　海内慶静　かいだい・けいじょう「寛容の救い」浄全寺 (日典3)
　海内果　かいだい・はたす　自由民権運動家(姓氏富山)

海月　うみづき；うみつき；かいづき；みづき
　海月ルイ　うみづき・るい　小説家 (京都文)
　海月一史　うみつき・かずし「晴れ渡る青空の下でもう一度」白泉社 (日典3)
　海月清則　かいづき・きよのり　洋画家 (日典3)
　海月志穂子　みづき・しおこ「電脳ビリーバーズ」秋田書店 (日典3)

⁵海北　かいほう；かいほく
海北顕英　かいほう・けんおう「海北顕英遺稿集」海北(日典3)
海北若冲　かいほく・じゃくちゅう「倭訓類林」現代思潮社(JM)

海尻　かいじり
海尻巖　かいじり・いわお「海尻巖詩集」(国典)
海尻賢二　かいじり・けんじ　信州大学工学部教授(日典3)

海本　うみもと；かいもと
海本健　うみもと・けん　映画監督(日典)
海本浩一　うみもと・こういち「生体機能代行装置及血液浄化」東京電機大学出版局(日典3)
海本嘉十郎　かいもと・かじゅうろう　元日本紙パルプ商事専務(日典)
海本慶治　かいもと・けいじ　サッカー指導者(日典3)

海生　あまお；かいお；かいしょう；かいせい
海生漁夫　あまお・りょうふう　拓画家(日典)
海生直人　かいお・なおと　広島修道大学商学部助教授(日典)
海生那智　かいしょう・なち「お姉さんにおまかせ。」オークラ出版(日典3)
海生正雄　かいせい・まさお「ジャンヌ・ダルク」近代文芸社(JM)

海田　うみだ；かいた；かいだ
海田千弘　うみだ・ちひろ「初心者のためのウクレレ完全マスター」ドレミ楽譜出版社(日典3)
海田正夫　かいた・まさお「受験用図解社会保険労務士」西東社(日典3)
海田悠　かいだ・ゆう　写真家(写人)

海辺　うみべ；かいべ
海辺和彦　うみべ・かずひこ　小説家(YA)
海辺鷹彦　うみべ・たかひこ　作家(日典3)
海辺忠治　うみべ・ちゅうじ　元・甲子園短期大学学長(日典)

⁶海江田　かいえだ；かえだ
海江田信義　かいえだ・のぶよし　薩摩藩士、政治家(史人)
海江田万里　かいえだ・ばんり　経済評論家(現政)
海江田信武　かえだ・のぶたけ　操縦士(人名)
海江田信義　かえだ・のぶよし　薩摩藩士、政治家(コン4)

海老沢　えびさわ；えびざわ
海老沢敏　えびさわ・びん　音楽評論家(日人)
海老沢泰久　えびさわ・やすひさ　小説家(日人)
海老沢栄一　えびざわ・えいいち　経営管理研究者、管理組織研究者(現執4期)
海老沢神菜　えびざわ・かんな　タレント(テレ)

⁷海住　かいじゅう；かいずみ
海住実　かいじゅう・みのる　農林漁業金融公庫融資第二部長(国典)
海住良太郎　かいずみ・りょうたろう「凍野」伊麻書房(日典3)

海谷　うみたに；かいや
海谷則之　うみたに・のりゆき「宗教教育学研究」法蔵館(日典3)
海谷寛　うみたに・ひろし　文筆家(日典3)
海谷篤　かいや・あつし「スクワレン・スクワランQ&A50」CMPジャパン(日典3)
海谷菊栄　かいや・きくえ　山形県紅花生産組合連合会理事(日典)

⁸海和　かいわ
海和敬希　かいわ・けいき　陸将(日典3)
海和武昌　かいわ・たけまさ「年々歳々」さきたま出版会(制作)(日典3)
海和俊雄　かいわ・としお　山形新聞制作局制作部長(日典3)
海和俊宏　かいわ・としひろ　プロスキーヤー(現執3期)
海和弘志　かいわ・ひろし　日立製作所ハイビジョン戦略開発本部長(日典3)

海宝　かいほう
海宝顕　かいほう・あきら　日本アイ・ビー・エム(株)(日典3)
海宝賢一郎　かいほう・けんいちろう　ファイナンシャルプランナー(日典3)
海宝直人　かいほう・なおと　俳優(日典3)
海宝文雄　かいほう・ふみお「秋香」短歌新聞社(日典3)
海宝道義　かいほう・みちよし　マラソン選手(日典3)

海東　かいとう；かいどう
海東謙　かいとう・けん　留学生(海越新)
海東要造　かいとう・ようぞう　実業家(日人)
海東凜　かいどう・りん「ルビー」扶桑社(日典3)

海沼　うみぬま；かいぬま
海沼順子　うみぬま・じゅんこ「テニス指導法」ベースボール・マガジン社(日典3)
海沼栄祐　かいぬま・えいすけ　生糸問屋の元締め(山梨百)
海沼実　かいぬま・みのる　作曲家(作曲)

海波　かいなみ；かいは
海波健　かいなみ・けん　競馬研究家(日典3)
海波朱雀　かいは・すざく「虜」コスミックインターナショナル(日典3)

⁹海保　うんぼ；かいほ；かいぼ；かいほう
海保信夫　うんぼ・のぶお　日本共産青年同盟メンバー(社史)
海保博之　かいほ・ひろゆき　心理学者(現執4期)
海保竹逕　かいほ・ちくけい　漢学者(国書)
海保正喜子　かいぼ・まきこ「多国籍企業の戦略」産業能率短期大学出版部(日典3)

海南　うなみ；かな
海南基忠　うなみ・もとただ「地上より永遠に」国際出版社(日典3)
海南友子　かな・ともこ　ドキュメンタリー映画監督(平和)

海城　かいじょう
海城彬　かいじょう・あきら「英里の内緒がいっぱい」リーフ(日典3)

水部（海）

海城文也　かいじょう・ふみや　ライター（日典3）
海城わたる　かいじょう・わたる　俳人（四国文）
海後　かいご
　海後勝雄　かいご・かつお　教育学者（コン4）
　海後嵯磯之介　かいご・さきのすけ　神官（人名）
　海後磋磯之介　かいご・さきのすけ　神官（日人）
　海後人五郎　かいご・じんごろう「六十歳の絵本」伊太常屋（日典3）
　海後宗臣　かいご・ときおみ　教育学者（コン4）
海津　うみつ；かいず；かいつ
　海津明彬　うみつ・あきひで　姫路工業大学名誉教授（日典3）
　海津文雄　かいず・ふみお　プロボクサー（世紀）
　海津正彦　かいつ・まさひこ　翻訳家（日典）
海界　うなさか
　海界めい　うなさか・めい　著述家（日典3）
海音　かいおん；みね
　海音三郎　かいおん・さぶろう（日典）
　海音融香　みね・ゆか「婆力」現代書館（日典3）
10海原　うなばら；うみはら；かいはら；かいばら
　海原お浜　うなばら・おはま　漫才師（日人）
　海原峻　うみはら・しゅん　欧州現代史学者，比較共産主義研究者（平和）
　海原治　かいはら・おさむ　官僚,軍事評論家（日人）
　海原零　かいばら・れい　小説家（幻想）
海島　うみしま；かいとう
　海島隆　うみしま・たかし「マリア・ルーズ号事件」国土社（日典3）
　海島雪　うみしま・ゆき　タレント（テレ）
　海島晴由　かいとう・はるよし　写真家（日典）
11海堀　うみほり；かいほり；かいぼり
　海堀弘太　うみほり・こうた　ピアニスト（日典3）
　海堀洋平　かいほり・ようへい　大蔵官僚（現情）
　海堀勲　かいぼり・いさお　大阪商業大学商経学部助教授（日典）
海崎　うみざき；かいさき；かいざき
　海崎治三郎　うみざき・じさぶろう　ガソリンコンロ行商人（社史）
　海崎純男　かいさき・すみお　大阪大学理学部化学科教授（日典）
　海崎臣一　かいざき・しんいち　元・トーモク社長（人典）
海部　あまべ；かいふ；かいべ
　海部公子　あまべ・きみこ　陶芸家（陶芸最）
　海部俊樹　かいふ・としき　政治家（日人）
　海部剛史　かいべ・つよし　俳優（テレ）
海野　あまの；うみの；うんの；かいの
　海野光彦　あまの・みつひこ　フリーライター（日典）
　海野かつを　うみの・かつお　俳優（映男）
　海野十三　うんの・じゅうざ　小説家（コン4）
　海野勝一　かいの・かついち　労働運動家（社史）

海野尾　かいのお
　海野尾順子　かいのお・じゅんこ　アナウンサー（人情）
12海渡　かいと；かいど
　海渡英祐　かいと・えいすけ　推理作家（日人）
　海渡義一　かいと・よしかず　実業家（郷土和歌山）
　海渡雄一　かいど・ゆういち　弁護士（日典）
海琳　みたま
　海琳昭徳　みたま・あきのり　ソキア社長（日典）
海童　かいどう；わたずみ；わたつみ
　海童博行　かいどう・ひろゆき「ぐりまる」小学館（日典3）
　海童道祖　わたずみ・どうそ　尺八奏者（日人）
　海童道祖　わたつみ・どうそ　普化尺八奏者（新芸）
海賀　うみが；かいが
　海賀卓子　うみが・たくこ　小説家（日典）
　海賀タツエ　かいが・たつえ「運命のリズム」日本図書刊行会（日典）
　海賀変哲　かいが・へんてつ　雑誌記者（世紀）
海達　かいたつ
　海達公子　かいたつ・きみこ　詩人（日人）
海道　かいとう；かいどう
　海道龍一朗　かいとう・りゅういちろう　小説家（日典）
　海道和男　かいどう・かずお　ナック・ケイ・エス社長（日典3）
　海道進　かいどう・すすむ　経営学者（現執1期）
13海福　かいふく
　海福知弘　かいふく・ともひろ　歌手（日典3）
　海福三千雄　かいふく・みちお「歩兵第百四聯隊小史」（国典）
14海端　うみはた
　海端俊子　うみはた・としこ「海は私の絵本」（国典）
15海輪　うみわ；かいわ
　海輪聡　うみわ・さとし　新聞記者（国典）
　海輪利光　かいわ・としみつ　医師（近医）
　海輪誠　かいわ・まこと　東北電力社長（日典3）
海鋒　かいほこ
　海鋒勇　かいほこ・いさむ　料理人（日典3）
　海鋒修　かいほこ・おさむ　宮城教育大学名誉教授（日典3）
　海鋒重信　かいほこ・しげのぶ　アニメーター（日典3）
　海鋒孝志　かいほこ・たかし　山形県議（無所属）（日典3）
　海鋒正毅　かいほこ・まさたけ　クラリネット奏者（音人3）
17海濤　かいど
　海濤明夫　かいど・あきお「喜ばれる披露宴の演出」文研出版（JM）

水部（洪,洲,浄,泉）

[18]**海藤　かいとう；かいどう**
　海藤彰　かいとう・あきら　工業技術院物質工学工業技術研究所高分子物理部構造解析研究室長（日典3）
　海藤章　かいとう・あきら　「海棠」そうぶん社出版（日典3）
　海藤日出男　かいどう・ひでお　美術ジャーナリスト（世紀）
　海藤守　かいどう・まもる　経済・経営評論家（世紀）

[19]**海瀬　かいせ；かいのせ**
　海瀬厚樺　かいせ・あつか　「あしたがくるぞ口紅つけよう」詩学社（日典3）
　海瀬亀太郎　かいせ・かめたろう　政治家（和歌山人）
　海瀬久靖　かいのせ・ひさやす　リンテック専務・研究開発本部長（日典）

【841】洪

洪　こう
　洪栄竜　こう・えいりゅう　演奏家（和モ）
　洪恒太郎　こう・つねたろう　日本聖公会司祭（キリ）

【842】洲

[4]**洲之内　すのうち**
　洲之内源一郎　すのうち・げんいちろう　数学者（数学）
　洲之内定満　すのうち・さだみつ　紀文監査役（日典3）
　洲之内徹　すのうち・とおる　美術評論家,画廊（日人）
　洲之内俊満　すのうち・としみつ　日本秘書協会理事長（日典3）
　洲之内治男　すのうち・はるお　数学者（数学）

[10]**洲浜　すはま**
　洲浜惇之助　すはま・あつのすけ　政治家（島根歴）
　洲浜英子　すはま・えいこ　広島女学院大教授兼図書館長,広島県教育委員会委員（日典3）
　洲浜源一　すはま・げんいち　経済学者（現執1期）
　洲浜繁達　すはま・しげたつ　島根県議（自民党,邑智郡）・議長（日典3）
　洲浜昌三　すはま・しょうぞう　「ひばりよ大地で休め」石見詩人社（日典3）

[11]**洲崎　すさき；すざき；すのさき**
　洲崎裕章　すさき・ひろあき　ミズノ・ワークショップ・カー・スタッフ（日典3）
　洲崎博史　すざき・ひろし　京都大学法学部教授（現執4期）
　洲崎義郎　すのさき・よしろう　政治家,教育者（日人）

[12]**洲嵜　すさき；すざき**
　洲嵜幸俊　すさき・こうしゅん　元・大末建設専務（日典）

　洲嵜晴彦　すざき・はるひこ　「浅草」日本グラフィックマップ（日典3）
　洲嵜晴世　すざき・はるよ　リリック社長（日典）

[18]**洲鎌　すがま**
　洲鎌朝夫　すがま・あさお　建築家,画家（美建）
　洲鎌栄一　すがま・えいいち　プロボクサー（日典3）
　洲鎌恵仁　すがま・けいじん　宮古郷友会副会長（国典）
　洲鎌律子　すがま・りつこ　小学校教師（日典3）

【843】浄

[5]**浄弘　じょうぐ**
　浄弘信三郎　じょうぐ・しんざぶろう　上新電機会長（創業）
　浄弘利保　じょうぐ・としやす　日立造船副社長（日典3）
　浄弘博光　じょうぐ・ひろみつ　上新電機社長（日典3）
　浄弘美津子　じょうぐ・みつこ　上新電機相談役（日典3）

[7]**浄見　きよみ**
　浄見哲士　きよみ・てつし　高校サッカー選手（日典3）
　浄見晴夫　きよみ・はるお　宮地嶽神社宮司（日典3）
　浄見学　きよみ・まなぶ　宮地岳神社宮司（人情）

[8]**浄明寺　じょうみょうじ**
　浄明寺太郎　じょうみょうじ・たろう　「鎌倉なんでもガイド」金園社（日典3）

浄法寺　じょうほうじ
　浄法寺朝美　じょうほうじ・あさみ　陸軍大佐（日典3）
　浄法寺五郎　じょうほうじ・ごろう　軍人（コン）

[17]**浄謙　じょうけん**
　浄謙俊文　じょうけん・としふみ　愛泉女子短期大学（国典）

【844】泉

[2]**泉二　もとじ**
　泉二新熊　もとじ・あらくま　刑法学者,司法官（鹿児島百）
　泉二勝麿　もとじ・かつま　彫刻家（日人）
　泉二弘明　もとじ・こうめい　銀座もとじ代表取締役（日典3）
　泉二新熊　もとじ・しんくま　司法官（コン4）
　泉二新熊　もとじ・しんぐま　司法官（日人）

[3]**泉川　いずかわ；いずみかわ**
　泉川達也　いずかわ・たつや　「米国におけるバイオテクノロジー関連発明に関する特許性判断基準」知的財産研究所（日典3）
　泉川正一　いずみかわ・しょういち　全日本無産青年同盟大阪府支部常任執行委員（社史）
　泉川白水　いずみかわ・はくすい　南画家,俳人（秋田百）

水部(浅)

[4]泉井　いずい；わくい
　泉井久之助　いずい・ひさのすけ　言語学者(日人)
　泉井安吉　いずい・やすきち　実業家(日人)
　泉井亮　わくい・まこと　弘前大学医学部教授

泉水　いずみ；せんすい；せんずい
　泉水新兵衛　いずみ・しんぺえ　販売業者(食文)
　泉水宗助　せんすい・そうすけ　水産業指導者(日人)
　泉水洋二　せんずい・ようじ「学校で使おうOffice 97」アスキー(日典3)

泉王子　せんおうし
　泉王子美津江　せんおうし・みつえ　聖カタリナ女子短大児童学科助教授(日典)

[5]泉本　いずみもと；いずもと
　泉本克巳　いずみもと・かつみ　足袋工(社史)
　泉本三樹　いずみもと・みき　小説家,児童文学者(世紀)
　泉本小夜子　いずもと・さよこ「退職給付会計の知識」日本経済新聞出版社(日典3)
　泉本のり子　いずもと・のりこ　女優(テレ)

泉田　いずた；いずみた；いずみだ；せんだ
　泉田昭　いずた・あきら「ローマ人への手紙」いのちのことば社(日典3)
　泉田健吉　いずみた・けんきち　地方政治家(姓氏岩手)
　泉田荒吉　いずみだ・あらきち　神官(埼玉人)
　泉田収　せんだ・おさむ　元・農林水産省東海農政局長

[7]泉沢　いずみさわ；いずみざわ；せんざわ
　泉沢彰　いずみさわ・あきら　元・プロ野球選手(日典3)
　泉沢かつ子　いずみざわ・かつこ「遠音なれども」短歌研究社(日典3)
　泉沢淑子　せんざわ・よしこ「かくれんぼ―詩画集」泉沢淑子(JM)

泉谷　いずたに；いずみたに；いずみや
　泉谷勝美　いずたに・かつみ　会計学者(現執3期)
　泉谷珠子　いずみたに・たまこ　女性ゴルファー(体育)
　泉谷しげる　いずみや・しげる　ロック歌手,俳優(日人)

[8]泉並　いずなみ
　泉並末香　いずなみ・すえか「まなうらに」美研インターナショナル,星雲社(発売)(日典3)
　泉並幸男　いずなみ・ゆきお　小学校教諭(国典)

泉国　いずみくに
　泉国夕照　いずみくに・ゆうしょう　歌人(日典3)

泉岡　いずおか
　泉岡宗空　いずおか・そうくう　茶人(茶道)

[9]泉海　せんかい
　泉海節一　せんかい・せついち　部落解放運動の先駆者(人情)

泉畏　いい
　泉畏三士　いい・さんし　城西消費購買組合員(社史)

[10]泉原　いずはら；いずみはら；いずみばら
　泉原省二　いずはら・しょうじ「日本語教師のためのQ&A」研究社(日典3)
　泉原万次郎　いずみはら・まんじろう　南海鉄道従業員(社史)
　泉原れな　いずみばら・れな「.hack//alcor」角川書店,角川グループパブリッシング(発売)(日典3)

[11]泉野　いずの；いずみの；せんの
　泉野利喜蔵　いずの・りきぞう　水平運動家(コン5)
　泉野作雄　いずみの・さくお　詩人(富山文)
　泉野ハル　せんの・はる「スノーホワイト」新風舎(JM)

[12]泉森　いずもり
　泉森皎　いずもり・こう　考古学者(現執4期)

泉雄　いずお
　泉雄勝　いずお・まさる　外科学者(群馬人)

[14]泉漾　いずみ
　泉漾太郎　いずみ・ようたろう「こんばんは」中央公論事業出版(制作)(JM)

【845】　浅

[3]浅子　あさこ；あさご
　浅子和美　あさこ・かずみ　経済学者(現執4期)
　浅子勝二郎　あさこ・しょうじろう　日本史学者(史研)
　浅子逸男　あさご・いつお　花園大学文学部国文学科助教授(日典)

浅川　あさかわ；あさがわ
　浅川巧　あさかわ・たくみ　朝鮮民芸研究家(コン)
　浅川マキ　あさかわ・まき　歌手(新芸)
　浅川晃雄　あさがわ・あきお　東京都練馬区立泉東小学校主査(日典3)
　浅川範彦　あさがわ・のりひこ　細菌学者,医師(高知人)

[4]浅井　あさい；あざい
　浅井清　あさい・きよし　憲法学者(コン4)
　浅井忠　あさい・ちゅう　洋画家(コン5)
　浅井茂猪　あざい・しげい　新聞記者,代議士(高知人)
　浅井藤右衛門　あざい・とうえもん　商人(高知人)

浅木　あさき；あさぎ
　浅木健司　あさき・けんじ　海技大学校助教授(日典3)
　浅木茂　あさき・しげる「24時間pHモニタリング」ヴァンメディカル(日典3)
　浅木栄太郎　あさぎ・えいたろう　画商(日典)
　浅木茂　あさぎ・しげる　医師(日典3)

[5]浅古　あさこ
　浅古勲　あさこ・いさお　写真家(写人)

水部(浅)

浅古栄一　あさこ・えいいち　弁護士(日典3)
浅古迪　あさこ・すすむ　行政管理庁行政監察局局長(日典3)
浅古登　あさこ・のぼる　埼玉県議(自民党)(日典3)
浅古弘　あさこ・ひろし「日本法制史」青林書院(日典3)

浅生　あさい；あさお；あそう

浅生楽　あさい・らく「桃の侍、金剛のパトリオット」アスキー・メディアワークス、角川グループパブリッシング(発売)(日典3)
浅生千代子　あさお・ちよこ　歌人(紀伊文)
浅生詠　あそう・えい「Euphoria」パラダイム

6浅地　あさじ

浅地明　あさじ・あきら　鹿児島大学名誉教授(日典3)
浅地静枝　あさじ・しずえ　富山県婦人会副会長、富山市連合婦人会会長(日典3)
浅地正一　あさじ・しょういち　日本ビルサービス社長(日典3)
浅地庄太郎　あさじ・しょうたろう　日本ビルサービス代表取締役会長(日典3)
浅地央　あさじ・なかば　富山県議、金岡忠商事取締役(日典3)

浅羽　あさば

浅羽金三郎　あさば・きんざぶろう　海軍軍人(日人)
浅羽靖　あさば・しずか　政治家(世紀)
浅羽二郎　あさば・じろう　会計学者(世紀)
浅羽平八　あさば・へいはち　農民(姓氏静岡)
浅羽要衛武　あさば・ようえむ　農民(姓氏静岡)

7浅利　あさり

浅利香津代　あさり・かずよ　女優(日人)
浅利慶太　あさり・けいた　演出家、演劇プロデューサー(日人)
浅利三朗　あさり・さぶろう　内務官僚(履歴2)
浅利純子　あさり・じゅんこ　マラソン選手(日人)
浅利陽介　あさり・ようすけ　俳優(日映男)

浅見　あさみ；あざみ

浅見仙作　あさみ・せんさく　宗教家(日人)
浅見淵　あさみ・ふかし　小説家、文芸評論家(コン4)
浅見貴子　あざみ・たかこ　画家(日典3)
浅見尚　あざみ・たかし「きめる！センター数学1・A&2・B」学研教育出版、学研マーケティング(発売)(日典3)

浅谷　あさたに；あさだに；あさや

浅谷昭子　あさたに・あきこ「あきらめないで、お母さん」ザメディアジョン(日典3)
浅谷時博　あさだに・ときひろ　眼科・内科医(姓氏鹿児島)
浅谷資衛　あさや・すけえ　元・高砂鉄工常務(日典3)

浅里　あさり

浅里謙二郎　あさり・けんじろう　東京都企画研究所部長(日典3)

浅里公三　あさり・こうぞう　音楽評論家、ジャーナリスト(現幹4期)
浅里まゆみ　あさり・まゆみ「やまめとさくらます」ボトス出版(日典3)
浅里道晴　あさり・みちはる　イラストレーター(日典3)

8浅妻　あさずま；あさつま

浅妻千映子　あさずま・ちえこ　ライター(日典3)
浅妻文樹　あさずま・ふみき　ヴィオラ奏者、指揮者(演奏)
浅妻金平　あさつま・きんぺい「ディーゼルエンジンの機構的特性」グランプリ出版(日典3)

浅茅　あさじ

浅茅けいこ　あさじ・けいこ　ヌード・ダンサー(日典3)
浅茅しのぶ　あさじ・しのぶ　女優(世紀)
浅茅陽子　あさじ・ようこ　女優(世紀)

浅茅原　あさじはら

浅茅原竹毘古　あさじはら・たけひこ「夜麻登志宇流波斯」白地社(日典3)

9浅海　あさうみ；あさかい；あさがい；あさのうみ；あさみ

浅海伸夫　あさうみ・のぶお　読売新聞東京本社世論調査部長(現幹4期)
浅海正三　あさかい・しょうぞう　東京高師教授(日典)
浅海ハナ　あさがい・はな　長寿者(女性普)
浅海武雄　あさのうみ・たけお　松竹常務(日典3)
浅海友市　あさみ・ともいち　漁業家(日人)

浅津　あさず；あさつ

浅津富之助　あさず・とみのすけ　加賀藩留学生、軍人(海越新)
浅津奈々　あさず・なな　タレント(テレ)
浅津慎　あさつ・しん「しあわせrevolution」ラッセル社(日典3)
浅津富之助　あさつ・とみのすけ　加賀藩留学生、軍人(洋学)

10浅島　あさしま；あさじま

浅島誠　あさしま・まこと　生物学者(日人)
浅島武雄　あさじま・たけお　関西空港調査会プロジェクトセンター所長(日典)
浅島実　あさじま・みのる　末松九機社長(日典3)

11浅黄　あさぎ

浅黄斑　あさぎ・まだら　推理作家(兵庫文)
浅黄泰憲　あさぎ・やすのり「男ダブの流儀」スキージャーナル(日典3)

浅黄谷　あさぎや

浅黄谷剛寛　あさぎや・たかひろ　沼津工業高専講師(国典)

12浅葉　あさば

浅葉育子　あさば・いくこ「古布と遊ぶ」葉文館出版(日典)
浅葉和子　あさば・かずこ　生活デザイナー(日典3)

水部(洗,津)

浅葉克己　あさば・かつみ　アートディレクター（日人）
浅葉スミ　あさば・すみ　政治家,社会教育家(姓氏神奈川)
浅葉仁三郎　あさば・にさぶろう　御神所見廻り（幕末）

浅賀　あさか；あさが
　浅賀ふさ　あさか・ふさ　医療ケースワーカー,医療社会事業家(日人)
　浅賀行雄　あさか・ゆきお　イラストレーター（児人）
　浅賀ふさ　あさが・ふさ　医療社会事業家(近医)
　浅賀利喜夫　あさが・りきお　日本労働組合全国協議会日本化学メンバー(社史)

浅越　あさごえ；あさこし
　浅越和夫　あさごえ・かずお　地方政治家(岡山歴)
　浅越嘉威　あさごえ・よしたけ　医学者(鳥取百)
　浅越金次郎　あさこし・きんじろう　数学者(数学)
　浅越正　あさこし・ただし　「医薬品のグローバル化とGMP」シーエムシー出版(日典3)

[15]浅蔵　あさくら
　浅蔵五十吉　あさくら・いそきち　陶芸家(日人)
　浅蔵与成　あさくら・ともしげ　陶芸家(陶芸最)
　浅蔵与成　あさくら・ともなり　陶芸家(陶工)
　浅蔵正博　あさくら・まさひろ　陶芸家(陶工)

浅輪　あさわ
　浅輪和子　あさわ・かずこ　「猫が耳のうしろをなでるとき」筑摩書房（日典3)
　浅輪幸次郎　あさわ・こうじろう　城西消費購買組合組合員(社史)
　浅輪幸夫　あさわ・さちお　「千の顔をもつ英雄」人文書院
　浅輪三郎　あさわ・さぶろう　川崎製鉄常務（日典3)
　浅輪真太郎　あさわ・しんたろう　バーニング出版専務,東芝EMI(株)専務取締役(日典3)

【846】　洗

洗　あらい
　洗建　あらい・けん　駒沢大学文学部教授(日典3)
　洗堯　あらい・たかし　「自衛隊の現場からみる日本の安全保障」自由国民社(日典3)
　洗英夫　あらい・ひでお　ライオン常務(人情)

【847】　津

津々見　つつみ
　津々見敏英　つつみ・としひで　ボクシングトレーナー(日典3)
　津々見友彦　つつみ・ともひこ　自動車評論家,元・レーシングドライバー(日典3)
　津々見雄文　つつみ・ゆうぶん　法政大学名誉教授(日典3)
　津々見義文　つつみ・よしぶみ　弓道家,弓道教士(弓道)

[3]津下　つげ；つした
　津下四郎左衛門　つげ・しろうざえもん　尊攘派浪士（日人)
　津下精斎　つげ・せいさい　医師(岡山歴)
　津下久米　つした・くめ　民権運動家(女運)
　津下紋太郎　つした・もんたろう　実業家(人名)

津上　つがみ
　津上彰　つがみ・あきら　「欲望処刑人」光文社(日典)
　津上英輔　つがみ・えいすけ　音楽学者(音人3)
　津上毅一　つがみ・きいち　(社)日本観光協会副会長兼理事長(日典3)
　津上退助　つがみ・たいすけ　津上会長(創業)
　津上忠　つがみ・ただし　劇作家,演出家(世紀)

津久居　つくい
　津久居樹里　つくい・じゅり　「孫正義」現文メディア,マガジンランド(発売)(日典3)
　津久居彦七　つくい・ひこしち　実業家,政治家(日人)
　津久居平吉　つくい・へいきち　軍人(日人)

津川　つかわ；つがわ
　津川正四　つかわ・まさし　作家(日典)
　津川主一　つがわ・しゅいち　合唱指揮者,牧師(コン4)
　津川雅彦　つがわ・まさひこ　俳優(日人)

[4]津之地　つのち
　津之地直一　つのち・なおいち　日本語学者(現執2期)

津戸　つと；つど
　津戸つと　つと・まさひろ　「価値と生産価格」大阪府立大学経済学部(日典3)
　津戸英守　つど・ひでもり　歯科医(日典)
　津戸最　つど・まさる　谷保天満宮宮司(多摩)

[5]津司　つし
　津司市太郎　つし・いちたろう　医師,社会運動家(姓氏京都)
　津司徳雄　つし・とくお　仁木町(北海道)町会議長(日典3)

津布久　つふく；つぶく
　津布久寅治　つふく・とらじ　「檻の狼」叢文社(日典)
　津布久晃司　つぶく・こうじ　詩人(国典)
　津布久智　つぶく・さとし　写真家(写人)

津布楽　つぶら
　津布楽喜代治　つぶら・きよじ　山形大講師(国典)

津末　つすえ；つのすえ
　津末宗一　つすえ・そういち　菱華産業創業者(大分歴)
　津末良介　つすえ・りょうすけ　政治家(大分歴)
　津末台　つのすえ・うてな　歯科医(日典3)

津田　つた；つだ；つのだ
　津田重威　つた・しげたけ　肥前蓮池藩医(藩臣7)

〔847〕　　　　　　　　　　　　　　　　　　　　　　　　　　　　　　　　　　　　水部（津）

津田左右吉　つだ・そうきち　歴史学者,思想史家（コン4）
津田野露月　つのだ・ろげつ　明暗尺八家（日音）

⁶津向　つむぎ；つむぎの
　津向友好　つむぎ・ともよし　「株価激動スーパー予測」アーバンプロデュース出版部（日典3）
　津向文吉　つむぎの・ぶんきち　博徒（幕末）

津曲　つまがり
　津曲篤子　つまがり・あつこ　出版人（出文）
　津曲貞助　つまがり・さだすけ　実業家（日人）
　津曲十助　つまがり・じゅうすけ　浄土真宗の信者（姓氏鹿児島）
　津曲直躬　つまがり・なおみ　会計学者（世紀）
　津曲平兵衛　つまがり・へいべえ　本願寺開教の恩人の1人（姓氏鹿児島）

津江　つえ；つのえ
　津江市作　つえ・いちさく　日本百歳会会長（日典3）
　津江孝夫　つえ・たかお　神官（日典3）
　津江篤朗　つのえ・とくろう　「海峡の人」美研インターナショナル（日典3）

⁷津坂　つさか；つざか
　津坂淳　つさか・じゅん　写真家（写家）
　津坂治男　つさか・はるお　詩人（紀伊文）
　津坂俊一　つざか・しゅんいち　札幌市収入役（日典3）
　津坂東陽　つざか・とうよう　「勢陽考古録」三重県郷土資料刊行会（日典3）

津谷　つたに；つだに；つや
　津谷一郎　つたに・いちろう　「ゴルフの急所」高橋書店（日典3）
　津谷俊人　つだに・としと　（社）漁船協会新技術開発担当（日典）
　津谷タズ子　つや・たずこ　紙芝居作家（児人）

⁸津国　つくに；つのくに
　津国徳蔵　つくに・とくぞう　人形師,店頭人形創始（日典3）
　津国実　つのくに・みのる　「システムの開発と設計」久美（日典3）

津波　つなみ；つは
　津波江理子　つなみ・えりこ　イラストレーター（日典3）
　津波都耶子　つなみ・つやこ　「時点」詩の家（日典3）
　津波恒徳　つは・こうとく　琉球民謡・歌三線奏者（芸能）
　津波仁平　つは・じんへい　政治家（姓氏沖縄）

津波古　つはこ
　津波古勝子　つはこ・かつこ　「残波岬」六法出版社（日典3）
　津波古澄子　つはこ・すみこ　「分解方式で学ぶ医学用語」日本看護協会出版会（日典3）
　津波古政正　つはこ・せいせい　政治家（コン4）
　津波古充祐　つはこ・みつすけ　ポピュラー音楽教室主宰（日典3）
　津波古充朝　つはこ・みつあき　神戸薬科大学学長（日典3）

津金　つがね
　津金崔仙　つがね・かくせん　書家（埼玉人）
　津金佑近　つがね・すけちか　政治家（政治）
　津金常知　つがね・つねとも　日本共産党党員（社史）
　津金徳雄　つがね・とくお　農事改良家（姓氏長野）
　津金孝邦　つがね・よしくに　書家（日人）

⁹津城　つしろ
　津城寛文　つしろ・ひろふみ　研究者（現執4期）
　津城由美子　つしろ・ゆみこ　東京女子体育大学助教授（日典3）

¹⁰津原　つはら；つばら
　津原武　つはら・たけし　弁護士,政治家（日人）
　津原泰水　つはら・やすみ　小説家（幻想）
　津原武　つばら・たけし　弁護士,政治家（京都府）

津根　つね
　津根鮫人　つね・こうじん　陶芸家（美工）
　津根良孝　つね・よしたか　津根精機社長（日典3）
　津根良　つね・りょう　津根精機会長,関西特殊熱処理会長,津根マシンツール会長（日典3）

津留　つる
　津留和生　つる・かずお　テクニカルライター（日典3）
　津留清美　つる・きよみ　「オシロイバナ坂」燎原社（日典3）
　津留今朝寿　つる・けさとし　IEC国際外語学院理事（日典3）
　津留信人　つる・のぶと　城西消費購買組合組合員（社史）
　津留宏　つる・ひろし　心理学者（心理）

津高　つたか；つだか
　津高里永子　つたか・りえこ　「地球の日」角川書店（日典3）
　津高和一　つたか・わいち　洋画家（日人）
　津高琢一　つだか・たくいち　「ひも結びと包み方」金園社（日典3）
　津高正文　つだか・まさふみ　社会教育研究者（現執1期）

¹¹津崎　つさき；つざき
　津崎兼敬　つさき・つねたか　近畿管区警察学校教授（姓氏鹿児島）
　津崎尚武　つさき・なおたけ　政治家（姓氏鹿児島）
　津崎尚武　つざき・なおたけ　政治家（政治）
　津崎矩子　つざき・のりこ　勤王家（コン4）

津郷　つごう
　津郷友吉　つごう・ともきち　「乳の化学」（国典）

¹²津堅　つがた；つけん
　津堅信之　つがた・のぶゆき　アニメーション映画史研究家（日典3）
　津堅房明　つがた・ふさあき　「邪馬台国シンフォニー―解明された空白の四世紀」近代文芸社（JM）
　津堅直弘　つけん・なおひろ　トランペット奏者,作曲家（演奏）

水部（洞, 洋, 浦） 〔850〕

津富　つとみ
　津富宏　つとみ・ひろし　研究者（現執4期）
　津富正孝　つとみ・まさたか　旭電化工業取締役, 鹿島ケミカル副社長（日典3）
津森　つのもり；つもり
　津森幸枝　つのもり・さちえ　「ハム・ソーセージ料理の百科」昭文社（日典3）
　津森之治　つもり・ゆきはる　政治家（香川人）
　津森吉孝　つもり・よしたか　写真家（写人）
津越　つごし
　津越辰秋　つごし・たつあき　「仕事の教え方の基本技術」（国典）
津雲　つくも；つぐも
　津雲国利　つくも・くにとし　政治家（コン4）
　津雲むつみ　つくも・むつみ　漫画家（世紀）
　津雲幻一郎　つぐも・げんいちろう　「ファイターズヒストリーダイナマイト」新声社（日典3）
　津雲清明　つぐも・せいめい　「万葉集大観」統正社（日典3）
[13]津路　つじ
　津路清子　つじ・きよこ　女優（映女）
　津路嘉郎　つじ・よしろう　シナリオライター（石川文）
[14]津嘉山　つかやま
　津嘉山一穂　つかやま・いっすい　詩人（社史）
　津嘉山恵福　つかやま・けいふく　沖縄県陸上競技会会長（日典3）
　津嘉山澄子　つかやま・すみこ　伝導師（社史）
　津嘉山千代　つかやま・ちよ　「あーはっはっはっ！津嘉山荘の千代ちゃん」ボーダーインク（日典3）
　津嘉山正種　つかやま・まさね　俳優（日映男）

【848】　洞

洞　どう；ほら
　洞楊谷　どう・ようこく　画家＝近世（名画）
　洞啓二　ほら・けいじ　「マイコン制御入門」コロナ社（日典3）
　洞富雄　ほら・とみお　歴史学者（履歴2）
洞ノ上　ほきのうえ
　洞ノ上浩太　ほきのうえ・こうた　車いす陸上選手（日典3）
　洞ノ上好一　ほきのうえ・よしかず　元・住友セメント専務（日典）
洞ヶ瀬　ほらがせ
　洞ヶ瀬菊雄　ほらがせ・きくお　関西労働組合総連盟教育出版部長（社史）
[3]洞口　どうぐち；ほらぐち
　洞口依子　どうぐち・よりこ　女優（日映女）
　洞口信也　ほらぐち・しんや　ロック・ベース奏者（テレ）
　洞口治夫　ほらぐち・はるお　法政大学経営学部教授（現執4期）
[5]洞田　ほらた；ほらだ
　洞田一典　ほらた・かずのり　「微分積分学」学術図書出版社（日典3）

洞田忠秀　ほらた・ただひで　「不意打ちの味」中央公論社（日典3）
　洞田かな子　ほらだ・かなこ　「木の根橋─随筆」（JM）
[5]洞沢　ほらさわ
　洞沢勇　ほらさわ・いさむ　水質汚濁研究者, 廃水処理研究者（現執2期）
　洞沢伸　ほらさわ・しん　「文化的近代を問う」文理閣（日典3）
　洞沢秀雄　ほらさわ・ひでお　「はじめての行政法」成文堂（日典3）
　洞沢博雄　ほらさわ・ひろお　中部鋼鈑常務（日典3）
　洞沢由美子　ほらさわ・ゆみこ　漫画家（漫人）
洞谷　どうや
　洞谷吉男　どうや・よしお　バリトン歌手（音人3）
[10]洞院　とういん
　洞院徳近　とういん・とくちか　著述業（国典）
[12]洞奥　ほらおく
　洞奥一郎　ほらおく・いちろう　人形遣い（日人）

【849】　洋

洋　おうみ；ひろ
　洋一石　おうみ・いっせき　「循環小数は、有理数ではない！」太陽書房（日典3）
　洋あおい　ひろ・あおい　（テレ）
[12]洋森　ひろもり
　洋森しのぶ　ひろもり・しのぶ　漫画家（日典）

【850】　浦

[3]浦上　うらかみ；うらがみ
　浦上后三郎　うらかみ・ごさぶろう　ドイツ文学者, 小説家（日人）
　浦上隆応　うらかみ・りゅうおう　真言宗僧侶（日人）
　浦上善次　うらがみ・ぜんじ　陶芸家（陶工）
　浦上正孝　うらがみ・まさたか　志士（日人）
[5]浦本　うらもと
　浦本寛二　うらもと・かんじ　政治家（社史）
　浦本政三郎　うらもと・せいざぶろう　尺八奏者, 生理学者（日人）
　浦本直見　うらもと・なおみ　漫画家（漫人）
　浦本政三郎　うらもと・まさざぶろう　生理学者（近医）
　浦本昌紀　うらもと・まさのり　動物学者（日人）
浦田　うらた；うらだ
　浦田長民　うらた・ながたみ　神道家（コン5）
　浦田正夫　うらた・まさお　日本画家（日人）
　浦田伸一　うらだ・しんいち　評論家（国典）
　浦田武雄　うらだ・たけお　社会運動家（コン4）
浦谷　うらたに；うらや
　浦谷多露夫　うらたに・たろう　歌人（奈良文）
　浦谷道三　うらたに・みちぞう　牧師（郷土滋賀）

水部(浩,酒)

浦谷孝作　うらや・こうさく　北海道新聞社紙面審査委員(日典3)
浦谷吉雄　うらや・よしお　「倫理の探求」(国典)

⁹浦城　うらき
浦城晋一　うらき・しんいち　農業・漁業経済学者(現執1期)
浦城寿一　うらき・じゅいち　さ・え・ら書房社長(日典3)
浦城二郎　うらき・じろう　医師(近医)
浦城恒雄　うらき・つねお　(株)日立製作所情報事業本部マーケティング本部本部長(日典3)
浦城光郎　うらき・みつさと　出版人,実業家(出文)

¹¹浦崎　うらさき；うらざき
浦崎永錫　うらさき・えいしゃく　洋画家(日人)
浦崎康華　うらさき・こうか　新聞記者(アナ)
浦崎富治　うらざき・とみじ　ユーエスウラサキ会長(日典)
浦崎寛泰　うらざき・ひろやす　弁護士(日典3)

浦郷　うらごう
浦郷昭子　うらごう・あきこ　「環境アセスメント読本」ぎょうせい(日典3)
浦郷篤史　うらごう・あつし　「ネパール歯科医療協力15次隊報告書」ネパール歯科医療協力会(日典)
浦郷喜久男　うらごう・きくお　「ライカマニュアル」日本カメラ社(日典3)
浦郷義郎　うらごう・よしろう　亜細亜大助教授(国典)

【851】　浩

¹⁰浩祥　こうじょう
浩祥まきこ　こうじょう・まきこ　小説家(幻想)

【852】　酒

³酒川　さかがわ；さけがわ
酒川敬三郎　さかがわ・けいざぶろう　政治家(静岡歴)
酒川玲子　さかがわ・れいこ　図書館専門家(現執1期)
酒川敬三郎　さけがわ・けいざぶろう　政治家(姓氏静岡)

⁴酒井　さかい；さけい
酒井朝彦　さかい・あさひこ　児童文学者(コン4)
酒井忠義　さかい・ただあき　大名(コン4)
酒井邦彦　さけい・くにひこ　サーファー(日典3)
酒井孝博　さけい・たかひろ　「ル・コルビュジエの構想」井上書院(日典3)

酒匂　さかわ；さこう
酒匂俊明　さかわ・としあき　「炎のメモリアル」ぎょうせい(日典3)
酒匂常明　さこう・つねあき　農学者,農政家(日史)

酒匂富美子　さこう・ふみこ　「冬好日」新星書房(日典3)

酒匂　さかわ；さこう
酒匂景信　さかわ・かげあき　軍人(陸海)
酒匂秀一　さかわ・しゅういち　外交官(日人)
酒匂淳　さこう・あつし　ピアニスト(演奏)
酒匂常明　さこう・つねあき　農学者,農政家(日人)

酒戸　さかと
酒戸弥二郎　さかと・やじろう　生化学者(日人)

⁵酒本　さかもと；さけもと
酒本亜矢子　さかもと・あやこ　ピアニスト(日典3)
酒本雅之　さかもと・まさゆき　アメリカ文学者(日人)
酒本寿朗　さけもと・じゅさく　歌人(北海道文)
酒本隆男　さけもと・たかお　越生町(埼玉県)町長(日典3)

酒田　さかた；さけた；さけだ
酒田健一　さかた・けんいち　早大助教授(国典)
酒田正敏　さけた・まさとし　明治学院大助教授(書籍)
酒田正敏　さけだ・まさとし　日本史研究者(史研)

⁶酒向　さこう
酒向明浩　さこう・あきひろ　バーテンダー(日典3)
酒向誠　さこう・あきら　立教女学院短期大学学長,立教大学教授,日本私立短期大学協会副会長(日典3)
酒向明美　さこう・あけみ　「ヘスティアの辺で」砂子屋書房(日典3)
酒向清三　さこう・せいぞう　労働運動家(社史)
酒向健　さこう・たけし　教育学者(現執3期)

⁷酒見　さかみ；さけみ
酒見賢一　さかみ・けんいち　小説家(幻想)
酒見恒平　さかみ・こうへい　洋画家(美家)
酒見賢一　さけみ・けんいち　小説家(小説)
酒見外治治　さけみ・そとじ　商人(姓氏京都)

酒谷　さかたに；さかや
酒谷忠生　さかたに・ただお　政治家(現政)
酒谷実　さかたに・みのる　実業家,農業経営者(日人)
酒谷明良　さかや・あきよし　「因縁」(国典)
酒谷長兵衛　さかや・ちょうべえ　北前船主(姓氏石川)

⁸酒枝　さかえだ
酒枝義旗　さかえだ・よしたか　経済学者,キリスト教思想家(世紀)

⁹酒泉　さかいずみ
酒泉明子　さかいずみ・あきこ　ファッション・デザイナー(日典3)
酒泉和夫　さかいずみ・かずお　東海大学医学部教授(日典3)
酒泉直温　さかいずみ・なおあつ　十条製紙専務(日典3)

水部(泰,涛,浜)

酒泉央子　さかいずみ・ひろこ　放送作家(日典3)
酒泉満　さかいずみ・みつる　生物研究家(児人)

¹¹酒寄　さかより
　酒寄あつ史　さかより・あつし　「寒晴」東京四季出版(日典3)
　酒寄淳見　さかより・あつみ　通信病院医師(国典)
　酒寄修　さかより・おさむ　「脳血管性痴呆」ワールドプランニング(日典3)
　酒寄進一　さかより・しんいち　ドイツ児童文学者(児人)
　酒寄利雄　さかより・としお　治安維持法違反容疑による検挙者(社史)

酒野　さかの;さけの
　酒野晶子　さかの・あきこ　河内木綿研究家(日典3)
　酒野満　さかの・みつる　「萩・津和野・山陰路」日地出版(日典3)
　酒野佐香奈　さけの・さかな　「一通の手紙」goodbook出版(日典3)

¹³酒詰　さかずめ
　酒詰仲男　さかずめ・なかお　考古学者(日人)
　酒詰治男　さかずめ・はるお　「家出の道筋」水声社(日典3)
　酒詰裕治　さかずめ・ゆうじ　本田技研工業人事開発部長(日典3)

¹⁴酒徳　さかとく
　酒徳治三郎　さかとく・じさぶろう　「小泌尿器科書」(書籍)
　酒徳峰章　さかとく・みねあき　「PHP公式資格教科書」技術評論社(日典3)

【853】　泰

泰　たい
　泰英二郎　たい・えいじろう　シンガー・ソングライター(日典3)
　泰実明　たい・さねあき　農民(社史)
　泰重弘　たい・しげひろ　社会運動家(アナ)
　泰勇気　たい・ゆうき　声優(テレ)

³泰山　たいざん;たいやま;やすやま
　泰山学士　たいざん・がくし　占術家(日典)
　泰山玲子　たいやま・れいこ　女性ヨガ指導者(人情)
　泰山哲之　やすやま・てつゆき　人物往来社編集局長(国典)

⁴泰井　たいい
　泰井俊三　たいい・しゅんぞう　「狂気の文学」(国典)

⁵泰本　やすもと
　泰本融　やすもと・とおる　法政大教授(国典)

泰永　やすなが
　泰永定治　やすなが・さだじ　「兵の足跡」(国典)
　泰永二郎　やすなが・じろう　在家日蓮宗風会会長(日典3)

⁶泰地　たいじ;たいち
　泰地和子　たいじ・かずこ　ホスピーラ・ジャパン社員(日典3)
　泰地増樹　たいじ・ますき　「CMOSアナログ/ディジタルIC設計の基礎」CQ出版(日典3)
　泰地靖弘　たいち・やすひろ　追手門学院大学経営学部経営学科教授(日典3)
　泰地豊　たいち・ゆたか　「鳥の道」短歌研究社(日典3)

⁸泰松　たいまつ;やすまつ
　泰松斉　たいまつ・ひとし　秋田大学工学資源学部材料工学科教授(日典)
　泰松望　やすまつ・のぞむ　富士通オートメーション常任顧問・元社長(日典)

¹²泰道　たいどう
　泰道三八　たいどう・さんぱち　政治家(政治)
　泰道照山　たいどう・しょうざん　エスエス製薬名誉会長,日経連常任理事,コスモ信用組合創業者(日典3)
　泰道都也子　たいどう・つやこ　プロゴルファー(日典3)
　泰道正年　たいどう・まさとし　泰道リビング会長,エスエス製薬取締役相談役(日典3)

【854】　涛

³涛川　なみかわ
　涛川馨一　なみかわ・けいいち　「挫屈理論」コロナ社(日典3)
　涛川惣助　なみかわ・そうすけ　七宝製造家(コン改)

【855】　浜

浜上　はまうえ;はまかみ;はまがみ
　浜上和康　はまうえ・かずやす　連合奈良会長(日典3)
　浜上常夫　はまかみ・つねお　詩人(日典)
　浜上謙蔵　はまがみ・けんすい　実業家(姓氏鹿児島)

浜千代　はまちよ
　浜千代いづみ　はまちよ・いづみ　「学生・教師・社会人のための漢字ハンドブック」和泉書院(日典3)
　浜千代清　はまちよ・きよし　日本中世文学者(現執1期)

浜川　はまかわ;はまがわ
　浜川祥枝　はまかわ・さかえ　ドイツ文学者(世紀)
　浜川圭弘　はまかわ・よしひろ　半導体電子工学者(世紀)
　浜川昌俊　はまがわ・しょうしゅん　政治家(姓氏沖縄)
　浜川昌也　はまがわ・まさなり　「私の沖縄戦記」那覇出版社(日典3)

⁴浜比嘉　はまひが
　浜比嘉宗直　はまひが・そうちょく　関西沖縄県人会大和田支部長(社史)

⁵浜四津　はまよつ

浜四津敏子　はまよつ・としこ　弁護士,政治家（現政）

浜四津文一郎　はまよつ・ぶんいちろう　「浮世の愛慾 谷間に慕う」（国典）

⁶浜地　はまじ；はまち

浜地馨　はまじ・かおる　早稲田大学名誉教授（日典）

浜地清松　はまじ・きよまつ　洋画家（和歌山人）

浜地青松　はまち・せいしょう　洋画家（美家）

浜地文平　はまち・ぶんぺい　政治家（政治）

⁷浜谷　はまたに；はまや

浜谷喜美子　はまたに・きみこ　翻訳家（石川文）

浜谷源蔵　はまたに・げんぞう　貿易専門家（現執1期）

浜谷白雨　はまや・はくう　日本画家（富山百）

浜谷浩　はまや・ひろし　写真家（日人）

⁸浜里　はまさと；はまざと

浜里欣一郎　はまさと・きんいちろう　医師（日典）

浜里忠宣　はまさと・ただのぶ　鹿児島県教育長（日典3）

浜里耕平　はまさと・こうへい　ラグビー選手（日典）

浜里久雄　はまさと・ひさお　三菱瓦斯化学常務（日典）

⁹浜津　はまず；はまつ

浜津享助　はまず・きょうすけ　「気象と大気のレーダーリモートセンシング」京都大学学術出版会（日典）

浜津良勝　はまず・よしかつ　税関員,労働運動家（社史）

浜津澄男　はまつ・すみお　「絵画の女」詩の会こおりやま（日典3）

浜津輝汪　はまつ・てるお　はまつ会長（日典）

浜畑　はまはた；はまばた

浜畑賢吉　はまはた・けんきち　俳優（世紀）

浜畑栄麿　はまはた・ひでまろ　社会運動家（ア ナ）

浜畑秀　はまばた・ひで　農民（社史）

浜畑芳和　はまばた・よしかず　「障害者自立支援法活用の手引き」かもがわ出版（日典3）

浜砂　はますな

浜砂一光　はますな・かずみつ　医師（日典3）

浜砂貴美子　はますな・きみこ　「スタッフ早期戦力化介護手順チェックリスト」日総研出版（日典3）

浜砂圭子　はますな・けいこ　フラウ主婦生活総合研究所社長,「子づれDECHA・CHA・CHA！」編集長（日典3）

浜砂敬郎　はますな・けいろう　経済統計学者（現執2期）

浜砂シゲノ　はますな・しげの　「自分のことはさて置いて」いい話の新聞社（日典3）

浜面　はまおもて

浜面又助　はまおもて・またすけ　軍人（陸海）

¹⁰浜家　はまいえ；はまや

浜家隆一　はまいえ・りゅういち　タレント（日典3）

浜家一雄　はまや・かずお　医師（日典3）

浜家熊雄　はまや・くまお　弁護士（日典3）

浜島　はましま；はまじま

浜島伝造　はましま・でんぞう　庄屋,寺子屋師匠（姓氏長野）

浜島代志子　はましま・よしこ　児童文化運動家（世紀）

浜島伊三郎　はまじま・いさぶろう　憲兵（姓氏愛知）

浜島月濤　はまじま・げつとう　北尾村の俳人,画人（姓氏愛知）

浜高家　はまたけ

浜高家さくら子　はまたけ・さくらこ　歌人（現情）

¹¹浜崎　はまさき；はまざき

浜崎あゆみ　はまさき・あゆみ　歌手（日人）

浜崎真二　はまさき・しんじ　プロ野球選手,監督（世紀）

浜崎定吉　はまざき・さだきち　経営者（日人）

浜崎真二　はまざき・しんじ　プロ野球選手,監督（日人）

¹²浜塚　はまずか；はまつか

浜塚和彦　はまずか・かずひこ　「片道切符」郁朋社（日典3）

浜塚一英　はまつか・いちえい　僧侶（日典3）

浜渦　はまうず

浜渦章盛　はまうず・あきもり　声楽家（バリトン）,作詞家,作曲家（演奏）

浜渦辰二　はまうず・しんじ　「〈ケアの人間学〉入門」知泉書館（日典3）

浜渦武生　はまうず・たけお　東京都参与（日典3）

浜渦哲雄　はまうず・てつお　評論家,中東問題研究者（現執4期）

浜渦文右衛門　はまうず・ぶんえもん　事業家（日典）

¹⁴浜嶋　はましま；はまじま

浜嶋朗　はましま・あきら　東京学芸大学名誉教授（日典）

浜嶋聡　はましま・さとし　高校教師（日典）

浜嶋哲三　はまじま・てつぞう　公認会計士（日典）

浜端　はまはた；はまばた

浜端与一　はまはた・よいち　北海道銀行東京支店常務（日典）

浜端悦治　はまばた・えつじ　「内湖からのメッセージ」サンライズ出版（日典3）

浜端謙三　はまばた・けんぞう　オーナミ相談役（日典）

水部(浮,涌,浴,流,浪)

【856】 浮

⁵浮穴 うきあな；うけな
浮穴正博　うきあな・まさひろ　「金香百合のジェンダーワークショップ」部落解放・人権研究所(日典3)
浮穴みみ　うきあな・みみ　「夢行脚」中央公論新社(日典3)
浮穴和俊　うけな・かずとし　日本テトラポッド顧問(日典)

⁶浮池 ふけ
浮池正基　ふけ・まさき　医師,政治家(近医)
浮池正基　ふけ・まさもと　医師,政治家(現政)

⁷浮谷 うきたに；うきや
浮谷ちひろ　うきたに・ちひろ　漫画家(漫人)
浮谷権兵衛　うきや・ごんべえ　治水家(日人)
浮谷東次郎　うきや・とうじろう　レーシングドライバー(日人)

⁹浮海 うきがい
浮海啓　うきがい・さとる　「夢の軋み」(国典)

浮津 うきつ
浮津甚之助　うきつ・じんのすけ　弓道家,弓道教士(弓道)
浮津宏子　うきつ・ひろこ　料理研究家(日典3)
浮津護　うきつ・まもる　永大産業取締役相談役(日典3)
浮津保夫　うきつ・やすお　台東区立西町小学校校長(日典3)

¹⁶浮橋 うきはし
浮橋啓介　うきはし・けいすけ　「こんにちは、トーテム・ポール」中央アート出版社(日典3)
浮橋寛　うきはし・ひろし　旭硝子技術顧問(日典3)
浮橋美頭　うきはし・みず　「こんにちは、トーテム・ポール」中央アート出版社(日典3)
浮橋康彦　うきはし・やすひこ　日本近世文学・国語教育研究者(現執1期)

【857】 涌

⁴涌井 わくい
涌井賀代子　わくい・かよこ　陶芸家(陶工)
涌井貞美　わくい・さだみ　高校教師,数学教育者(現執4期)
涌井寅松　わくい・とらまつ　醸造工,労働運動家(社史)
涌井弥瓶　わくい・やへい　陶工,羽前新庄焼の祖(日人)
涌井良幸　わくい・よしゆき　高校教師,数学教育者(現執4期)

⁵涌田 わくた；わくだ
涌田宏昭　わくた・ひろあき　科学技術評論家,経営学者(世紀)
涌田佑　わくた・ゆう　文芸評論家(現執3期)
涌田英宏　わくだ・ひでひろ　日本写真印刷常務(日典3)

涌田裕充　わくだ・ひろみつ　実業家(現執3期)

¹⁰涌島 わくしま
涌島古代子　わくしま・こよこ　小説家(日人)
涌島稔　わくしま・みのる　プロ野球選手(日典3)
涌島義博　わくしま・よしひろ　解放運動家(世紀)

【858】 浴

³浴口 えきぐち
浴口国雄　えきぐち・くにお　紙手芸家(児人)

【859】 流

流 ながれ；りゅう
流星香　ながれ・せいか　小説家(幻想)
流政之　ながれ・まさゆき　彫刻家(コン4)
流祐玄　りゅう・ゆうげん　「接神—あなたも守護神霊と交信できる」けいせい出版(JM)

³流山児 りゅうざんじ
流山児祥　りゅうざんじ・しょう　演出家,劇作家(日人)

⁴流水 ながみ；りゅうすい
流水りんこ　ながみ・りんこ　漫画家(日典3)
流水凜子　ながみ・りんこ　漫画家(漫人)
流水竜也　りゅうすい・たつや　「若草幼稚園物語」創風社出版(日典3)

⁵流石 さすが；ながれいし
流石英治　さすが・えいじ　「櫛形山の植物」や「南アルプスと自然界」を著した(山梨县)
流石喜久巳　さすが・きくみ　山梨県議(日典)
流石枯山水　ながれいし・かれさんすい　著述家(日典)

⁹流星 ながれぼし；りゅうせい
流星ひかる　ながれぼし・ひかる　「おんなのこ学習帳」久保書店(日典3)
流星光　ながれぼし・ひかる　「発明と発見のひみつ」学習研究社(日典3)
流星絶太　りゅうせい・ぜった　「超絶格闘王せがた三四郎物語」アスキー(日典3)

流泉 りゅうせん
流泉小史　りゅうせん・しょうし　「新選組剣豪秘話」(国典)

【860】 浪

浪 なみ
浪宏友　なみ・ひろとも　「人間性経営」PCコーポレーションビジネス問題研究会(日典3)
浪乱丁　なみ・らんちょう　川柳作家(四国文)

³浪久 なみひさ
浪久利彦　なみひさ・としひこ　医師(近医)

⁵浪本 なみもと
浪本勝年　なみもと・かつとし　教育学者(現執4期)

水部(浘,渓,渋,淑,深)

浪本恵子　なみもと・けいこ　「すずめ色どき」ワタリクーリエストーク(日典3)
浪本沢一　なみもと・さわいち　俳人(現執2期)
浪本蕉一　なみもと・しょういち　「国文古典俳諧文学」開文社(日典3)
浪本琢夫　なみもと・たくお　「綾羅の箱」ワタリクーリエストーク(日典3)

[7]浪花　なにわ
浪花愛　なにわ・あい　漫画家(漫人)
浪花千栄子　なにわ・ちえこ　女優(コン4)
浪花剛　なにわ・つよし　出版人(出文)
浪花友子　なにわ・ともこ　女優(映人)
浪花ひろし　なにわ・ひろし　旅役者(テレ)

[8]浪門　なみのと
浪門津住　なみのと・つずみ　狂歌師(人名)

[10]浪華　なにわ
浪華弥一　なにわ・やいち　「ヨンゼェラン」三友社出版(日典3)

[12]浪越　なお；なごえ；なみこし
浪越千磯　なお・ちいそ　郷士(高知人)
浪越家昌　なごえ・いえまさ　釜師＝近世(人名4)
浪越徳治郎　なみこし・とくじろう　指圧師(日人)

【861】　浘

[3]浘口　たきぐち
浘口俊　たきぐち・すぐる　鳴門教育大学教授(日典3)

【862】　渓

渓　けい；たに
渓竹葉　けい・ちくよう　川柳作家(日典3)
渓なつき　けい・なつき　女優(日典)
渓英順　たに・えいじゅん　僧侶(真宗)
渓由葵夫　たに・ゆきお　小説家(幻想)

[3]渓口　たにぐち
渓口昭彦　たにぐち・あきひこ　「陽炎」美研インターナショナル,星雲社(発売)
渓口さ葉江　たにぐち・さなえ　「陽炎」美研インターナショナル,星雲社(発売)
渓口誠爾　たにぐち・せいじ　「広島県の溜池と井堰」たくみ出版(日典3)
渓口雅之　たにぐち・まさゆき　「陽炎」美研インターナショナル,星雲社(発売)
渓口泰麿　たにぐち・やすまろ　軍人(陸海)

渓川　たにがわ
渓川澄男　たにがわ・すみお　「フォークソングを語ろう」(国典)

[4]渓内　たにうち
渓内悦子　たにうち・えつこ　文教大講師(日典3)
渓内謙　たにうち・ゆずる　政治史学者(日人)

[9]渓神　たにがみ
渓神光玄　たにがみ・こうげん　「木犀の香り」高野山出版社(JM)

【863】　渋

[7]渋佐　しぶさ
渋佐憲二　しぶさ・けんじ　「工場における品質管理の進め方」日本雑貨振興センター(日典3)
渋佐常博　しぶさ・つねひろ　富士通(株)教育事業部教育部計画課長兼開発課長
渋佐信雄　しぶさ・のぶお　植物研究家(植物)
渋佐洋子　しぶさ・ようこ　相馬ガス社長(日典3)

渋谷　しぶたに；しぶや
渋谷兼八　しぶたに・かねはつ　水産業者(日人)
渋谷庄三郎　しぶたに・しょうざぶろう　酒醸造業者(食文)
渋谷定輔　しぶや・ていすけ　詩人,農民運動家(コン4)
渋谷実　しぶや・みのる　映画監督(日人)

【864】　淑

[6]淑守　しずもり
淑守恭子　しずもり・きょうこ　「星座と血液型が教える病気」泰流社(JM)

【865】　深

[3]深大寺　じんだいじ
深大寺かおる　じんだいじ・かおる　駒沢大学講師,明治大学講師(日典3)
深大寺佑介　じんだいじ・ゆうすけ　「カッコよく儲けるにはCIが必要です—センスが違う9社の成功実例」中経出版(JM)

深山　ふかやま；みやま
深山栄　ふかやま・さかえ　新聞記者(富山文)
深山尚文　ふかやま・なおぶん　出版人(出文)
深山晃　みやま・あきら　医師(近医)
深山尚久　みやま・なおひさ　ヴァイオリニスト(演奏)

[4]深月　ふかつき；みずき；みつき
深月ともみ　ふかつき・ともみ　「百年の蝶」岩崎書店(日典3)
深月アキラ　みずき・あきら　「何もしないで月50万円！幸せにプチリタイヤする方法」ゴマブックス(JM)
深月織　みつき・しき　「隣に誰かさん。」アルファポリス,星雲社(発売)(日典3)

深木　ふかき；みき
深木正俊　ふかき・まさとし　全日本屋外広告業団体連合会会長,深木ネオン社長
深木章子　みき・あきこ　「鬼畜の家」原書房(日典3)

深水　しんすい；ふかみ；ふかみず；ふこうず
深水三章　しんすい・さんしょう　俳優(日映男)

水部(清)

深水嘉平　ふかみ・かへい　農事改良家(日人)
深水正策　ふかみず・しょうさく　洋画家(美家)
深水宗太　ふこうず・そうた　政治家(大分歴)

5深代　じんだい；ふかしろ
　深代彩子　じんだい・あやこ「東京味の名匠24人」保育社(日典3)
　深代英寿　ふかしろ・えいじ　政治家(群馬人)
　深代惇郎　ふかしろ・じゅんろう　新聞人(日人)

深田　ふかた；ふかだ
　深田久弥　ふかた・きゅうや　小説家,山岳紀行家(履歴2)
　深田光霊　ふかた・こうれい　吟詠家(新芸)
　深田久弥　ふかだ・きゅうや　山岳紀行家,ヒマラヤ研究家(コン4)
　深田康算　ふかだ・やすかず　美学者(コン5)

7深沢　ふかさわ；ふかざわ
　深沢多市　ふかさわ・たいち　郷土史研究家(日人)
　深沢利重　ふかさわ・とししげ　蚕糸業家(日人)
　深沢紅子　ふかざわ・こうこ　洋画家(日人)
　深沢七郎　ふかざわ・しちろう　小説家(コン4)

深谷　ふかがい；ふかたに；ふかや
　深谷晋　ふかがい・すすむ　大同鋼板会長(日典)
　深谷昭二　ふかたに・しょうぞう　倫理学者(現執3期)
　深谷克己　ふかや・かつみ　日本史学者(日人)

9深海　しんかい；ふかうみ；ふかみ
　深海光一　しんかい・こういち　ミュージシャン(テレ)
　深海墨之助　ふかうみ・すみのすけ　有田焼の海外輸出に努力した人物(日人)
　深海博明　ふかみ・ひろあき　経済政策学者,資源・エネルギー問題研究家(世紀)

深津　ふかず；ふかつ
　深津朝雄　ふかず・あさお「泥樋」下野新聞社(日典3)
　深津保太郎　ふかず・やすたろう　静岡藩留学生(海趣)
　深津絵里　ふかつ・えり　女優(日映女)
　深津文雄　ふかつ・ふみお　牧師(世紀)

10深栖　ふかす
　深栖俊一　ふかす・しゅんいち「ポンプ水車の特性」工学図書(日典)
　深栖彦五郎　ふかす・ひこごろう　海軍軍人(渡航)

11深堀　ふかほり；ふかぼり
　深堀一郎　ふかほり・いちろう　TOTO顧問・元常務(日典3)
　深堀勝一　ふかほり・かついち　被爆者支援・反核運動家(平和)
　深堀佐一　ふかほり・さいち　製鉄技術者(姓氏神奈川)
　深堀骨　ふかぼり・ほね　小説家(幻想)

深崎　ふかざき；みさき
　深崎正号　ふかざき・せいごう「鉄鋼問屋変遷史」鉄鋼春秋出版部(日典3)

深崎敏之　ふかざき・としゆき「国際交流の窓から」山口書店(日典3)
深崎暮人　みさき・くれひと「クレイドル」メディエイション,広済堂あかつき出版事業部(発売)(日典)

12深森　ふかもり；みもり
　深森藍子　ふかもり・あいこ　フリーライター(日典)
　深森あき　ふかもり・あき「合コン1000回,結婚1回！」ぶんか社(日典3)
　深森うさ　みもり・うさ「ピーター・パン」日本文芸社(日典3)
　深森塔子　みもり・とうこ　小説家(幻想)

深萱　ふかがや
　深萱和男　ふかがや・かずお　三重大学人文学部文化学科教授(日典3)
　深萱真穂　ふかがや・まほ「神々の匠」京都新聞社(日典3)

深道　ふかどう；ふかみち
　深道義尚　ふかどう・よしなお　眼科医(視覚)
　深道和明　ふかみち・かずあき　東北大学大学院工学研究科教授(日典)
　深道春男　ふかみち・はるお　大分大学経済学部教授(日典3)

深間内　ふかまうち
　深間内久雄　ふかまうち・ひさお「深間内久雄教授および協同研究者論文集」深間内教授退職記念会(日典3)
　深間内文彦　ふかまうち・ふみひこ「かくれ躁うつ病が増えている」法研(日典3)
　深間内基　ふかまうち・もとい　翻訳者(洋学)

【866】　清

清　きよ；きよし；せい
　清玄活　きよ・げんいく　農民(社史)
　清真美　きよし・まみ　写真家(写人)
　清鋕太郎　せい・きんたろう　政治家(日人)

3清久　きよく；きよひさ
　清久照雄　きよく・てるお　日本コロムビア(株)テープ事業部営業部長(日典3)
　清久尚美　きよく・なおみ「辞書の図書館」駿河台出版社(日典3)
　清久戚世　きよひさ・せきせ「それぞれの色彩」彩文館出版(日典3)
　清久喜正　きよひさ・よしまさ「退職・転職で失敗しない方法」ダイエックス出版(日典3)

清山　きよやま；せいやま
　清山安立　きよやま・あんりゅう　新聞記者(島根歴)
　清山信二　きよやま・しんじ　鹿島建設副社長(日典3)
　清山健一　せいやま・けんいち　農民作家(島根歴)
　清山卓郎　せいやま・たくろう　社会学者(現執3期)

清川　きよかわ；せがわ
　清川虹子　きよかわ・にじこ　女優(日人)

水部(清)

清川正二　きよかわ・まさじ　水泳選手,実業家（コン4）
清川とみ子　せがわ・とみこ　俳人（石川文）

4清木　きよき；せいき
清木康　きよき・やすし　慶応義塾大学環境情報学部教授（日典）
清木栄二　せいき・えいじ　ユニセフ財務官（日典3）
清木勘治　せいき・かんじ　京都大助手（国典）

清木場　きよきば；きよこば
清木場俊介　きよきば・しゅんすけ　歌手（日典3）
清木場東　きよこば・あずま　「北宋の商業活動」久留米大学経済学会（日典3）

清水　きよみず；しみず；しみずの
清水六兵衛〔5代〕　きよみず・ろくべえ　陶芸家（コン4）
清水幾太郎　しみず・いくたろう　思想家,評論家（コン4）
清水次郎長　しみずの・じろちょう　俠客（コン4）

清水谷　しみずたに；しみずだに；しみずや
清水谷善照　しみずたに・ぜんしょう　社会主義者（社史）
清水谷公考　しみずだに・きんなる　公家（日人）
清水谷正　しみずや・ただし　高田学苑理事長（日典3）

5清本　きよもと；せいもと
清本昭夫　きよもと・あきお　田辺製薬常務,栄研化学副社長（日典3）
清本修身　きよもと・おさみ　立命館大学国際関係学部教授（日典3）
清本直　せいもと・すなお　「反逆」清本清次郎

清正　せいしょう
清正清　せいしょう・きよし　行政情報システム研究所理事長,行政管理庁監察審議官（日典3）
清正寛　せいしょう・ひろし　社会法学者（現執2期）

清田　きよた；せいた；せいだ
清田義昭　きよた・よしあき　出版評論家,実業家（現執4期）
清田文武　せいた・ふみたけ　日本文学者（現執4期）
清田半兵衛　せいだ・はんべえ　政治家（神奈川人）

清矢　きよや；せいや
清矢久義　きよや・ひさよし　「英字千態図案集」大同出版社（日典3）
清矢良崇　せいや・よしたか　関西学院大学文学部教育学科教授（日典）

6清光　きよみつ；せいこう
清光義則　きよみつ・よしのり　「きれめない医療を地域に」桐書房（日典3）
清光照夫　せいこう・てるお　東京水産大学名誉教授（日典3）

清地　きよち；せいち
清地恵美子　きよち・えみこ　SAMOSグループ専務（日典）
清地以立　せいち・いりゅう　「通俗呉越軍談」博文館（日典3）

清寺　せいじ
清寺真　せいじ・まこと　医師（近医）

清成　きよなり
清成啓次　きよなり・けいじ　インタービジネス代表取締役（日典3）
清成迪　きよなり・すすむ　動力炉核燃料開発事業団理事長（国典）
清成精一　きよなり・せいいち　ユアサ商事専務（日典3）
清成孝　きよなり・たかし　「絶対英文法」研数書院（日典3）
清成忠男　きよなり・ただお　中小企業論学者,商業論学者（世紀）

7清位　きよい
清位美代子　きよい・みよこ　俳人,日本画家（大阪文）

清尾　せいお；せお
清尾淳　せいお・じゅん　新聞記者（日典）
清尾豊治郎　せお・とよじろう　経営コンサルタント（日典3）
清尾紀子　せお・のりこ　「紅炎」邑書林（日典3）

清希　せいき
清希卓　せいき・たく　洋画家（洋画）

清志　きよし
清志満敬　きよし・みつけい　紬織工（アナ）

清沢　きよさわ；きよざわ；せいざわ
清沢洌　きよさわ・きよし　外交史家（コン5）
清沢満之　きよざわ・まんし　僧侶（コン5）
清沢三太郎　せいざわ・さんたろう　「一老人の世界の旅」（JM）

清見　きよみ
清見市二郎　きよみ・いちじろう　平民社シンパ（社史）
清見勝利　きよみ・かつとし　弁護士（日典3）
清見糺　きよみ・ただす　「風木悲歌」ながらみ書房（日典3）
清見翠　きよみ・みどり　「今の顔」みずき書房（日典3）
清見陸郎　きよみ・りくろう　劇作家,美術評論家（世紀）

8清和　きよかず；せいわ
清和太一　きよかず・たいち　コメディアン（テレ）
清和武夫　せいわ・たけお　政治家（現政）
清和洋子　せいわ・ひろこ　中央大講師（国典）

9清海　きよみ；せいかい
清海惟岳　きよみ・いがく　渡来人=古代（人名2）
清海泰堂　きよみ・たいどう　実業家（茶道）
清海勘七　せいかい・かんしち　蒔絵師=近世（人名3）

水部(淡)　　　　　　　　　　　　　　　　　　　　　　　　　　　　　　〔867〕

¹⁰清凉　せいりょう
　清凉信泰　せいりょう・のぶやす「コックの指」（国典）

清家　せいか；せいけ
　清家政一郎　せいか・まさいちろう　名古屋大学名誉教授（日典3）
　清家都子　せいか・みやこ　風呂敷ギャラリー今昔屋チーフマネージャー（日典）
　清家吉次郎　せいけ・きちじろう　実業家（日人）
　清家清　せいけ・きよし　建築家（日人）

清宮　きよみや；すがのみや；せいみや
　清宮四郎　きよみや・しろう　法学者（日人）
　清宮貴子　すがのみや・たかこ　元・皇族（現実）
　清宮秀堅　せいみや・ひでかた　国学者（コン4）

清島　きよしま；せいしま
　清島省三　きよしま・しょうぞう　十八銀行頭取, 全国地方銀行協会副会長（郷土長崎）
　清島靖彦　きよしま・やすひこ　写真家（写人）
　清島満　せいしま・みつる「病態と栄養」建帛社（日典3）

清酒　せいしゅ
　清酒時男　せいしゅ・ときお「加賀・能登の民話」（国典）

¹¹清釜　せいきん
　清釜太郎　せいきん・たろう　政治家（人名）

清涼　せいりょう
　清涼卓明　せいりょう・たくめい　映画監督（監督）

清都　きよつ；きよと
　清都理門　きよつ・まさと　生長の家社会事業団理事長（日典）
　清都勝太郎　きよと・かつたろう　元・真狩村（北海道）村長（日典）
　清都武雄　きよと・たけお　農業（日典3）

清野　きよの；せいの；せいや
　清野謙次　きよの・けんじ　病理学者, 人類学者（コン4）
　清野長太郎　せいの・ちょうたろう　官僚（日人）
　清野泉　せいや・いずみ「別名S・S・ヴァン・ダイン」国書刊行会（日典3）

¹²清塚　きよずか；きよつか
　清塚嘉信　きよずか・かしん　社会主義活動家（群馬人）
　清塚信也　きよつか・しんや　ピアニスト（演奏）
　清塚重作　きよつか・しげさく　日本金属労働組合東京支部常任・北部地区キャップ（社史）
　清塚紀子　きよつか・のりこ　版画家（日典3）

清棲　きよす；きよずみ
　清棲家教　きよす・いえのり　王子（日人）
　清棲幸保　きよす・ゆきやす　動物学者（日人）
　清棲家教　きよずみ・いえのり　王子（郷土和歌山）

清登　きよと
　清登典子　きよと・のりこ　日本文学者（現執2期）

清閑寺　せいかんじ
　清閑寺健　せいかんじ・けん　小説家, 雑誌記者（埼玉人）
　清閑寺幸子　せいかんじ・さちこ　茶道家, 華道家（日典）
　清閑寺豊房　せいかんじ・とよふさ　公家（諸系）

¹³清源　きよもと
　清源二男　きよもと・つぎお　剣道家（日典3）
　清源敏孝　きよもと・としたか「消えた警察官」（国典）

¹⁴清輔　きよすけ
　清輔重徳　きよすけ・しげのり　協和銀行常務（人情）
　清輔道生　きよすけ・みちお「大仏開眼と宇佐八幡神」彩流社（日典3）

¹⁸清藤　きよとう；きよふじ；せいとう；せいどう
　清藤鶴美　きよとう・たずみ「菅家後草」（国典）
　清藤幸七郎　きよふじ・こうしちろう　中国革命運動の協力者（日人）
　清藤三津郎　せいとう・みつろう　政治家（現政）
　清藤功　せいどう・いさお「人生を旅行く」ソフニ書店（日典3）

【867】　淡

淡　たん；だん
　淡徳三郎　たん・とくさぶろう　評論家（大阪人）
　淡徳三郎　だん・とくさぶろう　評論家, 社会運動家（日人）
　淡豊昭　だん・とよあき　映画・テレビプロデューサー（日典3）

³淡川　あいかわ；あわかわ
　淡川典子　あいかわ・のりこ「原発事故の起きる日」技術と人間（日典3）
　淡川典子　あいかわ・みちこ　富山大学教育学部教授（日典3）
　淡川桂子　あわかわ・けいこ　翻訳家（日典3）
　淡川康一　あわかわ・こういち　経済地理学者（現執1期）

⁴淡中　たんなか
　淡中孝八郎　たんなか・こうはちろう　実業家（高知人）
　淡中忠郎　たんなか・ただお　数学者（日人）
　淡中則文　たんなか・のりふみ　民権運動家（高知人）
　淡中泰明　たんなか・やすあき　広島国際学院大学教授（日典3）

⁸淡河　おうご；おおが；おごう
　淡河義正　おうご・よしまさ　大成建設相談役（日典）
　淡河繁清　おおが・しげきよ　大阪サラリーマン組合組合長（社史）
　淡河範明　おごう・のりあき「ウサギのローンカメのローン」エクスナレッジ（日典3）

⁹淡海　おうみ
　淡海うたひ　おうみ・うたい　俳人（日典3）

淡海槐堂　おうみ・かいどう　尊攘派志士(日人)
淡海悟郎　おうみ・ごろう　作曲家(日典3)
淡海隼恭　おうみ・はやちか　時事・食品研究家(日典3)

¹⁰淡島　あわしま
淡島寒月　あわしま・かんげつ　小説家,随筆家,俳人,画家(コン5)
淡島千景　あわしま・ちかげ　女優(日人)
淡島椿岳　あわしま・ちんがく　画人(コン5)
淡島雅吉　あわしま・まさきち　ガラス工芸家(日人)
淡島みどり　あわしま・みどり　女優(映女)

¹¹淡野　あわの;たんの;だんの
淡野一郎　あわの・いちろう　「ここまでできる!ベランダでコンテナ菜園」家の光協会(日典3)
淡野弓子　たんの・ゆみこ　指揮者,声楽家(メゾソプラノ)(演奏)
淡野安太郎　だんの・やすたろう　哲学者,社会思想史家(日人)

¹³淡路　あわじ;あわみち
淡路恵子　あわじ・けいこ　女優(日映女)
淡路剛久　あわじ・たけひさ　法学者(日人)
淡路帆希　あわみち・ほまれ　小説家(幻想)

¹⁵淡輪　たんなわ;たのわ
淡輪三　たんなわ・けいぞう　ワトソンワイアット社長(日典)
淡輪俊　たのわ・たかし　「生きぬく」信山社(日典3)
淡輪就直　たのわ・なりただ　元・三井石油化学工業社長(日典)

【868】　添

³添川　そえかわ
添川光一　そえかわ・こういち　新聞人(現情)
添川正夫　そえかわ・まさお　「ウイルスおよびリケッチアの化学療法」(国典)

⁵添田　そえた;そえだ
添田増太郎　そえた・ますたろう　政治家(現政)
添田弥一郎　そえた・やいちろう　宮大工(栃木歴)
添田啞蟬坊　そえだ・あぜんぼう　演歌師,社会派詩人(コン5)
添田寿一　そえだ・じゅいち　財政経済学者,官僚(コン5)

⁷添谷　そいや;そえや
添谷登美歩　そいや・とみほ　「株で損しないための実践ゼミナール」健友館(日典3)
添谷育志　そえや・やすゆき　「政治理論のパラダイム転換」新評論(日典3)
添谷芳秀　そえや・よしひで　慶応義塾大学法学部政治学科教授(現執4期)

⁹添畑　そえはた
添畑薫　そえはた・かおる　写真家(写人)

【869】　淵

淵　えん;ふち
淵文明　えん・ふみあき　医療ジャーナリスト(文典)
淵一博　ふち・かずひろ　情報工学者(日人)
淵洸　ふち・ひかる　日本共産青年同盟メンバー(社史)

³淵上　ふちかみ;ふちがみ;ふちのえ
淵上白陽　ふちかみ・はくよう　写真家(日人)
淵上毛銭　ふちがみ・もうせん　詩人(日人)
淵上匠子　ふちのえ・しょうこ　「おいしさの表現辞典」東京堂出版(日典3)

⁵淵田　ふちた;ふちだ
淵田栄　ふちた・さかえ　弓道家,弓道教士(弓道)
淵田康之　ふちた・やすゆき　野村総合研究所資本市場研究部長(現執4期)
淵田俊治　ふちだ・しゅんじ　渡航者(渡航)
淵田美津雄　ふちだ・みつお　軍人(日人)

⁶淵江　ふちえ
淵江源治　ふちえ・げんじ　社会事業家(視覚)
淵江淳一　ふちえ・じゅんいち　「鴎の歌」淵江浩二(日典3)
淵江洋　ふちえ・ひろし　「逍遥の記」けやき出版(日典3)
淵江文也　ふちえ・ふみや　物語文学研究者(現執1期)
淵江朴聞　ふちえ・ぼくもん　浄土宗西山禅林寺派管長(日典3)

⁷淵沢　ふちさわ;ふちざわ
淵沢円右衛門　ふちさわ・えんえもん　寒冷地農書「軽邑耕作鈔」の著者(青森人)
淵沢能恵　ふちざわ・のえ　教育者(姓氏岩手)
淵沢能恵　ふちざわ・のえ　教育者(世紀)
淵沢能恵　ふちざわ・よしえ　教育者(日人)

【870】　淀

淀　よど
淀かおる　よど・かおる　舞台女優(新芸)
淀敬　よど・たかし　東京ケーブルネットワーク専務(日典3)
淀俊夫　よど・としお　ミュージシャン(日典3)
淀理恵子　よど・りえこ　「華菩薩」サンプリント(日典3)

³淀川　よどかわ;よどがわ
淀川郁子　よどかわ・いくこ　福岡音楽学院ピアノ科副主任(日典)
淀川茂重　よどかわ・もじゅう　教育研究者(長野百)
淀川長治　よどがわ・ながはる　映画評論家(日人)
淀川茂重　よどがわ・もじゅう　教育研究者(姓氏長野)

水部(涼,渕,涸,渥,温,湖)

¹¹淀野 よどの
淀野耀淳 よどの・こうじゅん 哲学者,倫理学者(心理)
淀野隆之 よどの・たかし イベント・プロデューサー(日典3)
淀野隆三 よどの・りゅうぞう フランス文学者(日人)

【871】 涼

³涼川 すずかわ
涼川淳一 すずかわ・じゅんいち 平民社系社会主義者(社史)

⁴涼木 すずき
涼木ひろし すずき・ひろし「麻雀を始める人のために」(国典)

【872】 渕

渕 ふち
渕一博 ふち・かずひろ 情報工学者(日典3)
渕嘉八 ふち・かはち 政治家(大分歴)
渕健児 ふち・けんじ 大分県議(自民党,大分市)(日典3)
渕真吉 ふち・しんきち 東日本建設業保証参与(日典3)
渕武 ふち・たけし 九州無産者同盟準備委員会メンバー(社史)

³渕上 ふちかみ;ふちがみ
渕上雄幸 ふちかみ・ゆうこう 福岡県青少年科学館長(日典)
渕上た弥 ふちがみ・ありや 医師(日典3)
渕上善次郎 ふちがみ・ぜんじろう 実業家(姓氏鹿児島)

【873】 涸

⁷涸沢 からさわ
涸沢純平 からさわ・じゅんぺい 編集工房ノア社長(人情)

【874】 渥

⁹渥美 あずみ;あつみ
渥美定之助 あずみ・さだのすけ 仙台藩公許の最後の仇討を行った人物(姓氏宮城)
渥美清 あつみ・きよし 俳優(日人)
渥美清太郎 あつみ・せいたろう 日本舞踊・演劇評論・研究者(コン5)

【875】 温

⁴温井 ぬくい
温井源喜 ぬくい・げんき 日本画家(美家)
温井史朗 ぬくい・しろう「超トレリスニング新TOEICテスト」翔泳社(日典3)

温井申六 ぬくい・しんろく 北国新聞社専務(日典3)
温井甚佑 ぬくい・じんすけ 毎日放送ディレクター(日典3)
温井藤衛 ぬくい・ふじえ 社会運動家(アナ)

温水 ぬくみ;ぬくみず
温水三郎 ぬくみ・さぶろう 政治家(政治)
温水亨 ぬくみ・とおる いわき短期大学学長(日典3)
温水竹則 ぬくみず・たけのり「椎茸の栽培法」(国典)
温水洋一 ぬくみず・よういち 俳優(日映男)

⁹温品 ぬくしな
温品謙二 ぬくしな・けんじ 三洋化成工業専務(国典)
温品惇一 ぬくしな・じゅんいち 東京大学分子細胞生物学研究所助手(日典3)
温品はるこ ぬくしな・はるこ「月に乾す」紅書房(日典3)
温品秀雄 ぬくしな・ひでお 日本無線取締役(日典3)
温品孫四郎 ぬくしな・まごしろう 庄屋(幕末)

【876】 湖

湖 いずみ;みずうみ
湖人魚 いずみ・にんぎょ「梢のためいき」佐野由美子(日典3)
湖光子 みずうみ・みつこ「湖光子集」感動律俳句会(日典3)

³湖上 こがみ;こじょう
湖上国雄 こがみ・くにお コガミファインケミカル研究所所長(日典)
湖上芽映 こじょう・めばえ 女優(テレ)

湖山 こやま
湖山一夫 こやま・かずお「新しい手紙文」(国典)
湖山一美 こやま・かずい「はだか夜話」(国典)
湖山寛一 こやま・かんいち 山形県議(社会党)(日典3)
湖山真 こやま・しん「カレイドメイズ」角川書店,角川グループパブリッシング(発売)(日典3)
湖山泰成 こやま・やすなり 湖山医療福祉グループ代表(日典3)

⁸湖奈美 みずなみ
湖奈美岩志 みずなみ・たいし 印刷業(国典)

湖東 ことう
湖東京至 ことう・きょうじ 税理士(現執4期)
湖東二郎 ことう・じろう 政治家(現政)
湖東美朋 ことう・みほう「怪談学校」角川書店,角川グループパブリッシング(発売)(日典3)

⁹湖南 こなみ;こなん
湖南ありす こなみ・ありす「星から来た恋人」ハーレクイン(日典3)
湖南博志 こなみ・ひろし「悟空大閣記」松本書店(日典3)
湖南文三 こなん・ぶんぞう「Pralinen」エーレン企画(日典3)

水部(港,滋,湛,渡)

湖南梨香　こなん・りか　「呪縛の帯」銀河書房(日典3)

湖城　こじょう；こしろ
　湖城喜一　こじょう・きいち　日本画家(長野歴)
　湖城恵章　こじょう・けいしょう　「かなし島歌」東洋出版(日典3)
　湖城徳昌　こしろ・とくしょう　琉球救国運動参加者(社史)

[10]湖浜　こはま
　湖浜馨　こはま・かおる　翻訳家(書籍)

[11]湖崎　こざき
　湖崎淳　こざき・じゅん　「隅角アトラス」日本アクセル・シュプリンガー出版(日典3)
　湖崎武敬　こざき・たけよし　歯科医(日典3)
　湖崎弘　こざき・ひろし　医師(日典3)
　湖崎克　こざき・まさる　医師(日典3)

【877】 港

[7]港谷　みなとだに
　港谷節男　みなとだに・せつお　港谷経営事務所所長(国典)

[11]港崎　みおざき；みなとさき
　港崎可粋　みおざき・かすい　狂歌師(日人)
　港崎可粋　みなとさき・かすい　狂歌師(和俳)

港野　みなとの
　港野恵美　みなとの・えみ　「小学生のための元気な体をつくる運動」歩行開発研究所(日典3)
　港野喜代子　みなとの・きよこ　詩人(日人)

【878】 滋

[8]滋岡　しげおか
　滋岡孝長　しげおか・たかなが　大阪天満宮祀職(神人)
　滋岡透　しげおか・とおる　「青春期性の生態」松沢書店(日典3)
　滋岡功長　しげおか・なるなが　大阪天満宮神主,滋岡家第12代(神人)
　滋岡従長　しげおか・よりなが　神職(神人)
　滋岡玲子　しげおか・れいこ　ピアニスト(音人3)

[11]滋野　しげの
　滋野清武　しげの・きよたけ　飛行家(日人)
　滋野清鴻　しげの・きよとり　ピアニスト(新芸)
　滋野清彦　しげの・きよひこ　軍人(陸海)
　滋野七郎　しげの・しちろう　志士,神官(コン4)
　滋野透子　しげの・すみこ　小説家,小・中学校教員(世紀)

滋野井　しげのい
　滋野井公寿　しげのい・きんひさ　公家(日人)
　滋野井実在　しげのい・さねあり　公家,政治家(日人)
　滋野井恬　しげのい・しずか　唐代仏教史研究者(現執1期)

[12]滋富　しげとみ
　滋富晋一　しげとみ・しんいち　日本経営協会専任講師(国典)

【879】 湛

[14]湛増　たんそ；たんぞう
　湛増庸一　たんそ・よういち　地方政治家(岡山歴)
　湛増庸一　たんぞう・よういち　地方政治家(岡山人)

【880】 渡

渡　わたり；わたる
　渡忠秋　わたり・ただあき　歌人(日人)
　渡哲也　わたり・てつや　俳優(日人)
　渡しのぶ　わたる・しのぶ　「真夜中の好きな女」松文館(日典3)

[3]渡久山　とくやま
　渡久山章　とくやま・あきら　琉球大学理学部海洋自然科学科教授(日典3)
　渡久山修　とくやま・おさむ　沖縄県教育文化資料センター平和ガイド(日典3)
　渡久山寛三　とくやま・かんぞう　エッセイスト(日典3)
　渡久山朝章　とくやま・ちょうしょう　「読谷山風土記」金城印刷(日典3)
　渡久山長輝　とくやま・ながてる　全国退職教職員生きがい支援協会理事長(日典3)

渡久地　とくち；とぐち
　渡久地宰　とくち・せいさい　「日本文学から見た琉歌概論」武蔵野書院(日典3)
　渡久地政信　とくち・まさのぶ　作曲家(日人)
　渡久地政憑　とぐち・せいひょう　沖縄のジャーナリスト(アナ)
　渡久地政司　とぐち・まさし　市民運動家(世紀)

渡口　とぐち；わたりぐち
　渡口精鴻　とぐち・せいこう　医学博士(社史)
　渡口真清　とぐち・まさきよ　医師(郷土)
　渡口掬水　わたりぐち・きくすい　「掬水抄」紅書房(日典3)
　渡口行雄　わたりぐち・ゆきお　「賛燦さぬき」美巧社(日典3)

渡子　とのこ
　渡子健一　とのこ・けんいち　「手仕上作業」(国典)

渡川　とがわ；わたりかわ
　渡川みどり　とがわ・みどり　「銀河系桜宇宙船電子図書001苺」文芸社(JM)
　渡川浩美　わたりかわ・ひろみ　童話作家(日典)

[4]渡井　わたい；わたらい
　渡井章夫　わたい・あきお　(社)東京広告協会事務局長,全日本広告連盟事務局長(日典3)
　渡井量蔵　わたい・りょうぞう　新聞人(山梨百)
　渡井健男　わたらい・たけお　「血液クレンジング療法」現代書林(日典3)

水部(渡)　　　　　　　　　　　　　　　　　　　　　　　　　　　　　　[880]

渡井真　わたらい・まこと　元・読売新聞西部本社常務(日典)

渡水　とみず；わたみず
渡水高志　とみず・たかし　ナミレイ・シンガポール社長(人情)
渡水久雄　わたみず・ひさお「自然復元・ビオトープ独和・和独小辞典」駿河台ドイツ語工房(日典3)

[5]**渡田　わたしだ；わたりだ**
渡田景子　わたしだ・けいこ「闇に光を見出して」イザラ書房(日典3)
渡田均　わたりだ・ひとし　プロ野球審判員(日典)

[6]**渡会　とごう；わたらい**
渡会伸治　とごう・しんじ「肝再生と肝不全」西村書店(日典3)
渡会恵介　わたらい・けいすけ　能楽評論家,京都伝統文化研究家(音人)
渡会元之　わたらい・もとゆき　歌舞伎役者(歌舞事)

渡名喜　となき
渡名喜明　となき・あきら　琉球大学教養部教授(日典3)
渡名喜守定　となき・しゅてい　軍人(陸海)
渡名喜晴夫　となき・はるお　沖縄県立宜野湾高校教諭(日典3)
渡名喜藤子　となき・ふじこ　沖縄県議(民政クラブ),沖縄かしこい消費者の会会長(日典3)
渡名喜将嗣　となき・まさし「小説ジヤンヌ・ダルク裁判」郁朋社(日典3)

渡守武　ともたけ
渡守武和記　ともたけ・かずのり　コンピューター技術者(日典3)
渡守武健　ともたけ・たけし　大日本製薬常務(日典)

[7]**渡利　わたり**
渡利アイ　わたり・あい　教育家(学校)
渡利陽　わたり・あきら　ニチメン相談役(日典3)
渡利一夫　わたり・かずお「放射能と人体」研成社(日典3)
渡利邦宏　わたり・くにひろ「ヒューマンファクターの基礎」日本航空技術協会(日典3)
渡利千波　わたり・ちなみ　数学者(数学)

渡谷　わただに
渡谷邦彦　わただに・くにひこ　鳥取大教育学部教授(人情)
渡谷琴恵　わただに・ことみ　箏曲家(岡山歴)

[8]**渡具知　とぐち**
渡具知裕徳　とぐち・ゆうとく　政治家(現政)

渡波　となみ；わたなみ
渡波郁　となみ・かおる　回路技術者(日典3)
渡波弘　となみ・ひろし　富山県工業試験場長(日典)

[9]**渡海　とかい；わたかい；わたるみ**
渡海元三郎　とかい・もとさぶろう　政治家(日人)
渡海正敏　わたかい・まさとし「夜汽車―写真集」渡海正敏(JM)
渡海奈緒　わたるみ・なお「愛があるから大丈夫」大洋図書(日典3)

[10]**渡島　おしま；わたしま**
渡島健康　おしま・たけやす「魔王様げ～む！」学研パブリッシング,学研マーケティング(発売)(日典3)
渡島敏郎　おしま・としろう　小説家(北海道文)
渡島浩健　わたしま・ひろたけ「バーチャル計測器LabVIEW入門」CQ出版(日典3)
渡島栄春　わたしま・よしはる　佐賀県議(自民党)(日典3)

[11]**渡貫　わたぬき**
渡貫周次　わたぬき・しゅうじ「蟬の声」郁朋社(日典3)
渡貫孚文　わたぬき・たかぶみ　札幌テレビ放送取締役編成局長(日典)
渡貫博孝　わたぬき・ひろたか　政治家(現政)
渡貫光則　わたぬき・みつのり　マルトキ社長(日典3)
渡貫涼子　わたぬき・りょうこ「人脈づくりの匠術」プレジデント社(日典3)

渡部　わたなべ；わたのべ；わたべ
渡部昇一　わたなべ・しょういち　英語学者,評論家(日人)
渡部忍　わたのべ・しのぶ　医師(日人)
渡部雄吉　わたべ・ゆうきち　写真家(日人)

[12]**渡植　とのうえ**
渡植貞一郎　とのうえ・ていいちろう　麻布大学名誉教授(日典3)
渡植彦太郎　とのうえ・ひこたろう　経済社会学者(現執1期)
渡植理保　とのうえ・りほ「市民ランナーのためのマラソン挑戦100日プログラム」大修館書店(日典3)

[14]**渡嘉敷　とかしき；とがしき**
渡嘉敷貞子　とかしき・さだこ　染色家(日人)
渡嘉敷守良　とかしき・しゅりょう　琉球芸能役者,琉球舞踊家(コン4)
渡嘉敷祐一　とがしき・ゆういち　ドラマー(ジヤ)

[15]**渡慶次　とけいじ；とけし；とけじ**
渡慶次道広　とけいじ・みちひろ　不二段ボール社長(日典)
渡慶次一　とけし・はじめ　沖縄の民権運動家(社史)
渡慶次長智　とけじ・ちょうち　八重山舞踊家(芸能)

[16]**渡橋　おりはし**
渡橋和政　おりはし・かずまさ「経食道心エコー法マニュアル」南江堂(日典3)
渡橋喜代佳　おりはし・きよか「まことの神,まことの人」いのちのことば社(日典3)
渡橋智之　おりはし・ともゆき　一橋(樹脂製品加工業)社長(日典3)

[19]**渡瀬　わたせ；わたぜ；わたらせ**
渡瀬庄三郎　わたせ・しょうざぶろう　動物学者(コン5)

渡瀬常吉　わたぜ・つねよし　牧師（日人）
渡瀬寅次郎　わたらせ・とらじろう　教育家（北海道百）

【881】 湯

湯ノ恵　ゆのけい
湯ノ恵正行　ゆのけい・まさゆき「南カラフト及北・中千島（クリル・アイランズ）返還要求論」新教育懇話会（日典3）

³湯下　ゆげ；ゆした
湯下量園　ゆげ・りょうえん　俳人（日典）
湯下謙三郎　ゆした・けんざぶろう　本州製紙取締役（日典3）
湯下博之　ゆした・ひろゆき　元・駐フィリピン大使（日典）

湯上　ゆがみ；ゆのうえ
湯上馨　ゆがみ・かおる　（株）コンピュータシステムリサーチ代表取締役（日典3）
湯上二郎　ゆがみ・じろう　社会教育学者（現執3期）
湯上国斗子　ゆのうえ・くにとし「土大根一句集」湯上国斗子（JM）

湯上谷　ゆがみだに
湯上谷竑志　ゆがみだに・ひろし　プロ野球コーチ（日典3）
湯上谷宏　ゆがみだに・ひろし　プロ野球選手（日典）

湯川　ゆかわ；ゆがわ
湯川寛吉　ゆかわ・かんきち　実業家（コン）
湯川秀樹　ゆかわ・ひでき　理論物理学者（コン4）
湯川正夫　ゆがわ・まさお　製鉄技術者（日人）
湯川松次郎　ゆがわ・まつじろう　出版人（出文）

⁴湯之上　ゆのうえ
湯之上早苗　ゆのうえ・さなえ　鈴峯学園（国典）
湯之上隆　ゆのうえ・たかし「くすりの小箱」南山堂（日典3）

湯木　ゆき；ゆぎ
湯木貞一　ゆき・ていいち　料理人（日人）
湯木博恵　ゆき・ひろえ　バドミントン選手（日人）
湯木静子　ゆぎ・しずこ　歌人（滋賀文）

⁵湯田　ゆた；ゆだ
湯田栄弘　ゆた・しげひろ「仰清正公」加藤神社社務所（日典3）
湯田春雄　ゆた・はるお「素粒子・原子核物理学の基礎」共立出版（日典3）
湯田玉水　ゆだ・ぎょくすい　日本画家（日人）
湯田豊　ゆだ・ゆたか　印度哲学者, 宗教学者（現執4期）

⁶湯地　ゆじ；ゆち
湯地丈雄　ゆじ・たけお　警察官（日人）
湯地平生三　ゆじ・つねぞう　篤農家（日人）
湯地定監　ゆち・さだのり　海軍軍人（日人）
湯地孝　ゆち・たかし　日本文学者（日人）

湯次　ゆすき
湯次行孝　ゆすき・ぎょうこう　僧侶（日典3）
湯次了栄　ゆすき・りょうえい　僧侶（真宗）

⁷湯村　ゆのむら；ゆむら
湯村辰二郎　ゆのむら・たつじろう　団体役員（宮城百）
湯村保治　ゆのむら・やすじ　政治家, 実業家（姓氏宮城）
湯村武人　ゆむら・たけと　社会経済史学者（現執2期）
湯村輝彦　ゆむら・てるひこ　イラストレーター, 漫画家（日人）

湯沢　ゆざわ
湯沢卯吉　ゆざわ・うきち　教育者（日人）
湯沢幸吉郎　ゆざわ・こうきちろう　国語学者（日人）
湯沢威　ゆざわ・たけし　経営史学者（現執4期）
湯沢三千男　ゆざわ・みちお　官僚, 政治家（コン4）
湯沢雍彦　ゆざわ・やすひこ　社会学者（世紀）

湯谷　ゆたに；ゆや
湯谷逸平　ゆたに・いっぺい　不二サッシ常務（日典3）
湯谷一　ゆたに・はじめ　大阪市立東商業高校教諭（国典）
湯谷紫苑　ゆや・しおん　詩人, 宗教家（世紀）
湯谷基守　ゆや・もともり　国学者, 神道家（日人）

⁸湯治　ゆじ
湯治万蔵　ゆじ・まんぞう「ひたぶるに真実に」藤井諄一（日典3）

⁹湯室　ゆむろ
湯室浅右衛門　ゆむろ・あさうえもん「能勢」うぐいす社（日典3）
湯室月村　ゆむろ・げっそん　俳人（俳文）

¹⁰湯通堂　ゆずどう；ゆつどう
湯通堂長大　ゆずどう・ながひろ　日ソ工業技術社長（人情）
湯通堂満寿男　ゆつどう・ますお　大阪大学微生物病研究所癌発生研究部門助教授（日典）

¹¹湯崎　ゆさき；ゆざき
湯崎夫沙子　ゆさき・ふさこ　デザイナー（日典）
湯崎英彦　ゆざき・ひでひこ　広島県知事（日典3）
湯崎稔　ゆざき・みのる　社会学者, 反核運動家（平和）

湯郷　ゆごう
湯郷将和　ゆごう・まさかず　作家（人情）

¹⁴湯槇　ゆまき
湯槇ます　ゆまき・ます　看護婦, 看護学者（日人）

¹⁸湯藤　ゆとう；ゆふじ
湯藤温夫　ゆとう・あつお　ギタリスト（日典3）
湯藤和勇　ゆとう・かずお　フクニチ新聞広告局次長（日典3）
湯藤庸子　ゆふじ・ようこ「天使と晩夏」ミッドナイト・プレス（日典3）

水部(満, 湊, 湧)

[19]湯瀬　ゆせ；ゆぜ
　湯瀬猛　ゆせ・たけし　東京実務技術学院理事長(日典3)
　湯瀬裕昭　ゆぜ・ひろあき「大学必修情報リテラシ」共立出版(日典3)

【882】　満

[3]満丸　みつまる
　満丸信昭　みつまる・のぶあき「教会学校の牧会」聖文舎(日典3)

満久　まく
　満久紅雨　まく・こうう　歌人(富山文)
　満久崇麿　まく・たかまろ　木質材料学者(現情)

[4]満友　みつとも
　満友敬司　みつとも・けいじ　映画監督(映監)

[5]満永　みつなが
　満永衡盈　みつなが・こういち「妙なる玄米」あさを社(日典3)
　満永俊一　みつなが・しゅんいち　専修大学法学部教授(日典3)
　満永庄治　みつなが・しょうじ　熊本日日新聞編集局次長同等職(日典3)
　満永ひとみ　みつなが・ひとみ　バレーボール選手(日典3)
　満永正昭　みつなが・まさあき「現代日本農業の諸問題」農林統計協会(日典3)

満生　まんじょう；まんせい；みついき
　満生義実　まんじょう・よしみ　弓道家,弓道錬士(弓道)
　満生みつ子　まんせい・みつこ　東京文教学園理事長(日典)
　満生和昭　みついき・かずあき　大分市美術館長(日典)

満田　まんだ；みつた；みつだ
　満田久敏　まんだ・ひさとし　大阪医大名誉教授(日典)
　満田郁夫　みつた・いくお　日本文学者(現執2期)
　満田久輝　みつだ・ひさてる　農芸化学者(日人)

満石　みついし
　満石徳次　みついし・とくじ　弓道家,弓道教士(弓道)
　満石不二子　みついし・ふじこ　俳人(日典3)

[7]満谷　みつたに；みつや
　満谷昭夫　みつたに・あきお　(有)日本ケムテックコンサルティング社長(日典3)
　満谷国四郎　みつたに・くにしろう　洋画家(コン)
　満谷国四郎　みつや・くにしろう　洋画家(渡航)

満足　まんそく；まんぞく
　満足忍　まんそく・しのぶ「主要外来ドイツ語小辞典」第三書房(日典3)
　満足卓　まんぞく・たかし　元・北陸大学教授(日典)

[8]満所　まどころ
　満所清吾　まどころ・せいご　小田急電鉄常務(日典)

[10]満島　まじま；みつしま
　満島千穂　まじま・ちほ「Chihoのよくわかる改良・授精の基礎講座」デーリィ・ジャパン社(日典3)
　満島真弓　まじま・まゆみ　陸上自衛隊第四師団医務官(日典3)
　満島惣左衛門　みつしま・そうざえもん　植林家(日人)
　満島ひかり　みつしま・ひかり　女優(日映女)

満留　まる；みつどめ
　満留辰夫　まる・たつお「故事成語諺語辞典」一歩社書店(日典3)
　満留昭久　みつどめ・あきひさ　福岡大学医学部医学科助教授(日典3)
　満留克俊　みつどめ・かつよし「そらまめ」チャイルド本社(日典3)

[11]満冨　みつとみ
　満冨恵子　みつとみ・けいこ「楽しくデコパージュ」S.Y.P.(日典3)
　満冨吉郎　みつとみ・しゅんきちろう　ジャーナリスト(日典3)
　満冨俊郎　みつとみ・としろう　フルート奏者(音人)
　満冨由美子　みつとみ・ゆみこ　フリーライター(日典3)

[13]満園　みちぞの；みつその
　満園真木　みちぞの・まき「7つの法則」辰巳出版(日典3)
　満園武尚　みつその・たけひさ「大家さん地主さんのための不動産の法律知識」かんき出版(日典3)

[14]満嶌　まじま
　満嶌啓二　まじま・けいじ　日綿実業副社長(人情)

【883】　湊

[7]湊谷　みなとだに；みなとや
　湊谷道夫　みなとだに・みちお　元・富山県議(日典)
　湊谷弘　みなとや・ひろし　金沢工業大学教授,講道館8段(石川百)
　湊谷夢吉　みなとや・ゆめきち　漫画家(幻想)

【884】　湧

[3]湧上　わくがみ
　湧上進　わくがみ・すすむ　検事(姓氏沖縄)
　湧上元雄　わくがみ・もとお　郷土史家(郷土)
　湧上聾人　わくがみ・ろうじん　社会運動家,政治家(日典)

湧口　ゆぐち
　湧口愛美　ゆぐち・あいみ　歌手(日典3)
　湧口清隆　ゆぐち・きよたか　(財)国際通信経済研究所研究員(日典3)

水部（湟,渾,湶,滑,漢,源）

湧口幸子　ゆぐち・さちこ「慈眼」青磁社（日典3）
湧口茂輝　ゆぐち・しげてる　日本経済新聞社客員・元取締役西部支社代表（日典3）
湧口光子　ゆぐち・みつこ　文筆家（日典3）

湧川　わきかわ；わくがわ
　湧川晴代　わきかわ・はるよ「The Bridge to the Sun」大阪教育図書（書籍）
　湧川隆次　わきかわ・りゅうじ「モバイルIP教科書」インプレスR&D、インプレスコミュニケーションズ（発売）（日典3）
　湧川清栄　わくがわ・せいえい　新聞記者（社史）
　湧川善三郎　わくがわ・ぜんざぶろう　沖縄瓦社会長（日典3）

[4]湧井　わきい；わくい
　湧井カレン　わきい・かれん「そらのみちくさ」鳳文書林出版販売（日典3）
　湧井恵子　わくい・けいこ　社会福祉法人「光友会」理事長（人情）
　湧井慧子　わくい・けいこ「海恋」短歌新聞社（日典3）

[5]湧永　わくなが
　湧永儀助　わくなが・ぎすけ　湧永薬品社長（人情）
　湧永満之　わくなが・まんじ　湧永製薬社主兼会長（創業）

湧田　わくた；わくだ
　湧田新　わくた・しん「ことわざ常識」研文堂（日典3）
　湧田望　わくた・のぞみ　ライター、編集者（日典3）
　湧田節夫　わくだ・せつお　オートバックスセブン社長（日典3）

【885】湟

[11]湟野　ほりの
　湟野正満　ほりの・まさみつ　京都産業大学外国語学部助教授（日典3）
　湟野ゆり子　ほりの・ゆりこ　同志社女子大学非常勤講師（日典）

【886】渾

[3]渾大坊　こんだいぼう
　渾大坊埃二　こんだいぼう・あいじ　実業家（岡山人）
　渾大坊五郎　こんだいぼう・ごろう　映画プロデューサー（岡山人）
　渾大坊芳造　こんだいぼう・よしぞう　実業家（人名）

渾大防　こんだいぼう
　渾大防埃二　こんだいぼう・あいじ　実業家（岡山歴）
　渾大防小平　こんだいぼう・こへい　小説家（世紀）
　渾大防五郎　こんだいぼう・ごろう　映画プロデューサー（映人）

　渾大防益三郎　こんだいぼう・ますさぶろう　実業家（日人）
　渾大防芳造　こんだいぼう・よしぞう　実業家（日人）

【887】湶

湶　あわら；いずみ
　湶純江　あわら・すみえ　元・陸上選手（日典）
　湶尚子　いずみ・なおこ　タレント（テレ）

【888】滑

滑　かつ；なめら
　滑寿　かつ・じゅ「診家枢要」世論時報社（JM）
　滑清紀　なめら・きよのり「これはすごい恐竜びっくり大図鑑」立風書房（日典3）
　滑正行　なめら・まさゆき「カメラ」（国典）

[3]滑川　なめかわ；なめりかわ
　滑川忠夫　なめかわ・ただお　気象学者（日人）
　滑川道夫　なめかわ・みちお　児童文学者、児童文化評論家（コン4）
　滑川徹　なめりかわ・とおる「理工学のための応用解析」数理工学社（日典3）

[5]滑石　なめいし
　滑石直幸　なめいし・なおゆき　播磨耐火煉瓦（株）常務取締役（科学）

【889】漢

漢　あや；かん；はた
　漢一光　あや・いっこう　作家（日典）
　漢邦保　かん・くにやす「水脈」心象社（日典3）
　漢祐介　はた・ゆうすけ「PHP」翔泳社（日典3）

[7]漢那　かんな
　漢那寛二郎　かんな・かんじろう　トピー工業常務（日典3）
　漢那憲治　かんな・けんじ　学校教育学者、図書館学研究者（現執3期）
　漢那憲正　かんな・けんせい　彫刻家（沖縄百）
　漢那憲和　かんな・けんわ　海軍軍人,政治家（コン4）
　漢那浪笛　かんな・ろうてき　教師、詩人（沖縄百）

[8]漢東　かんとう
　漢東種一郎　かんとう・たねいちろう「皆美与蔵」松江皆美館（日典3）

【890】源

源　げん；みなと；みなもと；みなもとの
　源佐登　げん・さと　黒砂糖自由売買嘆願の陳情団の一人（姓氏鹿児島）
　源高通　みなと・たかみち　H&M研究所研究員（日典）
　源豊宗　みなもと・とよむね　美術史家（日人）

水部（溝，滝）

源頼朝　みなもとの・よりとも　鎌倉幕府初代将軍（世百）

³源川　げんかわ；みながわ；みなとがわ
源川泉　げんかわ・いずみ　弓道家,弓道教士（弓道）
源川彦峰　みながわ・けんぽう　「源川彦峰作品集」（国典）
源川雪　みなとがわ・ゆき　洋画家（洋画）

⁴源氏田　げんじだ
源氏田重義　げんじだ・しげよし　大和銀行副頭取,大蔵省印刷局長（日典3）

⁵源生　げんしょう
源生一太郎　げんしょう・いちたろう　日本冷凍協会理事（国典）
源生鉦太郎　げんしょう・しょうたろう　日本化薬取締役（日典）
源生慎二　げんしょう・しんじ　「学童集団疎開の詩」日本図書刊行会（日典3）

⁶源田　げんた；げんだ
源田琴波　げんた・きんぱ　川柳人（福井百）
源田松三　げんだ・しょうぞう　満州国官吏（履歴2）
源田実　げんだ・みのる　海軍軍人,政治家（コン4）

⁷源石　げんいし
源石和輝　げんいし・かずてる　アナウンサー（テレ）

⁸源河　げんか；げんかわ
源河朝明　げんか・ともあき　医師（日典）
源河秀美　げんか・ひでみ　「かにじょうまんの星」くもん出版（日典3）
源河いくみ　げんかわ・いくみ　「感染症診療スタンダードマニュアル」羊土社（日典3）

¹⁰源馬　げんば；げんま
源馬みのる　げんば・みのる　「麻雀の入門」（国典）
源馬謙太郎　げんば・けんたろう　静岡県議（民主党,浜松市東区）（日典3）
源馬修一　げんま・しゅういち　元・日本食品化工専務（日典）

【891】溝

³溝上　みぞうえ；みぞかみ；みぞがみ
溝上泰子　みぞうえ・やすこ　教育者（日人）
溝上日出夫　みぞかみ・ひでお　作曲家（作曲）
溝上与三郎　みぞかみ・よさぶろう　銀行家（高知人）

溝口　みぞくち；みぞぐち
溝口直溥　みぞくち・なおひろ　大名（新潟百）
溝口直正　みぞくち・なおまさ　越後新発田藩主（新潟百）
溝口歌子　みぞぐち・うたこ　科学情報処理技術者（日人）
溝口健二　みぞぐち・けんじ　映画監督（コン4）

⁴溝手　みぞて
溝手敦信　みぞて・あつのぶ　三晶社長（日典3）
溝手顕正　みぞて・けんせい　政治家（現政）

溝手周平　みぞて・しゅうへい　鹿島建設大阪支店支店長室アーバンスラローム担当（日典3）
溝手万之助　みぞて・まんのすけ　実業家（岡山歴）
溝手保太郎　みぞて・やすたろう　実業家（日人）

⁷溝呂木　みぞろき；みぞろぎ
溝呂木邦江　みぞろき・くにえ　「猫が散歩する夜」砂子屋書房（日典3）
溝呂木繁　みぞろぎ・しげる　元・日本衛星放送社長（日典）
溝呂木賢　みぞろぎ・けん　俳優（テレ）
溝呂木鶴吉　みぞろぎ・つるきち　弓道家,弓道教士（弓道）

¹¹溝渕　みぞふち；みぞぶち
溝渕悟　みぞふち・さとる　セコニック常務（日典）
溝渕吉衛　みぞぶち・きちえ　実業家（高知人）
溝渕幸männer　みぞぶち・こうま　民権運動家,農業技師,林業家（高知人）

¹⁴溝端　みぞはた；みぞばた
溝端昭雄　みぞはた・あきお　（株）タナベコンピューターセンター社長（日典3）
溝端久輝子　みぞはた・くきこ　「憧れの画家たち10代の絵」金の星社（日典3）
溝端佐登史　みぞばた・さとし　京都大学経済研究所教授（現執4期）
溝端淳平　みぞばた・じゅんぺい　俳優（日映男）

【892】滝

³滝上　たきうえ；たきがみ
滝上伸一郎　たきうえ・しんいちろう　コメディアン（日典3）
滝上宗次郎　たきうえ・そうじろう　産業エコノミスト（日典）
滝上悟助　たきがみ・ごすけ　市電運転手（社史）
滝上文弥　たきがみ・ふみや　日本共産党神奈川県川崎鶴見地区オルグ（社史）

滝川　たきかわ；たきがわ
滝川政次郎　たきかわ・まさじろう　弁護士,法制史学者（コン4）
滝川幸辰　たきかわ・ゆきとき　刑法学者（コン4）
滝川儀作　たきがわ・ぎさく　実業家（日人）
滝川幸辰　たきがわ・ゆきとき　刑法学者（日人）

⁵滝平　たきだいら；たきひら
滝平加根　たきだいら・かね　イラストレーター（幻想）
滝平二郎　たきだいら・じろう　版画家,切り絵作家（日人）
滝平いわみ　たきひら・いわみ　「ワルツ」美研インターナショナル（日典3）
滝平主殿　たきひら・とのも　志士＝近世（人名4）

滝田　たきた；たきだ
滝田樗陰　たきた・ちょいん　雑誌編集者（コン5）
滝田実　たきた・みのる　労働運動家（コン4）

滝田吉郎　たきだ・きちろう　軍人(姓氏富山)
滝田孝弟　たきだ・こうてい　政治家(姓氏富山)
[7]滝来　たきらい
　滝来敏行　たきらい・としゆき　「はしれワンダー」小峰書店(日典3)
滝沢　たきさわ；たきざわ
　滝沢七三郎　たきさわ・しちさぶろう　実業家(創業)
　滝沢脩作　たきさわ・しゅうさく　実業家(日人)
　滝沢修　たきざわ・おさむ　俳優,演出家(コン4)
　滝沢克己　たきざわ・かつみ　哲学者,神学者(日人)
滝谷　たきたに；たきだに；たきや
　滝谷善一　たきたに・ぜんいち　商学者(日人)
　滝谷二郎　たきだに・じろう　ジャーナリスト(現執3期)
　滝谷節雄　たきや・せつお　イラストレーター,著述家(世紀)
[9]滝垣内　たきがいと
　滝垣内好子　たきがいと・よしこ　翻訳家(日典)
滝音　たきおと
　滝音長治　たきおと・ちょうじ　「ふる里への挽歌」日本図書刊行会(日典3)
　滝音陽子　たきおと・ようこ　「今日は今日」日本図書刊行会(日典3)
　滝音能之　たきおと・よしゆき　歴史学者(郷土)
[10]滝島　たきしま；たきじま
　滝島任　たきしま・たもつ　医師(近医)
　滝島雅子　たきしま・まさこ　アナウンサー(テレ)
　滝島英策　たきじま・えいさく　「ビール麦の増収栽培法—附・ホップ栽培法」朝倉書店(JM)
[11]滝雪　たきゆき
　滝雪直和　たきゆき・なおかず　「あ、捨てられしプロペラよ」滝雪直和(JM)
[18]滝藤　たきとう
　滝藤育伸　たきとう・いくのぶ　「フレア・バーテンダーズ・バイブル」ナランハ(日典)
　滝藤賢一　たきとう・けんいち　俳優(日典3)
　滝藤浩二　たきとう・こうじ　警視庁副総監(日3)
　滝藤治三郎　たきとう・じさぶろう　東海地方の陶磁器,雑貨輸出の先駆者(愛知百)
　滝藤準教　たきとう・じゅんきょう　和宗総本山四天王寺長老(人情)

【893】 溜

[7]溜谷　ためたに
　溜谷要斎　ためたに・ようさい　和算家(数学)
[10]溜島　たまるしま；ためしま
　溜島武雄　たまるしま・たけお　日本生産性本部常務理事(日典3)
　溜島武雄　ためしま・たけお　労働学院学監(史)

【894】 漣

漣　さざなみ
　漣健児　さざなみ・けんじ　「シャンテ愛と人生の詩」シンコーミュージック・コピーライツ(日典3)
　漣慎一　さざなみ・しんいち　「事件の裏窓」彩図社(日典3)
　漣正行　さざなみ・まさゆき　滋賀県中小企業団体中央会青年協議会会長(人情)
　漣ライカ　さざなみ・らいか　「恋をするならご当地男子！」秋田書店(日典3)

【895】 漁

漁　すなどり
　漁春代　すなどり・はるひろ　長唄小鼓方(望月流)(日典)
[5]漁田　いさりだ
　漁田武雄　いさりだ・たけお　「現代心理学」酒井書店(日典3)

【896】 漆

漆　うるし；しつ
　漆昌厳　うるし・しょうがん　政治家,実業家(日人)
　漆雅子　うるし・まさこ　学校創立者(学校)
　漆浩　しつ・こう　「中国養生術の神秘—医術・巫術・気功」出帆新社(JM)
[3]漆山　うるしやま
　漆山治　うるしやま・おさむ　日本マーケティング・プロデューサー協会幹事(日典3)
　漆山恭子　うるしやま・きょうこ　「うられたヨゼフ」中央出版社(発売)(日典3)
　漆山成美　うるしやま・しげよし　国際政治学者,ジャーナリスト(現執3期)
　漆山伸一　うるしやま・しんいち　公認会計士,税理士(日典3)
　漆山又四郎　うるしやま・またしろう　漢学者,国文学者,書誌学者(世紀)
[9]漆畑　うるしはた；うるしばた
　漆畑松雄　うるしばた・まつお　山梨県野球連盟副会長,関東軟式野球連盟連合会会長(日典3)
　漆畑登　うるしばた・のぼる　陶芸家(陶工)
　漆畑広作　うるしばた・ひろさく　洋画家(美ء)
[10]漆原　うるしはら；うるしばら
　漆原啓子　うるしはら・けいこ　バイオリニスト(日人)
　漆原美代子　うるしはら・みよこ　環境デザイナー,エッセイスト,美術評論家(日人)
　漆原木虫　うるしばら・もくちゅう　版画家(日人)
　漆原義之　うるしばら・よしゆき　化学者(日人)

水部(滴, 潟, 澗, 潤, 澄, 潮)

漆島　うるしじま；うるしま
　漆島参治　うるしじま・さんじ「日本経済拡大の構想」日本産業調査会(日典3)
　漆島武治　うるしま・たけはる　弓道家, 弓道錬士(弓道)
　漆島嗣治　うるしま・つぐじ　出版人(出文)

[12]漆間　うるしま；うるま
　漆間浩一　うるしま・こういち　横浜市教育委員会指導主事(日典3)
　漆間徳定　うるしま・とくじょう「法然上人恵の月影」第一歩社(日典3)
　漆間民夫　うるま・たみお　政治家(富山百)
　漆間徳定　うるま・とくじょう　僧(日人)

【897】滴

[9]滴草　しずぐさ
　滴草充雄　しずぐさ・みつお「日本史5週間」みずうみ書房(書籍)

【898】潟

[3]潟口　かたぐち
　潟口いくこ　かたぐち・いくこ「秘密のダイエットケーキ」主婦と生活社(日典3)

[5]潟永　かたなが；がたなが
　潟永重次　かたなが・しげじ　心理学者(心理)
　潟永好和　がたなが・よしかず「夢幻の華」青山ライフ出版(日典3)

【899】澗

[15]澗潟　まがた
　澗潟久治　まがた・ひさはる　ウイルタ語学者(人情)

【900】潤

　潤　うれい；じゅん
　潤為継　うれい・ためつぐ　農民(社史)
　潤ますみ　じゅん・ますみ　女優(和モ)
　潤まり　じゅん・まり　女優(映女)

[5]潤田　うるた
　潤田和好　うるた・かずよし「四要素による歯冠色再現法」クインテッセンス出版(日典3)
　潤田順一　うるた・じゅんいち　フリーライター(日典3)

【901】澄

　澄　すみ
　澄敬一　すみ・けいいち「1×1=2」ラトルズ(日典3)
　澄淳子　すみ・じゅんこ　ジャズヴォーカリスト(ジャ)

[3]澄川　すみかわ；すみがわ
　澄川喜一　すみかわ・きいち　彫刻家(日人)
　澄川徳　すみかわ・とく　内科医(日人)
　澄川咲子　すみがわ・さきこ　柿木村(島根県)村議(日典3)
　澄川正弥　すみがわ・まさや　石見津和野藩士(藩臣5)

[5]澄田　すみた；すみだ
　澄田智　すみた・さとし　官僚, 経営者(日人)
　澄田正一　すみだ・しょういち　名古屋大学名誉教授(日典3)
　澄田譲　すみだ・ゆずる　出版人(出文)

【902】潮

[3]潮山　しおやま
　潮山長三　しおやま・ちょうぞう　小説家(日人)

[4]潮木　うしおぎ
　潮木仁　うしおぎ・ひとし「スカッシュ上達講座」ベースボール・マガジン社(日典3)
　潮木守一　うしおぎ・もりかず　教育社会学者(世紀)

[5]潮田　うしおた；うしおだ；うしだ；しおた；しおだ
　潮田龍雄　うしおた・たつお　茨城県議(日典)
　潮田千勢子　うしおだ・ちせこ　婦人運動家(コン)
　潮田澄彦　うしだ・すみひこ「閑話雑感―何かおかしい…？」近代文芸社(JM)
　潮田かの子　しおた・かのこ「寂しい壺」萌文社(日典3)
　潮田武彦　しおだ・たけひこ　心理学者(群馬人)

[6]潮先　しおざき
　潮先郁男　しおざき・いくお　ジャズギタリスト(ジャ)

　潮地　しおち
　潮地悦三郎　しおち・えつさぶろう「台湾民俗採訪記」潮地ルミ(日典3)
　潮地ルミ　しおち・るみ「蕨の糸ぐるま」さきたま出版会(製作)(日典3)

[7]潮見　うしおみ；しおみ
　潮見琢磨　うしおみ・たくま　神道家(神人)
　潮見俊隆　うしおみ・としたか　法学者(世紀)
　潮見知佳　しおみ・ちか　漫画家(漫人)
　潮見佳男　しおみ・よしお　法学者(現執3期)

　潮谷　しおたに；しおや
　潮谷総一郎　しおたに・そういちろう　元・慈愛園園長(日典)
　潮谷義子　しおたに・よしこ　政治家(現政)
　潮谷英郎　しおや・ひでお　日本生命保険専務(日典)

[9]潮海　しおみ
　潮海一雄　しおみ・かずお　法学者(現執4期)
　潮海二郎　しおみ・じろう「阪神大震災と司法試験」早稲田経営出版(日典3)

水部〔穎,潘,漸,濃,濤,濱,濫,瀬〕

潮海久雄　しおみ・ひさお「職務著作制度の基礎理論」東京大学出版会(日典)
潮海善彦　しおみ・よしひこ　川鉄テクノコンストラクション社長(日典)
[10]潮原　うしおばら
　潮原みつる　うしおばら・みつる「花野」(国典)
潮島　しおじま
　潮島郁幸　しおじま・ゆうこう　日本占星学会副会長(国典)
[14]潮境　しおめ
　潮境藍　しおめ・あい「宮本武蔵五輪書」ソルト出版(日典)

【903】穎

[3]穎川　えいかわ;えがわ
　穎川春平　えいかわ・しゅんぺい　技師(土木)
　穎川君平　えがわ・くんぺい　唐通事(維新)
　穎川入徳　えがわ・にゅうとく　医家=近世(人名1)
[10]穎原　えばら
　穎原退蔵　えばら・たいぞう　日本文学者(日人)

【904】潘

潘　はん;ばん
　潘恵子　はん・けいこ　声優,占星術家(テレ)
　潘国男　ばん・くにお「日語文型語形分類解説」秀英出版(JM)

【905】漸

[8]漸波　しば
　漸波光正　しば・みつまさ「結婚する2人のためのカウンセリング・ノート」いのちのことば社(日典)

【906】濃

[5]濃田　のうだ;のだ
　濃田実　のうだ・みのる　代書業者(アナ)
　濃田実　のだ・みのる　代書業者(社史)
[11]濃野　こいの;のうの
　濃野滋　こいの・しげる　官僚(履歴2)
　濃野愛子　のうの・あいこ「大卯浪」本阿弥書店(日典)
　濃野聖晴　のうの・きよはる　福岡教育大学教育学部数学科教授(日典)

【907】濤

濤　おおなみ
　濤和男　おおなみ・かずお　ムーンバット常務(日典)

[3]濤川　なみかわ
　濤川栄太　なみかわ・えいた　教育評論家,著述家(現執4期)
　濤川馨一　なみかわ・けいいち　陸将(日典3)
　濤川惣助　なみかわ・そうすけ　七宝製造家(コン5)

【908】濱

濱口　はまぐち
　濱口道成　はまぐち・みちなり　名古屋大学総長(日典)
[5]濱田　はまだ
　濱田幸雄　はまだ・さじお　和紙職人(国宝)
[6]濱名　はまな
　濱名周子　はまな・かねこ　声楽家(ソプラノ)(演奏)
[9]濱畑　はまはた
　濱畑栄造　はまはた・えいぞう　郷土史家(和歌山人)

【909】濫

[18]濫觴　らんしょう
　濫觴智遊　らんしょう・ちゆう　中国新聞総合企画室委員(日典)

【910】瀬

瀬々　せせ;ぜぜ
　瀬々敦子　せせ・あつこ　住友信託銀行(日典)
　瀬々敬久　ぜぜ・たかひさ　映画監督(映人)
瀬々倉　せせくら
　瀬々倉匠美子　せせくら・くみこ　漫画家(漫人)
　瀬々倉卓治　せせくら・たくや「地下工場」葉文館出版(日典3)
　瀬々倉利一　せせくら・りいち　兵庫県福祉部長(日典3)
[3]瀬下　せした;せしも;せじも
　瀬下耽　せした・たん　小説家,会社員(探偵)
　瀬下貞夫　せしも・さだお　赤十字会メンバー(アナ)
　瀬下耽　せじも・たん　小説家,会社員(幻想)
瀬上　せがみ;せのうえ
　瀬上あきら　せがみ・あきら「奏」講談社(日典3)
　瀬上養之助　せがみ・ようのすけ　パーカッション奏者(新芸)
　瀬上主膳　せのうえ・しゅぜん　陸奥仙台藩士(幕末)
　瀬上卓男　せのうえ・たくお　弁護士(日典3)
瀬川　せかわ;せがわ
　瀬川栄志　せかわ・えいし　国語科教育学者(現執1期)
　瀬川貞吉　せかわ・さだきち　貸席業経営者(先駆)
　瀬川清子　せがわ・きよこ　民俗学者(日人)

水部(瀬)

瀬川如皐〔3代〕 せがわ・じょこう 歌舞伎作者(コン4)

⁴瀬之口 せのくち；せのぐち

瀬之口スミ せのくち・すみ 広島大名誉教授,安田女子大教授(日典3)
瀬之口伝九郎 せのくち・でんくろう 郷土史家(日人)
瀬之口博九郎 せのぐち・でんくろう 郷土史家(考古)

瀬井 せい

瀬井勝公 せい・かつひろ 統合幕僚学校主任研究官(日典3)
瀬井秀 せい・すぐる 富士通パーソナルズ社長(日典3)
瀬井冨雄 せい・とみお アイ・ティ・ビ・エス社長(日典3)
瀬井幸則 せい・ゆきのり「正義こそ未来」光陽メディア(印刷3)
瀬井美明 せい・よしあき 写真家(写人)

瀬戸山 せとやま；せどやま

瀬戸山和夫 せとやま・まさお 弓道家,弓道錬士(弓道)
瀬戸山三男 せとやま・みつお 政治家(日人)
瀬戸山良敏 せどやま・よしとし 政治家(姓氏鹿児島)
瀬戸山良知 せどやま・よしとも 姶羅郡山田の人(姓氏鹿児島)

瀬戸川 せとかわ；せとがわ

瀬戸川正 せとかわ・ただし N響(日典)
瀬戸川猛資 せとがわ・たけし ミステリー評論家(出文)
瀬戸川道男 せとがわ・みちお コントラバス奏者(音人3)

瀬木 せき；せぎ；せのき

瀬木博尚 せき・ひろなお 実業家(コン5)
瀬木慎一 せぎ・しんいち 美術評論家,詩人(日人)
瀬木せき せのき・せき 医師(女性普)

⁵瀬田 せた；せだ

瀬田修平 せた・しゅうへい 内科医学者,体育功労者(日人)
瀬田貞二 せた・ていじ 児童文学者,翻訳家(日人)
瀬田寿磨子 せだ・すまこ「彩雲」瀬田静香(日典3)
瀬田剛 せだ・つよし「自閉症を含む軽度発達障害の子を持つ親のために」アチーブメント出版(日典3)

瀬辺 せべ

瀬辺勇魚 せべ・いさな 日本画家(日典3)
瀬辺啓子 せべ・けいこ「藍天の中国・香港・台湾映画散策」三恵社(日典3)
瀬辺淳信 せべ・じゅんしん 真宗大谷派審問院長,瀬辺了泉寺住職,愛知県仏教会会長,全日本仏教会副会長(日典3)
瀬辺雅之 せべ・まさゆき 絵本作家(児人)

⁶瀬合 せごう

瀬合小次郎 せごう・こじろう 留学生(海越新)

瀬名波 せなは

瀬名波栄喜 せなは・えいき 名桜大学学長,琉球大学名誉教授(日典3)
瀬名波佐善 せなは・さぜん 沖縄教育界の指導者(姓氏沖縄)
瀬名波進 せなは・すすむ 新聞発行人(社史)
瀬名波孝子 せなは・たかこ 沖縄芝居役者(芸能)
瀬名波長宣 せなは・ちょうせん 石垣島測候所所長(社史)

瀬在 せざい

瀬在苹果 せざい・へいか 俳人(日典3)
瀬在幸安 せざい・ゆきやす 医師(現執4期)
瀬在良男 せざい・よしお 哲学者(現執2期)

瀬地山 せちやま

瀬地山角 せちやま・かく 社会学者(現執4期)
瀬地山敏 せちやま・さとし 経済学者(現執1期)
瀬地山零子 せちやま・みおこ NHK大阪中央放送局(国典)
瀬地山澪子 せちやま・みおこ テレビディレクター(日典3)

瀬成 せじょう；せなり

瀬成世眼 せじょう・せげん 僧侶(真宗)
瀬成世眼 せなり・せげん 勧学職(姓氏富山)

⁷瀬尾 せお；せのお

瀬尾乃武 せお・のりたけ 能楽囃子方(葛野流大鼓方)(日人)
瀬尾光世 せお・みつよ アニメーション作家,童画家(日人)
瀬尾又玄 せのお・ゆうげん 医師(岡山歴)
瀬尾雄三 せのお・ゆうぞう 内科学者(日人)

瀬社家 せしゃけ

瀬社家力 せしゃけ・つとむ 実業家(郷土和歌山)

瀬良 せら

瀬良明 せら・あきら 俳優(映男)
瀬良章太郎 せら・しょうたろう 俳優(映男)
瀬良益夫 せら・ますお 国文学者・就実女子大学教授(岡山歴)
瀬良好澄 せら・よしずみ 医師(近医)
瀬良好太 せら・よした 薬化学者(渡航)

瀬良垣 せらがき

瀬良垣宏明 せらがき・こうめい「とぎすまされし剣」(JM)
瀬良垣宗十 せらがき・そうじゅう 教育者,政治家(姓氏沖縄)

瀬見 せみ

瀬見博 せみ・ひろし「目標計画法の研究」泉文堂(日典3)
瀬見洋 せみ・ひろし 経営評論家(現執2期)
瀬見善水 せみ・よしお 大庄屋(日人)
瀬見善水 せみ・よしみ 大庄屋(人名)

瀬谷 せたに；せや

瀬谷潤 せたに・じゅん 住宅アドバイザー(日典3)

水部（瀧,灘）　火部（火,灰）

瀬谷桃源〔5代〕　せたに・とうげん　人形彫刻師（日典3）
瀬谷英行　せや・ひでゆき　政治家（現政）
瀬谷義彦　せや・よしひこ　歴史学者（郷土茨城）
[9]瀬畑　せはた；せばた
　瀬畑至　せはた・いたる　CIC・ビクタービデオ（株）営業部長（日典3）
　瀬畑四郎　せはた・しろう　「中学校体育行事・運動部の指導」明治図書出版（日典3）
　瀬畑高志　せばた・たかし　フジクラ副社長（日典）
　瀬畑奈津子　せばた・なつこ　女優、歌手（テレ）
[10]瀬島　せしま；せじま
　瀬島紀夫　せしま・のりお「Quick CによるMS‐DOSユーティリティ」啓学出版（日典）
　瀬島光雄　せしま・みつお　映画・テレビプロデューサー（日典）
　瀬島龍三　せじま・りゅうぞう　軍人（コン5）
瀬能　せの；せのう
　瀬能誠之　せの・ともゆき　東京教育大助手（国典）
　瀬能正路　せの・まさみち　長州（萩）藩士（幕末）
　瀬能あづさ　せのう・あずさ　タレント（日典3）
　瀬能礼子　せのう・れいこ　女優（テレ）
瀬高　せたか；せだか
　瀬高郁子　せたか・いくこ「5歳の誇り」コンテンツ・ファクトリー（日典3）
　瀬高信雄　せたか・のぶお　元・科学技術庁無機材質研究所所長（日典）
　瀬高政良　せだか・まさよし「絵の想念」葦書房（日典）
[12]瀬葉　せば
　瀬葉みちる　せば・みちる「悲しみの微笑」新世紀書房（日典）
瀬越　せごえ；せごし
　瀬越憲作　せごえ・けんさく　棋士（日人）
　瀬越純　せごえ・じゅん　フリーライター（日典3）
　瀬越喜作　せごし・きさく　シルバー精工相談役（日典）
　瀬越順三　せごし・じゅんぞう　著述業（日典3）
[16]瀬頭　せとう
　瀬頭らく　せとう・らく「沙羅の花」白夜書房（日典3）
[18]瀬藤　せとう
　瀬藤祝　せとう・いわお　映画監督（映監）
　瀬藤象二　せとう・しょうじ　電気工学者（コン4）
　瀬藤澄彦　せとう・すみひこ　日本貿易振興会リヨン事務所所長（日典）
　瀬藤俊雄　せとう・としお　三菱重工業取締役、キャタピラー三菱（現・新キャタピラー三菱）常務（日典）
　瀬藤富右衛門　せとう・とみえもん　政治家（和歌山人）

【911】　瀧

[7]瀧沢　たきさわ；たきざわ
　瀧沢脩作　たきさわ・しゅうさく　実業家（岡山百）
　瀧沢安子吉　たきざわ・あこよし　解剖学者（群馬人）
　瀧沢弘　たきざわ・ひろし　ドイツ文学者（富山文）

【912】　灘

灘尾　なだお
　灘尾露子　なだお・つゆこ「夏の輝き」日本図書刊行会（日典3）
　灘尾弘吉　なだお・ひろきち　政治家,官僚（コン4）
[9]灘屋　なだや
　灘屋万助　なだや・まんすけ　商人（食文）

火部

【913】　火

[8]火取　かとり
　火取有吾　かとり・ゆうご　イラストレーター、クリエイティブディレクター（現執2期）
[12]火渡　ひわたり
　火渡周平　ひわたり・しゅうへい　俳人（俳文）
[21]火灘　かなだ
　火灘一　かなだ・はじめ「放浪」鉈彫短歌会（日典3）

【914】　灰

[5]灰外　はいそと
　灰外達夫　はいそと・たつお　木工芸家（国宝）
[6]灰地　はいち
　灰地順　はいち・じゅん　俳優（テレ）
[7]灰谷　はいたに；はいや
　灰谷岳乗　はいたに・がくじょう「灰谷岳乗拓画集」幻想社（日典3）
　灰谷健次郎　はいたに・けんじろう　児童文学作家（コン4）
　灰谷清　はいや・きよし　はいや社長、北海道中小企業家同友会函館支部長（日典3）
　灰谷慶三　はいや・けいぞう　北海道大学名誉教授（日典3）
[10]灰原　はいばら
　灰原桐生　はいばら・きりゅう　小説家（日典3）
　灰原茂雄　はいばら・しげお　労働運動家（日人）
　灰原とう　はいばら・とう「イメイザーの美術」小学館（日典3）

火部(炊,為,炭,烏)

灰原希　はいばら・のぞみ「偽りの花嫁」講談社(日典3)
灰原薬　はいばら・やく「SP (Security police)」小学館(日典3)

11灰野　はいの
　灰野昭郎　はいの・あきお　研究者(現執4期)
　灰野敬二　はいの・けいじ　ミュージシャン(日典3)
　灰野庄平　はいの・しょうへい　劇作家,演劇研究家(世紀)
　灰野文一郎　はいの・ぶんいちろう　洋画家(美家)
　灰野美子　はいの・よしこ　バレエ指導者(島根歴)

【915】　炊

6炊江　かしきえ
　炊江勇　かしきえ・いさむ「庭つくりのすべて」自然の友社(日典3)

【916】　為

5為田　ためた；ためだ
　為田文太郎　ためた・ぶんたろう　政治家(姓氏岩手)
　為田一郎　ためだ・いちろう　弓道家,弓道錬士(弓道)
　為田英一郎　ためだ・えいいちろう　ジャーナリスト(現執2期)

6為成　ためなり
　為成菖蒲園　ためなり・しょうぶえん　俳人(俳文)
　為成養之助　ためなり・ようのすけ　長崎地方裁判所判事(埼玉人)

7為我井　ためがい
　為我井絵理　ためがい・えり　タレント(テレ)
　為我井卓司　ためがい・たくじ　北九州市公園緑地部長(人情)
　為我井為吉　ためがい・ためきち　全国農民組合茨城県連常任委員(社史)
　為我井徹　ためがい・とおる　ゲームディレクター,漫画原作者,小説家(幻想)
　為我井直三郎　ためがい・なおさぶろう　農民(社史)

為谷　ためがい；ためがや；ためや
　為谷伊平　ためがい・いへい　政治家(姓氏群馬)
　為谷次郎　ためがや・じろう　教育者(姓氏静岡)
　為谷誠二　ためや・せいはち　神奈川県総合職業訓練所教導

11為郷　いごう；いさと
　為郷世淳　いごう・せじゅん　東本願寺教学部長(日典)
　為郷恒淳　いさと・こうじゅん　読売新聞社副社長(日典)
　為郷恒淳　いさと・つねあつ　新聞記者(現情)

18為藤　ためとう；ためふじ
　為藤五郎　ためとう・ごろう　教育評論家(日人)

為藤尚　ためとう・しょう　全日本無産青年同盟員(社史)
為藤隆弘　ためふじ・たかひろ「衛生・環境行政法」東京法令出版(日典3)

【917】　炭

5炭田　すみた；すみだ
　炭田幸一　すみた・こういち　洋画家(洋画)
　炭田潤一郎　すみた・じゅんいちろう　西日本工業大学機械システム工学科教授(日典3)
　炭田寛祈　すみだ・ひろき　総務省総合通信基盤局電波政策課企画官(日典3)
　炭田真由美　すみだ・まゆみ「そして、みんなクレイジーになっていく」プロデュース・センター出版局(日典3)

7炭谷　すみたに；すみや
　炭谷茂　すみたに・しげる　官僚(現執4期)
　炭谷宗佑　すみたに・そうすけ　アナウンサー(テレ)
　炭谷小梅　すみや・こうめ　社会事業家(近女)
　炭谷貴博　すみや・たかひろ「先生！大変です！どうしたらいいですか!!」東山書房(日典3)

17炭竈　すみかま；すみがま
　炭竈貞夫　すみかま・さだお「熱センサ入門」啓学出版(日典3)
　炭竈和信　すみがま・かずのぶ「橋桁」森北出版(日典3)
　炭竈英子　すみがま・ひでこ「三階の窓」六法出版社(日典3)

21炭竈　すみかま；すみがま
　炭竈光三　すみかま・こうぞう　実業家(郷土岐阜)
　炭竈利夫　すみかま・としお　スミカマ社長,日本輸出刃物工業組合理事長(日典3)
　炭竈和信　すみがま・かずのぶ「橋桁―PC-1500/2500,HC-20による構造解析と図形表示2」森北出版(JM)

【918】　烏

烏　いずくんぞ；からす
　烏桃李　いずくんぞ・とうき　暗黒舞踏家(日典)
　烏重節　からす・しげろう「土木工事設計施行資料」理工図書(日典3)
　烏水生　からす・みずお「碓氷嶺」白玉書房(日典3)

3烏丸　からすま；からすまる
　烏丸五朗　からすま・ごろう「ブルーカード2025」郁朋社(日典3)
　烏丸せつこ　からすま・せつこ　女優(テレ)
　烏丸光徳　からすまる・みつえ　公家(幕末)
　烏丸光亨　からすまる・みつゆき　華族(日人)

烏山　うやま；からすやま
　烏山朝太郎　うやま・あさたろう「世界珍書解題」日本蒐集家協会(日典3)
　烏山茜　からすやま・あかね　女優(日典3)

火部（烟,焰,焼,無,煙）

烏山英司　からすやま・えいじ「God eater」講談社（日典3）

⁵烏田　うだ；からすだ
烏田智庵　うだ・ちあん「萩古実未定之覚」マツノ書店（日典3）
烏田圭三　からすだ・けいぞう　医師（幕末）
烏田良岱　からすだ・りょうたい　医師（幕末）

⁸烏兎沼　うとぬま
烏兎沼喜代子　うとぬま・きよこ「わらし子とおっかあたち」アジア出版社（日典3）
烏兎沼宏之　うとぬま・ひろし　小学校校長, 児童文学作家（YA）

¹¹烏野　うの；からすの
烏野賢太　うの・けんた　競艇選手（日典3）
烏野穣二　うの・じょうじ　長瀬産業常務（日典3）
烏野仁　からすの・ひとし「M&A入門」日本経済新聞社（日典3）

¹²烏帽子田　えぼした；えぼしだ
烏帽子田栄一　えぼした・えいいち「ともしび—随想」大門町社会福祉協議会（JM）
烏帽子田清　えぼした・きよし　大門町（富山県）町長（日典3）
烏帽子田彰　えぼしだ・あきら　広島大学医学部医学科教授（日典3）
烏帽子田栄一　えぼしだ・えいいち　随筆家（富山文）

烏賀陽　うかや；うがや
烏賀陽然良　うかや・ぜんりょう「「ソウエート」聯合政府の海商法」（JM）
烏賀陽貴子　うがや・たかこ　ユニセフ職員（日典3）
烏賀陽正弘　うがや・まさひろ　国際ビジネス・コーディネーター（現執3期）

¹⁶烏頭尾　うとお
烏頭尾精　うとお・せい　日本画家（日典）
烏頭尾忠子　うとお・ただこ「とくとくとく」本願寺出版社（日典3）
烏頭尾知子　うとお・ともこ「グッドモーニング私の楽園」文踊社（日典3）
烏頭尾秀章　うとお・ひであき「もうひとつの風景僕の楽園」文踊社（日典3）

【919】　烟

⁵烟田　かまた；かまだ
烟田春郷　かまた・しゅんきょう　洋画家（洋画）
烟田友郷　かまた・ゆうごう「世界文化史」（国典）
烟田通幹　かまだ・みちもと　常陸南方館の一＝中世（戦国）

【920】　焰

焰　ほむら
焰仁　ほむら・じん　洋画家（人情）

【921】　焼

³焼山　やきやま；やけやま
焼山広志　やきやま・ひろし「「叙意一百韻」（『菅家後集』）全注釈」道真梅の会（日典3）
焼山満里子　やきやま・まりこ「コリントの信徒への手紙1」日本キリスト教団出版局（日典3）
焼山和憲　やけやま・かずのり　福岡大学医学部看護学科教授（日典3）

⁵焼田　やきた；やけだ
焼田党　やきた・あきら「森嶋通夫著作集」岩波書店（日典3）
焼田健　やきた・たけし「日本の私鉄東急」保育社（日典3）
焼田宏明　やけだ・ひろあき　石川県議（自民党, 河北郡）（日典3）

【922】　無

⁷無良　むら
無良隆志　むら・たかし　フィギュアスケート・インストラクター（日典）
無良崇人　むら・たかひと　フィギュアスケート選手（日典3）

⁹無津呂　むつろ
無津呂正義　むつろ・まさよし　エムティアール社長（日典3）
無津呂雄一郎　むつろ・ゆういちろう　スポーツニッポン新聞東京本社校閲部長（日典）

¹⁰無能　むのう
無能唱元　むのう・しょうげん　宗教家, 神秘学研究家（現執4期）

¹²無着　むちゃく
無着成恭　むちゃく・せいきょう　教育者（日人）
無着とき　むちゃく・とき　元・看護婦（日典3）

無量塔　むらた
無量塔蔵六　むらた・ぞうろく　バイオリン製作者（音人）

【923】　煙

³煙山　けむやま；けむりやま
煙山専太郎　けむやま・せんたろう　西洋史学者（コン）
煙山八重　けむやま・やえ　社会事業家（女性普）
煙山力　けむりやま・つとむ　政治家（現政）
煙山てる　けむりやま・てる　婦人団体功労者（女性普）

⁵煙田　かまた
煙田春郷　かまた・しゅんきょう「世界進化の過程——一億年の消長」ゆまにて（JM）

【924】照

⁹照屋 てるや
照屋寛範　てるや・かんぱん　牧師（社史）
照屋敏子　てるや・としこ　実業家（日人）
照屋佳男　てるや・よしお　英文学者（現執3期）
照屋林賢　てるや・りんけん　琉球民謡演奏家（作曲）
照屋林助　てるや・りんすけ　琉球民謡歌手（新芸）

照洲 てらしま
照洲みのる　てらしま・みのる　翻訳家（国典）

¹²照喜名 てるきな
照喜名一男　てるきな・かずお　チェロ奏者（音人3）
照喜名朝一　てるきな・ちょういち　三線奏者,胡弓奏者（日人）
照喜名朝進　てるきな・ちょうしん　沖縄県漁連会長（日典3）

照喜納 てるきな
照喜納良三　てるきな・りょうぞう　弁護士（日典）

【925】煎

⁵煎本 いりもと
煎本孝　いりもと・たかし　「Continuity, symbiosis,and the mind in traditional cultures of modern societies」Hokkaido University press（日典3）
煎本博　いりもと・ひろし　サービス館代表（日典）
煎本正博　いりもと・まさひろ　「CT・MRIのための断層解剖カラーアトラス」南江堂（日典3）
煎本増夫　いりもと・ますお　「島原・天草の乱」新人物往来社（日典3）

【926】熊

熊ノ郷 くまのごう
熊ノ郷淳　くまのごう・あつし　「免疫のしくみ」インタープレス（日典3）
熊ノ郷準　くまのごう・ひとし　数学者（数学）

³熊川 くまかわ；くまがわ
熊川次男　くまかわ・つぎお　弁護士,政治家（現政）
熊川哲也　くまかわ・てつや　バレエダンサー（日人）
熊川好生　くまがわ・よしお　政治家（現政）
熊川良太郎　くまがわ・りょうたろう　日本航空界の先駆者（姓氏群馬）

⁴熊切 くまきり；くまぎり
熊切あさ美　くまきり・あさみ　タレント（日典3）
熊切圭介　くまきり・けいすけ　写真家（日人）

熊切康雄　くまぎり・やすお　丸紅（株）宇宙航空機部（日典）

熊手 くまて；くまで
熊手旭宸　くまて・きょくしん　琵琶奏者（日典）
熊手篤男　くまで・あつお　アメリカンハウス社長（日典）
熊手麻紀子　くまで・まきこ　「となりのミドワイフ」さいろ社（日典3）

熊王 くまおう
熊王壮臣　くまおう・たかおみ　山梨県出納長（日典3）
熊王徳平　くまおう・とくへい　小説家（日人）
熊王征秀　くまおう・まさひで　「消費税の申告実務」中央経済社（日典3）

⁵熊代 くましろ
熊代昭彦　くましろ・あきひこ　政治家（現政）
熊代繁里　くましろ・しげさと　国学者（日人）
熊代駿　くましろ・しゅん　洋画家（美家）
熊代幸雄　くましろ・ゆきお　農学者（現執1期）

熊田 くまた；くまだ
熊田長造　くまた・ちょうぞう　政治家（香川人）
熊田禎宣　くまた・よしのぶ　千葉商科大学政策情報学部教授（現執4期）
熊田精華　くまだ・せいか　詩人（日人）
熊田千佳慕　くまだ・ちかほ　画家（日人）

⁶熊耳 くまがみ
熊耳耕年　くまがみ・こうねん　日本画家（日画）
熊耳忠　くまがみ・ただし　旭川工業高等専門学校電気工学科助教授（日典3）

⁷熊沢 くまさわ；くまざわ
熊沢道龍　くまさわ・どうりゅう　僧呂（日典3）
熊沢夏子　くまさわ・なつこ　日本子孫基金（日典）
熊沢善庵　くまざわ・ぜんあん　化学者（日人）
熊沢寛道　くまざわ・ひろみち　男性（コン4）

熊見 くまみ
熊見定次郎　くまみ・さだじろう　「高田郡志」芸備郷土誌刊行会（日典3）
熊見直太郎　くまみ・なおたろう　女子教育家（学校）

熊谷 くまがい；くまがえ；くまがや；くまたに；くまや
熊谷岱蔵　くまがい・たいぞう　医学者（コン4）
熊谷紅陽　くまがえ・こうよう　陶芸家（美工）
熊谷寛　くまがや・ひろし　出版人（出文）
熊谷優利枝　くまたに・ゆりえ　歌人（石川文）
熊谷五一　くまや・ごいち　豪商（日人）

⁸熊取 くまとり
熊取敏之　くまとり・としゆき　放射線医学者（日人）
熊取義純　くまとり・よしずみ　「新聞製作入門」印刷学会出版部（日典3）

熊取谷 いすたに；くまとりたに；くまとりだに；くまとりや
熊取谷稔　いすたに・みのる　コスモワールド社長（日典）

火部(熱,熨,燁,燕,熹,燧) 爻部(爾)

熊取谷武　くまとりたに・たけし　経済評論家（日典）
熊取谷武　くまとりだに・たけし　経済評論家（現執2期）
熊取谷米太郎　くまとりや・よねたろう　前大阪・泉佐野市長（日典）
[11]熊埜御堂　くまのみどう
　熊埜御堂英二　くまのみどう・えいじ　三和酒類名誉会長（日典3）
　熊埜御堂定　くまのみどう・さだむ　「悲懐をやる」新生社（日典3）
　熊埜御堂智　くまのみどう・さとし　サッカー選手（日典3）
　熊埜御堂進　くまのみどう・すすむ　医師（近医）
　熊埜御堂義昭　くまのみどう・よしあき　小児科医（科学）
熊崎　くまさき；くまざき
　熊崎一紗　くまさき・かずし　「五聖閣・熊崎式姓名学による幸運な赤ちゃんの名前のつけ方」グラフ社（日典3）
　熊崎健治　くまさき・けんじ　「夢を重ねて」旭図書刊行センター（日典3）
　熊崎一郎　くまざき・いちろう　印刷工（アナ）
　熊崎雅芳　くまざき・まさよし　指揮者（演奏）
熊野　くまの；ゆや
　熊野敏三　くまの・びんぞう　法律家,弁護士（日人）
　熊野義孝　くまの・よしたか　教義学者（世紀）
　熊野清樹　ゆや・きよき　日本バプテスト連盟牧師（キリ）
　熊野宗治　ゆや・むねはる　「アインシュタインの嘘とマイケルソンの謎」新思索社（日典3）
熊野谿　くまのたに
　熊野谿従　くまのたに・じゅう　愛媛大学工学部教授（科学）
熊鳥　くまとり
　熊鳥国三郎　くまとり・くにさぶろう　社会運動家（アナ）
[13]熊勢　くませい
　熊勢真美　くませい・まみ　洋画家（洋画）
[16]熊凝　くまごり
　熊凝武晴　くまごり・たけはる　「南極観測航海記」（国典）
熊懐　くまだき
　熊懐稜丸　くまだき・いつまろ　摂南大学薬学部教授（日典3）
　熊懐武男　くまだき・たけお　福岡県・警固神社社司（神人）

【927】熱

[9]熱海　あずみ；あたみ；あつみ
　熱海孫十郎　あずみ・まごじゅうろう　政治家,実業家（宮城百）
　熱海サチ子　あたみ・さちこ　女優（映女）
　熱海又治　あつみ・またじ　和算家（日人）

【928】熨

[4]熨斗　のし
　熨斗隆文　のし・たかぶみ　「現代の余暇」日本経済新聞社（日典3）
　熨斗秀夫　のし・ひでお　「被服材料学」朝倉書店（日典3）
　熨斗昌秋　のし・まさあき　堺簡裁判事（日典3）

【929】燁

燁　よう
　燁明　よう・あきら　宝塚歌劇団団員（日典3）

【930】燕

[5]燕石　えんせき
　燕石猷　えんせき・ゆう　詩人（世紀）

【931】熹

[8]熹杰　きけつ
　熹杰日天子　きけつ・にちてんし　妙法華の会導師（国典）

【932】燧

燧　ひうち
　燧重明　ひうち・しげあき　「日本社会党」教育社（書籍）

爻部

【933】爾

爾　その
　爾寛明　その・ひろあき　「保育内容「環境」論」ミネルヴァ書房（日典3）
　爾法岑　その・ほうしん　元臨済宗東福寺派大本山東福寺執事長（日典）
[7]爾見　しかみ
　爾見篤　しかみ・あつし　弓道家,弓道錬士（弓道）
　爾見忠雄　しかみ・ただお　栄太郎社長（日典3）
　爾見浩　しかみ・ひろし　「生命保険業界」教育社（書籍）

片部

【934】 片

³片上　かたかみ；かたがみ
片上公人　かたかみ・こうじん　政治家（現政）
片上伸　かたかみ・のぶる　文芸評論家,ロシア文学者（コン5）
片上晨太郎　かたがみ・しんたろう　日本労働組合全国協議会日金東京支部責任者（社史）
片上伸　かたがみ・のぶる　文芸評論家,ロシア文学者（コン改）

片子沢　かたこざわ
片子沢千代松　かたこざわ・ちよまつ　キリスト教史学会理事（日典3）

片川　かたかわ；かたがわ
片川勇　かたかわ・いさむ　K.P.C主宰（日典）
片川長州　かたかわ・ながくに「社員10人までの小さな会社の資金繰りがよくわかる本」明日香出版社（日典3）
片川智子　かたがわ・ともこ「保育内容総論」建帛社（日典3）
片川譲　かたがわ・ゆずる「鍼灸甲乙経主治症索引」古典鍼灸研究会（日典3）

⁴片方　かたがた
片方和夫　かたがた・かずお　フロンヴィルホームズ仙台社長（日典3）
片方邦明　かたがた・くにあき　北洲ハウジング常務（日典3）
片方盛　かたがた・さかり　岩手県議（新進党）,丸片石油会長（日典3）
片方信也　かたがた・しんや　建築学者（現執4期）
片方善治　かたがた・ぜんじ　工学者（世紀）

片木　かたぎ
片木篤　かたぎ・あつし　建築家（現執4期）
片木清　かたぎ・きよし　埼玉大学教育学部教授（日典3）
片木剣三郎　かたぎ・けんざぶろう　武蔵工業大学教授（日典3）
片木淳　かたぎ・じゅん「最新地方行政キーワード」ぎょうせい（日典3）
片木孝至　かたぎ・たかし　三菱電機（株）鎌倉製作所技術部技術第一課長（日典3）

⁵片田　かたた；かただ
片田一郎　かたた・いちろう　薬剤師（日典）
片田良穂　かたた・よしほ　白浜町（和歌山県）町長（日典3）
片田和広　かただ・かずひろ「CT画像解剖ハンドブック」オーム社（日典3）
片田晋造　かただ・しんぞう　経済・産業問題専門家（現執2期）

片田江　かただえ
片田江星輝　かただえ・せいき　実業家（創業）
片田江全雄　かただえ・まさお　小説家（世紀）

⁶片多　かたた；かただ
片多哲蔵　かたた・てつぞう　蘭学者（大分歴）
片多徳郎　かたた・とくろう　洋画家（コン5）
片多順　かただ・じゅん　比較文化研究者（現執2期）
片多徳郎　かただ・とくろう　洋画家（日人）

片羽　かたは；かたばね
片羽登呂平　かたは・とろへい　詩人（日典）
片羽登呂平　かたばね・とろへい「片羽登呂平詩集」国典（国典）

⁷片伯部　かたかべ
片伯部旭　かたかべ・あさひ「素人による日本古代史の推理」鉱脈社（日典3）
片伯部光広　かたかべ・みつひろ「片伯部光広のbasic program」つり太郎（日典3）
片伯部実　かたかべ・みのる「戦陣と軍靴―陸軍・歩兵部隊・通信兵の足跡」（JM）

片谷　かたたに；かたや
片谷大陸　かたたに・だいろく　劇団民芸専務（世紀）
片谷充克　かたたに・みつよし　陶芸家（陶芸）
片谷喬次　かたや・きょうじ　青森テレビ取締役総務局長（日典）
片谷とめ　かたや・とめ　割烹浜丁経営（日典3）

片貝　かたかい；かたがい
片貝孝夫　かたかい・たかお　会社役員（現執3期）
片貝晴吉　かたかい・はるきち「遥かなる榛嶺九十年の回顧」上毛新聞社（製作）（日典3）
片貝十郎　かたがい・しんじゅうろう　実業家,政治家（群馬人）
片貝正晋　かたがい・せいしん「日本立法資料全集」信山社（日典3）

⁸片居木　かたいぎ
片居木栄一　かたいぎ・えいいち　全日本弓道連盟錬士5段（国典）
片居木英人　かたいぎ・ひでと　静岡英和学院大学人間社会学部助教授（日典3）

片波見　かたばみ
片波見武雄　かたばみ・たけお　新聞配達夫（社史）

⁹片柳　かたやなぎ
片柳治　かたやなぎ・おさむ　編集者（出文）
片柳真吉　かたやなぎ・しんきち　官僚（コン4）
片柳忠男　かたやなぎ・ただお　洋画家（美家）
片柳常吉　かたやなぎ・つねきち「米沢共産党事件」関係者（社史）
片柳豊一郎　かたやなぎ・とよいちろう　農民（社史）

¹⁰片島　かたしま；かたじま
片島金次郎　かたしま・きんじろう　宇都宮の建築家（栃木歴）
片島港　かたしま・みなと　政治家（政治）
片島猛　かたじま・たけし「山の空」白日社（日典3）

[11]片寄　かたよせ；かたより
　片寄明人　かたよせ・あきと　ミュージシャン（テレ）
　片寄俊秀　かたよせ・としひで　建築工学者（世紀）
　片寄みつぐ　かたより・みつぐ　漫画家（世紀）
　片寄貢　かたより・みつぐ　漫画家（現情）

片渕　かたふち；かたぶち
　片渕亘幸　かたふち・しげゆき　建築家（日典3）
　片渕千枝子　かたふち・ちえこ　伊万里労働基準監督署長（日典3）
　片渕須直　かたぶち・すなお　アニメーション作家（日典）

片野坂　かたのさか；かたのざか
　片野坂栄子　かたのさか・えいこ　ソプラノ歌手（音人）
　片野坂知宏　かたのさか・ともひろ　サッカーコーチ（日典3）
　片野坂栄子　かたのざか・えいこ　オペラ歌手（ソプラノ）（鹿児島百）

牛部

【935】牛

牛　ぎゅう
　牛次郎　ぎゅう・じろう　劇画原作者,僧侶（世紀）

[3]牛久　うしく
　牛久きちい　うしく・きちい「牛久大仏忽然の貌」光村印刷（日典3）
　牛久健司　うしく・けんじ　弁護士（日典3）
　牛久源之助　うしく・げんのすけ　弓道家,弓道範士（弓道）
　牛久崇司　うしく・たかし　キッコーマン社長（日典3）
　牛久等　うしく・ひとし　イーコンテクスト社長（日典3）

[4]牛井淵　ごいぶち
　牛井淵アイコ　ごいぶち・あいこ「知的セールスの秘密」こう書房（JM）

牛井渕　ごいぶち
　牛井渕アイコ　ごいぶち・あいこ　安田生命新宿支社法人開発室勤務（日典）

牛円　うしまる
　牛円才之助　うしまる・さいのすけ　元・明治製菓社長（日典）

[5]牛田　うしだ
　牛田九郎　うしだ・くろう　阿波徳島藩士（徳島歴）
　牛田雞村　うしだ・けいそん　日本画家（日人）
　牛田唯一　うしだ・ただいち　政治家（山梨日）
　牛田寛　うしだ・ひろし　政治家（政治）
　牛田正郎　うしだ・まさお　実業家（日人）

[7]牛来　ごらい
　牛来邦夫　ごらい・くにお　海将補（日典3）

牛来進一　ごらい・しんいち　東都水産副社長（日典3）
牛来丈助　ごらい・じょうすけ　出版人（出文）
牛来武知　ごらい・たけち　出版人（出文）
牛来正夫　ごらい・まさお　地質学者（日典）

牛玖　うしく
　牛玖健治　うしく・けんじ　版画家（日人）
　牛玖ひろし　うしく・ひろし　画家（日典3）

[8]牛房　うしふさ；ごぼう
　牛房外松　うしふさ・そとまつ　赤色救援会大阪地方委員・西部地区責任者（社史）
　牛房良嗣　うしふさ・よしつぐ　千代田生命保険常務（日典3）
　牛房よし代　ごぼう・よしよ　雑貨店経営（日典3）

[10]牛原　うしのはら；うしはら
　牛原シュウ　うしのはら・しゅう「夕日と猫」早稲田出版（日典3）
　牛原虚彦　うしはら・きよひこ　映画監督,劇作家（日人）
　牛原陽一　うしはら・よういち　映画監督（映人）

牛島　うしじま；ごとう
　牛島憲之　うしじま・のりゆき　洋画家（コン4）
　牛島満　うしじま・みつる　陸軍軍人（コン5）
　牛島富美二　ごとう・ふみじ　小説家（日典）

[12]牛場　うしば
　牛場昭彦　うしば・あきひこ　新聞記者（現執4期）
　牛場卓蔵　うしば・たくぞう　実業家（コン5）
　牛場大蔵　うしば・だいぞう　微生物学者（日人）
　牛場友彦　うしば・ともひこ　実業家（コン4）
　牛場信彦　うしば・のぶひこ　外交官（コン4）

牛塚　うしずか；うしつか
　牛塚統六　うしずか・とうろく　日本共産党党北部地区第3群責任者（社史）
　牛塚虎太郎　うしずか・とらたろう　官僚,政治家（コン5）
　牛塚充　うしつか・いさむ　税理士（日典）

牛越　うしごえ；うしこし
　牛越久瑳　うしごえ・きゅうさ　地方自治功労者（姓氏長野）
　牛越佐市　うしごえ・さいち　公共事業家（姓氏長野）
　牛越久瑳　うしこし・きゅうさ　地方自治功労者（長野歴）
　牛越充　うしこし・みつる「先生ずるいぞ」（国典）

[13]牛腸　ごちょう
　牛腸茂雄　ごちょう・しげお　写真家（写人）
　牛腸征司　ごちょう・せいじ　作曲家,ピアニスト,指揮者（作曲）
　牛腸忠親　ごちょう・ただちか　共同通信関東総局次長（日典3）
　牛腸英夫　ごちょう・ひでお「ベトナムにおける農林業の特性解明調査報告書」農林水産省熱帯農業研究センター（日典3）
　牛腸ヒロミ　ごちょう・ひろみ「衣生活の科学」放送大学教育振興会（日典3）

牛部(牟,物,牧)

【936】 牟

[5]牟田　むた
　牟田久次　むた・きゅうじ　型紙彫刻師(日人)
　牟田征紀　むた・せいき　製本工(アナ)
　牟田悌三　むた・ていぞう　俳優,福祉活動家(日人)
　牟田弘国　むた・ひろくに　自衛官(陸海)
　牟田万次郎　むた・まんじろう　実業家(日人)

牟田口　むたぐち;むだぐち
　牟田口義郎　むたぐち・よしろう　ジャーナリスト(日人)
　牟田口廉也　むたぐち・れんや　軍人(日人)
　牟田口元学　むだぐち・げんがく　政治家(コン)
　牟田口廉也　むだぐち・れんや　陸軍軍人(コン5)

牟田神西　むたがみにし
　牟田神西久弥　むたがみにし・ひさや　国民宿舎職員(人情)

牟礼　むれ;むれい
　牟礼勝弥　むれ・かつや　政治家(現政)
　牟礼慶子　むれ・けいこ　詩人(現詩)
　牟礼仁　むれい・ひとし　「古代出雲大社の祭儀と神殿」学生社(日典3)

【937】 物

[4]物井　ものい
　物井寿子　ものい・ひさこ　「失語症の評価」(国典)
　物井由江　ものい・よしえ　「また逢ふ日」短歌新聞社(日典3)

[11]物部　もののべ;もののべの;ものべ
　物部長穂　もののべ・ながほ　土木工学者(日人)
　物部道足　もののべの・みちたり　歌人=古代(人名6)
　物部義肇　ものべ・ぎちょう　僧侶(真宗)

[12]物集　もずめ
　物集和子　もずめ・かずこ　小説家(日人)
　物集高量　もずめ・たかかず　日本文学者(日人)
　物集高音　もずめ・たかね　小説家(小説)
　物集高見　もずめ・たかみ　国学者(コン5)
　物集高世　もずめ・たかよ　国学者(コン4)

物集女　もずめ
　物集女清久　もずめ・きよひさ　実業家(日人)
　物集女純子　もずめ・じゅんこ　ヴァイオリニスト(演奏)

[14]物種　ものだね
　物種吉兵衛　ものだね・きちべえ　真宗の篤信者,妙好人(真宗)
　物種鴻二　ものだね・こうりょう　俳人(日典3)

【938】 牧

[3]牧川　まきかわ;まきがわ
　牧川修一　まきかわ・しゅういち　テノール歌手(音3)
　牧川典子　まきかわ・のりこ　メゾソプラノ歌手(音3)
　牧川明生　まきがわ・あきお　彫刻家(日典3)
　牧川史郎　まきがわ・しろう　小説家(大阪文)

[4]牧井　ひらい
　牧井貞賛　ひらい・ていさん　「山峡―川柳句集」(JM)

牧戸　まきと;まきど
　牧戸和宏　まきと・かずひろ　帝塚山大学教養学部助教授(日典)
　牧戸恵利子　まきど・えりこ　「フランス菓子ティータイム」三修社(日典3)
　牧戸孝郎　まきど・たかお　経済学者(現執3期)

[5]牧田　まきた;まきだ
　牧田きせ　まきた・きせ　看護婦(日人)
　牧田環　まきた・たまき　実業家(日人)
　牧田雨煙樹　まきだ・うえんじゅ　俳人(福井百)
　牧田太　まきだ・ふとし　軍人(日人)

[7]牧志　まきし
　牧志清順　まきし・せいじゅん　高校野球選手(日典3)
　牧志政貞　まきし・せいてい　那覇簡裁判事(日典3)
　牧志宗得　まきし・そうとく　政治家,医師(社史)
　牧志つるゑ　まきし・つるえ　児童教育・婦人運動家,教員(社史)
　牧志伸宏　まきし・のぶひろ　沖縄タイムスサービスセンター専務(日典3)

牧沢　まきさわ;まきざわ
　牧沢正彦　まきさわ・まさひこ　「花蜜柑」条例出版(印刷)(日典3)
　牧沢伊平　まきざわ・いへい　小学校教員(アナ)
　牧沢司朗　まきざわ・しろう　「J・K・ガルブレイスの経済学」時潮社(日典3)

牧角　まきすみ;まきずみ
　牧角啓　まきすみ・さとう　九州大学名誉教授(日典3)
　牧角徹郎　まきすみ・てつろう　「葵傾つれづれ―牧角徹郎向日葵絵画集」(JM)
　牧角悦子　まきずみ・えつこ　駒沢大学非常勤講師(日典)
　牧角三郎　まきずみ・さぶろう　医師(近医)

牧谷　まきたに;まきや
　牧谷嘉吉郎　まきたに・かきちろう　陶芸家(姓氏富山)
　牧谷武之　まきたに・たけゆき　大阪官業労働組合メンバー(社史)
　牧谷昌幸　まきや・まさゆき　駐スーダン大使(日典3)

[牛部(牲) 犬部(犬,狗,狐,狛,狭)]

¹²牧港　まきみなと
　牧港篤三　まきみなと・とくぞう　新聞記者・詩人(平和)

【939】　牲

³牲川　せがわ；にえがわ
　牲川波都季　せがわ・はづき「わたしを語ることばを求めて」三省堂(日典3)
　牲川悦三　にえがわ・えつぞう　元三菱重工常務(日典)

犬部

【940】　犬

⁶犬伏　いぬふし；いぬぶし；いぬぶせ
　犬伏康夫　いぬふし・やすお「有機薬化学」広川書店(JM)
　犬伏元貞　いぬぶし・もとさだ　製薬家(徳島歴)
　犬伏武彦　いぬぶせ・たけひこ　高校教師(現執3期)

¹⁰犬島　いぬしま；いぬじま
　犬島伸一郎　いぬしま・しんいちろう　北陸銀行頭取(日典)
　犬島伸一郎　いぬじま・しんいちろう　北陸銀行頭取(日典3)
　犬島肇　いぬじま・はじめ　富山県議(日典)

¹²犬塚　いぬずか；いぬつか
　犬塚弘　いぬずか・ひろし　俳優(世紀)
　犬塚稔　いぬずか・みのる　映画監督,脚本家(滋賀文)
　犬塚勇　いぬつか・いさむ　司法書士(日典3)
　犬塚皆春　いぬつか・かいしゅん　俳人(郷土長崎)

犬童　いぬどう；いんどう；けんどう
　犬童一心　いぬどう・いっしん　映画監督(映人)
　犬童球渓　いんどう・きゅうけい　作詞・作曲家(日人)
　犬童幾喜　けんどう・きよし　神戸市電従業員組合メンバー(社史)

¹³犬飼　いぬかい；いぬがい；いぬかいの
　犬飼哲夫　いぬかい・てつお　動物学者(日典)
　犬飼一郎　いぬがい・いちろう　職工(社史)
　犬飼馬鹿人　いぬかいの・ばかひと「東京情話」駄作之友社(日典3)

¹⁵犬養　いぬかい；いぬがい
　犬養健　いぬかい・たける　政治家,小説家(コン4)
　犬養毅　いぬかい・つよし　政治家(コン5)
　犬養智　いぬがい・とも　農民(社史)
　犬養道子　いぬかい・みちこ　評論家(女文)

【941】　狗

⁹狗巻　いぬまき
　狗巻賢二　いぬまき・けんじ　彫刻家(日典)

【942】　狐

¹¹狐崎　きつねざき；こざき
　狐崎晶雄　きつねざき・あきお「新・核融合への挑戦」講談社(日典3)
　狐崎貞琅　きつねざき・さだろう　パイロット(日典3)
　狐崎知己　こざき・ともき　専修大学経済学部助教授(日典)

¹²狐塚　きつねずか；こずか
　狐塚和江　きつねずか・かずえ　倉敷市立短期大学保育学科助教授(日典3)
　狐塚紀和子　きつねずか・きわこ「真名子の里のおびくにさま」西方町(日典3)
　狐塚賢浩　こずか・たかひろ　社会人野球監督(日典3)
　狐塚寛　こずか・ひろし　医師(近医)

【943】　狛

狛　こま
　狛哲夫　こま・てつお　日産石油化学副社長(日典3)
　狛登茂子　こま・ともこ「冬の虹」朝日新聞社(日典3)
　狛文夫　こま・ふみお　弁護士(日典3)
　狛雅子　こま・まさこ「自力整体でいきいき歩き」山と渓谷社(日典3)
　狛林之助　こま・りんのすけ　工部省技師(海越新)

【944】　狭

³狭川　きがわ；さがわ
　狭川月甫　きがわ・げつほ　俳人,宗教家(奈良文)
　狭川寒　さがわ・かん　映画編集技師(編集及び映像構成)(日典3)
　狭川明俊　さがわ・みょうしゅん　宗教家・俳人(郷土奈良)

⁵狭田　はさだ
　狭田喜義　はさだ・きよし　広大教授(国典)

⁷狭沢　さざわ
　狭沢渓夕　さざわ・けいせき「図解フライフィッシング入門」土屋書店(日典3)

¹²狭間　はざま
　狭間勇　はざま・いさむ　三井建設専務(日典3)
　狭間恵三子　はざま・えみこ　サントリー次世代研究所課長(日典3)
　狭間茂　はざま・しげる　官僚(コン4)

犬部（狩，狼，猪）

狭間二郎　はざま・じろう　洋画家（洋画）
狭間直樹　はざま・なおき　研究者（現執4期）

【945】狩

狩　かり
　狩久　かり・きゅう　小説家，CMディレクター（幻想）
狩々　かりがり
　狩々博士　かりがり・ひろし「ドグラ・マグラの夢」（国典）
[5]狩生　かりう；かりゅう
　狩生孝治　かりう・こうじ　トップホーム社長（日典）
　狩生玲子　かりう・れいこ　児童文学作家（日典3）
　狩生あすか　かりゅう・あすか「キスはオトナになってから！」徳間書店（日典3）
　狩生聖子　かりゅう・きよこ　ライター（日典3）
[7]狩谷　かりや
　狩谷昭子　かりや・あきこ　シブイ・フイルムス代表取締役（日典）
　狩谷淳　かりや・あつし「X線診断へのアプローチ」医学書院（日典3）
　狩谷鷹友　かりや・たかとも　国学者，歌人（石川百）
　狩谷竹鞆　かりや・たかとも　儒学者（幕末）
　狩谷芳斎　かりや・ほうさい　画家（幕末）
[10]狩栖　かりす
　狩栖健太郎　かりす・けんたろう　翻訳家（日典3）
[11]狩郷　かりごう
　狩郷修　かりごう・おさむ「ごみ焼却炉選定の技術的評価」工業出版社（日典3）
狩野　かの；かのう；かりの
　狩野直喜　かの・なおき　中国学者（日人）
　狩野芳崖　かのう・ほうがい　日本画家，長門長府藩御用絵師（コン4）
　狩野景　かりの・けい　小説家（幻想）
[12]狩集　かりあつまり
　狩集紘一　かりあつまり・こういち「暴力相談」中央公論新社（日典3）
　狩集住義　かりあつまり・すみよし「電気・電子製図」実教出版（書籍）
　狩集富ぢ江　かりあつまり・とみぢえ「二輪草」白鳳社（日典3）
　狩集日出男　かりあつまり・ひでお「余光」短歌新聞社（日典3）
[13]狩路　かるろ
　狩路ひさよし　かるろ・ひさよし「唇のいたずら」壱番館書房（日典3）

【946】狼

狼　うるふ；おおかみ
　狼太郎　うるふ・たろう「めちゃイケ・三姉妹」久保書店（日典3）

狼嘉彰　おおかみ・よしあき　慶応義塾大学理工学部システムデザイン工学科教授（日典）
狼亮輔　おおかみ・りょうすけ「もみゅちち」キルタイムコミュニケーション（日典3）

【947】猪

猪　い；いの
　猪風来　い・ふうらい　土偶作家（日典）
　猪貴義　いの・たかよし「生物進化の謎を解く」アドスリー（日典3）
　猪初男　いの・はつお　耳鼻咽喉科学者（近医）
猪ノ口　いのくち；いのぐち
　猪ノ口真知子　いのくち・まちこ　マラソン選手（日典）
　猪ノ口昭子　いのぐち・しょうこ「日々の暮らしを綴る絵手紙川柳」佐賀新聞社（日典3）
[2]猪又　いのまた
　猪又かじ子　いのまた・かじこ「只見憧憬」遊人工房（日典3）
　猪又克子　いのまた・かつこ「Photo & movie臨床看護技術パーフェクトナビ」学習研究社（日典3）
　猪又憲吾　いのまた・けんご　脚本家（日典3）
　猪又正一　いのまた・しょういち「私の東拓回顧録」竜渓書舎（日典3）
　猪又庄三　いのまた・しょうぞう「世の中のしくみ雑学事典」池田書店（日典3）
[3]猪口　いぐち；いのくち；いのぐち
　猪口一行　いぐち・かずゆき　弓道家，弓道教士（弓道）
　猪口有佳　いのくち・ゆか　声優（テレ）
　猪口孝　いのぐち・たかし　政治学者（日人）
猪子　いのこ
　猪子吉人　いのこ・きちんど　薬物学者（日人）
　猪子清　いのこ・きよし　但馬豊岡藩家老（藩臣5）
　猪子止戈之助　いのこ・しかのすけ　外科学者（日人）
　猪子陽賢　いのこ・ようけん　伊勢の医学者（三重続）
　猪子吉人　いのこ・よしと　薬物学者（朝日）
猪山　いのやま；いやま
　猪山雄司　いのやま・ゆうじ　アートプロデューサー（日典3）
　猪山勝利　いやま・かつとし　社会教育学・地域社会学者（現執1期）
　猪山英徳　いやま・ひでのり　大陽東洋酸素副社長（日典3）
猪川　いかわ；いがわ；いのかわ
　猪川静雄　いかわ・しずお　教師，新聞・雑誌の編集発行人，自由民権運動家（姓氏岩手）
　猪川奈都　いがわ・なつ「ミスター・インクレディブル完全ガイドブック」フレーベル館（日典3）
　猪川耐　いのかわ・たい　歌人（奈良文）
[4]猪井　いい；いのい
　猪井善亮　いい・ぜんすけ　元岡西市長（日典）
　猪井操子　いい・みさこ　アナウンサー（日典3）

犬部（猪）

猪井貴志　いのい・たかし「車窓で旅する日本列島」交通新聞社（日典3）
猪井達雄　いのい・たつお「阿波こぼれ話」徳島市中央公民館（日典3）

猪木　いき；いぎ；いのき
猪木熊山　いき・ゆうざん　医師（日人）
猪木弟彦　いぎ・おとひこ　造船技術者（岡山歴）
猪木正道　いのき・まさみち　政治学者（日人）

猪爪　いずめ；いのずめ；いのつめ
猪爪靖史　いずめ・やすし　亀九釣会幹事長（日典）
猪爪幸一　いのずめ・こういち　（株）日本電気総合経営研修所国際教育事業部（日典3）
猪爪彦一　いのつめ・ひこいち　洋画家（日典3）

[5]猪古　いこ
猪古勝　いこ・まさる　アナキスト（アナ）

猪本　いのもと；いもと
猪本隆　いのもと・たかし　作曲家（作曲）
猪本雅三　いのもと・まさみ　映画撮影監督（映人）
猪本良　いもと・りょう　中日新聞参与（日典）

猪田　いだ；いのだ
猪田孝介　いだ・こうすけ　ペンション南伊豆経営（日典3）
猪田正吉　いだ・しょうきち　軍事諜報員（日人）
猪田青以　いのだ・せいい　日本画家（美家）
猪田七郎　いのだ・ひちろう　洋画家、実業家（美家）

[6]猪名川　いながわ
猪名川治郎　いながわ・じろう　外交官（和歌山人）

[7]猪坂　いさか
猪坂直一　いさか・なおかず　文化運動指導者（日人）
猪坂玲子　いさか・れいこ「はないかだ」和泉書房（日典3）

猪尾　いお；いのお
猪尾和久　いお・かずひさ　東京海上研究所主任研究員（日典3）
猪尾武達　いお・たけさと　日本設備工業専門学院講師（国典）
猪尾卓也　いのお・たくや「医療福祉関係法規」嵯峨野書院（日典3）

猪谷　いがや；いたに；いのたに
猪谷六合雄　いがや・くにお　スキー指導者（日人）
猪谷善一　いたに・ぜんいち　経済学者（現執1期）
猪谷康二　いのたに・こうじ　高校野球選手（日人）

猪足　いのあし
猪足秀子　いのあし・ひでこ「学習集団による子どもの変革」東方出版（書籍）

[9]猪城　いき
猪城博之　いき・ひろゆき　九州大助教授（国典）

猪巻　いのまき
猪巻明　いのまき・あきら「猪巻明日本画展」喜多方市美術館（日典3）
猪巻清明　いのまき・せいめい　日本画家（美家）

猪狩　いかり；いがり；いのかり
猪狩章　いかり・あきら　新聞記者（世紀）
猪狩満直　いがり・みつなお　詩人（日典3）
猪狩忠　いのかり・ただし「骨折治療の実際」金原出版（書籍）

[10]猪原　いのはら；いはら
猪原章夫　いのはら・あきお　イノハラ水泳研究所所長（日典3）
猪原大華　いのはら・たいか　日本画家（日人）
猪原慶蔵　いはら・けいぞう　リンゴ栽培技術指導者（姓氏岩手）
猪原ナツ　いはら・なつ　ハンセン病の夫の看病を続けた（女性普）

猪島　いじま；いのしま
猪島勝美　いじま・かつみ「ヒップホップワークアウト」スキージャーナル（日典3）
猪島四郎　いのしま・しろう「これだけは知っておきたい赤ちゃんの育て方365日」大晶堂（日典3）

猪浦　いのうら
猪浦宏三　いのうら・こうぞう「映画道楽のひとりごと」武蔵野書房（日典3）
猪浦節子　いのうら・せつこ「雪、ふりつもる」武蔵野書房（日典3）
猪浦道夫　いのうら・みちお　東京ポリグロットグループ社長、ポリグロット代表取締役（日典3）
猪浦里沙　いのうら・りさ　タレント（テレ）

[11]猪崎　いさき；いざき
猪崎保直　いさき・やすなお　実業家（日典3）
猪崎久太郎　いざき・きゅうたろう　実業家（日人）
猪崎宣昭　いざき・のぶあき　映画監督（映監）

猪笹　いささ
猪笹伊三郎　いささ・いさぶろう　城西消費購買組合組合員（社史）

猪郷　いごう
猪郷久治　いごう・ひさはる「Permian conodont biostratigraphy of Japan」Palaeontological Society of Japan,（日典3）
猪郷久義　いごう・ひさよし「できかた図鑑」PHP研究所（日典3）

猪野毛　いのけ
猪野毛ソデ　いのけ・そで　皇后宮女官（日典3）
猪野毛利栄　いのけ・としえ　政治家（郷土福井）
猪野毛登　いのけ・のぼる「ガイド学習」グリンクロス（札幌店）（日典3）

猪鹿倉　いかくら；いがくら
猪鹿倉兼雄　いかくら・かねお　元・科研製薬常勤監査役（日典）
猪鹿倉忠俊　いかくら・ただとし　地質学者（鳥取百）
猪鹿倉兼文　いがくら・かねふみ　警視庁書記、警察部長、内務部長（姓氏鹿児島）

犬部（猫, 猶, 猿, 獅）

猪鹿倉義則　いがくら・よしのり　田代町（鹿児島県）町長（日典）

[12]猪塚　いずか；いのずか
　猪塚貞行　いずか・さだゆき　日本電気第三官庁ソリューション事業部（日典）
　猪塚隆夫　いずか・たかお　経営コンサルタント（日典3）
　猪塚恵美子　いのずか・えみこ　上智大学講師（日典3）
　猪塚清　いのずか・きよし　労働組合全国同盟大阪連合会調査部長（社史）

猪越　いこし；いのこし
　猪越恭也　いこし・やすなり　薬剤師（現執3期）
　猪越作治　いのこし・さくじ　政治家（姓氏群馬）
　猪越重久　いのこし・しげひさ「接着がゆく」デンタルダイヤモンド社（日典3）

猪間　いのま
　猪間明俊　いのま・あきとし　石油資源開発取締役（日典3）
　猪間驥一　いのま・きいち「日本経済図表」（国典）
　猪間駿三　いのま・しゅんぞう「勤務評定」（国典）
　猪間道明　いのま・みちあき「世界名作劇場アニメコレクションアルプスの少女ハイジ」サニーサイドミュージック（日典3）

[13]猪飼　いかい；いがい；いのかい
　猪飼道夫　いかい・みちお　生理学者（日人）
　猪飼嘯谷　いがい・しょうこく　日本画家（名画）
　猪飼紘代　いのかい・ひろよ「オクルージョン＆クリニカルプラクティス」医歯薬出版（日典3）

[14]猪熊　いぐま；いのくま
　猪熊淑視　いぐま・よしみ「だれでもできる基礎基本の授業」フォーラム・A（日典3）
　猪熊弦一郎　いのくま・げんいちろう　洋画家（コン4）
　猪熊葉子　いのくま・ようこ　翻訳家, 児童文学者（日人）

[19]猪瀬　いせ；いのせ
　猪瀬東寧　いせ・とうねい　画家, 漢詩人（名画）
　猪瀬直樹　いのせ・なおき　ノンフィクション作家（日人）
　猪瀬博　いのせ・ひろし　情報工学者（日人）

【948】猫

[5]猫田　ねこた；ねこだ
　猫田勝俊　ねこた・かつとし　バレーボール選手（現刊）
　猫田勝敏　ねこた・かつとし　バレーボール選手（日人）
　猫田勝敏　ねこだ・かつとし　バレーボール選手（現朝）
　猫田輝子　ねこだ・てるこ「山茶花」牙短歌会（日典3）

[10]猫島　ねこしま；ねこじま
　猫島瞳子　ねこしま・とうこ　小説家（日典）
　猫島礼　ねこじま・れい「タイ居座り日記」ぶんか社（日典3）

[12]猫森　ねこのもり；ねこもり
　猫森麻里鈴　ねこのもり・まりりん「最後までぬがせて」巨星出版（JM）
　猫森みらい　ねこもり・みらい「一番星」新風舎（JM）

【949】猶

[4]猶井　なおい
　猶井正幸　なおい・まさゆき　ホルン奏者（音人）

[10]猶原　なおはら；なおばら
　猶原明人　なおはら・あきひと　高島屋事業本部特選衣料雑貨バイヤー（日典3）
　猶原享爾　なおはら・きょうじ　山地酪農協会顧問（日典）
　猶原恭爾　なおばら・きょうじ「日本の山地酪農」資源科学研究所（日典3）

【950】猿

[3]猿子　ましこ
　猿子留三郎　ましこ・とめさぶろう　釧路市議会副議長（自民）（人情）
　猿子英雄　ましこ・ひでお　猿子鉄工所社長, 新潟鉄工業協同組合理事（日典3）

猿山　さやま；さるやま
　猿山木魂　さやま・こだま　俳人（俳文）
　猿山昌平　さるやま・しょうへい　日本無線副社長, 日清紡常務（日典3）
　猿山二郎　さるやま・じろう「たのしいABC」ポプラ社（日典3）

[7]猿谷　さるや
　猿谷要　さるや・かなめ　アメリカ史学者（日人）
　猿谷吉太郎　さるや・きちたろう　軍人（群馬人）
　猿谷忠男　さるや・ただお　政治家（群馬人）
　猿谷紀郎　さるや・としろう　作曲家（作曲）
　猿谷雅治　さるや・まさはる　経営学者（現執3期）

[12]猿渡　えんど；さるわたり；さわたり
　猿渡玉枝　えんど・たまえ「ひたち帯」筑波書林（日典3）
　猿渡哲也　さるわたり・てつや　漫画家（漫人）
　猿渡容盛　さわたり・ひろもり　国学者（日典3）

[16]猿橋　さはし；さるはし
　猿橋望　さはし・のぞむ　ノヴァ社長（日典3）
　猿橋勝子　さるはし・かつこ　地球学者（日人）
　猿橋ユリ　さるはし・ゆり　女性運動家（日人）

【951】獅

[3]獅子内　ししうち
　獅子内謹一郎　ししうち・きんいちろう　早稲田大学の野球選手（姓氏岩手）
　獅子内武夫　ししうち・たけお「獅子内武夫画集」美術倶楽部（日典3）

獅山　ししやま
　獅山向洋　ししやま・こうよう　弁護士,政治家（現政）
　獅山慈孝　ししやま・じこう　京都大学名誉教授（日典3）
[18]獅騎　しき
　獅騎一郎　しき・いちろう　シナリオライター（現執3期）

【952】獺

[3]獺口　おそぐち
　獺口彰　おそぐち・あきら「体育とレクリエーション」(国典)

部首5画

玄部

【953】玄

玄　げん
　玄海男　げん・うみお　元・ボクシング選手（日典）
　玄忠　げん・ただし「ひずみゲージ入門」コロナ社（日典3）
　玄太郎　げん・たろう　漫画家（漫）
　玄秀盛　げん・ひでもり「しあわせ駆けこみ寺」ベストセラーズ（日典3）
　玄光男　げん・みつお「時間に遅れないプロジェクトマネジメント」共立出版（日典3）
[4]玄丹　げんたん
　玄丹おかよ　げんたん・おかよ　国家老大橋茂右衛門の窮地を救った女性（女性普）
　玄丹かよ　げんたん・かよ　出雲松江藩士・鍼医錦織玄丹の娘（日人）
[5]玄田　げんた；げんだ
　玄田哲章　げんた・てっしょう　声優（テレ）
　玄田公子　げんだ・きみこ　京都橘大学看護部教授（日典3）
　玄田有史　げんだ・ゆうじ　東京大学社会科学研究所助教授（現執4期）
[8]玄侑　げんゆう
　玄侑宗久　げんゆう・そうきゅう　僧侶,小説家（日人）
[9]玄海　げんかい
　玄海研二　げんかい・けんじ　力士（日典3）
　玄海つとむ　げんかい・つとむ「愛の狩人」久保書店（書籍）
　玄海椿　げんかい・つばき　女優（日典3）
　玄海竜二　げんかい・りゅうじ　俳優（日典3）
[12]玄葉　げんは；げんば
　玄葉栄吉　げんは・えいきち　和算家,教育者（数学）

犬部（獺）　玄部（玄,妙,率）　玉部（王,玉）

　玄葉栄吉　げんば・えいきち　和算家,教育者（幕末）
　玄葉光一郎　げんば・こういちろう　政治家（現政）

【954】妙

[7]妙見　たえみ
　妙見朱美　たえみ・あけみ　スポーツカメラマン（日典3）

【955】率

[3]率川　いさがわ
　率川宣春　いさがわ・のぶはる　神奈川新聞出版局第二出版部長（日典）

玉部

【956】王

王　おう；きんぐ
　王鈫古　おう・きんこ　南画家（美家）
　王貞治　おう・さだはる　プロ野球選手,プロ野球監督（コン4）
　王欣太　きんぐ・ごんた　漫画家（漫）
[3]王子　おうじ；おおじ
　王子おひろ　おうじ・おひろ「お座敷さんさ 花しぐれ」キングレコード（発売）（日典3）
　王子喜一　おうじ・きいち　全国公立病院連盟会長（日典3）
　王子喜一　おおじ・きいち「肝臓の悪性腫瘍」南江堂（日典3）
[5]王出　おういで
　王出富須雄　おういで・ふすお　作家（日典）
[6]王寺　おうじ；おうでら
　王寺賢太　おうじ・けんた「カントの人間学」新潮社（日典3）
　王寺ハマコ　おうじ・はまこ「柿の熟れる頃」広島川柳会（日典3）
　王寺享弘　おうでら・としひろ「整形外科手術テクニック」メディカ出版（日典3）
[15]王鞍　おうくら；おおくら
　王鞍知子　おうくら・ともこ　俳人（日典3）
　王鞍知子　おおくら・ともこ「限りなくなおかぎりなく」探究社（日典3）

【957】玉

玉　たま
　玉真之介　たま・しんのすけ「グローバリゼーションと日本農業の基層構造」筑波書房（日典3）
　玉直哉　たま・なおさい　農民（社史）

玉部（玉）

³玉上　たまがみ
　玉上茶六朗　たまがみ・さぶろう　「愚父伝」明広（日典3）
　玉上進一　たまがみ・しんいち　プレステージ・インターナショナル社長（日典3）
　玉上琢弥　たまがみ・たくや　日本文学者（日人）
　玉上智香子　たまがみ・ちかこ　「愚父伝」明広（日典3）

玉川　たまかわ；たまがわ
　玉川敏雄　たまかわ・としお　東北電力取締役社長・会長（実業）
　玉川みちみ　たまかわ・みちみ　女優（俳優）
　玉川勝太郎〔2代〕　たまがわ・かつたろう　浪曲師（日人）
　玉川良一　たまがわ・りょういち　俳優、コメディアン（新芸）

⁴玉手　たまて
　玉手玉蓮　たまて・ぎょくれん　画家（大阪人）
　玉手栄洲　たまて・とうしゅう　画家（日人）
　玉手弘通　たまて・ひろみち　志士、実業家（日人）
　玉手弘道　たまて・ひろみち　志士、実業家（人名）
　玉手北肇　たまて・ほくちょう　俳人（北海道文）

⁵玉生　たまお；たまにう；たまにゅう；たもう
　玉生雅男　たまお・まさお　「クラリネット・ハンドブック」音楽之友社（日典3）
　玉生弘昌　たまにう・ひろまさ　情報システムコンサルタント（日典）
　玉生道経　たまにゅう・みちつね　心理学者（心理）
　玉生孝久　たもう・たかひさ　政治家（現政）

⁶玉地　たまじ；たまち
　玉地としお　たまじ・としお　漫画家（漫画）
　玉地俊雄　たまじ・としお　漫画家（漫人）
　玉地任子　たまち・ひでこ　「いのち、生きなおす」集英社（日典3）
　玉地寛光　たまち・ひろみつ　「やさしい高脂血症の自己管理」医薬ジャーナル社（日典3）

⁷玉利　たまり
　玉利勲　たまり・いさお　評論家、考古学ジャーナリスト（考古）
　玉利かおる　たまり・かおる　タレント、コラムニスト（テレ）
　玉利喜造　たまり・きぞう　農学者（コン）
　玉利親賢　たまり・ちかかた　海軍軍人（海越新）
　玉利親賢　たまり・ちかたか　海軍軍人（日人）

玉沢　たまさわ；たまざわ
　玉沢煥　たまさわ・あきら　軍人（岡山歴）
　玉沢潤一　たまさわ・じゅんいち　洋画家（洋画）
　玉沢徳一郎　たまさわ・とくいちろう　政治家（現政）
　玉沢光三郎　たまさわ・みつさぶろう　思想検事（履歴2）

玉谷　たまたに；たまや
　玉谷明美　たまたに・あけみ　「玉谷明美selected works」朝日アートコミュニケーション（日典3）
　玉谷恵利子　たまたに・えりこ　フリーライター（日典3）
　玉谷桂一　たまや・けいいち　さぬきうどん・たまや主人（日典3）
　玉谷留雄　たまや・とめお　無産者新聞取次業者（社史）

玉那覇　たまなは
　玉那覇栄一　たまなは・えいいち　医師（日典3）
　玉那覇正吉　たまなは・しょうきち　彫刻家（日人）
　玉那覇重善　たまなは・じゅうぜん　沖縄県議会議員（社史）
　玉那覇正吉　たまなは・せいきち　彫刻家（美建）
　玉那覇有公　たまなは・ゆうこう　染色家（日人）

玉里　たまざと；たまり
　玉里恵美子　たまざと・えみこ　「Japareanの挑戦」南の風社（日典3）
　玉里栄二　たまり・えいじ　「ジエンドオブマジック」ポプラ社（日典3）

⁸玉舎　たまや
　玉舎春輝　たまや・しゅんき　画家（美家）
　玉舎輝彦　たまや・てるひこ　「産婦人科手術書」金芳堂（日典3）
　玉舎直人　たまや・なおと　アスキーイーシー常務（日典3）

⁹玉城　たまき；たまぐしく；たまぐすく；たましろ
　玉城徹　たまき・とおる　歌人、詩人（日人）
　玉城朝彦　たまぐしく・ともひこ　「沖縄放送研究序説」出版舎Mugen（日典3）
　玉城盛重　たまぐすく・せいじゅう　琉球芸能の役者（コン）
　玉城健吉　たましろ・けんきち　俳優（新芸）

玉栄　たまえ；たまえい
　玉栄エドワード・正一　たまえ・えどわーどしょういち　沖縄クラブ会長、南加県人会協議会会長（日典3）
　玉栄幸一　たまえ・こういち　農民（社史）
　玉栄清良　たまえい・せいりょう　「殉教の文学」島田保（日典3）

¹⁰玉真　たまま
　玉真岩雄　たまま・いわお　渡航者（渡航）
　玉真哲雄　たまま・てつお　「企業の危機管理とその対応」鷹書房弓プレス（日典3）
　玉真俊彦　たまま・としひこ　「管があぶない」ぎょうせい（日典3）
　玉真秀夫　たまま・ひでお　米国AVX社在日子会社総務部長（日典3）
　玉真弘　たまま・ひろむ　柳川山門歯科医師会長（人情）

¹¹玉崎　たまさき；たまざき
　玉崎幸二　たまさき・こうじ　茨城大学名誉教授（日典3）
　玉崎千鶴子　たまさき・ちずこ　「夢明かり」北冬舎（日典3）
　玉崎紀子　たまざき・のりこ　中京大学教養部教授（日典3）

玉崎孫治　たまざき・まごじ　南山大学外国語学部英米学科教授〔日典〕

玉貫　たまき；たまぬき
　玉貫寛　たまき・かん　俳人,小説家〔四国文〕
　玉貫光一　たまぬき・こういち　農学者〔北海道文〕
　玉貫滋　たまぬき・しげる　シンクタンク研究員（現執3期）

玉麻　たま
　玉麻吉丸　たま・よしまる　農協職員〔世紀〕

[12]玉塚　たまずか；たまつか
　玉塚栄次郎　たまずか・えいじろう　実業家（現朝）
　玉塚栄次郎〔1代〕　たまずか・えいじろう　実業家〔世紀〕
　玉塚栄次郎〔1代〕　たまつか・えいじろう　実業家〔日人〕
　玉塚栄次郎〔2代〕　たまつか・えいじろう　経営者〔日人〕

玉越　たまこし
　玉越賢治　たまこし・けんじ　税理士〔日典3〕
　玉越三朗　たまこし・さぶろう　幼児教育研究者（現執1期）
　玉越博幸　たまこし・ひろゆき　漫画家〔漫人〕
　玉越理寛　たまこし・まさひろ　ロック・ドラム奏者〔テレ〕
　玉越守夫　たまこし・もりお　テノール歌手〔音人3〕

[13]玉置　たまおき；たまき
　玉置宏　たまおき・ひろし　司会者,タレント〔日人〕
　玉置びん　たまおき・びん　かっぺた織技術伝承者〔美工〕
　玉置明善　たまき・あきよし　実業家〔日人〕
　玉置和郎　たまき・かずお　政治家〔日人〕

玉腰　たまこし
　玉腰暁子　たまこし・あきこ　「医療現場における調査研究倫理ハンドブック」医学書院〔日典3〕
　玉腰一男　たまこし・かずお　グランドタマコシ会長,愛知県納貯連副会長〔日典〕
　玉腰卓司　たまこし・たくじ　タマ商会社長〔日典3〕
　玉腰常義　たまこし・つねよし　愛知県議,江南市助役〔日典3〕
　玉腰琅々　たまこし・ろうろう　俳人〔世紀〕

[15]玉敷　たましき
　玉敷やよい　たましき・やよい　メゾソプラノ歌手〔音人3〕

[20]玉懸　たまかけ
　玉懸謙治　たまかけ・けんじ　医師・病院経営者〔姓氏岩手〕
　玉懸博之　たまかけ・ひろゆき　日本思想史学者（現執2期）

【958】玖

[7]玖村　くむら
　玖村敦彦　くむら・あつひこ　「作物の光合成と生態」農山漁村文化協会〔日典3〕
　玖村竜男　くむら・たつお　「パケット通信パーフェクト・ガイド」CQ出版〔日典3〕
　玖村敏雄　くむら・としお　教育学者〔日人〕
　玖村まゆみ　くむら・まゆみ　「完盗オンサイト」講談社〔日典3〕
　玖村芳男　くむら・よしお　広島交易代表取締役〔日典3〕

[9]玖保　くぼ
　玖保キリコ　くぼ・きりこ　漫画家〔世紀〕

[10]玖島　くしま
　玖島紗江　くしま・さえ　「ギター編曲によるチャイコフスキーこどものアルバムOp.39」現代ギター社〔日典3〕
　玖島三一　くしま・さんいち　社会運動家〔社史〕
　玖島隆明　くしま・たかあき　ギタリスト〔日典3〕
　玖島博喜　くしま・ひろき　「カフェ・イベントPA術」リットーミュージック〔日典3〕
　玖島裕　くしま・ゆたか　CMプロデューサー〔日典3〕

【959】珍

[5]珍田　ちんだ
　珍田左兵衛〔2代〕　ちんだ・さへい　実業家〔青森人〕
　珍田捨己　ちんだ・すてみ　外交官〔日人〕
　珍田捨巳　ちんだ・すてみ　外交官〔コン5〕
　珍田福伍郎　ちんだ・ふくごろう　政治家〔青森人〕

【960】玻

[6]玻名城　はなぐすく；はなしろ
　玻名城長好　はなぐすく・ちょうこう　新聞記者〔姓氏沖縄〕
　玻名城英介　はなしろ・えいすけ　「教師の不祥事は防げるか」那覇出版社〔製作〕〔日典3〕

[10]玻座真　はざま
　玻座真里芳　はざま・りほう　「まくら記集」〔国典〕
　玻座真里模　はざま・りも　教育家,政治家〔社史〕

【961】珠

珠　たま
　珠瑠美　たま・るみ　映画監督〔世紀〕

[5]珠玖　しく；しゅく
　珠玖洋　しく・ひろし　三重大学医学部医学科教授〔日典〕

玉部(班,現,瑛,琴,瑞)

珠玖加奈子　しゅく・かなこ　フルート奏者(演奏)
珠玖捨男　しゅく・すてお　小樽市医師会副会長(国典)

【962】　班

[5]班目　まだらめ
　班目広一　まだらめ・こういち　古河アルミニウム工業副社長(日典3)
　班目健夫　まだらめ・たけお「免疫力アップ!「湯たんぽ」で「冷え症」が治る」大和書房(日典3)
　班目春樹　まだらめ・はるき　内閣府原子力安全委員会委員長(日典3)
　班目秀雄　まだらめ・ひでお　洋画家(洋画)
　班目文雄　まだらめ・ふみお　大妻女子大学教授(日典3)

【963】　現

[3]現川　うつしかわ;うつつがわ
　現川尋香　うつしかわ・じんこう「氷河」短歌研究社(日典3)
　現川到　うつつがわ・いたる「憲法新装の試み」講談社出版サービスセンター(日典3)

[4]現王園　げんおうぞの;げんのうぞん
　現王園仁志　げんおうぞの・ひとし　サイクルサッカー選手(日典3)
　現王園直吉　げんのうぞん・なおきち　政治家(姓氏鹿児島)

[5]現田　げんだ
　現田さだ子　げんだ・さだこ　富山県母親クラブ連合会長(日典3)
　現田茂夫　げんだ・しげお　指揮者(音人3)
　現田徳次　げんだ・とくじ　北陸銀行専務(日典3)

[8]現岡　うつおか
　現岡亨　うつおか・とおる「岡山県三国全図」橋本紋三郎(日典3)
　現岡幹博　うつおか・みきひろ　日本弦楽指導者協会理事(国典)

【964】　瑛

瑛　えい
　瑛九　えい・きゅう　洋画家(日人)

【965】　琴

琴　こと
　琴天音　こと・あまね「去っていった人残されたものたち」土曜美術社出版販売(日典3)
　琴糸路　こと・いとじ　女優(新芸)
　琴かずえ　こと・かずえ「こどものための楽しい団らんゲーム」白眉学芸社(日典3)
　琴ふづき　こと・ふづき「きらきら研修医」アメーバブックス,幻冬舎(発売)(日典3)
　琴まりえ　こと・まりえ　宝塚娘役スター(星組)(日典3)

[11]琴陵　ことおか
　琴陵光熙　ことおか・てるさと　宗教家(香川人)
　琴陵光熙　ことおか・てるさと　神職(日人)
　琴陵宥常　ことおか・ひろつね　伊予宇和島藩士(幕末)
　琴陵光重　ことおか・みつしげ　神官(郷土香川)

【966】　瑞

[6]瑞光　たまみつ
　瑞光由孝　たまみつ・ゆうこう　僧侶(日典)

[15]瑞慶山　ずけやま
　瑞慶山茂　ずけやま・しげる「沖縄返還協定の研究」汐文社(日典3)
　瑞慶山良昌　ずけやま・よしあき　沖縄県議(自民党)(日典3)
　瑞慶山良昭　ずけやま・よしあき　琉球新報編集局付局長(日典3)
　瑞慶山良三　ずけやま・よしみつ「ああ、運命」鳥影社(日典3)

瑞慶村　ずけむら
　瑞慶村悦子　ずけむら・えつこ「心のままに」瑞慶村智勇(日典3)
　瑞慶村智慧　ずけむら・ちけい　新聞記者(社史)
　瑞慶村稔　ずけむら・みのる　グラフィックデザイナー(日典3)
　瑞慶村葉子　ずけむら・ようこ　コンピューターグラフィックデザイナー(日典3)

瑞慶覧　ずけらん
　瑞慶覧功　ずけらん・いさお　沖縄県議(社大・ニライ,中頭郡)(日典3)
　瑞慶覧薫　ずけらん・かおる　ジャーナリスト(現married2期)
　瑞慶覧朝義　ずけらん・ちょうぎ　沖縄県議(社大・結連合,中頭郡)(日典3)
　瑞慶覧長敏　ずけらん・ちょうびん　衆院議員(民主党,沖縄4区)(日典3)
　瑞慶覧長方　ずけらん・ちょうほう　沖縄県議(沖縄社会大衆党)(日典3)

瑞穂　みずほ
　瑞穂春海　みずほ・しゅんかい　映画監督,僧侶(映人)
　瑞穂のりこ　みずほ・のりこ　翻訳家(日典3)
　瑞穂みすぐり　みずほ・みすぐり「平成のお助けばあさんの話」日本図書刊行会(日典3)
　瑞穂れい子　みずほ・れいこ　ライター(日典3)
　瑞穂わか　みずほ・わか「Game graphics design キャラクターCG彩色(さいしょく)テクニック」ソフトバンククリエイティブ(日典3)

[16]瑞樹　たまき;みずき
　瑞樹英海　たまき・えいかい　僧侶(日典)
　瑞樹さとり　みずき・さとり「なんちゃって純情派」飛鳥新社(日典3)
　瑞樹奈穂　みずき・なほ「フラガール」白泉社(日典3)

玉部（瑕,瑜,瑳,瑪,璽）　瓜部（瓜）　瓦部（瓦,瓶,甕）　甘部（甘）

【967】瑕

[5]瑕丘　かきゅう；きずおか
　瑕丘宗興　かきゅう・しゅうこう　浄土真宗本願寺派学僧（真宗）
　瑕丘宗興　きずおか・しゅうこう　浄土真宗本願寺派学僧（姓氏京都）

【968】瑜

[7]瑜伽　ゆが
　瑜伽教如　ゆが・きょうにょ　声明家（新芸）

【969】瑳

[3]瑳川　さがわ
　瑳川恵一　さがわ・けいいち　漫画家（漫人）
　瑳川哲朗　さがわ・てつろう　俳優（世紀）

【970】瑪

[14]瑪爾　まに
　瑪爾遮爾　まに・しゃに　宣教師（近文3）

【971】璽

璽　じ
　璽光尊　じ・こうそん　宗教家（コン4）

瓜部

【972】瓜

[5]瓜生　うりう；うりゅう
　瓜生卓造　うりう・たくぞう　小説家（児人）
　瓜生忠夫　うりう・ただお　映画評論家（日人）
　瓜生岩　うりゅう・いわ　社会事業家（コン4）
　瓜生外吉　うりゅう・そときち　海軍人（コン）
瓜生田　うりゅうだ
　瓜生田俊武　うりゅうだ・としたけ　「青黄集」初音書房（日典3）
　瓜生田曜造　うりゅうだ・ようぞう　「自衛隊医官のための健診・検診及び身体検査マニュアル」防衛医学振興会（日典3）
瓜生津　うりうず；うりゅうず
　瓜生津隆真　うりうず・りゅうしん　京都女子大学学長（日典3）
　瓜生津隆雄　うりうず・りゅうゆう　僧侶,真宗学者（現執1期）
　瓜生津隆英　うりゅうず・りゅうえい　僧侶（真宗）
　瓜生津隆雄　うりゅうず・りゅうゆう　僧侶（真宗）

[7]瓜谷　うりたに；くわのうち
　瓜谷侑広　うりたに・ゆうこう　評論家,出版人（出文）
　瓜谷良平　うりたに・りょうへい　スペイン語学者（現執1期）
　瓜谷万二　くわのうち・まんじ　21世紀創生会（日典）
[9]瓜南　かなん
　瓜南直子　かなん・なおこ　画家（児人）

瓦部

【973】瓦

瓦　かわら
　瓦敬助　かわら・けいすけ　「菜々子さん的な日常re」コアマガジン（日典3）
　瓦辰二　かわら・たつじ　カワラ金属社長（日典3）
　瓦力　かわら・つとむ　政治家（現政）
[10]瓦家　かわらいえ；かわらや
　瓦家善四郎　かわらいえ・ぜんしろう　広島県水泳連盟参与（日典3）
　瓦家千代子　かわらや・ちよこ　「介護福祉士のためのクッキング」理工学社（日典3）
[12]瓦葺　かわらぶき
　瓦葺隆彦　かわらぶき・たかひこ　弁護士（日典3）
　瓦葺利夫　かわらぶき・としお　実業家（創業）

【974】瓶

[3]瓶子　へいし；べいし
　瓶子和美　へいし・かずみ　キャスター（日典3）
　瓶子昌泰　へいし・まさやす　「マーケティングビッグ・ピクチャー」ファーストプレス（日典3）
　瓶子和美　べいし・かずみ　キャスター（テレ）

【975】甕

甕　かめ；もたい
　甕弥治郎　かめ・やじろう　農民（社史）
　甕昭男　もたい・あきお　放送大学学園理事（日典）
　甕弥治郎　もたい・やじろう　農民（アナ）

甘部

【976】甘

[4]甘木　あまき；うまき
　甘木三洛　あまき・さんらく　名古屋大学工学部教授（日典3）
　甘木太郎　あまき・たろう　「四柱推命」ラッセル社（日典3）

甘部（甚）　生部（生）

甘木つゆこ　うまき・つゆこ　小説家（日典3）

⁵甘生　あまお
甘生福太郎　あまお・ふくたろう　平民社シンパ（社史）

甘田　あまだ；かんだ
甘田五彩　あまだ・ごさい　俳人（日典）
甘田早苗　あまだ・さなえ　「トランジスタラジオの設計と工作」誠文堂新光社（日典3）
甘田正翠　かんだ・せいすい　「曝書」東京四季出版（日典3）

⁷甘利　あまり
甘利明　あまり・あきら　政治家（現政）
甘利俊一　あまり・しゅんいち　数理工学者（日人）
甘利正　あまり・ただし　政治家（政治）
甘利鉄夫　あまり・てつお　印刷工（アナ）
甘利紘　あまり・ひろし　陶芸家（陶芸最）

¹¹甘粕　あまかす
甘粕健　あまかす・けん　考古学者（日人）
甘粕重太郎　あまかす・じゅうたろう　軍人（陸海）
甘粕石介　あまかす・せきすけ　哲学者，大阪大学教授（大阪人）
甘粕継成　あまかす・つぐしげ　出羽米沢藩士（国書）
甘粕正彦　あまかす・まさひこ　陸軍軍人（コン5）

¹⁴甘蔗　かんしゃ
甘蔗珠恵子　かんしゃ・たえこ　原発反対運動（日典）

¹⁷甘糟　あまかす
甘糟章　あまかす・あきら　編集者（日人）
甘糟幸子　あまかす・さちこ　随筆家（現情）
甘糟準三　あまかす・じゅんぞう　政治家（姓氏神奈川）
甘糟継成　あまかす・つぐしげ　出羽米沢藩士（コン4）
甘糟春　あまかす・はる　武家女性（日人）

¹⁸甘藷　かんしゃ
甘藷良淳　かんしゃ・りょうじゅん　博多老人ホーム理事長（人情）

²⁰甘露寺　かんろじ
甘露寺受長　かんろじ・おさなが　宮内官僚（日人）
甘露寺勝長　かんろじ・かつなが　公家（諸系）
甘露寺祐主　かんろじ・たまか　スポーツジャーナリスト，元・テニス選手
甘露寺親房　かんろじ・ちかふさ　エスビーガーリック工業監査役（日典3）
甘露寺満子　かんろじ・みつこ　昭和天皇の侍従甘露寺受長の妻（女性普）

【977】　甚

¹¹甚野　じんの
甚野源次郎　じんの・げんじろう　福島県議（公明党，福島市）（日典3）

甚野尚志　じんの・たかし　西洋史学者（現執4期）
甚野義　じんの・ただし　市電車掌（社史）

生部

【978】　生

生　せい
生和寛　せい・かずひろ　「50歳（ごじゅっさい）からの男の嗜み」講談社（日典3）
生常碩　せい・つねせい　農民（社史）
生常省　せい・つねせき　農民（社史）

³生口　いくち
生口十朗　いくち・じゅうろう　「緋の喪章」近代文芸社（JM）
生口酔僊　いくち・すいせん　医師（国書5）

生山　いくやま；おいやま
生山之子　いくやま・いたるこ　地歌三味線奏者（九州流）（新芸）
生山秀吉　いくやま・ひできち　日本労働組合総連合関西連合会社会部長（社史）
生山星好　おいやま・せいこう　「天球儀」邑書林（日典3）

生川　いくかわ；おいかわ；なるかわ
生川栄治　いくかわ・えいじ　経済学者（現執2期）
生川孝　おいかわ・たかし　銀座テアトル西友支配人（日典）
生川春明　なるかわ・はるあきら　蘭学者，俳人（日人）

⁴生井　いくい；なまい
生井英考　いくい・えいこう　作家（現執4期）
生井順吉　いくい・じゅんぞう　陸軍軍人（日人）
生井けい子　なまい・けいこ　バスケットボール選手（郷土栃木）
生井英俊　なまい・ひでとし　郷土史家（郷土）

生井沢　なまいざわ
生井沢克美　なまいざわ・かつみ　「自由時間」編集長（日典3）
生井沢幸子　なまいざわ・さちこ　川村学園女子大学文学部史学科教授（日典3）
生井沢進　なまいざわ・すすむ　「世界の地理」朝倉書店（日典3）
生井沢寛　なまいざわ・ひろし　「ブランクの生涯」（国典）

生内　うぶない；おぼない；はえうち
生内玲子　うぶない・れいこ　交通評論家，旅行評論家（現執3期）
生内琢造　おぼない・ろくぞう　政治家（姓氏岩手）
生内真司　はえうち・まさし　i-DNS.net開拓担当責任者（日典）

生天目　なばため；なまため
生天目昭一　なばため・しょういち　医事評論家（現執2期）

生天目仁美　なばため・ひとみ　女優,声優(テレ)
生天目章　なまため・あきら　「ゲーム理論と進化ダイナミクス」森北出版(日典3)
生天目健蔵　なまため・けんぞう　弁護士(現執1期)

生方　いくかた；うぶかた；おぶかた
生方良一　いくかた・りょういち　西日本新聞広告社(日典)
生方たつゑ　うぶかた・たつえ　歌人(日人)
生方徹夫　おぶかた・てつお　麗沢大学外国語学部非常勤講師(日典)

生月　いくつき；いけずき
生月喬　いくつき・たかし　弓道家,弓道錬士(弓道)
生月誠　いけずき・まこと　「「気にする自分」が変わる本」青春出版社(日典3)
生月雅子　いけずき・まさこ　翻訳家(日典3)

生水　おみず；しょうず
生水幹一　おみず・かんいち　倉敷はりこ作家(美工)
生水徳松　しょうず・とくしょう　政治家(姓氏京都)
生水真紀夫　しょうず・まきお　金沢大学大学院医学系研究科助教授(日典3)

[5]生出　おいずる；おいで
生出智哉　おいずる・としや　「野外植物」学習研究社(日典)
生出恵蔵　おいずる・よしや　「横浜山手人墓地」暁印書館(日典3)
生出泰一　おいで・たいいち　写真家,随筆家(写家)
生出大壁　おいで・たいへき　画家(姓氏宮城)

生平　おいだいら
生平幸立　おいだいら・ゆきたつ　日本たばこ産業常務取締役(日典)

生永　おぶなが
生永利正　おぶなが・としまさ　元・鏡村(高知県)村長(日典)

生田　いくた；いくだ；しょうだ
生田長江　いくた・ちょうこう　評論家,小説家(コン5)
生田蝶介　いくだ・ちょうすけ　歌人,小説家(文学)
生田悟　しょうだ・さとる　公認会計士(日典3)

生田目　なばため；なまため
生田目操　なばため・みさお　「光をまとう一安らぎへの時空」近代文芸社(JM)
生田目経徳　なまため・つねのり　「標註異本曽我物語」(国典)
生田目靖志　なまため・やすし　茨城県高萩市立松岡中学校(国典)

[6]生地　いくじ；いくち；おいじ；おうち；おち；おんじ
生地泰　いくじ・ゆたか　「土筆」生地哲(日典3)
生地幸雄　いくち・ゆきお　「コピーライター成功への道」久保田宣伝研究所(日典3)
生地竹郎　おいじ・たけろう　英文学・ギリシャ文学・キリスト教研究者(現執2期)
生地靖幸　おうち・やすゆき　編集者(児人)
生地雅之　おち・まさゆき　「メンズ市場とブランド・ビジネス・サポート」繊研新聞社(日典3)
生地本清　おんじ・ほんせい　「願文・表白・達親文集」高野山出版社(日典3)

生江　いくえ；なまえ
生江久　いくえ・ひさし　「神国日本への挑戦」三交社(日典)
生江孝之　なまえ・たかゆき　宗教家,社会事業家(コン4)
生江義男　なまえ・よしお　教育者(日人)

[7]生尾　いくお；せいび
生尾恭一　いくお・きょういち　元・オリコ生命保険副社長(日典)
生尾慶太郎　いくお・けいたろう　美術評論家(日典)
生尾光　せいび・ひかる　証券アナリスト(日典)

生形　うぶかた
生形要　うぶかた・かなめ　「相場師」日本経済新聞社(日典3)
生形圭　うぶかた・きよし　「輸血療法の実際」金原出版(日典3)
生形真一　うぶかた・しんいち　ミュージシャン(日典3)
生形貴一　うぶかた・たかかず　茶道家(現情)
生形磊三　うぶかた・らいぞう　園芸作物栽培の先覚者(姓氏群馬)

生沢　いくさわ；いくざわ；いけざわ；うぶさわ
生沢朗　いくさわ・ろう　洋画家,挿絵画家(美家)
生沢クノ　いくざわ・くの　医師(日人)
生沢きみ子　いけざわ・きみこ　「あねいもうと」三枝一雄(日典3)
生沢英二　うぶさわ・えいじ　写真家(写家)

[8]生和　せいわ
生和節子　せいわ・せつこ　「西への道」短歌研究社(日典3)
生和禎子　せいわ・ていこ　翻訳家(日典3)
生和秀敏　せいわ・ひでとし　「医療における人の心理と行動」培風館(日典3)

生明　あざみ
生明京一郎　あざみ・きょういちろう　大日本インキ化学工業取締(紳士)
生明慶二　あざみ・けいじ　音楽家(日典3)
生明俊雄　あざみ・としお　ソフト制作プロデューサー(日典3)

生松　いきまつ；おいまつ
生松敬三　いきまつ・けいぞう　思想史家,哲学者(日人)
生松俊也　おいまつ・としや　グアム第一ホテル社長(日典)

生沼　いくぬま；おいぬま
生沼曹喜　いくぬま・そうき　「機械化農村」批判社(日典3)

生部（生）

生沼誠嗣　おいぬま・せいじ　ビオラ奏者（音人3）
生沼曹六　おいぬま・そうろく　生理学者（日典）

生長　いくなが；いけなが
　生長建雄　いくなが・たけお　ブエナ・ビスタ・インターナショナル・ジャパン副社長（日典3）
　生長弘丞　いくなが・ひろつぐ「おしゃれなカフェのお店をはじめる本」秀和システム（日典3）
　生長勇　いけなが・いさむ　医師（国典）
　生長豊健　いけなが・とよたけ「名医ジャスティン」講談社（日典3）

[9]生咲　きさき；きざき
　生咲恭仁彦　きさき・くにひこ　山陽新聞編集局文化部長
　生咲義郎　きざき・よしろう　歌人（京都文）

生品　いくしな
　生品新太郎　いくしな・しんたろう「巷説日露戦役」（国典）

生津　いきつ；なまず；なまつ
　生津将司　いきつ・しょうじ　サッカー選手（日典3）
　生津和太郎　なまず・わたろう　法曹家（姓氏群馬）
　生津宗利　なまつ・むねとし「王子製紙私達の時代の文化」新聞編集センター（日典3）

[10]生原　いくはら；はいばら
　生原繁　いくはら・しげる　社会運動家（アナ）
　生原護助　いくはら・もりすけ　土佐勤王党の協力者（高知人）
　生原喜久雄　はいばら・きくお　東京農工大学大学院共生科学技術研究院教授（日典3）
　生原忠右衛門　はいばら・ちゅうえもん　政治家（山梨百）

生島　いくしま；いくじま；おじま；しょうじま
　生島治郎　いくしま・じろう　小説家（日人）
　生島吉造　いくじま・きちぞう「同志社歳時記」同志社大学出版部（日典3）
　生島旭島　おじま・きょくとう　社会教化に尽くした医師（長野歴）
　生島淳　しょうじま・あつし「地方企業からの発展」法政大学イノベーション・マネジメント研究センター（日典3）

生悦住　いけずみ
　生悦住歩　いけずみ・あゆむ　ダイジエット工業社長（日典3）
　生悦住喜由　いけずみ・きよし　フリーデザイナー（国典）
　生悦住貞太郎　いけずみ・ていたろう　政治家（政治）
　生悦住弘子　いけずみ・ひろこ　挿絵画家（児人）
　生悦住求馬　いけずみ・もとめ「出版警察法概論」（国典）

生恵　いくえ
　生恵幸子　いくえ・さちこ　漫才師（新芸）

生桑　いくわ
　生桑完明　いくわ・かんみょう　僧侶（真宗）

生馬　いくま；いこま
　生馬寛信　いくま・ひろのぶ　佐賀大学教育学部教授（日典）
　生馬守　いくま・まもる　CRC総合研究所専務（日典3）
　生馬茂　いこま・しげる　医師、視聴覚教育推進者（郷土和歌山）
　生馬貞二　いこま・ていじ「わが回想」生馬貞二（JM）

[11]生亀　いき
　生亀元　いき・はじめ　陸将（日典3）
　生亀芳雄　いき・よしお「泌尿器科レントゲン検査法」（国典）

生部　いくべの；しょうぶ
　生部道麿　いくべの・みちまろ　防人＝古代（人名1）
　生部勇次　しょうぶ・ゆうじ　電気化学工業副社長（日典）

生野　いくの；うぶの；おの；しょうの
　生野隆犀　いくの・りんさい　儒者（日人）
　生野芳徳　うぶの・よしのり　南山大学教授（日典3）
　生野勝也　おの・かつや　放送作家（日典）
　生野幸吉　しょうの・こうきち　詩人、ドイツ文学者（日人）

生陶　きとう
　生陶衆啓　きとう・しゅうけい　陶芸家（陶芸最）

[12]生越　おこし；おごし；おごせ
　生越達美　おこし・たつみ「現代青年の心理」建帛社（書籍）
　生越三郎　おごし・さぶろう　政治家、教育者、実業家（学校）
　生越嘉治　おごせ・よしはる　児童劇作家（四国文）

生間　いかま；いくま
　生間正起　いかま・まさおき　料理人（日人）
　生間時夫　いくま・ときお　マダム石鹸社長、大阪府中小企業団体中央会会長（日典3）

[13]生塩　うしお；おしお
　生塩昭彦　うしお・あきひこ「イン・チューン」発行人・社長（日典）
　生塩之敬　うしお・ゆきたか　熊本大学教授（日典3）
　生塩正義　おしお・まさよし　山陽女子短期大学名誉教授・元学長（日典）
　生塩睦子　おしお・むつこ「沖縄伊江島方言辞典」伊江村教育委員会（日典3）

生源寺　しょうげんじ
　生源寺順　しょうげんじ・かず　機械工学者（日人）
　生源寺真一　しょうげんじ・しんいち　農業経済学研究者（現執4期）
　生源寺孝浩　しょうげんじ・たかひろ「新しい理科の教科書」文一総合出版（日典3）
　生源寺美子　しょうげんじ・はるこ　児童文学作家（日人）
　生源寺希徳　しょうげんじ・まれのり　神職（神人）

生瑞　しょうずい
　　生瑞千夏　しょうずい・ちなつ「路傍の塔 四国篇」(国典)
生路　いくじ
　　生路智子　いくじ・ともこ「発達の危機と自我」かもがわ出版(日典)
　　生路洋子　いくじ・ようこ「風」(国典)
[14]生熊　いくま
　　生熊文　いくま・あや　翻訳家(日典)
　　生熊耕治　いくま・こうじ　ロック・ギタリスト(日典)
　　生熊茂実　いくま・しげみ　全日本金属情報機器労働組合中央執行委員長,全労連副議長(日典)
　　生熊長幸　いくま・ながゆき　法学者(現執4期)
　　生熊正樹　いくま・まさき　映画監督(監督)
生稲　いくいな
　　生稲晃子　いくいな・あきこ　女優(テレ)
　　生稲勇　いくいな・いさむ「子どもと保護者から信頼される取組みマニュアル」明治図書出版(日典)
生駄　いけだ
　　生駄密蔵　いけだ・みつぞう「暮らしの中の仏教語」百華苑(日典)
[15]生駒　いこま
　　生駒勘七　いこま・かんしち　郷土史家(日人)
　　生駒親敬　いこま・ちかゆき　大名(コン4)
　　生駒長一　いこま・ちょういち　部落解放運動家(日人)
　　生駒義博　いこま・よしひろ　生物学者(日人)
　　生駒雷遊　いこま・らいゆう　映画弁士(コン5)
[16]生頼　おうらい
　　生頼勝市　おうらい・かついち「鈴懸」総合情報社(日典)
　　生頼太郎　おうらい・たろう　洋画家(日典)
　　生頼範義　おうらい・のりよし　イラストレーター,画家(日典)
[19]生瀬　いくせ；なませ
　　生瀬隆夫　いくせ・たかお　元・浅沼組常務(日典)
　　生瀬勝久　なませ・かつひさ　俳優(日映男)
　　生瀬克己　なませ・かつみ　被差別部落史研究者(現執3期)

【979】　産

[7]産児　うぶこ
　　産児角明　うぶこ・かどあき　著述業(日典)
産形　うぶかた
　　産形日生子　うぶかた・ひなこ「聖書のうた」キリスト新聞社(日典)
　　産形福太郎　うぶかた・ふくたろう　東和電気社長(日典)

用部

【980】　甫

[5]甫田　ほた；ぼた
　　甫田梅松　ほた・うめまつ　書家(日典)
　　甫田鵄川　ほた・しせん　書家(日人)
[6]甫守　ほもり
　　甫守謹吾　ほもり・きんご「文献選集近代日本の礼儀作法」日本図書センター(日典)
　　甫守ふみ子　ほもり・ふみこ　教育者(女性)
[12]甫喜本　ほきもと
　　甫喜本宏　ほきもと・ひろし　映画監督(映監)

田部

【981】　甲

甲　かぶと；きのえ；こう
　　甲吾郎　かぶと・ごろう　力士(日人)
　　甲友哉　きのえ・ともさい　農民(社史)
　　甲にしき　こう・にしき　女優(芸能)
[3]甲山　かぶとやま；こうざん；こうやま
　　甲山剛　かぶとやま・つよし　大相撲年寄,元・力士(日典3)
　　甲山員司　こうざん・かずし　(社)日本ミクロネシア協会オセアニア研究部会常任研究員(日典)
　　甲山紀子　こうやま・のりこ　ピアニスト(音人3)
甲川　こうかわ；こうがわ
　　甲川巌　こうかわ・いわお　弁理士(日典)
　　甲川政江　こうがわ・まさえ　俳人(日典)
[4]甲木　かつき
　　甲木恵都子　かつき・えつこ　染織家(日典)
　　甲木暁　かつき・さとる「白鳥の伝説」日本図書刊行会(日典3)
　　甲木伸一　かつき・しんいち　福岡女学院大学人間関係学部教授,九州大学名誉教授(日典3)
　　甲木孝人　かつき・たかと「日本の食生活」全国食糧振興会(日典)
　　甲木寿人　かつき・ひさし　整体師(現執3期)
[7]甲佐　こうさ
　　甲佐孟　こうさ・はじめ　旭有機材工業専務(日典)
　　甲佐泰彦　こうさ・やすひこ　内海造船社長(人情)
甲良　こうら；こおら
　　甲良幹二郎　こうら・みきじろう　漫画家(漫人)
　　甲良好夫　こうら・よしお「インターナル・コントロール」商事法務研究会(日典)
　　甲良好夫　こおら・よしお　公認会計士(日典)

田部（申，田）　　　　　　　　　　　　　　　　　　　　　〔983〕

甲谷　かぶとや；かんがい；こうたに；こうや
　甲谷一　かぶとや・はじめ　「デザインの組み方」誠文堂新光社（日典3）
　甲谷光男　かんがい・みつお　大阪ガスケミカル社長（日典）
　甲谷兵庫　こうたに・ひょうご　長州（萩）藩士（幕末）
　甲谷至　こうや・いたる　「替え歌かるた・お国自慢70」あおぞら音楽社（日典3）
12甲斐　かい
　甲斐喜与　かい・きよ　社会運動家（日人）
　甲斐青萍　かい・せいひょう　日本画家（日人）
　甲斐仁代　かい・ひとよ　洋画家（日人）
　甲斐道太郎　かい・みちたろう　法学者（日人）
　甲斐よしひろ　かい・よしひろ　ロック歌手（和モ）
甲斐荘　かいのしょう
　甲斐荘楠音　かいのしょう・ただおと　日本画家（新潮）
　甲斐荘楠香　かいのしょう・ただか　高砂香料工業創業者、京都帝国大学助教授（日典3）
　甲斐荘文代　かいのしょう・ふみよ　俳人（日典3）
　甲斐荘正晃　かいのしょう・まさあき　経営コンサルタント、作家（日典3）
　甲斐荘正恒　かいのしょう・まさつね　首都大学東京大学院理学研究科教授（日典3）
甲斐原　かいはら；かいばら
　甲斐原文夫　かいはら・ふみお　政治評論家（日典）
　甲斐原一朗　かいばら・いちろう　「林業政策の理論」日本林業調査会（日典3）
　甲斐原益太　かいばら・ますた　宇佐郡木裳村の山中病院の医師（大分歴）
甲斐崎　かいざき
　甲斐崎圭　かいざき・けい　作家（現執4期）
甲賀　こうが；こが
　甲賀源吾　こうが・げんご　幕臣（コン4）
　甲賀正治　こが・まさはる　（株）スクープ社長（日典）
13甲楽城　からしろ
　甲楽城テル　からしろ・てる　城西消費購買組合組合員（社史）
18甲藤　かいとう；かっとう；かつとう；かとう；こうとう
　甲藤幸夫　かいとう・ゆきお　土佐女子高校教諭（日典）
　甲藤勇　かっとう・いさむ　郷土史家（郷土）
　甲藤信郎　かつとう・のぶお　読売新聞編集委員（日典）
　甲藤次郎　かとう・じろう　「日本化石集23」築地書館（書籍）
　甲藤四郎　こうとう・しろう　「冬茜」条例出版（日典）

【982】　申

7申谷　さるや
　申谷昇策　さるや・しょうさく　明治生命保険常務（日典3）
　申谷吉正　さるや・よしまさ　写真家（写人）

【983】　田

田　でん
　田昌　でん・あきら　大蔵官僚（履歴）
　田健治郎　でん・けんじろう　官僚，政治家（コン5）
　田耕　でん・たがやす　音楽家（世紀）
　田艇吉　でん・ていきち　政治家，実業家（日人）
　田英夫　でん・ひでお　政治家，ジャーナリスト（日人）
田々宮　たたみや
　田々宮英太郎　たたみや・えいたろう　近代政治史研究者（現執1期）
3田下　たおり；たした；たしも；たのしも
　田下敬子　たおり・けいこ　自由の森学園音楽科講師（日典）
　田下秋政　たした・あきまさ　日建住宅専務（日典3）
　田下政治　たしも・せいじ　政治家（新潟百）
　田下義明　たのしも・よしあき　宮崎銀行専務（日典）
田上　たうえ；たかみ；たがみ；たのうえ；たのかみ
　田上月声　たうえ・げっせい　俳人・冠句作家（岡山歴）
　田上文太郎　たかみ・ぶんたろう　俳人（日典）
　田上穣治　たがみ・じょうじ　法学者（日人）
　田上義也　たのうえ・よしや　建築家（美建）
　田上隆司　たのかみ・たかし　「手話をめぐって」（国典）
田万　たまん
　田万明子　たまん・あきこ　無産婦人同盟大阪支部長（平和）
　田万清臣　たまん・きよおみ　政治家，弁護士（日人）
　田万広文　たまん・ひろふみ　弁護士，政治家（政治）
田久　たきゅう
　田久昌次郎　たきゅう・しょうじろう　昌平黌理事長（日典3）
　田久孝翁　たきゅう・たかお　昌平黌学園理事長（日典）
　田久敏行　たきゅう・としゆき　出光興産（株）中央研究所分析物性室室長（日典3）
　田久浩志　たきゅう・ひろし　「実力養成Word & Excel」羊土社（日典3）
　田久ようこ　たきゅう・ようこ　漫画家（漫人）

姓名よみかた辞典 姓の部　523

田子　たこ；たご
　田子明　たこ・あきら　俳優(俳優)
　田子一民　たこ・いちみん　官僚,政治家(岩手百)
　田子一民　たご・いちみん　政治家,内務官僚(コン4)
　田子水鴨　たご・すいおう　俳人(埼玉人)

田才　たさい
　田才福造　たさい・ふくぞう　九大応用力学研究所教授(人情)
　田才益夫　たさい・ますお　演出家,翻訳家(日典3)
　田才由美子　たさい・ゆみこ　「初めてでも楽しく編めるニットの小物」SSコミュニケーションズ(日典3)
　田才嘉彦　たさい・よしひこ　日新製鋼取締役(日典3)

⁴田中舘　たなかだて
　田中舘愛橘　たなかだて・あいきつ　物理学者(コン5)
　田中舘貢橘　たなかだて・こうきつ　作曲家(日典3)
　田中舘照橘　たなかだて・しょうきつ　法学者(現執3期)
　田中舘哲彦　たなかだて・てつひこ　フリーライター(現執4期)
　田中舘秀三　たなかだて・ひでぞう　地理学者,地質学者(コン5)

田中館　たなかだて
　田中館愛橘　たなかだて・あいきつ　物理学者(コン4)
　田中館稲蔵　たなかだて・いなぞう　福岡代官所物書役,福岡村戸長,二戸郡2代目郡長(姓氏岩手)
　田中館佳橘　たなかだて・かきつ　軍人(日人)
　田中館佐知子　たなかだて・さちこ　「俺はホームラン王」日本図書刊行会(日典3)
　田中館秀三　たなかだて・ひでぞう　地質学者,火山学者(コン4)

田之頭　たのかしら；たのがしら
　田之頭稔　たのかしら・みのる　明治乳業ナイスデイチーム課長(人情)
　田之頭安彦　たのがしら・やすひこ　東京学芸大学名誉教授(日典3)

田内　たうち；たない；たのうち
　田内千鶴子　たうち・ちづこ　社会事業家(日人)
　田内英一　たない・えいいち　豊田自動織機製作所専務(日典)
　田内幸一　たのうち・こういち　経営学者(世紀)

田方　たかた；たがた
　田方進　たかた・すすむ　参院議員(日典)
　田方薫　たがた・かおる　「人生は心のマラソン鉢巻隊」東洋出版(日典3)
　田方建二　たがた・たけこ　「土鈴」文学の森(日典3)

田木　たき；たぎ
　田木繁　たき・しげる　詩人(日人)
　田木宗太　たき・そうた　童画家(児人)

田木桂三　たぎ・けいぞう　日進精機社長(日典3)
田木繁　たぎ・しげる　詩人,作家(大阪人)

⁵田付　たずき；たずけ；たつき；たつけ
　田付辰子　たずき・たつこ　外交官(女性普)
　田付千男　たずけ・ゆきお　伊藤忠商事取締役(日典3)
　田付新助　たつき・しんすけ　近江愛知郡柳川村出身の豪商(北海道歴)
　田付七太　たつけ・しちた　外交官(日人)

田北　たきた；たぎた
　田北衣沙桜　たきた・いさお　俳人(世紀)
　田北学　たきた・まなぶ　日本史学者(郷土)
　田北耕也　たぎた・こうや　歴史学者(史研)
　田北重信　たぎた・しげのぶ　実業家(大分歴)

田平　たひら；たびら
　田平玉華　たひら・ぎょくか　日本画家(島根歴)
　田平嘉男　たひら・よしお　皇室写真家(写人)
　田平英二　たびら・えいじ　近畿日本ツーリスト社長(日典3)
　田平玉華　たびら・ぎょくか　日本画家(島根歴)

田広　たひろ
　田広寿千　たひろ・としかず　「農村の村落構造についての一・二の考察」(JM)

田母神　たもがみ
　田母神顕二郎　たもがみ・けんじろう　「文化の起源」新教出版社(日典3)
　田母神三郎　たもがみ・さぶろう　住宅金融公庫理事(日典)
　田母神毅　たもがみ・つよし　「大工技術を学ぶ」市ケ谷出版社(日典3)
　田母神俊雄　たもがみ・としお　軍事評論家(履歴2)
　田母神寿次郎　たもがみ・ひさじろう　陶工(日人)

田母野　たもの
　田母野公彦　たもの・きみひこ　「ふくしまの冠婚葬祭」歴史春秋出版(日典3)
　田母野秀顕　たもの・ひであき　自由民権家(コン5)

田永　たえい
　田永精一　たえい・せいいち　僧侶(社史)

田辺　たなべ；たべ
　田辺聖子　たなべ・せいこ　小説家(日人)
　田辺元　たなべ・はじめ　哲学者(コン4)
　田辺助友　たべ・すけとも　軍人(青森人)
　田辺武次　たべ・たけじ　実業家(姓氏宮城)

⁶田伏　たぶし；たぶせ
　田伏岩夫　たぶし・いわお　合成化学者(現情)
　田伏敬三　たぶし・けいぞう　京都大学名誉教授,大阪府立大学名誉教授(日典3)
　田伏幸一　たぶせ・こういち　俳人(紀伊文)
　田伏大丈夫　たぶせ・ますらお　漆芸家(郷土和歌山)

田光　たこう；たびか
　田光マツヨ　たこう・まつよ　「夢の私の」紫陽社(日典3)

田部（田）　　　　　　　　　　　　　　　　　　　　　　　　〔983〕

田光マコト　たびか・まこと「ギター・マガジン講義録」リットーミュージック（日典3）

田先　たさき
田先威和夫　たさき・いわお　家畜飼養学者（現情）

田向　たごう；たむかい；たむき
田向幸男　たごう・ゆきお　元・芦森工業監査役（日典）
田向正健　たむかい・せいけん　脚本家（日人）
田向一太郎　たむき・いちたろう　旅館俵屋の経営者（姓氏石川）

田名　たな；だな
田名大正　たな・だいしょう「サンタフェー・ローズバーグ戦時敵国人抑留所日記」田名ともゑ　山喜房仏書林（製作）（日典）
田名俊信　たな・としのぶ　画家（日典3）
田名雪荘　だな・せっそう　書家（沖縄百）
田名宗相　だな・そうそう　彫刻家（沖縄百）

田名部　たなぶ；たなべ
田名部匡省　たなぶ・まさみ　政治家（現政）
田名部匡代　たなぶ・まさよ　政治家（現政）
田名部昭　たなべ・あきら　フリーライター（現執3期）
田名部彦一　たなべ・ひこいち　郷土史家（日人）

田名網　たなあみ
田名網糸子　たなあみ・いとこ　食養研究家（日3）
田名網栄一　たなあみ・えいいち「あさき夢見し老楽版画」東京文芸館（日典3）
田名網英二　たなあみ・えいじ　プロ野球選手（日典3）
田名網敬一　たなあみ・けいいち　イラストレーター，アニメーション作家（日芸）
田名網泰禅　たなあみ・たいぜん「本来の面目に生きる」MOKU出版（日典3）

田地　たじ；たち
田地宏一　たじ・こういち「行政経営のための意思決定法」ぎょうせい（日典3）
田地真六　たじ・しんろく　経営コンサルタント（日典3）
田地隆夫　たち・たかお　広島大学名誉教授（日典3）
田地春江　たち・はるえ「神楽大夫」岩田書院（日典3）

田地川　たじかわ；たちかわ
田地川健一　たじかわ・けんいち　富士製鉄広畑工場副所長（国典）
田地川浩人　たちかわ・ひろと　北海道大学工学部助手（日典3）

田地野　たじの
田地野彰　たじの・あきら「『意味順』英語学習法」ディスカヴァー・トゥエンティワン（日典3）
田地野直哉　たじの・なおや　香川大教授（人情）
田地野政義　たじの・まさよし　国立公園自然指導員（日典3）

田多井　たたい
田多井吉之介　たたい・きちのすけ　医学評論家（現執2期）

田多井恭子　たたい・きょうこ「加齢の健康学」大修館書店（日典3）
田多井みすゞ　たたい・みすず「梓川」岳俳句会（日典）

田多羅　たたら
田多羅捃志　たたら・ひろし　警察官（履歴2）

田寺　たてら；たでら
田寺典江　たてら・のりえ　社会保険労務士（日典）
田寺光治　たでら・こうじ「北海道の看護学校」富士書院（日典3）
田寺敬信　たでら・よしのぶ　地方産業功労者（兵庫人）

田江　たえ；たごう
田江岑子　たえ・みねこ　歌人（日典）
田江泰造　たごう・たいぞう　政治家，画家（鳥取百）
田江武彦　たごう・たけひこ　松江今井書店社長，松江市監査委員，島根県人事委員（島根歴）

田米　ため
田米孝雄　ため・たかお　陶芸家（陶芸最）

田米開　ためがい
田米開啓介　ためがい・けいすけ　俳人（日典）

田舛　たます
田舛吉二　たます・きちじ　スポーツ選手（卓球）（姓氏山口）
田舛公彦　たます・きみひこ　タマス社長（日典3）
田舛彦介　たます・ひこすけ　卓球選手（日典3）

[7]**田住　たすみ；たずみ**
田住満作　たすみ・まんさく「都市計画入門」理工図書（日典3）
田住孝　たずみ・たかし「日本国憲法の要点」杉山書店（日典3）
田住治之　たずみ・はるゆき「ガーデンセンターのすべて」グリーン情報（日典3）

田坂　たさか；たざか
田坂善四郎　たさか・ぜんしろう　実業家（日人）
田坂具隆　たさか・ともたか　映画監督（コン4）
田坂輝敏　たざか・てるとし　城西消費購買組合組合員（社史）
田坂柏雲　たざか・はくうん　彫刻家（美建）

田尾　たお；たび
田尾雅夫　たお・まさお　経済学者（現執4期）
田尾安志　たお・やすし　野球評論家，プロ野球選手（テレ）
田尾都造　たび・いくぞう　トラベル・ライター（日典）

田甫　たほ；たんぼ
田甫律子　たほ・りつこ　パブリックアーティスト（日典）
田甫勝次　たんぼ・かつじ「教科担任制実践方式」（国典）
田甫桂三　たんぼ・けいぞう　鳴門教育大学学校教育学部教授，兵庫教育大学大学院連合学校教育学研究科教授（日典3）

田部(田)

田花　たばな
田花勝太郎　たばな・かつたろう　洋画家(洋画)
田花為雄　たばな・ためお　教育学者(現情)
田花利男　たばな・としお　厚生労働省健康局国立病院部政策医療課栄養専門官(日典3)

田苅子　たかりこ
田苅子進　たかりこ・すすむ　政治家(現政)
田苅子政太郎　たかりこ・まさたろう　北海道議(日典3)

田谷　たがや；たたに；ただに；たや
田谷多枝子　たがや・たえこ　翻訳家(児人)
田谷聡　たたに・さとし「財務管理」ぎょうせい(日典3)
田谷安都子　ただに・あつこ「田谷安都子作品集」アトリエオアシス(日典3)
田谷力三　たや・りきぞう　声楽家(コン4)

田足井　たたらい
田足井重二　たたらい・しげじ　俳優(現日)
田足井みさ子　たたらい・みさこ「ちっちゃなおほしさま」らくだ出版(日典3)

田近　たじか；たちか
田近憲三　たじか・けんぞう　美術評論家(日人)
田近竹邨　たじか・ちくそん　日本画家(日人)
田近長陽　たちか・ながはる　国学者(人名)
田近正貞　たちか・まささだ　政治家(姓氏富山)

田邑　たむら
田邑恵子　たむら・けいこ　国連ボランティア(日典3)
田邑二枝　たむら・つぎえ　郷土史家(郷土)

田邨　たむら
田邨三省　たむら・さんせい「会津石譜」会津文化財調査研究会(日典3)
田邨雅美　たむら・まさみ「横顔」欅俳句会(日典3)
田邨正義　たむら・まさよし「示談」有斐閣(日典3)

田里　たさと；たざと
田里千代　たさと・ちよ「知るスポーツ事始め」明和出版(日典3)
田里友哲　たさと・ゆうてつ　地方史研究者(郷土)
田里赤無　たざと・やくむ「愚者のさとり」産業能率大学出版部(日典3)

[8]田制　たせい
田制佐重　たせい・すえしげ　教育学者(心理)
田制初穂　たせい・はつお「数学概論」成文堂(日典3)

田和　たわ
田和一浩　たわ・かずひろ　国際野球連盟(IBAF)第一副会長(日典3)
田和一実　たわ・かずみ　兵機海運会長(日典3)
田和俊輔　たわ・しゅんすけ　刑事訴訟法学者(現執2期)
田和輔　たわ・たすく「大蛇狩り」田和俊輔(日典3)
田和正孝　たわ・まさたか「東南アジアの魚とる人びと」ナカニシヤ出版(日典3)

田実　たじつ
田実猛　たじつ・たけし　愛国戦線統一促進連盟書記長(社史)
田実碧　たじつ・みどり　ライフコーディネーター(日典3)
田実泰良　たじつ・やすよし　映画プロデューサー(日典3)
田実渉　たじつ・わたる　銀行家(コン4)

田幸　たこう；たゆき
田幸淳男　たこう・あつお　電算社長,信州ネットワーク社長(日典3)
田幸彦太郎　たこう・ひこたろう　物理学者(長野歴)
田幸彦太郎　たゆき・ひこたろう「力とエネルギー」蓼科書房(日典3)

田所　たところ；たどころ
田所裕　たところ・ゆたか　(株)自然環境科学研究所第3研究グループ総轄研究員(日典)
田所太郎　たどころ・たろう　編集者,新聞経営者(日人)
田所輝明　たどころ・てるあき　社会運動家(コン5)

田武　たぶ
田武謙三　たぶ・けんぞう　俳優(新芸)

田治米　たじめ
田治米佳世　たじめ・かよ「認知症予防への扉」コープ出版(日典3)
田治米吉郎右衛門　たじめ・きちろううえもん　豪農,酒造業(兵庫)
田治米鏡二　たじめ・きょうじ　地球物理学者(現情)
田治米辰雄　たじめ・たつお「建築の構造計算」(国典)
田治米政美　たじめ・まさみ　兵庫県教職員組合執行委員長代行(日典3)

田長丸　たおさまる
田長丸一美　たおさまる・かずみ　京葉瓦斯専務(日典)

田門　たど；たもん
田門文平　たど・ぶんぺい　歌人(奈良文)
田門肇　たもん・はじめ　京都大学大学院工学研究科教授(日典3)
田門浩　たもん・ひろし　弁護士(日典)

田附　たずけ；たづけ；たつき；たつけ
田附妙子　たずき・たえこ「伊吹残照」好日社(日典3)
田附政治郎　たずけ・まさじろう　実業家(郷土滋賀)
田附五一郎　たつき・ごいちろう　洋服仕立職人(社史)
田附政次郎　たつけ・まさじろう　実業家(日人)

[9]田保　たぼ；たやす
田保仁左衛門　たぼ・にざえもん　政治家(福井百)
田保行雄　たぼ・ゆきお　経営・技術コンサルタント(現執2期)
田保知里　たやす・ちさと　現代舞踊家(日典)

田保橋　たほばし；たぼはし
　田保橋潔　たほばし・きよし　歴史学者（人名7）
　田保橋潔　たほばし・きよし　歴史学者（コン）
　田保橋淳　たほばし・じゅん　クリエーティブディレクター（日典3）

田南　たなみ
　田南岳璋　たなみ・がくしょう　書家（三重続）
　田南岳璋　たなみ・がくしょう　日本画家（日人）
　田南立也　たなみ・たつや　日本財団国際協力グループ長（日典3）

田垣内　たがいと
　田垣内政一　たがいと・まさかず　神習教大台ケ原大教会会長（日典）

田畑　たはた；たばた
　田畑栄太郎　たはた・えいたろう　横手市長（日典3）
　田畑健　たはた・けん「ガンジー・自立の思想」地湧社（日典3）
　田畑忍　たばた・しのぶ　法学者（日人）
　田畑修一郎　たばた・しゅういちろう　小説家（日人）

田草川　たくさがわ；たぐさがわ；たそがわ
　田草川譲　たくさがわ・ゆずる　写真家（写人）
　田草川明　たぐさがわ・あきら「むかし、不良少年だった」彩図社（日典3）
　田草川弘　たそがわ・ひろし「放送時事英語」（国典）

田面木　たものき；たものぎ
　田面木哲也　たものき・てつや　トーノ精密代表取締役（日典）
　田面木貞夫　たものぎ・さだお「山奈宗真」遠野市教育文化振興財団（日典3）

10田原　たはら；たばら；たばる；たわら；でんばら
　田原総一朗　たはら・そういちろう　ジャーナリスト，テレビキャスター（日人）
　田原孝二老　たばら・こうじろう　政治家（島根歴）
　田原義衛　たばる・ぎえい「英米に於ける司法官（裁判所任官を含む）の養成訓練制度の研究」（国典）
　田原淳　たわら・すなお　病理学者（日人）
　田原敏男　でんばら・としお　経営コンサルタント（現執2期）

田原迫　たはらさこ；たはらざこ
　田原迫要　たはらさこ・かなめ　政治家（現政）
　田原迫保　たはらさこ・たもつ　南日本新聞編集局校閲部長（日典）
　田原迫仁治　たはらざこ・まさはる　コンピューター技術者（日典3）
　田原竜磨　たはらざこ・りゅうま　福岡学芸大学講師（日典）

田家　たいえ；たけ；たのけ；たや；たんげ
　田家邦明　たいえ・くにあき　農林水産省統計情報部長（日典）
　田家秀樹　たけ・ひでき　音楽評論家（現執3期）
　田家正義　たのけ・まさよし「亜炭鉱業」（国典）
　田家祥次郎　たや・しょうじろう　弓道家，弓道錬士（弓道）
　田家敏夫　たんげ・としお「旅に見る曼陀羅」和敬ビル（日典3）

田島　たしま；たじま
　田島征三　たしま・せいぞう　絵本作家，版画家（日人）
　田島征彦　たしま・ゆきひこ　画家，絵本作家（京都文）
　田島直人　たじま・なおと　三段跳び選手（コン4）
　田島ひで　たじま・ひで　婦人運動家（日人）

田根　たね
　田根剛　たね・つよし　建築家（日典3）
　田根ゆき子　たね・ゆきこ「小包」産経新聞生活情報センター（日典3）
　田根楽子　たね・らくこ　女優（テレ）

田浦　たうら；たのうら
　田浦武雄　たうら・たけお　教育学者（現執3期）
　田浦正巳　たうら・まさみ　俳優（映男）
　田浦ヨシ　たのうら・よし「わが花簇の里」JSTN社出版部（日典3）

田畔　たぐろ；たはん
　田畔忠彦　たぐろ・ただひこ　詩人（コン）
　田畔司朗　たはん・しろう　春陽会員（国典）

田能村　たのむら
　田能村秋皐　たのむら・しゅうこう　新聞記者，狂歌作者（日人）
　田能村小篁　たのむら・しょうこう　画家（日人）
　田能村小斎　たのむら・しょうさい　日本画家（日人）
　田能村如仙　たのむら・じょせん　蘭学者（日人）
　田能村直入　たのむら・ちょくにゅう　南画家（コン4）

田高　たこう；ただか
　田高善吉　たこう・ぜんきち　岩手県議会事務局長（日典3）
　田高稔康　たこう・としやす　小山工業高等専門学校教授（日典3）
　田高悦子　ただか・えつこ「老年症候群別看護ケア関連図＆ケアプロトコル」中央法規出版（日典3）
　田高昭二　ただか・しょうじ　上北地域歴史文化研究会会長，三沢高校校長（日典3）

11田副　たぞえ
　田副清　たぞえ・きよし　実業家，政治家（熊本百）
　田副民夫　たぞえ・たみお　東京都議（共産党，世田谷区）（日典3）
　田副敏郎　たぞえ・としろう　熊本バス社長（日典3）
　田副登　たぞえ・のぼる　軍人（陸海）
　田副真美　たぞえ・まみ「脳とこころの子育て」ブレーン出版（日典3）

田崎　たさき；たざき；だざき
　田崎真也　たさき・しんや　ソムリエ（テレ）
　田崎草雲　たざき・そううん　画家，下野足利藩のお抱え絵師（コン4）

田崎広助　だざき・ひろすけ　洋画家(コン5)

田郷　たごう
田郷明　たごう・あきら　日本GNOMEユーザ会副会長(日典3)
田郷進之助　たごう・しんのすけ　城西消費購買組合組合員(社史)
田郷誠之助　たごう・せいのすけ　三重県議(無所属)(日典3)
田郷利雄　たごう・としお　北九州市立大積小学校校長(日典3)
田郷虎雄　たごう・とらお　劇作家,小説家(世紀)

田部　たなべ；たべ
田部重治　たなべ・じゅうじ　英文学者,登山家(コン4)
田部浩　たなべ・ひろし　病理学者(日人)
田部久　たべ・きゅう　教育実践家(コン4)
田部京子　たべ・きょうこ　ピアニスト(音人3)

田部井　たべい；たべがい；ためがい
田部井淳子　たべい・じゅんこ　登山家(日人)
田部井鋤太郎　たべがい・りゅうたろう　教育家,画家(姓氏愛知)
田部井仁　ためがい・じん　佐波郡農会嘱託技手,郷土研究会会員(姓氏群馬)

田野口　たのくち；たのぐち
田野口熊蔵　たのくち・くまぞう　西南の役で戦死(姓氏神奈川)
田野口重明　たのくち・しげあき　「板書で見る全時間の授業のすべて」東洋館出版社(日典3)
田野口清　たのぐち・きよし　「畳屋の四季」新星書房(日典3)

¹²田場　たば
田場笙月　たば・しょうげつ　日本画家(美家)
田場盛義　たば・せいぎ　外交官(姓氏沖縄)
田場盛徳　たば・せいとく　「アコーディオンと鉢巻」ゆい出版(日典3)
田場節子　たば・せつこ　沖縄県教員組合養護教員部部長,養護教諭研究会会長(日典3)
田場照雄　たば・てるお　アナウンサー(日典3)

田港　たみなと
田港朝昭　たみなと・ともあき　琉救大教授(国典)
田港朝彦　たみなと・ともひこ　香川大学医学部教授(日典3)
田港朝福　たみなと・ともふく　乾物商(社史)

田結　たゆい
田結穣　たゆい・みのる　軍人(陸海)
田結紹三郎　たゆい・りゅうざぶろう　外交官(岡人3)

田結庄　たいのしょう
田結庄順子　たいのしょう・じゅんこ　鳥取大学教育学部助教授(日典)
田結庄良昭　たいのしょう・よしあき　神戸大学発達科学部教授(日典3)

田結荘　たいのそう；たゆいそう；たゆいのしょう
田結荘千里　たいのそう・せんり　砲術家(大阪墓)
田結荘千里　たゆいそう・せんり　砲術家(大阪人)
田結荘千里　たゆいのしょう・ちさと　洋式兵学者,蘭学者(日人)

¹³田勢　たせ；たせい
田勢修也　たせ・しゅうや　通産官僚(現執3期)
田勢康弘　たせ・やすひろ　ジャーナリスト,作家(現執4期)
田勢邦史　たせい・くにひと　卓球選手(日典3)
田勢美貴江　たせい・みきえ　卓球選手(日典3)

田路　たじ；とうじ
田路周一　たじ・しゅういち　「美の源流を尋ねて」(国典)
田路坦　たじ・やすし　軍人(陸海)
田路朝一　とうじ・あさいち　陸軍中将(日典3)
田路和稔　とうじ・かずとし　日本高周波鋼業相談役(日典)

田遠　たとお；でんどお
田遠健一　たとお・けんいち　元・日本生命取締役(日典)
田遠文夫　でんどお・ふみお　「外国人講師を迎えての英会話」神奈川県高等学校教科研究会英語部会(日典3)

¹⁴田嶋　たしま；たじま
田嶋一雄　たしま・かずお　実業家(日人)
田嶋好文　たしま・こうぶん　政治家(政治)
田嶋一雄　たじま・かずお　実業家(新潮)
田嶋陽子　たじま・ようこ　翻訳家,研究者(現政)

田嶌　たしま；たじま
田嶌徳弘　たしま・のりひろ　「サンデー毎日」編集次長(日典3)
田嶌道生　たじま・みちお　ギタリスト(日典)
田嶌誠一　たじま・せいいち　京都教育大学教育学部教育学科助教授(日典)
田嶌恒子　たじま・つねこ　「萩の声」北溟社(日典)

田旗　たはた；たばた
田旗裕也　たはた・ひろなり　「大人が楽しむアサガオbook」家の光協会(日典3)
田旗光　たばた・みつる　「庭師闘病記」主流社(日典3)

田熊　たくま；たぐま
田熊常吉　たくま・つねきち　発明家,実業家(コン4)
田熊真澄　たくま・ますみ　市電自治会目蒲東横支部(社史)
田熊文助　たぐま・ぶんすけ　政治家(姓氏山口)
田熊利三郎　たぐま・りさぶろう　陸上自衛隊幕僚長(群馬人)

田総　たぶさ
田総恵子　たぶさ・けいこ　「ハイエク全集」春秋社(日典3)

田部(由)

田総重雄　たぶさ・しげお　元・全国教科書供給協会専務理事(日典)

田嶋　たじま
　田嶋英輔　たじま・えいすけ　「女子非行」高校生文化研究会(日典3)
　田嶋唯一　たじま・ただいち　自治功労者(埼玉百)
　田嶋益美　たじま・ますみ　「ホテルサービス英会話」柴田書店(日典)

[15]田縁　たえん；たべり；でんえん
　田縁美幸　たえん・みゆき　「中国人の見た日本」日本僑報社(日典3)
　田縁正幸　たべり・まさゆき　「炉筒煙管ボイラの設計」(国典)
　田縁美幸　でんえん・みゆき　「中国人の見た日本―留学経験者の視点から」日本僑報社(JM)

[16]田頭　たがしら；たず；たどう；でんとう；でんどう
　田頭優子　たがしら・ゆうこ　作曲家(作曲)
　田頭清　たず・きよし　登録労働者(社史)
　田頭実　たどう・みのる　競艇選手(日典)
　田頭喜久弥　でんとう・きくや　音楽教育者,作曲家,指揮者(音人3)
　田頭卓　でんどう・たかし　畜産試験場長(埼玉人)

[17]田嶼　たじま
　田嶼尚子　たじま・なおこ　ピッツバーグ大学客員助教授(日典)

[18]田藤　たとう；たふじ
　田藤芳雄　たとう・よしお　伊勢丹取締役(日典3)
　田藤清風　たふじ・せいふう　藤清会主宰(日典3)

田鎖　たくさり；たぐさり
　田鎖綱紀　たくさり・こうき　日本速記法の創始者(コン)
　田鎖高景　たくさり・たかかげ　図書館運動家(姓氏岩手)
　田鎖治　たぐさり・おさむ　「循環器疾患ビジュアルブック」学研メディカル秀潤社,学研マーケティング(発売)(日典3)
　田鎖博美　たぐさり・ひろみ　元・プロ野球選手(コン)

[19]田靡　たなびき
　田靡和　たなびき・かず　「アイ・ガッチャ」明窓出版(日典3)
　田靡新　たなびき・しん　文筆家(日典3)
　田靡毅　たなびき・たけし　「コンピュータによる構造物の設計」理工図書(書籍)
　田靡勉　たなびき・つとむ　兵庫県議(自民党)(日典)

[21]田鶴浜　たずはま
　田鶴浜弘　たずはま・ひろし　「プロレス血風録」双葉社(日典)

[22]田籠　たごもり
　田籠勝彦　たごもり・かつひこ　政治家(現政)
　田籠善次郎　たごもり・ぜんじろう　鷹匠(日典3)
　田籠健　たごもり・たけし　時事通信名古屋支社長(日典3)
　田籠博　たごもり・ひろし　「出雲国産物帳」ワン・ライン(日典3)

【984】　由

由　ゆ；ゆう
　由同来　ゆ・どうらい　「古代の中国と日本」桜楓社(JM)
　由学之進　ゆう・がくのしん　「倭の六王」由学習塾(JM)

[3]由川　ゆかわ；よしかわ
　由川博　ゆかわ・ひろし　城西消費購買組合組合員(社史)
　由川透　よしかわ・とおる　JR東日本運輸車輌部担当部長(日典3)
　由川恒　よしかわ・ひさし　共和レザー専務(日典3)

[4]由井　ゆい；よしい
　由井千春　ゆい・ちはる　出版人(出文)
　由井常彦　ゆい・つねひこ　経済学者(現執3期)
　由井圭子　よしい・けいこ　フリーアナウンサー(日典3)
　由井照二　よしい・てるじ　木村化工機常務(日典3)

由木　ゆうき；ゆき；ゆのき
　由木康　ゆうき・こう　牧師(日人)
　由木匡　ゆき・ただす　「なぞの旅」まほろば出版(日典3)
　由木左衛門尉　ゆのき・さえもんのじょう　後北条氏家臣=中世(戦東)

由比　ゆい；ゆひ；ゆび
　由比忠之進　ゆい・ちゅうのしん　エスペランティスト,反戦運動家(コン4)
　由比光衛　ゆひ・みつえ　陸軍軍人(日人)
　由比章祐　ゆび・しょうすけ　郷土史家(日典)

由水　ゆうすい；よしみず
　由水十久　ゆうすい・とく　加賀友禅作家(美工)
　由水勇　よしみず・いさむ　山口県議(社会党)(日典)
　由水常雄　よしみず・つねお　美術史家,ガラス工芸家(日人)

[5]由布　ゆふ
　由布市之丞　ゆふ・いちのじょう　剣術家(剣豪)
　由布穆　ゆふ・きよし　「間愁抄」源流社(日典3)
　由布震一　ゆふ・しんいち　三菱電機常務(人情)
　由布高　ゆふ・たかし　渡航者(渡航)
　由布武三郎　ゆふ・たけさぶろう　官僚,弁護士(日典)

由本　ゆもと；よしもと
　由本爽　ゆもと・あきら　「初級オリジナル読解短編集」金星堂(日典3)
　由本正秋　ゆもと・まさあき　医師(日人)
　由本新　よしもと・あらた　兵庫大学経済情報学部教授(日典)

由本洋太郎　よしもと・ようたろう　住友化学工業専務,住友ベークライト専務（日典）

由田　ゆいた；よした；よしだ
由田彰子　ゆいた・しょうこ　由田彰子舞踊研究所主宰（日典）
由田克士　よした・かつし「特定給食施設における栄養管理の高度化ガイド・事例集」第一出版（日典3）
由田春次　よしだ・じゅんじ　政治家（姓氏石川）

⁷由岐　ゆき
由岐和広　ゆき・かずひろ　弁護士（日典3）
由岐一　ゆき・はじめ「石油の話」日本公論社（日典）
由岐英剛　ゆき・ひでたか「薬学分析化学」広川書店（日典3）

由良　ゆら
由良君美　ゆら・きみよし　英文学者（日人）
由良哲次　ゆら・てつじ　歴史哲学者（考古）
由良日正　ゆら・にっしょう　僧、歌人、伊予松山藩士（岡山歴）
由良守応　ゆら・もりまさ　実業家（日人）
由良玲吉　ゆら・れいきち　工業デザイナー（世紀）

由谷　ゆたに；よしたに；よしや
由谷義治　ゆたに・よしはる　政治家、経営者（日人）
由谷裕哉　よしたに・ひろや　小松短期大学助教授（日典）
由谷六九拾　よしや・むくじゅう　仏師（日典）

⁸由居　よしい
由居学　よしい・まなぶ　エリザベト音大教授（日典）

⁹由紀　ゆうき；ゆき
由紀草一　ゆうき・そういち　批評家、高校教師（日典3）
由紀さおり　ゆき・さおり　歌手、女優（日人）
由紀しげ子　ゆき・しげこ　小説家（近女）

¹⁰由原木　ゆはらぎ
由原木七郎　ゆはらぎ・しちろう　映画記者（国典）
由原木暉久　ゆはらぎ・てるひさ　料理人（日典3）

由起　ゆうき；ゆき
由起二賢　ゆうき・にけん「野獣の王国」日本文芸社（日典3）
由起賢二　ゆき・けんじ　漫画家（漫人）
由起しげ子　ゆき・しげこ　小説家（コン4）

【985】 男

³男女ノ川　みなのがわ
男女ノ川登三　みなのがわ・とうぞう　力士（日人）

⁶男全　おまた
男全正三　おまた・しょうぞう　医師（科学）
男全冨雄　おまた・とみお「望郷」田園都市出版（日典）

⁷男沢　おざわ；おとこざわ
男沢公夫　おざわ・きみお「おもいやりと教育」男沢公夫（JM）
男沢恵一　おざわ・けいいち「先祖を知れば未来が見える」健仁舎（発売）
男沢寛平　おとこざわ・かんぺい　政治家（姓氏岩手）
男沢聡子　おとこざわ・さとこ「労働審判制度」弘文堂（日典3）

【986】 町

⁴町支　ちょうし；まちし
町支寛二　ちょうし・かんじ　ミュージシャン（日典）
町支哲義　まちし・てつよし　漫画家（漫人）
町支義明　まちし・よしあき「窓口事務の実際」医学通信社（日典3）

⁷町谷　まちたに；まちや
町谷啓介　まちたに・けいすけ「人間賛歌」彼方社（日典）
町谷美夫　まちや・よしお　翻訳家（日典3）

¹²町筋　まちすじ
町筋利顕　まちすじ・としあき　日本共産青年同盟千葉県責任者,全国農民組合千葉県連書記（社史）
町筋ゆり　まちすじ・ゆり　ファッションデザイナー（日典）

【987】 画

²画人　がひと
画人ジロー　がひと・じろー「赤ひだ山の大ぐま」太平出版社（日典3）

【988】 界

⁵界外　かいげ
界外五郎　かいげ・ごろう「恐喝〈かつあげ〉」（国典）
界外竹仙　かいげ・ちくせん「杣祭」ほおずき書籍（日典）

【989】 畑

畑　はた；はたけ
畑俊六　はた・しゅんろく　陸軍軍人（コン4）
畑正憲　はた・まさのり　動物文学者,随筆家（日人）
畑勝也　はたけ・かつや「PHPによるデザインパターン入門」秀和システム（日典3）
畑保義　はたけ・やすよし「き～の」編集発行人（日典3）

³畑下　はたした
畑下一男　はたした・かずお「作家の性意識」至文堂（日典3）

田部(畊, 畩, 畠)

畑下きく以　はたした・きくい　三進運送取締役(日典3)
畑下桂一郎　はたした・けいいちろう　「潮」葉文館出版(日典3)
畑下辰典　はたした・たつのり　「非上場会社の株式評価」清文社(日典3)
畑下裕雄　はたした・ひろお　「内部統制入門」エクスメディア(日典3)

畑上　はたうえ；はたがみ
畑上到　はたうえ・いたる　「工学基礎フーリエ解析とその応用」数理工学社, サイエンス社(発売)(日典3)
畑上行男　はたがみ・ゆきお　「燦華」熊鉄短歌協会(日典3)

畑山　はたけやま；はたやま
畑山隆則　はたけやま・たかのり　プロボクサー(テレ)
畑山子之吉　はたけやま・ねのきち　平民社関係者(社史)
畑山博　はたやま・ひろし　小説家,放送作家(日人)
畑山ふで　はたやま・ふで　貧困の中生計を支え幼児を育てた女性(女性普)

畑川　はたかわ；はたがわ
畑川清泰　はたかわ・きよやす　元・特許庁審査第五部長(日典)
畑川剛毅　はたかわ・たけし　「線路にバスを走らせろ」朝日新聞社(日典3)
畑川治　はたがわ・おさむ　元・レーシングドライバー(日典3)
畑川高志　はたがわ・たかし　「新しい国際秩序における日本の役割をどう考えるか」世界平和研究所(日典3)

[5]畑尻　はたじり
畑尻保　はたじり・たもつ　山形県警本部長(日典3)
畑尻剛　はたじり・つよし　研究者(現執4版)

畑田　はたけだ；はただ
畑田正司　はたけだ・しょうじ　日本労働組合評議会大阪印刷労組執行委員(社史)
畑田国男　はただ・くにお　漫画家(世紀)
畑田重夫　はただ・しげお　国際政治評論家(日人)

[6]畑地　はたじ；はたち
畑地昭正　はたじ・あきのり　福岡家地裁判事(日典)
畑地余字子　はたじ・ようこ　「ハリハリッ!!スリランカ」彩図社(日典3)
畑地澄子　はたち・すみこ　大阪信愛女学院理事長(日典)
畑地余字子　はたち・ようこ　「ハリハリッ!!スリランカ」彩図社(日典3)

[7]畑尾　はたお
畑尾和美　はたお・かずみ　「九月の朝顔」ブックロア(日典3)
畑尾清次　はたお・せいじ　城西消費購買組合組合員(社史)
畑尾均　はたお・ひとし　里山トラスト代表(日典3)

畑尾正彦　はたお・まさひこ　日本赤十字武蔵野短期大学教授(日典3)

畑沢　はたさわ；はたざわ
畑沢聖悟　はたさわ・せいご　「親の顔が見たい」晩成書房(日典3)
畑沢実　はたさわ・みのる　医師(日典)
畑沢草羽　はたざわ・そうう　歌人(北海道文)
畑沢基由　はたざわ・もとよし　写真家(写人)

畑谷　はたたに；はたや
畑谷千重　はたたに・ちえ　「向ひ鶴」コスモス加古川勉強会(日典3)
畑谷圭子　はたや・けいこ　「30代未婚男」日本放送出版協会(日典3)
畑谷光代　はたや・みつよ　保育問題研究家(日典)

[10]畑島　はたしま；はたじま
畑島喜久生　はたしま・きくお　小学校教諭,児童文学者(児人)
畑島剛　はたしま・つよし　「白い夜道」九州文学社(日典3)
畑島喜久生　はたじま・きくお　小学校教諭,児童文学者(世紀)

[11]畑崎　はたさき；はたざき
畑崎重雄　はたさき・しげお　ワールド会長(日典3)
畑崎広敏　はたさき・ひろとし　ワールド社主(日典)
畑崎果実　はたざき・かじつ　俳人(日典)
畑崎隆雄　はたざき・たかお　システムエンジニア(日典3)

【990】　畊

畊野　こうの
畊野孝子　こうの・たかこ　「クッキング入門」ユニコン出版(書籍)

【991】　畩

[7]畩尾　うねお
畩尾典秀　うねお・のりひで　陶芸家(陶工)
畩尾人努　うねお・ひとむ　陶芸家(陶最)

畩村　うねむら
畩村繁　うねむら・しげる　「国際法」青林書院新社(日典3)
畩村石道　うねむら・せきどう　日本画家(日典3)
畩村直久　うねむら・なおひさ　彫刻家(日人)

[9]畩美　うねび
畩美淳一郎　うねび・じゅんいちろう　「ふはさいし記」(JM)

【992】　畠

畠　はた；はたけ
畠保　はた・たもつ　雑貨商,洗濯業者(アナ)

田部(畔,留,畚,畦)

畠万次郎　はた・まんじろう　木材業・製材業(姓氏岩手)
畠保　はたけ・たもつ　雑貨商(社史)
畠基material　はたけ・もとあき　参議院憲法調査会事務局主査(現執4期)

3畠山　はたけやま；はたやま
畠山一清　はたけやま・いっせい　実業家,政治家(日人)
畠山勇子　はたけやま・ゆうこ　針子(日人)
畠山智彦　はたやま・ともひこ　アメリカンフットボール選手(日典3)
畠山準　はたやま・ひとし　元・プロ野球選手(日典)

4畠中　はたけなか；はたなか
畠中嘉市　はたけなか・かいち　実業家(高知人)
畠中恵　はたけなか・めぐみ　小説家(小説)
畠中恵子　はたなか・けいこ　ソプラノ歌手(音人3)
畠中博　はたなか・ひろし　神学者(岡山歴)

5畠田　はたけだ；はただ
畠田健治　はたけだ・けんじ　弁護士(日典3)
畠田昌福　はたけだ・しょうふく　政治家(新潟百列)
畠田真一　はただ・しんいち　社会運動家(世紀)
畠田理恵　はただ・りえ　女優(映女)

7畠村　はたむら
畠村貴子　はたむら・たかこ　教育新聞社(日典3)
畠村易　はたむら・やすし　畠村コンサルタント事務所長(国典)

11畠野　はたの
畠野欣三郎　はたの・きんざぶろう　日本アイ・ビー・エム(株)東日本第三営業本部長(日典3)
畠野圭右　はたの・けいう　童画家(日児)
畠野旬子　はたの・ときこ　俳人(日典3)
畠野洋夫　はたの・ひろお　マラソンコーチ(日典)

19畠瀬　はたせ
畠瀬直子　はたせ・なおこ　臨床心理学者(現執4期)
畠瀬稔　はたせ・みのる「ロージアズ選書」(国典)
畠瀬幸江　はたせ・ゆきえ　なぎなた範士(岡山歴)

【993】畔

3畔上　あぜかみ；あぜがみ
畔上輝井　あぜかみ・てるい　料亭主(近女)
畔上賢造　あぜがみ・けんぞう　宗教家(日人)
畔上楳仙　あぜがみ・ばいせん　曹洞宗の僧(日人)

5畔田　あぜた；くろだ
畔田カヅエ　あぜた・かずえ「二輪草」みぎわ書房(日典3)
畔田明　くろだ・あきら　政治家(長野歴)
畔田正幸　くろだ・まさゆき　歌人(富山文)

6畔合　くろあい
畔合太三郎　くろあい・たさぶろう　留学生(海越新)

9畔柳　くろやなぎ
畔柳昭雄　くろやなぎ・あきお　建築家(日典3)
畔柳芥舟　くろやなぎ・かいしゅう　評論家,英文学者(近文)
畔柳都太郎　くろやなぎ・くにたろう　英語学者(コン)
畔柳達雄　くろやなぎ・たつお　弁護士(現執3期)
畔柳二美　くろやなぎ・ふみ　小説家(日人)

13畔蒜　あびる
畔蒜一子　あびる・いつこ　日本航空教官(人情)
畔蒜源之助　あびる・げんのすけ　千葉県農政に貢献した人物(千葉百)
畔蒜泰助　あびる・たいすけ　ジャーナリスト(日典3)
畔蒜つね子　あびる・つねこ「ゼラニュウム」美研インターナショナル(日典3)

14畔端　くろはた
畔端秀石　くろはた・しゅうせき「用字字典」有紀書房(日典3)

【994】留

6留守　とめもり；るす
留守晃　とめもり・あきら「みんな集まれ！一手づくり楽器で音楽会」同時代社(JM)
留守玲　るす・あき「企画展pianissimo田中みぎわ/留守玲展」茅ヶ崎市文化振興財団茅ヶ崎市美術館(日典3)
留守伊予子　るす・いよこ　教育者(日人)

12留場　とめば
留場セイ子　とめば・せいこ　遠野市保健衛生課予防主査・老人在宅ケア推進室主査(日典3)
留場俊光　とめば・としてる　元東根市長(人情)

【995】畚

11畚野　ふごの
畚野信義　ふごの・のぶよし　郵政省電波研究所電波応用部長(科学)

【996】畦

6畦地　あぜち
畦地梅太郎　あぜち・うめたろう　版画家(日人)
畦地享平　あぜち・きょうへい　同和教育研究者(YA)
畦地慶司　あぜち・けいじ　胡弓奏者,箏曲家(音人3)
畦地他喜男　あぜち・たきお　陶芸家(陶芸最)
畦地拓治　あぜち・たくじ　造形作家(美建)

12畦森　あぜもり
畦森宣信　あぜもり・ひろのぶ「算数のよさがわかる授業の組織化」ぎょうせい(日典3)

【997】番

[4]番井　つがい；ばんい
　番井稔　つがい・みのる　愛全会理事（日典）
　番井一郎　ばんい・いちろう　読売新聞総務局給与課長（日典）
[5]番正　ばんじょう
　番正辰雄　ばんじょう・たつお　政治家（日人）
[6]番匠　ばんしょう；ばんじょう
　番匠宇司　ばんしょう・たかし　洋画家（日人）
　番匠義彰　ばんしょう・よしあき　映画監督（映人）
　番匠鉄雄　ばんしょう・てつお　北陸学院名誉院長（日典）
　番匠谷　ばんしょうや；ばんじょうや
　番匠谷英一　ばんしょうや・えいいち　劇作家，ドイツ文学者（世紀）
　番匠谷堯二　ばんしょうや・ぎょうじ　都市計画家，建築家（美建）
　番匠谷英一　ばんじょうや・えいいち　劇作家，ドイツ文学者（大阪文）
[10]番浦　ばんうら
　番浦省吾　ばんうら・しょうご　漆芸家（日人）
　番浦史郎　ばんうら・しろう　陶芸家（陶工）
　番浦有爾　ばんうら・ゆうじ　彫刻家（日典3）

【998】畨

[11]畨野　あらたの
　畨野清子　あらたの・きよこ　作家（和歌山人）
　畨野智晴　あらたの・ちせい　僧侶（日典3）

【999】畷

畷　なわて
　畷三郎　なわて・さぶろう　ジャーナリスト（日典3）
　畷文兵　なわて・ぶんぺい　小説家（石川文）

【1000】疇

[6]疇地　あぜち
　疇地千代子　あぜち・ちよこ「心のごちそう」エフエー出版（日典3）
　疇地真由美　あぜち・まゆみ「心のごちそう」エフエー出版（日典3）

疋部

【1001】疋

[5]疋田　ひきた；ひきだ
　疋田敬蔵　ひきた・けいぞう　洋画家（日人）
　疋田千益　ひきた・ちます　歌人（コン4）
　疋田桂太郎　ひきだ・けいたろう　実業家（日人）
　疋田城　ひきだ・じょう　俳人（滋賀文）

癶部

【1002】発

発田　はった；ほった
　発田弘　はった・ひろし　日本電気C&C製品計画本部長（日典）
　発田秀一　ほった・しゅういち　発田商店代表（日典3）
　発田孝夫　ほった・たかお「フレッシュハーブで野菜料理」農山漁村文化協会（日典3）
[8]発知　ほっち
　発知敏雄　ほっち・としお「持株会社の実務」東洋経済新報社（日典3）
　発知白翠　ほっち・はくすい「露蓬庵夢のたわこと」（JM）
[12]発智　ほっち
　発智正三郎　ほっち・しょうざぶろう　横浜国立大学教育学部教授（日典3）
　発智庄平　ほっち・しょうへい　社会事業家（日人）
　発智善次郎　ほっち・ぜんじろう「郷村織布工業の一研究」岩波書店（日典3）
　発智千恵子　ほっち・ちえこ「発智正三郎」大学教育社（日典3）
　発智徹夫　ほっち・てつお「発智正三郎」大学教育社（日典3）

【1003】癸

[5]癸生川　きぶかわ；けぶかわ
　癸生川正治　きぶかわ・まさはる　元・日本ベニア副社長（日典）
　癸生川忠儀　けぶかわ・ちゅうぎ　金万証券会長（日典）
　癸生川忠成　けぶかわ・ちゅうせい　僧侶，文筆家（日典3）

【1004】登

登　のぼり；のぼる
　登佐和常　のぼり・さわつね　農民（社史）
　登満彦　のぼり・みつひこ　農民（社史）
　登誠一郎　のぼる・せいいちろう　軍縮会議代表部大使（日典）
　登白汀子　のぼる・はくていし　俳人（四国文）
[3]登山　とやま
　登山修　とやま・おさむ「奄美民俗雑話」春苑堂出版（日典3）
　登山恒孝　とやま・つねたか　新聞記者，新聞発行（社史）
　登山俊彦　とやま・としひこ　出版人（出文）

登山昌昭　とやま・まさあき　横河電機製作所（国典）
登山理左衛門　とやま・りざえもん　政治家（栃木歴）

登川　とがわ；のぼりかわ
登川直樹　とがわ・なおき　映画評論家（世紀）
登川正雄　とがわ・まさお　評論家（北海道文）
登川誠仁　のぼりかわ・せいじん　歌三線演奏者（テレ）
登川正雄　のぼりかわ・まさお　書家（日典3）

[4]登内　とうち；とのうち
登内微笑　とうち・みしょう　日本画家（名画）
登内景淵　とのうち・けいえん　日本画家（長野歴）
登内微笑　とのうち・みしょう　日本画家（日人）

[5]登田　とうだ；とだ
登田好美　とうだ・よしみ　「恋はいつも食べかけ」小学館（日典3）
登田隆　とだ・たかし　京都大学理学部生物物理学科助手（日典3）
登田幸夫　とだ・ゆきお　「「泡沫」八十路」東京図書出版会（日典3）

登石　といし
登石麻恭子　といし・あきこ　「魔女のアロマテラピー」INFASパブリケーションズ（日典3）
登石郁朗　といし・いくろう　札幌地方裁判所、北海道大学法学部客員教授（日典3）
登石健三　といし・けんぞう　物理学者（日人）
登石雋一　といし・しゅんいち　映画プロデューサー（映人）
登石文夫　といし・ふみお　「社会調査のための統計学」青山社（日典3）

[6]登米　とよね；とよま
登米睦美　とよね・むつみ　新潟日報大阪支社長（日典）
登米正孝　とよま・まさたか　「かずかずのうたのために」明窓社（日典3）

[7]登坂　とさか；のぼりさか；のぼりざか
登坂武雄　とさか・たけお　能楽師（能狂言）
登坂義郎　のぼりさか・よしろう　全国借家人同盟メンバー（社史）
登坂北嶺　のぼりざか・ほくれい　小説家（世紀）

登村　とむら
登村ヘンリー　とむら・へんりー　イラストレーター（日典3）

登里　のぼり；のぼりさと；のぼりざと
登里輝男　のぼり・てるお　警察官幹部（現執3期）
登里享平　のぼりさと・きょうへい　サッカー選手（日典3）
登里良太郎　のぼりざと・りょうたろう　「藤部隊第一中隊戦記」藤部隊第一中隊戦記刊行会（日典3）

[10]登原　とはら
登原久美子　とはら・くみこ　サロン経営者（日人）

登家　とか
登家勝也　とか・かつや　「ルカによる福音書」新教出版社（書籍）
登家正夫　とか・まさお　NECインフロンティア取締役相談役（日典3）

[11]登張　とばり
登張絵夢　とばり・えいめ　「高齢社会の環境デザイン」じほう（日典3）
登張竹風　とばり・ちくふう　ドイツ文学者,評論家（コン4）
登張正実　とばり・まさみ　ドイツ文学者（日人）

白部

【1005】　白

白　はく
白雲竜　はく・うんりゅう　「自分をほめない日本人―日本の教室では学べない国際社会の対処法」日本文化出版（JM）
白紫虚　はく・しきょ　雑誌編集者（日典3）
白茂雄　はく・しげお　元・プロボクサー（日典3）
白怜子　はく・れいこ　「天才！バガボンド」日本図書刊行会（日典3）
白六郎　はく・ろくろう　漫画家（漫人）

[3]白上　しらかみ；しろかみ
白上謙一　しらかみ・けんいち　動物学者（日人）
白上佑吉　しらかみ・ゆうきち　内務官僚（履歴2）
白上佑吉　しろかみ・ゆうきち　政治家（富山百）

白久　しらく；しらひさ
白久せん　しらく・せん　看護婦（社史）
白久セン　しらひさ・せん　看護婦（社史）

白土　しらつち；しらと；しろと
白土理香　しらつち・りか　声楽家（メゾソプラノ）（演奏）
白土三平　しらと・さんぺい　漫画家（コン4）
白土修　しらど・おさむ　北海道大学大学院医学研究科講師（日典3）
白土てるの　しろと・てるの　「あらつち―詩歌集」白土てるの（JM）

白子　しらこ；はくし
白子正夫　しらこ・まさお　ジャズマン（ジヤ）
白子森蔵　しらこ・もりぞう　小学校教諭,理科教育研究者（児人）
白子忠男　はくし・ただお　姫路工業大学名誉教授（日典3）
白子れい　はくし・れい　「疏水のほとり」九芸出版（日典3）

白山　しらやま；しろやま；はくさん
白山松哉　しらやま・しょうさい　漆工家（日人）
白山雅一　しろやま・まさいち　声帯模写芸人（日人）
白山将視　はくさん・まさみ　眼鏡デザイナー（日典）

白部(白)

白川　しらかわ；しろかわ
　白川義員　しらかわ・よしかず　写真家(日人)
　白川義則　しらかわ・よしのり　陸軍軍人(コン5)
　白川燧洋　しらかわ・すいよう　俳人(四国文)

⁴白井　しらい；しろい
　白井喬二　しらい・きょうじ　小説家(コン4)
　白井松次郎　しらい・まつじろう　実業家,演劇興行主(コン4)
　白井くるま　しろい・くるま　小説家(日典3)
　白井信隆　しろい・のぶたか　小説家(YA)

白仁　しらに
　白仁秋津　しらに・あきつ　歌人(福岡百)
　白仁進　しらに・すすむ　松下電送取締役(日典3)
　白仁高志　しらに・たかし「フーコー」現代書館(日典)
　白仁武　しらに・たけし　官僚,実業家(コン5)
　白仁止　しらに・とどむ　日本モリブデン社長(日典3)

白戸　しらと；しろと；はくと
　白戸栄之助　しらと・えいのすけ　航空家(日人)
　白戸郁之介　しろと・いくのすけ　詩人(青森人)
　白戸一範　はくと・かずのり「中学校技術科で使う「ハイパーキューブ2」の活用例」明治図書出版(日典3)

白方　しらかた
　白方アキ　しらかた・あき　白方興業会長(日典3)
　白方敦子　しらかた・あつこ　園芸研究家(日典3)
　白方達郎　しらかた・たつお　白方興業社長(日典3)
　白方大三郎　しらかた・だいざぶろう　実業家(日人)
　白方一　しらかた・はじめ　大阪高裁長官(日典3)

白木　しらき；しろき
　白木義一郎　しらき・ぎいちろう　プロ野球選手,政治家(日人)
　白木茂　しらき・しげる　児童文学翻訳家,児童文学作家(コン4)
　白木源蔵　しろき・げんぞう　宮大工(美建)
　白木為直　しろき・ためなお　公益家(日人)

白木原　しらきはら；しらきばら
　白木原国雄　しらきはら・くにお「海産哺乳類の調査と評価」日本鯨類研究所(日典3)
　白木原孝臣　しらきはら・たかおみ　大分大学名誉教授(日典)
　白木原和美　しらきばら・かずみ　熊本大学文学部教授(日典)

白水　しらみず；しろうず；しろおず；しろず；しろみず；はくすい
　白水繁彦　しらみず・しげひこ　文化社会学者,コミュニケーション論学者(現執4期)
　白水淡　しろうず・あわし　陸軍軍人(日人)
　白水明代　しろおず・あきよ「糖尿病患者の検査値ビジュアルノート」メディカ出版(日典3)

　白水大介　しろず・だいすけ　トランペット奏者(演奏)
　白水義行　しろみず・よしゆき　漫画家(漫画)
　白水甲二　はくすい・こうじ「大友宗麟」春秋社(日典3)

⁵白田　しらた；しろた；はくた
　白田昭　しらた・あきら　農業生物資源研究所(日典3)
　白田仲治　しろた・なかじ　日本共産党党員(社史)
　白田環　はくた・かん　イラストレーター(日典)

白田山　しらたやま；しろたやま
　白田山秀敏　しらたやま・ひでとし　力士(相人)
　白田山秀敏　しろたやま・ひでとし　元・力士(日典3)

白石　しらいし；しろいし；はくいし
　白石正一郎　しらいし・しょういちろう　豪商,志士(コン4)
　白石芙蓉　しろいし・ふよう　写真師(写家)
　白石恵子　はくいし・けいこ　島根県議(無所属,松江市)(日典3)

⁶白名　しらな
　白名誠一　しらな・せいいち「母へ弟へ生きて生き抜いた日々」鳥影社(日典3)
　白名徹夫　しらな・てつお　大阪毎日新聞記者,山陰日日新聞社取締役(島根歴)
　白名瞭悦郎　しらな・りょうえつろう「人間の内幕」白名瞭悦郎(JM)

白地　しらち
　白地照彦　しらち・てるひこ　政治家(現政)

白庄司　しらしょうじ
　白庄司進　しらしょうじ・すすむ　東芝集積回路事業部セミカスタムLSI技術部長(日典3)

白江　しらえ
　白江亜古　しらえ・あこ「ニッポン・ビューティ」講談社(日典3)
　白江功　しらえ・いさお「オンライン読本」銀行研修社(日典3)
　白江隼夫　しらえ・はやお　城西消費購買組合組合員(社史)
　白江竜吉　しらえ・りゅうきち　砲術家(日人)
　白江龍吉　しらえ・りゅうきち　長崎砲術家(幕末)

白羽　しらは；しらば；しらはね
　白羽弥仁　しらは・みつひと　映画監督(映監)
　白羽大介　しらば・だいすけ　俳優,漫才師(新芸)
　白羽ゆり　しらはね・ゆり　宝塚歌劇団員(雪組)(テレ)

⁷白佐　しらさ
　白佐俊憲　しらさ・としのり　教育心理学者(現執3期)

白尾　しらお
　白尾彰　しらお・あきら　フルート奏者(演奏)
　白尾義天　しらお・ぎてん　僧侶(真宗)
　白尾隆　しらお・たかし　フルート奏者(演奏)
　白尾偕子　しらお・ともこ　ヴィオラ奏者(新芸)

白尾元理　しらお・もとまろ　サイエンスライター,写真家(児人)

白形　しらかた
白形重男　しらかた・しげお「落後者をつくらぬ指導法」明治図書出版(日典)
白形桑甫　しらかた・そうほ　俳人(四国人)
白形允　しらかた・まこと　弁護士(日典3)
白形泰　しらかた・やすし　愛媛新聞販売局次長(日典3)

白沢　しらさわ；しらざわ；しろさわ；はくさわ
白沢保美　しらさわ・やすみ　林学者(日人)
白沢一男　しらざわ・かずお　福井放送常務(日典)
白沢憲彦　しらさわ・のりひこ「いちばん得するマイホーム選び」ロングセラーズ(書籍)
白沢辰夫　はくさわ・たつお　社会保険労務士(日典)

白男川　しらおがわ；しろおかわ；しろおがわ
白男川清美　しらおがわ・きよみ「いつものアウトドア」飛鳥新社(日典3)
白男川譲介　しろおかわ・じょうすけ　政治家(福井人)
白男川譲介　しらおがわ・じょうすけ　福井県知事,鹿児島市長(日典3)

白谷　しらたに；しろたに；しろや；はくや
白谷克巳　しらたに・かつみ　数学者(数学)
白谷由紀子　しろたに・ゆきこ「もぐもぐとんねる」アリス館(日典3)
白谷潔弘　しろや・きよひろ「ブルース・ロック」シンコーミュージック・エンタテイメント(日典3)
白谷祐二　はくや・ゆうじ　消防士(日典3)

白阪　しらさか
白阪栄彦　しらさか・えいげん　女子教育家(学校)
白阪琢磨　しらさか・たくま「これでわかるHIV/AIDS診療の基本」南江堂(日典3)
白阪実世子　しらさか・みよこ　童話作家(幻想)

[9]**白取　しらとり；しろとり**
白取貞次郎　しらとり・ていじろう　朝日新聞記者(青森人)
白取祐司　しらとり・ゆうじ　刑事訴訟法研究者(現執4期)
白取数馬　しらとり・かずま　陸奥弘前藩士(日人)

白岩　しらいわ；しろいわ
白岩俊雄　しらいわ・としお　耳鼻咽喉科学者(日人)
白岩龍平　しらいわ・りゅうへい　実業家(世紀)
白岩俊夫　しろいわ・としお　小千谷市立東小千谷小学校長(日典3)
白岩俊一　しらいわ・としお　耳鼻咽喉科学者(近医)

白松　しらまつ；しろまつ
白松青象　しらまつ・せいぞう　僧侶(真宗)
白松麦村　しらまつ・ばくそん　俳人(姓氏山口)

白松篤樹　しろまつ・あつき　大分県知事(日典3)
白松恒二　しろまつ・つねじ　菓子匠(姓氏宮城)

白波瀬　しらはせ
白波瀬悦子　しらはせ・えつこ　フリーライター(日典)
白波瀬佐和子　しらはせ・さわこ「少子高齢社会のみえない格差」東京大学出版会(日典3)
白波瀬丈一郎　しらはせ・じょういちろう　慶応義塾大学病院精神神経科医長(日典3)
白波瀬季次郎　しらはせ・すえじろう　商人(姓氏京都)
白波瀬米吉　しらはせ・よねきち　政治家(政治)

白金　しらかね；しろかね；しろがね
白金郁夫　しろかね・いくお　日本郵政公社執行役員(日典3)
白金はる子　しろかね・はるこ「食べもの百科─まんが・イラスト」4(加工食品・食品添加物編)新樹社(JM)
白金あろし　しろがね・あろし「妄想弁護士」オークラ出版(日典3)

白附　しらつき
白附憲之　しらつき・のりゆき「ヒトの科学」建帛社(日典3)

[9]**白保　しらほ**
白保生雄　しらほ・いくお　政治家(姓氏沖縄)
白保台一　しらほ・たいいち　政治家(現政)

白城　しらき；しろき
白城あやか　しらき・あやか　タレント(テレ)
白城丈一　しらき・さだいち　実業家(愛媛百)
白城るた　しろき・るた　小説家(幻想)

白柳　しらやなぎ；しろやなぎ
白柳秀湖　しらやなぎ・しゅうこ　小説家,評論家(コン4)
白柳美奈　しらやなぎ・よしひこ　小説家,評論家,翻訳家(世紀)
白柳秀湖　しらやなぎ・しゅうこ　小説家,社会評論家(履歴)
白柳昇二　しらやなぎ・しょうじ　ビオラ奏者,管弦楽指揮者(音人3)

白洲　しらす；しらず
白洲次郎　しらす・じろう　実業家(コン4)
白洲正子　しらす・まさこ　随筆家,評論家(日人)
白洲退蔵　しらず・たいぞう　三田県大参事(兵庫人)

白砂　しらさご；しらすな；しらまさ
白砂堤津耶　しらさご・てつや　東京女子大学文理学部教授(現執4期)
白砂健　しらすな・たけし　社会運動家(アナ)
白砂剛二　しらまさ・ごうじ「住の思想」(国典)

白神　しらが；しらかみ；しらがみ
白神邦二　しらが・くにじ　政治家(日人)
白神新一郎　しらかみ・しんいちろう　初期金光教の布教功労者(岡山歴)
白神勤　しらがみ・つとむ　ジャーナリスト(日人)

白部(白) 〔1005〕

白草　しらくさ；しろくさ
　白草竜太　しらくさ・りゅうた　重量挙げ選手（日典3）
　白草久夫　しろくさ・ひさお　労農党小倉支部常任書記（社史）

10白倉　しらくら
　白倉一由　しらくら・かずよし　国文学者（現執4期）
　白倉嘉人　しらくら・かにゅう　日本画家（美家）
　白倉政司　しらくら・まさし　政治家（現政）
　白倉由美　しらくら・ゆみ　漫画家,漫画原作者,小説家（幻想）
　白倉隆一　しらくら・りゅういち　児童文学作家（児人）

白原　しらはら；しろはら
　白原浩志　しらはら・ひろし「ハムのコンピュータ活用入門」CQ出版（日典3）
　白原由起子　しらはら・ゆきこ「美しきアジアの玉手箱」読売新聞社（日典3）
　白原なな　しらはら・なな「たいせつなたからもの」国際ロータリー第2750地区東京恵比寿ロータリークラブ（日典3）

白根　しらね；しろね
　白根専一　しらね・せんいち　官僚（コン）
　白根竹介　しらね・たけすけ　官僚（コン5）
　白根節子　しらね・せつこ　市民運動家（日人）
　白根里紗　しろね・りさ　フリーライター（日典3）
　ハルオ・シラネ（白根治夫）　はるお・しらね　俳人（現俳）

白畠　しらはた
　白畠庸　しらはた・いさお「三療臨床学」京都ライトハウス点字出版部（日典3）
　白畠貞美　しらはた・さだみ　政治家（現政）
　白畠正雄　しらはた・まさお　弁護士（日典3）
　白畠美智子　しらはた・みちこ　大阪保育研究所（日典3）

11白崎　しらさき；しらざき；しろさき
　白崎秀雄　しらさき・ひでお　小説家,美術評論家（日人）
　白崎享一　しらざき・きょういち「統計図表の画き方」（国典）
　白崎礼三　しろさき・れいぞう　詩人（世紀）

白都　しらと；はくと
　白都真理　しらと・まり　女優（テレ）
　白都美雪　しらと・みゆき　千葉商科大学大学院政策情報研究科教授（日典3）
　白都百合子　はくと・ゆりこ「萩の風」東京四季出版（日典3）

白野　しらの；しろの；はくの
　白野夏雲　しらの・かうん　静岡藩士,物産研究家（日人）
　白野伊津夫　しろの・いつお　英語学者（YA）
　白野慎也　はくの・しんや　フリーライター（日典3）

白鳥　しらとり；しろとり；はくちょう
　白鳥庫吉　しらとり・くらきち　東洋史学者（コン5）
　白鳥省吾　しろとり・せいご　詩人（コン4）
　白鳥鼎三　はくちょう・ていざん　曹洞宗の僧（姓氏愛知）

13白勢　しらせ；しろせ
　白勢栄悦　しらせ・えいえつ　陶芸家（陶芸最）
　白勢検校　しらせ・けんぎょう　山田流箏曲・平曲演奏者（新芸）
　白勢春三　しろせ・しゅんぞう　実業家,第四銀行頭取（第3代）（新潟百）
　白勢恭　しろせ・ただし　（有）しろせ楽器代表取締役（日典）

白数　しらかず；しらす
　白数敏之助　しらかず・としのすけ　日本労働組合全国協議会メンバー（社全）
　白数明義　しらす・あきよし「初心者のためのMEAWを用いた矯正治療」第一歯科出版（日典3）
　白数美輝雄　しらす・みきお　口腔解剖学者（近医）

白楽　しらく；はくらく
　白楽正志　しらく・まさし「アスペルガー症候群の教室での支援」東京書籍（日典3）
　白楽ロックビル　はくらく・ろっくびる　著述家,翻訳家（日典3）

白滝　しらたき
　白滝幾之助　しらたき・いくのすけ　洋画家（コン4）
　白滝絵理　しらたき・えり「チャイナ・プラスワン」エヌ・エヌ・エー,リーダーズノート・パブリッシング（発売）（日典3）
　白滝康　しらたき・こう　能楽師（能狂言）
　白滝貞昭　しらたき・さだあき「葛藤としての病」法政大学出版局（日典3）
　白滝治郎　しらたき・じろう「渓流釣りがある日突然上手くなる」つり人社（日典3）

白路　しらみち；しろみち
　白路徹　しらみち・てつ「デン助 第1」（国典）
　白路徹　しろみち・てつ　画家,漫画家（日児）

14白旗　しらはた；しらばた；しろはた
　白旗信　しらはた・まこと　ドイツ文学者（山形百新）
　白旗敏克　しらばた・としかつ「間違いだらけのスポーツ健康法―危険度徹底チェック！」広済堂出版（JM）
　白旗信　しろはた・まこと　独文学（人書）

白銀　しらがね；しろかね；しろがね
　白銀功　しらがね・いさお　洋画家（洋画）
　白銀重二　しろかね・ちょうじ　軍人（陸海）
　白銀東太郎　しろがね・とうたろう　新聞印刷工組合正進会メンバー（アナ）

白銀台　しろがねだい
　白銀台一丸　しろがねだい・いちまる　戯作家＝近世（人名）

白髪　しらが；しらがみ
　白髪一雄　しらが・かずお　アクション・ペインター（日人）
　白髪昌世　しらが・まさとし「病院管理」メディカルエデュケーション（日典3）

白部（百）

白髪隆行　しらがみ・たかゆき「かんたんフィギュア工作ガイド」アスキー・メディアワークス，角川グループパブリッシング（発売）(日典3)

[15]白幡　しらはた；しらばた
白幡五右衛門　しらはた・ごえもん　一揆指導者(庄内)
白幡洋三郎　しらはた・ようざぶろう　比較文化研究者(現執4期)
白幡千草　しらばた・ちぐさ　俳人(北海道文)

白樫　しらかし；しらがし；しろがし
白樫三四郎　しらかし・さんしろう　心理学者(現執1期)
白樫紀明　しらがし・のりあき　京都新聞総合デスク長(日典)
白樫主馬助　しろがし・しゅめのすけ　紀伊の地侍＝中世(戦国)

白潟　しらかた；しらがた
白潟翔弥　しらかた・しょうや「お母さんぼくは星になったよ」金沢倶楽部(日典3)
白潟せつの　しらかた・せつの「明日を待つ」新星書房(日典3)
白潟敏朗　しらがた・としろう　経営コンサルタント(日典)
白潟光男　しらがた・みつお「夢をかなえる精神科リハビリテーション」日本評論社(日典3)

白髭　しらひげ
白髭克彦　しらひげ・かつひこ　東京工業大学大学院生命理工学研究科教授(日典3)
白髭勝彦　しらひげ・かつひこ　日本共産青年同盟メンバー(社史)
白髭勝世　しらひげ・かつよ　医師(日典3)
白髭圭介　しらひげ・けいすけ　ダイオ化成社長(日典3)
白髭武　しらひげ・たけし　経営学者(現執1期)

[16]白壁　しらかべ
白壁征夫　しらかべ・いくお　医師(日典3)
白壁傑次郎　しらかべ・けつじろう　五高教授(日典3)
白壁賢一　しらかべ・けんいち　山梨県議(自民党，南都留郡)(日典3)
白壁武博　しらかべ・たけひろ　医師(日典3)
白壁彦夫　しらかべ・ひこお　医師(日人)

[17]白嶺　しらね；しらみね
白嶺あおい　しらね・あおい　銀嶺女将(日典3)
白嶺聖　しらみね・きよし「ノーモア・フクシマ　世紀の核惨事」あかね図書販売(日典3)

[18]白藤　しらふじ；はくとう
白藤金五郎　しらふじ・きんごろう　力士(高知人)
白藤礼幸　しらふじ・のりゆき　日本語学者(現執3期)
白藤文祐　はくとう・ぶんゆう「保険業法Q&A」保険毎日新聞社(日典3)

[19]白瀬　しらせ；しろせ
白瀬検校　しらせ・けんぎょう　山田流箏曲演奏者(日音)
白瀬矗　しらせ・のぶ　探検家(コン5)

白瀬真地子　しろせ・まちこ　住友生命保険相互札幌支社北星支部長(日典)

[20]白籏　しらはた
白籏佐紀枝　しらはた・さきえ「第二の故郷」創風社出版(日典3)
白籏史朗　しらはた・しろう　山岳写真家(日人)

[21]白鷗　はくおう
白鷗訓彦　はくおう・くにひこ　富士見丘高テニス部監督(日典3)
白鷗文彦　はくおう・ふみひこ「一位の笏」新星書房(JM)

【1006】百

百々　とど；どど；もも
百々登美子　とど・とみこ　歌人(大阪文)
百々三郎　どど・さぶろう　福山藩士(日人)
百々佑利子　もも・ゆりこ　翻訳家，児童文学研究者(世紀)

[3]百川　ももかわ
百川梢介　ももかわ・しょうすけ　歌人(北海道文)
百川如燕　ももかわ・じょえん　講談師(史人)
百川敬仁　ももかわ・たかひと　日本中古近世文学者(現執4期)

[4]百井　ひゃくい；ももい
百井ハル　ひゃくい・はる　真田織職人(日典)
百井修治　ももい・しゅうじ　アイスホッケー選手(日典)

百元　ひゃくげん；ひゃくもと
百元籠羊　ひゃくげん・かごひつじ「オタ中国人の憂鬱」武田ランダムハウスジャパン(日典3)
百元昭史　ひゃくもと・あきふみ　兵庫県警甲子園署交通課長(日典3)

百木　ももき
百木伊之助　ももき・いのすけ　政治家(姓氏京都)
百木亥之助　ももき・いのすけ　男性(先駆)
百木茂雄　ももき・しげお　東陶機器(TOTO)常務(日典3)
百木孝行　ももき・たかゆき　小説家(日典3)
百木千禾　ももき・ちぎ「万木」東京四季出版(日典3)

[5]百田　ひゃくた；ももた；ももだ
百田哲龍　ひゃくた・てつりゅう　宗教家(郷土奈良)
百田宗治　ももた・そうじ　詩人(コン4)
百田美智子　ももだ・みちこ　福岡大学工学部電子工学科助手(日典)

百目鬼　どうめき
百目鬼恭三郎　どうめき・きょうざぶろう　文芸評論家(世紀)
百目鬼恭三郎　どうめき・きょうざぶろう　文芸評論家(日人)
百目鬼孝一　どうめき・こういち　助川電気工業社長(日典3)

白部（百）　　　　　　　　　　　　　　　　　　　　〔1006〕

百目鬼智子　どうめき・ともこ　「どんぐりどらや」佼成出版社（日典3）
百目鬼尚子　どうめき・なおこ　「はじめての服作りレッスンノート」文化出版局（日典3）

[6]百合野　ゆりの
　百合野正博　ゆりの・まさひろ　会計監査論研究家（現執2期）
　百合野稔　ゆりの・みのる　弓道家（弓道）
　百合野保夫　ゆりの・やすお　門司青果社長, 門司市議（日典3）

百名　ひゃくな；ももな
　百名朝敏　ひゃくな・ちょうびん　銀行家（社史）
　百名哲　ももな・さとる　「冬の終わり、青の匂い」エンターブレイン, 角川グループパブリッシング（発売）（日典3）
　百名みゆき　ももな・みゆき　「お母さんあいさつ実例集」西東社（日典3）

[7]百束　ひゃくそく；ももつか
　百束恭一　ひゃくそく・きょういち　フジタ専務（日典3）
　百束邦雄　ひゃくそく・くにお　「ただの市民のアブロード」創栄図書（製作）（日典3）
　百束極　ももつか・きわめ　「最新ラジオ技術読本」松山中央放送局（日典3）

百村　ひゃくむら；ももむら
　百村帝彦　ひゃくむら・きみひこ　「Decentralisation and state-sponsored community forestry in Asia」Institute for Global Environmental Strategies Forest Conservation Project（日典3）
　百村友九郎　ひゃくむら・ともくろう　歌舞伎俳優＝近世（人名5）
　百村伸一　ももむら・しんいち　医師（日典3）
　百村美代　ももむら・みよ　「いのち涼しく一句集」（JM）

百谷　ももたに；ももなや；ものや
　百谷伝兵衛　ももたに・でんべえ　政治家（姓氏富山）
　百谷保　ももなや・たもつ　歌人（富山文）
　百谷保　ものや・たもつ　「牛飼の歌」短歌新聞社（日典3）

百足　むかで；ももたり
　百足健一　むかで・けんいち　元・宮城県議（日典）
　百足泰守　ももたり・やすもり　非水銀系農薬, 蚕のこうじかび病, 硬化病防除剤の開発に成功（姓氏宮城）

百里　ももさと；ももざと
　百里千里　ももさと・せんり　「生きる一詩集」日本図書刊行会（JM）
　百里あきら　ももさと・あきら　「ガッツ乱平」ホーム社（日典3）

[8]百武　ひゃくたけ；ももたけ
　百武兼行　ひゃくたけ・かねゆき　洋画家, 官吏（コン5）
　百武三郎　ひゃくたけ・さぶろう　海軍軍人（コン5）
　百武亥次郎　ももたけ・いじろう　栃木県出納長, 栃木新聞社長（日典3）

百武関次　ももたけ・せきじ　我路借家人組合組合長（社史）

[9]百海　どうみ；ひゃっかい；ももうみ
　百海そで　どうみ・そで　「犀川」みぎわ書房（日典3）
　百海正一　ひゃっかい・しょういち　「ケースメソッドによる学習」学文社（日典3）
　百海政一　ももうみ・せいいち　（宗）世界救世教参与（日典）

百津　ももつ
　百津弘　ももつ・ひろむ　大阪機械労組共済部長（社史）

[10]百島　ひゃくしま；ももしま
　百島操　ひゃくしま・みさお　牧師（社史）
　百島祐貴　ももしま・すけたか　慶応義塾大学医学部放射線診断科（日典）
　百島操　ももしま・みさお　牧師, 書店主（アナ）

百鬼　なきり
　百鬼史訓　なきり・ふみのり　東京農工大学一般教育部助教授（日典）

[11]百崎　ももさき；ももざき
　百崎栄一　ももさき・えいいち　ミドリ薬品社長（日典3）
　百崎素弘　ももさき・もとひろ　政治家（現政）
　百崎公博　ももざき・きみひろ　富士銀行大阪経営相談所所長（日典）
　百崎左人　ももざき・さじん　「百崎左人句集」芸風書院（日典3）

百溪　ももたに
　百溪英一　ももたに・えいいち　「ダウン症の若者支援ハンドブック」明石書店（日典3）
　百溪尚子　ももたに・なおこ　医師（日典3）
　百溪浩　ももたに・ひろし　「テクノストレスとメンタルヘルス」通産資料調査会（日典）
　百溪陽三　ももたに・ようぞう　医師（日典3）

百済　くだら；くだらの；ももずみ
　百済与一　くだら・よいち　旅芸人（海越新）
　百済河成　くだらの・かわなり　官僚・画家＝古代（人名2）
　百済勇　ももずみ・いさむ　駒沢大学外国語学部教授（日典）

百野　びゃくの
　百野省吾　びゃくの・しょうご　読売新聞大阪本社社史編集室幹事・編集委員（日典3）
　百野恒四郎　びゃくの・つねしろう　住友商事専務（日典）

[12]百塚　ひゃくずか；ももずか
　百塚正也　ひゃくずか・しょうや　漆芸家（日典）
　百塚智佳子　ひゃくずか・ちかこ　「サヤドールのウッディクラフト」日本ヴォーグ社（日典3）
　百塚常太郎　ももずか・つねたろう　国鉄長野駅赤帽（日典）

[16]百橋　どのはし
　百橋明穂　どのはし・あきお　「美術講演会講演録」鹿島出版会（製作）（日典3）
　百橋恵章　どのはし・えしょう　僧侶（日典）

¹⁹百瀬　ももせ；ももぜ
　百瀬結　ももせ・ひとし　経営者（日人）
　百瀬宏　ももせ・ひろし　国際政治史学者（日人）
　百瀬九郎平　ももぜ・くろべい　養蚕、蚕種業者（姓氏長野）

【1007】 的

³的川　まとがわ
　的川泰宣　まとがわ・やすのり　軌道工学者（世紀）
¹¹的野　まとの
　的野功　まとの・いさお　サンリオ常務（日典3）
　的野和男　まとの・かずお　高校野球監督（日典3）
　的野半介　まとの・はんすけ　政治家（日人）
　的野求　まとの・もとむ　陶芸家（陶芸最）
　的野雄　まとの・ゆう　俳人（現俳）
¹²的場　まとば
　的場浩司　まとば・こうじ　俳優（日映男）
　的場幸雄　まとば・さちお　金属工学者（日人）
　的場徹　まとば・てつ　映画監督（映人）
　的場中　まとば・なか　冶金学者（日人）
　的場裕子　まとば・ゆうこ　ヴィーナ奏者（音人3）

【1008】 皆

³皆川　みなかわ；みながわ
　皆川マス　みなかわ・ます　絵付師（日人）
　皆川ゆか　みなかわ・ゆか　少女小説家（漫人）
　皆川達夫　みながわ・たつお　音楽学者（日人）
　皆川博子　みながわ・ひろこ　小説家（日人）
⁴皆元　かいもと；みなもと
　皆元和博　かいもと・かずひろ　「日中韓FTAの可能性と三ヵ国の対外通商政策」ビスタピー・エス（日典3）
　皆元洋之助　みなもと・ようのすけ　映画監督（映監）
　皆方　みなかた
　皆方久美子　みなかた・くみこ　「丹沢を歩く」山と渓谷社（日典3）
　皆方純子　みなかた・じゅんこ　ソプラノ歌手（音人3）
　皆月　みなずき；みなつき
　皆月亭介　みなずき・こうすけ　「ママと…」二見書房（日典3）
　皆月つなみ　みなつき・つなみ　「タイヨウのうた」白泉社（日典3）
　皆木　みなき；みなぎ
　皆木育夫　みなき・いくお　「自主参加」土曜美術社（日典3）
　皆木繁宏　みなき・しげひろ　郷土史家・青年教育関係（多摩）
　皆木和義　みなき・かずよし　経済ジャーナリスト（現執4期）

　皆木省吾　みなぎ・しょうご　岡山大学大学院医歯薬学総合研究科教授（日典3）
⁵皆本　かいもと；みなもと
　皆本美喜　かいもと・みき　「社会保険神戸中央病院の看取りのケア指針」日総研出版（日典3）
　皆本二三江　みなもと・ふみえ　美術教育学者（現執2期）
　皆本満親　みなもと・みつちか　大阪機械労組メンバー（社史）
⁶皆吉　みなきち；みなよし
　皆吉修理亮　みなきち・しゅりのすけ　足利氏家臣＝中世（戦東）
　皆吉淳延　みなよし・あつのぶ　「中学受験絶対親力」エール出版社（日典3）
　皆吉爽雨　みなよし・そうう　俳人（日人）
⁷皆見　みなみ
　皆見昭　みなみ・あきら　英米文学者（現執3期）
　皆見鵬　みなみ・おおとり　洋画家（洋画）
　皆見健吉　みなみ・けんきち　城西消費購買組合組合員（社史）
　皆見省吾　みなみ・せいご　皮膚科学者（日人）
　皆見鵬三　みなみ・ほうぞう　洋画家（岡山歴）
⁸皆実　みなみ
　皆実功　みなみ・いさお　「診療所の四季」勁草書房（日典3）
¹²皆渡　みなわたり
　皆渡静雄　みなわたり・しずお　「少年の行方」銀河書房（日典3）
¹⁸皆藤　かいとう；かいどう
　皆藤愛子　かいとう・あいこ　キャスター，タレント（日典3）
　皆藤幸蔵　かいとう・こうぞう　翻訳家（現情）
　皆藤喜代志　かいどう・きよし　「皆藤喜代志戦陣回顧録」皆藤喜代志戦陣回顧録出版会（日典3）
　皆藤慎太郎　かいどう・しんたろう　アナウンサー（テレ）

【1009】 皇

皇　すめらぎ
　皇晃之　すめらぎ・きらゆき　教育学者（現情）
　皇至道　すめらぎ・しどう　教育学者（郷土滋賀）
　皇達也　すめらぎ・たつや　テレビプロデューサー（日典3）
　皇なつき　すめらぎ・なつき　漫画家（幻想）
　皇紀夫　すめらぎ・のりお　「人間であること」灯影舎（日典3）

【1010】 皐

皐　さつき；さわ
　皐守宏　さつき・もりひろ　日特建設社長（日典3）
　皐斉　さわ・ひとし　金沢市立味噌蔵小学校校長（日典3）

皮部(皮,皯)　皿部(皿,益)

皮部

【1011】 皮

¹⁶皮篭石　かわごいし；こうごいし
　皮篭石紀雄　かわごいし・のりお　鹿児島大学工学部機械工学科教授(日典)
　皮篭石達見　こうごいし・たつみ「保定幹と防人の賦」皮篭石達見(JM)

²²皮籠石　かわごいし
　皮籠石紀雄　かわごいし・のりお　鹿児島大学工学部助手(科学)

【1012】 皯

皯　つつみ
　皯包美　つつみ・かねみ　知識階級失業者減給反対同盟常任委員(社史)

皿部

【1013】 皿

⁷皿谷　さらがい；さらたに
　皿谷緋佐子　さらがい・ひさこ　陶芸家(陶工)
　皿谷実　さらがい・みのる　陶芸家(陶工)
　皿谷泰広　さらたに・やすひろ　フルート奏者,作曲家,編曲家(音3)

⁹皿海　さらがい
　皿海栽哉　さらがい・たつや　児童文学作家(現朝)
　皿海達哉　さらがい・たつや　児童文学作家(日人)
　皿海長市　さらがい・ちょういち　弓道家,弓道教士(弓道)

【1014】 益

益　ます
　益巌　ます・いわお　牧師(日典3)
　益国安　ます・くにやす　農民(社史)
　益三兵衛　ます・さんべえ　漁業(国典)
　益進　ます・すすむ　実業家(高知人)
　益澄英　ます・すみえい　農民(社史)

³益子　ましこ；ますこ
　益子甲之助　ましこ・かしのすけ　益子塾の創立者(郷土栃木)
　益子なお美　ましこ・なおみ　アナウンサー,ラジオパーソナリティー(テレ)
　益子愛太郎　ますこ・あいたろう　写真家(写家)
　益子かつみ　ますこ・かつみ　漫画家(幻想)

⁴益戸　ますど
　益戸育江　ますど・いくえ　女優(日典3)

　益戸克己　ますど・かつみ　日東ボクシングジム会長(日典3)
　益戸欽也　ますど・きんや　経済評論家(日典3)
　益戸久尚　ますど・ひさなお　日東ボクシングジム会長(日典3)

⁵益生　ますお
　益生あづさ　ますお・あずさ「パパ・メイヤン」季節社(日典3)

益田　ました；ましだ；ますだ
　益田兼利　ました・かねとし　陸軍軍人,自衛官(日人)
　益田永武　ましだ・ながたけ　自助壮結成に加わった人物(幕末)
　益田孝　ますだ・たかし　三井財閥大番頭(コン4)

⁶益地　ますち
　益地勝志　ますち・かつし　明治学園常務理事(日典3)
　益地憲一　ますち・けんいち　元・中学校教師(日典3)

⁷益谷　ますたに
　益谷秀次　ますたに・しゅうじ　政治家,弁護士(コン4)
　益谷健夫　ますたに・たけお　能都町(石川県)町長(日典3)
　益谷央豪　ますたに・ちかひで　大阪大学大学院生命機能研究科准教授(日典3)
　益谷尚豪　ますたに・なおひで「だれにも教えたくなかった漁師秘伝の魚(さかな)料理」実業之日本社(日典3)
　益谷秀次　ますたに・ひでじ　政治家(現日)

⁹益荒雄　ますらお
　益荒雄広生　ますらお・ひろお　力士(相人)

¹²益富　ますとみ
　益富寿之助　ますとみ・かずのすけ　(財)益富地学会館理事長(日典3)
　益富鶯子　ますとみ・つたこ　社会事業家(日典3)
　益富信孝　ますとみ・のぶたか　俳優(和モ)
　益富政助　ますとみ・まさすけ　信徒(キリ)

益満　ますみつ
　益満健　ますみつ・けん　日本アイ・ビー・エム(株)東京基礎研究所副主任研究員(日典3)
　益満宗之助　ますみつ・そうのすけ　陸軍軍人(幕末)
　益満環　ますみつ・たまき「学徒のためのIT活用経営分析15講」青山社(日典3)
　益満行丈　ますみつ・ゆきたけ　鹿児島県士族(幕末)
　益満行靖　ますみつ・ゆきやす　陸軍軍人(海越新)

¹⁶益頭　ましず；ますず
　益頭駿次郎　ましず・しゅんじろう　外交使節随行員(日人)
　益頭峻南　ましず・しゅんなん　日本画家(日人)
　益頭峻南　ますず・しゅんなん　日本画家(美家)

姓名よみかた辞典 姓の部　541

【1015】盛

盛　せい；もり
- 盛毓度　せい・いくど　留園会長（日典）
- 盛李春　せい・りしゅん　文化研究所所長、芸術学院長（日典3）
- 盛新之助　もり・しんのすけ　眼科学者（日人）
- 盛秀太郎　もり・ひでたろう　こけし作家（日人）

[1]**盛一　もりとき**
- 盛一銀二郎　もりとき・ぎんじろう　元日弁連理事（人情）

[3]**盛山　せいやま；もりやま**
- 盛山一郎　せいやま・いちろう　「学校では教えない早わかり世界191か国」講談社（日典3）
- 盛山和夫　せいやま・かずお　東京大学大学院人文社会系研究科教授（日典）
- 盛山昭雄　もりやま・あきお　名村造船所専務（日典3）
- 盛山功　もりやま・いさお　京都新聞広告局営業開発部長代理（日典3）

[6]**盛合　もりあい**
- 盛合敦　もりあい・あつし　「J-PARC残留応力解析用パルス中性子回析装置のラジアルコリメータの設計」日本原子力研究開発機構（日典3）
- 盛合毅六　もりあい・きろく　東北銀行監査役・専務（日典3）
- 盛合聡　もりあい・さとし　詩人、政治家、社会福祉家（姓氏岩手）
- 盛合達三　もりあい・たつぞう　政治家（姓氏岩手）
- 盛合要之助　もりあい・ようのすけ　河川漁業と関係団体の育成に貢献（姓氏岩手）

盛安　もりやす
- 盛安俊壱　もりやす・しゅんいち　写真家（写人）

[7]**盛谷　もりたに；もりや**
- 盛谷智之　もりたに・ともゆき　「Marine geology, geophysics, and manganese nodules in the northern vicinity of the Magellan Trough, August-October, 1980 (GH80-5 cruise)」 Geological Survey of Japan, (日典3)
- 盛谷真人　もりや・まと　「大人の玩具」ヒット出版社（日典3）

【1016】監

[8]**監物　けんもつ**
- 監物永三　けんもつ・えいぞう　体操コーチ、体操選手（日人）
- 監物益子　けんもつ・えきこ　「泉のごとく」新星書房（日典3）
- 監物軍治　けんもつ・ぐんじ　郷土史家（多摩）
- 監物恒夫　けんもつ・つねお　編集者、写真家（日典3）
- 監物博　けんもつ・ひろし　「いのち」現代写真研究所出版局（日典3）

【1017】盤

[4]**盤木　わぎ**
- 盤木円乗　わぎ・えんじょう　「シベリヤ抑留・1ケ年半」（国典）

[19]**盤瀬　いわせ**
- 盤瀬策民　いわせ・さくたみ　「和訓古方薬議 和訓古方薬議続録」春陽堂書店（日典3）

【1018】盧

[3]**盧山　ろうやま**
- 盧山初雄　ろうやま・はつお　「新大山道場極真館の夜明け」桜の花出版（日典3）

目部

【1019】目

目　さかん；さっか
- 目邦弘　さかん・くにお　生化学者（日典）
- 目武雄　さかん・たけお　大阪市立大学名誉教授、サントリー生物有機科学研究所理事長（日典3）
- 目憲治　さっか・けんじ　山口県議（日典）
- 目義雄　さっか・よしお　科学技術庁金属材料技術研究所プロセス制御研究部室長（日典3）

[5]**目代　めしろ；もくだい**
- 目代純　めしろ・じゅん　ノースウエスト航空日本地区営業担当副社長（日典3）
- 目代清　もくだい・きよし　日本舞踊家（新芸）
- 目代邦康　もくだい・くにやす　「寒い地域のくらし」旺文社（日典3）

目加田　めかた；めかだ
- 目加田栄　めかた・さかえ　篤志家（兵庫百）
- 目加田頼子　めかた・よりこ　アナウンサー（マス89）
- 目加田さくを　めかだ・さくお　物語文学研究者（現執1期）
- 目加田誠　めかだ・まこと　中国文学者（日人）

[6]**目次　めつぎ**
- 目次正一　めつぎ・しょういち　「山口福則氏を偲ぶ」山口福則氏顕彰会（日典3）
- 目次翠静　めつぎ・すいせい　「絆」文学の森（日典）
- 目次輝幸　めつぎ・てるゆき　松江市立津田小学校教頭（日典3）
- 目次幸雄　めつぎ・ゆきお　歌人（島根歴）
- 目次ゆきこ　めつぎ・ゆきこ　「道」視点社（日典3）

[7]**目良　めら**
- 目良浩一　めら・こういち　都市政策学者（現執3期）
- 目良泰次郎　めら・たいじろう　政治家（和歌山人）
- 目良恒　めら・つね　渡航者（渡航）

目部（直,県,相）

目良碧斎　めら・へきさい　医師（幕末）
目良佳延　めら・よしのぶ　トランペット奏者（音人3）

8 目取真　めどりま；めどるま
目取真朝信　めどりま・ちょうしん　赤琉会メンバー（社史）
目取真俊　めどるま・しゅん　小説家（日人）

目迫　めさく
目迫秩父　めさく・ちちぶ　俳人（俳文）

11 目崎　めさき；めざき
目崎鉱太　めさき・こうた　医師（近医）
目崎登　めさき・のぼる　医師（現執4期）
目崎茂和　めざき・しげかず　自然地理学者（現執4期）
目崎徳衛　めざき・とくえ　日本文化史学者（現俳）

12 目賀田　めかた；めがた
目賀田万世吉　めかた・まよきち　「地理教育鉄道唱歌 第5集」国書刊行会（JM）
目賀田介庵　めがた・かいあん　画家（日人）
目賀田種太郎　めがた・たねたろう　官僚（コン）

19 目瀬　めせ
目瀬源治郎　めせ・げんじろう　鉱山創業者・豪農（岡山歴）
目瀬道弘　めせ・みちひろ　東和大学学長（日典3）
目瀬守男　めせ・もりお　農業経済学者（現執2期）

目羅　めら
目羅公和　めら・きみかず　「人体を戦場にして」法政大学出版局（日典）
目羅健嗣　めら・けんじ　猫絵師（日典3）
目羅正彦　めら・まさひこ　「ファッション・ディレクター」東洋経済新報社（日典）
目羅勝　めら・まさる　「Y・M・D」朗文堂（日典3）

【1020】　直

直　じく；ちょく；なお
直頼高　じく・よりたか　歌人（岡山歴）
直遊紀　ちょく・ゆうき　小説家（日典3）
直常英　なお・つねえい　農民（社史）

3 直川　ただかわ；ただがわ；なおかわ；のうがわ
直川誠蔵　ただかわ・せいぞう　早稲田大学比較法研究所教授（日典）
直川礼緒　ただがわ・れお　民族音楽研究家（日典）
直川一也　なおかわ・かずや　日本電子専門学校講師（日典）
直川公俊　のうがわ・きみとし　元・サッカー選手（日典3）

5 直田　すぐた；なおた；なおだ
直田昇　すぐた・のぼる　教育者（群馬人）
直田豊人　なおた・ほうじん　「街角」文学の森（日典）

直田一好　なおだ・かずよし　製材所工員（社史）

7 直良　なおら
直良和美　なおら・かずみ　翻訳家（日典3）
直良新三郎　なおら・しんざぶろう　政治家（島根県）
直良信夫　なおら・のぶお　考古学者,古生物学者（日人）
直良博人　なおら・ひろと　「遺伝生化学」医学書院（日典）
直良光洋　なおら・みつひろ　政治家（現政）

直邨　なおむら
直邨善五郎　なおむら・ぜんごろう　長野県最初の歯科医師免許取得者,初代の三重県歯科医師会長（長野歴）
直邨典　なおむら・てん　「理化小試」仮説社（日典）

9 直海　なおみ
直海玄洋　なおみ・げんよう　「珍妙華」永田文昌堂（日典3）
直海俊一郎　なおみ・しゅんいちろう　「生物体系学」東京大学出版会（日典3）
直海善三　なおみ・ぜんぞう　東京新聞論説委員長・常任理事（日典3）
直海康寛　なおみ・やすひろ　陸上自衛隊富士学校長（日典3）

10 直原　じきはら；なおはら
直原玉青　じきはら・ぎょくせい　日本画家（日人）
直原弘道　じきはら・ひろみち　詩人（兵庫文）
直原典子　なおはら・のりこ　「グリーンライティング」音羽書房鶴見書店（日典3）
直原舟江　なおはら・ふなえ　「花唱」短歌新聞社（日典）

【1021】　県

県　あがた
県忍　あがた・しのぶ　内務官僚（コン5）
県治朗　あがた・じろう　美術家（日人）
県有　あがた・たもつ　陶芸家,俳人（美工）
県信緝　あがた・のぶつぐ　宇都宮藩家老（コン4）
県六石　あがた・りくせき　宇都宮藩家老（郷土栃木）

5 県田　かけた
県田弘訓　かけた・ひろのり　高校教諭（国典）

【1022】　相

相　あい
相勝夫　あい・かつお　（株）国際オペレーションシステムズ代表取締役（日典3）
相三衛　あい・さんえい　「歯科理工学実習」医歯薬出版（日典3）
相大二郎　あい・だいじろう　「いのちって何？」PHP研究所（日典3）
相直助　あい・なおすけ　社会主義研究会参加者（社史）

³相上　あいじょう
相上俊郎　あいじょう・としろう　漆芸家（日典3）
相上芳景　あいじょう・ほうけい　陶芸家（陶工）

⁴相内　あいうち；あいない
相内滋　あいうち・しげる　政治家（青森人）
相内晋　あいうち・すすむ　小説家（北海道文）
相内武千雄　あいない・むちお　慶応義塾大学工学部教授（日典）

相木　あいき；おうぎ
相木蒼平　あいき・そうへい　北崎村村長（幕末）
相木鶴吉　あいき・つるきち　機関士、労働問題記者（日人）
相木又兵衛　おうぎ・またべえ　奇兵隊士（幕末）

⁵相生　あいう；あいおい；そうじょう
相生英　あいう・え「すうぷのえほん」すうぷ屋（日典3）
相生由太郎　あいおい・よしたろう　実業家（コン）
相生栄海　そうじょう・しげみ「こころの旅路」相生諷書会

相生垣　あいおいがき
相生垣瓜人　あいおいがき・かじん　俳人（日人）
相生垣秋津　あいおいがき・しゅうしん　日本画家（兵庫）

相田　あいた；あいだ；そうだ
相田覚左ヱ門　あいた・かくざえもん　政治家（青森人）
相田二郎　あいだ・にろう　日本史学者（コン5）
相田隆太郎　そうだ・りゅうたろう　評論家（世紀）

⁶相吉沢　あいよしざわ
相吉沢久　あいよしざわ・ひさし　洋画家（美家）

相合谷　そごうや
相合谷鍵一　そごうや・けんいち「四谷怪談研究文献目録」相合谷由美（日典3）

相米　そうまい
相米周二　そうまい・しゅうじ　ライター（日典3）
相米慎二　そうまい・しんじ　映画監督（日人）

相羽　あいば
相羽秋夫　あいば・あきお　放送作家、演芸評論家（現執4期）
相羽義一　あいば・ぎいち　政治家、実業家（姓愛知）
相羽有　あいば・たもつ　日本の民間航空界の草分け（栃木歴）
相羽恒三　あいば・つねぞう　海軍軍人（日人）
相羽亮之輔　あいば・りょうのすけ　医師（姓氏愛知）

⁷相坂　あいかわ；あいさか；おうさか
相坂郁夫　あいかわ・いくお　俳人（北海道文）
相坂倩　あいさか・ただし　エスペランティスト（アナ）
相坂冀一郎　おうさか・きいちろう「チチュウカイミバエの歴史と現状」相坂冀一郎（JM）

相沢　あいさわ；あいざわ
相沢健一　あいさわ・けんいち「科学の方法を習得させる理科の測定学習」（国典）
相沢虎治　あいさわ・とらじ　牧師（姓氏岩手）
相沢三郎　あいざわ・さぶろう　陸軍軍人（コン5）
相沢忠洋　あいざわ・ただひろ　考古学者（コン4）

相良　さがら
相良惟一　さがら・いいち　教育学者（日人）
相良知安　さがら・ともやす　医師（日人）
相良守峯　さがら・もりお　ドイツ文学者（コン4）
相良守次　さがら・もりじ　心理学者（日人）
相良和子　さがら・やすこ　童話作家（日人）

相見　あいみ；そうみ
相見香雨　あいみ・こうう　美術史学者（日人）
相見正義　あいみ・まさよし　教育者（日人）
相見英咲　そうみ・えいさく「魏志倭人伝二〇〇〇字に謎はない」講談社（日典3）

⁸相武　あいぶ；あいむ
相武紗季　あいぶ・さき　タレント（日映女）
相武左馬　あいぶ・さま「真説パワースポット」東京書籍（日典3）
相武三郎　あいむ・さぶろう　伊奈製陶（現・INAX）常務（日典3）

相知　おうち；おおち
相知明日香　おうち・あすか　バイオリニスト（日典3）
相知政司　おおち・まさし「マンガでわかる虚数・複素数」オーム社（日典3）

⁹相京　あいきょう
相京昌信　あいきょう・まさのぶ　住友倉庫社長（人情）

相星　あいほし；あいぼし
相星乙助　あいほし・おとすけ　政治家（姓氏鹿児島）
相星雅子　あいほし・まさこ「鹿児島の女性作家たち」高城書房（JM）
相星雅子　あいほし・まさこ　作家（日典3）
相星真由美　あいほし・まゆみ「モモちゃん「あかちゃんのうち」へ」童心社（日典3）

相津　あいず
相津憲　あいず・けん「クオレ物語」ポプラ社（日典3）

¹⁰相原　あいはら；あいばら
相原求一朗　あいはら・きゅういちろう　洋画家（美家）
相原巨典　あいはら・きよすけ　俳優（新芸）
相原熊太郎　あいばら・くまたろう　新聞記者・郷土史研究家（愛媛百）
相原正一郎　あいばら・しょういちろう　体育指導者（愛媛百）

相島　あいしま；あいじま；おおしま
相島逸穂　あいしま・いつほ　旭エンジニアリング社長（日典3）

目部（眉）　　　　　　　　　　　　　　　　　　　　　　　　　　　　　　　　　　〔1023〕

相島敏夫　あいじま・としお　科学評論家,出版人(日人)
相島右馬太　おおしま・うまた　剣術家(剣豪)

相根　さがね

相根昭典　さがね・あきのり　「ビューティフルライフ」海拓舎(日典3)
相根澄　さがね・きよし　元・フットサル選手(日典3)
相根武司　さがね・たけし　「実用文書例による印紙税の実務」納税協会連合会(日典3)
相根典男　さがね・のりお　積水化学工業専務(日典)

相浦　あいうら；あいのうら

相浦忠雄　あいうら・ただお　旧約学者(キリ)
相浦勝　あいうら・まさる　写真家(佐賀百)
相浦紀道　あいのうら・のりみち　海軍軍人(日人)
相浦正人　あいのうら・まさと　久留米工業高等専門学校名誉教授,崇城大学名誉教授(日典3)

相馬　そうま

相馬愛蔵　そうま・あいぞう　実業家(コン4)
相馬御風　そうま・ぎょふう　詩人,文芸評論家(コン4)
相馬黒光　そうま・こっこう　随筆家,実業家(コン4)
相馬泰三　そうま・たいぞう　小説家(コン4)
相馬半治　そうま・はんじ　実業家(コン4)

11相笠　あいがさ

相笠昌義　あいがさ・まさよし　洋画家,版画家(日人)

相野　あいの；おおの

相野障子　あいの・あきこ　「菌山」文学の森(日典3)
相野誠次　あいの・せいじ　作家(日典)
相野忠雄　おおの・ただお　「倫理の探求」(国典)

相野田　あいのた；あいだ

相野田啓　あいのた・はじめ　「死の陰の谷を行くときも―戦争と犯罪・平和と償い　異郷に散華した友への鎮魂歌と祈り」(JM)
相野田秋子　あいのだ・あきこ　バイオリン(日典)
相野田紀子　あいのだ・のりこ　「医学教育の理論と実践」篠原出版新社(日典3)

相野谷　あいのや

相野谷幸　あいのや・こう　日本専売公社機械製作所所長(日典3)
相野谷森次　あいのや・もりじ　歌人(短歌)
相野谷安孝　あいのや・やすたか　「日本の福祉論点と課題」大月書店(日典3)
相野谷由起　あいのや・ゆき　絵本作家(日典3)

12相場　あいば

相場覚　あいば・さとる　心理学者(心理)
相場朋厚　あいば・ともあつ　志士,画家(日人)
相場信太郎　あいば・のぶたろう　郷土史家(郷土)
相場彦次郎　あいば・ひこじろう　政治家(姓氏群馬)
相場均　あいば・ひとし　心理学者(日人)

相賀　あいが；おうが；おおが；さが；そうが

相賀久茂　あいが・ひさしげ　志士(幕末)
相賀武夫　おうが・たけお　出版経営者(日人)
相賀徹夫　おおが・てつお　出版人(現朝)
相賀真砂子　さが・まさこ　「ゐてもゐなくても」柊書房(日典3)
相賀安太郎　そうが・やすたろう　ジャーナリスト(日人)

13相楽　さがら

相楽新平　さがら・しんぺい　政治家(現政)
相楽のり子　さがら・のりこ　タレント(テレ)
相楽晴子　さがら・はるこ　女優(テレ)
相楽半右衛門　さがら・はんえもん　安積疎水開拓の功労者(幕末)
相楽正俊　さがら・まさとし　防災気象研究者(現執2期)

14相徳　あいとく

相徳国輝　あいとく・くにてる　中央世論新聞社長(日典3)
相徳コト　あいとく・こと　東京実践女学校寄宿舎取締,加世田麓婦人会初代会長(姓氏鹿児島)
相徳哲　あいとく・てつ　教員(姓氏鹿児島)
相徳文哉　あいとく・ふみや　JIMA電通会社取締役相談役(人情)
相徳昌利　あいとく・まさとし　音楽プロデューサー,イベントプロデューサー,メディアプロデューサー(現執4期)

相模　さがみ

相模三蔵　さがみ・さんぞう　大町地方建設業界の功労者,相模組社長(姓氏長野)
相模太郎〔1代〕　さがみ・たろう　浪曲師(日人)
相模太郎〔2代〕　さがみ・たろう　浪曲師(新芸)
相模なつき　さがみ・なつき　漫画家(漫人)

17相磯　あいいそ；あいそ

相磯和嘉　あいいそ・かずよし　衛生学者(現情)
相磯慥　あいいそ・さだ　医師(渡航)
相磯和嘉　あいいそ・かずよし　衛生学者(近医)
相磯秀夫　あいそ・ひでお　計算機工学者(現執4期)

18相藤寺　あいとうじ

相藤寺惟義　あいとうじ・これよし　「雪の夜」図書出版青潮社(日典3)

19相蘇　あいそ

相蘇一弘　あいそ・かずひろ　「大塩平八郎書簡の研究」清文堂出版(日典3)
相蘇完一　あいそ・かんいち　国際問題評論家(現執2期)
相蘇与八郎　あいそ・よはちろう　地方自治功労者(庄内)

【1023】　眉

7眉村　まゆむら

眉村卓　まゆむら・たく　SF作家(日人)
眉村雅人　まゆむら・まさと　「わかるMPEG」工学社(日典3)

【1024】真

真　さな；しん；まき
- 真和子　さな・かずこ　「心の扉がひらく時」新風舎（JM）
- 真雅国　しん・まさくに　オリムピック常務（日典3）
- 真樹操　まき・みさお　小説家（幻想）

³真下　ました；ましも；まっか
- 真下信一　ました・しんいち　哲学者（コン4）
- 真下飛泉　ましも・ひせん　歌人、詩人（日人）
- 真下貴之　まっか・たかゆき　プロ野球選手（日典3）

真上　まがみ
- 真上隆俊　まがみ・たかとし　「大幡山宝生寺史」宝生寺（日典3）

真子　まこ；まご；まなが；まなこ；まなご
- 真子俊博　まこ・としひろ　福岡市保健環境研究所技査技師（日典）
- 真子秀徳　まご・ひでのり　サッカー選手（日典3）
- 真子ユリ子　まなが・ゆりこ　「オペレーティング・システムの原理」近代科学社（日典）
- 真子一郎　まなこ・いちろう　モルジブ共和国卓球選手団コーチ（日典3）
- 真子多恵　まなご・たえ　「梅雨しぐれ」ふらんす堂（日典3）

真山　さなやま；さのやま；まやま
- 真山春子　さなやま・はるこ　「山城屋春秋」岳書館（日典3）
- 真山英二　さのやま・えいじ　「失敗しない「住まい」の買い方・選び方」現代書林（日典3）
- 真山青果　まやま・せいか　劇作家（コン4）

真川　さなかわ；さながわ；しんかわ；まがわ
- 真川代次　さなかわ・だいじ　洋画家（洋画）
- 真川代次　さながわ・よつぎ　洋画家（美家）
- 真川昌幸　しんかわ・まさゆき　元・日本クラウン監査役（日典）
- 真川本雄　まがわ・もとお　神道家（大阪人）

⁴真中　まなか
- 真中昭夫　まなか・あきお　「妻と二人日本の百山を旅する」一粒書房（日典3）
- 真中すず　まなか・すず　医師（日人）
- 真中忠直　まなか・ただなお　政治家（埼玉人）
- 真中瞳　まなか・ひとみ　女優、タレント（テレ）
- 真中了　まなか・りょう　ナレーター（テレ）

真仁田　まにた
- 真仁田昭　まにた・あきら　児童心理学者（心理）
- 真仁田栄治　まにた・えいじ　「英語で学ぶ実用日本語文法」マリア書房（日典3）
- 真仁田勉　まにた・つとむ　東京都競馬相談役（日典3）
- 真仁田敏江　まにた・としえ　「異星人とのコンタクト（接触）」池田書店（日典3）

真方　まがた
- 真方忠道　まがた・ただみち　「シップリー英語語源辞典」大修館書店（日典3）
- 真方信男　まがた・のぶお　弓道家、弓道錬士（弓道）
- 真方敬道　まがた・のりみち　東北大学名誉教授（日典3）
- 真方陽子　まがた・ようこ　西洋古典学研究者、翻訳家（児人）

真木　さなぎ；まき；まぎ；まさき
- 真木信夫　さなぎ・のぶお　郷土史家（日人）
- 真木長義　まき・ながよし　肥前佐賀藩士、海軍軍人（日人）
- 真木貴司　まぎ・たかし　「逆鱗」主権者教育研究会（日典3）
- 真木奎　まさき・けい　フリーライター（日典）

真水　しみず；ますい；まみず
- 真水淳　しみず・じゅん　「越佐叢書」野島出版（日典3）
- 真水康樹　ますい・やすき　「冷戦期中国外交の政策決定」千倉書房（日典3）
- 真水英夫　まみず・ひでお　建築家（日典3）

⁵真玉橋　またはし；まだんばし
- 真玉橋朝美　またはし・ともみ　高校教師（日典）
- 真玉橋朝英　まだんばし・ちょうえい　教育者（沖縄百）
- 真玉橋ノブ　まだんばし・のぶ　看護婦（日典）

真田　さなだ；まだ；まなだ
- 真田増丸　さなだ・ますまる　僧、宗教活動家（コン5）
- 真田都　まだ・みやこ　「宝さがしの夜」ハーレクイン（日典）
- 真田昭彦　まなだ・あきひこ　「スペイン料理」辻学園調理・製菓専門学校、ジャパンクッキングセンター（発売）（日典3）

真辺　さなべ；まなべ
- 真辺静男　さなべ・しずお　平戸市立獅子小学校校長（日典）
- 真辺栄三郎　まなべ・えいざぶろう　土佐藩士（高知人）
- 真辺戒作　まなべ・かいさく　土佐藩留学生（海新）

⁶真名子　まなこ
- 真名子敬良　まなこ・けいりょう　「山取り盆栽」金園社（日典3）
- 真名子友吉　まなこ・ともきち　農民（社史）

真如　しんじょ；まじょ
- 真如雅子　しんじょ・まさこ　「超・四柱推命」マガジンハウス（日典3）
- 真如里果　まじょ・りか　「愛と幸せをよぶ血液型+星占い」ひかりのくに（日典3）

真行寺　しんぎょうじ
- 真行寺功　しんぎょうじ・いさお　和歌山大助教授（国典）
- 真行寺英子　しんぎょうじ・えいこ　「言葉のない子と、明日を探したころ」花風社（日典3）
- 真行寺君枝　しんぎょうじ・きみえ　女優（世紀）

目部（真）

真行寺四郎　しんぎょうじ・しろう　歌人（短歌普）
真行寺のぞみ　しんぎょうじ・のぞみ　小説家（幻想）

7 真尾　さなお；まお；ましお
真尾正博　さなお・まさひろ　「Let's talk！」開隆堂出版, 開隆館出版販売（発売）（日典3）
真尾栄　まお・さかえ　「ひと目でわかる現代人のための仏教の知識百科」主婦と生活社（日典3）
真尾悦子　ましお・えつこ　児童文学作家（児人）

真貝　しんかい；しんがい；まかい；まがい
真貝四郎　しんかい・しろう　「〈北海道自治講習所〉七期生健闘の軌跡」七期生会（日典3）
真貝宣光　しんがい・よしてる　郷土史家（郷土）
真貝竜太郎　まかい・りゅうたろう　「公有林野政策とその現状」官庁新聞社（日典3）
真貝貫一　まがい・かんいち　九州鋼弦コンクリート会社社長（日典）

8 真実　しんじつ；まざね
真実一路　しんじつ・いちろ　俳優（テレ）
真実一郎　しんじつ・いちろう　「サラリーマン漫画の戦後史」洋泉社（日典3）
真実一男　まざね・かずお　経済学者（現執1期）
真実一美　まざね・かずみ　岡山大学経済学部教授（日典3）

真武　またけ
真武俊幸　またけ・としゆき　宗像郡宗像町城山中学校長（人情）
真武友一　またけ・ともかず　長崎大学名誉教授, 北九州工業高等専門学校名誉教授（日典3）
真武直　またけ・なおし　福岡教育大学名誉教授（日典3）
真武真喜子　またけ・まきこ　「ダン・グレアムによるダン・グレアム」千葉市美術館（日典3）

9 真保　しんほ；しんぼ；しんぽ
真保健司　しんぽ・けんじ　「子才林戯れ描」京都修学社（日典3）
真保正子　しんぽ・まさこ　槍投げ選手（姓氏長野）
真保裕一　しんぽ・ゆういち　推理作家（日人）

真垣　まがき
真垣武勝　まがき・たけかつ　洋画家（美家）

真城　さなぎ；しんじょう；まき；ましろ
真城知己　さなぎ・ともみ　千葉大学教育学部助教授（日典）
真城恒康　しんじょう・つねやす　写真家（日典）
真城千都世　まき・ちとせ　女優（映女）
真城ひな　ましろ・ひな　「ややプリ」集英社（日典3）

真屋　まや
真屋晶　まや・あきら　小説家（日典3）
真屋卯吉　まや・うきち　サラシ粉販売者（社史）
真屋順子　まや・じゅんこ　女優（世紀）
真屋哲山　まや・てつざん　書道家（香川人）
真屋尚生　まや・よしお　保険学者（現執4期）

真栄田　まえた；まえだ
真栄田義功　まえた・ぎこう　「方言札」編集工房ノア（日典3）
真栄田一郎　まえだ・いちろう　赤琉会メンバー（社史）
真栄田義見　まえだ・ぎけん　地方史研究者（郷土）

真栄里　まえさと；まえざと
真栄里耕太　まえさと・こうた　「〈小学校体育〉写真でわかる運動と指導のポイントとび箱」大修館書店（日典3）
真栄里仁雄　まえさと・のりお　「電験三種合格のための数学入門」オーム社（日典3）
真栄里泰山　まえざと・たいざん　那覇市役所調査編集係長（人情）
真栄里豊吉　まえざと・とよきち　政治家（姓氏沖縄）

真栄城　まえしろ
真栄城栄子　まえしろ・えいこ　社会運動家, 児童文学作家（児人）
真栄城玄徳　まえしろ・げんとく　沖縄反戦地主（平和）
真栄城玄明　まえしろ・げんめい　出版人（出文）
真栄城守康　まえしろ・しゅこう　弁護士（アナ）
真栄城徳松　まえしろ・とくまつ　実業家, 政治家（姓氏沖縄）

真柄　まから；まがら
真柄佐弘　まから・さこう　日本園芸生産研究所（日典）
真柄二郎　まから・じろう　小学校教師（日典3）
真柄栄吉　まがら・えいきち　労働運動家（日人）
真柄信吾　まがら・しんご　東京北部合同労組組合長（社史）

真泉　まいずみ
真泉光隆　まいずみ・こうりゅう　僧侶（日典3）
真泉平治　まいずみ・へいじ　日本歯科大学歯学部教授（日典3）

真砂　まさご；まなご
真砂石三郎　まさご・いわさぶろう　力士（相人）
真砂菊三郎　まさご・きくさぶろう　家畜商関係団体長（姓氏鹿児島）
真砂伝次郎　まなご・でんじろう　政治家（姓氏群馬）
真砂久哉　まなご・ひさや　植物学研究家（植物）

真神　まかみ；まがみ
真神雄　まかみ・ゆう　「似る人も逢へや」近代文芸社（JM）
真神魏堂　まがみ・ぎどう　「王羲之十七帖」二玄社（日典3）
真神博　まがみ・ひろし　ノンフィクション作家（現執4期）

10 真家　まいえ；まや
真家信太郎　まいえ・しんたろう　農業指導者（日人）
真家ひろみ　まいえ・ひろみ　俳優, タクシー運転手, エッセイスト（新芸）
真家貞樹　まや・さだき　日本共産党党員（社史）
真家瑠美子　まや・るみこ　女優（テレ）

姓名よみかた辞典 姓の部　547

真宮　しんぐう；まみや
　真宮梶助　しんぐう・かじすけ「父、梶助のこと」真宮均(日典3)
　真宮春枝　しんぐう・はるえ「父、梶助のこと」真宮均(日典3)
　真宮藍璃　まみや・あいり「100億ドルの花嫁」オークラ出版(日典3)
　真宮沙希　まみや・さき　タレント(日典)
真島　ましま；まじま
　真島節子　ましま・せつこ　絵本作家(児人)
　真島北光　ましま・ほっこう　日本画家(山形百新)
　真島利行　まじま・としゆき　有機化学者(コン4)
　真島利行　まじま・りこう　有機化学者(日人)
真峰　まみね
　真峰紀一郎　まみね・きいちろう　バイオリニスト(音人3)
真庭　まにわ
　真庭澳之助　まにわ・いくのすけ　政治家(群馬人)
　真庭はま　まにわ・はま　農協運動家(日人)
　真庭久芳　まにわ・ひさよし「少年と素数の物語」共立出版(日典3)
　真庭豊　まにわ・ゆたか　首都大学東京都市教養学部助教授
[11]真堂　しんどう
　真堂彬　しんどう・あきら　フリーライター(日典3)
　真堂樹　しんどう・たつき　小説家,図書館司書(幻想)
　真堂藍　しんどう・らん　女優(日典3)
真崎　さなざき；しんざき；まさき；まざき
　真崎春望　さなざき・はるも　漫画家(漫人)
　真崎四郎　まさき・しろう　戸上電機製作所東京支社常務(日典)
　真崎甚三郎　まさき・じんざぶろう　陸軍軍人(国史)
　真崎甚三郎　まざき・じんざぶろう　陸軍軍人(コン5)
真梶　しんかじ
　真梶徳純　しんかじ・のりずみ「原色果樹病害虫図譜」(国典)
真梨邑　まりむら
　真梨邑ケイ　まりむら・けい　ジャズ歌手,女優(世紀)
真渓　またに
　真渓歩　またに・あゆむ　東京大学大学院新領域創成科学研究科准教授(日典3)
　真渓正遵　またに・しょうじゅん　実業家,宗教ジャーナリスト(日人)
　真渓正遵　またに・せいじゅん　浄土真宗本願寺派僧侶,ジャーナリスト(真宗)
　真渓涙骨　またに・るいこつ　浄土真宗本願寺派僧侶,ジャーナリスト(世紀)
真理　まり
　真理明美　まり・あけみ　女優(映女)
　真理アンヌ　まり・あんぬ　女優(和モ)

真理ケイ　まり・けい「マッターホルンの殺人」新樹社(日典3)
真理光　まり・ひかる「くれよん・でいず」小学館(日典3)
真理ヨシコ　まり・よしこ　メゾソプラノ歌手(音人3)
真船　まふね
　真船一雄　まふね・かずお　漫画家(漫人)
　真船和夫　まふね・かずお　科学教育学者(日人)
　真船豊　まふね・ゆたか　劇作家,小説家(コン4)
　真船洋之助　まふね・ようのすけ　経営学者(現執3期)
　真船るのあ　まふね・るのあ　小説家(幻想)
真部　まなべ；まべ
　真部明美　まなべ・あけみ　女優(日典3)
　真部淳　まなべ・あつし　東京大学医学研究所附属病院小児細胞移植科助手(日典3)
　真部辰夫　まべ・たつお「苗畑・林地除草剤の新しい使い方」日本林業技術協会(書籍)
真野　しんの；まの；まや
　真野俊和　しんの・としかず　民俗学者(現執4期)
　真野毅　まの・つよし　弁護士,裁判官(コン4)
　真野響子　まや・きょうこ　女優(世紀)
真魚岬　まながさき
　真魚岬弓人　まながさき・ゆみと「南瓜の夢」栄光出版社(日典3)
[12]真喜屋　まきや
　真喜屋明　まきや・あきら　琉球新報取締役(日典3)
　真喜屋清　まきや・きよし　産業医科大学医学部助教授(日典3)
　真喜屋実男　まきや・さねお　弁護士,沖縄電力社長(姓氏沖縄)
　真喜屋実佑　まきや・さねすけ「腹部外傷」中外医学社(日典3)
　真喜屋力　まきや・つとむ　映画監督(映監)
真期　まき
　真期あき子　まき・あきこ　ピアニスト(音人3)
真覚　まさめ
　真覚健　まさめ・けん　東北大学文学部講師(日典3)
　真覚静子　まさめ・しずこ「基本レタリング」(国典)
　真覚正慶　まさめ・まさよし　千葉大学名誉教授(日典3)
真賀里　まがさと；まがり
　真賀里文子　まがさと・ふみこ　立体アニメーター(日典3)
　真賀里文子　まがり・ふみこ「コマ撮りアニメーションの秘密」グラフィック社(日典3)
真道　しんどう；まみち
　真道秋皓　しんどう・しゅうこう　日本画家(美家)
　真道黎明　しんどう・れいめい　日本画家(日人)
　真道晃雲　まみち・こううん　第一勧銀四条支店長(紳士)

目部(睦,瞿) 矢部(矢)

真間 しんま；まま
  真間正夫 しんま・まさお 築地魚市場常務(日典3)
  真間政吉 まま・まさきち 海水浴場施設海の家を創業(姓氏神奈川)
[13]真殿 まとの；まどの
  真殿舎句里 まとの・しゃくり 川柳作家(兵庫文)
  真殿尊子 まとの・たかこ「笑顔でかたる子ら」青木書店(日典3)
  真殿皎 まどの・こう 小説家,詩人(世紀)
  真殿千鶴子 まどの・ちづこ 社会運動家(女性普)
真継 まつぎ；まつぐ
  真継伸彦 まつぎ・のぶひこ 小説家,文芸評論家(日人)
  真継不二夫 まつぎ・ふじお 写真家(写家)
  真継丈友紀 まつぐ・ともゆき ラグビー審判(日典3)
  真継義太郎 まつぐ・よしたろう「仏前お経の解説」日本仏教新聞社(日典3)
[14]真境名 まじきな
  真境名安規 まじきな・あんき 沖縄芝居役者(芸能)
  真境名安興 まじきな・あんこう 沖縄研究者(日人)
  真境名盛徳 まじきな・せいとく 小学校教員(社史)
  真境名由康 まじきな・ゆうこう 琉球舞踊家,琉球芸能家(日人)
  真境名佳子 まじきな・よしこ 舞踊家(新芸)
真嶋 ましま；まじま
  真嶋正市 ましま・しょういち 物理学者・教育家(香川)
  真嶋磨言 ましま・まこと 小説家(幻想)
  真嶋秀碩(俊郁) まじま・しゅうせき(としふみ) 眼科医(眼科)
  真嶋良孝 まじま・よしたか 農村問題専門家(現執2期)
真蔦 まつた
  真蔦栄 まつた・さかえ 市民タイムス本社編集局特別嘱託(日典3)
[16]真樹 まき；まさき
  真樹竜彦 まき・たつひこ「「東電OL殺人事件」行」沖積舎(日典3)
  真樹日佐夫 まき・ひさお 漫画原作者,空手師範(世紀)
  真樹操 まさき・みさお 小説家(日典)
真館 またち；まだち
  真館貞造 またち・ていぞう 衆院議員(日典)
  真館貞造 まだち・ていぞう 政治家,実業家(石川百)
  真館昌代 まだち・まさよ「五絶」後藤綾子(日典3)
[17]真篠 ましの
  真篠将 ましの・すすむ 音楽教育者(音人3)
  真篠俊男 ましの・としお 音楽理論家,教育家(音人)

  真篠俊雄 ましの・としお 音楽教育家・オルガン奏者(群馬人)
[18]真藤 しんとう；しんどう
  真藤建志郎 しんとう・けんしろう 編集者,実業家(現執4期)
  真藤恒 しんとう・ひさし 実業家(日人)
  真藤慎太郎 しんどう・しんたろう 北洋漁場開拓者,日魯漁業副社長(北海道歴)
  真藤素一 しんどう・もとかず 国際通貨問題専門家(現執1期)
[19]真瀬 ませ；まなせ
  真瀬皓介 ませ・こうすけ 俳優(テレ)
  真瀬鳳子 ませ・たかこ「はじめて学ぶ001微分」東京図書(日典3)
  真瀬樹里 まなせ・じゅり 女優(テレ)
  真瀬もと まなせ・もと 小説家(幻想)

【1025】 睦

睦 むつ；むつみ
  睦一郎 むつ・いちろう 中国新聞広告局広告委員(日典)
  睦光太郎 むつみ・こうたろう「チャイドル誕生」蒼馬社(日典3)
  睦五郎 むつみ・ごろう 俳優(映男)
[4]睦月 むつき
  睦月愛 むつき・あい「雨宿りのファンタジー」ハーレクイン(日典3)
  睦月あきら むつき・あきら「睦月あきら」オークス(日典3)
  睦月影郎 むつき・かげろう「邪淫」広済堂出版(日典3)
  睦月ぎんじ むつき・ぎんじ「XX」Zi(日典3)
  睦月けい むつき・けい「首の姫と首なし騎士」角川書店,角川グループパブリッシング(発売)(日典3)

【1026】 瞿

[16]瞿曇 くどん
  瞿曇英鎧 くどん・えいがい「住職の硯箱」永田文昌堂(日典3)

矢部

【1027】 矢

[3]矢土 やずち；やど
  矢土勝之 やずち・かつゆき 詩人,政治家(日人)
  矢土錦山 やど・きんざん 漢詩人(近文)
[4]矢内 やうち；やない
  矢内伸夫 やうち・のぶお 医師(現執3期)
  矢内政治 やうち・まさじ 映画監督(監督)
  矢内潤子 やない・じゅんこ 作曲家(音人3)
  矢内広 やない・ひろし 出版経営者(日人)

矢内原　やないはら
　矢内原伊作　やないはら・いさく　哲学者,評論家(日人)
　矢内原一京　やないはら・いっけい「日本人の知性再生論」ポプラ社(日典3)
　矢内原勝　やないはら・かつ　開発経済学者(現執4期)
　矢内原巧　やないはら・たくみ　昭和大学名誉教授(日典3)
　矢内原忠雄　やないはら・ただお　経済学者(コン4)
矢切　やきり；やぎり
　矢切頼治　やきり・らいじ「回顧録」白雲荘(日典3)
　矢切圭二　やぎり・けいじ　鴻池組常務(日典)
　矢切隆之　やぎり・たかゆき　小説家(日典3)
[5]矢半田　やはんだ
　矢半田光雄　やはんだ・みつお「小学生の動物の図書館」(国典)
矢古　やこう
　矢古宇三郎　やこう・さぶろう　弓道家,弓道教士(弓道)
矢玉　やだま
　矢玉四郎　やだま・しろう　童話作家,イラストレーター(小説)
　矢玉俊彦　やだま・としひこ　上智大学非常勤講師(日典3)
　矢玉みゆ紀　やだま・みゆき　アナウンサー(日典3)
矢生　やいき
　矢生太陽　やいき・たいよう　東京海上火災保険代表取締役常務(日典)
矢田　やた；やだ
　矢田清四郎　やた・せいしろう　洋画家(美家)
　矢田安史郎　やた・やすしろう　洋画家(美家)
　矢田挿雲　やだ・そううん　小説家,俳人(コン4)
　矢田津世子　やだ・つせこ　小説家(日人)
矢田堀　やたぼり
　矢田堀厚子　やたぼり・あつこ「ムーミン谷に冬がきた」偕成社(日典3)
　矢田堀景蔵　やたぼり・けいぞう　幕府海軍軍人(江文)
　矢田堀鴻　やたぼり・こう　幕府海軍軍人(日人)
　矢田堀節子　やたぼり・せつこ「矢田堀家の体にやさしい汁もの、おかず、干し野菜」マーブルトロン,中央公論新社(発売)(日典3)
矢田部　やたべ；やだべ
　矢田部勁吉　やたべ・けいきち　バリトン歌手(コン4)
　矢田部良吉　やたべ・りょうきち　植物学者,詩人(コン5)
　矢田部稔　やだべ・みのる「武士道・キリスト教と自衛官」石川書房(日典3)
矢立　やたて；やだて
　矢立きょう　やたて・きょう「ソッキーズ」幻冬舎(日典3)
　矢立肇　やだて・はじめ「サトミちゃんちの8男子」角川書店,角川グループパブリッシング(発売)(日典3)
矢込　やごめ
　矢込堅太郎　やごめ・けんたろう　日本環境衛生センター(国典)
[6]矢向　やこう
　矢向高弘　やこう・たかひろ　慶応義塾大学理工学部システムデザイン工学科准教授(日典3)
　矢向春野　やこう・はるの「五風十雨」短歌研究社(JM)
　矢向正人　やこう・まさと「音楽と美の言語ゲーム」勁草書房(日典3)
矢地貝　やちがい
　矢地貝繁記　やちがい・しげき「もう一つの道」サンケイ新聞社(日典3)
矢寺　やてら；やでら
　矢寺圭太　やてら・けいた「マリさん」講談社(日典)
　矢寺秀雄　やでら・ひでお　電車車掌(社史)
矢次　やじ；やつぎ
　矢次信一郎　やじ・しんいちろう「ファイリング＆整理術」日本経済新聞出版社(日典3)
　矢次一夫　やつぎ・かずお　政治家(コン4)
　矢次和代　やつぎ・かずよ　小学校講師(日典3)
矢羽　やば
　矢羽勝幸　やば・かつゆき　研究者(現執4期)
[7]矢作　やさく；やはぎ
　矢作康治　やさく・こうじ　泥門座メンバー(社史)
　矢作巳之助　やさく・みのすけ　国鉄従業員(社史)
　矢作栄蔵　やはぎ・えいぞう　農業経済学者(日人)
　矢作俊彦　やはぎ・としひこ　映画監督(小説)
矢住　やすみ；やずみ
　矢住涼　やすみ・りょう「登立尋常高等小学校」鋭角発行所(日典3)
　矢住清亮　やずみ・きよすけ　日東缶詰会長,日本農産缶詰工業組合理事長(日典3)
　矢住ハツノ　やずみ・はつの　熊本女子大学講師(日典)
矢尾板　やおいた
　矢尾板賢吉　やおいた・けんきち　漫画家(漫)
　矢尾板孝二　やおいた・こういち「生化学摘要」佐々木図書出版(日典3)
　矢尾板貞雄　やおいた・さだお　プロボクサー(世紀)
　矢尾板四郎　やおいた・しろう　渡航者(渡航)
　矢尾板日出臣　やおいた・ひでおみ　農業経営学者(現執3期)
矢谷　やたに；やだに；やや
　矢谷寿雄　やたに・としお　宗教家,音楽家(鳥取百)
　矢谷紘治　やだに・こうじ　農林水産省中国四国農政局構造改善課長(日典)
　矢谷博和　やや・ひろかず(日典)

矢部（矢） 〔1027〕

矢車　やぐるま
　矢車涼　やぐるま・すずし　洋画家（日児）
　矢車紅絹　やぐるま・もみ「美少女性奴の牝犬」グリーンドア社（日典3）
　矢車涼　やぐるま・りょう　洋画家（児人）

⁸矢和田　やわた
　矢和田高彦　やわた・たかひこ「生きた伝説」檸檬社（日典3）

矢延　やのぶ
　矢延治　やのぶ・おさむ　グループウェアコンサルタント（日典3）
　矢延憲司　やのぶ・けんじ　彫刻家（日典3）
　矢延洋泰　やのぶ・ひろやす　環境地理学者（現執3期）

矢治　やじ；やち
　矢治健太郎　やじ・けんたろう「太陽と地球の不思議がわかる本」PHP研究所（日典3）
　矢治哲典　やじ・てつよし「ワンダフル・ワンダリング・サーガ」エンターブレイン（日典3）
　矢治香径　やち・かけい　川柳作家（石川文）

⁹矢城　やぎ；やしろ
　矢城潤一　やぎ・じゅんいち「ふたたび」宝島社（日典3）
　矢城あかね　やしろ・あかね　漫画家（日典3）
　矢城一平　やしろ・いっぺい「新ネタかくし芸」日本文芸社（日人）

矢後　やご；やごう
　矢後嘉蔵　やご・かぞう　社会運動家,政治家（日人）
　矢後利秋　やご・としあき　紡績工,労働運動家（社史）
　矢後嘉蔵　やごう・かぞう　農民運動家（世紀）
　矢後林蔵　やごう・りんぞう　東京市電気局自治会メンバー（社史）

矢柳　ややなぎ
　矢柳剛　ややなぎ・ごう　版画家（日典3）
　矢柳剛　ややなぎ・つよし「愛の動物誌」叢文社（JM）

矢津　やず；やつ
　矢津修示　やず・しゅうじ　住友電工伊丹研究部主任研究員（日典）
　矢津昌永　やず・しょうえい「日本の地理学文献選集」クレス出版（日典3）
　矢津昌永　やつ・しょうえい「歴史的日本地理」南北社（JM）
　矢津羨魚　やつ・せんぎょ　俳人（紀伊文）

矢剥　やはぎ；やひき
　矢剥晴一郎　やはぎ・せいいちろう　経営コンサルタント（現執4期）
　矢剥零士　やはぎ・れいじ　小説家（幻想）
　矢剥寸香　やひき・すんこう　写真家（写家）

矢追　やおい
　矢追純一　やおい・じゅんいち　作家,テレビプロデューサー・ディレクター（現執4期）
　矢追多賀雄　やおい・たかお「折り折りの記」友月書房（日典3）
　矢追日聖　やおい・にっしょう　宗教家（世紀）

　矢追秀武　やおい・ひでたけ　細菌・ウイルス学者（日人）
　矢追秀彦　やおい・ひでひこ　政治家（現政）

¹⁰矢倉　やくら；やぐら
　矢倉一郎　やくら・いちろう「人事管理シリーズ」日本人事管理協会（日典3）
　矢倉邦晃　やくら・くにあき　ミュージシャン（日典3）
　矢倉久泰　やぐら・ひさやす　教育ジャーナリスト（現執4期）
　矢倉松太郎　やぐら・まつたろう　社会主義研究会メンバー（社史）

矢原　やはら；やばら
　矢原章　やはら・あきら　日本絵葉書会幹事（日典3）
　矢原秀男　やはら・ひでお　政治家（現政）
　矢原高幸　やばら・たかゆき「善通寺市の古代文化」香川県善通寺市（日典3）
　矢原雅文　やばら・まさふみ「逐条解説・2010年金融商品取引法改正」商事法務（日典3）

矢島　やしま；やじま
　矢島竹匡　やしま・ちくがい　備後福山藩士（幕末）
　矢島樹子　やじま・かじこ　女子教育者,女性運動家（コン5）
　矢島せい子　やじま・せいこ　社会福祉運動家（日典3）

矢留　やとめ
　矢留一太郎　やとめ・いちたろう　政治評論家（現執1期）
　矢留智津子　やとめ・ちづこ　岐阜大学工学部教授（日典3）

矢納　やの；やのう
　矢納摂子　やの・せつこ「ドリーム・ワークブック」ヴォイス（日典3）
　矢納禧雄　やのう・よしお　福井新聞事業局事業部長（日典）

矢高　やたか；やだか
　矢高行路　やたか・こうろ　医師,文学者（長野歴）
　矢高濤一　やたか・とういち　北遠の治山治水功労者（姓氏静岡）
　矢高行路　やだか・こうろ　医師,文学者（日典3）
　矢高鈴央　やだか・すずお「古代王者恐竜キングDキッズ・アドベンチャー翼竜伝説」小学館

¹¹矢冨　やとみ；やどみ
　矢冨直美　やとみ・なおみ　東京都老人総合研究所主任研究員（日典3）
　矢冨裕　やとみ・ゆたか「今日の臨床検査」南江堂（日典3）
　矢冨厳夫　やどみ・いずお　雪舟の里記念館名誉館長（日典3）
　矢冨熊一郎　やどみ・くまいちろう　郷土史家（郷土）

矢埜　やの
　矢埜与一　やの・よいち　政治家（現政）

矢崎　やさき；やざき
　矢崎静代　やさき・しずよ　「いたみ」現代社会・文化研究所（日典3）
　矢崎光圀　やさき・みつくに　法学者（日人）
　矢崎弾　やざき・だん　文芸評論家（日人）
　矢崎千代二　やざき・ちよじ　洋画家（コン4）
矢袋　やむろ
　矢袋喜一　やむろ・きいち　「琉球古来の数学と結縄及記標文字」（国典）
矢部　やぶ；やべ
　矢部史朗　やぶ・しろう（日典）
　矢部貞治　やべ・ていじ　政治学者（コン4）
　矢部長克　やべ・ひさかつ　地質学者, 古生物学者（コン4）
矢野口　やのくち；やのぐち
　矢野口聡　やのくち・さとし　「情報リテラシー基礎」同友館（日典3）
　矢野口保邦　やのくち・やすくに　歌人（長野歴）
　矢野口文雄　やのぐち・ふみお　映画録音技師（日人）
　矢野口保邦　やのぐち・やすくに　歌人（日人）
矢野東　やのとう
　矢野東鉄雄　やのとう・てつお　「二豊金石文年表」矢野東鉄雄（JM）
[12]矢富　やとみ；やどみ
　矢富巌夫　やとみ・いずお　「石見神楽」山陰中央新報社（日典3）
　矢富巌夫　やとみ・いわお　「火野葦平著作目録」創言社（日典3）
　矢富熊一郎　やどみ・くまいちろう　教育者, 郷土史家（島根百）
矢勝　やかつ
　矢勝義雄　やかつ・よしお　大阪借家人同盟メンバー（社史）
矢満田　やまだ；やまんた；やまんだ
　矢満田環　やまだ・たまき　「石仏の影に」（国典）
　矢満田進　やまんた・すすむ　「越えて来た馬飼峠」矢満田智麿（日典3）
　矢満田富勝　やまんだ・とみかつ　養老乃滝創業者（現人）
矢筈野　やはずの
　矢筈野義直　やはずの・よしなお　中学校長（国典）
矢貴　やぎ
　矢貴東司　やぎ・とうじ　出版人（出文）
矢間　やざま；やま
　矢間重忠　やざま・しげただ　「セカンドハウス・マイプラン」千早書房（日典3）
　矢間敬規　やざま・たかのり　ダンサー, 歌手（日人）
　矢間伸一　やま・のぶつぐ　日本アイアール社長（日人）
[13]矢数　やかず；やす
　矢数格　やかず・かく　「漢方一貫堂医学」医道の日本社（日典3）
　矢数道明　やかず・どうめい　漢方医（日人）
　矢数浩　やす・ひろし　常陸大宮市長（日典3）

矢違　やちがい
　矢違金太朗　やちがい・きんたろう　弓道家, 弓道錬士（弓道）
[14]嶋　やしま；やじま
　矢嶋季晴　やしま・すえはる　プロ媒酌人（日典）
　矢嶋耻堂　やしま・ちどう　地方政治家（姓氏愛知）
　矢嶋樹子　やじま・かじこ　女子教育者, 女性運動家（国史）
　矢嶋歓一　やじま・かんいち　歌人（世紀）
矢端　やはた；やばた
　矢端信介　やはた・しんすけ　ソフトボール監督（日典）
　矢端栄次郎　やばた・えいじろう　企業家（群馬人）
　矢端亀久男　やばた・きくお　「より簡単で確実にふやせるさし木・つぎ木・とり木」日本文芸社（日典3）
[15]矢幡　やはた；やわた
　矢幡治美　やはた・はるみ　農協役員, 政治家（日人）
　矢幡洋　やはた・よう　臨床心理士（現執4期）
　矢幡亜貴　やわた・あき　「頬に沈む」集英社（日典3）
　矢幡正夫　やわた・まさお　「鼎, 槐多への旅」信濃毎日新聞社（日典3）
[16]矢橋　やはし；やばし；やばせ
　矢橋丈吉　やはし・じょうきち　洋画家, 詩人, 雑誌編集者, 出版業（アナ）
　矢橋六郎　やばし・ろくろう　洋画家（日人）
　矢橋明郎　やばせ・あきお　「哲学101問」筑摩書房（日典3）
矢頭　やず；やとう
　矢頭憲治　やず・けんじ　元・オリエンタルランド常務（日典）
　矢頭良一　やず・りょういち　発明家（福岡百）
　矢頭喜代春　やとう・きよはる　日本バレーボール協会名誉副会長, 兵庫県バレーボール協会副会長（日典3）
　矢頭献一　やとう・けんいち　植物学者（植物）

【1028】　知

知々和　ちぢわ
　知々和茂雄　ちぢわ・しげお　城西消費購買組合組合員（社史）
[3]知久　ちきゅう；ちく；ともひさ
　知久多喜真　ちきゅう・たきま　通商産業省調査統計部長（日典）
　知久宗徳　ちく・むねのり　農民（社史）
　知久光康　ともひさ・みつやす　ロックギタリスト（テレ）
[4]知切　ちぎり
　知切光歳　ちぎり・こうさい　劇作家, 小説家（日人）

矢部（矩）　石部（石）

⁶知名　ちな
知名定男　ちな・さだお　琉球民謡歌手,作曲家（作曲）
知名定清　ちな・さだきよ　シーキューブジャパン会長（日典3）
知名定寛　ちな・さだひろ「琉球仏教史の研究」榕樹書林（日典3）
知名茂子　ちな・しげこ「松山（まちやま）御殿（うどぅん）の日々」ボーダーインク（日典3）
知名定繁　ちな・ていはん　琉球民謡歌手,作曲家（新芸）

⁷知坂　ちさか；ともさか
知坂元　ちさか・げん「卍の城物語」路上社（日典3）
知坂美奈　ともさか・みな「星の餤月の影」桜桃書房（日典3）

知花　ちばな
知花亀蔵　ちばな・かめぞう　青年会長・区長,産業振興功労者（姓氏沖縄）
知花昌一　ちばな・しょういち　平和運動家（日人）
知花朝章　ちばな・ちょうしょう　政治家（姓氏沖縄）
知花朝信　ちばな・ちょうしん　小林流の創始者（沖縄百）
知花朝仁　ちばな・ともじん　農民（社史）

知見　ちけん；ともみ
知見邦彦　ちけん・くにひこ「変容するカントリーサイド・農村コミュニティと農業・環境政策」三恒（日典3）
知見時江　ちけん・ときえ「変容するカントリーサイド・農村コミュニティと農業・環境政策」三恒（日典3）
知見要　ともみ・かなめ　中学校PTA連絡協議会長（日典3）

知里　ちり
知里高央　ちり・たかお　教育者（コン4）
知里高央　ちり・たかなか　教育者（日人）
知里ナミ　ちり・なみ　アイヌ文化伝承者（コン4）
知里真志保　ちり・ましほ　言語学者（コン4）
知里幸恵　ちり・ゆきえ　アイヌ文学伝承者（コン5）

⁸知念　ちにん；ちねん
知念ウシ　ちにん・うしい　ライター（日典3）
知念栄喜　ちねん・えいき　詩人（日人）
知念正真　ちねん・せいしん　劇作家,演出家（日人）

¹¹知部　ともべ
知部真千　ともべ・まち　陶芸家（陶芸最）

¹²知場　ちば
知場克幸　ちば・かつゆき「教員の協働の学びを柱とした研究運営」福井大学大学院教育学研究科教職開発専攻（日典3）
知場訓久　ちば・くにひさ　ジャパンシステム社長（日典3）
知場権吉　ちば・けんきち　マンダム販売社長（人情）

【1029】　矩

矩　かね
矩幸成　かね・こうせい　彫刻家（日人）

石部

【1030】　石

石　いし；せき
石三次郎　いし・さんじろう　教育学者（日人）
石弘光　いし・ひろみつ　経済学者（世紀）
石一光　せき・いっこう「裏道を駆ける事師徒（ごとしたち）」キーオ・プランニング（日典3）
石蘭崖　せき・らんがい　僧（姓氏山口）

³石下　いしおろし；いしげ；いしした
石下禎重　いしおろし・ていちょう「韓国港湾技術の指導に関する総合報告」（国典）
石下年安　いしげ・としやす　元・射撃選手（日典）
石下景教　いしした・かげのり「中国語学習スタートブック」Jリサーチ出版（日典3）

石上　いしがみ；いそのかみ；いわがみ
石上玄一郎　いしがみ・げんいちろう　小説家（日人）
石上露子　いそのかみ・つゆこ　歌人（コン4）
石上和敬　いわがみ・かずのり「『阿含経典』を読む」角川学芸出版,角川書店（発売）（日典3）

石子　いしこ
石子順　いしこ・じゅん　評論家（日人）
石子順造　いしこ・じゅんぞう　美術・漫画評論家（日人）
石子達次郎　いしこ・たつじろう　日進産業社長（日典3）
石子彭培　いしこ・みちます　北海道国際航空社長（日典3）

石川　いしかわ；いしがわ；しかわ
石川啄木　いしかわ・たくぼく　歌人,詩人（コン改）
石川源朗　いしがわ・げんろう　元・山形県教育長（日典3）
石川布美　しかわ・ふみ　翻訳家（児人）

⁴石井　いしい；いわい
石井柏亭　いしい・はくてい　洋画家,美術評論家（コン4）
石井行光　いわい・ゆきてる　公家（公卿）

石引　いしびき
石引久弥　いしびき・きゅうや「外科における病院感染とその対策」中外医学社（日典3）
石引京子　いしびき・きょうこ「Women」八曜社（日典3）
石引正志　いしびき・まさし　青山学院女子短期大学教授（日典3）
石引将也　いしびき・まさなり　洋画家（日典3）

石引ミチ　いしびき・みち　「従軍看護婦」現代史出版会（日典3）

石戸　いしと；いしど；せきど
石戸則孝　いしと・のりたか　泌尿器科医（日典）
石戸勇三　いしど・ゆうぞう　軍人（青ражен人）
石戸良一　せきど・りょういち　児童文学作家（富山人）

石戸谷　いしとや；いしどや
石戸谷公直　いしとや・きみなお　「数学の小箱」愛知教育大学出版会（日典3）
石戸谷滋　いしとや・しげる　英語・英文学者（現執3期）
石戸谷重郎　いしどや・じゅうろう　西洋史研究者（青森人）
石戸谷勉　いしどや・つとむ　薬学者,植物研究家（植物）

石月　いしずき
石月一匡　いしずき・かずまさ　ギタリスト,ビオラ・ダ・ガンバ奏者,作曲家（音人3）
石月正広　いしずき・まさひろ　小説家（幻想）

石毛　いしげ
石毛郁治　いしげ・いくじ　実業家,俳人（日人）
石毛拓郎　いしげ・たくろう　小学校教諭,児童文学作家（現詩）
石毛留吉　いしげ・とめきち　交通労働者,社会運動家（社史）
石毛直道　いしげ・なおみち　文化人類学者（日人）
石毛宏典　いしげ・ひろみち　プロ野球選手（世紀）

[5]石出　いしで；こくだし
石出和博　いしで・かずひろ　北海道ハウジングオペレーション社長,アトリエアム社長,藤田工務店社長（日典3）
石出健　いしで・けん　「松橘の日々」石出敏子（日典3）
石出政孝　こくだし・まさたか　「そこに愛があったら」フジ出版MY詩集出版部（日典3）

石外　いしがい
石外克喜　いしがい・かつき　民事法学者（現執1期）

石平　いしだいら；いしひら
石平周蛙　いしだいら・しゅうがえる　「起点」本阿弥書店（日典3）
石平春彦　いしだいら・はるひこ　「都市内分権の動態と展望」公人の友社（日典3）
石平快三　いしひら・かいそう　「大学入試"でる順"英単語2000」旺文社（日典3）
石平厚一郎　いしひら・こういちろう　博報堂取締役（日典）

石母田　いしもた；いしもだ
石母田正　いしもた・しょう　日本史学者（コン4）
石母田星人　いしもた・せいじん　俳人（日典3）
石母田京子　いしもだ・きょうこ　社会運動家（女性普）
石母田正　いしもだ・しょう　日本史学者（日典3）

石生　いしお
石生隆光　いしお・たかみつ　僧侶（社史）
石生義人　いしお・よしと　「アメリカ人と愛国心」彩流社（日典3）

石田　いしだ
石田末太郎　いしだ・すえたろう　蟹田町小国の篤農家（青森人）
石田正三　いしだ・まさぞう　医師（青森人）
石田英一郎　いしだ・えいいちろう　民族学者,文化人類学者（コン4）
石田波郷　いしだ・はきょう　俳人（コン4）

石禾　いさわ
石禾兼雅　いさわ・かねまさ　元東京電気自動車取締役（人情）
石禾欣　いさわ・きん　読売新聞大阪本社取締役・総務局長（日典3）

石立　いしたて；いしだて
石立郁也　いしたて・いくや　「美川町政史」美川町（日典3）
石立志郎　いしだて・しろう　「田圃の中の荒家から」詩脈社（日典3）
石立鉄男　いしだて・てつお　俳優（新芸）

[6]石名坂　いしなざか
石名坂邦昭　いしなざか・くにあき　保険経営論研究者（現執2期）

石地　いしじ
石地健　いしじ・けん　京葉銀行常務（日典3）
石地堅祥　いしじ・けんしょう　「石乃木」北国出版社（日典3）
石地尚子　いしじ・ひさこ　「覚悟」本阿弥書店（日典3）
石地まゆみ　いしじ・まゆみ　「赤き弓」深夜叢書社（日典3）
石地与一郎　いしじ・よいちろう　北国新聞社参与（日典3）

石多　いした；いしだ
石多エドワード　いした・えどわーど　声楽家,演出家（音人3）
石多正男　いした・まさお　音楽評論家・研究家（音楽学,西洋音楽史）（音人3）
石多加代子　いしだ・かよこ　声楽家（音人2）

石牟礼　いしむれ
石牟礼道子　いしむれ・みちこ　作家,歌人（日人）

石西　いしにし；いそにし
石西武雄　いしにし・たけお　「ノガミ物語」東京出版センター（日典3）
石西伸　いしにし・のぶる　医師（近医）
石西正一　いそにし・まさかず　元・東急百貨店取締役本店長（日典3）

[7]石坂　いしさか；いしざか
石坂宇兵衛　いしさか・うへい　能楽師（宝生流）（新芸）
石坂豊一　いしさか・とよかず　政治家（日典）
石坂泰三　いしざか・たいぞう　実業家,財界人（コン4）
石坂洋次郎　いしざか・ようじろう　小説家（コン4）

石部(石)

石床　いしとこ
　石床昭彦　いしとこ・あきひこ　タイカン副社長（日典3）
　石床幹雄　いしとこ・みきお　元・プロ野球選手（日典）

石杜　いしもり
　石杜倉松　いしもり・くらまつ　紫波郡佐比内村の石炭開発者（姓氏岩手）
　石杜佳昭　いしもり・よしあき「水のこころ」（JM）

石沢　いしざわ；こくざわ
　石沢英太郎　いしざわ・えいたろう　小説家（日人）
　石沢秀二　いしざわ・しゅうじ　演劇評論家，演出家（日人）
　石沢青珠　こくざわ・せいじゅ「祭笛」角川書店（日典3）
　石沢千代吉　こくざわ・ちよきち　政治家（栃木歴）

石見　いしみ；いわみ
　石見純　いしみ・あつし　大洋技研工業会長（日典3）
　石見周　いしみ・おさむ　レース解説者（日典3）
　石見尚　いわみ・たかし　農業研究者（現執4期）
　石見徹　いわみ・とおる　経済学者（現執4期）

石角　いしずみ
　石角彰男　いしずみ・あきお　スポーツ記者（国典）
　石角完爾　いしずみ・かんじ　弁護士,弁理士（現執4期）
　石角喜三郎　いしずみ・きさぶろう　貿易商（姓氏京都）
　石角武夫　いしずみ・たけお　プロゴルファー（国典）
　石角勇吉　いしずみ・ゆうきち　製鋼所職工（社史）

石谷　いしかい；いしがい；いしがや；いしたに；いしや
　石谷広策　いしかい・こうさく　棋士（日典3）
　石谷清幹　いしがい・せいかん　機械工学者（日人）
　石谷広策　いしがや・こうさく　棋客（日人）
　石谷行　いしたに・すすむ　平和運動家（平和）
　石谷斎蔵　いしや・さいぞう『『斎蔵亜米利加遊学』後日譚』帝塚山大学経済学部（日典3）

石阪　いしさか；いしざか
　石阪春生　いしさか・はるお　洋画家（日典）
　石阪洋　いしさか・よう「バリタァ」編集工房ノア（日典3）
　石阪昌孝　いしざか・まさたか　鍼術家（歴大）
　石阪公歴　いしざか・まさつぐ　自由民権運動家（歴大）

⁸石侍　せじ
　石侍露堂　せじ・ろどう　映画監督（映監）

石和　いさわ；いしわ
　石和円　いさわ・えん「ウォーバーズ」マイクロマガジン社（日典3）

　石和鷹　いさわ・たか　小説家（日人）
　石和貞男　いしわ・さだお　お茶の水女子大学理学部生物学科教授（日典）
　石和昭二　いしわ・しょうじ　三ツ星ベルト常務（東京駐在）（日典3）

石和田　いしわた；いしわだ
　石和田四郎　いしわた・しろう「オレンジ色の焔を追って」東京新聞出版局（日典3）
　石和田研二　いしわだ・けんじ　よこはま動物園ズーラシア飼育担当（日典3）
　石和田靖章　いしわだ・やすふみ「天燃ガス」（国典）

石東　いしとう；せきとう
　石東直子　いしとう・なおこ　技術士（日典）
　石東稚子　せきとう・わかこ「土よ」葦書房（日典3）

石河　いしかわ；いしこ；いしこう
　石河薫　いしかわ・かおる　女優（日人）
　石河正養　いしこ・まさかい　国学者（コン4）
　石河亜紀子　いしこう・あきこ「からだのことがよくわかる女性の医学」池田書店（日典3）

石附　いしずき
　石附賢道　いしずき・けんどう　僧侶（群馬人）
　石附五作　いしずき・ごさく　政治家,教育者（新潟百則）
　石附勝龍　いしずき・しょうりゅう　禅学者（現執1期）
　石附忠平　いしずき・ちゅうへい　新聞人（社史）
　石附実　いしずき・みのる　教育学者（現執4期）

⁹石垣　いしがき；いしざき
　石垣綾子　いしがき・あやこ　評論家（コン4）
　石垣りん　いしがき・りん　詩人（日人）
　石垣東山　いしざき・とうざん　画家（美家）

石城　いしがき；いしき；いしじょう；いわき
　石城謙吉　いしがき・けんきち　北海道大学名誉教授（日典）
　石城太造　いしき・たいぞう　サンケイ新聞（東京）広告局次長（日典3）
　石城隆夫　いしじょう・たかお「片足の蟋蟀―脳卒中耐病記　詩集」（JM）
　石城南陔　いわき・なんがい　儒者＝近世（人名1）

石巻　いしまき
　石巻ゆうすけ　いしまき・ゆうすけ　アナウンサー（テレ）
　石巻良夫　いしまき・よしお　新聞記者,社会主義者（アナ）
　石巻良之　いしまき・よしゆき　共同通信編集局編集委員室次長（日典3）

石建　いしたて；いしだて
　石建虎兎栄　いしたて・ことえ　社会革命家（高知人）
　石建虎兎栄　いしだて・ことえ　社会革命家（高知人）

石津　いしず；いしつ；いわず
　石津照璽　いしず・てるじ　宗教哲学者（日人）
　石津巌　いしつ・いわお　弓道家,矢師（弓道）

石津澡斎　いわず・ちょうさい　広島の教育者（広島百）

石飛　いしとび

石飛勝久　いしとび・かつひさ　陶芸家（陶工）

石飛三郎　いしとび・さぶろう　大橋館社長、島根県旅館環境衛生同業組合理事長（島根歴）

石飛新　いしとび・しん　日本画家（島根歴）

石飛仁　いしとび・じん　ノンフィクション作家、劇作家、演出家（大阪文）

石飛卓美　いしとび・たくみ　農業従事者, 小説家（幻想）

[10]石原　いさ；いしはら；いしわら

石原依門　いさ・えもん　「白蛇伝」偕成社（日典3）

石原慎太郎　いしはら・しんたろう　政治家, 小説家（コン4）

石原莞爾　いしわら・かんじ　陸軍軍人（日人）

石射　いしい

石射猪太郎　いしい・いたろう　外交官（日人）

石射周蔵　いしい・しゅうぞう　紙・パルプ問題専門家（現執2期）

石射虎三郎　いしい・とらさぶろう　ジャーナリスト、翻訳家（日典3）

石射正英　いしい・まさひで　「注射剤」南山堂（日典3）

石射弥生　いしい・やよい　フリーライター（日典3）

石栗　いしくり；いしぐり

石栗としお　いしくり・としお　俳人（日典）

石栗一男　いしぐり・かずお　「マンモグラフィ技術編」医療科学社（日典3）

石栗六内　いしぐり・ろくない　自治功労者（庄内）

石桁　いしけた；いしげた

石桁正士　いしけた・ただし　情報学者（現執3期）

石桁真礼生　いしけた・まれお　作曲家（コン4）

石桁真礼生　いしげた・まれお　「リヴェレイション」全音楽譜出版社（日典3）

石根　いしね；いわね

石根立雄　いしね・たつお　「矢作製鉄風雪の60年小史」ヤハギ（日典3）

石根要二　いしね・ようじ　「授業に集中させるには」あゆみ出版（日典3）

石根四郎　いわね・しろう　青森大学社会学部教授（現執2期）

石畝　いしぐろ

石畝弘之　いしぐろ・ひろゆき　小学校教諭（国典）

石畠　いしはた；いしばた

石畠準一　いしはた・じゅんいち　松屋ニット社長, 小矢部市教育委員長（日典3）

石畠弘　いしばた・ひろし　翻訳家（日典3）

石破　いしば

石破茂　いしば・しげる　政治家（現政）

石破二朗　いしば・じろう　建設官僚（履歴2）

石破洋　いしば・ひろし　島根県立女子短期大学文学科教授（日典3）

石竜　せきりょう

石竜正孝　せきりょう・まさたか　住職(国典)

石高　いしたか；いしだか

石高琴風　いしたか・きんぷう　尺八奏者（琴古流）（新芸）

石高健次　いしだか・けんじ　テレビプロデューサー（現執4期）

石高治夫　いしだか・はるお　日本フエロー社長、日本琺瑯工業会会長（日典3）

[11]石動　いしどう；いするぎ

石動和裕　いしどう・かずひろ　「商品業界の話題論点」光陽企画（日典3）

石動宣克　いしどう・のぶかつ　「NTT株を狙え」市民書房（日典3）

石動彰　いするぎ・あきら　小説家（幻想）

石動香　いするぎ・かおる　小説家（富山文）

石堂　いしどう

石堂清倫　いしどう・きよとも　評論家（日人）

石堂徹生　いしどう・てつお　ルポライター（現執4期）

石堂淑朗　いしどう・としろう　脚本家, 小説家（日人）

石堂夏央　いしどう・なつお　女優（テレ）

石堂秀夫　いしどう・ひでお　作家（世紀）

石曽根　いしそね；いしぞね

石曽根孝輔　いしそね・たかすけ　松蔭女子短期大学経営科特任教授（日典3）

石曽根幹雄　いしそね・みきお　よみうり副社長（日典）

石曽根和子　いしぞね・かずこ　「刺繡の図案と縫方」緑屋洋装研究所（日典3）

石曽根民郎　いしそね・たみろう　川柳作家（現情）

石淵　いしぶち；いわぶち

石淵聡　いしぶち・さとし　「冒険する身体」春風社（日典3）

石淵保　いしぶち・たもつ　「上野村の歴史」上野村（日典3）

石淵宏尚　いわぶち・こうしょう　善福寺住職（日典3）

石郷　いしごう；いしざと

石郷潮美　いしごう・しおみ　「抗菌薬治療ハンドブック」現代医療社（日典3）

石郷正　いしごう・しょう　児童文学作家（児人）

石郷潮美　いしざと・しおみ　大垣市民病院中央検査室室長補佐（日典3）

石郷岡　いしごうおか；いしごおか

石郷岡文吉　いしごうおか・ぶんきち　政治家（青森人）

石郷岡正男　いしごうおか・まさお　眼科医（青森人）

石郷岡建　いしごおか・けん　新聞記者（現執4期）

石郷岡学　いしごおか・まなぶ　山形大学医学部助手（日典3）

石野　いしの；いわの

石野径一郎　いしの・けいいちろう　小説家（日人）

石部（石）

石野信一　いしの・しんいち　官僚,実業家（日人）
石野基佑　いわの・もとすけ　公家（幕末）
石野基将　いわの・もとまさ　公家（海越新）

石黒　いしくろ；いしぐろ
　石黒一男　いしくろ・かずお　富山県議（社会党）（日典3）
　石黒哲雄　いしくろ・てつお　金太郎温泉社長（日典）
　石黒忠篤　いしぐろ・ただあつ　農政家（コン4）
　石黒忠悳　いしぐろ・ただのり　医学者（コン5）

12石割　いしわり
　石割平　いしわり・おさむ　映画資料収集家（日典3）
　石割透　いしわり・とおる　近代日本文学研究者（現執4期）
　石割友次郎　いしわり・ともじろう　農民（社史）
　石割平造　いしわり・へいぞう　軍人（陸海）
　石割松太郎　いしわり・まつたろう　文楽研究家,演劇評論家（日典）

石塚　いしずか；いしつか
　石塚友二　いしずか・ともじ　小説家,俳人（コン4）
　石塚仁太郎　いしつか・じんたろう　政治家（現政）

石渡　いしわた；いしわたり
　石渡荘太郎　いしわた・そうたろう　官僚,政治家（コン4）
　石渡敏一　いしわた・びんいち　司法官吏（日人）
　石渡繁胤　いしわたり・しげたね　養蚕学者（日人）
　石渡利康　いしわたり・としやす　北欧学者（世紀）

13石腸　いしわた
　石腸幸三　いしわた・こうぞう　西部硫酸販売非常勤監査役（日典）

石鼎房　せきていぼう
　石鼎房兼輔　せきていぼう・かねすけ　俳人（日典）

14石榑　いしくれ；いしぐれ
　石榑千亦　いしくれ・ちまた　歌人（コン5）
　石榑盛世　いしくれ・もりき　東洋ピアノ製造（株）常務（日典3）
　石榑敬一　いしぐれ・けいいち　政治家（日典）
　石榑千亦　いしぐれ・ちまた　歌人（人名7）

石綿　いしわた
　石綿勇　いしわた・いさむ「プロコンサルタントのシステム力」同友館（日典3）
　石綿英二郎　いしわた・えいじろう　秋田県議（社会党）（日典3）
　石綿さたよ　いしわた・さたよ　社会事業家（日典3）
　石綿敏雄　いしわた・としお　言語学者（現執4期）
　石綿政治　いしわた・まさじ　佐渡農業発展の功労者（新潟百）

石踊　いしおどり
　石踊一則　いしおどり・かずのり　古書店主（日典3）
　石踊紘一　いしおどり・こういち　日本画家（児人）
　石踊達哉　いしおどり・たつや　日本画家（日典3）

15石幡　いしはた；いしわた
　石幡伊三郎　いしはた・いさぶろう　心理学者（心理）
　石幡忠雄　いしはた・ただお　スピードスケート選手（郷土栃木）
　石幡貞　いしわた・てい　教育者（幕末）

16石橋　いしはし；いしばし
　石橋豊次郎　いしばし・とよじろう　歌人（北海道文）
　石橋湛山　いしばし・たんざん　政治家（コン4）
　石橋忍月　いしばし・にんげつ　文芸評論家,小説家（コン5）

石積　いしずみ
　石積五月　いしずみ・さつき　国際経済・企業財務専門家（現執2期）
　石積忠夫　いしずみ・ただお　リード・エグジビション・ジャパン社長（日典3）
　石積勝　いしずみ・まさる　神奈川大学経営学部教授（日典3）

石館　いしだて
　石館一郎　いしだて・いちろう　中日新聞東京本社編集局社会部次長（日典3）
　石館康平　いしだて・こうへい　翻訳家（日典3）
　石館虎兎栄　いしだて・ことえ　日本労働組合全国協議会中央常任委員（社史）
　石館達二　いしだて・たつじ　建築学者（青森人）
　石館守三　いしだて・もりぞう　薬学者（日人）

18石藤　いしどう
　石藤浩一　いしどう・こういち「絵画の発見」学習研究社（日典3）
　石藤太郎　いしどう・たろう　広島地家裁尾道支部長（日典3）
　石藤豊太　いしどう・とよた　陸軍軍人（海越新）
　石藤守雄　いしどう・もりお　宮内庁侍従次長（日典3）

19石瀬　いしせ；いしぜ
　石瀬和正　いしせ・かずまさ　極洋社長（日典3）
　石瀬菜路　いしせ・さいじ「瀬、らぎ」石瀬才一郎（日典3）
　石瀬博　いしぜ・ひろし　警察共済組合監事（日典3）

21石躍　いしおどり
　石躍重之　いしおどり・しげゆき　弓道家,弓道錬士（弓道）
　石躍胤央　いしおどり・たねひろ　日本近世史研究者（現執1期）
　石躍芳江　いしおどり・よしえ「春嵐」紅書房（日典3）

【1031】 研

研 けん；とぎ
研ナオコ　けん・なおこ　歌手（日人）
研攻一　とぎ・こういち　羽陽学園短期大学幼児教育科教授（日典）

[4]研井 とぎい
研井堅　とぎい・ひさし　山口大・工業短大助手（国典）

[11]研野 とぎの
研野和人　とぎの・かずひと「自動制御入門」（国典）
研野作一　とぎの・さくいち　日本燃焼器具検査協会理事（日典3）
研雉雄二　とぎの・ゆうじ　新日鉄化学専務（日典3）

【1032】 砂

[3]砂子 すなこ；すなご；まなご
砂子由次郎　すなこ・よしじろう　日本僻地教育振興会副会長（姓氏岩手）
砂子信一郎　すなご・しんいちろう　税理士（日典3）
砂子剛　まなご・こう　砂子商店社長, 奈良女子大学植物学教室助手（日典3）

砂子田 いさごだ；すなこだ
砂子田光　いさごだ・こう　岩手県人事委員会事務局長（日典）
砂子田隆　いさごだ・たかし　地方公務員共済組合連合会理事長（日典）
砂子田信之　すなこだ・のぶゆき　元・日本専売公社高岡出張所長（日典）

砂山 いさやま；すなやま
砂山せつ子　いさやま・せつこ　キリスト教徒（視覚）
砂山節子　いさやま・せつこ「五月の海」東京四季出版（日典3）
砂山清　すなやま・きよし　新聞記者（現執4期）
砂山圭大郎　すなやま・けいたろう　アナウンサー（テレ）

砂川 いさがわ；うるか；さがわ；すなかわ；すながわ
砂川純　いさがわ・じゅん　日東石膏元社長（日典）
砂川金　うるか・きん　砂川村倉庫番（社史）
砂川啓介　さがわ・けいすけ　俳優（映男）
砂川健次郎　すなかわ・けんじろう　京都町奉行所与力（日典）
砂川捨丸　すながわ・すてまる　漫才師（コン4）

[4]砂井 さごい；すない
砂井正七　さごい・しょうしち　画家（日典3）
砂井斗志男　すない・としお　俳人（日典3）

[5]砂生 さそう
砂生記宣　さそう・きよし　超意識の会（日典）

砂田 すなた；すなだ
砂田良和　すなた・よしかず　毎日新聞東京本社毎日ウィークリー編集長（日典）
砂田重政　すなだ・しげまさ　政治家, 弁護士（コン4）
砂田弘　すなだ・ひろし　児童文学者（日人）

砂辺 さなべ；すなべ
砂辺功　さなべ・いさお「田中角栄怒涛の大構想―日本の危機を救う壮大な"黙示録"」青年書館（JM）
砂辺功　すなべ・いさお　経済評論家（日典3）
砂辺栄一　すなべ・えいいち　琉球新報広告局案内広告部長（日典）

[7]砂沢 いさざわ；すなさわ；すなざわ
砂沢文雄　いさざわ・ふみお　北海道社会人野球連盟理事長（札幌）
砂沢市太郎　すなさわ・いちたろう　農民（社史）
砂沢クラ　すなざわ・くら　ユーカラ伝承者（日人）

砂谷 すなたに；すなや
砂谷智導　すなたに・ちどう　東北大学教授（日典3）
砂谷知之　すなたに・ともゆき　新片組常務（日典3）
砂谷静男　すなや・しずお「森がともだち」愛生社（日典3）

[8]砂岡 いさおか；すなおか
砂岡良治　いさおか・りょうじ　重量挙げ選手
砂岡亜久人　すなおか・あくと　小説家（幻想）
砂岡和子　すなおか・かずこ　早稲田大学教授（日典3）

砂押 すなおし
砂押邦信　すなおし・くにのぶ　プロ野球監督（日人）
砂押重達　すなおし・しげたつ「茨城県産業組合裏面史」砂押重達［東京］家の光出版サービス（製作）（日典3）
砂押ホロシタ　すなおし・ほろした「これからの異文化コミュニケーションとシュリ・チンモイの哲学」DTP出版（日典3）

砂治 いさじ
砂治国良　いさじ・くによし　土木技術者（土木）

砂金 いさご；いさがね
砂金兵記　いさご・ひょうき　政治家（姓氏岩手）
砂金文洲　いさご・ぶんしゅう　武家出身の画人（姓氏岩手）
砂金くまえ　すながね・くまえ　芝居となった殺人事件の被害者の女性（女性普）

砂長 すなが；すななが
砂長かほる　すなが・かおる　俳人（日典）
砂長志げる　すなが・しげる　詩人（日典3）
砂長稔　すななが・みのる「音の無い街」紫陽社（日典）
砂長安一　すななが・やすかず　常総鉄道機関手（社史）

石部（砧, 砥, 破, 硲, 硤, 碓）

⁹砂室　さむろ
　砂室圭　さむろ・けい「バス時刻までの海」無明舎出版（日典3）

¹⁰砂原　さはら；すなはら；すはら
　砂原蜜木　さはら・みつき　漫画原作家, 小説家（漫人）
　砂原美智子　すなはら・みちこ　声楽家（コン4）
　砂原俊介　すはら・しゅんすけ　ユタカフューチャーズ代表取締役（日典）

¹¹砂崎　すなさき；すなざき
　砂崎知子　すなさき・ともこ　箏曲演奏者（芸能）
　砂崎実　すなさき・みのる「まぼろしの木像」日本随筆家協会（日典3）
　砂崎知子　すなざき・ともこ　箏曲家（生田流）（音人3）
　砂崎宏　すなざき・ひろし　教育学者（郷土滋賀）

砂野　いさの；すなの
　砂野一男　いさの・かずお「砂野一男日記抄」北斗書房（日典3）
　砂野仁　いさの・まさし　川崎重工業社長・会長（実業）
　砂野彰　すなの・あきら　日本私立中・高校連合会理事（日典）
　砂野達一　すなの・たついち　素義（素人義太夫）功労者（愛媛百）

【1033】　砧

砧　きぬた
　砧一郎　きぬた・いちろう　翻訳家（日典3）
　砧大蔵　きぬた・だいぞう　ノンフィクション作家（幻想）
　砧菜々　きぬた・なな「帽子屋エリプシス」エンターブレイン, 角川グループパブリッシング（発売）（日典3）

【1034】　砥

³砥上　とがみ
　砥上邦生　とがみ・くにお　川崎地質会長（日典3）
　砥上恵幸　とがみ・けいこう「即解こんなときどうする！リハビリテーションスタッフのためのトラブルシューティング」中山書店（日典3）
　砥上種樹　とがみ・たねき　教育者, 評論家（日児）
　砥上保　とがみ・たもつ　アミューズ店主（日典3）
　砥上峰次　とがみ・みねじ　日清食品監査役（人情）

砥山　とぎやま
　砥山勇二　とぎやま・ゆうじ　ベーチェット病友の会づくりを呼びかける元大工（人情）

¹⁴砥綿　いしわた；とわた
　砥綿正之　いしわた・まさゆき「メディアアートの教科書」フィルムアート社（日典3）
　砥綿とも子　とわた・ともこ「ロイ適応モデルに基づく看護過程」ヌーヴェルヒロカワ（日典3）

【1035】　破

¹³破廉　はれん
　破廉拳一　はれん・けんいち「釣魚大変」朔風社（日典3）

【1036】　硲

硲　さこ；はざま
　硲和彦　さこ・かずひこ「楽しくてしょうがない！」日本図書刊行会（日典3）
　硲弘一　さこ・ひろかず　（株）わかるとできる社長（日典）
　硲伊之助　はざま・いのすけ　洋画家, 陶芸家（コン4）
　硲正夫　はざま・まさお　農業経済学者（世紀）

【1037】　硤

⁶硤合　そあい
　硤合憲三　そあい・けんそう　東京理科大学理学部教授（日典3）

【1038】　碓

⁴碓井　うすい
　碓井数明　うすい・かずあき　心理学者（心理）
　碓井小三郎　うすい・こさぶろう　郷土史家, 政治家（日人）
　碓井慎一　うすい・しんいち　戦略経営研究者, 実業家（現執4期）
　碓井光明　うすい・みつあき　租税法学者, 財政法学者（現執4期）
　碓井優　うすい・ゆたか　ベンチャー企業家（世紀）

⁵碓氷　うすい；うすなが
　碓氷勝三郎　うすい・かつさぶろう　蟹缶詰業者（日人）
　碓氷悟史　うすい・さとし　公認会計士, 監査理論研究者（現執4期）
　碓氷浩子　うすなが・ひろこ「藤原定家をめぐる歌人たち」講談社出版サービスセンター（日典3）

碓田　うすだ
　碓田勝己　うすだ・かつみ「碓田勝己」春秋窯（日典3）
　碓田拓磨　うすだ・たくま「しせいを見直そう」インタープレス（日典3）
　碓田智子　うすだ・ともこ「住教育に関する情報ネットワークの構築」第一住宅建設協会（日典3）
　碓田のぼる　うすだ・のぼる　歌人, 評論家（世紀）
　碓田登　うすだ・のぼる　歌人, 評論家（現執3期）

【1039】碇

碇　いかり
　碇醇　いかり・あつし　鹿児島大学名誉教授（日典3）
　碇常和志　いかり・つねわし　農民（社史）
　碇登志雄　いかり・としお　歌人（佐賀百）
　碇直　いかり・なお　農民（社史）
　碇義朗　いかり・よしろう　航空・自動車研究家,技術評論家,ノンフィクション作家（世紀）

【1040】碩

碩　せき
　碩信治　せき・のぶはる　東京都民銀行取締役（日典3）
　碩森常　せき・もりつね「ワァクワァマァガワァマァリジマよ（吾子よ孫よわが古里よ）」青風舎
　碩侑太郎　せき・ゆうたろう　評論家,中近東近現代経済史研究者（現執2期）
[10]碩根　せきね
　碩根加美恕　せきね・かみじょ　農民（社史）

【1041】碑

碑　いしぶみ
　碑杢太　いしぶみ・もくた「草木記」創造社（日典3）
[4]碑文谷　ひもんや
　碑文谷哲　ひもんや・てつ「RV「ワンボックスカー」のすべて」ズーム社（日典3）
　碑文谷創　ひもんや・はじめ　葬送ジャーナリスト（日典3）

【1042】碧

碧　あおい；へき；みどり
　碧花月　あおい・かげつ「堕天使」風詠社,星雲社（発売）（日典3）
　碧静江　へき・しずえ　保険勧誘員,カフェー店員（アナ）
　碧ゆかこ　みどり・ゆかこ　漫画家（漫人）
[3]碧川　みどりかわ
　碧川かた　みどりかわ・かた　婦人運動家（日人）
　碧川企救男　みどりかわ・きくお　新聞記者（平和）
　碧川じゅん　みどりかわ・じゅん　女優（映女）
　碧川ジュン　みどりかわ・じゅん　女優（和モ）
　碧川道夫　みどりかわ・みちお　映画撮影監督（映人）
[9]碧海　あおみ
　碧海純一　あおみ・じゅんいち　法哲学者,社会哲学者（日人）

碧海美代子　あおみ・みよこ「青水無月」柊書房（日典3）
　碧海康夫　あおみ・やすお　パイオニアLDC代表取締役会長（日典3）
　碧海康温　あおみ・やすはる　弓道家,生弓会理事（弓道）
　碧海ゆき　あおみ・ゆき　消費生活アドバイザー（日典3）
　碧洞　へきどう
　碧洞憲三　へきどう・けんぞう「命の波動」一光社（日典3）

【1043】磐

磐　ばん
　磐紀一郎　ばん・きいちろう「悉皆屋鬼次やみばなし」ベストセラーズ（日典3）
　磐広人　ばん・こうじん　日本画家（日典3）
[4]磐井　いわい
　磐井彦太郎　いわい・ひこたろう　官僚（渡航）
　磐井ユタ　いわい・ゆた「肉食男子（スイートウルフ）とメロメロ天国（パラダイス）」宙出版（日典3）
[9]磐城　いわき
　磐城葦彦　いわき・あしひこ「残照の領域」無明舎出版（日典3）
　磐城恒隆　いわき・つねたか　東北特殊鋼社長,大同特殊鋼常務（日典3）
　磐城博司　いわき・ひろし　消防大学校校長（日典3）
　磐城菩提子　いわき・ぼだいし　俳人（日典）
[19]磐瀬　いわせ
　磐瀬玄策　いわせ・げんさく　医者（国書）
　磐瀬重喬　いわせ・しげたか　神官（幕末）
　磐瀬太郎　いわせ・たろう　日本鱗翅学会長（日典3）
　磐瀬弘治　いわせ・ひろはる　神職（神人）
　磐瀬雄一　いわせ・ゆういち　産婦人科学者（日人）

【1044】磨

磨　とぎ
　磨武子　とぎ・たけこ「花氷」ひろしま文芸出版社（日典3）
[4]磨井　うすい
　磨井豊喜　うすい・とよき　印刷工,社会運動家（アナ）
[6]磨伊　まい
　磨伊正義　まい・まさよし　医師（近医）
[10]磨家　とぎや；まや
　磨家信一　とぎや・しんいち（日典）
　磨家朝村　まや・ちょうそん「麦笛」磨家朝邨（日典3）
[14]磨墨　するすみ；ますみ
　磨墨功洞　するすみ・こうどう「三教一致抄」元正寺（日典3）

石部（磯，磻，碙，礒）

磨墨紗綾　するすみ・さや「ふりむく一念」元正寺（日典3）
磨墨岱山　ますみ・たいざん「浄土論・論註の手引き」元正寺（日典3）

【1045】 磯

³磯上　いそうえ；いそがみ
　磯上美津子　いそうえ・みつこ「春の雪」書肆亥工房（日典3）
　磯上一男　いそがみ・かずお「大口径RCD工法」森北出版（日典3）
　磯上恵子　いそがみ・けいこ　翻訳家（日典3）
磯川　いそかわ；いそがわ
　磯川重作　いそかわ・しげさく　教育者（日人）
　磯川元春　いそかわ・もとはる　俳優（新芸）
　磯川隆　いそがわ・たかし　元・兵庫相互銀行（現・兵庫銀行）取締役（日典）
⁶磯好　いそこ
　磯好重成　いそこ・しげなり　弓道家，弓道教士（弓道）
⁷磯谷　いそがい；いそがや；いそたに；いそのや；いそや
　磯谷廉介　いそがい・れんすけ　陸軍軍人（コン5）
　磯谷利右衛門　いそがや・りえもん　漆器改良家（日人）
　磯谷直　いそたに・すなお　写真家（写人）
　磯谷久次　いそのや・ひさつぐ　武人＝中世（人名1）
　磯谷孝　いそや・たかし　言語学者（現執4期）
磯貝　いそかい；いそがい
　磯貝洋一　いそかい・よういち　神官（日典）
　磯貝雲峰　いそがい・うんぽう　詩人，文芸評論家（日人）
　磯貝英夫　いそがい・ひでお　国文学者（日人）
¹⁰磯島　いそしま；いそじま
　磯島正　いそしま・ただし　医師（日典3）
　磯島恒夫　いそしま・つねお　元・陸上自衛隊陸上幕僚長（日典）
　磯島昭代　いそじま・あきよ「農産物購買における消費者ニーズ」農業・食品産業技術総合研究機構東北農業研究センター（日典3）
　磯島敬音　いそじま・けいおん　僧・茶人（徳島歴）

【1046】 磻

⁵磻田　はんだ；ばんだ
　磻田二郎　はんだ・じろう「ピアノ調律・整調・修理の実技」日本ピアノ総合センター（書籍）
　磻田耕治　ばんだ・こうじ　ピアノ調律師（日典）
　磻田二郎　ばんだ・じろう「ピアノ調律・整調・修理の実技」日本ピアノ総合センター（日典）

【1047】 碙

碙　はざま
　碙師古　はざま・しこ　画家（国書）
　碙西涯　はざま・せいがい　画家（日人）

【1048】 礒

礒　いそ
　礒郁子　いそ・いくこ　漆芸家（日典3）
　礒幾造　いそ・いくぞう　歌人（日人）
　礒一郎　いそ・いちろう　ボート日本代表監督，日本体育協会理事（日典3）
　礒絵里子　いそ・えりこ　ヴァイオリニスト（演奏）
　礒一明　いそ・かずあき「あなたの経験には意味がある」ビジネス社（日典3）
⁵礒永　いそなが
　礒永秀雄　いそなが・ひでお　詩人（現詩）
⁷礒村　いそむら
　礒村梅代　いそむら・うめよ　山口芸短大助教授（日典3）
　礒村千代子　いそむら・ちよこ「老いをより愉しく生きるために」出版社しんあい（日典3）
　礒村懇　いそむら・つとむ　歌人（日典3）
　礒村文代　いそむら・ふみよ「夢浴み」東京図書出版会，リフレ出版（発売）（日典3）
　礒村まさ子　いそむら・まさこ　女子プロゴルファー（人情）
礒見　いそみ
　礒見恵子　いそみ・けいこ　兵庫県議（共産党，西宮市）（日典3）
　礒見忠司　いそみ・ただし　陶芸家（陶芸最）
　礒見博　いそみ・ひろし　ジャズ・ドラマー（日典3）
礒谷　いそがい；いそがや；いそたに
　礒谷圭秀　いそがい・けいしゅう　礒谷式力学療法院院長，礒谷式力学療法総本部本部長（日典3）
　礒谷謙蔵　いそがや・けんぞう　長府藩士＝近世（維新）
　礒谷昭一　いそたに・しょういち　経営組織・職務設計専門家（現執1期）
礒貝　いそがい
　礒貝勇　いそがい・いさむ　工業教育家，民俗学者（現情）
　礒貝勇　いそがい・いさむ　工業教育家，民俗学者（日人）
　礒貝逸夫　いそがい・いつお「地域からの目」三河新報社（日典3）
　礒貝寳山　いそがい・かんざん　僧侶（群馬人）
　礒貝静男　いそがい・しずお「山本鼎と倉田白羊」上田小県資料刊行会（日典3）
¹¹礒部　いそべ
　礒部明　いそべ・あきら　元・プロボクサー，元・ラグビー選手（日典3）

礒部勘次　いそべ・かんじ　美術教育家（群馬人）
礒部草丘　いそべ・そうきゅう　日本画家（日人）
礒部天池　いそべ・てんち　書家（高知人）
礒部晴樹　いそべ・はるき　工業デザイナー，絵本作家（児人）

【1049】礪

[8]礪波　となみ
礪波周平　となみ・しゅうへい「江口渙の部屋へようこそ」本の泉社（日典3）
礪波護　となみ・まもる　研究者（現執4期）

示部

【1050】示

[4]示日　しび
示日止三　しび・とめぞう　俳人（日典）

[7]示村　しめむら
示村悦二郎　しめむら・えつじろう「最適制御概論」コロナ社（日典3）
示村貞夫　しめむら・さだお　旭川市教育委員会主幹（国典）
示村陽一　しめむら・よういち「FIFO式英語「速読速解」法」講談社（日典3）

[11]示野　しめの
示野喜三郎　しめの・きさぶろう　体育師範（日典3）
示野貞夫　しめの・さだお　高知大学地域共同研究センター産学連携コーディネーター，高知大学名誉教授（日典3）
示野澄子　しめの・すみこ「ザ・速答」アミコ・ファッションズ（日典3）
示野信一　しめの・のぶかず　関西学院大学理工学部数理科学科教授（日典3）
示野星一　しめの・ほしいち　松井建設監査役（日典3）

【1051】礼

[12]礼場　れいば
礼場敏彦　れいば・としひこ「くまらじゅう」東方出版（日典3）

【1052】社

社　やしろ
社和之　やしろ・かずゆき　陶芸家（陶芸最）
社喜美子　やしろ・きみこ「砂子」手帖舎（日典3）
社智恵子　やしろ・ちえこ「焦点」短歌新聞社（日典3）
社寅男　やしろ・とらお　地方政治家・部落解放運動の指導者（岡山歴）
社八郎　やしろ・はちろう　俳人，川柳作家（北海道文）

[4]社内　しゃうち
社内慶雄　しゃうち・よしお「私は小学校の先生」国典）

[5]社本　しゃもと
社本一夫　しゃもと・いちお「北京と東北部と」西田書店（日典3）
社本修　しゃもと・おさむ　アック社長（日典3）
社本我泉　しゃもと・がせん　日本画家（日典3）
社本公子　しゃもと・きみこ「味の歳時記」中日出版社（日典3）
社本仁左衛門　しゃもと・にざえもん　農業に従事する傍ら多くの公職に就く（姓氏愛知）

[14]社領　しゃりょう
社領明　しゃりょう・あきら　ボディートーク協会会長（日典3）
社領系明　しゃりょう・けいめい　漫画家（日児）

[16]社樹　やしろぎ
社樹正芳　やしろぎ・まさよし「社交ダンス入門―あなたにもすぐ踊れる」金園社（JM）

【1053】祈

祈　いのり
祈幸英　いのり・こうえい　農民（社史）
祈武二　いのり・たけじ　鉄工所工具（社史）
祈寛恵　いのり・ひろえ　著述家（日典3）

【1054】祇

[13]祇園寺　ぎおんじ
祇園寺きく　ぎおんじ・きく　教育者（日人）
祇園寺信彦　ぎおんじ・のぶひこ　東北大学名誉教授（日典3）

【1055】祝

祝　いおう；いわい；しゅく；ほうり
祝辰巳　いおう・たつみ　官僚（日人）
祝算之介　いわい・さんのすけ　詩人（現詩）
祝穆　しゅく・ぼく「和刻古今事文類聚」ゆまに書房（JM）
祝宮静　ほうり・みやしず　歴史学者（神史）

[5]祝田　いわいだ；いわた
祝田謙一　いわいだ・けんいち「ダイカスティング」日刊工業新聞社（日典3）
祝田元雄　いわいだ・もとお「この家売りやがってみい化けて出たる」交友プランニングセンター（日典3）
祝田秀全　いわた・しゅうぜん　代々木ゼミナール講師（日典3）

[8]祝迫　いわいさこ；いわいざこ
祝迫得夫　いわいさこ・とくお　筑波大学社会工学系講師（日典）
祝迫敏之　いわいさこ・としゆき　旭化成工業樹脂ゴム加工技術センター長（日典3）
祝迫加津子　いわいざこ・かつこ　鹿児島県議（日典）

示部（神）

⁹祝前　いわいさき
　祝前善治　いわいさき・ぜんじ「折々の記―或る教師の軌跡」祝前善治（JM）
　祝前弥一郎　いわいさき・やいちろう　獣医（日典3）

¹⁰祝原　いわいはら
　祝原進一　いわいはら・しんいち「ベクトル解析入門」日労研（日典3）
　祝原弥衛　いわいはら・みちえ　筑豊博物研究会会長（人情）

¹¹祝部　ほうり；ほおり
　祝部至善　ほうり・しぜん　日本画家（福岡百）
　祝部大輔　ほうり・だいすけ「医学統計のためのGraphPad Prismハンドブック」日本評論社（日典3）
　祝部至善　ほおり・しぜん　弓道家、弓道範士、書道・華道師範（弓道）

¹⁷祝嶺　しゅくみね；しゅくれい
　祝嶺制献　しゅくみね・せいけん　日本空手武道協会最高師範（国典）
　祝嶺正献　しゅくみね・せいけん　武道家（日典3）
　祝嶺和子　しゅくれい・かずこ　ひめゆり部隊（人情）

【1056】神

神　かみ；こう；しん；じん
　神重徳　かみ・しげのり　軍人（日人）
　神喜久男　こう・きくお　神職（大分歴）
　神次郎　しん・じろう「少年周恩来物語」曙出版（書籍）
　神如道　じん・にょどう　尺八奏者（日人）

²神力　しんりき；じんりき
　神力要　しんりき・かなめ　小説家（日典）
　神力達夫　しんりき・たつお「活かそう生ごみ」日報出版（日典3）
　神力英子　じんりき・えいこ　日本の家族出版社代表（日典）
　神力甚一郎　じんりき・じんいちろう「現代教育学」協同出版（日典3）

³神子　かみこ
　神子明　かみこ・あきら　日本新体操クラブ連盟副会長、日本体操協会常務理事、鎌倉女子大学講師（日典3）
　神子清　かみこ・きよし　翻訳家（日典3）
　神子寿津代　かみこ・すずよ「風青く」短歌新聞社（日典3）
　神子清光　かみこ・せいこう「蜜色の檻」双葉社（日典3）
　神子高人　かみこ・たかひと「全逓労働運動史」田畑書店（日典3）

神子上　みこがみ
　神子上恵群　みこがみ・えぐん　龍谷大学学長（日典3）
　神子上恵生　みこがみ・えしょう　仏教学者（現執2期）
　神子上恵龍　みこがみ・えりゅう　僧侶（真宗）

　神子上憲了　みこがみ・けんりょう「領解文説教」永田文昌堂（日典3）

神子島　かごしま；かみこじま
　神子島整　かごしま・ひとし「シムシティー都市計画委員会ハンドブック」ビジネスアスキー（日典3）
　神子島みか　かごしま・みか　レーシングドライバー、モデル（日典3）
　神子島正雄　かみこじま・まさお　北辰印刷専務（国典）

神子高　みこたか
　神子高鉄雄　みこたか・てつお　大福院住職（日典3）

神山　かみやま；こうやま；ごうやま
　神山茂夫　かみやま・しげお　社会運動家、政治家（コン4）
　神山郡廉　こうやま・くにきよ　土佐藩士、官僚、政治家（コン4）
　神山茂　ごうやま・しげる「生活雑記五十年」（JM）

神川　かみかわ；しんかわ
　神川彦松　かみかわ・ひこまつ　国際政治学者（コン4）
　神川松子　かみかわ・まつこ　社会運動家（日人）
　神川美佳　しんかわ・みか「白炎」（JM）

⁴神中　かみなか；じんなか
　神中糸子　かみなか・いとこ　洋画家（近女）
　神中香　かみなか・かおる「晩学の私が歩いた道」神中実（日典3）
　神中糸子　じんなか・いとこ　洋画家（日人）
　神中正一　じんなか・せいいち　医学者（日人）

神元　かみもと；かんもと
　神元五郎　かみもと・ごろう　京大名誉教授、愛知工大教授（日典3）
　神元隆賢　かんもと・たかよし　三重中京大学現代法経学部准教授（日典3）
　神元久子　かんもと・ひさこ　ダンス教師（日典3）

神内　かみうち；こうち；じんない
　神内亮　かみうち・あきら　東部スチール社長（日典）
　神内曙光　こうち・しょこう「花と発想」学習研究社（日典3）
　神内仙甫　じんない・せんぽ　華道家（香川人）

神戸　かんど；かんべ；かんべの；ごうど；こうべ；じんと
　神戸泰興　かんど・やすおき「浜岡原発の危険住民の訴え」実践社（日典3）
　神戸正雄　かんべ・まさお　財政学者、政治家（コン4）
　神戸長吉　かんべの・ながきち　侠客（コン4）
　神戸八郎　ごうど・はちろう　組合製糸家（姓氏長野）
　神戸修　こうべ・おさむ　僧侶（日典3）
　神戸真知子　じんと・まちこ　ファッションデザイナー（日典）

姓名よみかた辞典 姓の部　563

神月　かみずき；こうずき
　神月明菜　かみずき・あきな　「誠の道中島登」新人物往来社(日典3)
　神月隆一　かみずき・りゅういち　「最近の中・高圧水力発電所」関西電力建設部(日典3)
　神月春光　こうずき・はるみつ　ジャズ・ピアニスト,指揮者(新芸)
　神月摩由璃　こうずき・まゆり　小説家(幻想)

神木　かみき；かんき；こうぎ；さかき
　神木隆之介　かみき・りゅうのすけ　俳優(日映男)
　神木鴎津　かんき・おうしん　日本画家(美家)
　神木美絵　こうぎ・みえ　「現代詩歌精選山吹色」美研インターナショナル,星雲社(発売)(日典3)
　神木正裕　さかき・まさひろ　生活と法律研究所所長(日典)

神水　かみみず；くわみず
　神水涼　かみみず・りょう　小説家(日典3)
　神水理一郎　くわみず・りいちろう　「清冽の炎」花伝社,共栄書房(発売)(日典3)

⁵神代　かしろ；かじろ；かみしろ；かみよ；くましろ；こうしろ；こうじろ；こおじろ；じんだい
　神代武男　かしろ・たけお　下野新聞取締役・労務・総務・経理・経営企画担当・経営企画室長・資材担当事務取扱
　神代博　かじろ・ひろし　「土方一代奮戦記」マイブックチェーン21(日典3)
　神代創　かみしろ・そう　小説家(幻想)
　神代錦　かみよ・にしき　女優(新芸)
　神代辰巳　くましろ・たつみ　映画監督,シナリオライター(日人)
　神代和欣　こうしろ・かずよし　労働経済学者(世紀)
　神代雄一郎　こうじろ・ゆういちろう　建築史家,建築評論家(日人)
　神代種亮　こおじろ・たねすけ　書誌研究家(島根人)
　神代武彦　じんだい・たけひこ　「オフィスビルのゴミ処理」(国典)

神出　かみで；じんで
　神出加代子　かみで・かよこ　高山女性史学習会代表(日典3)
　神出徳明　かみで・とくめい　新聞記者(国典)
　神出兼嘉　じんで・かねよし　仙台高検検事長(日典3)
　神出政巳　じんで・まさみ　政治家(現政)

神古　かんこ
　神古百市　かんこ・ひゃくいち　「国際報道自由運動の沿革と現状」(国典)

神本　かみもと；かもと；かんもと
　神本美恵子　かみもと・みえこ　政治家(現政)
　神本利男　かもと・としお　特務機関員(履歴)
　神本正律　かんもと・まさのり　「周南地方史話」郷土新報社(日典3)

神末　こうずえ
　神末佳明　こうずえ・よしあき　日本衛星放送理事(日典)

神生　かみお；しんせい
　神生彩史　かみお・さいし　俳人(兵庫文)
　神生昭夫　しんせい・あきお　駒どりの家運営委員(日典)

神田　かみだ；かんだ；こうだ；じんだ；じんでん
　神田市太郎　かみだ・いちたろう　教員(姓氏沖縄)
　神田孝平　かんだ・たかひら　洋学者(コン4)
　神田兵右衛門　こうだ・ひょうえもん　兵庫の豪商神田家の養子(日人)
　神田加津代　じんだ・かずよ　奈良県議(自民党,高市郡・橿原市)(日典3)
　神田義和　じんでん・よしかず　大阪中央青果取締役(日典)

神白　かじろ；こうじろ
　神白高子　かじろ・たかこ　バレーボール選手(日典3)
　神白鳳満天　かじろ・ほうまんてん　「楓の実独楽」神白常信(日典3)
　神白朝広　こうじろ・ともひろ　神職,歌人(島根人)

神立　かみたて；かんだち；かんだつ；こうだち
　神立学　かみたて・まなぶ　「真心」明窓出版(日典3)
　神立景子　かんだち・けいこ　医療健康ジャーナリスト(日典)
　神立誠　かんだつ・まこと　栄養化学者(日人)
　神立尚紀　こうだち・なおき　報道写真家(日典)

神辺　かんなべ；かんべ；こうのべ；じんべ
　神辺隆之助　かんなべ・たかのすけ　元・香川県公安委員長(日典)
　神辺茂信　かんべ・しげのぶ　医師(群馬人)
　神辺四郎　こうのべ・しろう　ランダムプレス主宰(日典)
　神辺純　じんべ・じゅん　「傷つけられても」白泉社(日典3)

⁶神先　かみさき；かんざき
　神先秀雄　かみさき・ひでお　元・関西大学教授(日典)
　神先御那子　かみさき・みなこ　「静寂の世界」美研インターナショナル(日典3)
　神先惣右衛門　かんざき・そうえもん　政治家(姓氏京都)
　神先福三郎　かんざき・ふくさぶろう　今福町衛生組合評議員(社史)

神吉　かみよし；かんき
　神吉寿平〔3代〕　かみよし・じゅへい　鐔工(日人)
　神吉猛　かみよし・たけし　写真家(写人)
　神吉敬三　かんき・けいぞう　美術評論家(日人)
　神吉晴夫　かんき・はるお　出版人(コン4)

示部(神) 〔1056〕

神名　かんな
　神名勉聡　かんな・べんそう　横浜・私立浅野学園長(人情)
神寺　かみでら；しんでら
　神寺千寿　かみでら・ちず「微熱なつまさき」久保店(日典3)
　神寺人言　しんでら・じんげん　厚生省人口問題研究所長(日典3)
神成　かみなり；かんなり；しんじょう
　神成澪　かみなり・みお「おかあさんだいすき」エンゼル社(日典3)
　神成文吉　かんなり・ぶんきち　軍人(日人)
　神成淳司　しんじょう・あつし　慶応義塾大学環境情報学部准教授(日典3)
神江　かみえ；こうえ；こうのえ
　神江京　かみえ・みやこ　小説家(幻想)
　神江里見　こうえ・さとみ　漫画家(漫人)
　神江恒雄　こうのえ・つねお　柔道家(日人)
神西　じんさい；じんざい
　神西敦子　じんさい・あつこ　ピアニスト(音人)
　神西敦子　じんざい・あつこ　ピアニスト(演奏)
　神西清　じんざい・きよし　小説家,評論家(コン4)
[7]神作　かみさく；かんさく
　神作叡司　かみさく・えいじ　日本テキサス・インスツルメンツ代表取締役(日典)
　神作慎三　かみさく・しんぞう　労働運動家,政治家(埼玉人)
　神作研一　かんさく・けんいち「歌論歌学集成」三弥井書店(日典3)
　神作光一　かんさく・こういち　国文学者,歌人(現執4期)
神余　かなまる；しんよ；じんよ
　神余崇子　かなまる・たかこ「経済原論」北樹出版(日典3)
　神余隆博　しんよ・たかひろ　外務省欧州局審議官(日典)
　神余正義　じんよ・まさよし　大阪地方裁判所判事補(国典)
神初　こうぞめ；じんぱち
　神初穣　こうぞめ・じょう「25のコンベンション」日本コントラクトブリッジ連盟(日典3)
　神初東望夫　じんぱち・ともお「千里悲願の道を偲びまつりて」まぐまぐ出版事務局(日典3)
神吾　しんご
　神吾光治　しんご・みつはる　蚕種業手伝(社史)
神坂　かみさか；かんざか；こうさか
　神坂雪佳　かみさか・せっか　日本画家(日人)
　神坂一　かんざか・はじめ　小説家(兵庫人)
　神坂次郎　こうさか・じろう　小説家(日人)
神尾　かみお；かんお；かんのお
　神尾光臣　かみお・みつおみ　陸軍軍人(コン)
　神尾徹雄　かみお・てつお　政治家(現政)
　神尾昭　かんのお・あきら　元・運輸省船舶技術研究所材料加工部長(日典)

神村　かみむら；こうむら；じんむら
　神村吉郎　かみむら・きちろう　民権運動家(社史)
　神村俊一　こうむら・としかず　労使関係法学者,労働管理学者(現執4期)
　神村信幸　じんむら・のぶゆき「牛突き覚書帖」隠岐絵の島花の島振興協議会(日典3)
神沢　かみさわ；かみざわ；かんざわ；こうざわ
　神沢栄三　かみさわ・えいぞう　フランス文学者(富山文)
　神沢和夫　かみざわ・かずお　舞踊家(新芸)
　神沢利三　かんざわ・としぞう　児童文学作家(日人)
　神沢昭三　こうざわ・しょうぞう　元・資生堂会長(日典)
神社　かみやしろ；かんじゃ
　神社考輝　かみやしろ・こうき「三筋の糸」八重岳書房(日典3)
　神社福恵　かんじゃ・ふくえ　俳句(日典)
　神社昌弘　かんじゃ・まさひろ「ひとりぼっちからの卒業。」ミラクルマインド出版,サンクチュアリ出版(発売)(日典3)
神良　こうら
　神良克巳　こうら・かつみ　日本経済新聞監査役(日典)
　神良聡夫　こうら・としお　作曲家(作曲)
神谷　かみたに；かみや；かんたに；こうや；こんたに；みたに
　神谷佳子　かみたに・よしこ　歌人(京都文)
　神谷美恵子　かみや・みえこ　精神医学者(日人)
　神谷隆之　かんたに・たかゆき「在宅ワーク解体新書」日本労働研究機構(日典3)
　神谷国善　こうや・くによし　音楽センター事務局長(日典3)
　神谷不二子　こんたに・ふじこ　舞踊家(日典)
　神谷克巳　みたに・かつみ　大蔵官僚(現執1期)
神足　こうたり
　神足明夫　こうたり・あきお　多木化学専務(日典3)
　神足勝彦　こうたり・かつひこ「最新「純資産の部」の会計・税務」ぎょうせい(日典3)
　神足勝浩　こうたり・かつひろ　国際協力事業団参与(日典)
　神足史人　こうたり・ふみと「Excelで操る！ここまでできる科学技術計算」丸善(日典3)
　神足裕司　こうたり・ゆうじ　編集者,実業家(現執4期)
神里　かみさと；かみざと
　神里彩子　かみさと・あやこ「生殖補助医療」信山社(日典3)
　神里公　かみさと・いさお　環境経済学者(現執2期)
　神里多盛　かみさと・たせい　教育者(姓氏沖縄)
　神里常松　かみざと・つねまつ　沖縄青年同盟メンバー(社史)

姓名よみかた辞典 姓の部　565

神阪　かみさか；こうさか
　神阪松濤　かみさか・しょうとう　日本画家（日人）
　神阪雪佳　かみさか・せっか　日本画家（日画）
　神阪昴哉　こうさか・たかや　近畿銀行相談役（日典3）
　神阪敏行　こうさか・としゆき「ガンは抗ガン剤療法で治るのか」菜根出版（日典3）

[8]神取　かんとり
　神取重男　かみとり・しげお「おりおりの思い―通信「つぶやき」より 随想集」（JM）
　神取恭子　かんどり・きょうこ　アナウンサー（テレ）
　神取忍　かんどり・しのぶ　女子プロレスラー（テレ）

神和住　かみわずみ
　神和住純　かみわずみ・じゅん　テニス選手・解説者（日人）
　神和住正　かみわずみ・ただし「軟式庭球」（国典）

神奈　かな；かんな
　神奈アズミ　かな・あずみ「黄金のシークと囚われの花嫁」宙出版（日典3）
　神奈幸子　かな・さちこ　漫画家（世紀）
　神奈桃村　かんな・とうそん　歌人（山梨百）
　神奈延年　かんな・のぶとし　声優（テレ）

神奈木　かんなぎ
　神奈木智　かんなぎ・さとる　小説家（幻想）
　神奈木玲児　かんなぎ・れいじ　愛知県がんセンター研究所病理学第2部長（日典3）

神季　かみき
　神季佑多　かみき・ゆた　児童文学作家（幻想）

神定　かみさだ；かんじょう
　神定守　かみさだ・まもる「ムリをしないで親の認知症とつきあう方法」WAVE出版（日典3）
　神定信夫　かんじょう・のぶお　自民党全国事務局長会会長,自民党千葉県連事務局長（日典3）

神宝　しんぽう
　神宝謙一　しんぽう・けんいち　岡山県議（自民党,瀬戸内市）（日典3）
　神宝太郎　しんぽう・たろう　国際リアルエステート監査役（日典3）
　神宝丁梧　しんぽう・ていご「楡の瘤」神宝定吾（日典3）
　神宝秀夫　しんぽう・ひでお　西洋史学者（現執4期）

神居　かみい；かむい
　神居俊哉　かみい・としや「MVS JCL逆引きリファレンス」アルテシード（日典3）
　神居琳応　かみい・りんのう　浄土宗僧侶（日人）
　神居祈　かむい・いのる「断絶の人」（国典）
　神居卓　かみい・たかし　著述家（日典3）

神明　しんみょう；しんめい
　神明セツ子　しんみょう・せつこ　俳人（北海道文）
　神明竜二　しんみょう・りゅうじ「再臨のメシヤ」光言社（日典3）
　神明政三　しんめい・まさそう　元・広島市議（日典）

神松　かんまつ；こうまつ
　神松一三　かんまつ・いちぞう「「日本テレビ放送網構想」と正力松太郎」三重大学出版会（日典3）
　神松幸弘　こうまつ・ゆきひろ「安定同位体というメガネ」昭和堂（日典3）

神林　かみばやし；かんばやし
　神林京子　かみばやし・きょうこ「漢字の大常識」ポプラ社（日典3）
　神林茂　かみばやし・しげる　東京都議（自民党,大田区）（日典3）
　神林浩　かみばやし・ひろし　軍人（日人）
　神林隆浄　かみばやし・りゅうじょう　真言宗豊山派僧侶,仏教学者（日人）

神武　かみたけ；こうたけ
　神武崇裕　かみたけ・たかひろ　大学野球選手（日典3）
　神武庸四郎　かみたけ・ようしろう「経済史入門」有斐閣（日典3）
　神武裕　こうたけ・ひろし「IVRのキーワード175」メジカルビュー社（日典3）

神河　かみかわ；かんがわ
　神河庚蔵　かみかわ・こうぞう「阿波国最近文明史料」臨川書店（日典3）
　神河庚蔵　かんがわ・こうぞう　医師（徳島歴）

神沼　かぬま；かみぬま
　神沼公三郎　かぬま・きんざぶろう「北海道北部の地域社会」筑波書房（日典3）
　神沼克伊　かみぬま・かつただ　地球物理学者（世紀）
　神沼二真　かみぬま・つぐちか　工学者（現執3期）

神波　かなみ；かんなみ；こうなみ
　神波即山　かなみ・そくざん　官吏,詩人（和俳）
　神波即山　かんなみ・そくざん　官吏,詩人（日人）
　神波史男　こうなみ・ふみお　脚本家（映人）

神長　かみなが
　神長一郎　かみなが・いちろう　弓道家,弓道教士（弓道）
　神長裕子　かみなが・ひろこ　俳人（滋賀文）
　神長拡　かみなが・ひろし　酒伊繊維工業専務（人情）
　神長誠　かみなが・まこと　弓道家,水戸正気館弓術部教授（弓道）
　神長瞭月　かみなが・りょうげつ　演歌師（新芸）

神門　かみかど；かんど；かんもん；こうど；ごうど
　神門武士　かみかど・たけし「放課後2」パラダイム（日典3）
　神門蔚　かんど・しげる「学級を生かす社会科の授業」教育出版（日典3）
　神門兼之　かんもん・けんし　フリーライター（日典3）
　神門酔生　こうど・すいせい　哲学者（日典3）
　神門猪之助　ごうど・いのすけ　斐川の篤農家（島根歴）

示部(神) [1056]

⁹神保　しんぽ；しんほ；じんぼ；じんぽ；じんぼう

神保康夫　しんぽ・やすお「SEのためのDOA再入門講座」ソフト・リサーチ・センター(日典3)
神保長致　しんぽ・ながむね　数学者(数学)
神保光太郎　じんぽ・こうたろう　詩人、ドイツ文学者(コン4)
神保金衛　じんぽ・きんえ　技師(姓氏群馬)
神保格　じんぽう・かく　言語学者、音声学者(コン4)

神前　かみさき；かみまえ；かんざき；こうさき；こうざき；こうぜん

神前研三郎　かみさき・けんざぶろう「プラスチックの印刷技術編」綜合化学研究所　丸善(発売)(日典3)
神前博　かみまえ・ひろし　日本農産工業KK(国典)
神前純一　かんざき・じゅんいち「Susy 2004」High Energy Accelerator Research Organization(日典3)
神前武和　こうさき・たけかず　医師(近医)
神前美津男　こうざき・みつお　放送事業家(現情)
神前遼家　こうぜん・りょうし「夕笛」驪馬出版(JM)

神品　こうしな；こうじな

神品宗吉　こうしな・そうきち　(株)富士ビジネスセンター社長、神品会計事務所長(日典3)
神品芳夫　こうしな・よしお　ドイツ文学者(日人)
神品文彦　こうじな・ふみひこ　政治家(現政)
神品光弘　こうじな・みつひろ　帝京平成大学経営情報学科教授(日典)

神垣　かみがき

神垣あゆみ　かみがき・あゆみ「「メール」上達BOOK」総合法令出版(日典3)
神垣清水　かみがき・せいすい　公正取引委員会委員(日典3)
神垣唯雄　かみがき・ただお　企業家(群馬人)
神垣秀六　かみがき・ひでろく　弁護士(人情)
神垣満　かみがき・みつる　職工(社史)

神城　かみしろ；しんじょう

神城和也　かみしろ・かずや「地球が飢える日」JICC出版局(日典3)
神城真　しんじょう・まこと「むくちなウサギ」ハイランド(日典3)

神屋　かみや；こうや

神屋新兵衛　かみや・しんべえ　公益家(姓氏愛知)
神屋端　かみや・ただし　弓道家、弓道範士(弓道)
神屋瑩子　こうや・えいこ「文は手紙に始まる」ふだん記春日部グループ(日典3)
神屋正道　こうや・まさみち　編集者(日典3)

神津　かみず；かみつ；こうず

神津慶次朗　かみず・けいじろう「鬼に捧げる夜想曲」東京創元社(日典3)
神津貞吉　かみつ・ていきち　小学校教員(社史)

神津邦太郎　こうず・くにたろう　酪農家(日人)

神風　かみかぜ；じんぷう

神風杏子　かみかぜ・きょうこ　キックボクサー(日典3)
神風正一　かみかぜ・しょういち　相撲解説者、力士(関脇)(日人)
神風英男　じんぷう・ひでお　政治家(現政)

¹⁰神原　かみはら；かんはら；かんばら；こうはら

神原秀三郎　かみはら・ひでざぶろう　政治家(姓氏岩手)
神原末一　かんはら・すえいち「憂国の雄叫び」国際流通新聞社(日典3)
神原泰　かんばら・たい　詩人、画家(日人)
神原伸一　こうはら・しんいち「備前焼の作り方」吉備人出版(日典)

神宮　かみのみや；かみや；かんのみや；しんぐう；じんぐう

神宮伶香　かみのみや・れいか　占星術研究家、命名家(日典3)
神宮滋　かみや・しげる「戊辰戦争出羽戦線記」無明舎出版(日典3)
神宮清　かんのみや・さやか　文筆業(日典3)
神宮林吾　しんぐう・りんご　医師(大分歴)
神宮輝夫　じんぐう・てるお　児童文学者(日人)

神宮司　しんぐうじ；じんぐうし；じんぐうじ

神宮司知道　しんぐうじ・ともみち　リード機械社長(日典3)
神宮司サチ子　じんぐうし・さちこ　日本手芸作家連合会長、大妻女子大学寮監長(日典3)
神宮司治　じんぐうじ・おさむ　ミュージシャン(テレ)

神宮寺　しんぐうじ；じんぐうじ

神宮寺美琴　しんぐうじ・みこと「開運暦の事典」東京堂出版(日典3)
神宮寺元　じんぐうじ・はじめ　歴史小説家(幻想)
神宮寺淑子　じんぐうじ・よしこ　メゾソプラノ歌手(音人3)

神島　かみしま；かみじま；こうしま

神島二郎　かみしま・じろう　政治学者(日人)
神島倉吉　かみじま・そうきち「芯の赤い人参」(国典)
神島博昭　こうしま・ひろあき　ローカス社長(日典)

神庭　かにわ；かみにわ；かむにわ；かんば

神庭仁　かにわ・じん　小説家(幻想)
神庭清　かみにわ・きよし　小説家(日典3)
神庭遊　かむにわ・ゆう　NHK報道局チーフプロデューサー(日典)
神庭重信　かんば・しげのぶ　精神科医(現執4期)

神納　かんの；しんの；しんのう；じんのう

神納光一郎　かんの・こういちろう「エマージェンシー・ディクショナリー」メディカ出版(日典)
神納照子　しんの・てるこ　翻訳家(日典)

神納金之助　しんのう・きんのすけ「すぐわかる簿記」海南書房(日典3)
神納照美　じんのう・てるみ　トロンボーン奏者(新芸)

神翁　かみお；かみおう
　神翁正　かみお・ただし「家庭医学入門」(国典)
　神翁金松　かみおう・かねまつ　歯科医(先駆)

神通　じんずう；じんつう
　神通明美　じんずう・あけみ　小説家(富山文)
　神通セキ子　じんずう・せきこ　名教育家(姓氏富山)
　神通梅子　じんつう・うめこ「江戸風懐石」主婦の友社(日典3)

神郡　かみごおり；かんごおり
　神郡愛竹　かみごおり・あいちく　書家(日典3)
　神郡晩秋　かみごおり・ばんしゅう　書家,歌人(日典3)
　神郡周　かんごおり・あまね「信長記」現代思潮社(日典3)
　神郡悦子　かんごおり・えつこ　筑波大学現代語現代文化学系講師(日典)

神馬　こうま；しんば；じんば；じんま；しんめ
　神馬弾正左衛門　こうま・だんじょうざえもん　秀吉麾下=中世(戦国)
　神馬聡樹　しんば・やき「発情オンナノコ」ワニマガジン社(日典3)
　神馬亥佐雄　じんば・いさお　映画監督(映人)
　神馬喜助　じんま・きすけ　元日本勧業銀行常任監査役
　神馬駿逸　しんめ・しゅんいつ　会計学者(現執2期)

[11]神亀　じんき
　神亀俊一　じんき・しゅんいち　北国新聞大阪支社長(日典)

神堂　しんどう；みどう
　神堂あらし　しんどう・あらし「リーダーズハイ！」フレックスコミックス,ソフトバンククリエイティブ(発売)(日典3)
　神堂潤　しんどう・じゅん「レッドアイズ」講談社(日典3)
　神堂効　みどう・がい「禁断の病棟」パラダイム(日典3)

神埜　かの；こうの；しんの
　神埜羽石　かん・うじゃく　俳人(日典3)
　神埜催　こうの・せい　政治家(姓氏富山)
　神埜明美　しんの・あけみ「デカワンコ」集英社(日典3)

神崎　かんざき；こうさき；こうざき
　神崎清　かんざき・きよし　社会評論家,ジャーナリスト(日人)
　神崎彩　こうさき・あや　小説家(日典3)
　神崎倫一　こうざき・りんいち　経済評論家(現執4期)

神郷　かんざと；しんごう
　神郷智也　かんざと・ともや「枯れゆく孤島の殺意」講談社(日典3)

神郷皓一　しんごう・こういち「黙示録の真世紀」たま出版(日典3)

神部　かんべ；じんぶ；じんべ
　神部満之助　かんべ・まんのすけ　実業家(日人)
　神部浩　じんぶ・ひろし　神奈川県国際課民際協力班(日典)
　神部八百　じんべ・やお　作家(日典3)

神野　かみの；かんの；こうの；しんの；じんの
　神野金之助　かみの・きんのすけ　実業家(コン4)
　神野民夫　かんの・たみお　写真家(写人)
　神野紗希　こうの・さき　俳人(日典3)
　神野美伽　しんの・みか　歌手(テレ)
　神野明　じんの・あきら　ピアニスト(新芸)

神野志　こうのし
　神野志季三江　こうのし・きみえ　翻訳家(日典3)
　神野志隆光　こうのし・たかみつ　上代文学者(現執4期)

神野藤　かんのとう
　神野藤昭夫　かんのとう・あきお　国文学者(現執4期)

神鳥　かみとり；かんとり；かんどり
　神鳥奈穂子　かみとり・なほこ　翻訳家(日典)
　神鳥統夫　かんとり・のぶお　翻訳家(児作)
　神鳥統夫　かんどり・のぶお　翻訳家(現執4期)

[12]神塚　かずか；かみつか
　神塚時生　かずか・ときお　漫画家(日典)
　神塚明弘　かみつか・あきひろ　朝日新聞専務・大阪本社代表(日典)
　神塚淑子　かみつか・よしこ　名古屋大学情報文化学部教授(日典)

神森　かなもり；かみもり；かんもり；こうのもり
　神森太郎　かなもり・たろう　政治家(徳島歴)
　神森茂　かみもり・しげる　ジャズマン(ジャ)
　神森夜潮　かんもり・やちょう「山影」神森芳雄(日典3)
　神森出雲　こうのもり・いずも　長宗我部氏家臣=中世(戦西)

神渡　かみわたり
　神渡信兵　かみわたり・しんぺい「拝啓佐久間恭子写真集」三和出版(日典3)
　神渡信平　かみわたり・しんぺい「小暮千絵写真集」ピラミッド社(日典3)
　神渡巧　かみわたり・たくみ　大口酒造研究室長(日典3)
　神渡良平　かみわたり・りょうへい　作家,評論家(現執4期)

神無月　かみなずき；かんなずき
　神無月ゆうと　かみなずき・ゆうと「Ground」女性モード社(日典3)
　神無月京　かんなずき・きょう「マンハッタン2027」Kaguya事務局(日典3)
　神無月ふみ　かんなずき・ふみ　小説家(幻想)

示部（祖） 〔1057〕

神達　かんだち；かんだつ
　神達八郎　かんだち・はちろう　日本共産党特別資金局神田区各学校責任者（社史）
　神達岳志　かんだつ・たけし　茨城県議（自民党、常総市）（日典3）
神道　しんどう；じんどう
　神道寛次　しんどう・かんじ　弁護士, 社会運動家（平和）
　神道実次　しんどう・さねつぐ　労農弁護士団メンバー（社史）
　神道寛次　じんどう・かんじ　弁護士, 社会運動家（日人）
神間　じんま
　神間清展　じんま・きよのぶ　システム・エンジニア（日典3）
　神間健寿　じんま・けんじゅ　社会運動家（社史）
13神園　かみその；かみぞの
　神園幸太　かみその・こうた「みちくさ」神薗幸太（日典3）
　神園征　かみその・ただし　政治家（現政）
　神園幸郎　かみぞの・さちろう　琉球大学教育学部助教授（日典3）
　神園さやか　かみその・さやか　歌手（テレ）
神楽　かぐら；からき
　神楽紅葉　かぐら・こうよう「怪盗王女（プリンセス）アルテミスリコ」久保書店（日典3）
　神楽陽子　かぐら・ようこ　小説家（幻想）
　神楽子治　からき・しげはる「新聞の"誤報"と読者」三一書房（書籍）
神農　かんのう；こうのう；じんのう；しんのう
　神農真理　かんの・まり「Windows XP評価導入ガイド」翔泳社（日典3）
　神農悠聖　こうのう・まさみ「演習JWCAD for Windows」学芸出版社（日典3）
　神農雅嗣　じんのう・まさつぐ　デ・リード&セレホールディングス社長（日典3）
　神農巌　しのう・いわお　陶芸家（陶工）
14神徳　こうとく；しんとく；じんとく
　神徳昭甫　こうとく・しょうすけ「黒船とニッポン開国」富山大学出版会, 梧桐書院（発売）（日典）
　神徳凱一　しんとく・がいいち「能登より」中山善次（日典）
　神徳幸子　じんとく・さちこ「露きらめく」本阿弥書店（日典3）
15神敷　こうじき
　神敷司郎　こうじき・しろう「薬理の常識」（国典）
神蔵　かみくら；かんぞう
　神蔵器　かみくら・うつわ　俳人, 宝飾師（俳文）
　神蔵美子　かみくら・よしこ　写真家（写人）
　神蔵正　かんぞう・ただし「応用代数学入門」冨山房インターナショナル（日典3）
　神蔵信雄　かんぞう・のぶお「実用工業材料便覧」（国典）
16神橋　かんばし
　神橋一彦　かんばし・かずひこ「行政訴訟と権利論」信山社出版（日典3）

神橋健一　かんばし・けんいち「畜産と玉蜀黍」（国典）
神頭　かんとう；こうず
　神頭士郎　かんとう・しろう　ボードセーリング選手（日典3）
　神頭勝弥　こうず・かつや　軍人（長野歴）
　神頭広好　こうず・ひろよし　愛知大学経営学部教授（日典）
18神藤　かんどう；しんとう；しんどう；じんどう
　神藤才一　かんどう・さいいち　政治家（神奈川人）
　神藤雅子　しんとう・まさこ「ハーブ・セラピー」春秋社（日典3）
　神藤利八　しんどう・りはち　自由民権運動家（日人）
　神藤庄太郎　じんどう・しょうたろう　社会事業家（多摩）
神鞭　こうむち
　神鞭常孝　こうむち・つねたか　官僚（日人）
　神鞭知常　こうむち・ともつね　官僚（コン）
　神鞭呑洲　こうむち・どんしゅう「伝家の重宝開運三世相大集成」国民教育普及会（日典3）
19神瀬　かみせ；かみのせ；こうのせ
　神瀬知巳　かみせ・ともみ「新しい母「三十四歳」」フランス書院（日典3）
　神瀬鹿三　かみのせ・しかぞう　肥後人吉藩士（日人）
　神瀬鹿三　こうのせ・しかぞう　肥後人吉藩士（幕末）

【1057】祖

4祖父江　そふえ；そぶえ
　祖父江昭二　そふえ・しょうじ　評論家（世紀）
　祖父江孝男　そふえ・たかお　文化人類学者（世紀）
　祖父江省念　そぶえ・しょうねん　浄土真宗僧侶（日人）
　祖父江寛　そぶえ・ひろし　高分子化学者（日人）
12祖堅　そけん
　祖堅方政　そけん・ほうせい　東陽バス会長（日典3）
　祖堅方正　そけん・ほうせい　トランペット奏者（音人）
15祖慶　そけい
　祖慶実順　そけい・じつじゅん　城西消費購買組合組合員（社史）
　祖慶剛　そけい・つよし　三線奏者（新芸）
　祖慶寿子　そけい・ひさこ「アジアの視点で英語を考える」朝日出版社（日典3）
　祖慶実　そけい・みのる　セントジョンアンビュランスジャパン協会常任理事（日典3）

【1058】 袮

⁹袮津 ねず；ねつ
袮津孔二　ねず・こうじ　日本電気(株)ソフトウェア生産技術研究所所長(日典)
袮津弘美　ねず・ひろみ　ビジョントレーナー，レイキマスターティーチャー，ビジョンカウンセラー(日典3)
袮津加奈子　ねつ・かなこ　ジャーナリスト(現執4期)
袮津宗伸　ねつ・むねのぶ「中世地域社会と仏教文化」法蔵館(日典3)

【1059】 祐

³祐下 すけした
祐下郁男　すけした・いくお　串木野女子高校剣道部監督(日典)

祐川 すけかわ；すけがわ；ゆかわ
祐川清人　すけかわ・きよひと「祐川の苗字について」創英社(日典3)
祐川金次郎　すけがわ・きんじろう「乳業機械の自動制御」(国典)
祐川京子　ゆかわ・きょうこ「ほめ言葉ハンドブック」PHP研究所(日典3)

⁵祐田 すけた；すけだ；ゆうだ
祐田泰延　すけた・やすのぶ「環境・公衆衛生からみた衛生薬学」南江堂(日典3)
祐田信雄　すけだ・のぶお　音楽教育(日典)
祐田善雄　ゆうだ・よしお　日本文学者，演劇研究家(日人)

⁶祐安 すけやす
祐安重夫　すけやす・しげお　プログラマー，実業家(現執3期)
祐安夏恵　すけやす・なつえ「「きもの」なんて簡単！」三五館(日典3)

祐成 すけなり
祐成智美　すけなり・さとみ「おはなしいっぱい」リーブル(日典3)
祐成二葉　すけなり・ふたば　フードコーディネーター，料理研究家(現執4期)
祐成政徳　すけなり・まさのり　彫刻家(日典3)
祐成保志　すけなり・やすし「青木村の地域づくりと住民意識」信州大学人文学部社会・情報学講座(日典3)
祐成陽子　すけなり・ようこ　フードコーディネーター，料理研究家(日典3)

⁸祐宗 すけむね
祐宗省三　すけむね・せいそう　心理学者(心理)

⁹祐乗坊 ゆうじょうぼう
祐乗坊英昭　ゆうじょうぼう・ひであき　元「太陽」編集長(人情)
祐乗坊宣明　ゆうじょうぼう・ひであき　アートディレクター(日典3)
祐乗坊美子　ゆうじょうぼう・よしこ「山茶花」本阿弥書店(日典3)

祐保 すけやす
祐保美恵子　すけやす・みえこ　写真家(人情)

¹²祐森 すけもり；ゆうもり
祐森誠司　すけもり・せいじ「動物飼養学」養賢堂(日典3)
祐森長右衛門　すけもり・ちょうえもん　社会事業家(姓氏京都)
祐森弘子　ゆうもり・ひろこ「ありがとうボクはしあわせ」編集工房ノア(日典3)

¹³祐源 ゆうげん
祐源トキ　ゆうげん・とき「洗濯の基礎知識と実際」(国典)

【1060】 祇

¹⁶祇樹 ただき
祇樹淳一　ただき・じゅんいち　山形日立建機社長(日典)

【1061】 祜

⁸祜松 こまつ
祜松泰成　こまつ・たいせい「天河流動縁起」コスモ・テン・パブリケーション(日典3)

【1062】 祭

⁵祭主 さいしゅ
祭主恭嗣　さいしゅ・やすし　映画監督(映監)

¹⁰祭原 さいばら
祭原光太郎　さいばら・こうたろう　経営(人書)

【1063】 禅

⁸禅定 ぜんじょう
禅定正世　ぜんじょう・まさよ　児童文化運動家(日児)

【1064】 禎

禎 てい
禎豊賀　てい・とよます　農民(社史)

【1065】 福

³福与 ふくよ
福与篤　ふくよ・あつし　イラストレーター(日典3)
福与悦夫　ふくよ・えつお　日本画家(美家)
福与佐智子　ふくよ・さちこ「天竜川の鳥たち」建設省中部地方建設局天竜川上流工事事務所(日典3)
福与貴秀　ふくよ・たかひで「眼ウォーキング」メタモル出版(日典3)
福与正治　ふくよ・まさはる　英文学者(現情)

示部(福) 〔1065〕

福士 ふくし
　福士幸次郎　ふくし・こうじろう　詩人(コン4)
　福士貞吉　ふくし・ていきち　植物病理学者(日人)
　福士則夫　ふくし・のりお　作曲家(作曲)
　福士政一　ふくし・まさいち　病理学者(日人)
　福士政勝　ふくし・まさかつ　津軽三味線奏者(新芸)

福川 ふくかわ；ふくがわ
　福川伸次　ふくかわ・しんじ　通産官僚,実業家(現執4期)
　福川泉吾　ふくかわ・せんご　実業家(学校)
　福川清　ふくがわ・きよし　高知藩郷士(高知人)
　福川犀之助　ふくがわ・さいのすけ　長州(萩)藩士(幕末)

⁴福木 ふくき；ふくぎ
　福木昭夫　ふくき・あきお　小説家(北海道文)
　福木基哲　ふくき・もとのり　「十四歳」中川政実(日典3)
　福木詮　ふくぎ・あきら　新聞記者,沖縄問題専門家(現執1期)

福王寺 ふくおうじ；ふくおおじ
　福王寺一彦　ふくおうじ・かずひこ　日本画家(世紀)
　福王寺法林　ふくおうじ・ほうりん　日本画家(日人)
　福王寺一彦　ふくおおじ・かずひこ　日本画家(日典)

⁵福世 ふくよ
　福世キミ子　ふくよ・きみこ「月照」新暦短歌会(日典)
　福世里美　ふくよ・さとみ　栄養士(日典3)
　福世武次　ふくよ・たけじ　出版人(日児)

福代 ふくしろ；ふくよ
　福代昭　ふくしろ・あきら　政治家(島根歴)
　福代良一　ふくしろ・りょういち　医師(近医)
　福代和宏　ふくよ・かずひろ　「戦略的技術マネジメント」日本評論社(日典3)
　福代昭二　ふくよ・しょうじ　文教大学女子短期大学部教授(日典3)

福司 ふくし
　福司満　ふくし・みつる　藤琴郵便局(国典)

福生 ふくお；ふくしょう
　福生武　ふくお・たけし　著述家(日典4)
　福生吉裕　ふくお・よしひろ　日本医科大学附属病院助教授(日典)
　福生和彦　ふくしょう・かずひこ　フロンティア・クルーズ・ジャパン社長(日典3)
　福生昌宏　ふくしょう・まさひろ　税理士(日典)

福田 ふくた；ふくだ
　福田アジオ　ふくた・あじお　日本民俗学者,日本史学者(現執4期)
　福田夕咲　ふくた・ゆうさく　詩人(日人)
　福田徳三　ふくだ・とくぞう　経済学者(コン5)
　福田英子　ふくだ・ひでこ　社会運動家(コン5)

⁶福地 ふくち
　福地桜痴　ふくち・おうち　新聞人,劇作家(日人)
　福地源一郎　ふくち・げんいちろう　新聞人,劇作家(コン5)
　福地崇生　ふくち・たかお　計量経済学者,地域・開発経済学者(世紀)
　福地曠昭　ふくち・ひろあき　社会運動家(日人)
　福地泡介　ふくち・ほうすけ　漫画家(日人)

福多 ふくた；ふくだ
　福多利夫　ふくた・としお　フリーライター(日典3)
　福多久　ふくだ・ひさし　芸能史研究家(日典)
　福多裕志　ふくだ・ひろし　法政大学経営学部経営学科教授(日典)
　福多佳子　ふくだ・よしこ　「図解入門よくわかる最新LED照明の基本と仕組み」秀和システム(日典3)

福好 ふくよし
　福好昌治　ふくよし・しょうじ　軍事ジャーナリスト(現執4期)

福池 ふくいけ；ふくち
　福池厚子　ふくいけ・あつこ　「喫煙の心理学」産調出版(日典)
　福池智之　ふくち・ともゆき　新聞記者(日典3)

福羽 ふくは；ふくば；ふくわ
　福羽泰紀　ふくは・やすのり　マクロミル会長(日典)
　福羽美静　ふくば・びせい　国学者(コン4)
　福羽美静　ふくわ・よししず　国学者(近文)

⁷福住 ふくすみ；ふくずみ
　福住都南　ふくすみ・となん　歌人(奈良文)
　福住豊隆　ふくすみ・とよたか　日本労働総同盟大阪連合会「月曜会」メンバー(社史)
　福住検校　ふくずみ・けんぎょう　箏曲・平曲演奏者(日人)
　福住正兄　ふくずみ・まさえ　相模国大住郡片岡村の名主(コン4)

福来 ふくぎた；ふくらい
　福来正孝　ふくぎた・まさたか　東京大学宇宙線研究所教授(日典)
　福来友吉　ふくらい・ともきち　心理学者(コン4)
　福来実　ふくらい・みのる　マリンバ奏者,ビブラフォン奏者(演奏)

福沢 ふくさわ；ふくざわ
　福沢公伯　ふくさわ・こうはく　詩人(青森人)
　福沢宗道　ふくさわ・そうみち　(株)都市計画連合アトリエ代表取締役(日典)
　福沢一郎　ふくざわ・いちろう　洋画家(コン4)
　福沢諭吉　ふくざわ・ゆきち　啓蒙思想家,教育者,もと中津藩士(コン4)

福良 ふくなが；ふくよし；ふくら
　福良弘一郎　ふくなが・こういちろう　「日常に生かす「茶の湯」の知恵」PHP研究所(日典3)
　福良勝　ふくよし・まさる　「初期傑作群」近代文芸社(JM)

福良俊之　ふくら・としゆき　ジャーナリスト,経済評論家(日人)

福谷　ふくたに；ふくや
福谷剛蔵　ふくたに・ごうぞう　政治家(現政)
福谷正信　ふくたに・まさのぶ　立命館アジア太平洋大学太平洋マネジメント学部教授(現執4期)
福谷耕司　ふくや・こうじ　「ステンレス鋼の軽水炉照射挙動」原子力安全システム研究所(日典3)
福谷伸　ふくや・しん　「日本の髪型」京都美容文化クラブ(日典3)

福里　ふくさと；ふくさと
福里真一　ふくさと・しんいち　CMプランナー,コピーライター(日典3)
福里次作　ふくさと・じさく　「試練の上に立つ資本主義と社会主義」中央公論社(日典3)
福里一郎　ふくさと・いちろう　元・沖縄県議(日典)
福里芳夫　ふくさと・よしお　政治家(姓氏沖縄)

[8]福和　ふくわ
福和邦子　ふくわ・くにこ　「スタジオ・コルギのテディベアブック」文化出版局(日典3)
福和伸夫　ふくわ・のぶお　名古屋大学大学院環境学研究科教授(日典3)
福和万佐子　ふくわ・まさこ　名古屋テレビ番組見学者集め(人情)

福武　ふくたけ
福武一郎　ふくたけ・いちろう　地方政治家(岡山歴)
福武一二　ふくたけ・かずじ　実業家(日人)
福武枯木　ふくたけ・こぼく　俳人(岡山歴)
福武直　ふくたけ・ただし　社会学者(日人)
福武哲彦　ふくたけ・てつひこ　出版経営者(日人)

[9]福城　ふくぎ；ふくじょう
福城一士　ふくぎ・かずし　広島クロード社長(日典)
福城知義　ふくじょう・ともよし　尺八師(日人)

福室　ふくむろ
福室修　ふくむろ・おさむ　三井物産常務(日典3)
福室憲治　ふくむろ・けんじ　東京理科大学薬学部薬学科助教授(科学)
福室満哉　ふくむろ・みつや　ミナミ社長(日典3)

福泉　ふくいずみ；ふくせん
福泉重之　ふくいずみ・しげゆき　「幕末藤堂藩の家臣日録」三重県郷土資料刊行会(日典3)
福泉忠雄　ふくいずみ・ただお　コークス商(社史)
福泉良江　ふくせん・よしえ　「初雲雀」楓俳句会(日典3)

福神　ふくがみ；ふくじん
福神五郎　ふくがみ・ごろう　元・アムテック社長(日典)
福神邦雄　ふくじん・くにお　アルフレッサホールディングス会長,福神社長(日典)
福神伶　ふくじん・れい　漫画家(漫人)

[10]福家　ふくいえ；ふくけ；ふくや；ふけ
福家永蔵　ふくいえ・ながぞう　横浜運輸労働組合組合長(社史)
福家安定　ふくけ・やすさだ　軍人(日人)
福家美峰　ふくや・みほ　女優(テレ)
福家守明　ふけ・しゅみょう　天台宗僧侶(日人)

福恵　ふくえ
福恵英善　ふくえ・えいぜん　天台宗権大僧正,比叡山双厳院住職(日典3)
福恵遵鴨　ふくえ・じゅんおう　比叡山勧学長(日典3)
福恵道貫　ふくえ・どうかん　僧侶(日人)

福留　ふくとめ；ふくどめ
福留繁　ふくとめ・しげる　海軍軍人(日人)
福留泰蔵　ふくとめ・たいぞう　政治家(現政)
福留繁　ふくどめ・しげる　海軍軍人(現情)
福留章太　ふくどめ・しょうた　洋画家(洋画)

福真　ふくま；ふくまさ
福真吉美　ふくま・よしみ　「弘前藩庁日記ひろひよみ」北方新社(日典3)
福真隆平　ふくまさ・りゅうへい　「ビックリ新聞」発行人(社史)

[11]福宿　ふくしゅく；ふくすき；ふすき
福宿孝夫　ふくしゅく・たかお　書家(日典)
福宿南嶋　ふくすき・なんとう　書家(日典)
福宿光一　ふすき・こういち　「わたしたちの郷土志木」中央社(日典3)

福崎　ふくさき；ふくざき
福崎英一郎　ふくさき・えいいちろう　「第二世代バイオ燃料の開発と応用展開」シーエムシー出版(日典3)
福崎剛　ふくさき・ごう　フリーライター(日典)
福崎至佐子　ふくざき・ひさこ　ヴァイオリニスト(演奏)
福崎恒　ふくざき・ひさし　医師(近医)

[12]福喜多　ふくきた
福喜多鎮雄　ふくきた・しずお　全日本吹奏楽連盟顧問,海軍軍楽隊長(日典3)
福喜多孝　ふくきた・たかし　日経BP企画取締役(日典3)
福喜多博義　ふくきた・ひろよし　「核医学技術総論」山代印刷出版部(日典3)
福喜多靖之助　ふくきた・やすのすけ　渡航者(渡航)

福場　ふくば
福場文　ふくば・あや　「心がうごいた伝えたかった」学習研究社(日典3)
福場一男　ふくば・かずお　(株)アンドヒアー物流システム事業部シニアコンサルタント(日典3)
福場孜　ふくば・つとむ　サンウエーブ工業常務(日典3)
福場博保　ふくば・ひろやす　応用生物化学者,栄養化学者(現執3期)
福場良平　ふくば・りょうへい　弓道家,弓道教士(弓道)

示部（頴，襧，禱）　　〔1068〕

福智　ふくち

福智紀代　ふくち・きよ　「晴ればれ峠」新興音楽出版社（日典3）
福智盛　ふくち・しげる　「たのしい老人大学」（国典）
福智日出男　ふくち・ひでお　「野球・スポーツなんでも記録」集英社（日典3）

福渡　ふくわたり

福渡和子　ふくわたり・かずこ　「家庭でできる生ごみリサイクル」日報出版（日典3）
福渡潔　ふくわたり・きよし　「Climate change and integrated assessment models, IAMs, bridging the gaps」Secretariat of the Workshop, Center for Global Environmental Research, National Institute Environmental Studies, Environment Agency of Japan（日典3）
福渡千代　ふくわたり・ちよ　「満洲、チャーズの悲劇」明石書店（日典3）
福渡透　ふくわたり・とおる　合唱指導者（音人3）
福渡靖　ふくわたり・やすし　「健康管理論」建帛社（日典3）

福湯　ふくゆ

福湯章夫　ふくゆ・あきお　東京電機大学理工学部数理学科教授（日典3）
福湯伝芳　ふくゆ・のぶよし　ケンウッド副社長（日典3）
福湯豊　ふくゆ・ゆたか　毎日新聞中部本社編集局長（日典3）

福満　ふくま；ふくみつ

福満勝俊　ふくま・かつとし　活魚料理「魚菜」社長（人情）
福満薫　ふくみつ・かおる　「冬の仏」ぶどうの木出版（日典3）
福満武雄　ふくみつ・たけお　鹿児島新報論説顧問（国典）

福間　ふくま

福間貫造　ふくま・かんぞう　医師（島根歴）
福間健二　ふくま・けんじ　映画監督（現詩）
福間定朝　ふくま・さだとも　政治家（島根歴）
福間知之　ふくま・ともゆき　政治家（現政）
福間ハル　ふくま・はる　女医（島根歴）

[13]福滝　ふくたき

福滝博之　ふくたき・ひろゆき　商法学者（現執2期）

[14]福嶌　ふくしま

福嶌才治　ふくしま・さいじ　農業改良者（植物）
福嶌捨吉　ふくしま・すてきち　「和歌山県管内市町村改定全図」岩橋佐市郎（日典3）
福嶌知恵子　ふくしま・ちえこ　日本ナース・クリスチャン・フェローシップ主事（日典3）
福嶌教隆　ふくしま・のりたか　「初めてのスペイン旅行会話」日本放送出版協会（日典3）
福嶌教偉　ふくしま・のりひで　医師（日典3）

福徳　ふくとく

福徳秀介　ふくとく・しゅうすけ　タレント（日典3）
福徳清吉　ふくとく・せいきち　古物商（アナ）

福徳輝興　ふくとく・てるおき　「伊万里」創樹社美術出版（日典3）
福徳八十六　ふくとく・やそろく　フラワービジネス・コンサルタント（日典3）

[18]福藤　ふくとう；ふくふじ

福藤正之　ふくとう・まさゆき　ルポ・ライター（国典）
福藤豊　ふくふじ・ゆたか　アイスホッケー選手（日典3）

福鎌　ふくかま

福鎌忠恕　ふくかま・ただひろ　社会学者（山形百新）
福鎌達夫　ふくかま・たつお　哲学者（哲学）
福鎌芳隆　ふくかま・よしたか　「刑事新法附則類編」時習軒（日典3）

【1066】　頴

[3]頴川　えがわ

頴川君平　えがわ・くんぺい　唐通事, 官吏（海越新）
頴川三郎　えがわ・さぶろう　大阪化学合金社長, 元京都相互銀行常務（日典3）
頴川史郎　えがわ・しろう　日本債券信用銀行頭取（日典3）
頴川晋　えがわ・しん　東京慈恵会医科大学教授（日典3）
頴川徳助　えがわ・とくすけ　幸福相互銀行会長（日典3）

【1067】　襧

[8]襧宜田　ねぎた

襧宜田久男　ねぎた・ひさお　「図説化学」共立出版（日典3）
襧宜田政信　ねぎた・まさのぶ　「人事考課・賃金テーブル標準ツール集」日本能率協会マネジメントセンター（日典3）
襧宜田佳男　ねぎた・よしお　「考古資料大観」小学館（日典3）

[9]襧津　ねず；ねつ

襧津家久　ねず・いえひさ　京都大学大学院工学研究科環境地球工学専攻教授（日典3）
襧津正志　ねず・まさし　歴史学者（社史）
襧津文雄　ねつ・ふみお　元・新潟県議（日典）

[13]襧寝　ねしめ；ねじめ

襧寝重隆　ねしめ・しげたか　医師（日典）
襧寝孝次郎　ねじめ・こうじろう　「スペイン式クラシックギター製作法」現代ギター社（日典3）
襧寝雅子　ねじめ・まさこ　「筆一本」角川書店（日典3）

【1068】　禱

禱　いのり

禱厚己　いのり・あつみ　近畿大学相撲部監督, 西日本学生相撲連盟名誉顧問（日典3）

禱聿雄　いのり・いつお　上武大学経営情報学部教授（日典3）
禱貞夫　いのり・さだお　ビオラ奏者（音人）
禱苗代　いのり・しげしろ（日典3）
禱清二　いのり・せいじ　政治家（姓氏鹿児島）

内部

【1069】禹

禹　う

禹長春　う・ながはる　農学者（植物）
禹雅祥　う・まさよし「活性化した自分のNK細胞でがんを治す」北陽出版, キャリイ社（発売）（日典3）

禾部

【1070】禾

禾　のぎ

禾晴道　のぎ・はるみち「海軍特別警察隊」（国典）

【1071】私

[5]私市　きさいち

私市静子　きさいち・しずこ「朝のかおり」ふだん記全国グループ（日典3）
私市信夫　きさいち・のぶお　日新電機常務（日典3）
私市正年　きさいち・まさとし「イスラーム地域の民衆運動と民主化」東京大学出版会（日典3）
私市光生　きさいち・みつお　国土交通省国土計画局地方計画課長（日典3）
私市保彦　きさいち・やすひこ　比較文学研究者（幻想）

[11]私部　きさいべ

私部英治　きさいべ・えいじ　日本労働総同盟大阪機械労組北野支部長（社史）

【1072】秀

秀　しゅう；ひで

秀香穂里　しゅう・かおり　小説家（日典3）
秀敬　ひで・けい　広島大学名誉教授（日典3）
秀しげこ　ひで・しげこ　歌人（女性普）
[10]秀島　ひでしま；ひでじま
秀島家良　ひでしま・いえよし　官吏（日人）
秀島寛三郎　ひでしま・かんざぶろう　庄屋（日人）
秀島家良　ひでじま・かりょう　官吏（渡航）
[11]秀野　しゅうの；ひでの
秀野仁　しゅうの・じん「愛媛県下の中心市街地活性化の現状と展望」松山大学総合研究所（日典3）

秀野大衍　ひでの・だいえん「浄土真宗臨終・通夜・中陰法話集」国書刊行会（日典3）
秀野正樹　ひでの・まさき　東海丸万証券副会長（日典3）
[14]秀徳　しゅうとく
秀徳忠次　しゅうとく・ちゅうじ　弓道家, 弓道教士（弓道）

【1073】禿

禿　かむろ；とく

禿慧猛　かむろ・えもう　大阪貿易会顧問（日典3）
禿諦住　かむろ・たいじゅう　僧侶（真宗）
禿すみ　とく・すみ　女子教育の先覚者（郷土福井）
禿須美　とく・すみ　女子教育家（日人）
[4]禿氏　とくし
禿氏祐祥　とくし・ゆうしょう　僧侶（浄土真宗本願寺派）, 仏教学者（日人）
禿氏好文　とくし・よしふみ　京都女子大助教授（国典）
[8]禿河　とくがわ
禿河徹映　とくがわ・てつえい　官僚（現執2期）

【1074】科

[11]科野　しなの

科野邦蔵　しなの・くにぞう「プラズマ物理学入門」共立出版（日典3）
科野孝蔵　しなの・こうぞう　市邨学園短期大学名誉教授（日典3）
科野譲平　しなの・じょうへい　スポーツニッポン新聞大阪本社常任監査役（日典3）
科野千代子　しなの・ちよこ「あけぼの」短歌新聞社（日典3）
科野房三　しなの・ふさぞう「秋田県花岡鉱山調査報告」地質調査所（日典3）

【1075】秋

秋　あき；しゅう

秋竜山　あき・りゅうざん　漫画家（日人）
秋玲二　あき・れいじ　漫画家（世紀）
秋聖七　しゅう・せいしち「人間・全斗煥―ポテト畑から青瓦台へ」ハイライフ出版（JM）
[4]秋月　あきずき；あきつき；しゅうげつ
秋月種樹　あきずき・たねたつ　日向高鍋藩士, 若年寄（コン4）
秋月さやか　あきつき・さやか　著述家（日典）
秋月等観　しゅうげつ・とうかん　画家＝中世（名画）
[5]秋生　あきう；あきお
秋生真里　あきう・まり「『冬のソナタ』の占星学」リトル・ガリヴァー社（日典3）
秋生あゆみ　あきお・あゆみ「女プログラマーは朝臥」マルチクリエイト（日典3）

禾部（秋）

秋生秀蔵　あきお・しゅうぞう　友愛会日暮里支部メンバー（社史）

秋辺 あきべ
　秋辺得平　あきべ・とくへい　トンコリ職人（日典）
　秋辺福太郎　あきべ・ふくたろう　舞踊家（新芸）

[6]秋好 あきよし
　秋好馨　あきよし・かおる　漫画家（日人）
　秋好憲一　あきよし・けんいち　ごりっぱや（日典）
　秋好賢一　あきよし・けんいち「プロレス甲子園」秋田書店（日典3）
　秋好善太郎　あきよし・ぜんたろう　実業家（大分歴）
　秋好陽介　あきよし・ようすけ「意外と知られていないWeb 2.0の謎を解く」シーアンドアール研究所（日典3）

秋次 あきなみ
　秋次葉二　あきなみ・ようじ「「会社人間」の挑戦」PHP研究所（日典3）

[7]秋沢 あきさわ；あきざわ
　秋沢三郎　あきさわ・さぶろう　小説家（世紀）
　秋沢淳子　あきさわ・じゅんこ　アナウンサー（テレ）
　秋沢久寿栄　あきざわ・くすえ　一弦琴演奏家（日人）
　秋沢猛　あきざわ・たけし　俳人（俳文）

秋良 あきら
　秋良敦之助　あきら・あつのすけ　志士（幕末）
　秋良貞温　あきら・さだあつ　長州（萩）藩士（日人）
　秋良貞臣　あきら・さだおみ　長州（萩）藩士,実業家（日人）
　秋良貞温　あきら・さだよし　志士（コン4）
　秋良雄太郎　あきら・ゆうたろう　長州（萩）藩士,実業家（幕末）

秋谷 あきたに；あきや
　秋谷たつ子　あきたに・たつこ　心理学者（心理）
　秋谷陽子　あきたに・ようこ　女優（テレ）
　秋谷七郎　あきや・しちろう　生化学者,法医学者（日人）
　秋谷豊　あきや・ゆたか　詩人,登山家（日人）

[8]秋和 あきわ
　秋和松五郎　あきわ・まつごろう　社会運動家（社史）

秋定 あきさだ
　秋定和宏　あきさだ・かずひろ「民法の羅針盤」法学書院（日典3）
　秋定鶴造　あきさだ・つるぞう　新聞記者（日人）
　秋定典江　あきさだ・みちえ　声楽家（ソプラノ）,オペラ歌手（演奏）
　秋定嘉初　あきさだ・よしかず　歴史学者（現執4期）
　秋定里穂　あきさだ・りお　タレント（テレ）

秋岸 あきぎし
　秋岸寛久　あきぎし・ひろひさ　作曲家（作曲）

秋枝 あきえ；あきえだ
　秋枝原児　あきえ・げんじ「句縁曼陀羅」秋枝義広（日典3）
　秋枝薫子　あきえ・しょうこ「森有礼とホーレス・マンの比較研究試論」梓書院（日典3）
　秋枝謙二　あきえだ・けんじ　教育家（姓氏山口）
　秋枝三郎　あきえだ・さぶろう　軍人（陸海）

[9]秋保 あきほ；あきゅう
　秋保正三　あきほ・しょうぞう　洋画家（現情）
　秋保政右衛門　あきほ・まさえもん　出羽庄内藩士,兵学者（国書）
　秋保盛弁　あきゅう・もりなか　天文学者＝近世（人名1）

秋津洲 あきつしま
　秋津洲恒明　あきつしま・こうめい　軍事評論家（現執2期）

秋美 あきよし
　秋美二郎　あきよし・じろう「通産官僚」（国典）

秋草 あきくさ；あきぐさ
　秋草俊　あきくさ・しゅん　軍人（陸海）
　秋草篤二　あきくさ・とくじ　官僚（日人）
　秋草勲　あきぐさ・いさお　経営者・官界人（群馬人）
　秋草篤二　あきぐさ・とくじ　電電官僚（郷土栃木）

秋貞 あきさだ
　秋貞英雄　あきさだ・ひでお「化学熱力学中心の基礎物理化学」学術図書出版社（日典3）
　秋貞雅祥　あきさだ・まさよし　三井記念病院（国典）

[10]秋庭 あきにわ；あきば
　秋庭賢司　あきにわ・けんじ「フッ素中毒を止めた人びと」續文堂出版（日典3）
　秋庭道博　あきにわ・どうはく　コラムニスト（現執4期）
　秋庭太郎　あきば・たろう　演劇史研究家（日人）
　秋庭俊彦　あきば・としひこ　ロシア文学者,俳人（日人）

秋馬 あきば；あきま
　秋馬敬三　あきば・けいぞう　新神戸電機副社長（日人）
　秋馬ユタカ　あきま・ゆたか「拝啓沖縄で暮らしています。」飯塚書店（日典3）

[11]秋笹 あきささ；あきざさ
　秋笹惇子　あきささ・あつこ　秋笹政之輔の妹（女流）
　秋笹政之輔　あきささ・まさのすけ　社会運動家（日人）
　秋笹惇子　あきざさ・じゅんこ　女性（社史）
　秋笹政之輔　あきざさ・まさのすけ　社会運動家（埼玉人）

秋鹿 あいか；あきしか
　秋鹿見橘　あいか・けんきつ　教育者,私立沼津精華学園の創立者（姓氏静岡）
　秋鹿祐輔　あいか・ゆうすけ「動物としての行動」（国典）
　秋鹿見二　あきしか・けんじ「日本物産の由来」敬文館（日典3）

禾部(秌,称,秦,秤,秘,秡,移)

秋鹿博　あきしか・ひろし　静岡県議(自民党)(日典)

[12]秋満　あきみつ
　秋満紫光　あきみつ・しこう　書家(日典3)
　秋満豊彦　あきみつ・とよひこ　「流灯」短歌研究社(日典)
　秋満美穂　あきみつ・みほ　「楽しく学べるJavaゲーム・アプレット」工学社(日典3)
　秋満義孝　あきみつ・よしたか　ジャズピアニスト(世紀)
　秋満良紀　あきみつ・よしのり　「闇無浜神社」重松ツギ(日典)

[13]秋園　あきその；あきぞの
　秋園美緒　あきその・みお　女優(テレ)
　秋園隆　あきその・りゅう　「存在の傷」カルパ社(日典)
　秋園幸一　あきその・こういち　徳島大学名誉教授(日典)

[15]秋穂　あきほ
　秋穂悦　あきほ・えつ　料理研究家(日典3)
　秋穂敬　あきほ・けい　東京割烹女学校校長(人情)
　秋穂範子　あきほ・のりこ　「はなはなマロンとケン・バーン」小学館(日典3)
　秋穂もとか　あきほ・もとか　ライター(日典3)
　秋穂有輝　あきほ・ゆうき　小説家(幻想)

[17]秋篠　あきしの
　秋篠昭足　あきしの・あきたり　大塩平八郎の縁者(大阪墓)
　秋篠昭足　あきしの・あきたる　大塩平八郎の縁者(大阪人)
　秋篠捷824　あきしの・かつお　三菱自動車工業乗用車開発本部エンジン研究部長(日典3)
　秋篠憲一　あきしの・けんいち　「イギリス文学への招待」朝日出版社(日典3)
　秋篠寿郎　あきしの・じゅろう　「仲人の心得と挨拶の仕方」文研出版(日典3)

【1076】秌

[12]秌場　あきば
　秌場準一　あきば・じゅんいち　日本大学法学部教授,一橋大学名誉教授(日典3)

【1077】称

称　かなえ
　称幸養志　かなえ・こうようし　農民(社史)

【1078】秦

秦　しん；じん；しんの；はた；はだ；はたの
　秦種親　しん・たねちか　政治家(大分歴)
　秦宏一　じん・こういち　「英語動詞の統語法」研究社(日典)
　秦和子　しんの・かずこ　「ウマはなぜ『計算』できたのか」現代人文社,大学図書(発売)(日典3)
　秦佐八郎　はた・さはちろう　細菌学者(コン5)
　秦良次　はだ・りょうじ　陶芸家(陶工)
　秦豊助　はたの・とよすけ　政治家(徳島歴)

[9]秦泉寺　じんせんじ；じんぜんじ
　秦泉寺敏正　じんせんじ・としまさ　「インバータ回路」(国典)
　秦泉寺憲一　じんぜんじ・けんいち　児童文学作家(児作)
　秦泉寺正一　じんぜんじ・しょういち　造形教育研究者(現執1期)

[11]秦野　しんの；はたの；はだの
　秦野啓　しんの・けい　ライター(日典3)
　秦野章　はたの・あきら　政治家,政治評論家(コン4)
　秦野寛　はだの・かん　「国境を越えて」トーブ(日典)

[12]秦森　はたもり
　秦森桂　はたもり・けい　ゲームソフト開発者(日典)
　秦森康屯　はたもり・こうとん　洋画家(洋画)

【1079】秤

[9]秤屋　はかりや
　秤屋昭久　はかりや・あきひさ　退職準備コンサルタント,経営労務コンサルタント(日典3)
　秤屋健蔵　はかりや・けんぞう　「薬と秤」内藤記念くすり博物館(日典3)
　秤屋苑子　はかりや・そのこ　陶芸家(陶工)

【1080】秘

[5]秘田　ひだ；ひめだ
　秘田余四郎　ひだ・よしろう　外国映画の日本語版監修者(日典3)
　秘田涼子　ひだ・りょうこ　「クォンタム・ヒーリング」春秋社(日典3)
　秘田余四郎　ひめだ・よしろう　「アルピニスト岩壁に登る」朋文堂(日典3)

【1081】秡

[3]秡川　はらいかわ；はらかわ
　秡川義男　はらいかわ・よしお　日興証券副社長(人情)
　秡川一郎　はらかわ・いちろう　柔道家(大分歴)

【1082】移

移川　うつしかわ；うつしがわ；うつりかわ
　移川子之蔵　うつしかわ・ねのぞう　民族学者(日人)
　移川子之蔵　うつしがわ・ねのぞう　民族学者(世紀)
　移川子之蔵　うつりかわ・ねのぞう　民族学者(人名7)

禾部（稀、税、程、稔、稲）　　　　　　　　　　　　　　　　　　　　　〔1087〕

【1083】 稀

[5]稀代　きしろ；きたい
　稀代麻也子　きしろ・まやこ　筑波大学人文社会科学研究科講師（日典3）
　稀代萠生　きたい・ほうせい　俳人（日典3）

【1084】 税

税田　さいた
　税田啓一朗　さいた・けいいちろう　画家（日典3）
　税田秀紀　さいた・ひでのり　福岡大学人文学部助教授（日典3）
　税田瑞穂　さいた・みずほ　司法書士（日典3）
　税田芳三　さいた・よしみ　JVC東京連絡事務局設立者（人情）
[8]税所　さいしょ；ざいしょ
　税所敦子　さいしょ・あつこ　歌人（コン4）
　税所篤　さいしょ・あつし　薩摩藩士、明治政府高官（コン4）
　税所篤　ざいしょ・あつし　鹿児島藩士、政治家（兵庫人）

【1085】 程

程　てい；ほど
　程一彦　てい・かずひこ　料理人（日典）
　程久美子　てい・くみこ　「RNAi実験なるほどQ&A」羊土社（日典3）
　程近智　ほど・ちかとも　経営コンサルタント（日典）
[10]程島　ほどしま；ほどじま
　程島武夫　ほどしま・たけお　日本労働組合全国協議会関東金属本部書記（社史）
　程島八郎　ほどしま・はちろう　相模ハム社長（日典3）
　程島定七　ほどじま・さだしち　元・相模ハム社長（日典）

【1086】 稔

[11]稔野　ねんの
　稔野宗次　ねんの・そうじ　大阪大学名誉教授（日典）
　稔野宗治　ねんの・そうじ　元・大阪大学工学部教授（日典）

【1087】 稲

稲　いな；いね；とう
　稲義人　いな・よしと　編集者（出文）
　稲雄次　いね・ゆうじ　郷土史家（郷土）
　稲若水　とう・じゃくすい　本草学者＝近世（コン4）

[3]稲上　いながみ
　稲上説雄　いながみ・せつお　小説家（日典3）
　稲上毅　いながみ・たけし　社会学者（現執4期）
　稲上正　いながみ・ただし　生化学者（日人）
　稲上文子　いながみ・ふみこ　「和風金物の実際」学芸出版社（日典3）
稲子　いなこ
　稲子和夫　いなこ・かずお　時事通信社企画管理部長（日典3）
　稲子隆　いなこ・たかし　「怪談ルーム」本工舎（日典3）
　稲子恒夫　いなこ・つねお　法学者（世紀）
　稲子俊男　いなこ・としお　いな鳥主人（日典3）
　稲子宣子　いなこ・のぶこ　民法学者（現執1期）
稲山　いなやま；いねやま
　稲山壬子　いなやま・じんし　バレーボール指導者（日人）
　稲山嘉寛　いなやま・よしひろ　実業家（コン4）
　稲山智紀　いねやま・ともき「A chance in a life, Srilanka, 2003.」スタジオワープ（日典3）
[4]稲井　いない
　稲井勲　いない・いさお　写真家（日典3）
　稲井理　いない・おさむ　「儲かる大家さんの賢い選択」エル書房、星雲社（発売）（日典3）
　稲井健三　いない・けんぞう　百十四銀行常務（日典）
　稲井常夫　いない・つねお　城西消費購買組合組合員（社史）
　稲井好広　いない・よしひろ　三菱金属社長（人情）
稲井田　いないだ
　稲井田茂　いないだ・しげる　ジャーナリスト（日典3）
　稲井田次郎　いないだ・じろう「Proceedings of the Japan and China Symposium on Mathematics International Conference」Biomedical Fuzzy System Association（日典3）
　稲井田隆　いないだ・たかし　平和相互銀行社長（人情）
　稲井田安史　いないだ・やすし　シー・トゥー・ネットワーク会長（日典3）
　稲井田行雄　いないだ・ゆきお　ブラザー販売社長（日典3）
稲木　いなき；いなぎ
　稲木皓人　いなき・こうじん　日本画家（美家）
　稲木東千里　いなき・ひがしせんり　木工芸家
　稲木黙雷　いなぎ・もくらい　宇都宮浄土真宗稲木山開華院観専寺第22代、文人画家、勤王思想家（栃木歴）
　稲木六太郎　いなぎ・ろくたろう　水夫長（社史）
稲毛　いなげ；いなも
　稲毛金七　いなげ・きんしち　教育学者、評論家（コン4）
　稲実　いなげ・みのる　土佐藩士（コン4）
　稲毛正彦　いなも・まさひこ「ようこそ自然科学の実験室へ」愛知教育大学出版会（日典3）
　稲毛康司　いなも・やすじ　医師（日典）

姓名よみかた辞典 姓の部　577

[1087]　　　　　　　　　　　　　　　　　　　　　　　　　　　　禾部（稲）

⁵稲永　いななが；いねなが
　稲永和豊　いななが・かずとよ　医師（日典3）
　稲永金仁　いななが・かねひと　朝日新聞西部本社制作局長（日典）
　稲永久一郎　いねなが・きゅういちろう　至誠学舎創始者（多摩）
　稲永仁　いねなが・ひとし　新教福佐支部準備会メンバー（社史）

稲玉　いなだま；いねだま
　稲玉貞雄　いなだま・さだお　政治家（現政）
　稲玉徳兵衛　いなだま・とくべえ　開拓者（日人）
　稲玉徳兵衛　いねだま・とくべえ　開拓者（姓氏長野）

稲生　いなお；いのう；いのお
　稲生益太郎　いなお・ますたろう　社会運動家（アナ）
　稲生真履　いのう・しんり　古美術研究家, 宮内省官吏（日人）
　稲生綱政　いのお・つなまさ　医師（日人）

稲用　いなもち
　稲用吉一　いなもち・よしかず　元出光興産取締役人事部長（日典）

稲田　いなた；いなだ；いねだ；せだ
　稲田積造　いなた・つみぞう　教育者, 政治家（島根歴）
　稲田竜吉　いなだ・りゅうきち　内科学者（日人）
　稲田八郎　いねだ・はちろう　柳剛流剣術家（埼玉人）
　稲田義行　せだ・よしゆき　陰陽五行研究家, 高校教師（日典3）

稲辺　いなべ；いねべ
　稲辺小二郎　いなべ・こじろう　文筆家（日典3）
　稲辺三津次郎　いなべ・みつじろう　和算家（姓氏岩手）
　稲辺智津子　いねべ・ちづこ　「風と桜と宙と」マリア書房（日典3）

⁶稲光　いなみつ
　稲光朱火　いなみつ・あけび　モデル（人情）
　稲光伸二　いなみつ・しんじ　「性食鬼」秋田書店（日典3）
　稲光信二　いなみつ・しんじ　「聴診器」角川書店（日典3）
　稲光哲明　いなみつ・てつあき　「起立性低血圧の基礎と臨床」新興医学出版社（日典3）
　稲光宏子　いなみつ・ひろこ　「京都太秦物語」新日本出版社（日典3）

稲吉　いなよし
　稲吉明子　いなよし・あきこ　「勝利を求めずする」英治出版（日典3）
　稲吉佳子　いなよし・かこ　「メキシコの壺」ながらみ書房（日典3）
　稲吉富士夫　いなよし・ふじお　兎仲買商（アナ）
　稲吉靖司　いなよし・やすし　俳優（テレ）
　稲吉竜馬　いなよし・りょうま　新撰組隊士（新撰）

稲名　いなな
　稲名徹　いなな・とおる　清水市長（日典3）
　稲名嘉男　いなな・よしお　政治家（現政）

稲次　いなじ；いなつぎ；いなつぐ
　稲次敏郎　いなじ・としろう　デザイン研究家（現執3期）
　稲次寛　いなつぎ・ゆたか　「How to授業」新興出版社（日典3）
　稲次慎一郎　いなつぐ・しんいちろう　元・電通恒産社長（日典）

⁷稲別　いなべつ
　稲別正晴　いなべつ・まさはる　経営学者（現執1期）

稲坂　いなさか
　稲坂亜里沙　いなさか・ありさ　女優（テレ）
　稲坂謙吉　いなさか・けんきち　医師（姓氏石川）
　稲坂謙三　いなさか・けんぞう　医師（姓氏石川）
　稲坂硬一　いなさか・こういち　軍事研究者（テレ）
　稲坂裕実　いなさか・ひろみ　「廻廊から」東宣出版（日典3）

稲尾　いなお；いのお
　稲尾和久　いなお・かずひさ　プロ野球選手, 実業家（日人）
　稲尾実　いなお・みのる　映画監督（映監）
　稲尾永　いのお・ひさし　「パリ」実業之日本社（書籍）

稲束　いなずか；いなつか
　稲束香山　いなずか・こうざん　「月渓句集」蝸牛廬（日典3）
　稲束猛　いなずか・たけし　「池田人物誌」太陽日報社（日典3）
　稲束猛　いなつか・たけし　郷土史家（日人）
　稲束原樹　いなつか・もとき　日本ロジスティクスシステム協会専務理事（日典）

稲村　いなむら
　稲村賢敷　いなむら・けんぷ　郷土史家, 教育者（コン4）
　稲村佐近四郎　いなむら・さこんしろう　政治家（日人）
　稲村順三　いなむら・じゅんぞう　政治家, 農民運動家（コン4）
　稲村隆正　いなむら・たかまさ　写真家（日人）
　稲村隆一　いなむら・りゅういち　農民運動家, 政治家（コン5）

稲沢　いなさわ；いなざわ
　稲沢薫　いなさわ・かおる　「デザイナーズ・プログラミングfor PC-9801」電波新聞社（日典3）
　稲沢宗庵　いなさわ・そうあん　医師（幕末）
　稲沢潤子　いなざわ・じゅんこ　作家（日女）
　稲沢ミネ　いなざわ・みね　女工（社史）

稲臣　いなとみ
　稲臣成一　いなとみ・せいいち　寄生虫学者（近医）

稲見　いなみ
　稲見一良　いなみ・いつら　小説家（日人）
　稲見五郎　いなみ・ごろう　農学者（青森人）
　稲見常　いなみ・じょう　社会運動家（社史）
　稲見哲男　いなみ・てつお　政治家（現政）
　稲見宗孝　いなみ・むねたか　コピーライター（世紀）

禾部(稲) 〔1087〕

稲谷　いなたに；いなや
　稲谷金二郎　いなたに・きんじろう　旭化成工業副社長(日典3)
　稲谷順司　いなたに・じゅんじ　東京大学東京天文台助手(日典3)
　稲谷祐慈　いなや・ゆうじ　僧侶(日典3)
　稲谷祐宣　いなや・ゆうせん　僧侶(日典)

⁸稲岡　いなおか
　稲岡覚順　いなおか・かくじゅん　浄土宗僧侶(埼玉人)
　稲岡耕二　いなおか・こうじ　日本文学者(世紀)
　稲岡進　いなおか・すすむ　著述業,社会運動家(社史)
　稲岡奴之助　いなおか・ぬのすけ　小説家(京都文)
　稲岡長　いなおか・ひさし　俳人(兵庫文)

稲松　いなまつ；いねまつ
　稲松勝子　いなまつ・かつこ　農林省蚕糸試験場土壌研究室室長(日典3)
　稲松錦江　いなまつ・きんこう　俳句(日典)
　稲松三千野　いねまつ・みちの　翻訳家(日典)

稲林　いなばやし
　稲林敬一　いなばやし・けいいち　中学校教諭(国典)
　稲林昌二　いなばやし・しょうじ　システム綜合開発商品企画室長(日典)

稲沼　いなぬま
　稲沼日女　いなぬま・ひめ　東京経済大図書館(国典)
　稲沼史　いなぬま・ふみ「親と子」(国典)
　稲沼瑞江　いなぬま・みずほ　編集者(出文)
　稲沼実　いなぬま・みのる「標準気象データと熱負荷計算プログラムLESCOM」井上書院(日典3)

稲波　いななみ；いなば
　稲波哲　いななみ・さとし　(有)イナナミ事務所代表(日典3)
　稲波弘次　いなば・ひろじ　馬術家(姓氏富山)

稲茂登　いなもと
　稲茂登三郎　いなもと・さぶろう　実業家,政治家(日人)

⁹稲垣　いながき；いねがき
　稲垣足穂　いながき・たるほ　小説家,詩人(コン4)
　稲垣浩　いながき・ひろし　映画監督(コン4)
　稲垣俊彦　いながき・としひこ「子どもがよろこぶかんたんホーム・ヘアカット」PHP研究所(日典3)

稲城　いなぎ
　稲城選恵　いなぎ・せんえ「信の三次元性」(国典)
　稲城信子　いなぎ・のぶこ「日本中世の経典と勧進」塙書房(日典3)
　稲城正高　いなぎ・まさたか「設計者に必要な加工の基礎知識」日刊工業新聞社(日典3)

稲室　いなしつ；いなむろ
　稲室足穂　いなしつ・たるほ　歌人(大阪人)

　稲室滋子　いなむろ・しげこ「希望につなげる看護」同時代社(日典3)
　稲室足穂　いなむろ・たりほ　歌人(国書)

稲屋　いねや
　稲屋久五郎　いねや・きゅうごろう　篤志家(人名)

稲恒　いながき；いなつね
　稲恒嘉男　いながき・よしお　東京電機大学工学部教授(日典)
　稲恒不二男　いなつね・ふじお　北海道空港社長

稲泉　いないずみ
　稲泉嘉一　いないずみ・かいち「例解簿記会計」ぎょうせい(日典3)
　稲泉薫　いないずみ・かおる　沖縄経済問題専門家(現執1期)
　稲泉幸子　いないずみ・さちこ　オフィス稲泉(日典3)
　稲泉博己　いないずみ・ひろき「農業大学校教育の成果と方法」農村更生協会(日典3)
　稲泉弘子　いないずみ・ひろこ「花の百名山登山紀行」郁朋社(日典3)

稲津　いなず；いなつ
　稲津慧峰　いなず・えほう「英文法精説」関書院
　稲津紀三　いなず・きぞう　大谷大学教授,玉川大学教授(日典)
　稲津隆　いなつ・たかし　岩手日報広告局次長
　稲津伝三郎　いなつ・でんさぶろう　弓道家,弓道教士(弓道)

稲畑　いなはた；いなばた
　稲畑勝太郎　いなはた・かつたろう　実業家(日人)
　稲畑汀子　いなはた・ていこ　俳人,随筆家(日人)
　稲畑勝太郎　いなばた・かつたろう　実業家(海越新)
　稲畑汀子　いなばた・ていこ　俳人,随筆家(世紀)

稲神　いながみ
　稲神馨　いながみ・かおる　食品コンサルタント(日典3)
　稲神和子　いながみ・かずこ「みちしるべ奈良」(国典)

¹⁰稲原　いなはら；いなわら；いねはら
　稲原寅惣　いなはら・とらそう　郷土開発者(日人)
　稲原泰平　いなわら・やすへい「新国際法体系論」信山社(日典3)
　稲原知久　いなわら・ともひさ「入門xyzzy」オーム社(日典3)

稲員　いなかず
　稲員勲夫　いなかず・いさお「賢人の言葉」海鳥社(日典3)
　稲員稔　いなかず・みのる　元・福岡県議会議長(日典)
　稲員裕三　いなかず・ゆうぞう　日立メディコ社長(日典3)

姓名よみかた辞典 姓の部　579

稲宮　いなみや
　稲宮健一　いなみや・けんいち「21世紀に向けた航行衛星システムに関する一検討」宇宙航空研究開発機構（日典3）
　稲宮健也　いなみや・けんや「不老の晩年」平電子印刷所（印刷）（日典3）
　稲宮こおじ　いなみや・こうじ「世界を走った冒険野郎」八重州出版（日典3）
　稲宮達也　いなみや・たつや　山水電気社長（日典3）
　稲宮又吉　いなみや・またきち「矢野恒太」（国典）

稲島　いなじま；いねじま
　稲島帚木　いなじま・そうぼく　俳人（日典）
　稲島政雄　いなじま・まさお　大和証券取締役，大和土地建物常務（日典3）
　稲島正光　いねじま・まさみつ　俳人（日典）

稲峰　いなみね；いねみね
　稲峰富枝　いなみね・とみえ　カラリスト（日典3）
　稲峰まき　いねみね・まき「実録心霊現象目撃地帯」宙出版（日典3）

稲庭　いなにわ
　稲庭吉左エ門　いなにわ・きちざえもん　うどん職人（日典）
　稲庭桂子　いなにわ・けいこ　紙芝居作家，編集者，実業家（出文）
　稲庭謙治　いなにわ・けんじ　記者（岩手百）
　稲庭左武郎　いなにわ・さぶろう　日鉄商事社長，日鉄工業会長（日典3）
　稲庭達夫　いなにわ・たつお「民法と相続税の接点」大蔵財務協会（日典3）

稲浦　いなうら
　稲浦綾　いなうら・あや　（株）竹野内情報工学研究所研究員（日典3）
　稲浦克子　いなうら・かつこ「土の匂い」やどりぎ短歌会（日典3）
　稲浦鹿蔵　いなうら・しかぞう　官僚，政治家（土木）
　稲浦調　いなうら・しらべ　聖カタリナ女子短大講師（日典3）
　稲浦安三　いなうら・やすぞう　セントラル硝子取締役（日典3）

稲留　いなとめ；いなどめ
　稲留稔茂　いなとめ・いなしげ　東亜通信工材社長，尼崎金属プレス工業会会長（日典3）
　稲留照雄　いなとめ・てるお　政治家（現政）
　稲留確　いなどめ・あきら　長崎県警察本部長（国典）
　稲留帯刀　いなどめ・たてわき　鹿児島大学の講師（姓氏鹿児島）

稲益　いなます
　稲益勲　いなます・いさお　久留米市議会議員（日典3）
　稲益佐知子　いなます・さちこ『「現代日本語書き言葉均衡コーパス」における収録テキストの抽出手順と事例』国立国語研究所（日典3）
　稲益繁　いなます・しげる　日本航空常勤顧問（日典3）
　稲益孝　いなます・たかし「わかりやすい離婚の法律」永岡書店（日典3）
　稲益久登　いなます・ひさと　獣医師（社史）

稲荷　いなり
　稲荷惟重　いなり・これしげ　鹿島道路常任顧問・元常務（日典3）
　稲荷鳥人　いなり・しまと　俳人（四国文）
　稲荷霜人　いなり・しもと　俳人（四国文）
　稲荷日信　いなり・にっしん　宗教家（現情）
　稲荷日宣　いなり・にっせん　宗教家（岡山歴）

[11]稲冨　いなとみ；いなどみ
　稲冨謹爾　いなとみ・きんじ「玄詩苑飛翔」平泉明事務所（日典3）
　稲冨恵子　いなとみ・けいこ　医師（日典3）
　稲冨正彦　いなどみ・まさひこ　オスロー大東アジア科助教授（日典3）

稲崎　いなさき；いなざき
　稲崎一郎　いなさき・いちろう　慶応義塾大学理工学部システムデザイン工学科教授（日典）
　稲崎邦雄　いなさき・くにお　日本管財専務（日典3）
　稲崎宏治　いなざき・こうじ　ソリューション・プロセス研究所主宰（日典3）
　稲崎弘次　いなざき・こうじ「Cで開発するPICモジュール・プログラム・サンプル集」CQ出版（日典3）

稲盛　いなもり
　稲盛和夫　いなもり・かずお　実業家（日人）
　稲盛健　いなもり・たけし「臨床血液学マニュアル」メディカル・サイエンス・インターナショナル（日典3）
　稲盛利則　いなもり・としのり　京セラ専務（日典3）
　稲盛豊実　いなもり・とよみ　稲盛財団常務理事，ケイアイ興産社長（日典3）
　稲盛洋輔　いなもり・ようすけ「英語の句読法辞典」インターワーク出版（日典3）

稲野　いなの；いねの
　稲野和子　いなの・かずこ　女優（和モ）
　稲野年恒　いなの・としつね　浮世絵師（日人）
　稲野幸子　いねの・さちこ　翻訳家，通訳（日典3）
　稲野年恒　いねの・としつね　浮世絵師（名画）

[12]稲場　いなば
　稲場紀久雄　いなば・きくお　大阪経済大学人間科学部教授（日典3）
　稲場圭信　いなば・けいしん「社会貢献する宗教」世界思想社（日典3）
　稲場千恵子　いなば・ちえこ　ファッションモデル（日典3）
　稲場常男　いなば・つねお　社会運動家（姓氏富山）
　稲場文男　いなば・ふみお　電子工学者（現情）

稲塚　いなずか；いなつか
　稲塚権次郎　いなずか・ごんじろう　育種家（植物）
　稲塚二郎　いなずか・じろう　建築家（日典3）
　稲塚貴一　いなつか・きいち　アナウンサー（日典3）

禾部（穀）　　[1088]

稲塚庄七郎　いなつか・しょうしちろう　医師（島根歴）

稲富　いなとみ；いなづみ
　稲富栄次郎　いなとみ・えいじろう　哲学者,教育哲学者（日人）
　稲富稜人　いなとみ・たかと　農民運動家,政治家（コン4）
　稲富昭　いなづみ・あきら　稲富建築設計事務所長（国典）
　稲富勇雄　いなづみ・いさお　柳川市助役（日典3）

稲勝　いなかつ
　稲勝正太郎　いなかつ・しょうたろう　実業家（姓氏静岡）
　稲勝哲夫　いなかつ・てつお　天龍木材社長,静岡県公安委員長（日典3）

稲森　いなもり
　稲森いずみ　いなもり・いずみ　女優（日映女）
　稲森和夫　いなもり・かずお　実業家（履歴2）
　稲森志朗　いなもり・しろう　歌人（紀伊文）
　稲森宗太郎　いなもり・そうたろう　歌人（短歌普）
　稲森康利　いなもり・やすとし　ジャズピアニスト（現執3期）

稲葉谷　いなばたに
　稲葉谷猛　いなばたに・たけし　国分寺市立第八小学校教諭（日典3）
　稲葉谷宣夫　いなばたに・のりお「赤ぶちの名刺」稲葉谷宣夫（JM）
　稲葉谷速夫　いなばたに・はやお「鳥取慕情」東京鳥取社（日典3）

稲賀　いなが
　稲賀敬二　いなが・けいじ　日本文学者（現執3期）
　稲賀繁美　いなが・しげみ　美術研究者（現執4期）
　稲賀淑子　いなが・よしこ「現代メキシコ外交に関する一考察」上智大学イベロ・アメリカ研究所（日典3）
　稲賀龍二　いなが・りゅうじ　政治家（鳥取百）

稲越　いなこし
　稲越功一　いなこし・こういち　写真家（日人）
　稲越孝雄　いなこし・たかお　文教大学人間科学部人間科学科教授・理事・学生部長（日典3）

[13]稲福　いなふく
　稲福薫　いなふく・かおる「心の苦しみを癒す」ボーダーインク（日典3）
　稲福盛輝　いなふく・せいき　医史学,地域医療（近医）
　稲福全志　いなふく・ぜんし　医政家（近医）
　稲福全昌　いなふく・ぜんしょう　北里大教授（国典）
　稲福盛松　いなふく・もりまつ　弓道家,弓道教士（弓道）

稲置　いなおき
　稲置繁男　いなおき・しげお　学校創立者（学校）
　稲置敏夫　いなおき・としお　金沢経済大学付属星陵中・高校長,石川県高校野球連盟副会長（日典3）

稲置美弥子　いなおき・みやこ　稲置学園理事長（日典3）

[14]稲熊　いなくま；いなぐま
　稲熊英一　いなくま・えいいち「実例印紙税便覧」（国典）
　稲熊金久　いなくま・かねひさ　セトファミリー山楽同好会会長（日典3）
　稲熊克紀　いなぐま・かつのり「逐条解説・平成21年改正独占禁止法」商事法務（日典3）
　稲熊孝　いなぐま・たかし　ユーライフ専務,ユニー監査役（日典3）

稲蔭　いなかげ
　稲蔭邦彦　いなかげ・くにひこ　銀行家（現情）
　稲蔭千代子　いなかげ・ちよこ　アナウンサー（世紀）

[16]稲墻　いながき
　稲墻正治　いながき・まさはる　林野庁林野資料館（国典）

稲橋　いなはし
　稲橋一正　いなはし・かずまさ　国立公文書館長（日典3）
　稲橋兼吉　いなはし・けんきち　出版人（出文）
　稲橋俊一　いなはし・しゅんいち「鳶作業の基本と一般施工」（国典）
　稲橋卓　いなはし・たかし「野外活動アイデアブック」愛知みどりの会（日典3）

稲積　いなずみ
　稲積章生　いなずみ・あきお　香川大学教授（日典3）
　稲積克己　いなずみ・かつみ　政治家（島根歴）
　稲積包昭　いなずみ・かねあき「英語研究のバックロード」開文社出版（日典3）
　稲積亀吉　いなずみ・かめきち「土と地金と炎熱とにまみれて」創研出版（日典3）
　稲積謙次郎　いなずみ・けんじろう　新聞記者（現執2期）

[17]稲嶺　いなみね
　稲嶺昭子　いなみね・あきお　沖縄県保母の会会長,宜野湾市立伊佐保育所長（日典3）
　稲嶺一郎　いなみね・いちろう　実業家,政治家（日人）
　稲嶺恭子　いなみね・きょうこ「沖縄南の島の私の隠れ家」ダイヤモンド・ビッグ社,ダイヤモンド社（発売）（日典3）
　稲嶺恵一　いなみね・けいいち　政治家（現政）
　稲嶺茂夫　いなみね・しげお　元・プロ野球選手（日典3）

【1088】穀

[5]穀田　こくた
　穀田恵二　こくた・けいじ　政治家（現政）

【1089】 種

種 しゅ；たね

種連進　しゅ・れんしん　「糖尿病に克つ愈消散の驚異―FDA (米国食品医薬品局) が認可」かんき出版 (JM)
種瓜平　たね・うりへい　「江戸古川柳」東都新報社 (日典3)
種ともこ　たね・ともこ　シンガー・ソングライター (テレ)

³種子　たね；たねこ

種子慶子　たね・よしこ　帝京大講師 (国典)
種子謙三　たねこ・けんぞう　写真業者 (社史)
種子助蔵　たねこ・すけぞう　石版工 (アナ)

種子田　たねだ

種子田右八郎　たねだ・うはちろう　海軍造兵 (日人)
種子田清一　たねだ・せいいち　留学生 (渡航)
種子田秀実　たねだ・ひでみ　軍人 (日人)
種子田政明　たねだ・まさあき　薩摩藩士 (姓氏鹿児島)
種子田八雲　たねだ・やくも　新田神社の宮司、鹿児島県神社庁長 (姓氏鹿児島)

種子島　たねがしま

種子島経　たねがしま・おさむ　ノンフィクションライター (現執3期)
種子島かほり　たねがしま・かほり　「鉄砲娘」日本出版制作センター (日典3)
種子島健吉　たねがしま・けんきち　テクニカルライター (日典3)
種子島常助　たねがしま・つねすけ　弓道家、弓道範士 (弓道)
種子島徳次郎　たねがしま・とくじろう　政治家 (姓氏鹿児島)

種山　くさやま；たねやま

種山恭子　くさやま・きょうこ　弘前大学人文学部教授 (日典)
種山丈八　たねやま・じょうはち　架橋家 (人名)
種山健　たねやま・たけし　小学校教員 (社史)

⁵種市　たねいち

種市有鄰　たねいち・うりん　教育者、郷土史家 (青森人)
種市謹爾　たねいち・きんじ　政治家 (青森人)
種市正造　たねいち・しょうぞう　政治家 (青森人)
種市健　たねいち・たけし　社会運動家 (社史)
種市良春　たねいち・よしはる　弓道家、弓道教士 (弓道)

種田　おいた；おいだ；たねだ

種田虎雄　おいた・とらお　実業家 (日人)
種田虎雄　おいだ・とらお　実業家、政治家 (履歴)
種田山頭火　たねだ・さんとうか　俳人 (コン5)

⁷種谷　たねたに；たねや

種谷俊一　たねたに・しゅんいち　牧師 (平和)

種谷清三　たねたに・せいぞう　パラグアイ大使 (日典3)
種谷吉次　たねや・きちじ　神仏具職人、神輿師 (日典3)
種谷睦子　たねや・むつこ　マリンバ奏者 (演奏)

¹⁹種瀬　たねせ

種瀬茂　たねせ・しげる　経済学者 (日人)
種瀬富男　たねせ・とみお　「糖尿病の人の食事」保健同人社 (日典3)

【1090】 稗

⁴稗方　ひえかた

稗方昭雄　ひえかた・あきお　RKB毎日放送常勤監査役 (日典3)
稗方悦　ひえかた・えつ　和洋学園顧問 (人情)
稗方弘毅　ひえかた・こうき　教育者 (熊本百)
稗方富蔵　ひえかた・とみぞう　医師 (日典3)
稗方瑞子　ひえかた・みずこ　ピアニスト (音人3)

⁵稗田　ひえだ；ひえだの；ひだ

稗田一穂　ひえだ・かずほ　日本画家 (日人)
稗田阿礼　ひえだの・あれ　『古事記』の口述者＝古代 (人名5)
稗田隆次　ひだ・りゅうじ　職工 (社史)

¹⁰稗島　ひえじま

稗島一郎　ひえじま・いちろう　英語学者 (現執3期)

【1091】 穂

⁴穂刈　ほかり；ほがり

穂刈四三二　ほかり・しさんじ　微分幾何学者 (現情)
穂刈恒一　ほかり・つねいち　実業家 (姓氏群馬)
穂刈四三二　ほがり・しさんじ　数学者 (数学)

⁷穂岐山　ほきやま

穂岐山小浪　ほきやま・さざなみ　投書家 (四国文)
穂岐山礼　ほきやま・れい　高校教師、読書運動家 (日児)

穂束　ほづか

穂束とよ国　ほづか・とよくに　歌舞伎絵師 (日典3)
穂束信勝　ほずか・のぶかつ　芝居絵作家 (人情)

⁸穂実　おみ

穂実あゆこ　おみ・あゆこ　漫画家 (YA)

穂波　ほなみ

穂波あき　ほなみ・あき　「純子のラブラブフリーター白書」桜桃書房 (日典3)
穂波けい　ほなみ・けい　漫画家 (漫人)
穂波忠松　ほなみ・ただまつ　「迷える家族」櫂歌書房 (日典3)
穂波経度　ほなみ・つねのり　公家 (公卿)
穂波ゆきね　ほなみ・ゆきね　「きみには勝てない！」芳文社 (日典3)

禾部(穗,穎,積,穆,穢)　穴部(穴)　　　　　　　　　　　　　　　　　　　　　　　　　〔1097〕

[10]穂高　ほたか；ほだか
　穂高亜樹　ほたか・あき　ルポライター(現執3期)
　穂高光晴　ほたか・みつはる　能楽師(新芸)
　穂高のり子　ほだか・のりこ　女優(映友)
　穂高稔　ほだか・みのる　俳優(テレ)
[11]穂曽谷　ほそや
　穂曽谷秀雄　ほそや・ひでお　社会運動家(アナ)

【1092】　穐

[3]穐丸　あきまる
　穐丸武臣　あきまる・たけおみ「保育内容健康」北大路書房(日典3)
　穐丸禎三郎　あきまる・ていざぶろう　農民運動家(社史)
　穐山　あきやま
　穐山篤　あきやま・あつし　政治家(現政)
　穐山巖　あきやま・いわお　作家(日典3)
　穐山貞登　あきやま・たかのり　心理学者(世紀)
　穐山竹司　あきやま・たけし　染色工芸家(日典3)
　穐山忠夫　あきやま・ただお　衆院議員(日典3)
[5]穐本　あきもと
　穐本かおり　あきもと・かおり「図解サルにもわかるWindows 95」ジャパン・ミックス(日典3)
　穐本浩美　あきもと・ひろみ「映画で学ぶアメリカ社会」マクミランランゲージハウス(社会)
　穐本洋哉　あきもと・ひろや　東洋大学経済学部経済学科教授(日典3)
[6]穐吉　あきよし
　穐吉条太郎　あきよし・じょうたろう「不安障害の臨床」新興医学出版社(日典3)
　穐吉澄子　あきよし・すみこ　名横綱双葉山の妻(大阪人)
　穐吉経治　あきよし・つねはる　僧侶(日典)
　穐吉敏男　あきよし・としお　佐賀医科大学医学部教授(日典3)
　穐吉敏子　あきよし・としこ　ジャズピアニスト,作曲家(作曲)
[10]穐原　あきはら；はぎわら
　穐原惣太郎　あきはら・そうたろう　日和産業会長(日典3)
　穐原圭子　はぎわら・けいこ　大阪四天王寺学園講師(日典3)

【1093】　穎

[5]穎田島　えたじま
　穎田島一二郎　えたじま・いちじろう　歌人(日人)
[10]穎原　えはら；えばら
　穎原季善　えはら・すえよし　肥前福江藩士(幕末)
　穎原雍伯　えはら・ようはく　医師(幕末)
　穎原退蔵　えはら・たいぞう　国文学者(川柳)

【1094】　積

　積　せき
　積興熊　せき・おきぐま　農民(社史)
　積兼民　せき・かねたみ　農民(社史)
　積清登嘉　せき・きよとか　黒砂糖自由売買嘆願の陳情団の一人(姓氏鹿児島)
　積清登喜　せき・きよとき　農民(社史)
　積惟勝　せき・これかつ　教育者(日児)
[3]積山　せきやま；つみやま
　積山薫　せきやま・かおる「身体表象と空間認知」ナカニシヤ出版(日典3)
　積山敬経　つみやま・たかつね「健康とからだ」晃洋書房(日典3)
[4]積木　つみき；つむき
　積木鏡介　つみき・きょうすけ　小説家(幻想)
　積木爆　つみき・ばく　漫画家(漫人)
　積木千明　つむき・ちあき　東京焼結金属社長(日典)
　積木久明　つむき・ひさあき「地球温暖化と南方性害虫」北隆館(日典3)
[5]積田　せきた；つみた
　積田きよ子　せきた・きよこ　城西消費購買組合組合員(社史)
　積田保治　せきた・やすじ　治安維持法違反による検挙者(社史)
　積田亨　つみた・とおる　東大医科学研究所教授(国典)
　積田万鈴　つみた・まりん　陶芸家(陶工)

【1095】　穆

　穆　ぼく
　穆山人　ぼく・さんじん　近世文学(現執1期)

【1096】　穢

[8]穢所　さいしょ
　穢所信篤　さいしょ・のぶあつ　官吏(岡山人)

穴部

【1097】　穴

[4]穴戸　ししど
　穴戸育夫　ししど・いくお　富士銀行総合事務部上席調査役(日典)
　穴水　あなみず
　穴水清彦　あなみず・きよひこ　横浜会議所会頭(日典3)
　穴水熊雄　あなみず・くまお　実業家(鉄道)
　穴水三郎　あなみず・さぶろう　東部瓦斯会長,日本ガス協会副会長(日典3)

穴部（空,穹,窓,窪）

穴水朝次郎　あなみず・ともじろう　山梨県庁土木課長(山梨百)
穴水要七　あなみず・ようしち　実業家,政治家(日人)

⁵穴田　あなた；あなだ
穴田丘呼　あなた・きゅうこ　「青の時代1985」清風堂書店(日典3)
穴田きよ　あなた・きよ　志賀町リハビリ友の会会長(日典)
穴田信次　あなだ・しんじ　水戸証券監査役(現執4期)
穴田仁七郎　あなだ・にしちろう　政治家(姓氏富山)

⁷穴吹　あなぶき
穴吹章子　あなぶき・あきこ　「翻訳とグローバリゼーション」大阪教育図書(日典3)
穴吹弘毅　あなぶき・こうき　「腰痛は自分で治せる」河出書房新社(日典3)
穴吹智　あなぶき・さとし　軍人(陸海)
穴吹夏次　あなぶき・なつじ　実業家(創業)
穴吹義雄　あなぶき・よしお　プロ野球選手(世紀)

穴沢　あなさわ；あなざわ
穴沢雄作　あなさわ・ゆうさく　「外科治療ハンドブック」医学図書出版(日典3)
穴沢喜美男　あなざわ・きみお　舞台照明家(コン)
穴沢松五郎　あなざわ・まつごろう　農業改良家(日人)

⁸穴迫　あなさこ
穴迫之男　あなさこ・ゆきお　関西大学教授(日典)
穴迫洋子　あなさこ・ようこ　「子どものためのダンスの授業」ベースボール・マガジン社(日典3)

【1098】空

空　くう；そら
空不動　くう・ふどう　「人間やりなおし」献文舎,早稲田出版(発売)(日典3)
空悠二　くう・ゆうじ　「新地球紀行」仙台経済界(日典3)
空辰男　そら・たつお　教員(平和)
空充秋　そら・みつあき　彫刻家(日人)

⁴空井　そらい
空井健三　そらい・けんぞう　医師(近医)
空井隆幸　そらい・たかゆき　「古典」(JM)
空井智子　そらい・ともこ　「幼い双子と過ごす毎日」ビネバル出版,星雲社(発売)(日典3)
空井護　そらい・まもる　「アメリカ文化の日本経験」みすず書房(日典3)

空木　うつぎ
空木朔子　うつぎ・さくこ　「雪国」ホーム社,集英社(発売)(日典3)
空木しき　うつぎ・しき　建築家(日典3)
空木創　うつぎ・そう　「いのちのしずく」東京図書出版会(日典3)

空木次葉　うつぎ・つぐは　「触手が嫌いな女の子はいません！」キルタイムコミュニケーション(日典3)
空木秀夫　うつぎ・ひでお　「イラン人質の444日」草思社(日典3)

⁶空西　そらにし
空西哲郎　そらにし・てつろう　「英語・日本語」紀伊国屋書店(日典3)

¹²空閑　くが
空閑明　くが・あきら　「デジタル受発注Q&A」印刷出版研究所(日典3)
空閑貞子　くが・さだこ　女性の職業能力開発指導者(現執3期)
空閑住一　くが・すみいち　弓道家,弓道教士(弓道)
空閑忠雄　くが・ただお　技術士(現執2期)
空閑昇　くが・のぼる　軍人(日人)

【1099】穹

¹¹穹野　きゅうの
穹野卿児　きゅうの・きょうじ　自営業(国典)

【1100】窓

⁷窓里　まどり
窓里弓男　まどり・ゆみお　「大服飾家バレンシアーガ」(国典)

【1101】窪

⁶窪寺　くぼてら；くぼでら
窪寺功　くぼてら・いさお　「校長・教頭・指導主事選考問題の分析と論文演習」文教書院(日典3)
窪寺啓　くぼてら・さとし　「同塵舎詩鈔」同塵舎(日典)
窪寺紘一　くぼでら・こういち　ノンフィクション作家(現執3期)
窪寺福寿　くぼでら・ふくじゅ　新聞記者(社史)

⁷窪谷　くぼたに；くぼのや；くぼや
窪谷逸次郎　くぼたに・いつじろう　政治家(岡山歴)
窪谷順次　くぼのや・じゅんじ　「鹿児島農業の諸問題」(国典)
窪谷新顕　くぼや・しんけん　笛師(新芸)

⁹窪美　くぼみ
窪美千枝子　くぼみ・ちえこ　「みちくさ」本阿弥書店(日典3)
窪美昌保　くぼみ・まさやす　医師,史学者(日人)

¹⁶窪薗　くぼぞの
窪薗晴夫　くぼぞの・はるお　研究者(現執4期)

立部

【1102】 立

立　たち；たて；りつ
　立作太郎　たち・さくたろう　国際法・外交史学者(コン5)
　立直子　たて・なおこ　「空は見上げるためにある」関東図書(日典3)
　立ともみ　りつ・ともみ　宝塚歌劇団団員(日典)

²立入　たちいり
　立入明　たちいり・あきら　「コロイドの発見」高分子化学協会出版部(日典3)
　立入敦子　たちいり・あつこ　アーチェリー選手(日典3)
　立入奇一　たちいり・きいち　武士,政治家(日人)
　立入隼人　たちいり・はやと　教育者(栃木歴)
　立入弘　たちいり・ひろむ　医師(近医)

³立山　たちやま；たてやま
　立山嘉兵衛　たちやま・かへえ　樟脳,種子油製造者(姓氏鹿児島)
　立山紘毅　たちやま・こうき　山口大学経済学部教授(現執4期)
　立山弟四郎　たてやま・ていしろう　農業指導者(日人)
　立山学　たてやま・まなぶ　鉄道問題評論家,ジャーナリスト(現執4期)

立川　たちかわ；たつかわ；たつがわ；たてかわ
　立川清登　たちかわ・すみと　声楽家(コン4)
　立川昭二　たつかわ・しょうじ　医史学者(日人)
　立川哲男　たつがわ・てつお　広島アジア大会組織委員会理事(日典)
　立川談志　たてかわ・だんし　落語家(東落)

⁴立中　たちなか；たてなか
　立中幸江　たちなか・ゆきえ　数矢小学校(江東区)校長(日典3)
　立中順　たてなか・じゅん　「闇の産卵」弓立社(日典3)
　立中順平　たてなか・じゅんぺい　「スーパースポーツデッサン」グラフィック社(日典3)

立井　たちい；たつい；たてい
　立井海洋　たちい・かいよう　「現代の独占資本」(国典)
　立井信也　たつい・のぶや　「告発・ウソで固められた日本の教科書」山手書房(日典3)
　立井啓介　たてい・けいすけ　「夢はゆめ色」清水弘文堂(日典3)

立元　たちもと；たてもと
　立元幸治　たちもと・こうじ　メディア評論家(日典)
　立元善太郎　たちもと・ぜんたろう　水田開発者(姓氏鹿児島)
　立元一彦　たてもと・かずひこ　群馬大学生体調節研究所教授(日典3)
　立元正一　たてもと・しょういち　住友大阪セメント会長(日典)

立木　たき；たちき；たちぎ；たつき；たつぎ；ついき
　立木勝　たき・まさる　政治家(政治)
　立木洋　たちき・ひろし　政治家(現政)
　立木恵章　たちぎ・けいしょう　著述家(現執3期)
　立木義浩　たつき・よしひろ　写真家(日人)
　立木定保　たつぎ・さだやす　国学者(姓氏長野)
　立木藤蔵　たてぎ・とうぞう　秀吉馬廻=中世(戦国)
　立木豊　ついき・ゆたか　医師(近医)

⁵立仙　りっせん
　立仙啓一　りっせん・けいいち　詩人(四国文)
　立仙憲一郎　りっせん・けんいちろう　「支那文学史」人文閣(日典3)
　立仙淳三　りっせん・じゅんぞう　「二宮翁夜話」藤井書店(日典3)
　立仙順朗　りっせん・じゅんろう　慶応義塾大学文学部文学科教授(日典3)
　立仙藤松　りっせん・ふじまつ　「昭和前期「教師論」文献集成」ゆまに書房(日典3)

立半　りゅうはん
　立半雄彦　りゅうはん・かつひこ　大阪府立大講師(国典)
　立半青紹　りゅうはん・せいしょう　俳人(日典3)

立平　たつひら；たてひら
　立平宣雄　たつひら・のぶお　元・石川テレビ放送会長(日典)
　立平幾三郎　たてひら・いくさぶろう　「官立仁川日語学校沿革史」木下隆男(日典3)
　立平良三　たてひら・りょうぞう　気象学者(現執3期)

立本　たちもと；たつもと；たてもと
　立本昭男　たちもと・てるお　元・加治木簡裁判事(日典)
　立本英機　たつもと・ひでき　千葉大学工学部応用化学科助教授(日典)
　立本三郎　たてもと・さぶろう　「エジソンと日本の竹」男山エジソン頌徳保存会(日典3)

立田　たつた；たてだ；りゅうた
　立田清士　たつた・きよし　政治学者(現執2期)
　立田清朗　たてだ・あきら　九州大学名誉教授(日典)
　立田外美子　りゅうた・とみこ　川柳作家(石川文)

立石　たついし；たていし
　立石直　たついし・ただし　総務省情報通信研修所長(日典)
　立石一真　たていし・かずま　実業家(コン4)
　立石清重　たていし・せいじゅう　松本の大工棟梁(日人)

立辺　たてべ
　立辺純太　たてべ・じゅんた　セゾングループ代表室(日典3)

⁶立光　たてこう

立光敏子　たてこう・としこ　宮崎女子短大助教授（日典）

⁷立尾　たちお；たてお

立尾良二　たちお・りょうじ　新聞記者（日典）
立尾征男　たてお・いくお　海洋冒険家（日典3）
立尾正義　たてお・まさよし「コンピュータ回路技術入門」コロナ社（日典3）

立村　たちむら

立村一見　たちむら・いっけん　歌人（富山文）
立村甚松　たちむら・じんまつ　北陸電力（国典）
立村知山　たちむら・ちざん　小説家（富山文）

立沢　たちざわ；たつざわ；たてざわ

立沢平治良　たちざわ・へいじろう　弓道家、弓道錬士（弓道）
立沢久雄　たつざわ・ひさお　社会主義シンパ（社史）
立沢千尋　たてざわ・ちひろ　小学校教員（社史）

立見　たちみ；たつみ；たてみ

立見よしえ　たちみ・よしえ　東京市営バス車掌（社史）
立見尚文　たつみ・なおぶみ　伊勢桑名藩士、陸軍軍人（コン4）
立見淳男　たてみ・じゅんや　大阪市立大学院創造都市研究科准教授（日典3）

立谷　たちに；たちや

立谷誠一　たちに・せいいち　和歌山県議（自民党、西牟婁郡）（日典3）
立谷今朝太郎　たちや・けさたろう　サンエイ海苔社長、相馬市乾海苔協同組合副理事長（日典3）
立谷秀清　たちや・ひできよ　医師、政治家（現政）

⁸立岡　たちおか；たつおか；たておか

立岡勝之　たちおか・かつゆき　埼玉県副知事（日典3）
立岡晃　たつおか・あきら　俳優（新芸）
立岡健太郎　たておか・けんたろう　日本共産党関係者（社史）

立岩　たちいわ；たていし；たていわ

立岩俊弘　たちいわ・としひろ「目でみる三階建木造住宅ハンドブック」山海堂（日典3）
立岩敏朗　たていし・としろう「アトラスコルポスコピー」メジカルビュー社（日典3）
立岩利夫　たていわ・としお　俳人（大阪文）

立迫　たてさこ

立迫浩一　たてさこ・こういち　東大野球部遊撃手（日典）
立迫文明　たてさこ・ふみあき「面白いほどよくわかる日本経済入門」宙出版（日典3）

⁹立柳　たちやなぎ；たてやなぎ

立柳聡　たちやなぎ・さとし　福島県立医科大学看護学部講師（日典3）
立柳雅義　たてやなぎ・まさよし　芦屋女子高校教諭（日典）

立津　たてつ

立津春уреちべう　たてつ・しゅんぼう　教育者、政治家、農民運動家（社史）

立津政順　たてつ・せいじゅん　神経精神医学者（日人）

立津明徴　たてつ・めいちょう「あなたのアブナイ「健康常識」」インターワーク出版（日典3）

立畑　たてはた

立畑健吾　たてはた・けんご「松井誠」芸文社（日典3）

立神　たつかみ；たつがみ；たてがみ

立神勝彦　たつかみ・かつひこ　郷土史家、神官（郷土）
立神清章　たつがみ・きよあき　会計検査院第二局審議官（日典3）
立神高郎　たてがみ・たかろう　弓道家、弓道教士（弓道）

立風　たちかぜ；たてかぜ

立風信吾　たちかぜ・しんご　社会運動家（アナ）
立風真　たてかぜ・しん「子どもたちの感覚を育てる」アウディオベーデ出版、キブリ（発売）（日典3）

¹⁰立原　たちはら；たちばら；たてはら

立原道造　たちはら・みちぞう　詩人（コン5）
立原久綱　たちばら・ひさつな　尼子氏家臣＝中世（戦西）
立原凌　たてはら・りょう「女教師肉花の屈辱」グリーンドア社（日典3）

立浪　たちなみ；たつなみ

立浪澄子　たちなみ・すみこ　長野県短期大学幼児教育学科助教授（日典）
立浪和義　たつなみ・かずよし　元・プロ野球選手（日典3）
立浪弥右衛門　たつなみ・やえもん　力士（姓氏富山）

立脇　たちわき；たつわき；たてわき

立脇徳松　たちわき・とくまつ「アンデスに凍結真空乾燥技術の源流を求めて」日本書籍（JM）
立脇耕一　たつわき・こういち　元古河電工常務（日典）
立脇和夫　たてわき・かずお　金融学者（現執4期）

¹¹立亀　たちかめ；たちがめ

立亀長三　たちかめ・ちょうぞう　日本メンズファッション協会理事長（日典）
立亀長三　たちかめ・ちょうぞう「80年代ファッション・トレンドのつかみ方」ビジネス社（JM）

立崎　たちさき；たちざき；たつざき

立崎俊一　たちさき・しゅんいち　北海タイムス編集局長代理（日典）
立崎秀和　たちざき・ひでかず　千葉大学教養部助教授（日典）
立崎誠一　たつざき・せいいち　元・習志野市議（日典）

立野　たちの；たつの；たての

立野恵子　たちの・けいこ　絵本作家（児人）
立野良道　たつの・よしみち　国学者、神官（日人）
立野信之　たての・のぶゆき　小説家、評論家（コン4）

立部（竜，章，童）　　　　　　　　　　　　　　　　　　　　　　　　　　　　　　　　　　　　　〔1105〕

¹²立道　たちみち；たてみち
　立道登　たちみち・のぼる　日本システムエンジニアリング（株）代表取締役社長（日典）
　立道有年　たちみち・ありとし　名古屋工業大学名誉教授，愛知学院大学教授（日典）
　立道和子　たてみち・かずこ「年金月21万円の海外暮らし実現ガイド」文芸春秋（日典3）

立間　たつま
　立間祥介　たつま・しょうすけ　中国文学者（日人）
　立間徹　たつま・てつ「電気化学測定法の基礎」丸善（日典3）
　立間俊成　たつま・としなり　フェリー「さっぽろ丸」船長（日典3）
　立間充宏　たつま・みつひろ　競艇選手（日典3）
　立間実　たつま・みのる　新潟大教授（国典）

¹⁶立樹　たつき；りき
　立樹遙　たつき・よう　宝塚歌劇団団員（日典3）
　立樹真理子　りき・まりこ「闇に葬れ」論創社（日典3）

¹⁸立藤　たてふじ
　立藤咲　たてふじ・さき「紫花菜」（国典）
　立藤茂　たてふじ・しげる　日本プロレタリア文化連盟高松地区党フラク責任者（社史）

【1103】竜

竜　たつ；りゅう；りょう
　竜幸伸　たつ・ゆきのぶ「正義の禄号」講談社（日典3）
　竜雷太　りゅう・らいた　俳優（日映男）
　竜粛　りょう・すすむ　日本史学者（日人）

³竜口　たつぐち；たつのくち
　竜口和恵　たつぐち・かずえ　西南女学院大学保健福祉学部教授（日典3）
　竜口幸子　たつぐち・さちこ「二灘」本阿弥書店（日典3）
　竜口直太郎　たつのくち・なおたろう　翻訳家，英文学者（日人）
　竜口亘　たつのくち・わたる　小説家（日典）

⁵竜田　たつた；たつだ；りゅうた
　竜田清成　たった・きよしげ　連合福井事務局長（日典3）
　竜田静枝　たつた・しずえ　映画女優（日人）
　竜田建次　たつだ・けんじ「コンピュータ入門」みらい（日典3）
　竜田八百　りゅうた・やお「カスパー」劇書房（日典3）

⁶竜池　たついけ；りゅうち
　竜池藤兵衛　たついけ・とうべえ　植林家（日人）
　竜池密雄　りゅうち・みつゆう　僧（日典3）

⁷竜沢　たつさわ；たつざわ；りゅうさわ
　竜沢良芳　たつさわ・よしか「軌範徒然草全解」広文館（日典3）
　竜沢周雄　たつざわ・ちかお「関数論」共立出版（日典3）
　竜沢彩　りゅうさわ・あや「くうきはどこに？」福音館書店（日典3）

⁸竜居　たつい
　竜居竹之介　たつい・たけのすけ　造園家，邦楽・舞踊評論家（現執3期）
　竜居松之助　たつい・まつのすけ　造園学者（日人）

⁹竜前　りゅうまえ
　竜前隆　りゅうまえ・たかし「「No.1日本」復活!!」ごま書房新社（日典3）
　竜前正夫　りゅうまえ・まさお　舞台照明家（人情）

竜城　たつき；りゅうじょう
　竜城・まさあき「ことばは生きている」くろしお出版（日典3）
　竜城秀雄　りゅうじょう・ひでお「魔像」初音書房（日典3）

¹⁰竜島　りゅうしま；りゅうじま
　竜島秀次　りゅうしま・ひでつぐ「みんな元気になる対人援助のための面接法」金剛出版（日典3）
　竜島穣　りゅうじま・みのる「隣の人妻」フランス書院（日典3）

¹¹竜崎　りゅうさき；りゅうざき
　竜崎史郎　りゅうさき・しろう　営業コンサルタント（現執4期）
　竜崎一郎　りゅうざき・いちろう　俳優（新芸）
　竜崎勝　りゅうざき・かつ　俳優（新芸）

竜野　たつの；りゅうの
　竜野周一郎　たつの・しゅういちろう　政治家（日人）
　竜野順義　たつの・じゅんぎ　作曲家，ピアニスト（作曲）
　竜野喜一郎　りゅうの・きいちろう　政治家（政治）

¹³竜腰　たつこし
　竜腰雄二　たつこし・ゆうじ　写真家（写人）

竜豊　りゅうほう
　竜豊道人　りゅうほう・どうじん「竜虎式運命占術」コア出版（日典3）

¹⁶竜樹　たつき
　竜樹諒　たつき・りょう「宝石物語」秋田書店（日典3）

【1104】章

章　しょう
　章文栄　しょう・ぶんえい　女優（映女）

【1105】童

童　どう；わらべ
　童亜明　どう・あめい「日中における地域間経済格差の生成と展開メカニズムに関する比較研究」富士ゼロックス小林節太郎記念基金（JM）
　童涼景　どう・りょうけい　詩人（日典3）
　童公佳　わらべ・きみか　画家（児人）

[8]童門　どうもん
　童門冬二　どうもん・ふゆじ　小説家(日人)

【1106】端

端　はし；はた
　端和夫　はし・かずお　「脳動脈瘤を巡る論争のその後」にゅーろん社(日典3)
　端恒夫　はし・つねお　京都大学名誉教授(日典)
　端清貞　はた・きよさだ　洋画家(日典3)
　端信行　はた・のぶゆき　文化人類学者(現執3期)

[3]端山　はしやま；はやま
　端山省三　はしやま・しょうぞう　「死活トレーニング180」山海堂(日典3)
　端山忠左衛門　はしやま・ちゅうざえもん　政治家,実業家(姓氏愛知)
　端山明治　はやま・あきはる　清瀬市立中央図書館長(日典3)
　端山貢明　はやま・こうめい　作曲家(作曲)

[4]端戸　はしど；はなと
　端戸信騎　はしど・しんき　「鬼女紅葉伝説考」堀井謙一,信濃毎日新聞社(製作)(日典3)
　端戸仁　はなと・じん　サッカー選手(日典3)

[11]端盛　はしもり
　端盛紀生　はしもり・のりお　「写真でわかる登山入門」新星出版社(日典3)

端野　はしの
　端野いせ　はしの・いせ　「岸壁の母」のモデル(日人)
　端野朝康　はしの・ともやす　京都大学名誉教授(日典4)

[13]端詰　はしづめ
　端詰英一　はしづめ・えいいち　モータージャーナリスト(現執2期)

[16]端館　はしだて
　端館紫山　はしだて・しせん　日本画家(日人)

部首6画

竹部

【1107】竹

[3]竹上　たけがみ；たけのうえ
　竹上藤次郎　たけがみ・とうじろう　実業家,政治家(日人)
　竹上正子　たけがみ・まさこ　婦人運動家(女性普)
　竹上寂照　たけのうえ・じゃくしょう　「幸せのたね袋」主婦の友社(日典3)
　竹上藤七郎　たけのうえ・とうしちろう　「黒潮.親潮」(国典)

竹口　たけくち；たけぐち
　竹口作兵衛　たけくち・さくべえ　「伊勢商人竹口家の研究」和泉書院(日典3)
　竹口章　たけぐち・あきら　福助取締役(日典3)
　竹口知男　たけぐち・ともお　大阪産業大学工学部助教授(日典3)

竹大　たけだい
　竹大正孝　たけだい・まさたか　東京芝浦電気(国典)

竹川　たけかわ；たけがわ
　竹川訓由　たけかわ・くにゆき　小学校教師(現執4期)
　竹川藤太郎　たけかわ・とうたろう　ジャーナリスト(日人)
　竹川竹斎　たけがわ・ちくさい　篤農家(日人)
　竹川康則　たけがわ・やすのり　エコノミスト(現執2期)

[5]竹代　たけしろ
　竹代治助　たけしろ・じすけ　海運業者(日人)

竹市　たけいち；たけうち
　竹市文成　たけいち・ぶんじょう　政治家(群馬)
　竹市雅俊　たけいち・まさとし　細胞生物学者(日人)
　竹市忠蔵　たけうち・ちゅうぞう　政治家(群馬)

竹平　たけひら
　竹平栄次　たけひら・えいじ　実業家(創業)
　竹平栄太郎　たけひら・えいたろう　立山アルミニウム工業会長,三協立山ホールディングス取締役(日典3)
　竹平和男　たけひら・かずお　三協化成会長(日典3)
　竹平儀作　たけひら・ぎさく　立山アルミ副社長,三精工業社長(日典3)
　竹平政太郎　たけひら・まさたろう　実業家(創業)

竹生　たけう；たけお；たけふ；ちくぶ
　竹生礼子　たけう・れいこ　「在宅悪性腫瘍患者指導管理の鎮痛療法/化学療法」医歯薬出版(日典3)
　竹生福太郎　たけお・ふくたろう　平民社シンパ(社史)
　竹生政資　たけふ・まさすけ　「Windows NT 4.0実践管理マニュアル」技術評論社(日典3)
　竹生欽也　ちくぶ・きんじ　「農業博物自然観察紀行案内」高須書房(日典3)

竹田　たけた；たけだ
　竹田貞風　たけた・ていふう　「無限階段」本阿弥書店(日典3)
　竹田儀一　たけだ・ぎいち　実業家,政治家(コン4)
　竹田敏彦　たけだ・としひこ　小説家,劇作家(日人)

竹田津　たけたず；たけたつ；たけだつ
　竹田津実　たけたず・みのる　獣医,写真家(日人)
　竹田津実　たけたつ・みのる　獣医,写真家(現執2期)

竹部（竹）

竹田津春江　たけだつ・はるえ　婦人運動家（日人）

⁶竹宇治　たけうじ
竹宇治聡子　たけうじ・さとこ　水泳選手（背泳）、水泳コーチ（世紀）

⁷竹沙　ちくさ
竹沙雅章　ちくさ・まさあき　京大助教授（国典）

竹沢　たけさわ；たけざわ
竹沢真吾　たけさわ・しんご「血液透析とエンドトキシン」東京医学社（日典3）
竹沢勉　たけさわ・つとむ　岩崎通信機常務（日3）
竹沢弥七〔10代〕　たけざわ・やしち　浄瑠璃三味線方（日人）

竹谷　たけたに；たけや
竹谷俊一　たけたに・しゅんいち　地方殖産の率先者（島根歴）
竹谷文一　たけたに・ぶんいち　能楽師（能狂言）
竹谷源太郎　たけや・げんたろう　政治家（政治）
竹谷富士雄　たけや・ふじお　洋画家、挿絵画家（日人）

竹谷内　たけやち
竹谷内一愿　たけやち・かずよし「カイロプラクティック」金芳堂（日典3）
竹谷内啓介　たけやち・けいすけ「カイロプラクティックテクニック総覧」産学社エンタプライズ出版部（日典3）
竹谷内桜子　たけやち・さくらこ「影追いの街」エクリ（日典3）
竹谷内伸佳　たけやち・のぶよし「カイロプラクティック」金芳堂（日典3）
竹谷内宏明　たけやち・ひろあき　医師（日典）

竹邑　たけむら
竹邑あき　たけむら・あき「眼居の底の」奥平辰子（日典3）
竹邑類　たけむら・るい　演出家、振付師（日人）

⁸竹林　たけはやし；たけばやし
竹林環　たけはやし・たまき「私の人生劇場」夕刊デイリー新聞社（日典3）
竹林薫風　たけばやし・くんぷう　彫刻家、一刀彫り作家（美建）
竹林弘　たけばやし・ひろむ　医学者（郷土和歌山）

竹林地　ちくりんじ；ちくりんち
竹林地文雄　ちくりんじ・ふみお　日本水泳連盟参与、明治大学水泳部監督（日典3）
竹林地毅　ちくりんち・たけし「障害のある子どものための表現活動」東洋館出版社（日典3）

竹治　たけじ；たけはり
竹治貞夫　たけじ・さだお　中国語・中国文学者（現執1期）
竹治豊　たけじ・ゆたか　農民運動家（社史）
竹治進　たけはり・すすむ「学びやすいドイツ語」松籟社（日典3）

竹若　たけわか
竹若勲　たけわか・いさお「大師とお遍路さん」友月書房（日典3）

竹若泰輔　たけわか・たいすけ「農協とコミュニケーション」家の光協会（日典3）
竹若元博　たけわか・もとひろ　漫才師（テレ）
竹若理衣　たけわか・りえ「死のテレビ実験」河出書房新社（日典3）

竹迫　たかば；たけさこ；たけば
竹迫建治　たかば・けんじ　公認会計士、税理士（日典）
竹迫一雄　たけさこ・かずお　福岡大学理学部助手（日典3）
竹迫哲也　たけば・てつや　三井三池製作所常務（紳士）

竹門　たけもん
竹門康弘　たけもん・やすひろ「自然再生ハンドブック」地人書館（日典3）
竹門良次　たけもん・りょうじ　つり師（日典3）

⁹竹厚　たけこう
竹厚恥　たけこう・はつる　全日本船舶職員協会副会長（人情）

竹廼門　たけのと
竹廼門静枝　たけのと・しずえ　狂歌師（日人）

¹⁰竹原店　たけはらだな
竹原店久兵衛　たけはらだな・きゅうべえ「両替年代記」柏書房（日典3）

竹島　たけしま；たけじま
竹島卓一　たけしま・たくいち　東洋史学者（日人）
竹島寛　たけしま・ひろし　日本史学者（史研）
竹島謙作　たけじま・けんさく　日本労働総同盟尼崎連合会幹部（社史）
竹島将　たけじま・まさし　小説家（幻想）

竹馬　たけうま；ちくば；ちくま
竹馬秀道　たけうま・ひでみち　社会大衆党関係者（社史）
竹馬規雄　ちくば・のりお　俳人（日典）
竹馬衛　ちくま・まもる　弓道家、弓道錬士（弓道）

¹¹竹崎　たけさき；たけざき
竹崎茶堂　たけさき・さどう　肥後熊本藩郷士（コン4）
竹崎順子　たけさき・じゅんこ　教育者（コン4）
竹崎順子　たけざき・じゅんこ　教育者（日人）
竹崎有斐　たけざき・ゆうひ　児童文学作家（日人）

竹貫　たかぬき；たけぬき
竹貫佳水　たかぬき・かすい　小説家、編集者（幻想）
竹貫直人　たかぬき・なおんど「児童図書館の研究」久山社（日典3）
竹貫佳水　たけぬき・かすい　小説家、編集者（郷土群馬）
竹貫元勝　たけぬき・げんしょう　歴史学者（現執4期）

竹野谷　たけのや
竹野谷仁重　たけのや・じんじゅう　埼玉大教授（国典）
竹野谷英明　たけのや・ひであき　蛇の目ミシン工業技術研究所第二研究部長（日典3）

竹野谷仁重　たけのや・ひとしげ　美術教育・水彩画家（埼玉人）
竹野谷みゆき　たけのや・みゆき　「メディアとことば」ひつじ書房（日典）

¹²竹葉　たけは；たけば
竹葉熊一郎　たけは・くまいちろう　弓道家，弓道達士（教士）（弓道）
竹葉散人　たけは・さんじん　探偵小説作家（日典）
竹葉寅一郎　たけば・とらいちろう　部落改善家，感化教育家（社史）
竹葉秀雄　たけば・ひでお　教育家（愛媛百）

竹越　たけこし；たけごし
竹越竹代　たけこし・たけよ　婦人運動家（日人）
竹越与三郎　たけこし・よさぶろう　歴史家，政治家（日人）
竹越竹代　たけごし・たけよ　婦人運動家（近女）
竹越与三郎　たけごし・よさぶろう　日本史家，政治家（コン4）

竹間　たけま；ちくま
竹間茂樹　たけま・しげき　「東芝コンツェルン」展望社（日典3）
竹間忠夫　たけま・ただお　経済ジャーナリスト（現執2期）
竹間忠夫　ちくま・ただお　経済ジャーナリスト（現執3期）
竹間弘　ちくま・ひろし　土木工学者（現情）

¹³竹園　たけその；たけぞの
竹園自耕　たけその・じこう　漆芸家（美工）
竹園正園　たけその・せいえん　画家（日典）
竹園一　たけぞの・はじめ　教育者（群馬人）
竹園文圭　たけぞの・ぶんけい　文人（姓氏石川）

竹節　たけふし；たけぶし
竹節佐貴子　たけふし・さきこ　バイアスロン選手（日典3）
竹節作太　たけふし・さくた　登山家（姓氏長野）
竹節作太　たけぶし・さくた　「雪の千一夜」（国典）

竹腰　たけこし；たけごし；たけのこし
竹腰健造　たけこし・けんぞう　建築家（日人）
竹腰俊蔵　たけごし・しゅんぞう　政治家（姓氏群馬）
竹腰重丸　たけのこし・しげまる　スポーツ指導者（日人）

竹蓋　たけふた
竹蓋順子　たけふた・じゅんこ　「これで分かる！3ラウンド・システムで徹底ヒアリング」アルク（日典3）
竹蓋幸生　たけふた・ゆきお　教育者（現執3期）

¹⁴竹嶌　たけしま
竹嶌継夫　たけしま・つぎお　陸軍軍人（世紀）

竹端　たけはた；たけはな
竹端進　たけはた・すすむ　「入門Google Web Toolkit」ソフトバンククリエイティブ（日典3）
竹端克利　たけはな・かつとし　「入門インフラファンド」東洋経済新報社（日典3）

¹⁸竹藤　たけふじ；ちくとう
竹藤寛　たけふじ・ひろし　福岡ユネスコ協会専務理事（日典）
竹藤峰治　たけふじ・みねじ　「最近ニ於ケル厦門ノ事情ニ就テ」興亜院政務部（日典3）
竹藤太郎　ちくとう・たろう　岡山県議（日典）

【1108】　竺

竺　じく；ちく
竺坦道　じく・たんどう　丹羽郡小淵村出身の僧侶・漢詩人（姓氏愛知）
竺道契　じく・どうかい　尊王僧侶（岡山歴）
竺覚暁　ちく・かくぎょう　金沢工業大学工学部建築学科教授・ライブラリーセンター室長（日典）

⁷竺沙　ちくさ
竺沙雅章　ちくさ・まさあき　「宋の太祖と太宗」清水書院（日典3）

【1109】　笈

³笈川　おいかわ
笈川かおる　おいかわ・かおる　漫画家（漫人）
笈川行雲　おいかわ・こううん　「曜日なき日々」葦牙俳句会（日典3）
笈川正一　おいかわ・しょういち　「傘寿喜寿」葦牙俳句会（日典3）
笈川武夫　おいかわ・たけお　俳優（社史）
笈川博一　おいかわ・ひろかず　中東情勢研究者，ジャーナリスト（現執4期）

⁵笈田　おいた；おいだ
笈田欣治　おいた・きんじ　関西大学文学部教授・男子バスケットボール部監督（日典）
笈田敏野　おいた・としの　「ジヤパニースコンヴァセイションリーダー」永田文進堂書店（日典3）
笈田光吉　おいた・こうきち　ピアニスト（日人）
笈田敏夫　おいだ・としお　ジャズ歌手，映画俳優（新芸）

⁸笈沼　おいぬま
笈沼はるを　おいぬま・はるお　「在るがまま」幹書房（日典3）
笈沼隆二　おいぬま・りゅうじ　「ふるさと（歌集）」（国典）

【1110】　笑

¹¹笑組　えぐみ
笑組かずお　えぐみ・かずお　漫才師（テレ）
笑組ユタカ　えぐみ・ゆたか　漫才師（テレ）

¹⁸笑顔　えがお
笑顔九州児　えがお・くすお　「新・博多の女」ユーモア文芸社（日典3）

【1111】 笠

笠　かさ；りゅう

- 笠銀作　かさ・ぎんさく　「犯罪調書」東京法経学院出版（日典3）
- 笠源右衛門　かさ・げんえもん　地方功労者（人名）
- 笠信太郎　りゅう・しんたろう　ジャーナリスト（コン4）
- 笠智衆　りゅう・ちしゅう　俳優（日人）

3 笠川　かさかわ；かさがわ；ささがわ

- 笠川継孝　かさかわ・つぎたか　政治家（福井百）
- 笠川純　かさがわ・じゅん　日本プロレタリア劇場同盟京都支部書記長（社史）
- 笠川誠二　ささがわ・せいじ　「通常学級における特別支援教育の実践と省察」福井大学大学院教育学研究科教職開発専攻（日典3）

4 笠木　かさき；かさぎ；さかぎ

- 笠木良明　かさき・りょうめい　国家主義者（栃木百）
- 笠木良明　かさぎ・よしあき　国家主義者（日人）
- 笠木良明　さかぎ・よしあき　国家主義者（近現）

6 笠羽　かさば

- 笠羽映子　かさば・えいこ　音楽教育者（音人3）
- 笠羽恭平　かさば・きょうへい　日立国際電気専務（日典3）
- 笠羽清右衛門　かさば・せいうえもん　福井県議（自民党）（日典3）
- 笠羽高道　かさば・たかみち　富士電機副社長（日典3）
- 笠羽晴夫　かさば・はるお　「デジタルアーカイブ」水曜社（日典3）

7 笠利　かさり

- 笠利尚　かさり・たかし　「キリスト教のお話」ロゴス社（日典3）
- 笠利鶴松　かさり・つるまつ　奄美における幕末の女流歌唱者（沖縄百）
- 笠利水也　かさり・みずや　詩人, 著述業（日典3）

笠谷　かさたに；かさや

- 笠谷和司　かさたに・かずし　環境問題を考える会代表（日典3）
- 笠谷真也　かさたに・しんや　「iPhoneのオモチャ箱」ワークスコーポレーション（日典3）
- 笠谷和比古　かさや・かずひこ　日本史学者（現執4期）
- 笠谷幸生　かさや・ゆきお　スキー・ジャンプ選手（コン4）

8 笠茂　かさも

- 笠茂掃部　かさも・かもん　耳鼻科医（渡航）
- 笠茂享久　かさも・たかひさ　「歯医者さんが書いた歯とカラダの本」オークラ出版（日典3）

10 笠島　かさしま；かさじま

- 笠島里美　かさしま・さとみ　陸上選手（日典）
- 笠島末吉　かさしま・すえきち　鉄工, 労働運動家（社史）
- 笠島和介　かさじま・かずすけ　「植物の進歩」ジープ社（日典3）
- 笠島末吉　かさじま・すえきち　鉄工（社運）

13 笠置　かさき；かさぎ

- 笠置長一　かさき・ちょういち　ゲートボール大峯チーム監督（日典）
- 笠置シヅ子　かさぎ・しずこ　歌手, 女優（コン4）
- 笠置季男　かさぎ・すえお　彫刻家（日人）

14 笠嶋　かさしま；かさじま

- 笠嶋忠幸　かさしま・ただゆき　「書を味わう」淡交社（日典3）
- 笠嶋修次　かさじま・しゅうじ　「ミクロ経済学入門」八千代出版（日典3）
- 笠嶋友美　かさじま・ともみ　「Maple Vリリース5プログラミングガイド」シュプリンガー・フェアラーク東京（日典3）

【1112】 笹

3 笹子　ささこ；ささご

- 笹子三津留　ささこ・みつる　医師（現執4期）
- 笹子恭江　ささこ・ゆきえ　神戸市の最初の婦人係長（兵庫百）
- 笹子勝哉　ささご・かつや　評論家, ノンフィクション作家（世紀）
- 笹子武夫　ささご・たけお　教育者・体育指導者（神奈川人）

笹川　ささかわ；ささがわ

- 笹川儀三郎　ささかわ・ぎさぶろう　経営学者（現執3期）
- 笹川臨風　ささかわ・りんぷう　評論家（世紀）
- 笹川良一　ささがわ・りょういち　右翼運動家（コン4）
- 笹川臨風　ささがわ・りんぷう　美術評論家, 俳人（コン4）

4 笹戸　ささと；ささど

- 笹戸千津子　ささと・ちづこ　彫刻家（日典）
- 笹戸松二　ささど・まつじ　国立長岡技術科学大学建設系教授（日典）

笹月　ささずき；ささつき

- 笹月清美　ささずき・きよみ　国文学者（日典3）
- 笹月健彦　ささずき・たけひこ　九州大学生体防御医学研究所教授（日典）
- 笹月忠子　ささつき・ただこ　「虹のあり一句集」笹月忠子（JM）
- 笹月二男　ささつき・つぎお　「北九州学」北九州市立大学基盤教育センター企画委員会（日典3）

笹木　ささき；ささぎ

- 笹木佳代　ささき・かよ　ピアニスト（音人3）
- 笹木竜三　ささき・りゅうぞう　政治家（現政）
- 笹木実　ささぎ・みのる　九大教授（日典）

5 笹生　ささお；さそう

- 笹生仁　ささお・ひとし　地域開発学研究者（現執3期）
- 笹生浩樹　ささお・ひろき　「書でめぐる房総文学の旅」木耳社（日典3）
- 笹生暁美　さそう・あけみ　「ローフードダイエット！」アスペクト（日典3）

[1113]　　　　　　　　　　　　　　　　　　竹部（笛,符,筈,笙,筑）

笹生陽子　ささそう・ようこ　児童文学作家（児人）

笹田　ささだ；しのだ
　笹田和子　ささだ・かずこ　ソプラノ歌手（新芸）
　笹田友山　ささだ・ゆうざん　陶工（石川百）
　笹田月暁　しのだ・げっきょう　蒔絵師（石川百）

⁶笹気　ささき
　笹気健治　ささき・けんじ　「イヤな空気を一瞬で変える方法」WAVE出版（日典）
　笹気幸助　ささき・こうすけ　笹気出版印刷会長（日典3）
　笹気光祚　ささき・みつとし　グラン・スポール（スポーツクラブ）専務（日典）

⁷笹谷　ささたに；ささや
　笹谷二郎　ささたに・じろう　紡績工（社史）
　笹谷彦八　ささたに・ひこはち　六渡寺渡船組合を結成（姓氏富山）
　笹谷吉右衛門　ささや・きちえもん　航運業者,漁業家（青森人）
　笹谷慎一郎　ささや・しんいちろう　政治家（姓氏京都）

⁸笹波　ささば
　笹波隆文　ささば・たかふみ　高知県農林技術研究所主任研究員（国典）

⁹笹津　ささず；ささつ
　笹津海祥　ささず・かいしょう　考古学者（考古）
　笹津恭士　ささず・きょうじ　トヨタ自動車副社長（日典）
　笹津備規　ささつ・まさのり　東京薬科大学薬学部講師（日典）

¹¹笹鹿　ささか
　笹鹿彪　ささか・ひょう　洋画家（日人）
　笹鹿美帆子　ささか・みほこ　著述家,翻訳家,元・看護婦（日典3）

¹³笹路　ささじ
　笹路正徳　ささじ・まさのり　キーボード奏者（ジヤ）

¹⁵笹墳　ささずか
　笹墳俊雄　ささずか・としお　僧侶（日典）

【1113】　笛

⁷笛吹　うすい；ふえふき
　笛吹亭三　うすい・きょうぞう　弁護士（日典）
　笛吹雅子　うすい・まさこ　ニュースキャスター（テレ）
　笛吹明生　ふえふき・あきお　フリーライター,イラストレーター（日典3）
　笛吹銅次　ふえふき・どうじ　シンガー・ソングライター,作曲家,音楽プロデューサー（日典3）

¹⁰笛師　ふえし
　笛師秀麻呂　ふえし・ひでまろ　「野の少年」（JM）

【1114】　符

³符川　ふかわ
　符川寛　ふかわ・ひろし　「京の民家」（国典）

【1115】　筈

¹⁷筈篠　とましの
　筈篠賢治　とましの・けんじ　プロ野球選手（日典）
　筈篠誠治　とましの・せいじ　プロ野球コーチ（日典3）

【1116】　笙

¹¹笙野　しょうの
　笙野頼子　しょうの・よりこ　小説家（日人）

【1117】　筑

³筑土　つくど
　筑土曙生　つくど・あけみ　「閑居友」古典文庫（日典）
　筑土龍男　つくど・たつお　「原子力潜水艦」教育社（JM）
　筑土龍男　つくど・たつお　神官（日典3）
　筑土鈴寛　つくど・れいかん　日本史学者（史人）

⁴筑井　ちくい；つくい
　筑井武男　ちくい・たけお　政治家（群馬人）
　筑井公子　つくい・きみこ　「介護食安心・かんたん・おいしいレシピ」近代出版（日典3）
　筑井甚吉　つくい・じんきち　成溪大教授（国典）

　筑木　ちくき；つづき
　筑木力　ちくき・つよし　登山家（日典）
　筑木芳美　ちくき・よしみ　「ぼくのふうちゃんをかえして！」新世界研究所（日典3）
　筑木二郎　つづき・にろう　千歳電気工業社長（日典）

　筑比地　つきひじ
　筑比地佑介　つきひじ・ゆうすけ　東京鋲兼社長（日典）

⁵筑田　ちくだ；つくだ
　筑田周一　ちくだ・しゅういち　「中学校学級担任のためのポジティブコミュニケーションカード」民衆社（日典3）
　筑田勝二　つくだ・かつじ　日本ペイント会長（日典）
　筑田勇弥　つくだ・ゆうや　「パンの話」富民社（日典）

⁸筑波　つくば
　筑波玄仲　つくば・げんちゅう　眼科医（眼科）
　筑波久子　つくば・ひさこ　女優（映女）
　筑波常治　つくば・ひさはる　農学史学者,科学評論家（日人）
　筑波藤麿　つくば・ふじまろ　神職,歴史研究家（履歴2）
　筑波雪子　つくば・ゆきこ　女優（日人）

⁹筑城　ついき
　筑城良太郎　ついき・りょうたろう　山中漆器地換物師（姓氏石川）

竹部（等, 筈, 筏, 筆, 筌, 節, 筧, 筬）

[11]筑紫　ちくし；つくし
　筑紫歌都子　ちくし・かつこ　箏曲家（新芸）
　筑紫哲也　ちくし・てつや　ジャーナリスト，ニュースキャスター（日人）
　筑紫熊七　つくし・くましち　陸軍中佐（日人）
　筑紫まり　つくし・まり　女優（新芸）

筑紫野　つくしの
　筑紫野春草　つくしの・しゅんそう「断流」(国典)

【1118】　等

等々力　とどりき；とどろき
　等々力国香　とどりき・くにか　編集者，写真家（写人）
　等々力巳吉　とどりき・みよし　洋画家（美家）
　等々力いく　とどろき・いく　ナイチンゲール賞受賞の看護婦（姓氏長野）
　等々力巳吉　とどろき・みよし　洋画家（洋画）

[8]等松　とうまつ
　等松隆夫　とうまつ・たかお　東大理助教授（国典）
　等松農夫蔵　とうまつ・のぶぞう　日本公認会計士会長（群馬人）
　等松春夫　とうまつ・はるお「ファンダメンタル政治学」北樹出版（日典3）

[13]等農　とうのう
　等農基　とうのう・はじめ　弓道家，弓道教士（弓道）

【1119】　筈

[7]筈見　はずみ
　筈見有弘　はずみ・ありひろ　映画評論家（現執3期）
　筈見純　はずみ・じゅん　声優（テレ）
　筈見恒夫　はずみ・つねお　映画評論家，映画プロデューサー（日人）

【1120】　筏

[4]筏井　いかだい
　筏井嘉一　いかだい・かいち　歌人（日人）
　筏井甚吉　いかだい・じんきち　政治家（富山百）
　筏井竹の門　いかだい・たけのかど　俳人（日人）
　筏井大祐　いかだい・だいすけ「XBRL財務諸表の作成ガイドブック」中央経済社（日典3）
　筏井虎次郎　いかだい・とらじろう　俳人（姓氏富山）

【1121】　筆

筆内　ふでうち
　筆内和雄　ふでうち・かずお　セイコーエプソン常務（日典3）
　筆内幸子　ふでうち・ゆきこ　小説家（石川文）

[7]筆谷　ふでたに；ふでや
　筆谷等観　ふでたに・とうかん　日本画家（名画）
　筆谷稔　ふでたに・みのる　社会学者（現執2期）
　筆谷勇　ふでや・いさむ　公認会計士（日典）
　筆谷等観　ふでや・とうかん　日本画家（日人）

[8]筆宝　ひっぽう
　筆宝紀美子　ひっぽう・きみこ「銀髪の秋に」ムイスリ出版（日典3）
　筆宝正浩　ひっぽう・まさひろ「私の万華鏡」高遠書房（日典3）
　筆宝康之　ひっぽう・やすゆき　立正大学経済学部教授（日典）

【1122】　筌

[12]筌場　うけば
　筌場一郎　うけば・いちろう　北九州市立大学名誉教授（日典3）
　筌場照　うけば・てらす　鹿児島新報制作局第3部部長（日典）

【1123】　節

[9]節政　せつまさ
　節政博親　せつまさ・ひろちか　写真家（写人）

【1124】　筧

筧　かけい；かけひ
　筧克彦　かけい・かつひこ　公法学者，神道思想家（コン4）
　筧利夫　かけい・としお　俳優（日映男）
　筧克彦　かけひ・かつひこ　公法学者，神道思想家（国史）
　筧正典　かけひ・まさのり　映画監督（映人）

[5]筧田　かけいだ；といた；といだ
　筧田鉄斎　かけいだ・てっさい　鉱業家＝中世（人名2）
　筧田孝嗣　といた・たかつぐ　陶芸家（陶芸）
　筧田孝嗣　といだ・こうじ　陶芸家（陶工）

【1125】　筬

[10]筬島　おさじま
　筬島一治　おさじま・かずはる　仙味エキス社長（日典）
　筬島一浩　おさじま・かずひろ「食品の表示」建帛社（日典3）
　筬島孝一　おさじま・こういち　写真家（日典3）
　筬島四郎　おさじま・しろう　長崎大学名誉教授（日典3）
　筬島豊　おさじま・ゆたか　九州大学名誉教授（日典3）

[11]筬部　おさべ
　筬部治之助　おさべ・はるのすけ「関西労働者」同人（アナ）

筬部義之助　おさべ・よしのすけ　社会運動家（アナ）

【1126】管

管　かん；すが
　管道　かん・まこと　労働運動家（コン）
　管六郎　かん・ろくろう　歌謡漫談家（テレ）
　管宗次　すが・しゅうじ　近世日本文学者, 日本語学者（現執4期）
　管洋志　すが・ひろし　写真家（日人）
[5]管田　かんだ
　管田智起　かんだ・ともたつ　「この子等をどうしよう」（国典）
[11]管野　かんの；すがの
　管野すが　かんの・すが　社会主義革命家, 記者（コン5）
　管野スガ　かんの・すが　社会主義革命家, 記者（国史）
　管野喜久治　すがの・きくじ　教育者（姓氏沖縄）
　管野矢一　すがの・やいち　画家・日本芸術院会員（山形百新）

【1127】箸

[7]箸尾　はしお
　箸尾覚道　はしお・かくどう　真言宗の僧（仏教）
　箸尾恭之助　はしお・きょうのすけ　日本紡績協会常務理事（日典3）
　箸尾清　はしお・きよし　刺繡作家（美工）
　箸尾修一　はしお・しゅういち　「モデラーズ・ワークショップ」大日本絵画（日典3）
　箸尾百亭　はしお・ひゃくてい　刺繡作家（日典3）
[15]箸蔵　はしくら
　箸蔵康一　はしくら・こういち　「ビデオカメラ撮り方のすべて」スコラ（日典3）
　箸蔵善龍　はしくら・ぜんりゅう　僧侶（世紀）
　箸蔵達郎　はしくら・たつお　帝都高速度交通営団理事（日典3）

【1128】箕

[3]箕口　みぐち；みのぐち
　箕口重義　みぐち・しげよし　「要説食品学各論」建帛社（日典3）
　箕口博　みぐち・ひろし　彫刻家（長野歴）
　箕口一美　みぐち・かずみ　「Beyond talent」水曜社（日典3）
　箕口博　みのぐち・ひろし　彫刻家（美建）
[5]箕田　みた；みのた；みのだ
　箕田源二郎　みた・げんじろう　絵本作家（日人）
　箕田秀夫　みのた・ひでお　東京ストアー社長（日典3）
　箕田長二郎　みのだ・ちょうじろう　政治家（神奈川人）

[7]箕作　みつくり；みのさく
　箕作秋坪　みつくり・しゅうへい　洋学者（コン4）
　箕作麟祥　みつくり・りんしょう　洋学者, 法律学者（コン4）
　箕作光一　みのさく・こういち　国土庁地方振興局特別地域振興課課長補佐（日典）
[8]箕岡　みのおか
　箕岡一史　みのおか・かずし　エース総合リース社長, 日産ディーゼル販売顧問（日典3）
　箕岡時彦　みのおか・ときひこ　「教育と産業」小学館（日典3）
　箕岡真子　みのおか・まさこ　「私の四つのお願い」の書き方」ワールドプランニング（日典3）
　箕岡夕子　みのおか・ゆうこ　「浮寝鳥」卯辰山文庫（日典3）
[10]箕浦　みうら；みのうら
　箕浦光雄　みうら・みつお　渡航者（渡航）
　箕浦勝人　みのうら・かつんど　政治家（コン5）
　箕浦敏子　みのうら・としこ　児童文学作家（児人）
[15]箕輪　みのわ
　箕輪成男　みのわ・しげお　出版評論家（世紀）
　箕輪徹　みのわ・とおる　料理カメラマン（写人）
　箕輪登　みのわ・のぼる　政治家（平和）
　箕輪響　みのわ・ひびき　指揮者（音人3）
　箕輪錬一　みのわ・れんいち　出版人（出文）

【1129】筥

筥　やの
　筥源一郎　やの・げんいちろう　大阪機工常務（日典3）
　筥源亮　やの・もとあき　「流量計測法」森北出版（日典3）

【1130】箙

箙　えびら
　箙梅三郎　えびら・うめさぶろう　大和証券常務（日典3）
　箙かおる　えびら・かおる　宝塚歌劇団団員（専科）（日典3）
　箙田鶴子　えびら・たずこ　作家（日典3）
　箙宏子　えびら・ひろこ　日本電信電話福島支社営業課営業担当課長（日典3）
　箙光夫　えびら・みつお　「保育社会学入門」建帛社（日典3）

【1131】箭

[3]箭川　やがわ
　箭川修　やがわ・おさむ　「新歴史主義からの逃走」松柏社（日典3）
　箭川玲子　やがわ・れいこ　国立音大講師（日典3）

竹部(箱, 範, 篁, 築)

⁴箭内　やない
　　箭内昭夫　やない・あきお　横浜市立霧が丘第一小学校校長(日典3)
　　箭内彰子　やない・あきこ「貿易と環境:途上国の持続可能な発展に向けて」日本貿易振興機構アジア経済研究所(日典3)
　　箭内守信　やない・もりのぶ　城西消費購買組合組合員(社史)
　　箭内亙　やない・わたり　東洋史学者(史学)
⁶箭竹　やたけ
　　箭竹律子　やたけ・のりこ　声楽家(ソプラノ)(演奏)
　　箭竹義雄　やたけ・よしお「平板測量」日本工房出版部(日典3)
⁷箭吹　やぶき
　　箭吹一誠　やぶき・かずしげ　東芝ケミカル顧問(日典3)
　　箭吹一誠　やぶき・かずまさ　東芝深谷ブラウン管工場長(人情)
¹⁰箭浪　やなみ
　　箭浪光雄　やなみ・みつお　金融業(人情)

【1132】　箱

³箱上　はこじょう
　　箱上恵吾　はこじょう・けいご　広島県議(日典)
⁶箱守　はこもり
　　箱守改造　はこもり・かいぞう　アメリカ移民労働者,旧ソ連で粛清された日本人(社史)
　　箱守京次郎　はこもり・きょうじろう　東北大学名誉教授,東北学院大学名誉教授(日典3)
　　箱守伸平　はこもり・しんぺい「こすもす」筑波書林(日典3)
　　箱守重造　はこもり・じゅうぞう「自作農の生活伝統」筑波書林(日典3)
　　箱守仙一郎　はこもり・せんいちろう　ワシントン大学医学部教授(日典3)
¹⁰箱島　はこしま;はこじま
　　箱島信一　はこしま・しんいち　朝日新聞相談役(日典)
　　箱島安　はこしま・やす　パントマイム役者(日典)
　　箱島勝　はこじま・まさる「溶剤ハンドブック」産業図書(日典3)

【1133】　範

範　のり
　　範実泰　のり・さねやす　農民(社史)
⁶範多　はんた;はんだ
　　範多龍太郎　はんた・りゅうたろう　実業家(海越新)
　　範多龍太郎　はんだ・りゅうたろう　実業家(渡航)

【1134】　篁

篁　たかむら
　　篁庵　たかむら・いおり「樹の海」世界書院(日典3)
　　篁一誠　たかむら・いっせい「自閉症の人の人間力を育てる」ぶどう社(日典3)
　　篁海衛　たかむら・かいえい「こしょろの島」日本図書刊行会(日典3)
　　篁牛人　たかむら・ぎゅうじん　水墨画家(日人)
　　篁幸子　たかむら・さちこ　詩人(富山文)

【1135】　築

築　ちく;つき
　　築信夫　ちく・しのぶ　元福岡地検検事正(日典)
　　築平二　ちく・へいじ　弁理士(姓氏鹿児島)
　　築平二　つき・へいじ　元弁理士会副会長(日典)
³築山　つきやま
　　築山和一　つきやま・かずひと　留学生,私塾経営者(姓氏愛知)
　　築山揆一　つきやま・きいち　渡航者(渡航)
　　築山三郎兵衛　つきやま・さぶろべえ　実業家(姓氏京都)
　　築山節生　つきやま・せつお　洋画家(美家)
　　築山登美　つきやま・とみ　地唄三味線方(新芸)
⁴築比地　ついひじ;つきひじ
　　築比地仲助　ついひじ・なかすけ　実業家(アナ)
　　築比地里絵　ついひじ・りえ　新相撲選手(日典3)
　　築比地五三郎　つきひじ・ごさぶろう「飼料作物と牧草のつくりかた」高城書店出版部(日典3)
　　築比地仲助　つきひじ・ちゅうすけ「徳川初期絵入板本目録」(国典)
⁵築田　ちくだ;つきだ;つくだ
　　築田哲雄　ちくだ・てつお「よき師を求めて」法蔵館(日典3)
　　築田多吉　つきだ・たきち　軍人(新潮)
　　築田多吉　つくだ・たきち　軍人(日人)
⁶築地　ついじ;つきじ
　　築地健太朗　ついじ・けんたろう「レベル1地震動に対する自立矢板式および二重矢板式係船岸の耐震性能照査用震度の設定方法」国土技術政策総合研究所(日典3)
　　築地正子　ついじ・まさこ　歌人(日人)
　　築地まゆみ　つきじ・まゆみ　女優(世紀)
　　築地利三郎　つきじ・りさぶろう　声楽家(バス・バリトン)(演奏)
⁸築林　ちくばやし;つきばやし
　　築林歌子　ちくばやし・うたこ「恋文」玲瓏館(日典3)
　　築林昭明　つきばやし・しょうめい　愛知大学法経学部教授(日典3)

姓名よみかた辞典 姓の部　595

竹部（篤,笂,篝,簑,篠）

[9]築城　ついき；つきしろ
　築城京　ついき・きょう「御形摘む」安楽城出版（日典3）
　築城昭平　ついき・しょうへい「長崎原爆資料館」長崎平和推進協会（日典3）
　築城真市　つきしろ・しんいち「必修連語のリレー練習」浜島書店（日典3）

[10]築島　ちくしま；つきしま
　築島正文　ちくしま・まさふみ　経営コンサルタント（日典）
　築島謙三　つきしま・けんぞう　文化心理学者（世紀）
　築島裕　つきしま・ひろし　国語学者（日人）

[11]築添　ちくぞう；つきぞえ
　築添曙生　ちくぞえ・あけみ「かにさんのはさみ」(国典)
　築添曙生　つきぞえ・あけみ　アクセサリー店経営者（日典）
　築添明生　つきぞえ・あけみ「みそっかす学園」雪華社（日典3）

[12]築達　ちくだて
　築達栄八　ちくだて・えいはち　毎日新聞東京本社文化財編集部長（日典）
　築達友紀　ちくだて・ゆき　ミュージシャン（日人）

築道　ついどう
　築道和明　ついどう・かずあき　英語教育学者（現執3期）

[16]築舘　ちくだて；つきだて
　築舘陽子　ちくだて・ようこ「医療・福祉現場のための目標設定型上下肢・言語グループ課題集」医学書院（日典3）
　築舘郁代　つきだて・いくよ　バイアスロン選手（日典）
　築舘一英　つきだて・かずてる「中1・中2の完全復習数学」ナガセ（日典3）

築館　ちくだて；つきだて；つくだて
　築館武晴　ちくだて・たけはる「菊枕一句集」（JM）
　築館範男　つきだて・のりお　サッカー監督（日典3）
　築館久枝　つくだて・ひさえ「OECD諸国の農業政策」農政調査委員会　大明堂（発売）（日典3）

【1136】篤

[5]篤田　とくだ
　篤田三喜男　とくだ・みきお　漁師（人情）

【1137】笂

笂　かご
　笂幾緒　かご・いくお　岐阜経済大学経営学部教授（日典3）
　笂二　かご・しょうじ「ロシアの火山と氷河と洞窟」大阪経済法科大学環境地圏研究会（日典3）
　笂甚喜志　かご・じんきし　農民（社史）

[7]笂谷　かごたに；こもりや
　笂谷直人　かごたに・なおと　京都大学人文科学研究所教授（日典3）
　笂谷典子　かごたに・のりこ　東京文学散歩研究会代表（日典3）
　笂谷幸生　こもりや・ゆきお　富士銀行生活協同組合理事長・元監査役（日典）

【1138】篝

篝　かがり
　篝一光　かがり・いっこう　カメラマン（日典3）
　篝ナキヲ　かがり・なきお「篝ナキヲ」オークス（日典3）
　篝益夫　かがり・ますお「信州の天気のことわざ」古今書院（日典3）
　篝ゆう子　かがり・ゆうこ　俳人（日典3）

【1139】簑

[5]簑田　みのた；みのだ
　簑田佳宝　みのた・かほう「簑田哲日児」美術出版社（日典3）
　簑田孝行　みのた・たかゆき　弁護士（日典3）
　簑田新平　みのだ・しんぺい　薩摩藩士（幕末）
　簑田哲日児　みのだ・のりひこ　彫刻家（美建）

[8]簑和田　みのわだ
　簑和田益二　みのわだ・ますじ　医師（近医）

[9]簑洞　みのほら
　簑洞雅章　みのほら・まさあき　愛知日野自動車取締役（人情）

【1140】篠

[3]篠山　ささやま；しのやま
　篠山千之　ささやま・せんし　政治家（岡山歴）
　篠山篤興　ささやま・とくおき　京都の装金工（日人）
　篠山輝信　しのやま・あきのぶ　俳優（日典3）
　篠山紀信　しのやま・きしん　写真家（日人）

篠川　ささがわ；しのかわ
　篠川太郎　ささがわ・たろう「目で見るオートバイ構造・運転・取扱図説」（国典）
　篠川直　ささがわ・ちょく　丹波柏原藩士（藩臣5）
　篠川賢久　しのかわ・かたひさ　医師（日典3）
　篠川賢　しのかわ・けん　成城大学文芸学部教授（現執4期）

[4]篠井　ささい；しのい
　篠井英介　ささい・えいすけ　俳優（日映男）
　篠井欽治　ささい・きんじ　彫刻家（日典3）
　篠井金吾　しのい・きんご　外科医学者（日人）
　篠井寧子　しのい・やすこ　ピアニスト（演奏）

篠木　しのき；しのぎ
　篠木昭弘　しのき・あきひろ　著述家（日典3）
　篠木佐夫　しのき・すけお　照明家（現情）

竹部(簑, 簀)　　　〔1142〕

篠木為八男　しのぎ・いわお　映画監督(映監)
篠木満　しのぎ・みつる　心理療法家(世紀)

[5]篠本　ささもと;しのもと
篠本秀人　ささもと・ひでと　「世界一周クルーズ夢航海」主婦と生活社(日典3)
篠本美知代　ささもと・みちよ　ともだち書店オーナー(日典)
篠本滋　しのもと・しげる　京都大学理学部物理学科助教授(日典)
篠本学　しのもと・まなぶ　日立国際電気社長(日典)

[7]篠尾　ささお;しのお
篠尾正明　ささお・まさあき　「現代兵器入門」原書房(日典3)
篠尾美枝　ささお・みえ　「桜滂沱」ながらみ書房(日典)
篠尾明済　しのお・めいさい　軍人(日人)

篠村　ささむら;しのむら
篠村裕之　ささむら・ひろゆき　慶応義塾大学医学部腎臓内科講師(日典3)
篠村雅夫　ささむら・まさお　東陶機器顧問・元常務(日典)
篠村敦子　しのむら・あつこ　レスリング選手(日典)
篠村巌　しのむら・いわお　元・駐ガボン大使(日典)

篠沢　しのさわ;しのざわ
篠沢和久　しのさわ・かずひさ　建設省建築研究所(国典)
篠沢こずみ　しのざわ・こずみ　漫画家(漫人)
篠沢秀夫　しのざわ・ひでお　フランス文学者(世紀)

[10]篠倉　ささくら;しのくら
篠倉恵子　ささくら・けいこ　「子どもの歯並び大丈夫?」海苑社(日典3)
篠倉均　ささくら・ひとし　歯科医(日典)
篠倉伸子　しのくら・のぶこ　女優(新芸)
篠倉満　しのくら・みつる　熊本大学法学部教授(日典)

篠原　ささはら;しのはら
篠原善兵衛　ささはら・ぜんべえ　公益家＝近世(人名3)
篠原国幹　しのはら・くにもと　薩摩藩士,陸軍少尉(コン4)
篠原助市　しのはら・すけいち　教育学者(コン4)

篠島　ささじま;しのしま;しのじま
篠島久太郎　ささじま・きゅうたろう　教育者(富山百)
篠島修三　しのしま・しゅうぞう　中小企業診断士,税理士(日典3)
篠島秀雄　しのじま・ひでお　実業家(日人)

[11]篠崎　しのさき;しのざき
篠崎砂美　しのさき・さみ　小説家(幻想)
篠崎又兵衛　しのざき・またべえ　実業家(先駆)
篠崎史子　しのざき・あやこ　ハープ奏者(演奏)
篠崎弘嗣　しのざき・ひろつぐ　バイオリニスト(日人)

篠筒　ささき
篠筒憲爾　ささき・けんじ　福島大学学長(日典)

篠野　ささの;ささや
篠野志郎　ささの・しろう　東京工業大学大学院総合理工学研究科教授(日典3)
篠野中道　ささの・なかみち　実業家(日人)
篠野碧　ささや・みどり　小説家(日典)

[12]篠塚　しのずか;しのつか
篠塚昭次　しのずか・しょうじ　民法学者(世紀)
篠塚力寿　しのずか・りきじゅ　舞踊家(女性普)
篠塚英子　しのつか・えいこ　経済学者(現執4期)
篠塚栄三　しのつか・えいぞう　「水の上の残影」ワールドフォトプレス(日典3)

篠森　ささもり;しのもり
篠森未羽　ささもり・みう　写真家,翻訳家(日典3)
篠森敬三　しのもり・けいぞう　「視覚」朝倉書店(日典)
篠森真之　しのもり・まさゆき　福岡高裁宮崎支部長(日典3)

[13]篠置　ささおき
篠置昭男　ささおき・てるお　関西学院大学名誉教授(日典)

篠遠　しのとう;しのとお
篠遠ひろ子　しのとう・ひろこ　小説家(北海道文)
篠遠喜人　しのとう・よしと　遺伝学者(科技)
篠遠喜人　しのとお・よしと　遺伝学者(日典)
篠遠喜彦　しのとお・よしひこ　考古学者(日典)

[18]篠藤　しのとう;しのふじ
篠藤明徳　しのとう・あきのり　「自治を拓く市民討議会」イマジン出版(日典3)
篠藤光行　しのとう・みつゆき　社会学者(現執2期)
篠藤佐利　しのふじ・さとし　都民自動車教習所所長(日典)

[19]篠瀬　しのせ
篠瀬昇　しのせ・のぼる　弓道家,弓道教士(弓道)

【1141】　簑

[10]簑島　みのしま
簑島高　みのしま・たかし　医師(近医)
簑島安雄　みのしま・やすお　山之内製薬常務(日典3)

【1142】　簀

[3]簀川　すがわ
簀川長兵衛　すがわ・ちょうべえ　「豊後国佐伯藩蒲江浦唐船漂着史料」広雅堂書店(JM)

[8]簀河原　すがわら
簀河原徳夫　すがわら・とくお　「環境汚染分析法1 サンプリングと評価(大気)」大日本図書(書籍)

竹部（簗, 篦, 簡, 簾, 籏, 籔, 籠）

菅河原德夫　すがわら・のりお　(株)数理計画代表取締役社長(日典)

【1143】簗

簗　やな；やない
　簗晶子　やな・あきこ　東京国際大学附属日本語学校非常勤講師(日典)
　簗郁夫　やな・いくお　(株)福田屋百貨店会長(日典)
　簗又七　やない・またしち　写真師(写家)

5簗田　やなぎだ；やなだ
　簗田保代　やなぎだ・やすしろ　印刷工(社史)
　簗田さだ　やなだ・さだ　天間林村連合婦人会会長(青森人)
　簗田保代　やなだ・やすしろ　印刷工(アナ)

11簗部　やなべ
　簗部善次郎　やなべ・ぜんじろう　「九戸争乱記」東北民俗研究会(JM)

19簗瀬　やなせ
　簗瀬勇　やなせ・いさむ　政治家(栃木歴)
　簗瀬一雄　やなせ・かずお　日本文学者(現執2期)
　簗瀬克吉　やなせ・かつきち　雲井竜雄事件に連座(幕末)
　簗瀬広記　やなせ・こうき　肥前福江藩士(国書)
　簗瀬進　やなせ・すすむ　政治家(現政)

【1144】篦

7篦谷　とおしや
　篦谷泰三　とおしや・たいぞう　「独立工兵第六十五大隊(威六〇八九部隊)の戦い」篦谷千代(日典3)

【1145】簡

4簡牛　かんぎゅう
　簡牛五黄　かんぎゅう・ごおう　「胡歌」学文社(日典3)
　簡牛凡夫　かんぎゅう・つねお　政治家(政)

11簡野　かんの
　簡野旭　かんの・あきら　東京電算(株)代表取締役社長(日典3)
　簡野晃次　かんの・こうじ　「脱毛よさらば！」ビオ・マガジン(日典3)
　簡野正一郎　かんの・しょういちろう　順正短期大学学長(日典3)
　簡野道明　かんの・どうめい　漢学者(人名)
　簡野道明　かんの・みちあき　漢学者(コン)

【1146】簾

4簾内　すのうち
　簾内敬司　すのうち・けいじ　「千三忌」岩波書店(日典3)

簾内絢一　すのうち・けんいち　秋田経済法科大学副理事長(日典3)

【1147】籏

11籏野　はたの
　籏野脩一　はたの・しゅういち　熊本学園大学社会福祉学部教授(日典3)
　籏野純一　はたの・じゅんいち　「経営者のためのITガバナンスの実務」中央経済社(日典3)
　籏野次郎　はたの・じろう　市民防災研究所所長(日典3)
　籏野寿雄　はたの・としお　朝日新聞東京本社論説委員・調査研究室主任研究員(日典3)
　籏野倫　はたの・ひとし　皮膚科学者, アレルギー学者(近医)

【1148】籔

籔　やぶ
　籔景三　やぶ・けいぞう　作家(現執3期)
　籔修弥　やぶ・しゅうや　「羯馬(ギャバ)と"ほそほそ人生"」白誠書房, 長崎出版(発売)(日典3)
　籔熙　やぶ・ひろし　北海道大学水産学部教授(日典3)
　籔元晶　やぶ・もとあき　小学校教師(日典3)

【1149】籠

3籠山　かごやま
　籠山京　かごやま・たかし　衛生学者(日人)

4籠手田　こてだ
　籠手田安定　こてだ・あんじょう　政治家(郷土滋賀)
　籠手田竜　こてだ・とおる　男爵(日典)
　籠手田安定　こてだ・やすさだ　肥前平戸藩士, 官吏(日人)

5籠田　かごた；こもりた
　籠田智美　かごた・さとみ　「入門薬学英語」講談社(日典3)
　籠田三郎　かごた・さぶろう　(日典)
　籠田芳子　こもりた・よしこ　小説家(日典)

7籠谷　かごたに；こもりや
　籠谷次郎　かごたに・じろう　高校教師(現執1期)
　籠谷真智子　かごたに・まちこ　仏教文化史・芸能史研究者(現執2期)
　籠谷幸生　こもりや・ゆきお　富士銀行生活協同組合理事長・元監査役(日典)

10籠宮　かごみや；こもりみや
　籠宮圭之助　かごみや・けいのすけ　名古屋銀行常務(日典3)
　籠宮史子　こもりみや・ふみこ　「ハンス・クリスチャン・アンデルセン哀しき道化」愛育社(日典3)

19籠瀬　かごせ
　籠瀬良明　かごせ・よしあき　地理学者(世紀)

米部

【1150】 米

米　こめ；べい；よね
　米治一　こめ・じいち　彫刻家（美建）
　米元章　べい・げんしょう「虹県詩巻」二玄社（JM）
　米治一　よね・じいち　彫刻家（姓氏富山）

[3]米口　よねくち；よねぐち
　米口実　よねくち・みのる　歌人（日典）
　米口胡　よねぐち・えびす　翻訳家（日典）
　米口実　よねぐち・みのる　国文学者,歌人（兵庫文）

米子　よなこ；よなご
　米子岩三郎　よなこ・いわさぶろう　北海総業協同組合理事長（日典）
　米子昭男　よなご・あきお（日典）

米山　こめやま；べいざん；よねやま
　米山シヲ　こめやま・しお「ブラッディ・クロス」スクウェア・エニックス（日典3）
　米山章臣　べいざん・あきとみ　陶芸家（陶芸）
　米山梅吉　よねやま・うめきち　銀行家（コン4）

[4]米井　こめい；よねい
　米井正一　こめい・しょういち　元・安宅建設工業（現・アタカ工業）社長（日典）
　米井力也　こめい・りきや　大阪大学大学院文学研究科教授（日典3）
　米井源治郎　よねい・げんじろう　実業家（日人）

米内　よない；よねうち
　米内穂豊　よない・すいほう　画家（美家）
　米内光政　よない・みつまさ　軍人,政治家（コン4）
　米内勁隆　よねうち・つねたか　クリヤマ会長（日典3）

米内山　よないやま
　米内山昭和　よないやま・あきかず「持続的農業と環境保全へのアプローチ」泉文堂（日典3）
　米内山義一郎　よないやま・ぎいちろう　農民運動家,政治家（政治）
　米内山庸男　よないやま・つねお　中国問題研究家,ワシントン会議全権委員随員（青森人）
　米内山もよ　よないやま・もよ　助産婦（青森人）
　米内山やす　よないやま・やす　上北郡連合婦人会会長（青森人）

[5]米加田　めかた；めかだ
　米加田民雄　めかた・たみお　いちじゅ社長（日典）
　米加田冠　めかた・まとう「六月の危機感」日本図書刊行会（日典3）
　米加田冠　めかだ・かん　詩人（日典）

米田　こめた；こめだ；まいた；まいだ；めた；よねた；よねだ
　米田虎雄　こめた・とらお　熊本藩家老（維新）
　米田虎雄　こめだ・とらお　肥後熊本藩士（日人）
　米田実　まいた・みのる　新聞記者,外交史家（日人）
　米田巌　まいだ・いわお　人文地理学者（現執3期）
　米田兼一郎　めた・けんいちろう　サッカー選手（日典3）
　米田清紀　よねた・きよのり　経営コンサルタント,実業家（現執4期）
　米田庄太郎　よねだ・しょうたろう　社会学者（コン5）

[6]米地　よねじ；よねち
　米地南嶺　よねじ・なんれい「釣り大百科・川釣り編」西東社（日典3）
　米地実　よねじ・みのる　社会学者（現執2期）
　米地文夫　よねち・ふみお「磐梯山爆発」古今書院（日典3）
　米地功一　よねち・よしかず　大成設備（株）（日典3）

米多　よねた；よねだ
　米多四郎　よねた・しろう「ブローチ加工」日刊工業新聞社（日典3）
　米多求　よねだ・もとむ　元・日刊スポーツ新聞社編集局整理本部連絡部漢テレ課長（日典3）

米安　こめやす；よねやす
　米安幸子　こめやす・さちこ「野に鳴る笛」短歌新聞社（日典3）
　米安晟　よねやす・あきら　東京農業大学短期大学教授（日典3）

米虫　こめむし；よねむし
　米虫節夫　こめむし・さだお「食の安全を究める食品衛生7S」日科技連出版社（日典3）
　米虫紀子　よねむし・のりこ「ブラジルバレーを最強にした「人」と「システム」」東邦出版（日典3）

[7]米坂　よねさか；よねざか
　米坂勝康　よねさか・かつやす　自然体験アドバイザー（日典3）
　米坂ヒデノリ　よねさか・ひでのり　彫刻家（北海文）
　米坂淳　よねざか・あつし　プロボクサー（日典3）

米沢　まいざわ；よねさわ；よねざわ
　米沢雄次　まいざわ・ゆうじ　日本画家（姓氏岩手）
　米沢真理子　よねさわ・まりこ「ばぁちゃんに聞いた宗任伝説」日本図書刊行会（日典3）
　米沢滋　よねざわ・しげる　官僚,通信技術者（日人）

米良　めら
　米良悔堂　めら・かいどう　豊後日出藩士（大分歴）
　米良貞雄　めら・さだお　諜報員（日人）
　米良東﨑　めら・とうきょう　儒者（コン5）
　米良道博　めら・どうはく　洋画家（美家）
　米良美一　めら・よしかず　声楽家（テレ）

米花　べいか；よねか；よねはな
　米花稔　べいか・みのる　経営学者（世紀）

米花昭二　よねか・しょうじ　元・日本重化学工業常務(日典)
米花伊太郎　よねはな・いたろう「低圧ガス導管の輸送力」日本瓦斯協会(日典3)

米谷　こめたに；まいたに；まいや；よねたに；よねや
米谷ふみ子　こめたに・ふみこ　小説家,洋画家(日人)
米谷隆三　まいたに・りゅうぞう　弁護士(日人)
米谷貫二　まいや・かんじ　政治家(姓氏岩手)
米谷静二　よねたに・せいじ　俳人(俳文)
米谷威和男　よねや・いわお　尺八奏者,民謡歌手(新芸)

米里　よねさと；よねざと
米里徹也　よねさと・てつや　長栄造船社長(日典3)
米里恕　よねさと・ひろし　官僚(現執2期)
米里紋吉　よねさと・もんきち「長江航運史」米里紋吉(JM)

[8]**米金　よねがね**
米金正夫　よねがね・まさお「磁場的原始宇宙論」関西文学センター(日典3)

米長　よねなが
米長邦雄　よねなが・くにお　将棋棋士(日人)
米長晴信　よねなが・はるのぶ　参院議員(民主党,山梨)
米長寿　よねなが・ひさ　(株)音研広島支店長,米長音楽工房代表(日典3)
米長泰　よねなが・やすし　秋田高等専門学校教授(日典3)

[9]**米城　よねき；よねしろ**
米城甚之助　よねき・じんのすけ　公益家(姓氏宮城)
米城善右衛門　よねき・ぜんえもん　写真家(写家)
米城律　よねしろ・ひろし「石川正通追想集」石川澄子(日典3)

米屋　こめや；よねだ；よねや
米屋勝利　こめや・かつとし「セラミックスの事典」朝倉書店(日典3)
米屋陽一　よねだ・よういち　民話作家,評論家(児人)
米屋猛　よねや・たけし　詩人(現詩)

米津　よなず；よねき；よねきず；よねきつ；よねず；よねつ
米津貞義　よなず・さだよし　島根県漁業協同組合連合会会長(島根歴)
米津常春　よねき・つねはる　松平氏家臣＝中世(戦東)
米津政敏　よねきず・まさとし　大名(藩主2)
米津政敏　よねきつ・まさとし　大名(日人)
米津左喜子　よねず・さきこ　女優(世紀)
米津恒次郎　よねつ・つねじろう　洋菓子製造業者(海越新)

[10]**米島　こめしま；よねしま；よねじま**
米島康晴　こめしま・やすはる「ルサンチマン」近代文芸社(JM)

米島健二　よねしま・けんじ「精神再生者」ウエンディ(日典3)
米島重次郎　よねじま・じゅうじろう　馬産家(姓氏岩手)

米納　こめの；こめのう；よのう
米納太右衛門　こめの・うたえもん　実業家(姓氏富山)
米納嘉継　こめのう・よしつぐ　ニッセイ基礎研究所経済調査部(日典)
米納三雄　よのう・みつお　歌人(日典)

[11]**米盛　よねもり**
米盛市太郎　よねもり・いちたろう　篤農家(姓氏鹿児島)
米盛弘信　よねもり・ひろのぶ「電気回路の基礎と演習」コロナ社(日典3)
米盛学　よねもり・まなぶ　医師(日典3)
米盛幹雄　よねもり・みきお　時評社社長(日典3)
米盛裕二　よねもり・ゆうじ　哲学者,住民運動家(世紀)

米野　こめの；めの；よねの
米野真理子　こめの・まりこ　ソムリエ,エッセイスト(日典3)
米野史健　めの・ふみたけ「分譲集合住宅における建替の実現方策に関する基礎的研究―学位論文」(JM)
米野和則　よねの・かずのり　NTTデータ通信産業システム事業部企画開発部CIM担当部長(日典3)

[12]**米須　こめす；よねす**
米須興文　こめす・おきふみ　琉球大教授(国典)
米須秀栄　よねす・しゅうえい　元・旭化成工業専務(日典)

【1151】　粂

[3]**粂川　くめかわ；くめがわ**
粂川吉弥　くめかわ・よしや　弓道家,弓道錬士(弓道)
粂川和平　くめかわ・わへい　政治家(栃木歴)
粂川延子　くめがわ・のぶこ「農村にありて」ふだん記足利グループ(日典3)
粂川裕　くめがわ・ゆたか「ハートからのカウンセリング」和尚アートユニティ,和尚エンタープライズジャパン(発売)(日典3)

[5]**粂田　くめた；くめだ**
粂田勲　くめた・いさお　岐阜女子大学家政学部住居学科教授(日典3)
粂田和夫　くめた・かずお「天の月船」作品社(日典3)
粂田文　くめだ・あや「インタヴューズ」三修社(日典3)
粂田勲　くめだ・いさお　住居計画学者(現執2期)

[11]**粂野　くめの**
粂野幸三　くめの・こうぞう　日立プラント建設顧問(日典3)
粂野博行　くめの・ひろゆき「日本中小企業研究の到達点」同友館(日典3)

米部（籾,粉,粕,粒,粟）

粂野文洋　くめの・ふみひろ「ソフトウェア科学基礎」近代科学社（日典3）
粂野豊　くめの・ゆたか　体育社会学者,文部省職員（世紀）

【1152】籾

⁴籾井　もみい
　籾井一剣　もみい・いっけん「北米剣道大鑑」文生書院（日典3）
　籾井恵学　もみい・えがく「生活の中の仏教」教育新潮社（日典3）
　籾井勝人　もみい・かつと　日本ユニシス社長（日典3）
　籾井秀一　もみい・しゅういち　ジャーナリスト（日典3）
　籾井常喜　もみい・つねき　労働法・社会保障法学者（現執4期）

【1153】粉

³粉川　こかわ；こがわ；こなかわ
　粉川昭平　こかわ・しょうへい　古生物学者,大阪市立大学名誉教授（植物）
　粉川哲夫　こがわ・てつお　批評家（日人）
　粉川忠範　こなかわ・ただのり　トロンボーン奏者（ジヤ）

⁵粉生　こもう
　粉生宗幸　こもう・むねゆき　中外炉工業社長（人情）

【1154】粕

粕　かす
　粕三平　かす・さんぺい　映画監督（現執1期）

³粕川　かすかわ；かすがわ
　粕川章子　かすかわ・あやこ「大霊媒ホーム」日本心霊科学協会出版部（日典3）
　粕川胆衲　かすかわ・たんのう　僧侶（群馬人）
　粕川謙二　かすがわ・けんじ　人夫（社史）

⁷粕谷　かすたに；かすや
　粕谷宗関　かすたに・そうかん「男が咲かす祭り華」粕谷宗関（JM）
　粕谷てる子　かすたに・てるこ「オラ！」第三書房（日典3）
　粕谷栄市　かすや・えいいち　詩人（日人）
　粕谷義三　かすや・ぎぞう　政治家（コン5）

【1155】粒

粒来　つぶらい
　粒来敬詞　つぶらい・たかし　アイスホッケー監督（日典3）
　粒来哲蔵　つぶらい・てつぞう　詩人（日人）

粒良　つぶら
　粒良喜三郎　つぶら・きさぶろう　全労済常務理事（日典3）
　粒良フミ　つぶら・ふみ　歯科医（日典3）
　粒良文洋　つぶら・ふみひろ　岩波書店編集部第1部勤務（日典）
　粒良麻知子　つぶら・まちこ「フューチャー・ポジティブ」日本評論社（日典3）

【1156】粟

³粟山　もみやま
　粟山明　もみやま・あきら　政治家（現政）
　粟山ひで　もみやま・ひで　国会議員（近女）
　粟山秀　もみやま・ひで　政治家（政治）
　粟山博　もみやま・ひろし　政治家（政治）

⁵粟生　あおう；あおお；あわお
　粟生こずえ　あおう・こずえ「なぜ？ どうして？ 科学なぞとき物語」学研教育出版,学研マーケティング（発売）（日典3）
　粟生敏三　あおお・としぞう　元・昭和鉄工副社長（日典）
　粟生猛　あわお・たけし　弁護士（日典3）

粟生田　あおうだ；あおだ
　粟生田友子　あおうだ・ともこ「看護診断にもとづく老人看護学」医学書院（日典3）
　粟生田優美　あおだ・ゆみ「永遠の贈り物」中央アート出版社（日典3）

粟田　あわた；あわだ
　粟田麗　あわた・うらら　女優（テレ）
　粟田万喜三　あわた・まきぞう　石匠（日人）
　粟田亀三　あわだ・かめぞう　名古屋市土木局長（日典3）
　粟田天青　あわた・てんせい　茶道史家（茶道）

粟辻　あわつじ
　粟辻早重　あわつじ・さなえ　人形作家（日典3）
　粟辻博　あわつじ・ひろし　テキスタイル・デザイナー（日典3）

⁷粟沢　あわさわ；あわざわ
　粟沢尚志　あわさわ・たかし「新経済学用語辞典」新世社（日典3）
　粟沢一男　あわざわ・かずお　日本海事財団会長（日典）
　粟沢泯右衛門　あわざわ・ぶんえもん　千人同心,組頭（維新）

粟谷　あわたに；あわや
　粟谷品三　あわたに・しなぞう　実業家,後に政治家（大阪人）
　粟谷正明　あわたに・まさあき「本地の地名散策」西日本文化出版（日典3）
　粟谷菊生　あわや・きくお　能楽師（喜多流シテ方）（日典）
　粟谷益二郎　あわや・ますじろう　能楽師（喜多流シテ方）（日人）

⁸粟国　あぐに；あわくに；あわぐに
　粟国安彦　あぐに・やすひこ　オペラ演出家（日人）
　粟国安一　あわくに・やすいち　東京都立大学名誉教授（日典3）
　粟国朝典　あわぐに・あさのり「あかビジル」南島社（日典3）

米部(粥,糀,糊,糠,糟,糶) 糸部(糸)

⁹粟冠　さっか
　粟冠和郎　さっか・かずお　三重大学生物資源学部教授(日典3)
　粟冠正利　さっか・まさとし　東北大医教授(紳士)

粟津　あわず;あわつ
　粟津潔　あわず・きよし　グラフィックデザイナー(日人)
　粟津清亮　あわつ・きよすけ　実業家(日人)

¹²粟賀　あわが
　粟賀栄一　あわが・えいいち　日本共産青年同盟メンバー(社史)

粟飯原　あいはら;あいばら;あわいはら
　粟飯原稔　あいはら・みのる　経済学者(現執2期)
　粟飯原景昭　あいばら・かげあき　国立予防衛生研究所(国典)
　粟飯原梧桜　あわいはら・ごろう　城西消費購買組合組合員(社史)

【1157】 粥

³粥川　かゆかわ
　粥川愛　かゆかわ・あい　ピアニスト(演奏)
　粥川和枝　かゆかわ・かずえ「国際財務報告」創成社(日典3)
　粥川鋼三　かゆかわ・こうぞう　愛知県歯科医師会会長(日典3)
　粥川茂雄　かゆかわ・しげお「日本山村会議美濃郡上」日本山村会議美濃郡上実行委員会(日典3)
　粥川伸二　かゆかわ・しんじ　日本画家(日人)

【1158】 糀

⁷糀谷　こうじたに
　糀谷あい子　こうじたに・あいこ「真埴の岸に」伊麻書房(日典3)
　糀谷利雄　こうじたに・としお「ダイレクトコミュニケーションで知的生産性を飛躍的に向上させる研究開発革新」日刊工業新聞社(日典3)
　糀谷博和　こうじたに・ひろかず「未払い残業代問題解決の実務」日本法令(日典3)
　糀谷好晃　こうじたに・よしあき　福井県議(民主党,敦賀市)(日典3)

¹²糀場　こうじば
　糀場富美子　こうじば・とみこ　作曲家(作曲)

【1159】 糊

⁷糊谷　こうじや
　糊谷信三　こうじや・しんぞう「ゴム材料の配合技術とナノコンポジット」シーエムシー出版(日典3)

【1160】 糠

¹¹糠野　こうの;ぬかの
　糠野亜紀　こうの・あき「保育の心理学1・2」建帛社(日典3)
　糠野伸　ぬかの・しん「Fly away」アントレックス(日典3)
　糠野尚男　ぬかの・ひさお　相互信用金庫理事長(日典3)

¹²糠塚　ぬかずか;ぬかつか
　糠塚喜一郎　ぬかずか・きいちろう　一位細工職人(日典3)
　糠塚重造　ぬかずか・しげぞう　卓球選手(日典3)
　糠塚咲美　ぬかつか・さくみ「まぁーるい出会い─描いて感じた心のかたち　糠塚咲美作品集」(JM)
　糠塚康江　ぬかつか・やすえ「現代代表制と民主主義」日本評論社(日典3)

【1161】 糟

⁷糟谷　かすや
　糟谷孝幸　かすや・たかゆき　学生運動家(世紀)
　糟谷武文　かすや・たけぶみ　因幡鳥取藩士(日人)
　糟谷彦三郎　かすや・ひこさぶろう　能楽囃子方(新芸)
　糟谷実　かすや・みのる　洋画家(美家)
　糟谷陽二　かすや・ようじ　技術者(渡航)

【1162】 糶

³糶川　せりかわ
　糶川健治　せりかわ・けんじ「液圧プレスの設計・取扱・保守」(国典)
　糶川正夫　せりかわ・まさお　日本電研工業名誉会長(日典3)

糸部

【1163】 糸

糸久　いとひさ
　糸久智　いとひさ・さとし　KT教育研究会(日典3)
　糸久宝賢　いとひさ・ほうけん　僧侶(日典3)
　糸久正人　いとひさ・まさと「藤田英雄オーラル・ヒストリー」法政大学イノベーション・マネジメント研究センター(日典3)
　糸久八重子　いとひさ・やえこ　政治家(現政)

糸川　いとかわ;いとがわ
　糸川二一郎　いとかわ・にいちろう　人夫,社会運動家(アナ)
　糸川英夫　いとかわ・ひでお　航空工学者(日人)

糸部（系,紀）

糸川公美　いとがわ・きみよし　「凝煎」角川書店（日典3）
糸川寿一　いとがわ・としかず　社会運動家,田辺郵便局通信事務員（和歌山人）

⁵糸田　いとた；いとだ
糸田千鶴　いとた・ちづ　大阪短期大学経営情報学科助教授（日典）
糸田省吾　いとだ・しょうご　「産業再生と企業結合」NTT出版（日典3）
糸田真吾　いとだ・しんご　「ビッグバン後のクレジット・デリバティブ」財経詳報社（日典3）

⁷糸谷　いとたに；いとだに；いとや
糸谷昭子　いとたに・あきこ　「海橋」石川書房
糸谷哲郎　いとだに・てつろう　将棋5段（日典3）
糸谷清次郎　いとや・せいじろう　弓道家,弓道教士（弓道）

⁸糸若　いとわか
糸若柳一　いとわか・りゅういち　部落解放運動家（日人）

¹⁰糸島　いとしま；いとじま
糸島孝俊　いとしま・たかとし　「投資信託のしくみ」日本実業出版社（日典3）
糸島寛典　いとしま・ひろのり　呉工業高等専門学校名誉教授（日典3）
糸島孝太郎　いとじま・こうたろう　社会運動家（アナ）

¹¹糸魚川　いといがわ
糸魚川昭生　いといがわ・あきお　経営コンサルタント（日典3）
糸魚川茂夫　いといがわ・しげお　「XMLデータベース入門以前」毎日コミュニケーションズ（日典3）
糸魚川淳二　いといがわ・じゅんじ　地質学者（現執4期）
糸魚川直祐　いといがわ・なおすけ　動物学者（現執3期）
糸魚川祐三郎　いといがわ・ゆうざぶろう　教育者（長野歴）

¹²糸満　いとまん；いとみつ
糸満三郎　いとまん・さぶろう　沖縄県漁連会長（日典）
糸満盛邦　いとまん・せいほう　町屋経営者（姓氏沖縄）
糸満富美子　いとみつ・ふみこ　「ポポの木」伊麻書房（日典3）

【1164】　系

系　いと
系正敏　いと・まさとし　弁護士（日典）
系光家　いと・みついえ　弁護士（日典3）

【1165】　紀

紀　き；きい；きの
紀浦次郎　き・うらじろう　下水内郡長（姓氏長野）

紀俊秀　きい・としひで　政治家（日人）
紀淑雄　きの・としお　美術研究家（コン）

³紀川　きかわ；きがわ
紀川しのろ　きかわ・しのろ　「日々の栞」角川学芸出版,角川グループパブリッシング（発売）（日典3）
紀川純三　きがわ・じゅんぞう　「チーム医療のための緩和ケア実践ハンドブック」ヴァンメディカル（日典3）

⁴紀太　きた；きだ
紀太理光　きた・りこう　陶芸家（陶芸最）
紀太理兵衛〔9代〕　きた・りへえ　陶工（日人）
紀太章　きだ・あきら　テクニカルライター（日典）

紀氏　きし
紀氏汎恵　きし・ひろえ　中毒情報センターボランティア（人情）

⁵紀平　きひら；のりひら
紀平正美　きひら・ただよし　哲学者（コン5）
紀平悌子　きひら・ていこ　社会運動家（日典3）
紀平美智子　のりひら・みちこ　「公共経営入門」公人の友社（日典3）

⁶紀伊　きい
紀伊彬　きい・あきら　読売新聞大阪本社記事審査委員会副委員長（局次長待遇）（日典3）
紀伊克昌　きい・かつまさ　「脳卒中の治療・実践神経リハビリテーション」市村出版（日典3）
紀伊艶子　きい・つやこ　工具（社史）
紀伊町子　きい・まちこ　「最新機能紙総覧」加工技術研究会（日典3）
紀伊万年　きい・まんねん　随筆家,児童文学家（幻想）

⁷紀谷　きたに；きや
紀谷奈穂　きたに・なほ　タレント（テレ）
紀谷文樹　きや・ふみとし　環境工学者（現執3期）

⁸紀国谷　きのくにや
紀国谷芳雄　きのくにや・よしお　室蘭工大教授（国典）

紀岡　きおか
紀岡鉄造　きおか・てつぞう　大阪陶業会社社員,佐野町議会議員（社史）
紀岡弘邦　きおか・ひろくに　人形劇団主宰者（日人）

¹¹紀陸　きりく
紀陸孝　きりく・たかし　団体職員（現執3期）
紀陸富信　きりく・とみのぶ　建設省北陸地方建設局長（日典3）
紀陸幸子　きりく・ゆきこ　YUKI建築アート・プロダクション社長（日典3）

¹⁸紀藤　きとう；きどう
紀藤閑之介　きとう・かんのすけ　政治家（日人）
紀藤毅　きとう・つよし　医師（近医）
紀藤元之介　きどう・げんのすけ　「乾坤一代男」東洋書院（日典3）

【1166】 紅

紅　くれない；こう；べに
　紅千登世　くれない・ちとせ　女優（映女）
　紅亜里　こう・あり　西洋占星術師（日典）
　紅ユリ子　べに・ゆりこ「右むけ左」秋元書房（日典3）

³紅山　べにやま
　紅山雪夫　べにやま・ゆきお　旅行作家（現執4期）

⁴紅井　あかい
　紅井暁　あかい・あきら　社会運動家（アナ）
　紅井採乃　あかい・とれの「僕らは愛をはじめたばかり」ビブロス（日典3）

⁷紅村　こうむら
　紅村武　こうむら・たけし　海上保安庁次長, 元日本水路協会理事長（日典3）
　紅村弘　こうむら・ひろし「東海の先史遺跡」（国典）
　紅村文雄　こうむら・ふみお　気象庁次長（日典3）

紅沢　べにさわ
　紅沢葉子　べにさわ・ようこ　女優（日人）

紅谷　べにたに；べにや
　紅谷吉之助　べにたに・きちのすけ　写真家（写家）
　紅谷愃一　べにたに・けんいち　映画録音技師（映人）
　紅谷英一　べにや・えいいち　元・千葉銀行常務（日典）
　紅谷誠　べにや・まこと　日新製糖常務（日典3）

⁸紅松　くれまつ；べにまつ
　紅松保雄　くれまつ・やすお　神戸大学名誉教授（日典）
　紅松一雄　べにまつ・かずお「十七日で完成する販売入門」ダイヤモンド社（日典3）

紅林　くればやし；べにばやし
　紅林こずえ　くればやし・こずえ　ピアニスト（演奏）
　紅林茂夫　くればやし・しげお　経済評論家（日人）
　紅林もとこ　べにばやし・もとこ「越天楽」卯辰山文庫（日典3）

¹⁰紅梅　こうばい
　紅梅茂樹　こうばい・しげき　教員（児人）
　紅梅寿香　こうばい・じゅこう「ふる里の旅」オリエントレコード（日典3）

¹¹紅野　こうの
　紅野英二　こうの・えいじ　関西西宮信用金庫副理事長（日典3）
　紅野謙介　こうの・けんすけ　研究者（現執4期）
　紅野太郎　こうの・たろう　西宮市長（日典3）
　紅野俊郎　こうの・としろう「国語科教育法演習」秀英出版（日典3）
　紅野敏郎　こうの・としろう　国文学者（日人）

¹⁹紅瀬　こうせ；べにせ
　紅瀬雄太　こうせ・ゆうた「墓場ブランド、儲かるブランド」毎日コミュニケーションズ（日典3）
　紅瀬雄太　べにせ・ゆうた　日本総合研究所研究事業本部研究員（日典3）

²⁰紅露　こうろ
　紅露昭　こうろ・あきら　政治家, 弁護士（日人）
　紅露悦子　こうろ・えつこ「藍の里」木兎出版（日典3）
　紅露哲男　こうろ・てつお「ドイツ語変化辞典」朝日出版社（日典3）
　紅露文平　こうろ・ぶんぺい　専修大教授（日典3）
　紅露みつ　こうろ・みつ　政治家（世紀）

【1167】 索

⁴索丹　なわに
　索丹詢道　なわに・じゅんどう「「ことだま」のわざ概要」瑞健堂（日典3）

【1168】 紙

³紙上　しがみ
　紙上理　しがみ・ただし　ベース奏者（ジヤ）

⁵紙田　かみた；かみだ
　紙田彰　かみた・あきら　直江屋社長（日典3）
　紙田功　かみだ・いさお　（株）電気書院通信電気学校教授（日典）
　紙田利夫　かみだ・としお　広島洋蘭倶楽部専務理事（日典）

⁷紙谷　かみたに；かみや
　紙谷栄治　かみたに・えいじ　関西大学文学部教授（日典）
　紙谷歌寿彦　かみたに・かずひこ「PHPとMySQLで作るショッピングサイト」CQ出版（日典3）
　紙谷一衛　かみや・かずえ　管弦楽指揮者（音人3）
　紙谷園子　かみや・そのこ　ソプラノ歌手（音人3）

【1169】 紗

¹¹紗野　さの
　紗野葉子　さの・ようこ　ジャズ歌手（テレ）

【1170】 素

素　もと
　素九鬼子　もと・くきこ　小説家（四国文）

³素川　すがわ；そがわ；もとかわ
　素川富司　すがわ・とみじ　国立教育政策研究所長（日典3）
　素川絹子　そがわ・きぬこ　編集者（人情）

糸部(納,紡,紋,絆,経)

素川絹子　もとかわ・きぬこ　編集者・文筆家(近女)

[4]素木　しらき
素木三郎　しらき・さぶろう　東洋大学名誉教授(日典3)
素木しづ　しらき・しず　小説家(日人)
素木しづ子　しらき・しずこ　作家(人名)
素木得一　しらき・とくいち　昆虫学者(日人)
素木洋一　しらき・よういち　東京工業大学名誉教授(日典3)

[7]素村　そむら
素村宣慶　そむら・のぶよし　"歯科医院力"を高めるデジタル機器活用法」医歯薬出版(日典3)
素村裕子　そむら・ひろこ　ヴァイオリニスト(演奏)

[11]素野　その
素野哲　その・てつ　「作出のセオリー」愛鳩の友社(日典3)
素野福次郎　その・ふくじろう　経営者(日人)

【1171】　納

納　おさむ；おさめ；なや
納五平　おさむ・ごへい　「電気塗装技術」(国典)
納三治　おさめ・さんじ　実業家(創業)
納繁男　なや・しげお　関西学院大教授(国典)

[7]納村　おさむら；なむら；のむら
納村千代　おさむら・ちよ　助産婦(日人)
納村公子　なむら・きみこ　翻訳家(日典)
納村信之　のむら・のぶゆき　建築家(日典3)

納言　なごん
納言恭平　なごん・きょうへい　小説家,評論家(日人)

納谷　なや；なやたに
納谷悟朗　なや・ごろう　俳優(世紀)
納谷六朗　なや・ろくろう　声優(テレ)
納谷信　なやたに・しん　名古屋大学大学院多元数理科学研究科教授(日典3)
納谷嘉信　なやたに・よしのぶ　経営工学者(現執3期)

[8]納所　なっしょ；のうしょ
納所弁次郎　なっしょ・べんじろう　唱歌教育者(人名)
納所正一　のうしょ・しょういち　陶芸家(陶工)
納所弁次郎　なっしょ・べんじろう　唱歌教育者(日人)

[9]納屋　なや
納屋才兵衛　なや・さいべえ　写真家(写家)
納屋宗淡　なや・そうたん　「The spirit of tea」Tankosha Publishing Co.,Ltd.(日典3)
納屋聖人　なや・まさと　「アセトアルデヒド」丸善(日典3)
納屋松蔵　なや・まつぞう　「経済本位の住宅」鈴木書店(日典3)
納屋嘉治　なや・よしはる　茶道家(出文)

[10]納原　のうはら
納原善雄　のうはら・よしお　テューバ奏者,音楽教育者(音人3)

[12]納富　のうとみ；のうどみ；のうふ
納富介次郎　のうとみ・かいじろう　官吏(コン)
納富介次郎　のうどみ・かいじろう　官吏,工芸教育者(日人)
納富泰子　のうふ・やすこ　小説家(日典3)

納賀　のうか；のうが
納賀花山〔1代〕　のうか・かざん　陶芸家(陶工)
納賀顕豊　のうが・あきとよ　「ある海運人の自伝的時代史」牧羊社(日典3)
納賀雄嗣　のうが・ゆうじ　建築家(世紀)

【1172】　紡

[4]紡木　つむぎ
紡木たく　つむぎ・たく　漫画家(漫人)

【1173】　紋

[7]紋谷　もんや
紋谷暢男　もんや・のぶお　法学者(現執4期)

【1174】　絆

[3]絆川　かせがわ
絆川羔　かせがわ・こう　アメリカ文学者(現執1期)

【1175】　経

経　きょう；けい
経悟空　きょう・ごくう　「甦るか創価学会─広宣流布への提言」渓声社(JM)
経流峰　けい・りゅうほう　「あるたん」(JM)

[5]経田　きょうだ；けいだ；つねだ
経田勇　きょうだ・いさむ　海上自衛隊呉地方総監(日典3)
経田佑介　けいだ・ゆうすけ　詩人(日典)
経田弥太郎　つねだ・やたろう　「土筆坊」新星書房(日典3)

[7]経谷　つねたに
経谷芳隆　つねたに・ほうりゅう　「本願寺風物誌」永田文昌堂(日典3)

[12]経塚　きょうずか
経塚作太郎　きょうずか・さくたろう　国際法学者(日典1期)
経塚淳子　きょうずか・じゅんこ　東京大学大学院農学生命科学研究科准教授(日典3)
経塚清司　きょうずか・せいし　「罪標」橄欖書房(日典3)
経塚善左衛門　きょうずか・ぜんざえもん　生地魚市合資会社を設立(姓氏富山)
経塚幸夫　きょうずか・ゆきお　政治家(現政)

【1176】 紺

紺　こん
紺待人　こん・まちと　「BOOWY story」ソニー・マガジンズ(日典3)
紺弓之進　こん・ゆみのしん　小説家(世紀)
紺良造　こん・りょうぞう　「伴走者」かも川吟社(日典3)

5紺田　こんた；こんだ
紺田敏正　こんた・としまさ　プロ野球選手(日典3)
紺田功　こんだ・いさお　愛媛大学名誉教授(日典3)
紺田千登史　こんだ・ちとし　「フランスの哲学」関西学院大学出版会(日典3)

7紺谷　こんたに；こんや
紺谷光俊　こんたに・こうしゅん　日本画家(美家)
紺谷猛　こんたに・たけし　小説家(石川文)
紺谷典子　こんや・ふみこ　エコノミスト(テレ)
紺谷力松　こんや・りきまつ　社会運動家(アナ)

9紺屋　こうや；こんや
紺屋俊彦　こうや・としひこ　「建設業のビジネスレター集」日本法令(日典3)
紺屋畯作　こんや・しゅんさく　歌人(岡山歴)
紺屋たかし　こんや・たかし　「ストップモーション」フランス書院(日典3)

【1177】 細

2細入　ほそいり
細入藤太郎　ほそいり・とうたろう　英米文学者(日人)
細入徹　ほそいり・とおる　中小企業診断士(日典3)

4細木　さいき；ほそき；ほそぎ
細木香以　さいき・こうい　江戸の通人(日人)
細木香以　ほそき・こうい　江戸の通人(コン4)
細木核太郎　ほそぎ・もとたろう　志士(コン5)

細木原　さいきばら；ほそきばら；ほそぎばら
細木原青起　さいきばら・せいき　漫画家, 洋画家(児外)
細木原青起　ほそきばら・せいき　漫画家, 挿絵画家(日人)
細木原青起　ほそぎばら・せいき　漫画家, 洋画家(女性普)

5細田　さいだ；ほそだ
細田慶子　さいだ・けいこ　「どどどどど」ジャブラン(日典3)
細田靖史　さいだ・やすふみ　東芝EMI企画部事業開発部長(日典)
細田源吉　ほそだ・げんきち　小説家(コン4)
細田民樹　ほそだ・たみき　小説家(コン4)

細目　ほそのめ
細目憲次郎　ほそのめ・けんじろう　「細目氏の金ケ崎定住三百年を想う」(JM)

6細合　ほそあい
細合秀穀　ほそあい・しゅうこく　日本画家(美家)

7細呂木　ほそろぎ
細呂木見良　ほそろぎ・けんりょう　母と子の算数教室講師(日典3)
細呂木たかし　ほそろぎ・たかし　「「おれの単車」整備術」ナツメ社(日典3)
細呂木千鶴子　ほそろぎ・ちずこ　作家(日典3)
細呂木宏　ほそろぎ・ひろし　「タクシーよもやま話」ナツメ社(日典3)
細呂木魯木　ほそろぎ・ろぼく　川柳作家(石川文)

細見　ほそみ
細見綾子　ほそみ・あやこ　俳人(日人)
細見華岳　ほそみ・かがく　織物作家(日人)
細見卓　ほそみ・たかし　国際経済専門家(現執3期)
細見弘　ほそみ・ひろし　医師(近医)
細見もと子　ほそみ・もとこ　社会運動家, 看護婦(女性普)

細谷　ほそがや；ほそたに；ほそや
細谷十太夫　ほそがや・じゅうだゆう　陸奥仙台藩士(朝日)
細谷重雄　ほそたに・しげお　洋画家(香川人)
細谷松太　ほそや・まつた　労働運動家(コン4)

細貝　ほそかい；ほそがい
細貝隆志　ほそかい・たかし　第一屋製パン専務(日典3)
細貝義雄　ほそかい・よしお　実業家(創業)
細貝大次郎　ほそがい・だいじろう　農業経済学者(現執2期)
細貝康夫　ほそがい・やすお　情報工学者(現執3期)

8細迫　ほそさこ；ほそざこ；ほっさこ
細迫兼光　ほそさこ・かねみつ　政治家, 弁護士(コン4)
細迫陽三　ほそざこ・ようぞう　「漢方今昔座談」医道の日本社(日典3)
細迫兼光　ほっさこ・かねみつ　社会運動家, 政治家, 弁護士(姓氏山口)

9細美　さいみ；ほそみ
細美昌平　さいみ・しょうへい　アロカ相談役(日典3)
細美田鶴枝　さいみ・たずえ　「"学習集団"による授業改造」東方出版(日典3)
細美武士　ほそみ・たけし　ミュージシャン(日典)
細美真理子　ほそみ・まりこ　「陽光」短歌研究社(日典3)

10細原　ほそはら
細原匡一　ほそはら・きょういち　群馬大学教授(人情)
細原豪　ほそはら・ごう　「はじめてのLinux」蕗出版(日典3)

糸部（紫）

細原順子　ほそはら・じゅんこ　「芋の露」文学の森(日典3)

細島　ほそじま
細島章　ほそじま・あきら　山武研究開発本部研究主幹(日典3)
細島泉　ほそじま・いずみ　ジャーナリスト(現執2期)
細島繁　ほそじま・しげる　バスケットボール監督(栃木歴)
細島昇一　ほそじま・しょういち　洋画家(美家)
細島喜美　ほそじま・よしみ　「野性の女」(国典)

11細郷　さいごう
細郷妙子　さいごう・たえこ　翻訳家(日典3)
細郷秀雄　さいごう・ひでお　報知新聞東京本社編集局編集委員(日典3)
細郷道一　さいごう・みちかず　官僚,政治家(日人)
細郷弥市　さいごう・やいち　三菱商事常務(日典3)

12細萱　ほそかや；ほそがや
細萱戊子郎　ほそかや・ぼしろう　軍人(陸海)
細萱敦　ほそがや・あつし　川崎市市民ミュージアム学芸員(日典3)
細萱戊四郎　ほそかや・ぼしろう　軍人(長野歴)

細越　ほそごえ；ほそこし；ほそごし
細越夏村　ほそごえ・かそん　詩人,小説家(現詩)
細越正志　ほそこし・まさし　弓道家,弓道教士(弓道)
細越幸子　ほそごし・ゆきこ　「ドイツの黒い森で」ダブリュネット(日典3)

【1178】　紫

紫　し；むらさき
紫宝珠　し・ほうじゅ　「愛に悩む娘たちへ—今あなたは幸せですか」中央通信社(JM)
紫ちちぶ　むらさき・ちちぶ　狂歌師(日人)
紫千代　むらさき・ちよ　女優(映女)

3紫山　しやま
紫山定雄　しやま・さだお　城西消費購買組合組合員(社史)

5紫田　しばた
紫田元幸　しばた・もとゆき　東京学芸大学教育学部助教授(日典)

6紫安　むらやす
紫安史郎　むらやす・しろう　シアンシューズ代表(紳士)
紫安新九郎　むらやす・しんくろう　政治家(政治)

紫竹　しちく
紫竹昭葉　しちく・あきよ　紫竹ガーデン遊華オーナー(日典3)
紫竹敏男　しちく・としお　新潟市駅南商工振興会会長(人情)
紫竹屛山　しちく・へいざん　「明治後期産業発達史資料」竜渓書舎(日典3)

7紫村　しむら
紫村一重　しむら・かずしげ　農民運動家(社史)
紫村美也　しむら・みや　「残像素描」エンプティ(日典3)

紫芝　ししば
紫芝幸憲　ししば・ゆきのり　「久遠の寂光」(国典)
紫芝良昌　ししば・よしまさ　医師(日典3)

紫芳　しほう
紫芳山人　しほう・さんじん　作家(人名)

8紫苑　しおん
紫苑薫　しおん・かおり　「ぼくの勇気」日本テレビ放送網(日典3)
紫苑ゆう　しおん・ゆう　宝塚歌劇団団員(人情)
紫苑礼魅　しおん・れいみ　小説家(日典3)

9紫垣　しがき
紫垣綾花　しがき・あやか　ゴルフ選手(日典3)
紫垣隆　しがき・たかし　「世界は一つ」(国典)
紫垣達郎　しがき・たつろう　映画プロデューサー(日典3)
紫垣伴三　しがき・ばんぞう　衆院議員(国民協会),貴院議員(多額納税)(日典3)
紫垣英昭　しがき・ひであき　「億を稼ぐ株投資法則」ユウメディア(日典3)

紫城　しき；しじょう
紫城いずみ　しき・いずみ　女優(日典)
紫城るい　しじょう・るい　宝塚歌劇団団員(日典)

10紫宮　しのみや
紫宮葵　しのみや・あおい　小説家(幻想)

紫桃　しとう
紫桃正隆　しとう・まさたか　高等学校教頭(現執2期)
紫桃芳実　しとう・よしみ　「青い光芒」紫桃正隆(日典3)

11紫野　しの
紫野明日香　しの・あすか　女優(日典3)
紫野伊津子　しの・いつこ　「ダンマーの詩」水仁舎(日典3)
紫野巌　しの・いわお　台糖ファイザー社長(人情)
紫野京子　しの・きょうこ　「風の芍薬(ピオニア)」月草舎(日典3)
紫野貴李　しの・きり　小説家(日典3)

12紫雲　しうん
紫雲さちよ　しうん・さちよ　日本工学院八王子専門学校非常勤講師(日典3)
紫雲井蛙子　しうん・せいあし　仏像古文書研究家(国典)
紫雲探月　しうん・たんげつ　僧(鹿児島百)

18紫藤　しとう；しどう
紫藤貞一郎　しとう・ていちろう　医学者(高知百)
紫藤英之　しとう・ひでゆき　「図解整姿と剪定の実際」(日典3)
紫藤章　しどう・あきら　農学者(渡航)
紫藤貞美　しどう・さだよし　エッセイスト(四国文)

【1179】 紹

⁹紹美　しょうび；しょうみ
紹美栄祐　しょうび・えいすけ　金属工芸家(日人)
紹美栄祐　しょうみ・えいすけ　金工家(姓氏京都)

【1180】 組

⁷組谷　くみたに；くみや
組谷脩　くみたに・おさむ　シンポ工業常務(日典)
組谷徳全　くみたに・とくぜん「正覚寺誌」橋沢山延命院正覚寺(日典3)
組谷勉　くみや・つとむ「さあさい教育」ぎょうせい(日典3)

【1181】 絎

¹¹絎野　かせの
絎野宏　かせの・ひろし　金沢経済大学経済学部助教授(日典)
絎野義夫　かせの・よしお　本金大教授,地質学者(石川百)

【1182】 絵

⁴絵内　えうち；えない
絵内義彦　えうち・よしひこ「さわる」うたかた屋(日典3)
絵内正久　えない・まさひさ　フリーライター(日典)
絵内正道　えない・まさみち　北海道大学大学院工学研究科特任教授(日典3)

⁸絵所　えしょ；えどころ
絵所秀紀　えしょ・ひでき　低開発経済学者,インド経済学者(現執4期)
絵所壮太郎　えどころ・そうたろう　日本電気研究開発グループマイクロエレクトロニクス研究所長代理(日典)

【1183】 給

給　たもう
給円　たもう・まどか　華道家(日典)

⁵給田　たいだ
給田英哉　たいだ・ひでや　丸紅(株)国際業務部副部長兼企画室長(日典)

【1184】 結

³結川　ゆいかわ
結川知香　ゆいかわ・ちか　タレント(テレ)
結川隆一　ゆいかわ・りゅういち　ミズバショウ保護(人情)

⁵結田　ゆいた；ゆうた
結田信　ゆいた・しん「結田信喜寿記念画集」結田信記念画集準備会(日典3)
結田英一郎　ゆうた・えいいちろう　労農党港区第2支部メンバー(社史)

⁷結束　けっそく
結束好　けっそく・このむ　海上保安庁第1管区海上保安本部長(日典3)
結束信二　けっそく・しんじ　シナリオライター(映人)
結束博治　けっそく・ひろはる　科学技術広報財団評議員,ザ・メッセージ社顧問(日典3)
結束林平　けっそく・りんぺい　農民(アナ)

⁹結城　ゆうき
結城哀草果　ゆうき・あいそうか　歌人,随筆家(コン4)
結城昌治　ゆうき・しょうじ　小説家(日人)
結城信一　ゆうき・しんいち　小説家(日人)
結城素明　ゆうき・そめい　日本画家(コン4)
結城豊太郎　ゆうき・とよたろう　財政家(コン5)

結柴　けしば
結柴蕗山　けしば・ろざん　俳人(日典)

【1185】 絓

絓　すが
絓秀実　すが・ひでみ　文芸評論家(日人)

【1186】 絹

³絹川　きぬかわ；きぬがわ
絹川京子　きぬかわ・きょうこ　女優(映女)
絹川京蔵　きぬかわ・きょうぞう「過激なパソコン通信入門」ジャパン・ミックス(日典3)
絹川猛次　きぬがわ・たけじ　自動車運転手(社史)
絹川友梨　きぬがわ・ゆり　女優(テレ)

⁷絹谷　きぬたに；きぬや
絹谷オシエ　きぬたに・おしえ　看護師(日典3)
絹谷幸二　きぬたに・こうじ　洋画家(日人)
絹谷清剛　きぬや・せいごう「核医学画像診断ハンドブック」エルゼビア・ジャパン(日典3)

【1187】 続

続　つづき；つづく
続有恒　つづき・ありつね　教育心理学者(日人)
続豊治　つづき・とよじ　船匠(日人)
続寿男　つづき・ひさお　元・光洋精工専務(日典)

⁴続木　つづき
続木和子　つづき・かずこ　料理研究家(日典3)
続木君樵　つづき・くんしょう　南画家(愛媛百)

糸部(綛,綾,綱,緒,総)

続木湖山　つずき・こざん　書家(日典3)
続木徹　つずき・とおる　ジャズマン(ジャ)
続木斉　つずき・ひとし　実業家(日人)

16続橋　つずきはし；つずきばし
　続橋少一　つずきはし・しょういち　北海道教育大学名誉教授(体育)
　続橋達雄　つずきはし・たつお　児童文学者(世紀)
　続橋和弘　つずきはし・かずひろ　「キリシタンの宣教と迫害」カトリック留萌教会(日典3)
　続橋利雄　つずきはし・としお　児童文学作家(北海道文)

【1188】綛

7綛谷　かせたに
　綛谷喜好　かせたに・きよし　元・ユニオン写真製版所社長(日典)
　綛谷智雄　かせたに・ともお　「コリアン三国誌」新幹社(日典3)

【1189】綾

綾　あや
　綾一　あや・かずみ　九州東海大学情報開発研究室教授・宇宙情報センター分室長(日典3)
　綾克己　あや・かつみ　「特別清算の理論・実務と書式」民事法研究会(日典3)
　綾亀一　あや・かめいち　「鋼橋の理論と計算」コロナ社(日典3)
　綾京介　あや・きょうすけ　「月夜の車」信濃教育会出版部(日典3)
　綾哲一　あや・てついち　心理学者(心理)

綾女　あやめ
　綾女正雄　あやめ・まさお　写真家,歌人(写家)

綾小路　あやこうじ；あやのこうじ
　綾小路絃三郎　あやこうじ・げんざぶろう　俳優(俳優)
　綾小路雅子　あやこうじ・まさこ　女優(女優)
　綾小路有良　あやのこうじ・ありかず　雅楽演奏者(日人)
　綾小路家政　あやのこうじ・いえまさ　華族(日人)

綾川　あやかわ；あやがわ
　綾川志剛　あやかわ・しごう　俳優(映男)
　綾川武治　あやかわ・たけじ　国家主義運動家,弁護士(コン4)
　綾川五郎次　あやがわ・ごろうじ　力士(日人)
　綾川五郎次〔2代〕　あやがわ・ごろうじ　力士(青森人)

4綾仁　あやに
　綾仁富弥　あやに・とみや　「小整形外科書」金芳堂(書籍)

5綾田　あやた；あやだ
　綾田勝義　あやた・かつよし　日本画家(日典3)
　綾田俊樹　あやた・としき　俳優(テレ)

　綾田修作　あやだ・しゅうさく　百十四銀行頭取(日典)
　綾田整治　あやだ・せいじ　実業家(郷土香川)

【1190】綱

3綱川　つなかわ；つながわ
　綱川立彦　つなかわ・たつひこ　バリトン歌手(音人3)
　綱川泰典　つなかわ・やすのり　フルート奏者(演奏)
　綱川貢　つながわ・みつぐ　元日本兵(人情)

7綱沢　つなさわ；つなざわ
　綱沢進　つなさわ・すすむ　宝酒造ペプチド解析センター長(日典)
　綱沢昌永　つなさわ・まさなが　元・中学校教師(日典)
　綱沢健三　つなざわ・けんぞう　香具師(社史)
　綱沢満昭　つなざわ・みつあき　政治思想史学者(現執3期)

10綱島　つなしま；つなじま
　綱島正興　つなしま・せいこう　弁護士,政治家(日人)
　綱島梁川　つなしま・りょうせん　評論家(日人)
　綱島佳吉　つなじま・かきち　日本組合基督教会牧師(日人)
　綱島梁川　つなじま・りょうせん　宗教思想家,評論家(コン5)

【1191】緒

4緒方　おかた；おがた
　緒方稜威雄　おかた・いずい　神職(神人)
　緒方八重　おかた・やえ　緒方洪庵の妻(女性普)
　緒方竹虎　おがた・たけとら　政治家,新聞人(コン4)
　緒方知三郎　おがた・ともさぶろう　病理学者(コン4)

5緒田原　おだわら
　緒田原涓一　おだわら・けんいち　経済学者(現執3期)

8緒明　おおき；おおけ
　緒明菊三郎　おおき・きくさぶろう　船大工(神奈川人)
　緒明泰平　おおき・たいへい　静岡銀行頭取(日典3)
　緒明菊三郎　おおけ・きくさぶろう　船大工(日典3)
　緒明太郎　おおけ・たろう　実業家(姓氏静岡)

【1192】総

3総山　ふさやま
　総山和雄　ふさやま・かずお　歯科医(日典3)
　総山孝雄　ふさやま・たかお　歯科学者(日人)
　総山哲　ふさやま・てつ　長野地検検事正(日典3)

総山正雄　ふさやま・まさお　東海電線(現・住友電装)専務(日典3)

⁴総戸　ふさえ
　総戸斗明　ふさえ・とうめい「殺意の回想」太陽(書籍)

⁵総生　ふそう
　総生寛　ふそう・かん　戯作者(近文)

【1193】 綴

綴　つずき；つずり
　綴敏子　つずき・としこ「湧き出づる泉の如く」(国典)
　綴敏子　つずり・としこ「万葉の抒情」教育出版センター(日典3)

【1194】 緋

⁵緋田　あけた；あけだ；ひだ
　緋田研爾　あけた・けんじ　北海道大学名誉教授(日典)
　緋田宏　あけだ・ひろし　神戸市立福田中学校校長(日典)
　緋田康人　ひだ・やすと　俳優,コメディアン(テレ)

¹⁰緋桜　ひおう；ひざくら
　緋桜泉　ひおう・いずみ「メタモ・レイヤーLV.(レベル)0」白泉社(日典3)
　緋桜溶子　ひざくら・ようこ　イメージ・クリエーター,元・女優(日典3)

【1195】 綿

⁴綿引　わたひき；わたびき
　綿引朱馬之介　わたひき・しゅまのすけ　日本鉱夫組合メンバー(社史)
　綿引義栄　わたひき・よしえい　実業家,伊勢甚百貨店会長(郷土茨城)
　綿引勝彦　わたびき・かつひこ　俳優(日映男)
　綿引邦農夫　わたびき・くにのぶ　印刷工,労働運動家(アナ)

⁵綿田　わただ
　綿田巌　わただ・いわお　愛知県衛生部鳴海保健所員(社史)
　綿田三郎　わただ・さぶろう　元小学校教頭(人情)
　綿田浩崇　わただ・ひろたか「英語対訳で読む世界の歴史」実業之日本社(日典3)
　綿田裕孝　わただ・ひろたか　順天堂大学医学部准教授(日典3)
　綿田博人　わただ・ひろひと　慶応義塾大学体育研究所教授(日典3)

⁷綿谷　めんこく；わたたに；わたや
　綿谷周麿　めんこく・しゅうてつ　五山文学者=中世(人名6)
　綿谷雪　わたたに・きよし　歴史研究家,小説家(世紀)

綿谷行四郎　わたや・こうしろう　日本画家(日人)

¹¹綿貫　わたぬき
　綿貫譲治　わたぬき・じょうじ　社会学者(日人)
　綿貫民輔　わたぬき・たみすけ　政治家(日人)
　綿貫哲雄　わたぬき・てつお　社会学者(世紀)
　綿貫礼子　わたぬき・れいこ　環境問題研究者,サイエンスライター(世紀)
　綿貫六助　わたぬき・ろくすけ　小説家(世紀)

【1196】 網

³網干　あぼし
　網干嘉一郎　あぼし・かいちろう「にいがた湊祭」野島出版(日典3)
　網干啓四郎　あぼし・けいしろう　洋画家(日典3)
　網干隆　あぼし・たかし「にいがた下町の歴史と住吉祭り」遊喜(日典3)
　網干智加子　あぼし・ちかこ　小説家(日典3)
　網干善教　あぼし・よしのり　考古学者(日人)

⁴網戸　あみと
　網戸武夫　あみと・たけお　建築家(美建)
　網戸通夫　あみと・みちお「デザインの原郷」武蔵野美術大学出版局(日典3)

⁵網代　あじろ；あみしろ
　網代景介　あじろ・けいすけ　管弦楽指揮者,打楽器奏者(音人3)
　網代智海　あじろ・ちかい　僧侶(日人)
　網代栄三　あみしろ・えいぞう　作曲家,音楽評論家(作曲)
　網代毅　あみしろ・たけし　(社)信託協会顧問(日典)

網田　あみた；あみだ
　網田邦彦　あみた・くにひこ　アミタ社長(日典3)
　網田新太郎　あみた・しんたろう　アミタ会長(日典)
　網田覚一　あみだ・かくいち　弁護士(日典)

⁷網谷　あみたに；あみや
　網谷一才　あみたに・いっさい　実業家(詩作)
　網谷正美　あみたに・まさみ　狂言師(大蔵流)(能狂言)
　網谷幾子　あみや・いくこ　歌人中島歌子の母(埼玉人)
　網谷勝彦　あみや・かつひこ　日本コンクリート工業社長(日典3)

¹⁰網島　あみしま；あみじま
　網島毅　あみしま・つよし　電気技術者(履歴2)
　網島ひづる　あみしま・ひづる　県立広島大学保健福祉学部助教授(日典3)
　網島貞夫　あみじま・さだお　同志社大学名誉教授(日典)

糸部(緑,練,緇,縁,締,縄,縞,繁,縫)　　　　　　　　　　　　　　　　　　　　　　　　　〔1205〕

【1197】 緑

[7]緑谷　みどりたに；りょくや
　　緑谷哲明　みどりたに・てつめい 「谷川岳」日本図書刊行会(日典3)
　　緑谷明澄　りょくや・あきすみ 「魔女が望んだ未来消失」エンターブレイン、角川グループパブリッシング(発売)(日典3)

【1198】 練

[4]練木　ねりき
　　練木市左衛門　ねりき・いちざえもん　実業家,政治家(埼玉人)
　　練木喜三　ねりき・きぞう　官吏(日人)
　　練木恵子　ねりき・けいこ　兵庫県議(共産党,宝塚市)(日典3)
　　練木繁夫　ねりき・しげお　ピアニスト(演奏)
　　練木玲子　ねりき・れいこ　ピアニスト(演奏)

【1199】 緇

[3]緇川　くろかわ
　　緇川涀城　くろかわ・けんじょう　宗教家(島根歴)

【1200】 縁

　縁川　みどりかわ
　　縁川宏美　みどりかわ・ひろみ　元・共同石油常務(日典)

【1201】 締

[4]締木　しめき
　　締木信太郎　しめき・しんたろう　製パン業者,料理教育者(食文)

【1202】 縄

[5]縄田　なわた；なわだ
　　縄田一男　なわた・かずお　文芸評論家(日人)
　　縄田尚門　なわた・しょうもん　陸上競技選手(日人)
　　縄田四郎　なわだ・しろう　赤色救援会メンバー(社史)
　　縄田林蔵　なわだ・りんぞう　詩人(平和)
[13]縄稚　なわち
　　縄稚小平　なわち・こへい　水産家(日人)
　　縄稚輝雄　なわち・てるお 「沢山卓爾」沢山和樹(日典3)
　　縄稚登　なわち・のぼる　弁護士(日典3)

【1203】 縞

[5]縞田　しまだ
　　縞田歳朗　しまだ・としろう 「おねーさんが一番!!」小学館(日典3)
　　縞田理理　しまだ・りり　小説家(幻想)

【1204】 繁

　繁田　しげた；はんだ
　　繁田浅二　しげた・あさじ　社会運動家(アナ)
　　繁田実造　しげた・じつぞう　法学者(現執2期)
　　繁田くら　はんだ・くら　埼玉県内で最初の民間保育園所創立者(埼玉人)
　　繁田満義　はんだ・みつよし　殖産家(日人)
[6]繁多　はんた
　　繁多進　はんた・すすむ　発達心理学者(現執4期)
[7]繁尾　しげお
　　繁尾久　しげお・ひさし　英文学者(現執2期)
　繁沢　しげさわ；しげざわ；はんざわ
　　繁沢克明　しげさわ・かつあき　工部省留学生(海越新)
　　繁沢明克　しげざわ・あきよし　官吏(渡航)
　　繁沢チエ　はんざわ・ちえ 「つわの花」(JM)
[10]繁益　しげます；はんやく
　　繁益繁治郎　しげます・しげじろう　阪神電鉄常任監査役(日典3)
　　繁益弘志　はんやく・ひろし　東京女子医科大学附属第二病院講師(日典3)
[11]繁桝　しげます
　　繁桝江里　しげます・えり 「ダメ出しコミュニケーションの社会心理」誠信書房(日典3)
　　繁桝算男　しげます・かずお 「新・心理学の基礎知識」有斐閣(日典3)
　　繁桝百合子　しげます・ゆりこ　バイオリニスト(音人)

【1205】 縫

[5]縫田　ぬいた；ぬいだ
　　縫田清二　ぬいた・せいじ　横浜国大教授(日典3)
　　縫田曄子　ぬいた・ようこ　ジャーナリスト,評論家(日人)
　　縫田健一　ぬいだ・けんいち 「変わりゆく村」大同生命国際文化基金(日典3)
[7]縫谷　ぬいや
　　縫谷幸治　ぬいや・こうじ　芙蓉総合リース社長,丸紅監査役(日典3)
　　縫谷昌生　ぬいや・まさお　鳥取青年会議所理事長(人情)
[11]縫部　ぬいべ
　　縫部義憲　ぬいべ・よしのり　研究者(現執4期)

姓名よみかた辞典 姓の部　　611

糸部（縣,織,繰,纐） 缶部（罇,罍） 网部（置）

【1206】 縣

縣　あがた
　縣金市　あがた・きんいち　北海道老人クラブ連合会会長（日典）

【1207】 織

織　おり；しき
　織朱実　おり・あけみ　「化学物質管理の国際動向」化学工業日報社（日典3）
　織完　おり・かん　上智大学教授（日典3）
　織あい　しき・あい　洋画家（日典）
[4]織戸　おりと；おりど
　織戸健造　おりと・けんぞう　「石ころの履歴書」ふだん記全国グループ（日典）
　織戸四郎　おりと・しろう　織戸組社長、川崎市議（自民党）（日典3）
　織戸功　おりど・いさお　「世界のミステリー12」英潮社新社（日典3）
　織戸学　おりど・まなぶ　「織戸学ドリフト必勝テクニック」講談社（日典3）
[5]織田　おた；おだ；おりた
　織田紀江　おた・のりえ　エッセイスト（日典）
　織田作之助　おだ・さくのすけ　小説家（コン4）
　織田凖一　おりた・じゅんいち　トランペット奏者（演奏）
織田沢　おたざわ；おだざわ
　織田沢良一　おたざわ・りょういち　函館ドック前会長（日典）
　織田沢俊幸　おだざわ・としゆき　群馬県議（自民党、甘楽郡）（日典3）
　織田沢良一　おだざわ・りょういち　経営者（群馬人）
[7]織作　おりさく
　織作峰子　おりさく・みねこ　写真家（石川文）
織坂　おざか；おりさか
　織坂幸治　おざか・こうじ　「詩句発句」花書院（日典）
　織坂豪　おざか・ごう　「郵貯が危ない」徳間書店（日典）
　織坂幸治　おりさか・こうじ　詩人（日典3）
　織坂春雄　おりさか・はるお　「プロ商人への道」誠文堂新光社（日典3）
[8]織茂　おりも
　織茂恭子　おりも・きょうこ　画家（児人）
　織茂智之　おりも・さとし　「「パーキンソン病」「レビー小体型認知症」がわかるQAブック」メディカ出版（日典3）
　織茂三郎　おりも・さぶろう　名古屋市職員（姓氏愛知）
　織茂広人　おりも・ひろひさ　「株式投資で資産倍増！」税務経理協会（日典3）
　織茂良平　おりも・りょうへい　政治家（現政）

[9]織畑　おりはた
　織畑秀夫　おりはた・ひでお　医師（近医）
　織畑基一　おりはた・もとかず　経営コンサルタント（現執4期）
　織畑凉子　おりはた・りょうこ　「欧州モデルの経営革新」プレジデント社（日典3）
[10]織家　おりや
　織家肇　おりや・はじめ　「ゴルフの英語」南雲堂（日典）
　織家勝　おりや・まさる　歯科医（日典3）
　織家実　おりや・みのる　名古屋市衛生局長（日典3）

【1208】 繰

[5]繰生　くりゅう
　繰生正男　くりゅう・まさお　「大分県経済の巨視的分析」大分大学経済学部瀬戸内産業経済研究センター（日典3）

【1209】 纐

[21]纐纈　こうきつ；こうけつ；はなぶさ
　纐纈ハル　こうきつ・はる　女流算家≒近世（人名）
　纐纈弥三　こうけつ・やぞう　内務官僚（履歴2）
　纐纈あや　はなぶさ・あや　映画監督、映画プロデューサー（日典3）

缶部

【1210】 罇

罇　もたい
　罇和也　もたい・かずや　「漢字のイメージ展」罇和也（JM）
　罇龍之助　もたい・りゅうのすけ　洋画家（洋画）

【1211】 罍

罍　もたい
　罍晧一　もたい・こういち　モタイ・ショーワ社長（日典3）
　罍昭吉　もたい・しょうきち　「社会資本」鉱脈社（日典3）
　罍秀雄　もたい・ひでお　日精コンピュータ（株）社長（日典）

网部

【1212】 置

[13]置塩　おきしお；おしお
　置塩信雄　おきしお・のぶお　経済学者（日人）

羊部（美） 〔1213〕

置塩道彦　おきしお・みちひこ　著述家（現執3期）
置塩章　おしお・あきら　建築家（美建）
置藤藤四郎　おしお・とうしろう　国学者,書家（静岡歴）

[16]置鮎　おきあい；おきあゆ
　置鮎正弘　おきあい・まさひろ　博多人形師（日典3）
　置鮎隆一　おきあい・りゅういち「随処」源流俳句会（日典3）
　置鮎与市　おきあゆ・よいち　博多人形師（美工）
　置鮎竜太郎　おきあゆ・りょうたろう　声優,ギタリスト（テレ）

羊部

【1213】 美

美ノ谷　みのたに；みのや
　美ノ谷和成　みのたに・かずなり　社会学者（現執3期）
　美ノ谷憲久　みのたに・のりひさ「見つけた！まほろしのチョウ」大日本図書
　美ノ谷和孝　みのや・かずたか　リンクインク社長（日典3）
　美ノ谷靖夫　みのや・やすお　菓子職人（日典）

[3]美土路　みとろ；みどろ
　美土路昌一　みとろ・しょういち　新聞人（岡山人）
　美土路達雄　みとろ・たつお　名寄女子短期大学学長（現執2期）
　美土路達雄　みどろ・たつお　農業経済学者（日典）
　美土路昌一　みどろ・ますいち　新聞経営者（コン4）

美川　みかわ；よしかわ
　美川きよ　みかわ・きよ　小説家（日人）
　美川憲一　みかわ・けんいち　歌手（日人）
　美川やよい　よしかわ・やよい　漫画家（漫画）

[4]美内　みうち
　美内すずえ　みうち・すずえ　漫画家（幻想）

美月　みずき；みつき
　美月あきこ　みずき・あきこ「ファーストクラスに乗る人のシンプルな習慣」祥伝社（日典3）
　美月李予　みずき・りよ　漫画家（漫人）
　美月ひな　みつき・ひな「ハードラック」竹書房（日典）
　美月ふう　みつき・ふう「愛の記憶」原書房（日典）

美水　みずい；よしみず
　美水自由　みずい・じゆう「シドズ・ウェイ」シンコー・ミュージック（日典3）
　美水かがみ　よしみず・かがみ「らき☆すた」角川書店,角川グループパブリッシング（発売）（日典）
　美水正則　よしみず・まさのり　ゴルフ選手（日典）

[5]美代　みしろ；みよ
　美代イシ　みしろ・いし「くろごもり」ジャプラン（日典3）
　美代勇一　みしろ・ゆういち「日本爆撃記」弘文堂（日典）
　美代賢吾　みよ・けんご「医師・医療関係者のためのインターネット」中山書店（日典3）

美平　みひら
　美平晴道　みひら・せいどう　出版人（出文）
　美平将道　みひら・まさみち　希望社社長（日典3）

美甘　みかも
　美甘章子　みかも・あきこ「「ゾーン」はここだ！」セルバ出版,創英社（発売）（日典3）
　美甘寒木　みかも・かんぼく「四季讃歌」美甘寒木遺句集刊行会（日典3）
　美甘政和　みかも・まさかず　勤王家,神職（岡山人）
　美甘政知　みかも・まさとも　勤王家（幕末）
　美甘義夫　みかも・よしお　内科学者（近医）

美田村　みたむら
　美田村顕教　みたむら・あきのり　薙刀術家（日人）
　美田村千代　みたむら・ちよ　武道家（日人）

[6]美多　みた
　美多勉　みた・つとむ　東京工業大学工学部教授（日典）
　美多実　みた・みのる　郷土史家（郷土）
　美多幸夫　みた・ゆきお　ミタスタジオ代表（日典）

[7]美作　みまさか
　美作七朗　みまさか・しちろう　洋画家（洋画）
　美作七郎　みまさか・しちろう　洋画家（日典3）
　美作太郎　みまさか・たろう　出版人（日人）

美村　みむら
　美村あきの　みむら・あきの　漫画家（漫人）
　美村新　みむら・あらた「乗車券の話」門司鉄道管理局門司印刷場（日典3）
　美村幹　みむら・かん「美村幹詩集」芸風書院（日典）
　美村七海　みむら・ななみ「将軍たちの夜」角川書店,角川グループパブリッシング（発売）（日典3）

美見　みいみ
　美見孝治　みいみ・たかじ　地方政治家（岡山歴）
　美見昭光　みいみ・てるみつ「おじいちゃん・おばあちゃんと子育て」フォーラム・A（日典3）

美谷島　びやじま；みやじま
　美谷島計男　びやじま・かずお　長野市建設部道路課技師（日典）
　美谷島醇　みやじま・あつし　写真家（日典3）
　美谷島正子　みやじま・まさこ　児童文学作家（児作）

[9]美咲　みさき
　美咲安里　みさき・あんり　舞踏家（日典3）
　美咲花音　みさき・かのん　翻訳家（日典3）

美咲さくや　みさき・さくや　「象の背中」講談社（日典3）
美咲隆吉　みさき・たかよし　岡山大学名誉教授，福山大学名誉教授（日典3）
美咲やよい　みさき・やよい　漫画家（漫人）

美泉　みいずみ
美泉定山　みいずみ・じょうざん　修験者（日人）

美津　みず；よしつ
美津かづ子　みず・かずこ　「神々の語る神霊界のお話」リーベル出版（日典3）
美津文奈　よしつ・ふみな　「乙女の祈り—美津文奈詩集」新風舎（JM）

美津田　みつた
美津田滝次郎　みつた・たきじろう　旅芸人（足海越新）

美津島　みずしま；みつしま
美津島徳蔵　みずしま・とくぞう　美術商（日人）
美津島明　みつしま・あきら　「にゃおんのきょうふ」純響社（日典3）

¹⁰美座　みざ
美座捨次郎　みざ・すてじろう　友愛会木津川支部幹事長（社史）
美座時成　みざ・ときしげ　軍人（陸海）

美能　みの；みのう
美能幸三　みの・こうぞう　「極道ひとり旅」（国典）
美能憲二　みのう・けんじ　「智美」玄文社（日典3）

美馬　みま
美馬清子　みま・きよこ　エッセイスト（四国文）
美馬儀一郎　みま・ぎいちろう　実業家・銀行家（徳島歴）
美馬君田　みま・くんでん　尊皇家（日人）
美馬敏男　みま・としお　教育者,同和教育推進者（高知人）
美馬宏夫充　みま・ひろふみ　医師（現執4期）

¹¹美崎　みさき；よしざき
美崎丈平　みさき・じょうへい　軍人（陸海）
美崎光邦　みさき・みつくに　陶芸家（陶芸最）
美崎智啓　よしざき・ちけい　「多宝門」社会生活援護会（日典3）

美添　よしぞえ
美添泰人　よしぞえ・やすと　「プログラム学習による統計学入門」（国典）

美野　みの；よしの
美野香　みの・かおり　ホテルジャーナリスト（日典3）
美野入間　みの・にゅうま　農業技術者（姓氏鹿児島）
美野晶　よしの・あきら　「艶肌おんな社長」竹書房（日典3）
美野真琴　よしの・まこと　女優（映女）

¹²美森　みもり；よしもり
美森青　みもり・あお　漫画家（漫人）
美森一高　みもり・かずたか　「レモンの唇」オークラ出版（日典3）
美森成生　よしもり・しげる　「伊予のはっさく」BOC出版部（日典3）

¹⁶美濃　みの；みのう
美濃豊月　みの・ほうげつ　俳人（滋賀文）
美濃政市　みの・まさいち　政治家（政治）
美濃導彦　みのう・みちひこ　京都大学総合情報メディアセンター教授（日典）

美濃口　みのぐち
美濃口健治　みのぐち・けんじ　「各種病態に基づく喘息治療の実際」メディカルレビュー社（日典3）
美濃口玄　みのぐち・げん　医師（近医）
美濃口武雄　みのぐち・たけお　経済学史学者（現執3期）
美濃口正　みのぐち・ただし　「よくわかる自動車業界」日本実業出版社（日典3）
美濃口時次郎　みのぐち・ときじろう　社会政策研究者（現執1期）

美濃地　みのじ
美濃地忠敬　みのじ・ただたか　島根県副知事（人情）

美濃部　みのべ
美濃部俊吉　みのべ・しゅんきち　経済官僚（履歴）
美濃部たか　みのべ・たか　体育学者（日人）
美濃部達吉　みのべ・たつきち　法学者（コン4）
美濃部洋次　みのべ・ようじ　官僚（日人）
美濃部亮吉　みのべ・りょうきち　経済学者,政治家（コン4）

¹⁸美藤　びとう；みとう
美藤いづみ　びとう・いずみ　「女子が書いた女子のための女子のトリセツ」すばる舎リンケージ,すばる舎（発売）（日典3）
美藤宏一郎　びとう・こういちろう　ビクター音楽産業（株）インビテーション第二宣伝グループ（日典3）
美藤一夫　みとう・かずお　中国新聞社長室秘書部長（日典）
美藤啓文　みとう・さとふみ　アナウンサー（テレ）

美観　びかん
美観橘一郎　びかん・きょういちろう　「イスラム社会の性と風俗」桃源社（日典3）

【1214】 義

⁴義井　よしい
義井胤景　よしい・たねかげ　「磁気工学」海文堂出版（日典3）
義井博　よしい・ひろし　西洋史学者（現執3期）
義井みどり　よしい・みどり　岡崎学園国際短期大学講師（日典3）
義井豊　よしい・ゆたか　写真家（日典3）

⁵義平　よしひら
義平雅夫　よしひら・まさお　イラストレーター（児人）

⁶義江　よしえ
義江彰夫　よしえ・あきお　日本古代・中世史学者（現執4期）

羊部（群,羯） 羽部（羽）　　　　　　　　　　　　　　　　　　　　　　　　〔1217〕

義江明子　よしえ・あきこ　歴史研究者（現執4期）
義江市郎右衛門　よしえ・いちろうえもん　政治家（福井百）
義江民治　よしえ・たみじ　政治家（福井百）
義江義雄　よしえ・よしお　医師（近医）

8義始　よしもと
義始繁人　よしもと・しげと　山口県選挙管理委員会委員長（日典）

10義家　よしいえ
義家佐和子　よしいえ・さわこ　日本ベビーホテル協会会長（人情）
義家敏正　よしいえ・としまさ　京都大学原子炉実験所教授（日典3）
義家弘介　よしいえ・ひろゆき　「君はひとりじゃない」大和出版（日典3）

【1215】 群

群　ぐん；むら；むれ
群境介　ぐん・きょうすけ　盆栽研究家（現執3期）
群すずめ　むら・すずめ　「淡月」角川書店（日典3）
群ようこ　むれ・ようこ　エッセイスト（小説）

5群司　ぐんじ
群司次郎正　ぐんじ・じろうまさ　小説家（日人）
群司次郎正　ぐんじ・じろしょう　小説家（人名7）

【1216】 羯

16羯磨　かつま
羯磨博　かつま・ひろし　かつま鋼管社長（日典3）
羯磨正信　かつま・まさのぶ　郷土史家（日典）

羽部

【1217】 羽

2羽二生　はにう；はにゅう
羽二生邦彦　はにう・くにひこ　医師（日典3）
羽二生隆宏　はにう・たかひろ　陶芸家（陶工）
羽二生恵太郎　はにゅう・けいたろう　「学習到達度を確かめる授業」明治図書出版（日典3）
羽二生省吾　はにゅう・せいご　アイスホッケー選手（日典3）

羽入田　はにゅうだ
羽入田武久　はにゅうだ・たけひさ　加藤産業専務（日典3）
羽入田一　はにゅうだ・はじめ　大工（日典）

3羽下　はが；はげ
羽下修三　はが・しゅうぞう　彫刻家（美建）
羽下徳彦　はが・のりひこ　東洋大講師（国典）
羽下大信　はげ・だいしん　神戸市外国語大学教授（日典）

羽山　はやま
羽山維頑　はやま・いせき　医学者（和歌山人）
羽山菊酔　はやま・きくすい　大阪毎日新聞社の記者（大阪文）
羽山直記　はやま・なおき　医学者（和歌山人）
羽山昇　はやま・のぼる　実業家（日人）
羽山善治　はやま・よしはる　兵庫県合同労働組合メンバー（社史）

羽川　はがわ；はねかわ
羽川武　はがわ・たけし　指揮者（音人3）
羽川英樹　はがわ・ひでき　アナウンサー（テレ）
羽川藤水　はねかわ・とうすい　浮世絵師＝近世（人名5）

4羽中　はちゅう
羽中ルイ　はちゅう・るい　劇画家（現執2期）

羽中田　はちゅうだ；はなかた；はなかだ；はながた
羽中田桂子　はちゅうだ・けいこ　「ふたりの時計、ふたりの地図」明窓出版（日典3）
羽中田金一　はなかた・きんいち　弁護士（日典）
羽中田誠　はなかだ・まこと　「足」（国典）
羽中田辰男　はながた・たつお　「長い坂道」山梨日日新聞社（日典3）

羽仁　はに
羽仁五郎　はに・ごろう　歴史学者,政治家（コン4）
羽仁進　はに・すすむ　映画監督,評論家（日人）
羽仁説子　はに・せつこ　教育評論家,社会運動家（コン4）
羽仁路之　はに・みちゆき　実業家（コン4）
羽仁もと子　はに・もとこ　教育者,運動家（コン4）

羽切　はきり；はぎり
羽切松雄　はきり・まつお　元・海軍中尉（日典）
羽切道雄　はきり・みちお　建設コンサルタント（日典）
羽切徳行　はぎり・のりゆき　「小さな会社の儲かるブログ活用術」ソフトバンクパブリッシング（日典3）
羽切美代子　はぎり・みよこ　訳詞家（国典）

羽太　はた；はねた；はねだ；はぶと
羽太雄平　はた・ゆうへい　作家（日典）
羽太鋭治　はた・えいじ　性学大家（日典3）
羽太鋭治　はねだ・えいじ　医師,性科学者（渡航）
羽太鋭治　はぶと・えいじ　医師,性科学者（民学）

羽方　はかた；はがた
羽方健　はかた・たけし　ティーシィ社長（日典3）
羽方将之　はかた・まさゆき　カシオ計算機常務（日典3）
羽方章　はがた・あきら　英語学者（長野歴）

羽木　はき；はぎ
羽木瑠璃夫　はき・るりお　歌人（日典3）
羽木昭　はぎ・あきら　三菱電線工業常務（日典3）

羽木貞守　はぎ・さだもり　陸奥二本松藩士（幕末）

羽毛田　はけた；はけだ
羽毛田信吾　はけた・しんご　厚生官僚（履歴2）
羽毛田正直　はけた・まさなお　社会運動家（アナ）
羽毛田潔　はけだ・きよし　自治庁府県税課（国典）
羽毛田義人　はけだ・よしと「空海密教」春秋社（日典3）

[5]羽出　はで
羽出庭梟　はで・にわきょう「ネルーダ詩集」（国典）

羽生　はにう；はにゅう；はぶ
羽生永明　はにう・えいめい　国学者,歌人,平賀元義研究家（岡山歴）
羽生三七　はにゅう・さんしち　社会運動家,政治家（日人）
羽生能太郎　はぶ・よしたろう　新聞経営者（日人）

羽生田　はにうだ；はにゅうだ
羽生田敏　はにうだ・さとし　児童文学作家（児作）
羽生田寂裕　はにうだ・じゃくゆう　僧侶（日典3）
羽生田進　はにゅうだ・すすむ　政治家・医師（群馬人）
羽生田利朝　はにゅうだ・としとも　裁判官（社史）

羽田　はた；はだ；はたの；はねた；はねだ
羽田孜　はた・つとむ　政治家（日人）
羽田恭輔　はだ・きょうすけ　志士（コン）
羽田矢国　はたの・やくに　武宮＝古代（世人）
羽田寅吉　はねた・とらきち　羽田工業所社長（日典）
羽田亨　はねだ・とおる　東洋史学者（コン4）

羽田埜　はたの
羽田埜敬雄　はたの・けいゆう　国学者,神官（新潮）

羽田野　はたの；はだの
羽田野敬雄　はたの・たかお　国学者,神官（コン4）
羽田野伯猷　はたの・はくゆう　東洋史学者（日人）
羽田野左源　はだの・さげん　政治家（大分歴）
羽田野敬雄　はたの・たかお　国学者,神官（歴大）

羽白　はしろ；はじろ
羽白誠　はしろ・まこと「感覚、知覚および心理生理学的過程の催眠性変容」二瓶社
羽白清　はじろ・きよし　天理よろづ相談所病院（国典）
羽白幸雄　はじろ・ゆきお　広島大教授（国典）

羽矢　はや
羽矢謙一　はや・けんいち　イギリス文学者（現情）
羽矢辰夫　はや・たつお「ゴータマ・ブッダの仏教」春秋社（日典3）

羽矢惇　はや・まこと　新日本製鉄常務（日典3）
羽矢みずき　はや・みずき「マスター日本語表現」双文社出版（日典3）
羽矢通子　はや・みちこ「青草の原」短歌新聞社（日典3）

羽石　はねいし
羽石朝太　はねいし・あさた　教育者（栃木歴）
羽石菴　はねいし・いおり　政治家（栃木歴）
羽石光志　はねいし・こうじ　日本画家（日人）
羽石広右衛門　はねいし・ひろうえもん　荒川分水開鑿者（栃木歴）
羽石盈　はねいし・みつる　作新学院ボクシング部監督,第1回栃木県民スポーツ賞受賞（栃木歴）

[6]羽地　はじ；はねじ
羽地亮　はじ・あきら「原因と結果：哲学」晃洋書房（日典3）
羽地務　はじ・つとむ「施盤工作法」（国典）
羽地和世　はねじ・かずよ　翻訳家（日典3）
羽地靖隆　はねじ・やすたか　高校教師（日典3）

羽多　はた
羽多悦子　はた・えつこ「感性と表現」学習研究社（日典3）
羽多尋　はた・ひろ「大人もぞっとする禁断のギリシャ神話」三笠書房（日典3）
羽多実　はた・まこと「日本農業の実際知識」全国農業会議所（日典3）
羽多実　はた・みのる「林業信用基金の手引き」（国典）

羽成　はなり
羽成卯兵衛　はなり・うへえ　商人,開拓者（日典3）
羽成賢　はなり・かしこ「繊維読本」松屋書房（日典3）
羽成賢治　はなり・けんじ「黒い巨塔・NECを斬る」筑波書林（日典3）
羽成孝　はなり・こう　ヨガ指導者（日典3）
羽成幸子　はなり・さちこ　カウンセラー（日典3）

[7]羽佐田　はさだ
羽佐田直道　はさだ・なおみち　経営コンサルタント（現執3期）

羽佐間　はざま
羽佐間重彰　はざま・しげあき　放送人,新聞人（日人）
羽佐間聡　はざま・そう「外車をイキに乗るコツ」シーズ（日典3）
羽佐間正維　はざま・まさお　NHKスポーツ・アナウンサー（人情）
羽佐間道夫　はざま・みちお　声優（テレ）

羽住　はすみ；はずみ
羽住都　はすみ・みやこ　挿絵画家（日典3）
羽住英一郎　はずみ・ひでかず　（株）日本システム・テクノロジー代表取締役（日典3）

羽坂　はさか；はねさか
羽坂勇司　はさか・ゆうじ　歯科医（日典3）
羽坂絵奈　はねさか・えな　漫画家（漫人）

羽部（羽）　　　　　　　　　　　　　　　　　　　　　　　　　　　〔1217〕

羽村　はむら
- 羽村亀吉　はむら・かめきち　学者・奇人（多摩）
- 羽村省太郎　はむら・しょうたろう　岡山理科大学工学部応用化学科教授（日典3）
- 羽村貴史　はむら・たかし「愛されえぬ者たち」吉夏社（日典3）
- 羽村二喜男　はむら・にきお「汽力発電所」（国典）
- 羽村与三郎　はむら・よさぶろう　遠洋漁業開拓者（多摩）

羽沢　うざわ；はざわ
- 羽沢松圃　うざわ・しょうほ　碩学（庄内）
- 羽沢克明　はざわ・かつあき　造園会社社員（日典3）
- 羽沢向一　はざわ・こういち　小説家（幻想）

羽良多　はらた
- 羽良多平吉　はらた・へいきち　アート・ディレクター（人情）

羽谷　はだに；はねたに
- 羽谷直子　はだに・なおこ　アナウンサー（テレ）
- 羽谷ユウスケ　はねたに・ゆうすけ「泡沫の底に響け、僕の声」小学館（日典3）

羽里　はざと；はり
- 羽里源二郎　はざと・げんじろう　東北大学名誉教授（日典）
- 羽里彦左衛門　はざと・ひこざえもん　医師（近医）
- 羽里昌　はり・しょう　小説家（四国文）
- 羽里昌　はり・まさる　作家（日典）

⁹羽俣　はまた
- 羽俣郁　はまた・いく「蘭・仏印植民司政」（国典）

羽室　はむろ
- 羽室嘉右衛門　はむろ・かえもん　実業家, 政治家（日人）
- 羽室亀太郎　はむろ・かめたろう　実業家（姓氏京都）
- 羽室滋美　はむろ・しげみ「給食管理」（国典）
- 羽室光　はむろ・ひかる　東実社員（社史）
- 羽室庸之助　はむろ・ようのすけ　製鉄技術者, 政治家（日人）

羽後　うご；はのち
- 羽後武夫　うご・たけお　ボクシング・レフェリー（日典）
- 羽後静子　はのち・せいこ「国際ジェンダー関係論」藤原書店（日典3）

羽染　はぞめ
- 羽染シゲ子　はぞめ・しげこ　トラベルライター（日典3）
- 羽染竹一　はぞめ・たけいち　東京学芸大学専任講師（国典）

羽津　はず
- 羽津半兵衛　はず・はんべえ　弓道家, 矢師, 弓道精錬證（弓道）

羽音　はおと；はね
- 羽音こうき　はおと・こうき　漫画家（漫人）
- 羽音たらく　はね・たらく「天地無用！魎皇鬼」キネマ旬報社（日典3）

¹⁰羽倉　はくら；はぐら
- 羽倉可亭　はくら・かてい　篆刻家（日人）
- 羽倉敬尚　はくら・たかひさ　陸軍軍人, 歴史研究家（神史）
- 羽倉可亭　はぐら・かてい　篆刻家（姓氏京都）
- 羽倉信也　はぐら・のぶや　実業家（日人）

羽原　はねはら；はばら
- 羽原ちより　はねはら・ちより「遅く咲く花」オークラ出版（日典3）
- 羽原譲　はねはら・ゆずる　文芸評論家（日典）
- 羽原正一　はばら・しょういち　農民運動家（コン4）
- 羽原又吉　はばら・ゆうきち　経済史学者（コン4）

羽島　はしま；はじま；はねしま；はねじま
- 羽島さち　はしま・さち「みなみの手帳」編集・発行人（日典3）
- 羽島金三郎　はじま・きんざぶろう　鉄道除雪機械の考案者（北海道百）
- 羽島葉子　はねしま・ようこ　編集者, 翻訳家（児人）
- 羽島俊秀　はねじま・としひで　伊藤忠商事電機プラント部電機プラント第一課長（日典）

羽栗　はぐり
- 羽栗淵　はぐり・えん　歌人（岡山人）
- 羽栗行道　はぐり・ぎょうどう　僧侶（真宗）
- 羽栗賢孝　はぐり・けんこう「琵琶湖点抄」京阪電気鉄道（日典3）
- 羽栗尚美　はぐり・なおみ　ボブスレー選手（日典3）

羽根　はね
- 羽根寛司　はね・かんじ　日本生産性本部（国典）
- 羽根喜一　はね・きいち　渡航者（渡航）
- 羽根盛一　はね・せいいち　政治家（政治）
- 羽根万象　はね・ばんしょう　日本画家（日人）
- 羽根平三郎　はね・へいざぶろう　政治家（姓氏富山）

羽純　うずみ；はずみ
- 羽純未雪　うずみ・みゆき「碧き旋律の流れし夜に」南雲堂（日典3）
- 羽純りお　はずみ・りお「ジャッジメントちゃいむ」メディエイシヨン, 広済堂あかつき（発売）（日典3）
- 羽純るい　はずみ・るい　宝塚歌劇団員（日典3）

羽馬　はば；はま
- 羽馬有紗　はば・ありさ「DNAの構造とはたらき」ベレ出版（日典3）
- 羽馬かおり　はま・かおり　画家（日典3）
- 羽馬光家　はま・みついえ「コナンの通信簿」21世紀BOX（日典3）

¹¹羽崎　はざき
- 羽崎昌子　はざき・まさこ　陶芸家（陶芸最）
- 羽崎泰男　はざき・やすお　城西国際大学福祉総合学部教授（日典3）
- 羽崎やすみ　はざき・やすみ「蜻蛉日記」金の星社（日典3）
- 羽崎安実　はざき・やすみ「蜻蛉日記」角川書店（日典3）

羽部（翁,習）

羽曽部　はそべ
　羽曽部忠　はそべ・ただし　詩人,小学校教師（世紀）
　羽曽部力　はそべ・ちから「感性を磨くと人生がメチャクチャ面白くなる」ごま書房（日典3）

羽渓　はたに；はだに
　羽渓四明　はたに・しめい　僧侶（真宗）
　羽渓了諦　はたに・りょうたい　僧侶,仏教学者（日人）
　羽渓了諦　はだに・りょうたい　浄土真宗本願寺派僧侶,仏教学者（福井百）

羽淵　はぶち
　羽淵一代　はぶち・いちよ「どこか〈問題化〉される若者たち」恒星社厚生閣
　羽淵強一　はぶち・きょういち　中学校教師（現執4期）
　羽淵清司　はぶち・きよし「迅速な裁判/裁判の公開」信山社（日典）
　羽淵順子　はぶち・じゅんこ「花に想ひを」東京四季出版（日典3）
　羽淵友二　はぶち・ともじ　岐阜県衛生部医務課主任（国典）

羽紫　はし
　羽紫小枝子　はし・さえこ　彫刻家（美建）

羽部　はぶ
　羽部英二　はぶ・えいじ　東京都立国立高校長（日典3）
　羽部恒雄　はぶ・つねお　写真家（日典3）
　羽部英二　はぶ・ひでじ「ホームズの活躍」英潮社新社（日典3）
　羽部正義　はぶ・まさよし　アリバ社（日典3）
　羽部義孝　はぶ・よしたか　畜産学者（現情）

羽野　はの
　羽野晶紀　はの・あき　女優（映女）
　羽野瑛　はの・あきら　実業家（現情）
　羽野寿　はの・ことぶき　医師（近医）
　羽野昌二　はの・しょうじ　ジャズドラマー（日典3）
　羽野高生　はの・たかお「隷属の檻」笠倉出版社（日典）

羽鳥　はっとり；はとり；はどり
　羽鳥誠　はっとり・まこと　陶芸家（陶工）
　羽鳥重郎　はとり・じゅうろう　内科医（日人）
　羽鳥権平　はどり・ごんぺい　農業（維新）

12 羽場　はねば；はば；ばば
　羽場金司　はねば・きんじ　洋画家（日典3）
　羽場裕一　はば・ゆういち　俳優（日映男）
　羽場盛太郎　ばば・もりたろう　地方政治家（岡山歴）

羽塚　はずか；はねずか
　羽塚啓明　はずか・けいめい　雅楽研究家（音人）
　羽塚秋楽　はずか・しゅうらく　僧（日人）
　羽塚啓明　はねずか・けいめい「日本楽道叢書」臨川書店（JM）

羽間　はざま
　羽間京子　はざま・きょうこ「少年非行」批評社（日典）

　羽間銀太郎　はざま・ぎんたろう　実業家（日典3）
　羽間平安　はざま・へいあん　関西大学理事長（日典）
　羽間平三郎　はざま・へいさぶろう　地域功労者（大阪人）
　羽間義夫　はざま・よしお　銅鐸研究家（日典3）

13 羽路　はねじ
　羽路駒次　はねじ・こまつぐ　経営学者（現執3期）

14 羽緒　はお；はねお
　羽緒柚乃　はお・ゆずの「ストレイ・キャット」幻冬舎コミックス,幻冬舎（発売）（日典3）
　羽緒レイ　はねお・れい　俳優（テレ）

15 羽澄　はすみ；はずみ
　羽澄十　はすみ・じゅう「夢の製造人」新風舎（JM）
　羽澄英治　はずみ・えいじ　愛知県立芸術大助教授（国典）
　羽澄伸　はずみ・しん　丸万証券（現・東海丸万証券）専務（日典3）

17 羽磯　はいそ
　羽磯武平　はいそ・ぶへい　慶大理事（国典）

18 羽藤　うふじ；はとう
　羽藤武　うふじ・たけし「おごの川」（JM）
　羽藤栄市　はとう・えいいち　政治家（郷土愛媛）
　羽藤英二　はとう・えいじ「今、地域づくりを考える」愛媛大学防災情報研究センター（日典3）

【1218】　翁

翁　おきな
　翁朝盛　おきな・あさもり　彫刻家（美建）
　翁久允　おきな・きゅういん　小説家,ジャーナリスト（コン4）
　翁久次郎　おきな・きゅうじろう　官僚,政治家,厚生事務次官（近医）
　翁邦雄　おきな・くにお　金融論研究者（現執4期）
　翁百合　おきな・ゆり　日本総合研究所調査部主席研究員（現執4期）

8 翁長　おうなが；おなが
　翁長一彦　おうなが・かずひこ　運輸省船舶技術研究所システム技術部長（日典3）
　翁長恭子　おうなが・きょうこ「冬の梅―句集」続 以後 翁長恭子（JM）
　翁長信全　おなが・しんぜん　教育者（社史）
　翁長助成　おなが・じょせい　ジャーナリスト（社史）

【1219】　習

5 習田　しゅうた；しゅうだ
　習田達夫　しゅうた・たつお　哲学（日典）
　習田明裕　しゅうだ・あきひろ「ナーシング・グラフィカ」メディカ出版（日典3）

羽部（翠,翟,翫）　老部（老）　耒部（耕）　耳部（耶,聖）

習田高弘　しゅうだ・たかひろ　元・兼松取締役（日典）

【1220】 翠

翠　すい；みす；みどり
　翠羅臼　すい・らうす　劇作家（日典3）
　翠誠治　みす・せいじ　元・中学校・小学校教師（日典）
　翠明子　みどり・あきこ「老い松の一枝」光陽出版社（日典3）

³翠川　みどりかわ
　翠川秋子　みどりかわ・あきこ　アナウンサー（日人）
　翠川一秋　みどりかわ・いっしゅう「僕はエースだ」東京図書出版会（日典3）
　翠川敬基　みどりかわ・けいき　ベース奏者,チェリスト（ジヤ）
　翠川潤三　みどりかわ・じゅんぞう　数学者（数学）
　翠川鉄三　みどりかわ・てつぞう　政治家（長野歴）

⁵翠田　みすた；みどりだ
　翠田邦志　みすた・くにし　実業家（姓氏富山）
　翠田直次　みすた・なおじ　農民運動のリーダー（姓氏富山）
　翠田直次　みどりだ・なおじ　ラムネ製造業者（社史）

【1221】 翟

翟　たく；てき
　翟新　たく・しん「東亜同文会と中国—近代日本における対外理念とその実践」慶応義塾大学出版会（JM）
　翟林瑜　てき・りんゆ　大阪市立大学商学部教授（現執4期）

【1222】 翫

翫　いとう
　翫正敏　いとう・まさとし　僧侶,政治家（現政）

老部

【1223】 老

老　おい；ろう
　老健一　おい・けんいち「日曜大工でできる住いの改装と修理」文研出版（JM）
　老荘周　ろう・そうしゅう「権力の回帰—あるいは新世紀の黎明」鳥海猛（JM）

³老子　おいこ；おいご
　老子善清　おいこ・よしきよ　かね善商店代表取締役（日典）
　老子次右衛門　おいご・じえもん　鋳造家（日人）

　老子次右衛門〔7代〕　おいご・じえもん　鋳造家（美工）

⁴老月　おいずき；おいつき
　老月敏彦　おいずき・としひこ「子どもと保護者から信頼される取組みマニュアル」明治図書出版（日典3）
　老月公輝　おいつき・こうき　上士幌町（北海道）熱気球係長（日典）

⁵老田　おいた；おいだ
　老田昭　おいた・あきら「経営教育の原点」老田国際経営研究所（日典3）
　老田剛　おいた・たけし　郷土史家,獣医（郷土）
　老田伊三郎　おいだ・いさぶろう　政治家（姓氏富山）
　老田三郎　おいだ・さぶろう　英文学者（富山百）

⁸老松　おいまつ
　老松一吉　おいまつ・かずよし　アイススケート指導者（日典3）
　老松克博　おいまつ・かつひろ　精神科医（現執4期）
　老松信一　おいまつ・しんいち　柔道選手（体育）
　老松太郎　おいまつ・たろう「捜査官」梓書院（日典）

耒部

【1224】 耕

耕　こう；たがやし
　耕治人　こう・はると　詩人,小説家（日人）
　耕斗二　こう・ますじ　(有)交阪データーパワー社長,耕会計事務所長（日典3）
　耕修二　たがやし・しゅうじ　弁護士（日典）

耳部

【1225】 耶

⁹耶律　やりつ
　耶律羽之　やりつ・うし「倭人興亡史」日康（日典3）

【1226】 聖

聖　せい；ひじり
　聖りいざ　せい・りいざ「Combination」小学館クリエイティブ,小学館（発売）（日典3）
　聖日出夫　ひじり・ひでお　漫画家（世紀）
　聖悠紀　ひじり・ゆき　漫画家（幻想）

⁶聖成　せいじょう
　聖成光一　せいじょう・こういち　エヌ・ティ・ティ・ドコモ中国社長（日典3）
　聖成稔　せいじょう・みのる　官僚（近医）

耳部（聴）　聿部（粛）　肉部（肝, 育, 肱, 肴, 肥）

[10]聖原　きよはら
　聖原玲音　きよはら・れね　漫画家, さし絵画家（漫人）

[13]聖園　みその
　聖園テレジア　みその・てれじあ　修道女（日人）

【1227】聴

[17]聴濤　きくなみ
　聴濤克巳　きくなみ・かつみ　労働運動家, ジャーナリスト（コン4）
　聴濤弘　きくなみ・ひろし　政治評論家, 政治家（現政）

聿部

【1228】粛

粛　しゅく
　粛粲宝　しゅく・さんぽう　日本画家（美家）

肉部

【1229】肝

[5]肝付　きもつき；きもつけ；くもつく
　肝付兼行　きもつき・かねゆき　海軍軍人（日人）
　肝付兼行　きもつけ・かねゆき　海軍軍人（陸海）
　肝付兼行　くもつく・かねゆき　海軍軍人（大阪人）

【1230】育

[11]育野　いくの
　育野重一　いくの・しげかず　映画美術監督（映人）

【1231】肱

[8]肱岡　ひじおか
　肱岡昭彦　ひじおか・あきひこ　医師（日典3）
　肱岡香子　ひじおか・きょうこ　テーブルコーディネーター（日典3）
　肱岡晢子　ひじおか・せつこ　「蒼い宇宙」統洋社（日典3）
　肱岡千花　ひじおか・せんか　「木洩れ日」肱岡宏（日典3）
　肱岡武二　ひじおか・たけじ　薩摩琵琶演奏家（新芸）

[17]肱黒　ひじくろ
　肱黒延文　ひじくろ・えんぶん　政治家（姓氏鹿児島）
　肱黒和俊　ひじくろ・かずとし　会計学者（現執1期）
　肱黒弘三　ひじくろ・こうぞう　関東学院大学教授, 関東学院常務理事（日典3）
　肱黒純子　ひじくろ・すみこ　「遺伝のしくみ」（国典）
　肱黒友直　ひじくろ・ともなお　出水郡出水郷籠の郷士（姓氏鹿児島）

【1232】肴

[10]肴倉　さかなくら
　肴倉睦子　さかなくら・むつこ　「デザイン史を学ぶクリティカル・ワーズ」フィルムアート社（日典3）
　肴倉弥八　さかなくら・やはち　郷土史家（日人）

【1233】肥

[3]肥土　あくと；ひど
　肥土伊知郎　あくと・いちろう　ベンチャーウイスキー社長（日典3）
　肥土晴三郎　あくと・はるさぶろう　醸造家（埼玉人）
　肥土邦彦　ひど・くにひこ　園芸研究家（日典3）
　肥土善六郎　ひど・ぜんろくろう　元・片倉チッカリン常務（日典）

肥川　こいかわ；ひかわ
　肥川治一郎　こいかわ・じいちろう　総評政治福祉局次長（国典）
　肥川隆夫　こいかわ・たかお　「わかる基礎数学」ムイスリ出版（日典3）
　肥川彩愛　ひかわ・あやめ　タレント（日典3）
　肥川宏臣　ひかわ・ひろおみ　「ディジタル電子回路」朝倉書店（日典3）

[5]肥田　こえだ；ひた；ひだ
　肥田彦彦　こえだ・くにひこ　「五百里の夢」肥田秀彦（日典3）
　肥田浜五郎　ひた・はまごろう　造船技師, 海軍軍人（陸海）
　肥田浜五郎　ひだ・はまごろう　造船技師, 海軍軍人（コン5）

肥田埜　ひだの
　肥田埜勝美　ひだの・かつみ　俳人（現俳）
　肥田埜恵子　ひだの・けいこ　俳人（日典3）
　肥田埜孝司　ひだの・こうじ　小学校教諭, 中学校教諭（YA）

肥田野　ひたの；ひだの
　肥田野築村　ひたの・ちくそん　儒者（国書）
　肥田野直　ひだの・ただし　教育心理学者（日人）
　肥田野築村　ひだの・ちくそん　儒者（日人）

[8]肥沼　こいぬま；こえぬま；ひぬま
　肥沼正一　こいぬま・しょういち　写真家（写人）
　肥沼寛一　こえぬま・かんいち　「火災の日本」（国典）
　肥沼洋　ひぬま・ひろし　ジャーナリスト（日典）

[9]肥前　ひぜん
　肥前栄一　ひぜん・えいいち　西洋経済史研究者（現執1期）

肉部（胡,背,胸,能）

肥前洋一　ひぜん・よういち　九州電力副社長（日典3）
肥後橋　ひごはし；ひごばし
　肥後橋梅太郎　ひごはし・うめたろう　弓道家,弓道範士（日典）
　肥後橋梅太郎　ひごはし・うめたろう　弓道家（福岡百）
　肥後橋四郎　ひごはし・しろう　筑後市商工会議所会頭（日典3）
[10]肥原　ひはら
　肥原康甫　ひはら・こうほ　いけばな未生流家元（人情）
　肥原碩甫　ひはら・せきほ「新編未生流いけばな教本」講談社（日典3）
　肥原俊樹　ひはら・としき　未生流副家元（日典3）
[12]肥塚　こいづか；こえづか；ひづか
　肥塚竜　こいづか・りゅう　政治家（日人）
　肥塚龍　こえづか・りょう　政治家（兵庫百）
　肥塚彰　ひづか・あきら「こびとといもむし」フレーベル館（日典3）

【1234】胡

胡　えびす；こ
　胡正則　えびす・まさのり　テクニカルライター（日典3）
　胡義博　えびす・よしひろ　鈴峯女子短期大学助教授（日典）
　胡暁子　こ・あきこ「晴れもよし、雨もまたよし―ある国際女性の生き方」講談社（JM）
[3]胡子　えびす
　胡子修司　えびす・しゅうじ　版画家（日典3）
　胡子英幸　えびす・ひでゆき　自治庁行政局（国典）
　胡子雅男　えびす・まさお　反戦市民運動創設者,地方公務員（平和）
胡川　えがわ
　胡川清　えがわ・きよし　赤色救援会広島地区委員会責任者（社史）
[4]胡井　えびい
　胡井剛一　えびい・ごういち　京都府柔道連盟顧問（日典）
[8]胡明　えびすあき
　胡明和憲　えびすあき・かずのり　中学教師（日典）
[9]胡屋　こや；ごや
　胡屋武志　こや・たけし「芸術の至向性」御茶の水書房（日典3）
　胡屋朝賞　ごや・ちょうしょう　教育者（沖縄百）
[10]胡桃沢　くるみざわ；くるみざわ
　胡桃沢勘内　くるみざわ・かんない　歌人（郷土長野）
　胡桃沢源人　くるみざわ・げんじん　洋画家（近美）
　胡桃沢源人　くるみざわ・げんじん　洋画家（日人）

　胡桃沢耕史　くるみざわ・こうし　小説家（日人）
[11]胡麻鶴　こまずる；ごまずる
　胡麻鶴岩八　こまずる・いわはち「豊後立石史談」歴史図書社（JM）
　胡麻鶴岩八　ごまずる・いわはち　郷土史家（郷土）
　胡麻鶴五峯　ごまずる・ごほう「飛鳥山を中心とする史蹟」淳風書院（日典3）
[12]胡間　こま
　胡間弘志　こま・ひろし　丸紅バラス工事事務所所長（人情）

【1235】背

[5]背古　せこ
　背古賀之　せこ・のりゆき　実業家（日典3）
　背古芳男　せこ・よしお　政治家（現政）
　背古昌尚　せこ・よしひさ　捕鯨船砲手（日典3）

【1236】胸

胸永　むねなが
　胸永多助　むねなが・たすけ　新人労働団メンバー（社史）

【1237】能

能　のう
　能吉利人　のう・きりんど「日の丸病院」話の特集（日典3）
　能登志雄　のう・としお　人文地理学者（現情）
　能英樹　のう・ひでき　洋画家（日典3）
　能暘石　のう・ようせき「熊本の文学碑」熊本日日新聞社,熊日情報文化センター（製作・発売）
[3]能川　のうがわ；のがわ
　能川浩二　のうがわ・こうじ　千葉大学医学部医学科教授（日典）
　能川ケイ　のがわ・けい　神戸市看護大学短期大学部教授（日典3）
　能川登　のがわ・のぼる　中正倶楽部の代議士（姓氏京都）
[4]能井　のい
　能井重治　のい・しげはる　日本労働組合全国協議会メンバー（社史）
能仁　のうにん
　能仁晃道　のうにん・こうどう「雲居和尚墨跡集」瑞巌寺（日典3）
　能仁達郎　のうにん・たつろう　社会運動家（徳島歴）
　能仁柏巌　のうにん・はくがん「曹洞宗問題十説」国典）
　能仁野顕　のうにん・まさあき「西域」自照社出版（日典3）
　能仁霊潭　のうにん・れいたん　浄土真宗本願寺派学僧（真宗）

能戸　のと
　能戸英三　のと・えいぞう　「故なく奪われた北方領土」国民協会（日典3）
　能戸清司　のと・きよし　評論家（現孰3期）
　能戸忠夫　のと・ただお　「たべもの植物記」山と渓谷社
　能戸剛　のと・つよし　「わが辿りし道」創栄出版（日典3）

[5]能代　のしろ
　能代清　のしろ・きよし　数学者（日人）
　能代権九郎　のしろ・ごんくろう　漁業指導者（青森人）
　能代伝吉　のしろ・でんきち　廻漕業（日人）
　能代八郎　のしろ・はちろう　作曲家（作曲）
　能代誠　のしろ・まこと　旭硝子（株）研究開発部研究開発担当部長（日典3）

能令　のうりょう
　能令速満　のうりょう・そくまん　僧侶（真宗）

能本　のうもと；のもと
　能本功生　のうもと・いさお　フリーライター（現孰4期）
　能本乙彦　のうもと・おとひこ　「コウモリと超音波」河出書房新社（日典3）
　能本欣一郎　のもと・きんいちろう　兵庫県立洲本実業高校講師（日典）
　能本重吉　のもと・じゅうきち　「経理伝票のフォームと解説」中央経済社（日典3）

能田　のうた；のうだ；のだ；よしだ
　能田均　のうた・ひとし　「演習で理解する薬学の分析化学」広川書店（日典3）
　能田多代子　のうだ・たよこ　民俗学者（郷土）
　能田茂　のだ・しげる　漫画家（漫人）
　能田誉重　よしだ・たかしげ　神職（人名）

[6]能地　のうじ；のじ；のち
　能地英一　のうじ・えいいち　食肉通信社編集局長（国典）
　能地泰規　のじ・やすき　「国分寺・国立今昔写真帖」郷土出版社（日典3）
　能地清　のち・きよし　「日本帝国主義と対外財政」能地清遺稿・追悼集編集委員会（日典3）

[7]能坂　のうさか
　能坂利雄　のうさか・としお　小説家（石川文）

能条　のうじょう
　能条彬　のうじょう・あきら　日本郵便逓送会社常務、近畿郵政局長（日典3）
　能条歩　のうじょう・あゆむ　「自然災害ボランティアハンドブック」北海道自然体験活動サポートセンター（日典3）
　能条純一　のうじょう・じゅんいち　漫画家（漫人）
　能条佑敬　のうじょう・すけのり　特許庁審判部審判長（日典3）
　能条伸樹　のうじょう・のぶき　詩人（北海道文）

能村　のむら；のむら
　能村龍太郎　のむら・りゅうたろう　経営者（現朝）
　能村竜太郎　のむら・りょうたろう　経営者（日人）
　能村潔　のむら・きよし　詩人（兵庫文）
　能村登四郎　のむら・としろう　俳人（日人）

能沢　のうざわ；のざわ
　能沢慧子　のうざわ・けいこ　文化女子大学教授（日典）
　能沢源右衛門　のざわ・げんえもん　元・海上保安大学校教授（日典）
　能沢源作　のざわ・げんさく　政治家（姓氏富山）

能町　のうまち
　能町純雄　のうまち・すみお　北海道大教授（国典）
　能町光香　のうまち・みつか　「この人と一緒に働きたいと思わせる仕事術」ポプラ社（日典3）

能見　のうみ；のみ；よしみ
　能見愛太郎　のうみ・あいたろう　実業家（コン）
　能見正比古　のみ・まさひこ　血液型研究家（日人）
　能見義博　よしみ・よしひろ　心理学者（心理）

[8]能宗　のうそ；のうそう
　能宗久美子　のうそ・くみこ　「食べ物のメリット・デメリット早わかり事典」三笠書房（日典3）
　能宗久美子　のうそう・くみこ　華道家、薬膳指導家（日典3）

能知　のうち
　能知映　のうち・あきら　新聞三社連合（国典）

[9]能城　のうじょう；のぎ；のしろ
　能城秀雄　のうじょう・ひでお　「「勝ち残る会社」の条件」全国出版協会出版科学研究所（日典3）
　能城弘行　のぎ・ひろゆき　写真家（日典3）
　能城律子　のしろ・りつこ　冒険実業家（スパ）

能海　のうみ
　能海寛　のうみ・かん　僧侶、チベット仏教研究者（真宗）
　能海紫星　のうみ・しせい　歌人（島根歴）
　能海俊芸　のうみ・しゅんすけ　タレント（日典3）
　能海寛　のうみ・ゆたか　宗教家、探検家（日人）
　能海豊　のうみ・ゆたか　僧、チベット仏教研究者（島根人）

能津　のうず；のず
　能津登美子　のうず・とみこ　「朝空」短歌新聞社（日典3）
　能津長和　のうず・ながかず　海上自衛隊護衛艦隊司令官（日典3）
　能津喜代房　のず・きよふさ　写真家（写人）
　能津純治　のず・じゅんじ　大分県水産振興課長（日典）

能美　のうみ；のみ；よしみ
　能美隆庵　のうみ・りゅうあん　医師（日人）
　能美要　のみ・かなめ　大阪電気労働組合組合長（社史）
　能美光房　よしみ・みつふさ　奥羽大学学長（日典）

能重　のうじゅう；のじゅう
　能重真作　のうじゅう・しんさく　教育評論家、中学校教諭（現孰4期）

肉部（脇, 腰, 膳）

能重真太郎　のじゅう・しんたろう　「沃野」同人（国典）
[10]能島　のうじま；のじま
　能島和明　のうじま・かずあき　日本画家（日典3）
　能島久美江　のうじま・くみえ　「えいごで日記文法助詞・時制」三修社（日典3）
　能島武文　のじま・たけぶみ　劇作家, 翻訳家（大阪文）
　能島廉　のじま・やすし　作家（高知人）
[12]能弾　のだ
　能弾長作　のだ・ちょうさく　「元祖マイコン＆パソコン用語・用例早わかり」誠文堂新光社（日典3）
能智　のうち；のち
　能智映　のうち・あきら　新聞三社連合記者（日典3）
　能智修弥　のうち・しゅうや　社会運動家（日典3）
　能智修弥　のち・しゅうや　社会運動家（アナ）
能登谷　のとや
　能登谷きみ子　のとや・きみこ　「おんな坂」ゆいぽおと（日典3）
　能登谷喜代衛　のとや・きよえ　常盤養鶏農協（青森県）組合長（日典3）
　能登谷博樹　のとや・ひろき　理容師（日典3）
　能登谷正樹　のとや・まさき　洋画家, 版画家（美家）
　能登谷正則　のとや・まさのり　漁業（人情）
能登路　のとじ
　能登路定男　のとじ・さだお　「名和一族山陰史話」名和遺蹟保存会 稲葉書房（発売）（日典3）
　能登路雅子　のとじ・まさこ　アメリカ研究者, 文化人類学者（現執3期）
[13]能勢　のせ
　能勢朝次　のせ・あさじ　国文学者, 能楽研究家（コン2）
　能勢栄　のせ・さかえ　教育学者, 教育行政官（コン5）
　能勢静太　のせ・しずた　医学者（コン改）
　能勢道仙　のせ・どうせん　美作鶴田藩医（日人）
　能勢直陳　のせ・なおのぶ　儒学者（日人）
[18]能藤　のうとう
　能藤玲子　のうとう・れいこ　舞踊家（人情）

【1238】脇

[4]脇水　わきみず
　脇水謙也　わきみず・けんや　「先賢名家別号別称辞典」石崎書店（日典3）
　脇水鉄五郎　わきみず・てつごろう　地質学者, 土壌学者（日人）
[5]脇田　わきた；わきだ
　脇田修　わきた・おさむ　日本史学者（郷土）
　脇田和　わきた・かず　洋画家（コン4）
　脇田嘉一　わきだ・かいち　新聞人（姓氏石川）

脇田美佳　わきだ・みか「小児栄養」みらい（日典3）
[7]脇坂　わきさか；わきざか
　脇坂行一　わきさか・ぎょういち　内科学者（近医）
　脇坂安宅　わきさか・やすおり　大名（コン4）
　脇坂安斐　わきさか・やすあや　大名（日人）
　脇坂安宅　わきざか・やすおり　大名（日人）
脇沢　わきさわ；わきざわ
　脇沢美穂　わきさわ・みほ　元・女子プロレスラー（日典3）
　脇沢金次郎　わきざわ・きんじろう　政治家（神奈川人）
脇谷　わきたに；わきや
　脇谷剛　わきたに・ごう　出光興産副社長（日典3）
　脇谷英勝　わきたに・ひでかつ　和歌文学者（現執2期）
　脇谷撝謙　わきや・ぎけん　僧侶（真宗）
　脇谷園子　わきや・そのこ　絵本画家（児人）
脇阪　わきさか；わきざか
　脇阪新子　わきさか・しんこ　三味線方（上落）
　脇阪要太郎　わきさか・ようたろう　出版人（出文）
　脇阪実　わきざか・みのる「明るい税務のために」大蔵財務協会（日典3）
　脇阪義和　わきざか・よしかず「センター試験過去問速攻地理B」あすとろ出版（日典3）

【1239】腰

[10]腰高　こしたか；こしだか
　腰高貞雄　こしたか・さだお「輸入金融と信用状」国元書房（日典3）
　腰高夏樹　こしだか・なつき「実践解説！不動産ビジネスのカタカナ語」昌平不動産総合研究所（日典3）
[12]腰塚　こしずか
　腰塚国光　こしずか・くにみつ　実業家, 政治家（群馬人）
　腰塚武志　こしずか・たけし　研究者（現執4期）

【1240】膳

膳　かしわ；かしわで；かしわでの；ぜん
　膳仁三郎　かしわ・じんざぶろう　実業家（姓氏京都）
　膳隆造　かしわで・りゅうぞう　大阪魚市場会長（日典）
　膳傾子　かしわでの・かたぶこ　武人＝古代（人名）
　膳桂之助　ぜん・けいのすけ　実業家（コン4）
[8]膳所　ぜぜ
　膳所正成　ぜぜ・まさたけ　医師（大分歴）
　膳所美光　ぜぜ・よしてる　産婦人科医（国典）
[12]膳場　ぜんば
　膳場貴子　ぜんば・たかこ　アナウンサー（テレ）

〔1241〕　　　　　　　　　　　肉部（臂,朧）　臣部（臥）　自部（自）　臼部（臼,興）

【1241】臂

臂　ひじ
　臂美恵　ひじ・みえ　漫画家（漫人）
　臂泰雄　ひじ・やすお　群馬県議（自民党,伊勢崎市）（日典3）

【1242】朧

7朧谷　おぼろや
　朧谷寿　おぼろや・ひさし　研究者（現執4期）

臣部

【1243】臥

10臥竜　がりょう
　臥竜恭介　がりょう・きょうすけ　小説家（幻想）
12臥雲　がうん
　臥雲辰致　がうん・たっち　発明家（国史）
　臥雲辰致　がうん・たつち　発明家（姓氏愛知）
　臥雲辰致　がうん・たつむね　発明家（コン5）
　臥雲辰致　がうん・ときむね　発明家（日人）
　臥雲童竜　がうん・どうりゅう　曹洞宗の僧（国書）

自部

【1244】自

7自見　じけん；じみ
　自見四郎　じけん・しろう　元・読売新聞工務局総務兼技術部長（日典）
　自見寿美男　じけん・すみお　福島民友新聞工務局長（日典）
　自見栄祐　じみ・えいすけ　自見産業（株）社長（日典3）
　自見庄三郎　じみ・しょうざぶろう　政治家（現政）
12自然軒　しぜんけん；じねんけん
　自然軒鈍全　しぜんけん・どんぜん　狂歌師（人名）
　自然軒鈍全　じねんけん・どんぜん　狂歌師（日人）

臼部

【1245】臼

8臼杵　うすき
　臼杵陽　うすき・あきら　研究者（現執4期）
　臼杵一穂　うすき・いっすい　日本画家（日画）

　臼杵才花　うすき・さいか　医師（人名）
　臼杵華臣　うすき・はなおみ　郷土史家（郷土）
　臼杵政治　うすき・まさはる　金融アナリスト（現執4期）

【1246】興

興　おき；こう
　興重人　おき・しげと　川柳人,松江教育事務所長（島根歴）
　興文丈　おき・ぶんじょう　曹洞宗の僧侶（埼玉人）
　興たかね　こう・たかね　染織家（日人）
6興地　おきじ；おきち；おくじ
　興地斐男　おきじ・あやお　和歌山工業高等専門学校校長（日典）
　興地実英　おきち・じつえい　「興地実英遺稿集」中村摩利子（日典3）
　興地観円　おくじ・かんえん　僧侶（真宗）
7興村　おきむら
　興村禎吉　おきむら・ていきち　「マルティン フィエロ」（国典）
8興茂　こうもと
　興茂吉亮　こうもと・よしりょう　「押しばな絵」マコー社（日典3）
9興津　おきつ
　興津要　おきつ・かなめ　日本文学者（日人）
　興津蔵人　おきつ・くらんど　水戸藩士（幕末）
　興津春機　おきつ・しゅんき　藩医（徳島歴）
　興津裕康　おきつ・ひろやす　経済学者（世紀）
　興津実　おきつ・みのる　浜田藩士（岡山歴）
11興梠　こうろき；こうろぎ；こおろぎ
　興梠克久　こうろき・かつひさ　「地域森林管理の主体形成と林業労働問題」日本林業調査会（日典3）
　興梠一郎　こうろぎ・いちろう　「中国激流」岩波書店（日典3）
　興梠清美　こおろぎ・きよみ　慈恵看護専門学校教育主事（日典3）
興野　きょうの
　興野倉蔵　きょうの・くらぞう　「ざくろ」鳥影社（日典3）
　興野登　きょうの・のぼる　「工業英検2級クリア」日本工業英語協会,日本能率協会マネジメントセンター（発売）（日典3）
　興野範雄　きょうの・のりお　最高検検事（日典3）
　興野史子　きょうの・ふみこ　レースドール作家（日典3）
　興野義一　きょうの・よしいち　郷土史家（日典）
16興膳　こうせん；こうぜん
　興膳陽子　こうせん・ようこ　料理研究家（日典）
　興膳五六郎　こうぜん・ごろくろう　志士（幕末）
　興膳宏　こうぜん・ひろし　中国文学者（現執4期）

舌部（舎，舘）　舛部（舛，舞）　　　　　　　　　　　　　　　　　　　　　　　　　　〔1250〕

舌部

【1247】 舎

²舎人　とねり
　舎人周　とねり・あまね　ミステリー作家（日典3）
　舎人栄一　とねり・えいいち　「全国比較わが県の実力番付」祥伝社（JM）
　舎人重巨　とねり・しげたか　「草木性譜・有毒草木図説」八坂書房（日典3）
　舎人浪人　とねり・ろうにん　「人間の本質とその目的」哲文社（日典3）

³舎川　とねがわ
　舎川澄恵　とねがわ・すみえ　ジャコル代表（日典3）
　舎川雅子　とねがわ・まさこ　児童文学作家（児人）

【1248】 舘

舘　たち；たて；だて；やかた
　舘ひろし　たち・ひろし　俳優（日映男）
　舘豊夫　たて・とよお　実業家（日人）
　舘圭吾　だて・けいご　ソプラノ歌手（音人3）
　舘雅子　やかた・まさこ　市民運動家（日典3）

⁴舘井　たちい；たてい
　舘井義一　たちい・ぎいち　舘井鉄工所取締役会長（日典3）
　舘井啓明　たてい・ひろあき　洋画家（日典3）

舘内　たちうち；たてうち
　舘内年美　たちうち・としみ　弓道家，弓道教士（弓道）
　舘内篤彦　たてうち・あつひこ　日本ドレーク・ビーム・モリン創業者（日動）
　舘内端　たてうち・ただし　自動車評論家（現執3期）

⁵舘田　たちだ；たてだ
　舘田幸作　たちだ・こうさく　蝶屋ネーム店主（日典）
　舘田英典　たちだ・ひでのり　九州大学大学院理学研究院教授（日典3）
　舘田巌　たてだ・いわお　元・テレビディレクター（日典）
　舘田きね　たてだ・きね　教育者（学校）

⁷舘沢　たてさわ；たてざわ
　舘沢貢次　たてさわ・こうじ　フリーライター（現執4期）
　舘沢秀徳　たてさわ・ひでのり　岩手県議（公明党）（日典3）
　舘沢幸雄　たてざわ・よしお　岩手県農業共済組合連合会会長（日典）

¹¹舘盛　たてもり
　舘盛勝弘　たてもり・かつひろ　神奈川県議（自民党）（日典3）

　舘盛静光　たてもり・せいこう　政治家（現政）

舘野　たちの；たての
　舘野一彦　たちの・かずひこ　日本信託銀行取締役（日典3）
　舘野敏　たちの・さとし　銀行家（現執2期）
　舘野泉　たての・いずみ　ピアニスト（日人）
　舘野翔鶴　たての・しょうかく　俳人（俳文）

舛部

【1249】 舛

⁷舛谷　ますたに；ますや
　舛谷敬一　ますたに・けいいち　山梨大学大学院医学工学総合研究部教授（日典3）
　舛谷鋭　ますたに・さとし　「シンガポール華人の喪失と漂流」国際交流基金（日典3）
　舛谷富勝　ますや・とみかつ　弁護士（日典）
　舛谷真生　ますや・まさき　「からだを動かすと「うつ」は治る」総合法令出版（日典3）

¹¹舛添　ますぞえ
　舛添要一　ますぞえ・よういち　国際政治学者（日人）

¹⁵舛潟　ますがた
　舛潟喜一郎　ますがた・きいちろう　北方領土七カ村再建委員長（人情）

【1250】 舞

⁵舞出　まいいで；まいで
　舞出長五郎　まいいで・ちょうごろう　経済学者（現executive）
　舞出晋一　まいで・しんいち　「鏡に映る影」ミッドナイト・プレス（日典3）
　舞出長五郎　まいで・ちょうごろう　経済学者（コン4）

舞田　まいた；まいだ
　舞田一夫　まいた・かずお　時事通信出版局教育編集部長（日典）
　舞田邦彦　まいた・くにひこ　弁護士（日典3）
　舞田寿三郎　まいだ・じゅさぶろう　実業家，政治家（日人）
　舞田正達　まいだ・まさたつ　中国文学者（現執2期）

¹⁰舞原　まいはら；まえはら
　舞原東海　まいはら・とうかい　日本画家，実業家（日画）
　舞原余史　まいはら・よし　俳人（滋賀文）
　舞原マツゲ　まえはら・まつげ　「スクヌブ」コアマガジン（日典3）

姓名よみかた辞典 姓の部　625

舟部

【1251】 舟

³舟川 ふなかわ
舟川栄次郎　ふなかわ・えいじろう　詩人（富山百）
舟川一彦　ふなかわ・かずひこ「ある大学人の回想録」Sophia University Press上智大学、ぎょうせい（製作・発売）（日典3）
舟川晋也　ふなかわ・しんや「土壌学入門」古今書院（日典3）
舟川敏夫　ふなかわ・としお　スポーツニッポン新聞北海道支社長（日典3）
舟川勇三　ふなかわ・ゆうぞう　製本工員, 京王帝都電鉄車掌（アナ）

⁴舟方 ふなかた
舟方一　ふなかた・はじめ　社会運動家（現執）

⁵舟生 ふなう；ふなお；ふなおい；ふにゅう
舟生釣浜　ふなう・ちょうひん　儒者=近世（人名5）
舟生芳美　ふなお・よしみ「くぐってもいいですか」編集工房ノア（日典3）
舟生日出男　ふなおい・ひでお「情報教育論」創価大学通信教育部（日典3）
舟生喜美　ふにゅう・きみ「子どもが変わった」（国典）

舟田 ふなだ；ふねだ
舟田三郎　ふなだ・さぶろう　登山家（日人）
舟田正之　ふなだ・まさゆき　経済法学者（現執4期）
舟田走　ふねだ・そう　俳優（日典3）

⁸舟知 ふなち
舟知恵　ふなち・めぐみ　歌人, 翻訳家（奈良文）

舟茂 ふなも
舟茂俊雄　ふなも・としお　豊島区千川中学校長（国典）
舟茂洋一　ふなも・よういち「日本の香木・香草」誠文堂新光社（日典3）

¹¹舟崎 ふなさき；ふなざき；ふにざき
舟崎由之　ふなさき・よしゆき　実業家（創業）
舟崎克彦　ふなざき・よしひこ　童話作家, 絵本作家（日人）
舟崎克彦　ふにざき・かつひこ　童話作家, 絵本作家（幻想）

舟掛 ふなかけ
舟掛宗四郎　ふなかけ・そうしろう　漆芸家（日人）

¹²舟場 ふなば
舟場正富　ふなば・まさとみ　財政学者（現執3期）
舟場保之　ふなば・やすゆき「平和構築の思想」梓出版社（日典3）

舟渡 ふなわたし
舟渡桂　ふなわたし・けい　著述家（日典）

舟渡善作　ふなわたし・ぜんさく　日本コンピューター・システム取締役相談役（日典3）

舟越 ふなこえ；ふなこし
舟越耿一　ふなこえ・こういち　法学者（平和）
舟越健之輔　ふなこし・けんのすけ　会社員, ノンフィクション作家（現執4期）
舟越保武　ふなこし・やすたけ　彫刻家, エッセイスト（日人）

¹⁶舟橋 ふなはし；ふなばし
舟橋和郎　ふなはし・かずお　シナリオ作家（映人）
舟橋聖一　ふなはし・せいいち　小説家, 劇作家（コン4）
舟橋元　ふなばし・げん　俳優（新芸）
舟橋聖一　ふなばし・せいいち　小説家, 劇作家（国史）

【1252】 般

⁸般若 はんにゃ
般若倭文雄　はんにゃ・しずお「愚闇記と愚闇記返礼」専教寺一度会（日典3）
般若晋二　はんにゃ・しんじ　般三鋳造所代表取締役社長（日典3）
般若とし子　はんにゃ・としこ　左翼劇場女優（社史）
般若侑弘　はんにゃ・ゆうこう　染織家（日人）
般若豊　はんにゃ・ゆたか　小説家（社運）

【1253】 舩

⁴舩引 ふなひき；ふなびき
舩引浩平　ふなひき・こうへい「研究開発用飛行シミュレータの開発」宇宙航空研究開発機構（日典3）
舩引亜樹　ふなびき・あき「うさぎのラビーといろきりばさみ」武庫川女子大学出版部（日典3）
舩引龍平　ふなびき・りゅうへい　東京農工大学農学部応用生物学科教授（日典3）

⁵舩田 ふなた；ふなだ
舩田淳一　ふなた・じゅんいち「神仏と儀礼の中世」法蔵館（日典3）
舩田玉樹　ふなだ・たまき　日本画家（世紀）
舩田信昭　ふなだ・のぶあき　落合第四小学校（新宿区）校長（日典3）

⁹舩城 ふなぎ
舩城俊太郎　ふなぎ・しゅんたろう「院政時代文章様式史論考」勉誠出版（日典3）

¹⁶舩橋 ふなはし；ふなばし
舩橋淳　ふなはし・あつし　映画監督（日典3）
舩橋求己　ふなはし・もとき　政治家（日人）
舩橋恵子　ふなはし・けいこ　社会学者（現執4期）
舩橋晴雄　ふなばし・はるお　大蔵官僚（現執4期）

舟部（船）

【1254】 船

[4]船戸　ふなと；ふなど
　船戸洪吉　ふなと・こうきち　美術評論家（日人）
　船戸順　ふなと・じゅん　俳優（テレ）
　船戸牧子　ふなと・まきこ　「学校が生きてる」東京図書出版会, リフレ出版（発売）（日典）
　船戸与一　ふなと・よいち　ルポ・ライター, 小説家（日人）

船方　ふなかた
　船方一　ふなかた・はじめ　社会運動家（平和）

船木　ふなき；ふなぎ
　船木枳郎　ふなき・しろう　児童文学評論家（世紀）
　船木道忠　ふなき・みちただ　陶芸家（日人）
　船木甚兵衛　ふなぎ・じんべえ　木綿問屋（幕末）

船水　ふなみず
　船水以南　ふなみず・いなん　「以南百句」此岸俳句会（日典）
　船水衛司　ふなみず・えいじ　牧師, 旧約聖書神学者（現執2期）
　船水公明　ふなみず・きみあき　歌人, 詩人（社史）
　船水公明　ふなみず・こうめい　歌人, 詩人（青森人）
　船水武五郎　ふなみず・たけごろう　渡航者（渡航）

[5]船司　ふなつかさ
　船司船郎　ふなつかさ・ふねお　全国映画従業員組合大阪支部会計（社史）

船生　ふにゅう
　船生紹夫　ふにゅう・つぐお　下野新聞編集局報道部長（日典）
　船生豊　ふにゅう・ゆたか　岩手県立大学理事（日典）

船田　ふなた；ふなだ
　船田哲男　ふなた・てつお　金沢大学工学部助教授（日典）
　船田享二　ふなだ・きょうじ　法学者, 政治家（日人）
　船田中　ふなだ・なか　政治家（コン4）

[6]船曳　ふなひき；ふなびき
　船曳清　ふなひき・きよし　伊藤忠商事関西新空港プロジェクト室長（日典）
　船曳卓堂　ふなひき・たくどう　蘭方医（洋学）
　船曳鉄門　ふなびき・かねと　神官, 国学者（日人）
　船曳卓堂　ふなびき・たくどう　蘭方医（日人）

[7]船床　ふなとこ
　船床定男　ふなとこ・さだお　映画監督（監督）

船貝　ふながい
　船貝幸作　ふながい・こうさく　東京合同労組メンバー（社史）

[8]船知　ふなち
　船知慧　ふなち・さとし　日本推理作家協会会員（国典）

船迫　ふなさく；ふなさこ；ふなはざま
　船迫たか　ふなさく・たか　「雪と金魚」（国典）
　船迫幹正　ふなさこ・みきまさ　エージービー専務（日典3）
　船迫大和　ふなはざま・やまと　伊達氏家臣＝中世（戦東）

[9]船城　ふなき；ふなぎ
　船城英介　ふなき・えいすけ　積水化成品工業常務（日典3）
　船城道雄　ふなき・みちお　静岡大助教授（国典）
　船城俊太郎　ふなき・しゅんたろう　「三集類韻―影印と研究」勉誠社（JM）

船後　ふなご
　船後正道　ふなご・まさみち　官僚（現情）

船津　ふなず；ふなつ
　船津辰一郎　ふなず・たついちろう　外交官（履歴）
　船津伝次平　ふなず・でんじへい　明治三老農と称される（コン4）
　船津伝次平　ふなつ・でんじへい　農業指導者（植物）
　船津伝次平　ふなつ・でんじべい　明治三老農と称される（日人）

[10]船原　ふなはら；ふなばら
　船原仁朗　ふなはら・じんろう　島根県立大東高校教諭（日典3）
　船原長生　ふなはら・ちょうせい　映画監督, ミュージシャン, プロデューサー（兵庫文）
　船原伯雲　ふなばら・はくうん　書家（鳥取百）

船造　ふなぞう；ふなつくり
　船造浩一　ふなぞう・こういち　「環境化学概論」丸善（日典3）
　船造淳一　ふなつくり・じゅんいち　写真家（日典）

[11]船崎　ふなさき；ふねざき
　船崎和夫　ふなさき・かずお　「ライフサイエンスとしての生物科学」共立出版（日典3）
　船崎賀秀　ふなさき・よしひで　「道を歩む素敵な仲間達」文化評論（日典3）
　船崎昇助　ふねざき・しょうすけ　弓道家, 弓道教士（弓道）

[12]船場　せんば；ふなば
　船場太郎　せんば・たろう　俳優（テレ）
　船場けん吾　ふなば・けんご　「しがらみ」三戸川柳吟社（日典3）
　船場康栄　ふなば・こうえい　富山県議（社会党）（日典3）

船渡　ふなと
　船渡和代　ふなと・かずよ　児童文学作家（児作）
　船渡清人　ふなと・きよひと　農林水産省北海道営林局長（日典3）
　船渡真吉　ふなと・しんきち　十六銀行常務（日典3）
　船渡尚男　ふなと・たかお　第一証券会長（日典3）

船渡佳子　ふなと・よしこ　翻訳家（児人）

船登　ふなと

船登彰芳　ふなと・あきよし　「天然歯vs.インプラント」クインテッセンス出版（日典）

船登惟希　ふなと・よしあき　「宇宙一わかりやすい高校化学理論化学」学研教育出版, 学研マーケティング（発売）（日典）

船登芳雄　ふなと・よしお　石川県立金沢泉丘高等学校校長（日典）

船越　ふなこし；ふなごし

船越英二　ふなこし・えいじ　俳優（日人）

船越衛　ふなこし・まもる　安芸広島藩士, 官僚, 政治家（コン4）

船越福司　ふなごし・ふくじ　兵士（社史）

船越勝　ふなごし・まさる　「子どもが子どもとして生きる」クリエイツかもがわ（日典3）

¹⁶船橋　ふなはし；ふなばし

船橋茂　ふなはし・しげる　政治家（青森人）

船橋求己　ふなはし・もとき　政治家（世紀）

船橋栄吉　ふなばし・えいきち　バリトン歌手（日人）

船橋洋一　ふなばし・よういち　ジャーナリスト（日人）

艮部

【1255】　艮

⁵艮本　りょうもと

艮本正勝　りょうもと・まさかつ　「土木工事歩掛及び施工標準」（国典）

艮永　よしなが

艮永伊勢　よしなが・いせ　「主婦の見たもうひとつのドイツ」三修社（日典3）

艮永和隆　よしなが・かずたか　弁護士（現執4期）

艮永康平　よしなが・こうへい　「持続可能な社会への2つの道」ミネルヴァ書房（日典3）

艮永貞雄　よしなが・さだお　筑後信用金庫相談役（日典）

艮永知義　よしなが・ともよし　「食卓からマグロが消える日」飛鳥新社（日典3）

⁶艮羽　よしば

艮羽妙学　よしば・みょうがく　全日本開運学会相談役（日典）

⁸艮知　らち；りょうち

艮知章子　らち・あきこ　舞踊家（日典3）

艮知力　らち・ちから　社会思想史学者（世紀）

艮知行好　りょうち・ゆきよし　天龍木材福岡支店常務（日典）

色部

【1256】　色

³色川　いろかわ；しきかわ

色川武大　いろかわ・たけひろ　小説家（日人）

色川大吉　いろかわ・だいきち　日本史学者（日人）

色川肇　しきかわ・はじめ　「生命保険損害保険の選び方」日本ジャーナル出版（日典3）

⁴色井　しきい

色井秀譲　しきい・しゅうじょう　天台真盛宗宗務総長（国典）

⁵色田　しきた

色田幹雄　しきた・みきお　放射線医学総合研究所（国典）

¹¹色部　いろべ

色部春夫　いろべ・はるお　日本プロレタリア科学同盟支部メンバー（社史）

色部正長　いろべ・まさなが　体育教育者（島根歴）

色部義明　いろべ・よしあき　実業家（日人）

色部義祐　いろべ・よしすけ　社会事業家（姓氏長野）

色部義智　いろべ・よしとも　政治家（姓氏長野）

¹⁵色摩　しかま

色摩愿吾　しかま・げんご　料理人（日典3）

色摩辰雄　しかま・たつお　「日本法の生成と法思想」三崎堂（日典3）

色摩力夫　しかま・りきお　駐チリ大使（日典3）

艸部

【1257】　芋

⁵芋生　いもう；いもお

芋生清容　いもう・きよかた　歌人（紀伊文）

芋生清美　いもう・きよみ　カネカ常務執行役員（日典）

芋生ダスティ　いもお・だすてぃ　アイスホッケー選手（日典）

【1258】　艸

⁸艸林　くさばやし

艸林成和　くさばやし・しげかず　山口大教授（国典）

【1259】　芦

芦ヶ原　あしがはら；よしがはら

芦ヶ原伸之　あしがはら・のぶゆき　パズル作家（数学）

芦ヶ原伸之　よしがはら・のぶゆき　パズル作家（現執3期）

⁴芦刈　あしかり；あしがり
芦刈茂治　あしかり・しげはる　政治家（現政）
芦刈蘭一　あしかり・らんいち　政治家（大分歴）
芦刈三郎　あしがり・さぶろう　愛知県医療信用組合理事長（日典）

⁵芦立　あしたて；あしだて；あだち
芦立昌雄　あしたて・まさお　共同印刷（国典）
芦立一郎　あしだて・いちろう　山形大学人文学部文学科教授（国典）
芦立晏諄　あだち・きよのぶ　「北満への往復」創栄出版（日典3）

⁶芦寺　あしでら
芦寺金治　あしでら・きんじ　日本タクシー争議団団長（社史）

⁷芦村　あしむら；よしむら
芦村公博　あしむら・きみひろ　「しょうぼうのはじまり」チャイルド本社（日典3）
芦村毅　あしむら・つよし　「ルカーチとマルクス」こぶし書房（日典3）
芦村庸介　よしむら・ようすけ　労働評論家（現執3期）

芦沢　あしさわ；あしざわ；せりざわ
芦沢多美　あしさわ・たみ　「お金持ちと結婚するための75日間プログラム」マガジンハウス（日典3）
芦沢良憲　あしざわ・りょうけん　陶芸家（陶工）
芦沢正三　せりざわ・しょうぞう　「工学基礎微分方程式」サイエンス社（日典3）

⁹芦津　あしづ
芦津かおり　あしづ・かおり　「よくできた女（ひと）」みすず書房（日典3）
芦津実全　あしづ・じつぜん　臨済宗永源寺派学僧（仏人）
芦津丈夫　あしず・たけお　ドイツ文学者（現執3期）

¹⁰芦原　あしはら；あしわら
芦原義重　あしはら・よししげ　実業家（日人）
芦原義信　あしはら・よしのぶ　建築家（日人）
芦原金次郎　あしわら・きんじろう　櫛職（人名）

¹²芦塚　あしづか；あしつか
芦塚淳美　あしづか・あつみ　東京小松フォークリフト社長（日典3）
芦塚孝二　あしづか・たかし　詩人（兵庫文）
芦塚卓　あしつか・たくろう　弓道家, 医師, 弓道教士（弓道）

芦葉　あしば
芦葉盛晴　あしば・しげはる　児童文学作家（日典）
芦葉清三郎　あしば・せいざぶろう　「機械運動機構」技報堂（日典3）
芦葉浪久　あしば・なみひさ　教育学者（現執3期）

芦間　あしま
芦間圭　あしま・けい　小説家（日児）

【1260】　花

花ケ前　はながさき
花ケ前浩一　はながさき・こういち　俳優（日典3）
花ケ前盛明　はながさき・もりあき　神職（現執4期）

³花上　はなうえ；はながみ；はのうえ
花上晃　はなうえ・あきら　俳優（映男）
花上庄一　はながみ・しょういち　（株）スタット・サービス常務取締役（日典）
花上和広　はのうえ・かずひろ　「康資王母集注釈」貴重本刊行会（日典3）

花土　かど；はなつち；はなど
花土有隣　かど・ゆうりん　漢詩人（岡山人）
花土文太郎　はなつち・ぶんたろう　「岡山県人名辞書」岡山県人名辞書発行所（日典3）
花土公子　はなど・きみこ　「句碑のある旅」角川書店（日典3）

⁴花戸　はなと；はなど
花戸談伍　はなと・だんご　「面白人間ごっこ」東京図書出版会（日典3）
花戸竜蔵　はなと・りゅうぞう　「財政学の課題」千倉書房（日典3）
花戸和哉　はなど・かずや　「プロフェッショナルのためのPhotoshop 5.0フォトデザインブック」毎日コミュニケーションズ（日典3）

花方　はなかた；はながた
花方隆一郎　はなかた・りゅういちろう　「秀真伝」研究家（日典）
花方寿行　はながた・かずゆき　「鏡のなかのヨーロッパ」平凡社（日典3）
花方敏之　はながた・としゆき　ハナガタ社長（日典3）

花月　かげつ；かずき；はなつき
花月幸星　かげつ・こうせい　小説家（幻想）
花月咲夜　かずき・さくや　小説家（日典3）
花月達子　はなつき・たつこ　執行正俊バレエスクール主宰（日典）

⁵花布　はなぶ
花布辰男　はなぶ・たつお　俳優（男covered）

花田　はなた；はなだ
花田収悦　はなた・しゅうえつ　日本電信電話ソフトウェア研究所長（日典3）
花田実　はなた・みのる　戸板女子短大教授（日典）
花田清輝　はなだ・きよてる　評論家, 小説家, 劇作家（コン4）
花田比露思　はなだ・ひろし　教育者, 歌人（日人）

花立　はなたち；はなだち；はなたて
花立三郎　はなたち・さぶろう　熊本大学非常勤講師（日典）
花立三郎　はなだち・さぶろう　高校教師（国典）
花立耕平　はなたて・こうへい　「PC-8001・8801プログラミング・ノウハウ」昭晃堂（日典3）

⁶花光　はなひかり；はなみつ

花光節夫　はなひかり・せつお　力士（相人）
花光恵里　はなみつ・えり「Dream worlds」ボーンデジタル（日典3）
花光潤子　はなみつ・じゅんこ　演劇プロデューサー（日典3）

花衣　かい

花衣沙久羅　かい・さくら　小説家（幻想）

⁷花谷　はなたに；はなや

花谷和子　はなたに・かずこ　俳人（俳文）
花谷慈常　はなたに・じじょう　刑余者の仮収容保護所明石錦江寮を創設（兵庫百）
花谷安慶　はなや・あんけい「天文三字経」永田調兵衛（日典3）
花谷正　はなや・ただし　陸軍軍人（コン）

花邑　はなむら

花邑晃慧　はなむら・こうえい　僧侶（日典）
花邑德伸　はなむら・とくしん　日本舞踊家（日典3）

花里　はなさと；はなざと

花里鬼童　はなさと・きどう「春の雪」けやき出版（日典3）
花里ひかり　はなさと・ひかり「情熱の赤いバラ」宙出版（日典3）
花里孝幸　はなさと・たかゆき「アオコが消えた諏訪湖」信濃毎日新聞社（日典3）
花里利一　はなさと・としかず　三重大学大学院工学研究科教授（日典3）

⁸花和　はなわ

花和銀吾　はなわ・ぎんご　写真家（写家）
花和幸助　はなわ・こうすけ　俳優（男優）

花実　はなみ

花実ありすけ　はなみ・ありすけ　出版社社員、童話作家（幻想）
花実有助　はなみ・ありすけ　出版社社員、童話作家（児人）

花房　はなふさ；はなぶさ

花房晴美　はなふさ・はるみ　ピアニスト（日人）
花房秀三郎　はなふさ・ひでさぶろう　ウイルス学者（日人）
花房直三郎　はなぶさ・なおさぶろう　統計学者（コン）
花房義質　はなぶさ・よしもと　備前岡山藩士、外交官（コン2）

⁹花咲　はなさき；はなさく

花咲アキラ　はなさき・あきら　漫画家（漫人）
花咲時雄　はなさき・ときお　旧ソ連で粛清された可能性のある日本人（社史）
花咲ひなた　はなさく・ひなた「れんあいのオキテ」音楽専科社（日典3）

花城　はなき；はなぐすく；はなしろ

花城武彦　はなき・たけひこ　大阪府立美木多高等学校教諭（日典）
花城直俊　はなぐすく・ちょくしゅん　教育者（社史）
花城正量　はなしろ・せいりょう　沖縄の社会科学研究会メンバー（社史）

花柳　はなやぎ；はなやなぎ

花柳章太郎　はなやぎ・しょうたろう　俳優（コン4）
花柳徳兵衛　はなやぎ・とくべえ　日本舞踊家（郷土群馬）

花畑　はなはた；はなばた

花畑尚利　はなはた・なおとし「16の電化製品の買いドキッ」牧歌舎、星雲社（発売）（日典3）
花畑日尚　はなはた・にっしょう　写真家（日典）
花畑一郎　はなばた・いちろう　実業家（大分歴）
花畑集　はなばた・しゅう　元・九州電気工事専務（日典）

花紀　はなき

花紀京　はなき・きょう　コメディアン（世紀）

花郁　かい

花郁悠紀子　かい・ゆきこ　漫画家（幻想）

花郎　はないらつ

花郎藤子　はないらつ・ふじこ　小説家（幻想）

花香　はなか

花香勇　はなか・いさむ　写真家（日典3）
花香恭次郎　はなか・きょうじろう　自由民権家（社史）
花香信行　はなか・のぶゆき　渋谷信用金庫経理部副部長（日典）
花香実　はなか・みのる「花香実著作集」大空社（日典3）

¹⁰花原　はなはら；はなばら

花原二郎　はなはら・じろう　経済学者（現執1期）
花原勉　はなはら・つとむ　レスリング選手（体育）
花原幹夫　はなばら・みきお　白梅学園短期大学保育科助教授（日典）

花家　はないえ；はなや

花家宏作　はないえ・こうさく「碁打ちのたわごと一碁川柳小話集」花家宏作（JM）
花家圭太郎　はなや・けいたろう　小説家（日典）

花島　はなしま；はなじま

花島世津子　はなしま・せつこ　奇術師（テレ）
花島弘　はなしま・ひろし　共遊玩具推進アドバイザー（視覚）
花島恭順　はなじま・きょうじゅん　医師（姓氏静岡）
花島雅子　はなじま・まさこ　ソプラノ歌手（音人3）

花畔　ばんなぐろ

花畔宗一　ばんなぐろ・そういち「入れ墨」（国典）

¹¹花堂　かどう；はなどう

花堂元美　かどう・もとみ　漫画家（漫人）
花堂純次　はなどう・じゅんじ　映画監督（映監）
花堂靖仁　はなどう・やすひと　会計学者（現執2期）

花崎　はなさき；はなざき

花崎皋平　はなさき・こうへい　哲学者（革命）
花崎照子　はなさき・てるこ　看護婦（社史）
花崎薫　はなざき・かおる　チェロ奏者（演奏）

岬部（芥，苅）

花崎皋平　はなざき・こうへい　哲学者（平和）

花淵　かえん；はなふち；はなぶち
　花淵松濤　かえん・しょうとう　「百人一首歌占鈔」和泉書院（日典3）
　花淵為介　はなふち・ためすけ　写真師（写家）
　花淵源吉　はなぶち・げんきち　政治家（姓氏宮城）

花部　はなべ
　花部英雄　はなべ・ひでお　説話・口承文芸研究者（現執4期）
　花部ゆりいか　はなべ・ゆりいか　「秋田」星の環会（日典3）

花野原　かのはら
　花野原芳明　かのはら・ほうめい　漫画家，童画家（日児）

[12]花塚　はなずか；はなつか
　花塚いづみ　はなずか・いずみ　タレント（日典）
　花塚金作　はなずか・きんさく　神奈川県名工会会長（日典3）
　花塚いづみ　はなつか・いずみ　女優（映女）
　花塚録一　はなつか・ろくいち　政治家（栃木歴）

花登　はなと
　花登筐　はなと・こばこ　放送作家,劇作家（コン4）
　花登正宏　はなと・まさひろ　中国学者（日典3）
　花登益子　はなと・ますこ　三味線方（上落）

[13]花源洞　かげんどう
　花源洞継穂　かげんどう・つぎほ　狂歌師（日人）

[16]花篤　けいとく
　花篤実　けいとく・みのる　「新造形表現」三晃書房（日典3）

[17]花厳　かざり
　花厳節郎　かざり・せつろう　「麦鶉」学文社（日典3）

[22]花籠　はなかご
　花籠幸一　はなかご・こういち　天草開発（株）代表取締役（日典3）
　花籠忠明　はなかご・ただあき　元・力士（日典3）
　花籠昶光　はなかご・ひさみつ　力士,親方（日人）

【1261】　芥

芥　あくた
　芥数雄　あくた・かずお　うちわ職人（日典3）
　芥潔　あくた・きよし　弁護士（日典3）
　芥唯雄　あくた・ただお　日本共産青年同盟東京地方物資係（社史）
　芥真木　あくた・まき　漫画家（漫人）
　芥正雄　あくた・まさお　日本共産青年同盟地区キャップ（社史）

[3]芥子　けし
　芥子芳雄　けし・よしお　小学校教員（国典）

芥子川　けしかわ
　芥子川昌美　けしかわ・まさみ　JOP専務（日典3）
　芥子川ミカ　けしかわ・みか　「妖怪セラピー」明石書店（日典3）
　芥子川律治　けしかわ・りつじ　小中学校教員（郷土）

[5]芥田　あくた
　芥田菊太郎　あくた・きくたろう　教育者,私立浜松女子高校の創立者（姓氏静岡）
　芥田三郎　あくた・さぶろう　「沢庵漬着色剤の変色とその防止法に関する研究」兵庫県立農業試験場
　芥田進　あくた・すすむ　「オール図解最新ゴルフ・ルール解説」梧桐書院（日典3）
　芥田武夫　あくた・たけお　プロ野球監督（日人）
　芥田友彦　あくた・ともひこ　豊田工業大学教授

芥禾　あくたのぎ
　芥禾薙渚　あくたのぎ・かるな　「鷲の眼」さつき出版（日典3）

【1262】　苅

苅田　かりた；かんだ
　苅田とよみ　かりた・とよみ　女優（映女）
　苅田久徳　かりた・ひさのり　プロ野球選手（日人）
　苅田アサノ　かんだ・あさの　婦人運動家（コン4）
　苅田雅治　かんだ・まさはる　チェロ奏者（音人3）

苅込　かりこみ；かりこめ
　苅込俊二　かりこみ・しゅんじ　富士総合研究所国際調査部研究員（日典）
　苅込一郎　かりこめ・いちろう　元・富士写真フイルム副社長（日典）

[6]苅米　かりこめ；かりごめ
　苅米一志　かりこめ・ひとし　「荘園社会における宗教構造」校倉書房（日典3）
　苅米裕　かりごめ・ゆたか　「中小企業のための事業承継戦略と税実務」財経詳報社（日典3）

[7]苅谷　かりたに；かりや
　苅谷三郎　かりたに・さぶろう　志士,漢学者（コン改）
　苅谷三郎　かりや・さぶろう　志士（日人）
　苅谷俊介　かりや・しゅんすけ　俳優（テレ）

[11]苅宿　かりやど
　苅宿俊風　かりやど・しゅんぷう　「欅門」平活版所（日典3）
　苅宿俊文　かりやど・としぶみ　教育学者（現執4期）
　苅宿仲衛　かりやど・なかえ　神官,教員（社史）

苅部　かりべ；かるべ
　苅部彰夫　かりべ・あきお　「今，なぜ人材派遣か」恒友出版（日典3）
　苅部吉郎　かりべ・きちろう　「バルブ・管継手読本」オーム社（日典3）

苅部彰夫　かるべ・あきお　チャレンジャー・グレイ・クリスマス社長（日典）
苅部英司　かるべ・えいじ　日本アイ・ビー・エム（株）システム・エンジニアリング統括SE研究所長（日典）

【1263】 芹

[5] 芹生　せりう；せりふ；せりゅう；せりょう
芹生一　せりう・はじめ　翻訳家（児人）
芹生公男　せりふ・きみお　「辞世百人一首」友月書房,交友プランニングセンター（制作）（日典3）
芹生一　せりゅう・はじめ　「星から来た王子」海苑社
芹生はるか　せりょう・はるか　小説家（日典）

芹田　せりた；せりだ
芹田健太郎　せりた・けんたろう　国際法学者（現執4期）
芹田鳳車　せりた・ほうしゃ　俳人（兵庫文）
芹田鳳車　せりだ・ほうしゃ　俳人（兵庫百）

[7] 芹沢　あしざわ；せりさわ；せりざわ
芹沢卓弥　あしざわ・たくや　「増資・減資」ぎょうせい（日典3）
芹沢純子　せりさわ・すみこ　「栄光のウィーン・フィル」音楽之友社（日典3）
芹沢光治良　せりざわ・こうじろう　小説家（コン4）

【1264】 芝

[3] 芝山　じさん；しばやま
芝山李鐘能　じさん・いぞんぬん　「芝山李鐘能作陶展」Min Art（日典3）
芝山努　しばやま・つとむ　映画監督（映人）
芝山みよか　しばやま・みよか　美容家（世紀）

[5] 芝生　しばう；しばお；しばう
芝生瑞和　しばう・みつかず　国際ジャーナリスト,国際政治評論家（平和）
芝生南天　しばお・なんてん　俳人（日典）
芝生瑞和　しばう・みつかず　国際ジャーナリスト,国際政治評論家（世紀）

[11] 芝崎　しばさき；しばざき
芝崎亨　しばさき・とおる　政治家（現政）
芝崎敏夫　しばさき・としお　政治家（現政）
芝崎篤義　しばさき・あつよし　経営コンサルタント（現執3期）
芝崎喜代松　しばざき・きよまつ　弓道家,弓道錬士（弓道）

【1265】 芳

芳　かんばし；ふさ
芳即正　かんばし・のりまさ　日本史（日典3）
芳徳尚　ふさ・のりひさ　「「いじめっ子」がいるから「いじめ」は起こる！　新風舎（JM）

[4] 芳井　ほうい；よしい
芳井ちはる　ほうい・ちはる　タレント（日典3）

芳井アキ　よしい・あき　「学校の階段」エンターブレイン,角川グループパブリッシング（発売）（日典3）
芳井一味　よしい・かずみ　漫画家（漫人）

[6] 芳地　ほうち
芳地一也　ほうち・かずや　「クリティカル・シンキング集中講座」アスペクト（日典3）
芳地昌三　ほうち・しょうぞう　ジャーナリスト（現執3期）
芳地隆之　ほうち・たかゆき　ロシアNIS貿易会（日典）
芳地直美　ほうち・なおみ　「タムタムアフリカ」山と渓谷社（日典）
芳地隆介　ほうち・りゅうすけ　戯曲家（日典3）

[7] 芳坂　ほうさか；よしさか
芳坂貴弘　ほうさか・たかひろ　北陸先端科学技術大学院大学マテリアルサイエンス研究科准教授（日典）
芳坂則行　よしさか・のりゆき　山口県議（共産党,下関）（日典3）

芳志戸　ほうしど
芳志戸幹雄　ほうしど・みきお　ギター奏者（日人）

芳我　はが
芳我石雄　はが・いしお　細菌学者（日人）
芳我小太郎　はが・こたろう　弓道家,弓術精錬證（弓道）

芳谷　はがや；よしたに
芳谷有道　はがや・ありみち　滋賀大名誉教授（日典）
芳谷勝瀾　よしたに・かつみ　日建設計大阪設計技術センター技術長（日典3）
芳谷圭児　よしたに・けいじ　漫画家（世紀）

芳里　ほうり
芳里七朗　ほうり・しちろう　陶芸家（陶工）

[8] 芳忠　よしただ
芳忠淳　よしただ・きよし　新川柳作者（川柳）
芳忠復子　よしただ・ふくこ　歌人（日典3）

[9] 芳泉　いずみ；よしいずみ
芳泉晋太郎　いずみ・しんたろう　教育者（山形百）
芳泉蘭堂　よしいずみ・らんどう　裁判官（庄内）

[10] 芳原　ほうばら；よしはら
芳原一男　ほうばら・かずお　「漢詩作法」松雲堂書店（日典3）
芳原松陵　ほうばら・しょうりょう　漢詩作家（詩歌）
芳原のぞみ　よしはら・のぞみ　漫画家（漫人）
芳原信　よしはら・まこと　アートディレクター（現執3期）

芳根　よしね
芳根聡　よしね・さとし　バンダイ新規事業開発部246CLUB担当プロデューサー（日典3）
芳根次朗　よしね・じろう　出版人（出文）
芳根弥三郎　よしね・やさぶろう　「荏原中延史」
芳根次朗　（日典3）

¹¹芳野　ほうの；よしの
　芳野孝夫　ほうの・たかお　「吉野杉」文芸社（JM）
　芳野桜陰　よしの・おういん　儒者（日人）
　芳野金陵　よしの・きんりょう　駿河田中藩儒（コン4）
¹²芳賀　はが
　芳賀栄次郎　はが・えいじろう　陸軍軍医（日人）
　芳賀徹　はが・とおる　比較文学者（日人）
　芳賀日出男　はが・ひでお　写真家（日人）
　芳賀檀　はが・まゆみ　評論家，ドイツ文学者（日人）
　芳賀矢一　はが・やいち　国文学者，国語学者（コン5）
¹⁵芳養　はや
　芳養武郎　はや・たけお　テンポラリー企画社長（日典）

【1266】英

英　はなふさ；はなぶさ
　英邇子　はなふさ・にこ　「英邇子」東京漫画社（日典3）
　英義彦　はなふさ・よしひこ　政治家（姓氏鹿児島）
　英百合子　はなふさ・ゆりこ　女優（日人）
　英美子　はなぶさ・よしこ　詩人（日人）
⁹英保　あぼ；えいほ
　英保志郎　あぼ・しろう　「瓊花」短歌研究社（日典）
　英保次郎　あぼ・じろう　「図解廃棄物処理法」日本環境衛生センター（日典3）
　英保茂　えいほ・しげる　京都大学大学院情報学研究科教授（日典）
　英保次郎　えいほ・じろう　「廃棄物処理法Q&A」東京法令出版（日典3）
¹²英賀　あが
　英賀善博　あが・よしひろ　「女人如来」槇書房（日典3）

【1267】苑

苑　えん；その
　苑志佳　えん・しか　立正大学経済学部助教授（日典）
　苑明子　その・あきこ　「真理そして幸福への道」リーベル出版（日典3）
　苑翠子　その・みどりこ　歌人（短歌）
⁵苑田　そのだ
　苑田和見　そのだ・かずみ　漫画家（漫人）
　苑田知江　そのだ・ちえ　「なにわOL処世道」講談社（日典3）
　苑田哲雄　そのだ・てつお　菓子職人（日典3）
　苑田聡彦　そのだ・としひこ　元・プロ野球選手（日典3）
　苑田みほ　そのだ・みほ　フィトテラピスト（日典）

【1268】茅

茅　かや
　茅淳郎　かや・あつろう　「ひよっとこの舞」文学集団社（日典3）
　茅和伊　かや・かつい　「アフガニスタンの未来をささえる」岩波書店（日典3）
　茅稽二　かや・けいじ　順天堂大学医学部教授（日典3）
　茅誠司　かや・せいじ　物理学者（コン4）
　茅陽一　かや・よういち　電気工学者（日人）
⁵茅田　かやた；かやだ
　茅田厚兄　かやた・こうけい　日本発条専務，日発販売会長（日典3）
　茅田砂胡　かやた・すなこ　小説家（小説）
　茅田俊一　かやだ・しゅんいち　作家（日典）
　茅田春恵　かやだ・はるえ　「福寿草」文学の森
¹⁰茅原　かやはら；ちはら
　茅原郁生　かやはら・いくお　拓殖大学国際開発学部教授（現執4期）
　茅原華山　かやはら・かざん　評論家（コン4）
　茅原ますみ　ちはら・ますみ　アナウンサー（テレ）
　茅原芳男　ちはら・よしお　音楽教育者（邦楽）（音人3）
茅根　かやね；ちのね
　茅根知之　かやね・ともゆき　（株）電通パブリックリレーションズ（日典3）
　茅根創　かやね・はじめ　東京大学大学院理学系研究科教授（日典3）
　茅根英一　ちのね・えいいち　「教師になれた」西田書店（日典3）
　茅根一照　ちのね・かずてる　「生産技術部課長の仕事必携実務ハンドブック」アーバンプロデュース（日典3）
¹¹茅野　かやの；ちの
　茅野アサ　かやの・あさ　看護婦，労働運動家（女性普）
　茅野真好　かやの・まさよし　社会運動家（埼玉人）
　茅野蕭々　ちの・しょうしょう　ドイツ文学者，歌人（コン4）
　茅野雅子　ちの・まさこ　歌人（コン4）
¹²茅場　かやば；ちば
　茅場清　かやば・きよし　ハンドボール選手（日典3）
　茅場等　かやば・ひとし　コーアツ工業社長（日典3）
　茅場文幸　ちば・ふみゆき　「女達の居る病棟」近代文芸社（JM）

【1269】 苦

[4]**苦木　にがき**
　苦木虎雄　にがき・とらお　「森鷗外主筆・主宰雑誌目録」鷗出版 (日典3)

【1270】 茎

[7]**茎沢　くきざわ**
　茎沢勘三郎　くきざわ・かんざぶろう　鉱山鋳物工 (社史)

【1271】 若

[1]**若一　わかいち**
　若一光司　わかいち・こうじ　小説家,化石の収集・研究家 (兵庫文)

[4]**若公　わかこう；わこう**
　若公つね井　わかこう・つねい　「花明り」若公繁治 (日典)
　若公誠治　わこう・せいじ　農業団体役員 (山形百新)

若木　おさなぎ；わかき；わかぎ
　若木ひとみ　おさなぎ・ひとみ　「ヨリンデとヨリンゲル」ほるぷ出版 (日典3)
　若木山　わかき・たかし　日本画家 (日人)
　若木未生　わかぎ・みお　伝奇ファンタジー作家 (幻想)

[5]**若生　わかいき；わかう；わかお；わこう**
　若生精夫　わかいき・やすお　写真家 (写人)
　若生疆雄　わかう・ただお　「新国際情勢」潮文社 (日典3)
　若生保治　わかお・やすじ　陸奥一関藩士,学者 (藩臣1)
　若生文十郎　わこう・ぶんじゅうろう　陸奥仙台藩士 (日人)

若目田　わかめだ
　若目田宏三　わかめだ・こうぞう　パンダイロジパル社長 (日典)
　若目田幸平　わかめだ・こうへい　写真家 (写人)
　若目田利助　わかめだ・りすけ　渡航者 (渡航)

[7]**若芝　じゃくし；わかしば**
　若芝弘邦　じゃくし・ひろくに　武術家 (日典)
　若芝順子　わかしば・じゅんこ　京都大学学生 (日典)

若谷　わかたに；わかや
　若谷誠宏　わかたに・まさひろ　京都大学ヘリオトロン核融合研究センター教授 (日典)
　若谷和子　わかや・かずこ　詩人,児童文学作家 (世紀)
　若谷純　わかや・じゅん　プログラマー (日典3)

[8]**若命　わかみこと；わかめ；わかめい**
　若命鋭一　わかみこと・えいいち　「産業災害の統計的研究」(国典)
　若命信義　わかめ・のぶよし　名主 (幕末)

　若命道生　わかめい・やすお　日銀札幌支店長 (日典3)

[9]**若城　わかき；わかぎ；わかしろ**
　若城隆一　わかき・りゅういち　大蔵官僚 (青森人)
　若城久治郎　わかぎ・きゅうじろう　「遼史索引」東方文化学院京都研究所 (日典3)
　若城希伊子　わかしろ・きいこ　脚本家,小説家 (日典)

若柳　わかやぎ；わかやなぎ
　若柳吉登代　わかやぎ・きちとよ　日本舞踊家 (日人)
　若柳寿慶　わかやぎ・じゅけい　日本舞踊家 (日人)
　若柳和男　わかやなぎ・かずお　日本テトラポッド (現・テトラ) 専務 (日典3)
　若柳吉駒　わかやなぎ・きちこま　日本舞踊家 (郷土群馬)

若海　わかうみ
　若海和義　わかうみ・かずよし　東和サン機電常務 (日典3)
　若海鯨一郎　わかうみ・げいいちろう　日本画家,中学校教諭 (美家)
　若海弘夫　わかうみ・ひろお　「ディジタル回路」コロナ社 (日典3)
　若海宗承　わかうみ・ひろつぐ　「防災工学」森北出版 (日典3)

[10]**若島　わかしま；わかじま**
　若島久三郎　わかしま・きゅうざぶろう　力士 (相人)
　若島権四郎　わかしま・ごんしろう　力士 (日人)
　若島正三　わかじま・しょうぞう　「新電車工学」交友社本店 (日典3)

若桜木　わかさき
　若桜木虔　わかさき・けん　小説家,スポーツ栄養評論家 (幻想)

[11]**若曽根　わかそね**
　若曽根寛一　わかそね・かんいち　渡航者 (海越新)
　若曽根健治　わかそね・けんじ　「ウァフェーデの研究」多賀出版 (日典3)
　若曽根方志　わかそね・まさし　宮崎日日新聞社長 (日典3)

若野　もしの；わかの
　若野桂　もしの・かつら　イラストレーター (日典)
　若野章　わかの・あきら　「天皇家と競馬」恒文社 (日典)
　若野四郎左衛門　わかの・しろうざえもん　鋳金師 (姓氏富山)

若麻績　わかおみ
　若麻績勝子　わかおみ・かつこ　料理研究家 (日典)
　若麻績敬史　わかおみ・たかし　僧侶 (日典3)
　若麻績敏隆　わかおみ・としたか　日本画家 (日人)
　若麻績倍雄　わかおみ・ばいゆう　僧侶 (日典3)
　若麻績八重子　わかおみ・やえこ　「青春不滅」(国典)

艸部(芋,苫,苗,茂)

[13]若園　わかその；わかぞの
　若園敏之　わかその・としゆき　林野庁東京営林局高尾森林センター所長(日典3)
　若園清太郎　わかぞの・せいたろう　仏文学者(京都文)
　若園隆夫　わかぞの・たかお　心理学者(心理)

[14]若嶋津　わかしまず
　若嶋津六男　わかしまず・むつお　力士(現日)
　若嶋津六夫　わかしまず・むつお　力士(世紀)

[15]若槻　わかずき；わかつき
　若槻武樹　わかずき・たけき　地方開発者(日人)
　若槻直作　わかつき・なおさく　自治功労者,事業家(静岡歴)
　若槻繁　わかつき・しげる　映画製作者(映人)
　若槻礼次郎　わかつき・れいじろう　政治家(コン5)

[18]若藤　わかふじ
　若藤源治郎　わかふじ・げんじろう　陶工(人名)
　若藤清之輔　わかふじ・せいのすけ　元・力士(日典3)
　若藤信英　わかふじ・のぶひで　大相撲年寄,元・力士(日典3)
　若藤正芳　わかふじ・まさよし　東大阪短期大学非常勤講師(日典3)

【1272】　芋

[7]芋阪　おさか
　芋阪武美　おさか・たけみ　書家(日典3)
　芋阪直行　おさか・なおゆき　心理学者(現執4期)
　芋阪満里子　おさか・まりこ「大脳皮質と心」新曜社(日典3)
　芋阪良二　おさか・りょうじ　心理学者(心理)

[10]芋原　おはら
　芋原清一郎　おはら・せいいちろう　政治家(社史)

【1273】　苫

[6]苫名　とまな
　苫名孝太郎　とまな・こうたろう　森林工学者(日人)
　苫名孝　とまな・たかし　京都大学名誉教授(日典3)
　苫名直子　とまな・なおこ　北海道立近代美術館学芸員(日典3)
　苫名真　とまな・まこと「松樹路人」北海道新聞社(日典3)

　苫米地　とまべち
　苫米地義三　とまべち・ぎぞう　実業家,政治家(コン4)
　苫米地四楼　とまべち・しろう　津軽要塞司令官(青森人)
　苫米地真宗　とまべち・しんしゅう　近衛軍人,農業団体役員,市議会議員(青森人)
　苫米地武男　とまべち・たけお　教師(青森人)
　苫米地英俊　とまべち・ひでとし　教育家,政治家(日人)

【1274】　苗

　苗　なえ；びょう
　苗不二男　なえ・ふじお　広島安芸女子大学経営学部教授(日典)
　苗剣秋　びょう・けんしゅう「共産主義と日本の進路」時事通信社(JM)

[4]苗手　なえて；のうて
　苗手英彦　なえて・ひでひこ　スタンレー電気技術研究所主査(日典)
　苗手一彦　のうて・かずひこ　ハピネット社長

[5]苗加　なえか；のうか
　苗加房三郎　なえか・ふさざぶろう　政治家(姓氏京都)
　苗加とみゑこ　のうか・とみいこ　富山県庁女子職員第1号(姓氏富山)
　苗加和毅彦　のうか・わきひこ　写真家(写人)

[7]苗村　なえむら；なむら
　苗村潔　なえむら・いさぎよ「バイオメカトロニクスワークブック」三恵社(日典3)
　苗村樹　なえむら・いつき「内海信之」霞城館(日典3)
　苗村和正　なむら・かずまさ　詩人,歴史研究者(滋賀文)
　苗村吉昭　なむら・よしあき　詩人(滋賀文)

【1275】　茂

　茂　しげ；しげり；しげる
　茂幸雄　しげ・ゆきお　心に響く文集・編集局代表理事(日典3)
　茂恵一郎　しげり・けいいちろう「六白金星」本阿弥書店(日典3)
　茂洋　しげる・ひろし　神戸女学院大教授(国典)

[4]茂手木　もてき；もてぎ
　茂手木潮　もてき・うしお　上毛新聞取締役出版局長(日典)
　茂手木章　もてぎ・あきら「手づくりしたいほかほか中華まん」家の光協会(日典3)
　茂手木潔子　もてぎ・きよこ　音楽学者(現執4期)

　茂木　しげき；もき；もぎ；もてき；もてぎ
　茂木得時　しげき・ととき　城西消費購買組合組合員(社史)
　茂木恭一郎　もき・きょういちろう　前沢領主三沢氏の預給人(姓氏岩手)
　茂木惣兵衛〔代数なし〕　もぎ・そうべえ　商人(コン4)
　茂木重次郎　もてき・じゅうじろう　化学技術者,実業家(日人)
　茂木茂　もてぎ・しげる　出版事業家(出文)

[5]茂出木　もてぎ；もでき；もでぎ
　茂出木心護　もてぎ・しんご　洋食や「たいめいけん」創業者(現日)

茂出木謙太郎　もでき・けんたろう　テクニカルライター（日典）
茂出木心護　もでぎ・しんご　料理人（日人）

茂田　しげた；もだ
茂田愛子　しげた・あいこ　「鎌足ふるさとかるたものがたり」鎌足ふるさとかるた会（日典3）
茂田章　しげた・あきら　日本経済新聞東京本社広告第一部長（日典）
茂田隆重　もだ・たかしげ　住友大阪セメント専務（日典3）
茂田実香　もだ・みか　「Again」日本図書刊行会（日典3）

茂田井　もたい；もだい
茂田井教亨　もたい・きょうこう　僧,仏教学者（日人）
茂田井武　もたい・たけし　童画家（日人）
茂田井武　もだい・たけし　童画家（現情）

[6]茂在　もざい
茂在敏何　もざい・としじ　大阪医科大学医学部教授（日典3）
茂在寅男　もざい・とらお　航海計測学者（現情）

茂地　しげち；もじ
茂地徹　しげち・とおる　長崎大学工学部機械システム工学科教授（日典3）
茂地正人　もじ・まさと　回漕店事務員（社史）

[7]茂串　もぐし
茂串俊　もぐし・たかし　官僚（現情）

茂利　しげり；もり
茂利勝彦　しげり・かつひこ　洋画家（日典）
茂利昌一　もり・しょういち　「野村郷土誌」茂利昌一（JM）
茂利信一　もり・のぶいち　端野町（北海道）町長（日典3）

茂呂　もろ
茂呂周　もろ・いたる　「口腔病理学」医学情報社（日典）
茂呂悦子　もろ・えつこ　「見てわかる医療スタッフのための痰の吸引」学研メディカル秀潤社,学研マーケティング（発売）（日典3）
茂呂静子　もろ・しずこ　社会運動家（女性普）
茂呂雄二　もろ・ゆうじ　研究者（現執4期）
茂呂善次　もろ・よしつぐ　プロレタリア科学同盟メンバー（社史）

茂見　しげみ；もみ
茂見正道　しげみ・まさみち　弓道家,熊本藩士（弓道）
茂見義夫　しげみ・よしお　「笠翁句集」草茎社（日典3）
茂見憲治郎　もみ・けんじろう　「小さい会社でも成功する売上アップの大原則」九天社（日典3）

茂里　しげり；もり
茂里正治　しげり・まさはる　俳人（大阪文）
茂里一紘　もり・かずひろ　広島大学教授・副学長（日典3）

[9]茂垣　もかき；もがき
茂垣広志　もかき・ひろし　「グローバル戦略経営」学文社（日典3）

茂垣長作　もがき・ちょうさく　「ハンター印度史」室芦書房（日典3）
茂垣光雄　もがき・みつお　弓道家,歯科医師,弓道教士（弓道）

茂泉　しげいずみ；もいずみ
茂泉聖紀子　しげいずみ・せきこ　札幌パームホール専務（日典3）
茂泉昭男　しげいずみ・てるお　倫理学・哲学・キリスト教学者（現執4期）
茂泉㤗佐　もいずみ・きょうすけ　古川電気工業社長（日典3）
茂泉慎一　もいずみ・しんいち　軍人（姓氏宮城）

[10]茂原　しげはら；もはら；もばら
茂原照作　しげはら・てるさく　「帝都炎上」（国典）
茂原英雄　もはら・ひでお　撮影・編集・録音技師,実業家（映人）
茂原仙次　もばら・せんじ　佐久市立近代美術館館長（日典3）

茂庭　もにわ
茂庭秀福　もにわ・しゅうふく　教育家（宮城百）
茂庭竹生　もにわ・たけお　「上下水道工学」コロナ社（日典3）
茂庭忠次郎　もにわ・ちゅうじろう　技師（土木）
茂庭鉄夫　もにわ・てつお　新宿予備校理事長（日典3）
茂庭照幸　もにわ・てるゆき　サッカー選手（日典3）

[11]茂貫　もぬき
茂貫雅嵩　もぬき・まさたか　操体法研究家（日典3）
茂貫正人　もぬき・まさと　朝日新聞研修所副所長（日典3）

[12]茂渡　もと
茂渡義人　もと・よしと　日本労働組合全国協議会一般使用人組合広島支部呉分会メンバー（社史）

茂登山　もとやま
茂登山貴一郎　もとやま・きいちろう　（株）サンモトヤマ取締役（日典3）
茂登山清文　もとやま・きよふみ　名古屋大学大学院情報科学研究科准教授（日典3）
茂登山長市郎　もとやま・ちょういちろう　サンモトヤマ会長（日典3）
茂登山東一郎　もとやま・とういちろう　洋画家（日典3）
茂登山泰晴　もとやま・やすはる　陶芸家（陶工）

【1276】萱

[4]萱木　すがき；ちさき
萱木浅彦　すがき・あさひこ　東北大学名誉教授（日典）
萱木寛之　ちさき・ひろゆき　ギタリスト（日典）

[11]萱野　ちさの
萱野寿衛吉　ちさの・すえきち　北海道拓殖銀行常務,北海道電力監査役（日典3）
萱野盈　ちさの・みつる　北星情報処理開発（株）取締役（日典3）

【1277】 范

范 はん
　范建明　はん・けんめい「中国語デイリーライフ」朝日出版社(日典3)
　范文雀　はん・ぶんじゃく　女優(新芸)
　范良信　はん・りょうしん「離散形最大原理」コロナ社(日典3)

【1278】 茜

茜ケ久保　あかねがくぼ
　茜ケ久保重光　あかねがくぼ・しげみつ　政治家(政治)
　茜ケ久保奈美　あかねがくぼ・なみ　群馬ペンクラブ事務局長(日典3)
　茜ケ久保淑郎　あかねがくぼ・よしろう　群馬県議(社会党)(日典3)

⁷茜谷　あかねたに;あかねや
　茜谷光司　あかねたに・こうじ　ライター(日典3)
　茜谷五市郎　あかねや・ごいちろう　事業家(庄内)
　茜谷隆一　あかねや・りゅういち　秋田商工信用組合理事長,全国信用組合中央協会理事(日典3)

【1279】 茨

⁴茨木　いばらき;いばらぎ
　茨木和生　いばらき・かずお　俳人,高校教師(現俳)
　茨木憲　いばらき・ただし　演劇評論家(日人)
　茨木猪之吉　いばらぎ・いのきち　山岳画家(コン)
　茨木のり子　いばらぎ・のりこ　詩人(日人)

茨木屋　いばらきや;いばらぎや
　茨木屋多左衛門　いばらきや・たざえもん　本屋(姓氏京都)
　茨木屋多左衛門　いばらぎや・たざえもん　本屋(京都大)

⁵茨田　ばらだ;まんだの
　茨田陽生　ばらだ・あきみ　サッカー選手(日典3)
　茨田茂平　ばらだ・もへい　童画家(児人)
　茨田王　まんだの・おおきみ　歌人＝古代(人名6)

【1280】 荏

¹²荏開津　えがいつ
　荏開津広　えがいつ・ひろし「サウンドアート」フィルムアート社(日典3)
　荏開津典生　えがいつ・ふみお　農業経済学者(現執4期)
　荏開津通彦　えがいつ・みちひこ「水墨画」美術年鑑社(日典3)

【1281】 荊

⁴荊木　いばらき;いばらぎ
　荊木淳己　いばらぎ・あつみ　放送作家(郷土)
　荊木美行　いばらき・よしゆき　皇学館大学史料編纂所教授(現執4期)
　荊木一久　いばらぎ・かずひさ　政治家(新潟百)
　荊木孝太郎　いばらぎ・こうたろう「蔬菜栽培上の諸問題」柏葉書院(日典3)

【1282】 荒

荒　あら;あらし;こう
　荒正人　あら・まさひと　評論家(コン4)
　荒至重　あらし・しじゅう　数学者＝近世(人名1)
　荒涼児　こう・りょうじ「掌からの疾走」昭森社(日典3)

⁴荒木田　あらきた;あらきだ
　荒木田忠太郎　あらきた・ちゅうたろう　社会運動家(姓氏岩手)
　荒木田守宣　あらきだ・もりのぶ　神官,神学者(公卿)
　荒木田裕子　あらきだ・ゆうこ　バレーボール選手,バレーボールコーチ(日人)

⁵荒生　あらお;あろう
　荒生さゆり　あらお・さゆり　シャンソン歌手(日典3)
　荒生繁雄　あらお・しげお　エフエム・ノースウェーブ(日典3)
　荒生直也　あろう・なおや「カノジョスイッチ」秋田書店(日典3)

⁶荒地　あらち;あれち
　荒地絵理　あらち・えり「俳」朱書屋(日典3)
　荒地興正　あらち・おきまさ　九州音楽放送社長,エフエム福岡監査役,博多中ライオンズクラブ会長(日典3)
　荒地かおる　あれち・かおる「ヘンリー・ミラー絵の世界」叢文社(日典3)

⁷荒冷　あられい
　荒冷政雄　あられい・まさお「頭を生かす」(国典)

荒谷　あらたに;あらや
　荒谷宗治　あらたに・そうじ　労働運動家(日人)
　荒谷直之介　あらたに・なおのすけ　洋画家(日人)
　荒谷宏　あらや・ひろし　ピアニスト(新芸)
　荒谷正雄　あらや・まさお　指揮者,ヴァイオリニスト(新芸)

⁸荒金　あらかね;あらがね
　荒金啓治　あらかね・けいじ　政治家(大分歴)
　荒金呉石　あらかね・ごせき　文人,富豪(大分歴)
　荒金久平　あらがね・きゅうへい「初空」文学の森(日典3)

〔1283〕

荒金天倫　あらがね・てんりん　臨済宗の僧(姓氏静岡)

[9]荒城　あらき
荒城啓介　あらき・けいすけ　アイスホッケー選手・監督(日典3)
荒城重男　あらき・しげお　陸軍軍人(渡航)
荒城修三　あらき・しゅうぞう「女教師アンの秘事」壱番館書房(日典3)
荒城二郎　あらき・じろう　海軍中将(日典3)
荒城季夫　あらき・すえお　美術評論家(日人)

荒海　あらうみ；あらかい
荒海崇子　あらうみ・しゅうこ「コートの作り方」文化服装学院出版局(日典3)
荒海敏子　あらうみ・としこ　ラヤ・テラス(カフェ)経営(日典3)
荒海悦朗　あらかい・えつろう「自動車整備士試験問題解説」精文館(日典3)

荒津　あらつ；こうず
荒津寛子　あらつ・ひろこ　詩人(女性普)
荒津利一　あらつ・りいち　福岡商工会議所食糧水産部会長(日典)
荒津寛子　こうず・ひろこ　詩人(人情)

荒畑　あらはた
荒畑一雄　あらはた・かずお「新編電子工学」東京電機大学出版局(日典3)
荒畑寒村　あらはた・かんそん　社会主義運動家，評論家(コン3)
荒畑耕作　あらはた・こうさく「濁流に棹さして五十年」児玉馨(日典3)
荒畑幸太郎　あらはた・こうたろう　荒畑製作所会長(日典3)
荒畑玉　あらはた・たま　荒畑寒村の妻(社史)

荒砂　あらすな；あれさ
荒砂清治　あらすな・せいじ「大東京の薩摩っぽ」鹿児島広報社(日典3)
荒砂正名　あらすな・まさな　日本法科学鑑定センター顧問(日典3)
荒砂ゆき　あれさ・ゆき　女優(和モ)

荒神　あらがみ；こうじん
荒神伊火流　あらがみ・いかる「シャランドの嵐」フランス書院(日典3)
荒神直規　こうじん・なおき　ミュージシャン(日典3)

[10]荒島　あらしま；あらじま
荒島晃宏　あらしま・あきひろ　シナリオライター(日典3)
荒島和彦　あらしま・かずひこ「高度専門システム戦略」アイテック情報処理技術者教育センター(日典3)
荒島真一郎　あらじま・しんいちろう　北海道教育大学教育学部札幌校教授(日典)

荒砥　あらと
荒砥啓子　あらと・けいこ「オンナは強い」ひかり出版(日典3)
荒砥米子　あらと・よねこ　篤農家(女性普)

荒記　あらき
荒記俊一　あらき・しゅんいち　労働安全衛生総合研究所理事長，東京大学名誉教授(日典3)

[11]荒堀　あらほり；あらぼり
荒堀英二　あらほり・えいじ「リサイクル工作らんどベスト50」清風堂書店(日典3)
荒堀稔穂　あらほり・としお「Q&A表示に関する登記の実務」日本加除出版(日典3)
荒堀広　あらぼり・ひろし　労働運動家(現執3期)

荒野　あらの；こうの；こうや
荒野権四郎　あらの・ごんしろう　地主(姓氏富山)
荒野七重　こうの・ななえ「教育事件・論争史資料」ゆまに書房(日典3)
荒野鎮人　こうや・しんびと「砂漠の闇に花咲きり」魂情社(日典3)

[12]荒勝　あらかつ
荒勝厳　あらかつ・いわお　水産庁長官(日典3)
荒勝文策　あらかつ・ぶんさく　物理学者(日人)
荒勝淑子　あらかつ・よしこ「茶の考古学」大法輪閣(日典3)

[14]荒関　あらせき；あらぜき
荒関仁志　あらせき・ひとし「データ構造とアルゴリズムによるC言語」ソフトバンク出版事業部(日典3)
荒関まゆみ　あらせき・まゆみ　エコクラフト作家(日典3)
荒関哲嗣　あらぜき・てつじ「黄八丈」翠楊社(日典3)
荒関雄星　あらぜき・ゆうせい　陶芸家(陶工)

【1283】　草

草　くさ；そう
草卓人　くさ・たくひと「富山廃線紀行」桂書房(日典3)
草舎人　そう・とねり　作家(日典3)

[3]草下　くさか
草下シンヤ　くさか・しんや「裏のハローワーク」彩図社(日典3)
草下英明　くさか・ひであき　科学解説家(世紀)
草下正夫　くさか・まさお「森林立地と植物」農林出版(日典3)

草上　くさかみ
草上仁　くさかみ・じん　生命保険会社員,SF作家(小説)

草川　くさかわ；くさがわ
草川信　くさかわ・しん　作曲家,バイオリニスト(日人)
草川隆　くさかわ・たかし　ミステリー作家(幻想)
草川かおり　くさがわ・かおり「トパーズの翅」講談社(日典3)
草川啓三　くさがわ・けいぞう　登山家(日典3)

[5]草加　くさか；そうか
草加浅一　くさか・あさいち　佐藤春夫記念館長(日典3)
草加英資　くさか・えいすけ　NTTプリンテック社長(日典3)

艸部(草)

草加次郎　そうか・じろう　昭和37年～38年にかけて東京を騒がせた爆弾魔(現日)
草加大介　そうか・だいすけ　恋愛コンサルタント(日典)

草生　くさお；くさおい
　草生政恒　くさお・まさつね　軍人(陸海)
　草生亜紀子　くさおい・あきこ　編集者,記者(日典)

草田　くさた；くさだ；そうだ
　草田みかん　くさた・みかん「あの人が「心の病」になったとき読む本」PHP研究所(日典3)
　草田照子　くさだ・てるこ　歌人(短歌)
　草田未海　そうだ・みう「白の追憶」日本ナレーション演技研究所出版事業部(日典3)

[6]草地　くさじ；くさち
　草地真　くさじ・まこと「グループホームをはじめよう！」ぱる出版(日典3)
　草地勉　くさち・つとむ　児童文学研究者(児人)
　草地貞吾　くさち・ていご　軍人(陸海)

[7]草村　くさむら；そうむら
　草村北星　くさむら・ほくせい　小説家,出版業者(コン5)
　草村素子　くさむら・もとこ　俳人(日人)
　草村久美子　そうむら・くみこ「日記・詩・レポート作りワーク」明治図書出版(日典3)

草花　くさか；そうか
　草花和子　くさか・かずこ　陶芸家(日典)
　草花一泉　そうか・いっせん「木守柿―句集」創栄出版(JM)

[8]草味　くさみ
　草味正夫　くさみ・まさお「裁判化学および実験書」(国典)

草河　くさか；くさかわ
　草河達夫　くさか・たつお「ある惑星の悲劇」ほるぷ出版(日典3)
　草河遊也　くさか・ゆうや「黒の聖域」富士見書房(日典3)
　草河遊也　くさかわ・ゆうや　イラストレーター(日典3)

[9]草柳　くさやなぎ
　草柳繁一　くさやなぎ・しげいち　歌人(短歌)
　草柳大蔵　くさやなぎ・たいぞう　評論家,ジャーナリスト(現情)
　草柳太助　くさやなぎ・たすけ　農民(アナ)
　草柳大蔵　くさやなぎ・だいぞう　評論家,ジャーナリスト(日人)
　草柳文恵　くさやなぎ・ふみえ　キャスター,リポーター(テレ)

[10]草原　くさはら；そうげん
　草原一陽　くさはら・いちはる　関税協力理事会(CCC)事務局品目表・分類局長(日典3)
　草原タカオ　くさはら・たかお　漫画家(漫人)
　草原三郎　そうげん・さぶろう「武尊嶺に漂う青春」草原会(日典3)

[11]草深　くさふか；くさぶか
　草深香畦　くさふか・こうけい　日本画家(美家)
　草深多計志　くさふか・たけし　パシフィックゴルフグループインターナショナルホールディングス社長(日典3)
　草深幸司　くさぶか・こうじ　多摩美術大学美術学部デザイン科教授(日典)

草郷　そうごう
　草郷清四郎　そうごう・せいしろう　実業家(日人)

草部　くさかべ；くさべ
　草部薫　くさかべ・かおる　俳人(日典)
　草部了円　くさかべ・りょうえん　写真家(写家)
　草部和子　くさべ・かずこ　小説家,評論家(世紀)
　草部典一　くさべ・のりかず　静岡大学教育学部教授(日典3)

草野　くさの；そうの
　草野心平　くさの・しんぺい　詩人(コン4)
　草野天平　くさの・てんぺい　詩人(日人)
　草野唯雄　そうの・ただお　推理作家(京都文)

草鹿　くさか
　草鹿任一　くさか・じんいち　海軍軍人(日人)
　草鹿外吉　くさか・そときち　翻訳家,評論家(日人)
　草鹿丁卯次郎　くさか・ちょうじろう　教員,政治経済学者,銀行員(日人)
　草鹿竜之介　くさか・りゅうのすけ　海軍軍人(日人)
　草鹿龍之介　くさか・りゅうのすけ　海軍軍人(陸海)

草鹿砥　くさかど
　草鹿砥宣隆　くさかど・のぶたか　神官(日人)

[12]草葉　くさば
　草葉加代子　くさば・かよこ「のこしたい旧西国街道」ダイコロ(制作)(日典3)
　草葉恋代　くさば・こいよ「私は♀プログラマver.2.00J」ビレッジセンター出版局(日典3)
　草葉宗三良　くさば・そうざぶろう　東京計器常務,元太陽神戸銀行取締役(日典3)
　草葉たつや　くさば・たつや　フリーライター(日典3)
　草葉隆円　くさば・りゅうえん　政治家(コン4)

草賀　くさか；くさが
　草賀淳　くさか・あつし　ニチバン社長(日典)
　草賀芳子　くさか・よしこ「のざらしの詩」起点社(日典3)
　草賀文雄　くさが・ふみお　静岡県議(自民党)(日典3)
　草賀光男　くさが・みつお「ばくち談義」暁鏡出版社(日典3)

草間　くさま；そうま
　草間時彦　くさま・ときひこ　俳人(日人)
　草間時福　くさま・ときよし　教育家,新聞記者,官吏(日人)
　草間暉雄　そうま・てるお　劇作家(日典3)

草階　くさかい
　草階俊雄　くさかい・としお「イタリアの空」(国典)

¹⁶草薙　くさなぎ

草薙市治　くさなぎ・いちじ　農民（アナ）
草薙幸二郎　くさなぎ・こうじろう　俳優（新芸）
草薙嵯峨子　くさなぎ・さがこ　ヴァイオリニスト（演奏）
草薙良一　くさなぎ・りょういち　俳優（和モ）
草薙渉　くさなぎ・わたる　小説家（幻想）

¹⁷草繋　くさなぎ

草繋全宜　くさなぎ・ぜんぎ　真言宗大覚寺派僧侶（仏教）
草繋全弘　くさなぎ・ぜんこう　高野山真言宗宗務総長（日典3）
草繋光子　くさなぎ・みつこ「貧乏人の金持ち」東方出版（日典3）

【1284】 荘

荘　しょう；そう

荘清彦　しょう・きよひこ　実業家（日人）
荘清次郎　しょう・せいじろう　実業家（コン）
荘明義　そう・あきよし「スタミナおかず」永岡書店（日典3）
荘勝雄　そう・かつお　元・プロ野球選手（日典3）

³荘子　しょうじ

荘子邦雄　しょうじ・くにお　刑法学者（現情）

⁵荘司　しょうじ；そうじ

荘司福　しょうじ・ふく　日本画家（日人）
荘司雅子　しょうじ・まさこ　教育学者（日人）
荘司エリコ　そうじ・えりこ「財を築けるネットワークビジネス」現代書林（日典3）
荘司哲生　そうじ・てつお　三和スタッフサービス（株）総務部長（日典）

荘田　しょうだ；そうだ

荘田霜渓　しょうだ・そうけい　教育者（岡山歴）
荘田平五郎　しょうだ・へいごろう　実業家（コン）
荘田健一　そうだ・けんいち　文筆家、出版プロデューサー（日典3）
荘田翠娘　そうだ・すいこ「三国志英雄名将事典」技術評論社（日典3）

⁷荘村　しょうむら

荘村清志　しょうむら・きよし　ギター奏者（日人）
荘村助右衛門　しょうむら・すけえもん　武士、クリスチャン（キリ）
荘村多加志　しょうむら・たかし　中央法規出版社長（日典3）
荘村正人　しょうむら・まさんど　出版人（出文）
荘村義雄　しょうむら・よしお　電気事業連合会副会長、東京電力常務（日典3）

⁹荘保　しょうほう；そうほ

荘保三郎　しょうほう・さぶろう　仏語（日典）
荘保照子　そうほ・てるこ「花棟」砂子屋書房（日典3）

¹⁰荘原　しょうはら；しょうばら

荘原和作　しょうはら・わさく　化学技術者（科技）
荘原達　しょうばら・たつ　社会運動家（コン4）
荘原達　しょうばら・とおる　社会運動家（日人）

¹⁷荘厳　そうごん

荘厳舜哉　そうごん・しゅんや　心理学者（現執4期）

【1285】 茶

³茶山　さやま；ちゃやま

茶山桜雄　さやま・さくらお「回顧―歌集」茶山桜雄（JM）
茶山一彰　ちゃやま・かずあき　医師（日典3）
茶山克巳　ちゃやま・かつみ　元・東京都議（日典）

茶川　ちゃがわ

茶川一郎　ちゃがわ・いちろう　コメディアン（新芸）

⁴茶木　さき；ちゃき

茶木ひろみ　さき・ひろみ　漫画家（兵庫文）
茶木滋　ちゃき・しげる　童謡詩人、童話作家（日人）
茶木敏行　ちゃき・としゆき　声楽家（テノール）（演奏）

⁵茶本　ちゃもと

茶本繁正　ちゃもと・しげまさ　社会問題評論家、ルポライター（日人）
茶本允子　ちゃもと・まさこ「父と先生の思い出」講談社出版サービスセンター（製作）（日典3）

⁷茶村　さむら；ちゃむら

茶村俊一　しゅんいち　J.フロントリテイリング社長（日典3）
茶村清一　ちゃむら・せいいち　木管ブローカー進物用商品販売業者（社史）
茶村剛　ちゃむら・つよし　弁護士（日典3）

茶谷　ちゃたに；ちゃだに；ちゃや

茶谷正洋　ちゃたに・まさひろ　建築家、折り紙建築研究家（美建）
茶谷好太　ちゃだに・こうた「うるし刷毛」葉文館出版（日典3）
茶谷竜城　ちゃや・りゅうじょう　医師、僧（日人）

⁹茶畑　ちゃばた；ちゃばたけ

茶畑和也　ちゃばた・かずや　イラストレーター（日典）
茶畑洋介　ちゃばた・ようすけ　高知県立高知工業高校教頭（日典3）
茶畑るり　ちゃばたけ・るり　漫画家（漫人）

¹⁰茶原　さはら；ちゃはら；ちゃばら

茶原宗一　さはら・そういち　元・大相撲行司（日典）
茶原宗一　ちゃはら・そういち「情けの街のふれ太鼓」二見書房（日典3）
茶原忠督　ちゃばら・ただよし　スノーボード選手（日典）

艸部（茅, 荻, 荷, 華）　　　　　　　　　　　　　　　〔1289〕

[11]茶野　さの；ちゃの
　茶野晶　さの・あきら「ドキュメント・セクハラ」鹿砦社（日典3）
　茶野順子　ちゃの・じゅんこ「新しい公共を拓くパーセント条例」慈学社出版, 大学図書（発売）（日典3）
　茶野敬　ちゃの・たかし　カヤバ工業会長（日典）

[13]茶園　ちゃえん；ちゃぞの
　茶園成樹　ちゃえん・しげき「知的財産法判例集」有斐閣（日典3）
　茶園義男　ちゃえん・よしお　詩人, 戦時史研究家（四国文）
　茶園明　ちゃぞの・あきら「育雛」鶏の研究社
　茶園利昭　ちゃぞの・としあき「FORTRANを使った初等統計演習」槇書店（日典3）

【1286】　茾

[4]茾毛　うけ
　茾毛健作　うけ・けんさく　陶芸家（日典3）

【1287】　荻

[3]荻上　おぎうえ；おぎがみ
　荻上悦子　おぎうえ・えつこ「春寂寥」長野日報社（日典3）
　荻上裂裟彦　おぎうえ・けさひこ「風雪七十年」甲陽書房（日典3）
　荻上直子　おぎがみ・なおこ　映画監督, 脚本家（映人）

[5]荻布　おぎの
　荻布真十郎　おぎの・しんじゅうろう　日本貿易振興会（ジェトロ）サンフランシスコ事務所勤務（日典）
　荻布宗四郎　おぎの・そうしろう　実業家（姓氏富山）

　荻生　おぎう；おぎゅう
　荻生和成　おぎう・かずしげ　社会保険大学校長（千葉百）
　荻生録造　おぎう・ろくぞう　医師（千葉百）
　荻生天泉　おぎゅう・てんせん　日本画家（美家）
　荻生録造　おぎゅう・ろくぞう　医師（日人）

[7]荻谷　おぎたに；おぎや
　荻谷精秀　おぎたに・せいしゅう「わが人生の師生田春月を憶う」荻谷精秀（JM）
　荻谷昭　おぎや・あきら　西洋フードシステムズ専務（日典）
　荻谷耕一　おぎや・こういち　新和海運専務（日典）

[9]荻洲　おぎす
　荻洲照之　おぎす・てるゆき　映画製作会社代表（日典3）
　荻洲立兵　おぎす・りゅうへい　軍人（日人）

[10]荻原　おぎはら；おぎわら；はぎわら
　荻原賢次　おぎはら・けんじ　漫画家（日典3）

　荻原井泉水　おぎわら・せいせんすい　俳人（コン4）
　荻原克己　はぎわら・かつみ「山梨とエスペラント」日本エスペラント学会（日典3）

　荻根沢　おぎねさわ
　荻根沢映泉　おぎねさわ・えいせん　日本画家（美家）

【1288】　荷

[5]荷田　かだ；にた
　荷田亀代治　かだ・きよじ　天神教教祖（日典）
　荷田鶴麿　かだ・つるまろ「大先生の和歌全集」天神教本庁（日典3）
　荷田富男　にた・とみお　デーリー東北新聞製作局第3部長（日典）

[7]荷見　はすみ
　荷見明子　はすみ・あきこ「アモス・ダラゴン」竹書房（日典3）
　荷見秋次郎　はすみ・あきじろう「養護教諭必携」東山書房（日典3）
　荷見武敬　はすみ・たけよし　農業学者（現執3期）
　荷見三七子　はすみ・みなこ　団体職員（現執4期）
　荷見安　はすみ・やすし　官僚, 農協役員（日人）

[10]荷宮　にのみや；にみや
　荷宮喜久子　にのみや・きくこ「由布」東京四季出版（日典3）
　荷宮文夫　にのみや・ふみお　九州歯大教授（国典）
　荷宮和子　にみや・かずこ　評論家, 文筆家（兵庫文）

【1289】　華

　華　はな
　華公平　はな・こうへい「従軍慰安所「海乃家」の伝言」日本機関紙出版センター（日典3）
　華津也子　はな・つやこ「裸木」初音書房（日典3）
　華ばら　はな・ばら　漫才師（新芸）
　華ぼたん　はな・ぼたん　漫才師（新芸）
　華ゆり　はな・ゆり　タレント（日典3）

[3]華小路　はなこうじ；はなのこうじ
　華小路彩　はなこうじ・あや　株式投資家（日典3）
　華小路彩　はなのこうじ・あや「波乱万丈お金物語」ティビーエス・ブリタニカ（日典3）

　華山　かざん；はなやま
　華山恵光　かざん・えこう　禅僧・国清寺住職（岡山歴）
　華山海応　かざん・かいおう　臨済宗の僧侶・国清寺住職（岡山歴）
　華山親義　はなやま・ちかよし　政治家（政治）
　華山謙　はなやま・ゆずる　都市工学者（日人）

[7]華村　はなむら
　華村愛子　はなむら・あいこ　女優（映女）

姓名よみかた辞典 姓の部　641

華村大介　はなむら・だいすけ「人生に役立つメッセージ」健友館（日典3）

[8] 華岡　はなおか
華岡依音　はなおか・いおん「必勝！中学受験攻略本」小学館（日典3）
華岡鋭蔵　はなおか・えいぞう　心理学者（心理）
華岡紫陽　はなおか・しよう　小説家（日典3）
華岡青洋　はなおか・せいよう　医家（大阪人）
華岡積軒　はなおか・せきけん　医家（大阪人）

華房　はなふさ；はなぶさ
華房良輔　はなふさ・りょうすけ　社会福祉施設職員（人情）
華房嘉夫　はなぶさ・よしお「雑句を詠む」生涯学習研究社（日典3）

華表　かひょう；とりい
華表宏有　かひょう・ひろあき　医師（現執4期）
華表賢　とりい・けん「初心者のための山野草栽培入門」栃の葉書房（日典3）
華表てる　とりい・てる「到処青山―華表論遺稿・追想」華表てる（JM）

[11] 華頂　かちょう
華頂博信　かちょう・ひろのぶ　軍人（陸海）

[12] 華陽　かよう
華陽卿一　かよう・きょういち「恩給とくほん」（国典）

[13] 華園　はなぞの
華園真淳　はなぞの・しんじゅん　僧侶（日人）
華園摂信　はなぞの・せっしん　真宗興正派僧侶（真宗）
華園沢好　はなぞの・たくこう　僧侶（真宗）
華園沢称　はなぞの・たくしょう　僧侶（真宗）
華園雄尊　はなぞの・ゆうそん　園芸教育者（長野歴）

【1290】 苲

[4] 苲戸　のぞきど
苲戸正人　のぞきど・まさと「サウンドツール大全集」インプレス（日典3）
苲戸善政　のぞきど・よしまさ「かてもの」米沢市（日典3）

【1291】 莇

莇　あざみ
莇晃輔　あざみ・こうすけ　21ST.（トウェンティ・ファースト＝レンタルプティック）社長（日典3）
莇茂明　あざみ・しげあき　シミズ商事社長（日典3）
莇昭三　あざみ・しょうぞう　医師（日典3）
莇仁蔵　あざみ・じんぞう　毎日新聞東京本社編集局長,東亜国内航空専務（日典3）
莇祐彦　あざみ・すけひこ「雑草の観察」ニュー・サイエンス社（日典3）

【1292】 莵

[5] 莵田　とだ
莵田茂丸　とだ・しげまる「難訓辞典」日本図書センター（書籍）

[10] 莵原　うはら；うばら；とはら
莵原卓　うはら・たかし　東海大学文学部文明学科教授（日典）
莵原明　うばら・あきら　大東文化大学法学部教授（日典）
莵原逸朗　とはら・いつろう　神戸大名誉教授（日典3）

【1293】 莨

[7] 莨谷　たばこだに
莨谷弥生　たばこだに・やよい「魔那魅人形」広済堂出版（日典3）

【1294】 葛

葛　かつ；かつら；くず
葛蠹菴　かつ・とあん　詩人＝近世（人名2）
葛恵子　かつら・けいこ「トースタークッキング」講談社（日典3）
葛蔵治　くず・くらじ　冶金技術者（日人）

[3] 葛上　くずかみ；くずがみ
葛上周次　くずかみ・しゅうじ　コマーシャルディレクター（日芸）
葛上宗一郎　くずがみ・そういちろう　昭和ゴム会長（日典）

葛山　かずらやま；かつやま；かつらやま；くずやま；つづやま
葛山健　かずらやま・たけし　元・住友共同電力会長（日典）
葛山朝三　かつやま・ともぞう　書家（日典）
葛山信吾　かつらやま・しんご　俳優（日映男）
葛山二郎　くずやま・じろう　小説家（幻想）
葛山繁　つづやま・しげる　富山銀行総務部付調査役（日典）

[4] 葛井　かつい；かどいの；くずい；ふじい；ふじいの
葛井加容子　かつい・かよこ「紅梅―歌集」（JM）
葛井諸会　かどいの・もろあい　相模国司＝古代（人名2）
葛井欣士郎　くずい・きんしろう　映画・演劇プロデューサー（日人）
葛井美鳥　ふじい・みとり「ファーストマスター」日本文芸社（日典3）
葛井広成　ふじいの・ひろなり　法律家＝古代（人名5）

葛木　かずらぎ；かつらぎ；くずき
葛木一山　かずらぎ・いちざん　金石の彫刻師（姓氏石川）

岬部（葛）

葛木香一　かつらぎ・こういち　俳優（新芸）
葛木五平　くずき・ごへい　彫刻家（日人）

⁵葛本　くずもと
葛本一雄　くずもと・かずお　大阪経済法科大学法学部教授（日典3）
葛本公典　くずもと・きみすけ「こんな子はこのように」日本図書刊行会（日典3）
葛本昭三　くずもと・しょうぞう　白青舎取締役相談役（日典3）
葛本定賢　くずもと・じょうげん　歌人（国典）

葛生　くずい；くずう；くずお
葛生勝　くずい・まさる「アンドロイドの要塞」広済堂出版（JM）
葛生能久　くずう・よしひさ　国家主義者（日人）
葛生能久　くずお・よしひさ　国家主義者（国史）

葛田　かつだ；くずた；くずだ
葛田貴　かつだ・たかし「そうだったのか！土地の相続税評価」税務研究会出版局（日典3）
葛田一雄　くずた・かずお　産業教育プランナー（現執4期）
葛田きみ女　くずだ・きみじょ「葛の花」曲水社（日典3）

⁶葛西　かさい；かっさい；かつさい；くずにし
葛西善蔵　かさい・ぜんぞう　小説家（コン5）
葛西松隠　かっさい・しょういん　徳島藩士（徳島県歴）
葛西利延　かつさい・としのぶ　兵庫県議（日典3）
葛西宗誠　くずにし・そうせい　茶道家，写真家（写家）

⁷葛尾　くずお
葛尾武雄　くずお・たけお「知能テストと新教育」（国典）

葛良　かつら
葛良忠彦　かつら・ただひこ　東洋製缶グループ総合研究所主任研究員（人情）

葛谷　かつや；くずたに；くずや
葛谷孝　かつや・たかし「八甲田の花」北の街社（日典3）
葛谷貞之　くずたに・さだゆき　小児科医（渡航）
葛谷信貞　くずや・のぶさだ　医師（近医）

⁸葛和　くずわ
葛和清司　くずわ・きよし「特許の真髄」発明協会（日典3）
葛和伸元　くずわ・のぶちか　バレーボール監督（日典3）
葛和満博　くずわ・みつひろ　ジャスマック社長（人情）

葛岡　くずおか
葛岡敏　くずおか・さとし「どん底より」本の友社（日典3）
葛岡寿美　くずおか・すみ「泰山木の花」雲珠短歌会（日典3）
葛岡常雄　くずおか・つねお　東工大助教授（国典）
葛岡博　くずおか・ひろし　アニメーター，さし絵画家（児人）
葛岡雄治　くずおか・ゆうじ　児童劇作家（児人）

⁹葛城　かつらぎ；かつらぎの；くずき
葛城彦一　かつらぎ・ひこいち　志士（コン4）
葛城襲津彦　かつらぎの・そつひこ　武人＝古代（コン）
葛城浩一　くずき・こういち「学生による学生支援活動の現状と課題」広島大学高等教育研究開発センター（日典3）

葛巻　かつらまき；くずまき
葛巻政男　かつらまき・まさお「視点と自問―岐路に立つ若者達」（JM）
葛巻誠三　くずまき・せいぞう　政治家（姓氏岩手）
葛巻義敏　くずまき・よしとし　小説家，研究家（世紀）

¹⁰葛原　かつはら；くずはら
葛原慎二　かつはら・しんじ　アースディ日本・子供の水と健康を守る会理事長（日典）
葛原次男　かつはら・つぐお　天間林村教育長，公民館長（青森人）
葛原勾当　くずはら・こうとう　地歌箏曲家（コン4）
葛原妙子　くずはら・たえこ　歌人，随筆家（日人）

葛島　かつしま；くずしま
葛島一美　かつしま・かずみ　つり師（日典）
葛島正作　くずしま・しょうさく　日本ガイシ専務（日典）
葛島正哲　くずしま・よしあき　安藤電気専務（日典）

葛馬　かつらうま；かつらま
葛馬正男　かつらうま・まさお「ゼロからの財務諸表思考法」日本経済新聞出版社（日典3）
葛馬邦彦　かつらま・くにひこ「スポーツのおこり」（国典）

¹¹葛野　かどの；くずの
葛野和明　かどの・かずあき　交運共済理事長（日典3）
葛野九郎兵衛定睦　かどの・くろべえさだむつ　能楽囃子方（芸能）
葛野友太郎　くずの・ともたろう　実業家（社史）
葛野尋之　くずの・ひろゆき　立命館大学法学部教授（現執4期）

¹²葛葉　くずは
葛葉康司　くずは・こうじ「鬼の霍乱」学研パブリッシング，学研マーケティング（発売）（日典3）
葛葉博　くずは・ひろし「徹底解説Wordで図形を描く方法」武蔵野書院（日典3）
葛葉睦山　くずは・ぼくさん　僧侶，元・小学校校長（日典3）
葛葉睦　くずは・むつみ　臨済宗妙心寺派桂香寺主職（国典）
葛葉泰久　くずは・やすひさ「気候変動と水災害」信山社サイテック（日典3）

葛間　くずま
葛間寛　くずま・ひろし　東京国税局所得税課長（国典）

²²葛籠　つづら
葛籠堅助　つづら・けんすけ　俳人（日典）

【1295】 菊

[1]菊一　きくいち
菊一功　きくいち・いさお　「現場監督のための相談事例Q&A」大成出版社(日典3)
菊一岩夫　きくいち・いわお　元大和証券社長(人情)
菊一圭司　きくいち・けいじ　斑鳩町立斑鳩東小学校(奈良県)校長(日典3)
菊一好子　きくいち・よしこ　「看護継続教育」医歯薬出版(日典3)

[3]菊川　きくかわ；きくがわ
菊川多賀　きくかわ・たか　日本画家(日人)
菊川忠雄　きくかわ・ただお　労働運動家,政治家(コン4)
菊川清見　きくがわ・きよみ　「最新衛生薬学」広川書店(日典3)
菊川作二郎　きくがわ・さくじろう　大分商工会議所副会頭(大分歴)

[4]菊水　きくすい
菊水健史　きくすい・たけふみ　「いきもの散歩道」文永堂出版(日典3)
菊水治次　きくすい・はるつぐ　社会運動家(アナ)
菊水美佳　きくすい・みか　翻訳家(日典3)

[5]菊末　きくすえ
菊末勾当　きくすえ・こうとう　地唄箏曲家,作曲者(新芸)

菊田　きくた；きくだ
菊田一夫　きくた・かずお　劇作家,演劇プロデューサー(コン4)
菊田多利男　きくた・たりお　金属学者(日人)
菊田一夫　きくだ・かずお　劇作家,演劇プロデューサー(大阪文)
菊田和郎　きくだ・かずお　「エアロ・ディテール」大日本絵画(日典3)

[6]菊次　きくじ；きくつぎ；きくつぐ
菊次厚子　きくじ・あつこ　「ロシアのロケット野郎達」松香堂(日典3)
菊次愛咲　きくつぎ・あいさく　著述家(日典3)
菊次博三　きくつぐ・ひろみ　「こころの四季」日本随筆家協会(日典3)

菊池　きくいけ；きくち
菊池検校〔2代〕　きくいけ・けんぎょう　地唄箏曲演奏者(日音)
菊池寛　きくち・かん　小説家,劇作家(日人)
菊池大麓　きくち・だいろく　数学者,教育者,政治家(コン4)

菊池原　きくちばら
菊池原八重子　きくちばら・やえこ　陶芸家(陶)

[7]菊沢　きくさわ；きくざわ
菊沢研一　きくさわ・けんいち　歌人(短歌)
菊沢季生　きくさわ・すえお　元・宮城学院女子大教授(現情)
菊沢季麿　きくざわ・すえまろ　官吏(人名)

菊沢武江　きくざわ・ぶこう　日本画家(埼玉人)

菊芳　きくよし
菊芳秋調　きくよし・しゅうちょう　地歌・箏曲家(日典)

菊谷　きくたに；きくや
菊谷彰　きくたに・あきら　元・アナウンサー(日典3)
菊谷達弥　きくたに・たつや　社会法学者(現執1期)
菊谷栄　きくや・さかえ　劇作家,演出家(日人)
菊谷正人　きくや・まさと　経済学者(現執4期)

[9]菊県　きくがた
菊県琴松　きくがた・きんしょう　地唄箏曲演奏者(新芸)

[12]菊植　きくうえ
菊植検校　きくうえ・けんぎょう　三絃の大家(大阪人)
菊植鉄三　きくうえ・てつぞう　東京商船大学学長(日典3)
菊植明琴　きくうえ・めいきん　地唄箏曲演奏者(日人)
菊植亮　きくうえ・りょう　「あのスーパーロボットはどう動く」日刊工業新聞社(日典3)

菊棚　きくたな
菊棚月清　きくたな・げっせい　地唄箏曲家(日人)
菊棚世花　きくたな・せいか　地唄三味線方(日典3)

【1296】 菰

[5]菰田　こもた；こもだ
菰田万一郎　こもた・まんいちろう　教育者(日人)
菰田康一　こもだ・こういち　軍人(陸海)
菰田文男　こもだ・ふみお　貿易論研究者(現執3期)

[6]菰池　こもいけ
菰池佐一郎　こもいけ・さいちろう　時代や書店主人(人情)

[11]菰淵　こもぶち
菰淵昭　こもぶち・あきら　「優しき花」美巧社(日典3)
菰淵覚次　こもぶち・かくじ　郷土研究者(郷土)
菰淵和士　こもぶち・かずし　香川県明善短期大学家政学科教授(日典3)
菰淵清雄　こもぶち・きよお　司法官(コン)
菰淵正見　こもぶち・まさあき　アメリカ経済学者(現執2期)

【1297】 菖

[13]菖蒲　あやめ；しょうぶ
菖蒲文子　あやめ・ふみこ　放送作家(日典)
菖蒲あや　しょうぶ・あや　俳人(俳文)

菖蒲淳司　しょうぶ・じゅんじ「LPI Level1（ワン）/Release3（スリー）対応教科書」インプレスジャパン，インプレスコミュニケーションズ（発売）（日典3）

【1298】 菅

菅　かん；すが；すげ
　菅忠道　かん・ただみち　児童文学評論家，児童文化運動の指導者（コン4）
　菅楯彦　すが・たてひこ　日本画家（コン4）
　菅実秀　すげ・さねひで　出羽庄内藩中老，酒田県権参事（日人）

[3]菅川　すがかわ；すががわ；すがわ；すげかわ
　菅川久二　すがかわ・きゅうじ　教育者・郷土史家（姓氏岩手）
　菅川英子　すがかわ・ふさこ　貿易商菅川清の妻（女性）
　菅川徳三　すがわ・とくぞう　神鋼電機副社長（日典）
　菅川健二　すげかわ・けんじ　政治家（現政）

[4]菅井　すがい
　菅井一郎　すがい・いちろう　俳優，映画監督（日人）
　菅井きん　すがい・きん　女優（世紀）
　菅井汲　すがい・くみ　美術家，洋画家（日人）
　菅井準一　すがい・じゅんいち　物理学者，科学史家（日人）
　菅井幸雄　すがい・ゆきお　演劇史研究家，演劇評論家（世紀）

菅木　かんき；すがき
　菅木真治　かんき・しんじ「MS-DOS読本」アスキー出版局（日典3）
　菅木周一　すがき・しゅういち　寿がき屋社長（日典）
　菅木友次郎　すがき・ともじろう　実業家（姓氏岩手）

[5]菅付　すがつき；すがつけ
　菅付加代子　すがつき・かよこ　アトムの会会長（日典3）
　菅付雅信　すがつけ・まさのぶ　編集者（日典3）

菅生　すがお；すごう；すごお
　菅生尚畔　すがお・しょうはん　歌人（日典3）
　菅生浩　すごう・ひろし　小説家，児童文学作家（世紀）
　菅生清左衛門　すごお・せいざえもん　菅生社長（日典）

菅田　かんだ；すがた；すがだ；すげた；すげだ；すだ
　菅田角夫　かんだ・かくお　工学者（岡山人）
　菅田俊　すがた・しゅん　俳優（日映男）
　菅田宇一　すがだ・ういち　渡航者（渡航）
　菅田隆雄　すげた・たかお　写真家（写人）
　菅田泉　すげだ・いずみ　（日典）
　菅田将暉　すだ・まさき　俳優（日典3）

[7]菅佐原　すがさわら
　菅佐原英一　すがさわら・えいいち　俳優（日映男）
　菅佐原とく　すがさわら・とく　子女教育に尽くした女性（女性普）
　菅佐原智治　すがさわら・としはる「岩崎久人「面ヲ打ツ」」アーテックス博進堂（製作）（日典3）
　菅佐原道夫　すがさわら・みちお　スガツネ工業社長（日典3）

菅沢　すがさわ；すがざわ；すげさわ
　菅沢重彦　すがさわ・しげひこ　薬学者（日人）
　菅沢久五郎　すがざわ・きゅうごろう　実業家（庄内）
　菅沢美利　すげさわ・よしとし「魚群探知機取扱の実際」（国典）

菅谷　すがたに；すがや；すげのや
　菅谷二平　すがたに・にへい　政治家（姓氏富山）
　菅谷規矩雄　すがや・きくお　詩人，文芸評論家（日人）
　菅谷司馬　すげのや・しば　自治功労者（日人）

[8]菅坂　すがさか
　菅坂和彦　すがさか・かずひこ　元・工業技術院四国工業技術試験所所長（科学）

菅沼　すがぬま
　菅沼貞三　すがぬま・ていぞう　日本美術史学者（日人）
　菅沼貞風　すがぬま・ていふう　歴史家（コン5）

[9]菅屋　すがや；すげのや
　菅屋勉　すがや・つとむ　元・日魯漁業常務（日典）
　菅屋潤壱　すげのや・じゅんいち「コスタンゾ明解生理学」エルゼビア・ジャパン（日典3）
　菅屋敏男　すげのや・としお　医師（日典）

[10]菅原　すがはら；すがわら；すがわらの
　菅原淳　すがはら・あつし　マリンバ奏者（演奏）
　菅原卓　すがわら・たかし　演出家，演劇評論家（コン4）
　菅原薫子　すがわらの・かおるこ　女官（国際）

菅家　かんけ
　菅家一郎　かんけ・いちろう　政治家（現政）
　菅家喜六　かんけ・きろく　政治家（政治）
　菅家重三郎　かんけ・じゅうざぶろう　養蚕製糸業者（会津）
　菅家陳彦　かんけ・のぶひこ　映画監督，記録映画作家（映人）
　菅家まり　かんけ・まり　記録映画作家（映人）

菅納　かんの；すがの
　菅納達雄　かんの・たつお　日本税理士共済会理事長（日典3）
　菅納敏恭　かんの・としやす　税理士（日典3）
　菅納一郎　すがの・いちろう　弁護士（日典3）

菅能　かんの
　菅能琇一　かんの・しゅういち　映画ディレクター（国典）
　菅能千枝子　かんの・ちえこ　シルバーボランティア（日典3）
　菅能雅彦　かんの・まさひこ　中小企業診断士（日典3）

[11]菅野　かんの；すがの；すげ
　菅野八郎　かんの・はちろう　義民（コン4）

菅野尚一　すがの・ひさいち　軍人（コン5）
菅野和夫　すげの・かずお　法学者（現執4期）
[12]菅間　かんま；すがま
　菅間禧之介　かんま・きのすけ　政治家（姓氏宮城）
　菅間定勝　かんま・さだかつ　教育者（姓氏宮城）
　菅間勇　すがま・いさむ　劇団卍主宰（日典3）
　菅間正朔　すがま・しょうさく　農業問題研究員（社史）
[18]菅藤　かんとう；かんどう
　菅藤心　かんとう・しん　ラグビー選手（日典3）
　菅藤雅徳　かんとう・まさのり　大日本印刷取締役（日典3）
　菅藤高徳　かんどう・たかのり「ゲーテとその時代―小牧健夫博士喜寿記念論文集」郁文堂出版（JM）

【1299】菱

[4]菱刈　ひしかり
　菱刈功　ひしかり・いさお　チノー常務（日典3）
　菱刈実雄　ひしかり・さねお「性の知識」光文書院（日典3）
　菱刈俊作　ひしかり・しゅんさく　現代美術家（日典3）
　菱刈隆　ひしかり・たか　陸軍軍人（コン5）
　菱刈隆　ひしかり・たかし　陸軍軍人（陸海）
[5]菱田　ひした；ひしだ
　菱田唯蔵　ひした・ただぞう　航空工学者（日人）
　菱田春草　ひしだ・しゅんそう　日本画家（コン5）
　菱田安彦　ひしだ・やすひこ　ジュエリー作家（日人）
[7]菱谷　ひしたに；ひしや
　菱谷市男　ひしたに・いちお　カメラマン（写人）
　菱谷政種　ひしたに・まさたね　京都工芸繊維大教授（国典）
　菱谷昭勇　ひしや・あきお　横浜ステーションビル副社長、鉄道弘済会理事、千葉鉄道管理局長（日典）
　菱谷清　ひしや・きよし　大洋漁業（現・マルハ）専務（日典3）
[9]菱垣　ひがき；ひしがき
　菱垣堅太　ひがき・けんた　大同生命保険専務、合同石油（株）社長（日典3）
　菱垣理英　ひしがき・りえ　キャスター、弁護士（テレ）

【1300】萊

萊　らい
　萊孝之　らい・たかゆき　作曲家（作曲）

【1301】菴

[7]菴谷　いおや
　菴谷利夫　いおや・としお　京都大学事務局長（日典）

【1302】萠

[5]萠出　もいで；もだし
　萠出忠男　もいで・ただお「野辺地雑記」（JM）
　萠出浩　もだし・ひろし　科学講師（日典3）

【1303】葵

葵生川　あおいかわ
　葵生川玲　あおいかわ・れい　詩人（日典3）

【1304】葦

[9]葦津　あしず
　葦津磯夫　あしず・いそお　祠官（日人）
　葦津珍彦　あしず・うずひこ　思想家,神道研究家（日人）
　葦津耕次郎　あしず・こうじろう　神職（神人）
　葦津実全　あしず・じつぜん　僧侶（日典3）
　葦津洗造　あしず・せんぞう　神職（神人）
[10]葦原　あしはら；あしわら
　葦原邦子　あしはら・くにこ　女優（日人）
　葦原瑞穂　あしはら・みずほ　小説家（幻想）
　葦原金次郎　あしわら・きんじろう　樋職（日史）
　葦原将軍　あしわら・しょうぐん　樋職（日史）

【1305】萱

[8]萱沼　かやぬま
　萱沼文子　かやぬま・あやこ「ヤセたいところがミルミルやせる！30秒ストレッチ」PHP研究所（日典3）
　萱沼其土子　かやぬま・きどし「山嶺」そうぶん社出版（日典）
　萱沼俊夫　かやぬま・としお　政治家（現政）
　萱沼紀子　かやぬま・のりこ　日本文学者（現執3期）
　萱沼肇　かやぬま・はじめ　出版人（出文）
[10]萱島　かやしま；かやじま
　萱島義一　かやしま・ぎいち　時計商（大分歴）
　萱島敬一　かやしま・けいいち　島津製作所取締役（日典3）
　萱島須磨自　かやじま・すずむ　萱島酒造蔵元（人情）
[12]萱場　かやば
　萱場軍蔵　かやば・ぐんぞう　官僚（コン4）
　萱場資郎　かやば・しろう　実業家（創業）

岬部（莵,萩,葺,葉）

¹⁴萱嶋　かやしま；かやじま
　萱嶋泉　かやしま・いずみ　蜘蛛学者（宮崎百）
　萱嶋源一郎　かやしま・げんいちろう　ジャパンヘリネットワーク（株）専務（日典3）
　萱嶋米三郎　かやじま・よねさぶろう　実業家（大分歴）

【1306】莵

⁵莵田　うた；うだ
　莵田俊彦　うた・としひこ　日本先代史・神道研究者（現執1期）
　莵田茂丸　うだ・いかしまろ　「難訓辞典」啓成社（日典）
　莵田茂丸　うだ・しげまる　神官（姓氏神奈川）

【1307】萩

萩平　はぎひら
　萩平勲　はぎひら・いさお　経営コンサルタント,実業家（現執3期）
　萩平和巳　はぎひら・かずみ　「日本製造業の戦略」ダイヤモンド社（日典3）
　萩平京子　はぎひら・きょうこ　イラストレーター（日典3）
　萩平博　はぎひら・ひろし　徳島大学医学部栄養学科教授（日典3）
萩生田　はぎうだ；はぎゅうだ
　萩生田宏治　はぎうだ・こうじ　映画監督（映人）
　萩生田憲夫　はぎうだ・のりお　郷土史家（児人）
　萩生田長吉　はぎうだ・ちょうきち　「わがふるさと—長吉かたりぐさ」（JM）
⁷萩沢　はぎさわ；はぎざわ
　萩沢辰雄　はぎさわ・たつお　大末建設常務（日典3）
　萩沢達司　はぎさわ・たつじ　育種家（日典3）
　萩沢清彦　はぎざわ・きよひこ　弁護士（現執3期）
萩谷　はぎたに；はぎのや；はぎや
　萩谷朴　はぎたに・ぼく　中古文学者（現執3期）
　萩谷巌　はぎのや・いわお　洋画家（美家）
　萩谷勝平〔1代〕　はぎや・かつひら　彫金師（日人）
¹⁰萩原　おぎわら；はぎはら；はぎわら
　萩原俊男　おぎわら・としお　「Key word高血圧」先端医学社（日典3）
　萩原延寿　はぎはら・のぶとし　歴史家,評論家（日人）
　萩原朔太郎　はぎわら・さくたろう　詩人（コン5）
萩庭　はぎにわ
　萩庭勇　はぎにわ・いさむ　「尉繚子」明徳出版社（日典3）
　萩庭桂太　はぎにわ・けいた　写真家（日典3）
　萩庭貞明　はぎにわ・さだあき　映画監督（映人）
　萩庭三寿　はぎにわ・さんじゅ　教育家（宮城百）
　萩庭丈寿　はぎにわ・じょうじゅ　植物学者（植物）
¹¹萩野矢　はぎのや
　萩野矢慶記　はぎのや・けいき　写真家（写人）

【1308】葺

⁹葺屋　ふきや
　葺屋一郎　ふきや・いちろう　東京・浅草で軍服を売る店の経営者（人情）

【1309】葉

葉　しょう；すえ；よう
　葉漢鰲　しょう・かんごう　「能楽と中国の古芸能・信仰」勉誠出版（JM）
　葉紀甫　すえ・のりほ　詩人（島根歴）
　葉祥栄　よう・しょうえい　建築家,インテリアデザイナー（日人）
⁴葉月　はずき；はつき
　葉月しのぶ　はずき・しのぶ　漫画家,イラストレーター（兵庫文）
　葉月里緒奈　はずき・りおな　女優（日映女）
　葉月京　はつき・きょう　「たられば」少年画報社（日典3）
　葉月由仁　はつき・ゆに　「ラヴレターズ」リブロス（日典3）
⁵葉加瀬　はかせ
　葉加瀬太郎　はかせ・たろう　ヴァイオリニスト,音楽プロデューサー（演奏）
葉玉　はだま
　葉玉泉　はだま・いずみ　高岳製作所電力技術部（日典3）
　葉玉きみえ　はだま・きみえ　日本共産党中央委員会煽動宣伝部関係者（社史）
　葉玉匡美　はだま・まさみ　弁護士（日典3）
　葉玉光之　はだま・みつゆき　日本労働組合全国協議会中央機紙部責任者（社史）
葉田　はた；はだ
　葉田達治　はた・たつじ　「緑の牝馬」鱒書房（日典3）
　葉田彬　はだ・あきら　静岡新聞編集局次長（日典3）
　葉田甲太　はだ・こおた　あおぞらプロジェクト代表（日典3）
⁶葉多野　はたの
　葉多野太兵衛　はたの・たへえ　出版人（出版）
⁷葉住　はすみ；はずみ
　葉住利蔵　はすみ・りぞう　実業家,政治家（日人）
　葉住利蔵　はずみ・としぞう　政治家・実業家（郷土群馬）
　葉住利蔵　はずみ・りぞう　政治家・実業家（姓氏群馬）
⁹葉室　はむろ
　葉室鉄夫　はむろ・てつお　水泳選手,ジャーナリスト（コン4）

岬部（落, 葭, 萼, 蒲）

葉室長邦　はむろ・ながくに　公家（幕末）
葉室長順　はむろ・ながとし　公家（公卿）
葉室光子　はむろ・みつこ　明治天皇の宮人（女性裔）
葉室頼昭　はむろ・よりあき　形成外科医, 神職（近医）

[11]葉梨　はなし
葉梨新五郎　はなし・しんごろう　政治家, 実業家（日人）
葉梨孝幸　はなし・たかゆき　私設乙部町史研究室主宰, 乙部町（北海道）町議（日典3）
葉梨信行　はなし・のぶゆき　政治家（郷土茨城）
葉梨衛　はなし・まもる　茨城県議（自民党, 稲敷郡北部）（日典3）
葉梨康弘　はなし・やすひろ　政治家（現政）

[15]葉養　はよう
葉養宇之助　はよう・うのすけ　「母ちゃん」テクノミック（日典3）
葉養正明　はよう・まさあき　研究者（現執4期）

[16]葉樹　はぎ
葉樹えう子　はぎ・ようこ　「葉樹えう子短篇集」現代図書（日典3）

【1310】　落

[5]落石　おちいし
落石栄吉　おちいし・えいきち　博多祇園山笠振興会顧問（福岡百）
落石八月月　おちいし・おうがすとむーん　詩人, 翻訳家, 画家（日典3）
落石美智子　おちいし・みちこ　山彦硝子社長（日典3）
落石由紀枝　おちいし・ゆきえ　詩人（人情）

[6]落合　おちあい；おちやい
落合直文　おちあい・なおぶみ　歌人, 国文学者（コン5）
落合芳幾　おちあい・よしいく　浮世絵師（コン4）
落合貞三郎　おちやい・ていざぶろう　英文学者（島根人）

【1311】　葭

葭　よし
葭茂　よし・しげる　「共同洗濯場」（国典）

[4]葭内　よしうち
葭内顕史　よしうち・あきふみ　歯科医（人情）
葭内善悟　よしうち・よしさと　北海道警北見方面本部鑑識課長（日典3）

[5]葭本　よしもと
葭本明正　よしもと・あきまさ　朝日新聞社友（日典3）
葭本重雄　よしもと・しげお　教育者（徳島歴）
葭本鶴江　よしもと・つるえ　「エジプトのこころ」（国典）

[7]葭谷　よしたに；よしや
葭谷安正　よしたに・やすまさ　大阪府立工業高等専門学校システム制御工学科助教授（日典3）
葭谷麻利子　よしや・まりこ　「今日の野菜」ソフトバンククリエイティブ（日典3）

[12]葭間　あしま
葭間恵文　あしま・けいぶん　「啄木覚書」（国典）

【1312】　萼

萼　はなぶさ
萼優美　はなぶさ・まさみ　弁護士（現執2期）

【1313】　蒲

蒲　かば；かま；がま
蒲善恵　かば・ぜんね　僧（幕末）
蒲敏男　かま・としお　労働問題専門家（現執2期）
蒲雅夫　がま・まさお　数学者（数学）

[5]蒲生　がも；かもう；がもう
蒲生隆　がも・たかし　「トレーディング・スタンプの理論と実践」商業界（JM）
蒲生仙　かもう・せん　鹿児島藩士（姓氏鹿児島）
蒲生斅亭　がもう・けいてい　漢学者, 詩人（日人）

蒲田　がつきだ；がつぎた；かばた；かまた；かまだ；がまだ
蒲田静三　がつきだ・せいぞう　「陸奥の海鳴り」五省（日典3）
蒲田広　がつぎた・ひろし　教育者, 政治家（日人）
蒲田善兵衛　かばた・ぜんべえ　実業家（日人）
蒲田耕二　かまた・こうじ　音楽評論家, ビデオ評論家（現執4期）
蒲田浩二郎　かまだ・こうじろう　朝日新聞常務取締役（日典3）
蒲田善兵衛　がまだ・ぜんべえ　実業家（京都府）

[6]蒲地　かまち；かもち
蒲地一嘉　かまち・かずよし　「金属材料の溶接」共立出版（日典3）
蒲地猛夫　かまち・たけお　射撃選手（現朝）
蒲地昭三　かもち・しょうぞう　賞美堂本店社長（日典3）
蒲地孝典　かもち・たかのり　「幻の明治伊万里」日本経済新聞社（日典3）

蒲池　かばち；かまいけ；がまいけ；かまち
蒲池吉広　かばち・よしひろ　黒田氏の家臣＝近世（戦国）
蒲池五郎　かまいけ・ごろう　医師（社史）
蒲池勢至　がまいけ・せいし　僧侶（現執4期）
蒲池歓一　かまち・かんいち　詩人, 中国文学者（日人）

蒲牟田　かまむた
蒲牟田喜之助　かまむた・きのすけ　政治家（現政）

岬部（蒔,蒼,蓬,蓑）

[7]蒲谷　かばたに；かばや
　蒲谷亮一　かばたに・りょういち　「地域政策」ぎょうせい（書籍）
　蒲谷茂　かばや・しげる　「民間療法のウソとホント」文芸春秋（日典3）
　蒲谷昌生　かばや・まさお　評論家（世紀）
[10]蒲原　かばはら；かまはら；かもはら；かんばら
　蒲原まゆみ　かばはら・まゆみ　'80年度ミスインターナショナル日本代表（人情）
　蒲原史子　かまはら・ふみこ　ソプラノ歌手（音人3）
　蒲原稔治　かもはら・としじ　動物学者（日人）
　蒲原有明　かんばら・ありあけ　詩人（コン5）
[11]蒲野　かまの；がまの
　蒲野宏之　かまの・ひろゆき　弁護士（日典）
　蒲野勝　がまの・まさる　日本電話施設常務（日典）

【1314】　蒔

[5]蒔田　まいた；まいだ；まきた
　蒔田広孝　まいた・ひろたか　大名（日人）
　蒔田鎗次郎　まいだ・そうじろう　考古学者，箱清水遺跡の紹介者（長野歴）
　蒔田さくら子　まきた・さくらこ　歌人（日人）
[8]蒔苗　まかなえ；まきなえ
　蒔苗耕司　まかなえ・こうじ　「工業情報学の基礎」理工図書
　蒔苗昌彦　まかなえ・まさひこ　マイダスタッチ代表取締役（日典3）
　蒔苗滋　まきなえ・しげる　木工芸家（日典）
　蒔苗昭三郎　まきなえ・しょうざぶろう　秋田県体育協会会長,秋田ゼロックス社長（日典3）

【1315】　蒼

　蒼　あおい；そう
　蒼はるか　あおい・はるか　「ちっちゃな雪使いシュガー」富士見書房（日典3）
　蒼和歌子　あおい・わかこ　女優（日典）
　蒼龍一　そう・りゅういち　小説家（日典3）
　蒼わたる　そう・わたる　「ふりかえり」和光出版（日典3）
[4]蒼井　あおい
　蒼井上鷹　あおい・うえたか　小説家（幻想）
　蒼井雄　あおい・たけし　小説家（探偵）
　蒼井村正　あおい・むらまさ　小説家（幻想）
　蒼井優　あおい・ゆう　女優（日映女）
　蒼井雄　あおい・ゆう　小説家（京都文）
[5]蒼田　そうだ
　蒼慧　そうだ・けい　フリーライター（日典3）
[7]蒼社　そうしゃ；そうじゃ
　蒼社廉三　そうしゃ・れんぞう　「紅の殺意」（国ери）
　蒼社廉三　そうじゃ・れんぞう　小説家（ミス）

[9]蒼海　おうみ
　蒼海芳雄　おうみ・よしお　「金魚の小百科」金園社（日典3）
[10]蒼馬　そうま
　蒼馬一彰　そうま・かずあき　「去りにし日々,今ひとたびの幻」サンリオ（日典3）
　蒼馬みずき　そうま・みずき　「ご近所魔王。」ウェッジホールディングス,文苑堂（発売）（日典3）
[11]蒼野　あおの
　蒼野和人　あおの・かずと　「左翼社会革命党」鹿砦社（日典3）

【1316】　蓬

[5]蓬田　ほうだ；よもぎた；よもぎだ
　蓬田耕作　ほうだ・こうさく　作家（日典）
　蓬田清重　よもぎた・きよしげ　バイオリニスト（音人3）
　蓬田武　よもぎだ・たけし　弁護士（平和）
[9]蓬茨　ほうし
　蓬茨祖運　ほうし・そうん　僧侶（日典）
　蓬茨霊運　ほうし・れいうん　立教大学理学部物理学科教授（日典3）
[11]蓬莱　ほうらい
　蓬莱昭彦　ほうらい・あきひこ　西武ライオンズ外野手（人情）
　蓬莱泰三　ほうらい・たいぞう　脚本家,作詞家（児人）
　蓬莱隆次　ほうらい・たかじ　「残照の道」木犀書房（日典3）
　蓬莱務　ほうらい・つとむ　政治家（現政）
　蓬莱尚幸　ほうらい・なおゆき　「ドラフト標準C++ライブラリ」プレンティスホール出版（日典3）
　蓬郷　とまごう；ほうごう
　蓬郷章朗　とまごう・あきろう　松下産業機器（株）ビデオ事業部駐在副理事（日典）
　蓬郷隆治　とまごう・りゅうじ　岡山県公営企業管理者（日典）
　蓬郷巌　ほうごう・いわお　「岡山の県政史」日本文教出版（日典3）

【1317】　蓑

[3]蓑干　みのぼし
　蓑干万太郎　みのぼし・まんたろう　精米業者（社史）
[4]蓑毛　みのげ；みのも
　蓑毛三蔵　みのげ・さんぞう　政治家（姓氏鹿児島）
　蓑毛个庵　みのも・あかん　書家（日典3）
　蓑毛政雄　みのも・まさお　「論語を書く」天来書院（日典3）
[5]蓑田　みのた；みのだ
　蓑田田鶴男　みのた・たずお　「八代市史」八代市教育委員会（日典3）

蓑田伝兵衛　みのだ・でんべえ　薩摩藩士(日人)
蓑田胸喜　みのだ・むねき　国家主義者(コン4)

7蓑谷　みのたに
蓑谷馬之助　みのたに・うまのすけ　政治家(和歌山人)
蓑谷皐一　みのたに・こういち「虹の尾」卯辰山文庫(日典3)
蓑谷千凰彦　みのたに・ちおひこ　統計学者(現執4期)

8蓑茂　みのも
蓑茂寿太郎　みのも・としたろう「ランドスケープ・プランニング」(国典)

10蓑原　みのはら
蓑原巌　みのはら・いわお　弓道家,弓道錬士(弓道)
蓑原敬　みのはら・けい　都市プランナー(現執4期)
蓑原建　みのはら・けん　建築家(日典3)
蓑原茂樹　みのはら・しげき「愚直一徹」生涯学習研究社(日典3)
蓑原隆　みのはら・たかし「Cプログラミングの基礎」サイエンス社(日典3)

11蓑部　みのぶ;みのべ
蓑部樹生　みのぶ・たつお「黄道光抄」鉱脈社(日典3)
蓑部巌夫　みのべ・いつお「黄道光抄」鉱脈社(日典3)
蓑部哲三　みのべ・てつぞう　アララギ派歌人(宮崎百)

【1318】　蓮

蓮　はす;はちす;れん
蓮善隆　はす・よしたか　陶芸家(陶工)
蓮精　はちす・せい　筑波大学名誉教授(日典)
蓮昌泰　れん・しょうたい　ラムネ屋経営者(先駆)

4蓮井　はすい
蓮井雲渓　はすい・うんけい　真宗大谷派学僧(真宗)
蓮井栄太郎　はすい・えいたろう　日本農民組合メンバー(社史)
蓮井求道　はすい・ぐどう　バリトン歌手(音人3)
蓮井藤吉　はすい・とうきち　政治家・実業家(香川人)
蓮井良憲　はすい・よしのり　商法学者(現執4期)

蓮仏　れんぶつ
蓮仏重寿　れんぶつ・しげひさ　久松文庫主宰(国典)
蓮仏享　れんぶつ・とおる　建築家(日典3)
蓮仏美沙子　れんぶつ・みさこ　女優(日映女)
蓮仏宗宏　れんぶつ・むねひろ　大東銀行会長(日典3)

5蓮生　はすお
蓮生観善　はすお・かんぜん　宗教家(香川人)
蓮生重剛　はすお・しげつよ　日本アウトソース社長(日典3)
蓮生善隆　はすお・ぜんりゅう　宗教家(郷土香川)
蓮生芳隆　はすお・ほうりゅう「今大師蓮生善隆の遺言」朱鷺書房(日典3)

蓮田　はすだ
蓮田栄一　はすだ・えいいち「産婆佐々木トメ物語」北海道石狩市北生振町内会(日典3)
蓮田和巳　はすだ・かずみ　宮地鉄工所常務(日典3)
蓮田修吾郎　はすだ・しゅうごろう　鋳金家(日人)
蓮田脩吾郎　はすだ・しゅうごろう　鋳金作家(日本)
蓮田善明　はすだ・ぜんめい　国文学者(日人)

6蓮池　はすいけ
蓮池公咲　はすいけ・こうさき　政治家(政)
蓮池五郎　はすいけ・ごろう　教育家(視覚)
蓮池俊岡　はすいけ・しゅんげい　僧侶(群馬人)
蓮池弁岡　はすいけ・べんげい　僧侶(群馬人)
蓮池良太郎　はすいけ・りょうたろう　数学者(数学)

7蓮尾　はすお
蓮尾欣爾　はすお・きんじ「釣り天国人生」大分合同新聞社(日典3)
蓮尾信一　はすお・しんいち　(株)アスコム社長,旭製作所,旭工業(株)各社長(日典3)
蓮尾辰雄　はすお・たつお　日本画家(美家)
蓮尾千万人　はすお・ちまと　心理学者(心理)
蓮尾初五郎　はすお・はつごろう　篤漁家(福岡百)

蓮見　はすみ
蓮見昭夫　はすみ・あきお　ギター奏者,作曲家,編曲家,プロデューサー(演奏)
蓮見音彦　はすみ・おとひこ　社会学者(現執4期)
蓮見喜一郎　はすみ・きいちろう　医師(近医)
蓮見博昭　はすみ・ひろあき　ジャーナリスト(現執2期)
蓮見宏　はすみ・ひろし　陸上選手,歯科医師(埼玉人)

8蓮実　はすみ
蓮実重臣　はすみ・しげおみ　作曲家,編曲家(作曲)
蓮実重彦　はすみ・しげひこ　批評家,フランス文学者(日人)
蓮実重康　はすみ・しげやす　美術史家(日人)
蓮実進　はすみ・すすむ　政治家(現政)
蓮実長　はすみ・たけし　郷土史家(郷土)

蓮沼　はすぬま
蓮沼茜　はすぬま・あかね　タレント(テレ)
蓮沼蕃　はすぬま・しげる　軍人(日人)
蓮沼武　はすぬま・たけし　大阪市従業員組合書記(社史)
蓮沼文範　はすぬま・ふみのり　僧侶(真宗)
蓮沼門三　はすぬま・もんぞう　社会教育家(コン4)

岬部（酉己,蔭,蔀,蔦,蔡,蓼,蔵）

蓮舎　はすや
　蓮舎義史　はすや・よしふみ　高校教師（人情）

【1319】　酉己

[10]酉己島　はいしま；はいじま
　酉己島桂子　はいしま・けいこ「よくわかりすぐ役立つNST重要ポイント集」日本医学館（日典3）
　酉己島国一郎　はいじま・くにいちろう「植水村誌」村杉豊（印刷）（日典3）
　酉己島庸二　はいじま・ようじ　「いけ花竜生」機関紙編集長（国典）

【1320】　蔭

[3]蔭山　かげやま
　蔭山和夫　かげやま・かずお　プロ野球選手（日人）
　蔭山茂人　かげやま・しげひと　政治家（徳島歴）
　蔭山武人　かげやま・たけと　アナウンサー、エッセイスト（テレ）
　蔭山守彦　かげやま・もりひこ　畜産家（日人）
　蔭山ユキヒコ　かげやま・ゆきひこ　俳優（テレ）

【1321】　蔀

蔀　しとみ；しどみ
　蔀章　しとみ・あきら　ドゥ・イット・ナウ社長（日典3）
　蔀徳次郎　しとみ・とくじろう　社会運動家（アナ）
　蔀庫之介　しどみ・くらのすけ　弓道家、矢師（弓道）

【1322】　蔦

[3]蔦川　つたかわ；つたがわ
　蔦川芳久　つたかわ・よしひさ　中国文学研究者（日典）
　蔦川敬亮　つたがわ・けいすけ　企業コンサルタント（現執3期）
　蔦川正義　つたがわ・まさよし　産業政策専門家（現執1期）
[7]蔦見　つたみ
　蔦見丈夫　つたみ・たけお　映画監督（映監）
蔦谷　つたや
　蔦谷栄一　つたや・えいいち　農林中金総合研究所特別理事（日典3）
　蔦谷香理　つたや・かおり「猫毛愛」幻冬舎（日典3）
　蔦谷一行　つたや・かずゆき　彫刻家、画家（美建）
　蔦谷竜岬　つたや・りゅうこう　日本画家（日人）
　蔦谷龍岬　つたや・りゅうこう　弘前市生まれの日本画家（青森人）

【1323】　蔡

蔡　さい
　蔡健治　さい・けんじ「リズム＆ドラム・マガジン直伝響」リットーミュージック（日典3）
　蔡大鼎　さい・たいてい　琉球の政治家（日人）
　蔡丈夫　さい・たけお　フリーライター（日典3）
　蔡芳州　さい・ほうしゅう　洋裁店店主（姓氏神奈川）
　蔡実伽子　さい・みかこ「本流宿曜（しゅくよう）占星術」講談社ビーシー、講談社（発売）（日典3）

【1324】　蓼

蓼　たで
　蓼胡伊久　たで・こいく　小唄演奏者（新芸）
　蓼胡蝶〔1代〕　たで・こちょう　小唄の家元（日人）
　蓼胡蝶〔2代〕　たで・こちょう　小唄の家元（日人）
　蓼胡津留　たで・こつる　小唄演奏者（新芸）
　蓼胡満喜　たで・こまき　小唄演奏者（新芸）
[3]蓼川　たてかわ；たでかわ
　蓼川正　たてかわ・ただし「正夢に纒わる三女奇談」近代文芸社（JM）
　蓼川杉男　たでかわ・すぎお「未来志向」日本図書刊行会（日典3）
[8]蓼沼　たてぬま；たでぬま
　蓼沼憲二　たてぬま・けんじ　医師（栃木百）
　蓼沼丈吉　たてぬま・じょうきち　実業家、政治家（コン5）
　蓼沼謙一　たでぬま・けんいち　法学者（世紀）
　蓼沼丈吉　たでぬま・じょうきち　実業家（コン）

【1325】　蔵

蔵　くら
　蔵月明　くら・げつめい　俳人、医師（石川文）
　蔵巨水　くら・こすい　俳人（石川文）
　蔵清蔵　くら・せいぞう　ピアニスト、島根大学助教授（島根歴）
　蔵琢也　くら・たくや　心理学者（現執4期）
　蔵忠芳　くら・ただよし　俳優（新芸）
[2]蔵人　くらんど；くろうど
　蔵人健吾　くらんど・けんご「Santa！」集英社（日典3）
　蔵人金男　くろうど・かねお　コロワイド社長・会長（日典3）
[3]蔵下　くらした；くらしも
　蔵下良光　くらした・りょうこう　伊江村助役（姓氏沖縄）
　蔵下勝行　くらしも・かつゆき　道路経済学者（現執1期）

岬部（蕪, 蕗, 蕨, 薗, 薫, 薦）

[7]蔵谷　くらたに
　蔵谷慎司　くらたに・しんじ　札商高遊撃手（人情）
　蔵谷範子　くらたに・のりこ　「看護学生のためのバイタルサインよくわかるbook」メヂカルフレンド社（日典3）
　蔵谷紀文　くらたに・のりふみ　「小児の麻酔」メディカル・サイエンス・インターナショナル（日典3）
　蔵谷浩司　くらたに・ひろし　知心学舎主宰（日典3）
　蔵谷政広　くらたに・まさひろ　レキシカン・サーキッツ上級副社長（日典3）

[8]蔵並　くらなみ
　蔵並庄司　くらなみ・しょうじ　弓道家, 弓道錬士（弓道）
　蔵並省自　くらなみ・せいじ　日本大学教授（日典3）
　蔵並長勝　くらなみ・ながかつ　政治家, 建築家（姓氏神奈川）
　蔵並勝　くらなみ・まさる　「Dr.スーザン・ラブの乳がんハンドブック」同友館（日典3）
　蔵並良子　くらなみ・よしこ　鎌倉女子大学短期大学部家政科専任講師（日典3）

蔵居　くらい
　蔵居良造　くらい・りょうぞう　中国問題専門家（現執1期）

蔵知　くらち
　蔵知矩　くらち・ただし　教育者（日人）

[10]蔵島　くらしま；ぞうしま
　蔵島由貴　くらしま・ゆき　ピアニスト（演奏）
　蔵島吉郎　ぞうしま・きちろう　（株）蔵島代表取締役（日典3）
　蔵島茂　ぞうしま・しげる　富山大学教育学部教授（日典3）

[13]蔵園　くらその；くらぞの
　蔵園三四郎　くらその・さんしろう　衆院議員（日典）
　蔵園三四郎　くらぞの・さんしろう　弁護士, 政治家（姓氏鹿児島）
　蔵園進　くらぞの・すすむ　交通政策専門家（現執1期）

【1326】　蕪

蕪　かぶら
　蕪幸男　かぶら・さちお　生活資源開発研究所事長, 第一工業代表取締役（日典3）

[9]蕪城　かぶらき；かぶらぎ
　蕪城秋雪　かぶらき・しゅうせつ　画家（姓氏石川）
　蕪城賢順　かぶらぎ・けんじゅん　僧侶（真宗）

【1327】　蕗

[7]蕗沢　ふきさわ；ふきざわ
　蕗沢忠枝　ふきさわ・ただえ　英文学者, 翻訳家（児人）
　蕗沢紀志夫　ふきざわ・きしお　「愛と虐殺」立風書房（日典3）
　蕗沢忠枝　ふきざわ・ただえ　翻訳家（世紀）

蕗谷　ふきや
　蕗谷一郎　ふきや・いちろう　ハネックス常務（日典3）
　蕗谷硯児　ふきや・けんじ　「先進国金融危機の様相」桃山学院大学総合研究所（日典3）
　蕗谷虹児　ふきや・こうじ　挿絵画家, 詩人（日人）
　蕗谷竜生　ふきや・たつお　「竹久夢二・高畠華宵・蕗谷虹児展」毎日新聞社（日典3）

【1328】　蕨

蕨　けつ；わらび
　蕨真　けつ・しん　歌人（近文）
　蕨彰　わらび・あきら　日本共産青年同盟メンバー（社史）
　蕨橿堂　わらび・きょうどう　歌人（千葉百）

[8]蕨岡　わらびおか
　蕨岡永理子　わらびおか・えりこ　「しあわせ脳の仕事術」ぶんか社（日典3）
　蕨岡小太郎　わらびおか・こたろう　癌研究会癌研究所主任研究員（国典）

【1329】　薗

薗　その
　薗兼明　その・かねきよ　雅楽家（日人）
　薗清隆　その・きよたか　ホルン奏者（新芸）
　薗実門　その・じつもん　僧侶（姓氏群馬）
　薗広育　その・ひろやす　雅楽師（新芸）
　薗広進　その・ひろゆき　雅楽師（新芸）

【1330】　薫

薫　かおる；くん
　薫大和　かおる・やまと　（財）国際科学振興財団専任研究員（日典）
　薫くみこ　くん・くみこ　児童文学作家（小説）
　薫実里　くん・みのり　「山の風」てらいんく（日典3）

[5]薫田　くんだ
　薫田真広　くんだ・まさひろ　ラグビー指導者（日典3）
　薫田泰子　くんだ・やすこ　高校国語教諭（人情）

【1331】　薦

薦田　こもた；こもだ
　薦田きく　こもた・きく　「篝火の花」LD書房（日典3）
　薦田篤平　こもだ・とくへい　製糸業者（幕末）
　薦田義明　こもだ・よしあき　声楽家（バリトン）, 合唱指揮者（演奏）

岬部(薄,薬,薮,薊)

[11]薦野 こもの
　薦野健　こもの・たけし　福岡県議(無所属)(日典3)
　薦野直実　こもの・なおみ　ロイヤル監査役,トヨタオート福岡取締役,東映常務(日典3)
　薦野宏　こもの・ひろし　NHK監査室長(日典3)
　薦野寧　こもの・やすし　経営コンサルタント(日典3)
　薦野頼俊　こもの・よりとし　里見氏家臣=中世(戦東)

【1332】 薄

薄　うすき;すすき
　薄誠次　うすき・せいじ　日特建設常務(日典3)
　薄益三　うすき・ますぞう　満州馬賊(会津)
　薄定吉　すすき・さだきち　官吏(岡山歴)
　薄多久雄　すすき・たくお　俳人(俳文)
[3]薄久保　うすくぼ
　薄久保賢司　うすくぼ・けんじ　新宿セミナー英語科講師(日典3)
　薄久保友司　うすくぼ・ともじ　洋画家,挿絵画家(児人)
[4]薄木　うすき;すすき
　薄木伸作　うすき・しんさく「会社設立&(あんど)海外口座でハイレバFXトレード」双葉社
　薄木征三　うすき・せいぞう　秋田大学鉱山学部土木環境工学科教授(日典3)
　薄木昇　すすき・のぼる「BTC播丹用治水国際運河建設骨格案図誌」BTC研究期成会(日典3)
[5]薄田　うすた;うすだ;すすきた;すすきだ;すずきだ
　薄田斬雲　うすた・ざんうん　小説家,ジャーナリスト(青森人)
　薄田斬雲　うすだ・ざんうん　小説家,ジャーナリスト(世紀)
　薄田司　すすきた・つかさ　心理学者(心理)
　薄田泣菫　すすきだ・きゅうきん　詩人,随筆家(コン5)
　薄田研二　すずきだ・けんじ　俳優(現情)
[6]薄衣　うすぎ;うすぎぬ
　薄衣佐吉　うすぎ・さきち　能力開発専門家(現執1期)
　薄衣孫右衛門　うすぎ・ぬまごえもん　事業家(庄内)
　薄衣甲斐守胤勝　うすぎぬ・かいのかみたねかつ　葛西氏家臣=中世(戦東)
[11]薄野　すすきの
　薄野寒雄　すすきの・さむお　社会運動家(アナ)
　薄野虎雄　すすきの・とらお　鹿児島大学名誉教授(日典3)

【1333】 薬

[3]薬丸　やくま;やくまる
　薬丸半左衛門　やくま・はんざえもん　薩摩藩士(剣豪)
　薬丸半左衛門　やくまる・はんざえもん　薩摩藩士(姓氏鹿児島)
　薬丸裕英　やくまる・ひろひで　俳優(テレ)
[4]薬王　やくおう
　薬王利吉　やくおう・りきち　「平民新聞」読者(社史)
[11]薬袋　みない;みなえ
　薬袋義一　みない・ぎいち　政治家(日人)
　薬袋秀樹　みない・ひでき　図書館情報学者(現執4期)
　薬袋義一　みなえ・ぎいち　政治家(人名)

【1334】 薮

薮　やぶ
　薮彰　やぶ・あきら「実践・電子回路設計講座」工学研究社(日典3)
　薮実方　やぶ・さねふさ　公家(幕末)
　薮善七　やぶ・ぜんしち　製鉄職工(社史)
　薮山　やぶ・めいざん　画工(人名)
　薮六右衛門　やぶ・ろくえもん　九谷焼の陶工(コン改)
[3]薮小路　やぶこうじ;やぶのこうじ
　薮小路峰子　やぶこうじ・みねこ「もうもうちゃん」森川峰子(日典3)
　薮小路雅彦　やぶのこうじ・まさひこ　著述家,俳人(日典3)
[4]薮内　やぶうち;やぶのうち
　薮内省吾　やぶうち・しょうご「ファンタスティボ」M.Co.
　薮内紹由　やぶうち・じょうゆ　茶道家(日典3)
　薮内紹智〔薮内流10世〕　やぶのうち・じょうゆ　茶匠(茶道)
　薮内節庵　やぶのうち・せつあん　茶道家(現朝)
[11]薮崎　やぶさき;やぶざき
　薮崎五男　やぶさき・いつお「農業災害補償法詳細」学陽書房(日典3)
　薮崎英源　やぶさき・えいげん　「金融ポスト」主幹(日典3)
　薮崎昭　やぶざき・あきら「明治大正ガラス百八十三器」矢来書院(日典3)

【1335】 薊

薊　あざみ;けい
　薊武代　あざみ・たけよ「羽衣」こほろぎ短歌会(日典3)
　薊利明　あざみ・としあき「わかる電子部品の基礎と活用法」CQ出版(日典3)
　薊千露　けい・ちろ　女優(日典)

【1336】 薛

薛 せつ
- 薛信一 せつ・しんいち 写真屋 (洋学)
- 薛信二郎 せつ・しんじろう 写真師 (写家)
- 薛雅春 せつ・まさはる ベロ出版社 (日典3)
- 薛善子 せつ・よしこ 通訳,翻訳家,作家 (日典3)
- 薛力夫 せつ・りきお 熊本放送報道制作局テレビ制作部 (日典3)

【1337】 薩

薩 さつ
- 薩一夫 さつ・かずお 財界さっぽろ創業者,さっぽろ雪まつり実行委員会委員長 (日典3)
- 薩秀夫 さつ・ひでお「栄養・食品機能とトランスポーター」建帛社 (日典3)
- 薩めぐみ さつ・めぐみ シャンソン歌手 (日典)

[4]薩日内 さっぴない
- 薩日内信一 さっぴない・しんいち「新しい指導主事の職務」ぎょうせい (日典3)

薩水 さっすい
- 薩水宗箴 さっすい・そうしん 禅僧 (茶道)

【1338】 藍

藍 あい;あおい;らん
- 藍とも子 あい・ともこ 女優 (和モ)
- 藍夢人 あおい・ゆめひと (JM)
- 藍鼎元 らん・ていげん「鹿州公案—清朝地方裁判官の記録」平凡社 (JM)

[3]藍上 あいうえ;らんじょう
- 藍上ゆう あいうえ・ゆう「ドS魔女の×××」宝島社 (日典3)
- 藍上陸 らんじょう・りく「アキカン!」集英社 (日典3)

[7]藍沢 あいざわ
- 藍沢えみ あいざわ・えみ「前線通過」詩学社 (日典3)
- 藍沢茂雄 あいざわ・しげお「組織病理アトラス」文光堂 (日典3)
- 藍沢鎮雄 あいざわ・しずお 国立精神衛生研究所 (国典)
- 藍沢朴斎 あいざわ・ぼくさい 漢学者 (国典)
- 藍沢弥八 あいざわ・やはち 実業家 (コン4)

[10]藍原 あいはら
- 藍原有敬 あいはら・ありゆき 電気通信大学名誉教授 (日典3)
- 藍原香 あいはら・かおり「鳥の声々」ふらんす堂 (日典3)
- 藍原角太郎 あいはら・かくたろう 織物組合長 (姓氏群馬)
- 藍原繁樹 あいはら・しげき 歯科医 (日典3)
- 藍原和十郎 あいはら・わじゅうろう 実業家,政治家 (群馬)

[11]藍野 あいの
- 藍野藍矢 あいの・あいや「冒険チャンねる」ホビージャパン (日典3)
- 藍野香織 あいの・かおり 翻訳者 (幻想)
- 藍野弘一 あいの・こういち ファミリーマート国際部企画業務担当部長 (日典3)
- 藍野祐久 あいの・すけひさ 元農林省林業試験所保護部長 (国典)
- 藍野祐之 あいの・すけゆき 大地主 (北海道文)

【1339】 藁

[7]藁谷 わらがい;わらや
- 藁谷久三 わらがい・ひさみ 文筆家 (現執4期)
- 藁谷英孝 わらがい・ひでたか 日向延岡藩士 (日人)
- 藁谷耕人 わらや・こうじん 日本画家 (日典)
- 藁谷修一 わらや・しゅういち 日立ソフトウェアエンジニアリング教育センタ部技術教育インストラクタ (日典3)

[9]藁科 わらしな
- 藁科勝之 わらしな・かつゆき「雑字類編」ひたく書房 (日典3)
- 藁科松伯 わらしな・しょうはく 医師 (洋学)
- 藁科延一 わらしな・のぶいち 足尾銅山通洞坑進撃夫 (社史)
- 藁科雅美 わらしな・まさみ 音楽評論家 (音人2)
- 藁科満治 わらしな・みつはる 労働運動家,政治家 (日典)

【1340】 藤

藤 とう;ふじ
- 藤金作 とう・きんさく 政治家 (福岡百)
- 藤武範 とう・たけのり 陶芸家 (陶芸最)
- 藤竜也 ふじ・たつや 俳優 (日人)
- 藤雅三 ふじ・まさぞう 洋画家 (日人)

藤ノ木 ふじのき
- 藤ノ木利一 ふじのき・としかず 農村労働問題専門家 (現執1期)
- 藤ノ木土平 ふじのき・どへい 陶芸家 (陶工)
- 藤ノ木由美子 ふじのき・ゆみこ 帽子デザイナー・製作者 (日典3)
- 藤ノ木陵 ふじのき・りょう 小説家 (日典3)

[3]藤上 ふじかみ;ふじがみ
- 藤上貴矢 ふじかみ・きや 漫画原作家,小説家 (漫人)
- 藤上輝之 ふじかみ・てるゆき「建築経済」鹿島研究所出版会 (日典3)
- 藤上さとり ふじがみ・さとり「フリー・アウト」アース工房 (日典3)
- 藤上雅子 ふじがみ・まさこ 薬剤師 (日典)

藤土　ふじと
　藤土圭三　ふじと・けいぞう　心理学者(現執2期)

藤山　とうやま；ふじやま
　藤山栄一　とうやま・えいいち　ニッセイ商事社長(日典)
　藤山正雄　とうやま・まさお「自分の金は自分で取り返す」彩図社(日典3)
　藤山愛一郎　ふじやま・あいいちろう　政治家,実業家(コン4)
　藤山雷太　ふじやま・らいた　実業家(コン5)

[4]藤内　とうない；ふじうち
　藤内鶴了　とうない・かくりょう　薩摩琵琶奏者(音人3)
　藤内旭須美　とうない・きょくすみ　筑前琵琶奏者(音人2)
　藤内金吾　ふじうち・きんご　棋士・将棋八段(愛媛百)
　藤内伸一　ふじうち・しんいち「ソルダリング・イン・エレクトロニクス」日刊工業新聞社(日典3)

[5]藤平　とうへい；ふじひら
　藤平謹一郎　とうへい・きんいちろう　経営者(日人)
　藤平真　とうへい・まこと　上野原農学校経営者(栃木歴)
　藤平栄　ふじひら・さかえ　宇治電電小使(高知人)
　藤平春男　ふじひら・はるお　中世文学者(現執3期)

藤末　ふじすえ；ふじまつ
　藤末健三　ふじすえ・けんぞう　政治家(現政)
　藤末了然　ふじすえ・りょうねん　僧侶(真宗)
　藤末尚　ふじまつ・ひさし「奔別」工藤病院長退職記念事業会(日典3)

藤正　ふじまさ
　藤正顕　ふじまさ・あきら　東芝情報システム相談役(日典3)
　藤正巌　ふじまさ・いわお「キャンピングカーで悠々セカンドライフ」文芸春秋(日典3)

藤生　ふじう；ふじお；ふじゅう；ふじゅう
　藤生金六　ふじう・きんろく　教育者(庄内)
　藤生安太郎　ふじお・やすたろう　政治家(政治)
　藤生佐吉郎　ふじゅう・さきちろう　木製ジャカード創案者(姓氏群馬)
　藤生昌子　ふじゅう・まさこ「First fight」MBC21大阪南支局・瑞永商事(日典3)

藤田　ふしだ；ふじた；ふじだ
　藤田君支　ふしだ・きみえ「整形外科退院指導マニュアル」メディカ出版(日典3)
　藤田嗣治　ふじた・つぐはる　洋画家(コン4)
　藤田和寿　ふじだ・かずとし「書道三体活用字典」ぱる出版(日典3)

藤由　ふじよし
　藤由越山　ふじよし・えつざん　尺八奏者(普化宗)(音人3)
　藤由順二　ふじよし・じゅんじ　東京理科大学理学部教養学科(日典3)

　藤由達蔵　ふじよし・たつぞう「ガイドとの交信マニュアル」ハート出版(日典3)

[6]藤曲　ふじがね；ふじまがり
　藤曲美樹子　ふじがね・みきこ「感謝状―尊敬する両親へ」藤曲美樹子(JM)
　藤曲武美　ふじまがり・たけみ「早わかり東日本大震災の税務」中央経済社(日典3)
　藤曲哲郎　ふじまがり・てつお「確率過程と数理生態学」日本評論社(日典3)

[7]藤条　とうじょう；ふじえだ
　藤条邦裕　とうじょう・くにひろ　建設業清酒製造業林業退職金共済組合理事(日典3)
　藤条純夫　とうじょう・すみお　佐賀大学農学部応用生物学科教授(日典)
　藤条虫丸　ふじえだ・むしまる　舞踏家(日典)

藤谷　ふじたに；ふじや
　藤谷俊雄　ふじたに・としお　日本史学者,僧侶(平человек)
　藤谷美和子　ふじたに・みわこ　女優(世紀)
　藤谷舞　ふじや・まい　タレント(テレ)
　藤谷豊　ふじや・ゆたか　自然保護運動家(日人)

[8]藤実　ふじざね；ふじみ
　藤実久美子　ふじざね・くみこ　ノートルダム清心女子大学准教授(日典3)
　藤実人華　ふじざね・にんげ　出版人(出文)
　藤実リオ　ふじみ・りお「2人で守ってあげます！」小学館(日典3)

藤居　ふじい
　藤居一郎　ふじい・いちろう「イワン・チャイの花」風来舎(日典3)
　藤居教恵　ふじい・きょうえ　歌人(滋賀文)
　藤居勤　ふじい・つとむ　弓道家,弓道教士(弓道)
　藤居久也　ふじい・ひさや　職工組合期成同志会メンバー第3支部長(社史)
　藤居平一　ふじい・へいいち　平和運動家(日人)

藤岳　ふじたけ
　藤岳彰ကe　ふじたけ・あきひで「大阪再発見」難波別院(日典3)
　藤岳明　ふじたけ・あきら　僧侶,郷土史家(日典3)
　藤岳敬道　ふじたけ・きょうどう　絵解き説教師(日典)
　藤岳彰英　ふじたけ・しょうえい　旅行作家(現執3期)
　藤岳暢英　ふじたけ・のぶひで「腐植物質分析ハンドブック」三恵社(日典3)

藤枝　ふじえ；ふじえだ
　藤枝文忠　ふじえ・ふみただ「室町幕府守護職家事典」新人物往来社(日典3)
　藤枝善之　ふじえ・よしゆき「元気がでる！映画の英語」近代映画社(日典3)
　藤枝静男　ふじえだ・しずお　小説家(日人)
　藤枝泉介　ふじえだ・せんすけ　政治家,内務官僚(コン4)

藤河　ふじかわ；ふじがわ
　藤河端　ふじかわ・ただす　拓銀インタナショナル・アジア・リミテッド顧問、北海道拓殖銀行常務（日典3）
　藤河征夫　ふじかわ・ゆきお　最高検検事（日典3）
　藤河るり　ふじがわ・るり　「貴公子の胸で男は溺れる」オークラ出版3）

藤河家　ふじこうげ
　藤河家利昭　ふじこうげ・としあき　「源氏物語一葉抄」広島平安文学研究会（日典3）

藤波　ふじなみ；ふじぬま
　藤波収　ふじなみ・おさむ　実業家（コン4）
　藤波言忠　ふじなみ・ことただ　宮内官僚（日人）
　藤波誠治　ふじぬま・せいじ　小学館第5出版部児童デスク（日典）

藤舎　とうしゃ
　藤舎芦船〔1代〕　とうしゃ・ろせん　歌舞伎囃子方（日人）

藤茂　ふじしげ；ふじも
　藤茂宏　ふじしげ・ひろし　植物生理学者（植物）
　藤茂勇　ふじも・いさむ　日本画家（日典）

藤門　ふじかど
　藤門弘　ふじかど・ひろし　家具制作者、著述家（現執4期）
　藤門浩之　ふじかど・ひろゆき　テレビプロデューサー（日典3）

[9]咲　ふじさき；ふじさく
　藤咲あゆな　ふじさき・あゆな　小説家（幻想）
　藤咲房夫　ふじさき・ふさお　坑夫（社史）
　藤咲五郎　ふじさく・ごろう　「要説・海事法規」海文堂出版（日典）
　藤咲淳一　ふじさく・じゅんいち　アニメーション監督（日典3）

藤城　ふじき；ふじしろ
　藤城雨近　ふじき・うきん　「あきんどの歌」高宮真光社（日典3）
　藤城憲児　ふじき・けんじ　郷土史家、高校教師（日典3）
　藤城清治　ふじしろ・せいじ　画家、影絵作家（日人）
　藤城宏　ふじしろ・ひろし　税理士（現執3期）

藤室　ふじむろ
　藤室苑子　ふじむろ・そのこ　歌人（日典3）
　藤室とおる　ふじむろ・とおる　「イソップ物語」ポプラ社（日典3）
　藤室衛　ふじむろ・まもる　「真空管半代記」東京文献センター（日典3）
　藤室良輔　ふじむろ・りょうすけ　軍人（陸海）

藤後　とうご
　藤後悦子　とうご・えつこ　「保育カウンセリング」ナカニシヤ出版（日典3）
　藤後左右　とうご・さう　俳人、医師（文学）
　藤後左右　とうご・さゆう　俳人、医師（俳文）
　藤後惣兵衛　とうご・そうべい　医師（近医）
　藤後惣兵衛　とうご・そうべえ　医師、反公害運動家（日人）

藤栄　とうえい；ふじえ
　藤栄和枝　とうえい・かずえ　「夢かなう」日本語教育新聞社（日典3）
　藤栄道彦　とうえい・みちひこ　「コンシェルジュ」新潮社（日典3）
　藤栄行信　ふじえ・ぎょうしん　「月々のことば」本願寺出版社（日典3）

藤津　ふじつ
　藤津和彦　ふじつ・かずひこ　「図説脳神経外科学」南山堂（日典3）
　藤津滋生　ふじつ・しげお　関西外国語大学視聴覚教育センター（日典3）
　藤津滋人　ふじつ・しげと　「山、心の風景」山文舎（日典3）
　藤津清吾　ふじつ・せいじ　商学者（現執2期）
　藤津博　ふじつ・ひろし　九州大学生産科学研究所助教授（日典3）

藤音　ふじおと
　藤音晃祐　ふじおと・こうゆう　僧侶（日典3）
　藤音得忍　ふじおと・とくにん　僧侶（日人）

[10]藤倉　とうくら；とくら；ふじくら
　藤倉一朗　とうくら・いちろう　元・三菱商事取締役（日典）
　藤倉恵子　とくら・けいこ　京都産業大学教養部助教授（日典）
　藤倉皓一郎　ふじくら・こういちろう　法学者（日人）

藤原　ふじはら；ふじわら；ふじわらの
　藤原信一　ふじはら・しんいち　浮世絵画家（高知人）
　藤原銀次郎　ふじわら・ぎんじろう　実業家、政治家（コン4）
　藤原婧子　ふじわらの・はるこ　仁孝天皇の女房（日人）

藤家　ふじいえ；ふじか
　藤家渓子　ふじいえ・けいこ　作曲家（作曲）
　藤家洋一　ふじいえ・よういち　内閣府原子力委員会委員長（現執4期）
　藤家虹二　ふじか・こうじ　クラリネット奏者、作曲家（作曲）

藤馬　とうま
　藤馬かおり　とうま・かおり　漫画家（漫人）
　藤馬竜太郎　とうま・りゅうたろう　「年表議会政治史」（国典）

[11]藤堂　とうどう；ふじどう
　藤堂明保　とうどう・あきやす　中国文学者（コン5）
　藤堂高猷　とうどう・たかゆき　大名（コン4）
　藤堂はくる　ふじどう・はくる　「ココロ美人は愛され美人」ハギジン出版（日典3）

藤崎　とうざき；ふじさき；ふじざき
　藤崎和彦　とうざき・かずひこ　「テュートーリアルシステムコア・タイム」三恵社（日典3）
　藤崎康夫　ふじさき・やすお　評論家（写人）
　藤崎戸市　ふじざき・といち　初代下伊集院村農会長（姓氏鹿児島）

藤得　とうとく
　藤得悦告　とうとく・えつ　映画監督（映監）

岬部(藤)　　　　　　　　　　　　　　　　　　　　　　〔1340〕

藤掛　ふじかけ
　藤掛明　ふじかけ・あきら　臨床心理士(日典3)
　藤掛一郎　ふじかけ・いちろう「地域森林管理の主体形成と林業労働問題」日本林業調査会(日典3)
　藤掛栄蔵　ふじかけ・えいぞう「コンパクト・ローマ字英和和英辞典」北星堂書店(日典3)
　藤掛和美　ふじかけ・かずよし　日本文学者(YA)
　藤掛広幸　ふじかけ・ひろゆき　作曲家,指揮者,シンセサイザー演奏家(Solo Orchestra)(作曲)

藤猪　ふじい
　藤猪省三　ふじい・しょうぞう　スポーツマン(郷土香川)
　藤猪省太　ふじい・しょうぞう　柔道家(現情)
　藤猪正範　ふじい・まさのり　市電車掌(社史)

藤部　とうぶ;とうべ;ふじべ
　藤部明子　とうぶ・あきこ「Memoraphilia」ステュディオ・パラボリカ(日典3)
　藤部良男　とうべ・よしお　室蘭開発建設部(国典)
　藤部吉人　ふじべ・よしと　彫刻家(日典)

藤陵　ふじい;ふじおか
　藤陵雅裕　ふじい・まさひろ　サックス奏者(ジヤ)
　藤陵雅裕　ふじおか・まさひろ　ジャズ・サックス奏者(日典3)

[12]藤喜　とうき;ふじき
　藤喜三次　とうき・そうじ　陶芸家(陶工)
　藤喜久雄　ふじ・ひさお　安田コンピューターサービス(株)代表取締役社長(日典3)
　藤喜好文　ふじ・よしぶみ　京都府立医科大学名誉教授(日典3)

藤善　ふじよし
　藤善瑞子　ふじよし・ずいこ　奈良文化女子短期大学教授(日典3)
　藤善尚憲　ふじよし・ひさのり　体育心理学・テニス方法論研究者(現執1期)
　藤善真澄　ふじよし・ますみ　東洋史学者(現執4期)

藤塚　ふじずか;ふじつか
　藤塚熊太郎　ふじずか・くまたろう　通訳(庄内)
　藤塚弥治兵衛　ふじずか・やじべえ　彫刻師(庄内)
　藤塚止戈夫　ふじつか・しかお　軍人(陸海)
　藤塚鄰　ふじつか・ちかし　中国哲学者(日人)

藤賀　とうが;ふじが
　藤賀寅留　とうが・とらとめ　プロボクサー(日典)
　藤賀与一　とうが・よいち「初期在北米日本人の記録」文生書院(日典3)
　藤賀咲多　ふじが・さいた「花街及売笑関係資料目録」史録書房(日典3)

藤間　とうま;ふじま
　藤間生大　とうま・せいた　日本史学者(日人)
　藤間身加栄　とうま・みかえ　医師,平和運動家(日人)

　藤間勘右衛門〔2代〕　ふじま・かんえもん　振付師,日本舞踊家(コン5)
　藤間房子　ふじま・ふさこ　女優(日人)

藤飯　ふじい
　藤飯治平　ふじい・じへい　洋画家(日典)
　藤飯進　ふじい・すすむ「瓢陰独語」おとずれ社(日典3)

[14]藤蔭　ふじかげ
　藤蔭紋枝　ふじかげ・いとえ　日本舞踊家(日人)
　藤蔭季代恵　ふじかげ・きよえ　新聞家(秋田百)
　藤蔭静枝　ふじかげ・しずえ　日本舞踊家(歴大)
　藤蔭静枝〔1代〕　ふじかげ・しずえ　日本舞踊家(新芸)
　藤蔭静樹　ふじかげ・せいじゅ　日本舞踊家(コン4)

藤関　ふじせき
　藤関勝宏　ふじせき・かつひろ　西友ストアー取締役企画室長(人情)
　藤関信彦　ふじせき・のぶひこ　開発電気会長,元電源開発理事(日典3)
　藤関雅嗣　ふじせき・まさつぐ「はじめてのインプラント治療」医歯薬出版(日典3)

[15]藤墳　ふじつか
　藤墳忠司　ふじつか・ただし　(株)都市総合研究所調査研究部取締役・主任研究員(日典)
　藤墳守　ふじつか・まもる　岐阜県議(自民党,不破郡)・議長(日典3)

藤樫　とうがし;とがし;ふじかし;ふじがし
　藤樫準二　とうがし・じゅんじ　新聞記者(マス2)
　藤樫準二　とがし・じゅんじ　新聞記者(日典)
　藤樫道也　ふじかし・みちや「保育内容・環境」学芸図書(日典3)
　藤樫道也　ふじがし・みちや「自然─幼児教育論」圭文社(書籍)

藤範　ふじのり
　藤範あきら　ふじのり・あきら「火と水の河」百華苑(日典3)
　藤範恭子　ふじのり・きょうこ　歌人(日典3)
　藤範晃誠　ふじのり・こうじょう　僧,部落改善運動家(和歌山人)
　藤範晃誠　ふじのり・こうせい　僧侶,部落改善運動家(真宗)
　藤範智誠　ふじのり・ちじょう「したたかこびたりにゃっ!」日本出版社(日典3)

藤縄　ふじつな;ふじなわ
　藤縄英一　ふじつな・えいいち　民間飛行家(新潟百)
　藤縄英一　ふじなわ・えいいち　民間飛行家(コン5)
　藤縄正勝　ふじなわ・まさかつ　官僚(郷土栃木)

[20]藤懸　ふじかけ
　藤懸玄寧　ふじかけ・げんねい　真宗大谷派の僧(姓氏石川)
　藤懸五郎左衛門　ふじかけ・ごろうざえもん　古河藩士(幕末)
　藤懸静也　ふじかけ・しずや　美術史学者(コン4)

[1341]

艸部（藪, 蘇, 藻, 蘭, 藺, 蘆, 蘋） 虍部（虎）

藤懸静也　ふじかけ・せいや　美術史学者（郷土茨城）
藤懸得住　ふじかけ・とくじゅう　真宗大谷派学僧（真宗）

【1341】藪

藪　そう；やぶ
　藪忠司　そう・ただし　秋田工業高等専門学校教授（日典3）
　藪明山　やぶ・めいざん　画工（日人）
　藪六右衛門　やぶ・ろくえもん　九谷焼の陶工（コン4）
[4]藪内　やぶうち；やぶのうち
　藪内清　やぶうち・きよし　天文学者, 科学史家（コン4）
　藪内正幸　やぶうち・まさゆき　童画家（日芸）
　藪内紹智　やぶのうち・じょうち　茶道家（世紀）
　藪内節庵　やぶのうち・せつあん　茶道家（日人）
[5]藪田　やぶた；やぶだ
　藪田貞治郎　やぶた・ていじろう　農芸化学者（日人）
　藪田義雄　やぶた・よしお　詩人（現詩）
　藪田伊賀守　やぶだ・いがのかみ　秀吉馬廻＝中世（戦国）
[6]藪仲　やぶなか
　藪仲義彦　やぶなか・よしひこ　政治家（現政）
[8]藪波　やぶなみ
　藪波浄慧　やぶなみ・じょうえ　僧, 農業指導者（日人）
　藪波隆信　やぶなみ・りゅうしん「真宗史点描」薬師山光福寺（日典3）
[11]藪崎　やぶさき；やぶざき
　藪崎英源　やぶさき・えいげん　金融専門家（現執3期）
　藪崎克己　やぶさき・かつみ　興和総合科学研究所研究員（日典3）
　藪崎努　やぶざき・つとむ　京都大学名誉教授（日典3）
　藪崎利美　やぶざき・としみ　翻訳家（日典3）

【1342】蘇

蘇　いける；そ
　蘇鉄嘉　いける・てつか「奄美大島・瀬戸内の方言」（JM）
　蘇曼殊　そ・まんしゅ　小説家（近文）
[10]蘇原　そはら
　蘇原織吉　そはら・おりきち　医師（日典3）
　蘇原二良　そはら・じろう　弓道家, 弓道教士（弓道）
　蘇原泰則　そはら・やすのり　医師（日典3）

【1343】藻

[7]藻利　もうり
　藻利重隆　もうり・しげたか　経営学者（日人）
　藻利佳彦　もうり・よしひこ　東京ロシア語学院講師（日典3）
藻谷　もたに；もだに
　藻谷伊太郎　もたに・いたろう　政論家（人名）
　藻谷小一郎　もたに・こいちろう　社会運動家（社史）
　藻谷伊太郎　もだに・いたろう　政論家（日人）
　藻谷銀河　もだに・ぎんが　歌人（富山百）
藻里　もり
　藻里良子　もり・りょうこ　小説家（紀伊文）

【1344】蘭

蘭　あららぎ；らん
　蘭和真　あららぎ・かずま　東海女子大学専任講師（日典3）
　蘭千寿　あららぎ・ちとし　心理学者（現執4期）
　蘭郁二郎　らん・いくじろう　小説家（日人）
　蘭香　らん・かおる　作詞家（日典3）

【1345】藺

[9]藺草　いぐさ
　藺草慶子　いぐさ・けいこ　俳人（現俳）

【1346】蘆

[10]蘆原　あしはら；あしわら
　蘆原英了　あしはら・えいりょう　音楽・舞踊評論家（コン4）
　蘆原郁　あしはら・かおる「超広帯域オーディオの計測」コロナ社（日典3）
　蘆原英了　あしわら・えいりょう　舞踊・音楽評論家（音楽）

【1347】蘋

蘋原　はぎはら；はぎわら
　蘋原敏訓　はぎはら・としさと「夢をかたちにしてください」PARCO出版（日典3）
　蘋原悦子　はぎわら・えつこ「聖なるガーデンにようこそ」パルコ出版局（日典3）

虍部

【1348】虎

[5]虎牙　こが
　虎牙光揮　こが・みつき　俳優（テレ）

虍部（虚）　虫部（虫,虹,蚊,蛍,蛭)

虎田　とらた；とらだ
　虎田真一郎　とらた・しんいちろう　「地層処分研究開発検討委員会」日本原子力研究開発機構（日典3)
　虎田甭雄　とらた・とらお　関西学院大学教授（日典3)
　虎田五郎　とらた・ごろう　「右向け左左向け右」実践社（日典3)

[7]虎沢　とらさわ；とらざわ
　虎沢勇治　とらさわ・ゆうじ　「遠い村」尾崎タイプライター商会（日典3)
　虎沢昭久　とらざわ・あきひさ　エッセイスト（日典3)
　虎沢英雄　とらざわ・ひでお　陶芸家（陶工)

虎谷　とらたに；とらや
　虎谷迦悦　とらたに・かえつ　オーボエ奏者（音人3)
　虎谷朋子　とらたに・ともこ　フルート奏者（音人3)
　虎谷一郎　とらや・いちろう　元・東北女子大学学長（日典)
　虎谷霞洋子　とらや・かようし　俳人（北海道文)

[8]虎居　とらい
　虎居徳二　とらい・とくじ　官吏（日人)

虎林　こりん；とらばやし
　虎林曄噛　こりん・ようしょう　黄檗宗の僧（黄檗)
　虎林虎吉　とらばやし・とらきち　大阪力士（相人)
　虎林寅吉　とらばやし・とらきち　大阪力士（日人)

[10]虎島　こじま；とらしま
　虎島文義　こじま・ふみよし　「この世に神様はいなかった」小倉編集工房,(さいたま)幹書房〔発売〕（日典3)
　虎島和夫　とらしま・かずお　政治家（現政)

[16]虎頭　ことう
　虎頭恵美子　ことう・えみこ　翻訳家（児人)
　虎頭民雄　ことう・たみお　鹿児島県立短期大学学長（日典3)
　虎頭寛　ことう・ひろし　東邦石油取締役業務部長（日典3)

【1349】　虚

[11]虚淵　うろぶち
　虚淵玄　うろぶち・げん　シナリオライター（幻想)

虫部

【1350】　虫

[3]虫上　むしあげ
　虫上智　むしあげ・さとる　写真家（写人)

[8]虫明　むしあき；むしあけ
　虫明和子　むしあき・かずこ　メゾソプラノ歌手（音人3)
　虫明圭山　むしあき・けいざん　尺八演奏家（岡山歴)
　虫明亜呂無　むしあけ・あろむ　評論家,小説家（日人)
　虫明一太郎　むしあけ・いちたろう　実業家（岡山歴)

【1351】　虹

虹　こう；にじ
　虹影　こう・えい　「裏切りの夏」青山出版社（JM)
　虹美花　こう・みか　「開運！十二支運勢福寿年鑑子」辰巳出版（日典3)
　虹厚二　にじ・こうじ　翻訳（日典)

【1352】　蚊

[11]蚊野　かの；ぶんの
　蚊野達雄　かの・たつお　科研製薬専務（日典3)
　蚊野浩　かの・ひろし　「デジカメの画像処理」オーム社（日典3)
　蚊野大嶺　ぶんの・だいれい　僧侶（真宗)

【1353】　蛍

蛍　けい；ほたる
　蛍素雲　けい・そうん　「女の顔相学」大陸書房（JM)
　蛍大介　ほたる・だいすけ　「穴ぐらの友だち」ベネット,日本ビジネスプラン（発売）（日典3)
　蛍雪次朗　ほたる・ゆきじろう　俳優（日映男)

【1354】　蛭

[3]蛭子　えびす
　蛭子寛一　えびす・かんいち　日本労働組合全国協議会全大阪労働組合メンバー（社史)
　蛭子秀夫　えびす・ひでお　椿本興業常務（紳士)
　蛭子能収　えびす・よしかず　漫画家（日芸)

蛭川　ひるかわ
　蛭川晶代　ひるかわ・あきよ　「春夜」北溟社（日典)
　蛭川敦　ひるかわ・あつし　アマ棋士（日典3)
　蛭川伊勢夫　ひるかわ・いせお　映画監督（監督)
　蛭川一男　ひるかわ・かずお　「設計者のための「監理」入門」日本ハウジングセンター建築知識事業部（日典3)
　蛭川久康　ひるかわ・ひさやす　英文学者（現執4期)

[5]蛭田　ひるた；ひるだ
　蛭田有一　ひるた・ゆういち　写真家（写人)
　蛭田吉次郎　ひるた・よしじろう　弓道家（弓道)
　蛭田伝助　ひるだ・でんすけ　政治家（岡山人)

[1355]

⁶蛭多　えびすた；えびすだ
　蛭多令子　えびすた・れいこ　ピアニスト（演奏）
　蛭多令子　えびすだ・れいこ　ピアニスト（音人3）

⁸蛭沼　ひるぬま
　蛭沼進　ひるぬま・すすむ　医師（日典3）
　蛭沼寿雄　ひるぬま・としお　言語学者（現執1期）

⁹蛭海　ひるみ
　蛭海公志　ひるみ・こうじ　音楽プロデューサー（日典3）
　蛭海進　ひるみ・すすむ　新聞記者,写真家（写人）
　蛭海啓行　ひるみ・ひろゆき　生物学者（日典3）
　蛭海隆志　ひるみ・りゅうじ　「キング牧師」集英社（日典3）

¹²蛭間　ひるま
　蛭間啓　ひるま・あきら　「ハナノキ湿地の自然史」飯田市美術博物館（日典3）
　蛭間一男　ひるま・かずお　「数学公式活用辞典」文庫堂
　蛭間重夫　ひるま・しげお　「マザー・テレサと姉妹たち」女子パウロ会（書籍）
　蛭間宗左衛門　ひるま・そうざえもん　（福）聖徳会理事長,行田園（知的障害者更生施設）園長（日典3）
　蛭間豊春　ひるま・とよはる　（株）建設技術研究所技術第3部次長（日典3）

【1355】　蛯

³蛯子　えびこ；えびす
　蛯子末次郎　えびこ・すえじろう　航海者（幕末）
　蛯子善悦　えびこ・ぜんえつ　洋画家（美家）
　蛯子雷児　えびす・らいじ　「水府」邑書林（日典3）

⁶蛯名　えびな
　蛯名英一　えびな・えいいち　政治家（青森人）
　蛯名武五郎　えびな・たけごろう　騎手（日人）
　蛯名年男　えびな・としお　農協運動の先駆者（青森人）
　蛯名久　えびな・ひさし　栄沼干拓のリーダー（青森人）
　蛯名保彦　えびな・やすひこ　経済学者（現執1期）

⁷蛯沢　えびさわ
　蛯沢克仁　えびさわ・かつひと　スキー選手（日典3）
　蛯沢勝三　えびさわ・かつみ　「機器免震有効性評価コードEBISAの使用手引き」日本原子力研究開発機構（日典3）
　蛯沢賢治　えびさわ・けんじ　レコードプロデューサー・ディレクター（日典3）
　蛯沢誠治　えびさわ・せいじ　騎手（日典3）
　蛯沢由永　えびさわ・よしなが　「実際にもとづいた生物の実験と観察」（国典）

蛯谷　えびたに
　蛯谷郁子　えびたに・いくこ　「校庭の水」光雲短歌会（日典3）

虫部（蛭, 蛸, 蜂）

　蛯谷幸吉　えびたに・こうきち　日本建鉄取締役総務部長（日典3）
　蛯谷竹次郎　えびたに・たけじろう　漁家（姓氏富山）
　蛯谷武弘　えびたに・たけひろ　労働運動家（現執1期）
　蛯谷米司　えびたに・よねじ　教科教育学者（現執2期）

¹⁰蛯原　えびはら
　蛯原久五郎　えびはら・きゅうごろう　漁民（幕末）
　蛯原哲　えびはら・さとし　アナウンサー（テレ）
　蛯原八郎　えびはら・はちろう　新聞・雑誌研究家（世紀）
　蛯原幸義　えびはら・ゆきよし　数学者（数学）
　蛯原友里　えびはら・ゆり　モデル（テレ）

【1356】　蛸

⁴蛸井　たこい
　蛸井元義　たこい・もとよし　元満州国協和会幹部（人情）

¹⁰蛸島　たこしま；たこじま
　蛸島彰子　たこしま・あきこ　棋士（近女）
　蛸島直　たこしま・すなお　愛知学院大学文学部日本文化学科助教授（日典3）
　蛸島彰子　たこじま・あきこ　棋士（日人）
　蛸島友吉　たこじま・ともきち　平民社シンパ（社史）

【1357】　蜂

⁷蜂谷　はちたに；はちや
　蜂谷弥三郎　はちたに・やさぶろう（日典）
　蜂谷柳荘　はちたに・りゅうそう　「新訳碧巌録」大阪屋号書店（日典3）
　蜂谷宗玄　はちや・そうげん　香道家,茶道家（日人）
　蜂谷道彦　はちや・みちひこ　医師（日人）

¹¹蜂巣　はちす
　蜂巣旭　はちす・あきら　「ダイナミック・ケイパビリティ」勁草書房（日典3）
　蜂巣敦　はちす・あつし　フリーライター（日典3）
　蜂巣文香　はちす・あやこ　「インコの時間」誠文堂新光社（日典3）
　蜂巣秀雲　はちす・しゅううん　日本画家（日画）
　蜂巣進　はちす・すすむ　建築学者（群馬人）

¹²蜂須賀　はちすか；はちすが
　蜂須賀正韶　はちすか・まさあき　華族（日人）
　蜂須賀茂韶　はちすか・もちあき　大名,政治家（コン4）
　蜂須賀栄治　はちすが・えいじ　共立窯業原料相談役（日典3）
　蜂須賀恵美　はちすが・えみ　「木のえだぶんぶんごまを回そう」一茎書房（日典3）

虫部（蜷, 蝦, 蝶, 融, 蟇, 螺, 螻, 蟹, 蟻）

【1358】 蜷

³蜷川 にながわ
蜷川新　にながわ・あらた　法学者（日人）
蜷川虎三　にながわ・とらぞう　経済学者, 政治家（コン4）
蜷川式胤　にながわ・のりたね　考古学者（日人）
蜷川幸雄　にながわ・ゆきお　演出家, 俳優（日人）
蜷川譲　にながわ・ゆずる　フランス文学者（世紀）

⁴蜷木 になき；になぎ
蜷木翠　になき・みどり　東京農業大学名誉教授（日典3）
蜷木実　になき・みのる　滋賀大学教授（日典3）
蜷木八衛　になぎ・はちえ　政治家（大分歴）
蜷木稔　になぎ・みのる　医師（大分歴）

【1359】 蝦

蝦 えび；えみ
蝦惟義　えび・これよし　「温病論」出版科学総合研究所（JM）
蝦隆一　えみ・りゅういち　ダンス選手（日典）

⁶蝦名 えびな
蝦名敦子　えびな・あつこ　「基礎造形教育におけるデッサンの目的と意義」多賀出版（日典3）
蝦名いくお　えびな・いくお　「ピンフラッグ」コミックス（日典3）
蝦名卯一郎　えびな・ういちろう　「カヌーイスト」水星舎（日典3）
蝦名賢一　えびな・けんいち　中央信託銀行総務部長兼重役（青森人）
蝦名賢造　えびな・けんぞう　経済学者, 著述家（現執4期）

【1360】 蝶

⁷蝶谷 ちょうや
蝶谷初男　ちょうや・はつお　文筆家（現執4期）
蝶谷正明　ちょうや・まさあき　富岡カルチャルフォーラム主宰（日典3）

¹²蝶間林 ちょうまばやし
蝶間林利男　ちょうまばやし・としお　元・テニス選手（日典3）

【1361】 融

融 とおる
融紅鸞　とおる・こうらん　日本画家, 放送タレント（日人）
融湖山　とおる・こざん　俳人（日典）
融信二郎　とおる・しんじろう　「児童福祉臨床の研究」永田文昌堂（日典3）
融道男　とおる・みちお　医師（日典3）

融祐子　とおる・ゆうこ　「『合理的疑いを超える』証明とはなにか」日本評論社（日典3）

【1362】 蟇

⁵蟇目 ひきめ
蟇目浩吉　ひきめ・こうきち　「化粧品製剤実用便覧」日光ケミカルズ（日典3）
蟇目清一郎　ひきめ・せいいちろう　「総合化学実験法」三共出版（書籍）
蟇目亮　ひきめ・りょう　俳優（日典3）
蟇目良雨　ひきめ・りょうう　「神楽坂」角川書店（日典3）

【1363】 螺

⁷螺沢 かいざわ
螺沢裕次郎　かいざわ・ゆうじろう　「Webキャンペーンのしかけ方。」インプレスジャパン, インプレスコミュニケーションズ（発売）（日典3）
螺沢利三郎　かいざわ・りさぶろう　元猿投町長（人情）

螺良 つぶら
螺良昭人　つぶら・あきひと　栃木県議（自民党, 宇都宮市・上三川町）
螺良英郎　つぶら・えいろう　医師（日典3）
螺良和男　つぶら・かずお　社会運動家（社史）
螺良記美枝　つぶら・きみえ　「螺良記美枝詩集」芸風書院（日典3）
螺良義彦　つぶら・よしひこ　病理学者（日人）

【1364】 螻

³螻川内 けらかわち
螻川内満　けらかわち・みつる　口演童話家（日典）

【1365】 蟹

⁷蟹沢 かにさわ；かにざわ
蟹沢幸治　かにさわ・こうじ　「白い日がさ」北方社工房（日典3）
蟹沢婦佐子　かにさわ・ふさこ　日本共産青年同盟メンバー（社史）
蟹沢信二　かにざわ・しんじ　「先輩ナースが伝授みえる身につく好きになるアセスメントの『ミカタ』」メディカ出版（日典3）

蟹谷 かにたに；かにや
蟹谷乗養　かにたに・じょうよう　数学者（姓氏富山）
蟹谷勉　かにや・つとむ　小説家（日典）
蟹谷乗養　かにや・のりやす　数学者（数学）

【1366】 蟻

³蟻川 ありかわ；ありがわ
蟻川明男　ありかわ・あきお　高校教諭（YA）

蟻川直枝　ありかわ・なおえ　両毛社会党関係者（社史）
蟻川浩　ありがわ・ひろし　「グリッドによるマルチエージェントシミュレーションの分散処理」関西大学政策グリッドコンピューティング実験センター（日典3）

[10]蟻通　ありどおし；ありみち
蟻通勘吾　ありどおし・かんご　志士（新撰）
蟻通佳明　ありみち・よしあき　社会運動家（アナ）

[12]蟻塚　ありずか；ありつか
蟻塚昌克　ありずか・まさかつ　社会福祉行財政論研究者（現執4期）
蟻塚亮二　ありつか・りょうじ　「誤解だらけのうつ治療」集英社（日典3）

【1367】蠣

[11]蠣崎　かきざき
蠣崎要　かきざき・かなめ　産婦人科学者（近医）
蠣崎賢治　かきざき・けんじ　東京芝浦電気（株）常務取締役（日典3）
蠣崎富三郎　かきざき・とみさぶろう　軍人（コン5）
蠣崎知次郎　かきざき・ともじろう　教育者，農業技術者（北海道歴）
蠣崎好子　かきざき・よしこ　キリスト教徒（女運）

[19]蠣瀬　かきせ
蠣瀬彦蔵　かきせ・ひこぞう　心理学者（心理）

【1368】蠟

[3]蠟山　ろうやま
蠟山昌一　ろうやま・しょういち　金融論学者（現執3期）
蠟山朋雄　ろうやま・ともお　生態学者（日人）
蠟山政道　ろうやま・まさみち　政治学者（コン4）
蠟山道雄　ろうやま・みちお　国際関係学者（マス89）
蠟山芳郎　ろうやま・よしろう　外交評論家（日人）

血部

【1369】血

[10]血脇　ちわき
血脇守之助　ちわき・もりのすけ　歯科医学者（日人）

【1370】衆

[16]衆樹　もろき
衆樹薫　もろき・かおる　「赤ちゃんの名前のつけ方」池田書店（日典3）
衆樹資宏　もろき・すけひろ　プロ野球選手（日典3）

行部

【1371】行

[3]行川　なめかわ；ゆきかわ；ゆくかわ
行川一郎　なめかわ・いちろう　神奈川大学経営学部国際経営学科教授（日典）
行川渉　ゆきかわ・わたる　「美しい夜，残酷な朝」角川書店（日典3）
行川流　ゆくかわ・ながる　「ストリップ見聞録」日本図書刊行会（日典3）

[4]行友　ゆきとも；ゆくとも
行友政一　ゆきとも・まさいち　評論家（北海道文）
行友李風　ゆきとも・りふう　小説家,劇作家（コン4）
行友亮二　ゆくとも・りょうじ　サッカー選手（日典）

行天　ぎょうてん
行天登志子　ぎょうてん・としこ　「樹のこゑ」立花書院（日典3）
行天豊雄　ぎょうてん・とよお　大蔵官僚,実業家（日人）
行天博志　ぎょうてん・ひろし　「住民投票のすすめ」千葉出版（日典3）
行天都　ぎょうてん・みやこ　「私の娘は70cm」河出書房新社（日典3）
行天良雄　ぎょうてん・よしお　医事評論家（日典3）

行方　なみかた；なめかた
行方寅次郎　なみかた・とらじろう　俳人（日典）
行方富太郎　なめかた・とみたろう　植物学者,歌人（日人）
行方正言　なめかた・まさこと　機業家（日人）

行木　なみき；なめき；ゆうき
行木勇　なみき・いさむ　印刷工（アナ）
行木茂満　なめき・しげみつ　アソボウズ制作部ディレクター（日典3）
行木一隆　ゆうき・かずたか　陶芸家（陶工）

[5]行本　ゆきもと；ゆくもと
行本壬　ゆきもと・じん　川柳家（岡山歴）
行本頼助　ゆきもと・らいすけ　政治家（愛媛百）
行本正雄　ゆくもと・まさお　「エネルギー・環境100の大誤解」コロナ社（日典3）
行本康文　ゆくもと・やすふみ　税理士（日典）

行部（街,衛）

行正　ゆきまさ
　行正賀寿美　ゆきまさ・かすみ　「ナイチンゲールの生き方サプリ」竜門出版社（日典3）
　行正茂　ゆきまさ・しげる　安川情報システム社長（日典3）
　行正善雄　ゆきまさ・ぜんゆう　福岡市・正光寺住職（人情）
　行正り香　ゆきまさ・りか　料理研究家（日典3）
行田　ぎょうた；ぎょうだ；こうだ；なめた；なめだ；ゆきた；ゆきだ
　行田朝仁　ぎょうた・ともひと　神奈川県議（公明党）（日典3）
　行田哲夫　ぎょうだ・てつお　動物写真家（写人）
　行田稔彦　こうだ・としひこ　小学校教師（現執4期）
　行田魁庵　なめた・かいあん　画家（新潟百）
　行田定之助　なめだ・さだのすけ　岐阜車体工業取締役会長（日典）
　行田貞夫　ゆきた・さだお　従横会メンバー（社史）
　行田博美　ゆきだ・ひろみ　「あんことこんにゃくの旅」丸善岡山支店出版サービスセンター（日典）
[6]行吉　いくよし；ゆきよし；ゆくよし
　行吉素心　いくよし・そしん　陶芸家（日典3）
　行吉哉女　ゆきよし・かなめ　教育者（日人）
　行吉学　ゆくよし・まなぶ　陶芸家（陶工）
行安　ゆきやす
　行安茂　ゆきやす・しげる　倫理学者（世紀）
　行安美船　ゆきやす・みふね　「わが生涯」行安茂（日典3）
[7]行沢　ゆきざわ
　行沢雨晴　ゆきざわ・うせい　俳人（日典3）
　行沢一人　ゆきざわ・かずひと　神戸大学法学部助教授（日典3）
　行沢健三　ゆきざわ・けんぞう　国際経済学者（現執1期）
　行沢久隆　ゆきざわ・ひさたか　プロ野球監督（日典3）
[8]行実　ゆきざね
　行実郁子　ゆきざね・いくこ　「Microsoft Windows 2000入門」富士通オフィス機器（日典3）
　行実直美　ゆきざね・なおみ　日大医学部講師（国典）
　行実正利　ゆきざね・まさとし　郷土史家（郷土）
　行実みよ子　ゆきざね・みよこ　「瀬音」美研インターナショナル（日典3）
行宗　ゆきむね
　行宗蒼一　ゆきむね・そういち　リポーター,経営コンサルタント（日典3）
　行宗桃源　ゆきむね・とうげん　茶道宗匠（高知人）
　行宗登美　ゆきむね・とみ　「メイフィールドに吹く風」中西出版（日典3）
　行宗一　ゆきむね・はじめ　被爆者支援運動家（平和）

行武　いくたけ；ゆきたけ；ゆくたけ
　行武郁子　いくたけ・いくこ　「いつも一緒よあなた！」NHK学園（日典3）
　行武範行　ゆきたけ・のりこ　映像翻訳家,翻訳家（児人）
　行武正刀　ゆくたけ・まさと　医師（近医）
[9]行俊　ゆきとし
　行俊次郎　ゆきとし・じろう　「総説エレクトロスラグ鋳造法の原理と応用」（国典）
行政　ゆきまさ
　行政末蔵　ゆきまさ・ちょうぞう　労働運動家・農民運動家（コン4）
[14]行徳　ぎょうとく
　行徳玉江　ぎょうとく・ぎょくこう　画家（大阪人）
　行徳玉江　ぎょうとく・ぎょっこう　画家（美家）
　行徳健助　ぎょうとく・けんすけ　内科学者（日人）
　行徳拙軒　ぎょうとく・せっけん　医師（日人）
　行徳巳之助　ぎょうとく・みのすけ　弓道家,弓道錬士（弓道）

【1372】街

街　ちまた；まち
　街忠　ちまた・ただし　社会保険横浜中央病院長（日典）
　街順子　まち・よりこ　詩人（日典）
[9]街風　つむじ
　街風隆雄　つむじ・たかお　「私の源流」朝日新聞社（日典3）
　街風喜雄　つむじ・よしお　「お産教室」（国典）

【1373】衛

衛　えい
　衛紀生　えい・きせい　演劇評論家（現執4期）
[18]衛藤　えとう
　衛藤公雄　えとう・きみお　箏曲家,作曲家（作曲）
　衛藤瀋吉　えとう・しんきち　国際政治学者（日人）
　衛藤即応　えとう・そくおう　仏教学者,僧侶（曹洞宗）（日人）
　衛藤速　えとう・はやし　政治家（政治）
　衛藤ヒロユキ　えとう・ひろゆき　漫画家,ディスクジョッキー（幻想）

衣部

【1374】 衣

[3]衣川　いがわ；きぬかわ；きぬがわ；ころもがわ
　衣川元一　いがわ・もといち　「SL讃歌」神戸新聞事業社（日典3）
　衣川加寿子　きぬかわ・かずこ　衣川音楽塾主宰（日典3）
　衣川孔雀　きぬがわ・くじゃく　女優（新芸）
　衣川次郎　ころもがわ・じろう　「黒潮」北溟社（日典3）

[7]衣更着　きさらぎ
　衣更着信　きさらぎ・しん　詩人,翻訳家（日人）

衣谷　きぬたに
　衣谷遊　きぬたに・ゆう　漫画家（YA）

[8]衣奈　えな
　衣奈多喜男　えな・たきお　朝日新聞企画担当・役員待隅（日典3）

[9]衣巻　きぬまき
　衣巻顕明　きぬまき・けんめい　三木市長（日典3）
　衣巻省三　きぬまき・せいぞう　詩人,小説家（日人）
　衣巻豊輔　きぬまき・とよすけ　「魚肉ねり製品」恒星社厚生閣（日典3）

[11]衣笠　きぬがさ
　衣笠豪谷　きぬがさ・ごうこく　日本画家,南画家（日人）
　衣笠祥雄　きぬがさ・さちお　プロ野球選手,野球解説者（日人）
　衣笠静夫　きぬがさ・しずお　実業家（日人）
　衣笠貞之助　きぬがさ・ていのすけ　映画監督（コン4）
　衣笠駿雄　きぬがさ・はやお　陸軍軍人,自衛官（陸海）

衣袋　いぶくろ
　衣袋賢二　いぶくろ・けんじ　「東北アルプス」（国典）
　衣袋宏美　いぶくろ・ひろみ　「Professionalアクセス解析」技術評論社（日典3）

衣麻　えま
　衣麻遼子　えま・りょうこ　女優（和モ）

[12]衣斐　いび；えび
　衣斐賢譲　いび・けんじょう　政治家（現政）
　衣斐正宣　いび・まさよし　能楽師（能狂言）
　衣斐栗雄　えび・くりお　富士電機産業（株）代表取締役社長（日典3）
　衣斐射吉　えび・さいきち　「東亜の形勢と日本の将来」立命館大学出版部（日典3）

【1375】 表

表　おもて
　表章　おもて・あきら　国文学者（日人）
　表淳夫　おもて・あつお　俳優,声優（新芸）
　表真司　おもて・しんじ　写真家,ディレクター（写人）
　表棹影　おもて・とうえい　詩人（石川百）
　表与兵衛　おもて・よへえ　農政家（日人）

[7]表谷　おもてや；ひょうや
　表谷泰助　おもてや・たいすけ　全国労働組合同盟中大委員,中央一般書記長（アナ）
　表谷泰彦　ひょうや・やすひこ　日本経済新聞東京本社編集局文化部編集委員（日典）

【1376】 衿

[11]衿野　えりの
　衿野未矢　えりの・みや　ノンフィクションライター（現執3期）

【1377】 袖

[4]袖木　そでき
　袖木雅如　そでき・つねゆき　「天使の涙」敷島書廊（日典3）

[11]袖崎　そでさき；そでざき
　袖崎修　そでさき・おさむ　「日本の文芸哲学」日本文芸社（日典3）
　袖崎栄一　そでざき・えいいち　近畿大学九州工学部教授（日典）

【1378】 袴

[5]袴田　はかまた；はかまだ
　袴田和夫　はかまた・かずお　「箱根火山探訪」神奈川新聞社（日典3）
　袴田勝弘　はかまた・かつひろ　「お茶の力」化学工業日報社（日典3）
　袴田里見　はかまだ・さとみ　社会運動家（コン4）
　袴田茂樹　はかまだ・しげき　国際政治学者（日人）

[7]袴谷　はかまや
　袴谷憲昭　はかまや・のりあき　仏教学者（日人）

[12]袴塚　はかまずか
　袴塚周蔵　はかまずか・しゅうぞう　志士（幕末）
　袴塚淳　はかまずか・じゅん　ジャズマン（ジヤ）
　袴塚紀子　はかまずか・のりこ　「ジュディ・ガーランド」キネマ旬報社（日典3）
　袴塚里絵　はかまずか・りえ　「障害を輝きにかえて」岩波書店（日典3）

衣部（袋, 裁, 補, 裾, 裏） 両部（西）　　　　　　　　　〔1384〕

【1379】 袋

袋　ふくろ
袋一平　ふくろ・いっぺい　ソ連映画・文化研究者, ロシア文学者(日人)
袋久平　ふくろ・きゅうへい　渡航者(海越新)
袋正　ふくろ・ただし　俳優(映男)
袋光雄　ふくろ・みつお　宮城県議, 宮城県農協中央会会長(日典3)
袋美光　ふくろ・よしみつ　昭和シェル石油仙台支店長(日典3)

[7]**袋谷　ふくろたに；ふくろだに**
袋谷邦子　ふくろたに・くにこ　ヒューマンアカデミー講師(日典3)
袋谷賢吉　ふくろだに・けんきち　富山大学工学部知能情報工学科教授(日典3)
袋谷幸義　ふくろだに・ゆきよし　写真家(写人)

【1380】 裁

[8]**裁松　うえまつ**
裁松正子　うえまつ・まさこ　帝国女子医学専門学校読書会メンバー(社史)

【1381】 補

[5]**補永　ほなが**
補永栄子　ほなが・えいこ「今日から始める統合失調症のワークブック」新興医学出版社(日典3)
補永茂助　ほなが・しげすけ　神道学者(日人)
補永茂助　ほなが・もすけ　神道学者(神史)

【1382】 裾

[4]**裾分　すそわけ**
裾分一立　すそわけ・かずたつ　裁判所判事(岡山歴)
裾分一弘　すそわけ・かずひろ　美術評論家(日人)

【1383】 裏

[5]**裏辻　うらつじ**
裏辻加寿子　うらつじ・かずこ　女性運動家(近女)
裏辻公愛　うらつじ・きんよし　公家(幕末)
裏辻耕文　うらつじ・こうぶん　俳人(島根歴)
裏辻鉄笛　うらつじ・てってき　俳人(島根歴)
裏辻彦六郎　うらつじ・ひころくろう　華族, 軍人(日人)

両部

【1384】 西

[3]**西下　にしした**
西下彰俊　にしした・あきとし「高齢者福祉論」川島書店
西下賀恵　にしした・かえ　スキー選手(日典3)
西下和記　にしした・かずき　スキー選手(日典3)
西下経一　にしした・きょういち　日本文学者(日人)
西下経一　にしした・けいいち　国文学者(岡山人)

西上　にしうえ；にしかみ；にしがみ
西上周作　にしうえ・しゅうさく「算数ミニミニ3分間プリント」清風堂書店出版部(日典3)
西上青曜　にしかみ・せいよう　画家, イラストレーター(日典3)
西上国蔵　にしがみ・くにぞう　品種改良家(日人)

西丸　さいまる；にしまる
西丸いさ子　さいまる・いさこ　日本画家(日人)
西丸帯刀　さいまる・たてわき　水戸藩郷士(人書94)
西丸四方　にしまる・しほう　精神医学者(近医)
西丸震哉　にしまる・しんや　食生態学者(日人)

西大立目　にしおおたちめ；にしおおだちめ
西大立目祥子　にしおおたちめ・しょうこ「仙台とっておき散歩道」無明舎出版(日典3)
西大立目信雄　にしおおたちめ・のぶお　元・青梅電機社長(日典3)
西大立目永　にしおおだちめ・ひさし　元・野球審判員(日典)

西大条　にしおおえだ
西大条覚　にしおおえだ・さとる　技師(土木)
西大条規　にしおおえだ・ただし　教育家(宮城百)
西大条透　にしおおえだ・とおる「地方農事試験場ところどころ」農業発達史調査会(日典3)
西大条学　にしおおえだ・まなぶ　医師(日典3)

西川　さいかわ；にしかわ；にしがわ
西川正純　さいかわ・まさずみ　政治家(現政)
西川正治　にしかわ・しょうじ　物理学者(コン4)
西川泉　にしがわ・いずみ　労働運動家(高知人)

[4]**西之園　にしのその**
西之園君子　にしのその・きみこ「はじめての在宅介護」医歯薬出版(日典3)
西之園至郎　にしのその・しろう「西之園至郎脚本集」門土社総合出版(日典3)
西之園晴夫　にしのその・はるお　教育工学者(現執4期)

西五辻　にしいつつじ
西五辻文仲　にしいつつじ・あやなか　社司, 官吏(日人)

西木　さいき；にしき
　西木暉　さいき・てる　「八条院[アキ]子と運慶」鳥影社（日典3）
　西木忠一　にしき・ただかず　古文学者（滋賀文）
　西木正明　にしき・まさあき　小説家、ノンフィクション作家（日人）

⁵西代　にししろ；にしだい；にしよ
　西代明子　にししろ・あきこ　建築家（日典）
　西代義治　にしだい・よしはる　日本労働組合全国協議会京都地方責任者（社史）
　西代一博　にしよ・かずひろ　ドラマー（ジヤ）

西出　にしいで；にしで
　西出不二雄　にしいで・ふじお　「空想的社会主義教育論」明治図書出版（日典3）
　西出昌弘　にしいで・まさひろ　京響（日典）
　西出大三　にしで・だいぞう　截金家、工芸家（日人）
　西出朝風　にしで・ちょうふう　歌人（日人）

西占　にしうら
　西占貢　にしうら・みつぐ　医師（近医）

西平　にしだいら；にしひら
　西平艶太郎　にしだいら・つやたろう　大阪市電自助会メンバー（社史）
　西平重喜　にしひら・しげき　統計学者（世紀）
　西平直喜　にしひら・なおき　心理学者（現執4期）

西広　さいひろ；にしひろ
　西広なつき　さいひろ・なつき　「サークル・マジック」小学館（日典3）
　西広淳　にしひろ・じゅん　「保全生態学の技法」東京大学出版会（日典3）
　西広整輝　にしひろ・せいき　官僚（日人）

西立野　にしたての
　西立野研二　にしたての・けんじ　「心臓病に負けるな」（国典）
　西立野園子　にしたての・そのこ　東京外国語大学外国語学部教授（日典3）

⁶西光　さいこう；にしみつ
　西光義遵　さいこう・ぎじゅん　僧侶（真宗）
　西光万吉　さいこう・まんきち　社会運動家,劇作家（コン4）
　西光千代子　にしみつ・ちよこ　ピアニスト（音人3）
　西光義弘　にしみつ・よしひろ　神戸大学文学部文学科助教授（日典）

西向　にしむかい；にしむこ
　西向弘明　にしむかい・ひろあき　「血清型の知識」金原出版（日典3）
　西向昭　にしむかい・よしあき　ラテンアメリカ経済学者（現執1期）
　西向聡　にしむこ・ひとし　「海の柩」熊本出版文化会館（日典3）

西有　にしあり
　西有穆山　にしあり・ぼくさん　僧（仏教）
　西有穆山　にしあり・ぼくさん　僧侶（日人）

西牟田　にしむた；にしむだ
　西牟田和子　にしむた・かずこ　声楽家（音人3）

西牟田砥潔　にしむた・ときよ　弓道家,弓道範士,大学教授,神職（弓道）
西牟田久雄　にしむだ・ひさお　「死の哲学」東京図書出版会、リフレ出版（発売）（日典3）

西羽　さいば；にしは
　西羽生　さいば・いく　「ファイルメーカーPro 6.0 パーフェクトマニュアル」アスキー（日典3）
　西羽晃　にしは・あきら　「桑名の歴史」（国典）

⁷西坂　にしさか；にしざか
　西坂伊三郎　にしさか・いさぶろう　伸銅工組合新進会メンバー（社史）
　西坂成一　にしさか・なりかず　儒者（姓氏石川）
　西坂勝人　にしざか・かつんど　警察署長（神奈川人）
　西坂春水　にしざか・しゅんすい　陶芸家（陶芸最）

西形　にしかた；にしがた
　西形節子　にしかた・せつこ　舞踊評論家（日典）
　西形平七郎　にしかた・へいしちろう　中山村戸長（姓氏群馬）
　西形達明　にしがた・たつあき　「土質力学」鹿島出版会（日典3）

西応　にしおう
　西応鳳城　にしおう・ほうじょう　コスモス同人（国典）

西条　さいじょう；にしじょう
　西条嫩子　さいじょう・ふたばこ　詩人、童謡作家（現詩）
　西条八十　さいじょう・やそ　詩人,フランス文学者（コン4）
　西条億重　にしじょう・おくしげ　小学校教員（社史）
　西条一止　にしじょう・かずし　鍼灸学研究者（視覚）

西来　にしな；にしらい
　西来人美　にしな・ひとみ　「ジュエリー・アキ」扶桑社（日典3）
　西来武治　にしらい・たけはる　編集者（国典）
　西来みわ　にしらい・みわ　「ねんころり」新葉館出版（日典3）

西来路　さいらいじ
　西来路秀男　さいらいじ・ひでお　衆議院速記者養成所長,日本速記協会理事長（日典3）
　西来路史雄　さいらいじ・ふみお　衆議院記録部副部長（国典）

西沢　さいざわ；にしさわ；にしざわ；にじざわ
　西沢光義　さいざわ・みつよし　日本医科大学助教授（日典）
　西沢康男　にしさわ・やすお　「無尿と乏尿」（国典）
　西沢笛畝　にしざわ・てきほ　日本画家、人形工芸家（コン4）
　西沢昭信　にじざわ・あきのぶ　「素顔のイタリアン」ワイン王国（日典3）

西角　にしかく；にしかど
　西角茉美　にしかく・まみ　タレント（テレ）
　西角桂花　にしかど・けいか　「泉大津市年代記」泉大津市立図書館（日典3）

西部(西)

西角けい子　にしかど・けいこ　「すべての成績は、国語力で9割決まる！」ダイヤモンド社(日典3)

西角井　にしつのい
西角井正一　にしつのい・まさかず　神官(埼玉人)
西角井正大　にしつのい・まさひろ　民俗芸能研究者(現執2期)
西角井正慶　にしつのい・まさよし　日本文学者,歌人(コン4)

西谷　にしたに；にしや
西谷啓治　にしたに・けいじ　宗教哲学者(コン4)
西谷能雄　にしたに・よしお　出版評論家,実業家(日人)
西谷嘉三郎　にしや・かさぶろう　実業家(青森人)
西谷綱庵　にしや・けいあん　大和田原本藩家老(郷土奈良)

西谷内　にしやうち
西谷内征洲　にしやうち・せいしゅう　人形の秀月専務取締役(人情)
西谷内秀子　にしやうち・ひでこ　秀月(人形店)副社長(日典3)
西谷内博美　にしやうち・ひろみ　「核廃棄物と熟議民主主義」新泉社(日典3)

西邑　にしむら
西邑昌一　にしむら・しょういち　サッカー選手・監督(日典3)
西邑亨　にしむら・とおる　フリーライター(日典3)
西邑虎四郎　にしむら・とらしろう　銀行家(コン)
西邑胤四郎　にしむら・とらしろう　銀行家(朝日)
西邑信男　にしむら・のぶお　日本医科大学医学部附属病院麻酔科教授(日典3)

西邨　にしむら
西邨顕達　にしむら・あきさと　同志社大学理工学研究所教授(日典3)
西邨滋　にしむら・しげる　陶芸家(陶芸最)
西邨辰民　にしむら・たつさぶろう　京都民芸協会会長(日典3)
西邨マユミ　にしむら・まゆみ　料理研究家(日典3)

西里　にしさと；にしざと
西里静彦　にしさと・しずひこ　オンタリオ教育大学大学院教授(日典)
西里扶甬子　にしさと・ふゆこ　アナウンサー,テレビプロデューサー(テレ)
西里竜夫　にしざと・たつお　社会運動家,記者(日人)
西里龍夫　にしざと・たつお　社会運動家(平和)

西阪　にしさか；にしざか
西阪専慶〔16代〕　にしさか・せんけい　華道家(世紀)
西阪文雄　にしさか・ふみお　国鉄職員(郷土滋賀)
西阪専慶〔16代〕　にしざか・せんけい　華道家(日人)

西阪保治　にしざか・やすはる　牧師(キリ)

[8]西京　さいきょう
西京司水　さいきょう・しすい　俳人(日人)
西京寅太　さいきょう・とらた　警察官(人名)
西京芳宏　さいきょう・よしひろ　「根走る」天幕書房(日典3)

西依　にしより
西依祥一　にしより・しょういち　中部電力取締役(日典3)
西依成斎　にしより・せいさい　儒者＝近世(人名5)
西依ちづる　にしより・ちづる　NHKアナウンサー(日典3)
西依六八　にしより・ろくはち　「商品学講義」丸善(日典3)

西岸　さいがん
西岸良平　さいがん・りょうへい　漫画家(幻想)

西念　さいねん
西念秋夫　さいねん・あきお　陶芸家(陶芸最)

西東　さいとう
西東玄　さいとう・げん　評論家,著述家(現執3期)
西東三鬼　さいとう・さんき　俳人,医師(コン4)
西東妙子　さいとう・たえこ　歌人(北海道3)
西東直吉　さいとう・なおきち　南極探検隊船長(石川百)
西東登　さいとう・のぼる　推理作家(日人)

西河堂　せいがどう
西河堂大樹　せいがどう・たいじゅ　中国文学研究者(人書)

西治　にしじ
西治辰雄　にしじ・たつお　経営統計学者(現情)

西迫　にしさこ
西迫政夫　にしさこ・まさお　公認会計士(国典)

西門　さいもん；にしかど
西門佳里　さいもん・かり　小説家(幻想)
西門久美子　さいもん・くみこ　「あの日、ぼくが見た空」エクスナレッジ(日典3)
西門正巳　にしかど・まさみ　経営学者(現執2期)
西門義一　にしかど・よしかず　植物病理学者,菌学者(日人)

[9]西信　さいしん
西信元嗣　さいしん・もとつぐ　奈良医科大講師(国学)

西垣内　にしがいち；にしがいと；にしがうち
西垣内良夜　にしがいち・りょうや　俳人(日人)
西垣内堅佑　にしがいと・けんすけ　弁護士(世紀)
西垣内泰介　にしがうち・たいすけ　「ことばの科学ハンドブック」研究社(日典3)

西垣戸　にしがいと
西垣戸勝　にしがいと・まさる　朝日新聞大阪本社編集委員(日典3)

西城　さいき；さいじょう；にしじょう
西城信　さいき・しん　「ゲッベルス」(国典)

西城秀樹　さいじょう・ひでき　歌手,俳優(和モ)
西城秀枝　にしじょう・ひでえ「山郷巨変」(国典)

西室　にしむろ
西室厚　にしむろ・あつし　双葉電子工業社長(日典3)
西室主計　にしむろ・かずえ　(株)西忠社長(日典3)
西室吉助　にしむろ・きちすけ　薬種屋,平民社系社会主義者(社史)
西室智　にしむろ・さとし　日本エヌ・ユー・エス(株)事業企画推進室専門部長(日典3)
西室覚　にしむろ・さとる　政治家(現政)

西海　さいかい；にしうみ；にしかい；にしがい；にしみ
西海一人　さいかい・かずと「老いぼれ旅日記」筑波書林(日典3)
西海英雄　にしうみ・ひでお　工学博士(国典)
西海聡子　にしかい・さとこ「かんたんメソッドコードで弾きうたい」河合楽器製作所・出版部(日典3)
西海賢二　にしがい・けんじ　東京家政学院大学大学院人間生活学研究科助教授(現執4期)
西海太郎　にしみ・たろう「ヒトラーの前夜」新日本出版社(JM)

西海枝　さいかいし；さいかち
西海枝静　さいかいし・しずか　神学者(日人)
西海枝信隆　さいかち・のぶたか　弁護士(山形百新)
西海枝融　さいかち・ゆずる　会社役員(山形百新)

西津　さいつ；にしず；にしつ
西津隆　さいつ・たかし　フクニチ新聞印刷局長兼制作局長(日典)
西津安倭　にしず・あわ「ザ合格」鳥影社(日典3)
西津佐和子　にしつ・さわこ　神戸学院大学法学部法律学科専任講師(日典)

西畑　にしはた；にしばた
西畑勇夫　にしはた・いさお　土木工学者(姓氏愛知)
西畑三樹男　にしはた・みきお　会社役員(現執4期)
西畑知佐代　にしばた・ちさよ　福井県議(無所属,坂井市)(日典3)

西郊　にしおか
西郊文夫　にしおか・ふみお　医師(日典3)
西郊良光　にしおか・りょうこう　僧侶(日典)

西風　ならい；にしかぜ
西風隆介　ならい・りゅうすけ　オカルト評論家,小説家(幻想)
西風金之助　にしかぜ・きんのすけ　大阪金属労組氷心境川支部長(社史)
西風重遠　にしかぜ・しげとう　政治家(和歌山人)

[10]西原　さいばら；にしはら；にしばら；にしひろ
西原清東　さいばら・せいとう　弁護士,政治家(世紀)

西原亀三　にしはら・かめぞう　実業家(コン4)
西原松生　にしばら・しょうせい「沖縄/ニライの海」月刊沖縄社(日典3)
西原亀三　にしひろ・かめぞう　実業家,政治家(履歴)

西家　さいけ；にしいえ
西家ヒバリ　さいけ・ひばり　漫画家(漫人)
西家孝子　にしいえ・たかこ「是風」銅林社(日典3)
西家正起　にしいえ・まさゆき　金属鉱業緊急融資基金理事長(日典3)

西宮　にしのみや；にしみや
西宮藤朝　にしのみや・とうちょう　評論家,翻訳家(世紀)
西宮藤長　にしのみや・ふじなが　出羽秋田藩士(日人)
西宮一民　にしみや・かずたみ　日本語学者(現執4期)
西宮秀　にしみや・ひで　水戸藩奥女中(日人)

西納　さいのう；にしの；にしのう
西納通隆　さいのう・みちたか　家相鑑定(国典)
西納楠太郎　にしの・くすたろう　社会運動家(社伝)
西納春雄　にしのう・はるお　同志社大学言語文化教育研究センター助教授(日典)

西郡　にしこおり；にしごおり；にしこり
西郡雄次郎　にしこおり・ゆうじろう「短期決戦！心理学論述対策」オクムラ書店(日典3)
西郡研太郎　にしごおり・けんたろう「代金回収手順と(秘)テクニック」あさ出版(日典3)
西郡亀一　にしこり・かめいち　井尻村助役(島根歴)

[11]西亀　さいき；にしかめ；にしき
西亀滋子　さいき・しげこ「移郷」沖積舎(日典3)
西亀正夫　にしかめ・まさお　地理学者,教育者(日児)
西亀元貞　にしき・もとさだ　脚本家(映人)

西側　にしがわ；にしら
西側明和　にしがわ・あきかず「リーダーシップの心理」大日本図書(日典3)
西側よしみ　にしがわ・よしみ　元・水泳選手(日典3)
西側通雄　にしら・みちお　中日本自動車短期大学教授(日典)

西堂　さいどう；にしどう
西堂紀一郎　さいどう・きいちろう　アイ・イー・エージャパン社長(日典3)
西堂達裕　さいどう・たつひろ　グラフィックデザイナー(日典3)
西堂行人　にしどう・こうじん　演劇評論家(現執4期)
西堂新六　にしどう・しんろく「365日の教養」高風館(日典3)

西埜　にしの
西埜章　にしの・あきら　公法学者(現執4期)
西埜明美　にしの・あけみ「海景」本阿弥書店(日典3)

西堀　にしほり；にしぼり
　西堀和夫　にしほり・かずお　「めまい」土佐出版社（日典3）
　西堀弥寿雄　にしほり・やすお　元・三井不動産（株）常務取締役（日典）
　西堀一三　にしほり・いちぞう　茶道研究家, 花道研究家（日人）
　西堀栄三郎　にしほり・えいざぶろう　化学者, 登山家（コン4）

西崎　にしさき；にしざき
　西崎彰　にしさき・あきら　「小児科シークレット」メディカル・サイエンス・インターナショナル（日典3）
　西崎毅　にしさき・たけし　国税庁官房参事官（日典）
　西崎緑　にしざき・みどり　日本舞踊家（コン4）
　西崎緑〔1代〕　にしざき・みどり　日本舞踊家（日人）

西部　せいぶ；にしぶ；にしべ
　西部秀夫　せいぶ・ひでお　「ホルモン」廣川書店（書籍）
　西部晃彦　にしぶ・てるひこ　政治家（現政）
　西部邁　にしべ・すすむ　経済学者, 評論家（日人）

西野入　にしのいり
　西野入愛一　にしのいり・あいいち　大阪経済大理事長（日典3）
　西野入徳　にしのいり・いさお　「世界の食糧問題」岩波書店（日典3）
　西野入曲川　にしのいり・きょくせん　書家（姓氏長野）
　西野入尚一　にしのいり・しょういち　医師（日人）
　西野入二郎　にしのいり・じろう　大成サービス社長（日典3）

¹²西塚　にしずか；にしつか
　西塚定一　にしずか・さだいち　出版人（出文）
　西塚泰美　にしずか・やすとみ　生化学者（日人）
　西塚増美　にしつか・ますみ　弓道家, 弓道教士（弓道）

西塔　さいとう
　西塔薫　さいとう・かおる　グラフィックデザイナー, イラストレーター（日典3）
　西塔恵　さいとう・けい　「誕生日占い」アミューズブックス（日典3）
　西塔幸子　さいとう・こうこ　歌人（日人）
　西塔松月　さいとう・しょうげつ　俳人（日典3）
　西塔士郎　さいとう・しろう　「小公子セディ」朝日ソノラマ（日典3）

西嵜　にしざき
　西嵜康雄　にしざき・やすお　児童文学研究家（児作）

西越　にしごし
　西越茂　にしごし・しげる　写真家（写家）

西道　さいとう；さいどう；にしみち
　西道堅　さいとう・かたし　「わが町備中町, そして平川—そのとき人々の暮しは文化は」西道堅（JM）

　西道堅　さいどう・かたし　備中町（岡山県）町長（日典3）
　西道章　にしみち・あきら　元・山陽電気工事取締役（日典）

西間　にしま
　西間三馨　にしま・さんけい　医師（日典3）

西須　さいす；にしす
　西須章　さいす・あきら　「細越城」西須テル子（日典）
　西須久子　にしす・ひさこ　「はじめてのドロンワーク」文化出版局（日典3）

¹³西園寺　さいおんじ
　西園寺公一　さいおんじ・きんかず　政治家（コン4）
　西園寺公望　さいおんじ・きんもち　政治家（コン5）
　西園寺源透　さいおんじ・げんとう　郷土史家（日人）
　西園寺八郎　さいおんじ・はちろう　宮内官（履歴）
　西園寺瞳　さいおんじ・ひとみ　ロック・ギタリスト（テレ）

西幹　にしもと
　西幹殷一　にしもと・たかいち　「公務員の労働法上の地位」司法研修所（日典3）
　西幹忠宏　にしもと・ただひろ　東京都専門相談員（日典）

¹⁴西端　にしはた；にしばた
　西端さおり　にしはた・さおり　タレント（テレ）
　西端驥一　しはた・としかず　耳鼻咽喉科学者（近医）
　西端さかえ　にしばた・さかえ　「四国八十八札所遍路記」（国典）
　西端行雄　にしばた・ゆきお　実業家（日人）

西銘　にしめ
　西銘恒三郎　にしめ・こうさぶろう　政治家（現政）
　西銘順志郎　にしめ・じゅんしろう　政治家（現政）
　西銘順治　にしめ・じゅんじ　政治家（日人）
　西銘生楽　にしめ・せいらく　画家（沖縄百）
　西銘徳太　にしめ・とくた　北米農業移民活動家, 北米沖縄県人会会長（社史）

¹⁵西潟　にしかた；にしがた
　西潟太蔵　しかた・ためぞう　農民（日人）
　西潟訥　にしかた・とつ　庄屋（日人）
　西潟昭子　にしがた・あきこ　三味線奏者, 箏曲家（山田流）（音人3）
　西潟美渓　にしがた・みけい　山田流箏曲演奏者（芸能）

西駕　さいが；にしが
　西駕秀俊　さいが・ひでとし　「発生生物学」オーム社（日典3）
　西駕龍洞　さいが・りゅうどう　書家（日典3）
　西駕秀俊　にしが・ひでとし　「たった一つの卵から」東京化学同人（日典3）

¹⁶西墻　にしがき
　西墻邦雄　にしがき・くにお　陶芸家（陶工）

| 西橋　にしはし；にしばし
　西橋健　にしはし・けん　人形遣い(日典3)
　西橋香峰　にしはし・こうほう　書家(日典3)
　西橋富次　にしばし・とみじ　靴工(社史)
　西橋正泰　にしばし・まさやす　アナウンサー(日典3)
| 西舘　にしたて；にしだて
　西舘さをり　にしたて・さおり　タレント(日典3)
　西舘好子　にしだて・よしこ　エッセイスト,演劇プロデューサー(現執3期)
　西舘代志子　にしだて・よしこ　女性問題評論家,演劇プロデューサー(世紀)
| 西頭　さいとう；にしとう
　西頭徳三　さいとう・とくそう　「ふるさと再見」『ふるさと再見』編纂委員会(日典3)
　西頭三雄児　さいとう・みおじ　愛知教育大学名誉教授(日典)
　西頭三太郎　にしとう・さんたろう　演劇・芸能評論家(福岡百)
　西頭哲三郎　にしとう・てつさぶろう　博多人形師(美工)
| 西館　にしだて
　西館孤清　にしだて・こせい　陸奥弘前藩用人(日人)
　西館善平　にしだて・ぜんぺい　漁業功労者(姓氏岩手)
　西館建哲　にしだて・たけあき　陸奥弘前藩家老(維新)
　西館融　にしだて・とおる　陸奥弘前藩家老(日人)
　西館一　にしだて・はじめ　出版人(出文)
[18]西藤　さいとう；にしとう；にしふじ
　西藤はりい　さいとう・はりい　富山県内女性記者第1号(富山百)
　西藤公司　にしとう・こうじ　岐阜県副知事(日典3)
　西藤潤　にしふじ・じゅん　「覆面作家のため息」講談社(日典3)

【1385】　要

| 要　かなめ
　要青豆　かなめ・あおまめ　「若い人はいいっ」コアマガジン(日典3)
　要明雄　かなめ・あきお　医師(日典3)
　要樹平　かなめ・じゅへい　日本画家(美家)
　要潤　かなめ・じゅん　俳優(日映男)
　要宏輝　かなめ・ひろあき　「正義の労働運動ふたたび」アットワークス(日典3)
| [5]要田　かなめだ；ようだ
　要田清　かなめだ・きよし　瞬報社写真印刷専務,「燭台」編集長(日典3)
　要田圭治　かなめだ・けいじ　「イギリスイメージ横断」春風社(日典3)
　要田洋江　ようだ・ひろえ　大阪市立大学大学院生活科学研究科助教授(日典3)

部首7画

見部

【1386】　見

| [3]見上　けんじょう；みかみ
　見上保　けんじょう・たもつ　「台湾・霧社事件の今昔―悲惨な事件とその裏面史」見上保(JM)
　見上昌睦　けんじょう・まさむつ　「コミュニケーション障害入門」大修館書店(日典3)
　見上和由　みかみ・かずよし　政治家(現政)
　見上義一　みかみ・ぎいち　実業家,政治家(姓氏神奈川)
| 見川　みかわ；みがわ
　見川舜水　みかわ・しゅんすい　詩人,医師(日典3)
　見川泰山　みかわ・たいざん　小説家・医師(郷土栃木)
　見川舜水　みがわ・しゅんすい　「国替―佐竹義宣一代 水戸の歴史第2部」筑波書林(JM)
| [5]見市　みいち
　見市公子　みいち・きみこ　日本産業カウンセラー協会理事長(日典3)
　見市建　みいち・けん　「インドネシアイスラーム主義のゆくえ」平凡社(日典3)
　見市雅俊　みいち・まさとし　研究者(現執4期)
　見市冬六　みいち・むとう　俳人(大阪文)
　見市六冬　みいち・むとう　俳人(俳文)
| 見目　けんもく
　見目秋三郎　けんもく・あきさぶろう　教育者,政治家(栃木歴)
　見目清　けんもく・きよし　塩谷郡太田村の政治家,実業家(栃木歴)
　見目重　けんもく・しげ　「妙法概論」栃の葉書房(製作)
　見目静　けんもく・しずか　医師,政治家(埼玉人)
　見目元一郎　けんもく・もといちろう　政党政治家(栃木歴)
| [6]見当　みとう
　見当邦雄　みとう・くにお　実業家(郷土栃木)
| [7]見坊　けんぼう
　見坊和雄　けんぼう・かずお　団体役員(現執2期)
　見坊田鶴雄　けんぼう・たずお　盛岡市長(日典3)
　見坊田鶴雄　けんぼう・たずお　政治家(姓氏岩手)
　見坊豪紀　けんぼう・ひでとし　明解研究所主宰者(世紀)
| 見尾　みお
　見尾勝馬　みお・かつま　哲学者(心理)
　見尾三保子　みお・みほこ　ミオ塾主宰(日典3)

見尾保幸　みお・やすゆき　医師（日典3）

見角　みかど
見角鋭二　みかど・えいじ　朝日新聞編集システム化本部員（日典3）
見角修二　みかど・しゅうじ　西武鉄道常務（日典）

[8]見学　けんがく
見学和雄　けんがく・かずお　コスモ・リサーチ社長（日典3）
見学玄　けんがく・げん　俳人（俳文）
見学信敬　けんがく・のぶたか　中小企業庁長官（日典）

見延　みのべ
見延庄士郎　みのべ・しょうしろう　「地球惑星科学入門」北海道大学出版会（日典3）
見延典子　みのべ・のりこ　小説家（小説）
見延女子　みのべ・はるこ　オフィス・レディ・エム専務（日典3）
見延順章　みのべ・よしあき　北海道議（自民党）（日典3）

見明　みあけ
見明清　みあけ・きよし　東京歯科大学名誉教授（日典3）
見明長門　みあけ・ながと　「山口県の植物方言集覧」見明好子（日典3）
見明凡太朗　みあけ・ぼんたろう　俳優（島根歴）
見明凡太郎　みあけ・ぼんたろう　俳優（島根百）

見附　みつけ
見附文雄　みつけ・ふみお　陶芸家（陶芸最）

[9]見城　けんじょう
見城重平　けんじょう・じゅうへい　実業家（姓氏群馬）
見城徹　けんじょう・とおる　編集者（創業）
見城美枝子　けんじょう・みえこ　エッセイスト、テレビキャスター（世紀）
見城幸雄　けんじょう・ゆきお　日本法制史学者（現執2期）
見城慶和　けんじょう・よしかず　中学校教師（日人）

見砂　みさご
見砂和照　みさご・かずあき　ドラム奏者（日典3）
見砂直照　みさご・ただあき　音楽家（日人）

[10]見原　みはら
見原浅次郎　みはら・あさじろう　弓道家、弓道教士（弓道）
見原正二郎　みはら・しょうじろう　日産九州工場勤務（日典3）
見原種　みはら・たね　「新蓬」初音書房（日典3）
見原民雄　みはら・たみお　ジャーナリスト（日典3）
見原昌次　みはら・まさひろ　山口新聞取締役主幹（日典3）

[11]見理　けんり
見理耿彦　けんり・あきひこ　駒沢学園女子高校教諭（日典3）
見理文周　けんり・ぶんしゅう　「逝きし日のうた」東根文学会（日典3）

見野　けんの；みの
見野全　けんの・あきら　「市民・企業・行政が担う公共サービスの姿」北海道大学大学院法学研究科附属高等法政教育研究センター（日典3）
見野久幸　けんの・ひさゆき　「半井本平治物語本文および語彙索引」武蔵野書院（日典3）
見野和夫　みの・かずお　立命館大学名誉教授（日典3）
見野貞夫　みの・さだお　経済学者（現執2期）

[18]見藤　みとう；みふじ
見藤隆子　みとう・たかこ　長野県看護大学学長（日典3）
見藤千代治　みふじ・ちよはる　「墓島からの生還」みずすまし舎（日典3）

【1387】　規

[3]規工川　きくかわ
規工川宏輔　きくかわ・こうすけ　熊本大学教授（日典）
規工川佑輔　きくかわ・ゆうすけ　歌人、教育者（現執3期）

【1388】　覚

覚　かく
覚和歌子　かく・わかこ　作詞家、小説家（幻想）

[4]覚井　かくい；さめい
覚井為吉　かくい・ためきち　富山女子短期大学付属高校講師（日典3）
覚井乗厳　さめい・じょうごん　僧侶（真宗）

[5]覚正　かくしょう；かくせい
覚正豊和　かくしょう・とよかず　敬愛大学国際学部国際協力学科助教授（日典）
覚正清三　かくせい・せいぞう　関西総合システム（株）代表取締役社長（日典）

[11]覚張　かくはり；がくはり
覚張貴子　かくはり・たかこ　「インテリアの本」講談社（日典3）
覚張秀樹　がくはり・ひでき　理学療法士（日典3）
覚張良次　がくはり・りょうじ　出版人（出文）

[12]覚道　かくどう
覚道健一　かくどう・けんいち　「甲状腺細胞診ベセスダシステム」シュプリンガー・ジャパン（日典3）
覚道健治　かくどう・けんじ　「口腔外科マニュアル」南山堂（日典3）
覚道豊治　かくどう・とよじ　憲法学者（現情）
覚道幸男　かくどう・ゆきお　大阪歯科大学名誉教授（日典3）

【1389】　親

[7]親里　おやさと；おやざと
親里政明　おやさと・まさあき　信州大学教育学部教授（日典3）

親里広　おやざと・ひろし「命燃えつきるまで」川満節子（日典3）

⁸親泊　おやどまり
親泊元清　おやどまり・げんせい　沖縄芝居役者（新芸）
親泊興照　おやどまり・こうしょう　舞踊家（日人）
親泊康晴　おやどまり・こうせい　政治家（平和）
親泊朝省　おやどまり・ちょうせい　軍人（陸海）
親泊朝擢　おやどまり・ちょうたく　教育者（日人）

¹¹親盛　おやもり
親盛長明　おやもり・ちょうめい　医師（日人）

¹³親跡　ちかあと
親跡平八郎　ちかあと・へいはちろう「松ケ峯遺跡百首」親跡平八郎（JM）

【1390】観

³観山　かんざん；みやま
観山湖月　かんざん・こげつ　心美の光主宰（日典）
観山正晃　みやま・しょうけん　国立天文台理論天文学研究系教授（日典）
観山雪應　みやま・せつよう「プロレゴーメナ 人倫の形而上学の基礎づけ」中央公論新社（日典3）

⁴観月　みずき；みつき
観月ありさ　みずき・ありさ　女優（日映女）
観月晶子　みずき・しょうこ　小説家（幻想）
観月祐太郎　みつき・ゆうたろう　コンピューター技術者（日典）

¹¹観堂　かんどう
観堂早奈恵　かんどう・さなえ　フラワーデザイナー（日典3）
観堂義憲　かんどう・よしのり　ジャーナリスト（現執3期）

角部

【1391】角

角　かく；かど；すみ；つの
角晃司　かく・こうじ　元・社会人野球選手（日典3）
角浩　かど・ひろし　洋画家（日人）
角聖子　すみ・せいこ　ピアニスト（演奏）
角嘉一　つの・かいち　能楽師（富山百）

³角丸　かくまる；かどまる
角丸泰子　かくまる・やすこ　フリーライター（YA）
角丸幸子　かくまる・ゆきこ　ピアニスト（日典3）
角丸つぶら　かどまる・つぶら「Excellent manga sketching techniques」Hobby Japan（日典3）

角口　かくぐち；かどぐち
角口さかえ　かくぐち・さかえ「春のうた」精巧堂出版（日典3）
角口伊三郎　かどぐち・いさぶろう　新家工業取締役（日典3）

角山　かくやま；かどやま；つのやま
角山勝義　かくやま・かつよし　児童文学作家（児人）
角山智　かどやま・さとる「角山智の銘柄分析力"強化"トレーニング」パンローリング（日典3）
角山栄　つのやま・さかえ　西洋史学者（日人）

角川　かくかわ；かくがわ；かどかわ；すみかわ；つのかわ
角川正　かくかわ・ただし「近代通信工学概論」電気書院（書籍）
角川秀樹　かくがわ・ひでき　騎手（日典）
角川源義　かどかわ・げんよし　出版人、俳人、国文学者（コン4）
角川周治郎　すみかわ・しゅうじろう　大阪商業大学経済学部教授（日典3）
角川淳　つのかわ・あつし「いつも結果を出せる営業」日本経済新聞社（日典3）

⁴角井　かくい；かどい；すみい；つのい
角井義雄　かくい・よしお　牧師、ボーイスカウト島根県連盟理事長（島根歴）
角井保　かどい・たもつ　富山市議・市会議長
角井菊雄　すみい・きくお　外科医、郷土史（近医）
角井英司　つのい・えいじ　ITプランナー（日典3）

角戸　かくど；すみと
角戸正夫　かくど・まさお　X線結晶学者（現情）
角戸一穂　すみと・いっすい「谺の声―句集」角戸一穂（JM）

角木　すみき；つのき
角木優子　すみき・ゆうこ　詩人（日典）
角木亨　つのき・とおる　中日新聞東京本社編集局整理部編集委員（日典）

⁵角本　かくもと；かどもと
角本永一　かくもと・えいいち　医師（近医）
角本良平　かくもと・りょうへい　交通評論家（日人）
角本伸晃　かどもと・のぶてる「ミクロ経済学入門」成文堂（日典3）
角本稔　かどもと・みのる　あすなろ（遊覧船）船長（日典）

角田　かくた；かくだ；かどた；すみた；すみだ；つのだ
角田光男　かくた・みつお　児童文学作家（日人）
角田浩々歌客　かくだ・こうこうかきゃく　新聞記者、評論家（日人）
角田直一　かどた・なおいち　郷土史家（郷土）
角田宏顕　すみた・こうけん　新聞記者（日人）
角田邦重　すみだ・くにしげ　法学者（現執4期）
角田忠行　つのだ・ただゆき　志士（コン4）

角矢　かくや；かどや
　角矢幸子　かくや・ゆきこ　バレリーナ(日典)
　角矢清則　かどや・きよのり　福井新聞広告局広告部長(日典)
　角矢幸繁　かどや・ゆきしげ「ロン・ウィルソン プロフェッショナルマジック」東京堂出版(日典3)

角石　かどいし
　角石寿一　かどいし・じゅいち「世界語ボアーボム」民生館(日典)
　角石保　かどいし・たもつ　詩人(四国文)

⁶角光　かくみつ；かどみつ
　角光嘯堂　かみつ・しょうどう　教育者(詩作)
　角光嘯堂　かどみつ・しょうどう「正しい詩の吟じ方」(国典)

角地　かくち
　角地和彦　かくち・かずひこ　華道家(日典3)
　角地徳久　かくち・のりひさ　国土庁官房審議官(日典3)
　角地正純　かくち・まさずみ　テノール歌手,合唱指揮者(音人3)
　角地幸男　かくち・ゆきお「足利義政」中央公論新社(日典3)
　角地要助　かくち・ようすけ　開拓士(姓氏富山)

角江　かどえ；すみえ
　角江登　かどえ・のぼる「最新土木材料」(国典)
　角江和美　すみえ・かずみ「近代日本文学作家論」国学院大学栃木学園図書館(日典3)

角竹　かくたけ；すみたけ
　角竹輝紀　かくたけ・あきのり「残夢抄」白桃短歌会(日典3)
　角竹喜登　すみたけ・よしのぶ　地方史研究家,教育家(考古)
　角竹喜登　すみたけ・よしのり　郷土史家(日典)

⁷角坂　かくさか；かどさか
　角坂泰忠　かくさか・やすただ　東芝物流常務・経営企画部長(日典3)
　角坂直記　かどさか・なおき「開けば当たる本！JRA主要90コース速効馬券術」東邦出版(日典3)
　角坂裕　かどさか・ひろし　建築家(日典3)

角尾　かくお；かどお；すみお；つのお
　角尾栄治　かくお・えいじ「I love Marie」日本写真企画(日典3)
　角尾隆信　かどお・たかのぶ「職場の法律相談」労働大学(日典3)
　角尾稔　すみお・みのる　幼児教育研究者(現執1期)
　角尾晋　つのお・すすむ　医学者(長崎歴)

角村　かくむら；かどむら；すみむら；つのむら
　角村俊一　かくむら・しゅんいち「働く人が会社ともめずにつきあう方法」ダイエックス出版(日典3)
　角村照久　かどむら・てるひさ「イチゴ白書―角村照久写真集」角村照久(JM)
　角村正博　すみむら・まさひろ　神戸学院大学経済学部助教授(日典)

角村克己　つのむら・かつみ「満州会社法」(国典)

角沢　かくざわ；つのざわ
　角沢照治　かくざわ・てるじ　アナウンサー(テレ)
　角沢明　つのざわ・あきら「生産財マーケティング戦略」生産性出版(日典3)

角谷　かくたに；かどたに；かどや；すみたに；すみや
　角谷静夫　かくたに・しずお　数学者(日人)
　角谷勇二　かどたに・ゆうじ　政治家(島根歴)
　角谷敦　かどや・あつし　広島修道大学経済科学部経済情報学科教授(日典3)
　角谷静男　すみたに・しずお　日本共産青年同盟大阪地方委員会事務局員(社史)
　角谷和代　すみや・かずよ　陶芸家(陶工)

⁸角免　かくめん
　角免栄児　かくめん・えいじ　俳人(大阪文)

角取　かとり
　角取明子　かとり・あきこ　ライター,編集者(日典3)
　角取猛司　かとり・たけし「照明設計と実際の考え方」東京電機大学出版局(書籍)
　角取猛司　かとり・たけし「照明設計の実際と考え方」東京電機大学出版局(日典3)

角岡　かどおか；つのおか
　角岡健一　かどおか・けんいち「TOEIC Testスキルアップ リスニング編」郁文堂(日典3)
　角岡賢一　かどおか・けんいち「英語が好きになる英音法」英宝社(日典3)
　角岡与　つのおか・あとう　政治家(現政)
　角岡田賀男　つのおか・たがお「海上労働運動―不屈のあゆみ」海上労働運動史資料編集委員会(日典3)

角松　かどまつ
　角松天　かどまつ・てん　フリーライター,翻訳家(日典3)
　角松敏生　かどまつ・としき　シンガー・ソングライター,音楽プロデューサー,映像プロデューサー(作曲)
　角松生史　かどまつ・なるふみ「法政策学の試み」信山社出版(日典3)
　角松正雄　かどまつ・まさお　経営学者(現執1期)

⁹角保　かくやす
　角保友一　かくやす・ともいち　大阪電気労働組合主事(社史)

角南　すなみ
　角南周吉　すなみ・しゅうきち　学生服作成の先覚者,社会事業家(岡山歴)
　角南俊輔　すなみ・しゅんすけ　弁護士(日人)
　角南松生　すなみ・しょうせい　洋画家(美家)
　角南隆　すなみ・たかし　建築家(美建)
　角南良三　すなみ・りょうぞう　岡山前線座メンバー(社史)

角屋　かどや；すみや
　角屋堅次郎　かどや・けんじろう　政治家(現政)
　角屋睦　かどや・むつみ　農業土木学者(日人)

角屋恵一　すみや・けいいち　弓道家,弓道教士（弓道）
角屋正隆　すみや・まさたか　出版人（出文）

角皆　つのかい；つのがい
角皆優人　つのかい・まさたか　元・スキー選手（日典）
角皆恵子　つのがい・けいこ　磐田市立東部小学校附属南御厨幼稚園代表（日典3）
角皆静男　つのがい・しずお　北海道大学大学院地球環境科学研究科教授（日典）

10角倉　かどくら；すみくら；すみのくら
角倉邦良　かどくら・くによし　群馬県議（無所属,高崎市）（日典3）
角倉一朗　すみくら・いちろう　音楽学者（世紀）
角倉玄寧　すみのくら・げんねい　京都の豪家,愛陶者（日人）

角家　かどや
角家悟一　かどや・ごいち「蒸気原動機」コロナ社（日典3）
角家暁　かどや・さとる　金沢医科大学教授（日典3）
角家孝之　かどや・たかゆき「医科点数表算定と請求Q&A」社会保険研究所（日典3）
角家文雄　かどや・ふみお「昭和言論史」（国典）

角宮　かどみや；つのみや
角宮二郎　かどみや・じろう「恐竜ひみつ事典」学習研究社（JM）
角宮悦子　つのみや・えつこ　歌人（世紀）
角宮二郎　つのみや・じろう「目指せ！パズルの帝王」学習研究社（日典3）

角能　かどの
角能充義　かどの・うじゅうぞう　砺波地方改進党の重鎮（姓氏富山）
角能清美　かどの・きよみ「保育現象の文化論的展開」（国典）
角能充朗　かどの・みつあき　経営教育コンサルタント（日典3）

11角埜　かどの
角埜武一　かどの・ぶいち「福嶋儀兵衛師の信話」（国典）
角埜恭央　かどの・やすお「ビジネス価値を創造するIT経営の進化」日科技連出版社（日典3）

角張　かくはり；かくばり；つのはり
角張英吉　かくはり・えいきち　(有)はなぶさ文化企画代表取締役（日典）
角張重蔵　かくばり・じゅうぞう　社会運動家（埼玉人）
角張光子　つのはり・みつこ　造形家（日典3）

角野　かくの；かどの；すみの；つの
角野裕　かくの・ゆう　ピアニスト（音人3）
角野栄子　かどの・えいこ　児童文学作家（日人）
角野尚徳　すみの・なおのり　実業家（姓氏鹿児島）
角野信夫　つの・のぶお　神戸学院大学経済学部教授（日典）

角鹿　つのか
角鹿清司　つのか・きよし「鉄の浮錆」ザ・ミズ（日典3）

角鹿扇三　つのか・せんぞう　考古学研究家（青森人）
角鹿哲也　つのか・てつや　いすゞ販売金融社長（日典3）

12角替　つのがい；つのかえ；つのがえ
角替豊　つのがい・ゆたか　京都府議（日典）
角替利策　つのかえ・りさく「化学繊維の実際知識」東洋経済新報社（日典3）
角替和枝　つのかえ・かずえ　女優（テレ）

角森　かくもり；つのもり
角森洋子　かくもり・ようこ「労働基準監督署への対応と職場改善」労働調査会（日典3）
角森みほ子　つのもり・みほこ「四詫」文学の森（日典）
角森雍次郎　つのもり・ようじろう「生徒指導の方法と実際」八千代出版（日典3）

角道　かくどう
角道昭　かくどう・あきら　勧角不動産社長（日典3）
角道かほる　かくどう・かおる　バイオリニスト（音人）
角道謙一　かくどう・けんいち　農林水産事務次官（日典3）
角道徹　かくどう・とおる　バイオリニスト（日典3）
角道正佳　かくどう・まさよし「土族語互助方言の研究」松香堂

角間　かくま；かどま
角間積善　かくま・かずよし「美ケ原の花と実」ほおずき書籍,星雲社（発売）（日典3）
角間隆　かくま・たかし　ノンフィクション作家,評論家,ジャーナリスト（日人）
角間真吾　かどま・しんご　通訳（日典3）

角階　つのがい
角階静男　つのがい・しずお　北海道大水産助教授（国典）

14角樋　すみひ
角樋清一　すみひ・せいいち　大阪伸銅工組合宣伝部長（社史）

角銅　かくどう
角銅健　かくどう・たけし　ブリヂストン専務（日典3）
角銅博之　かくどう・ひろゆき　映画監督（映人）

16角舘　かくだて；かくのだて
角舘勉　かくだて・つとむ「58分でわかるインターネット長者,大儲けのカラクリ!!」長崎出版（日典3）
角舘聡　かくのだて・さとし「耐放射線モータ駆動装置の高線量率ガンマ線照射下での連続動作試験」日本原子力研究開発機構（日典3）

18角藤　すどう；すみとう
角藤定憲　すどう・さだのり　新派俳優（コン5）
角藤定憲　すどう・ていけん　新派俳優（岡山百）
角藤陽一郎　すみとう・よういちろう「大戦略Ⅲ′90ガイドブック」秀和システムトレーディング（日典3）

角部（解）　言部（言，計，記，訓，許，設，詩）　　　　　　　　　　　　　　〔1399〕

[19]角瀬　かくらい
　　角瀬保雄　かくらい・やすお　経営学者（現執4期）

【1392】解

[7]解良　かいら；けら
　　解良喜久雄　かいら・きくお　トミタオート副社長（日典）
　　解良誠治　けら・せいじ　住宅・土地問題専門家（現執1期）
　　解良栄重　けら・よししげ　「良寛禅師奇話」野島出版（日典3）

言部

【1393】言

言　げん
　　言米元　げん・よねもと　農民（社史）

【1394】計

[7]計良　けいら；けら
　　計良美緒　けいら・みお　映画監督（映監）
　　計良弥作　けいら・やさく　職工（社史）
　　計良秀美　けら・ひでみ　「クラスター事例のイノポリス形成要素による回帰分析」文部科学省科学技術政策研究所（日典3）
　　計良ふき子　けら・ふきこ　児童文学作家（日典3）
計見　けいみ；けんみ
　　計見一風〔3代〕　けいみ・いっぷう　祭文師（日典）
　　計見一雄　けんみ・かずお　医師（日典）
[8]計奈　かずな
　　計奈恵　かずな・けい　「強引にマイウェイ」エニックス（日典3）
[9]計屋　はかりや
　　計屋圭宏　はかりや・けいこう　政治家（現政）
　　計屋珠江　はかりや・たまえ　神奈川県議（民主党、横浜市港北区）（日典3）

【1395】記

[5]記平　きひら
　　記平佳枝　きひら・よしえ　女優（映女）
　　記平佳枝　きひら・よしこ　女優（日典3）

【1396】訓

[7]訓谷　くにたに
　　訓谷沢水　くにたに・たくすい　画家＝近世（人名2）

[19]訓覇　くるべ
　　訓覇圭　くるべ・けい　テレビ演出家・プロデューサー（日典3）
　　訓覇浩　くるべ・こう　「近現代日本ハンセン病問題資料集成」不二出版（日典3）
　　訓覇信雄　くるべ・しんゆう　僧侶（日人）
　　訓覇曄雄　くるべ・てるお　大谷大学学長（日典3）
　　訓覇信雄　くるべ・のぶお　僧侶（現人）

【1397】許

[3]許山　のみやま；もとやま
　　許山孝一　のみやま・こういち　画家（日典）
　　許山秀哉　のみやま・ひでや　政治家（現政）
　　許山茂隆　もとやま・しげたか　医師、歌人（山梨百）
[5]許田　きょうだ；きょだ；もとだ
　　許田倉園　きょうだ・くらその　「中国有用植物図鑑」広川書店（JM）
　　許田信介　きょだ・しんすけ　ミュージシャン（テレ）
　　許田マチ子　もとだ・まちこ　医師（日典）
　　許田倉　きょだくら
　　許田倉園　きょだくら・その「雲南の植物」日本放送出版協会（JM）
[12]許斐　このみ
　　許斐氏連　このみ・うじつら　ODB社長（日典3）
　　許斐氏利　このみ・うじとし　実業家、射撃選手（日典）
　　許斐儀一郎　このみ・ぎいちろう　写真家（写家）
　　許斐剛　このみ・たけし　漫画家（漫人）
　　許斐義信　このみ・よしのぶ　経営コンサルタント（現執3期）
[13]許勢　このせ
　　許勢常安　このせ・つねやす　中国文学研究者（中専）

【1398】設

[8]設和　せちわ
　　設和幹　せちわ・みき　洋画家（日典）
[13]設楽　したら；しだら
　　設楽幸嗣　したら・こうじ　俳優（映男）
　　設楽天僕　したら・てんぼく　医師・教育者（姓氏群馬）
　　設楽博　しだら・ひろし　映画監督（映監）
　　設楽正雄　しだら・まさお　管理工学者（現執2期）

【1399】詩

[3]詩川　うたかわ；うたがわ
　　詩川しぐれ　うたかわ・しぐれ　作詞家（日典3）
　　詩川しぐれ　うたがわ・しぐれ　「生きとったらいいことある」河北新聞社（JM）

⁴詩水　しみず

詩水じゅんいち　しみず・じゅんいち　中国漫談家, 司会者（日典3）
詩水淳一　しみず・じゅんいち　中国漫談家（人情）

⁷詩村　うたむら；しむら

詩村あかね　うたむら・あかね　詩人（日典）
詩村映二　しむら・えいじ　詩人,随筆家,映画解説者（兵庫文）
詩村博史　しむら・ひろし　放送作家（日典）

【1400】誉

⁵誉田　ほんだ

誉田慶恩　ほんだ・きょうおん　日本史研究者（郷土）
誉田甚八　ほんだ・じんぱち　軍人（日人）
誉田束稲　ほんだ・つかね　神職（姓氏静岡）
誉田哲也　ほんだ・てつや　小説家（幻想）
誉田季麿　ほんだ・としまろ　社会運動家（アナ）

【1401】詫

¹⁵詫摩　たくま

詫摩清秀　たくま・きよひで　政治家（群馬人）
詫摩啓輔　たくま・けいすけ　「わかりやすい機能性色素材料」工業調査会（日典3）
詫摩武俊　たくま・たけとし　心理学者（日人）
詫摩武人　たくま・たけひと　小児科学者（日人）
詫摩治利　たくま・はるとし　実業家（姓氏群馬）

【1402】説

⁵説田　せった；せつた；せつだ

説田直次　せった・なおじ　弓道家,弓道錬士（弓道）
説田義暉　せつた・よしてる　「こんなときどうする」電気書院（日典3）
説田長彦　せつだ・おさひこ　シェル石油専務（日典3）

【1403】読

⁷読谷山　よみたんざん；よみやま

読谷山朝英　よみたんざん・ちょうえい　舞踊・組踊伝承者（芸能）
読谷山洋司　よみたんざん・ようじ　総務省大臣官房企画官（日典3）
読谷山昭　よみやま・あきら　旭化成工業副社長（日典3）
読谷山朝典　よみやま・ともすけ　洋画家（洋画）

【1404】諸

³諸口　もろくち；もろぐち

諸口正巳　もろくち・まさみ　「灰燼騎士団」中央公論新社（日典3）
諸口会三　もろぐち・かいぞう　農業団体役員（埼玉人）
諸口十九　もろぐち・つづや　映画俳優（日人）

⁴諸井　もろい

諸井貫一　もろい・かんいち　経営者,財界人（コン4）
諸井虔　もろい・けん　経営者（日人）
諸井三郎　もろい・さぶろう　作曲家（コン4）
諸井恒平　もろい・つねへい　実業家（コン5）
諸井誠　もろい・まこと　作曲家（コン4）

⁵諸永　もろなが

諸永青晁　もろなが・せいちょう　日本画家（美家）
諸永直　もろなが・ただし　行政管理庁行政監察局長（日典3）
諸永恒夫　もろなが・つねお　「かな恵る。」学研パブリッシング,学研マーケティング（発売）（日典3）
諸永敏男　もろなが・としお　栄進産業社長（日典3）
諸永裕司　もろなが・ゆうじ　「AERA」編集部

諸田　もろた；もろだ

諸田由里子　もろた・ゆりこ　ピアニスト（演奏）
諸田玲子　もろた・れいこ　小説家（小説）
諸田幸一　もろだ・こういち　銀行家（郷土群馬）
諸田政治　もろだ・せいじ　武道史研究家（日典）

⁷諸町　もろまち

諸町春吉　もろまち・しゅんきち　醸造工（社史）
諸町新　もろまち・しん　洋画家（美家）

諸見里　もろみさと；もろみざと

諸見里安憙　もろみさと・あんき　沖縄タイムス編集局政経部長・論説委員（日典）
諸見里秀思　もろみざと・しゅうし　舞踊家（社史）
諸見里朝鴻　もろみざと・ちょうこう　沖縄の新聞記者（社史）

諸角　もろずみ

諸角和儔　もろずみ・かずとし　教育者,評論家（日児）
諸角啓二郎　もろずみ・けいじろう　俳優（映男）
諸角聖　もろずみ・さとし　東京都立衛生研究所微生物部真菌研究室主任研究員（日典3）
諸角せつ子　もろずみ・せつこ　「権太坂」本阿弥書店（日典3）
諸角寿一　もろずみ・としかず　「日本野鳥写真大全」クレオ（日典3）

諸谷　もろたに；もろや

諸谷義武　もろたに・よしたけ　政治家（郷土長崎）
諸谷泰仙　もろや・たいせん　篆刻家（姓氏岩手）

言部（諸, 請, 調）

諸里　もろさと；もろざと
　諸里正典　もろさと・まさのり　政治家（現政）
　諸里小波　もろざと・こなみ　「あなたのマナー芸術」冬青社（日典3）

[8]諸岳　もろがく；もろたけ
　諸岳奕堂　もろがく・えきどう　曹洞宗の僧（コン改）
　諸岳奕堂　もろたけ・えきどう　曹洞宗の僧（コン4）

諸治　もろじ
　諸治隆嗣　もろじ・たかし　「メイヨー・クリニックアルツハイマー病」法研（日典3）

[9]諸星　もろほし；もろぼし
　諸星成章　もろほし・せいしょう　日本画家（日人）
　諸星大二郎　もろほし・だいじろう　漫画家（幻想）
　諸星大二郎　もろほし・だいじろう　漫画家（日人）
　諸星裕　もろほし・ゆたか　（テレ）

諸泉　もろいずみ
　諸泉利嗣　もろいずみ・としつぐ　「土壌物理学」築地書館（日典3）
　諸泉祐正　もろいずみ・ゆうしょう　「専正池坊のいけ花」講談社（日典3）
　諸泉祐陽　もろいずみ・ゆうよう　華道家, 茶道家（現執3期）
　諸泉頼子　もろいずみ・よりこ　華道家（日典3）

[10]諸根　もろね
　諸根貞夫　もろね・さだお　「現代立憲主義の認識と実践」日本評論社（日典3）
　諸根樟一　もろね・しょういち　郷土史家（日人）
　諸根正一　もろね・しょういち　古書店主, 地方史研究家（社史）
　諸根ミツ　もろね・みつ　「わすれなぐさ」諸根啓介（日典3）

[11]諸冨　もろとみ；もろどみ
　諸冨隆　もろとみ・たかし　北海道大学名誉教授（日典）
　諸冨節　もろとみ・つとめ　医師（日典3）
　諸冨増夫　もろどみ・ますお　元・防衛施設庁長官（日典）

諸葛　しょかつ；もろくず
　諸葛翼竜　しょかつ・よくりゅう　「幕末志士占い」一迅社（日典3）
　諸葛信澄　もろくず・しんちょう　教育者（教育）
　諸葛信澄　もろくず・のぶずみ　長門長府藩士（日人）

[12]諸遊　もろゆ
　諸遊弥九郎　もろゆ・やくろう　農村指導者（日人）

[14]諸熊　もろくま
　諸熊奎治　もろくま・けいじ　理論化学者（日典3）
　諸熊謙治　もろくま・けんじ　弓道家, 弓道錬士（弓道）
　諸熊勇助　もろくま・ゆうすけ　「『読書人』の方へ」海鳥社（日典3）

[16]諸橋　もろはし
　諸橋久太郎　もろはし・きゅうたろう　政治家, 実業家（日人）
　諸橋晋六　もろはし・しんろく　経営者（日人）
　諸橋健久　もろはし・たけひさ　ビオラ奏者（音人3）
　諸橋轍次　もろはし・てつじ　漢学者（コン4）
　諸橋襄　もろはし・のぼる　法制官僚（履歴2）

【1405】諏

[11]諏訪内　すわない
　諏訪内晶子　すわない・あきこ　バイオリニスト（日人）
　諏訪内敬司　すわない・けいじ　「教育哲学入門」川島書店（日典3）
　諏訪内甚蔵　すわない・じんぞう　三戸リンゴ栽培の創始者（青森人）

【1406】請

[3]請川　うけがわ
　請川健蔵　うけがわ・けんぞう　「女と職業」大空社（日典3）
　請川滋大　うけがわ・しげひろ　「発達心理学用語集」同文書院（日典3）
　請川瀬平　うけがわ・せへい　政治家（和歌山人）
　請川卓　うけがわ・たく　実業家（香川人）
　請川利夫　うけがわ・としお　国文学（人書）

[6]請地　うけじ；うけち
　請地治門　うけじ・はると　「信州安曇野の郷土食」食糧学院学友会（日典3）
　請地成元　うけち・しげはる　児童文学作家（児人）
　請地直次郎　うけち・なおじろう　立花証券常務（日典）

[14]請関　うけぜき
　請関邦山　うけぜき・ほうざん　陶芸家（陶芸最）

【1407】調

調　しらべ；つきの
　調先人　しらべ・さきと　ロックベース奏者（テレ）
　調来助　しらべ・らいすけ　医師（近医）
　調淡海　つきの・おうみ　歌人＝古代（人名4）

[8]調所　ずしょ；ちょうしょ
　調所五郎　ずしょ・ごろう　慶応の学生（日人）
　調所広丈　ずしょ・ひろたけ　薩摩藩士（日人）
　調所広丈　ちょうしょ・ひろたけ　薩摩藩士（高知人）

調枝　ちょうし
　調枝孝治　ちょうし・こうじ　「人間の知覚ー運動行動」不昧堂出版（日典3）

【1408】 論

[4]論手　ろんで
　論手正和　ろんで・まさかず　「自分に聞かせる話」(JM)

【1409】 諫

[3]諫山　いさやま
　諫山萩村　いさやま・しゅくそん　儒学者, 医師（日人）
　諫山春樹　いさやま・はるき　軍人（陸海）
　諫山博　いさやま・ひろし　弁護士, 政治家（現政）
　諫山実生　いさやま・みお　シンガー・ソングライター（テレ）
　諫山麗吉　いさやま・れいきち　洋画家（美家）

[6]諫早　いさはや
　諫早家崇　いさはや・いえたか　外務省官吏（日人）
　諫早一学　いさはや・いちがく　肥前佐賀藩諫早領第16代領主（日人）
　諫早作次郎　いさはや・さくじろう　萩藩士（日典3）
　諫早生二　いさはや・せいじ　長州(萩)藩士（国書）
　諫早仙吉郎　いさはや・せんきちろう　外務省官吏（渡航）

[7]諫見　いさみ
　諫見富士郎　いさみ・ふじろう　「続・筏遺跡―主として第6次調査の新資料を中心に」百人委員会 (JM)
　諫見泰彦　いさみ・やすひこ　九州産業大学工学部専任講師（日典3）

【1410】 謝

[6]謝名元　じゃなもと
　謝名元慶福　じゃなもと・けいふく　劇作家（日人）

[7]謝花　しゃか；しゃばな；じゃはな；じゃばな
　謝花凡太郎　しゃか・ぼんたろう　漫画家（幻想）
　謝花凡太郎　しゃばな・ぼんたろう　漫画家（日人）
　謝花昇　じゃはな・のぼる　自由民権運動家（コン5）
　謝花昇　じゃばな・のぼる　自由民権運動家（岩）

[15]謝敷　しゃしき；じゃしき
　謝敷宗登　しゃしき・むねと　元・運輸省船舶局長（日典）
　謝敷宗光　じゃしき・むねみつ　日系インフォメーションセンター事務局長（日典）

【1411】 譜

[3]譜久村　ふくむら
　譜久村正恭　ふくむら・せいきょう　医師（社史）
　譜久村善　ふくむら・ぜん　政治家（姓氏沖縄）

【1412】 譚

譚　たん
　譚健雄　たん・たけお　教師（日典3）
　譚彦彬　たん・ひこあき　料理人（日典3）
　譚璐美　たん・ろみ　ノンフィクション作家（現執4期）

【1413】 護

護　まもる；もり
　護あさな　まもる・あさな　タレント（日典3）
　護雅夫　もり・まさお　東洋史学者（日人）
　護雅典　もり・まさのり　「分かりやすい建築鉄骨の品質管理」鋼構造出版（日典3）

[5]護永　もりなが
　護永方円　もりなが・ほうえん　「呪勝」波書房（日典）

護矢　ごや
　護矢真　ごや・まこと　小説家（幻想）

[11]護得久　ごえく
　護得久朝惟　ごえく・ちょうい　実業家, 政治家（日人）
　護得久朝常　ごえく・ちょうじょう　歌人（姓氏沖縄）
　護得久朝置　ごえく・ちょうち　歌人（姓氏沖縄）

【1414】 譲

[10]譲原　ゆずりはら
　譲原晶子　ゆずりはら・あきこ　「踊る身体のディスクール」春秋社（日典3）
　譲原達夫　ゆずりはら・たつお　「日本の教師たち」経済往来社（日典3）
　譲原野笛　ゆずりはら・のぶえ　「遠泳」東京四季出版（日典3）
　譲原昌子　ゆずりはら・まさこ　小説家（日人）

【1415】 讃

[4]讃井　さない；さぬい
　讃井真理　さない・まり　「生活と経営」一灯館（日典3）
　讃井観ው　さぬい・かんしょう　「幸福をよび運命をひらく愛児の名前のつけ方」鶴書房（日典3）
　讃井勝毅　さぬい・しょうき　医家, 獣医学者（日人）

谷部(谷)

7讃岐　さぬき；さぬきの
讃岐和家　さぬき・かずいえ　教育哲学者(現執3期)
讃岐京子　さぬき・きょうこ　ピアニスト(音人3)
讃岐千継　さぬきの・ちつぐ　法律学者=古代(人名2)

讃良　さがら；さわら
讃良博　さがら・ひろし　北海タイムス代表取締役副会長(日典)
讃良清蔵　さわら・せいぞう　鹿児島県士族(幕末)

谷部

【1416】　谷

谷　こく；たに
谷岱峰　こく・たいほう「保健マッサージ」ベースボール・マガジン社(JM)
谷干城　たに・たてき　土佐藩士, 軍人, 政治家(日人)
谷正之　たに・まさゆき　外交官(コン4)

3谷上　たにうえ；たにかみ；たにがみ；やがみ
谷上れい子　たにうえ・れいこ　関西外国語大学短期大学部助教授(日典3)
谷上正幸　たにかみ・まさゆき「焼きたて手作りパン」SSコミュニケーションズ(日典)
谷上伊三郎　たにがみ・いさぶろう　茸師(和歌山人)
谷上香代子　やがみ・かよこ「キキとララのたのしいソーイング」サンリオ(日典)

谷口　たにくち；たにぐち；やぐち
谷口侑　たにくち・ただし　建築家(日典)
谷口雅春　たにぐち・まさはる　宗教家(コン4)
谷口武雄　やぐち・たけお　政治家(政治)

谷川　たにかわ；たにがわ；やがわ
谷川徹三　たにかわ・てつぞう　哲学者, 文芸・美術評論家(コン4)
谷川雁　たにがわ・がん　詩人, 評論家(日人)
谷川孝五郎　やがわ・こうごろう「歴史を眼でみた旅日記—付絹の道 待てど暮らせど来ぬ人を」(JM)

谷川原　たにがわら；やがはら
谷川原祐介　たにがわら・ゆうすけ　慶応義塾大学医学部教授(日典)
谷川原治之　やがはら・はるゆき　帝国繊維取締役(紳士)

4谷中　たになか；やなか
谷中優　たになか・すぐる　作曲家(作曲)
谷中安規　たになか・やすのり　版画家(コン4)
谷中敦　やなか・あつし　教員, 反核・平和運動家(平和)
谷中一朝　やなか・かずとも　テクニカルライター(日典3)

谷井　たにい；やい；やつい
谷井直方　たにい・なおかた　陶工(滋賀百)
谷井勘蔵　やい・かんぞう　政治家(和歌山人)
谷井済一　やつい・せいいち　考古学者(考古)

谷内　たにうち；やち；やない
谷内六郎　たにうち・ろくろう　童画家(コン4)
谷内修三　やち・しゅうそ　詩人(現詩)
谷内一彦　やない・かずひこ「新薬理学入門」南山堂(日典3)

谷内口　やちぐち；やないぐち
谷内口浩二　やちぐち・こうじ　京都労働金庫理事長(日典)
谷内口正義　やないぐち・まさよし　元・全道労協事務局次長(日典)

谷内田　やちだ
谷内田章夫　やちだ・あきお「谷内田章夫/集合住宅を立体化ユニットでつくる」彰国社(日典3)
谷内田一哉　やちだ・かずや　ネムロ・ホット・ジャズ・クラブ事務局長(日典3)
谷内田重次　やちだ・しげじ　小説家(富山文)
谷内田盛一　やちだ・せいいち　教育者(群馬人)
谷内田誠二　やちだ・せいじ　日本労働総連盟宣伝部長(社史)

谷戸田　やとだ
谷戸田肇　やとだ・はじめ「これだけは知っておきたい温泉療法」(国典)

谷木　たにき；やぎ
谷木恭平　たにき・きょうへい　元・プロ野球選手(日典)
谷木由利　たにき・ゆり「学ぶよろこびを国語教室に」渓水社(日典3)
谷木寛作　やぎ・かんさく　労働組合運動家(平和)

5谷古宇　やこう
谷古宇勘司　やこう・かんじ　埼玉県議(自民党, 南1区)(日典3)
谷古宇久美子　やこう・くみこ　公認会計士(人情)
谷古宇賢一　やこう・けんいち「新スピーカーの完全自作」電波新聞社(日典3)
谷古宇沙織　やこう・さおり「クリックで稼ぐ！」ソフトバンククリエイティブ(日典3)
谷古宇秀　やこう・しげる　東京女子医科大学附属第二病院薬剤部長(日典3)

谷平　たにひら
谷平考　たにひら・こう「景観デザイン」コロナ社(日典3)
谷平こころ　たにひら・こころ「ふたつ下のそら」新葉館出版(日典3)
谷平勉　たにひら・つとむ　近畿大助教授(国典)

谷田　たにた；たにだ；たんだ；やた；やだ；やつだ
谷田五八士　たにた・いわじ　タニタ会長, タニタハウジングウェアー会長(日典3)
谷田文衛　たにだ・ふみえ　陸軍軍人(日人)
谷田忠兵衛　たんだ・ちゅうべえ　漆工=近世(コン)
谷田恵司　やた・けいじ　東京家政大学助教授(日典)

谷部（谷）

谷田一郎　やだ・いちろう　大一黄銅社長（日典3）
谷田俊継　やつだ・としつぐ　元神戸海運局船舶部長（人情）

谷田川　やたがわ

谷田川惣　やたがわ・おさむ　「皇統は万世一系である」日新報道（日典3）
谷田川和夫　やたがわ・かずお　千葉大学教育学部講師,都留文科大学講師（日典3）
谷田川元　やたがわ・はじめ　衆院議員（民主党,千葉10区）（日典3）

谷田沢　やたざわ

谷田沢典子　やたざわ・のりこ　桜花学園大学文学部人間関係学科教授（日典3）
谷田沢正治　やたざわ・まさはる　建設技術研究所会長（日典3）
谷田沢道彦　やたざわ・みちひこ　「農業英語ポケットブック」（国典）

谷田貝　やたがい

谷田貝勲　やたがい・いさお　宮城交通社長（日典3）
谷田貝一男　やたがい・かずお　「自転車の大研究」PHP研究所（日典3）
谷田貝孝一　やたがい・こういち　コンサルタント（日典3）
谷田貝公昭　やたがい・まさあき　保育学者（現執4期）
谷田貝弥三郎　やたがい・やさぶろう　剣術家（栃木歴）

谷田部　やたべ

谷田部梅吉　やたべ・うめきち　数学者（数学）
谷田部光一　やたべ・こういち　コンサルタント（現執4期）
谷田部庄一　やたべ・しょういち　「英語教授法」（国典）
谷田部庄吉　やたべ・しょうきち　弓道家,弓道錬士（弓道）
谷田部勇司　やたべ・ゆうじ　社会運動家（アナ）

谷辺　たにべ

谷辺橘南　たにべ・きつなん　書家（人情）
谷辺昌央　たにべ・まさお　ギタリスト（演奏）
谷辺葉　たにべ・よう　フリーライター（日典3）
谷辺葉子　たにべ・ようこ　ライター（日典3）

⁶谷光　たにみつ

谷光一夫　たにみつ・かずお　石川県森林組合連合会会長（日典3）
谷光源造　たにみつ・げんぞう　政治家（姓氏石川）
谷光五助　たにみつ・ごすけ　山林経営者（姓氏石川）
谷光忠彦　たにみつ・ただひこ　「今昔物語集の文体の研究」武蔵野書院（日典3）
谷光太郎　たにみつ・たろう　研究者（現執4期）

谷向　たにむかい

谷向弘　たにむかい・ひろし　大阪大学講師（国典）

谷合　たにあい

谷合明雄　たにあい・あきお　牛込第三中学校（東京都新宿区）校長（日典3）
谷合勝正　たにあい・かつまさ　国労委労働者委員（日典3）
谷合侑　たにあい・すすむ　教育者（視覚）
谷合正明　たにあい・まさあき　政治家（現政）
谷合弥七　たにあい・やしち　郷士,農兵隊士（幕末）

谷地　たにじ；たにち；やち

谷地宏　たにじ・ひろし　「足跡」熊野文芸（日典3）
谷地快一　たにち・よしかず　俳人（現執3期）
谷地恵美子　やち・えみこ　漫画家（漫人）

谷池　たにいけ

谷池重紬子　たにいけ・えつこ　ピアニスト（演奏）
谷池茂雄　たにいけ・しげお　千葉明徳短大副学長（人情）
谷池淳　たにいけ・すなお　テトラ副社長（日典3）
谷池宏　たにいけ・ひろし　日本電信電話公社データ通信本部副本部長（日典3）
谷池義人　たにいけ・よしと　大阪市立大学工学部教授（日典3）

⁷谷利　たにかが；たにり

谷利正典　たにかが・しょうすけ　蝶理専務（日典3）
谷利亨　たにかが・とおる　物流問題研究者（現執3期）
谷利修己　たにり・おさみ　JFEシステムズ取締役専務執行役員（日典3）

谷村　たにむら；やむら

谷村新司　たにむら・しんじ　シンガーソングライター（日人）
谷村裕　たにむら・ひろし　官僚（日人）
谷村貞治　やむら・ていじ　実業家（日人）
谷村昌子　やむら・まさこ　実業家（女性普）

谷沢　たにさわ；たにざわ；やざわ

谷沢迪　たにさわ・たどる　「詩集E夫人」（国典）
谷沢永一　たにざわ・えいいち　評論,書誌学者（日典）
谷沢健一　やざわ・けんいち　プロ野球選手（日人）

谷角　たにかど

谷角日沙春　たにかど・ひさはる　日本画家（美）
谷角日娑春　たにかど・ひさはる　日本画家（日典3）
谷角素彦　たにかど・もとひこ　編集者（日典3）
谷角靖　たにかど・やすし　「オーロラの降る街」ピエ・ブックス（日典3）

谷貝　やがい

谷貝淳　やがい・あつし　バリラジャパン社長（日典3）
谷貝勇　やがい・いさお　気象大学校教授（日典3）
谷貝忍　やがい・しのぶ　水海道市立図書館長（日典3）

谷部（谷）

谷邨　たにむら
　谷邨一佐　たにむら・いっさ　農学者（洋学）
　谷邨利清　たにむら・としきよ　歌人（富山文）

8谷所　やどころ
　谷所健一郎　やどころ・けんいちろう「転職に成功する面接の掟」九天社（日典3）
　谷所シナ　やどころ・しな　赤色救援会メンバー（社史）

谷河　たにかわ；たにがわ
　谷河尚志　たにかわ・ひさただ　政治家（日人）
　谷河賞彦　たにがわ・たかひこ「医薬品開発ツールとしての母集団PK-PD解析」朝倉書店（日典3）
　谷河八千代　たにがわ・やちよ「茉莉花」佐藤東子（日典3）

谷治　やじ
　谷治利貞　やじ・としさだ　三進製作所社長, 新潟三進製作所会長（日典3）
　谷治正孝　やじ・まさたか　横浜国大講師（国典）

谷迫　たにさこ
　谷迫ハルエ　たにさこ・はるえ「或る夫妻の回顧録」谷迫ハルエ（日典3）

谷長　たになが
　谷長茂　たになが・しげる　中央大学商学部教授（日典3）
　谷長静枝　たになが・しずえ　洋画家（洋画）

9谷城　やしろ；やつぎ
　谷城勝弘　やしろ・かつひろ「カヤツリグサ科入門図鑑」全国農村教育協会（日典3）
　谷城朗　やつぎ・あきら　昭和女子大文学部助教授（日典）

谷後　たにご
　谷後隆明　たにご・たかあき「中学校自己理解に基づく進路指導」文教書院（日典3）

谷津　たにつ；やず；やつ
　谷津六三郎　たにつ・ろくさぶろう　弓道家, 弓道教士（弓道）
　谷津邦夫　やず・くにお　三笠市議会議長（日典3）
　谷津直秀　やつ・なおひで　動物学者（日人）

谷畑　たにはた；やばた
　谷畑英吾　たにはた・えいご　政治家（現政）
　谷畑良三　たにはた・りょうぞう　ロシア問題評論家（現執3期）
　谷畑武雄　やばた・たけお「心思片々」あさを社（日典3）

10谷原　たにはら；やばら
　谷原修身　たにはら・おさみ　法学者（現執4期）
　谷原章介　たにはら・しょうすけ　俳優（日映男）
　谷原茂生　やばら・しげお　中学校教師（日典3）

谷島　たにしま；たにじま；やじま
　谷島信　たにしま・まこと　常総鉄道車掌（社史）
　谷島ミツ　たにじま・みつ「構内交換取扱者受験手引」（国典）
　谷島明彦　やじま・あきひこ　東京都産業労働局商工部調整課長（日典3）

谷酒　たにさけ
　谷酒茂雄　たにさけ・しげお　経営者（日人）

谷高　やだか
　谷高治平　やだか・じへい　弓道家, 弓道精錬證（弓道）

11谷亀　やがめ
　谷亀弘一　やがめ・こういち　テック電子常務（日典3）
　谷亀貞雄　やがめ・さだお　毎日新聞（東京）総務部長（日典3）
　谷亀光則　やがめ・みつのり「必携在宅医療・介護基本手技マニュアル」永井書店（日典3）
　谷亀利一　やがめ・りいち　翻訳家（日典3）

谷崎　たにさき；たにざき；やざき
　谷崎岩雄　たにさき・いわお「新社交ダンスのエチケットと踊り方」東栄堂（日典3）
　谷崎潤一郎　たにざき・じゅんいちろう　小説家（コン4）
　谷崎晃一　やざき・こういち「刑事コロンボ〈血文字の罠〉」二見書房（日典3）

谷野　たにの；やとの；やの
　谷野せつ　たにの・せつ　官僚（日人）
　谷野五郎　やとの・ごろう「我が人生」ザ・ミズ自費出版センター（日典3）
　谷野耿太郎　やの・こうたろう　国鉄詩人連盟会員（国典）

12谷萩　やはぎ
　谷萩弘道　やはぎ・こうどう　英語・アメリカ文学者（現執1期）
　谷萩隆嗣　やはぎ・たかし「カルマンフィルタと適応信号処理」コロナ社（日典3）
　谷萩那華雄　やはぎ・なかお　軍人（日人）
　谷萩弘人　やはぎ・ひろひと　児童文学研究者（児作）
　谷萩祐之　やはぎ・ひろゆき「プッシュ型インターネット技術入門」ソフト・リサーチ・センター（日典3）

14谷嶋　たにしま；やじま
　谷嶋辰男　たにしま・たつお　朝日生命成人病研究所理事（日典）
　谷嶋なな　たにしま・なな　英語教師（日典3）
　谷嶋和義　やじま・かずよし「失敗しない自分のための家づくり」エル書房, 星雲社（発売）（日典3）
　谷嶋喬四郎　やじま・きょうしろう　桜美林大学国際学部国際学科教授（日典）

谷端　たにはた；たにばた
　谷端昭夫　たにはた・あきお　茶道研究家（日典3）
　谷端慶子　たにばた・けいこ　ファッションデザイナー（日典3）
　谷端義男　たにばた・よしお　元・浅川組専務（日典）

15谷敷　やしき
　谷敷寛　やしき・ひろし　科学技術庁振興局長, 日揮副社長, 中小企業信用保険公庫総裁（日典3）
　谷敷正光　やしき・まさみつ「教員採用試験《神奈川版》問題の解答・解説・対策」大阪教育図書（書籍）

谷部（谺,谿,籠） 豆部（豆,豊）

¹⁶谷頭　たにず；やがしら
谷頭有寿　たにず・ありとし　漢学者,豊前小倉藩士（日人）
谷頭溟南　やがしら・めいなん　漢学者,豊前小倉藩士（国書）

¹⁸谷藤　たにふじ
谷藤市太郎　たにふじ・いちたろう　包装資材・厨房器具販売業（姓氏岩手）
谷藤悦史　たにふじ・えつし　研究者（現執4期）
谷藤正三　たにふじ・しょうぞう　建設省土木研究所（国典）
谷藤徹夫　たにふじ・てつお　特攻隊員（青森人）
谷藤裕明　たにふじ・ひろあき　政治家（現政）

【1417】谺

谺　こだま
谺健二　こだま・けんじ　小説家（兵庫文）
谺雄一郎　こだま・ゆういちろう　「裏切った女」小学館（日typ3）
谺雄二　こだま・ゆうじ　ハンセン病患者（人情）
谺佳久　こだま・よしひさ　「疾走歌伝」ながらみ書房（日典3）
谺竜声　こだま・りゅうせい　「判決の残滓」筆林舎（日典3）

【1418】谿

谿　たに
谿昭哉　たに・あきや　「蟾の道」東京四季出版（日典）
谿渓太郎　たに・けいたろう　放送作家（人情）
谿忠人　たに・ただと　「漢方処方ガイド」マディソン（日典3）

【1419】籠

籠　ながたに
籠含雄　ながたに・がんゆう　宗教教育者（日人）
籠経丸　ながたに・つねまる　僧侶（真宗）

豆部

【1420】豆

³豆子　ずし
豆子甲水之　ずし・こうすいし　書家（人情）

【1421】豊

豊　とよ；ぶん；ぶんの；ゆたか
豊源太　とよ・げんた　著述家（日典3）
豊時隣　ぶん・ときちか　伶人（人名）
豊時義　ぶんの・ときよし　雅楽師（日人）
豊永光　ゆたか・えいこう　政治家（現政）

³豊口　とぐち；とよくち；とよぐち
豊口昭夫　とぐち・あきお　「小児臨床化学」近代企画エージェンシー（書籍）
豊口克平　とよくち・かつへい　現代工業デザイナー（現日）
豊口克平　とよぐち・かつへい　インダストリアル・デザイナー（日人）

豊山　とやま；とよやま；ゆたかやま
豊山恵子　とやま・けいこ　近畿福祉大学社会福祉学部教授（日典）
豊山千蔭　とよやま・ちかげ　俳人（俳文）
豊山勝男　ゆたかやま・かつお　力士（日人）

⁴豊水　とよみず；ほうすい
豊水順子　とよみず・じゅんこ　翻訳家（日典3）
豊水正昭　とよみず・まさあき　東北大学大学院農学研究科准教授（日典）
豊水楽勝　ほうすい・らくしょう　僧侶（真宗）

⁵豊田　とよた；とよだ；ゆたかた
豊田有恒　とよた・ありつね　SF作家（幻想）
豊田佐吉　とよだ・さきち　織機発明家（コン5）
豊田竜　ゆたかた・りょう　「おだまき」豊田竜（JM）

⁶豊吉　とよし
豊吉一美　とよし・かずみ　岐阜薬科大学名誉教授（日典3）
豊吉誠一郎　とよし・せいいちろう　三菱アセテート常務（日典3）
豊吉直美　とよし・なおみ　「保健SWApsを支援するに当たっての条件及びリスク」国際協力事業団国際協力総合研修所（日典）

⁷豊住　とよすみ；とよずみ
豊住慶夫　とよすみ・よしお　元・協和銀行（現・あさひ銀行）取締役（日典）
豊住隆造　とよすみ・りゅうぞう　日本ビジネスオートメーション（株）常務取締役（日典3）
豊住竜志　とよずみ・たつじ　作曲家（作曲）
豊住秀人　とよずみ・ひでと　渡航者（渡航）

豊沢　とよさわ；とよざわ
豊沢螢緑　とよさわ・えいろく　義太夫節竹本三味線方（新芸）
豊沢豊雄　とよさわ・とよお　発明家（世紀）
豊沢団平〔2代〕　とよざわ・だんべい　義太夫節三絃師（コン4）
豊沢広助〔5代〕　とよざわ・ひろすけ　義太夫節三味線方（コン5）

豊見城　とみぐすく；ともぐすく
豊見城盛ком　とみぐすく・せいこう　首里士族（沖縄百）
豊見城盛綱　ともぐすく・せいこう　首里士族（姓氏沖縄）

⁸豊岡　とみおか；とよおか
豊岡佐一郎　とみおか・さいちろう　劇作家,演出家（大阪文）
豊岡佐一郎　とよおか・さいちろう　劇作家,演出家（世紀）
豊岡新吉　とよおか・しんきち　曲馬師（海越新）

豕部(象)　貝部(貝)　　　〔1423〕

⁹**豊城　とよき；とよしろ**
　豊城邦民　とよき・くにたみ　朝日新聞大阪本社編集委員(日典3)
　豊城豊雄　とよき・とよお　国学者(日人)
　豊城長太郎　とよしろ・ちょうたろう　(株)国際電子計算センター代表取締役社長(日典)

豊後　ぶんご
　豊後明美　ぶんご・あきみ　朝日新聞西部本社校閲部長(日典3)
　豊後敦子　ぶんご・あつこ　タレント(テレ)
　豊後半寿美　ぶんご・はんすみ　常磐津節の演奏家(音人3)
　豊後半之掾　ぶんご・はんのじょう　豊後節太夫(日典)
　豊後祐平　ぶんご・ゆうへい　朝日新聞(大阪)発送部長(日典)

豊泉　とよいずみ；とよずみ
　豊泉貫太郎　とよいずみ・かんたろう　弁護士(現執3期)
　豊泉益三　とよいずみ・ますぞう　渡航者(渡航)
　豊泉吉郎　とよずみ・きちろう　明治学院社会科学研究会メンバー(社史)

¹⁰**豊島　てしま；としま；とじま；とよしま**
　豊島毅　てしま・き　加賀藩士(姓氏石川)
　豊島洞斎　としま・とうさい　明倫堂講師(日人)
　豊島正方　とじま・まさかた　政治家(姓氏京都)
　豊島与志雄　とよしま・よしお　小説家, 翻訳家(コン4)

豊留　とよとめ；とよどめ
　豊留真澄　とよとめ・ますみ　『心と心の伝道』『心と心の伝道―理論篇』出版委員会(日典3)
　豊留悦男　とよどめ・えつお　指宿市長(日典3)

¹¹**豊崎　とよさき；とよざき**
　豊崎光一　とよさき・こういち　フランス文学者(日人)
　豊崎稔　とよさき・みのる　経済学者(平和)
　豊崎主計　とよざき・かずえ　里見氏家臣=中世(戦東)
　豊崎由美　とよざき・ゆみ　ライター, 書評家(日典3)

¹²**豊場　とよば**
　豊場惺也　とよば・せいや　陶芸家(陶工)

豊道　ぶんどう
　豊道夏海　ぶんどう・かかい　書家(日典3)
　豊道慶中　ぶんどう・けいちゅう　「天門春海帖」二玄社
　豊道春海　ぶんどう・しゅんかい　書家, 僧侶(コン4)

¹⁴**豊嶋　てしま；てじま；としま；とよしま**
　豊嶋弥左衛門　てしま・やざえもん　能楽師(金剛流シテ方)
　豊嶋弥左衛門　てじま・やざえもん　能役者(全書)
　豊嶋裕子　としま・ゆうこ　「やさしい中国語会話・読み物」光生館(日典3)
　豊嶋泰嗣　とよしま・やすし　バイオリニスト, ビオラ奏者(音人3)

豕部

【1422】　象

象ケ鼻　ぞうがはな；ぞうがばな
　象ケ鼻倉之助　ぞうがはな・くらのすけ　力士(相撲)
　象ケ鼻平助　ぞうがはな・へいすけ　力士(相撲)
　象ケ鼻平助　ぞうがはな・へいすけ　力士(相人)

⁷**象形　おがた**
　象形文平　おがた・もんぺい　「みずのこチャプ」金の星社(日典3)

貝部

【1423】　貝

³**貝川　かいかわ；かいがわ**
　貝川健一　かいかわ・けんいち　中電プラント社長, 広島交響楽協会理事長(日典3)
　貝川正治　かいかわ・しょうじ　「上杉謙信の生涯」新潟日報事業社(日典3)
　貝川代三　かいがわ・だいぞう　画家(日典3)
　貝川正也　かいがわ・まさや　「学園にバラ咲かせよ」高校生文化研究会(日典3)

⁵**貝出　かいで**
　貝出昭　かいで・あきら　「マレーシア・シンガポール」(国典)
　貝出繁之　かいで・しげゆき　「ピストルとライフルの実技」日本ライフル射撃協会(日典3)
　貝出寿美子　かいで・すみこ　日本近代史研究者(国典)
　貝出政男　かいで・まさお　中学校教官(国典)

貝田　かいた；かいだ
　貝田勝美　かいた・かつみ　医師(近医)
　貝田作郎　かいた・さくろう　元・日本信号取締役(日典)
　貝田翔二　かいだ・しょうじ　九州東海大学工学部電子情報工学科教授(日典3)
　貝田信二　かいだ・しんじ　元・静内町(北海道)町長(日典)

⁷**貝谷　かいたに；かいや**
　貝谷郁子　かいたに・いくこ　料理研究家, ジャーナリスト(日典3)
　貝谷八百子　かいたに・やおこ　バレリーナ(コン4)
　貝谷京子　かいや・きょうこ　フリーライター(日典3)
　貝谷久宣　かいや・ひさのぶ　医師(現執4期)

⁹**貝津　かいず；かいつ**
　貝津肇　かいず・はじめ　中学校教師(日典)
　貝津良輔　かいず・りょうすけ　「般若心経の現代的研究」創栄出版(日典)
　貝津好孝　かいつ・よしたか　港屋漢方堂薬局代表(日典)

貝発　かいほつ
貝発憲治　かいほつ・けんじ　高校教師(三重県立四日市高)(日典)

[10]貝原　かいはら；かいばら
貝原俊民　かいはら・としたみ　政治家(現政)
貝原浩　かいはら・ひろし　イラストレーター(現執4期)
貝原珉璋　かいばら・がしょう　俳人(岡山歴)
貝原たい　かいばら・たい　日本社会主義同盟メンバー(近女)

[11]貝淵　かいふち；かいぶち
貝淵栄四　かいふち・えいし　「明日無き経済大国」日本図書刊行会(日典3)
貝淵弘三　かいぶち・こうぞう　名古屋大学大学院医学研究科教授(日典)
貝淵俊二　かいぶち・しゅんじ　協和エクシオ会長(日典3)

[12]貝塚　かいずか；かいつか
貝塚茂樹　かいずか・しげき　中国史家(コン4)
貝塚十八郎　かいつか・しんはちろう　弓道家, 弓道錬士(弓道)

[14]貝増　かいます
貝増善次郎　かいます・ぜんじろう　指揮者,ビオラ奏者(音人3)
貝増吉郎　かいます・よしろう　三重県議(自民党,桑名市・桑名郡)(日典3)

【1424】貞

貞　さだ；てい
貞事右衛門　さだ・いちえもん　養蜂業(幕末)
貞寿四郎　さだ・じゅじろう　職工(社党)
貞白龍　てい・はくりゅう　運命研究家(日典)

[3]貞久　さだひさ
貞久秀紀　さだひさ・ひでみち　詩人(現詩)

[4]貞方　さだかた；さだがた
貞方章男　さだかた・あきお　プロゴルファー(日典)
貞方清寛　さだかた・きよひろ　鷹島モンゴル村支配人(日典3)
貞方昇　さだがた・のぼる　北海道教育大学教育学部函館校教授(日典)

[5]貞包　さだかね
貞包畩　さだかね・あきら　フクニチ新聞取締役(日典)
貞包武人　さだかね・たけと　協同組合大川家具工業会理事,大川家具工芸・さだかね家具センター社長(日典3)
貞包智悠　さだかね・ちゆう　「星に向かって」有悠(日典3)
貞包哲朗　さだかね・てつろう　僧侶(日典3)
貞包八重　さだかね・やえ　編物教室経営(国典)

貞末　さだすえ
貞末堯司　さだすえ・たかじ　考古学者(現情)
貞末タミ子　さだすえ・たみこ　メーカーズシャツ鎌倉社長(日典3)
貞末利光　さだすえ・としみつ　福岡県議(自民党,中間市)(日典3)
貞末博之　さだすえ・ひろゆき　太田博社長(日典)
貞末麻哉子　さだすえ・まやこ　映画プロデューサー(日典3)

[10]貞家　ていか
貞家克己　ていか・かつみ　司法法制調査部長(国典)

[12]貞閑　さだか
貞閑晴　さだか・はる　東京都男女差別苦情処理委員会々長代理(人情)

【1425】財

[9]財前　ざいぜん
財前イト　ざいぜん・いと　大分県下初の女医(大分歴)
財前克己　ざいぜん・かつみ　医師(大分歴)
財前九洲翁　ざいぜん・くすお　三菱製鋼常務(日典)
財前恵一　ざいぜん・けいいち　サッカーコーチ(日典)
財前直見　ざいぜん・なおみ　女優(日映女)

財津　ざいず；さいつ；ざいつ；たからず
財津功　ざいず・いさお　テレビディレクター(日典)
財津吉一　さいつ・よしかず　日向高鍋藩士, 儒学者(藩臣7)
財津一郎　ざいつ・いちろう　俳優(世紀)
財津愛象　たからず・あいぞう　中国文学者(コン5)

[11]財部　たからべ
財部熊次郎　たからべ・くまじろう　新聞経営者(日人)
財部実秋　たからべ・さねあき　薩摩藩士(日人)
財部静治　たからべ・せいじ　統計学者(日人)
財部彪　たからべ・たけし　海軍軍人(コン5)
財部鳥子　たからべ・とりこ　詩人(日人)

[12]財満　ざいま；ざいまん
財満英一　ざいま・えいいち　「発変電工学総論」電気学会,オーム社(発売)(日典)
財満武三　ざいま・たけぞう　政治家(姓氏山口)
財満百合之助　ざいまん・ゆりのすけ　藩費留学生(海越新)

財間　ざいま
財間淳　ざいま・きよし　政治家(島根歴)
財間八郎　ざいま・はちろう　郷土史家(郷土)

【1426】貫

貫　かん；つらぬき；ぬき
貫恒実　かん・つねみ　演出家(日典)
貫秀高　つらぬき・ひでたか　「日本近世染織業発達史の研究」思文閣出版(日典)
貫文三郎　ぬき・ぶんざぶろう　医師(近医)

貝部(賀, 貴)

⁴貫井 ぬきい；ぬくい
貫井孝典 ぬきい・たかのり 「言語とパワー」大阪教育図書(日典3)
貫井正之 ぬきい・まさゆき （現執4期）
貫井清憲 ぬくい・きよのり 政治家(政治)
貫井徳郎 ぬくい・とくろう 小説家(小説)

⁵貫田 ぬきた
貫田桂一 ぬきた・けいいち 「北の料理人」晶文社出版(日典3)
貫田重夫 ぬきた・しげお ジャズマン(ジヤ)
貫田宗良 ぬきた・むねお 登山家(日典3)

⁶貫名 かんめい；ぬきな
貫名貴洋 かんめい・たかひろ 「日本・台湾・韓国の長期成長の分析：1915-1990」Institute of Economic Research Hitotsubashi University (日典3)
貫名緑 かんめい・みどり 「魂の傷を癒すあわれみのミニストリー」いのちのことば社(日典3)
貫名海雲 ぬきな・かいうん 書家(日人)
貫名天蓼 ぬきな・てんりょう 画家(徳島歴)

貫地谷 かんじや
貫地谷しほり かんじや・しほり 女優(日映女)

⁷貫見 ぬくみ
貫見進一郎 ぬくみ・しんいちろう 鹿児島県始良町隼人町日当山中学校教諭(日典)

¹³貫塩 ぬきしお
貫塩喜蔵 ぬきしお・きぞう 代書業者, 農民, アイヌ民族指導者(社史)

【1427】 賀

賀 いわい
賀武宜志 いわい・ぶぎし 農民(社史)

³賀久 かく；がく
賀久浩生 かく・こうせい 「非抜歯強制治療」医歯薬出版(日典3)
賀久はつ かく・はつ 「愛と性の尊厳」アートヴィレッジ(日典3)
賀久逸郎 がく・いつろう 元・丸文副社長(日典)

⁴賀戸 かど；がと
賀戸一郎 かど・いちろう 西南学院大学人間科学部教授(日典3)
賀戸久 かど・ひさし 金沢工業大学教授(日典3)
賀戸照彦 がと・てるひこ ギガトレード最高執行責任者(日典3)

⁵賀古 かこ；かご
賀古残夢 かこ・ざんむ 映画監督, 詩人(映人)
賀古鶴所 かこ・つるど 医師(日典3)
賀古公斎 かご・こうさい 医師(姓氏静岡)

賀田 かた；かだ
賀田金三郎 かた・きんざぶろう 実業家(コン5)
賀田まいと かた・まいと 小説家(日典3)
賀田金三郎 かだ・きんざぶろう 実業家(日典3)

賀田立二 かだ・たつじ 「家庭燃料」誠文堂新光社(日典3)

⁷賀来 かく
賀来惟熊 かく・これくま 社会事業家, 造兵家(コン4)
賀来惟熊 かく・これたけ 社会事業家, 造兵家(日人)
賀来千香子 かく・ちかこ 女優(日映女)
賀来飛霞 かく・ひか 本草学者, 医師(日典3)
賀来竜三郎 かく・りゅうざぶろう 経営者(日人)

賀谷 かや；がや
賀谷恵美子 かや・えみこ 高校教師(日典)
賀谷燦爾 かや・さんじ 三和大栄電気興業(現・三和エレック)社長(日典3)
賀谷英司 がや・えいじ サッカー選手(日典)

¹⁰賀島 かしま；かじま
賀島飛左 かしま・ひさ 民話伝承者(岡山歴)
賀島政緯 かしま・まさひろ 阿波徳島藩家老(幕末)
賀島砥川 かじま・ていせん 「対馬志士」村田書店(日典3)

¹¹賀曽利 かそり
賀曽利隆 かそり・たかし バイク・ツーリスト, 冒険家, フリーライター(現執4期)
賀曽利洋子 かそり・ようこ 「赤ちゃんシベリア→サハラを行く」主婦の友社(日典3)

¹²賀陽 かや；かよう
賀陽恒憲 かや・つねのり 皇族, 陸軍軍人(日人)
賀陽済 かや・わたる 教育者(日人)
賀陽覚了 かよう・かくりょう 元・本別町(北海道)町議会議長(日典)
賀陽済 かよう・わたる 医師・書家(多摩)

賀集 かしゅう；がしゅう
賀集益蔵 かしゅう・えきぞう 実業家(日人)
賀集珉平 かしゅう・みんぺい 陶工(コン4)
賀集九平 がしゅう・くへい 「世界の日本ザクラ」誠文堂新光社(日典3)

¹³賀勢 かせ；かせい
賀勢田鶴子 かせ・たずこ 「次の一手」短歌新聞社(日典3)
賀勢晋司 かせい・しんじ 信州大学工学部生産システム工学科教授(日典)
賀勢晋 かせい・すすむ 「機械工作例題演習」コロナ社(日典3)

【1428】 貴

³貴山 きやま；たかやま
貴山じゅん きやま・じゅん 川崎市立看護短期大学教授(日典)
貴山侑哉 たかやま・ゆうや 俳優(テレ)

⁴貴水 たかみ
貴水博之 たかみ・ひろゆき ミュージシャン(テレ)
貴水水海 たかみ・みずうみ 詩人(日典3)

⁵貴司　きし
貴司悦子　きし・えつこ　児童文学作家（日人）
貴司山治　きし・やまじ　小説家（コン4）

貴田　きた；きだ；たかだ
貴田織蔵　きた・おりぞう　政治家（徳島歴）
貴田丈夫　きだ・たけお　医師（近医）
貴田光一　たかだ・こういち　「乳白色の雫」マガジン・ファイブ（日典3）

⁷貴志　きし
貴志喜四郎　きし・きしろう　実業家（日人）
貴志康一　きし・こういち　音楽家（日人）
貴志弥右衛門　きし・やえもん　茶道家（日人）
貴志弥次郎　きし・やじろう　軍人（日人）
貴志祐介　きし・ゆうすけ　小説家（京都文）

貴邑　きむら
貴邑冨久子　きむら・ふくこ　横浜市立大学医学部教授（科学）

⁹貴美島　きみしま；きみじま
貴美島明　きみしま・あきら　大七証券相談役（日典）
貴美島紀　きみしま・ひろ　「本当のお金持ちが知っているスピリチュアルな知恵」ランダムハウス講談社（日典3）
貴美島紀　きみしま・ひろ　「「お子さま男」のしつけ方 広済堂出版」（JM）

¹⁰貴倉　たかくら
貴倉良子　たかくら・りょうこ　女優（日典）

貴家　きか；きけ；きや；さすが
貴家寛而　きか・かんじ　医師（近医）
貴家寛而　きけ・かんじ　福島医大教授（国典）
貴家仁志　きや・ひとし　東京都立大学工学部電子情報工学科助教授（日典）
貴家堂子　さすが・たかこ　声優（テレ）

貴島　きしま；きじま；たかしま
貴島恒夫　きしま・つねお　林学者（植物）
貴島清彦　きじま・きよひこ　作曲家（作曲）
貴島吉志　たかしま・きっし　「イスノキオーバーロード」一迅社（日典3）

貴峰　たかみね
貴峰啓之　たかみね・ひろゆき　作曲家（音人3）

¹¹貴船　きふね；きぶね
貴船英太郎　きふね・えいたろう　「グアンガランドウ」但馬文学会（日典3）
貴船成男　きぶね・しげお　弓道家、弓道教士（弓道）
貴船譲道　きぶね・じんどう　僧呂（日典）

¹²貴葉　たかは
貴葉志行　たかは・しこう　俳人（日典3）

【1429】資

⁷資谷　もとや
資谷専治　もとや・せんじ　「氷の街」大宮詩人叢書刊行会（日典2）

⁸資宗　すけむね
資宗克行　すけむね・よしゆき　日本電信電話経営企画本部新規事業開発室企画部門担当部長（日典）

資延　すけのぶ；すけのべ
資延恭敏　すけのぶ・きょうびん　「空海真言宗現代名言法話・文章伝道全書」四季社（日典3）
資延憲英　すけのぶ・けんえい　僧侶（日典3）
資延聡春　すけのべ・そうしゅん　「還暦より喜寿まで」資延貢, 喜怒哀楽書房（制作・印刷）（日典3）

【1430】賞

¹³賞雅　たかまさ
賞雅技子　たかまさ・あやこ　中学校教師（日典3）
賞雅哲然　たかまさ・てつねん　「輝くいのち」永田文昌堂（JM）
賞雅寛而　たかまさ・ともじ　「面白いほどよくわかる船のしくみ」日本文芸社（日典3）

【1431】賢

賢　けん
賢壮円　けん・そうえん　農民（社史）
賢文蓁　けん・ぶんしん　農民（社史）

⁶賢江　けんこう
賢江祥啓　けんこう・しょうけい　「日本美術絵画全集 第6巻」集英社（JM）

【1432】贄

³贄川　にえかわ；にえがわ；にながわ
贄川他石　にえかわ・たせき　俳人（日人）
贄川他石　にえがわ・たせき　俳人（俳文）
贄川他石　にながわ・たせき　俳人（俳諧）

⁵贄田　にえた；にえだ
贄田譲次　にえた・じょうじ　新聞記者, 要視察人（社史）
贄田剛橘　にえだ・ごうきつ　渡航者（渡航）
贄田太二郎　にえだ・たじろう　教育者（群馬人）

赤部

【1433】赤

赤　せき
赤勘兵衛　せき・かんべい　イラストレーター（日典）
赤勘兵衛　せき・かんべえ　「とのさまばった」フレーベル館（JM）
赤摂也　せき・せつや　数学者（石川文）
赤宏昭　せき・ひろあき　セキエレクトロニクス社長（日典3）

赤冬子　せき・ふゆこ「赤毛のレッドメーン家」角川書店（日典3）

³赤土　あかど；しゃくと；しゃくど
赤土亮二　あかど・りょうじ　経営コンサルタント（現執3期）
赤土正幸　しゃくと・まさゆき　インターメデカ社長（日典3）
赤土正美　しゃくど・まさとみ「染色加工学」（国）

⁴赤木　あかき；あかぎ
赤木市郎　あかき・いちろう　山陽新聞大阪支社広告部長（日典3）
赤木格堂　あかき・かくどう　俳人,歌人,政治家（日人）
赤木健介　あかぎ・けんすけ　歌人,詩人,出版編集者,歴史学者（日人）
赤木蘭子　あかぎ・らんこ　女優（コン4）

⁵赤司　あかし；あかつかさ
赤司鷹一郎　あかし・たかいちろう　官僚（日人）
赤司大介　あかし・だいすけ　実業家（世紀）
赤司見吉　あかつかさ・けんきち　農民（社史）

赤平　あかひら
赤平幸吾　あかひら・こうご　郷土史研究家（青森人）
赤平重春　あかひら・しげはる　郷土史家（郷土）
赤平武雄　あかひら・たけお　理化学研究所名誉研究員（人情）
赤平典子　あかひら・のりこ　詩人（北海道文）
赤平大　あかひら・まさる　アナウンサー（テレ）

赤田　あかた；あかだ
赤田光男　あかた・みつお　帝塚山大学人文科学部教授（現執4期）
赤田祐一　あかた・ゆういち　編集者（日典3）
赤田豊次郎　あかだ・とよじろう　政治家（青森人）
赤田直世　あかだ・なおよ　政治家（青森人）

赤石　あかいし；あかし
赤石行三　あかいし・こうぞう　陸奥弘前藩士（日人）
赤石茂　あかいし・しげる　歌人（京都文）
赤石松宇　あかいし・しょう　篆刻家（大阪墓）
赤石二郎　あかいし・じろう　銀行家（群馬人）

赤穴　あかあな；あかな
赤穴博　あかあな・ひろし「毒物及び劇物取締法解説」日本薬業新聞社（日典3）
赤穴桂子　あかな・けいこ　洋画家（日典3）
赤穴宏　あかな・ひろし　洋画家（世紀）

⁶赤刎　あかはね；あかばね
赤刎正夫　あかはね・まさお「薫風社」同人（国典）
赤刎弘也　あかばね・ひろや　教員研修センター理事（日典）

赤地　あかじ；あかち；せきち
赤地友哉　あかじ・ゆうさい　漆芸家（日人）
赤地信　あかち・しん　政治家（姓氏鹿児島）
赤地麗　せきち・れい「地主屋敷」近代文芸社（JM）

赤池　あかいけ；あかち
赤池濃　あかいけ・あつし　内務官僚（履歴）
赤池弘次　あかいけ・ひろつぐ　数学者（日人）
赤池竜馬　あかち・りゅうま（JM）

赤羽　あかは；あかば；あかはね；あかばね
赤羽武　あかは・たけし「山村経済の解体と再編」日本林業調査会（日典3）
赤羽末吉　あかば・すえきち　絵本作家（日人）
赤羽雪邦　あかはね・せっぽう　日本画家（美家）
赤羽四郎　あかばね・しろう　外交官（日人）

⁷赤佐　あかさ
赤佐政治　あかさ・まさはる　映画監督（監督）

赤沢　あかさわ；あかざわ
赤沢晃　あかさわ・あきら　医師（日典3）
赤沢時之　あかさわ・よしゆき　植物分類学者（植物）
赤沢乾一　あかざわ・けんいち　医師,社会事業家（日人）
赤沢璋一　あかざわ・しょういち　官僚,実業家（日人）

赤見坂　あかみさか；あかみざか
赤見坂健志　あかみさか・たけし「コボルのABC」日本放送出版協会（日典3）
赤見坂健志　あかみざか・たけし　システム開発（株）取締役システム部長（日典3）

赤谷　あかたに；あかだに
赤谷源一　あかたに・げんいち　国連事務次長,駐チリ大使（日典3）
赤谷達　あかたに・さとし「新聞と新聞記者」養徳社（日典3）
赤谷重郎　あかだに・しげろう　教育者（庄内）

⁹赤城　あかぎ；あかしろ；せきじょう
赤城宗徳　あかぎ・むねのり　政治家（コン4）
赤城猪太郎　あかしろ・いたろう　富士化学紙工業社長（日典3）
赤城維芳　せきじょう・かおる　北海道開発コンサルタント（株）農業開発部参与（日典）

赤星　あかほし；あかぼし
赤星旻　あかほし・あきら　コントラバス奏者（音人3）
赤星典太　あかほし・てんた　政治家（姓氏長野）
赤星研造　あかほし・けんぞう　医学者,侍医（日人）
赤星直忠　あかほし・なおただ　考古学者（日人）

赤染　あかぞめ
赤染晶子　あかぞめ・あきこ　小説家（京都文）
赤染義一　あかぞめ・ぎいち　新日本理化常務（日典3）
赤染種章　あかぞめ・たねあき　北九州市立若松病院名誉院長（日典3）
赤染元浩　あかぞめ・もとひろ「一発合格！乙種1・2・3・5・6類危険物取扱者試験テキスト＆問題集」ナツメ社（日典3）

赤津　あかず；あかつ
赤津健寿　あかず・けんじゅ「飛鳥」赤津正子（日典3）
赤津隆基　あかず・りゅうき　僧（人名1）

赤津益造　あかつ・ますぞう　社会運動家(姓氏宮城)
赤津実　あかつ・みのる　美術教育者(日人)

赤祖父　あかそふ
　赤祖父茂徳　あかそふ・しげのり　「英語教授法書誌」英語教授研究所(日典3)
　赤祖父俊一　あかそふ・しゅんいち　地球物理学者(日人)
　赤祖父哲二　あかそふ・てつじ　アメリカ文学者(現執4期)
　赤祖父ゆり　あかそふ・ゆり　版画家(日典3)
　赤祖父義正　あかそふ・よしまさ　医師(洋学)

10赤根谷　あかねや
　赤根谷善治　あかねや・ぜんじ　「汗」白玉書房(日典3)
　赤根谷達雄　あかねや・たつお　国際政治学者(平和)
　赤根谷飛雄太郎　あかねや・ひゅうたろう　プロ野球選手(日典3)

赤窄　あかさこ
　赤窄勇　あかさこ・いさむ　「俺はマニラのはぐれ商人」樹芸書房(日典3)
　赤窄進　あかさこ・すすむ　「黒甕」西田文栄堂(日典3)

11赤堀　あかほり；あかぼり
　赤堀信平　あかほり・しんぺい　彫刻家(日人)
　赤堀全子　あかほり・まさこ　料理研究家(日人)
　赤堀四郎　あかほり・しろう　生化学者(コン4)
　赤堀文雄　あかほり・ふみお　ヴィオラ奏者、編曲家(新芸)

赤崎　あかさき；あかざき
　赤崎弘平　あかさき・こうへい　建築工学者(現執2期)
　赤崎義則　あかさき・よしのり　政治家(現政)
　赤崎兼義　あかさき・かねよし　医師(近医)
　赤崎寅蔵　あかざき・とらぞう　社会運動家(社史)

12赤塚　あかずか；あかつか
　赤塚源六　あかずか・げんろく　鹿児島藩士、海軍軍人(鹿児島百)
　赤塚治持　あかずか・はるもつ　考古学研究家・郷土史家(姓氏岩手)
　赤塚不二夫　あかつか・ふじお　漫画家(日人)
　赤塚行雄　あかつか・ゆきお　社会評論家(日人)

赤塔　あかとう；あかんと；あかんとう
　赤塔政基　あかとう・まさつぐ　コンサルタント(日典)
　赤塔政夫　あかんと・まさお　「図解民法総則」柏林書房(日典3)
　赤塔政夫　あかんとう・まさお　「図解 民法総則」(国典)

13赤路　あかじ
　赤路健一　あかじ・けんいち　「生命系の基礎有機化学」化学同人(日典3)
　赤路友蔵　あかじ・ともぞう　政治家(政治)
　赤路友蔵　あかじ・ゆうぞう　和歌山労働者組合組合員(社史)

14赤嶋　あかしま；あがじま
　赤嶋昌夫　あかしま・まさお　元・日本農業研究所理事(日典)
　赤嶋靖夫　あかしま・やすお　「貉の大過」創栄出版(日典3)
　赤嶋秀雄　あがじま・ひでお　社会運動家(社史)

15赤穂　あかお；あかほ；あこう
　赤穂義夫　あかお・よしお　今治地方観光協会長(郷土愛媛)
　赤穂英一　あかほ・えいいち　写真家(写家)
　赤穂依鈴子　あこう・えりこ　「うつ病快復のエッセンス」星和書店(日典3)

17赤嶺　あかみね
　赤嶺亀　あかみね・かめ　ボリビア移民受入れの功労者(姓氏沖縄)
　赤嶺銀太郎　あかみね・ぎんたろう　沖縄民権運動家(社史)
　赤嶺五作　あかみね・ごさく　海軍兵学寮学生(海越新)
　赤嶺政賢　あかみね・せいけん　政治家(現政)
　赤嶺寿乃　あかみね・ひさの　タレント(テレ)

18赤藤　あかふじ；しゃくどう
　赤藤克己　あかふじ・かつみ　京大教授(日典3)
　赤藤治久　あかふじ・はるひさ　デイリースポーツ(大阪)編集局整理部長(日典)
　赤藤克巳　しゃくどう・かつみ　京大助教授(国典)
　赤藤庄次　しゃくどう・しょうじ　軍人(陸海)

【1434】赫

赫　てらし
　赫彰郎　てらし・あきろう　日本医科大学理事長・名誉教授,日本獣医生命科学大学理事長(日典3)
　赫絵里子　てらし・えりこ　ピアニスト(日典3)
　赫規矩夫　てらし・きくお　高速社長(日典)
　赫高規　てらし・こうき　「事業譲渡の理論・実務と書式」民事法研究会(日典3)

走部

【1435】走

7走尾　はしお
　走尾一三　はしお・かずみ　「菜園の蛙」(国典)
　走尾正敬　はしお・まさのり　武蔵野大学教授(日典3)

【1436】起

起村　きむら
　起村鶴充　きむら・つるみ　社会運動家(アナ)

12起塚　おきずか
　起塚英昭　おきずか・ひであき　岡山盲学校教諭(国典)

【1437】 越

越　こし
越昭三　こし・しょうぞう　数学者（数学）
越寿三郎　こし・じゅさぶろう　実業家（日人）
越純平　こし・じゅんぺい　作曲家（作曲）
越伝吉　こし・でんきち　養蚕家（姓氏長野）
越正毅　こし・まさき　交通工学者（現執3期）

[3]越山　えつざん；こしやま
越山忍　えつざん・しのぶ　力士（日典）
越山休蔵　こしやま・きゅうぞう　鹿児島県士族（日人）
越山太刀三郎　こしやま・たちさぶろう　実業家，政治家（日人）

越川　えちかわ；えつかわ；こしかわ
越川清重　えちかわ・きよしげ　松下電器産業品質管理センター品質助成部（日典）
越川修身　えつかわ・おさみ　現代美術家（日典）
越川弥栄　こしかわ・やさか　教育者・教育理論の普及者（群馬人）

[4]越中　えっちゅう；こしなか
越中哲也　えっちゅう・てつや　郷土史家（郷土長崎）
越中俊夫　えっちゅう・としお　「統制農薬から認定農薬へ」日本植物防疫協会植物防疫資料館（日典）
越中今雨　こしなか・きんう　川柳作家（石川文）
越中詩郎　こしなか・しろう　プロレスラー（日典）

越中谷　えっちゅうや
越中谷要　えっちゅうや・かなめ　「あざみ」ひかり書房（日典3）
越中谷紅美　えっちゅうや・くみ　美術家（日典3）
越中谷四三郎　えっちゅうや・しさぶろう　民謡歌手（新芸）
越中谷利一　えっちゅうや・りいち　小説家，俳人（日人）

越水　こしみず
越水亀太郎　こしみず・かめたろう　「こまくさ」青芝俳句会（日典3）
越水重臣　こしみず・しげおみ　「実践・品質工学」日刊工業新聞社（日典）
越水春汀　こしみず・しゅんてい　書家，トンパ文字研究家（日典3）
越水盛俊　こしみず・もりとし　刀工（広島百）
越水利江子　こしみず・りえこ　さし絵画家（幻想）

[5]越田　こした；こしだ
越田清四郎　こした・せいしろう　「新聞教育の文化誌」白順社（日典3）
越田吉一　こした・よしかず　札幌医科大学医学部助手（日典）
越田健一郎　こしだ・けんいちろう　陶芸家（陶工）

越田稜　こしだ・たかし　日本政治思想史，教科書問題，平和教育研究者（平和）

越石　こしいし；こしこく
越石一彦　こしいし・かずひこ　ファイナンシャル・コンサルタント，経済ジャーナリスト（日典3）
越石健司　こしいし・けんじ　「フラットパネルディスプレイ最新動向」工業調査会（日典3）
越石幸子　こしこく・さちこ　「インカの風〜越石幸子展」福井アートフォーラム（日典3）

[6]越次　えつぐ
越次一雄　えつぐ・かずお　軍人（陸海）
越次倶子　えつぐ・ともこ　文芸評論家（日典）

[7]越坂部　おさかべ；こさかべ
越坂部則道　おさかべ・のりみち　文芸評論家（日典）
越坂部茂　こさかべ・しげる　俳優（日典）

越沢　こしざわ
越沢明　こしざわ・あきら　都市計画学者，環境計画学者（現執4期）
越沢治　こしざわ・おさむ　（株）モバイルホーム・ジャパン主宰（日典3）
越沢和子　こしざわ・かずこ　俳人（北海道文）
越沢秀行　こしざわ・ひでゆき　バイオリニスト，声楽指導者（音人3）
越沢洋　こしざわ・よう　歌人（歌人）

越谷　こしがや；こしたに；こしや
越谷オサム　こしがや・おさむ　小説家（幻想）
越谷達之助　こしたに・たつのすけ　作曲家（作曲）
越谷喜明　こしや・よしあき　陶芸家（美工）

越阪部　おさかべ
越阪部昌伯　おさかべ・まさのり　日本アイデービー（株）代表取締役（日典）
越阪部ワタル　おさかべ・わたる　「Illustrator 10分間ロゴデザイン」エムディエヌコーポレーション（日典）

[8]越河　こしかわ；こすごう
越河良雄　こしかわ・よしお　元・住友電設専務（日典）
越河六郎　こすごう・ろくろう　「労働の生産性」労働科学研究所出版部（日典3）

越治　おち
越治博裕　おち・はるひろ　「企画広告入門」（国典）

越知　おち
越知克彦　おち・かつよし　公認会計士（日典3）
越知憲治　おち・けんじ　愛媛大学医学部医学科助教授（日典3）
越知俊一　おち・しゅんいち　住友信託銀行専務，京王プラザホテル副社長（日典3）
越知隆　おち・たかし　東京国際大学商学部教授（日典）
越知保夫　おち・やすお　評論家（大阪文）

[9]越前　えちぜん；こしまえ
越前功　えちぜん・いさお　国立情報学研究所准教授（日典3）
越前翠村　えちぜん・すいそん　歌人（世紀）

越前久松　こしまえ・ひさまつ　郷土史家（日典）
越後島　えちごしま；えちごじま
　越後島進　えちごしま・すすむ　洋画家（日典）
　越後島研一　えちごしま・けんいち　建築家（日典）
　越後島芳明　えちごしま・よしあき　洋画家（洋画）
[10]越馬　こしば
　越馬純一　こしば・じゅんいち　津田駒工業監査役（日典3）
　越馬徳治　こしば・とくじ　「絹人絹織機」（国典）
　越馬平治　こしば・へいじ　津田駒工業社長（日典3）
[11]越部　こしべ
　越部毅　こしべ・たけし　「コストプランニング入門」彰国社（日典3）
　越部信義　こしべ・のぶよし　作曲家（音人3）
　越部遥　こしべ・のぼる　演劇学者（現執1期）
　越部平八郎　こしべ・へいはちろう　（株）みかど育種農場会長（日典3）
　越部倫子　こしべ・みちこ　「コンパクト音感を育てるための理論と方法」シンフォニア（日典3）
[12]越塚　こしずか
　越塚省一　こしずか・しょういち　保護司（日典3）
　越塚誠一　こしずか・せいいち　「粒子法」丸善（日典3）
　越塚信行　こしずか・のぶゆき　慶応大教授（国典）
　越塚登　こしずか・のぼる　「大人のための「情報」教科書」数研出版（日典3）
　越塚友邦　こしずか・ゆうほう　日本画家（美家）
越智　おち
　越智キヨ　おち・きよ　家政学者（日人）
　越智彦四郎　おち・ひこしろう　志士, 筑前福岡藩士（コン2）
　越智正典　おち・まさのり　野球評論家, アナウンサー（日人）
　越智道雄　おち・みちお　翻訳家, 評論家（四国文）
　越智勇一　おち・ゆういち　獣医学者（日人）
越智田　おちだ
　越智田一男　おちだ・かずお　児童文学作家（四国文）
　越智田吉生　おちだ・よしお　「コンダラからマンダラへ」琴通信社（日典3）
越賀　こしか；こしが
　越賀一雄　こしか・かずお　医師（近医）
　越賀隆之　こしか・たかゆき　能楽師（能狂言）
　越賀義隆　こしが・よしたか　能楽師（芸能）
　越賀理恵　こしが・りえ　メゾソプラノ歌手（音人3）
越間　こしま
　越間誠　こしま・まこと　写真家（写人）
[13]越路　こえじ；こしじ
　越路玄太　こえじ・げんた　元・宮城県議（日典）
　越路吹雪　こしじ・ふぶき　歌手, 女優（コン4）

越路正巳　こしじ・まさみ　憲法研究者（現執4期）
[16]越膳　えちぜん；こしぜん
　越膳こずえ　えちぜん・こずえ　「ビートルズ売り出し中！」河出書房新社（日典3）
　越膳百々子　えちぜん・ももこ　栄養士, 実業家（現執3期）
　越膳夕香　こしぜん・ゆか　「手ぬぐいでつくる日々の小もの」河出書房新社（日典3）

【1438】 趙

趙　ちょう
　趙顕黄　ちょう・あきお　占星術研究家（日典3）
　趙明浩　ちょう・あきひろ　「New liver anatomy」Springer（日典3）
　趙海光　ちょう・うみひこ　「高山建築学校伝説」鹿島出版会（日典3）
　趙方豪　ちょう・ばんほう　俳優（新芸）

足部

【1439】 足

[5]足代　あじろ
　足代定正　あじろ・さだまさ　武蔵野銀行副頭取（日典3）
　足代訓史　あじろ・さとし　「ネット広告のすべて」ディー・アート（日典3）
　足代典正　あじろ・のりまさ　ジェイダイナー東海社長（日典3）
　足代弘長　あじろ・ひろなが　国学者（国書）
　足代義郎　あじろ・よしお　洋画家（洋画）
足立　あしだち；あたち；あだち
　足立龍弥　あしだち・たつや　俳優（日典3）
　足立章子　あたち・あきこ　「英単語ほのぼのエピソード記憶術」パレード, 星雲社（発売）（日典3）
　足立正　あだち・ただし　実業家（コン2）
足立原　あだちはら；あだちばら
　足立原永寧　あだちはら・えいねい　八菅修験（姓氏神奈川）
　足立原茂徳　あだちはら・しげのり　政治家（現政）
　足立原明文　あだちばら・あきふみ　トピー工業相談役（日典3）
　足立原八束　あだちばら・やつか　中国文学研究者（日典3）
[6]足羽　あしば；あしわ；あすわ
　足羽雪艇　あしば・せってい　僧侶（鳥取百）
　足羽章兮　あしわ・しょうけい　医師, 政治家（鳥取百）
　足羽かつみ　あすわ・かつみ　漫画家（漫人）
[7]足利　あしかが
　足利惇氏　あしかが・あつうじ　東洋史学者（日人）
　足利義山　あしかが・ぎざん　浄土真宗本願寺派学僧（真宗）

足部(跨,跡,路,踊,躍) 車部(車)　　　　　　　　　　　　　　　　〔1445〕

足利健亮　あしかが・けんりょう　地理学者(滋賀文)
足利紫山　あしかが・しざん　臨済宗僧侶(日人)
足利浄円　あしかが・じょうえん　浄土真宗本願寺派僧侶(日人)

足助　あすけ
　足助明郎　あすけ・あきお　三井住友銀行副頭取,ゴールドマンサックス証券会長(日典3)
　足助恵比男　あすけ・えびお　ダイハツ専務(日典)
　足助正策　あすけ・しょうさく　青林書院取締役編集長(日典)
　足助素一　あすけ・そいち　出版業者(世紀)
　足助たつ　あすけ・たつ　出版社主(社史)

足沢　あしざわ；たるさわ
　足沢貞成　あしざわ・さだしげ　京都大学霊長類研究所教務補佐員(日典3)
　足沢禎吉　たるさわ・ていきち　出版人(出文)
　足沢良子　たるさわ・よしこ　児童文学作家,翻訳家(世紀)

⁹足柄　あしがら
　足柄定之　あしがら・さだゆき　小説家,国鉄職員(世紀)
　足柄沐雨　あしがら・もくう　「金時を語る」金時を学ぶ会(日典3)

¹⁰足高　あしたか；あしだか
　足高克巳　あしたか・かつみ　元・大阪市議(日典)
　足高善雄　あしたか・よしお　阪大名誉教授(日典)
　足高圭亮　あしだか・けいすけ　近鉄球団代表(日典)
　足高善雄　あしだか・よしお　医師(近医)

¹¹足鹿　あしか
　足鹿覚　あしか・かく　社会運動家,政治家(日人)

¹²足達　あしだち；あだち
　足達大和　あしだち・やまと　「大切なことは、みんなナポレオン・ヒルが教えてくれた」きこ書房(日典3)
　足達丑六　あだち・うしろく　教育者(高知人)
　足達英一郎　あだち・えいいちろう　企業研究者(現鈔4期)

【1440】　跨

跨雲　こうん
　跨雲仙史　こうん・せんし「待遇期成大同盟会一ノ関支部記事」日本鉄道機関方スト90周年記念講演会実行委員会(日典3)

【1441】　跡

⁷跡見　あとみ
　跡見花蹊　あとみ・かけい　女子教育家(コン5)
　跡見玉枝　あとみ・ぎょくし　日本画家(日人)
　跡見玄山　あとみ・げんざん　医師(姓氏静岡)
　跡見李子　あとみ・ももこ　女子教育家(日人)
　跡見泰　あとみ・ゆたか　洋画家(日人)

¹¹跡部　あとべ
　跡部治　あとべ・おさむ「海中生活に挑戦する」ラテイス　丸善(発売)(日典)
　跡部定次郎　あとべ・さだじろう　法学者(渡航)
　跡部達蔵　あとべ・たつぞう　出羽秋田藩士(幕末)
　跡部定治郎　あとべ・ていじろう　法学者(弓道)
　跡部白鳥　あとべ・はくう　日本画家(美家)

【1442】　路

路　おおじ；みち；ろ
　路豊永　おおじ・とよなが　学者=古代(人名1)
　路加奈子　みち・かなこ　女優(映女)
　路京華　ろ・きょうか　中医研究院(中国)広安門医院助教授(日典)

【1443】　踊

踊　おどり；よう
　踊共二　おどり・ともじ「改宗と亡命の社会史」創文社(日典)
　踊正太郎　よう・しょうたろう　津軽三味線奏者(日典3)

【1444】　躍

¹²躍場　おどりば
　躍場明　おどりば・あきら　中国新聞製作局製作委員(日典)

車部

【1445】　車

車　くるま；しゃ
　車浮代　くるま・うきよ「"さ・し・す・せ・そ"で作る〈江戸風〉小鉢&おつまみレシピ」PHP研究所(日典3)
　車だん吉　くるま・だんきち　タレント(テレ)
　車慕奇　しゃ・ぼき「シルクロード〈今と昔〉」徳間書店(JM)

⁵車古　しゃこ
　車古正樹　しゃこ・まさき「工学のためのコンピュータプログラミング」実教出版(書籍)

車田　くるまだ；のりた
　車田宏章　くるまだ・ひろあき　会社経営者,写真家(写人)
　車田正美　くるまだ・まさみ　漫画家(幻想)
　車田利夫　のりた・としお　ノリタ光学会長(日典)
　車田春男　のりた・はるお　元・ノリタ光学社長(日典)

車部(軌,軍,軒,転,軽,輩,輪,輿,轍,轟)

[7]車谷　くるまたに；くるまだに；くるまや；しゃたに
　車谷長吉　くるまたに・ちょうきつ　小説家(日人)
　車谷弘　くるまだに・ひろし　俳人,編集者(出文)
　車谷馬太郎　くるまや・うまたろう　持株整理委員(日典)
　車谷卓也　しゃたに・たくや　国連パレスチナ難民救済事業機関西岸地域事務所総務人事部長補佐(日典)

【1446】　軌

[9]軌保　のりやす
　軌保昇証　のりやす・しょうしょう　僧侶(真宗)
　軌保博光　のりやす・ひろみつ　俳優(YA)

【1447】　軍

[5]軍司　ぐんじ
　軍司一郎　ぐんじ・いちろう　「潮騒」そうぶん社出版(日典3)
　軍司貞則　ぐんじ・さだのり　ノンフィクション作家(現執4期)
　軍司敏　ぐんじ・さとし　宇都宮大学教養部教授(日典3)
　軍司三司　ぐんじ・さんじ　弓道家,弓道錬士(弓道)
　軍司秀峰　ぐんじ・しゅうほう　写真家(写人)

【1448】　軒

[3]軒上　けんじょう
　軒上泊　けんじょう・はく　小説家(兵庫文)
[10]軒原　のきはら
　軒原庄蔵　のきはら・しょうぞう　治水家(日人)

【1449】　転

[8]転法輪　てぼり；てぽり；てんぽうりん
　転法輪行念　てぼり・ぎょうねん　僧侶(神奈川人)
　転法輪慎治　てぼり・しんじ　順天堂医療短期大学講師(日典)
　転法輪奏　てんぽうりん・すすむ　実業家(日人)

【1450】　軽

[11]軽部　かるべ
　軽部征夫　かるべ・いさお　生物工学者(日人)
　軽部烏頭子　かるべ・うとうし　俳人(日人)
　軽部清子　かるべ・きよこ　映画会社社員(近女)
　軽部真一　かるべ・しんいち　アナウンサー(テレ)
　軽部潤子　かるべ・じゅんこ　漫画家(漫人)

【1451】　輩

[4]輩止　くるまと
　輩止みやこ　くるまと・みやこ　武蔵野音大助教授(日典)

【1452】　輪

[3]輪千　わち
　輪千正　わち・ただし「防災設備概論」日本工業出版(書籍)
[12]輪湖　わこ；わご
　輪湖漣　わこ・さざなみ　小学校教員(社史)
　輪湖俊午郎　わこ・しゅんごろう　移民事業家(日人)
　輪湖公寛　わご・きみひろ　弁護士(日典)
[13]輪違　わちがい
　輪違清次　わちがい・きよじ　大阪市電自助会メンバー(アナ)
　輪違俊和　わちがい・としかず　関西輪違機械販売社長(日典)

【1453】　輿

[4]輿水　こしみず
　輿水利雄　こしみず・としお　考古学者,栃原岩陰遺跡の発見者(長野歴)
　輿水肇　こしみず・はじめ　緑地工学者(現執2期)
　輿水優　こしみず・まさる　中国語学者(現執3期)
　輿水実　こしみず・みのる　言語哲学者,国語教育者(世紀)
　輿水陽三　こしみず・ようぞう　政治家(姓氏群馬)
[5]輿石　こしいし
　輿石東　こしいし・あずま　政治家(現政)
　輿石勇　こしいし・いさむ「グローバル時代の教会」聖公会出版(日典3)
　輿石一郎　こしいし・いちろう「コンパス物理化学」南江堂(日典3)
　輿石三郎　こしいし・さぶろう　小学校教員(社史)
　輿石守郷　こしいし・もりさと　神職(山梨百)

【1454】　轍

　轍　わだち
　轍郁摩　わだち・いくま　俳人(四国文)

【1455】　轟

　轟　とどろき
　轟謙二　とどろき・けんじ　俳優(映男)

車部(轡)　辛部(辛)　辰部(辰, 農)　辶部(込, 辻)　　　　　　　　　　　　　　　〔1461〕

轟武兵衛　とどろき・ぶへえ　尊攘派志士(日人)
轟武兵衛　とどろき・ぶべえ　尊攘派志士(コン4)
轟安雄　とどろき・やすお　政治家(埼玉人)
轟夕起子　とどろき・ゆきこ　女優(コン4)

【1456】轡

5轡田　くつわだ
　轡田収　くつわだ・おさむ　ドイツ文学者(日人)
　轡田勝弥　くつわだ・かつや　神官(日典3)
　轡田進　くつわだ・すすむ　俳人(俳文)
　轡田隆史　くつわだ・たかふみ　ジャーナリスト, エッセイスト(世紀)
　轡田昇　くつわだ・のぼる　電子材料工学の研究者(写家)

辛部

【1457】辛

7辛坊　しんぼう
　辛坊治郎　しんぼう・じろう　アナウンサー(テレ)
　辛坊正記　しんぼう・まさき「日本経済の不都合な真実」幻冬舎(日典3)

10辛島　かのしま；からしま
　辛島恵美子　かのしま・えみこ「薬と食べ物と水」理工図書(日典3)
　辛島司朗　かのしま・しろう　東京農業大学農学部教授(日典)
　辛島浅彦　からしま・あさひこ　経営者(日人)
　辛島昇　からしま・のぼる　インド史学者(世紀)

辰部

【1458】辰

辰　たつみ
　辰当広　たつみ・まさひろ　農民(社史)
　辰行広　たつみ・ゆきひろ　農民(社史)
　辰ヨシマツ　たつみ・よしまつ　農民(社史)

10辰馬　たつうま；たつま
　辰馬吉左衛門〔13代〕　たつうま・きちざえもん　実業家(学校)
　辰馬きよ子　たつうま・きよこ　酒造業者(日人)
　辰馬鎌蔵　たつま・かまぞう　技師(土木)
　辰馬吉左衛門　たつま・きちざえもん　実業家(新潮)

12辰喜　たつき
　辰喜洸　たつき・たけし　和歌山県教育委員会文化財課(人情)
　辰喜亮介　たつき・りょうすけ「一般検査学実習書」医歯薬出版(日典3)

16辰濃　たつの
　辰濃和男　たつの・かずお　ジャーナリスト(日人)
　辰濃隆　たつの・たかし「内分泌かく乱化学物質と食品容器」幸書房(日典3)
　辰濃哲郎　たつの・てつろう「歪んだ権威」医薬経済社(日典3)

【1459】農

3農上　のがみ
　農上輝樹　のがみ・てるき「薔薇の告白」(国典)

辶部

【1460】込

込山　こみやま
　込山敬一郎　こみやま・けいいちろう　読売新聞論説副委員長, 自治医科大学教授(日典3)
　込山貞雄　こみやま・さだお　立花証券副社長(日典3)
　込山諒　こみやま・さとる　長野銀行専務(日典3)
　込山俊二　こみやま・しゅんじ　建築家(日典3)
　込山光広　こみやま・みつひろ　社会運動家(視覚)

7込谷　こみや
　込谷和之　こみや・かずゆき　飛行第七連隊附航中佐(日典3)
　込谷真佐雄　こみや・まさお　聖光園経営, 全日本菊花連盟賛助会員(日典3)
　込谷百代　こみや・ももよ「家庭科99の相談」(国典)

【1461】辻

3辻上　つじかみ；つじがみ
　辻上暲　つじかみ・あきら　著述家(日典3)
　辻上奈美江　つじがみ・なみえ「現代サウディアラビアのジェンダーと権力」福村出版(日典3)

6辻合　つじあい
　辻合喜代太郎　つじあい・きよたろう　日本古代文様・染織史研究者(現執1期)
　辻合真一郎　つじあい・しんいちろう　バレーボール全日本男子監督(日典3)
　辻合華子　つじあい・はなこ「パソ婚生活はじめてみたら」工業調査会(日典3)
　辻合秀一　つじあい・ひでかず　富山大学芸術文化学部准教授(日典3)

7辻谷　つじたに；つじや
　辻谷昭則　つじたに・あきのり　映画監督(日典3)
　辻谷耕史　つじたに・こうじ　声優, ナレーター(テレ)
　辻谷秋人　つじや・あきひと　フリーライター(日典3)

辻谷強司　つじや・つよし　味の素常務（日典）

【1462】 辺

辺　あたり；へん，べん；ほとり
辺ヒロユキ　あたり・ひろゆき「カラダスイッチ」東京漫画社（日典3）
辺龍雄　へん・たつお　ぴょんぴょん舎オーナー（日典3）
辺吾一　べん・ごいち　日本大学生産工学部機械工学科教授（日典）
辺英治　ほとり・えいじ「世界地図で読む開発と人間」旬報社（日典3）

[5]辺田　へだ
辺田夕峰　へだ・ゆうほう「浦住」若葉社（日典3）

[11]辺野喜　へのき；べのき
辺野喜タケ　へのき・たけ　大宜味村革新運動関係者（社史）
辺野喜英長　べのき・えいちょう　アナーキスト壺屋グループメンバー（アナ）
辺野喜英昭　べのき・ひであき「拡張主義国家の相克」月刊沖縄社（日典3）

【1463】 近

近　こん；ちか
近新三郎　こん・しんさぶろう　技師（土木）
近寅彦　こん・とらひこ　政治家（現政）
近勝彦　ちか・かつひこ「経験の社会経済」晃洋書房（日典3）
近喜代一　ちか・きよいち　社会運動家（日人）

[3]近山　ちかやま
近山晶　ちかやま・あきら「図解雑学鉱物・宝石の不思議」ナツメ社（日典3）
近山五文　ちかやま・いつふみ「真理は導く」U・モア（日典3）
近山勝右衛門　ちかやま・かつえもん　政治家（姓氏長野）
近山金次　ちかやま・きんじ　西洋史学者（日人）
近山恵子　ちかやま・けいこ　福祉マンションをつくる会理事長（日典3）

[4]近内　こんない；ちかうち
近内金光　こんない・かねみつ　農民運動家，弁護士（コン5）
近内圭太郎　こんない・けいたろう　水泳選手（日典3）
近内登志郎　ちかうち・としろう「無くならないクレームを減らし，食の安全・安心を生み，クレームに対応できる品質管理マニュアル」黎明出版（日典3）
近内弘子　ちかうち・ひろこ「宣誓」千鳥書院（日典3）

[5]近田　きんだ；こんた；こんだ；ちかた；ちかだ
近田佳　きんだ・けい「わかってあげたい子供の心のこんなとこ」日本図書刊行会（日典3）
近田文弘　こんた・ふみひろ　国立科学博物館植物第一研究室室長（現執4期）

近田蘭平　こんだ・らんぺい　実業家（青森人）
近田英二　ちかた・えいじ　グレイト（株）代表（日典3）
近田精治　ちかだ・せいじ　陶芸家（美工）

[6]近江　おうみ；おおみ
近江ジン　おうみ・じん　石川啄木の愛人（日人）
近江俊郎　おうみ・としろう　歌手，映画監督（日人）
近江輝子　おおみ・てるこ　女優（映女）
近江雄三　おおみ・ゆうぞう　医師（渡航）

近江谷　おうみや；おおみや
近江谷栄次　おうみや・えいじ　実業家，政治家（日人）
近江谷友治　おうみや・ともじ　農民運動家（日人）
近江谷杏菜　おおみや・あんな　カーリング選手（日典3）
近江谷友治　おおみや・ともじ　社会運動家（社史）

近江岸　おうみぎし；おおみぎし
近江岸弁之助　おうみぎし・べんのすけ　信徒伝道者（キリ）
近江岸隆太郎　おおみぎし・たかたろう　元・ニチバン常務（日典）

[7]近沢　ちかさわ；ちかざわ
近沢弘明　ちかさわ・ひろあき　近沢レース店社長，横浜中法人会会長（日典3）
近沢敬一　ちかざわ・けいいち　社会学者（現執2期）
近沢弘治　ちかざわ・ひろじ　公認会計士（現執2期）

近角　ちかすみ；ちかずみ
近角聡信　ちかすみ・そうしん「磁性物理の進歩」（国典）
近角万亀子　ちかすみ・まきこ「磁石の話」河出書房新社（日典3）
近角常観　ちかずみ・じょうかん　真宗大谷派僧侶（コン5）
近角聡信　ちかずみ・そうしん　物理学者（日人）

近谷　こんたに；こんや；ちかたに
近谷日出男　こんたに・ひでお　エコー・センター社長（日典）
近谷英昭　こんや・ひであき　日本国有鉄道鉄道技術研究所主任研究員（日典）
近谷俊雄　ちかたに・としお　元・広島市信用組合理事長（日典）

[8]近宗　ちかそう；ちかむね
近宗利夫　ちかそう・としお　北国新聞編集局調査部長（日典）
近宗千城　ちかむね・たてき　元・筑波大学農林学教授・農林技術センター長（日典）

近東　こんとう；こんどう
近東宏則　こんとう・ひろのり　六甲摩耶鉄道会長（日典）
近東弘七　こんどう・ひろしち　印刷業（郷土奈良）

辵部（迎、返、述、迫）

⁹近重　ちかしげ
　近重亜郎　ちかしげ・あろう　「スロバキア」情報センター出版局（日典3）
　近重久美子　ちかしげ・くみこ　「なちゅらる地図」フェリシモ
　近重次郎　ちかしげ・じろう　テクノ菱和副会長（日典3）
　近重八郎　ちかしげ・はちろう　テクノ菱和会長（日典3）
　近重真澄　ちかしげ・ますみ　化学者（日人）

¹⁰近馬　こんま；ちかま
　近馬勘吾　こんま・かんご　洋画家（日人）
　近馬せつ子　ちかま・せつこ　漫才師（日典）

¹¹近盛　ちかもり
　近盛晴嘉　ちかもり・はるよし　新聞史研究者（現執1期）

　近野　こんの；ちかの
　近野十志夫　こんの・としお　児童書編集者, 児童書作家（現執4期）
　近野成美　こんの・なるみ　タレント（テレ）
　近野鳩三　こんの・きゅうぞう　陸軍軍人（日人）
　近野莉菜　ちかの・りな　タレント, 歌手（日典3）

¹²近喰　こんじき
　近喰晴子　こんじき・はるこ　「新生活教養」建帛社（日典3）
　近喰秀大　こんじき・ひでお　「職場の心身健康」ぎょうせい（日典3）
　近喰ふじ子　こんじき・ふじこ　医師（日典3）

　近賀　きんが；ちかが
　近賀ゆかり　きんが・ゆかり　サッカー選手（日典3）
　近賀悦宏　ちかが・よしひろ　日研産業社長（日典3）

¹⁴近端　おうはた
　近端夏也子　おうはた・かやこ　小説家（幻想）

¹⁶近衛　このえ
　近衛篤麿　このえ・あつまろ　政治家（コン5）
　近衛忠煕　このえ・ただひろ　公家（コン4）
　近衛忠房　このえ・ただふさ　公家（コン4）
　近衛秀麿　このえ・ひでまろ　指揮者, 作曲家（コン4）
　近衛文麿　このえ・ふみまろ　政治家（コン5）

¹⁸近藤　こうどう；こんどう
　近藤勘太郎　こうどう・かんたろう　政治家（幕末）
　近藤謙太郎　こうどう・けんたろう　政治家（和歌山人）
　近藤栄蔵　こんどう・えいぞう　社会運動家（コン4）
　近藤憲二　こんどう・けんじ　アナキスト（コン4）

【1464】　迎

　迎　むかい；むかえ
　迎俊造　むかい・しゅんぞう　渡航者（渡航）
　迎夏生　むかい・なつみ　漫画家（漫）

　迎静雄　むかえ・しずお　九州国際大学理事長（日典）
　迎寛　むかえ・ひろし　「実践リウマチ肺障害の診療」永井書店（日典3）

⁵迎田　こうだ；むかえだ；むこうだ
　迎田秋悦　こうだ・しゅうえつ　漆芸家（日人）
　迎田勝馬　むかえだ・かつま　「初期在北米日本人の記録」文生書院（日典3）
　迎田あさを　むこうだ・あさお　「梅の馨」文教出版社（日典3）

⁷迎里　むかいざと；むかえさと
　迎里清　むかいざと・きよし　農民（世紀）
　迎里勝弘　むかえさと・かつひろ　「大将が死んだ」海風社（日典3）
　迎里竹志　むかえさと・たけし　国立療養所沖縄愛楽園自治会長（日典3）

【1465】　返

⁵返田　そりた
　返田健　そりた・たけし　「青年期の心理」教育出版（日典3）
　返田満　そりた・みつる　詩人（日典3）

【1466】　述

⁸述金　のぶがね
　述金一　のぶがね・はじめ　大阪日日新聞取締役（日典）

【1467】　迫

　迫　さこ；はさま；はざま
　迫静二　さこ・せいじ　銀行家（コン4）
　迫森平　はさま・しんぺい　「むかしだより三浦君物語」東洋出版（日典3）
　迫徹朗　はざま・てつろう　熊本女子大教授（国典）

³迫川　さこがわ
　迫川敏明　さこがわ・としあき　「ベトナム株」アスキー（日典3）
　迫川由和　さこがわ・よしかず　「ディアスポラ」山本書店（日典3）

⁴迫水　さこみず
　迫水周一　さこみず・しゅういち　陸軍軍人（渡航）
　迫水久常　さこみず・ひさつね　政治家, 大蔵官僚（コン4）
　迫水久正　さこみず・ひさまさ　大蔵官僚（現執1期）
　迫水万亀　さこみず・まき　日本生活文化交流協会会長（日典3）
　迫水正一　さこみず・まさかず　「不思議な魔法の島」笠倉出版社（日典3）

⁵迫田　さこた；さこだ
　迫田厚徳　さこた・あつのり　農民（姓氏鹿児島）

迬部（逆,追,逢,逗,造,速）

迫田鉄五郎　さこた・てつごろう　鹿児島県士族（日人）
迫田時雄　さこだ・ときお　ピアニスト（音人3）
迫田勇吉　さこだ・ゆうきち　弓道家,弓道教士（弓道）

[11]迫桝　さこます
迫桝盛登　さこます・もりと　職工（社史）

[12]迫間　さこま；はざま
迫間真治郎　さこま・しんじろう　日大教授（日典）
迫間房太郎　さこま・ふさたろう　朝鮮財界長老（日典）
迫間真治郎　はざま・しんじろう　ソ連経済学者（社史）
迫間健　はざま・たけし　脚本家（大阪文）

【1468】 逆

[4]逆井　さかい；さかさい
逆井克仁　さかい・かつひと　「生命のリズム」水曜社（日典3）
逆井三郎　さかい・さぶろう　醸造工（社史）
逆井克己　さかさい・かつみ　(有)文書情報処理研究所代表（日典3）
逆井五郎　さかさい・ごろう　漫画家（漫画）

[19]逆瀬川　さかせがわ
逆瀬川勇　さかせがわ・いさむ　「家づくりレシピ」高城書房（日典3）
逆瀬川潔　さかせがわ・きよし　団体役員（現執3期）
逆瀬川皓一郎　さかせがわ・こういちろう　大手電気メーカー課長（日典3）
逆瀬川助熊　さかせがわ・すけぐま　教育者（姓氏鹿児島）
逆瀬川盛綱　さかせがわ・もりつな　軍人（姓氏鹿児島）

【1469】 追

[4]追分　おいわけ
追分為義　おいわけ・ためよし　ゲートボール指導員（日典）
追分日出子　おいわけ・ひでこ　フリーライター（日典3）
追分幹　おいわけ・みき　「田中こずえ写真集」マドンナ社（日典3）

[5]追田　おいた；おいだ
追田秀一　おいた・ひでかず　大同化工機工業専務（日典）
追田保　おいだ・たもつ　「人前でうまく話せる本」日本実業出版社（日典3）

追矢　おいや
追矢正己　おいや・まさみ　大阪府立大阪女子大名誉教授（人情）

[7]追貝　おつかい
追貝左文郎　おつかい・さぶろう　「近衛兵星野彦太郎の日露戦争」（国典）

[13]追塩　おいしお
追塩千尋　おいしお・ちひろ　研究者（現執4期）

【1470】 逢

[7]逢初　あいぞめ
逢初夢子　あいぞめ・ゆめこ　女優（映女）

逢坂　あいさか；おうさか；おおさか
逢坂国一　あいさか・くにかず　電源開発常務（日典）
逢坂剛　おうさか・ごう　小説家（日人）
逢坂誠二　おおさか・せいじ　政治家（現政）

逢沢　あいさわ；あいざわ；おうさわ；ほうさわ
逢沢寛　あいさわ・かん　政治家（日人）
逢沢寛　あいざわ・かん　政治家（コン5）
逢沢雪名　おうさわ・せつな　「みつげつ」集英社（日典3）
逢沢之乃　ほうさわ・しの　「クールな伝言」ヒカリコーポレーション（日典3）

逢見　おうみ；おおみ
逢見二　おうみ・つずき　作詩家（日典3）
逢見直人　おうみ・なおと　「現場から見る倒産法制の問題点」教育文化協会（日典3）
逢見明久　おおみ・あきひさ　「イギリス文学案内」朝日出版社（日典3）

逢阪　おうさか
逢阪勝見　おうさか・かつみ　日本公認会計士協会監事（人情）

【1471】 逗

[3]逗子　ずし
逗子とんぼ　ずし・とんぼ　俳優（映男）
逗子八郎　ずし・はちろう　歌人（世紀）

【1472】 造

[10]造酒　みき
造酒亶十郎　みき・だんじゅうろう　沖縄開発庁総務局長（日典3）
造酒広秋　みき・ひろあき　歌人（四国文）

【1473】 速

[4]速水　はやみ；はやみず
速水御舟　はやみ・ぎょしゅう　日本画家（コン5）
速水滉　はやみ・ひろし　心理学者,論理学者（コン5）
速水敏彦　はやみず・としひこ　教育心理学者（現執4期）
速水柳二　はやみず・りゅうじ　東京モスリン吾嬬工場従業員組合長（社史）

辵部(通,連,逸,進,運,達)

【1474】 通

通 とおり
- 通和夫　とおり・かずお　「実用NMR」講談社（日典3）
- 通雅彦　とおり・まさひこ　「北港ど真ん中」驢馬出版（日典3）
- 通元夫　とおり・もとお　徳島文理大学薬学部教授（日典3）

³通山 かねやま；とおやま；とおりやま
- 通山香代子　かねやま・かよこ　調布市総合福祉センター（日典3）
- 通山薫　とおやま・かおる　「基礎検査学演習」ふくろう出版（日典3）
- 通山愛里　とおりやま・あいり　タレント（テレ）

⁴通木 かねき；つうき；とおき
- 通木登美雄　かねき・とみお　かねきや商店経営者（人情）
- 通木俊逸　つうき・しゅんいつ　愛知県肺癌対策協会事務局長（日典）
- 通木直子　とおき・なおこ　「リフレクソロジー基礎から応用まで」東京堂出版（日典3）

⁸通事 とうじ
- 通事安京　とうじ・あんきょう　民謡歌手（新芸）

¹¹通崎 つうざき
- 通崎睦美　つうざき・むつみ　マリンバ奏者, 木琴奏者, エッセイスト（演奏）

【1475】 連

連 むらじ
- 連希代子　むらじ・きよこ　「父と娘心のダンス」誠信書房（日典3）
- 連健夫　むらじ・たけお　建築家（日典3）

³連山 つれやま
- 連山仁一郎　つれやま・じんいちろう　「動物淑女録」（国典）

⁸連東 れんとう
- 連東孝子　れんとう・たかこ　インターカルチャー代表（日典3）

⁹連保 れんぼ；れんぽ
- 連保邦夫　れんぼ・くにお　競馬研究家（日典3）
- 連保好恵　れんぽ・よしえ　「タイドライン・ブルー」秋田書店（日典3）

連城 れんじょう
- 連城三紀彦　れんじょう・みきひこ　小説家, 浄土真宗僧侶（人情）
- 連城力丸　れんじょう・りきまる　小説家, 俳優（日典3）

【1476】 逸

⁷逸見 いつみ；へんみ
- 逸見俊吾　いつみ・しゅんご　出版人（出文）
- 逸見政孝　いつみ・まさたか　タレント（世紀）
- 逸見梅栄　へんみ・ばいえい　仏教美術家（コン4）
- 逸見猶吉　へんみ・ゆうきち　詩人（コン5）

【1477】 進

進 しん；すすむ
- 進鴻渓　しん・こうけい　備中松山藩士, 儒学者（日人）
- 進経太　しん・つねた　造船技師（日人）
- 進一男　すすむ・かずお　詩人（日典3）
- 進利玄　すすむ・としけん　農民（社史）

⁵進士 しんし；しんじ
- 進士益太　しんし・えきた　編集者（日児）
- 進士徹　しんし・とおる　あぶくまネイチャースクールネットワーク代表（日典3）
- 進士五十八　しんじ・いそや　環境計画学者（現執4期）
- 進士慶幹　しんじ・よしもと　日本史研究者（史研）

⁷進来 すずき
- 進来要　すずき・かなめ　日本ウジミナス社長（日典3）
- 進来哲　すずき・てつ　洋画家（大分歴）
- 進来廉　すずき・れん　建築家（日典3）

¹⁸進藤 しんとう；しんどう
- 進藤一馬　しんとう・かずま　政治家（日人）
- 進藤喜平太　しんとう・きへいた　政治家, 福岡藩士（日人）
- 進藤栄一　しんどう・えいいち　国際政治学者（日人）
- 進藤英太郎　しんどう・えいたろう　映画俳優（日人）

【1478】 運

³運上 うんじょう
- 運上旦子　うんじょう・いつこ　小説家（北海道文）
- 運上一美　うんじょう・かずみ　元・アイスホッケー監督（日典3）
- 運上茂樹　うんじょう・しげき　建設省土木研究所耐震研究室研究員（日典3）
- 運上光彦　うんじょう・みつひこ　留萌の小平町郷土資料館長（人情）

【1479】 達

達 たち；たつ
- 達正光　たち・まさみつ　棋士（日典）
- 達喜太郎　たつ・きたろう　農民（社史）
- 達政熊　たつ・まさぐま　農民（社史）

³達下 たつした；たてした
- 達下文一　たつした・ふみいつ　東京都建設局土木技術研究所所長（日典3）

辵部(遅, 道)

達下俊平　たてした・しゅんぺい　政治家(姓氏岩手)

[8]達林　たつばやし；たてばやし
達林明　たつばやし・あきら　日本共産党再建活動関係者(社史)
達林哲　たつばやし・あきら「印刷の営業力」日本印刷新聞社(日典3)
達林正吉　たてばやし・しょうきち「地方監査」(国典)

[14]達増　たっそ
達増拓也　たっそ・たくや　政治家(現政)

[15]達摩　だるま
達摩省一　だるま・せいいち　高校野球の審判(人情)

【1480】遅

[11]遅野井　おそのい；ちのい
遅野井茂雄　おそのい・しげお　ラテンアメリカ問題研究家(現執4期)
遅野井孝夫　ちのい・たかお　東京新研(国典)
遅野井貴子　ちのい・たかこ「犯罪地図」都市防犯研究センター(日典3)

[12]遅塚　ちづか；ちつか
遅塚忠躬　ちづか・ただみ　西洋史学者(日人)
遅塚麗水　ちづか・れいすい　新聞記者,紀行文家(コン2)
遅塚麗水　ちつか・れいすい　新聞記者,紀行文家(静岡歴)

【1481】道

道　どう；みち
道志洋　どう・しよう　数学旅行作家(日典)
道喜美代　みち・きみよ　栄養化学者(日人)
道志郎　みち・しろう　電子オルガン奏者,編曲家,作曲家(作曲)

[3]道下　どうもと；どんけ；みちした；みやした
道下弘紀　どうもと・こうき「ヨーロッパ・田園と農場の旅」東京書籍(日典3)
道下芳雄　どんけ・よしお　国鉄厚生局長(日典)
道下俊一　みちした・としかず　医師(日人)
道下一朗　みやした・いちろう「エビデンス循環器病学」ライフサイエンス出版(日典3)

道上　どうじょう；みちうえ；みちがみ
道上洋三　どうじょう・ようぞう　アナウンサー(テレ)
道上彰子　みちうえ・あきこ　バドミントン選手(日典3)
道上隆雄　みちがみ・たかお　ふぐ料理人(大阪人)

道口　どうぐち；みちぐち
道口正雄　どうぐち・まさお　日本生活協同組合連合会安全政策推進室技術顧問(日典3)
道口幸恵　みちぐち・さちえ「『精神のシルクロード』を求めて」潮出版社(日典3)

道川　どうがわ；みちかわ
道川茂作　どうがわ・もさく　陸上の長距離選手(青森人)
道川勇雄　みちかわ・いさお「聖書による『天国』」三五館(日典3)
道川研一　みちかわ・けんいち　翼システム社長(日典3)

道工　どうく
道工久　どうく・ひさし　雪の花酒造社長(日典3)
道工隆三　どうく・りゅうぞう「民事法特殊問題の研究」(国典)

[4]道井　どい；どうい；みちい
道井広治　どい・ひろこ「ABCDEnglish」むさし書房(日典3)
道井敏　どうい・さとし　慶応義塾大学知的資産センターリエゾンマネージャー(日典3)
道井直次　みちい・なおつぐ　演出家,劇作家(大阪文)

道仏　どうふつ；どうぶつ
道仏ナオ子　どうふつ・なおこ　ファッション・コーディネーター(日典)
道仏訓　どうぶつ・いさお　元・パリーグ審判部長(日典)
道仏訓　どうぶつ・さとし　パリーグ審判部長(日典3)

道木　どうき；みちき
道木一弘　どうき・かずひろ「物・語りの『ユリシーズ』」南雲堂(日典3)
道木正信　どうき・まさのぶ「医王山長命寺誌」長命寺(日典3)
道木清幸　みちき・きよゆき　旭川商工信用組合理事長(日典3)
道木三枝　みちき・みえ「えんじんのっく」編集工房ノア(日典3)

[5]道本　どうもと；みちもと
道本棟太郎　どうもと・とうたろう　政治家(和歌山人)
道本良蔵　どうもと・りょうぞう　実業家(和歌山人)
道本修　みちもと・おさむ「区画整理とっておき」一粒社出版部(日典3)
道本光一郎　みちもと・こういちろう「気象予報入門」コロナ社(日典3)

道正　どうしょう
道正邦彦　どうしょう・くにひこ　官僚(福井百)
道正航斗　どうしょう・こうと「忘れていた心を呼び覚ます本」情報通信社(日典3)
道正友　どうしょう・とも　参院予算委員会調査室長(日典3)
道正安次郎　どうしょう・やすじろう　財法春風学寮理事長(日典3)
道正洋三　どうしょう・ようぞう　日本電気(株)研究開発事務本部勤労部長(日典3)

道永　どうえい；みちなが
道永通昌　どうえい・つうしょう　黄檗宗の僧(日人)
道永卯之助　みちなが・うのすけ　教育者,政治家(姓氏鹿児島)

辵部（道）

道永エイ　みちなが・えい　ホテル経営者（長崎歴）

道田　みちた；みちだ
　道田泰司　みちた・やすし　「批判的思考力を育む」有斐閣（日典3）
　道田るみ　みちた・るみ　カーリング選手（日典）
　道田国雄　みちだ・くにお　ジャーナリスト（現執2期）
　道田信一郎　みちだ・しんいちろう　法学者（日人）

7道谷　みちたに；みちや
　道谷卓　みちたに・たかし　「神戸歴史トリップ」神戸市中央区（日典3）
　道谷美賀子　みちたに・みがこ　「ひがんばなはたいようのひかり」菅原稔（日典3）
　道谷真平　みちや・しんぺい　アナウンサー（テレ）
　道谷英子　みちや・ひでこ　「放射線科エキスパートナーシング」南江堂（日典3）

8道幸　どうこう
　道幸武久　どうこう・たけひさ　ビジネスプロデューサー（日典3）
　道幸哲也　どうこう・てつなり　法学者（現執4期）

道明　どうみょう；みちあき
　道明新兵衛〔6代〕　どうみょう・しんべえ　組紐技術者（日人）
　道明義弘　どうみょう・よしひろ　経営学者（現執2期）
　道明真治郎　みちあき・しんじろう　口演童話家（日児）
　道明博　みちあき・ひろし　「サンボの技と訓練」光和堂（日典3）

9道垣内　どうがうち；どうがきうち
　道垣内弘人　どうがうち・ひろと　研究者（現執4期）
　道垣内正人　どうがうち・まさと　研究者（現執4期）
　道垣内正人　どうがきうち・まさと　「ポイント国際私法」有斐閣（日典3）

道城　どうじょう；どのしろ
　道城重太郎　どうじょう・じゅうたろう　日本イエスキリスト教団顧問（日典）
　道城裕貴　どうじょう・ゆき　「臨床心理科学研究のフロンティア」関西学院大学出版会（日典3）
　道城まみ　どのしろ・まみ　テニス選手（日典）

道祖尾　さいお
　道祖尾士郎　さいお・しろう　中国哲学者（哲学）

道重　みちしげ
　道重一郎　みちしげ・いちろう　東洋大学経済学部国際経済学科教授（日典3）
　道重さゆみ　みちしげ・さゆみ　歌手（テレ）
　道重信教　みちしげ・しんきょう　高徳家（日人）
　道重哲男　みちしげ・てつお　島根大学名誉教授（日典3）
　道重衛　みちしげ・まもる　協和発酵酒類食品事業本部酒類営業本部酒類営業部長（日典3）

道面　どうめん
　道面和枝　どうめん・かずえ　「中2で楽しく会話が続く！「2分間チャット」指導の基礎・基本」明治図書出版（日典3）
　道面敏也　どうめん・としや　中国新聞広告局広告委員（部長）（日典3）
　道面豊信　どうめん・とよのぶ　実業家（コン4）

10道家　どうけ；みちいえ
　道家大門　どうけ・だいもん　国学者,勤王家（思想）
　道家斉　どうけ・ひとし　実業家（日人）
　道家有王　みちいえ・ありお　俳人（日典3）
　道家和雄　みちいえ・かずお　日本発明振興協会理事・事務局長（日典）

道浦　どううら；みちうら
　道浦末春　どううら・すえはる　計量士（日典）
　道浦俊彦　みちうら・としひこ　アナウンサー（テレ）
　道浦母都子　みちうら・もとこ　歌人（日人）

11道部　みちべ
　道部臥牛　みちべ・がぎゅう　俳人（俳文）
　道部順　みちべ・じゅん　ドイツ文学者,俳人（日典3）
　道部梨花　みちべ・りか　「残照」初雁社（日典3）

道野　どうの；みちの
　道野鶴松　どうの・つるまつ　「古代金属文化史」朝倉書店（日典3）
　道野徳三郎　みちの・とくさぶろう　「アラビヤ数字練習手引」通信教育振興会（日典3）
　道野敏雄　みちの・としお　「画像の変換と処理」朝倉書店（日典3）

12道場　どうじょう；どうば；みちば
　道場信子　どうじょう・のぶこ　「雪の炎」紅書房（日典3）
　道場信蔵　どうば・しんぞう　「砕石用語集」日本砕石新聞社（日典3）
　道場親信　みちば・ちかのぶ　社会運動史研究家（平和）

道満　どうまん
　道満和典　どうまん・かずのり　「できるかなのりものパズル」学研教育出版,学研マーケティング（発売）（日典3）
　道満和浩　どうまん・かずひろ　「ファイルメーカーProでつくるWebデータベース」インプレス（日典3）
　道満三郎　どうまん・さぶろう　「世界の偉人こぼれ話」日本文芸社（JM）
　道満晴明　どうまん・せいまん　漫画家（漫人）
　道満雅彦　どうまん・まさひこ　オリバーソース社長（日典3）

道越　みちごえ；みちこし
　道越治　みちごえ・おさむ　「六枚の写真に込められた物語」毎日ワンズ（日典3）
　道越温　みちこし・すなお　熊本県教育長（日典3）

道躰　どうたい
　道躰章弘　どうたい・あきひろ　「ボードレールの墓」（国典）

辵部(遁,遍,遊,逵,違,遠)

道躰滋穂子　どうたい・しほこ　桜美林大学文学部教授(日典)
道躰雄一郎　どうたい・ゆういちろう　俳優(日典)

¹³道源　どうげん;みちもと
　道源権治　どうげん・ごんじ　政治家(政治)
　道源常吉　どうげん・つねきち　永代庄屋格(山口県)
　道源愛子　みちもと・あいこ「運勢鑑定開発足相家相術」霞ケ関書房(日典)

¹⁴道端　みちはた;みちばた
　道端慶二郎　みちはた・けいじろう　弁護士(日典)
　道端良秀　みちはた・りょうしゅう　僧侶(真宗)
　道端アンジェリカ　みちばた・あんじぇりか　モデル,タレント(日典)
　道端カレン　みちばた・かれん　モデル(日典3)

¹⁸道鎮　どうちん
　道鎮実　どうちん・みのる　弓道家,生弓会師範(弓道)

【1482】　遁

⁸遁所　とんどころ
　遁所彊二　とんどころ・きょうじ「片雲往来　続」(JM)

【1483】　遍

³遍千万　へちまの
　遍千万水成　へちまの・みずなり　狂歌師(日人)

【1484】　遊

遊上　ゆかみ;ゆがみ
　遊上孝一　ゆかみ・こういち　農民運動家(社運)
　遊上孝一　ゆがみ・こういち　農民運動家,労働運動家(社史)

遊川　ゆうかわ;ゆかわ
　遊川弥生　ゆうかわ・やよい　新体操選手(日典)
　遊川和郎　ゆかわ・かずお「現代中国を知るための60章」明石書店(日典3)
　遊川和彦　ゆかわ・かずひこ　脚本家(日典3)

⁵遊左　ゆさ
　遊左幸平　ゆさ・こうへい　陸軍軍人,馬術家(百科)

遊生　ゆい;ゆうき
　遊生とのか　ゆい・とのか　小説家(日典3)
　遊生草平　ゆうき・そうへい　作家(日典3)

遊田　あそだ;ゆうだ;ゆうでん;ゆだ
　遊田久美子　あそだ・くみこ「鎌祝」文学の森(日典)
　遊田研吉　ゆうだ・けんきち　政治家(姓氏岩手)
　遊田玉彦　ゆうでん・たまひこ　作家(日典3)
　遊田偲翠女　ゆだ・しすいじょ「句集栗の花」(国典)

⁷遊佐　ゆうさ;ゆさ;ゆざ
　遊佐信教　ゆうさ・のぶのり　畠山高政の臣=中世(戦国)
　遊佐幸平　ゆさ・こうへい　軍人,馬術家(コン4)
　遊佐幸平　ゆざ・こうへい　陸軍軍人,馬術家(姓氏宮城)

遊坐　ゆざ
　遊坐秀之助　ゆざ・ひでのすけ　元遠野営林署長(国典)

⁹遊津　あそず
　遊津喜太郎　あそず・きたろう　政治家(姓氏京都)
　遊津孟　あそず・たけし　松下電器産業取締役,日本野球近畿連盟副会長(日典3)

¹⁰遊座　ゆうざ;ゆざ
　遊座英子　ゆうざ・えいこ「伽羅」秀圭社(制作)(日典)
　遊座昭吾　ゆうざ・しょうご　啄木・賢治研究家(現執4期)
　遊座千尋　ゆざ・ちひろ　歌人・書家(国書)
　遊座也足　ゆざ・またたる　郷先生(姓氏長野)

¹¹遊亀　ゆうき
　遊亀教授　ゆうき・さずく　僧侶(日典3)

遊部　あそべ
　遊部久蔵　あそべ・きゅうぞう　経済学者(日人)
　遊部弘義　あそべ・ひろよし　日本銀行京都支店書記補(社史)

【1485】　逵

逵　つじ
　逵勝広　つじ・かつひろ　(株)辻楽器店代表取締役(日典3)
　逵志保　つじ・しほ「徐福論」新典社(日典3)
　逵捨蔵　つじ・すてぞう「人生の暗黒面」星鳳社出版部(日典3)
　逵日出典　つじ・ひでのり　京都精華女子高等学校教諭(国典)

⁵逵本　つじもと
　逵本明　つじもと・あきら　コスモ証券取締役・京都支店長(日典)

⁷逵邑　つじむら
　逵邑容吉　つじむら・ようきち　技師(土木)

【1486】　違

⁹違星　いぼし
　違星北斗　いぼし・ほくと　歌人,売薬行商人(コン5)

【1487】　遠

²遠入　えんにゅう
　遠入研二　えんにゅう・けんじ　太平工業副社長(日典)
　遠入たつみ　えんにゅう・たつみ　俳人(日典3)

遠入巽　えんにゅう・たつみ　俳人(大分歴)
遠入昇　えんにゅう・のぼる　実業家(世紀)

³遠上　えんじょう；とおがみ
遠上海子　えんじょう・うみこ「鞠の泛く」本阿弥書店(日典3)
遠上歌織子　えんじょう・かおりこ　プロデューサー(日典)
遠上正一　とおがみ・しょういち「生産管理実務」産能大学出版部(日典3)
遠上宗善　とおがみ・そうぜん　茶人(茶道)

遠丸　とおまる
遠丸立　とおまる・たつ　文芸評論家,詩人(日人)
遠丸立　とおまる・りゅう　文芸評論家,詩人(日典3)

遠山　とうやま；とおやま
遠山五郎　とうやま・ごろう　洋画家(洋画)
遠山啓　とうやま・ひらく　数学者,数学教育家(コン改)
遠山一行　とうやま・かずゆき　音楽評論家(日人)
遠山茂樹　とおやま・しげき　日本史学者(日人)

⁵遠田　えんた；えんだ；おんだ；とうだ；とおだ
遠田雄志　えんた・ゆうし　経営情報研究者,組織研究者(現執4期)
遠田智子　えんだ・ともこ　芸能リポーター(テレ)
遠田標治　おんだ・ひょうじ　灸師(日人)
遠田運雄　とうだ・かずお　洋画家(洋画)
遠田澄庵　とうだ・ちょうあん　医師(日人)

遠矢　とうや；とおや
遠矢五郎　とうや・ごろう　農村青年社運動神奈川県グループメンバー(アナ)
遠矢長　とうや・はじめ　政治家(姓氏鹿児島)
遠矢浩規　とおや・ひろき　政治学者(現執4期)
遠矢善栄　とおや・よしえ　医師(近医)

⁶遠刕　えんしゅう
遠刕亀一　えんしゅう・きいち　タカラスタンダード常務(日典3)
遠刕光翁　えんしゅう・みつおう　著述家(日典3)

遠地　おんじ；おんち
遠地輝武　おんじ・てるたけ　詩人,美術史家(兵庫百)
遠地輝武　おんち・てるたけ　詩人,美術評論家(コン4)

⁷遠坂　えんさか；えんざか；とおさか；とおざか
遠坂和夫　えんさか・かずお「生きがいある長寿国」日本交通公社出版事業局(日典3)
遠坂俊昭　えんざか・としあき　エヌエフ回路設計ブロックジェネラルシステム事業部主任技師(日典)
遠坂良一　とおさか・りょういち　社会運動家(世紀)
遠坂文岱　とおざか・ぶんたい　画家(日人)

遠沢　えんざわ；とおさわ
遠沢葆　えんざわ・しげる　伊良湖三河湾水先区水先人(日典3)
遠沢健二　とおさわ・けんじ　競輪選手(日典3)
遠沢志希　とおさわ・しき「風読みの巫女とはぐれ退鬼師」角川書店,角川グループパブリッシング(発売)(日典3)

遠見　えんみ；とおみ
遠見才希子　えんみ・さきこ「ひとりじゃない」ディスカヴァー・トゥエンティワン(日典3)
遠見豊子　とおみ・とよこ　音楽教育者(女性普)

遠谷　えんたに；とおや
遠谷茂　えんたに・しげる「江戸時代の土人形」里文出版(日典3)
遠谷希与子　とおや・きよこ「Loveチョコ」ブティック社(日典3)
遠谷春香　とおや・はるか　技術者(日典3)

⁸遠武　とおたけ
遠武勇熊　とおたけ・いさくま　技師(土木)
遠武健好　とおたけ・たけよし「照姫伝説」ネリマ情報協会(日典3)
遠武秀行　とおたけ・ひでゆき　鹿児島藩士(コン)

⁹遠城　えんじょう；おんじょう
遠城啓輔　えんじょう・けいすけ　俳優(日典3)
遠城秀和　えんじょう・ひでかず　NTTデータ・ビジネス企画開発本部企業ポータルグループ部長(日典3)
遠城明雄　おんじょう・あきお「パリ」青土社(日典3)
遠城謙道　おんじょう・けんどう　近江彦根藩足軽,僧(維新)

遠城寺　えんじょうじ
遠城寺七郎　えんじょうじ・しちろう　洋画家(日典3)
遠城寺宗知　えんじょうじ・むねとも　医師(近医)
遠城寺宗徳　えんじょうじ・むねのり　医科学者(日人)

遠海　とうみ；とおみ
遠海はるか　とうみ・はるか「Candy bell」RPGカンパニー2(日典3)
遠海薫　とおみ・かおる　愛媛大講師(国典)

¹⁰遠峰　とおみね
遠峰喜代子　とおみね・きよこ　ソニー・テクトロニクス社長秘書(日典3)
遠峰四郎　とおみね・しろう　慶大助教授(国典)
遠峰進一　とおみね・しんいち　湧別漁協組合長(日典3)
遠峰達郎　とおみね・たつろう　東京工業高等学校教諭(国典)
遠峰徹弥　とおみね・てつや　写真家(日典3)

¹¹遠崎　とおさき；とおざき
遠崎史朗　とおさき・しろう　漫画原作者(世紀)
遠崎史郎　とおさき・しろう　漫画原作家(日児)
遠崎智宏　とおざき・ともひろ「火垂るの墓」スターツ出版(日典3)

遠部　おべ；おんべ
　遠部武士　おべ・たけし「香登の人」(JM)
　遠部あさ子　おんべ・あさこ「とうめいな時」牧羊社(日典3)
　遠部慎　おんべ・しん「日本原人」堤芳男著作集刊行会(日典3)

遠野　とうの；とおの
　遠野一人　とうの・かずひこ「白クマサーファー」明窓出版(日典3)
　遠野白稀　とうの・しろき「消えかけた靴あと」文芸社(JM)
　遠野凪子　とおの・なぎこ　女優(テレ)
　遠野寅亮　とおの・のぶあき　広島県留学生(海越新)

[12]遠軽　えんがる
　遠軽太朗　えんがる・たろう　映画監督(映監)

遠間　とうま；とおま
　遠間和子　とうま・かずこ「にいがた当世中学生気質」新潟日報事業社出版部(日典3)
　遠間修平　とおま・しゅうへい「病院経営のサービス・マネジメント90」日本医療企画(日典3)
　遠間武夫　とおま・たけお　自動車問題研究者(現執2期)

邑部

【1488】那

[7]那岐　なぎ
　那岐一堯　なぎ・かずたか「図説ユダヤ人の2000年」同朋舎出版(日典3)
　那岐大　なぎ・ひろし「カリスマ」サンリオ(日典3)

那谷　なた
　那谷敏郎　なた・としろう　比較文化史研究者(現執3期)

[8]那和　なわ
　那和秀峻　なわ・ひでたか　写真家, テクニカルライター(写人)

那波　ななみ；なは；なば；なわ
　那波マオ　ななみ・まお「姫ママ!」講談社(日典3)
　那波速男　なは・はやお　武田薬品工業常務(日典)
　那波利貞　なば・としさだ　東洋史学者(日人)
　那波光雄　なわ・みつお　技師(鉄道)

那波多目　なばため
　那波多目功一　なばため・こういち　日本画家(日人)
　那波多目煌星　なばため・こうせい　日本画家(美家)

[9]那俄性　ながせ
　那俄性政雄　ながせ・まさお　印刷工(社史)

【1489】邦

邦　くに
　邦一郎　くに・いちろう　コメディアン(新芸)
　邦好　くに・このむ「最新はじめてのMS-DOS」技術評論社(日典3)
　邦創典　くに・そうすけ　俳優(映男)
　邦創典　くに・そうてん　俳優(男優)
　邦正美　くに・まさみ　舞踊家(日人)

[10]邦高　くにたか
　邦高忠二　くにたか・ちゅうじ　アメリカ文学者(現執1期)

【1490】邑

[3]邑山　むらやま
　邑山洋一　むらやま・よういち　東京医科歯科大学医学部助手(日典3)

[4]邑井　むらい
　邑井吉瓶〔2代〕　むらい・きっぺい　講談師(日人)
　邑井貞吉〔3代〕　むらい・ていきち　講釈師(芸能)
　邑井貞吉〔4代〕　むらい・ていきち　講談師(日人)
　邑井一　むらい・はじめ　講談師(日人)
　邑井操　むらい・みさお　評論家(日人)

邑木　むらき
　邑木千以　むらき・ちい「愛蔵弁あり」(国典)

[5]邑田　むらた
　邑田阿綺子　むらた・あきこ「遠き日々より」大和書房(日典3)
　邑田晶子　むらた・あきこ　翻訳家(日典3)
　邑田一郎　むらた・いちろう　高知県議会副議長, 高知県高校PTA連合会長, 高知県ハンドボール協会長(日典3)
　邑田五朗　むらた・ごろう　彫刻家(日典3)
　邑田仁　むらた・じん「雲南花紀行」国際と緑の博覧会記念協会(日典3)

[7]邑沢　みやこさわ
　邑沢園生　みやこさわ・そのお「還幼一童謡集」(JM)

[11]邑崎　むらさき
　邑崎恵子　むらさき・けいこ「水絵具の村」新書館(日典3)

[13]邑楽　おおらぎ
　邑楽慎一　おおらぎ・しんいち「軍医転戦覚書」中央公論社(JM)

【1491】邨

[5]邨田　むらた
　邨田清治　むらた・せいじ　格子形田植定規を考案(新潟白)

邑部(邢, 邪, 邱, 邵, 郁, 郡, 郭, 郷)

邨田丹陵　むらた・たんりょう　日本画家(日人)
邨田柳厓　むらた・りゅうがい　文人, 塩商(日人)
邨田柳崖　むらた・りゅうがい　文人, 塩商(滋賀文)

【1492】邢

邢　けい
邢鑑生　けい・かんせい　大阪学院大学経済学部経済学科教授(日典3)

【1493】邪

[8]邪東　さとう
邪東壱　さとう・い　「沙弥山秘花伝」六三七書房(日典3)

【1494】邱

邱　きゅう
邱玉蘭　きゅう・ぎょくらん　ソプラノ歌手(音人3)
邱世賓　きゅう・さいぱん　作家(日典3)
邱世原　きゅう・せいげん　ビデオアーティスト(日典3)
邱世嬪　きゅう・せいひん　エッセイスト, 食品製造会社経営者(現執3期)

【1495】邵

邵　しょう
邵雍　しょう・よう　「近世漢籍叢刊—和刻影印 思想初編2」中文出版社(JM)

【1496】郁

[7]郁芳　いくほう
郁芳随円　いくほう・ずいえん　浄土宗僧侶(仏人)

【1497】郡

郡　ぐん；こうり；こおり
郡宏　ぐん・ひろし　北海道大学大学院理学研究院数学部門研究員(日典3)
郡祐一　こうり・ゆういち　官僚, 政治家(郷土茨城)
郡虎彦　こおり・とらひこ　劇作家, 小説家(コン5)

[3]郡山　こうりやま；こおりやま
郡山周祐　こうりやま・しゅうゆう　地方功労者(姓氏宮城)
郡山弘史　こおりやま・ひろし　詩人(現詩)
郡山吉江　こおりやま・よしえ　社会運動家(日人)

[5]郡司　ぐんし；ぐんじ
郡司淳　ぐんし・じゅん　「軍事援護の世界」同成社(日典3)
郡司利男　ぐんし・としお　英語学・言語文化学者(現執1期)
郡司成忠　ぐんじ・しげただ　海軍軍人, 開拓者(コン改)
郡司正勝　ぐんじ・まさかつ　演劇評論家(日人)

[10]郡家　ぐんけ
郡家真一　ぐんけ・しんいち　医師(郷土長崎)

[12]郡場　こおりば
郡場央基　こおりば・おうき　「くろおおあり」ポプラ社(日典3)
郡場寛　こおりば・かん　植物学者(日人)
郡場秋蝶　こおりば・しゅうちょう　東奥日報社社会部記者, 都々逸振興の功労者(青森百)
郡場ふみ　こおりば・ふみ　植物採集家(日典3)
郡場ふみ子　こおりば・ふみこ　植物採集家(日人)

[14]郡嶌　ぐんじま
郡嶌孝　ぐんじま・たかし　経済政策研究者(現執4期)

【1498】郭

郭　かく
郭をとみ　かく・おとみ　郭沫若(政治家・文人)の妻(女史)
郭京一　かく・きょういち　イラストレーター(日典3)
郭久美子　かく・くみこ　広島YMCA日本語非常勤講師(日典3)
郭源治　かく・げんじ　元・プロ野球選手(日典3)
郭智博　かく・ともひろ　俳優(テレ)

【1499】郷

郷　ごう
郷鍈治　ごう・えいじ　俳優(新芸)
郷静子　ごう・しずこ　小説家(日人)
郷純造　ごう・じゅんぞう　大蔵省官僚(コン5)
郷誠之助　ごう・せいのすけ　実業家(コン5)
郷ひろみ　ごう・ひろみ　歌手, 俳優(日人)

[5]郷右近　ごううこん；ごうこん
郷右近ふさこ　ごううこん・ふさこ　洋菓子職人(日典3)
郷右近雅彦　ごううこん・ゆうひこ　ドラマー(ジヤ)
郷右近歩　ごうこん・あゆむ　「Trisomy 18」ナカニシヤ出版(日典3)
郷右近忠男　ごうこん・ただお　「聞き書き撃ちて し止まむ」創栄出版(日典3)

郷古　ごうこ
郷古潔　ごうこ・きよし　実業家(コン4)
郷古廉　ごうこ・すなお　バイオリニスト(日典3)

郷古英男　ごうこ・ひでお　「日本型・少年非行」創元社（日典3）
郷古浩道　ごうこ・ひろみち　「天候リスクの戦略的経営」朝倉書店（日典3）
郷古実　ごうこ・みのる　ニホン・オートモービル・カレッジ自動車研究科講師（日典3）

郷司　ごうし；ごうじ

郷司浩平　ごうし・こうへい　財界人（コン4）
郷司慥爾　ごうし・ぞうじ　日本基督教会牧師（キリ）
郷司正巳　ごうじ・まさみ　写真家（写人）
郷司雄太郎　ごうじ・ゆうたろう　民権運動家（徳島歴）

郷田　ごうた；ごうだ

郷田和夫　ごうた・かずお　「育てて楽しむ雑穀」創森社（日典3）
郷田悳　ごうだ・とく　劇作家,演出家（日人）
郷田悦弘　ごうだ・よしひろ　経営コンサルタント（現執3期）

[9]郷津　きょうつ；ごうず；ごうつ

郷津弘文　きょうつ・ひろふみ　「千国街道からみた日本の古代」栂池高原ホテル出版部（日典3）
郷津雅夫　ごうず・まさお　写真家（写真）
郷津茂樹　ごうつ・しげき　逓相秘書官（日典3）

[10]郷倉　ごうくら

郷倉和子　ごうくら・かずこ　日本画家（日人）
郷倉千靭　ごうくら・せんじん　日本画家（近文）
郷倉千靱　ごうくら・せんじん　日本画家（日人）

郷原　ごうはら；ごうばら

郷原磯吉　ごうはら・いそきち　架橋工事従事者（姓氏鹿児島）
郷原宏　ごうはら・ひろし　詩人,文芸評論家（日人）
郷原古統　ごうばら・ことう　日本画家（美家）
郷原弘　ごうばら・ひろし　経営学者（島根歴）

郷家　ごうけ

郷家和子　ごうけ・かずこ　教育学者（視覚）
郷家啓子　ごうけ・けいこ　手芸家（日典3）
郷家忠臣　ごうけ・ただおみ　漆工史研究者（現執1期）

郷宮　さとみや

郷宮徳峰　さとみや・とくほう　姓名学研究家（現執3期）

[13]郷路　ごうじ；ごうろ

郷路一郎　ごうじ・いちろう　バドミントン選手（日典3）
郷路征記　ごうろ・まさき　弁護士（日典3）

【1500】都

都　みやこ

都一いき　みやこ・いちいき　浄瑠璃太夫（日人）
都一梅　みやこ・いちうめ　一中節演奏家（新芸）
都一広　[2代]　みやこ・いちひろ　浄瑠璃太夫
都以中　みやこ・いちゅう　一中節の太夫（日人）
都はるみ　みやこ・はるみ　歌手（日人）

[3]都丸　とまる

都丸哲治　とまる・こうじ　出羽庄内藩士（日人）
都丸哲也　とまる・てつや　政治家（現政）
都丸十九一　とまる・とくいち　郷土史家（郷土）
都丸ぬい　とまる・ぬい　鶴岡藩主都丸広治の姉（女性普）
都丸広治　とまる・ひろはる　出羽庄内藩士（コン4）

都川　みやこがわ

都川一止　みやこがわ・いっし　俳人（国典）
都川華子　みやこがわ・はなこ　「碧水」（国典）
都川弥生　みやこがわ・やよい　歌手（日典3）

[4]都月　つずき；みやこずき

都月醇　つずき・じゅん　「親父の勲章」勁草出版サービスセンター（日典3）
都月次郎　つずき・じろう　「火山島の猫」Office Kon（日典3）
都月狩　みやこずき・しゅう　ライター（日典3）

都木　たかぎ；とき

都木清　たかぎ・きよし　ハザマ常務（日典3）
都木重五郎　たかぎ・じゅうごろう　政治家（姓氏群馬）
都木恭一郎　とき・きょういちろう　東京農工大学大学院共生科学技術研究院教授（日典3）
都木藤太郎　とき・とうたろう　「祝辞挨拶集」（国典）

都水園　とすいえん

都水園石翁　とすいえん・せきおう　狂歌師（日典3）

[5]都出　つで

都出比呂志　つで・ひろし　考古学者（日人）

都司　つじ

都司太右衛門　つじ・たえもん　政治家（郷土奈良）
都司達夫　つじ・たつお　福井大学工学部情報・メディア工学科教授（日典3）
都司嘉宣　つじ・よしのぶ　「気候は変えられるか」（国典）

都甲　とこう；とごう

都甲潔　とこう・きよし　九州大学大学院システム情報科学研究院教授（日典）
都甲幸治　とこう・こうじ　翻訳家（日典3）
都甲徠　とごう・きたる　軍人（陸universal）
都甲泰正　とごう・やすまさ　原子炉工学者（現情）

都田　つだ；とだ；みやこだ

都田隆　つだ・たかし　「重力を制御する方法」ストーク（日典3）
都田昌之　とだ・まさゆき　山形大学工学部教授（日典3）
都田忠次郎　みやこだ・ちゅうじろう　教育者（日人）

都田舎　とでんしゃ

都田舎賤丸　とでんしゃ・しずまる　狂歌師（人名）
都田舎賤丸　とでんしゃ・しずまる　狂歌師（日人）

邑部（都）

⁶都守　つもり
都守淳夫　つもり・あつお　（財）日本モンキーセンター研究員（日典）
都守基一　つもり・きいち　「恵雲院日円聖人と中村檀林」正東山日本寺（日典）
都守健二　つもり・けんじ　「随記聞法」平井山妙広寺（日典3）
都守泰一　つもり・たいいち　「たちばなの実」妙広寺（日典3）

都成　つなり；となり
都成剛三　つなり・ごうぞう　奄美新興同志会メンバー（社史）
都成南峰　となり・なんぽう　「奄美史談・南島語及文学 徳之島事情」名瀬市史編纂委員会（日典3）
都成日出人　となり・ひでと　「都成日出人文集」大阪星光学院（日典3）

都竹　つずく；みやこだけ
都竹愛一郎　つずく・あいいちろう　名城大学理工学部教授（日典3）
都竹通年雄　つずく・つねお　国語学者（富山文）
都竹薙風　みやこだけ・ていふう　「蟷螂の歩み」あさを社（日典3）

⁷都志見　つしみ
都志見セイジ　つしみ・せいじ　「野菜ひとつだけのレシピ」文化学園文化出版局（日典3）
都志見隆　つしみ・たかし　作曲家（作曲）
都志見信夫　つしみ・のぶお　広島市議（社民党、安佐北区）
都志見木吟　つしみ・もくぎん　「寒梅」園田辰彦（日典3）

都村　つむら；とむら
都村敦子　つむら・あつこ　医療経済学者（現執1期）
都村健　つむら・けん　通信合同代代表取締役、日芸信用組合理事（日典3）
都村光男　とむら・みつお　「西洋館の女」河出書房新社（JM）

都谷森　とやもり
都谷森逸眠　とやもり・いつみん　陸奥弘前藩士（幕末）
都谷森甚弥　とやもり・じんや　弘前藩士（維新）

⁸都並　つなみ
都並伊佐市　つなみ・いさいち　東京機械製作所監査役（人情）
都並敏史　つなみ・さとし　サッカー監督（テレ）

都河　つがわ
都河明子　つがわ・あきこ　東京大学男女共同参画オフィス特任教授・コーディネーター（日典3）
都河竜　つがわ・しげみ　出版人（出文）
都河龍　つがわ・しげみ　出版人（出版）
都河普鉦　つがわ・ふしょう　「おかげさまの妙味」教育新潮社（日典3）
都河龍一郎　つがわ・りゅういちろう　味の素取締役中央研究所次長・応用研究所長（日典3）

⁹都城　みやしろ
都城秋穂　みやしろ・あきほ　地質学者（日人）

¹⁰都倉　つくら；とくら
都倉達枝　つくら・たつえ　「更紗」覇王樹社（日典3）
都倉俊一　とくら・しゅんいち　作曲家（日人）
都倉昭二　とくら・しょうじ　政治家（現政）

都島　つしま；としま；みやこじま
都島紫香　つしま・しこう　口演童話家（日児）
都島惟男　としま・ただお　翻訳家（日典3）
都島京弥　みやこじま・きょうや　「コンバットゲーム一君はコマンド!!」曙出版（JM）

都留　つる
都留勝利　つる・かつとし　実業家（日人）
都留重人　つる・しげと　経済学者（コン4）
都留仙次　つる・せんじ　教育家、旧約聖書学者（世紀）
都留大治郎　つる・だいじろう　農業経済学者（現情）
都留信郎　つる・のぶお　実業家（姓氏愛知）

都通　つどおり
都通一夫　つどおり・かずお　高崎経済大教授（国典）
都通憲三朗　つどおり・けんざぶろう　「哈爾浜から来た留学生」オクムラ書店（日典3）

¹¹都崎　つざき
都崎友雄　つざき・ともお　詩人、古書業（出文）
都崎発太郎　つざき・はつたろう　実業家（香川人）
都崎秀太郎　つざき・ひでたろう　実業家・政治家（香川人）
都崎雅之介　つざき・まさのすけ　経営工学者（香川百）
都崎雅之助　つざき・まさのすけ　経営工学者（現情）

都郷　つごう；とごう
都郷栄一　つごう・えいいち　小説家（北海道文）
都郷鐸堂　とごう・たくどう　「鐸堂遺墨」一宇村（日典3）

都野　つの
都野巽　つの・たつみ　周防岩国藩士（日人）
都野尚典　つの・ひさのり　「東アジアの経済発展と経済協力」長崎大学経済学部東南アジア研究所（日典3）
都野正太　つの・まさた　「新羅へ」太陽の舟短歌会出版部（日典3）
都野雄甫　つの・ゆうほ　九州大学名誉教授（日典3）

都鳥　ととり；とどり
都鳥英喜　ととり・えいき　洋画家（日人）
都鳥伸也　とどり・しんや　映画プロデューサー（日典3）
都鳥英喜　とどり・えいき　洋画家（郷土千葉）

¹²都富　つどみ
都富佃　つどみ・つくだ　法政大教授（国典）

都筑　つずき；つづき
都筑馨六　つずき・けいろく　内務官僚（コン5）
都筑道夫　つずき・みちお　推理作家（日人）

邑部(部,鄭,鄧)　酉部(酉,醍)　釆部(釆,采,釈)

都筑彩子　つずき・あやこ　「Oracle 8 Developer/2000入門」アスキー(日典3)
都筑俊郎　つずき・としろう　数学者(数学)

都賀　つが

都賀潔子　つが・きよこ　国際社会福祉協議会日本国委員会職員(日典3)
都賀静子　つが・しずこ　女優(映女)
都賀清司　つが・せいじ　俳優(男優)

都賀田　つかだ；つがた

都賀田伯馬　つかだ・はくば　彫塑家(人情)
都賀田伯馬　つがた・はくば　彫刻家,僧侶(日典3)
都賀田勇馬　つがた・ゆうま　彫刻家(日人)

[13]都路　つじ；とろ

都路華香　つじ・かこう　日本画家(日人)
都路華明　つじ・かめい　日本画家(日人)
都路恵子　とろ・けいこ　「アジャセからの贈りもの」方丈堂出版(日典3)

[16]都築　つずき；つずく

都築正男　つずき・まさお　医師,外科学者(コン4)
都築益世　つずき・ますよ　童謡詩人(現詩)
都築一郎　つずき・いちろう　弓道家,弓道教士(弓道)
都築丈太郎　つずく・じょうたろう　弓道家,弓道教士(弓道)

【1501】部

[7]部坂　へさか

部坂征司　へさか・せいじ　「シスコ技術者認定資格試験CCNP 2.0ハンドブック」リックテレコム(日典3)
部坂高男　へさか・たかお　「防長埋もれた歴史」東洋図書出版(日典3)
部坂俊之　へさか・としゆき　元・プロ野球選手(日典3)

部谷　とりや；へや

部谷誠則　とりや・まさのり　東陽機械製作所社長(日典)
部谷光延　とりや・みつのぶ　青森県バドミントン育ての親(青森人)
部谷孝之　へや・たかゆき　政治家(現政)
部谷尚道　へや・なおみち　福井大教授(国典)

[8]部奈　べな

部奈一朗　べな・いちろう　読売テレビ放送専務(日典)
部奈壮一　べな・そういち　経営コンサルタント(現執4期)

【1502】鄭

鄭　てい

鄭永慶　てい・えいけい　官吏,喫茶店主(海越新)
鄭永昌　てい・えいしょう　外交官(日人)
鄭永寧　てい・えいねい　唐通事,外交官(日人)

鄭永邦　てい・えいほう　通訳(日人)
鄭浜子　てい・はまこ　天津領事の妻(女性普)

【1503】鄧

鄧　とう

鄧健吾　とう・けんご　美術史学者(現執2期)

酉部

【1504】酉

[4]酉水　すがい

酉水孜郎　すがい・しろう　経済地理学者(現情)

【1505】醍

[16]醍醐　だいご

醍醐聡　だいご・さとし　経済学者(現執4期)
醍醐志万子　だいご・しまこ　歌人(兵庫文)
醍醐忠順　だいご・ただおさ　公家(日人)
醍醐敏郎　だいご・としろう　柔道選手(日人)
醍醐麻沙夫　だいご・まさお　小説家(幻想)

釆部

【1506】釆

[7]釆沢　うねざわ

釆沢功雄　うねざわ・かつお　足利銀行常務(日典3)
釆沢信光　うねざわ・しんこう　教育家,浄土宗僧侶(栃木歴)

【1507】采

[3]采女　うねめ；うのめ

采女博文　うねめ・ひろふみ　「債権法総論」嵯峨野書院(日典3)
采女元彦　うねめ・もとひこ　商工中金理事(日典3)
采女博文　うのめ・ひろふみ　「教育改革の方向と大学教育」高城書房出版(日典3)

[4]采木　うねき；さいき

采木和久　うねき・かずひさ　船舶整備公団理事(日典)
采木唖多　さいき・あた　京都大学大学院教育学研究科教授・研究科長(日典)

【1508】釈

釈　しゃく

釈雲照　しゃく・うんしょう　真言宗の僧(コン4)

里部(里,重)

釈宗演　しゃく・そうえん　臨済宗僧侶(コン5)
釈宗活　しゃく・そうかつ　臨済宗僧侶(日人)
釈迢空　しゃく・ちょうくう　国文学者,民俗学研究家,歌人(詩作)
釈瓢斎　しゃく・ひょうさい　新聞人,俳人(俳文)

⁴釈氏　しゃくし;せきし
釈氏力精　しゃくし・りきしょう　浄土真宗本願寺派学僧(真宗)
釈氏弥一郎　せきし・やいちろう　元・全日本海員組合副組合長(日典)

⁷釈尾　しゃくお;ときお
釈尾弘邦　しゃくお・ひろくに　仏画師(日典3)
釈尾春芿　ときお・しゅんじょう　「朝鮮併合史」オークラ情報サービス(日典3)

⁸釈迦郡　しゃかごおり
釈迦郡ひろみ　しゃかごおり・ひろみ　「無口な筋肉」鉱脈社(日典3)
釈迦郡誠　しゃかごおり・まこと　ピアニスト(音人3)

¹⁴釈種　しゃくしゅ
釈種秀岳　しゃくしゅ・しゅうがく　川崎汽船顧問(人情)

里部

【1509】 里

²里人　りじん
里人十枝子　りじん・としこ　「くるわの質屋」(JM)

¹¹里深　さとふか;さとぶか
里深太紀船　さとふか・たつき　経営コンサルタント(日典3)
里深文彦　さとぶか・ふみひこ　科学技術史学者(世紀)
里深文彦　さとぶか・ふみひこ　科学技術史学者(マス89)

¹⁶里館　さとだて
里館健吉　さとだて・けんきち　岩手県立盛岡短大学長(日典3)
里館直昌　さとだて・なおまさ　弓道家,弓道教士(弓道)

【1510】 重

重　かさね;しげ
重治　かさね・おさむ　イラストレーター(日典)
重春塘　しげ・しゅんとう　日本画家(日人)
重友徳　しげ・とものり　弓道家,弓道教士(弓道)

³重川　おもかわ;しげかわ
重川隆広　おもかわ・たかひろ　「四季賞玩」新潟日報事業社(製作)(日典3)
重川明美　しげかわ・あけみ　海外技術者研修協会非常勤講師(日典3)

重川一郎　しげかわ・いちろう　京都大学大学院理学研究科教授(日典)

⁴重井　おもい;しげい
重井槍　おもい・やり　「雷が病院入りを囃し立て」日本図書刊行会(日典3)
重井鹿治　しげい・しかじ　社会運動家,政治家(日人)
重井しげ子　しげい・しげこ　日本農民組合岡山県連合会婦人部メンバー(女史)

⁵重平　しげひら
重平友美　しげひら・ともみ　「詩集スプリンクラー」(国典)

重田　おもだ;しげた
重田園江　おもだ・そのえ　「フーコーの穴」木鐸社(日典)
重田定正　しげた・さだまさ　体育学者(日人)
重田定一　しげた・ていいち　官吏,歴史家(日人)

重石　おもいし;しげいし
重石桂司　おもいし・けいじ　メルク代表取締役(日典)
重石晃子　おもいし・こうこ　「風景への旅」岩手日報社(日典3)
重石晃子　しげいし・あきこ　「風景への旅」岩手日報社(日典3)
重石正己　しげいし・まさみ　ロシア文学者(現情)

⁷重杉　じゅうすぎ
重杉俊雄　じゅうすぎ・としお　郷土史家(富山文)
重杉俊樹　じゅうすぎ・としたつ　「富山県における農・畜産業の発展と課題」新響社(印刷)(日典)

重沢　しげさわ;しげざわ
重沢和史　しげさわ・かずふみ　高校野球監督(日典3)
重沢俊郎　しげさわ・としお　中国哲学者(現情)
重沢俊郎　しげざわ・としお　中国哲学者(現執1期)

重里　しげさと;じゅうり
重里清義　しげさと・きよよし　すし半仲店社長(日典3)
重里俊行　しげさと・としゆき　経済社会学者(現執3期)
重里邦麿　じゅうり・くにまろ　日本環境管理士事務局長(紳士)
重里徳太　じゅうり・とくた　「カガクニュースの基礎知識」化学同人(日典3)

⁸重実　しげざね;しげみ
重実健二　しげざね・けんじ　石原産業取締役(日典)
重実信之　しげざね・のぶゆき　「エレクトリックギター」ヤマハミュージックメディア(日典3)
重実逸次郎　しげみ・いつじろう　社会運動家(アナ)
重実徹　しげみ・とおる　編曲家,音楽プロデューサー,キーボード奏者(日典3)

重延　しげのぶ；しげのべ
　重延浩　しげのぶ・ゆたか　テレビプロデューサー（現執4期）
　重延卯平　しげのべ・うへい　開拓者,札幌における水田経営の草分け（札幌）

重松　かさまつ；しげまつ
　重松覚平　かさまつ・かくへい　自由民権運動家（富山）
　重松真一　かさまつ・しんいち　（株）三菱総合研究所社会システム部第三社会システム室副研究員（日典）
　重松明久　しげまつ・あきひさ　日本史研究者（世紀）
　重松鷹泰　しげまつ・たかやす　教育学者（世紀）

重茂　おもい
　重茂達　おもい・とおる　アディアジャパン社長（日典）

⁹重城　じゅうじょう
　重城愛　じゅうじょう・あい「梅の園」重城良造（日典3）
　重城明男　じゅうじょう・あきお　医師（日典3）
　重城保　じゅうじょう・たもつ　政治家（日人）
　重城通子　じゅうじょう・みちこ「ルーミー"その友"に出会う旅」ヴォイス（日典3）
　重城良造　じゅうじょう・りょうぞう「臥薪嘗胆幾星霜」うらべ書房（日典3）

重泉　しげいずみ
　重泉充香　しげいずみ・みか　モデル（テレ）
　重泉良徳　しげいずみ・よしのり　監査論研究者（現執4期）

¹⁰重馬　しげま
　重馬敬　しげま・けい　小説家,ゲームプロデューサー（YA）

¹²重賀　じゅうが
　重賀しげを　じゅうが・しげお　児童福祉司（近女）
　重賀よし越　じゅうが・よしお　金城学院理事（日典3）

¹⁴重徳　しげとく；しげのり
　重徳和彦　しげとく・かずひこ「創発まちづくり」学芸出版社（日典3）
　重徳良彦　しげとく・よしひこ「長篠の赤い露」文芸社（JM）
　重徳来助　しげのり・らいすけ「現代のフランス」大阪屋号書店（日典3）

¹⁸重藤　しげとう；しげどう；しげふじ
　重藤文夫　しげとう・ふみお　医師（日人）
　重藤万里　しげどう・ばんり　写真家（写家）
　重藤円亮　しげふじ・えんりょう　宗教家（佐賀百）

【1511】　野

野々上　ののうえ；ののかみ；ののがみ
　野々上帯刀　ののうえ・たてわき　宗教家（岡山歴）
　野々上帯刀　ののかみ・たてわき　宗教家（岡山百）

野々上慶一　ののがみ・けいいち　著述家（日典3）

野々口　ののくち；ののぐち
　野々口稔　ののくち・みのる　HELLEBORUS倶楽部代表（日典3）
　野々口格三　ののぐち・かくぞう　会計学者（現執1期）
　野々口重　ののぐち・しげる　童画家（児人）

野々川　ののかわ；ののがわ
　野々川数政　ののかわ・かずまさ「美しさにまごころこめてメナード化粧品美容社員101訓」日本メナード化粧品・営業本部（日典3）
　野々川輝一　ののかわ・てるかず　研究者（児人）
　野々川純一　ののかわ・じゅんいち　日本メナード化粧品社長（日典3）
　野々川大介　ののかわ・だいすけ　日本メナード化粧品会長（日典3）

野々木　ののき；ののぎ
　野々木いちご　ののき・いちご　漫画家（漫人）
　野々木のこ　ののき・のこ「恋愛のツボ!!」実業之日本社（日典3）
　野々木宏　ののぎ・ひろし「狭心症・心筋梗塞正しい治療がわかる本」法研（日典3）

¹野一色　のいしき；のいっしき
　野一色勲　のいしき・いさお『『遊行経』のブッダの思想』野一色総合事務所（日典3）
　野一色幹夫　のいしき・みきお　小説家,随筆家（世紀）
　野一色助義　のいっしき・すけよし　浅井長政の家人＝中世（戦国補）

²野入　のいり
　野入逸彦　のいり・いつひこ「インデックス式ドイツ文法表」白水社（日典3）
　野入英世　のいり・えいせい「CRRTポケットマニュアル」医歯薬出版（日典3）
　野入京子　のいり・きょうこ「絵葉書」牧羊社（日典3）
　野入志津子　のいり・しずこ　リュート奏者（音人3）
　野入潤　のいり・じゅん　洋画家（日典3）

野力　のりき
　野力奏一　のりき・そういち　ジャズピアニスト（ジャ）

³野下　のげ；のした
　野下昭宣　のげ・あきのぶ　福岡県議（無所属）（日典3）
　野下三郎　のげ・さぶろう「日本警備保障」朝日ソノラマ（日典3）
　野下浩平　のした・こうへい　電気通信大学情報工学科教授（日典）
　野下茂蔵　のした・しげぞう　岡山県議（共産党）（日典3）

野上　のかみ；のがみ
　野上草男　のかみ・くさお　歌人（日人）
　野上豊一郎　のがみ・とよいちろう　能楽研究者,英文学者（コン4）
　野上弥生子　のがみ・やえこ　小説家（コン4）

里部(野)

⁴野井倉　のいくら
野井倉甚兵衛　のいくら・じんべえ　開拓者(日人)
野井倉武憲　のいくら・たけのり　鹿児島大学名誉教授(日典3)

野手　のて；ので
野手恵美子　のて・えみこ「沙羅の花」新聞編集センター(日典3)
野手作一　のて・さくいち「負けん気夫婦の養豚一代記」ツーワンライフ(日典3)
野手一郎　ので・いちろう　社会運動家(日人)
野手耐　ので・たえる　政治家(埼玉人)

野方　のかた；のがた
野方誠　のかた・まこと　立命館大学理工学部准教授
野方重任　のがた・しげとう　医師(日典3)
野方次郎　のがた・じろう　医師・政治家(神奈川人)

野月　のずき；のつき
野月聡　のずき・さとし　能楽師(能狂言)
野月貴弘　のずき・たかひろ　ミュージシャン(日典3)
野月楓　のつき・かえで「ゲマママ」アスキー・メディアワークス,角川グループパブリッシング(発売)

野水　のみず
野水克己　のみず・かつみ　ブラウン大学教授(日典3)
野水吉次郎　のみず・きちじろう　弓道家(弓道)
野水信　のみず・しん　彫刻家(美建)
野水鶴雄　のみず・つるお　官僚(現執4期)
野水昌子　のみず・まさこ　日本画家,挿絵画家(日児)

野牛島　やごしま
野牛島豊二　やごしま・とよじ「甲斐国海岸寺うつし霊場百体観世音」野牛嶋豊二(日典3)

⁵野出　ので
野出孝一　ので・こういち　佐賀大学医学部内科学教授(日典3)
野出蕉雨　ので・しょうう　画家(美家)
野出正和　ので・まさかず　無垢工房主宰(日典3)
野出学　ので・まなぶ「薬品製造学」さんえい出版(日典3)
野出亮　ので・りょう　お笑い芸人(日典3)

野北　のきた；のぎた
野北晏照　のきた・あんしょう　洋画家(洋画)
野北嘉寿彦　のきた・かずひこ　写真家(写人)
野北和義　のぎた・かずよし　歌人(世紀)

野平　のだいら；のひら；のびら
野平一郎　のだいら・いちろう　作曲家,ピアニスト(作曲)
野平祐二　のひら・ゆうじ　騎手,調教師(日人)
野平オアキ　のびら・おあき　浜田市社会福祉協議会「コロ基金」生みの親(島根歴)

野正　のまさ
野正豊稔　のまさ・とよとし　日本防錆技術協会専務理事(日典)
野正真紀　のまさ・まき「色彩能力検定2級問題と解説」永岡書店(日典3)

野生司　のうす；のおす
野生司香雪　のうす・こうせつ　日本画家(日人)
野生司裕宏　のおす・ゆうこう「私の報恩講」本願寺出版社(日典3)

野田沢　のたざわ；のだざわ
野田沢利郎　のたざわ・としろう　住友銀行取締役・本店支配人(日典)
野田沢軍治　のだざわ・ぐんじ「財界用語辞典」宝文館(日典)
野田沢運　のだざわ・はこぶ「実務等価交換手法」東京マテリオセンター(日典3)

野白　のしろ；のじろ
野白国雄　のしろ・くにお　木工芸作家,安来箏筒製作(島根歴)
野白喜久雄　のじろ・きくお　国税庁醸造試験所所長,東京農業大学教授(日典3)
野白金一　のじろ・きんいち　醸造技術者(食文)

野辺地　のへじ；のへち；のべち
野辺地久記　のへじ・ひさき　技師(土木)
野辺地十太郎　のへち・じゅうたろう　政治家(姓氏岩手)
野辺地勝久　のべち・かつひさ　ピアニスト(コン4)

⁶野伏　のぶし；のぶせ
野伏翔　のぶし・しょう　演出家,映画監督(日典3)
野伏翔　のぶせ・しょう　映画監督(映監)

野地　のじ
野地曠二　のじ・こうじ　歌人(歌人)
野地脩左　のじ・しゅうさ　建築史家(兵庫百)
野地潤家　のじ・じゅんや　国語教育学者(世紀)
野地福恵　のじ・ふくえ　弓道家,弓道教士(弓道)
野地将年　のじ・まさとし　俳優(テレ)

野州　のず；やしゅう
野州正　のず・ただし「愛の平行線」ハーレクイン・エンタープライズ日本支社(JM)
野州健治　やしゅう・けんじ「北海道の果実酒・薬用酒」北海タイムス社(JM)

野州山　のしゅうざん；やしゅうざん
野州山孝市　のしゅうざん・こういち　力士(相人)
野州山孝市　やしゅうざん・こういち　力士(相撲)

野老　ところ
野老昭代　ところ・てるよ「稲との語らい」嵩書房出版(日典3)
野老利男　ところ・としお　サンヨー堂相談役(日典3)
野老寅之助　ところ・とらのすけ　グアム・ユナイテッド・アグリカルチャル・マネージメント社長,元東京菱和自動車社長(日典3)

野老比左子　ところ・ひさこ「地球家族」詩画工房(日典3)
野老誠　ところ・まこと　教育家(日人)

野老山　ところやま
野老山幸風　ところやま・こうふう　警視庁初代広報課長(人情)
野老山斉　ところやま・ひとし　実業家(高知人)

⁷野別　のべつ
野別隆俊　のべつ・たかとし　政治家(現政)
野別忠孝　のべつ・ただのり「新しい野菜50種」農山漁村文化協会(日典3)

野呂田　のろた
野呂田兼生　のろた・かねお「くらしのみちしるべ」秋田魁新報社(日典3)
野呂田秀夫　のろた・ひでお「格闘家のためのメディカルケア」ベースボール・マガジン社(日典3)
野呂田芳成　のろた・ほうせい　政治家(現政)

野坂　のさか；のざか
野坂昭如　のさか・あきゆき　小説家,政治家(日人)
野坂参三　のさか・さんぞう　政治家,社会運動家(コン 2)
野坂康夫　のざか・やすお　政治家(現政)
野坂保次　のざか・やすつぐ　医師(近医)

野沢　のさわ；のざわ
野沢寛　のさわ・かん　画家(郷土奈良)
野沢剛　のさわ・たけし　青森県議(日典)
野沢節子　のざわ・せつこ　俳人(日人)
野沢松之輔　のざわ・まつのすけ　義太夫節三味線方,作曲家(日人)

野谷　のたに；のや
野谷士　のたに・あきら　英文学者,比較文学研究者,小説家(滋賀文)
野谷悦子　のたに・えつこ　フリーライター(日典3)
野谷清　のや・きよし　日本出版販売顧問(日典3)
野谷文昭　のや・ふみあき　ラテンアメリカ文学者(世紀)

野那　のだ
野那由一　のだ・ゆういち　テクニカルライター(日典)

野邑　のむら
野邑健二　のむら・けんじ「子どもの発達と情緒の障害」岩崎学術出版社(日典3)
野邑末次　のむら・すえつぐ　技術者,元自衛官(世紀)
野邑奉弘　のむら・ともひろ「海と陸との環境共生学」大阪大学出版会(日典3)
野邑雄吉　のむら・ゆうきち　数学者(数学)
野邑理栄子　のむら・りえこ「神戸大学「大学資料の保存・管理・活用のあり方」研究会」神戸大学百年史編集室(日典3)

野里　のさと；のざと
野里朝淳　のさと・ちょうじゅん　新聞記者(社史)

野里寿子　のさと・としこ「たからものはランドセル」汐文社(日典3)
野里征彦　のざと・いくひこ　作家(日典3)
野里利助　のざと・りすけ　材木商(青森人)

野阪　のさか；のざか
野阪暁　のさか・あきら　大阪歯科大理事(日典3)
野阪俊二　のさか・しゅんじ　京セラ顧問(日典3)
野阪克義　のざか・かつよし「構造力学」森北出版(日典3)

⁸野並　のなみ
野並亀治　のなみ・かめじ　専売局煙草技師(高知人)
野並定　のなみ・さだむ　農業指導員(視覚)
野並正貞　のなみ・まささだ　医師(幕末)
野並茂吉　のなみ・もきち　料理人(食文)
野並魯吉　のなみ・ろきち　医師(高知人)

野京　のむら
野京醇　のむら・じゅん「建設現場の受電・送気・給排水の設備計画と実例」近代図書(書籍)

野依　のより
野依英治　のより・えいじ　新聞記者(日典3)
野依秀市　のより・しゅういち　ジャーナリスト,政治家(出版)
野依秀市　のより・ひでいち　ジャーナリスト,政治家(日人)
野依良治　のより・りょうじ　有機化学者(日人)
野依暦三　のより・れきぞう　実業家(大分歴)

野宗　のそ；のそう
野宗英一郎　のそ・えいいちろう　元・中央区長(日典)
野宗邦臣　のそう・くにおみ　大日本プリンテックス社長(日典3)
野宗睦夫　のそう・むつお「高校国語科教育の実践課題」渓水社(日典3)

野茂　のも
野茂英雄　のも・ひでお　プロ野球選手(日人)

野長瀬　のながせ
野長瀬三摩地　のながせ・さまじ　映画監督(埼玉人)
野長瀬忠男　のながせ・ただお　実業家(創業)
野長瀬晩花　のながせ・ばんか　日本画家(日人)
野長瀬正夫　のながせ・まさお　詩人,児童文学作家(日人)
野長瀬裕二　のながせ・ゆうじ　山形大学大学院理工学研究科教授(日典3)

野附　のずき；のずけ；のつき；のつけ
野附勤一郎　のずき・きんいちろう　鉱業技術者(庄内)
野附誠夫　のずけ・まさお　天文学者(山形百新)
野附彰常　のつき・あきつね　教育功労者(山形百)
野附巌　のつけ・いわお「家畜の管理」文永堂出版(日典3)

里部(野)

⁹野垣 のがき
- 野垣くま のがき・くま 山間僻地で生活の一助に定期便をはじめる(女性普)
- 野垣建二 のがき・けんじ ジャック代表(日典3)
- 野垣スズメ のがき・すずめ「厄介な部下」リブレ出版(日典3)
- 野垣宏行 のがき・ひろゆき オリエントコーポレーション副社長(日典3)
- 野垣茂吉 のがき・もきち 医師(日典3)

野城 のぎ;のしろ;やしろ
- 野城清 のぎ・きよし「ナノパーティクル・テクノロジー」日刊工業新聞社(日典3)
- 野城紀久子 のしろ・きくこ「ひかりの環」潮汐社, コミュニケーション(発売)(日典3)
- 野城智也 やしろ・ともなり「実践のための技術倫理」東京大学出版会(日典3)

野柴木 やしき
- 野柴木洋 やしき・ひろし 長野県志賀高原自然教室指導主事(日典)

野海 のうみ;のみ
- 野海朝象 のうみ・あさぞう 沖電気工事会長, 元沖電気専務(日典3)
- 野海多郎右衛門 のうみ・たろうえもん 政治家(島根歴)
- 野海青児 のみ・せいじ 詩人(富山文)

野洲 やしゅう;やす
- 野洲健治 やしゅう・けんじ「北海道の果実酒・薬用酒」北海タイムス社(日典3)
- 野洲和博 やす・かずひろ 弁護士(日典3)
- 野洲伝三郎 やす・でんざぶろう 雑誌セールスマン(アナ)

野津 のず;のつ
- 野津鎮雄 のず・しずお 薩摩藩士, 陸軍軍人(コン4)
- 野津道貫 のず・みちつら 陸軍軍人(コン5)
- 野津左馬之助 のつ・さまのすけ 郷土史家(日人)
- 野津無字 のつ・むじ 俳人(島根歴)

野畑 のはた;のばた
- 野畑健太郎 のはた・けんたろう (社)日本ミクロネシア協会オセアニア研究所主任研究員(日典)
- 野畑慎 のはた・しん ミュージシャン(日典3)
- 野畑清七 のばた・せいしち 八ッ田村の農民(姓氏愛知)
- 野畑百合 のばた・ゆり メゾソプラノ歌手, 合唱指揮者(音人3)

野草 のぐさ;やそう
- 野草茂基 のぐさ・しげもと「イラン・イスラーム共和国憲法」日本イラン協会(日典3)
- 野草平十郎 のぐさ・へいじゅうろう 政治家(現政)
- 野草老仙 やそう・ろうせん「遊女勝山と南部重直公一巷談」野草老仙(JM)

¹⁰野倉 のくら;のぐら
- 野倉宣邦 のくら・せんぽう「汽車誕生」らくだ出版(日典3)
- 野倉健司 のくら・たけし「東伝寺の宅平」教育出版文化協会(日典3)
- 野倉万治 のぐら・まんじ 社会運動家(社史)

野原 のはら;のばら
- 野原一夫 のはら・かずお 文芸評論家, 著述家(出文)
- 野原四郎 のはら・しろう 中国史学者(日人)
- 野原亜莉子 のばら・ありす「森の苺」本阿弥書店(日典3)
- 野原野枝実 のばら・のえみ 小説家(日典)

野家 のいえ;のえ;のや
- 野家牧雄 のいえ・まきお「フリーソフトで学ぶ建築構造設計」丸善プラネット, 丸善出版事業部(発売)(日典3)
- 野家啓一 のえ・けいいち 哲学者(現執4期)
- 野家雪央 のや・ゆきお 漫画家(書籍)

野宮 ののみや;のみや
- 野宮定功 ののみや・さだいさ 公家(日人)
- 野宮初枝 ののみや・はつえ 平和運動家(日人)
- 野宮勲 のみや・いさお 作曲家, 編曲家, 指揮者(音人3)
- 野宮真貴 のみや・まき ロック歌手(テレ)

¹¹野副 のぞえ
- 野副伸一 のぞえ・しんいち 研究者(現執4期)
- 野副重一 のぞえ・じゅういち 政治家(日人)
- 野副鉄男 のぞえ・てつお 有機化学者(コン4)
- 野副鐵男 のぞえ・てつお 有機化学者(日本)
- 野副豊 のぞえ・ゆたか 政治家(現政)

野寄 のより
- 野寄喜美春 のより・きみはる 医師(近医)
- 野寄金次郎 のより・きんじろう 水泳選手(姓氏静岡)
- 野寄益男 のより・ますお 京都新聞制作局制作部長(日典3)

野部 のぶ;のべ
- 野部了衆 のぶ・りょうじゅ「ラグフヴァンシャ」永田文昌堂(日典3)
- 野部公一 のべ・こういち「CIS農業改革研究序説」農林水産省農林水産政策研究所(日典3)
- 野部利雄 のべ・としお 漫画家(漫人)

野鳥 のとり
- 野鳥勝次 のとり・かつじ 和算家(栃木歴)
- 野鳥正行 のとり・まさゆき 和算家(数学)

¹²野満 のま;のみつ
- 野満新太郎 のま・しんたろう 志士(日人)
- 野満隆治 のみつ・たかはる「僕らの海」誠文堂新光社(日典3)
- 野満隆治 のみつ・りゅうじ「新河川学」地人書館(JM)

野間口 のまくち;のまぐち
- 野間口謙太郎 のまくち・けんたろう 高知大学理学部教授(日典3)
- 野間口真太郎 のまくち・しんたろう「生物学のための計算統計学」共立出版(日典3)
- 野間口兼雄 のまぐち・かねお 海軍軍人(コン5)

野間口兼一　のまぐち・けんいち　警視庁巡査（姓氏鹿児島）

13野溝　のみぞ
野溝明子　のみぞ・あきこ「セラピストなら知っておきたい解剖生理学」秀和システム（日典3）
野溝甚四郎　のみぞ・じんしろう　豊後岡藩士（大分歴）
野溝伝一郎　のみぞ・でんいちろう　青年教育功労者,政治家（長野歴）
野溝七生子　のみぞ・なおこ　小説家,近代文学研究家（日人）
野溝勝　のみぞ・まさる　農民運動家,政治家（コン4）

14野網　のあ；のあみ
野網佐恵美　のあ・さえみ　小学校教師（日典3）
野網和三郎　のあみ・わさぶろう　水産家（日人）

野際　のあい；のぎわ
野際白雪　のあい・はくせつ　南画家＝近世（人名5）
野際寡真　のぎわ・さいしん　画家（和歌山人）
野際陽子　のぎわ・ようこ　女優（日映女）

18野藤　のとう；のふじ
野藤等　のとう・ひとし　香川県教職員連盟委員長（日典3）
野藤弘幸　のとう・ひろゆき「愉しく食べる」協同医書出版社（日典3）
野藤忠　のふじ・ただし　経営史学者（現執2期）
野藤優貴　のふじ・ゆうき　スノーボード選手（日典3）

19野瀬　のせ；のぜ
野瀬市太郎　のせ・いちたろう　政治家（日人）
野瀬正儀　のせ・まさのり　土木技術者,実業家（日人）
野瀬七郎平　のぜ・しちろうべい　江商社長（日典3）
野瀬徹　のぜ・とおる　ホルン奏者（音人3）

【1512】　量

量　はかり；りょう
量博満　はかり・ひろみつ　上智大学名誉教授（日典3）
量義治　はかり・よしはる　哲学者（現執4期）
量雨江　りょう・うこう「海紅豆―量雨江遺句集」畑野むめ（JM）

部首8画

金部

【1513】　金

金　かね；きむ；きん；こん
金ひかる　かね・ひかる「走る2人と1匹」新書館（日典3）
金真須美　きむ・ますみ　小説家（京都文）
金光平　きん・こうへい　労働運動家（日人）
金易二郎　こん・やすじろう　棋士（日人）

金ケ江　かながえ；かねがえ
金ケ江和隆　かながえ・かずたか　陶芸家（美工）
金ケ江洋子　かながえ・ようこ　小学校教師（日典）
金ケ江清太郎　かねがえ・せいたろう「The path to friendship, a tale of a Japanese immigrant in the Philippines」Keiso Shobo（日典3）

²金七　きんしち
金七紀男　きんしち・のりお「現代ポルトガル語辞典」白水社（日典3）

³金上　かながみ
金上貞夫　かながみ・さだお「スリットランプ」メディカル葵出版（日典3）
金上晴夫　かながみ・はるお　青山学院大学理工学部教授（日典3）
金上幸夫　かながみ・ゆきお　医師（日典3）

金丸　かなまる；かねまる
金丸重嶺　かなまる・しげね　写真家,写真教育者（日人）
金丸富夫　かなまる・とみお　実業家,政治家（コン4）
金丸三郎　かねまる・さぶろう　政治家（現政）
金丸信　かねまる・しん　政治家（コン4）

金久　かねひさ
金久慶一郎　かねひさ・けいいちろう　金久社長（日典3）
金久正弘　かねひさ・せいこう「テレビジョン」（国典）
金久卓也　かねひさ・たくや　医師（近医）
金久昌生　かねひさ・まさなり　北山クラブ会長（国典）
金久美智子　かねひさ・みちこ　俳人（現俳）

金久保　かなくぼ
金久保明男　かなくぼ・あきお　ホロニック社長（日典3）
金久保雲渓　かなくぼ・うんけい「短期上達法就職する人のペン習字」光書房（日典3）
金久保孝治　かなくぼ・こうじ　社会人野球選手（日典3）
金久保万吉　かなくぼ・まんきち　陸軍軍人（日人）

金部（金）

金久保通雄　かなくぼ・みちお　新聞人,教育評論家（日人）

金口　かなくち；かなぐち；きんぐち
　金口巌　かなくち・いわお　広島県議（民主党,尾道市）（日典）
　金口儀明　かなぐち・よしあき　英語学者（現執1期）
　金口進　きんぐち・すすむ「教育委員便覧」（国典）

金土　こんど
　金土重順　こんど・しげのぶ「加茂別雷神社三手文庫今井似閑書籍奉納目録」皇學館大学神道研究所（日典3）

金山　かなやま；かねやま；きんざん
　金山平三　かなやま・へいぞう　洋画家（コン5）
　金山富男　かねやま・とみお　映画キャメラマン（映人）
　金山豊　きんざん・ゆたか「サラリーマンは香港株で儲けろ」近代文芸社（JM）

金川　かながわ；かねかわ；きんかわ
　金川太郎　かながわ・たろう　小説家（世紀）
　金川一夫　かねかわ・かずお「簿記システム論」同文舘出版（日典3）
　金川利三郎　きんかわ・りさぶろう　落語家（神奈川人）

⁴金中　かなか；かねなか
　金中利和　かなか・としかず　元・国立国会図書館調査及び立法考査局長（日典）
　金中峯太郎　かねなか・みねたろう「審美」長生文化同好会（日典）

金井　かない；かねい
　金井延　かない・のぶる　社会政策学者（コン5）
　金井美恵子　かない・みえこ　小説家,詩人（日人）
　金井政一　かねい・まさかず　テクニカルライター（日典）

金井塚　かないづか
　金井塚一男　かないづか・かずお　埼玉中央社長,埼玉土地家屋調査士会会長（日典）
　金井塚務　かないづか・つとむ「食糧テロリズム」明石書店（日典3）
　金井塚道栄　かないづか・みちえ　童画家,さし絵画家（児人）
　金井塚恭裕　かないづか・やすひろ「板書とワークシートで見る全単元・全時間の授業のすべて」東洋館出版社（日典3）
　金井塚良一　かないづか・りょういち　考古学者（現執3期）

金元　かなもと；かねもと
　金元功　かなもと・いさお　元・青木マリーン社長（日典）
　金元哲夫　かなもと・てつお　東京理科大学理学部第一部教授（日典3）
　金元敏明　かねもと・としあき　九州工業大学工学部助教授（日典）

金内　かなうち；かねうち
　金内馨子　かなうち・けいこ　声楽家（音人）
　金内哲太郎　かなうち・てつたろう　武道家（庄内）

金内喜久夫　かねうち・きくお　俳優（テレ）
金内吉男　かねうち・よしお　俳優（新芸）

金友　かなとも；かねとも
　金友昭一　かなとも・しょういち　北陸大学薬学部薬学科教授（日典3）
　金友隆幸　かねとも・たかゆき「支那人の日本侵略」日新報道（日典3）

金戸　かねと
　金戸嘉七　かねと・かしち「新聞編集の理論と実際」関宣院新社（日典3）
　金戸夏楼　かねと・かろう　俳人（石川文）
　金戸橘夫　かねと・きつお　農林水産省果樹試験場部長（日典3）
　金戸紀美子　かねと・きみこ「始動」新星書房（日典3）
　金戸守　かねと・まもる　中国文学研究者（中専）

金木　かなき；かねき
　金木静　かなき・しずか　小説家（富山文）
　金木博幸　かなき・ひろゆき　チェロ奏者（音人3）
　金木智恵子　かねき・ちえこ　看護婦（社史）
　金木良三　かねき・よしぞう　作物学者（現情）

金水　きんすい
　金水敏　きんすい・さとし　研究者（現執4期）

⁵金出　かないで；かなで
　金出英夫　かないで・ひでお　九州大学医学部附属心臓血管研究施設教授（日典）
　金出一郎　かなで・いちろう　シナネン相談役（日典）
　金出武雄　かなで・たけお　カーネギーメロン大学（CMU）教授・ロボティクス研究所所長（日典）

金古　かねこ
　金古喜代治　かねこ・きよじ　東海大学工学部電気工学科教授・学部長（日典3）
　金古聖司　かねこ・せいじ　サッカー選手（日典3）
　金古久次　かねこ・ひさつぐ　技師（土木）
　金古将人　かねこ・まさと　競輪選手（日典3）

金平　かなひら；かねひら；きんぴら
　金平隆弘　かなひら・たかひろ　滋賀県商工労働部商工課長（国典）
　金平亮三　かねひら・りょうぞう　林学者（日人）
　金平牛蒡　きんぴら・ごぼう「サムクロス」世界文化社

金本　かなもと；かねもと
　金本摩斎　かなもと・まさい　儒学者（コン4）
　金本正之　かなもと・まさゆき　日本史研究者（史研）
　金本摩斎　かねもと・まさい　儒学者（幕末）
　金本龍二郎　かねもと・りゅうじろう　日本労働組合全国評議会活動家（社史）

金末　かねすえ
　金末和雄　かねすえ・かずお　仙台高裁判事（日典）
　金末多志雄　かねすえ・たしお「あなたの法律教室」（国典）

金末忠則　かねすえ・ただのり　「えよう(江葉)ものがたり」まめな川西いつわの里づくり協議会(日典3)

金正　かなまさ；かねまさ；きんしょう
金正米吉　かなまさ・よねきち　社会運動家,労働運動家(大阪人)
金正米吉　かなまさ・よねきち　労働運動家(コン4)
金正善吉　きんしょう・ぜんきち　商人(姓氏京都)

金生　かのう
金生郁子　かのう・いくこ　香蘭女子短期大学教員(日典)
金生禹谷　かのう・うこく　金沢の俳人(姓氏石川)
金生喜造　かのう・きぞう　「スケッチ・ブック」(国典)
金生正道　かのう・まさみち　「ドクトル・ジバゴ以後」文建書房(日典3)
金生由紀子　かのう・ゆきこ　東京大学医学部附属病院特任准教授(日典3)

金田　かなた；かなだ；かねた；かねだ；きんた；きんだ
金田天絃　かなた・てんげん　ジャーナリスト(日人)
金田徳光　かなだ・とくみつ　宗教家(日人)
金田潮児　かなた・ちょうじ　作曲家(作曲)
金田正一　かねだ・まさいち　野球評論家,プロ野球投手・監督(コン4)
金田薫子　きんた・かおるこ　「旅の雫」G旅の雫(日典3)
金田章裕　きんだ・あきひろ　人文地理学者(現執4期)

金田一　きんたいち；きんだいち
金田一昌三　きんたいち・しょうぞう　第13代の道立図書館長,編集者,随筆家(札幌)
金田一京助　きんだいち・きょうすけ　言語学者,国語学者(コン4)
金田一春彦　きんだいち・はるひこ　国語学者,邦楽研究家(日人)

金石　かないし；かねいし
金石清禪　かないし・しょうぜん　政治家(現政)
金石幸夫　かないし・ゆきお　トランペット奏者(新芸)
金石昭人　かねいし・あきひと　野球評論家(日典)
金石勝智　かねいし・かつとも　レーシング・ドライバー(日典3)

[6]金光　かなみつ；かねみつ；こんこう
金光弥一兵衛　かなみつ・やいちひょうえ　柔道家,柔道指導者(日人)
金光庸夫　かねみつ・つねお　政治家,実業家(日人)
金光摂胤　こんこう・せつたね　宗教家(日人)

金光堂　きんこうどう；こんこうどう
金光堂守親　きんこうどう・もりちか　彫金家(岡山人)
金光堂守親　こんこうどう・もりちか　彫金家(大阪人)

金地　かなじ；かねち
金地研二　かなじ・けんじ　「Dr.ウィリスベッドサイド診断」医学書院(日典3)
金地嘉正　かなじ・よしまさ　自由民権運動家(高知人)
金地獅美　かねち・たけみ　元・鳥取県出納長(日典)

金多　かねた
金多潔　かねた・きよし　京大助教授(国典)
金多由紀子　かねた・ゆきこ　建築士(国典)

金安　かなやす；かねやす
金安信吾　かなやす・しんご　「農機具名鑑 昭和57年度版」近代農業社(書籍)
金安岩男　かねやす・いわお　慶応義塾大学環境情報学部教授(日典)
金安健一　かねやす・けんいち　新潟県立新潟盲学校教諭(日典3)

金宇　かなう
金宇満司　かなう・みつじ　映画撮影監督(映人)

金成　かなり；かねなり；かんなり
金成甚五郎　かなり・じんごろう　教育者(視覚)
金成公信　かねなり・きみのぶ　タレント(日典3)
金成マツ　かんなり・まつ　ユーカラ記録者(コン4)

金竹　かなたけ
金竹哲也　かなたけ・てつや　「歯科理工学実習」医歯薬出版(書籍)
金竹正江　かなたけ・まさえ　イトーヨーカ堂執行役員(日典3)

金色　かねしき；きんいろ
金色スイス　かねしき・すいす　「佐藤君の柔軟生活」新書館(日典3)
金色充仁　かねしき・みつひと　「惣町大帳」中津市(日典3)
金色冬生　きんいろ・ふゆお　「水鉄砲に涙をつめて」サンリオ(日典3)

金行　かなゆき；かねゆき
金行幾太郎　かなゆき・いくたろう　茸研究家(日人)
金行章輔　かなゆき・しょうすけ　「実務・求人作戦」ダイヤモンド社(日典3)
金行清香　かねゆき・きよか　「日々是好日」生涯学習研究社(日典3)
金行清人　かねゆき・きよと　日本研紙会長(日典)

[7]金児　かねこ
金児昭　かねこ・あきら　経済評論家(現執4期)
金児禎三　かねこ・ていぞう　表具師(日人)
金児杜鵑花　かねこ・とけんか　俳人(日人)
金児憲史　かねこ・のりひと　俳優(テレ)
金児伯温　かねこ・はくおん　信濃松代藩士,砲術家(日人)

金坂　かなさか；かねさか
金坂清則　かなさか・きよのり　地理学者(現執4期)
金坂吉晃　かなさか・よしあき　歌人(北海道文)

金坂健二　かねさか・けんじ　映画監督(世紀)
金坂宥栄　かねさか・ゆうえい　僧侶,印刷工(ア ナ)

金尾　かなお；かねお
金尾梅の門　かなお・うめのかど　俳人(日人)
金尾稜厳　かなお・りょうごん　政治家(日人)
金尾種次郎　かねお・たねじろう　出版人(大阪 人)
金尾稜厳　かねお・りょうげん　政治家(島根歴)

金杉　かなすぎ
金杉明信　かなすぎ・あきのぶ　日本電気社長 (日典3)
金杉英五郎　かなすぎ・えいごろう　医師(日人)
金杉惇郎　かなすぎ・じゅんろう　俳優,演出家 (世紀)
金杉太朗　かなすぎ・たろう　俳優(新芸)
金杉秀信　かなすぎ・ひでのぶ　労働運動家(日 人)

金村　かなむら；かねむら
金村聖志　かなむら・きよし　「ポリマーバッテ リーの最新技術」シーエムシー出版(日典3)
金村公一　かなむら・こういち　長崎シーボルト 大学国際情報学部助教授(日典3)
金村修　かなむら・おさむ　写真家(写人)
金村義明　かなむら・よしあき　野球評論家,プ ロ野球選手(テレ)

金沢　かなざわ；かねさわ；かねざわ
金沢庄三郎　かなざわ・しょうざぶろう　言語学 者,国語学者(コン4)
金沢哲雄　かねさわ・てつお　立正大学経済学部 教授(日典3)
金沢誠一　かねざわ・せいいち　仏教大学大学院 社会学研究科教授(日典3)

金究　かなくつ
金究武正　かなくつ・たけまさ　山勝電子工業社 長(日典)

金谷　かなたに；かなだに；かなや；かねた に；かねや
金谷晴美　かなたに・はるお　生物学者(日人)
金谷祖平次　かなだに・そへいじ　農業教育近代 化功労者(岡山歴)
金谷範三　かなや・はんぞう　陸軍軍人(コン)
金谷完治　かなたに・かんじ　小説家(近文)
金谷信栄　かねや・のぶえ　秋田県議(自民党,能 代市・山本郡)(日典3)

金貝　かねがい
金貝省三　かねがい・しょうぞう　元劇作家(人 情)

⁸金刺　かなさし；かなざし
金刺不二太郎　かなさし・ふじたろう　元川崎市 長(日典)
金刺衛　かなさし・まもる　「時の流れははや過ぎ て」山崎慎市郎(日典3)
金刺潤平　かなさし・じゅんぺい　紙すき職人 (日典)
金刺不二太郎　かなざし・ふじたろう　政治家 (姓氏神奈川)

金岡　かなおか；かねおか
金岡幸二　かなおか・こうじ　実業家(日人)
金岡秀友　かなおか・しゅうゆう　真言宗僧侶 (世紀)
金岡カズ子　かねおか・かずこ　「千羽鶴」徳島短 歌連盟(日典3)
金岡助九郎　かねおか・すけくろう　教育者(岡 山歴)

金岩　かないわ；かねいわ
金岩武吉　かないわ・たけよし　北海道議(無所 属,日高振興局)(日典3)
金岩真弓　かないわ・まゆみ　「ニコ」新風舎(JM)
金岩清隆　かねいわ・きよたか　洋画家(郷土福 井)
金岩正博　かねいわ・まさひろ　「長年に収録した 国民の意見集」(JM)

金枝　かなえだ；かねえだ
金枝柳村　かなえだ・りゅうそん　大田原藩の儒 者,藩校時習館教授(栃木歴)
金枝小峴　かなえだ・しょうけん　「小[ケン]詩 存」佐藤恒祐(日典3)
金枝柳村　かなえだ・りゅうそん　儒者(日人)

金松　かなまつ
金松空覚　かなまつ・くうかく　僧侶(真宗)
金松賢諒　かなまつ・けんりょう　大谷大教授 (国典)
金松エイ子　かねまつ・えいこ　「バキタ自由の讃 歌」ドン・ボスコ社(日典3)

金林　かなばやし
金林佑郎　かなばやし・すけお　真多呂人形学院 理事長(日典3)
金林秀雄　かなばやし・ひでお　江戸木目込み人 形製作(日人)
金林真多呂　かなばやし・またろ　人形作家(日 人)
金林真多呂〔1代〕　かなばやし・またろ　人形 作家(美工)

金治　かなじ
金治勇　かなじ・いさむ　仏教学・インド学者 (現執1期)
金治潔　かなじ・きよし　高校教師(日典3)
金治勉　かなじ・つとむ　「神戸まち歩き」神戸新 聞総合出版センター(日典3)
金治直美　かなじ・なおみ　児童文学作家(幻想)
金治正憲　かなじ・まさのり　「全国駅弁100選」 世界文化社(日典3)

金苗　かんなえ
金苗恭博　かんなえ・やすひろ　福岡教育大学名 誉教授(日典3)

金附　かなつき
金附洋一郎　かなつき・よういちろう　精薄者通 所授産施設園長(人情)

⁹金保　かなほ；かねやす
金保安則　かなほ・やすのり　「生化学」東京化学 同人(日典3)
金保正智　かねやす・まさち　彫刻家(美建)

金部（金）

金咲　かなさき
　金咲道明　かなさき・どうめい　社会主義運動家（社史）
　金咲道明　かなさき・みちあき　社会主義運動家（アナ）

金城　かなぐすく；かなしろ；かねしろ；きんじょう
　金城紀光　かなぐすく・きこう　医師,政治家（日人）
　金城鉄郎　かなしろ・てつろう　「沖縄植物雑報」天野鉄夫（日典3）
　金城武　かねしろ・たけし　俳優（日典明）
　金城朝永　きんじょう・ちょうえい　沖縄研究者,琉球方言研究者（コン4）

金巻　かなまき；かねまき
　金巻賢字　かなまき・けんじ　札幌商業高等学校長（日典3）
　金巻鎮雄　かなまき・しずお　評論家（北海道文）
　金巻章　かねまき・あきら　写真家（写家）
　金巻兼一　かねまき・けんいち　シナリオライター（日典）

金指　かなさし；かなざし；かねざし
　金指功　かなさし・いさお　短編映画プロデューサー（映人）
　金指丈吉　かなざし・じょうきち　事業家,金指造船所の創業者（姓氏静岡）
　金指正三　かねざし・しょうぞう　日本史研究者（史研）

金持　かなじ；かもち
　金持一郎　かなじ・いちろう　甲南大学名誉教授,和歌山大学教授（日典3）
　金持伸子　かなじ・のぶこ　労働運動・生活問題研究者（現執1期）
　金持景藤　かもち・かげふじ　武人=中世（人名2）

金春　こんぱる
　金春栄治郎　こんぱる・えいじろう　能楽師（能狂言）
　金春惣右衛門　こんぱる・そうえもん　能楽師太鼓方（日人）
　金春晃実　こんぱる・てるちか　能楽師（能狂言）
　金春信高　こんぱる・のぶたか　能楽師（能狂言）
　金春八条　こんぱる・はちじょう　能楽師（日人）

金星　かなぼし；かねほし
　金星末一　かなぼし・すえかず　「ふるの里」山の辺短歌会（日典3）
　金星憲虎　かねほし・のりこ　「誰が学校をダメにしたのか」牧歌舎,星雲社（発売）（日典3）

金栄　かなえ；かねしげ
　金栄健介　かなえ・けんすけ　「絵で見る知られざる白山」中日新聞北陸本社（日典3）
　金栄俊二　かねしげ・しゅんじ　（株）北国銀行富山支店長（日典）

金柿　かながき
　金柿謙治　かながき・けんじ　九州ジャスコ会長,現代企画ケイツー代表（日典3）
　金柿秀幸　かながき・ひでゆき　「幸せの絵本」ソフトバンクパブリッシング（日典3）

金柿宏典　かながき・ひろのり　フランス文学者（現執2期）

金泉　かないずみ
　金泉昭　かないずみ・あきら　建設省土木研究所（国典）
　金泉丑太郎　かないずみ・うしたろう　俳優（大阪人）
　金泉志保美　かないずみ・しおみ　「小児保健実習」同文書院（日典3）

金津　かなず；かなつ；かねつ
　金津健治　かなず・けんじ　経営コンサルタント（現執4期）
　金津正格　かなつ・せいかく　口演童話家（日児）
　金津武夫　かねつ・たけお　口演童話家,公務員（日児）

金神　こんじん
　金神徹三　こんじん・てつぞう　写真家（国典）

金胎　こんたい
　金胎芳子　こんたい・よしこ　管理栄養士,健康運動指導士（日典3）
　金胎良広　こんたい・よしひろ　西頸城郡能生町立磯部小学校校長（日典）

金重　かなしげ；かねしげ
　金重陶陽　かなしげ・とうよう　陶芸作家（全書）
　金重紘　かなしげ・ひろし　通信社記者（現執4期）
　金重素山　かねしげ・そざん　陶芸家（日人）
　金重陶陽　かねしげ・とうよう　陶芸家（コン4）

[10]金倉　かなくら；かならく；かねくら
　金倉円照　かなくら・えんしょう　インド哲学者（コン4）
　金倉円照　かならく・えんしょう　印度哲学者（コン5）
　金倉円照　かねくら・えんしょう　印度哲学者（鹿児島百）

金剛　こんごう
　金剛巌〔1代〕　こんごう・いわお　能楽師シテ方（コン4）
　金剛巌〔2代〕　こんごう・いわお　能楽師シテ方（コン4）
　金剛右京　こんごう・うきょう　能楽師シテ方（日人）
　金剛麗子　こんごう・れいこ　女優（新芸）

金原　かなはら；かねはら；きんばら；きんばら
　金原磊　かなはら・らい　経営者（日人）
　金原作輔　かねはら・さくすけ　出版経営者（日人）
　金原明善　きんばら・めいぜん　実業家（コン5）
　金原明善　きんばら・めいぜん　実業家（日人）

金宮　かなみや；かねみや
　金宮好和　かなみや・よしかず　「英語で学ぶロボット工学」コロナ社（日典3）
　金宮義博　かねみや・よしひろ　大阪市立桜宮高野球部監督（日典3）

金部(金)

金島　かなしま；かねしま
　金島一哲　かなしま・いってつ　「凸版印刷」朝日ソノラマ(日典3)
　金島桂華　かなしま・けいか　日本画家(日人)
　金島秀人　かねしま・ひでと　バイオベンチャー・コンサルタント(日典3)
　金島弘恭　かなしま・ひろやす　北海道立衛生研究所副所長(日典)

金栗　かなくり；かなぐり
　金栗四三　かなくり・しぞう　陸上選手(コン5)
　金栗洋二郎　かなくり・ようじろう　一吉証券アジア部次長(日典)
　金栗四三　かなぐり・しぞう　マラソン選手(コン4)

金浜　かなはま；かねはま
　金浜菊太郎　かなはま・きくたろう　「懸ける人々」立花書房(日典3)
　金浜耕基　かなはま・こうき　「新農学実験マニュアル」ソフトサイエンス社(日典3)
　金浜火岳　かねはま・かがく　陶芸家(陶芸最)
　金浜清助　かねはま・せいすけ　「断雲」「断雲～回想片々～」刊行世話人会(日典3)

金納　かねのう；かんのう；きんのう
　金納源十郎　かねのう・げんじゅうろう　岸和田煉瓦綿業社長(日典3)
　金納健太郎　かんのう・けんたろう　総合メディカル社長(日典3)
　金納雅彦　きんのう・まさひこ　「孫子の兵法」朱鳥社, 星雲社(発売)(日典3)

金釘　かなくぎ
　金釘フク　かなくぎ・ふく　鐘紡事務員(社史)

金馬　きんば；こんま
　金馬昭郎　きんば・あきお　京阪電気鉄道会長(日人)
　金馬宗昭　きんば・むねあき　「不登校ひきこもりこころの解説書」学びリンク(日典3)
　金馬健二　こんま・けんじ　名古屋地裁判事(日人)

金高　かねたか；きんたか
　金高慶三　かねたか・けいぞう　「ネットワークによる工程計画」井上書院(日典3)
　金高ますゑ　かねたか・ますえ　社会運動家, 医師(日人)
　金高資治　きんたか・すけはる　ハウザー食品社長(日典4)
　金高康資　きんたか・やすすけ　調理師(日典)

[11]金堂　かなどう；こんどう
　金堂晃久　かなどう・あきひさ　アマ棋士(日典)
　金堂久喜　こんどう・きゅうき　政治家(高知人)
　金堂豊子　こんどう・とよこ　俳人(日典3)

金堀　かなほり；かねほり
　金堀則夫　かなほり・のりお　詩人(大阪文)
　金堀一郎　かなほり・いちろう　インテリアプランナー(日典)

金崎　かなさき；かなざき；かねさき；かねざき
　金崎肇　かなさき・はじめ　地誌学者(現執2期)

金崎美和子　かなざき・みわこ　ピアニスト(演奏)
金崎光広　かねさき・みつひろ　弓道家, 八代町弓術会の師範(弓道)
金崎節郎　かねざき・せつろう　教育者, 政治家(姓氏岩手)

金曽　かねそ；きんそ
　金曽大畔　かねそ・たいはん　日本画家(美家)
　金曽升太呂　きんそ・しょうたろう　「おっぱい」永光社(日典3)

金野　かねの；かのう；きんの；こんの
　金野紗綾香　かねの・さやか　フルート奏者(演奏)
　金野光賀　かのう・こうが　陶芸家(陶工)
　金野菊三郎　きんの・きくさぶろう　教育者(姓氏岩手)
　金野定吉　こんの・さだきち　政治家(政治)

[12]金塚　かなずか；かなつか；かねずか；きんずか
　金塚久午　かなずか・ひさご　「風の城―おじいちゃまの昔ばなし」(JM)
　金塚仙四郎　かなつか・せんしろう　実業家(日人)
　金塚貞文　かねずか・さだふみ　著述業(現執3期)
　金塚友之丞　きんずか・とものじょう　新潟県民俗学会名誉会員(国典)

金勝　かなかつ；かねかつ
　金勝祥一　かなかつ・しょういち　「これから学ぶCプログラミング」工学図書(日典3)
　金勝格　かねかつ・ただし　「工業英語」東京電機大学出版局(日典3)
　金勝久　かねかつ・ひさし　英語・アメリカ文学者(現執1期)

金森　かなもり；かねもり
　金森通倫　かなもり・つうりん　牧師, 社会教育家(コン5)
　金森徳次郎　かなもり・とくじろう　官僚, 憲法学者(コン4)
　金森孝祐　かなもり・こうすけ　弓道家, 弓道錬士(弓道)
　金森秀一　かねもり・しゅういち　弓道家, 弓道錬士(弓道)

金森寺　かなもり
　金森寺彦磨　かなもり・よしひこ　「曇鸞伝私攷」文栄堂書店(日典3)

金満　かねみつ
　金満勲　かねみつ・いさお　江戸川区立上小岩小学校長(人情)

金須　きす
　金須孝　きす・たかし　舞台装置家(社史)
　金須孝　(堯士)　きす・たかし　舞台装置家(映人)
　金須松三郎　きす・まつさぶろう　金融業(姓氏宮城)
　金須嘉之進　きす・よしのしん　聖歌隊指揮者(海越新)

金須嘉之進　きす・よりのしん　聖歌隊指揮者(作曲)

¹³金勢　かなせ；かねせ
　金勢公一郎　かなせ・こういちろう　研究員(現執3期)
　金勢公一郎　かなせ・こういちろう　「ニッポンの不安・六十四」デジタルネットワーク(日典3)

¹⁴金窪　かなくぼ；かねくぼ
　金窪キミ　かなくぼ・きみ　「夕舞台」紅書房(日典3)
　金窪周作　かなくぼ・しゅうさく　オペラ研究家(日典3)
　金窪勝郎　かねくぼ・かつろう　レナウン商事取締役(国典)

金関　かなせき；かなぜき；かねせき
　金関丈夫　かなせき・たけお　人類学者,解剖学者,考古学者(日典)
　金関丈夫　かなせき・たけお　人類学者,解剖学者,民族学者(近医)
　金関亜紀　かねせき・あき　フリーライター(日典3)

¹⁵金敷　かなしき
　金敷準一　かなしき・じゅんいち　高校教師(日典3)
　金敷善由　かなしき・ぜんゆう　「花、一枚、一枚。」土曜美術社出版販売(日典3)
　金敷力　かなしき・つとむ　「喪われた大草原」(国典)
　金敷大之　かなしき・ひろゆき　「新しく学ぶ心理学」二瓶社(日典3)

金箱　かなはこ；かなばこ；かねばこ
　金箱文夫　かなはこ・ふみお　「源長寺」さきたま出版会(日典3)
　金箱戈止夫　かなばこ・かしお　「梨の花」角川書店(日典3)
　金箱皐夫　かねばこ・さわお　労働省大臣官房統計情報部賃金統計課(日典3)

金蔵　かねくら
　金蔵照雄　かねくら・てるお　「旅情かごしま」(国典)

金輪　かなわ
　金輪五郎　かなわ・ごろう　志士(日人)
　金輪進　かなわ・すすむ　「地域警察捜査書類全書」日世社(日典3)

¹⁶金築　かなつき；かねつき；かねつく
　金築松桂　かなつき・しょうけい　「逍遙遺稿」岩波書店(日典3)
　金築春久　かねつき・はるひさ　神職(国書)
　金築雨学　かねつく・うがく　「金築雨学川柳集」川柳展望社(日典3)

金親　かなおや；かねおや；かねちか
　金親清　かなおや・きよし　小説家(現情)
　金親清　かねおや・きよし　小説家(世紀)
　金親堅太郎　かねちか・けんたろう　漫画家(世紀)

¹⁸金藤　かねとう；かねふじ；きんとう；こんどう
　金藤豊　かねとう・ゆたか　作曲家(作曲)
　金藤浩司　かねふじ・こうじ　統計数理研究所助教授(日典3)
　金藤之明　きんとう・ゆきあき　陸軍軍人(日人)
　金藤正治　こんどう・しょうじ　「星型航空発動機の動力学」(国典)

¹⁹金瀬　かなせ
　金瀬薫二　かなせ・くんじ　弁護士(日典3)
　金瀬俊雄　かなせ・としお　政治家(千葉百)
　金瀬胖　かなせ・ゆたか　「浦廻(うらめぐり)」現代写真研究所出版局(日典3)
　金瀬義明　かなせ・よしあき　自由民権運動家・政治家(富山百)

²³金鑚　かなさな
　金鑚宮守　かなさな・みやもり　神職(神人)

【1514】釜

⁵釜田　かまた；かまだ
　釜田泰介　かまた・たいすけ　憲法学者(現執2期)
　釜田千秋　かまた・ちあき　映画監督(映監)
　釜田英二　かまだ・えいじ　大成建設副社長,大成プレハブ専務(日典3)
　釜田公良　かまだ・きみよし　「公共経済学研究」勁草書房(日典3)

⁷釜沢　かまさわ；かまざわ
　釜沢勲　かまさわ・いさお　「岩手漁協八十年の歩み」いさな書房(日典3)
　釜沢安季子　かまざわ・あきこ　「ワンナイト・ラヴ」角川春樹事務所(日典3)
　釜沢克彦　かまざわ・かつひこ　(株)三井物産本店調査情報部次長・経営情報室長(日典)

釜谷　かまたに；かまや
　釜谷かおる　かまたに・かおる　「カラダからの手紙」神戸新聞総合出版センター(日典3)
　釜谷研造　かまたに・けんぞう　兵庫県議(自民党,加古川市)(日典3)
　釜谷石瀬　かまや・せきらい　「歳月」有文社(日典3)
　釜谷秀幸　かまや・ひでゆき　「宇宙の一生」恒星社厚生閣(日典3)

⁹釜洞　かまほら
　釜洞醇太郎　かまほら・じゅんたろう　大阪大学学長(日典3)
　釜洞祐子　かまほら・ゆうこ　ソプラノ歌手(音人3)

¹¹釜萢　かまやち
　釜萢和子　かまやち・かずこ　女子美大助手(国典)
　釜萢銀蔵　かまやち・ぎんぞう　教育者(青森人)
　釜萢健　かまやち・けん　「おばあちゃんにねこやなぎを」共同出版社(日典3)
　釜萢裕一　かまやち・ゆいち　太陽ホールディングス社長(日典3)

金部(針,釘,釣,釵,鈎,鉄)

12 釜賀　かまが
釜賀一夫　かまが・かずお　軍人(陸海)
19 釜瀬　かませ
釜瀬進一郎　かませ・しんいちろう「ゆふ高原の風」葦書房(日典3)
釜瀬新平　かませ・しんぺい　教育家(学校)
釜瀬冨士雄　かませ・ふじお　九州学園理事長,福岡女子短期大学学長(日典3)

【1515】 針

針ケ谷　はりがや
針ケ谷弘一　はりがや・こういち　中越パルプ工業常務(日典3)
針ケ谷鐘吉　はりがや・しょうきち「庭園雑記」針ヶ谷鐘吉(日典3)
針ケ谷純吉　はりがや・じゅんきち「メジャーリーグの昔を知ろう!!」針ヶ谷純吉(日典3)
針ケ谷隆一　はりがや・たかいち　俳人(日典3)
針ケ谷良一　はりがや・りょういち　相撲ジャーナリスト(現執4期)
5 針生　はりう;はりゅう
針生一郎　はりう・いちろう　評論家,美学者(日人)
針生若子　はりう・わかこ　ヴァイオリニスト(演奏)
針生一郎　はりゅう・いちろう　評論家,美学者(近文)
針生高顕　はりゅう・こうけん　宗教家(姓氏宮城)
針田　はりた;はりだ
針田しずか　はりた・しずか　翻訳家(日典)
針田芳道　はりだ・よしみち　印刷工(社史)
7 針谷　はりがい;はりがや;はりや
針谷巌　はりがい・いわお　教育者(群馬人)
針谷善吉　はりがや・ぜんきち　弁護士,政治家(現政)
針谷修　はりや・おさむ　高校教師(日典3)
12 針替　はりかい
針替鳩知　はりかい・やすとも　明石製作所代表(紳士)

【1516】 釘

11 釘崎　くぎさき;くぎざき
釘崎清秀　くぎさき・きよひで「キミは就職できるか?」彩図社(日典3)
釘崎康臣　くぎさき・やすおみ　サッカー選手(日典3)
釘崎衛　くぎざき・まもる「夜明け前の洗礼」鉱脈社(日典3)
釘貫　くぎぬき
釘貫久吉　くぎぬき・きゅうきち　相撲元締(岡山人)
釘貫亨　くぎぬき・とおる「近世仮名遣い論の研究」名古屋大学出版会(日典3)
釘貫久吉　くぎぬき・ひさきち　相撲元締(日人)
釘貫利右衛門　くぎぬき・りえもん　弓道家,蹀師(弓道)

【1517】 釣

7 釣谷　つりたに;つりや;つるたに;つるや
釣谷伊希子　つりたに・いきこ　金沢医科大学講師(日典3)
釣谷雅楽房　つりや・うたふさ　箏曲家(新芸)
釣谷利夫　つるたに・としお　建築家(日典)
釣谷岳生　つるや・たけお「大久保忠利氏巻末索引集・手沢本目録」北海道教育大学釧路分校(日典3)
9 釣巻　つりまき;つるまき
釣巻和　つりまき・のどか　漫画家(日典3)
釣巻穣　つりまき・ゆたか「外来の眼瞼手術備忘録」医療文化社(日典3)
釣巻三男　つるまき・みつお「鰤起し」壱岐坂書房(日典3)
釣巻礼公　つるまき・れいこう　小説家(幻想)
11 釣部　つりべ;つるべ
釣部与志　つりべ・よし「けもの道風の辻」書肆山田(日典3)
釣部勲　つるべ・いさお　北海道議(自民党,空知総合振興局)(日典3)
釣部人裕　つるべ・ひとひろ　医療ジャーナリスト(日典3)

【1518】 釵

6 釵地　けんち
釵地邦秀　けんち・くにひで　岡崎女子短期大学専任講師(日典)
9 釵持　けんもち;けんもつ
釵持丈　けんもち・じょう　棋士(日典3)
釵持勉　けんもち・つとむ　東京都教育庁指導部指導企画室指導主事(日典3)
釵持佳苗　けんもつ・かなえ　フリーライター(日典)
釵持広隆　けんもつ・ひろたか　小田急電鉄常務(日典3)

【1519】 鈎

鈎　まがり
鈎三郎　まがり・さぶろう　京大教授(国典)
鈎スミ子　まがり・すみこ　医師(近医)
鈎治雄　まがり・はるお「楽観主義は自分を変える」第三文明社(日典3)

【1520】 鉄

5 鉄田　おのだ
鉄田多津桜　おのだ・たつおう　俳人(紀伊文)

【1521】 鉛

鉛　なまり
鉛市太郎　なまり・いちたろう　渡航者（渡航）
鉛市兵衛　なまり・いちべえ　事業家（日人）
鉛好一　なまり・こういち　神鋼リース常務営業本部長,神戸製鋼所理事（日典3）
鉛慎吾　なまり・しんご「銀行監査要説」商事法務研究会（日典）

【1522】 鉄

鉄　くろがね；てつ
鉄健司　くろがね・けんじ「品質管理入門」日本規格協会（日典3）
鉄光一郎　くろがね・こういちろう　映画説明者組合議長（社史）
鉄弥恵子　てつ・やえこ　ソプラノ歌手（音人3）
鉄竜海　てつ・りゅうかい　僧,即身仏（日人）

[9]鉄屋　かなや；てつや
鉄屋庄兵衛　かなや・しょうべえ「日本農書全集」農山漁村文化協会（JM）
鉄屋昭　てつや・あきら「歴史に学ぶ心学の武道」展転社（日典3）
鉄屋一夫　てつや・いちお　伊藤忠燃料相談役（日典）

鉄指　てつさし
鉄指公蔵　てつさし・こうぞう　洋画家（美家）

[12]鉄割　てつわり
鉄割弥吉　てつわり・やきち　足芸師（大阪人）
鉄割弥吉〔1代〕　てつわり・やきち　軽業師（芸能）

[15]鉄輪　かなわ
鉄輪義郎　かなわ・よしお　栗本鉄工所営業部長（紳士）

【1523】 鉢

[4]鉢木　はちき；はちのき
鉢木二三緒　はちき・ふみお「清流」鉢木外茂子（日典3）
鉢木与之寿　はちき・よしかず「金津町吉崎の郷土誌」金津町教育委員会（日典3）
鉢木弘造　はちのき・こうぞう「交通事故の処理と実際知識」金園社（日典3）

[7]鉢呂　はちろ
鉢呂福太郎　はちろ・ふくたろう　神官（日典3）
鉢呂祐二　はちろ・ゆうじ　アーチスト（写人）
鉢呂義雄　はちろ・よしお　高岡地域地場産業センター事務局長（日典3）
鉢呂吉雄　はちろ・よしお　政治家（現政）
鉢呂芳一　はちろ・よしかず「最新治療「いぼ痔注射療法」」ハート出版（日典3）

鉢谷　はちや
鉢谷のりこ　はちや・のりこ　バレリーナ（人情）

[17]鉢嶺　はちみね
鉢嶺喜次　はちみね・きじ　沖縄芝居の役者（新芸）
鉢嶺景立　はちみね・けいりゅう　力士（日典3）
鉢嶺元助　はちみね・げんすけ　琉球大学工学部電子情報工学科教授（日典3）
鉢嶺清融　はちみね・せいゆう　しいのみ学園理事（日典3）
鉢嶺猛　はちみね・たけし　気象庁東京管区気象台長（日典3）

[21]鉢蠟　はちろう
鉢蠟清香　はちろう・せいこう　育種技術者（日人）

【1524】 鈴

[4]鈴切　すずきり
鈴切幸子　すずきり・さちこ　詩人（日典3）
鈴切康雄　すずきり・やすお　政治家（現政）

[9]鈴城　すずき；すずしろ
鈴城雅文　すずき・まさふみ「原爆＝写真論」窓社（日典3）
鈴城せり　すずしろ・せり　漫画家（漫人）

鈴紀　すずき
鈴紀喜久　すずき・よしひさ　中電技術コンサルタンツ社長（人情）

[11]鈴鹿　すずか
鈴鹿連胤　すずか・つらたね　国学者（日人）
鈴鹿俊子　すずか・としこ　歌人,随筆家（日人）
鈴鹿野風呂　すずか・のぶろ　俳人（日人）
鈴鹿秀満　すずか・ひでまろ　歌人,祠官（日人）
鈴鹿正静　すずか・まさしず　故実家（日人）

[12]鈴賀　すずか
鈴賀レニ　すずか・れに　漫画家（漫人）

[13]鈴置　すずおき；すずき
鈴置倉次郎　すずおき・くらじろう　政治家（日人）
鈴置洋孝　すずおき・ひろたか　声優（新芸）
鈴置倉次郎　すずき・くらじろう　政治家（人名）

[18]鈴藤　すずふじ
鈴藤みわ　すずふじ・みわ「背中合わせの恋」祥伝社（日典3）
鈴藤勇次郎　すずふじ・ゆうじろう　幕臣（藩臣3）

【1525】 鉅

[11]鉅鹿　おおが
鉅鹿敏子　おおが・としこ「史料県令籠手田安定」鉅鹿敏子（JM）

金部（釻,銀,銭,銅,鉾,銘）

【1526】 釻

³釻川　かんながわ
　釻川兼光　かんながわ・かねみつ　津和野町文化財保護審議会長（日典3）

⁴釻内　かんなうち
　釻内勇　かんなうち・いさむ　共栄タンカー会長（人情）

【1527】 銀

銀　ぎん；しらがね；しろがね
　銀四郎　ぎん・しろう　フリーライター,編集者（日典3）
　銀浩二　しらがね・こうじ　アイビー化粧品社長（日典）
　銀あけみ　しろがね・あけみ　女優（新芸）

³銀山　かなやま；ぎんざん；ぎんやま
　銀山匡助　かなやま・きょうすけ　広島市助役（紳士）
　銀山武　ぎんざん・たけし　日本電気(株)情報処理小型システム事業部長代理（日典）
　銀山光秋　ぎんやま・みつあき『聖戦マハーカーラの女』日本図書刊行会（日典3）

⁶銀虫　ぎんむ
　銀虫陣九　ぎんむ・じんく　詩人（日典3）

⁸銀林　ぎんばやし
　銀林浩　ぎんばやし・こう　数学者,数学教育運動家（日人）
　銀林純　ぎんばやし・じゅん　富士通システムサポート本部システム技術統括部ソリューション開発部プロジェクト課長（日典3）
　銀林綱男　ぎんばやし・つなお　地方官（日人）
　銀林俊彦　ぎんばやし・としひこ　アナリスト（日典）
　銀林美恵子　ぎんばやし・みえこ　反核・平和運動家（平和）

¹⁰銀座　ぎんざ；しろがねざ
　銀座亜紀枝　ぎんざ・あきえ　刺し子作家（日典）
　銀座柳虹　しろがねざ・りゅうこう「失われた断層」あるじゃん（日典3）

【1528】 銭

⁵銭本　ぜにもと
　銭本健二　ぜにもと・けんじ　島根大学教育学部教授（日典3）
　銭本三千年　ぜにもと・みちとし　記者,テレビ番組解説者（視覚）

⁷銭谷　ぜにたに；ぜにや
　銭谷伊直　ぜにたに・いなお『陀羅尼助』薬日新聞社（日典3）
　銭谷ふさ　ぜにたに・ふさ『女正月』ふらんす堂（日典3）
　銭谷秋生　ぜにや・あきお『哲学の玉手箱』北樹出版（日典3）
　銭谷功　ぜにや・いさお　映画プロデューサー（映人）

¹⁰銭高　ぜにたか
　銭高一善　ぜにたか・かずよし　銭高組社長・会長,関西経済連常理事（日典3）
　銭高作太郎　ぜにたか・さくたろう　銭高組社長（日典）
　銭高善造　ぜにたか・ぜんぞう　実業家（日人）
　銭高輝之　ぜにたか・てるゆき　銭高組会長（日典3）
　銭高久吉　ぜにたか・ひさきち　銭高組相談役・会長（日典3）

¹²銭場　せんば
　銭場佐太郎　せんば・さたろう　宗教家（埼玉人）
　銭場武彦　せんば・たけひこ　広島大学名誉教授（日典3）

【1529】 銅

⁷銅谷　どうや
　銅谷賢治　どうや・けんじ　ATR人間情報科学研究所主任研究員（日典3）
　銅谷志朗　どうや・しろう　アナウンサー,相撲ジャーナリスト（テレ）
　銅谷拍洋　どうや・はくよう「移り変わる風景みなとまち新潟」新潟日報事業社（発売）（日典3）
　銅谷克樹　どうや・よしき『やさしくわかるBABOK』秀和システム（日典3）

⁸銅直　どうちょく；どうべた
　銅直勇　どうちょく・いさむ　社会学（人書）
　銅直幸一郎　どうべた・こういちろう　実業家（大分歴）

¹⁴銅銀　どうぎん
　銅銀久弥　どうぎん・ひさや　チェロ奏者（演奏）
　銅銀松雄　どうぎん・まつお『最後の特高警察』白川書院（日典3）

【1530】 鉾

⁵鉾立　ほこたて；ほこだて
　鉾立由紀　ほこたて・ゆき『35歳までに天職を探す「転職」の教科書』学研パブリッシング,学研マーケティング（発売）（日典3）
　鉾立彬　ほこだて・あきら　日本メディック・アラート国際協会代表（日典3）
　鉾立久美子　ほこだて・くみこ『猫のクリッカートレーニング』二瓶社（日典3）

【1531】 銘

⁷銘苅　めかり；めかる
　銘苅健二　めかり・けんじ　元・アイスホッケー選手（日典）
　銘苅美世　めかり・みよ　医師（日典3）
　銘苅正太郎　めかる・しょうたろう　医師（社史）

銘苅真弓　めかる・まゆみ　「琉装の雛」短歌研究社（日典3）

【1532】 鋤

[9]鋤柄　すきがら
　鋤柄暁子　すきがら・あきこ　翻訳家（日典）
　鋤柄修　すきがら・おさむ　エステム会長, 中小企業家同友会全国協議会会長（日典3）
　鋤柄小一　すきがら・こいち　技師（土木）
　鋤柄惣吉　すきがら・そうきち　教育者（神奈川人）
　鋤柄房治　すきがら・ふさじ　織布業（姓氏愛知）

【1533】 鋳

[4]鋳方　いかた；いがた
　鋳方貞亮　いかた・さだあき　日本史学者（植物）
　鋳方末彦　いかた・すえひこ　植物病理学者（日人）
　鋳方徳蔵　いがた・とくぞう　陸軍軍人（日人）

[7]鋳谷　いたに
　鋳谷正輔　いたに・しょうすけ　実業家（コン4）

【1534】 鋪

[10]鋪根　しきね
　鋪根昭夫　しきね・あきお　鹿児島県議（日典）

【1535】 錦

[3]錦小路　にしきこうじ；にしきのこうじ
　錦小路ナンシー　にしきこうじ・なんしー　「あみぐるみDOGS」誠文堂新光社（日典3）
　錦小路在明　にしきのこうじ・ありあき　華族（日人）
　錦小路頼言　にしきのこうじ・よりこと　渡航者（渡航）

[5]錦古里　にしごり
　錦古里孝治　にしごり・こうじ　写真家（写家）

[7]錦見　にしきみ
　錦見映理子　にしきみ・えりこ　「ガーデニア・ガーデン」本阿弥書店（日典3）
　錦見貫一郎　にしきみ・かんいちろう　大垣藩留学生（海越新）
　錦見邦彦　にしきみ・くにひこ　JR北海道監査役（日典3）
　錦見堅蔵　にしきみ・けんぞう　留学生（渡航）
　錦見浩司　にしきみ・こうじ　「開発戦略の再検討」アジア経済研究所（日典3）

[18]錦織　にしきおり；にしきごおり；にしごおり；にしこおり；にしごおり；にしこおり；にしごり
　錦織健　にしきおり・けん　テノール歌手（演奏）
　錦織彦七　にしきごおり・ひこしち　社会運動家（平和）

　錦織彦七　にしごうり・ひこしち　社会運動家（社運）
　錦織竹香　にしこおり・ちくこう　教育者（日人）
　錦織周泉　にしごおり・しゅうせん　眼科医（眼科）
　錦織徳次郎　にしこり・とくじろう　写真家（写家）
　錦織久良子　にしごり・くらこ　婦人運動家, 歌人（日人）

【1536】 錫

[7]錫谷　すずたに
　錫谷徹　すずたに・とおる　医師（近医）

【1537】 錣

[3]錣山　しころやま
　錣山憲司　しころやま・けんじ　大相撲年寄（人情）
　錣山矩幸　しころやま・つねゆき　「土俵の学校」近代映画社（日典3）

【1538】 鑰

　鑰山　かぎやま
　鑰山巨楠　かぎやま・きょなん　「花押」鼎出版会（日典3）

【1539】 鍬

[5]鍬田　くわた
　鍬田晃　くわた・あきら　日本エアコミューター取締役相談役（日典3）
　鍬田かおる　くわた・かおる　「自分のつかい方」晩成書房（日典3）
　鍬田邦夫　くわた・くにお　富山大学教養部教授（日典）
　鍬田邦之　くわた・くにゆき　藤田観光副社長・椿山荘事業部長（日典3）
　鍬田研一　くわた・けんいち　「脈々と…」熊本県高等学校文化連盟演劇部（日典3）

[7]鍬形　くわかた；くわがた
　鍬形恵林　くわかた・けいりん　画家（岡山人）
　鍬形蕙林　くわがた・けいりん　画家（浮絵）
　鍬形恵林　くわがた・けいりん　画家（日人）

【1540】 鍵

[5]鍵主　かぎぬし
　鍵主覇郎　かぎぬし・はろう　金沢星稜大学経済学部教授（日典3）
　鍵主良敬　かぎぬし・りょうけい　華厳教学者（現執1期）

　鍵田　かぎた；かぎだ
　鍵田忠三郎　かぎた・ちゅうざぶろう　政治家（郷土奈良）

金部（鍛, 鍋, 鎌）

鍵田忠次郎　かぎた・ちゅうじろう　政治家（郷土奈良）
鍵田尚三　かぎだ・しょうぞう　毎日新聞（大阪）調査審議室長（日典）

⁷鍵谷　かぎたに；かぎや
　鍵谷修　かぎたに・おさむ　「中国近代史話」東方書院（日典3）
　鍵谷芳春　かぎたに・ほうしゅん　俳人（奈良文）
　鍵谷徳三郎　かぎや・とくさぶろう　陸軍教授（姓氏愛知）
　鍵谷幸信　かぎや・ゆきのぶ　詩人,音楽評論家,英文学者（日典）

⁸鍵和田　かぎわだ
　鍵和田一男　かぎわだ・かずお　エンジニア（日典3）
　鍵和田和男　かぎわだ・かずお　（医）貴薬会理事,ほうせん診療所治験本部長（日典3）
　鍵和田幸子　かぎわだ・さちこ　「サッちゃん」そうぶん社出版（日典3）
　鍵和田道男　かぎわだ・みちお　トロンボーン奏者,作曲家,編曲家（ジヤ）
　鍵和田柚子　かぎわだ・ゆうこ　俳人（俳文）

¹¹鍵冨　かぎとみ
　鍵冨弦太郎　かぎとみ・げんたろう　ヴァイオリニスト（演奏）
　鍵冨徹　かぎとみ・とおる　パーソナリティー（日典3）
　鍵冨正彦　かぎとみ・まさひこ　三菱石油仙台支店長（日典3）

【1541】　鍛

⁷鍛治　かじ
　鍛治清　かじ・きよし　政治家（現政）
　鍛治千鶴子　かじ・ちずこ　弁護士（日人）
　鍛治忠一　かじ・ちゅういち　出版人（出文）
　鍛治昇　かじ・のぼる　映画監督（映監）
　鍛治良作　かじ・りょうさく　政治家,弁護士（政治）

⁸鍛治　かじ
　鍛治篤　かじ・あつし　みずほ信託銀行（株）資産運用研究所主任研究員（日典3）
　鍛治明香　かじ・さやか　切り絵作家,漫画家（漫人）
　鍛治壮一　かじ・そういち　航空評論家（現執3期）
　鍛治由美子　かじ・ゆみこ　中国語講師兼通訳（人情）
　鍛治良作　かじ・りょうさく　政治家（富山百）

¹⁰鍛原　かじはら；かじわら
　鍛原多恵子　かじはら・たえこ　「プーチニズム」日本放送出版協会（日典3）
　鍛原民治　かじわら・たみじ　データサービスファーイースト日本支社取締・支社長（紳士）

鍛島　かじま
　鍛島政美　かじま・まさみ　「BASIC活用辞典」誠文堂新光社（日典3）

鍛島康子　かじま・やすこ　服飾デザイン・服装史研究者（現執2期）

【1542】　鍋

⁷鍋沢　なべさわ；なべざわ
　鍋沢元蔵　なべさわ・もとぞう　アイヌ口承文学伝承者（社史）
　鍋沢ワカルパ　なべさわ・わかるぱ　詩人（日人）
　鍋沢ワカルパ　なべざわ・わかるぱ　詩人（全書）

鍋谷　なべたに；なべや
　鍋谷慎人　なべたに・しんじん　俳人（富山文）
　鍋谷ひさの　なべたに・ひさの　俳人（富山文）
　鍋谷紅洋　なべや・こうよう　書家（岡山歴）
　鍋谷清治　なべや・せいじ　「研究者のための統計の方法」（国典）

¹⁴鍋嶋　なべしま；なべじま
　鍋嶋達　なべしま・たつ　東北大学名誉教授（日典3）
　鍋嶋裕紀子　なべしま・ゆきこ　ライター（日典3）
　鍋嶋詢三　なべじま・じゅんぞう　「消費者コンプライアンスの実務ハンドブック」日科技連出版社（日典3）

【1543】　鎌

⁵鎌田　かまた；かまだ
　鎌田慧　かまた・さとし　ルポライター（日人）
　鎌田勝太郎　かまだ・かつたろう　実業家,政治家（日人）

⁶鎌仲　かまなか
　鎌仲勲　かまなか・いさお　「水無月」短歌新聞社（日典3）
　鎌仲ひとみ　かまなか・ひとみ　映像作家（映人）
　鎌仲政昭　かまなか・まさあき　元・プロ野球選手（日典3）
　鎌仲龍介　かまなか・りゅうすけ　ネポン常務（日典3）

⁷鎌苅　かまかり；かまがり
　鎌苅宏司　かまかり・こうじ　大阪学院大学経済学部助教授（日典）
　鎌苅忠茂　かまかり・ただしげ　元・力士（日典3）
　鎌苅藤行　かまがり・ふじゆき　「溶剤ハンドブック」産業図書（日典3）

鎌谷　かまたに；かまや
　鎌谷親善　かまたに・ちかよし　科学技術史研究者（現執1期）
　鎌谷嘉道　かまたに・よしみち　児童劇作家（児人）
　鎌谷忠雄　かまや・ただお　鎌仁商店社長（日典3）
　鎌谷直之　かまや・なおゆき　理化学研究所グループディレクター（日典3）

⁹鎌垣　かまがき
　鎌垣春岡　かまがき・しゅんこう　国学者（和歌山人）

鎌垣春岡　かまがき・はるおか　国学者(日人)
[10]鎌原　かまはら；かんばら
　鎌原政子　かまはら・まさこ　渡航者(渡航)
　鎌原溶水　かまはら・ようすい　信濃松代藩士(人名)
　鎌原正巳　かんばら・まさみ　小説家(世紀)
　鎌原溶水　かまはら・ようすい　信濃松代藩士(日人)
[12]鎌塚　かまずか；かまつか
　鎌塚酉次郎　かまずか・とりじろう　実業家,政治家(姓氏群馬)
　鎌塚扶　かまつか・たすく　北海道教育長,広島大教授(日典3)
[13]鎌滝　かまたき
　鎌滝鋼次　かまたき・こうじ　楽器製作者(先駆)
　鎌滝哲也　かまたき・てつや「くすりの効き方は人によって違うの？」丸善(日典3)
　鎌滝雅久　かまたき・まさひさ「オープンソースでビジネスが変わる」毎日コミュニケーションズ(日典3)

【1544】　鎗

[5]鎗田　やりた
　鎗田彩野　やりた・あやの　タレント(テレ)
　鎗田英三　やりた・えいぞう「20世紀ドイツの光と影」芦書房(日典3)
　鎗田恵美　やりた・えみ「プロマネの野望」翔泳社(日典3)
　鎗田順吉　やりた・じゅんきち　俳優(新芸)
　鎗田和平　やりた・わへい　陶芸家(陶工)

【1545】　鎮

鎮目　しずめ
　鎮目栄一　しずめ・えいいち　信濃毎日新聞社副社長(日典3)
　鎮目和夫　しずめ・かずお　内分泌学者(日人)
　鎮目専之助　しずめ・せんのすけ　医師(近医)
　鎮目達雄　しずめ・たつお　大阪有機化学工業会長(日典3)
　鎮目恭夫　しずめ・やすお　科学評論家(日人)
[6]鎮西　ちんせい；ちんぜい
　鎮西正一郎　ちんせい・しょういちろう　ニッポン高度紙工業社長(日典3)
　鎮西清宣　ちんぜい・きよのぶ　神職・国学者(国書)
　鎮西尚一　ちんぜい・なおかず　映画監督(映監)

【1546】　鎰

[5]鎰広　かぎひろ
　鎰広弘　かぎひろ・ひろむ　(限)ミヨシヤ楽器店代表取締役(日典)

【1547】　鏡

[3]鏡川　かがみかわ；かがみがわ
　鏡川正光　かがみかわ・まさみつ　力士(相撲)
　鏡川伊一郎　かがみがわ・いいちろう「"竜馬"が勝たせた日露戦争」日本文芸社(日典3)
　鏡川正光　かがみがわ・まさみつ　力士(相人)
[8]鏡味　かがみ
　鏡味明克　かがみ・あきかつ　言語学者(現執3期)
　鏡味小仙〔12代〕　かがみ・こせん　寄席の太神楽師(新芸)
　鏡味小鉄　かがみ・こてつ　寄席の太神楽師(新芸)
　鏡味次郎　かがみ・じろう　曲芸師(新芸)
　鏡味仙之助　かがみ・せんのすけ　曲芸師(新芸)

【1548】　鏑

[4]鏑木　かぶらき；かぶらぎ
　鏑木華国　かぶらき・かこく　日本画家(日画)
　鏑木清方　かぶらき・きよかた　日本画家(日人)
　鏑木清方　かぶらき・きよかた　日本画家(コン4)
　鏑木外岐雄　かぶらぎ・ときお　動物学者,昆虫学者(日人)

【1549】　鐘

鐘ケ江　かねがえ
　鐘ケ江彰　かねがえ・あきら「地球と人間」ダイヤモンド社(日典3)
　鐘ケ江管一　かねがえ・かんいち　政治家(現政)
　鐘ケ江官朗　かねがえ・かんろう　関西設計社長(日典3)
　鐘ケ江達夫　かねがえ・たつお　実業家(世紀)
　鐘ケ江寿　かねがえ・ひさし　彫刻家(美建)
[11]鐘崎　かねざき；しょうざき
　鐘崎三郎　かねざき・さぶろう　諜報活動家(日人)
　鐘崎木理　しょうざき・きり「スイートラブ」近代映画社(日典3)
[15]鐘撞　かねつき；かねつく
　鐘撞よしえ　かねつき・よしえ「池を追われたカッパたち」マルク社(日典3)
　鐘撞正也　かねつく・まさや「身の丈コストでデザイン住宅を建てる。」アメーバブックス新社,幻冬舎(発売)(日典3)
[16]鐘築　かねちく；かねつき
　鐘築建二　かねちく・けんじ　俳優(日典3)
　鐘築優　かねつき・ゆう　弁護士(日典3)

金部(鐏,鐸,鑓,鑪,鑰) 長部(長) 〔1555〕

【1550】 鐏

鐏 いしずき
　鐏三郎　いしずき・さぶろう「ブルマァククロニクル」音楽専科社(日典3)

【1551】 鐸

鐸 すず
　鐸静枝　すず・しずえ　歌人(日典3)

[4]鐸木　すずき；たくき
　鐸木孝　すずき・たかし　歌人(世紀)
　鐸木近吉　すずき・ちかきち　教育者(群馬人)
　鐸木能光　たくき・よしみつ　作曲家(現執4期)

【1552】 鑓

鑓水 やりみず
　鑓水磯留　やりみず・いそる　弓道家,弓道錬士(弓道)
　鑓水兼貴　やりみず・かねたか「方言の形成過程解明のための全国方言調査」人間文化研究機構国立国語研究所(日典3)
　鑓水圭介　やりみず・けいすけ「拡大する投信市場のいま」時事通信社(日典3)
　鑓水浩　やりみず・ひろし　中学校教師(日典3)
　鑓水三千男　やりみず・みちお「図書館が危ない！」エルアイユー(日典3)

[5]鑓田 やりた
　鑓田和子　やりた・かずこ「風のあとさき」短歌研究社(日典3)
　鑓田研一　やりた・けんいち　評論家,小説家(日人)
　鑓田貞子　やりた・ていこ　無産婦人芸術連盟メンバー(アナ)
　鑓田亨　やりた・とおる「入門現代経済学要論」白桃書房(日典3)
　鑓田浩章　やりた・ひろあき　コピーライター,フリーライター(YA)

【1553】 鑪

鑪 たたら
　鑪幹八郎　たたら・みきはちろう　教育心理学者(現執4期)
　鑪妙純　たたら・みょうじゅん「五十一歳からの旅立ち」タタラ文庫(日典3)

【1554】 鑰

[3]鑰山 かぎやま
　鑰山徹　かぎやま・とおる　産業能率大学経営情報学部情報学科専任講師(日典)

長部

【1555】 長

長 おさ；ちょう；なが；ながの
　長裕二　おさ・ゆうじ　声楽家(テノール)(演奏)
　長三洲　ちょう・さんしゅう　漢詩人(コン4)
　長晃　なが・あきら　北海道開発庁北海道開発局次長(日典3)
　長奥麻呂　ながの・おきまろ　歌人=古代(人名4)

[3]長与 ながよ
　長与称吉　ながよ・しょうきち　医師(日人)
　長与専斎　ながよ・せんさい　医学者,医政家(コン5)
　長与又郎　ながよ・またお　病理学者(コン5)
　長与善郎　ながよ・よしお　小説家,評論家(コン4)
　長与善郎　ながよ・よしろう　小説家,評論家(日人)

長久 ちょうきゅう；ながく；ながひさ
　長久昌弘　ちょうきゅう・まさひろ　品川区教育委員会生涯学習部気象担当講師(日典)
　長久正子　ながく・まさこ　写真家(日典3)
　長久繁松　ながひさ・しげまつ　教育者(姓氏富山)

長口 おさぐち
　長口司能　おさぐち・しろう「将棋入門シリーズ」文憲堂七星社(日典3)
　長口宮吉　おさぐち・みやきち　写真化学技術者(日人)

長山 おさやま；ながやま
　長山幸夫　おさやま・ゆきお　松尾稲荷神社宮司(日典)
　長山藍子　ながやま・あいこ　女優(日人)
　長山源雄　ながやま・もとお　地方史研究家(郷土)

長川 おさがわ；ながかわ；ながわ
　長川四郎　おさがわ・しろう　政治家(姓氏岩手)
　長川満邦　ながかわ・みつくに　弓道家,弓道教士(弓道)
　長川一雄　ながわ・いちゆう　僧侶,仏教社会運動家(アナ)

[4]長内 おさない；ながうち
　長内国臣　おさない・くにおみ　産婦人科学者(日人)
　長内美那子　おさない・みなこ　女優(世紀)
　長内栄子　ながうち・えいこ「幸せになりたい」大和書房(日典3)

長戸路 ながとろ
　長戸路千秋　ながとろ・ちあき　千葉敬愛学園理事長・学園長,千葉敬愛経済大学学長(日典3)
　長戸路信行　ながとろ・のぶゆき　敬愛大学学長,千葉敬愛学園理事長(日典3)
　長戸路政司　ながとろ・まさし　弁護士(日人)

長戸路政行　ながとろ・まさゆき　弁護士(現執4期)

長手　おさで；ながて
長手喜典　おさで・よしのり　北海道学園北見大学商学部教授(日典)
長手絢香　ながて・あやか　女優、タレント(日典3)
長手功　ながて・いさお　大正海上火災保険取締役(日典3)

長木　ちょうき；ながき
長木誠司　ちょうき・せいじ　音楽評論家(現執4期)
長木大三　ながき・だいぞう　北里大学名誉教授(日典)
長木敏子　ながき・としこ　愛知県婦人団体連盟会長(日典3)

⁵長加部　おさかべ
長加部寅吉　おさかべ・とらきち　農民(郷土群馬)
長加部ハル　おさかべ・はる　両毛社会党関係者(社史)

長広　ながひろ
長広仁蔵　ながひろ・じんぞう　知財流通センター社長、東京電機大学名誉教授(日典3)
長広敏雄　ながひろ・としお　美術研究・評論家、音楽評論家(コン4)
長広利崇　ながひろ・としたか「戦間期日本石炭鉱業の再編と産業組織」日本経済評論社(日典3)
長広真臣　ながひろ・まおみ　宇部興産会長(日典3)
長広三枝子　ながひろ・みえこ　数コーポレーション代表取締役(日典3)

長本　おさもと；ながもと
長本富里　おさもと・よしなり　茨城食品ガーリック工業会社事業本部長(日典)
長本信頼　ながもと・のぶはる　兵庫県議(日典3)
長本英俊　ながもと・ひでとし　東京大学工学部附属総合試験所化学方面研究室助教授(日典3)

長永　ながえ
長永義正　ながえ・よしまさ　産業経済新聞論説委員(国典)

長生　ながいき；ながお
長生馬齢　ながいき・ばれい「辞世108選」エスビーエススタジオ、愛育社(発売)(日典3)
長生淳　ながお・じゅん　作曲家(作曲)

長田　おさだ；ちょうだ；ながた；ながだ
長田新　おさだ・あらた　教育学者、教育家(コン4)
長田尚　ちょうだ・ひさし　大阪教育大学教育学部教養学科教授(日典3)
長田幹彦　ながた・みきひこ　小説家(コン4)
長田浩彰　ながだ・ひろあき「ホロコースト一歴史的考察」時事通信社(JM)

⁶長名　おさな；ちょうな
長名寛明　おさな・ひろあき　慶応大学助教授(国典)

長名洋次　ちょうな・ようじ　釧路公立大学経済学部教授(日典3)

長州　ちょうしゅう；ながす
長州小力　ちょうしゅう・こりき「キレてないですよ。」イースト・プレス(日典3)
長州力　ちょうしゅう・りき　プロレスラー、実業家(世紀)
長州光太郎　ながす・こうたろう　関東通信病院第一外科部長(日典)

長竹　ながたけ
長竹和夫　ながたけ・かずお「家電用モータ・インバータ技術」日刊工業新聞社(日典3)
長竹作蔵　ながたけ・さくぞう　弓道家、弓道教士(弓道)
長竹成吾　ながたけ・せいご　日本民間放送連盟事務局長(日典3)
長竹寅治　ながたけ・とらじ　足利市長(日典3)
長竹正春　ながたけ・まさはる　日本女子大教授(国典)

⁷長利　おさり
長利健一　おさり・けんいち　兼松常務(日典3)
長利三良　おさり・さんりょう「木村将久拾遺集」津軽書房(日典3)
長利武記　おさり・たけき　スキーの指導者(青森人)
長利仲聴　おさり・ちゅうちょう　神職、国学者、歌人(青森人)
長利仲聴　おさり・なかあきら　神職、国学者、歌人(日人)

長岐　ながき
長岐喜次　ながき・きよじ「秋田杉への郷愁」東北紙工東京工場(日典3)
長岐佐武郎　ながき・さぶろう　医師(近医)
長岐滋　ながき・しげる「Javaによるはじめての有限要素法」コロナ社(日典3)
長岐草一　ながき・そういち「犬」浪速書房(日典3)
長岐俊彦　ながき・としひこ「アトピー肌を自分でなおす」コスミック出版(日典3)

長束　ながつか；なずか；なつか
長束恭行　ながつか・やすゆき「日本人よ！」新潮社(日典3)
長束範子　なずか・のりこ「水琴」ふらんす堂(日典3)
長束孝　なつか・たかし　中部近鉄百貨店社長(日典3)

長村　おさむら；ながむら
長村重之　おさむら・しげゆき　医師(近医)
長村清之助　おさむら・せいのすけ　政治家(姓氏家系)
長村到　ながむら・いたる　ラーメン屋店主(日典3)
長村キット　ながむら・きっと　英会話教師(日典3)

長町　ながまち
長町穆　ながまち・あつし　渡航者(渡航)
長町一吠　ながまち・いっこう「沖」手帖舎(日典3)
長町耕平　ながまち・こうへい　医師(新潟百別)

長部(長)

長町天道　ながまち・てんどう　陶芸家(美工)
長町三生　ながまち・みつお　人間工学者,安全工学者(現執4期)

長良　ながら

長良君子　ながら・きみこ　元中等野球選手(人情)
長良じゅん　ながら・じゅん　長良プロダクション会長(日典3)
長良治雄　ながら・はるお　中学野球選手(日典3)
長良将司　ながら・まさし　フェンシング選手(日典3)
長良行　ながら・やすゆき　農林水産省近畿農政局長(日典3)

長芳　ながよし

長芳梓　ながよし・あずさ　詩人(四国文)

長見　おさみ；ながみ

長見有方　おさみ・ありかた　写真家(日典3)
長見義三　おさみ・ぎぞう　小説家(世紀)
長見晃　おさみ・あきら　日本電気半導体事業グループメモリ事業部第二設計部長(日典3)
長見公祐　ながみ・きみすけ　「世界人造絹糸工業」明文堂(日典3)

長谷　ながたに；ながや；はせ

長谷信篤　ながたに・のぶあつ　公家(日人)
長谷彰　ながや・あきら　「線形計画法」(国典)
長谷健　はせ・けん　小説家,児童文学者(コン4)

長谷井　はせい

長谷井杏亮　はせい・きょうすけ　放送作家,ピアノ教師(日典3)
長谷井輝夫　はせい・てるお　幸福相互銀行副社長(人情)
長谷井康子　はせい・やすこ　「わかる！色彩検定2・3級問題集」新星出版社(日典3)

長谷田　はせだ

長谷田彰彦　はせだ・あきひこ　東京学芸大学名誉教授(日典3)
長谷田真一　はせだ・しんいち　「苦難に耐えて」長谷田克彦(日典3)
長谷田二郎　はせだ・じろう　アマチュアカメラマン(日典3)
長谷田泰三　はせだ・たいぞう　財政学者(コン4)
長谷田秀夫　はせだ・ひでお　演出家(富山百)

長谷岡　はせおか

長谷岡一也　はせおか・かずや　「竜樹の浄土教思想」(国典)

長谷部　おさべ；はせべ

長谷部四三男　おさべ・よみお　米穀肥料木炭商(社史)
長谷部言人　はせべ・ことんど　人類学者,解剖学者(コン4)
長谷部文雄　はせべ・ふみお　経済学者,翻訳者(コン4)

長谷場　はせば

長谷場久美　はせば・くみ　重量挙げ指導者(日典3)
長谷場純敬　はせば・すみたか　医師(日典3)

長谷場純孝　はせば・すみたか　政治家(コン)
長谷場夏雄　はせば・なつお　「中流家庭の非行」(国典)
長谷場政子　はせば・まさこ　渡航者(渡航)

長谷雄　はせお

長谷雄聖　はせお・せい　建築家(日典3)
長谷雄幸久　はせお・ゆきひさ　弁護士,政治家(政治)

[8]長命　ちょうめい

長命栄次郎　ちょうめい・えいじろう　狂言師(日人)
長命輝夫　ちょうめい・てるお　サンケイリビング新聞編集局長(日典3)
長命俊子　ちょうめい・としこ　お茶の水女子大学助教授(日典3)
長命豊　ちょうめい・ゆたか　「茨城県猿島郡・岩井市の近世史料集成」小宮山書店(発売)(日典3)

長宗　ながむね

長宗貫一　ながむね・かんいち　横浜ゴム常務(日典3)
長宗希佳　ながむね・きよし　二紀会々員(国典)
長宗清司　ながむね・きよし　「琵琶湖周辺の山」ナカニシヤ出版(発売)(日典3)
長宗純　ながむね・じゅん　弁護士(日典3)
長宗泰造　ながむね・たいぞう　出版人(出文)

長宗我部　ちょうそかべ；ちょうそがべ

長宗我部はま子　ちょうそかべ・はまこ　「バレエに生きる」(国典)
長宗我部友親　ちょうそがべ・ともちか　「長宗我部(ちょうそがべ)」バジリコ(日典3)
長宗我部蓬城　ちょうそがべ・ほうじょう　日本労働組合全国協議会日本金属労組大阪支部メンバー(社史)

長明　ちょうめい

長明和昌　ちょうめい・かずまさ　チェロ奏者(音人3)
長明康郎　ちょうめい・やすろう　チェロ奏者(演ギ)

長迫　ながさこ

長迫貞女　ながさこ・さだめ　俳人(日典3)
長迫久枝　ながさこ・ひさえ　中国残留孤児の娘を確認した主婦(人情)
長迫弘　ながさこ・ひろし　編集者(日典3)
長迫令scene　ながさこ・れいじ　アルプス物流社長(日典3)

長門　ながと

長門勇　ながと・いさむ　俳優,コメディアン(日人)
長門昇　ながと・のぼる　経営コンサルタント,実業家(現執4期)
長門博　ながと・ひろし　農民運動家,地方政治家(社史)
長門裕之　ながと・ひろゆき　俳優(日人)
長門美保　ながと・みほ　声楽家(コン4)

長門谷　ながとや

長門谷洋治　ながとや・ようじ　日本生命済生会付属日生病院(国典)

⁹長南　おさなみ；ちょうなん
長南史男　おさなみ・ふみお　帯広畜産大学畜産経営学科助手（日典）
長南年恵　ちょうなん・としえ　宗教家（女性普）
長南実　ちょうなん・みのる　スペイン文学者（日人）

長城　ながき
長城文明　ながき・ふみはる　弁理士（紳士）

長廻　ながさこ
長廻邦一　ながさこ・くにいち「親鸞」山陰中央新報社（日典3）
長廻健太郎　ながさこ・けんたろう　サイトデザイン会長（日典3）
長廻紘　ながさこ・こう「大腸疾患アトラス」（国典）
長廻雅子　ながさこ・まさこ「愛とことばと」子午線の会（日典3）

長栄　ちょうえい；ながえ
長栄成子　ちょうえい・しげこ「星霜のしずく」MBC21（日典3）
長栄つや　ちょうえい・つや「水茜」短歌新聞社（日典3）
長栄周作　ながえ・しゅうさく　パナソニック電工社長（日典3）

長柄　ながえ；ながら
長柄毅一　ながえ・たけかず「アジアの高錫青銅器―製作技術と地域性」富山大学芸術文化学部（日典3）
長柄常次郎　ながえ・つねじろう　長柄製作所社長（日典）
長柄観岳　ながら・かんがく　僧侶（真宗）
長柄学鼎　ながら・がくてい　医師（姓氏石川）

長洲　ながす
長洲一二　ながす・かずじ　政治家, 経済学者（日人）
長洲光太郎　ながす・こうたろう　医師（近医）
長洲岳夫　ながす・たけお　フリーライター, システムアドミニストレーター（日典3）
長洲毅志　ながす・たけし　シーズ研究所所長, エーザイ理事（日典3）
長洲南海男　ながす・なみお「新時代を拓く理科教育の展望」東洋館出版社（日典3）

長畑　おさばた；ながはた
長畑浦常　おさばた・うらつね　農民（社史）
長畑明利　ながはた・あきとし　名古屋大学大学院国際言語文化研究科教授（日典3）
長畑寛照　ながはた・ひろあき　実業家（現執2期）

長砂　ながすな
長砂実　ながすな・みのる　社会主義経済学者（現執2期）
長砂泰彦　ながすな・やすひこ　大阪インフォメーションシステム（株）社長（日典3）

¹⁰長根　ちょうね；ながね
長根秀機　ちょうね・ひでき「君が君らしくあるために…」文芸社（JM）
長根悟　ながね・さとる「青森研究開発センターむつ事務所施設管理課業務報告」日本原子力研究開発機構（日典3）
長根広和　ながね・ひろかず　写真家（写人）

長浜谷　ながはまや
長浜谷チヤ　ながはまや・ちや「港のむかし」（国典）

長能　ながの
長能国子　ながの・くにこ　稚内市立稚内南中学校PTA広報常任委員長（日典3）
長能啓太郎　ながの・けいたろう　城西消費購買組合組合員（社史）

長通　ながどおり；ながみち
長通征也　ながどおり・まさや　愛知県警本部少年課課長補佐（人情）
長通亜矢　ながみち・あや　陸上選手, ホッケー選手（日典3）

長高　ながたか
長高昭夫　ながたか・あきお　倉庫精練社長（日典）
長高喜兵衛　ながたか・きへい　陶芸家（陶芸最）
長高喜兵衛　ながたか・きへえ　陶芸家（陶工）
長高登　ながたか・のぼる「釈迢空折口信夫筆墨と文学碑拓本」椙本神社（日典3）

¹¹長基　ながもと
長基健治　ながもと・けんじ　植物学者（植物）

長堂　ながどう
長堂英吉　ながどう・えいきち　小説家（日典3）

長埜　ながの
長埜盛　ながの・さかり「ベーオウルフ」吾妻書房（日典3）
長埜盛　ながの・せい　茨城キリスト大学長（日典）

長堀　ながほり；ながぼり
長堀金造　ながほり・きんぞう　岡山大学名誉教授（日典）
長堀千代吉　ながほり・ちよきち　実業家, 政治家（埼玉人）
長堀清　ながぼり・きよし　詩人（日典）

長掛　おさかけ
長掛芳介　おさかけ・よしすけ「酵素健康法入門」（国典）

長淵　ながふち；ながぶち
長淵満男　ながふち・みつお　労働法学者（現執4期）
長淵基江　ながふち・もとえ「夢の光沢」矢立出版（日典3）
長淵剛　ながぶち・つよし　シンガー・ソングライター（世紀）

長船　おさふね；ながふね
長船克巳　おさふね・かつみ　秋田県知事（日典3）
長船麒郎　おさふね・きろう　全日本アマチュア野球連盟会長（日典3）
長船義生　ながふね・よしお　城西消費購買組合組合員（社史）

門部（門）　　　　　　　　　　　　　　　　　　　　　　　　　　　〔1556〕

長郷　ちょうごう
　長郷泰輔　ちょうごう・たいすけ　建築家（日人）
長部　おさべ
　長部謹吾　おさべ・きんご　弁護士,司法官（日人）
　長部慶一郎　おさべ・けいいちろう　城西消費購買組合組合員（社史）
　長部重康　おさべ・しげやす　経済学者（現執4期）
　長部武雄　おさべ・たけお　繭糸功労者（群馬人）
　長部日出雄　おさべ・ひでお　小説家（日人）
長野　ちょうの；ながの
　長野善三　ちょうの・ぜんぞう　日本甜菜製糖相談役（日典）
　長野久義　ちょうの・ひさよし　プロ野球選手（日典）
　長野朗　ながの・あきら　国家主義者（コン4）
　長野士郎　ながの・しろう　官僚,政治家（日典）
長鳥　はちょう
　長鳥道生　はちょう・みちお　ミヨシ油脂常務（日典）
12長渡　ながたり；ながと
　長渡行雄　ながたり・ゆきお　日義村（長野県）村長（日典3）
　長渡明久　ながと・あきひさ「初心者のski便利ノート」双葉社（日典3）
　長渡惣之助　ながと・そうのすけ　バンドー化学取締役（日典3）
13長勢　ながせ
　長勢甚遠　ながせ・じんえん　政治家（現政）
　長勢了治　ながせ・りょうじ　翻訳家（日典5）
長滝谷　ながたきや
　長滝谷富貴子　ながたきや・ふきこ　中学校教諭,翻訳家（児人）
15長縄　ながなわ
　長縄功　ながなわ・いさお　春日井市交響楽団理事長（日典3）
　長縄えい子　ながなわ・えいこ「めるへん文庫」我孫子市教育委員会（日典3）
　長縄一智　ながなわ・かずとも「商品開発の流れと設計のポイント」日本工業出版（日典3）
　長縄文夫　ながなわ・ふみお　社会運動家（アナ）
　長縄三師団　ながなわ・みしだ　工夫（社史）
16長壁　おさかべ
　長壁重郎　おさかべ・じゅうろう　日本共産党大阪地方委「無産者新聞」大阪支局責任者（社史）
　長壁鈴子　おさかべ・すずこ　城西消費購買組合組合員（社史）
　長壁民之助　おさかべ・たみのすけ　社会運動家（日人）
　長壁仲一郎　おさかべ・なかいちろう　農業団体役員（群馬人）
　長壁秀雄　おさかべ・ひでお　農業団体役員（群馬人）
18長藤　ながと；ながとう；ながふじ
　長藤史郎　ながと・しろう　元・工業技術院総務部技術審議官（日典）

　長藤公太　ながとう・こうた　毎日新聞社終身名誉職員（日典）
　長藤実　ながふじ・みのる　社会運動家（アナ）

門部

【1556】　門

門　かど；と；もん
　門良一　かど・りょういち　指揮者,物理学者（音人3）
　門えりお　と・えりお　指揮者（日典）
　門祐輔　もん・ゆうすけ「田中飛鳥井町いのちのカルテ」かもがわ出版（日典3）
3門上　かどかみ；かどがみ
　門上庚照　かどかみ・こうしょう「イメージの劇場」PARCO出版（日典3）
　門上千恵子　かどかみ・ちえこ　検事（近女）
　門上秀叡　かどがみ・しゅうえい　東京経済大学名誉教授（日典3）
　門上チエ子　かどがみ・ちえこ　弁護士（日典）
門口　かどぐち；もんぐち
　門口達美　かどぐち・たつみ「おおかみとろば」コーキ出版（日典）
　門口正重　かどぐち・まさしげ　川柳作家（石川文）
　門口正人　もんぐち・まさひと　東京地裁判事（日典）
門川　かどかわ；もんかわ
　門川清美　かどかわ・きよみ　近畿大学理工学部経営工学科教授（日典3）
　門川暴　かどかわ・たけし　銀行家（宮崎百）
　門川俊明　もんかわ・としあき　慶応義塾大学医学部内科学教室助手（日典3）
4門井　かどい
　門井昭夫　かどい・あきお　小学館百科辞典編集部参与（日典3）
　門井晶　かどい・あきら「北極点に立つ」実業之日本事業出版部（製作）（日典3）
　門井亜矢　かどい・あや「ヘブンズゲイトgold」ワニブックス（日典3）
　門井八郎　かどい・はちろう　作詞家（芸能）
　門井文雄　かどい・ふみお　漫画家（漫）
門内　かどうち；もんない
　門内良彦　かどうち・よしひこ　ギタリスト（日典3）
　門内淳　もんない・あつし「C言語の基礎知識」日本ソフトバンク出版事業部（日典3）
　門内輝行　もんない・てるゆき「都市空間の自己組織化モデルとそのシミュレーションに関する研究」第一住宅建設協会（日典3）
門木　かどき；もんき
　門木和郎　かどき・かずお　岡山県議（自民党）（日典3）
　門木浩行　かどき・ひろゆき　東京工学院専門学校（日典3）
　門木三郎　もんき・さぶろう　詩人（日典）

⁵門出　かどで；もんで
門出明　かどで・あきら　「Web制作現場の憂鬱」技術評論社(日典3)
門出健次　もんで・けんじ　北海道大学大学院先端生命科学研究院准教授(日典3)
門出政則　もんで・まさのり　「熱力学」朝倉書店(日典3)

門叶　とが；とかない
門叶宗雄　とが・むねお　官僚(コン4)
門叶春樹　とかない・はるき　「髪がゴワゴワ生えてくる」リヨン社(JM)

門司　もじ；もんし；もんじ
門司亮　もじ・りょう　政治家(日人)
門司正三　もんし・まさみ　植物生態学者(世紀)
門司正三　もんじ・まさみ　植物生態学者(日人)

門平　かどひら
門平謙三　かどひら・けんぞう　共産主義青年同盟メンバー(社史)
門平恒夫　かどひら・つねお　「食鳥の処理と肉の加工」建帛社(日典3)

門田　かどた；かどだ；もんた；もんでん
門田泰明　かどた・やすあき　作家(小説)
門田泰明　かどだ・やすあき　作家(大阪文)
門田誠一　もんた・せいいち　考古学者(現執4期)
門田樸斎　もんでん・ぼくさい　漢詩人,備後福山藩儒(コン4)

⁶門名　もんな
門名秀樹　もんな・ひでき　「オートバイ操縦法」(国典)

門多　かどた；もんだ
門多治　かどた・おさむ　電力中央研究所経済研究部主任研究員(日典)
門多和広　かどた・かずひろ　「生活の化学」建帛社(日典3)
門多かめ　もんだ・かめ　「紫苑忌」短歌新聞社(日典3)

⁷門角　もんかく
門角稔仁　もんかく・としひと　ロゴス代表(紳士)

門谷　かどたに；かどや
門谷建蔵　かどたに・けんぞう　日立化成工業(株)山崎工場開発部副部長(日典)
門谷たず子　かどたに・たずこ　「花ごよみ」新風書房(日典3)
門谷憲二　かどや・けんじ　作詞家(日典3)
門谷南嶺　かどや・なんれい　日本画家(高知人)

⁸門奈　もんな
門奈明子　もんな・あきこ　俳人(日典3)
門奈克雄　もんな・かつお　映画監督(映監)
門奈キク　もんな・きく　「じゃじゃ馬が往く」ふだん記千葉グループ(日典3)
門奈茂次郎　もんな・しげじろう　自由民権家(社史)
門奈直樹　もんな・なおき　ジャーナリズム学者(世紀)

門林　かどばやし
門林岩雄　かどばやし・いわお　詩人(日典3)
門林岳史　かどばやし・たけし　「ホワッチャドゥーイン、マーシャル・マクルーハン?」NTT出版(日典3)
門林真由美　かどばやし・まゆみ　児童文学作家(日典3)
門林道子　かどばやし・みちこ　日本死の臨床研究会世話人(日典3)
門林弥太郎　かどばやし・やたろう　菓子職人(食文)

⁹門前　かどさき；かどまえ；もんぜん
門前真一　かどさき・しんいち　日本文学者(現執1期)
門前博之　かどまえ・ひろゆき　明治大学文学部教授(日典3)
門前弘多　もんぜん・こうた　昆虫学者(福井百)

門屋　かどや
門屋菊子　かどや・きくこ　ソプラノ歌手(音人3)
門屋ひとみ　かどや・ひとみ　ソプラノ歌手(音人3)
門屋博　かどや・ひろし　新聞記者,社会運動家(社史)
門屋盛一　かどや・もりいち　技師(土木)
門屋養安　かどや・ようあん　秋田藩医(コン4)

門廻　せど
門廻与勝　せど・ともかつ　東京三協信用金庫理事長(国典)

¹⁰門馬　かどま；もんま
門馬茂一　かどま・しげかず　元・大広常務(日典)
門馬直衛　もんま・なおえ　音楽評論家(コン4)
門馬直美　もんま・なおみ　音楽評論家,音楽学者(世紀)

¹¹門崎　かどさき；かんざき
門崎敬一　かどさき・けいいち　「月刊百科」編集長(日典3)
門崎博雄　かどさき・ひろお　「雪の十勝嶺」北方短歌社(日典3)
門崎長之助　かんざき・ちょうのすけ　葛西氏家臣=中世(戦東)

門野　かどの；もんの
門野幾之進　かどの・いくのしん　教育者,実業家(コン5)
門野重九郎　かどの・じゅうくろう　実業家(コン4)
門野愛桂　もんの・あいか　「風にのせた気持ち」新風舎(JM)
門野雄策　もんの・ゆうさく　びゅうワールド社長(日典3)

¹²門間　かどま；もんま
門間和子　かどま・かずこ　料理研究家(日典3)
門間春雄　かどま・はるお　歌人(人名)
門間恵喜子　もんま・えきこ　社会事業家(女性普)
門間春雄　もんま・はるお　歌人(日人)

門部(閨,開,間)

¹⁴門窪　かどくぼ
　門窪与三郎　かどくぼ・よさぶろう　弓道家,弓道錬士(弓道)

【1557】　閨

閨　うるう
　閨英子　うるう・ひでこ「永遠の謎を撃つ」中央公論事業出版(製作)(JM)
¹²閨間　うるま
　閨間知恵子　うるま・ちえこ　手話通訳者(日典3)
　閨間豊吉　うるま・とよきち　音楽教育家(音人3)
　閨間正雄　うるま・まさお　文化服装学院テキスタイル学科主任専任講師(日典3)
　閨間征憲　うるま・まさのり「物理1B」清水書院(日典3)

【1558】　開

開　かい;ひらき
　開隆典　かい・りゅうと「メン!」そうえん社(日典3)
　開修　ひらく・おさむ　不動産鑑定士(日典3)
　開真　ひらく・まこと　毎日新聞記者(YA)
⁵開田　かいた;かいだ;かいでん;ひらきだ
　開田齊　かいた・ただし「山川草木・丹波・但馬自然教室」開田斉(JM)
　開田華羽　かいだ・かう　俳人,医師(滋賀文)
　開田弘　かいでん・ひろし　理研電線常務(日典)
　開田一博　ひらきだ・かずひろ「北九州地域における戦前の建築と戦後復興の建築活動に関する研究」北九州産業技術保存継承センター(日典3)
⁶開米　かいべい;かいまい
　開米洋仁　かいべい・ひろよし「五所川原」(JM)
　開米栄三　かいまい・えいぞう　映画小道具係(映人)
　開米多作　かいまい・たさく　政治家(青森人)
⁹開発　かいはつ;かいほつ
　開発文明　かいはつ・ふみあき　陶芸家(陶工)
　開発文七　かいはつ・ぶんしち　陶芸家(陶工)
　開発一郎　かいはつ・いちろう　広島大学総合科学部教授(日典3)
　開発邦宏　かいはつ・くにひろ　大阪大学助教(日典3)
¹⁰開原　かいはら;かいばら
　開原朝吉　かいばら・あさきち　出版人(出文)
　開原成允　かいはら・しげひと　医師(近医)
　開原冬草　かいばら・とうそう　俳人(日典)
開高　かいこう
　開高健　かいこう・けん　小説家(大阪人)
　開高覚　かいこう・さとる　奈良交通社長(日典3)
　開高健　かいこう・たけし　小説家(コン4)
　開高初子　かいこう・はつこ　詩人(近文3)

開高道子　かいこう・みちこ　エッセイスト(大阪文)

【1559】　間

間　あいだ;かん;はざま
　間悌三　あいだ・ていぞう　財団法人日本軽種馬協会副会長(青森人)
　間六三　かん・ろくぞう　演出家(日典)
　間秀矩　はざま・ひでのり　尊王論者(コン4)
間々田　ままだ
　間々田育男　ままだ・いくお　ルートゼロ塾長(日典3)
　間々田和夫　ままだ・かずお「『越生の歴史近世史料〈古文書・記録〉』を読まれる町民の皆さんに」越生町教育委員会(日典3)
　間々田孝夫　ままだ・たかお　金沢大学文学部助教授(日典)
　間々田忠　ままだ・ただし　版画家(日典3)
　間々田昇　ままだ・のぼる　地唄三味線奏者,日本舞踊家(西川流)(音人3)
²間人　はしうど
　間人たねこ　はしうど・たねこ　幼児教育者(女性普)
³間下　ました;ましも
　間下このみ　ました・このみ　写真家,タレント(テレ)
　間下松軒　ました・しょうけん「松韻」東京広軌発行所(日典3)
　間下克哉　ましも・かつや　東京農工大学工学部応用化学科助教授(日典)
　間下貞章　ましも・さだあき　日本鋳鉄管取締役(日典)
⁴間中　けんちゅう;まなか
　間中定泉　けんちゅう・じょうせん　聖徳宗僧侶(郷土奈良)
　間中彦次　けんちゅう・ひこじ　東京高裁判事(日典3)
　間中雲帆　まなか・うんはん　詩人(日人)
　間中進之　まなか・しんし　政治家(埼玉人)
⁵間田　まだ
　間田穆　まだ・あつし　愛知大学法学部教授(日典3)
　間田泰弘　まだ・やすひろ「家庭・技術科重要用語300の基礎知識」明治図書出版(日典3)
　間田淑子　まだ・よしこ　声楽家(ソプラノ)(音人)
⁶間地　まじ;まち
　間地秀三　まじ・しゅうぞう　数学専門塾ピタゴラス主宰(日典)
　間地謙太　まち・けんた「英会話は知っている動詞を使えばいいのだ」明日香出版社(日典3)
⁷間杉　ますぎ
　間杉貞　ますぎ・ただし「諜報員・武人の魂」英宝社(日典3)
　間杉寿子　ますぎ・ひさこ　音訳者,音訳校正者(視覚)

門部(閒,閔,関)

⁸間所 まどころ
間所沙織　まどころ・さおり　洋画家(洋画)
間所紗織　まどころ・さおり　洋画家(美home)
間所祥司　まどころ・しょうじ　俳人(北海道文)
間所すずこ　まどころ・すずこ　童画家(児人)
間所ひさこ　まどころ・ひさこ　児童文学作家,詩人(世紀)

間苧谷 まおたに
間苧谷明子　まおたに・あきこ　ピアニスト(音人3)
間苧谷栄　まおたに・さかえ　亜細亜大学国際関係学部国際関係学科教授(日典3)
間苧谷努　まおたに・つとむ　奈良産業大学経済学部経済学科教授(日典)
間苧谷徹　まおたに・とおる　農林水産省果樹試験場場長(日典3)

⁹間垣 まがき
間垣勝晴　まがき・かつはる　元・力士(第56代横綱)(日典3)
間垣武勝　まがき・たけかつ　洋画家(洋画)
間垣洋助　まがき・ようすけ　新約聖書学者(現執2期)
間垣亮太　まがき・りょうた　「やわちゃ」コアマガジン(日典3)

間紀 まき
間紀徹　まき・とおる　声楽家,画家(音人3)

¹⁰間島 ましま;まじま
間島敦子　ましま・あつこ　看護婦(日典3)
間島永太郎　ましま・えいたろう　「漢方医要」学術書院(日典3)
間島琴山　まじま・きんざん　歌人(日人)
間島冬道　まじま・ふゆみち　尾張藩士(日人)

¹¹間崎 かんざき;まさき;まざき
間崎友子　かんざき・ともこ　「食をひきたてるテーブルコーディネート」誠文堂新光社(日典3)
間崎梅次　まさき・うめじ　宮大工(高知人)
間崎万里　まざき・まさと　西洋史学者(日人)

間部 まなべ;まべ
間部詮勝　まなべ・あきかつ　大名(コン4)
間部詮道　まなべ・あきみち　大名(日人)
間部時雄　まべ・ときお　洋画家(日人)
間部学　まべ・まなぶ　洋画家(日人)

¹²間場 あいば
間場和夫　あいば・かずお　サンケイリビング新聞常務・大阪代表(日典3)
間場寿一　あいば・じゅいち　社会学者(現執3期)

¹⁴間嶋 ましま;まじま
間嶋佐智子　ましま・さちこ　ファッション・コンサルタント(日典3)
間嶋潤一　ましま・じゅんいち　香川大学教育学部教授(日典3)
間嶋哲　まじま・あきら　小学校教師(日典3)
間嶋進　まじま・すすむ　京都府立医科大学名誉教授(日典3)

¹⁸間藤 まとう
間藤侑　まとう・すすむ　「子どもの心を育てる語り」日本文化科学社(日典3)
間藤卓　まとう・たかし　「わかりやすい輸液と輸血」メジカルビュー社(日典3)
間藤徹　まとう・とおる　京都大学大学院農学研究科教授(日典3)
間藤方雄　まとう・まさお　解剖学者(群馬人)
間藤太雄　まとう・もとお　三井ポリケミカル社長(人情)

¹⁹間瀬 ませ;まぜ
間瀬玉子　ませ・たまこ　バレエ指導者(日人)
間瀬みつ　ませ・みつ　会津戦争体験記「戊辰後雑記」を書いた女性(日人)
間瀬孫九郎　まぜ・まごくろう　赤穂四十七士=近世(人名5)
間瀬ミツ　まぜ・みつ　会津戦争体験記「戊辰後雑記」を書いた女性(幕末)

【1560】 閒

¹¹閒崎 かんざき
閒崎ひさ女　かんざき・ひさじょ　日本舞踊家(日人)
閒崎ひで女　かんざき・ひでじょ　日本舞踊家(日人)

¹³閒蔵 かんさい
閒蔵雄吉　かんさい・ゆうきち　医師(近医)

【1561】 閔

閔 びん
閔寛植　びん・かんしょく　「韓国政治史―李承晩政権の実態」世界思想社(JM)

【1562】 関

関 かん;せき
関志雄　かん・しゅう　エコノミスト(現執4期)
関刀鼓　かん・とうこ　「和太鼓教本」関刀鼓太鼓研究会(日典3)
関鑑子　せき・あきこ　声楽家,合唱指導者(コン4)
関英雄　せき・ひでお　児童文学作家,批評家(コン4)

³関川 せきかわ;せきがわ
関川周　せきかわ・しゅう　小説家(世紀)
関川夏央　せきかわ・なつお　ノンフィクション作家(日人)
関川栄一郎　せきがわ・えいいちろう　航空評論家(現執5期)
関川秀雄　せきがわ・ひでお　映画監督(日人)

⁴関戸 せきと;せきど
関戸覚蔵　せきと・かくぞう　民権運動家(郷土茨城)
関戸克己　せきと・かつみ　小説家(幻想)
関戸内兄　せきど・うちえ　歌人,茶人(日人)

門部(閨) 阜部(阪) 〔1564〕

関戸覚蔵　せきど・かくぞう　自由民権家(コン5)
⁵関田　せきた；せきだ
　関田宗太郎　せきた・そうたろう　公益家(日人)
　関田美智子　せきた・みちこ　登山家(日人)
　関田華亭　せきた・かてい　日本画家(美家)
　関田駒吉　せきだ・こまきち　海軍少将,郷土史家(郷土)
⁶関次　せきじ
　関次和子　せきじ・かずこ「透間」住友博(日典3)
　関次孝子　せきじ・たかこ　登山家(人情)
⁷関沢　せきざわ；せきさわ
　関沢和子　せきざわ・かずこ　日本大学理工学部物理学教室教授(日典)
　関沢明清　せきざわ・あききよ　漁業技術者(日人)
　関沢房清　せきざわ・ふさきよ　加賀藩士(コン4)
　関谷　せきたに；せきや
　関谷一彦　せきたに・かずひこ「愛の行為」彩流社(日典)
　関谷晴美　せきたに・はるみ　煎茶道伊予売茶流初代家元(愛媛百)
　関谷清景　せきや・きよかげ　地震学者(日人)
　関谷清景　せきや・せいけい　地震学者(コン5)
¹⁰関島　せきしま；せきじま
　関島登　せきしま・のぼる　水引細工職人(日典3)
　関島りょう子　せきしま・りょうこ「探偵神宮寺三郎」勁文社(日典3)
　関島金一郎　せきじま・きんいちろう　尊攘派志士(コン2)
　関島久雄　せきじま・ひさお　公益企業論学者(現執2期)
¹¹関崎　かんざき；せきざき
　関崎俊三　かんざき・しゅんみ　漫画家(漫人)
　関崎定治　せきざき・さだじ　東神楽町(北海道)町長(日典3)
　関崎房太郎　せきざき・ふさたろう　政治家(姓氏家長野)
¹⁵関澄　せきずみ
　関澄かおる　せきずみ・かおる「プチバンピ学校へ行く」飛鳥新社(日典3)
　関澄一輝　せきずみ・かずてる　シナリオライター(日典3)
　関澄節治　せきずみ・せつじ「自由席」邑書林(日典3)
　関澄ちとせ　せきずみ・ちとせ「天の扉」東京四季出版(日典3)
　関澄伯理　せきずみ・はくり　検校,棋以(日典)
¹⁸関藤　せきとう；せきどう；せきふじ
　関藤藤陰　せきとう・とういん　備後福山藩儒,家老(日人)
　関藤碩衛　せきどう・ひろえ　地方政治家(岡山人)
　関藤藤陰　せきふじ・とういん　備後福山藩儒,家老(新潮)

【1563】　閨

閨　けい
　閨のぼる　けい・のぼる　俳人(石川文)
⁷閨谷　ねやたに
　閨谷誠二　ねやたに・せいじ「思い想うの法則」コスモスクラブ推進センター(日典3)
　閨谷譲　ねやたに・ゆずる「六ヶ所サイト構内施設配置の検討」日本原子力研究開発機構(日典3)

阜部

【1564】　阪

阪　さか；ばん
　阪脩　さか・おさむ　声優(テレ)
　阪泰碩　さか・たいせき　政治家(埼玉人)
　阪哲朗　ばん・てつろう　指揮者(音人3)
　阪正臣　ばん・まさおみ　歌人,書家(日人)
³阪上　さかうえ；さかがみ；さかのうえ；はんじょう
　阪上善秀　さかうえ・よしひで　政治家(現政)
　阪上順夫　さかがみ・のぶお　政治学者,社会教育学者(世紀)
　阪上正信　さかのうえ・まさのぶ　放射線学者(科技)
　阪上好延　はんじょう・こうえん(日典)
⁵阪田　さかた；さかだ
　阪田泰二　さかた・たいじ　大蔵官僚(日人)
　阪田寛夫　さかた・ひろお　小説家,詩人(日人)
　阪田彰夫　さかた・あきお　農林水産省構造改善局計画部長(日典)
　阪田昌信　さかだ・まさのぶ　新聞人,自由民権運動家(長野歴)
⁷阪谷　さかたに
　阪谷希一　さかたに・きいち　植民地官僚(コン)
　阪谷俊作　さかたに・しゅんさく　図書館学者(日典)
　阪谷芳郎　さかたに・よしろう　財政家(コン5)
　阪谷朗廬　さかたに・ろうろ　儒学者(日人)
　阪谷朗廬　さかたに・ろうろ　儒学者(コン4)
¹¹阪埜　ばんの
　阪埜淳吉　ばんの・じゅんきち　弁護士(日典3)
　阪埜光男　ばんの・みつお　会社法学者(現執3期)
　阪野　さかの；ばんの
　阪野敏郎　さかの・としろう　日本共産党関西地方資金局関係者(社史)
　阪野優　さかの・まさる　俳人(紀伊文)
　阪野正明　ばんの・まさあき　警察庁東北管区警察局長(日典3)
　阪野真人　ばんの・まさと　霧多布湿原トラストエコツアー担当者(日典3)

【1565】 阿

阿　おか；ほとり
阿純孝　おか・じゅんこう　僧侶（日典）
阿観心　ほとり・かんしん　至誠学舎（社会福祉法人）理事長（日典）
阿美代子　ほとり・みよこ　洋画家（日典3）

²阿刀田　あとうだ；あとだ
阿刀田高　あとうだ・たかし　小説家（日人）
阿刀田令造　あとうだ・れいぞう　教育家,郷土史家（日人）
阿刀田令造　あとだ・れいぞう　教育家,郷土史家（現情）

³阿万　あまん
阿万亜里沙　あまん・ありさ　元・陸上選手（日典3）
阿万和俊　あまん・かずとし「総理を殺せ」小学館（日典3）
阿万紀美子　あまん・きみこ　児童文学作家（児人）
阿万鉄甦　あまん・てつがい　日向飫肥藩士（日人）
阿万豊蔵　あまん・とよぞう　日向飫肥藩士（幕末）

阿久刀川　あくとがわ
阿久刀川寛海　あくとがわ・かんかい　陸軍軍人（人名）

阿久井　あくい；あぐい
阿久井喜一郎　あくい・きいちろう「ひとりで上達必ず叩ける！ドラム」ケイ・エム・ピー（日典3）
阿久井喜三郎　あくい・きさぶろう　茨城大学名誉教授（日典3）
阿久井貞次　あぐい・ていじ　日本労農救援会大阪支部常任委員（社史）

阿久戸　あくと；あくど
阿久戸敬治　あくと・けいじ　日本電信電話境界領域研究所主幹研究員（日典）
阿久戸庸夫　あくと・つねお　ミツバ社長（日典3）
阿久戸光晴　あくど・みつはる　聖学院大学学長（日典3）

阿久沢　あくさわ；あくざわ
阿久沢晃久　あくさわ・あきひさ「ハードディスク&ファイルシステム活用」ソフトバンクパブリッシング（日典3）
阿久沢利男　あくさわ・としあき「ドイツ労働法」信山社出版（日典3）
阿久沢栄太郎　あくざわ・えいたろう　教育者（群馬人）
阿久沢亀夫　あくざわ・かめお　労働法学者（現執2期）

阿久津　あくず；あくつ
阿久津武男　あくず・たけお「新編病気の読本」健生社（日典）
阿久津哲造　あくつ・てつぞう　人工臓器学者（日人）

阿久津盛為　あくつ・もりため　国学者,神職（日人）

阿子島　あこしま；あこじま
阿子島香　あこしま・かおる　東北大学大学院文学研究科教授（日典3）
阿子島俊治　あこしま・しゅんじ　政治家（日人）
阿子島俊治　あこじま・しゅんじ　政治家（姓氏宮城）
阿子島たけし　あこじま・たけし　音楽評論家（現執3期）

阿川　あかわ；あがわ
阿川延実　あかわ・のぶざね　志士＝近世（人名1）
阿川光裕　あかわ・みつひろ　志士（人名）
阿川佐和子　あがわ・さわこ　テレビキャスター,エッセイスト（小説）
阿川弘之　あがわ・ひろゆき　小説家（コン4）

⁴阿内　あうち
阿内静雄　あうち・しずお　弓道家,弓術師範（弓道）
阿内千鶴子　あうち・ちづこ「正弘の日記」北樹出版（日典3）
阿内正弘　あうち・まさひろ　淑徳大学社会学部教授（日典3）

阿木　あき；あぎ
阿木幸男　あき・ゆきお　非暴力トレーナー（平和）
阿木燿子　あき・ようこ　作詞家,女優（日人）
阿木翁助　あぎ・おうすけ　劇作家,放送作家（日人）
阿木二郎　あぎ・じろう　漫画家（漫人）

阿木津　あきつ
阿木津英　あきつ・えい　歌人（日女）

阿比留　あびる
阿比留兼吉　あびる・かねきち　弁護士（日典3）
阿比留乾二　あびる・かんじ「国際問題より見たる満蒙」満洲文化協会（日典3）
阿比留健次　あびる・けんじ　LEC東京リーガルマインド専任講師（日典3）
阿比留雄　あびる・たけし　日本原子力発電社長（日典）
阿比留康男　あびる・やすお　弓道家,弓道錬士（弓道）

阿毛　あもう
阿毛久芳　あもう・ひさよし　日本文学研究者（現執4期）

阿片　あがた
阿片公夫　あがた・きみお　NEC総研社長（日典3）
阿片瓢郎　あがた・ひょうろう　俳人（俳文）

⁵阿世知　あせち
阿世知龍蔵　あせち・りゅうぞう　弓道家,弓道錬士（弓道）

阿世賀　あせが；あぜが
阿世賀浩一郎　あせが・こういちろう　臨床心理士（日典3）
阿世賀紫海　あぜが・しかい「北米大陸一周紀行」阿世賀紫海（JM）

阜部（阿）

阿出川　あでがわ
　阿出川真水　あでがわ・しんすい　日本画家（美家）
　阿出川利行　あでがわ・としゆき　くれせんと代表（日典3）
　阿出川祐子　あでがわ・ゆうこ　「ヨーロッパ人」ぺりかん社（日典3）

阿左美　あさみ；あざみ
　阿左美哲男　あさみ・てつお　版画家（日典3）
　阿左美広治　あさみ・ひろじ　実業家,政治家（埼玉人）
　阿左美章治　あざみ・しょうじ　「生理・生化学実験」地人書館（日典3）
　阿左美信義　あざみ・のぶよし　弁護士（日典3）

阿由葉　あゆは；あゆば
　阿由葉吟次郎　あゆは・ぎんじろう　実業家,政治家（栃木歴）
　阿由葉鍋造　あゆは・なべぞう　足利郡利保村の生糸商・農業（栃木歴）
　阿由葉宗三郎　あゆば・そうさぶろう　札幌神社宮司,市消防の功労者（札幌）
　阿由葉宗三郎　あゆば・そうざぶろう　神職（神人）

[6]阿伊染　あいぜん
　阿伊染徳美　あいぜん・とくみ　武蔵野美大講師（国典）

阿字　あじ
　阿字周一郎　あじ・しゅういちろう　映画評論家（近文1）

阿江　あえ；あこう
　阿江茂　あえ・しげる　南山大学名誉教授（日典）
　阿江忠　あえ・ただし　広島大学工学部教授（日典3）
　阿江与助　あこう・よすけ　水利土木家＝近世（人名1）

[7]阿佐美　あさみ；あざみ
　阿佐美カツ　あさみ・かつ　婦人会指導者（埼玉人）
　阿佐美茂樹　あさみ・しげき　「横浜はじめて物語」三交社（日典3）
　阿佐美勝利　あざみ・かつとし　農業団体役員（群馬人）
　阿佐美民造　あざみ・たみぞう　政治家（群馬人）

阿佐慶　あさげ
　阿佐慶涼子　あさげ・りょうこ　ニュースキャスター（日典）

阿利　あり
　阿利莫二　あり・ばくじ　政治学者（日人）

阿尾　あお
　阿尾あすか　あお・あすか　「伏見院」笠間書院（日典3）
　阿尾時男　あお・ときお　小説家,日本近代文学研究者（兵庫人）
　阿尾博政　あお・ひろまさ　陸上自衛隊幕僚監部第二部特別勤務班員
　阿尾正子　あお・まさこ　翻訳家（日典3）
　阿尾安泰　あお・やすよし　「愛と文体」藤原書店（日典3）

[8]阿具根　あくね；あぐね
　阿具根登　あくね・のぼる　政治家（政治）
　阿具根登　あぐね・のぼる　政治家（日人）

阿奈井　あない
　阿奈井文彦　あない・ふみひこ　作家,エッセイスト（日人）

阿武　あぶ；あんの
　阿武清　あぶ・きよし　海軍軍人（人名）
　阿武天風　あぶ・てんぷう　編集者,小説家（日人）
　阿武喜美子　あんの・きみこ　化学者（日人）
　阿武清　あんの・きよし　軍人（日人）

阿河　あが；あがわ
　阿河準一　あが・じゅんいち　弁護士（日典）
　阿河準三　あが・じゅんぞう　「註釈増補栗山文集」栗山顕彰会（日典3）
　阿河要　あがわ・かなめ　北海道拓殖銀行常務（日典）
　阿河準一　あがわ・じゅんいち　弁護士（社史）

阿波　あわ
　阿波勝哉　あわ・かつや　競艇選手（日典3）
　阿波研造　あわ・けんぞう　弓道家,弓道範士（弓道）
　阿波純　あわ・じゅん　編集者,ライター（日典3）
　阿波万　あわ・すすむ　教師（人情）
　阿波武彦　あわ・たけひこ　俳人（日典3）

阿波加　あわか
　阿波加清志　あわか・きよし　三重大学人文学部教授（日典3）
　阿波加脩造　あわか・しゅうぞう　医師（国書5）
　阿波加蒼岳　あわか・そうがく　「いのち輝く阿波加蒼岳書展」滑川市教育委員会（日典3）

阿波地　あわじ
　阿波地大輔　あわじ・だいすけ　俳優（和モ）

阿波根　あはごん；あわね
　阿波根昌鴻　あはごん・しょうこう　反戦運動家（日人）
　阿波根朝松　あはごん・ちょうしょう　教員,宜野座・首里・興南など各高校の校長（姓氏沖縄）
　阿波根宏夫　あわね・ひろお　（日典）

阿波連　あはれん；あわれん
　阿波連則美　あはれん・あけみ　舞踊家（新芸）
　阿波連本啓　あはれん・ほんけい　琉球舞踊家（新芸）
　阿波連本啓　あわれん・ほんけい　琉球舞踊家（芸能）

阿知波　あちは；あちば；あちわ
　阿知波信介　あちは・しんすけ　俳優（新芸）
　阿知波洋次　あちば・ようじ　首都大学東京都市教養学部教授（日典3）
　阿知波悟美　あちわ・さとみ　女優（日映女）

[9]阿保　あほ；あぼ；あほの
　阿保内蔵之助　あほ・くらのすけ　弘前藩士＝近世（人名1）
　阿保栄司　あぼ・えいじ　システム工学者（現執4期）

阿保常世　あほの・つねよ　医家＝古代（人名1）

阿南　あなみ；あなん
阿南惟茂　あなみ・これしげ　外交官（履歴2）
阿南惟幾　あなみ・これちか　陸軍軍人（コン5）
阿南健治　あなん・けんじ　俳優（日映男）
阿南哲朗　あなん・てつろう　口演童話家，詩人（日児）

阿彦　あひこ
阿彦勇　あひこ・いさみ　シーエスピー社長（日典3）
阿彦周宜　あひこ・しゅうぎ　アメリカ文学者（児人）
阿彦忠之　あひこ・ただゆき　「感染症法に基づく結核の接触者健康診断の手引きとその解説」結核予防会事業部出版調査課（日典3）

阿津坂　あつさか
阿津坂金市　あつさか・きんいち　三池物産社長（日典3）
阿津坂林太郎　あつさか・りんたろう　図書館司書（現執3期）

10阿原　あはら
阿原一志　あはら・かずし　明治大学理工学部准教授（日典3）
阿原謙蔵　あはら・けんぞう　社会教育連合会理事長（日典3）
阿原成光　あはら・しげみつ　和光大学教授（日典3）

阿座上　あざかみ；あざがみ
阿座上竹四　あざかみ・たけし　埼玉工業大学大学院教授（日典）
阿座上新吾　あざがみ・しんご　日産建設専務，建設省砂防部長，共生機構会長（日典3）
阿座上孝　あざがみ・たかし　「電波工学」コロナ社（日典3）

11阿曽　あそ
阿曽香　あそ・かおり　「住宅情報賃貸版」編集長（日典3）
阿曽弘一　あそ・こういち　医師（近医）
阿曽佐輔　あそ・さすけ　大立運輸取締役社長，北海道警北見方面本部長（日典3）
阿曽利夫　あそ・としお　写真家（日典3）
阿曽利子　あそ・としこ　「結婚のレシピ」創美社（日典3）

阿曽沼　あそぬま
阿曽沼明裕　あそぬま・あきひろ　「戦後国立大学における研究費補助」多賀出版（日典3）
阿曽沼一司　あそぬま・かずし　イラストレーター（日典3）
阿曽沼次郎　あそぬま・じろう　北海道庁の測量技師（札幌）
阿曽沼広郷　あそぬま・ひろさと　軍事評論家，海軍軍人（現執2期）
阿曽沼磨　あそぬま・みがく　医師・郷土史研究家（姓氏岩手）

阿部　あべ
阿部重孝　あべ・しげたか　教育学者（コン5）
阿部真之助　あべ・しんのすけ　ジャーナリスト，政治評論家（コン4）
阿部次郎　あべ・じろう　哲学者，美学者（コン4）
阿部知二　あべ・ともじ　小説家，評論家，英文学者（コン4）
阿部信行　あべ・のぶゆき　陸軍軍人，政治家（コン4）

阿閉　あつじ；あとじ；あべ
阿閉藤太郎　あつじ・とうたろう　滋賀県子ども会連合会副会長（日典3）
阿閉吉男　あとじ・よしお　評論家（日人）
阿閉義一　あべ・よしかず　「高等物理学教程」三重大学出版会（日典3）

12阿満　あま；あまん
阿満得聞　あま・とくもん　僧侶（真宗）
阿満利麿　あま・としまろ　宗教学者（現執4期）
阿満誠一　あまん・せいいち　九州産業大学国際文化学部助教授（日典3）

阿貴　あき
阿貴良一　あき・りょういち　児童劇作家，画家（児人）

13阿蘇　あびる
阿蘇隆之　あびる・たかし　「LANDSCAPES」フィネス，星雲社（発売）（日典3）
阿蘇正　あびる・ただし　アニメーター，挿絵画家（児人）
阿蘇達雄　あびる・たつお　SMBCコンサルティング会長・社長（日典3）

14阿嘉　あか
阿嘉誠一郎　あか・せいいちろう　「世の中や」河出書房新社（日典3）
阿嘉まさご　あか・まさご　絵本画家（日典3）
阿嘉宗松　あか・むねまつ　職工（社史）
阿嘉良弘　あか・よしひろ　「絵でみる沖縄の花作り」沖縄出版（日典3）

15阿澄　あすみ；あずみ
阿澄佳奈　あすみ・かな　声優（日典3）
阿澄一三　あずみ・いちぞう　「魚族」初音書房（日典3）
阿澄一興　あずみ・かずおき　日本建鐵代表取締役常務（日典3）

16阿頼耶　あらや
阿頼耶愛子　あらや・あいこ　「春楡の径」みぎわ書房（日典3）
阿頼耶順宏　あらや・じゅんこう　中国文学研究者（中専）

18阿藤　あとう；あどう
阿藤伯海　あとう・はくみ　漢学者，漢詩人（日人）
阿藤誠　あとう・まこと　人口問題専門家（現執4期）
阿藤伯海　あどう・はっかい　漢学者（岡山人）

19阿瀬　あせ；あぜ
阿瀬卯兵衛　あせ・うへえ　政治家（和歌山人）
阿瀬薫　あせ・かおる　「所得税基本通達逐条解説」大蔵財務協会（日典3）
阿瀬峯子　あぜ・みねこ　「風わたる」源流短歌会（日典3）

阜部(陀,阜,附,限,陌,降,除,陣)

阿羅　あら
　阿羅健一　あら・けんいち　評論家,ノンフィクション作家(現執3期)

阿蘇　あしょ；あそ
　阿蘇菊太郎　あしょ・きくたろう　「小さなにぎりめし」栄光出版社(日典3)
　阿蘇惟孝　あそ・これたか　神職(日人)
　阿蘇惟治　あそ・これはる　阿蘇神社大宮司(幕末)

【1566】陀

[5]陀田　だだ
　陀田勘助　だだ・かんすけ　詩人,労働運動家(日人)

【1567】阜

阜　おか
　阜一秀　おか・いっしゅう　「美山仏教誌」阜一秀(JM)

【1568】附

[5]附田　つきた；つくた；つくだ；つけだ
　附田雄剛　つきた・ゆうご　スキー選手(日典)
　附田二三郎　つくた・にさぶろう　三沢職業訓練事業協同組合副会長,上北職業訓練協会会長(青森人)
　附田祐斗　つくだ・ゆうと　「少年疾駆」集英社(日典3)
　附田斉子　つけだ・なおこ　映画プロデューサー(日典)

【1569】限

[4]限井　さかい
　限井日慎　さかい・にっしん　大日本仏教会長(日典)

【1570】陌

[12]陌間　はざま
　陌間次郎　はざま・じろう　「専漁の村」万年公民館(日典3)
　陌間武雄　はざま・たけお　作家(姓氏神奈川)
　陌間輝　はざま・てる　元神奈川県副知事(紳士)

【1571】降

[5]降矢　ふりや；ふるや
　降矢奈々　ふりや・なな　絵本画家(児人)
　降矢美禰子　ふりや・みやこ　ピアニスト(音人3)
　降矢敬義　ふるや・けいぎ　政治家(現政)
　降矢芳郎　ふるや・よしろう　電気工学者(日人)

[14]降旗　ふりはた；ふるはた
　降旗信一　ふりはた・しんいち　日本ネイチャーゲーム協会理事長(現執4期)
　降旗節雄　ふりはた・せつお　経済学者(現執4期)
　降旗元太郎　ふるはた・もとたろう　政治家,実業家(日人)
　降旗康男　ふるはた・やすお　映画監督(日人)

[15]降幡　ふりはた；ふるはた
　降幡賢一　ふりはた・けんいち　新聞記者(現執4期)
　降幡雷淵　ふりはた・らいえん　教育者,地方史家(姓氏長野)
　降幡雷淵　ふるはた・らいえん　郷土史家(郷土)

[20]降簱　ふりはた；ふるはた
　降簱喜平　ふりはた・きへい　三菱自動車工業常務(日典3)
　降簱志郎　ふりはた・しろう　「軽度発達障害児の理解と支援」金剛出版(日典3)
　降簱志郎　ふるはた・しろう　「軽度発達障害児の理解と支援」金剛出版(日典3)
　降簱達生　ふるはた・たつお　「技術士第一次試験演習問題建設部門100問」テクノ(日典3)

【1572】除

[5]除田　よだ
　除田海人　よだ・かいと　大和タイヤ工業社長(紳士)

[7]除村　よけむら
　除村一学　よけむら・いちがく　フランス文学者(群馬人)
　除村崇　よけむら・たかし　「CRM金流革命」宣伝会議(日典3)
　除村ヤエ　よけむら・やえ　「「人間」すばらしきこのひびき」ベルデ出版社(日典3)
　除村吉太郎　よけむら・よしたろう　ロシア文学者(コン4)

[11]除野　よけの；よの
　除野健忠　よけの・けんちゅう　南西(株)専務取締役(日典3)
　除野信道　よけの・のぶみち　経済地理学者(現執1期)
　除野康雄　よの・やすお　滋賀県知事(日典3)

【1573】陣

[4]陣内　じんうち；じんない；じんのうち
　陣内孝雄　じんうち・たかお　建設省河川局河川課長(紳士)
　陣内秀信　じんない・ひでのぶ　建築史家(日人)
　陣内孝雄　じんのうち・たかお　政治家(現政)

[5]陣出　じんで
　陣出達朗　じんで・たつろう　小説家(日人)

【1574】 陰

⁷陰里　かげさと
陰里鉄郎　かげさと・てつろう　美術史家,美術評論家(世紀)

【1575】 陳

陳　じん;ちん
陳亀雄　じん・かめお　陸上選手(日典3)
陳志摩　じん・しま　僧侶(日典)
陳建一　ちん・けんいち　料理人(テレ)
陳建民　ちん・けんみん　料理人(世紀)

¹¹陳野　じんの;ちんの
陳野守正　じんの・もりまさ　著述家(日典)
陳野好之　ちんの・よしゆき　「スギ赤枯病の生態と防除」日本林業技術協会(書籍)

¹²陳場　じんば
陳場照代　じんば・てるよ　占い師(日典)

【1576】 陶

陶　すえ;とう
陶関山　すえ・かんざん　備中岡田藩士(岡山歴)
陶隆司　すえ・たかし　俳優(映男)
陶晶孫　とう・しょうそん　中国の作家(大百)
陶みさを　とう・みさお　陶晶孫(医師・文学者)の妻(近女)

³陶山　すえやま;すやま
陶山南濤　すえやま・なんとう　漢学者=近世(人名3)
陶山弘一　すえやま・ひろかず　歌人(日典3)
陶山勝寂　すやま・しょうじゃく　絵師(島根歴)
陶山篤太郎　すやま・とくたろう　詩人(現詩)

¹¹陶野　とうの
陶野郁雄　とうの・いくお　山形大学大学院理工学研究科教授,国立環境研究所水土壌圏環境部地下環境研究室長(日典3)
陶野重雄　とうの・しげお　作曲家(作曲)
陶野哲雄　とうの・てつお　「401(k)ハンドブック」東洋経済新報社(日典3)

【1577】 陸

陸　くが;りく
陸羯南　くが・かつなん　ジャーナリスト(コン5)
陸直次郎　くが・なおじろう　小説家(日人)
陸培春　りく・ばいしゅん　ジャーナリスト(現執4期)

³陸口　むぐち
陸口潤　むぐち・じゅん　「もうひとつの昭和史」(国典)

陸川　りくかわ
陸川和男　りくかわ・かずお　キャラクター・データバンク社長(日典3)
陸川キヨシ　りくかわ・きよし　国民生活センターライブラリアン(人情)
陸川堆雲　りくかわ・たいうん　「考証白隠和尚詳伝」山喜房仏書林(日典3)

⁴陸井　くがい;りくい
陸井三郎　くがい・さぶろう　国際評論家(日人)
陸井次郎　くがい・じろう　日本共産青年同盟横浜地区オルグ(社史)
陸井清三　りくい・せいぞう　弓道家,弓道教士(弓道)

陸木　おかぎ
陸木静　おかぎ・しずか　詩人(滋賀文)

⁵陸田　むつた;むつだ;りくた
陸田博　むつた・ひろし　「学校近視はみるみる治る」祥伝社(日典3)
陸田幸枝　むつだ・ゆきえ　「伝統食礼讃」アスペクト(日典3)
陸田金次郎　りくた・きんじろう　商家(大阪人)

⁹陸畑　りくはた
陸畑としや　りくはた・としや　「看護婦ローラ」壱番館書房(日典3)

¹⁰陸原　くがはら;くがわら
陸原保　くがはら・たもつ　「儲かる外国コイン全ガイド」講談社(日典3)
陸原一樹　くがわら・かずき　「霊少女清花」岩崎書店(日典3)

¹²陸奥　みちのく;むつ
陸奥一博　みちのく・かずひろ　大相撲年寄(日典)
陸奥広吉　むつ・ひろきち　外交官,教育者(日人)
陸奥宗光　むつ・むねみつ　外交官(コン5)

【1578】 隆

隆　たかし;りゅう
隆民継　たかし・たみつぐ　農民(社史)
隆雅久　たかし・まさひさ　青山学院大学理工学部機械工学科教授(日典3)
隆慶一郎　りゅう・けいいちろう　脚本家,小説家(日人)
隆大介　りゅう・だいすけ　俳優(日映男)

¹²隆琦　おもき
隆琦大雄　おもき・だいゆう　元黄檗派管長(日典)

【1579】 階

階　かい;しな
階喬　かい・たかし　「夢の秘密」ダイナミックセラーズ(日典3)
階猛　しな・たけし　衆院議員(民主党,岩手1区)(日典3)

阜部(隅、隈、随、陽、隄、隠)　隹部(隼)

⁴階戸　しなと

階戸照雄　しなと・てるお　日本大学大学院総合社会情報研究科教授(日典3)

階戸義雄　しなと・よしお　共産主義運動家(社史)

【1580】　隅

隅　すみ

隅猪太郎　すみ・いたろう　酪農・練乳加工の研究に没頭(姓氏山口)

隅恵子　すみ・けいこ　「知っておきたい「病気の値段」のカラクリ」宝島社(日典3)

隅健三　すみ・けんぞう　海上保安庁次長(日典3)

隅幸子　すみ・さちこ　「淡彩」あらたえ短歌会(日典3)

隅修三　すみ・しゅうぞう　東京海上ホールディングス社長、東京海上日動火災保険社長(日典3)

⁵隅田　すだ；すみた；すみだ

隅田武彦　すだ・たけひこ　科学者、教育者、宗教家(岡山歴)

隅田岩次郎　すみた・いわじろう　売薬業(姓氏富山)

隅田葉吉　すみだ・ようきち　歌人(兵庫文)

⁷隅谷　すみたに；すみや

隅谷惇　すみたに・あつし　帝塚山学院副学院長(日典3)

隅谷正峯　すみたに・まさみね　刀匠(日典)

隅谷正一　すみや・しょういち　大同ケミカルエンジニアリング社長(日典3)

隅谷三喜男　すみや・みきお　経済学者(コン4)

¹²隅越　すみこし

隅越幸男　すみこし・ゆきお　医師(近医)

【1581】　隈

³隈丸　くままる

隈丸五郎　くままる・ごろう　久留米アサヒ商事社長(日典3)

隈丸次郎　くままる・じろう　テニス選手、実業家(世紀)

隈川　くまかわ；くまがわ

隈川宗悦　くまかわ・そうえつ　医師(幕末)

隈川基　くまかわ・もとい　海軍少将(日典3)

隈川宗悦　くまがわ・そうえつ　医師(日典)

隈川宗雄　くまがわ・むねお　医学者(コン)

¹¹隈崎　くまさき；くまざき

隈崎佐七郎　くまさき・さしちろう　鹿児島県士族(幕末)

隈崎渡　くまさき・わたる　日本史研究者(現執1期)

隈崎達夫　くまざき・たつお　日本医科大学附属病院助教授(日典)

隈崎渡　くまざき・わたる　法学者(史研)

【1582】　随

¹²随朝　ずいちょう

随朝欽哉　ずいちょう・きんさい　儒者(日人)

【1583】　陽

陽　みなみ；よう

陽捷行　みなみ・かつゆき　農林水産省農業環境技術研究所理事長(現執4期)

陽咸二　よう・かんじ　彫刻家(日人)

陽其二　よう・そのじ　活版印刷業者(日人)

¹⁹陽羅　ひら

陽羅義光　ひら・よしみつ　小説家、詩人、文芸評論家(現執4期)

【1584】　隄

隄　つつみ

隄静斎　つつみ・せいさい　漢学者(人名)

【1585】　隠

⁵隠田　いんだ；おんだ；かくれだ

隠田和雄　いんだ・かずお　中国新聞開発局出版部長(日典)

隠田勇　おんだ・いさむ　「山形市街図」東北図書刊行所(日典)

隠田毅　かくれだ・たけし　十字屋会長(日典)

⁷隠岐　おき

隠岐左馬之丞　おき・さまのじょう　備前藩士(岡山歴)

隠岐重節　おき・じゅうせつ　軍人(日人)

隠岐忠彦　おき・ただひこ　障害児病理学者(心理)

隠岐由紀子　おき・ゆきこ　美術史家(現執4期)

隠岐義人　おき・よしと　弓道家、弓道教士(弓道)

隹部

【1586】　隼

隼　はやふさ；はやぶさ

隼秀人　はやふさ・ひでと　俳優(俳優)

隼久人　はやぶさ・ひさと　「妹の汗臭」マドンナ社(日典3)

隼ポリン　はやぶさ・ぽりん　コメディアン(日典3)

佳部(雀,雁,集,雄,雅,雉,雑)

【1587】 雀

[11]雀部　ささべ
　雀部顕宣　ささべ・あきのぶ　心理学者(心理)
　雀部晶　ささべ・あきら　「技術のあゆみ」ムイスリ出版(日典3)
　雀部高雄　ささべ・たかお　金属工学者(日人)
　雀部猛利　ささべ・たけとし　社会福祉学者(現執2期)
　雀部幸隆　ささべ・ゆきたか　政治学者(現執4期)

【1588】 雁

[8]雁金　かりがね
　雁金準一　かりがね・じゅんいち　囲碁棋士(日人)
　雁金達　かりがね・とおる　「オーディオQ&A」共同通信社(日典3)
　雁金利男　かりがね・としお　DBS大和セキュリティーズ・インタナショナル社長(日典3)
　雁金幸雄　かりがね・ゆきお　(株)ビップ通商社長(日典3)
[9]雁屋　かりや
　雁屋哲　かりや・てつ　コミック原作者,料理評論家(幻想)
[11]雁部　かりべ；がんべ
　雁部貞夫　かりべ・さだお　歌人(日典)
　雁部一耀子　がんべ・いちようこ　「夕渚」短歌研究社(日典3)
　雁部一浩　がんべ・かずひろ　作曲家,ピアニスト(作曲)
[19]雁瀬　かりせ
　雁瀬大二郎　かりせ・だいじろう　「新編製パン法」沼田書店(日典3)
　雁瀬ルナ　かりせ・るな　「イマージュ」ヒューマン・ドキュメント社(日典3)

【1589】 集

集　つどい
　集新矢　つどい・しんや　小説家,漫画原作者(漫人)
　集三枝子　つどい・みえこ　女優(和モ)

【1590】 雄

[3]雄川　おがわ
　雄川一郎　おがわ・いちろう　行政法学者(世紀)
　雄川孝志　おがわ・たかし　NECビューテクノロジー社長(日典3)
　雄川ちづ子　おがわ・ちづこ　「雄川ちづ子画集」ART BOXインターナショナル(日典3)

[7]雄谷　おおや；おたに
　雄谷重夫　おおや・しげお　早稲田大学名誉教授(日典)
　雄谷宝造　おおや・ほうぞう　「風に吹かれて」北国新聞社出版局(製作)(日典3)
　雄谷巳之助　おたに・みのすけ　生活救護運動家(アナ)
[9]雄城　おぎ；ゆうき
　雄城昭次　おぎ・しょうじ　長野地検松本支部検事(日典)
　雄城雅嘉　おぎ・まさか　元・富士通専務(日典)
　雄城みはる　ゆうき・みはる　「過去のこだま」ハーレクイン(日典3)
[10]雄高　おたか；おだか
　雄高敬介　おたか・けいすけ　「民主主義の御復習」鳥影社(日典3)
　雄高敬介　おだか・けいすけ　「夕凪前後」太陽書房(日典3)

【1591】 雅

雅　まさ；みや；みやび
　雅芽渟　まさ・ちぬ　箏曲家(日典)
　雅孝司　みや・こうじ　ゲーム作家(現執3期)
　雅桃子　みやび・ももこ　小説家(幻想)
[3]雅川　つねかわ
　雅川滉　つねかわ・ひろし　文芸評論家,近代文学研究家(新潮)

【1592】 雉

雉子牟田　きじむた
　雉子牟田明子　きじむた・あきこ　プロテニス選手(人情)
　雉子牟田直子　きじむた・なおこ　元・テニス選手(日典3)

【1593】 雑

[5]雑加　さいか
　雑加茄子王　さいか・なすおう　「落葉樹」雑賀一雄(日典3)
[12]雑喉　ざこう
　雑喉謙　ざこう・けん　「神戸の鉄道」(JM)
　雑喉潤　ざこう・じゅん　新聞社社員(現執3期)
　雑喉利雄　ざこう・としお　朝日新聞社監査役・社友(日典3)
　雑喉良祐　ざこう・りょうすけ　日本ダイナースクラブ社長(日典3)
　雑賀　さいか；さいが；ざいか
　雑賀忠義　さいか・ただよし　英文学者(日人)
　雑賀進　さいが・すすむ　写真家,編集者(出文)
　雑賀修　ざいか・おさむ　「草の実」和歌山市老人大学俳句教室草の実会(日典3)

佳部（雛,難）雨部（雨）

【1594】 雛

⁵雛田　ひなた；ひなだ
　雛田中清　ひなた・なかきよ　志士（人名）
　雛田松渓　ひなだ・しょうけい　志士（日人）
　雛田千尋　ひなだ・ちひろ　教育者（日人）

【1595】 難

⁸難波　なにわ；なにわだ；なにわの；なんば；なんば
　難波黒太郎　なにわ・くろたろう「Visual Basic 5.0オブジェクト指向プログラミング」ソフトバンク出版事業部（日典3）
　難波田春夫　なにわだ・はるお「日本再建の哲学」経済往来社（JM）
　難波薬師　なにわの・くすし　富山医科薬科大学名誉教授（日典）
　難波大助　なんば・だいすけ　無政府主義者（コン5）
　難波征男　なんば・ゆきお　福岡女学院大学人文学部日本文化学科教授（日典）

難波田　なにわだ；なんばた
　難波田徹　なにわだ・とおる　学芸員,考古学者（世紀）
　難波田春夫　なにわだ・はるお　経済学者（日人）
　難波田龍起　なんばた・たつおき　洋画家（美家）

難波江　なばえ
　難波江章　なばえ・あきら　長岡技術科学大学工学部電気系教授（日典）
　難波江勇雄　なばえ・いさお　三井農林社長（日典）
　難波江和英　なばえ・かずひで「恋するJポップ」冬弓舎
　難波江進　なばえ・すすむ「豊島氏千年の憂鬱」風早書林（日典）
　難波江昇　なばえ・のぼる「卒寿」山鶯書舎（日典）

雨部

【1596】 雨

⁵雨包山　うぼやま
　雨包山明輝　うぼやま・あきてる「株式投資の儲け方」（国典）

雨田　あまだ
　雨田一孝　あまだ・かずたか　チェロ奏者（演奏）
　雨田光二　あまだ・こうじ　ハープ奏者（演奏）
　雨田光平　あまだ・こうへい　箏曲家,彫刻家（日人）
　雨田のぶこ　あまだ・のぶこ　ピアニスト（音人3）
　雨田光弘　あまだ・みつひろ　チェロ奏者（音人3）

⁷雨沢　あめさわ；あめざわ
　雨沢かおる　あめさわ・かおる「あなたの笑顔に―詩集」雨沢かおる（JM）
　雨沢泰　あめざわ・やすし　翻訳家（児人）

雨谷　あまがい；あまがや；あめがい；あめたに；あめのたに
　雨谷恵美子　あまがい・えみこ　フリーライター（日典）
　雨谷栄　あまがや・さかえ「図解入門よくわかる漢方処方の服薬指導」秀和システム（日典3）
　雨谷憲作　あめがい・けんさく　官吏（山形百新）
　雨谷昭弘　あめたに・あきひろ　同志社大学工学部電気工学科教授・学術情報センター長（日典）
　雨谷一雫庵　あめのたに・いちだあん「文壇の三偉人」クレス出版（日典3）

⁸雨帖　うじょう
　雨帖麻実　うじょう・あざみ「ほんのちょっぴりバーボン気分」フジ出版（書籍）

⁹雨海　あまかい；あまがい
　雨海修　あまかい・おさむ「ドキュメント渓流」朔風社（日典3）
　雨海さた　あまかい・さた「道づれ」同時代社（日典3）
　雨海青人　あまがい・せいじん「地の念力」東京四季出版（日典3）

雨音　あまね
　雨音たかし　あまね・たかし「四方世界の王」講談社（日典3）
　雨音めぐみ　あまね・めぐみ　女優（日典3）
　雨音由　あまね・ゆう　翻訳家,児童文学作家（児人）

¹⁰雨宮　あまみや；あめのみや；あめみや
　雨宮敬次郎　あまみや・けいじろう　実業家（姓氏長野）
　雨宮敬次郎　あめのみや・けいじろう　実業家（コン5）
　雨宮敬次郎　あめみや・けいじろう　実業家（日人）

¹¹雨野　あまの；あめの
　雨野かえる　あまの・かえる「鈴のりんご」鳥影社（日典3）
　雨野士郎　あめの・しろう「異聞堀川夜討ち」言海書房（日典3）
　雨野智晴　あめの・ちはれ「詠う少女の創楽譜（フルスコア）」メディアファクトリー（日典3）

¹²雨堤　あまずつみ
　雨堤康之　あまずつみ・やすゆき　写真家（写人）

雨森　あまもり；あめのもり；あめもり
　雨森卓三郎　あまもり・たくさぶろう　印刷工（社運）
　雨森精翁　あめのもり・せいおう　出雲松江藩士,儒学者（島根歴）
　雨森菊太郎　あめもり・きくたろう　政治家,実業家（日人）

【1597】 雫

雫 しずく
- 雫浄光　しずく・じょうこう　陶芸家(陶工)
- 雫はじめ　しずく・はじめ　「成田の西7100キロ」明窓出版(日典3)
- 雫文男　しずく・ふみお　「労働安全衛生マネジメントシステム」日本規格協会(日典3)

【1598】 雪

雪 すずき；ゆき
- 雪清貴　すずき・きよたか　中山カントリークラブ常務(紳士)
- 雪朱里　ゆき・あかり　「活字地金彫刻師・清水金之助」清水金之助の本をつくる会(日典3)
- 雪忠夫　ゆき・ただお　弓道家、弓道教士(弓道)

[5]雪永　ゆきえ；ゆきなが
- 雪永玲嗣　ゆきえ・れいし　「象獣詩」東京書籍(日典3)
- 雪永まさえ　ゆきなが・まさえ　日本看護協会名誉会員(日典3)
- 雪永政枝　ゆきなが・まさえ　看護師(従軍看護婦)(近医)

雪田　ゆきた；ゆきだ
- 雪田紅雨　ゆきた・こうう　「紅椿」雪田ツワ(日典3)
- 雪田麻紗　ゆきた・まさ　俳人(北海道文)
- 雪田丑太郎　ゆきだ・うしたろう　農民(社史)
- 雪田五郎　ゆきだ・ごろう　農民(社史)

[7]雪吹　いぶき；ゆぶき
- 雪吹周　いぶき・ちかし　「売春婦の性生活」文芸出版(日典3)
- 雪吹敏光　ゆぶき・としみつ　教育者(島根歴)

雪村　せっそん；ゆきむら
- 雪村周継　せっそん・しゅうけい　「日本美術絵画全集 第8巻」集英社(JM)
- 雪村綾乃　ゆきむら・あやの　シナリオライター、小説家(日典3)
- 雪村いづみ　ゆきむら・いづみ　歌手(日人)

【1599】 雲

[5]雲出　くもいで；くもで
- 雲出鶴太郎　くもいで・つるたろう　大住郡八幡村八幡大明神神主(神奈川人)
- 雲出雪枝　くもで・ゆきえ「接近」白日社(日典3)

雲田　くもた；くもだ
- 雲田敦美　くもた・あつみ　「山陰文化シリーズ」今井書店(日典3)
- 雲田光男　くもだ・みつお　小説家(北海道文)
- 雲田あかね　くもだ・あかね　詩人、画家(日典3)
- 雲田孝夫　くもだ・たかお　スーパーフレック社長(日典)

[7]雲谷　うのや；くもたに
- 雲谷任斎　うのや・じんさい　美濃大垣藩士(国書)
- 雲谷任斎　うのや・にんさい　美濃大垣藩士(岐阜百)
- 雲谷任斎　くもたに・じんさい　「標註日本外史」頼又二郎(日典3)
- 雲谷登美雄　くもたに・とみお　日動火災海上保険常務(日典3)

[8]雲林院　うりいん；うんりんいん
- 雲林院玄祥　うりいん・げんしょう　文人、医師(大阪人)
- 雲林院文造〔17代〕　うんりんいん・ぶんぞう　京都粟田焼の陶家(人名1)
- 雲林院宝山　うんりんいん・ほうざん　陶芸家(陶芸最)

雲英　うんえい；きら；きらら
- 雲英宗偉　うんえい・そうい　禅僧=中世(茶道)
- 雲英晃耀　きら・こうよう　浄土真宗の僧(日人)
- 雲英晃耀　きらら・こうよう　浄土真宗の僧(仏人)

[11]雲野　うんの；くもの
- 雲野一彦　うんの・かずひこ　茅ケ崎市立第一中学校教諭(日典)
- 雲野右子　うんの・ゆうこ　キャスター(テレ)
- 雲野鳩ノ巣　くもの・はとのす　「五七五・七七」創栄出版(日典3)

雲雀　ひばり
- 雲雀あんな　ひばり・あんな　フラワーデザイナー(日典3)
- 雲雀亮一　ひばり・りょういち　陶芸家(陶芸最)

[14]雲嶋　くもしま；くもじま
- 雲嶋幸夫　くもしま・ゆきお　「わが恨」土曜美術社出版販売(日典3)
- 雲嶋良雄　くもじま・よしお　一橋大学名誉教授(日типа)

[15]雲輪　うんりん
- 雲輪瑞法　うんりん・ずいほう　「観音経を読む」佼成出版社(日典3)

[18]雲藤　うんどう
- 雲藤義道　うんどう・ぎどう　宗教学者(現情)
- 雲藤等　うんどう・ひとし　「南方熊楠書翰」藤原書店(日典3)

【1600】 雷

雷 いかずち；らい
- 雷利郎　いかずち・としろう　大相撲年寄、元・力士(幕内)(日典3)
- 雷波子　いかずち・なみこ　歌手(日典)
- 雷樹水　らい・じゅすい　「台湾をふりかえれ」おりじん書房(JM)

[3]雷山　らいざん
- 雷山亀吉　らいざん・かめきち　力士(相人)
- 雷山陶秀　らいざん・とうしゅう　陶芸家(陶芸最)
- 雷山勇吉　らいざん・ゆうきち　力士(相人)

雨部(雹,霞,霜,霧,露)　　〔1605〕

【1601】 雹

[5]**雹本　つるもと**
　雹本謙一　つるもと・けんいち　ゴルフ選手(日典)

[7]**雹見　つるみ**
　雹見バディ　つるみ・ばでぃ「日本人へのアドバイス」評論社(日典3)
　雹見芳浩　つるみ・よしひろ　国際問題評論家,国際経済学者(世紀)

【1602】 霞

[3]**霞上　かすみがうえ**
　霞上三郎　かすみがうえ・さぶろう　日本共産青年同盟メンバー(社史)

【1603】 霜

霜上　しもかみ；しもがみ
　霜上和宏　しもかみ・かずひろ　バドミントン選手(日典)
　霜上民生　しもがみ・たみお　内閣府沖縄総合事務局次長(日典)
　霜上則男　しもがみ・のりお　蒔絵師(日典3)

[4]**霜月　しもずき；しもつき**
　霜月旬　しもずき・じゅん「グラスオリオン」ホビージャパン(日典3)
　霜月一生　しもつき・いっせい　作家(日典)
　霜月かいり　しもつき・かいり「週刊新マンガ日本史」朝日新聞出版(日典3)

[5]**霜出　しもいで；しもで**
　霜出勘平　しもいで・かんぺい　南九州市長(日典3)
　霜出昌子　しもいで・まさこ「ちょうちょのように」文理閣(日典3)
　霜出外茂治　しもで・ともじ　中部精機(株)(日典3)

霜田　しもた；しもだ
　霜田正次　しもた・せいじ　小説家,評論家(社史)
　霜田史光　しもた・のりみつ　詩人,小説家(埼玉人)
　霜田光一　しもだ・こういち　物理学者(日人)
　霜田静志　しもだ・せいし　教育者(世紀)

[6]**霜多　しもた**
　霜多正次　しもた・しょうじ　小説家,評論家(文学)
　霜多正次　しもた・せいじ　小説家,評論家(コン4)
　霜多増雄　しもた・ますお「科学でわかった安全で健康な野菜はおいしい」丸善(日典3)

[10]**霜島　しもじま**
　霜島朗子　しもじま・あきこ「テレコム・メルトダウン」NTT出版(日典3)
　霜島花香　しもじま・かこう「小春日」青芝俳句会(日典3)
　霜島ケイ　しもじま・けい　広告代理店社員,小説家(幻想)
　霜島甲一　しもじま・こういち　弁護士(現執3期)
　霜島雄三　しもじま・ゆうぞう　教育者(神奈川人)

[12]**霜越　しもこえ；しもごえ；しもこし**
　霜越武　しもこえ・たけし　元ジャパン・ライフ・メディカルセンター社長(人情)
　霜越かほる　しもごえ・かほる　小説家(幻想)
　霜越一夫　しもこし・かずお　東京工業大学理学部化学科助教授(日典3)

【1604】 霧

[5]**霧生　きりう；きりゅう**
　霧生和夫　きりう・かずお　フランス文学者(現情)
　霧生広　きりう・ひろし　著述家(現執3期)
　霧生トシ子　きりゅう・としこ　ピアニスト(演奏)
　霧生吉秀　きりゅう・よしひで　ファゴット(バスーン)奏者(音人3)

[12]**霧道　きりみち**
　霧道昭次　きりみち・あきじ　陶芸家(陶工)

【1605】 露

[3]**露口　つゆぐち**
　露口泉夫　つゆぐち・いずお「結核・非結核性抗酸菌症」最新医学社(日典3)
　露口啓二　つゆぐち・けいじ　写真家(日典3)
　露口健司　つゆぐち・けんじ「校長職の新しい実務課題」教育開発研究所(日典3)
　露口茂　つゆぐち・しげる　俳優(郷土愛媛)
　露口聖　つゆぐち・せい「パラノイアパラダイス」みのり書房(日典3)

[11]**露崎　つゆさき；つゆざき**
　露崎寿朗　つゆさき・としろう「江戸橋通信」投資経済社(日典3)
　露崎英彦　つゆさき・ひでひこ「船のアルバム」木星社(印刷)
　露崎厚　つゆさき・あつし「国民東洋地理読本」富山房(日典3)
　露崎啓　つゆざき・けい「野の道」短歌研究社(日典3)

[12]**露無　つゆむ**
　露無慎二　つゆむ・しんじ　静岡大学教授・副学長(日典3)
　露無博文　つゆむ・ひろふみ　社会人野球監督(日典3)
　露無文治　つゆむ・ぶんじ　渡航者(渡航)
　露無松平　つゆむ・まつたいら　医師(日典3)

雨部（靍,鶴）　青部（青）

【1606】靏

靏　つる
　　靏毅　つる・つよし　「銃後の記憶」元就出版社（日典3）
　　靏日出郎　つる・ひでろう　札幌大学経営学部教授（日典3）
　　靏真紀子　つる・まきこ　「例解統計処理」開成出版（日典3）
　　靏理恵子　つる・りえこ　順正短期大学専任講師（日典3）

[5]靏田　つるた；つるだ
　　靏田清二　つるた・せいじ　彫刻家（日典3）
　　靏田修朗　つるた・のぶお　「楽天証券ではじめるやさしいネット株」インプレス（日典3）
　　靏田伊三男　つるだ・いさお　九州文化学園高校校長（日典3）

[7]靏見　つるみ
　　靏見忠良　つるみ・ただよし　詩人,盲学校教師（日典3）
　　靏見憲明　つるみ・のりあき　工房鶴経営（日典3）
　　靏見美智子　つるみ・みちこ　「Q&Aから考える保育と子育て」真宗大谷派宗務所出版部（日典3）

[8]靏岡　つるおか
　　靏岡賢二郎　つるおか・けんじろう　プロ野球選手（日典3）
　　靏岡哲夫　つるおか・てつお　（財）行政管理研究センター調査研究部主任研究員（日典3）

[10]靏師　つるし
　　靏師一彦　つるし・かずひこ　編集者（日典3）

【1607】鶴

鶴　つる
　　鶴浩二　つる・こうじ　「Excelで学ぶ暗号技術入門」オーム社（日典3）

[5]鶴田　つるた
　　鶴田栄作　つるた・えいさく　翻訳家,経営コンサルタント（日典3）
　　鶴田公江　つるた・きみえ　翻訳家（日典3）
　　鶴田圭吾　つるた・けいご　新聞社スタッフカメラマン（写人）
　　鶴田匡夫　つるた・ただお　ニコン顧問（日典3）
　　鶴田雄彦　つるた・ゆうひこ　タイホー社長（日典3）

[9]鶴巻　つるまき
　　鶴巻裕子　つるまき・ゆうこ　ピアノ教師（日典3）

[13]鶴殿　つるどの
　　鶴殿霞汀　つるどの・かてい　写真家,男爵（写家）
　　鶴殿輝人　つるどの・てるこ　写真家（写家）

青部

【1608】青

青　あお；せい
　　青拓美　あお・たくみ　「人生がうまくいかない人は声で損をしている」扶桑社（日典3）
　　青直樹　あお・なおき　教育者（島根歴）
　　青龍子　せい・りゅうし　近代中国史研究所主宰（日典）

[4]青天目　なばため
　　青天目勝利　なばため・かつとし　ルナワークステーション販売社長（日典3）
　　青天目弘　なばため・ひろし　常磐交通自動車会長（日典）

青月　あおつき；せいずき
　　青月ぱそる　あおつき・ぱそる　「奥さまは毒舌」祥伝社（日典3）
　　青月まどか　せいずき・まどか　「ミスプリ！」講談社（日典3）

青水　あおき；あおみ
　　青水正博　あおき・まさひろ　医師,自然保護運動家（郷土長野）
　　青水司　あおみ・つかさ　経営工学者（現執2期）

[5]青平木　あおひらぎ
　　青平木重夫　あおひらぎ・しげお　職工（社史）

[6]青地　あおじ；あおち
　　青地伯水　あおじ・はくすい　「もうひとつの世界」松籟社（日典3）
　　青地秀太郎　あおじ・ひでたろう　洋画家（岡山歴）
　　青地晨　あおち・しん　編集者,評論家（日人）
　　青地忠三　あおち・ちゅうぞう　映画監督,記録映画作家（日人）

青池　あおいけ；あおち
　　青池晃太郎　あおいけ・ちょうたろう　実業家,普選運動家（姓氏静岡）
　　青池保子　あおいけ・やすこ　漫画家（日人）
　　青池周　あおち・しゅう　小説家（日典）

青羽　あおば；あおはね
　　青羽剛　あおば・ごう　俳優（日典3）
　　青羽光夫　あおば・みつお　写真家（日典3）
　　青羽空　あおはね・そら　画家（日典）

[7]青尾　あおお
　　青尾幸　あおお・さち　アナウンサー（日典3）
　　青尾稔　あおお・みのる　産業広告ライター（現執2期）

青来　せいらい
　　青来有一　せいらい・ゆういち　小説家（日人）

青谷　あおたに；あおや
　　青谷恵利子　あおたに・えりこ　「ナースのための臨床試験入門」医学書院（日典3）
　　青谷和夫　あおたに・かずお　法学者（現執2期）
　　青谷和久　あおや・かずひさ　政治評論家（日典）

青部（静）　面部（面）　　　　　　　　　　　　　　　　　　　　　　　〔1610〕

⁹青柳　あおやぎ；あおやなぎ
　青柳瑞穂　あおやぎ・みずほ　フランス文学者，詩人（日人）
　青柳有美　あおやぎ・ゆうび　ジャーナリスト，随筆家（日人）
　青柳信雄　あおやなぎ・のぶお　映画監督（神奈川百）
　青柳はるよ　あおやなぎ・はるよ　明治女学校教諭（姓氏宮城）
青柳　あおやぎ
　青柳史郎　あおやぎ・しろう　元愛知県碧南市長（人情）
　青柳進　あおやぎ・すすむ　元・プロ野球選手（日典3）
青海　あおうみ；あおみ；おうみ；せいかい
　青海英子　あおうみ・えいこ　フラワーアーティスト（日典3）
　青海黎　あおみ・れい　「めぐりあう恋」原書房（日典3）
　青海樹　おうみ・いつき　「メモリーズオフセカンド」ジャイブ（日典3）
　青海源兵衛　せいかい・げんべえ　津軽塗職人（青森人）
青玻璃　あおはり
　青玻璃康生　あおはり・こうせい　「風景の外側」雄文社出版企画室（日典3）
¹⁰青梅　おうめ
　青梅浩　おうめ・ひろし　小説家（日典3）
青砥　あおと
　青砥一二郎　あおと・いちじろう　「山風蠱」構造社（日典3）
　青砥芬　あおと・かおる　税理士（日典3）
　青砥可明　あおと・かめい　川柳家（島根歴）
　青砥昇　あおと・のぼる　放送事業家（現情）
　青砥安男　あおと・やすお　コンサルタント（現情3期）
¹¹青笹　あおささ；あおざさ
　青笹慶三郎　あおささ・けいざぶろう　元・前田建設工業副会長（日典）
　青笹克之　あおざさ・かつゆき　大阪大学医学部教授（日典）
　青笹哲雄　あおざさ・てつお　「たのしくはずむ国語」フォーラム・A企画（日典3）
青野　あおの；せいの
　青野季吉　あおの・すえきち　文芸評論家（コン4）
　青野聡　あおの・そう　小説家（日人）
　青野麦秋　せいの・ばくしゅう　俳人（北海道文）
青鹿　あおしか
　青鹿四郎　あおしか・しろう　「昭和前期農政経済名著集」農山漁村文化協会（JM）
　青鹿明司　あおしか・めいし　常陽銀行頭取，内閣官房内閣審議室長（日典3）
　青鹿祐二　あおしか・ゆうじ　「小学生の手品はかせ」学灯社（日典3）
　青鹿良二　あおしか・りょうじ　イラストレーター（日典3）

【1609】　静

静　しず；しずか
　静武勝　しず・たけかつ　農民（社史）
　静常英　しず・つねえい　農民（社史）
　静慈円　しずか・じえん　僧侶，密教学者（現執4期）
　静文夫　しずか・ふみお　詩人（兵庫文）
⁷静谷　しずたに；しずや
　静谷正雄　しずたに・まさお　大乗仏教学者（現執1期）
　静谷謙一　しずや・けんいち　京都大学基礎物理学研究所教授（日典3）
　静谷建樹　しずや・たてき　「建築設備の計画と設計」オーム社（日典3）
¹²静間　しずま
　静間健介　しずま・けんすけ　官吏（海越新）
　静間小次郎　しずま・こじろう　俳優（コン）
　静間知次　しずま・ともじ　軍人（日人）
　静間彦太郎　しずま・ひこたろう　長州（萩）藩士（日人）
　静間良次　しずま・りょうじ　数学者（数学）

部首9画

面部

【1610】　面

面　おもて；ほほつき
　面甚左衛門　おもて・じんざえもん　陶磁器工，労働運動家（姓氏京都）
　面漱二　おもて・そうじ　社会運動家（アナ）
　面洋　ほほつき・ひろし　弁護士（日典）
³面川　おもかわ
　面川洽治　おもかわ・こうじ　「季節のカドリール」ル・マルス社（日典3）
　面川真喜子　おもかわ・まきこ　マーケットプランナー（現執3期）
　面川誠　おもかわ・まこと　「変わる韓国」新日本出版社（日典3）
　面川ユリア　おもかわ・ゆりあ　「萩尾望都」清山社（書籍）
　面川義明　おもかわ・よしあき　角田市農協青年部長（日典3）
⁵面出　おもで；めんで
　面出明美　おもで・あけみ　脚本家（日典）
　面出薫　めんで・かおる　照明デザイナー（現執4期）
　面出和子　めんで・かずこ　女子美術大学芸術学部芸術学科教授（日典3）

[1611]

面田　おもだ
　面田信昭　おもだ・のぶあき　広島商船高等専門学校名誉教授（日典3）

⁶面地　おもじ；おもち
　面地誠二　おもじ・せいじ「すぐに使える5S実践フォーマット集」日本能率協会マネジメントセンター（日典3）
　面地豊　おもち・ゆたか　経営社会学者（現執2期）

面竹　めんたけ
　面竹正太郎　めんたけ・しょうたろう　人形作家（日人）

⁷面谷　おもたに；おもだに；おもや；めんたに
　面谷賢事　おもたに・けんじ　反帝同盟関係者（社史）
　面谷信　おもだに・まこと「紙への挑戦電子ペーパー」森北出版（日典3）
　面谷哲郎　おもや・てつろう「やっぱりおうさまだね」学習研究社（日典3）
　面谷幸男　めんたに・ゆきお「写真が語る日本の奇術」金沢天耕（日典3）

面足　おもたる
　面足千木　おもたる・ちぎ　劇作家（近文1）

⁸面迫　おもさこ
　面迫博　おもさこ・ひろし「藤部隊第一中隊戦記」藤部隊第一中隊戦記刊行会（日典3）
　面迫幸雄　おもさこ・ゆきお　広島県議（日典）

⁹面屋　おもや；めんや
　面屋龍延　おもや・りゅうえん　清風堂書店代表（日典3）
　面屋龍門　おもや・りゅうもん　僧侶（社史）
　面屋庄三　めんや・しょうぞう　彫刻家、人形作家（日人）
　面屋庄甫　めんや・しょうほ　人形作家（日典3）

¹⁰面家　おもや
　面家鉄郎　おもや・てつろう「ネコ??」講談社（日典3）

面高　おもだか
　面高慶之助　おもだか・けいのすけ　島根県水産試験場長（島根歴）
　面高俊信　おもだか・としのぶ　堀江金属工業社長（日典3）
　面高俊宏　おもだか・としひろ　鹿児島大学理学部教授（日典3）
　面高直子　おもだか・なおこ　テレビプロデューサー（日典3）
　面高雅紀　おもだか・まさのり　障害者支援研究者、福祉施設役員（視覚）

¹¹面堂　めんどう
　面堂安久楽　めんどう・あぐら　狂歌師（国書）
　面堂安久楽〔2代〕　めんどう・あぐら　狂歌師（人名）
　面堂安久楽〔3代〕　めんどう・あぐら　狂歌師（人名）
　面堂かずき　めんどう・かずき「枕草子」金の星社（日典3）

革部（鞜、靳、鞆、鞍）

革部

【1611】　鞜

鞜　うつぼ
　鞜啓子　うつぼ・けいこ　バレリーナ（現日）
　鞜勉　うつぼ・つとむ　国際電信電話社長（日典3）

【1612】　靳

靳　きん
　靳海東　きん・かいとう「驚異の中国健康法」講談社（JM）

【1613】　鞆

鞆　とも
　鞆大輔　とも・だいすけ「文科系のためのコンピュータ総論」共立出版（日典3）
　鞆房子　とも・ふさこ「あかがい」三一書房（日典）
　鞆正明　とも・まさあき　弓道家、弓道錬士（弓道）

⁵鞆田　ともだ
　鞆田龍彦　ともだ・たつひこ　銀星タクシー常務（日典3）
　鞆田晶行　ともだ・まさゆき　民謡歌手（日典3）
　鞆田幸徳　ともだ・ゆきのり「腰痛のスポーツ医学」朝倉書店（JM）

⁷鞆谷　ともたに
　鞆谷繁夫　ともたに・しげお　洋画家（洋画）

【1614】　鞍

鞍　くら
　鞍悦子　くら・えつこ「天馬」本阿弥書店（日典3）
　鞍信一　くら・しんいち　喫茶店主、音楽評論家（音人）
　鞍美鈴　くら・みすず「ラブリースマイル」彩図社（日典3）

²⁰鞍懸　くらかけ
　鞍懸琢磨　くらかけ・たくま　教育者（愛媛百）
　鞍懸寅次郎　くらかけ・とらじろう　播磨赤穂藩足軽（歴大）
　鞍懸寅二郎　くらかけ・とらじろう　播磨赤穂藩足軽（岡山歴）
　鞍懸吉人　くらかけ・よしと「坊っちゃん」岩崎美術社（日典3）
　鞍懸吉寅　くらかけ・よしとら　播磨赤穂藩足軽（コン4）

革部(鞭)　韋部(韓)　韭部(韮)　音部(音)　　　　　　　　　　　　　　　　　　　　　　　　〔1618〕

【1615】 鞭

10鞭馬　べんま；むちま
　鞭馬文典　べんま・ふみのり　コメディアン(新芸)
　鞭馬講二　むちま・こうじ　マラソン選手(日典)
　鞭馬典彦　むちま・のりひこ　西部電機常務(日典3)

韋部

【1616】 韓

韓　かん；はん
　韓啓司　かん・けいじ　医師(日典3)
　韓武夫　かん・たけお　歌人(大阪文)
　韓亜由美　はん・あゆみ「工事中景」鹿島出版会(日典3)
　韓幸子　はん・ゆきこ　翻訳家(日典3)

韭部

【1617】 韮

7韮沢　にらさわ；にらざわ
　韮沢慶子　にらさわ・けいこ　全国繊維産業労組婦人部長(近女)
　韮沢嘉雄　にらさわ・よしお　団体役員(現執3期)
　韮沢慶子　にらさわ・けいこ　全国繊維産業労組婦人部長(社史)

12韮塚　にらずか；にらつか
　韮塚一三郎　にらずか・いちさぶろう　郷土史家(郷土)
　韮塚直次郎　にらずか・なおじろう　製糸業者(埼玉人)
　韮塚朝吉　にらつか・あさきち　初代富岡商工会議所会頭(群馬人)
　韮塚一三郎　にらつか・いちさぶろう「関東を拓く二人の賢者」さきたま出版会(日典3)

音部

【1618】 音

音　おと
　音桂二郎　おと・けいじろう　実業家(創業)
　音重鎮　おと・しげき　元・プロ野球選手(日典3)
　音孝　おと・たかし　日機装会長(日典3)
　音久無　おと・ひさむ「花と悪魔」白泉社(日典3)
　音好宏　おと・よしひろ　研究者(現執4期)

3音川　おとかわ；おとがわ
　音川健二　おとかわ・けんじ　チェロ奏者(音人3)
　音川真透　おとかわ・ていとう　政治家(姓氏京都)
　音川和久　おとがわ・かずひさ　大阪府立大学経済学部経営学科専任講師(日典)

5音田　おとだ；おんだ
　音田福松　おとだ・ふくまつ「インパール作戦の真相—元少佐の手記」音田福松(JM)
　音田功　おんだ・いさお　群馬大学工学部教授(日典3)
　音田正巳　おんだ・まさみ　経済評論家(現執1期)

6音成　おとなり；ねしげ
　音成一郎　おとなり・いちろう　佐賀県軟式庭球連盟理事長,音成印刷所代表(日典3)
　音成三男　おとなり・みつお　写真家(写家)
　音成龍司　ねしげ・りゅうじ　佐賀医科大学医学部附属病院内科助手(日典)

7音谷　おとたに；おとだに
　音谷登平　おとたに・とへい　東北大学名誉教授(日典3)
　音谷健郎　おとだに・たつお「文学の力」人文書院(日典3)

10音納　おとの
　音納捨三　おとの・すてぞう　写真家(写家)

音馬　おとうま；おとば
　音馬峻　おとうま・たかし　ニチアス社長(日典3)
　音馬実蔵　おとば・じつぞう　歌人(奈良文)

11音部　おとべ
　音部治　おとべ・おさむ　三重大学名誉教授(日典3)
　音部幸司　おとべ・こうじ　洋画家(洋画)
　音部調子　おとべ・のりこ　イラストレーター(日典3)

12音喜多　おときた
　音喜多古剣　おときた・こけん「処々折々帖」アートプロ(日典3)
　音喜多富寿　おときた・とみじゅ　考古学者,俳人(郷土)
　音喜多富寿　おときた・とみとし　考古学者,俳人(考古)

音無　おとなし
　音無篤　おとなし・あつし「七歳までは神のうち」日本図書刊行会(日典3)
　音無新太郎　おとなし・しんたろう　神職(神人)
　音無俊彦　おとなし・としひこ　競馬研究者(日典3)
　音無真喜子　おとなし・まきこ　女優(映女)
　音無美紀子　おとなし・みきこ　女優(世紀)

姓名よみかた辞典　姓の部　747

音部(響) 頁部(頂,須)

【1619】 響

響 ひびき
- 響あい ひびき・あい 「カレに媚薬を飲ませたら」小学館(日典)
- 響彬斗 ひびき・あきと 俳優(日典3)
- 響一真 ひびき・かずま 俳優(日典3)
- 響かつら ひびき・かつら 「華麗なる賭け」幻冬舎コミックス,幻冬舎(発売)(日典3)
- 響玲於那 ひびき・れおな コンセプト・プロデューサー,心身医学者(現執3期)

[11]響堂 きょうどう
- 響堂新 きょうどう・しん 小説家(幻想)

響野 きょうの;きょうや;ひびきの
- 響野夏子 きょうの・なつこ ピアニスト(日典)
- 響野まりん きょうや・まりん 漫画家(漫人)
- 響野夏菜 ひびきの・かな 小説家(幻想)

頁部

【1620】 頂

頂 いただき;ちょう
- 頂専之助 いただき・せんのすけ 力士(相人)
- 頂健一郎 ちょう・けんいちろう 元・小学校教師(日典)

【1621】 須

須々木 すすき;すずき
- 須々木斐子 すすき・あやこ 「中学校教育機器活用法の研究」明治図書出版(日典3)
- 須々木要 すすき・かなめ 川崎重工業労務課長(社史)
- 須々木純一 すずき・じゅんいち 造機工,労働運動家(社史)
- 須々木草一 すずき・そういち 歌人(紀伊文)

須ケ原 すがはら;すがわら
- 須ケ原光弘 すがはら・みつひろ 写真家(日典)
- 須ケ原樽子 すがわら・ちょこ 俳人(日典)

[3]須川 すかわ;すがわ
- 須川長之助 すかわ・ちょうのすけ 植物採取家(幕末)
- 須川英徳 すかわ・ひでのり 「韓国経済通史」法政大学出版局(日典3)
- 須川栄三 すがわ・えいぞう 映画監督(映人)
- 須川信行 すがわ・のぶゆき 歌人(日人)

[4]須之部 すのべ
- 須之部量寛 すのべ・かずひろ 東京理科大学理工学部教授(日典3)
- 須之部淑男 すのべ・よしお 植物学者,ディレクター(児人)
- 須之部量三 すのべ・りょうぞう 外交官,政治学者(日人)

須毛原 すげはら
- 須毛原貞正 すげはら・さだまさ 労農党土浦支部メンバー(社史)

[5]須加 すか;すが
- 須加金男 すか・かねお 「通し鴨」威岳庵(日典3)
- 須加五々道 すか・ごごどう 日本画家(美家)
- 須加葉子 すが・ようこ 京都府立医科大学医学部教授(日典)

須加原 すがはら;すがわら
- 須加原一博 すがはら・かずひろ 「超音波ガイド下中心静脈穿刺法マニュアル」総合医学社(日典3)
- 須加原満雄 すがはら・みつお 元・三宝化学会長(日典)
- 須加原満穂 すがわら・みつほ 「俳画」日貿出版社(日典3)

須古 すこ
- 須古清 すこ・きよし 口演童話家(日児)
- 須古白塔子 すこ・はくとうし 「低音」京鹿子社(日典3)
- 須古将宏 すこ・まさひろ 佐賀県植物友の会長(日典3)
- 須古都 すこ・みやこ 看護師,薬剤師(近医)

須甲 すこう
- 須甲和彦 すこう・かずひこ シナリオライター(日典)
- 須甲国枝 すこう・くにえ 「山茶花」短歌新聞社(日典3)
- 須甲鉄也 すこう・てつや 動物学者(現情)

[7]須佐美 すさみ
- 須佐美康治 すさみ・こうじ 写真愛好家,歯科医(日典3)
- 須佐美誠一 すさみ・せいいち コラムニスト(現執2期)
- 須佐美隆史 すさみ・たかふみ 「口唇口蓋裂のチーム医療」金原出版(日典3)
- 須佐美八蔵 すさみ・はちぞう 全国労働組合同盟メンバー(社史)

須貝 すかい;すがい
- 須貝快天 すかい・かいてん 農民運動家(人名)
- 須貝正紀 すかい・まさのり 「ぼんくら日記」あさを社(日典3)
- 須貝快天 すがい・かいてん 農民運動家(コン5)
- 須貝止 すがい・とどむ 日本聖公会主教,聖書学者(平和)

[8]須知 すち
- 須知源次郎 すち・げんじろう 陸軍軍人(陸海)
- 須知泰山 すち・たいざん 医師(近医)
- 須知東吉 すち・とうきち 東洋オート用品社長(日典3)
- 須知徳平 すち・とくへい 小説家,児童文学作家(日人)
- 須知裕雅 すち・ひろまさ タレント(テレ)

[10]須原 すはら;すばら
- 須原昭二 すはら・しょうじ 政治家(政治)
- 須原藤平 すはら・とうへい 日本共産党党員(社史)

頁部(頓,頭,頼)

須原研九郎　すばら・けんくろう　著述家(日典3)

11須崎　すさき；すざき
　須崎勝弥　すさき・かつや　シナリオライター(映々)
　須崎幹　すさき・かん　愛知県議(自民党,名古屋市天白区)(日典3)
　須崎実　すざき・みのる　社会運動家(アナ)
　須崎芳三郎　すざき・よしさぶろう　ジャーナリスト(コン)

12須賀　すか；すが
　須賀栄子　すか・えいこ　教育者(日人)
　須賀友正　すか・ともまさ　学校創立者(学校)
　須賀敦子　すが・あつこ　イタリア文学者,随筆家(日人)
　須賀不二男　すが・ふじお　俳優(新芸)

須賀原　すがはら；すがわら
　須賀原洋行　すがはら・ひろゆき　漫画家(漫人)
　須賀原よしえ　すがはら・よしえ　「実在ニョーボ・よしえのマタニティ女王様！」講談社(日典3)
　須賀原亮三　すがわら・りょうぞう　筑波大応用生物化学系教授(日典)

14須網　すあみ
　須網隆夫　すあみ・たかお　法学者(現執4期)
　須網哲夫　すあみ・てつお　「立体配座解析」東京化学同人(日典3)

18須藤　すとう；すどう
　須藤克三　すとう・かつぞう　児童文学者,教育者(日人)
　須藤憲三　すとう・けんぞう　医化学者(日人)
　須藤五郎　すどう・ごろう　作曲家,政治家(日人)
　須藤南翠　すどう・なんすい　小説家,新聞記者(コン5)

【1622】 頓

5頓田　とんだ
　頓田国満　とんだ・くにみつ　元・プロ野球選手(日典3)
　頓田室彦　とんだ・さやこ　画家(児人)

8頓所　とんしょ；とんじょ；とんどころ
　頓所愛子　とんしょ・あいこ　「四季折々」武田出版(日典3)
　頓所由夏　とんじょ・ゆか　ゴルフ選手(日典)
　頓所義勝　とんどころ・よしかつ　ハンググライダー設計・製作者(日典)

10頓宮　とみや；とんぐう；はやみ
　頓宮咲月　とみや・しょうげつ　「家内用心集 民家要術」八坂書房(日典3)
　頓宮基雄　とんぐう・もとお　軍人(日人)
　頓宮慶蔵　はやみ・けいぞう　記録映画作家(国人)

11頓野　とんの
　頓野孝夫　とんの・たかお　日製産業会社相談役(人情)

頓野広太郎　とんの・ひろたろう　科学者,教育者(山口百)

【1623】 頭

3頭山　とうやま
　頭山桂之助　とうやま・けいのすけ　俳優(男優)
　頭山秀三　とうやま・しゅうぞう　国家主義者,右翼運動家(履歴2)
　頭山立国　とうやま・たつくに　新聞人(現情)
　頭山秀三　とうやま・ひでぞう　国家主義者(コン4)
　頭山満　とうやま・みつる　国家主義者(コン5)

頭川　ずかわ
　頭川昭子　ずかわ・あきこ　筑波大学大学院人間総合科学研究科教授(日典3)
　頭川勝治　ずかわ・かつじ　菱冠食品工業代表取締役会長(日典3)
　頭川定蔵　ずかわ・さだぞう　明治製菓常務,明治マクビティ社長(日典3)
　頭川徹次　ずかわ・てつじ　体育学者(体育)
　頭川博　ずかわ・ひろし　理論経済学者(現執2期)

5頭本　ずもと
　頭本元貞　ずもと・もとさだ　新聞経営者(コン5)

10頭師　ずし
　頭師孝雄　ずし・たかお　俳優(新芸)
　頭師千昌　ずし・ちあき　「きのぴのき」ビームスクレイエイティブレコード事業部,ブルース・インターアクションズ(発売)(日典3)
　頭師正明　ずし・まさあき　俳優(映男)
　頭師満　ずし・みつる　俳優(映男)
　頭師佳幸　ずし・よしたか　俳優(映男)

【1624】 頼

頼　より；らい
　頼平　より・たいら　農業経済学者(現執3期)
　頼富美夫　より・ふみお　空将(日典3)
　頼支峰　らい・しほう　儒者(日人)
　頼成一　らい・せいいち　教育者(日人)

5頼母木　たのもき；たのもぎ
　頼母木こま　たのもき・こま　音楽家(芸能)
　頼母木桂吉　たのもぎ・けいきち　政治家(コン5)
　頼母木駒子　たのもぎ・こまこ　音楽教育者(日人)

7頼近　よりちか
　頼近珠子　よりちか・たまこ　「ある秘書の一日」愛育出版(日典3)
　頼近美津子　よりちか・みつこ　アナウンサー(人情)

12頼富　よりとみ
　頼富敦子　よりとみ・あつこ　「MetaFrame XP初級管理者ガイド」毎日コミュニケーションズ(日典3)

頁部（頟, 顔, 願）　風部（風）

頼富清彦　よりとみ・きよひこ　山崎学園理事、富士見中学・高校名誉校長（日典3）
頼富実毅　よりとみ・じつよし　僧侶（日人）
頼富淳子　よりとみ・じゅんこ　さんあい公社コーディネーター（日典3）
頼富本宏　よりとみ・もとひろ　僧侶,密教学者（現執4期）

【1625】 頟

[5]頟田　ぬかた；ぬかだ
　頟田成　ぬかた・おさむ　医師（日典3）
　頟田やえ子　ぬかた・やえこ　翻訳家（女文）
　頟田豊　ぬかた・ゆたか　内科医学者（日人）
　頟田六福　ぬかだ・ろっぷく　劇作家（コン4）
[12]頟賀　ぬかが
　頟賀修　ぬかが・おさむ　私学経営者（郷土茨城）
　頟賀キヨ　ぬかが・きよ　教育者（学校）
　頟賀三郎　ぬかが・さぶろう　教育者（学校）
　頟賀福志郎　ぬかが・ふくしろう　政治家（現政）
　頟賀保輝　ぬかが・ほうき　小学校教員,印刷業者（平和）

【1626】 顔

[5]顔田　かおだ
　顔田顔彦　かおだ・かおひこ　俳優（テレ）

【1627】 願

[10]願翁　がんのう；げんおう
　願翁元志　がんのう・げんし　臨済宗僧侶（神奈川人）
　願翁元志　げんおう・げんし　臨済宗の僧（仏教）

風部

【1628】 風

[1]風　かぜ；ふう
　風かおる　かぜ・かおる　女優（映女）
　風忍　かぜ・しのぶ　漫画家（幻想）
　風竜子　ふう・りゅうこ「月のアルペジオ」フロム出版（日典3）
[3]風山　かざやま
　風山瑕生　かざやま・かせい　詩人（日人）
　風山広雄　かざやま・ひろお　芳賀郡小山村の社掌・塾頭（栃木歴）
[4]風戸　かざと；ふと
　風戸健二　かざと・けんじ　技術者,実業家（日人）
　風戸佑介　かざと・ゆうすけ　俳優（和モ）
　風戸義雄　ふと・よしお「修道生活」あかし書房（日典3）

風木　かざき；かぜき
　風木雲太郎　かざき・くもたろう　詩人（日典3）
　風木一人　かぜき・かずひと　児童文学作家（日典3）
[6]風早　かざはや；かぜはや
　風早公紀　かざはや・きんこと　公家（日人）
　風早八十二　かざはや・やそじ　弁護士,社会主義学者（コン4）
　風早悟　かぜはや・さとる「キャンパスの追憶」学文社（日典3）
　風早宏隆　かざはや・ひろたか　トロンボーン奏者（演奏）
[7]風吹　ふぶき
　風吹あゆ　ふぶき・あゆ　宝塚歌劇団団員（日典3）
　風吹晏名　ふぶき・あんな　映画監督、女優（日典3）
　風吹ジュン　ふぶき・じゅん　女優（日映女）
　風吹望　ふぶき・のぞみ「美人市議・二十八歳」フランス書院（日典3）
風呂本　ふろもと
　風呂本惇子　ふろもと・あつこ　城西国際大学人文科学研究科教授・人文学部国際文化学科教授（日典3）
　風呂本佳苗　ふろもと・かなえ　ピアニスト（音人）
　風呂本武敏　ふろもと・たけとし　アイルランド文学者（世紀）
　風呂本武典　ふろもと・たけのり「フェリー航路は自動車道路」成山堂書店（日典3）
　風呂本寛　ふろもと・ひろし　ミュージシャン（日典3）
風呂迫　ふろさこ；ふろせこ
　風呂迫忠武　ふろさこ・もとむ「フロサコの入試英単語live 3200」吾妻書房（日典3）
　風呂迫暉富美　ふろせこ・ひふみ　市電補助車掌（社史）
風谷　かざたに；かぜたに
　風谷大青　かざたに・たいせい「グーってうーんとイーベル」新風舎（JM）
　風谷エミリ　かざたに・えみり「誘蛾灯」日本図書刊行会（日典3）
[8]風林　かざばやし；ふうりん
　風林順平　かざばやし・じゅんぺい「なぞの怪獣大図鑑」立風書房（日典3）
　風林流星　ふうりん・りゅうせい「競馬でポン!!」総和社（日典3）
[9]風巻　かざまき
　風巻景次郎　かざまき・けいじろう　国文学者（コン4）
　風巻弦　かざまき・げん「ビュンと春兵!」小学館（日典3）
　風巻絃一　かざまき・げんいち　小説家（幻想）
　風巻友一　かざまき・ともかず　旭光学工業常務（日典3）
　風巻義雄　かざまき・よしお　教育者（神奈川人）
風音　かざと；かざね
　風音さやか　かざと・さやか　翻訳家（日典3）

風部（颯）　飛部（飛）　　　　　　　　　　　　　　　　　　　　　　　　〔1630〕

風音曷　かざね・こう「ムーの幻影」北の街社（日典3）
¹⁰風原　かざはら；かぜはら
　風原彩　かざはら・あや「Baby・ロマンス」三陸文学研究社（日典3）
　風原槙　かざはら・まき「青灯窓」北の杜編集工房（日典3）
　風原竜　かざはら・りゅう「空と大地の狭間」新風舎（JM）
¹¹風張　かざはり；かぜはり
　風張喜民夫　かざはり・きみお　五輪出場のアイスホッケー選手（青森人）
　風張正男　かざはり・まさおき「小・中学生の『自発的意欲』に関する調査研究」大阪市教育センター（日典3）
　風張景一　かざはり・けいいち「白き画布」砂子屋書房（日典3）
風野　かざの；かぜの；ふうの
　風野晴男　かざの・はるお　写真家（写家）
　風野潮　かぜの・うしお　児童文学作家（幻想）
　風野朱美　ふうの・あけみ　漫画家（漫画）
¹²風森　かざもり；かぜのもり
　風森さわ　かざもり・さわ　小説家（日典3）
　風森洸　かざもり・ひかる「暗黒の21世紀に挑む」解放社（日典3）
　風森スウ　かぜのもり・すう　児童文学作家（幻想）
風越　かざごえ；かざこし
　風越爺　かざごえ・じじい「じじい独りNZを行く」メディカルサイエンス社（日典3）
　風越みなと　かざごえ・みなと「岡山・吉備の国「内田百閒文学賞」」作品社（日典3）
　風越妙子　かざこし・たえこ　挿絵画家（児人）
¹⁵風摩　ふうま
　風摩人　ふうま・じん「頭領運」双葉社（日典3）

【1629】颯

⁴颯手　さって
　颯手達治　さって・たつじ　歴史小説家（北海道文）
⁵颯田　さった
　颯田あきら　さった・あきら「天翔ける（あまかける）白鳥のように」扶桑社（日典3）
　颯田小太郎　さった・こたろう　政治家（姓氏愛知）
　颯田琴次　さった・ことじ　音声学者, 医師（日人）
　颯田諦真　さった・たいしん　尼僧（日人）
　颯田本真　さった・ほんしん　尼僧（日人）

飛部

【1630】飛

飛　とび
　飛省一朗　とび・しょういちろう「人の心はこうしてつかめ」大和出版（日典3）
　飛浩隆　とび・ひろたか　小説家（幻想）
³飛子　とびす
　飛子虎男　とびす・とらお　クリーンテック工業会長（日典）
飛山　とびやま；ひやま
　飛山一男　とびやま・かずお　実業家 いすゞ自動車社長（日人）
　飛山宣雄　とびやま・のぶお　チェロ奏者（音人3）
　飛山将　ひやま・すすむ　共同通信国際局海外部長（日典）
飛川　とびかわ；ひかわ
　飛川航　とびかわ・こう「座臥春秋」文学の森（日典3）
　飛川直也　ひかわ・なおや「新宿二丁目ウリセン・ボーイズ」河出書房新社（日典3）
　飛川ゆり子　ひかわ・ゆりこ「風の王国」東京経済（日典3）
⁴飛内　とびうち；とびない
　飛内真吾　とびうち・しんご　漁業（日典3）
　飛内明男　とびない・あきお　国税庁東京国税局鎌倉税務署特別国税調査官（日典3）
　飛内賢正　とびない・けんせい　医師（日典3）
飛火野　とびひの
　飛火野耀　とびひの・あきら　ファンタジー作家（幻想）
⁵飛田　とびた；とびだ；とんだ；ひた；ひだ
　飛田穂洲　とびた・すいしゅう　野球評論家（コン4）
　飛田秀一　とびだ・ひでかず　新聞人（石川百）
　飛田辛子　とんだ・からし　川柳作家（日典）
　飛田しげ子　ひた・しげこ「オテツダヒ」泰光堂（日典3）
　飛田周山　ひだ・しゅうざん　日本画家（日人）
⁷飛来　ひき；ひらい
　飛来一閑〔15代〕　ひき・いっかん　一閑張師（美工）
　飛来一閑　ひらい・いっかん　漆工＝近世（コン）
　飛来トキコ　ひらい・ときこ「小さな水たまり」上毛新聞社（製作・発売）（日典3）
飛沢　とびさわ；ひざわ
　飛沢栄三　とびさわ・えいぞう　北海高校野球部監督（札幌）
　飛沢浩人　とびさわ・ひろと　ビオラ奏者（演奏）
　飛沢磨利子　ひざわ・まりこ　小説家（幻想）
　飛沢行雄　ひざわ・ゆきお　画家（日典3）

[1631]

飛見　ひみ
　飛見行栄　ひみ・こうえい　「往年の懐古」飛見澄子（日典3）
　飛見丈繁　ひみ・たけしげ　医師，政治家（姓氏富山）

[8]飛松　とびまつ
　飛松謹一　とびまつ・きんいち　蛇の目ミシン工業創業者（日典3）
　飛松建二　とびまつ・けんじ　宮崎銀行会長（日典3）
　飛松源治　とびまつ・げんじ　「初めて学ぶ人のための新中国の針灸療法入門」三景（日典3）
　飛松実　とびまつ・みのる　歌人（兵庫百）
　飛松与次郎　とびまつ・よじろう　社会運動家（日人）

[10]飛島　とびしま
　飛島貫治　とびしま・かんじ　水産学，教育者（札幌）
　飛島繁　とびしま・しげし　政治家（政）
　飛島哲雄　とびしま・てつお　城西消費購買組合組合員（社史）
　飛島斉　とびしま・ひとし　実業家（郷土福井）
　飛島文吉　とびしま・ぶんきち　実業家（コン5）

飛高　ひだか
　飛高健　ひだか・けん　歌手（日典3）
　飛高翔　ひだか・しょう　「忍ナイズ。」角川書店（日典3）
　飛高隆夫　ひだか・たかお　日本文学者（現執3期）
　飛高敬　ひだか・たかし　歌人（日典3）

[11]飛野　とびの；ひの
　飛野勇　とびの・いさむ　久保田鉄工専務（日典3）
　飛野俊之　ひの・としゆき　「女体肛開実験室」海王社（日典3）

飛鳥　あすか
　飛鳥幸子　あすか・さちこ　漫画家（幻想）
　飛鳥高　あすか・たかし　推理作家（日人）
　飛鳥裕子　あすか・ゆうこ　女優（和モ）
　飛鳥涼　あすか・りょう　シンガー・ソングライター（作曲）
　飛鳥童　あすか・わらべ　絵本作家，画家（児人）

飛鳥井　あすかい
　飛鳥井清　あすかい・きよし　実業家（日人）
　飛鳥井孝太郎　あすかい・こうたろう　実業家（日人）
　飛鳥井雅典　あすかい・まさのり　公家（公卿）
　飛鳥井雅道　あすかい・まさみち　文芸評論家，坂本龍馬研究家（日人）
　飛鳥井雅望　あすかい・まさもち　公卿，歌人（日人）

飛鳥田　あすかた；あすかだ
　飛鳥田一雄　あすかた・いちお　政治家，弁護士（コン4）
　飛鳥田喜一　あすかた・きいち　弁護士，政治家（姓氏神奈川）
　飛鳥田孋無公　あすかだ・れいむこう　俳人（俳文）

食部（食，飯）

飛鳥居　あすかい
　飛鳥居昌乗　あすかい・しょうじょう　「心に残る仏教のことば」法蔵館（日典3）

[12]飛塚　とびづか；ひつか
　飛塚優　とびづか・まさる　薬品会社勤務（日典3）
　飛塚安吉　とびづか・やすきち　洋画家（洋画）
　飛塚英寿　ひつか・ひでとし　「出羽の国原―飛塚英寿写真集」飛塚英寿（JM）

[15]飛舗　ひしき
　飛舗宏平　ひしき・こうへい　法務省入国管理局（国典）
　飛舗靖　ひしき・やすし　千葉大学名誉教授（日典3）

[24]飛鷹　とびたか；ひだか
　飛鷹照和　とびたか・てるかず　福岡県キャンプ協会名誉会長（日典3）
　飛鷹鈴音　ひだか・すずね　「おんなのコの時間」オークラ出版（日典3）
　飛鷹照和　ひだか・てるかず　「青い海と空の物語」遊戯社（日典3）

食部

【1631】　食

[7]食見　しきみ
　食見忠弘　しきみ・ただひろ　島根医科大学歯学部助教授（科学）

[11]食野　めしの
　食野雅子　めしの・まさこ　翻訳家（日典3）

[12]食満　けま
　食満南北　けま・なんぼく　劇作家（日人）

【1632】　飯

飯　いい；めし
　飯靖子　いい・せいこ　オルガン奏者（演奏）
　飯忠七　いい・ちゅうしち　海運業者（幕末）
　飯哲夫　めし・てつお　京都大学理学部植物学科助教授（日典）

[3]飯久保　いいくぼ
　飯久保ウイリアムス蔦枝　いいくぼ・うぃりあむす・つたえ　「社会福祉概論」学文社（日典3）
　飯久保茂男　いいくぼ・しげお　「微分方程式」広川書店（日典3）
　飯久保貞次　いいくぼ・ていじ　日本メソジスト協会牧師（埼玉）
　飯久保知道　いいくぼ・ともみち　東京帝国大学セツルメント参加者（社史）
　飯久保広嗣　いいくぼ・ひろつぐ　経営コンサルタント（現執4期）

飯干　いいほし；いいぼし
　飯干陽　いいぼし・あきら　児童文学評論家（児人）

食部（飯）　　　　　　　　　　　　　　　　　　　　　　　　　　　　　　　　　　　　　〔1632〕

飯干
飯干修平　いいほし・しゅうへい　「39日のありがとう」エンタイトル出版（日典3）
飯干晃一　いいほし・こういち　小説家（日人）
飯干彦一　いいほし・ひこいち　弓道家,弓道教士（弓道）

[4]飯井　いい；いいい；おもい
飯井基彦　いい・もとひこ　京都工芸繊維大学地域共同研究センター客員教授（日典3）
飯井寅太郎　いいい・とらたろう　「販売戦に勝つために」同文館（日典3）
飯井敏雄　おもい・としお　元安立電気技術長（人情）

[5]飯本　いいほん；いいもと
飯本創　いいほん・つくる　「都々逸選集」日本都々逸協会（日典3）
飯本信之　いいもと・のぶゆき　人文地理学者（石川百）
飯本稔　いいもと・みのる　日大文学部教授（日典3）

飯田　いいた；いいだ；はんだ
飯田真知子　いいた・まちこ　大学野球選手（日典3）
飯田蛇笏　いいだ・だこつ　俳人（コン4）
飯田宏作　はんだ・こうさく　弁護士（日典）

飯石　いいいし；いいし
飯石豊市　いいいし・とよいち　社会運動家（社史）
飯石豊市　いいし・とよいち　社会運動家（社運）
飯石浩康　いいし・ひろやす　「消化器がん化学療法即戦マニュアル」金芳堂（日典3）

[6]飯合　めしあい
飯合肇　めしあい・はじめ　プロゴルファー（日典）

飯牟田　いむた
飯牟田高博　いむた・たかひろ　「細胞家族」近代文芸社（JM）

飯牟礼　いいむら；いいむれ
飯牟礼寿長　いいむら・じゅちょう　薩摩琵琶演奏家（日音）
飯牟礼昭　いいむれ・あきら　南日本新聞開発センター（日典3）
飯牟礼俊位　いいむれ・しゅんい　軍人（渡航）

[7]飯作　いいさく；はんさく
飯作俊一　いいさく・しゅんいち　国際電信電話（株）調査役（日典）
飯作省　いいさく・しょう　造船所創設者（姓氏静岡）
飯作修　はんさく・おさむ　北方領土居住者壮青年連合会長（日典）

飯利　いいり
飯利勝郎　いいり・かつろう　「男富士」本阿弥書店（日典3）
飯利雄彦　いいり・たかひこ　警察庁振り込め詐欺対策官（日典3）
飯利太朗　いいり・たろう　「アルドステロン研究の新展開」医歯薬出版（日典3）
飯利雄一　いいり・ゆういち　理科教育学者（現執3期）

飯坂　いいさか；いいざか
飯坂友佳子　いいさか・ゆかこ　小説家,漫画家（漫）
飯坂良明　いいさか・よしあき　政治学者（世紀）
飯坂円収　いいざか・えんしゅう　僧侶・文学者（姓氏岩手）
飯坂忠兵衛　いいざか・ちゅうべえ　漆栽培研究者（姓氏岩手）

飯村　いいむら；いむら
飯村丈三郎　いいむら・じょうざぶろう　政治家,実業家（日人）
飯村隆彦　いいむら・たかひこ　映像作家,ビデオ・アーティスト（日人）
飯村天祐　いむら・てんゆう　「飯村天祐全歌集」新短歌社（日典3）

飯沢　いいさわ；いいざわ
飯沢喜志朗　いいさわ・きしお（日典）
飯沢匡　いいさわ・ただす　劇作家,演出家（幻想）
飯沢耕太郎　いいざわ・こうたろう　写真評論家（写）
飯沢匡　いいざわ・ただす　劇作家,演出家（コン4）

[8]飯国　いいくに；いいぐに
飯国弥生　いいくに・やよい　北里大学医療衛生学部非常勤講師（日典）
飯国有佳子　いいくに・ゆかこ　「現代ビルマにおける宗教的実践とジェンダー」風響社（日典3）
飯国壮三郎　いいくに・そうざぶろう　実業家,政治家（日人）
飯国洋二　いいぐに・ようじ　大阪大学工学部通信工学科助教授（日典）

飯河　いいかわ；いごう
飯河小膳　いいかわ・こぜん　陸奥会津藩士（幕末）
飯河成信　いいかわ・せいしん　数学者,官僚（日典）
飯河誠　いごう・まこと　エステック社長（日典）

[9]飯泉　いいいずみ；いいずみ
飯泉彰裕　いいいずみ・あきひろ　「中国語作文のための短文練習」東方書店（日典3）
飯泉義一　いいいずみ・ぎいち　「寿笛」童心社（日典3）
飯泉新吾　いいずみ・しんご　出版人（出文）
飯泉優　いいずみ・まさる　植物研究家（植物）

[10]飯原　いいはら；いいばら；いはら
飯原一夫　いいはら・かずお　児童文学者,郷土研究家,挿絵画家（四国文）
飯原雲海　いいばら・うんかい　「「絵と文」集」（JM）
飯原藤一　いはら・とういち　武道家（姓氏富山）

飯島　いいしま；いいじま
飯島康義　いいしま・やすよし　「dBASEⅢPLUS大百科」サイエンテック（日典3）
飯島魁　いいじま・いさお　動物学者（コン5）
飯島耕一　いいじま・こういち　詩人（日人）

飯降　いぶり
飯降伊蔵　いぶり・いぞう　宗教家（コン5）

食部(飴, 飼, 飽, 餌, 餅, 養)

飯降梅子　いぶり・うめこ　歌人(奈良文)
飯降俊彦　いぶり・としひこ　「百日のおさしづ」天理教道友社(日典3)
飯降政彦　いぶり・まさひこ　天理大学学長(日典3)

飯高　いいたか；いいだか
　飯高一郎　いいたか・いちろう　合金学者(現情)
　飯高茂　いいたか・しげる　数学者(日人)
　飯高あい　いいだか・あい　「十三夜」本阿弥書店(日典3)
　飯高和雄　いいだか・かずお　「崩れゆく国を憂う」図書出版浪速社(日典3)

[11]飯盛　いいもり；いさかい；いさがい；いさかり
　飯盛里安　いいもり・さとやす　無機化学者(日人)
　飯盛挺造　いさかい・ていぞう　物理学者(渡航)
　飯盛信男　いさがい・のぶお　経済学者(現執3期)
　飯盛挺三　いさかり・ていぞう　物理学者, 教育家(佐賀百)

[12]飯塚　いいずか；いいつか；めしずか；めしつか
　飯塚浩二　いいずか・こうじ　地理学者(コン4)
　飯塚和之　いいつか・かずゆき　民法・環境法学者(現執4期)
　飯塚鉄雄　めしずか・てつお　体育学者, 教育学者(世紀)
　飯塚義助　めしつか・ぎすけ　「物理化学の問題と解法」朝倉書店(日典3)

【1633】　飴

[7]飴谷　あめたに；あめや
　飴谷羽川　あめたに・うせん　「有磯通ひ」川発行所(日典3)
　飴谷章夫　あめや・あきお　東京大学農学部農芸化学科助教授(日典3)

【1634】　飼

[4]飼手　かいて；かいで
　飼手真吾　かいて・しんご　元公労委委員(日典)
　飼手誉四　かいで・たかし　元・共同通信社常務理事(日典)

飼牛　かいご；かいごう
　飼牛克彦　かいご・かつひこ　大阪日刊スポーツ新聞社長(日典3)
　飼牛康彦　かいご・やすひこ　朝日新聞社パリ支局長(現執2期)
　飼牛康彦　かいごう・やすひこ　新聞記者(現執2期)

[5]飼田　かいだ
　飼田英雄　かいだ・ひでお　大和銀行副頭取(人情)

【1635】　飽

[4]飽戸　あくと
　飽戸弘　あくと・ひろし　心理学者(世紀)

[10]飽浦　あくうら；あくら
　飽浦敏　あくうら・とし　「悠久ぬ花—飽浦敏詩集」浮游社(JM)
　飽浦幸子　あくら・さちこ　「旅は祈り」書肆亥工房(日典3)
　飽浦淳介　あくら・じゅんすけ　医師(日典3)

【1636】　餌

[8]餌取　えとり
　餌取章男　えとり・あきお　科学ジャーナリスト(現執4期)
　餌取寛次　えとり・かんじ　宮崎大学工学部物質工学科教授(日典3)
　餌取晋二　えとり・しんじ　資生堂開発部主事(日典3)
　餌取光晴　えとり・みつはる　毎日新聞(東京)経理管理室委員(日典3)
　餌取陽子　えとり・ようこ　タレント(日典3)

【1637】　餅

[10]餅原　もちはら
　餅原平二　もちはら・へいじ　海軍中尉(日人)
　餅原正之進　もちはら・まさのしん　河辺郡加世田郷区長, 西南戦争では薩軍行進隊砲隊長(姓氏鹿児島)
　餅原正親　もちはら・まさみ　九州耐火煉瓦取締役相談役(日典3)
　餅原義孝　もちはら・よしたか　宇宙航空研究開発機構内之浦観測所(日典3)

【1638】　養

養　きよ
　養禎末　きよ・ともすえ　農民(社史)

[4]養父　やぶ；ようふ
　養父志乃夫　やぶ・しのぶ　「田んぼビオトープ入門」農山漁村文化協会(日典3)
　養父清直　やぶ・せいちょく　日本画家(美家)
　養父勇　ようふ・いさむ　「生きることば」アットワークス(日典3)
　養父貴　ようふ・たかし　ギタリスト(日典3)

養王田　ようだ；よおだ
　養王田栄一　ようだ・えいいち　「道路舗装の設計」山海堂(書籍)
　養王田正文　よおだ・まさふみ　「生物化学工学」講談社(日典3)

[5]養田　やぶた；ようだ
　養田安忠　やぶた・やすただ　下館藩士(幕末)

食部(館,餝,饗,饒) 首部(首)

養田竹蔵　ようだ・たけぞう　生糸貿易の先駆者(姓氏長野)
養田恒三郎　ようだ・つねさぶろう　蚕種製造(姓氏長野)

【6】養老　ようろう
養老静江　ようろう・しずえ　医師(女性普)
養老滝五郎　ようろう・たきごろう　手品師(日人)
養老孟司　ようろう・たけし　解剖学者(日人)

【27】養鸕　うかい;うがい
養鸕徹定　うかい・てつじょう　浄土宗僧侶(国史)
養鸕徹定　うがい・てつじょう　浄土宗僧侶(日人)
養鸕徳定　うがい・とくさだ　住職・社会活動家(多摩)

【1639】館

館　たち;たて;だて;やかた
館哲二　たち・てつじ　政治家(コン4)
館三郎　たて・さぶろう　産業開発者(姓氏長野)
館俊三　だて・しゅんぞう　政治家(政治)
館充美　やかた・みつよし　「二十一世紀へ架ける私のメッセージーバラエティー&ユニークな作文集」近代文芸社(JM)

【4】館内　たちうち;たてうち;たてのうち
館内一治　たちうち・かずじ　「しのび」(JM)
館内美耶穂　たてうち・みやお　政治家(姓氏宮城)
館内尚子　たてのうち・ひさこ　「時のかけら」書肆青樹社(日典3)

【7】館沢　たてさわ;たてざわ
館沢繁次郎　たてさわ・しげじろう　農会長(姓氏岩手)
館沢円之助　たてざわ・えんのすけ　日本獣医会会長(日典3)
館沢巨一　たてざわ・きょいち　農業技術指導者(姓氏宮城)

【8】館岡　たておか
館岡勲　たておか・いさお　タテオカ(株)社長(日典3)
館岡欣代　たておか・きんよ　「大樹」寒流社(日典3)
館岡謙之助　たておか・けんのすけ　脚本家(映人)
館岡源右衛門　たておか・げんえもん　「吉田屋源兵衛覚日記」相馬郷土研究会(日典3)
館岡栗山　たておか・りつざん　日本画家(日人)

【10】館脇　たてわき
館脇徳造　たてわき・とくぞう　「海事・日英仏西会話集」成山堂書店(日典3)
館脇操　たてわき・みさお　森林生態学者,農学者(植物)

【11】館野　たちの;たての
館野清　たちの・きよし　「魚沼地方方言集」国書刊行会(日典3)

館野守男　たての・もりお　経済評論家,アナウンサー(日人)
館野芳之助　たての・よしのすけ　自由民権運動家(日人)

【1640】餝

【3】餝万　しかま
餝万重雄　しかま・しげお　俳人(大阪文)

【1641】饗

【10】饗庭　あいば;あえば
饗庭明　あいば・あきら　「拓本による京都の句碑」日本拓本家協会(日典3)
饗庭寅蔵　あいば・とらぞう　社会運動家(アナ)
饗庭篁村　あえば・こうそん　小説家,劇評家(コン5)
饗庭孝男　あえば・たかお　文芸評論家,フランス文学者(日人)

【12】饗場　あいば;あえば
饗場和彦　あいば・かずひこ　国際政治学者(平和)
饗場知昭　あいば・ともあき　テノール歌手(音人3)
饗場かつ子　あえば・かつこ　「春霞」ふらんす堂(日典3)

【1642】饒

饒　じょう
饒宗頤　じょう・そうい　「敦煌書法叢刊 第8巻」二玄社(JM)

【5】饒平名　よひな;よへな
饒平名浩太郎　よひな・こうたろう　「沖縄経済史」(国典)
饒平名智太郎　よへな・ちたろう　社会運動家(社史)
饒平名知調　よへな・ちちょう　沖縄の「本部の徴兵忌避事件」首謀者(社史)

【7】饒村　におむら;にょうむら;によむら
饒村楓石　におむら・ふうせき　「生生流転—第三句集 五〇五句」(JM)
饒村曜　にょうむら・よう　気象庁総務部企画課技術開発調整官(日典)
饒村護　によむら・まもる　「わかりやすい生化学」ヌーヴェルヒロカワ(日典3)

首部

【1643】首

首尾木　しゅびき
首尾木一　しゅびき・はじめ　公害健康被害補償不服審査会会長(日典)

首尾木義人　しゅびき・よしと「日本企業はどこにいる」Biscue総合研究所（日典）

¹⁸首藤　しゅうとう；しゅとう；しゅどう；すとう；すどう
首藤伸夫　しゅうとう・のぶお「海の波の水理」技報堂出版（JM）
首藤新八　しゅとう・しんぱち　実業家，政治家（日人）
首藤剛志　しゅどう・たけし　シナリオライター，小説家（幻想）
首藤陸三　すとう・りくぞう　政治家（日人）
首藤宣弘　すどう・のぶひろ　新聞記者（現執4期）

香部

【1644】 香

香　かおり；こう
香兼実　かおり・かねざね　農民（社史）
香沙里奈　こう・さりな　女優（日典）

³香丸　こうまる
香丸菊雄　こうまる・きくお　元西松建設常務（人情）

香山　かやま；こうざん；こうやま；こやま
香山滋　かやま・しげる　小説家（コン4）
香山自聞　こうざん・じもん　僧侶（神奈川人）
香山美子　こうやま・よしこ　児童文学作家，童謡詩人（日人）
香山滉一郎　こやま・こういちろう　姫路工業大学工学部講師（日典）

⁴香内　こううち；こうち
香内三郎　こううち・さぶろう　新聞学者，評論家（世紀）
香内信子　こううち・のぶこ　近代日本文学研究家（現執4期）
香内信子　こうち・のぶこ「「未来派」と日本の詩人たち」JPG，グスコー出版（発売）（日典）

香月　かげつ；かずき；かつき；こうげつ；こうつき
香月啓益　かげつ・けいえき　医者＝近世（コン）
香月泰男　かずき・やすお　洋画家（コン4）
香月経五郎　かつき・けいごろう　佐賀藩士（コン5）
香月育子　こうげつ・いくこ　俳人（四国文）
香月日輪　こうづき・ひのわ　児童文学作家（幻想）
香月祥太郎　こうつき・しょうたろう　三井情報開発取締役業務総括部長（日典）

⁶香西　かさい；かにし；こうさい；こうざい
香西徳三郎　かさい・とくさぶろう　銅山坑夫（アナ）
香西徳三郎　かにし・とくさぶろう　銅山坑夫（社史）
香西泰　こうさい・ゆたか　経済評論家（日人）
香西照夫　こうざい・てるお　俳人（日人）

⁷香住　かすみ；かずみ
香住佐代子　かすみ・さよこ　女優（映女）
香住春吾　かすみ・しゅんご　小説家，放送作家（京都文）
香住究　かずみ・きわむ「連鎖破綻」ダイヤモンド社（日典3）
香住千栄子　かずみ・ちえこ　女優（人名7）

香坂　こうさか
香坂あきほ　こうさか・あきほ「ふるえつもれ幸せの花」コアマガジン（日典3）
香坂季太郎　こうさか・きたろう　留学生（海越新）
香坂順一　こうさか・じゅんいち　中国語学者（現執3期）
香坂昌康　こうさか・まさやす　官僚（コン）
香坂みゆき　こうさか・みゆき　女優（テレ）

香寿　かず；こうじゅ
香寿みゆき　かず・みゆき「ひまわりの詩」講談社出版サービスセンター（日典3）
香寿たつき　こうじゅ・たつき　女優（テレ）

香村　かむら；こうむら
香村菊雄　かむら・きくお　演出家（大阪文）
香村宜円　かむら・ぎえん　仏教学者（世紀）
香村小録　こうむら・ころく　釜石鉱山田中製作所技師長（姓氏岩手）
香村光雄　こうむら・みつお　財務会計学者（現執3期）

香良　こうら
香良光雄　こうら・みつお　海技大学校教授・海技丸機関長（日典3）

⁸香取　かとり；かんどり
香取秀真　かとり・ほずま　鋳金家，金工史家，歌人（コン4）
香取秀真　かとり・ほつま　鋳金家，金工史家，歌人（コン4）
香取繁右衛門　かんどり・しげえもん　金光教の教祖Ⅱ片手文治郎の実弟，香取金光教の教祖（コン4）

香味　かみ；こうみ
香味一彦　かみ・かずひこ「「最新」カスタムカー専科」芸文社（日典3）
香味甫　かみ・はじめ　新聞人（宮城百）
香味一彦　こうみ・かずひこ　ジャパンカーオリジナル代表（日典3）
香味虎五郎　こうみ・とらごろう　職工（社史）

香宗我部　かそかべ；こうそかべ；こうそがべ
香宗我部和親　かそかべ・かずちか　漢学者＝近世（人名2）
香宗我部恭子　こうそかべ・やすこ「父親の条件」二期出版（日典3）
香宗我部寿　こうそがべ・ひさし　耳鼻咽喉科学者（日人）

⁹香咲　かさき；こうさき
香咲弥須子　かさき・やすこ　作家（現執3期）
香咲萌　こうさき・もえ「ほどけゆく季節の中で」土曜美術社出版販売（日典3）

馬部（馬）

香城　こうじょう
　香城敏麿　こうじょう・としまろ　判事（現執2期）
　香城日出麿　こうじょう・ひでまろ　北海道大学名誉教授（日典3）

香津　こうず
　香津良　こうず・りょう「木洩れ日」鳳凰短歌会（日典3）

¹⁰香原　かはら；こうはら
　香原斗志　かはら・とし　ジャーナリスト（日典）
　香原俊彦　こうはら・としひこ　俳優（テレ）
　香原一勢　こうはら・かずなり　哲学者,編集者（出文）
　香原志勢　こうはら・ゆきなり　人類学者（世紀）

香島　かしま；こうじま
　香島明雄　かしま・あきお　京都産業大学法学部教授（日典3）
　香島次郎　かしま・じろう「ドストエフスキイ文献集成」大空社（日典3）
　香島拓也　こうじま・たくや　弁理士（日典3）

¹¹香曽我部　こうそかべ；こうそがべ
　香曽我部忠男　こうそかべ・ただお　塩釜警察署長（日典3）
　香曽我部秀幸　こうそかべ・ひでゆき「大正期の絵本・絵雑誌の研究」翰林書房（日典3）
　香曽我部暁彦　こうそがべ・あきひこ　洋画家（日典3）

香野　かの；こうの
　香野優　かの・ゆう　著述業（日典）
　香野恵美子　こうの・えみこ「働きたいあなたへのQ&A」やどかり出版（日典3）
　香野百合子　こうの・ゆりこ　女優（テレ）

¹²香森　かもり；こもり
　香森現　かもり・げん　労働経済（日典）
　香森まりえ　こもり・まりえ「Lotus1-2-3 R4J」技術評論社（日典3）

香椎　かしい
　香椎オルカ　かしい・おるか「友情」ホーム社,集英社（発売）（日典3）
　香椎浩平　かしい・こうへい　陸軍軍人（コン5）
　香椎園子　かしい・そのこ　女優（映女）
　香椎瑞穂　かしい・みずほ　学生野球指導者（日人）
　香椎由宇　かしい・ゆう　タレント（日映女）

香渡　こうど
　香渡晋　こうど・すすむ　新谷藩士,実業家（郷土愛媛）

¹³香夢楼　かむろ
　香夢楼緑　かむろ・みどり　外国文学者（青森県）

¹⁴香鳴　かなりの；かなる
　香鳴俊成　かなりの・としなり「今様狂歌つくし集」郁朋社（日典3）
　香鳴タビト　かなる・たびと「となりあう、ボクらの体温」エンターブレイン,角川グループパブリッシング（発売）（日典3）

部首10画

馬部

【1645】　馬

馬　うま；ま
　馬清　うま・きよし　自動車修理工（日典）
　馬波平　うま・なみへい「幼痴宴」モエールパブリッシング（発売）（日典3）
　馬驍　ま・きょう　水墨画家（日典3）
　馬へれん　ま・へれん「中国料理」佼成出版社（JM）

³馬上　うまがみ；ばじょう；まがみ；もうえ
　馬上鉄蔵　うまがみ・てつぞう　建築家（美建）
　馬上太郎　ばじょう・たろう　沖縄における映画事業の先駆者（姓氏沖縄）
　馬上義太郎　まがみ・ぎたろう　ロシア文学者（日人）
　馬上孝太郎　もうえ・こうたろう　教育者（日人）

馬川　うまかわ
　馬川千里　うまかわ・ちさと　経済法学者（現執2期）
　馬川晴美　うまかわ・はるみ　陶芸家（陶工）

⁴馬木　うまき；まき
　馬木健一　うまき・けんいち　耳かき職人（日典）
　馬木昇　うまき・のぼる　弁護士（日典3）
　馬木明広　まき・あきひろ「市町村合併に関する一考察」ウルトラ出版（日典3）
　馬木芳雄　まき・よしお　徳島県麻植郡鴨島町立鴨島小学校校長（日典）

⁵馬本　うまもと；まもと
　馬本英一　うまもと・えいいち「人生を逆転させた奇跡の言葉」ベストセラーズ（日典3）
　馬本真司　うまもと・しんじ「フーガ」編集工房ノア（日典3）
　馬本誠也　まもと・せいや　福岡大学人文学部英語学科教授（日典3）

馬生　ばしょう
　馬生天都之助　ばしょう・てつのすけ　全国電器小売商組連会長（日典）

馬田　うまた；うまだ；ばだ；まだ
　馬田綾子　うまた・あやこ　梅花女子大学教授（日典）
　馬田行啓　うまだ・ぎょうけい　仏教学者（学校）
　馬田勇　ばだ・いさむ　住友金属鉱山専務（日典3）
　馬田純子　まだ・じゅんこ　造形作家（日典）

馬目　まのめ；まめ
　馬目華堂　まのめ・かどう　水墨画家（日典3）
　馬目順一　まのめ・じゅんいち「一人子貴跡の研究」(国典)

姓名よみかた辞典　姓の部　757

馬目光　まめ・ひかる　「ボッコボコ」晩声社（日典3）

馬込　こまごめ；まごめ
　馬込健之助　こまごめ・けんのすけ　「戦争論」岩波書店（日典3）
　馬込勇　まごめ・いさむ　ファゴット奏者,指揮者（演奏）
　馬込為助　まごめ・ためすけ　留学生（海越新）

[7]馬杉　うますぎ；ばすぎ；ますぎ
　馬杉宗夫　うますぎ・むねお　武蔵野美術大学造形学部教授（日典）
　馬杉則彦　ばすぎ・のりひこ　「メディエ」病院資料センター（日典3）
　馬杉青琴　ますぎ・せいきん　日本画家（日典人）

馬来　まき；まぎ
　馬来可也　まき・かなり　美祢郡嘉万村在郷武士（姓氏山口）
　馬来伸　まき・のぶる　神職（神人）
　馬来木工　まぎ・もく　長州（萩）藩士（幕末）

馬来田　まきた；まくた
　馬来田愛岳　まきた・あいがく　日本画家（日典3）
　馬来田愛岳　まくた・あいがく　画家（福井百）
　馬来田静秋　まくた・せいしゅう　詩人（福井百）

馬見塚　まみづか；まみつか
　馬見塚昭久　まみづか・あきひさ　「霊籤」日本武道館,ベースボール・マガジン社（発売）（日典3）
　馬見塚達雄　まみづか・たつお　フジ新聞（東京）取締役編集局長（日典）
　馬見塚勝郎　まみづか・かつろう　「脳の神経・血管解剖」メディカ出版（日典3）
　馬見塚拓　まみつか・ひろし　「Genome informatics 2004」Universal Academy Press（日典3）

[8]馬奈木　まなき；まなぎ
　馬奈木昭雄　まなき・あきお　弁護士（日典3）
　馬奈木敬信　まなき・たかのぶ　軍人（陸軍）
　馬奈木俊介　まなぎ・しゅんすけ　「生物多様性の経済学」昭和堂（日典3）
　馬奈木文衞　まなぎ・ふみえ　黒田奨学会理事長,筑紫女学園理事（日典）

[9]馬屋原　うまやはら；うまやばら；まやはら
　馬屋原成男　うまやはら・しげお　検察官（現執2期）
　馬屋原二郎　うまやばら・じろう　裁判官（日典人）
　馬屋原二郎　まやはら・じろう　裁判官（海越）

[10]馬原　うまはら；まはら
　馬原妙子　うまはら・たえこ　「わか葉風」熊本日日新聞情報文化センター（日典3）
　馬原孝彦　うまはら・たかひこ　東京医科大学老年病科助手（日典3）
　馬原鉄男　まはら・てつお　日本史研究者（世紀）
　馬原佳子　まはら・よしこ　歌手（テレ）

馬島　うまのしまの；ましま；まじま
　馬島八封　うまのしまの・やふう　「日の淵で・ヤフー」詩学社（日典3）
　馬島勝治　ましま・かつじ　地域功労者（姓氏長野）

馬島偭　まじま・ゆたか　医師,社会運動家（日人）

馬庭　ばにわ；まにわ
　馬庭欣之助　ばにわ・きんのすけ　元・藤倉ゴム工業取締役（日典）
　馬庭克吉　まにわ・かつよし　「苗字と門名」出雲市教育委員会（日典3）
　馬庭金太郎　まにわ・きんたろう　財部町の町有林造成の功労者（姓氏鹿児島）

馬郡　まごうり；まごおり
　馬郡健次郎　まごうり・けんじろう　「大支那案内」春陽堂（日典3）
　馬郡謙一　まごうり・けんいち　馬郡喜商店社長,させぼ塾運営委員長（日典3）
　馬郡沙河子　まごおり・さかこ　「欧羅巴女一人旅」ゆまに書房（日典3）

[11]馬淵　まぶち
　馬淵卯伸　まぶち・うさぶろう　音楽学者（比較音楽学）（音人3）
　馬淵鋭太郎　まぶち・えいたろう　官僚（日人）
　馬淵東一　まぶち・とういち　社会人類学者（思想）
　馬淵晴子　まぶち・はるこ　女優（世紀）
　馬淵美意子　まぶち・みいこ　詩人（日人）

馬部　うまべ；ばべ
　馬部貴司男　うまべ・きしお　作家（日典3）
　馬部隆弘　ばべ・たかひろ　「茄子作村中西家文書の研究」枚方市立中央図書館市史資料室（日典3）

馬野　うまの；まの
　馬野周二　うまの・しゅうじ　国際関係評論家,化学工学者（現執4期）
　馬野義男　うまの・よしお　能楽師（能狂言）
　馬野詠子　まの・えいこ　医師（日典）
　馬野秀行　まの・ひでゆき　「信長暗殺は光秀にあらず」イースト・プレス（日典3）

[12]馬場　うまば；ばば；ばんぱ
　馬場吉三　うまば・きちぞう　大妻女子大教授（日典）
　馬場辰猪　ばば・たつい　政治家,民権論者（コン5）
　馬場伸也　ばんば・のぶや　国際政治学者（日人）

馬塚　まずか；まつか
　馬塚貴弘　まずか・たかひろ　陸上選手（日典）
　馬塚丈司　まずか・たけじ　自然保護運動家（日人）
　馬塚新八　まつか・しんぱち　海軍軍人（先駆）

馬渡　まわたり；もうたい
　馬渡一真　まわたり・かずまさ　経営者（日人）
　馬渡誠一　まわたり・せいいち　ジャズ・サックス奏者,作曲家,編曲家（新芸）
　馬渡直史　もうたい・なおふみ　「逐条解説資産流動化法」金融財政事情研究会（日典3）

馬越　うまこし；ばこし；まこし；まごし
　馬越恭平　うまこし・きょうへい　実業家（岡山歴）
　馬越三郎　ばこし・さぶろう　「春に想う」ビジネス教育出版社（日典3）
　馬越祐一　まこし・ゆういち　洋画家（美家）

馬部（馮, 馳, 駅, 駄, 駒）

馬越恭平　まごし・きょうへい　実業家（コン5）

馬遅　まち
　馬遅伯昌　まち・はくしょう　「馬家の中国名菜譜」淡交社（JM）

13馬詰　うまずめ；ばずめ；まずめ
　馬詰嘉吉　うまずめ・かきち　俳人（近医）
　馬詰真一郎　ばずめ・しんいちろう　奈良県ホスピス勉強会主宰（日典3）
　馬詰駿太郎　まずめ・しゅんたろう　日本飛行倶楽部常務理事（日典3）

馬路　ばじ；まじ
　馬路潤一　ばじ・じゅんいち　毎日新聞（大阪）調査審議室編集委員（日典）
　馬路明子　まじ・あきこ　「床下からみた白川郷」風媒社（日典3）
　馬路泰蔵　まじ・たいぞう　岐阜大学教育学部家政学科教授（日典）

馬飼野　まかいの；まがいの
　馬飼野康二　まかいの・こうじ　作曲家, 編曲家（和モ）
　馬飼野俊一　まかいの・しゅんいち　作曲家（作曲）
　馬飼野正治　まがいの・まさはる　元・日本体育会理事長（日典）

14馬場　ばば
　馬場一徳　ばば・かずのり　税務コンサルタント（日典3）
　馬場正三　ばば・しょうぞう　医師（近医）
　馬場杉夫　ばば・すぎお　「個の主体性尊重のマネジメント」白桃書房（日典3）
　馬場弘利　ばば・ひろとし　「60年代アメリカ小説論」開文社出版（日典3）
　馬場泰徳　ばば・やすのり　「会社経費処理事典」清文社（日典3）

16馬橋　うまはし；まはし；まばし
　馬橋宇多次郎　うまはし・うたじろう　寺子屋師匠・修験（埼玉人）
　馬橋実　まはし・みのる　リコー東松山技術センター所長（人情）
　馬橋健吉　まばし・けんきち　医学者（海越新）

19馬瀬　うませ；ませ
　馬瀬文夫　うませ・ふみお　弁護士（日典）
　馬瀬金太郎　ませ・きんたろう　元・ベルリン総領事（日典）
　馬瀬清亮　ませ・せいすけ　北陸銀行会長（日典3）

【1646】馮

馮　ひょう；ふう
　馮啓孝　ひょう・けいこう　ヘアメイク・アーティスト（日典）
　馮智英　ひょう・ちえ　タレント（日典3）
　馮曉冬　ふう・ぎょうとう　「女性団体の社会活動から見る社会教育の展開―国防婦人会の活動を中心として」富士ゼロックス小林節太郎記念基金（JM）

【1647】馳

馳　はせ
　馳星周　はせ・せいしゅう　推理作家（日人）
　馳浩　はせ・ひろし　プロレスラー, 政治家（現政）

【1648】駅

9駅重　えきしげ
　駅重敏男　えきしげ・としお　元・バンダイ常務（日典）

【1649】駄

5駄田井　だたい
　駄田井正　だたい・ただし　経済学者（現執4期）

【1650】駒

駒ケ嶺　こまがみね
　駒ケ嶺重成　こまがみね・しげなり　京響, 堀川高校講師（日典3）
　駒ケ嶺修三　こまがみね・しゅうぞう　「ねん土や石で作るくふう」誠文堂新光社（日典3）
　駒ケ嶺大三　こまがみね・たいぞう　バリトン歌手, 音楽教育者（音人3）
　駒ケ嶺泰明　こまがみね・たいみょう　俳人（姓氏岩手）
　駒ケ嶺正義　こまがみね・まさよし　学校医, 嘱託医（人青森）

4駒尺　こましゃく
　駒尺喜美　こましゃく・きみ　近代日本文学者, 女性学者（世紀）

駒木根　こまきね；こまぎね
　駒木根恵蔵　こまきね・けいぞう　「句額にみる北辺の俳諧」余市豆本の会（日典3）
　駒木根一　こまきね・はじめ　浅川町商工会（福島県）青年部長（日典）
　駒木根直義　こまぎね・なおよし　「日の果て」国文社（日典3）
　駒木根康　こまぎね・やすし　「証言沖縄戦秘録」紀元社出版（日典3）

7駒谷　こまたに；こまや
　駒谷明　こまたに・あきら　政治家（現政）
　駒谷謙　こまたに・けん　大学野球選手（日典3）
　駒谷昇一　こまや・しょういち　「ずっと受けたかったソフトウェアエンジニアリングの授業」翔泳社（日典3）
　駒谷昭子　こまや・しょうこ　「かいまみた死後の世界」評論社（日典3）

駒走　こまはしり；こまばしり
　駒走暢美　こまはしり・のぶよし　京浜蒲田駅前通り商店街振興組合専務理事（日典）
　駒走鷹志　こまばしり・たかし　俳人（日典3）

姓名よみかた辞典 姓の部　759

馬部(駿,騎,騏,驪) 高部(高)

駒走マツ　こまばしり・まつ「末の娘—駒走松恵俳句集」(JM)

8駒杵　こまきね；こまぎね
駒杵勤治　こまきね・きんじ　建築家(日人)
駒杵勤治　こまぎね・きんじ　建築家(世紀)

9駒城　こうじょう；こまき
駒城鎮一　こうじょう・しんいち　富山大学経済学部教授(日典)
駒城素子　こまき・もとこ　お茶の水女子大学生活科学部教授(日典)

10駒留　こまどめ
駒留良蔵　こまどめ・りょうぞう　司法官,留学生(海越新)

【1651】 駿

8駿河　するが
駿河亜希　するが・あき「俳句の時間」ふらんす堂(日典3)
駿河昭　するが・あきら「大空の証言」日刊航空(日典)
駿河修　するが・おさむ「内外変化の中のベトナムの経済改革」世界平和研究所(日典3)
駿河敬次郎　するが・けいじろう　小児外科学者(現情)
駿河輝和　するが・てるかず　経済学者(現執4期)

【1652】 騎

6騎西　きさい
騎西潤　きさい・じゅん「デーケン教授の東西見聞録」中央出版社(日典3)

14騎嶋　きじま
騎嶋美千子　きじま・みちこ　小説家(幻想)

【1653】 騏

2騏乃嵐　きのあらし
騏乃嵐和稔　きのあらし・かずとし　力士(相人)

【1654】 驪

9驪城　こまき
驪城卓爾　こまき・たくや　大阪の旧制今宮中学国語教師(人情)

高部

【1655】 高

高　こう；たか
高信太郎　こう・しんたろう　漫画家(世紀)
高勇吉　こう・ゆうきち　チェリスト(日人)
高明　たか・あきら　陶芸家(陶工)

高陶岳　たか・とうがく　陶芸家(陶工)

3高下　こうげ；たかした
高下一郎　こうげ・いちろう　東京外国語大学外国語学部教授(日典3)
高下淳子　こうげ・じゅんこ　税理士,経営コンサルタント(日典)
高下才介　たかした・さいすけ　政治家(姓氏神奈川)
高下鉄次　たかした・てつじ　社会運動家(アナ)

高上　たかうえ；たかがみ
高上洋一　たかうえ・よういち　医師(日典)
高上早苗　たかがみ・さなえ　漫画家(漫人)
高上優里子　たかがみ・ゆりこ「勇気」講談社(日典)

高丸　こうまる；たかまる
高丸重信　こうまる・しげのぶ　コーマル日仏サロン文化協会主宰(日典)
高丸真理　たかまる・まり　ソプラノ歌手(音人3)
高丸もと子　たかまる・もとこ　詩人(大阪文)

高久　たかく；たかひさ
高久史麿　たかく・ふみまろ　内科学者(日人)
高久守静　たかく・もりしず　数学者(コン4)
高久馨　たかひさ・かおる　渡航者(渡航)
高久清　たかひさ・きよし　通商産業省工業技術院電子技術総合研究所電子デバイス部デバイス機能研究室主任研究員(日典3)

高千穂　たかちほ
高千穂教有　たかちほ・きょうゆう　彦山座主・修験大僧正(日人)
高千穂徹乗　たかちほ・てつじょう　僧侶(真宗)
高千穂遙　たかちほ・はるか　SF作家(小説)
高千穂ひづる　たかちほ・ひづる　女優(日人)
高千穂峰吉　たかちほ・みねきち　力士(相人)

高口　こうぐち；たかくち；たかぐち
高口清　こうぐち・きよし　元柳橋連合市場理事長(日典)
高口政俊　たかくち・まさとし　元三井金属鉱業社長(日典)
高口里純　たかぐち・さとすみ　漫画家(世紀)

高土　こうづち；たかつち
高土新太郎　こうづち・しんたろう　俳優(日典)
高土礼二郎　たかつち・れいじろう　元・滋賀県出納長(日典)

高士　たかし
高士薫　たかし・かおる　神戸新聞社長(日典3)
高士登　たかし・のぼる「狩人タロのぼうけん」理論社(日典)
高士宗明　たかし・むねあき　医師,旅行作家,街並み研究家(日典3)
高士与市　たかし・よいち　児童文学作家(世紀)

高山　こうやま；たかやま
高山岩男　こうやま・いわお　哲学者(コン4)
高山角造　こうやま・かくぞう　教育者(栃木歴)
高山辰雄　たかやま・たつお　日本画家(コン4)
高山樗牛　たかやま・ちょぎゅう　評論家(コン5)

高部(高)

高川　たかかわ；たかがわ
　高川格　たかかわ・かく　囲碁棋士(現人)
　高川格　たかがわ・かく　囲碁棋士(コン4)
　高川秀格　たかがわ・しゅうかく　囲碁棋士(世紀)

4高内　こうち；たかうち
　高内松堂　こうち・しょうどう　書家(岡山歴)
　高内雅夫　こうち・まさお　軍人(岡山歴)
　高内杜介　たかうち・そうすけ　詩人,評論家,小説家(幻想)
　高内杜介　たかうち・もりすけ　詩人(郷土栃木)

高戸　たかと；たかど
　高戸郁三　たかと・いくぞう　地方政治家(岡山歴)
　高戸賞士　たかと・たかし　大学南校留学生(海越新)
　高戸要　たかど・かなめ　劇作家,宗教家(平和)
　高戸賞士　たかど・しょうし　学者(渡航)

高日　たかひ
　高日音彦　たかひ・おとひこ　政治家(現政)

高月　こうずき；たかつき
　高月まつり　こうずき・まつり　小説家(幻想)
　高月昭年　たかつき・あきとし　金融問題専門家(現執4期)
　高月清　たかつき・きよし　内科学者(日人)

高木　たかき；たかぎ；たがき；たがぎ
　高木兼寛　たかき・かねひろ　海軍軍医(日人)
　高木貞治　たかぎ・ていじ　数学者(コン4)
　高木功　たがき・いさお　脚本家(大阪文)
　高木正善　たかぎ・まさよし　大名(諸系)

高氏　たかうじ
　高氏一郎　たかうじ・いちろう　「GOLFちば」編集長(日典3)
　高氏秀機　たかうじ・ひでき　国税局員,税制研究者(現執2期)
　高氏雅昭　たかうじ・まさあき　イラストレーター,クラフト作家(日典3)

高水　こうすい；たかみず
　高水世媒　こうすい・せいじょう　桜美林大教授(日典)
　高水香　たかみず・かおる　「秘められた黄金」光人社(日典3)
　高水健司　たかみず・けんじ　ベース奏者(ジヤ)

5高主　たかぬし
　高主武三　たかぬし・たけぞう　「生物学」(国典)

高以　たかい
　高以亜希子　たかい・あきこ　タレント(テレ)

6高出　たかいで；たかで
　高出昭士　たかいで・あきし　福岡日本電気社長(日典)
　高出直子　たかで・なおこ　「遙かな真珠湾」光人社(日典)
　高出昌洋　たかで・まさひろ　版画家(日典3)

高北　こうきた；たかきた
　高北義彦　こうきた・よしひこ　「歯科麻酔臨床マニュアル」医歯薬出版(日典3)

高北新治郎　たかきた・しんじろう　発明家,実業家(日人)
高北幸矢　たかきた・ゆきや　視覚環境デザイナー(日典3)

高司　たかし；たかじ；たかつかさ
　高司昌　たかし・あきら　同朋大学助教授(日典)
　高司佐平　たかじ・さへえ　篤農家(大分歴)
　高司甲子　たかつかさ・こうこ　ファッションモデル(日典)

高左右　たかそう
　高左右篤子　たかそう・あつこ　人形美術家(児人)

高市　たかいち；たかち；たけち；たけちの
　高市早苗　たかいち・さなえ　政治評論家,政治家(現政)
　高市順一郎　たかち・じゅんいちろう　詩人(日典3)
　高市志友　たけち・しゆう　「紀伊国有田郡名所図会」世界聖典刊行協会(書籍)
　高市黒人　たけちの・くろひと　歌人=古代(人名4)

高平　たかひら
　高平公友　たかひら・きみとも　政治家(現政)
　高平小五郎　たかひら・こごろう　外交官(コン)
　高平哲郎　たかひら・てつお　演出家(日人)
　高平長郷　たかひら・ながさと　医師(姓氏群馬)
　高平真藤　たかひら・まふじ　国学者(日人)

高本　こうもと；たかもと
　高本建　こうもと・けん　「子どもの入院」(国典)
　高本捨三郎　こうもと・すてさぶろう　明治学院大教授(国典)
　高本公夫　たかもと・きみお　作家(現執3期)
　高本恭夫　たかもと・ゆきお　郷土史家・「下津井節」制定の功労者(岡山歴)

高玉　たかたま；たかだま
　高玉青葉　たかたま・あおば　「雪割草」成光社(日典3)
　高玉真光　たかたま・まさみつ　老年病学者(群馬人)
　高玉圭樹　たかだま・けいき　東京工業大学講師(日典3)
　高玉司　たかだま・つかさ　前港区議(日典)

高田　こうだ；たかた；たかだ
　高田勲　こうだ・いさお　逗子開成学園理事長・校長(日典3)
　高田保馬　たかた・やすま　社会学者,経済学者(コン)
　高田敏子　たかだ・としこ　詩人(日人)

6高仲　たかちゅう；たかなか
　高仲重次郎　たかちゅう・しげじろう　新撰組隊士(新撰)
　高仲東麿　たかなか・あずまろ　法学者,茶道家(現執3期)
　高仲不墨子　たかなか・ふぼくし　俳人・医師(姓氏長野)

高向　たかむき；たかむく
　高向巌　たかむき・いわお　日銀広報課長(人情)

高向

高向和宜　たかむき・かずよし　久留米大学医学部神経精神科講師（日典3）
高向秀実　たかむく・ひでみ　神職（神人）

高地　こうち；たかち

高地明　こうち・あきら　編集者（日典3）
高地薫　こうち・かおる「比較の亡霊」作品社（日典3）
高地清子　たかち・きよこ「雫となって」市井社（日典3）
高地伝次郎　たかち・でんじろう　社会運動家（アナ）

高多　たかた；たかだ

高多久兵衛　たかた・きゅうべえ　農業指導者（日人）
高多清在　たかた・きよあき　ジャーナリスト（現執3期）
高多久兵衛　たかだ・きゅうべえ　耕地整理事業者（姓氏石川）
高多康次　たかだ・やすじ「あるアマチュアの画文集―主の一九九九年」高多康次（JM）

高寺　たかてら；たかでら

高寺貞男　たかてら・さだお　会計学者（現執4期）
高寺志郎　たかてら・しろう　写真家（日典3）
高寺彰彦　たかでら・あきひこ「サルタン防衛隊」講談社（日典3）
高寺奎一郎　たかでら・けいいちろう「貧困克服のためのツーリズム」古今書院（日典3）

高帆　こうほ；たかほ

高帆豊湖　こうほ・ほうこ「うっかりこっかり」こほこ（日典3）
高帆美旺　たかほ・みお「赤ちゃん名前の宝箱」大泉書店（日典3）

高成田　たかなりた

高成田三郎　たかなりた・さぶろう　大日本印刷常務（日典3）
高成田力　たかなりた・つとむ　歯科医（日典3）
高成田享　たかなりた・とおる　新聞記者（現執4期）

高曲　たかまがり

高曲敏三　たかまがり・としぞう　福岡県議（人情）

高次　たかつぎ；たかつぐ

高次郁　たかつぎ・いく　文楽三味線方（日典）
高次三吉　たかつぐ・さんきち　元・福岡地裁所長（日典）

高江洲　たかえす

高江洲章　たかえす・あきら　コントラバス奏者（日典3）
高江洲敦　たかえす・あつし　清掃業者，事件現場清掃人（日典3）
高江洲育男　たかえす・いくお　陶芸家（美工）
高江洲薫　たかえす・かおる「Dr.高江洲のアニマルコミュニケーション」ビオ・マガジン（日典3）
高江洲義寛　たかえす・よしひろ　東洋音楽会々員（国典）

高羽　たかは；たかば；たかはね

高羽哲夫　たかは・てつお　映画カメラマン（映人）
高羽幸槌　たかば・こうづち　教育者，日本画家（日人）
高羽麻二　たかはね・あさじ　陸軍少将（日典3）

高坂　こうさか；たかさか

高坂正顕　こうさか・まさあき　哲学者（コン4）
高坂美紀　たかさか・みき　カラーコンサルタント（現執4期）

高志　たかし

高志広覚　たかし・こうかく　僧侶（真宗）
高志大了　たかし・たいりょう　新義真言宗僧侶（愛媛百）
高志孝子　たかし・たかこ　童画家（児人）
高志大了　たかし・だいりょう　新義真言宗の僧（仏教）
高志信隆　たかし・のぶたか　慶応義塾大学内共産主義グループメンバー（社史）

高折　たかおり

高折恭一　たかおり・きょういち「膵臓の内視鏡外科手術」メジカルビュー社（日典3）
高折修二　たかおり・しゅうじ「薬理書」広川書店（日典3）
高折寿美子　たかおり・すみこ　声楽家（新芸）
高折続　たかおり・つづく　バリトン歌手（音人3）
高折宮次　たかおり・みやじ　ピアニスト（日人）

高条　たかえだ

高条宰鳳　たかえだ・さいほう「現代を生きる占いの知恵」日本文芸社（日典3）

高村　こうむら；たかむら

高村坂彦　こうむら・さかひこ　政治家（履歴2）
高村正彦　こうむら・まさひこ　政治家（現政）
高村光雲　たかむら・こううん　彫刻家（コン5）
高村光太郎　たかむら・こうたろう　彫刻家，詩人（コン4）

高沢　たかさわ；たかざわ

高沢圭一　たかさわ・けいいち　洋画家（美家）
高沢信一郎　たかさわ・しんいちろう　神官，神道研究家（日人）
高沢皓司　たかざわ・こうじ　評論家（大阪文）
高沢寅男　たかざわ・とらお　政治家（日人）

高臣　たかおみ；たかとみ

高臣武史　たかおみ・たけし「精神分裂病と家族」誠信書房（日典3）
高臣武仁　たかとみ・たけし　医師（近医）
高臣映生　たかとみ・てるお　白山貿易社長（日典）

高良　こうら；たから

高良とみ　こうら・とみ　婦人運動家，政治家（コン4）
高良留美子　こうら・るみこ　詩人，評論家（日人）
高良倉吉　たから・くらよし　郷土史家（郷土）
高良隣徳　たから・りんとく　教育者，政治家（姓氏沖縄）

高部（高）　　　　　　　　　　　　　　　　　　　　　　　　　〔1655〕

高見沢　たかみさわ；たかみざわ
　高見沢和夫　たかみさわ・かずお　高見沢サイバネティックス社長（日典）
　高見沢潤子　たかみさわ・じゅんこ　劇作家（世紀）
　高見沢遠治　たかみざわ・えんじ　浮世絵師（日人）
　高見沢初枝　たかみざわ・はつえ　スピードスケート選手（日人）
高谷　こうたに；こうや；たかたに；たかや
　高谷正夫　こうたに・まさお　元・住友石炭鉱業専務（日典）
　高谷清　こうや・きよし　元・神奈川県議（日典）
　高谷竜洲　たかたに・りゅうしゅう　儒者（日人）
　高谷伸　たかや・しん　劇作家,演劇・舞踊評論家（日人）
高里　こうさと；たかさと；たかざと
　高里零　こうさと・れい　タレント（日典3）
　高里椎奈　たかさと・しいな　小説家（幻想）
　高里悟　たかざと・さとし　ロック・ドラム奏者（テレ）
高阪　こうさか；たかさか
　高阪進　こうさか・すすむ　映画・美術・文芸評論家（現執1期）
　高阪宏行　こうさか・ひろゆき　地理学者（現執4期）
　高阪薫　たかさか・かおる　甲南大学文学部国文学科教授（日典）
⁸高味　たかみ
　高味寿彦　たかみ・としひこ　日本倉庫協会専務理事（人情）
高妻　こうずま；たかずま；たかつま
　高妻俊秀　こうずま・としひで　実業家（創業）
　高妻和生　たかずま・かずお　宮崎銀行常務（日典）
　高妻芳洲　たかつま・ほうしゅう　儒者=近世（人名4）
高実子　たかみね
　高実子実　たかみね・みのる　「ねじ切り」（国典）
高武　こうたけ
　高武主計　こうたけ・かずえ　コータケ建築設計事務所（紳士）
　高武孝充　こうたけ・たかみつ　「水田農業と期待される農政転換」筑波書房（日典3）
高河　こうが；たかがわ
　高河ゆん　こうが・ゆん　漫画家（幻想）
　高河貞一　たかがわ・さだいち　著述家（日典）
高知　こうち；たかち
　高知聡　こうち・さとし　社会評論家,作家（世紀）
　高知聡　こうち・そう　社会評論家,作家（現執1期）
　高知虎雄　たかち・とらお　小学校教員（社史）
　高知東生　たかち・のぼる　俳優（テレ）
高知尾　たかちお
　高知尾勇　たかちお・いさむ　「協同組合の実務」国元書房（日典3）

高知尾健次郎　たかちお・けんじろう　実業家（姓氏神奈川）
　高知尾信子　たかちお・のぶこ　青山学院大講師（日典）
　高知尾仁　たかちお・ひとし　「表象としての旅」東京外国語大学アジア・アフリカ言語文化研究所（日典3）
高迫　こうさこ
　高迫薫　こうさこ・かおる　日本店頭証券社長（日典）
⁹高乗　こうじょう；たかのり
　高乗勲　こうじょう・いさお　元光華女子大教授（日典）
　高乗正行　こうじょう・まさゆき　「グローバル時代の半導体産業論」日経BP社,日経BPマーケティング（発売）（日典3）
　高乗智之　たかのり・ともゆき　「憲法と教育権の法理」成文堂（日典3）
　高乗秀明　たかのり・ひであき　「コミュニケーションとメディアを生かした授業」日本文教出版（日典3）
高品　たかしな
　高品彰　たかしな・あきら　公認会計士（日典3）
　高品薫　たかしな・かおる　歌人（日典3）
　高品格　たかしな・かく　俳優（新芸）
　高品剛　たかしな・ごう　俳優（テレ）
　高品武　たかしな・たけし　軍人（陸海）
高城　こうじょう；たかき；たかぎ；たかじょう；たかしろ；たき
　高城高　こうじょう・こう　小説家（ミス）
　高城響　たかき・きょう　「たぶん、きみが好き」マイクロマガジン社（日典3）
　高城肇　たかぎ・はじめ　小説家,実業家（出文）
　高城亜樹　たかじょう・あき　タレント,歌手（日典3）
　高城珠里　たかしろ・じゅり　女優（新芸）
　高城修三　たき・しゅうぞう　小説家（日人）
高屋　こうや；たかや
　高屋豪瑩　こうや・ごうよう　元・弘前大学医学部教授（日典）
　高屋禅学　こうや・ぜんがく　僧（姓氏岩手）
　高屋窓秋　たかや・そうしゅう　俳人（日人）
　高屋奈月　たかや・なつき　漫画家（幻想）
高津　こうず；こうつ；たかつ
　高津春繁　こうず・はるしげ　言語学者（コン4）
　高津儀一　こうつ・ぎいち　編纂官（土木）
　高津正道　たかつ・せいどう　社会運動家,政治家（コン4）
高津戸　たかつと；たかつど
　高津戸昭三　たかつと・しょうぞう　「梨作経営の実態と問題点」茨城県農業会議（日典3）
　高津戸俊男　たかつと・としお　堀田産業副社長（日典）
　高津戸益美　たかつど・ますみ　「日本精漆工業協同組合10年史」日本精漆工業協同組合（日典3）

高畑　たかはし；たかはた；たかばた；たかはたけ；たかばたけ
　高畑誠一　たかはし・せいいち　実業家（履歴）
　高畑勲　たかはた・いさお　アニメーション作家（日人）
　高畑権兵衛　たかばた・ごんべえ　開拓家＝近世（人名4）
　高畑崇導　たかはたけ・たかみち「仏教経典叙説」隆文館（日典3）
　高畑利宜　たかばたけ・としよし　内陸部開拓の先達（北海道歴）

高砂　たかさご；たかすな
　高砂浦五郎　たかさご・うらごろう　力士（コン5）
　高砂浦五郎〔1代〕　たかさご・うらごろう　力士（日典）
　高砂常義　たかすな・つねよし　日立工機常任監査役（日典）
　高砂裕子　たかすな・ひろこ　南区医師協会南区メディカルセンター訪問看護ステーション管理者（日典3）

高祖　こうそ
　高祖岩二　こうそ・いわじ　新聞人（岡山歴）
　高祖憲治　こうそ・けんじ　政治家（現政）
　高祖保　こうそ・たもつ　詩人（日人）
　高祖鶴雄　こうそ・つるお　実業家・政治家（岡山歴）
　高祖敏明　こうそ・としあき　カトリック司祭（現執1期）

高科　たかしな
　高科正信　たかしな・まさのぶ　小学校教諭,児童文学作家（児人）
　高科雅俊　たかしな・まさのり　歌人,小説家（日典3）
　高科峰子　たかしな・みねこ　からくり人形衣装づくり（日典3）
　高科優子　たかしな・ゆうこ「甘い香りの誘惑」二見書房（日典3）

高草木　たかくさき；たかくさぎ；たかぐさぎ
　高草木暮風　たかくさき・ぼふう　歌人（世紀）
　高草木重列　たかくさぎ・しげつら　軍人（姓氏群馬）
　高草木暮風　たかぐさぎ・ぼふう　歌人（群馬人）

10高家　たかいえ；たかや
　高家寿郎　たかいえ・じゅろう「絵でわかる冠婚葬祭入門」新星出版社（日典3）
　高家博成　たかいえ・ひろしげ　昆虫学者（児人）
　高家望　たかや・のぞむ「METsで始めるボディデザイン」英治出版（日典3）
　高家弘行　たかや・ひろゆき「センター試験ネライ撃ちの現代社会」中経出版（日典3）

高宮城　たかみやき；たかみやぎ
　高宮城一男　たかみやき・かずお　那覇市立浦漆中学校教諭（日典）
　高宮城繁　たかみやぎ・しげる「沖縄空手古武道事典」柏書房（日典3）
　高宮城朝則　たかみやぎ・とものり　小樽商科大学商学部教授（日典3）

高島　こうしま；たかしま
　高島温厚　こうしま・よしあつ　元・小清水町（北海道）町長（日典）
　高島嘉右衛門　たかしま・かえもん　実業家,易断家（コン4）
　高島鞆之助　たかしま・とものすけ　陸軍軍人（コン5）

高師　たかし；たかもろ
　高師広吉　たかし・ひろきち「職業教育学」朝倉書店（日典3）
　高師康　たかもろ・こう　国際大会初勝利のサッカー選手（埼玉人）

高畠　たかはた；たかばた；たかはたけ；たかばたけ
　高畠寛我　たかはた・かんが　浄土宗僧侶,学者（世紀）
　高畠寛治　たかばた・かんじ（日典）
　高畠瑞峰　たかはたけ・ずいほう「智慧を食す」かまくら春秋社（日典3）
　高畠素之　たかばたけ・もとゆき　国家社会主義者（コン5）

高馬　こうま；たかうま；たかま
　高馬進　こうま・すすむ　島根大学教授,鳥取女子短期大学長（島根歴）
　高馬健　たかうま・けん　トーメン専務（人情）
　高馬進　たかま・すすむ「家庭果樹のつくり方」加藤書店（書籍）

11高亀　こうがめ
　高亀格三　こうがめ・かくぞう「生活改善 宅地園芸」（国типа）
　高亀陽一　こうがめ・よういち　日立電子常務（日典）
　高亀良樹　こうがめ・よしき「療養伴侶峠を越すまで」（国典）

高堂　こうどう；たかどう
　高堂国典　こうどう・こくてん　俳優（新芸）
　高堂彰二　こうどう・しょうじ　高堂技術士事務所所長（日典3）
　高堂三郎　たかどう・さぶろう　新川郡新保村の豪農（姓氏富山）
　高堂敏治　たかどう・としはる　詩人（富山文）

高梨　たかの
　高梨帰一　たかの・きいち　漢詩作家（詩歌）
　高梨健　たかの・たけし　熊本県立大学総合管理学部助教授（日典3）
　高梨長太郎　たかの・ちょうたろう　京都府議（公明党）（日典3）
　高梨利彦　たかの・としひこ「歴史年表大事典」くもん出版（日典3）

高寄　たかよせ
　高寄昇三　たかよせ・しょうぞう　社会学者（世紀）

高崎　たかさき；たかざき
　高崎親章　たかさき・ちかあき　政治家,官吏（日人）
　高崎正風　たかさき・まさかぜ　歌人（コン5）
　高崎乃里子　たかざき・のりこ　児童文学作家（児人）

高部（高）　　　〔1655〕

高崎能清　たかざき・よしきよ　建築家(姓氏鹿児島)

高岡　たかおか
高岡美能瑠　たかおか・みのる「三十八の笛」YOU&I出版部(日典3)

高斎　こうさい
高斎正　こうさい・ただし　小説家(幻想)
高斎単山　こうさい・たんざん　書家,詩人(日人)

高笠原　たかさはら；たかさわら
高笠原武　たかさはら・たけし「湯旅汽車旅思い旅」同時代社(日典3)
高笠原建　たかさわら・けん「我輩は軍刀にあらず」アトラス出版(日典3)

高部　こうべ；たかぶ；たかべ
高部玲　こうべ・れい「渓流の詩」高部信(日典3)
高部和子　たかぶ・かずこ　大妻女子大学家政学部被服学科教授(日典3)
高部義信　たかべ・よしのぶ　出版人(出文)

高野　こうの；こうや；たかの
高野三三男　こうの・みさお　洋画家(日人)
高野尚好　こうや・なおよし　教育者(現孰2期)
高野岩三郎　たかの・いわさぶろう　社会統計学者,社会運動家(コン4)

高野江　こうのえ；たかのえ
高野江信一郎　こうのえ・しんいちろう　日本レコード販売網社長(日典の)
高野江基太郎　たかのえ・もとたろう　著述家(コン)

高野瀬　こうのせ；たかのせ
高野瀬忠明　こうのせ・ただあき　雪印メグミルク社長
高野瀬順子　たかのせ・じゅんこ　フリーライター(日典3)
高野瀬宗則　たかのせ・むねのり　学校創立者(学校)

高鳥　たかとり；たかどり
高鳥修　たかとり・おさむ　政治家(現政)
高鳥正夫　たかとり・まさお　法学者(現孰3期)
高鳥賢司　たかどり・けんじ　新学社社長(日典)

高鹿　こうろく
高鹿昶宏　こうろく・のぶひろ　札幌交響楽団員(演奏)
高鹿初子　こうろく・はつこ「流通業のエコ戦略」三恵社(日典3)
高鹿陽介　こうろく・ようすけ「高度共通知識午前1早わかり一問一答」TAC出版事業部(日典3)

12高場　たかば
高場市太郎　たかば・いちたろう　三菱鋼材(現・三菱製鋼)常務(日典3)
高場乱　たかば・おさむ　医師(コン)
高場昭次　たかば・しょうじ　会社役員(現孰3期)
高場詩朗　たかば・しろう　小説家(日典3)
高場季光　たかば・すえみつ「成富兵庫茂安」佐賀県教育図書(日典3)

高塚　こうずか；こうつか；たかつか
高塚幾次郎　こうずか・いくじろう　教育者(埼玉百)
高塚醇　こうつか・じゅん「棗」さいたま「マイブック」サービス(日典3)
高塚竹堂　たかつか・ちくどう　書家(姓氏静岡)

高森　こうもり；たかもり
高森明　こうもり・あきら「漂流する発達障害の若者たち」ぶどう社(日典3)
高森砕巌　たかもり・さいがん　日本画家(日人)
高森文夫　たかもり・ふみお　詩人(日人)

高椋　たかむく
高椋清　たかむく・きよし　医師(日典3)
高椋新太郎　たかむく・しんたろう　魚問屋(幕末)
高椋節夫　たかむく・せつお　大阪大学名誉教授(日典3)
高椋哲夫　たかむく・てつお　テニス選手(福岡百)
高椋竜生　たかむく・りゅうせい「石蕗の花が咲きました」国典)

高賀　こうが；たかが
高賀富士子　こうが・ふじこ　資生堂総合美容研究所所長(日典3)
高賀潔　たかが・きよし「誰よりも速く確実に!!センター古文・漢文瞬間解答法」エール出版社(日典3)

高貴　たかき；たかぎ
高貴道子　たかき・みちこ「バッちゃんの燃える心の詞」新風舎(JM)
高貴準三　たかぎ・じゅんぞう「アート・オブスター・ウォーズエピソード3シスの復讐」ソニー・マガジンズ(日典3)

高達　こうだて；たかだち
高達秋良　こうだて・あきら　経営コンサルタント(日典)
高達清吉　こうだて・せいきち　大妻女子大学教授(日典)
高達虎二郎　たかだち・とらじろう　大阪建物専務(日典)

高道　たかどう；たかみち
高道恵美子　たかどう・えみこ「気動車」文理閣(日典)
高道千香子　たかどう・ちかこ　田中秀子バレエ研究所助教授(日典)
高道正信　たかみち・しょうしん　小説家(富山文)
高道夕咲人　たかみち・ゆうさきじん　俳人(富山文)

高間　たかま
高間賢治　たかま・けんじ　映画撮影監督,CMキャメラマン(映人)
高間繁　たかま・しげる　経営者(郷土群馬)
高間真　たかま・しん　陶芸家(陶工)
高間惣七　たかま・そうしち　洋画家(日人)
高間筆子　たかま・ふでこ　洋画家(女性普)

姓名よみかた辞典 姓の部　　765

高階　たかがい；たかしな；たかはし
　高階恵美子　たかがい・えみこ　参院議員（自民党,比例）（日典3）
　高階秀爾　たかしな・しゅうじ　美術評論家（日人）
　高階隆道　たかはし・りゅうどう　僧侶（社史）

高須賀　たかすか；たかすが
　高須賀昭夫　たかすか・あきお　出版人（出文）
　高須賀義博　たかすか・よしひろ　経済学者（世紀）
　高須賀晋　たかすが・すすむ　建築家（日典3）
　高須賀丈俊　たかすが・たけとし　神鋼商事常務（日典3）

[13]高勢　たかせ
　高勢祥子　たかせ・さちこ「頰づえ」角川書店（日典3）
　高勢実乗　たかせ・みのる　映画俳優（日人）

高園　たかその；たかぞの
　高園幹生　たかその・みきお「水と光と」アポロン社（日典3）
　高園次雄　たかぞの・つぎお　元・ゼネラル物産（現・ゼネラル石油）常務（日典）

高楼　たかどの
　高楼方子　たかどの・ほうこ　絵本作家,童画家（小説）

高碕　たかさき
　高碕達之助　たかさき・たつのすけ　政治家,実業家（コン4）
　高碕農夫也　たかさき・のぶや　東罐興業社長（日典3）
　高碕芳郎　たかさき・よしろう　東洋製罐社長（日典3）

高群　たかむら；たかむれ
　高群郁　たかむら・いく　歌人（短歌）
　高群逸枝　たかむれ・いつえ　女性史研究家,評論家（コン4）
　高群輝夫　たかむれ・てるお　チェロ奏者（演奏）

高遠　たかとう；たかとお
　高遠哲　たかとう・さとし「ネオ・ジパングの夜明け」コスモ・テン（日典3）
　高遠響　たかとう・ひびき「大阪は踊る！」アルファポリス,星雲社（発売）（日典3）
　高遠砂夜　たかとお・さや　小説家（石川文）
　高遠菜穂子　たかとお・なほこ　海外支援ボランティア活動家（平和）

[14]高徳　こうとく；たかとく
　高徳春水　こうとく・しゅんすい「炎に死す」鶴書院（日典3）
　高徳験也　たかとく・けんや「教室騒然！ゲーム＆パズル」明治図書出版（日典3）
　高徳忍　たかとく・しのぶ　高校教師（日典3）

高榎　たかえのき；たかぎ
　高榎良孝　たかえのき・よしたか「ケーススタディー刑事案」立花書房（日典3）
　高榎堯　たかぎ・たかし　ジャーナリスト（平和）

高樋　たかどい；たかひ
　高樋作一　たかどい・さくいち「私の青春と戦争―黄砂と氷の大地を生きる」近代文芸社（JM）
　高樋憲　たかひ・けん　青森県議（自民党,黒石市）（日典3）
　高樋竹次郎　たかひ・たけじろう　建設,自治の功労者（青森人）

高端　たかはし；たかはた
　高端正幸　たかはし・まさゆき　聖学院大学政治経済学部准教授（日典3）
　高端宏直　たかはた・ひろなお「構造力学」コロナ社（日典3）

高関　たかせき；たかぜき
　高関健　たかせき・けん　指揮者（音人3）
　高関義博　たかせき・よしひろ「北海道わが心の木造校舎」北海道新聞社（日典3）
　高関詢子　たかぜき・じゅんこ　シャンソン歌手（日典）

高際　たかきわ；たかぎわ
　高際美佐　たかきわ・みさ（日典）
　高際理　たかぎわ・おさむ「Java & XMLデータアクセスガイド」翔泳社（日典3）
　高際香里　たかぎわ・かおり「黒いうさぎ」リトル・モア（日典3）

[15]高幣　たかへい
　高幣哲夫　たかへい・てつお　日本科学工業常務,川崎重工業中央研究所副所長,茨城大学工学部教授（日典3）
　高幣秀知　たかへい・ひでとも　北海道大学文学部教授（日典3）
　高幣真公　たかへい・まさひと　編集者（日典3）
　高幣遊太　たかへい・ゆうた　俳人（日典3）

高幡　たかはた
　高幡竜暢　たかはた・りゅうちょう　僧（日人）
　高幡能暢　たかはた・のうちょう　高僧（人名）

高熨斗　たかのし
　高熨斗千春　たかのし・ちはる「文学の迷路から」短歌新聞社（日典3）

[16]高樹　たかき；たかぎ
　高樹澪　たかき・みお　女優（テレ）
　高樹沙耶　たかぎ・さや　女優（テレ）
　高樹のぶ子　たかぎ・のぶこ　小説家（日人）

高築　こうちく；たかつき
　高築勇　こうちく・いさむ　静岡大名誉教授（日典）
　高築堯宥　たかつき・ぎょうゆう　善光寺大勧進副住職（日典3）

高薄　たかすすき
　高薄豊次郎　たかすすき・とよじろう　室蘭市長（日典3）
　高薄登　たかすすき・のぼる　政治家（現政）
　高薄正行　たかすすき・まさゆき　東北海道いすゞ自動車社長（日典）

高頭　たかとう
　高頭晃　たかとう・あきら　靴職人（日典3）
　高頭弘二　たかとう・こうじ　リスティングアドバイザー,経済評論家（現執3期）

鬪部（鬮）　鬼部（鬼）　　　〔1657〕

高頭祥八　たかとう・しょうはち　童画家（児人）
高頭仁兵衛　たかとう・じんべえ　登山家（日人）
高頭仁兵衛　たかとう・にへえ　登山家（コン4）

高館　たかだて；たかやかた
　高館徳次郎　たかだて・とくじろう　北上川に架橋（姓氏岩手）
　高館薫　たかやかた・かおる　小説家（YA）

17高嶺　たかね；たかみね
　高嶺ふぶき　たかね・ふぶき　女優（日典）
　高嶺秀夫　たかみね・ひでお　教育者（コン5）

18高藤　たかとう；たかふじ
　高藤鎮夫　たかとう・しずお　彫刻家（美建）
　高藤馬山人　たかとう・ばさんじん　国文学者，連句作者（俳文）
　高藤重三郎　たかふじ・じゅうざぶろう　政治家（姓氏岩手）
　高藤長助　たかふじ・ちょうすけ　地域功労者（姓氏岩手）

高顕　たかあき
　高顕尚考　たかあき・なおたか　茨木中央病院事長（紳士）

19高羅　こうら
　高羅駿治　こうら・しゅんじ　横浜ゴム常務（日典3）
　高羅芳光　こうら・よしみつ　実業家（日人）

高麗　こうま；こうらい；こま
　高麗長太郎　こうま・ちょうたろう　弓道家，弓道範士（弓道）
　高麗義久　こうらい・よしひさ　社会保険労務士（現執2期）
　高麗大記　こま・だいき　神官・教育者（埼玉人）

21高鶴　こうずる；たかつる
　高鶴夏山　こうずる・かざん　陶芸家（美工）
　高鶴淳　こうずる・じゅん　陶芸家（陶工）
　高鶴礼子　たかつる・れいこ　「曙光」視点社（日典3）

鬪部

【1656】　鬮

5鬮目　くじめ
　鬮目作司　くじめ・さくじ　「近世史事典」田原町教育委員会（日典3）
　鬮目紋吉　くじめ・もんきち　田原凧保存会長（日典）

鬼部

【1657】　鬼

3鬼丸　おにまる
　鬼丸勝之　おにまる・かつゆき　政治家（政治）
　鬼丸義斎　おにまる・ぎさい　政治家（政治）
　鬼丸雪山　おにまる・せつざん　陶芸家（陶最）
　鬼丸ちひろ　おにまる・ちひろ　漫画家（漫画）
　鬼丸碧山　おにまる・へきざん　陶芸家（陶工）

鬼山　おにやま；きやま
　鬼山隆三　おにやま・りゅうぞう　福岡運輸専務（日典3）
　鬼山親芳　きやま・ちかよし　「評伝小国露堂」熊谷印刷出版部（日典3）

鬼川　おにかわ；きかわ
　鬼川和　おにかわ・いずこ　ジャーナリスト（日典）
　鬼川俊蔵　きかわ・しゅんぞう　歌人（北海道歴）
　鬼川太刀雄　きかわ・たちお　随筆家（北海道文）

5鬼生田　おにうだ；おにゅうだ
　鬼生田顕英　おにうだ・けんえい　僧侶，貨幣研究家（日典3）
　鬼生田貞雄　おにゅうだ・さだお　「創業の商傑」実業の日本社（日典3）

7鬼形　おにかた；おにがた
　鬼形功　おにかた・いさお　「企業と環境」税務経理協会（日典3）
　鬼形いつ子　おにがた・いつこ　「つゆくさ」大和美術印刷出版事業部うらべ書房（印刷）（日典3）
　鬼形守三　おにがた・もりぞう　教育者（群馬人）

鬼束　おにつか
　鬼束征興　おにづか・まさおき　旭電機製作所長（日典3）
　鬼束ちひろ　おにつか・ちひろ　歌手（テレ）
　鬼束益三　おにつか・ますぞう　医師（宮崎百）

鬼村　おにむら；きむら
　鬼村元成　おにむら・もとしげ　京都妙心寺布教総監，夏目漱石と知遇（島根歴）
　鬼村卓　きむら・たく　「手紙の書けないビジネスマンは成功しない」実業之日本社（日典3）

鬼沢　おにさわ；おにざわ；きさわ；きざわ
　鬼沢大海　おにさわ・おおみ　国学者（日書）
　鬼沢小蘭　おにざわ・しょうらん　南画家（美家）
　鬼沢大海　きさわ・おおみ　国学者＝近世（人名2）
　鬼沢邦　きざわ・くに　グラフィックデザイナー（日典3）

8鬼定　おにさだ
　鬼定佳世　おにさだ・かよ　ファイナンシャルプランナー（現執4期）

9鬼怒川　きぬがわ
　鬼怒川太朗　きぬがわ・たろう　歌手（日典3）
　鬼怒川浩　きぬがわ・ひろし　小説家，脚本家（ミス）

鬼海　きかい
　鬼海タカ　きかい・たか　陸上選手（山形百新）
　鬼海弘雄　きかい・ひろお　写真家（写真）
　鬼海正夫　きかい・まさお　洋画家（日典3）
　鬼海正秀　きかい・まさひで　「マザー・テレサ」コミックス（日典3）
　鬼海洋一　きかい・よういち　熊本県議（無所属，宇城市）（日典3）

姓名よみかた辞典　姓の部　767

鬼追　きおい
鬼追明夫　きおい・あきお　弁護士(現執4期)

¹⁰鬼原　きはら
鬼原彰　きはら・あきら「トピックス糖尿病学」診断と治療社(日典3)
鬼原俊一　きはら・しゅんいち「誰れにも出来る製本の手引」木原正三堂(日典3)
鬼原素俊　きはら・そしゅん　日本画家(美家)
鬼原俊技　きはら・としえ　文化庁美術工芸課文化財調査官,プリンストン大学客員講師(日典3)

鬼島　きじま
鬼島英治　きじま・えいじ「女帝の逆襲」グリーンアロー出版社(日典3)
鬼島紘一　きじま・こういち　小説家(日典3)
鬼島広蔵　きじま・ひろかげ　国学者(コン4)
鬼島芳雄　きじま・よしお　詩人(日典3)
鬼島竜二　きじま・りゅうじ　証券ジャーナリスト(日典3)

¹¹鬼崎　おにざき;きざき
鬼崎昭宣　おにざき・あきのぶ　佐賀県出納長(日典3)
鬼崎泰至　おにざき・ひろし「シニアマーケットに学ぶ資産運用アドバイス」金融財政事情研究会(日典3)
鬼崎信好　きざき・のぶよし「社会福祉の理論と実際」中央法規出版(日典3)

¹²鬼塚　おにずか;おにつか
鬼塚五十一　おにずか・いそいち　フリーライター(現執4期)
鬼塚喜八郎　おにつか・きはちろう　実業家(日人)

¹⁴鬼嶋　おにしま;きじま
鬼嶋一司　おにしま・かずし　元・大学野球監督(日典3)
鬼嶋淳　きじま・あつし「風見章日記・関係資料」みすず書房(日典3)

¹⁶鬼頭　きとう
鬼頭梓　きとう・あずさ　建築家(美建)
鬼頭英一　きとう・えいいち　哲学者(日人)
鬼頭道恭　きとう・どうきょう　画家(日人)
鬼頭鍋三郎　きとう・なべさぶろう　洋画家(日人)
鬼頭仁三郎　きとう・にさぶろう　経済学者(日人)

【1658】 魁

魁　さきがけ
魁三太郎　さきがけ・さんたろう　俳優(日典)
魁竜太郎　さきがけ・りゅうたろう「夢幻の武人」PHPパブリッシング(日典3)

⁵魁生　かいしょう
魁生理　かいしょう・おさむ　徳島文理大講師(日典)

部首11画

魚部

【1659】 魚

魚　うお;さかな
魚順吉　うお・じゅんきち「測量作業の実際」理工図書(日典3)
魚ともみ　さかな・ともみ「こんな事になるなんて」リブレ出版(日典3)

⁴魚戸　うおと;うおど
魚戸おさむ　うおと・おさむ　漫画家(漫人)
魚戸広尾　うおど・ひろお「スピン1/2あるいは1/3」パレード,星雲社(発売)(日典3)

魚木　うおき
魚木五夫　うおき・いつお「震災切手」日本郵趣出版,郵趣サービス社(発売)(日典3)
魚木忠一　うおき・ただかず　神学者(キリ)
魚木忠一　うおき・ちゅういち　同志社大神学部長(日典3)
魚木晴夫　うおき・はるお　シーアンドシー事務所所長(日典3)

⁵魚田　うおた;うおだ
魚田一成　うおた・かずなり「サンフランシスコ誘拐事件」朝日ソノラマ(日典3)
魚田康　うおた・こう　社会運動家(アナ)
魚田金次郎　うおだ・きんじろう　料理人(社史)

⁷魚谷　うおたに
魚谷逸朗　うおたに・いつろう　東海大学海洋学部教授(日典3)
魚谷しおり　うおたに・しおり「神官王子は葡萄の乙女を抱く」白泉社(日典3)
魚谷常吉　うおたに・つねきち　料理人,僧侶(日人)
魚谷勝　うおたに・まさる　全日本重布新聞経営(国典)
魚谷増男　うおたに・ますお　消防庁総務課(国典)

魚返　うがえり;おかえり;おがえり
魚返正　うがえり・ただし　数学者(数学)
魚返善雄　おかえり・よしお　文学者(大分百)
魚返善雄　おがえり・よしお　文学者(日人)

魚里　うおさと;うおざと
魚里杜巣　うおさと・とそう「無」初音書房(日典3)
魚里博　うおざと・ひろし　奈良県立医科大学医学部講師・附属病院医療情報室副室長(日典)

⁹魚津　うおず;うおつ
魚津弘吉　うおず・ひろきち　宮大工(美建)
魚津良吉　うおず・りょうきち　洋画家(洋画)
魚津欣司　うおつ・きんじ　マーケティングコンサルタント(現執3期)

魚部（鯲,鮎,鮒,鮓,鮑,鰤,鮭,鮫,鮱,鯉）

15 魚澄　うおずみ
　魚澄惣五郎　うおずみ・そうごろう　日本史学者（日人）

【1660】　鯲

7 鯲沢　えびさわ；えびざわ
　鯲沢恭一　えびさわ・きょういち　関東精機（株）社長（日典3）
　鯲沢耕山　えびさわ・こうざん　画家（幕末）
　鯲沢耕山　えびさわ・こうざん　画家（福島百）

【1661】　鮎

3 鮎川　あいかわ；あゆかわ
　鮎川金次郎　あいかわ・きんじろう「世界ぶつかりある記」（国典）
　鮎川義介　あいかわ・よしすけ　実業家,政治家（世百新）
　鮎川信夫　あゆかわ・のぶお　詩人,評論家（コン5）
　鮎川義介　あゆかわ・よしすけ　実業家,政治家（コン5）

7 鮎沢　あいさわ；あいざわ；あゆさわ；あゆざわ
　鮎沢徹　あいさわ・とおる　弁護士（日典3）
　鮎沢啓夫　あいざわ・けいお　九州大学名誉教授（日典）
　鮎沢巌　あゆさわ・いわお　ILO職員（世紀）
　鮎沢信太郎　あゆざわ・しんたろう　地理学者（日人）

鮎貝　あゆかい；あゆがい
　鮎貝槐園　あゆかい・かいえん　歌人,実業家（コン5）
　鮎貝房之進　あゆかい・ふさのしん　朝鮮研究者（姓氏宮城）
　鮎貝健　あゆがい・けん　タレント（テレ）
　鮎貝ひでこ　あゆがい・ひでこ　教育者（女性普）

8 鮎京　あいきょう；あゆきょう
　鮎京正訓　あいきょう・まさのり　名古屋大学大学院国際開発研究科国際協力専攻課程教授（日典）
　鮎京曽岳　あゆきょう・そがく　書家（日人）
　鮎京真知子　あゆきょう・まちこ「子どもの権利と児童虐待」愛媛県人権啓発センター（日典3）

19 鮎瀬　あゆがせ；あゆせ
　鮎瀬淳一郎　あゆがせ・じゅんいちろう　政治家,地域功労者（栃木歴）
　鮎瀬梅村　あゆがせ・ばいそん　開墾家（日人）
　鮎瀬昇　あゆせ・のぼる（日典）

【1662】　鮒

3 鮒子田　ふした
　鮒子田俊助　ふした・しゅんすけ　公認会計士（現執1期）

　鮒子田寛　ふした・ひろし　元・レーシングドライバー（日典3）

【1663】　鮓

5 鮓本　すしもと
　鮓本刀良意　すしもと・とらお「ダムに沈む村」（国典）

【1664】　鮑

鮑　ほう
　鮑黎明　ほう・れいめい「先天八字大占術―あなたの運命は決まっている」サンデー社（JM）

【1665】　鰤

3 鰤川　いながわ
　鰤川宏造　いながわ・こうぞう「澪標―鰤川啓史追悼文集」（JM）

【1666】　鮭

鮭川　すけがわ
　鮭川登　すけがわ・のぼる　早稲田大学理工学部教授（日典）

【1667】　鮫

10 鮫島　さめしま；さめじま
　鮫島慶彦　さめしま・けいひこ　政治家,実業家（日人）
　鮫島尚信　さめしま・なおのぶ　薩摩藩士,外交官（日人）
　鮫島実三郎　さめじま・じつさぶろう　物理学者（コン4）
　鮫島尚信　さめじま・ひさのぶ　外交官（コン5）

【1668】　鮱

6 鮱名　えびな
　鮱名満　えびな・みつる　漫画家,イラストレーター（日典3）

【1669】　鯉

5 鯉本　こいもと
　鯉本明　こいもと・あきら　在華日本人民反戦同盟西南支部メンバー（社史）

8 鯉沼　こいぬま
　鯉沼章　こいぬま・あきら　情報システムコンサルタント,事務管理論研究者（現執3期）
　鯉沼九八郎　こいぬま・くはちろう　自由民権家（日人）
　鯉沼次儀　こいぬま・つぐのり　政治家（栃木歴）

〔1670〕　　　　　　　　　　　　　　　　　　　　魚部(鯵,鯨,鯖,鯰,鰐,鰒,鰭)

鯉沼広行　こいぬま・ひろゆき　横笛奏者,リコーダー奏者(音人3)
鯉沼茆吾　こいぬま・ほうご　医師(近医)

11 鯉淵　こいぶち

鯉淵鉱二　こいぶち・かねこ　全国未亡人団体協議会事務局長(世紀)
鯉淵賢　こいぶち・さとし　「日本金融システム進化論」日本経済新聞社(日典3)
鯉淵信一　こいぶち・しんいち　言語学者(現執4期)
鯉淵直子　こいぶち・なおこ　「組織再編税制」清文社(日典3)
鯉淵典之　こいぶち・のりゆき　「Principles and Practice内分泌・代謝」文光堂(日典3)

12 鯉登　こいと

鯉登行一　こいと・ぎょういち　軍人(陸海)
鯉登潤　こいと・じゅん　「人物デッサンの基本」ナツメ社(日典3)

【1670】　鯵

7 鯵坂　あじさか

鯵坂二夫　あじさか・つぎお　教育学者(平和)
鯵坂秀美　あじさか・ひでみ　「トランスデューサ解析」啓学出版(日典3)
鯵坂学　あじさか・まなぶ　同志社大学社会学部教授
鯵坂芳文　あじさか・よしふみ　亜細亜学園理事・事務局長(日典3)

【1671】　鯨

鯨　くじら；げい

鯨統一郎　くじら・とういちろう　覆面作家(小説)
鯨晴久　くじら・はるひさ　ゲームの脚本家(幻想)
鯨遊海　げい・ゆうかい　「漢詩潮哢録百首—いまの世の天地人のうた」栄光出版社(JM)

8 鯨岡　くじらおか

鯨岡昭雄　くじらおか・あきお　昭和都市開発社長(日典3)
鯨岡昭　くじらおか・あきら　「私版いわき郷土史」新人物往来社(日典3)
鯨岡明　くじらおか・あきら　石油資源開発専務,元石油公団理事(日典3)
鯨岡阿美子　くじらおか・あみこ　デザイナー,服飾評論家(日人)
鯨岡兵輔　くじらおか・ひょうすけ　政治家(日人)

9 鯨津　ときつ

鯨津朝子　ときつ・あさこ　造形作家(日典3)
鯨津潮　ときつ・うしお　川鉄商事取締役(日典3)

【1672】　鯖

5 鯖田　さばた

鯖田豊則　さばた・とよのり　「会計・ファイナンス入門」税務経理協会(日典3)
鯖田豊之　さばた・とよゆき　西洋史学者,医学史学者(世紀)

【1673】　鯰

鯰田　なまずだ

鯰田大造　なまずだ・だいぞう　新聞人(現情)

12 鯰越　なまずこし；なまずごし

鯰越春湖　なまずこし・しゅんこ　日本画家(美家)
鯰越溢弘　なまずごし・いつひろ　新潟大学法学部教授(現執4期)

【1674】　鰐

11 鰐淵　わにぶち

鰐淵清虎　わにぶち・きよとら　印刷工,文撰工(社史)
鰐淵健之　わにぶち・けんし　医師(近医)
鰐淵賢舟　わにぶち・けんしゅう　ヴァイオリニスト(新芸)
鰐淵俊之　わにぶち・としゆき　政治家(現政)
鰐淵晴子　わにぶち・はるこ　女優(日人)

鰐渕　わにぶち

鰐渕賢舟　わにぶち・けんしゅう　バイオリニスト(芸能)
鰐渕昭三　わにぶち・しょうぞう　ジャパンタイムズ取締役製作局長(日典)
鰐渕啓史　わにぶち・ひろし　アマ棋士(日典3)
鰐渕康彦　わにぶち・やすひこ　医師(日典3)

【1675】　鰒

5 鰒目　えのめ

鰒目信三　えのめ・しんぞう　国立天文台電波天文学研究系教授(日典3)
鰒目恒夫　えのめ・つねお　キヤノン常務(日典3)

【1676】　鰭

11 鰭崎　ひれさき；ひれざき

鰭崎英朋　ひれさき・えいほう　挿絵画家(日画)
鰭崎英朋　ひれざき・えいほう　挿絵画家(日人)
鰭崎浩　ひれざき・こう　読売新聞社解説部(日典3)

魚部(鯡、鯵、鱸)　鳥部(鳥)　　　　　　　　　　　　　　　　　　　　　　　　　　　〔1680〕

【1677】 鯡

[7]鯡沢　いなざわ
鯡沢晃三　いなざわ・こうぞう　理論経済学者（現執1期）

【1678】 鯵

鯵坂　あじさか
鯵坂愛助　あじさか・あいすけ「初期在北米日本人の記録」文生書院（日典）
鯵坂国芳　あじさか・くによし「近代日本女子教育文献集」日本図書センター（日典）
鯵坂青青　あじさか・せいせい　読売新聞編集委員、日本山岳会副会長（日典）
鯵坂二夫　あじさか・つぎお　教育学者（日人）
鯵坂真　あじさか・まこと　哲学者（現執4期）

【1679】 鱸

鱸　すずき
鱸采蘭　すずき・さいらん　漢詩人、画家（日人）
鱸重康　すずき・しげやす　弓道家、弓道範士（弓道）
鱸松塘　すずき・しょうとう　漢詩人（日人）
鱸利彦　すずき・としひこ　洋画家（日人）
鱸元邦　すずき・もとくに　漢詩人（幕末）

鳥部

【1680】 鳥

[4]鳥毛　とりけ；とりげ
鳥毛正明　とりけ・まさあき　俳人（石川文）
鳥毛清　とりげ・きよし「ねぇ、パパゲーノ」アロー・アート・ワークス（日典）
鳥毛美範　とりげ・よしのり　弁護士（現執2期）

[5]鳥生　とりう；とりゅう
鳥生賢二　とりう・けんじ「運のいい日」槿蘭文化社（日典3）
鳥生浩司　とりう・こうじ　小説家（幻想）
鳥生節雄　とりゅう・せつお「写真集明治大正昭和東予」国書刊行会（日典3）
鳥生輝二　とりゅう・てるこ「瑷珞」欅俳句会（日典3）

鳥田　とりた；とりだ
鳥田家弘　とりた・いえひろ　神戸大学名誉教授（日典）
鳥田忠三　とりた・ちゅうぞう　弓道家、弓道範士（弓道）
鳥田四郎　とりだ・しろう「わたしの宗教」新教会（日典）
鳥田進　とりだ・すすむ　映画資料収集家（日典3）

[6]鳥羽　とば；とりば
鳥羽欽一郎　とば・きんいちろう　経済学者（日人）
鳥羽陽之助　とば・ようのすけ　俳優（新芸）
鳥羽賢二　とりば・けんじ　元・バレーボール選手（日典3）
鳥羽照司　とりば・てるじ「だれにもわかる法学通論」文雅堂書店（日典3）

鳥羽田　とっぱた；とばた
鳥羽田重直　とっぱた・しげなお　和洋女子大学人文学部日本文学科教授（日典）
鳥羽田朱実　とばた・あけみ「ポスターが語るフランスの食前酒とワイン」光琳社出版（日典）
鳥羽田熙　とばた・ひろし　三洋化成工業社長（日典）

[7]鳥図　とと
鳥図明児　とと・あける　漫画家（幻想）

鳥見　とみ；とりみ
鳥見迅彦　とみ・はやひこ　詩人（日人）
鳥見真生　とりみ・まさお　翻訳家（日典3）

鳥谷　とや；とりたに；とりや
鳥谷幡山　とや・ばんざん　日本画家（日人）
鳥谷朝代　とりたに・あさよ「やさしくあがりを治す本」すばる舎（日典3）
鳥谷卓治　とりや・たくじ　弓道家、弓道教士（弓道）

鳥谷部　とやべ；とりやべ
鳥谷部春汀　とやべ・しゅんてい　評論家（コン）
鳥谷部陽太郎　とやべ・ようたろう　社会運動家（アナ）
鳥谷部末治　とりやべ・すえじ　渡航者（渡航）
鳥谷部要一　とりやべ・よういち　ホタテ加工業の先駆者（青森人）

[8]鳥居塚　とりいずか；とりいつか
鳥居塚和生　とりいずか・かずお「生薬の薬効・薬理」医歯薬出版（日典3）
鳥居塚誠一　とりいずか・せいいち　映画美術監督（映人）
鳥居塚正　とりいつか・ただし「リスボン渡航記」ニューカレントインターナショナル（日典3）

[9]鳥屋　とりや
鳥屋みゆき　とりや・みゆき「反軍的通信」送付者（社史）

鳥屋尾　とやお
鳥屋尾孝吉　とやお・こうきち　洋画家（日典3）
鳥屋尾忠之　とやお・ただゆき　農林水産省野菜・茶業試験場茶栽培部育種法研究室長（日典）
鳥屋尾積　とやお・つもる　富士電機常務（日典3）

鳥海　ちょうかい；とりうみ；とりかい；とりのうみ
鳥海青児　ちょうかい・せいじ　洋画家（コン4）
鳥海永行　とりうみ・ひさゆき　映画監督（幻想）
鳥海酔車　とりかい・すいしゃ「房陽郡郷考」崙書房（日典3）
鳥海昭子　とりのうみ・あきこ　歌人（短歌）

鳥部（鳩,䳜,鳳,鳴）

【1681】 鳥

11鳥巣　とす；とりす
鳥巣郁美　とす・いくみ　詩人（兵庫文）
鳥巣哲生　とす・てつお　俳優（男優）
鳥巣太郎　とりす・たろう　医師（近医）
鳥巣水子　とりす・みずこ　染織作家（美工）

12鳥塚　とりずか；とりつか
鳥塚江南　とりずか・こうなん　俳人,連句作者（俳文）
鳥塚心輔　とりずか・しんすけ　トロンボーン奏者（演奏）
鳥塚春郊　とりつか・しゅんこう　俳人（日典）

鳥賀陽　うかや
鳥賀陽然良　うかや・しかよし　法学者（渡航）

鳥越　とりごえ；とりこし
鳥越信　とりごえ・しん　児童文学評論家（日人）
鳥越等栽　とりごえ・とうさい　俳人（日人）
鳥越忠行　とりこし・ただゆき　政治家（現政）
鳥越寧　とりこし・やすし　弓道家,弓道錬士（弓道）

鳥集　とりだまり
鳥集忠男　とりだまり・ただお　ゴッタン奏者,民俗芸能研究家（新芸）
鳥集徹　とりだまり・とおる「広島の実力弁護士」南々社（日典3）

13鳥飼　とりかい；とりがい
鳥飼玖美子　とりかい・くみこ　立教大学大学院異文化コミュニケーション研究科教授（現執4期）
鳥飼否宇　とりかい・ひう　小説家（幻想）
鳥飼英助　とりがい・えいすけ　弁護士（日典3）
鳥飼規世　とりがい・のりよ　イラストレーター,漫画家（漫人）

15鳥潟　とりかた；とりがた
鳥潟右一　とりかた・ういち　電気工学者（朝日）
鳥潟小三吉　とりかた・こさきち　軽業師（芸能）
鳥潟右一　とりがた・ういち　電気工学者（日人）
鳥潟隆三　とりがた・りゅうぞう　外科学・免疫学者（日人）

鳥養　とりかい；とりがい
鳥養潮　とりかい・うしお　編磬（へんけい）奏者,箜篌（くご）奏者,作曲家（音人3）
鳥養利三郎　とりかい・りさぶろう　電気工学者（コン4）
鳥養太一郎　とりがい・たいちろう「和蘭の南洋植民史」丸善（日典3）
鳥養利三郎　とりがい・りさぶろう　電気工学者（姓氏京都）

【1681】 鳩

7鳩谷　はとたに；はとや
鳩谷竜　はとたに・のぼる「内分泌精神医学」医学書院（日典3）
鳩谷斎　はとや・ひとし　元・岐阜県議（日典）

鳩貝　はとがい
鳩貝実朗　はとがい・じつろう　俳人,小学校長（日典）
鳩貝太郎　はとがい・たろう「学校飼育動物と生命尊重の指導」教育開発研究所（日典3）
鳩貝久延　はとがい・ひさのぶ　二松学舎大学教授（日典3）
鳩貝充　はとがい・みつる　政治家（現政）

【1682】 䳜

3䳜川　におかわ
䳜川誠一　におかわ・せいいち　洋画家（美家）

【1683】 鳳

鳳　おおとり；ほう
鳳啓助　おおとり・けいすけ　コメディアン（日人）
鳳谷五郎　おおとり・たにごろう　力士（コン5）
鳳誠三郎　ほう・せいざぶろう　電気工学者（現情）
鳳秀太郎　ほう・ひでたろう　電気工学者（日人）

【1684】 鳴

鳴　なる；めい
鳴雷花　なる・らいか「虫の譜」はいび協会（日典）
鳴霞　めい・か　中国語教室代表（日典）

3鳴上　なるかみ
鳴上亜希子　なるかみ・あきこ　フルート奏者（日典3）
鳴上善治　なるかみ・よしはる「歌集花に坐する」（日典3）

8鳴門　なると
鳴門一郎　なると・いちろう　海軍軍人（徳島歴）
鳴門義民　なると・ぎみん　外国雑貨商,英学塾主宰,農学校教員（維新）
鳴門秋一　なると・しゅういち「旗本暴れん坊」青樹社（日典3）
鳴門洋二　なると・ようじ　俳優（映男）
鳴門義民　なると・よしたみ　英学者,官吏（徳島歴）

9鳴海　なるみ
鳴海章　なるみ・しょう　小説家（日人）
鳴海四郎　なるみ・しろう　演劇評論家,翻訳家（日人）
鳴海助一　なるみ・すけいち　方言研究家（日人）
鳴海正泰　なるみ・まさやす　地方自治研究者（世紀）
鳴海要吉　なるみ・ようきち　歌人（日人）

鳴神　なるかみ；なるがみ
鳴神隆子　なるかみ・たかこ「こんな時代もありました」第一出版（日典3）
鳴神義夫　なるかみ・よしお「柄鏡百選」柄鏡山荘,京都　芸艸堂（発売）（日典3）
鳴神克己　なるがみ・かつみ「日本紀行文芸史」佃書房（日典3）

鳥部（鴇,鴉,鳩,鴦,鴨,鳴,鴻）

[10]鳴島　なるしま
　鳴島左京　なるしま・さきょう　「解けない鍵」アスキー・メディアワークス,角川グループパブリッシング（発売）3
　鳴島生　なるしま・せい　漫画家（漫人）
　鳴島甫　なるしま・はじめ　「高等学校新学習指導要領の展開」明治図書出版（日典3）
　鳴島史之　なるしま・ふみゆき　「世界の狩猟民」法政大学出版局（日典3）
　鳴島安雄　なるしま・やすお　「所得税法規集」中央経済社（日典3）

【1685】　鴇

[5]鴇田　ときた；ときだ
　鴇田英太郎　ときた・えいたろう　劇作家（世紀）
　鴇田恵吉　ときた・えきち　郷土史家（日人）
　鴇田正利　ときだ・まさとし　「木工塗装」塗料報知新聞社（日典3）
鴇矢　ときや
　鴇矢きぬ子　ときや・きぬこ　「モンゴルの星」和泉書房（日典3）
[7]鴇沢　ときさわ；ときざわ
　鴇沢安文　ときさわ・やすふみ　「インドネシア」海外職業訓練協会（日典3）
　鴇沢悦也　ときざわ・えつや　「簿記の基礎」創成社（日典3）
　鴇沢麻由子　ときざわ・まゆこ　翻訳家（日典3）

【1686】　鴉

[10]鴉紋　あもん
　鴉紋洋　あもん・ひろし　プログラマー（日典）

【1687】　鳩

[7]鳩沢　ばんざわ
　鳩沢歩　ばんざわ・あゆむ　大阪大学大学院経済学研究科准教授（日典）
　鳩沢孝　ばんざわ・たかし　栗田工業代表取締役専務（日典）

【1688】　鴦

鴦尾　おしお
　鴦尾武治　おしお・たけはる　共同通信編集局記事審査室委員（日典）
[9]鴦海　おしうみ；おしのうみ；おしみ
　鴦海量良　おしうみ・かずよし　「甘い決算・辛い決算」日本経営出版会（日典3）
　鴦海謙斎　おしのうみ・けんさい　医師（日人）
　鴦海謙斎　おしみ・けんさい　医師（人名）
[11]鴦淵　おしぶち
　鴦淵茂　おしぶち・しげる　官僚（近医）
　鴦淵邵子　おしぶち・たかこ　バイオリニスト（音人）
　鴦淵紹子　おしぶち・つぎこ　パイプオルガン奏者（音人3）
　鴦淵一　おしぶち・はじめ　東洋史学者（日典3）

【1689】　鴨

[3]鴨下　かもした；かものした
　鴨下信一　かもした・しんいち　テレビプロデューサー（日人）
　鴨下晃湖　かもした・ちょうこ　日本画家（日人）
　鴨下重彦　かものした・しげひこ　東京大学名誉教授（日典）
[5]鴨田　かもた；かもだ
　鴨田一郎　かもた・いちろう　「図書館・MRのための医薬情報略語集」日本薬学図書館協議会（日典3）
　鴨田哲郎　かもた・てつお　弁護士（現執4期）
　鴨田宗一　かもだ・そういち　政治家（政治）
　鴨田利太郎　かもだ・としたろう　政治家（政治）
[7]鴨志田　かもした；かもしだ
　鴨志田一郎　かもした・いちろう　「景色」東京四季出版（日典3）
　鴨志田亜紀　かもしだ・あき　バトン選手（日典3）
　鴨志田恵一　かもしだ・けいいち　記者（現執3期）
鴨沢　かもさわ；かもざわ
　鴨沢浅葱　かもさわ・あさぎ　「セカンドライフ創世記」インプレスジャパン,インプレスコミュニケーションズ（発売）（日典3）
　鴨沢祐仁　かもさわ・ゆうじ　漫画家（YA）
　鴨沢巖　かもざわ・いわお　経済地理学者（現執1期）
　鴨沢祐仁　かもざわ・ゆうじ　漫画家（世紀）
[11]鴨脚　いちょう；いちよう
　鴨脚克子　いちょう・かつこ　孝明天皇の女官（日人）
　鴨脚秀経　いちょう・ひでつね　政治家（姓氏京都）
　鴨脚克子　いちょう・かつこ　孝明天皇の女官（幕末）
　鴨脚光長　いちよう・みつなが　非蔵人（朝日）

【1690】　鴨

[7]鴨谷　しぎたに；しぎや
　鴨谷定昌　しぎたに・さだまさ　シギヤ精機製作所会長（日典）
　鴨谷憲和　しぎたに・のりかず　シギヤ精機製作所社長（日典）
　鴨谷亮一　しぎや・りょういち　医師（近医）

【1691】　鴻

鴻　おおとり；こう
　鴻雪爪　おおとり・せっそう　宗教家（コン4）

鴻常夫　おおとり・つねお　弁護士, 法学者（日人）
鴻みのる　こう・みのる　「鴻みのる集」あさひふれんど千葉（日典3）

³鴻上　こうかみ；こうがみ
鴻上尚史　こうかみ・しょうじ　劇作家, 演出家（日人）
鴻上光宜　こうかみ・みつのぶ　光軽金属工業社長（日典3）
鴻上喜芳　こうかみ・きよし　「保険論トレーニング」創成社（日典3）
鴻上聡　こうかみ・さとし　「科学新聞部UFOを探せ！の巻」汐文社（日典3）

鴻山　こうやま
鴻山治　こうやま・おさむ　「信州・奥多摩・甲斐路」昭文社（日典3）
鴻山俊雄　こうやま・としお　「中国と中国人」華僑問題研究所

⁵鴻生田　こうだ
鴻生田努　こうだ・つとむ　「大学教授を斬る」日新報道（書籍）

⁶鴻江　こうのえ
鴻江勇　こうのえ・いさむ　政治家（現政）
鴻江洋明　こうのえ・ひろあき　「寺田寅彦『ローマ字の巻』編訳ほか」葦書房（日典3）

¹⁰鴻原　こうのはら；こうはら
鴻原義太郎　こうのはら・よしたろう　囲碁棋士（日人）
鴻原春美　こうはら・はるみ　バドミントン選手（日典）

¹¹鴻巣　こうのす
鴻巣吉太　こうのす・きちた　警察官（埼玉人）
鴻巣健治　こうのす・けんじ　官僚（現執2期）
鴻巣盛雄　こうのす・もりお　神職（神人）
鴻巣盛広　こうのす・もりひろ　国文学者（石川百）
鴻巣友季子　こうのす・ゆきこ　翻訳家（現執4期）

¹²鴻森　こうのもり
鴻森正三　こうのもり・しょうぞう　詩人（児人）

¹³鴻農　こうの
鴻農映二　こうの・えいじ　文芸評論家, アジア学研究家（四国文）
鴻農周策　こうの・しゅうさく　テレビディレクター（日典3）

【1692】 鵜

³鵜久森　うくもり；うぐもり
鵜久森一郎　うくもり・いちろう　スリーボンド会長（日典）
鵜久森熊太郎　うくもり・くまたろう　考古学者（考古）
鵜久森税　うぐもり・おさむ　実業家（郷土愛媛）
鵜久森熊太郎　うくもり・くまたろう　考古学愛好研究家（愛媛百）

鵜川　うかわ；うがわ
鵜川五郎　うかわ・ごろう　洋画家（児人）
鵜川昇　うかわ・のぼる　教育者（現執4期）
鵜川英司　うがわ・えいじ　「厄病神」講談社（日典3）
鵜川馨　うがわ・かおる　立教女学院短期大学学長（日典3）

⁴鵜戸口　うとぐち；うどぐち
鵜戸口哲尚　うとぐち・てつひさ　「カンボジアの悲劇」成甲書房（書籍）
鵜戸口哲尚　うどぐち・てつひさ　著述家, 翻訳家（日典3）
鵜戸口英善　うどぐち・てるよし　「応用力学講座」国典

鵜木　うのき
鵜木奎治郎　うのき・けいじろう　アメリカ文学・思想史研究者（現執1期）
鵜木丈夫　うのき・たけお　東京電力原子力開発研究所長（日典3）
鵜木日土実　うのき・ひとみ　ピアニスト（演奏）
鵜木政右衛門　うのき・まさうえもん　後半の商人（姓氏鹿児島）
鵜木与一　うのき・よいち　社会運動家（アナ）

⁵鵜生　うの；うのう
鵜生美子　うの・よしこ　評論家（日児）
鵜生静雄　うのう・しずお　「御船の今昔」豊田市御船町（日典3）

⁶鵜池　ういけ
鵜池四郎　ういけ・しろう　理研農産化工社長（人情）
鵜池幸雄　ういけ・ゆきお　「簿記の技法とシステム」同文館出版（日典3）

⁷鵜沢　うさわ；うざわ
鵜沢秀　うさわ・まさる　小樽商科大学商学部経済学科教授（日典）
鵜沢寿　うざわ・ひさし　能楽囃子方（日人）
鵜沢総明　うざわ・ふさあき　弁護士, 政治家（コン4）

⁸鵜居　うい
鵜居由記衣　うい・ゆきえ　「ビジネスマナー向上計画」アスペクト（日典3）
鵜居利八　うい・りはち　弓道家（弓道）

⁹鵜城　うじょう；うしろ
鵜城繁　うじょう・しげる　洋画家（日典）
鵜城紀元　うしろ・のりもと　「漢文の基礎」大日本図書（日典3）

¹⁰鵜浦　ううら；うのうら
鵜浦有磧　ううら・ゆうせき　蘭医＝近世（人名1）
鵜浦勉　うのうら・つとむ　読売新聞政治部記者（日典3）
鵜浦典子　うのうら・のりこ　和光専務, セイコーホールディングス取締役（日典3）

¹¹鵜崎　うざき
鵜崎庚一　うざき・こういち　作曲家（作曲）
鵜崎庚午郎　うざき・こうごろう　牧師（日人）
鵜崎多一　うざき・たいち　政治家（日人）

鳥部(鶏,鶉,鶴)

鵜崎博　うざき・ひろし　水墨画家,政治家(現政)
鵜崎鷺城　うざき・ろじょう　新聞記者,評論家(コン5)

¹³鵜飼　うかい;うがい
　鵜飼節郎　うかい・せつろう　政治家(日人)
　鵜飼信成　うかい・のぶしげ　法学者(日人)
　鵜飼玉川　うがい・ぎょくせん　古物鑑識家(コン4)
　鵜飼徹定　うがい・てつじょう　浄土宗僧侶(コン5)

¹⁶鵜篭　うごもり
　鵜篭由則　うごもり・よしのり　四国電力常務(日典)

¹⁷鵜瀞　うのとろ
　鵜瀞恵子　うのとろ・けいこ　公正取引委員会経済取引局取引部長(日典3)
　鵜瀞達二　うのとろ・たつじ　元・大同工業大学副学長(科学)
　鵜瀞知之　うのとろ・ともゆき　東京工科大学客員教授,富士通研究所取締役(日典3)
　鵜瀞法子　うのとろ・のりこ　桐朋学園大講師(日典3)
　鵜瀞由己　うのとろ・よしみ　財務省参事官(日典3)

【1693】 鶉

⁹鶉冠井　かえでい
　鶉冠井良徳　かえでい・りょうとく「崑山集 上中下」勉誠社(書籍)

【1694】 鶉

⁷鶉尾　うずらお
　鶉尾謹親　うずらお・きんしん　鉄道技師(土木)

¹¹鶉野　うずの;うずらの
　鶉野昭彦　うずの・あきひこ　放送作家,劇作家,演出家(日典3)
　鶉野樹里　うずの・じゅり　女優(日典3)
　鶉野昭彦　うずらの・あきひこ　放送作家(大阪文)

¹⁶鶉橋　うずらはし
　鶉橋康一　うずらはし・こういち　ゼンチク会長(日典)
　鶉橋誠一　うずらはし・せいいち　スターゼン会長(日典)

【1695】 鶴

鶴　つる
　鶴彬　つる・あきら　川柳作家(日人)
　鶴五三　つる・いつみ　社会運動家(社史)
　鶴丈一郎　つる・じょういちろう　司法官(日人)
　鶴虎太郎　つる・とらたろう　教育家(学校)
　鶴久子　つる・ひさこ　歌人(日人)

³鶴丸　つるまる
　鶴丸明人　つるまる・あきと　政治家(現政)
　鶴丸昭彦　つるまる・あきひこ　洋画家,社会運動家(美家)
　鶴丸基代　つるまる・きよ　日本共産青年同盟メンバー(近女)
　鶴丸督子　つるまる・とくこ　日本共産青年同盟メンバー(女運)
　鶴丸睦彦　つるまる・むつひこ　俳優(新芸)

鶴久　つるく
　鶴久二郎　つるく・じろう　郷土史家(現執2期)
　鶴久政治　つるく・まさはる　歌手(テレ)

⁵鶴田　つるた;つるだ
　鶴田浩二　つるた・こうじ　俳優(コン4)
　鶴田知也　つるた・ともや　小説家(コン4)
　鶴田鹿吉　つるだ・しかきち　海軍軍医(日人)
　鶴田安雄　つるだ・やすお　テニス選手(日人)

⁶鶴羽　つるは;つるわ
　鶴羽菊蔵　つるは・きくぞう　元・札幌刑務所長(日典)
　鶴羽勝　つるは・まさる　実業家(創業)
　鶴羽伸子　つるわ・のぶこ　文芸評論家,翻訳家(石川文)

⁷鶴我　つるが
　鶴我七蔵　つるが・しちぞう　駐ベネズエラ大使(日典3)
　鶴我淳二朗　つるが・じゅんじろう　陶芸家(陶工)
　鶴我裕子　つるが・ひろこ　バイオリニスト(日典3)

鶴来　つるき;つるぎ
　鶴来直孝　つるき・なおたか「南洋戦の記憶」桂書房(日典3)
　鶴来紘一　つるき・こういち　神戸市都市整備公社理事長(日典3)
　鶴来正基　つるぎ・まさき　編曲家,ピアニスト,作曲家,キーボード奏者(日典3)

鶴沢　つるさわ;つるざわ
　鶴沢寛治〔6代〕　つるさわ・かんじ　義太夫節三味線方(音系)
　鶴沢探真　つるさわ・たんしん　日本画家(日人)
　鶴沢清六〔3代〕　つるざわ・せいろく　義太夫節三味線方(コン5)

鶴町　つるまち
　鶴町栄次　つるまち・えいじ「シーケンスダイヤグラムの読み方」東京電機大学出版部(日典3)
　鶴町和道　つるまち・かずみち　医師(日典3)
　鶴町重夫　つるまち・しげお「JDBCによるJAVAデータベースプログラミング」オライリー・ジャパン(日典3)
　鶴町保　つるまち・たもつ　日本大学歯学部歯学科講師(日典3)
　鶴町猷　つるまち・ゆう　植物研究家(植物)

鶴谷　つるがや;つるたに;つるや
　鶴谷孔明　つるや・よしあき　医師(群馬人)
　鶴谷登　つるたに・のぼる　洋画家(美家)
　鶴谷忠恭　つるや・ただやす　歌人(北海道文)

[1696] 鶴保　つるほ

鶴保英記　つるほ・えいき　高校教師（日典3）
鶴保征城　つるほ・せいしろ　情報処理推進機構ソフトウェアエンジニアリングセンター所長，高知工科大学教授（日典3）
鶴保正明　つるほ・まさあき　コピーライター（日典3）
鶴保庸介　つるほ・ようすけ　政治家（現政）

鶴海　つるみ

鶴海静香　つるみ・しずか　タレント（テレ）
鶴海誠一　つるみ・せいいち　日本銀行調査統計局参事役（日典3）
鶴海良一郎　つるみ・りょういちろう　住宅改良開発公社会長

[10]鶴家　つるが；つるや

鶴家正子　つるが・まさこ　「夢は叶う」旭図書刊行センター（日典3）
鶴家団十郎　つるや・だんじゅうろう　ニワカ師（史人）
鶴家団蔵　つるや・だんぞう　ニワカ師（芸能）

[11]鶴崎　つるさき；つるざき

鶴崎規矩子　つるさき・きくこ　教育家（学校）
鶴崎賢定　つるさき・けんじょう　筑前琵琶奏者（日人）
鶴崎久米一　つるざき・くめいち　教育者（兵庫人）
鶴崎平三郎　つるざき・へいざぶろう　サナトリューム創設，医療功労者（兵庫人）

[13]鶴園　つるぞの

鶴園哲夫　つるぞの・てつお　政治家（政治）
鶴園裕　つるぞの・ゆたか　「東アジア共生の歴史的基礎」御茶の水書房（日典3）

鶴蒔　つるまき

鶴蒔靖夫　つるまき・やすお　経営評論家，ラジオパーソナリティー（現執4期）

[18]鶴藤　つるふじ

鶴藤幾太　つるふじ・いくた　神道家（神人）
鶴藤鹿忠　つるふじ・しかただ　民俗学者（現執1期）
鶴藤丞　つるふじ・すすむ　「炎症学叢書」医学書院（日典3）
鶴藤倫道　つるふじ・のりみち　「マルシェ債権総論」嵯峨野書院（日典3）

[1696] 鶯

[9]鶯亭　おうてい

鶯亭金升　おうてい・きんしょう　新聞記者，戯作者（コン4）

[1697] 鶸

鶸　ひわ

鶸まくら　ひわ・まくら　「ふるえやまず夢いまだ」詩神社（日典3）

[1698] 鷲

[5]鷲田　わした；わしだ

鷲田新太　わした・あらた　洋画家（美家）
鷲田清一　わしだ・きよかず　哲学者，倫理学者（京都文）
鷲田小弥太　わしだ・こやた　評論家，法哲学者（現執4期）

[7]鷲尾　わしお；わしのお

鷲尾雨工　わしお・うこう　小説家（コン4）
鷲尾順敬　わしお・じゅんきょう　仏教史学者（コン5）
鷲尾隆聚　わしのお・たかあつ　公家，華族（史人）
鷲尾隆聚　わしのお・たかつむ　公家，華族（日人）

鷲見　すみ；わしみ

鷲見加寿子　すみ・かずこ　ピアニスト（演奏）
鷲見三郎　すみ・さぶろう　バイオリニスト（日人）
鷲見久平　わしみ・きゅうへい　西陣織物業者（姓氏京都）
鷲見京一　わしみ・きょういち　社会運動家（社史）

鷲谷　わしたに；わしや

鷲谷樗風　わしたに・ちょふう　郷土史家（郷土）
鷲谷七菜子　わしたに・ななこ　俳人（日人）
鷲谷サト　わしや・さと　北海道ウタリ協会日高支部連合会理事（日典3）
鷲谷峰雄　わしや・みねお　詩人（北海道文）

[11]鷲崎　すさき；わしざき

鷲崎健二　すさき・けんじ　「毎日5分で月に28万円稼ぐ方法!!」JPS出版局，太陽出版（発売）（日典3）
鷲崎かづ子　わしざき・かずこ　ピアニスト（音人）
鷲崎キヨ子　わしざき・きよこ　「かちがらす」短歌研究社（日典3）

鷲巣　わしす；わしず；わしのす

鷲巣繁男　わしす・しげお　詩人（日人）
鷲巣繁男　わしず・しげお　詩人（札幌）
鷲巣尚　わしのす・ひさし　「オリヴァ・トウィスト」（国典）

[16]鷲頭　わしず

鷲頭聡介　わしず・そうすけ　「転職」朱鳥社（日典3）
鷲頭忠　わしず・ただし　横須賀兼三崎簡裁判事（日典3）
鷲頭典子　わしず・のりこ　新潟味のれん本舗取締役（日典3）
鷲頭誠　わしず・まこと　駐スロバキア大使（日典3）
鷲頭ヨシ　わしず・よし　糸繕み師（日人）

鳥部(鵄,鷺,鷹)　　　　　　　　　　　　　　　　　　　　　　　　　　　　　　　　　〔1701〕

【1699】 鵄

²³鵄鵲　ささき；ささぎ；さざき
鵄鵲義夫　ささき・よしお　中浦食品社長(島根歴)
鵄鵲義夫　ささぎ・よしお「史実と伝説の美保関」(国典)
鵄鵲一枝巣　さざき・いえす　漢学者(岡山人)

【1700】 鷺

⁷鷺谷　さぎたに；さぎや
鷺谷昂　さぎたに・あきら　全国学校図書館協議会事務局参与(日典3)
鷺谷精一　さぎたに・せいいち　新聞記者(アナ)
鷺谷昌平　さぎや・しょうへい　栃木県立大田原高校教諭(日典)
鷺谷義忠　さぎや・よしただ　宇都宮の刀剣研磨業者(栃木歴)

¹¹鷺野谷　さぎのや
鷺野谷香織　さぎのや・かおり　編集者(日典3)
鷺野谷国親　さぎのや・くにちか　和算家(数学)
鷺野谷秀二　さぎのや・ひでお　筑波大学附属病院フォト・スタジオ文部技官(日典3)

【1701】 鷹

⁴鷹木　たかき；たかぎ
鷹木恵子　たかき・けいこ　文化人類学者,北アフリカ研究者(日典3)
鷹木敦　たかぎ・あつし「都市伝説的中華人民鷲話国」新宿書房(日典3)
鷹木嘉右衛門　たかぎ・かうえもん　要視察人(アナ)

⁵鷹司　たかつかさ
鷹司和子　たかつかさ・かずこ　皇族(日人)
鷹司輔煕　たかつかさ・すけひろ　公家(コン4)
鷹司平通　たかつかさ・としみち　交通研究家(日人)
鷹司信輔　たかつかさ・のぶすけ　鳥類学者,華族(コン4)
鷹司煕通　たかつかさ・ひろみち　陸軍軍人,侍従長(日人)

鷹田　たかた；たかだ
鷹田其石　たかた・きせき　日本画家(富山百)
鷹田和喜蔵　たかた・わきぞう「根釧開拓と移住研究」釧路市(日典3)
鷹田えりか　たかだ・えりか「誘惑は三回まで」ハーレクイン
鷹田其石　たかだ・きせき　日本画家(美家)

⁶鷹羽　たかのは；たかは；たかば；たかね；たかばね
鷹羽雲涛　たかのは・うんそう　漢詩人=近世(人名4)
鷹羽狩行　たかは・しゅぎょう　俳人(日典)
鷹羽操　たかば・みさお　政治家(現政)
鷹羽遙　たかはね・よう「魔獣戦士―バイオレンス・スペクタクル巨篇!!」東京三世社(JM)
鷹羽遙　たかばね・はるか　漫画家(漫人)

⁷鷹谷　たかがい；たかや
鷹谷俊之　たかがい・しゅんし　僧侶(浄土真宗本願寺派),仏教教育者(日人)
鷹谷俊之　たかがい・としゆき　浄土真宗本願寺派僧侶,仏教教育者(仏教)
鷹谷宏幸　たかや・ひろゆき　写真家(日典)

⁸鷹取　たかとり
鷹取岳陽　たかとり・がくよう　新聞人・詩文家(岡山歴)
鷹取健次郎　たかとり・けんじろう　新聞人(富山百)
鷹取晟二　たかとり・せいじ　俳人(大阪文)
鷹取健　たかとり・たけし　中学校教諭,化学教育研究家(YA)
鷹取亮太郎　たかとり・りょうたろう　政治家(姓氏富山)

⁹鷹城　たかき；たかしろ
鷹城宏　たかき・ひろし　小説家(日典)
鷹城勲　たかしろ・いさお　日本空港ビルデング社長(日典)
鷹城冴貴　たかしろ・さえき　漫画家(漫人)

¹⁰鷹栖　たかす；たかのす
鷹栖美恵子　たかす・みえこ　オーボエ奏者(演奏)
鷹栖光昭　たかす・みつあき　ネストーク・アンサンブル代表(日典3)
鷹栖雅峰　たかのす・まさみね「犬と猫の軟部外科Q&A」インターズー(日典3)

¹¹鷹巣　たかす
鷹巣晃　たかす・あきら　東邦音楽大学音楽部講師,杉野女子大学講師(日典3)
鷹巣幸司　たかす・こうじ　(株)ペンションマネージメントオフィス代表取締役(日典3)
鷹巣達次　たかす・たつじ　名古屋相互銀行多治見支店長(日典3)
鷹巣豊子　たかす・とよこ　女優(日典3)
鷹巣豊治　たかす・とよじ　美術史家(日人)

¹²鷹觜　たかのはし
鷹觜達衛　たかのはし・たつえい「北国を描く」朔社(日典3)
鷹觜テル　たかのはし・てる　岩手大教授(人情)
鷹觜三夫　たかのはし・みつお「鐘韻」窓日短歌会(日典3)
鷹觜守彦　たかのはし・もりひこ　地熱エンジニアリング(株)社長(日典3)
鷹觜洋一　たかのはし・よういち　岩手大学名誉教授(日典3)

¹⁸鷹藤　たかとう
鷹藤緋美子　たかとう・ひみこ　小説家(幻想)

鹿部

【1702】 鹿

²鹿又 かのまた
- 鹿又英一　かのまた・えいいち　「笑う人」北宋社（日典3）
- 鹿又和郎　かのまた・かずお　「食品の機器分析」光琳書院（日典3）
- 鹿又軍記　かのまた・ぐんき　私塾経営者（姓氏宮城）
- 鹿又武三郎　かのまた・たけさぶろう　政治家（宮城百）
- 鹿又伸夫　かのまた・のぶお　慶応義塾大学文学部教授（日典3）

³鹿子木　かこき；かこぎ；かなこぎ；かのこぎ
- 鹿子木美恵子　かこき・みえこ　「海のうた風のいろ茜雲のとき―かたりべ名刺に誘われて」文芸社（JM）
- 鹿子木助次　かこぎ・すけじ　「八十路乗り越えて―想い出の記」（JM）
- 鹿子木公春　かなこぎ・きみはる　西日本ペットボトルリサイクル社長（日典）
- 鹿子木孟郎　かのこぎ・たけしろう　洋画家（コン5）

鹿山　かやま；しかやま
- 鹿山誉　かやま・ほまれ　「帽振れ海軍兵学校」北島健三（日典3）
- 鹿山雅司　かやま・まさし　「入れかわり物語」日本図書刊行会（日典3）
- 鹿山映二郎　しかやま・えいじろう　童謡詩人，作詞家（日児）

鹿川　かがわ；しかがわ
- 鹿川紘一　かがわ・こういち　大東紡織顧問（日典）
- 鹿川修一　かがわ・しゅういち　長崎大学工学部材料工学科教授（日典）
- 鹿川利助　しかがわ・りすけ　農民（社史）

⁴鹿井　かのい；しかい
- 鹿井信雄　かのい・のぶお　ソニー学園理事長（日典）
- 鹿井いつ子　しかい・いつこ　「佳音」ながらみ書房（日典3）

鹿内　しかうち；しかない
- 鹿内健三　しかうち・けんぞう　大阪成蹊学園長（日典3）
- 鹿内孝　しかうち・たかし　歌手,俳優（世紀）
- 鹿内信隆　しかない・のぶたか　実業家（コン4）
- 鹿内春雄　しかない・はるお　放送経営者（日人）

鹿戸　しかと；しかど
- 鹿戸照夫　しかと・てるお　ミズノ専務（日典）
- 鹿戸治　しかど・おさむ　カーデザイナー（日典）
- 鹿戸武治　しかど・たけはる　園田学園女子短期大学教授（日典3）

鹿毛　かげ；かのけ；かも；しかげ
- 鹿毛善四郎　かげ・ぜんしろう　城西消費購買組合組合員（社史）
- 鹿毛良広　かのけ・よしひろ　「ゆきゆきてこの路」鹿毛良広（JM）
- 鹿毛輝弥　かも・てるや　兵庫エフエムラジオ放送取締役（日典）
- 鹿毛貢　しかげ・みつぐ　住宅経営研究所理事長（日典）

⁵鹿田　しかた；しかだ
- 鹿田淳史　しかた・あつし　彫刻家（美建）
- 鹿田静七　しかた・せいしち　実業家（大阪人）
- 鹿田文平　しかだ・ぶんぺい　加賀藩の洋学者（日人）
- 鹿田与一　しかだ・よいち　政治家（姓氏石川）

鹿目　かのめ
- 鹿目かよこ　かのめ・かよこ　絵本画家（日典3）
- 鹿目佳代子　かのめ・かよこ　洋画家（児人）
- 鹿目けい子　かのめ・けいこ　「世界の終わりに咲く花」泰文堂（日典3）
- 鹿目曹　かのめ・そう　陶芸家（陶芸最）
- 鹿目尚志　かのめ・たかし　グラフィックデザイナー（日典3）

⁶鹿地　かじ
- 鹿地亘　かじ・わたる　小説家,評論家（コン4）

⁷鹿住　かすみ；かずみ
- 鹿住貴之　かすみ・たかゆき　「割り箸が地域と地球を救う」創森社（日典3）
- 鹿住春乃　かすみ・はるの　「風騒」上越歌人会（日典3）
- 鹿住衡平　かずみ・こうへい　地方政治家（新潟百別）
- 鹿住槙　かずみ・まき　小説家（YA）

鹿志村　かしむら
- 鹿志村篤臣　かしむら・あつし　声楽家（バリトン）,俳優（音人2）
- 鹿志村光一　かしむら・こういち　プログラファー（日典3）
- 鹿志村のぼる　かしむら・のぼる　「返り花」鹿志村登
- 鹿志村正子　かしむら・まさこ　「化石の碑」昭和図書出版（日典3）
- 鹿志村芳晴　かしむら・よしはる　司法書士（日典3）

鹿村　しかむら
- 鹿村祥子　しかむら・しょうこ　カナダ大使館レジストリー・スーパーバイザー（日典3）
- 鹿村真理子　しかむら・まりこ　「腎疾患と看護」文光堂（日典3）
- 鹿村由起子　しかむら・ゆきこ　「聞こえますか生命の歌」クレスト社（日典3）
- 鹿村恵明　しかむら・よしあき　「薬の選び方を学び実践するOTC薬入門」薬ゼミ情報教育センター（日典3）
- 鹿村美久　しかむら・よしひさ　経営者（日人）

鹿沢　かざわ
- 鹿沢剛　かざわ・ごう　「中国・ベトナム関係」教育社（JM）

鹿部(鹿)

鹿谷　かや；しかたに；しかや；ろくたに；ろくや
　鹿谷俊夫　かや・としお　「ハイジャック」早川書房(日典3)
　鹿谷輝子　しかたに・てるこ　声楽家,合唱指揮者,音楽教育家(音人3)
　鹿谷崇義　しかや・たかよし　東京都副知事(日典3)
　鹿谷謙輔　ろくたに・けんすけ　中国新聞販売局販売委員(日典)
　鹿谷サナエ　ろくや・さなえ　「Not for sale！」オークラ出版(日典3)

[8]鹿取　かとり
　鹿取昭夫　かとり・あきお　テレマーケティングベルオフィス社長(日典3)
　鹿取希世　かとり・きよ　能楽師(能狂言)
　鹿取広人　かとり・ひろと　心理学者(心理)
　鹿取泰衛　かとり・やすえ　外交官(現情)
　鹿取洋子　かとり・ようこ　女優(映女)

鹿岡　かのおか；しかおか
　鹿岡円平　かのおか・えんぺい　軍人(陸海)
　鹿岡円平　しかおか・えんぺい　海軍大佐(日典3)

鹿岳　かたけ；かだけ
　鹿岳宰　かたけ・おさむ　「広域行政」大阪府地方自治研究会(日典3)
　鹿岳繁　かたけ・しげる　釣り師(日典3)
　鹿岳鉄也　かだけ・てつや　大阪都市従業員組合常任書記(社史)

鹿股　かのまた
　鹿股昭雄　かのまた・あきお　仙台電波工業高等専門学校情報工学科教授(日典3)
　鹿股弘毅　かのまた・こうき　医学書院代表(日典3)
　鹿股寿美江　かのまた・すみえ　「農村の変容と農民像」古今書院(日典3)
　鹿股信雄　かのまた・のぶお　千葉大名誉教授(日典3)

[9]鹿垣　しがき
　鹿垣籾義　しがき・もみよし　長崎県経済農協連会長(日典)

鹿持　かじ；かもち
　鹿持渉　かじ・わたる　「計算力を強化する鶴亀トレーニング」ソフトバンククリエイティブ(日典3)
　鹿持雅澄　かもち・まさずみ　「万葉集名処考」優樹社(JM)

鹿海　しかうみ
　鹿海国造　しかうみ・くにぞう　大丸取締役,大丸木工社長(日典3)
　鹿海信也　しかうみ・のぶや　文部官僚(現執1期)

[10]鹿倉　しかくら
　鹿倉吉次　しかくら・きちじ　実業家(日人)
　鹿倉公維　しかくら・こうい　「マッシュアップ++」九天社(日典3)
　鹿倉二郎　しかくら・じろう　ソニー企業(株)アスレチック営業部ヘッドトレーナー(日典3)
　鹿倉孝信　しかくら・たかのぶ　弓道家,弓道教士(弓道)
　鹿倉弥吉　しかくら・やきち　農民(社史)

鹿原　かのはら；しかはら
　鹿原育　かのはら・いく　小説家(幻想)
　鹿原英門　しかはら・ひでと　リコーマイクロエレクトロニクス社長(日典)

鹿島　かしま；かじま
　鹿島房次郎　かしま・ふさじろう　実業家(コン)
　鹿島万平　かしま・まんぺい　商人(コン4)
　鹿島卯女　かじま・うめ　実業家(日人)
　鹿島守之助　かじま・もりのすけ　外交官,実業家(コン改)

鹿討　ししうち
　鹿討豊雄　ししうち・とよお　北海学園大学名誉教授・同学園理事(日典)

[11]鹿野　かの；かのう；しかの
　鹿野政直　かの・まさなお　日本史学者(日人)
　鹿野一典　かのう・かずのり　「医薬品(部外品,化粧品,医療機器)の製造現場での統計手法の活用」薬事日報社(日典3)
　鹿野章人　しかの・あきひと　バリトン歌手(音人3)

鹿野島　かのしま；かのじま
　鹿野島孝二　かのしま・こうじ　「諸国一之宮めぐり」彩流社(日典3)
　鹿野島一彦　かのじま・かずひこ　「頓知パズル奇計クイズ」日本文芸社(日典3)

[12]鹿渡　かど；かわたり
　鹿渡強　かど・つよし　石川工業高等専門学校名誉教授(日典3)
　鹿渡登志子　かど・としこ　日本大学医学部附属板橋病院ホームケア相談室師長補佐(日典3)
　鹿渡いづみ　かわたり・いずみ　「おみせやさんでみつけっこ」草炎社(日典3)

鹿賀　かが
　鹿賀丈史　かが・たけし　俳優(日映男)
　鹿賀ミツル　かが・みつる　「ギャンブルッ！」小学館(日典3)

鹿間　しかま
　鹿間嘉久蔵　しかま・かくぞう　「食べ物の衛生」小峯天書房(日典3)
　鹿間邦蔵　しかま・くにぞう　シカマコーポラス代表取締役,春日部商工会議所会頭(日典3)
　鹿間久美子　しかま・くみこ　「総合的学習」亀田ブックサービス(日典3)
　鹿間時夫　しかま・ときお　古生物学者,こけし研究家(現情)
　鹿間やす　しかま・やす　教育者(女性普)

[14]鹿熊　かくま
　鹿熊栄造　かくま・えいぞう　(株)カクマ代表取締役社長(日典3)
　鹿熊修　かくま・おさむ　養豚業(日典3)
　鹿熊兼次　かくま・けんじ　上条村(富山県)村長(日典3)
　鹿熊久安　かくま・ひさやす　政治家(日人)
　鹿熊安正　かくま・やすまさ　政治家(現政)

鹿部（麗, 麓, 麝）　麥部（麦, 麹）　麻部（麻）

【1703】麗

麗　うるわし；よ
　麗吉野　うるわし・よしの　「偶然！ 日本史」古橋啓伸（日典3）
　麗羅　よ・ら　推理作家（日典）

[5]麗代　れいしろ
　麗代禎輔　れいしろ・ていすけ　独逸文学者（日典）

[8]麗明　れいめい
　麗明都志子　れいめい・としこ　箏曲家（新芸）

【1704】麓

麓　ふもと
　麓昌平　ふもと・しょうへい　小説家, 医学博士（ミス）
　麓純義　ふもと・じゅんぎ　弁護士, 政治家（社史）
　麓次郎　ふもと・じろう　園芸学者（植物）
　麓純則　ふもと・すみのり　名瀬戸長（姓氏鹿児島）
　麓常三郎　ふもと・つねさぶろう　実業家（日人）

【1705】麝

[10]麝島　じゃじま
　麝島真理子　じゃじま・まりこ　翻訳家（書籍）

麥部

【1706】麦

[5]麦生　むぎう；むぎお；むぎふ
　麦生富郎　むぎう・とみろう　農業技術者（日人）
　麦生郁　むぎお・いく　「スナフキンの午睡（ひるね）」幸福の科学出版（日典3）
　麦生登美江　むぎふ・とみえ　中国文学研究者（中書）

[7]麦谷　ばくや；むぎたに；むぎや
　麦谷尊雄　ばくや・たかお　「ブレイン・ブースター」オークラ出版（日典3）
　麦谷真喜子　むぎたに・まきこ　歌人（富山文）
　麦谷清一郎　むぎや・せいいちろう　能楽師（能狂言）

【1707】麹

麹谷　こうじたに
　麹谷宏　こうじたに・ひろし　グラフィックデザイナー（日典）

麻部

【1708】麻

[3]麻上　あさがみ
　麻上慶　あさがみ・けい　「恋はangel dust」青心社（日典3）
　麻上千鳥　あさがみ・ちどり　山口大学名誉教授（日典3）
　麻上俊延　あさがみ・としのぶ　「ポトマック」ゆまに書房（日典3）
　麻上俊泰　あさがみ・としやす　エーエスエー・システムズ社長（日典3）
　麻上洋子　あさがみ・ようこ　声優, 講談師（テレ）

[4]麻木　あさき；あさぎ；まき
　麻木いずみ　あさき・いずみ　「サルサロマンティコ」市田印刷出版, 星雲社（発売）（日典3）
　麻木久仁子　あさぎ・くにこ　女優（テレ）
　麻木みさこ　まき・みさこ　小説家（日典）

[5]麻世　ませ
　麻世れいら　ませ・れいら　タレント（日典3）

麻生　あさお；あさぶ；あそう；あそお；まお
　麻生享志　あさお・たかし　「原典による哲学の歴史」公論社（日典3）
　麻生耕造　あさぶ・こうぞう　CRCソリューションズ社長（日典）
　麻生久　あそう・ひさし　社会運動家, 政治家（コン5）
　麻生弥寿子　あそお・やすこ　アイ・ビー商事社長（日典3）
　麻生小鈴　まお・こすず　ジャーナリスト（日典）

麻生川　あそかわ
　麻生川順　あそかわ・じゅん　映画監督（監督）

[7]麻見　あさみ；おみ
　麻見順子　あさみ・じゅんこ　声優（テレ）
　麻見奈央　あさみ・なお　タレント, 歌手（テレ）
　麻見直美　おみ・なおみ　「好きになる栄養学」講談社（日典3）
　麻見義修　おみ・よしなが　官吏（日人）

麻谷　あさたに；またに
　麻谷春治　あさたに・はるじ　ハルビンの地図再現：アパート経営者（人情）
　麻谷宏　あさたに・ひろし　造形作家（日典3）
　麻谷春治　またに・はるじ　「哈爾浜の街―Здравствуйте Харбин」麻谷春治（JM）

麻里　あさと；あさり；まり
　麻里おりえ　あさと・おりえ　「君和晏ニ眠リヲリ。」何賀屋NEN（日典3）
　麻里悌三　あさり・ていぞう　北海道指導漁業協同組合連合会会長（北海道歴）
　麻里光一　まり・こういち　「やさしい句会入門」本阿弥書店（日典3）

黄部（黄）　黒部（黒）

⁹麻柄　まがら
麻柄一志　まがら・かずし　魚津市立図書館館長（日典3）
麻柄秋三　まがら・しゅうぞう　弓道家,弓道錬士（弓道）
麻柄一志　まがら・ひとし　「日本海沿岸地域における旧石器時代の研究」雄山閣（日典3）

麻畑　あさはた；おばた
麻畑守　あさはた・まもる　元・清水建設常務（日典）
麻畑東坪　おばた・とうへい　「武蔵野有情」（国典）

麻耶　まや
麻耶十郎　まや・じゅうろう　「『発熱』女高生の粘膜」マドンナ社（日典3）
麻耶雄嵩　まや・ゆたか　小説家（小説）

¹⁰麻原　あさはら；まはら
麻原彰晃　あさはら・しょうこう　宗教家（履歴2）
麻原美子　あさはら・よしこ　日本中世文学者（現執1期）
麻原いつみ　まはら・いつみ　漫画家（漫）

麻宮　あさみや
麻宮楓　あさみや・かえで　「はじめてのクソゲー」アスキー・メディアワークス,角川グループパブリッシング（発売）
麻宮騎亜　あさみや・きあ　漫画家（幻想）
麻宮笙　あさみや・しょう　小説家（幻想）
麻宮淳子　あさみや・じゅんこ　女優（日典3）

¹²麻植　あさうえ；おえ
麻植哲夫　あさうえ・てつお　「精神病理と心理療法」北大路書房（日典）
麻植敏秀　あさうえ・としひで　元・大分県議（日典）
麻植瑗園　おえ・しゅうえん　「漢字くずし字字典」日本ペン書道学院,高知新聞企業（発売）
麻植豊　おえ・ゆたか　政治家（現政）

麻賀　あさか；あさが
麻賀太郎　あさか・たろう　医師（日典）
麻賀進　あさが・すすむ　写真家（日典）

部首12画

黄部

【1709】　黄

黄　おう；こう
黄基雄　おう・もとお　医師（近医）
黄小娥　こう・しょうが　占い師（世紀）
黄支亮　こう・しりょう　小説家（幻想）

³黄川田　きかわだ
黄川田英司　きかわだ・えいじ　「旅の回想」光村印刷（日典3）
黄川田修　きかわだ・おさむ　考古学研究者（日典3）
黄川田勝美　きかわだ・かつみ　朗読録音奉仕者（日典）
黄川田徹　きかわだ・とおる　政治家（現政）
黄川田将也　きかわだ・まさや　タレント（日映男）

⁵黄田　おうだ；おおだ；きだ；こうだ
黄田多喜夫　おうだ・たきお　元・外務事務次官（日典）
黄田多喜夫　おおだ・たきお　外交官（履歴2）
黄田聡　きだ・さとし　「利権空域」プレジデント社（日典）
黄田光　こうだ・ひかる　医師（日典）

⁶黄地　おうじ；おうち
黄地尚義　おうじ・たかよし　大阪大学工学部生産加工工学科教授（日典）
黄地憲三　おうち・けんぞう　ランドー・アソシエイツ・インターナショナル・プロジェクトマネジャー（日典3）
黄地百合子　おうち・ゆりこ　「日本の継子話の深層」三弥井書店（日典3）

黄色　おうしき
黄色瑞華　おうしき・ずいけ　僧侶,近世文学者（現執4期）

⁸黄河　こうが；こうがわ
黄河洋一郎　こうが・よういちろう　「とらばんだ！」オークラ出版（日典3）
黄河陽子　こうがわ・ようこ　「耳を澄ます」砂子屋書房（日典3）

黄金井　こがねい
黄金井一太　こがねい・いちた　黄金井酒造社長,厚木商工会議所会頭（日典3）
黄金井為造　こがねい・ためぞう　実業家,政治家（日人）
黄金井光良　こがねい・みつよし　「なぜ老兵は闘い続けるのか」かんき出版（日典3）

¹⁹黄瀬　きせ；きのせ
黄瀬紀美子　きせ・きみこ　アイ・キャリアサポート代表,ヒューマンサポート協会代表（日典3）
黄瀬邦夫　きせ・くにお　シュール・メルヘン・ワークショップ主宰（日典3）
黄瀬三朗　きのせ・さぶろう　「石仏讃歌」サンライズ出版（印刷）（日典3）

黒部

【1710】　黒

黒　くろ
黒史郎　くろ・しろう　小説家（日典3）
黒鉄太郎　くろ・てつたろう　「酒の飲み方」青磁社（日典3）
黒豹介　くろ・ひょうすけ　「恋の禁煙」（国典）
黒ゆきこ　くろ・ゆきこ　ニットデザイナー（日典3）

³黒丸　くろま；くろまる
　黒丸尚　くろま・ひさし　翻訳家（日典）
　黒丸五郎　くろまる・ごろう　医師（秋田百）
　黒丸正四郎　くろまる・しょうしろう　精神医学者（現情）

黒土　くろつち
　黒土四郎　くろつち・しろう　教育者（学校）
　黒土始　くろつち・はじめ　第一交通産業会長（日典）
　黒土創　くろつち・はじめ　横浜高校長（日典3）
　黒土三男　くろつち・みつお　映画監督（映監）

黒子　くろこ；くろご；くろじ；くろす
　黒子恒夫　くろこ・つねお　元・保谷市図書館長（現執4期）
　黒子康弘　くろご・やすひろ　「Kulturwissenschaftの課題と実践」日本独文学会（日典）
　黒子昇　くろじ・のぼる　「ストレスをぶっとばせ」クロコダイル企画（日典3）
　黒子武道　くろす・たけみち　元・国立水俣病研究センター所長（日典）

⁴黒木　くろき；くろぎ
　黒木勘蔵　くろき・かんぞう　演劇研究家（コン5）
　黒木為楨　くろき・ためもと　陸軍軍人（コン5）
　黒木伝松　くろぎ・でんまつ　歌人（宮崎百）
　黒木勇吉　くろぎ・ゆうきち　ジャーナリスト（宮崎百）

黒氏　くろうじ
　黒氏博実　くろうじ・ひろみ　政治家（現政）

⁵黒古　くろこ
　黒古綾　くろこ・あや　「私たちインドに行きました」六興出版（日典3）
　黒古一夫　くろこ・かずお　文芸評論家（平和）
　黒古麻己　くろこ・まき　「私たちインドに行きました」六興出版（日典3）

黒正　こくしょう
　黒正巌　こくしょう・いわお　経済史学者（コン4）
　黒正清治　こくしょう・せいじ　東京工業大学名誉教授（日典3）

黒田　くろた；くろだ
　黒田一彦　くろた・かずひこ　富士電機EIC技師長（日典）
　黒田武亥　くろた・ぶがい　俳人（姓氏石川）
　黒田清隆　くろだ・きよたか　政治家（コン5）
　黒田清輝　くろだ・せいき　洋画家（コン5）

⁶黒光　くろみつ
　黒光茂明　くろみつ・しげあき　日本画家（日典3）
　黒光茂樹　くろみつ・しげき　日本画家（日典）
　黒光庸恭　くろみつ・つねやす　凸版印刷専務（日典3）

黒羽　くろは；くろば；くろはね；くろばね
　黒羽清隆　くろは・きよたか　日本史研究者（郷土）

黒羽亜紀彦　くろば・あきひこ　「ダブルバインド」マイクロマガジン社（日典3）
　黒羽貞子　くろはね・ていこ　俳人（日典）
　黒羽武　くろばね・たけし　医師（近医）

⁷黒住　くろすみ；くろずみ
　黒住一昌　くろすみ・かずまさ　医師（近医）
　黒住進　くろすみ・すすむ　名和町農協組合長，鳥取県植物防疫協会会長（日典3）
　黒住宗篤　くろずみ・むねあつ　黒住教第3代教主（日人）
　黒住宗和　くろずみ・むねかず　宗教家（日人）

黒沢　くろさわ；くろざわ
　黒沢明　くろさわ・あきら　映画監督（コン4）
　黒沢酉蔵　くろさわ・とりぞう　酪農家（コン4）
　黒沢敏彦　くろさわ・としお　日本労働組合全国協議会金属委員長（社史）
　黒沢洋一　くろざわ・よういち　「公衆衛生学」医歯薬出版（日典3）

黒見　くろみ
　黒見哲夫　くろみ・てつお　政治家（現政）

黒谷　くろたに；くろだに；くろや
　黒谷友香　くろたに・ともか　女優（日映女）
　黒谷時敏　くろだに・ときとし　郷土史家（庄内）
　黒谷寿雄　くろや・ひさお　「分子構造はいかにして決められるか」（国典）

⁸黒河　くろかわ；くろこうち
　黒河順三郎　くろかわ・じゅんさぶろう　政治家（愛媛百）
　黒河龍三　くろかわ・りゅうぞう　数学者（数学）
　黒河内悠　くろこうち・ゆう　「すぐに役立つ建築の儀式と祭典」鹿島出版会（日典3）

黒河内　くろこうち；くろごうち
　黒河内四郎　くろこうち・しろう　鉄道技師（土木）
　黒河内久美　くろこうち・ひさみ　外交官（履歴2）
　黒河内谷八　くろごうち・たにはち　高遠藩管理の三峯川上流を取り仕切った総元締（姓氏長野）
　黒河内又左衛門　くろごうち・またざえもん　入野谷騒動の首謀者（長野歴）

黒金　くろがね
　黒金哲男　くろがね・てつお　「減量経営とは何か」こぶし書房（日典3）
　黒金泰美　くろがね・やすみ　政治家（コン4）
　黒金泰義　くろがね・やすよし　政治家（山形百）

⁹黒屋　くろや
　黒屋直房　くろや・なおふさ　「中津藩史」国書刊行会（日典3）
　黒屋政彦　くろや・まさひこ　微生物学者（日人）

黒神　くろかみ；くろがみ
　黒神聡　くろかみ・さとし　国際法学者（現執2期）
　黒神直民　くろかみ・なおたみ　遠石八幡宮司（幕末）
　黒神嘉樹　くろがみ・よしき　「河南文書」阿久根市立図書館（日典3）

黒部(墨,黛)　鼎部(鼎)　鼓部(鼓)　鼠部(鼠)　齊部(齋)　　　　　　　　　　　　　　　　　　　〔1716〕

¹⁰**黒島　くろしま；くろじま**
　黒島亀人　くろしま・かめと　海軍軍人(陸海)
　黒島伝治　くろしま・でんじ　小説家(コン5)
　黒島亀人　くろじま・かめと　海軍軍人(世紀)

¹¹**黒葛原　つづらはら；つづらばら；つづらばる**
　黒葛原祐　つづらはら・ゆたか「沼々記抄」治水社(日典3)
　黒葛原祥　つづらばら・しょう　大学野球選手(日典3)
　黒葛原兼成　つづらばる・かねなり　政治家(姓氏鹿児島)

黒葛野　つづらの
　黒葛野敦司　つづらの・あつし　テナーサックス奏者(ジヤ)

¹³**黒鉄　くろがね；くろてつ**
　黒鉄アクセル　くろがね・あくせる「ランブリング・カレイド」エンターブレイン(日典3)
　黒鉄ヒロシ　くろがね・ひろし　漫画家(日人)
　黒鉄ヒロシ　くろてつ・ひろし　漫画家(YA)

¹⁴**黒髪　くろかみ**
　黒髪寛延　くろかみ・かんえん　僧侶(日典3)
　黒髪繁雄　くろかみ・しげお「アンデス山系」潮汐社(日典3)
　黒髪芳光　くろかみ・よしみつ　作曲家(作曲)

¹⁵**黒駒　くろこま；くろこまの；くろごまの**
　黒駒清直　くろこま・きよなお　政治家(栃木歴)
　黒駒勝蔵　くろこまの・かつぞう　侠客(コン4)
　黒駒勝蔵　くろごまの・かつぞう　侠客(全書)

¹⁶**黒積　くろずみ**
　黒積俊夫　くろずみ・としお　哲学者(現執2期)

【1711】墨

墨　すみ
　墨明　すみ・あきら　艶金染工会長(日典3)
　墨宇吉　すみ・うきち　尾西毛織物染色整理の先覚者(姓氏愛知)
　墨作二郎　すみ・さくじろう　新川柳作者(俳文)
　墨総一郎　すみ・そういちろう　高校教師(日典3)
　墨威宏　すみ・たけひろ　共同通信社文化部記者(日典3)

⁷**墨谷　すみたに；すみや**
　墨谷華　すみたに・はな　書家(日典)
　墨谷裕史　すみたに・ひろし　TBK社長(日典3)
　墨谷葵　すみや・あおい　刑事法学者(現執2期)
　墨谷真蔵　すみや・しんぞう　フジクラ電力エンジニアリング事業部副事業部長兼海洋部長(日典3)

【1712】黛

黛　まゆずみ
　黛ジュン　まゆずみ・じゅん　歌手,女優(和モ)
　黛節子　まゆずみ・せつこ　日本民族舞踊家(新芸)
　黛敏郎　まゆずみ・としろう　作曲家(コン4)
　黛弘道　まゆずみ・ひろみち　日本史学者(日人)
　黛まどか　まゆずみ・まどか　俳人,女優(詩作)

部首13画

鼎部

【1713】鼎

鼎　かなえ
　鼎護城　かなえ・ごじょう　寺子屋師匠(姓氏富山)
　鼎博之　かなえ・ひろゆき　弁護士(日典3)
　鼎道生　かなえ・みちお　農民(社史)
　鼎道説　かなえ・みちのぶ　農民(社史)
　鼎竜暁　かなえ・りゅうぎょう　真言宗僧侶(仏教)

鼓部

【1714】鼓

鼓　つづみ
　鼓直　つづみ・ただし　翻訳家(日人)
　鼓常良　つづみ・つねよし　ドイツ文学者,美学者(日人)

鼠部

【1715】鼠

²**鼠入　そいり**
　鼠入武夫　そいり・たけお　日本精蝋社長(人情)

部首14画

齊部

【1716】齋

⁴**齋木　いつき**
　齋木文礼　いつき・ぶんれい　医学者(洋学)

部首16画

龍部

【1717】 龍

龍　りゅう；りょう
　龍一之介　りゅう・いちのすけ　洋画家（美家）
　龍智恵子　りゅう・ちえこ　医師（世紀）
　龍あさの　りょう・あさの　飛行家（郷土奈良）
　龍粛　りょう・すすむ　日本史学者（世紀）

³龍口　たつぐち；たつのくち
　龍口健一　たつぐち・けんいち　日本シイエムケイ常務（日典）
　龍口新八郎　たつぐち・しんぱちろう　つむぎ職人（日典3）
　龍口直太郎　たつのくち・なおたろう　アメリカ文学者, 翻訳家（世紀）

龍川　たつかわ；りゅうかわ
　龍川賢随　たつかわ・けんずい　僧侶（真宗）
　龍川正憲　たつかわ・しょうけん　岐阜県立華陽高校教諭（日典3）
　龍川清　りゅうかわ・きよし　会津短期大学名誉教授（日典）

⁵龍田　たつた；たつだ；りゅうだ
　龍田静枝　たつた・しずえ　女優（世紀）
　龍田建次　たつだ・けんじ　愛知文教女子短期大学助教授（日典）
　龍田光子　りゅうだ・みつこ　画家（日典）

⁶龍池　たついけ；りゅうち
　龍池藤兵衛　たついけ・とうべえ　治山功労者（郷土滋賀）
　龍池密雄　りゅうち・みつおう　僧侶（世紀）

⁷龍尾　たつお
　龍尾洋一　たつお・よういち　童話作家（児人）

龍沢　たつざわ；りゅうさわ
　龍沢邦彦　たつざわ・くにひこ　立命館大学国際関係学部教授（日典3）
　龍沢芳流　たつざわ・ほうりゅう　僧侶（真宗）
　龍沢武　りゅうさわ・たけし　編集者（日典）

⁸龍居　たつい
　龍居竹之介　たつい・たけのすけ　造園家, 邦楽・舞踊評論家（日典3）
　龍居松之助　たつい・まつのすけ　歴史学者（世紀）
　龍居靖幸　たつい・やすゆき　全国ガス書記長（日典3）
　龍居由佳里　たつい・ゆかり　シナリオライター（日典3）

⁹龍胆寺　りゅうたんじ
　龍胆寺雄　りゅうたんじ・ゆう　小説家（コン4）

¹⁰龍家　りゅうけ
　龍家勇一郎　りゅうけ・ゆういちろう　神戸学院大教授（現執1期）

¹¹龍崎　りゅうさき；りゅうざき
　龍崎史郎　りゅうさき・しろう　営業コンサルタント（現執4期）
　龍崎一郎　りゅうざき・いちろう　俳優（世紀）
　龍崎ヒサ　りゅうざき・ひさ　教育者（神奈川人）

龍野　たつの；りゅうの；りょうの
　龍野周一郎　たつの・しゅういちろう　政治家（コン）
　龍野孝雄　りゅうの・たかお　首都高速道路公団理事（日典）
　龍野文男　りょうの・ふみお　建築家（日典）

¹²龍塚　たつづか
　龍塚忍誠　たつづか・にんじょう　僧侶（真宗）

姓名よみかた辞典 姓の部

2014年8月25日 第1刷発行

発　行　者／大高利夫
編集・発行／日外アソシエーツ株式会社
　　　　　　〒143-8550 東京都大田区大森北 1-23-8 第3下川ビル
　　　　　　電話 (03)3763-5241(代表)　FAX(03)3764-0845
　　　　　　URL http://www.nichigai.co.jp/

発　売　元／株式会社紀伊國屋書店
　　　　　　〒163-8636 東京都新宿区新宿 3-17-7
　　　　　　電話 (03)3354-0131(代表)
　　　　　　ホールセール部(営業)　電話 (03)6910-0519

電算漢字処理／日外アソシエーツ株式会社
印刷・製本／株式会社平河工業社

不許複製・禁無断転載　　《中性紙三菱クリームエレガ使用》
〈落丁・乱丁本はお取り替えいたします〉
ISBN978-4-8169-2491-0　　Printed in Japan, 2014

本書はディジタルデータでご利用いただくことができます。詳細はお問い合わせください。

新・アルファベットから引く 外国人名よみ方字典
A5・820頁　定価（本体3,800円＋税）　2013.1刊

外国人の姓や名のアルファベット表記から、よみ方を確認できる字典。古今の実在する外国人名に基づき、12.7万のアルファベット見出しに、のべ19.4万のカナ表記を収載。東欧・北欧・アフリカ・中東・アジアなどの人名も充実。国・地域によって異なる外国人名のよみ方の実例を一覧できる。

カタカナから引く 外国人名綴り方字典
A5・600頁　定価（本体3,600円＋税）　2002.7刊

外国人の姓や名のカタカナ表記から、アルファベット表記を確認できる字典。古今の実在する外国人名に基づき、カタカナ表記11万件、アルファベット表記13.7万件を収録。

遺跡・古墳よみかた辞典
A5・570頁　定価（本体13,500円＋税）　2014.6刊

難読の多い遺跡・古墳名のよみかたを調べる辞典。全国の主要な古墳、貝塚、集落・住居跡、都城跡、城郭、古社寺、墓所、文学遺跡など1.4万件を収録。通称・別称からも引くことができる。所在地、遺跡の年代、登場文学作品・文献名、史跡指定の有無、別称などを併記。

現代文学難読作品名辞典
A5・340頁　定価（本体9,400円＋税）　2012.7刊

平成元年以降に刊行・発表された難読作品名8,000件の読みを調べる辞典。長編単行作品、雑誌掲載短編、連載ミステリー、ライトノベルなどの小説作品以外に、戯曲・詩集・歌集・句集なども掲載。

神社・寺院名よみかた辞典 普及版
A5・770頁　定価（本体9,500円＋税）　2004.6刊

全国の様々な神社・寺院名の中から、読みにくいもの、誤読の恐れのあるもの、比較的著名なものなど2.4万件を収録し、読み仮名を示した辞典。それぞれに所在地、別称、祭神・本尊、教団・宗派などを併記。

データベースカンパニー
日外アソシエーツ

〒143-8550　東京都大田区大森北1-23-8
TEL.(03)3763-5241　FAX.(03)3764-0845　http://www.nichigai.co.jp/